朴通事新釋辭典

박 성 훈(朴成勳)

忠南 牙山 屯浦 生.
仁川教育大學校, 西京(國際)大學校, 檀國大學校 大學院 卒.
檀國大學校 東洋學研究所 勤務.
著書:『韓國人名字號辭典』(1988)
　　　『單位語辭典』(1998)
　　　『韓國三才圖會』(上,下)(2002)
　　　『老乞大諺解辭典』(2009)
　　　『飜譯朴通事辭典』(2010)
　　　『朴通事諺解辭典』(2012)
　　　『訓蒙字會注解』(2013)
論文:『韓國漢文諷刺小說研究』外 多數.

朴通事新釋辭典

초판 제1쇄 인쇄 2015년 6월 12일
초판 제1쇄 발행 2015년 6월 22일

편저자 박성훈
발행인 지현구
발행처 태학사
등록 제406-2006-00008호
주소 경기도 파주시 광인사길 223
전화 마케팅부 (031) 955-7580~2 / 편집부 (031) 955-7585~89
전송 (031) 955-0910
전자우편 thaehak4@chol.com
홈페이지 www.thaehaksa.com

ISBN 978-89-5966-699-7 91710

朴通事新釋辭典

박성훈 편저

태학사

題字:『新增類合』에서 集字

머리말

　본 사전은 『박통사신석언해(朴通事新釋諺解)』의 한어문(漢語文)과 『박통사신석(朴通事新釋)』의 원문 안에 수록된 주(注)에서는 한자(漢字)로 된 어휘를, 언해문(諺解文)에서는 우리 옛말 어휘를 채록하고 주석한 뒤 대역어(對譯語)를 붙여 한글 음순으로 배열한 것이다.

　『박통사(朴通事)』는 고려 시대에는 물론이고 조선 후기에 이르기까지 『노걸대(老乞大)』와 더불어 사역원(司譯院) 한어(漢語) 교육의 중요한 교재였다.

　본래는 한어문으로 간행되다가 훈민정음(訓民正音) 창제 이후 직역체(直譯體) 형식의 언해문을 덧붙이게 되었는데, 한어문을 한글로 언해한 것으로는 번역본(飜譯本)과 언해본(諺解本)이 있다. 전자는 현전하는 번역본 가운데 가장 오래된 것으로서, 중종(中宗) 때 최세진(崔世珍)의 번역으로 추정되는 『번역박통사(飜譯朴通事)』(上권, 1509~1517년경)이고, 후자는 『박통사언해(朴通事諺解)』와 『박통사신석언해』이다. 지금까지 알려진 『박통사』 중 한어본이 존재하는 언해본은 『박통사신석』이 유일하다.

　서울대학교 규장각에서 규장각 자료총서로 발간한 『박통사신석언해』 1권 26쪽 앞뒷면이 올 자리에는 18쪽 앞뒷면이 영인되어 있어 결국은 26쪽 앞뒷면은 볼 수 없게 되었다. 홍문각(弘文閣)(1985)에서 일사문고(一簑文庫) 소장본을 영인하여 발간한 『박통사신석언해』 중 2권 19쪽 뒷면 다음에는 20쪽 뒷면이, 20쪽 뒷면 다음에는 19쪽 뒷면이 순서가 바뀌어 잘못 영인되어 있고, 47쪽 뒷면 다음에는 48쪽 앞면이 와야 하는데 47쪽 앞뒷면이 거듭 영인되어 있다.

　일사문고 소장의 『박통사신석언해』는 3권 3책으로 목판본인데, 서문(序文)이나 발문(跋文)이 없어 발간 연대를 정확하게 알 수는 없으나, 『통문관지(通文館志)』에 의하면 '通文館志 8, 什物: 新釋朴通事板・諺解板, 訓長金昌祚等修整, 乾隆乙酉筭營刊板', 김창조(金昌祚) 등이 『박통사』를 대폭 수정하여 『박통사신석』을 만들고, 이를 언해하여 건륭(乾隆) 을유(乙酉: 영조(英祖) 41년(1765))에 『박통사신석언해』와 함께 기영(箕營: 平壤)에서 간행한 것임을 알 수 있다. 판심(版心)의 어미(魚尾)는 내향이엽화문어미(內向二葉花紋魚尾)이고 판심제(版心題)는 '朴通事新釋諺解'인데, 언해(諺解)란 두 글자는 판심의 중앙에서 조금 오른쪽에 치우쳐 있다. 표지(表紙)의 서명이 권1은 '朴解 單', 권2는 '朴解 地', 권3은 '朴解 人'으로 되어 있다. 본 사전은 서울대학교 일사문고 소장본을 저본으로 하였다.

『박통사신석』은 현재『박통사』중 유일한 한어본으로 1권 1책 66장이다. 표지의 서명이 '朴通事'이고 판심의 어미는 상하화문어미(上下花紋魚尾)이며 판심제는 '朴通事新釋'이다. 이 간본은 서문과 권말에 변헌(邊憲), 이수(李洙) 등의 편찬자의 명단은 있으나,『박통사신석언해』와 함께 간기(刊記)가 없어 발간 연대를 정확하게 알 수는 없으나, 통문관지의 기록에 따라『박통사신석언해』와 함께 영조(英祖) 41년 (1765) 기영(箕營: 平壤)에서 간행한 것임을 알 수 있다.

이 외에 동국대학교(東國大學校) 소장으로 최세진이『번역노걸대(飜譯老乞大)』와『번역박통사』를 집필하면서 난해한 문자와 어휘들을 뽑아 풀이한 것이라고 전하는 어휘집(語彙集)인『노박집람(老朴集覽)』(1517 이전)이 있다. 그 안에「단자해(單字解)」,「누자해(累字解)」,「노걸대집람(老乞大集覽)(上,下)」,「음의(音義)」,「박통사집람(朴通事集覽)(上,中,下)」이 있다.「노걸대집람」의 어휘는 이미『노걸대언해사전(老乞大諺解辭典)』에 뽑아 실었기 때문에 본 사전에서는 제외 하고, 그 외의 다른 것의 어휘는 모두 채록하여 실었다.

본 사전은 이러한 여러 자료를 주석하여 연구자나 독자에게 편의를 줌은 물론, 대역어(對譯語)를 붙여 옛말과 한자어의 연구에 작은 도움이라도 주고자 편찬한 것이다. 표제어 중에는 뜻은 같으나 대역어의 표기가 다른 것, 또는 뜻도 다르고 대역어의 표기도 다른 것, 여러 어휘들이 모여 한 표제어를 이룬 것도 있는데, 독자는 이 대역어로 인하여 어휘의 다양한 뜻과 어휘 사이의 관계를 손쉽게 접할 수 있을 것이다. 또한 이 대역어만 보면 옛말에 대역(對譯)된 한자어는 무엇이며, 한자어에 대역된 옛말은 무엇인지 한 번에 알 수 있다. 한자어로 된 어휘 중에는 많은 수효의 조기 (早期) 백화어(白話語)도 있어 한국과 중국의 백화어에 관해서도 살펴볼 수 있다.

『번역박통사』와『박통사언해』는 한어문이 동일하지만,『박통사신석언해』는 위 두 책을 기초로 하여 한어문을 보충하거나 그 내용을 대폭 수정하였기 때문에 한어문이 서로 다르며, 언해문은 직역체의 문장을 써서 한자말도 많고 내용의 줄거리도 풀어서 더 자세하게 표기하였다.

언해문의 한글 표기법은 18세기 자료의 특성을 대체로 반영하였다. 모음의 표기를 보면, '째에·져제에'와 같이 처격조사(處格助詞)에는 주로 '에'가 쓰였고, '이직[今]·어지[昨日]'와 같이 '에'의 단모음화(單母音化) 현상이나, '박픵이'가 '박픵이'로 표기된 이중모음(二重母音)의 단모음화 현상도 보인다. 자음의 표기를 보면, '엇게[得]·밋으리니[信]'와 같이 어말자음(語末子音) ㄷ과 ㅅ이 ㅅ으로 통일되었고, 어두(語頭)의 된소리 표기는 '꼿츨·째롤·쌈·싸흔'과 같이 ㅅ계의 합용병서(合用竝書)가, 어말자음(語末字音)이 ㅅ인 경우에는 '것스로·옷시오'와 같이 중철(重綴) 표기가, '엇지·지내지'와 같이 ㄷ의 구개음화현상도 나타난다. 그 외 한어(漢語)의 언해에서만 보이는 '디새를다가·니부자리롤다가·글월을다가·늣츨다가'와 같이 격조사 '를·롤·을·올' 뒤에만 붙는 조사(助詞)인 '-다가' 등 여러 가지 표기의 특징을 보이고 있다.

『박통사신석언해』의 어휘는 『번역박통사』나 『박통사언해』와는 달리 시대를 아우르는 다양한 표기를 보여주고 있다. 한자 어휘에 대한 옛말의 대역어를 보면, 재료[料]: 'ᄀᆞᅀᆞ·ᄀᆞ음·ᄀᆞ움'. 자루[袋]: '쟈르·쟈ᄅᆞ·쟐리'. 앞[前]: '앏·앏프·앏ᄒᆞ'. 정하다[定]: '덩ᄒᆞ다·정ᄒᆞ다(定-)·졍ᄒᆞ다'. 만들다[做]: '민글다·민들다·민둘다'. 무엇[甚麽]: '무섯·무엇·므섯·므스것·므슴'. 보살피다[看守]: '보술피다·보솗피다·보솗히다'. 마르다[乾]: 'ᄆᆞ라다·ᄆᆞ르다·ᄆᆞᄅᆞ다'.와 같이 그 표기가 다양하다. 옛말의 어휘에 대한 대역어를 보면, 가장[最]: '老·老大·得很·甚·十分·越·底似·最·特地·好·好多·好不·好生·哏·很·哏似', 알다[知]: '見·達·省·識·認得·認識·知·知道·會·會學·曉·曉得', 보다[見]: '可見·看·看見·看上·見·見得·睹·望·奉望·相·驗', 또[又]: '却·更·也·又·再·且·還·還有', 아이[小兒]: '男·小·小廝·小兒·小孩子·兒·丫頭·娃娃' 등과 같이 다양하고 풍부한 뜻갈래를 보여주고 있다.

한어문의 각 한자 아래 좌우에 한글로 중국음을 표기하였는데, 그 중 우측음인 속음(俗音)은 18세기 북경(北京) 지방의 중국음을 충실히 반영하고 있어, 『중간노걸대언해(重刊老乞大諺解)』 등 18세기에 간행된 다른 한학서(漢學書)들과 함께 당시

북경어를 연구하는 데 귀중한 자료가 될 수 있다. 좌측음인 정음(正音)은 대체로『홍무정운역훈(洪武正韻譯訓)』과『사성통해(四聲通解)』의 정음과 일치하고, 속음과 같은 예도 간혹 눈에 띈다. 16~17세기에 간행된 각종 한학서에 표시된 좌측음들이『홍무정운역훈』의 속음인 데 반하여,『박통사신석언해』를 비롯한 18세기 간행서들의 좌측음은 대체로 정음이다.

　사전을 펴낼 때마다 독자에게 잘못된 정보를 제공한 것은 없는지 항상 걱정이 앞선다. 그럼에도 책을 내는 이유는 오직 독자의 연구와 편의를 위한다는 일념에서 하는 일임을 밝혀 둔다.

　그간 아홉 판본을 모아 정리한『老乞大諺解辭典』과『飜譯朴通事辭典』·『朴通事諺解辭典』을 이미 차례로 펴내었고, 통시적으로 가장 늦은 판본인 본 사전을 끝으로「노걸대」와「박통사」에 관한 모든 정리는 이제 완결되었다고 생각된다. 잘못된 곳은 독자의 질정(叱正)을 겸허하게 받아들여 수정 보완할 것이다.

　출판계의 위기라는 이 어려운 때, 그간 이 사전들을 차례로 펴내어주신 지현구(池賢求) 사장님과 관계자 여러분, 그리고 귀중한 자료와 정보를 제공해 준 분, 그리고 제가 알고 저를 아는 모든 분께 존경과 깊은 감사를 드린다.

2015年 6월 1일

寧仁樂園에서　朴 成 勳　謹識

일러두기

1. 어휘의 수록

본 사전은 『박통사신석언해(朴通事新釋諺解)』와 『박통사신석(朴通事新釋)』의 한어문(漢語文)과 언해문(諺解文)에서 채록한 우리 옛말, 한자어, 백화어(白話語), 구(句) 등에 노박집람(老朴集覽)에 실려 있는 「단자해(單字解)」, 「누자해(累字解)」, 「음의(音義)」, 「박통사집람(朴通事集覽)」에서 뽑은 어휘도 함께 수록하였다.

2. 기술 순서

표제어 → 품사 → 주석[相應語] → 대역어 → 출전 → 예문

3. 표제어

(1) 우리 옛말과 한자어를 대상으로 하였다.

(2) 실사(實辭)인 체언, 용언, 수식언, 감탄사와 허사(虛辭)인 조사와 어미, 접두사와 접미사를 실었다.

(3) 독자의 편의와 이해를 돕기 위하여 오자(誤字)가 든 어휘도 표제어로 싣고 주석 대신 정자로 된 표제어만 제시한 뒤 그 잘못을 밝혔다.

(4) 오자가 든 어휘는 그 오자를 정자로 바꿔 표제어로 삼은 뒤 일반 어휘와 같이 처리하였다.

(5) 한자의 이체자(異體字)도 표제어로 삼고 본자(本字)와의 관계를 간단히 설명하였다.

(6) 표제어는 모두 11,850여 개이다.

4. 배열

(1) 자모(字母)의 배열

① 초성(初聲) : ㄱ ㄲ ㄴ ㄷ ㄸ ㄹ ㅁ ㅂ ㅺ ㅼ ㅽ ㅾ ㅴ ㅶ ㅷ ㅵ ㅅ

ㅅ ㅥ ㅐ ㅆ ㅉ ㅿ ㅇ ㅈ ㅉ ㅊ ㅋ ㅌ ㅍ ㅎ

② 중성(中聲) : ㅏ ㅐ ㅑ ㅒ ㅓ ㅔ ㅖ ㅗ ㅘ ㅙ ㅚ ㅛ ㅜ ㅝ ㅞ ㅟ ㅠ

　　　　　　　 ㅖ ㅡ ㅢ ㅣ ·ㅣ ·ㅣ

③ 종성(終聲) : ㄱ ㄳ ㄴ ㄵ ㄶ ㄶ ㄷ ㄹ ㄺ ㄻ ㄼ ㄽ ㅀ ㅁ ㅂ ㅄ ㅅ

　　　　　　　 ㅿ ㅇ ㅈ ㅊ ㅋ ㅌ ㅍ ㅎ

(2) 표제어의 배열

① 모든 표제어는 한글 음순에 따랐다.

② 옛말과 한자어의 독음이 같을 경우에는 옛말을 먼저 실었다.

③ 음절의 수효가 작은 것을 먼저 실었다.

④ 한자어의 독음이 같을 경우 획수가 적은 것을, 획수도 같을 경우에는 부수가 앞선 것을 먼저 실었다.

⑤ 표제어도 같고 음절의 수효도 같을 경우에는 품사의 한글 음순에 따랐다.

⑥ 표제어와 음절의 수효와 품사도 같을 경우에는 대역어(對譯語)의 음순에 따랐다.

⑦ 품사에 따른 표제어의 인위적인 배열은 하지 않았다.

5. 표제어의 표기

(1) 원문에 기록된 표기대로 실음을 원칙으로 하였다.

(2) 체언은 독립형을 표제어로 싣는 것을 원칙으로 하되, 조사와 연철(連綴)된 형태를 싣기도 하였다.

　　예 남기 명 나무가.　가희 명 개의.　ᄀ희 명 개의.

(3) 용언은 활용형을 기본형으로 고쳐 싣는 것을 원칙으로 하되, 일부 특수한 활용 형태를 싣기도 하였다.

　　예 실로 부 실(實)로.　비브리 부 배불리.　비블리 부 배불리.

(4) 한자어는 한글로 독음을 달고 ( ) 안에 한자를 넣었다.

(5) 어간말에 유기음을 가진 표제어는 아래와 같이 기본형을 다르게 표기하였다.

　　예 같대[同] : ᄀ톤 → 곹다.　곹디 → 곹다.　빛[光] : 빗체 → 빗ᄎ.

　　　　 빗치 → 빗ᄎ.　빗츨 → 빗ᄎ.　낯[面] : ᄂ츨 → ᄂ츠.

늣치 → 늣츠. 곁[邊] : 겻터 → 겻ㅌ.

(6) 어간말 자음이 'ㄷ'과 'ㅅ'으로 혼용된 경우에는 두 가지 모두 표제어로 삼았다.

  예 믿대[信] : 믿다 → 믿다. 밋다 → 밋다. 묻대[問] : 묻고 → 묻다.

  믓다 → 믓다.

(7) 어간말에 'ㅎ'을 가진 체언은 'ㅎ'을 붙여 표제어로 삼았다.

  예 개[犬] : 가희 → 가ㅎ. ㄱ희 → ㄱㅎ. 땅[地] : 싸히 → 싸ㅎ.

  싸흘 → 싸ㅎ. 돌[石] : 돌흘 → 돌ㅎ. 돌호로 → 돌ㅎ.

  돌히 → 돌ㅎ. 짚[草] : 딥흘 → 딥ㅎ.

(8) 복합어 여부가 불분명한 경우 복합 형식이나 개별 형식을 모두 표제어로 삼았다.

  예 낯[面] : 늣가족 → 늣가족, 늣, 가족.

(9) 한자어의 대역어로 만들어진 옛말의 복합어도 복합 형식이나 개별 형식을 모두 표제어로 삼았다.

  예 매간아(煤簡兒) : 밋덩이 → 밋덩이, 매, 덩이.

  결과(結裹) : 밋꿈이다 → 밋꿈이다, 밋다, 꿈이다.

  주반아(做伴兒) : 벗짓다, 벗, 짓다.

(10) 한자어의 대역어로 만들어진 옛말이 현대 맞춤법에서 복합어로 쓰이지 않는 것 일지라도 특수한 경우 복합어로 인정하여 표제어로 삼았다.

  예 유타(由他): 더더두다. 점어학아(鮎魚鶴兒): 머유기연.

(11) 불교 용어를 비롯한 한자어의 독음은 현재 일상적으로 쓰는 음으로 달았다.

  예 車輪 → 차륜. 車輿 → 거여. 車輛 → 차량. 車子 → 거자.

  茶褐 → 다갈. 茶果 → 다과. 茶 → 차. 茶飯 → 차반.

  布施 → 보시. 菩提 → 보리.

(12) 종성(終聲) 표기 'ㆁ'는 'ㅇ'으로 표기하였다.

(13) 영(寧)자의 앞 음절에 받침이 없을 경우에는 '령'으로 독음을 달았다.

(14) 인명에서, 이름에 두음법칙을 사용하였다.

6. 방점(傍點)

(1) 일부 노박집람(老朴集覽) 가운데 보이는 방점은 예문에 원문대로 표기하였다.

(2) 표제어에는 방점을 찍지 않았다.

7. 주석

(1) 표제어의 주석은 옛말의 음과 뜻에 상응(相應)하는 현대어, 곧 상응어(相應語)로 표기함을 원칙으로 하였다.

(2) 상응어가 없을 경우에는 그 뜻을 풀이하였다.

(3) 널리 쓰이지 않는 상응어나 일부 특수한 복합어에는 ( ) 안에 그 뜻을 간략하게 풀이하였다.

(4) 상응어 표기만으로는 뜻이 불충분하거나 모호할 경우 유의어(類義語)나 대역어의 뜻을 보충하였다.

(5) 한자어라 하더라도 첫 주석은 가능하면 대역어가 되는 옛말의 상응어로 표기하였다.

(6) 모든 보조 주석은 ( ) 안에 넣었다.

(7) 속자, 본자(本字), 오자(誤字) 등이 있는 표제어는 정자로 된 표제어만 제시한 뒤 그 관계를 밝혔다.

8. 뜻갈래의 표기와 순서

(1) 뜻갈래가 둘 이상 있을 경우, 뜻이 같거나 유사한 뜻갈래의 묶음은 **1 2 3** ⋯으로 구별하여 가르고, 그 하위 분류는 ➊ ➋ ➌ ⋯으로 갈라서 주석하였다.

(2) 뜻갈래의 순서는 대역어의 한글 음순에 따랐다.

(3) 옛말과 한자어로 된 대역어가 있을 경우 옛말의 뜻갈래를 먼저 실었다.

(4) 한자어로 된 대역어가 서로 독음이 같을 경우에는 획수가 적은 것을, 획수도 같을 경우 부수가 앞선 것을 먼저 실었다.

(5) 뜻풀이에 대역어가 있는 것과 없는 것이 있을 경우 없는 것을 먼저 실었다.

9. 대역어(對譯語)의 표기

(1) 옛말에는 한자어로 된 대역어를, 한자어에는 옛말로 된 해당 대역어를 주석이 끝난 뒤에 '⇔' 표를 지르고 표기하였다.

(2) 속자, 본자(本字), 오자(誤字)가 든 어휘를 표제어로 삼은 경우 대역어는 생략
하였다.

10. 출전 및 예문

(1) 출전은 노박집람의 단자해, 누자해, 박통사집람, 그리고 박통사신석언해의 상
(上), 중(中), 하(下)의 순으로 실었다.

(2) 출전의 서명은 약어(略語)로 표기하였다.

(3) 출전은 ≪ ≫ 안에 서명의 약어, 권, 쪽수와 앞쪽(ㅈ), 뒷쪽(ㅎ)의 순서로 표
기하였다.

(4) 예문은 원전의 표기대로 싣되 독자의 편의를 위하여 현대 어법에 준하여 적절
히 띄어쓰기를 하였다.

(5) 예문의 길이는 원문에서 나누어 놓은 단락(분절 표시인 'ㅇ')대로 인용하였다.

(6) 물명 따위의 예문은 독자의 이해를 돕기 위하여 원문에서 표시한 단락을 벗어
나 가능하면 모두 실었다.

(7) 문장의 일부, 또는 글자가 일실(逸失)된 곳에는 [ ]를 하고 그 안에 정자(正字)
로 추정되는 글자를 밝혔다.

(8) 한어문이나 언해문 가운데 오자(誤字)가 있을 경우, 그 글자 옆에 ( )를 하고
그 안에 정자로 추정되는 글자를 넣었다.

(9) 박통사신석에 있는 주(注)는 박통사신석언해의 한어문의 해당 단어 아래에
그대로 옮겨 실었다.

(10) 박통사집람의 주(注) 가운데의 상, 중, 하, 또는 ㅈ, ㅎ 따위는 노박집람 중
박통사집람의 출전 표기이다.

(11) 주(注)의 문장 가운데 〈 〉 표는 박통사언해의 주에서 표기한 글자이다.

11. 약호

감 감탄사	대 대명사	명 명사
관 관형사	동 동사	부 부사
구 구	매개 매개모음	보동 보조동사

보형 보조형용사　　　조 조사　　　　　《 》 출전

어미 어미　　　　　　조성 조성모음　　　= 동의어

　의 의존명사　　　　형 형용사　　　　〈불〉 불교용어

　접 접두사·접미사　　⇔ 대역어

12. 약어(略語)

　《朴集》 박통사집람(朴通事集覽)

　《集覽》 노박집람(老朴集覽)

가(加) 통 ●더하다. ⇔더ᄒᆞ다. 《朴新諺
2, 43ㅎ》再加你五錢銀罷, 다시 네게 닷
돈 은을 더홈이 무던ᄒᆞ다. ●들이대시.
더하다. 보태다. ⇔드리다. 《朴新諺 1,
19ㅈ》你必湏(須)加工打造, 네 모롬이 공
부 드려 민들라. ●하다. 더하다. 붙이
다. ⇔ᄒᆞ다. 《朴新諺 2, 47ㅈ》紐絲傍加
箇逢字, 실ᄉᆞ 변에 逢字 ᄒᆞ여시니. 久字
底下手字加箇走字的便是, 久字 아리 手
字 ᄒᆞ고 走字 혼 거시 곳 이라. 《朴新諺
2, 47ㅈ》是立人傍加箇弋字便是, 이 立人
변에 弋字 혼 거시 곳 이라.

가(可) 円 가(可)히. ●⇔가히. 《朴新諺 3,
15ㅎ》約待月餘便可起程, 대개 月餘를
기ᄃ리면 곳 가히 起程홀 거시니. 《朴新
諺 3, 18ㅈ》此外並無別件可取了, 이 밧
근 아조 다른 것 가히 取홀 것시 업ᄂᆞ니
라. 《朴新諺 3, 29ㅈ》就這一段書足可解
悶了, 곳 이 一段 칙이 죡히 가히 힘힘호
믈 플리라. ●二⇔가히(可-). 《朴新諺 1,
1ㅈ》咱們不可虛度過了, 우리 可히 헛도
이 지내지 못ᄒᆞ리라. 《朴新諺 2, 30ㅈ》
似這等菩薩不可不去參拜哩, 이런 菩薩을
可히 가 參拜치 아니치 못홀 거시라. 《朴
新諺 2, 36ㅎ》天寒湯·飯都不可冷了, 하
늘이 치우니 湯과 밥을 다 可히 ᄎᆞ게 못
ᄒᆞ리라. 《朴新諺 3, 13ㅎ》這佛法最尊最
貴不可不信, 이 佛法이 ᄀᆞ장 尊ᄒᆞ고 ᄀᆞ장
貴ᄒᆞ니 可히 밋지 아니치 못홀 거시라.
《朴新諺 3, 37ㅎ》這眞是人不可貌相海不
可斗量, 이 진실로 사ᄅᆞᆷ은 可히 얼굴로
보지 못홀 거시오 바다혼 可히 말로 되
지 못홀 거시로다. 《朴新諺 3, 41ㅎ》你

可能請他到這裡來麼, 네 可히 能히 뎌를
請ᄒᆞ여 여긔 올ᄯᅡ. 《朴新諺 3, 44ㅈ》繫
着孝帶的不可勝數, 복찍 띄니 可히 이긔
여 혜지 못홀러라.

가(哥) 명 형. ⇔형. 《朴新諺 1, 8ㅈ》院判
哥, 院判 형아. 《朴新諺 1, 38ㅎ》二哥來
來去去, 둘재 형은 오락가락ᄒᆞ고. 三哥
待要分開, 셋재 형은 논호고져 ᄒᆞ고. 四
哥待要一處, 넷재 형은 혼디 모호고져
ᄒᆞᄂᆞᆫ 거시여. 《朴新諺 1, 38ㅎ》二哥是熨
斗, 둘재 형은 이 다리우리오. 三哥是剪
子, 셋재 형은 이 가이오. 四哥是針線, 넷
재 형은 이 바늘실이로다. 《朴新諺 1, 58
ㅈ》秀才哥, 秀才 형아. 《朴新諺 2, 8ㅈ》
掌横的老哥, 横 ᄀᆞ음아는 늙은 형아. 《朴
新諺 2, 44ㅈ》大哥煩你代我寫一張租房
契, 큰형아 네게 비ᄂᆞ니 나를 ᄀᆞᄅᆞ차 혼
쟝 집 세내는 글월을 쓰고려. 《朴新諺
3, 49ㅈ》秀才哥咱們打魚去罷, 秀才 형아
우리 고기 잡으라 가쟈. 《朴新諺 3, 46
ㅈ》宋哥我同你看打春去罷, 宋가 형아 내
너와 혼가지로 닙츈노롯ᄒᆞᄂᆞᆫ 양 보라
가쟈.

가(家) 명 ①이[者]. 사람. ⇔이. 《朴新諺
2, 13ㅈ》染家你來看生活, 물드리는 이아
이바 셩녕엣 것 보라. ②집. ●⇔딥.
《朴新諺 1, 40ㅈ》家後一羣羊箇箇尾子長,
딥 뒤히 혼 무리 羊이 낫낫치 ᄭᅩ리 긴
거시여. ●⇔집. 《朴新諺 1, 11ㅈ》不要
單愛惜你家這幾頓茶飯, 맛치 네 집 여러
ᄭᅵ 茶飯만 앗기지 말라. 《朴新諺 1, 19
ㅈ》我且同你到張黑子家去, 내 ᄯᅩ 너와
혼가지로 張黑子의 집의 가쟈. 張哥在家

麼, 張哥ㅣ아 집의 잇ᄂ냐.《朴新諺 1,
34ㅎ》我每每半夜三更到他家門上尋他,
내 미양 半夜 三更에 제 집 문에 가 뎌룰
ᄎ자.《朴新諺 2, 1ᄌ》大街東市上馬牙子
家有, 큰 거리 동녁 져제에 물 즈름의
집이 잇ᄂ니라.《朴新諺 2, 24ᄌ》是小弟
昨日在張少卿家慶賀筵席上, 올흐니 小弟
어제 張少卿의 집 慶賀 筵席에서.《朴新
諺 2, 48ㅎ》我要往你莊頭家去, 내 네 농
장 집의 가고져 ᄒ되.《朴新諺 3, 2ᄌ》我
家裡老鼠多得狠(很), 우리 집의 쥐 ᄀ장
만흐니.《朴新諺 3, 18ᄌ》直到日平西纔
得上馬回家, 바로 히 西에 거짐애 다ᄃ
라 계요 물 ᄐ고 집의 도라오ᄂ니라.
《朴新諺 3, 30ㅎ》你不賣拿回家去就飯吃,
네 ᄑ지 아니코 가져 집의 도라가 밥ᄒ
여 먹으려 ᄒᄂᆫ다.

가(家) 젭 ●사람을 가리키는 명사 뒤에
쓰여 어떤 부류에 속함을 표시하는 말.
《朴新諺 2, 14ᄌ》這魚白[綿]紬原是婦人
家大襖裏子, 이 옥식 綿紬ᄂᆫ 본디 婦人의
큰옷 안히니.《朴新諺 3, 57ㅎ》如我婦人
家, 우리 ᄀ톤 계집도. ●-가(哥). (성
(姓) 뒤에 붙이는 말)《集覽, 字解, 單字
解, 5ㅎ》家. 止指一數之稱. 一箇家 ᄒ 낫
식, 幾箇家 몃 낫식, 又현 낫식, 幾年家
현 히식. 又緊也. 大家 대개. 又擧姓呼人
之稱. 李家・張家. 又呼皇帝曰官家. 又語
助. 沒有家 업다. ●-씩. ⇔-식.《集覽,
字解, 單字解, 5ㅎ》家. 止指一數之稱. 一
箇家 ᄒ 낫식, 幾箇家 몃 낫식, 又현 낫
식, 幾年家 현 히식. 又緊也. 大家 대개.
又擧姓呼人之稱. 李家・張家. 又呼皇帝
曰官家. 又語助. 沒有家 업다.

가(假) 똉 ●거짓. ⇔거줏.《朴新諺 3, 24
ㅎ》變做假行者, 變ᄒ여 거줏 行者를 민
그라. ●조(造). 조(造)짜. 가짜. ⇔조.
《朴新諺 3, 29ᄌ》你有好假珠子麼, 네게
됴흔 조구술 잇ᄂ냐.《朴新諺 3, 29ㅎ》
這不是燒的假珠子麼, 이 구은 조구술이

아니가.

가(街) 똉 거리. ⇔거리.《朴新諺 1, 56ᄌ》
小人在街東堂子間壁下着哩, 小人이 거리
동녁 堂子ㅅ ᄇ람을 ᄉ이ᄒ여 부리윗노
라.《朴新諺 2, 1ᄌ》大街東市上馬牙子家
有, 큰 거리 동녁 져제에 물 즈름의 집이
잇ᄂ니라.《朴新諺 3, 53ㅎ》着他沿街叫
喚尋覓纔好哩, 뎌로 ᄒ여 거리를 조차
웨여 ᄎ자야 마치 됴흐리라.《朴新諺 3,
55ㅎ》在崇文門裡大街東張編修家住着,
崇文門 안 큰 거리 東편 張編修의 집의
이셔 머므ᄂ니라.

가(暇) 똉 말미. ⇔말믜.《朴新諺 3, 40ᄌ》
你何不在衙門裡告幾月暇, 네 엇지 衙門
에 여러 둘 말믜를 告ᄒ고.

가(價) 똉 **❶**값. ●⇔갑.《朴新諺 2, 1ᄌ》
我情愿費三十兩價銀, 내 情愿으로 三十
兩 갑 銀을 허비ᄒ려 ᄒ노라.《朴新諺
2, 9ᄌ》便都依了你的要價罷, 곳 다 너 달
라는 갑대로 ᄒ쟈. ●⇔값.《朴新諺 1,
19ㅎ》每把價銀五錢, 每 ᄌ르 갑시 銀 닷
돈이니.《朴新諺 1, 50ᄌ》今年這地方馬
價如何, 올힌 여긔 물 갑시 엇더ᄒ뇨. 今
年此處馬價比往年賤些, 올힌 여긔 물 갑
시 往年에 比컨대 져기 賤ᄒ니라.《朴新
諺 2, 8ㅎ》這是要的老實價, 이 바들 고지
식ᄒ 갑시라.《朴新諺 2, 9ᄌ》實價十二
兩, 실갑시 열두 냥이라.《朴新諺 2, 43
ᄌ》討的是虛價還的是實價, 꾀오ᄂ 거슨
이 거즛 갑시오 갑ᄂ 거시아 이 실흔 갑
시니.《朴新諺 3, 29ㅎ》對你說實價, 너
를 對ᄒ여 실갑슬 니를 거시니. **❷**공전
(工錢). 수공(手工). ⇔공전.《朴新諺 1,
10ㅎ》我好還價, 우리 공전 주기 됴흐리
라.

가(駕) 됭 걸터타다. ⇔걸타다.《朴新諺 3,
35ᄌ》正所謂擎天白玉柱駕海紫金梁, 正
히 니른 바 하늘을 바쳣ᄂ 白玉柱ㅣ오
바다흘 걸탓ᄂ 紫金梁이라.

가(駕) 똉 수레.《朴新諺 2, 21ㅎ》我隨後慢

慢的跟駕去, 나는 隨後ᄒ여 날회여 駕를 쫄와 가마.

-가 젭 -가(哥). (성(姓)에 붙여 쓰는 말)《朴新諺 1, 3ㅈ》可着姓李的館夫討去, 李가 館夫로 어드라 가게 ᄒ고.《朴新諺 1, 3ㅈ》就着姓崔的外郞去討, 곳 崔가 外郞으로 가 엇게 ᄒ라.《朴新諺 1, 42ㅈ》張大哥你替我醫這馬骨眼, 張가 큰형아 네 나롤 ᄀᆞᆯ차 이 몰 눈에 치 고치고.《朴新諺 1, 50ㅎ》那孫家混堂裏洗澡去罷, 뎌 孫가ㅣ아 混堂에 목욕ᄒ라 가쟈.《朴新諺 2, 44ㅎ》今租到本坊沈名下住房一所, 이제 本坊 沈가의 名下에 사든 집 ᄒᆞᆫ 곳을 셰내되,《朴新諺 3, 46ㅈ》宋哥我同你看打春去罷, 宋가 형아 내 너와 ᄒᆞᆫ가지로 닙츈노롯ᄒᆞᆫ 양 보라 가쟈.

-가 조 -인가.《朴新諺 1, 54ㅈ》養的是小厮呢還是女孩兒呢, 나혼 거시 이 ᄉᆞ나히가 이 계집아희가.《朴新諺 3, 2ㅈ》那箇拿藍(籃)子盛着猫的不是賣的麽, 뎌 드라치 가져 괴 담으니 이 폴 리 아니가.《朴新諺 3, 23ㅎ》這的不是大譬麽, 이거시 큰 원쉬 아니가.《朴新諺 3, 29ㅈ》這不是燒的假珠子麽, 이 구은 조구슬이 아니가.《朴新諺 3, 42ㅎ》你到老曺家去送人情來的麽, 네 老曺의 집의 가 人情을 보내고 오니가.

-가(哥) 졉 -가(哥). (성(姓) 뒤에 붙이는 말)《朴新諺 1, 19ㅈ》張哥在家麽, 張哥ㅣ아 집의 잇ᄂᆞ냐.

가견(可見) 동 보다. 또는 …을 알 수 있다. …을 볼 수 있다. ⇔보다.《朴新諺 1, 49ㅈ》可見世上的忠臣孝子, 世上에 忠臣 孝子ㅣ. 多半是讀書人做的, 半나마 이 글 닑은 사롬이 ᄒᆞᆫ는 줄을 볼러라.

가경(佳境) 명 경치가 좋은 곳.《集覽, 朴集, 上, 15ㅈ》西湖. 在玉泉山下, 泉水瀦而爲湖, 流入宮中. 西苑爲太液池, 出都城爲玉河, 東南流注于大通河. 環湖十餘里, 荷・蒲・菱・茨與夫沙禽・水鳥出沒,

隱暎於天光雲影中, 實佳境也.

가구(可口) 형 맛있다. 입에 맞다. 감칠맛이 있다.《集覽, 朴集, 上, 2ㅈ》虎刺(刺)賔. 質問云, 如李長大, 半靑半紅色, 食之可口.

가구(家具) 명 집안 살림에 쓰는 기구.《集覽, 朴集, 下, 9ㅎ》碎盆. 未詳源流. 但本國送殯之晨, 在家者見靈輀登道, 卽隨以瓦器擲碎於門外, 大聲作語曰, 持汝家具而去. 云爾者, 盖使亡人無留念家緣之術也.

가국(家國) 명 자기의 집안과 나라.《集覽, 朴集, 下, 4ㅎ》大醮. 上元金籙齋, 帝王修奉, 設普天大醮, 中元玉籙齋, 保佑六宮, 輔寧妃后, 設周天大醮. 下元黃籙齋, 臣民通修, 普資家國, 設羅天大醮.

가권(家眷) 명 가족. 식구.《朴新諺 1, 49ㅎ》大小家眷小娃娃, 大小 家眷과 져근 아희들로.

가기(佳期) 명 혼인 날짜.《朴新諺 2, 27ㅎ》須早些約箇佳期纔妙哩, 모롬이 일즉 佳期를 언약홈이 마치 妙ᄒᆞ니라.

가난ᄒ다 형 가난하다. ⇔빈(貧).《朴新諺 1, 35ㅈ》人貧只為慳少債慣說謊, 사름이 가난ᄒ면 그저 다랍고 빗지면 거즛말 니르기 잘ᄒ다 ᄒᆞ니라.

가뇌(可惱) 형 노엽다. 괴롭다. 귀찮다. 속상하다. ⇔노홉다.《朴新諺 2, 13ㅈ》眞令人可恨可惱, 진실로 사롬으로 ᄒᆞ여곰 恨홉고 노홉게 ᄒᆞ니.

가다 동 ❶가다. ●⇔거(去).《集覽, 字解, 單字解, 1ㅈ》休. 禁止之辭. 休去 가디 말라.《集覽, 字解, 單字解, 2ㅎ》也. 在詞之上者, 又也. 也好 ᄯᅩ 됴타, 也是 ᄯᅩ 올타. 在詞之中者, 承上起下之辭. 我也去 나도 가마. 在詞之終者, 語助.《集覽, 字解, 單字解, 5ㅈ》往. 向也. 往那裏去 어드러 向ᄒᆞ야 가ᄂᆞᆫ다. 又昔也. 往常 아리.《朴新諺 1, 5ㅎ》你們到大廳上去, 너희 大廳에 가.《朴新諺 1, 19ㅈ》我且同你到張黑子

家去, 내 ᄯᅩ 너와 ᄒᆞᆫ가지로 張黑子의 집
의 가쟈.《朴新諺 2, 2ᄌ》且將就買了去
罷, 아직 두어라 ᄒᆞ여 사 가미 무던ᄒᆞ다.
《朴新諺 2, 10ᄌ》都往那裏聽去, 다 뎌긔
드르라 가니.《朴新諺 2, 46ᄒ》學裏也不
肯去, 學에도 즐겨 가지 아니ᄒᆞ니.《朴新
諺 3, 19ᄒ》徃煤場場拉煤去, 煤場에 셕
탄 실라 가더니.《朴新諺 3, 35ᄒ》那裡
吃去罷, 뎌긔 먹으라 가쟈.《朴新諺 3,
48ᄌ》你何必還定要去看麽, 네 엇지 반
ᄃᆞ시 ᄯᅩ 일졍 가 보고져 ᄒᆞᆫ다.《朴新
諺 3, 58ᄒ》逃徃山中去了, 도망ᄒᆞ여 山
中을 향ᄒᆞ여 갓더니. ❷⇔거래(去來).
《集覽, 字解, 單字解, 4ᄌ》來. 來往. 又語
助. 你來 이바, 夜來 어제, 有來 잇더라,
去來 가다. 又數物而有餘數, 未之知之辭.
十來箇 여라믄, 十里來地 십 리만ᄒᆞᆫ 디,
十來日 여라믄 날.《朴新諺 1, 16ᄒ》老哥
拜揖了那裏去來, 노형아 揖ᄒᆞ노라 어듸
갓더뇨. 大街上買段子去來, 큰 거리에
비단 사라 갓더니라. ❸⇔도(到).《朴新
諺 1, 16ᄒ》還要把領子到該管書辦處換
過小票, 당시롱 트는 톄를 가져 ᄀᆞᆷ아
ᄂᆞᆫ 셔반의게 가 져근 票를 밧고고.《朴
新諺 1, 28ᄌ》到處破敗別人誇張自己
(己), 간 곳마다 다른 사ᄅᆞᆷ을 허러ᄇᆞ리고
自己를 쟈랑ᄒᆞ고.《朴新諺 1, 48ᄌ》洗了
臉就到學房裏, ᄂᆞᆾ 싯고 즉시 學房에 가.
《朴新諺 2, 2ᄒ》今日到黃村宿, 오ᄂᆞᆯ 黃
村에 가 자고.《朴新諺 2, 4ᄌ》明日到羊
市上, 닉일 羊 져제에 가.《朴新諺 2, 12
ᄌ》飛到那邊逼與他, ᄂᆞ라 뎌 편에 가 뎌
를 주ᄂᆞ니.《朴新諺 2, 56ᄌ》你到那裏去,
네 어듸 가ᄂᆞᆫ다.《朴新諺 3, 9ᄒ》慢慢的
到江南, 날호여 江南에 가.《朴新諺 3, 11
ᄌ》咳我到處做生活, 애 내 간 디마다 셩
녕을 ᄒᆞ되.《朴新諺 3, 24ᄌ》到那唐僧耳
門後咬, 뎌 唐僧의 귀 뒤헤 가 무러.《朴
新諺 3, 35ᄒ》咱們到飯店裡吃飯去, 우리
밥뎜에 가 밥 먹으라 가쟈.《朴新諺 3,

49ᄒ》或撑到這荷花香處, 或 이 荷花 香
내 나ᄂᆞᆫ 곳에 저어 가. ❹⇔상거(上去).
《朴新諺 1, 12ᄒ》到倉上去, 倉에 가. ❺
⇔왕(往).《朴新諺 1, 8ᄒ》派小弟是徃永
平·大寧·遼陽·開元·瀋陽等處, 小
弟를 그은 거슨 이 永平·大寧·遼陽·
開元·瀋陽 等 處에 가ᄂᆞ니라.《朴新諺
1, 8ᄒ》我如今也派徃金剛山松廣等處去
降香, 내 이지 ᄯᅩ 金剛山 松廣 等 處에
그이여 가 降香ᄒᆞ리라.《朴新諺 1, 36
ᄒ》徃深山居住修心懺悔了, 深山에 가
머무러 修心 懺悔ᄒᆞ라 가려 ᄒᆞ노라.《朴
新諺 2, 3ᄌ》我往家裏去取氊衫·雨帽,
내 집의 가 담유삼과 갓모를 가져오려
ᄒᆞ노라.《朴新諺 2, 36ᄌ》明日好往通州
接官去, 닉일 通州ㅣ 가 관원 마즈라 가
기 됴케 ᄒᆞ라. ❻⇔전왕(前往).《朴新諺
3, 52ᄌ》小人前徃某處, 小人이 아모 곳
에 가더니. ❼⇔주(走).《朴新諺 3, 47
ᄌ》兩邉擺着走, 두 편에 버러 가면셔.
❽⇔주도(走到).《朴新諺 2, 35ᄌ》那婦
人便走到衙門裏告了一狀, 뎌 계집이 곳
衙門에 가 ᄒᆞᆫ 狀을 告ᄒᆞ니. ❾⇔진거(進
去).《朴新諺 1, 14ᄒ》你且進倉去, 네 倉
에 가. ❿⇔출거(出去).《朴新諺 3, 14
ᄒ》罵了幾句就走出去了, 여러 귀 ᄭᅮ짓
고 곳 드라나 가니. ⓫⇔행(行).《朴新諺
2, 23ᄌ》眞是遠行知馬力日久見人心, 진
실로 이 멀리 가매 ᄆᆞᆯ 힘을 알고 날이
오래매 사ᄅᆞᆷ의 ᄆᆞᄋᆞᆷ을 보ᄂᆞ니라.《朴新
諺 3, 47ᄌ》前面奏動細樂引着行, 앏ᄒᆡ
셰풍뉴ᄒᆞ여 인도ᄒᆞ여 가고. ❷갈다. 심
다. 가꾸다. ⇔종(種).《朴新諺 3, 19ᄒ》
我家裡一箇小厮在城外種地, 내 집 ᄒᆞᆫ 아
히 놈이 城 밧긔셔 밧 가다가.

가다 보동 가다. ⇔거(去).《朴新諺 2, 21
ᄒ》我隨後慢慢的跟駕去, 나는 隨後ᄒᆞ여
날회여 駕를 ᄶᅩ와 가마.《朴新諺 2, 22
ᄌ》都搶奪去了, 다 아사 가고.《朴新諺
2, 32ᄌ》如今搬在法藏寺西邊混堂間壁住

去了, 이제 法藏寺 西遑 混堂 스이 보람에 올마 가 사느니라.

가도다 동 가두다. ⇔감(監).《朴新諺 3, 19ㅎ》把我家小廝拿去監了兩日, 내 집 아히 놈을다가 자바가 가도완 지 이틀이오.《朴新諺 3, 20ㅈ》因何監着不放呢, 엇지ㅎ여 가도고 노치 아니ㅎ느뇨.《朴新諺 3, 20ㅈ》便把我這小廝監了, 곳 우리 이 아히 놈을다가 가도앗느니라.《朴新諺 3, 20ㅎ》便把他監起來也不怕, 곳 뎌를다가 가도아도 저프지 아니ㅎ다.《朴新諺 3, 39ㅈ》所以把老安監下要追比哩, 이러모로 老安을다가 가도아 물리려 ᄒ느니라.

가락디 명 가락지. ⇔환(環).《朴新諺 1, 44ㅈ》八對珠環, 여듧 **썅** 진쥬 가락디와.

가락지 명 가락지. ⇔계지(戒指).《朴新諺 1, 23ㅎ》一對猫兒眼廂嵌的金戒指, ᄒ **썅** 야광쥬 뎐메워 박은 金가락지.

가람(伽藍) 명 〈불〉 승가람마(僧伽藍摩). 졀[刹].《集覽, 朴集, 中, 4ㅈ》利土. 瓔珞經云, 利土, 乃聖賢所居之處. 又利土猶言法界也. 又號伽藍曰梵利者, 以柱爲表也.《集覽, 朴集, 中, 5ㅈ》起浮屠於泗水之間. 神僧傳云, 僧伽大士, 西域人, 姓何氏. 唐龍朔初, 於泗州臨淮縣信義坊, 將建伽藍, 掘得古香積寺銘記幷金像一軀, 上有普照王佛字, 遂建寺焉.

가례(家禮) 명 책 이름. 명대(明代)에 구준(丘濬)이 가례에 관한 주자(朱子)의 학설을 수집하여 만든 책. 주로 관혼상제(冠婚喪祭)의 사례(四禮)에 관한 사항을 담았다.《集覽, 朴集, 上, 12ㅎ》唱喏. 但家禮集註說云, 揖者, 拱手着胷也. 恐非所謂唱喏也. 今中朝俗以鞠躬拱手爲唱喏.《集覽, 朴集, 下, 5ㅎ》瀝靑. 家禮儀制云, 生蛤粉·桐油, 合熬爲之.

가례회통(家禮會通) 명 책 이름. 중국의 탕탁(湯鐸) 지음. 가례에 대한 내용을 기술하였다.《集覽, 朴集, 上, 11ㅎ》下多少

財錢. 亦云下財. 家禮會通云, 婚有六禮, 納采·問名·納吉·納徵·請期·親迎.

가리온 명 가리온. (몸은 희고 갈기가 검은 말)《朴新諺 2, 1ㅎ》一箇黑鬃靑馬却走得快, ᄒ 가리온총이물이 드롬이 샌르되.

가리온총이물 명 갈기가 검은 총이말. ⇔흑종청마(黑鬃靑馬).《朴新諺 2, 1ㅎ》一箇黑鬃靑馬却走得快, ᄒ 가리온총이물이 드롬이 샌르되.

가ᄅ 명 갈래. ⇔아(丫).《朴新諺 3, 46ㅎ》頭挽雙丫髻, 머리에 가ᄅ 샹토 조지고.

가마 명 가마. 가마솥. ●⇔과(鍋).《朴新諺 3, 26ㅈ》咱如今燒起油鍋跳入洗澡, 우리 이제 기름 가마에 불찟고 쮜여들어 목욕ᄒ쟈. 鹿皮先脫下衣服跳入鍋裡, 鹿皮ㅣ 몬져 옷 벗고 가마에 쮜여들거늘.《朴新諺 3, 26ㅈ》在油鍋兩遑看守, 기름 가마 두 편에셔 보아 지킈여.《朴新諺 3, 26ㅎ》鹿皮就在油鍋裡死了, 鹿皮ㅣ 곳 기름 가마에서 죽으니라. ●⇔과아(鍋兒).《集覽, 字解, 單字解, 1ㅎ》安. 安鍋兒 가마 거다. 又安下 사ᄅ미 자리 블다. 又吏語, 安挿 사ᄅ믈 안졉ᄒ게 ᄒ다.

가방(街坊) 명 거리. 또는 이웃. ⇔거리.《朴新諺 3, 55ㅈ》不知街坊上可有賃的驢麼, 아지 못게라 거리에 셰낼 나귀 잇느냐.

가부(葭莩) 명 갈대의 줄기 안쪽에 붙어 있는 아주 얇고 흰 막.《集覽, 朴集, 下, 10ㅎ》放一堆灰. 立春之日, 以葭莩灰實〈宗〉律之端, 氣至則灰飛.《朴新諺 3, 48ㅈ》那灰忽然飛起(朴新注, 61ㅎ: 立春之日, 以葭莩灰實律之端, 氣至則灰飛.), 뎌 지 믄득 ᄂ라 니러나면.

가빈(家貧) 형 집안이 가난하다.《朴新諺 1, 52ㅎ》家貧不是貧路貧愁殺人, 家貧은 이 貧이 아니오 路貧이야 사룸을 근심케 ᄒ다 ᄒ니라.

가빈불시빈노빈수살인(家貧不是貧 路貧愁殺人) 구 집에서는 가난해도 괜찮

지만 밖에서 가난하면 아무 방법이 없
다는 뜻.《朴新諺 1, 52ㅎ》家貧不是貧路
貧愁殺人, 家貧은 이 貧이 아니오 路貧이
야 사름을 근심케 흔다 흐니라.

가사(祠祀) 圀 조상의 사당(祠堂).《集覽,
朴集, 下, 11ㅈ》好女不看燈. 容齋隨筆云,
漢家祠太乙, 以昏時祠到明. 今人正月望
夜, 夜遊觀月, 是其遺事.

가사(家舍) 圀 집.《集覽, 朴集, 上, 8ㅈ》宅
子. 俗總稱〈総称〉家舍曰房子, 自稱〈称〉
曰寒家, 文士呼曰寒居, 自指室內曰屋裏,
人稱王公·大人之家曰宅子.

가사(假使) 囝 가령. 만일. 만약.《集覽,
字解, 累字解, 2ㅈ》假如. 猶言假使之意.

가사(袈裟) 圀 〈불〉 중이 장삼 위에 왼쪽
어깨에서 오른쪽 겨드랑이 밑으로 걸쳐
입는 법의(法衣).《集覽, 朴集, 上, 10ㅈ》
袈裟. 反(飜)譯名義云, 袈裟是外國三衣之
名. 或名離塵服, 由斷〈断〉六塵故, 或名消
瘦服, 由斷煩惱故, 或名無垢衣. 一曰金縷
僧伽黎, 卽大衣也, 入王宮聚落時着, 乞食
時着. 二曰鬱〈欝〉多羅僧, 卽七條也, 此云
上着衣也, 入衆時着, 禮誦齋講時着. 三曰
安陁會, 卽五條也, 院內行道雜作衣. 華嚴
云, 着袈裟者, 捨離三毒. 戒壇云, 五條下
衣, 斷〈断〉貪身也, 七條中衣, 斷〈断〉嗔口
也, 大衣上衣, 斷痴心也.《集覽, 朴集, 上,
16ㅈ》石屋. 遂以袈裟表信曰, 衣雖今日,
法自靈〈灵〉山流傳至今, 今附於汝, 汝善
護持, 母〈毋〉令斷〈断〉絶.《集覽, 朴集,
上, 16ㅈ》傳衣鉢. 書言故事云, 傳授佛法,
謂之傳衣鉢. 衣, 卽袈裟三事衣也, 鉢, 應
供器也. 詳見上.《朴新諺 2, 9ㅎ》傳與他
衣鉢(朴新注, 26ㅈ: 傳授佛法, 謂之傳衣
鉢. 衣, 卽袈裟三事衣也, 鉢, 應供器也.),
뎌의게 衣鉢을 전흐여 주니.《朴新諺 2,
54ㅈ》我做袈裟哩, 내 袈裟를 믄그노라.

가상(街上) 圀 거리. 가두. 노상. ⇔거리.
《朴新諺 1, 16ㅎ》大街上買段子去來, 큰
거리에 비단 사라 갓더니라.《朴新諺 1,

17ㅎ》大街上四牌樓東, 큰 거리 四牌樓
동편에.《朴新諺 1, 20ㅈ》與那街上小厮
們, 뎌 거리 아희들이.《朴新諺 1, 48ㅎ》
街上休要遊蕩, 거리에 遊蕩치 말라.《朴
新諺 2, 31ㅎ》不許到街上去閑遊惹事, 街
上에 가 힘힘이 노라 일내믈 허치 말고.
《朴新諺 2, 36ㅈ》街上泥凍的都似狼牙一
般, 거리에 즌흙 언 거시 다 일희 니 굿ㅌ
니.《朴新諺 2, 56ㅈ》雨纔晴了街上有路
好走麼, 비 굿 개여시니 거리에 길히 이
셔 든니기 됴터냐.

가석(可惜) 휑 아깝다. 아쉽다. 애석(哀
惜)하다. 섭섭하다. ⇔앗갑다.《朴新諺
3, 6ㅎ》咳可惜了, 애 앗가올샤.《朴新諺
3, 11ㅎ》不可惜了我的工錢麼, 내 工錢이
앗갑지 아니흐랴.

가설(柯雪) 圀 나뭇가지에 쌓인 눈. 이(齒)
가 희고 가지런함을 형용한 말이다.《集
覽, 朴集, 中, 6ㅈ》齒排柯雪. 謂齒如雪堆
枝柯之上, 淨白頓整之形, 似人所編排然.
佛三十二相, 有四十齒相, 有齒白淨相, 有
齒齊密相.《朴新諺 2, 29ㅈ》齒排柯雪着
秀垂楊, 니ᄂᆞ 柯雪이 버럿ᄂᆞ 둣ᄒᆞ고 눈
섭은 垂楊이 빠혀난 둣ᄒᆞ도다.

가섭(迦葉) 圀 〈불〉 불교의 선종(禪宗)을
이르는 말.《集覽, 朴集, 上, 16ㅈ》傳衣
鉢. 釋迦佛生年十九出家, 住世四十九年,
傳衣鉢于迦葉初祖達摩, 達摩傳衣鉢于二
祖, 二祖傳于三祖, 至於六祖, 至三十二祖
弘忍. 盖以此爲傳道之器也.

가성(家聲) 圀 가문(家門)의 명성.《朴新
諺 1, 19ㅈ》好與不好都是小舖的門面(朴
新注, 7ㅎ: 如家聲, 名聲之義.), 됴흐며
됴치 아니미 다 이 小舖의 門面이라.

가쇄(枷鎖) 圀 칼과 수갑. 곧, 형구(刑具).
《集覽, 朴集, 中, 6ㅈ》尋聲救苦應念除災.
史記, 昔盧景裕繫晉陽獄, 志心念觀世音
菩薩, 枷鎖自脫. 又有人當死, 志心誦觀世
音菩薩普門品經千百遍, 臨刑刀折, 因以
赦之.

가시(街市) 圐 저자. 시장. 시가(市街). ⇔저제.《集覽, 朴集, 上, 14ㅎ》拜節. 歲時樂事記云, 元日, 士庶自早互相慶賀, 車馬交馳, 衣服華煥, 雜遝街市, 三四日乃止〈三四日而乃止〉.《朴新諺 1, 2ㅈ》京城街市上槽房(朴新注, 1ㅎ: 卽酒舖.)雖多, 京城 져제에 술집이 비록 만흐나.

가신(家臣) 圐 측근자. 시종. 하인.《集覽, 朴集, 上, 6ㅈ》張舍. 王公・大人之家, 必有舍人, 卽家臣也. 如本國伴倘〈儅〉之類, 爲權勢倚任之人, 貧賤之所羨慕者也〈貧賤之所羨慕者〉. 故街巷呼親識爲張舍・李舍, 乃一時推敬之稱〈称〉.《朴新諺 1, 29ㅈ》看見両箇舍人(朴新注, 11ㅈ: 王公・大人之家, 必有舍人, 卽家臣也. 又武職官下閑人, 謂之舍人.)調馬要子, 두 舍人이 調馬 노리ᄒᆞᄂᆞᆫ 양을 보니.

가아(哥兒) 圐 형. ⇔형.《朴新諺 2, 6ㅎ》好哥兒弟兄們從來不分彼此, ᄆᆞ음 됴흔 형 아ᄋᆞ들이 본ᄃᆡ 彼此를 혀기지 아니ᄒᆞᄂᆞ니.

가애(可愛) 圐 사랑하다. ⇔ᄉᆞ랑ᄒᆞ다.《朴新諺 2, 39ㅈ》滿池荷花香噴噴的令人可愛, 못에 ᄀᆞ득흔 荷花ㅣ 香내 뿜겨 사름으로 ᄒᆞ여곰 ᄉᆞ랑홉게 ᄒᆞ더라.

가애(可愛) 엥 곱다. 사랑스럽다. ⇔곱다.《朴新諺 2, 1ㅎ》一箇赤色馬雖生的十分可愛, 흔 졀짜ᄆᆞᆯ이 비록 삼긴 거시 ᄀᆞ장 고으나.

가여(假如) 閉 만일. 만약. ⇔만일.《集覽, 字解, 累字解, 2ㅈ》假如. 猶言假使之意.《朴新諺 1, 11ㅎ》假如三両年内倒了, 만일 두세 ᄒᆡ 안히 믄허지거든.《朴新諺 2, 15ㅈ》假如你染的不如這樣兒上的顔色, 만일 네 드린 거시 이 樣子엣 빗과 ᄀᆞᆺ지 아니면.《朴新諺 2, 34ㅈ》假如明日事發起來, 만일 닉일 일이 니러나면.

가연(家緣) 圐 집안 일. 또는 집과의 인연.《集覽, 朴集, 下, 9ㅎ》碎盆. 未詳源流. 但本國送殯之晨, 在家者見靈轜登途, 卽隨以瓦器擲碎於門外, 大聲作語曰, 持汝家具而去. 云爾者, 盖使亡人無留念家緣之術也.

가온대 圐 가운데. ⇔중(中).《朴新諺 3, 26ㅎ》打一箇跟阧跳入油中, 흔 번 跟阧질ᄒᆞ여 뛰여 기름 가온대 들어가.

가온ᄃᆡ 圐 가운데. ●⇔심중(心中).《朴新諺 2, 5ㅈ》湖心中有座琉璃閣, 물 가온ᄃᆡ 흔 琉璃閣이 이시니. ●⇔중(中).《朴新諺 3, 25ㅈ》說與先生樻中有一箇桃, 先生ᄃᆞ려 닐러 궤 가온ᄃᆡ 흔 복셩홰 잇다 ᄒᆞ엿더니.

가위(可謂) 동 (…라고) 말할 만하다. 말할 수 있다. 말해도 좋을 것이다.《朴新諺 1, 7ㅎ》可謂及時行樂, 可謂 及時 行樂이니.

가인(佳人) 圐 용모가 아름다운 여자.《朴新諺 3, 59ㅎ》寶劒贈與烈士, 寶劒은 烈士를 주고. 紅粉付與佳人, 紅粉은 佳人을 준다 ᄒᆞ니라.

가인(家人) 圐 하인. 종.《集覽, 朴集, 上, 2ㅎ》院本. 質問云, 院本有曰外, 或粧先生・採訪使・考試官・老人・達達之類, 皆是外扮, 曰淨, 有男淨・有女淨, 亦做醜態, 專一弄言取人歡笑, 曰末, 粧扮不一, 初則開場白說, 或粧家人・祇候, 或扮使臣之類, 曰丑, 狂言戱弄, 或粧醉漢・太醫・吏員・媒婆之類.

가일(暇日) 圐 한가한 날. 짬이 있는 날.《集覽, 朴集, 中, 8ㅈ》十八學士. 秦王暇日, 至館中討論文籍, 使閻立本圖像, 褚亮爲賛. 得與其選者, 世謂之登瀛洲.

가옴열다 엥 가멸다. 부(富)하다. 부요(富饒)하다. ⇔부(富).《朴新諺 1, 25ㅎ》人不得橫財不富, 사름이 橫財를 엇디 못ᄒᆞ면 가옴여디 못ᄒᆞ고. 馬不得夜草不肥, 물이 夜草를 엇디 못ᄒᆞ면 술지디 못한다 ᄒᆞ니.《朴新諺 2, 46ㅎ》家富小兒嬌, 집이 가옴열면 아희 ᄒᆞ건양흔다 ᄒᆞ니.

가이 圐 가위. ⇔전자(剪子).《朴新諺 1,

38ㅎ》三哥是剪子, 셋재 형은 이 가이오.

가자(架子) 명 공을 넣을 수 있도록 윗부
분에 구멍이 뚫려 있는, 나무로 만들어
세우는 틀. 《集覽, 朴集, 下, 7ㅎ》窩兒.
質問云, 如人打毬兒, 先掘一窩兒, 後將毬
兒打入窩內, 方言謂之窩兒. 又一本質問
畫毬門架子, 如本國抛毬樂架子, 而云木
架子, 其高一丈, 用五色絹結成彩門, 中有
圓眼, 擊起毬兒入眼過落窩者勝.

가자(茄子) 명 가지. ⇔가지. 《朴新諺 2,
40ㅈ》種些冬瓜, 져기 동화와. 西瓜, 슈
박과. 甜瓜, 춤외와. 揷葫, 즈릆박과. 稍
瓜, 수세외와. 黃瓜, 외와. 茄子等類, 가
지들을 심으라.

가재(家財) 명 한 집안의 재물이나 재산.
《朴新諺 2, 35ㅎ》把那偌大的家財盡行帶
去, 뎌 만흔 家財를다가 다 가져가.

가젼(價錢) 명 값. 가격. ●⇔갑. 《集覽,
字解, 單字解, 4ㅎ》索. 求也. 索價錢 갑
받다. 又鄕習傳解曰 빋 쐬오다, 亦通. 又
須也. 不索, 今皆罕用. 《朴新諺 1, 11ㅈ》
據你要的價錢却也不甚多, 네 달라는 갑
대로 ᄒᆞ여도 쏘 ᄀᆞ쟝 만치 아니커니와.
《朴新諺 1, 11ㅎ》你若依了我的價錢, 네
만일 내 갑대로 ᄒᆞ면. 《朴新諺 1, 12ㅈ》
我便依着你的價錢做罷, 내 곳 네 갑대로
홈이 무던ᄒᆞ다. 《朴新諺 1, 19ㅎ》便依着
你的價錢, 곳 네 갑대로 호되. ●⇔값.
《朴新諺 1, 10ㅎ》你只說老實價錢, 네 그
저 고지식ᄒᆞᆫ 갑슬 닐러야. 《朴新諺 1, 16
ㅎ》你猜是甚麽價錢, 네 이 므슴 갑신고
짐쟉ᄒᆞ라. 《朴新諺 1, 32ㅈ》就這六箇你
要多少價錢, 이 여슷세 네 언머 갑슬 바
드려 ᄒᆞᆫ다. 《朴新諺 1, 50ㅈ》恐市上出
不上價錢哩, 져지셔 갑시 나지 아닐가
ᄒᆞ노라. 《朴新諺 2, 8ㅎ》你說賣的價錢
罷, 네 폴 갑슬 니르라. 《朴新諺 2, 42ㅎ》
這緞子多少價錢, 이 비단이 갑시 엇마나
ᄒᆞ뇨. 《朴新諺 3, 2ㅎ》你賣的價錢老實
說, 네 폴 갑슬 고지식이 니르라. 《朴新

諺 3, 2ㅎ》討甚麽謊價錢, 무슴 거줏 갑슬
쐬오리오. 《朴新諺 3, 30ㅈ》還我多少價
錢, 내게 엇마 갑슬 갑흐려 ᄒᆞᆫ다. 《朴
新諺 3, 32ㅎ》這箇還討甚麽價錢呢, 이거
슬 당시롱 므슴 갑슬 쐬오리오. ❸⇔빋.
《集覽, 字解, 單字解, 4ㅎ》討. 求也, 探也.
討去 어드라 가다, 討債去 빋 주니 바드
라 가다, 討價錢 빋 받다. 又本國傳習之
解曰 빋 쐬오다, 亦通. 《集覽, 字解, 單字
解, 4ㅎ》索. 求也. 索價錢 갑 받다. 又鄕
習傳解曰 빋 쐬오다, 亦通. 又須也. 不索,
今皆罕用.

가져가다 동 가져가다. ●⇔나거(拿去).
《朴新諺 1, 3ㅎ》可拿去吩咐管酒的人, 가
져가 술 ᄀᆞᆷ아는 사룸의게 吩咐ᄒᆞ여.
《朴新諺 2, 8ㅎ》再拿去着別人看便見眞
假了, 다시 가져가 다룬 사룸 ᄒᆞ여 뵈면
곳 眞價를 알리라. 《朴新諺 2, 10ㅎ》咱
兩箇拿些布施和香·蠟去禮拜他, 우리
둘이 져기 보시와 香과 쵸를 가져가 뎌
의게 禮拜ᄒᆞ고. 《朴新諺 2, 32ㅎ》拿去叫
李大做兩頂帽子, 가져가 李大ㅣ로 ᄒᆞ여
두 갓슬 민드되. 《朴新諺 2, 41ㅈ》便把
鉤子鉤出來拿去, 곳 갈고리로 그러내여
가져가ᄂᆞ니라. 《朴新諺 3, 3ㅈ》你賣就
賣不賣就拿了去, 네 풀려 커든 곳 풀고
푸지 아니려 커든 곳 가져가라. 《朴新諺
3, 32ㅎ》拿去使用不要吊了, 가져가 쓰고
쩌르치지 말라. 《朴新諺 3, 54ㅈ》我就雇
人拿去找馬罷, 내 곳 사룸을 삭내여 가
져가 물을 ᄎᆞ쟈. ❷⇔대거(帶去). 《朴新
諺 2, 12ㅈ》我沒有零錢帶去使用, 내 드
래돈 가져가 쓸 거시 업스니. 《朴新諺
2, 35ㅎ》把那偌大的家財盡行帶去, 뎌 만
흔 家財를다가 다 가져가. ❸⇔취거(取
去). 《朴新諺 3, 55ㅈ》就取一百錢去賃來
輢上, 곳 흔 빅 돈을 가져가 삭 내여 와
안장 디오라. ❹⇔파거(把去). 《朴新諺
1, 22ㅎ》把甚麽去當, 무서슬 가져가 뎐
당ᄒᆞ려 ᄒᆞᆫ다. 《朴新諺 1, 23ㅎ》還要把

一副頭面去當哩, 또 혼 볼 頭面을 가져가 던당호려 호느니. 《朴新諺 1, 24ㅈ》把這幾件去, 이 여러 가지롤 가져가.

가져오다 동 가져오다. ●⇔거취(去取). 《朴新諺 2, 3ㅈ》我往家裏去取氊衫·雨帽, 내 집의 가 담유삼과 갓모를 가져오려 호노라. 《朴新諺 2, 3ㅈ》我便不回去取了, 내 곳 도라가 가져오지 아니호리라. ●⇔나래(拿來). 《朴新諺 1, 27ㅎ》拿紙筆(筆)來, 紙筆(筆)을 가져오라. 《朴新諺 1, 33ㅈ》拿銀子來看, 은을 가져오라 보쟈. 《朴新諺 1, 58ㅈ》拿紙·墨·筆(筆)·硯來, 紙·墨·筆(筆)·硯을 가져오라. 《朴新諺 2, 8ㅈ》你拿好緞子來我看, 네 됴흔 비단을 가져오라 내 보쟈. 《朴新諺 2, 34ㅎ》拿珍珠一百顆來當, 珍珠 一百 낫츨 가져와 던당호니. 《朴新諺 2, 54ㅎ》且拿過碁來下一盤, 아직 바독 가져와 혼 판 두쟈. 《朴新諺 2, 57ㅈ》這麼拿我的雨衣·雨靴來, 이러면 내 유삼과 즌훠를 가져와. 《朴新諺 3, 2ㅈ》你拿猫來我看, 네 괴 가져오라 내 보쟈. 《朴新諺 3, 7ㅎ》再拿兩根安息香來燒一燒, 또 두 즈르 安息香을 가져와 픠오라. 《朴新諺 3, 18ㅈ》方纔書辦們拿文書來畫稿, 앗가 ㅈ 셔반들이 文書를 가져와 稿에 일홈밧고. 《朴新諺 3, 29ㅎ》你拿來我看, 네 가져오라 내 보쟈. 《朴新諺 3, 32ㅎ》拿二百錢來罷了, 二百 낫 돈을 가져오미 무던호다. ●⇔대래(帶來). 《朴新諺 1, 3ㅈ》吩咐我帶廻來給老爺們看驗過了, 우리게 吩咐호여 가져와 老爺네끠 뵈야 驗過호고. 《朴新諺 1, 49ㅎ》我家有書信帶來麼, 내 집의 書信이 이셔 가져왓느냐. 《朴新諺 2, 25ㅎ》都是我家太爺從朝鮮帶來的, 다 이 우리 집 太爺ㅣ 朝鮮으로서 가져온 거시매. 《朴新諺 3, 59ㅈ》小子別無土宜帶來, 小子ㅣ 별로 土産을 가져온 거시 업고. ●⇔장래(將來). 《集覽, 字解, 單字解, 1ㅎ》稍. 寄也. 稍將來 브터 가져오라. 《集覽, 字解, 單字解, 4ㅈ》將. 持也. 將來 가져오라, 將着 가지라, 將咱們 우리를다가. 又將次 쟝ᄎ. 《集覽, 字解, 單字解, 5ㅎ》就. 卽也. 就將來 즉재 가져오라, 就有了·就去了. ●⇔취래(取來). 《朴新諺 1, 3ㅎ》你取票來我看, 네 票를 가져오라 내 보쟈. 《朴新諺 1, 3ㅎ》照勅數取來, 勅數대로 가져오라. 《朴新諺 2, 19ㅈ》取來我看, 가져오라 내 보쟈. 《朴新諺 3, 16ㅎ》你只取了傢伙來做活, 네 그저 연장을 가져와 셩녕호라. 《朴新諺 3, 24ㅎ》取了一塊青泥來, 혼 덩이 프른 즌흙을 가져와. 《朴新諺 3, 36ㅈ》你把包子火燒先取來, 네 包子와 구은 쩍을다가 몬져 가져오고. ●⇔타래(打來). 《朴新諺 1, 2ㅈ》打來的酒捴平常, 가져온 술이 다 平常호니. ●⇔파래(把來). 《朴新諺 2, 15ㅈ》你把現成樣子來我看, 네 現成혼 樣子를 가져오라 내 보쟈. 《朴新諺 2, 58ㅎ》把曆頭來我看, 칙녁 가져오라 내 보쟈. 《朴新諺 3, 37ㅈ》這麼把我那皮俗來, 이러면 내 이 皮俗를 가져와.

가족 명 가죽. ●⇔피(皮). 《朴新諺 1, 31ㅎ》做坐褥皮搭連的, 아답개와 가족 대련 지을 거시라. 《朴新諺 3, 42ㅈ》畫虎畫皮難畫骨, 범을 그리매 가족은 그려도 쎠 그리기 어렵고. 知人知面不知心, 사룸을 알매 놋츤 아라도 ᄆᆞᆷ 아지 못혼다 호니라. ●⇔피장(皮張). 《朴新諺 1, 32ㅈ》我這店裏的皮張都是好的, 우리 이 店에 가족이 다 됴흔 거시라.

가주(家主) 명 주인(主人). 상전(上典). 가장(家長). ⇔항것. 《朴新諺 3, 39ㅈ》奴婢使家主的, 종이 항거싀 거슬 쓰는 거시.

가주자(假珠子) 명 조(造)구슬. 조(造)짜 구슬. ⇔조구술. 《朴新諺 3, 29ㅈ》你有好假珠子麼, 네게 됴흔 조구술 잇느냐. 《朴新諺 3, 29ㅈ》這不是燒的假珠子麼, 이 구은 조구술이 아니가.

가중(家中) 명 집 안. 《朴新諺 1, 58ㅎ》將

家中所有直錢物件, 家中에 잇는 갑쓴 物件을다가.

가증(可曾) 〔뿐〕 일찍. 일찍이. 이미. 벌써. ⇔일즉.《朴新諺 1, 56ㅎ》留下名帖可曾見麽, 名帖을 머므럿더니 일즉 보신가.《朴新諺 2, 4ㅎ》李爺你可曾到過西湖, 李爺ㅣ아 네 일즉 西湖에 돈녀.

가지 〔명〕 ❶가지. ⇔가자(茄子).《朴新諺 2, 40ㅈ》種些冬瓜, 져기 동화와. 西瓜, 슈박과. 甜瓜, 춤외와. 揷葫, ᄌ른박과. 稍瓜, 수세외와. 黃瓜, 외와. 茄子等類, 가지들을 심으라. ❷가지[枝]. ⇔지(枝).《朴新諺 1, 23ㅎ》九枝金鳳, 아홉 가지 金鳳과.

가지 〔의〕 가지. 종류. ❶⇔건(件).《朴新諺 1, 24ㅈ》把這幾件去, 이 여러 가지롤 가져가.《朴新諺 1, 31ㅎ》這両件東西要做, 이 두 가지ㅅ 거슬 지으려 ᄒ면.《朴新諺 2, 7ㅈ》咱有一件東西要與你對換如何, 우리 ᄒ 가지 써시 이셔 너와 밧고고져 ᄒ니 엇더ᄒᄂ뇨.《朴新諺 2, 25ㅎ》再有一件, ᄯ 혼 가지는.《朴新諺 3, 20ㅈ》有簡漢人不見了幾件衣服, 혼 漢人이 이셔 여러 가지 衣服을 일코. ❷⇔도(道).《朴新諺 1, 5ㅈ》還要上三道粉湯, 당시롱 세 가지 粉湯을 올릴 거시오. ❸⇔반(般).《集覽, 字解, 單字解, 7ㅈ》般. 名數也. 諸般 여러 가짓. 又等也. 一般. 又多也.《朴新諺 1, 45ㅈ》諸般技藝都會的, 여러 가지 技藝롤 다 아니.《朴新諺 1, 46ㅈ》你買諸般絨線, 네 여러 가지 보ᄃ라온 실과.《朴新諺 2, 11ㅈ》裏頭也有諸般唱文詞的, 안히 여러 가지 文詞 부르는 이도 이시며.《朴新諺 2, 12ㅈ》還有那諸般做把戲的演戲法的, ᄯ 여러 가지 노롯ᄒ며 환슐 닉이는 이도 이셔.《朴新諺 3, 27ㅈ》百般搭不着, 빅 가지로 ᄒ되 그지 못ᄒ니.《朴新諺 3, 38ㅎ》諸般粮食, 여러 가지 곡식과.《朴新諺 3, 44ㅈ》三寸氣在千般有, 三寸 긔운이 이시매 千 가지 잇더

니. 一日無常萬事休, 一日에 ᄶᄶ홈이 업스매 萬事ㅣ 休혼다 홈이로다. ❹⇔선(鮮).《朴新諺 1, 5ㅈ》膾三鮮, 세 가지 회니. ❺⇔양(樣).《朴新諺 1, 2ㅈ》這幾樣都是南方來的有名的好酒, 이 여러 가지는 다 이 南方셔 온 有名혼 됴혼 술이라.《朴新諺 1, 4ㅎ》只用十二樣勾了, 그저 열두 가지를 써야 넉넉ᄒ리라.《朴新諺 1, 4ㅎ》這四樣先上, 이 네 가지를 몬져 올리고.《朴新諺 1, 5ㅎ》幷着他叫些歌唱的諸樣雜耍的來, 아오로 뎌로 ᄒ여 노래 부르고 여러 가지 잡노롯ᄒ는 이롤 불러와.《朴新諺 1, 21ㅈ》各樣不同, 여러 가지 ᄀᄐ디 아니ᄒ더라.《朴新諺 2, 42ㅈ》要南京來的鴉靑色・月白色這兩樣緞子, 南京으로셔 온 야쳥빗과 남빗 이 두 가지 비단을 ᄒ려 ᄒ노라. ❻⇔종(種).《朴新諺 1, 23ㅎ》我如今當了這兩種, 내 이제 몬져 이 두 가지롤 뎐당ᄒ고도.《朴新諺 3, 18ㅈ》還有幾種好酒, 또 여러 가지 됴혼 술이 잇고.《朴新諺 3, 36ㅈ》官人們要那幾種吃呢, 官人들이 어니 몃 가지를 먹으려 ᄒᄂ다.

가지(可知) 〔형〕 새롭다. ⇔새로외다.《集覽, 字解, 累字解, 1ㅎ》可知. 그러 아니려. 又그러커니ᄯ나. 本朝傳習之釋曰새로욀셔.

가지가지 〔명〕 가지가지. 갓가지. ⇔건건(件件).《朴新諺 1, 11ㅈ》但于今柴・米・小菜件件俱貴, 다만 이제 나모와 쏠과 ᄂ믈이 가지가지 다 귀ᄒ니.《朴新諺 1, 30ㅎ》件件俱是內造色樣, 가지가지 다 이 內造 色樣이라.

가지다 〔동〕 가지다. ❶⇔나(拿).《朴新諺 2, 11ㅎ》拿一箇一托長碗口大的紅油畵金棒子, ᄒ나 혼 발맛치 길고 사발맛치 큰 불근 칠ᄒ고 금으로 그린 막대롤 가져.《朴新諺 2, 15ㅈ》我好拿銀子來取, 내 銀을 가지고 와 츠즈리라.《朴新諺 3, 1ㅈ》拿蠅拂子來赶一赶, 포리채 가져다가 쏫

고. 再拿把扇子來與我, 쏘ᄒᆞᆫ ᄌᆞᄅᆞ부치
가져다가 나를 주고려. 《朴新諺 3, 2ㅈ》
那簡拿藍(籃)子盛着猫的不是賣的麽, 뎌
ᄃᆞ라치 가져 괴 담으니 이 풀 리 아니가.
《朴新諺 3, 30ㅎ》你不賣拿囬家去就飯吃,
네 ᄑᆞ지 아니코 가져 집의 도라가 밥ᄒᆞ
여 먹으려 ᄒᆞᆫ다. 《朴新諺 3, 35ㅈ》還
有那拿鉞(鉞)斧的, 쏘 뎌 鉞(鉞)斧 가지
니와. 拿寶劍的, 寶劍 가지니와. 《朴新諺
3, 47ㅈ》手拿線鞭, 손에 線鞭 가지고. ❷
⇔나착(拿着). 《朴新諺 2, 12ㅈ》他的主
兒一箇手拿着五色小旗, 뎌 님재 ᄒᆞᆫ 손에
五色 져근 旗를 가지고. 《朴新諺 2, 41
ㅈ》拿着取燈兒, 取燈을 가지고. 《朴新諺
3, 47ㅎ》拿着三丈高的一面大旗, 세 길이
나 노픈 一面 大旗를 가지고. ❸⇔대
(帶). 《朴新諺 1, 47ㅈ》多多的帶些人事
與你還禮罷, 만히 人事를 가져 네게 還禮
ᄒᆞ마. 《朴新諺 2, 28ㅈ》帶十兩銀子到東
安州(朴新注, 32ㅎ: 在京都南一百里.)去
放黑豆, 열 냥 은을 가지고 東安州에 가
거믄콩에 노하. 《朴新諺 2, 28ㅎ》一箇帶
五兩銀子到馬家庄去放稈草, ᄒᆞ나흔 닷
냥 은을 가지고 馬家庄에 가 조딥헤 노
코. 一箇帶二兩銀子到西山去收乾草, ᄒᆞ
나흔 두 냥 은을 가지고 西山에 가 ᄆᆞ른
딥흘 거두되. 《朴新諺 3, 33ㅎ》你都帶了
來這裡做活方好, 네 다 가지고 와 예셔
셩녕홈이 보야흐로 됴타. ❹⇔봉(捧).
《朴新諺 1, 35ㅎ》穿着納襖捧着鉢盂, 누
비옷 닙고 에유아리 가지고. ❺⇔장
(將). 《集覽, 字解, 單字解, 1ㅎ》稍. 寄也.
稍將來 브텨 가져오라. 《集覽, 字解, 單
字解, 4ㅈ》將. 持也. 將來 가져오라, 將着
가지라, 將咱們 우리를다가. 又將次 쟝
ᄎᆞ. 《朴新諺 2, 50ㅈ》將花氊鋪在炕上, 花
氊 가져다가 캉에 ᄭᆞᆯ고. ❻⇔쟝착(將
着). 《集覽, 字解, 單字解, 4ㅈ》將. 持也.
將來 가져오라, 將着 가지라, 將咱們 우
리를다가. 又將次 쟝ᄎᆞ. ❼⇔지(持).

《朴新諺 3, 35ㅈ》手持畫戟, 손에 畫戟을
가지고. ❽⇔집(執). 《朴新諺 3, 46ㅎ》
手執彩線鞭, 손에 彩線鞭을 가지고. 《朴
新諺 3, 48ㅈ》各執一鞭打那土牛, 각각
ᄒᆞᆫ 채를 가져 뎌 土牛를 티니. ❾⇔취
(取). 《朴新諺 1, 3ㅎ》就去取酒, 즉시 가
술을 가져가라 ᄒᆞ더이다. 《朴新諺 1, 20
ㅈ》我們隔幾日再來取罷了, 우리 여러
날 즈음ᄒᆞ여 다시 와 가져가미 무던ᄒᆞ
다. 《朴新諺 3, 7ㅈ》到六月裡取出來晒幾
次, 六月에 다ᄃᆞᆺ거든 가져 내여 여러 번
볏 ᄡᅬ라 ᄒᆞ여시니. 《朴新諺 3, 8ㅎ》徃西
天去取經的時節, 西天을 向ᄒᆞ여 經 가질
라 갈 제. 《朴新諺 3, 9ㅈ》纔到得西天取
了經迴來, 계요 西天에 니르러 經을 가지
고 도라와. 《朴新諺 3, 21ㅎ》當年有簡唐
僧徃西天取經去, 當年에 ᄒᆞᆫ 唐僧이 이셔
西天을 向ᄒᆞ여 經 가질라 갈 제. ❿⇔파
(把). 《朴新諺 1, 14ㅈ》還要把領子到該
管書辦處換過小票, 당시롱 ᄐᆞᆫ는 톄를 가
져 ᄀᆞ음아는 셔반의게 가 져근 票를 밧
고. 《朴新諺 1, 43ㅈ》再把挑針挑起來,
쏘 것고지 가져다가 것곳고. 《朴新諺 1,
43ㅎ》把鉸刀鉸了鼻孔毫毛, 鉸刀를 가져
다가 코굼게 털을 ᄲᅩᆸ고. 《朴新諺 2, 16
ㅎ》你把那白麵來, 네 뎌 白麵을 가져다
가. 《朴新諺 2, 49ㅎ》把苕箒來掃乾淨着,
닛뷔 가져다가 ᄡᅳᆯ기를 乾淨히 ᄒᆞ고. 《朴
新諺 3, 7ㅎ》快把苕箒來掃去了, 밧비 닛
뷔 가져다가 ᄡᅳ러 ᄇᆞ리고.

가지도(可知道) 閈 그렇거니. 또는 당연
이. ⇔그리어니. 《朴新諺 1, 42ㅎ》可知
道馬是弟(第)一件寶貝, 그리어니 ᄆᆞᆯ은
이 弟(第)一 寶貝라.

가천하(家天下) 통 삼왕(三王)이 나라를
자기 개인의 집으로 여기다. 《集覽, 朴
集, 上, 14ㅈ》官裏. 呼皇帝爲官家, 亦曰
官裏. 五帝官天下・三王家天下, 故云耳
〈三王家天下故円〉.

가치(價直) 명 값. 값어치. 《集覽, 朴集,

ㄱ

上, 6ㅈ》鑌鐵. 緫〈聡〉龜云, 出西番, 面上
自有旋螺花者, 有芝麻花者. 凡刀劍器打
磨光淨, 價直過於銀, 鐵〈銕〉中最利者也.
《集覽, 朴集, 下, 1ㅈ》銀鼠. 形如靑鼠而
差小, 色純雪白, 出達子地, 價直甚高.

가치다 图 갇히다. 감금(監禁)되다. ❶⇔
감(監). 《朴新諺 3, 38ㅈ》那老安因甚麼
事監在牢裡, 뎌 老安이 므슴 일로 因ᄒᆞ여
옥에 가치엿ᄂᆞ뇨. ❷⇔감금(監禁). 《朴
新諺 3, 19ㅎ》鎖在冷鋪裡監禁着, 닝포에
줌가 가치여시니.

가칭(假稱) 图 어떤 이름을 임시로 정하
여 부르다. 또는 그 이름. 《集覽, 朴集,
下, 5ㅈ》茶博士. 音義云, 進茶人之假稱.
《朴新諺 3, 31ㅎ》茶博士(朴新注, 55ㅎ:
進茶人之假稱.)們倒茶來, 茶博士들아 차
를 부어 오라.

가택(家宅) 명 집. ⇔집. 《朴新諺 1, 49ㅎ》
你家宅上還托我, 네 집의셔 ᄯᅩ 내게 맛져.

가평(嘉平) 명 음력 12월에 지내는 납제
(臘祭)를 하대(夏代)에 일컫던 이름. 《集
覽, 朴集, 中, 8ㅎ》臘. 無定日, 冬至後第
〈弟〉二戊日是也. 夏曰嘉平, 殷曰淸祀, 周
曰大蜡, 秦曰臘, 漢仍之.

가풀 명 칼집. ⇔초(鞘). 《朴新諺 1, 29ㅎ》
象牙裝鞘小刀, 象牙로 가풀 ᄭᅮ민 져근 칼
이오.

가한(可恨) 图 한(恨)하다. 또는 혐오스럽
다. 가증스럽다. 밉살스럽다. ⇔한ᄒᆞ다
(恨-). 《朴新諺 1, 34ㅎ》還可恨那驢養的,
도로혀 恨ᄒᆞ온 거슨 뎌 나귀삐. 《朴新諺
2, 13ㅈ》眞令人可恨可惱, 진실로 사룸으
로 ᄒᆞ여곰 恨ᄒᆞᆸ고 노홉게 ᄒᆞ니.

가항(街巷) 명 거리. 가(街)는 넓고 곧은
거리, 항(巷)은 좁고 굽은 거리. 《集覽,
朴集, 上, 6ㅈ》張舍. 王公·大人之家, 必
有舍人, 卽家臣也. 如本國伴倘〈僧〉之類,
爲權勢倚任之人, 貧賤之所羨慕者也〈貧
賤之所羨慕者〉. 故巷街呼親識爲張舍·
李舍, 乃一時推敬之稱〈称〉. 《集覽, 朴集,

下, 11ㅈ》好女不看燈. 其寺觀街巷, 燈明
若晝. 士女夜遊, 車馬塞路, 有足不躡地浮
行數十步者.

가형(加刑) 图 형벌을 가하다. ⇔가형ᄒᆞ
다(加刑-). 《朴新諺 3, 52ㅈ》大凡七十已
上十五已下不合加刑, 무릇 七十 已上과
十五 已下ᄂᆞᆫ 加刑홈이 맛당치 아니타 ᄒᆞ
니라.

가형ᄒᆞ다(加刑-) 图 가형(加刑)하다. ⇔
가형(加刑). 《朴新諺 3, 52ㅈ》大凡七十
已上十五已下不合加刑, 무릇 七十 已上
과 十五 已下ᄂᆞᆫ 加刑홈이 맛당치 아니타
ᄒᆞ니라.

가화(傢伙) 명 연장. 공구(工具). ⇔연장.
《朴新諺 3, 10ㅈ》我沒有這傢伙, 내게 이
연장이 업스면. 《朴新諺 3, 16ㅎ》你只取
了傢伙來做活, 네 그저 연장을 가져와
셩녕ᄒᆞ라. 《朴新諺 3, 33ㅎ》其餘傢伙,
그 나믄 연장.

가흠(欠呵) 명 하품. ⇔하회욤. 《朴新諺
3, 13ㅎ》內中有一箇人只管打呵欠, 그 듕
의 흔 사룸이 그저 ᄉᆞ려여 하회욤ᄒᆞ다가.

가히 图 가(可)히. ⇔가(可). 《朴新諺 3, 15
ㅎ》約待月餘便可起程, 대개 月餘를 기
드리면 곳 가히 起程홀 거시니. 《朴新諺
3, 18ㅈ》此外並無別件可取了, 이 맛근
아조 다른 것 가히 取홀 것시 업ᄂᆞ니라.
《朴新諺 3, 29ㅈ》就這一段書足可解悶了,
곳 이 一段 칙이 죡히 가히 힘힘호믈 플
리라.

가히(可-) 图 가(可)히. ⇔가(可). 《朴新諺
1, 1ㅈ》咱們不可虛度過了, 우리 可히 헛
도이 지내지 못ᄒᆞ리라. 《朴新諺 2, 30
ㅈ》似這等菩薩不可不去參拜哩, 이런 菩
薩을 可히 가 參拜치 아니치 못홀 거시
라. 《朴新諺 2, 30ㅎ》一針投海底尙有可
撈日, 一針을 海底에 드리치매 오히려 可
히 건질 날이 이시려니와. 《朴新諺 2, 36
ㅎ》天寒湯·飯都不可冷了, 하놀이 치우
니 湯과 밥을 다 可히 츳게 못ᄒᆞ리라.

《朴新諺 3, 13ㅎ》這佛法最尊最貴不可不信, 이 佛法이 ᄀ장 尊ᄒ고 ᄀ장 貴ᄒ니 可히 밋지 아니치 못홀 거시라. 《朴新諺 3, 37ㅎ》這眞是人不可貌相海不可斗量, 이 진실로 사룸은 可히 얼굴로 보지 못홀 거시오 바다혼 可히 말로 되지 못홀 거시로다. 《朴新諺 3, 41ㅎ》你可能請他到這裡來麼, 네 可히 能히 뎌를 請ᄒ여 여긔 올짜. 《朴新諺 3, 44ㅈ》繫着孝帶的不可勝數, 복씌 씌니 可히 이긔여 혜지 못홀러라.

가히다 图 개다. 접다. 포개다. ⇔타첩(打疊). 《朴新諺 2, 18ㅎ》小廝們也一面打疊背包上馬, 아히 놈들도 一面으로 질 짐을 가혀 물을 틀라.

각 편 각(各). ⇔각(各). 《朴新諺 3, 32ㅈ》我要買這帽刷・靴刷各一把, 내 이 帽刷・靴刷 각 ᄒ나와.

각(各) 편 ●각(各). ⇔각. 《朴新諺 2, 16ㅈ》油・塩・醬・醋・茶各一斤, 기름과 소곰과 醬과 醋와 茶ㅣ 各 혼 근이오. 《朴新諺 2, 16ㅎ》塩・菜各一斤, 소곰과 菜 各 혼 근이니. 《朴新諺 3, 32ㅈ》我要買這帽刷・靴刷各一把, 내 이 帽刷・靴刷 각 ᄒ나와. ●여러. ⇔여러. 《朴新諺 1, 21ㅈ》各樣不同, 여러 가지 ᄀᆺ디 아니ᄒ더라.

각(各) 图 각각. 각자. 제각기. ⇔각각. 《朴新諺 2, 19ㅈ》各聽天命, 각각 天命대로 ᄒ고. 《朴新諺 2, 21ㅎ》到那裏各自省睡些, 뎌 가 각각 좀을 덜 자고. 《朴新諺 3, 1ㅎ》一壁廂各自頑去不好麼, 혼 편 구석의 각각 놀라 가미 됴치 아니ᄒ냐. 《朴新諺 3, 24ㅈ》各上禪床坐之分毫不動, 각각 禪床에 올라 안저 定ᄒ고 分毫도 動치 마라. 《朴新諺 3, 48ㅈ》各執一鞭打那土牛, 각각 혼 채를 가져 뎌 土牛를 티니.

각(却) 图 ●믄득. ⇔믄득. 《朴新諺 3, 22ㅈ》却到城裡智海禪寺投宿, 믄득 城 안 智海禪寺에 가 드러 자더니. 《朴新諺 3,

24ㅎ》他却走到金水河邊, 뎨 믄득 金水河ㅅ ᄀ의 가. 《朴新諺 3, 28ㅎ》却不見了狗, 믄득 개도 보지 못ᄒ고. ●또. ⇔쏘. 《集覽, 字解, 單字解, 5ㅈ》却. 쏘. 又却來・却有來 뉘 아니라 커니, 却有 쏘 그. 《朴新諺 1, 2ㅈ》却敎李四去, 쏘 李四로 ᄒ여 가. 《朴新諺 1, 16ㅈ》老哥不說我却怎麼知道呢, 노형이 니르지 아니면 내 쏘 엇디 알리오. 《朴新諺 1, 27ㅈ》于今我却贏了呢, 이지 내 쏘 이긔여다. 《朴新諺 2, 1ㅎ》却沒本事, 쏘 지죄 업스니. 《朴新諺 2, 18ㅎ》你却來了, 네 쏘 오ᄂ다. 《朴新諺 2, 26ㅈ》我夫主若知道却了不得, 우리 지아비 만일 알면 쏘 에워나지 못ᄒ리라. 《朴新諺 2, 59ㅈ》却是箇好日子, 쏘 이 됴혼 날이요. 《朴新諺 3, 5ㅈ》却曾完結了麼, 쏘 일즉 完結ᄒ엿ᄂ냐. 《朴新諺 3, 18ㅈ》猪・羊・鵝・鴨等類却不少吃的, 猪・羊・鵝・鴨 等類ㅣ 쏘 먹을 거시 젹지 아니ᄒ고. 《朴新諺 3, 25ㅎ》却是桃核, 쏘 이 복셩화 삐라. 《朴新諺 3, 46ㅈ》我却從來不曾見過, 내 쏘 본디 일즉 보지 못ᄒ여시매. 《朴新諺 3, 55ㅈ》却住在那裡呢, 쏘 어디 머므러 잇ᄂ뇨.

각(角) 명 각수(角宿). 이십팔수(二十八宿)의 하나. 동방(東方) 창룡칠수(蒼龍七宿)의 셋째 별. 《朴新諺 2, 59ㅈ》角安亢食氐房益, 角은 安ᄒ고 亢은 食ᄒ고 氐房은 益ᄒ고.

각(角) 의 모. 모서리. ⇔모. 《朴新諺 1, 20ㅎ》有八角的・六角的・四方的, 여둛 모 것과 여슷 모 것과 네모 것도 이시며.

각(刻) 명 시각. 《朴新諺 3, 47ㅈ》候到幾時幾刻立春, 어닉 때 어닉 刻에 다드라 立春 홈을 기드려.

각(脚) 명 ●발[足]. ⇔발. 《朴新諺 1, 29ㅎ》脚穿麂皮嵌金線靴子, 발에 지즈피 金線 갸품 씬 휘롤 신고. 《朴新諺 1, 30ㅎ》脚穿粉底尖頭靴, 발에 지즈에 분칠

ᄒᆞ고 부리 쏀 훠룰 신고.《朴新諺 1, 37
ㅎ》放在脚踝尖骨頭上, 발 안쮜머리 쏀
쪽ᄒᆞᆫ 쎠 우희 노코.《朴新諺 1, 37ㅎ》脚
踝上灸了三艾, 발 안쮜머리 우희 세 장
ᄲᅮᆨ으로 쓰니.《朴新諺 2, 11ㅎ》脚背上轉
脚指頭上轉, 발등 우희 구을리고 발가락
우희 구을리다가.《朴新諺 2, 56ㅎ》一路
稀泥眞有沒脚背深哩, 왼 길 즌ᄒᆞᆰ이 진실
로 발등이 ᄲᅡ질 깁희 잇더라.《朴新諺
3, 12ㅈ》放着一箇三脚鐵蝦蟆的便是了,
ᄒᆞᆫ 세 발 가진 쇠 두텁이 노흔 거시 곳
이라.《朴新諺 3, 35ㅈ》脚登朝靴, 발에
朝靴ᄅᆞᆯ 신고.《朴新諺 3, 47ㅈ》脚登朝靴,
발에 朝靴 신고. ●발톱. ⇔발톱.《朴新
諺 1, 50ㅎ》修脚錢是六箇, 발톱 다듬ᄂᆞᆫ
갑슨 여ᄉᆞᆺ 낫 돈이니.《朴新諺 1, 51ㅎ》
然後剃頭修脚, 그린 후에 마리 싹고 발
톱 다듬고.

각(閣) 團 집. 전각.《朴新諺 2, 5ㅎ》再看那
閣前水面上, 다시 뎌 閣 앏 믈 우흘 보니.

각(覺) 图 깨닫다. ⇔ᄭᆡᄃᆞᆺ다.《朴新諺 1,
21ㅈ》也覺得有趣哩, ᄯᅩ 맛 이심을 ᄭᆡᄃᆞ
롤러라.《朴新諺 2, 52ㅎ》他酒醒了起來
不覺, 뎨 술이 ᄭᆡ야 니러나 ᄭᆡ듯지 못ᄒᆞ
고.《朴新諺 3, 50ㅎ》小人卽時驚覺, 小人
이 卽時 놀라 ᄭᆡᄃᆞ라.

각각 團 각각. 각자. 제각기. ●⇔각(各).
《朴新諺 2, 19ㅈ》各聽天命, 각각 天命대
로 ᄒᆞ고.《朴新諺 2, 21ㅎ》到那裏各自省
睡些, 뎨 가 각각 좀 덜 자고.《朴新諺
3, 1ㅎ》一壁廂各自頑去不好麼, ᄒᆞᆫ 편 구
석의 각각 놀라 가미 됴치 아니ᄒᆞ냐.
《朴新諺 3, 24ㅈ》各上禪床坐之分毫不動,
각각 禪床에 올라 안저 定ᄒᆞ고 分毫도
動치 마라.《朴新諺 3, 48ㅈ》各執一鞭打
那土牛, 각각 ᄒᆞᆫ 채를 가져 뎌 土牛를 티
니. ●⇔각자(各自).《朴新諺 1, 53ㅈ》
只要各自用心射去, 그저 각각 用心ᄒᆞ여
ᄡᅩ라 가쟈.《朴新諺 1, 55ㅈ》各自丢在水
盆裏, 각각 믈ㅅ 소라에 드릐치ᄂᆞ니.

《朴新諺 3, 35ㅈ》各自腰帶七寶環刀, 각
각 허리에 七寶혼 環刀를 ᄎᆞ고.《朴新諺
3, 35ㅎ》官人們各自說愛吃甚麽飯, 官人
들은 각각 니ᄅᆞ라 므슴 밥 먹기를 즐기
ᄂᆞ뇨.

각두(角頭) 團 모롱이. 또는 일정 지역의
중심지. ⇔모롱이.《集覽, 朴集, 上, 5
ㅈ》角頭. 音義云, 東南西北徃來人煙〈烟〉
湊集之處. 今按, 角頭, 卽通逵達道要會之
衝, 傭力求直之人坌集之所. 然漢俗呼市
纏亦曰角頭, 爲歸〈攺〉市者必指角頭而去,
故云尒.《朴新諺 3, 53ㅎ》好到各處橋上
墻角頭貼去, 各處 ᄃ리 우와 담 모롱이에
부치라 가게 ᄒᆞ고.

각래(却來) 閈 도리어. 거꾸로.《集覽, 字
解, 單字解, 5ㅈ》却. ᄯᅩ. 又却來·却有來
뉘 아니라 커니, 却有 ᄯᅩ 그.

각배(脚背) 團 발등. ⇔발등.《朴新諺 2,
11ㅎ》脚背上轉脚指頭上轉, 발등 우희
구을리고 발가락 우희 구을리다가.《朴
新諺 2, 56ㅎ》一路稀泥眞有沒脚背深哩,
왼 길 즌ᄒᆞᆰ이 진실로 발등이 ᄲᅡ질 깁희
잇더라.

각벼리 閈 각별히. ⇔영(另).《集覽, 字解,
單字解, 2ㅎ》另. 音零, 去聲. 別也, 零也.
另的 ᄣᆞᆫ 것. 吏語, 另行 각벼리 ᄒᆞ다.

각삭(脚索) 團 말의 발을 묶을 때 쓰는 밧
줄. ⇔지달술바.《朴新諺 2, 20ㅎ》還少
套繩, 당시롱 멜 줄과. 撒繩, ᄭᅳ을 줄과.
籠頭, 바구레와. 脚索, 지달 술 바와. 鞍
子, 기르마와. 肚帶等類哩, 오랑 等類 |
업세라.

각살료(覺撒了) 图 알다. 깨닫다. ⇔아다.
《集覽, 字解, 單字解, 1ㅎ》撒. 散之也. 撒
了 헤티다. 又覺也. 覺撒了 아다. 又放也.
撒放罪人 죄싄을 앗아라 노타.

각수(覺睡) 團 잠. ⇔좀.《朴新諺 2, 23ㅎ》
一夜不得半點覺睡, 왼밤을 半點 좀도 엇
디 못ᄒᆞ니.

각시 團 각시. 젊은 계집. ⇔저저(姐姐).

《朴新諺 1, 45ㅎ》好姐姐(朴新注, 17ㅎ: 漢俗呼姊曰姐姐. 或遇婦女, 而展斯須之敬者, 亦曰姐姐.), ᄆᆞ옴 됴흔 각시아.《朴新諺 1, 47ㅈ》多謝姐姐, 多謝ᄒᆞ여라 각시아.《朴新諺 1, 54ㅈ》姐姐你纔做了月子, 각시아 네 ᄀᆺ 희산ᄒᆞ다 ᄒᆞ니.《朴新諺 1, 55ㅎ》如今姐姐把孩子自妳呢, 이제 각시ㅣ 아희를 손조 졋 먹이ᄂᆞ냐.《朴新諺 2, 26ㅈ》姐姐我自從看上了你, 각시아 내 너를 봄으로부터.《朴新諺 2, 27ㅈ》多謝姐姐的美意了, 각시의 아름다온 ᄠᅳᆺ을 多謝ᄒᆞ거니와.《朴新諺 2, 54ㅈ》姐姐來咱們下一盤鱉碁罷, 각시아 오라 우리 ᄒᆞᆫ 판 츄샤ᄋᆞ ᄒᆞ쟈.《朴新諺 2, 55ㅈ》我輸了再不敢違姐姐的言語, 내 지면 ᄯᅩ 감히 각시의 말을 어긔롯지 못ᄒᆞ고.《朴新諺 2, 55ㅈ》姐姐若輸了也再不要違了我的言語如何, 각시 만일 져도 ᄯᅩ 내 말을 어긔롯지 말미 엇더ᄒᆞ뇨.

각시(却是) 대 이. 사실인 즉. 알고 본 즉. ⇔이.《朴新諺 1, 12ㅈ》今日却是開倉關米的日期, 오ᄂᆞᆯ이 이 開倉ᄒᆞ여 ᄡᆞᆯ ᄐᆞᄂᆞᆫ 날이라.

각심(脚心) 명 발바닥. ⇔발ᄡᅡ당.《朴新諺 2, 11ㅎ》放在他脚心上轉, 뎌 발ᄡᅡ당에 노하 구을리고.

각양(各樣) 명 각종. 여러 가지.《朴新諺 1, 3ㅎ》這票上開載的各樣好酒, 이 票에 ᄡᅳ인 各樣 됴흔 술을.《朴新諺 3, 13ㅈ》各樣經卷皆通, 各樣 經卷을 다 通ᄒᆞ니.

각위(各位) 명 여러분.《朴新諺 1, 6ㅈ》待各位老爺們來卽忙通報, 各位 老爺네 옴을 기ᄃᆞ려 즉시 통ᄒᆞ라. 各位老爺都到齊了, 各位 老爺ㅣ 다 왓ᄂᆞ이다.《朴新諺 1, 7ㅎ》各位請了, 各位ㅣ아 請ᄒᆞ노라.

각이(各異) 형 각각 다르다.《集覽, 朴集, 上, 1ㅎ》外郞. 泛稱各衙門吏典之號. 俗嫌其犯於員外郞之號, 呼外字爲上聲. 大小衙門吏典名稱各異.

각인(各人) 명 각각의 사람.《朴新諺 1, 47ㅎ》隨各人送罷咧, 各人의 보내ᄂᆞᆫ대로 ᄒᆞᄂᆞ니라.

각자(各自) 부 각각. 각자. 제각기. ⇔각각.《朴新諺 1, 53ㅈ》只要各自用心射去, 그저 각각 用心ᄒᆞ여 ᄡᅩ라 가쟈.《朴新諺 1, 55ㅈ》各自丟在水盆裏, 각각 믈ㅅ 소라에 드리치ᄂᆞ니.《朴新諺 3, 35ㅈ》各自腰帶七寶環刀, 각각 허리에 七寶ᄒᆞᆫ 環刀를 ᄎᆞ고.《朴新諺 3, 35ㅎ》官人們各自說愛吃甚麽飯, 官人들은 각각 니르라 므슴 밥 먹기를 즐기ᄂᆞ뇨.

각전(脚錢) 명 삯 값. 운반비. ⇔삭값.《朴新諺 1, 12ㅎ》每擔脚錢你要多少, ᄆᆡ 짐 삭갑슬 네 언머롤 달라 ᄒᆞᄂᆞᆫ다.《朴新諺 1, 13ㅈ》你該給多少脚錢一擔罷, 네 언머 삭갑슬 ᄒᆞᆫ 짐에 주려 ᄒᆞᄂᆞᆫ다.《朴新諺 1, 14ㅈ》又要給那扛口佾人的小脚錢, ᄯᅩ 뎌 쟈르 메ᄂᆞᆫ 사ᄅᆞᆷ의 져근 삭갑슬 줄 ᄶᅧ시니.

각조(却早) 부 벌써. 또는 일찍이. ⇔볼셔.《集覽, 字解, 單字解, 5ㅈ》早. 早裏 일엇다, 却早 볼셔.

각지두(脚指頭) 명 발가락. ⇔발가락.《朴新諺 2, 11ㅎ》脚背上轉脚指頭上轉, 발등 우희 구을리고 발가락 우희 구을리다가.

각처(各處) 명 여러 곳.《朴新諺 3, 53ㅎ》好到各處橋上墻角頭貼去, 各處 ᄃᆞ리 우와 담 모롱이에 부치라 가게 ᄒᆞ고.

각타(覺他) 동 〈불〉 스스로 깨달음과 동시에 남을 개오(開悟)시켜 생사고(生死苦)에서 떠나게 하다.《集覽, 朴集, 上, 9ㅎ》佛. 梵云婆加婆, 唐言佛. ㅂ者, 覺也, 自覺・ㅂ他. 一切有情咸具此道, 悟者卽名佛, 迷者曰衆生.

간 의 간. 칸살. ⇔간(間).《朴新諺 1, 40ㅈ》一間房子裏五箇人剛坐的, ᄒᆞᆫ 간 방에 다ᄉᆞᆺ 사ᄅᆞᆷ이 겨요 안ᄂᆞᆫ 거시여.《朴新諺 2, 44ㅎ》計開正房幾間, 혜오니 正房이 현 간. 西房幾間, 西房이 현 간. 東房幾

ㄱ

間, 東房이 현 간. 廳房幾間, 대쳥이 현
간. 書房幾間, 書房이 현 간. 暖閣幾間,
暖閣이 현 간. 花廳幾間, 花廳이 현 간.
捲蓬幾間, 우산각이 현 간. 佛堂幾間, 佛
堂이 현 간. 庫房幾間, 庫房이 현 간. 馬
房幾間, 馬房이 현 간. 廚房幾間, 廚房이
현 간. 《朴新諺 3, 16ㅈ》我要盖三間書房,
내 세 간 書房을 짓고져 ᄒᆞ니.

간(干) 图 간섭(干涉)하다. 간여하다. 참
견하다. ⇔간섭ᄒᆞ다. 《朴新諺 2, 19ㅎ》
不干買主之事, 산 님자의게는 간섭지 아
닌 일이라. 《朴新諺 2, 42ㅈ》干你甚麽事,
네게 므슴 일이 간섭ᄒᆞ뇨.

간(看) 图 ●보다. 만나보다. ⇔보다. 《集
覽, 字解, 累字解, 2ㅎ》看一看. 보다. 難
於單字之語, 故重言爲句也. 一, 語助辭.
《朴新諺 1, 3ㅎ》你取票來我看, 네 票를
가져오라 내 보쟈. 《朴新諺 1, 16ㅎ》你
買來的段子借與我看, 네 사 온 비단을 나
를 빌려 보게 ᄒᆞ라. 《朴新諺 1, 25ㅎ》看
他吃到再添, 제 먹어 가는 거슬 보아 다
시 더 주라. 《朴新諺 1, 37ㅎ》有一箇太醫
來看我的病, ᄒᆞᆫ 太醫 이셔 와 내 병을 보
고. 《朴新諺 2, 1ㅎ》你看這一箇栗色白臉
馬, 네 보라 이 ᄒᆞᆫ 구렁빗헤 간쟈ᄆᆞᆯ이.
《朴新諺 2, 13ㅎ》染家你來看生活, 물드
리는 이아 이바 셩녕엣 것 보라. 《朴新
諺 2, 37ㅈ》大哥你看, 큰형아 네 보라.
《朴新諺 2, 41ㅈ》看有東西在那裏, 잡은
거시 아모 ᄃᆡ 잇는 줄을 보아. 《朴新諺
3, 2ㅎ》你拿猫來我看, 네 괴 가져오라 내
보쟈. 《朴新諺 3, 17ㅈ》我要臨窓看書也
要看花哩, 내 窓을 臨ᄒᆞ여 글을 보고 ᄯᅩ
곳츨 보고져 ᄒᆞ노라. 《朴新諺 3, 29ㅎ》
若別人却看不透的, 만일 다른 사ᄅᆞᆷ이면
ᄯᅩ 보아 내지 못ᄒᆞ리라. 《朴新諺 3, 43
ㅈ》我不曾留心看, 내 일즉 ᄆᆞᄋᆞᆷ 두어 보
지 아니ᄒᆞ여시니. ●뵈다. 보게 하다.
⇔뵈다. 《朴新諺 1, 57ㅎ》與我看過之後,
나를 뵌 후에. 《朴新諺 2, 8ㅎ》再拿去着

別人看便見眞假了, 다시 가져가 다른 사
롬 ᄒᆞ여 뵈면 곳 眞價를 알리라. 《朴新諺
2, 23ㅎ》快去請范太醫來看一看, 밧비 가
范太醫를 請ᄒᆞ여 와 뵈라. 《朴新諺 2, 37
ㅈ》擺撥子與人看呢, 모양을 지어 사롬
의게 뵈는고. 《朴新諺 2, 43ㅈ》你再揀頂
高的我看, 네 다시 웃씀 노픈 거슬 굴희
여 나를 뵈라. 《朴新諺 3, 31ㅎ》着別人
再看去, 다른 사롬 ᄒᆞ여 다시 뵈라 가라.
《朴新諺 3, 37ㅈ》我且學打這一會與你看
何如, 내 아직 이 ᄒᆞᆫ 디위 비화 쳐 네게
뵘이 엇더ᄒᆞ뇨.

간(赶) 图 **1**몰다(驅). ●⇔모다. 《集覽,
字解, 單字解, 2ㅎ》赶. 音干, 上聲. 亦作
趕. 趁也, 及也. 赶上 밋다. 又逐也. 赶出
去 내티다. 又驅也. 赶牛 쇼 모다. ●⇔
몰다. 《朴新諺 2, 22ㅎ》我赶着一百匹馬,
내 一百 匹 ᄆᆞᆯ을 모라. 《朴新諺 3, 46ㅎ》
站着赶牛, 셔셔 쇼를 몰면. **2**미치다
[及]. 따라잡다. ●⇔밋ᄎ다. 《朴新諺 2,
59ㅈ》怎麽就赶不出一套衣服來呢, 엇지
곳 ᄒᆞᆫ 볼 옷슬 밋처 지어 내지 못ᄒᆞ리오.
《朴新諺 2, 59ㅎ》好着他們上緊赶活, ᄀᆞ
장 뎌들로 ᄒᆞ여 급히 밋처 셩녕ᄒᆞ면. ●
⇔밋다. 《朴新諺 2, 17ㅎ》我好赶進京先
報去, 내 셔울을 미처 나아가 몬져 報ᄒᆞ
라 가기 됴흐리라. **3**●밀다[推]. ⇔밀
다. 《朴新諺 2, 32ㅎ》一頂要陝(陜)西赶
來的白駝氊大帽, ᄒᆞ나흔 陝(陜)西셔 미
러온 白駝氊 큰갓슬 ᄒᆞ되. ●따르다. ⇔
ᄯᆞ로다. 《朴新諺 3, 28ㅈ》先生變做老虎
去赶, 先生이 변ᄒᆞ여 老虎ㅣ 되여 가 ᄯᆞ
로거늘. ●쫓다. ⇔쫏다. 《朴新諺 3, 1
ㅈ》拿蠅拂子來赶一赶, 포리채 가져다가
쫏고.

간(揀) 图 가래다. 가리다. 분별하다. ●
⇔굴희다. 《朴新諺 1, 31ㅎ》我同大哥去
揀着買好麽, 내 큰형과 ᄒᆞᆫ가지로 가 굴
희여 사미 됴타. 《朴新諺 1, 32ㅎ》任你
自揀何如, 네대로 손조 굴희미 엇더ᄒᆞ

뇨.《朴新諺 1, 42ㅈ》揀箇淸淨去處陰凉
樹底下絟住, 淸淨흔 곳 서늘흔 나모 아리
롤 굴히여 미고. ●⇔굴히다.《朴新諺
1, 9ㅈ》相懇你揀乞了起程日子, 네게 쳥
ᄒᆞᄂᆞ니 起程홀 날을 굴히어 뎡ᄒᆞ면.《朴
新諺 1, 10ㅈ》揀箇黃道吉日, 黃道 吉日을
굴히여.《朴新諺 1, 35ㅎ》揀那淸淨寺院
裡, 뎌 淸淨흔 뎔을 굴히여.《朴新諺 2,
1ㅎ》你如今且到馬市裏自己揀着買去, 네
이제 ᄯᅩ 물 저제 손조 굴히여 사라 가라.
《朴新諺 2, 42ㅎ》揀高的與官人看, 눕흔
이롤 굴히야 官人을 주어 보게 ᄒᆞ라.
《朴新諺 2, 43ㅈ》你再揀頂高的我看, 네
다시 웃씀 노픈 거슬 굴히여 나롤 뵈라.
《朴新諺 2, 56ㅎ》揀着道兒走來的, 길흘
굴히여 왓노라.

간(間)⑧ 사이하다. ⇔ᄉᆞ이ᄒᆞ다.《朴新諺
1, 56ㅈ》小人在街東堂子間壁下着哩, 小
人이 거리 동녁 堂子ㅅ ᄇᆞ람을 ᄉᆞ이ᄒᆞ여
부리윗노라.

간(間)⑲ 사이. ⇔ᄉᆞ이.《朴新諺 2, 29ㅎ》
起浮屠於泗水之間, 浮屠를 泗水ㅅ ᄉᆞ이
에 니르혀고.《朴新諺 2, 32ㅈ》如今搬在
法藏寺西邊混堂間壁住了, 이제 法藏寺
西邉 混堂 ᄉᆞ이 ᄇᆞ람에 올마 가 사ᄂᆞ니
라.《朴新諺 3, 50ㅈ》瞎眼間釣出箇老大
金色鯉魚, 눈 곰쟉홀 ᄉᆞ이에 흔 ᄀᆞ장 큰
금빗힌 鯉魚를 낙가 내니.

간(間)⑩ 간. 칸살. ⇔간.《朴新諺 1, 40
ㅈ》一間房子裏五箇人剛坐的, 흔 간 방에
다슷 사름이 겨요 안는 거시여.《朴新諺
2, 44ㅎ》計開正房幾間, 혜오니 正房이
현 간. 西房幾間, 西房이 현 간. 東房幾
間, 東房이 현 간. 廳房幾間, 대쳥이 현
간. 書房幾間, 書房이 현 간. 暖閣幾間,
暖閣이 현 간. 花廳幾間, 花廳이 현 간.
捲蓬幾間, 우산각이 현 간. 佛堂幾間, 佛
堂이 현 간. 庫房幾間, 庫房이 현 간. 馬
房幾間, 馬房이 현 간. 廚房幾間, 厨房이
현 간.《朴新諺 3, 16ㅈ》我要盖三間書房,

내 세 간 書房을 짓고져 ᄒᆞ니.

간(幹)⑧ (일을) 하다. ⇔ᄒᆞ다.《朴新諺
2, 57ㅈ》我也沒甚麽幹的勾當, 나도 아모
란 홀 일 업고.

간(慳)⑲ 다랍다. 인색하다. ⇔다랍다.
《朴新諺 1, 35ㅈ》人貧只爲慳少債慣說謊,
사름이 가난ᄒᆞ면 그저 다랍고 빗지면
거즛말 니르기 잘흔다 ᄒᆞ니라.

간(趕)⑧ 몰다[驅]. ⇔모다.《集覽, 字解,
單字解, 2ㅎ》赶. 音干, 上聲. 亦作趕. 趁
也, 及也. 赶上 밋다. 又逐也. 赶出去 내
티다. 又驅也. 赶牛 쇼 모다.

간(懇)⑧ 청(請)하다. 간청(懇請)하다. ⇔
쳥ᄒᆞ다.《朴新諺 1, 9ㅈ》相懇你揀乞了起
程日子, 네게 쳥ᄒᆞᄂᆞ니 起程홀 날을 굴
히어 뎡ᄒᆞ면.

간각(趕脚)⑧ (말・당나귀・노새 등을)
몰고 다니면서) 삯짐을 싣다. 마바리를
끌다.《集覽, 朴集, 上, 5ㅈ》挑脚. 舊本作
赶脚的. 謂赶脚者, 賃驢〈驢〉取直之人, 謂
挑脚者, 負擔重物求直之人也.

간각자(趕脚者)⑲ 간각(趕脚)하는 사람.
곧, 마부. 말몰이꾼.《集覽, 朴集, 上, 5
ㅈ》挑脚. 舊本作赶脚的. 謂赶脚者, 賃驢
〈驢〉取直之人, 謂挑脚者, 負擔重物求直
之人也.

간각적(趕脚的)⑲ =간각자(趕脚者).《集
覽, 朴集, 上, 5ㅈ》挑脚. 舊本作赶脚的.
謂赶脚者, 賃驢〈驢〉取直之人, 謂挑脚者,
負擔重物求直之人也.

간견(看見)⑧ 보다. 보이다. ⇔보다.《朴
新諺 2, 4ㅎ》看見那裏的景致麼, 져긔 景
致롤 보앗는다.《朴新諺 2, 22ㅈ》看見五
六箇賊船, 보니 다엿 賊船이.《朴新諺 2,
52ㅎ》路上人看見必定要笑話他, 길히 사
름이 보고 반ᄃᆞ시 더롤 우어시리라.《朴
新諺 2, 57ㅎ》年時牢子們試走的你可曾
看見麽, 젼년에 牢子들희 드름질 시기는
거슬 네 일즉 보왓는다. 我不曾看見, 내
일즉 보지 못ᄒᆞ엿노라.《朴新諺 3, 43

ㄱ

즈》不曾看見麼, 일즉 보지 못ᄒ다.

간경(看經) 图 〈불〉 불경(佛經)을 소리를 내지 않고 속으로 읽다. 《朴新諺 1, 35ㅎ》安禪悟法看經念佛却不好麼, 安禪 悟 法ᄒ고 看經 念佛홈이 ᄯᅩ 됴티 아니ᄒ랴. 《朴新諺 3, 43ㅎ》看經念佛, 看經 念佛ᄒ여.

간고(艱苦) 图 고달프게 하다. 힘들고 어렵게 하다. 《集覽, 字解, 累字解, 1ㅈ》生受. 艱苦也. 又貧乏也.

간관(幹管) 图 어떤 임무나 사무를 맡아 처리하다. 《集覽, 字解, 單字解, 3ㅎ》勾. 平聲, 曲也. 勾龍, 社神, 勾芒, 春神, 勾吳, 地名. 今按, 俗語勾了 유여ᄒ다, 又에우다. 又能勾 어루, 又유여히. 又吏語, 勾取 자피다, 又勾攝公事 공스로 블리다, 又勾喚 블리다. 又去聲, 勾當, 幹管也, 又事也, 勾當亦去聲.

간기(看起) 图 중시하다. 중하게 여기다. 《朴新諺 2, 8ㅈ》你怎麽小看起的我朝鮮人呢, 네 엇지 우리 朝鮮 사름을 업슈이 너기는다.

간난(艱難) 图 곤란(困難)하다. 어렵다. 힘들다. ⇔간난ᄒ다(艱難-). 《朴新諺 1, 52ㅈ》今年年成平常銀錢艱難, 올히 年成이 平常ᄒ고 銀錢이 艱難ᄒ여. 《朴新諺 2, 57ㅈ》路上盤纏艱難怎麽去呢, 길에 盤纏이 艱難ᄒ니 엇지 가리오.

간난ᄒ다(艱難-) 園 간난(艱難)하다. ⇔간난(艱難). 《朴新諺 1, 52ㅈ》今年年成平常銀錢艱難, 올히 年成이 平常ᄒ고 銀錢이 艱難ᄒ여. 《朴新諺 2, 57ㅈ》路上盤纏艱難怎麽去呢, 길에 盤纏이 艱難ᄒ니 엇지 가리오.

간대로 图 함부로. 되는대로. 제멋대로. ●⇔호(胡). 《朴新諺 1, 32ㅎ》不要胡討價錢, 간대로 갑슬 꾀오지 말라. 《朴新諺 2, 43ㅈ》你休胡討價錢, 네 간대로 갑슬 꾀오지 말라. ●⇔호란(胡亂). 《集覽, 字解, 單字解, 2ㅈ》胡. 亂也. 胡亂 간대로.

간대롭다 園 부질없다. ⇔등한(等閑). 《集覽, 字解, 單字解, 7ㅎ》閑. 雜也. 閑雜人. 又替也. 파직ᄒ다, 罷閑了·替閑了. 又遊息曰閑. 홍뚱여 ᄃᆞᆫ닐시니, 遊閑了. 又練熟也. 弓馬熟閑. 又空也. 空閑田地 뷔엿는 ᄯᅡ. 又等閑 부질업시, 又힘히미, 又간대롭다.

간등(看燈) 图 등불놀이를 구경하다. 《集覽, 朴集, 下, 11ㅈ》好女不看燈. 容齋隨筆云, 漢家祠太乙, 以昏時祠到明. 今人正月望夜, 夜遊觀月, 是其遺事.

간래(看來) 图 보아하니. 보건대. ⇔보아ᄒ니. 《朴新諺 1, 27ㅈ》看來是我輸了, 보아ᄒ니 이 내 졋도다.

간래(趕來) 图 (수레에 실어) 밀어 오다. ⇔미러오다. 《朴新諺 2, 32ㅎ》一頂要陝(陝)西趕來的白駝氊大帽, ᄒ나흔 陝(陝)西서 미러온 白駝氊 큰갓슬 ᄒ되.

간상(趕上) 图 미치다[及]. 따라잡다. ●밋다. 《集覽, 字解, 單字解, 2ㅈ》趕. 音干, 上聲. 亦作趲. 趁也, 及也. 趕上 밋다. 又逐也. 趕出去 내다다. 又驅也. 趕牛 쇼 모다. ●⇔및다. 《朴新諺 2, 7ㅈ》我的胷背怎麽趕上你的繡袍, 내 胷背 엇디 네 슈노흔 큰옷세 미츠리오.

간상(看上) 图 보다. 또는 반하다. 마음에 들다. 눈에 들다. ⇔보다. 《集覽, 朴集, 中, 3ㅈ》看上. 猶言見取之意. 《朴新諺 2, 26ㅈ》姐姐我自從看上了你, 각시아 내 너를 봄으로부터.

간상(趕上) 图 미치다. 따라잡다. ⇔밋다. 《集覽, 字解, 單字解, 2ㅎ》趕. 音干, 上聲. 亦作趲. 趁也, 及也. 趕上 밋다. 又逐也. 趕出去 내다다. 又驅也. 趕牛 쇼 모다.

간성(看成) 图 ●기르다. 키우다. ⇔기르다. 《集覽, 字解, 累字解, 2ㅎ》看成. 보솔피다. 又기르다. 又삼다. ●보살피다. ⇔보솔피다. 《集覽, 字解, 累字解, 2ㅎ》看成. 보솔피다. 又기르다. 又삼다. ●삼다. 여기다. 간주하다. ⇔삼다. 《集覽,

字解, 累字解, 2ㅎ》看成. 보슯피다. 又기
르다. 又삼다.

간섭ᄒ다 图 간섭(干涉)하다. 간여하다.
참견하다. ⇔간(干).《朴新諺 2, 19ㅎ》不
干買主之事, 산 님자의게는 간섭지 아닌
일이라.《朴新諺 2, 42ㅈ》干你甚麼事,
네게 므슴 일이 간섭ᄒ뇨.

간수(看守) 图 보살피다. 보살피고 지키
다. ㅡ⇔간수ᄒ다(看守-).《朴新諺 1, 51
ㅈ》自有管混堂的看守, 그저 混堂 ᄀ옴
아는 이 이셔 看守ᄒ리라. ㅡ⇔보숧피
다.《朴新諺 2, 31ㅎ》好生看守門戶要緊,
ᄀ장 門戶 보숧피기를 要緊히 ᄒ라. ㅡ
⇔보슯히다.《朴新諺 2, 53ㅎ》你好生用
心看守着, 네 ᄀ장 用心ᄒ여 보슯히라.

간수(澗水) 图 골짜기 사이로 흐르는 물.
《朴新諺 2, 38ㅎ》有灣灣曲曲之澗水, 灣
灣曲曲흔 澗水도 잇고.

간수ᄒ다(看守-) 图 간수(看守)하다. ⇔
간수(看守).《朴新諺 1, 51ㅈ》自有管混
堂的看守, 그저 混堂 ᄀ옴아는 이 이셔
看守ᄒ리라.

간슈ᄒ다 图 간수(看守)하다. 수습하다.
서릇다. ⇔수슙(收拾).《集覽, 字解, 累
字解, 1ㅈ》收拾. 간슈ᄒ다. 又설엇다. 又
거두다.

간시(看視) 图 살피다.《集覽, 朴集, 下, 5
ㅈ》蜜煎. 須時復看視, 纔覺蜜酸, 急以新
蜜煉熟易之.

간우(赶牛) 图 소를 몰다.《集覽, 字解, 單
字解, 2ㅎ》赶. 音干, 上聲. 亦作趕. 趁也,
及也. 赶上 밋다. 又逐也. 赶出去 내티다.
又驅也. 赶牛 쇼 모다.

간우(趕牛) 图 =간우(赶牛). '趕'은 '赶'으로
도 쓴다.《正字通, 走部》趕, 追逐也. 今作
赶.《集覽, 字解, 單字解, 2ㅎ》赶. 音干,
上聲. 亦作趕. 趁也, 及也. 赶上 밋다. 又逐
也. 赶出去 내티다. 又驅也. 赶牛 쇼 모다.

간자(竿子) 图 홰. 홰대. ⇔홰.《朴新諺 2,
41ㅈ》不論竿子上的構子上的物件, 홰엣

거시나 궤엣 物件을 혜지 아니ᄒ고.

간쟈몰 图 간자말. (이마와 뺨이 흰 말)
⇔백검마(白臉馬).《朴新諺 2, 1ㅎ》你看
這一箇栗色白臉馬, 네 보라 이 흔 구렁빗
헤 간쟈몰이.

간질(簡帙) 图 책을 이르는 말.《集覽, 凡
例》兩書諺解簡帙重大, 故朴通事分爲上
·中·下, 老乞大分爲上·下, 以便繙閱.

간초(秆草) 图 조짚. ⇔조딥ㅎ.《集覽, 朴
集, 中, 3ㅎ》秆草. 秆, 禾莖也, 卽稭之和
皮者也. 中國北方土〈土〉地高燥, 宜粟不
宜稻, 故治田好種粟. 收粟者截穗取實, 留
〈留〉其稭以飼馬, 因名其稭曰秆草, 亦曰
穀草. 稭, 音戛, 稻稭曰稻草.《朴新諺 2,
28ㅎ》一箇帶五兩銀子到馬家庄去放秆草,
ᄒ나흔 닷 냥 은을 가지고 馬家庄에 가
조딥혜 노코.

간출거(赶出去) 图 내치다. 쫓아내다. 몰
아내다. ⇔내티다.《集覽, 字解, 單字解,
2ㅎ》赶. 音干, 上聲. 亦作趕. 趁也, 及也.
赶上 밋다. 又逐也. 赶出去 내티다. 又驅
也. 赶牛 쇼 모다.

간출거(趕出去) 图 =간출거(赶出去). '趕'
은 '赶'으로도 쓴다.《正字通, 走部》趕,
追逐也. 今作赶.《集覽, 字解, 單字解, 2
ㅎ》赶. 音干, 上聲. 亦作趕. 趁也, 及也.
赶上 밋다. 又逐也. 赶出去 내티다. 又驅
也. 赶牛 쇼 모다.

간판(幹辦) 图 차리다. 준비하다. 처리하
다. ㅡ⇔셔도다.《朴新諺 3, 6ㅈ》不使幾
箇錢幹辦是不濟事的, 여러 돈을 뼈 셔도
지 아니면 이 일을 일오지 못ᄒ리라. ㅡ
⇔츌호다.《朴新諺 2, 28ㅎ》你們都依着
我幹辦去罷, 너희들이 다 내 말대로 츌
호라 가라.

간편(簡便) 囝 간편(簡便)히. ⇔간편히(簡
便-).《集覽, 朴集, 上, 11ㅎ》下少財錢.
亦云下財. 家禮會通云, 婚有六禮, 納采·
問名·納吉·納徵·請期·親迎. 今制,
納采·問名·納吉摠〈総〉一次行禮, 以從

ㄱ

簡便, 謂之定禮, 亦爲之定親, 亦曰下紅定, 亦送幣物. 《朴新諺 3, 54ㅈ》這招子寫得極簡便, 이 방 쓰기를 極히 簡便히 ᄒᆞ엿다.

간편히(簡便-) 부 간편(簡便)히. ⇔간편(簡便). 《朴新諺 3, 54ㅈ》這招子寫得極簡便, 이 방 쓰기를 極히 簡便히 ᄒᆞ엿다.

간험(看驗) 동 조사하여 살피다. ⇔간험ᄒᆞ다(看驗-). 《朴新諺 3, 50ㅎ》小人與隣人等看驗得賊人蹤跡, 小人이 隣人 等으로 더부러 賊人의 蹤跡을 看驗ᄒᆞ니. 《朴新諺 3, 51ㅈ》伏乞憲天老爺立賜看驗, 伏乞 憲天 老爺는 즉시 看驗홈을 주어.

간험ᄒᆞ다(看驗-) 동 간험(看驗)하다. ⇔간험(看驗). 《朴新諺 3, 50ㅎ》小人與隣人等看驗得賊人蹤跡, 小人이 隣人 等으로 더부러 賊人의 蹤跡을 看驗ᄒᆞ니. 《朴新諺 3, 51ㅈ》伏乞憲天老爺立賜看驗, 伏乞 憲天 老爺는 즉시 看驗홈을 주어.

간활(赶活) 동 일을 부지런히 하다. 《朴新諺 2, 59ㅎ》好着他們上緊赶活, ᄀᆞ장 뎌 들로 ᄒᆞ여 급히 밋처 셩녕ᄒᆞ면.

갈(葛) 명 성(姓)씨의 하나. 《朴新諺 3, 56ㅎ》在下姓葛字敬之, 在下ㅣ 姓은 葛이오 字는 敬之라.

갈경지(葛敬之) 명 갈(葛)은 성(姓)씨, 경지(敬之)는 자(字). 《朴新諺 3, 56ㅈ》今同葛敬之教授, 이제 葛敬之 教授와 ᄒᆞᆫ가지로.

갈고리 명 갈고랑이. ❶⇔구(鉤). 《朴新諺 1, 30ㅎ》羊脂玉帶鉤, 羊脂玉 띄갈고리오. ❷⇔구자(鉤子). 《朴新諺 2, 40ㅎ》使鉤子的賊們更多, 갈고리 ᄡᅳ는 도적들이 더욱 만하. 《朴新諺 2, 41ㅈ》便把鉤子鉤出來拿去, 곳 갈고리로 그러내여 가져가ᄂᆞ니라. 《朴新諺 3, 26ㅎ》教將軍使金鉤子, 將軍으로 ᄒᆞ여곰 쇠갈고리로. 《朴新諺 3, 27ㅈ》將軍用鉤子搭去, 將軍이 갈고리로 ᄢᅧ 글려 ᄒᆞ니.

갈구리 명 갈고랑이. ⇔구(鉤). 《朴新諺 3, 24ㅎ》搖動尾鉤鉤了一下, ᄭᅩ리 갈구리를 흔드러 ᄒᆞᆫ 번 긁치니.

갈도(喝道) 동 높은 벼슬아치가 다닐 때 길을 인도하는 하인이 앞에서 소리를 질러 행인의 통행을 금하게 하다. ⇔갈도ᄒᆞ다(喝道-). 《朴新諺 3, 39ㅎ》對對皂隷擺着喝道, ᄡᅡᆼᄡᅡᆼᄒᆞᆫ 皂隷ㅣ 버러 喝道ᄒᆞ고.

갈도ᄒᆞ다(喝道-) 동 갈도(喝道)하다. ⇔갈도(喝道). 《朴新諺 3, 39ㅎ》對對皂隷擺着喝道, ᄡᅡᆼᄡᅡᆼᄒᆞᆫ 皂隷ㅣ 버러 喝道ᄒᆞ고.

갈랄(旮旯) 명 구석. 모퉁이. 《集覽, 朴集, 中, 9ㅈ》閣落. 音ᄀᆞ·랖, 指一隅深奥之處. 舊本未得本字, 而借用栲栳二字. 按韻〈韵〉書, 栲栳, 木名, 笿箸, 柳器. 並音잪랖, 皆上聲, 與本語字音大不相同. 但免疑韻略〈韵畧〉及字學啓蒙字作旮旯, 音·ᄀᆞ랖.

갈색(褐色) 명 갈색. 《集覽, 朴集, 下, 5ㅈ》蠍〈蝎〉虎. 守宮卽蠍〈蝎〉虎也. 褐色四足, 偃伏壁間, 名蝘蜓, 亦曰守宮.

갈자(蝎子) 명 =갈자(蠍子). '蝎'은 '蠍'로도 쓴다. 《篇海類編, 鱗介類, 虫部》蠍, 或作蝎. 《朴新諺 1, 40ㅈ》這是蝎子, 이는 이 뎐갈이로다. 《朴新諺 3, 24ㅎ》就變做一箇大青蝎子, 즉시 變ᄒᆞ여 ᄒᆞᆫ 큰 프른 젼갈이 되어.

갈자(蠍子) 명 전갈(全蠍). 《篇海類編, 鱗介類, 虫部》蠍, 或作蝎. ❶⇔뎐갈. 《朴新諺 1, 40ㅈ》這是蝎子, 이는 이 뎐갈이로다. ❷⇔젼갈. 《朴新諺 3, 24ㅎ》就變做一箇大青蝎子, 즉시 變ᄒᆞ여 ᄒᆞᆫ 큰 프른 젼갈이 되어.

갈채(喝采) 동 =갈채(喝保). '采'는 '保'의 잘못. 《朴新諺 3, 27ㅎ》衆人喝采(保)說佛家法力大贏了, 모든 사ᄅᆞᆷ이 혀ᄎᆞ고 니ᄅᆞ되 佛家ㅣ 法力이 크다 이긔엿고나. 《譯語類解, 上, 氣息》喝保, 혀 차다.

갈채(喝保) 동 혀 차다. ⇔혀ᄎᆞ다. 《朴新諺 3, 27ㅎ》衆人喝采(保)說佛家法力大贏了, 모든 사ᄅᆞᆷ이 혀ᄎᆞ고 니ᄅᆞ되 佛家ㅣ

ㄱ

法力이 크다 이긔엿고나.《譯語類解, 上, 氣息》喝保, 허 차다.

갈호(蝎虎) 뗑 =갈호(蠍虎). '蝎'은 '蠍'로도 쓴다.《篇海類編, 鱗介類, 虫部》蠍, 或作蝎.《集覽, 朴集, 下, 5ㅈ》蠍〈蝎〉虎. 蝶蚖・蜥蜴・蝘蜓・守宮, 一物而四名. 在壁曰守宮, 在草曰蜥蜴. 守宮卽蠍〈蝎〉虎也. 褐色四足, 偃伏壁間, 名蝘蜓, 亦曰守宮. 五月五日捕其生者, 飼以朱砂, 明年端午搗(擣)之, 點宮人臂上, 經事則消, 否則雖死不改, 故名曰守宮. 漢武帝嘗試之, 果驗, 常捕全蠍食之, 故名蠍虎.《朴新諺 3, 33ㅈ》一箇蝦蟆鼈壺・蝎虎(朴新注, 56ㅈ: 一名守宮, 又曰蝘蜓.)盞, 훈 蝦蟆 鼈壺와 蝎虎盞을 민드라 주고려.

갈호(蠍虎) 뗑 도마뱀붙잇과의 하나. 도마뱀과 비슷한데 몸의 길이는 12cm 정도이며, 야행성으로 주로 인가 가까이 살며 작은 소리로 운다.《篇海類編, 鱗介類, 虫部》蠍, 或作蝎.《集覽, 朴集, 下, 5ㅈ》蠍〈蝎〉虎. 蝶蚖・蜥蜴・蝘蜓・守宮, 一物而四名. 在壁曰守宮, 在草曰蜥蜴. 守宮卽蠍〈蝎〉虎也. 褐色四足, 偃伏壁間, 名蝘蜓, 亦曰守宮. 五月五日捕其生者, 飼以朱砂, 明年端午搗(擣)之, 點宮人臂上, 經事則消, 否則雖死不改, 故名曰守宮. 漢武帝嘗試之, 果驗, 常捕全蠍食之, 故名蠍虎.《朴新諺 3, 33ㅈ》一箇蝦蟆鼈壺・蝎虎(朴新注, 56ㅈ: 一名守宮, 又曰蝘蜓.)盞, 훈 蝦蟆 鼈壺와 蝎虎盞을 민드라 주고려.

갈호잔(蝎虎盞) 뗑 =갈호잔(蠍虎盞). '蝎'은 '蠍'로도 쓴다.《篇海類編, 鱗介類, 虫部》蠍, 或作蝎.《朴新諺 3, 33ㅈ》一箇蝦蟆鼈壺・蝎虎盞, 훈 蝦蟆 鼈壺와 蝎虎盞을 민드라 주고려.

갈호잔(蠍虎盞) 뗑 갈호(蠍虎)가 그려져 있는 잔.《篇海類編, 鱗介類, 虫部》蠍, 或作蝎.《朴新諺 3, 33ㅈ》一箇蝦蟆鼈壺・蝎虎盞, 훈 蝦蟆 鼈壺와 蝎虎盞을 민드라

주고려.

감(嵌) 돔 ❶장식을 박다. ⇔날박다.《朴新諺 1, 23ㅎ》両對寶石廂嵌的鬓簪, 두 쌍 寶石에 던메워 날박은 鬓簪과. ❷박다. 박아 넣다. ⇔박다.《朴新諺 1, 23ㅎ》一對猫兒眼睛嵌的金戒指, 훈 쌍 야광쥬 던메워 박은 金가락지.《朴新諺 1, 30ㅈ》鞍坐子是烏犀角玳瑁廂嵌的, 기르마가지는 이 烏犀角에 玳瑁로 던메워 박은 거시오.《朴新諺 1, 30ㅈ》馬鐙是獅子頭嵌銀絲的, 등ㅈ는 이 獅子 머리에 銀絲롤 박은 거시오. 鞦皮事件都是減金與那珊瑚廂嵌的, 질채와 事件은 다 이 금 입ㅅ와 珊瑚로 던메워 박은 거시오. ❸끼다. 끼우다. ⇔끼다.《朴新諺 1, 29ㅎ》脚穿麂皮嵌金線靴子, 발에 지ㅈ피 金線 갸품 씬 훠롤 신고.

감(敢) 뵤형 듯하다. ⇔둣ᄒ다.《集覽, 字解, 單字解, 5ㅎ》敢. 忍爲也. 你敢那 네 구틔여 그리ᄒ다. 又疑似也. 敢知道 아는 둣ᄒ다.

감(敢) ᄝ ❶감히. ⇔감히(敢-).《朴新諺 1, 19ㅎ》敢不盡心細做麽, 敢히 盡心ᄒ여 졍셰히 민드지 아니ᄒ랴.《朴新諺 1, 28ㅎ》誰敢不依規矩罰約呢, 뉘 敢히 規矩 罰約대로 아니ᄒ리오.《朴新諺 1, 36ㅎ》日後還敢偷老婆麽, 日後에 다시 敢히 계집을 도적ᄒ랴.《朴新諺 1, 37ㅈ》小弟實不敢當, 小弟 실로 敢히 當치 못ᄒ여라.《朴新諺 1, 40ㅈ》墙上一箇琵琶任誰不敢拿他, 담 우희 훈 琵琶롤 아모도 敢히 뎌롤 잡지 못ᄒ는 거시여.《朴新諺 1, 57ㅎ》小人豈敢望賞, 小人이 엇디 敢히 賞을 ᄇ라리오.《朴新諺 2, 42ㅎ》小舖從不敢哄人的, 小舖ㅣ 본디 敢히 사롬을 소기지 못ᄒ노라.《朴新諺 3, 4ㅎ》跳蚤也不敢近, 벼록이 또 敢히 갓가이 못ᄒᄂ니라.《朴新諺 3, 52ㅎ》小人知他酒醉不敢抵敵, 小人이 제 술 취홈을 알고 敢히 抵敵지 아니ᄒ엿더니. ❷구태여. ⇔구

틔여.《集覽, 字解, 單字解, 5ㅎ》敢. 忍爲
也. 你敢那 네 구틔여 그리홀다. 又疑似
也. 敢知道 아는 둧ᄒ다.

감(減) 图 입사(入絲)하다. 그릇 표면에 은
사(銀絲)를 넣어 장식하다. ⇔입스다.
《朴新諺 1, 30ㅈ》鞍皮事件都是減金與那
珊瑚廂嵌的, 질채와 事件은 다 이 금 입
스와 珊瑚로 뎐메워 박은 거시오.

감(監) 图 ●가두다. ⇔가도다.《朴新諺
3, 19ㅎ》把我家小厮拿去監了兩日, 내 집
아히 놈을다가 자바가 가도완 지 이틀
이오.《朴新諺 3, 20ㅈ》因何監着不放呢,
엇지ᄒᆞ여 가도고 노치 아니ᄒᆞᄂᆞ뇨.《朴
新諺 3, 20ㅈ》便把我這小厮監了, 곳 우
리 이 아히 놈을다가 가도앗ᄂᆞ니라.《朴
新諺 3, 20ㅎ》便把他監起來也不怕, 곳 뎌
를다가 가도아도 저프지 아니ᄒᆞ다.《朴
新諺 3, 39ㅈ》所以把老安監下要追比哩,
이러모로 老安을다가 가도아 물리려 ᄒ
ᄂᆞ니라. ●갇히다. 감금(監禁)되다. ⇔
가치다.《朴新諺 3, 38ㅈ》那老安因甚麼
事監在牢裡, 뎌 老安이 므슴 일을 因ᄒᆞ여
옥에 가치엿ᄂᆞ뇨.

감간(監干) 图 벼슬 이름. 신라(新羅) 때
두었다. 그 직능(職能)과 관등(官等)은
미상(未詳)이다.《集覽, 朴集, 下, 13ㅈ》
都松岳郡〈松岳郡〉. 時新羅監干八元善風
水, 到扶蘇郡, 見扶蘇山形勝而童, 告康忠
曰, 若移郡山南, 植松使不露巖〈岩〉石, 則
統合三韓者出矣.

감격(感激) 图 마음에 깊이 느끼어 크게
감동하다. ⇔감격ᄒ다(感激-).《朴新諺
1, 9ㅈ》便感激不盡了, 곳 感激호믈 다 못
ᄒᆞ리라.《朴新諺 3, 51ㅎ》則感激無地矣,
곳 感激 無地ᄒᆞ리이다.

감격ᄒ다(感激-) 图 감격(感激)하다. ⇔
감격(感激).《朴新諺 1, 9ㅈ》便感激不盡
了, 곳 感激호믈 다 못ᄒᆞ리라.

감결(甘結) 图 관청에 제출하는 서약서
또는 보증서.《集覽, 朴集, 中, 2ㅈ》甘結.

吏學指南云, 所願曰甘, 合從曰結. 今按,
如保擧人材者, 必寫稱所擧之人, 並無喪
過及干娼優子嗣, 委的賢能, 如虛甘伏重
罪云云. 擧此爲辝, 以成文狀, 與彼收執,
或呈報上司, 以憑後考, 謂之不致扶同, 重
甘結狀.

감금(監禁) 图 갇히다. 감금(監禁)되다.
⇔가치다.《朴新諺 3, 19ㅎ》鎖在冷鋪裡
監禁着, 닝포에 줌가 가치여시니.

감납(監納) 图 곡물이나 조세 따위의 납
부를 감독하다. 또는 그런 벼슬.《集覽,
朴集, 上, 5ㅎ》監納. 質問云, 收米粮官名.

감로(甘露) 图 =감로수(甘露水).《集覽, 朴
集, 中, 5ㅎ》傾甘露於甁中濟險途於飢渴.
佛經云, 佛洒甘露水. 又云, 開甘露門. 又
云, 手執靑楊枝, 徧洒甘露之水. 然甘露源
流未詳.《朴新諺 2, 29ㅎ》傾甘露於甁中
濟險途於飢渴, 甘露를 甁 中에 기우려 險
途를 飢渴에 구제ᄒᆞᄂᆞᆫ쏘다.

감로문(甘露門) 图 〈불〉 생사를 벗어나
열반(涅槃)으로 들어가는 더없이 높은
경지.《集覽, 朴集, 中, 5ㅎ》傾甘露於甁
中濟險途於飢渴.佛經云, 佛洒甘露水. 又
云, 開甘露門. 又云, 手執靑楊枝, 徧洒甘
露之水. 然甘露源流未詳.

감로수(甘露水) 图 천하가 태평할 때에
하늘에서 내린다는 단 이슬.《集覽, 朴
集, 中, 5ㅎ》傾甘露於甁中濟險途於飢渴.
佛經云, 佛洒甘露水. 又云, 開甘露門. 又
云, 手執靑楊枝, 徧洒甘露之水. 然甘露源
流未詳.《朴新諺 2, 29ㅎ》傾甘露於甁中
濟險途於飢渴(朴新注, 33ㅎ: 佛書云, 佛
灑甘露水, 以濟飢渴.), 甘露를 甁 中에 기
우려 險途를 飢渴에 구제ᄒᆞᄂᆞᆫ쏘다.

감모(感冒) 图 감기 들다. ⇔감모ᄒ다(感
冒-).《朴新諺 1, 54ㅈ》最怕的是感冒風
寒, ᄀᆞ장 저픈 거슨 이 風寒에 感冒홈이
니.《朴新諺 2, 24ㅈ》這是感冒風寒之症,
이 風寒에 感冒혼 症이로다.

감모ᄒ다(感冒-) 图 감모(感冒)하다. ⇔

감모(感冒). 《朴新諺 1, 54ㅈ》最怕的是感冒風寒, ᄀ장 저픈 거슨 이 風寒에 感冒홈이니. 《朴新諺 2, 24ㅈ》這是感冒風寒之症, 이 風寒에 感冒ᄒᆞᆫ 症이로다.

감복(甘伏) 통 기꺼이 받아들이다. 승복하다. 《集覽, 朴集, 中, 2ㅈ》甘結. 今按, 如保擧人材者, 必寫稱所擧之人, 並無喪過及干娼優子嗣, 委的賢能, 如虛甘伏重罪云云.

감분(感奮) 통 느낀 바가 커서 떨쳐 일어나다. 《集覽, 朴集, 下, 12ㅈ》太祖. 夫人柳氏曰, 妾聞諸公之言, 尙有感奮, 况大丈夫乎. 提甲領以披之, 諸將扶擁而出, 令人呼曰, 王公已擧義旗, 國人來赴者不可勝計.

감사(監事) 명 중앙 관서의 하급 벼슬아치. 《集覽, 朴集, 上, 1ㅎ》署官. 良醞署, 卽光祿寺屬官也. 有署正・署丞・監事等官.

감시(敢是) 보형 듯하다. 또는 아마도. 혹시. 설마. 어쩌면. ⇔둧ᄒᆞ다. 《朴新諺 2, 55ㅎ》敢是這廝漢吃來, 이 킈 져근 놈이 먹은 둧ᄒᆞ다. 《朴新諺 3, 27ㅈ》行者敢是死了, 行者ㅣ 죽은 둧ᄒᆞ다.

감자(柑子) 명 홍귤나무. 또는 그 열매. 《朴新諺 1, 4ㅈ》鮮果子呢, 싱과실은. 柑子, 柑子. 橘子, 귤. 石榴, 石榴. 香水梨, 물한비. 櫻桃, 櫻桃. 杏子, 솔고. 蘋果, 굵은님금. 玉黃李子, 유황외앗시오.

감죄(甘罪) 통 죄를 기꺼이 인정하다. 《集覽, 朴集, 下, 12ㅈ》執結. 今按, 凡供狀內皆云執結是實, 謂今所供報之詞, 皆實非虛, 如虛甘罪云云之意, 非徒謂所志詞語也.

감찰어사(監察御史) 명 벼슬아치들의 비위 감시, 회계 감사, 형명(刑名) 심의, 의전(儀典) 감독 따위의 일을 맡았다. 수대(隋代)에 두어 명・청대(明淸代)까지 존속되었다. 《集覽, 朴集, 上, 4ㅈ》都堂. 唐制, 尙書省曰都堂. 元時亦有尙書省. 今按, 華制, 都察院有左右都御史・副都御史・僉都御史, 在外十三布政司及都司, 皆有御史一員, 都御史所在謂之都堂, 監察御史所在謂之察院.

감초(甘草) 명 콩과의 여러해살이풀. 붉은 갈색의 뿌리는 단맛이 나는데 먹거나 약으로 쓴다. 《集覽, 朴集, 上, 3ㅎ》細料物. 事林廣記食饌類, 細料物, 官桂・良薑・蓽撥草・豆蔲・陳皮・縮砂仁〈砂仁〉・八角・茴香各一兩, 川椒二兩, 杏仁五兩, 甘草一兩半, 白檀末半兩. 右共爲細末用之.

감합(勘合) 명 거가(車駕)의 황성(皇城) 출입, 군대의 파견, 벼슬아치의 역참(驛站) 이용 때 진위를 가리기 위하여 부절(符節)을 맞추어 보던 일. 또는 그 부절. 《集覽, 朴集, 上, 1ㅎ》勘合. 吏學指南云, 勘合, 卽古之符契也. 質問云, 官府設簿冊二扇, 凡事用印鈐記, 上寫外字幾號, 發行去者曰外號, 上寫內字幾號, 留在官府者曰內號.

감히 🕂 감히. ⇔감(敢). 《朴新諺 1, 26ㅈ》那裏敢與我對敵呢, 어디 감히 날과 對敵ᄒᆞ리오. 《朴新諺 2, 55ㅈ》我輸了再不敢違姐姐的言語, 내 지면 쏘 감히 각시의 말을 어긔롯지 못ᄒᆞ고. 《朴新諺 3, 45ㅎ》我就不敢吃多了, 내 곳 감히 먹기를 만히 못ᄒᆞ노라.

감히(敢-) 円 감히. ⇔감(敢). 《朴新諺 1, 19ㅎ》敢不盡心細做麽, 敢히 盡心ᄒᆞ여 졍셰히 민ᄃᆞ지 아니ᄒᆞ랴. 《朴新諺 1, 28ㅎ》誰敢不依規矩罰約呢, 뉘 敢히 規矩罰約대로 아니ᄒᆞ리오. 《朴新諺 1, 36ㅎ》日後還敢偸老婆麽, 日後에 다시 敢히 계집을 도적ᄒᆞᆯ가. 《朴新諺 1, 37ㅈ》小弟實不敢當, 小弟 실로 敢히 當치 못ᄒᆞ여라. 《朴新諺 1, 40ㅈ》墻上一箇琵琶任誰不敢拿他, 담 우희 ᄒᆞᆫ 琵琶를 아모도 敢히 뎌룰 잡지 못ᄒᆞᆫ 거시여. 《朴新諺 1, 57ㅎ》小人豈敢望賞, 小人이 엇디 敢히 賞을 브라리오. 《朴新諺 2, 42ㅎ》小舖從不敢哄人的, 小舖ㅣ 본디 敢히 사룸을 소

기지 못ᄒ노라.《朴新諺 3, 4ᄒ》跳蚤也
不敢近, 벼록이 ᄯ 敢히 갓가이 못ᄒᄂ
니라.《朴新諺 3, 52ᄒ》小人知他酒醉不
敢抵敵, 小人이 제 술 취홈을 알고 敢히
抵敵지 아니ᄒ엿더니.

갑 명 값. ●⇔가(價).《朴新諺 2, 1ᄌ》我
情愿費三十兩價銀, 내 情愿으로 三十兩
갑 銀을 허비ᄒ려 ᄒ노라.《朴新諺 2, 9
ᄌ》便都依了你的要價罷, 곳 다 너 달라
는 갑대로 ᄒ쟈. ●⇔가전(價錢).《集覽,
字解, 單字解, 4ᄒ》索. 求也. 索價錢 갑
받다. 又鄕習傳解曰 빋 쬐오다, 亦通. 又
須也. 不索, 今皆罕用.《朴新諺 1, 11ᄌ》
據你要的價錢却也不甚多, 네 달라는 갑
대로 ᄒ여도 ᄯ ᄀ장 만치 아니커니와.
《朴新諺 1, 11ᄒ》你若依了我的價錢, 네
만일 내 갑대로 ᄒ면.《朴新諺 1, 12ᄌ》
我便依着你的價錢做罷, 내 곳 네 갑대로
홈이 무던ᄒ다.《朴新諺 1, 19ᄒ》便依着
你的價錢, 곳 네 갑대로 호되. ●⇔전
(錢).《集覽, 字解, 單字解, 1ᄌ》還. 猶尙
也, 再也. 還有多少 당시론 언메나 잇ᄂ
뇨. 又다하. 還要多少 다하 언메나 받고
져 ᄒ나뇨. 還有・還要之還, 或呼如孩字
之音. 此或還音之訛, 或別有其字, 未可知
也. 又償也. 還錢 갑 주다.《朴新諺 2, 33
ᄌ》有直錢的物件來當, 갑ᄯ 物件을 와
전당ᄒ리 이시면.《朴新諺 3, 7ᄌ》休道
黃金貴安樂直錢多, 黃金을 귀타 니르지
말라 安樂홈이 갑ᄯ미 만타 ᄒ니라.

갑(甲) 명 갑옷. ⇔갑옷.《朴新諺 2, 31ᄌ》
盔甲一副腰刀一口, 투구와 갑옷 ᄒ 불 환
도 ᄒ나흘.《朴新諺 3, 34ᄒ》身穿金甲,
몸에 金갑옷 닙고.

갑다 동 갚다. 돌려주다. ⇔환(還).《朴新
諺 1, 34ᄌ》只還我本錢, 그저 내게 本錢
만 갑고. 利錢一分也不肯還, 利錢은 혼
픈도 즐겨 갑지 아닐 줄을 싱각ᄒ여시
리오.《朴新諺 1, 34ᄒ》到今討了半年總
不肯還我, 到今 半年을 달라 ᄒ되 아조

즐겨 내게 갑지 아니ᄒ니.《朴新諺 1, 58
ᄒ》如過期不還, 만일 혼이 지나 갑지 아
니ᄒ거든.《朴新諺 2, 43ᄌ》討的是虛價
還的是實價, 쬐오는 거슨 이 거즛 갑시
오 갑는 거시아 이 실혼 갑시니.

갑문달(蓋文達) 명 당(唐)나라 기주(冀州)
신도(信都) 사람. 자는 예성(藝成). 벼슬
은 숭현관 학사(崇賢館學士). 당초(唐初)
진왕부(秦王府) 십팔학사(十八學士)의
한 사람. 많은 책을 섭렵하였고, 특히 춘
추삼전(春秋三傳)에 정통하였다. 갑문
의(蓋文懿)와 함께 유학(儒學)으로 유명
하여 이갑(二蓋)이라 불리었다.《集覽,
朴集, 中, 8ᄌ》十八學士. 唐太宗秦王時,
開館延文學之士, 杜如晦・房玄齡〈齡〉・
虞世南・褚遂良・姚思廉・李玄道・蔡
允恭・薛元敬・顏相時・蘇勗・于志寧
・蘇世長・薛攸・李守素・陸德明・孔
穎達・蓋文達・許敬宗爲文學館學士, 分
爲三番, 更日直宿.

갑ᄯ다 형 값지다. 값나가다. ⇔치전(直
錢).《朴新諺 1, 58ᄒ》將家中所有直錢物
件, 家中에 잇는 갑ᄯ 物件을다가.《朴新
諺 2, 33ᄌ》有直錢的物件來當, 갑ᄯ 物件
을 와 전당ᄒ리 이시면.《朴新諺 3, 7ᄌ》
休道黃金貴安樂直錢多, 黃金을 귀타 니
르지 말라 安樂홈이 갑ᄯ미 만타 ᄒ니라.

갑사(甲士) 명 갑옷을 입은 군사. 또는 조
선(朝鮮) 시대에 오위(五衛) 가운데 중
위(中衛)인 의흥위(義興衛)에 속한 군
사.《集覽, 朴集, 下, 5ᄒ》勇士. 華制, 以
紅氈裁成勇字, 附於方冒之上, 施長帶於
四角, 橫負於背. 侍衛則用之, 故曰勇士,
卽我國甲士也.

갑수(甲首) 명 10호(戶)로 편성된 일갑(一
甲)의 우두머리.《集覽, 朴集, 下, 11ᄒ》
總甲. 又里制, 每里一百戶, 五家爲一火,
十家爲一甲, 每十戶, 甲首一名.

갑오(甲午) 명 간지(干支)가 갑오인 날.
《集覽, 朴集, 上, 5ᄌ》天赦日. 春戊寅・

夏甲午·秋戊申·冬甲子, 謂天道生育萬
物而有其罪也. 甲戌爲陽干之德, 子午爲
陰陽之成, 寅申爲陰陽之立, 以干德配之
爲赦也, 可修造起工〈土〉.

갑옷 몡 갑옷. ⇔갑(甲).《朴新諺 2, 31ㅎ》
盔甲一副腰刀一口, 투구와 갑옷 혼 볼 환
도 ᄒᆞ나흘.《朴新諺 3, 34ㅎ》身穿金甲,
몸에 金갑옷 닙고.

갑자(甲子) 몡 간지(干支)가 갑자인 날.
《集覽, 朴集, 上, 5ㅈ》天赦日. 春戊寅·
夏甲午·秋戊申·冬甲子, 謂天道生育萬
物而有其罪也. 甲戌爲陽干之德, 子午爲
陰陽之成, 寅申爲陰陽之立, 以干德配之
爲赦也, 可修造起工〈土〉.《集覽, 朴集,
下, 10ㅈ》粧點顏色. 納音, 如甲子日立春,
納音屬金, 用白色之類. 餘倣此.

갑주다 통 값을 지불하다. ⇔환전(還錢).
《集覽, 字解, 單字解, 1ㅈ》還. 猶尙也, 再
也. 還有多少 당시론 언메나 잇ᄂᆞ뇨. 又
다하. 還要多少 다하 언메나 받고져 ᄒᆞ
나뇨. 還有·還要之還, 或呼如孩字之音.
此或還音之訛, 或別有其字, 未可知也. 又
償也. 還錢 갑 주다.

갑ᄒᆞ다 통 ❶갚다. 돌려주다. ●⇔귀환
(歸還).《朴新諺 1, 58ㅎ》其銀約至下年
幾月內歸還, 그 은을 ᄂᆡ년 아모 둘 ᄂᆡ에
니르러 갑흐믈 언약ᄒᆞ여. ●⇔환(還).
《朴新諺 1, 34ㅈ》說之一年之內本利都還
淸我, 닐러 덩ᄒᆞ여 혼 힛 ᄂᆡ에 本과 利를
다 내게 갑하 물키마 ᄒᆞ여.《朴新諺 1,
35ㅈ》不知他那一日纔肯還, 아지 못게라
뎨 어너 날 마치 즐겨 갑흐리오.《朴新
諺 1, 58ㅎ》中保人一面承管代還, 中保人
이 一面으로 맛다 ᄀᆞ르차 갑흐리라.《朴
新諺 2, 12ㅎ》回來還我, 도라와 내게 갑
흐라.《朴新諺 3, 30ㅈ》還我多少價錢, 내
게 엇마 갑슬 갑흐려 ᄒᆞᆫ다. ❷갚다.
보답하다. ⇔보(報).《朴新諺 2, 35ㅎ》這
正是善惡到頭終有報, 정히 이 善과 惡이
ᄆᆞᆺᄎᆡ 다드라 ᄆᆞᄎᆞᆷ내 갑홈이 이시되.

값 몡 값. ●⇔가(價).《朴新諺 1, 19ㅎ》每
把價銀五錢, 每 ᄌᆞᄅ 갑시 銀 닷 돈이니.
《朴新諺 1, 50ㅈ》今年這地方馬價如何,
올ᄒᆡ 여긔 몰 갑시 엇더ᄒᆞ뇨. 今年此處馬
價比往年賤些, 올ᄒᆡ 여긔 몰 갑시 往年에
比컨대 져기 賤ᄒᆞ니라.《朴新諺 2, 8ㅎ》
這是要的老實價, 이 바들 고지식호 갑시
라.《朴新諺 2, 9ㅈ》實價十二兩, 실갑시
열두 냥이라.《朴新諺 2, 43ㅈ》討的是虛
價還的是實價, 쇠오ᄂᆞᆫ 거슨 이 거즛 갑시
오 갑ᄂᆞᆫ 거시아 이 실훈 갑시니.《朴新諺
3, 29ㅎ》對你說實價, 너를 對ᄒᆞ여 실갑
슬 니를 거시니. ●⇔가전(價錢).《朴新
諺 1, 10ㅎ》你只說老實價錢, 네 그저 고
지식호 갑슬 닐러야.《朴新諺 1, 16ㅎ》你
猜是甚麼價錢, 네 이 므슴 갑신고 짐쟉ᄒᆞ
라.《朴新諺 1, 32ㅈ》就這六箇你要多少
價錢, 이 여슷세 네 언머 갑슬 바드려
ᄒᆞᆫ다.《朴新諺 1, 50ㅈ》恐市上出不上
價錢哩, 져지셔 갑시 나지 아닐가 ᄒᆞ노
라.《朴新諺 2, 8ㅎ》你說賣的價錢罷, 네
풀 갑슬 니르라.《朴新諺 2, 42ㅎ》這緞子
多少價錢, 이 비단이 갑시 엇마나 ᄒᆞ뇨.
《朴新諺 3, 2ㅎ》你賣的價錢老實說, 네 풀
갑슬 고지식히 니르라.《朴新諺 3, 29ㅎ》
這珠子你要多少價錢, 이 구슬을 네 엇마
갑슬 달라 ᄒᆞᆫ다.《朴新諺 3, 30ㅈ》還我
多少價錢, 내게 엇마 갑슬 갑흐려 ᄒᆞᄂᆞ
다.《朴新諺 3, 31ㅈ》這珊瑚老實價錢一
兩一顆, 이 珊瑚ㅣ 고지식혼 갑시 혼 냥
에 혼 낫치라.《朴新諺 3, 32ㅎ》這箇還討
甚麼價錢呢, 이거슬 당시롱 므슴 갑슬 쇠
오리오. ●⇔전(錢).《朴新諺 1, 50ㅎ》浴
錢是五箇, 목욕ᄒᆞᄂᆞᆫ 갑슨 다亽 낫 돈이
오. 擦背錢是兩箇, 등 문지르ᄂᆞᆫ 갑슨 두
낫 돈이오. 剃頭錢是十箇, 마리 싹ᄂᆞᆫ 갑
슨 열 낫 돈이오. 修脚錢是六箇, 발톱 다
듬ᄂᆞᆫ 갑슨 여슷 낫 돈이니.《朴新諺 1,
55ㅎ》每一箇月給二両妳子錢, 每 혼 둘에
두 냥 졋 갑슬 주고.《朴新諺 2, 14ㅎ》這

些東西你共要多少染錢呢, 이 여러 거세 네 대되 언머 물갑슬 바드려 ᄒᆞᆫ다.《朴新諺 2, 15ㅈ》如今染錢都依你, 이제 물갑슨 다 네대로 ᄒᆞ려니와.《朴新諺 2, 43ㅎ》省些牙錢不好麽, 즈름갑슬 덜미 됴치 아니ᄒᆞ냐.《朴新諺 3, 3ㅈ》一箇猫兒怎麽就直的這些錢, 혼 낫 괴에 엇지 곳이 갑시 ᄲᆞ리오.《朴新諺 3, 41ㅎ》與他商(商)量了放下定錢, 뎌로 더부러 商(商)量ᄒᆞ여 마초임 갑슬 두면.

갓 명 **①**갓. 모자. ●⇔모(帽).《朴新諺 2, 32ㅈ》這帽樣做得平常, 이 갓 모양이 민들기를 平常이 ᄒᆞ엿다.《朴新諺 2, 32ㅎ》李大的帽樣, 李大ㅣ 의 갓 모양이. ●⇔모자(帽子).《朴新諺 1, 51ㅈ》衣裳·帽子·靴子, 옷과 갓과 靴롤. **②**가죽. ⇔피(皮).《集覽, 朴集, 下, 1ㅈ》丟袖. 音義云, ·ᄉ·믹〈매〉 조처:내·ᄇᆞ·틴 갓·옷.《朴新諺 3, 6ㅎ》這些皮衣一夏天沒有收拾, 이 갓옷슬 혼 녀름을 收拾홈이 업더니.

갓가이 円 가까이. ⇔근(近).《朴新諺 3, 4ㅎ》跳蚤也不敢近, 벼록이 ᄯᅩ 敢히 갓가이 못ᄒᆞᄂᆞ니라.

갓갑다 혱 가깝다. ⇔근(近).《朴新諺 1, 44ㅎ》將近滿月, 쟝ᄎᆞ 왼둘에 갓가오매.《朴新諺 3, 1ㅈ》這房後偏近着水窪子, 이 집 뒤히 편벽히 웅덩이 갓가와.

갓머리 명 갓머리[宀]. 한자 부수(部首)의 이름. ⇔보개두(寶蓋頭).《朴新諺 2, 48ㅈ》寶盖頭下着箇木字便是, 갓머리 아리 木字 혼 거시 곳 이라.

갓모 명 갈모. ⇔우모(雨帽).《朴新諺 2, 3ㅈ》我往家裏去取氊衫·雨帽, 내 집의 가 담유삼과 갓모를 가져오려 ᄒᆞ노라.

갓ㅅ 명 갓. 모자. ●⇔모(帽).《朴新諺 2, 32ㅎ》一頂要雲南氊大帽, ᄒᆞ나흔 雲南氊 큰갓슬 ᄒᆞ고.《朴新諺 2, 32ㅎ》一頂要陝(陝)西赶來的白駝氊大帽, ᄒᆞ나흔 陝(陝)西셔 미러온 白駝氊 큰갓슬 ᄒᆞ되.《朴新諺 3, 33ㅎ》你看我這帽頂子, 네 보라 내

이 갓세 딩즈ㅣ. ●⇔모자(帽子).《朴新諺 2, 31ㅎ》你的帽子那裏買來的, 네 갓시 어디셔 사 온 것고.《朴新諺 2, 32ㅎ》你的帽子當初何不叫他做呢, 네 갓슬 當初에 엇지 뎌로 ᄒᆞ여 믿드지 아니ᄒᆞᆫ다.《朴新諺 2, 32ㅎ》拿去叫李大做兩頂帽子, 가져가 李大ㅣ로 ᄒᆞ여 두 갓슬 믿드되.

갓옷 명 갖옷. 가죽옷.《集覽, 朴集, 下, 1ㅈ》丟袖. 音義云, ·ᄉ·믹〈매〉 조처:내·ᄇᆞ·틴 갓·옷.

갓옷ㅅ 명 갖옷. 가죽옷. ●⇔피오(皮襖).《朴新諺 3, 6ㅎ》把我的銀鼠皮襖上的貂鼠袖, 내 銀鼠皮 갓옷세 올린 쵸피 ᄉᆞ매를 다가. ●⇔피의(皮衣).《朴新諺 3, 6ㅎ》這些皮衣一夏天沒有收拾, 이 갓옷슬 혼 녀름을 收拾홈이 업더니.

강(扛) 동 메다. ⇔메다.《朴新諺 1, 14ㅈ》又要給那扛口帒人的小脚錢, ᄯᅩ 뎌 쟈르 메ᄂᆞᆫ 사룸의 져근 삭갑슬 줄 꺼시니.

강(剛) 円 겨우. 간신히. 어렵사리. ●⇔겨요.《朴新諺 1, 40ㅈ》一間房子裏五箇人剛坐的, 혼 간 방에 다ᄉᆞᆺ 사룸이 겨요 안ᄂᆞᆫ 거시여. ●⇔계우.《集覽, 字解, 單字解, 1ㅎ》剛. 僅也. 剛坐 계우 앗다. 纔也. 剛纔 又.

강(强) 혱 ●낫다[優]. 우월하다. (…보다) 뛰어나다. 좋다. 훌륭하다. ⇔낫다.《朴新諺 3, 19ㅈ》比在前到底强些, 이전에 비컨대 믓내 져기 나으니. ●사납다. 억세다. 나쁘다. ⇔사오납다.《朴新諺 3, 52ㅎ》帶酒肆强, 술을 ᄯᅴ고 사오나옴을 부려.

강(講) 동 **①**이르다. 말하다. 이야기하다. ●⇔니르다.《朴新諺 2, 23ㅈ》我不會講漢話, 내 漢말 니롤 줄을 아지 못ᄒᆞ고.《朴新諺 2, 54ㅎ》雖然這般講, 비록 이리 니르나. ●⇔닐다.《朴新諺 2, 9ㅈ》講定了一幷買賣的, 닐러 뎡ᄒᆞ고 혼번에 네 거슬 사쟈. **②**●〈불〉 사람들이 모여서 경전 따위를 외우고 논의하다.《朴新諺

3, 13ㅈ》這些聽講的僧尼道俗善男信女, 이 講 듯는 僧尼 道俗과 善男 信女ㅣ. ❷ 의논하다. 상의하다. ⇔의논ᄒ다.《朴新諺 1, 19ㅈ》請裏坐好講, 請컨대 안히 안자 의논ᄒ쟈.

강(繮) 뎽 후릿고삐. 고삐.《集覽, 朴集, 上, 11ㅈ》馬有垂繮之報. 漢高祖與項王會鴻門, 舞劒事急, 謀脫. 匹〈疋〉馬南行, 道傍有一眢井, 馬到井邊不肯行. 漢王恐追者至, 下馬入井.

강경(講經) 뎽 〈불〉 불경을 강독하는 일.《朴新諺 2, 10ㅈ》着他講經說法, 뎌로 ᄒ여 講經 說法ᄒᄂ니라.

강남(江南) 뎽 중국 양자강(揚子江)의 남쪽 지역을 이르는 말.《朴新諺 2, 9ㅎ》他曾到江南地方受過名師, 뎨 일즉 江南 짜히 가 일홈난 스승의게 비호니.《朴新諺 3, 8ㅎ》要徃江南地方化些布施去, 江南 짜흘 향ᄒ여 져기 보시를 빌라 가고져 ᄒ니.《朴新諺 3, 9ㅎ》慢慢的到江南, 날호여 江南에 가.

강뎡ᄒ다 통 강정(講定)하다. 강론하여 결정하다. 상의하다. 의논하다. ⇔강(講).《朴新諺 1, 26ㅎ》但講明了, 다만 강뎡ᄒ여 붉게 ᄒ고.

강도(强盜) 뎽 폭행이나 협박 따위로 남의 재물을 빼앗는 도둑.《朴新諺 2, 41ㅈ》不比得強盜, 强盜에 比치 못홀 거시라.

강론(講論) 통 해설하며 토론하다. 비평하다. ⇔강론ᄒ다(講論-).《朴新諺 3, 54ㅎ》我去尋他講論些書, 내 가 뎌를 ᄎ자 글을 講論ᄒ니.

강론ᄒ다(講論-) 통 강론(講論)하다. ⇔강론(講論).《朴新諺 3, 54ㅎ》我去尋他講論些書, 내 가 뎌를 ᄎ자 글을 講論ᄒ니.

강목(綱目) 뎽 대략적인 줄거리와 자세한 조목.《朴新諺 1, 57ㅎ》要做幾箇氣力(朴新注, 22ㅈ: 十二斤為一箇氣力. 續綱目両石弓註, 三十斤為勻(鈞), 四勻(鈞)為石, 則下欵十箇氣力, 為両石重也.)的弓, 언머

힘에 활을 밀둘고져 ᄒ눈다.

강보(襁褓) 뎽 포대기.《集覽, 朴集, 上, 13ㅎ》襁褓. 音義云, 襁褓, 接晋汚穢之物. 今按, 襁卽繃子, 褓卽襤子, 音義混而一之, 誤矣. 但譯語指南, 亦呼繃子, 混稱爲襁褓. 未詳是否. 襤子, 깃.

강분(糨粉) 뎽 쌀 풀. 무리풀.《集覽, 朴集, 上, 12ㅎ》白淸水絹. 무리 ·풋〈플〉:긔 ·업·시 다ᄃ·마·돌호로 미·론:깁·이·니, 光滑緻硬, 如本國擣砧者也. 卽不用糨粉而鍊〈練〉生絹, 以石碾者.

강사(強似) 혱 낫다優. 또는 (…를) 뛰어넘다. (…보다) 강하다. ⇔낫다.《朴新諺 3, 46ㅈ》我說與你便強似目睹了, 내 너ᄃ려 니를 쎠시니 곳 눈으로 보는 이도곤 나으리라.

강사(絳紗) 뎽 붉은 빛깔의 깁.《集覽, 朴集, 上, 12ㅈ》紅定. 晉武帝多簡良家女以充內職, 而自擇美者入選, 則以絳紗繫臂. 鎭軍將軍胡奮女入選, 亦以絳紗繫臂, 故俗謂定婚曰紅定.), 언제 紅定을 드리더뇨.

강사계비(絳紗繫臂) 통 강사(絳紗)로 팔뚝을 묶다. 진(晉)나라 무제(武帝)가 양가(良家)의 딸을 내직(內職)에 충원할 때, 직접 미인을 뽑아 팔에 붉은 빛깔의 깁을 묶게 하였던 고사. 뒤에 약혼(約婚)한 사람의 표식으로 쓰기도 하였다.《集覽, 朴集, 上, 12ㅈ》紅定. 晉武帝多簡良家女以充內職, 而自擇美者入選, 則以絳紗繫臂. 鎭軍將軍胡奮女入選, 亦以絳紗繫臂, 故俗謂定婚曰紅定.

강서(江西) 뎽 중국 강서성(江西省).《集覽, 朴集, 上, 9ㅈ》江西. 古楊(揚)州地, 今置承宣布政使司.

강습(講習) 통 일정 기간 동안 학문·기예·실무 따위를 배우고 익히다.《集覽, 朴集, 下, 7ㅎ》花房窩兒. 又云擊鞠, 騎而以杖擊也, 黃帝習兵之勢. 或曰起於戰國, 所以練〈鍊〉武士, 因嬉戱而講習之, 猶打毬, 非蹋鞠之戱也.

강시(殭屍) 圐 쓰러져 있는 시체.《集覽, 朴集, 中, 5ㅈ》隨相現相. 翻譯名義云, 佛昔爲帝釋時, 遭飢歲, 疾疫流行, 醫療無功, 道殣相屬. 帝釋悲愍, 思所救濟, 乃變其形爲大蟒身, 殭屍川〈殭屍出于〉谷, 空中遍告, 聞者感慶, 相率〈宰(㘣)〉奔赴, 隨割隨生, 療飢療疾.

강약(强弱) 圐 강하고 약함. 또는 그런 정도.《集覽, 朴集, 上, 13ㅎ》氣力. 音義云, 弓强弱之力, 重十二斤曰一箇氣力.《集覽, 朴集, 上, 14ㅈ》刜〈挄〉柳. 總龜〈総龜〉云, 端午日, 武士射柳爲閗(鬪)力之戱, 各料强弱相敵.〈此作挄恐誤〉.

강여(强如) 圀 ●낫다優. 또는 (…를) 뛰어넘다. (…보다) 강하다. ⇔낫다.《朴新諺 2, 27ㅈ》便强如靈丹妙藥, 곳 靈丹 妙藥에셔 나아. ●더하다加. 초과하다. 상회하다. ⇔더으다.《集覽, 字解, 累字解, 1ㅎ》强如. 더으다.

강자(腔子) 圐 제사나 잔치 때에 쓰던, 대가리를 제거한 동물의 몸통. 몸뚱이. ⇔몸쏭.《集覽, 朴集, 上, 14ㅎ》羊腔子. 韻會云, 骨体曰腔. 音義云, 羊無首之名. 羊有首, 則人獣〈獸〉看. 今按, 漢俗屠羊出賣者, 皆去其首.《朴新諺 2, 4ㅎ》費五六錢銀買一箇羊腔子(朴新注, 24ㅈ: 宰羊者, 去首, 只存其體, 謂腔子.), 다엿 돈 銀을 허비ᄒᆞ여 ᄒᆞᆫ 羊의 몸쏭을 사.《朴新諺 3, 27ㅎ》只見血淋淋的腔子, 그저 피 뜻듯는 몸쏭만 보고.

강재(剛纔) 圀 갓. 겨우. 방금. ⇔又.《集覽, 字解, 單字解, 1ㅎ》剛. 僅也. 剛坐 계우 앗다. 纔也. 剛纔 又.

강좌(剛坐) 圐 겨우 앉다.《集覽, 字解, 單字解, 1ㅎ》剛. 僅也. 剛坐 계우 앗다. 纔也. 剛纔 又.

강주(講主) 圐 〈불〉 경문(經文)의 뜻을 풀어 가르치는 법사(法師).《朴新諺 3, 13ㅎ》那講主便叫到跟前來說道, 뎌 講主 ㅣ 곳 불러 앏히 오라 ᄒᆞ여 니르되.

강주(輕輈) 圐 =강축(輕軸).《集覽, 朴集, 上, 6ㅈ》小車. 一輪車也. 卽輕輈.

강직(剛直) 圀 올곧다. 마음이 꼿꼿하고 곧다.《集覽, 朴集, 中, 7ㅎ》褒彈. 今按, 包孝肅公名拯, 性剛直不撓, 其所彈劾, 不避權勢, 故時人呼爲包閻羅, 曰關節〈莭〉不到, 有閻羅包老.《集覽, 朴集, 中, 9ㅈ》打關節. 宋包拯剛直好駁, 時人語曰, 關節〈莭〉不到, 有閻羅包老. 如本國俗語 쇼쳥〈청〉ᄒᆞ다.

강축(輕軸) 圐 일륜차(一輪車). (바퀴가 하나 달린 수레).《集覽, 朴集, 下, 3ㅎ》推, 用輕軸載煤炭, 一人推運而來.

강충(康忠) 圐 고려(高麗) 태조(太祖) 왕건(王建)의 4대조. 패강진(浿江鎭)의 두상대감(頭上大監)인 김팔원(金八元)의 풍수지리설을 믿고, 부소산(扶蘇山)의 남쪽으로 옮겨 살며 소나무를 온 산에 심고 부소군(扶蘇郡)을 송악군(松嶽郡)이라고 고쳤다.《集覽, 朴集, 下, 13ㅈ》都松岳郡〈松岳郡〉. 今開城府. 高麗太祖之先有康忠者, 居五冠山摩訶岬. 時新羅監干八元善風水, 到扶蘇郡, 見扶蘇山形勝而童, 告康忠曰, 若移郡山南, 植松使不露巖〈岩〉石, 則統合三韓者出矣. 於是康忠與〈与〉郡人徙居山南, 栽松遍嶽, 改名松岳.

강태공(姜太公) 圐 중국 주(周)나라 초기의 조신(朝臣)인 태공망(太公望)을 그의 성(姓)인 강(姜)과 함께 이르는 말.《朴新諺 3, 50ㅈ》便是那姜太公遇文王, 곳 이뎌 姜太公의 文王 만남이라도.

강하군(江夏郡) 圐 남조 송(南朝宋) 때 두었다. 소재지는 호북성(湖北省) 무한시(武漢市)에 있었다. 수(隋) 초에 폐하였다가 양제(煬帝) 때 다시 두었다.《集覽, 朴集, 下, 3ㅈ》六鶴舞琴. 善惡報應錄云, 江夏郡辛氏沽酒爲業, 有一先生入坐曰, 有好酒飲吾否. 辛飲以巨杯. 明日復來, 如此半載.

강해(强解) 图 뜻을 억지로 풀이하다. 《集覽, 凡例》質問者, 入中朝質問而來者也. 兩書皆元朝言語, 其沿舊未改者, 今難曉解. 前後質問亦有抵捂, 姑幷收以袪初學之碍. 間有未及質問, 大有疑碍者, 不敢强解, 宜竢更質.

강향(降香) 图 향(香)을 사르고 절을 하다. ⇨강향ᄒ다(降香-). 《朴新諺 1, 8ᄒ》我如今也派徃金剛山松廣等處去降香, 내 이지 ᄯᅩ 金剛山 松廣 等 處에 그이여 가 降香ᄒ리라.

강향ᄒ다(降香-) 图 강향(降香)하다. ⇨강향(降香). 《朴新諺 1, 8ᄒ》我如今也派徃金剛山松廣等處去降香, 내 이지 ᄯᅩ 金剛山 松廣 等 處에 그이여 가 降香ᄒ리라.

강형(强形) 图 험준한 형세. 《集覽, 朴集, 中, 3ᄒ》西山. 在順天府西三十里太行山首, 始于河內, 北至幽州, 强形鉅勢, 爭奇擁翠, 雲聳星拱于皇都之右.

강회(江淮) 图 장강(長江)과 회수(淮水) 지역. 지금의 강소성(江蘇省)과 안휘성(安徽省) 일대이다. 《集覽, 朴集, 上, 4ᄒ》蘆溝橋. 橋之路西通關陝, 南達江淮. 兩旁多旅舍, 以其密邇京都, 行人·使客絡繹不絶. 《集覽, 朴集, 上, 8ᄒ》搭護. 事物紀原云, 隋內官多服半臂, 餘皆長袖. 唐高祖減其袖, 謂之半臂, 卽今背子也. 江淮間或曰綽子, 庶人競服之. 今俗呼爲搭護, 더그레.

개 图 개. ⇨구(狗). 《朴新諺 1, 33ᄒ》那狗骨頭不知分量, 뎌 개의뼈 分量을 아지 못ᄒ고. 《朴新諺 1, 42ᄒ》狗有濺草之恩, 개ᄂᆞᆫ 濺草ᄒᆞᆫ 思이 잇고, 馬有垂繮之報, ᄆᆞᆯ은 垂繮ᄒᆞᆫ 報ㅣ 잇다 ᄒᆞ니라. 《朴新諺 2, 13ᄒ》我定要打這狗才一頓, 내 일뎡이 개 ᄀᆞ튼 놈을 ᄒᆞᆫ 지위 치리라. 《朴新諺 3, 24ᄌ》拔下一根頭髮變做狗蚤, ᄒᆞᆫ 낫 머리터럭을 ᄲᅡ혀 變ᄒᆞ여 개벼룩이 되여, 見那狗蚤, 뎌 개벼룩을 보고. 《朴新諺 3, 28ᄌ》變做一箇大黑狗, 변ᄒᆞ여 ᄒᆞᆫ

큰 거믄 개 되여. 《朴新諺 3, 28ᄒ》却不見了狗, 믄득 개도 보지 못ᄒ고.

개(改) 图 고치다. 바구다. ●⇨고치다. 《朴新諺 3, 10ᄌ》你只與我改做煤火炕, 네 그저 나를 셕탄 픠오는 캉을 고쳐 민드라 주되. ●⇨고티다. 《朴新諺 2, 14ᄌ》要改染做桃紅顏色, 고텨 桃紅빗츨 드리고져 ᄒᆞ노라.

개(改) 阌 다르다. ⇨다르다. 《朴新諺 1, 57ᄌ》改日囬望去, 다른 날에 회샤ᄒ라 가.

개(皆) 凰 다. 모두. ⇨다. 《朴新諺 3, 13ᄌ》各樣經卷皆通, 各樣 經卷을 다 通ᄒ니.

개(疥) 阌 개창(疥瘡). 옴. (피부병의 하나) ⇨개창(疥-). 《朴新諺 3, 12ᄌ》買疥藥來搽上, 疥창 藥을 사다가 ᄇᆞᄅ면.

개(開) 图 ●내다. 짓다. 건조하다. ⇨내다. 《朴新諺 1, 56ᄒ》朝南開着一箇小墻門便是, 南을 향ᄒ여 ᄒᆞᆫ 小墻門을 낸 거시 곳 이라. ●벌이다設. ⇨버리다. 《朴新諺 2, 15ᄒ》這牌上開載的, 이 牌에 버려 쓰인. ●열다. 거행하다. ⇨열다. 《朴新諺 1, 49ᄌ》如今國家開科取士, 이제 國家ㅣ 과거를 여러 션비를 取ᄒᆞ여, 《朴新諺 2, 3ᄒ》誰肯向他開口, 뉘 즐겨 뎌를 향ᄒ여 입을 열리오. 《朴新諺 2, 33ᄌ》開着一座當鋪, 一座 當鋪를 열고. 《朴新諺 2, 42ᄒ》伙計們把那廚開了, 동모들아 뎌 장을 열고. 《朴新諺 3, 6ᄌ》衙門處處向南開, 衙門이 곳곳이 南을 向ᄒ여 여러시나. 有理無錢休入來, 理 이셔도 돈이 업거든 드러오지 말라 ᄒᆞᄂᆞ니라. 《朴新諺 3, 25ᄒ》就着將軍開橫看, 즉시 將軍으로 ᄒᆞ여 橫를 여러 보니. 《朴新諺 3, 41ᄒ》他不是開鋪的, 데 이 푸ᄌᆞ를 여니 아니오. ●펴지다. ⇨퍼지다. 《朴新諺 2, 1ᄒ》只是腿跨走不開, 다만 구블이 흘러 퍼지지 못ᄒ고. ●(꽃이) 피다. ⇨피다. 《朴新諺 1, 39ᄌ》下雨開花刮風結子, 비 오면 곳 픠고 ᄇᆞ람 블면 여름

여둔 거시여.

개(箇) 명 것. ⇔이. 《朴新諺 1, 1ㅎ》約有
三十多箇, 설흔 나믄 이 이실 쯧ᄒ니.

개(箇) 의 ●낫. ⇔낫. 《集覽, 字解, 單字
解, 5ㅎ》家. 止指一數之稱. 一箇家 ᄒ 낫
식, 幾箇家 몃 낫식, 又현 낫식, 幾年家
현 힉식. 又槩也. 大家 대개. 又擧姓呼人
之稱. 李家·張家. 又呼皇帝曰官家. 又語
助. 沒有家 업다. 《朴新諺 1, 43ㅎ》與你
十箇大錢, 너를 열 낫 대천을 주마. 《朴
新諺 1, 50ㅎ》浴錢是五箇, 목욕ᄒᄂᆞᆫ 갑
슨 다ᄉᆞᆺ 낫 돈이오. 《朴新諺 1, 50ㅎ》梳
頭錢是五箇, 마리 빗ᄂᆞᆫ 갑슨 다ᄉᆞᆺ 낫 돈
이오. 剃頭錢是十箇, 마리 ᄭᅡᆨᄂᆞᆫ 갑슨 열
낫 돈이오. 《朴新諺 1, 51ㅈ》也不過使二
十八九箇錢, 스믈 여ᄃᆞᆲ 아홉 낫 돈을 ᄡᅳ
매 지나지 아니ᄒ리라. 《朴新諺 2, 46
ㅈ》就換幾箇新的, 곳 여러 낫 새 거슬 밧
고라. 《朴新諺 3, 3ㅈ》一箇猫兒怎麼就直
的這些錢, ᄒ 낫 괴에 엇지 곳 이 갑시
ᄡᆞ리오. ●번. ⇔번. 《朴新諺 1, 50ㅈ》不
曉的多少錢洗一箇澡, 아지 못게라 언머
돈에 ᄒ 번 목욕ᄒ료. 《朴新諺 3, 26ㅎ》
打一箇跟阧跳入油中, ᄒ 번 跟阧질ᄒ여
ᄲᅱ여 기름 가온ᄃᆡ 들어가. ●픈. ⇔분.
《朴新諺 1, 57ㅎ》要做十箇氣力的一張,
십 분 힘에 치 ᄒ 쟝과. 七八箇氣力的一
張, 칠팔 분 힘에 치 ᄒ 쟝을 ᄆᆡᆫᄃᆞᆯ고져
ᄒ노라. ❹필(疋). ⇔필. 《朴新諺 2, 14
ㅎ》五箇南紅絹每一疋染錢四錢, 닷 필 연
다홍 깁은 ᄆᆡ ᄒ 필에 물갑시 너 돈이오.

개(蓋) 동 ❶❶(지붕을) 이다. 덮다. ᄭᅴ우
다. ⇔녜다. 《朴新諺 2, 5ㅈ》上面盖的瓦
如鋪翠, 우희 녠 디새ᄂᆞᆫ 비취롤 ᄭᆞᆫ 듯ᄒ
고. ●(집을) 짓다. 만들다. ⇔짓다. 《朴
新諺 3, 16ㅈ》我要盖三間書房, 내 세 간
書房을 짓고져 ᄒ니. 《朴新諺 3, 16ㅎ》
相公吩咐怎麼盖, 相公은 吩咐ᄒ라 엇디
지으려 ᄒᄂᆞ뇨. 《朴新諺 3, 17ㅈ》却還要
盖甚麼房子麼, ᄯᅩ 무슴 집을 짓고져 ᄒ

ᄂ다. 《朴新諺 3, 17ㅈ》盖了這房子, 이
집을 짓고. 《朴新諺 3, 17ㅎ》捴盖萬間房,
대되 萬間 집을 지으나. 夜眠只一廈, 밤
에 자기는 다만 ᄒ 간 집이라 ᄒ니. ❷덮
다. ●덥다. 《朴新諺 2, 34ㅈ》用板盖在
上頭, 널로 우희 덥고. ●⇔덥ᄒ다. 《朴
新諺 1, 55ㅈ》上邉把小被盖着, 우희 져
근 니블을다가 덥허.

개(磕) 동 ●대지르다. 들이받다. 부딪치
다. ⇔다질리다. 《朴新諺 3, 33ㅎ》在門
上磕了一磕就塌了半邉, 門에 다질려 곳
반 편이 ᄯᅥ러지고. ●조아리다. ⇔좃다.
《朴新諺 1, 34ㅈ》那般磕頭禮拜央及我,
뎌리 마리롤 조아 禮拜ᄒ고 내게 비러.
●짓이기다. 또는 깨물다. ⇔즛긔티다.
《朴新諺 3, 24ㅈ》便拿下來磕死了, 곳 자
바 ᄂᆞ리와 즛긔텨 죽이고.

개(槩) 명 평미레. 《集覽, 朴集, 上, 5ㅎ》斗
子. 執斗槩量穀之人.〈槩, 卽平斗斛木〉.

개개(箇箇) 뷔 낱낱이. ●⇔난나치. 《集
覽, 字解, 單字解, 3ㅈ》箇. 一枚也. 俗呼
一枚爲一箇, 亦曰箇把. 又箇箇 난나치.
單言箇字, 亦爲一枚之意. 有箇人 ᄒ 사ᄅ
미. 又語助. 這箇·些箇. 又音이. 舌頭兩
箇 혓 그토로, 今不用. ●⇔낫낫치. 《朴
新諺 1, 40ㅈ》家後一羣羊箇箇尾子長, 딥
뒤히 ᄒ 무리 羊이 낫낫치 ᄭᅩ리 긴 거시
여. 《朴新諺 3, 13ㅎ》箇箇擎拳合掌, 낫낫
치 擎拳合掌ᄒ더니.

개골산(皆骨山) 명 겨울의 금강산을 이르
는 말. 《集覽, 朴集, 上, 4ㅎ》金剛山. 一名
皆骨山, 卽白頭山南條也. 南至淮陽縣之
東, 高城郡之西爲金剛山, 凡一萬二千峯.

개관(開館) 동 학관(學館)을 개설하다.
《集覽, 朴集, 中, 8ㅈ》十八學士. 唐太宗
秦王時, 開館延文學之士, 杜如晦·房玄
齡〈岭〉·虞世南·褚遂良·姚思廉·李
玄道·蔡允恭·薛元敬·顔相時·蘇勗
·于志寧·蘇世長·薛攸·李守素·陸
德明·孔穎達·蓋文達·許敬宗爲文學

館學士, 分爲三番, 更日直宿.

개광(開光) 圐 〈불〉 빛내다. 또는 개광(開光)하다. 개안(開眼)하다. (불상을 만든 후 길일을 선택하여 처음으로 공양(供養)하는 일. 불상에 영(靈)이 있게 하는 일이다) ⇔빗내다. 《朴新諺 3, 8ㅈ》正要裝金開光, 정히 금 올려 빗내려 ᄒ더니.

개구(改口) 圐 변개(變改)하다. 변경하다. 말을 바꾸다. 내용을 바꾸다. ⇔변기ᄒ다. 《朴新諺 2, 55ㅈ》旣說定了不要改口, 이믜 닐러 定ᄒ여시니 변기치 마쟈.

개구연석(開口筵席) 圐 약혼하는 이바지. 약혼하는 잔치. 《集覽, 朴集, 上, 11ㅎ》今日做筵席. 舊本作開口筵席, 古所謂言定, 今俗云求親.

개궁(開弓) 圐 활을 쏘다. 《集覽, 朴集, 上, 13ㅈ》濟機. 音義云, ·ᄮ로 밍·ᄀ·론 혈거피 ·ᄀ·ᄐᆞᆫ 것. 今按, 漢人或牛角或鹿角爲之, 形如環, 着於拇指, 亦所以鈎〈所以鈎〉弦開弓.

개ᄀᄐᆞᆫ놈 圐 개 같은 놈. 무능한 놈. 쓸모 없는 놈. 교활한 놈. ⇔구재(狗才). 《朴新諺 2, 13ㅎ》我定要打這狗才一頓, 내 일뎡이 개 ᄀᄐᆞᆫ 놈을 혼 지위 치리라.

개다 圐 개다[晴]. ⇔청(晴). 《朴新諺 2, 56ㅈ》雨纔晴了街上有路好走麽, 비 ᄀᆺ 개여시니 거리에 길히 이서 ᄃ니기 됴터냐.

개당(開堂) 圐 〈불〉 선종(禪宗)에서, 새로 주지가 된 중이 절에 들어가 처음으로 설법(說法)하는 의식(儀式). 《集覽, 朴集, 上, 15ㅎ》步虛. 還大都, 時適丁太子令辰十二月二十四日, 奉傳聖旨, 住持永寧禪寺, 開堂演法.

개두(磕頭) 圐 머리를 조아리다. 고두(叩頭)하다. 《朴新諺 1, 34ㅈ》那般磕頭禮拜央及我, 뎌리 마리롤 조아 禮拜ᄒ고 내게 비러.

개명(改名) 圐 이름을 고치다. 《集覽, 朴集, 上, 2ㅈ》核桃. 張騫使西域, 得胡桃回, 種于中國. 後五胡時, 避胡字, 改名核桃.

개벼록 圐 개벼룩. ⇔구조(狗蚤). 《朴新諺 3, 24ㅈ》拔下一根頭髮變做狗蚤, 혼 낫 머리터럭을 ᄲ혀 變ᄒ여 개벼록이 되여, 見那狗蚤, 뎌 개벼록을 보고.

개암 圐 개암. ⇔진자(榛子). 《朴新諺 1, 4ㅈ》乾果子呢, 무른 과실은. 榛子, 개암. 松子, 잣. 瓜子, 슈박ᄡᅵ. 乾葡萄, 마른葡萄. 栗子, 밤. 龍眼, 龍眼. 桃仁, 복성화ᄡᅵ. 荔子, 녀지요.

개양(開陽) 圐 북두칠성의 여섯째 별 이름. 《集覽, 朴集, 上, 7ㅈ》北斗左輔右弼. 凡九星, 曰樞宮貪狼, 曰璇宮巨門, 曰璣〈幾〉宮祿存, 曰權宮文曲, 曰衡宮廉貞, 曰闓(開)陽宮武曲, 曰瑤光宮破軍, 曰洞明宮左輔, 曰隱元宮右弼.

개양(闓陽) 圐 =개양(開陽). '闓'는 '開'의 잘못. 《集覽, 朴集, 上, 7ㅈ》北斗左輔右弼. 凡九星, 曰樞宮貪狼, 曰璇宮巨門, 曰璣〈幾〉宮祿存, 曰權宮文曲, 曰衡宮廉貞, 曰闓(開)陽宮武曲, 曰瑤光宮破軍, 曰洞明宮左輔, 曰隱元宮右弼.

개왕(改往) 圐 과거의 잘못을 고치다. 《朴新諺 3, 14ㅈ》誠心懺悔改往修來去罷, 誠心으로 懺悔ᄒ여 改往 修來ᄒ라 가라.

개왕수래(改往修來) 圐 개왕(改往)하고 미래의 선행을 닦다. 《朴新諺 3, 14ㅈ》誠心懺悔改往修來去罷, 誠心으로 懺悔ᄒ여 改往 修來ᄒ라 가라.

개원(改元) 圐 연호(年號)를 바꾸다. 《集覽, 朴集, 下, 12ㅎ》弓裔. 一日, 持鉢赴齋, 有烏嗛(啣)牙籤落鉢中, 視之, 有王字. 遂叛, 據鉄圓郡爲都, 卽今鐵〈鉄〉原府也. 國號摩震, 改元武泰, 後改國號〈号〉泰封.

개원(開元) 圐 땅 이름. 본래 숙신(肅愼)의 땅. 주대(周代)에 황복(荒服)되었다가, 원대(元代)에 개원로(開元路)라 하였는데, 원말(元末)에 나하추(納哈出)에 예속되었다. 《集覽, 朴集, 上, 4ㅈ》開元. 遼誌云, 本肅愼氏地, 虞舜時高麗有其地, 周時爲荒服, 元設開元路, 元末屬納哈出, 今設

三萬衛, 又設遼海衛. 永樂年間, 設安樂・自在二州, 俱隷遼東都司. 城東陸路, 舊有設站, 至三散口子, 通朝鮮後門, 管屬外夷往來朝貢之路, 四面皆古設站之地.《朴新諺 1, 8ㅎ》派小弟是徃永平・大寧・遼陽・開元(朴新注, 3ㅎ 亦쒜遼東.)・瀋陽等處, 小弟롤 그은 거슨 이 永平・大寧・遼陽・開元・瀋陽 等 處에 가느니라.

개원로(開元路) 圀 원대(元代)에 두었다. 소재지는 길림성(吉林省) 농안현(農安縣)에 있었다. 명대(明代)에 폐하였다.《集覽, 朴集, 上, 4ㅈ》開元. 遼誌云, 本肅愼氏地, 虞舜時高麗有其地, 周時爲荒服, 元設開元路, 元末屬納哈出, 今設三萬衛, 又設遼海衛.

개의쎄 圀 개새끼. 개놈. (욕하는 말) ⇔구골두(狗骨頭).《朴新諺 1, 33ㅎ》那狗骨頭不知分量, 뎌 개의쎄 分量을 아지 못ᄒ고.

개일(改日) 圀 다른 날. 후일(後日). 뒷날.《朴新諺 1, 57ㅈ》改日囬望去, 다른 날에 회샤ᄒ라 가.

개재(開載) 图 쓰다書]. 기재(記載)하다. ⇔쓰다.《朴新諺 1, 3ㅎ》這票上開載的各樣好酒, 이 票에 쓰인 各樣 됴흔 술을.《朴新諺 2, 15ㅎ》這牌上開載的, 이 牌에 버려 쓰인.

개창(疥-) 圀 =개창(疥瘡). ⇔개(疥).《朴新諺 3, 12ㅈ》買疥藥來搽上, 疥창 藥을 사다가 ㅂ르면.

개창(疥瘡) 圀 옴. (피부병의 하나)《朴新諺 3, 11ㅎ》我這疥瘡痒得當不的, 내 이 疥瘡이 ᄀ려워 當치 못ᄒ니.

개창(開倉) 图 관아의 창고를 열어 안에 넣어 두었던 곡식을 내다. ⇔개창ᄒ다(開倉-).《朴新諺 1, 12ㅈ》今日可開倉麼, 오늘 開倉ᄒ느냐.《朴新諺 1, 12ㅈ》今日却是開倉關米的日期, 오늘이 이 開倉ᄒ여 뽈 ᄐ는 날이라.

개창ᄒ다(開倉-) 图 개창(開倉)하다. ⇔

개창(開倉).《朴新諺 1, 12ㅈ》今日可開倉麼, 오늘 開倉ᄒ느냐.《朴新諺 1, 12ㅈ》今日却是開倉關米的日期, 오늘이 이 開倉ᄒ여 뽈 ᄐ는 날이라.

개평부(開平府) 圀 원대(元代)에 두었다. 내몽고자치구(內蒙古自治區) 정람기(正藍旗) 북동쪽 섬전하(閃電河)의 북쪽, 음산(陰山)의 남쪽에 있었다.《集覽, 朴集, 上, 15ㅎ》南城. 大元以燕京爲大都, 俗號南城, 以開平府爲上都, 俗號北城. 開平府在陰山之南. 自燕京至上都, 地勢一步高一步, 四時多雨雪.

개포(開鋪) 图 가게를 열다.《集覽, 朴集, 上, 7ㅎ》印子鋪. 音義云, 是典儅錢物濟急之所. 質問云, 有錢之人開鋪, 那無錢之人拿衣服或器皿, 儅借銅錢或銀子使用, 每十分加利一分, 亦與有印號帖兒, 以爲執照.《朴新諺 3, 41ㅎ》他不是開鋪的, 뎨 이 푸즈를 여니 아니오.

개할(開割) 图 풀어 헤치다.《集覽, 朴集, 中, 3ㅈ》刷劃. 排擠開割之意. 刮, 韻書不收, 免疑韻略音〈免疑韻略音作〉百.

개호(改號) 图 당호(堂號)나 호(號) 따위를 고치다. 또는 그 당호나 호.《集覽, 朴集, 下, 4ㅈ》孫行者. 其後唐太宗勑玄奘法師, 徃西天取經, 路經此山, 見此猴精壓在石縫, 去其佛押出之, 以爲徒弟, 賜法名吾(悟)空, 改号〈號〉爲孫行者, 與沙和尚及黑猪精·朱八戒偕徃, 在路降妖去恠, 救師脫難, 皆是孫行者神通之力也.

개화(開化) 图 교화(敎化)를 펼치다.《集覽, 朴集, 中, 6ㅈ》萬劫. 上天開化, 建五劫〈规〉紹運, 曰龍漢, 曰赤明, 曰上皇, 曰延康, 曰開皇. 五劫〈规〉旣周, 復從其始.

개환(改換) 图 고치다. 바꾸다. ⇔고치다.《朴新諺 3, 58ㅎ》弓王只得改換衣裝, 弓王이 그저 衣裝을 고치고.

개황(開皇) 圀 도교의 원시천존(元始天尊)의 연호(年號) 가운데 하나. 또는 오겁(五劫) 가운데 다섯 번째 겁.《集覽,

朴集, 中, 6ㅈ》萬劫. 上天開化, 建五劫〈刼〉紹運, 曰龍漢, 曰赤明, 曰上皇, 曰延康, 曰開皇. 五劫〈刼〉旣周, 復從其始.

개회(開懷) 图 마음을 터놓다.《朴新諺 1, 6ㅈ》咱們今日俱要開懷暢飲, 우리 오늘 다 開懷 暢飲ᄒ여.

객(客) 閉 나그네. ⇔나그니.《朴新諺 2, 2ㅈ》早起家下有客來, 아츰에 집의 나그니 왓거늘.《朴新諺 2, 49ㅎ》終日裏或對客飲酒吟詩, 終日토록 或 客을 對ᄒ여 술 먹고 詩를 읇프며.《朴新諺 3, 56ㅈ》外面有沈相公同客來奉拜, 밧끠 沈相公이 客과 ᄒ가지로 와 奉拜ᄒ더라.

객관(客官) 閉 손님에 대한 경칭(敬稱).《朴新諺 3, 32ㅈ》客官吃甚麼茶吃甚麼點心, 客官아 므슴 차를 먹으며 므슴 點心을 먹을짜.《朴新諺 3, 32ㅈ》客官你要的東西都擺上了, 客官아 네 ᄒ고져 ᄒᄂ 거슬 다 버려시니.

객상(客商) 閉 도붓장수. 행상(行商).《集覽, 朴集, 上, 9ㅎ》店. 停物貨賣之舍, 客商〈商〉徃來者多寓之. 官所營建收稅者曰官店.《集覽, 朴集, 中, 2ㅎ》抽分. 今按, 中朝設抽分竹木局, 如遇客商〈商〉興販竹木·柴炭等項, 照例抽分.《朴新諺 1, 31ㅈ》店(朴新注, 12ㅈ: 停物貨賣之舍. 又客商留寓之所.)裏買狐皮去, 店에 狐皮 사라 가노라.

객위(客位) 閉 객청(客廳). 객실. 응접실.《朴新諺 1, 51ㅈ》洗勾了却到客位裏歇一會, 뗏기를 잇긋 ᄒ고 또 客位에 가 ᄒ 지위 쉬여.《朴新諺 2, 49ㅎ》這客位收拾的好不整齊, 이 客位 收拾기를 ᄀ장 整齊히 못ᄒ여시니.

객인(客人) 閉 손님. 방문객. 내방객(來訪客).《朴新諺 2, 50ㅈ》來的客人們也道我收拾得精緻, 오ᄂ 客人들도 내 收拾기를 精緻히 ᄒ엿다 니를 거시니.

객적(客啇) 閉 =객상(客商). '啇'은 '商'의 잘못.《集覽, 朴集, 上, 9ㅎ》店. 停物貨賣

之舍, 客商〈商〉徃來者多寓之. 官所營建收稅者曰官店.《集覽, 朴集, 上, 9ㅎ》店. 停物貨賣之舍, 客商〈商〉徃來者多寓之. 官所營建收稅者曰官店.《集覽, 朴集, 中, 2ㅎ》抽分. 今按, 中朝設抽分竹木局, 如遇客商〈商〉興販竹木·柴炭等項, 照例抽分.

갱(更) 閉 ❶더욱. 더. 훨씬. ●⇔더옥.《朴新諺 2, 26ㅈ》一發送些來更好, 홈끠 보내여 오니 더옥 됴타. ●⇔더욱.《朴新諺 2, 40ㅎ》使鈎子的賊們更多, 갈고리 쓰ᄂ 도적들이 더욱 만하.《朴新諺 3, 55ㅎ》那麼更好, 그러면 더욱 됴타.《朴新諺 3, 55ㅎ》也就拜他一拜豈不更妙麼, 또 곳 져의게 拜홈이 엇지 더욱 妙티 아니ᄒ랴. ❷또. ⇔또.《朴新諺 3, 23ㅈ》更打了我一鉄棒, 또 나를 ᄒ 쇠막대로 치니.

갱(坑) 閉 지함(地陷). 구덩이. ●⇔디함.《朴新諺 2, 33ㅎ》也打死了撤在坑裏, 또 쳐 죽여 디함에 드리치고.《朴新諺 2, 34ㅈ》撤在那坑裏, 그 디함에 드리치고.《朴新諺 2, 35ㅈ》到他家後坑裏, 제 집 뒤 디함에 가. ●⇔지함.《朴新諺 2, 33ㅎ》正房背後掘一簡老大深坑, 正房 뒤히 ᄒ ᄀ장 깁흔 지함을 픠고.

갱(羹) 閉 탕(湯). 국. ⇔탕.《朴新諺 1, 5ㅈ》螃蠏羹, 게탕과.

갱미(粳米) 閉 멥쌀.《集覽, 朴集, 中, 1ㅈ》米酒. 舊本作一瓶半酒, 新本作米酒. 今造酒用粳米·糯米·黃米.

갱수(坑水) 閉 웅덩이에 고인 물.《集覽, 朴集, 上, 11ㅈ》狗有濺草之恩. 晉太和中, 楊生養狗, 甚愛之. 後生飲酒醉, 行至大澤, 草中眠. 時値冬月, 野火起, 風又猛, 狗呼喚, 生不覺. 前有一坑水, 狗便走徃水中, 還以身洒生, 左右草沾水得着, 地火尋過去, 生醒而去.

갸품 閉 의복 따위의 솔기를 꾸미는 오라기.《朴新諺 1, 29ㅎ》脚穿麂皮嵌金線靴子, 발에 지즈피 金線 갸품 낀 훠룰 신고.

거(去) 图 ●동사(動詞) 뒤에 쓰여 동작이 계속됨을 나타낸다. 《朴新諺 2, 5ㅎ》一望去又是蓬萊仙島一般, 브라매 또 이 蓬萊 仙島와 호가지오. ●가다. ⇔가다. 《集覽, 字解, 單字解, 1ㅈ》休. 禁止之辭. 休去 가디 말라. 《集覽, 字解, 單字解, 2ㅎ》也. 在詞之上者. 又也. 也好 또 됴타, 也是 또 올타. 在詞之中者, 承上起下之辭. 我也去 나도 가마. 在詞之終者, 語助. 《集覽, 字解, 單字解, 5ㅈ》往. 向也. 往那裏去 어드러 향호야 가는다. 又昔也. 往常 아린. 《朴新諺 1, 5ㅎ》你們到大廳上去, 너희 大廳에 가. 《朴新諺 1, 19ㅈ》我且同你到張黑子家去, 내 또 너와 호가지로 張黑子의 집의 가쟈. 《朴新諺 1, 39ㅈ》白日去黑夜來, 나준 가고 밤은 오는 거시여. 《朴新諺 2, 2ㅈ》且將就買了去罷, 아직 두어라 호여 사 가미 무던호다. 《朴新諺 2, 10ㅈ》都往那裏聽去, 다 더긔 드르라 가니. 《朴新諺 2, 28ㅎ》你們都依着我幹辦去罷, 너희들이 다 내 말대로 출호라 가라. 《朴新諺 2, 46ㅎ》學裏也不肯去, 學에도 즐겨 가지 아니호니. 《朴新諺 3, 19ㅎ》徃煤場塲拉煤去, 煤塲에 셕탄 실라 가더니. 《朴新諺 3, 35ㅎ》那裡吃去罷, 더긔 먹으라 가쟈. 《朴新諺 3, 48ㅈ》你何必還定要去看麽, 네 엇지 반드시 또 일정 가 보고져 호는. ●보내다. ⇔보내다. 《朴新諺 2, 2ㅈ》打發他去了纔來, 더를 打發호여 보내고 又 오니. 《朴新諺 2, 31ㅈ》都一一打點全備送到直房裏去, 다 一一히 打點호여 又초와 直房에 보내고. 《朴新諺 3, 14ㅈ》先生你與我寫一封書稍去何如, 先生아 네 나를 혼 봉글을 뻐 주어든 부텨 보내미 엇더호뇨. ●업시하다. 없애다. 제거하다. ⇔업시호다. 《朴新諺 1, 28ㅈ》不如去了他罷, 더룰 업시홀만 又디 못호다. 《朴新諺 1, 43ㅈ》將風屑去乾淨了, 비듬을다가 업시호여 乾淨히 호고.

거(去) 보图 ●가다. ⇔가다. 《朴新諺 2, 21ㅎ》我隨後慢慢的跟駕去, 나는 隨後호여 날회여 駕를 뿔와 가마. 《朴新諺 2, 22ㅈ》都搶奪去了, 다 아사 가고. 《朴新諺 2, 32ㅈ》如今搬在法蔵寺西邊混堂間壁住去了, 이제 法蔵寺 西邊 混堂 스이 브람에 올마 가 사노니라. ●버리다. 없애다. 제거하다. ⇔보리다. 《朴新諺 2, 25ㅈ》煎至七分去滓溫服, 달혀 七分에 니르거든 滓를 보리고 더온 이로 먹으라. 《朴新諺 3, 7ㅎ》快把苕箒來掃去了, 밧비 닛비 가져다가 쓰러 브리고.

거(車) 图 수레. ⇔술위. 《朴新諺 1, 14ㅎ》不用小車, 져근 술위롤 쓰지 말고. 《朴新諺 1, 14ㅎ》只僱大馬車一輛, 그저 큰 몰메온 술위 호나흘 삭 내여. 《朴新諺 2, 28ㅈ》卽便收拾車輛先載一車去, 곳 車輛을 收拾호여 몬져 혼 술위를 시르라 가고. 《朴新諺 3, 22ㅈ》便拿着拉車觧鋸, 곳 잡아 술위 쓰이며 톱질 시겨. 《朴新諺 3, 46ㅎ》裝在一箇大車上, 혼 큰 술위에 시러 두고. 把四條繩絟着大車, 네 오리 노흐로다가 큰 술위에 미고.

거(居) 图 일정한 곳에 머믈러 살다. ⇔거호다(居-). 《朴新諺 2, 29ㅈ》身嚴瓔珞居普陁空翠之山, 몸에 瓔珞으로 장엄호여시니 普陁 空翠의 山에 居호엿도다.

거(據) 图 …에 따르다. …에 의거하다. …을 근거로 하다. 《朴新諺 1, 11ㅈ》據你要的價錢却也不甚多, 네 달라는 갑대로 호여도 또 그장 만치 아니커니와.

거(鋸) 图 톱. ⇔톱. 《朴新諺 3, 22ㅈ》便拿着拉車觧鋸, 곳 잡아 술위 쓰이며 톱질 시겨.

거(擧) 图 들다. ⇔들다. 《朴新諺 3, 58ㅈ》王公已擧義兵, 王公이 볼셔 義兵을 드럿느니라.

거간(居間) 图 (양쪽의) 중간에서. 가운데에서. 사이에서. 《朴新諺 1, 58ㅈ》情愿憑中(朴新注, 22ㅎ: 居間勸成者, 謂之中

人.)借到某人名下紋銀五十両整, 情愿으로 중인을 의빙ᄒᆞ여 某人 名下에 紋銀 五十両 덩이를 ᄡᅮ되.

거긔 団 거기. ⇔나리(那裏). 《朴新諺 1, 9ㅈ》焉能曉得他那裏的規矩, 엇지 능히 거긔 規矩를 알리오. 《朴新諺 3, 10ㅎ》那裡打一箇繫子絵罷, 거긔 ᄒᆞᆫ 말쏙을 박고 미라. 《朴新諺 3, 43ㅈ》昨夜做道場有你在那裡麼, 어젯밤 道場홀 제 네 거긔 잇더냐.

-거나 어미 -거나. 《朴新諺 2, 19ㅎ》有來歷不明, 來歷이 不明ᄒᆞ거나.

-거늘 어미 -거늘. -매. -므로. 《朴新諺 2, 46ㅎ》也該學些好, ᄯᅩ 뎌기 착ᄒᆞᆫ 일을 비함 즉ᄒᆞ거늘. 《朴新諺 2, 52ㅈ》倒在床上便打鼾睡, 床 우희 것구러져 곳 코 고오고 자거늘. 《朴新諺 3, 21ㅈ》要買書買些四書六經也好, 칙을 사려 ᄒᆞ면 四書 六經을 사미 ᄯᅩ 됴커늘. 《朴新諺 3, 26ㅈ》鹿皮先脫下衣服跳入鍋裡, 鹿皮ㅣ 몬져 옷 벗고 가마에 ᄲᅱ여들거늘. 《朴新諺 3, 26ㅈ》鹿皮待要出來, 鹿皮ㅣ 나오고져 ᄒᆞ거늘. 《朴新諺 3, 28ㅈ》先生變做老虎去赶, 先生이 변ᄒᆞ여 老虎ㅣ 되여 가 ᄯᅩ로 거늘. 《朴新諺 3, 28ㅈ》大仙也割下頭來待要再接, 大仙도 머리를 버혀 ᄂᆞ리와 다시 닛고져 ᄒᆞ거늘.

-거니 어미 -며. -매. 《朴新諺 2, 59ㅈ》家裏有五六箇婦人做活裁的縫的, 집의 다엿 계집이 이셔 셩녕ᄒᆞ여 ᄆᆞᆯ거니 짓거니 ᄒᆞ면.

-거니와 어미 -거니와. 《朴新諺 1, 11ㅈ》據你要的價錢却也不甚多, 네 달라는 갑대로 ᄒᆞ여도 ᄯᅩ ᄀᆞ장 만치 아니커니와. 《朴新諺 2, 27ㅈ》多謝姐姐的美意了, 각시의 아름다온 ᄠᅳᆺ을 多謝ᄒᆞ거니와.

-거놀 어미 -거늘. -매. -으매. 《朴新諺 2, 2ㅈ》早起家下有客來, 아츰에 집의 나그니 왓거늘. 《朴新諺 2, 52ㅈ》昨日那厮恰到我家來, 어지 뎌 놈이 마치 내 집의 왓

거늘. 《朴新諺 3, 38ㅎ》三停裡該分與主人二停纔是, 세 운에서 맛당이 主人을 두 운을 ᄂᆞ화 주어야 올커늘.

-거다 어미 -도다. -었다. 《朴新諺 2, 56ㅈ》咳到底是你這矬漢倒了, 애 나죵내 너 이 킈 져근 놈이 것구러지거다. 《朴新諺 3, 55ㅎ》已到張編修門首了, 볼셔 張編修의 門 앏히 다둣거다.

거동(舉動) 명 몸을 움직이다. 또는 그런 짓이나 태도. 《集覽, 朴集, 上, 2ㅎ》院本. 或曰, 宋徽宗見蠻國人來朝, 衣裝·鞋履·巾裹, 傅粉墨, 舉動如此, 使優人効之以爲戲. 其間副淨有散說, 有道念, 有筋斗, 有科範. 盖古敎坊色長有魏·武·劉三人, 而魏長於念誦, 武長於筋斗, 劉長於科範, 至今樂人皆宗之.

거두다 동 ❶거두다. 거두어들이다. ●⇔수(收). 《朴新諺 1, 51ㅎ》等到民間田禾都收割了, 民間에 田禾를 다 거두어 븨기를 기드려. 《朴新諺 2, 20ㅈ》你只把文契收好了, 네 그저 글월을다가 잘 거두어. 《朴新諺 2, 28ㅎ》一箇帶二兩銀子到西山去收乾草, ᄒᆞ나흔 두 냥 은을 가지고 西山에 가 ᄆᆞ른딥흘 거두되. 《朴新諺 2, 39ㅈ》夜來收割了麻正當好種菜哩, 어제 삼을 거두어 븨여시니 正히 맛당이 ᄂᆞᄆᆞᆯ 시름이 됴타. 《朴新諺 2, 40ㅎ》今年天旱田禾不收, 올히 하늘이 ᄀᆞᄆᆞ라 田禾를 거두지 못ᄒᆞ여시매. 《朴新諺 3, 54ㅈ》收管者謝銀六兩, 거두어 두니ᄂᆞᆫ 銀 엿 냥을 샤례ᄒᆞ리라. ●⇔수습(收拾). 《集覽, 字解, 累字解, 1ㅈ》收拾. 간슈ᄒᆞ다. 又설엇다. 又거두다. ❷⇔염(斂). 《朴新諺 1, 27ㅎ》大家斂些錢, 대되 져기 돈 거두어.

-거든 어미 -거든. 《集覽, 字解, 單字解, 2ㅎ》怕. 疑懼之意. 怕人知道. 又設若之辭. 怕你不信 ᄒᆞ다가 너옷 밋디 몯거든. 又恐也. 害怕 두리여ᄒᆞ다. 《朴新諺 1, 11ㅎ》假如三両年內倒了, 만일 두세 히 안히 믄허지거든. 《朴新諺 1, 28ㅎ》有官司

災難, 官司 災難이 잇거든.《朴新諺 1, 39
ㅎ》一箇老子當路睡, 혼 늙은이 길히 當
ㅎ여 자거든.《朴新諺 2, 3ㅈ》你若有兩
箇油紙帽, 네게 만일 두 油紙帽ㅣ 잇거
든.《朴新諺 2, 11ㅎ》弔下來踢上去, 느려
오거든 차 올려.《朴新諺 2, 17ㅎ》若遲
悞了, 만일 遲悞ㅎ거든.《朴新諺 2, 30
ㅈ》若人有難口念菩薩之名, 만일 사롬이
어려옴이 잇거든 입에 菩薩의 일홈을 念
ㅎ면.《朴新諺 3, 7ㅈ》到六月裡取出來晒
幾次, 六月에 다둣거든 가져 내여 여러
번 볏 쬐라 ㅎ여시니.《朴新諺 3, 15ㅎ》
如有便人來京, 만일 便人이 셔울 오리 잇
거든.《朴新諺 3, 23ㅎ》那一箇輸了, 아
모나 ㅎ나히 지거든.《朴新諺 3, 45ㅈ》
若沒有, 만일 업거든.

거래(去來) 图 가다. 가자. 갑시다. ⇔가
다.《集覽, 字解, 單字解, 4ㅈ》來. 來往.
又語助. 你來 이바, 夜來 어제, 有來 잇더
라, 去來 가다. 又數物而有餘數, 未的知
之辭. 十來箇 여라믄, 十里來地 십 리만
혼 디, 十來日 여라믄 날.《朴新諺 1, 16
ㅎ》老哥拜揖了那裏去來, 노형아 揖ㅎ노
라 어딕 갓더뇨. 大街上買段子去來, 큰
거리에 비단 사라 갓더니라.

거령신(巨靈神) 图 중국의 화산(華山)을
쪼개어 갈라놓았다는 신(神) 이름.《集
覽, 朴集, 下, 4ㅈ》孫行者. 大聖被執當死,
觀音上請于玉帝, 免死. 令巨靈神押大聖
前往下方去, 乃於花菓山石縫內納身, 下
截畫如來押字封着, 使山神・土地神鎭守.
飢食鉄〈鐵〉丸, 渴飮銅汁, 待我佳東土尋
取經之人, 經過此山, 觀大聖, 肯隨佳西天,
則此時可放.

거록군(鉅鹿郡) 图 진대(秦代)에 두었다.
소재지는 하북성(河北省) 평향현(平鄕
縣)에 있었다.《集覽, 朴集, 下, 9ㅈ》眞
定. 禹貢冀州之域, 周爲幷州地, 秦爲鉅鹿
郡, 漢置恒山郡, 元爲眞定路, 今爲眞定府,
直隷京師.

거름 图 걸음. ⇔보아(步兒).《朴新諺 2,
53ㅎ》過了一生日便會學那步兒, 혼 生日
이 지나면 곳 거름 옴길 줄을 알 거시니.

거리 图 거리. 가두. ●⇔가(街).《朴新諺
1, 56ㅈ》小人在街東堂子間壁下着哩, 小
人이 거리 동녁 堂子ㅅ ᄇ람을 ᄉ이ᄒ여
부리윗노라.《朴新諺 2, 1ㅈ》大街東市上
馬牙子家有, 큰 거리 동녁 져제에 몰 즈
름의 집이 잇느니라.《朴新諺 3, 53ㅎ》
着他沿街叫喚尋覔纔好哩, 뎌로 ᄒ여 거
리를 조차 웨여 ᄎ자야 마치 됴흐리라.
《朴新諺 3, 55ㅎ》在崇文門裡大街東張編
修家住着, 崇文門 안 큰 거리 東편 張編
修의 집의 이셔 머므느니라. ●⇔가방
(街坊).《朴新諺 3, 55ㅈ》不知街坊上可
有賃的驢麼, 아지 못게라 거리에 셰낼
나귀 잇느냐. 圖⇔가상(街上).《朴新諺
1, 16ㅎ》大街上買段子去來, 큰 거리에
비단 사라 갓더니라.《朴新諺 1, 17ㅎ》
大街上四牌樓東, 큰 거리 四牌樓 동편에.
《朴新諺 1, 20ㅈ》與那街上小厮們, 뎌 거
리 아히들이.《朴新諺 1, 48ㅎ》街上休要
遊蕩, 거리에 遊蕩치 말라.《朴新諺 2, 36
ㅈ》街上泥凍的都似狼牙一般, 거리에 즌
흙 언 거시 다 일희 니 ᄀ트니.《朴新諺
2, 56ㅈ》雨纔晴了街上有路好走麼, 비 ᄀ
개여시니 거리에 길히 이셔 ᄃ니기 됴
터냐.

거리끼다 图 거리끼다. 얽매다. ⇔구(拘).
《朴新諺 2, 12ㅎ》你使只管問我討不拘
多少, 네 ᄡ고져 ᄒ거든 그저 ᄉ뢰여 날
ᄃ려 달라 ᄒ여 多少를 거리끼지 말고.

거룸 回 걸음. ⇔보(步).《朴新諺 2, 51ㅈ》
一步高如一步, 혼 거룸에 혼 거룸이 노
프니.

거마(車馬) 图 말과 수레.《集覽, 朴集, 上,
14ㅎ》拜節. 歲時樂事記云, 元日, 士庶自
早互相慶賀, 車馬交馳, 衣服華煥, 雜遝街
市, 三四日乃止〈三四日而乃止〉.《集覽,
朴集, 下, 11ㅈ》好女不看燈. 其寺觀街巷,

燈明若晝. 士女夜遊, 車馬塞路, 有足不躡地浮行數十步者.《朴新諺 3, 39ㅎ》車馬·羅傘, 車馬와 羅傘과. 金瓜·鉞(鉞)斧, 金瓜와 鉞(鉞)斧와.

거만ᄒ다 혱 거만하다. 방자(放恣)하다. ⇔오기(傲氣).《朴新諺 2, 3ㅎ》你也忒傲氣了, 너도 너모 거만ᄒ다.

거문(巨門) 명 구성(九星)의 둘째 별 이름. 탐랑성(貪狼星)의 아래 녹존성(祿存星)의 위에 있다.《集覽, 朴集, 上, 7ㅈ》北斗左輔右弼. 凡九星, 曰樞宮貪狼, 曰璇宮巨門, 曰璣〈幾〉宮祿存, 曰權宮文曲, 曰衡宮廉貞, 曰闓(開)陽宮武曲, 曰瑤光宮破軍, 曰洞明宮左輔, 曰隱元宮右弼.

거문고 명 거문고. ⇔금(琴).《朴新諺 2, 49ㅎ》或着碁彈琴遣興, 或 바독 두며 거문고를 타 興을 보내니.

거믄콩 명 검은콩. ⇔흑두(黑豆).《朴新諺 2, 28ㅈ》帶十兩銀子到東安州(朴新注, 32ㅎ: 在京都南一百里.)去放黑豆, 열 냥 은을 가지고 東安州에 가 거믄콩에 노하.《朴新諺 3, 38ㅈ》他種的稻子, 제 시믄 벼와. 膏粱, 슈슈와. 黍子, 기장과. 大麥, 보리와. 小麥, 밀과. 蕎麥, 모밀과. 黃豆, 콩과. 小豆, 픗과. 菉豆, 菉豆와. 豌豆, 광장이. 黑豆, 거믄콩. 芝麻, 춤깨와. 蘇(蘇)子, 듧깨.

거민(居民) 명 그 땅에 오래 전부터 사는 백성. 곧, 주민(住民).《集覽, 朴集, 上, 8ㅈ》翫月會. 東京錄云, 中秋夜, 貴家結飾臺榭, 民間爭占酒樓翫〈玩〉月, 絲簧鼎沸, 近內庭居民, 夜深遙聞笙竽之聲, 宛若雲外天樂, 閭里兒童連宵嬉戲, 夜市騈闐, 至於通曉.

거배(巨杯) 명 큰 술잔.《集覽, 朴集, 下, 3ㅈ》六鶴舞琴. 善惡報應錄云, 江夏郡辛氏沽酒爲業, 有一先生入坐曰, 有好酒飮吾否. 辛飮以巨杯. 明日復來, 如此半載.

거부(巨富) 명 부자 가운데서도 특히 큰 부자.《集覽, 朴集, 下, 3ㅈ》六鶴舞琴. 遂取藍橘皮, 於壁上畫鶴, 曰, 客來飮酒, 但令拍手歌之, 其鶴必舞, 將此酬汝. 後客至, 如其言, 鶴果舞, 觀者沓至, 酬之以錢, 遂致鉅〈巨〉富.

거부(鉅富) 명 =거부(巨富). '鉅'는 '巨'와 통용.《玉篇, 金部》鉅, 大也. 今作巨.《集覽, 朴集, 下, 3ㅈ》六鶴舞琴. 遂取藍橘皮, 於壁上畫鶴, 曰, 客來飮酒, 但令拍手歌之, 其鶴必舞, 將此酬汝. 後客至, 如其言, 鶴果舞, 觀者沓至, 酬之以錢, 遂致鉅〈巨〉富.

거사(居士) 명 ❶재주와 덕망을 가지고도 은거하는 선비.《集覽, 朴集, 中, 5ㅈ》居士宰官. 隱居之士, 宰輔之官. 佛書云, 應以居士得道者必在居士, 應以宰官得道者必現宰官. 禮記玉藻曰, 居士錦帶. 注, 道藝處士也. 飜〈翻〉譯名義云, 愛談名言, 淸淨自居, 又多積財貨, 居業豐〈豊〉盈, 皆謂之居士.《朴新諺 2, 29ㅈ》或分身于居士宰官(朴新注, 33ㅈ: 居士, 隱居之士. 宰官, 宰輔之官.), 或 居士 宰官에 分身ᄒ며. ❷〈불〉출가(出家)하지 않고 속세에 있으면서 삼귀(三歸)와 오계(五戒)를 받은 신도를 두루 일컫는 말.《集覽, 朴集, 中, 4ㅎ》童男童女. 觀音現三十二應, 曰佛身, 曰辟支〈支〉, 曰圓覺, 曰聲聞, 曰梵王, 曰帝釋, 曰自在天, 曰大自在天, 曰天大將軍, 曰四天王, 曰四天太子, 曰人王, 曰長者, 曰居士, 曰宰官, 曰婆羅門, 曰比丘, 曰比丘尼, 曰優婆塞, 曰優婆夷, 曰女主, 曰童男, 曰童女, 曰天身, 曰龍身, 曰藥叉, 曰乾達婆, 曰阿脩羅, 曰緊那羅, 曰摩睺羅, 曰樂人, 曰非人. 應作種種身, 或在天上, 在人間, 隨其所樂, 皆令見象生形相各不同, 行業音聲亦無量.

거성(去聲) 명 사성(四聲)의 하나. 처음에는 높이 시작해서 나중에는 낮추어 내는 음(音).《集覽, 朴集, 中, 2ㅎ》奪腦. 奪字未詳. 鄕習傳解曰, 디고리 뽄 앏〈알〉프다. 奪, 音득, 去聲讀.

거수(去首) 图 짐승의 대가리를 제거하다.《朴新諺 2, 4ㅎ》費五六錢銀買一箇羊腔子(朴新注, 24ㅈ: 宰羊者, 去首, 只存其體, 謂腔子.), 다엿 돈 銀을 허비ᄒ여 ᄒᆞᆫ 羊의 몸똥을 사.

거업(居業) 图 가업(家業). 산업(産業).《集覽, 朴集, 中, 5ㅈ》居士宰官. 飜〈翻〉譯名義云, 愛談名言, 淸淨自居, 又多積財貨, 居業豐〈豊〉盈, 皆謂之居士.

거여(車輿) 图 수레. 또는 가마.《集覽, 朴集, 下, 9ㅈ》彩亭子. 漢俗皆於白日送殯, 凡結飾車輿·幢幡·傘盖及紙造人馬爲前導者, 連亘四五十步.

거용관(居庸關) 图 중국 하북성(河北省) 창평현(昌平縣) 북서쪽 연경현(延慶縣)의 남쪽에 있는 관(關). 명(明)나라의 서달(徐達)이 남쪽에 성(城)을 쌓았으므로 남구(南口)라고도 부른다.《朴新諺 2, 8ㅈ》我不是那口外(朴新注, 25ㅎ: 居庸關北, 有古北口等, 諸口其外, 謂之口外, 蒙古所居之地.)的達子·回回, 나ᄂᆞᆫ 뎌 口外엣 達子·回回 아니라.

거울 图 거울. ⇔경자(鏡子).《朴新諺 2, 5ㅈ》又都如在鏡子裏一般, 쏘 다 거울 속에 이심 ᄒᆞᆫ가지오.

거유 图 거위. ⇔아(鵝).《朴新諺 1, 4ㅎ》燒鵝, 구은 거유. 燒鴨, 구은 올히. 燒牛肉, 구은 쇠고기. 燒羊肉, 구은 羊의 고기니.

거자(車子) 图 수레. ⇔술위.《朴新諺 1, 14ㅎ》叫四箇小車子載了出去罷, 네 져근 술위에 시러 내여 가미 무던ᄒᆞ다.

거자(鋸子) 图 톱. ⇔톱.《朴新諺 1, 18ㅎ》小鋸子一箇, 져근 톱 ᄒᆞ나흘 호되.

거전괴오ᄂᆞᆫ나모(車前-) 图 수레의 앞을 괴는 나무. 또는 사닥다리. ⇔제자(梯子).《集覽, 朴集, 中, 2ㅈ》梯子. 音義云, 車前괴오·ᄂᆞᆫ나모.

거족 图 거죽. 겉감. ⇔면(面).《朴新諺 2, 14ㅈ》這被面要染大紅的, 이 니블 거족은 다홍을 드리고져 ᄒᆞ고.《朴新諺 2, 14

ㅎ》被面被當頭染錢八錢, 니블 거족과 니블 깃슨 물갑시 여듧 돈이니.

거주(居住) 图 머물다. 머물러 살다. ⇔머물다.《朴新諺 1, 36ㅎ》徃深山居住修心懺悔去了, 深山에 가 머무러 修心 懺悔ᄒᆞ라 가려 ᄒᆞ노라.

거즛 图 거짓. 一⇔가(假).《朴新諺 3, 24ㅎ》變做假行者, 變ᄒᆞ여 거즛 行者를 민그라. 二⇔허(虛).《朴新諺 2, 43ㅈ》討的是虛價還的是實價, 외오ᄂᆞᆫ 거슨 이 거즛 갑시오 갑ᄂᆞᆫ 거시아 이 실ᄒᆞᆫ 갑시니. 三⇔황(謊).《朴新諺 3, 2ㅎ》討甚麼謊價錢, 무슴 거즛 갑슬 외오리오.

거즛값 图 실제에 부합되지 않는 값. 一⇔허가(虛價).《朴新諺 2, 43ㅈ》討的是虛價還的是實價, 외오ᄂᆞᆫ 거슨 이 거즛 갑시오 갑ᄂᆞᆫ 거시아 이 실ᄒᆞᆫ 갑시니. 二⇔황가전(謊價錢).《朴新諺 3, 2ㅎ》討甚麼謊價錢, 무슴 거즛 갑슬 외오리오.

거즛말 图 거짓말. ⇔황(謊).《朴新諺 1, 35ㅈ》人貧只爲慳少債慣說謊, 사ᄅᆞᆷ이 가난ᄒᆞ면 그저 다랍고 빗지면 거즛말 니ᄅᆞ기 잘ᄒᆞᆫ다 ᄒᆞ니라.

거즛말ᄒᆞ다 图 거짓말하다. ⇔황(謊).《朴新諺 2, 37ㅈ》聽得那謊精, 드르니 뎌 거즛말ᄒᆞᆫ 쎄.

거지국(車遲國) 图 서역(西域)에 있었다ᄂᆞᆫ 나라 이름.《集覽, 朴集, 下, 3ㅎ》車遲國. 在西域, 未詳所在.《集覽, 朴集, 下, 4ㅈ》燒金子道人. 西遊記云, 有一先生到車遲國, 吹口氣以磚瓦皆化爲金, 驚動國王, 拜爲國師, 號伯眼大仙.《朴新諺 3, 21ㅎ》到車遲國, 車遲國에 가.《朴新諺 3, 21ㅎ》喚做車遲國, 車遲國이라 부ᄅᆞᆫ지라.

거지다 图 걷히다. (해가) 지다. ⇔평(平).《朴新諺 3, 18ㅈ》直到日平西纔得上馬囬家, 바로 히 西에 거짐애 다드라 계요 물 ᄐᆞ고 집의 도라오ᄂᆞ니라.

거처(去處) 图 곳[處]. 장소. ⇔곳.《朴新諺 1, 42ㅈ》揀箇淸淨去處陰涼樹底下絟住,

清淨흔 곳 서눌흔 나모 아릭롤 굴희여
믹고.

거취(去取) 동 가져오다. 가지러 가다. ⇔
가져오다. 《朴新諺 2, 3ㅈ》我往家裏去取
氈衫·雨帽, 내 집의 가 담유삼과 갓모
롤 가져오려 ㅎ노라. 《朴新諺 2, 3ㅈ》我
便不回去取了, 내 곳 도라가 가져오지
아니ㅎ리라.

거틔다 동 절다. 넘어지다. ⇔실(失). 《集
覽, 朴集, 上, 14ㅈ》前失. 音義云, 거·틔·
는 물. 譯語指南云, 앏거·틔·는 물.

거향(去向) 명 행방(行方). 간 곳이나 방
향. 《朴新諺 3, 50ㅎ》賊人不知去向, 賊人
의 去向을 아지 못ㅎ매. 《朴新諺 3, 53
ㅎ》竟不知去向, 무춤내 去向을 아지 못
ㅎ니.

거후괴오논나모(車後-) 명 수레의 뒤를
괴는 나무. ⇔탱두(撑頭). 《集覽, 朴集,
中, 2ㅈ》撑頭. 音義云, 車後괴오·논나모.

거후로다 동 거우르다. 기울이다. ⇔공
(控). 《朴新諺 2, 36ㅈ》你把那酒壺沘乾
淨着控一控, 네 뎌 술병을다가 부싀기롤
乾淨히 ㅎ여 거후로고.

거흐다(居-) 동 일정혼 곳에 머믈러 살다.
⇔거(居). 《朴新諺 2, 29ㅈ》身嚴瓔珞居
普陁空翠之山, 몸에 瓔珞으로 장엄ㅎ여
시니 普陁 空翠의 山에 居ㅎ엿도다.

걱걱ㅎ다 혱 바삭바삭하다. ⇔수(酥).
《集覽, 朴集, 下, 7ㅈ》黃燒餅. 事林廣記
云, 每麵〈糆〉一斤, 入油一兩半, 炒塩一
錢, 冷水和搜得所, 骨魯槌砑開, 鏊上燁
〈煿〉熟, 得硬塘火燒熟, 甚酥美. 酥, 걱걱
ㅎ다〈석석ㅎ다〉.

건(件) 명 것. 물건. ⇔것. 《朴新諺 3, 18
ㅈ》此外並無別件可取了, 이 밧근 아조
다른 것 가히 取홀 것시 업ᄂ니라.

건(件) 의 ●가지. 종류. ⇔가지. 《朴新諺
1, 24ㅈ》把這幾件去, 이 여러 가지롤 가
져가. 《朴新諺 1, 31ㅎ》這兩件東西要做,
이 두 가지ㅅ 거슬 지으려 ㅎ면. 《朴新

諺 2, 7ㅈ》咱有一件東西要與你對換如何,
우리 혼 가지 써시 이셔 너와 밧고고져
ㅎ니 엇더ㅎ뇨. 《朴新諺 2, 25ㅎ》再有一
件, 또 혼 가지는. 《朴新諺 3, 20ㅈ》有箇
漢人不見了幾件衣服, 혼 漢人이 이셔 여
러 가지 衣服을 일코. ●벌. ⇔불. 《朴新
諺 1, 16ㅎ》這段子一疋足勾袍料二件, 이
비단 혼 疋이 큰옷 ᄀ옴 두 불이 넉넉ㅎ
니. 《朴新諺 1, 18ㅎ》你要打幾件呢, 네
몃 불을 치이려 ㅎ는다. 《朴新諺 1, 18
ㅎ》你要打這五件刀, 네 이 다숫 불 칼을
치이되. 《朴新諺 1, 19ㅈ》大槩湏(須)得
五錢價銀一件, 大槩 모로미 닷 돈 은에
혼 불을 어드리라. 《朴新諺 2, 7ㅈ》我有
沈香繡袖袍一件, 내게 침향빗체 ᄉ매에
슈노혼 큰옷 혼 불이 이셔. 《朴新諺 2,
9ㅈ》這一疋暗花緞是兩件袍料, 이 혼 필
스믠문 비단은 이 두 불 큰옷 ᄀ옴이니.
《朴新諺 2, 58ㅎ》咳一件新衣服也沒有怎
的好呢, 애 혼 불 새 옷도 업스니 엇지ㅎ
여야 됴흐리오.

건(建) 동 세우다. 건국하다. ⇔세우다.
《朴新諺 3, 57ㅈ》當初怎生建國, 當初에
엇지 나라흘 셰윗는지.

건(建) 명 고려(高麗) 태조의 이름. 《朴新
諺 3, 57ㅈ》高麗太祖姓王諱建表字若天,
高麗 太祖의 姓은 王이오 諱는 建이오 字
는 若天이라.

건(乾) 동 마르다. ●⇔무라다. 《朴新諺
2, 56ㅎ》那般你的靴子怎應還是乾的, 그
러면 네 靴ㅣ 엇디 도로혀 물라ᄂ뇨. ●
⇔므르다. 《朴新諺 2, 28ㅎ》一箇帶二兩
銀子到西山去收乾草, ᄒ나흔 두 냥 은을
가지고 西山에 가 므른딥흘 거두되. ●
⇔므르다. 《朴新諺 1, 4ㅈ》乾果子呢, 므
론 과실은. 榛子, 개암.松子, 잣. 瓜子, 슈
박삐. 乾葡萄, 마른葡萄. 栗子, 밤. 龍眼,
龍眼. 桃仁, 복셩화삐. 荔子, 녀지요. 《朴
新諺 1, 37ㅎ》他把乾艾揉碎了, 뎨 므론
뿍을다가 부븨여. 《朴新諺 2, 36ㅎ》乾羊

腿子煮着哩, ᄆ론 羊의 다리를 술맛노
라.

건(乾) 또 ●공연히. 쓸데없이. 헛되이.
⇔공히.《集覽, 字解, 單字解, 2ㅈ》乾. 音
干. 徒然之辭. 공히. 又속졀업시. ●속졀
업시. ⇔속졀업시.《集覽, 字解, 單字解,
2ㅈ》乾. 音干. 徒然之辭. 공히. 又속졀업
시.

건건(件件) 명 가지가지. 갖가지. ⇔가지
가지.《朴新諺 1, 11ㅈ》但于今柴・米・
小菜件件俱貴, 다만 이제 나모와 뿔과
ᄂ믈이 가지가지 다 귀ᄒ니.《朴新諺 1,
30ㅎ》件件俱是內造色樣, 가지가지 다
이 內造 色樣이라.

건건졍졍(乾乾淨淨) 형 좋다. 말끔하다.
깨끗하다. ⇔조타.《集覽, 字解, 累字解,
3ㅈ》乾乾淨淨. 조타. 又조히 ᄒ다. 重言
之者, 甚言其乾淨也. 凡疊字爲說者, 倣此.

건과(巾裹) 명 (건・갓・모자 따위의) 쓰
개.《集覽, 朴集, 上, 2ㅎ》院本. 或曰, 宋
徽宗見爨國人來朝, 衣裝・鞾履・巾裹,
傅粉墨, 擧動如此, 使優人効之以爲戲. 其
間副淨有散說, 有道念, 有筋斗, 有科範.

건과(乾果) 명 생과일을 햇볕이나 열에
말린 것. ⇔건과자(乾果子).《朴新諺 1,
2ㅈ》買些乾果・水果, 져기 乾果와 水果
를 사.《朴新諺 3, 32ㅈ》然後拿些達子餑
餑・南糖・乾果子來, 그린 후에 達子쩍
과 南糖과 乾果를 가져오라.

건과자(乾果子) 명 =건과(乾果). ⇔건과
(乾果).《朴新諺 3, 32ㅈ》然後拿些達子
餑餑・南糖・乾果子來, 그린 후에 達子
쩍과 南糖과 乾果를 가져오라.

건국(建國) 동 나라를 세우다. ⇔건국ᄒ
다(建國-).《朴新諺 3, 58ㅎ》這便是當年
高麗建國之故事了, 이 곳 當年에 高麗ㅣ
建國ᄒ 故事ㅣ니라.

건국ᄒ다(建國-) 동 건국(建國)하다. ⇔
건국(建國).《朴新諺 3, 58ㅎ》這便是當年
高麗建國之故事了, 이 곳 當年에 高麗ㅣ

建國ᄒ 故事ㅣ니라.

건녕(乾寧) 명 당(唐)나라 소종(昭宗)의
연호(894~898).《朴新諺 3, 57ㅈ》正是唐
昭宗乾寧三年, 졍히 이 唐昭宗 乾寧 三年
이라.

건늬 또 늘. 항상. ●⇔왕상(往常).《朴新
諺 1, 53ㅎ》我徃常獨自一箇來射, 내 건
늬 혼자 와 뽈 제. ●⇔일미(一味).《朴
新諺 1, 24ㅎ》只是一味貪頑, 다만 건늬
놀기만 貪ᄒ여.

건달바(乾達婆) 명 〈불〉 팔부중(八部衆)
의 하나로, 수미산(須彌山) 남쪽의 금강
굴(金剛窟)에 살며 제석천(帝釋天)의 아
악(雅樂)에 관한 일을 맡아본다고 한다.
《集覽, 朴集, 中, 4ㅎ》童男童女. 觀音現
三十二應, 曰佛身, 曰辟支〈支〉, 曰圓覺,
曰聲聞, 曰梵王, 曰帝釋, 曰自在天, 曰大
自在天, 曰天大將軍, 曰四天王, 曰四天太
子, 曰人王, 曰長者, 曰居士, 曰宰官, 曰婆
羅門, 曰比丘, 曰比丘尼, 曰優婆塞, 曰優
婆夷, 曰女主, 曰童男, 曰童女, 曰天身, 曰
龍身, 曰藥叉, 曰乾達婆, 曰阿脩羅, 曰緊
那羅, 曰摩睺羅, 曰樂人, 曰非人. 應作種
種身, 或在天上, 在人間, 隨其所樂, 皆令
見衆生形相各不同, 行業音聲亦無量.

-건대 어미 -건대.《朴新諺 1, 3ㅎ》想是管
酒的人們剋減了, 싱각건대 술 ᄀ옴아ᄂ
사롬들이 ᄀᆯ겨 내엿도다.《朴新諺 1, 15
ㅎ》這應望太醫老哥, 이러면 ᄇ라건대
太醫 노형은.《朴新諺 1, 36ㅈ》想是你平
日布施人家齋飯・錢, 싱각건대 네 平日
에 布施ᄒ 人家 齋飯・錢을.《朴新諺 2,
8ㅈ》太爺是識貨的請看, 太爺논 이 물화
아는 이라 쳥컨대 보라.《朴新諺 2, 22
ㅈ》謝天地只願好收成就勾了, 天地끠 謝
ᄒᄂ니 다만 원컨대 잘 收成ᄒ면 곳 넉
넉ᄒ리로다.《朴新諺 2, 36ㅈ》請官人吃
飯, 쳥컨대 官人은 밥을 먹으라.《朴新諺
3, 6ㅈ》我料你那件官司, 내 혜아리건대
네 뎌 官司ㅣ.《朴新諺 3, 15ㅎ》望卽示

明以慰児念, ᄇ라건대 즉시 示明ᄒ여 ᄡᅥ 아히 넘녀를 위로ᄒ쇼셔.《朴新諺 3, 39ᄒ》比丞相差不多, 丞相에 比컨대 ᄡᅳ미 만치 아니ᄒ니.

건덕문(健德門) 図 북경(北京) 내성(內城)에 있는 성문. 안정문(安定門) 서쪽에 있는 덕승문(德勝門)의 원대(元代)의 이름이다.《集覽, 朴集, 上, 5ᄒ》平則門. 永樂十九年, 營建宮室, 立門九, 南曰正陽, 又曰午門, 元則曰麗正, 南之右曰宣武, 元則曰順承, 南之左曰文明, 元則曰崇文, 又曰哈噠, 北之東曰安定, 北之西曰德勝, 元則曰健德, 東之北曰崇仁, 一名東直, 元名同, 東之南曰朝陽, 元則曰齊華, 西之北曰西直, 西之南曰阜城, 元則曰平則. 元設十一門, 而今減其二.

건디다 통 건지다. ●⇔노(撈).《朴新諺 3, 27ᄌ》王說將軍你撈去, 王이 니ᄅ되 將軍아 네 건디라. ●⇔증(拯).《朴新諺 2, 29ᄌ》以聲察聲拯慈悲於六道, 소리로 ᄡᅥ 소리를 술펴 慈悲를 六道에 건디고.

건반(乾飯) 図 된밥. ⇔된밥.《朴新諺 2, 16ᄒ》做乾飯呢還是水飯, 乾飯을 지으랴 ᄯᅩ 이 水飯을 ᄒ랴.《朴新諺 2, 36ᄌ》乾飯做成了, 된밥도 지엇고.

건선(乾鮮) 図 말린 것과 날것.《朴新諺 1, 4ᄌ》每桌辦乾鮮果品十六楪, 每 桌에 乾鮮果品 열 여ᄉᆺ 뎝시를 ᄎ호되.

건어(乾魚) 図 건어물. (생선, 조개류 따위를 말린 식품)《朴新諺 2, 25ᄒ》這海菜·乾魚·肉脯, 이 메육과 乾魚와 肉脯ᄂᆫ.

건왕(健旺) 형 몸이 건강하고 정력이 왕성하다. ⇔건왕ᄒ다(健旺-).《朴新諺 1, 38ᄌ》自然就健旺起來了, 自然히 健旺ᄒ여 가리라.《朴新諺 2, 25ᄌ》貴體自然漸漸的健旺了, 貴體 自然히 漸漸 健旺ᄒ리라.

건왕ᄒ다(健旺-) 형 건왕(健旺)하다. ⇔건왕(健旺).《朴新諺 1, 38ᄌ》自然就健旺起來了, 自然히 健旺ᄒ여 가리라.《朴新諺 2, 25ᄌ》貴體自然漸漸的健旺了, 貴體

體 自然히 漸漸 健旺ᄒ리라.

건자(建子) 図 제기. ●⇔뎌기.《集覽, 朴集, 上, 6ᄒ》建子. 아ᄒ〈아히〉 ᄎᆞᄂᆫ 뎌기. 建, 免疑雜韻〈韵〉内字作氎, 音健, 俗自撰也. ●⇔젹이.《朴新諺 1, 21ᄌ》不是顚錢便是踢建子, 돈더디기 아니면 곳 젹이츠기 ᄒᄂᆞ니.

건정(乾淨) 円 건정(乾淨)히. 깨끗이. ●⇔건정이(乾淨-).《集覽, 字解, 累字解, 3ᄌ》乾乾淨淨. 조타. 又조히 ᄒ다. 重言之者, 甚言其乾淨也. 凡疊字爲說者, 倣此.《朴新諺 1, 18ᄒ》鐵要好修要乾淨, 쇠도 됴코 ᄭᅮ미기룰 乾淨이 ᄒ려 ᄒ면. ●⇔건정히(乾淨-).《朴新諺 1, 24ᄌ》把他渾身毛片刮箇乾淨, 뎌 왼몸에 털을 다가 긁빗겨 乾淨히 ᄒ고.《朴新諺 1, 43ᄌ》你剃的乾淨便是了, 네 ᄭᅡ기룰 乾淨히 홈이 곳 올흐니라.《朴新諺 1, 43ᄌ》將風屑去乾淨了, 비듬을다가 업시ᄒ여 乾淨히 ᄒ고.《朴新諺 2, 36ᄒ》你把那酒壺汕乾淨着控一控, 네 뎌 술병을다가 부싀기룰 乾淨히 ᄒ여 거후로고.《朴新諺 2, 45ᄒ》細細的拔乾淨了, 낫낫치 ᄲᅢ히기를 乾淨히 ᄒ고.《朴新諺 2, 49ᄒ》把苕箒來掃乾淨着, 닛뷔 가져다가 ᄡᅳ기를 乾淨히 ᄒ고.《朴新諺 3, 36ᄒ》只要收拾乾淨些, 그저 출호기를 乾淨히 ᄒ고.《朴新諺 3, 45ᄌ》淘米也要乾淨着, ᄡᆯ 일기를 ᄯᅩ 乾淨히 ᄒ라.

건정이(乾淨-) 円 건정(乾淨)히. ⇔건정(乾淨).《朴新諺 1, 18ᄒ》鐵要好裝修要乾淨, 쇠도 됴코 ᄭᅮ미기룰 乾淨이 ᄒ려 ᄒ면.

건정히(乾淨-) 円 건정(乾淨)히. ⇔건정(乾淨).《朴新諺 1, 24ᄌ》把他渾身毛片刮箇乾淨, 뎌 왼몸에 털을다가 긁빗겨 乾淨히 ᄒ고.《朴新諺 1, 43ᄌ》你剃的乾淨便是了, 네 ᄭᅡ기룰 乾淨히 홈이 곳 올흐니라.《朴新諺 1, 43ᄌ》將風屑去乾淨了, 비듬을다가 업시ᄒ여 乾淨히 ᄒ고.

《朴新諺 2, 36ㅎ》你把那酒壺汕乾淨着控一控, 네 뎌 술병을다가 부석기를 乾淨히 ᄒᆞ여 거후로고. 《朴新諺 2, 45ㅎ》細細的拔乾淨了, 낫낫치 ᄲᅢ히기를 乾淨히 ᄒᆞ고. 《朴新諺 2, 49ㅎ》把苕箒來掃乾淨着, 닛뷔 가져다가 ᄡᅳᆯ기를 乾淨히 ᄒᆞ고. 《朴新諺 3, 36ㅎ》只要收拾乾淨些, 그저 출호기를 乾淨히 ᄒᆞ고. 《朴新諺 3, 45ㅈ》淘米也要乾淨着, ᄡᆞᆯ 일기를 ᄯᅩ 乾淨히 ᄒᆞ라.

건주(建州) 명 요대(遼代)에 두었다. 소재지는 요령성(遼寧省) 조양시(朝陽市) 경계의 황하탄(黃河灘)에 있었다. 《集覽, 朴集, 上, 4ㅎ》瀋陽. 今設瀋陽中衛, 地方廣衍, 東逼高麗, 北抵建州, 去衛治東北八十里, 有州曰貴德, 或謂玄菟郡.

건지다 동 건지다. ⇔노(撈). 《朴新諺 2, 30ㅎ》一針投海底尙有可撈日, 一針을 海底에 드리치매 오히려 可히 건질 날이 이시려니와. 一失人身後萬刼再逢難, ᄒᆞᆫ번 人身을 일흔 後ㅣ면 萬刼이라도 다시 만나기 어렵다 ᄒᆞ니라.

건초(乾草) 명 마른 짚. ⇔므른딥ㅎ. 《朴新諺 2, 28ㅎ》一箇帶二兩銀子到西山去收乾草, ᄒᆞ나흔 두 냥 은을 가지고 西山에 가 므른딥흘 거두되.

건포도(乾葡萄) 명 마른포도. 건포도. ⇔마른포도(-葡萄). 《朴新諺 1, 4ㅈ》乾果子呢, 므른 과실은. 榛子, 개암.松子, 잣. 瓜子, 슈박ᄡᅵ. 乾葡萄, 마른葡萄. 栗子, 밤. 龍眼, 龍眼. 桃仁, 복셩화ᄡᅵ. 荔子, 녀지요.

걸다 동 **1**(솥을) 걸다. ⇔안(安). 《集覽, 字解, 單字解, 1ㅎ》安. 安鍋兒 가마 거다. 又安下 사ᄅᆞ미 자리 블다. 又吏語, 安挿 사ᄅᆞ몰 안졉ᄒᆞ게 ᄒᆞ다. **2**걸다. 달다. ●⇔괘(掛). 《朴新諺 2, 50ㅈ》當中掛一軸大畫, 當中ᄒᆞ여 ᄒᆞᆫ 軸 큰 그림을 걸고. 《朴新諺 3, 10ㅎ》我們且把準線掛好了, 우리 ᄯᅩ ᄃᆞ림줄을다가 걸기를 잘ᄒᆞ쟈.

●⇔구(扣). 《朴新諺 2, 41ㅎ》把門上釘鈑扣上了, 門에 걸새를다가 걸고.

걸리끼다 동 거리끼다. ⇔구(拘). 《朴新諺 1, 41ㅎ》不拘多少錢, 아모만 공젼을 걸리끼지 말고.

걸새 명 (대문이나 창문의) 걸쇠. ⇔요조(釘釣). 《朴新諺 2, 13ㅈ》兩箇鋸鈑一箇釘鈑都不厚實, 두 비목과 ᄒᆞᆫ 걸새 다 두텁지 못ᄒᆞ니. 《朴新諺 2, 41ㅎ》把門上釘鈑扣上了, 門에 걸새를다가 걸고. 《譯語類解, 上, 屋宅》釘鈑, 걸새.

걸식(乞食) 명 〈불〉 십이두타행(十二頭陀行)의 하나. 비구(比丘)가 자신의 색신(色身)을 돕기 위하여 남에게 음식을 비는 일. 《集覽, 朴集, 上, 10ㅈ》袈裟. 一曰金縷僧伽棃, 卽大衣也, 入王宮聚落時衣, 乞食時着.

걸타다 동 걸터타다. ⇔가(駕). 《朴新諺 3, 35ㅈ》正所謂擎天白玉柱駕海紫金梁, 正히 니른 바 하눌을 바쳣논 白玉柱ㅣ오 바다흘 걸탓난 紫金梁이라.

검(臉) 명 ●낯. ⇔ᄎ. 《朴新諺 1, 48ㅈ》洗了臉就到學房裏, ᄎ 싯고 즉시 學房에 가. ●뺨. ⇔쌤. 《朴新諺 2, 56ㅈ》大家休打臉, 大家ㅣ 쌤 치지 말고.

검교(檢校) 동 조사하여 살펴보다. 《集覽, 朴集, 下, 2ㅈ》七月十五日. 道藏經云, 七月十五日, 謂之中元, 地官下降人間, 檢校世人, 甄別善惡, 上告天曹. 《朴新諺 3, 12ㅎ》這七月十五日是中元(朴新注, 48ㅎ: 道藏經云, 中元日, 地官下降人間, 檢較世人, 甄別善惡, 上告天曹)節, 이 七月 十五日은 이 中元節이라.

검교(檢較) 동 조사하여 검증하고 심사하다. 《朴新諺 3, 12ㅎ》這七月十五日是中元(朴新注, 48ㅎ: 道藏經云, 中元日, 地官下降人間, 檢較世人, 甄別善惡, 上告天曹)節, 이 七月 十五日은 이 中元節이라.

검기(鈐記) 명 예전에 관아에서 사용하던 긴 도장. 《集覽, 朴集, 上, 1ㅎ》勘合. 質

問云, 官府設簿冊二扇, 凡事用印鈐記, 上寫外字幾號, 發行去者曰外號, 上寫內字幾號, 留在官府者曰內號.

검다 혱 검다. ❶⇔오(烏). 《朴新諺 1, 30 ㅈ》身穿烏雲豹皮袍, 몸에 거믄 구룸 又 혼 豹皮 袍룰 닙고. ❷⇔조(皂). 《朴新諺 3, 34ㅈ》那些勇士都穿着花袴皂靴, 뎌 여러 勇士들이 다 아롱 바지에 거믄 靴룰 신고. ❸⇔흑(黑). 《朴新諺 1, 29ㅎ》騎着一匹墨丁也似黑的肥馬, 혼 필 먹댱又치 검고 술진 물을 투고. 《朴新諺 2, 52 ㅎ》又把筆來在他面上畫黑了, 또 붓스로 다가 더의 面上에 그려 검게 ᄒ엿더니. 《朴新諺 3, 28ㅈ》變做一箇大黑狗, 변ᄒ여 혼 큰 거믄 개 되여.

겁(劫) 뗭 〈불〉 어떤 시간의 단위로도 계산할 수 없는 무한히 긴 시간. 하늘과 땅이 한 번 개벽한 때에서부터 다음 개벽할 때까지의 동안이라고 한다. 또는 도가(道家)에서 이르는, 오겁(五劫)의 하나. 《集覽, 朴集, 中, 6ㅈ》萬劫. 儒曰世, 釋曰劫〈규〉, 道曰塵. 一說, 儒家曰數, 道家曰劫〈규〉, 佛家曰世. 道經云, 天地一成一敗謂之劫〈규〉. 上天開化, 建五劫〈규〉紹運, 曰龍漢, 曰赤明, 曰上皇, 曰延康, 曰開皇. 五劫〈규〉旣周, 復從其始. 又六十年一甲子, 一百年爲一小劫〈규〉, 一千年爲一中劫〈규〉, 三中劫〈규〉爲一大劫〈규〉. 佛家初劫〈규〉爲釋迦牟尼佛, 二劫〈규〉爲寶髻佛, 三劫〈규〉爲燃燈佛. 漢武帝鑿昆明池, 其底有灰, 帝問東方朔, 對曰, 此劫〈규〉灰也.

겁(劫) 阌 (바둑의) 패(霸). ⇔패. 《朴新諺 1, 26ㅎ》這一劫又筭錯了, 이 혼 패 또 그르다 ᄒ리라.

겁설(怯薛) 뗭 궁중(宮中)에서 갈마들어 숙위(宿衛)하던 호위병. 몽고(蒙古)에서 온 이름이다. 《集覽, 朴集, 上, 9ㅈ》骨朶. 南村輟耕錄云, 國朝有四怯薛中有云都赤, 三日一次輪流入直, 負骨朶於背〈於肩〉,

余究骨朶字義, 嘗記宋景文筆記云, 關中人以腹大爲胍肝, 音孤都, 俗謂杖頭大者亦曰胍肝, 後訛爲骨朶.

겁회(劫灰) 뗭 〈불〉 세상이 파멸할 때 일어난다고 하는 큰불의 재. 《集覽, 朴集, 中, 6ㅈ》萬劫. 佛家初劫〈규〉爲釋迦牟尼佛, 二劫〈규〉爲寶髻佛, 三劫〈규〉爲燃燈佛. 漢武帝鑿昆明池, 其底有灰, 帝問東方朔, 對曰, 此劫〈규〉灰也.

것 阌 ❶것. 물건. ❶⇔건(件). 《朴新諺 3, 18ㅈ》此外並無別件可取了, 이 밧근 아조 다른 것 가히 取홀 것시 업느니라. ❷⇔동서(東西). 《朴新諺 1, 31ㅎ》這两件東西要做, 이 두 가지ㅅ 거슬 지으려 ᄒ면. 《朴新諺 1, 33ㅎ》慣會誆騙人家東西(朴新注, 13ㅈ: 如云某物事.), 눔의 것 소겨 후리기 닉게 ᄒᄂ니. 《朴新諺 1, 54 ㅎ》待滿了月便吃生冷東西, 둘 초기룰 기드려 곳 生冷엣 거슬 먹으면. 《朴新諺 2, 3ㅎ》不通人情不達時務的東西, 人情을 通치 못ᄒ고 時務를 아지 못ᄒ는 거시라. 《朴新諺 2, 7ㅈ》咱有一件東西要與你對換如何, 우리 혼 가지 쎠시 이셔 너와 밧고고져 ᄒ니 엇더ᄒ뇨. 《朴新諺 2, 14 ㅎ》這些東西你共要多少染錢呢, 이 여러 거세 네 대되 언머 물갑슬 바드려 ᄒ는다. 《朴新諺 2, 25ㅎ》這般稀罕東西, 이리 稀罕혼 거슬. 《朴新諺 3, 25ㅈ》着两箇猜裡面有甚麼東西, 둘로 ᄒ여 안히 므스거시 잇ᄂ고 알라 ᄒ고. 《朴新諺 3, 31ㅎ》也不是甚麼好東西, 또 이 므슴 됴흔 것 아니니. 《朴新諺 3, 32ㅈ》客官你要的東西都擺上了, 客官아 네 ᄒ고져 ᄒ는 거슬 다 버려시니. ❸⇔물(物). 《朴新諺 1, 17 ㅈ》好物不賤賤物不好, 됴흔 거슨 천티 아니ᄒ고 쳔혼 거슨 됴티 아니ᄒ다 ᄒ니라. 《朴新諺 3, 23ㅎ》第(第)二樻中猜物, 第(第)二는 樻中에 거슬 알고. 《朴新諺 3, 59ㅎ》又正是咱秀才們必需之物, 또 정히 우리 秀才들의 반드시 뻠즉흔 거시

도다. ④⇔자(者). 《朴新諺 1, 31ㅈ》今
生受者是, 今生에 밧논 거시 이라 ᄒᆞ니
라. ⑤⇔적(的). 《集覽, 字解, 單字解, 2
ㅎ》另. 音零, 去聲. 別也, 零也. 另的 ᄯᆞᆫ
것. 吏語, 另行 각벼리 ᄒᆞ다. 《集覽, 字解,
單字解, 3ㅎ》的. 指物之辭. 你的 네 것,
好的 됴ᄒᆞᆫ 것. 又語助. 坐的 안짜, 通作
地. 又明也, 實也, 端也. 吏語, 的確·的當
·虛的·的實. 《朴新諺 1, 1ㅎ》買一隻羊
要肥的, 호 ᄯᆞ 羊을 사되 술진 거슬 ᄒᆞ라.
《朴新諺 1, 20ㅎ》有八角的·六角的·四
方的, 여둛 모 것과 여숫 모 것과 네모
것도 이시며. 有像仙鶴的·鮎魚的, 仙鶴
과 머유기 ᄀᆞᆺ혼 것도 이시며. 《朴新諺
1, 27ㅈ》到底是沒眼的, 나죵내 이 눈 업
슨 거시로다. 《朴新諺 2, 6ㅈ》飛來飛去
的是鴛鴦, ᄂᆞ라오며 ᄂᆞ라가는 거슨 이
鴛鴦이오. 《朴新諺 2, 17ㅈ》六名跟役騎
的, 六名 跟役이 톨 거슨. 《朴新諺 2, 31
ㅎ》你的帽子那裏買來的, 네 갓시 어듸
셔 사 온 것고. 是徐五家做的, 이 徐五의
집의셔 믄든 거시라. 《朴新諺 3, 3ㅎ》你
這不知理的, 네 이 도리 모ᄅᆞᆫ 거사.
《朴新諺 3, 13ㅈ》談的是目連尊者救母
(母)經, 니ᄅᆞᆫ 거슨 이 目連尊者의 救母
(母)經이니. 《朴新諺 3, 29ㅈ》我賣的是
上等白色珠子, 내 ᄑᆞ는 거슨 이 上等 흰
빗치 구술이니. ❷걸. 걸감. ⇔표(表).
《朴新諺 1, 44ㅈ》又是十表十裏, ᄯᅩ 이 열
것과 열 안과.

것고지 圀 비녀. ⇔도침(挑針). 《集覽, 朴
集, 上, 11ㅎ》挑針. 用牛角作廣篦, 篦〈ヒ〉
一端作刷子者. 多髮者髮厚難梳, 故先梳
之髮, 以此篦插置上頭, 更梳下髮. 今俗猶
然. 《朴新諺 1, 43ㅈ》再把挑針(朴新注, 16
ㅎ: 用牛角作廣篦, 篦一端作刷子. 髮多難
梳, 則先梳之髮, 以此篦插置, 更梳他髮.)
挑起來, ᄯᅩ 것고지 가져다가 것곳고.

것곳다 图 걷어 올려 꽂다. ⇔도기(挑起).
《朴新諺 1, 43ㅈ》再把挑針(朴新注, 16ㅎ:

用牛角作廣篦, 篦一端作刷子. 髮多難梳,
則先梳之髮, 以此篦插置, 更梳他髮.)挑起
來, ᄯᅩ 것고지 가져다가 것곳고.

것구러지다 图 거꾸러지다. 넘어지다. 자
빠지다. ⇔도(倒). 《朴新諺 2, 22ㅎ》瘦倒
的倒了, 여위여 것구러지리 것구러지고.
《朴新諺 2, 52ㅈ》倒在床上便打鼾睡, 床
우희 것구러져 곳 코 고오고 자거늘.
《朴新諺 2, 56ㅈ》咳到底是你這矬漢倒了,
애 나죵내 너 이 킈 져근 놈이 것구러지
거다.

것다 图 걷다. 말아 올리다. ⇔권기(捲起).
《朴新諺 3, 1ㅈ》把這簾子捲起窓戶支起,
이 발을다가 것고 窓을 버틔오라.

게 때 거기. 거기에. ⇔나리(那裏). 《集覽,
字解, 單字解, 5ㅎ》就. 卽也. 就將來 즉재
가져오라, 就有了·就去了. 又遂也. 就
那裏睡了 게셔 자다, 就便 곧. 又就行 드
듸여셔 ᄒᆞ다. 《朴新諺 2, 2ㅎ》明日就那
裏上了墳, 닉일 임의셔 게셔 上墳ᄒᆞ고.

게 圀 게(蟹). ❶⇔방해(螃蟹). 《朴新諺 1,
5ㅈ》螃蟹羹, 게탕과. ❷⇔해(蟹). 《朴新
諺 2, 49ㅈ》蠏正肥魚正美, 게 졍히 술디
고 고기 졍히 아룸다온 제.

-게 어미 ❶-게. 《集覽, 字解, 單字解, 1ㅎ》
安. 安鍋兒 가마 거다. 又安下 사ᄅᆞ미 자
리 븓다. 又吏語, 安插 사ᄅᆞᆯ 안졉ᄒᆞ게
ᄒᆞ다. 《朴新諺 1, 2ㅎ》如今先着誰去討酒
呢, 이지 몬져 눌로 ᄒᆞ여 가 술을 엇게
ᄒᆞ료. 《朴新諺 1, 8ㅎ》朝鮮國也該有詔可
曾派你去麼, 朝鮮國에도 詔書ㅣ 이셤 즉
ᄒᆞ니 ᄯᅩ 일즉 너롤 시겨 가게 ᄒᆞ엿ᄂᆞ냐.
《朴新諺 1, 23ㅈ》多當多贖少當少贖, 만
히 뎐당ᄒᆞ면 만히 무르고 젹게 뎐당ᄒᆞ
면 젹게 무르ᄂᆞ니. 《朴新諺 2, 13ㅈ》眞
令人可恨可惱, 진실로 사룸으로 ᄒᆞ여곰
恨ᄒᆞ고 노ᄒᆞ게 ᄒᆞ니. 《朴新諺 2, 32ㅎ》
欸式要時樣㡣子要勻細就是了, 欸式은 時
樣으로 ᄒᆞ고 담은 고로고 ᄀᆞᄂᆞᆯ게 홈이
곳 올ᄒᆞ니라. 《朴新諺 3, 8ㅈ》且熬些芽

茶來我吃罷, 아직 겨기 芽茶를 달혀 오게
ㅎ라 내 먹쟈. 《朴新諺 3, 25ㅎ》王說今
番着唐僧先猜, 왕이 니르되 이 번은 唐僧
으로 ㅎ여 몬져 알게 ㅎ라. 《朴新諺 3,
39ㅈ》既叫他管着那莊田, 이믜 져로 ㅎ
여 뎌 농소를 ㄱ옴알게 ㅎ니. ●-하게.
《朴新諺 1, 28ㅈ》好去約會他們, 가 뎌들
을 언약ㅎ여 못게 ㅎ쟈. 《朴新諺 3, 56
ㅈ》快請進來相會, 밧비 쳥ㅎ여 드러와
서르 못게 ㅎ라.

-게 图 ●-게. -에게. 《集覽, 字解, 單字解,
5ㅎ》虧. 損也, 少也. 虧你多少 네게 언메
나 낟브뇨, 虧着我 내게 낟배라. 又次也.
吏語, 虧兌 원수에서 찟다. 《朴新諺 1, 3
ㅈ》吩咐我帶廻來給老爺們看驗過了, 우
리게 吩咐ㅎ여 가져와 老爺네믜 뵈야 驗
過ㅎ고. 《朴新諺 1, 9ㅈ》相懇你揀乞了起
程日子, 네게 쳥ㅎ느니 起程홀 날을 굴
히어 뎡ㅎ면. 《朴新諺 1, 27ㅈ》筭我輸給
你一隻羊, 내 네게 혼 羊을 져 주량으로
혜고. 《朴新諺 2, 3ㅈ》你若有兩箇油紙
帽, 네게 만일 두 油紙帽ㅣ 잇거든. 《朴
新諺 2, 12ㅎ》回來還我, 도라와 내게 갑
흐라. 《朴新諺 2, 43ㅎ》再加你五錢銀罷,
다시 네게 닷 돈 은을 더홈이 무던ㅎ다.
《朴新諺 3, 4ㅈ》摘些葉子送我, 져기 닙
흘 ᄣᅡ 내게 보내여라. 《朴新諺 3, 9ㅎ》你
有泥鏝子麽, 네게 흙손이 잇느냐. 我沒
有這傢伙, 내게 이 연장이 업스면. 《朴新
諺 3, 34ㅈ》我必多多的賞你哩, 내 반ᄃ
시 만히 만히 네게 賞ㅎ리라. ●-게. -
에게. ⇔여(與). 《朴新諺 1, 17ㅈ》恐不肯
賣與你哩, 저컨대 즐겨 네게 ᄑᆞ지 아니
ㅎ리라. 《朴新諺 1, 46ㅎ》慢慢的我與你
把盞, 날호여 내 네게 盞 자브마. 《朴新
諺 1, 47ㅈ》多多的帶些人事與你還禮罷,
만히 人事를 가져 네게 還禮ㅎ마. 《朴新
諺 1, 47ㅈ》就筭是與你送行罷了, 이믜셔
네게 送行ㅎ는 양으로 호미 무던ㅎ다.
《朴新諺 2, 52ㅈ》他前日輸與我的猪頭也

不肯買, 뎨 그젓긔 내게 진 돗희 머리도
즐겨 사지 아니ㅎ니.

-게라 어미 -할 것이라. -하겠도다. 《朴新
諺 1, 17ㅎ》不知那一家打的刀子最好, 아
지 못게라 어늬 집의셔 민든 칼이 ㄱ장
됴흐뇨. 《朴新諺 1, 35ㅈ》不知他那一日
纔肯還, 아지 못게라 뎨 어늬 날 마치 즐
겨 갑흐리오. 《朴新諺 1, 50ㅎ》不曉的多
少錢洗一箇澡, 아지 못게라 언머 돈에
혼 번 목욕ㅎ료. 《朴新諺 3, 7ㅎ》不知那
裡來的這些蜻蜓, 아지 못게라 어듸로서
온 이 지차린지. 《朴新諺 3, 13ㅈ》不知
怎生吃了一跌, 아지 못케라 엇디혼지 혼
번 구러지믈 닙어. 《朴新諺 3, 15ㅈ》不
知收到否, 아지 못게라 바드신가 못ㅎ신
가. 《朴新諺 3, 43ㅈ》不知寫着甚麽哩, 아
지 못게라 므서시라 ᄡᅥᆫ뇨. 《朴新諺 3,
53ㅎ》不知怎麽走了, 아지 못게라 엇지
ㅎ여 드라난지. 《朴新諺 3, 55ㅈ》不知街
坊上可有賃的驢麽, 아지 못게라 거리에
세낼 나귀 잇느냐.

-게야 어미 -게야. -어야. -어서야. 《朴新
諺 2, 2ㅎ》傍晚進城, 늦게야 城에 드러오
고. 《朴新諺 2, 49ㅈ》直到點燈時分纔下
馬, 잇긋 불 혈 ᄣᅢ에 다ᄃᆞᆺ게야 ᄀᆞᆺ 물쎄
ᄂᆞ리니. 《朴新諺 3, 18ㅈ》天天都是這般
早聚晚散麽, 날마다 다 이리 일 모호고
늦게야 흣터지느냐.

게어르다 혱 게으르다. ⇔나(懶). 《朴新諺
1, 24ㅎ》若像你這懶小廝們, 만일 너ᄀᆞ치
이 게어른 아희들이.

게얼리 ᄝᅥᆯ 게을리. 게으르게. ⇔나타(懶
惰). 《朴新諺 2, 40ㅎ》不要懶惰, 게얼리
말라.

게지(揭地) 몡 신(神) 이름. 《集覽, 朴集,
下, 5ㅈ》金頭揭地·銀頭揭地·波羅僧揭
地. 西遊記云, 釋迦牟尼佛在靈山雷音寺
演說三乘教法, 傍有侍奉阿難·伽舍諸菩
薩·聖僧·羅漢·八金剛·四揭地·十
代明王·天仙·地仙. 觀此則揭地神名,

然未詳何神.

계탕 똉 게탕[蟹湯]. ⇔방해갱(螃蟹羹).
《朴新諺 1, 5ㅈ》螃蟹羹, 게탕과.

겨요 円 겨우. 간신히. 어렵사리. ●⇔강
(剛).《朴新諺 1, 40ㅈ》一間房子裏五箇
人剛坐的, 혼 간 방에 다숫 사룸이 겨요
안는 거시여. ●⇔재(纔).《朴新諺 1, 24
ㅈ》纔勾典那宅子哩, 겨요 뎌 집을 세내
기 넉넉ᄒ리라.《朴新諺 1, 31ㅎ》買六箇
猠皮纔勾使哩, 여숫 猠皮룰 사야 겨요 넉
넉이 쓰리라.《朴新諺 1, 48ㅈ》纔讀得半
本哩, 겨요 반 권을 넑엇노라.

겨올 똉 겨울. ⇔동(冬).《朴新諺 2, 40ㅈ》
一冬好煎湯吃, 혼 겨올을 달혀 먹기 됴
ᄒ니.

격(隔) 똥 사이에 두다. 격(隔)하다. ⇔즈
음ᄒ다.《朴新諺 1, 20ㅈ》我們隔幾日再
來取罷了, 우리 여러 날 즈음ᄒ여 다시
와 가져가미 무던ᄒ다.

격구(擊毬) 똉 예전에 젊은 무관이나 민
간의 상류층 청년들이 말을 타거나 걸
어 다니면서 구장(毬杖)으로 공을 치던
무예. 또는 그런 운동. 고려(高麗)・조
선(朝鮮) 시대에는 무예의 한 과목으로
인정하여 크게 성행하였다.《集覽, 朴
集, 下, 7ㅎ》花房窩兒. 但本國龍飛御天歌
云, 擊毬之法, 或數人, 或十餘人, 分左右
以較勝負.

격국(擊鞠) 똉 고대 무술 경기의 한 가지.
말을 타고 달리면서 구장(毬杖)으로 공
을 쳐서 우열을 가리던 경기이다.《集
覽, 朴集, 下, 7ㅎ》花房窩兒. 又云擊鞠,
騎而以杖擊也, 黃帝習兵之勢. 或曰起於
戰國, 所以練〈鍊〉武士, 因嬉戲而講習之,
猶打毬, 非蹋鞠之戲也.

격기(擊起) 똥 공 따위를 높이 쳐 올리다.
《集覽, 朴集, 下, 7ㅎ》擊起毬兒. 質問云,
如人將木圓毬兒打起老高, 便落於窩內,
方言謂之擊起毬兒.《集覽, 朴集, 下, 7
ㅎ》窩兒. 又一本質問畫毬門架子, 如本國

拋毬樂架子, 而云木架子, 其高一丈, 用五
色絹結成彩門, 中有圓眼, 擊起毬兒入眼
過落窩者勝.《集覽, 朴集, 下, 7ㅎ》毬門
窩兒. 質問云, 如打毬兒, 先竪一毬門, 上
繫毬窩, 然後將毬打上, 方言謂之毬門窩
兒. 又云, 平地窟成圓窩, 擊起毬兒落入窩
者勝.

격례(格例) 똉 격식으로 되어 있는 관례
(慣例).《集覽, 朴集, 上, 12ㅈ》體例. 謂官
私通行格例曰体禮〈體例〉.

격숙(隔宿) 똥 하룻밤을 넘기다.《集覽,
朴集, 下, 6ㅈ》麻尼汁經卷兒. 飮膳〈饌〉
正要云, 白麫一斤, 小油一斤, 小椒一兩炒
去汗, 茴香一兩炒. 右件, 隔宿用酵子・塩
・減(碱)・溫水一同和麵〈麪〉, 次日入麵,
接肥, 再和成麵, 每斤便二箇入籠蒸.

격절(激切) 똉 격렬하고 솔직하다. ⇔격절
ᄒ다(激切-).《朴新諺 3, 52ㅎ》爲此激切
上告, 이를 爲ᄒ여 激切ᄒ여 上告ᄒᄂ니.

격절ᄒ다(激切-) 똉 격절(激切)하다. ⇔
격절(激切).《朴新諺 3, 52ㅎ》爲此激切上
告, 이를 爲ᄒ여 激切ᄒ여 上告ᄒᄂ니.

격환(擊丸) 똉 원대(元代)에 구장(毬杖)으
로 공을 쳐서 우열을 가리던 경기의 한
가지.《集覽, 朴集, 下, 7ㅎ》花房窩兒. 毬
棒杓兒之制, 一如本國武試毬杖之設, 卽
元時擊丸之事.

견(見) 똥 ●보다. 만나보다. ⇔보다.《朴
新諺 1, 26ㅈ》眼下交手便見輸贏, 眼下에
交手ᄒ면 곳 지며 이긔믈 보리라.《朴新
諺 1, 33ㅎ》你見來麼, 네 보아는다.《朴
新諺 1, 56ㅎ》留下名帖可曾見麼, 名帖을
머므럿더니 일즉 보신가. 小弟見來, 小
弟 보앗노라.《朴新諺 2, 13ㅎ》大人不見
小人過, 大人은 小人의 허믈을 보지 아니
ᄒ다 ᄒ니라.《朴新諺 2, 23ㅈ》眞是遠行
知馬力日久見人心, 진실로 이 멀리 가매
물 힘을 알고 날이 오래매 사룸의 ᄆ음
을 보ᄂ니라.《朴新諺 2, 55ㅎ》咱兩箇交
手便見高低, 우리 둘히 交手ᄒ면 곳 高低

를 보리라.《朴新諺 3, 7ㅎ》我見了好惡心, 내 보매 ᄀ장 아니쯔오니.《朴新諺 3, 15ㅈ》至今未見回書, 至今 回書를 보지 못ᄒᆞ니.《朴新諺 3, 44ㅈ》又見那些送殯親朋, 쏘 보니 뎌 送殯ᄒᆞᄂᆞᆫ 親朋이.《朴新諺 3, 53ㅈ》捉賊見贓, 도적 잡기ᄂᆞᆫ 贓物을 보고. 厮打驗傷, 서ᄅᆞ ᄡᅡ혼 ᄃᆡᄂᆞᆫ 傷處를 驗ᄒᆞᆫ다 ᄒᆞ니라. ●알다. ⇔알다.《朴新諺 2, 8ㅎ》再拿去着別人看便見眞假了, 다시 가져가 다ᄅᆞᆫ 사ᄅᆞᆷ ᄒᆞ여 뵈면 곳 眞價를 알리라.《淮南子, 修務訓》今使六子者易事, 而明弗能見者何. 〈高誘注〉見, 猶知也.

견(牽) 图 이끌다. 당기다. 끌어당기다. ⇔잇글다.《朴新諺 1, 42ㅈ》等我醫過了慢慢的牽去, 내 고치믈 기ᄃᆞ려 날호여 잇그러 가.

견(牽) 의 마리.《集覽, 朴集, 上, 12ㅈ》十羊十酒. 羊十牽, 酒十甁也. 制禮亦隨貴賤異秩〈帙〉, 卽送禮也. 詳見諸司職掌.

견(絹) 명 깁. 비단. ⇔깁.《集覽, 朴集, 上, 12ㅎ》白淸水絹. 무·리 ·풋〈플〉:긔 ·업·시 다듬·마:돌호로 미·론:깁·이니, 光滑緻硬, 如本國擣砧者也. 卽不用糨粉而鍊〈練〉生絹, 以石碾者.《朴新諺 2, 14ㅈ》這十疋絹, 이 열 필 깁에셔.《朴新諺 2, 14ㅎ》五箇南紅絹每一疋染錢四錢, 닷 필 연다홍 깁은 ᄆᆡ ᄒᆞᆫ 필에 물갑시 너 돈이오. 五箇水紅絹每疋染錢三錢, 다ᄉᆞᆺ 분홍 깁은 ᄆᆡ 필에 물갑시 서 돈이오.《朴新諺 2, 33ㅎ》有一日一箇賣絹的打他門口過去, 홀론 ᄒᆞᆫ 깁 ᄑᆞᆯ 리 이셔 제 門을 지나가니.《朴新諺 2, 33ㅎ》把那絹都奪了, 뎌 깁을다가 다 앗고.

견(遣) 图 보내다. ⇔보내다.《朴新諺 2, 49ㅎ》或着碁彈琴遣興, 或 바독 두며 거믄고를 타 興을 보내니.

견고(堅固) 혱 굳고 단단하다. 튼튼하다. ⇔견고ᄒᆞ다(堅固-).《朴新諺 1, 11ㅎ》自然堅固的, 自然 堅固ᄒᆞ리니.《朴新諺 2,

13ㅈ》怎麼能句堅固牢壯呢, 엇지 능히 堅固 牢壯ᄒᆞ리오.

견고ᄒᆞ다(堅固-) 혱 견고(堅固)하다. ⇔견고(堅固).《朴新諺 1, 11ㅎ》自然堅固的, 自然 堅固ᄒᆞ리니.

견드다 图 견디다. 또는 굉장하다. 대단하다. ⇔요득(了得).《朴新諺 3, 29ㅈ》你道這孫行者之法力還了得應, 네 니ᄅᆞ라 孫行者의 法力이 당시롱 견들소냐.

견득(見得) 图 보다. 또는 알다. 알아차리다. ●보다.《朴新諺 1, 28ㅎ》方見得有弟兄之義哩, 보야흐로 弟兄의 義 이시믈 보리라.

견듸다 图 견디다. 참다. ❶⇔과(過).《朴新諺 2, 52ㅈ》我正恨他不過, 내 졍히 뎌룰 믜워 견듸지 못ᄒᆞ더니. ❷⇔관내(寬耐).《朴新諺 1, 38ㅎ》你且寬耐幾時, 네 아직 여러 ᄣᆡ롤 견듸여. ❸⇔수(受).《朴新諺 1, 15ㅈ》從前日這腮頰上痒的受不得, 그제부터 ᄲᅣᆷ이 ᄀᆞ려워 견듸지 못ᄒᆞᆯ러니.《朴新諺 2, 23ㅎ》身子顫的受不的, 몸이 ᄠᅥᆯ려 견듸지 못ᄒᆞ니. ❹⇔요(了).《朴新諺 2, 55ㅎ》氣息臭的了不的, 내옴이 더러워 견듸지 못ᄒᆞ니.《朴新諺 3, 45ㅈ》便牙疼的了不得, 곳 니 앏파 견듸지 못ᄒᆞ여라.

견방(肩膀) 명 어깨. ⇔엇게.《朴新諺 3, 26ㅎ》拿着肩膀丟在裡面, 엇게를 잡아 안히 드리치니.《朴新諺 3, 35ㅈ》都是三尺寬肩膀燈盞大的雙眼, 다 이 석 자나 너른 엇게오 燈盞만치 큰 두 눈이라.

견백(絹帛) 명 깁. 비단.《集覽, 朴集, 中, 1ㅈ》樣兒〈子〉. 染家有簿冊一本, 有人求染絹帛者, 必於簿上記其物數及染色, 幷其染直以當契約者, 謂之樣兒.

견별(甄別) 图 심사하여 가리다. 선별(選別)하다.《集覽, 朴集, 下, 2ㅈ》七月十五日. 道藏經云, 七月十五日, 謂之中元, 地官下降人間, 檢校世人, 甄別善惡, 上告天曹.《朴新諺 3, 12ㅎ》這七月十五日是中

元(朴新注, 48ㅎ: 道藏經云, 中元日, 地官
下降人間, 檢較世人, 甄別善惡, 上告天
曹.)節, 이 七月 十五日은 이 中元節이라.

견소(見笑) 图 웃다. 비웃다. ⇔웃다.《朴
新諺 3, 59ㅈ》聊以奉送幸勿見笑, 애아로
시 뻐 밧드러 보내니 힝혀 웃지 말라.

견실(堅實) 혱 견고(堅固)하다. 튼튼하다.
⇔견실ᄒ다(堅實-).《朴新諺 2, 46ㅈ》那
瓦被水浸多時不堅實, 뎌 디새 물에 젓기
를 오래 ᄒ여 堅實치 못ᄒ니.

견실ᄒ다(堅實-) 혱 견실(堅實)하다. ⇔
견실(堅實).《朴新諺 2, 46ㅈ》那瓦被水
浸多時不堅實, 뎌 디새 물에 젓기를 오
래 ᄒ여 堅實치 못ᄒ니.

견필(絹疋) 명 비단.《朴新諺 2, 35ㅈ》搜出
珠子·絹疋來, 진쥬와 絹疋을 뒤어 내고.

견활(堅滑) 혱 단단하고 매끄럽다.《集覽,
朴集, 上, 9ㅎ》紫鴉忽. 瓊也. 出南番·西
番. 性堅滑, 有紅瓊·紫瓊, 亦有淡者, 色
明瑩. 有大如指面者, 儘大價貴.《朴新諺
1, 23ㅎ》兩對寶石(朴新注, ㅎ: 出南蕃·
西蕃, 性堅滑, 色淡紅明瑩.)廂着的髩簪,
두 ᄬ 寶石에 뎐메워 날박은 髩簪과.

결(缺) 명 ●직무(職務). ⇔궐.《朴新諺 3,
19ㅈ》也只指望本官陞一箇好缺, 쏘 다만
本官이 혼 됴혼 궐에 올므믈 ᄇ라ᄂᆞ니.
●자리. 빈자리. ⇔자리.《朴新諺 3, 17
ㅎ》咳這一缺也沒甚麼好處, 애 이 혼 자
리 쏘 아모란 됴혼 곳이 업고.

결(結) 图 ●맷다. ⇔믲다.《朴新諺 1, 27
ㅎ》結為生死好弟兄罷, 死生에 됴혼 弟兄
을 미즈미 무던ᄒ다.《朴新諺 2, 54ㅈ》
做些好事結箇好因緣, 져기 됴혼 일을 ᄒ
여 됴혼 因緣을 미즘이. ●열다. 열리다.
맺다. ⇔열다.《朴新諺 1, 39ㅈ》下雨開
花刮風結子, 비 오면 곳 픠고 ᄇ람 블면
여름 여든 거시여. ●(집을) 짓다. 만들
다. ⇔짓다.《朴新諺 2, 29ㅎ》結草廬於
香山之上, 草廬롤 香山 우희 지엇쏘다.

결과(結裹) 图 맷어 꾸미다. ⇔믲쑤미다.

《朴新諺 1, 46ㅎ》却結裹不出來的, 쏘 믳
쑤며 내디 못ᄒ리라.

결다 图 결성(結成)하다. 형성하다. ⇔결
성(結成).《朴新諺 1, 29ㅎ》兩邉掛着珠
珠結成花樣的對子荷包, 두 편에 珠珠로
花樣 겨론 혼 ᄬ 주머니롤 츠고.

결단코 閅 결단(決斷)코. 틀림없이. ●⇔
관정(管情).《朴新諺 3, 12ㅈ》不過一兩遍
管情就好了, 혼두 번에 지나지 못ᄒ여서
결단코 즉시 됴흐리라. ●⇔단(斷).《朴
新諺 2, 15ㅈ》你放心斷不有悞的, 네 放心
ᄒ라 결단코 그름이 잇지 아니ᄒ리라.

결단ᄒ다(決斷-) 图 결단(決斷)하다. (결정적인
판단을 하거나 단정을 내리다) ⇔합단
(合斷).《朴新諺 3, 5ㅈ》堂上官府憑着理
自然合斷的, 堂上 官府ㅣ 理로 ᄒ면 自然
결단ᄒ염 즉ᄒ되.

결배(結拜) 图 의형제를 맺다. 또는 의자
매를 맺다. ⇔결배ᄒ다(結拜-).《朴新諺
1, 28ㅈ》咱衆弟兄們自結拜之後, 우리 모
든 弟兄들이 結拜혼 後로부터.

결배ᄒ다(結拜-) 图 결배(結拜)하다. ⇔
결배(結拜).《朴新諺 1, 28ㅈ》咱衆弟兄
們自結拜之後, 우리 모든 弟兄들이 結拜
혼 後로부터.

결백(潔白) 혱 깨끗하고 희다.《集覽, 朴
集, 上, 2ㅈ》荔子. 子作支〈支〉. 荔支
〈支〉, 生巴峽間, 形狀團如帷盖, 葉如冬
靑, 花如橘, 春榮. 實如丹夏, 朶如葡萄, 核
如枇杷, 殼如紅繒, 膜如紫綃, 瓠肉潔白如
冰霜, 漿液甘如醴酪. 如離本枝, 一日色變,
二日香變, 三日味變, 四五日外色·香·
味盡(尽)變.

결선편(結線鞭) 명 버드나무로 된 채 끝에
마(麻) 또는 저(苧)나 사(絲)를 오색으로
물들여 잡아 맨 채찍.《集覽, 朴集, 下,
10ㅈ》手拿結線鞭. 鞭子用柳枝, 長二尺四
寸, 按二十四氣, 上用結子. 立春在孟日用
麻, 仲日用苧, 季日用絲, 用五彩色醮染.

결성(結成) 图 결성하다. 형성하다. ⇔결

다.《集覽, 朴集, 上, 9ㅈ》結楤帽. 楤, 木名, 高一二丈, 葉如車輪, 旁〈旁〉無枝, 皆萃於木秒. 其下有皮, 重疊裹之, 每皮一匝爲一節〈節〉, 花黃白色, 結實作房, 如魚子狀, 其皮皆是絲而經緯如織, 傍有細縷, 交相連綴不散. 取其絲理之, 以結成大帽.《集覽, 朴集, 上, 11ㅎ》珠鳳冠. 音義云, 珠子結成鳳的冠.《集覽, 朴集, 上, 12ㅎ》砌山子. 音義云, 귀·여ᅀ 類엣 것. 今按, 山子, 卽귀·여ᅀ, 砌, 卽結成之意. 俗呼築城曰砌城, 謂疊石而築成之也.《集覽, 朴集, 下, 7ㅎ》窩兒. 又一本質問畫毬門架子, 如本國抛毬樂架子, 而云木架子, 其高一丈, 用五色絹結成彩門, 中有圓眼, 擊起毬兒入眼過落窩者勝.《朴新諺 1, 29ㅎ》両邊掛着珎珠結成花搽的對子荷包, 두 편에 珎珠로 花搽 겨론 흔 雙 주머니롤 추고.

결소(缺少) 图 ●그쳐지다. 끊어지다. ⇔그쳐디다.《集覽, 字解, 單字解, 6ㅈ》少. 多少. 又欠也. 少甚麼 므스거시 업스뇨. 少債 느미 비들 떠디워 잇다. 又缺也. 缺少口粮 양시기 그쳐다.《集覽, 字解, 單字解, 5ㅈ》典. 凡人或缺少口粮, 或遇事用錢者, 以物折直, 立限賣與人爲質而求錢取用. 至限償還其直取物而還也. 律條踈云, 以價易去, 而原價取贖曰典. ●모자라다. 부족하다. 결핍(缺乏)되다. ⇔모즈라다.《朴新諺 2, 16ㅈ》這些食物都要鮮明不可缺少纔是, 이 여러 食物을 다 鮮明히 ᄒ고 모즈라지 아니케 홈이 올흐니라.

결식(結飾) 图 맺고 꾸미다.《集覽, 朴集, 上, 8ㅈ》翫月會. 東京錄云, 中秋夜, 貴家結飾臺樹, 民間爭占酒樓翫〈玩〉月, 絲簧鼎沸, 近內庭居民, 夜深遙聞笙竽之聲, 宛若雲外天樂, 閭里兒童連宵嬉戲, 夜市騈闐, 至於通曉.

결실(結實) 图 열매를 맺다.《集覽, 朴集, 上, 9ㅈ》結楤帽. 楤, 木名, 高一二丈, 葉如車輪, 旁〈旁〉無枝, 皆萃於木秒. 其下有

皮, 重疊裹之, 每皮一匝爲一節〈節〉, 花黃白色, 結實作房, 如魚子狀, 其皮皆是絲而經緯如織, 傍有細縷, 交相連綴不散. 取其絲理之, 以結成大帽.

결싼고 图 결단(決斷)코. ⇔단(斷).《朴新諺 1, 14ㅈ》這都是斷不能少的, 이 거시 다 이 결싼고 업지 못홀 꺼시라.

결싼코 图 결단(決斷)코. ⇔단(斷).《朴新諺 1, 19ㅎ》遲日來斷不有悔的, 날을 지연ᄒ여 오라 결싼코 그르미 잇지 아니ᄒ리라.

결싼ᄒ다 图 결단(決斷)하다. (판단을 하거나 단정을 내리다) ⇔단(斷).《朴新諺 1, 10ㅎ》前不斷後要亂, 몬져 결싼치 아니면 후에 어즈럽다 ᄒ니.《朴新諺 1, 19ㅎ》遲日來斷不有悔的, 날을 지연ᄒ여 오라 결싼코 그르미 잇지 아니ᄒ리라.

결을 图 겨를. 틈. 여가. ⇔공부(工夫).《朴新諺 3, 54ㅎ》因此不得工夫, 이런 젼ᄎ로 결을을 엇지 못ᄒ여.

결의(結義) 图 의형제를 맺다. 의자매를 맺다.《朴新諺 1, 28ㅈ》却做不得我等的結義弟兄, ᄯ 우리 結義 弟兄이 되지 못홀 거시니.

결자(結子) 图 매듭. 고.《集覽, 朴集, 下, 10ㅈ》手拿結線鞭. 鞭子用柳枝, 長二尺四寸, 按二十四氣, 上用結子. 立春在孟日用麻, 仲日用苧, 季日用絲, 用五彩色醮染.《朴新諺 3, 46ㅎ》手執彩線鞭(朴新注, 61ㅈ: 用柳枝二尺四寸, 按二十四氣, 上用結子. 立春在孟日用麻, 仲日用苧, 季日用絲, 用五彩色醮染.), 손에 彩線鞭을 가지고.

결절(決絶) 혱 (태도가 매우) 단호(斷乎)하다. 결연(決然)하다.《集覽, 字解, 單字解, 3ㅈ》了. 語助, 去了. 又決絶之意, 了不得. 又了當.

결제(結制) 图〈불〉＝결하(結夏).《集覽, 朴集, 下, 2ㅈ》解夏. 荊楚歲時記云, 天下僧尼, 於四月十五日, 就禪刹掛搭不出門, 謂之結夏, 亦曰結制.

결집(結集) 몡 〈불〉 석가모니가 죽은 뒤에 제자들이 모여 스승의 가르침을 집대성하여 경전을 만들던 일.《集覽, 朴集, 下, 1ㅈ》唐三藏法師〈三藏〉. 三藏, 經一藏, 律一藏, 論一藏. 曰脩多羅, 即阿難聖衆結集爲經. 曰毗奈耶, 一曰毗尼, 即優波尊者結集爲律. 曰阿毗曇, 即諸大菩薩衍而爲論.

결채(結彩) 몡 경축할 일이 있을 때 문이나 지붕 위에 여러 빛깔의 색실·종이·헝겊 따위를 내다 걸어 아름답게 장식하던 일.《集覽, 朴集, 下, 9ㅈ》魂車. 作小腰輿, 以黃絹結爲流蘇垂飾〈餙〉, 如本國結彩之施, 以貯魂〈寬〉帛, 爲前導.

결하(結夏) 몡 〈불〉 음력 4월 16일 또는 5월 16일에 여름 안거[夏安居]를 시작하는 일.《集覽, 朴集, 下, 2ㅈ》解夏. 荊楚歲時記云, 天下僧尼, 於四月十五日, 就禪刹掛搭不出門, 謂之結夏, 亦曰結制.

겸비(兼俻) 몡 =겸비(兼備). '俻'는 '備'와 같다.《玉篇, 人部》俻, 同備.《集覽, 朴集, 下, 11ㅈ》流水高山. 孔子曰, 仁者樂山, 智者樂水. 子期嘆伯牙仁智兼俻.

겸비(兼備) 몡 두루 갖추다.《集覽, 字解, 單字解, 5ㅈ》該. 備也·載也·當也·屬也·合也·管也·攝也. 有此數意, 而俗用兼備於一處者有之.《集覽, 朴集, 下, 11ㅈ》流水高山. 孔子曰, 仁者樂山, 智者樂水. 子期嘆伯牙仁智兼俻.

겸자(鉗子) 몡 집게. ⇔집게.《朴新諺 3, 33ㅎ》如鐵鎚·鉗子·鐵枕·鍋兒, 마치와 집게와 모로와 도관 ㄱ튼 거슬.

경 의 경(更). ⇔경(更).《朴新諺 1, 25ㅈ》一更一箇輪流起來喂草, 호 경에 호나식 돌려 니러 여믈을 먹이되.

경(更) 의 경(更). (경은 일몰부터 일출까지 하룻밤을 다섯으로 나누어 부르는 시간의 이름) ⇔경.《朴新諺 1, 25ㅈ》一更一箇輪流起來喂草, 호 경에 호나식 돌려 니러 여믈을 먹이되.

경(更) 동 고치다. 바꾸다. ⇔고치다.《朴新諺 1, 26ㅎ》拑子爲乞不許更改的, 몰 자바 뎡호고 고치믈 허치 마쟈.

경(京) 몡 서울. ⇔서울.《朴新諺 1, 34ㅈ》他在京裏臨起身時節〈節〉, 제 서울셔 써날 째에 臨호여.《朴新諺 2, 17ㅎ》我好赶進京先報去, 내 서울을 미처 나아가 몬져 報호라 가기 됴흐리라.《朴新諺 3, 15ㅎ》如有便人來京, 만일 便人이 셔울 오리 잇거든.《朴新諺 3, 15ㅎ》男在京所幹之事已經完備, 아히 셔울 이셔 所幹事는 임의 完備호여시되.

경(庚) 몡 나이. 연령(年齡). ⇔나ㅎ.《朴新諺 3, 56ㅎ》韓先生貴庚, 韓先生의 貴호 나히여.

경(揑) 동 꽂다.《集覽, 朴集, 上, 14ㅈ》刊〈揑〉柳. 質問云, 端午節日, 赴敎場內, 將三枝柳植之三處, 走馬射之. 歲時樂事記云, 武士軍校禚柳于擊場. 今按, 禚字, 即刊音, 而刊字韻〈韵〉書不着〈著〉, 唯免疑雜韻〈韵〉內音乍, 即與挿字音意同. 總龜〈総亀〉云, 端午日, 武士射柳爲閗〈鬪〉力之戲, 各料强弱相敵.〈此作揑恐誤〉.

경(竟) 閅 마침내. 결국. 드디어. ●⇔므춤내.《朴新諺 1, 34ㅈ》他竟保也不保, 뎨 므춤내 긔수홀더 긔수치 아니호고.《朴新諺 2, 26ㅈ》好淸醬今年竟沒處尋, 됴흔 근댱을 올히 므춤내 어들 더 업더니.《朴新諺 3, 4ㅎ》竟不曉得葉兒有這用處, 므춤내 닙히 이 쁠 곳 잇는 줄을 아지 못호엿더니.《朴新諺 3, 42ㅎ》我竟不知道却曾出殯麼, 내 므춤내 아지 못호엿느니 쏘 일즉 出殯호엿느냐.《朴新諺 3, 52ㅎ》竟將小人面門打破耳根打傷, 므춤내 小人의 눗츨다가 텨 짜이고 귀 밋출 텨 傷호오니.《朴新諺 3, 53ㅎ》竟不知去向, 므춤내 去向을 아지 못호니. ●⇔못춤내.《朴新諺 1, 9ㅈ》我竟與你同去, 내 못춤내 너와 호가지로 갈 거시니.

경(頃) 의 논밭 넓이의 단위. 1경은 100묘

(畝)로, 그 넓이는 시대에 따라 달랐다. 《集覽, 朴集, 上, 15ㅈ》玉泉. 在宛平縣西北三十里玉泉山下. 山有石洞三, 一在山之西南, 其下有泉, 深淺莫測. 一在山之陽, 泉出石罅間, 鑿石爲蟠頭, 泉從蟠口噴出, 鳴若雜佩, 色如素錬〈練〉, 泓澄百頃. 《朴新諺 2, 5ㅈ》西湖是從玉泉山(朴新注, 24ㅈ: 在宛平縣, 距京都西北三十里, 山有石洞三. 一在山之西南, 其下有泉, 深淺莫測. 一在山之陽, 泉出石罅間, 鑿石為蟠頭, 泉從蟠口噴出, 鳴若雜佩, 色如素練, 泓澄百頃. 一在山之根, 有泉湧出, 洞門刻玉泉二字.)流下來的, 西湖ᄂᆞᆫ 이 玉泉山으로조차 흘러ᄂᆞ린 거시니.

경(卿) 몡 벼슬 이름. 태상시(太常寺)·대리시(大理寺)·광록시(光祿寺)·태복시(太僕寺)의 으뜸 벼슬. 품계는 3품(品)이었다. 《朴新諺 2, 24ㅈ》是小弟昨日在張少卿(朴新注, 31ㅈ: 太常寺·大理寺·光祿寺·太僕寺有卿·少卿, 俱三品.)家慶賀筵席上, 올ᄒᆞ니 小弟 어제 張少卿의 집 慶賀 筵席에서. 《朴新諺 3, 17ㅎ》除授了光祿寺卿了, 光祿寺卿에 除授ᄒᆞ엿ᄂᆞ니라.

경(硬) 휑 ●굳다. ⇔굳다. 《朴新諺 3, 3ㅈ》你怎麼這麼硬頭硬腦的呢, 네 엇지 이리 목구드뇨. ●단단하다. ⇔ᄢᅵ다. 《朴新諺 3, 44ㅎ》做得生硬了難吃, 짓기를서러 ᄢᅵ면 먹기 어렵고.

경(傾) 통 ●녹이다. 용해시키다. 《集覽, 朴集, 上, 8ㅈ》傾銀. 質問云, 將碎銀子與銀匠, 化了傾成整錠. 《集覽, 朴集, 上, 8ㅈ》白臉. 質問云, 將好銀子與銀匠, 化了傾成細絲雪白錠兒. 又有光色好看, 卽十成銀也. ●기울이다. ⇔기우리다. 《朴新諺 2, 29ㅎ》傾甘露於瓶中濟險途於飢渴, 甘露를 瓶 中에 기우려 險途를 飢渴에 구졔ᄒᆞᆫᄭᅩᆺ다.

경(敬) 통 공경(恭敬)하다. ⇔공경ᄒᆞ다. 《朴新諺 2, 37ㅎ》他敬我五分我便敬他十分, 뎨 날을 五分을 공경ᄒᆞ면 내 곳 뎌를 十分을 공경ᄒᆞ고. 他敬我一分我只敬他五分, 뎨 나를 一分을 공경ᄒᆞ면 내 그저 뎌를 五分을 공경ᄒᆞ려니와.

경(經) 통 지내다. 겪다. 경과하다. ⇔디내다. 《朴新諺 1, 36ㅎ》一年經蛇咬三年怕井繩, 一年을 ᄲᅣᆷ 물려 디내면 三年을 드렛줄도 저퍼ᄒᆞᆫ다 ᄒᆞ니라. 《朴新諺 3, 9ㅈ》經多少風寒·暑熱, 언머 風寒·暑熱을 디내며.

경(經) 몡 ●불경(佛經). 《集覽, 朴集, 下, 1ㅈ》西天取經去. 西遊記云, 昔釋迦牟尼佛在西天靈山雷音寺, 撰成經·律·論三藏金經, 須送東土, 解度郡〈羣〉迷. 問諸菩薩, 往東土尋取經人來. 《朴新諺 3, 8ㅎ》徃西天去取經的時節, 西天을 향ᄒᆞ여 經 가질라 갈 제. 《朴新諺 3, 9ㅈ》纔得到西天取了經廻來, 계요 西天에 니르러 經을 가지고 도라와. 《朴新諺 3, 21ㅎ》當年有簡唐僧徃西天取經去, 當年에 혼 唐僧이이셔 西天을 향ᄒᆞ여 經 가질라 갈 제. ●〈불〉 경장(經藏). 삼장(三藏)의 하나. 불경을 이르는 말로, 불경 속에는 사물의 도리와 진리가 포함되어 있다는 뜻이다. 《集覽, 朴集, 下, 1ㅈ》唐三藏法師〈三藏〉. 三藏, 經一藏, 律一藏, 論一藏. 曰修多羅, 卽阿難聖衆結集爲經. 曰毗奈耶, 一曰毗尼, 卽優波尊者結集爲律. 曰阿毗曇, 卽諸大菩薩衍而爲論. 《集覽, 朴集, 下, 1ㅈ》西天取經去. 西遊記云, 昔釋迦牟尼佛在西天靈山雷音寺, 撰成經·律·論三藏金經, 須送東土, 解度郡〈羣〉迷. 問諸菩薩, 徃東土尋取經人來. ●날. 날실. ⇔놀. 《朴新諺 1, 16ㅎ》這大紅段眞是南紅顔色經緯勻淨, 이 다홍 비단이 진짓 이연다홍빗치오 ᄲᅵ놀이 고로고 조ᄒᆞ니.

경(輕) 閈 경(輕)히. 가볍게. ⇔경히(輕-). 《朴新諺 2, 18ㅈ》你們打的輕, 너희들이 티기를 輕히 ᄒᆞ기로.

경(慶) 몡 경사. 또는 그런 일. 《朴新諺 2,

30ㅈ》萬民無搔擾之憂百姓有安祥之慶,
萬民이 搔擾ᄒᆞᆫ 근심이 업고 百姓이 安
祥ᄒᆞᆫ 慶이 잇도다.

경(磬) 閔 〈불〉 놋으로 주발과 같이 만들
어, 복판에 구멍을 뚫고 자루를 달아 노
루 뿔 따위로 쳐 소리를 내는 불전 기구.
《朴新諺 3, 43ㅎ》搖鈸敲磬, 북 티고 磬
티고.

경(擎) 동 받치다. 떠받들다. 받쳐 들다.
⇔바치다. 《朴新諺 3, 35ㅈ》正所謂擎天
白玉柱駕海紫金梁, 正히 니른 바 하늘을
바쳣ᄂᆞᆫ 白玉柱ㅣ오 바다흘 걸탓난 紫金
梁이라.

경(驚) 동 놀라다. ⇔놀라다. 《朴新諺 3,
50ㅎ》小人卽時驚覺, 小人이 卽時 놀라
씨ᄃᆞ라.

경고(更鼓) 閔 초경(初更)·이경·삼경
·사경·오경으로 나눈 밤의 시간을 알
리기 위하여 치던 북. 《集覽, 朴集, 中,
1ㅈ》站家擂鼓. 舘驛門上皆設更鼓〈皷〉之
樓, 凡使客入門必擊其鼓〈皷〉, 招集人衆,
應辦事務.

경과(經過) 동 (장소·시간·동작 등이)
지나다. 경과(經過)하다. 《集覽, 朴集,
中, 1ㅈ》分例支應. 元制, 正官一員, 一日
宿頓, 該支〈支〉米一升, 糆一斤, 羊肉一
斤, 酒一升, 柴一束, 經過減半, 從人一名,
止支〈支〉米一升, 經過減半. 今制, 正官一
員, 一日經過, 米三升, 宿頓五升, 從人一
名, 經過二升, 宿頓三升. 漢俗今云行三坐
五. 《集覽, 朴集, 下, 4ㅈ》孫行者. 大聖被
執當死, 觀音上請于玉帝, 免死. 令巨靈神
押大聖前往下方去, 乃於花菓山石縫內納
身, 下截畫如來押字封着, 使山神·土地
神鎭守. 飢食鉄〈鐵〉丸, 渴飮銅汁, 待我佐
東土尋取經之人, 經過此山, 觀大聖, 肯隨
徃西天, 則此時可放.

경관(經關) 동 아직 거치지 아니하다. 아
직 …하지 못하다. 《集覽, 朴集, 下, 4ㅈ》
孫行者. 行者, 僧未經關給度牒者, 謂之僧

行, 亦曰行者.

경괴(瓊瑰) 閔 옥(玉)에 버금가는 아름다
운 돌. 《集覽, 朴集, 中, 6ㅈ》身瑩瓊瓊.
瑩, 玉色潔也. 瓊瓊, 石次玉者也. 《朴新諺
2, 29ㅎ》面圓璧月身瑩瓊瑰, ᄂᆞᆺ촌 璧月ᄀᆞ
치 두렷ᄒᆞ고 몸은 瓊瑰ㅣ ᄀᆞ치 몰그며.

경권(經卷) 閔 경문(經文)을 적은 두루마
리. 또는 권자본(卷子本)의 불경. 《朴新
諺 3, 13ㅈ》各樣經卷皆通, 各樣 經卷을
다 通ᄒᆞ니.

경권(擎拳) 동 공수(拱手)하다. (두 손을
앞으로 모아 포개어 잡다)《集覽, 朴集,
下, 2ㅎ》擎拳合掌. 飜譯名義云, 此方以拱
手爲恭, 外國以合掌爲敬. 手本二邊, 今合
爲一, 表不散誕, 專主一心. 西域記云, 致
敬之式, 其儀九等, 四曰合掌平拱. 《朴新
諺 3, 13ㅎ》箇箇擎拳合掌, 낫낫치 擎拳
合掌ᄒᆞ더니.

경권아(經卷兒) 閔 밀가루에 기름·산초
(山椒)·회향(茴香)을 넣어 버무린 뒤
효모(酵母)를 넣고 발효시켜 찐 음식.
《集覽, 朴集, 下, 6ㅈ》麻尼汁經卷兒. 飮
膳〈饍〉正要云, 白麪一斤, 小油一斤, 小椒
一兩炒去汗, 茴香一兩炒. 右件, 隔宿用酵
子·塩·減〈碱〉·溫水一同和麪〈麵〉, 次
日入麪, 接肥, 再和成麪, 每斤作二箇入籠
蒸. 麻, 卽脂麻也. 搗脂麻爲汁, 如稀泥然,
故曰麻尼汁. 尼, 作泥是.

경권합장(擎拳合掌) 동 〈불〉 공수(拱手)
하고 합장(合掌)하여 예(禮)를 행하다.
《集覽, 朴集, 下, 2ㅎ》擎拳合掌. 飜譯名
義云, 此方以拱手爲恭, 外國以合掌爲敬.
手本二邊, 今合爲一, 表不散誕, 專主一心.
西域記云, 致敬之式, 其儀九等, 四曰合掌
平拱. 《朴新諺 3, 13ㅎ》箇箇擎拳合掌, 낫
낫치 擎拳合掌ᄒᆞ더니.

경기(京圻) 閔 =경기(京畿). '圻'는 '畿'와
통용. 《集韻, 微韻》畿, 說文, 天子千里地,
以遠近言之, 則言畿也. 或作圻. 《集覽, 朴
集, 上, 15ㅎ》陜〈陝〉西. 古雍州地, 漢所都

長安之地. 唐置京圻〈畿〉道, 宋置陝(陝)西路, 元置陝(陝)西行中書省, 今置陝(陝)西布政使司〈司使〉.

경기(京畿) 명 수도(首都) 및 그 주변 지역. 예전에는 수도의 사방 1천 리 지역을 이르던 말이었다. 《集覽, 朴集, 上, 15ㅎ》陝(陝)西. 古雍州地, 漢所都長安之地. 唐置京圻〈畿〉道, 宋置陝(陝)西路, 元置陝(陝)西行中書省, 今置陝(陝)西布政使司〈司使〉.

경뇌(硬腦) 형 고집스럽다. 《朴新諺 3, 3ㅈ》你怎麼這麼硬頭硬腦的呢, 네 엇지 이리 목구드뇨.

경도(京都) 명 서울. 수도. ⇔서울. 《集覽, 朴集, 下, 9ㅎ》打春. 音義云, 如今北京迎春時, 唯牛芒而已. 在前只有府縣官員, 幷師生耆老引赴順天府, 候春至之時. 此節〈莭〉皆杭州所行, 非京都之事. 《朴新諺 1, 9ㅎ》直淥過蘆溝橋(朴新注, 4ㅈ: 京都南三十里, 有河曰蘆溝, 上有石橋, 廣二百餘步, 兩傍皆石欄, 雕刻石獅, 形狀奇巧.)上獅子了了, 바로 蘆溝橋 우희 獅子 머리롤 좀가 넘어. 《朴新諺 2, 5ㅈ》西湖是從玉泉山(朴新注, 24ㅈ: 在宛平縣, 距京都西北三十里, 山有石洞三. 一在山之西南, 其下有泉, 深淺莫測. 一在山之陽, 泉出石罅間, 鑿石爲螭頭, 泉從螭口噴出, 鳴若雜佩, 色如素練, 泓澄百頃. 一在山之根, 有泉湧出, 洞門刻玉泉二字.)流下來的, 西湖ㄴ이 玉泉山으로 조차 흘러ᄂᆞ린 거시니. 《朴新諺 2, 22ㅎ》我來時節到山海關(朴新注, 30ㅎ: 在楡林縣, 距京都東七百里. 北接長城, 南臨瀚海中, 有關門. 徐達所築云.)上, 내 올 재에 山海關에 다ᄃᆞ라. 《朴新諺 2, 44ㅎ》京都城四牌樓下民人朱玉, 京都城 四牌樓 아러 民人 朱玉이. 《朴新諺 3, 12ㅎ》慶壽寺(朴新注, 48ㅎ: 在京都西南, 素稱名刹.)裡做盂蘭勝會, 慶壽寺에셔 盂蘭勝會를 혼다 ᄒᆞ니.

경도성(京都城) 명 경도(京都)를 둘러싼

성. 《朴新諺 2, 44ㅎ》京都城四牌樓下民人朱玉, 京都城 四牌樓 아러 民人 朱玉이.

경동(驚動) 통 놀라서 움직이다. 《集覽, 朴集, 下, 4ㅈ》燒金子道人. 西遊記云, 有一先生到車遲國, 吹口氣以磚瓦皆化爲金, 驚動國王, 拜爲國師, 號僞眼大仙.

경두(硬頭) 형 완강하다. 강경하다. 《朴新諺 3, 3ㅈ》你怎麼這麼硬頭硬腦的呢, 네 엇지 이리 목구드뇨.

경두뇌(硬頭腦) 통 염치 불고하다. 억지로 하다. ⇔목군다. 《朴新諺 3, 3ㅈ》你怎麼這麼硬頭硬腦的呢, 네 엇지 이리 목구드뇨.

경량전(景凉殿) 명 중국 서호(西湖)에 있던 전각 이름. 《朴新諺 2, 57ㅎ》皇上在西湖景凉殿裏坐的看, 皇上이 西湖 景凉殿에서 안자 보시더라.

경력(經歷) 명 벼슬 이름. 문서의 출납을 관장하였다. 《集覽, 朴集, 中, 8ㅈ》首領官. 今宗人府經歷爲首領官, 六部主事爲首領官之類, 然未詳取義. 但各衙門有首領官, 如有司之任, 主出納一司公事.

경로(徑路) 명 지름길. 또는 오솔길. 《集覽, 朴集, 上, 10ㅈ》經. 般若經序云, 經者, 徑也. 是成佛之徑路.

경룡(景龍) 명 당(唐)나라 중종(中宗: 李顯)의 연호(707~710). 《集覽, 朴集, 中, 5ㅈ》起浮屠於泗水之間. 中宗聞名, 遣使迎師, 居薦福寺, 頂上有一穴, 以絮窒之, 夜則去絮, 香從頂穴中出, 非常芬馥. 及曉, 香還頂中, 又以絮窒之. 景龍四年, 端立而終.

경률론(經律論) 명 〈불〉 불경의 삼장(三藏). 곧, 경장(經藏)·율장(律藏)·논장(論藏)의 세 가지 불서(佛書)를 통틀어 이르는 말. 《集覽, 朴集, 下, 2ㅎ》經律論. 解見三藏法師下.

경면(硬麵) 명 기름을 넣지 않고 소량의 찬물을 넣어 만든 밀가루 반죽. 《集覽, 朴集, 下, 7ㅈ》硬麵燒餅. 質問云, 此不用油, 徒以冷水和麵〈麪〉烙熟. 《朴新諺 3,

36ㅈ》硬麵火燒(朴新注, 57ㅈ: 不用油, 以冷水和糆烙熟.)都有, 硬麵으로 민드라 구은 쩍이 다 이셰라.

경면소병(硬麵燒餅) 몡 경면(硬麵)으로 구어 만든 떡. 《集覽, 朴集, 下, 7ㅈ》硬麵燒餅. 質問云, 此不用油, 徒以冷水和麵〈糆〉烙熟.

경면으로믄드라구은쩍(硬麵-) 몡 경면소병(硬麵燒餅). ⇔경면화소(硬麵火燒). 《朴新諺 3, 36ㅈ》硬麵火燒(朴新注, 57ㅈ: 不用油, 以冷水和糆烙熟.)都有, 硬麵으로 민드라 구은 쩍이 다 이셰라.

경면화소(硬麵火燒) 몡 =경면소병(硬麵燒餅). ⇔경면으로믄드라구은쩍(硬麵-). 《朴新諺 3, 36ㅈ》硬麵火燒(朴新注, 57ㅈ: 不用油, 以冷水和糆烙熟.)都有, 硬麵으로 민드라 구은 쩍이 다 이셰라.

경문(景文) 몡 송(宋)나라 송기(宋祁)의 시호(諡號). 《集覽, 朴集, 上, 12ㅈ》圓飯筵席. 邵氏聞見錄, 宋景文公納子婦, 其婦家饋食.

경문(經文) 몡 〈불〉 불경(佛經)의 문구. 《集覽, 朴集, 中, 4ㅈ》理圓四德. 大抵梵語, 經文釋義不一, 今不煩觧.

경방(經邦) 图 나라를 다스리다. 《集覽, 朴集, 下, 10ㅎ》太師太保. 元以太師・太傅・太保爲三師, 以太尉・司徒・司空爲三公. 漢・唐舊〈旧〉制也. 三師, 師〈ヒ〉範一人, 儀刑四海, 三公, 論道經邦, 爕理陰陽.

경부(耕夫) 몡 농부(農夫). 《集覽, 朴集, 下, 9ㅎ》打春. 東京夢華錄云, 立春前五日, 造土牛・耕夫・犁具, 前一日順天府進農牛入禁中鞭春, 府縣官吏・士庶・耆社, 其鼓樂出東郊迎春, 牛芒神至府前, 各安方位.

경사(京師) 몡 서울. 수도. 《集覽, 朴集, 上, 4ㅈ》永平. 洪武二年, 改永平府屬北平布政司, 北平卽燕都, 永樂都燕京, 以此直隷京師. 《集覽, 朴集, 上, 5ㅎ》廣豐倉. 質問云, 在京師, 收天下米粮處也. 《集覽, 朴集, 上, 6ㅎ》拘欄. 今按, 北京有東拘欄・西拘欄. 俗謂宿娼者曰院裏走. 質問云, 是京師樂工住處. 《集覽, 朴集, 下, 8ㅎ》南京應天府丞. 南京, 古金陵之地, 吳・晉・宋・齊・梁・陳・南唐建都, 大明太祖定鼎於此, 爲京師, 設應天府, 以燕京爲北平布政司. 《集覽, 朴集, 下, 9ㅈ》眞定. 禹貢冀州之域, 周爲幷州地, 秦爲鉅鹿郡, 漢置恒山郡, 元爲眞定路, 今爲眞定府, 直隷京師. 《朴新諺 3, 41ㅈ》是眞定府(朴新注, 59ㅈ: 故冀州地, 今隷京師.)人, 이 眞定府 사롬이라.

경사(經事) 图 일을 경험하다. 곧, 처녀를 상실하다. 《集覽, 朴集, 下, 5ㅈ》蠍〈蝎〉虎. 五月五日捕其生者, 飼以朱砂, 明年端午搗〈擣〉之, 點宮人臂上, 經事則消, 否則雖死不改, 故名曰守宮. 漢武帝嘗試之, 果驗, 常捕全蠍食之, 故名蠍虎.

경사팔경(京師八景) 몡 북경(北京)의 여덟 곳의 명승지. 곧, 계문연수(薊門烟樹)・금대석조(金臺夕照)・태액청파(太液晴波)・경도춘음(瓊島春陰)・옥천수홍(玉泉垂虹)・서산제설(西山霽雪)・노구효월(盧溝曉月)・거용첩취(居庸疊翠). 《集覽, 朴集, 中, 3ㅎ》西山. 在順天府西三十里太行山首, 始于河內, 北至幽州, 强形鉅勢, 爭奇擁翠, 雲舒星拱于皇都之右. 每大雪初霽, 千峯萬壑〈峯萬峯〉, 積素凝華, 若圖畫然, 爲京師八景之一, 曰西山霽雪. 今見北京西城外有山一座, 卽是.

경성(京城) 몡 서울. 수도. ⇔셔울. 《朴新諺 1, 2ㅈ》京城街市上槽房雖多, 京城 져제에 술집이 비록 만흐나. 《朴新諺 1, 17ㅎ》京城裏刀子舖狠(很)多, 셔울 칼 푸즈ㅣ フ장 만흐니. 《朴新諺 2, 57ㅈ》你今年怎麼不到京城去, 네 올회 엇디 京城에 가지 아니 ᄒ엿ᄂ뇨.

경성(傾城) 몡 성 전체. 온 성. 《集覽, 朴集, 上, 14ㅎ》寒食. 東京錄云, 唐明皇詔

寒食上墓, 近代相承, 皆用此日拜掃丘墓, 都人傾城出郊, 四野如芳市〈四野如市〉, 樹之下〈芳對之下〉, 園囿之間, 羅列杯〈盃〉盤, 抵暮而歸.《集覽, 朴集, 下, 11ㅈ》好女不看燈. 今漢俗, 上元夜行過三橋, 則一年度厄, 謂之過橋. 傾城士女, 夜遊徹明, 頗有穢聲.

경수사(慶壽寺) 图 중국 순천부(順天府) 남서쪽에 있었다. 절 안에 비홍(飛虹)·비도(飛渡)의 두 다리가 있는데, 돌에 새긴 여섯 글자는 금(金)나라 장종(章宗)의 필체라고 한다. 정통(正統) 연간에 중건(重建)하고 대흥륭사(大興隆寺)라 사액(賜額)하였다.《集覽, 朴集, 下, 2ㅎ》慶壽寺. 一統志云, 在順天府西南, 內有飛虹·飛渡二橋, 石刻六大字, 極遵勁. 相傳金章宗所書. 又有金學士李晏碑文, 正統間重建, 賜額大興隆寺, 僧錄司在焉.《朴新諺 3, 12ㅎ》慶壽寺(朴新注, 48ㅎ: 在京都西南, 素稱名刹.)裡做盂蘭勝會, 慶壽寺에서 盂蘭勝會를 흔다 ᄒ니.

경승(經丞) 图 역참(驛站)에서 말의 관리를 맡아 하던 사람.《朴新諺 2, 17ㅈ》喚驛裏的經丞(朴新注, 28ㅈ: 驛站管馬者.)來, 驛에 經丞을 불러오라.

경식(頸飾) 图 목에 거는 장식.《朴新諺 2, 29ㅈ》身嚴瓔珞(朴新注, 33ㅈ: 頸餙也. 一云, 珠在頸曰瓔, 在身曰珞.)居普陁空翠之山, 몸에 瓔珞으로 장엄ᄒ여시니 普陁空翠의 山에 居ᄒ엿도다.

경심(更深) 혱 밤이 깊다. 야심(夜深)하다. ⇔경심ᄒ다(更深-).《朴新諺 3, 18ㅎ》直到人定更深纔能下馬, 바로 人定 更深홈애 다드라 게요 능히 ᄆ쎄 ᄂ리ᄂ니.

경심ᄒ다(更深-) 혱 경심(更深)하다. ⇔경심(更深).《朴新諺 3, 18ㅎ》直到人定更深纔能下馬, 바로 人定 更深홈애 다드라 게요 능히 ᄆ쎄 ᄂ리ᄂ니.

경아(驚訝) 통 놀라다. 의아해 하다.《集覽, 字解, 單字解, 2ㅈ》噯. 五音集韻, 烏

盖切, 氣也. 今呼驚訝之聲曰噯, 借用爲字也. 考韻書作欸是.

경안(輕安) 혱 몸이 가볍고 편안하다. 곧, 건강하다. ⇔경안ᄒ다(輕安-).《集覽, 朴集, 中, 5ㅎ》執楊柳於掌內拂病體於輕安. 佛圖澄, 天竺〈竺〉人也. 妙通玄術, 善誦呪, 能役使鬼神. 石勒聞其名, 召試其術, 澄取鉢盛水, 燒香呪之, 須臾, 鉢中生靑蓮花. 勒愛子暴病死, 澄又取楊枝沾水, 洒而呪之, 遂蘇. 自後凡謝僧醫病曰辱沾楊枝之水.《朴新諺 2, 29ㅎ》執楊柳於掌內拂病體於輕安(朴新注, 33ㅎ: 佛家云, 觀音取楊柳枝沾水, 灑而呪之, 能令死者, 還蘇(蘇).), 楊柳룰 손에 잡아 病體를 輕安ᄒ더 썰치고.

경안ᄒ다(輕安-) 혱 경안(輕安)하다. ⇔경안(輕安).《朴新諺 2, 29ㅎ》執楊柳於掌內拂病體於輕安(朴新注, 33ㅎ: 佛家云, 觀音取楊柳枝沾水, 灑而呪之, 能令死者, 還蘇(蘇).), 楊柳룰 손에 잡아 病體를 輕安ᄒ더 썰치고.

경위(經緯) 图 씨와 날. 씨실[緯]과 날실[經]. ⇔삐눌.《集覽, 朴集, 上, 9ㅈ》結椶帽. 椶, 木名, 高一二丈, 葉如車輪, 旁〈旁〉無枝, 皆萃於木杪. 其下有皮, 重疊裹之, 每皮一匝爲一節〈莭〉, 花黃白色, 結實作房, 如魚子狀, 其皮皆是絲而經緯如織, 傍有細縷, 交相連綴不散. 取其絲理之, 以結成大帽.《朴新諺 1, 16ㅎ》這大紅段眞是南紅顏色經緯勻淨, 이 다홍 비단이 진짓 이연다홍빗치오 삐눌이 고로고 조ᄒ니.

경은(傾銀) 图 은 조각을 은장(銀匠)에게 주어 녹여 만든 말굽은.《集覽, 朴集, 上, 8ㅈ》傾銀. 質問云, 將碎銀子與銀匠, 化了傾成整錠.

경자(鏡子) 图 거울. ⇔거울.《朴新諺 2, 5ㅈ》又都如在鏡子裏一般, 또 다 거울 속에 이심 ᄒ가지오.

경조부(京兆府) 图 당(唐)나라 개원(開元) 3년(715)에 경조군(京兆郡)을 고친 이

롬. 송·금대(宋金代)에도 그대로 따랐다.《集覽, 朴集, 下, 1ㅈ》西天取經去. 乃以西天去東土十萬八千里之程, 妖恠〈怪〉又多, 諸衆不敢輕諾. 唯南海落伽〈迦〉山觀世音菩薩, 騰雲駕霧往東土去, 遙見長安京兆府, 一道瑞氣衝天, 觀音化作老僧入城.

경중(敬重) 图 공경하여 소중히 여기다. ⇔경중ㅎ다(敬重-).《朴新諺 3, 21ㅎ》那國王敬重佛教, 뎌 國王이 佛敎를 敬重ㅎ더니.

경중(輕重) 圀 가벼움과 무거움. 또는 그러한 정도.《集覽, 朴集, 上, 13ㅈ》錢鈔. 錢者, 金帛之名. 古曰泉, 後鑄而曰錢. 古者天降災戾, 於是乎量資幣, 權輕重, 以救民困. 代各鑄錢, 輕重不一.

경중ㅎ다(敬重-) 图 경중(輕重)하다. ⇔경중(敬重).《朴新諺 3, 21ㅎ》那國王敬重佛教, 뎌 國王이 佛敎를 敬重ㅎ더니.

경지(敬之) 圀 갈(葛)씨 성을 가진 사람의 자(字).《朴新諺 3, 56ㅎ》在下姓葛字敬之, 在下ㅣ 姓은 葛이오 字는 敬之라.

경체(更替) 图 갈다. 바꾸다. 교체하다.《集覽, 朴集, 上, 1ㅎ》館夫. 應當舘〈館〉驛接待使客之役. 質問云, 府·州·縣百姓擇撥〈差〉無差〈身〉役者, 做館夫荅應使客, 待三年更替.

경치(景致) 圀 자연이나 지역의 풍경.《朴新諺 2, 4ㅎ》看見那裏的景致麽, 져긔 景致롤 보앗는다.《朴新諺 2, 4ㅎ》你說那裏的景致如何, 네 뎌긔 景致를 니르미 엇더ㅎ뇨.《朴新諺 2, 6ㅎ》眞箇是畫也畫不成的好景致, 진짓 이 그리려 ㅎ여도 그려 내지 못홀 됴흔 景致오.《朴新諺 2, 39ㅈ》且到那裏看看景致, 또 뎌긔 가 景致를 보아.

경탄(驚嘆) 图 몹시 놀라 탄식하다.《集覽, 字解, 單字解, 2ㅈ》咳. 五音集韻, 何來切, 小兒笑也. 口漑切, 咳嗽逆氣也. 今呼驚嘆之聲曰咳. 音해, 借用爲字也. 考韻書作唉是.

경하(慶賀) 图 경사스러운 일을 치하하다. ⇔경하ㅎ다(慶賀-).《集覽, 朴集, 上, 14ㅎ》拜節. 歲時樂事記云, 元日, 士庶自早互相慶賀, 車馬交馳, 衣服華煥, 雜遝街市, 三四日乃止〈三四日而乃止〉.《朴新諺 1, 28ㅎ》便都要去慶賀的, 굿 다 가 慶賀ㅎ고.《朴新諺 1, 55ㅎ》親戚們又來慶賀, 親戚들이 쏘 와 慶賀ㅎㄴ니라.《朴新諺 2, 24ㅈ》是小弟昨日在張少卿家慶賀筵席上, 올ㅎ니 小弟 어제 張少卿의 집 慶賀 筵席에서.

경하ㅎ다(慶賀-) 图 경하(慶賀)하다. ⇔경하(慶賀).《朴新諺 1, 28ㅎ》便都要去慶賀的, 굿 다 가 慶賀ㅎ고.《朴新諺 1, 55ㅎ》親戚們又來慶賀, 親戚들이 쏘 와 慶賀ㅎㄴ니라.

경히(輕-) 閉 경(輕)히. 가볍게. ⇔경(輕).《朴新諺 2, 18ㅈ》你們打的輕, 너희들이 티기를 輕히 ㅎ기로.

곁 圀 곁. 옆. 부근. ⇔방변(傍邊).《朴新諺 1, 35ㅎ》那傍邊看的衆人說, 뎌 겨틔셔 보든 衆人이 니르되.

계(係) 图 매이다. ⇔민이다.《朴新諺 3, 52ㅈ》係本府本縣附籍民人, 本府 本縣에 민여 附籍혼 民人이라.

계(契) 圀 글월. 문서(文書). 매매계약서. ⇔글월.《朴新諺 2, 19ㅎ》看這張賣契, 보니 이 쟝 푸는글월이.《朴新諺 2, 44ㅈ》大哥煩你代我寫一張租房契, 큰형아 네게 비느니 나를 ㄱ르차 혼 쟝 집 셰내는 글월을 쓰고려.《朴新諺 2, 44ㅈ》這租房契寫了, 이 집 셰내는 글월 뻐다.

계(髻) 图 상투. ⇔샹토.《朴新諺 3, 46ㅎ》頭挽雙丫髻, 머리에 가르 샹토 조지고.

계(繫) 图 ●달다(懸). ⇔둘다.《朴新諺 1, 30ㅈ》也繫孔雀翎, 또 孔雀翎을 드랏고. ●매다. 동여매다. 묶다. ⇔민다.《朴新諺 1, 29ㅎ》繫着鴉青緞子繡花護膝, 야청 비단에 繡노혼 슬갑을 민고.《朴新諺 3,

49ㅎ》繫船下網, 비 믹고 그믈 티며: 🔵
(띠를) 띠다. ⇔씌다.《朴新諺 1, 29ㅎ》
腰繫着漢府帶, 허리에 漢府帶룰 씌고.
《朴新諺 1, 30ㅎ》腰繫內造織金帶, 허리
에 內造織 金帶룰 씌고.《朴新諺 3, 44
ㅈ》繫着孝帶的不可勝數, 복씌 씌니 可
히 이긔여 혜지 못호러라.《朴新諺 3, 47
ㅈ》腰繫玉帶, 허리에 玉씌 씌고.

계(鷄) 圐 닭. ⇔둙.《朴新諺 1, 5ㅎ》栗子
炒鷄, 밤 너허 쵸흔 둙과.《朴新諺 1, 39
ㅎ》這是鷄鴠, 이논 이 둙의 알이로다.
《朴新諺 2, 16ㅈ》雞三隻, 둙 세 마리와.
《朴新諺 2, 18ㅈ》明日雞鳴我便就要起程
了, 너일 둙이 울면 내 곳 즉시 起程호려
ㅎᄂ니.《朴新諺 2, 18ㅈ》老爺雞鳴了請
起來罷, 老爺ㅣ아 둙이 우러시니 쳥컨대
니러나라.

계개(計開) 圐 계산하다. 솀하다. 또는 항
목마다 내역을 열기하다. ⇔혜다.《朴新
諺 2, 44ㅎ》計開正房幾間, 혜오니 正房
이 현 간.

계교(計較) 圐 계산하여 비교하다. 따지
다. 또는 논쟁하다. ⇔계교ㅎ다(計較-).
《朴新諺 2, 7ㅎ》咱們好弟兄何必計較這
些, 우리 무음 됴흔 弟兄이 엇지 반ᄃ시
이만 거슬 計較ㅎ리오.

계교ㅎ다(計較-) 圐 계교(計較)하다. ⇔
계교(計較).《朴新諺 2, 7ㅎ》咱們好弟兄
何必計較這些, 우리 무음 됴흔 弟兄이 엇
지 반ᄃ시 이만 거슬 計較ㅎ리오.

계단(鷄鴠) 圐 달걀. ⇔둙의알.《集覽, 朴
集, 上, 3ㅎ》金銀豆腐湯. 質問云, 豆腐用
油煎熟, 其色黃如金, 白如銀, 細切作湯食
之. 又云, 用雞〈鷄〉鴠清同鴠黃相制爲之.
《朴新諺 1, 39ㅎ》這是鷄鴠, 이논 이 둙의
알이로다.

계단청(鷄鴠淸) 圐 달걀의 흰자위. 계자
백(鷄子白).《集覽, 朴集, 上, 3ㅎ》金銀豆
腐湯. 質問云, 豆腐用油煎熟, 其色黃如金,
白如銀, 細切作湯食之. 又云, 用雞〈鷄〉鴠

清同鴠黃相制爲之

계대석(階臺石) 圐 섬돌. ⇔섬돌.《朴新
諺 3, 16ㅎ》以至塔臺石・磚・瓦都有, 뼈
섬돌과 벽과 지새과 니르히 다 이시니.

계동(季冬) 圐 음력 12월을 달리 이르는
말.《集覽, 朴集, 下, 9ㅎ》打春. 今按, 月
令曰, 季冬出土牛, 以示農之早晚.

계란(鷄卵) 圐 달걀.《集覽, 朴集, 下, 7ㅎ》
花房窩兒. 毬用木爲之, 或用瑪瑠〈瑠〉, 大
如雞〈鷄〉卵.

계방(戒方) 圐 전반[翦板]. (예전에 서당
훈장이 학생을 체벌할 때 사용하던 목
판) ⇔전반.《集覽, 朴集, 上, 12ㅎ》戒方.
音義云, 學罰에 티논 것. 質問云, 讀書小
兒送入學堂, 師傅敎寫字, 不用心寫好字,
師傅拿二尺長・寸半寬・半寸厚的木板
條打手掌, 使後日寫好字, 免打手掌, 謂之
戒方.《朴新諺 1, 48ㅎ》手心上就打三戒
方(朴新注, 19ㅈ: 小兒寫字, 不用心者, 以
板條打手掌以戒之.), 손바당을 곳 세 번
전반으로 치ᄂ니라.

계비(繫臂) 圐 팔뚝을 묶다.《集覽, 朴集,
上, 12ㅈ》紅定. 晉武帝多簡良家女以充內
職, 而自擇美者入選, 則以絳紗繫臂. 鎭軍
將軍胡奮女入選, 亦以絳紗繫臂, 故俗謂
定婚曰紅定.

계산(計算) 圐 수효를 헤아리다.《集覽,
朴集, 上, 5ㅎ》籌. 音義云, 出倉之計筭.
質問云, 以木爲之. 此收・放米計數之籌,
每米一石, 對籌一根.

계상(階上) 圐 섬돌이나 층계의 위.《集
覽, 朴集, 下, 7ㅎ》花房窩兒. 掘地如椀,
名窩兒. 或隔殿閣而作窩, 或於階上作窩,
或於平地作窩.

계수(計數) 圐 수효를 헤아리다.《集覽,
朴集, 上, 5ㅎ》籌. 音義云, 出倉之計筭.
質問云, 以木爲之. 此收・放米計數之籌,
每米一石, 對籌一根.《集覽, 朴集, 上, 5
ㅎ》米貼. 月俸之貼. 質問云, 收米・放米
計數之票〈標〉也.

계약(契約) 몡 쌍방 간의 약속이나 그 문서. 《集覽, 朴集, 中, 1ㅈ》撰兒〈子〉. 染家有簿冊一本, 有人求染絹帛者, 必於簿上記其物數及染色, 幷其染直以當契約者, 謂之撰兒.

계요 閉 겨우. ⇔재(纔). 《朴新諺 2, 48ㅎ》我每日纔聽明鍾一聲響, 내 날마다 계요 明鍾 흔 소리를 듣고. 《朴新諺 3, 9ㅈ》纔到得西天取了經廻來, 계요 西天에 니르러 經을 가지고 도라와. 度脫衆生纔能成佛, 衆生을 度脫ㅎ여 계요 능히 成佛ㅎ엿ᄂᆞ니. 《朴新諺 3, 18ㅈ》直到日平西纔得上馬囬家, 바로 히 西에 거짐애 다드라 계요 몰 트고 집의 도라오ᄂᆞ니라. 《朴新諺 3, 18ㅎ》直到人定更深纔能下馬, 바로 人定 更深홈애 다드라 계요 능히 몰쎄ᄂᆞ리ᄂᆞ니.

계우 閉 겨우. ⇔강(剛). 《集覽, 字解, 單字解, 1ㅎ》剛. 僅也. 剛坐 계우 앗다. 纔也. 剛纔 又.

계일(季日) 몡 지지(地支)가 진(辰)·미(未)·술(戌)·축(丑)인 날. 일 년 사계절의 끝 달의 지지(地支)인 음력 3월의 진(辰), 6월의 미(未), 9월의 술(戌), 12월의 축(丑)을 통틀어 이르는 말이다. 《集覽, 朴集, 下, 10ㅈ》手拿結線鞭. 鞭子用柳枝, 長二尺四寸, 按二十四氣, 上用結子. 立春在孟日用疏, 仲日用苓, 季日用絲, 用五彩色醮染. 《朴新諺 3, 46ㅎ》手執彩線鞭(朴新注, 61ㅈ: 用柳枝二尺四寸, 按二十四氣, 上用結子. 立春在孟日用疏, 仲日用苓, 季日用絲, 用五彩色醮染.), 손에 彩線鞭을 가지고.

계자(鷄子) 몡 달걀. 계란(鷄卵). 《集覽, 字解, 單字解, 1ㅎ》彈. 平聲, 鼓爪曰彈. 又糾也, 劾也. 去聲, 丸也. 俗呼雞子曰雞彈, 通作鴠. 《集覽, 朴集, 上, 3ㅎ》金銀豆腐湯. 質問云, 豆腐用油煎熟, 其色黃如金, 白如銀, 細切作湯食之. 又云, 用雞〈鷄〉鴠淸同鴠黃相制爲之. 今按, 鴠, 卽雞〈鷄〉子

也. 《集覽, 朴集, 上, 3ㅎ》鮮笋燈龍湯. 質問云, 鮮笋, 以笋雕爲玲瓏花撰, 空其內, 糝肉作羹食之. 又云, 以竹芽切成寸段, 鷄子煮熟, 去黃, 粧肉做湯.

계자청(鷄子淸) 몡 달걀의 흰자위. 계자백(鷄子白). 《集覽, 朴集, 上, 3ㅎ》雞脆芙蓉湯. 質問云, 將雞〈鷄〉腰子作芙蓉花, 做湯食之. 又云, 以鷄子淸做成芙蓉花, 每碗三朶.

계지(戒指) 몡 가락지. ⇔가락지. 《集覽, 朴集, 上, 7ㅎ》窟嵌戒指. 事物紀原云, 古者后妃羣妾御于君, 所當御者, 以銀環進之, 娠則以金環退之, 進者着右手, 退者着左手. 今有指環, 卽遺制也. 今按, 窟嵌者, 指環之背剜空爲穴, 用珠塡穴爲飾. 緫龜〈亀〉云, 亦名手記, 所飾玉石呼爲戒指面. 《朴新諺 1, 23ㅎ》一對猫兒眼廂嵌的金戒指, 흔 ᄬᅡᆼ 야광쥬 뎐메워 박은 金가락지.

계지면(戒指面) 몡 가락지에 옥석(玉石)을 장식한 면. 또는 그 옥석. 《集覽, 朴集, 上, 7ㅎ》窟嵌戒指. 事物紀原云, 古者后妃羣妾御于君, 所當御者, 以銀環進之, 娠則以金環退之, 進者着右手, 退者着左手. 今有指環, 卽遺制也. 今按, 窟嵌者, 指環之背剜空爲穴, 用珠塡穴爲飾. 緫龜〈亀〉云, 亦名手記, 所飾玉石呼爲戒指面. 舊本作指縵兒. 音義, 窟, 音왕, 窟是它字之誤. 窟音쿵, 它音황.

계집 몡 **1** 계집. 여자. ❶⇔낭낭(娘娘). 《朴新諺 1, 39ㅈ》恁皺娘娘裏頭睡, 뗑긘 계집이 안히셔 자는 거시여. ❷⇔노파(老婆). 《朴新諺 1, 35ㅈ》那養漢老婆的嘴, 뎌 養漢ㅎ는 계집의 부리. 《朴新諺 1, 36ㅈ》要養老婆取樂了, 계집 쳐 즐기려 ㅎ니. 《朴新諺 1, 36ㅎ》日後還敢偸老婆麼, 日後에 다시 敢히 계집을 도젹홀다. ❸⇔부인(婦人). 《朴新諺 1, 55ㅎ》要尋一箇好婦人做妳子哩, 흔 됴흔 계집을 어더 졋어미를 삼고져 ㅎᄂᆞ니. 《朴新諺 2, 26ㅎ》男兒無婦財無主, 스나희 지

어미 업스면 지물이 님재 업고. 婦人無
夫身無主, 계집이 지아비 업스면 몸이
님재 업다 ᄒ니.《朴新諺 2, 33ᄒ》又一
日一箇婦人, ᄯ 홀론 ᄒᆫ 계집이.《朴新諺
2, 35ᄌ》那婦人便走到衙門裏告了一狀,
뎌 계집이 곳 衙門에 가 ᄒᆫ 狀을 告ᄒ니.
《朴新諺 2, 59ᄌ》家裏有五六箇婦人做活
裁的縫的, 집의 다엿 계집이 이셔 셩녕
ᄒ여 ᄆᆞᄅ거니 짓거니 ᄒ면.《朴新諺 2,
59ᄒ》就着幾箇婦人們下手縫罷, 즉시 여
러 계집들로 ᄒ여 손부려 짓게 ᄒ고.
《朴新諺 3, 57ᄒ》如我婦人家, 우리 ᄀᆞᄐᆫ
계집도. 四⇔식부(媳婦).《朴新諺 1, 35
ᄌ》一箇和尙偸別人家的媳婦, ᄒᆫ 듕이 눔
의 계집을 도적ᄒ여.《朴新諺 1, 36ᄌ》
偏要偸別人的媳婦, 독별이 다른 사롬의
계집을 도적ᄒ니.《朴新諺 2, 34ᄒ》老李
聽了恨那媳婦, 老李 듯고 그 계집을 믜여
ᄒ여. ❷아내. 처(妻). 마누라. 집사람.
●⇔노파(老婆).《朴新諺 2, 35ᄒ》就娶
了他的大小老婆, 곳 뎌의 大小 계집을 娶
ᄒ고. ●⇔혼가(婚家).《朴新諺 2, 34
ᄌ》他有兩箇婚家(朴新注, 35ᄌ: 人之妻
室, 通稱婚家.), 뎌 두 계집이 잇더니.

계집아히 團 계집아이. 여자아이. 소녀.
⇔여해아(女孩兒).《朴新諺 1, 54ᄌ》養
的是小厮呢還是女孩兒呢, 나흔 거시 이
ᄉ나히가 이 계집아히가.

계취부용탕(鷄脆芙蓉湯) 團 달걀의 흰자
나 닭의 콩팥을 연꽃과 같이 만들어 넣고
끓인 탕.《集覽, 朴集, 上, 3ᄒ》雞脆芙蓉
湯. 質問云, 將雞〈鷄〉腰子作芙蓉花, 做湯
食之. 又云, 以雞子淸做成芙蓉花, 每碗三
朶. 今按, 上文五搽湯名之釋, 恐或失眞.

계탄(鷄彈) 團 달걀.《集覽, 字解, 單字解,
1ᄒ》彈. 平聲, 鼓爪曰彈. 又糾也, 劾也.
去聲, 丸也. 俗呼雞子曰雞彈, 通作鴠.

고(古) 團 예. 옛적. ●⇔네.《朴新諺 1,
53ᄒ》自古道, 네부터 닐러시되.《朴新
諺 2, 13ᄒ》自古道, 네부터 니ᄅ되.《朴

新諺 2, 20ᄌ》自古買人的中・保人只管
得一百日, 네로부터 사롬 사는 듸 즁인
・보인은 그저 일 빅 날을 ᄀ음아ᄂ니.
《朴新諺 2, 27ᄒ》自古道, 네로부터 닐러
시되.《朴新諺 2, 30ᄒ》自古道, 네로부
터 닐러시되. ●⇔녯.《朴新諺 1, 29ᄌ》
古語道, 녯 말에 닐러시되.《朴新諺 3,
7ᄌ》古人說, 녯 사롬이 니ᄅ되.

고(考) 團 묻다. ⇔묻다.《朴新諺 2, 48ᄒ》
却考不倒我哩, ᄯ 무러 나를 지우지 못
ᄒ리라.

고(估) 團 짐작(斟酌)하다. 추측하다. ⇔짐
작다.《朴新諺 1, 19ᄌ》你估量不差, 네
짐작ᄒ여 혜아리미 그르지 아니ᄒ다.

고(告) 團 고(告)하다. 고발하다. 신고하
다. ●⇔고ᄒ다.《集覽, 字解, 單字解, 7
ᄒ》發. 酒發 술 괴다. 發將來 자바 보내
다. 一發, 見下. 又吏語, 告發 고ᄒ야나
다. ●⇔고ᄒ다(告-).《朴新諺 3, 19ᄒ》
那厮便先衙門裡告了, 그 놈이 곳 몬져 衙
門에 告ᄒ여.《朴新諺 3, 20ᄌ》有妄告官
司者反坐抵罪, 망녕도이 官司에 告ᄒᄂᆫ
者ㅣ 이시면 反坐ᄒ여 罪에 다ᄃᆞᆺ게 ᄒ엿
ᄂ니라.《朴新諺 3, 38ᄒ》便到衙門裡去
告了, 곳 衙門에 가 告ᄒ니.《朴新諺 3,
40ᄌ》你何不在衙門裡告幾月暇, 네 엇지
衙門에 여러 둘 말믜를 告ᄒ고.《朴新諺
3, 50ᄒ》今告到老爺臺下, 이제 老爺 臺下
에 告ᄒᄂ이다.《朴新諺 3, 51ᄒ》爲此上
告, 이를 위ᄒ여 告홈을 올리ᄂ이다.
《朴新諺 3, 51ᄒ》這應就好告他, 이러면
곳 져를 告ᄒ기 됴타.《朴新諺 3, 52ᄌ》
今告到老爺臺下, 이제 老爺 臺下에 告ᄒ
ᄂ이다.《朴新諺 3, 53ᄌ》這狀告到衙門,
이 고장을 衙門에 告ᄒ면.

고(故) 團 연고(緣故). (일의 까닭) ⇔연고.
《朴新諺 2, 4ᄌ》你何故不去, 네 므슴 연
고로 가지 아니ᄒ다.

고(故) 團 이러므로. ⇔이러모로.《朴新諺
2, 30ᄌ》故得人天之喜鬼神之歡, 이러모

로 人天의 깃거홈과 鬼神의 즐김을 어더.

고(苦) 몡 괴로움. ⇔괴로옴.《朴新諺 2,
7ㅎ》有苦同受有樂同享, 괴로옴이 잇거
든 혼가지로 밧고 즐거옴이 잇거든 혼
가지로 누리면.《朴新諺 3, 57ㅎ》願公速
救百姓之苦, 願컨대 公은 샐리 百姓의 괴
로옴을 구하라.

고(苦) 혱 ●쓰다[苦]. ⇔쓰다.《朴新諺 1,
2ㅈ》討幾瓶蜜林檎‧甕頭春‧木瓜露‧
苦菉豆酒, 여러 甁 蜜林檎과 甕頭春과 木
瓜露와 쁜 菉豆酒를 어들만 ゝ지 못하니.
《朴新諺 3, 19ㅈ》苦盡甛來, 쁜 거시 盡하
면 둔 거시 온다 하니라. ●셟다. 괴롭
다. 고통스럽다. ⇔셟다.《朴新諺 3, 44
ㅎ》咳這老曹却也苦了, 애 이 老曹ㅣ 坐
셟도다.

고(庫) 몡 곳집. 창고. ⇔고방(庫房).《朴
新諺 3, 2ㅈ》庫房裡放的米都被他吃去了
好些, 庫에 둔 뿔를 다 제 먹으미 만코.

고(烤) 동 쬐다[曬]. ⇔쬐다.《朴新諺 3, 12
ㅎ》向火烤一會便不痒痒了, 불을 향하여
혼 지위 쬐면 곳 て럽지 아니하리라.

고(高) 혱 높다. ●⇔놉다.《朴新諺 2, 38
ㅎ》只是崖高路窄, 다만 이 언덕이 놉고
길히 좁으니. ●⇔놉하다.《朴新諺 1,
27ㅈ》高碁輸頭盤, 놉흔 바독은 첫 판을
진다 하고.《朴新諺 2, 42ㅎ》揀高的與官
人看, 놉흔 이룰 골하야 官人을 주어 보
게 하라.《朴新諺 3, 49ㅈ》有時高興, 잇
싸감 놉흔 興으로. ●⇔높다.《朴新諺
2, 11ㅈ》還有把一箇高桌兒放定, 당시롱
혼 노픈 탁子롤다가 노코.《朴新諺 2, 43
ㅈ》你再揀頂高的我看, 네 다시 웃씀 노
픈 거슬 골히여 나룰 뵈라. 小舖沒有再
高的了, 小舖에 다시 노픈 거시 업세라.
《朴新諺 2, 51ㅈ》一步高如一步, 혼 거름
에 혼 거름이 노프니.《朴新諺 3, 47ㅎ》
拿着三丈高的一面大旗, 세 길이나 노픈
一面 大旗를 가지고.

고(袴) 몡 바지. ⇔바지.《朴新諺 3, 34ㅈ》

那些勇士都穿着花袴皂靴, 뎌 여러 勇士
들이 다 아롱 바지에 거믄 靴를 신고.

고(雇) 몡 삯. ⇔삭.《朴新諺 3, 53ㅎ》還得
雇一箇小廝, 坐 혼 아히 놈을 삭 내여.
《朴新諺 3, 54ㅈ》我就雇人拿去找馬罷,
내 곳 사롬을 삭내여 가져가 물을 춧쟈.

고(辜) 몡 죄(罪). ⇔죄.《朴新諺 3, 52ㅎ》
小人無辜受辱情理難甘, 小人이 죄 업시
辱을 바드니 情理 難甘하여.

고(鼓) 몡 북. ⇔북.《朴新諺 1, 38ㅎ》大哥
山上搖鼓, 큰형은 山에서 북 티고.《朴新
諺 3, 43ㅎ》搖鼓敲磬, 북 티고 磬 티고.
《朴新諺 3, 58ㅈ》便搖鼓打鑼, 곳 북 치고
바라 치고.

고(催) 동 ●삯 내다. ⇔삭내다.《朴新諺
1, 13ㅎ》你若不肯去我再催別箇去, 네 만
일 즐겨 가지 아니면 내 다시 다른 이룰
삭 내여 가쟈.《朴新諺 1, 14ㅎ》只催大
馬車一輛, 그저 큰 물 메온 술위 하나흘
삭 내여. ●세(賃)내다. ⇔세내다.《朴
新諺 3, 39ㅎ》還是催的長行馬去的, 坐 이
세낸 長行馬로 갓ㄴ냐.

고(敲) 동 치다. 두드리다. ⇔티다.《朴新
諺 3, 43ㅎ》搖鼓敲磬, 북 티고 磬 티고.

고(稿) 몡 (외부로 보내는 공문의) 원고(原
稿). 초고(草稿). ⇔초.《朴新諺 2, 51ㅈ》
那幾日你又說首領官纔做稿呈堂, 져즘씌
네 坐 니르되 首領官이 ゝ 초를 민그라
당샹씌 드리니.《朴新諺 3, 18ㅈ》方纔書
辦們拿文書來畫稿, 앗가 ゝ 셔반들이 文
書를 가져와 稿에 일홈밧고.

고(靠) 동 의지(依支)하다. ⇔의지하다.
《朴新諺 3, 24ㅎ》靠師傅站着, 스승의게
의지하여 셰오고.

-고 어미 ●-고.《朴新諺 1, 11ㅎ》我們就
不要工錢, 우리 工錢을 밧지 아니코.《朴
新諺 1, 24ㅈ》洗過了就拴在陰凉處, 싯겨
즉시 서눌흔 더 미고.《朴新諺 1, 35ㅈ》
今日推明日明日推後日, 오늘은 너일 미
뤼고 너일은 모릐 미뤼니.《朴新諺 1, 41

ㅎ》你帶我拉到他那裏治去, 네 나룰 드리고 잇그러 져긔 고치라 가. 《朴新諺 2, 1ㅎ》又只是要打前失, 또 다만 앏거치고. 《朴新諺 2, 11ㅈ》脫下衣裳, 옷 벗고. 《朴新諺 2, 15ㅈ》我好拿銀子來取, 내 銀을 가지고 와 츠즈리라. 《朴新諺 2, 33ㅈ》開着一座當鋪, 一座 當鋪를 열고. 《朴新諺 3, 1ㅈ》拿蠅拂子來趕一趕, 프리채 가져다가 쏫고. 《朴新諺 3, 17ㅈ》盖了這房子, 이 집을 짓고. 《朴新諺 3, 35ㅎ》天子百靈咸助將軍八面威風, 天子눈 百靈이 다 돕고 將軍은 八面 威風이러라. 《朴新諺 3, 45ㅈ》不要多也不要少了, 만히도 말고 또 젹게도 말라. 《朴新諺 3, 58ㅎ》弓王只得改換衣裝, 弓王이 그저 衣裝을 고치고. ●-고셔. 《朴新諺 1, 14ㅎ》先換票領籌何如, 몬져 票룰 밧고고 사술을 트미 엇더ᄒᆞ뇨. 《朴新諺 1, 20ㅈ》逢時及莭(節)好會頑耍哩, 째롤 만나고 절을 밋처 ᄀᆞ장 놀 줄을 아더라. 《朴新諺 1, 27ㅎ》且就那一日拈香頭發重誓, 또 그 날 香을 쏫고 듕ᄒᆞᆫ 밍셰ᄒᆞ여. 《朴新諺 1, 34ㅈ》那般磕頭禮拜央及我, 뎌리 마리롤 조아 禮拜ᄒᆞ고 내게 비러. 《朴新諺 1, 48ㅈ》洗了臉就到學房裏, 눗 싯고 즉시 學房에 가. 《朴新諺 2, 34ㅎ》老李聽了恨那媳婦, 老李 듯고 그 계집을 믜여ᄒᆞ여. 《朴新諺 3, 10ㅈ》先掘土打兩擔水未好和泥, 몬져 흙을 픠고 두 짐 물을 기러와 잘 흙을 니기되.

-고 죄 -인고. (의문을 나타낸다) 《朴新諺 1, 15ㅈ》你那腮頰上長的甚麽瘡, 네 져 쌤에 난 거시 므슴 瘡고. 《朴新諺 1, 16ㅎ》這是幾丈一疋呢, 이 몃 발 흔 疋고. 《朴新諺 1, 21ㅎ》廂的金子多少分両, 뎐메온 金이 언머 分両고. 《朴新諺 1, 47ㅎ》每月多少學錢一箇呢, 每月에 ᄒᆞ나희게 언머 學錢고. 《朴新諺 1, 48ㅈ》你師傅是甚麽人, 네 스승이 이 엇던 사롬고. 《朴新諺 2, 9ㅈ》太爺甚麽銀子, 太爺ㅣ야

므슴 은고. 《朴新諺 2, 31ㅎ》你的帽子那裏買來的, 네 갓시 어딕셔 사 온 것고. 《朴新諺 2, 58ㅎ》今日幾, 오늘이 몃츨고. 《朴新諺 3, 14ㅈ》甚麽是佛法, 엇지 홀손 이 佛法고. 《朴新諺 3, 41ㅈ》他是那裡人氏呢, 뎌 이 어딕 人氏고. 《朴新諺 3, 42ㅎ》甚麽人情, 므슴 人情고. 《朴新諺 3, 51ㅎ》甚麽狀子呢, 므슴 고장고.

고가(告暇) 동 말미를 얻다. 휴가를 청하다. ⇔고가ᄒᆞ다(告暇-). 《朴新諺 1, 47ㅎ》我今日向先生告了暇來, 내 오늘 先生 끠 告暇ᄒᆞ고 왓노라.

고가ᄒᆞ다(告暇-) 동 고가(告暇)하다. ⇔고가(告暇). 《朴新諺 1, 47ㅎ》我今日向先生告了暇來, 내 오늘 先生끠 告暇ᄒᆞ고 왓노라.

고강(高强) 혱 낫다優. 뛰어나다. 탁월하다. ⇔낫다. 《朴新諺 2, 33ㅈ》比他師傅高强十倍哩, 제 스승에 비기면 十倍나 나으니라.

고거(固拒) 동 굳게 거부하다. 《集覽, 朴集, 下, 12ㅈ》太祖. 年二十, 始仕弓裔, 拜波珍餐. 其時, 洪儒等四人詣建第(第), 請擧義兵, 公固拒不從.

고고하하(高高下下) 혱 들쑥날쑥하다. ⇔고고하하ᄒᆞ다(高高下下-). 《朴新諺 2, 38ㅎ》有高高下下之坡, 高高下下흔 언덕도 이시며.

고고하하ᄒᆞ다(高高下下-) 혱 고고하하(高高下下)하다. ⇔고고하하(高高下下). 《朴新諺 2, 38ㅎ》有高高下下之坡, 高高下下흔 언덕도 이시며.

고공(雇工) 명 종업원. 고용된 노동자나 근로자. 《集覽, 朴集, 下, 5ㅎ》過賣. 食店內執役供具之人, 如雇工者也.

고금(鼓琴) 동 거문고를 뜯다. 《集覽, 朴集, 下, 11ㅈ》流水高山. 列子, 伯牙善鼓〈皷〉琴, 鍾子期善聽. 伯牙鼓〈皷〉琴, 志在高山. 子期曰, 善㦲, 巍巍乎, 志在高山. 《朴新諺 3, 49ㅈ》便彈一曲流水·高山

(朴新注, 62ㅈ: 鍾子期聽伯牙鼓琴, 曰, 志在流水·高山.), 곳 흔 곡됴 流水·高山을 트며.

고기 뗑 **1**물고기. ●⇔어(魚).《朴新諺 2, 49ㅈ》鰌正肥魚正美, 게 정히 술디고 고기 정히 아름다온 제.《朴新諺 3, 49ㅈ》秀才哥咱們打魚去罷, 秀才 형아 우리 고기 잡으라 가쟈. ●⇔어아(魚兒).《朴新諺 2, 6ㅈ》穿波逐浪的是魚兒, 穿波 逐浪ᄒᆞᄂᆞᆫ 거슨 이 고기오. **2**고기. ⇔육(肉).《朴新諺 1, 4ㅎ》燒鵝, 구은 거유. 燒鴨, 구은 올히. 燒牛肉, 구은 쇠고기. 燒羊肉, 구은 羊의 고기니.《朴新諺 1, 5ㅈ》魚翅炒肉, 물고기 진에 너허 쵸혼 고기와, 鰒魚頓肉, 전복 너허 술믄 고기와,《朴新諺 1, 5ㅈ》火腿添魚, 저린 고기에 물고기 석근 거시오.

고기(高起) 똉 공 따위가 높이 솟아오르다.《集覽, 朴集, 下, 7ㅎ》花房窩兒. 棒形如匙, 大如掌, 用水牛皮爲之, 以厚竹合而爲柄棒, 皮薄則毬高起, 厚則毬不高起.

고기(高碁) 뗑 수가 높은 바둑. 또는 바둑의 고수(高手). ⇔놉흔바독.《朴新諺 1, 27ㅈ》高碁輸頭盤, 놉흔 바독은 첫 판을 진다 ᄒᆞ고.

-고나 어미 -구나.《朴新諺 3, 27ㅎ》衆人喝采(保)說佛家法力大嬴了, 모든 사롬이 혀츠고 니르되 佛家ㅣ 法力이 크다 이긔엿고나.

고난(苦難) 뗑 괴로움과 어려움.《朴新諺 2, 29ㅎ》隨相現相救苦難於三途, 相을 조차 相을 뵈아 苦難을 三途에 救ᄒᆞᄂᆞᆺ다.

고도(胍肕) 뗑 ●배[肚]가 큰 모양.《集覽, 朴集, 上, 9ㅈ》骨朶. 南村輟耕錄云, 國朝有四怯薛中有云都赤, 三日一次輪流入直, 負骨朶於背〈於肩〉, 余究骨朶字義, 嘗記宋景文筆記云, 關中人以腹大爲胍肕, 音孤都, 俗謂杖頭大者亦曰胍肕, 後訛爲骨朶. ●쇠나 나무로 된 장대 끝에 마늘 또는 질려(蒺藜) 모양을 단 것으로, 당대

(唐代) 이후에는 형장(刑杖)으로, 송대(宋代) 이후에는 의장(儀仗)으로 사용하였다.《集覽, 朴集, 上, 9ㅈ》骨朶. 南村輟耕錄云, 國朝有四怯薛中有云都赤, 三日一次輪流入直, 負骨朶於背〈於肩〉, 余究骨朶字義, 嘗記宋景文筆記云, 關中人以腹大爲胍肕, 音孤都, 俗謂杖頭大者亦曰胍肕, 後訛爲骨朶.

-고도 어미 -고도.《朴新諺 1, 23ㅎ》我如今先當了這両種, 내 이제 몬져 이 두 가지롤 뎐당ᄒᆞ고도.

고라 뗑 나각(螺角). (소라의 껍데기로 만든 옛 군악기) ⇔나(螺).《朴新諺 3, 43ㅎ》吹螺打鈸, 고라 불고 바라 티고.

고라물 뗑 고라말. (등에 검은 털이 난 누런 말) ⇔토황마(土黃馬).《朴新諺 2, 1ㅎ》有一箇土黃馬毛片好, 혼 고라물이 이셔 털 빗치 됴흐되.

고락(苦樂) 뗑 괴로움과 즐거움.《集覽, 朴集, 中, 5ㅈ》以聲察聲. 聞其聲而察其苦樂之狀.《朴新諺 2, 29ㅈ》以聲察聲拯慈悲於六道(朴新注, 33ㅎ: 以聲察聲. 聞其聲而察其苦樂之狀. 六道, 人道·天道·阿脩羅道·餓鬼道·畜生道·地獄道也. 阿脩羅有大力神人, 嘗共天鬪〈鬪〉, 立大海中, 其高半天.), 소리로 뻐 소리를 술펴 慈悲를 六道에 건디고.

고량(估量) 똉 짐작(斟酌)하다. 추측하다. 예측하다. ⇔짐쟉ᄒᆞ다.《朴新諺 3, 45ㅈ》着水也要估量着, 물 두기도 짐쟉ᄒᆞ여.

고량(膏粱) 뗑 수수. ⇔슈슈.《朴新諺 3, 38ㅈ》他種的稻子, 제 시믄 벼와. 膏粱, 슈슈와. 黍子, 기장과. 大麥, 보리와. 小麥, 밀과. 蕎麥, 모밀과. 黃豆, 콩과. 小豆, 풋과. 菉豆, 菉豆와. 豌豆, 광쟝이. 黑豆, 거믄콩. 芝麻, 춤깨와. 蘓(蘇)子, 듧깨.

고려(高麗) 뗑 ●나라 이름. 918년에 왕건(王建)이 궁예(弓裔)를 내쫓고 개성에 도읍하여 세운 나라. 삼국(三國)을 통일

한 왕조로 불교와 유학을 숭상하였다. 문종(文宗) 때 문물이 가장 발달하였으나, 무신(武臣)의 난 이후 외부의 침입에 시달리다가 1392년에 이성계(李成桂)에 의하여 망하였다. 《集覽, 朴集, 上, 16ㅈ》石屋. 至永明, 其道傳于高麗國. 此卽普虛之傳也. 《集覽, 朴集, 中, 3ㅎ》南海普陁落伽山. 普陁落伽, 唐言小白花, 卽山礬花也. 山多小白花, 故仍名. 徃時高麗・新羅・日本諸國, 皆由此取道以候風汛. 《集覽, 朴集, 下, 12ㅎ》娘子柳氏〈柳氏〉. 貞州柳天弓女也. 高麗太祖初爲弓裔將軍, 領兵過貞州, 憇古柳下, 見川上有一女子甚美, 問誰. 女對曰, 天弓之女. 《朴新諺 3, 54ㅎ》有箇高麗來的秀才, 혼 高麗로셔 온 秀才 잇다 ᄒᆞ매. 《朴新諺 3, 55ㅎ》高麗來的秀才還在此住麽, 高麗로셔 온 秀才 당시롱 예 이셔 머므ᄂᆞ냐. 《朴新諺 3, 57ㅈ》高麗太祖姓王諱建表字若天, 高麗 太祖의 姓은 王이오 諱ᄂᆞᆫ 建이오 字ᄂᆞᆫ 若天이라. 《朴新諺 3, 58ㅎ》國號高麗, 國號를 高麗ㅣ라 ᄒᆞ고. 《朴新諺 3, 59ㅈ》惟有些高麗筆(筆)・墨・紙張, 오직 져기 高麗ㅅ 붓과 먹과 됴희ㅅ 쟝이 이셔. ● 나라 이름. 고구려(高句麗)의 별칭. 《集覽, 朴集, 上, 4ㅈ》開元. 遼誌云, 本肅愼氏地, 虞舜時高麗有其地, 周時爲荒服, 元設開元路, 元末屬納哈出, 今設三萬衛, 又設遼海衛.

-고려 어미 -구려. 《朴新諺 1, 45ㅎ》你替我做一副護膝與我, 네 나를 ᄀᆞ르차 혼 불슬갑을 ᄆᆡᆫ그라 주고려. 《朴新諺 1, 46ㅎ》你用心做與我, 네 用心ᄒᆞ여 ᄆᆡᆫ드라 나를 주고려. 《朴新諺 2, 16ㅎ》快與我做飯, 셜리 나를 밥 지어 주고려. 《朴新諺 2, 18ㅎ》你與我看一看錯也不錯, 네 나를 보와 주고려 그른가 그르지 아닌가. 《朴新諺 2, 24ㅈ》與我把脉息看一看, 나를 脉 보아 주고려. 《朴新諺 2, 44ㅈ》大哥煩你代我寫一張租房契, 큰형아 네게 비ᄂᆞ니

나를 ᄀᆞ르차 혼 쟝 집 세내ᄂᆞᆫ 글월을 ᄡᅥ 주고려. 《朴新諺 3, 1ㅈ》再拿把扇子來與我, ᄯᅩ 혼 ᄌᆞ르부쳐 가져다가 나를 주고려. 《朴新諺 3, 11ㅎ》你只與我揝一遍罷, 네 그저 나를 혼 번 지겨 주고려. 《朴新諺 3, 33ㅈ》一箇蝦蟆鼈壺・蝎虎盞, 혼 蝦蟆 鼈壺와 蝎虎盞을 ᄆᆡᆫ드라 주고려. 《朴新諺 3, 51ㅎ》陸序班你與我寫一張狀子, 陸序班아 네 나를 혼 댱 고장을 ᄡᅥ 주고려.

고로(栲栳) 명 멀구슬나무. (멀구슬나뭇과의 낙엽 활엽 교목. 나무는 가구재 따위로 쓰고, 뿌리껍질과 열매는 약용하며 정원수로 재배한다) 《集覽, 朴集, 中, 9ㅈ》閣落. 音ᄀᆞ·라, 指一隅深奥之處. 舊本未得本字, 而借用栲栳二字. 按韻〈韵〉書, 栲栳, 木名, 筲箕, 柳器.

고로(筲箕) 명 대오리나 고리버들 가지로 걸어 만든 그릇. 《集覽, 朴集, 中, 9ㅈ》閣落. 音ᄀᆞ·라, 指一隅深奥之處. 舊本未得本字, 而借用栲栳二字. 按韻〈韵〉書, 栲栳, 木名, 筲箕, 柳器.

고로다 형 고르다. ⇔균(匀). 《朴新諺 1, 16ㅎ》這大紅段眞是南紅顔色經緯匀淨, 이 다홍 비단이 진짓 이 연다홍빗치오 ᄡᅵ눌이 고로고 조흐니. 《朴新諺 1, 25ㅈ》把料豆和草拌匀了, 콩을다가 여믈과 석기를 고로게 ᄒᆞ여. 《朴新諺 2, 32ㅎ》款式要時樣氈子要匀細就是了, 款式은 時樣으로 ᄒᆞ고 담은 고로고 ᄀᆞ놀게 홈이 곳 올흐니라. 《朴新諺 3, 10ㅎ》把那廂刀拌匀着, 뎌 삼써울을다가 버무려 고로게 ᄒᆞ고.

고롬 명 고름. ⇔농수(膿水). 《朴新諺 3, 11ㅎ》滿指甲疙瘩和膿水怎麽好呢, 손톱에 ᄀᆞ득혼 더덩이와 고롬이 엇지 됴흐리오.

고루(鼓樓) 명 큰북을 단 누각. 《朴新諺 3, 12ㅈ》你到那鼓樓北邊王家藥舖裡, 네 뎌 鼓樓 北편 王家의 藥舖에 가. 《朴新諺

3, 47ㅎ》到了皷樓前面, 皷樓 앏히 다ᄃ
라.

고만(考滿) 图 벼슬아치의 임기가 만료되
다. 《集覽, 朴集, 中, 8ㅈ》解由. 吏學指南
云, 考滿職除曰解, 歷其殿最曰由.

고모도적 图 좀도둑. ⇔소모적(小毛賊).
《朴新諺 2, 41ㅈ》這厮們只是小毛賊, 이
놈들은 그저 이 고모도적이니.

고문(古文) 图 고문으로 쓰여진 전적(典
籍). 흔히 진대(秦代) 이전의 문헌을 이
른다. 《集覽, 字解, 單字解, 4ㅎ》甚. 숨.
俗語, 甚麼 므슴, 猶何也. 又有呼爲신음
者, 故古文・語錄有什麼之語, 音시모. 以
甚爲什, 殊無意義. 甚字用終聲, 連呼麼字,
則難於作音, 語不圓熟. 故甚字不用終聲
之音, 今俗亦呼爲ᄉ마.

고미(苦味) 图 쓴 맛. 《集覽, 朴集, 上, 1
ㅎ》苦酒. 質問云, 酒有苦味, 少甜味. 又
云, 麴多米少之酒, 其味最苦.

고발(告發) 图 고발(告發)하다. 신고하다.
⇔고ᄒ야나다. 《集覽, 字解, 單字解, 7
ㅎ》發. 酒發 술 괴다. 發將來 자바 보내
다. 一發, 見下. 又吏語, 告發 고ᄒ야나다.

고방(庫房) 图 곳집. 창고. ⇔고(庫). 《朴新
諺 2, 44ㅎ》庫房幾間, 庫房이 현 간. 《朴
新諺 3, 2ㅈ》庫房裡放的米都被他吃去了
好些, 庫에 둔 ᄡᆞᆯ을 다 제 먹으미 만코.

고부(辜負) 图 저버리다. ⇔져ᄇ리다.
《朴新諺 1, 6ㅈ》不可辜負了好風光, 됴흔
風光을 져ᄇ리지 마쟈.

고사(故事) 图 유래가 있는 옛날의 일.
《朴新諺 3, 21ㅎ》和伯眼大仙閗(鬪)聖這
一段故事, 伯眼大仙과 閗(鬪)聖ᄒ던 이
一段 故事를. 《朴新諺 3, 54ㅎ》只聽得些
東國故事, 다만 겨기 東國 故事를 드럿노
라. 《朴新諺 3, 58ㅎ》這便是當年高麗建
國之故事了, 이 곳 當年에 高麗ㅣ 建國ᄒᆫ
故事ㅣ니라.

고산(高山) 图 높은 산. 《集覽, 朴集, 下,
11ㅈ》流水高山. 列子, 伯牙善鼓〈皷〉琴,

鍾子期善聽. 伯牙鼓〈皷〉琴, 志在高山. 子
期曰, 善ᄒ, 巍巍乎, 志在高山. 《朴新諺 3,
49ㅈ》便彈一曲流水・高山(朴新注, 62
ㅈ: 鍾子期聽伯牙鼓琴, 曰, 志在流水・高
山.), 곳 혼 곡됴 流水・高山을 ᄐ며.

고상(高尙) 图 고결한 절조를 이르는 말.
《集覽, 朴集, 上, 9ㅎ》和尙. 萬里相和曰
和, 外道相尙曰尙. 又和者, 太和也, 尙者,
高尙也.

고성(古城) 图 예전에 쌓은 오래된 성. 《集
覽, 朴集, 下, 12ㅎ》娘子柳氏〈柳氏〉. 貞州,
今豊〈豊〉德昇天浦古城北二里是也.

고성(故城) 图 옛 성터. 《集覽, 朴集, 中,
3ㅎ》東安州. 在東安縣西北. 金以前皆爲
縣, 元陞爲州, 今避水患移今治, 在順天府
南一百里, 故城遂廢〈癈〉, 洪武初改爲縣.

고성군(高城郡) 图 강원도(江原道) 고성
군(高城郡) 지역에 있었다. 본래 고구려
(高句麗)의 달홀(達忽)이었는데, 신라
진흥왕(眞興王) 29년(568)에 달홀주(達
忽州), 경덕왕(景德王) 때에 고성(高城)
으로 고쳐 군(郡)이 되었다. 고려 때에
현(縣), 조선 세종(世宗) 때에 군(郡),
1919년 간성군(杆城郡)에 병합되어 고
성군이 되었다. 《集覽, 朴集, 上, 4ㅎ》金
剛山. 一名皆骨山, 卽白頭山南條也. 南至
淮陽縣之東, 高城郡之西爲金剛山, 凡一
萬二千峯.

고소(告訴) 图 고(告)하여 하소연하다. ⇔
고소ᄒ다(告訴-). 《集覽, 朴集, 下, 12ㅈ》
狀子. 猶本國所志. 吏學指南云, 狀, 貌也,
以貌寫情於紙墨也. 亦曰告狀, 謂述其情,
告訴於上也. 《朴新諺 3, 22ㅎ》到國王面
前正告訴未畢, 國王의 앏희 가 正히 告訴
ᄒ기를 뭇지 못ᄒ여셔. 《朴新諺 3, 38ㅎ》
被一箇挾讐的人告訴了他主人, 혼 挾讐혼
사ᄅᆞᆷ이 제 主人의게 告訴홈을 닙어.

고소ᄒ다(告訴-) 图 고소(告訴)하다. ⇔
고소(告訴). 《朴新諺 3, 22ㅎ》到國王面前
正告訴未畢, 國王의 앏희 가 正히 告訴ᄒ

기를 믓지 못ᄒ여셔.《朴新諺 3, 38ㅎ》被
一箇挾讐的人告訴了他主人, ᄒᆞᆫ 挾讐ᄒᆞᆫ 사
롬이 제 主人의게 告訴홈을 닙어.

고수(鼓手) 똉 북이나 장구 따위를 치는
사람.《朴新諺 3, 44ㅈ》和尙・鼓手, 和
尙과 鼓手ㅣ 잇고.

고승(高僧) 〈불〉 덕이 높은 중.《集覽,
朴集, 上, 16ㅎ》善知識. 善知〈智〉識者,
指高僧之稱. 知亦作智.《集覽, 朴集, 下,
1ㅈ》西天取經去. 此時唐太宗, 聚天下僧
尼, 設無遮大會, 因衆僧擧一高僧爲壇主
說法, 卽玄裝〈奘〉法師也.《朴新諺 2, 10
ㅈ》這的眞是善知識(朴新注, 26ㅎ: 指高
僧之稱. 佛書云, 菩薩・羅漢是善知識.)
了, 이 진짓 善知識이라.

고싀 똉 고수. (산형과의 한해살이풀) ⇨원
수(芫荽).《朴新諺 2, 39ㅎ》蘿葍, 댓무우.
蔓菁, 쉿무우. 萵苣, 부로. 葵菜, 아혹. 白
菜, 빗치. 赤根菜, 시근치. 芫荽, 고싀. 蔥,
파. 蒜, 마ᄂᆞᆯ. 薤菜, 부치. 荊芥, 형개. 薄
荷, 박하. 茼蒿, 믈뿍. 水蘿葍, 물한댓무
우. 胡蘿葍, 노른댓무우. 芋頭, 토란. 紫蘇
都好種的, 紫蘇를 다 시믐이 됴타.

고시관(考試官) 똉 시험을 주관하는 벼슬
아치.《集覽, 朴集, 上, 2ㅎ》院本. 質問云,
院本有日外, 或粧先生・探訪使・考試官
・老人・達達之類, 皆是外扮, 曰淨, 有男
淨・有女淨, 亦做醜態, 專一弄言取人歡
笑, 曰末, 粧扮不一, 初則開場白說, 或粧
家人・祇候, 或扮使臣之類, 曰丑, 狂言戲
弄, 或粧醉漢・太醫・吏員・媒婆之類.

고식지애(姑息之愛) 똉 원칙 없이 관용을
베푸는 사랑.《朴新諺 2, 46ㅎ》這也我平
日姑息之愛, 이 또 내 平日에 姑息之愛로.

고악(鼓樂) 통 북을 치고 음악을 연주하
다.《集覽, 朴集, 下, 9ㅈ》彩亭子. 漢俗皆
於白日送殯, 凡結飾車輿・幢幡・傘盖及
紙造人馬爲前導者, 連亘四五十步. 僧尼
・道士及鼓〈皷〉樂・鍾鈸塡咽大路, 遠近
大小親鄰〈隣〉男女, 前後導從者, 不知幾

人, 後施夾障從之.《集覽, 朴集, 下, 9ㅎ》
打春. 東京夢華錄云, 立春前五日, 造土牛
・耕夫・犁具, 前一日順天府進農牛入禁
中鞭春, 府縣官吏・士庶・耆社, 具鼓樂
出東郊迎春. 牛芒神至府前, 各安方位.
《集覽, 朴集, 下, 11ㅈ》好女不看燈. 道經
云, 正月十五日, 謂之上元, 天官下降人閒
〈間〉, 考定罪福. 是夜張燈, 士女鼓〈皷〉
樂遊街.《朴新諺 2, 6ㅈ》辦了筵席叫了鼓
樂, 잔치를 ᄎ출호고 鼓樂을 불러.

고안(瞖眼) 똉 눈에 난 치. ('치'는 말이나
노새 등의 눈 가운데가 부어올라 연골
과 같이 굳어지는 병)《集覽, 朴集, 上,
11ㅈ》瞖眼. 質問云, 馬害肚疼打滾, 割眼
內肉, 方言謂之瞖眼, 音姑.《朴新諺 1, 41
ㅈ》我有箇赤馬害骨眼(朴新注, 16ㅈ: 骨
眼, 馬害肚疼打滾, 割眼內肉, 方言謂之瞖
眼. 瞖, 音姑.), 내게 ᄒᆞᆫ 졀짜몰이 이셔
눈에 치 알하.

고약(膏藥) 똉 고(膏). 고약.《朴新諺 1, 15
ㅎ》不湏(須)貼膏藥, 모로미 膏藥을 부치
디 말라.

고오다 통 (코) 골다. ⇨타한(打鼾).《朴新
諺 2, 52ㅈ》倒在床上便打鼾睡, 床 우희
것구러져 곳 코 고오고 자거놀.

고요히 믿 고요히. ⇨정(靜).《朴新諺 3,
23ㅎ》第(第)一坐靜, 第(第)一은 안찌를
고요히 ᄒᆞ고.

고용(雇用) 통 (삯을 주고) 부리다. 고용
하다. ⇨브리다.《集覽, 字解, 單字解, 6
ㅈ》賃. 僦屋以語曰賃, 지블 둘마다 銀 현
량곰 삭 물오 드러 이셔 살 시라. 又雇用
驢馬・舟車之類曰賃, 라괴와 물둘홀 삭
주고 브릴 시라.

고은 혱 고운[麗]. ⇨미(美).《朴新諺 1, 44
ㅈ》那女孩兒又生的十分美貌, 뎌 새각시
쏘 삼긴 거시 ᄀᆞ장 고은 얼굴이니.

고인(古人) 똉 옛사람.《集覽, 字解, 單字
解, 4ㅎ》麼. 本音모. 俗用爲語助辭, 音마,
古人皆呼爲모, 故或通作莫. 怎麽 엇디,

來麼 오나라. 又用如乎字之意者則曰, 去麼 갈다, 有麼 잇ᄂ녀. 元語, 麼道 니르ᄂ다, 麼音ㅁ, 今不用.《朴新諺 1, 7ㅈ》古人道, 古人이 니르되.《朴新諺 1, 56ㅈ》古人道, 古人이 니르되.《朴新諺 2, 40ㅎ》古人道, 古人이 니르되.《朴新諺 2, 46ㅎ》古人道, 古人이 니르되.《朴新諺 3, 19ㅈ》古人道, 古人이 니르되.《朴新諺 3, 40ㅎ》古人道, 古人이 니르되.《朴新諺 3, 45ㅎ》古人道, 古人이 니르되.《朴新諺 3, 59ㅎ》古人道, 古人이 니르되.

고자(告子) 圀 방(榜).《集覽, 朴集, 下, 12ㅈ》二兩告子錢. 鈔之兩數也.

고자전(告子錢) 圀 방문(榜文)을 쓴 갑으로 주는 돈.《集覽, 朴集, 下, 12ㅈ》二兩告子錢. 鈔之兩數也.

고장 圀 고장(告狀). 소장(訴狀). ●⇨장(狀).《朴新諺 3, 53ㅈ》這狀告到衙門, 이 고장을 衙門에 告ᄒ면. ●⇨장자(狀子).《朴新諺 3, 51ㅎ》陸序班你與我寫一張狀子, 陸序班아 네 나를 ᄒ 댱 고장을 뻐 주고려. 甚麼狀子呢, 므슴 고장고.

고장(告狀) 图 고장(告狀)을 관청에 제출하다. ⇨고장ᄒ다(告狀-).《朴新諺 3, 5ㅈ》你那告狀的事情, 네 그 告狀ᄒ 일을.《朴新諺 3, 50ㅎ》告狀人某寸某人, 告狀ᄒᄂ 사름 아므 村에 아뫼.《朴新諺 3, 52ㅈ》告狀人李萬現年幾歲, 告狀ᄒᄂ 사름 李萬의 시방 나히 현이오.

고장(告狀) 圀 고장(告狀). 소장(訴狀).《集覽, 朴集, 下, 12ㅈ》狀子. 猶本國所志. 吏學指南云, 狀, 貌也, 以貌寫情於紙墨. 亦曰告狀, 謂述其情, 告訴於上也.

고장(孤裝) 圀 송대(宋代)의 잡극(雜劇)과 금대(金代) 원본(院本)에서 광대역을 맡은 배우.《集覽, 朴集, 上, 2ㅎ》院本. 院本則五人, 一曰副淨, 古謂之叅軍, 一曰副末, 古謂之蒼鶻, 鶻能擊禽鳥, 末可打副淨, 古(故)云, 一曰引戲, 一曰末泥, 一曰孤裝, 又謂之五花爨弄.

고장ᄒ다(告狀-) 图 고장(告狀)하다. ⇨고장(告狀).《朴新諺 3, 5ㅈ》你那告狀的事情, 네 그 告狀ᄒ 일을.《朴新諺 3, 50ㅎ》告狀人某寸某人, 告狀ᄒᄂ 사름 아므 村에 아뫼.《朴新諺 3, 52ㅈ》告狀人李萬現年幾歲, 告狀ᄒᄂ 사름 李萬의 시방 나히 현이오.

고저(高低) 圀 높낮이.《朴新諺 2, 55ㅎ》咱兩箇交手便見高低, 우리 둘히 交手ᄒ면 곳 高低를 보리라.

고정(考定) 图 고찰하여 정하다.《集覽, 朴集, 下, 11ㅈ》好女不看燈. 道經云, 正月十五日, 謂之上元, 天官下降人閒〈間〉, 考定罪福. 是夜張燈, 士女鼓〈皷〉樂遊街.

-고져 어미 -고자.《集覽, 字解, 單字解, 1ㅈ》還. 猶尙也, 再也. 還有多少 당시론 언메나 잇ᄂ뇨. 又다하. 還要多少 다하 언메나 받고져 ᄒ나뇨.《朴新諺 1, 8ㅎ》大約這月二十邉領了詔書箚付就要起身, 대개 이 둘 스므날긔 詔書와 箚付를 트면 즉시 써나고져 ᄒ노라.《朴新諺 1, 18ㅈ》象牙廂頂也要起線的, 象牙로 머리에 젼메오되 또 실 돗치고져 ᄒ노라.《朴新諺 1, 38ㅎ》三哥待要分開, 셋재 형은 ᄂ호고져 ᄒ고.《朴新諺 2, 1ㅈ》你要買甚麼馬, 네 므슴 몰을 사고져 ᄒᄂ다.《朴新諺 2, 14ㅈ》要染柳黃色的, 柳黃 빗츨 드리고져 ᄒ고. 這被面要染大紅的, 이 니블 거족은 다홍을 드리고져 ᄒ고.《朴新諺 3, 8ㅎ》要徃江南地方化些布施去, 江南 ᄯ흘 향ᄒ여 져기 보시를 빌라 가고져 ᄒ니.《朴新諺 3, 16ㅈ》我要盖三間書房, 내 세 간 書房을 짓고져 ᄒ니.《朴新諺 3, 26ㅈ》鹿皮待要出來, 鹿皮ㅣ 나오고져 ᄒ거늘.

고조(高祖) 圀 묘호(廟號). ●한(漢)나라 유방(劉邦)의 묘호.《集覽, 朴集, 上, 11ㅈ》馬有垂繮之報. 漢高祖與項王會鴻門, 舞劒事急, 謀脫. 匹〈疋〉馬南行, 道傍有一眢井, 馬到井邊不肯行. 漢王恐追者至, 下

馬入井.《朴新諺 1, 42ㅎ》狗有濺草之恩,
개는 濺草宮 恩이 잇고. 馬有垂繮(朴新
注, 16ㅎ: 漢高祖自鴻門, 脫歸匹馬南行,
道傍有一眢井, 馬到井邉不肯行. 高祖恐
追者至, 下馬入井. 項王追至井傍, 見馬跡,
謂高祖在井, 令人下井搜求. 見井口有蜘
蛛罩網, 鵓鴿一雙出井飛去, 謂無人仍還.
翌日, 其馬到井垂繮, 高祖執而出.)之報,
물은 垂繮宮 報ㅣ 잇다 ᄒᆞ니라. ●당
(唐)나라 이연(李淵)의 묘호.《集覽, 朴
集, 上, 8ㅎ》搭護. 事物紀原云, 隋内官多
服半臂, 餘皆長袖. 唐高祖減其袖, 謂之半
臂, 卽今背子也.

고조(高燥) 톙 높고 건조하다.《集覽, 朴
集, 中, 3ㅎ》稈草. 中國北方士〈上〉地高
燥, 宜粟不宜稻, 故治田好種栗.

고조(鼓爪) 图 (손끝으로) 떨어내다. 타
다. 튕기다. 치다.《集覽, 字解, 單字解,
1ㅎ》彈. 平聲, 鼓爪曰彈. 又糾也, 劾也.
去聲, 丸也. 俗呼雞子曰雞彈, 通作鳴.

고조(鼓噪) 图 출전(出戰)할 때 북을 치며
함성을 지르다.《集覽, 朴集, 下, 12ㅈ》
太祖. 夫人柳氏曰, 妾聞諸公之言, 尙有感
奮, 況大丈夫乎. 提甲領以披之, 諸將扶擁
而出, 令人呼曰, 王公已擧義旗, 國人來赴
者不可勝計. 先至宮門, 鼓〈皷〉噪以待者,
亦萬餘人.

고족상(高足床) 톙 잔치 때 음식을 차리는
데 쓰는 다리가 높은 상.《集覽, 朴集,
上, 3ㅈ》擡卓兒. 擡, 擧也. 進案撤案皆曰
擡, 謂人所擧也. 卓, 卽本國所謂高足床也.

고주(沽酒) 图 술을 팔다.《集覽, 朴集, 下,
3ㅈ》六鶴舞琴. 善惡報應錄云, 江夏郡辛
氏沽酒爲業, 有一先生入坐曰, 有好酒飮
吾否. 辛飮以巨杯. 明日復來, 如此半載.

고주(苦酒) 톙 지에밥에 누룩을 많이 넣어
빚은 술. 맛이 매우 쓰다고 한다.《集覽,
朴集, 上, 1ㅎ》苦酒. 質問云, 酒有苦味, 少
甜味. 又云, 麯多米少之酒, 其味最苦.

고죽국(孤竹國) 톙 은(殷)나라 탕왕(湯王)

때에 제후국으로 봉해진 나라. 발해만
(渤海灣) 북안(北岸)에 있었던 나라로
추정된다.《集覽, 朴集, 上, 4ㅈ》永平. 一
統誌云, 禹貢冀州之域. 虞分冀北爲營州,
此卽其地. 商〈商〉爲孤竹國, 元爲永平路.

고지식이 円 고지식이. ⇔노실(老實).
《朴新諺 3, 2ㅎ》你賣的價錢老實說, 네
풀 갑슬 고지식이 니르라.

고지식ᄒᆞ다 톙 고지식하다. 솔직하다. 정
직하다. ⇔노실(老實).《朴新諺 1, 10ㅎ》
你只說老實價錢, 네 그저 고지식ᄒᆞᆫ 갑슬
닐러야.《朴新諺 1, 32ㅎ》這是老實價錢,
이 고지식ᄒᆞᆫ 갑시라.《朴新諺 2, 8ㅎ》這
是要的老實價, 이 바들 고지식ᄒᆞᆫ 갑시
라.《朴新諺 3, 31ㅈ》這珊瑚老實價錢一
兩一顆, 이 珊瑚ㅣ 고지식ᄒᆞᆫ 갑시 ᄒᆞᆫ 냥
에 ᄒᆞᆫ 낫치라.

고치다 图 ❶고치다. 바꾸다. ●⇔개(改).
《朴新諺 3, 10ㅈ》你只與我改做煤火炕,
네 그저 나를 셕탄 픠오는 캉을 고쳐 민
드라 주되. ●⇔개환(改換).《朴新諺 3,
58ㅎ》弓王只得改換衣裝, 弓王이 그저 衣
裝을 고치고. ●⇔경(更).《朴新諺 1, 26
ㅎ》拈子爲之不許更改的, 물 자바 뎡ᄒᆞ
고 고치믈 허치 마쟈. ❷고치다. 치료하
다. ●⇔의(醫).《朴新諺 1, 41ㅈ》他慣醫
頭口, 뎨 즘ᄉᆡᆼ 고치기 닉이 ᄒᆞᄂᆞ니라.
《朴新諺 1, 41ㅎ》他要多少錢纔醫呢, 뎨
언머 공젼을 밧아야 맛치 고치리오.《朴
新諺 1, 42ㅈ》張大哥你替我醫這馬骨眼,
張가 큰형아 네 나를 ᄀᆞᄅᆞ차 이 물 눈에
치 고치고.《朴新諺 1, 42ㅈ》等我醫過了
慢慢的牽去, 내 고치믈 기드려 날호여
잇그러 가. ●⇔의치(醫治).《朴新諺 1,
15ㅈ》容易醫治的, 고치기 쉬오니. ●⇔
치(治).《朴新諺 1, 41ㅎ》你帶我拉到他
那裏治去, 네 나룰 드리고 잇그러 져긔
고치라 가.《朴新諺 1, 41ㅎ》只要他治得
馬好, 그저 뎨 물을 고쳐 됴홀 양이면.
《朴新諺 2, 27ㅈ》怕没有滅你的心火治你

的心病之時麼, 네 心火를 쓰고 네 心病을
고칠 째 업술가 저프랴.

고타(拷打) 图 신문(訊問)하다. 힐문(詰
問)하다. 고문(拷問)하다. ⇔져주다.
《朴新諺 2, 35ㅈ》嚴刑拷打問成死罪, 嚴
刑ᄒ여 져주어 무러 死罪를 일워.

고티다 图 고치다. 바꾸다. ⇔개(改). 《朴
新諺 2, 14ㅈ》要改染做桃紅顏色, 고텨 桃
紅빗츨 드리고져 ᄒ노라.

고향(故鄕) 图 자기가 태어나서 자란 곳.
《集覽, 朴集, 下, 3ㅈ》衣錦還鄕. 項羽屠
咸陽, 與沛公分王. 又懷東歸, 曰, 富貴不
歸故鄕, 如衣綉〈繡〉夜行. 遂東歸, 都彭
城. 故後人仕官〈窇〉榮貴還鄕里者曰衣錦
還鄕.

고현(高顯) 혱 우뚝하다. 높이 드러나다.
《集覽, 朴集, 中, 5ㅈ》起浮屠於泗水之間.
浮屠, 卽塔也. 唐言高顯也.

고ᄒ다 图 고(告)하다. 고발하다. 신고하
다. ⇔고(告). 《集覽, 字解, 單字解, 7ㅎ》
發. 酒發 술 괴다. 發將來 자바 보내다.
一發, 見下. 又吏語, 告發 고ᄒ야나다.

고ᄒ다(告-) 图 고(告)하다. 고발하다. 신
고하다. ⇔고(告). 《朴新諺 3, 19ㅎ》那厮
便先衙門裡告了, 그 놈이 곳 몬져 衙門에
告ᄒ여. 《朴新諺 3, 20ㅎ》有妄告官司者
反坐抵罪, 망녕도이 官司에 告ᄒᄂᆫ 者ㅣ
이시면 反坐ᄒ여 罪에 다ᄃᆺ게 ᄒ엿ᄂᆞ니
라. 《朴新諺 3, 38ㅎ》便到衙門裡去告了,
곳 衙門에 가 告ᄒ니. 《朴新諺 3, 40ㅈ》
你何不在衙門裡告幾月暇, 네 엇지 衙門
에 여러 둘 말믜를 告ᄒ고. 《朴新諺 3,
50ㅎ》今告到老爺臺下, 이제 老爺 臺下에
告ᄒᄂ이다. 《朴新諺 3, 51ㅎ》爲此上告,
이를 위ᄒ여 告홈을 올리ᄂ이다. 《朴新
諺 3, 52ㅈ》今告到老爺臺下, 이제 老爺
臺下에 告ᄒᄂ이다. 《朴新諺 3, 53ㅈ》這
狀告到衙門, 이 고장을 衙門에 告ᄒ면.

고ᄒ야나다 图 고발(告發)하다. 신고하다.
⇔고발(告發). 《集覽, 字解, 單字解, 7ㅎ》

發. 酒發 술 괴다. 發將來 자바 보내다.
一發, 見下. 又吏語, 告發 고ᄒ야나다.

곡(曲) 回 곡조(曲調). ⇔곡됴. 《朴新諺 3,
49ㅈ》便彈一曲流水・高山, 곳 혼 곡됴
流水・高山을 투며.

곡(斛) 图 휘[斛]. (대두(大斗) 10말) ⇔휘.
《朴新諺 1, 13ㅎ》斗斛都要量足, 말과 휘
롤 다 됴히 되게 ᄒ라.

곡경(曲徑) 图 좁고 구불구불한 길. 《朴新
諺 2, 5ㅎ》遊廊・曲徑且不必說, 遊廊과
曲徑은 아직 니ᄅ지 말고.

곡됴(曲) 回 곡조(曲調). ⇔곡(曲). 《朴新諺 3,
49ㅈ》便彈一曲流水・高山, 곳 혼 곡됴
流水・高山을 투며.

곡두(穀豆) 图 곡식과 콩. 곧, 곡식. 《集覽,
字解, 單字解, 1ㅎ》料. 凡人飼馬, 或用小
黑豆, 或用蜀黍雜飼之. 故凡稱飼馬穀豆
曰料. 又該用物色雜稱曰物料, 造屋材木
曰木料, 入畫彩色曰顏料. 又量也. 又理也.

곡미(穀米) 图 곡식. 《集覽, 朴集, 下, 6ㅈ》
餠餬. 質問云, 將菉豆粉糝和粘穀米, 着水
浸濕, 用石磨磨, 細杓兒盛在鍋內, 一撮一
撮煎熟而食.

곡식 图 곡식. 양식. ⇔양식(糧食). 《朴新
諺 3, 38ㅎ》諸般粮食, 여러 가지 곡식을.

곡초(穀草) 图 볏짚. 또는 조짚. 《集覽, 朴
集, 中, 3ㅎ》稈草. 收菓者截穗取實, 留
〈畱〉其稭以飼馬, 因名其稭曰稈草, 亦曰
穀草.

곤(困) 图 가두어 놓다. 포위(包圍)하다.
⇔곤ᄒ다(困-). 《朴新諺 3, 58ㅈ》聚集萬
千人把弓王圍困, 萬千 사름을 모하 弓王
을다가 에워 困케 ᄒ니.

곤(滾) 图 ❶구르다. 《集覽, 字解, 單字解,
2ㅈ》滾. 煮水使沸曰滾滾花水 글른 믈.
又輪轉曰滾滾了 구으다, 字作轆. 又通共
和雜曰累滾 혼 믈와비라. 又滾子 방올.
❷긇다. ⇔쓸다. 《朴新諺 3, 23ㅎ》第
(第)三滾油洗澡, 第(第)三은 쓸는 기롬에
목욕ᄒ고.

곤(裩) 뎽 잠방이.《集覽, 朴集, 下, 5ㅎ》花
裩. 以裩連上衣爲之者, 如倭奴上着縷文
之衣.

곤곤(滾滾) 톙 끓다. ⇔글다.《集覽, 字解,
單字解, 2ㅈ》滾. 煮水使沸曰滾滾花水 글
른 믈. 又輪轉曰滾滾了 구으다, 字作輠.
又通共和雜曰累滾 흔 믈와비라. 又滾子
방올.

곤곤료(滾滾了) 톙 구르다. 회전하다. 굴
리다. ⇔구으다.《集覽, 字解, 單字解, 2
ㅈ》滾. 煮水使沸曰滾滾花水 글른 믈. 又
輪轉曰滾滾了 구으다, 字作輠. 又通共和
雜曰累滾 흔 믈와비라. 又滾子 방올.

곤곤료(輠輠了) 톙 =곤곤료(滾滾了). '輠'
은 '輥'의 속자.《朴新諺 1, 13ㅎ》輠, 俗輥
字.《(唐, 慧琳) 一切經音義 100》輥, 韻詮
云, 手轉之令下也. 或從手作搵, 以手轉
也. ⇔구으다.《集覽, 字解, 單字解, 2ㅈ》
滾. 煮水使沸曰滾滾花水 글른 믈. 又輪轉
曰滾滾了 구으다, 字作輠. 又通共和雜曰
累滾 흔 믈와비라. 又滾子 방올.

곤곤화수(滾滾花水) 뎽 끓는 물.《集覽,
字解, 單字解, 2ㅈ》滾. 煮水使沸曰滾滾花
水 글른 믈. 又輪轉曰滾滾了 구으다, 字
作輠. 又通共和雜曰累滾 흔 믈와비라. 又
滾子 방올.

곤녕전(坤寧殿) 뎽 궁전 이름.《集覽, 朴
集, 下, 10ㅎ》二郞爺爺. 宣和遺事云, 宣和
七年十二月, 有神降坤寧殿修(傍)神保觀.

곤륜(崐崘) 뎽 =곤륜(崑崙). '崐崘'은 '崑崙'
과 같다.《集韻, 魂韻》崑, 崐崘, 山名. 或
書作崑.《說文新附, 山部》崘, 崑崘. 从山,
侖聲.《集覽, 朴集, 上, 15ㅈ》瑤池. 列仙
傳, 崐崘〈崑崘〉閬苑, 有〈白〉玉樓十二, 玄
室九層, 左瑤池, 右翠水, 環以弱水九重,
非飆〈颷〉車羽輪, 不可到也. 註, 瑤池, 王
母所居.

곤륜(崑崘) 뎽 전설상 서왕모(西王母)가
살며 불사(不死)의 물이 흐른다고 한다.
《集覽, 朴集, 上, 15ㅈ》瑤池. 列仙傳, 崐

崘〈崑崘〉閬苑, 有〈白〉玉樓十二, 玄室九
層, 左瑤池, 右翠水, 環以弱水九重, 非飆
〈颷〉車羽輪, 不可到也. 註, 瑤池, 王母所
居.《朴新諺 2, 6ㅎ》且不必誇天上瑤池
(朴新注, 25ㅈ: 在崑崘, 環以弱水九重, 非
飆車羽輪, 不可到. 王母所居.), 쏘 반ᄃᆞ시
天上 瑤池를 쟈랑치 말라.

곤명지(昆明池) 뎽 중국 섬서성(陝西省)
장안현(長安縣)의 남서쪽에 있었다. 한
무제(漢武帝)가 원수(元狩) 3년(B.C.
120)에 운남(運南)의 곤명지를 본떠서
만든 것으로, 이곳에서 수전(水戰)을 익
히게 하였다. 송대(宋代) 이후에 소멸되
었다. 뒤에는 황성(皇城) 부근의 호수를
이르는 말로 썼다.《集覽, 朴集, 中, 6ㅈ》
萬劫. 漢武帝鑿昆明池, 其底有灰, 帝問東
方朔, 對曰, 此劫〈规〉灰也.

곤비(滾沸) 톙 물 따위가 펄펄 끓다.《集
覽, 朴集, 上, 2ㅎ》燒鴿子彈. 質問云, 鴿
子彈糝於滾肉湯食之. 又云, 用肉湯在鍋,
再加椒料·菜·葱花, 燒火至滾沸, 方下
鴿子卵, 盛之於碗, 以獻賓客.《集覽, 朴
集, 上, 2ㅎ》栅牛肉. 音義, 栅, 音붕〈븡〉,
平聲. 質問云, 牛肉細切, 用椒塩栅食. 又
云, 以水和醬成湯, 放入鍋內, 燒至滾沸,
方下細切的牛肉, 再加椒·醋·葱花盛
供, 故曰栅.

곤자(滾子) 뎽 (물)방올. ⇔방올.《集覽,
字解, 單字解, 2ㅈ》滾. 煮水使沸曰滾滾花
水 글른 믈. 又輪轉曰滾滾了 구으다, 字
作輠. 又通共和雜曰累滾 흔 믈와비라. 又
滾子 방올.

곤탕(滾湯) 뎽 끓는 물.《集覽, 朴集, 下,
6ㅈ》水精角兒. 又居家必用云, 皮用白麪
於滾湯攪作稠糊, 於冷水浸, 以豆粉和搜
作劑, 打作皮, 包餡上籠, 緊火蒸熟, 洒兩
次水, 方可下竈, 臨供時再洒些水便供.
《集覽, 朴集, 下, 6ㅈ》水滑經帶麵. 冬月
溫水浸. 經帶麵〈麪〉, 用頭白麪〈麪〉二斤,
減(碱)二兩, 塩二兩, 硏細, 新汲水破開和

搜, 比起麵〈麨〉劑微軟, 漸以拗棒拗百餘
下, 停一時許, 再拗百餘下, 趕至極薄, 切
如經帶樣, 滾湯下, 候熟入凉水, 投汁任意.

곤ㅎ다(困-) 동 가두어 놓다. 포위(包圍)
하다. ⇔곤(困). 《朴新諺 3, 58ㅈ》聚集萬
千人把弓王圍困, 萬千 사름을 모하 弓王
을다가 에워 困케 ᄒ니.

곧 명 곳[處]. 장소. ⇔처(處). 《集覽, 字解,
單字解, 6ㅈ》多. 多少 언메나. 又許多 하
나한. 又餘也. 三十里多地 삼십 리 나믄
짜. 吏語, 多餘. 又過也. 有甚麼多處 므스
기 너믄 고디 이시리오. 又重也. 므스기
앗가온 고디 이시리오.

곧 명 곧. ●⇔변(便). 《集覽, 字解, 單字解,
4ㅎ》便. 去聲, 即也. 便行 즉재 가니라,
便去 즉재 가리라, 又즉재 가다. 又則也.
便有 곧 잇다, 便是 곧 올ᄒ니라. 又順也,
順便. 又安也, 便當. 又宜也. 行方便 됴ᄒ
양오로 ᄒ다, 不方便 다히 마지 쉽사디
아니타. 又猶則也. 你去便就有了 너옷
가면 이시리라. 又平聲, 穩便 온당ᄒ다.
吏語, 便益. ●⇔취변(就便). 《集覽, 字
解, 單字解, 5ㅎ》就. 即也. 就將來 즉재
가져오라, 就有了·就去了. 又遂也. 就
那裏睡了 게서 자다, 就便 곧. 又就行 드
듸여서 ᄒ다.

골 명 골[洞]. ⇔호동(衚衕). 《朴新諺 1, 21
ㅎ》是拗攔衚衕裏帶匠夏五廂的, 이 拗攔
골 씌쟝이 夏五 ㅣ 뎐메윗ᄂ느니라. 《朴新
諺 2, 44ㅈ》我往羊市前頭甎塔衚衕去, 내
羊 져지 앏 벽탑골에 가.

골(骨) 명 ●뼈. ⇔쎠. 《朴新諺 1, 18ㅈ》底
要駝骨廂的, 밋흔 약대 쎠로 젼메오고.
《朴新諺 3, 42ㅈ》畫虎畫皮難畫骨, 범을
그리매 가족은 그려도 쎠 그리기 어렵
고. 知人知面不知心, 사름을 알매 ᄂ츤
아라도 ᄆᆞᆷ 아지 못ᄒ다 ᄒ니라. ●치.
(말이나 노새 등의 눈 가운데가 부어올
라 연골과 같이 굳어지는 병) ⇔치. 《集
覽, 朴集, 上, 11ㅈ》骨眼. 質問云, 馬害肚

疼打滾, 割眼內肉, 方言謂之瞥眼, 音姑.
《朴新諺 1, 41ㅈ》我有箇赤馬害骨眼, 내
게 ᄒᆞᆫ 졀따물이 이셔 눈에 치 알하. 《朴
新諺 1, 42ㅈ》張大哥你替我醫這馬骨眼,
張가 큰형아 네 나를 ᄀᆞ르차 이 ᄆᆞᆯ 눈에
치 고치고.

골두(骨頭) 명 뼈. ⇔쎠. 《朴新諺 1, 37ㅎ》
放在脚踝尖骨頭上, 발 안쥐머리 섈쪽ᄒᆞᆫ
쎠 우희 노코.

골로추(骨魯槌) 명 밀방망이. 《集覽, 朴
集, 下, 7ㅈ》黃燒餅. 事林廣記云, 每麵
〈糆〉一斤, 入油一兩半, 炒塩一錢, 冷水和
搜得所, 骨魯槌研開, 鏊上燒〈煿〉熟, 得硬
塘火燒熟, 甚酥美. 酥, 걱걱ᄒ다〈석석ᄒ
다〉.

골안(骨眼) 명 눈에 난 치. ('치'는 말이나
노새 등의 눈 가운데가 부어올라 연골
과 같이 굳어지는 병) ⇔눈에치. 《集覽,
朴集, 上, 11ㅈ》骨眼. 質問云, 馬害肚疼
打滾, 割眼內肉, 方言謂之瞥眼, 音姑. 《朴
新諺 1, 41ㅈ》我有箇赤馬害骨眼(朴新注,
16ㅈ: 骨眼, 馬害肚疼打滾, 割眼內肉, 方
言謂之瞥眼. 瞥, 音姑.), 내게 ᄒᆞᆫ 졀따물
이 이셔 눈에 치 알하. 《朴新諺 1, 42ㅈ》
張大哥你替我醫這馬骨眼, 張가 큰형아
네 나를 ᄀᆞ르차 이 ᄆᆞᆯ 눈에 치 고치고.

골육(骨肉) 명 뼈와 살. 《朴新諺 3, 27ㅈ》
行者被油煎的骨肉都沒有了, 行者ㅣ 기
름에 디디여 骨肉이 다 업ᄂ이다.

골체(骨体) 명 =골체(骨體). '体'는 '體'의
속자. 《集覽, 朴集, 上, 14ㅎ》羊腔子. 韻
會云, 骨体曰腔. 音義云, 羊無首之名. 羊
有首, 則人䏮〈厭〉看. 今按, 漢俗屠羊出賣
者, 皆去其首.

골체(骨體) 명 제사나 잔치 때에 쓰던, 대
가리를 제거한 동물의 몸뚱이. 《集覽, 朴
集, 上, 14ㅎ》羊腔子. 韻會云, 骨体曰腔.
音義云, 羊無首之名. 羊有首, 則人䏮〈厭〉
看. 今按, 漢俗屠羊出賣者, 皆去其首.

골치 명 골치. 머릿골. ⇔뇌(腦). 《朴新諺

2, 23ㅎ》我今日頭疼腦旋, 내 오늘 마리
알프고 골치 어즐ᄒ고,《朴新諺 2, 23ㅎ》
小弟這幾日有些頭疼腦熱, 小弟 요ᄉ이
져기 마리 알프고 골치 더움이 잇더니.

골타[骨朶] 명 쇠나 나무로 된 장대 끝에
마늘[蒜] 또는 질려(蒺藜) 모양을 단 것
으로, 당대(唐代) 이후에는 형장(刑杖)
으로, 송대(宋代) 이후에는 의장(儀仗)
으로 사용하였다.《集覽, 朴集, 上, 9ㅈ》
骨朶. 南村輟耕錄云, 國朝有四怯薛中有
云都赤, 三日一次輪流入直, 負骨朶於背
〈於肩〉. 余究骨朶字義, 嘗記宋景文筆記
云, 關中人以腹大爲胍肭, 音孤都, 俗謂杖
頭大者亦曰胍肭, 後訛爲骨朶. 朶〈ヒ〉, 平
聲. 事文類聚云, 宋景文筆錄謂俗以檛爲
骨朶, 古無稽. 據國朝旣〈統〉名, 衛士執檛
扈從者爲骨朶子班. 予按字書, 簻・檛皆
音竹瓜〈瓜〉切, 通作過, 又音徒果切, 簻
〈簻字〉之變〈変〉爲骨朶, 雖不雅馴, 其來
久矣. 今俗音 구도, 皆上聲.

골타자반[骨朶子班] 명 송대(宋代)에 임
금의 곁에서 골타(骨朶)를 쥐고 호위하
던 병졸.《集覽, 朴集, 上, 9ㅈ》骨朶. 事
文類聚云, 宋景文筆錄謂俗以檛爲骨朶,
古無稽. 據國朝旣〈統〉名, 衛士執檛扈從
者爲骨朶子班.

곱다 형 곱다. 귀엽다. 사랑스럽다. ⇔가
애(可愛).《朴新諺 2, 1ㅎ》一箇赤色馬雖
生的十分可愛, 혼 졀짜ᄆ이 비록 삼긴
거시 ᄀ장 고오나.

곳 명 곳[處]. 장소. ●⇔거쳐(去處).《朴新
諺 1, 42ㅈ》揀箇清淨去處陰凉樹底下絟
住, 清淨혼 곳 서ᄂᆯ혼 나모 아리ᄅᆞᆯ 골희
여 ᄆᆡ고. ●⇔소재(所在).《朴新諺 1, 14
ㅈ》然後到關籌的所在領過籌來, 그린 후
에 사술 트ᄂᆞᆫ 곳에 가 사술을 트 와야.
●⇔쳐(處).《朴新諺 1, 28ㅈ》到處破敗
別人誇張自己(己), 간 곳마다 다른 사ᄅᆞᆷ
을 허러ᄇᆞ리고 自己ᄅᆞᆯ 쟈랑ᄒ고,《朴新
諺 1, 36ㅈ》無處出脫, 지쳐ᄒᆞᆯ 곳이 업서.

《朴新諺 1, 59ㅈ》空處寫信行二字, 븬 곳
에 信行 二字ᄅᆞᆯ 쓰라.《朴新諺 2, 49ㅈ》
但是你還不知那鄕村裏的好處哩, 다만 네
도로혀 뎌 鄕村에 됴혼 곳을 아지 못ᄒ
ᄂᆞᆫ 또다.《朴新諺 3, 4ㅎ》竟不曉得葉兒有
這用處, ᄆᆞᄎᆞ내 닙히 이 쓸 곳 잇ᄂᆞᆫ 줄을
아지 못ᄒ엿더니.《朴新諺 3, 10ㅎ》這一
邉無處絟線, 이 혼 편은 실 밀 곳이 업스
니.《朴新諺 3, 17ㅎ》咳這一缺也沒甚麽
好處, 애 이 혼 자리 또 아모란 됴혼 곳이
업고.《朴新諺 3, 49ㅎ》或撑到這荷花香
處, 或 이 荷花 香내 나는 곳에 저어 가.
《朴新諺 3, 52ㅈ》小人前徃某處, 小人이
아모 곳에 가더니.

곳 팀 곧[卽]. 바로. 즉시. ●⇔변(便).《朴
新諺 1, 2ㅈ》便有羶氣難吃, 곳 노린내 이
셔 먹기 어려오니라.《朴新諺 1, 12ㅈ》
我便依着你的價錢做罷, 내 곳 네 갑대로
홈이 무던ᄒ다.《朴新諺 1, 25ㅎ》瘦的馬
就便肥了, 여왼 ᄆᆞᆯ도 이믜셔 곳 술지리
라.《朴新諺 1, 34ㅈ》我便發狠叫喚要銀
子, 내 곳 셩내여 부르지져 은을 달라
ᄒ되.《朴新諺 2, 3ㅈ》我便不回去取了,
내 곳 도라가 가져오지 아니ᄒ리라.《朴
新諺 2, 20ㅈ》我便要隨駕起身去, 내 곳
隨駕ᄒ여 起身ᄒ여 가려 ᄒ니.《朴新諺
2, 41ㅈ》便把鈎子鈎出來拿去, 곳 갈고리
로 그러내여 가져가ᄂᆞ니라.《朴新諺 2,
59ㅎ》主得飲食便好裁衣, 飲食을 主ᄒ니
곳 옷 ᄆᆞ른기 됴타.《朴新諺 3, 3ㅈ》你不
買便罷, 네 사지 아니려 커든 곳 말라.
《朴新諺 3, 12ㅈ》放着一箇三脚鐵蝦蟆的
便是了, 혼 세 발 가진 쇠 두텁이 노혼
거시 곳 이라.《朴新諺 3, 26ㅎ》便脫了
衣裳, 곳 옷슬 벗고.《朴新諺 3, 41ㅎ》他
便肯畵了, 뎨 곳 즐겨 그리리라. ●⇔당
유(當有).《朴新諺 3, 52ㅎ》當有(朴新注,
63ㅎ: 猶言卽有也.)某縣某村人王大爲證,
곳 某縣 某村 사ᄅᆞᆷ 王大ㅣ 이셔 證ᄒ엿
ᄂᆞ니이다. ●⇔즉(卽).《朴新諺 2, 30

ㅈ》卽救拔衆生之難, 곳 衆生의 難을 救
호니. 《朴新諺 3, 23ㅎ》卽拜贏的為師傳,
곳 이긔는 이를 拜호여 스승을 삼쟈. 四
⇔즉(則). 《朴新諺 3, 16ㅈ》則男之心願
已足, 곳 아히 心願이 足홀 거시니. 《朴
新諺 3, 51ㅎ》則感激無地矣, 곳 感激 無
地호리이다. 五⇔즉변(卽便). 《朴新諺
2, 28ㅈ》卽便收拾車輛先載一車去, 곳 車
輛을 收拾호여 몬져 혼 술위를 시르라
가고. 六⇔취(就). 《朴新諺 1, 3ㅈ》就着
姓崔的外郎去討, 곳 崔가 外郎으로 가 엇
게 호라. 《朴新諺 1, 10ㅈ》就好興工了,
곳 역ᄉ 시작홈이 됴타. 《朴新諺 1, 23
ㅈ》當多了後來銀子不湊手就難贖了, 뎐
당을 만히 호엿다가 후에 은이 손에 모
히지 못호면 곳 무르기 어려오니라. 《朴
新諺 2, 2ㅈ》一會兒就出來上馬, 혼 지위
만 호면 곳 나와 물을 트리라. 《朴新諺
2, 7ㅎ》你旣要換就換, 네 이믜 밧고려 호
거든 곳 밧고라. 《朴新諺 2, 24ㅎ》來到
家裏就害熱, 집의 와 곳 더워. 《朴新諺
2, 33ㅎ》他就誆到家裏去, 제 곳 소겨 집
의 가. 《朴新諺 3, 1ㅎ》若再閙(鬧)我我就
打了, 만일 다시 내게 들레면 내 곳 치리
라. 《朴新諺 3, 7ㅈ》你的身子安樂就是福
了, 네 몸이 安樂호면 곳 이 福이니라.
《朴新諺 3, 23ㅎ》咱如今兩箇就在王前閗
(鬪)法, 우리 이제 둘히 곳 王의 앏히 이
셔 閗(鬪)法호여. 《朴新諺 3, 55ㅈ》就取
一百錢去賃來輻上, 곳 혼 빅 돈을 가져가
삭 내여 와 안장 디으라.
곳 回 곳[處]. 장소. ⇔소(所). 《朴新諺 1,
23ㅎ》我要典一所房子, 내 혼 곳 집을 셰
내려 호니. 《朴新諺 2, 44ㅎ》今租到本坊
沈名下住房一所, 이제 本坊 沈가의 名下
에 사든 집 혼 곳을 셰내되.
곳곳이 田 곳곳마다. ⇔처처(處處). 《朴新
諺 3, 6ㅈ》衙門處處向南開, 衙門이 곳곳
이 南을 向호여 여러시나. 有理無錢休入
來, 理 이셔도 돈이 업거든 드러오지 말

라 호ᄂ니라.
공(工) 图 ●공부(功夫). 공력(功力). 노
력. ⇔공부. 《朴新諺 1, 19ㅈ》你必湏(須)
加工打造, 네 모롬이 공부 드려 민들라.
●역사(役事). (토목이나 건축 따위의
공사) ⇔역ᄉ. 《朴新諺 1, 10ㅈ》就好興
工了, 곳 역ᄉ 시작홈이 됴타.
공(公) 图 사람을 높여 부르거나 이르는
말. 《朴新諺 3, 57ㅎ》願公速救百姓之苦,
願컨대 公은 샐리 百姓의 괴로옴을 구호
라.
공(孔) 图 비다虛. ⇔븨다. 《朴新諺 1, 59
ㅈ》空處寫信行二字, 븬 곳에 信行 二字
롤 쓰라.
공(孔) 图 구멍. ⇔굼ㄱ. 《朴新諺 1, 43ㅎ》
把鉸刀鉸了鼻孔毫毛, 鉸刀롤 가져다가
코굼게 털을 쏩고. 《朴新諺 2, 41ㅎ》揷
在門拴孔裏, 門빗장 굼게 쏘즈라.
공(功) 图 공로. 공적. 《朴新諺 2, 40ㅈ》無
功食祿寢食不安, 功이 업시 祿을 먹으면
寢食이 편안치 아니타 호니라. 《朴新諺
3, 9ㅈ》願滿功成, 願이 ᄎ고 功이 일면.
공(共) 田 모두. 통틀어. 도합. 전부. ⇔대
되. 《朴新諺 1, 5ㅈ》共十二盤碗, 대되 열
두 盤椀이라. 《朴新諺 1, 1ㅎ》共湊錢四
十五六吊, 대되 돈 四十五六 댜오를 모들
쎠시니. 《朴新諺 1, 24ㅈ》共湊二百両之
數, 대되 二百両 數를 모도아야. 《朴新諺
1, 33ㅈ》共該一両八錢, 대되 히오니 혼
냥 여듧 돈이라. 《朴新諺 1, 47ㅎ》你學
堂中共有幾箇學生, 네 學堂에 대되 몃 學
生이 잇ᄂ뇨. 除了學長共有四十五箇學
生, 學長을 덜고 대되 마흔 다숫 學生이
잇ᄂ니라. 《朴新諺 2, 14ㅎ》這些東西你
共要多少染錢呢, 이 여러 거세 네 대되
언머 물갑슬 바드려 호는다. 《朴新諺 2,
14ㅎ》共該染錢五兩四錢半銀子, 대되 히
오니 물갑시 닷 냥 너 돈 반 銀이로다.
《朴新諺 3, 48ㅈ》北京城共有九座門, 北
京城에 대되 九座 門이 이시니.

공(供) 통 설치하다. 진열하다. ⇔공ᄒ다 (供-). 《朴新諺 3, 43ㅎ》上面供着一尊佛像, 우희 一尊 佛像을 供ᄒ고.

공(空) 통 비다虛. 또는 틈을 내다. 짬을 내다. ⇔뷔다. 《朴新諺 2, 46ㅈ》每日偸空便上去拿雀兒, 每日에 뷘 째를 타 곳 올라가 새를 잡노라.

공(空) 명 빈 때. 틈. 짬. ⇔뷘째. 《朴新諺 2, 46ㅈ》每日偸空便上去拿雀兒, 每日에 뷘 째를 타 곳 올라가 새를 잡노라.

공(空) 톈 속절없이. 부질없이. 공연히. 헛되이. ⇔속절업시. 《朴新諺 1, 52ㅈ》房錢又空費了, 房錢을 ᄯᅩ 속절업시 허비홀 거시니.

공(恐) 통 **1** 저어. 두려워. ●⇔저퍼. 《朴新諺 1, 59ㅈ》恐後無憑立此存照, 후에 의빙홈이 업슬가 저퍼 이롤 셰워 存照케 ᄒ노라. ●⇔저허. 《朴新諺 2, 19ㅎ》恐後無憑, 後에 의빙홈이 업슬가 저허. 《朴新諺 2, 45ㅈ》恐後無憑立此爲照, 後에 의빙홈이 업슬가 저허 이를 셰워 보람을 삼노라. **2** 두려워하다. ⇔저ᄒ다. 《朴新諺 1, 17ㅈ》恐不肯賣與我哩, 저컨대 즐겨 네게 ᄑᆞ지 아니ᄒ리라.

공(控) 통 거우르다. 기울이다. 곧, 붓다. 쏟다. ⇔거후로다. 《朴新諺 2, 36ㅎ》你把那酒壺汕乾淨着控一控, 네 뎌 술병을 다가 부싀기를 乾淨히 ᄒ여 거후로고.

공가(工價) 명 공전(工錢). 수공(手工). ⇔공전. 《朴新諺 1, 10ㅎ》說定了工價然後好煩你做活, 공젼을 뎡ᄒᆞᆫ 후에 널로 ᄒ여 셩녕홈이 됴타.

공경(公卿) 명 삼공(三公)과 구경(九卿). 《集覽, 朴集, 上, 7ㅈ》三台. 事文類聚云, 上階爲天子, 中階爲諸侯・公卿・大夫, 下階爲士・庶人. 三階平則陰陽和, 風雨時, 天下大安.

공경(恭敬) 통 공경(恭敬)하다. 《集覽, 朴集, 下, 1ㅎ》魔障. 昔釋迦出世時, 魔王名波旬, 若人來供養恭敬〈若如來供養恭敬〉,

魔王依於佛法, 得善利, 不念報恩, 而反欲加毀. 故名波旬, 此言惡中惡.

공경ᄒ다 통 공경(恭敬)하다. ⇔경(敬). 《朴新諺 2, 37ㅎ》他敬我五分我便敬他十分, 데 날을 五分을 공경ᄒ면 내 곳 뎌롤 十分을 공경ᄒ고. 他敬我一分我只敬他五分, 데 나를 一分을 공경ᄒ면 내 그저 뎌를 五分을 공경ᄒ려니와.

공공(共工) 명 천신(天神)의 이름. 전욱(顓頊)과 제왕(帝王)을 다투다가 부주산(不周山)에 머리를 받았다는 고사가 있다. 《集覽, 朴集, 上, 6ㅈ》社神. 左傳, 共工氏有子, 曰勾龍氏, 平水土, 故立以爲社.

공과(功課) 명 공부(工夫). 학습. ⇔공부. 《朴新諺 1, 48ㅈ》你每日做甚麽功課, 네 毎日에 므슴 공부ᄒ는다.

공교ᄒ다 혱 공교(工巧)하다. 공교(工巧)롭다. ⇔주교(湊巧). 《朴新諺 1, 12ㅈ》這麽甚湊巧, 이러면 심히 공교ᄒ다.

공구(供具) 통 남을 대접하기 위하여 그릇이나 음식물 따위를 갖추다. 《集覽, 朴集, 下, 5ㅎ》過賣. 食店內執役供具之人, 如雇工者也.

공극(空隙) 명 겨를. 틈. 기회. 짬. 《集覽, 字解, 累字解, 2ㅈ》空便. 空隙順便之時, 조각. 皆去聲.

공급(供給) 통 요구나 필요에 따라 물품 따위를 제공하다. 《集覽, 朴集, 上, 13ㅈ》盤纏. 길헤 여러 가지로 ᄡᅳᄂᆞᆫ 것. 質問云, 盤費纏繳供給之物, 如供給服食應用金銀・財帛之類. 《朴新諺 2, 16ㅈ》一應供給伺候人役却都預備麽, 一應 供給과 伺候 人役을 다 預備ᄒ엿ᄂᆞ냐.

공민왕(恭愍王) 명 고려(高麗) 제31대 왕. 이름은 전(顓). 몽고 이름은 백안첩목아(伯顔帖木兒). 원(元)나라가 점령하였던 동계(東界: 咸鏡道)와 북계(北界: 平安道)를 회복하였으며, 원나라 연호를 폐지하고 관제(官制)를 개혁하였다. 재위 23년(1351~1374). 《集覽, 朴集, 上, 15

ㅎ》步虛. 戊子東還, 掛錫于三角山重興寺. 尋徃龍門山, 結小庵, 額曰小雪. 戊午冬, 示寂放舍利玄陵, 賜諡圓證國師, 樹塔于重興寺之東, 以藏舍利. 玄陵, 卽恭愍王陵也.

공보(供報) 图 하급 관청이 상급 관청에 문서로 보고하다. 《集覽, 朴集, 下, 12ㅈ》執結. 音義云, 亦猶云所志. 今按, 凡供狀內皆云執結是實, 謂今所供報之詞, 皆實非虛, 如虛甘罪云云之意, 非徒謂所志詞語也.

공부 图 ●공부(功夫). 공력(功力). 노력. ⇔공(工). 《朴新諺 1, 19ㅈ》你必湏(須)加工打造, 네 모롬이 공부 드려 민들라. ●공부(工夫). 학습. ⇔공과(功課). 《朴新諺 1, 48ㅈ》你每日做甚麼功課, 네 每日에 므슴 공부ᄒᆞᆫ다.

공부(工夫) 图 ●공부(功夫). 공력(功力). 노력. 《朴新諺 1, 11ㅎ》齊心用力多使些工夫, 齊心 用力ᄒᆞ여 만히 工夫 드려. ●겨를. 틈. 여가. ⇔결을. 《朴新諺 2, 48ㅎ》不得工夫去不得, 工夫를 엇디 못ᄒᆞ여 가지 못ᄒᆞ노라. 《朴新諺 3, 54ㅎ》因此不得工夫, 이런 젼ᄎᆞ로 결을 엇지 못ᄒᆞ여.

공사(公事) 图 공적인 일. 공무(公務). ⇔공ᄉᆞ. 《集覽, 字解, 單字解, 3ㅎ》勾. 平聲, 曲也. 勾龍, 社神, 勾芒, 春神, 勾吳, 地名. 今按, 俗語勾了 유여ᄒᆞ다, 又에우다. 又能勾 어루, 又유여히. 又吏語, 勾取 자피다, 又勾攝公事 공ᄉᆞ로 블리다, 又勾喚 블리다. 又去聲, 勾當, 幹管也, 又事也, 勾當亦去聲.

공성(功成) 图 공을 이루다. 성공(成功)하다. 《朴新諺 3, 9ㅎ》願滿功成, 願이 ᄎᆞ고 功이 일면. 《朴新諺 3, 14ㅈ》不信佛法不尊三寶(朴新注, 49ㅎ: 佛・法・僧曰三寶. 功成妙智, 道登圓覺, 佛也, 玄理幽微, 正教精誠, 法也, 禁戒守眞, 威儀出俗, 僧也. 故曰寶.), 佛法을 信치 아니ᄒᆞ고 三寶

를 尊치 아니ᄒᆞ니.

공수(拱手) 图 왼손을 오른손 위에 놓고 두 손을 마주 잡아 공경의 뜻을 나타내는 예(禮). 《集覽, 朴集, 上, 12ㅎ》唱喏. 揖也. 詞曲曰, 一箇唱, 百箇喏, 謂一人呼唱於上, 衆人應諾於下. 如將帥在營幕下, 軍卒投謁於前者列立於〈軍卒投謁於前者列於〉庭, 將帥發一令語, 則衆下齊聲以應. 凡里巷子弟拜謁父兄亦然. 因謂揖曰唱喏, 未詳是否. 但家禮集註說云, 揖者, 拱手着胷也. 恐非所謂唱喏也. 今中朝俗以鞠躬拱手爲唱喏. 《朴新諺 1, 48ㅈ》見了師傅便向上唱喏(朴新注, 18ㅎ: 揖也. 又中朝俗以鞠躬拱手為唱喏.), 스승 보고 곳 향ᄒᆞ여 읍ᄒᆞ고.

공ᄉᆞ 图 공사(公事). 공적인 일. 공무(公務). ⇔공사(公事). 《集覽, 字解, 單字解, 3ㅎ》勾. 平聲, 曲也. 勾龍, 社神, 勾芒, 春神, 勾吳, 地名. 今按, 俗語勾了 유여ᄒᆞ다, 又에우다. 又能勾 어루, 又유여히. 又吏語, 勾取 자피다, 又勾攝公事 공ᄉᆞ로 블리다, 又勾喚 블리다. 又去聲, 勾當, 幹管也, 又事也, 勾當亦去聲.

공양(供養) 图 〈불〉 불(佛)・법(法)・승(僧)의 삼보(三寶)나 죽은 이의 영혼에게 음식이나 꽃 따위를 바치다. 《集覽, 朴集, 中, 5ㅈ》起浮屠於泗水之間. 中宗問諸近臣, 近臣奏, 僧伽大師化緣在臨淮, 恐欲歸. 中宗心許, 其臭頓息, 奇香馥烈. 五月送至臨淮, 起塔供養, 卽今泗上僧伽塔是也. 中宗問萬迴和尚曰, 僧伽是何人. 迴曰, 觀音化身. 《集覽, 朴集, 下, 1ㅎ》魔障. 昔釋迦出世時, 魔王名波旬, 若人來供養恭敬〈若如來供養恭敬〉, 魔王依於佛法, 得善利, 不念報恩, 而反欲加毀. 故名波旬, 此言惡中惡. 《集覽, 朴集, 下, 2ㅈ》盂蘭盆齋. 大藏經云, 大目犍連者, 以母生餓鬼中不得食, 佛令作盂蘭盆, 至七月十五日, 其百味五果, 置盆中, 供養十方大德, 而後母乃得食. 飜譯名義云, 梵言盂蘭, 唐

言救倒懸也.《朴新諺 3, 12ㅎ》慶壽寺裡
做盂蘭勝會(朴新注, 48ㅎ: 大蔵經, 目連
尊者, 以母在餓鬼中不得食, 七月十五日,
其百味五果, 置盆中, 供養十方大德, 而後
母乃得食, 謂之盂蘭盆會.), 慶壽寺에셔
盂蘭勝會를 혼다 ᄒ니.

공영달(孔穎達) 圐 당(唐)나라 형수(衡水)
사람. 자는 중달(仲達). 시호는 헌(憲).
공자(孔子)의 32세손. 당초(唐初) 진왕
부(秦王府) 십팔학사(十八學士)의 한 사
람. 수말(隋末)에 명경(明經)에 천거되
었고, 당에서 국자사업(國子司業)·좨
주(祭酒)를 지냈다. 위징(魏徵)과 함께
수사(隋史)를 편찬하였고, 태종(太宗)의
명으로 오경정의(五經正義)를 찬(撰)하
였다.《集覽, 朴集, 中, 8ㅈ》十八學士. 唐
太宗秦王時, 開館延文學之士, 杜如晦·
房玄齡〈齡〉·虞世南·褚遂良·姚思廉
·李玄道·蔡允恭·薛元敬·顔相時·
蘇勗·于志寧·蘇世長·薛攸·李守素
·陸德明·孔穎達·蓋文達·許敬宗爲
文學館學士, 分爲三番, 更日直宿.

공옥(空屋) 圐 빈집.《集覽, 朴集, 中, 7ㅎ》
鋪面周圍. 漢人造屋於大街之間者, 向街
周遭必設空屋, 聽令坐賈賃居爲市, 按月
受直.

공용(供用) 图 준비하여 두었다가 쓰다.
《集覽, 朴集, 下, 5ㅎ》餡. 或肉或菜及諸料
物拌匀〈匂〉爲胎, 納於餅中者曰餡. 酸餡
·素餡·葷餡·生餡·熟餡, 供用合宜.

공응(供應) 图 공급하다. 제공하다.《集
覽, 朴集, 中, 1ㅎ》廚子. 光祿寺有廚子,
卽供應大小筵宴及館〈舘〉待使客執爨之
役者也.《朴新諺 1, 4ㅈ》喚廚子(朴新注,
2ㅈ: 供應筵宴執爨之役者.)來我與他商
(商)量, 廚子를 블러 오라 내 저와 의논
ᄒ쟈.

공자(孔子) 圐 이름은 구(丘)(B.C. 551
년~B.C. 479년). 자(字)는 중니(仲尼).
춘추시대(春秋時代) 말기에 노(魯)나라

추읍(鄒邑)에서 출생. 사상가·정치가
·교육가로서 유가(儒家)의 창시자. 일
찍이 시(詩)·서(書)를 정리하였고, 사
서(史書)인 춘추(春秋)를 수정하였다.
공자의 언행과 제자들과의 문답을 기록
해 놓은 논어(論語)가 있다.《集覽, 朴集,
下, 11ㅈ》流水高山. 孔子曰, 仁者樂山,
智者樂水. 子期嘆伯牙仁智兼儵.

공작(孔雀) 圐 공작. 공작새.《朴新諺 1,
29ㅈ》上面絵着孔雀翎, 우희 孔雀翎 ᄃ
랏고.《朴新諺 1, 30ㅈ》也繫孔雀翎, 쏘
孔雀翎을 ᄃ랏고.

공작령(孔雀翎) 圐 공작(孔雀)의 깃.《朴
新諺 1, 29ㅈ》上面絵着孔雀翎, 우희 孔雀
翎 ᄃ랏고.《朴新諺 1, 30ㅈ》也繫孔雀翎,
쏘 孔雀翎을 ᄃ랏고.

공장(供狀) 圐 공술서(供述書). 진술서.
《集覽, 朴集, 下, 12ㅈ》執結. 音義云, 亦
猶云所志. 今按, 凡供狀內皆云執結是實,
謂今所供報之詞, 皆實非虛, 如虛甘罪云
云之意, 非徒謂所志詞語也.

공전(工錢) 圐 수공(手工). 공전(工錢).
《朴新諺 1, 11ㅎ》我們就不要工錢, 우리
工錢을 밧지 아니코.《朴新諺 1, 22ㅈ》
他做這帶要多少工錢, 뎨 이 씌롤 믿들매
언머 工錢을 달라 ᄒ더뇨.《朴新諺 1, 22
ㅈ》工價也不筭多, 工錢도 만타 못홀 거
시니.《朴新諺 1, 46ㅎ》不筭功錢, 功錢을
혜디 아녀도.《朴新諺 3, 42ㅈ》也不要工
錢, 쏘 工錢을 밧지 아니호되.《朴新諺
3, 11ㅈ》不可惜了我的工錢麼, 내 工錢이
앗갑지 아니ᄒ랴.《朴新諺 3, 42ㅈ》難道
連工錢也是不要的, 工錢조차 쏘 밧지 아
닛는다 니ᄅ기 어렵다.

공제(恭帝) 圐 오대 주(五代周)의 제3대
임금인 시종훈(柴宗訓)의 묘호(廟號).
《集覽, 朴集, 下, 3ㅎ》趙太祖飛龍記. 陳
橋之變, 黃袍已加于身, 受周恭帝之禪, 卽
皇帝位.

공전 圐 공전(工錢). 수공(手工). ●⇔가

(價).《朴新諺 1, 10ㅎ》我好還價, 우리 공전 주기 묘호리라. ●⇔공가(工價).《朴新諺 1, 10ㅎ》說之了工價然後好煩你做活, 공전을 뎡호 후에 널로 ᄒᆞ여 셩녕홈이 묘타. ●⇔전(錢).《朴新諺 1, 41ㅎ》他要多少錢纔彀呢, 뎨 언머 공전을 밧아야 맛치 고치리오. 不拘多少錢, 아모만 공전을 걸리끼지 말고.

공주(公主) 명 정실 왕비가 낳은 임금의 딸.《集覽, 朴集, 上, 11ㅎ》娘子. 今俗稱〈称〉公主·宮女, 下至庶人妻, 皆曰娘子.

공중(空中) 명 ●하늘과 땅 사이의 빈 곳.《集覽, 朴集, 中, 5ㅈ》隨相現相. 飜譯名義云, 佛昔爲帝釋時, 遭飢歲, 疾疫流行, 醫療無功, 道殣相屬. 帝釋悲愍, 思所救濟, 乃變其形爲大蟒身, 殭屍川〈殭屍出于〉谷, 空中遍告, 聞者感慶, 相率〈亭〈牽〉〉奔赴, 隨割隨生, 療飢療疾. ●속을 파낸 박달나무로 만든 팽이의 한 가지. 줄을 매어 당기면 윙윙 소리를 내면서 돈다. 일설에는, 조롱박에 구멍을 뚫고 줄을 매어 공중에 휘둘러 소리를 내는 장난감이라고도 한다. ⇔박핑이.《集覽, 朴集, 上, 6ㅈ》空中. 音義云, 用檀木旋圓, 內用刀剜空, 以繩〈繩〉曳之, 在地轉動有聲. 質問云, 頑童將胡蘆用木釘串之, 傍作一眼, 以繩〈繩〉繫扎, 旋轉有聲, 亦謂之空中.《朴新諺 1, 20ㅈ》也有放空中(朴新注, 8ㅈ: 用檀木旋圓, 用刀剜空, 以繩曳之, 在地轉動有聲. 一云, 將胡蘆用木釘穿之, 傍作一眼, 以繩繫扎, 旋轉有聲, 亦謂之空中.)的, 박핑이 치리도 이시며.

공지(空地) 명 공터. 빈터.《朴新諺 2, 45ㅈ》空地幾畝, 空地 幾畝를.

공청(空廳) 명 빈 대청. 또는 헛간.《朴新諺 2, 45ㅈ》周圍舖面(朴新注, 39ㅈ: 漢俗, 造屋者, 向街周遭必設空廳, 令坐賈爲市, 謂之舖面.)幾十間, 周圍 舖面이 幾十間이오.

공취(空翠) 명 수목이 울창한 산중의 기운.《朴新諺 2, 29ㅈ》身嚴瓔珞居普陁空翠之山, 몸에 瓔珞으로 장엄ᄒᆞ여시니 普陁 空翠의 山에 居ᄒᆞ엿도다.

공파(公婆) 명 시부모(媤父母).《集覽, 朴集, 上, 12ㅈ》拜門. 質問云, 女嫁九日, 公婆使兒子·女兒徃丈人家, 拜丈人·丈母或兄嫂們, 方言謂之拜門.

공판(供辦) 명 나라의 큰 행사나 의식이 있을 때 해당 관청에서 그 준비를 하던 일.《集覽, 朴集, 上, 1ㅈ》光祿寺. 在東長安門內, 其屬有大官·珍〈珎〉羞·良醞·掌醞四署, 掌供辦內府諸品膳羞酒醴及管待使客之事.

공편(空便) 명 겨를. 틈. 기회. 짬. ⇔조각.《集覽, 字解, 累字解, 2ㅈ》空便. 空隙順便之時, 조각. 皆去聲.

공한(空閑) 톙 비다慮. ⇔뷔다.《集覽, 字解, 單字解, 7ㅎ》閑. 雜也. 閑雜人. 又替也. 과직ᄒᆞ다, 罷閑了·替閑了. 又遊息曰閑. 흥뚱여 돈닐시니, 遊閑了. 又練熟也. 弓馬熟閑. 又空也. 空閑田地 뷔엿는ᄯᅡ. 又等閑 부질업시, 又힘히미, 又간대롭다.

공히 뮈 공(空)히. 공으로. ●⇔건(乾).《集覽, 字解, 單字解, 2ㅈ》乾. 音干. 徒然之辭. 공히. 又쇽졀업시. ●⇔도연(徒然).《集覽, 字解, 單字解, 2ㅈ》乾. 音干. 徒然之辭. 공히. 又쇽졀업시. ●⇔백(白).《朴新諺 1, 11ㅎ》替你白効勞重新打築何如, 너를 ᄀᆞ르차 공히 슈고 드려 다시 ᄡᅡ미 엇더ᄒᆞ뇨.

공ᄒᆞ다(供-) 통 설치하다. 진열하다. ⇔공(供).《朴新諺 3, 43ㅎ》上面供着一尊佛像, 우희 一尊 佛像을 供ᄒᆞ고.

과(果) 명 과실(果實). 과일. ⇔과실.《朴新諺 1, 6ㅈ》叫小厮們先擺上果碟子, 아희들을 불러 몬져 과실 뎝시를 버리고.

과(科) 명 과거(科擧). (관리를 뽑을 때 실시하던 시험) ⇔과거.《朴新諺 1, 49ㅈ》如今國家開科取士, 이제 國家ㅣ 과거를

여러 션비룰 取ᄒᆞ여.

과(科) 圀 포기. 그루. ⇔퍽이. 《朴新諺 1,
39ㅈ》當路一科麻, 길에 當혼 혼 퍽이 삼
이.

과(誇) 图 자랑하다. ⇔쟈랑ᄒᆞ다. 《朴新諺
2, 6ㅎ》且不必誇天上瑤池, ᄯᅩ 반ᄃᆞ시 天
上 瑤池를 쟈랑치 말라.

과(誇) 圀 자랑. ⇔쟈랑. 《朴新諺 3, 31ㅎ》
你不要自誇, 네 스스로 쟈랑 말라.

과(過) 图 ●견디다. ⇔견디다. 《朴新諺
2, 52ㅈ》我正恨他不過, 내 졍히 뎌룰 믜
워 견디지 못ᄒᆞ더니. ●넘다〔越〕. 넘치
다. ⇔넘다. 《朴新諺 1, 9ㅎ》直淽過蘆溝
橋上獅子頭了, 바로 蘆溝橋 우희 獅子 머
리룰 즘가 넘어. ●지나다. 지나가다.
⇔지나다. 《朴新諺 1, 16ㅈ》多不過両三
日, 만하도 両三 日에 지나지 못ᄒᆞ여.
《朴新諺 1, 51ㅈ》也不過使二十八九箇錢,
스믈 여둛 아홉 낫 돈을 ᄡᅮ매 지나지 아
니ᄒᆞ리라. 《朴新諺 1, 58ㅎ》如過期不還,
만일 혼이 지나 갑지 아니ᄒᆞ거든. 《朴新
諺 2, 53ㅎ》過了一生日便會學那步兒, 혼
生日이 지나면 곳 거름 옴길 줄을 알 거
시니. 《朴新諺 3, 12ㅈ》不過一兩遍管情
就好了, 혼두 번에 지나지 못ᄒᆞ여셔 결
단코 즉시 됴ᄒᆞ리라. 《朴新諺 3, 13ㅈ》
聰明智慧過人, 聰明 智慧ㅣ 사름의게 지
나고. 《朴新諺 3, 53ㅈ》不過三日之內, 三
日 안에 지나지 못ᄒᆞ여. 四지나게 하다.
지나가다. ⇔지내다. 《朴新諺 2, 4ㅈ》吃
了幾杯酒過了兩道湯, 여러 잔 술 먹고 兩
道 湯을 지내고.

과(過) 图 지내다. ●⇔디내다. 《朴新諺
3, 9ㅈ》過多少惡山・險水, 언머 惡山・
險水를 디내며. ●⇔지내다. 《朴新諺 1,
42ㅎ》到那走不動的時候却怎麼過呢, 뎌
ᄃᆞ니지 못홀 ᄯᅢ에 다ᄃᆞ라 ᄯᅩ 엇디 지내
리오.

과(過) 圀 허물. 과실. ⇔허믈. 《朴新諺 2,
13ㅎ》大人不見小人過, 大人은 小人의 허

믈을 보지 아니ᄒᆞ다 ᄒᆞ니라.

과(踝) 圀 안쪽복사. ⇔안쮜머리. 《朴新諺
1, 37ㅎ》放在脚踝尖骨頭上, 발 안쮜머리
ᄲᅩ죡혼 ᄲᅧ 우희 노코. 《朴新諺 1, 37ㅎ》
脚踝上灸了三艾, 발 안쮜머리 우희 세 장
ᄯᅮᆨ으로 ᄯᅳ니.

과(寡) 图 다만. 단지. 다만 …뿐. ⇔다만.
《朴新諺 3, 31ㅈ》你這小胡孫寡是一張嘴,
네 이 져근 진납이 다만 이 혼 부리뿐이
로다.

과(檛) 圀 병장기의 하나. 골타(骨朶)의 모
양과 같게 생겼다. 《集覽, 朴集, 上, 9ㅈ》
骨朶. 事文類聚云, 宋景文筆錄謂俗以檛爲
骨朶, 古無稽.

과(鍋) 圀 가마. 가마솥. ⇔가마. 《朴新諺
3, 26ㅎ》咱如今燒起油鍋跳入洗澡, 우리
이제 기름 가마에 불찟고 ᄲᅱ여들어 목욕
ᄒᆞ쟈. 鹿皮先脫下衣服跳入鍋裡, 鹿皮ㅣ
몬져 옷 벗고 가마에 ᄲᅱ여들거늘. 《朴新
諺 3, 26ㅈ》在油鍋兩邊看守, 기름 가마
두 편에셔 보아 지킈여. 《朴新諺 3, 26
ㅎ》鹿皮就在油鍋裡死了, 鹿皮ㅣ 곳 기름
가마에셔 죽으니라.

과(顆) 圀 낯. 알. ⇔낫ᄎᆞ. 《集覽, 朴集, 上,
2ㅈ》龍眼. 一名圓眼. 樹如荔支〈支〉, 但
枝葉稍小, 其子形如彈丸, 核如木槵, 肉白,
漿甘如蜜, 五六十顆作穗. 《集覽, 朴集,
上, 7ㅎ》八珠環. 귀・엿골・회. 以珍〈珎〉珠
大者四顆連綴爲一隻, 一雙〈隻〉共八珠.
《朴新諺 2, 34ㅎ》拿珍珠一百顆來當, 珍
珠 一百 낫츨 가져와 뎐당ᄒᆞ니. 《朴新諺
3, 31ㅈ》這珊瑚老實價錢一兩一顆, 이 珊
瑚ㅣ 고지식혼 갑시 혼 냥에 혼 낫치라.
《朴新諺 3, 31ㅎ》與你八錢一顆罷, 너를
여둛 돈을 혼 낫체 주리라.

-과 图 ■-과. 《朴新諺 1, 4ㅎ》然後再上四
大碗四中碗, 그린 후에 ᄯᅩ 네 大碗과 네
中碗을 올리되. 《朴新諺 1, 11ㅈ》但于今
柴・米・小菜件件俱貴, 다만 이제 나모
와 ᄡᆞᆯ과 ᄂᆞ믈이 가지가지 다 귀ᄒᆞ니.

《朴新諺 1, 23ㅎ》九枝金鳳, 아홉 가지 金鳳과. 《朴新諺 2, 10ㅈ》到處人民一切善男信女, 到處 人民과 一切 善男 信女ㅣ. 《朴新諺 2, 25ㅎ》這海菜・乾魚・肉脯, 이 메육과 乾魚와 肉脯는. 《朴新諺 2, 40ㅈ》種些冬瓜, 져기 동화와. 西瓜, 슈박과. 甜瓜, 춤외와. 揷葫, 즈른박과. 稍瓜, 수세외와. 黃瓜, 외와. 茄子等類, 가지들을 심으라. 《朴新諺 3, 13ㅈ》這些聽講的僧尼道俗善男信女, 이 講 듯는 僧尼 道俗과 善男 信女ㅣ. 《朴新諺 3, 21ㅎ》和伯眼大仙閗(鬪)聖這一段故事, 伯眼大仙과 閗(鬪)聖ㅎ던 이 一段 故事를. 《朴新諺 3, 32ㅎ》刷牙兩把・掠頭兩把, 刷牙 둘과 귀밋빗기 둘을 사고져 ㅎ노라. ❷-과. ●⇔여(與). 《朴新諺 1, 19ㅎ》但是刀頭與裝修餙樣我說與你, 다만 칼눌과 민들기와 꾸밀 모양을 내 너드려 니를 써시니. 《朴新諺 2, 34ㅈ》小老婆與大老婆商量說, 져근계집이 큰계집과 의논ㅎ여 니르되. ●⇔화(和). 《朴新諺 1, 22ㅈ》左輔右弼板和那両箇束兒, 左輔 右弼 돈과 두 뭇금쇠논. 《朴新諺 1, 25ㅈ》把料豆和草拌匀了, 콩을다가 여믈과 석기를 고로게 ㅎ여. 《朴新諺 1, 39ㅎ》不知道我的麤和細, 나의 굴금과 ᄀ눌믈 아지 못ㅎ는 거시여. 《朴新諺 3, 19ㅎ》和一箇人打架, 혼 사름과 빠홧더니.

과갑(科甲) 圀 과거(科擧)의 한 과목(科目). 한대(漢代)에는 갑(甲)・을(乙)・병(丙)의 3과(科)로 나누었고, 당대(唐代)에는 갑・을・병・정(丁)의 4과로, 당송(唐宋) 시대 진사과(進士科)는 갑・을 2과로 나누었다. 《朴新諺 3, 49ㅈ》諒你要金榜(朴新注, 62ㅈ: 唐崔昭暴卒復甦, 云, 見冥間列榜, 書人姓名, 將相金榜, 次銀榜, 小官鉄榜. 近世以科甲爲金榜.)題名的書生, 헤아리건대 너 金榜에 題名코져 ㅎ는 書生이.

과거 圀 과거(科擧). ⇔과(科). 《朴新諺 1, 49ㅈ》如今國家開科取士, 이제 國家ㅣ 과거를 여러 션비를 取ㅎ여.

과거(科擧) 圀 관리를 뽑을 때 실시하던 시험. 《朴新諺 1, 49ㅈ》應科擧得做官, 科擧를 應ㅎ여 벼슬홈을 어더.

과거(過去) 圄 지나가다. 지나치다. ●⇔디나가다. 《集覽, 音義》這們助語的那・也・了・阿等字, 都輕輕兒, 微微的說, 順帶過去了罷, 若緊說了時不好聽. 《集覽, 朴集, 上, 11ㅈ》狗有濺草之恩. 時値冬月, 野火起, 風又猛, 狗呼喚, 生不覺. 前有一坑水, 狗便走徃水中, 還以身洒生, 左右草沾水得着, 地火尋過去, 生醒而去. 《朴新諺 1, 39ㅎ》過去的過來的弄我的, 디나가며 디나오리 나를 弄ㅎ되. 《朴新諺 2, 39ㅈ》這幾日怎的不見有賣菜子的過去呢, 요ᄉᆞ이 엇지 느믈 ᄢᅵ 풀 리 디나가는 이 이시믈 보지 못홀소뇨. ●⇔지나가다. 《朴新諺 2, 33ㅎ》有一日一箇賣絹的打他門口過去, 홀론 혼 깁 풀 리 이셔 제 門을 지나가니.

과거불(過去佛) 圀 〈불〉 과거에 출현한 부처. 《集覽, 朴集, 下, 1ㅈ》三尊佛. 過去佛・現在佛・未來佛爲三尊佛也, 亦曰三世如來. 《朴新諺 3, 8ㅈ》我曾塑了三尊佛(朴新注, 47ㅈ: 過去佛・現在佛・未來佛), 내 일즉 三尊佛을 민드라.

과계(夥計) 圀 동무. 친구. 또는 동업자. 고용인. 《朴新諺 1, 11ㅎ》我對衆火計(朴新注, 5ㅈ: 同事者之稱, 一作夥計.)說, 내 여러 동모드려 닐러.

과교(過橋) 圀 다리밟기. (한속(漢俗)에, 정월 보름날 밤에 다리를 밟으면 1년간 액을 면한다고 한다) 《集覽, 朴集, 下, 11ㅈ》好女不看燈. 今漢俗, 上元夜行過三橋, 則一年度厄, 謂之過橋. 傾城士女, 夜遊徹明, 頗有穢聲.

과구(誇口) 圀 자랑. 또는 큰소리치다. 허풍을 떨다. 호언장담(豪言壯談)하다. ⇔쟈랑. 《朴新諺 1, 26ㅈ》你不要誇口, 네

쟈랑 말라.《朴新諺 1, 53ㅎ》你不要誇口,
네 쟈랑 말라.《朴新諺 2, 55ㅎ》你不要
誇口, 네 쟈랑 말고.

과글이 閈 급자기. 문득. ⇔급차(急且).
《集覽, 字解, 單字解, 2ㅈ》且. 姑也 안직.
急且 과글이. 亦曰且節, 俗罕用.

과년(過年) 동 새해를 맞다. 설을 지내다.
설을 쇠다. ⇔과년ㅎ다(過年-).《朴新諺
2, 59ㅎ》這還怕沒有新衣服過年麼, 이 도
로혀 새 옷스로 過年홀 거시 업슬가 저
프랴.

과년ㅎ다(過年-) 동 과년(過年)하다. ⇔
과년(過年).《朴新諺 2, 59ㅎ》這還怕沒
有新衣服過年麼, 이 도로혀 새 옷스로 過
年홀 거시 업슬가 저프랴.

-과라 에미 -았(-었)노라. -노라.《集覽,
字解, 累字解, 1ㅎ》定害. 너리과라. 又해
자ㅎ이과라.

과래(過來) 동 지나오다. ⇔디나오다.
《朴新諺 1, 39ㅎ》過去的過來的弄我的,
디나가며 디나오리 나를 弄ㅎ되.

과매(過賣) 명 음식점·다방·술집 등의
종업원.《集覽, 朴集, 下, 5ㅎ》過賣. 食店
內執役供具之人, 如雇工者也.《朴新諺 3,
35ㅎ》走堂(朴新注, 57ㅈ: 凡酒食舖店使
役者, 謂之走堂, 亦云過賣.)的你來有甚麼
飯, 음식 프는 이아 이바 므슴 밥이 잇ᄂ
뇨.

과명(過名) 동 이름나다. 또는 실제보다
지나친 명성. ⇔일홈나다.《朴新諺 2, 9
ㅎ》他曾到江南地方受過名師, 뎨 일즉 江
南 짜히 가 일홈난 스승의게 비호니.

과문(過門) 동 시집가다. 출가(出嫁)하다.
⇔과문ㅎ다(過門-).《朴新諺 1, 44ㅎ》幾
時過門(朴新注, 17ㅎ: 女子初入夫家曰過
門.)的呢, 언제 過門ㅎ더뇨.

과문ㅎ다(過門-) 동 과문(過門)하다. ⇔
과문(過門).《朴新諺 1, 44ㅎ》幾時過門
(朴新注, 17ㅎ: 女子初入夫家曰過門.)的
呢, 언제 過門ㅎ더뇨.

과범(科範) 명 희곡(戲曲)에서, 미리 정해
진 배우의 동작을 이르는 말.《集覽, 朴
集, 上, 2ㅎ》院本. 或曰, 宋徽宗見爨國人
來朝, 衣裝·鞵履·巾裹, 傳粉墨, 擧動如
此, 使優人效之以爲戲. 其間副淨有散說,
有道念, 有筋斗, 有科範. 盖古敎坊色長有
魏·武·劉三人, 而魏長於念誦, 武長於
筋斗, 劉長於科範, 至今樂人皆宗之.

과범(過犯) 명 과실. 잘못.《朴新諺 2, 50
ㅎ》又沒有過犯, 쏘 過犯이 업스니.

과보(果報) 명 〈불〉 인과응보(因果應報).
곧, 과거 또는 전생의 선악의 인연에 따
라 뒷날 길흉화복의 갚음을 받게 됨을
이르는 말.《集覽, 朴集, 下, 1ㅎ》證果金
身. 今按, 證, 應也, 得也, 果, 果報也. 金身
者, 佛三十二相, 云身眞金色. 言果報者,
觀經疏云, 行眞實法感得勝報也. 又修善
得善果, 作惡得惡報, 謂之果報. 又生時所
作善謂之因, 他日報應謂之果. 謂證果
者, 如三藏法師取經東還, 化爲栴檀佛如
來.《朴新諺 3, 9ㅎ》久後你也要得證正果
(朴新注, 47ㅎ: 證, 應也, 果, 果報也. 證正
果, 猶佛書所謂, 修善得善果之義.)呷, 오
란 후에 너도 正果 證홈을 어드리라.

과실 명 과실(果實). 과일. ❶⇔과(果).
《朴新諺 1, 6ㅈ》叫小廝們先擺上果碟子,
아희들을 불러 몬져 과실 뎝시를 버리
고. ❷⇔과자(果子).《朴新諺 1, 4ㅈ》乾
果子呢, 므론 과실은. 榛子, 개암.松子,
잣. 瓜子, 슈박뼈. 乾葡萄, 마론葡萄.栗
子, 밤. 龍眼, 龍眼. 桃仁, 복셩화뼈. 荔子,
녀지요. 鮮果子呢, 싱과실은. 柑子, 柑子.
橘子, 귤. 石榴, 石榴. 香水梨, 물한비. 櫻
桃, 櫻桃. 杏子, 술고. 蘋果, 굵은님금. 玉
黃李子, 유황외앗시오.《朴新諺 2, 24
ㅈ》生果子也多吃了些, 生과실도 만히
먹고.

과실(果實) 명 과실. 과일.《集覽, 朴集,
上, 1ㅈ》果子. 果實也. 又呼油蜜果, 亦曰
果子, 曰蜜果子, 制形如棗.《集覽, 朴集,

上, 2ㅈ》象生纏糖. 音義纏字註云, 用白糖
·白芝麻相和, 以火煎熬, 傾入木印內, 須
臾凉後, 〈與果實相似也〉.

과아(鍋兒) 몡 ●가마. 가마솥. ⇔가마.
《集覽, 字解, 單字解, 1ㅎ》安. 安鍋兒 가
마 거다. 又安下 사ᄅ미 자리 븓다. 又吏
語, 安挿 사ᄅ믈 안졉ᄒ게 ᄒ다. ●도가
니. ⇔도관. 《朴新諺 3, 33ㅎ》如鐵鎚·
鉗子·鐵枕·鍋兒, 마치와 집게와 모로
와 도관 ᄀᄐᆫ 거슬.

과연(果然) 图 과연. 《朴新諺 1, 26ㅎ》這
一着果然好利害, 이 훈 슈ㅣ 果然 ᄀ장
사오납고. 《朴新諺 3, 2ㅎ》果然是賣猫
的, 果然 이 괴 풀 리로다. 《朴新諺 3,
37ㅎ》崔哥這幾回果然打得好, 崔哥ㅣ 이
여러 디위를 果然 치기를 잘ᄒ다.

과자(瓜子) 몡 수박씨. 또는 박과 식물의
씨앗. ⇔슈박씨. 《朴新諺 1, 4ㅈ》乾果子
呢, 므론 과실은. 榛子, 개암.松子, 잣. 瓜
子, 슈박삐. 乾葡萄, 마른葡萄.栗子, 밤.
龍眼, 龍眼. 桃仁, 복셩화삐. 荔子, 녀지
요.

과자(果子) 몡 ●과자. 유밀과(油蜜果).
《集覽, 朴集, 上, 1ㅈ》果子. 果實也. 又呼
油蜜果, 亦曰果子, 曰蜜果子, 制形如棗.
●과실(果實). 과일. ⇔과실. 《集覽, 朴
集, 上, 1ㅈ》果子. 果實也. 又呼油蜜果,
亦曰果子, 曰蜜果子, 制形如棗. 《朴新諺
1, 4ㅈ》乾果子呢, 므론 과실은. 榛子, 개
암.松子, 잣. 瓜子, 슈박삐. 乾葡萄, 마른
葡萄.栗子, 밤. 龍眼, 龍眼. 桃仁, 복셩화
삐. 荔子, 녀지요. 鮮果子呢, 싱과실은.
柑子, 柑子. 橘子, 귤. 石榴, 石榴. 香水梨,
물한비. 櫻桃, 櫻桃. 杏子, 술고. 蘋果, 굵
은님금. 玉黃李子, 유황외앗시오. 《朴新
諺 2, 24ㅈ》生果子也多吃了些, 生과실도
만히 먹고.

과장(誇張) 图 자랑하다. 과장하다. ⇔쟈
랑ᄒ다. 《朴新諺 1, 28ㅈ》到處破敗別人
誇張自己(己), 간 곳마다 다른 사ᄅᆷ을 허

러ᄇ리고 自己를 쟈랑ᄒ고.

과절(過節) 图 명절을 쇠다. 명절을 지내
다. 명절을 보내다. 《集覽, 朴集, 上, 14
ㅎ》寒食. 荊楚記云, 去冬節〈莭〉一百五
日, 有疾風甚雨, 謂之寒食, 又謂之百五節
〈莭〉. 秦人呼爲熟食日, 言其不動煙〈烟〉
火, 預辦熟食過節〈莭〉也.

과접자(果碟子) 몡 과일을 담는 접시.
《朴新諺 1, 2ㅈ》做酒樔子(朴新注, 1ㅎ:
凡宴會, 先進各果碟子作按酒.), 酒樔子를
삼쟈.

과제(科第) 몡 과거(科擧). (관리를 뽑을
때 실시하던 시험) 《集覽, 朴集, 下, 11
ㅈ》金榜. 唐崔昭暴卒復甦云, 見冥間〈間〉
列榜〈牓〉, 書人姓名, 將相金榜〈牓〉, 次銀
榜〈牓〉, 州縣小官鐵榜〈鉄牓〉. 故今之科
第(第)綴名之榜〈牓〉, 謂之金榜.

과채(果菜) 몡 과일과 채소. 《集覽, 朴集,
上, 13ㅎ》滿月. 産書云, 分娩未滿月, 恣食
生冷粘·硬果·菜·肥膩魚·肉之物, 當
時雖未覺大〈有〉損, 滿月之後, 卽成蓐勞.

과품(果品) 몡 과일류. (말린 과일과 신선
한 과일의 총칭) 《朴新諺 1, 4ㅈ》每桌辦
乾鮮果品十六楪, 每 桌에 乾鮮果品 열 여
슷 뎝시를 쵸호되.

과형(呙刑) 몡 =과형(剮刑). '呙'는 '剮'와
같다. 《說文, 呙部》剮人肉置其骨也. 〈段
玉裁注〉呙, 俗作剮. 《集覽, 朴集, 中, 7
ㅈ》木椿. 其制, 於刑人法塲, 植一大柱, 縛
着罪人於〈縛着罪人於其〉上, 劊子用法刀
剮其肉以喂狗, 而只留〈畱〉其骨, 極其慘
酷, 方施大辟, 卽古之呙刑也. 劊子, 獄史
刑罪人者也.

과형(剮刑) 몡 사형을 시킨 뒤에 살을 긁어
내던 형벌. 주로 중국에서 중죄인에게
행하였다. 《集覽, 朴集, 中, 7ㅈ》木椿. 其
制, 於刑人法塲, 植一大柱, 縛着罪人於〈縛
着罪人於其〉上, 劊子用法刀剮其肉以喂
狗, 而只留〈畱〉其骨, 極其慘酷, 方施大辟,
卽古之呙刑也. 劊子, 獄史刑罪人者也.

곽향정기산(藿香正氣散) 몡 곽향(藿香)을 주된 재료로 하여 달여 만든 한약. 여름 감기에 식체(食滯)를 겸한 증상에 쓴다. 《朴新諺 2, 24ㅎ》然後再用藿香正氣散, 그린 후에 또 藿香正氣散을 뻐.

관 몡 정곡(正鵠). (과녁에서 붉은 칠을 한 동그란 부분) ⇔홍심(紅心). 《朴新諺 1, 53ㅎ》箭箭都射着把子(朴新注, 20ㅎ: 帿屬.)上的紅心(朴新注, 20ㅎ: 鵠也.), 살마다 다 관혁에 관을 마치느니.

관(官) 몡 관원(官員). 벼슬아치. ⇔관원. 《朴新諺 2, 16ㅈ》官三員, 관원 三員에. 《朴新諺 2, 36ㅈ》明日好往通州接官去, 닉일 通州 ㅣ 가 관원 마즈라 가기 됴케 ᄒ라. 《朴新諺 2, 50ㅎ》接任的官有了麽, 교디홀 관원이 잇느냐. 《朴新諺 3, 18ㅎ》我們生日跟官的時節(節), 우리 生日에 관원을 조차 돈닐 제. 《朴新諺 3, 20ㅈ》那官聽了這口供, 뎌 관원이 이 口供을 듯고.

관(貫) 의 무게의 단위. 1근의 10배로 3.75kg에 해당한다. 《朴新諺 3, 28ㅎ》就賜唐僧金錢三百貫・金鉢盂一箇, 곳 唐僧을 金錢 三百貫과 金에우아리 ᄒ나흘 주고.

관(寬) 혱 ❶너르다. 넓다. ⇔너르다. 《朴新諺 3, 35ㅈ》都是三尺寬肩膀燈盞大的雙眼, 다 이 석 자나 너른 엇게오 燈盞만치 큰 두 눈이라. ❷넓다. ⇔넙다. 《朴新諺 3, 36ㅈ》薄餅, 薄餅과. 煎餅, 煎餅과. 寬條麵, 너븐 국슈와. 掛麵, 므른 국슈와. 芝麻燒餅, 춤깨 무친 燒餅과. 《朴新諺 3, 36ㅈ》再下幾碗寬條麵與我們, 또 여러 사발 너분 국슈를 눌러 우리를 주되.

관(慣) 통 잘하다. 익숙하다. ⇔잘ᄒ다. 《朴新諺 1, 35ㅈ》人貧只為慳少債慣說謊, 사롬이 가난ᄒ면 그저 다랍고 빗지면 거즛말 니ᄅ기 잘ᄒ다 ᄒ니라.

관(慣) 图 익히. 익숙하게. ⇔닉이. 《朴新諺 1, 41ㅈ》他慣醫頭口, 뎨 즘싱 고치기

닉이 ᄒ느니라. 《朴新諺 3, 37ㅎ》倒慣會打毬哩, 도로혀 댱방올 치기 닉이 알 줄을 싱각지 못ᄒ엿노라.

관(慣) 혱 익다. 익숙하다. ⇔닉다. 《朴新諺 1, 41ㅈ》他慣醫頭口, 뎨 즘싱 고치기 닉이 ᄒ느니라. 《朴新諺 3, 37ㅎ》倒慣會打毬哩, 도로혀 댱방올 치기 닉이 알 줄을 싱각지 못ᄒ엿노라.

관(管) 图 ❶가마는. 관리하는. ⇔ᄀ음아ᄂ. 《朴新諺 1, 2ㅎ》再向內府管酒的官員們說, 또 內府 술 ᄀ음아ᄂ 官員들의게 닐러. 《朴新諺 1, 3ㅎ》可拿去吩咐管酒的人, 가져가 술 ᄀ음아ᄂ 사롬의게 吩咐ᄒ여. 《朴新諺 1, 3ㅎ》想是管酒的人們剋減了, 싱각건대 술 ᄀ음아ᄂ 사롬들이 굴겨 내엿도다. 《朴新諺 1, 51ㅈ》自有管混堂的看守, 그저 混堂 ᄀ음아ᄂ 이 이셔 看守ᄒ리라. 《朴新諺 2, 17ㅎ》拿這管馬的弔起來打, 이 몰 ᄀ음아ᄂ 이룰 잡아 둘고 치라. ❷가말다. 관리하다. ⇔ᄀ음알다. 《朴新諺 2, 20ㅈ》自古買人的中・保人只管得一百日, 녜로부터 사롬 사ᄂ 디 즁인・보인은 그저 일 빅 날을 ᄀ음아ᄂ니. 《朴新諺 3, 19ㅈ》那裡管雨雪陰晴, 어디 雨雪 陰晴을 ᄀ음알리오. 《朴新諺 3, 36ㅎ》我管做甚麼, 내 무섯 ᄒ기를 ᄀ음알리오. 《朴新諺 3, 37ㅈ》你不要管, 네 ᄀ음아지 말라. 《朴新諺 3, 38ㅈ》叫他管着, 뎌로 ᄒ여 ᄀ음아더니. 《朴新諺 3, 39ㅈ》旣叫他管着那莊田, 이믜 저로 ᄒ여 뎌 농소를 ᄀ음알게 ᄒ니. 《朴新諺 3, 39ㅈ》管山吃山管水吃水, 山을 ᄀ음알면 山엣 것 먹고 물을 ᄀ음알면 물엣 것 먹는다 ᄒ니라. 《朴新諺 3, 50ㅈ》我不管那李白撈月, 내 뎌 李白의 撈月홈을 ᄀ음아지 아니ᄒ고. ❸두다. ⇔두다. 《朴新諺 3, 54ㅈ》收管者謝銀六兩, 거두어 두ᄂ니ᄂ 銀 엿 냥을 샤례ᄒ리라.

관(管) 图 함부로. 마음대로. 얼마든지. ❶⇔ᄉ뢰여. 《朴新諺 2, 12ㅎ》你要使只管

問我討不拘多少, 네 쓰고져 ᄒ거든 그저
스릐여 날드려 달라 ᄒ여 多少롤 거리끼
지 말고. ●⇔스릐여.《朴新諺 1, 43ㅈ》
不要只管的刮, 그저 스릐여 긁빗기지 말
라. ●⇔스리여.《朴新諺 2, 46ㅎ》還只
管淘氣, 당시롱 그저 스리여 저즈레ᄒ
고.《朴新諺 3, 1ㅎ》不要只管麼人了, 그
저 스리여 사름의게 긔개이지 말라.《朴
新諺 3, 3ㅈ》你只管勒掯不賣, 네 그저 스
리여 보채고 픈지 아니ᄒ니.《朴新諺 3,
13ㅎ》內中有一箇人只管打呵欠, 그 듕의
ᄒᆫ 사름이 그저 스리여 하회옴ᄒ다가.
《朴新諺 3, 30ㅈ》你休只言村語的只管罵
人, 네 村言 村語로 그저 스리여 사름을
쑤짓지 말라.《朴新諺 3, 40ㅎ》只管遠送
他怎麼, 그저 스리여 멀리 더롤 보내여
므슴 ᄒ리오.

관(縮) 图 쪽지다. 둥글게 휘감아 매듭을
짓다. ⇔족지다.《朴新諺 1, 43ㅎ》縮起
頭髮來, 마리털 족지고.

관(關) 图 타다. 받다. ●⇔타다.《朴新諺
1, 12ㅎ》待關出米來, 쌀 타 내기롤 기드
려.《朴新諺 1, 14ㅎ》如今米都關出來了,
이제 뿔롤 다 타 내여다. ●⇔트다.《朴
新諺 1, 12ㅈ》今日却是開倉關米的日期,
오늘이 이 開倉ᄒ여 뿔 트는 날이라.
《朴新諺 1, 12ㅈ》我有兩箇月俸米要關,
내게 두 둘 녹 뿔이 이셔 트려 ᄒ노라.
該關幾擔呢, 맛당이 몃 짐을 트료. 定例
只該關八擔, 定例에 그저 여둛 짐을 트리
라.《朴新諺 1, 14ㅈ》然後到關籌的所在
領過籌來, 그런 후에 사술 트는 곳에 가
사술을 트 와야. 方好到倉裏關米, 보야
흐로 倉에 가 뿔 트기 됴흐니라.

관(灌) 图 븟다注. ⇔븟다.《朴新諺 2, 52
ㅈ》我特地把酒灌的他爛醉, 내 부러 술
을다가 더의게 부어 爛醉케 ᄒ니.

관가(官家) 囘 황제(皇帝).《集覽, 字解, 單
字解, 5ㅎ》家. 止指一數之稱. 一箇家 ᄒᆫ
낫식, 幾箇家 몃 낫식, 又현 낫식, 幾年家

현 히식. 又槩也. 大家 대개. 又擧姓呼人
之稱. 李家·張家. 又呼皇帝曰官家. 又語
助. 沒有家 업다.《集覽, 朴集, 上, 14ㅈ》
官裏. 呼皇帝爲官家, 亦曰官裏.

관강(灌江) 囘 중국의 소설 서유기(西遊
記)에 나오는, 관주(灌州)에 있다는 강
이름.《集覽, 朴集, 下, 10ㅎ》二郎爺爺.
灌州灌江口立廟, 有神曰小聖二郎, 又號
二郎賢聖天王, 請二郎捕獲大聖, 卽此.
《集覽, 朴集, 下, 4ㅈ》孫行者. 老君·王
母俱奏于玉帝, 傳宣李天王, 引領天兵十
萬及諸神將至花菓山, 與大聖相戰失利.
巡山大力鬼上告天王, 擧灌州灌江口神曰
小聖二郎, 可使拿獲. 天王遣太子木叉, 與
大力鬼徃請二郎神, 領神兵圍花菓山, 衆
猴出戰皆敗.《朴新諺 3, 47ㅈ》還有那粧
二郎神(朴新注, 61ㅈ: 廟在灌江口, 甚靈
顯.)的, 쏘 뎌 二郎神의 모양 쑤민 거시
이시니.

관계(官桂) 囘 계수(桂樹)나무의 두꺼운
껍질을 한방에서 이르는 말. 건위제(健
胃劑)와 강장제(强壯劑)로 쓴다.《集覽,
朴集, 上, 3ㅎ》細料物. 事林廣記食饌類,
細料物, 官桂·良薑·蓽撥草·豆蔲·
陳皮·縮砂仁〈砂仁〉·八角·茴香各一
兩, 川椒二兩, 杏仁五兩, 甘草一兩半, 白
檀末半兩. 右共爲細末用之.

관곡(欵曲) 图 =관곡(款曲). '欵'은 '款'의
속자.《字彙, 欠部》欵, 俗款字.《集覽, 朴
集, 中, 9ㅈ》打關節. 吏學指南云, 下之所
以通欵曲於上者曰關節〈莭〉, 又造請權要
謂之關節〈莭〉. 漢曰關說.《朴新諺 3, 5
ㅈ》只怕那寃家們打關節(朴新注, 46ㅈ:
下之通欵曲於上曰關節, 又造請權要謂之
關莭(節).)煩人說情哩, 그저 뎌 寃家들이
쇼졍ᄒ여 사름을 식여 情을 니른가 저페
라.

관곡(款曲) 图 사정을 자세히 털어놓다.
상세히 말하다.《集覽, 朴集, 中, 9ㅈ》打
關節. 吏學指南云, 下之所以通欵曲於上

者曰關節〈莭〉, 又造請權要謂之關節
〈莭〉. 漢曰關說.《朴新諺 3, 5ㅈ》只怕那
寃家們打關節(朴新注, 46ㅈ: 下之通欵曲
於上曰關節, 又造請權要謂之關莭(節).)
煩人說情哩, 그저 뎌 寃家들이 쇼쳥ㅎ여
사룸을 식여 情을 니룬가 저페라.

관군(管軍) 图 군대나 전쟁 등의 일을 관
리하고 통솔하다. 또는 그러한 벼슬.
《朴新諺 3, 50ㅎ》叫起隣人并巡宿総甲
(朴新注, 62ㅎ: 軍制, 管軍十名為一甲, 五
十名為総甲. 又里制, 十家為一甲.)人等追
赶, 隣人과 다못 巡宿ㅎ는 総甲人 等을
불러 니르혀 ᄯ로.

관급(關給) 图 물품을 내어 주다. 또는 수
령(受領)하다.《集覽, 朴集, 下, 4ㅈ》孫行
者. 行者, 僧未經關給度牒者, 謂之僧行,
亦曰行者.

관내(寛耐) 图 견디다. ⇔견디다.《朴新諺
1, 38ㅈ》你且寛耐幾時, 네 아직 여러 ᄣᅢ
롤 견디여.

관대(管待) 图 후하게 대접하다. 환대(歡
待)하다.《集覽, 朴集, 上, 1ㅈ》光祿寺.
在東長安門內, 其屬有大官・珍〈珎〉羞・
良醞・掌醢四署, 掌供辦內府諸品膳羞酒
醴及管待使客之事.

관대(館待) 图 접대(接待)하다.《集覽, 朴
集, 上, 13ㅎ》百歲日. 質問云, 初生孩兒
以百日爲百歲日, 六親皆以禮賀之, 主人
設席館待.

관등(觀燈) 图 음력 정월 보름날 온갖 등
을 달아 불을 밝히고 구경하는 일.《集
覽, 朴集, 下, 11ㅈ》好女不看燈. 唐韋述
兩京記曰, 正月十五日夜, 勅金吾弛禁, 前
後各一日, 以觀燈.

관록(官祿) 图 벼슬아치에게 주는 녹봉
(祿俸).《集覽, 朴集, 上, 5ㅈ》月俸. 中朝
〈元制〉官祿, 每月支〈支〉給. 今此一月四
石之俸, 以元制考之, 乃從九品也. 米・豆
曰祿, 鈔・錢・絹曰俸.

관리(官吏) 图 벼슬아치.《集覽, 朴集, 下,

9ㅎ》打春. 東京夢華錄云, 立春前五日, 造
土牛・耕夫・犁具, 前一日順天府進農牛
入禁中鞭春, 府縣官吏・士庶・耆社, 具
鼓樂出東郊迎春, 牛芒神至府前, 各安方
位.

관리(官裏) 图 황제.《集覽, 朴集, 上, 14
ㅈ》官裏. 呼皇帝爲官家, 亦曰官裏. 五帝
官天下・三王家天下, 故云耳〈三王家天
下故耳〉.

관맥(關脉) 图 =관맥(關脈). '脉'은 '脈'의
속자.《正字通, 肉部》脉, 俗脈字.《集覽,
朴集, 中, 3ㅈ》尺脉較沈. 人手有寸・關
・尺三部脉. 尺脉主腎命門, 屬水而沈. 脾
屬土, 凡人飮食傷脾土, 則土不克水而見
沈, 脉較差也. 脉沈, 又見老乞大集覽.

관맥(關脈) 图 맥박의 하나. 맥을 진찰할
때의 관부(關部). 진찰자의 가운뎃손가
락이 놓이는 부분에서 느껴지는 맥이
다. 음양의 기혈이 이곳에서 나누어진
다고 한다.《集覽, 朴集, 中, 3ㅈ》尺脉較
沈. 人手有寸・關・尺三部脉. 尺脉主腎
命門, 屬水而沈. 脾屬土, 凡人飮食傷脾土,
則土不克水而見沈, 脉較差也. 脉沈, 又見
老乞大集覽.

관명(官名) 图 벼슬 이름.《集覽, 字解, 單
字解, 5ㅎ》使. 上聲, 差也, 役也. 使的我
날 브려. 又用也. 使用了. 吏語, 行使 쓰
다. 又使船 비 달호다. 又去聲, 使臣, 差
使. 又官名.

관문(關門) 图 국경이나 요새의 성문(城
門).《朴新諺 2, 22ㅎ》我來時節到山海關
(朴新注, 30ㅎ: 在楡林縣, 距京都東七百
里. 北接長城, 南臨瀚海中, 有關門. 徐達
所築云.)上, 내 올 째에 山海關에 다ᄃᆞ라.

관부(官府) 图 관아. 관청.《集覽, 朴集,
上, 1ㅎ》勘合. 質問云, 官府設簿冊二扇,
凡事用印鈐記, 上寫外字幾號, 發行去者
曰外號, 上寫內字幾號, 留在官府者曰內
號.《朴新諺 1, 3ㅈ》寫了牌票(朴新注, 2
ㅈ: 官府相驗之帖文.)用了印信, 牌票를

쓰고 印쳐. 《朴新諺 2, 34ㅎ》若官府知道
了, 만일 官府ㅣ 알면. 《朴新諺 3, 5ㅈ》
堂上官府憑着理自然合斷的, 堂上 官府ㅣ
理로 ᄒ면 自然 결단ᄒ염 즉호되.

관부(館夫) 명 관역(館驛)에서 사객(使客)
의 접대에 관한 일을 하던 사람. 《集覽,
朴集, 上, 1ㅎ》館夫. 應當舘〈館〉驛接待
使客之役. 質問云, 府・州・縣百姓擇撥
〈差〉無差〈身〉役者, 做館夫荅應使客, 待
三年更替. 《朴新諺 1, 3ㅈ》可着姓李的館
夫(朴新注, 1ㅎ: 責應館驛接待使客之役.)
討去, 李가 館夫로 어드라 가게 ᄒ고.

관사(官司) 명 ●관아. 관청. 《朴新諺 1,
28ㅎ》有官司灾難, 官司 灾難이 잇거든.
《朴新諺 3, 6ㅈ》我料你那件官司, 내 혜
아리건대 네 뎌 官司ㅣ. 《朴新諺 3, 20
ㅈ》不過是閙(鬧)懟官司, 不過 이 閙(鬧)
懟 官司ㅣ니. 《朴新諺 3, 20ㅎ》有妄告官
司者反坐抵罪, 망녕도이 官司에 告ᄒᆞᆫ
者ㅣ 이시면 反坐ᄒ여 罪에 다둣게 ᄒ엿
ᄂ니라. ●송사(訟事). 소송(訴訟). ⇔구
의종. 《集覽, 朴集, 上, 8ㅈ》官司. 凡干詞
訟累禍之事, 皆謂之官司, 如鄕語구의종
〈종〉. 司字恐是事字之誤.

관산흘산관수흘수(管山吃山 管水吃水)
관 산을 관리하면 산에서 나는 것을 먹
고, 물을 관리하면 물에서 나는 것을 먹
는다는 뜻. 《朴新諺 3, 39ㅈ》管山吃山管
水吃水, 山을 ᄀᆞᆷ알면 山엣 것 먹고 물
을 ᄀᆞᆷ알면 물엣 것 먹는다 ᄒ니라.

관서(寬恕) 동 너그럽게 용서하다. 관대
히 봐주다. 관용(寬容)하다. 《集覽, 朴集,
中, 7ㅈ》一百七. 大德中, 刑部尚書王約上
言, 國朝用刑寬恕, 笞杖十減其三, 故笞一
十減爲七.

관설(關說) 동 다른 사람을 대신하여 말
하다. 중간에서 좋은 말을 해 주다. 《集
覽, 朴集, 中, 9ㅈ》打關節. 吏學指南云,
下之所以通欵曲於上者曰關節〈莭〉, 又造
請權要謂之關節〈莭〉. 漢曰關說.

관섭(關涉) 동 관련되다. 관계되다. 연루
(連累)되다. 《朴新諺 1, 28ㅎ》是這樣關
切(朴新注, 11ㅈ: 關涉親切之謂.), 이러
ᄐ시 關切ᄒ여야.

관세음(觀世音) 명 〈불〉 =관세음보살(觀
世音菩薩). 《集覽, 朴集, 上, 12ㅈ》觀音菩
薩. 以耳根圓通, 以聞聲作觀, 故謂之觀世
音.

관세음보살(觀世音菩薩) 명 〈불〉 아미타
불(阿彌陀佛)의 왼편에서 교화를 돕는
보살. 세상의 소리를 들어 알 수 있는
보살이므로, 중생이 고통 가운데 열심히
이 이름을 외면 도움을 받게 된다고 한
다. 《集覽, 朴集, 中, 6ㅈ》尋聲救苦應念除
災. 史記, 昔盧景裕繫晉陽獄, 志心念觀世
音菩薩, 枷鎖自脫. 又有人當死, 志心誦觀
世音菩薩普門品經千百遍, 臨刑刀折, 因以
赦之. 《集覽, 朴集, 下, 1ㅈ》西天取經去.
乃以西天去東土十萬八千里之程, 妖恠
〈怪〉又多, 諸衆不敢輕諾. 唯南海落伽
〈迦〉山觀世音菩薩, 騰雲駕霧往東土去,
遙見長安京兆府, 一道瑞氣衝天, 觀音化作
老僧入城. 《朴新諺 2, 29ㅈ》參拜觀世音
菩薩眞像, 觀世音菩薩 眞像에 參拜ᄒ쟈.

관식(款式) 명 양식(樣式). 격식(格式). 스
타일(style). 《朴新諺 2, 32ㅎ》欵式要時
樣氊子要勻細就是了, 欵式은 時樣으로
ᄒ고 담은 고로고 ᄀᆞ놀게 홈이 곳 올ᄒ
니라.

관아(罐兒) 명 탕관(湯罐). ⇔탕관. 《朴新
諺 1, 40ㅈ》金罐兒・鐵柄兒裏頭盛着白
沙蜜, 金탕관・쇠ᄌᆞ른에 속에 白沙蜜 담
은 거시어.

관역(館驛) 명 역사(驛舍). (역참(驛站)으
로 쓰는 건물) 《集覽, 朴集, 上, 1ㅎ》館
夫. 應當舘〈館〉驛接待使客之役. 質問云,
府・州・縣百姓擇撥〈差〉無差〈身〉役者,
做館夫荅應使客, 待三年更替. 《集覽, 朴
集, 中, 1ㅈ》站家擂鼓. 舘驛門上皆設更鼓
〈皷〉之樓, 凡使客入門必擊其鼓〈皷〉, 招

集人衆, 應辦事務.《集覽, 朴集, 中, 1ㅈ》大使. 舘驛有大使一員, 或正九品, 或從九品, 有副使一員, 從九品, 亦有未入流大使・副使. 詳見諸司職掌.《朴新諺 1, 3ㅈ》可着姓李의 舘夫(朴新注, 1ㅎ: 責應館驛接待使客之役.)討去, 李가 舘夫로 어드라 가게 ᄒᆞ고.

관용(官用) 冏 관청의 소용(所用).《集覽, 朴集, 中, 2ㅎ》抽分. 音義云, 十分而取一分, 以利官用.《朴新諺 2, 22ㅎ》被他抽分(朴新注, 30ㅎ: 十分而取一分以利, 官用曰抽分.)了幾箇去, 뎌의게 여러흘 ᄲᅢ혀 가믈 닙고.

관원 冏 관원(官員). 벼슬아치. ⇔관(官).《朴新諺 2, 16ㅈ》官三員, 관원 三員에.《朴新諺 2, 36ㅈ》明日好往通州接官去, 니일 通州ㅣ 가 관원 마즈라 가기 됴케 ᄒᆞ라.《朴新諺 2, 50ㅎ》接任的官有了麼, 교디홀 관원이 잇ᄂᆞ냐.《朴新諺 3, 18ㅎ》我們徃日跟官的時節(節), 우리 徃日에 관원을 조차 ᄃᆞ닐 제.《朴新諺 3, 20ㅈ》那官聽了這口供, 뎌 관원이 이 口供을 듯고.《朴新諺 3, 46ㅎ》順天府官員與欽天監衆官們, 順天府 官員과 다못 欽天監 모든 관원이.

관원(官員) 冏 관원. 벼슬아치.《集覽, 朴集, 上, 5ㅎ》米貼. 月俸之貼. 質問云, 收米・放米計數之票〈標〉也. 又云, 是文武官員關支〈支〉月米時, 各該衙門出給印信貼兒.《集覽, 朴集, 下, 8ㅎ》五箇鋪馬. 鋪馬, 站馬也. 元制, 遠方之任官員, 一品五疋〈四〉, 二品四疋〈四〉, 三・四品三疋〈四〉, 五品以下二疋〈四〉.《集覽, 朴集, 下, 9ㅎ》打春. 音義云, 如今北京迎春時, 唯牛芒而已. 在前只有府縣官員, 幷師生耆老引赴順天府, 候春至之時.《朴新諺 1, 2ㅎ》再向內府管酒的官負們說, ᄯᅩ 內府 술 ᄀᆞ음아는 官負들의게 닐러.《朴新諺 1, 3ㅈ》囬過堂上官負, 堂上 官負씌 알외니.《朴新諺 3, 34ㅎ》這些看捽挍的官員

們, 이 여러 ᄢᅵ롬 보는 官員들이.《朴新諺 3, 40ㅈ》還有大小官員一行部從送他, ᄯᅩ 大小 官員과 一行 部從이 이셔 뎌를 보내니.《朴新諺 3, 46ㅎ》順天府官員與欽天監衆官們, 順天府 官員과 다못 欽天監 모든 관원들이.《朴新諺 3, 47ㅎ》衆官員們都燒香禮拜, 모든 관원들이 다 燒香 禮拜ᄒᆞ여.

관은(官銀) 冏 관제(官製)의 은.《集覽, 朴集, 上, 9ㅎ》細絲官銀. 銀十品曰十成, 曰足色, 曰成色, 曰細絲, 曰手絲兒, 曰吹螺, 曰白銀. 九品曰九成, 曰靑絲. 八品曰八成.

관음(觀音) 冏 〈불〉 관세음(觀世音). 관세음보살(觀世音菩薩). 아미타불의 왼편에서 교화를 돕는 보살. 당대(唐代)에는 태종(太宗) 이세민(李世民)을 피휘(避諱)하여 관음(觀音)이라 하였다.《集覽, 朴集, 中, 5ㅈ》起浮屠於泗水之間. 中宗問萬迴和尙曰, 僧伽是何人. 迴曰, 觀音化身.《集覽, 朴集, 下, 1ㅈ》西天取經去. 乃以西天去東土十萬八千里之程, 妖怪〈怪〉又多, 諸衆不敢輕諾. 唯南海落伽〈迦〉山觀世音菩薩, 騰雲駕霧往東土去, 遙見長安京兆府, 一道瑞氣衝天, 觀音化作老僧入城.《朴新諺 1, 44ㅎ》眞是觀音菩薩(朴新注, 17ㅈ: 耳根圓通, 聞聲作觀, 故爲之觀音. 菩者, 普也, 薩者, 濟也, 謂普濟衆生也.)一般, 진짓 이 觀音菩薩 ᄒᆞ가지오.《朴新諺 2, 29ㅈ》或作童男或化童女(朴新注, 33ㅈ: 觀音隨相變化, 或化童男, 或化童女.), 或 童男이 되고 或 童女ㅣ 되며.《朴新諺 2, 29ㅎ》執楊柳於掌內拂病體於輕安(朴新注, 33ㅎ: 佛家云, 觀音取楊柳枝沾水, 灑而呪之, 能令死者, 還蘇〈蘇〉.), 楊柳를 손에 잡아 病體를 輕安혼 ᄃᆡ 쩔치고.

관음각(觀音閣) 冏 중국 북경시(北京市) 북서쪽 교외 옥천산(玉泉山) 기슭에 있던, 옥천(玉泉)이 솟아 나오는 동굴 위에 있던 누각 이름.《集覽, 朴集, 上, 15ㅈ》

玉泉. 一在山之根, 有泉湧出, 洞門刻玉泉
二字, 有觀音閣.

관음경(觀音經) 명 〈불〉실상묘법연화경
(實相妙法蓮華經) 제25품(品)인 관세음
보살(觀世音菩薩) 보문품(普門品)만을
따로 뽑아 만든 불경.《集覽, 朴集, 上,
10ㅎ》齋飯. 請觀音經疏云, 齋者, 齊也,
齊身口業也.

관음보살(觀音菩薩) 명 〈불〉관세음보살
(觀世音菩薩). 아미타불(阿彌陀佛)의 왼
편에서 교화를 돕는 보살. 세상의 소리
를 들어 알 수 있는 보살이므로 중생이
고통 가운데 열심히 이 이름을 외면 도
움을 받게 된다고 한다.《集覽, 朴集, 上,
12ㅈ》觀音菩薩. 以耳根圓通, 以聞聲作
觀, 故謂之觀世音.《朴新諺 1, 44ㅎ》眞是
觀音菩薩(朴新注, 17ㅈ: 耳根圓通, 聞聲
作觀, 故為之觀音. 菩者, 普也, 薩者, 濟
也, 謂普濟衆生也.)一般, 진짓 이 觀音菩
薩 ᄒᆞ가지오.

관음현상(觀音現像) 명 〈불〉관음보살
(觀音菩薩)이 인간 세상에 모습을 드러
내는 일.《朴新諺 2, 28ㅎ》到那南海普陀
落伽山(朴新注, 33ㅈ: 在寧波府定海縣.
世傳觀音現像于此, 上有普陀寺.), 뎌 南
海 普陀 落伽山에 가.

관음화신(觀音化身) 명 〈불〉관음보살
(觀音菩薩)의 화신.《集覽, 朴集, 中, 5
ㅈ》起浮屠於泗水之間. 中宗問萬迴和尙
曰, 僧伽是何人. 迴曰, 觀音化身.), 浮屠
롤 泗水ㅅ ᄉᆞ이에 니ᄅᆞ혀고.

관인(官人) 명 나리. 관인(官人). (송(宋)
나라 때 일반 남자에 대한 존칭)《朴新
諺 1, 49ㅎ》你家老官人, 네 집 老官人과.
《朴新諺 1, 19ㅈ》這位官人要打幾副刀子,
이 분 官人이 여러 볼 칼을 치이려 ᄒᆞ니.
《朴新諺 1, 44ㅎ》那官人今年纔十九歲,
뎌 官人이 올히 ᄀᆞᆺ 十九歲오.《朴新諺 2,
35ㅎ》有一箇官人, 혼 官人이 이셔.《朴
新諺 2, 36ㅈ》請官人吃飯, 쳥컨대 官人

은 밥을 먹으라.《朴新諺 2, 42ㅎ》揀高
的與官人看, 놉흔 이룰 골히야 官人을 주
어 보게 ᄒᆞ라.《朴新諺 2, 56ㅎ》你看那
騎馬的官人們, 네 보라 뎌 물 톤 官人들
이.《朴新諺 3, 35ㅎ》官人們各自說愛吃
甚麼飯, 官人들은 각각 니르라 므슴 밥
먹기를 즐기ᄂᆞ뇨.《朴新諺 3, 35ㅎ》我念
與官人聽, 내 외아 官人의게 들리마.《朴
新諺 3, 36ㅈ》官人們要那幾種吃呢, 官人
들이 어늬 몃 가지를 먹으려 ᄒᆞᆫ다.
《朴新諺 3, 36ㅈ》徃常請也請官人們不至,
샹시에 쳥ᄒᆞ여도 官人들을 請ᄒᆞ여 니르
지 못홀 거시니.

관자(關字) 명 문서. 문안(文案). 관문(關
文). '字'는 '子'로도 쓴다. ⇔글월.《集覽,
字解, 單字解, 3ㅈ》倒. 上聲, 仆也. 倒了
구으러디다. 又換也. 倒馬 몰 ᄀᆞ다. 又騰
也. 倒關字 글월 번뎝ᄒᆞ다. 又去聲, 反辭
도ᄅᆞ혀. 通作到.《集覽, 朴集, 上, 4ㅎ》關
字. 音義云. 攴〈支〉應馬匹〈疋〉幷廩給者,
体式詳見求政錄.

관절(關切) 톙 관계가 밀접하다. ⇔관절
ᄒᆞ다(關切-).《朴新諺 1, 28ㅎ》是這樣關
切(朴新注, 11ㅈ: 關涉親切之謂.), 이러
ㅌ시 關切ᄒᆞ여야.

관절(關節) 명 몰래 뇌물을 주어 벼슬아
치를 매수하는 일. 암암리에 행하는 내
통이나 청탁.《集覽, 朴集, 中, 9ㅈ》打關
節. 吏學指南云, 下之所以通欵曲於上者
曰關節〈莭〉, 又造請權要謂之關節〈莭〉.
漢曰關說. 宋包拯剛直好駁, 時人語曰, 關
莭〈莭〉不到, 有閻羅包老. 如本國俗語 쇼
쳥〈쳥〉 ᄒᆞ다.《朴新諺 3, 5ㅈ》只怕那寃
家們打關節(朴新注, 46ㅈ: 下之通欵曲於
上曰關節, 又造請權要謂之關莭(節).)煩
人說情哩, 그저 뎌 寃家들이 쇼쳥ᄒᆞ여
사ᄅᆞᆷ을 식여 情을 니ᄅᆞᆫ가 저페라.

관절부도(關節不到) 명 송(宋)나라 포증
(包拯)을 달리 이르는 말. 관절(關莭)이
통하지 않는 사람. 곧, 뇌물이나 청탁이

통하지 않는 사람이라는 뜻으로, 포증이 대관(臺官)으로 있을 때 잘못이 있는 관원은 반드시 탄핵(彈劾)하였기 때문에 불리던 별명이다.《集覽, 朴集, 中, 7ㅎ》襃彈. 今按, 包孝肅公名拯, 性剛直不撓, 其所彈劾, 不避權勢, 故時人呼爲包閻羅, 曰關節〈節〉不到, 有閻羅包老.

관절ᄒ다(關切-) 〔형〕 관절(關切)하다. ⇔관절(關切).《朴新諺 1, 28ㅎ》是這樣關切(朴新注, 11ㅈ: 關涉親切之謂.), 이러 투시 關切ᄒ여야.

관점(官店) 〔명〕 관영(官營) 상점.《集覽, 朴集, 上, 9ㅎ》店. 停物貨賣之舍, 客商〈商〉徃來者多寓之. 官所營建收稅者曰官店.

관정(管情) 〔부〕 결단(決斷)코. 틀림없이. 꼭. 반드시. ⇔결단코.《朴新諺 3, 12ㅈ》不過一兩遍管情就好了, 혼두 번에 지나지 못ᄒ여셔 결단코 즉시 됴ᄒ리라.

관조면(寬條麵) 〔명〕 (면발이) 넓은 국수. ●⇔너분국슈.《朴新諺 3, 36ㅈ》再下幾碗寬條麵與我們, 쏘 여러 사발 너분 국슈를 눌러 우리를 주되. ●⇔너븐국슈.《朴新諺 3, 36ㅈ》薄餠, 薄餠과. 煎餠, 煎餠과. 寬條麵, 너븐 국슈와. 掛麵, 무론 국슉와. 芝麻燒餠, 춤깨 무친 燒餠과.

관주(灌州) 〔명〕 중국의 소설 서유기(西遊記)에 나오는 주(州) 이름.《集覽, 朴集, 下, 4ㅈ》孫行者. 老君·王母俱奏于玉帝, 傳宣李天王, 引領天兵十萬及諸神將至花菓山, 與大聖相戰失利. 巡山大力鬼上告天王, 擧灌州灌江口神曰小聖二郞, 可使拿獲. 天王遣太子木叉, 與大力鬼徃請二郞神, 領神兵圍花菓山, 衆猴出戰皆敗.《集覽, 朴集, 下, 10ㅎ》二郞爺爺. 按西遊記, 西域花菓山洞有老猴精, 號齊天大聖, 神變〈変〉無測, 閙〈鬧〉乱天宮, 玉帝命李天王領神兵徃捕, 相戰失利. 灌州灌江口立廟, 有神曰小聖二郞, 又號二郞賢聖天王, 請二郞捕獲大聖, 卽此.

관중(關中) 〔명〕 땅 이름. 중국 섬서성(陝西省) 위하(渭河) 지역에 있었다.《集覽, 朴集, 上, 9ㅈ》骨朶. 南村輟耕錄云, 國朝有四怯薛中有云都赤, 三日一次輪流入直, 負骨朶於背〈於肩〉, 余究骨朶字義, 嘗記宋景文筆記云, 關中人以腹大爲胍肝, 音孤都, 俗謂杖頭大者亦曰胍肝, 後訛爲骨朶.

관천하(官天下) 〔동〕 오제(五帝)가 나라를 자기 개인의 관청으로 여기다.《集覽, 朴集, 上, 14ㅈ》官裏. 呼皇帝爲官家, 亦曰官裏. 五帝官天下·三王家天下, 故云耳〈三王家天下故耳〉.

관혁 〔명〕 과녁. ⇔파자(把子).《朴新諺 1, 53ㅎ》箭箭都射着把子(朴新注, 20ㅈ: 帿屬.)上的紅心(朴新注, 20ㅎ: 鵠也.), 살마다 다 관혁에 관을 마치느니.

관화(官話) 〔명〕 원·명대(元明代) 이후 중국 북쪽 지방에서 널리 쓰이던 말. 북경어(北京語)를 기본으로 하는 표준어. 관리 사회에서 널리 쓰였다 하여 붙여진 이름이다.《集覽, 音義》那箇[俺]字是山西人說的. [恁]字也是官話, 不是常談, 都塗吊了改寫的.

관회(慣會) 〔형〕 익다. 익숙하다. 또는 …를 잘하다. ⇔닉다.《朴新諺 1, 28ㅈ》又慣會諞俊, 쏘 諞俊 ᄒ기에 닉으니.《朴新諺 1, 33ㅎ》慣會詆騙人家東西, 눔의 것 소겨 후리기 닉게 ᄒ느니.

괄(刮) 〔동〕 ●긁어 빗기다. ⇔긁빗기다.《朴新諺 1, 24ㅈ》把他渾身毛片刮箇乾淨, 뎌 왼몸에 털을다가 긁빗겨 乾淨히 ᄒ고.《朴新諺 1, 43ㅈ》不要只管的刮, 그저 스르여 긁빗기지 말라. 刮多了頭疼, 긁빗기기룰 만히 ᄒ면 마리 알프니라. ●(바람이) 불다. ⇔블다.《朴新諺 1, 39ㅈ》下雨開花刮風結子, 비 오면 곳 피고 ᄇ람 블면 여름 여든 거시여.

괄조(聒譟) 〔동〕 지껄이다. ⇔짓궤다.《朴新諺 2, 53ㅎ》娘子見了好生聒譟難聽哩, 娘子ㅣ 보고 ᄀ장 짓궤여 듯기 어렵더

라.《朴新諺 2, 55ㅈ》不要聒譟了快些下
罷, 짓궤지 말고 썰리 두라.《朴新諺 3,
1ㅈ》田鷄偏又叫的聒譟, 머구리 편벽히
쏘 우러 짓궨다.

광(光) 명 빛갈. ⇔빗ㅊ.《朴新諺 2, 51ㅎ》
時來鐵也爭光, 째 오면 쇠도 빗츨 드토
고. 運去黃金失色, 運이 가면 黃金이 빗
츨 일눈다 ᄒᆞ니라.

광(光) 円 번번히. 반반히. ⇔번번이.《朴
新諺 3, 11ㅈ》把泥鏝來再抹光些, 흙손으
로다가 다시 쓰서 번번이 ᄒᆞ라.

광(光) 관 민-. (아무것도 없다) ⇔뮌-.
《朴新諺 3, 26ㅎ》搭出一箇光骨頭來, 혼
뮌쪄만 그러내니.

광(筐) 의 광주리. ⇔광조리.《朴新諺 1,
25ㅈ》先給半筐他, 몬져 반 광조리를 주
고.

광(誆) 동 속이다. 기만하다. ⇔소기다.
《朴新諺 1, 33ㅎ》慣會誆騙人家東西, 눔
의 것 소겨 후리기 닉게 ᄒᆞᄂᆞ니.《朴新
諺 2, 33ㅎ》他就誆到家裏去, 제 곳 소겨
집의 가.

광(廣) 형 흔하다. ⇔흔ᄒᆞ다.《集覽, 字解,
單字解, 7ㅈ》廣. 多也. 흔ᄒᆞ다.

광고(光顧) 동 찾아 주시다. 보살펴 주시
다. 왕림(枉臨)하다. (주로 상인이 손님
을 맞이할 때 쓴다) ⇔광고ᄒᆞ다(光顧-).
《朴新諺 3, 59ㅈ》旣承二位光顧, 임의 二
位 光顧홈을 닙어시니.

광고ᄒᆞ다(光顧-) 동 광고(光顧)하다. ⇔
광고(光顧).《朴新諺 3, 59ㅈ》旣承二位
光顧, 임의 二位 光顧홈을 닙어시니.

광골두(光骨頭) 명 (살이 없는) 흰 뼈. ⇔
뮌쪄.《朴新諺 3, 26ㅎ》搭出一箇光骨頭
來, 혼 뮌쪄만 그러내니.

광대 명 탈. 가면(假面). 마스크(mask). ⇔
귀검아(鬼臉兒).《朴新諺 2, 11ㅎ》把一
箇蠟嘴帶着鬼臉兒, 혼 암죵다리로다가
광대 씌오고.

광대(廣大) 형 크고 넓다.《集覽, 朴集, 下,

4ㅈ》孫行者. 西遊記云, 西域有花菓山, 山
下有水簾洞, 洞前有鐵板橋, 橋下有萬丈
澗, 澗邊有萬箇小洞, 洞裏多猴. 有老猴精,
號齊天大聖, 神通廣大, 入天宮仙桃園偸
蟠桃, 又偸老君靈丹藥, 又去王母宮偸王
母綉仙衣一套, 來設慶仙衣會.

광록시(光祿寺) 명 북제(北齊)・당(唐)나
라 이후 제사나 조회(朝會) 등을 맡아보
던 관청. 우두머리는 광록시 경(光祿寺
卿)이다.《集覽, 朴集, 上, 1ㅈ》光祿寺. 在
東長安門內, 其屬有大官・珍〈珎〉羞・良
醞・掌醢四署, 掌供辦內府諸品膳羞酒醴
及管待使客之事.《集覽, 朴集, 上, 1ㅎ》署
官. 良醞署, 卽光祿寺屬官也. 有署正・署
丞・監事等官.《集覽, 朴集, 中, 1ㅎ》廚
子. 光祿寺有廚子, 卽供應大小筵宴及館
〈舘〉待使客執爨之役者也.《集覽, 朴集,
下, 3ㅎ》掾史. 今按, 五軍都督府有掾史,
而光祿寺吏無此名. 元制, 未詳.《朴新諺
1, 2ㅈ》不如問那光祿寺(朴新注, 1ㅎ: 管
筵宴・酒飯衙門.), 뎌 光祿寺에 무러.《朴
新諺 1, 3ㅈ》光祿寺裏呢, 光祿寺에ᄂᆞᆫ.
《朴新諺 2, 24ㅈ》是小弟昨日在張少卿(朴
新注, 31ㅎ: 太常寺・大理寺・光祿寺・
太僕寺有卿・少卿, 俱三品.)家慶賀筵席
上, 올ᄒᆞ니 小弟 어제 張少卿의 집 慶賀
筵席에서.《朴新諺 3, 17ㅎ》除授了光祿
寺卿了, 光祿寺卿에 除授ᄒᆞ엿ᄂᆞ니라.

광명(光明) 명 〈불〉 부처와 보살 등의 몸
에서 나는 빛.《集覽, 朴集, 中, 6ㅈ》身瑩
瓊瓌. 佛八十種好云, 身有光明, 又云身淸
淨. 又云色潤澤如瑠璃.《朴新諺 2, 29ㅎ》
面圓壁月(朴新注, 33ㅎ: 壁, 瑞玉, 形圓
者. 佛書云, 面圓淨如滿月.)身瑩瓊瑰(朴
新注, 33ㅎ: 石次玉者, 瑩潔有光明.), ᄂᆞᆺ
촌 璧月ᄀᆞ치 두렷ᄒᆞ고 몸은 瓊瑰ㅣ ᄀᆞ치
몰그며.

광언(狂言) 명 상식에 어그러진 미친 듯
한 말. 미친 소리.《集覽, 朴集, 上, 2ㅎ》
院本. 質問云, 院本有曰外, 或粧先生・探

訪使 · 考試官 · 老人 · 達達之類, 皆是外
扮, 曰淨, 有男淨 · 有女淨, 亦做醜態, 專
一弄言取人歡笑, 曰末, 粧扮不一, 初則開
場白說, 或粧家人 · 祇候, 或扮使臣之類,
曰丑, 狂言戲弄, 或粧醉漢 · 太醫 · 吏員
· 媒婆之類.

광연(廣衍) 〔형〕 넓고 평평하다. 《集覽, 朴
集, 上, 4ㅎ》瀋陽. 今設瀋陽中衛, 地方廣
衍, 東逼高麗, 北抵建州, 去衛治東北八十
里, 有州曰貴德, 或謂玄菟郡.

광염(光焰) 〔명〕 빛. 빛발. 《集覽, 朴集, 下,
12ㅎ》弓裔. 日官奏曰, 此兒以重午日生,
生而有齒, 且光燄〈焰〉異常, 恐將不利於
國家, 宜勿擧.

광요(光耀) 〔형〕 영예(榮譽)롭다. 영광스럽
다. ⇔광요ᄒ다(光耀-). 《朴新諺 3, 16
ㅈ》拜見父母光耀門閭, 父母ᄭᅴ 拜見ᄒ고
門閭를 光耀ᄒ면.

광요ᄒ다(光耀-) 〔형〕 광요(光耀)하다. ⇔
광요(光耀). 《朴新諺 3, 16ㅈ》拜見父母
光耀門閭, 父母ᄭᅴ 拜見ᄒ고 門閭를 光耀
ᄒ면.

광자(筐子-) 〔명〕 광주리. 《集覽, 朴集, 下, 7
ㅈ》提攬. 質問云, 如筐子, 上有圓圈, 用手
提攜, 方言謂之提攬.

광쟝이 〔명〕 광저기. 동부. ⇔완두(豌豆).
《朴新諺 3, 38ㅈ》他種的稻子, 제 시믄 벼
와. 膏粱, 슈슈와. 黍子, 기장과. 大麥, 보
리와. 小麥, 밀과. 蕎麥, 모밀과. 黃豆, 콩
과. 小豆, 풋과. 菉豆, 菉豆와. 豌豆, 광쟝
이. 黑豆, 거믄콩. 芝麻, 춤깨와. 蘓(蘇)
子, 듧깨.

광정(光淨) 〔형〕 광택이 있고 맑다. 맑고 빛
나다. 《集覽, 朴集, 上, 6ㅈ》鑌鐵. 摠〈聦〉
龜云, 出西番, 面上自有旋螺花者, 有芝麻
花者. 凡刀劍器打磨光淨, 價直過於銀, 鐵
〈鍊〉中最利者也.

광제(廣濟) 〔동〕 〈불〉 사람들을 널리 구제
하다. 《集覽, 朴集, 中, 4ㅈ》悲雨慈風. 佛
發大慈悲, 廣濟衆生, 猶洒雨發風然, 無遠

不被, 故曰風雨. 佛有四無量心, 慈悲喜
捨.

광조리 回 광주리. ⇔광(筐). 《朴新諺 1,
25ㅈ》先給半筐他, 몬져 반 광조리를 주
고.

광풍창(廣豐倉) 〔명〕 곡물을 쌓아 두던 창
고 이름. 북경(北京)의 평칙문(平則門)
과 20리 거리에 있었다. 《集覽, 朴集, 上,
5ㅎ》廣豐倉. 質問云, 在京師, 收天下米粮
處也. 《朴新諺 1, 13ㅈ》平則門離這廣豊
倉有二十里地, 平則門이 廣豐倉에 쁨이
二十里 짜히 이시니. 《朴新諺 1, 13ㅎ》
廣豊倉到平則門, 廣豊倉에셔 平則門 가
기.

광현(光顯) 〔동〕 빛내다. 밝게 드러내다.
《朴新諺 1, 49ㅈ》輔國忠君光顯門閭, 輔
國 忠君ᄒ고 光顯 門閭ᄒ면.

광현문려(光顯門閭) 〔동〕 입신출세하여 가
문을 밝게 들어내다. ⇔광현문려ᄒ다
(光顯門閭-). 《朴新諺 1, 49ㅈ》輔國忠君
光顯門閭, 輔國 忠君ᄒ고 光顯 門閭ᄒ면.

광현문려ᄒ다(光顯門閭-) 〔동〕 광현문려
(光顯門閭)하다. ⇔광현문려(光顯門閭).
《朴新諺 1, 49ㅈ》輔國忠君光顯門閭, 輔
國 忠君ᄒ고 光顯 門閭ᄒ면.

광활(光滑) 〔형〕 (물체의 표면이) 반들반들
하다. 매끄럽다. 《集覽, 朴集, 上, 12ㅎ》
白淸水絹. 무·리 ·픗〈플〉:긔 ·업·시 다드·
마:돌호로 미·론:깁·이·니, 光滑緻硬, 如本
國擣砧者也. 卽不用糊粉而鍊〈練〉生絹,
以石碾者.

괘(掛) 〔동〕 ❶걸다. 매어달다. ⇔걸다. 《朴
新諺 2, 50ㅈ》當中掛一軸大畫, 當中ᄒ여
흔 軸 큰 그림을 걸고. 《朴新諺 3, 10ㅎ》
我們且把準線掛好了, 우리 쏘 드림줄을
다가 걸기를 잘ᄒ쟈. ❷치다[設]. 걸다.
⇔치다. 《朴新諺 3, 4ㅈ》做一頂蚊帳掛着
睡纔好, 흔 볼 모긔帳을 민드라 치고 자
야 마치 됴흐리라. ❸차다[佩]. ⇔츠다.
《朴新諺 1, 29ㅎ》兩邊掛着珎珠結成花樣

的對子荷包, 두 편에 珎珠로 花樣 겨른 혼 雙 주머니롤 츠고.

괘념(掛念) 동 그리워하다. 염려하다. ⇔괘념ᄒ다(掛念-). 《朴新諺 1, 37ㅈ》老長兄承你掛念, 老長兄아 네 掛念ᄒ믈 닙으니.

괘념ᄒ다(掛念-) 동 괘념(掛念)하다. ⇔괘념(掛念). 《朴新諺 1, 37ㅈ》老長兄承你掛念, 老長兄아 네 掛念ᄒ믈 닙으니.

-괘라 어미 -았(었)노라. -겠노라. 《朴新諺 3, 54ㅎ》闕拜望了得罪, 拜望홈을 闕ᄒ니 罪를 엇괘라.

괘면(掛麵) 명 마른(말린) 국수. ⇔ᄆ론국슈. 《集覽, 朴集, 下, 6ㅎ》掛麪. 詳見老乞大集覽濕麪下. 《朴新諺 3, 36ㅈ》薄餅, 薄餅과. 煎餅, 煎餅과. 寬條麪, 너븐 국슈와. 掛麪, ᄆ론 국슈와. 芝麻燒餅, 춤깨 무친 燒餅과.

괘석(掛錫) 명 〈불〉 석장(錫杖)을 걸어 둔다는 뜻으로, 수행하는 중이 절에서 대중과 함께 지냄을 이르는 말. 《集覽, 朴集, 上, 15ㅎ》步虛. 戊子東還, 掛錫于三角山重興寺. 尋徃龍門山, 結小庵, 額曰小雪.

괘자(褂子) 명 등거리. (등만 덮을 만하게 걸쳐 입는 홑옷) ⇔등거리. 《朴新諺 2, 59ㅎ》玄靑的裁做褂子, 셕쳥빗츤 등거리 몰라 믠들고.

괘탑(掛搭) 명 〈불〉 의발(衣鉢)을 승당(僧堂)에 걸어 둔다는 뜻으로, 떠돌아다니는 중이 일정한 기간 동안 외출하지 않고 한곳에 머무르면서 수행(修行)하는 일. 《集覽, 朴集, 下, 2ㅈ》解夏. 荊楚歲時記云, 天下僧尼, 於四月十五日, 就禪利掛搭不出門, 謂之結夏, 亦曰結制.

괴 명 고양이. ●⇔묘(猫). 《朴新諺 3, 2ㅈ》那簡拿藍(籃)子盛着猫的不是賣的麼, 뎌 드라치 가져 괴 담으니 이 풀 리 아니가. 《朴新諺 3, 2ㅎ》果然是賣猫的, 果然이 괴 풀 리로다. 你拿猫來我看, 네 괴 가져오라 내 보쟈. 《朴新諺 3, 2ㅎ》我要

這有花兒的母猫, 내 이 어룽 암 괴룰 사려 ᄒ니. ●⇔묘아(猫兒). 《朴新諺 3, 2ㅈ》你家裡没有猫兒麼, 네 집의 괴 업ᄂ냐. 《朴新諺 3, 3ㅈ》一箇猫兒怎麼就直的這些錢, 혼 낫 괴에 엇지 곳 이 갑시 ᄡ리오.

괴(怪) 동 허물하다. 탓하다. 책망하다. ⇔허믈ᄒ다. 《朴新諺 3, 7ㅈ》這也是恠不得虫子, 이 쏘 좀을 허믈치 못홀 거시니.

괴(怪) 명 허물. 탓. ⇔허믈. 《朴新諺 1, 37ㅈ》不曾探望你休恠, 일즉 探望치 못ᄒ여시니 네 허믈 말라. 《朴新諺 1, 56ㅎ》大哥休恠, 큰형아 허믈 말라.

괴(怪) 형 괴이(怪異)하다. ⇔괴이ᄒ다. 《朴新諺 2, 54ㅎ》怪哉, 괴이ᄒ다.

괴(塊) 의 ●낱. 개. 《集覽, 朴集, 上, 6ㅎ》打擡. 音義云, 杭州小兒之戱也. 用小圓木長三四寸, 各持〈各持一〉塊, 彼此相擊, 出限者爲輸. ●덩이. ⇔덩이. 《朴新諺 1, 39ㅎ》墻上一塊土吊下來禮拜, 담 우희 혼 덩이 흙이 ᄶ러뎌 ᄂ려와 禮拜ᄒ는 거시여. 《朴新諺 3, 24ㅎ》取了一塊靑泥來, 혼 덩이 프른 즌흙을 가져와. 《朴新諺 3, 45ㅈ》我咬着一塊沙子, 내 혼 덩이 모래를 무니.

괴(壞) 동 해어뜨리다. 헐어버리다. 망가지게 하다. ⇔해여ᄇ리다. 《朴新諺 3, 23ㅈ》你教徒弟壞了我羅天大醮, 네 徒弟로 ᄒ여 내 羅天大醮를 해여ᄇ리고.

괴다 동 ●(술이) 괴다. ⇔발(發). 《集覽, 字解, 單字解, 7ㅎ》發. 酒發 술 괴다. 發將來 자바 보내다. 一發, 見下. 又吏語, 告發 고ᄒᄒ야나다. ●괴다[支]. 받치다. ⇔졈(墊). 《朴新諺 3, 4ㅈ》把磚墊好着, 벽으로다가 괴와 됴케 ᄒ고.

괴로옴 명 괴로움. ⇔고(苦). 《朴新諺 2, 7ㅎ》有苦同受樂同享, 괴로옴이 잇거든 혼가지로 밧고 즐거옴이 잇거든 혼가지로 누리면. 《朴新諺 3, 57ㅎ》願公速救百姓之苦, 願컨대 公은 ᄲᆞ리 百姓의 괴로옴을 구ᄒ라.

괴물(怪物) 圐 괴물. 요괴(妖怪). 요마(妖魔).《朴新諺 3, 9ㅈ》見多少恠物・妖精, 언머 恠物・妖精을 보아시며.

괴오다 圐 괴다支.《集覽, 朴集, 中, 2ㅈ》梯子. 音義云, 車前괴오ᄂᆞ나모.《集覽, 朴集, 中, 2ㅈ》撑頭. 音義云, 車後괴오ᄂᆞᆫ나모.

괴이ᄒ다 圐 괴이(怪異)하다. ●⇔괴(怪).《朴新諺 2, 54ㅎ》怪哉, 괴이ᄒ다. ●⇔작괴(作怪).《朴新諺 2, 54ㅎ》說這般作怪的言語, 이런 괴이ᄒᆫ 말을 니ᄅᆞᆫ다.

괴자(塊子) 圐 덩이.《集覽, 朴集, 下, 6ㅈ》水滑經帶麪. 水滑麪〈麵〉用頭麪, 春夏秋用新汲水, 入油塩, 先攪作拌麪羹搦, 漸漸入水和搜成劑, 用手拆開, 作小塊子, 再用油水洒和, 以拳搔一二百拳.《集覽, 朴集, 下, 9ㅎ》煤簡兒. 質問云, 如碎煤用黃泥水和成塊子, 方言謂之煤簡兒.《朴新諺 3, 45ㅈ》乾煤簡子(朴新注, 60ㅎ: 碎煤和黃土. 印成塊子曰煤簡子.)還有麽, 므른 미탄 덩이 ᄯᅩ 잇ᄂᆞ냐.

괴장(拐杖) 圐 지팡이. ⇔집팡이.《朴新諺 2, 39ㅈ》咱們拄着拐杖, 우리 집팡이 집고.

괴통(蒯通) 圐 한(漢)나라 초기의 유세가(遊說家). 탁군(涿郡) 범양(范陽) 사람. 본래 이름은 철(徹). 후대의 사가(史家)들이 한 무제(漢武帝: 劉徹)를 피휘(避諱)하여 이름을 고쳤다. 무신군(武臣君)에게 유세(遊說)하여 싸우지 않고도 연(燕)・조(趙)나라의 땅 30여 성(城)을 얻게 하였다.《集覽, 朴集, 上, 5ㅈ》擔. 前漢書蒯通傳, 守甀石之祿. 應劭注, 擔, 受二斛.

교(巧) 圐 교(巧)하다. (솜씨나 재주 따위가 재치 있게 약삭빠르고 묘하다) ⇔교ᄒ다(巧-).《朴新諺 3, 11ㅎ》拙匠人巧主人, 拙ᄒᆫ 匠人이오 巧ᄒᆫ 主人이라 ᄒᄂᆞ니라.

교(交) 圐 흥정. 교역(交易). ⇔흥졍.《集覽, 字解, 累字解, 2ㅎ》悔交. 흥졍 므르다. 亦曰倒裝.

교(咬) 圐 ❶물다. ㉠⇔물다.《朴新諺 3, 24ㅈ》到那裏僧耳門後咬, 뎌 唐僧의 귀 뒤헤 가 무러.《朴新諺 3, 45ㅈ》我咬着一塊沙子, 내 ᄒᆫ 덩이 모래를 무니. ㉡⇔물다.《朴新諺 3, 3ㅎ》蚊子咬的當不的, 모긔 므러 當치 못ᄒ니. ❷물리다. ⇔물리다.《朴新諺 1, 36ㅎ》一年經蛇咬三年怕井繩, 一年을 비얌 물려 디내면 三年을 드렛줄도 저퍼ᄒ다 ᄒᄂᆞ니라.

교(敎) 圐 가르치다. ⇔ᄀᆞᄅᆞ치다.《朴新諺 1, 15ㅎ》就敎我這箇好法兒, 이믜셔 나를 이 됴ᄒᆫ 法을 ᄀᆞᄅᆞ치라.《朴新諺 3, 59ㅈ》咱們都領敎了, 우리 다 ᄀᆞᄅᆞ치믈 領ᄒ여다.

교(敎) 閉 하여금. ●⇔ᄒ여.《朴新諺 1, 2ㅈ》却敎李四去, ᄯᅩ 李四로 ᄒ여 가.《朴新諺 1, 1ㅎ》可敎張三去, 張三으로 ᄒ여 가.《朴新諺 1, 17ㅎ》這般我敎他打了刀, 이러면 내 뎌로 ᄒ여 칼을 치이되.《朴新諺 1, 22ㅎ》敎他替我做一條銀廂花帶何如, 뎌로 ᄒ여 나를 ᄀᆞᄅᆞ차 ᄒᆫ 오리 銀 뎐메온 섭사긴 씌롤 민돌미 엇더ᄒ뇨.《朴新諺 1, 25ㅈ》以後敎小廝們好生替我喂養, 이후란 아희들로 ᄒ여 ᄀᆞ장 나를 ᄀᆞᄅᆞ차 먹이게 ᄒ라.《朴新諺 3, 23ㅈ》你敎徒弟壞了我羅天大醮, 네 徒弟로 ᄒ여 내 羅天大醮를 해여ᄇ리고.《朴新諺 3, 26ㅈ》行者敎千里眼・順風耳兩箇鬼, 行者ㅣ 千里眼・順風耳 두 귀신으로 ᄒ여. ●⇔ᄒ여곰.《朴新諺 3, 26ㅎ》敎將軍使金鉤子, 將軍으로 ᄒ여곰 쇠갈고리로.

교(較) 閉 적이. 좀. 보다. ⇔져기.《朴新諺 2, 24ㅈ》尺脉較沈, 尺脉이 져기 沈ᄒ니.

교(鉸) 圐 뽑다. 자르다. 깎다. ⇔뽑다.《朴新諺 1, 43ㅎ》把鉸刀鉸了鼻孔毫毛, 鉸刀를 가져다가 코굼게 털을 뽑고.

교(嬌) 圐 교만하다. 잘난 체하다. 자랑하

다. ⇔ᄒ건양ᄒ다.《朴新諺 2, 46ᄒ》家
富小兒嬌, 집이 가옴열면 아히 ᄒ건양ᄒ
다 ᄒ니.

교(橋) 명 다리. ⇔드리.《朴新諺 3, 53ᄒ》
好到各處橋上墻角頭貼去, 各處 드리 우
와 담 모롱이에 부치라 가게 ᄒ고.

교납(交納) 동 (규정된 액수의 돈이나 실
물을) 납부하다. 내다. ⇔교납ᄒ다(交
納-).《朴新諺 2, 45ᄌ》按月交納不致短
少, 둘을 조차 交納ᄒ여 쩌르치매 니르
지 아니케 ᄒ리라.

교납ᄒ다(交納-) 동 교납(交納)하다. ⇔
교납(交納).《朴新諺 2, 45ᄌ》按月交納
不致短少, 둘을 조차 交納ᄒ여 쩌르치매
니르지 아니케 ᄒ리라.

교도(教道) 동 가르치다. ⇔ᄀ르치다.
《朴新諺 1, 9ᄌ》教道我照看我, 나를 ᄀ
르치고 나를 보술피면.

교도(鉸刀) 명 귓구멍 둘레의 털을 깎는
가위.《朴新諺 1, 43ᄒ》把鉸刀鉸了鼻孔
毫毛, 鉸刀롤 가져다가 코굼게 털을 뽑
고.

교디ᄒ다 동 교대하다. 임무를 넘겨받다.
직무를 인계하다. ⇔접임(接任).《朴新
諺 2, 50ᄒ》接任的官有了麼, 교디ᄒ로 관
원이 잇ᄂ냐.

교마(轎馬) 명 가마. 또는 가마와 말.《朴
新諺 3, 44ᄌ》是影亭·香亭·轎馬, 이
影亭과 香亭과 轎馬와.

교맥(蕎麥) 명 메밀. ⇔모밀.《朴新諺 3,
38ᄌ》他種的稻子, 제 시믄 벼와. 膏梁,
슈슈와. 黍子, 기장과. 大麥, 보리와. 小
麥, 밀과. 蕎麥, 모밀과. 黃豆, 콩과. 小豆,
꿋과. 菉豆, 菉豆와. 豌豆, 광쟝이. 黑豆,
거믄콩. 芝麻, 춤째와. 蘇(蘇)子, 둛째.

교방(教坊) =교방사(教坊司).《集覽, 朴
集, 上, 2ᄒ》院本. 院本則五人, 一曰副淨,
古謂之狵軍, 一曰副末, 古謂之蒼鶻, 鶻能
擊禽鳥, 末可打副淨, 古(故)云, 一曰引戲,
一曰末泥, 一曰孤裝, 又謂之五花爨弄. 或

曰, 宋徽宗見爨國人來朝, 衣裝·鞵履·
巾裹, 傅粉墨, 舉動如此, 使優人効之以爲
戲. 其間副淨有散說, 有道念, 有筋斗, 有
科範. 盖古教坊色長有魏·武·劉三人,
而魏長於念誦, 武長於筋斗, 劉長於科範,
至今樂人皆宗之.

교방사(教坊司) 명 송·원대(宋元代)에
아악(雅樂)이나 속악(俗樂)에 관한 일을
맡아보던 관서. 명대(明代)에는 예부(禮
部)에 예속되었으며, 청(淸) 옹정(雍正)
연간에 폐하였다.《集覽, 朴集, 上, 2ᄒ》
教坊司. 掌雅·俗樂之司, 隷禮部, 有奉鑾
〈銮〉·韶舞·司樂等官, 一名麗春院, 卽
元俗所呼拘欄司.《集覽, 朴集, 上, 6ᄒ》
拘欄. 質問云, 麗春院樂人搬演戲文雜劇
之處也. 又云麗春院, 卽教坊司也. 教坊司
見上.《朴新諺 1, 5ᄒ》再問教坊司(朴新
注, 2ᄒ: 掌音樂·雜戲之司.), 또 教坊司
에 무러.

교부(交付) 동 넘겨주다. 인계(引繼)하다.
인도하다.《集覽, 字解, 單字解, 2ᄒ》交.
同上. 又吏語, 交割卽交付也.

교살(攪撒) 동 알다. 깨닫다.《集覽, 朴集,
中, 3ᄌ》攪撒. 攪, 作覺是. 覺字雖入聲,
而凡入聲淸聲〈声〉, 則呼如上聲者多矣.
如角字, 亦或呼如上聲. 記書者以覺撒之,
覺呼爲上聲, 而謂覺字爲入聲, 不可呼如
上聲, 故書用攪字耳. 撒, 猶知也. 俗語亦
曰快撒了. 今以撒放之撒, 用爲知覺之義
者, 亦未詳.

교상(交相) 円 상호(간에). 서로.《集覽,
朴集, 上, 9ᄌ》結椶帽. 椶, 木名, 高一二
丈, 葉如車輪, 旁〈旁〉無枝, 皆萃於木杪.
其下有皮, 重疊裹之, 每皮一匝爲一節
〈節〉, 花黃白色, 結實作房, 如魚子狀, 其
皮皆是絲而經緯如織, 傍有細縷, 交相連
綴不散. 取其絲理之, 以結成大帽.

교수(交手) 동 (쌍방이) 맞붙어 겨루다(싸
우다). ⇔교수ᄒ다(交手-).《朴新諺 1,
26ᄌ》眼下交手便見輸贏, 眼下에 交手ᄒ

면 곳 지며 이긔믈 보리라. 《朴新諺 2, 55ㅎ》咱兩箇交手便見高低, 우리 둘히 交手ᄒ면 곳 高低를 보리라.

교수(敎授) 명 글방이나 서당의 선생에 대한 존칭. 《朴新諺 3, 56ㅈ》今同葛敬之敎授, 이제 葛敬之 敎授와 ᄒᆞᆫ가지로.

교수ᄒ다(交手-) 동 교수(交手)하다. ⇔교수(交手). 《朴新諺 1, 26ㅈ》眼下交手便見輸贏, 眼下에 交手ᄒ면 곳 지며 이긔믈 보리라. 《朴新諺 2, 55ㅎ》咱兩箇交手便見高低, 우리 둘히 交手ᄒ면 곳 高低를 보리라.

교의 명 교의(交椅). 의자. ●⇔의(椅). 《朴新諺 1, 6ㅈ》先把椅桌分開擺了了, 몬져 교의와 상을 논화 버리고, ●⇔의자(椅子). 《朴新諺 2, 50ㅈ》兩傍放幾張椅子, 두 편에 여러 교의를 노코.

교자(交子) 명 촉(蜀)나라에서 유통되던 가장 오래된 지폐. 《集覽, 朴集, 上, 13ㅈ》錢鈔. 鈔, 楮幣也. 始於蜀之交子, 唐之飛錢, 至元朝有中統元寶. 交鈔, 通行寶鈔之名.

교장(敎場) 명 사장(射場). 활터. 《集覽, 朴集, 上, 14ㅈ》剌〈掆〉柳. 質問云, 端午節日, 赴敎場內, 將三枝柳植之三處, 走馬射之. 《朴新諺 1, 52ㅎ》咱們到敎場裏射箭去罷, 우리 敎場에 활 ᄡᅩ라 가쟈.

교접(交接) 동 서로 닿아서 접촉하다. 《集覽, 朴集, 中, 8ㅎ》臘. 臘者, 獵也, 因獵取獸, 以祭先祖. 又臘者, 接也, 新故交接大祭, 以報功也.

교천(郊天) 동 하늘에 제사를 지내다. 《集覽, 朴集, 中, 2ㅈ》郊天. 天子設圜丘於南郊, 以祭天神・地祇・日月星辰・山川・嶽瀆, 以太祖配享. 古制, 冬至祭天. 今制, 正月十五日以裏祭天, 俗謂之拜郊〈謂之拜郊〉.

교초(交鈔) 명 금・원대(金元代)에 유통되던 지폐. 《集覽, 朴集, 上, 13ㅈ》錢鈔. 鈔, 楮幣也. 始於蜀之交子, 唐之飛錢, 至

元朝有中統元寶. 交鈔, 通行寶鈔之名.

교치(交馳) 동 서로 분주하게 끊임없이 왕래하다. 《集覽, 朴集, 上, 14ㅎ》拜節. 歲時樂事記云, 元日, 土庶自早互相慶賀, 車馬交馳, 衣服華煥, 雜遝街市, 三四日乃止〈三四日而乃止〉.

교파(咬破) 동 물어 찢다. 물어뜯다. ⇔쳐ᄇᆞ리다. 《朴新諺 3, 2ㅈ》樻子裡裝的衣服也被他咬破了好些, 樻 속에 너흔 衣服도 제 쳐ᄇᆞ린 거시 만흐니.

교할(交割) 동 (사무를) 인계(引繼)하다. 인도하다. 《集覽, 字解, 單字解, 2ㅎ》交. 同上. 又吏語, 交割卽交付也.

교화(敎化) 동 〈불〉 부처의 진리로 사람을 가르쳐 착한 마음을 가지게 하다. 《集覽, 朴集, 上, 15ㅈ》兜率. 梵語兜率, 此云妙足, 又云知足於五欲知止足. 故佛地論云, 名憙足, 謂後身菩薩於中敎化, 多修憙足故.

교훈(敎訓) 동 훈계하다. 꾸짖다. 교육하다. ⇔교훈ᄒ다(敎訓-). 《朴新諺 2, 46ㅎ》失于敎訓了, 敎訓홈을 일홈이로다.

교훈ᄒ다(敎訓-) 동 교훈(敎訓)하다. ⇔교훈(敎訓). 《朴新諺 2, 46ㅎ》失于敎訓了, 敎訓홈을 일홈이로다.

교ᄒ다(巧-) 형 교(巧)하다. (솜씨나 재주 따위가 재치 있게 약삭빠르고 묘하다) ⇔교(巧). 《朴新諺 3, 11ㅈ》拙匠人巧主人, 拙ᄒᆫ 匠人이오 巧ᄒᆫ 主人이라 ᄒᆞ니라.

구(九) 관 아홉. ⇔아홉. 《朴新諺 1, 23ㅎ》九枝金鳳, 아홉 가지 金鳳과. 《朴新諺 1, 51ㅎ》也不過使二十八九箇錢, 스믈 여ᄃᆞᆲ 아홉 낫 돈을 ᄡᅳ매 지나지 아니ᄒᆞ리라.

구(九) 주 아홉. ⇔아홉. 《朴新諺 3, 45ㅎ》夜飯少一口, 밤밥을 ᄒᆞᆫ 술을 덜면. 活到九十九, 아흔 아홉을 산다 ᄒᆞ니라.

구(久) 관 오랜. ⇔오란. 《朴新諺 3, 9ㅎ》久後你也要得證正果哩, 오란 후에 너도 正果 證홈을 어드리라.

구(久) 동 지체하다. 체류하다. ⇔구ᄒ다

(久-).《朴新諺 2, 59ㅈ》婁增軫久鬼迎祥, 婁ᄂᆫ 增ᄒ고 軫은 久ᄒ고 鬼ᄂᆫ 迎祥ᄒ니.

구(久) 혱 오래다. ⇔오래다.《朴新諺 2, 23ㅈ》眞是遠行知馬力日久見人心, 진실로 이 멀리 가매 물 힘을 알고 날이 오래매 사ᄅᆷ의 ᄆᆞᄋᆞᆷ을 보ᄂ니라.

구(口) 명 ❶부리. ᄭᅳᆺ머리. ⇔부리.《朴新諺 1, 15ㅎ》在那瘡口上不住的揉抹, 뎌 瘡 부리에 머므지 말고 ᄇ ᄅ고. ❷부리. 주둥이. 입구. ⇔부리.《朴新諺 1, 40ㅎ》一箇長甕兒窄窄口裏盛着糯米酒, 흔 긴 독 조븐 부리 안히 ᄎᆞᆸᄡᆞᆯ술 담은 거시여. ❸아가리. 입구. ⇔아궁이.《朴新諺 1, 18ㅈ》刀鞘要起線花梨木, 칼집은 실 돗 친 花梨木으로 ᄒ고. 鹿角廂口的, 鹿角으로 아궁이에 젼메오고. ❹입. ⇔입.《朴新諺 1, 15ㅎ》把指頭在口內沾着唾沫, 손가락을다가 입에 너허 춤을 무쳐.《朴新諺 2, 3ㅎ》誰肯向他開口, 뉘 즐겨 뎌를 향ᄒᆞ여 입을 열리오.《朴新諺 2, 30ㅈ》若人有難口念菩薩之名, 만일 사ᄅᆷ이 어려움이 잇거든 입에 菩薩의 일홈을 念ᄒ면,《朴新諺 3, 41ㅈ》就如活的只少一口氣哩, 곳 사니 ᄀᆞᆺ고 그저 흔 입긔운만 업더라.

구(口) 의 ❶마리.《集覽, 朴集, 上, 8ㅈ》頭口. 汎指馬・牛・猪・羊之稱數, 猪以頭數, 牛亦曰頭數, 羊以口數, 獐亦曰口, 故泛稱畜口曰頭口, 牛・馬亦曰頭・疋. ❷술. 숟가락. 입. ⇔술.《朴新諺 3, 45ㅎ》夜飯少一口, 밤밥을 흔 술을 덜면. 活到九十九, 아흔 아홉을 산다 ᄒ니라.

구(勾) 통 되다. 이르다. 넉넉하다. ⇔되다.《朴新諺 3, 30ㅈ》只勾本我就賣再不爭論的, 그저 本이 되면 내 곳 풀고 다시 爭論치 아니ᄒ리라.

구(勾) 閉 ❶넉넉히. 넉넉하게. ⇔넉넉이.《朴新諺 1, 1ㅎ》儘勾使用了, 잇긋 넉넉이 ᄡᅳ리라.《朴新諺 1, 2ㅎ》倘不勾吃, 만일 넉넉이 먹지 못ᄒᆞ량이면,《朴新諺 1,

31ㅎ》買六箇猠皮纔勾使哩, 여슷 猠皮롤 사야 겨요 넉넉이 ᄡᅳ리라.《朴新諺 3, 17ㅈ》不要了儘勾住了, 要치 아니ᄒ노라 잇긋 넉넉이 머믈리로다.《朴新諺 3, 33ㅈ》也就勾打了, ᄯᅩ 이믜셔 넉넉이 민둘리라. ❷유여(有餘)히. 넉넉히. ⇔유여히.《朴新諺 3, 40ㅎ》旣不能勾跟去, 이믜 능히 유여히 ᄯᆞ라가지 못ᄒᆞᆯ쟉시면. ❸느긋하게. 만족히. ⇔잇긋.《朴新諺 1, 51ㅈ》洗勾了却到客位裏歇一會, 씻기를 잇긋 ᄒ고 ᄯᅩ 客位에 가 흔 지위 쉬여.

구(勾) 혱 넉넉하다. ⇔넉넉ᄒ다.《朴新諺 1, 2ㅈ》都勾了, 다 넉넉ᄒ리라.《朴新諺 1, 4ㅎ》只用十二樣勾了, 그저 열두 가지를 ᄡᅥ야 넉넉ᄒ리라.《朴新諺 1, 5ㅎ》這也就勾了, 이도 이믜셔 넉넉ᄒ다.《朴新諺 1, 7ㅈ》弟兄們酒旣勾了用飯罷, 弟兄들아 술이 이믜 넉넉ᄒ니 밥을 먹음이 무던ᄒ다.《朴新諺 1, 23ㅎ》便當二十両也還不勾用哩, 곳 스므 냥을 던당ᄒᆞ여도 당시롱 ᄡᅳ기에 넉넉지 못ᄒ여라.《朴新諺 1, 24ㅈ》纔勾典那宅子哩, 겨요 뎌 집을 셰내끼 넉넉ᄒ리라.《朴新諺 1, 53ㅈ》咱約會了弟兄十數人勾了, 우리 弟兄 여라믄 사ᄅᆷ을 모호면 넉넉ᄒ리라.《朴新諺 2, 22ㅈ》謝天地只願好收成就勾了, 天地끠 謝ᄒᄂ니 다만 원컨대 잘 收成ᄒ면 곳 넉넉ᄒ리로다.

구(句) 의 구(句). 마디. ⇔귀.《朴新諺 2, 7ㅈ》咱今日有句知心話對你說, 우리 오눌 혼 句ㅣ 심복 아ᄂᆫ 말이 이셔 너ᄃ려 니ᄅᆞ쟈.《朴新諺 3, 14ㅎ》罵了幾句就走出去了, 여러 귀 ᄭᅮ짓고 곳 ᄃᆞ라나 가니.《朴新諺 3, 28ㅈ》行者念幾句眞言, 行者ㅣ 여러 귀 眞言을 念ᄒ고.

구(扣) 통 걸다. 달다. 채우다. ⇔걸다.《朴新諺 2, 41ㅎ》把門上釘鈒扣上了, 門에 걸새를다가 걸고.

구(具) 통 갓추다. ⇔구ᄒ다(具-).《朴新諺 3, 16ㅈ》愚男山童頓首百拜具, 愚男 山

童은 頓首百拜 其ᄒᆞᄂᆞ이다.

구(炙) 图 (뜸을) 뜨다. ⇔쓰다.《朴新諺 1, 37ㅎ》脚踝上炙了三艾, 발 안쥐머리 우희 세 장 뿍으로 쓰니.《朴新諺 1, 37ㅎ》那太醫把艾怎麼炙法呢, 뎌 太醫 뿍으로다가 엇디 쓰더뇨.

구(拘) 图 거리끼다. 얽매다. ●⇔거리끼다.《朴新諺 2, 12ㅎ》你要使只管問我討不拘多少, 네 쓰고져 ᄒᆞ거든 그저 스릭여 날드려 달라 ᄒᆞ여 多少를 거리끼지 말고. ●⇔걸리끼다.《朴新諺 1, 41ㅎ》不拘多少錢, 아모만 공전을 걸리끼지 말고.

구(狗) 图 개. ⇔개.《朴新諺 1, 33ㅎ》那狗骨頭不知分量, 뎌 개의뼈 分量을 아지 못ᄒᆞ고.《朴新諺 1, 42ㅎ》狗有濺草之恩, 개ᄂᆞᆫ 濺草ᄒᆞᆫ 恩이 잇고, 馬有垂繮之報, 물은 垂繮ᄒᆞᆫ 報ㅣ 잇다 ᄒᆞ니라.《朴新諺 2, 13ㅎ》我定要打這狗才一頓, 내 일뎡이 개 ᄀᆞ튼 놈을 ᄒᆞᆫ 지위 치리라.《朴新諺 3, 24ㅈ》拔下一根頭髮變做狗蚤, ᄒᆞᆫ 낫 머리터럭을 쌔혀 變ᄒᆞ여 개벼록이 되여, 見那狗蚤, 뎌 개벼록을 보고.《朴新諺 3, 28ㅈ》變做一箇大黑狗, 변ᄒᆞ여 ᄒᆞᆫ 큰 거믄 개 되여.《朴新諺 3, 28ㅎ》却不見了狗, 믄득 개도 보지 못ᄒᆞ고.

구(俱) 图 다. 모두. ⇔다.《朴新諺 1, 6ㅈ》咱們今日俱要開懷暢飮, 우리 오늘 다 開懷 暢飮ᄒᆞ여.《朴新諺 1, 11ㅈ》但于今柴·米·小菜件件俱貴, 다만 이제 나모와 뿔과 ᄂᆞ믈이 가지가지 다 귀ᄒᆞ니,《朴新諺 1, 30ㅎ》件件俱是內造色㨾, 가지가지 다 이 內造 色㨾이라.《朴新諺 2, 45ㅈ》門窓炕壁俱全, 門窓 炕壁이 다 ᄀᆞ잣고.《朴新諺 3, 56ㅎ》先生令尊·令堂俱在堂麼, 先生의 令尊·令堂이 다 在堂ᄒᆞ신가.

구(救) 图 구(救)하다. ●⇔구ᄒᆞ다.《朴新諺 3, 57ㅎ》願公速救百姓之苦, 願컨대 公은 섈리 百姓의 괴로옴을 구ᄒᆞ라. ●⇔구ᄒᆞ다(救-).《朴新諺 2, 29ㅎ》隨相現相救苦難於三途, 相을 조차 相을 뵈아 苦難을 三途에 救ᄒᆞᄂᆞᆫ쏘다.《朴新諺 2, 30ㅈ》卽救拔衆生之難, 곳 衆生의 難을 救ᄒᆞ니.

구(毬) 图 장치기공. ⇔댱방올.《朴新諺 1, 20ㅈ》也有踢毬(朴新注, 8ㅈ: 毬, 以圓木二箇, 用木杓一上一下連接不絶, 方言謂之打毬.)的, 댱방올 츠리도 이시며.《朴新諺 3, 36ㅎ》咱們今日毬罷, 우리 오늘 댱방올 치쟈.《朴新諺 3, 37ㅈ》拿出毬棒借與崔哥打, 댱방올 막대를 내여 崔哥를 빌려 주어 치게 ᄒᆞ쟈.《朴新諺 3, 37ㅎ》倒慣會打毬哩, 도로혀 댱방올 치기 닉이 알 줄을 싱각지 못ᄒᆞ엿노라.

구(鉤) 图 긁히다. 또는 찍다. ⇔긁치다.《朴新諺 3, 24ㅎ》搖動尾鉤鉤了一下, ᄭᅩ리 갈구리를 흔드러 ᄒᆞᆫ 번 긁치니.

구(鉤) 图 ❶갈고랑이. ●⇔갈고리.《朴新諺 1, 30ㅎ》羊脂玉帶鉤, 羊脂玉 씌 갈고리오. ●⇔갈구리.《朴新諺 3, 24ㅎ》搖動尾鉤鉤了一下, ᄭᅩ리 갈구리를 흔드러 ᄒᆞᆫ 번 긁치니. ❷낙시. ⇔낙시.《朴新諺 2, 6ㅈ》撒網垂鉤的是大小漁船, 그믈을 티고 낙시를 드리온 거슨 이 大小 漁船이오.

구(舊) 団 옛. 엣적. ⇔녯.《朴新諺 2, 37ㅈ》把我這舊弟兄們都不保了, 우리 이 녯 弟兄들을다가 구수치 아니ᄒᆞ더라.《朴新諺 3, 48ㅎ》這都是門的舊名, 이ᄂᆞᆫ 다 이 門 녯 일홈이라.

구(舊) 图 예舊. ⇔녜.《朴新諺 3, 28ㅈ》接在頭項上照舊如初, 목 우희 니으니 네대로 처음 ᄀᆞ튼지라.

구(軀) 回 좌. 낱. 개. (불상(佛像) 따위를 세는 단위)《集覽, 朴集, 中, 5ㅈ》起浮屠於泗水之間. 唐龍朔初, 於泗州臨淮縣信義坊, 將建伽藍, 掘得古香積寺銘記幷金像一軀, 上有普照王佛字, 遂建寺焉.

구간(軀幹) 图 몸. 몸통.《集覽, 朴集, 下, 12ㅈ》裁兒. 裁, 作材是, 謂軀幹也.

구개(九箇) 団 아홉 (개). ⇔아홉.《朴新諺

2, 52ㅎ》九箇月了, 아홉 둘이라.

구경(九卿) 몡 아홉 대신(大臣). 시대에 따라서 그 명칭이 달랐는데, 명대(明代)에는 이부 상서(吏部尚書)·호부 상서(戶部尚書)·예부 상서(禮部尚書)·병부 상서(兵部尚書)·형부 상서(刑部尚書)·공부 상서(工部尚書)·도찰원 도어사(都察院都御史)·통정사사(通政司使)·대리시 경(大理寺卿)을 통틀어 구경이라 하였다. 《集覽, 朴集, 下, 8ㅎ》五箇鋪馬. 按禮, 天子六馬, 左右驂, 三公·九卿駟馬, 左驂.

구경(究竟) 몡 〈불〉 가장 지극한 깨달음. 《集覽, 朴集, 下, 3ㅈ》三寶. 一音演說, 普應群〈群〉機, 究竟淸淨, 名離欲尊, 卽法寶也.

구경(其慶) 동 구존(俱存)하다. (부모가 모두 살아 계시다) ⇔구경ᄒ다(其慶-). 《朴新諺 3, 56ㅎ》在下具慶, 在下ㅣ 具慶ᄒ여라.

구경ᄒ다 동 〈불〉 구경하다. 수희(隨喜)하다. 절을 찾아 참배하다. (불상에 절을 하면 마음에 희열이 생긴다 하여 일컫는 말이다) ⇔수희(隨喜). 《集覽, 字解, 單字解, 5ㅈ》隨. 從也. 隨你 네 ᄆᅀᆞ모로, 隨喜 구경ᄒ다, 隨從 조ᄎᆞ니. 吏語, 根隨 좃다. 《集覽, 字解, 單字解, 5ㅈ》隨. 從也. 隨你 네 ᄆᅀᆞ모로, 隨喜 구경ᄒ다, 隨從 조ᄎᆞ니. 吏語, 根隨 좃다. 《朴新諺 3, 12ㅎ》我們也隨喜去罷, 우리도 구경ᄒ라 가쟈.

구경ᄒ다(其慶-) 동 구존(俱存)하다. (부모가 모두 살아 계시다) ⇔구경(其慶). 《朴新諺 3, 56ㅎ》在下具慶, 在下ㅣ 具慶ᄒ여라.

구고(救苦) 동 〈불〉 인간을 고통에서 구제하다. 《集覽, 朴集, 中, 6ㅈ》尋聲救苦應念除災. 史記, 昔盧景裕繫晉陽獄, 志心念觀世音菩薩, 枷鎖自脫. 又有人當死, 志心誦觀世音菩薩普門品經千百遍, 臨刑刀折, 因以赦之.

구골두(狗骨頭) 몡 개새끼. 개놈. (욕하는 말) ⇔개의씨. 《朴新諺 1, 33ㅎ》那狗骨頭不知分量, 뎌 개의씨 分量을 아지 못ᄒ고.

구공(口供) 몡 (범인이나 용의자 등 심문을 받는 사람의) 공술(供述). 자백. 진술. 《朴新諺 3, 20ㅈ》那官聽了這口供, 뎌 관원이 이 口供을 듯고.

구기(口氣) 몡 입김. (입에서 나오는 기운) ⇔입긔운. 《集覽, 朴集, 下, 4ㅈ》燒金子道人. 西遊記云, 有一先生到車遲國, 吹口氣以磚瓦皆化爲金, 驚動國王, 拜爲國師, 號伯眼大仙. 《朴新諺 3, 41ㅈ》就如活的只少一口氣哩, 곳 사니 ᄀᆞ고 그저 혼 입긔운만 업더라.

구내(口內) 몡 입 안. 《朴新諺 1, 15ㅎ》把指頭在口內沾着唾沫, 손가락을다가 입에 너허 춤을 무쳐.

구념(口念) 동 외다. 읽다. 《朴新諺 2, 30ㅈ》若人有難口念菩薩之名, 만일 사름이 어려움이 잇거든 입에 菩薩의 일홈을 念ᄒ면.

구당(勾當) 몡 일. 짓. 직임(職任). ⇔일. 《集覽, 字解, 單字解, 3ㅎ》勾. 平聲, 曲也. 勾龍, 社神, 勾芒, 春神, 勾吳, 地名. 今按, 俗語勾了 유여ᄒ다, 又에우다. 又能勾 어루, 又유여히. 又吏語, 勾取 자피다, 又勾攝公事 공ᄉᆞ로 블리다, 又勾喚 블리다. 又去聲, 勾當, 幹管也, 又事也, 勾當亦去聲. 《朴新諺 1, 8ㅈ》你去有甚麼勾當, 네 가미 므슴 일이 잇ᄂᆞ뇨. 《朴新諺 2, 34ㅎ》你做這般不合理的勾當, 네 이런 理에 合디 아닌 일을 ᄒ다가. 《朴新諺 2, 57ㅈ》有些緊要勾當, 져기 緊要혼 일이 잇노라. 《朴新諺 2, 57ㅈ》我也沒甚麼幹的勾當, 나도 아모란 홀 일 업고.

구대(口袋) 몡 자루(袋). ●⇔쟈르. 《朴新諺 1, 14ㅈ》又要給那扛口俗人的小脚錢, ᄯ 뎌 쟈르 메는 사롬의 져근 삭갑슬 줄 써시니. ●⇔쟈르. 《朴新諺 1, 15ㅈ》把

八口俗米都裝上, 여둛 쟈릐에 뿔을 다 시르면.

구란(拘攔) 몡 =구란(拘欄). '攔'은 '欄'의 잘못. 《朴新諺 1, 21ㅎ》是拘攔(朴新注, 8ㅎ: 俳優棚, 一云, 妓樂住處.)衚衕裏帶匠夏五廟的, 이 拘攔 골 씌쟝이 夏五ㅣ 뎐메윗ᄂᆞ니라.

구란(拘欄) 몡 =구란(拘欄). '拘'는 '拘'의 다른 표기. 《集覽, 朴集, 中, 1ㅈ》拘〈拘〉欄. 見上〈見上篇〉. 《朴新諺 1, 21ㅎ》是拘攔(朴新注, 8ㅎ: 俳優棚, 一云, 妓樂住處.)衚衕裏帶匠夏五廟的, 이 拘攔 골 씌쟝이 夏五ㅣ 뎐메윗ᄂᆞ니라.

구란(拘欄) 몡 송・원대(宋元代)의 대중 연예장. 설서(說書)・연극・잡기(雜技) 따위를 공연하였다. 《集覽, 朴集, 上, 6ㅎ》拘欄. 書言故事云, 鉤〈鈎〉欄, 俳優棚也. 風俗通云, 漢文帝廟〈庙〉設抱老鉤〈鈎〉欄. 注云, 其鉤屈曲如鉤, 以防人墮. 質問云, 麗春院樂人搬演戲文雜劇之處也. 又云麗春院, 卽敎坊司也. 敎坊司見上. 今按, 北京有東拘欄・西拘欄, 衚衕裏帶匠夏五廟的, 이 拘攔 골 씌쟝이 夏五ㅣ 젼메윗ᄂᆞ니라. 《朴新諺 1, 21ㅎ》是拘攔(朴新注, 8ㅎ: 俳優棚, 一云, 妓樂住處.)衚衕裏帶匠夏五廟的, 이 拘攔 골 씌쟝이 夏五ㅣ 뎐메윗ᄂᆞ니라.

구란(鉤欄) 몡 =구란(鉤欄). '鈎'는 '鉤'의 속자. 《龍龕手鑑, 金部》鈎, 鈎俗字. 《集覽, 朴集, 上, 6ㅎ》拘欄. 書言故事云, 鉤〈鈎〉欄, 俳優棚也. 風俗通云, 漢文帝廟〈庙〉設抱老鉤〈鈎〉欄. 注云, 其鉤屈曲如鉤, 以防人墮. 質問云, 麗春院樂人搬演戲文雜劇之處也. 又云麗春院, 卽敎坊司也. 敎坊司見上. 今按, 北京有東拘欄・西拘欄.

구란(鉤欄) 몡 갈고랑이처럼 굽은 난간. 《集覽, 朴集, 上, 6ㅎ》拘欄. 書言故事云, 鉤〈鈎〉欄, 俳優棚也. 風俗通云, 漢文帝廟〈庙〉設抱老鉤〈鈎〉欄. 注云, 其鉤屈曲如

鉤, 以防人墮. 質問云, 麗春院樂人搬演戲文雜劇之處也. 又云麗春院, 卽敎坊司也. 敎坊司見上. 今按, 北京有東拘欄・西拘欄. 《朴新諺 1, 21ㅎ》是拘攔(朴新注, 8ㅎ: 俳優棚, 一云, 妓樂住處.)衚衕裏帶匠夏五廟的, 이 拘攔 골 씌쟝이 夏五ㅣ 뎐메윗ᄂᆞ니라.

구란골(拘欄-) 몡 구란(拘欄)이 있는 골목. ⇔구란호동(拘攔衚衕). 《朴新諺 1, 21ㅎ》是拘攔(朴新注, 8ㅎ: 俳優棚, 一云, 妓樂住處.)衚衕裏帶匠夏五廟的, 이 拘攔 골 씌쟝이 夏五ㅣ 뎐메윗ᄂᆞ니라.

구란사(拘欄司) 몡 =구란사(拘欄司). '拘'는 '拘'의 다른 표기. 《集覽, 朴集, 上, 2ㅎ》敎坊司. 掌雅・俗樂之司, 隷禮部, 有奉鑾〈銮〉・韶舞・司樂等官, 一名麗春院, 卽元俗所呼拘欄司.

구란사(拘欄司) 몡 교방사(敎坊司)의 원대(元代)의 이름. 《集覽, 朴集, 上, 2ㅎ》敎坊司. 掌雅・俗樂之司, 隷禮部, 有奉鑾〈銮〉・韶舞・司樂等官, 一名麗春院, 卽元俗所呼拘欄司.

구란원(拘欄院) 몡 =구란사(拘欄司). 《朴新諺 2, 10ㅎ》咱們到拘攔院裏看雜技去罷, 우리 拘攔院에 雜技 보라 가쟈.

구란호동(拘攔衚衕) 몡 구란(拘欄)이 있는 골목. ⇔구란골(拘欄-). 《朴新諺 1, 21ㅎ》是拘攔(朴新注, 8ㅎ: 俳優棚, 一云, 妓樂住處.)衚衕裏帶匠夏五廟的, 이 拘攔 골 씌쟝이 夏五ㅣ 뎐메윗ᄂᆞ니라.

구량(口粮) 몡 양식(糧食). 식량. 《集覽, 字解, 單字解, 6ㅈ》少. 多少. 又欠也. 少甚麽 므스거시 업스뇨. 少債 ᄂᆞ민 비들 뻐디워 잇다. 又缺也. 缺少口粮 양시기 그처디다.

구량(口糧) 몡 ●관아나 군대에서 사람의 수효에 따라 나누어 주는 식량. 《集覽, 朴集, 中, 2ㅈ》應付. 質問云, 應者, 荅應也, 付者, 與也. 如遇使客到驛, 將口粮・馬驢荅應與他, 方言謂之應付. ●종인(從

人)에게 나누어 주던 녹봉(봉급).《集覽,
朴集, 中, 1ㅈ》分例支應. 正官曰廩給, 從
人曰口粮, 通謂之分例. ❸양식(糧食). 식
량. ⇔양식.《集覽, 字解, 單字解, 6ㅈ》
少. 多少. 又欠也. 少甚麼 므스거시 업스
뇨. 少債 ᄂᄆᆡ 비들 ᄠᅥ디워 잇다. 又缺
也. 缺少口粮 양시기 그처디다.《集覽,
字解, 單字解, 6ㅈ》典. 凡人或缺少口粮,
或遇事用錢者, 以物折直, 立限賣與人爲
質而求錢取用. 至限償還其直取物而還也.
律條疏議云, 以價易去, 而原價取贖曰典.

구러지다 图 거꾸러지다. ⇔질(跌).《朴
新諺 2, 53ㅎ》那一日喫了一跌, 뎌 ᄒᆞᆫ 날
ᄒᆞᆫ 번 구러짐을 닙어. 額頭上跌破了, 니
마 우히 구러져 ᄒᆞ야지니.《朴新諺 3, 13
ㅎ》不知怎生吃了一跌, 아지 못케라 엇
디ᄒᆞᆫ지 ᄒᆞᆫ 번 구러지믈 닙어. 把鼻子跌
破了, 코를다가 구러져 ᄒᆞ여ᄇᆞ리니.

구렁빗ㅎ 图 밤색. ⇔율색(栗色).《朴新諺
2, 1ㅎ》你看這一簡栗色白臉馬, 네 보라
이 ᄒᆞᆫ 구렁빗헤 간쟈ᄆᆞ리.

구레 图 굴레. ⇔비두(轡頭).《朴新諺 1,
30ㅎ》鞍子・鞍坐褥・鞦皮・轡頭・馬
點, 기르마와 아답개와 질채와 구레와
ᄃᆞ래.

구로(鷗鷺) 图 갈매기와 해오라기.《朴新
諺 2, 6ㅈ》睡着站着的是鷗鷺, 자며 셧는
거슨 이 鷗鷺ㅣ오.

구료(勾了) 图 긋다. 지우다. 삭제하다.
⇔에우다.《集覽, 字解, 單字解, 3ㅎ》勾.
平聲, 曲也. 勾龍, 社神, 勾芒, 春神, 勾吳,
地名. 今按, 俗語勾了 유여ᄒᆞ다, 又에우
다. 又能勾 어루, 又유여히. 又吏語, 勾取
자피다, 又勾攝公事 공ᄉ로 블리다, 又
勾喚 블리다. 又去聲, 勾當, 幹管也, 又事
也, 勾當亦去聲.

구료(勾了) 圈 유여(有餘)하다. 넉넉하다.
족(足)하다. ⇔유여ᄒᆞ다.《集覽, 字解,
單字解, 3ㅎ》勾. 平聲, 曲也. 勾龍, 社神,
勾芒, 春神, 勾吳, 地名. 今按, 俗語勾了

유여ᄒᆞ다, 又에우다. 又能勾 어루, 又유
여히. 又吏語, 勾取 자피다, 又勾攝公事
공ᄉ로 블리다, 又勾喚 블리다. 又去聲,
勾當, 幹管也, 又事也, 勾當亦去聲.

구룡(勾龍) 图 구룡씨(勾龍氏). 후토(后
土)의 신(神).《集覽, 字解, 單字解, 3ㅎ》
勾. 平聲, 曲也. 勾龍, 社神, 勾芒, 春神,
勾吳, 地名. 今按, 俗語勾了 유여ᄒᆞ다, 又
에우다. 又能勾 어루, 又유여히. 又吏語,
勾取 자피다, 又勾攝公事 공ᄉ로 블리다,
又勾喚 블리다. 又去聲, 勾當, 幹管也, 又
事也, 勾當亦去聲.

구룸 图 구름. ⇔운(雲).《朴新諺 1, 30ㅈ》
身穿烏雲豹皮袍, 몸에 거믄 구룸 ᄶᅩ흔 豹
皮 袍롤 닙고.

구르치다 图 거꾸러뜨리다. ⇔질(跌).
《朴新諺 2, 53ㅎ》休跌了他, 뎌룰 구르치
지 말라.

구름 图 구름. ⇔운(雲).《朴新諺 2, 5ㅈ》
遠望去如在靑雲裏一般, 멀리 ᄇᆞ라매 푸
른 구름 속에 잇는 듯ᄒᆞ고.

구망(勾芒) 图 =구망신(句芒神).《集覽, 字
解, 單字解, 3ㅎ》勾. 平聲, 曲也. 勾龍, 社
神, 勾芒, 春神, 勾吳, 地名. 今按, 俗語勾
了 유여ᄒᆞ다, 又에우다. 又能勾 어루, 又
유여히. 又吏語, 勾取 자피다, 又勾攝公
事 공ᄉ로 블리다, 又勾喚 블리다. 又去
聲, 勾當, 幹管也, 又事也, 勾當亦去聲.

구망신(句芒神) 图 봄의 신. 오행신(五行
神)의 하나인 목신(木神)의 이름. 복희
씨(伏羲氏)의 아들 중(重)이 신이 되었
다 한다.《集覽, 朴集, 下, 10ㅈ》勾芒神.
春神之號. 太皥伏羲氏有子曰重, 主木, 爲
勾芒神.《朴新諺 3, 46ㅎ》牌上寫着勾芒
神(朴新注, 61ㅈ: 春神之號. 太昊伏羲氏
有子曰重, 主木, 為勾芒神.), 牌에 ᄡᅳ기를
勾芒神이라 ᄒᆞ고.

구명(舊名) 图 고치기 전의 이름. 또는 예
전에 부르던 이름.《朴新諺 1, 13ㅈ》我
在平則門(朴新注, 5ㅎ: 京都西門, 舊名阜

城門,)外住, 내 平則門 밧끠셔 사노라.

구묘(丘墓) 몡 무덤. 묘지. 《集覽, 朴集, 上, 14ㅎ》寒食. 東京錄云, 唐明皇詔寒食上墓, 近代相承, 皆用此日拜掃丘墓, 都人傾城出郊, 四野如芳市〈四野如市〉, 樹之下〈芳對之下〉, 園囿之間, 羅列杯〈盃〉盤, 抵暮而歸.

구문(毬門) 몡 장치기를 할 때 공을 쳐 넣기 위하여 나무로 만들어 세운 문. 《集覽, 朴集, 下, 7ㅈ》毬棒. 又云, 此戲之一端也, 有毬門, 有窩兒, 中者爲勝. 以下四者俱打毬之用. 《集覽, 朴集, 下, 7ㅎ》窩兒. 又一本質問畫毬門架子, 如本國抛毬樂架子, 而云木架子, 其高一丈, 用五色絹結成彩門, 中有圓眼, 擊起毬兒入眼過落窩者勝. 《集覽, 朴集, 下, 7ㅎ》毬門窩兒. 質問云, 如打毬兒, 先竪一毬門, 上繫毬窩, 然後將毬打上, 方言謂之毬門窩兒. 《集覽, 朴集, 下, 7ㅎ》花房窩兒. 毬門及三窩兒之設, 一如本國抛毬樂之制. 《朴新諺 3, 37ㅎ》且打毬門窩兒(朴新注, 57ㅎ: 竪一毬門, 上繫毬窩, 將毬打上. 又云, 平地掘成圓窩, 擊起毬兒, 落入窩者勝.)罷, 아직 毬門 굼글 치라.

구문굼ㄱ(毬門-) 몡 구문(毬門)에 낸 구멍. ⇔구문와아(毬門窩兒). 《朴新諺 3, 37ㅎ》且打毬門窩兒(朴新注, 57ㅎ: 竪一毬門, 上繫毬窩, 將毬打上. 又云, 平地掘成圓窩, 擊起毬兒, 落入窩者勝.)罷, 아직 毬門 굼글 치라.

구문와아(毬門窩兒) 몡 구문(毬門)에 낸 구멍. ⇔구문굼ㄱ(毬門-). 《集覽, 朴集, 下, 7ㅎ》毬門窩兒. 質問云, 如打毬兒, 先竪一毬門, 上繫毬窩, 然後將毬打上, 方言謂之毬門窩兒. 《朴新諺 3, 37ㅎ》且打毬門窩兒(朴新注, 57ㅎ: 竪一毬門, 上繫毬窩, 將毬打上. 又云, 平地掘成圓窩, 擊起毬兒, 落入窩者勝.)罷, 아직 毬門 굼글 치라.

구법(求法) 통 〈불〉 불법(佛法)을 구하다. 《集覽, 朴集, 上, 15ㅎ》步虛. 俗姓洪氏,

高麗洪州人, 法名普愚, 初名普虛, 號太古和尙. 有求法於天下之志.

구복(求福) 통 신(神)에게 복을 내려 주기를 기원하다. 《集覽, 朴集, 上, 10ㅎ》布施. 凡布施, 必以滿三千世界, 七寶〈宝〉爲求福之具, 財施也. 此住相布施也.

구봉(毬棒) 몡 장치기공을 치는 공채. 《集覽, 朴集, 下, 7ㅈ》毬棒. 質問云, 如人要木毬要木棒, 一上一下用有柄木杓, 接毬相連不絶, 方言謂之毬棒. 又云, 此戲之一端也, 有毬門, 有窩兒, 中者爲勝. 以下四者俱打毬之用. 《集覽, 朴集, 下, 7ㅎ》飛棒杓毬. 質問畫成毬棒, 卽本國武訓毬杖之形, 而下云煖木廂柄, 其杓用水牛皮爲之, 以木爲胎. 《集覽, 朴集, 下, 7ㅎ》花房窩兒. 又云, 在馬上舞毬棒, 一木有一尺五寸長, 上下俱窩兒.

구봉관(九鳳冠) 몡 명부(命婦)가 쓰던 관(冠)의 하나. 아홉 마리의 봉황(鳳凰)을 수놓았다. 《朴新諺 1, 44ㅈ》珠鳳冠(朴新注, 17ㅈ: 命婦冠也. 有五鳳冠, 有九鳳冠, 餙以珠翠.), 珠鳳冠과.

구분(九分) 円 만족히. 충분히. 《朴新諺 2, 2ㅈ》有九分脹轡頭好, 九分이나 술이 잇고 혁대 됴흐되.

구분은(九分銀) 몡 구품은(九品銀). 은의 순도가 9할인 은. ⇔구분은자(九分銀子). 《朴新諺 1, 33ㅈ》就讓你九分銀子何如, 네게 九分銀을 讓홈이 엇더ᄒ뇨.

구분은자(九分銀子) 몡 =구분은(九分銀). ⇔구분은(九分銀). 《朴新諺 1, 33ㅈ》就讓你九分銀子何如, 네게 九分銀을 讓홈이 엇더ᄒ뇨.

구블 몡 정강이. 또는 뒷다리. ⇔퇴과(腿跨). 《朴新諺 2, 1ㅎ》只是腿跨走不開, 다만 구블이 흘러 퍼지지 못ᄒ고.

구석 몡 구석. 곁. 옆. 부근. ⇔상(廂). 《朴新諺 2, 39ㅈ》把針線串了弔在一壁廂, 바ᄂ실로 쎄여 ᄇ람 구석에 드라. 《朴新諺 3, 1ㅎ》一壁廂各自頑去不好麼, 혼 편 구

석의 각각 놀라 가미 됴치 아니ᄒᆞ냐.

구선(九仙) 몡 아홉 종류의 신선. 곧, 상선(上仙)·고선(高仙)·대선(大仙)·원선(元仙)·천선(天仙)·진선(眞仙)·신선(神仙)·영선(靈仙)·지선(至仙). 《集覽, 朴集, 下, 4ㅎ》三淸. 太淸, 十二天仙境也, 九仙所居, 太上老君所治.

구섭(勾攝) 图 불리다. 소환(召喚)되다. ⇔블리다. 《集覽, 字解, 單字解, 3ㅎ》勾. 平聲, 曲也. 勾龍, 社神, 勾芒, 春神, 勾吳, 地名. 今按, 俗語勾了 유여ᄒᆞ다, 又에우다. 又能勾 어루, 又유여히, 又吏語, 勾取 자피다, 又勾攝公事 공ᄉᆞ로 블리다, 又勾喚 블리다. 又去聲, 勾當, 幹管也, 又事也, 勾當亦去聲.

구섭공사(勾攝公事) 图 공무(公務) 또는 죄인의 신분으로 소환(召喚)되다. 《集覽, 字解, 單字解, 3ㅎ》勾. 平聲, 曲也. 勾龍, 社神, 勾芒, 春神, 勾吳, 地名. 今按, 俗語勾了 유여ᄒᆞ다, 又에우다. 又能勾 어루, 又유여히. 又吏語, 勾取 자피다, 又勾攝公事 공ᄉᆞ로 블리다, 又勾喚 블리다. 又去聲, 勾當, 幹管也, 又事也, 勾當亦去聲.

구성(九成) 몡 구품은(九品銀). 금은(金銀)의 품질을 10등급으로 나누었을 때의 둘째 등급. 곧, 순도가 9할인 금은. 《集覽, 朴集, 上, 9ㅎ》細絲官銀. 銀十品曰十成, 曰足色, 曰成色, 曰細絲, 曰手絲兒, 曰吹螺, 曰白銀. 九品曰九成, 曰靑絲. 八品曰八成. 《朴新諺 1, 33ㅈ》我的都是細絲(朴新注, 12ㅎ: 銀十品曰十成, 曰足色, 曰成色, 曰細絲, 曰手絲兒, 曰吹螺, 曰白銀. 九品曰九成, 曰靑絲. 八品曰八成.)銀子, 내 거슨 다 이 細絲銀이라. 若論買賣銀只該九五色(朴新注, 12ㅎ: 九五, 卽銀之九成, 五者, 色是銀之品色.), 만일 買賣 銀으로 니룰 량이면 그저 九五 성수ㅣ라.

구성(九星) 몡 방위를 괘효(卦爻)에 배치

하여 택일(擇日)과 풍수의 길흉을 점치는 탐랑성(貪狼星)·거문성(巨文星)·녹존성(祿存星)·문곡성(文曲星)·염정성(廉貞星)·무곡성(武曲星)·파군성(破軍星)·좌보성(左輔星)·우필성(右弼星)을 통틀어 이르는 말. 《集覽, 朴集, 上, 7ㅈ》北斗左輔右弼. 凡九星, 曰樞宮貪狼, 曰璇宮巨門, 曰璣(幾)宮祿存, 曰權宮文曲, 曰衡宮廉貞, 曰闓(開)陽宮武曲, 曰瑤光宮破軍, 曰洞明宮左輔, 曰隱元宮右弼. 左輔連附北斗第〈莭〉六星, 在外, 右弼連附北斗第〈莭〉二星, 在內.

구슬 몡 구슬. ⇔주아(珠兒). 《朴新諺 1, 46ㅈ》矗白珠兒線, 굵고 흰 구슬 둘 실을 사고.

구십(九十) 砚 아흔. ⇔아흔. 《朴新諺 3, 45ㅎ》夜飯少一口, 밤밥을 ᄒᆞᆫ 술을 덜면. 活到九十九, 아흔 아홉을 산다 ᄒᆞ니라.

구슬 몡 구슬. ⇔주자(珠子). 《朴新諺 3, 29ㅈ》那賣珠子的你來. 뎌 구술 폴 리아 이바. 你有好假珠子麽, 네게 됴흔 조구술 잇ᄂᆞ냐. 我賣的是上等白色珠子, 내 ᄑᆞ는 거슨 이 上等 흰빗치 구술이니. 《朴新諺 3, 29ㅎ》這珠子你要多少價錢, 이 구술을 네 엇마 갑슬 달라 ᄒᆞᆫ다.

구씨현(緱氏縣) 몡 진대(秦代)에 두었다. 소재지는 하남성(河南省) 언사현(偃師縣) 남동쪽 구씨진(緱氏鎭)에 있었다. 《集覽, 朴集, 下, 1ㅈ》唐三藏法師〈三藏〉. 俗姓陳, 名偉, 洛州緱氏縣人也, 號玄奘法師.

구아(毬兒) 몡 장치기공. ⇔댱방올. 《集覽, 朴集, 上, 6ㅎ》打毬兒. 質問云, 作成木圓毬二介, 用木杓一上一下連接不絶, 方言謂之打毬兒. 質問所釋, 疑卽本國優人所弄杓鈴之戲, 與此莭〈莭〉小兒之戲恐或不同. 詳見下卷集覽. 《集覽, 朴集, 下, 7ㅈ》打毬兒. 今按, 質問畫成毬兒, 卽如本國:댱방〈댱방〉올. 注云, 以木刷圓. 《集覽, 朴集, 下, 7ㅎ》擊起毬兒. 質問云, 如

人將木圓毬兒打起老高, 便落於窩內, 方言謂之擊起毬兒.《集覽, 朴集, 下, 7ᄒ》窩兒. 質問云, 如人打毬兒, 先掘一窩兒, 後將毬兒打入窩內, 方言謂之窩兒. 又一本質問畫毬門架子, 如本國抛毬樂架子, 而云木架子, 其高一丈, 用五色絹結成彩門, 中有圓眼, 擊起毬兒入眼過落窩者勝.《集覽, 朴集, 下, 7ᄒ》毬門窩兒. 質問云, 如打毬兒, 先竪一毬門, 上繫毬窩, 然後將毬打上, 方言謂之毬門窩兒. 又云, 平地窟成圓窩, 擊起毬兒落入窩者勝.

구업(口業) 冏 〈불〉삼업(三業)의 하나. 말을 잘못하여 짓는 업.《集覽, 朴集, 上, 10ᄒ》齋飯. 請觀音經疏云, 齋者, 齊也, 齊身口業也.

구오(九五) 冏 구품은(九品銀). 은의 순도가 9할인 은.《朴新諺 1, 33ㅈ》若論買賣銀只該九五色(朴新注, 12ᄒ: 九五, 卽銀之九成, 五者, 色是銀之色品.), 만일 買賣 銀으로 니롤 량이면 그저 九五 셩수ㅣ라.

구오(勾吳) 冏 주(周)나라 태왕(太王)의 아들인 태백(太伯)의 호(號). 또는 그가 세운 오(吳)나라를 이르는 말.《集覽, 字解, 單字解, 3ᄒ》勾. 平聲, 曲也. 勾龍, 社神, 勾芒, 春神, 勾吳, 地名. 今按, 俗語勾了 유여ᄒ다, 又에우다. 又能勾 어루, 又유여히. 又吏語, 勾取 자피다, 又勾攝公事 공ᄉ로 블리다, 又勾喚 블리다. 又去聲, 勾當, 幹管也, 又事也, 勾當亦去聲.

구와(毬窩) 冏 공채로 장치기공을 쳐 넣는 구멍.《集覽, 朴集, 下, 7ᄒ》毬門窩兒. 質問云, 如打毬兒, 先竪一毬門, 上繫毬窩, 然後將毬打上, 方言謂之毬門窩兒.《集覽, 朴集, 下, 7ᄒ》花房窩兒. 質問云, 如打毬, 先立毬窩於花房之上, 然後用棒打入, 方言謂之花房窩兒.《朴新諺 3, 37ᄒ》且打毬門窩兒(朴新注, 57ᄒ: 竪一毬門, 上繫毬窩, 將毬打上. 又云, 平地掘成圓窩, 擊起毬兒, 落入窩者勝.)罷, 아직 毬門 굼글 치라.《朴新諺 3, 37ᄒ》打花房窩兒

(朴新注, 57ᄒ: 立毬窩扵花房之上, 用棒打入.)呢, 花房 굼글 칠 거시니.

구외(口外) 冏 만리장성(萬里長城) 이북 지방. 곧, 장가구(張家口) 이북의 하북성(河北省) 북부와 내몽고자치구(內蒙古自治區)의 중부(中部)를 이른다.《朴新諺 2, 8ㅈ》我不是那口外(朴新注, 25ᄒ: 居庸關北, 有古北口等, 諸口其外, 謂之口外, 蒙古所居之地.)的達子・回回, 나는 뎌 口外엣 達子・回回 아니라.

구유천초지은마유수강지보(狗有濺草之恩馬有垂繮之報) 囝 개는 주인 곁에 물을 뿌려 들불로부터 주인을 구하고, 말은 우물에 든 주인에게 고삐를 드리워 은혜를 갚은 고사.《集覽, 朴集, 上, 11ㅈ》狗有濺草之恩. 晉太和中, 楊生養狗, 甚愛之. 後生飮酒醉, 行至大澤, 草中眠. 時値冬月, 野火起, 風又猛, 狗呼喚, 生不覺. 前有一坑水, 狗便走徃水中, 還以身洒生, 左右草沾水得着, 地火尋過去, 生醒而去.《集覽, 朴集, 上, 11ㅈ》馬有垂繮之報. 漢高祖與項王會鴻門, 舞劒事急, 謀脫. 匹〈疋〉馬南行, 道傍有一眢井, 馬到井邊不肯行. 漢王恐追者至, 下馬入井. 項王追至井傍, 見馬跡至井而止, 謂漢王在井, 令人下井搜求. 見井口有蜘蛛罩網, 鵓鴿一雙出井飛去, 謂無人在中, 項王還壁. 翌日, 其馬到井垂繮, 漢王執之而出.《朴新諺 1, 42ᄒ》狗有濺草(朴新注, 16ᄒ: 晉時, 楊生養狗, 甚愛. 生醉臥大澤草中. 夜(野)火起風猛, 狗呼喚, 生不覺. 狗走徃水坑, 以身漬水, 洒生所臥草, 生得不死.)之恩, 개는 濺草훈 恩이 잇고. 馬有垂繮(朴新注, 16ᄒ: 漢高祖自鴻門, 脫歸匹馬南行, 道傍有一眢井, 馬到井邉不肯行. 高祖恐追者至, 下馬入井. 項王追至井傍, 見馬跡, 謂高祖在井, 令人下井搜求. 見井口有蜘蛛罩網, 鵓鴿一雙出井飛去, 謂無人仍還. 翌日, 其馬到井垂繮, 高祖執而出.)之報, 물은 垂繮훈 報ㅣ 잇다 ᄒ니라.

구율타(拘律陀) 명 =구율타(拘律陀). '拘'
는 '拘'의 속자.《集覽, 朴集, 下, 2ㅎ》目
連尊者. 反(飜)譯名義云, 目連, 婆羅門姓
也, 名拘〈拘〉律陀.

구율타(拘律陀) 명〈불〉석가모니의 10대
제자(弟子)인 목련(目連)의 이름.《集覽,
朴集, 下, 2ㅎ》目連尊者. 反(飜)譯名義云,
目連, 婆羅門姓也, 名拘〈拘〉律陀.《朴新
諺 3, 13ㅈ》談的是目連尊者(朴新注, 49
ㅈ: 佛書云, 目連, 姓也, 名拘律陁. 王舍衛
城人, 在西南海中.)救母(母)經, 니ᄅᆞᆫ
거슨 이 目連尊者의 救母(母)經이니.

구율타(拘律陁) 명 =구율타(拘律陀). '陁'
는 '陀'의 다른 표기.《朴新諺 3, 13ㅈ》談
的是目連尊者(朴新注, 49ㅈ: 佛書云, 目
連, 姓也, 名拘律陁. 王舍衛城人, 在西南
海中.)救母(母)經, 니ᄅᆞᆫ 거슨 이 目連
尊者의 救母(母)經이니.

구ᄋ으다 통 구르다. 회전하다. ●⇔곤곤료
(滾滾了).《集覽, 字解, 單字解, 2ㅈ》滾.
煮水使沸曰滾滾花水 글ᄂᆞᆫ 믈. 又輪轉曰
滾滾了 구ᄋ으다, 字作轆. 又通共和雜曰累
滾 혼 믈와비라. 又滾子 방올. ●⇔곤곤
료(轆轆了).《集覽, 字解, 單字解, 2ㅈ》
滾. 煮水使沸曰滾滾花水 글ᄂᆞᆫ 믈. 又輪轉
曰滾滾了 구ᄋ으다, 字作轆. 又通共和雜曰
累滾 혼 믈와비라. 又滾子 방올.

구으러디다 통 거꾸러지다. 넘어지다. 굴
러 떨어지다. ⇔도료(倒了).《集覽, 字
解, 單字解, 3ㅈ》倒. 上聲, 仆也. 倒了 구
으러디다. 又換也. 倒馬 ᄆᆞᆯ ᄀᆞ다. 又贐也.
倒關字 글월 번뎝ᄒᆞ다. 又去聲, 反辭 도
ᄅᆞ혀. 通作到.

구을다 통 구르다. 회전하다. ⇔도(倒).
《集覽, 字解, 單字解, 3ㅈ》倒. 上聲, 仆也.
倒了 구으러디다. 又換也. 倒馬 ᄆᆞᆯ ᄀᆞ다.
又贐也. 倒關字 글월 번뎝ᄒᆞ다. 又去聲,
反辭 도ᄅᆞ혀. 通作到.

구을리다 통 굴리다. ⇔전(轉).《朴新諺
2, 11ㅎ》放在他脚心上轉, 뎌 발빠당에

노하 구을리고.《朴新諺 2, 11ㅎ》脚背上
轉脚指頭上轉, 발등 우희 구을리고 발가
락 우희 구을리다가.

구의종 명 송사(訟事). 소송(訴訟). ⇔관
사(官司).《集覽, 朴集, 上, 8ㅈ》官司. 凡
干詞訟累禍之事, 皆謂之官司, 如鄕語구
의종〈종〉. 司字恐是事字之誤.

구자(鈎子) 명 ●띠고리.《集覽, 朴集, 上,
8ㅎ》鈎子. 用金銀·銅鐵〈鉄〉·玉角等
物, 刻成龜〈亀〉·龍·獅·虎之頭, 繫於
條之一端, 人若帶之, 則以其〈則又以〉條
之一端屈曲爲環, 納於鈎獸頭之空, 以爲
固, 使不解〈觧〉落, 如條環之制然. ●갈
고랑이. ⇔갈고리.《朴新諺 2, 40ㅎ》使
鈎子的賊們更多, 갈고리 ᄡᅳᄂᆞᆫ 도적들이
더욱 만하.《朴新諺 2, 41ㅎ》便把鈎子鈎
出來拿去, 곳 갈고리로 그러내여 가져가
ᄂᆞ니라.《朴新諺 3, 26ㅎ》教將軍使金鈎
子, 將軍으로 ᄒᆞ여곰 쇠갈고리로.《朴新
諺 3, 27ㅈ》將軍用鈎子搭去, 將軍이 갈
고리로 뻐 글려 ᄒᆞ니.

구장(毬杖) 명 장치기공을 치는 공채.《集
覽, 朴集, 下, 7ㅎ》飛棒杓兒. 質問畫成毬
棒, 卽本國武試毬杖之形, 而下云煖木廂
柄, 其杓用水牛皮爲之, 以木爲胎.《集覽,
朴集, 下, 7ㅎ》花房窩兒. 毬棒杓兒之制,
一如本國武試毬杖之設, 卽元時擊丸之事.

구재(狗才) 명 개 같은 놈. 무능한 놈. 쓸
모없는 놈. 교활한 놈. ⇔개ᄀᆞᄐᆞᆫ놈.《朴
新諺 2, 13ㅎ》我定要打這狗才一頓, 내 일
뎡이 개 ᄀᆞᄐᆞᆫ 놈을 혼 지위 치리라.

구재(俱在) 통 공존(共存)하다.《集覽, 朴
集, 上, 7ㅈ》北斗左輔右弼. 凡九星, 曰樞
宮貪狼, 曰璇宮巨門, 曰璣〈幾〉宮祿存, 曰
權宮文曲, 曰衡宮廉貞, 曰闓(開)陽宮武
曲, 曰瑤光宮破軍, 曰洞明宮左輔, 曰隱元
宮右弼. 左輔連附北斗第〈莭〉六星, 在外,
右弼連附北斗第〈莭〉二星, 在內. 俱在紫
薇(微)垣.

구전(俱全) 통 완비(完備)하다. 모두 갖추

다.《朴新諺 2, 45ㅈ》門窓炕壁俱全, 門窓
炕壁이 다 ᄀᆞ잣고.

구제(旧制) 명 =구제(舊制). '旧'는 '舊'의
속자.《宋元以來俗字譜》舊, 金甁梅作旧.
《集覽, 朴集, 下, 10ㅎ》太師太保. 元以太
師·太傅·太保爲三師, 以太尉·司徒·
司空爲三公. 漢·唐舊〈旧〉制也.

구제(救濟) 통 어려운 처지에 있는 사람
을 도와주다.《集覽, 朴集, 中, 5ㅈ》隨相
現相. 飜譯名義云, 佛昔爲帝釋時, 遭飢歲,
疾疫流行, 醫療無功, 道殣相屬. 帝釋悲慜,
思所救濟, 乃變其形爲大蟒身, 殭屍川〈殭
屍出于〉谷, 空中遍告, 聞者感慶, 相率〈宰
〈率〉〉奔赴, 隨割隨生, 療飢療疾.

구제(舊制) 명 이전의 제도.《集覽, 朴集,
下, 10ㅎ》太師太保. 元以太師·太傅·
太保爲三師, 以太尉·司徒·司空爲三
公. 漢·唐舊〈旧〉制也.《朴新諺 1, 13
ㅈ》每擔給你五十大錢(朴新注, 5ㅎ: 舊
制, 錢有大小, 大錢一文, 計小錢二文用.)
罷, 미 짐에 너롤 五十 대쳔을 주미 무던
ᄒᆞ다.

구제ᄒᆞ다 통 구제(救濟)하다. ⇔제(濟).
《朴新諺 2, 29ㅎ》傾甘露於甁中濟險途於
飢渴, 甘露를 甁 中에 기우려 險途를 飢
渴에 구제ᄒᆞᄂᆞᆫ쏘다.

구조(狗蚤) 명 개벼룩. ⇔개벼룩.《朴新諺
3, 24ㅈ》拔下一根頭髮變做狗蚤, ᄒᆞᆫ 낫
머리터럭을 빠혀 變ᄒᆞ여 개벼룩이 되
여, 見那狗蚤, 뎌 개벼룩을 보고.

구족(具足) 통 빠짐없이 골고루 갖추다.
《集覽, 朴集, 下, 3ㅈ》三寶. 又法數云, 十
號圓明, 萬行具足, 天龍戴仰, 稱無上尊,
卽佛寶也.

구주(扣住) 통 틀어잡다. 또는 붙잡아 매
다. ⇔트러잡다.《朴新諺 3, 52ㅎ》扣住
小人衣領百般打罵, 小人의 옷깃을 트러
잡고 百般 티고 욕호되.

구중(九重) 명 아홉 겹이라는 뜻으로, 여
러 겹이나 층을 이르는 말.《朴新諺 2,

6ㅎ》且不必誇天上瑤池(朴新注, 25ㅈ: 在
崑崘, 環以弱水九重, 非飇車羽輪, 不可到.
王母所居.), ᄯᅩ 반ᄃᆞ시 天上 瑤池를 쟈랑
치 말라.

구진(九眞) 명 도가(道家)에서 높이어 받
드는 아홉 진인(眞人).《集覽, 朴集, 下,
4ㅎ》三淸. 上淸, 十二天眞境也, 九眞所
居, 玉晨道君所治.

구천(勾踐) 명 =구천(句踐). '勾'는 '句'의
속자.《(五代, 王仁昫), 刊謬補缺切韻》
句, 俗作勾.《集覽, 朴集, 下, 11ㅎ》范蠡
歸湖. 范蠡, 越之大夫也. 相越王勾踐敗
吳, 曰, 越王爲人長頸鳥〈烏〉喙, 可與啚
〈圖〉患難, 不可與共安逸. 遂泛扁舟, 載西
施, 遊五湖不返.

구천(句踐) 명 중국 춘추시대 월(越)나라
의 왕(?~B.C. 465). 오(吳)나라의 왕 합
려(闔閭)와 싸워 이겼으나, 그의 아들 부
차(夫差)에게 대패하여 회계산(會稽山)
에서 항복하였다.《集覽, 朴集, 下, 11
ㅎ》范蠡歸湖. 范蠡, 越之大夫也. 相越王
勾踐敗吳, 曰, 越王爲人長頸鳥〈烏〉喙, 可
與啚〈圖〉患難, 不可與共安逸. 遂泛扁舟,
載西施, 遊五湖不返.

구출(鉤出) 통 그러내다. ⇔그러내다.
《朴新諺 2, 41ㅈ》便把鉤子鉤出來拿去,
곳 갈고리로 그러내여 가져가ᄂᆞ니라.

구취(勾取) 통 잡히다. 소환(召喚)되다.
징집(徵集)되다. ⇔자피다.《集覽, 字解,
單字解, 3ㅎ》勾. 平聲, 曲也. 勾龍, 社神,
勾芒, 春神, 勾吳, 地名. 今按, 俗語勾了
유여ᄒᆞ다, 又에우다. 又能勾 어루, 又유
여히. 又吏語, 勾取 자피다, 又勾攝公事
공ᄉᆞ로 블리다, 又勾喚 블리다. 又去聲,
勾當, 幹管也, 又事也, 勾當亦去聲.

구치(求直) 통 품삯을 원(구)하다.《集覽,
朴集, 上, 5ㅈ》挑脚. 舊本作赶脚的. 謂赶
脚者, 賃驢〈馿〉取直之人, 謂挑脚者, 負擔
重物求直之人也.

구친(求親) 통 (주로 남자 측에서 여자 측

가정에) 사돈을 맺기를 청하다. 혼인을 청하다. 《集覽, 朴集, 上, 11ㅎ》今日做筵席. 舊本作開口筵席, 古所謂言定, 今俗云求親.

구틔여 〔閏〕 구태여. ⇔감(敢). 《集覽, 字解, 單字解, 5ㅎ》敢. 忍爲也. 你敢那 네 구틔여 그리홀다. 又疑似也. 敢知道 아논 듯ᄒ다.

구품(九品) 〔명〕 ●아홉 가지 관위(官位)의 등급. 또는 아홉째 품계. 정구품(正九品)과 종구품(從九品) 두 가지가 있었다. 《集覽, 朴集, 上, 5ㅈ》月俸. 中朝〈元制〉官祿, 每月支〈支〉給. 今此一月四石之俸, 以元制考之, 乃從九品也. 《朴新諺 3, 34ㅎ》一品至九品, 一品으로 九品에 니르히. ●구품은(九品銀). 금은(金銀)의 품질을 10등급으로 나누었을 때의 둘째 등급. 곧, 순도가 9할인 금은. 《集覽, 朴集, 上, 9ㅎ》細絲官銀. 銀十品曰十成, 曰足色, 曰成色, 曰細絲, 曰手絲兒, 曰吹螺, 曰白銀. 九品曰九成, 曰靑絲. 八品曰八成. 《朴新諺 1, 33ㅈ》我的都是細絲(朴新注, 12ㅎ: 銀十品曰十成, 曰足色, 曰成色, 曰細絲, 曰手絲兒, 曰吹螺, 曰白銀. 九品曰九成, 曰靑絲. 八品曰八成.)銀子, 내 거슨 다 이 細絲銀이라.

구현(鉤絃) 〔명〕 깍지. 각지(角指). 《集覽, 朴集, 上, 13ㅈ》濟機. 音義云, ·쌜·로 밍·ᄀ·론 혈거피 ·ᄀ·튼 것. 今按, 漢人或牛角或鹿角爲之, 形如環, 着於拇指, 亦所以鉤〈所以鉤〉弦開弓.

구환(勾喚) 〔동〕 불리다. 소환(召喚)되다. ⇔블리다. 《集覽, 字解, 單字解, 3ㅎ》勾. 平聲, 曲也. 勾龍, 社神, 勾芒, 春神, 勾吳, 地名. 今按, 俗語勾了 유여ᄒ다, 又에우다. 又能勾 어루, 又유여히. 又吏語, 勾取 자피다, 又勾攝公事 공ᄉ로 블리다, 又勾喚 블리다. 又去聲, 勾當, 幹管也, 又事也, 勾當亦去聲.

구ᄒ다 〔동〕 구(求)하다. ●⇔구(救). 《朴新

諺 3, 57ㅎ》願公速救百姓之苦, 願컨대 公은 쌜리 百姓의 괴로옴을 구ᄒ라. ●⇔도(圖). 《朴新諺 2, 44ㅈ》只圖筒下次主顧罷, 다만 후에 단골 홈을 구ᄒ노라. ●⇔요(要). 《朴新諺 2, 17ㅈ》我騎的却要十分快馬, 내 톨 거슨 ᄯ ᄀ장 잰 물을 구ᄒ노니.

구ᄒ다(久-) 〔동〕 지체하다. 체류하다. ⇔구(久). 《朴新諺 2, 59ㅈ》婆增婚久鬼迎祥, 婆는 增ᄒ고 婚은 久ᄒ고 鬼는 迎祥ᄒ니.

구ᄒ다(具-) 〔동〕 갖추다. ⇔구(具). 《朴新諺 3, 16ㅈ》愚男山童頓首百拜具, 愚男 山童은 頓首百拜 具ᄒᄂ이다.

구ᄒ다(救-) 〔동〕 구(救)하다. ⇔구(救). 《朴新諺 2, 29ㅎ》隨相現相救苦難於三途, 相을 조차 相을 뵈아 苦難을 三途에 救ᄒᄂᄂᄯ다. 《朴新諺 2, 30ㅈ》卽救拔衆生之難, 곳 衆生의 難을 救ᄒᄂ니.

국(局) 〔의〕 (장기나 바둑에서의) 판. 국. ⇔판. 《朴新諺 1, 26ㅈ》咱們下一局賭箇輸贏如何, 우리 ᄒᆫ 판 두어 지며 이긔믈 더느미 엇더ᄒ뇨.

국(國) 〔명〕 나라. ⇔나라ㅎ. 《朴新諺 3, 57ㅈ》當初怎生建國, 當初에 엇지 나라흘 셰왓는지.

국가(國家) 〔명〕 나라. 《集覽, 朴集, 下, 12ㅎ》弓裔. 日官奏曰, 此兒以重午日生, 生而有齒, 且光燄〈焰〉異常, 恐將不利於國家, 宜勿擧. 《朴新諺 1, 49ㅈ》如今國家開科取士, 이제 國家ㅣ 과거룰 여러 션비룰 取ᄒ여, 《朴新諺 3, 57ㅈ》征伐無道乃國家正理, 無道를 征伐홈은 이 國家 正理라.

국궁(鞠躬) 〔동〕 존경하는 마음으로 윗사람이나 영위(靈位) 앞에서 몸을 굽히다. 《集覽, 朴集, 上, 12ㅎ》唱喏. 但家禮集註說云, 揖者, 拱手着胷. 恐非所謂唱喏也. 今中朝俗以鞠躬拱手爲唱喏. 《朴新諺 1, 48ㅈ》見了師傅便向上唱喏(朴新注, 18

ㅎ: 揖也. 又中朝俗以鞠躬拱手爲唱喏.),
스승 보고 곳 향ᄒᆞ여 읍ᄒᆞ고.

국도(國都) 몡 수도. 서울.《集覽, 字解, 單
字解, 4ㅎ》都. 國都. 又摠也.

국사(國士) 몡 〈불〉 한 나라에서 재능이
뛰어난 인물.《集覽, 朴集, 中, 4ㅈ》智滿
十身. 本覺爲知, 始覺爲智. 滿, 備也. 十身
有調御. 十身, 曰無着, 曰弘願, 曰業報, 曰
住持, 曰涅槃, 曰淨法, 曰眞心, 曰三昧, 曰
道性, 曰如意. 有內十身, 曰菩提, 曰願, 曰
化, 曰力持, 曰莊嚴, 曰威勢, 曰意生, 曰福
德, 曰法, 曰智. 有外十身, 曰自, 曰衆生,
曰國土, 曰業報, 曰聲聞, 曰圓覺, 曰菩薩,
曰智, 曰法, 曰虛空.

국사(國師) 몡 임금의 스승.《集覽, 朴集,
下, 4ㅈ》燒金子道人. 西遊記云, 有一先生
到車遲國, 吹口氣以磚瓦皆化爲金, 驚動
國王, 拜爲國師, 號伯眼大仙.

국슈 몡 국수. ●⇔면(麵).《朴新諺 3, 36
ㅈ》薄餠, 薄餠과. 煎餠, 煎餠과. 寬條麵,
너븐 국슈와. 掛麵, ᄆᆞᄅᆞᆫ 국슈와. 芝麻燒
餠, 춤깨 무친 燒餠과. ●⇔조면(條麵).
《朴新諺 3, 36ㅈ》再下幾碗寬條麵與我們,
ᄯᅩ 여러 사발 너분 국슈를 눌러 우리를
주되.

국왕(國王) 몡 나라의 임금.《集覽, 朴集,
下, 4ㅈ》燒金子道人. 西遊記云, 有一先生
到車遲國, 吹口氣以磚瓦皆化爲金, 驚動
國王, 拜爲國師, 號伯眼大仙.《朴新諺 3,
21ㅎ》那國王敬重佛敎, 뎌 國王이 佛敎를
敬重ᄒᆞ더니.《朴新諺 3, 22ㅎ》到國王面
前正告訴未畢, 國王의 앏희 가 正히 告訴
ᄒᆞ기를 ᄆᆞᆺ지 못ᄒᆞ여서. 唐僧也引着徒弟
去見國王, 唐僧도 徒弟를 드리고 가 國王
을 보니.《朴新諺 3, 25ㅈ》國王道唐僧得
勝了, 國王이 니ᄅᆞ되 唐僧이 이긔여다.
《朴新諺 3, 28ㅈ》國王道原來是一箇虎精,
國王이 니ᄅᆞ되 본ᄃᆡ 이 ᄒᆞᆫ 虎精이랏다.

국인(國人) 몡 그 나라 사람.《集覽, 朴集,
下, 12ㅈ》太祖. 夫人柳氏曰, 妾聞諸公之

言, 尙有感奮, 况大丈夫乎. 提甲領以披之,
諸將扶擁而出, 令人呼曰, 王公已擧義旗,
國人來赴者不可勝計.

국조(國朝) 몡 당대(當代)의 조정. 또는
자기 나라의 조정(朝廷).《集覽, 朴集,
上, 2ㅎ》院本. 南村輟耕錄云, 唐有傳奇,
宋有戲曲・唱諢・詞說, 金有雜劇・諸宮
調. 院本・雜劇, 其實一也. 國朝, 院本・
雜劇, 始釐而二之.《集覽, 朴集, 上, 9ㅈ》
骨朶. 事文類聚云, 宋景文筆錄謂俗以檛
爲骨朶, 古無稽. 據國朝旣〈統〉名, 衛士執
檛扈從者爲骨朶子班.《集覽, 朴集, 中, 7
ㅈ》一百七. 大德中, 刑部尙書王約上言,
國朝用刑寬恕, 笞杖十減其三, 故笞一十
減爲七.

국중(國中) 몡 나라의 안.《朴新諺 3, 21
ㅎ》國中有一箇先生喚做伯眼, 國中에 ᄒᆞᆫ
先生이 이시되 伯眼이라 브르ᄂᆞ니.

국척(國戚) 몡 임금의 인척(姻戚).《集覽,
朴集, 下, 5ㅎ》元寶. 世祖大會王子・王
孫・駙馬・國戚, 從而頒賜, 或用貨賣, 所
以民間有此錠也.

국태(國泰) 혱 나라가 태평하다.《朴新諺
1, 1ㅈ》國泰民安, 國泰民安ᄒᆞ니.

국태민안(國泰民安) 혱 국태(國泰)하고
백성이 살기가 평안하다. ⇔국태민안ᄒᆞ
다(國泰民安-).《朴新諺 1, 1ㅈ》國泰民
安, 國泰民安ᄒᆞ니.

국태민안ᄒᆞ다(國泰民安-) 혱 국태민안
(國泰民安)하다. ⇔국태민안(國泰民安).
《朴新諺 1, 1ㅈ》國泰民安, 國泰民安ᄒᆞ
니.

국토(國土) 몡 나라의 영토.《集覽, 朴集,
上, 10ㅈ》衲襖. 大智論云, 行者少欲知是
〈足〉, 衣趣盖形, 又國土多寒, 畜百衲具.

국호(國號) 몡 나라의 이름.《集覽, 朴集,
上, 9ㅎ》漢子. 事物紀原云, 三代以降, 有
國號者至多, 獨以漢爲名者, 取兩漢之盛.
《集覽, 朴集, 下, 12ㅈ》太祖. 弓裔微服逃
至斧壤, 爲民所害. 太祖卽位, 國號高麗.

《集覽, 朴集, 下, 12ㅎ》弓裔. 一日, 持鉢赴齋, 有烏嘅(啣)牙籤落鉢中, 視之, 有王字. 遂叛, 據鉄圓郡爲都, 即今鐵〈鉄〉原府也. 國號摩震, 改元武泰, 後改國號〈号〉泰封.《集覽, 朴集, 下, 12ㅎ》梁貞明. 梁, 國號, 即五代朱梁也. 貞明, 均王年號.《朴新諺 3, 57ㅈ》那時有箇王名弓裔(朴新注, 65ㅈ: 新羅憲安王之子. 叛居鉄原為都, 國號泰封.), 그 째에 혼 님금이 이셔 일홈이 弓裔니.《朴新諺 3, 58ㅎ》國號高麗, 國號룰 高麗ㅣ라 ᄒᆞ고.

군(群) 回 무리[衆]. ⇔무리.《朴新諺 1, 40ㅈ》家後一羣羊箇箇尾子長, 딥 뒤히 혼 무리 羊이 낫낫치 ᄭᅩ리 긴 거시여.

군교(軍校) 圀 군관(軍官). 장교(將校).《集覽, 朴集, 上, 14ㅈ》刟(挭)柳. 質問云, 端午節日, 赴敎場內, 將三枝柳植之三處, 走馬射之. 歲時樂事記云, 武士軍校禮柳于擊場.

군기(群機) 圀〈불〉여러 기근(機根)이라는 뜻으로, 많은 중생(衆生)을 이르는 말.《集覽, 朴集, 下, 3ㅈ》三寶. 一音演說, 普應群〈羣〉機, 究竟淸淨, 名離欲尊, 即法寶也.

군사(軍士) 圀 병졸의 총칭.《集覽, 朴集, 上, 8ㅈ》操. 練習也. 謂軍士上番, 亦曰上操.

군인(軍人) 圀 병졸.《集覽, 朴集, 下, 11ㅎ》總甲. 軍制, 編成排甲, 每一小甲管軍人一十名, 緫〈総〉甲管軍五十名, 每百戶該管一百一十二名.

군자(君子) 圀 행실이 점잖고 어질며 덕과 학식이 높은 사람.《朴新諺 1, 29ㅈ》君子一言快馬一鞭, 君子는 一言이오 快馬는 一鞭이라 ᄒᆞ니라.《朴新諺 2, 55ㅈ》咱們先小人而後君子好, 우리 몬져는 小人이오 후에는 君子로옴이 됴흐니라.

군자일언쾌마일편(君子一言 快馬一鞭) 囝 군자는 말 한 마디면 충분하고, 빠른 말은 채찍질 한 번이면 충분하다는 뜻.

《朴新諺 1, 29ㅈ》君子一言快馬一鞭, 君子는 一言이오 快馬는 一鞭이라 ᄒᆞ니라.

군장(君長) 圀 부락의 우두머리. 또는 상사(上司)나 상관(上官).《集覽, 朴集, 中, 6ㅎ》使長〈使長者〉. 猶言君長也. 元語那衍, 音노·연.

군정(軍情) 圀 군대의 정상이나 상황.《集覽, 朴集, 中, 1ㅎ》金字圓牌. 至正條格云, 元時, 中書省奏, 諸王·駙馬各投下有軍情緊急重事, 許令懸帶原降銀字圓牌應付鋪馬騎坐, 其餘差使人員有緊急軍情重事, 許令懸帶金字圓牌, 方付鋪馬.

군제(軍制) 圀 군대의 법규와 제도.《集覽, 朴集, 下, 11ㅎ》緫甲. 軍制, 編成排甲, 每一小甲管軍人一十名, 緫〈総〉甲管軍五十名, 每百戶該管一百一十二名.《集覽, 朴集, 下, 12ㅈ》弓手. 今按, 軍制編成排甲, 每一百戶, 銃手十名, 刀牌手二十名, 弓箭手三十名, 槍手四十名.《朴新諺 3, 50ㅎ》呌起隣人幷巡宿緫甲(朴新注, 62ㅎ: 軍制, 管軍十名為一甲, 五十名為緫甲. 又里制, 十家為一甲.)人等追赶, 隣人과 다못 巡宿ᄒᆞᄂᆞᆫ 緫甲人 等을 블러 니르혀 ᄯᅩ롸.

군졸(軍卒) 圀 병졸.《集覽, 朴集, 上, 12ㅎ》唱喏. 揖也. 詞曲曰, 一箇唱, 百箇喏, 謂一人呼唱於上, 衆人應諾於下. 如將帥在營塲下, 軍卒投謁於前者列立於〈軍卒投謁於前者列於〉庭, 將帥發一令語, 則衆下齊聲以應.

군지(軍持) 圀 행각승이 가지고 다니던 물병. 뒤에는 두 구멍에 줄을 꿰어 허리에 차고 다니는 물병을 두루 일컫는 말로 썼다.《集覽, 朴集, 中, 5ㅎ》傾甘露於瓶中濟險途於飢渴. 飜〈翻〉譯名義云, 梵言軍持, 此云瓶. 軍持有二, 若淨瓦者是淨用, 若銅鐵者是觸用. 西域記云, 軍持, 澡瓶也. 尼畜軍持, 僧畜澡罐.

굳다 혱 굳다. ⇔경(硬).《朴新諺 3, 3ㅈ》你怎麼這麼硬頭硬腦的呢, 네 엇지 이리

목구드뇨.

굴 몡 굴[窟]. ⇔조동(竈洞).《集覽, 朴集, 下, 2ㅈ》竈洞. 音義云, 取灰之處. 今按, 굴.

굴(掘) 툉 파이대[掘]. 파다. 뚫다. ⇔퓌다.《朴新諺 2, 33ㅎ》正房背後掘一箇老大深坑, 正房 뒤히 ᄒᆞᆫ ᄀᆞ장 깁흔 지함을 파고.《朴新諺 3, 10ㅈ》先掘土打兩擔水未好和泥, 몬져 흙을 파고 두 짐 물을 기러 와 잘 흙을 니기되.

굴(窟) 몡 구멍. ⇔굼ㄱ.《朴新諺 3, 51ㅈ》於東屋山墻外剜窟進內, 東屋 화방 밧끠 굼글 뜳고 안희 들어.

굴감(窟嵌) 툉 장식을 박다. 알 박다.《集覽, 朴集, 上, 7ㅎ》窟嵌戒指. 事物紀原云, 古者后妃羣妾御于君, 所當御者, 以銀環進之, 娠則以金環退之, 進者着右手, 退者着左手. 今有指環, 卽遺制也. 今按, 窟嵌者, 指環之背剜空爲穴, 用珠塡穴爲飾. 總龜〈亀〉云, 亦名手記, 所飾玉石呼爲戒指面. 舊本作指纏兒. 音義, 窟, 音왕, 窟是乞字之誤. 窟音쿵, 乞音왕.

굴감계지(窟嵌戒指) 몡 굴감(窟嵌)한 가락지.《集覽, 朴集, 上, 7ㅎ》窟嵌戒指. 事物紀原云, 古者后妃羣妾御于君, 所當御者, 以銀環進之, 娠則以金環退之, 進者着右手, 退者着左手. 今有指環, 卽遺制也. 今按, 窟嵌者, 指環之背剜空爲穴, 用珠塡穴爲飾. 總龜〈亀〉云, 亦名手記, 所飾玉石呼爲戒指面. 舊本作指纏兒. 音義, 窟, 音왕, 窟是乞字之誤. 窟音쿵, 乞音왕.

굴곡(屈曲) 톙 꺾기고 굽다. 굴곡하다.《集覽, 朴集, 上, 8ㅎ》鉤子. 用金銀・銅鉄〈銕〉・玉角等物, 刻成龜〈亀〉・龍・獅・虎之頭, 繫於條之一端, 人若帶之, 則以其〈則又以〉條之一端屈曲爲環, 納於鉤獸頭之空, 以爲固, 使不解〈觧〉落, 如條環之制然.《集覽, 朴集, 中, 7ㅈ》乞留曲律〈葎〉藤. 乞留曲律(葎), 乞留曲律, 謂屈曲擁瘇之意. 漢人凡稱草木行蔓必曰藤, 非

別有一物也.

굴다 툉 굴다. 행동하다.《朴新諺 2, 27ㅎ》何必着急呢, 엇지 着急히 굴리오.

굴원(屈原) 몡 중국 전국시대(戰國時代) 초(楚)나라의 정치가(政治家)이자 시인(詩人). 이름은 평(平). 호는 영균(靈均). 원(原)은 자(字). 초사(楚辭)라고 하는 운문 형식을 처음으로 시작하였다. 일찍이 회왕(懷王)을 보좌하여 삼려대부(三閭大夫)의 높은 직책을 역임하였으나, 중상모략을 받자 이소(離騷)를 지어 왕이 깨닫기를 바랐고, 다시 참소를 받아 장사(長沙)로 유배되자 어부사(漁父詞) 등의 글을 지어 자신의 뜻을 밝히고 멱라수(汨羅水)에 몸을 던져 죽었다.《集覽, 朴集, 下, 11ㅎ》屈原投江. 屈原, 楚之大夫也. 諫懷王不聽, 投汨羅水而死.《朴新諺 3, 50ㅈ》也不問那屈原投江(朴新注, 62ㅎ: 屈原, 諫懷王不聽, 投汨灑而死.), 쪼 뎌 屈原의 投江홈을 뭇지 아니ᄒᆞ니.

굴월(鋦鉞) 몡 배목. (둥글게 구부려 만든 고리 걸쇠) ⇔비목.《朴新諺 2, 13ㅈ》兩箇鋦鉞一箇釘鈯都不厚實, 두 비목과 혼 걸새 다 두텁지 못ᄒᆞ니.

굵다 톙 굵다. ●⇔대(大).《朴新諺 2, 41ㅎ》把指頭大的長鐵釘, 손가락 굴긔에 긴 쇠못스로다가. ●⇔추(麤).《朴新諺 1, 4ㅈ》鮮果子呢, 싱과실은. 柑子, 柑子. 橘子, 귤. 石榴, 石榴. 香水梨, 물한빈. 櫻桃, 櫻桃. 杏子, 술고. 蘋果, 굵은님금. 玉黃李子, 유황외앗시오.《朴新諺 1, 39ㅎ》不知道我的麤和細, 나의 굴금과 ᄀᆞ눌믈 아지 못ᄒᆞᄂᆞᆫ 거시여.《朴新諺 1, 46ㅈ》麤白珠兒線, 굵고 흰 구슬 둘 실을 사고.《朴新諺 2, 32ㅈ》氊子也麤又做的鬆, 담도 굵고 쪼 민들기롤 섭섭이 ᄒᆞ여시니.

굵은님금 몡 알이 굵은 능금. ⇔빈과(蘋果).《朴新諺 1, 4ㅈ》鮮果子呢, 싱과실은. 柑子, 柑子. 橘子, 귤. 石榴, 石榴. 香水梨, 물한빈. 櫻桃, 櫻桃. 杏子, 술고. 蘋果, 굵은님금. 玉黃李子, 유황외앗시오.

굼ㄱ 명 구멍. ❶⇔공(孔). 《朴新諺 1, 43ㅎ》把鉸刀鉸了鼻孔毫毛, 鉸刀롤 가져다가 코굼게 털을 쏩고. 《朴新諺 2, 41ㅎ》挿在門拴孔裏, 門빗쟝 굼게 꼬즈라. ❷⇔굴(窟). 《朴新諺 3, 51ㅈ》於東屋山墻外剜窟進內, 東屋 화방 밧끠 굼글 똛고 안히 들어. ❸⇔와아(窩児). 《朴新諺 3, 37ㅈ》咱打那一箇窩児(朴新注, 57ㅎ: 打毬時, 先掘一窩, 後將毬打入窩內, 方言謂之窩児.), 우리 어늬 흔 굼글 치리오. 《朴新諺 3, 37ㅈ》咱打那一箇窩児, 우리 어니 흔 굼글 치리오. 且打毬門窩児罷, 아직 毬門 굼글 치라. 還是打花臺窩児, 당시롱 花臺 굼글 치며. 打花房窩児呢, 花房 굼글 칠 거시니. ❹⇔요(凹). 《朴新諺 3, 24ㅎ》向大仙鼻凹裡放着, 大仙의 코굼글 向ㅎ여 노흐니.

굽 명 굽. 발굽. ❶⇔제(蹄). 《集覽, 朴集, 上, 14ㅈ》撒蹄. 音義云, ·뒷·굽 므리므리·예 ·ㄱ·리·눈 물. 譯語指南云, ·굽·ㄱ·리·눈 물. ❷⇔제자(蹄子). 《朴新諺 1, 41ㅎ》把蹄子放了些血, 굽에 피 짜히쟈. 《朴新諺 1, 42ㅈ》也就把蹄子上放些血罷, 쏘 이믜셔 굽에 피 짜히라.

굽ㄱ리다 동 굽을 갈다[磨]. ⇔살제(撒蹄). 《集覽, 朴集, 上, 14ㅈ》撒蹄. 音義云, ·뒷·굽 므리므리·예 ·ㄱ·리·눈 물. 譯語指南云, ·굽·ㄱ·리·눈 물.

굽다 동 굽대[炙]. ⇔소(燒). 《朴新諺 1, 4ㅎ》用燒割的, 구어 싸흔 거슬 쓰되. 燒鵝, 구은 거유. 燒鴨, 구은 올히. 燒牛肉, 구은 쇠고기. 燒羊肉, 구은 羊의 고기니. 《朴新諺 3, 29ㅎ》這不是燒的假珠子麽, 이 구은 조군술이 아니가. 《朴新諺 3, 36ㅈ》硬麵火燒都有, 硬麵으로 민드라 구은 쩍이 다 이세라. 《朴新諺 3, 36ㅈ》你把包子火燒先取來, 네 包子와 구은 쩍을

다가 몬져 가져오고.

굿ㅎ여 閉 구태여. ⇔필(必). 《朴新諺 1, 45ㅎ》那等歡娛快樂不必說了, 뎌런 歡娛快樂호믈 굿ㅎ여 니르지 못ㅎ리로다.

궁(弓) 명 활. ⇔활. 《朴新諺 1, 57ㅈ》你代我做両張弓如何, 네 날을 ㄱㄹㅊ차 두 쟝 활을 민둘미 엇더ㅎ뇨. 《朴新諺 1, 57ㅎ》要做幾箇氣力的弓, 언머 힘에 활을 민둘고져 ㅎ눈다. 《朴新諺 1, 57ㅎ》這弓面上鋪的筋, 이 활 면에 낀 힘을. 《朴新諺 2, 31ㅈ》弓俗裏挿一張弓, 활동개에 흔 쟝 활 꼿고.

궁녀(宮女) 명 궁녀. 나인. 《集覽, 朴集, 上, 11ㅎ》娘子. 今俗稱(称)公主·宮女, 下至庶人妻, 皆曰娘子.

궁대(弓俗) 명 =궁대(弓袋). '俗'는 '袋'와 같다. 《說文新附, 巾部》俗, 囊也. 或从衣. 《朴新諺 2, 31ㅈ》弓俗裏挿一張弓, 활동개에 흔 쟝 활 꼿고.

궁대(弓袋) 명 동개. ⇔활동개. 《朴新諺 2, 31ㅈ》弓俗裏挿一張弓, 활동개에 흔 쟝 활 꼿고.

궁마(弓馬) 명 (활쏘기 말 타기 따위의) 무예(武藝). 《集覽, 字解, 單字解, 7ㅎ》閑. 雜也. 閑雜人. 又替也. 파직ㅎ다, 罷閑了·替閑了. 又遊息曰閑. 홍쏭여 든닐시니, 遊閑了. 又練熟也. 弓馬熟閑. 又空也. 空閑田地 뷔엿눈 짜. 又等閑 부질업시, 又힘히미, 又간대롭다.

궁문(宮門) 명 대궐의 문. 《集覽, 朴集, 下, 12ㅈ》太祖. 夫人柳氏曰, 妾聞諸公之言, 尙有感奮, 況大丈夫乎. 提甲領以披之, 諸將扶擁而出, 令人呼曰, 王公已擧義旗, 國人來赴者不可勝計. 先至宮門, 鼓〈皷〉噪以待者, 亦萬餘人.

궁수(弓手) 명 활을 주 무기로 삼던 병졸. 《集覽, 朴集, 下, 12ㅈ》弓手. 文獻通考曰, 弓手, 兵号, 如弩手·槍手之類.

궁실(宮室) 명 궁전. 궁궐. 《集覽, 朴集, 上, 5ㅎ》平則門. 永樂十九年, 營建宮室,

立門九, 南曰正陽, 又曰午門, 元則曰麗正, 南之右曰宣武, 元則曰順承, 南之左曰文明, 元則曰崇文, 又曰哈噠, 北之東曰安定, 北之西曰德勝, 元則曰健德, 東之北曰崇仁, 一名東直, 元名同, 東之南曰朝陽, 元則曰齊華, 西之北曰西直, 西之南曰阜城, 元則曰平則. 元設十一門, 而今減其二.

궁아(宮娥) 명 나인. 《朴新諺 3, 25ㅈ》又叫兩箇宮娥, 쏘 두 宮娥를 불러. 《朴新諺 3, 25ㅈ》皇后暗使一箇宮娥, 皇后ㅣ マ만이 혼 宮娥로 ᄒ여곰.

궁예(弓裔) 명 태봉(泰封)의 왕. 성은 김씨(金氏). 승호(僧號)는 선종(善宗). 신라(新羅) 헌안왕(憲安王)의 서자(庶子). 진성여왕(眞聖女王) 8년(894)에 명주(溟州: 江陵)·철원(鐵原)을 공략한 후 장군이라 자칭하였고, 효공왕(孝恭王) 5년(901) 왕위에 올라 국호를 후고구려(後高句麗)라 하였다. 904년에 국호를 마진(摩震), 연호를 무태(武泰)로 하고 수도를 철원으로 옮겼다. 이후 세력이 늘자 오만하고 광포해져 백성의 신망을 잃게 되었고, 왕건에게 왕위를 빼앗기고 도망하다가 부양(斧壤: 平康)에서 백성에게 살해되었다. 재위 17년(901~918). 《集覽, 朴集, 下, 12ㅈ》太祖. 幼而聰明, 龍顔日角. 年二十, 始仕弓裔, 拜波珍飡. 《集覽, 朴集, 下, 12ㅎ》弓裔. 新羅憲安王之庶子, 以五月五日生, 屋上有素光屬天如虹. 日官奏曰, 此兒以重午日生, 生而有齒, 且光燄〈焰〉異常, 恐將不利於國家, 宜勿擧. 王勑中使殺之, 乳婢竊〈窃〉奉而逃, 祝髮爲僧. 一日, 持鉢赴齋, 有烏嗛〈啣〉牙籤落鉢中, 視之, 有王字. 遂叛, 據鐵圓郡爲都, 卽今鐵〈鉄〉原府也. 國號摩震, 改元武泰, 後改國號〈号〉泰封. 《集覽, 朴集, 下, 12ㅎ》娘子柳氏〈柳氏〉. 貞州柳天弓女也. 高麗太祖初爲弓裔將軍, 領兵過貞州, 憩古柳下, 見川上有一女子甚美, 問誰. 女對曰, 天弓之女. 《朴新諺 3, 57ㅈ》那時

有箇王名弓裔(朴新注, 65ㅈ: 新羅憲安王之子. 叛居鉄原爲都, 國號泰封.), 그 때에 혼 님금이 이셔 일홈이 弓裔니.

궁왕(弓王) 명 태봉(泰封)의 왕 궁예(弓裔)를 달리 이르는 말. 《朴新諺 3, 57ㅎ》弓王如此無道, 弓王이 이러트시 無道ᄒ니. 《朴新諺 3, 58ㅈ》聚集萬千人把弓王圍困, 萬千 사롬을 모하 弓王을다가 에위 困케 ᄒ니. 弓王只得改換衣裝, 弓王이 그저 衣裝을 고치고. 《朴新諺 3, 58ㅎ》撞見弓王放箭射殺了他, 弓王을 만나 살로 쏘아 뎌를 죽이니라.

궁인(宮人) 명 궁궐 안에서 왕과 왕비를 가까이 모시는 내명부(內命婦)를 통틀어 이르던 말. 《集覽, 朴集, 下, 5ㅈ》蝎〈蝎〉虎. 五月五日捕其生者, 飼以朱砂, 明年端午搗〈擣〉之, 點宮人臂上, 經事則消, 否則雖死不改, 故名曰守宮.

궁장(弓匠) 명 조궁(造弓)장이. 《朴新諺 1, 57ㅈ》叫那斜眼的弓匠王五來, 뎌 눈 흙쓴 弓匠 王五를 불러오라.

궁전(宮殿) 명 궁궐. 궁전. 《集覽, 朴集, 上, 8ㅎ》刺通袖膝欄. 元時好着此衣, 前後具胷背, 又連肩而通袖之脊, 至袖口爲紋, 當膝周圍亦爲紋如欄干, 然織成段匹爲衣者有之, 或皮或帛, 用綵線周遭回曲爲緣, 如花樣, 刺〈刺〉爲草樹〈尌〉·禽獸·山川·宮殿之文於〈紋於〉其內, 備極奇巧, 皆用團領着之, 其直甚高.

궁전수(弓箭手) 명 활을 주 무기로 삼던 병졸. 《集覽, 朴集, 下, 12ㅈ》弓手. 今按, 軍制編成排甲, 每一百戶, 銃手十名, 刀牌手二十名, 弓箭手三十名, 槍手四十名.

궁조(宮調) 명 칠성(七聲: 宮·商·角·變徵·徵·羽·變宮)에서 어느 한 성(聲)을 위주로 하여 곡조를 구성하는데, 궁성(宮聲)을 위주로 하는 곡조인 궁(宮)과 그 밖의 성을 위주로 하는 조(調)를 통틀어 이르는 말. 《集覽, 朴集, 上, 2ㅎ》院本. 南村輟耕錄云, 唐有傳奇, 宋有

戲曲・唱諢・詞說, 金有雜劇・諸宮調.

궁중(宮中) 명 대궐 안. 《集覽, 朴集, 上, 15ㅈ》西湖. 在玉泉山下, 泉水瀦而爲湖, 流入宮中. 西苑爲太液池, 出都城爲玉河, 東南流注于大通河. 環湖十餘里, 荷・蒲・菱・茨與夫沙禽・水鳥出沒, 隱暎於天光雲影中, 實佳境也.

권 의 권(卷). ⇔본(本). 《朴新諺 1, 48ㅈ》纔讀得半本哩, 겨오 반 권을 닑엇노라.

권(拳) 의 번. 차례. 《集覽, 朴集, 下, 6ㅈ》水滑經帶麪. 水滑麪〈麵〉用頭麪, 春夏秋用新汲水, 入油塩, 先攪作拌麪羹搵, 漸漸入水和搜成劑, 用水拆開, 作小塊子, 再用油水洒和, 以拳搓一二百拳.

권(勸) 동 ❶권(勸)하다. (어떤 일을 하도록 부추기다) ⇔권ᄒ다(勸-). 《朴新諺 2, 24ㅈ》被好弟兄們勸我, ᄆᆞᆷ 됴흔 弟兄들의 勸홈을 닙어. ❷말리다. 권하다. 권고하다. ⇔말리다. 《朴新諺 2, 34ㅎ》勸他男兒說, 제 ᄉ나희ᄅᆞᆯ 말려 니르되.

권(權) 명 북두칠성의 넷째 별 이름. 《集覽, 朴集, 上, 7ㅈ》北斗左輔右弼. 凡九星, 曰樞宮貪狼, 曰璇宮巨門, 曰璣〈幾〉宮祿存, 曰權宮文曲, 曰衡宮廉貞, 曰闓〈開〉陽宮武曲, 曰瑤光宮破軍, 曰洞明宮左輔, 曰隱元宮右弼. 左輔連附北斗第〈莭〉六星, 在外, 右弼連附北斗第〈莭〉二星, 在內.

권기(捲起) 동 걷다. 말아 올리다. ⇔것다. 《朴新諺 3, 1ㅈ》把這簾子捲起窓戶支起, 이 발을다가 것고 窓을 버틔오라.

권농(勸農) 동 농사를 장려하다. 《集覽, 朴集, 下, 9ㅎ》打春. 至日黎明, 官吏具香花・燈燭爲壇, 以祭先農. 至立春時, 官吏行禮畢, 各執彩杖, 環擊土牛者三, 以示勸農之意.

권봉(捲蓬) 명 =권봉(捲篷). '蓬'은 '篷'의 다른 표기. 《朴新諺 2, 44ㅎ》捲蓬(朴新注, 39ㅈ: 如雨傘閣之類. 舊釋作無樑閣誤.)幾間, 우산각이 현 간.

권봉(捲篷) 명 무량각(無樑閣). 마룻대가

없는 집. 또는 우산 모양으로 만든 천막. ⇔우산각. 《集覽, 朴集, 中, 7ㅎ》捲蓬. 音義云, ·빈 우·흿 지·비〈집이〉·니 ᄆ른 업슨 지블 닐오디 捲蓬. 《朴新諺 2, 44ㅎ》捲蓬(朴新注, 39ㅈ: 如雨傘閣之類. 舊釋作無樑閣誤.)幾間, 우산각이 현 간. 《朴新諺 3, 16ㅎ》要捲篷樣, 우산각 양으로 ᄒ고져 ᄒ노라.

권설(勸說) 동 권고하다. 충고하다. 타이르다. 설득하다. 《朴新諺 2, 34ㅎ》勸他男兒說, 제 ᄉ나희ᄅᆞᆯ 말려 니르되.

권세(權勢) 명 권력과 세력. 《集覽, 朴集, 上, 6ㅈ》張舍. 王公・大人之家, 必有舍人, 卽家臣也. 如本國伴倘〈儅〉之類, 爲權勢倚任之人, 貧賤之所羨慕者也〈貧賤之所羨慕者〉. 故街巷呼親識爲張舍・李舍, 乃一時推敬之稱〈称〉. 《集覽, 朴集, 中, 7ㅎ》褒彈. 今按, 包孝肅公名拯, 性剛直不撓, 其所彈劾, 不避權勢, 故時人呼爲包閻羅, 曰關節〈莭〉不到, 有閻羅包老.

권요(權要) 명 권력이 있는 중요한 자리. 또는 그 자리에 있는 사람. 《集覽, 朴集, 中, 9ㅈ》打關節. 吏學指南云, 下之所以通欵曲於上者曰關節〈莭〉, 又造請權要謂之關節〈莭〉. 《朴新諺 3, 5ㅈ》只怕那寃家們打關節(朴新注, 46ㅈ: 下之通欵曲於上曰關節, 又造請權要謂之關莭(節).)煩人說情哩, 그저 뎌 寃家들이 쇼졍ᄒ여 사름을 식여 情을 니른가 저페라.

권종(卷宗) 명 보관용으로 분류하여 철한 관문서(官文書). 《集覽, 字解, 單字解, 6ㅎ》弔. 以繩懸物曰弔着. 又自縊而死曰弔死. 又物自彫落曰弔了. 又行文州縣取其問囚卷宗曰弔取・曰弔卷.

권ᄒ다(勸-) 동 권(勸)하다. (어떤 일을 하도록 부추기다) ⇔권(勸). 《朴新諺 2, 24ㅈ》被好弟兄們勸我, ᄆᆞᆷ 됴흔 弟兄들의 勸홈을 닙어.

궐 명 직무(職務). ⇔결(缺). 《朴新諺 3, 19ㅈ》也只指望本官陞一箇好缺, 쏘 다만 本

官이 혼 됴흔 궐에 올므믈 브라느니.

궐(闕) 图 (마땅히 해야 할 일을) 빠뜨리다. ⇔궐ㅎ다(闕-).《朴新諺 3, 54ㅎ》闕拜望了得罪, 拜望홈을 闕ㅎ니 罪를 엇괘라.

궐내(闕內) 图 궐내. 대궐 안.《集覽, 字解, 單字解, 2ㅈ》裏. 内也. 裏頭・内裏. 又闕內. 亦曰裏頭, 又曰内裏. 又處也. 這裏・那裏. 又語助. 去裏・有裏. 通作里・俚・哩.《集覽, 朴集, 上, 1ㅎ》内府. 猶言闕内也.《朴新諺 1, 2ㅎ》再向内府(朴新注, 1ㅎ: 猶言闕内.)管酒的官負們說, 쏘 内府 술 ㄱ옴아는 官負들의게 닐러.

궐자(橛子) 图 말뚝. ⇔말쪽.《朴新諺 3, 10ㅎ》那裡打一箇橛子絟罷, 거긔 혼 말쪽을 박고 미라.

궐자(檠子) 图 =궐자(橛子). '檠'은 '橛'과 같다.《集韻, 月韻》橛, 或書作檠.《朴新諺 3, 10ㅎ》那裡打一箇檠子絟罷, 거긔 혼 말쪽을 박고 미라.

궐중(闕中) 图 궁중. 대궐의 안.《朴新諺 1, 29ㅈ》昨日在午門(朴新注, 11ㅈ: 在闕中太和門之外, 上有五鳳樓.)外, 어직 午門 밧긔셔.

궐ㅎ다(闕-) 图 (마땅히 해야 할 일을) 빠뜨리다. ⇔궐(闕).《朴新諺 3, 54ㅎ》闕拜望了得罪, 拜望홈을 闕ㅎ니 罪를 엇괘라.

궤 图 궤(櫃). ●⇔궤(櫃).《朴新諺 3, 25ㅈ》說與先生櫃中有一箇桃, 先生ㄷ려 닐러 궤 가온디 혼 복셩홰 잇다 ㅎ엿더니.《朴新諺 3, 25ㅈ》飛入櫃中把桃肉都吃了, 느라 櫃 속에 드러가 복셩화 술을다가 다 먹어.《朴新諺 3, 25ㅎ》就着將軍開横看, 즉시 將軍으로 ㅎ여 櫃를 여러 보니. ●⇔궤자(櫃子).《朴新諺 2, 41ㅈ》不論竿子上的横子上的物件, 홰엣 거시나 궤엣 物件을 혜지 아니ㅎ고.《朴新諺 3, 12ㅈ》那藥舗門首櫃子上, 뎌 藥舖 門 앏 궤 우희.《朴新諺 3, 25ㅈ》撞過一頂紅柒横子來面前放下, 혼 불근 柒혼 궤를 드러 와 앏히 노코.

궤(横) 图 =궤(櫃). '横'는 '櫃'와 통용.《詳校篇海, 木部》横, 音匱, 注同.《朴新諺 3, 25ㅈ》說與先生横中有一箇桃, 先生ㄷ려 닐러 궤 가온디 혼 복셩홰 잇다 ㅎ엿더니.《朴新諺 2, 12ㅎ》到木匠家做一口横子, 木匠의 집의 가 혼 横룰 민둘리되.《朴新諺 2, 13ㅈ》横子上銅事件都平常, 横에 통으로 혼 스견이 다 平常ㅎ고.《朴新諺 2, 13ㅈ》這横子多不過直得一兩銀, 이 横 만하야 不過 혼 냥 은이 ㅄ니.《朴新諺 3, 2ㅈ》横子裡裝的衣服也被他咬破了好些, 横 속에 너흔 衣服도 제 쳐ㅂ린 거시 만흐니.

궤(櫃) 图 궤(櫃). ●⇔궤.《朴新諺 3, 25ㅈ》說與先生横中有一箇桃, 先生ㄷ려 닐러 궤 가온디 혼 복셩홰 잇다 ㅎ엿더니. ●⇔궤자(櫃子).《朴新諺 2, 12ㅎ》到木匠家做一口横子, 木匠의 집의 가 혼 横룰 민둘리되.《朴新諺 2, 13ㅈ》横子上銅事件都平常, 横에 통으로 혼 스견이 다 平常ㅎ고.《朴新諺 2, 13ㅈ》這横子多不過直得一兩銀, 이 横 만하야 不過 혼 냥 은이 ㅄ니.《朴新諺 3, 2ㅈ》横子裡裝的衣服也被他咬破了好些, 横 속에 너흔 衣服도 제 쳐ㅂ린 거시 만흐니.

궤자(櫃子) 图 궤(櫃). ●⇔궤.《朴新諺 2, 41ㅈ》不論竿子上的横子上的物件, 홰엣 거시나 궤엣 物件을 혜지 아니ㅎ고.《朴新諺 3, 12ㅈ》那藥舗門首横子上, 뎌 藥舖 門 앏 궤 우희.《朴新諺 3, 25ㅈ》撞過一頂紅柒横子來面前放下, 혼 불근 柒혼 궤를 드러 와 앏히 노코. ●⇔궤(櫃).《朴新諺 2, 12ㅎ》到木匠家做一口横子, 木匠의 집의 가 혼 横룰 민둘리되.《朴新諺 2, 13ㅈ》横子上銅事件都平常, 横에 통으로 혼 스견이 다 平常ㅎ고.《朴新諺 2, 13ㅈ》這横子多不過直得一兩銀, 이 横 만하야 不過 혼 냥 은이 ㅄ니.《朴新諺 3, 2ㅈ》横子裡裝的衣服也被他咬破了好些, 横 속에 너흔 衣服도 제 쳐ㅂ린 거시 만

흐니.

궤피(麂皮) 뎽 개발사슴의 가죽. ⇔지즈피. 《集覽, 朴集, 上, 8ㅈ》麂. 大麋也, 麕鹿之大者. 譯語指南, 謂牝鹿曰麋鹿. 質問云, 大曰麂, 小曰麕. 其皮可作靴. 《朴新諺 1, 29ㅎ》脚穿麂皮(朴新注, 11ㅎ: 麂, 麕屬, 其皮可作靴.)嵌金線靴子, 발에 지즈피 金線 갸품 씬 훠룰 신고.

귀 뎽 ❶귀. ⇔이(耳). 《朴新諺 1, 43ㅎ》把捎篦掏一掏耳朶, 짓븨로다가 귓바회 쁠면. 《朴新諺 3, 52ㅎ》竟將小人面門打破耳根打傷, ᄆ춤내 小人의 ᄂ출다가 텨 싸이고 귀 밋출 텨 傷히오니. ❷귀. 또는 귓구멍. 귓문. ⇔이문(耳門). 《朴新諺 3, 24ㅈ》到那唐僧耳門後咬, 뎌 唐僧의 귀 뒤헤 가 무러.

귀 의 구(句). 마디. ⇔구(句). 《朴新諺 3, 14ㅎ》罵了幾句就走出去了, 여러 귀 ᄭ짓고 곳 ᄃ라나 가니. 《朴新諺 3, 28ㅈ》行者念幾句眞言, 行者ㅣ 여러 귀 眞言을 念ᄒ고.

귀(鬼) 뎽 ❶❶귀수(鬼宿). 이십팔수의 스물셋째 별자리. 《朴新諺 2, 59ㅈ》婁增畚久鬼迎祥, 婁ᄂ 增ᄒ고 畚은 久ᄒ고 鬼ᄂ 迎祥ᄒ니. ❷귀신(鬼神). ⇔귀신. 《朴新諺 3, 26ㅈ》行者敎千里眼・順風耳兩箇鬼, 行者ㅣ 千里眼・順風耳 두 귀신으로 ᄒ여. ❸온갖 잡스러운 귀신. ⇔귀졸. 《朴新諺 3, 26ㅈ》山神・土地神鬼都來了, 山神과 土地神 鬼ㅣ 다 오나놀. 《朴新諺 3, 47ㅈ》後邉又跟着大小鬼卒, 뒤히 ᄯ 大小 鬼卒이 ᄯ로고. 又有一箇鬼, ᄯ 훈 귀졸이 이셔.

귀(貴) 뎽 **1** 귀(貴)하다. (가격이) 비싸다. (가치가) 크다. ⇔귀타(貴-). 《朴新諺 2, 26ㅈ》人離鄕賤物離鄕貴, 사ᄅ미 離鄕ᄒ면 賤ᄒ고 物이 離鄕ᄒ면 貴타 ᄒ니. **2** 귀(貴)하다. ❶⇔귀타. 《朴新諺 3, 7ㅈ》休道黃金貴安樂直錢多, 黃金을 귀타 니ᄅ지 말라 安樂홈이 갑ᄶ미 만타 ᄒ니

라. ❷⇔귀ᄒ다. 《朴新諺 1, 11ㅈ》但于今柴・米・小菜件件俱貴, 다만 이제 나모와 ᄡ과 ᄂ믈이 가지가지 다 귀ᄒ니. ❸⇔귀ᄒ다(貴-). 《朴新諺 3, 13ㅎ》這佛法最尊最貴不可不信, 이 佛法이 ᄀ장 尊ᄒ고 ᄀ장 貴ᄒ니 可히 밋지 아니치 못홀 거시라. 《朴新諺 3, 17ㅎ》何必以多爲貴呢, 엇지 반드시 만흠으로 ᄡ 貴홈을 삼으리오. 《朴新諺 3, 56ㅎ》請問先生貴姓, 청컨대 문ᄂ니 先生의 貴훈 姓이여. 《朴新諺 3, 56ㅎ》韓先生貴庚, 韓先生의 貴훈 나히여.

귀(歸) 동 〈불〉 귀의(歸依)하다. 붓좇다. 《集覽, 朴集, 上, 10ㅈ》歸. ヒ〈ヒ 依〉也.

귀가(貴家) 뎽 지체가 높은 사람이 사는 집. 《集覽, 朴集, 上, 8ㅈ》翫月會. 東京錄云, 中秋夜, 貴家結飾臺榭, 民間爭占酒樓翫〈玩〉月, 絲簧鼎沸, 近內庭居民, 夜深遙聞笙竽之聲, 宛若雲外天樂, 闆里兒童連宵嬉戲, 夜市騈闐, 至於通曉.

귀검아(鬼臉兒) 뎽 탈. 가면(假面). 마스크(mask). ⇔광대. 《朴新諺 2, 11ㅎ》把一箇蠟嘴帶着鬼臉兒, 혼 암죵다리로다가 광대 삐오고.

귀댁(貴宅) 뎽 상대편의 집이나 집안을 높여 이르는 말. 《朴新諺 1, 56ㅎ》小弟昨日曾到貴宅奉拜, 小弟 어제 일즉 貴宅에 가 奉拜ᄒ려 ᄒ여.

귀덕(貴德) 뎽 현도군(玄菟郡)의 다른 이름. 《集覽, 朴集, 上, 4ㅎ》瀋陽. 今設瀋陽中衛, 地方廣衍, 東逼高麗, 北抵建州, 去衛治東北八十里, 有州曰貴德, 或謂玄菟郡.

귀밋빗기 뎽 빗. ⇔약두(掠頭). 《朴新諺 3, 32ㅎ》刷牙兩把・掠頭兩把, 刷牙 둘과 귀밋빗기 둘을 사고져 ᄒ노라. 《朴新諺 3, 32ㅎ》大哥我送你一箇刷牙・一箇掠頭, 큰형아 내 너를 혼 刷牙와 혼 귀밋빗기를 줄 거시니.

귀신 뎽 귀신(鬼神). ⇔귀(鬼). 《朴新諺 3, 26ㅈ》行者敎千里眼・順風耳兩箇鬼, 行

者 ㅣ 千里眼・順風耳 두 귀신으로 ᄒ여.

귀신(鬼神) 명 귀신.《集覽, 朴集, 上, 10ㅎ》齋飯. 請觀音經疏云, 齋者, 齊也, 齊身口業也. 佛氏日中而食, 甁沙王問, 佛, 何故日中食. 答〈荅〉云, 早起諸天食, 日中三世佛食, 日西畜生食, 日暮鬼神食.《集覽, 朴集, 中, 5ㅎ》執楊柳於掌內拂病體於輕安. 佛圖澄, 天竺〈竺〉人也. 妙通玄術, 善誦呪, 能役使鬼神.《朴新諺 2, 30ㅈ》故得人天之喜鬼神之歡, 이러모로 人天의 깃거홈과 鬼神의 즐김을 어더.

귀여ᅀ 명 관상용으로 정원에 돌을 쌓아서 만든 작은 산(山). (가산(假山) 또는 석가산(石假山)이라고도 하는데, 강소성(江蘇省)에서 나는 태호석(太湖石)을 쌓아 만들었다) ⇔산자(山子).《集覽, 朴集, 上, 12ㅎ》砌山子. 音義云, 귀·여ᅀ 類·엣 것. 今按, 山子, 卽귀·여ᅀ, 砌, 卽結成之意. 俗呼築城曰砌城, 謂疊石而築成之也.

귀엿골회 명 (한쪽에 진주 네 개를 꿰어 만든) 귀고리. (한 쌍이면 여덟 개가 된다) ⇔팔주환(八珠環).《集覽, 朴集, 上, 7ㅎ》八珠環. 귀·엿골·회. 以珍〈珎〉珠大者四顆連綴爲一隻, 一雙〈霅〉共八珠.

귀엣골회 명 귀고리. ⇔이환(耳環).《朴新諺 1, 22ㅎ》是一對珍珠耳環一對金手鐲, 이 ᄒ 빵 珍珠 귀엣골회와 ᄒ 빵 금풀쇠라.

귀유 명 구유. ⇔조(槽).《朴新諺 2, 21ㅈ》還有帳房・馬槽都牢壯麼, ᄯ 帳房과 물귀유ㅣ 다 牢壯ᄒ엿ᄂ냐.

귀유치(貴由赤) 명 달리기 시합. 경주(競走). 몽고어에서 온 말이다.《集覽, 朴集, 中, 8ㅎ》牢子走. 南村輟耕錄云, 牢子走者, 元時, 每歲一試之, 名曰放走, 亦名貴由赤, 俗謂快行是也.

귀의(ヒ依) 통 =귀의(歸依). 'ヒ'는 왼쪽 또는 위쪽의 글자와 같음을 나타내는 약호.《集覽, 朴集, 上, 10ㅈ》歸. ヒ〈ヒ依〉也.

귀의(飯依) 통 =귀의(歸依). '飯'는 '歸'와 같다.《唐, 李頎, 宿瑩公禪房聞梵詩》始覺浮生無住著, 頓令心地欲飯依.《集覽, 朴集, 上, 10ㅈ》歸. ヒ〈ヒ依〉也.《集覽, 朴集, 上, 15ㅎ》法名. 剃〈削〉髮披緇, 歸〈攺〉依佛法, 別立外號, 是謂法名.《朴新諺 2, 9ㅎ》法名(朴新注, 26: 飯依佛法, 別立外號, 是謂法名.)叫做步虛, 法名을 步虛ㅣ라 부르리.

귀의(歸依) 명 〈불〉 불교의 입교(入敎)의 식으로, 부처와 불법(佛法)과 승가(僧伽)로 돌아가 의지하여 구원을 청하는 일.《集覽, 朴集, 上, 10ㅈ》歸. ヒ〈ヒ依〉也.《集覽, 朴集, 上, 15ㅎ》法名. 剃〈削〉髮披緇, 歸〈攺〉依佛法, 別立外號, 是謂法名.《朴新諺 2, 9ㅎ》法名(朴新注, 26: 飯依佛法, 別立外號, 是謂法名.)叫做步虛, 法名을 步虛ㅣ라 부르리.

귀인(貴人) 명 사회적으로 지위가 높고 귀한 사람.《朴新諺 1, 36ㅎ》咳貴人難見面, 애 貴人을 얼굴 보기 어렵다.

귀졸 명 귀졸(鬼卒). ⇔귀(鬼).《朴新諺 3, 47ㅈ》後邊又跟着大小鬼卒, 뒤히 ᄯ 大小 鬼卒이 ᄯ로고. 又有一箇鬼, ᄯ ᄒ 귀졸이 이셔.

귀졸(鬼卒) 명 온갖 잡스러운 귀신.《朴新諺 3, 47ㅈ》後邊又跟着大小鬼卒, 뒤히 ᄯ 大小 鬼卒이 ᄯ로고. 又有一箇鬼, ᄯ ᄒ 귀졸이 이셔.

귀천(貴賤) 명 부귀와 빈천.《集覽, 朴集, 上, 12ㅈ》十羊十酒. 羊十牽, 酒十甁也. 制禮亦隨貴賤異秩〈袟〉, 卽送禮也. 詳見諸司職掌.

귀체(貴體) 명 사람의 몸을 높여 이르는 말.《朴新諺 2, 25ㅈ》貴體自然漸漸的健旺了, 貴體 自然히 漸漸 健旺ᄒ리라.

귀타 형 귀(貴)하다. ⇔귀(貴).《朴新諺 3, 7ㅈ》休道黄金貴安樂直錢多, 黃金을 귀타 니르지 말라 安樂홈이 갑ᄡ미 만타 ᄒ니라.

귀타(貴-) 혱 귀(貴)하다. (가격이) 비싸다. (가치가) 크다. ⇔(貴). 《朴新諺 2, 26ㅈ》人離鄕賤物離鄕貴, 사룸이 離鄕ᄒ면 賤ᄒ고 物이 離鄕ᄒ면 貴타 ᄒ니.

귀환(歸還) 图 갚다. 돌려주다. ⇔갑ᄒ다. 《朴新諺 1, 58ㅎ》其銀約至下年幾月內歸還, 그 은을 너년 아모 둘 너에 니르러 갑흐믈 언약ᄒ여.

귀ᄒ다 혱 귀(貴)하다. ⇔귀(貴). 《朴新諺 1, 11ㅈ》但于今柴·米·小菜件件俱貴, 다만 이제 나모와 ᄡᆞᆯ과 ᄂᆞ믈이 가지가지 다 귀ᄒ니.

귀ᄒ다(貴-) 혱 귀(貴)하다. ⇔귀(貴). 《朴新諺 3, 13ㅎ》這佛法最尊最貴不可不信, 이 佛法이 ᄀ쟝 尊ᄒ고 ᄀ쟝 貴ᄒ니 可히 밋지 아니치 못홀 거시라. 《朴新諺 3, 17ㅎ》何必以多爲貴呢, 엇지 반ᄃ시 만흠으로 ᄡᅥ 貴홈을 삼으리오. 《朴新諺 3, 56ㅎ》請問先生貴姓, 청컨대 묻ᄂ니 先生의 貴ᄒᆫ 姓이여. 《朴新諺 3, 56ㅎ》韓先生貴庚, 韓先生의 貴ᄒᆫ 나히여.

귓바회 명 귓바퀴. ⇔이타(耳朶). 《朴新諺 1, 43ㅎ》把捎篦掏一掏耳朶, 짓븨로다가 귓바회 ᄣᅳᆯ면.

규(叫) 图 부르다(呼]. ❶⇔부로다. 《朴新諺 3, 27ㅎ》叫大王有肥皂麼與我洗頭, 부로되 大王아 비노ㅣ 잇ᄂ냐 나를 주어 머리 곰게 ᄒ라. ❷⇔부르다. 《朴新諺 1, 3ㅈ》便叫當直的外郞, 즉시 當直 外郞을 불러. 《朴新諺 1, 6ㅈ》叫小厮們先擺上果碟子, 아희들을 불러 몬져 과실 뎝시를 버리고. 《朴新諺 2, 6ㅈ》辦了筵席叫了鼓樂, 잔치를 출호고 鼓樂을 불러. 《朴新諺 3, 25ㅈ》又叫兩箇宮娥, ᄯᅩ 두 宮娥를 불러. 《朴新諺 3, 50ㅎ》叫起隣人幷巡宿総甲人等追趕, 隣人과 다못 巡宿ᄒᆞᄂ 総甲人 等을 불러 니르혀 ᄯᆞ롸. 《朴新諺 3, 58ㅈ》叫衆將軍們服侍上馬, 여러 將軍들을 불러 뫼셔 몰 틱오고. ❸⇔부르다. 《朴新諺 3, 48ㅎ》于今人把這宣武叫

順城門, 이제 사룸이 이 宣武를다가 順城門이라 부르고. 崇文叫哈達門, 崇文은 哈達門이라 부르고. 朝陽叫齊華門, 朝陽은 齊華門이라 부르고. 阜城叫平則門, 阜城은 平則門이라 부르니.

규(叫) 图 ❶불러. ⇔불러. 《朴新諺 3, 13ㅎ》那講主便叫到跟前來說道, 뎌 講主ㅣ 곳 불러 앏히 오라 ᄒ여 니르되. ❷시키다. 명령하다. ⇔시기다. 《朴新諺 1, 5ㅎ》叫他着幾箇樂工來伺候, 뎌로 ᄒ여 여러 樂工을 시겨 와 伺候ᄒ고. ❸울다. ⇔울다. 《朴新諺 3, 1ㅈ》田鷄偏又叫的聒譟, 머구리 편벽히 ᄯᅩ 우러 짓궨다. ❹(소리를) 지르다. ⇔지르다. 《朴新諺 3, 24ㅎ》大仙大叫一聲便跳下床來了, 大仙이 크게 ᄒᆞᆫ 소리 지르고 곳 床에 ᄲᅱ여ᄂᆞ리니.

규(叫) 閈 하여금. 시키어[使. 또는 …하게 하다. …를 시키다. ⇔ᄒ여. 《朴新諺 2, 12ㅈ》叫那蠟嘴嗛着, 뎌 암죵다리로 ᄒ여 무러. 《朴新諺 2, 18ㅎ》一面叫厨子送飯, 一面으로 厨子로 ᄒ여 밥을 보내고. 《朴新諺 2, 12ㅎ》夜來叫李三, 어지 李三으로 ᄒ여. 《朴新諺 2, 32ㅎ》你的帽子當初何不叫他做呢, 네 갓슬 當初에 엇지 뎌로 ᄒ여 믿지 아니ᄒ다. 《朴新諺 2, 32ㅎ》拿去叫李大做兩頂帽子, 가져가 李大ㅣ로 ᄒ여 두 갓슬 믿드되. 《朴新諺 2, 40ㅈ》叫丫頭去拔些來, 丫頭로 ᄒ여 가 져기 ᄲᅢ혀 오라. 《朴新諺 3, 7ㅎ》叫厨子把我的飯菜, 厨子로 ᄒ여 내 밥 반찬을다가. 《朴新諺 3, 8ㅈ》叫小厮們, 아히 놈들로 ᄒ여. 《朴新諺 3, 39ㅈ》旣叫他管着那莊田, 이믜 저로 ᄒ여 뎌 농소를 ᄀᆞ음알게 ᄒ니. 《朴新諺 3, 40ㅈ》這衙門中上直叫誰替我呢, 이 衙門에 上直을 눌로 ᄒ여 나를 톄당케 ᄒ리오.

규(奎) 명 규수(奎宿). 이십팔수(二十八宿)의 하나. 서방(西方) 백호 칠수(白虎七宿)의 첫째 별. 모두 16개의 별로 이루어져 있는데, 아홉은 선녀좌(仙女座)에 속하고, 일곱은 쌍어좌(雙魚座)에 속한다. 별자리 모양이 '文'자처럼 생겼다 하여 문운(文運)에 관계되는 별이라 한다. 《朴新諺 2, 59ㅈ》壁翼獲財奎得寶, 壁翼은 獲財ㅎ고 奎는 得寶ㅎ고.

규구(規矩) 몡 표준. 법칙. 규칙. 《朴新諺 1, 9ㅈ》焉能曉得他那裏的規矩, 엇지 능히 거긔 規矩를 알리오. 《朴新諺 1, 28ㅎ》誰敢不依規矩罰約呢, 뉘 敢히 規矩 罰約대로 아니ㅎ리오.

규래(叫來) 통 불러오다. ●⇔불러오다. 《朴新諺 1, 5ㅎ》并着他叫些歌唱的諸樣雜耍的來, 아오로 뎌로 ㅎ여 노래 부르고 여러 가지 잡노롯ㅎ는 이롤 불러와. 《朴新諺 1, 6ㅎ》叫雜耍的來, 잡노롯ㅎ는 이롤 불러와. 《朴新諺 1, 42ㅎ》叫那剃頭的來, 뎌 마리 싹는 이롤 불러오라. 《朴新諺 1, 57ㅈ》叫那斜眼的弓匠王五來, 뎌 눈 흙쁜 弓匠 王五를 불러오라. 《朴新諺 2, 20ㅎ》快叫那木匠來, 섈리 뎌 木匠을 불러와. 《朴新諺 3, 9ㅎ》叫一箇泥水匠兩箇小工來, 혼 미쟝이와 두 조역을 불러와. ●⇔블러오다. 《朴新諺 1, 10ㅈ》叫幾箇打土墙的匠工來, 여러 토담 쓰는 쟝인을 블러와.

규주(叫做) 통 부르다呼. (명칭을) …라고 부르다. …라고 불리다. ●⇔부르다. 《朴新諺 2, 12ㅈ》那箇主兒又叫做頑雀兒的, 뎌 님자를 또 새 놀리는 이라 부르는이라. ●⇔부르다. 《朴新諺 2, 9ㅎ》法名叫做步虛, 法名을 步虛ㅣ라 부르리. 《朴新諺 3, 46ㅎ》塑着一箇小童子叫做芒兒, 혼 小童子를 민드라 芒兒ㅣ라 부르고.

규채(葵菜) 몡 아욱. ⇔아혹. 《朴新諺 2, 39ㅎ》蘿葍, 댓무우. 蔓菁, 쉿무우. 萵苣, 부로. 葵菜, 아혹. 白菜, 비치. 赤根菜, 시근치. 芫荽, 고싀. 蔥, 파. 蒜, 마늘. 薤菜, 부치. 荊芥, 형개. 薄荷, 박하. 茼蒿, 믈쑥. 水蘿葍, 믈한댓무우. 胡蘿葍, 노른댓

무우. 芋頭, 토란. 紫蘇都好種的, 紫蘇를 다 시믐이 됴타.

규환(叫喚) 통 ●부르짓다. 고함치다. 소리치다. ⇔부르지지다. 《朴新諺 1, 34ㅎ》我便發狠叫喚要銀子, 내 곳 성내여 부르지져 은을 달라 호되. ●외치다. ⇔웨다. 《朴新諺 3, 53ㅎ》着他沿街叫喚尋覓纔好哩, 뎌로 ㅎ여 거리를 조차 웨여 츳자야 마치 됴흐리라.

균(勻) 몡 =균(鈞). '勻'은 '鈞'의 잘못. 《書, 五子之歌》關石和鈞, 王附則有. 〈孔穎達疏〉律歷志云, 二十四銖爲兩, 十六兩爲斤, 三十斤爲鈞, 四鈞爲石. 《朴新諺 1, 57ㅎ》要做幾箇氣力(朴新注, 22ㅈ: 十二斤爲一箇氣力. 續綱目両石弓註, 三十斤爲勻(鈞), 四勻(鈞)爲石, 則下歟十箇氣力, 爲両石重也.)的弓, 언머 힘에 활을 민들고져 ㅎ는다.

균(勻) 톙 고르다. ⇔고로다. 《朴新諺 1, 16ㅎ》這大紅段眞是南紅顏色經緯勻淨, 이 다홍 비단이 진짓 이 연다홍빗치오 삐눌이 고로고 조흐니. 《朴新諺 1, 25ㅈ》把料豆和草拌勻了, 콩을다가 여믈과 석기롤 고로게 ㅎ여. 《朴新諺 2, 32ㅎ》歟式要時樣橦子要勻細就是了, 歟式은 時樣으로 ㅎ고 담은 고로고 ㄱ눌게 홈이 곳 올흐니라. 《朴新諺 3, 10ㅎ》把那廝刀拌勻着, 뎌 삼쪄울을다가 버무려 고로게 ㅎ고.

균(鈞) 몡 무게의 단위. 30근(斤). 《書, 五子之歌》關石和鈞, 王附則有. 〈孔穎達疏〉律歷志云, 二十四銖爲兩, 十六兩爲斤, 三十斤爲鈞, 四鈞爲石. 《集覽, 朴集, 上, 13ㅎ》氣力. 音義云, 弓强弱之力, 重十二斤曰一箇氣力. 今按, 舊本以斗石爲重, 續綱目兩石弓註, 三十斤爲鈞, 四鈞爲石, 重百二十斤也. 《朴新諺 1, 57ㅎ》要做幾箇氣力(朴新注, 22ㅈ: 十二斤為一箇氣力. 續綱目両石弓註, 三十斤爲勻(鈞), 四勻(鈞)爲石, 則下歟十箇氣力, 爲両石重也.)的

弓, 언머 힘에 활을 민돌고져 ᄒᆞᄂᆞ다.

균령(勻令) 圕 =균령(鈞令). '勻'은 '鈞'의 잘못.《(淸, 洪昇) 長生殿, 合圍》請問王爺, 傳集某等, 不知有何鈞令.《朴新諺 1, 8ㅈ》小弟近來奉上司勻(鈞)令, 小弟ㅣ 요ᄉᆞ이 上司 勻(鈞)令을 밧드니.

균령(鈞令) 圕 윗사람이나 상급 기관의 명령을 높여 이르는 말.《(淸, 洪昇) 長生殿, 合圍》請問王爺, 傳集某等, 不知有何鈞令.《朴新諺 1, 8ㅈ》小弟近來奉上司勻(鈞)令, 小弟ㅣ 요ᄉᆞ이 上司 勻(鈞)令을 밧드니.

균왕(均王) 圕 오대 양(五代梁) 때의 왕. 이름은 우정(友貞). 뒤에 진(瑱)·굉(鍠) 등으로 이름을 고쳤다. 태조(太祖) 주온(朱溫: 朱全忠)의 넷째 아들. 주온이 둘째 아들 영왕(郢王: 友珪)에게 시해(弑害) 당하자 영왕을 주살하고 대량(大梁)에서 즉위하였다.《集覽, 朴集, 下, 12ㅎ》梁貞明. 梁, 國號, 卽五代朱梁也. 貞明, 均王年號.

귤 圕 귤. ⇔귤자(橘子).《朴新諺 1, 4ㅈ》鮮果子呢, 싱과실은. 柑子, 柑子. 橘子, 귤. 石榴, 石榴. 香水梨, 믈한빗. 櫻桃, 櫻桃. 杏子, 술고. 蘋果, 굵은님금. 玉黃李子, 유황외앗시오.

귤자(橘子) 圕 귤. ⇔귤.《朴新諺 1, 4ㅈ》鮮果子呢, 싱과실은. 柑子, 柑子. 橘子, 귤. 石榴, 石榴. 香水梨, 믈한빗. 櫻桃, 櫻桃. 杏子, 술고. 蘋果, 굵은님금. 玉黃李子, 유황외앗시오.

귤피(橘皮) 圕 귤껍질.《集覽, 朴集, 下, 3ㅈ》六鶴舞琴. 遂取藍橘皮, 於壁上畫鶴, 曰, 客來飮酒, 但令拍手歌之, 其鶴果舞, 將此酬汝. 後客至, 如其言, 鶴果舞, 觀者沓至, 酬之以錢, 遂致鉅〈巨〉富.

그 圕 그其. ●⇔기(其).《朴新諺 1, 58ㅎ》其銀約至下年幾月內歸還, 그 은을 닉년 아모 둘 닉에 니르러 갑흐믈 언약ᄒᆞ여.《朴新諺 2, 5ㅎ》與那名花·奇樹也不知

其數, 다못 뎌 名花와 奇樹는 그 수룰 아지 못ᄒᆞ니.《朴新諺 2, 34ㅎ》若作非理必受其殃, 만일 非理에 노롯을 ᄒᆞ면 반드시 그 앙화를 밧는다 ᄒᆞ니. ●⇔나(那).《朴新諺 1, 27ㅎ》且就那一日拈香頭發重誓, 쏘 그 날 香을 곳고 듕ᄒᆞᆫ 밍셰ᄒᆞ여.《朴新諺 2, 4ㅈ》我也那一日去拜壽了, 나도 그 날 가 拜壽ᄒᆞ고.《朴新諺 2, 33ㅎ》便奪了那物打死那人, 곳 그 물건을 앗고 그 사롬을 쳐 죽여.《朴新諺 2, 34ㅈ》撇在那坑裏, 그 디함에 드리치고.《朴新諺 2, 57ㅎ》那時誰先走來呢, 그 때에 뉘 몬져 ᄃᆞ라왓더뇨.《朴新諺 3, 14ㅈ》那人聽見師傅這般說, 그 사롬이 師傅ㅣ 이리 니ᄅᆞᆷ을 듯고.《朴新諺 3, 40ㅈ》你那日到底送到那裡就回來了, 네 그 날 ᄆᆞᄎᆞᆷ내 보내여 어듸 가 곳 도라오뇨.《朴新諺 3, 55ㅈ》纔剛說的那秀才, 앗가 니르든 그 秀才ㅣ.《朴新諺 3, 57ㅈ》那時有箇王名弓裔, 그 때에 ᄒᆞᆫ 님금이 이셔 일홈이 弓裔러니. ●⇔당(當).《朴新諺 3, 8ㅎ》當時唐三蔵師傅, 그 때에 唐三蔵 師傅ㅣ.

그 団 그其. ●⇔기(其).《朴新諺 1, 46ㅎ》其餘的你都買去, 그 남은 거슨 네 다 사라 가라.《朴新諺 2, 31ㅎ》其餘的小廝們在家, 그 나믄 아히들은 집의 이셔.《朴新諺 3, 33ㅎ》其餘傢伙, 그 나믄 연장.《朴新諺 3, 38ㅎ》其餘賣的賣了, 그 남아 풀 것 풀고.《朴新諺 3, 57ㅈ》請道其詳, 쳥컨대 그 ᄌᆞ셰홈을 니르라. ●⇔나(那).《朴新諺 3, 5ㅈ》你那告狀的事情, 네 그 告狀ᄒᆞᆫ 일을. ●⇔나개(那箇).《朴新諺 1, 47ㅈ》那箇容易你放心, 그는 쉬오니 네 放心ᄒᆞ라.

그다 圐 (갈고랑이 따위로) 걸다. 건지다. ⇔탑(搭).《朴新諺 3, 27ㅈ》百般搭不着, 빅 가지로 ᄒᆞ되 그지 못ᄒᆞ니.

그대로 圕 그대로. ⇔의(依).《集覽, 字解, 累字解, 2ㅈ》照依. 마초와 그대로 ᄒᆞ다.

그러내다 圐 그러내다. ●⇔구출(鉤出).

《朴新諺 2, 41ㅈ》便把鉤子鉤出來拿去,
곳 갈고리로 그러내여 가져가ᄂᆞ니라.
●⇔탑츌(搭出). 《朴新諺 3, 26ㅎ》搭出
一箇光骨頭來, 혼 믠쎠만 그러내니.

그러면 閉 그러면. 그러하면. ●⇔나마
(那麽). 《朴新諺 3, 55ㅈ》那麽着, 그러
면. 《朴新諺 3, 55ㅎ》那麽更好, 그러면
더욱 됴타. ●⇔나반(那般). 《朴新諺 2,
43ㅎ》那般差遠着裏, 그러면 쓰미 머니.
《朴新諺 2, 56ㅎ》那般你的靴子怎麽還是
乾的, 그러면 네 靴ㅣ 엇디 도로혀 몰라
ᄂᆞ뇨. 《朴新諺 3, 41ㅎ》旣是那般, 이믜
그러면.

그러모로 閉 그러므로. 그러니. 그러니
까. ⇔소이(所以). 《朴新諺 1, 38ㅈ》所以
便好了, 그러모로 곳 됴흐되. 《朴新諺 2,
45ㅎ》所以越漏了, 그러모로 더욱 시니.
《朴新諺 3, 46ㅈ》所以約你同去哩, 그러
모로 너를 언약흐여 흔가지로 가려 흐
노라.

그러ᄒᆞ다 阍 그러하다. 당연하다. ⇔자연
(自然). 《朴新諺 1, 53ㅈ》這箇自然, 이ᄂᆞᆫ
그러ᄒᆞ리니.

그르다 阍 그르다. 옳지 아니하다. ●⇔
불시(不是). 《朴新諺 3, 7ㅈ》都是你的不
是哩, 다 이 네 그르니라. ●⇔오(悞).
《朴新諺 1, 19ㅈ》遲日來斷不有悞的, 날
을 지연흐여 오라 결짠코 그르미 잇지
아니흐리라. ●⇔차(差). 《朴新諺 1, 19
ㅈ》你估量不差, 네 짐쟉흐여 혜아리미
그르지 아니ᄒᆞ다. 《朴新諺 1, 25ㅎ》這話
是不差的, 이 말이 그르지 아니ᄒᆞ니라.
《朴新諺 3, 18ㅎ》你説得不差, 네 니르미
그르지 아니타. 《朴新諺 3, 19ㅎ》咳禍不
單行這話再也不差, 애 禍不單行이란 이
말이 ᄯᅩ 그르지 아니ᄒᆞ다. ●⇔착(錯).
《朴新諺 1, 26ㅈ》這一毱不筭錯了, 이 혼
패 ᄯᅩ 그르다 흐리라. 《朴新諺 1, 59ㅈ》
我寫的錯不錯, 내 쁜 거시 그르냐 그르
지 아니ᄒᆞ냐. 《朴新諺 2, 18ㅎ》你與我看

一看錯也不錯, 네 나를 보와 주고려 그
른가 그르지 아닌가.

그름 阍 그름. 잘못. 과실. ●⇔불시(不
是). 《朴新諺 3, 6ㅎ》這是誰的不是, 이거
시 이 뉘 그름고. ●⇔오(悞). 《朴新諺
2, 15ㅈ》你放心斷不有悞的, 네 放心ᄒᆞ라
결단코 그름이 잇지 아니ᄒᆞ리라.

그릇 閉 그릇. 잘못. ⇔착(錯). 《朴新諺 3,
31ㅎ》相公你怕錯買了麽, 相公아 네 그
릇 산가 저퍼ᄒᆞᄂᆞ냐.

그릇ᄒᆞ다 동 그릇하다. 그릇되게 하다.
⇔차(差). 《朴新諺 1, 48ㅎ》若把字寫差
了的, 만일 글字를다가 쁘기를 그릇ᄒᆞ
니는.

그리 閉 ●그리. 그렇게. ⇔나반(那般).
《朴新諺 1, 53ㅈ》那般, 그리 ᄒᆞ쟈. 《朴新
諺 2, 34ㅈ》大老婆聽見那般說, 큰계집이
그리 니름을 듯고. ●그리. 그런 것이.
⇔시(是). 《朴新諺 1, 14ㅈ》若不是, 만일
그리 아니면.

그리다 동 그리다. ⇔화(畫). 《朴新諺 2,
6ㅎ》眞箇是畫也畫不成的好景致, 진짓 이
그리려 ᄒᆞ여도 그려 내지 못ᄒᆞᆯ 됴흔 景致
오. 《朴新諺 2, 11ㅎ》拿一箇一托長碗口
大的紅油畫金棒子, ᄒᆞ나 혼 발맛치 길고
사발맛치 큰 불근 칠ᄒᆞ고 금으로 그린
막대를 가져. 《朴新諺 2, 52ㅎ》又把筆來
在他面上畫黑了, ᄯᅩ 붓스로다가 더의 面
上에 그려 검게 ᄒᆞ엿더니. 《朴新諺 3, 40
ㅎ》好畫匠那裡有, 그림 잘 그리는 쟝인
이 어디 잇ᄂᆞ뇨. 《朴新諺 3, 41ㅈ》你要畫
甚麽, 네 무서슬 그리고져 ᄒᆞᆫ다. 我要畫
我的喜容, 내 나의 진영을 그리고져 ᄒᆞ노
라. 《朴新諺 3, 41ㅎ》又不肯到人家去畫,
ᄯᅩ 즐겨 人家에 가 그리지 아니ᄒᆞ고. 《朴
新諺 3, 42ㅈ》方肯畫哩, 보야흐로 즐겨
그리ᄂᆞ니라. 《朴新諺 3, 42ㅈ》畫虎畫皮
難畫骨, 범을 그리매 가족은 그려도 쎠
그리기 어렵고. 《朴新諺 3, 46ㅈ》渾身畫
着顏色, 왼몸에 빗츨 그려.

그리모로 囝 그러므로. 그러니. 그러니까. ⇔소이(所以).《朴新諺 2, 24ㅎ》那般不小心所以就犯了這症侯, 더리 조심치 아니ㅎ여시매 그리모로 이 症侯를 犯ㅎ엿다.

그리어니 囝 그렇거니. 또는 당연이. ⇔가지도(可知道).《朴新諺 1, 42ㅎ》可知道馬是第(第)一件寶貝, 그리어니 물은 이 第(第)一 寶貝라.

그리ㅎ다 囲 그리하다. 그렇게 하다.《集覽, 字解, 單字解, 5ㅎ》敢. 忍爲也. 你敢那 네 구틔여 그리ㅎ다. 又疑似也. 敢知道 아는 듯ㅎ다.

그린 웹 그런. 그러한. ●⇔나반(那般).《朴新諺 2, 52ㅎ》就那般去了, 이믜셔 그린 재 가니. ●⇔연(然).《朴新諺 1, 4ㅎ》然後再上四大碗四中碗, 그린 후에 ㅈ 네 大碗과 네 中碗을 올리되.《朴新諺 1, 6ㅎ》然後再上飯菜, 그린 후에 ㅈ 반찬 올리고.《朴新諺 1, 14ㅈ》然後到關籌來的所在領過籌來, 그린 후에 사술 트는 곳에 가 사술을 트 와야.《朴新諺 1, 43ㅈ》然後用那密笓子再捱, 그린 후에 뎌 빈 춤빗스로다가 다시 빗겨.《朴新諺 1, 51ㅎ》然後剃頭修脚, 그린 후에 마리 깍고 발톱 다듬고.《朴新諺 2, 24ㅎ》然後再用藿香正氣散, 그린 후에 ㅈ 藿香正氣散을 ㅯ.《朴新諺 3, 32ㅈ》然後拿些達子餑餑・南糖・乾果子來, 그린 후에 達子쩍과 南糖과 乾果를 가져오라.

그림 圐 그림. ⇔화(畫).《朴新諺 2, 50ㅈ》當中掛一軸大畫, 當中ㅎ여 흔 軸 큰 그림을 걸고.《朴新諺 3, 40ㅎ》好畫匠那裡有, 그림 잘 그리는 쟝인이 어디 잇ᄂ뇨.

그므다 囲 저물다. ⇔진(盡).《朴新諺 2, 58ㅎ》這月是大盡是小盡, 이 돌이 이 커 그므ᄂ냐 져거 그므ᄂ냐. 這的是大盡還有五箇日子哩, 이 커 大盡이라 당시롱 닷 시 잇ᄂ니라.

그믈 圐 그물. ⇔망(網).《朴新諺 2, 6ㅈ》撒網垂鉤的是大小漁船, 그믈을 티고 낙시를 드리온 거슨 이 大小 漁船이오.《朴新諺 3, 49ㅎ》繫船下網, 빗 미고 그믈 티며.

그슴ㅎ다 囲 한정(限定)하다. 한도(限度)로 하다. ⇔애(捱).《集覽, 字解, 單字解, 2ㅎ》捱. 正作涯. 倚限有恃之意 그슴ㅎ다. 捱到十年 열 히 다둗도록.

그으다 囲 보내다. 파견하다. ⇔파(派).《朴新諺 1, 8ㅈ》甚麼詔派徃那一路頒去呢, 므슴 詔書ㅣ며 어디롤 그어 반포ㅎ라 가ᄂ뇨. 派小弟是徃永平・大寧・遼陽・開元・瀋陽等處, 小弟롤 그은 거슨 이 永平・大寧・遼陽・開元・瀋陽 等 處에 가ᄂ니라.

그이다 囲 보내다. 파견하다. ⇔파(派).《朴新諺 1, 8ㅎ》我如今也派徃金剛山松廣等處去降香, 내 이지 ㅈ 金剛山 松廣 等 處에 그이여 가 降香ㅎ리라.

그저 囝 그저. 단지. 다만. ●⇔자(自).《朴新諺 1, 51ㅈ》自有管混堂的看守, 그저 混堂 ᄀ음아는 이 이셔 看守ㅎ리라. ●⇔지(只).《朴新諺 1, 38ㅈ》只用把好飮食, 그저 됴흔 飮食으로다가.《朴新諺 1, 43ㅈ》不要只管的刮, 그저 ᄉ릭여 긁빗기지 말라.《朴新諺 2, 6ㅎ》只此人間少有的了, 그저 이 人間에 드믄 거시니라.《朴新諺 2, 20ㅈ》你只把文契收好了, 네 그저 글월으다가 잘 거두어.《朴新諺 2, 46ㅎ》還只管淘氣, 당시롱 그저 ᄉ릭여 저즈레ㅎ고.《朴新諺 2, 56ㅈ》我只到這裏來, 내 그저 여긔 오노라.《朴新諺 3, 1ㅎ》不要只管人了, 그저 ᄉ릭여 사롬의게 기개이지 말라.《朴新諺 3, 10ㅈ》你只與我改做煤火炕, 네 그저 나를 셕탄 픠오는 캉을 고쳐 믄드라 주되.《朴新諺 3, 33ㅈ》元寶只有半錠, 元寶ㅣ 그저 반 덩이 이시니.《朴新諺 3, 40ㅎ》只管遠送他怎麼, 그저 ᄉ릭여 멀리 더룰 보내여 므슴 ㅎ리오.《朴新諺 3, 58ㅎ》

弓王只得改換衣裝, 弓王이 그저 衣裝을 고치고. ❸⇔지관(只管).《朴新諺 1, 6ㅎ》彈的只管彈, 트리 그저 트고. 吹的只管吹, 불 리 그저 불고. 唱的只管唱, 노래 브르리 그저 노래 불러. ❹⇔지시(只是).《朴新諺 3, 30ㅎ》有却有只是不賣, 이심은 쏘 이시되 그저 ᄑᆞ지 아니ᄒᆞ노라. ❺⇔지요(只要).《朴新諺 1, 4ㅈ》一共只要辦八桌席面, 대되 그저 八桌 席面을 출홀 ᄊᆞ시니.《朴新諺 1, 18ㅎ》脊背只要平正為妙, 등을 그저 不正이 ᄒᆞ여야 妙ᄒᆞ니라.《朴新諺 1, 32ㅎ》每張只要五錢銀子, 每 張에 그저 닷 돈 은을 바드려 ᄒᆞ니.《朴新諺 1, 41ㅎ》只要他治得馬好, 그저 뎨 ᄆᆞᆯ을 고쳐 됴홀 양이면.《朴新諺 1, 53ㅈ》只要各自用心射去, 그저 각각 用心ᄒᆞ여 坐라 가쟈.《朴新諺 3, 21ㅈ》怎麽只要買那小說看呢, 엇지 그저 뎌 小說을 사 보려 ᄒᆞᄂᆞ뇨.

그적씌 뗑 그제. 그저께. ⇔전일(前日).《朴新諺 3, 8ㅈ》不料前日三更前後被賊進來, 혜아리지 아닌 그적씌 三更은 ᄒᆞ여 도적이 드러와.

그젓긔 뗑 그제. 그저께. ⇔전일(前日).《朴新諺 2, 52ㅈ》他前日輸與我的猪頭也不肯買, 뎨 그젓긔 내게 진 돗희 머리도 즐겨 사지 아니ᄒᆞ니.

그제 뗑 그제. 그저께. ⇔전일(前日).《朴新諺 1, 15ㅈ》從前日這腮頰上痒的受不得, 그제부터 ᄲᆢᆷ이 ᄀᆞ려워 견디지 못홀 ᄅᆞ니.

그처디다 뙹 그쳐지다. 끊어지다. ⇔결소(缺少).《集覽, 字解, 單字解, 6ㅈ》少. 多少. 又欠也. 少甚麽 므스거시 업스뇨. 少債 ᄂᆞ믜 비들 쪄디워 잇다. 又缺也. 缺少口粮 양시기 그처디다.

그치다 뙹 그치다. 멈추다. ⇔지(止).《朴新諺 2, 10ㅈ》從今日起後日止, 오늘브터 시작ᄒᆞ여 모리 그치ᄂᆞ니.

극(極) 뙹 더할 수 없는 정도에 이르다. ⇔극ᄒᆞ다(極-).《朴新諺 1, 7ㅎ》暢快之極矣, 暢快의 極홈이로다.

극(極) 閉 극(極)히. ❶⇔극히.《朴新諺 2, 51ㅎ》似我這般雜職微員陞轉極難, 우리 ᄀᆞᆺᄒᆞᆫ 이 雜職 微員은 陞轉ᄒᆞ기 극히 어려워. ❷⇔극히(極-).《朴新諺 3, 41ㅎ》他與我極好相與, 뎨 날로 더부러 極히 됴히 사괴되.《朴新諺 3, 54ㅈ》這招子寫得極簡便, 이 방 쓰기를 極히 簡便히 ᄒᆞ엿다.

극감(尅減) 뙹 갉이다. 곧, 깎아 평말로 되다. 또는 가로채다. ⇔굴기다.《集覽, 字解, 累字解, 2ㅎ》尅減. 尅亦減也.《朴新諺 1, 3ㅎ》想是管酒的人們尅減了, 싱각건대 술 ᄀᆞ음아는 사ᄅᆞᆷ들이 굴겨 내엿도다.

극고(極高) 톙 매우 높다.《集覽, 朴集, 下, 4ㅎ》羅天. 謂覆盖萬天, 羅絡三界, 極高無上, 故稱大羅.《朴新諺 3, 22ㅎ》一日先生做羅天大醮(朴新注, 52ㅈ: 道經云, 覆盖萬天, 羅絡三界, 極高無上, 謂之大羅. 天醮, 祭名, 祭於星辰曰醮), 一日에 先生이 羅天大醮를 ᄒᆞ더니.

극락(尅落) 뙹 (재물을) 덜어내다. 또는 가로채다. 삭감하여 딜다.《集覽, 字解, 累字解, 2ㅎ》尅減. 尅亦減也.《集覽, 字解, 累字解, 2ㅎ》尅落. 上同.

극세(極細) 톙 몹시 잘거나 가늘다.《集覽, 朴集, 下, 6ㅎ》象眼餶子. 麁者再切, 細者有糜末, 却簁去, 皆要一樣極細如米粒.

극히 閉 극(極)히. ⇔극(極).《朴新諺 2, 51ㅎ》似我這般雜職微員陞轉極難, 우리 ᄀᆞᆺᄒᆞᆫ 이 雜職 微員은 陞轉ᄒᆞ기 극히 어려워.

극히(極-) 閉 극(極)히. ⇔극(極).《朴新諺 3, 41ㅎ》他與我極好相與, 뎨 날로 더부러 極히 됴히 사괴되.《朴新諺 3, 54ㅈ》這招子寫得極簡便, 이 방 쓰기를 極히 簡便히 ᄒᆞ엿다.

극ᄒᆞ다(極-) 뙹 더할 수 없는 정도에 이르다. ⇔극(極).《朴新諺 1, 7ㅎ》暢快之極

矣, 暢快의 極홈이로다.

근 回 근. ⇔근(斤).《朴新諺 2, 16ㅈ》麵三
斤, フ르 서 근과. 猪肉三斤, 猪肉 서 근
과.《朴新諺 2, 16ㅈ》油·塩·醬·醋·
茶各一斤, 기름과 소곰과 醬과 醋와 茶ㅣ
各 흔 근이오.《朴新諺 2, 16ㅈ》麵三斤,
フ르 서 근과. 羊肉三斤, 羊肉 서 근과.
《朴新諺 2, 16ㅎ》塩·菜各一斤, 소곰과
菜 各 흔 근이니.

근(斤) 回 근. ⇔근.《集覽, 朴集, 中, 1ㅈ》
分例支應. 正官曰廩給, 從人曰口粮, 通謂
之分例. 元制, 正官一員, 一日宿頓, 該支
〈支〉米一升, 糆一斤, 羊肉一斤, 酒一升,
柴一束, 經過減半, 從人一名, 止支〈支〉米
一升, 經過減半.《朴新諺 1, 2ㅈ》再買一
隻牛·猪肉五十斤, 쏘 흔 짝 쇼와 猪肉
五十斤을 사면.《朴新諺 2, 16ㅈ》麵三斤,
フ르 서 근과. 猪肉三斤, 猪肉 서 근과.
《朴新諺 2, 16ㅈ》油·塩·醬·醋·茶
各一斤, 기름과 소곰과 醬과 醋와 茶ㅣ
各 흔 근이오.《朴新諺 2, 16ㅈ》麵三斤,
フ르 서 근과. 羊肉三斤, 羊肉 서 근과.
《朴新諺 2, 16ㅎ》塩·菜各一斤, 소곰과
菜 各 흔 근이니.

근(近) 圀 요사이. 요새. ⇔요ᄉ이.《朴新
諺 3, 16ㅈ》幷請近安, 아오로 요ᄉ이 문
안을 請ᄒᄂ이다.

근(近) 閏 가까이. ⇔갓가이.《朴新諺 3,
4ㅎ》跳蚤也不敢近, 벼록이 쏘 敢히 갓가
이 못ᄒᄂ니라.

근(近) 閝 가깝다. ⇔갓갑다.《朴新諺 1,
44ㅎ》將近滿月, 쟝ᄎᆺ 윈둘에 갓가오매.
《朴新諺 3, 1ㅈ》這房後偏近着水窪子, 이
집 뒤히 편벽히 웅덩이 갓가와.

근(根) 圀 ●기슭. 산기슭.《朴新諺 2, 5
ㅈ》西湖是從玉泉山(朴新注, 24ㅈ: 在宛
平縣, 距京都西北三十里, 山有石洞三. 一
在山之西南, 其下有泉, 深淺莫測. 一在山
之陽, 泉出石罅間, 鑿石為螭頭, 泉從螭口
噴出, 鳴若雜佩, 色如素練, 泓澄百頃. 一

在山之根, 有泉湧出, 洞門刻玉泉二字.)流
下來的, 西湖ᄂ 이 玉泉山으로 조차 흘러
ᄂ린 거시니. ●밑. 아래. ⇔밋ᄎ.《朴
新諺 3, 52ㅎ》竟將小人面門打破耳根打
傷, ᄆᆞ춤내 小人의 ᄂᆺ출다가 텨 ᄢᆡ이고
귀 밋ᄎᆯ 텨 傷히오니. ●뿌리. ⇔불희.
《朴新諺 3, 4ㅎ》我只知道蒲根解酒還好
做醋, 내 다만 챵포 불희 술을 ᄭᅵ오고
쏘 醋 민들기 됴흔 줄만 알고.

근(根) 回 ●낫. ⇔낫.《朴新諺 2, 31ㅈ》還
要把那箭俗裏挿十根箭, 쏘 뎌 살동개에
다가 열 낫 살 꼿고.《朴新諺 3, 6ㅎ》虫
蛀的無一根風毛了怎麼好, 좀이 딥어 흔
낫 긴털이 업스니 엇지ᄒᆞ여야 됴흐료.
《朴新諺 3, 24ㅈ》拔下一根頭髮變做狗蚤,
흔 낫 머리터럭을 ᄲᅡ혀 變ᄒᆞ여 개벼록이
되여. 他也拔下一根毛來, 뎨 쏘 흔 낫 털
을 쎄혀. ●자루. ⇔ᄌᆞ루.《集覽, 朴集,
上, 5ㅎ》籌. 質問云, 以木爲之. 此收·放
米計數之籌, 每米一石, 對籌一根.《朴新
諺 3, 7ㅎ》再拿兩根安息香來燒一燒, 쏘
두 ᄌᆞ루 安息香을 가져와 피오라.

근(筋) 图 힘줄. ⇔힘.《朴新諺 1, 57ㅎ》這
弓面上鋪的筋, 이 활 면에 신 힘을.

근(跟) 图 ❶좃다從. 따르다. ⇔좃다.
《朴新諺 3, 18ㅎ》我們徃日跟官的時莭
(莭), 우리 徃日에 관원을 조차 ᄃᆞ닐 제.
❷따르다. ●⇔ᄯᆞ르다.《朴新諺 2, 49
ㅈ》便上馬跟老爺, 곳 물 ᄐᆞ고 老爺를 ᄯᆞ
라. ●⇔쫄오다.《朴新諺 2, 21ㅎ》我隨
後慢慢的跟駕去, 나ᄂᆞ 隨後ᄒᆞ여 날회여
駕를 쫄와 가마.

근(勤) 图 부지런히. ⇔부즈러니.《朴新諺
1, 25ㅎ》日裏又勤刷勤喂, 나지 쏘 부즈
러니 빗기고 부즈러니 먹이면.

근(謹) 閏 겸손하고 조심하는 마음으로 정
중하게. ⇔삼가.《朴新諺 3, 16ㅈ》謹稟,
삼가 稟ᄒᄂ이다.

근거(跟去) 图 따라가다. ⇔ᄯᆞ라가다.
《朴新諺 3, 40ㅈ》你為甚麼不跟了去呢,

네 므서슬 위ᄒ여 ᄯ라가지 아니ᄒ다. 《朴新諺 3, 40ㅎ》旣不能勾跟去, 이믜 능히 유여히 ᄯ라가지 못홀쟉시면.

근고(勤苦) 宮 부지런히 애쓰다. 《集覽, 朴集, 中, 4ㅈ》刹土. 梵語, 刹, 此云竿, 卽幡柱也. 沙門於此法中勤苦得一法者, 便當堅幡, 以告四遠曰, 今有少欲人也云.

근대(近代) 명 얼마 지나가지 않은 가까운 시대. 요즈음. 《集覽, 朴集, 上, 14ㅎ》寒食. 東京錄云, 唐明皇詔寒食上墓, 近代相承, 皆用此日拜掃丘墓, 都人傾城出郊, 四野如芳市〈四野如市〉, 樹之下〈芳尌之下〉, 園囿之間, 羅列杯〈盃〉盤, 抵暮而歸.

근두(筋斗) 명 곤두박질. 공중제비. 《集覽, 朴集, 上, 2ㅎ》院本. 或日, 宋徽宗見爨國人來朝, 衣裝·鞵履·巾裹, 傅粉墨, 擧動如此, 使優人効之以爲戲. 其間副淨有散說, 有道念, 有筋斗, 有科範. 盖古敎坊色長有魏·武·劉三人, 而魏長於念誦, 武長於筋斗, 劉長於科範, 至今樂人皆宗之.

근두(跟阧) 宮 근두(跟阧)질하다. 곤두박질하다. 공중제비하다. ⇔근두질ᄒ다(跟阧-). 《朴新諺 3, 26ㅎ》打一箇跟阧跳入油中, 혼 번 跟阧질ᄒ여 쒸여 기름 가온대 들어가.

근두질ᄒ다(跟阧-) 宮 근두(跟阧)하다. ⇔근두(跟阧). 《朴新諺 3, 26ㅎ》打一箇跟阧跳入油中, 혼 번 跟阧질ᄒ여 쒸여 기름 가온대 들어가.

근래(近來) 명 요사이. 요즈음. ⇔요ᄉ이. 《朴新諺 1, 8ㅈ》小弟近來奉上司勾(鈞)令, 小弟ㅣ 요ᄉ이 上司 勾(鈞)令을 밧드니, 《朴新諺 1, 37ㅈ》你近來怎麼這般黃瘦, 네 요ᄉ이 엇디 이리 黃瘦ᄒ엿ᄂ다. 《朴新諺 2, 37ㅈ》近來在一箇財主人家招做了女壻, 요ᄉ이 혼 財主 人家에서 사회를 삼으니, 《朴新諺 3, 54ㅎ》先生近來却有些新聞麼, 先生아 요ᄉ이 ᄯ 新聞이 잇ᄂ냐.

근면(僅免) 宮 가까스로 면하다. 《集覽, 朴集, 下, 1ㅎ》丁蹶. 今按, 法師徃西天時, 初到師陀國界, 遇猛虎·毒蛇之害, 次遇黑熊精·黃風恠〈怪〉·地湧夫人·蜘蛛精·獅子恠〈怪〉·多目恠〈怪〉·紅孩兒恠〈怪〉, 幾死僅免.

근본(根本) 명 사물의 본질이나 본바탕. 《集覽, 朴集, 下, 3ㅈ》貪嗔癡. 大智論云, 有利益我者生貪欲, 有違逆我者生嗔恚. 不從智生, 從狂惑生, 是名爲癡, 爲一切煩惱之根本. 《朴新諺 3, 14ㅈ》因你貪嗔癡三毒(朴新注, 49ㅈ: 大智論云, 有利益我者生貪欲, 有違逆我者生嗔恚. 不從智生, 從狂惑生, 是為癡, 一切煩惱之根本. 三毒亦日三業.)不離於信, 네 貪嗔癡 三毒이 몸에 ᄯ나지 아니믈 因ᄒ여.

근세(近世) 명 오래되지 않은 가까운 세상. 《朴新諺 3, 49ㅈ》諒你要金榜(朴新注, 62ㅈ: 唐崔昭暴卒復甦, 云, 見冥間列榜, 書人姓名, 將相金榜, 次銀榜, 小官鉄榜. 近世以科甲為金榜.)題名的書生, 혜아리건대 너 金榜에 題名코져 ᄒ눈 書生이.

근수(勸數) 명 근수(斤數). (저울에 단 무게의 수) 《朴新諺 1, 3ㅎ》照勸數取來, 勸數대로 가져오라.

근수(根隨) 宮 좇다. 따르다. 뒤따르다. ⇔좃다. 《集覽, 字解, 單字解, 5ㅈ》隨. 從也, 隨你 네 므ᄉ모로, 隨喜 구경ᄒ다, 隨從 조ᄎ니, 吏語, 根隨 좃다.

근수(跟隨) 宮 ●따라. 뒤따라. ⇔ᄯ라. 《朴新諺 2, 58ㅈ》是跟隨張摠兵使喚的牢子, 이 張摠兵을 ᄯ라 使喚ᄒ는 牢子ㅣ러라. ●따르다. 뒤따르다. ⇔ᄯ르다. 《集覽, 朴集, 上, 14ㅎ》伴當. 質問云, 軍職〈軄〉官跟隨儀從人, 謂之伴當, 三日一換. 當, 去聲. 《朴新諺 3, 40ㅈ》我若跟隨他去, 내 만일 뎌를 ᄯ라가면.

근시(僅始) 宮 비로소 일을 시작하다. 《集覽, 字解, 單字解, 2ㅎ》纔. 方得僅始之辭. 又, 纔自. 又剛纔, 又方纔, 又恰纔.

근신(近臣) 뎽 임금을 가까이에서 모시던 신하. 《集覽, 朴集, 中, 5ㅈ》起浮屠於泗水之間. 中宗問諸近臣, 近臣奏, 僧伽大師化緣在臨淮, 恐欲歸. 中宗心許, 其臭頓息, 奇香馥烈.

근심 뎽 근심. ⇔우(憂). 《朴新諺 2, 30ㅈ》萬民無搔擾之憂百姓有安祥之慶, 萬民이 搔擾ᄒᆞᄂᆞᆫ 근심이 업고 百姓이 安祥ᄒᆞᆫ 慶이 잇도다.

근심ᄒᆞ다 동 근심하다. ●⇔수(愁). 《集覽, 字解, 單字解, 6ㅈ》殺. 氣殺我 애ᄃᆞᆯ와 셜웨라, 猶言以此而可至於死也. 又愁殺人 사ᄅᆞᆷ를 ᄀᆞ장 근심ᄒᆞ야 셟게 ᄒᆞ다. 又廝殺 싸호다. 又助語辭. 最深殺 ᄀᆞ장 깁다. ●⇔수살(愁殺). 《集覽, 字解, 單字解, 6ㅈ》殺. 氣殺我 애ᄃᆞᆯ와 셜웨라, 猶言以此而可至於死也. 又愁殺人 사ᄅᆞᆷ를 ᄀᆞ장 근심ᄒᆞ야 셟게 ᄒᆞ다. 又廝殺 싸호다. 又助語辭. 最深殺 ᄀᆞ장 깁다. 《集覽, 朴集, 上, 13ㅈ》愁殺人. 謂人有愁之甚而可至於死, 甚言其愁之極也. 《朴新諺 1, 52ㅎ》家貧不是貧路貧愁殺人, 家貧은 이 貧이 아니오 路貧이야 사ᄅᆞᆷ을 근심케 ᄒᆞᆫ다 ᄒᆞ니라.

근역(跟役) 뎽 수행원(隨行員). 또는 하인. 《朴新諺 2, 17ㅈ》六名跟役騎的, 六名 跟役이 톨 거슨.

근일(近日) 뎽 요사이. 요즘. ⇔요ᄉᆞ이. 《朴新諺 3, 54ㅈ》小弟近日聽得, 小弟ㅣ 요ᄉᆞ이 드르니.

근저(根底) 뎽 앞. 근처. ⇔앒ㅍ. 《集覽, 字解, 單字解, 1ㅎ》底. 下也. 底下 아래. 又本也. 底簿 믿글월. 又語助. 根底 앒픠. 又손디. 又與的字通用. 《集覽, 字解, 累字解, 2ㅈ》根前. 앒픠. 《集覽, 字解, 累字解, 2ㅈ》根底. 앒픠. 比根前稍卑之稱.

근저(根底) 조 -에게. -한테. ⇔손디. 《集覽, 字解, 單字解, 1ㅎ》底. 下也. 底下 아래. 又本也. 底簿 믿글월. 又語助. 根底 앒픠. 又손디. 又與的字通用.

근전(跟前) 뎽 앞. 곁. 근처. 주변. ●⇔앒ㅍ. 《集覽, 字解, 累字解, 2ㅈ》根前. 앒픠. 《集覽, 字解, 累字解, 2ㅈ》根底. 앒픠. 比根前稍卑之稱. ●⇔앒ㅎ. 《朴新諺 3, 13ㅎ》那講主便叫到跟前來說道, 뎌 講主ㅣ 곳 불러 앒픠 오라 ᄒᆞ여 니ᄅᆞ되.

근착(跟着) 동 따르다. 뒤따르다. ⇔ᄯ로다. 《朴新諺 3, 47ㅈ》後邊又跟着大小鬼卒, 뒤희 ᄯᅩ 大小 鬼卒이 ᄯ로고.

글 뎽 끝. ⇔두(頭). 《集覽, 字解, 單字解, 7ㅈ》頭. 首也. 東頭·西頭 동녁 긑·셧녁 긑, 頭到 나죵내, 到頭 나죵애. 通作投. 又上頭 젼ᄎᆞ로. 又頭盤 첫 판, 頭舘 첫 판, 頭雞 첫 둙.

글 뎽 글. ⇔서(書). 《朴新諺 1, 48ㅈ》你如今讀甚麼書, 네 이제 므슴 글 닐ᄂᆞᆫ다. 《朴新諺 1, 48ㅈ》把書念熟背了, 글을 다가 닐어 닉거든 외오고. 《朴新諺 1, 48ㅎ》就上生書念一會, 이믜셔 새 글 비화ᄒᆞᆫ 디위 닐고. 《朴新諺 1, 49ㅈ》多半是讀書人做的, 半나마 이 글 닑은 사ᄅᆞᆷ이 ᄒᆞᄂᆞᆫ 줄을 볼러라. 《朴新諺 3, 14ㅎ》先生你與我寫一封書稍去何如, 先生아 네 나를 ᄒᆞᆫ 봉 글을 ᄡᅥ 주어든 부텨 보내미 엇더ᄒᆞ뇨. 《朴新諺 3, 17ㅈ》我要臨窓看書也要看花哩, 내 窓을 臨ᄒᆞ여 글을 보고 ᄯᅩ 곳츨 보고져 ᄒᆞ노라. 《朴新諺 3, 54ㅎ》我去尋他講論些書, 내 가 뎌를 ᄎ자 글을 講論ᄒᆞ니. 《朴新諺 3, 56ㅈ》在書房裡看書哩, 書房에서 글을 보ᄂᆞ니라.

글다 동 ●긇다. ⇔곤곤(滾滾). 《集覽, 字解, 單字解, 2ㅈ》滾. 煮水使沸曰滾滾花水 글른 믈. 又輪轉曰滾滾了 구으다, 字作轆. 又通共和雜曰累滾 ᄒᆞᆫ 믈와비라. 又滾子 방올. ●(갈고랑이 따위로) 건지다. ⇔탑(搭). 《朴新諺 3, 27ㅈ》將軍用鈎子搭去, 將軍이 갈고리로 ᄡᅥ 글려 ᄒᆞ니. 《朴新諺 3, 27ㅈ》左邊搭右邊走, 左편으로 글면 右편으로 돗고. 右邊搭左邊去, 右편으로 글면 左편으로 가매.

글월 圐 ❶글월. 문서(文書). 매매계약서. ●⇔계(契). 《朴新諺 2, 19ㅎ》看這張賣契, 보니 이 쟝 프는글월이. 《朴新諺 2, 44ㅈ》大哥煩你代我寫一張租房契, 큰형아 네게 비느니 나를 ᄀᆞᄅ차 ᄒᆞ 쟝 집 세내는 글월을 쓰고려. 《朴新諺 2, 44ㅈ》這租房契寫了, 이 집 세내는 글월 뻐다. ●⇔문계(文契). 《朴新諺 2, 20ㅈ》你只把文契收好了, 네 그저 글월을다가 잘 거두어. ●⇔첩(帖). 《朴新諺 2, 45ㅈ》你道我這簡租帖, 네 니ᄅ라 내 이 세내는 글월이. ❷문서. 문안(文案). 관문(關文). '字'는 '子'로도 쓴다. ⇔관자(關字). 《集覽, 字解, 單字解, 3ㅈ》倒. 上聲, 仆也. 倒了 구으러디다. 又換也. 倒馬 ᄆᆞᆯ ᄀᆞ다. 又膽也. 倒關字 글월 번뎝ᄒᆞ다. 又去聲, 反辭 도ᄅᆞ혀. 通作到. 《集覽, 朴集, 上, 4ㅎ》関字. 音義云. 支〈支〉應馬匹〈疋〉幷廩給者, 体式詳見求政錄.

글자(-字) 圐 글자. ⇔자(字). 《朴新諺 1, 48ㅎ》若把字寫差了的, 만일 글字를다가 쓰기를 그릇ᄒᆞ느니는.

글짓기 圐 글짓기. ⇔문장(文章). 《朴新諺 1, 45ㅈ》不但文章做得好, 글짓기를 잘홀 쓴 아니라.

글픠 圐 글피. ⇔외후일(外後日). 《朴新諺 2, 15ㅈ》外後日來取罷, 글픠 와 츠즈라.

긁다 圐 긁다. ⇔조일조(抓一抓). 《朴新諺 3, 11ㅎ》你有長指甲替我抓一抓, 네 긴 손톱이 잇거든 나를 ᄀᆞᄅ차 글그라.

긁빗기다 圐 긁어 빗기다. ⇔괄(刮). 《朴新諺 1, 24ㅈ》把他渾身毛片刮箇乾淨, 뎌 왼몸에 털을다가 긁빗겨 乾淨히 ᄒᆞ고. 《朴新諺 1, 43ㅈ》不要只管的刮, 그저 스ᄅᆞ여 긁빗기지 말라. 刮多了頭疼, 긁빗기기를 만히 ᄒᆞ면 마리 알프니라.

긁치다 圐 긁히다. ●⇔구(鉤). 《朴新諺 3, 24ㅎ》搖動尾鉤鉤了一下, ᄭᅩ리 갈구리를 흔드러 ᄒᆞᆫ 번 긁치니. ●⇔요(撓). 《朴新諺 3, 11ㅎ》把瘡都撓破了, 瘡을 다

가 다 긁쳐 히여ᄇᆞ리니. 《朴新諺 3, 12ㅎ》撓破了這瘡, 이 瘡을 긁쳐 히여ᄇᆞ리고.

긂내다 圐 결정하여 끝내다. 처리하다. 해결하다. ⇔발락(發落). 《集覽, 字解, 單字解, 7ㅎ》落. 落了 디다. 又院落 뜰. 又落下 ᄠᅥ디우다. 又數落了罪過 죄목 혜다. 又吏語, 下落 간 곧, 又發落 공ᄉᆞ 긂내다. 《集覽, 朴集, 上, 10ㅎ》發落. 吏學指南云, 明白散附也.

금 圐 금(金). 황금. ⇔금(金). 《朴新諺 1, 30ㅈ》鞍皮事件都是減金與那珊瑚廂嵌的, 질채와 事件은 다 이 금 입ᄉᆞ와 珊瑚로 던메워 박은 거시오. 《朴新諺 1, 46ㅈ》羊皮金不要紙的, 羊皮金을 ᄒᆞ고 지금으란 말고. 《朴新諺 2, 7ㅈ》要換你的大紅織金胷背, 네 다홍빗체 금ᄉᆞ로 ᄧ고 胷背 ᄒᆞᆫ 것과 밧고고져 ᄒᆞ노라. 《朴新諺 2, 11ㅎ》拿一箇一托長碗口大的紅油畫金棒子, ᄒᆞ나 ᄒᆞ 발맛치 길고 사발맛치 큰 불근 칠ᄒᆞ고 금으로 그린 막대를 가져. 《朴新諺 3, 8ㅈ》正要裝金開光, 正히 금 올려 빗내려 ᄒᆞ더니. 《朴新諺 3, 50ㅈ》睜眼間釣出箇老大金色鯉魚, 눈 곰쟉홀 ᄉᆞ이에 ᄒᆞᆫ ᄀᆞ장 큰 금빗히 鯉魚를 낙가 내니.

금(今) 괜 이. ⇔이. 《朴新諺 3, 25ㅎ》王說今番着唐僧先猜, 王이 니ᄅ되 이 번은 唐僧으로 ᄒᆞ여 몬져 알게 ᄒᆞ라.

금(今) 圐 ❶오늘. ⇔오늘. 《朴新諺 1, 15ㅎ》你回去今夜到五更時候, 네 도라가 오늘 밤 五更 다ᄃᆞ도록. 今晚你把我的鋪盖送去, 오늘 져녁의 네 내 니부자리를 다가 보내고. 《朴新諺 3, 42ㅎ》今早已出殯了, 오늘 새베 이믜 出殯ᄒᆞ니라. ❷이제. 지금. ●⇔이제. 《朴新諺 1, 58ㅈ》今因乏錢使用, 이제 돈 쓸 것 업ᄉᆞ믈 因ᄒᆞ여. 《朴新諺 2, 19ㅈ》今因貧乏無以養贍, 이제 貧乏ᄒᆞ여 뻐 養贍홈이 업ᄉᆞ믈 因ᄒᆞ여. 《朴新諺 2, 44ㅎ》今租到本坊沈名下

住房一所, 이제 本坊 沈가의 名下에 사든 집 혼 곳을 세내되.《朴新諺 3, 50ㅎ》今告到老爺臺下, 이제 老爺 臺下에 告ㅎᄂ이다.《朴新諺 3, 52ㅈ》今告到老爺臺下, 이제 老爺 臺下에 告ㅎᄂ이다.《朴新諺 3, 56ㅈ》今同葛敬之敎授, 이제 葛敬之 敎授와 혼가지로. ●⇔이직.《朴新諺 1, 36ㅈ》你今沒來由, 네 이직 쇽졀업시.

금(金) 圀 금. 황금. ●⇔금.《集覽, 朴集, 上, 11ㅎ》金廂寶石. 寶石, 卽上節〈節〉紫鴉忽之類, 以金爲斗供〈拱〉而納石於其中, 綴着於女冠之上, 以爲飾也. 音義云, 寶石에 금 :젼메·워 ·ᄢ·민 頭面.《朴新諺 1, 30ㅈ》鞍皮事件都是減金與那珊瑚廂嵌的, 질채와 事件은 다 이 금 입ᄉ과 珊瑚로 뎐메워 박은 거시오.《朴新諺 1, 46ㅈ》羊皮金不要紙的, 羊皮金을 ᄒ고 지금이란 말고.《朴新諺 2, 7ㅈ》要換你的大紅織金胷背, 네 다홍빗체 금ᄉ로 ᄧ고 胷背 혼 것과 밧고고져 ᄒ노라.《朴新諺 2, 11ㅎ》拿一箇一托長碗口大的紅油畫金棒子, ᄒ나 혼 발맛치 길고 사발맛치 큰 불근 칠ᄒ고 금으로 그린 막대롤 가져.《朴新諺 3, 8ㅈ》正要裝金開光, 正히 금 올려 빗내려 ᄒ더니.《朴新諺 3, 50ㅈ》瞬眼間釣出箇老大金色鯉魚, 눈 곰쟉홀 ᄉ이에 혼 ᄀ장 큰 금빗히 鯉魚를 낙가 내니. ●⇔금자(金子).《朴新諺 1, 21ㅎ》廂的金子多少分両, 뎐메온 金이 언머 分両고. 是五両金子廂的, 이 닷 냥 金으로 뎐메윗ᄂ니라.

금(琴) 圀 거문고. ⇔거믄고.《朴新諺 2, 49ㅎ》或着碁彈琴遣興, 或 바독 두며 거믄고를 타 興을 보내니.

금(錦) 圀 비단옷.《集覽, 朴集, 下, 3ㅈ》衣錦還鄕. 項羽屠咸陽, 與沛公分王. 又懷東歸, 曰, 富貴不歸故鄕, 如衣綉〈繡〉夜行. 遂東歸, 都彭城. 故後人仕官〈窟〉榮貴還鄕里者曰衣錦還鄕.

금가락지(金-) 圀 금가락지. ⇔금계지(金

戒指).《朴新諺 1, 23ㅎ》一對猫兒眼廂嵌的金戒指, 혼 ᄬ 야광쥬 뎐메워 박은 金가락지.

금갑(金甲) 圀 쇠붙이로 된 미늘을 붙인 갑옷. 또는 금빛이 나는 갑옷. ⇔금갑옷(金-).《朴新諺 3, 34ㅎ》身穿金甲, 몸에 金갑옷 닙고.《朴新諺 3, 58ㅈ》便抬出金甲一副與太祖穿上, 곳 金甲 혼 볼을 드러 내여 와 太祖롤 주어 닙히고.

금갑옷(金-) 圀 =금갑(金甲). ⇔금갑(金甲).《朴新諺 3, 34ㅎ》身穿金甲, 몸에 金갑옷 닙고.

금강(金剛) 圀 〈불〉 금강역사(金剛力士). 금강저(金剛杵)를 잡고 부처를 시종하는 역사.《集覽, 朴集, 下, 5ㅈ》金頭揭地·銀頭揭地·波羅僧揭地. 西遊記云, 釋迦牟尼佛在靈山雷音寺演說三乘敎法, 傍有侍奉阿難·伽舍諸菩薩·聖僧·羅漢·八金剛·四揭地·十代明王·天仙·地仙. 觀此則揭地神名, 然未詳何神.

금강경(金剛經) 圀 〈불〉 금강반야바라밀경(金剛般若波羅密經). 지혜의 정체(正諦)를 금강(金剛)의 견실함에 비유하여 해설한 불경.《集覽, 朴集, 上, 16ㅎ》善男善女. 金剛經疏曰, 向善之男女也. 又見下.

금강산(金剛山) 圀 강원도(江原道) 고성군(高城郡)과 회양군(淮陽郡)에 걸쳐 있는 이름난 산. 봄에는 금강산(金剛山), 여름에는 봉래산(蓬萊山), 가을에는 풍악산(楓嶽山), 겨울에는 개골산(皆骨山)이라고 한다.《集覽, 朴集, 上, 4ㅎ》金剛山. 一名皆骨山, 卽白頭山南條也. 南至淮陽縣之東, 高城郡之西爲金剛山, 凡一萬二千峯.《集覽, 朴集, 上, 4ㅎ》禪院松廣. 兩〈佛〉刹名, 俱在金剛山.《朴新諺 1, 8ㅎ》我如今也派徃金剛山松廣等處去降香, 내 이직 ᄯᅩ 金剛山 松廣 等 處에 그이여 가 降香ᄒ리라.

금경(金經) 圀 〈불〉 불경(佛經)을 이르는 말.《集覽, 朴集, 下, 1ㅈ》西天取經去. 西

遊記云, 昔釋迦牟尼佛在西天靈山雷音寺, 撰成經·律·論三藏金經, 須送東土, 解度郡《羣》迷. 問諸菩薩, 徃東土尋取經人來.

금계(禁戒) 📖 나쁜 일을 하지 못하게 하는 계율. 《集覽, 朴集, 下, 3ㅈ》三寶. 佛·法·僧也. 功成妙智, 道登圓覺, 佛也, 玄理幽微, 正敎精誠, 法也, 禁戒守眞, 威儀出俗, 僧也. 《朴新諺 3, 14ㅈ》不信佛法不尊三寶(朴新注, 49ㅎ: 佛·法·僧曰三寶. 功成妙智, 道登圓覺, 佛也, 玄理幽微, 正敎精誠, 法也, 禁戒守眞, 威儀出俗, 僧也. 故曰寶.), 佛法을 信치 아니ᄒᆞ고 三寶를 尊치 아니ᄒᆞ니.

금계지(金戒指) 📖 금가락지. ⇔금가락지(金-). 《朴新諺 1, 23ㅎ》一對猫兒眼廂嵌的金戒指, 혼 ᄡᅡᆼ 야광쥬 뎐메워 박은 金가락지.

금과(金瓜) 📖 위병(衛兵)이 지니던 무기의 한 가지. 봉(棒) 끝에 도금한 참외 모양의 쇠붙이가 붙어 있다. 나중에는 의장용으로만 쓰였다. 《朴新諺 3, 39ㅎ》車馬·羅傘, 車馬와 羅傘과. 金瓜·鉞(鈇)斧, 金瓜와 鉞(鈇)斧와.

금관아(金罐兒) 📖 금탕관(金湯灌). (금으로 만든 탕관) ⇔금탕관(金-). 《朴新諺 1, 40ㅈ》金罐兒·鐵柄兒裏頭盛着白沙蜜, 금탕관·쇠ᄌᆞᄅᆞ에 속에 白沙蜜 담은 거시매.

금구자(金鉤子) 📖 쇠갈고랑이. ⇔쇠갈고리. 《朴新諺 3, 26ㅎ》敎將軍使金鉤子, 將軍으로 ᄒᆞ여곰 쇠갈고리로.

금구하(金口河) 📖 내 이름. 중국 보안주(保安州) 경계에서 발원하여 역산(歷山) 남쪽으로 흘러 완평현(宛平縣) 경계로 흘러드는 상건하(桑乾河)의 한 지류. 《集覽, 朴集, 上, 4ㅎ》蘆溝橋. 蘆溝本桑乾河, 俗曰渾河, 亦曰小黃河. 上自保安州界, 歷山南流入宛平縣境, 至都城四十里, 分爲二派. 其一東流, 經金口河, 引注都城

之壕.

금년(今年) 📖 올해. ⇔올ㅎ. 《朴新諺 1, 9ㅎ》今年雨水狠(很)大, 올ᄒᆡ 雨水ㅣ ᄀᆞ장 만ᄒᆞ여. 《朴新諺 1, 34ㅈ》誰想到今年已是一年半了, 뉘 올ᄒᆡ 다ᄃᆞ라 이믜 一年半에. 《朴新諺 1, 44ㅈ》今年纔十六歲, 올ᄒᆡ ᄀᆞᆺ 十六歲니. 《朴新諺 1, 50ㅈ》今年這地方馬價如何, 올ᄒᆡ 여긔 ᄆᆞᆯ 갑시 엇더ᄒᆞ뇨. 今年此處馬價比徃年賤些, 올ᄒᆡ 여긔 ᄆᆞᆯ 갑시 徃年에 比컨대 져기 賤ᄒᆞ니라. 《朴新諺 2, 21ㅎ》今年田禾如何, 올ᄒᆡ 田禾ㅣ 엇더ᄒᆞ더뇨. 《朴新諺 2, 22ㅈ》聽的今年水賊多, 드ᄅᆞ니 올ᄒᆡ 水賊이 만타ᄒᆞ니. 《朴新諺 2, 40ㅎ》今年天旱田禾不收, 올ᄒᆡ 하ᄂᆞᆯ이 ᄀᆞ므라 田禾를 거두지 못ᄒᆞ여시매. 《朴新諺 2, 57ㅈ》你今年怎麽不到京城去, 네 올ᄒᆡ 엇디 京城에 가지 아니ᄒᆞ엿ᄂᆞ뇨. 《朴新諺 3, 42ㅎ》今年纔三十七歲, 올ᄒᆡ ᄀᆞᆺ 三十七歲라. 《朴新諺 3, 50ㅎ》今年某月某日, 今年 아모 ᄃᆞᆯ 아모 날.

금대(金帶) 📖 금띠. ⇔금씌(金-). 《朴新諺 1, 21ㅎ》你那條金帶是誰廂的, 네 뎌 金씌ᄅᆞᆯ 뉘 뎐메윗ᄂᆞ뇨. 《朴新諺 1, 30ㅎ》腰繫內造織金帶, 허리에 內造織 金帶ᄅᆞᆯ 씌고.

금대(錦帶) 📖 비단으로 만든 띠. 《集覽, 朴集, 中, 5ㅈ》居士宰官. 禮記玉藻曰, 居士錦帶. 注, 道藝處士也.

금독(金-) 📖 금으로 만든 독. ⇔금옹아(金甕兒). 《朴新諺 1, 39ㅎ》金甕兒·銀甕兒表裏無縫兒, 금독 銀독이 안팟ᄭᅴ 솔 업슨 거시여.

금록재(金籙齋) 📖 도사(道士)가 음력 정월 보름날에 거행하는 의식의 한 가지. 이때 보천대초(普天大醮)를 베푼다. 의식 때 사용하는 부록(符籙)이 금색이기 때문에 붙여진 이름이다. 《集覽, 朴集, 下, 4ㅎ》大醮. 上元金籙齋, 帝王修奉, 設普天大醮. 中元玉籙齋, 保佑六宮, 輔寧妃

后, 設周天大醮. 下元黃籙齋, 臣民通修, 普資家國, 設羅天大醮.

금루승가려(金縷僧伽黎) 몡 〈불〉 삼의 (三衣)의 한 가지. 설법을 하거나 걸식할 때에 입는 중의 옷. 삼의(三衣) 가운데 가장 크다. 《集覽, 朴集, 上, 10ㅈ》袈裟. 反(飜)譯名義云, 袈裟是外國三衣之名. 或 名離塵服, 由斷(斷)六塵故, 或名消瘦服, 由斷煩惱故, 或名無垢衣. 一曰金縷僧伽 黎, 卽大衣也, 入王宮聚落時衣, 乞食時着.

금릉(金陵) 몡 읍(邑) 이름. 전국시대 초 위왕(楚威王) 7년(B.C. 333)에 월(越)나 라를 멸한 뒤에 두었다. 남경(南京)의 별 칭으로 쓴다. 《集覽, 朴集, 下, 8ㅎ》南京 應天府丞. 南京, 古金陵之地, 吳·晉·宋 ·齊·梁·陳·南唐建都, 大明太祖定 鼎於此, 爲京師, 設應天府, 以燕京爲北平 布政司. 《朴新諺 3, 39ㅎ》是南京應天府 府承(朴新注, 58ㅎ: 南京, 古金陵, 今為應 天府. 有府丞二員, 正三品.), 이 南京 應 天府 府承이라.

금발우(金鉢盂) 몡 금으로 만든 바릿대. ⇔금에우아리(金-). 《朴新諺 3, 28ㅈ》就 賜唐僧金錢三百貫·金鉢盂一箇, 곳 唐僧 을 金錢 三百貫과 金에우아리 ᄒᆞ나흘 주 고.

금방(金榜) 몡 =금방(金榜). '榜'은 '榜'의 속자. 《正字通, 木部》榜, 俗榜字. 《集覽, 朴集, 下, 11ㅈ》金榜. 唐崔昭暴卒復甦云, 見冥閒〈間〉列榜〈榜〉, 書人姓名, 將相金 榜〈榜〉, 次銀榜〈榜〉, 州縣小官鐵榜〈鉄 榜〉. 故今之科第(第)綴名之榜〈榜〉, 謂之 金榜.

금방(金榜) 몡 명간(冥間)에서 장상(將相) 의 이름을 게시하는 방(榜). 《集覽, 朴集, 下, 11ㅈ》金榜. 唐崔昭暴卒復甦云, 見冥 閒〈間〉列榜〈榜〉, 書人姓名, 將相金榜 〈榜〉, 次銀榜〈榜〉, 州縣小官鐵榜〈鉄榜〉. 故今之科第(第)綴名之榜〈榜〉, 謂之金榜. 《朴新諺 3, 49ㅈ》諒你要金榜(朴新注, 62

ㅈ: 唐崔昭暴卒復甦, 云, 見冥間列榜, 書 人姓名, 將相金榜, 次銀榜, 小官鉄榜. 近 世以科甲爲金榜.)題名的書生, 혜아리건 대 너 金榜에 題名코져 ᄒᆞ는 書生이.

금백(金帛) 몡 금과 비단. 《集覽, 朴集, 上, 13ㅈ》錢鈔. 錢者, 金帛之名. 古曰泉, 後 鑄而曰錢.

금번(金幡) 몡 금실 또는 금빛의 실로 짜 서 만든 깃발. 《集覽, 朴集, 中, 4ㅈ》刹 土. 法苑云, 阿育王取金華金幡懸諸刹上.

금봉(金鳳) 몡 금으로 만든 봉(鳳). 《朴新 諺 1, 23ㅎ》九枝金鳳, 아홉 가지 金鳳과.

금빗ㅎ 몡 금빛. ⇔금색(金色). 《朴新諺 3, 50ㅈ》瞥眼間釣出箇老大金色鯉魚, 눈 곰 쟉홀 ᄉᆞ이에 ᄒᆞ 구장 큰 금빗히 鯉魚를 낙가 내니.

금상(金像) 몡 〈불〉 금으로 만들었거나 도금을 하여 만든 부처나 보살의 형상. 《集覽, 朴集, 中, 5ㅈ》起浮屠於泗水之間. 唐龍朔初, 於泗州臨淮縣信義坊, 將建伽 藍, 掘得古香積寺銘記幷金像一軀, 上有 普照王佛字, 遂建寺焉. 《集覽, 朴集, 中, 7ㅎ》佛堂. 漢人酷好釋敎, 家設一堂, 或安 金像, 或掛畫佛, 焚香頂禮, 朝夕不懈. 《朴 新諺 2, 44ㅎ》佛堂(朴新注, 39ㅈ: 漢俗, 好佛家設一堂, 或安金像, 或掛畫佛, 焚香 頂禮, 朝夕不懈.)幾間, 佛堂이 현 간.

금상보석(金廂寶石) 동 보석에 금으로 전 을 메우다. 《集覽, 朴集, 上, 11ㅎ》金廂 寶石. 寶石, 卽上節〈莭〉紫鴉忽之類, 以金 爲斗供〈拱〉而納石於其中, 綴着於女冠之 上, 以爲飾也. 音義云, 寶石·에 금 :젼메· 워 ·쑤·민 頭面.

금색(金色) 몡 금빛. ⇔금빗ㅎ. 《集覽, 朴 集, 下, 1ㅎ》證果金身. 金身者, 佛三十二 相, 云身眞金色. 《朴新諺 3, 50ㅈ》瞥眼間 釣出箇老大金色鯉魚, 눈 곰쟉홀 ᄉᆞ이에 ᄒᆞ 구장 큰 금빗히 鯉魚를 낙가 내니.

금생(今生) 몡 지금 살고 있는 세상. 《朴 新諺 1, 31ㅈ》今生受者是, 今生에 밧는

거시 이라 ᄒ니라.

금선(金線) 명 금실.《朴新諺 1, 29ㅎ》脚穿麂皮嵌金線靴子, 발에 지ᄌᆞ피 金線 갸품 씬 훠룰 신고.

금수(禽獸) 명 날짐승과 길짐승. 곧, 모든 짐승.《集覽, 朴集, 上, 8ㅎ》刺通袖膝欄. 元時好着此衣, 前後具胷背, 又連肩而通袖之脊, 至袖口爲紋, 當膝周圍亦爲紋如欄干, 然織成段匹爲衣者有之, 或皮或帛, 用綵線周遭回曲爲緣, 如花樣, 刺〈刺〉爲草樹〈尌〉・禽獸・山川・宮殿之文於〈紋於〉其內, 備極奇巧, 皆用團領着之, 其直甚高.《朴新諺 2, 30ㅎ》便同禽獸之類了, 곳 禽獸의 類와 ᄀᆞᆺ트리라.

금수탁(金手鐲) 명 금팔찌. ⇔금풀쇠.《朴新諺 1, 22ㅎ》是一對珍珠耳環一對金手鐲, 이 ᄒᆞᆫ ᄡᅡᆼ 珍珠 귀엿골회와 ᄒᆞᆫ ᄡᅡᆼ 금풀쇠라.

금수하(金水河) 명 중국의 소설 서유기(西遊記)에 나오는 강 이름.《朴新諺 3, 24ㅎ》他却走到金水河邉, 뎨 믄득 金水河 ㅅ ᄀᆞ의 가.

금신(金身) 명 〈불〉 관세음보살(觀世音菩薩)의 현신(現身)인 삼십이신(三十二身)의 하나로, 금빛을 칠하여 만든 부처의 몸. 또는 그러한 몸이 되다.《集覽, 朴集, 下, 1ㅎ》證果金身. 今按, 證, 應也, 得也, 果, 果報也. 金身者, 佛三十二相, 云身眞金色.

금심(錦心) 명 비단과 같은 마음이라는 뜻으로, 아름다운 문사(文思)를 비유하는 말.《朴新諺 3, 49ㅎ》把我這錦心繡腹, 내 이 錦心 繡腹을다가.

금심수복(錦心繡腹) 명 시문(詩文)의 구상과 표현이 교묘하고 아름다움을 비유하는 말.《朴新諺 3, 49ㅎ》把我這錦心繡腹, 내 이 錦心 繡腹을다가.

금ᄉᆞ 명 금사(金絲). 금실.《朴新諺 2, 7ㅈ》要換你的大紅織金胷背, 네 다홍빗체 금ᄉᆞ로 ᄧᅡᆫ 胷背 ᄒᆞᆫ 것과 밧고고져 ᄒᆞ

노라.

금ᄯᅴ(金-) 명 금띠. ⇔금대(金帶).《朴新諺 1, 21ㅎ》你那條金帶是誰廂的, 네 뎌 金ᄯᅴ룰 뉘 뎐메윗ᄂᆞ뇨.

금에우아리(金-) 명 금으로 만든 바릿대. ⇔금발우(金鉢盂).《朴新諺 3, 28ㅎ》就賜唐僧金錢三百貫・金鉢盂一箇, 곳 唐僧을 金錢 三百貫과 金에우아리 ᄒᆞ나흘 주고.

금오(金吾) 명 황제와 대신(大臣)의 경호와 의장(儀仗) 및 수도(首都)의 순찰과 치안을 관장하던 무관 벼슬.《集覽, 朴集, 下, 11ㅈ》好女不看燈. 唐韋述兩京記曰, 正月十五日夜, 勅金吾弛禁, 前後各一日, 以觀燈.

금오이금(金吾弛禁) 명 금오(金吾)가 정월 보름날 하루에 한하여 야간 통행금지를 해제하던 일.《集覽, 朴集, 下, 11ㅈ》好女不看燈. 唐韋述兩京記曰, 正月十五日夜, 勅金吾弛禁, 前後各一日, 以觀燈.

금옹아(金甕兒) 명 금으로 만든 독. ⇔금독(金-).《朴新諺 1, 39ㅎ》金甕兒・銀甕兒表裏無縫兒, 金독 銀독이 안팟끠 솔 업슨 거시여.

금은(金銀) 명 금과 은.《集覽, 朴集, 上, 8ㅎ》鉤子. 用金銀・銅鉄〈銕〉・玉角等物, 刻成龜〈亀〉・龍・獅・虎之頭, 繫於絛之一端, 人若帶之, 則以其〈則又以〉絛之一端屈曲爲環, 納於鉤獸頭之空, 以爲固, 使不解〈觧〉落, 如絛環之制然.《集覽, 朴集, 上, 13ㅈ》盤纏. 길혜 여러 가지로 ᄡᅳ는 것. 質問云, 盤費纏緻供給之物, 如供給服食應用金銀・財帛之類.《集覽, 朴集, 下, 9ㅈ》紙車. 以金・銀錢紙結造小空車, 爲前導.《朴新諺 3, 8ㅈ》把我二三年化來的布施金銀, 내 二三年 비러 온 보시 ᄒᆞᆫ 金銀을다가.

금은두부탕(金銀豆腐湯) 명 기름에 지진 두부(豆腐)를 잘게 썰어 넣고 끓인 탕. 지진 두부의 겉은 누렇고 속은 희기 때

문에 붙여진 이름이다. 《集覽, 朴集, 上, 3ㅎ》金銀豆腐湯. 質問云, 豆腐用油煎熟, 其色黃如金, 白如銀, 細切作湯食之. 又云, 用雞〈鷄〉鳴淸同鴨黃相制爲之. 今按, 鳴, 卽雞〈鷄〉子也.

금인(今人) 명 지금 세상의 사람. 《集覽, 朴集, 上, 14ㅈ》牙家. 事文類聚云, 今人 云駔驗爲牙, 本爲之互郞, 主互市事也. 唐 人書互作乒, 似牙字, 因轉爲牙. 今漢俗亦 曰牙子, 卽古之牙儈. 《集覽, 朴集, 下, 11 ㅈ》好女不看燈. 容齋隨筆云, 漢家祠太 乙, 以昏時祠到明. 今人正月望夜, 夜遊觀 月, 是其遺事.

금일(今日) 명 오늘. ⇔오늘. 《朴新諺 1, 6ㅈ》咱們今日俱要開懷暢飮, 우리 오늘 다 開懷 暢飮ᄒ여. 《朴新諺 1, 12ㅈ》今日 却是開倉關米的日期, 오늘이 이 開倉ᄒ 여 뿔 ᄐ는 날이라. 《朴新諺 1, 22ㅎ》你 今日那裏去, 네 오늘 어듸 가는다. 我今 日到當舖裏當錢去, 내 오늘 當舖에 돈 뎐 당ᄒ라 가노라. 《朴新諺 1, 47ㅈ》你今日 怎麼不上學去呢, 네 오늘 엇디 글 비호라 가지 아니ᄒᄂ뇨. 《朴新諺 2, 2ㅎ》今日 到黃村宿, 오늘 黃村에 가 자고. 《朴新諺 2, 10ㅈ》從今日起後日止, 오늘브터 시작 ᄒ여 모리 그치ᄂ니. 《朴新諺 2, 18ㅎ》 我今日買得一箇小廝, 내 오늘 혼 아히 놈 을 사니. 《朴新諺 2, 44ㅈ》今日早起纔收 拾完了, 오늘 아춤에 ᄀ 收拾ᄒ여 뭇차 시니. 《朴新諺 2, 59ㅈ》今日是乙丑斗星 日, 오늘이 이 乙丑 斗星日이니. 《朴新諺 3, 1ㅈ》今日天氣炎熱, 오늘 天氣 더오니. 《朴新諺 3, 14ㅈ》因此上今日現報, 이런 젼츠로 오늘 現報ᄒᄂ니라. 《朴新諺 3, 34ㅈ》今日是萬壽之日, 오늘은 이 萬壽日 이라. 《朴新諺 3, 53ㅈ》今日早起, 오늘 일즉이.

금자(金子) 명 금. 황금. ⇔금(金). 《朴新 諺 1, 21ㅎ》廂的金子多少分兩, 뎐메온 金이 언머 分兩고. 是五两金子廂的, 이

닷 냥 金으로 뎐메윗ᄂ니라.

금자원패(金字圓牌) 명 원대(元代)에 군 사상 중요하고 긴급한 일이 발생하였을 때, 긴급히 공문서를 전달하기 위하여 차사(差使)에게 주던 패. 역말을 이용할 수 있는 권한이 있었다. 《集覽, 朴集, 中, 1ㅎ》金字圓牌. 至正條格云, 元時, 中書省 奏, 諸王・駙馬各投下有軍情緊急重事, 許令懸帶原降銀字圓牌應付鋪馬騎坐, 其 餘差使人員有緊急軍情重事, 許令懸帶金 字圓牌, 方付鋪馬. 其他泛常勾當, 只許臨 時領受, 給降聖旨, 方許給馬.

금전(金錢) 명 금으로 만든 돈. 《朴新諺 3, 28ㅎ》就賜唐僧金錢三百貫・金鉢盂一 箇, 곳 唐僧을 金錢 三百貫과 金에우아리 ᄒ나흘 주고. 又賜行者金錢三百, 쏘 行者 를 金錢 三百을 주어.

금전지(金錢紙) 명 지전(紙錢) 모양으로 만든 금색의 종이. 《集覽, 朴集, 下, 9ㅈ》 紙車. 以金・銀錢紙結造小空車, 爲前導.

금조(禽鳥) 명 새. 날짐승을 통틀어 이르는 말. 《集覽, 朴集, 上, 2ㅎ》院本. 院本則五 人, 一曰副淨, 古謂之叅軍, 一曰副末, 古謂 之蒼鶻, 鶻能擊禽鳥, 末可打副淨, 古〈故〉 云, 一曰引戱, 一曰末泥, 一曰孤裝, 又謂之 五花爨弄. 《集覽, 朴集, 上, 11ㅈ》消息. 以禽鳥毳翎安於竹針頭, 用以取耳垢者, 俗 呼爲消息. 舊本作蒲樓翎兒. 《朴新諺 1, 43 ㅎ》把捎箟(朴新注, 17ㅈ: 以禽鳥毳翎安 扵竹頭, 用以取耳垢者, 俗呼爲消息.)掏一 掏耳朵, 짓븨로다가 귓바회 쁠면.

금중(禁中) 명 궁중. 궁궐. 《集覽, 朴集, 下, 9ㅎ》打春. 東京夢華錄云, 立春前五 日, 造土牛・耕夫・犁具, 前一日順天府 進農牛入禁中鞭春, 府縣官吏・士庶・耆 社, 其鼓樂出東郊迎春, 牛芒神至府前, 各 安方位.

금지(禁止) 통 금지하다. 《集覽, 字解, 單字 解, 1ㅈ》休. 禁止之辭. 休去 가디 말라.

금천(金釧) 명 금팔찌. 《集覽, 朴集, 上, 7

ㅎ》釧. 事物紀原云, 通俗文云, 環臂謂之
釧. 漢順帝時有功者賜金釧, 亦曰環釧.

금탕관(金-) 图 금탕관(金湯灌). (금으로
만든 탕관) ⇔금관아(金罐兒)《朴新諺
1, 40ㅈ》金罐兒・鐵柄兒裏頭盛着白沙
蜜, 금탕관・쇠즈르에 속에 白沙蜜 담은
거시여.

금투구(金-) 图 금빛이 나는 투구. ⇔금
회(金盔).《朴新諺 3, 34ㅎ》頭戴金盔, 머
리에 金투구 쓰고.

금포(錦布) 图 무늬가 있는 비단.《朴新諺
2, 41ㅎ》把那綿布簾子在窓戶裏面幔上,
綿布 발을다가 窓 안히 치고.

금폴쇠 图 금팔찌. ⇔금수탁(金手鐲).《朴
新諺 1, 22ㅎ》是一對珍珠耳環一對金手
鐲, 이 혼 雙 珍珠 귀엿골회와 혼 雙 금폴
쇠라.

금화(金華) 图 금으로 장식된 무늬.《集
覽, 朴集, 中, 4ㅈ》刹土. 法苑云, 阿育王
取金華金幡懸諸刹上.

금화(禁火) 图 한식(寒食) 때 불 피우는 일
을 금하다.《集覽, 朴集, 上, 14ㅎ》寒食.
晉文公焚山求子推, 因燒死, 遂禁火以報
之.

금환(金環) 图 금가락지.《集覽, 朴集, 上,
7ㅈ》窟嵌戒指. 事物紀原云, 古者后妃羣
妾御于君, 所當御者, 以銀環進之, 娠則以
金環退之, 進者着右手, 退者着左手. 今有
指環, 卽遺制也.

금회(金盔) 图 금빛이 나는 투구. ⇔금투
구(金-).《朴新諺 3, 34ㅎ》頭戴金盔, 머
리에 金투구 쓰고.

급(及) 图 미치다[及]. 따라잡다. ⇔밋ㅊ
다.《朴新諺 1, 20ㅈ》逢時及莭(節)好會
頑要哩, 째롤 만나고 졀을 밋처 ㄱ장 놀
줄을 아더라.

급(給) 图 주다. ⇔주다.《朴新諺 1, 11ㅈ》
給你一錢五分一板罷, 너롤 혼 돈 오 푼을
혼 틀에 주미 무던ㅎ다.《朴新諺 1, 12
ㅎ》給一二升米謝他何如, 혼두 되 뿔을

주어 뎌의게 샤례홈이 엇더ㅎ뇨.《朴新
諺 1, 14ㅈ》又要給那扛口帒人的小脚錢,
쪼 뎌 쟈르 메는 사룸의 져근 삭갑슬 줄
꺼시니.《朴新諺 1, 20ㅈ》之銀也給你, 之
혼 銀도 너룰 주느니.《朴新諺 1, 25ㅈ》
先給半筐他, 몬져 반 광조리룰 주고.《朴
新諺 1, 32ㅎ》給你一張三錢罷, 너룰 혼
장에 서 돈식 주리라.《朴新諺 1, 41ㅎ》
給他些便受了, 뎌룰 져기 주면 곳 바들
거시오.《朴新諺 1, 55ㅎ》每一箇月給二
両妳子錢, 每 혼 둘에 두 냥 졋 갑슬 주
고.《朴新諺 2, 20ㅎ》這麼我給你銀子就
買去, 이러면 내 너룰 銀을 줄 거시니 곳
사라 가라.《朴新諺 3, 54ㅈ》報信者給銀
三兩, 報信ㅎ는 이는 銀 석 냥을 주고.

급수(汲水) 图 물을 긷다.《集覽, 朴集, 下,
6ㅈ》水滑經帶麵. 冬月溫水浸. 經帶麵
〈麪〉, 用頭白麵〈麪〉二斤, 減(碱)二兩, 塩
二兩, 研細, 新汲水破開和搜, 比趕麵〈麪〉
劑微軟, 漸以拗棒拗百餘下, 停一時許, 再
拗百餘下, 趕至極薄, 切如經帶搽, 滾湯下,
候熟入凉水, 投汁任意.

급시(及時) 阌 시기가 적당하다. 때맞다.
《朴新諺 1, 7ㅎ》可謂及時行樂, 可謂 及時
行樂이니.

급조(及早) 图 일찍이. 일찌감치. ⇔일즉
이.《朴新諺 2, 30ㅎ》為人若不及早修行
善果, 사룸이 되여 만일 일즉이 修行 善
果치 아니ㅎ면.

급차(急且) 图 급자기. 문득. ⇔과글이.
《集覽, 字解, 單字解, 2ㅈ》且. 姑也 안직.
急且 과글이. 亦曰且莭, 俗罕用.

급피 图 급(急)히. 급박하게. ⇔포(暴).
《朴新諺 3, 14ㅈ》便暴跳起來道, 곳 급피
쮜여 니러나 니룰되.

급히 图 급(急)히. 급박하게. ⇔긴(緊).
《朴新諺 2, 59ㅎ》好着他們上緊赶活, ㄱ
장 뎌들로 ㅎ여 급히 밋처 셩녕ㅎ면.

굿 图 꼭. 굳이. 직접. ⇔직(直).《集覽, 字
解, 單字解, 2ㅈ》直. 用强務致之辭. 굿.

又直錢 빋ᄉᆞ다. 通作値.

굿그제 몡 그그저께. ⇔대젼일(大前日).
《朴新諺 1, 49ㅎ》大前日來的, 굿그제 왓
노라. 《朴新諺 2, 22ㅎ》大前日纔到的, 굿
그제 ヌ 왓노라. 《朴新諺 2, 51ㅈ》這是
大前日的話, 이는 이 굿그제 말이라.

굿치다 통 그치다. ⇔주(住). 《朴新諺 1,
55ㅈ》把搖車搖一搖便住了, 搖車롤다가
흔들면 곳 굿치ᄂᆞ니라.

즑(肯) 통 즑기다. 기꺼이 …하다. ⇔즑기
다. 《朴新諺 1, 13ㅎ》你若不肯去我再催
別箇去, 네 만일 즑겨 가지 아니면 내 다
시 다른 이룰 ᄉᆞᆨ 내여 가쟈. 《朴新諺 1,
24ㅎ》日裏不肯刷不管喂, 나지 즑겨 빗
기지 아니ᄒᆞ며 먹이기룰 ᄀᆞᆷ아지 아니
ᄒᆞ고, 《朴新諺 1, 43ㅈ》肯用鈍刀子呢, 즑
겨 무된 칼을 ᄡᅳ리오. 《朴新諺 2, 3ㅈ》那
厮那裏肯借, 뎌 놈이 어듸 즑겨 빌리리
오. 《朴新諺 2, 17ㅎ》你怎麼不肯備好馬
伺候, 네 엇지 즑겨 됴흔 물을 예비ᄒᆞ여
伺候치 아니ᄒᆞᆫ다. 《朴新諺 2, 46ㅎ》學
裏也不肯去, 學에도 즑겨 가지 아니ᄒᆞ
니. 《朴新諺 2, 52ㅈ》他前日輸與我的猪
頭也不肯買, 뎨 그젓긔 내게 진 돗희 머
리도 즑겨 사지 아니ᄒᆞ니. 《朴新諺 3, 5
ㅈ》所以擋住了還不肯發落, 이러모로 먹
자바 당시롱 즑겨 發落디 아니ᄒᆞ고, 《朴
新諺 3, 41ㅎ》他便肯畫了, 뎨 곳 즑겨 그
리리라. 《朴新諺 3, 42ㅈ》方肯畫哩, 보
야흐로 즑겨 그리ᄂᆞ니라.

귿 몡 끝. 《集覽, 字解, 單字解, 3ㅈ》箇. 一
枚也. 俗呼一枚爲一箇, 亦曰箇把. 又箇箇
난나치. 單言箇字, 亦爲一枚之意. 有箇人
흔 사ᄅᆞ미. 又語助. 這箇·些箇. 又音이.
舌頭兩箇 혓 그토로, 今不用.

-긔 졥 -께. 《朴新諺 1, 8ㅎ》大約這月二十
邉領了詔書箚付就要起身, 대개 이 둘 스
므날긔 詔書와 箚付룰 ᄐᆞ면 즉시 ᄯᅥ나고
져 ᄒᆞ노라.

긔걸ᄒᆞ다 통 명령하다. 제어(制御)하다.

지시하다. ⇔지졈(指點). 《朴新諺 3, 17
ㅈ》我慢慢的再指點你, 내 날호여 다시
너를 긔걸ᄒᆞ마.

긔다 통 기다. 기어가다. ⇔파(爬). 《朴新
諺 2, 53ㅈ》會爬麼, 긜 줄을 아ᄂᆞ냐. 會
爬了, 긜 줄을 아ᄂᆞ니라.

긔샹 몡 기상(氣像). (사람이 타고난 기개
나 마음씨. 또는 그것이 겉으로 드러난
모양) ⇔기상(氣像). 《朴新諺 3, 40ㅎ》眞
好榮耀氣像, 진실로 ᄀᆞ장 榮耀ᄒᆞᆫ 긔샹이
러라.

긔수ᄒᆞ다 통 상대하다. 거들떠보다. 아랑
곳하다. 관심을 가지다. ●⇔이(理).
《朴新諺 2, 37ㅎ》如今他不理我, 이제 뎨
나를 긔수치 아니ᄒᆞ니. 我又理他做甚麼,
내 ᄯᅩ 뎌를 긔수ᄒᆞ여 므슴 ᄒᆞ리오. ●⇔
채(保). 《朴新諺 1, 34ㅎ》他竟保也不保,
뎨 ᄆᆞᄎᆞᆷ내 긔수ᄒᆞᆯ디 긔수치 아니ᄒᆞ고,
《朴新諺 2, 18ㅈ》他若再不保好生重重的
打, 뎨 만일 다시 긔수치 아니ᄒᆞ거든 ᄀᆞ
장 듕히 티라. 《朴新諺 2, 37ㅈ》把我這
舊弟兄們都不保了, 우리 이 녯 弟兄들을
다가 긔수치 아니ᄒᆞ더라. 他旣變了面目
誰保他, 뎨 임의 面目을 變ᄒᆞ면 뉘 도로
혀 뎌룰 긔수ᄒᆞ리오.

긔운 몡 기운(氣運). ⇔기(氣). 《朴新諺 2,
3ㅎ》還是你不肯下氣問他借, 도로혀 네
즑겨 긔운을 ᄂᆞ즈기 ᄒᆞ여 뎌ᄃᆞ려 무러
비지 아니홈이니. 《朴新諺 2, 35ㅎ》咳今
日天氣冷殺人, 애 오늘 하늘 긔운이 차
사ᄅᆞᆷ을 죽게 ᄒᆞ니. 《朴新諺 3, 41ㅈ》就如
活的只少一口氣哩, 곳 사니 ヌ고 그저 ᄒᆞᆫ
입긔운만 업더라. 《朴新諺 3, 44ㅎ》三寸
氣在千般有, 三寸 긔운이 이시매 千 가지
잇더니. 一日無常萬事休, 一日에 ᄯᅥᆺᄯᅥᆺ홈
이 업스매 萬事ㅣ 休ᄒᆞ다 홈이로다.

긔혼 몡 기한(期限). 한일(限日). ⇔한기
(限期). 《朴新諺 2, 17ㅎ》這使臣往來限期
緊急, 이 使臣이 往來 긔혼이 緊急ᄒᆞ여.

기(忌) 통 기(忌)하다. (꺼리거나 피하다)

⇔기후다(믄-).《朴新諺 3, 43ㅈ》믄已·
午·亥·卯生人, 巳·午·亥·卯生 사
룸이 믄혼다 후엿더라.

기(其) 굄 그其. ⇔그.《朴新諺 1, 58ㅎ》
其銀約至下年幾月內歸還, 그 은을 닉년
아모 둘 닉에 니르러 갑흐믈 언약후여.
《朴新諺 2, 5ㅎ》與那名花·奇樹也不知
其數, 다못 뎌 名花와 奇樹눈 그 수롤 아
지 못후니.《朴新諺 2, 34ㅎ》若作非理必
受其殃, 만일 非理에 노롯슬 후면 반드
시 그 앙화를 밧는다 후니.

기(其) 대 그其. ⇔그.《朴新諺 1, 46ㅎ》
其餘的你都買去, 그 남은 거슨 네 다 사
라 가라.《朴新諺 2, 31ㅎ》其餘的小厮們
在家, 그 나믄 아희들은 집의 이셔.《朴
新諺 3, 33ㅎ》其餘傢伙, 그 나믄 연장.
《朴新諺 3, 38ㅎ》其餘賣的賣了, 그 남아
풀 것 풀고.《朴新諺 3, 57ㅈ》請道其詳,
청컨대 그 즈셰홈을 니르라.

기(氣) 명 ●기운(氣運). ⇔긔운.《朴新諺
2, 3ㅎ》還是你不肯下氣問他借, 도로혀
네 즐겨 긔운을 느즈기 후여 뎌드려 무
러 비지 아니홈이니.《朴新諺 2, 35ㅎ》
咳今日天氣冷殺人, 애 오늘 하늘 긔운이
차 사롬을 죽게 후니.《朴新諺 3, 41ㅈ》
就如活的只少一口氣哩, 곳 사니 ス고 그
저 혼 입긔운만 업더라.《朴新諺 3, 44
ㅎ》三寸氣在千般有, 三寸 긔운이 이시
매 千 가지 잇더니, 一日無常萬事休, 一
日에 쩟쩟홈이 업스매 萬事ㅣ 休다 홈
이로다. ●김(氣). 수증기. ⇔김.《集覽,
字解, 單字解, 7ㅎ》走. 行也. 둔니다. 又
逃回曰走回. 又跑也. 能走·快走 잘 둔
느다. 又透漏也. 走話. 又洩也. 走了氣 김
나다.

기(豈) 閉 어찌. ●⇔엇디.《朴新諺 1, 15
ㅈ》豈不省事麼, 엇디 일을 더지 아니후
랴.《朴新諺 1, 53ㅎ》豈容他賴呢, 엇디
뎌의 소기믈 용납후리오.《朴新諺 1, 53
ㅎ》今日豈有不贏之理呢, 오늘 엇디 이

긔지 못홀 理 이시리오.《朴新諺 1, 57
ㅎ》小人豈敢望賞, 小人이 엇디 敢히 賞
을 브라리오. ●⇔엇지.《朴新諺 1, 45
ㅈ》豈不是他的財運好麼, 엇지 뎌의 財運
이 됴치 아니후랴.《朴新諺 2, 7ㅎ》豈不
大家有義氣麼, 엇지 대되 義氣 이시미 아
니랴.《朴新諺 2, 30ㅎ》這麼咱們一生作
事豈無罪孽, 이러면 우리 一生에 일을 홈
애 엇지 罪孽이 업스리오.《朴新諺 2, 50
ㅈ》豈不有趣呢, 엇지 맛 잇지 아니후랴.
《朴新諺 2, 54ㅎ》豈不是好呢, 엇지 이 됴
치 아니후랴.《朴新諺 3, 36ㅎ》豈不用心
伏侍的呢, 엇지 用心후여 伏侍치 아니후
리오.《朴新諺 3, 50ㅈ》豈不快樂, 엇지
快樂지 아니후리오.《朴新諺 3, 55ㅎ》也
就拜他一拜豈不更妙麼, 또 곳 져의게 拜
홈이 엇지 더욱 妙티 아니후랴.

기(起) 동 ❶●나다. 생기다. ⇔나다.《朴
新諺 2, 24ㅈ》傷着冷物起的樣子, 冷物에
傷후여 난 樣이니. ●일어나다. 생겨나
다. ⇔니러나다.《朴新諺 3, 48ㅈ》那灰
忽然飛起, 뎌 지 문득 느라 니러나면. ❸
돗치다. ⇔돗치다.《朴新諺 1, 18ㅈ》刀
鞘要起線花梨木, 칼집은 실 돗친 花梨木
으로 후고.《朴新諺 1, 18ㅈ》象牙廂頂也
要起線的, 象牙로 머리에 젼메오되 또
실 돗치고져 후노라. ❹시작하다. ⇔시
작후다.《朴新諺 2, 10ㅈ》從今日起後日
止, 오늘브터 시작후여 모리 그치느니.
❷일으키다. ●⇔니르혀다.《朴新諺 3,
50ㅎ》叫起隣人幷巡宿総甲人等追趕, 隣
人과 다못 巡宿후눈 総甲人 等을 불러
니르혀 ꇰ롸. ●⇔니르혀다.《朴新諺 2,
29ㅎ》起浮屠於泗水之間, 浮屠를 泗水ㅅ
스이에 니르혀고.《朴新諺 3, 28ㅈ》行者
用手把頭提起, 行者ㅣ 손으로 뼈 머리를
다가 잡아 니르혀.

기(寄) 동 ●부리다. 맡기다. 위탁하다.
기탁하다. ⇔부리다.《朴新諺 1, 12ㅎ》
我如今把騎的馬就寄在這雜貨舖裏, 내 이

제 톤 물을다가 곳 이 雜貨舖에 부려 두
고. ●부치다. 보내다. ⇔부티다.《朴新
諺 3, 15ㅎ》妓者又特寄茶色段子二疋, 이
제 쏘 특별이 차헐비체 비단 두 필과.
藍綾二疋裡紬四疋, 藍綾 두 필과 안 너흘
비단 네 필을 부터.《朴新諺 3, 44ㅎ》如
今在寺裡寄放着哩, 이제 절에 부텨 두엇
느니라.

기(旣) 뜀 이미. ●⇔이믜.《朴新諺 1, 6
ㅈ》列位弟兄旣都齊集了, 列位 弟兄이 이
믜 다 모다시니.《朴新諺 1, 7ㅈ》弟兄們
酒旣勾了用飯罷, 弟兄들아 술이 이믜 넉
넉ᄒ니 밥을 먹음이 무던ᄒ다.《朴新諺
1, 13ㅎ》旣如此說, 이믜 이리 니롤 양이
면.《朴新諺 1, 19ㅎ》旣承有心照顧, 이믜
有心 照顧홈을 니브니.《朴新諺 1, 28ㅎ》
旣盟之後, 이믜 밍셰혼 후에.《朴新諺 2,
7ㅎ》你旣要換就換, 네 이믜 밧고려 ᄒ거
든 곳 밧고라.《朴新諺 2, 27ㅎ》旣兩心
相照也是不難的, 이믜 둘희 ᄆ옴이 서ᄅ
비쵀면 쏘 어렵디 아니ᄒ니.《朴新諺 2,
55ㅈ》旣說定了不要改口, 이믜 닐러 定
ᄒ여시니 변기치 마쟈.《朴新諺 3, 30
ㅈ》你旣識貨, 네 이믜 항호를 알면.《朴
新諺 3, 40ㅎ》旣不能勾跟去, 이믜 능히
유여히 ᄯ라가지 못ᄒ쟉시면. ●⇔임
의.《朴新諺 1, 4ㅈ》旣少不多也罷了, 임
의 신 거시 하지 아니ᄒ니 쏘 무던ᄒ다.
《朴新諺 2, 37ㅎ》他旣變了面目誰保他,
뎨 임의 面目을 變ᄒ면 뉘 도로혀 뎌롤
긔수ᄒ리오.《朴新諺 3, 59ㅈ》旣承二位
光顧, 임의 二位 光顧홈을 닙어시니.

기(幾) 뜀 ❶몃. ●⇔몃.《集覽, 字解, 累字
解, 2ㅎ》幾回. 몃 슌.《集覽, 字解, 單字
解, 5ㅎ》家. 止指一數之稱. 一箇家 ᄒ 낫
식, 幾箇家 몃 낫식, 又현 낫식, 幾年家
현 ᄒ식. 又槩也. 大家 대개. 又擧姓呼人
之稱. 李家·張家. 又呼皇帝曰官家. 又語
助. 沒有家 업다.《集覽, 字解, 累字解, 9
ㅎ》幾會. ·몃 슌.《朴新諺 1, 12ㅎ》該關

幾擔呢, 맛당이 몃 짐을 타료.《朴新諺
1, 16ㅎ》這是幾丈一疋呢, 이 몃 발 혼 疋
고.《朴新諺 1, 18ㅎ》你要打幾件呢, 네
몃 볼을 치이려 ᄒ는다.《朴新諺 1, 32
ㅈ》你要買幾張, 네 몃 쟝을 사려 ᄒ는
다.《朴新諺 3, 36ㅈ》官人們要那幾種吃
呢, 官人들이 어니 몃 가지를 먹으려 ᄒ
는다. ●⇔현.《集覽, 字解, 單字解, 5
ㅎ》家. 止指一數之稱. 一箇家 ᄒ 낫식,
幾箇家 몃 낫식, 又현 낫식, 幾年家 현
희식. 又槩也. 大家 대개. 又擧姓呼人之
稱. 李家·張家. 又呼皇帝曰官家. 又語
助. 沒有家 업다.《朴新諺 2, 44ㅎ》計開
正房幾間, 혜오니 正房이 현 간. 西房幾
間, 西房이 현 간. 東房幾間, 東房이 현
간. 廳房幾間, 대쳥이 현 간. 書房幾間,
書房이 현 간. 暖閣幾間, 暖閣이 현 간.
花廳幾間, 花廳이 현 간. 捲蓬幾間, 우산
각이 현 간. 佛堂幾間, 佛堂이 현 간. 庫
房幾間, 庫房이 현 간. 馬房幾間, 馬房이
현 간. 廚房幾間, 廚房이 현 간. ❷어느.
무슨. 어떤. ●⇔어늬.《朴新諺 1, 51ㅎ》
京都聖駕幾時起行呢, 京都에 聖駕ㅣ 어
늬 쌔에 起行홀ᄂ뇨. ●⇔어닉.《朴新諺
3, 5ㅎ》不知到幾時纔得了局哩, 아지 못
게라 어닉 쌔에 다드라 맛치 판나믈 어
드리오. ❸●여러. 몃. ⇔여러.《集覽,
字解, 累字解, 2ㅎ》幾會. 여러 즈음.《朴
新諺 1, 1ㅎ》辦幾桌賞花筵席, 여러 상 賞
花 筵席을 츠려.《朴新諺 1, 17ㅎ》我要打
幾副刀子, 내 여러 볼 칼을 민들려 ᄒ노
라.《朴新諺 1, 24ㅈ》把這幾件去, 이 여
러 가지롤 가져가.《朴新諺 1, 38ㅈ》你
且寬耐幾時, 네 아직 여러 쌔롤 견더여.
《朴新諺 2, 4ㅈ》吃了幾杯酒過了兩道湯,
여러 잔 술 먹고 兩道 湯을 지내고.《朴
新諺 2, 32ㅈ》若着了幾遍雨定然要走樣
了, 만일 여러 번 비룰 마즈면 일정 모양
이 흘긔리로다.《朴新諺 2, 46ㅈ》就換幾
箇新的, 곳 여러 낫 새 거슬 밧고라.《朴

新諺 3, 7ㅈ》到六月裡取出來晒幾次, 六
月에 다듯거든 가져 내여 여러 번 볏 쬐
라 ᄒᆞ여시니.《朴新諺 3, 14ㅎ》罵了幾句
就走出去了, 여러 귀 ᄭᅮ짓고 곳 ᄃᆞ라나
가니.《朴新諺 3, 28ㅈ》行者念幾句眞言,
行者ㅣ 여러 귀 眞言을 念ᄒᆞ고.《朴新諺
3, 36ㅈ》再下幾碗寬條麵與我們, ᄯᅩ 여러
사발 너분 국슈를 눌러 우리를 주되. ❷
아무[某]. ⇔아모.《朴新諺 1, 58ㅎ》其銀
約至下年幾月内歸還, 그 은을 닉년 아모
둘 닉에 니르러 갑흐믈 언약ᄒᆞ여.

기(幾) 뎽 ❶=기(璣). '幾'는 '璣'의 잘못.
《史記, 天官書》北斗七星, 所謂旋・璣・
玉・衡以齊七政.〈司馬貞索隱〉斗, 第一
天樞, 第二旋, 第三璣, 第四權, 第五衡, 第
六開陽, 第七搖光.《集覽, 朴集, 上, 7ㅈ》
北斗左輔右弼. 凡九星, 曰樞宮貪狼, 曰璇
宮巨門, 曰權宮文曲, 曰
衡宮廉貞, 曰闓(開)陽宮武曲, 曰瑤光宮破
軍, 曰洞明宮左輔, 曰隱元宮右弼. 左輔連
附北斗第〈莭〉六星, 在外, 右弼連附北斗
第〈莭〉二星, 在内, 俱在紫薇(微)垣. ❷며
칠. ⇔몃츨.《朴新諺 2, 58ㅎ》今日幾, 오
눌이 몃츨고.

기(幾) 뭔 언제. 또는 몇. ⇔언제.《朴新諺
2, 49ㅈ》幾曾得閑呢, 언제 일즉 한가홈
을 어드리오.

기(期) 뎽 한(限). (미리 정해진) 기일(期
日). 시일(時日). 날짜. ⇔흔.《朴新諺 1,
58ㅎ》如過期不還, 만일 흔이 지나 갑지
아니ᄒᆞ거든.

기(棄) 동 버리다. ⇔ᄇᆞ리다.《朴新諺 3,
49ㅈ》我棄了名利, 내 名利를 ᄇᆞ리고.

기(碁) 뎽 바둑. ⇔바독.《朴新諺 1, 25ㅎ》
正好下碁哩, 정히 바둑 두기 됴타.《朴新
諺 1, 27ㅈ》高碁輪頭盤, 놉흔 바독은 첫
판을 진다 ᄒᆞ고.《朴新諺 2, 49ㅎ》或着
碁彈琴遣興, 或 바둑 두며 거믄고를 타
興을 보내니.《朴新諺 2, 54ㅎ》且拿過碁
來下一盤, 아직 바독 가져와 ᄒᆞᆫ 판 두쟈.

기(旗) 뎽 기. 깃발.《朴新諺 2, 12ㅈ》他的
主兒一箇手拿着五色小旗, 뎌 님재 ᄒᆞᆫ 손
에 五色 져근 旗를 가지고.

기(璣) 뎽 북두칠성의 셋째 별 이름.《史
記, 天官書》北斗七星, 所謂旋・璣・玉・
衡以齊七政.〈司馬貞索隱〉斗, 第一天樞,
第二旋, 第三璣, 第四權, 第五衡, 第六開
陽, 第七搖光.《集覽, 朴集, 上, 7ㅈ》北斗
左輔右弼. 凡九星, 曰樞宮貪狼, 曰璇宮巨
門, 曰璣〈幾〉宮祿存, 曰權宮文曲, 曰衡宮
廉貞, 曰闓(開)陽宮武曲, 曰瑤光宮破軍,
曰洞明宮左輔, 曰隱元宮右弼. 左輔連附
北斗第〈莭〉六星, 在外, 右弼連附北斗第
〈莭〉二星, 在内. 俱在紫薇(微)垣.

기(騎) 동 타다[乘]. ⇔ᄐᆞ다.《朴新諺 1, 12
ㅎ》我如今把騎的馬就寄在這雜貨舖裏,
내 이제 톤 물을다가 곳 이 雜貨舖에 부
려 두고.《朴新諺 1, 29ㅎ》騎着一匹墨丁
也似黑的肥馬, ᄒᆞᆫ 필 먹댱ᄀᆞᆺ치 검고 술
진 물을 ᄐᆞ고.《朴新諺 1, 30ㅎ》騎着一
匹十分脿鐵靑玉面馬, ᄒᆞᆫ 필 ᄀᆞ장 술진 鐵
靑총이玉面馬롤 ᄐᆞ고.《朴新諺 1, 37ㅈ》
不好出門騎馬, 門에 나 물 ᄐᆞ기 됴치 아
니ᄒᆞ더니라.《朴新諺 1, 42ㅎ》沒有馬騎,
톨 물이 업스면.《朴新諺 2, 17ㅈ》六名
跟役騎的, 六名 跟役이 톨 거슨.《朴新諺
2, 17ㅈ》我騎的却要十分快馬, 내 톨 거
슨 ᄯᅩ ᄀᆞ장 잰 물을 구ᄒᆞ노니.《朴新諺
2, 56ㅎ》你看那騎馬的官人們, 네 보라
뎌 물 톤 官人들이.

−기 어미 −기.《朴新諺 1, 10ㅎ》我好還價,
우리 공젼 주기 됴흐리라.《朴新諺 1, 24
ㅈ》纔勾典那宅子哩, 겨요 뎌 집을 세내
기 넉넉ᄒᆞ리라.《朴新諺 1, 48ㅈ》讀到那
裏了, 닑기롤 어디ᄭᅥ지 ᄒᆞ엿ᄂᆞ뇨.《朴新
諺 2, 10ㅈ》他說幾箇日子呢, 뎨 니ᄅᆞ기
롤 몃 날을 홀ᄂᆞ뇨.《朴新諺 2, 17ㅈ》我
好赶進京先報去, 내 셔울을 미처 나아가
몬져 報ᄒᆞ라 가기 됴흐리라.《朴新諺 2,
36ㅈ》明日好往通州接官去, 닉일 通州ㅣ

가 관원 마즈라 가기 됴케 ᄒ라.《朴新諺 2, 54ㅎ》人死不在老少, 사롬의 죽기 老少에 잇지 아니타 ᄒ니라.《朴新諺 3, 10ㅈ》炕前做一箇煤爐好燒煤, 캉 앒픠 혼 煤爐를 믄드라 셕탄 픠오기 됴케 ᄒ라.《朴新諺 3, 17ㅎ》夜眠只一廈, 밤에 자기는 다만 혼 간 집이라 ᄒ니.《朴新諺 3, 34ㅎ》咳那身長六尺腰濶三圍, 애 뎌 身長이 六尺이오 허리 너르기 세 아롬이나 ᄒ고.《朴新諺 3, 53ㅈ》捉賊見贓, 도적 잡기는 贓物을 보고.

-기- 젭 -기-.《朴新諺 1, 24ㅎ》日裏不肯刷不管喂, 나지 즐겨 빗기지 아니ᄒ며 먹이기를 ᄀ옴아지 아니ᄒ고.

기각(機角) 명 뿔.《集覽, 朴集, 下, 10ㅈ》機角. 華人鄕語呼角曰機角.

기갈(飢渴) 명 배고픔과 목마름.《集覽, 朴集, 中, 5ㅎ》傾甘露於甁中濟險途於飢渴. 飜〈翻〉譯名義云, 梵言軍持, 此云甁. 軍持有二, 若甆瓦者是淨用, 若銅鐵者是觸用. 西域記云, 軍持, 澡甁也. 尼畜軍持, 僧畜澡罐. 佛經云, 佛洒甘露水. 又云, 開甘露門. 又云, 手執靑楊枝, 徧洒甘露之水. 然甘露源流未詳.《朴新諺 2, 29ㅎ》傾甘露於甁中濟險途於飢渴(朴新注, 33ㅎ: 佛書云, 佛灑甘露水, 以濟飢渴.), 甘露를 甁 中에 기우려 險途를 飢渴에 구졔ᄒᄂ 쏘다.《朴新諺 3, 19ㅈ》忍多少飢渴, 언머 飢渴을 춤으며.

기개(起蓋) 동 (집을) 짓다. 건축을 시작하다. ⇔짓다.《朴新諺 3, 22ㅎ》起盖三淸大殿, 三淸 大殿을 지어.

기개(幾箇) 관 ❶몃 (개). ⇔몃.《集覽, 字解, 單字解, 6ㅎ》幾. 數問多少之辭. 幾箇몃고, 幾時 언제, 幾曾 어늬 제.《朴新諺 1, 47ㅎ》你學堂中共有幾箇學生, 네 學堂에 대되 몃 學生이 잇ᄂᆞ뇨.《朴新諺 2, 10ㅈ》他說幾箇日子呢, 뎨 니르기를 몃 날을 홀ᄂ뇨.《朴新諺 2, 52ㅎ》這孩兒幾箇月了, 이 아히 몃 둘이나 ᄒ뇨. ❷여러

(개). ●⇔여러.《朴新諺 1, 38ㅎ》我說幾箇謎子你猜, 내 여러 슈지를 니룰 거시니 네 알라.《朴新諺 2, 35ㅈ》搜出幾箇血瀝瀝的尸首來, 여러 피 뜻듯는 尸首를 뒤여 내고.《朴新諺 3, 6ㅈ》不使幾箇錢幹辦是不濟事的, 여러 돈을 뼈 셔도지 아니면 이 일을 일오지 못ᄒ리라. ●⇔여러ᄒ.《朴新諺 1, 39ㅈ》你再說幾箇我猜, 네 다시 여러흘 니르라 내 알마. ❸여러 (마리). ●⇔여러.《集覽, 字解, 單字解, 1ㅈ》待. 擬要也 ᄒ마 그리 ᄒ려 ᄒ다라. 又欲也. 待賣幾箇馬去 여러 ᄆᆞᆯ 풀오져 ᄒ야 가노라. ●⇔여러ᄒ.《朴新諺 2, 22ㅎ》被他抽分了幾箇去, 뎌의게 여러흘 쌔혀 가믈 닙고.《朴新諺 2, 22ㅎ》又抽分了幾箇去, 쏘 여러흘 쌔혀 가고. ❹여러 (명). ●⇔여러.《朴新諺 1, 1ㅈ》不如約幾箇好弟兄們, 여러 됴흔 弟兄들을 언약ᄒ여.《朴新諺 1, 5ㅎ》叫他着幾箇樂工來伺候, 뎌로 ᄒ여 여러 樂工을 시겨 와 伺候ᄒ고.《朴新諺 1, 10ㅈ》叫幾箇打土墻的匠工來, 여러 토담 ᄡᆞ는 쟝인을 블러와.《朴新諺 1, 27ㅎ》咱幾箇好朋友們, 우리 여러 됴흔 벗들이.《朴新諺 2, 27ㅎ》你們這幾箇無用的小厮, 너희 이 여러 쓸듸업슨 아히 놈들이.《朴新諺 2, 35ㅈ》立刻差幾箇皂隷, 즉시 여러 皂隷를 시겨.《朴新諺 2, 59ㅎ》就着幾箇婦人們下手縫罷, 즉시 여러 계집들로 ᄒ여 손부려 짓게 ᄒ고. ●⇔여러ᄒ.《朴新諺 2, 22ㅎ》把那船上的人打死了幾箇, 뎌 빗에 사롬을다가 여러흘 쳐 죽엿다 ᄒ더라.

기개(幾箇) 명 얼마. ⇔언머.《朴新諺 1, 57ㅎ》要做幾箇氣力的弓, 언머 힘에 활을 민둘고져 ᄒ는다.

기개(幾箇) 쥐 몃 (명). ⇔몃ᄎ.《朴新諺 1, 53ㅈ》咱們幾箇就同去, 우리 몃치 곳 혼가지로 가쟈.

기거(起居) 동 일정한 곳에서 일상적인

생활을 하다. ⇔기거ᄒ다(起居-).《朴新諺 3, 16ㅈ》伏望父母大人善保起居, 伏望 父母 大人은 善保 起居ᄒ쇼셔.

기거ᄒ다(起居-) 图 기거(起居)하다. ⇔ 기거(起居).《朴新諺 3, 16ㅈ》伏望父母 大人善保起居, 伏望 父母 大人은 善保 起居ᄒ쇼셔.

기공(起工) 图 공사를 시작하다.《集覽, 朴集, 上, 5ㅈ》天赦日. 春戊寅・夏甲午・秋戊申・冬甲子, 謂天道生育萬物而有其罪也. 甲戊爲陽干之德, 子午爲陰陽之成, 寅申爲陰陽之立, 以干德配之爲赦也, 可修造起工〈土〉.

기교(奇巧) 혱 (수공에 등이) 기발하고 교묘하다. 신기하고 정교하다.《集覽, 朴集, 上, 4ㅎ》蘆溝橋. 其一東南流, 入于蘆溝, 又東入于東安縣界. 去都城三十里, 有石橋跨于河, 廣二百餘步, 其上兩旁皆石欄, 雕刻石獅, 形狀奇巧, 成於金明昌三年.《集覽, 朴集, 上, 8ㅎ》刺通袖膝欄. 元時好着此衣, 前後具胷背, 又連肩而通袖之脊, 至袖口爲紋, 當膝周圍亦爲紋如欄干, 然織成段匹爲衣者有之, 或皮或帛, 用綵線周遭回曲爲緣, 如花樣, 刺〈刺〉爲草樹〈尌〉・禽獸・山川・宮殿之文於〈紋於〉其內, 備極奇巧, 皆用團領着之, 其直甚高.《朴新諺 1, 9ㅎ》直淽過蘆溝橋(朴新注, 4ㅈ: 京都南三十里, 有河曰蘆溝, 上有石橋, 廣二百餘步, 兩傍皆石欄, 雕刻石獅, 形狀奇巧.)上獅子頭了, 바로 蘆溝橋 우희 獅子 머리룰 좀가 넘어.

기구(氣球) 몡 머리털로 속을 채운, 겉이 가죽으로 된 공.《集覽, 朴集, 下, 7ㅎ》花房窩兒. 但今漢俗未見兩毬, 而惟見踢氣毬者, 卽古之蹴踘也. 此節〈莭〉打毬兒又與〈如〉上卷打毬兒, 名同事異.

기급(企及) 图 미치다. 이르다. 따라가다. ⇔밋다.《集覽, 字解, 單字解, 2ㅈ》迭. 企及之辭. 밋다.

기기괴괴(奇奇怪怪) 혱 이상하고 묘하다. 괴상망측(怪常罔測)하다. ⇔기기괴괴ᄒ다(奇奇怪怪-).《朴新諺 2, 38ㅈ》有奇奇怪怪之石, 奇奇怪怪ᄒ 돌도 이시며.

기기괴괴ᄒ다(奇奇怪怪-) 혱 기기괴괴(奇奇怪怪)하다. ⇔기기괴괴(奇奇怪怪).《朴新諺 2, 38ㅈ》有奇奇怪怪之石, 奇奇怪怪ᄒ 돌도 이시며.

기낭(幾娘) 몡 비천한 부인.《集覽, 朴集, 上, 11ㅎ》娘子. 南村輟耕錄云〈南村輟耕錄〉, 世謂穩婆曰老娘, 女巫曰師娘, 唱〈娼〉婦曰花娘, 達人又曰草娘, 苗人謂妻曰夫娘, 南方謂婦人無行者曰夫娘, 謂婦人之卑賤者曰某娘, 曰幾娘, 鄙之曰婆娘.

기년(幾年) 몡 몇 해.《集覽, 字解, 單字解, 5ㅎ》家. 止指一數之稱. 一箇家 ᄒ 낫식, 幾箇家 몃 낫식, 又現 낫식, 幾年家 현 히식. 又縶也. 大家 대개. 又擧姓呼人之稱. 李家・張家. 又呼皇帝曰官家. 又語助. 沒有家 업다.

기다 혱 길다. ⇔장(長).《朴新諺 1, 21ㅎ》鞦帶長了, 바탕이 너무 기다.

기동 몡 기둥. ⇔주(柱).《朴新諺 1, 40ㅎ》弟兄三四箇守着停柱坐, 弟兄 서너히 기동을 딕희여 안잣눈 거시여.《朴新諺 3, 16ㅎ》這樑, 이 납과. 樑, ᄆᆞᆯ와. 椽, 혀와. 柱, 기동과. 短柱, 短柱와. 門框, 문얼굴과. 門扇, 문짝과. 吊窓, 들창과. 天窓, 우러리창과. 雙扇, 빵다지와. 單扇, 외다지와. 窓欞, 창얼굴로.

기두(箕斗) 몡 기수(箕宿)와 두수(斗宿).《集覽, 朴集, 上, 15ㅈ》碧漢. 爾雅, 析木爲之津. 匕在箕斗間, 自坤抵艮爲地紀, 亦名雲漢, 曰天潢, 曰銀河, 曰銀漢, 曰河漢.

기들우다 图 기다리다. 기다리고 있다. ❶⇔등착(等着).《集覽, 字解, 單字解, 1ㅈ》等. 候待也. 又他・等着 기들우다. 又等子 저울. 又吏語, 用此爲等輩之意. 又等閑, 釋見下. ❷⇔등타(等他).《集覽, 字解, 單字解, 1ㅈ》等. 候待也. 等他・等着 기들우다. 又等子 저울. 又吏語, 用此

爲等輩之意. 又等閑, 釋見下.

기드리다 图 기다리다. ●⇔대(待). 《朴
新諺 1, 6ㅈ》待各位老爺們來卽忙通報,
各位 老爺네 옴을 기드려 즉시 통ᄒ라.
《朴新諺 1, 10ㅈ》待我擇之了日期, 내 날
굴히여 뎡홈을 기드려. 《朴新諺 1, 12
ㅎ》待開出米來, 빨 타 내기를 기드려.
《朴新諺 1, 51ㅎ》待身子凉快些, 몸이 凉
快ᄒ기를 기드려. 《朴新諺 1, 54ㅎ》待滿
了月便吃生冷東西, 둘 ᄎ기를 기드려 곳
生冷엣 거슬 먹으면. 《朴新諺 3, 15ㅎ》
約待月餘便可起程, 대개 月餘를 기드리
면 곳 가히 起程홀 거시니. ●⇔등(等).
《朴新諺 1, 24ㅎ》等一會再把些草喂他,
ᄒ 지위 기드려 다시 여믈을다가 뎌롤
먹이라. 《朴新諺 1, 42ㅈ》等我醫過了慢
慢的牽去, 내 고치믈 기드려 날호여 잇
그러 가. 《朴新諺 1, 50ㅈ》等些時再賣,
져기 기드려 다시 폴라. 《朴新諺 3, 7ㅎ》
等一會児吃罷, ᄒ 디위 기드려 먹으리
라. ●⇔등도(等到). 《朴新諺 1, 10ㅈ》
只好等到秋來再修理罷, ᄀ올을 기드려
다시 修理홈이 무던ᄒ다. 《朴新諺 1, 51
ㅎ》等到民間田禾都收割了, 民間에 田禾
롤 다 거두어 븨기롤 기드려. ⍟⇔등후
(等候). 《朴新諺 3, 48ㅈ》等候那地氣上
申的時節, 뎌 地氣 올라 퍼질 째를 기드
리더니. ⍟⇔수(須). 《朴新諺 1, 7ㅎ》須
(須)富貴何時, 富貴롤 어닉 째예 기드리
리오 ᄒ니. ⍟⇔후(候). 《朴新諺 3, 47
ㅎ》候到幾時幾刻立春, 어닉 째 어닉 刻
에 다드라 立春 홈을 기드려.

기래(起來) 图 ●발생하다. 《集覽, 朴集,
中, 7ㅈ》粧腰大摸〈模〉㨾. 質問云, 如人
大氣像起來時, 又粧妖氣, 又作大摸〈模〉
大㨾, 不禮待人, 方言謂氣像大起來時, 粧
妖大摸〈模〉㨾. ●일어나다. ⇔니러나
다. 《朴新諺 2, 18ㅈ》老爺雞鳴了請起來
罷, 老爺ㅣ아 둙이 우러시니 쳥컨대 니
러나라. 《朴新諺 2, 52ㅎ》他酒醒了起來

不覺, 뎨 술이 끼야 니러나 끼듯지 못ᄒ
고. 《朴新諺 3, 14ㅈ》便暴跳起來道, 곳
급피 쒸여 니러나 니르되. ●일다. 일어
나다. ⇔닐다. 《朴新諺 1, 24ㅎ》夜裏又
死睡不肯起來添草, 밤에 쏘 죽은 드시 자
고 즐겨 니러 여믈을 더 주지 아니ᄒ니.
《朴新諺 1, 25ㅈ》一更一箇輪流起來喂草,
ᄒ 경에 ᄒ나식 돌려 니러 여믈을 먹이
되. 《朴新諺 1, 48ㅈ》每日清早起來, 每日
清早에 니러. 《朴新諺 3, 19ㅎ》半夜裡起
來, 半夜의 니러. 《朴新諺 3, 22ㅎ》便焦
懆起來, 곳 노희여 니러.

기력(氣力) 图 힘. 기력. 근력. 체력. 《朴
新諺 1, 38ㅈ》但如今腿上還是十分無氣
力哩, 다만 이제 다리에 오히려 ᄀ장 氣
力이 업세라.

기력(氣力) 의 힘. 활시위의 강도를 재는
단위. 20근(斤) 무게의 힘이다. ⇔힘. 《集
覽, 朴集, 上, 13ㅎ》氣力. 音義云, 弓强弱
之力, 重十二斤曰一箇氣力. 今按, 舊本以
斗石爲重, 續綱目兩石弓註, 三十斤爲鈞,
四鈞爲石, 重百二十斤也. 《朴新諺 1, 57
ㅎ》要做幾箇氣力(朴新注, 22ㅈ: 十二斤
爲一箇氣力. 續綱目兩石弓註, 三十斤爲
鈞(鈞), 四鈞(鈞)爲石, 則下歇十箇氣力, 爲
兩石重也.)的弓, 언머 힘에 활을 민들고
져 ᄒ는다. 要做十箇氣力的一張, 십 분
힘에 치 ᄒ 쟝과. 七八箇氣力的一張, 칠팔
분 힘에 치 ᄒ 쟝을 민들고져 ᄒ노라.

기로(耆老) 图 연로(年老)하고 덕이 높은
사람. '耆'는 예순 살, '老'는 일흔 살을
이른다. 《集覽, 朴集, 下, 9ㅎ》打春. 音義
云, 如今北京迎春時, 唯牛芒而已. 在前只
有府縣官員, 并師生者老引赴順天府, 候
春至之時. 此節〈莭〉皆杭州所行, 非京都
之事.

-기로 어미 -기로. 《朴新諺 2, 18ㅈ》你們
打的輕, 너희들이 티기를 輕히 ᄒ기로.
《朴新諺 2, 23ㅈ》又不會做飯, 쏘 밥 지을
줄을 아지 못ᄒ기로. 《朴新諺 2, 57ㅎ》

也沒有盤纏, 쏘 盤纏이 업기로.

기르다 图 기르다. 키우다. ●⇔간셩(看成). 《集覽, 字解, 累字解, 2ㅎ》看成. 보숣피다. 又기르다. 又삼다. ●⇔양(養). 《朴新諺 1, 55ㅎ》養孩兒好不難哩, 아히를 기르기 ㄱ장 어려오니. 《朴新諺 1, 56ㅈ》養子方知父母恩, 즈식을 길러야 보야흐로 父母 은혜를 안다 ᄒ니라. ●⇔양셩(養成). 《集覽, 字解, 單字解, 7ㅎ》養. 養成 기르다. 又生産曰養, 養孩兒 즈식 나타. 又呼淫婦宣淫者曰養漢的.

기르마 圀 길마. ●⇔안(鞍). 《朴新諺 3, 53ㅎ》失去帶鞍白馬一匹, 기르마 지은 흰 물 ᄒᆫ 필을 일허시니. ●⇔안자(鞍子). 《朴新諺 1, 30ㅎ》鞍子・鞍坐褥・鞦皮・轡頭・馬黏, 기르마와 아답개와 질채와 구레와 드래. 《朴新諺 2, 20ㅎ》還少套繩, 당시롱 멜 줄과, 撒繩, 쯔을 줄과, 籠頭, 바구레와. 脚索, 지달 술 바와. 鞍子, 기르마와. 肚帶等類哩, 오랑 等類ㅣ 업세라. 《朴新諺 3, 53ㅈ》門前絵着帶鞍子的白馬, 門 앏히 기르마 지은 흰물을 믹엿더니.

기르마가지 圀 길맛가지. ⇔안좌자(鞍坐子). 《朴新諺 1, 30ㅈ》鞍坐子是烏犀角玳瑁廂嵌的, 기르마가지는 이 烏犀角에 玳瑁로 던메워 박은 거시오.

기르마짓다 图 길마를 짓다. 안장을 지우다. 곧, 말 탈 준비를 갖추다. ⇔대안(帶鞍). 《朴新諺 3, 53ㅎ》失去帶鞍白馬一匹, 기르마 지은 흰물 ᄒᆫ 필을 일허시니.

기름 圀 기름. ⇔유(油). 《朴新諺 2, 16ㅈ》油・塩・醬・醋・茶各一斤, 기름과 소금과 醬과 醋과 茶ㅣ 各 ᄒᆫ 근이오.

기리(起利) 图 이자가 붙기 시작하다. 이자 계산을 하기 시작하다. ⇔기리ᄒ다(起利-). 《朴新諺 1, 58ㅈ》每両每月三分起利, 每両 每月에 서 픈식 起利ᄒ여.

기리ᄒ다(起利-) 图 기리(起利)하다. ⇔기리(起利). 《朴新諺 1, 58ㅈ》每両每月三分起利, 每両 每月에 서 픈식 起利ᄒ여.

기립(起立) 图 (건물 따위를) 세우다. 《集覽, 朴集, 下, 2ㅈ》幌子. 今按, 漢俗, 凡出賣諸物之家, 俱設標幟之物, 置於門口, 或於門前起立牌榜, 如曰張家出賣高麗布扇. 一如賣酒家標植靑帘之類, 俗呼靑帘曰酒家望子.

기름 圀 기름. ⇔유(油). 《朴新諺 3, 23ㅎ》第(第)三滾油洗澡, 第(第)三은 쯸는 기름에 목욕ᄒ고, 《朴新諺 3, 26ㅈ》咱如今燒起油鍋跳入洗澡, 우리 이제 기름 가마에 불찟고 쮜여들어 목욕ᄒ쟈. 《朴新諺 3, 26ㅈ》在油鍋兩邉看守, 기름 가마 두 편에서 보아 지킈여. 《朴新諺 3, 26ㅎ》鹿皮就在油鍋裡死了, 鹿皮ㅣ 곳 기름 가마에서 죽으니라. 《朴新諺 3, 26ㅎ》打一箇跟斗跳入油中, ᄒᆫ 번 跟斗질ᄒ여 쮜여 기름 가온대 들어가. 《朴新諺 3, 27ㅈ》行者被油煎的骨肉都沒有了, 行者ㅣ 기름에 디디여 骨肉이 다 업ᄂ이다.

기리 圀 길이. ⇔장(長). 《朴新諺 2, 13ㅎ》這杭州綾子每疋有七托長, 이 杭州ㅅ 綾이 每 疋에 닐곱 발 기리 잇고.

기마(騎馬) 图 말을 타다. 《朴新諺 2, 56ㅎ》你看那騎馬的官人們, 네 보라 뎌 물 툰 官人들이.

기맥(氣脉) 圀 =기맥(氣脈). '脉'은 '脈'의 속자. 《正字通, 肉部》脉, 俗脈字. 《朴新諺 1, 38ㅈ》氣脉得以通行, 氣脉이 시러곰 通行ᄒ여.

기맥(氣脈) 圀 기혈(氣血)과 맥락(脈絡). 《朴新諺 1, 38ㅈ》氣脉得以通行, 氣脉이 시러곰 通行ᄒ여.

기명(器皿) 圀 그릇붙이. 《集覽, 朴集, 上, 7ㅎ》印子鋪. 質問云, 有錢之人開鋪, 那無錢之人拿衣服或器皿, 僧借銅錢或銀子使用, 每十分加利一分, 亦與有印號帖兒, 以爲執照. 《朴新諺 3, 33ㅈ》你要打這器皿的銀子如何, 네 이 器皿을 민둘려 ᄒ면

銀이 엇더ᄒ뇨.

기묘(奇妙) 혱 이상하고 묘하다. 신기하다. ⇔기묘ᄒ다(奇妙-). 《朴新諺 2, 38
ㅈ》眞箇奇妙, 진실로 奇妙ᄒ더라.

기묘ᄒ다(奇妙-) 혱 기묘(奇妙)하다. ⇔
기묘(奇妙). 《朴新諺 2, 38ㅈ》眞箇奇妙,
진실로 奇妙ᄒ더라.

기봉(奇峯) 명 이상하고 신기하게 생긴
봉우리. 《朴新諺 2, 38ㅎ》有重重疊疊之
奇峯, 重重 疊疊ᄒᆫ 奇峯도 이시며.

기사(耆社) 명 늙은이. 노인. 《集覽, 朴集,
下, 9ㅎ》打春. 東京夢華錄云, 立春前五
日, 造土牛·耕夫·犁具, 前一日順天府
進農牛入禁中鞭春, 府縣官吏·士庶·耆
社, 其鼓樂出東郊迎春, 牛芒神至府前, 各
安方位.

기사(幾死) 동 거의 다 죽게 되다. 《集覽,
朴集, 下, 1ㅎ》刁蹶. 今按, 法師徃西天時,
初到師陀國界, 遇猛虎·毒蛇之害, 次遇
黑熊精·黃風恠〈怪〉·地湧夫人·蜘蛛
精·獅子恠〈怪〉·多目恠〈怪〉·紅孩兒
恠〈怪〉, 幾死僅免.

기살(氣殺) 동 애씌우다. 애쓰게 하다. 곧,
화가 나서 죽을 지경이다. ⇔애삐오다.
《朴新諺 1, 35ㅈ》眞箇氣殺人, 진실로 사
름을 애삐온다.

기살아(氣殺我) 혱 내가 (죽음에 이를 정
도로) 매우 애달프고 싶다. 《集覽, 字解,
單字解, 6ㅈ》殺. 氣殺我 애둘와 설웨라,
猶言以此而可至於死也. 又愁殺人 사름
믈 ᄀ장 근심ᄒ야 셟게 ᄒ다. 又廝殺 싸
호다. 又助語辭. 最深殺 ᄀ장 깁다.

기상(氣像) 명 사람이 타고난 기개와 겉
으로 드러난 의용(儀容). ⇔긔샹. 《集覽,
朴集, 中, 7ㅈ》粧腰大摸〈模〉樣. 質問云,
如人大氣像起來時, 又粧妖氣, 又作大摸
〈模〉大㨾, 不禮待人, 方言謂氣像大起來
時, 粧妖大摸〈模〉㨾. 一說, 粧腰猶脩飾
〈餙〉也, 一說, 腰大猶言大起像也. 《朴新
諺 2, 37ㅈ》他如今氣像大比不當先了, 뎨

이제 氣像이 커 當先에 比치 못ᄒ니. 《朴
新諺 3, 40ㅈ》眞好榮耀氣像, 진실로 ᄀ
장 榮耀ᄒᆫ 긔샹이러라.

기세(飢歲) 명 농작물이 예년에 비하여
잘되지 아니하여 굶주리게 된 해. 《集
覽, 朴集, 中, 5ㅈ》隨相現相. 飜譯名義云,
佛昔爲帝釋時, 遭飢歲, 疾疫流行, 醫療無
功, 道殣相屬.

기세(幾歲) 관 몇 (살). ⇔현. 《朴新諺 3,
52ㅈ》告狀人李萬現年幾歲, 告狀ᄒᄂᆫ 사
룸 李萬의 시방 나히 현이오. 《朴新諺
3, 54ㅈ》牙幾歲, 나히 현이라.

기수(奇樹) 명 기이하게 생긴 나무. 《朴新
諺 2, 5ㅎ》與那名花·奇樹也不知其數,
다못 뎌 名花와 奇樹는 그 수를 아지 못
ᄒ니.

기시(旣是) 円 이미. 또는 이왕 …된 바에
야. 기왕 …된 이상. ⇔이믜. 《朴新諺 1,
13ㅈ》旣是這應, 이믜 이러면. 《朴新諺
1, 32ㅎ》旣是這般說, 이믜 이리 니ᄅ면.
《朴新諺 2, 51ㅈ》旣是這般, 이믜 이러
면. 《朴新諺 3, 41ㅎ》旣是那般, 이믜 그
러면.

기시(幾時) 대 ❶어느 때. 언제. ❸⇔어늬
째. 《朴新諺 1, 51ㅎ》京都聖駕幾時起行
呢, 京都에 聖駕ㅣ 어늬 째에 起行홀ᄂ
뇨. ❷⇔어닉째. 《朴新諺 3, 47ㅎ》候到
幾時幾刻立春, 어닉 째 어닉 刻에 다ᄃ라
立春 홈을 기ᄃ려. ❷언제. ❸⇔언제.
《集覽, 字解, 單字解, 6ㅎ》幾. 數問多少
之辭. 幾箇 몃고, 幾時 언제, 幾曾 어늬
제. 《朴新諺 1, 15ㅈ》從幾時生出來的, 언
제부터 낫ᄂ뇨. 《朴新諺 1, 44ㅎ》幾時過
門的呢, 언제 過門ᄒ더뇨. 《朴新諺 1, 49
ㅎ》你幾時來的, 네 언제 온다. 《朴新諺
2, 15ㅈ》你說幾時染完, 네 닐으 언제
믈드려 ᄆᄎ료. 《朴新諺 2, 21ㅎ》趙爺你
幾時來的, 趙爺ㅣ 아 네 언제 온다. 《朴新
諺 2, 22ㅎ》那丁爺你幾時來, 뎌 丁爺ㅣ
아 네 언제 온다. ❸⇔언직. 《朴新諺 1,

8ㅎ》老哥你幾時起身, 노형아 네 언지 떠
날다.

기식(氣息) 명 냄새. 향기. ⇔내옴.《朴新
諺 2, 55ㅎ》氣息臭的了不的, 내옴이 더
러워 견디지 못ᄒ니.

기식(飢食) 명 허기를 채우는 음식물.《集
覽, 朴集, 下, 4ㅈ》孫行者. 大聖被執當死,
觀音上請于玉帝, 免死. 令巨靈神押大聖
前往下方去, 乃於花菓山石縫内納身, 下
截畫如來押字封着, 使山神・土地神鎭守.
飢食鐵〈鐵〉丸, 渴飮銅汁, 待我往東土尋
取經之人, 經過此山, 觀大聖, 肯隨往西天,
則此時可放.

기신(起身) 동 (길을) 떠나다. 출발하다.
●⇔기신ᄒ다(起身-).《朴新諺 2, 20
ㅈ》我便要隨駕起身去, 내 곳 隨駕ᄒ여
起身ᄒ여 가려 ᄒ니.《朴新諺 3, 39ㅎ》
昨日起身去了, 어제 起身ᄒ여 갓ᄂ니라.
●⇔떠나다.《朴新諺 1, 8ㅎ》老哥你幾
時起身, 노형아 네 언지 떠날다. 大約這
月二十邊領了詔書箚付就要起身, 대개 이
둘 스므날긔 詔書와 箚付를 ᄐ면 즉시
떠나고져 ᄒ노라.《朴新諺 1, 34ㅈ》他在
京裏臨起身時節〈節〉, 제 셔울셔 떠날 째
에 臨ᄒ여.

기신ᄒ다(起身-) 동 기신(起身)하다. ⇔
기신(起身).《朴新諺 2, 20ㅈ》我便要隨
駕起身去, 내 곳 隨駕ᄒ여 起身ᄒ여 가려
ᄒ니.《朴新諺 3, 39ㅎ》昨日起身去了, 어
제 起身ᄒ여 갓ᄂ니라.

기실(其實) 튀 진실로. 실은. 사실은. 실
제로는. ⇔진실로.《朴新諺 2, 4ㅈ》小弟
其實不知道, 小弟 진실로 아지 못홀와.

기십(幾十) 관 여러. ⇔여러.《朴新諺 1,
11ㅎ》把大夯多舂幾十下, 큰 달고로 만
히 여러 번 다으면.

기악(妓樂) 명 기생의 음악과 춤.《朴新諺
1, 21ㅎ》是拘欄(朴新注, 8ㅎ: 俳優棚, 一
云, 妓樂住處.)衚衕裏帶匠夏五廟的, 이
拘欄 골 ᄭ쟝이 夏五ㅣ 던메윗ᄂ니라.

기예(技藝) 명 재주. 기술과 재주. ⇔직
조.《朴新諺 1, 6ㅎ》看他耍些技藝罷, 뎌
직조 놀리는 것 보쟈.《朴新諺 1, 45ㅈ》
諸般技藝都會的, 여러 가지 技藝를 다 아
니.

기우리다 동 기울이다. ⇔경(傾).《朴新諺
2, 29ㅎ》傾甘露於瓶中濟險途於飢渴, 甘
露를 瓶 中에 기우려 險途를 飢渴에 구제
ᄒ는쏘다.

기이(旣已) 튀 이미.《集覽, 朴集, 上, 16
ㅈ》石屋. 法名清珙, 號石屋和尙, 臨濟十
八世之嫡孫也. 普虛謁石屋, 石屋見之云,
老僧今日旣已放下三百斤擔子遞你擔了,
且展脚睡矣.

기일(幾日) 명 즈음께. ⇔즘믜.《朴新諺
2, 51ㅈ》那幾日你又說首領官纔做稿呈
堂, 져즘믜 네 쏘 니르되 首領官이 ᄀ초
를 민그라 당샹끠 드리니.

기일(幾日) 튀 언제. ⇔언제.《朴新諺 3,
39ㅎ》幾日榮行, 언제 榮行ᄒ느뇨.

기자(箕子) 명 은(殷)나라의 왕족. 이름은
서여(胥餘). 주(紂)의 서부(庶父) 또는
서형(庶兄)이라 한다. 기(箕) 땅의 자작
(子爵)에 봉해졌다. 주에게 포학함을 간
하였으나 듣지 않자 도망하여 미친 짓
하며 노예가 되었다 한다. 은이 멸망한
뒤 주 무왕(周武王)에게 서경(書經)의
홍범(洪範)을 전해주었다고 한다.《集
覽, 朴集, 上, 4ㅈ》遼陽. 遼誌云, 舜分冀
東北爲幽州, 卽今廣寧以西之地. 靑東北
爲營州, 卽今廣寧以東之地, 周武王封箕
子於朝鮮, 是其地也, 卽古肅愼氏地.

기자(餻子) 명 밀가루로 만든 떡의 한 가
지.《集覽, 朴集, 下, 6ㅎ》象眼餻子. 質問
云, 以麥麵作成象眼樣大餻〈餻〉子, 行路
便於食之, 方言謂之象眼餻子. 然餻子形
劑未詳. 但居家必用著米心餻子劑法云,
頭麵〈麪〉以凉水入塩和成劑, 拗棒拗過,
趕至薄, 切作細碁子, 晒〈洒〉乾, 以篩子隔
過, 再用刀切千百次, 再隔過.《集韻, 之

韻》粿, 餠屬.

기자(棊子) 몡 바둑돌.《集覽, 朴集, 中, 8
ㅎ》鼈基. 質問云, 碁子圓如鼈〈鱉〉身上
盖, 謂之鼈碁.《集覽, 朴集, 下, 6ㅎ》象眼
餻子. 但居家必用著米心餻子劑法云, 頭
麵〈麪〉以凉水入塩和成劑, 拗棒拗過, 趕
至薄, 切作細棊子, 晒〈洒〉乾, 以筵子隔
過, 再用刀切千百次, 再隔過.

기자(餻子) 몡 밀가루로 만든 떡의 한 가
지.《集覽, 朴集, 下, 6ㅎ》象眼餻子. 質問
云, 以麥麵作成象眼樣大餻〈粿〉子, 行路
便於食之, 方言謂之象眼餻子. 然餻子形
劑未詳.   但居家必用著米心餻子劑法云,
頭麵〈麪〉以凉水入塩和成劑,   拗棒拗過,
趕至薄, 切作細棊子, 晒〈洒〉乾, 以筵子隔
過, 再用刀切千百次, 再隔過.《集覽, 朴
集, 下, 7ㅈ》柳葉餻子. 質問云, 以麥麵作
成柳葉樣餻子, 亦便於行路之食, 方言謂
之柳葉餻子.《集韻, 之韻》粿, 餠屬.

기장 몡 기장(黍). ⇔서자(黍子).《朴新諺
3, 38ㅈ》他種的稻子, 제 시믄 벼와. 膏粱,
슈슈와. 黍子, 기장과. 大麥, 보리와. 小
麥, 밀과. 蕎麥, 모밀과. 黃豆, 콩과. 小豆,
폿과. 菉豆, 菉豆와. 豌豆, 광장이. 黑豆,
거믄콩. 芝麻, 춤깨와. 蘇(蘓)子, 듧깨.

기장(幾張) 판 여러 (개). ⇔여러.《朴新諺
2, 50ㅈ》兩傍放幾張椅子, 두 편에 여러
교의를 노코.

기정(起程) 몡 (길을) 떠나다. 출발하다.
여정(旅程)에 오르다. ⇔기정ᄒ다(起
程-).《集覽, 朴集, 中, 8ㅎ》牢子走. 在大
都則自河西務起程, 若上都則自泥河兒起
程, 越三時, 走一百八十里, 直抵御前, 俯
伏呼萬歲.《朴新諺 1, 9ㅈ》相懇你揀之了
起程日子, 네게 쳥ᄒᄂ니 起程홀 날을
글히어 뎡ᄒ면.《朴新諺 1, 52ㅈ》八月初
頭纔起程哩, 八월 초성에아 又 起程홀러
라.《朴新諺 2, 18ㅈ》明日雞鳴我便就要
起程了, 닉일 둙이 울면 내 곳 즉시 起程
ᄒ려 ᄒᄂ니.《朴新諺 3, 15ㅎ》約待月餘

便可起程, 대개 月餘를 기드리면 곳 가
히 起程홀 거시니.《朴新諺 3, 28ㅎ》卽
時打發起程, 즉시 打發ᄒ여 起程ᄒ니.

기정ᄒ다(起程-) 몡 기정(起程)하다. ⇔
기정(起程).《朴新諺 1, 9ㅈ》相懇你揀之
了起程日子, 네게 쳥ᄒᄂ니 起程홀 날을
글히어 뎡ᄒ면.《朴新諺 1, 52ㅈ》八月初
頭纔起程哩, 八월 초성에아 又 起程홀러
라.《朴新諺 2, 18ㅈ》明日雞鳴我便就要
起程了, 닉일 둙이 울면 내 곳 즉시 起程
ᄒ려 ᄒᄂ니.《朴新諺 3, 15ㅎ》約待月餘
便可起程, 대개 月餘를 기드리면 곳 가
히 起程홀 거시니.《朴新諺 3, 28ㅎ》卽
時打發起程, 즉시 打發ᄒ여 起程ᄒ니.

기좌(騎坐) 몡 (말을) 타다(乘). ⇔ᄐ다.
《集覽, 朴集, 中, 1ㅎ》金字圓牌. 至正條
格云, 元時, 中書省奏, 諸王・駙馬各投下
有軍情緊急重事, 許令懸帶原降銀字圓牌
應付鋪馬騎坐, 其餘差使人員有緊急軍情
重事, 許令懸帶金字圓牌, 方付鋪馬.《集
覽, 朴集, 中, 1ㅎ》轡頭散與. 女直・達子
朝貢時, 到驛應付馬匹騎坐者, 各出轡頭,
散與馬夫, 馬夫受轡套馬, 令各轡主認轡
占馬, 使無爭占之擾.《朴新諺 2, 1ㅈ》我
要打圍去騎坐, 내 산영 갈 제 ᄐ고져 ᄒ
니.《朴新諺 2, 17ㅈ》明日三位老爺騎坐
的, 닉일 三位 老爺ㅣ 톨 거슨.《朴新諺
3, 47ㅈ》騎坐白馬, 白馬 ᄐ고.

기주(冀州) 몡 중국 우공(禹貢) 구주(九
州)의 하나. 전설상의 황제 요(堯)・순
(舜)・우(禹) 등이 이곳을 도읍으로 삼
았다고 한다. 지금의 산서성(山西省)에
해당한다.《集覽, 朴集, 上, 4ㅈ》永平. 一
統誌云, 禹貢冀州之域, 虞分冀北爲營州,
此卽其地. 商〈啇〉爲孤竹國, 元爲永平路.
《集覽, 朴集, 上, 5ㅎ》平則門. 燕都, 禹貢
冀州之域. 唐曰幽都, 虞爲幽州, 武王封召
公奭於燕, 卽此.《集覽, 朴集, 下, 9ㅈ》眞
定. 禹貢冀州之域, 周爲幷州地, 秦爲鉅鹿
郡, 漢置恒山郡, 元爲眞定路, 今爲眞定府,

直隷京師.《朴新諺 3, 41ㅈ》是眞定府(朴
新注, 59ㅈ: 故冀州地, 今隷京師.)人, 이
眞定府 사름이라.

기중(其中) 명 그 가운데.《集覽, 朴集, 中,
2ㅈ》牌子. 凡馬驛設置, 馬驢不等, 其中管
馬苔應者, 謂之馬牌, 管驢者, 謂之驢牌,
總(総)稱牌子.

기증(幾曾) 대 어느 때. 언제. ●⇔어느
제.《集覽, 字解, 累字解, 2ㅈ》幾曾. 어느
제. ●⇔어늬제.《集覽, 字解, 單字解, 6
ㅎ》幾. 數問多少之辭. 幾箇 몃고, 幾時
언제, 幾曾 어늬제.

기증(幾曾) 円 언제 …한 적이 있는가. 결
코 …가 아니다.《朴新諺 2, 49ㅈ》幾曾得
閑呢, 언제 일즉 한가홈을 어드리오.

기측(欹側) 동 기울다. 쏠리다.《集覽, 朴
集, 中, 6ㅎ》大帽. 南村輟耕錄云, 胡石塘
先生嘗應聘入京, 世皇召見於〈於〉便殿,
趍(趨)進, 不覺笠子欹側.

기토(起土) 동 흙을 파내다. 곧, 착공(着
工)하다.《集覽, 朴集, 上, 5ㅈ》天赦日.
春戊寅·夏甲午·秋戊申·冬甲子, 謂天
道生育萬物而有其罪也. 甲戊爲陽干之德,
子午爲陰陽之成, 寅申爲陰陽之立, 以干
德配之爲赦也, 可修造起工〈土〉.

기풍(起風) 동 바람이 일다.《朴新諺 1, 42
ㅎ》狗有濺草(朴新注, 16ㅎ: 晉時, 楊生養
狗, 甚愛. 生醉臥大澤草中. 夜(野)火起風
猛, 狗呼喚, 生不覺. 狗走往水坑, 以身漬
水, 洒生所臥草, 生得不死.)之恩, 개と 濺
草혼 思이 잇고. 馬有垂繮之報, 몰은 垂
繮혼 報ㅣ 잇다 ㅎ니라.

기피(忌避) 동 꺼리거나 싫어하여 피하
다.《集覽, 朴集, 下, 9ㅈ》殃榜. 瞿仙肘後
經云, 生人所生之年, 與亡〈亾〉者所死月
節〈莭〉相犯則忌避.《朴新諺 3, 42ㅎ》他
家殃榜(朴新注, 59ㅎ: 漢俗, 凡遇人死, 貼
榜門上, 使知忌避, 謂之殃榜. 榜文見本莭
(節).)貼在那門上, 뎌 집의 殃榜을 그 門
우희 부쳣ᄂ니.

기행(起行) 동 (길을) 떠나다. 출발(出發)
하다. 여정(旅程)에 오르다. ⇔기행ᄒ다
(起行-).《朴新諺 1, 51ㅎ》京都聖駕幾時
起行呢, 京都에 聖駕ㅣ 어느 째에 起行홀
ᄂ뇨.

기행ᄒ다(起行-) 동 기행(起行)하다. ⇔
기행(起行).《朴新諺 1, 51ㅎ》京都聖駕
幾時起行呢, 京都에 聖駕ㅣ 어늬 째에 起
行홀ᄂ뇨.

기회(幾回) 명 몇 회. 몇 순(巡). 몇 순배
(巡杯).《集覽, 字解, 累字解, 2ㅎ》幾回.
몃 순.

기회(幾會) 명 여러 즈음(사이).《集覽, 字
解, 累字解, 2ㅎ》幾會. 여러 즈음.

기ᄒ다(忌-) 동 기(忌)하다. (꺼리거나 피
하다) ⇔기(忌).《朴新諺 3, 43ㅈ》忌巳·
午·亥·卯生人, 巳·午·亥·卯生 사
롬이 忌혼다 ᄒ엿더라.

긴(緊) 円 급(急)히. 급박하게. ⇔급히.
《朴新諺 2, 59ㅎ》好着他們上緊赶活, ᄀ
장 뎌들로 ᄒ여 급히 밋처 셩녕ᄒ면.

긴급(緊急) 형 긴요하고 급하다. 다급(多
急)하다. 촉박(促迫)하다. ⇔긴급ᄒ다
(緊急-).《集覽, 朴集, 中, 1ㅎ》金字圓牌.
至正條格云, 元時, 中書省奏, 諸王·駙馬
各投下有軍情緊急重事, 許令懸帶原降銀
字圓牌應付鋪馬騎坐, 其餘差使人員有緊
急軍情重事, 許令懸帶金字圓牌, 方付鋪
馬.《朴新諺 2, 17ㅎ》這使臣往來限期緊
急, 이 使臣이 往來 긔흔이 緊急ᄒ여.

긴급ᄒ다(緊急-) 형 긴급(緊急)하다. ⇔
긴급(緊急).《朴新諺 2, 17ㅎ》這使臣往
來限期緊急, 이 使臣이 往來 긔흔이 緊急
ᄒ여.

긴나라(緊那羅) 명 〈불〉 팔부중(八部衆)
의 하나로 악기를 연주하고 노래하며
춤을 춘다는 신(神).《集覽, 朴集, 中, 4
ㅎ》童男童女. 觀音現三十二應, 曰佛身,
曰辟支〈支〉, 曰圓覺, 曰聲聞, 曰梵王, 曰
帝釋, 曰自在天, 曰大自在天, 曰天大將軍,

曰四天王, 曰四天太子, 曰人王, 曰長者,
曰居士, 曰宰官, 曰婆羅門, 曰比丘, 曰比
丘尼, 曰優婆塞, 曰優婆夷, 曰女主, 曰童
男, 曰童女, 曰天身, 曰龍身, 曰藥叉, 曰乾
達婆, 曰阿脩羅, 曰緊那羅, 曰摩睺羅, 曰
樂人, 曰非人.

긴신(緊愼) 閉 단단하고 신중하게. ⇔긴
신이(緊愼-).《朴新諺 2, 41ㅎ》這般隄防
的緊愼, 이리 隄防ᄒ기롤 緊愼이 ᄒ면.

긴신이(緊愼-) 閉 긴신(緊愼)히. ⇔긴신
(緊愼).《朴新諺 2, 41ㅎ》這般隄防的緊
愼, 이리 隄防ᄒ기롤 緊愼이 ᄒ면.

긴요(緊要) 혱 긴요하다. 매우 중요하다.
⇔긴요ᄒ다(緊要-).《集覽, 朴集, 下, 5
ㅎ》拿法. 音義云, 用手拿緊要之處.《朴
新諺 2, 57ㅈ》有些緊要勾當, 져기 緊要
ᄒ 일이 잇노라.

긴요ᄒ다(緊要-) 혱 긴요(緊要)하다. ⇔
긴요(緊要).《朴新諺 2, 57ㅈ》有些緊要
勾當, 져기 緊要ᄒ 일이 잇노라.

긴털 圀 솜털. ⇔풍모(風毛).《朴新諺 3,
6ㅎ》虫蛀的無一根風毛了怎麼好, 좀이
딥어 ᄒ 낫 긴털이 업스니 엇지ᄒ여야
됴료됴료.《譯語類解補, 走獸》風毛, 소옴
치.

긴화(緊火) 圀 맹렬하게 타는 불. 센 불.
《集覽, 朴集, 下, 6ㅈ》水精角兒. 又居家
必用云, 皮用白麪於滾湯攪作稠糊, 於冷
水浸, 以豆粉和搜作劑, 打作皮, 包餡上籠,
緊火蒸熟, 洒兩次水, 方可下簞, 臨供時再
洒些水便供.

긴ᄒ다(緊-) 혱 긴(緊)하다. 긴요하다. 중요하
다. ⇔타긴(打緊).《朴新諺 1, 42ㅈ》錢之
多少倒不打緊, 돈 多少는 도로혀 다 긴치
아니ᄒ다.

긷다 圐 (물을) 긷다. 뜨다. ⇔타(打).《集
覽, 字解, 單字解, 4ㅈ》打. 擊也, 着實打,
又打三下. 又爲也. 打酒來 술 사 오라. 又
曰, 打將來 ᄒ야 오라, 打聽 듣보라, 打水
믈 긷다, 不打緊. 又打那裏去, 打東邊去,

有投向從往之意. 俗用打字, 似不合本意
者多, 而實有取意不苟, 其用甚廣, 此不盡
錄.《朴新諺 3, 10ㅈ》先掘土打兩擔水未
好和泥, 몬져 흙을 픠고 두 짐 물을 기러
와 잘 흙을 니기되.

길 圀 길[路]. ●⇔노(路).《朴新諺 1, 39
ㅈ》當路一科麻, 길에 當ᄒ 혼 퍽이 삼이.
《朴新諺 2, 17ㅎ》一日三站五站的趲路,
ᄒᄅ 세 站 다ᄉ 站식 길을 죄오ᄂ니.
《朴新諺 2, 21ㅎ》你是水路來還是旱路來,
네 이 믈길로 온다 ᄯ 이 뭇길로 온다.
《朴新諺 2, 56ㅎ》一路稀泥眞有沒脚背深
哩, 왼 길 즌ᄒ이 진실로 발등이 ᄲ질
김희 잇더라. ●⇔노상(路上).《朴新諺
2, 57ㅈ》路上盤纏艱難怎麼去呢, 길에 盤
纏이 艱難ᄒ니 엇지 가리오.

길 의 길. ⇔장(丈).《朴新諺 3, 47ㅎ》拿着
三丈高的一面大旗, 세 길이나 노픈 一面
大旗를 가지고.

길다 혱 길다. ⇔장(長).《朴新諺 1, 32ㅈ》
十箇指頭也有長短的, 열 손가락도 긴 이
져른 이 잇ᄂ니.《朴新諺 1, 40ㅈ》家後
一羣羊箇箇尾子長, 딥 뒤히 혼 무리 羊이
낫낫치 ᄭ리 긴 거시여.《朴新諺 1, 40
ㅎ》一箇長甕兒窄窄口裏頭盛着糯米酒,
혼 긴 독 조븐 부리 안희 춥뿔술 담은
거시여.《朴新諺 2, 11ㅎ》拿一箇一托長
碗口大的紅油畫金棒子, ᄒ나 혼 발맛치
길고 사발맛치 큰 불근 칠ᄒ고 금으로
그린 막대룰 가져.《朴新諺 2, 41ㅎ》把
指頭大的長鐵釘, 손가락 굴긔에 긴 쇠못
스로다가.《朴新諺 3, 11ㅎ》你有長指甲
替我抓一抓, 네 긴 손톱이 잇거든 나를
ᄀᄅ차 글그라.

길일(吉日) 圀 운이 좋거나 상서로운 날.
《朴新諺 1, 10ㅈ》揀箇黃道吉日(朴新注,
4ㅎ: 每月有黃道・白道・黑道, 而黃道最
吉. 卽寅・申月, 子・丑・辰・巳・未・
戌日之類.), 黃道 吉日을 골히여.

길ᄒ 圀 ❶길[路]. ●⇔노(路).《朴新諺 1,

39ㅎ》一箇老子當路睡, 혼 늙은이 길희 當ᄒ여 자거든.《朴新諺 2, 38ㅎ》只是崖高路窄, 다만 이 언덕이 놉고 길히 좁으니.《朴新諺 2, 56ㅈ》雨纔晴了街上有路好走麽, 비 ᄌ 개여시니 거리에 길히 이셔 ᄃᆞ니기 됴터냐. ●⇔도아(道兒).《朴新諺 2, 56ㅎ》揀着道兒走來的, 길흘 ᄀᆞᆯ희여 왓노라. ②●길[路]. 길바닥. ⇔노상(路上).《朴新諺 2, 52ㅈ》路上人看見必定要笑話他, 길히 사롬이 보고 반ᄃᆞ시 뎌룰 우어시리라.《朴新諺 3, 8ㅎ》你沿路上好生走罷, 네 길히 됴히 가라. ●길[路]. 여졍. 노졍. ⇔졍도(程途).《朴新諺 3, 9ㅈ》有十萬八千里程途, 十萬 八千里 길히 이시니.

김 圈 김(氣). 수증기. ⇔기(氣).《集覽, 字解, 單字解, 7ㅎ》走. 行也. ᄃᆞ니다. 又逃回曰走回. 又跑也. 能走·快走 잘 ᄃᆞᄂᆞ다. 又透漏也. 走話. 又洩也. 走了氣 김 나다.

김노이(金老二) 圈 김(金)씨 성(姓)을 가진 둘째 아이.《朴新諺 2, 3ㅈ》那金老二有兩箇油紙帽, 뎌 金老二의게 두 油紙帽ㅣ 이시니.

깁 圈 깁. 비단. ⇔견(絹).《集覽, 朴集, 上, 12ㅎ》白淸水絹. 무·리 ·픗:플)·긔 ·업·시 다·드·마·돌호로 미·론·깁·이·니, 光滑緻硬, 如本國擣砧者也. 即不用糨粉而鍊〈練〉生絹, 以石碾者.《朴新諺 2, 14ㅈ》這十疋絹, 이 열 필 깁에셔.《朴新諺 2, 14ㅎ》五箇南紅絹每一疋染錢四錢, 닷 필 연다홍 깁은 미 ᄒᆞᆫ 필에 물갑시 너 돈이오. 五箇水紅絹每疋染錢三錢, 다숫 분홍 깁은 미 필에 물갑시 셔 돈이오.《朴新諺 2, 33ㅎ》有一日一箇賣絹的打他門口過去, 홀론 ᄒᆞᆫ 깁 프리 이셔 제 門을 지나 가니.《朴新諺 2, 33ㅎ》把那絹都奪了, 뎌 깁을다가 다 앗고.

깁다 혱 깊다. ⇔심쇄(深殺).《集覽, 字解, 單字解, 6ㅈ》殺. 氣殺我 애둘와 셜웨라,

猶言以此而可至於死也. 又愁殺人 사ᄅᆞᆷ을 ᄀᆞ장 근심ᄒ야 셟게 ᄒ다. 又廝殺 싸호다. 又助語辭. 最深殺 ᄀᆞ장 깁다.

깁ᄒ다 혱 깊다. ⇔심(深).《朴新諺 2, 33ㅎ》正房背後掘一箇老大深坑, 正房 뒤히 ᄒᆞᆫ ᄀᆞ장 깁흔 지함을 픠고.

깁희 圈 깊이. ⇔심(深).《朴新諺 2, 56ㅎ》一路稀泥眞有沒脚背深哩, 왼 길 즌흙이 진실로 발등이 ᄲᅡ질 깁희 잇더라.

깃 圈 ●깃. 또는 이불깃. ⇔당두(當頭).《朴新諺 2, 14ㅈ》被當頭要染水綠的, 니블 기슨 水綠을 드리고져 ᄒ고. ●포대기. 강보(襁褓). ⇔석자(褯子).《集覽, 朴集, 上, 13ㅎ》褯子. 音義云, 襁褓, 接層汚穢之物. 今按, 襁卽繃子, 褓卽褯子, 音義混而一之, 誤矣. 但譯語指南, 亦呼繃子, 混稱爲襁褓. 未詳是否. 褯子, 깃.

깃거ᄒ다 图 기뻐하다. ⇔희(喜).《朴新諺 2, 30ㅈ》故得人天之喜鬼神之歡, 이러모로 人天의 깃거홈과 鬼神의 즐김을 어더.

깃부다 혱 기쁘다. ⇔희(喜).《朴新諺 1, 45ㅈ》喜的又是郞才女貌眞箇是世上少有的, 깃분 거슨 ᄯᅩ 이 郞才와 女貌ㅣ 진실로 世上에 드므니.

깃ㅅ 圈 깃. 또는 이불깃. ⇔당두(當頭).《朴新諺 2, 14ㅎ》被面被當頭染錢八錢, 니블 거족과 니블 깃슨 물갑시 여돏 돈이니.

ᄀ 圈 가(邊). ⇔변(邊).《朴新諺 1, 41ㅈ》那紅橋邊有一箇張獸醫住着, 뎌 紅橋 게 ᄒᆞᆫ 張獸醫 이셔 사니.《朴新諺 3, 24ㅎ》他却走到金水河邊, 뎨 믄득 金水河ㅅ 긔 가.

ᄀᄂᆞᆯ다 혱 가늘다. ⇔세(細).《集覽, 老集, 下, 2ㅈ》細褶. 譯語指南云, 細褶 ᄀᄂᆞᆫ 겹주름. 今按, 褶作摺是. 細摺, 細襞積也.《朴新諺 1, 25ㅈ》把草鍘得細些, 여믈을 다가 ᄲᅡ흘기를 ᄀᄂᆞᆯ게 ᄒ고.《朴新諺 1, 39ㅎ》不知道我的麤和細, 나의 굴금과 ᄀᄂᆞᆯ믈 아지 못ᄒᄂᆞᆫ 거시여.《朴新諺 2,

32ㅎ》欵式要時樣氊子要勻細就是了, 欵
式은 時樣으로 ᄒ고 담은 고로고 ᄀ눌게
홈이 곳 올ᄒ니라.

ᄀ다 圐 갈대替. 교환하다. 바꾸다. ⇔도
(倒).《集覽, 字解, 單字解, 3ㅈ》倒. 上聲,
仆也. 倒了 구으러디다. 又換也. 倒馬 ᄆᆯ
ᄀ다. 又膽也. 倒關字 글월 번뎝ᄒ다. 又
去聲, 反辭 도르혀. 通作到.

ᄀ득ᄒ다 圐 가득하다. ⇔만(滿).《朴新諺
1, 40ㅎ》滿天星宿一箇月三條繩子由你
曳, 하늘에 ᄀ득ᄒ 星宿에 ᄒ 둘을 세 오
리 노흐로 제대로 ᄶ으는 거시여.《朴新
諺 1, 44ㅈ》滿頭珠翠, 마리에 ᄀ득ᄒ 珠
翠와.《朴新諺 2, 39ㅈ》滿池荷花香噴噴
的令人可愛, 못에 ᄀ득ᄒ 荷花ㅣ 香내
뿜겨 사ᄅᆷ으로 ᄒ여곰 ᄉᆞ랑홉게 ᄒ더
라.《朴新諺 3, 11ㅎ》滿指甲疙瘩和膿水
怎麼好呢, 손톱에 ᄀ득ᄒ 더덩이와 고롬
이 엇지 됴ᄒ리오.

ᄀ독ᄒ다 圐 가득하다. ⇔만(滿).《朴新諺
1, 21ㅈ》孩子們買去放得滿天, 아희들이
사 가 눌려 하늘에 ᄀ독ᄒ니.

ᄀ래다 圐 가래다. 함부로 행동하다. 방탕
(放蕩)하다. ⇔낭탕(浪蕩).《朴新諺 2, 28
ㅈ》只知道閑遊浪蕩, 그저 힘힘이 놀고
ᄀ랠 줄만 아니.

ᄀ렵다 圐 가렵다. ●⇔양(痒).《朴新諺
1, 15ㅈ》從前日這腮頰上痒的受不得, 그
제부터 ᄈᆞᆷ이 ᄀ려워 견디지 못ᄒᆞᆯ니.
《朴新諺 3, 11ㅎ》我這疥瘡痒得當不的,
내 이 疥瘡이 ᄀ려워 當치 못ᄒ니.●⇔
양양(痒痒).《朴新諺 3, 12ㅎ》向火烤一
會便不痒痒了, 불을 향ᄒ여 ᄒ 지위 쬐
면 곳 ᄀ렵지 아니ᄒ리라.

ᄀ리다 圐 갈리다廛. ⇔살(撒).《集覽, 朴
集, 上, 14ㅈ》撒蹄. 音義云, ·뒷·굽 ᄆᆞ리ᄆᆞ
리·예 ·ᄀ·리·는 ᄆᆞᆯ. 譯語指南云, ·굽 ᄀ·리·
는 ᄆᆞᆯ.

ᄀᆯ 圀 가루粉]. ⇔면(麵).《朴新諺 2, 16
ㅈ》麵三斤, ᄀᆯ 서 근과.

ᄀᆯ차다 圐 갈음하다. 대신하다. ●⇔대
(代).《朴新諺 1, 57ㅈ》你代我做両張弓
如何, 네 날을 ᄀᆯ차 두 쟝 활을 민들미
엇더ᄒ뇨.《朴新諺 1, 58ㅈ》煩你代我寫
一紙借票, 네게 쳥ᄒᄂ니 나를 ᄀᆯ차
ᄒ 쟝 빗내는 보람을 쓰라.《朴新諺 1,
58ㅎ》中保人一面承管代還, 中保人이 一
面으로 맛다 ᄀᆯ차 갑흐리라.《朴新諺
2, 1ㅈ》你代我打聽一打聽, 네 나를 ᄀᆯ
차 듯보라.《朴新諺 2, 44ㅈ》大哥煩你代
我寫一張租房契, 큰형아 네게 비느니 나
를 ᄀᆯ차 ᄒ 쟝 집 셰내는 글월을 쓰고
려. ●⇔체(替).《朴新諺 1, 11ㅎ》替你白
効勞重新打築何如, 너를 ᄀᆯ차 공히 슈
고 드려 다시 ᄲᅮ미 엇더ᄒ뇨.《朴新諺
1, 22ㅎ》敎他替我做一條銀廂花帶何如,
뎌로 ᄒ여 나를 ᄀᆯ차 ᄒ 오리 銀 뎐메
온 섭사긴 ᄯᅴ를 민들미 엇더ᄒ뇨.《朴新
諺 1, 42ㅎ》張大哥你替我醫這馬骨眼, 張
가 큰형아 네 나를 ᄀᆯ차 이 ᄆᆯ 눈에
치 고치고.《朴新諺 1, 51ㅈ》我替你管着
浴錢, 내 너를 ᄀᆯ차 목욕홀 돈을 ᄀᆞ움
알 거시니.《朴新諺 2, 15ㅈ》你便替我再
染, 네 곳 나를 ᄀᆯ차 다시 드리리라.
《朴新諺 2, 53ㅈ》我替他擦淨了罷, 내 뎌
룰 ᄀᆯ차 ᄲᅵᆺ겨 조히 ᄒ쟈.《朴新諺 3,
5ㅈ》受他錢財替他說情, 뎌의 錢財를 밧
고 뎌를 ᄀᆯ차 情을 니르니.《朴新諺
3, 11ㅎ》你有長指甲替我抓一抓, 네 긴
손톱이 잇거든 나를 ᄀᆯ차 글그라.

ᄀᆯ치다 圐 가르치다. ●⇔교(敎).《朴
新諺 1, 15ㅈ》就敎我這箇好法兒, 이믜셔
나를 이 됴흔 法을 ᄀᆯ치라.《朴新諺
3, 59ㅈ》咱們都領敎了, 우리 다 ᄀᆯ치
믈 領ᄒ여다. ●⇔교도(敎道).《朴新諺
1, 9ㅈ》敎道我照看我, 나를 ᄀᆯ치고 나
룰 보술피면.

ᄀ만이 ㄼ 가만히. 은밀히. 몰래. ⇔암
(暗).《朴新諺 3, 25ㅈ》皇后暗使一箇宮
娥, 皇后ㅣ ᄀ만이 ᄒ 宮娥로 ᄒ여곰.

ᄀ믈다 통 가물다. ⇔한(旱).《朴新諺 2,
40ㅎ》今年天旱田禾不收, 올히 하늘이
ᄀ므라 田禾를 거두지 못ᄒ여시매.

ᄀ숨 명 감. 재료. ⇔요(料).《集覽, 朴集,
中, 2ㅈ》木料. 凡造一件物而該用之物皆
曰料. 木料, 나모브·팃 ᄀ숨〈옴〉. 詳見字
解料字下.《集覽, 朴集, 下, 3ㅈ》木植. 亦
曰木料, 남·고〈그〉·로·셩·녕〈셩녕〉홀 ᄀ
ᅀ미〈ᄀ옴이〉니. 詳見字解料字下.

ᄀ음 명 감. 재료. ⇔요(料).《朴新諺 1,
16ㅎ》這段子一定足勾袍料二件, 이 비단
ᄒ 疋이 큰옷 ᄀ음 두 볼이 넉넉ᄒ니.

ᄀ올 명 가을. ⇔추(秋).《朴新諺 1, 10ㅈ》
只好等到秋來再修理罷, ᄀ올을 기드려
다시 修理홈이 무던ᄒ다.

ᄀ옴 명 감. 재료. ●⇔요(料).《集覽, 朴
集, 中, 2ㅈ》木料. 凡造一件物而該用之物
皆曰料. 木料, 나모브·팃 ᄀ숨〈옴〉. 詳見
字解料字下.《集覽, 朴集, 下, 3ㅈ》木植.
亦曰木料, 남·고〈그〉·로·셩·녕〈셩녕〉홀
ᄀᅀ미〈ᄀ옴이〉니. 詳見字解料字下.
《朴新諺 2, 9ㅈ》這一定暗花緞是兩件袍
料, 이 ᄒ 필 스믠문 비단은 이 두 볼
큰옷 ᄀ옴이니. ●⇔재료(裁料).《朴新
諺 1, 45ㅎ》我沒有現成裁料, 내게 現成
ᄒ ᄀ옴이 업세라.《朴新諺 1, 46ㅈ》護
膝上還該要用的裁料, 슬갑에 ᄯ 쁨 즉ᄒ
ᄀ옴.

ᄀ옴아는 통 가마는. 관리하는. 주관하
는. ●⇔관(管).《朴新諺 1, 2ㅎ》再向内
府管酒的官員們說, ᄯ 内府 술 ᄀ옴아는
官員들의게 닐러.《朴新諺 1, 3ㅎ》可拿
去吩咐管酒的人, 가져다 술 ᄀ옴아는 사
룸의게 吩咐ᄒ여.《朴新諺 1, 3ㅎ》想是
管酒的人們剋減了, 싱각건대 술 ᄀ옴아
는 사룸들이 골겨 내엿도다.《朴新諺 1,
51ㅈ》自有管混堂的看守, 그저 混堂 ᄀ
옴아는 이 이셔 看守ᄒ리라.《朴新諺 2,
17ㅎ》拿這管馬的弔起來打, 이 몰 ᄀ옴
아는 이를 잡아 둘고 치라. ●⇔장(掌).

《朴新諺 2, 8ㅈ》掌横的(朴新注, 25ㅎ: 主
管市店者之稱.)老哥, 横 ᄀ옴아는 늙은
형아.《朴新諺 2, 42ㅈ》掌横的你這舖裏
有四季花的緞子麽, 横 ᄀ옴아는 이아 네
이 푸즈에 四季花 문ᄒ 비단이 잇ᄂ냐.
●⇔해관(該管).《朴新諺 1, 14ㅈ》還要
把頜子到該管書辦虜換過小票, 당시롱 특
는 톄롤 가져 ᄀ옴아는 셔반의게 가 져
근 票롤 밧고고.《朴新諺 3, 5ㅈ》還有該
管的書辦們也受了些錢財, ᄯ ᄀ옴아는
셔반들도 이셔 져기 錢財를 밧고.

ᄀ옴알다 통 가말다. 관리하다. ⇔관(管).
《朴新諺 2, 20ㅈ》自古買人的中・保人只
管得一百日, 녜로부터 사룸 사는 디 중
인・보인은 그저 일 빅 날을 ᄀ옴아ᄂ
니.《朴新諺 3, 19ㅈ》那裡管雨雪陰晴, 어
디 雨雪 陰晴을 ᄀ옴알리오.《朴新諺 3,
36ㅎ》我管做甚麽, 내 무섯 ᄒ기를 ᄀ옴
알리오.《朴新諺 3, 37ㅈ》你不要管, 네
ᄀ옴아지 말라.《朴新諺 3, 38ㅈ》叫他管
着, 뎌로 ᄒ여 ᄀ옴아더니.《朴新諺 3,
39ㅈ》既叫他管那莊田, 이믜 저로 ᄒ
여 뎌 농소를 ᄀ옴알게 ᄒ니.《朴新諺
3, 39ㅈ》管山吃山管水吃水, 山을 ᄀ옴알
면 山엣 것 먹고 물을 ᄀ옴알면 물엣 것
먹는다 ᄒ니라.《朴新諺 3, 50ㅈ》我不管
那李白撈月, 내 뎌 李白의 撈月홈을 ᄀ옴
아지 아니ᄒ고.

ᄀ장 円 가장. 매우. 자못. ●⇔노(老).
《朴新諺 3, 50ㅈ》瞎眼間釣出箇老大金色
鯉魚, 눈 곰쟉홀 ᄉ이에 ᄒ ᄀ장 큰 금빗
히 鯉魚를 낙가 내니. ●⇔노대(老大).
《朴新諺 2, 33ㅎ》正房背後掘一箇老大深
坑, 正房 뒤히 ᄒ ᄀ장 깁흔 지함을 픠고.
●⇔득흔(得很).《朴新諺 2, 12ㅈ》好看
得狠(很)哩, 보기 ᄀ장 됴터라. 四⇔심
(甚).《朴新諺 1, 11ㅈ》據你要的價錢却
也不甚多, 네 달라는 갑대로 ᄒ여도 ᄯ
ᄀ장 만치 아니커니와. 五⇔십분(十分).
《朴新諺 1, 30ㅎ》騎着一匹十分脿鐵青玉

面馬, 혼 필 ㄱ장 슐진 鐵靑총이玉面馬롤
투고. 《朴新諺 1, 38ㅈ》但如今腿上還是
十分無氣力哩, 다만 이제 다리에 오히려
ㄱ장 氣力이 업세라. 《朴新諺 1, 44ㅈ》
那女孩兒又生的十分美貌, 뎌 새각시 쏘
삼긴 거시 ㄱ장 고은 얼굴이니. 《朴新諺
2, 1ㅎ》一箇赤色馬雖生的十分可愛, 혼
졀짜물이 비록 삼긴 거시 ㄱ장 고오나.
《朴新諺 2, 17ㅈ》要三匹十分壯健馬, 세
필 ㄱ장 壯健혼 몰을 호고. 《朴新諺 2,
17ㅈ》我騎的却要十分快馬, 내 툴 거슨
쏘 ㄱ장 젠 물을 구호노니. 《朴新諺 2,
32ㅈ》那廝十分做的好, 뎌 놈이 ㄱ장 민
들기를 잘호느니. 六⇔월(越). 《集覽,
字解, 單字解, 5ㅎ》越. 尤甚也. 越好 ㄱ장
됴타, 越細詳 더욱 쵼쵼호다. 七⇔져사
(底似). 《集覽, 字解, 累字解, 2ㅈ》底似.
ㄱ장. 又너므. 今不用. 八⇔쳐(㝡). 《集
覽, 字解, 單字解, 6ㅈ》㝡. 氣殺我 애둘와
셜웨라, 猶言以此而可至於死也. 又愁殺
人 사룸믈 ㄱ장 근심호야 섧게 혼다. 又
廝殺 싸호다. 又助語辭. 最深殺 ㄱ장 깁
다. 《朴新諺 1, 15ㅎ》有箇最容易的法子
說與你, 혼 ㄱ장 쉬온 法이 이시니 너드
려 니룰 쩌시니. 《朴新諺 1, 17ㅎ》不知
那一家打的刀子最好, 아지 못게라 어니
집의셔 민든 칼이 ㄱ장 됴흐뇨. 《朴新諺
1, 54ㅈ》最怕的是感冒風寒, ㄱ장 저픈
거슨 이 風寒에 感冒홈이니. 《朴新諺 2,
26ㅈ》況那朝鮮淸醬最是有名的哩, 흐믈
며 뎌 朝鮮 ᄀ댱은 ㄱ장 이 有名혼 거시
라. 《朴新諺 2, 39ㅈ》紫蘇這廝最有用, 紫
蘇란 이거시 ㄱ장 쁠 디 이시니. 《朴新諺
2, 40ㅈ》最能發散風寒的, ㄱ장 능히 風
寒을 發散호느니라. 《朴新諺 3, 4ㅎ》這
麼最好 이러면 ㄱ장 됴타. 《朴新諺 3, 13
ㅎ》這佛法最尊最貴不可信, 이 佛法이
ㄱ장 尊호고 ㄱ장 貴호니 可히 밋지 아
니치 못홀 거시라. 九⇔특지(特地). 《集
覽, 字解, 累字解, 2ㅎ》特地. 부러. 又特

벼리. 又ㄱ장. 十⇔호(好). 《朴新諺 1, 9
ㅈ》諸事好仰仗你, 범스룰 ㄱ장 너를 밋
으리니. 《朴新諺 1, 20ㅈ》逢時及莭(節)
好會頑要哩, 째롤 만나고 절을 밋쳐 ㄱ
쟝 놀 줄을 아더라. 《朴新諺 1, 26ㅎ》這
一着果然好利害, 이 혼 슈ㅣ 果然 ㄱ장
사오납고. 《朴新諺 1, 37ㅈ》好幾日不見
了, ㄱ장 여러 날을 보지 못홀노다. 《朴
新諺 1, 54ㅈ》好一箇俊小厮, ㄱ장 혼 쥰
슈혼 ᄉ나히니. 《朴新諺 2, 37ㅎ》咱好悶
(閑)當不的, 우리 ㄱ장 힘힘호여 당치 못
호니. 《朴新諺 2, 53ㅈ》這妳娘好不精細,
이 졋어미 ㄱ장 精細치 못호다. 《朴新諺
2, 59ㅎ》好着他們上緊赶活, ㄱ장 뎌들로
호여 급히 밋쳐 셩녕호면. 《朴新諺 3, 7
ㅎ》我見了好惡心, 내 보매 ㄱ장 아니꼬
오니. 《朴新諺 3, 22ㅎ》伯眼道這禿厮好
沒道理, 伯眼이 니루되 이 머리믠놈이
ㄱ장 道理 업다 호고. 《朴新諺 3, 31ㅈ》
你好小看人, 네 ㄱ장 사룸을 업슈이너긴
다. 《朴新諺 3, 40ㅈ》眞好榮耀氣像, 진실
로 ㄱ장 榮耀혼 긔샹이러라. 十一⇔호다
(好多). 《朴新諺 1, 6ㅎ》好多飮幾盃, ㄱ
장 여러 잔 먹고. 十二⇔호불(好不). 《朴新
諺 1, 44ㅈ》好不體面哩, ㄱ장 體面이러
라. 《朴新諺 1, 55ㅎ》養孩兒好不難哩, 아
희를 기르기 ㄱ장 어려오니. 十三⇔호생
(好生). 《集覽, 字解, 單字解, 6ㅈ》好. 됴
타. 又好生 ㄱ장. 又去聲, 喜-·情-. 《朴
新諺 1, 25ㅈ》以後敎小厮們好生替我喂
養, 이후란 아희들로 호여 ㄱ장 나룰 ㄱ
룻차 먹이게 호라. 《朴新諺 1, 54ㅈ》好
生調養, ㄱ장 調養호라. 《朴新諺 2, 18
ㅈ》他若再不保好生重重的打, 뎨 만일 다
시 긔수치 아니호거든 ㄱ장 듕히 티라.
《朴新諺 2, 21ㅎ》黑夜好生用心照看, 밤
에 ㄱ장 用心호여 보술피라. 《朴新諺 2,
26ㅎ》飯也好生吃不下, 밥도 ㄱ장 먹지
못호노라. 《朴新諺 2, 31ㅎ》好生看守門
戶要緊, ㄱ장 門戶 보술피기를 要緊히 호

라. 《朴新諺 2, 53ㅎ》娘子見了好生聒譟
難聽哩, 娘子ㅣ 보고 ᄀ장 짓궤여 듯기
어렵더라. 《朴新諺 2, 53ㅎ》你好生用心
看守着, 네 ᄀ장 用心ᄒ여 보슯히라. ❹
혼(哏). 《集覽, 字解, 單字解, 5ㅎ》哏. 極
也. 哏好 ᄀ장 됴타, 今不用. 音혼, 匣母.
❺⇔흔(很). 《朴新諺 1, 9ㅎ》今年雨水狠
(很)大, 올히 雨水ㅣ ᄀ장 만ᄒ여, 《朴新
諺 1, 17ㅎ》京城裏刀子舖狠(很)多, 셔울
갈 푸즈ㅣ ᄀ장 만ᄒ니, 《朴新諺 1, 20
ㅎ》這市上所賣的風箏色樣狠(很))多, 져
지에 ᄑ는 연이 色樣이 ᄀ장 만하. 《朴新
諺 1, 28ㅎ》大哥說得狠(很)是, 큰형의 니
ᄅ미 ᄀ장 올타. 《朴新諺 2, 12ㅎ》誰知
道做得狠(很)不如式, 뉘 아더냐 민드롬
이 ᄀ장 법 곳지 아니ᄒ고. 《朴新諺 2,
48ㅎ》字之形勢狠(很)多大檗如此, 字의
形勢 ᄀ장 만ᄒ나 大檗 이 ᄀ튼니, 《朴新
諺 3, 2ㅈ》我家裡老鼠多得狠(很), 우리
집의 쥐 ᄀ장 만ᄒ니, 《朴新諺 3, 11ㅎ》
掯一會兒狠(很)好, 혼 지위 지기니 ᄀ장
됴터니. 《朴新諺 3, 21ㅈ》你不知這西遊
記熱鬧(鬧)得狠(很)哩, 네 아지 못ᄒ다
이 西遊記 ᄀ장 웨젼즈런ᄒ니. ❻⇔흔
ᄉᆞ(哏似). 《集覽, 字解, 累字解, 2ㅈ》底
似. ᄀ장. 又너무. 今不用. 《集覽, 字解,
累字解, 2ㅈ》哏似. 上同. 今不用.
ᄀ장 몡 끝. ⇔진(儘). 《集覽, 字解, 單字解,
5ㅈ》儘. 讓也, 任也. 儘他 제게 다와드
라, 儘讓 더긔 미다. 又縱令也. 儘教 므던
타. 又儘一儘 지구우다. 又儘船 빗 ᄀ장.
-ᄀ치 조 -같이. ⇔여(如). 《朴新諺 1, 25
ㅎ》夜夜如此喂法, 밤마다 먹이는 法을
이ᄀ치 ᄒ고.
ᄀ트다 톙 같다. ⇔여(如). 《集覽, 朴集,
上, 13ㅎ》濟機. 音義云, ·쌀·로 밍·ᄀᆞ론
혈거피 ·ᄀᆞ·튼 것. 今按, 漢人或牛角或鹿
角爲之, 形如環, 着於拇指, 亦所以鉤(所
以鉤)弦開弓. 《朴新諺 2, 48ㅎ》字之形勢
狠(很)多大檗如此, 字의 形勢 ᄀ장 만ᄒ

나 大檗 이 ᄀ튼니. 《朴新諺 3, 33ㅎ》如
鐵鎚・鉗子・鐵枕・鍋兒, 마치와 집게
와 모로와 도관 ᄀ튼 거슬.
ᄀᆫ댱 몡 간장. ⇔청장(淸醬). 《朴新諺 2,
26ㅈ》好淸醬今年竟沒處尋, 됴흔 ᄀᆫ댱을
올히 ᄆᆞ촘내 어들 더 업더니. 《朴新諺
2, 26ㅈ》這淸醬有甚麼稀罕呢, 이 ᄀᆫ댱이
므슴 稀罕홈이 이시리오. 《朴新諺 2, 26
ㅈ》況那朝鮮淸醬最是有名的哩, ᄒᆞ믈며
더 朝鮮 ᄀᆫ댱은 ᄀ장 이 有名혼 거시라.
ᄀᆯ기다 통 갈기다. 곧, 깎아 평말로 되다.
또는 가로채다. ⇔극감(剋減). 《朴新諺
1, 3ㅎ》想是管酒的人們剋減了, 싱각건대
술 ᄀᆞᆷ아는 사롬들이 ᄀᆯ겨 내엿도다.
ᄀᆯ희다 통 가래다. 가리다. 분별하다. ⇔
간(揀). 《朴新諺 1, 31ㅎ》我同大哥去揀
着買好麼, 내 큰형과 혼가지로 가 ᄀᆯ희
여 사미 됴타. 《朴新諺 1, 32ㅎ》任你自
揀何如, 네대로 손조 ᄀᆯ희미 엇더ᄒ뇨.
《朴新諺 1, 42ㅈ》揀箇淸淨去處陰涼樹底
下絟住, 淸淨혼 곳 서눌혼 나모 아릭롤
ᄀᆯ희여 미고.
ᄀᆯ희다 통 가래다. 가리다. 분별하다. ❶
⇔간(揀). 《朴新諺 1, 9ㅈ》相懇你揀乞了
起程日子, 네게 쳥ᄒᄂ니 起程홀 날을
ᄀᆯ희어 뎡ᄒᆞ면. 《朴新諺 1, 10ㅈ》揀箇黃
道吉日, 黃道 吉日을 ᄀᆯ희여. 《朴新諺 1,
35ㅎ》揀那淸淨寺院裡, 뎌 淸淨혼 뎔을
ᄀᆯ희여. 《朴新諺 2, 1ㅎ》你如今且到馬市
裏自己揀着買去, 네 이제 ᄯᅩ 물 져제 손
조 ᄀᆯ희여 사라 가라. 《朴新諺 2, 42ㅎ》
揀高的與官人看, 놉흔 이롤 ᄀᆯ희야 官人
을 주어 보게 ᄒ라. 《朴新諺 2, 43ㅈ》你
再揀頂高的我看, 네 다시 웃쯤 노픈 거슬
ᄀᆯ희여 나롤 뵈라. 《朴新諺 2, 56ㅎ》揀
着道兒走來的, 길흘 ᄀᆯ희여 왓노라. ❷
⇔택(擇). 《朴新諺 1, 10ㅈ》待我擇乞了
日期, 내 날 ᄀᆯ희여 뎡홈을 기드려.
ᄀᆷ다 통 감대浴]. ⇔세(洗). 《朴新諺 3, 27
ㅎ》叫大王有肥皂麼與我洗頭, 부로되 大

王아 비노ㅣ 잇ᄂ냐 나를 주어 머리 곰
게 ᄒ라.

곰쟉ᄒ다 튀 깜박하다. 깜박이다. ⇔참
(瞤). 《朴新諺 3, 50ㅈ》瞤眼間釣出箇老
大金色鯉魚, 눈 곰쟉ᄒ홀 ᄉ이에 ᄒ 가쟝
큰 금빗히 鯉魚를 낙가 내니.

곰초다 튀 감추다. ⇔장(藏). 《朴新諺 3,
22ㅎ》孫行者便到羅天大醮壇場上蔵身,
孫行者ㅣ 곳 羅天大醮ᄒᄂ 壇場에 가 몸
을 곰초아.

ᄀ 튀 갓. 겨우. 방금. ●⇔강재(剛纔).
《集覽, 字解, 單字解, 1ㅎ》剛. 僅也. 剛坐
계유 앗다. 纔也. 剛纔 ᄀ. ●⇔방재(方
纔). 《集覽, 字解, 單字解, 1ㅈ》恰. 適當
之辭. 恰便似 마치. 又方纔之辭. 恰纔 ᄀ.
《集覽, 字解, 單字解, 2ㅎ》纔. 方得僅始
之辭. ᄀ, 纔自. 又剛纔, 又方纔, 又恰纔.
●⇔재(纔). 《集覽, 字解, 單字解, 2ㅎ》
纔. 方得僅始之辭. ᄀ, 纔自. 又剛纔, 又方
纔, 又恰纔. 《朴新諺 1, 44ㅈ》今年纔十六
歳, 올히 ᄀ 十六歳니. 《朴新諺 1, 52ㅈ》
八月初頭纔起程哩, 八月 초성에아 ᄀ 起
程홀러라. 《朴新諺 1, 54ㅈ》姐姐你纔做
了月子, 각시아 네 ᄀ 희산ᄒ다 ᄒ니.
《朴新諺 2, 2ㅈ》你怎麼纔來, 네 엇지 ᄀ
온다. 《朴新諺 2, 22ㅎ》大前日纔到的, 굿
그제 ᄀ 왓노라. 《朴新諺 2, 44ㅈ》今日
早起纔收拾完了, 오늘 아춤에 ᄀ 收拾ᄒ
여 ᄆ차시니. 《朴新諺 2, 49ㅈ》直到點燈
時分纔下馬, 잇곳 불 혈 째에 다ᄃ게야
ᄀ 몰쎄 ᄂ리니. 《朴新諺 2, 56ㅈ》雨纔
晴了街上有路好走麼, 비 ᄀ 개여시니 거
리에 길히 이셔 ᄃ니기 됴터냐. 《朴新諺
3, 18ㅈ》方纔書辦們拿文書來畫稿, 앗가
ᄀ 셔반들이 文書를 가져와 稿에 일홈밧
고. 《朴新諺 3, 27ㅈ》纔待洗澡却早不見
了, ᄀ 목욕ᄒ려 ᄒ더니 불셔 보지 못홀
러라. 《朴新諺 3, 42ㅎ》今年纔三十七歳,
올히 ᄀ 三十七歳라. ⑩⇔재자(纔自).
《集覽, 字解, 單字解, 2ㅎ》纔. 方得僅始
之辭. ᄀ, 纔自. 又剛纔, 又方纔, 又恰纔.
⑤⇔흠(恰). 《集覽, 字解, 單字解, 1ㅈ》
恰. 適當之辭, 恰便似 마치. 又方纔之辭,
恰纔 ᄀ. ⑥⇔흠재(恰纔). 《集覽, 字解,
單字解, 1ㅈ》恰. 適當之辭. 恰便似 마치.
又方纔之辭. 恰纔 ᄀ. 《集覽, 字解, 單字
解, 2ㅎ》纔. 方得僅始之辭 ᄀ, 纔自. 又剛
纔, 又方纔, 又恰纔.

ᄀ다 톙 같다. ●⇔동(同). 《朴新諺 1, 17
ㅈ》却也比尋常的不同, 또 녜숫 거세 비
컨대 ᄀ지 아니ᄒ니. 《朴新諺 1, 21ㅈ》
各樣不同, 여러 가지 ᄀ디 아니ᄒ더라.
《朴新諺 1, 47ㅎ》人家有貧富不同, 人家
貧富ㅣ ᄀ지 아니호미 이셔. ●⇔등
(等). 《朴新諺 1, 47ㅎ》多少不等, 多少ㅣ
ᄀ지 아니ᄒ여. ●⇔여(如). 《朴新諺 1,
2ㅈ》不如問那光祿寺, 뎌 光祿寺에 무러.
討幾瓶蜜林檎・甕頭春・木瓜露・苦菉
豆酒, 여러 瓶 蜜林檎과 甕頭春과 木瓜露
와 쁜 菉豆酒를 어들만 ᄀ지 못ᄒ니. 《朴
新諺 1, 1ㅈ》不如約幾箇好弟兄們, 여러
됴흔 弟兄들을 언약ᄒ여⋯⋯大家且消愁
解悶如何, 대되 또 消愁 解悶홀만 ᄀ지
못ᄒ니 엇더ᄒ뇨. 《朴新諺 1, 28ㅈ》不如
去了他罷, 뎌룰 업시홀만 ᄀ디 못ᄒ다.
《朴新諺 2, 5ㅈ》地下幔的石如白玉, 짜히
진 돌은 白玉 ᄀ고. 《朴新諺 2, 12ㅎ》誰
知道做得狠(很)不如式, 뉘 아더냐 믄드
롬이 ᄀ장 법 ᄀ지 아니ᄒ고. 《朴新諺
2, 15ㅈ》假如你染的不如這樣兒上的顔
色, 만일 네 드린 거시 이 樣子엣 빗과
ᄀ지 아니면. 《朴新諺 3, 3ㅎ》不如挾着
屁眼家裡坐着去罷, 밋궁글 끼고 집의 안
자시라 갈만 ᄀ지 못ᄒ다. 《朴新諺 3, 41
ㅈ》就如活的只少一口氣哩, 곳 사니 ᄀ
고 그저 ᄒ 입긔운만 업더라.

ᄀ초다 톙 갓추다. 완비하다. ⇔전비(全
備). 《朴新諺 2, 31ㅈ》都一一打點全備送
到直房裏去, 다 一一히 打點ᄒ여 ᄀ초와
直房에 보내고.

-굿치 조 -같이. ●⇔사(似).《朴新諺 1,
22ㅈ》似你這帶廂得好, 네 이 쯰ㅈ치 뎐
메오기 잘ᄒ랑이면.《朴新諺 1, 29ㅎ》騎
着一匹墨丁也似黑的肥馬, ᄒ 필 먹댱굿
치 검고 술진 물을 트고. ●⇔사(些).
《朴新諺 1, 32ㅎ》就似這一等花兒大些的
怎麽賣, 이 ᄒ 등굿치 소홈 큰 거슨 엇지
풀짜. ●⇔상(像).《朴新諺 1, 24ㅎ》若
像你這懶小廝們, 만일 너ㅈ치 이 게어른
아희들이. 四⇔여(如).《朴新諺 2, 7ㅎ》
就如一母所生親弟兄, 곳 一母 所生 親弟
兄ㅈ치 ᄒ여.

굿트다 형 같다. ●⇔동(同).《朴新諺 2,
30ㅎ》便同禽獸之類了, 곳 禽獸의 類와
굿트리라. ●⇔사(似).《朴新諺 1, 17
ㅈ》似這樣段子, 이 굿튼 비단은.《朴新
諺 2, 36ㅈ》街上泥凍的都似狼牙一般, 거
리에 즌흙 언 거시 다 일희 니 굿트니.
●⇔일반(一般).《朴新諺 2, 36ㅈ》街上
泥凍的都似狼牙一般, 거리에 즌흙 언 거
시 다 일희 니 굿트니.

굿흐다 형 같다. ●⇔사(似).《朴新諺 1,
36ㅈ》似你這一等和尙不打還打誰呢, 너
굿흔 이런 듕을 티지 아니코 도로혀 누
룰 티리오. ●⇔상(像).《朴新諺 1, 20
ㅎ》有像仙鶴的・鮎魚的, 仙鶴과 머유기
굿흔 것도 이시며. 有像蝴蝶・螳螂的,
나븨와 물똥구으리 굿흔 것도 이시며.
有像仙女的, 仙女 굿흔 것도 이시며. 有
像壽星的, 壽星 굿흔 것도 이시며. 有像
花草的, 花草 굿흔 것도 이셔. ●⇔여
(如).《朴新諺 1, 26ㅈ》如你不過是淺見
薄識之人, 너 굿흔 이는 不過 이 淺見 薄
識엣 사름이라.

굿ㅎ다 형 같다. ●⇔사(似).《朴新諺 2,
51ㅎ》似我這般雜職微員陞轉極難, 우리
굿흔 이 雜職 微員은 陞轉ᄒ기 극히 어
려워. ●⇔여(如).《朴新諺 2, 23ㅎ》夜
來身上虛汗如流水一般, 어제 몸에 虛汗

이 流水 ᄒ가지 굿ᄒ여.

굿흔 형 같은. ⇔사(似).《朴新諺 2, 51ㅎ》
似我這般雜職微員陞轉極難, 우리 굿흔
이 雜職 微員은 陞轉ᄒ기 극히 어려워.

곳다 형 갓다. 구비되어 있다. 완비되어
있다. ⇔전(全).《朴新諺 2, 45ㅈ》門窓炕
壁俱全, 門窓 炕壁이 다 マ잣고.

ᄀᆮ다 형 같다. ⇔여(如).《朴新諺 2, 13ㅎ》
我定要打這狗才一頓, 내 일뎡이 개 マ튼
놈을 ᄒ 지위 치리라.《朴新諺 3, 28ㅈ》
接在頚項上照舊如初, 목 우희 니으니 네
대로 처음 マ튼지라.《朴新諺 3, 57ㅎ》
如我婦人家, 우리 マ튼 계집도.

기개이다 동 개개다. 또는 망치다. 그르
치다. 못쓰게 만들다. ⇔요(了).《朴新諺
3, 1ㅎ》不要只管廝人了, 그저 스러여 사
룸의게 기개이지 말라.

끽(喫) 동 입다被. 당(當)하다. ⇔닙다.
《朴新諺 2, 53ㅎ》那一日喫了一跌, 뎌 ᄒ
날 ᄒ 번 구러짐을 닙어.

끽다(喫茶) 동 차를 마시다.《集覽, 朴集,
上, 1ㅈ》隨食. 音義云, 與拖爐相似. 質問
云, 以麥糆和油作小餅, 喫茶時食之, 取其
香酥也. 原本用隨字, 故反(飜)譯亦用隨
字, 俗音:취, 今更質之, 字作饞, 宜從:쉬音
讀, 今俗亦曰饞餅.

끽반(喫飯) 동 밥을 먹다.《集覽, 字解, 單
字解, 1ㅈ》喫. 正音키, 俗音치. 啗也. 喫
飯・喫酒. 又被也. 喫打 맛다. 字雖入聲
而俗讀去聲, 或呼如上聲. 俗省文作吃.

끽주(喫酒) 동 술을 마시다.《集覽, 字解,
單字解, 1ㅈ》喫. 正音키, 俗音치. 啗也.
喫飯・喫酒. 又被也. 喫打 맛다. 字雖入
聲而俗讀去聲, 或呼如上聲. 俗省文作吃.

끽타(喫打) 동 맞다被打. ⇔맛다.《集覽,
字解, 單字解, 1ㅈ》喫. 正音키, 俗音치.
啗也. 喫飯・喫酒. 又被也. 喫打 맛다. 字
雖入聲而俗讀去聲, 或呼如上聲. 俗省文
作吃.

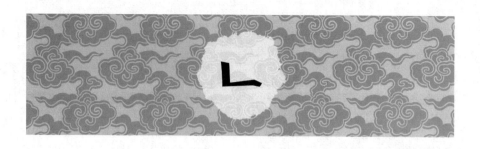

-ㄴ 어미 -ㄴ. 《朴新諺 1, 5ㅈ》火腿添魚,
저린 고기에 물고기 석근 거시오. 《朴新
諺 1, 17ㅎ》有張黑子打的刀最好, 張黑子ㅣ
이시니 믿든 칼이 ᄀ장 됴하. 《朴新諺
1, 24ㅎ》若像你這懶小厮們, 만일 너ᄀᆺ치
이 게어른 아희들이. 《朴新諺 1, 37ㅎ》
放在脚踝尖骨頭上, 발 안쉬머리 쏟족ᄒᆫ
쎄 우희 노코. 《朴新諺 2, 1ㅈ》大街東市
上馬牙子家有, 큰 거리 동녁 져제에 물
즈름의 집이 잇ᄂᆞ니라. 《朴新諺 2, 15
ㅎ》這牌上開載的, 이 牌에 버려 쓰인.
《朴新諺 2, 41ㅎ》把指頭大的長鐵釘, 손
가락 굴긔에 긴 쇠못스로다가. 《朴新諺
2, 56ㅎ》你看那騎馬的官人們, 네 보라
뎌 물 톤 官人들이. 《朴新諺 3, 11ㅈ》你
一般動手做生活, 네 ᄒᆞᆫ가지로 손을 놀려
ᄒᆞᆫ 셩녕이. 《朴新諺 3, 27ㅈ》行者變做五
寸大的胡孫, 行者ㅣ 變ᄒᆞ여 五寸만치 큰
진납이 되여. 《朴新諺 3, 43ㅈ》寫的是壬
辰年二月十二日生的, 쁜 거시 이 壬辰年
二月 十二日 난 이오.

-ㄴ가 어미 -ㄴ가. -는가. 《朴新諺 1, 56
ㅎ》留下名帖可曾見麼, 名帖을 머므럿더
니 일즉 보신가. 《朴新諺 2, 18ㅎ》你與
我看一看錯也不錯, 네 나를 보와 주고려
그른가 그르지 아닌가. 《朴新諺 2, 45
ㅈ》寫得妥當不妥當, 쁜 거시 妥當ᄒᆞᆫ가
妥當치 아니ᄒᆞᆫ가. 《朴新諺 3, 14ㅎ》稟父
親母親起居萬安, 父親 母親의 稟ᄒᆞᄂᆞ니
起居 萬安ᄒᆞ신가. 《朴新諺 3, 15ㅈ》不知
收到否, 아지 못게라 바드신가 못ᄒᆞ신
가. 《朴新諺 3, 31ㅎ》相公你怕錯買了麼,
相公아 네 그릇 산가 저퍼ᄒᆞᄂᆞ냐. 《朴新

諺 3, 56ㅎ》先生令尊・令堂俱在堂麼, 先
生의 令尊・令堂이 다 在堂ᄒᆞ신가.

-ㄴ다 어미 ●-ㄴ다. 《朴新諺 1, 13ㅈ》噯
呀老太爺忒給少了, 아야 老太爺ㅣ 아 너
무 젹쎄 주려 ᄒᆞᆫ다. 《朴新諺 1, 16ㅈ》話
不說不明木不鑽不透, 말을 니르디 아니
면 붉디 못ᄒᆞ고 남글 ᄯᅮᆯ디 아니면 ᄉᆞᆺ
디 못ᄒᆞᆫ다 ᄒᆞ니라. 《朴新諺 1, 35ㅈ》眞
箇氣殺人, 진실로 사름을 애쁴온다. 《朴
新諺 2, 2ㅈ》你怎麼纔來, 네 엇지 ᄀᆺ 온
다. 《朴新諺 2, 26ㅈ》咳女兒你不曉得, 애
女兒ㅣ 아 네 아지 못ᄒᆞᆫ다. 《朴新諺 2, 32
ㅎ》你的帽子當初何不叫他做呢, 네 갓슬
當初에 엇지 뎌로 ᄒᆞ여 믄드지 아니ᄒᆞᆫ
다. 《朴新諺 2, 46ㅎ》家富小兒嬌, 집이
가음열면 아희 ᄒᆞ건양ᄒᆞᆫ다 ᄒᆞ니. 《朴新
諺 2, 54ㅎ》說這般作怪的言語, 이런 괴
이ᄒᆞᆫ 말을 니른다. 《朴新諺 3, 1ㅈ》田鷄
偏又叫的聒譟, 머구리 편벽히 ᄯᅩ 우러
짓궨다. 《朴新諺 3, 12ㅎ》慶壽寺裡做盂
蘭勝會, 慶壽寺에셔 盂蘭勝會를 혼다 ᄒᆞ
니. 《朴新諺 3, 37ㅎ》崔哥這幾回果然打
得好, 崔哥ㅣ 이 여러 디위를 果然 치기
를 잘혼다. 《朴新諺 3, 43ㅎ》你却曾送麼,
네 ᄯᅩ 일즉 보낸다. ●-앗느냐. -앗는
가. 《朴新諺 1, 36ㅎ》今日從那裏來, 오늘
어디로셔 온다. 《朴新諺 1, 49ㅎ》你幾時
來的, 네 언제 온다.

-ㄴ대 어미 -ㄴ즉. -니까. 《朴新諺 3, 22
ㅎ》王請唐僧上殿, 王이 唐僧을 請ᄒᆞ여
殿에 올린대.

-ㄴ딘 어미 -ㄴ 데. 《朴新諺 2, 56ㅎ》咳百
忙裏說甚麼閑話呢, 애 밧분디 므슴 힘힘

혼 말을 니르는다.

-ㄴ지 어미 -ㄴ지. 《朴新諺 2, 6ㅎ》咱們相好多年, 우리 서르 됴한지 여러 히라. 《朴新諺 3, 7ㅎ》不知那裡來的這些蝤蜒, 아지 못게라 어듸로셔 온 이 지차린지. 《朴新諺 3, 13ㅎ》不知怎生吃了一跌, 아지 못케라 엇디혼지 혼 번 구러지믈 닙어. 《朴新諺 3, 53ㅎ》不知怎麽走了, 아지 못게라 엇지호여 드라난지.

-ㄴ지라 어미 -ㄴ지라. 《朴新諺 2, 30ㅈ》由是威神莫測聖德難量, 일로 말미암아 威神을 측냥치 못호고 聖德을 헤아리기 어려온지라. 《朴新諺 2, 58ㅎ》眞是皇恩浩蕩好不榮耀, 진실로 皇恩이 浩蕩혼지라 ㄱ장 榮耀호더라.

나 대 ●나. ⇔아(我). 《集覽, 字解, 單字解, 1ㅎ》和. 平聲, 調和也. 又去聲, 與也, 及也. 我和你 너와 나와, 銅匙和快子 술와 밋 져와. 《集覽, 字解, 單字解, 2ㅎ》也. 在詞之上者, 又也. 也好 또 됴타, 也是 또 올타. 在詞之中者, 承上起下之辭. 我也去 나도 가마. 在詞之終者, 語助. 《朴新諺 1, 9ㅈ》我是愚蠢之人, 나는 이 愚蠢혼 사롬이오. 《朴新諺 1, 13ㅎ》便給我五十文一擔也罷了, 곳 나롤 쉰 낫 돈을 혼 짐에 주미 또 무던호다. 《朴新諺 1, 25ㅈ》以後敎小廝們好生替我喂養, 이후란 아희들로 호여 ㄱ장 나롤 ㄱ르차 먹이게 호라. 《朴新諺 1, 42ㅈ》張大哥你替我醫這馬骨眼, 張가 큰형아 네 나롤 ㄱ르차 이 물 눈에 치 고치고. 《朴新諺 2, 1ㅈ》你代我打聽一打聽, 네 나롤 ㄱ르차 듯보라. 《朴新諺 2, 15ㅈ》你便替我再染, 네 곳 나롤 ㄱ르차 다시 드리리라. 《朴新諺 2, 37ㅎ》如今他不理我, 이제 데 나롤 ㄱ수치 아니호니. 《朴新諺 3, 3ㅎ》孩子你與我買幾丈夏布來, 아히아 네 나롤 위호여 여러 발 뵈를 사 와. 《朴新諺 3, 10ㅎ》你只與我改做煤火炕, 네 그저 나롤 셕탄 픠오는 캉을 고쳐 믠드라 주되. 《朴新諺 3,

23ㅎ》更打了我一鉄棒, 쏘 나룰 혼 쇠막대로 치니. 《朴新諺 3, 40ㅈ》這衙門中上直叫誰替我呢, 이 衙門에 上直을 눌로 호여 나룰 톄당케 호리오. ●나이. 연세. ⇔연기(年紀). 《朴新諺 3, 42ㅎ》咳年紀還少哩, 애 나도 쏘 졈닷다.

나(那) 관 ❶●그以. ⇔그. 《朴新諺 1, 27ㅎ》且就那一日拈香頭發重誓, 쏘 그 날 香을 꼿고 듕혼 밍셰호여. 《朴新諺 2, 4ㅈ》我也那一日去拜壽了, 나도 그 날 가 拜壽호고. 《朴新諺 2, 33ㅎ》便奪了那物打死那人, 곳 그 물건을 앗고 그 사롬을 쳐 죽여. 《朴新諺 2, 34ㅈ》撤在那坑裏, 그 디함에 드리치고. 《朴新諺 2, 34ㅎ》老李聽了恨那媳婦, 老李 듯고 그 계집을 믜여호여. 《朴新諺 2, 58ㅎ》那日皇上賞了他一百兩銀子四疋內府大緞, 그 날 皇上이 뎌를 一百兩 銀과 네 疋 內府 大緞을 賞 주더라. 《朴新諺 3, 14ㅈ》那人聽見師傅這般説, 그 사롬이 師傅ㅣ 이리 니르믈 듯고. 《朴新諺 3, 40ㅈ》你那日到底送到那裡就回來了, 네 그 날 ᄆᆞᆷ내 보내여 어듸 가 곳 도라오뇨. 《朴新諺 3, 55ㅈ》纔剛説的那秀才, 앗가 니르든 그 秀才ㅣ. ●아무[某]. 어느. 어떤. ⇔아모. 《朴新諺 1, 28ㅎ》那一家有喜事, 아모 집의 喜事ㅣ 잇거든. 《朴新諺 2, 41ㅈ》到那人家裏, 아모 人家에 가. 《朴新諺 3, 23ㅎ》那一箇輸了, 아모나 ᄒᆞ나히 지거든. ●이. ⇔이. 《朴新諺 2, 5ㅎ》就是那蒼松・翠竹, 곳 이 蒼松・翠竹과. 《朴新諺 3, 37ㅈ》這麼把我那皮俗來, 이러면 내 이 皮俗를 가져와. ❷어느. 무슨. 어떤. ●⇔어늬. 《朴新諺 3, 17ㅎ》你老爺如今除授在那衙門裡了, 네 老爺ㅣ 이제 어늬 衙門에 除授호엿ᄂ뇨. ●⇔어너. 《朴新諺 1, 17ㅎ》不知那一家打的刀子最好, 아지 못게라 어너 집의셔 믠든 칼이 ㄱ장 됴흐뇨. 《朴新諺 1, 35ㅈ》不知他那一日纔肯還, 아지 못게라 데 어너 날 마치 즐겨

갑흐리오.《朴新諺 3, 36ㅈ》官人們要那
幾種吃呢, 官人들이 어너 몃 가지를 먹
으려 흐는다.《朴新諺 3, 37ㅈ》咱打那一
箇窩兒, 우리 어니 흔 굼글 치리오. **3** 저
[彼]. ●⇔뎌.《朴新諺 1, 9ㅈ》到朝鮮
地方, 뎌 朝鮮 짜히 가.《朴新諺 1, 12ㅈ》
那挑脚的漢子, 뎌 삭짐 지는 놈아.《朴新
諺 1, 22ㅎ》那珠子有多少大, 뎌 진쥬ㅣ
언머나 크뇨.《朴新諺 1, 43ㅎ》聽得那人
家有一箇官人, 드르니 뎌 人家에 흔 官人
이 이셔.《朴新諺 2, 5ㅎ》再看那閣前水
面上, 다시 뎌 閣 앏 물 우흘 보니.《朴新
諺 2, 20ㅎ》快叫那木匠來, 섈리 뎌 木匠
을 불러와.《朴新諺 2, 32ㅈ》那厮十分做
的好, 뎌 놈이 マ장 민들기를 잘흐느니.
《朴新諺 3, 5ㅈ》只怕那寃家們打關節煩
人說情哩, 그저 뎌 寃家들이 쇼쳥흐여
사룸을 식여 情을 니른가 저페라.《朴新
諺 3, 17ㅈ》那西壁廂還要打一道墻, 뎌 셔
편에 쏘 흔 줄 담을 삣고.《朴新諺 3, 21
ㅎ》那國王敬重佛敎, 뎌 國王이 佛敎를
敬重흐더니.《朴新諺 3, 34ㅈ》那些勇士
都穿着花袴皂靴, 뎌 여러 勇士들이 다 아
롱 바지에 거믄 靴를 신고.《朴新諺 3,
51ㅎ》那厮多少年紀了, 뎌 놈이 나히 언
머나 흐뇨. ●⇔져.《朴新諺 1, 3ㅈ》小
人們到那衙門裏, 小人들이 져 衙門에 가.
《朴新諺 1, 15ㅈ》你那腮頰上長的甚麼瘡,
네 져 쌤에 난 거시 므슴 瘡고.《朴新諺
2, 51ㅈ》那幾日你又說首領官纔做稿呈
堂, 져즘끠 네 쏘 니르되 首領官이 굿 초
를 민그라 당샹끠 드리니.
나(那) 団 ●그[其]. ⇔그.《朴新諺 3, 5ㅈ》
你那告狀的事情, 네 그 告狀흔 일을. ●
어디. ⇔어디.《朴新諺 1, 8ㅈ》甚麼詔派
徃那一路頒去呢, 므슴 詔書ㅣ 며 어디롤
그어 반포흐라 가느뇨.
나(那) 囝 어찌. ●⇔엇디.《朴新諺 1, 26
ㅈ》你那能贏得我, 네 엇디 능히 나롤 이
긔리오. ●⇔엇지.《朴新諺 2, 54ㅈ》我

生活忙那能閑耍, 내 셩녕이 밧부니 엇지
능히 힘힘히 놀리오.
나(拿) 图 ●가지다. ⇔가지다.《朴新諺
2, 11ㅎ》拿一箇一托長碗口大的紅油畫金
棒子, 흐나 흔 발맛치 길고 사발맛치 큰
불근 칠흐고 금으로 그린 막대롤 가져.
《朴新諺 2, 15ㅈ》我好拿銀子來取, 내 銀
을 가지고 와 츠즈리라.《朴新諺 3, 1ㅈ》
拿蠅拂子來赶一赶, 프리채 가져다가 쫏
고. 再拿把扇子來與我, 쏘흔 즈르부치
가져다가 나를 주고려.《朴新諺 3, 2ㅈ》
那箇拿藍(籃)子盛着猫的不是賣的麼, 뎌
드라치 가져 괴 담으니 이 풀 리 아니가.
《朴新諺 3, 30ㅎ》你不賣拿囬家去就飯吃,
네 푸지 아니코 가져 집의 도라가 밥흐
여 먹으려 흐는다.《朴新諺 3, 35ㅈ》還
有那拿鈀(鈀)斧的, 쏘 뎌 鈀(鈀)斧 가지
니라. 拿寶劍的, 寶劍 가지니와.《朴新諺
3, 47ㅈ》手拿線鞭, 손에 線鞭 가지고. ●
잡다[執]. 쥐다. ⇔잡다.《朴新諺 1, 40
ㅈ》墙上一箇琵琶任誰不敢拿他, 담 우희
흔 琵琶룰 아모도 敢히 더룰 잡지 못흐
는 거시여.《朴新諺 3, 26ㅈ》拿着肩膀丟
在裡面, 엇게룰 잡아 안희 드리치니. ●
잡다[捕]. 쥐다. ⇔잡다.《朴新諺 2, 17
ㅎ》拿這管馬的弔起來打, 이 물 マ움아
는 이룰 잡아 둘고 치라.《朴新諺 2, 34
ㅎ》必要拿你抵償怎麼好呢, 반드시 너룰
자바 죄에 다혀 샹명홀 거시니 엇디 됴
흐리오.《朴新諺 2, 46ㅈ》每日偷空便上
去拿雀兒, 每日에 븬 째룰 타 곳 올라가
새룰 잡노라.《朴新諺 3, 22ㅈ》便拿着拉
車觧鋸, 곳 잡아 술위 쓰이며 톱질 시겨.
《朴新諺 3, 24ㅈ》便拿下來磕死了, 곳 자
바 느리와 즛긔텨 죽이고.
나(螺) 囘 나각(螺角). (소라의 껍데기로
만든 옛 군악기)⇔고라.《朴新諺 3, 43
ㅎ》吹螺打鈸, 고라 불고 바라 티고.
나(懶) 톙 게으르다. ⇔게어르다.《朴新諺
1, 24ㅎ》若像你這懶小厮們, 만일 너マ치

이 게어른 아히들이.

나(羅) 뎽 체[篩]. ⇔체. 《朴新諺 2, 21ㅈ》還有羅鍋, 쏘 노고와. 柳箱, 섥과. 灑子, 드레와. 碗楪, 사발 졉시와. 匙筯, 수져와. 樍杓, 나모쥬게와. 竈籮, 됴리와. 炊箒, 솔과. 擦床兒, 슉치칼과. 簸(簸)箕, 키와. 篩子, 얼밍이와. 馬尾羅, 몰총체와. 桌子, 상과. 盤子, 盤과. 茶盤, 찻반과. 燈臺, 燈臺와. 酒種, 잔과. 酒甕, 쥬벼ᄋ와. 銅杓, 놋쥬게 이시니.

나(騾) 뎽 노새. ⇔노새. 《朴新諺 2, 28ㅈ》那兩箇漢子把那驢·騾喂好了, 뎌 두 놈은 나귀와 노새를다가 먹이기를 잘ᄒᆞ여.

나(鑼) 뎽 바라. 자바라(啫哱囉). ⇔바라. 《朴新諺 3, 58ㅈ》便搖鈸打鑼, 곳 북 치고 바라 치고.

-나 어미 -나. 《朴新諺 1, 16ㅎ》雖比不得上用段子, 비록 上用홀 비단에는 비치 못ᄒᆞ나. 《朴新諺 2, 54ㅎ》雖然這般講, 비록 이리 니ᄅᆞ나.

-나 조 -나. 《朴新諺 2, 33ㅈ》比他師傅高强十倍哩, 제 스승에 비기면 十倍나 나으니라. 《朴新諺 3, 23ㅎ》那一箇輸了, 아모나 ᄒᆞ나히 지거든. 《朴新諺 3, 35ㅈ》都是三尺寛肩膀燈盞大的雙眼, 다 이 석 자나 너른 엇게오 燈盞만치 큰 두 눈이라. 《朴新諺 3, 40ㅎ》送君千里終湏(須)一別, 送君 千里나 終湏(須) 一別이라 ᄒᆞ니라. 《朴新諺 3, 56ㅎ》你這東國歷代以來有多少年了, 네 이 東國이 歷代 ᄢ옴으로 몃 히나 ᄒᆞ며.

나가다 동 나가다. ●⇔거(去). 《朴新諺 3, 51ㅈ》偸盗布疋仍跳墻而去, 布疋을 도적ᄒᆞ고 인ᄒᆞ여 담을 너머 나가시되. ●⇔출거(出去). 《朴新諺 1, 45ㅎ》我這幾日有差使出去, 내 요ᄉᆞ이 差使ㅣ 이셔 나가니. 《朴新諺 3, 6ㅎ》我有差使出去了, 내 差使ㅣ 이셔 나가. ●⇔출문(出門). 《朴新諺 1, 42ㅈ》咱們男子漢出遠門, 우리 ᄉᆞ나희 먼 듸 나가.

나개(那箇) 관 ❶저[彼]. ⇔뎌. 《朴新諺 2, 12ㅈ》那箇主兒又叫做頑雀兒的, 뎌 님자를 쏘 새 놀리는 이라 부르ᄂᆞᆫ이라. 《朴新諺 3, 2ㅈ》那箇拿藍(籃)子盛着猫的不是賣的麽, 뎌 드라치 가져 괴 담으니 이 풀 리 아니가. ❷어느. 무슴. 어떤. ●⇔어늬. 《集覽, 字解, 單字解, 3ㅎ》那. 平聲, 音노, 推移也. 那一那 논힐후다. 上聲 나, 何也. 那裏 어듸, 那箇 어늬. 又誰也. 那一箇 누고. 去聲 나, 那裏, 彼處也. 那箇 뎌것. 又語助. 有那沒 잇ᄂᆞ녀 업스녀. ●⇔어늬. 《朴新諺 1, 31ㅎ》那箇店裏去, 어늬 店에 가ᄂᆞᆫ다.

나개(那箇) 대 ❶그[其]. ⇔그. 《朴新諺 1, 47ㅈ》那箇容易你放心, 그는 쉬오니 네 放心ᄒᆞ라. ❷저[彼]. ⇔뎌. 《朴新諺 3, 36ㅎ》那箇新來的崔哥你也會打麽, 뎌 새로 온 崔哥ㅣ아 너도 칠 줄을 아는다. ❸저것. ⇔뎌것. 《集覽, 字解, 單字解, 3ㅎ》那. 平聲, 音노, 推移也. 那一那 논힐후다. 上聲 나, 何也. 那裏 어듸, 那箇 어늬. 又誰也. 那一箇 누고. 去聲 나. 那裏, 彼處也. 那箇 뎌것. 又語助. 有那沒 잇ᄂᆞ녀 업스녀. ❹어디. ⇔어듸. 《集覽, 字解, 單字解, 3ㅎ》那. 平聲, 音노, 推移也, 那一那 논힐후다. 上聲나, 何也, 那裏 어듸, 那箇 어듸. 又誰也, 那一箇 누고. 去聲나, 那裏, 彼處也, 那箇 뎌것. 又語助, 有那沒 잇ᄂᆞ녀 업스녀.

나거(拿去) 동 ❶가져가다. ⇔가져가다. 《朴新諺 1, 3ㅎ》可拿去吩咐管酒的人, 가져가 술 ᄀᆞ음아는 사름의게 吩咐ᄒᆞ여. 《朴新諺 2, 8ㅎ》再拿去着別人看便見眞假了, 다시 가져가 다른 사름 ᄒᆞ여 뵈면 곳 眞價를 알리라. 《朴新諺 2, 10ㅎ》咱兩箇拿些布施和香·蠟去禮拜他, 우리 둘이 져기 보시와 香과 쵸를 가져가 뎌의게 禮拜ᄒᆞ고. 《朴新諺 2, 32ㅎ》拿去叫李大做兩頂帽子, 가져가 李大ㅣ로 ᄒᆞ여 두 갓슬 민드되. 《朴新諺 2, 41ㅈ》便把

鉤子鉤出來拿去, 곳 갈고리로 그러내여 가져가ᄂᆞ니라.《朴新諺 3, 3ㅈ》你賣就賣不賣就拿了去, 네 풀려 커든 곳 풀고 ᄑᆞ지 아니려 커든 곳 가져가라.《朴新諺 3, 32ㅎ》拿去使用不要吊了, 가져가 ᄡᅳ고 ᄶᅥ르치지 말라.《朴新諺 3, 54ㅈ》我就雇人拿去找馬罷, 내 곳 사룸을 삭내여 가져가 물을 ᄎᆞ쟈. ❷잡아가다. ⇔자바가다.《朴新諺 3, 19ㅎ》把我家小厮拿去監了兩日, 내 집 아히 놈을다가 자바가 도완 지 이틀이오.

나과(鑼鍋) 명 노구. 노구솥. ⇔노고.《朴新諺 2, 21ㅈ》還有鑼鍋, ᄯᅩ 노고와, 柳箱, 섥과, 灑子, 드레와, 碗楪, 사발 접시와, 匙筯, 수저와, 樵杓, 나모쥬게와, 箅籬, 됴리와, 炊箒, 솔과, 擦床兒, 슉치칼과, 簸(簸)箕, 키와, 篩子, 얼밍이와, 馬尾羅, 물총체와, 桌子, 상과, 盤子, 盤과, 茶盤, 찻반과, 燈臺, 燈臺와, 酒種, 잔과, 酒鼈, 쥬벼ᄋᆞ와, 銅杓, 놋쥬게 이시니.

나귀 명 나귀. ⇔여(驢).《朴新諺 1, 34ㅎ》還可恨那驢養的, 도로혀 恨호온 거슨 뎌 나귀삐.《朴新諺 2, 28ㅈ》那兩箇漢子把那驢・騾喂好了, 뎌 두 놈은 나귀와 노새를다가 먹이기를 잘ᄒᆞ여.《朴新諺 3, 29ㅎ》你這賊養漢生的小驢精, 네 이 도적 養漢ᄒᆞ여 나흔 져근 나귀삐아.《朴新諺 3, 55ㅈ》不知街坊上可有賃的驢麽, 아지 못게라 거리에 셰닐 나귀 잇ᄂᆞ냐.《朴新諺 3, 55ㅈ》有錢賃便有驢, 돈이 이셔 삭 내려 ᄒᆞ면 곳 나귀 잇ᄂᆞ니라.

나귀삐 명 당나귀 새끼. 또는 개새끼. (욕하는 말) ❶⇔여양적(驢養的).《朴新諺 1, 34ㅎ》還可恨那驢養的, 도로혀 恨호온 거슨 뎌 나귀삐. ❷⇔여정(驢精).《朴新諺 3, 29ㅎ》你這賊養漢生的小驢精, 네 이 도적 養漢ᄒᆞ여 나흔 져근 나귀삐아.

나그니 명 나그네. ⇔객(客).《朴新諺 2, 2ㅈ》早起家下有客來, 아춤에 집의 나그니 왓거늘.

나기일(那幾日) 명 ❶저적. 접때. 지난번. ⇔져적.《朴新諺 3, 11ㅎ》我那幾日着小厮們, 내 져적의 아히들로 ᄒᆞ여. ❷저즘음께. ⇔져즘끠.《朴新諺 2, 51ㅈ》那幾日你又說首領官纔做稿呈堂, 져즘끠 네 ᄯᅩ 니르되 首領官이 ᄀᆞᆺ 초를 민그라 당샹끠 드리니.

-나눌 어미 -거늘.《朴新諺 3, 26ㅈ》山神・土地神鬼都來了, 山神과 土地神 鬼ㅣ 다 오나눌.

나다 통 ❶나다. 나오다. ❶⇔생출(生出).《朴新諺 2, 45ㅎ》必定是房上生出那些草, 반드시 집 우희 뎌 풀이 나. ❷⇔주(走).《集覽, 字解, 單字解, 7ㅎ》走. 行也. ᄃᆞ니다. 又逃回曰走回. 又跑也. 能走・快走 잘 ᄃᆞᆫ느다. 又透漏也. 走話. 又洩也. 走了氣 김 나다. ❸⇔출(出).《朴新諺 3, 17ㅎ》這衙門惟出些好飲食, 이 衙門이 오직 됴흔 음식이 나니. ❹⇔출래(出來).《朴新諺 1, 15ㅈ》從幾時生出來的, 언제부터 낫ᄂᆞ뇨. ❷❶나다. 생기다. ⇔기(起).《朴新諺 2, 24ㅈ》傷着冷物起的樣子, 冷物에 傷ᄒᆞ여 난 樣이니. ❷나다. 내다. ⇔발(發).《集覽, 字解, 單字解, 7ㅎ》發. 酒發 술 괴다. 發將來 자바 보내다. 一發, 見下. 又吏語, 告發 고ᄒᆞ야나다. ❸나다. 또는 오르다. ⇔상(上).《朴新諺 1, 50ㅈ》恐市上出不上價錢哩, 져지셔 갑시 나지 아닐가 ᄒᆞ노라. ❹나다. 또는 생기다. 자라다. ⇔장(長).《朴新諺 1, 15ㅈ》你那腮頰上長的甚麽瘡, 네 져 쌤에 난 거시 므슴 瘡고. ❺나다. 나가다. ⇔출(出).《朴新諺 1, 37ㅈ》不好出門騎馬, 門에 나 물 ᄐᆞ기 됴치 아니ᄒᆞ더니라.

나등(那等) 관 저런. 그런. 저렇게. ⇔뎌런.《朴新諺 1, 45ㅎ》那等歡娛快樂不必說了, 뎌런 歡娛 快樂호믈 굿ᄒᆞ여 니르지 못ᄒᆞ리로다.

-나라 어미 -거라.《集覽, 字解, 單字解, 4ㅎ》麽. 本音모. 俗用爲語助辭, 音마, 古

人皆呼爲모, 故或通作莫. 怎麼 엇디, 來麼 오나라. 又用如乎字之意者則曰, 去麼 갈다, 有麼 잇ᄂ녀. 元語, 麼道 니ᄅᄂ다, 麼音모, 今不用.

나라ㅎ 冏 나라. ⇔국(國). 《朴新諺 3, 57ㅈ》當初怎生建國, 當初에 엇지 나라흘 셰윗ᄂ지.

나락(羅絡) 동 망라하다. 포괄하다. 《集覽, 朴集, 下, 4ㅎ》羅天. 道經云, 七寶之樹各生一方, 弥覆一天, 八樹弥覆八天, 包羅衆天, 故云大羅, 此聖境也. 謂覆盖萬天, 羅絡三界, 極高無上, 故稱大羅. 《朴新諺 3, 22ㅈ》一日先生做羅天大醮(朴新注, 52ㅈ: 道經云, 覆盖萬天, 羅絡三界, 極高無上, 謂之大羅. 天醮, 祭名, 祭扵星辰曰醮.), 一日에 先生이 羅天大醮를 ᄒ더니.

나래(拿來) 동 가져오다. ⇔가져오다. 《朴新諺 1, 27ㅎ》拿紙筆(筆)來, 紙筆(筆)을 가져오라. 《朴新諺 1, 33ㅈ》拿銀子來看, 은을 가져오라 보쟈. 《朴新諺 1, 58ㅈ》拿紙·墨·筆(筆)·硯來, 紙·墨·筆(筆)·硯을 가져오라. 《朴新諺 2, 8ㅈ》你拿好段子來我看, 네 됴흔 비단을 가져오라 내 보쟈. 《朴新諺 2, 34ㅎ》拿珍珠一百顆來當, 珍珠 一百 낫츨 가져와 뎐당ᄒ니. 《朴新諺 2, 57ㅈ》這麼拿我的雨衣·雨靴來, 이러면 내 유삼과 즌훠를 가져와. 《朴新諺 3, 2ㅎ》你拿猫來我看, 네 괴 가져오라 내 보쟈. 《朴新諺 3, 7ㅎ》再拿兩根安息香來燒一燒, 쏘 두 ᄌᄅ 安息香을 가져와 피오라. 《朴新諺 3, 18ㅈ》方纔書辦們拿文書來畫稿, 앗가 ㅈ 셔반들이 文書를 가져와 稿에 일홈밧고. 《朴新諺 3, 32ㅎ》拿二百錢來罷了, 二百 낫 돈을 가져오미 무던ᄒ다.

나리(那裏) 관 아무[某]. 어디. ⇔아모. 《朴新諺 2, 41ㅈ》看有東西在那裏, 잡은 거시 아모 ᄃ 잇ᄂ 줄을 보아.

나리(那裏) 데 ❶❶거기. ⇔거긔. 《朴新諺 1, 9ㅈ》焉能曉得他那裏的規矩, 엇지

능히 거긔 規矩를 알리오. 《朴新諺 3, 10ㅎ》那裡打一箇繫子絟罷, 거긔 흔 말쓱을 박고 미라. 《朴新諺 3, 43ㅈ》昨夜做道場有你在那裡麼, 어젯밤 道場홀 제 네 거긔 잇더냐. ❷거기. 거기에. ⇔게. 《集覽, 字解, 單字解, 5ㅎ》就. 卽也. 就將來 즉재 가져오라, 就有了·就去了. 又遂也. 就那裏睡了 게셔 자다, 就便 곧. 又就行 드듸여셔 ᄒ다. 《朴新諺 2, 2ㅎ》明日就那裏上了墳, 닉일 임의셔 게셔 上墳ᄒ고. ❸어디로. 어느 곳으로. ⇔어드리. 《集覽, 字解, 單字解, 5ㅈ》往. 向也. 往那裏去 어드러 향ᄒ야 가는다. 又昔也. 往常 아리. ❷어디. ❶⇔어듸. 《集覽, 字解, 單字解, 3ㅎ》那. 平聲, 音노, 推移也. 那一那 논힐후다. 上聲 나, 何也. 那裏 어듸, 那箇 어늬. 又誰也. 那一箇 누고. 去聲 나. 那裏, 彼處也. 那箇 뎌것. 又語助. 有那沒 잇ᄂ녀 업스녀. 《朴新諺 1, 8ㅈ》你到那裏去, 네 어듸 가는다. 《朴新諺 1, 32ㅈ》你說那裏話來, 네 어딋 말 니ᄅᄂ다. 《朴新諺 2, 2ㅎ》上馬往那裏去, 물을 ᄐ면 어듸를 향ᄒ여 갈러뇨. 《朴新諺 2, 3ㅈ》李老大(朴新注, 23ㅎ: 老者之稱)你那裏去, 李老大ㅣ아 네 어듸 가는다. 《朴新諺 3, 39ㅈ》你令兄除授在那裡了, 네 슈兄이 벼슬ᄒ여 어듸 잇ᄂ뇨. 《朴新諺 3, 40ㅈ》你那日到底送到那裡就回來了, 네 그 날 ᄆ츰내 보내여 어듸 가 곳 도라오뇨. ❷⇔어딕. 《朴新諺 1, 13ㅈ》老太爺你在那裏住, 老太爺ㅣ야 네 어디서 사는다. 《朴新諺 1, 22ㅎ》你今日那裏去, 네 오늘 어디 가는다. 《朴新諺 1, 31ㅈ》大哥那裏去, 큰형아 어디 가는다. 《朴新諺 2, 2ㅈ》咱老爺在那裏, 우리 老爺ㅣ 어디 잇ᄂ뇨. 《朴新諺 2, 10ㅎ》那裏尋去, 어디 가 어드리오. 《朴新諺 2, 15ㅎ》驛丞都到那裏去了, 驛丞이 다 어디 갓ᄂ냐. 《朴新諺 2, 31ㅎ》你的帽子那裡買來的, 네 갓시 어디서 사 온 것고.

《朴新諺 2, 57ㅎ》在那裏試走的, 어디셔 드룸질 시기더뇨. 《朴新諺 3, 19ㅈ》那裡管雨雪陰晴, 어디 雨雪 陰晴을 ᄀ음알리오. 《朴新諺 3, 29ㅈ》那裡想到死在胡孫手裡呢, 어디 죽음이 胡孫의 손에 이실 줄을 싱각ᄒ여시리오. 《朴新諺 3, 40ㅎ》好畫匠那裡有, 그림 잘 그리는 쟝인이 어더 잇ᄂ뇨. 《朴新諺 3, 55ㅈ》却住在那裡呢, ᄯ 어디 머므러 잇ᄂ뇨. ❸저기. ●⇨뎌긔. 《朴新諺 1, 52ㅈ》到那裏住両三箇月, 뎌긔 가 두석 둘을 어들 써시오. 《朴新諺 2, 4ㅎ》你說那裏的景致如何, 네 뎌긔 景致롤 니르미 엇더ᄒ뇨. 《朴新諺 2, 10ㅈ》都住那裏聽去, 다 뎌긔 드르라 가니. 《朴新諺 2, 39ㅈ》且到那裏看看景致, ᄯ 뎌긔 가 景致를 보아. 《朴新諺 2, 49ㅎ》你若到那裏住幾時, 네 만일 뎌긔 가 여러 째를 머믈면. 《朴新諺 3, 35ㅎ》那裡吃去罷, 뎌긔 먹으라 가쟈. ●⇨져긔. 《朴新諺 1, 41ㅎ》你帶我拉到他那裏治去, 네 나를 드리고 잇그러 져긔 고치라 가. 《朴新諺 1, 51ㅎ》穿了衣服到那裏去, 옷 닙고 져긔 가. 《朴新諺 2, 4ㅎ》看見那裏的景致麼, 져긔 景致롤 보앗ᄂ다. 《朴新諺 3, 41ㅎ》咱兩箇就到那裡去, 우리 둘히 곳 져긔 가. ❹제. 저기. ●⇨데. 《朴新諺 2, 21ㅎ》到那裏各自省睡些, 데 가 각각 줌을 덜 자고. ●⇨제. 《朴新諺 1, 52ㅎ》萬一到那裏沒有錢使用, 萬一 제 가 돈 쓸 거시 업스면.

나리(那裏) 円 ●저리. 저렇게. ⇨뎌리. 《朴新諺 2, 40ㅎ》如今怎麼那般賊多, 이제 엇지 뎌리 도적이 만흐뇨. ●어느 곳에서. 어느 곳으로부터. ⇨어드로셔. 《朴新諺 3, 34ㅈ》你那裡來, 네 어드로셔 오는다. ●어찌. 어떻게. ⇨엇지. 《朴新諺 2, 56ㅎ》我原說你那裏敵的我過哩, 내 본디 닐ᄅᄂ니 네 엇지 나를 디젹ᄒ리오.

나마(那麼) 円 그러면. 그러하면. ⇨그러면. 《朴新諺 3, 55ㅈ》那麼着, 그러면.

《朴新諺 3, 55ㅎ》那麼更好, 그러면 더욱 됴타.

-나마 조 -넘도록. 《朴新諺 1, 49ㅈ》多半是讀書人做的, 半나마 이 글 닑은 사름이 ᄒ는 줄을 볼러라.

나모 명 ❶나무. 땔나무. ⇨시(柴). 《朴新諺 1, 11ㅈ》但于今柴・米・小菜件件俱貴, 다만 이제 나모와 뿔과 ᄂ물이 가지가지 다 귀ᄒ니. ❷나무. ●⇨목(木). 《集覽, 朴集, 中, 2ㅈ》木料. 凡造一件物而該用之物皆曰料. 木料, 나모브·틧 ᄀ슴〈욤〉. 詳見字解料字下. ●⇨수(樹). 《朴新諺 1, 42ㅈ》揀箇清淨去處陰涼樹底下絟住, 清淨ᄒ 곳 서눌ᄒ 나모 아리롤 글희여 미고.

나모쥬게 명 나무 주걱. ⇨마표(榪杓). 《朴新諺 2, 21ㅈ》還有羅鍋, ᄯ 노고와. 柳箱, 섥과. 灑子, 드레와. 碗楪, 사발 접시와. 匙筯, 수져와. 榪杓, 나모쥬게와. 箇籬, 됴리와. 炊箒, 솔과. 擦床兒, 슉치칼과. 篩(篩)箕, 키와. 篩子, 얼밍이와. 馬尾羅, 물총체와. 桌子, 상과. 盤子, 盤과. 茶盤, 찻반과. 燈臺, 燈臺와. 酒種, 잔과. 酒鼈, 쥬벼ᄋ와. 銅杓, ᄂ쥬게 이시니.

나문(那們) 円 저리. 저렇게. ⇨뎌리. 《集覽, 字解, 單字解, 3ㅎ》們. 諸韻書皆云, 們渾, 肥滿皃. 今俗借用爲今輩之字, 而曰我們・咱們 우리, 你們 너희. 又猶言如此也. 這們 이리, 那們 뎌리.

나믄 동 넘은[越]. 여(餘). ⇨다(多). 《集覽, 字解, 單字解, 6ㅈ》多. 多少 언메나. 又許多 하나한. 又餘也. 三十里多地 삼십 리나믄 싸. 吏語, 多餘. 又過也. 有甚麼多處 므스기 너믄 고디 이시리오. 又重也. 므스기 앗가온 고디 이시리오.

나미(糯米) 명 찹쌀. ⇨ᄎᆸ뿔. 《集覽, 朴集, 上, 1ㅎ》腦兒酒. 質問云, 做酒用糯麯藥料爲糵, 久封不動, 其色紅而味最純厚. 又云, 以糯米爲之, 酒之帶糟者. 《集覽, 朴集, 中, 1ㅈ》米酒. 舊本作一瓶半酒, 新本作米

酒. 今造酒用粳米·糯米·黃米. 《朴新
諺 1, 40ㅎ》一箇長甕兒窄窄口裏頭盛着
糯米酒, 혼 긴 독 조븐 부리 안히 춥뿔술
담은 거시여.

나미주(糯米酒) 몡 찹쌀술. ⇨춥뿔술.
《朴新諺 1, 40ㅎ》一箇長甕兒窄窄口裏頭
盛着糯米酒, 혼 긴 독 조븐 부리 안히 춥
뿔술 담은 거시여.

나반(那般) 관 ●그런. 그러한. ⇨그린.
《朴新諺 2, 52ㅎ》就那般去了, 이믜셔 그
린 재 가니. ●저런. 저러한. ⇨뎌런.
《朴新諺 2, 36ㅎ》那裏那般好衣服好鞍馬,
어디 뎌런 됴흔 衣服과 됴흔 鞍馬로.

나반(那般) 면 ●그러면. 그러하면. ⇨그
러면. 《朴新諺 2, 43ㅎ》那般差遠着裏, 그
러면 쓰미 머니. 《朴新諺 2, 56ㅎ》那般
你的靴子怎麼還是乾的, 그러면 네 靴ㅣ
엇디 도로혀 물라ㄴ뇨. 《朴新諺 3, 41
ㅎ》旣是那般, 이믜 그러면. ●그리. 그
렇게. ⇨그리. 《朴新諺 1, 53ㅈ》那般, 그
리 ᄒ쟈. 《朴新諺 2, 34ㅎ》大老婆聽見那
般說, 큰계집이 그리 니롬을 듯고. ●저
리. 저렇게. ⇨뎌리. 《朴新諺 1, 34ㅈ》那
般磕頭禮拜央及我, 뎌리 마리롤 조아 禮
拜ᄒ고 내게 비러. 《朴新諺 2, 24ㅎ》那
般不小心所以就犯了這症侯, 뎌리 조심
치 아니ᄒ여시매 그리모로 이 症侯를 犯
ᄒ엿다. 《朴新諺 2, 40ㅎ》如今怎麼那般
賊多, 이제 엇지 뎌리 도적이 만흐뇨.

나법(拿法) 몡 (씨름에서) 손을 써서 매우
중요한 곳을 잡는 방법. 《集覽, 朴集, 下,
5ㅎ》拿法. 音義云, 用手拿緊要之處.

나복(蘿葍) 몡 무. ●⇨댓무우. 《集覽, 朴
集, 中, 2ㅈ》擦床. 音義云, 用木小板長尺
餘, 橫穿爲空二三十穴, 各用薄鉄〈鐵〉爲
刃廂其中, 以蘿葍等物按磨於鉄〈鐵〉刃之
上, 其絲從穴下墜〈隊〉, 勝於刀切. 今按,
卽本國혈·갈. 《朴新諺 2, 39ㅎ》蘿葍, 댓
무우. 蔓菁, 쉿무우. 萵苣, 부로. 葵菜, 아
혹. 白菜, 비치. 赤根菜, 시근치. 芫荽, 고

쉬. 蔥, 파. 蒜, 마늘. 薤菜, 부치. 莉芥,
형개. 薄荷, 박하. 茼蒿, 믈뿍. 水蘿葍, 믈
한댓무우. 胡蘿葍, 노른댓무우. 芋頭, 토
란. 紫蘇都好種的, 紫蘇를 다 시믐이 됴
타. ●⇨무우. 《朴新諺 2, 55ㅎ》誰吃蘿
葍打噎咈, 뉘 무우 먹고 트림ᄒ엿ᄂ뇨.

나복(蘿蔔) 몡 =나복(蘿葍). '蔔'은 '葍'과
같다. 《爾雅, 釋草》葖, 蘆萉. 〈邢昺疏〉
今謂之蘿蔔是也. 《集覽, 朴集, 中, 2ㅈ》
擦床. 音義云, 用木小板長尺餘, 橫穿爲空
二三十穴, 各用薄鉄〈鐵〉爲刃廂其中, 以
蘿葍等物按磨於鉄〈鐵〉刃之上, 其絲從穴
下墜〈隊〉, 勝於刀切. 今按, 卽本國혈·갈.

나븨 몡 나비. ⇨호접(蝴蝶). 《朴新諺 1,
20ㅎ》有像蝴蝶·螳螂的, 나븨와 몰똥구
으리 ᄀᆺ흔 것도 이시며.

나사(那些) 뒤 제彼. ⇨뎌. 《朴新諺 3, 44
ㅈ》又見那些送殯親朋, 쏘 보니 뎌 送殯
ᄒᄂ 親朋이.

나산(羅傘) 몡 일산의 하나. 겉감은 다갈
색 비단으로, 안찝은 홍초(紅綃)로 하였
는데 부도(浮屠)가 있다. 《集覽, 朴集,
下, 8ㅎ》羅傘. 〈卽〉承用傘, 紅浮屠頂, 黑
色茶褐羅表, 紅綃裏, 三簷. 《朴新諺 3, 39
ㅎ》車馬·羅傘, 車馬와 羅傘과. 金瓜·
鉞(鉞)斧, 金瓜와 鉞(鉞)斧와. 《朴新諺 3,
47ㅈ》一箇小鬼撑着紅羅傘在馬前, 혼 小
鬼ㅣ 紅羅傘 버틔여 물 앒히 잇고.

나아가다 동 나아가다. ●⇨전거(前去).
《朴新諺 3, 58ㅈ》又着人前去曉諭衆百姓
道, 쏘 사롬으로 ᄒ여 나아가 모든 百姓
들의게 曉諭ᄒ여 니르되. ●⇨진(進).
《朴新諺 2, 17ㅈ》我好赶進京先報去, 내
셔울을 미처 나아가 몬져 報ᄒ라 가기
됴흐리라.

나아들다 동 나들다. 또는 서두르다. 다
그치다. ⇨찬찬(趲趲). 《朴新諺 3, 34ㅈ》
四五對簇簇趲趲的亂捽, 네다삿 빵식 무
둑무둑 나아드러 어즈러이 띄롬ᄒ니.

나연(那衍) 몡 부락의 우두머리. 또는 상

사(上司)나 상관(上官). 원대(元代)의 말
이다. 《集覽, 朴集, 中, 6ㅎ》使長〈使長
者〉. 猶言君長也. 元語那衍, 音노·연.

나열(羅列) 图 나열(羅列)하다. 죽 벌여
놓다. 《集覽, 朴集, 上, 14ㅎ》寒食. 東京
錄云, 唐明皇詔寒食上墓, 近代相承, 皆用
此日拜掃丘墓, 都人傾城出郊, 四野如芳
市〈四野如市〉, 樹之下〈芳對之下〉, 園囿
之間, 羅列杯〈盃〉盤, 抵暮而歸.

나오다 图 나오다. ⇔출래(出來). 《朴新諺
2, 2ㅈ》一會兒就出來上馬, 흔 지위만 ㅎ
면 곳 나와 물을 틀리라. 《朴新諺 2, 4
ㅈ》便上馬出來了, 곳 물을 트고 나올와.
《朴新諺 3, 25ㅎ》出來說與師傅, 나와 스
승ᄃ려 닐러써니. 《朴新諺 3, 26ㅈ》鹿皮
待要出來, 鹿皮ㅣ 나오고져 ᄒ거늘. 《朴
新諺 3, 26ㅎ》王見他多時不出來, 王이 데
오래 나오디 아니믈 보고. 《朴新諺 3, 57
ㅎ》倒是娘子柳氏出來說道, 도로혀 娘子
柳氏ㅣ 나와 니르되.

나일개(那一箇) 데 누구. ⇔누고. 《集覽,
字解, 單字解, 3ㅎ》那. 平聲, 音노, 推移
也. 那一那 논힐후다. 上聲 나, 何也. 那
裏 어듸, 那箇 어늬. 又誰也. 那一箇 누
고. 去聲 나. 那裏, 彼處也. 那箇 뎌것.
又語助. 有那沒 잇ᄂ녀 업스녀.

나일나(那一那) 图 노닐다. 이동하다. 발
짝을 떼다. ⇔논힐후다. 《集覽, 字解, 單
字解, 3ㅎ》那. 平聲, 音노, 推移也. 那一
那 논힐후다. 上聲 나, 何也. 那裏 어듸,
那箇 어늬. 又誰也. 那一箇 누고. 去聲
나. 那裏, 彼處也. 那箇 뎌것. 又語助. 有
那沒 잇ᄂ녀 업스녀. 《爭報恩, 1折》怎覷
那喬軀老, 屈脊低腰, 款那步輕擡脚. 《淸
平山堂話本, 快嘴李翠蓮記》新人那步過
高堂, 神女仙郞入洞房.

나전(拿錢) 명 먹국하기. ⇔ᄎ불쥐기.
《集覽, 朴集, 上, 6ㅎ》拿錢. 卽猜拳也. ᄎ
〈ᄎ〉불:쥐·기. 質問云, 此二人以錢相賭之
戲, 跌過兩背, 相同爲贏〈羸〉. 質問之釋,

若本國돈ᄲ기.

나죵내 쀤 내내. 끝끝내. 마침내. 결국은.
●⇔도저(到底). 《朴新諺 1, 27ㅈ》到底
是沒眼的, 나죵내 이 눈 업슨 거시로다.
《朴新諺 2, 51ㅈ》到底是你的職分好福氣
好, 나죵내 네 職分이 됴코 福氣 됴타.
《朴新諺 2, 56ㅈ》咳到底是你這矬漢倒了,
애 나죵내 너 이 킈 져근 놈이 것구러지
거다. ●⇔두도(頭到). 《集覽, 字解, 單
字解, 7ㅈ》頭. 首也. 東頭·西頭 동녁 귿
·셧녁 귿, 頭到 나죵내, 到頭 나죵애.
通作投. 又上頭 젼ᄎ로. 又頭盤 첫판, 頭
舘 첫 판, 頭雞 첫 ᄃᆰ.

나죵애 명 나중에. 결국은. ⇔도두(到頭).
《集覽, 字解, 單字解, 7ㅈ》頭. 首也. 東頭
·西頭 동녁 귿·셧녁 귿, 頭到 나죵내,
到頭 나죵애. 通作投. 又上頭 젼ᄎ로. 又
頭盤 첫판, 頭舘 첫 판, 頭雞 첫 ᄃᆰ.

나주(拿住) 图 ●잡다捕. 또는 구속하다.
⇔잡다. 《朴新諺 1, 35ㅎ》便拿住那和尙
打的半死半活, 곳 뎌 듕을 자바 텨 半死
半活ᄒ니. ●잡히다. 구속되다. ⇔잡피
다. 《朴新諺 3, 19ㅎ》被巡夜的拿住, 슌라
에 잡피믈 닙어.

나착(拿着) 图 가지다. 가지고 있다. ⇔가
지다. 《朴新諺 2, 12ㅈ》他的主兒一箇手
拿着五色小旗, 뎌 님재 흔 손에 五色 져
근 旗를 가지고. 《朴新諺 2, 41ㅈ》拿着
取燈兒, 取燈을 가지고. 《朴新諺 3, 47
ㅎ》拿着三丈高的一面大旗, 세 길이나
노픈 一面 大旗를 가지고.

나천(羅天) 명 도교에서 이르는, 36천(天)
가운데 가장 높은 세계. 《集覽, 朴集, 下,
4ㅎ》羅天. 道經云, 七寶之樹各生一方, 弥
覆一天, 八樹弥覆八天, 包羅衆天, 故云大
羅, 此聖境也. 謂覆盖萬天, 羅絡三界, 極
高無上, 故稱大羅. 三淸五境三十六天, 謂
之大羅, 四方四梵三十二天, 謂之中羅, 其
欲色三界三十八天, 謂之小羅, 總〈緫〉謂
之羅天三界.

나천대초(羅天大醮) 图 나천대초(羅天大醮)의 제전(祭典)을 행하다. ⇔나천대초ᄒᆞ다(羅天大醮-).《朴新諺 3, 22ㅎ》孫行者便到羅天大醮壇場上藏身, 孫行者ㅣ 곳 羅天大醮ᄒᆞᄂᆞᆫ 壇場에 가 몸을 ᄀᆞᆷ초아.

나천대초(羅天大醮) 몡 도사(道士)가 복을 기원하고 재앙을 떨치기 위하여 성대하게 거행하는 제전(祭典).《朴新諺 3, 22ㅈ》一日先生做羅天大醮(朴新注, 52ㅈ: 道經云, 覆盖萬天, 羅絡三界, 極高無上, 謂之大羅. 天醮, 祭名, 祭扵星辰曰醮.), 一日에 先生이 羅天大醮를 ᄒᆞ더니.《朴新諺 3, 23ㅈ》你教徒弟壞了我羅天大醮, 네 徒弟로 ᄒᆞ여 내 羅天大醮를 해여 ᄇᆞ리고.

나천대초ᄒᆞ다(羅天大醮-) 图 나천대초(羅天大醮)하다. ⇔나천대초(羅天大醮).《朴新諺 3, 22ㅎ》孫行者便到羅天大醮壇場上藏身, 孫行者ㅣ 곳 羅天大醮ᄒᆞᄂᆞᆫ 壇場에 가 몸을 ᄀᆞᆷ초아.

나천삼계(羅天三界) 몡 도교에서, 대라(大羅)·중라(中羅)·소라(小羅)를 통틀어 이르는 말.《集覽, 朴集, 下, 4ㅎ》羅天. 謂覆盖萬天, 羅絡三界, 極高無上, 故稱大羅. 三淸五境三十六天, 謂之大羅, 四方四梵三十二天, 謂之中羅, 其欲色三界三十八天, 謂之小羅, 緫〈総〉謂之羅天三界.

나출(拿出) 图 내다. ⇔내다.《朴新諺 3, 37ㅈ》拿出毬棒借與崔哥打, 댱방올 막대를 내여 崔哥를 빌려 주어 치게 ᄒᆞ쟈.

나타 图 낳다. 출산하다. ⇔양(養).《集覽, 字解, 單字解, 7ㅎ》養. 養成 기르다. 又生産曰養, 養孩兒 ᄌᆞ식 나타. 又呼淫婦宣淫者曰養漢的.

나타(懶惰) 囝 게을리. 게으르게. ⇔게얼리.《朴新諺 2, 40ㅎ》不要懶惰, 게얼리 말라.

나타(懶惰) 혱 나태(懶怠)하다. 게으르다. ⇔나타ᄒᆞ다(懶惰-).《朴新諺 1, 48ㅎ》休要懶惰, 懶惰치 말고.

나타ᄒᆞ다(懶惰-) 혱 나타(懶惰)하다. ⇔나타(懶惰).《朴新諺 1, 48ㅎ》休要懶惰, 懶惰치 말고.

나태(懶怠) 图 싫어하다. 흥미 없어 하다. 귀찮아하다. ⇔슬희다.《朴新諺 3, 46ㅈ》我不去也懶怠看, 내 가지 아니ᄒᆞ리라 ᄯᅩ 보기 슬희여라.

나ᄒᆞ 몡 나이. 연령. 연세. ●⇔경(庚).《朴新諺 3, 56ㅎ》韓先生貴庚, 韓先生의 貴ᄒᆞᆫ 나히여. ●⇔아(牙).《朴新諺 3, 54ㅈ》牙幾歲, 나히 현이라. ●⇔연(年).《朴新諺 2, 19ㅈ》情愿將親生之子小名神奴現年五歲, 情愿으로 親生ᄒᆞᆫ 아들 小名은 神奴ㅣ오 시방 나히 五歲엣 거슬다가.《朴新諺 3, 43ㅈ》年三十七歲身故, 나히 三十七歲에 身故ᄒᆞ여.《朴新諺 3, 52ㅈ》告狀人李萬現年幾歲, 告狀ᄒᆞᄂᆞᆫ 사람 李萬의 시방 나히 현이오.《朴新諺 3, 57ㅈ》年當二十歲時分, 나히 二十歲에 당ᄒᆞᆯ 때는. 四⇔연기(年紀).《朴新諺 2, 46ㅎ》你們如今十歲年紀了, 너희 이제 열 뿔 나히라.《朴新諺 3, 42ㅎ》他多大年紀了, 데 나히 언머나 ᄒᆞ던고.《朴新諺 3, 51ㅎ》那厮多少年紀了, 뎌 놈이 나히 언머나 ᄒᆞ뇨.

나하추(納哈出) 몡 원·명대(元明代)의 무장(?~1381). 공민왕(恭愍王) 11년(1362)에 고려(高麗)를 침입하였으나, 이성계(李成桂)에게 패하여 자신의 말을 왕과 이성계에게 바치고 화친을 맺었다. 뒤에 명나라에 패하여 투항하였다.《集覽, 朴集, 上, 4ㅈ》開元. 遼誌云, 本肅愼氏地, 虞舜時高麗有其地, 周時爲荒服, 元設開元路, 元末屬納哈出, 今設三萬衛, 又設遼海衛.

나한(羅漢) 몡 〈불〉 아라한(阿羅漢). 생사를 이미 초월하여 배울 만한 법도가 없게 된 경지의 부처.《集覽, 朴集, 上, 16ㅎ》善知識. 善知〈智〉識者, 指高僧之稱. 知亦作智. 反〈飜〉譯名義云, 佛·菩薩·

羅漢是善知〈智〉識, 六波羅密・三十七品 是善知〈智〉識, 法性實〈宗〉際是善知〈智〉 識.《集覽, 朴集, 下, 5ㅈ》金頭揭地・銀 頭揭地・波羅僧揭地. 西遊記云, 釋迦牟 尼佛在靈山雷音寺演說三乘教法, 傍有侍 奉阿難・伽舍諸菩薩・聖僧・羅漢・八 金剛・四揭地・十代明王・天仙・地仙. 《朴新諺 2, 10ㅈ》這的眞是善知識(朴新 注, 26ㆆ: 指高僧之稱. 佛書云, 菩薩・羅 漢是善知識)了, 이 진짓 善知識이라.

나획(拿獲) 图 붙잡다. 체포하다.《集覽, 朴集, 下, 4ㅈ》孫行者. 老君・王母俱奏 于玉帝, 傳宣李天王, 引領天兵十萬及諸 神將至花菓山, 與大聖相戰失利. 巡山大 力鬼上告天王, 擧灌州灌江口神曰小聖二 郎, 可使拿獲. 天王遣太子木叉, 與大力鬼 徃請二郎神, 領神兵圍花菓山, 衆猴出戰 皆敗.

나ᄒ다 图 =다ᄒ다. '나'는 '다'의 잘못. 《朴新諺 2, 6ㆆ》描也描不盡的好風光, 모 흐려 ᄒ여도 모ᄒ여 나(다)치 못ᄒᆯ 됴흔 風光이니.

낙(落) 图 ❶떨어지다. ⇔쩌러지다.《朴 新諺 3, 27ㆆ》頭落在地上, 머리 쩌러져 싸히 잇더니. ❷떼어먹다. 가로채다. ⇔ 쩌히다.《朴新諺 2, 13ㅈ》必定是那厮落 了我一兩銀子了, 일뎡 뎌 놈이 내 흔 냥 은을 쩌혓도다.

낙(酪) 閱 타락(駝酪). 우유. ⇔타락.《朴 新諺 2, 16ㆆ》酪一鐥, 타락 흔 대야와.

낙(樂) 图 즐기다. ⇔즐기다.《朴新諺 1, 7ㆆ》有酒有花以爲眼前之樂, 술을 두고 곳츨 두어 眼前에 즐기믈 삼는다 ᄒ고.

낙(樂) 閱 즐거움. ⇔즐겨옴.《朴新諺 2, 7ㆆ》有苦同受有樂同享, 괴로옴이 잇거 든 흔가지로 밧고 즐거옴이 잇거든 흔 가지로 누리면,《朴新諺 3, 49ㅈ》那裡知 道我這漁翁之樂, 어디 우리 이 漁翁의 즐 거오믈 알리오.

낙ㄱ다 图 낚다. ⇔조(釣).《朴新諺 3, 50 ㅈ》瞤眼間釣出箇老大金色鯉魚, 눈 곰작 홀 ᄉ이에 흔 ᄀ장 큰 금빗히 鯉魚를 낙 가 내니.

낙가(落伽) 閱 낙가산(落伽山)의 준말. 《集覽, 朴集, 中, 3ㆆ》南海普陁落伽山. 普陁落伽, 唐言小白花, 卽山攀花也. 山多 小白花, 故仍名. 徃時高麗・新羅・日本 諸國, 皆由此道以候風汛. 飜譯名義云, 補陁落迦(伽), 此云海島, 又云小白花.

낙가(落迦) 閱 =낙가(落伽). '迦'는 '伽'의 다른 표기.《集覽, 朴集, 中, 3ㆆ》南海普 陁落伽山. 普陁落伽, 唐言小白花, 卽山攀 花也. 山多小白花, 故仍名. 徃時高麗・新 羅・日本諸國, 皆由此取道以候風汛. 飜 譯名義云, 補陁落迦(伽), 此云海島, 又云 小白花.

낙가산(落伽山) 閱 중국 절강성(浙江省) 보타현(普陀縣)에 있는 산. 중국 불교 4 대 명산(名山)의 하나이다.《集覽, 朴集, 中, 3ㆆ》南海普陁落伽山. 山在寧波府定 海縣, 古昌國縣海中. 佛書所謂海岸高絶 處, 普陁洛伽山, 世傳觀音現像于此, 上有 普陁寺. 普陁落伽, 唐言小白花, 卽山攀花 也. 山多小白花, 故仍名. 徃時高麗・新羅 ・日本諸國, 皆由此取道以候風汛. 飜譯 名義云, 補陁落迦(伽), 此云海島, 又云小 白花.《集覽, 朴集, 下, 1ㅈ》西天取經去. 乃以西天去東土十萬八千里之程, 妖恠 〈怪〉又多, 諸衆不敢輕諾. 唯南海落伽 〈迦〉山觀世音菩薩, 騰雲駕霧徃東土去, 遙見長安京兆府, 一道瑞氣衝天, 觀音化 作老僧入城.《朴新諺 2, 28ㆆ》到那南海 普陀落伽山(朴新注, 33ㅈ: 在寧波府定海 縣. 世傳觀音現像于此, 上有普陀寺.), 뎌 南海 普陀 落伽山에 가.

낙가산(落迦山) 閱 =낙가산(落伽山). '迦' 는 '伽'의 다른 표기.《集覽, 朴集, 下, 1 ㅈ》西天取經去. 乃以西天去東土十萬八 千里之程, 妖恠〈怪〉又多, 諸衆不敢輕諾. 唯南海落伽〈迦〉山觀世音菩薩, 騰雲駕霧

徃東土去, 遙見長安京兆府, 一道瑞氣衝天, 觀音化作老僧入城.

낙경(樂境) 圐 안락한 경지나 처지. 《朴新諺 2, 49ㅎ》眞箇無一時不是樂境, 진실로 一時도 樂境 아닌 거시 업스니.

낙덕(樂德) 圐 〈불〉 사덕(四德)의 하나. 이변(二邊)을 받아들이지 않는 덕. 《集覽, 朴集, 中, 4ㅈ》理圓四德. 四德, 曰常, 曰樂, 曰我, 曰淨. 無二生死爲常, 不受二邊爲樂, 具入自在爲我, 三業淸淨爲淨.

낙료(落了) 圐 지다. 떨어지다. ⇔디다. 《集覽, 字解, 單字解, 7ㅎ》落. 落了 디다. 又院落 뜰. 又落下 뼈우다. 又數落了罪過 죄목 혜다. 又吏語, 下落 간 곧, 又發落 공ᄉ 긂내다.

낙사(諾辭) 圐 허락(승낙)하는 말. 《集覽, 字解, 單字解, 6ㅎ》者. 蒙古語謂諾辭曰者. 兩書舊本皆述元時之語, 故多有者字. 今俗不用, 故新本易以着字.

낙숙(烙熟) 圐 (솥 따위에) 구어 익히다. 《集覽, 朴集, 上, 1ㅈ》拖爐. 音義云, 麵作小餅者〈麵作小餅〉. 質問云, 以麥麵和油蜜印成花樣, 烙熟食之. 《集覽, 朴集, 下, 7ㅈ》黃燒餅. 質問云, 以麥麵〈糆〉作成餅子, 用芝麻粘洒, 烙熟食之. 《集覽, 朴集, 下, 7ㅈ》酥燒餅. 質問云, 以麥麵〈糆〉用酥油調和作成餅子, 烙熟最酥, 方言謂之酥燒餅. 《集覽, 朴集, 下, 7ㅈ》硬麵燒餅. 質問云, 此不用油, 徒以冷水和麵〈糆〉烙熟. 《朴新諺 3, 36ㅈ》硬麵火燒(朴新注, 57ㅈ: 不用油, 以冷水和糆烙熟)都有, 硬麵으로 민드라 구은 떡이 다 이셰라.

낙시 圐 낚시. ●⇔구(鉤). 《朴新諺 2, 6ㅈ》撒網垂鉤的是大小漁船, 그믈을 티고 낙시를 드리온 거슨 이 大小 漁船이오. ●낚시. 낚싯바늘. ⇔조구(釣鉤). 《朴新諺 3, 50ㅈ》慢慢的把釣鉤垂下水去, 날회여 낙시를다가 물에 드리워.

낙역(絡繹) 圐 (사람·말·차·배 등이) 앞뒤로 끊이지 않고 이어지다. 《集覽,

朴集, 上, 4ㅎ》蘆溝橋. 橋之路西通關陝, 南達江淮. 兩旁多旅舍, 以其密邇京都, 行人·使客絡繹不絶.

낙주(洛州) 圐 북위(北魏) 때 하남성(河南省) 낙양시(洛陽市) 북쪽에 두었다. 《集覽, 朴集, 下, 1ㅈ》唐三藏法師〈三藏〉. 俗姓陳, 名偉, 洛州緱氏縣人也, 號玄奘法師.

낙하(落下) 圐 ●떨어뜨리다. ⇔뼈디우다. 《集覽, 字解, 單字解, 7ㅎ》落. 落了 디다. 又院落 뜰. 又落下 뼈우다. 又數落了罪過 죄목 혜다. 又吏語, 下落 간 곧, 又發落 공ᄉ 긂내다. ●떨어뜨리다. 가로채다. ⇔쩌ᄅ치다. 《朴新諺 3, 38ㅎ》還落下些養活他媳婦·孩兒, 쏘 져기 쩌ᄅ처 제 媳婦와 孩兒를 치더니.

난(卵) 圐 알. 《集覽, 朴集, 上, 2ㅎ》憤鴿子彈. 質問云, 鴿子彈糝於滾肉湯食之. 又云, 用肉湯在鍋, 再加椒料·菜·葱花, 燒火至滾沸, 方下鴿子卵, 盛之於碗, 以獻賓客.

난(亂) 囝 어지럽게. ⇔어즈러이. 《朴新諺 3, 34ㅈ》四五對簇簇趤趤的亂捽, 네다ᄉ 쌍식 무둑무둑 나아드러 어즈러이 삐롬ᄒ니.

난(亂) 阄 어지럽다. ⇔어즈럽다. 《朴新諺 1, 10ㅎ》前不斷後要亂, 몬져 결짠치 아니면 후에 어즈럽다 ᄒ니.

난(難) 圐 재난(災難). 위난(危難). 《朴新諺 2, 30ㅈ》卽救拔衆生之難, 곳 衆生의 難을 救ᄒ니.

난(難) 阄 ●어려우니. ⇔어려오니. 《朴新諺 1, 55ㅎ》養孩兒好不難哩, 아ᄒ를 기르기 ᄀ장 어려오니. ●어렵다. ⇔어렵다. 《朴新諺 1, 2ㅈ》便有羶氣難吃, 곳 노린내 이셔 먹기 어려오니라. 《朴新諺 1, 23ㅈ》當多了後來銀子不湊手就難贖了, 뎐당을 만히 ᄒ엿다가 후에 은이 손에 모히지 못ᄒ면 곳 무르기 어려오니라. 《朴新諺 1, 36ㅎ》咳貴人難見面, 애 貴人을 얼굴 보기 어렵다. 《朴新諺 1, 53

ㅎ》這話難說, 이 말을 니르기 어렵다. 《朴新諺 2, 11ㅈ》這箇不難, 이 어렵지 아니ᄒ다. 《朴新諺 2, 25ㅎ》特為我送來難得難得, 특별이 나를 위ᄒ여 보내니 엇기 어렵다 엇기 어렵다. 《朴新諺 2, 30ㅈ》由是威神莫測聖德難量, 일로 말믜암아 威神을 측냥치 못ᄒ고 聖德을 혜아리기 어려온지라. 《朴新諺 2, 51ㅎ》似我這般雜職微員陞轉極難, 우리 ᄀᆺ흔 이 雜職微員은 陞轉ᄒ기 극히 어려워. 《朴新諺 3, 14ㅎ》正是衆生難化了, 正히 衆生을 化키 어렵도다. 《朴新諺 3, 42ㅈ》難道連工錢也是不要的, 工錢조차 ᄯᅩ 밧지 아닛는다 니르기 어렵다.

난(爛) 图 무르녹다. ⇔무르녹다. 《朴新諺 1, 5ㅈ》頓爛肘(肋)子, 무르녹게 술믄 녑팔지와.

난(爛) 阌 무르다. ⇔무르다. 《朴新諺 1, 54ㅎ》且吃些稀粥爛飯, 아직 믉은 죽과 무른 밥을 먹고. 《朴新諺 3, 44ㅎ》式爛了也不吃, 너무 물러도 먹기에 맛당치 아니ᄒ니라.

-난 어미 -는. 《朴新諺 3, 35ㅈ》正所謂擎天白玉柱駕海紫金梁, 正히 니른 바 하ᄂᆞᆯ을 바쳣논 白玉柱ㅣ오 바다ᄒᆞᆯ 걸탓난 紫金梁이라.

난각(暖閣) 명 (큰 방에 딸리어) 난방을 하기 위하여 난로를 설치한 작은 방. 《朴新諺 2, 44ㅎ》暖閣幾間, 暖閣이 현 간.

난간(欄干) 명 난간. 《集覽, 朴集, 上, 8ㅎ》刺通袖膝欄. 元時好着此衣, 前後具胷背, 又連肩而通袖之脊, 至袖口為紋, 當膝周圍亦為紋如欄干, 然織成段匹為衣者有之, 或皮或帛, 用綵線周遭回曲為緣, 如花樣, 刺〈刾〉為草樹〈尌〉・禽獸・山川・宮殿之文於〈紋於〉其內, 備極奇巧, 皆用團領着之, 其直甚高. 《朴新諺 3, 13ㅎ》一會兒倚着欄干便打頓睡覺了, 흔 지위 欄干을 지혀 곳 조오더니.

난감(難甘) 阌 좋아하지 않다. 싫어하다. 마음에 들지 않다. ⇔난감ᄒ다(難甘). 《朴新諺 3, 52ㅎ》小人無辜受辱情理難甘, 小人이 죄 업시 辱을 바드니 情理 難甘ᄒ여.

난감ᄒ다(難甘) 阌 난감(難甘)하다. ⇔난감(難甘). 《朴新諺 3, 52ㅎ》小人無辜受辱情理難甘, 小人이 죄 업시 辱을 바드니 情理 難甘ᄒ여.

난나치 图 낱낱이. ⇔개개(箇箇). 《集覽, 字解, 單字解, 3ㅈ》箇. 一枚也. 俗呼一枚為一箇, 亦曰箇把. 又箇箇 난나치. 單言箇字, 亦為一枚之意. 有箇人 흔 사ᄅᆞ미. 又語助. 這箇・些箇. 又音이. 舌頭兩箇 혓 그토로, 今不用.

난녀(餪女) 명 결혼한 지 사흘 뒤에 친정에서 음식을 보내거나 잔치를 벌이는 일. 《集覽, 朴集, 上, 12ㅈ》圓飯筵席. 邵氏聞見錄, 宋景文公納子婦, 其婦家餪食. 書云, 以食物煖女. 公曰, 錯用字, 從食・從而・從大, 其子退撿. 博雅餪字注云, 女家三日餉食為餪女也. 圓飯, 卽遣制也.

난득(難得) 阌 (귀한 것이나 기회 등을) 얻기 어렵다. …하기 어렵다. 《朴新諺 2, 25ㅎ》特為我送來難得難得, 특별이 나를 위ᄒ여 보내니 엇기 어렵다 엇기 어렵다.

난목(煖木) 명 황벽(黃蘗)나무. 《集覽, 朴集, 下, 7ㅎ》飛棒杓兒. 質問畫成毬棒, 卽本國武試毬杖之形, 而下云煖木廂柄, 其杓用水牛皮為之, 以木為胎. 今按, 煖木, 黃蘗木也. 廂柄者, 以黃蘗皮裹其柄也. 胎者, 以木為骨, 而以皮為外裹也.

난보(難保) 阌 믿기 어렵다. 보장하기 어렵다. 《集覽, 字解, 單字解, 2ㅎ》保. 恃也. 保你 너 믿노라, 難保 믿디 어렵다. 吏學指南, 相託信任曰保. 又保擧也.

난살(亂撒) 图 어지럽게 흐트러지다. 《集覽, 朴集, 中, 3ㅎ》摟草. 摟, 探聚也. 收禾登場, 截穗取實, 亂撒禾稭在場, 仍而摟聚者曰摟草.

난취(爛醉) 图 (술에) 크게 취하다. 거나

하게 취하다. 만취(滿醉)하다. ⇔난취ㅎ
다(爛醉-).《朴新諺 2, 52ㅈ》我特地把酒
灌的他爛醉, 내 부러 술을다가 뎌의게
부어 爛醉케 ㅎ니.

난취ㅎ다(爛醉-) 图 난취(爛醉)하다. ⇔
난취(爛醉).《朴新諺 2, 52ㅈ》我特地把
酒灌的他爛醉, 내 부러 술을다가 뎌의게
부어 爛醉케 ㅎ니.

낟배다 혱 나쁘다. 부족하다. 모자라다.
⇔휴(虧).《集覽, 字解, 單字解, 5ㅎ》虧.
損也, 少也. 虧你多少 네게 언메나 낟브
뇨, 虧着我 내게 낟배라. 又次也. 吏語.
虧兌 원수에서 ᄶ다.

낟브다 혱 나쁘다. 부족하다. 모자라다.
⇔휴(虧).《集覽, 字解, 單字解, 5ㅎ》虧.
損也, 少也. 虧你多少 네게 언메나 낟브
뇨, 虧着我 내게 낟배라. 又次也. 吏語.
虧兌 원수에서 ᄶ다.

날 団 날[我]. 나를. ⇔아(我).《朴新諺 3,
41ㅎ》他與我極好相與, 뎨 날로 더부러
極히 됴히 사괴되,《朴新諺 3, 54ㅎ》你
要我說甚麼, 네 날 ᄃ려 니르라 ㅎ여 므
슴 ㅎ다.

날 명 ❶●날. 일(日). ⇔일(日).《集覽, 字
解, 單字解, 4ㅈ》來. 來往. 又語助. 你來
이바, 夜來 어제, 有來 잇더라, 去來 가
다. 又數物而有餘數, 未的知之辭. 十來箇
여라믄, 十里來地 십 리만ᄒ 듸, 十來日
여라믄 날.《朴新諺 1, 19ㅎ》遲日來斷不
有悮的, 날을 지연ㅎ여 오라 결딴코 그
르미 잇지 아니ㅎ리라.《朴新諺 1, 33
ㅎ》這幾日我總不見他, 이 여러 날을 내
아조 뎌를 보지 못홀다.《朴新諺 2, 23
ㅈ》眞是遠行知馬力日久見人心, 진실로
이 멀리 가매 물 힘을 알고 날이 오래매
사름의 ᄆᆞ음을 보느니라.《朴新諺 2, 30
ㅎ》一針投海底尙有可撈日, 一針을 海底
에 드리치매 오히려 可히 건질 날이 이
시려니와,《朴新諺 2, 58ㅈ》那日皇上賞
了他一百兩銀子四疋內府大緞, 그 날 皇
上이 뎌를 一百兩 銀과 네 疋 內府 大緞
을 賞 주더라.《朴新諺 3, 15ㅈ》想念之心
無日能忘, 싱각ㅎᄂ 모임이 니즐 날이
업스이다.《朴新諺 3, 40ㅎ》你那日到底
送到那裡就回來了, 네 그 날 ᄆᆞᆾ내 보내
여 어듸 가 곳 도라오뇨.《朴新諺 3, 52
ㅈ》本年某月某日, 本年 아모 둘 아모 날.
❷⇔천(天).《朴新諺 1, 25ㅎ》今日下雨
天, 오늘 비 오는 날이니.《朴新諺 3, 18
ㅎ》天天都是這般早聚晩散麼, 날마다 다
이리 일 모호고 늣게야 흣터지ᄂᆞ냐. ❷
(어느) 날. ⇔일일(一日).《朴新諺 1, 27
ㅎ》且就那一日拈香頭發重誓, 쏘 그 날
香을 솟고 듕ᄒ 밍셰ㅎ여.《朴新諺 1, 35
ㅈ》不知他那一日纔肯還, 아지 못게라
뎨 어닉 날 마치 즐겨 갑흐리오.《朴新
諺 2, 4ㅈ》我也那一日去拜壽了, 나도 그
날 가 拜壽ㅎ고. ❸날. 날짜. ●⇔일기
(日期).《朴新諺 1, 10ㅈ》待我擇之了日
期, 내 날 골희여 뎡홈을 기드려,《朴新
諺 1, 12ㅈ》今日却是開倉關米的日期, 오
늘이 이 開倉ㅎ여 ᄡᆯ ᄐᆞ는 날이라. ●⇔
일자(日子).《朴新諺 1, 9ㅈ》相懇你揀之
了起程日子, 네게 쳥ㅎᄂ니 起程홀 날을
골히어 뎡ㅎ면.《朴新諺 2, 10ㅈ》他說幾
箇日子呢, 뎨 니르기룰 몃 날을 홀ᄂᆞ뇨.
《朴新諺 2, 59ㅈ》却是箇好日子, 또 이 됴
ᄒ 날이요.

날 의 날. ⇔일(日).《朴新諺 2, 20ㅈ》自古
買人的中・保人只管得一百日, 네로부터
사룸 사는 딕 즁인・보인은 그저 일 빅
날을 ᄀᆞ음아느니,《朴新諺 2, 51ㅎ》那一
日在李指揮家, 뎌 ᄒ 날 李指揮 집의셔.

날(捏) 图 빚다. ⇔빗다.《朴新諺 2, 16ㅎ》
再捏些區食預備我吃罷, 또 져기 변시를
비저 내 먹기룰 預備ᄒ라.

날(辣) 혱 맵다[辛]. ⇔밉다.《朴新諺 1, 54
ㅎ》隨常飮食休吃酸・甜・腥・辣等物,
샹시 음식에 쉰 것 둔 것 비린 것 미온
것들을 먹지 말고.

날랄동(刺刺疼) 혱 쓰라리다. ⇔쁠알히
다. 《朴新諺 2, 36ㅈ》腮頰凍的刺刺(刺
刺)的疼哩, 쌤이 드라 쁠알힌다.

날마다 명 날마다. 매일. ●⇔매일(每日).
《朴新諺 2, 48ㅎ》我每日總聽明鍾一聲響,
내 날마다 게요 明鍾 흔 소리를 듯고.
●⇔천천(天天). 《朴新諺 3, 18ㅎ》天天
都是這般早聚晚散麼, 날마다 다 이리 일
모호고 늣게야 훗터지ᄂᆞ냐.

날박다 동 장식을 박다. 알 박다. ⇔감(嵌).
《朴新諺 1, 23ㅎ》両對寶石廂嵌的鬢簮,
두 짱 寶石에 뎐메워 날박은 鬢簮과.

날소(捏塑) 동 인형 따위를 빚어 만들다.
《集覽, 朴集, 下, 9ㅎ》魂馬. 以紙捏塑爲
馬者也.

날호여 円 천천히. 느리게. 더디게. ●⇔
만(慢). 《朴新諺 3, 8ㅈ》且慢些收拾, 아
직 날호여 收拾ᄒᆞ게 ᄒᆞ고. ●⇔만만적
(慢慢的). 《朴新諺 1, 38ㅈ》慢慢的調理
將養, 날호여 調理 將養ᄒᆞ면. 《朴新諺 1,
42ㅈ》等我醫過了慢慢的牽去, 내 고치믈
기드려 날호여 잇그러 가. 《朴新諺 1, 46
ㅎ》慢慢的我與你把盞, 날호여 내 네게
盞 자브마. 《朴新諺 1, 57ㅈ》再慢慢的聚
話罷, 다시 날호여 모다 말ᄒᆞ쟈. 《朴新諺
3, 9ㅎ》慢慢的到江南, 날호여 江南에 가.
《朴新諺 3, 17ㅈ》我慢慢的再指點你, 내
날호여 다시 너를 ᄀᆞ걸ᄒᆞ마.

날회다 동 천천히 하다. 느리게 하다. ⇔
만착(慢着). 《集覽, 字解, 單字解, 1ㅎ》
慢. 緩也. 慢慢的 날회여, 慢著 날회라.

날회여 円 천천히. 느리게. 더디게. ●만
만아(慢慢兒). 《朴新諺 2, 56ㅈ》我慢慢
兒沿着人家房簷底下, 내 날회여 人家 쳠
하롤 조차. ●⇔만만적(慢慢的). 《集覽,
字解, 單字解, 1ㅎ》慢. 緩也. 慢慢的 날회
여, 慢著 날회라. 《朴新諺 2, 21ㅎ》我隨
後慢慢的跟駕去, 나는 隨後ᄒᆞ여 날회여
駕를 ᄯᆞ롸 가마. 《朴新諺 2, 45ㅎ》你兩
箇小厮慢慢的上去, 너희 두 아히 날회여

올라가. 《朴新諺 2, 46ㅈ》你上去却要慢
慢的走, 네 올라가되 ᄯᅩ 날회여 ᄃᆞ니라.
《朴新諺 3, 50ㅈ》慢慢的把釣鈎垂下水去,
날회여 낙시를다가 물에 드리워.

남 명 남(南). 남쪽. ⇔남(南). 《朴新諺 3,
10ㅎ》這炕我要朝南做, 이 캉을 내 남향
ᄒᆞ여 민들고.

남(男) 명 아이. 남자 아이. ⇔아히. 《朴新
諺 3, 15ㅈ》男在都城, 아히 都城에 이셔.
《朴新諺 3, 15ㅈ》男自拜別之後, 아히 拜
別ᄒᆞᆫ 後로부터. 《朴新諺 3, 15ㅎ》男在京
所幹之事已經完備, 아히 셔울 이셔 所幹
事ᄂᆞᆫ 임의 完備ᄒᆞ여시되. 《朴新諺 3, 16
ㅈ》則男之心願已足, 곳 아히 心願이 足
홀 거시니.

남(南) 명 남(南). 남쪽. ⇔남. 《朴新諺 1,
56ㅎ》朝南開着一箇小墻門便是, 南을 향
ᄒᆞ여 ᄒᆞᆫ 小墻門을 낸 거시 곳 이라. 《朴
新諺 3, 6ㅈ》衙門處處向南開, 衙門이 곳
곳이 南을 向ᄒᆞ여 여러시나. 有理無錢休
入來, 理 이셔도 돈이 업거든 드러오지
말라 ᄒᆞᄂᆞ니라. 《朴新諺 3, 10ㅎ》這炕我
要朝南做, 이 캉을 내 남향ᄒᆞ여 민들고.

남ㄱ 명 나무. ●⇔목(木). 《集覽, 朴集,
下, 3ㅈ》木植. 亦曰木料, 남ㆍ고〈그〉ㆍ로:
셩ㆍ녕〈셩녕〉홀 ᄀᆞᅀᆞ미〈ᄀᆞᅀᆞ미〉니. 詳見
字解料字下. 《朴新諺 1, 16ㅈ》話不說不
明木不鑽不透, 말을 니ᄅᆞ디 아니면 붉디
못ᄒᆞ고 남글 ᄯᅮᆲ디 아니면 ᄉᆞᄆᆞᆺ디 못ᄒᆞᆫ
다 ᄒᆞ니라. ●⇔수(樹). 《朴新諺 3, 3ㅎ》
風不來樹不搖, ᄇᆞ람이 부지 아니면 남기
흔더기지 아니코. 雨不來河不漲, 비 오
지 아니면 물이 넘지 아니ᄒᆞᆫ다 ᄒᆞ니라.

남가(男家) 명 (결혼에 있어서의) 신랑
측. 남자 쪽. 《集覽, 朴集, 上, 12ㅈ》圓飯
筵席. 圓作完是, 謂齊足之意. 今按, 漢人
娶妻親迎, 而女至男家以宿, 則女家送
食于男家, 三日而止. 止食之日, 女家必具
酒饌, 送男家設宴, 謂之完飯筵席.

남경(南京) 명 고도(古都) 이름. 중국 강

소성(江蘇省)의 남서쪽 양자강(揚子江) 하류 연안에 있다. 명(明)나라 영종(英宗) 초에 행재소(行在所)였던 응천부(應天府)를 고쳐 부른 이름이다. 청대(淸代)에도 그대로 따랐다. 역대 왕조의 도읍지로 명승고적이 많다. 《集覽, 朴集, 下, 8ㅎ》南京應天府丞. 南京, 古金陵之地, 吳・晉・宋・齊・梁・陳・南唐建都, 大明太祖定鼎於此, 爲京師, 設應天府, 以燕京爲北平布政司. 永樂中, 於北平肇建北京, 爲行在所. 正統中, 以北京爲京師, 設順天府, 以應天府爲南京. 府丞二員, 正四品.《朴新諺 2, 8ㅈ》這是南京來的眞正八絲好緞子, 이 南京셔 온 진짓 八絲 됴흔 비단이라.《朴新諺 2, 28ㅈ》帶十兩銀子到東安州(朴新注, 32ㅎ: 在京都南一百里.)去放黑豆, 열 냥 은을 가지고 東安州에 가 거믄콩에 노하.《朴新諺 2, 42ㅈ》要南京來的鴉靑色・月白色這兩樣緞子, 南京으로서 온 야청빗과 남빗 이 두 가지 비단을 호려 호노라.《朴新諺 3, 39ㅎ》是南京應天府府丞(朴新注, 58ㅎ: 南京, 古金陵, 今爲應天府. 有府丞二員, 正三品.), 이 南京 應天府 府承이라.

남교(南郊) 톙 도시의 남쪽 교외.《集覽, 朴集, 中, 2ㅈ》郊天. 天子設圜丘於南郊, 以祭天神・地祇・日月星辰・山川・嶽瀆, 以太祖配享.

남극노인(南極老人) 톙 별 이름. 큰개자리에서 가장 밝은 별로서 시리우스(Sirius) 다음으로 밝으며, 옛사람들은 이 별이 장수(長壽)를 상징한다고 해서 수성(壽星)이라고 불렀다.《集覽, 朴集, 上, 7ㅈ》南斗. 南極老人星名, 曰天府, 曰天相, 曰天梁, 曰天童, 曰天樞, 曰天機.

남기 톙 나무가.《朴新諺 3, 3ㅎ》風不來樹不搖, 브람이 부지 아니면 남기 흔더기지 아니코. 雨不來河不漲, 비 오지 아니면 물이 넘지 아니혼다 호니라.

남기다 동 남기다. 남겨 두다. ⇔유하(留

下).《朴新諺 3, 25ㅎ》只留下桃核, 다만 복셩화 삐만 남기고.

남남여녀(男男女女) 톙 많은 남녀의 무리. 다수의 남자와 여자.《朴新諺 2, 6ㅈ》還有那男男女女, 당시롱 뎌 男男女女ㅣ 이셔.

남녀(男女) 톙 남자와 여자.《集覽, 朴集, 上, 16ㅎ》善男善女. 金剛經疏曰, 向善之男女也. 又見下.《集覽, 朴集, 下, 9ㅈ》彩亭子. 僧尼・道士及鼓〈皷〉樂・鍾鈸塡咽大路, 遠近大小親鄰〈隣〉男女, 前後導從者, 不知幾人, 後施夾障從之.

남다 동 ❶ 남다(餘). ❶⇔다(多).《朴新諺 1, 1ㅎ》約有三十多箇, 셜흔 나믄 이 이실 쏫호니.《朴新諺 1, 52ㅈ》徃還路程約有二千多里, 徃還 路程이 二千里 나마 잇고. ❷⇔여(餘).《朴新諺 1, 46ㅎ》其餘的你都買去, 그 남은 거슨 네 다 사라 가라.《朴新諺 2, 31ㅎ》其餘的小廝們在家, 그 나믄 아히들은 집의 이셔.《朴新諺 3, 33ㅎ》其餘傢伙, 그 나믄 연장.《朴新諺 3, 38ㅎ》其餘賣的賣了, 그 남아 풀 것 풀고. ❸⇔잉하(剩下).《朴新諺 3, 28ㅎ》只剩下一箇虎頭, 그저 흔 범의 머리만 남아시니. ❷ 남다(越). ⇔다(多).《集覽, 字解, 單字解, 6ㅈ》多. 多少 언메나. 又許多 하나한. 又餘也. 三十里多地 삼십 리 나믄 짜. 吏語, 多餘. 又過也. 有甚麽多處 므스기 너믄 고디 이시리오. 又重也. 므스기 앗가온 고디 이시리오.

남당(南糖) 톙 남방(南方)에서 생산된 설탕으로 만든 과자류.《朴新諺 3, 32ㅈ》然後拿些達子餑餑・南糖・乾果子來, 그린 후에 達子썩과 南糖과 乾果를 가져오라.

남두(南斗) 톙 남두육성(南斗六星)의 준말.《集覽, 朴集, 上, 7ㅈ》南斗. 南極老人星名, 曰天府, 曰天相, 曰天梁, 曰天童, 曰天樞, 曰天機. 六星秉爵秩祿俸之籍, 能解本命〈俞〉之厄. 晉書天文志, 六星天廟〈庙〉, 丞相太宰之位, 主褒賢進士, 稟授爵

祿.

남두육성(南斗六星) 몡 궁수(弓手)자리에 있는 국자 모양의 여섯 개의 별. 북두칠성(北斗七星)의 모양을 닮은 데서 이름이 유래하였다. 장수(長壽)를 주관하는 별로 전해진다. 《集覽, 朴集, 上, 7ㅈ》南斗. 南極老人星名, 曰天府, 曰天相, 曰天梁, 曰天童, 曰天樞, 曰天機. 六星秉爵秩祿俸之籍, 能解本命〈夲〉之厄. 晉書天文志, 六星天廟〈庙〉, 丞相太宰之位, 主褒賢進士, 稟授爵祿. 《朴新諺 1, 21ㅎ》南斗六星板却做得忒圓了些, 南斗六星 돈은 민든 거시 너무 두렷ᄒ고.

남릉(藍綾) 몡 쪽빛으로 물들인 능(綾). 《朴新諺 3, 15ㅎ》藍綾二疋裡紬四疋, 藍綾 두 필과 안 너흘 비단 네 필을 부뎌.

남면(南面) 통 남쪽으로 향하다. 남쪽을 바라보다. 《集覽, 朴集, 中, 9ㅈ》衙門處處向南開. 南村輟耕錄云, 凡衙門皆坐北南向者, 南方屬離卦, 離虛中則聰. 又南方火位, 火明則能破暗, 故表南面聰〈聦〉明, 爲民治愚暗之事.

남방(南方) 몡 ❶남쪽. 남녘. 《集覽, 朴集, 中, 9ㅈ》衙門處處向南開. 南村輟耕錄云, 凡衙門皆坐北南向者, 南方屬離卦, 離虛中則聰. 又南方火位, 火明則能破暗, 故表南面聰〈聦〉明, 爲民治愚暗之事. ❷중국의 남부 지역. 장강(長江) 유역과 그 이남 지역을 이른다. 《集覽, 朴集, 上, 11ㅎ》娘子. 南村輟耕錄云〈南村輟耕錄〉, 世謂穩婆曰老娘, 女巫曰師娘, 唱〈娼〉婦曰花娘, 達人又曰草娘, 苗人謂妻曰夫娘, 南方謂婦人無行者曰夫娘, 謂婦人之卑賤者曰某娘, 曰幾娘, 鄙之曰婆娘. 《朴新諺 1, 2ㅎ》這幾樣都是南方來的有名的好酒, 이 여러 가지는 다 이 南方셔 온 有名ᄒᆫ 됴혼 술이라. 《朴新諺 2, 58ㅈ》原是箇南方人, 본디 이 南方 사ᄅᆞᆷ. 《朴新諺 1, 4ㅎ》都要學那南方做法纔好吃哩, 다 뎌 南方셔 민ᄃᆞᆫ 법대로 ᄒ여야 맛치 먹기

됴흐리라.

남번(南蕃) 몡 중국 남부의 변경 지역. 《集覽, 朴集, 上, 9ㅎ》紫鴉忽. 瓊也. 出南番・西番. 性堅滑, 有紅瓊・紫瓊, 亦有淡者, 色明瑩. 有大如指面者, 儘大儘貴. 《朴新諺 1, 23ㅎ》両對寶石(朴新注, ㅎ: 出南蕃・西蕃, 性堅滑, 色淡紅明瑩.)廂嵌的鬂簪, 두 ᄡᅡᆼ 寶石에 던메워 날박은 鬂簪과.

남빗 몡 남빛. 담청색(淡青色). ⇔월백색(月白色). 《朴新諺 2, 42ㅈ》要南京來的鴉青色・月白色這兩樣緞子, 南京으로셔 온 야쳥빗과 남빗 이 두 가지 비단을 ᄒ려 ᄒ노라.

남빗ᄎ 몡 남빛. 담청색(淡青色). ❶⇔월백(月白). 《朴新諺 2, 43ㅎ》月白的三兩銀子如何, 남빗츤 석 냥 은에 홈이 엇더 ᄒᄂᆀ. ❷⇔월백색(月白色). 《朴新諺 2, 43ㅈ》月白色的四兩銀子一疋, 남빗체ᄂᆞᆫ 넉 냥 은에 ᄒᆫ 필이라.

남성(南城) 몡 원대(元代)의 서울이었던 대도(大都)의 속칭. 《集覽, 朴集, 上, 15ㅎ》南城. 大元以燕京爲大都, 俗號南城, 以開平府爲上都, 俗號北城. 《朴新諺 2, 9ㅎ》咱們到南城(朴新注, 26ㅈ: 元時, 以燕京稱爲南城.)永寧寺裏, 우리 南城 永寧寺에 가.

-남아 조 -나마餘. -넘도록. ⇔다(多). 《朴新諺 2, 23ㅈ》來到通州賣了多一半, 通州ㅣ 와 반남아 풀고.

남아(男兒) 몡 사나이. 사내. ❶⇔ᄉ나희. 《朴新諺 2, 26ㅎ》男兒無婦財無主, ᄉ나희 지어미 업스면 짓물이 님재 업고. 婦人無夫身無主, 계집이 지아비 업스면 몸이 님재 업다 ᄒ니. 《朴新諺 2, 34ㅎ》勸他男兒說, 제 ᄉ나희ᄅᆞᆯ 말려 니ᄅᆞ되. ❷⇔ᄉ나히. 《集覽, 朴集, 上, 9ㅎ》漢子. 泛稱〈称〉男兒曰漢, 又指婦女之夫曰漢子. 《朴新諺 1, 29ㅈ》眞是有福氣的好男兒哩, 진딧 有福ᄒ 됴흔 ᄉ나히러라. 《朴新諺 2, 34ㅈ》我男兒做這般迷天大罪的事, 우

리 ᄉ나히 이런 迷天大罪엣 일을 ᄒ니.

남아무부재무주부인무부신무주(男兒無婦財無主 婦人無夫身無主) 구 사나이가 아내가 없으면 재산을 관리하는 사람이 없고, 여자가 남편이 없으면 몸을 의지할 데가 없다는 뜻. 《朴新諺 2, 26ᄒ》男兒無婦財無主, ᄉ나희 지어미 업스면 지믈이 님재 업고. 婦人無夫身無主, 계집이 지아비 업스면 몸이 님재 업다 ᄒ니.

남자(藍子) 명 =남자(籃子). '藍'은 '籃'의 잘못. 《朴新諺 3, 2ᄌ》那箇拿藍(籃)子盛着猫的不是賣的麼, 뎌 ᄃ라치 가져 괴 담으니 이 풀 리 아니가.

남자(籃子) 명 다래끼. 바구니. ⇔ᄃ라치. 《朴新諺 3, 2ᄌ》那箇拿藍(籃)子盛着猫的不是賣的麼, 뎌 ᄃ라치 가져 괴 담으니 이 풀 리 아니가.

남자한(男子漢) 명 사나이. 사내. 대장부. ⇔ᄉ나희. 《朴新諺 1, 42ᄌ》咱們男子漢出遠門, 우리 ᄉ나희 먼 듸 나가. 《朴新諺 3, 57ᄒ》況為男子漢的怕甚麼呢, 흐믈며 ᄉ나희 되엿ᄂ니 므서슬 저퍼ᄒ리오.

남조(南朝) 명 중국에서 동진(東晉)이 망한 뒤 화남(華南) 지역에 한족(漢族)이 세운 송(宋)・제(齊)・양(梁)・진(陳)의 네 나라를 통틀어 이르는 말. 《集覽, 朴集, 上, 15ᄒ》步虛. 俗姓洪氏, 高麗洪州人, 法名普愚, 初名普虛, 號太古和尙. 有求法於天下之志. 至正丙戌春, 入燕都, 聞南朝有臨濟正脉不斷〈断〉, 可仰印可. 盖指臨濟直下雪嵓〈嵓〉嫡孫石屋和尙淸珙也.

남촌(南村) 명 원말(元末) 명초(明初) 도종의(陶宗儀)의 호(號). 《集覽, 朴集, 上, 2ᄒ》院本. 南村輟耕錄云, 唐有傳奇, 宋有戲曲・唱諢・詞說, 金有雜劇・諸宮調. 《集覽, 朴集, 上, 3ᄌ》雜劇. 劇〈ㄴ〉, 戲也. 南村輟耕錄曰, 稗官廢而傳奇作, 傳奇作而戲曲繼〈継〉. 《集覽, 朴集, 中, 6ᄒ》大帽. 如本國笠子之制. 南村輟耕錄云, 胡

石塘先生嘗應聘入京, 世皇召見於〈於〉便殿, 趍(趨)進, 不覺笠子欹側. 《集覽, 朴集, 中, 9ᄌ》衙門處處向南開. 南村輟耕錄云, 凡衙門皆坐北向南者, 南方屬離卦, 離虛中則聰. 又南方火位, 火明則能破暗, 故表南面聰〈聦〉明, 爲民治愚暗之事.

남촌철경록(南村輟耕錄) 명 남촌(南村) 도종의(陶宗儀)가 지은 철경록(輟耕錄)을 이르는 말. 《集覽, 朴集, 上, 2ᄒ》院本. 南村輟耕錄云, 唐有傳奇, 宋有戲曲・唱諢・詞說, 金有雜劇・諸宮調. 《集覽, 朴集, 上, 3ᄌ》雜劇. 劇〈ㄴ〉, 戲也. 南村輟耕錄曰, 稗官廢而傳奇作, 傳奇作而戲曲繼〈継〉. 《集覽, 朴集, 中, 6ᄒ》大帽. 如本國笠子之制. 南村輟耕錄云, 胡石塘先生嘗應聘入京, 世皇召見於〈於〉便殿, 趍(趨)進, 不覺笠子欹側. 《集覽, 朴集, 中, 9ᄌ》衙門處處向南開. 南村輟耕錄云, 凡衙門皆坐北南向者, 南方屬離卦, 離虛中則聰. 又南方火位, 火明則能破暗, 故表南面聰〈聦〉明, 爲民治愚暗之事.

남포(藍布) 명 쪽빛으로 물들인 베. 《朴新諺 1, 49ᄒ》稍得十疋白布・五疋藍布・五疋靑布來與你的, 열 필 白布와 닷 필 藍布와 닷 필 靑布롤 부쳐 와 너롤 주더라.

남해(南海) 명 남쪽에 있는 바다. 《集覽, 朴集, 中, 3ᄒ》南海普陁落伽山. 山在寧波府定海縣, 古昌國縣海中. 佛書所謂海岸高絶處, 普陁洛伽山, 世傳觀音現像于此, 上有普陁寺. 《集覽, 朴集, 下, 1ᄌ》西天取經去. 乃以西天去東十十萬八千里之程, 妖恠〈怪〉又多, 諸衆不敢輕諾. 唯南海落伽〈迦〉山觀世音菩薩, 騰雲駕霧徃東土去, 遙見長安京兆府, 一道瑞氣衝天, 觀音化作老僧入城. 《朴新諺 2, 28ᄒ》到那南海普陀落伽山, 뎌 南海 普陁 落伽山에 가. 《朴新諺 2, 29ᄌ》座飾芙蓉湛南海澄淸之水, 안즌 ᄃ는 芙蓉으로 ᄭ며시니 南海 澄淸ᄒ 믈에 ᄌ겻고. 《朴新諺 2, 30ᄒ》

也該一同到那南海去, 쏘 맛당이 혼가지
로 뎌 南海에 가.

남행(南行) 图 남쪽으로 향하여 가다. 《集
覽, 朴集, 上, 11ㅈ》馬有垂繮之報. 漢高
祖與項王會鴻門, 舞劒事急, 謀脫. 匹〈疋〉
馬南行, 道傍有一眢井, 馬到井邊不肯行.
漢王恐追者至, 下馬入井. 《朴新諺 1, 42
ㅎ》狗有濺草之恩, 개는 濺草혼 思이 잇
고. 馬有垂繮(朴新注, 16ㅎ: 漢高祖自鴻
門, 脫歸匹馬南行, 道傍有一眢井, 馬到井
邊不肯行. 高祖恐追者至, 下馬入井. 項王
追至井傍, 見馬跡, 謂高祖在井, 令人下井
搜求. 見井口有蜘蛛罩網, 鵓鴿一雙出井
飛去, 謂無人仍還. 翌日, 其馬到井垂繮,
高祖執而出.)之報, 몰은 垂繮혼 報 | 잇
다 흐니라.

남향(南向) 图 남쪽으로 향하다. 《集覽,
朴集, 中, 9ㅈ》衙門處處向南開. 南村輟耕
錄云, 凡衙門皆坐北南向者, 南方屬離卦,
離虛中則聰. 又南方火位, 火明則能破暗,
故表南面聰〈聰〉明, 爲民治愚暗之事.

남향ᄒ다 图 남향(南向)하다. ⇔조남(朝
南). 《朴新諺 3, 10ㅎ》這炕我要朝南做,
이 캉을 내 남향ᄒ여 민들고.

남홍(南紅) 图 연다홍(軟-紅). 연한 다홍
색. ⇔연다홍. 《朴新諺 1, 16ㅎ》這大紅
段眞是南紅顏色經緯勻淨, 이 다홍 비단
이 진짓 이 연다홍빗치오 삐놀이 고로
고 조흐니. 《朴新諺 2, 14ㅈ》五疋要染南
紅, 닷 필은 연다홍을 드리고져 ᄒ고.
《朴新諺 2, 14ㅎ》五箇南紅絹每一疋染錢
四錢, 닷 필 연다홍 깁은 미 혼 필에 물갑
시 너 돈이오.

납 图 도리. ⇔늠(檁). 《朴新諺 3, 16ㅎ》這
檁, 이 납과. 檁, ᄆᆞᄅ와. 椽, 혀와. 柱,
기동과. 短柱, 短柱와. 門框, 문얼굴과.
門扇, 문짝과. 吊窓, 들창과. 天窓, 우러
리창과. 雙扇, ᄴ다지와. 單扇, 외다지
와. 窓櫺, 창얼굴로.

납(拉) 图 ●싣다. 나르다. 운반하다. ⇔

싣다. 《朴新諺 3, 19ㅎ》徃煤場場拉(朴新
注, 51ㅎ: 載車輸物曰拉.)煤去, 煤場에 셕
탄 실라 가더니. ●끌다. ⇔쓰을다. 《朴
新諺 3, 46ㅎ》衆人拉着, 여러 사름이 쓰
을고. ●끌게 하다. 끌리다. ⇔쓰이다.
《朴新諺 3, 22ㅈ》便拿着拉車觧鋸, 곳 잡
아 술위 쓰이며 톱질 시겨. 四이끌다.
당기다. 끌어당기다. ⇔잇글다. 《朴新
諺 1, 24ㅈ》小厮們你拉馬, 아희들이 네
물을 잇그러. 《朴新諺 1, 41ㅎ》你帶我拉
到他那裏治去, 네 나롤 드리고 잇그러
져긔 고치라 가. 《朴新諺 1, 50ㅈ》若就
拉去賣, 만일 즉시 잇그러 가 풀면.

납(臘) 图 음력 12월에 지내는 납제(臘祭)
를 진대(秦代)에 일컫던 이름. 《集覽, 朴
集, 中, 8ㅎ》臘. 無定日, 冬至後第〈第〉二
戊日是也. 夏曰嘉平, 殷曰清祀, 周曰大蜡,
秦曰臘, 漢仍之. 臘者, 獵也, 因獵取獸, 以
祭先祖. 又臘者, 接也, 新故交接大祭, 以
報功也.

납(蠟) 图 초[燭]. ⇔쵸. 《朴新諺 2, 10ㅎ》
咱兩箇拿些布施和香·蠟去禮拜他, 우리
둘이 져기 보시와 香과 쵸를 가져가 뎌
의게 禮拜ᄒ고.

납길(納吉) 图 육례(六禮)의 하나로, 예전
에 혼인 때 신랑 집에서 혼인날을 받아
신부 집에 알리는 일. 《集覽, 朴集, 上,
11ㅎ》下多少財錢. 亦云下財. 家禮會通
云, 婚有六禮, 納采·問名·納吉·納徵
·請期·親迎. 《朴新諺 1, 44ㅈ》下多少
財禮(朴新注, 17ㅈ: 財, 羊·酒·花紅之
屬. 禮, 六禮, 納采·問名·納吉·納徵
·請期·親迎也.)呢, 언머 財禮룰 드리
더뇨.

납수(納綉) 图 =납수(納繡). '綉'는 '繡'의
속자. 《龍龕手鑑, 糸部》綉, 音秀. 《正字
通, 糸部》繡, 俗作綉. 《集覽, 朴集, 上, 9
ㅈ》納綉. 以未合之絲滿綉紗面, 不令紗之
本質外見者, 呼爲納綉. 綉亦作繡. 《集覽,
朴集, 上, 9ㅈ》納綉. 以未合之絲滿綉紗

面, 不令紗之本質外見者, 呼爲納綉. 綉亦作繡.

납수(納綉) 图 수(綉)놓다. 자수(刺繡)하다. 《集覽, 朴集, 上, 9ㅈ》納綉. 以未合之絲滿綉紗面, 不令紗之本質外見者, 呼爲納綉. 綉亦作繡. 《集覽, 朴集, 上, 9ㅈ》納綉. 以未合之絲滿綉紗面, 不令紗之本質外見者, 呼爲納綉. 綉亦作繡.

납오(納襖) 圐 누비옷. ⇔누비옷. 《集覽, 朴集, 上, 10ㅈ》衲襖. 反(飜)譯名義云, 好衣是未得道者生貪着處, 招致賊難, 或致奪育(命), 有如是等患, 故受弊衲衣. 大智論云, 行者少欲知是〈足〉, 衣趣盖形, 又國土多寒, 畜百衲具. 《朴新諺 1, 35ㅎ》穿着衲襖捧着鉢盂, 누비옷 닙고 에유아리 가지고.

납월(臘月) 圐 음력 섣달을 달리 이르는 말. 《朴新諺 1, 21ㅈ》到冬寒臘月裏, 冬寒臘月에 다ᄃ로면. 《朴新諺 2, 58ㅎ》今日是臘月二十五日, 오늘이 이 臘月 二十五日이라.

납음(納音) 圐 궁(宮)·상(商)·각(角)·치(徵)·우(羽)의 오음(五音)을 육십갑자(六十甲子)에 맞추어 오행(五行)으로 나타내는 말. 《集覽, 朴集, 下, 10ㅈ》粧點顏色. 牛色以立春日爲法, 日干爲頭·角·耳·色, 日支〈支〉爲身色, 納音爲蹄·尾·肚色. 日干, 甲·乙, 木, 靑色, 丙·丁, 火, 紅色之類. 日支〈支〉, 亥·子, 水, 黑色, 寅·卯, 木, 靑色之類. 納音, 如甲子日立春, 納音屬金, 用白色之類. 餘倣此.

납의(衲衣) 圐 〈불〉 중이 어깨에 걸치는 검은색의 법의(法衣). 또는 가사(袈裟)의 다른 이름. 《集覽, 朴集, 上, 10ㅈ》衲襖. 反(飜)譯名義云, 好衣是未得道者生貪着處, 招致賊難, 或致奪育(命), 有如是等患, 故受弊衲衣. 大智論云, 行者少欲知是〈足〉, 衣趣盖形, 又國土多寒, 畜百衲具.

납족이 图 납작이. ⇔편(匾). 《朴新諺 3, 33ㅈ》鼈壺要打得匾些, 鼈壺 민들기를

져기 납죡이 ᄒ고.

납질(納質) 图 물질을 넘겨주다. 《集覽, 字解, 單字解, 6ㅎ》儅. 人有遇急用錢, 則必以重物, 納質於富家, 賒錢取用. 至限則幷其本利償還錢主, 方得退回己之重物而來也. 典字人物通用, 儅字人用於物.

납징(納徵) 圐 =납폐(納幣). 《集覽, 朴集, 上, 2ㅈ》象生纏糖. 諸司職掌婚禮定親及納徵, 皆用芝麻·纏糖二合, 茶纏糖二合, 則纏與糖非二物矣. 《集覽, 朴集, 上, 11ㅎ》下多少財錢. 亦云下財. 家禮會通云, 婚有六禮, 納采·問名·納吉·納徵·請期·親迎. 《朴新諺 1, 44ㅈ》下多少財禮(朴新注, 17ㅈ: 財, 羊·酒·花紅之屬. 禮, 六禮, 納采·問名·納吉·納徵·請期·親迎也.)呢, 언머 財禮롤 드리더뇨.

납채(納采) 圐 =납폐(納幣). 《集覽, 朴集, 上, 11ㅎ》下多少財錢. 亦云下財. 家禮會通云, 婚有六禮, 納采·問名·納吉·納徵·請期·親迎. 《朴新諺 1, 44ㅈ》下多少財禮(朴新注, 17ㅈ: 財, 羊·酒·花紅之屬. 禮, 六禮, 納采·問名·納吉·納徵·請期·親迎也.)呢, 언머 財禮롤 드리더뇨.

납취(鑞觜) 圐 암종다리. 종다리의 암컷. (광대가 분장한 모습을 이른다) 《集覽, 朴集, 中, 1ㅈ》弄寶盖. 凡優人以造化鳥爲戲時, 一人擎一彩帛葆盖, 先入優塲, 以告戲雀之由. 次有一人捧一雀以入作戲. 如本節〈莭〉所云, 造化鳥 죵〈죵〉다리, 雄曰銅觜, 雌曰鑞觜.

납폐(納幣) 圐 육례(六禮)의 하나로, 예전에 정혼(定婚)이 이루어진 증거로 신랑 집에서 신부 집으로 예물을 보내는 일. 또는 그 예물. 《集覽, 朴集, 上, 11ㅎ》下多少財錢. 今制, 納采·問名·納吉揔〈総〉一次行禮, 以從簡便, 謂之定禮, 亦爲之定親, 亦曰下紅定, 亦送禮物. 又涓吉送婚書, 行納徵禮, 亦曰納幣, 俗云下財, 亦曰送禮.

낫 몡 낫畫. 대낮. ⇔백일(白日).《朴新諺
1, 16ㅈ》便是白日裏也不住的搽, 곳 낫도
머므지 말고 ㅂ 르라.

낫 回 날. ❶⇔개(箇).《集覽, 字解, 單字解,
5ㅎ》家. 止指一數之稱. 一箇家 흔 낫식,
幾箇家 몃 낫식, 又현 낫식, 幾年家 현
히식. 又麤也. 大家 대개. 又舉姓呼人之
稱. 李家・張家. 又呼皇帝曰官家. 又語
助. 沒有家 업다.《朴新諺 1, 43ㅎ》與你
十箇大錢, 너를 열 낫 대쳔을 주마.《朴
新諺 1, 50ㅎ》浴錢是五箇, 목욕ᄒᆞᄂᆞᆫ 갑
슨 다섯 낫 돈이오. 擦背錢是兩箇, 등 문
지르는 갑슨 두 낫 돈이오. 梳頭錢是五
箇, 마리 빗ᄂᆞᆫ 갑슨 다ᄉᆞᆺ 낫 돈이오.《朴
新諺 1, 50ㅎ》梳頭錢是五箇, 마리 빗ᄂᆞᆫ
갑슨 다ᄉᆞᆺ 낫 돈이오. 剃頭錢是十箇, 마
리 싹ᄂᆞᆫ 갑슨 열 낫 돈이오. 修脚錢是六
箇, 발톱 다듬는 갑슨 여ᄉᆞᆺ 낫 돈이니.
《朴新諺 1, 51ㅈ》也不過使二十八九箇錢,
스믈 여ᄃᆞᆲ 아홉 낫 돈을 ᄡᆞ매 지나지 아
니ᄒᆞ리라.《朴新諺 2, 46ㅈ》就換幾箇新
的, 곳 여러 낫 새 거ᄅᆞᆯ 밧고라.《朴新諺
3, 3ㅈ》一箇猫兒怎麽就直的這些錢, 혼
낫 괴에 엇지 곳 이 갑시 ᄡᆞ리오. ❷⇔
근(根).《朴新諺 2, 31ㅈ》還要把那箭俗
裏揷十根箭, ᄊᆞ 뎌 살동개에다가 열 낫
살 ᄭᅩ고.《朴新諺 3, 6ㅎ》虫蛀的無一根
風毛了怎麽好, 좀이 딥어 혼 낫 긴털이
업스니 엇지ᄒᆞ여야 됴ᄒᆞ료.《朴新諺 3,
24ㅈ》拔下一根頭髮變做狗蚤, 혼 낫 머
리터럭을 ᄲᅡ혀 變ᄒᆞ여 개벼록이 되여.
他也拔下一根毛來, 뎨 ᄊᆞ 혼 낫 털을 ᄲᅢ
혀. ❸⇔문(文).《朴新諺 1, 13ㅈ》五十文
一擔却不太少些麽, 쉰 낫 돈에 혼 짐이
ᄊᆞ 너무 젹지 아니ᄒᆞ냐.《朴新諺 1, 13
ㅎ》便給我五十文一擔也罷了, 곳 나를 쉰
낫 돈을 혼 짐에 주미 ᄊᆞ 무던ᄒᆞ다.《朴
新諺 3, 5ㅎ》你若不與他一文錢, 네 만일
뎌를 혼 낫 돈을 주지 아니ᄒᆞ고.

낫낫치 閉 낱낱이. ❶⇔개개(箇箇).《朴新

諺 1, 40ㅈ》家後一羣羊箇箇尾子長, 딥 뒤
히 혼 무리 羊이 낫낫치 ᄭᅩ리 긴 거시여.
《朴新諺 3, 13ㅎ》箇箇擎拳合掌, 낫낫치
擎拳合掌ᄒᆞ더니. ❷⇔세세(細細).《朴
新諺 2, 45ㅎ》細細的拔乾淨了, 낫낫치
ᄲᅢ히기를 乾淨히 ᄒᆞ고. ❸⇔축건(逐件).
《朴新諺 3, 18ㅈ》都要逐件發落, 다 낫낫
치 發落ᄒᆞ고.

낫다 톙 낫다[優]. 우월하다. (…보다) 뛰어
나다. ❶⇔강(强).《朴新諺 3, 19ㅈ》比
在前到底强些, 이젼에 비컨대 맛내 져기
나으니. ❷⇔강사(强似).《朴新諺 3, 46
ㅈ》我說與你便强似目睹了, 내 너ᄃᆞ려
니를 ᄡᅥ시니 곳 눈으로 보는 이도곤 나
으리라. ❸⇔강여(强如).《朴新諺 2, 27
ㅈ》便强如靈丹妙藥, 곳 靈丹 妙藥에셔
나아. ❹⇔고강(高强).《朴新諺 2, 33
ㅈ》比他師傅高强十倍哩, 제 스승에 비
기면 十倍나 나으니라.

낫ᄎ 몡 낯. ⇔면(面).《朴新諺 2, 57ㅎ》是
一箇細長身子團欒面的, 이 혼 킈 힐힐ᄒᆞ
고 ᄂᆞᆾ치 두렷혼.

낫ᄎ 回 낱. ⇔과(顆).《朴新諺 2, 34ㅎ》拿
珍珠一百顆來當, 珍珠 一百 낫츨 가져와
뎐당ᄒᆞ니.《朴新諺 3, 31ㅈ》這珊瑚老實
價錢一兩一顆, 이 珊瑚ㅣ 고지식호 갑시
혼 냥에 혼 낫치라.《朴新諺 3, 31ㅎ》與
你八錢一顆罷, 너를 여ᄃᆞᆲ 돈을 혼 낫체
주리라.

낭(娘) 몡 어미. ⇔어미.《朴新諺 2, 53ㅈ》
這妳娘好不精細, 이 졋어미 ᄀᆞ장 精細치
못ᄒᆞ다.

낭(狼) 몡 이리[狼]. ⇔일희.《朴新諺 2, 36
ㅈ》街上泥凍的都似狼牙一般, 거리에 즌
ᄒᆞᆰ 언 거시 다 일희 니 ᄀᆞᆮᄐᆞ니.

낭낭(娘娘) 몡 계집. 여자. ⇔계집.《朴新
諺 1, 39ㅈ》㿺皺娘娘裏頭睡, 쩡귄 계집
이 안히셔 자는 거시여.

낭문(廊門) 몡 회랑(回廊)에 낸 문.《集覽,
朴集, 下, 3ㅈ》六鶴舞琴. 史記, 師曠援琴

而鼓, 一奏之, 有玄鶴二八集于廊門, 再奏之, 延頸而鳴, 舒翼而舞.

낭원(閬苑) 몡 전설상 천상계(天上界) 곤륜산(崑崙山)에 있으며 신선이 산다는 곳. 《集覽, 朴集, 上, 15ㅈ》瑤池. 列仙傳, 崑崙〈崑崘〉閬苑, 有〈白〉玉樓十二, 玄室九層, 左瑤池, 右翠水, 環以弱水九重, 非飇〈飈〉車羽輪, 不可到也. 註, 瑤池, 王母所居.

낭자(娘子) 몡 ●아내. 처(妻). 《集覽, 朴集, 上, 11ㅎ》娘子. 子謂母曰娘, 字作孃. 又少女之稱, 字作娘. 孃・娘亦通用. 南村輟耕錄云〈南村輟耕錄〉, 世謂穩婆曰老娘, 女巫曰師娘, 唱〈娼〉婦曰花娘, 達人又曰草娘, 苗人謂妻曰夫娘, 南方謂婦人無行者曰夫娘, 謂婦人之卑賤者曰某娘, 曰幾娘, 鄙之曰婆娘. 今俗稱〈称〉公主・宮女, 下至庶人妻, 皆曰娘子. 《朴新諺 2, 53ㅎ》娘子見了好生聒譟難聽哩, 娘子ㅣ 보고 ᄀ장 짓궤여 듯기 어렵더라. ●예전에 처녀를 높여 이르던 말. 《集覽, 朴集, 下, 12ㅎ》娘子・柳氏〈柳氏〉. 貞州柳天弓女也. 高麗太祖初爲弓裔將軍, 領兵過貞州, 憩古柳下, 見川上有一女子甚美, 問誰. 女對曰, 天弓之女. 太祖到其家, 天弓饗之甚歡, 以女薦寢. 旣去, 絶不往來, 女守節〈莭〉爲尼. 太祖聞之, 迎以爲妃. 後裔敬慶・申崇謙等推戴太祖, 后贊成之. 旣卽位, 策后爲元妃. 薨, 諡神惠. 貞州, 今豐〈豊〉德昇天浦古城北二里是也. 《朴新諺 1, 43ㅎ》娶了娘子來家了, 娘子를 聚(娶)ᄒ여 집의 왓다 ᄒ더라. 《朴新諺 3, 57ㅎ》倒是娘子柳氏出來說道, 도로혀 娘子 柳氏ㅣ 나와 니르되.

낭재(郎才) 혱 남자가 재주가 있다. 《朴新諺 1, 45ㅈ》喜的又是郎才女貌眞箇是世上少有的, 깃분 거슨 ᄯ 이 郎才와 女貌ㅣ 진실로 世上에 드므니.

낭재여모(郎才女貌) 혱 남자는 재주가 있고 여자는 아름답다. 남녀 사이의 훌륭

한 인연을 비유하는 말. 《朴新諺 1, 45ㅈ》喜的又是郎才女貌眞箇是世上少有的, 깃분 거슨 ᄯ 이 郎才와 女貌ㅣ 진실로 世上에 드므니.

낭중(郎中) 몡 전국시대 임금의 시위로 시작되어, 진・한대(秦漢代)에는 낭중령(郎中令)에 속하여 거기(車騎)・문호(門戶)・숙위(宿衛)의 일을 맡았는데, 수・당(隋唐) 이후로는 육부(六部) 각사(各司)의 장(長)을 이르다가 청(淸) 말에 폐지되었다. 《集覽, 朴集, 上, 5ㅎ》郎中. 六部郎中〈元制, 郎中〉, 正五品, 月支〈支〉米十六石, 歲該一百九十石. 今此月支〈支〉四石, 則非實郎中, 乃斯須(湏)假號推敬之稱〈称〉.

낭탕(浪蕩) 통 가래다. 함부로 행동하다. 방탕(放蕩)하다. ⇔ᄀ래다. 《朴新諺 2, 28ㅈ》只知道閑遊浪蕩, 그저 힘힘이 놀고 ᄀ랠 줄만 아니.

낭형(浪形) 몡 물결 모양. 《朴新諺 1, 29ㅈ》身穿立水(朴新注, 11ㅎ: 袍衣下澷, 繡浪・花形者.)貂皮蟒袍, 몸에 슈결 잇ᄂ 貂皮 蟒袍를 닙고.

낮 몡 낫晝. 대낮. ●⇔백일(白日). 《朴新諺 1, 39ㅈ》白日去黑夜來, 나준 가고 밤은 오는 거시여. ●⇔상오(晌午). 《朴新諺 1, 48ㅎ》到晌午寫做, 나지 다드라 셔품 ᄡ기 호되. ●⇔일(日). 《朴新諺 1, 24ㅎ》日裏不肯刷不管喂, 나지 즐겨 빗기지 아니ᄒ며 먹이기를 ᄀ옴아지 아니ᄒ고. 《朴新諺 1, 25ㅈ》日裏又勤刷勤喂, 나지 ᄯ 브즈러니 빗기고 브즈러니 먹이면.

낳다 통 낳다. 출산하다. ●⇔생(生). 《朴新諺 3, 29ㅎ》你這賊養漢生的小驢精, 네 이 도적 養漢ᄒ여 나흔 져근 나귀삐아. 《朴新諺 3, 43ㅈ》寫的是壬辰年二月十二日生的, ᄡ 거시 이 壬辰年 二月 十二日 난 이오. ●⇔생하(生下). 《朴新諺 1, 56ㅈ》生下來呢乳哺三年, 나하는 三年을

젓 먹여. 《譯語類解, 上, 孕産》生下, 낫
타. ❷⇔양(養). 《朴新諺 1, 54ㅈ》養的是
小廝呢還是女孩兒呢, 나혼 거시 이 ᄉ나
희가 이 계집아희가.
내 団 ❶나의. ⇔아(我). 《朴新諺 1, 45ㅎ》
我沒有現成裁料, 내게 現成ᄒ ᄀ옴이 업
세라. 《朴新諺 1, 49ㅎ》我家有書信帶來
麽, 내 집의 書信이 이셔 가져왓ᄂ냐.
《朴新諺 2, 3ㅈ》且借與我一箇, 아직 내
게 ᄒ나흘 빌리면. 《朴新諺 2, 7ㅈ》我有
沈香繡袖袍一件, 내게 침향빗체 ᄉ매에
슈노흔 큰옷 ᄒ 볼이 이셔. 《朴新諺 2,
12ㅎ》回來還我, 도라와 내게 갑흐라.
《朴新諺 2, 27ㅈ》我的心病自然都消化了,
내 心病이 自然 다 슬아디리라. 《朴新諺
2, 52ㅈ》他前日輸與我的猪頭也不肯買,
뎨 그젓긔 내게 진 돗희 머리도 즐겨 사
지 아니ᄒ니. 《朴新諺 2, 55ㅈ》姐姐若輸
了也再不要違了我的言語如何, 각시 만일
져도 ᄯ 내 말을 어긔롯지 말ㅁ 엇더ᄒ
뇨. 《朴新諺 3, 19ㅎ》把我家小廝拿去監
了兩日, 내 집 아희 놈을다가 자바가 가
도완 지 이틀이오. 的物是我的, 돈은 이
네 것시오 物은 이 내 것시라. ❷내가.
●⇔아(我). 《朴新諺 1, 4ㅈ》喚厨子來我
與他商(商)量, 厨子를 블러 오라 내 저와
의논ᄒ쟈. 《朴新諺 1, 17ㅎ》這般我敎他
打了刀, 이러면 내 뎌로 ᄒ여 칼을 치이
되. 《朴新諺 1, 26ㅎ》我饒你四子罷, 내
너롤 네흘 졉쟈. 《朴新諺 1, 37ㅈ》咳我
實不知道, 애 내 실로 아지 못ᄒ여. 《朴
新諺 2, 10ㅎ》我到衙門去投了文書就回
來, 내 衙門에 가 文書를 드리고 즉시 올
거시니. 《朴新諺 2, 15ㅈ》你把你現成樣子
來我看, 네 現成ᄒ 樣子를 가져오라 내
보쟈. 《朴新諺 2, 37ㅎ》我又理他做甚麽,
내 ᄯ 뎌를 フ음ᄒ여 므슴 ᄒ리오. 《朴
新諺 2, 56ㅈ》我只到這裏來, 내 그저 여
긔 오노라. 《朴新諺 3, 6ㅎ》我有差使出
去了, 내 差使ㅣ 이셔 나가. 《朴新諺 3,

14ㅎ》我寫了, 내 뼈다. 《朴新諺 3, 26ㅎ》
行者說我如今去洗澡, 行者ㅣ 니로되
내 이제 들어가 목욕ᄒ리라 ᄒ고. 《朴新
諺 3, 37ㅈ》我怎麽不會打, 내 엇지 칠 줄
을 아지 못ᄒ리오. 《朴新諺 3, 55ㅎ》我
問你, 내 너ᄃ려 뭇노니. ●⇔찰(咱).
《朴新諺 3, 16ㅎ》木匠你來咱與你商(商)
量, 木匠아 이바 내 너와 헤아리쟈.
내 펑 내[川]. ⇔하(河). 《朴新諺 1, 24ㅈ》
到背後河裏洗去, 뒷 내에 싯기라 가. 《朴
新諺 3, 1ㅎ》到那後河裡洗箇澡去, 뒷 내
에 목욕ᄒ라 가.
내(內) 펑 ❶내(內). 안. 속. ⇔늬. 《朴新諺
1, 34ㅈ》說之一年之內本利都還淸我, 닐
러 뎡ᄒ여 ᄒ 힛 너에 本과 利롤 다 내게
갑하 몰키마 ᄒ여. 《朴新諺 1, 58ㅎ》其
銀約至下年幾月內歸還, 그 은을 뉘년 아
모 둘 너에 니르러 갑흐믈 언약ᄒ여. ❷
안. 속. ●⇔안. 《朴新諺 1, 58ㅈ》京都城
內積慶坊住民人趙寶兒, 京都 잣 안 積慶
坊에서 사ᄂ 民人 趙寶兒ㅣ. 《朴新諺 3,
53ㅈ》不過三日之內, 三日 안에 지나지
못ᄒ여. ●⇔안ᄒ. 《朴新諺 1, 11ㅎ》假
如三両年內倒了, 만일 두세 ᄒ 안히 믄허
지거든. 《朴新諺 2, 20ㅈ》這一兩日內,
이 ᄒ 이틀 안ᄒ. 《朴新諺 3, 51ㅈ》於東
屋山墻外剜窟進內, 東屋 화방 밧긔 굼글
뚧고 안ᄒ 들어.
내(來) 동 ●불다. ⇔불다. 《朴新諺 3, 3
ㅎ》風不來樹不搖, ᄇ람이 부지 아니면
남기 흔더기지 아니코. 雨不來河不漲,
비 오지 아니면 물이 넘지 아니ᄒ다 ᄒ
니라. ●오다. ⇔오다. 《集覽, 字解, 單
字解, 1ㅎ》稍. 寄也. 稍將來 브텨 가져오
라. 《集覽, 字解, 單字解, 4ㅈ》打. 擊也,
着實打, 又打三下. 又爲也. 打酒來 술 사
오라. 又曰, 打將來 ᄒ야 오라, 打聽 듯보
라, 打水 믈 긷다, 不打緊. 又打那裏去,
打東邊去, 有投向從往之意. 俗用打字, 似
不合本意者多, 而實有取意不苟, 其用甚

廣, 此不盡錄.《朴新諺 1, 2ㅎ》這幾樣都是南方來的有名的好酒, 이 여러 가지는 다 이 南方셔 온 有名한 됴흔 술이라.《朴新諺 1, 20ㅈ》我們隔幾日再來取罷了, 우리 여러 날 즈음ᄒᆞ여 다시 와 가져가미 무던ᄒᆞ다.《朴新諺 1, 47ㅈ》我今日向先生告了暇來, 내 오늘 先生의 告暇ᄒᆞ고 왓노라.《朴新諺 2, 2ㅈ》早起家下有客來, 아츰에 집의 나그니 왓거늘.《朴新諺 2, 15ㅈ》我好拿銀子來取, 내 銀을 가지고 와 츠즈리라. 我好拿銀子來取, 내 銀을 가지고 와 츠즈리라.《朴新諺 3, 3ㅎ》孩子你與我買幾丈夏布來, 아히아 네 나를 위ᄒᆞ여 여러 발 뵈를 사 와.《朴新諺 3, 20ㅎ》也不免是閉門家裡坐禍從天上來, ᄯᅩ 이 門을 닷고 집의 안저셔도 禍ㅣ 天上으로 조차 온다 홈을 免치 못홈이로다.《朴新諺 3, 32ㅈ》你看那賣刷子的來了, 네 보라 뎌 刷子 ᄑᆞ는 이 왓다.●옴[來]. ⇔옴.《朴新諺 2, 17ㅈ》驛馬怎麽還不見來呢, 驛馬ㅣ 엇지 당시롱 옴을 보지 못ᄒᆞᆯ소뇨.

내(妳) 圀 졋. ⇔졋.《朴新諺 1, 55ㅎ》如今姐姐把孩子自妳呢, 이제 각시ㅣ 아히를 손조 졋 먹이ᄂᆞ냐.《朴新諺 2, 53ㅈ》這妳娘好不精細, 이 졋어미 ᄀᆞ장 精細치 못ᄒᆞ다.

내관(內官) 圀 궁중이나 경사(京師)에서 시위(侍衛)하는 관원.《集覽, 朴集, 上, 8ㅎ》搭護. 事物紀原云, 隋內官多服半臂, 餘皆長袖. 唐高祖減其袖, 謂之半臂, 即今背子也. 江淮間或曰綽子, 庶人競服之. 今俗呼爲搭護, 더그레.

내낭(妳娘) 圀 젖어미. 유모(乳母). ⇔졋어미.《朴新諺 2, 53ㅈ》這妳娘好不精細, 이 졋어미 ᄀᆞ장 精細치 못ᄒᆞ다.

내내(妳妳) 圀 손윗사람이나 존장(尊長)의 아내를 일컫는 말.《集覽, 朴集, 中, 3ㅎ》妳妳. 凡稱尊長妻室曰妳妳.《朴新諺 2, 25ㅈ》我妳妳(朴新注, 31ㅎ: 尊稱婦

女之辝.)使喚我來, 우리 妳妳 나를 부려 와.《朴新諺 2, 25ㅎ》你回去說多謝你妳妳費心了, 네 도라가 니르라 네 妳妳 費心홈을 多謝ᄒᆞ여라.

내다 圐 ❶내다. ●⇔나출(拿出).《朴新諺 3, 37ㅈ》拿出毬棒借與崔哥打, 댱방올 막대를 내여 崔哥를 빌려 주어 치게 ᄒᆞ쟈. ❷⇔출(出).《朴新諺 1, 1ㅎ》每人出錢一吊五百文, 每人이 돈 ᄒᆞᆫ 다(댜)오 五百을 내면.《朴新諺 1, 12ㅎ》待關出米來, 발 타 내기를 기드려.《朴新諺 1, 14ㅎ》叫四箇小車子載了出去罷, 네 져근 술위에 시러 내여 가미 무던ᄒᆞ다.《朴新諺 2, 24ㅎ》熱炕上煨着出些汗, 더운 炕에 덥게 ᄒᆞ여 져기 ᄯᆞᆷ 내고.《朴新諺 2, 35ㅈ》搜出幾箇血瀝瀝的尸首來, 여러 피 ᄲᅳᆺ듯는 尸首를 뒤어 내고.《朴新諺 2, 35ㅈ》搜出珠子・絹疋來, 진쥬와 絹疋을 뒤어 내고.《朴新諺 2, 59ㅈ》怎麽就趕不出一套衣服來呢, 엇지 곳 ᄒᆞᆫ 볼 옷을 밋처 지어 내지 못ᄒᆞ리오.《朴新諺 3, 50ㅈ》瞬眼間釣出箇老大金色鯉魚, 눈 곰쟉홀 ᄉᆞ이에 ᄒᆞᆫ ᄀᆞ장 큰 금빗히 鯉魚를 낙가 내니.《朴新諺 3, 58ㅈ》便抬出金甲一副與太祖穿上, 곳 金甲 ᄒᆞᆫ 볼을 드러 내여 와 太祖를 주어 닙히고. ❸⇔출래(出來).《朴新諺 1, 14ㅎ》如今米都關出來了, 이제 발 롤 다 타 내여다.《朴新諺 1, 27ㅎ》把衆朋友名字都寫出來, 모든 벗의 일홈을 다 ᄡᅥ 내여.《朴新諺 1, 46ㅎ》却結裏不出來的, ᄯᅩ 밋ᄶᅥ며 내디 못ᄒᆞ리라.《朴新諺 3, 7ㅈ》到六月裡取出來晒幾次, 六月에 다ᄃᆞᆺ거든 가져 내여 여러 번 볏 쬐라 ᄒᆞ여시니. ❷●내다. 짓다. 건조하다. ⇔개(開).《朴新諺 1, 56ㅎ》朝南開着一箇小墻門便是, 南을 향ᄒᆞ여 ᄒᆞᆫ 小墻門을 낸 거시 곳 이라. ●(해) 내다. ⇔성(成).《朴新諺 2, 6ㅎ》眞箇是畫也畫不成的好景致, 진짓 이 그리려 ᄒᆞ여도 그려 내지 못홀 됴흔 景致오. ●내다. 드러내다.

⇔투(透).《朴新諺 3, 29ㅎ》若別人却看
不透的, 만일 다른 사롬이면 쏘 보아 내
지 못ᄒᆞ리라.

내도(來到) 동 오다. 도착하다. ⇔오다.
《朴新諺 2, 10ㅈ》如今來到這永寧寺裏坐
了方丈, 이제 이 永寧寺에 와 方丈에 안
잣더니.《朴新諺 2, 23ㅈ》來到通州賣了
多一半, 通州ㅣ 와 반남아 풀고.《朴新諺
2, 24ㅎ》來到家裏就害熱, 집의 와 곳 더
워.

내래거거(來來去去) 동 오락가락하다.
⇔오락가락ᄒᆞ다.《朴新諺 1, 38ㅎ》二哥
來來去去, 둘재 형은 오락가락ᄒᆞ고.

내력(來歷) 명 지금까지 지내온 경로나
경력.《朴新諺 2, 19ㅎ》有來歷不明, 來歷
이 不明ᄒᆞ거나.

내리(內裏) 명 ●궁중. 궁궐 안.《集覽, 字
解, 單字解, 2ㅈ》裏. 内也. 裏頭・内裏.
又闕内. 亦曰裏頭, 又曰内裏. 又處也. 這
裏・那裏. 又語助. 去裏・有裏. 通作里
・俚・哩. ●안. 속. 가운데.《集覽, 字
解, 單字解, 2ㅈ》裏. 内也. 裏頭・内裏.
又闕内. 亦曰裏頭, 又曰内裏. 又處也. 這
裏・那裏. 又語助. 去裏・有裏. 通作里
・俚・哩.

내마(來麽) 동 오너라. 오거라. ⇔오나라.
《集覽, 字解, 單字解, 4ㅎ》麽. 本音모. 俗
用爲語助辭, 音마, 古人皆呼爲모, 故或通
作莫. 怎麽 엇디, 來麽 오나라. 又用如乎
字之意者則曰, 去麽 갈다, 有麽 잇ᄂᆞ녀.
元語, 麽道 니ᄅᆞᄂᆞ다, 麽音ㅁ, 今不用.

내부(內府) 명 궐내(闕內). 궁궐의 안.《集
覽, 朴集, 上, 1ㅈ》光祿寺. 在東長安門内,
其屬有大官・珍〈珎〉羞・良醞・掌醢四
署, 掌供辦内府諸品膳羞酒醴及管待使客
之事.《集覽, 朴集, 上, 1ㅎ》内府. 猶言闕
内也.《朴新諺 1, 2ㅎ》再向内府(朴新注,
1ㅎ: 猶言闕内.)管酒的官負們說, 쏘 内府
술 ᄀᆞ음아ᄂᆞᆫ 官負들의게 닐러.《朴新諺
1, 3ㅈ》内府裏呢, 内府에ᄂᆞᆫ.《朴新諺 2,

58ㅈ》那日皇上賞了他一百兩銀子四疋内
府大緞, 그 날 皇上이 뎌를 一百兩 銀과
네 疋 内府 大緞을 賞 주더라.

내부(來赴) 동 와서 다다르다.《集覽, 朴
集, 下, 12ㅈ》太祖. 夫人柳氏曰, 妾聞諸
公之言, 尙有感奮, 況大丈夫乎. 提甲領以
披之, 諸將扶擁而出, 令人呼曰, 王公已擧
義旗, 國人來赴者不可勝計.

내브티다 동 내어 붙이다. ⇔주(丟).《集
覽, 朴集, 下, 1ㅈ》丟袖. 音義云, ·ᄉ·미
〈매〉 조쳐:내·브·틴 갓·옷.

내옴 명 냄새. 향기. ⇔기식(氣息).《朴新
諺 2, 55ㅎ》氣息臭的了不的, 내옴이 더
러워 견디지 못ᄒᆞ니.

내왕(來往) 동 오고 가다.《集覽, 字解, 單
字解, 4ㅈ》來. 來往. 又語助. 你來 이바,
夜來 어제, 有來 잇더라, 去來 가다. 又數
物而有餘數, 未的知之辭. 十來箇 여라믄,
十里來地 십 리만ᄒᆞ 더, 十來日 여라믄
날.

내자(姊子) 명 ●젖. ⇔젓.《朴新諺 1, 40
ㅎ》這是姊子, 이ᄂᆞᆫ 이 젓이로다.《朴新
諺 1, 55ㅎ》每一箇月給二兩姊子錢, 每 ᄒᆞᆫ
둘에 두 냥 젓 갑슬 주고. ●젖어미. 유
모(乳母). ⇔졋어미.《朴新諺 1, 55ㅎ》還
尋姊子呢, 쏘 졋어미를 어덧ᄂᆞ냐. 要尋
一箇好婦人做姊子哩, ᄒᆞᆫ 됴흔 계집을 어
더 졋어미를 삼고져 ᄒᆞᆫ니.

내정(內庭) 명 궁궐 안.《集覽, 朴集, 上,
8ㅈ》翫月會. 東京錄云, 中秋夜, 貴家結飾
臺榭, 民間爭占酒樓翫〈玩〉月, 絲簧鼎沸,
近内庭居民, 夜深遙聞笙竿之聲, 宛若雲
外天樂, 閭里兒童連宵嬉戱, 夜市騈闐, 至
於通曉.

내조(內造) 명 상방(尙方)에서 만든 것.
《朴新諺 1, 17ㅈ》除了内造(朴新注, 7ㅈ:
尙方所織.)上用之外, 内造 上用을 더론
밧긔ᄂᆞᆫ.《朴新諺 1, 30ㅎ》腰繫内造織金
帶, 허리에 内造織 金帶를 씌고.《朴新諺
1, 30ㅎ》都是内造餙樣, 다 이 内造 餙樣

이오.《朴新諺 1, 30ㅎ》件件俱是內造色樣, 가지가지 다 이 內造 色樣이라.《朴新諺 1, 46ㅈ》內造素緞子一尺, 內造 믠비단 혼 자와.

내조(來朝) 동 외국의 사신(使臣)이 찾아오다.《集覽, 朴集, 上, 2ㅎ》院本. 院本則五人, 一曰副淨, 古謂之叅軍, 一曰副末, 古謂之蒼鶻, 鶻能擊禽鳥, 末可打副淨, 古(故)云, 一曰引戲, 一曰末泥, 一曰孤裝, 又謂之五花爨弄. 或曰, 宋徽宗見爨國人來朝, 衣裝・鞵履・巾裹, 傅粉墨, 擧動如此, 使優人効之以爲戲. 其間副淨有散說, 有道念, 有筋斗, 有科範. 盖古敎坊色長有魏・武・劉三人, 而魏長於念誦, 武長於筋斗, 劉長於科範, 至今樂人皆宗之.

내조직(內造織) 명 내조(內造)에서 짠 것.《朴新諺 1, 30ㅎ》腰繫內造織金帶, 허리에 內造織 金帶룰 씌고.

내중(內中) 명 중(中). 안. 속. 가운데. ●⇔듕.《朴新諺 3, 13ㅎ》內中有一箇人只管打呵欠, 그 듕의 혼 사룸이 그저 스리여 하회옴ㅎ다가. ●⇔즁.《朴新諺 3, 5ㅈ》聞得內中有一兩箇鄕宦, 드르니 그 즁에 혼두 鄕宦이 이셔.

내직(內職) 명 궁중의 여관(女官). 비빈(妃嬪) 따위.《集覽, 朴集, 上, 12ㅈ》紅定. 晉武帝多簡良家女以充內職, 而自擇美者入選, 則以絳紗繫臂. 鎭軍將軍胡奮女入選, 亦以絳紗繫臂, 故俗謂定婚曰紅定.

내티다 동 내치다. 쫓아내다. 몰아내다. ⇔간출거(赶出去).《集覽, 字解, 單字解, 2ㅎ》赶. 音干, 上聲. 亦作趕. 趁也, 及也. 赶上 밋다. 又逐也. 赶出去 내티다. 又驅也. 赶牛 쇼 모다.

내하(奈何) 동 어찌하다. 어떻게 하다.《朴新諺 3, 8ㅈ》如今没奈何, 이제 홀 일 업서.

내호(內號) 명 관청에서 보관하는 공문서 위에 찍던 기호. 발송하는 공문서에는 '外'자, 보관하는 공문서에는 '內'자를 새

긴 감합(勘合)을 찍었다.《集覽, 朴集, 上, 1ㅎ》勘合. 吏學指南云, 勘合, 卽古之符契也. 質問云, 官府設簿冊二扇, 凡事用印鈐記, 上寫外字幾號, 發行去者曰外號, 上寫內字幾號, 留在官府者曰內號.

냉(冷) 형 차다(寒). ●⇔차다.《朴新諺 2, 35ㅎ》咳今日天氣冷殺人, 애 오늘 하눌 긔운이 차 사룸을 죽게 ㅎ니. ●⇔츠다.《朴新諺 2, 36ㅎ》天寒湯・飯都不可冷了, 하눌이 치우니 湯과 밥을 다 可히 츠게 못ㅎ리라.《朴新諺 3, 36ㅎ》不要冷了, 츠게 말라.

냉물(冷物) 명 차가운 물건.《朴新諺 2, 24ㅈ》傷着冷物起的樣子, 冷物에 傷ㅎ여 난 樣이니.

냉수(冷水) 명 차가운 물. 찬물.《集覽, 朴集, 中, 1ㅎ》禿禿麼思. 劑法如水滑麪〈麵〉, 和圓少彈劑〈劑〉, 冷水浸手掌, 按作小薄餅兒, 下鍋煮熟, 以盤盛, 用酥油炒片羊肉, 加塩炒至焦, 以酸甜湯拌和. 滋味得所, 別研蒜泥調酪, 任便加減, 使竹簽簽食之.《集覽, 朴集, 下, 6ㅈ》水精角兒. 又居家必用云, 皮用白麪於滾湯攪作稠糊, 於冷水浸, 以豆粉和搜作劑, 打作皮, 包餡上籠, 緊火蒸熟, 洒兩次水, 方可下竈, 臨供時再洒些水便供.《集覽, 朴集, 下, 7ㅈ》黃燒餅. 事林廣記云, 每麪〈糆〉一斤, 入油一兩半, 炒塩一錢, 冷水和搜得所, 骨魯槌砑開, 鏊上煿〈煿〉熟.《朴新諺 3, 36ㅈ》硬麪火燒(朴新注, 57ㅈ: 不用油, 以冷水和糆烙熟.)都有, 硬麪으로 민드라 구은 썩이 다 이셰라.

냉포(冷布) 명 여름철에 창(窓)에 바르는 베. 올이 성기어 통풍이 잘 되고 벌레의 침입도 막는다. ⇔얼믠뵈.《朴新諺 3, 4ㅈ》一發把冷布糊了, 홈믜 얼믠뵈로다가 브르면.

냉포(冷鋪) 명 군포(軍鋪). 대궐 밖에서 순라군이 머물러 있는 곳. ⇔넝포.《朴新諺 3, 19ㅎ》鎖在冷鋪裡監禁着, 넝포에

줌가 가치여시니.

-냐 어미 -냐. 《朴新諺 1, 13ㅈ》五十文一擔却不太少些麼, 쉰 낫 돈에 흔 짐이 쏘 너무 적지 아니ㅎ냐. 《朴新諺 1, 42ㅎ》你刀子是快的還是鈍的呢, 네 칼이 이 드는 거시냐 이 무된 거시냐. 《朴新諺 1, 59ㅈ》我寫的錯不錯, 내 쁜 거시 그르냐 그르지 아니ㅎ냐. 《朴新諺 2, 22ㅈ》此話眞不眞呢, 이 말이 진뎍ㅎ냐 진뎍지 아니ㅎ냐. 《朴新諺 3, 1ㅎ》一壁廂各自頑去不好麼, 흔 편 구석의 각각 놀라 가미 됴치 아니ㅎ냐. 《朴新諺 3, 30ㅈ》一發去做賊不好麼, 홈쁴 가 도적질홈이 됴치 아니ㅎ냐. 《朴新諺 3, 4ㅈ》你家裡不有菖蒲麼, 네 집의 菖蒲ㅣ 잇지 아니ㅎ냐.

냥 의 냥. ⇔냥(兩). 《朴新諺 1, 21ㅎ》是五兩金子廂的, 이 닷 냥 金으로 던메윗ㄴ니라. 《朴新諺 1, 33ㅎ》別人借一兩便要一兩的利錢, 다른 사름은 흔 냥을 쑤이면 곳 흔 냥 利錢을 밧ㄴ니. 《朴新諺 2, 12ㅎ》說定與他二兩銀子, 닐러 졍ㅎ고 더룰 두 냥 은을 주엇더니. 《朴新諺 2, 19ㅈ》當日憑中言定身價銀五兩, 當日에 듕인을 의빙ㅎ여 身價 銀 닷 냥을 닐러 定ㅎ여. 《朴新諺 2, 32ㅎ》我如今與你二兩銀子, 내 이제 너룰 두 냥 은을 줄 거시니. 《朴新諺 2, 45ㅈ》議定每月房租銀二兩, 每月에 집 셰 銀 두 냥을 議定ㅎ여. 《朴新諺 3, 29ㅎ》只要二兩銀子, 그저 두 냥 은을 달라 ㅎ노라. 《朴新諺 3, 30ㅈ》這麼就與你一兩銀子麼, 이러면 곳 너를 흔 냥 은을 주랴. 《朴新諺 3, 31ㅈ》這珊瑚老實價錢一兩一顆, 이 珊瑚ㅣ 고지식 흔 갑시 흔 냥에 흔 낫치라.

냥(兩) 의 냥. ⇔냥. 《朴新諺 1, 21ㅎ》是五兩金子廂的, 이 닷 냥 金으로 던메윗ㄴ니라. 《朴新諺 1, 33ㅎ》別人借一兩便要一兩的利錢, 다른 사름은 흔 냥을 쑤이면 곳 흔 냥 利錢을 밧ㄴ니. 《朴新諺 2, 12ㅎ》說定與他二兩銀子, 닐러 졍ㅎ고

더룰 두 냥 은을 주엇더니. 《朴新諺 2, 19ㅈ》當日憑中言定身價銀五兩, 當日에 듕인을 의빙ㅎ여 身價 銀 닷 냥을 닐러 定ㅎ여. 《朴新諺 2, 32ㅎ》我如今與你二兩銀子, 내 이제 너룰 두 냥 은을 줄 거시니. 《朴新諺 2, 45ㅈ》議定每月房租銀二兩, 每月에 집 셰 銀 두 냥을 議定ㅎ여. 《朴新諺 3, 29ㅎ》只要二兩銀子, 그저 두 냥 은을 달라 ㅎ노라. 《朴新諺 3, 30ㅈ》這麼就與你一兩銀子麼, 이러면 곳 너를 흔 냥 은을 주랴. 《朴新諺 3, 31ㅈ》這珊瑚老實價錢一兩一顆, 이 珊瑚ㅣ 고지식 흔 갑시 흔 냥에 흔 낫치라.

너 관 너[四]. ⇔사(四). 《朴新諺 2, 14ㅎ》五箇南紅絹每一疋染錢四錢, 닷 필 연다홍 깁은 민 흔 필에 물갑시 너 돈이오. 《朴新諺 2, 14ㅎ》共該染錢五兩四錢半銀子, 대되 히오니 물갑시 닷 냥 너 돈 반 銀이로다.

너 대 너. ⇔이(你). 《集覽, 字解, 單字解, 1ㅎ》和. 平聲, 調和也. 又去聲, 與也, 及也. 我和你 너와 나와, 銅匙和快子 술와 밋 져와. 《集覽, 字解, 單字解, 2ㅎ》怕. 疑懼之意. 怕人知道. 又設若之辭. 怕你不信 ㅎ다가 너옷 밋디 몯거든. 又恐也. 害怕 두리여ㅎ다. 《朴新諺 1, 10ㅎ》說之了工價然後好煩你做活, 공젼을 뎡흔 후에 널로 ㅎ여 셩녕홈이 됴타. 《朴新諺 1, 26ㅈ》咱與你賭一箇羊吃, 우리 너와 흔 羊을 더너 먹쟈. 《朴新諺 2, 3ㅎ》他怎麼不肯借與你, 뎨 엇지 즐겨 너를 빌리지 아니ㅎ리오. 《朴新諺 2, 18ㅈ》我本待要請你去, 내 본디 ㅎ마 너를 쳥ㅎ라 가려 ㅎ더니. 《朴新諺 2, 32ㅎ》我如今與你二兩銀子, 내 이제 너룰 두 냥 은을 줄 거시니. 《朴新諺 3, 1ㅎ》你這孩子們怎麼這般遭害我, 너 이 아히들이 엇지 이리 나를 보채ᄂ뇨. 《朴新諺 3, 11ㅈ》從來不曾見你這般仔細, 본디 일즉 너 이런 仔細호믈 보지 못ㅎ엿노라. 《朴新諺 3, 29ㅎ》也是

我運氣不好撞着你, 쏘 내 運氣 됴치 아니
ᄒᆞ여 너를 만나도다.

너기다 图 여기다. 생각하다. 《集覽, 字解,
單字解, 8ㅈ》爭. 鬪爭也. 又ᄉᆞᆯ 쁘다.
又不爭 므던히 너기다. 《朴新諺 1, 49
ㅈ》重的是詩書, 重히 너기ᄂᆞᆫ 거슨 이 詩
書 ㅣ 라.

너르다 彫 너르다. 넓다. ⇔관(寬). 《朴新
諺 3, 35ㅈ》都是三尺寬肩膀燈盞大的雙
眼, 다 이 석 자나 너른 엇게오 燈盞만치
큰 두 눈이라.

너리다 图 폐를 끼치다. ⇔정해(定害).
《集覽, 字解, 累字解, 1ㅎ》定害. 너리과
라. 又해자ᄒᆞ이과라.

너르다 彫 너르다. 넓다. ⇔활(闊). 《朴新
諺 3, 34ㅎ》咳那身長六尺腰闊三圍, 애 뎌
身長이 六尺이오 허리 너르기 세 아롬이
나 ᄒᆞ고.

너모 閅 너무. 매우. 몹시. ●⇔태(太). 《朴
新諺 2, 32ㅈ》帽頂太尖了些, 더우ㅣ 너모
샏고. 《朴新諺 3, 30ㅎ》太麤我了, 너모
내게 셜웨라. ●⇔특(忒). 《朴新諺 2, 3
ㅎ》你也忒傲氣了, 너도 너모 거만ᄒᆞ다.

너무 閅 너무. 매우. 몹시. ●⇔태(太).
《朴新諺 1, 13ㅈ》五十文一擔却不太少些
麽, 쉰 낫 돈에 흔 짐이 쏘 너무 젹지
아니ᄒᆞ냐. ●⇔특(忒). 《朴新諺 1, 13
ㅈ》噯呀老太爺忒給少了, 아야 老太爺ㅣ
아 너무 젹쎄 주려 ᄒᆞᆫ다. 《朴新諺 1, 18
ㅎ》也不要打得忒厚了, 쏘 치기를 너무
두터이 말고. 《朴新諺 1, 21ㅎ》鞦帶忒長
了, 바탕이 너무 기다. 《朴新諺 1, 21ㅎ》
南斗六星板却做得忒圓了些, 南斗六星 돈
은 믄든 거시 너무 두렷ᄒᆞ고. 《朴新諺
3, 44ㅎ》忒爛了也不中吃, 너무 물러도
먹기에 맛당치 아니ᄒᆞ니라.

너므 閅 너무. 매우. 몹시. ●⇔야(偌).
《集覽, 字解, 單字解, 7ㅈ》偌. 太甚也. 偌
大 너므 크다, 偌多 너므 하다. 又하나한
通作熱. ●⇔저사(底似). 《集覽, 字解,

累字解, 2ㅈ》底似. ᄀᆞ장. 又너므. 今不
用. ●⇔특(忒). 《集覽, 字解, 單字解, 5
ㅎ》忒. 太過也. 忒大 너므 크다. ●⇔흔
사(哏似). 《集覽, 字解, 累字解, 2ㅈ》底
似. ᄀᆞ장. 又너므. 今不用. 《集覽, 字解,
累字解, 2ㅈ》哏似. 上同. 今不用.

너분국슈 圀 (면발이) 넓은 국수. ⇔관조
면(寬條麵). 《朴新諺 3, 36ㅈ》再下幾碗
寬條麵與我們, 쏘 여러 사발 너분 국슈
를 눌러 우리를 주되.

너븐국슈 圀 (면발이) 넓은 국수. ⇔관조
면(寬條麵). 《朴新諺 3, 36ㅈ》薄餅, 薄餅
과. 煎餅, 煎餅과. 寬條麵, 너븐 국슈와.
掛麵, 므른 국슈와. 芝麻燒餅, 춤깨 무친
燒餅과.

너희 団 **1** 너희. ●⇔이(你). 《朴新諺 1,
6ㅎ》你這樂工們, 너희 樂工들이. 《朴新
諺 2, 45ㅎ》你兩箇小厮慢慢的上去, 너희
두 아히 날회여 올라가. 《朴新諺 2, 46
ㅈ》都是你這兩箇小畜生, 다 이 너희 이
두 져근 즘성들이. 《朴新諺 3, 1ㅎ》你兩
箇帶着小兄弟, 너희 둘이 어린 아ᄋᆞ를
드리고. ●⇔이매(你每). 《集覽, 字解,
單字解, 1ㅈ》每. 本音上聲, 頻也. 每年,
每一箇. 又平聲, 等輩也, 我每・咱每・俺
每 우리. 恁每・你每 너희. 今俗喜用們
字. ●⇔임매(恁每). 《集覽, 字解, 單字
解, 1ㅈ》每. 本音上聲, 頻也. 每年, 每一
箇. 又平聲, 等輩也, 我每・咱每・俺每
우리. 恁每・你每 너희. 今俗喜用們字.
2 너희(들). ⇔이문(你們). 《集覽, 字解,
單字解, 3ㅎ》們. 諸韻書皆云, 們渾, 肥滿
皃. 今俗借用爲等輩之字, 而曰我們・咱
們 우리, 你們 너희. 又猶言如此也. 這們
이리, 那們 뎌리. 《朴新諺 1, 3ㅈ》你們討
酒的都廻來了麽, 너희 술 어드라 갓든 이
다 도라왓ᄂᆞ냐. 《朴新諺 1, 7ㅈ》你們這
些伺候的人, 너희 伺候ᄒᆞᄂᆞᆫ 사롬들이.
《朴新諺 1, 25ㅈ》你們聽着, 너희들 드르
라. 《朴新諺 2, 18ㅈ》你們打的輕, 너희

들이 타기를 輕히 ㅎ기로.《朴新諺 2, 28ㅎ》你們都依着我幹辦去罷, 너희들이 다 내 말대로 출호라 가라.《朴新諺 2, 31ㅎ》若無事我必賞你們, 만일 일이 업스면 내 반드시 너희룰 샹 줄 거시니.《朴新諺 2, 40ㅎ》你們把菜園都收拾好着, 너희들이 菜園을다가 다 收拾ㅎ기를 잘ㅎ고.《朴新諺 2, 46ㅎ》你們如今十歲年紀了, 너희 이제 열 뿔 나히라.《朴新諺 3, 7ㅈ》你們若依我這般用心收拾, 너희 만일 내대로 이리 用心ㅎ여 收拾ㅎ더면.

넉 팬 넉[四]. ⇔사(四).《朴新諺 2, 43ㅈ》月白色的四兩銀子一疋, 남빗체눈 넉 냥은에 혼 필이라.

넉넉이 円 넉넉히. 넉넉하게. ⇔구(勾).《朴新諺 1, 1ㅎ》儘勾使用了, 잇긋 넉넉이 쁘리라.《朴新諺 1, 2ㅎ》倘不勾吃, 만일 넉넉이 먹지 못ㅎ량이면.《朴新諺 1, 31ㅎ》買六箇猠皮纔勾使哩, 여슷 猠皮롤 사야 겨요 넉넉이 쁘리라.《朴新諺 3, 17ㅈ》不要了儘勾住了, 要치 아니ㅎ노라 잇긋 넉넉이 머믈리로다.《朴新諺 3, 33ㅈ》也就勾打了, 쏘 이믜셔 넉넉이 믠들리라.

넉넉ㅎ다 혱 넉넉하다. 족(足)하다. ●⇔구(勾).《朴新諺 1, 2ㅈ》都勾了, 다 넉넉ㅎ리라.《朴新諺 1, 4ㅎ》只用十二樣勾了, 그저 열두 가지를 뻐야 넉넉ㅎ리라.《朴新諺 1, 5ㅎ》這也就勾了, 이도 이믜셔 넉넉ㅎ다.《朴新諺 1, 7ㅈ》弟兄們酒既勾了用飯罷, 弟兄들아 술이 이믜 넉넉ㅎ니 밥을 먹음이 무던ㅎ다.《朴新諺 1, 23ㅎ》便當二十両也還不勾用哩, 곳 스므 낭을 던당ㅎ여도 당시롱 쁘기에 넉넉지 못ㅎ여라.《朴新諺 1, 24ㅈ》纔勾典那宅子哩, 겨요 뎌 집을 세내기 넉넉ㅎ리라.《朴新諺 1, 53ㅈ》咱約會了弟兄十數人勾了, 우리 弟兄 여라믄 사롭을 모호면 넉넉ㅎ리라.《朴新諺 2, 22ㅈ》謝天地只願好收成就勾了, 天地끠 謝ㅎ느니 다만 원

컨대 잘 收成ㅎ면 곳 넉넉ㅎ리로다. ●⇔족구(足勾).《朴新諺 1, 16ㅎ》這段子一疋足勾袍料二件, 이 비단 혼 疋이 큰옷 ㄱ음 두 볼이 넉넉ㅎ니.

널 팬 널[板]. 널빤지. ●⇔판(板).《朴新諺 2, 34ㅈ》用板盖在上頭, 널로 우희 덥고. ●⇔판자(板子).《朴新諺 2, 12ㅎ》油漆也不好板子又薄, 칠도 됴치 아니ㅎ고 널도 쏘 엷고.

넘다 图 ❶넘다[越]. 넘치다. ●⇔과(過).《朴新諺 1, 9ㅎ》直淖過蘆溝橋上獅子頭了, 바로 蘆溝橋 우희 獅子 머리롤 좀가 넘어. ●⇔창(漲).《朴新諺 3, 3ㅎ》風不來樹不搖, 브람이 부지 아니면 남기 흔더기지 아니코. 雨不來河不漲, 비 오지 아니면 물이 넘지 아니ㅎ다 ㅎ니라. ❷●넘다. 지나치다. ⇔다(多).《集覽, 字解, 單字解, 6ㅈ》多. 多少 언메나. 又許多 하나한. 又餘也. 三十里多地 삼십 리 나믄 짜. 吏語, 多餘. 又過也. 有甚麼多處 므스기 너믄 고디 이시리오. 又重也. 므스기 앗가온 고디 이시리오. ●(뛰어)넘다. ⇔도(跳).《朴新諺 1, 20ㅈ》也有跳百索的, 줄 너므리도 잇고.《朴新諺 3, 51ㅈ》偸盜布疋仍跳墻而去, 布疋을 도적ㅎ고 인ㅎ여 담을 너머 나가시되.

넙다 혱 넓다. ⇔관(寬).《朴新諺 3, 36ㅈ》薄餅, 薄餅과. 煎餅, 煎餅과. 寬條麵, 너븐 국슈와. 掛麵, 무론 국슉와. 芝麻燒餅, 춤깨 무친 燒餅과.《朴新諺 3, 36ㅈ》再下幾碗寬條麵與我們, 쏘 여러 사발 너분 국슈를 눌러 우리를 주되.

넣다 图 ❶●넣다.《朴新諺 1, 5ㅈ》是海蔘頓鴨子, 海蔘 너허 슴믄 올히와. 魚翅炒肉, 물고기 진에 너허 쵸혼 고기와. 鰒魚頓肉, 전복 너허 슴믄 고기와.《朴新諺 1, 5ㅈ》栗子炒鷄, 밤 너허 쵸혼 둙과.《朴新諺 1, 15ㅎ》把指頭在口內沾着唾沫, 손가락을다가 입에 너허 춤을 무쳐.《朴新諺 3, 15ㅎ》藍綾二疋裡紬四疋, 藍綾 두

필과 안 너흘 비단 네 필을 부텨.《朴新諺 3, 35ㅎ》羊肉饅頭, 羊肉 너흔 饅頭와. 素餡稍麥, 믠소 너흔 稍麥과. 匾食, 변시와. ●넣다. 담다. ⇔장(裝).《朴新諺 3, 2ㅈ》樻子裡裝的衣服也被他咬破了好些, 樻 속에 너흔 衣服도 제 쳐브린 거시 만흐니. ❷넣다. 또는 놓다. 두다. ●⇔방(放).《朴新諺 1, 51ㅈ》都放在這樻裏頭, 다 이 樻ㅅ 속에 너허 두라. ●⇔방재(放在).《朴新諺 1, 54ㅎ》把孩子放在水盆裏洗, 아희롤다가 믈 소라에 너허 삣기면.

네 （관） ●네[四]. ⇔사(四).《朴新諺 1, 4ㅎ》這四樣先上, 이 네 가지를 몬져 올리고. 然後再上四大碗四中碗, 그린 후에 쏘 네 大碗과 네 中碗을 올리되.《朴新諺 1, 5ㅈ》四中碗內呢, 네 中椀에논.《朴新諺 1, 23ㅎ》四對珠簪, 네 빵 진쥬 박은 빈혀와.《朴新諺 2, 58ㅈ》那日皇上賞了他一百兩銀子四疋內府大緞, 그 날 皇上이 뎌를 一百兩 銀과 네 疋 內府 大緞을 賞 주더라.《朴新諺 3, 15ㅎ》藍綾二疋裡紬四疋, 藍綾 두 필과 안 너흘 비단 네 필을 부텨.《朴新諺 3, 34ㅎ》四邉站着四箇將軍, 네 녁희 션논 네 將軍이.《朴新諺 3, 46ㅎ》把四條繩絟着大車, 네 오리 노흐로다가 큰 술위에 미고. ●네 (명). ⇔사개(四箇).《朴新諺 3, 57ㅈ》有將軍裵玄慶・洪儒・卜智謙・申崇謙等四箇人, 將軍 裵玄慶・洪儒・卜智謙・申崇謙 等 네 사롬이 이셔.

네 （대） ●너의. ⇔이(你).《集覽, 字解, 單字解, 5ㅈ》隨. 從也. 隨你 네 ᄆᆞᆫ모로, 隨喜 구경ᄒᆞ다, 隨從 조초니. 吏語, 根隨 좃다.《集覽, 字解, 單字解, 5ㅎ》虧. 損也, 少也. 虧你多少 네게 언메나 낟브뇨, 虧着我 내게 낟배라. 又次也. 吏語, 虧兒 원수에셔 ᄯᅳ다.《朴新諺 1, 11ㅈ》若吃你家的飯呢二錢一板, 만일 네 집 밥을 먹으면 두 돈에 흔 틀을 ᄒᆞ리라.《朴新諺 1, 26

ㅎ》便依你説, 곳 네 말대로 ᄒᆞ쟈.《朴新諺 1, 46ㅎ》慢慢的我與你把盞, 날호여 내 네게 盞 자브마.《朴新諺 2, 3ㅈ》你若有兩箇油紙帽, 네게 만일 두 油紙帽ㅣ 잇거든.《朴新諺 2, 27ㅈ》怕沒有滅你的心火治你的心病之時麼, 네 心火를 쓰고 네 心病을 고칠 째 업슬가 저프랴.《朴新諺 2, 43ㅎ》再加你五錢銀罷, 다시 네게 닷 돈 은을 더홈이 무던ᄒᆞ다.《朴新諺 3, 2ㅈ》你家裡沒有猫兒麼, 네 집의 괴 업ᄂᆞ냐.《朴新諺 3, 14ㅈ》因你貪嗔癡三毒不離於身, 네 貪嗔癡 三毒이 몸에 쩌나지 아니믈 因ᄒᆞ여.《朴新諺 3, 23ㅈ》你教徒弟壞了我羅天大醮, 네 徒弟로 ᄒᆞ여 내 羅天大醮를 해여 브리고.《朴新諺 3, 37ㅈ》我且學打這一會與你看何如, 내 아직 이 흔 디위 빈화 쳐 네게 뵘이 엇더ᄒᆞ뇨. ●네가. ⇔이(你).《集覽, 字解, 單字解, 5ㅎ》敢. 忍爲也. 你敢那 네 구틔여 그리 홀다. 又疑似也. 敢知道 아는 듯ᄒᆞ다.《朴新諺 1, 10ㅈ》你向來打土墻是多少一板, 네 져적의 토담 쓸 제 언머에 흔 틀을 ᄒᆞ더뇨.《朴新諺 1, 22ㅈ》似你這帶廂得好, 네 이 씌 ᄀᆞ치 뎐메오기 잘ᄒᆞ량이면.《朴新諺 1, 37ㅈ》你近來怎麼這般黃瘦, 네 요ᄉᆞ이 엇디 이리 黃瘦ᄒᆞ엿ᄂᆞᆫ다.《朴新諺 1, 53ㅎ》你說甚麼話, 네 므슴 말 니르ᄂᆞᆫ다.《朴新諺 1, 57ㅈ》你代我做両張弓如何, 네 날을 ᄀᆞᄅᆞ차 두 쟝 활을 민들미 엇더ᄒᆞ뇨.《朴新諺 2, 1ㅈ》你用多少銀子買呢, 네 언머 은에 사려 ᄒᆞᄂᆞᆫ다.《朴新諺 2, 20ㅈ》你只把文契收好了, 네 그저 글월을다가 잘 거두어.《朴新諺 2, 37ㅈ》大哥你看, 큰형아 네 보라.《朴新諺 3, 5ㅎ》你若不與他一文錢, 네 만일 뎌를 흔 낫 돈을 주지 아니ᄒᆞ고.《朴新諺 3, 10ㅈ》你只與我改做煤火炕, 네 그저 나를 셕탄 픠오ᄂᆞᆫ 캉을 고쳐 민드라 주되.《朴新諺 3, 33ㅈ》你與我打一箇立鼈壺, 네 나를 흔 立鼈壺와.

네 ㊅ ●네[四]. ⇔사(四). 《朴新諺 1, 4ㅎ》
四大九寸盤, 네 큰 九寸 盤에. ●네 (개).
⇔사개(四箇). 《朴新諺 1, 14ㅎ》呌四箇
小車子載了出去罷, 네 져근 술위에 시러
내여 가미 무던ᄒᆞ다. 《朴新諺 3, 47ㅎ》
上寫着明現眞君四箇大字, 우희 明現眞君
네 큰 字를 쓰고.

-네 ㊅ -네. -들. 《朴新諺 1, 3ㅈ》吩咐我帶
廻來給老爺們看驗過了, 우리게 吩咐ᄒᆞ
여 가져와 老爺네끠 뵈야 驗過ᄒᆞ고. 《朴
新諺 1, 6ㅈ》待各位老爺們來卽忙通報,
各位 老爺네 옴을 기ᄃᆞ려 즉시 통ᄒᆞ라.

네다숫 ㊌ 네다ᄉᆞᆺ. 네댓. ⇔사오(四五).
《朴新諺 3, 34ㅈ》四五對簇簇趙趙的亂捽,
네다ᄉᆞᆺ 빵식 무둑무둑 나아드러 어즈러
이 삐름ᄒᆞ니.

네모 ㊄ 네모. ⇔사방(四方). 《朴新諺 1,
20ㅎ》有八角的・六角的・四方的, 여ᄃᆞᆲ
모 것과 여슷 모 것과 네모 것도 이시며.

네ᄒᆞ ㊅ 네[四]. ⇔사(四). 《朴新諺 1, 26
ㅎ》饒你四子纔好下哩, 너를 네흘 졉어
야 마치 두기 됴ᄒᆞ리라. 《朴新諺 1, 26
ㅎ》我饒你四子罷, 내 너를 네흘 졉쟈.
《朴新諺 1, 27ㅈ》你說饒我四子, 네 니ᄅ
되 나룰 네흘 졉쟈 ᄒᆞ더니.

넷 ㊅ 넷[四]. ⇔사(四). 《朴新諺 1, 38ㅎ》
四哥待要一處, 넷재 형은 ᄒᆞᆫ디 모호고져
ᄒᆞᄂᆞᆫ 거시여. 《朴新諺 1, 39ㅈ》四哥是針
線, 넷재 형은 이 바늘실이로다.

녀름 ㊄ 여름. ⇔하천(夏天). 《朴新諺 3,
6ㅎ》這些皮衣一夏天沒有收拾, 이 갓옷
슬 ᄒᆞᆫ 녀름을 收拾홈이 업더니.

녀지 ㊄ 여지(荔枝). 여주. ⇔여자(荔子).
《朴新諺 1, 4ㅈ》乾果子呢, 므른 과실은.
榛子, 개암.松子, 잣. 瓜子, 슈박삐. 乾葡
萄, 마른葡萄.栗子, 밤. 龍眼, 龍眼. 桃仁,
복셩화삐. 荔子, 녀지요.

녁ᄒᆞ ㊄ 녁. 편. ⇔변(邊). 《朴新諺 3, 34
ㅎ》四邉站着四箇將軍, 네 녁희 션ᄂᆞᆫ 네
將軍이.

년(年) ㊌ 해. ⇔히. 《集覽, 字解, 單字解,
2ㅎ》捱. 正作涯. 倚限有待之意 그으ᇝᄒᆞ
다, 捱到十年 열 히 다ᄃᆞᆮ도록. 《集覽, 字
解, 單字解, 5ㅎ》家. 止指一數之稱. 一箇
家 ᄒᆞᆫ 낫식, 幾箇家 몃 낫식, 又현 낫식,
幾年家 현 히식. 又獒也. 大家 대개. 又擧
姓呼人之稱. 李家・張家. 又呼皇帝曰官
家. 又語助. 沒有家 업다. 《朴新諺 1, 11
ㅎ》假如三両年內倒了, 만일 두세 히 안
희 믄허지거든. 《朴新諺 1, 34ㅈ》說之一
年之內本利都還淸我, 닐러 뎡ᄒᆞ여 ᄒᆞᆫ 힛
닉에 本과 利를 다 내게 갑하 물키마 ᄒᆞ
여. 《朴新諺 2, 6ㅈ》咱們相好多年, 우리
서ᄅ 됴한지 여러 히라. 《朴新諺 2, 50
ㅎ》我在任幾年並沒有不了的事件, 내 任
에 이션 지 여러 히로되 다 못지 못ᄒᆞᆫ
일이 업고. 《朴新諺 3, 9ㅈ》走了好幾年
受盡千辛萬苦, 여러 히를 ᄃᆞ녀 千辛 萬苦
를 바다 다ᄒᆞ고. 《朴新諺 3, 56ㅎ》你這
東國歷代以來有多少年了, 네 이 東國이
歷代 뼈 옴으로 몃 히나 ᄒᆞ며.

념녀 ㊄ 염려(念慮). ●⇔여(慮). 《朴新諺
1, 46ㅈ》你不要慮, 네 념녀 말라. ●⇔
염(念). 《朴新諺 3, 15ㅎ》望卽示明以慰
児念, ᄇᆞ라건대 즉시 示明ᄒᆞ여 뼈 아희
념녀를 위로ᄒᆞ쇼셔.

녑팔지 ㊄ 갈비. ⇔늑자(肋子). 《朴新諺 1,
5ㅈ》頓爛肘(肋)子, 무르녹게 술믄 녑팔
지와.

녕다 ㊁ 넣다. ⇔방(放). 《朴新諺 3, 6ㅎ》
把潮腦放些在衣箱裡, 쇼로믈다가 져기
옷 샹ᄌᆞ에 녀코.

녜 ㊄ 예. 옛적. ●⇔고(古). 《朴新諺 1,
53ㅎ》自古道, 녜부터 닐러시되. 《朴新
諺 2, 13ㅎ》自古道, 녜부터 니ᄅ되.《朴
新諺 2, 20ㅈ》自古買人的中・保人只管
得一百日, 녜로부터 사롬 사는 디 즁인
・보인은 그저 일 빅 날을 ᄀᆞ옴아ᄂᆞ니.
《朴新諺 2, 27ㅈ》自古道, 녜로부터 닐러
시되. 《朴新諺 2, 30ㅎ》自古道, 녜로부

터 닐러시되. ●⇔구(舊).《朴新諺 3, 28
ㅈ》接在頚項上照舊如初, 목 우희 니으
니 녜대로 처음 ᄀᆞᆮᄐᆞᆫ지라.

녀다 图 (지붕을) 이다. 덮다. 씌우다. ⇔
개(蓋).《朴新諺 2, 5ㅈ》上面盖的瓦如鋪
翠, 우희 녠 디새는 비취롤 씬 듯ᄒᆞ고.

녜亽 圀 예사(例事). ●⇔심상(尋常).《朴
新諺 1, 17ㅈ》却也比尋常的不同, ᄯᅩ 녜
亽 거세 비컨대 ᄀᆞᆮ지 아니ᄒᆞ니. ●⇔조
상(照常).《朴新諺 3, 33ㅈ》不過照常, 不
過 녜亽 거시라.

녯 团 옛. 옛적. ●⇔고(古).《朴新諺 1,
29ㅈ》古語道, 녯 말에 닐러시되.《朴新
諺 3, 7ㅈ》古人說, 녯 사ᄅᆞᆷ이 니르되. ●
⇔구(舊).《朴新諺 2, 37ㅈ》把我這舊弟兄
們都不保了, 우리 이 녯 弟兄들을다가 긔
수치 아니ᄒᆞ더라.《朴新諺 3, 48ㅎ》這都
是門的舊名, 이는 다 이 門 녯 일홈이라.

노(老) 图 늙다. ⇔늙다.《朴新諺 2, 8ㅈ》
掌横的(朴新注, 25ㅎ: 主管市店者之稱.)
老哥, 横 ᄀᆞ옴아는 늙은 형아.

노(老) 圀 공경을 나타내는 말.《集覽, 朴
集, 上, 13ㅈ》老官人. 漢人呼尊長必加老
字於姓字之上, 尊之之辝.《朴新諺 3, 9
ㅎ》老師傅你也休忙, 老師傅ㅣ 아 너도
밧바 말고.

노(老) 凪 가장. 매우. 아주. ⇔ᄀᆞ장.《朴
新諺 3, 50ㅈ》睜眼間釣出箇老大金色鯉
魚, 눈 곰쟉홀 亽이에 ᄒᆞᆫ ᄀᆞ장 큰 금빗희
鯉魚를 낙가 내니.

노(老) 图 단음절 성(姓)씨의 앞에 쓰여 자
칭이나 인칭을 나타낸다.《朴新諺 2, 34
ㅎ》老李聽了恨那媳婦, 老李 듯고 그 계
집을 믜여ᄒᆞ여.《朴新諺 2, 35ㅈ》把老李
鎖着, 老李를다가 목을 ᄌᆞᆷ가.《朴新諺 3,
38ㅈ》那老安因甚麼事監在牢裡, 뎌 老安
이 므슴 일을 因ᄒᆞ여 옥에 가치엿ᄂᆞ뇨.
《朴新諺 3, 39ㅈ》所以把老安監下要追比
哩, 이러모로 老安을다가 가도아 물리려
ᄒᆞᄂᆞ니라.《朴新諺 3, 42ㅎ》你到老曹家

去送人情來的麼, 네 老曹의 집의 가 人情
을 보내고 오ᄂᆞ가.《朴新諺 3, 42ㅎ》老
曹死了, 老曹ㅣ 죽엇ᄂᆞ니라.《朴新諺 3,
44ㅎ》咳這老曹却也苦了, 애 이 老曹ㅣ
ᄯᅩ 셟도다.

노(路) 圀 길[路]. ●⇔길.《朴新諺 1, 39
ㅈ》當路一科麻, 길에 當ᄒᆞᆫ ᄒᆞᆫ 퍽이 삼이.
《朴新諺 2, 17ㅎ》一日三站五站的趂路,
ᄒᆞᄅᆞ 세 站 다亽 站식 길을 죄오ᄂᆞ니.
《朴新諺 2, 21ㅎ》你是水路來還是旱路來,
네 이 믈길로 온다 ᄯᅩ 이 뭇길로 온다.
《朴新諺 2, 56ㅎ》一路稀泥眞有沒脚背深
哩, 왼 길 즌흙이 진실로 발등이 ᄲᅡ질
깁희 잇더라. ●⇔길ㅎ.《朴新諺 1, 39
ㅎ》一箇老子當路睡, ᄒᆞᆫ 늙은이 길희 當
ᄒᆞ여 자거든.《朴新諺 2, 38ㅎ》只是崖高
路窄, 다만 이 언덕이 놉고 길히 좁으니.
《朴新諺 2, 56ㅈ》雨纔晴了街上有路好走
麼, 비 ᄀᆞᆺ 개여시니 거리에 길히 이셔
ᄃᆞᆫ니기 됴터냐.

노(撈) 图 건지다. ●⇔건디다.《朴新諺
3, 27ㅈ》王說將軍你撈去, 王이 니르되
將軍아 네 건디라. ●⇔건지다.《朴新諺
2, 30ㅎ》一針投海底尚有可撈日, 一針을
海底에 드리치매 오히려 可히 건질 날이
이시려니와. 一失人身後萬刼再逢難, ᄒᆞᆫ
번 人身을 일흔 後ㅣ면 萬刼이라도 다시
만나기 어렵다 ᄒᆞ니라.

노가(老哥) 圀 노형(老兄). (남자가 친구
또는 동년배(同年輩)를 대접하여 서로
부르는 말) ⇔노형.《朴新諺 1, 8ㅎ》老
哥你幾時起身, 노형아 네 언지 ᄶᅥ날다.
《朴新諺 1, 15ㅎ》這麼望太醫老哥, 이러
면 ᄇᆞ라건대 太醫 노형은.《朴新諺 1, 16
ㅈ》老哥不說我却怎麼知道呢, 노형이 니
ᄅᆞ지 아니면 내 ᄯᅩ 엇디 알리오.《朴新
諺 1, 16ㅈ》老哥拜揖了那裏去來, 노형아
揖ᄒᆞ노라 어듸 갓더뇨.《朴新諺 2, 8ㅈ》
掌横的(朴新注, 25ㅎ: 主管市店者之稱.)
老哥, 横 ᄀᆞ옴아는 늙은 형아.

노걸대(老乞大) 몡 노걸대집람(老乞大集覽)를 이르는 말.《集覽, 凡例》單字・累字之解, 只取老乞大・朴通事中所載者爲解.《集覽, 凡例》兩書諺解簡帙重大, 故朴通事分爲上・中・下, 老乞大分爲上・下, 以便繙閱.

노경유(盧景裕) 몡 북위(北魏) 범양(范陽) 탁(涿) 땅 사람. 자는 중유(仲孺). 소자(小字)는 백두(白頭). 경학(經學)에 밝아 주역(周易)・상서(尚書)・효경(孝經)・논어(論語)・예기(禮記) 등을 주석하였다.《集覽, 朴集, 中, 6ㅈ》尋聲救苦應念除災. 史記, 昔盧景裕繫晉陽獄, 志心念觀世音菩薩, 枷鎖自脫.

노고 몡 노구. 노구솥. ⇔나과(鑼鍋).《朴新諺 2, 21ㅈ》還有鑼鍋, 坐 노고와. 柳箱, 섥과. 灑子, 드레와. 碗楪, 사발 졉시와. 匙筯, 수져와. 榪杓, 나모쥬게와. 箆籬, 됴리와. 炊箒, 솔과. 擦床兒, 슉치칼과. 篩(篩)箕, 키와. 篩子, 얼밍이와. 馬尾羅, 물총체와. 桌子, 상과. 盤子, 盤과. 茶盤, 찻반과. 燈臺, 燈臺와. 酒種, 잔과. 酒鼈, 쥬벼ᄋ와. 銅杓, 놋쥬게 이시니.

노고(老高) 혱 매우 높다.《集覽, 朴集, 下, 7ㅎ》擊起毬兒. 質問云, 如人將木圓毬兒打起老高, 便落於窩內, 方言謂之擊起毬兒.

노고(勞苦) 동 힘들여 수고하고 애쓰다. 수고하다. 고생하다.《朴新諺 3, 18ㅎ》這些衙役也不免受這般勞苦, 이 衙役도 이런 勞苦 바드믈 免치 못ᄒᆞᄂᆞ니라.《朴新諺 3, 19ㅈ》受多少勞苦, 언머 勞苦를 바다시리오.

노관인(老官人) 몡 벼슬아치를 공경하여 일컫는 말.《集覽, 朴集, 上, 13ㅈ》老官人. 漢人呼尊長必加老字於姓字之上, 尊之辭.《朴新諺 1, 49ㅎ》你家老官人, 네 집 老官人과.

노구(盧溝) 몡 중국 산서성(山西省) 북쪽에서 동쪽의 하북성(河北省)으로 흐르는 영정하(永定河)의 상류. 곧, 상건하(桑乾河).《集覽, 朴集, 上, 4ㅎ》蘆溝橋. 蘆溝本桑乾河, 俗曰渾河, 亦曰小黃河. 上自保安州界, 歷山南流入宛平縣境, 至都城四十里, 分爲二派. 其一東流, 經金口河, 引注都城之壕. 其一東南流, 入于蘆溝, 又東入于東安縣界. 去都城三十里, 有石橋跨于河, 廣二百餘步, 其上兩旁皆石欄, 雕刻石獅, 形狀奇巧, 成於金明昌三年. 橋之路西通關陝, 南達江淮. 兩旁多旅舍, 以其密邇京都, 行人・使客絡繹不絶.《朴新諺 1, 9ㅎ》直淖過蘆溝橋(朴新注, 4ㅈ: 京都南三十里, 有河曰蘆溝, 上有石橋, 廣二百餘步, 兩傍皆石欄, 雕刻石獅, 形狀奇巧.) 上獅子頭了, 바로 蘆溝橋 우희 獅子 머리를 좀가 넘어.

노구교(蘆溝橋) 몡 노구(蘆溝)에 있는 다리 이름. 북경(北京) 광안문(廣安門) 서쪽 영정하(永定河)에 있다. 금대(金代)에 가설하였으며, 청(淸) 초에 중건하였다.《集覽, 朴集, 上, 4ㅎ》蘆溝橋. 蘆溝本桑乾河, 俗曰渾河, 亦曰小黃河. 上自保安州界, 歷山南流入宛平縣境, 至都城四十里, 分爲二派. 其一東流, 經金口河, 引注都城之壕. 其一東南流, 入于蘆溝, 又東入于東安縣界. 去都城三十里, 有石橋跨于河, 廣二百餘步, 其上兩旁皆石欄, 雕刻石獅, 形狀奇巧, 成於金明昌三年. 橋之路西通關陝, 南達江淮. 兩旁多旅舍, 以其密邇京都, 行人・使客絡繹不絶.《朴新諺 1, 9ㅎ》直淖過蘆溝橋上獅子頭了, 바로 蘆溝橋 우희 獅子 머리를 좀가 넘어.

노군(老君) 몡 태상노군(太上老君)의 준말.《集覽, 朴集, 下, 4ㅈ》孫行者. 西遊記云, 西域有花菓山, 山下有水簾洞, 洞前有鐵板橋, 橋下有萬丈澗, 澗邊有萬箇小洞, 洞裏多猴. 有老猴精, 號齊天大聖, 神通廣大, 入天宮仙桃園偸蟠桃, 又偸老君靈丹藥, 又去王母宮偸王母繡仙衣一套, 來設慶仙衣會.

노낭(老娘) 몡 산파(産婆). 조산원(助産員).《集覽, 朴集, 上, 11ㅎ》娘子. 南村輟耕錄云〈南村輟耕錄〉, 世謂穩婆曰老娘, 女巫曰師娘, 唱〈娼〉婦曰花娘, 達人又曰草娘, 苗人謂妻曰夫娘, 南方謂婦人無行者曰夫娘, 謂婦人之卑賤者曰某娘, 曰幾娘, 鄙之曰婆娘.《集覽, 朴集, 上, 13ㅎ》老娘. 音義云, 伏侍生産的婦人. 今按, 俗呼穩婆.《朴新諺 1, 54ㅎ》到三朝請老娘(朴新注, 21ㅈ: 護産之女, 又稱穩婆.)來, 사흘에 다드라 老娘을 請ᄒᆞ여 와.

노년(老年) 몡 노년(老年). 늙은 나이. (육칠십 세 이상의 나이)《朴新諺 2, 50ㅎ》老年兄, 老年 兄아.

-노니 어미 -노니.《朴新諺 2, 17ㅈ》我騎的却要十分快馬, 내 톨 거슨 ᄯᅩ ᄀᆞ장 젠 ᄆᆞᆯ을 구ᄒᆞ노니.《朴新諺 3, 40ㅎ》我知道一箇有名的畫匠, 내 아노니 ᄒᆞᆫ 有名ᄒᆞᆫ 畫匠이.《朴新諺 3, 43ㅎ》我也送的, 내 ᄯᅩ 보내엿노니.《朴新諺 3, 55ㅎ》我問你, 내 너ᄃᆞ려 뭇노니.

노대(老大) 몡 노형(老兄). 늙은이. 노인.《朴新諺 2, 3ㅈ》李老大(朴新注, 23ㅎ: 老者之稱)你那裏去, 李老大 ㅣ 아 네 어듸 가ᄂᆞᆫ다.

노대(老大) 閉 가장. 매우. 자못. ⇔ᄀᆞ장.《朴新諺 2, 33ㅎ》正房背後掘一箇老大深坑, 正房 뒤히 ᄒᆞᆫ ᄀᆞ장 깁흔 지함을 픠고.

-노라 어미 -노라.《集覽, 字解, 單字解, 1ㅈ》待. 擬要也 ᄒᆞ마 그리 ᄒᆞ려 ᄒᆞ다라. 又欲也. 待賣幾箇馬去 여러 ᄆᆞ롤 풀오져 ᄒᆞ야 가노라.《集覽, 字解, 單字解, 2ㅎ》保. 恃也. 保你 너 믿노라, 難保 믿디 어렵다. 史學指南, 相託信任曰保. 又保舉也.《朴新諺 1, 8ㅈ》小弟也禮部去, 小弟 ㅣ 禮部에 가노라.《朴新諺 1, 22ㅎ》我今日到當舖裏當錢去, 내 오늘 當舖에 돈 뎐당ᄒᆞ라 가노라.《朴新諺 1, 47ㅎ》我今日向先生告了暇來, 내 오늘 先生ᄭᅴ 告暇ᄒᆞ고 왓노라.《朴新諺 2, 1

ㅈ》我情愿費三十兩價銀, 내 情愿으로 三十兩 갑 銀을 허비ᄒᆞ려 ᄒᆞ노라.《朴新諺 2, 14ㅈ》要改染做桃紅顔色, 고텨 桃紅빗츨 드리고져 ᄒᆞ노라.《朴新諺 2, 26ㅎ》飯也好生吃不下, 밥도 ᄀᆞ장 먹지 못ᄒᆞ노라.《朴新諺 2, 44ㅈ》只圖箇下次主顧罷, 다만 후에 단골 홈을 구ᄒᆞ노라.《朴新諺 3, 2ㅎ》要一百錢, 一百 돈을 바드려 ᄒᆞ노라.《朴新諺 3, 10ㅎ》西邊打一箇爐子, 셔편에 ᄒᆞᆫ 미로를 믄들려 ᄒᆞ노라.《朴新諺 3, 29ㅎ》只要二兩銀子, 그저 두 냥 은을 달라 ᄒᆞ노라.《朴新諺 3, 37ㅈ》只怕不會打哩, 그저 저프건대 칠 줄을 아지 못홀가 ᄒᆞ노라.

노래 몡 노래.《朴新諺 1, 5ㅎ》幷着他叫些歌唱的諸樣雜要的來, 아오로 더로 ᄒᆞ여 노래 부르고 여러 가지 잡노롯ᄒᆞ는 이룰 불러와.《朴新諺 1, 6ㅎ》唱的只管唱, 노래 브르리 그저 노래 불러.

노롯ㅅ 몡 노릇. 구실.《朴新諺 2, 34ㅎ》若作非理必受其殃, 만일 非理에 노롯슬 ᄒᆞ면 반드시 그 앙화를 밧는다 ᄒᆞ니.

노롯ᄒᆞ다 동 ❶ᅳ노릇하다. ⇔주(做).《朴新諺 1, 41ㅈ》這裏有箇做獸醫的人家廳, 여긔 獸醫 노롯ᄒᆞ는 사름이 잇ᄂᆞ냐. ᅳ놀이하다. 곡예(曲藝)하다. 재주를 부리다. ⇔주파희(做把戲).《朴新諺 2, 12ㅈ》還有那諸般做把戲的演戲法的, ᄯᅩ 여러 가지 노롯ᄒᆞ며 환슐 넉이는 이도 이셔. ❷놀이하다. 장난하다. ᅳ⇔농(弄).《朴新諺 2, 11ㅎ》也有舞鎗弄棒的, ᄯᅩ 鎗을 춤추며 막대 노롯ᄒᆞ는 이도 이시니. ᅳ⇔타(打).《朴新諺 3, 46ㅈ》宋哥我同你看打春去罷, 宋가 형아 내 너와 ᄒᆞᆫ가지로 닙츈노롯ᄒᆞ는 양 보라 가쟈.

노른댓무우 몡 홍당무. 당근. ⇔호라복(胡蘿葍).《朴新諺 2, 39ㅎ》蘿葍, 댓무우. 蔓菁, 쉿무우. 萵苣, 부로. 葵菜, 아혹. 白菜, 비치. 赤根菜, 시근치. 芫荽, 고싀. 蔥, 파. 蒜, 마놀. 薤菜, 부치. 荊芥, 형개. 薄荷,

박하. 崗蒿, 믈뿍. 水蘿菖, 물한댓무우.
胡蘿菖, 노른댓무우. 芋頭, 토란. 紫蘇都
好種的, 紫蘇를 다 시믐이 됴타.

노리(老李) 명 이 형(兄). 이씨(李氏).《朴
新諺 2, 34ㅎ》老李聽了恨那媳婦, 老李 듯
고 그 계집을 믜여ᄒᆞ여.《朴新諺 2, 35
ㅈ》把老李鎭着, 老李를다가 목을 줌가.
《朴新諺 2, 35ㅈ》就把老李帶到衙門, 즉
시 老李를다가 衙門에 잡아가.

노리ᄒᆞ다 동 놀이하다. 장난하다. ⇔솨자
(耍子).《朴新諺 1, 29ㅈ》看見両箇舍人
調馬耍子, 두 舍人이 調馬 노리ᄒᆞᄂᆞᆫ 양을
보니.

노린내 명 노린내. ⇔전기(羶氣).《朴新諺
1, 2ㅈ》便有羶氣難吃, 곳 노린내 이셔 먹
기 어려오니라.

노비(奴婢) 명 종[僕]. 노비. ⇔종.《朴新諺
3, 39ㅈ》奴婢使家主的, 종이 항거싀 거
슬 쓰는 거시.

노빈(路貧) 명 여행 중에 여비(旅費)가 부
족하여 발생하는 가난.《朴新諺 1, 52
ㅎ》家貧不是貧路貧愁殺人, 家貧은 이 貧
이 아니오 路貧이야 사ᄅᆞᆷ을 근심케 ᄒᆞ다
ᄒᆞ니라.

노사부(老師傅) 명 스승님. (학문이나 기
예에 능한 나이가 많은 사람에 대한 경
칭)《朴新諺 3, 9ㅎ》老師傅你也休忙, 老
師傅ㅣ아 너도 밧브 말고.

노상(路上) 명 길[路]. 길바닥. ●⇔길.
《朴新諺 2, 57ㅈ》路上盤纏艱難怎麽去呢,
길에 盤纏이 艱難ᄒᆞ니 엇지 가리오. ●
⇔길ㅎ.《朴新諺 2, 52ㅎ》路上人看見必
定要笑話他, 길희 사ᄅᆞᆷ이 보고 반ᄃᆞ시
뎌롤 우어시리라.《朴新諺 3, 8ㅎ》你沿
路上好生去罷, 네 길희 됴히 가라.

노새 명 노새. ⇔나(騾).《朴新諺 2, 28ㅈ》
那兩箇漢子把那驢·騾喂好了, 뎌 두 놈
은 나귀와 노새를다가 먹이기를 잘ᄒᆞ여.

노서(老鼠) 명 쥐. ⇔쥐.《朴新諺 3, 2ㅈ》
我家裡老鼠多得狠(很), 우리 집의 쥐 ᄀᆞ

장 만흐니.

노성(老成) 형 노숙(老熟)하다. 노련하다.
온건하고 신중하다.《集覽, 字解, 單字
解, 4ㅈ》怎. 何也. 怎麽 엇디. 字音本合口
聲, 或有不從合口聲而讀之者, 則曰즌麽,
呼如指字俗音. 故或書作只字, 又書作則
字者有之. 又有呼怎的兩字, 則怎字音즌.
秀才·之士·老成之人, 凡呼合口韻諸
字, 或從本音讀之.

노소(老少) 명 늙은이와 젊은이.《朴新諺
2, 54ㅎ》人死不在老少, 사ᄅᆞᆷ의 죽기 老
少에 잇지 아니타 ᄒᆞ니라.

노수(弩手) 명 쇠뇌를 주 무기로 삼던 병
졸.《集覽, 朴集, 下, 12ㅈ》弩手. 文獻通
考曰, 弓手, 兵号, 如弩手·槍手之類.

노승(老僧) 명 나이가 많은 중.《集覽, 朴
集, 上, 16ㅈ》石屋. 法名淸珙, 號石屋和
尙, 臨濟十八世之嫡孫也. 普虛謁石屋, 石
屋見之云, 老僧今日旣已放下三百斤擔子
遞你擔了, 且展脚睡矣.《集覽, 朴集, 下,
1ㅈ》西天取經去. 乃以西天去東土十萬八
千里之程, 妖恠〈怪〉又多, 諸못不敢輕諾,
唯南海落伽〈迦〉山觀世音菩薩, 騰雲駕霧
徃東土去, 遙見長安京兆府, 一道瑞氣衝
天, 觀音化作老僧入城.

노실(老實) 里 고지식이. ⇔고지식이.
《朴新諺 3, 2ㅎ》你賣的價錢老實說, 네
풀 갑슬 고지식이 니르라.

노실(老實) 형 고지식하다. 솔직하다. 정
직하다. ⇔고지식ᄒᆞ다.《朴新諺 1, 10
ㅎ》你只說老實價錢, 네 그저 고지식ᄒᆞᆫ
갑슬 닐러야.《朴新諺 1, 32ㅎ》這是老實
價錢, 이 고지식ᄒᆞᆫ 갑시라.《朴新諺 2,
8ㅎ》這是要的老實價, 이 바들 고지식ᄒᆞᆫ
갑시라.《朴新諺 3, 31ㅈ》這珊瑚老實價
錢一兩一顆, 이 珊瑚ㅣ 고지식ᄒᆞᆫ 갑시
ᄒᆞᆫ 냥에 ᄒᆞᆫ 낫치라.

노안(老安) 명 안 형(兄). 안씨(安氏).《朴
新諺 3, 38ㅈ》那老安因甚麽事監在牢裡,
뎌 老安이 므슴 일을 因ᄒᆞ여 옥에 가치

엿ᄂᆞ뇨.《朴新諺 3, 39ㅈ》所以把老安監
下要追比哩, 이러모로 老安을다가 가도
아 물리려 ᄒᆞᄂᆞ니라.

노야(老爺) 뗑 어르신. 나리. 마님.《朴新
諺 1, 3ㅈ》吩咐我帶廻來給老爺們看驗過
了, 우리게 吩咐ᄒᆞ여 가져와 老爺네끠
뵈야 驗過ᄒᆞ고.《朴新諺 1, 6ㅎ》助助老
爺們酒興, 老爺들의 酒興을 도아.《朴新
諺 1, 7ㅈ》老爺們要散了, 老爺들이 훗터
지려 ᄒᆞ다.《朴新諺 2, 2ㅈ》咱老爺在那
裏, 우리 老爺ㅣ 어듸 잇ᄂᆞ뇨. 老爺在文
淵閣(辦事, 老爺ㅣ 文淵閣에 이셔 일ᄒᆞ
니.《朴新諺 2, 17ㅈ》明日三位老爺騎坐
的, 닉일 三位 老爺ㅣ 톨 거슨.《朴新諺
2, 49ㅈ》便上馬跟老爺, 곳 몰 틱고 老爺
를 ᄯᆞ라.《朴新諺 3, 17ㅈ》你老爺如今除
授在那衙門裡了, 네 老爺ㅣ 이제 어늬 衙
門에 除授ᄒᆞ엿ᄂᆞ뇨.《朴新諺 3, 19ㅈ》今
日如你老爺做了大人, 오늘 네 老爺ㅣ 大
人이 되여시니.《朴新諺 3, 50ㅎ》今告到
老爺臺下, 이제 老爺 臺下에 告ᄒᆞᄂᆞ이다.
《朴新諺 3, 53ㅈ》伏乞大老爺恩准施行,
伏乞 大老爺ᄂᆞ 恩准 施行ᄒᆞ쇼셔.

노월(撈月) 图 (물속에 비친) 달을 건지
다. ⇔노월ᄒᆞ다(撈月-).《朴新諺 3, 50
ㅈ》我不管那李白撈月(朴新注, 62ㅎ: 世
稱, 李白泛采石江, 見月影在水, 以手撈月,
曰隨水死.), 내 뎌 李白의 撈月홈을 ᄀᆞ옴
아지 아니ᄒᆞ고.

노월ᄒᆞ다(撈月-) 图 노월(撈月)하다. ⇔
노월(撈月).《朴新諺 3, 50ㅈ》我不管那李
白撈月(朴新注, 62ㅎ: 世稱, 李白泛采石
江, 見月影在水, 以手撈月, 曰隨水死), 내
뎌 李白의 撈月홈을 ᄀᆞ옴아지 아니ᄒᆞ고.

노이(老二) 뗑 둘째 아이.《朴新諺 2, 3ㅈ》
那金老二有兩箇油紙帽, 뎌 金老二의게
두 油紙帽ㅣ 이시니.

노인(老人) 뗑 노인. 늙은이. ⇔늘근의.
《集覽, 朴集, 上, 2ㅎ》院本. 質問云, 院本
有曰外, 或粧先生·採訪使·考試官·老

人·達達之類, 皆是外扮, 曰淨, 有男淨·
有女淨, 亦做醜態, 專一弄言取人歡笑, 曰
末, 粧扮不一, 初則開場白說, 或粧家人·
祇候, 或扮使臣之類, 曰丑, 狂言戲弄, 或粧
醉漢·太醫·吏員·媒婆之類.《朴新諺
1, 21ㅎ》比我們老人家快活得多哩, 우리
들 늘근의게 比컨대 즐거옴이 하더라.

노자(老子) 뗑 늙은이. ⇔늙은이.《朴新諺
1, 39ㅎ》一箇老子當路睡, 흔 늙은이 길
히 當ᄒᆞ여 자거든.

노자(老者) 뗑 늙은이. 노인.《朴新諺 2,
3ㅈ》李老大(朴新注, 23ㅎ: 老者之稱)你
那裏去, 李老大ㅣ아 네 어듸 가는다.

노자(爐子) 뗑 ●(매탄(煤炭)을 피우는)
난로. 화로. ⇔미로.《朴新諺 3, 10ㅎ》西
遶打一箇爐子, 셔편에 흔 미로를 민들려
ᄒᆞ노라. ●풀무. ⇔풀무.《朴新諺 3, 33
ㅎ》你到這裡來打爐子, 네 예 와 풀무 안
치고.

노장형(老長兄) 뗑 맏형님. 귀형(貴兄).
《朴新諺 1, 37ㅈ》老長兄承你掛念, 老長
兄아 네 掛念호믈 닙으니.

노정(路程) 뗑 노정. 도정(道程).《集覽, 字
解, 單字解, 2ㅈ》里. 居也. 五家爲鄰, 五鄰
爲里. 又路程, 以三百六十步爲一里. 又語
助.《朴新諺 1, 52ㅈ》徃還路程約有二千
多里, 徃還 路程이 二千里 나마 잇고.

노조(老曹) 뗑 조 형(兄). 조씨(曹氏).《朴
新諺 3, 42ㅈ》你到老曹家去送人情來的
麼, 네 老曹의 집의 가 人情을 보내고 오
니가.《朴新諺 3, 42ㅎ》老曹死了, 老曹ㅣ
죽엇ᄂᆞ니라.《朴新諺 3, 44ㅎ》咳這老曹
却也苦了, 애 이 老曹ㅣ 또 셥도다.

노주(潞州) 뗑 통주(通州)의 옛 이름. 수
·당·송대(隋唐宋代)를 거치면서 행정
단위와 명칭이 여러 차례 바뀌다가, 명
(明) 가정(嘉靖) 연간에 노안부(潞安府)
가 되었다.《集覽, 朴集, 中, 2ㅎ》通州.
在順天府東四十五里, 卽古潞州, 金陞爲
通州, 取漕運通濟之義. 今仍之. 直隸順天

府.《朴新諺 2, 23ㅈ》來到通州(朴新注, 31ㅈ: 在順天府東四十五里, 卽古潞州, 今陞為通州, 取漕運通濟之義.)賣了多一半, 通州ㅣ 와 반남아 풀고.

노타〈동〉놓다. 놓아주다. 풀어주다. ⇔살방(撒放).《集覽, 字解, 單字解, 1ㅎ》撒. 散之也. 撒了 헤티다. 又覺也. 覺撒了 아다. 又放也. 撒放罪人 죄신을 앗아라 노타.《集覽, 朴集, 中, 3ㅈ》攪撒. 撒, 猶知也. 俗語亦曰快撒了. 今以撒放之撒, 用為知覺之義者, 亦未詳.

노태야(老太爺)〈명〉어르신. (연로한 남자를 높여 이르는 말)《朴新諺 1, 13ㅈ》老太爺(朴新注, 5ㅎ: 尊稱長老之辭.)你在那裏住, 老太爺ㅣ야 네 어더셔 사는다.《朴新諺 1, 13ㅈ》噯呀老太爺忒給少了, 아야 老太爺ㅣ아 너무 젹께 주려 ᄒᆞ다.

노태태(老太太)〈명〉노부인(老婦人). (연로한 부녀자를 높여 이르는 말)《朴新諺 2, 25ㅎ》特送與老太太(朴新注, 32ㅈ: 尊稱老婦人曰太太.)些箇, 특별이 老太太의게 져기 보내니.

노파(老婆)〈명〉●계집. 여자. ⇔계집.《朴新諺 1, 35ㅈ》那養漢老婆的嘴, 뎌 養漢ᄒᆞ는 계집의 부리.《朴新諺 1, 36ㅈ》要養老婆取樂了, 계집 쳐 즐기려 ᄒᆞ니.《朴新諺 1, 36ㅎ》日後還敢偸老婆麼, 日後에 다시 敢히 계집을 도적ᄒᆞᆯ다. ●아내. 처(妻). 마누라. 집사람. ⇔계집.《朴新諺 2, 35ㅎ》就娶了他的大小老婆, 곳 뎌의 大小 계집을 娶ᄒᆞ고.

노ᄒᆞ〈명〉뇌繩. 노끈. ●⇔승(繩).《朴新諺 3, 46ㅎ》把四條繩絟着大車, 네 오리 노ᄒᆞ로다가 큰 술위에 ᄆᆡ고. ●⇔승자(繩子).《朴新諺 1, 40ㅎ》滿天星宿一箇月三條繩子由你曳, 하늘에 ᄀᆞ득ᄒᆞᆫ 星宿에 ᄒᆞᆫ 둘을 세 오리 노ᄒᆞ로 제대로 ᄭᅳ으는 거시여.

노형〈명〉노형(老兄). ⇔노가(老哥).《朴新諺 1, 8ㅎ》老哥你幾時起身, 노형아 네 언

지 ᄯᅥ날다.《朴新諺 1, 15ㅎ》這麼望太醫老哥, 이러면 브라건대 太醫 노형은.《朴新諺 1, 16ㅈ》老哥不說我却怎麼知道呢, 노형이 니ᄅᆞ지 아니면 내 ᄯᅩ 엇디 알리오.《朴新諺 1, 16ㅎ》老哥拜揖了那裏去來, 노형아 揖ᄒᆞ노라 어더 갓더뇨.

노형(老兄)〈명〉노형(老兄). (남자가 친구 또는 동년배(同年輩)를 대접하여 서로 부르는 말)《朴新諺 1, 27ㅈ》老兄呀, 老兄아.

노호(老虎)〈명〉늙은 호랑이.《朴新諺 3, 28ㅈ》先生變做老虎去趕, 先生이 변ᄒᆞ여 老虎ㅣ 되여 가 ᄯᅡ로거늘.

노홉다〈형〉노엽다. 괴롭다. 귀찮다. 속상하다. ⇔가뇌(可惱).《朴新諺 2, 13ㅈ》眞令人可恨可惱, 진실로 사름으로 ᄒᆞ여곰 恨홉고 노홉게 ᄒᆞ니.

노후(怒詬)〈동〉성내어 꾸짖다.《集覽, 朴集, 下, 9ㅎ》婆娘. 怒詬之辭〈辤〉. 詳見上卷娘子下.

노후정(老猴精)〈명〉늙은 원숭이의 정령(精靈). 곧, 손오공(孫悟空)을 달리 이르는 말.《集覽, 朴集, 下, 4ㅈ》孫行者. 西遊記云, 西域有花菓山, 山下有水簾洞, 洞前有鐵板橋, 橋下有萬丈澗, 澗邊有萬箇小洞, 洞裏多猴. 有老猴精, 號齊天大聖, 神通廣大, 入天宮仙桃園偸蟠桃, 又偸老君靈丹藥, 又去王母宮偸王母綉仙衣一套, 來設慶仙衣會).

노희다〈동〉노(怒)하다. 성내다. 화내다. ⇔초조(焦懆).《朴新諺 3, 22ㅎ》便焦懆起來, 곳 노희여 니러.

노희여〈동〉노(怒)하여. 성내어. 화내어.《朴新諺 3, 22ㅎ》便焦懆起來, 곳 노희여 니러.

녹〈명〉녹(祿). 녹봉(祿俸). ⇔월봉(月俸).《朴新諺 1, 12ㅈ》我有両箇月俸米要關, 내게 두 돌 녹 ᄲᅡᆯ이 이셔 ᄐᆞ려 ᄒᆞ노라.

녹(祿)〈명〉=녹봉(祿俸).《集覽, 朴集, 上, 5ㅈ》月俸. 中朝〈元制〉官祿, 每月支〈支〉

給. 今此一月四石之俸, 以元制考之, 乃從
九品也. 米·豆曰祿, 鈔·錢·絹曰俸.
《朴新諺 2, 40ㅎ》無功食祿寢食不安, 功
이 업시 祿을 먹으면 寢食이 편안치 아
니타 ㅎ니라.

녹(綠) 혱 ❶녹색이다. ⇔녹ㅎ다(綠-).
《朴新諺 2, 6ㅈ》青的綠的是浮萍水草, 靑
ㅎ며 綠혼 거슨 이 浮萍 水草ㅣ오. ❷푸
르다. ⇔프르다.《朴新諺 2, 5ㅈ》四面綠
水相映着, 四面에 프른 믈이 서로 빗최
엿고.

녹각(鹿角) 몡 녹각.《集覽, 朴集, 上, 13
ㅈ》濟機. 音義云, ·쁠로 밍·ᄀᆞ론 혈거피
·ᄀᆞ툰 것. 今按, 漢人或牛角或鹿角爲之,
形如環, 着於拇指, 亦所以鈎〈所以鈎〉弦
開弓.《朴新諺 1, 18ㅈ》鹿角廂口的, 鹿角
으로 아궁이에 젼메오고.

녹두(菉豆) 몡 녹두.《集覽, 朴集, 下, 6ㅈ》
餠餤. 質問云, 將菉豆粉糝和粘穀米, 着水
浸濕, 用石磨磨, 細杓兒盛在鍋內, 一撮一
撮煎熟而食.《朴新諺 1, 2ㅈ》討幾甁蜜林
檎·甕頭春·木瓜露·苦菉豆酒(朴新注,
1ㅎ: 用菉豆麵釀者, 味苦而淸冽.), 여러
甁 蜜林檎과 甕頭春과 木瓜露와 쁜 菉豆
酒를 어들만 ᄌᆞ지 못ㅎ니.《朴新諺 3, 38
ㅈ》他種的稻子, 제 시믄 벼와. 膏粱, 슈
슈와. 黍子, 기장과. 大麥, 보리와. 小麥,
밀과. 蕎麥, 모밀과. 黃豆, 콩과. 小豆, 풋
과. 菉豆, 菉豆와. 豌豆, 광쟝이. 黑豆, 거
믄콩. 芝麻, 춤깨와. 蘇(蘇)子, 듧깨.

녹두면(菉豆麵) 몡 녹두 가루.《朴新諺 1,
2ㅈ》討幾甁蜜林檎·甕頭春·木瓜露·
苦菉豆酒(朴新注, 1ㅎ: 用菉豆麵釀者, 味
苦而淸冽.), 여러 甁 蜜林檎과 甕頭春과
木瓜露와 쁜 菉豆酒를 어들만 ᄌᆞ지 못ㅎ
니.

녹두주(菉豆酒) 몡 녹두로 빚은 술. 맛이
쓰고 시원하다고 한다.《朴新諺 1, 2ㅈ》
討幾甁蜜林檎·甕頭春·木瓜露·苦菉
豆酒(朴新注, 1ㅎ: 用菉豆麵釀者, 味苦而

淸冽.), 여러 甁 蜜林檎과 甕頭春과 木瓜
露와 쁜 菉豆酒를 어들만 ᄌᆞ지 못ㅎ니.

녹봉 몡 녹봉(祿俸). ⇔봉(俸).《朴新諺 2,
50ㅎ》你的俸滿了不曾, 네 녹봉이 찻ᄂ
냐 못ㅎ엿냐.

녹봉(祿俸) 몡 벼슬아치에게 급료로 주던
곡식이나 금품.《集覽, 朴集, 上, 7ㅈ》南
斗. 南極老人星名, 曰天府, 曰天相, 曰天
梁, 曰天童, 曰天樞, 曰天機. 六星秉爵秩
祿俸之籍, 能鮮本命〈夻〉之厄.

녹존(祿存) 몡 구성(九星) 중의 셋째 별 이
름. 거문성(巨門星)의 아래 문곡성(文曲
星)의 위에 있다.《集覽, 朴集, 上, 7ㅈ》
北斗左輔右弼. 凡九星, 曰樞宮貪狼, 曰璇
宮巨門, 曰璣〈幾〉宮祿存, 曰權宮文曲, 曰
衡宮廉貞, 曰闓(開)陽宮武曲, 曰瑤光宮破
軍, 曰洞明宮左輔, 曰隱元宮右弼. 左輔連
附北斗第〈莭〉六星, 在外, 右弼連附北斗
第〈莭〉二星, 在内. 俱在紫薇(微)垣.

녹피(鹿皮) 몡 사람 이름. 녹(鹿)은 성씨.
《朴新諺 3, 24ㅈ》大仙徒弟名鹿皮, 大仙
의 徒弟ㅣ 일홈을 鹿皮라 ㅎ리.《朴新諺
3, 26ㅈ》鹿皮對大仙說, 鹿皮ㅣ 大仙을
對ㅎ여 니로되. 鹿皮先脫下衣服跳入鍋
裡, 鹿皮ㅣ 몬져 옷 벗고 가마에 쒸여들
거늘.《朴新諺 3, 26ㅈ》鹿皮待要出來, 鹿
皮ㅣ 나오고져 ㅎ거늘.《朴新諺 3, 26
ㅎ》鹿皮就在油鍋裡死了, 鹿皮ㅣ 곳 기
름 가마에서 죽으니라.

녹ㅎ다(綠-) 혱 녹색이다. ⇔녹(綠).《朴
新諺 2, 6ㅈ》青的綠的是浮萍水草, 靑ㅎ
며 綠혼 거슨 이 浮萍 水草ㅣ오.

논(論) 동 ❶이르다. 말하다. 논하다. ⇔
니르다.《朴新諺 1, 33ㅈ》若論買賣銀只
該九五色, 만일 買賣 銀으로 니롤 량이면
그저 九五 성수ㅣ라. ❷의논하다. 따지
다. ⇔의논ㅎ다.《朴新諺 2, 7ㅎ》從今已
後咱與你論甚麽, 이제로부터 우리 너와
무서슬 의논ㅎ리오. ❸헤아리다. 따지
다. ⇔혜다.《朴新諺 2, 41ㅈ》不論竿子

上的橫子上的物件, 홰엣 거시나 궤엣 物件을 혜지 아니ᄒᆞ고.

논(論) 명 〈불〉 논장(論藏). 삼장(三藏)의 하나. 불법(佛法)을 논한 책으로, 부처가 스스로 문답한 것과 여러 제자와 보살이 해석하여 논변(論辯)한 것을 모아 만들었다. 《集覽, 朴集, 下, 1ㅈ》唐三藏法師〈三藏〉. 三藏, 經一藏, 律一藏, 論一藏. 《集覽, 朴集, 下, 1ㅈ》西天取經去. 西遊記云, 昔釋迦牟尼佛在西天靈山雷音寺, 撰成經・律・論三藏金經, 須送東土, 解度郡〈羣〉迷. 問諸菩薩, 徃東土尋取經人來.

논도(論道) 동 나라를 다스릴 정령(政令)을 의논하다. 《集覽, 朴集, 下, 10ㅎ》太師太保. 三師, 師〈ㅂ〉範一人, 儀刑四海, 三公, 論道經邦, 燮理陰陽.

논도경방(論道經邦) 동 논도(論道)하여 나라를 다스리다. 《集覽, 朴集, 下, 10ㅎ》太師太保. 三師, 師〈ㅂ〉範一人, 儀刑四海, 三公, 論道經邦, 燮理陰陽.

논힐후다 동 노닐다. 이동하다. 발짝을 떼다. ⇔나일나(那一那). 《集覽, 字解, 單字解, 3ㅎ》那. 平聲, 音노, 推移也. 那一那 논힐후다. 上聲 나, 何也. 那裏 어듸, 那箇 어늬. 又誰也. 那一箇 누고. 去聲 나. 那裏, 彼處也. 那箇 뎌것. 又語助. 有那沒 잇ᄂᆞ녀 업스녀. 《爭報恩, 1折》怎覷那喬軀老, 屈脊低腰, 欵那步輕擡脚. 《淸平山堂話本, 快嘴李翠蓮記》新人那步過高堂, 神女仙郞入洞房.

놀다 동 놀다. 장난하다. ●⇔솨(耍). 《朴新諺 2, 54ㅈ》我生活忙那能閑耍, 내 셩녕이 밧부니 엇지 능히 힘힘히 놀리오. ●⇔완(頑). 《朴新諺 1, 24ㅎ》只是一味貪頑, 다만 건늬 놀기만 貪ᄒᆞ여. 《朴新諺 3, 1ㅎ》一壁廂各自頑去不好麼, ᄒᆞᆫ 편 구석의 각각 놀라 가미 됴치 아니ᄒᆞ냐. ●⇔완솨(頑耍). 《朴新諺 1, 20ㅈ》逢時及莭(節)好會頑耍哩, 째롤 만나고 절을 밋처 ᄀᆞ장 놀 줄을 아더라. 《朴新諺 2, 46

ㅎ》終日貪頑耍, 終日토록 놀기를 탐ᄒᆞ고. ㉕⇔유(遊). 《朴新諺 2, 28ㅈ》只知道閑遊浪蕩, 그저 힘힘이 놀고 ᄀᆞ랠 줄만 아니. 《朴新諺 2, 31ㅎ》不許到街上去閑遊惹事, 街上에 가 힘힘이 노라 일내믈 허치 말고.

놀라다 동 놀라다. ⇔경(驚). 《朴新諺 3, 50ㅎ》小人卽時驚覺, 小人이 卽時 놀라 ᄭᅢᄃᆞ라.

놀리다 동 **１** 놀리다[弄]. 장난하다. ●⇔농(弄). 《朴新諺 2, 11ㅎ》弄的人眼都看花了, 놀려 사ᄅᆞᆷ의 눈이 다 보아 밤의엿고. ●⇔솨(耍). 《朴新諺 1, 6ㅎ》看他耍些技藝罷, 뎌 지조 놀리ᄂᆞᆫ 것 보쟈. ●⇔완(頑). 《朴新諺 2, 12ㅈ》那箇主兒又叫做鵪鶉兒的, 뎌 님자를 ᄯᅩ 새 놀리ᄂᆞᆫ 이라 부르ᄂᆞᆫ이라. **２** 놀리다. 움직이다. ⇔동(動). 《朴新諺 3, 11ㅈ》你一般動手做生活, 네 ᄒᆞᆫ가지로 손을 놀려 ᄒᆞᆫ 셩녕이.

놈 명 **１** 놈. 사내. ●⇔한(漢). 《朴新諺 1, 39ㅈ》一箇長大漢撒大鞋, ᄒᆞᆫ 킈 큰 놈이 큰 신 ᄭᅳ을고. 《朴新諺 2, 56ㅈ》咳到底是你這矬漢倒了, 애 나죵내 너 이 킈 져근 놈이 것구러지거다. 《朴新諺 3, 37ㅎ》我不想你這莊家漢, 내 너 이 향암엣 놈이. ●⇔한자(漢子). 《朴新諺 1, 12ㅈ》那挑脚的漢子, 뎌 삭짐 지ᄂᆞᆫ 놈아. 《朴新諺 2, 28ㅈ》那兩箇漢子把驢・騾喂好了, 뎌 두 놈은 나귀와 노새를다가 먹이기를 잘ᄒᆞ여. **２** 놈. 보통 사람. ●⇔수(手). 《集覽, 字解, 單字解, 5ㅈ》快. 急也. 走的快・疾快. 又樂也. 快活・大快. 又快手 잘 ᄃᆞᆫᄂᆞᆫ 놈. 又呼筋曰快子. ●⇔시(廝). 《朴新諺 1, 33ㅎ》李小兒那廝, 李小兒ㅣ란 뎌 놈을. 《朴新諺 1, 57ㅈ》醜廝你來, 더러온 놈아 이바. 《朴新諺 2, 3ㅎ》那廝那裏肯借, 뎌 놈이 어디 즐겨 빌리리오. 《朴新諺 2, 13ㅈ》必定是那廝落了我一兩銀子了, 일뎡 뎌 놈이 내 ᄒᆞᆫ 냥 은을 ᄶᅥ혓도다. 《朴新諺 2, 27ㅎ》你

們這幾箇無用的小廝, 너희 이 여러 쓸디 업슨 아히 놈들이. 《朴新諺 2, 41ㅈ》這廝們只是小毛賊, 이 놈들은 그저 이 고모도적이니. 《朴新諺 3, 8ㅈ》叫小廝們, 아히 놈들로 ᄒᆞ여. 《朴新諺 3, 19ㅎ》那廝便先衙門裡告了, 그 놈이 곳 몬져 衙門에 告ᄒᆞ여. 《朴新諺 3, 20ㅈ》種稻地的那廝, 벼 시므든 그 놈이. 《朴新諺 3, 51ㅎ》那廝多少年紀了, 뎌 놈이 나히 언머나 ᄒᆞ뇨. 《朴新諺 3, 53ㅎ》還得雇一箇小廝, ᄯᅩ 혼 아히 놈을 삭 내여.

놉다 〚혱〛 높다. ⇔고(高). 《朴新諺 2, 38ㅎ》只是崖高路窄, 다만 이 언덕이 놉고 길히 좁으니.

놉ᄒᆞ다 〚혱〛 높다. ●⇔고(高). 《朴新諺 1, 27ㅈ》高碁輸頭盤, 놉흔 바독은 첫 판을 진다 ᄒᆞ고. 《朴新諺 2, 42ㅎ》揀高的與官人看, 놉흔 이롤 골희야 官人을 주어 보게 ᄒᆞ라. 《朴新諺 3, 49ㅈ》有時高興, 잇따감 놉흔 興으로. ●⇔존(尊). 《朴新諺 3, 56ㅈ》沈兄這位尊姓, 沈兄아 이 분의 놉흔 姓이여.

놉흔바독 〚명〛 수가 높은 바둑. 또는 바둑의 고수(高手). ⇔고기(高碁). 《朴新諺 1, 27ㅈ》高碁輸頭盤, 놉흔 바독은 첫 판을 진다 ᄒᆞ고.

놋 〚명〛 놋. 놋쇠. ⇔동(銅). 《朴新諺 2, 21ㅈ》還有鑼鍋, ᄯᅩ 노고와. 柳箱, 섥과. 灑子, 드레와. 碗楪, 사발 졉시와. 匙筋, 수져와. 榪杓, 나모쥬게와. 筆籬, 됴리와. 炊箒, 솔과. 擦床兒, 슉치칼과. 簸(簸)箕, 키와. 篩子, 얼밍이와. 馬尾羅, 물총체와. 桌子, 상과. 盤子, 盤과. 茶盤, 찻반과. 燈臺, 燈臺와. 酒種, 잔과. 酒甕, 쥬벼ᄋ와. 銅杓, 놋쥬게 이시니.

놋쥬게 〚명〛 놋 주걱. ⇔동표(銅杓). 《朴新諺 2, 21ㅈ》還有鑼鍋, ᄯᅩ 노고와. 柳箱, 섥과. 灑子, 드레와. 碗楪, 사발 졉시와. 匙筋, 수져와. 榪杓, 나모쥬게와. 筆籬, 됴리와. 炊箒, 솔과. 擦床兒, 슉치칼과.

簸(簸)箕, 키와. 篩子, 얼밍이와. 馬尾羅, 물총체와. 桌子, 상과. 盤子, 盤과. 茶盤, 찻반과. 燈臺, 燈臺와. 酒種, 잔과. 酒甕, 쥬벼ᄋ와. 銅杓, 놋쥬게 이시니.

농(弄) 〚동〛 **❶●**놀이하다. 장난하다. ⇔노롯ᄒᆞ다. 《朴新諺 2, 11ㅈ》也有舞鎗弄棒的, ᄯᅩ 鎗을 춤추며 막대 노롯ᄒᆞᄂᆞᆫ 이도 이시니. **●**놀리다〔弄〕. 장난하다. ⇔놀리다. 《朴新諺 2, 11ㅎ》弄的人眼都看花了, 놀려 사롬의 눈이 다 보아 밤의엿고. **❷**농(弄)하다. 놀리다. 장난하다. **●**⇔농ᄒᆞ다. 《朴新諺 2, 11ㅎ》還有那弄寶盖的, ᄯᅩ 寶盖 농ᄒᆞᄂᆞᆫ 이도 이시니. **●**⇔농ᄒᆞ다(弄-). 《朴新諺 1, 39ㅎ》過去的過來的弄我的, 디나가며 디나오리 나를 弄호되. **❸**다루다. ⇔달호다. 《朴新諺 2, 46ㅈ》把瓦都弄破了, 디새를다가 다 달화ᄠᅢ이니. 《朴新諺 2, 53ㅈ》却纔會學立的腰兒軟休弄他, ᄯᅩ 셜 줄을 아되 허리 무르니 뎌를 달호지 말라.

농가(農家) 〚명〛 농사를 본업으로 하는 사람의 집. 《朴新諺 2, 40ㅈ》種些冬瓜, 져기 동화와. 西瓜, 슈박과. 甜瓜, 춤외와. 挿葫(朴新注, 37ㅎ: 質問云, 如葫蘆, 長一二尺者, 方言謂之挿葫. 農家種田時, 盛種子于其中, 以播地.), 즈룸박과. 稍瓜, 수세외와. 黃瓜, 외와. 茄子等類, 가지들을 심으라.

농두(籠頭) 〚명〛 바 굴레. 밧줄로 만든, 재갈이 없는 굴레. ⇔바구레. 《集覽, 朴集, 上, 14ㅎ》轡頭. 音義云, 잘 ᄃᆞᆫᄂᆞᆫ ᄆᆞ롤〈물을〉 닐온 轡頭. 今按, 轡頭, 卽馬勒也, 今俗謂 ·셕·대:됴·혼 ᄆᆞ·롤〈물을〉 呼爲好轡頭, 則音義亦當并好字爲釋可也. 且漢俗, 以革爲之, 有衔〈街〉者曰轡頭, 以索爲之, 無衔〈街〉者曰籠頭. 《朴新諺 2, 20ㅎ》還少套繩, 당시롱 멜 줄과. 撒繩, ᄭᅳ으 줄과. 籠頭, 바구레와. 脚索, 지달 술 바와. 鞍子, 기르마와. 肚帶等類哩, 오랑 等類ㅣ 업세라.

농득(弄得) 동 피우다[燃]. ⇔퓌오다. 《朴新諺 3, 45ㅎ》只要弄得火快, 그저 불 퓌오기를 쌜리 ᄒᆞ라.

농소 명 농지(農地). 전지(田地). ⇔장전(莊田). 《朴新諺 3, 38ㅈ》是他主子的莊田, 이 제 항것싀 농소ㅣ라. 《朴新諺 3, 39ㅈ》旣叫他管着那莊田, 이믜 저로 ᄒᆞ여 뎌 농소를 ᄀᆞ음알게 ᄒᆞ니.

농수(膿水) 명 고름. ⇔고롬. 《朴新諺 3, 11ㅎ》滿指甲疙瀼和膿水怎麽好呢, 손톱에 ᄀᆞ득ᄒᆞᆫ 더덩이와 고롬이 엇지 됴흐리오.

농언(弄言) 명 농담(弄談). 《集覽, 朴集, 上, 2ㅎ》院本. 質問云, 院本有曰外, 或粧先生・採訪使・考試官・老人・達達之類, 皆是外扮, 曰淨, 有男淨・有女淨, 亦做醜態, 專一弄言取人歡笑, 曰末, 粧扮不一, 初則開場白說, 或粧家人・祗候, 或扮使臣之類, 曰丑, 狂言戱弄, 或粧醉漢・太醫・吏員・媒婆之類.

농우(農牛) 명 농사일에 부리는 소. 《集覽, 朴集, 下, 9ㅎ》打春. 東京夢華錄云, 立春前五日, 造土牛・耕夫・犁具, 前一日順天府進農牛入禁中鞭春, 府縣官吏・士庶・耆社, 具鼓樂出東郊迎春, 牛芒神至府前, 各安方位.

농월(弄月) 동 달을 감상하며 즐기다. 《集覽, 朴集, 下, 11ㅎ》李白摸月. 李白, 唐玄宗朝詩人也. 泛釆石江, 見月影滿水, 以手弄月, 身飜〈翻〉而死.

농장 명 농장(農場). 전지(田地). ⇔장두(莊頭). 《朴新諺 2, 48ㅎ》我要往你莊頭家去, 내 네 농장 집의 가고져 ᄒᆞ되.

농ᄒᆞ다 동 농(弄)하다. 놀리다. 장난하다. ⇔농(弄). 《朴新諺 2, 11ㅎ》還有那弄寶盖的, 또 寶盖 농ᄒᆞᄂᆞᆫ 이도 이시니.

농ᄒᆞ다(弄-) 동 농(弄)하다. 놀리다. 장난하다. ⇔농(弄). 《朴新諺 1, 39ㅎ》過去的過來的弄我的, 디나가며 디나오리 나를 弄ᄒᆞ되.

높다 형 높다. ⇔고(高). 《朴新諺 2, 11ㅈ》還有把一箇高桌兒放定, 당시롱 ᄒᆞᆫ 노픈 탁ᄌᆞ롤다가 노코. 《朴新諺 2, 43ㅈ》你再揀頂高的我看, 네 다시 웃뜸 노픈 거슬 ᄀᆞᆯ히여 나롤 뵈라. 小舖沒有再高的了, 小舖에 다시 노픈 거시 업세라. 《朴新諺 2, 51ㅈ》一步高如一步, ᄒᆞᆫ 거롬에 ᄒᆞᆫ 거롬이 노프니. 《朴新諺 3, 47ㅎ》拿着三丈高的一面大旗, 세 길이나 노픈 一面 大旗를 가지고.

놓다 동 놓다. ❶⇔방(放). 《朴新諺 2, 11ㅈ》便放我們進去了, 곳 우리롤 노하 드러가게 ᄒᆞ리라. 《朴新諺 2, 11ㅈ》還有把一箇高桌兒放定, 당시롱 ᄒᆞᆫ 노픈 탁ᄌᆞ롤다가 노코. 《朴新諺 2, 28ㅈ》帶十兩銀子到東安州(朴新注, 32ㅎ: 在京都南一百里.)去放黑豆, 열 냥 은을 가지고 東安州에 가 거믄콩에 노하. 《朴新諺 2, 28ㅎ》一箇帶五兩銀子到馬家庄去放稈草, ᄒᆞ나흔 닷 냥 은을 가지고 馬家庄에 가 조딥헤 노코. 《朴新諺 2, 50ㅈ》兩傍放幾張椅子, 두 편에 여러 교의를 노코. 《朴新諺 3, 20ㅈ》因何監着不放呢, 엇지ᄒᆞ여 가도고 노치 아니ᄒᆞᄂᆞ뇨. 《朴新諺 3, 43ㅎ》大門外放一張桌子, 큰 門 밧긔 ᄒᆞᆫ 상을 노코. ❷⇔방재(放在). 《朴新諺 1, 37ㅎ》放在脚踝尖骨頭上, 발 안쒸머리 ᄲᅧ족ᄒᆞᆫ ᄲᅧ 우희 노코. 《朴新諺 2, 11ㅎ》放在他脚心上轉, 뎌 발짜당에 노하 구을리고. ❸⇔방착(放着). 《朴新諺 3, 12ㅈ》放着一箇三脚鐵蝦蟆的便是了, ᄒᆞᆫ 세 발 가진 쇠 두텁이 노흔 거시 곳 이라. 《朴新諺 3, 24ㅎ》向大仙鼻凹裡放着, 大仙의 코굼글 向ᄒᆞ여 노흐니. 《朴新諺 3, 47ㅎ》朝東放着土牛, 東을 향ᄒᆞ여 土牛를 노코. ❹⇔방하(放下). 《朴新諺 3, 25ㅈ》擡過一頂紅柒槓子來面前放下, ᄒᆞᆫ 불근 柒ᄒᆞᆫ 궤를 드러 와 앏히 노코.

뇌(牢) 명 옥(獄). ⇔옥. 《朴新諺 3, 38ㅈ》那老安因甚麽事監在牢裡, 뎌 老安이 므

슴 일을 囚ᄒᆞ여 옥에 가치엿ᄂᆞ뇨.

뇌(腦) 몡 골치. 머릿골. ⇔골치. 《集覽,
朴集, 中, 2ㆆ》奪腦. 奪字未詳. 鄕習傳解
日, 디고리 ᄲᅳᆯ 앏〈알〉프다. 奪, 音두, 去
聲讀. 《朴新諺 2, 23ㆆ》我今日頭疼腦旋,
내 오늘 마리 알프고 골치 어즐ᄒᆞ고.
《朴新諺 2, 23ㆆ》小弟這幾日有些頭疼腦
熱, 小弟 요ᄉᆞ이 져기 마리 알프고 골치
더움이 잇더니.

뇌(擂) 몡 치다. 두드리다. ●⇔치다. 《朴
新諺 3, 58ㅈ》便擂皷打羅, 곳 북 치고 바
라 치고. ●⇔티다. 《朴新諺 1, 38ㆆ》大
哥山上擂皷, 큰형은 山에셔 북 티고. 《朴
新諺 3, 43ㆆ》擂皷敲磬, 북 티고 磬 티고.

뇌(賴) 몡 ●보채다. ⇔보채다. 《朴新諺
3, 20ㅈ》便賴說我家這小厮偸了, 곳 보채
여 니ᄅᆞ되 우리 집의 아히 놈이 도적ᄒᆞ
다 ᄒᆞ여. ●속이다. 잡아떼다. ⇔소기
다. 《朴新諺 1, 53ㅈ》不許賴的, 소기믈
허치 마쟈. 《朴新諺 1, 53ㆆ》豈容他賴呢,
엇디 뎌의 소기믈 용납ᄒᆞ리오.

뇌아주(腦兒酒) 몡 찹쌀로 지은 지에밥에
약재를 넣어서 디딘 누룩을 넣어 빚은
술. 빛깔이 붉은데 맛이 좋다고 한다.
《集覽, 朴集, 上, 1ㆆ》腦兒酒. 質問云, 做
酒用糆麴藥料爲蘗, 久封不動, 其色紅而
味最純厚. 又云, 以糯米爲之, 酒之帶糟
者. 又云, 好麴〈麯〉好米作酒, 成熟粘稠有
味, 不用參和.

뇌여 몡 다시. ●⇔재(再). 《朴新諺 1, 36
ㆆ》小僧再也不敢了, 小僧이 뇌여란 셩
심이나. ●⇔재래(再來). 《朴新諺 2, 26
ㆆ》你再來休說這般不曉事的話, 네 뇌여
란 이런 일 모로는 말 니ᄅᆞ지 말라.

뇌음사(雷音寺) 몡 중국의 소설 서유기
(西遊記)에 나오는 절 이름. 《集覽, 朴集,
下, 1ㅈ》西天取經去. 西遊記云, 昔釋迦牟
尼佛在西天靈山雷音寺, 撰成經·律·論
三藏金經, 須送東土, 解救郡〈羣〉迷. 問諸
菩薩, 徃東土尋取經人來. 《集覽, 朴集,

下, 5ㅈ》金頭揭地·銀頭揭地·波羅僧
揭地. 西遊記云, 釋迦牟尼佛在靈山雷音
寺演說三乘敎法, 傍有侍奉阿難·伽舍諸
菩薩·聖僧·羅漢·八金剛·四揭地·
十代明王·天仙·地仙. 《朴新諺 3, 8ㆆ》
徃西天(朴新注, 47ㅈ: 西方天竺國, 有靈
山大雷音寺, 釋迦牟尼佛居之, 謂之西天.)
去取經的時節, 西天을 향ᄒᆞ여 經 가질라
갈 제.

뇌자(牢子) 몡 옥졸(獄卒). 간수. 《集覽,
朴集, 中, 8ㆆ》牢子走. 牢, 獄名, 繫重囚
之所. 牢子, 守獄之卒也. 南村輟耕錄云,
牢子走者, 元時, 每歲一試之, 名曰放走,
亦名貴由赤, 俗謂快行是也. 《朴新諺 2,
57ㆆ》年時牢子(朴新注, 43ㆆ: 元時, 選
善走子, 謂之牢子, 每歲一試之.)們試走的
你可曾看見麽, 젼년에 牢子들희 ᄃᆞ롭질
시기는 거슬 네 일즉 보왓ᄂᆞᆫ다. 《朴新
諺 2, 58ㅈ》是誰家的牢子呢, 이 뉘 집 牢
子ㅣ 러뇨. 《朴新諺 2, 58ㅈ》是跟隨張摠
兵使喚的牢子, 이 張摠兵을 ᄯᅡ라 使喚ᄒᆞ
는 牢子ㅣ 러라.

뇌자주(牢子走) 몡 뇌자(牢子)의 달리기
경주. 《集覽, 朴集, 中, 8ㆆ》牢子走. 牢,
獄名, 繫重囚之所. 牢子, 守獄之卒也. 南
村輟耕錄云, 牢子走者, 元時, 每歲一試之,
名曰放走, 亦名貴由赤, 俗謂快行是也.

뇌장(牢壯) 뮈 굳게. 견고하게. ⇔뇌장히
(牢壯-). 《朴新諺 1, 22ㅈ》那雀舌做得牢
壯也好, 뎌 혀쇠는 ᄆᆡᆫᄃᆞᆯ기를 牢壯히 ᄒᆞ
야시니 ᄯᅩ 묘타.

뇌장(牢壯) 혱 굳다. 견고하다. ⇔뇌장ᄒᆞ
다(牢壯-). 《朴新諺 2, 13ㅈ》怎麽能句堅
固牢壯呢, 엇지 능히 堅固 牢壯ᄒᆞ리오.
《朴新諺 2, 21ㅈ》還有帳房·馬槽都牢壯
麽, ᄯᅩ 帳房과 물귀유ㅣ 다 牢壯ᄒᆞ엿ᄂᆞ
냐.

뇌장히(牢壯-) 뮈 뇌장(牢壯)히. ⇔뇌장
(牢壯). 《朴新諺 1, 22ㅈ》那雀舌做得牢
壯也好, 뎌 혀쇠는 ᄆᆡᆫᄃᆞᆯ기를 牢壯히 ᄒᆞ

야시니 ᄯ 됴타.

뇌장ᄒ다(牢壯-) 혱 뇌장(牢壯)하다. ⇔
뇌장(牢壯). 《朴新諺 2, 13ㅈ》怎麼能句
堅固牢壯呢, 엇지 능히 堅固 牢壯ᄒ리오.
《朴新諺 2, 21ㅈ》還有帳房・馬槽都牢壯
麼, ᄯ 帳房과 물귀유ㅣ 다 牢壯ᄒ엿ᄂ
냐.

뇌후(腦後) 뎽 뒤통수. 《集覽, 朴集, 上, 11
ㅈ》剃頭. 漢俗, 凡梳頭者必剃去腦後頂上
髮際細毛, 故曰剃頭.

-뇨 어미 -냐. -느냐. 《集覽, 字解, 單字解,
5ㅎ》虧. 損也, 少也. 虧你多少 네게 언메
나 낟브뇨, 虧着我 내게 낟배라. 又次也.
吏語, 虧兌 원수에서 ᄭ다. 《朴新諺 1, 1
ㅎ》大家且消愁解悶何如, 대되 ᄯ 消愁
解悶홀만 ᄌ지 못ᄒ니 엇더ᄒ뇨. 《朴新
諺 1, 14ㅎ》先換票領籌何如, 몬져 票ᄅᆯ
밧고고 사술을 ᄐ미 엇더ᄒ뇨. 《朴新諺
1, 27ㅎ》做箇賞月會何如, 혼 賞月會ᄅᆯ
홈이 엇더ᄒ뇨. 《朴新諺 2, 4ㅈ》在那裏
做生日來, 어듸셔 生日을 ᄒ뇨. 《朴新諺
2, 36ㅎ》且打些酒來吃幾杯解寒何如, ᄯ
져기 술 가져와 여러 잔 먹어 解寒홈이
엇더ᄒ뇨. 《朴新諺 3, 14ㅎ》先生你與我
寫一封書稍去何如, 先生아 네 나ᄅᆯ 혼 봉
글을 뼈 주어든 부텨 보내미 엇더ᄒ뇨.
《朴新諺 3, 21ㅈ》買幾部閑書來消遣何如,
여러 部 힘힘혼 칙을 사 와 消遣홈이 엇
더ᄒ뇨. 《朴新諺 3, 40ㅈ》你那日到底送
到那裡就回來了, 네 그 날 ᄆ츰내 보내여
어듸 가 곳 도라오뇨.

누 때 누구. ⇔수(誰). 《朴新諺 1, 36ㅈ》似
你這一等和尚不打還打誰呢, 너 ᄌᆺ혼 이
런 듕을 티지 아니코 도로혀 누ᄅᆯ 티리
오.

누(婁) 뎽 누수(婁宿). 이십팔수(二十八宿)
의 하나. 서방(西方) 백호 칠수(白虎七
宿) 가운데 둘째 별이다. 《朴新諺 2, 59
ㅈ》婁增彣久鬼迎祥, 婁ᄂ 增ᄒ고 彣은
久ᄒ고 鬼ᄂ 迎祥ᄒ니.

누(摟) 동 (손이나 도구를 사용하여 물건
을 자기 앞으로) 긁어모으다. 《集覽, 朴
集, 中, 3ㅎ》摟草. 摟, 探聚也. 收禾登場,
截穗取實, 亂撒禾稭在場, 仍而摟聚者曰
摟草.

누(漏) 동 새다. ⇔시다. 《朴新諺 1, 14ㅎ》
你這布俗是破的不漏麼, 네 이 쟐리 해여
져 시지 아니ᄒ느냐. 這是新布俗那裏破
那裏怕漏呢, 이 새 쟐리라 어디 해여지
며 어디 시기ᄅᆯ 저퍼ᄒ리오. 《朴新諺 2,
45ㅎ》每日下雨房子都漏了, 每日에 비 와
집이 다 시니. 《朴新諺 2, 45ㅎ》所以越
漏了, 그러모로 더옥 시니.

누(壘) 동 뭇다. 쌓다. ⇔무으다. 《朴新諺
3, 17ㅈ》前面壘一箇花臺好栽花, 앏히 혼
花臺ᄅᆯ 무어 곳 시므기 됴케 ᄒ라.

누고 때 누구. ⇔나일개(那一箇). 《集覽,
字解, 單字解, 3ㅎ》那. 平聲, 音노, 推移
也. 那一那 논힐후다. 上聲 나, 何也. 那
裏 어듸, 那箇 어늬. 又誰也. 那一箇 누
고. 去聲 나. 那裏, 彼處也. 那箇 뎌것.
又語助. 有那沒 잇느녀 업스녀.

누곤(累滾) 뎽 소용돌이. ⇔믈왐. 《集覽,
字解, 單字解, 2ㅎ》滾. 煮水使沸曰滾滾花
水 글른 믈. 又輪轉曰滾滾了 구으다, 字
作轆. 又通共和雜曰累滾 혼 믈와비라. 又
滾子 방올.

누금(鏤金) 동 금 따위 금속에 무늬를 아
로새기다. 또는 그렇게 새긴 금속. 《朴
新諺 2, 50ㅈ》將鏤金香爐擺上燒些餅子
香, 鏤金 香爐ᄅᆯ다가 버려 져기 餅子香을
픠오고.

누누(屢屢) 분 자주. 누차. 종종. 수차례.
⇔ᄌ조. 《朴新諺 2, 34ㅈ》屢屢的如此行
凶作惡, ᄌ조 이리 行凶 作惡ᄒ더라.

누르다 동 누르다(壓). ⇔하(下). 《朴新諺
3, 36ㅈ》再下幾碗寬條麵與我們, ᄯ 여러
사발 너분 국슈를 눌러 우리를 주되.

누르다 혱 누르다(黃). ⇔황(黃). 《朴新諺
3, 36ㅈ》黃燒餅(朴新注, 57ㅈ: 以麥糆作

餅, 燒黃甚脆.), 누른 燒餅과. 油酥燒餅, 수유에 디딘 燒餅과.

누른소병(-燒餅) 몡 누른 소병. 밀가루 반죽에 참깨를 뿌려 구운 떡. ⇔황소병 (黃燒餅).《朴新諺 3, 36ㅈ》黃燒餅(朴新注, 57ㅈ: 以麥糆作餅, 燒黃甚脆.), 누른 燒餅과. 油酥燒餅, 수유에 디딘 燒餅과.

누리다 동 누리다[享]. ⇔향(享).《朴新諺 2, 7ㅎ》有苦同受有樂同享, 괴로옴이 잇거든 혼가지로 밧고 즐거옴이 잇거든 혼가지로 누리면.

누비옷 몡 누비옷. ⇔납오(納襖).《朴新諺 1, 35ㅎ》穿着納襖捧着鉢盂, 누비옷 닙고 에유아리 가지고.

누우쓸다 동 드러누워서 (이리저리) 뒹굴다. ⇔와도타곤(臥倒打滾).《朴新諺 1, 41ㅎ》不住的臥倒打滾, 머무지 아니ᄒᆞ고 누우쑤러.

누이다 동 누이다[臥]. 눕다. ⇔수(睡).《朴新諺 1, 55ㅈ》把孩兒睡在裏頭, 아히를다가 안히 누이고.

누자(累字) 몡 한 글자 이상으로 된 단어.《集覽, 凡例》單字・累字之解, 只取老乞大・朴通事中所載者爲解.

누초(摟草) 몡 (손이나 도구를 써서 자기 앞으로) 짚을 끌어 모으다. 또는 그 짚.《集覽, 朴集, 中, 3ㅎ》摟草. 摟, 探聚也. 收禾登場, 截穗取實, 亂撒禾稭在場, 仍而摟聚者曰摟草.

누취(摟聚) 동 (손이나 도구를 써서 물건을 자기 앞으로) 끌어 모으다.《集覽, 朴集, 中, 3ㅎ》摟草. 摟, 探聚也. 收禾登場, 截穗取實, 亂撒禾稭在場, 仍而摟聚者曰摟草.

눈 몡 ❶(바둑에서의) 집. ⇔안(眼).《朴新諺 1, 27ㅈ》到底是沒眼的, 나종내 이 눈 업슨 거시로다. ❷눈[目]. ●⇔목(目).《朴新諺 3, 46ㅈ》我說與你便强似目睹了, 내 너드려 니를 써시니 곳 눈으로 보는 이도곤 나으리라. ●⇔안(眼).《朴新諺

1, 41ㅈ》我有箇赤馬害骨眼, 내게 혼 졀짜물이 이셔 눈에 치 알하.《朴新諺 1, 42ㅈ》張大哥你替我醫這馬骨眼, 張가 큰 형아 네 나를 ᄀᆞ르차 이 물 눈에 치 고치고.《朴新諺 1, 57ㅈ》叫那斜眼的弓匠王五來, 뎌 눈 흙븬 弓匠 王五를 블러오라.《朴新諺 2, 11ㅎ》弄的人眼都看花了, 놀려 사롬의 눈이 다 보아 밤의엿고.《朴新諺 2, 52ㅈ》他便眼花, 뎨 곳 눈이 밤븨여.《朴新諺 3, 23ㅈ》大仙睜開雙眼道, 大仙이 두 눈을 부롭쓰고 니로되.《朴新諺 3, 35ㅈ》都是三尺寬肩膀燈盞大的雙眼, 다 이 석 자나 너른 엇게오 燈盞만치 큰 두 눈이라.《朴新諺 3, 50ㅈ》睜眼間釣出箇老大金色鯉魚, 눈 곰쟉홀 스이에 혼 ᄀᆞ장 큰 금빗히 鯉魚를 낙가 내니.

눈섭 몡 눈썹. ⇔미(眉).《朴新諺 2, 29ㅎ》齒排柯雪着秀垂楊, 니는 柯雪이 버럿ᄂᆞᆺ 듯ᄒᆞ고 눈섭은 垂楊이 빼혀난 듯ᄒᆞ도다.

눈쏩 몡 눈곱. ⇔안지(眼脂).《朴新諺 2, 53ㅈ》這孩子眼脂流下來也不擦, 이 아히 눈쏩이 흘러느리되 삣기지 아니ᄒᆞ니.

눈에치 몡 눈에 난 치. ('치'는 말이나 노새 등의 눈 가운데가 부어올라 연골과 같이 굳어지는 병) ⇔골안(骨眼).《朴新諺 1, 41ㅈ》我有箇赤馬害骨眼(朴新注, 16ㅈ: 骨眼, 馬害肚疼打滾, 割眼內肉, 方言謂之蕣眼. 蕣, 音姑.), 내게 혼 졀짜물이 이셔 눈에 치 알하.《朴新諺 1, 42ㅈ》張大哥你替我醫這馬骨眼, 張가 큰형아 네 나를 ᄀᆞ르차 이 물 눈에 치 고치고.

눈흙븨다 동 사괄눈이 되다. 사시(斜視)가 되다.《朴新諺 1, 57ㅈ》叫那斜眼的弓匠王五來, 뎌 눈 흙븬 弓匠 王五를 블러오라.

눌 데 누구. 누구를. ⇔수(誰).《朴新諺 1, 2ㅎ》如今先着誰去討酒呢, 이지 몬져 눌로 ᄒᆞ여 가 술을 엇게 ᄒᆞ료.《朴新諺 3, 40ㅈ》這衙門中上直叫誰替我呢, 이 衙門에 上直을 눌로 ᄒᆞ여 나를 톄당케 ᄒᆞ리오.

뉘 団 누구가. ⇔수(誰).《朴新諺 1, 15ㅈ》誰知道就長起這瘡來了, 뉘 믄득 이 瘡이 즈랄 줄을 알리오.《朴新諺 1, 21ㅎ》你那條金帶是誰廂的, 네 뎌 金씌룰 뉘 뎐메윗느뇨.《朴新諺 1, 34ㅈ》誰想到今年已是一年半了, 뉘 올히 다드라 이믜 一年半에.《朴新諺 2, 3ㅎ》誰肯向他開口, 뉘 즐겨 뎌를 향ᄒ여 입을 열리오.《朴新諺 2, 12ㅎ》誰知道做得狠(很)不如式, 뉘 아더냐 민드롬이 ᄀ장 법 ᄀ지 아니ᄒ고.《朴新諺 2, 37ㅎ》他既變了面目誰保他, 뎨 임의 面目을 變ᄒ면 뉘 도로혀 뎌룰 긔수ᄒ리오.《朴新諺 2, 55ㅎ》誰吃蘿葍打噎咈, 뉘 무우 먹고 트림ᄒ엿느뇨.《朴新諺 3, 6ㅎ》這是誰的不是, 이거시 이 뉘 그릇고.《朴新諺 3, 42ㅈ》誰知道他的就裡, 뉘 뎌의 속을 알리오.《朴新諺 3, 42ㅎ》陰陽是誰, 陰陽ᄒ는 이는 이 뉘러뇨.

늑급(勒掯) 图 보채다. 또는 고의로 애를 먹이다. 강요(強要)하다. 강박(強迫)하다. ⇔보채다.《朴新諺 3, 3ㅈ》你只管勒掯不賣, 네 그저 스러여 보채고 픈지 아니ᄒ니.

늑자(肋子) 图 갈비. ⇔녑팔지.《朴新諺 1, 5ㅈ》頓爛肘(肋)子, 무르녹게 술믄 녑팔지와.

늘근이 図 늙은이. ⇔노인(老人).《朴新諺 1, 21ㅎ》比我們老人家快活得多哩, 우리들 늘근의게 比컨대 즐거움이 하더라.

늘다 图 늘다. 늘어나다. ⇔신(申).《朴新諺 1, 33ㅈ》每一両該申五分銀水哩, 每 ᄒ 냥에 五分銀 셩수ㅣ 늘리라.

늙다 图 늙다. ⇔노(老).《朴新諺 2, 8ㅈ》掌橫的(朴新注, 25ㅎ: 主管市店者之稱.) 老哥, 橫 ᄀ움아논 늙은 형아.

늙은이 図 늙은이. ⇔노자(老子).《朴新諺 1, 39ㅎ》一箇老子當路睡, ᄒ 늙은이 길히 當ᄒ여 자거든.

늠(檁) 図 도리. ⇔납.《朴新諺 3, 16ㅎ》這檁, 이 납과. 樑, 모ᄅ와. 椽, 혀와. 柱, 기동과. 短柱, 短柱와. 門框, 문얼굴과. 門扇, 문짝과. 吊窓, 들창과. 天窓, 우러리창과. 雙扇, 빵다지와. 單扇, 외다지와. 窓欞, 창얼굴로.

늠급(廩給) 図 정관(正官)에게 나누어 주던 녹봉(봉급).《集覽, 朴集, 上, 4ㅎ》関字. 音義云. 支〈支〉應馬匹〈疋〉并廩給者, 体式詳見求政錄.《集覽, 朴集, 中, 1ㅈ》分例支應. 正官日廩給, 從人曰口粮, 通謂之分例.

늣게야 图 늦게야.《朴新諺 2, 2ㅎ》傍晚進城, 늣게야 城에 드러오고.

늣다 图 **1** 늦다. **一** ⇔만(晚).《朴新諺 3, 18ㅎ》天天都是這般早聚晚散麽, 날마다 다 이리 일 모호고 늣게야 훗터지느냐. **二** ⇔조만(早晚).《集覽, 字解, 累字解, 1ㅎ》早晚. 這早晚 이 늣도록. 又問何時日, 多早晚 어느 삐. **2** 늦다. 또는 저녁 무렵. ⇔방만(傍晚).《朴新諺 2, 2ㅎ》傍晚進城, 늣게야 城에 드러오고.

능(能) 円 **1** 능(能)히. **一** ⇔능히.《朴新諺 1, 9ㅎ》焉能曉得他那裏的規矩, 엇지 능히 거긔 規矩룰 알리오.《朴新諺 1, 25ㅈ》這馬如何能長膘呢, 이 몰이 엇디 능히 술디리오.《朴新諺 1, 26ㅈ》你那能贏得我, 네 엇디 능히 나룰 이긔리오.《朴新諺 2, 40ㅈ》最能發散風寒的, ᄀ장 능히 風寒을 發散ᄒ느니라.《朴新諺 2, 54ㅈ》我生活忙那能閑耍, 내 셩녕이 밧부니 엇지 능히 힘힘이 놀리오.《朴新諺 2, 55ㅎ》咳你這廝漢那裏能抵當的我, 애 너 이 크 져근 놈이 어디 능히 나를 抵當ᄒ리오.《朴新諺 3, 9ㅈ》度脫衆生纔能成佛, 衆生을 度脫ᄒ여 계요 능히 成佛ᄒ엿느니.《朴新諺 3, 18ㅎ》但能早散也是不能早囬家, 다만 능히 일즉이 훗터져도 또 능히 일즉이 집의 도라오지 못ᄒ여.《朴新諺 3, 18ㅎ》直到人定更深纔能下馬, 바로 人定 更深홈애 다드라 계요 능히

몰쎄 느리느니. 《朴新諺 3, 40ㅎ》既不能
勾跟去, 이믜 능히 유여히 ᄯ라가지 못
홀쟉시면. ●⇔능히(能-). 《朴新諺 3,
41ㅎ》你可能請他到這裡來麼, 네 可히 能
히 뎌를 請ᄒ여 여긔 올쨔. ❷잘. ⇔잘.
《集覽, 字解, 單字解, 7ㅎ》走. 行也. 둔니
다. 又逃回曰走回. 又跑也. 能走・快走
잘 둔ᄂ다. 又透漏也. 走話. 又洩也. 走了
氣 김 나다.

능(綾) 몡 비단의 하나. 얼음 같은 무늬가
있고 얇다. 《朴新諺 2, 13ㅎ》這杭州綾子
每疋有七托長, 이 杭州ㅅ 綾이 每 疋에
닐곱 발 기리 잇고, 《朴新諺 2, 14ㅎ》這
疋杭綾染錢五錢半, 이 혼 필 杭州ㅅ 綾에
눈 물갑시 닷 돈 반이오.

능구(能勾) 圄 하다. 또는 …할 수 있다.
⇔ᄒ다. 《朴新諺 1, 56ㅈ》方能勾養大成
人, 보야흐로 養大 成人ᄒᄂ니.

능구(能勾) 뙨 ●능(能)히. ⇔능히. 《朴新
諺 2, 13ㅈ》怎麽能勾堅固牢壯呢, 엇지
능히 堅固 牢壯ᄒ리오. 《朴新諺 2, 26ㅎ》
怎能勾成就了這因緣, 엇지 능히 이 因緣
을 일올이오. 《朴新諺 2, 41ㅎ》他怎麽得
能勾偸의 東西去呢, 뎌 엇지 시러곰 능히
잡은거슬 도적ᄒ여 가리오. ●가(可)히.
넉넉히. ⇔어루. 《集覽, 字解, 單字解, 3
ㅎ》勾. 平聲, 曲也. 勾龍, 社神, 勾芒, 春
神, 勾吳, 地名. 今按, 俗語勾了 유여ᄒ다,
又에우다. 又能勾 어루, 又유여히. 又吏
語, 勾取 자피다, 又勾攝公事 공ᄉ로 블
리다, 又勾喚 블리다. 又去聲, 勾當, 幹管
也, 又事也, 勾當亦去聲. ●유여(有餘)
히. 넉넉히. ⇔유여히. 《集覽, 字解, 單字
解, 3ㅎ》勾. 平聲, 曲也. 勾龍, 社神, 勾芒,
春神, 勾吳, 地名. 今按, 俗語勾了 유여ᄒ
다, 又에우다. 又能勾 어루, 又유여히. 又
吏語, 勾取 자피다, 又勾攝公事 공ᄉ로
블리다, 又勾喚 블리다. 又去聲, 勾當, 幹
管也, 又事也, 勾當亦去聲.

능소화(凌霄花) 몡 능소화과의 낙엽 활엽

덩굴나무. 여름에 깔때기 모양의 누르스
름한 꽃이 핀다. 《集覽, 朴集, 中, 8ㅈ》苕
箒. 周禮桃苃鄭云, 苃, 苕箒也, 苕, 葦華也.
今按, 苕乃凌霄花也, 苕帚之苕, 作芀是.

능주(能走) 圄 아주 잘 달리다. 《集覽, 字
解, 單字解, 7ㅎ》走. 行也. 둔니다. 又逃
回曰走回. 又跑也. 能走・快走 잘 둔ᄂ
다. 又透漏也. 走話. 又洩也. 走了氣 김
나다.

능히 円 능(能)히. ●⇔능(能). 《朴新諺 1,
9ㅈ》焉能曉得他那裏的規矩, 엇지 능히
거긔 規矩를 알리오. 《朴新諺 1, 26ㅈ》
你那能贏得我, 네 엇디 능히 나룰 이긔
리오. 《朴新諺 2, 40ㅈ》最能發散風寒的,
ᄀ장 능히 風寒을 發散ᄒᄂ니라. 《朴新
諺 2, 54ㅎ》我生活忙那能閑暇, 내 셩녕
이 밧부니 엇지 능히 힘힘히 놀리오.
《朴新諺 2, 55ㅎ》咳你這矬漢那裏能抵當
的我, 애 너 이 킈 져근 놈이 어디 능히
나룰 抵當ᄒ리오. 《朴新諺 3, 9ㅈ》度脫
衆生纔能成佛, 衆生을 度脫ᄒ여 계요 능
히 成佛ᄒ엿ᄂ니. 《朴新諺 3, 18ㅈ》但能
早散也是不能早回家, 다만 능히 일즉이
훗터져도 ᄯ 능히 일즉이 집의 도라오
지 못ᄒ여. 《朴新諺 3, 18ㅎ》直到人定更
深纔能下馬, 바로 人定 更深홈애 다드라
계요 능히 몰쎄 느리ᄂ니. 《朴新諺 3, 40
ㅎ》既不能勾跟去, 이믜 능히 유여히 ᄯ
라가지 못홀쟉시면. ●⇔능구(能勾).
《朴新諺 2, 13ㅈ》怎麽能勾堅固牢壯呢,
엇지 능히 堅固 牢壯ᄒ리오. 《朴新諺 2,
26ㅎ》怎能勾成就了這因緣, 엇지 능히
이 因緣을 일올이오. 《朴新諺 2, 41ㅎ》
他怎麽得能勾偸의 東西去呢, 뎌 엇지 시
러곰 능히 잡은거슬 도적ᄒ여 가리오.

능히(能-) 円 능(能)히. ⇔능(能). 《朴新諺
3, 41ㅎ》你可能請他到這裡來麼, 네 可히
能히 뎌를 請ᄒ여 여긔 올쨔.

늦다 톙 늦다. ⇔만(晚). 《朴新諺 1, 7ㅈ》看
天氣已晚了, 보매 하늘이 이믜 느저시니.

니 🅜 이[齒]. ●⇔아(牙).《朴新諺 2, 36
ㅈ》街上泥凍的都似狼牙一般, 거리에 즌
흙 언 거시 다 일희 니 곳트니.《朴新諺
3, 45ㅈ》便牙疼的了不得, 곳 니 알파 견
디지 못ㅎ여라. ●⇔치(齒).《朴新諺 2,
29ㅎ》齒排柯雪着秀垂楊, 니는 柯雪이
버럿눈 둧ㅎ고 눈섭은 垂楊이 빠혀난 둧
ㅎ도다.

-니 🅐 -니.《朴新諺 1, 1ㅈ》咱想, 우리
싱각ㅎ니.《朴新諺 1, 15ㅎ》有箇最容易
的法子說與你, 훈 フ장 쉬온 法이 이시니
너드려 니롤 쩌시니.《朴新諺 1, 23ㅎ》
我要典一所房子, 내 훈 곳 집을 셰내려
ㅎ니.《朴新諺 1, 37ㅎ》脚踝上灸了三艾,
발 안쬐머리 우희 세 장 뿍으로 쓰니.
《朴新諺 1, 58ㅎ》寫完了我念給你聽, 뼈
못차시니 내 닑어 네게 들리마.《朴新諺
2, 2ㅈ》只是小行上遲些, 다만 존거름이
쓰니.《朴新諺 2, 14ㅎ》共該染錢五兩四
錢半銀子, 대되 히오니 물갑시 닷 냥 너
돈 반 銀이로다.《朴新諺 2, 27ㅎ》旣兩
心相照也是不難的, 이믜 둘희 무옴이 서
ㄹ 비최면 쏘 어렵디 아니ㅎ니.《朴新諺
3, 2ㅎ》又不是大買賣, 쏘 이 큰 훙졍이
아니니.《朴新諺 3, 14ㅎ》罵了幾句就走
出去了, 여러 귀 쑤짓고 곳 드라나 가니.
《朴新諺 3, 24ㅎ》搖動尾鉤鉤了一下, 꼬
리 갈구리를 흔드러 훈 번 긁치니.《朴
新諺 3, 48ㅎ》阜城叫平則門, 阜城은 平則
門이라 부르니.

-니 🅩 -니.《朴新諺 1, 4ㅎ》燒羊肉, 구은
羊의 고기니.《朴新諺 1, 5ㅎ》膾三鮮, 세
가지 회니.《朴新諺 1, 32ㅈ》有的是猠皮,
잇거져혼 이 猠皮니.《朴新諺 1, 44ㅈ》
今年纔十六歲, 올히 곳 十六歲니.《朴新
諺 2, 38ㅈ》如今正是秋凉天氣滿山紅葉
正好哩, 이제 正히 이 秋凉 天氣니 滿山
紅葉이 正히 됴타.《朴新諺 3, 35ㅈ》眞是
條條好漢子, 진실로 이 오리오리 됴흔
스나히니.《朴新諺 3, 57ㅈ》那時有箇王

名弓裔, 그 째에 훈 님금이 이셔 일홈이
弓裔니.

니기다 🅥 (흙을) 이기다. ⇔화(和).《朴新
諺 3, 10ㅈ》先掘土打兩擔水未好和泥, 몬
져 흙을 픠고 두 짐 물을 기러 와 잘 흙을
니기되.

-니라 🅐 -니라.《集覽, 字解, 單字解, 4
ㅎ》便. 去聲, 卽也. 便行 즉재 가니라, 便
去 즉재 가리라, 又즉재 가다.《朴新諺
1, 2ㅈ》便有羶氣難吃, 곳 노린내 이셔 먹
기 어려오니라.《朴新諺 1, 16ㅈ》話不說
不明木不鑽不透, 말을 니르디 아니면 붉
디 못ㅎ고 남글 뚧디 아니면 스못디 못
ㅎ다 ㅎ니라.《朴新諺 1, 25ㅎ》這話是不
差的, 이 말이 그르지 아니ㅎ니라.《朴
新諺 2, 13ㅎ》大人不見小人過, 大人은 小
人의 허믈을 보지 아니혼다 ㅎ니라.《朴
新諺 2, 41ㅎ》還有法兒容易隄防的, 당시
롱 법이 이셔 隄防ㅎ기 쉬오니라.《朴新
諺 3, 3ㅎ》風不來樹不搖, 브람이 부지 아
니면 남기 흔더기지 아니코. 雨不來河不
漲, 비 오지 아니면 물이 넘지 아니혼다
ㅎ니라.《朴新諺 3, 26ㅈ》先生又輸了, 先
生이 쏘 지니라.《朴新諺 3, 40ㅎ》送君
千里終湏(須)一別, 送君 千里나 終湏(須)
一別이라 ㅎ니라.

니러나다 🅥 **1**일어나다. 기상(起牀)하다.
기침(起寢)하다. ⇔기래(起來).《朴新諺
2, 18ㅈ》老爺雞鳴了請起來罷, 老爺ㅣ 아
둙이 우러시니 쳥컨대 니러나라.《朴新
諺 2, 52ㅎ》他酒醒了起來不覺, 데 술이
찌야 니러나 찌둧지 못ㅎ고.《朴新諺 3,
14ㅈ》便暴跳起來道, 곳 급피 쒸여 니러
나 니르되. **2**일어나다. 생겨나다. ●⇔
기(起).《朴新諺 3, 48ㅈ》那灰忽然飛起,
뎌 지 문득 느라 니러나면. ●⇔발기(發
起).《朴新諺 2, 34ㅈ》假如明日事發起來,
만일 닌일 일이 니러느면.

니르다 🅥 **1**이르다[至]. ●⇔도(到).《朴
新諺 3, 9ㅈ》纔到得西天取了經廻來, 계

요 西天에 니르러 經을 가지고 도라와.
《朴新諺 3, 21ㅎ》到一箇城子, 혼 城에 니
르니. ●⇔지(至). 《朴新諺 1, 58ㅎ》其
銀約至下年幾月內歸還, 그 은을 너년 아
모 둘 닉에 니르러 갑흐믈 언약ᄒ여.
《朴新諺 2, 25ㅈ》煎至七分去滓溫服, 달
혀 七分에 니르거든 滓를 ᄇ리고 더온
이로 먹으라. 《朴新諺 3, 36ㅎ》徃常請也
請官人們不至, 샹시에 쳥ᄒ여도 官人들
을 請ᄒ여 니르지 못홀 거시니. 《朴新諺
3, 50ㅎ》直至某處, 바로 아모 곳에 니르
되. ●⇔치(致). 《朴新諺 1, 58ㅎ》按月送
納不致短少拖欠, 둘을 조차 送納호되 쩌
르치며 믄그으매 니르게 말고. 《朴新諺
1, 58ㅎ》不致遲悞, 더듸여 어그릇츰애
니르지 말고. ❷이르다. 말하다. ●⇔
설(說). 《朴新諺 2, 27ㅈ》這麼說, 이리
니르면. 《朴新諺 2, 25ㅎ》你回去說多謝
你妳妳費心了, 네 도라가 니르라 네 妳妳
費心홈을 多謝ᄒ여라. 《朴新諺 3, 17ㅈ》
相公說的是, 相公의 니르미 올타. 《朴新
諺 3, 35ㅎ》官人們各自說愛吃甚麼飯, 官
人들은 각각 니르라 므슴 밥 먹기를 즐
기ᄂ뇨. ●⇔위(謂). 《朴新諺 3, 35ㅈ》
正所謂擎天白玉柱駕海紫金梁, 正히 니른
바 하눌을 바쳣ᄂ 白玉柱ㅣ오 바다흘 걸
탓난 紫金梁이라.

니르혀다 图 일으키다. ⇔기(起). 《朴新諺
3, 50ㅎ》叫起隣人幷巡宿總甲人等追赶,
隣人과 다못 巡宿ᄒᄂ 総甲人 等을 불러
니르혀 ᄯ롸.

니르히 图 이르도록. ⇔지(至). 《朴新諺 1,
49ㅎ》以至下人們, 뻐 下人들에 니르히.
《朴新諺 3, 16ㅎ》以至塔臺石・磚・瓦都
有, 뻐 섬돌과 벽과 지새에 니르히 다
이시니. 《朴新諺 3, 34ㅎ》一品至九品, 一
品으로 九品에 니르히.

니르ᄂ다 图 이르느냐. (…라고) 말하느
냐. ⇔마도(麽道). 《集覽, 字解, 單字解,
4ㅎ》麽. 本音모. 俗用爲語助辭, 音마, 古

人皆呼爲모, 故或通作莫. 怎麼 엇디, 來
麼 오나라. 又用如乎字之意者則曰, 去麼
갈다, 有麼 잇ᄂ녀. 元語, 麽道 니르ᄂ다,
麼音모, 今不用.

니르다 图 ❶이르다(至). ●⇔도(到). 《朴
新諺 3, 43ㅎ》直到天明, 바로 하눌이 붉
기에 니르더라. ●⇔치(致). 《朴新諺 2,
45ㅈ》按月交納不致短少, 둘을 조차 交納
ᄒ여 쩌르치매 니르지 아니케 ᄒ리라.
❷이르다. 말하다. ●⇔강(講). 《朴新諺
2, 23ㅈ》我不會講漢話, 내 漢말 니를 줄
을 아지 못ᄒ고, 《朴新諺 2, 54ㅈ》雖然
這般講, 비록 이리 니르나. ●⇔논(論).
《朴新諺 1, 33ㅈ》若論買賣銀只該九五色,
만일 買賣 銀으로 니롤 량이면 그저 九
五 성수ㅣ라. ●⇔담(談). 《朴新諺 3, 13
ㅈ》談的是目連尊者救母(母)經, 니르ᄂ
거슨 이 目連尊者의 救母(母)經이니. ●
⇔도(道). 《集覽, 字解, 單字解, 4ㅎ》麽.
本音모. 俗用爲語助辭, 音마, 古人皆呼爲
모, 故或通作莫. 怎麼 엇디, 來麼 오나라.
又用如乎字之意者則曰, 去麼 갈다, 有麼
잇ᄂ녀. 元語, 麽道 니르ᄂ다, 麼音모, 今
不用. 《朴新諺 1, 7ㅈ》古人道, 古人이 니
ᄅ되. 《朴新諺 1, 16ㅈ》常言道, 常言에
니르되. 《朴新諺 1, 27ㅈ》常言道, 常言
에 니르되. 《朴新諺 2, 45ㅈ》你道我這箇
租帖, 네 니르라 내 이 셰내는 글월이.
《朴新諺 3, 5ㅎ》你道是有理的事件, 네
니르되 이 理 잇는 일이라 ᄒ여도. 《朴
新諺 3, 6ㅈ》常言道, 常言에 니르되. 《朴
新諺 3, 29ㅈ》你道這孫行者之法力還了
得麼, 네 니르라 孫行者의 法力이 당시롱
견들소냐. 《朴新諺 3, 57ㅈ》請道其詳,
쳥컨대 그 ᄌ셰홈을 니르라. 《朴新諺 3,
58ㅈ》又着人前去曉諭衆百姓道, 쏘 사름
으로 ᄒ여 나아가 모든 百姓들의게 曉諭
ᄒ여 니르되. ●⇔설(說). 《朴新諺 1, 10
ㅈ》這般說, 이리 니르면. 《朴新諺 1, 17
ㅈ》俗語說得好, 俗語에 니르미 됴흐니.

《朴新諺 1, 28ㅎ》大哥說得狠(很)是, 큰 형의 니르미 ᄀ장 올타. 《朴新諺 1, 32 ㅎ》旣是這般說, 이믜 이리 니르면. 《朴新諺 1, 53ㅎ》這話難說, 이 말을 니르기 어렵다. 《朴新諺 2, 4ㅎ》你說那裏的景致 如何, 네 뎌긔 景致를 니르미 엇더ᄒ뇨. 《朴新諺 2, 26ㅎ》你再來休說這般不曉事 的話, 네 뇌여란 이런 일 모로는 말 니르 지 말라. 《朴新諺 2, 42ㅈ》牙子說都有, 즈름이 니르되 다 이셰라. 《朴新諺 2, 56 ㅈ》咳百忙裏說甚麼閑話呢, 애 밧분디 므슴 힘힘ᄒ 말을 니르는다. 《朴新諺 3, 2ㅎ》你賣的價錢老實說, 네 풀 갑슬 고지 식이 니르라. 《朴新諺 3, 7ㅈ》古人說, 녯 사룸이 니르되. 《朴新諺 3, 20ㅈ》便賴說 我家這小厮偷了, 곳 보채여 니르되 우리 집의 아히 놈이 도적ᄒ다 ᄒ여. 《朴新諺 3, 36ㅎ》這的不消說, 이는 부졀업시 니르 지 말라. ❻⇔설도(說道). 《朴新諺 3, 13 ㅎ》那講主便叫到跟前來說道, 뎌 講主ㅣ 곳 불러 앏히 오라 ᄒ여 니르되. 《朴新 諺 3, 57ㅎ》倒是娘子柳氏出來說道, 도로 혀 娘子 柳氏ㅣ 나와 니르되. ❼⇔언설 (言說). 《朴新諺 1, 42ㅎ》況且常言說得 好, ᄒ믈며 ᄯ 常言에 니른 거시 됴ᄒ니. ❽⇔위(謂). 《朴新諺 1, 55ㅈ》這謂之洗 三, 이를 洗三이라 니르ᄂ니라.

니르혀다 宮 일으키다. ⇔기(起). 《朴新諺 2, 29ㅎ》起浮屠於泗水之間, 浮屠를 泗水 ㅅ 스이에 니르혀고. 《朴新諺 3, 28ㅈ》 行者用手把頭提起, 行者ㅣ 손으로 뼈 머 리를다가 잡아 니르혀.

니마 명 이마. 額. ⇔액두(額頭). 《朴新諺 2, 53ㅎ》額頭上跌破了, 니마 우히 구러 져 ᄒ야지니.

니물리기 명 헌계집. 재혼녀. ⇔후혼(後 婚). 《朴新諺 1, 43ㅎ》是女孩兒呢還是那 後婚呢, 이 새각시러냐 당시롱 뎌 니물 리기러냐.

니별ᄒ다 宮 이별하다. ⇔별(別). 《朴新諺

1, 7ㅎ》大家別了罷, 대되 니별ᄒ쟈. 《朴 新諺 3, 59ㅈ》請暫別過罷, 請컨대 잠깐 니별ᄒ쟈.

니부자리 명 이부자리. 요와 이불. ⇔포 개(鋪蓋). 《朴新諺 2, 31ㅈ》今晚你把我 的鋪盖送去, 오늘 져녁의 네 내 니부자 리롤다가 보내고.

니블 명 이불. ⇔피(被). 《朴新諺 1, 39ㅈ》 嵌皺氊嵌皺被, 뗑귄 담에 뗑귄 니블에. 《朴新諺 1, 55ㅈ》上邊把小被盖着, 우희 져근 니블을다가 덥허. 《朴新諺 2, 14 ㅈ》這被面要染大紅的, 이 니블 거족은 다홍을 드리고져 ᄒ고. 被當頭要染水綠 的, 니블 기슨 水綠을 드리고져 ᄒ고. 《朴新諺 2, 14ㅎ》被面被當頭染錢八錢, 니블 거족과 니블 깃슨 물갑시 여듧 돈 이니.

닉다 宮 ❶익다. 익숙하다. ❶⇔관(慣). 《朴新諺 1, 41ㅈ》他慣醫頭口, 뎨 즘싱 고 치기 닉이 ᄒᄂ니라. 《朴新諺 3, 37ㅎ》 倒慣會打毬哩, 도로혀 댱방올 치기 닉이 알 줄을 싱각지 못ᄒ엿노라. ❷⇔관회 (慣會). 《朴新諺 1, 28ㅈ》又慣會諂佞, ᄯ 諂佞ᄒ기에 닉으니. 《朴新諺 1, 33ㅎ》慣 會詆騙人家東西, 눔의 것 소겨 후리기 닉 게 ᄒᄂ니. ❸⇔숙(熟). 《朴新諺 1, 48 ㅈ》把書念熟背了, 글을다가 닑어 닉거 든 외오고. ❷익다. 여물다. ⇔숙(熟). 《朴新諺 2, 49ㅈ》到那稻熟的時候, 뎌 벼 닉을 때에 다드라.

닉이 兜 익히. 익숙하게. ⇔관(慣). 《朴新 諺 1, 41ㅈ》他慣醫頭口, 뎨 즘싱 고치기 닉이 ᄒᄂ니라. 《朴新諺 3, 37ㅎ》倒慣會 打毬哩, 도로혀 댱방올 치기 닉이 알 줄 을 싱각지 못ᄒ엿노라.

닉이다 宮 익히다習. 연습(演習)하다. 연 기(演技)하다. ⇔연(演). 《朴新諺 2, 12 ㅈ》還有那諸般做把戲的演戲法的, ᄯ 여 러 가지 노릇ᄒ며 환슐 닉이는 이도 이셔.

닐곱 관 일곱. ⇔칠(七). 《朴新諺 2, 13ㅎ》

這杭州綾子每疋有七托長, 이 杭州ㅅ 綾
이 每疋에 닐굽 발 기리 잇고.

닐ᄂ다 图 이르다. 말하다. 이야기하다.
⇔설(說). 《朴新諺 2, 56ㅈ》我原說你那
裏敵的我過哩, 내 본더 닐ᄒᄂ니 네 엇
지 나를 디젹ᄒ리오.

닐다 图 **❶**이르다. 말하다. 이야기하다.
●⇔강(講). 《朴新諺 2, 9ㅈ》講定了一幷
買你的, 닐러 뎡ᄒ고 혼번에 네 거슬 사
쟈. ●⇔도(道). 《朴新諺 1, 29ㅈ》古語
道, 녯 말에 닐러시되. 《朴新諺 1, 53ㅎ》
自古道, 녜부터 닐러시되. 《朴新諺 2, 27
ㅎ》自古道, 녜로부터 닐러시되. 《朴新
諺 2, 30ㅎ》自古道, 녜로부터 닐러시되.
《朴新諺 2, 50ㅈ》來的客人們也道我收拾
得精緻, 오ᄂ 客人들도 내 收拾기를 精緻
히 ᄒ엿다 니를 거시니. ●⇔설(說).
《集覽, 字解, 累字解, 2ㅈ》說知. 닐어 알
외다. 《朴新諺 1, 2ㅎ》再向內府管酒的官
員們說, ᄯ 內府 술 ᄀ음아ᄂ 官員들의게
닐러. 《朴新諺 1, 10ㅎ》你只說老實價錢,
네 그저 고지식혼 갑슬 닐러야. 《朴新諺
1, 19ㅎ》說明了放下之銀, 닐러 붉히고
之혼 銀을 두고. 《朴新諺 1, 31ㅈ》佛經上
說, 佛經에 닐러시되. 《朴新諺 1, 46ㅈ》
都說與我, 다 날ᄃ려 닐러. 《朴新諺 1, 52
ㅎ》俗語說, 俗語에 닐러시되. 《朴新諺 2,
12ㅎ》說定與他二兩銀子, 닐러 졍ᄒ고
더롤 두 냥 은을 주엇더니. 《朴新諺 2,
15ㅈ》你說幾時染完, 네 닐으라 언제 물
드려 ᄆᄎ료. 《朴新諺 2, 55ㅈ》旣說定了
不要改口, 이믜 닐러 定ᄒ여시니 변기치
마쟈. 《朴新諺 3, 25ㅈ》說與先生樻中有
一箇桃, 先生ᄃ려 닐러 궤 가온더 혼 복
셩홰 잇다 ᄒ엿더니. 《朴新諺 3, 25ㅎ》
出來說與師傅, 나와 스승ᄃ려 닐러쩌니.
❹⇔언(言). 《朴新諺 1, 22ㅈ》言之一両
銀子, 혼 냥 銀에 닐러 之ᄒ엿노라. 《朴
新諺 2, 19ㅈ》當日憑中言定身價銀五兩,
當日에 듕인을 의빙ᄒ여 身價 銀 닷 냥

을 닐러 定ᄒ여. **❺**⇔위(謂). 《朴新諺 3,
12ㅎ》這所謂, 이 니론 바. **❷**일다. 일어
나다. ⇔기래(起來). 《朴新諺 1, 24ㅈ》夜
裏又死睡不肯起來添草, 밤에 ᄯ 죽은 ᄃ
시 자고 즐겨 니러 여믈을 더 주지 아니
ᄒ니. 《朴新諺 1, 25ㅈ》一更一箇輪流起
來喂草, 혼 경에 ᄒ나식 돌려 니러 여믈
을 먹이되. 《朴新諺 1, 48ㅈ》每日淸早起
來, 每日 淸早에 니러. 《朴新諺 3, 19ㅎ》
半夜裡起來, 半夜의 니러. 《朴新諺 3, 22
ㅎ》便焦懆起來, 곳 노희여 니러.

닐오다 图 이르다. 말해 주다. ⇔위(謂).
《朴新諺 3, 44ㅎ》眞所謂, 진실로 닐온
바. 《朴新諺 3, 48ㅈ》這就謂之打春了, 이
곳 닐온 닙츈노롯홈이라.

닑그다 图 (소리 내어) 읽다. 낭독(朗讀)하
다. ⇔염(念). 《朴新諺 3, 14ㅈ》你聽我
念, 네 드르라 내 닑그마.

닑다 图 읽다. ●⇔독(讀). 《朴新諺 1, 48
ㅈ》你如今讀甚麼書, 네 이제 므슴 글 닑
ᄂ다. 讀的是毛詩・尙書, 닑ᄂ 거시 이
毛詩・尙書 ㅣ라. 讀到那裏了, 닑기를 어
디ᄭ지 ᄒ엿ᄂ뇨. 《朴新諺 1, 48ㅈ》纔讀
得半本哩, 겨요 반 권을 닑엇노라. 《朴新
諺 1, 49ㅈ》多半是讀書人做的, 半나마
이 글 닑은 사룸이 ᄒᄂ 줄을 볼러라.
●⇔염(念). 《朴新諺 1, 48ㅈ》把書念熟
背了, 글을다가 닑어 닉거든 외오고.
《朴新諺 1, 48ㅎ》就上生書念一會, 이믜
셔 새 글 비화 혼 디위 닑고. 《朴新諺
1, 58ㅈ》寫完了我念給你聽, ᄡ 못차시니
내 닑어 네게 들리마. 《朴新諺 2, 44ㅎ》
我念你聽, 내 닑어든 네 드르라. 《朴新諺
3, 13ㅈ》念的聲音響亮, 닑ᄂ 소리 響亮
ᄒ고. 《朴新諺 3, 52ㅈ》你聽我念, 네 드
르라 내 닑으마. 《朴新諺 3, 53ㅎ》我念
你聽, 내 닑어든 네 드르라.

-님 젭 -님. 《集覽, 朴集, 中, 3ㅈ》大娘.
音義云, 안해님이라 ᄒ·듯 혼 :말. 今按,
汎稱尊長妻室曰大娘, 又稱人之正妻曰大

娘, 妾曰小娘.

님금 몡 ●능금. 《朴新諺 1, 4ㅈ》鮮果子呢, 싱과실은. 柑子, 柑子. 橘子, 귤. 石榴, 石榴. 香水梨, 믈한비. 櫻桃, 櫻桃. 杏子, 술고. 蘋果, 굵은님금. 玉黃李子, 유황외앗이오. ●임금. ⇔왕(王). 《朴新諺 3, 57ㅈ》那時有箇王名弓裔, 그 때에 혼 님금이 이셔 일홈이 弓裔니.

님자 몡 임자. 주인. ●⇔주(主). 《朴新諺 2, 19ㅎ》賣主一面承當, 푼 님자ㅣ 一面으로 承當ᄒᆞ고. 不干買主之事, 산 님자의게는 간셥지 아닌 일이라. 《朴新諺 2, 26ㅎ》男兒無婦財無主, 스나희 지어미 업스면 지믈이 님재 업고. 婦人無夫身無主, 계집이 지아비 업스면 몸이 님재 업다 ᄒᆞ니. ●⇔주아(主兒). 《朴新諺 2, 12ㅈ》他的主兒一箇手拿着五色小旗, 뎌 님재 혼 손에 五色 져근 旗를 가지고. 《朴新諺 2, 12ㅈ》那箇主兒又叫做頑雀兒的, 뎌 님자를 ᄯᅩ 새 놀리는 이라 부르는이라.

닙다 동 (상대방이 베푼 호의를) 입다被. 받다. ●⇔승(承). 《朴新諺 1, 19ㅎ》既承有心照顧, 이믜 有心 照顧홈을 니브니. 《朴新諺 1, 37ㅈ》老長兄承你掛念, 老長兄아 네 掛念호믈 닙으니. 《朴新諺 3, 59ㅈ》既承二位光顧, 임의 二位 光顧홈을 닙어시니. ●⇔요(邀). 《朴新諺 3, 16ㅈ》倘或邀天之倖, 만일 하늘 倖을 닙어. ●⇔탁뢰(托賴). 《朴新諺 3, 15ㅈ》托賴父母福蔭, 父母의 福蔭을 닙어.

닙다 동 **1**입다被. 당(當)하다. ●⇔긱(喫). 《朴新諺 2, 53ㅎ》那一日喫了一跌, 뎌 혼 날 혼 번 구러짐을 닙어. ●⇔피(被). 《朴新諺 2, 22ㅎ》被他抽分了幾箇去, 뎌의게 여러흘 쌔혀 가믈 닙고. 《朴新諺 2, 24ㅈ》被好弟兄們勸我, ᄆᆞ음 됴흔 弟兄들의 勸홈을 닙어. 《朴新諺 3, 19ㅎ》被巡夜的拿住, 슌라에 잡피믈 닙어. 《朴新諺 3, 38ㅎ》被一箇挾讐的人告訴了他主人, 혼 挾讐혼 사름이 제 主人의게

告訴홈을 닙어. 《朴新諺 3, 50ㅎ》小人家下被賊竊去布一百疋, 小人의 집의셔 도적이 뵈 一百 疋을 도적ᄒᆞ여 가믈 닙으니. ●⇔흘(吃). 《朴新諺 3, 13ㅎ》不知怎生吃了一跌, 아지 못케라 엇디혼지 혼 번 구러지믈 닙어. **2**입다服. 착용하다. ●⇔천(穿). 《朴新諺 1, 29ㅈ》身穿立水貂皮蟒袍, 몸에 슈결 잇는 貂皮 蟒袍룰 닙고. 《朴新諺 1, 30ㅈ》身穿烏雲豹皮袍, 몸에 거믄 구롬 ᄀᆞ흔 豹皮 袍룰 닙고. 《朴新諺 1, 51ㅎ》穿了衣服到那裏去, 옷 닙고 져긔 가. 《朴新諺 2, 37ㅈ》他如今吃的穿的, 뎨 이제 먹는 것과 닙는 거시. 《朴新諺 2, 57ㅈ》與你換穿了去罷, 너를 주어 밧고와 닙고 가게 ᄒᆞ쟈. 《朴新諺 3, 34ㅎ》身穿金甲, 몸에 金갑옷 닙고. 《朴新諺 3, 47ㅈ》身穿黃袍, 몸에 黃袍를 닙고. ●⇔천용(穿用). 《朴新諺 3, 15ㅎ》與父親·母親幷兄弟佛童穿用, 父親·母親과 다못 아ᄋᆞ 佛童을 주어 닙게 ᄒᆞᄂᆞ이다. ●⇔천착(穿着). 《朴新諺 1, 35ㅎ》穿着納襖捧着鉢盂, 누비옷 닙고 에유아리 가지고. 《朴新諺 3, 44ㅈ》穿着麻衣, 麻衣를 닙고. ❹⇔피(披). 《朴新諺 3, 49ㅎ》也有時披着這箬笠·蓑衣, ᄯᅩ 잇짜감 이 箬笠·蓑衣를 닙고.

닙츈 몡 입춘(立春). 입춘 하루 전날 궁중이나 관청에서 토우(土牛)를 세워놓고, 입춘 당일에 붉은 채찍으로 때리면서 풍년과 권농(勸農)을 빌었다 하여 입춘을 타춘(打春) 또는 편춘(鞭春)이라고 하였다. ⇔타춘(打春). 《朴新諺 3, 46ㅈ》宋哥我同你看打春(朴新注, 60ㅎ: 解見本節(節).)去罷, 宋가 형아 내 너와 혼가지로 닙츈노롯ᄒᆞᄂᆞᆫ 양 보라 가쟈. 《朴新諺 3, 48ㅈ》這裏謂之打春了, 이 곳 닐온 닙츈노롯홈이라.

닙츈노롯ᄒᆞ다 동 입춘 놀이하다. 입춘 하루 전날 궁중이나 관청에서 토우(土牛)를 세워놓고, 입춘 당일에 붉은 채찍으

로 때리면서 풍년과 권농(勸農)을 빌다. ⇔타춘(打春).《朴新諺 3, 46ㅈ》宋哥我同你看打春(朴新注, 60ㅎ: 解見本茆(節).)去罷, 宋가 형아 내 너와 ᄒᆞᆫ가지로 닙츈노릇ᄒᆞᄂᆞᆫ 양 보라 가쟈.《朴新諺 3, 48ㅈ》這就謂之打春了, 이 곳 닐온 닙츈노릇홈이라.

닙ㅎ 명 잎. ●⇔엽아(葉兒).《朴新諺 2, 39ㅎ》把那葉兒摘了, 뎌 닙흘다가 ᄯᅡ.《朴新諺 3, 4ㅎ》竟不曉得葉兒有這用處, 무춤내 닙히 이 쁠 곳 잇ᄂᆞᆫ 줄을 아지 못ᄒᆞ엿더니. ●⇔엽자(葉子).《朴新諺 3, 4ㅈ》摘些葉子送我, 져기 닙흘 ᄯᅡ 내게 보내여라.

닙히다 동 ●입히다. 붙이다.《朴新諺 1, 57ㅎ》樺一樺, 봇 닙히라. ●입히다[服]. ⇔천(穿).《朴新諺 1, 55ㅈ》按四時與他衣服穿, 四時롤 按ᄒᆞ여 더롤 衣服을 주어 닙힐 거시니.《朴新諺 3, 58ㅈ》便抬出金甲一副與太祖穿上, 곳 金甲 ᄒᆞᆫ 볼을 드러내여 와 太祖롤 주어 닙히고.

닛다 동 잇다. ⇔접(接).《朴新諺 3, 23ㅎ》第(第)四割頭再接, 第(第)四는 머리 버혀 다시 닛기 ᄒᆞ쟈.《朴新諺 3, 28ㅈ》大仙也割下頭來待要再接, 大仙도 머리를 버혀 ᄂᆞ리와 다시 닛고져 ᄒᆞ거늘.《朴新諺 3, 28ㅈ》接在頸項上照舊如初, 목 우희 니으니 녜대로 처음 ᄀᆞ튼지라.

닛븨 명 잇비. 잇짚으로 맨 비. 또는 갈대의 이삭으로 맨 비. ⇔초추(苕箒).《朴新諺 2, 49ㅎ》把苕箒來掃乾淨着, 닛븨 가져다가 쓸기를 乾淨히 ᄒᆞ고.

닛븨 명 =닛븨. ⇔초추(苕箒).《朴新諺 3, 7ㅎ》快把苕箒來掃去了, 밧비 닛븨 가져다가 쓰러 ᄇᆞ리고.

닞다 동 잊다. ⇔망(忘).《朴新諺 3, 15ㅈ》想念之心無日能忘, 싱각ᄒᆞᆫ는 ᄆᆞᄋᆞᆷ이 니즐 날이 업스이다.

-ᄂᆞ냐 어미 -느냐. -는가.《朴新諺 1, 3ㅈ》你們討酒的都廻來了麽, 너희 술 어드라

갓든 이 다 도라왓ᄂᆞ냐.《朴新諺 1, 12ㅈ》今日可開倉麽, 오늘 開倉ᄒᆞᄂᆞ냐.《朴新諺 1, 31ㅎ》你有上好的猠皮麽, 네게 웃듬 됴흔 猠皮 잇ᄂᆞ냐.《朴新諺 1, 49ㅎ》我家有書信帶來麽, 내 집의 書信이 이셔 가져왓ᄂᆞ냐.《朴新諺 1, 56ㅈ》甚麽門有甚麽記認沒有, 므슴 門이며 므슴 보람이 잇ᄂᆞ냐 업ᄂᆞ냐.《朴新諺 2, 16ㅈ》一應供給伺候人役却都預備麽, 一應 供給과 伺候人役을 다 預備ᄒᆞᄂᆞ냐.《朴新諺 2, 21ㅈ》還有帳房・馬槽都牢壯麽, ᄯᅩ 帳房과 물귀유ㅣ 다 牢壯ᄒᆞ엿ᄂᆞ냐.《朴新諺 2, 46ㅈ》那瓦有破的麽, 뎌 디새 깨야진 거시 잇ᄂᆞ냐.《朴新諺 3, 2ㅈ》你家裡沒有猫兒麽, 네 집의 괴 업ᄂᆞ냐.《朴新諺 3, 16ㅎ》做的木料都有麽, 지을 직목이 다 잇ᄂᆞ냐.《朴新諺 3, 27ㅈ》叫大王有肥皂麽與我洗頭, 부르되 大王아 비노ㅣ 잇ᄂᆞ냐 나를 주어 머리 곱게 ᄒᆞ라.《朴新諺 3, 44ㅈ》實葬了呢還是火葬的, 실로 葬ᄒᆞ엿ᄂᆞ냐 ᄯᅩ 이 火葬ᄒᆞ엿ᄂᆞ냐.

-ᄂᆞ녀 어미 -ᄂᆞ냐. -는가.《集覽, 字解, 單字解, 2ㅈ》阿. 俗音하. 阿的, 猶言此也. 又語助辭. 有阿沒 잇ᄂᆞ녀 업스녀. 皆元朝之語.《集覽, 字解, 單字解, 3ㅎ》那. 平聲, 音노, 推移也. 那一那 논힐후다. 上聲나, 何也. 那裏 어듸, 那簡 어늬. 又誰也. 那一簡 누고. 去聲나. 那裏, 彼處也. 那簡 뎌것. 又語助. 有那沒 잇ᄂᆞ녀 업스녀.

-ᄂᆞ뇨 어미 -ᄂᆞ냐.《朴新諺 1, 8ㅈ》甚麽詔派徃那一路頒去呢, 므슴 詔書ㅣ며 어디롤 그어 반포ᄒᆞ라 가ᄂᆞ뇨.《朴新諺 1, 18ㅈ》刀頭要甚麽鐵打呢, 칼놀을 므슴 쇠로 치이려 ᄒᆞᄂᆞ뇨.《朴新諺 1, 28ㅎ》以我之言爲何如, 내 말을 엇더타 ᄒᆞᄂᆞ뇨.《朴新諺 1, 47ㅈ》你今日怎麽不上學去呢, 네 오늘 엇디 글 빈호라 가지 아니ᄒᆞᄂᆞ뇨.《朴新諺 2, 1ㅈ》那裏有賣的好馬, 어디 풀 됴흔 물이 잇ᄂᆞ뇨.《朴新諺 2, 15ㅎ》怎麽沒有一簡聽事的, 엇지 ᄒᆞ나 聽事

ᄒ리 업느뇨.《朴新諺 2, 36ㅈ》今日做的 甚麼飯, 오늘 므슴 밥을 지엇느뇨.《朴新諺 3, 1ㅎ》你這孩子們怎麼這般遭害我, 너 이 아히들이 엇지 이리 나를 보채느뇨.《朴新諺 3, 16ㅎ》相公吩咐怎麼盖, 相公은 吩咐ᄒ라 엇디 지으려 ᄒ느뇨.《朴新諺 3, 21ㅈ》怎麼只要買那小說看呢, 엇지 그저 뎌 小說을 사 보려 ᄒ느뇨.《朴新諺 3, 39ㅈ》你令兄除授在那裡了, 네 令兄이 벼술ᄒ여 어듸 잇느뇨.《朴新諺 3, 40ㅎ》好畫匠那裡有, 그림 잘 그리는 쟝인이 어듸 잇느뇨.

-느니 어미 -느니.《朴新諺 1, 9ㅈ》相懇你揀之了起程日子, 네게 쳥ᄒ느니 起程ᄒᆯ 날을 골히어 뎡ᄒ면.《朴新諺 1, 20ㅈ》之銀也給你, 之ᄒ 銀도 너를 주느니.《朴新諺 1, 23ㅈ》多當多贖少當少贖, 만히 뎐당ᄒ면 만히 무르고 젹게 뎐당ᄒ면 젹게 무르느니.《朴新諺 2, 6ㅎ》好哥兒弟兄們從來不分彼此, ᄆᆞᆷ 됴흔 형 아ᄋ들이 본ᄃᆡ 彼此를 혀기지 아니ᄒ느니.《朴新諺 2, 12ㅈ》飛到那邊逼與他, ᄂᆞ라 뎌 편에 가 뎌려 주느니.《朴新諺 2, 20ㅈ》自古買人的中·保人只管得一百日, 녜로부터 사ᄅᆞᆷ 사는 듸 즁인·보인은 그저 일 빅 날을 ᄀᆞ옴아느니.《朴新諺 2, 32ㅈ》那厮十分做的好, 뎌 놈이 ᄀᆞ장 민들기를 잘ᄒ느니.《朴新諺 3, 8ㅎ》惟有禱告諸佛菩薩, 오직 諸 佛菩薩의 비느니.《朴新諺 3, 19ㅈ》也只指望本官陞一箇好缺, ᄯᅩ 다만 本官이 ᄒ 됴흔 궐에 올므믈 ᄇᆞ라느니.《朴新諺 3, 42ㅎ》他家殃榜貼在那門上, 뎌 집의 殃榜을 그 門 우희 부쳣느니.

-느니라 어미 -느니라.《朴新諺 1, 8ㅎ》派小弟是徃永平·大寧·遼陽·開元·瀋陽等處, 小弟ᄅᆞᆯ 그은 거슨 이 永平·大寧·遼陽·開元·瀋陽 等 處에 가느니라.《朴新諺 1, 23ㅈ》有黃豆大又圓淨有寶色, 콩만치 크고 ᄯᅩ 圓淨ᄒ고 寶色이 잇느니

라.《朴新諺 1, 33ㅎ》他少我五両銀子哩, 데 내게 닷 냥 은을 졋느니라.《朴新諺 2, 3ㅈ》今日都預先約定了, 오늘 다 미리 언약ᄒ여 졍ᄒ엿느니라.《朴新諺 2, 32ㅈ》如今搬在法蔵寺西邊混堂間壁住去了, 이제 法蔵寺 西邊 混堂 ᄉ이 ᄇ람에 올마 가 사느니라.《朴新諺 3, 4ㅎ》跳蚤也不敢近, 벼록이 ᄯᅩ 敢히 갓가이 못ᄒ느니라.《朴新諺 3, 14ㅈ》因此上今日現報, 이런 젼츠로 오늘 現報ᄒ느니라.《朴新諺 3, 20ㅈ》便把我這小厮監了, 곳 우리 이 아히 놈을다가 가도앗느니라.《朴新諺 3, 39ㅈ》所以把老安監下要追比哩, 이러모로 老安을다가 가도아 물리려 ᄒ느니라.《朴新諺 3, 42ㅈ》方肯畫哩, 보야흐로 즐겨 그리느니라.

-느다 어미 -ㄴ다. -는다.《集覽, 字解, 單字解, 4ㅎ》麼. 本音모. 俗用爲語助辭, 音마, 古人皆呼爲모, 故或通作莫. 怎麼 엇디, 來麼 오나라. 又用如乎字之意者則曰, 去麼 갈다, 有麼 잇느녀. 元語, 麼道 니ᄅᆞ느다, 麼音모, 今不用.《朴新諺 2, 17ㅈ》來了, 오느다.《朴新諺 2, 18ㅎ》你却來了, 네 ᄯᅩ 오느다.

ᄂ라가다 图 날아가다. ⇔비거(飛去).《朴新諺 2, 6ㅈ》飛來飛去的是鴛鴦, ᄂ라오며 ᄂ라가는 거슨 이 鴛鴦이오.

ᄂ라오다 图 날아오다. ⇔비래(飛來).《朴新諺 2, 6ㅈ》飛來飛去的是鴛鴦, ᄂ라오며 ᄂ라가는 거슨 이 鴛鴦이오.

ᄂ려오다 图 내려오다. ●⇔조하래(弔下來).《朴新諺 2, 11ㅎ》弔下來踢上去, ᄂ려오거든 차 올려. ●⇔하래(下來).《朴新諺 1, 39ㅎ》墻上有一塊土弔下來禮拜, 담 우희 ᄒ 덩이 흙이 ᄯᅥ러뎌 ᄂ려와 禮拜ᄒ는 거시여.

ᄂ리다 图 내리다. ●⇔하(下).《朴新諺 2, 42ㅎ》要買緞子就請下馬來看, 비단을 사려 ᄒ거든 곳 쳥컨대 ᄆᆞᆯ ᄂ려 와 보라.《朴新諺 1, 39ㅎ》鐵人鐵馬不着鐵鞭不下

馬, 쇠사름 쇠몰끠 쇠채로 치지 아니면 물 ᄂᆞ리지 아니ᄒᆞᄂᆞᆫ 거시여. 《朴新諺 2, 49ㅈ》直到點燈時分纔下馬, 잇긋 불 혈 째에 다ᄃᆞᆺ게야 ᄀᆞᆺ 몰쎄 ᄂᆞ리니. 《朴新諺 3, 18ㅎ》直到人定更深纔能下馬, 바로 人定 更深홈애 다ᄃᆞ라 계요 능히 몰쎄 ᄂᆞ리ᄂᆞ니. 《朴新諺 3, 24ㅎ》大仙大叫一聲便跳下床來了, 大仙이 크게 ᄒᆞᆫ 소리 지르고 곳 床에 ᄲᅱ여 ᄂᆞ리니. 《朴新諺 3, 28ㅈ》大仙也割下頭來待要再接, 大仙도 머리를 버혀 ᄂᆞ리와 다시 닛고져 ᄒᆞ거늘. ●⇔하래(下來). 《朴新諺 2, 45ㅎ》都流不下來, 다 흘러ᄂᆞ리지 못ᄒᆞ니.

ᄂᆞ리오다 图 내리게 하다. ⇔하래(下來). 《朴新諺 3, 24ㅈ》便拿下來磕死了, 곳 자바 ᄂᆞ리와 즛긔텨 죽이고.

ᄂᆞ리치다 图 내려치다. ⇔하래(下來). 《朴新諺 3, 27ㅎ》行者又把他的頭先割下來, 行者ㅣ ᄯᅩ 제 머리를다가 몬져 버혀 ᄂᆞ리치니.

ᄂᆞᄆᆞᆯ 图 나물. ●⇔소채(小菜). 《朴新諺 1, 11ㅈ》但于今柴·米·小菜件件俱貴, 다만 이제 나모와 ᄲᆞᆯ과 ᄂᆞᄆᆞᆯ이 가지가지 다 귀ᄒᆞ니. ●⇔채(菜). 《朴新諺 2, 39ㅈ》這幾日怎的不見有賣菜子的過去呢, 요스이 엇지 ᄂᆞᄆᆞᆯ ᄲᅵ 풀 리 디나가는 이 이시믈 보지 못ᄒᆞᆯ소뇨. 買些菜子後園裏好種, 져기 ᄂᆞᄆᆞᆯ ᄲᅵ롤 사 뒷동산에 심으쟈. 《朴新諺 2, 39ㅈ》夜來收割了麻正當好種菜哩, 어제 삼을 거두어 븨여시니 正히 맛당이 ᄂᆞᄆᆞᆯ 시믐이 됴타. 種甚麼菜好呢, 므슴 ᄂᆞᄆᆞᆯ을 심거야 됴흐리오.

-ᄂᆞ이다 어미 -나이다. 《朴新諺 1, 6ㅈ》各位老爺都到齊了, 各位 老爺ㅣ 다 왓ᄂᆞ이다. 《朴新諺 1, 57ㅈ》相公王五來了, 相公 아 王五ㅣ 왓ᄂᆞ이다. 《朴新諺 2, 23ㅎ》太醫來了, 太醫 왓ᄂᆞ이다. 《朴新諺 3, 15ㅎ》與父親·母親幷兄弟佛童穿用, 父親·母親과 다못 아ᅌᆞ 佛童을 주어 닙게 ᄒᆞᄂᆞ이다. 《朴新諺 3, 16ㅈ》幷請近安,

아오로 요스이 문안을 請ᄒᆞᄂᆞ이다. 謹稟, 삼가 稟ᄒᆞᄂᆞ이다. 愚男山童頓首百拜具, 愚男 山童은 頓首百拜 具ᄒᆞᄂᆞ이다. 《朴新諺 3, 27ㅈ》行者被油煎的骨肉都沒有了, 行者ㅣ 기름에 디디여 骨肉이 다 업ᄂᆞ이다. 《朴新諺 3, 51ㅎ》為此上告, 이를 위ᄒᆞ여 告홈을 올리ᄂᆞ이다. 《朴新諺 3, 52ㅎ》當有某縣某村人王大為證, 곳 某縣 某村 사룸 王大ㅣ 이셔 證ᄒᆞ엿ᄂᆞ이다.

ᄂᆞᄌᆞ기 閉 나직이. ⇔하(下). 《朴新諺 2, 3ㅎ》還是你不肯下氣問他借, 도로혀 네 즐겨 긔운을 ᄂᆞᄌᆞ기 ᄒᆞ여 뎌드려 무러 비지 아니홈이니.

-ᄂᆞᆫ 어미 -는. 《朴新諺 1, 10ㅈ》叫幾箇打土墻的匠工來, 여러 토담 쓰는 쟝인을 블러와. 《朴新諺 1, 20ㅎ》這市上所賣的風箏色樣狠(很))多, 져지에 ᄑᆞᄂᆞᆫ 연이 色樣이 ᄀᆞ장 만히. 《朴新諺 1, 35ㅈ》那養漢老婆的嘴, 뎌 養漢ᄒᆞᄂᆞᆫ 계집의 부리. 《朴新諺 1, 48ㅈ》讀的是毛詩·尙書, 닑는 거시 이 毛詩·尙書ㅣ라. 《朴新諺 2, 10ㅎ》好聽他說些因果何如, 뎌의 因果 니ᄅᆞᄂᆞᆫ 거슬 드르미 엇더ᄒᆞ뇨. 《朴新諺 2, 19ㅎ》看這張賣契, 보니 이 쟝 ᄑᆞᄂᆞᆫ글월이. 《朴新諺 2, 33ㅈ》一箇放債財主, ᄒᆞᆫ 빗 주기 ᄒᆞᄂᆞᆫ 財主ㅣ. 《朴新諺 2, 58ㅈ》是跟隨張摠兵使喚的牢子, 이 張摠兵을 ᄯᅡ라 使喚ᄒᆞᄂᆞᆫ 牢子ㅣ러라. 《朴新諺 3, 3ㅎ》你這不知理的, 네 이 도리 모ᄅᆞᄂᆞᆫ 거사. 《朴新諺 3, 10ㅈ》你只與我改做煤火炕, 네 그저 나를 셕탄 픠오는 캉을 고쳐 민드라 주되. 《朴新諺 3, 23ㅎ》卽拜贏的為師傳, 곳 이긔는 이를 拜ᄒᆞ여 스승을 삼쟈. 《朴新諺 3, 46ㅈ》我說與你便强似目睹了, 내 너ᄃᆞ려 니를 ᄶᅥ시니 곳 눈으로 보는 이도곤 나으리라.

-ᄂᆞᆫ 图 -는. 《朴新諺 1, 2ㅎ》這幾樣都是南方來的有名的好酒, 이 여러 가지는 다 이 南方셔 온 有名ᄒᆞᆫ 됴흔 술이라. 《朴新諺

1, 15ㅈ》這麼不怕事, 이ᄂᆞᆫ 두렵지 아닌 일이라.《朴新諺 1, 35ㅎ》你是佛家弟子, 너ᄂᆞᆫ 이 佛家 弟子ㅣ라.《朴新諺 2, 4ㅈ》昨日是張千摠的生日, 어직ᄂᆞᆫ 이 張千摠의 生日이니.《朴新諺 2, 14ㅈ》這魚白[綿]綢原是婦人家大襖裏子, 이 옥식 綿綢ᄂᆞᆫ 본디 婦人의 큰옷 안히니.《朴新諺 2, 47ㅈ》這簡字不難寫, 이 字ᄂᆞᆫ 쓰기 어렵지 아니ᄒᆞ니.《朴新諺 3, 10ㅈ》這是死炕這是燒柴火炕都不好, 이ᄂᆞᆫ 불 못 찟ᄂᆞᆫ 캉이오 이ᄂᆞᆫ 불찟ᄂᆞᆫ 캉이니 다 됴치 아니ᄒᆞ니.《朴新諺 3, 24ㅈ》行者是簡胡孫, 行者ᄂᆞᆫ 이 진납이라.《朴新諺 3, 35ㅎ》天子百靈咸助將軍八面威風, 天子ᄂᆞᆫ 百靈이 다 돕고 將軍은 八面 威風이러라.《朴新諺 3, 42ㅎ》陰陽是誰, 陰陽ᄒᆞᄂᆞᆫ 이ᄂᆞᆫ 이 뉘러뇨.

-ᄂᆞᆫ가 어미 -는가.《朴新諺 1, 37ㅈ》你如今病都好了不曾, 네 이지 병이 다 됴핫ᄂᆞᆫ가 못ᄒᆞ엿ᄂᆞᆫ가.

-ᄂᆞᆫ고 어미 -는고.《朴新諺 2, 37ㅈ》擺樣子與人看呢, 모양을 지어 사ᄅᆞᆷ의게 뵈ᄂᆞᆫ고.《朴新諺 3, 25ㅈ》着兩箇猜裡面有甚麼東西, 둘로 ᄒᆞ여 안히 므스거시 잇ᄂᆞᆫ고 알라 ᄒᆞ고.

-ᄂᆞᆫ고나 어미 -는구나.《朴新諺 1, 41ㅈ》咳你都猜着了, 애 네 다 아ᄂᆞᆫ고나.

-ᄂᆞᆫ뇨 어미 -ᄂᆞ냐.《朴新諺 1, 8ㅎ》你去有甚麼勾當, 네 가미 므슴 일이 잇ᄂᆞᆫ뇨.

-ᄂᆞᆫ니라 어미 -느니라.《朴新諺 1, 47ㅎ》隨各人送罷咧, 各人의 보내ᄂᆞᆫ대로 ᄒᆞᄂᆞᆫ니라.

-ᄂᆞᆫ다 어미 -ᄂᆞ냐. -ᄂᆞᆫ가.《集覽, 字解, 單字解, 5ㅈ》往. 向也. 往那裏去 어드러 향ᄒᆞ야 가ᄂᆞᆫ다. 又昔也. 往常 아릭.《朴新諺 1, 12ㅎ》每擔脚錢你要多少, 미 짐 삭갑슬 네 언머롤 달라 ᄒᆞᄂᆞᆫ다.《朴新諺 1, 18ㅎ》你要打幾件呢, 네 몃 볼을 치이려 ᄒᆞᄂᆞᆫ다.《朴新諺 1, 31ㅈ》大哥那裏去, 큰형아 어디 가ᄂᆞᆫ다.《朴新諺 2, 1ㅈ》你用多少銀子買呢, 네 언머 은에 사려 ᄒᆞᄂᆞᆫ다.《朴新諺 2, 14ㅎ》這些東西你共要多少染麼錢呢, 이 여러 거세 네 대되 언머 물갑슬 바드려 ᄒᆞᄂᆞᆫ다.《朴新諺 2, 26ㅎ》咳你說甚麼話, 애 네 므슴 말 니ᄅᆞᄂᆞᆫ다.《朴新諺 2, 48ㅎ》你知道麼, 네 아ᄂᆞᆫ다.《朴新諺 3, 2ㅎ》你要多少錢賣呢, 네 언머 돈에 풀려 ᄒᆞᄂᆞᆫ다.《朴新諺 3, 17ㅈ》却還要盖甚麼房子麼, 쏘 무슴 집을 짓고져 ᄒᆞᄂᆞᆫ다.《朴新諺 3, 34ㅈ》你那裡來, 네 어드로셔 오ᄂᆞᆫ다.《朴新諺 3, 41ㅈ》你要畫甚麼, 네 무서슬 그리고져 ᄒᆞᄂᆞᆫ다.

-ᄂᆞᆫ듸 어미 -ᄂᆞᆫ데.《朴新諺 3, 46ㅎ》前面抬着彩亭, 앏히 彩亭을 메윗ᄂᆞᆫ듸.

-ᄂᆞᆫ쏘다 어미 -ᄂᆞᆫ구나.《朴新諺 2, 29ㅎ》隨相現相救苦難於三塗, 相을 조차 相을 뵈아 苦難을 三途에 救ᄒᆞᄂᆞᆫ쏘다.《朴新諺 2, 29ㅎ》傾甘露於瓶中濟險途於飢渴, 甘露를 瓶 中에 기우려 險途를 飢渴에 구졔ᄒᆞᄂᆞᆫ쏘다.《朴新諺 2, 49ㅈ》但是你還不知那鄉村裏的好處哩, 다만 네 도로혀 뎌 鄉村에 됴흔 곳을 아지 못ᄒᆞᄂᆞᆫ쏘다.

-ᄂᆞᆫ요 어미 -나요.《朴新諺 2, 47ㅈ》縫衣裳的縫字怎麼寫, 衣裳 호다 ᄒᆞᄂᆞᆫ 縫字를 어이 뗘ᄂᆞᆫ요.《朴新諺 2, 47ㅈ》替代的代字怎麼寫, 替代ᄒᆞ다 ᄒᆞᄂᆞᆫ 代字를 어이 뗘ᄂᆞᆫ요.《朴新諺 2, 47ㅎ》拖字怎的寫, 拖字를 어이 뗘ᄂᆞᆫ요.《朴新諺 2, 47ㅎ》却字怎麼寫, 却字를 어이 뗘ᄂᆞᆫ요.《朴新諺 2, 47ㅎ》劉字怎麼寫, 劉字를 어이 뗘ᄂᆞᆫ요.《朴新諺 2, 47ㅎ》錯字怎麼寫, 錯字를 어이 뗘ᄂᆞᆫ요.《朴新諺 2, 48ㅈ》宋字怎麼寫, 宋字를 어이 뗘ᄂᆞᆫ요.《朴新諺 2, 48ㅈ》笠字怎麼寫, 笠字를 어이 뗘ᄂᆞᆫ요.《朴新諺 2, 48ㅈ》滿字怎麼寫, 滿字를 어이 뗘ᄂᆞᆫ요.《朴新諺 2, 48ㅈ》待子怎的寫, 待子를 어이 뗘ᄂᆞᆫ요.

-ᄂᆞᆫ이라 어미 -느니라.《朴新諺 1, 9ㅎ》村庄人家的房屋墻壁太半都被水衝了, 村庄人家에 房屋 墻壁이 太半 다 물에 질리엿

눈이라.《朴新諺 2, 12ㅈ》那箇主兒又叫做頑雀兒的, 뎌 님자를 또 새 놀리는 이라 부르는이라.《朴新諺 2, 35ㅎ》只爭來早與來遲, 다만 오미 일음과 다못 오미 더듸믈 드토는이라.

-눈지 어미 -는지.《朴新諺 3, 57ㅎ》當初怎生建國, 當初에 엇지 나라흘 셰윗눈지.

-눈지라 어미 -는지라.《朴新諺 3, 21ㅎ》喚做車遲國, 車遲國이라 부르는지라.《朴新諺 3, 57ㅈ》眞是無道無所不爲, 진실로 道ㅣ 업서 ᄒᆞ지 아닐 배 업눈지라.

눈호다 图 나누다. ●⇔분(分).《朴新諺 3, 38ㅎ》三停裡該分與主人二停纔是, 세 운에셔 맛당이 主人을 두 운을 눈화 주어야 올커눌. ●⇔분개(分開).《朴新諺 1, 6ㅈ》先把椅桌分開擺之了, 몬져 교의와 상을 눈화 버리고.《朴新諺 1, 38ㅎ》三哥待要分開, 셋재 형은 눈호고져 ᄒᆞ고.《朴新諺 1, 53ㅈ》一遍五箇分開着射, 호 편에 다숫식 눈화 ᄡᅩ쟈.

눌 图 날. 날실. ⇔경(經).《朴新諺 1, 16ㅎ》這大紅段眞是南紅顏色經緯勻淨, 이 다홍 비단이 진짓 이 연다홍빗치오 ᄡᅵ눌이 고로고 조호니.

눌개 图 날개. ⇔시(翅).《朴新諺 2, 11ㅎ》兩翅飛舞, 두 눌개로 춤추이고.

눌다 图 날다. ⇔비(飛).《朴新諺 2, 12ㅈ》飛到那邊遙與他, ᄂᆞ라 뎌 편에 가 뎌를 주느니.《朴新諺 3, 25ㅈ》飛入横中把桃肉都吃了, ᄂᆞ라 橫 속에 드러가 복셩화 술을다가 다 먹어.《朴新諺 3, 48ㅈ》那灰忽然飛起, 뎌 지 문득 ᄂᆞ라 니러나면.

눌리다 图 날리다. ⇔방(放).《朴新諺 1, 20ㅎ》到二月淸明時候便放風箏了, 二月 淸明에 다ᄃᆞ르면 곳 연 눌리기 ᄒᆞᄂᆞ니.《朴新諺 1, 21ㅈ》孩子們買去放得滿天, 아힌들이 사 가 눌려 하늘에 ᄀᆞ독ᄒᆞ니.

눔 图 남. 타인. ●⇔별인가(別人家).《朴新諺 1, 35ㅈ》一箇和尙偸人家的媳婦, 호 듕이 눔의 계집을 도적ᄒᆞ여. ●⇔인

가(人家).《朴新諺 1, 33ㅎ》慣會証騙人家東西, 눔의 것 소겨 후리기 닉게 ᄒᆞᄂᆞ니.

눗 图 낯. ⇔검(臉).《朴新諺 1, 48ㅈ》洗了臉就到學房裏, 눗 싯고 즉시 學房에 가.

눗ᄎ 图 낯. ●⇔면(面).《朴新諺 2, 27ㅎ》有緣千里能相會, 인연이 이시면 千里라도 능히 서로 못듯고. 無緣對面不相逢, 인연이 업스면 눗츨 딕ᄒᆞ여도 서로 만나디 못ᄒᆞ다 ᄒᆞ니.《朴新諺 2, 29ㅎ》面圓璧月身瑩瓊瑰, 눗츤 璧月ᄀᆞ치 두렷ᄒᆞ고 몸은 瓊瑰ㅣ ᄀᆞ치 몰그며.《朴新諺 3, 42ㅈ》畫虎畫皮難畫骨, 범을 그리매 가죽은 그려도 ᄣᅧ 그리기 어렵고. 知人知面不知心, 사름을 알매 눗츤 아라도 ᄆᆞᄋᆞᆷ 아지 못ᄒᆞᆫ다 ᄒᆞ니라. ●⇔면문(面門).《朴新諺 3, 52ㅎ》竟將小人面門打破耳根打傷, ᄆᆞᄎᆞ내 小人의 눗출다가 텨 ᄣᅡ이고 귀 밋출 텨 傷희오니. ●⇔안면(顏面).《朴新諺 3, 13ㅈ》中等身材白淨顏面, 듕크에 희조츨ᄒᆞᆫ 눗치오.

닉 图 내(內). 안. 속. ⇔내(內).《朴新諺 1, 34ㅎ》說之一年之內本利都還清我, 닐러 뎡ᄒᆞ여 ᄒᆞᆫ 힛 닉에 本과 利롤 다 내게 갑하 몰키마 ᄒᆞ여.《朴新諺 1, 58ㅎ》其銀約至下年幾月內歸還, 그 은을 닉년 아모 둘 닉에 니르러 갑흐믈 언약ᄒᆞ여.

닉년 图 내년. ⇔하년(下年).《朴新諺 1, 58ㅎ》其銀約至下年幾月內歸還, 그 은을 닉년 아모 둘 닉에 니르러 갑흐믈 언약ᄒᆞ여.

닉일 图 내일. ⇔명일(明日).《朴新諺 1, 22ㅎ》你明日領我去, 네 닉일 나롤 드려가.《朴新諺 1, 35ㅈ》今日推明日明日推後日, 오늘은 닉일 미뤼고 닉일은 모릭 미뤼니.《朴新諺 2, 2ㅈ》明日就那裏上了墳, 닉일 임의셔 게셔 上墳ᄒᆞ고.《朴新諺 2, 4ㅈ》明日到羊市上, 닉일 羊 져제에 가.《朴新諺 2, 17ㅈ》明日三位老爺騎坐的, 닉일 三位 老爺ㅣ 톨 거슨.《朴新諺 2, 18ㅈ》明日雞鳴我便就要起程了, 닉일

닭이 울면 내 곳 즉시 起程호려 호느니. 《朴新諺 2, 34ㅈ》假如明日事發起來, 만일 너일 일이 니러느면. 《朴新諺 2, 36ㅈ》明日好往通州接官去, 너일 通州ㅣ가 관원 마즈라 가기 됴케 호라. 《朴新諺 2, 44ㅈ》明日就搬, 너일 곳 올무리라. 《朴新諺 2, 54ㅈ》今日死明日死都是定不得的, 오늘 죽을 똥 너일 죽을 똥 다 定치 못호느니.

닝포 명 냉포(冷鋪). 군포(軍鋪). 대궐 밧에서 순라군이 머물러 있는 곳. ⇔냉포(冷鋪). 《朴新諺 3, 19ㅎ》鎖在冷鋪裡監禁着, 닝포에 줌가 가치여시니.

다 円 다. 모두. ●⇔개(皆). 《朴新諺 3,
13ㅈ》各樣經卷皆通, 各樣 經卷을 다 通
ㅎ니. ●⇔구(俱). 《朴新諺 1, 6ㅈ》咱們
今日俱要開懷暢飮, 우리 오늘 다 開懷 暢
飮ㅎ여. 《朴新諺 1, 11ㅈ》但于今柴・米
・小菜件件俱貴, 다만 이제 나모와 뿔과
ᄂᆞᆷ믈이 가지가지 다 귀ᄒ니. 《朴新諺 1,
30ㅎ》件件俱是內造色樣, 가지가지 다
이 內造 色樣이라. 《朴新諺 2, 45ㅈ》門窓
炕壁俱全, 門窓 炕壁이 다 ᄀᆞ잣고. 《朴新
諺 3, 56ㅎ》先生令尊・令堂俱在堂麼, 先
生의 令尊・令堂이 다 在堂ㅎ신가. ●⇔
도(都). 《朴新諺 1, 2ㅈ》都勾了, 다 넉넉
ㅎ리라. 《朴新諺 1, 19ㅈ》好與不好都是
小舖的門面, 됴ᄒ며 됴치 아니미 다 이
小舖의 門面이라. 《朴新諺 1, 27ㅎ》把衆
朋友名字都寫出來, 모든 벗의 일홈을 다
뼈 내여. 《朴新諺 1, 34ㅎ》倒累我的新靴
子都走破了, 도로혀 내 새 靴ㅣ조차 다 ᄃ
녀 해아ᄇ려다. 《朴新諺 2, 5ㅈ》又都如
在鏡子裏一般, ᄯᅩ 다 거울 속에 이심 ᄒ
가지오. 《朴新諺 2, 11ㅎ》弄的人眼都看
花了, 놀려 사ᄅᆞᆷ의 눈이 다 보아 밤의엿
고. 《朴新諺 2, 24ㅎ》把一身衣服都脫了,
왼몸에 옷슬다가 다 벗고. 《朴新諺 3, 2
ㅈ》庫房裡放的米都被他吃去了好些, 庫
에 둔 뿔을 다 제 먹으미 만코. 《朴新諺
3, 16ㅎ》以至堦臺石・磚・瓦都有, 뼈 섬
돌과 벽과 지새에 니르히 다 이시니.
《朴新諺 3, 25ㅈ》飛入樻中把桃肉都吃了,
ᄂᆞ라 樻 속에 드러가 복셩화 술을다가
다 먹어. ●⇔병(竝). 《朴新諺 2, 50ㅎ》
我在任幾年並沒有不了的事件, 내 任에

이션 지 여러 ᄒ로되 다 못지 못ᄒ 일이
업고. ●⇔진(盡). 《朴新諺 1, 9ㅈ》便感
激不盡了, 곳 感激호믈 다 못ᄒ리라. 《朴
新諺 2, 35ㅎ》把那偌大的家財盡行帶去,
뎌 만혼 家財를다가 다 가져가. 《朴新諺
3, 13ㅈ》人人盡盤雙足, 사ᄅᆞᆷ마다 다 두
발을 서리고. ●⇔총(摠). 《朴新諺 1, 2
ㅈ》打來的酒摠平常, 가져온 술이 다 平
常ㅎ니. ●⇔함(咸). 《朴新諺 3, 35ㅎ》
天子百靈咸助將軍八面威風, 天子ᄂᆞᆫ 百靈
이 다 돕고 將軍은 八面 威風이러라.

다(多) 관 ●어느. 무슨. 어떤. ⇔어느.
《集覽, 字解, 累字解, 1ㅎ》早晚. 這早晚
이 늣도록. 又問何時曰, 多早晚 어느 ᄢᅢ.
●여러. ⇔여러. 《朴新諺 2, 6ㅎ》咱們相
好多年, 우리 서ᄅᆞ 됴한지 여러 ᄒ라.

다(多) 동 1 ●남다(餘). ⇔남다. 《朴新諺
1, 1ㅎ》約有三十多簡, 셜흔 나믄 이 이실
ᄯᅳᆺ하니. 《朴新諺 1, 52ㅈ》徃還路程約有
二千多里, 徃還 路程이 二千里 나마 잇
고. ●넘다(越). ⇔남다. 《集覽, 字解, 單
字解, 6ㅈ》多. 多少 언메나. 又許多 하나
한. 又餘也. 三十里多地 삼십 리 나믄 짜.
吏語, 多餘. 又過也. 有甚麽多處 므스기
너믄 고디 이시리오. 又重也. 므스기 앗
가온 고디 이시리오. 2 넘은(越). 여(餘).
●⇔나믄. 《集覽, 字解, 單字解, 6ㅈ》多.
多少 언메나. 又許多 하나한. 又餘也. 三
十里多地 삼십 리 나믄 짜. 吏語, 多餘.
又過也. 有甚麽多處 므스기 너믄 고디
이시리오. 又重也. 므스기 앗가온 고디
이시리오. ●⇔너믄. 《集覽, 字解, 單字
解, 6ㅈ》多. 多少 언메나. 又許多 하나

한. 又餘也. 三十里多地 삼십 리 나믄 짜.
吏語, 多餘. 又過也. 有甚麼多處 므스기
너믄 고디 이시리오. 又重也. 므스기 앗
가온 고디 이시리오.

다(多) 图 ●많이. ⇔만히. 《朴新諺 1, 11
ㅎ》齊心用力多使些工夫, 齊心 用力ᄒ여
만히 工夫 드려. 把大斧多春幾十下, 큰
달고로 만히 여러 번 다으면, 《朴新諺
1, 23ㅈ》多當多贖少當少贖, 만히 뎐당ᄒ
면 만히 무르고 격게 뎐당ᄒ면 격게 무
르ᄂ니, 《朴新諺 1, 43ㅈ》刮多了頭疼,
긁빗기기를 만히 ᄒ면 마리 알프니라.
《朴新諺 1, 57ㅎ》我多與你些賞錢, 내 만
히 너를 賞錢을 주마. 《朴新諺 2, 24ㅈ》
多飮了些燒酒・黃酒, 燒酒와 黃酒를 만
히 먹고. 《朴新諺 2, 24ㅈ》生果子也多吃
了些, 生과실도 만히 먹고. 《朴新諺 2,
46ㅈ》多有破的, 깨야진 거시 만히 잇다.
《朴新諺 3, 34ㅈ》我必多多的賞你哩, 내
반ᄃ시 만히 만히 네게 賞ᄒ리라. 《朴新
諺 3, 45ㅈ》不要多也不要少了, 만히도
말고 ᄯ 격게도 말라. 《朴新諺 3, 45ㅎ》
我就不敢吃多了, 내 곳 감히 먹기를 만히
못ᄒ노라. ●얼마나. ⇔언머나. 《朴新
諺 3, 42ㅎ》他多大年紀了, 뎨 나히 언머
나 ᄒ던고.

다(多) 图 ●-나마[餘]. -넘도록. ⇔-남아.
《朴新諺 2, 23ㅈ》來到通州賣了多一半,
通州ㅣ 와 반남아 풀고.

다(多) 阌 많다. ●⇔만타. 《朴新諺 1, 22
ㅈ》工價也不筭多, 工錢도 만타 못홀 거
시니. 《朴新諺 2, 22ㅈ》聽的今年水賊多,
드르니 올히 水賊이 만타 ᄒ니. 《朴新諺
3, 7ㅈ》休道黃金貴安樂直錢多, 黃金을
귀타 니르지 말라 安樂홈이 갑ᄡ미 만타
ᄒ니라. ●⇔많다. 《朴新諺 1, 2ㅈ》京城
街市上槽房雖多, 京城 져제에 술집이 비
록 만흐나. 《朴新諺 1, 11ㅈ》據你要的價
錢却也不甚多, 네 달ᄂ는 갑대로 ᄒ여도
ᄯ ᄀ장 만치 아니커니와, 《朴新諺 1, 20

ㅎ》這市上所賣的風箏色樣狠(很))多, 져
지에 ᄑᄂ는 연이 色樣이 ᄀ장 만하.《朴新
諺 2, 13ㅈ》這橫子多不過直得一兩銀, 이
槒 만하야 不過 ᄒ 냥 은이 ᄡ니. 《朴新
諺 2, 40ㅎ》如今怎麼那般賊多, 이제 엇
지 뎌리 도적이 만흐뇨. 因此上賊多了,
이런 젼ᄎ로 도적이 만흐니라. 《朴新諺
2, 48ㅎ》字之形勢狠(很)多大槩如此, 字
의 形勢 ᄀ장 만흐나 大槩 이 ᄀ투니.
《朴新諺 3, 2ㅈ》我家裡老鼠多得狠(很),
우리 집의 쥐 ᄀ장 만흐니. 《朴新諺 3,
6ㅈ》你若多與他些財物, 네 만일 뎌를 만
히 財物을 주면, 《朴新諺 3, 17ㅎ》何必以
多為貴呢, 엇지 반ᄃ시 만흠으로 뻐 貴
흠을 삼으리오. 《朴新諺 3, 41ㅎ》但是他
家裡事多怎麼來的呢, 다만 뎨 집의 일이
만흐니 엇지 오리오. ●⇔하다. 《集覽,
字解, 單字解, 7ㅈ》偌. 太甚也. 偌大 너므
크다, 偌多 너므 하다. 又하나한. 通作
熱. 《朴新諺 1, 4ㅈ》旣少不多也罷了, 임
의 젹 거시 하지 아니ᄒ니 ᄯ 무던ᄒ다.
《朴新諺 1, 21ㅎ》比我們老人家快活得多
哩, 우리들 늘근의게 比컨대 즐거옴이
하더라. 《朴新諺 2, 31ㅎ》如今賊多, 요
ᄉ이 도적이 하니.

-다 어미 -다. 《朴新諺 1, 17ㅈ》你眞猜着
了, 네 잘 짐쟉ᄒ엿다. 《朴新諺 1, 43ㅈ》
剃完了, 싹가 못차다. 《朴新諺 1, 43ㅎ》
娶了娘子來家了, 娘子를 聚(娶)ᄒ여 집
의 왓다 ᄒ더라. 《朴新諺 1, 51ㅎ》沒有
日期還早哩, 日期 업스니 당시롱 일럿
다. 《朴新諺 2, 22ㅎ》把那船上的人打死
了幾箇, 뎌 빈에 사롬을다가 여러흘 쳐
죽엿다 ᄒ더라. 《朴新諺 2, 32ㅈ》這帽樣
做得平常, 이 갓 모양이 믠들기를 平常
이 ᄒ엿다. 《朴新諺 2, 44ㅎ》這租房契寫
了, 이 집 셰내ᄂᆫ 글월 뻐다. 《朴新諺 2,
50ㅈ》來的客人們也道我收拾得精緻, 오
ᄂ 客人들도 내 收拾기를 精緻히 ᄒ엿다
니를 거시니. 《朴新諺 3, 14ㅎ》我寫了,

내 뼈다.《朴新諺 3, 25ㅈ》國王道唐僧得勝了, 國王이 니르되 唐僧이 이긔여다.《朴新諺 3, 32ㅈ》你看那賣刷子的來了, 네 보라 뎌 刷子 꾸는 이 왓다.

-다가 어미 ● -다가.《朴新諺 1, 2ㅎ》造的本京好酒討幾瓶來, 비즌 本京 됴흔 술을 여러 瓶 어더다가.《朴新諺 1, 23ㅈ》當多了後來銀子不湊手就難贖了, 뎐당을 만히 ㅎ엿다가 후에 은이 손에 모히지 못ㅎ면 곳 무르기 어려오니라.《朴新諺 2, 11ㅎ》脚背上轉脚指頭上轉, 발등 우희 구을리고 발가락 우희 구을리다가.《朴新諺 2, 34ㅎ》你做這般不合理的勾當, 네 이런 理에 合디 아닌 일을 ㅎ다가.《朴新諺 2, 50ㅈ》將花氈鋪在炕上, 花氈 가져다가 캉에 절고.《朴新諺 3, 1ㅈ》再拿把扇子來與我, 쏘혼 즈릭부치 가져다가 나를 주고려.《朴新諺 3, 11ㅎ》不想那厮打頓起來, 싱각지 아닌 그 놈이 조오다가.《朴新諺 3, 19ㅎ》我家裡一箇小廝在城外種地, 내 집 혼 아히 놈이 城 밧긔셔 밧 가다가.《朴新諺 3, 58ㅎ》後來有人向山中打圍, 後에 사룸이 山中을 향ㅎ여 산영ㅎ다가. ● -다가. ⇔파(把).《朴新諺 1, 43ㅎ》把鉸刀鉸了鼻孔毫毛, 鉸刀룰 가져다가 코굼게 털을 뽑고.《朴新諺 2, 16ㅎ》你把那白麵來, 네 더 白麵을 가져다가.《朴新諺 3, 7ㅎ》快把笤箒來掃去了, 밧비 닛븨 가져다가 쓰러 브리고.

-다가 조 ❶ '-를'의 뜻. (격조사 '를' 뒤에 붙는다) ● ⇔장(將).《集覽, 字解, 單字解, 4ㅈ》將. 持也. 將來 가져오라, 將着 가지라, 將咱們 우리를다가. 又將次 쟝 츠.《朴新諺 2, 50ㅈ》將鍍金香爐擺上燒些餅子香, 鍍金 香爐룰다가 버려 저기 餅子香을 픠우고.《朴新諺 2, 51ㅈ》昨日衙門書辦已將文書送來了, 어지 衙門 셔반이 이믜 文書를다가 보내엿더라. ● ⇔파(把).《集覽, 字解, 單字解, 4ㅈ》把. 持也, 握也. 一把 혼 줌, 又혼 즈릭. 把我們

우리를다가, 把來 그를다가, 與將字大同小異. 又元時語, 有把解之語, 猶言典僧也, 今不用.《朴新諺 2, 28ㅈ》那兩箇漢子把那驢・騾喂好了, 뎌 두 놈은 나귀와 노새를다가 먹이기를 잘ㅎ여.《朴新諺 2, 35ㅈ》把老李鎖着, 老李룰다가 목을 즘가.《朴新諺 2, 35ㅎ》把那偌大的家財盡行帶去, 뎌 만흔 家財룰다가 다 가져가.《朴新諺 2, 41ㅎ》把門上釘鈒扣上了, 門에 걸새룰다가 걸고.《朴新諺 3, 4ㅈ》把這窓糊紙都扯了, 이 窓에 브룬 죠희룰다가 다 믜치고.《朴新諺 3, 13ㅎ》把鼻子跌破了, 코룰다가 구러져 ㅎ여 브리니.《朴新諺 3, 20ㅎ》便把他監起來也不怕, 곳 뎌룰다가 가도아도 저프지 아니ㅎ다.《朴新諺 3, 32ㅎ》我把他揣在靴靿裡去好了, 내 뎌룰다가 靴ㅅ돈에 꼬자 가져가미 됴타.《朴新諺 3, 50ㅈ》慢慢的把釣鉤垂下水去, 날회여 낙시룰다가 믈에 드리워. ❷ '-룰'의 뜻. (격조사 '룰' 뒤에 붙는다) ⇔파(把).《集覽, 字解, 單字解, 4ㅈ》把. 持也, 握也, 一把 혼 줌, 又혼 즈릭. 把我們 우리룰다가, 把來 그룰다가, 與將字大同小異. 又元時語有把解之語, 猶言典僧也, 今不用.《朴新諺 1, 54ㅎ》把孩子放在水盆裏洗, 아히룰다가 믈 소라에 너허 씻기면.《朴新諺 1, 55ㅈ》把搖車搖一搖便住了, 搖車룰다가 흔들면 곳 긋치느니라.《朴新諺 2, 11ㅈ》還有把一箇高桌兒放定, 당시롱 혼 노픈 탁즈룰다가 노코.《朴新諺 2, 22ㅈ》又把朝鮮地方來的一隻船, 쏘 朝鮮 짜흐로서 오는 혼 隻 빅룰다가.《朴新諺 2, 31ㅈ》今晚你把我的鋪盖送去, 오늘 져녁의 네 내 니부자리룰다가 보내고.《朴新諺 2, 46ㅎ》把你這忤逆種該殺的, 너 이 忤逆혼 삐룰다가 죽염 즉ㅎ다. ❸ '-을'의 뜻. (격조사 '을' 뒤에 붙는다) ● ⇔장(將).《朴新諺 1, 43ㅈ》將風屑去乾淨了, 비듬을다가 업시ㅎ여 乾淨히 ㅎ고.《朴新諺 1, 58ㅎ》

將家中所有直錢物件, 家中에 잇는 갑뿐
物件을다가. ●⇔파(把). 《朴新諺 1, 9
ㅎ》把那城門都衝坍了, 뎌 城門을다가
다 질러 문희치고. 《朴新諺 1, 12ㅎ》我
如今把騎的馬就寄在這雜貨舖裏, 내 이제
톤 몰을다가 곳 이 雜貨舖에 부려 두고.
《朴新諺 1, 37ㅎ》他把乾艾揉碎了, 뎨 무
론 뿍을다가 부븨여. 《朴新諺 1, 48ㅈ》
把書念熟背了, 글을다가 닑어 닉거든 외
오고. 《朴新諺 2, 20ㅎ》你只把文契收好
了, 네 그저 글월을다가 잘 거두어. 《朴
新諺 2, 24ㅎ》把一身衣服都脫了, 왼몸에
옷슬다가 다 벗고. 《朴新諺 2, 33ㅎ》把
那絹都奪了, 뎌 깁을다가 다 앗고. 《朴新
諺 2, 45ㅎ》把那房上的草, 뎌 집 우희 풀
을다가. 《朴新諺 3, 5ㅎ》把我的這案文卷
丟在一遍, 내 이 案文卷을다가 혼 편에
드리텨 두고. 《朴新諺 3, 19ㅎ》把我家小
厮拿去監了兩日, 내 집 아히 놈을다가 자
바가 가도완 지 이틀이오. 《朴新諺 3, 25
ㅈ》飛入橫中把桃肉都吃了, 느라 橫 속에
드러가 복셩화 술을다가 다 먹어. 《朴新
諺 3, 49ㅎ》把我這錦心繡腹, 내 이 錦心
繡腹을다가. ❹ '-을'의 뜻. (격조사 '올'
뒤에 붙는다) ⇔장(將). 《朴新諺 3, 52
ㅎ》竟將小人面門打破耳根打傷, 므춤내
小人의 눗츨다가 텨 짜이고 귀 밋츨 텨
傷희오니. ❺●-다가. 《朴新諺 1, 43ㅈ》
然後用那密笓子再撾, 그린 후에 뎌 빈 춤
빗스로다가 다시 빗겨. ●-다가. ⇔파
(把). 《朴新諺 1, 38ㅈ》只用好飮食, 그
저 됴흔 飮食으로다가. 《朴新諺 1, 43
ㅈ》先把稀笓子撾了, 몬져 성권 춤빗스
로다가 빗기고. 《朴新諺 2, 11ㅎ》把一箇
蠟嘴帶着鬼臉兒, 혼 암쥬다리로다가 광
대 쁴오고. 《朴新諺 2, 31ㅈ》還要把那箭
俗裏揷十根箭, 쏘 뎌 살동개에다가 열
낫 살 곳고. 《朴新諺 2, 41ㅈ》把舌尖濕破
窓戶, 혀 긋흐로다가 窓戶를 적셔 뚧고.
《朴新諺 2, 49ㅎ》把苕箒來掃乾淨着, 닛

뷔 가져다가 쁠기를 乾淨히 흐고. 《朴新
諺 2, 52ㅎ》又把筆來在他面上畫黑了, 쏘
붓스로다가 뎌의 面上에 그려 검게 흐엿
더니. 《朴新諺 3, 4ㅈ》把磚墊好着, 벽으
로다가 괴와 됴케 흐고. 《朴新諺 3, 11
ㅈ》把泥鏝來再抹光些, 흙손으로다가 다
시 쁘서 번번이 흐라. 《朴新諺 3, 46ㅎ》
把四條繩絟着大車, 네 오리 노흐로다가
큰 술위에 미고.

다갈 명 대갈. (말굽에 편자를 박을 때 쓰
는 징) ⇔정자(釘子). 《朴新諺 2, 36ㅈ》
打一副馬釘子來釘上, 혼 부 몰 다갈 쳐다
가 박아.

다갈(茶褐) 명 다갈색(茶褐色). 《集覽, 朴
集, 上, 15ㅎ》串香褐. 串香者, 合和諸香
以爲佩者也. 凡稱(称)染色之少文采(彩)
者曰褐. 串香褐・麝香褐・鷹背褐・蜜褐
・茶褐, 卽黃黑雜色也. 玉褐・艾褐・水
褐・銀褐, 卽白黑雜色也. 藕褐, 卽紫黑雜
色也. 深淺異色, 各取其像.

다과(茶果) 명 차와 과일. 《朴新諺 3, 22
ㅎ》把祭星茶果搶來吃了, 祭星 흐는 茶果
를다가 더위쳐 먹고. 《朴新諺 3, 43ㅎ》
擺列茶果, 茶果를 버리고.

다관(茶舘) 명 다방. 찻집. 《朴新諺 3, 31
ㅎ》請大哥到茶舘裡吃茶去, 請컨대 큰형
아 茶舘에 가 차 먹으라 가쟈.

다년(多年) 명 여러 해. 오랜 세월. 《朴新
諺 2, 6ㅎ》咱們相好多年, 우리 서로 됴한
지 여러 힌라.

다느림ᄒ다 통 보충하다. 벌충하다. ⇔보
주(補做). 《朴新諺 2, 4ㅎ》送去與他補做
生日罷, 보내어 뎌롤 주어 生日을 다느
림홈이 무던ᄒ다.

다다(多多) 閉 많이. ⇔만히. 《朴新諺 1,
47ㅈ》多多的帶些人事與你還禮罷, 만히
人事를 가져 네게 還禮ᄒ마. 《朴新諺 1,
55ㅈ》把褥子・氊子多多的鋪上, 요와 담
을다가 만히 ᄭᆯ고.

다다소소(多多少少) 명 얼마. 얼마쯤. ⇔

언메. 《朴新諺 3, 34ㅎ》不知多多少少, 모로리로다 언메런지.

다듬다 몸 다듬다. ⇔수(修). 《朴新諺 1, 50ㅎ》修脚錢是六箇, 발톱 다듬는 갑슨 여슷 낫 돈이니.

다드라다 몸 다다르다. 이르다. 당도하다. ●⇔도(到). 《朴新諺 1, 34ㅈ》誰想到今年已是一年半了, 뉘 올히 다드라 이믜 一年 半에. 《朴新諺 1, 42ㅎ》到那走不動的時候却怎麼過呢, 뎌 드니지 못홀 째에 다드라 쏘 엇디 지내리오. 《朴新諺 1, 55ㅈ》到了百日又做筵席, 百日에 다드라 쏘 이바지ᄒ면. 《朴新諺 2, 17ㅎ》使臣明日到這話, 使臣이 닉일 이 站에 다드라. 《朴新諺 2, 22ㅎ》我來時節到山海關上, 내 올 째에 山海關에 다드라. 《朴新諺 2, 49ㅈ》到那稻熟的時候, 뎌 벼 닉을 째에 다드라. 《朴新諺 3, 5ㅎ》不知到幾時纔得了局哩, 아지 못게라 어닉 째에 다드라 맛치 판나믈 어드리오. 《朴新諺 3, 18ㅈ》直到日平西纔得上馬囬家, 바로 히 西에 거짐애 다드라 계요 몰 틱고 집의 도라오느니라. 《朴新諺 3, 38ㅈ》到了秋收的時候, 秋收홀 째에 다드라. 《朴新諺 3, 47ㅎ》到了皷樓前面, 皷樓 앏히 다드라. 候到幾時幾刻立春, 어닉 째 어닉 刻에 다드라 立春 홈을 기드려. ●⇔등도(等到). 《朴新諺 2, 51ㅎ》滿了一任還不知等到何年纔得補用哩, 혼 벼술이 ᄎ면 당시롱 어닉 히에 다드라 마치 補用홈을 어들 줄을 아지 못ᄒᄂ니라.

다드르다 몸 다다르다. 이르다. 당도하다. ⇔도(到). 《朴新諺 3, 45ㅎ》若挨摸到點燈時候, 만일 쓰으내여 불 혈 째에 다드르면.

다드르다 몸 다다르다. 이르다. 당도하다. ⇔도(到). 《朴新諺 1, 20ㅎ》到二月淸明時候便放風箏了, 二月 淸明에 다드르면 곳 연 놀리기 ᄒᄂ니. 《朴新諺 1, 21ㅈ》到了七八月裏便鬪(鬪)促織, 七八月

에 다드르면 곳 뵈땅이 싸홈 부치고. 《朴新諺 1, 21ㅎ》到冬寒臘月裏, 冬寒 臘月에 다드르면. 《朴新諺 1, 55ㅈ》到滿月, 둘이 ᄎ매 다드르면.

다돈다 몸 다다르다. 이르다. …가 되다. ⇔애도(捱到). 《集覽, 字解, 單字解, 2ㅎ》捱. 正作涯. 倚限有恃之意 그슴ᄒ다, 捱到十年 열 히 다돈도록.

다듬다 몸 ●다듬다(練). 다듬이질을 하다. 《集覽, 朴集, 上, 12ㅎ》白淸水絹. 무리 · 픗〈플〉:긔 · 업 · 시 다듬 · 마 : 돌호로 미론 : 깁 · 이 · 니, 光滑緻硬, 如本國擣砧者也. 卽不用糊粉而鍊〈練〉生絹, 以石碾者. ●다듬다. ⇔수(修). 《朴新諺 1, 51ㅎ》然後剃頭修脚, 그린 후에 마리 싹고 발톱 다듬고.

다돗다 몸 다다르다. 이르다. 당도하다. ●⇔도(到). 《朴新諺 1, 15ㅎ》你回去今夜到五更時候, 네 도라가 오늘 밤 五更 다돗도록. 《朴新諺 2, 49ㅈ》直到點燈時分纔下馬, 잇긋 불 혈 째에 다돗게야 곳 몰쎄 ᄂ리니. 《朴新諺 2, 52ㅎ》不到一生日哩, 혼 生日이 다돗지 못ᄒ엿다. 《朴新諺 3, 7ㅈ》到六月裡取出來晒幾次, 六月에 다돗거든 가져 내여 여러 번 볏 쐬라 ᄒ여시니. 《朴新諺 3, 51ㅎ》那厮不到六十摸樣, 뎌 놈이 六十에 다돗지 못혼 摸樣이러라. 《朴新諺 3, 55ㅎ》已到張編修門首了, 불셔 張編修의 門 앏히 다돗거다. ●⇔저(抵). 《朴新諺 3, 20ㅎ》有妄告官司者反坐抵罪, 망녕도이 官司에 告ᄒᄂ 者ㅣ 이시면 反坐ᄒ여 罪에 다돗게 ᄒᄒ엿ᄂ니라.

-다라 어미 -더라. 《集覽, 字解, 單字解, 1ㅈ》待. 擬要也 ᄒ마 그리 호려 ᄒ다라. 又欲也. 待賣幾箇馬去 여러 ᄆ를 풀오져 ᄒ야 가노라.

다랍다 혱 다랍다. 인색하다. ⇔간(慳). 《朴新諺 1, 35ㅈ》人貧只為慳少債慣說謊, 사름이 가난ᄒ면 그저 다랍고 빗지면 거즛말 니릇기 잘혼다 ㅎ니라.

다르다 혱 다르다. ⇔별(別).《朴新諺 1,
13ㅎ》你若不肯去我再僱別箇去, 네 만일
즐겨 가지 아니면 내 다시 다른 이롤 삭
내여 가쟈.《朴新諺 3, 18ㅈ》此外並無別
件可取了, 이 밧근 아조 다른 것 가히 取
홀 것시 업느니라.《朴新諺 3, 31ㅎ》着
別人再看去, 다른 사룸 ㅎ여 다시 뵈라
가라.《朴新諺 3, 41ㅈ》他在別處畵了一
箇人的影像, 데 다른 디서 혼 사룸의 화
샹을 그리니.

다리 몡 다리[脚]. ●⇔제(蹄).《朴新諺 3,
45ㅎ》就煮一脚羊蹄好下飯, 이믜셔 혼 羊
의 다리를 술마 밥 먹기 됴케 ㅎ고. ●⇔
퇴(腿).《朴新諺 1, 38ㅈ》但如今腿上還
是十分無氣力哩, 다만 이제 다리에 오히
려 ᄀ장 氣力이 업세라. ●⇔퇴자(腿
子).《朴新諺 2, 36ㅎ》乾羊腿子煮着哩,
ᄆ론 羊의 다리를 술맛노라.

다리우리 몡 다리미. ⇔위두(熨斗).《朴新
諺 1, 38ㅎ》二哥是熨斗(朴新注, 15ㅈ: 持
火展繒者, 通解熨. 俗音運, 今從之.), 둘
재 형은 이 다리우리오.

다르다 혱 다르다. ●⇔개(改).《朴新諺
1, 57ㅈ》改日囬望去, 다른 날에 회샤ㅎ
라 가. ●⇔별(別).《朴新諺 1, 28ㅈ》到
處破敗別人誇張自己(己), 간 곳마다 다
룬 사룸을 허러ᄇ리고 自己롤 쟈랑ㅎ고.
《朴新諺 1, 33ㅎ》別人借一兩便要一兩的
利錢, 다른 사룸은 혼 냥을 쑤이면 곳
혼 냥 利錢을 밧느니.《朴新諺 1, 36ㅈ》
偏要偷別人的媳婦, 독별이 다른 사룸의
계집을 도적ㅎ니.《朴新諺 2, 8ㅎ》再拿
去着別人看便見眞假了, 다시 가져가 다
룬 사룸 ㅎ여 뵈면 곳 眞價를 알리라.
《朴新諺 2, 57ㅈ》我還要到別處去, 내 쏘
다룬 디 가려 ㅎ느니.《朴新諺 3, 29ㅎ》
若別人却看不透的, 만일 다른 사룸이면
쏘 보아 내지 못ㅎ리라.《朴新諺 3, 53
ㅈ》我到別處去望相識, 내 다른 디 가 아

는 이를 보려 ㅎ여. ●⇔별양(別樣).
《朴新諺 1, 18ㅈ》不要別樣鐵, 다룬 쇠는
말고. ●⇔영(另).《朴新諺 1, 38ㅈ》小
弟另日再到府上問候罷, 小弟 다룬 날 다
시 府上에 가 問候ㅎ리라. ●⇔타(他).
《朴新諺 2, 35ㅎ》與他人享用, 다룬 사룸
을 주어 享用케 ㅎ니.

다만 핀 다만. ●⇔과(寡).《朴新諺 3, 31
ㅈ》你這小胡孫寡是一張嘴, 네 이 져근
진납이 다만 이 혼 부리뿐이로다. ●⇔
단(但).《朴新諺 1, 11ㅈ》但于今柴・米
・小菜件件俱貴, 다만 이제 나모와 뿔과
ᄂ믈이 가지가지 다 귀ㅎ니.《朴新諺 1,
26ㅎ》但講明了, 다만 강뎡ㅎ여 붉게 ㅎ
고.《朴新諺 1, 38ㅈ》但如今腿上還是十
分無氣力哩, 다만 이제 다리에 오히려
ᄀ장 氣力이 업세라.《朴新諺 1, 56ㅎ》
但因連日有事不在家, 다만 連日ㅎ여 일
이 이시믈 因ㅎ여 집의 잇지 못홈으로.
《朴新諺 3, 15ㅈ》但尙未領憑, 다만 오히
려 文憑을 領치 못ㅎ여시니.《朴新諺 3,
18ㅎ》但能早散也是不能早囬家, 다만 능
히 일즉이 훗터져도 쏘 능히 일즉이 집
의 도라오지 못ㅎ여.《朴新諺 3, 22ㅈ》
但見和尙, 다만 즁을 보면.《朴新諺 3, 24
ㅈ》但動的便算輸, 다만 動ㅎ는 이룰 곳
지느니로 혜느니라.《朴新諺 3, 42ㅈ》但有好
相識們十分央及他, 다만 됴히 서로 아느
니들이 ᄀ장 뎌의게 빌면. ●⇔단시(但
是).《朴新諺 1, 19ㅎ》但是刀頭與裝修餙
樣我說與你, 다만 칼눌과 민들기와 쑤밀
모양을 내 너드려 니룰 써시니.《朴新諺
2, 49ㅈ》但是你還不知那鄕村裏的好處
哩, 다만 네 도로혀 뎌 鄕村에 됴흔 곳을
아지 못ㅎ는쏘다.《朴新諺 3, 41ㅎ》但是
他家裡事多怎麽來的呢, 다만 뎨 집의 일
이 만흐니 엇지 오리오. ●⇔지(只).
《朴新諺 2, 3ㅈ》我只有一箇油絹帽, 내게
다만 혼 油絹帽ㅣ 잇고.《朴新諺 2, 22
ㅈ》謝天地只願好收成就勾了, 天地끠 謝

ᄒᆞᄂᆞ니 다만 원컨대 잘 收成ᄒᆞ면 곳 넉
넉ᄒᆞ리로다.《朴新諺 2, 35ᅙ》只爭來早
與來遲, 다만 오미 일음과 다못 오미 더
듸믈 ᄃᆞ토ᄂᆞ니라.《朴新諺 2, 49ᅙ》只怕
還不肯回來哩, 다만 저프건대 도로혀 즐
겨 도라오지 아닐가 ᄒᆞ노라.《朴新諺 3,
4ᅙ》我只知道蒲根解酒還好做醋, 내 다
만 챵포 불휘 술을 ᄭᅵ오고 ᄯᅩ 醋 ᄆᆡᆫ들기
됴흔 줄만 알고.《朴新諺 3, 17ᅙ》捴盖
萬間房, 대되 萬間 집을 지으나, 夜眠只
一廈, 밤에 자기는 다만 ᄒᆞᆫ 간 집이라
ᄒᆞ니.《朴新諺 3, 38ᅙ》他只交(把)一停
與主人, 뎨 다만 ᄒᆞᆫ 운을다가 主人을 주
고.《朴新諺 3, 54ᅙ》只聽得些東國故事,
다만 져기 東國 故事를 드럿노라. ⑤⇔
지시(只是).《朴新諺 1, 24ᅙ》只是一味
貪頑, 다만 건니 놀기만 貪ᄒᆞ여.《朴新諺
2, 1ᅙ》只是腿跨走不開, 다만 구블이 흘
러 퍼지지 못ᄒᆞ고.《朴新諺 2, 1ᅙ》又只
是要打前失, ᄯᅩ 다만 앏거치고.《朴新諺
2, 2ᄌ》只是小行上遲些, 다만 준거름이
ᄯᅳ니.

다목괴(多目怪) 圐 눈이 많이 달린 괴물.
《集覽, 朴集, 下, 1ᅙ》ᄏ瘚. 今按, 法師徃
西天時, 初到師陀國界, 遇猛虎·毒蛇之
害, 次遇黑熊精·黃風恠〈怪〉·地湧夫人
·蜘蛛精·獅子恠〈怪〉·多目恠〈怪〉·
紅孩兒恠〈怪〉, 幾死僅免.

다못 凰 더불어. 함께. ●⇔병(幷).《朴新
諺 3, 15ᅙ》與父親·母親幷兄弟佛童穿
用, 父親·母親과 다못 아ᄋᆞ 佛童을 주
어 닙게 ᄒᆞᄂᆞ이다.《朴新諺 3, 50ᅙ》따
起隣人幷巡宿総甲人等追趕, 隣人과 다못
巡宿ᄒᆞᄂᆞᆫ 総甲人 等을 불러 니르혀 ᄯᅩ
라. ●⇔병(竝).《朴新諺 2, 19ᅙ》並遠近
親戚人爭競, 다못 遠近 親戚人 等이 爭
競홈이 잇거든. ●⇔여(與).《朴新諺 2,
5ᅙ》與那名花·奇樹也不知其數, 다못
뎌 名花와 奇樹는 그 수를 아지 못ᄒᆞ니.
《朴新諺 3, 46ᅙ》順天府官員與欽天監衆

官們, 順天府 官員과 다못 欽天監 모든
관원들이.

다문 凰 다만. 단지. ⇔지(只).《集覽, 字
解, 單字解, 1ᄌ》只. 此止之辭. 다몬, 又
오직. 韻書皆上聲, 俗讀去聲. 唯韻會註
云, 今俗讀若賫.

다못 凰 더불어. 함께. ⇔여(與).《朴新諺
2, 35ᅙ》只爭來早與來遲, 다만 오미 일
음과 다못 오미 더듸믈 ᄃᆞ토ᄂᆞ니라.

다반(多半) 圐 대부분. 대개.《朴新諺 1,
49ᄌ》多半是讀書人做的, 半나마 이 글
닑은 사름이 ᄒᆞ는 줄을 볼러라.

다반(茶飯) 圐 차와 밥. 곧, 음식.《集覽,
字解, 累字解, 1ᄌ》茶飯. 捴稱食品之謂.

다반(茶盤) 圐 찻그릇을 담는 조그마한
쟁반. ⇔찻반.《朴新諺 2, 21ᄌ》還有羅
鍋, ᄯᅩ 노고와. 柳箱, 섥과. 灑子, 드레와.
碗楪, 사발 졉시와. 匙筯, 수져와. 榪杓,
나모쥬게와. 箄籬, 됴리와. 炊箒, 솔과.
擦床兒, 슉치칼과. 簸(簸)箕, 키와. 篩子,
얼밍이와. 馬尾羅, 물총체와. 桌子, 상
과. 盤子, 盤과. 茶盤, 찻반과. 燈臺, 燈臺
와. 酒種, 잔과. 酒鼈, 쥬벼ᄋᆞ와. 銅杓, 놋
쥬게 이시니.

다사(多謝) 图 다사(多謝)하다. 감사합니
다. 고맙습니다. ⇔다사ᄒᆞ다(多謝-).
《朴新諺 1, 47ᄌ》多謝姐姐, 多謝ᄒᆞ여라
각시아.《朴新諺 1, 50ᄌ》多謝你稍得這
些布疋來, 네 이 布疋을 부쳐 오믈 多謝
ᄒᆞ노라.《朴新諺 2, 25ᅙ》你回去說多謝
你妳妳費心了, 네 도라가 니르라 네 妳妳
費心홈을 多謝ᄒᆞ여라.《朴新諺 2, 27ᄌ》
多謝姐姐的美意了, 각시의 아름다온 ᄯᅳᆺ
을 多謝ᄒᆞ거니와.《朴新諺 3, 59ᅙ》多謝
了, 多謝ᄒᆞ여라.

다사ᄒᆞ다(多謝-) 图 다사(多謝)하다. ⇔
다사(多謝).《朴新諺 1, 47ᄌ》多謝姐姐,
多謝ᄒᆞ여라 각시아.《朴新諺 1, 50ᄌ》多
謝你稍得這些布疋來, 네 이 布疋을 부쳐
오믈 多謝ᄒᆞ노라.《朴新諺 2, 25ᅙ》你回

去說多謝你妳妳費心了, 네 도라가 니르라 네 妳妳 費心홈을 多謝ᄒ여라. 《朴新諺 2, 27ㅈ》多謝姐姐的美意了, 각시의 아름다온 뜻을 多謝ᄒ거니와. 《朴新諺 3, 59ㅎ》多謝了, 多謝ᄒ여라.

다색(茶色) 명 다갈색(茶褐色). ⇔차헐빗. 《朴新諺 3, 15ㅎ》妓者又特寄茶色段子二疋, 이제 ᄯᅩ 특별이 차헐비쳬 비단 두 필과.

다소(多少) 판 몇. ⇔멷. 《朴新諺 3, 56ㅎ》你這東國歷代以來有多少年了, 네 이 東國이 歷代 뼈 옴으로 멷 히나 ᄒ며.

다소(多少) 명 ❶많음과 적음. 《朴新諺 1, 42ㅈ》錢之多少倒不打緊, 돈 多少는 도로혀 다 긴치 아니ᄒ다. 《朴新諺 1, 47ㅎ》多少不等, 多少ㅣ ㄒ지 아니ᄒ여. 《朴新諺 2, 12ㅈ》你要使只管問我討不拘多少, 네 ᄡᅳ고져 ᄒ거든 그저 스릐여 날ᄃ려 달라 ᄒ여 多少롤 거리끼지 말고. ❷얼마. ●⇔언머. 《朴新諺 1, 10ㅎ》你向來打土墻是多少一板, 네 져적의 토담 쓸 제 언머에 ᄒ 틀을 ᄒ더뇨. 《朴新諺 1, 21ㅎ》廂的金子多少分両, 던메온 金이 언머 分両고. 《朴新諺 1, 23ㅈ》要當多少錢, 언머 돈에 던당ᄒ려 ᄒ는다. 《朴新諺 1, 32ㅈ》就這六箇你要多少價錢, 이 여 슷세 네 언머 갑슬 바드려 ᄒ는다. 《朴新諺 1, 47ㅎ》每月多少學錢一箇呢, 每月에 ᄒ나희게 언머 學錢고. 《朴新諺 2, 1ㅈ》你用多少銀子買呢, 네 언머 은에 사려 ᄒ는다. 《朴新諺 2, 8ㅎ》你這暗花緞子要多少一疋, 네 이 스믠문 비단을 언머에 ᄒ 필을 ᄒ려 ᄒᄂᆞ뇨. 《朴新諺 2, 14ㅎ》這些東西你共要多少錢呢, 이 여러 거세 네 대되 언머 물갑슬 바드려 ᄒ눈다. 《朴新諺 3, 2ㅈ》你要多少錢賣呢, 네 언머 돈에 풀려 ᄒ눈다. 《朴新諺 3, 9ㅈ》經多少寒・暑熱, 언머 風寒・暑熱을 디내며. 《朴新諺 3, 19ㅈ》忍多少飢渴, 언머 飢渴을 ᄎᆞᆷ으며. 受多少勞苦, 언

머 勞苦를 바다시리오. ❷⇔엇마. 《朴新諺 3, 29ㅎ》這珠子你要多少價錢, 이 구슬을 네 엇마 갑슬 달라 ᄒ눈다. 《朴新諺 3, 30ㅎ》還我多少價錢, 내게 엇마 갑슬 갑흐려 ᄒ눈다. ❸⇔엇머. 《朴新諺 2, 43ㅈ》相公你與多少, 相公아 네 엇머로 줄짜.

다소(多少) 円 ❶얼마큼. ●⇔아모만. 《朴新諺 1, 41ㅎ》不拘多少錢, 아모만 공전을 걸리끼지 말고. ❷⇔아무만. 《朴新諺 2, 48ㅎ》憑你問多少, 네대로 아무만 무러도. ❷얼마나. ●⇔언머나. 《朴新諺 1, 22ㅎ》那珠子有多少大, 뎌 진쥬ㅣ 언머나 크뇨. 《朴新諺 3, 51ㅎ》那厮多少年紀了, 뎌 놈이 나히 언머나 ᄒ뇨. ●⇔언메나. 《集覽, 字解, 單字解, 1ㅈ》還. 猶尙也, 再也. 還有多少 당시론 언메나 잇ᄂᆞ뇨. 又다하. 還要多少 다하 언메나 받고져 ᄒ나뇨. 還有・還要之還, 或呼如孩字之音. 此或還音之訛, 或別有其字, 未可知也. 又償也. 還錢 갑 주다. 《集覽, 字解, 單字解, 5ㅎ》虧. 損也, 少也. 虧你多少 네게 언메나 낟브뇨, 虧着我 내게 낟배라. 又次也. 吏語, 虧兌 원수에셔 ᄯᅥ다. ❸⇔엇마나. 《朴新諺 2, 42ㅎ》這緞子多少價錢, 이 비단이 갑시 엇마나 ᄒ뇨.

다스리다 图 다스리다. ⇔치(治). 《朴新諺 3, 2ㅈ》恨的我沒法兒治他, 믜오되 내 뎌를 다스릴 法이 업세라.

다시 円 ●다시. ⇔재(再). 《朴新諺 1, 10ㅈ》只好等到秋來再修理罷, ᄀ울을 기드려 다시 修理홈이 무던ᄒ다. 《朴新諺 1, 24ㅎ》等一會再把些草喂他, ᄒ 지위 기드려 다시 여믈을다가 뎌룰 먹이라. 《朴新諺 1, 36ㅈ》衆人再問那和尙, 衆人이 다시 뎌 듕ᄃᆞ려 무르되. 《朴新諺 2, 5ㅎ》再看那閣前水面上, 다시 뎌 閣 앏 믈 우흘 보니. 《朴新諺 2, 15ㅈ》你便替我再染, 네 곳 나를 ᄀᆞᆺ차 다시 드리리라. 《朴新諺

2, 30ㅎ》一失人身後萬刼再逢難, 흔 번 人身을 일혼 後ㅣ면 萬刼이라도 다시 만나기 어렵다 ᄒᆞ니라.《朴新諺 2, 43ㅎ》再加你五錢銀罷, 다시 네게 닷 돈 은을 더홈이 무던ᄒᆞ다.《朴新諺 3, 1ㅎ》若再鬧(鬧)我我就打了, 만일 다시 내게 들레면 내 곳 치리라.《朴新諺 3, 11ㅈ》把泥鏝來再抹光些, 흙손으로다가 다시 ᄡᅥ 번번이 ᄒᆞ라.《朴新諺 3, 23ㅎ》第(第)四割頭再接, 第(第)四는 머리 버혀 다시 닛기 ᄒᆞ쟈.《朴新諺 3, 33ㅈ》若再添上三五兩好銀子, 만일 다시 三五兩 됴흔 銀을 더ᄒᆞ면, ●다시. 재차. ⇔중신(重新).《朴新諺 1, 11ㅎ》替你白効勞重新打築何如, 너를 ᄀᆞᄅᆞ차 공히 슈고 드려 다시 ᄡᅡ미 엇더ᄒᆞ뇨. ●다시. 또. ⇔환(還).《朴新諺 1, 36ㅎ》日後還敢偸老婆麽, 日後에 다시 敢히 계집을 도적ᄒᆞᆯ다.

다시(多時) 몡 오래. 오랫동안. ⇔오래.《朴新諺 2, 46ㅈ》那瓦被水浸多時不堅實, 뎌 디새 물에 젓기를 오래 ᄒᆞ여 堅實치 못ᄒᆞ니.《朴新諺 3, 26ㅎ》王見他多時不出來, 王이 데 오래 나오디 아니믈 보고.

다ᄉᆞᆺ 팬 ●다섯. ⇔오(五).《朴新諺 1, 18ㅎ》你要打這五件刀, 네 이 다ᄉᆞᆺ 볼 칼을 치이되.《朴新諺 1, 50ㅎ》浴錢是五箇, 목욕ᄒᆞᄂᆞᆫ 갑슨 다ᄉᆞᆺ 낫 돈이오.《朴新諺 1, 50ㅎ》梳頭錢是五箇, 마리 빗ᄂᆞᆫ 갑슨 다ᄉᆞᆺ 낫 돈이오.《朴新諺 2, 11ㅈ》一箇人與他五箇錢, 흔 사ᄅᆞᆷ이 뎌룰 다ᄉᆞᆺ 낫 돈을 주면. ●다섯 (명). ⇔오개(五箇).《朴新諺 1, 25ㅈ》派五箇人直夜, 다ᄉᆞᆺ 사ᄅᆞᆷ을 시겨 밤에 샹직ᄒᆞ여.《朴新諺 1, 40ㅈ》一間房子裏五箇人剛坐的, 흔 간 방에 다ᄉᆞᆺ 사ᄅᆞᆷ이 겨요 안ᄂᆞᆫ 거시여.《朴新諺 1, 47ㅎ》除了學長共有四十五箇學生, 學長을 덜고 대되 마흔 다ᄉᆞᆺ 學生이 잇ᄂᆞ니라.

다ᄉᆞᆺ 团 다섯 (개). ⇔오개(五箇).《朴新諺 1, 53ㅈ》一遍五箇分開着射, 흔 편에 다

솟식 논화 ᄡᅡ쟈.《朴新諺 2, 14ㅎ》五箇水紅絹每疋染錢三錢, 다솟 분홍 깁은 미 필에 물갑시 서 돈이오.

다여(多餘) 몡 여분의. 나머지의.《集覽, 字解, 單字解, 6ㅈ》多. 多少 언메나. 又許多 하나한. 又餘也. 三十里多地 삼십 리 나믄 ᄯᅡ. 吏語, 多餘. 又過也. 有甚麽多處 므스기 너믄 고디 이시리오. 又重也. 므스기 앗가온 고디 이시리오. 姑也 안직.

다엿 팬 **1**대엿. 대여섯. ⇔오륙(五六).《朴新諺 1, 46ㅎ》沒有五六錢銀子, 다엿 돈 은이 업스면.《朴新諺 2, 4ㅎ》費五六錢銀買一箇羊腔子(朴新注, 24ㅈ: 宰羊者, 去首, 只存其體, 謂腔子.), 다엿 돈 銀을 허비ᄒᆞ여 흔 羊의 몸뚱을 사. **2**●대엿. 대여섯 (개). ⇔오륙개(五六箇).《朴新諺 2, 22ㅈ》看見五六箇賊船, 보니 다엿 賊船이. ●대엿. 대여섯 (명). ⇔오륙개(五六箇).《朴新諺 2, 59ㅈ》家裏有五六箇婦人做活裁的縫的, 집의 다엿 계집이 이서 셩녕ᄒᆞ여 ᄆᆞᄅᆞ거니 짓거니 ᄒᆞ면.

다오 의 =댜오[弔]. '다'는 '댜'의 잘못.《朴新諺 1, 1ㅎ》每人出錢一吊(朴新注, 1ㅈ: 唐錢一百六十三文為一吊, 且以一吊為一千, 故以十六文謂之一百吊. 本絞字, 今俗通用.)五百文, 每人이 돈 흔 다(댜)오 五百을 내면. 共湊錢四十五六吊, 대되 돈 四十五六 댜오를 모들 쩌시니.

다왇다 图 다그치다. 닥치다. 맞부딪치다. ⇔진(儘).《集覽, 字解, 單字解, 5ㅈ》儘. 讓也, 任也. 儘他 제게 다와드라, 儘讓 뎌긔 미다. 又縱令也. 儘敎 므던타. 又儘一儘 지긔우다. 又儘船 빗 ᄀᆞ장.

다으다 图 다지다. 찧다. ⇔용(舂).《朴新諺 1, 11ㅎ》把大夯多舂幾十下, 큰 달고로 만히 여러 번 다으면.

다조만(多早晚) 데 어느 때. 언제. ⇔어느ᄢᅢ.《集覽, 字解, 累字解, 1ㅎ》早晚. 這早晚 이 늣도록. 又問何時曰, 多早晚 어느ᄢᅢ.

다질려 图 대질러. 들이받아. 부딪쳐. 《朴
新諺 3, 33ㅎ》在門上磕了一磕就塌了半
邊, 門에 다질려 곳 반 편이 쩌러지고.

다질리다 图 다질리다. 대지르다. 들이받
다. 부딪치다. ⇔개(磕). 《朴新諺 3, 33
ㅎ》在門上磕了一磕就塌了半邊, 門에 다
질려 곳 반 편이 쩌러지고.

다하 囝 다만. 오직. 오로지. ⇔환(還).
《集覽, 字解, 單字解, 1ㅈ》還. 猶尙也, 再
也. 還有多少 당시론 언메나 잇ᄂᆞ뇨. 又
다하. 還要多少 다하 언메나 받고져 ᄒᆞ
나뇨. 還有·還要之還, 或呼如孩字之音.
此或還音之訛, 或別有其字, 未可知也. 又
償也. 還錢 갑 주다.

다홍 圐 다홍. ⇔대홍(大紅). 《朴新諺 1,
16ㅎ》這大紅段眞是南紅顔色經緯匀淨,
이 다홍 비단이 진짓 이 연다홍빗치오
ᄡᅵ눌이 고로고 조흐니. 《朴新諺 2, 14
ㅈ》這被面要染大紅的, 이 니블 거족은
다홍을 드리고져 ᄒᆞ고.

다홍빗ᄎ 圐 다홍. 다홍빛. ⇔대홍(大紅).
《朴新諺 2, 7ㅈ》要換你的大紅織金胷背,
네 다홍빗체 금스로 ᄧ고 胷背 혼 것과
밧고고져 ᄒᆞ노라.

다히다 图 에끼다. 상쇄하다. 맞비기다.
⇔저(抵). 《朴新諺 2, 34ㅎ》必要拿你抵
償怎麽好呢, 반ᄃᆞ시 너를 자바 죄에 다
혀 샹명홀 거시니 엇디 됴흐리오.

다ᄒᆞ다 图 다하다. ⇔진(盡). 《朴新諺 1,
56ㅈ》吃盡千辛萬苦, 千辛萬苦를 먹어
다ᄒᆞ여. 《朴新諺 2, 6ㅈ》描也描不盡的好
風光, 모흐려 ᄒᆞ여도 모흐여 나(다)치 못
홀 됴혼 風光이니. 《朴新諺 3, 9ㅈ》走了
好幾年受盡千辛萬苦, 여러 희를 ᄃᆞ녀 千
辛 萬苦를 바다 다ᄒᆞ고.

단(但) 圐 ᄲᅮᆫ. ⇔ᄲᅮᆫ. 《朴新諺 1, 45ㅈ》不但
文章做得好, 글짓기룰 잘홀 ᄲᅮᆫ 아니라.

단(但) 囝 ●다만. ⇔다만. 《朴新諺 1, 11
ㅈ》但于今柴·米·小菜件件俱貴, 다만
이제 나모와 뿔과 ᄂᆞ믈이 가지가지 다

귀ᄒᆞ니. 《朴新諺 1, 26ㅎ》但講明了, 다
만 강뎡ᄒᆞ여 붉게 ᄒᆞ고. 《朴新諺 1, 38
ㅈ》但如今腿上還是十分無氣力哩, 다만
이제 다리에 오히려 ᄀᆞ장 氣力이 업세
라. 《朴新諺 1, 56ㅎ》但曰連日有事不在
家, 다만 連日ᄒᆞ여 일이 이시믈 因ᄒᆞ여
집의 잇지 못홈으로. 《朴新諺 3, 15ㅎ》
但尙未領憑, 다만 오히려 文憑을 領치 못
ᄒᆞ여시니. 《朴新諺 3, 18ㅎ》但能早散也
是不能早回家, 다만 능히 일즉이 흣터져
도 ᄯᅩ 능히 일즉이 집의 도라오지 못ᄒᆞ
여. 《朴新諺 3, 22ㅈ》但見和尙, 다만 즁
을 보면. 《朴新諺 3, 24ㅈ》但動的便筭輸,
다만 動ᄒᆞᄂᆞᆫ 이를 곳 지니로 혜니라.
《朴新諺 3, 42ㅈ》但有好相識們十分央及
他, 다만 됴히 서ᄅᆞ 아ᄂᆞ니들이 ᄀᆞ장 뎌
의게 빌면. ●무릇. 다만. 오직. ⇔믈읫.
《集覽, 字解, 單字解, 1ㅎ》但. 凡也, 但凡
·但是 믈읫.

단(段) 圐 비단. ⇔비단. 《集覽, 朴集, 上,
8ㅎ》抹絨胷背. 凡於紗羅·段帛之上, 以
綵絨織成胷背之紋, 裁成衣服者也. 凡絲
之練熟未合者曰絨, 已合爲綸者曰線. 《朴
新諺 1, 16ㅎ》這大紅段眞是南紅顔色經
緯匀淨, 이 다홍 비단이 진짓 이 연다홍
빗치오 ᄡᅵ눌이 고로고 조흐니.

단(單) 囝 마침. 단지. 겨우. ⇔맛치. 《朴
新諺 1, 11ㅈ》不要單愛惜你家這幾頓茶
飯, 맛치 네 집 여러 ᄢᅵ 茶飯만 앗기지
말라.

단(短) 圐 ❶없다. 또는 부족하다. 모자라
다. ⇔없다. 《朴新諺 3, 2ㅈ》一百錢短一
箇也不賣, 一百 돈에 ᄒᆞ나히 업서도 ᄑᆞ
지 아니ᄒᆞ리라. ❷짧다. ●⇔댜ᄅᆞ다.
《集覽, 字解, 單字解, 6ㅎ》趲. 잔, 上聲,
逼使走也. 又促之也. 通作儧. 又縮之也.
儧短些 조려 댜ᄅᆞ게 ᄒᆞ다. ●⇔져르다.
《朴新諺 1, 32ㅈ》十箇指頭也有長短的,
열 손가락도 긴 이 져른 이 잇ᄂᆞ니.

단(緞) 圐 비단. ⇔비단. 《朴新諺 2, 9ㅈ》

這一疋暗花緞是兩件袍料, 이 혼 필 스믠
문 비단은 이 두 볼 큰옷 ᄀ옴이니.

단(鴠) 명 알卵. ⇔알.《朴新諺 1, 39ㅎ》
這是鷄鴠, 이는 이 둙의 알이로다.

단(斷) 동 결단(決斷)하다. (판단을 하거
나 단정을 내리다) ●⇔결단ᄒ다.《朴
新諺 2, 15ㅈ》你放心斷不有悔的, 네 放心
ᄒ라 결단코 그름이 잇디 아니ᄒ리라.
●⇔결짠ᄒ다.《朴新諺 1, 10ㅎ》前不斷
後要亂, 몬져 결짠치 아니면 후에 어즈
럽다 ᄒ니.《朴新諺 1, 19ㅎ》遲日來斷不
有悔的, 날을 지연ᄒ여 오라 결짠코 그
르미 잇디 아니ᄒ리라.

단(斷) 명 결단(決斷)코. ●⇔결단코.《朴
新諺 2, 15ㅈ》你放心斷不有悔的, 네 放心
ᄒ라 결단코 그름이 잇디 아니ᄒ리라.
●⇔결짠고.《朴新諺 1, 14ㅈ》這都是斷
不能少的, 이 거시 다 이 결짠고 업지 못
홀 쩌시라. ●⇔결짠코.《朴新諺 1, 19
ㅎ》遲日來斷不有悔的, 날을 지연ᄒ여
오라 결짠코 그르미 잇디 아니ᄒ리라.

단골 명 단골. 고객(顧客). ⇔주고(主顧).
《朴新諺 2, 44ㅈ》只圖箇下次主顧罷, 다
만 후에 단골 홈을 구ᄒ노라.

단란(團欒) 형 둥글다. ⇔두렷ᄒ다.《朴
新諺 2, 57ㅎ》是一箇細長身子團欒面的,
이 혼 킈 힐힐ᄒ고 ᄂᆾ치 두렷ᄒᆫ.

단령(團領) 명 둥근 모양의 깃.《集覽, 朴
集, 上, 8ㅎ》刺通袖膝欄. 元時好着此衣,
前後具背胷, 又連肩而通袖之脊, 至袖口
爲紋, 當膝周圍亦爲紋如欄干, 然織成段
匹爲衣者有之, 或皮或帛, 用綵線周遭回
曲爲緣, 如花樣, 刺〈刺〉爲草樹〈對〉·禽
獸·山川·宮殿之文於〈紋於〉其內, 備極
奇巧, 皆用團領着之, 其直甚高.

단목(檀木) 명 박달나무.《集覽, 朴集, 上,
6ㅈ》空中. 音義云, 用檀木旋圓, 內用刀剜
空, 以繩〈繩〉曳之, 在地轉動有聲. 質問
云, 頑童將胡蘆用木釘串之, 傍作一眼, 以
繩〈繩〉繫扯, 旋轉有聲, 亦謂之空中.《朴

新諺 1, 20ㅈ》也有放空中(朴新注, 8ㅈ:
用檀木旋圓, 用刀剜空, 以繩曳之, 在地轉
動有聲. 一云, 將胡蘆用木釘穿之, 傍作一
眼, 以繩繫扯, 旋轉有聲, 亦謂之空中.)的,
박픵이 치리도 이시며.

단범(但凡) 명 무릇. 다만. 오직. ⇔믈읫.
《集覽, 字解, 單字解, 1ㅎ》但. 凡也. 但凡
·但是 믈읫.

단선(單扇) 명 외닫이. ⇔외다지.《朴新諺
3, 16ㅎ》這檁, 이 납과. 樑, 므ᄅ와. 椽,
혀와. 柱, 기동과. 短柱, 短柱와. 門框, 문
얼굴과. 門扇, 문짝과. 吊窓, 들창과. 天
窓, 우러리창과. 雙扇, 쌍다지와. 單扇,
외다지와. 窓欞, 창얼굴로.

단소(短少) 동 ●모자라다. 부족하다. 결
핍(缺乏)되다. ⇔모ᄌ라다.《朴新諺 1,
34ㅈ》短少盤纏, 盤纏이 모ᄌ라. ●떨어
뜨리다. 모자라다. 부족하다. ⇔뻐르치
다.《朴新諺 1, 58ㅎ》按月送納不致短少
拖欠, 둘을 조차 送納호되 뻐르치며 믄
그으매 니르게 말고.《朴新諺 2, 45ㅈ》
按月交納不致短少, 둘을 조차 交納ᄒ여
뻐르치매 니르지 아니케 ᄒ리라.

단시(但是) 명 ●다만. 그러나. ⇔다만.
《朴新諺 1, 19ㅎ》但是刀頭與裝修餙樣我
說與你, 다만 칼눌과 민들기와 꾸밀 모
양을 내 너ᄃ려 니롤 쩌시니.《朴新諺
2, 49ㅈ》但是你還不知那鄕村裏的好處
哩, 다만 네 도로혀 뎌 鄕村에 됴흔 곳을
아지 못ᄒᆫᄯ다.《朴新諺 3, 41ㅈ》但是
他家裡事多怎麽來的呢, 다만 뎨 집의 일
이 만흐니 엇지 오리오. ●무릇. 다만.
오직. ⇔믈읫.《集覽, 字解, 單字解, 1ㅎ》
但. 凡也. 但凡·但是 믈읫.

단오(短襖) 명 짧은 핫저고리.《集覽, 朴
集, 上, 8ㅎ》比甲. 衣之無袖, 對襟爲襞積
者曰比甲, 卽本國됴지털릭. 婦女亦依此
制爲短襖着之, 亦曰比甲, 通稱搭護.

단오(端午) 명 민속에서 음력 오월 초닷
샛날을 명절로 이르는 말.《集覽, 朴集,

上, 14ㅈ》刟〈挘〉柳. 質問云, 端午節日,
赴敎場內, 將三枝柳植之三處, 走馬射之.
歲時樂事記云, 武士軍校刟柳于擊場.《集
覽, 朴集, 下, 5ㅈ》蠍〈蝎〉虎. 五月五日捕
其生者, 飼以朱砂, 明年端午搗〈擣〉之, 點
宮人臂上, 經事則消, 否則雖死不改, 故名
曰守宮.

단오일(端午日) 명 단오(端午). 단옷날.
《集覽, 朴集, 上, 14ㅈ》刟〈挘〉柳. 歲時樂
事記云, 武士軍校刟柳于擊場. 今按, 刟字,
卽刟音, 而刟字韻〈韵〉書不着〈著〉, 唯免
疑雜韻〈韵〉內音乍, 卽與挿字音意同. 緫
龜〈総龜〉云, 端午日, 武士射柳爲閗〈鬪〉
力之戲, 各料强弱相敵.〈此作挘恐誤〉.

단오절(端午節) 명 단오를 명절로 이르는
말.《集覽, 朴集, 上, 14ㅈ》刟〈挘〉柳. 質
問云, 端午節日, 赴敎場內, 將三枝柳植之
三處, 走馬射之. 歲時樂事記云, 武士軍校
刟柳于擊場.

단자(段子) 명 비단. ⇔비단.《朴新諺 1,
16ㅎ》你買來的段子借與我看, 네 사 온
비단을 나롤 빌려 보게 ㅎ라.《朴新諺
1, 16ㅎ》這段子一定足勾袍料二件, 이 비
단 ㅎ 疋이 큰옷 ㄱ음 두 볼이 넉넉ㅎ니.
《朴新諺 1, 16ㅎ》雖比不得上用段子, 비
록 上用홀 비단에는 비치 못ㅎ나.《朴新
諺 1, 17ㅈ》似這樣段子, 이 ㄹ튼 비단은.
《朴新諺 3, 15ㅈ》妓者又特寄茶色段子二
疋, 이제 ㄸ 특별이 차헐비쳬 비단 두
필과.

단자(單字) 명 낱으로 된 단어.《集覽, 凡
例》單字‧累字之解, 只取老乞大‧朴通
事中所載者爲解.《集覽, 字解, 累字解, 2
ㅎ》看一看. 보다. 難於單字之語, 故重言
爲句也. 一, 語助辭.

단자(緞子) 명 비단. ⇔비단.《朴新諺 1,
29ㅎ》緊着鴉靑緞子繡花護膝, 야쳥 비단
에 繡노흔 슬갑을 미고.《朴新諺 1, 46
ㅈ》內造素緞子一尺, 內造 편비단 ㅎ 자
와.《朴新諺 2, 8ㅈ》你拿好緞子來我看,

네 됴흔 비단을 가져오라 내 보쟈. 這是
南京來的眞正八絲好緞子, 이 南京셔 온
진짓 八絲 됴흔 비단이라.《朴新諺 2, 42
ㅈ》店裏買緞子去, 店에 비단 사라 가니.
《朴新諺 2, 42ㅎ》要南京來的鴉靑色‧月
白色這兩樣緞子, 南京으로셔 온 야쳥빗
과 남빗 이 두 가지 비단을 흐려 ㅎ노라.
《朴新諺 2, 42ㅎ》要買緞子就請下馬來看,
비단을 사려 ㅎ거든 곳 청컨대 몰 느려
와 보라.《朴新諺 2, 42ㅎ》這緞子多少價
錢, 이 비단이 갑시 엇마나 ㅎ뇨.《朴新
諺 2, 43ㅈ》這箇緞子中中的, 이 비단이
즁품에 써시니.

단장(壇場) 명 단을 마련하여 놓은 곳.
《朴新諺 3, 22ㅎ》孫行者便到羅天大醮壇
場上藏身, 孫行者ㅣ 곳 羅天大醮ㅎ는 壇
場에 가 몸을 굽초아.

단절(斷絶) 동 흐름이 연속되지 아니하
다. 끊어지다.《集覽, 朴集, 上, 16ㅈ》石
屋. 遂以袈裟表信曰, 衣雖今日, 法自靈
〈灵〉山流傳至今, 汝善護持, 毋
〈母〉令斷〈断〉絶. 事文類聚云, 釋氏五宗
之敎, 傳至法眼, 爲雪峯眞覺禪師之道. 至
永明, 其道傳于高麗國. 此卽普虛之傳也.

단정(端正) 형 얌전하고 가지런하다. ⇔
단정ㅎ다(端正-).《集覽, 朴集, 中, 6ㅎ》
大帽. 上咲〈笑〉曰, 自家笠子尙不端正, 又
能平天下耶.《朴新諺 1, 22ㅈ》却欠端正
些, 端正홈이 업고.

단정ㅎ다(端正-) 형 단정(端正)하다. ⇔
단정(端正).《朴新諺 1, 22ㅈ》却欠端正
些, 端正홈이 업고.

단주(短柱) 명 동자기둥. 쪼구미.《朴新諺
3, 16ㅎ》這樑, 이 납과. 檁, ㅁ룸와. 椽,
혀와. 柱, 기동와. 短柱, 短柱와. 門框, 문
얼굴과. 門扇, 문짝과. 吊窓, 들창과. 天
窓, 우러리창과. 雙扇, 빵다지와. 單扇,
외다지와. 窓櫺, 창얼굴로.

단주(壇主) 명 〈불〉 설법(說法)하는 중.
《集覽, 朴集, 下, 1ㅈ》西天取經去. 此時

唐太宗, 聚天下僧尼, 設無遮大會, 因衆僧擧一高僧爲壇主說法, 卽玄裝〈奘〉法師也. 《集覽, 朴集, 下, 2ㅎ》壇主. 飜譯名義云, 梵言曼〈漫〉茶羅, 此云壇. 謂主場說法者曰壇主. 《朴新諺 3, 12ㅎ》那壇主是朝鮮師傅, 그 壇主는 이 朝鮮 師傅ㅣ라.

단필(段匹) 圀 =단필(段疋). 《集覽, 朴集, 上, 8ㅎ》刺通袖膝欄. 元時好着此衣, 前後具胷背, 又連肩而通袖之脊, 至袖口爲紋, 當膝周圍亦爲紋如欄干, 然織成段匹爲衣者有之, 或皮或帛, 用綵線周遭回曲爲緣, 如花樣, 刺〈剌〉爲草樹〈尌〉・禽獸・山川・宮殿之文於〈紋於〉其內, 備極奇巧, 皆用團領着之, 其直甚高. 《集覽, 朴集, 中, 8ㅎ》牢子走. 在大都則自河西務起程, 若上都則自泥河兒起程, 越三時, 走一百八十里, 直抵御前, 俯伏呼萬歲. 先至者賜銀一餅, 餘者賜段匹〈疋〉有差.

단필(段疋) 圀 단필(緞疋). 비단. (생사(生絲) 또는 연사(練絲)로 짠, 광택과 무늬가 있고 두꺼운 수자(繻子) 조직의 비단) 《集覽, 朴集, 中, 8ㅎ》牢子走. 在大都則自河西務起程, 若上都則自泥河兒起程, 越三時, 走一百八十里, 直抵御前, 俯伏呼萬歲. 先至者賜銀一餅, 餘者賜段匹〈疋〉有差. 《朴新諺 3, 15ㅈ》托以段疋送與父親使用, 段疋로 뻐 부텨 父親끠 보내여 쁘게 ᄒ엿더니.

단하(丹夏) 圀 열매가 여주[荔枝]와 같게 생긴 식물의 하나. 《集覽, 朴集, 上, 2ㅈ》荔子. 子作支〈支〉. 荔支〈支〉, 生巴峽間, 形狀團如帷盖, 葉如冬靑, 花如橘, 春榮. 實如丹夏, 朶如葡萄, 核如枇杷, 殼如紅繒, 膜如紫綃, 瓠肉潔白如冰霜, 漿液甘如體酪. 如離本枝, 一日色變, 二日香變, 三日味變, 四五日外色・香・味盡〈尽〉變.

단행(單行) 圐 단독으로 찾아오다. 하나만 찾아오다. 《朴新諺 3, 19ㅈ》咳禍不單行這話再也不差, 애 禍不單行이란 이 말이 쏘 그르지 아니ᄒ다.

단황(鴠黃) 圀 (알의) 노른자위. 노른자. 《集覽, 朴集, 上, 3ㅎ》金銀豆腐湯. 質問云, 豆腐用油煎熟, 其色黃如金, 白如銀, 細切作湯食之. 又云, 用雞〈鷄〉鴠淸同鴠黃相制爲之.

달(達) 圐 알다. (사리를) 통달하다. 철저하게 이해하다. ⇔알다. 《朴新諺 2, 3ㅎ》不通人情不達時務的東西, 人情을 通치 못ᄒ고 時務를 아지 못ᄒ는 거시라.

달고 圀 달구. (땅을 단단히 다지는 데 쓰는 기구) ⇔항(夯). 《朴新諺 1, 11ㅎ》把大夯多舂幾十下, 큰 달고로 만히 여러 번 다으면.

달달(達ㅂ) 圀 =달달(達達). 'ㅂ'는 왼쪽 또는 위쪽의 글자와 같음을 나타내는 약호. 《集覽, 朴集, 上, 8ㅎ》刺通袖膝欄. 達達〈ㅂ〉之俗, 今亦猶然. 뷔윤 실로 치질ᄒ니를 呼爲刺, 亦曰和, 音扣.

달달(達達) 圀 타타르(韃靼: Tatar). 송・명대(宋明代)에 한인(漢人)이 북방의 금・원(金元)나라 민족을 낮잡아 일컫던 칭호. 《集覽, 朴集, 上, 2ㅎ》院本. 質問云, 院本有曰外, 或粧先生・採訪使・考試官・老人・達達之類, 皆是外扮, 曰淨, 有男淨・有女淨, 亦做醜態, 專一弄言取人歡笑, 曰末, 粧扮不一, 初則開場白說, 或粧家人・祇候, 或扮使臣之類, 曰丑, 狂言戲弄, 或粧醉漢・太醫・吏員・媒婆之類. 《集覽, 朴集, 上, 2ㅎ》院本. 質問云, 院本有曰外, 或粧先生・採訪使・考試官・老人・達達之類, 皆是外扮. 《集覽, 朴集, 上, 8ㅎ》刺通袖膝欄. 達達〈ㅂ〉之俗, 今亦猶然. 뷔윤 실로 치질ᄒ니를 呼爲刺, 亦曰和, 音扣.

달도(達道) 圐 교류하다. 《集覽, 朴集, 上, 5ㅈ》角頭. 音義云, 東南西北往來人煙〈烟〉湊集之處. 今按, 角頭, 卽通逵達道要會之衝, 備力求直之人坌集之所.

달라 圐 다라. 달라고. ●⇔요(要). 《朴新諺 1, 11ㅈ》據你要的價錢却也不甚多, 네

달라는 갑대로 ᄒ여도 ᄶ ᄀ장 만치 아
니커니와. 《朴新諺 1, 12ㅎ》每擔脚錢你
要多少, 미 짐 삭갑슬 네 언머롤 달라 ᄒ
ᄂ다. 《朴新諺 1, 22ㅈ》他做這帶要多少
工錢, 데 이 씌롤 민들매 언머 工錢을 달
라 ᄒ더뇨. 《朴新諺 1, 34ㅎ》我便發狠叫
喚要銀子, 내 곳 셩내여 부르지져 은을
달라 ᄒ되. 《朴新諺 2, 9ㅈ》便都依了你
的要價罷, 곳 다 너 달라는 갑대로 ᄒ쟈.
《朴新諺 3, 3ㅈ》你這混要錢的王八, 네
이 상업시 돈 달라 ᄒᄂ 쟈라야. 《朴新
諺 3, 29ㅎ》這珠子你要多少價錢, 이 구
술을 네 엇마 갑슬 달라 ᄒᄂ다. 《朴新
諺 3, 29ㅎ》只要二兩銀子, 그저 두 냥 은
을 달라 ᄒ노라. ●⇔토(討). 《朴新諺 1,
34ㅎ》到今討了半年總不肯還我, 到今 半
年을 달라 ᄒ되 아조 즐겨 내게 갑지 아
니ᄒ니. 《朴新諺 2, 12ㅎ》你要使只管問
我討不拘多少, 네 ᄡ고져 ᄒ거든 그저
스리여 날드려 달라 ᄒ여 多少롤 거리끼
지 말고.

달마(達摩) 몡 =달마(達磨). '摩'는 '磨'의 다
른 표기. 《集覽, 朴集, 上, 16ㅈ》傳衣鉢.
釋迦佛生年十九出家, 住世四十九年, 傳
衣鉢于迦葉初祖達摩, 達摩傳衣鉢于二祖,
二祖傳于三祖, 至於六祖, 至三十二祖弘
忍. 盖以此爲傳道之器也.

달마(達磨) 몡 중국 남북조(南北朝) 시대
의 양(梁)나라 중. 중국 선종(禪宗)의 시
조로 반야다라(般若多羅)에게 불법을
배워 대승선(大乘禪)을 제창하였다. 시
호(諡號)는 원각대사(圓覺大師)・보리
달마(菩提達磨)・달마대사(達磨大師).
《集覽, 朴集, 上, 16ㅈ》傳衣鉢. 釋迦佛生
年十九出家, 住世四十九年, 傳衣鉢于迦
葉初祖達摩, 達摩傳衣鉢于二祖, 二祖傳
于三祖, 至於六祖, 至三十二祖弘忍. 盖以
此爲傳道之器也.

달인(達人) 몡 달단인(韃靼人). 타타르인
(Tatar人). 《集覽, 朴集, 上, 11ㅎ》娘子.

南村輟耕[錄]云〈南村輟耕錄〉, 世謂穩婆
曰老娘, 女巫曰師娘, 唱〈娼〉婦曰花娘, 達
人又曰草娘, 苗人謂妻曰夫娘, 南方謂婦
人無行者曰大娘, 謂婦人之卑賤者曰某娘,
曰幾娘, 鄙之曰婆娘.

달자(達子) 몡 몽골인[蒙古人]. 송・명대
(宋明代)에 한인(漢人)이 북방의 금・원
(金元)나라 민족을 낮잡아 일컫던 칭호.
《集覽, 朴集, 中, 1ㅎ》轡頭散與. 女直・
達子朝貢時, 到驛應付馬匹騎坐者, 各出
轡頭, 散與馬夫, 馬夫受轡套馬, 令各轡主
認轡占馬, 使無爭占之擾. 《集覽, 朴集,
下, 1ㅈ》銀鼠. 形如靑鼠而差小, 色純雪
白, 出達子地, 價直甚高. 《朴新諺 2, 8ㅈ》
我不是那口外的達子・回回, 나는 뎌 口
外엣 達子・回回 아니라. 就是那達子・
回回, 임의셔 뎌 達子・回回라도. 《朴新
諺 3, 32ㅈ》然後拿些達子餑餑・南糖・
乾果子來, 그린 후에 達子쩍과 南糖과 乾
果를 가져오라.

달자(獖子) 몡 =달자(達子). 《朴新諺 3, 6
ㅎ》把我的銀鼠(朴新注, 46ㅎ: 色純白, 出
獖子地.)皮襖上的貂鼠袖, 내 銀鼠皮 갓옷
세 올린 쵸피 ᄉ매를다가.

달자발발(達子餑餑) 몡 달자(達子)가 만
들어 먹던 떡의 하나. ⇔달자쩍(達子-).
《朴新諺 3, 32ㅈ》然後拿些達子餑餑・南
糖・乾果子來, 그린 후에 達子쩍과 南糖
과 乾果를 가져오라.

달자쩍(達子-) 몡 =달자발발(達子餑餑).
⇔달자발발(達子餑餑). 《朴新諺 3, 32
ㅈ》然後拿些達子餑餑・南糖・乾果子
來, 그린 후에 達子쩍과 南糖과 乾果子
를 가져오라.

달호다 동 다루다. ●⇔농(弄). 《朴新諺
2, 46ㅈ》把瓦都弄破了, 디새를다가 다
달화 깨이니. 《朴新諺 2, 53ㅈ》却纔會學
立的腰兒軟休弄他, 又 셜 줄을 아되 허리
무르니 뎌를 달호지 말라. ●⇔사(使).
《集覽, 字解, 單字解, 5ㅎ》使. 上聲, 差也,

役也. 使的我 날 브려. 又用也. 使用了. 吏語, 行使 쓰다. 又使船 비 달호다. 又去聲, 使臣, 差使. 又官名.

달히다 图 달이다. 끓이다. ●⇔오(熬).《朴新諺 2, 24ㅎ》你且熬兩服吃, 네 아직 두 복을 달혀 먹고,《朴新諺 3, 8ㅈ》且熬些芽茶來我吃罷, 아직 저기 芽茶를 달혀 오게 ᄒ라 내 먹쟈. ●⇔전(煎).《朴新諺 2, 25ㅈ》煎至七分去滓溫服, 달혀 七分에 니르거든 滓를 ᄇ리고 더온 이로 먹으라. ●⇔전탕(煎湯).《朴新諺 2, 40ㅈ》一冬好煎湯吃, ᄒ 겨울을 달혀 먹기 됴ᄒ니.

담 图 **❶**담[墻]. ⇔쟝(墙).《朴新諺 1, 9ㅎ》我家的墙也倒了幾堵, 우리 집 담도 여러 돌림이 믄허져시니.《朴新諺 1, 10ㅈ》叫幾箇打土墙的匠工來, 여러 토담 쓰는 쟝인을 블러와.《朴新諺 1, 10ㅎ》你向來打土墙是多少一板, 네 져적의 토담 쓸 제 언머에 ᄒ 틀을 ᄒ더뇨.《朴新諺 1, 39ㅎ》墙上一塊土吊下來禮拜, 담 우희 ᄒ 덩이 흙이 쩌러뎌 ᄂ려와 禮拜ᄒᄂ 거시여.《朴新諺 1, 40ㅈ》墙上一箇琵琶任誰不敢拿他, 담 우희 ᄒ 琵琶룰 아모도 敢히 더룰 잡지 못ᄒᄂ 거시여.《朴新諺 3, 17ㅈ》那西壁廂還要打一道墙, 뎌 셔편에 ᄯ 호 줄 담을 ᄡ고,《朴新諺 3, 51ㅈ》倫盗布疋仍跳墙而去, 布疋을 도적ᄒ고 인ᄒ여 담을 너머 나가시되,《朴新諺 3, 53ㅎ》好到各處橋上墙角頭貼去, 各處 ᄃ리 우와 담 모롱이에 부치라 가게 ᄒ고. **❷**담(毯). ●⇔전(氈).《朴新諺 1, 29ㅎ》白絨檀裰上, 흰 보드라온 담쳥에,《朴新諺 1, 39ㅈ》毿毿檀毿毿被, 뗑긘 담에 뗑긘 니블에.《朴新諺 2, 3ㅈ》我往家裏去取檀衫·雨帽, 내 집의 가 담유삼과 갓모를 가져오려 ᄒ노라. ●⇔전자(氈子).《朴新諺 1, 46ㅎ》除了檀子馳毛之外, 담과 약대 털을 더룬 밧긔.《朴新諺 1, 55ㅈ》把褥子·檀子多多的鋪上, 요와 담을

다가 만히 ᄭᆯ고,《朴新諺 2, 32ㅈ》檀子也麤又做的鬆, 담도 굵고 ᄯ 민들기롤 섭섭이 ᄒ여시니,《朴新諺 2, 32ㅎ》欵式要時樣檀子要勻細就是了, 欵式은 時樣으로 ᄒ고 담은 고로고 ᄀ놀게 홈이 곳 올ᄒ니라.

담(台) 回 =담(擔). '台'은 '擔'의 속자.《集覽, 朴集, 上, 5ㅈ》擔. 所負曰擔, 俗作担. 今按, 關八擔則是八石也. 前漢書蒯通傳, 守儋石之祿. 應劭注, 擔, 受二斛. 楊(揚)雄傳, 家無儋石之儲. 注〈註〉, 一石爲石, 再石爲擔. 以此觀之, 則擔爲二石也. 然今俗皆稱〈称〉一石爲擔, 謂任力所勝而負擔之也. 字俗作台, 音단.

담(坍) 图 무너뜨리다. ⇔문희치다.《朴新諺 1, 9ㅎ》把那城門都衝坍了, 뎌 城門을 다가 다 질러 문희치고.

담(担) 回 =담(擔). '担'은 '擔'의 속자.《(淸, 翟灝), 通俗編, 雜字》担, 俗以此爲擔負之擔.《集覽, 朴集, 上, 5ㅈ》擔. 所負曰擔, 俗作担. 今按, 關八擔則是八石也. 前漢[書]蒯通傳, 守儋石之祿. 應劭注, 擔, 受二斛. 楊(揚)雄傳, 家無儋石之儲. 注〈註〉, 一石爲石, 再石爲擔. 以此觀之, 則擔爲二石也. 然今俗皆稱〈称〉一石爲擔, 謂任力所勝而負擔之也. 字俗作台, 音단.

담(談) 图 이르다. 말하다. ⇔니르다.《朴新諺 3, 13ㅈ》談的是目連尊者救母(母)經, 니르는 거슨 이 目連尊者의 救母(母)經이니.

담(擔) 图 짐. ⇔짐.《集覽, 朴集, 上, 5ㅈ》擔. 所負曰擔, 俗作担. 今按, 關八擔則是八石也. 前漢[書]蒯通傳, 守儋石之祿. 應劭注, 擔, 受二斛. 楊(揚)雄傳, 家無儋石之儲. 注〈註〉, 一石爲石, 再石爲擔. 以此觀之, 則擔爲二石也. 然今俗皆稱〈称〉一石爲擔, 謂任力所勝而負擔之也. 字俗作台, 音단.《朴新諺 1, 12ㅎ》該關幾擔呢, 맛당이 몃 짐을 틀료. ᄒ例只該關八擔, ᄒ例에 그저 여둛 짐을 틀리라.《朴新諺

1, 12ㅎ》每擔脚錢你要多少, 믹 짐 삭갑
슬 네 언머롤 달라 ᄒᆞᆫ다.《朴新諺 1,
13ᄌ》你該給多少脚錢一擔罷, 네 언머
삭갑슬 ᄒᆞᆫ 짐에 주려 ᄒᆞᆫ다. 每擔給你
五十大錢罷, 믹 짐에 너롤 五十 대쳔을
주미 무던ᄒᆞ다.

담(擔) 回 짐. ⇔짐.《朴新諺 1, 12ㅎ》該關
幾擔呢, 맛당이 몃 짐을 ᄐᆞ료. ㄛ例只該
關八擔, ㄛ例에 그저 여듧 짐을 ᄐᆞ리라.
《朴新諺 1, 12ㅎ》每擔脚錢你要多少, 믹
짐 삭갑슬 네 언머롤 달라 ᄒᆞᆫ다.《朴
新諺 1, 13ᄌ》你該給多少脚錢一擔罷, 네
언머 삭갑슬 ᄒᆞᆫ 짐에 주려 ᄒᆞᆫ다. 每擔
給你五十大錢罷, 믹 짐에 너롤 五十 대쳔
을 주미 무던ᄒᆞ다.《朴新諺 1, 13ᄌ》五
十文一擔却不太少些麼, 쉰 낫 돈에 ᄒᆞᆫ 짐
이 ᄯᅩ 너무 젹지 아니ᄒᆞ냐.《朴新諺 1,
13ㅎ》便給我五十文一擔也罷了, 곳 나롤
쉰 낫 돈을 ᄒᆞᆫ 짐에 주미 ᄯᅩ 무던ᄒᆞ다.
《朴新諺 3, 10ᄌ》先掘土打兩擔水未好和
泥, 몬져 흙을 픠고 두 짐 물을 기러 와
잘 흙을 니기되,

담다 图 담다. ⇔셩(盛).《朴新諺 1, 40ᄌ》
金罐兒・鐵柄兒裏頭盛着白沙蜜, 金탕관
・쇠ᄌᆞᄅᆞ에 속에 白沙蜜 담은 거시여.
《朴新諺 1, 40ㅎ》一箇長甕兒窄窄口裏頭
盛着糯米酒, ᄒᆞᆫ 긴 독 조븐 부리 안희 ᄎᆞᆸ
ᄡᆞᆯ술 담은 거시여.《朴新諺 3, 2ᄌ》那簡
拿藍(籃)子盛着猫的不是賣的麼, 뎌 드라
치 가져 괴 담으니 이 풀 리 아니가.

담석(儋石) 图 적은 양의 식량을 이르는
말.《集覽, 朴集, 上, 5ᄌ》擔. 所負曰擔,
俗作担. 今按, 關八擔則是八石也. 前漢
[書]蒯通傳, 守儋石之祿. 應劭注, 擔, 受二
斛.

담자(擔子) 图 짐.《集覽, 朴集, 上, 16ᄌ》
石屋. 法名淸珙, 號石屋和尙, 臨濟十八世
之嫡孫也. 普虛謁石屋, 石屋見ㄛ之云, 老僧
今日旣已放下三百斤擔子遞你擔了, 且展
脚睡矣.

담홍(淡紅) 图 담홍색(淡紅色). (엷은 붉
은색)《朴新諺 1, 23ㅎ》両對寶石(朴新
注, ㅎ: 出南蕃・西蕃, 性堅滑, 色淡紅明
瑩.)廂嵌的鬓簪, 두 ᄡᅡᆼ 寶石에 뎐메워 날
박은 鬓簪과.

답(踏) 图 밟다. ⇔볿다.《朴新諺 2, 46ᄌ》
不要踏破了纔好, 볿바 ᄭᆡ이지 말아야 마
치 됴흐리라.

답국(蹋鞠) 图 공을 땅에 떨어뜨리지 않
고 차던 놀이. 황제(黃帝) 때 비롯되어
처음에는 무예를 단련하는 용도로 쓰였
다고 하며, 전국시대에 크게 유행하였
다.《集覽, 朴集, 下, 7ㅎ》花房窩兒. 又云
擊鞠, 騎而以杖擊也, 黃帝習兵之勢. 或曰
起於戰國, 所以練〈鍊〉武士, 因嬉戱而講
習之, 猶打毬, 非蹋鞠之戱也.

답응(荅應) 图 =답응(荅應). '荅'은 뒤에
'荅'으로 썼다.《廣韻, 合韻》荅, 當也. 亦
作荅.《集覽, 朴集, 上, 1ㅎ》館夫. 應當舘
〈館〉驛接待使客之役. 質問云, 府・州・
縣百姓擇撥〈差〉無差〈身〉役者, 做館夫荅
應使客, 待三年更替.《集覽, 朴集, 中, 2
ᄌ》牌子. 凡馬驛設置, 馬驢不等, 其中管
馬荅應者, 謂之馬牌, 管驢者, 謂之驢牌,
緫〈總〉稱牌子.《集覽, 朴集, 中, 2ᄌ》應
付. 質問云, 應者, 荅應也, 付者, 與也. 如
遇使客到驛, 將口粮・馬驢荅應與他, 方
言謂之應付.

답응(荅應) 图 제공하다. 공급하다.《集
覽, 朴集, 上, 1ㅎ》館夫. 應當舘〈館〉驛接
待使客之役. 質問云, 府・州・縣百姓擇
撥〈差〉無差〈身〉役者, 做館夫荅應使客,
待三年更替.《集覽, 朴集, 中, 2ᄌ》牌子.
凡馬驛設置, 馬驢不等, 其中管馬荅應者,
謂之馬牌, 管驢者, 謂之驢牌, 緫〈總〉稱牌
子.《集覽, 朴集, 中, 2ᄌ》應付. 質問云,
應者, 荅應也, 付者, 與也. 如遇使客到驛,
將口粮・馬驢荅應與他, 方言謂之應付.

답지(沓至) 图 끊임없이 많이 오다.《集
覽, 朴集, 下, 3ᄌ》六鶴舞琴. 遂取藍橘皮,

於壁上畫鶴, 曰, 客來飮酒, 但令拍手歌之, 其鶴必舞, 將此酬汝. 後客至, 如其言, 鶴果舞, 觀者沓至, 酬之以錢, 遂致鉅〈巨〉富.

닷 팬 닷. 다섯. ⇔오(五).《朴新諺 1, 19ㅈ》大檗湏〈須〉得五錢價銀一件, 大檗 모로미 닷 돈 은에 혼 불을 어드리라.《朴新諺 1, 21ㅎ》是五两金子廂的, 이 닷 냥 金으로 뎐메윗느니라.《朴新諺 1, 33ㅎ》他少我五两銀子哩, 뎨 내게 닷 냥 은을 졋느니라.《朴新諺 2, 8ㅈ》這緞子每尺紋銀五錢, 이 비단을 미 자히 紋銀 닷 돈식 홀 거시니.《朴新諺 2, 19ㅈ》當日憑中言定身價銀五两, 當日에 듕인을 의빙ᄒ여 身價 銀 닷 냥을 닐러 定ᄒ여.《朴新諺 2, 28ㅎ》一箇帶五兩銀子到馬家庄去放㹗草, ᄒ나흔 닷 냥 은을 가지고 馬家庄에 가 조딥헤 노코.《朴新諺 2, 43ㅎ》再加你五錢銀罷, 다시 네게 닷 돈 은을 더홈이 무던ᄒ다.《朴新諺 2, 43ㅎ》既如此却少賣了五錢一疋, 이믜 이러면 ᄯᅩ 닷 돈을 혼 필에 지워 ᄑᆞ니.

닷ᄀ다 图 닦다. ⇔수(修).《朴新諺 1, 31ㅈ》想來這都是前世修來的, 싱각건대 다 이 前世에 닷가 온 거시라.

닷다 图 닫다. ⇔폐(閉).《朴新諺 3, 20ㅎ》也不免是閉門家裡坐禍從天上來, ᄯᅩ 이 門을 닷고 집의 안저셔도 禍ㅣ 天上으로조차 온다 홈을 免치 못홈이로다.

-닷다 어미 -더라.《朴新諺 3, 42ㅎ》咳年紀還少哩, 애 나도 ᄯᅩ 졈닷다.

닷시 명 닷새. ⇔오개일자(五箇日子).《朴新諺 2, 58ㅎ》這的是大盡還有五箇日子哩, 이 커 그므니 당시롱 닷시 잇느니라.

당(倘) 문 만일. 만약 …이라면. ⇔만일.《朴新諺 1, 2ㅎ》倘不勾吃, 만일 넉넉이 먹지 못ᄒ랑이면.《朴新諺 2, 19ㅎ》倘有疾病死亾, 만일 疾病 死亾이 잇거든.

당(唐) 명 나라 이름. 당(唐)나라.《朴新諺 3, 57ㅈ》正是唐昭宗乾寧三年, 졍히 이 唐昭宗 乾寧 三年이라.

당(堂) 명 당상(堂上). 당상관(堂上官). ⇔당상.《朴新諺 2, 51ㅎ》那幾日你又說首領官纔做稿呈堂, 져즘끠 네 ᄯᅩ 니ᄅᆞ되 首領官이 ᄀᆞ초 초를 민그라 당샹끠 드리니.

당(當) 팬 그. ⇔그.《朴新諺 3, 8ㅎ》當時唐三蔵師傅, 그 째에 唐三蔵 師傅ㅣ.

당(當) 图 **1** 당(當)하다. 처(處)하다. 겪다. 감당(勘當)하다. ●⇔당ᄒ다.《朴新諺 2, 37ㅎ》咱好悶(閑)當不的, 우리 ᄀᆞ장 힘힘ᄒ여 당치 못ᄒ니.《朴新諺 3, 11ㅎ》越疼的當不得, 더옥 알파 당치 못ᄒ여라.《朴新諺 3, 57ㅈ》年當二十歲時分, 나히 二十歲에 당홀 째는. ●⇔당ᄒ다(當-).《朴新諺 1, 37ㅈ》小弟實不敢當, 小弟 실로 敢히 當치 못ᄒ여라.《朴新諺 1, 39ㅈ》當路一科麻, 길에 當혼 혼 퍽이 삼이.《朴新諺 1, 39ㅎ》一箇老子當路睡, 혼 늙은이 길히 當ᄒ여 자거든.《朴新諺 2, 36ㅈ》牲口怎麽當的, 즘성이 엇지 當ᄒ리오.《朴新諺 3, 1ㅈ》熱的當不的, 더워 當치 못ᄒ여라.《朴新諺 3, 3ㅎ》蚊子咬的當不的, 모긔 므러 當치 못ᄒ니.《朴新諺 3, 11ㅎ》我這疥瘡痒得當不的, 내 이 疥瘡이 ᄀᆞ려워 當치 못ᄒ니. **2** 전당(典當)하다. ●⇔뎐당ᄒ다.《朴新諺 1, 22ㅎ》我今日到當舗裏當錢去, 내 오늘 當舗에 돈 뎐당ᄒ라 가노라.《朴新諺 1, 22ㅎ》把甚麽去當, 무서슬 가져가 뎐당ᄒ려 ᄒᆞᆫ다.《朴新諺 1, 23ㅈ》要當多少錢, 언머 돈에 뎐당ᄒ려 ᄒᆞᆫ다. 當二十两銀子, 스므 냥 은에 뎐당ᄒ려 ᄒ노라. 當這許多銀子做甚麽, 이 만흔 은을 뎐당ᄒ여 므슴 ᄒ려 ᄒᆞᆫ다. 多當多贖少當少贖, 만히 뎐당ᄒ면 만히 무르고 젹게 뎐당ᄒ면 젹게 무르느니.《朴新諺 1, 23ㅎ》便當二十两也還不勾用哩, 곳 스므 냥을 뎐당ᄒ여도 당시롱 ᄡᅳ기에 넉넉지 못ᄒ여라.《朴新諺 1, 23ㅎ》我如今先當了這两種, 내 이제 몬져 이 두 가지롤 뎐당ᄒ

고도. 還要把一副頭面去當哩, 坖 혼 볼 頭面을 가져가 뎐당ᄒ려 ᄒᄂ니. 《朴新諺 1, 24ㅈ》再當一百七十八两銀子, 坖 一 百 七十八両 은을 뎐당ᄒ여. 《朴新諺 2, 34ㅎ》拿珍珠一百顆來當, 珍珠 一百 낫츨 가져와 뎐당ᄒ니. ●⇔뎐당ᄒ다. 《朴新諺 2, 33ㅎ》有直錢的物件來當, 갑쏜 物件 을 와 뎐당ᄒ리 이시면.

당(當) 圐 뎐당(典當). ⇔뎐당. 《朴新諺 1, 23ㅈ》當多了後來銀子不湊手就難贖了, 뎐당을 만히 ᄒ엿다가 후에 은이 손에 모히지 못ᄒ면 곳 무르기 어려오니라.

당(儅) 圄 뎐당(典當)하다. 《集覽, 字解, 單字解, 6ㅎ》儅. 人有遇急用錢, 則必以重物, 納質于富家, 賒錢取用. 至限則幷其本利償還錢主, 方得退回己之重物而來也. 典字人物通用, 儅字人用於物. 《集覽, 朴集, 上, 7ㅎ》印子鋪. 音義云, 是典儅錢物濟急之所. 質問云, 有錢之人開鋪, 那無錢之人拿衣服或器皿, 儅借銅錢或銀子使用, 每十分加利一分, 亦與有印號帖兒, 以爲執照. 《集覽, 朴集, 中, 6ㅎ》解儅庫. 元時或稱印子鋪, 或稱把解, 人以重物來儅, 取錢而去, 在後償還本利, 還取其物而去, 此卽解儅庫也.

당(撞) 圄 만나다. (우연히) 마주치다. 부딪치다. 맞닥뜨리다. ⇔만나다. 《朴新諺 3, 9ㅈ》撞多少猛虎・毒虫, 언머 猛虎・毒虫을 만나시리오.

당견(撞見) 圄 ●(우연히) 만나다. 뜻밖에 맞닥뜨리다. 조우(遭遇)하다. 뜻밖에 만나다. ⇔만나다. 《朴新諺 3, 58ㅎ》撞見弓王放箭射殺了他, 弓王을 만나 살로 坖아 뎌를 죽이니라. ●마주치다. 우연히 만나다. ⇔마조치다. 《朴新諺 1, 35ㅎ》恰撞見他的漢子, 마치 뎌의 ᄉ나희롤 마조치니.

당금(當今) 圐 이제. 현재. 지금. 《朴新諺 1, 1ㅈ》當今皇上洪福齊天, 當今에 皇上이 洪福이 齊天ᄒ여.

당년(當年) 圐 그때. 그 당시. 그해. 《朴新諺 3, 21ㅎ》當年有箇唐僧徃西天取經去, 當年에 혼 唐僧이 이셔 西天을 향ᄒ여 經 가질라 갈 제. 《朴新諺 3, 58ㅎ》這便是當年高麗建國之故事了, 이 곳 當年에 高麗ㅣ 建國혼 故事ㅣ니라.

당두(當頭) 圐 깃. 또는 이불깃. ●⇔깃. 《朴新諺 2, 14ㅈ》被當頭要染水綠的, 니블 기슨 水綠을 드리고져 ᄒ고. ●⇔깃ᄉ. 《朴新諺 2, 14ㅎ》被面被當頭染錢八錢, 니불 거족과 니불 깃슨 물갑시 여둛돈이니.

당랑(螳螂) 圐 말똥구리. ⇔물똥구으리. 《朴新諺 1, 20ㅎ》有像蝴蝶・螳螂的, 나븨와 물똥구으리 ㅈ혼 것도 이시며.

당번(幢幡) 圐 당(幢)과 번(幡). 《集覽, 朴集, 下, 9ㅈ》彩亭子. 漢俗皆於白日送殯, 凡結飾車輿・幢幡・傘盖及紙造人馬爲前導者, 連亘四五十步. 《朴新諺 3, 44ㅈ》還有十餘對幢幡・寶盖, 坖 열나믄 짱 幢幡과 寶盖ㅣ 와.

당부 圐 당부. 부탁. ⇔촉부(囑咐). 《朴新諺 1, 19ㅈ》這箇不湏(須)太爺們囑咐, 이ᄂ 모롬이 太爺들이 당부 말라.

당부ᄒ다 圄 당부하다. 부탁하다. ●⇔분부(分付). 《集覽, 字解, 累字解, 2ㅈ》分付. 맛디다. 又당부ᄒ다. ●⇔정촉(丁囑). 《集覽, 字解, 累字解, 2ㅈ》丁囑. 당부ᄒ다. 《集覽, 字解, 累字解, 2ㅎ》囑咐. 上同. ●⇔촉부(囑咐). 《集覽, 字解, 累字解, 2ㅈ》丁囑. 당부ᄒ다. 《集覽, 字解, 累字解, 2ㅎ》囑咐. 上同. 《朴新諺 3, 6ㅎ》我臨去時節也曾再三囑付, 내 갈 ᄣ를 臨ᄒ여 坖 일즉 再三 당부ᄒ여.

당삼장(唐三藏) 圐 당(唐)나라의 삼장법사(三藏法師)를 일컫는 말. 《朴新諺 3, 8ㅎ》當時唐三藏(朴新注, 47ㅈ: 唐僧, 陳佺(玄)奘. 奉勅徃西天, 取三藏經而來, 故號三藏.)師傅, 그 ᄣᅢ에 唐三藏 師傅ㅣ.

당상(堂上) 圐 당상관(堂上官). 명・청대

(明淸代) 중앙 관아의 장관(長官). 당상 (堂上)에서 공무를 수행한다 하여 붙여진 이름이다. 《朴新諺 1, 3ㅈ》田過堂上 官食, 堂上 官食끠 알외니. 《朴新諺 2, 51 ㅈ》堂上還不曾畫押哩, 堂上이 당시롱 일즉 슈례두지 아니ᄒ엿다 ᄒ더냐. 《朴 新諺 3, 5ㅈ》堂上官府憑着理自然合斷的, 堂上 官府ㅣ 理로 ᄒ면 自然 결단ᄒ염 즉ᄒ되.

당상 몡 당상(堂上). ⇔당(堂). 《朴新諺 2, 51ㅈ》那幾日你又說首領官纏做稿呈堂, 져즘끠 네 ᄯ 니ᄅ되 首領官이 ᄯ 초를 민그라 당상끠 드리니.

당선(當先) 몡 당초. 처음. 이전. 예전. 《朴 新諺 2, 37ㅈ》他如今氣像大比不當先了, 뎨 이제 氣像이 커 當先에 比치 못ᄒ니.

당승(唐僧) 몡 당(唐)나라의 중. 곧, 삼장법사(三藏法師)를 일컫는 말. 《朴新諺 3, 8ㅎ》當時唐三藏(朴新注, 47ㅈ: 唐僧, 陳 佉(玄)奘. 奉勑徃西天, 取三藏經而來, 故 號三藏)師傅, 그 ᄣᅢ에 唐三藏 師傅ㅣ. 《朴新諺 3, 21ㅎ》當年有箇唐僧徃西天取 經去, 當年에 흔 唐僧이 이서 西天을 향ᄒ여 經 가질라 갈 제. 《朴新諺 3, 22ㅈ》 唐僧師徒二人, 唐僧 師徒 二人이. 《朴新 諺 3, 23ㅎ》唐僧道遵命, 唐僧이 니ᄅ되 命을 조츠리라. 《朴新諺 3, 24ㅈ》到那唐 僧耳門後咬, 뎌 唐僧의 귀 뒤헤 가 무러. 《朴新諺 3, 25ㅈ》國王道唐僧得勝了, 國 王이 니ᄅ되 唐僧이 이긔여다. 《朴新諺 3, 27ㅎ》唐僧聽了啼哭, 唐僧이 듯고 우더니. 《朴新諺 3, 28ㅎ》就賜唐僧金錢三 百貫·金鉢盂一箇, 곳 唐僧을 金錢 三百 貫과 金에우아리 ᄒ나흘 주고.

당시(當時) 몡 일이 있었던 바로 그때. 또는 이야기하고 있는 그 시기. 《集覽, 朴 集, 上, 13ㅎ》滿月. 産書云, 分㛰未滿月, 恣食生冷粘·硬果·菜·肥膩魚·肉之 物, 當時雖未覺大〈有〉損, 滿月之後, 卽成 蓐勞.

당시론 円 아직. 오히려. 도리어. ⇔환 (還). 《集覽, 字解, 單字解, 1ㅈ》還. 猶尙 也, 再也. 還有多少 당시론 언메나 잇ᄂ 뇨. 又다하. 還要多少 다하 언메나 받고 져 ᄒ나뇨. 還有·還要之還, 或呼如孩子 之音. 此或還音之訛, 或別有其字, 未可知 也. 又償也. 還錢 갑 주다.

당시롱 円 아직. 오히려. 도리어. ●⇔환 (還). 《朴新諺 1, 5ㅈ》還要上三道粉湯, 당시롱 세 가지 粉湯을 올릴 거시오. 《朴新諺 1, 14ㅎ》還要把領子到該管書辦 處換過小票, 당시롱 투는 톄를 가져 ᄀ 옴아는 셔반의게 가 져근 票를 밧고고. 《朴新諺 1, 23ㅎ》便當二十両也還不勾用 哩, 곳 스므 냥을 던당ᄒ여도 당시롱 ᄡ 기에 넉넉지 못ᄒ여라. 《朴新諺 2, 2ㅎ》 上了墳回來還有甚麼事呢, 上墳ᄒ고 도라 와 당시롱 므슴 일이 이실러뇨. 《朴新諺 2, 17ㅈ》驛馬怎麼還不見來呢, 驛馬ㅣ 엇 지 당시롱 옴을 보지 못ᄒ쇼뇨. 《朴新諺 2, 41ㅎ》還有法兒容易隄防的, 당시롱 법 이 이서 隄防ᄒ기 쉬오니라. 《朴新諺 3, 5ㅈ》所以擋住了還不肯發落, 이러모로 먹자바 당시롱 즐겨 發落디 아니ᄒ고. 《朴新諺 3, 29ㅈ》你道這孫行者之法力還 了得麼, 네 니ᄅ라 孫行者의 法力이 당시 롱 견들소냐. 《朴新諺 3, 29ㅎ》還有幾 串, 당시롱 여러 쎄음이 잇노라. 《朴新 諺 3, 32ㅎ》這箇還討甚麼價錢呢, 이거슬 당시롱 므슴 갑슬 쬐오리오. ●⇔환시 (還是). 《朴新諺 1, 43ㅎ》是女孩兒呢還 是那後婚呢, 이 새각시러냐 당시롱 뎌 니물리기러냐. ●⇔환유(還有). 《朴新 諺 2, 11ㅈ》還有把一箇高桌兒放定, 당시 롱 흔 노픈 탁ᄌ를다가 노코.

당언(唐言) 몡 당(唐)나라 때의 말. 《集覽, 朴集, 中, 5ㅈ》起浮屠於泗水之間. 浮屠, 卽塔也. 唐言高顯也.

당유(當有) 円 곧 있다. 바로 있다. ⇔곳. 《集覽, 朴集, 上, 12ㅈ》當有, 猶言卽有.

一曰猶言上項之辭.《朴新諺 3, 52ㅎ》當
有(朴新注, 63ㅎ: 猶言卽有也.)某縣某村
人王大爲證, 곳 某縣 某村 사룸 王大ㅣ
이셔 證ᄒ엿ᄂ니이다.

당일(當日) 몡 그날. 그때. 그 당시.《朴新
諺 2, 19ㅈ》當日憑中言定身價銀五兩, 當
日에 듕인을 의빙ᄒ여 身價 銀 닷 냥을
닐러 定ᄒ여.

당자(堂子) 몡 목욕탕. 욕실.《集覽, 朴集,
上, 13ㅈ》混堂. 人家設溫湯浴室處, 燕都
多有之, 乃爇(熱)水爲湯, 非溫泉也. 或稱
堂子, 舊本作湯子.《集覽, 朴集, 上, 13
ㅎ》堂子. 卽混堂. 釋見上.《朴新諺 1, 56
ㅈ》小人在街東堂子(朴新注, 21ㅎ: 混堂
也.)間壁下着哩, 小人이 거리 동녁 堂子
ㅅ ᄇ람을 ᄉ이ᄒ여 부리웟노라.

당전(唐錢) 몡 예전에 중국 돈을 일컫던
말.《朴新諺 1, 1ㅎ》每人出錢一吊(朴新
注, 1ㅈ: 唐錢一百六十三文爲一吊, 且以
一吊爲一千, 故以十六文謂之一百吊. 本
絞字, 今俗通用.)五百文, 每人이 돈 ᄒ 다
(댜)오 五百을 내면.

당주(擋住) 동 저지하다. 막아내다. 못하
게 하다. ⇔먹잡다.《朴新諺 3, 5ㅈ》所
以擋住了還不肯發落, 이러모로 먹자바
당시롱 즐겨 發落디 아니ᄒ고.

당중(當中) 동 어떤 물건이나 장소의 가
운데가 되게 하다. ⇔당중ᄒ다(當中-).
《朴新諺 2, 50ㅈ》當中掛一軸大畫, 當中
ᄒ여 ᄒ 軸 큰 그림을 걸고.

당중ᄒ다(當中-) 동 당중(當中)하다. ⇔
당중(當中).《朴新諺 2, 50ㅈ》當中掛一
軸大畫, 當中ᄒ여 ᄒ 軸 큰 그림을 걸고.

당직(當直) 동 근무하는 곳에서 숙직이나
일직 따위의 당번이 되다. ⇔당직ᄒ다
(當直-).《朴新諺 1, 3ㅈ》便叫當直的外
郎, 즉시 當直 外郎을 불러.《朴新諺 2,
18ㅈ》當直的點燈來, 當直ᄒ는 이 등잔
불 혀 오라.

당직ᄒ다(當直-) 동 당직(當直)하다. ⇔

당직(當直).《朴新諺 2, 18ㅈ》當直的點
燈來, 當直ᄒ는 이 등잔불 혀 오라.

당착(撞着) 동 (불의의 사태를) 만나다.
⇔만나다.《朴新諺 3, 29ㅈ》也是我運氣
不好撞着你, ᄯ 내 運氣 됴치 아니ᄒ여
너를 만나도다.

당처(當處) 몡 그 자리. 이곳.《集覽, 字解,
單字解, 3ㅎ》地. 土也. 田地・土地・地
方・地面. 又指當處. 土地之神亦曰土地.
又語助. 坐地. 又恁地, 猶言如此.

당초(當初) 몡 당초. 처음. 이전. 예전.
《朴新諺 2, 32ㅎ》你的帽子當初何不叫他
做呢, 네 갓슬 當初에 엇지 뎌로 ᄒ여 ᄆ
드지 아니ᄒ다.《朴新諺 3, 57ㅈ》當初怎
生建國, 當初에 엇지 나라흘 셰윗ᄂ지.

당포(當鋪) 몡 전당포(典當鋪).《朴新諺 1,
22ㅎ》我今日到當鋪(朴新注, 9ㅈ: 典當物
件借錢, 周急之所, 每十分加利一分, 有印
號作照.)裏當錢去, 내 오늘 當鋪에 돈 뎐
당ᄒ라 가노라.《朴新諺 2, 33ㅈ》開着一
座當鋪, 一座 當鋪를 열고.

당혹(倘或) 閉 ●만일. 만약. 가령. ⇔만
일.《朴新諺 3, 16ㅈ》倘或邀天之倖, 만일
하늘 倖을 닙어. ●행(幸)여. 혹. 가령.
⇔힝혀.《集覽, 字解, 累字解, 2ㅈ》倘或.
힝혀.

당화(糖火) 몡 잿불.《集覽, 朴集, 下, 7ㅈ》
黃燒餠. 事林廣記云, 每麵(糆)一斤, 入油
一兩半, 炒塩一錢, 冷水和搜得所, 骨魯槌
砑開, 鏊上㷀(煿)熟, 得硬糖火燒熟, 甚酥
美.

당ᄒ다 동 당(當)하다. 처(處)하다. 겪다.
감당(勘當)하다. ⇔당(當).《朴新諺 2, 37
ㅎ》咱好悶(閑)當不的, 우리 ᄀ장 힘힘ᄒ
여 당치 못ᄒ니.《朴新諺 3, 11ㅎ》越疼
的當不得, 더옥 알파 당치 못ᄒ여라.《朴
新諺 3, 57ㅈ》年當二十歲時分, 나히 二十
歲에 당홀 ᄯ;는.

당ᄒ다(當-) 동 당(當)하다. 처(處)하다.
겪다. 감당(勘當)하다. ⇔당(當).《朴新

診 1, 37ㅈ》小弟實不敢當, 小弟 실로 敢히 當치 못ᄒ여라. 《朴新諺 1, 39ㅈ》當路一科麻, 길에 當ᄒ 훈 픽이 삼이. 《朴新諺 1, 39ㅎ》一箇老子當路睡, 훈 늙은이 길히 當ᄒ여 자거든. 《朴新諺 2, 36ㅈ》牲口怎麽當的, 즘셩이 엇지 當ᄒ리오. 《朴新諺 3, 1ㅈ》熱的當不的, 더워 當치 못ᄒ여라. 《朴新諺 3, 3ㅎ》蚊子咬的當不的, 모긔 므러 當치 못ᄒ니. 《朴新諺 3, 11ㅎ》我這疥瘡痒得當不的, 내 이 疥瘡이 ᄀ려워 當치 못ᄒ니.

대(大) 몡 굵기. 《朴新諺 2, 41ㅎ》把指頭大的長鐵釘, 손가락 굴긔에 긴 쇠못스로다가.

대(大) 혱 ❶많다. ㉠⇔만ᄒ다. 《朴新諺 1, 9ㅎ》今年雨水狠(很)大, 올히 雨水ㅣ ᄀ장 만ᄒ여. ㉡⇔많다. 《朴新諺 3, 31ㅈ》價錢却大哩, 갑시 쏘 만흐니라. ㉢⇔ᄒ다. 《朴新諺 3, 42ㅎ》他多大年紀了, 데 나히 언머나 ᄒ던고. ❷㉠굵다. ⇔굵다. 《朴新諺 2, 41ㅎ》把指頭大的長鐵釘, 손가락 굴긔에 긴 쇠못스로다가. ㉡크다. ⇔크다. 《集覽, 字解, 單字解, 5ㅈ》忒. 太過也. 忒大 너므 크다. 《集覽, 字解, 單字解, 7ㅈ》偌. 太甚也. 偌大 너므 크다, 偌多 너므 하다. 又하나한. 通作熱. 《朴新諺 1, 4ㅎ》四大九寸盤, 네 큰 九寸 盤에. 《朴新諺 1, 16ㅎ》大街上買段子去來, 큰 거리에 비단 사라 갓더니라. 《朴新諺 1, 32ㅎ》大小是買賣, 크나 져그나 이 흥뎡이라. 《朴新諺 2, 1ㅈ》大街東市上馬牙子家有, 큰 거리 동녁 져제에 물 즈름의 집이 잇ᄂ니라. 《朴新諺 2, 11ㅎ》拿一箇一托長碗口大的紅油畫金棒子, ᄒ나 혼 발맛치 길고 사발맛치 큰 불근 칠ᄒ고 금으로 그린 막대롤 가져. 《朴新諺 2, 37ㅈ》他如今氣像大比不當先了, 데 이제 氣像이 커 當先에 比치 못ᄒ니. 《朴新諺 3, 2ㅎ》又不是大買賣, 쏘 이 큰 흥졍이 아니니. 《朴新諺 3, 19ㅈ》雖無大出息, 비록 크게 出息홈이 업스나. 《朴新諺 3, 25ㅎ》皇后大笑說猜不着了, 皇后ㅣ 크게 웃고 니르되 아지 못ᄒ여라. 《朴新諺 3, 46ㅈ》塑一箇如象一般大的春牛, 혼 코키리마치 큰 春牛를 민들고.

대(代) 图 갈음하다. 대신하다. ⇔ᄀᄅ차다. 《朴新諺 1, 57ㅈ》你代我做両張弓如何, 네 날을 ᄀᄅ차 두 쟝 활을 민들미 엇더ᄒ뇨. 《朴新諺 1, 58ㅈ》煩你代我寫一紙借票, 네게 쳥ᄒᄂ니 나를 ᄀᄅ차 혼 쟝 빗내는 보람을 쓰라. 《朴新諺 1, 58ㅎ》中保人一面承管代還, 中保人이 一面으로 맛다 ᄀᄅ차 갑흐리라. 《朴新諺 2, 1ㅈ》你代我打聽一打聽, 네 나를 ᄀᄅ차 듯보라. 《朴新諺 2, 44ㅈ》大哥煩你代我寫一張租房契, 큰형아 네게 비느니 나를 ᄀᄅ차 혼 쟝 집 세내는 글월을 쓰고려.

대(抬) 图 =대(擡). '抬'는 '擡'의 속자. 《宋元以來俗字譜》擡, 通俗小說・金甁梅作抬. 《朴新諺 3, 46ㅎ》前面抬着彩亭, 앏히 彩亭을 메윗ᄂ디.

대(待) 图 ❶기다리다. ⇔기드리다. 《朴新諺 1, 6ㅈ》待各位老爺們來卽忙通報, 各位 老爺네 옴을 기드려 즉시 통ᄒ라. 《朴新諺 1, 10ㅈ》待我擇了之日期, 내 날 골희여 덩홈을 기드려. 《朴新諺 1, 12ㅎ》待關出米來, 쌀 타 내기롤 기드려. 《朴新諺 1, 51ㅎ》待身子凉快些, 몸이 凉快ᄒ기롤 기드려. 《朴新諺 1, 54ㅎ》待滿了月便吃生冷東西, 돌 츠기롤 기드려 곳 生冷엣 거슬 먹으면. 《朴新諺 3, 15ㅎ》約待月餘便可起程, 대개 月餘롤 기드리면 곳 가히 起程홀 거시니. ❷모으다. ⇔모흐다. 《朴新諺 1, 38ㅎ》四哥待要一處, 넷재 형은 혼디 모흐고져 ᄒ는 거시여.

대(待) 閏 장차. 이미. 곧. 거의. ⇔ᄒ마. 《集覽, 字解, 單字解, 1ㅈ》待. 擬要也 ᄒ마 그리 호려 ᄒ다라. 又欲也. 待賣幾箇馬去 여러 무롤 풀오져 ᄒ야 가노라. 《朴新諺 2, 18ㅎ》我本待要請你去, 내 본

디 ᄒ마 너를 쳥ᄒ라 가려 ᄒ더니.

대(帶) 图 ●가지다. ⇔가지다.《朴新諺 1, 47ㅈ》多多的帶些人事與你還禮罷, 만히 人事롤 가져 네게 還禮ᄒ마.《朴新諺 2, 28ㅈ》帶十兩銀子到東安州(朴新注, 32ㅎ: 在京都南一百里.)去放黑豆, 열 냥 은을 가지고 東安州에 가 거믄콩에 노하.《朴新諺 2, 28ㅎ》一箇帶五兩銀子到馬家庄去放秆草, ᄒ나흔 닷 냥 은을 가지고 馬家庄에 가 조딥헤 노코. 一箇帶二兩銀子到西山去收乾草, ᄒ나흔 두 냥 은을 가지고 西山에 가 ᄆ른딥흘 거두되.《朴新諺 3, 33ㅎ》你都帶了來這裡做活方好, 네 다 가지고 와 에셔 셩녕홈이 보야흐로 됴타. ●더블다. 데리다. 인솔하다. ⇔드리다.《朴新諺 1, 41ㅎ》你帶我拉到他那裏治去, 네 나롤 드리고 잇그러 져긔 고치라 가.《朴新諺 3, 1ㅈ》你兩箇帶着小兄弟, 너희 둘이 어린 아ᄋ를 드리고. ●ᄯᅴ다. 가지다. 지니다. ⇔ᄯᅴ다.《朴新諺 3, 52ㅎ》帶酒肆强, 술을 ᄯᅴ고 사오나옴을 부려. ●ᄯᅴ우다. 지니다. 가지다. ⇔ᄯᅴ오다.《朴新諺 2, 11ㅎ》把一箇蠟嘴帶着鬼臉兒, ᄒ 암죵다리로다가 광대 ᄯᅴ오고. ●(기르마) 짓다. 또는 지니다. 휴대하다. ⇔짓다.《朴新諺 3, 53ㅈ》門前絟着帶鞍子的白馬, 門 앏히 기르마 지은 흰물을 미엿더니.《朴新諺 3, 53ㅎ》失去帶鞍白馬一匹, 기르마 지은 흰물 ᄒ 필을 일허시니. ●차대佩. ⇔ᄎ다.《朴新諺 3, 35ㅈ》各自腰帶七寶環刀, 각각 허리에 七寶ᄒ 環刀를 ᄎ고.

대(帶) 图 ᄯᅵ. ⇔ᄯᅴ.《朴新諺 1, 22ㅎ》他做這帶要多少工錢, 뎨 이 ᄯᅴ룰 믠들매 언머 工錢을 달라 ᄒᄂ뇨.《朴新諺 1, 22ㅈ》似你這帶做得好, 네 이 ᄯᅴ ᄀᆺ치 뎐메오기 잘ᄒ량이면.《朴新諺 1, 22ㅎ》教他替我做一條銀廂花帶何如, 뎌로 ᄒ여 나롤 ᄀ른차 ᄒ 오리 銀 뎐메온 섭사긴 ᄯᅴ롤 믠돌미 엇더ᄒᄂ뇨.《朴新諺 1, 30ㅎ》羊脂玉

帶鈎, 羊脂玉 ᄯᅴ갈고리오.《朴新諺 3, 47ㅈ》腰繫玉帶, 허리에 玉ᄯᅴ ᄯᅴ고.

대(貸) 图 꾸다. 빌리다. ⇔ᄭᅮ다.《朴新諺 2, 28ㅎ》咱貸些盤纏, 우리 져기 盤纏을 ᄭᅮ어.

대(對) 图 대(對)하다. 마주 향하다. ●⇔대ᄒ다(對-).《朴新諺 2, 49ㅈ》終日裏或對客飲酒吟詩, 終日토록 或 客을 對ᄒ여 술 먹고 詩를 읇프며.《朴新諺 3, 23ㅈ》先生對唐僧道, 先生이 唐僧을 對ᄒ여 니르되.《朴新諺 3, 26ㅈ》鹿皮對大仙說, 鹿皮ㅣ 大仙을 對ᄒ여 니르되.《朴新諺 3, 29ㅎ》對你說實價, 너를 對ᄒ여 실갑슬 니를 거시니.《朴新諺 3, 49ㅎ》對酒自飲自歌, 술을 對ᄒ여 自飲 自歌ᄒ여. ●⇔디ᄒ다.《朴新諺 2, 5ㅎ》北岸上又有一座大寺相對着, 북편 언덕 우희 ᄯᅩ ᄒ 좌 큰 졀이 이셔 서ᄅ 디ᄒ엿고.《朴新諺 2, 27ㅎ》有緣千里能相會, 인연이 이시면 千里라도 능히 서ᄅ 못됴ᄃᄀ. 無緣對面不相逢, 인연이 업스면 ᄂᆺ츨 디ᄒ여도 서ᄅ 만나디 못혼다 ᄒ니.

대(對) 阅 버금. 다음. 둘째. ⇔버금.《朴新諺 1, 44ㅎ》又要囬家住對月了, ᄯᅩ 본집의 도라와 버금 돌을 머믈려 ᄒᄂ니라.

대(對) 의 쌍. ⇔ᄥᅡᆼ.《朴新諺 1, 22ㅎ》是一對珍珠耳環一對金手鐲, 이 혼 ᄥᅡᆼ 珍珠 귀 엣골회와 혼 ᄥᅡᆼ 금풀쇠라.《朴新諺 1, 23ㅎ》両對寶石廂嵌的鬂簪, 두 ᄥᅡᆼ 寶石에 뎐메워 날박은 鬂簪과.《朴新諺 1, 23ㅎ》一對猫兒眼廂嵌的金戒指, 혼 ᄥᅡᆼ 야광쥬 뎐메워 박은 金가락지.《朴新諺 1, 44ㅈ》八對珠環, 여둛 ᄥᅡᆼ 진쥬 가락디와.《朴新諺 1, 46ㅎ》做一對護膝, 혼 ᄥᅡᆼ 슬갑을 지으려 ᄒ면.《朴新諺 1, 47ㅈ》做一對小荷包送我如何, 혼 ᄥᅡᆼ 져근 주머니롤 믠드라 나롤 주미 엇더ᄒ뇨.《朴新諺 3, 34ㅈ》四五對簇簇趙趙的亂擇, 네다숫 ᄥᅡᆼ 식 무둑무둑 나아드러 어즈러이 ᄲᅵ롬ᄒ니.《朴新諺 3, 44ㅈ》還有十餘對幢幡·

寶盖, 또 열나믄 **雙** 幢幡과 寶盖ㅣ 와.

대(對) 조 -에게. -더러. ⇨-두려. 《朴新諺 1, 13ㅎ》對他說明, 더드려 니르기를 붉히 ᄒᆞ여. 《朴新諺 2, 7ㅈ》咱今日有句知心話對你說, 우리 오늘 혼 句ㅣ 심복 아는 말이 이셔 너드려 니르쟈.

대(擡) 동 ●들다[擧]. 들어 올리다. ⇨들다. 《集覽, 朴集, 上, 3ㅈ》擡卓兒. 擡, 擧也. 進案撤案皆曰擡, 謂人所擧也. 卓, 卽本國所謂高足床也. 《朴新諺 3, 25ㅈ》擡過一頂紅柒樻子來面前放下, 혼 불근 柒 혼 궤를 드러 와 앏희 노코. 《朴新諺 3, 58ㅈ》便抬出金甲一副與太祖穿上, 곳 金甲 혼 불을 드러 내여 와 太祖롤 주어 닙히고. ●메우다[駕]. ⇨메우다. 《朴新諺 3, 46ㅎ》前面抬着彩亭, 앏희 彩亭을 메윗ᄂᆞᆫ디.

대(戴) 동 쓰다[冠]. ⇨쓰다. 《朴新諺 1, 29ㅈ》是頭戴玄狐帽, 마리에 玄狐帽롤 쓰고. 《朴新諺 1, 30ㅈ》是頭戴紫貂帽, 마리에 紫貂帽롤 뻐시니. 《朴新諺 3, 34ㅎ》頭戴金盔, 머리에 金투구 쓰고. 《朴新諺 3, 47ㅈ》頭戴幞頭, 머리에 幞頭 쓰고.

대가(大哥) 명 큰형. 형씨(兄氏). (자기와 나이가 엇비슷한 남자에 대한 높임말) ⇨큰형. 《集覽, 字解, 累字解, 1ㅈ》大哥. 哥兄也. 人有數兄, 則呼長曰大哥, 次曰二哥, 三曰三哥. 雖非同胞而見儕輩, 可推敬者, 則亦呼爲哥. 或加大字, 或加老字, 推敬之重也. 只呼弟曰兄弟, 並擧兄及弟曰弟兄. 《朴新諺 1, 28ㅎ》大哥說得狠(很)是, 큰형의 니르미 ᄀᆞ장 올타. 《朴新諺 1, 38ㅎ》大哥山上擂鼓, 큰형은 山에셔 북 티고. 《朴新諺 1, 51ㅎ》大哥你曾打聽得麽, 큰형아 네 일즉 듯보앗ᄂᆞ냐. 《朴新諺 2, 37ㅈ》大哥你看, 큰형아 네 보라. 《朴新諺 2, 44ㅈ》大哥煩你代我寫一張租房契, 큰형아 네게 비ᄂᆞ니 나를 ᄀᆞ르차 혼 쟝 집 세내는 글월을 쓰고려. 《朴新諺 3, 31ㅈ》請大哥到茶舘裡吃茶去, 請컨

대 큰형아 茶舘에 가 차 먹으라 가쟈. 《朴新諺 3, 32ㅎ》大哥我送你一箇刷牙・一箇掠頭, 큰형아 내 너를 혼 刷牙와 혼 귀밋빗기를 줄 거시니. 《朴新諺 3, 54ㅈ》大哥, 큰형아.

대가(大家) 명 대가(大家). 거장(巨匠). (어느 분야의 전문가) 《朴新諺 2, 56ㅈ》大家休打臉, 大家ㅣ 뺨 치지 말고.

대가(大家) 관 ●대개(大槪). ⇨대개. 《集覽, 字解, 單字解, 5ㅎ》家. 止指一數之稱. 一箇家 혼 낫식, 幾箇家 몃 낫식, 又현 낫식, 幾年家 현 히식. 又槩也. 大家 대개. 又擧姓呼人之稱. 李家・張家. 又呼皇帝曰官家. 又語助. 沒有家 업다. 《註解語錄總覽, 朱子語錄》大家. 猶言大段, 大槩. ●모두. 통틀어. ⇨대되. 《朴新諺 1, 5ㅎ》咱們大家消遣何如, 우리 대되 消遣홈이 엇더ᄒᆞ뇨. 《朴新諺 1, 7ㅎ》大家別了罷, 대되 니별ᄒᆞ쟈. 《朴新諺 1, 1ㅎ》大家且消愁解悶如何, 대되 또 消愁 解悶홀 만 ᄌᆞ지 못ᄒᆞ니 엇더ᄒᆞ뇨. 《朴新諺 1, 27ㅎ》大家斂些錢, 대되 져기 돈 거두어. 《朴新諺 2, 7ㅎ》豈不大家有義氣麽, 엇지 대되 義氣 이시미 아니랴. 《朴新諺 2, 38ㅈ》大家商量遊山翫景去罷, 대되 의논ᄒᆞ여 遊山翫景ᄒᆞ라 가쟈.

대개 관 대개(大槪). ●⇨대가(大家). 《集覽, 字解, 單字解, 5ㅎ》家. 止指一數之稱. 一箇家 혼 낫식, 幾箇家 몃 낫식, 又현 낫식, 幾年家 현 히식. 又槩也. 大家 대개. 又擧姓呼人之稱. 李家・張家. 又呼皇帝曰官家. 又語助. 沒有家 업다. ●⇨대약(大約). 《朴新諺 1, 8ㅎ》大約這月二十遧領了詔書箚付就要起身, 대개 이 둘 스므날긔 詔書와 箚付롤 탁면 즉시 쩌나고져 ᄒᆞ노라. ●⇨약(約). 《朴新諺 3, 15ㅎ》約待月餘便可起程, 대개 月餘를 기드리면 곳 가히 起程홀 거시니.

대개(大槪) 관 대개. 《朴新諺 1, 19ㅈ》大槪湏(須)得五錢價銀一件, 大槪 모로미

닷 돈 은에 흔 불을 어드리라.《朴新諺
2, 48ㅎ》字之形勢狠(很)多大槩如此, 字
의 形勢 7장 만흐나 大槩 이 7트니.

대개(大槩) 閂 =대개(大槩). '槩'는 '槪'와
같다.《集韻, 代韻》槩, 亦書作槪.《朴新
諺 1, 19ㅈ》大槩湏(須)得五錢價銀一件,
大槩 모로미 닷 돈 은에 흔 불을 어드리
라.《朴新諺 2, 48ㅎ》字之形勢狠(很)多
大槩如此, 字의 形勢 7장 만흐나 大槩
이 7트니.

대거(大車) 閔 큰 수레. 대형 짐수레. ⇔
큰술위.《朴新諺 3, 46ㅎ》裝在一箇大車
上, 흔 큰 술위에 시러 두고. 把四條繩絟
着大車, 네 오리 노흐로다가 큰 술위에
미고.

대거(帶去) 图 가져가다. 가지고 가다. ⇔
가져가다.《朴新諺 2, 12ㅈ》我沒有零錢
帶去使用, 내 드래돈 가져가 쁠 거시 업스
니.《朴新諺 2, 35ㅎ》把那偌大的家財盡
行帶去, 뎌 만흔 家財를다가 다 가져가.

대겁(大劫) 閔 중겁(中劫)의 세 곱절이 되
는 기간. 곧, 3천 년.《集覽, 朴集, 中, 6
ㅈ》萬劫. 又六十年一甲子, 一百年爲一小
劫〈刦〉, 一千年爲一中劫〈刦〉, 三中劫
〈刦〉爲一大劫〈刦〉.

대경(大經) 閔〈불〉가장 근본이 되는 경
전(經典). 화엄경(華嚴經)・열반경(涅槃
經)・무량수경(無量壽經)・대일경(大
日經) 따위를 이른다.《集覽, 朴集, 下,
2ㅎ》目連尊者. 又大經云, 目犍連, 卽姓
也, 因姓立名目連.

대관(大官) 閔 높은 벼슬. 고관대작.《朴
新諺 2, 19ㅈ》賣與某大官人宅下養活, 아
모 大官人의 집의 프라 주어 養活ᄒᆞ게
호되.

대관서(大官署) 閔 청대(淸代)의 관서(官
署) 이름. 광록시(光祿寺)에 딸리어 천
자(天子)의 찬식(饌食)에 관한 일을 주
관하였다.《集覽, 朴集, 上, 1ㅈ》光祿寺.
在東長安門内, 其屬有大官・珍〈珎〉羞・

良醞・掌醢四署, 掌供辦内府諸品膳羞酒
醴及管待使客之事.

대관인(大官人) 閔 대관(大官)에 있는 사
람.《朴新諺 2, 19ㅈ》賣與某大官人宅下
養活, 아모 大官人의 집의 프라 주어 養
活ᄒᆞ게 호되.

대구(帶鉤) 閔 띠고리. ⇔씌갈고리.《朴
新諺 1, 30ㅎ》羊脂玉帶鉤, 羊脂玉 씌갈
고리오.

대기(大旗) 閔 큰 깃발.《朴新諺 3, 47ㅎ》
拿着三丈高的一面大旗, 세 길이나 노픈
一面 大旗를 가지고.

대낭(大娘) 閔 아내. ⇔안해.《集覽, 朴集,
中, 3ㅈ》大娘. 音義云, 안해님이라 ᄒᆞᆺ
흔 :말. 今按, 汎稱尊長妻室曰大娘, 又稱
人之正妻曰大娘, 妾曰小娘.《朴新諺 2,
25ㅎ》問大娘(朴新注, 31ㅎ: 稱人之正妻
曰大娘, 妾曰小娘.)好, 大娘의 평안홈을
뭇고.

대노야(大老爺) 閔 지사(知事) 나리님. 청
대(淸代) 주현(州縣) 이상의 장관에 대
한 존칭.《朴新諺 3, 53ㅈ》伏乞大老爺思
准施行, 伏乞 大老爺는 思准 施行ᄒᆞ쇼셔.

대노파(大老婆) 閔 본처(本妻). 정실(正
室). 정처(正妻). (첩(妾)이 있는 사람의
부인) ⇔큰계집.《朴新諺 2, 34ㅈ》小老
婆與大老婆商量說, 져근계집이 큰계집
과 의논ᄒᆞ여 니르되.《朴新諺 2, 34ㅎ》
大老婆聽見那般說, 큰계집이 그리 니름
을 듯고.

대단(大緞) 閔 상등품의 견직물. 고급 견
직물.《朴新諺 2, 58ㅈ》那日皇上賞了他
一百兩銀子四疋內府大緞, 그 날 皇上이
뎌를 一百兩 銀과 네 疋 內府 大緞을 賞
주더라.

대대(對對) 图 쌍쌍(雙雙)하다. 둘 이상의
쌍이 짝을 이루다. ⇔**썅썅**ᄒᆞ다.《朴新
諺 3, 39ㅎ》對對皂隷擺着喝道, **썅썅**ᄒᆞ
皂隷ㅣ 버러 喝道ᄒᆞ고.

대덕(大德) 閔 ●〈불〉비구(比丘) 가운데

장로·부처·보살·고승 등을 높여 이
르는 말. 《集覽, 朴集, 下, 2ㅎ》盂蘭盆齋.
大藏經云, 大目犍連尊者, 以母生餓鬼中不
得食, 佛令作盂蘭盆, 至七月十五日, 其百
味五果, 置盆中, 供養十方大德, 而後母乃
得食. 《朴新諺 3, 12ㅎ》慶壽寺裡做盂蘭
勝會(朴新注, 48ㅎ: 大藏經, 目連尊者, 以
母在餓鬼中不得食, 七月十五日, 其百味五
果, 置盆中, 供養十方大德, 而後母乃得食,
謂之盂蘭盆會.), 慶壽寺에셔 盂蘭勝會를
혼다 ᄒ니. ❸원(元)나라 때의 연호
(1297~1307). 《集覽, 朴集, 中, 7ㅈ》一百
七. 大德中, 刑部尙書王約上言, 國朝用刑
寬恕, 笞杖十減其三, 故笞一十減爲七.

대도(大度) 톙 도량이 크다. 또는 큰 도량.
《集覽, 朴集, 下, 3ㅎ》趙太祖飛龍記. 宋
太祖, 姓趙, 名匡胤. 母昭獻皇后夢日入懷
而孕. 誕生之夕, 赤光滿室, 異香馥郁. 及
長, 性沈厚, 有大度, 調遷爲殿前都點檢.

대도(大都) 톙 원(元)나라의 수도. 옛터가
지금의 북경성(北京城) 안에 있다. 몽고
(蒙古)의 홀필렬(忽必烈)이 요(遼)의 연
경(燕京)을 중도(中都)라 하였다가, 그
북동쪽에 성을 쌓고 대도라고 하였다.
《集覽, 朴集, 上, 5ㅎ》平則門. 燕都, 禹貢
冀州之域. 唐曰幽都, 虞爲幽州, 武王封召
公奭於燕, 卽此. 元初爲燕京路, 後稱(称)
大都路, 洪武初改爲北平布政司. 《集覽,
朴集, 中, 8ㅎ》牢子走. 在大都則自河西務
起程, 若上都則自泥河兒起程, 越三時, 走
一百八十里, 直抵御前, 俯伏呼萬歲.

대도(帶到) 통 잡아가다. 이끌어 가다. 데
리고 가다. ⇔잡아가다. 《朴新諺 2, 35
ㅈ》就把老李帶到衙門, 즉시 老李를다가
衙門에 잡아가.

대동소이(大同小異) 톙 큰 차이가 없다.
《集覽, 字解, 單字解, 4ㅈ》把. 持也, 握也.
一把 혼 줌, 又혼 ᄌᆞᆯ. 把我們 우리를다
가, 把來 그를다가, 與將字大同小異. 又
元時語, 有把解之語, 猶言典僧也, 今不用.

대되 閉 모두. 통틀어. ❶⇔공(共). 《朴新
諺 1, 5ㅈ》共十二盤碗, 대되 열두 盤椀이
라. 《朴新諺 1, 1ㅎ》共湊錢四十五六吊,
대되 돈 四十五六 댜오를 모들 쩌시니.
《朴新諺 1, 24ㅈ》共湊二百兩之數, 대되
二百兩 數룰 모도아야. 《朴新諺 1, 33ㅈ》
共該一兩八錢, 대되 히오니 혼 냥 여듧
돈이라. 《朴新諺 1, 47ㅎ》你學堂中共有
幾箇學生, 네 學堂에 대되 몃 學生이 잇
ᄂ뇨. 除了學長共有四十五箇學生, 學長
을 덜고 대되 마흔 다슷 學生이 잇ᄂ니
라. 《朴新諺 2, 14ㅎ》這些東西你共要多
少染錢呢, 이 여러 거세 네 대되 언머 물
갑슬 바드려 ᄒ눈다. 《朴新諺 2, 14ㅎ》
共該染錢五兩四錢半銀子, 대되 히오니
물갑시 닷 냥 너 돈 반 銀이로다. 《朴新
諺 3, 48ㅈ》北京城共有九座門, 北京城에
대되 九座 門이 이시니. ❷⇔대가(大
家). 《朴新諺 1, 5ㅎ》咱們大家消遣何如,
우리 대되 消遣홈이 엇더ᄒᄂ뇨. 《朴新諺
1, 7ㅎ》大家別子罷, 대되 니별ᄒ쟈. 《朴
新諺 1, 1ㅎ》大家且消愁觧悶如何, 대되
ᄯ 消愁 觧悶홀만 ᄀᆺ지 못ᄒ니 엇더ᄒ
뇨. 《朴新諺 1, 27ㅎ》大家斂些錢, 대되
져기 돈 거두어. 《朴新諺 2, 7ㅎ》豈不大
家有義氣麼, 엇지 대되 義氣 이시미 아니
랴. 《朴新諺 2, 38ㅈ》大家商量遊山翫景
去罷, 대되 의논ᄒ여 遊山翫景ᄒ라 가
쟈. ❸⇔약(約). 《朴新諺 3, 51ㅈ》約有賊
衆幾人, 대되 賊衆 여러 사롬이 이셔. ❹
⇔일공(一共). 《朴新諺 1, 4ㅈ》一共只要
辦八桌席面, 대되 그저 八卓 席面을 출홀
쩌시니. ❺⇔총(摠). 《朴新諺 3, 17ㅎ》
摠盖萬間房, 대되 萬間 집을 지으나. 夜
眠只一廈, 밤에 자기는 다만 혼 간 집이
라 ᄒ니.

대라(大羅) 톙 도교에서 이르는, 36천(天)
가운데 가장 높은 세계. 《集覽, 朴集, 下,
4ㅎ》三淸. 道經云, 無上大羅. 玉淸, 十二
天聖境也, 九聖所居, 元始天尊所治. 上淸,

十二天眞境也, 九眞所居, 玉晨道君所治. 太淸, 十二天仙境也, 九仙所居, 太上老君所治. 謂之三淸.《集覽, 朴集, 下, 4ㅎ》羅天. 道經云, 七寶之樹各生一方, 弥覆一天, 八樹弥覆八天, 包羅衆天, 故云大羅, 此聖境也.《朴新諺 3, 22ㅈ》一日先生做羅天大醮(朴新注, 52ㅈ: 道經云, 覆盖萬天, 羅絡三界, 極高無上, 謂之大羅. 天醮, 祭名, 祭扵星辰曰醮.), 一日에 先生이 羅天大醮를 ᄒᆞ더니.

대랑(大郎) 图 장남. 맏아들.《朴新諺 2, 36ㅎ》孫大郎那厮, 孫大郎 뎌 놈이.

대래(帶來) 宮 가져오다. 또는 가져다주다. ⇔가져오다.《朴新諺 1, 3ㅈ》吩咐我帶廻來給老爺們看驗過了, 우리게 吩咐ᄒᆞ여 가져와 老爺네끠 뵈야 驗過ᄒᆞ고.《朴新諺 1, 49ㅎ》我家有書信帶來麼, 내 집의 書信이 이셔 가져왓ᄂᆞ냐.《朴新諺 2, 25ㅎ》都是我家太爺從朝鮮帶來的, 다 이 우리 집 太爺ㅣ 朝鮮으로셔 가져온 거시매.《朴新諺 3, 59ㅈ》小子別無土宜帶來, 小子ㅣ 별로 土産을 가져온 거시 업고.

대력(大力) 图 대단히 강한 힘.《集覽, 朴集, 中, 5ㅈ》六道. 人道・天道・阿脩羅道・餓鬼道・畜生道・地獄道, 亦名六趣, 加仙道, 名曰七趣. 阿脩羅有大力神人, 嘗共天鬪(鬥), 立大海中, 其高半天.《朴新諺 2, 29ㅈ》以聲察聲拯慈悲於六道(朴新注, 33ㅎ: 以聲察聲, 聞其聲而察其苦樂之状. 六道, 人道・天道・阿脩羅道・餓鬼道・畜生道・地獄道也. 阿脩羅有大力神人, 嘗共天鬪(鬥), 立大海中, 其高半天.), 소리로 뻐 소리를 술펴 慈悲를 六道에 건디고.

대력귀(大力鬼) 图 대력(大力)을 가진 귀신.《集覽, 朴集, 下, 4ㅈ》孫行者. 老君・王母俱奏于玉帝, 傳宣李天王, 引領天兵十萬及諸神將至花菓山, 與大聖相戰失利. 巡山大力鬼上告天王, 擧灌州灌江口神曰小聖二郎, 可使拿獲. 天王遣太子木叉, 與

大力鬼徃請二郎神, 領神兵圍花菓山, 衆猴出戰皆敗.

대련(纏帶) 图 전대(纏帶). ⇔탑련(搭連).《朴新諺 1, 31ㅎ》做坐褥皮搭連的, 아답개와 가족 대련 지을 거시라.

대령(大寧) 图 땅 이름. 중국 요동성(遼東城) 북쪽 황수(潢水) 남쪽에 있었다. 한대(漢代)에는 신안현(新安縣), 요대(遼代)에는 대정부(大定府)라 하였는데, 금대(金代)에 북경(北京)으로 고쳤고, 원대(元代)에 대령로(大寧路)로 고쳤다.《集覽, 朴集, 上, 4ㅈ》大寧. 遼誌云, 在遼東城北潢水之南, 漢爲新安縣, 唐置營州, 遼號大定府, 金改北京, 元改大寧路. 今廢.《朴新諺 1, 8ㅎ》派小弟是徃永平・大寧(朴新注, 3ㅎ: 在遼陽城北, 今廢.)・遼陽・開元・瀋陽等處, 小弟를 그은 거슨 이 永平・大寧・遼陽・開元・瀋陽 等處에 가ᄂᆞ니라.

대령로(大寧路) 图 금대(金代)에 둔 노(路). 북경 대정부(北京大定府)를 원대(元代)에 고친 이름. 요령성(遼寧省)의 평천(平泉)・적봉(赤峯)과 조양현(朝陽縣) 등지를 포함하였다.《集覽, 朴集, 上, 4ㅈ》大寧. 遼誌云, 在遼東城北潢水之南, 漢爲新安縣, 唐置營州, 遼號大定府, 金改北京, 元改大寧路. 今廢.

대로(大路) 图 크고 넓은 길.《集覽, 朴集, 下, 9ㅈ》彩亭子. 僧尼・道士及鼓〈皷〉樂・鍾鈸塡咽大路, 遠近大小親鄰〈隣〉男女, 前後導從者, 不知幾人, 後施夾障從之.

-대로 어미 -대로.《朴新諺 1, 47ㅎ》隨各人送罷咧, 各人의 보내는대로 ᄒᆞᄂᆞ니라.

-대로 图 **❶**-대로.《集覽, 字解, 累字解, 1ㅎ》由他. 더뎌두라. 又제 무ᄉᆞᆷ대로 ᄒᆞ게 ᄒᆞ라.《朴新諺 1, 4ㅎ》都要學那南方做法纔好吃哩, 다 뎌 南方셔 믄ᄃᆞᆫ 법대로 ᄒᆞ여야 맛치 먹기 됴흐리라.《朴新諺 1, 11ㅈ》據你要的價錢却也不甚多, 네 달라는 갑대로 ᄒᆞ여도 坐 ᄀᆞ장 만치 아니

커니와.《朴新諺 1, 32ㅎ》任你自揀何如, 네대로 손조 골희미 엇더ᄒᆞ뇨.《朴新諺 2, 19ㅎ》各聽天命, 각각 天命대로 ᄒᆞ고. **2**-대로. …에 따라. ●⇔빙(憑).《朴新諺 2, 48ㅎ》憑你問多少, 네대로 아무만 무러도. ●⇔유(由).《朴新諺 1, 40ㅎ》滿天星宿一簡月三條繩子由你曳, 하늘에 ᄀᆞ득ᄒᆞᆫ 星宿에 ᄒᆞᆫ 둘을 세 오리 노흐로 제대로 ᄡᅳᄂᆞᆫ 거시여. ●⇔의(依).《朴新諺 1, 11ㅎ》你若依了我的價錢, 네 만일 내 갑대로 ᄒᆞ면.《朴新諺 1, 12ㅈ》我便依着你的價錢做罷, 내 곳 네 갑대로 홈이 무던ᄒᆞ다.《朴新諺 1, 19ㅎ》便依着你的價錢, 곳 네 갑대로 호되.《朴新諺 1, 26ㅎ》便依你說, 곳 네 말대로 ᄒᆞ쟈.《朴新諺 1, 33ㅈ》依你筭, 네대로 혜여.《朴新諺 1, 58ㅎ》照依時價准折, 時價대로 准折ᄒᆞ고.《朴新諺 2, 9ㅈ》便都依了你的要價罷, 곳 다 너 달라ᄂᆞᆫ 갑대로 ᄒᆞ쟈.《朴新諺 2, 15ㅈ》如今染錢都依你, 이제 물갑슨 다 네대로 ᄒᆞ려니와.《朴新諺 2, 28ㅎ》你們都依着我幹辦去罷, 너희들이 다 내 말대로 출ᄒᆞ라 가라.《朴新諺 3, 7ㅈ》你們若依我這般用心收拾, 너희 만일 내 대로 이리 用心ᄒᆞ여 收拾ᄒᆞ더면.《朴新諺 3, 32ㅎ》便依他買了罷, 곳 제대로 사쟈. ●⇔조(照).《朴新諺 1, 20ㅈ》用心照撵做罷, 用心ᄒᆞ여 양ᄌᆞ대로 ᄆᆡᆫᄃᆞᆯ라.《朴新諺 1, 3ㅎ》照勳數取來, 勳數대로 가져오라.《朴新諺 3, 28ㅈ》接在預項上照舊如初, 목 우희 니으니 네대로 처음 ᄀᆞᆮᄐᆞᆫ지라.

대론(大論) 명 〈불〉 대지도론(大智度論). 나가르주나(Nāgārjuna)가 산스크리트(Sanskrit) 원전의 대품반야경(大品般若經)에 대하여 주석한 책. 대승불교(大乘佛敎)의 백과사전적 저작(著作)이다.《集覽, 朴集, 中, 4ㅎ》座飾芙蓉. 飜譯名義云, 大論問, 諸牀〈床〉可坐, 何必蓮華. 荅曰, 牀爲世間白衣坐法, 又以蓮華軟淨,

欲現神力, 能坐其上, 令不壞故, 又以莊嚴妙法故, 又以此華華臺嚴淨香妙可坐故.

대루(帶累) 图 말려들다. 연루(連累)되다. ⇔범을다.《朴新諺 2, 34ㅈ》帶累一家人都死怎的好呢, 왼 집 사름이 범으러 다 죽을 거시니 엇지ᄒᆞ여야 됴흐리오.

대리시(大理寺) 명 형법을 주관하던 관서. 진한(秦漢) 시대의 정위(廷尉)에 해당된다. 북제(北齊) 때에 처음 두어 명청(明淸) 시대까지 이어졌다.《朴新諺 2, 24ㅈ》是小弟昨日在張少卿(朴新注, 31ㅈ: 太常寺·大理寺·光祿·太僕寺有卿·少卿, 俱三品.)家慶賀筵席上, 올흐니 小弟 어제 張少卿의 집 慶賀 筵席에서.

대립(戴笠) 图 갓을 쓰다.《集覽, 朴集, 中, 6ㅎ》大帽. 上哭〈笑〉曰, 自家笠子尙不端正, 又能平天下耶. 此元時戴笠也.

대맥(大麥) 명 보리. ⇔보리.《朴新諺 3, 38ㅈ》他種的稻子, 제 시믄 벼와. 膏粱, 슈슈와. 黍子, 기장과. 大麥, 보리와. 小麥, 밀과. 蕎麥, 모밀과. 黃豆, 콩과. 小豆, 풋과. 菉豆, 菉豆와. 豌豆, 광쟝이. 黑豆, 거믄콩. 芝麻, 춤깨와. 蘓(蘇)子, 들깨.

대명(大明) 명 명(明)나라를 높여 이르던 말.《集覽, 朴集, 下, 8ㅎ》南京應天府丞. 南京, 古金陵之地, 吳·晉·宋·齊·梁·陳·南唐建都, 大明太祖定鼎於此, 爲京師, 設應天府, 以燕京爲北平布政司.

대명률(大明律) 명 중국 명(明)나라의 형법전(刑法典). 당(唐)나라의 법률을 참고하여 편하였으며, 명례율(名例律)·이율(吏律)·호율(戶律)·예율(禮律)·병률(兵律)·형률(刑律)·공률(工律)의 일곱 편으로 이루어졌다.《朴新諺 3, 20ㅎ》大明律上條例載得明白, 大明律 條例에 실린 거시 明白ᄒᆞ니.《朴新諺 3, 52ㅈ》大明律上載明, 大明律에 실린 거시 明白ᄒᆞ니.

대명전(大明殿) 명 궁전 이름.《朴新諺 3, 34ㅎ》大明殿前月臺上, 大明殿 앏 月臺

우희.

대모(大帽) 뗑 갓양태와 갓모자가 일반 갓모다 큰 갓. ⇔큰갓ㅅ.《集覽, 朴集, 上, 9ㅈ》結椶帽. 椶, 木名, 高一二丈, 葉如車輪, 旁〈旁〉無枝, 皆萃於木杪. 其下有皮, 重疊裹之, 每皮一匝爲一節〈莭〉, 花黃白色, 結實作房, 如魚子狀, 其皮皆是絲而經緯如織, 傍有細縷, 交相連綴不散. 取其絲理之, 以結成大帽. 又剥其皮一匝, 編爲蓑衣, 亦可避雨.《集覽, 朴集, 中, 3ㅎ》狐帽匠. 音義云, 터럭쟝〈쟝〉. 今按, 以有毛皮作大帽・小帽〈以有毛皮作大小帽〉者, 皆謂之胡帽匠〈謂之胡帽匠〉, 狐字作胡.《集覽, 朴集, 中, 6ㅎ》大帽. 如本國笠子之制. 南村輟耕錄云, 胡石塘先生嘗應聘入京, 世皇召見於〈於〉便殿, 趍〈趨〉進, 不覺笠子㪅側. 上問曰, 秀才何學. 對曰, 脩身齊家治國平天下之學. 上咲〈笑〉曰, 自家笠子尚不端正, 又能平天下耶. 此元時戴笠也. 今俗唯出外行者及新婚壻郎無職者, 親迎之夕必戴大帽.《朴新諺 2, 32ㅎ》一頂要雲南氊大帽, ᄒᆞ나흔 雲南氊 큰갓슬 ᄒᆞ고.《朴新諺 2, 32ㅎ》一頂要陝(陝)西赶來的白駞氊大帽, ᄒᆞ나흔 陝(陝)西서 미러온 白駞氊 큰갓슬 ᄒᆞ되.

대모(玳瑁) 뗑 바다거북과의 하나인 대모(玳瑁)의 등과 배를 싸고 있는 껍데기.《朴新諺 1, 30ㅈ》鞍坐子是烏犀角玳瑁廂嵌的, 기르마가지ᄂᆞᆫ 이 烏犀角에 玳瑁로 던메워 박은 거시오.

대문(臺門) 뗑 정문. 대문.《集覽, 朴集, 中, 9ㅈ》衙門處處向南開. 南村輟耕錄云, 凡衙門皆坐北南向者, 南方屬離卦, 離虛中則聦. 又南方火位, 火明則能破暗, 故表南面聦〈聰〉明, 爲民治愚暗之事. 臺門必北開者, 取肅殺就陰之象.

대범(大凡) 閆 무릇. 대개. 거의. ⇔무릇.《朴新諺 3, 52ㅈ》大凡七十已上十五已下不合加刑, 무릇 七十 已上과 十五 已下ᄂᆞᆫ 加刑홈이 맛당치 아니타 ᄒᆞ니라.

대벽(大辟) 뗑 중국에서 행하던 오형(五刑) 가운데 하나. 죄인의 목을 베던 형벌이다.《集覽, 朴集, 中, 7ㅈ》木椿. 其制, 於刑人法場, 植一大柱, 縛着罪人於〈縛着罪人於其〉上, 劊子用法刀剔其肉以喂狗, 而只留〈留〉其骨, 極其慘酷, 方施大辟, 卽古之呙刑也.

대변(大便) 뗑 똥.《集覽, 朴集, 中, 3ㅈ》推出後. 漢人指廁爲後路, 詳見老乞大集覽〈詳見老乞大集覽上篇〉東廁下. 又大便・小便, 亦曰大後・小後.

대보(代保) 통 보증(保證)하다.《集覽, 朴集, 中, 7ㅎ》代保. 音義云, 爲人保托受債之人.

대부(大夫) 뗑 중국에서 벼슬아치를 세 등급으로 나눈 품계의 하나. 주(周)나라 때에는 경(卿)의 아래 사(士)의 위였다.《集覽, 朴集, 上, 7ㅈ》三台. 三台, 星名. 在天爲六座, 名天階, 亦曰泰階, 太上升降之道也. 事文類聚云, 上階爲天子, 中階爲諸侯・公卿・大夫, 下階爲士・庶人. 三階平則陰陽和, 風雨時, 天下大安.《集覽, 朴集, 下, 11ㅎ》屈原投江. 屈原, 楚之大夫也. 諫懷王不聽, 投汨羅水而死.《集覽, 朴集, 下, 11ㅎ》范蠡歸湖. 范蠡, 越之大夫也. 相越王勾踐敗吳, 曰, 越王爲人長頸鳥〈烏〉喙, 可與圖〈圖〉患難, 不可與共安逸. 遂泛扁舟, 載西施, 遊五湖不返.

대사(大士) 뗑 〈불〉 불법에 귀의하여 믿음이 두터운 사람.《朴新諺 2, 29ㅎ》起浮屠(朴新注, 33ㅎ: 浮屠, 塔也. 唐中宗爲僧伽大士, 起塔扵泗水, 僧伽卽觀音化身云.)扵泗水之間, 浮屠를 泗水ㅅ 스이에 니르혀고.

대사(大使) 뗑 관역(館驛)의 으뜸 벼슬. 품계는 정구품(正九品) 또는 종구품(從九品)이었다.《集覽, 朴集, 中, 1ㅈ》大使. 舘驛有大使一員, 或正九品, 或從九品, 有副使一員, 從九品, 亦有未入流大使・副使. 詳見諸司職掌.

대사(大蛇) 명 큰 뱀. 《集覽, 朴集, 上, 6ㅈ》五爪蟒龍. 蟒, 大蛇也. 蟒龍, 謂無角龍也. 元制, 五爪二角龍爲紋〈文〉者, 止供御用, 不許下人穿用.

대사(大師) 명 〈불〉 중을 높여 이르는 말. 《集覽, 朴集, 上, 10ㅎ》懺悔. 自陳悔也. 六祖惠(慧)能大師曰, 懺者, 懺其前愆, 悔者, 悔其後過.

대사(大䄍) 명 음력 12월에 지내는 납제(臘祭)를 주대(周代)에 일컫던 이름. 《集覽, 朴集, 中, 8ㅎ》臘. 無定日, 冬至後第〈苐〉二戊日是也. 夏曰嘉平, 殷曰淸祀, 周曰大䄍, 秦曰臘, 漢仍之.

대사(臺榭) 명 누각과 정자. (주로 호화스러운 건물을 이른다) 《集覽, 朴集, 上, 8ㅈ》翫月會. 東京錄云, 中秋夜, 貴家結飾臺榭, 民間爭占酒樓翫〈玩〉月, 絲簧鼎沸, 近內庭居民, 夜深遙聞笙竽之聲, 宛若雲外天樂, 閭里兒童連宵嬉戲, 夜市騈闐, 至於通曉.

대산(大蒜) 명 마늘. ⇔마늘. 《朴新諺 1, 41ㅈ》這是大蒜, 이는 이 마늘이로다.

대선(大仙) 명 중국의 소설 서유기(西遊記)에 나오는, 거지국(車遲國)에 살았다는 백안대선(伯眼大仙)을 일컫는 말. 《集覽, 朴集, 下, 4ㅈ》燒金子道人. 西遊記云, 有一先生到車遲國, 吹口氣以磚瓦皆化爲金, 驚動國王, 拜爲國師, 號伯眼大仙. 《朴新諺 3, 21ㅎ》和伯眼大仙鬪(鬦)聖這一段故事, 伯眼大仙과 鬪(鬦)聖ᄒᆞ던 이 一段 故事를. 《朴新諺 3, 23ㅈ》與大仙素不認識, 大仙으로 더부러 본ᄃᆡ 아지 못ᄒᆞ니. 大仙睜開雙眼道, 大仙이 두 눈을 부릅ᄯᅳ고 니ᄅᆞ되. 《朴新諺 3, 24ㅈ》大仙徒弟名鹿皮, 大仙의 徒弟ㅣ 일홈을 鹿皮라 ᄒᆞ리. 《朴新諺 3, 24ㅎ》向大仙鼻凹裡放着, 大仙의 코굼글 向ᄒᆞ여 노흐니. 《朴新諺 3, 25ㅎ》大仙說是一箇桃, 大仙이 니ᄅᆞ되 이 ᄒᆞᆫ 복셩화라 ᄒᆞ여늘. 《朴新諺 3, 26ㅈ》鹿皮對大仙說, 鹿皮ㅣ 大仙을 對ᄒᆞ여 니ᄅᆞ되. 《朴新諺 3, 28ㅈ》大仙也割下頭來待要再接, 大仙도 머리를 버혀 ᄂᆞ리와 다시 닛고져 ᄒᆞ거늘. 《朴新諺 3, 29ㅈ》伯眼大仙, 伯眼大仙이.

대설(大雪) 명 아주 많이 오는 눈. 《集覽, 朴集, 中, 3ㅎ》西山. 在順天府西三十里太行山首, 始于河內, 北至幽州, 强形鉅勢, 爭奇擁翠, 雲聳星拱于皇都之右. 每大雪初霽, 千峯萬壑〈砮〉, 積素凝華, 若圖畫然, 爲京師八景之一, 曰西山霽雪.

대성(大聖) 명 제천대성(齊天大聖). 곧, 중국의 소설 서유기(西遊記)에 나오는 손오공(孫悟空)을 달리 이르는 말. 《集覽, 朴集, 下, 4ㅈ》孫行者. 老君・王母俱奏于玉帝, 傳宣李天王, 引領天兵十萬及諸神將至花菓山, 與大聖相戰失利. 巡山大力鬼上告天王, 擧灌州灌江口神曰小聖二郎, 可使拿獲. 天王遣太子木叉, 與大力鬼往請二郎神, 領神兵圍花菓山, 衆猴出戰皆敗. 《集覽, 朴集, 下, 10ㅎ》二郎爺爺. 按西遊記, 西域花菓山洞有老猴精, 號齊天大聖, 神變〈变〉無測, 鬧(閙)乱天宮, 玉帝命李天王領神兵往捕, 相戰失利. 灌州灌江口立廟, 有神曰小聖二郎, 又號二郎賢聖天王, 請二郎捕獲大聖, 卽此.

대소(大小) 명 ❶(계급의) 높고 낮음. 《集覽, 朴集, 上, 1ㅎ》外郎. 泛稱各衙門吏典之號. 俗嫌其犯於員外郎之號, 呼外字爲上聲. 大小衙門吏典名稱各異. 《朴新諺 3, 40ㅈ》還有大小官員一行部從送他, ᄯᅩ 大小 官員과 一行 部從이 이셔 뎌를 보내니. ❷(사물의) 크고 작음. 《集覽, 朴集, 下, 7ㅎ》花房窩兒. 又有滾棒, 所擊之毬輪而不起. 隨其厚薄大小, 厥名各異. 《朴新諺 1, 13ㅈ》每擔給你五十大錢(朴新注, 5ㅎ: 舊制, 錢有大小, 大錢一文, 計小錢二文用.)罷, ᄆᆡ 짐에 너롤 五十 대쳔을 주미 무던ᄒᆞ다. 《朴新諺 1, 32ㅎ》大小是買賣, 크나 져그나 이 흥뎡이라. 《朴新諺 2, 6ㅈ》撒網垂鉤的是大小漁船, 그믈을

티고 낙시를 드리온 거슨 이 大小 漁船
이오.《朴新諺 3, 47ㅈ》後邉又跟着大小
鬼卒, 뒤히 쏘 大小 鬼卒이 쓰로고. ❸존
비(尊卑). 또는 장유(長幼).《集覽, 朴集,
下, 9ㅈ》彩亭子. 僧尼・道士及〈皷〉樂
・鍾鈸塡咽大路,　遠近大小親鄰〈隣〉男
女, 前後導從者, 不知幾人, 後施夾窩從之.
《朴新諺 1, 49ㅎ》大小家眷小娃娃, 大小
家眷과 져근 아희들로.《朴新諺 2, 35
ㅎ》就娶了他的大小老婆, 곳 뎌의 大小
계집을 娶ᄒ고.

대손(大損) 圐 큰 손해.《集覽, 朴集, 上,
13ㅎ》滿月. 産書云, 分娩未滿月, 恣食生
冷粘・硬果・菜・肥膩魚・肉之物,　當
時雖未覺大〈有〉損, 滿月之後, 卽成蓐勞.

대승선(大乘禪) 圐 〈불〉 아공(我空: 자아
(自我)는 오온(五蘊)이 화합하여 이루어
진 것일 뿐, 참으로 자아라고 할 만한
실체는 없음) 및 법공(法空: 모든 법인
만유(萬有)는 모두 인연이 모여 생기는
가짜 존재로서 실체가 없음)의 진리를
수행하는 일.《集覽, 朴集, 上, 10ㅈ》禪.
靜也. 傳燈錄有五等禪, 有外道禪・凡夫
禪・小乘禪・大乘禪・最上乘禪, 又名如
來淸淨禪, 又名無上菩提.《朴新諺 1, 35
ㅎ》安禪(朴新注, 13ㅎ: 禪, 靜也. 傳燈錄,
有小乘禪・大乘禪・最上乘禪. 又云, 被
扵身為法, 說扵口為律, 行扵心為禪.)悟法
看經念佛却不好麽, 安禪 悟法ᄒ고 看經
念佛홈이 쏘 됴티 아니ᄒ랴.

대신(大臣) 圐 최고위(最高位)의 신하.
《朴新諺 3, 48ㅈ》這些王公・大臣, 이 여
러 王公 大臣이.

대안(大安) 阌 두루 매우 평안하다. 태평
무사하다.《集覽, 朴集, 上, 7ㅈ》三台. 事
文類聚云, 上階爲天子, 中階爲諸侯・公
卿・大夫, 下階爲士・庶人. 三階平則陰
陽和, 風雨時, 天下大安.

대안(帶鞍) 圐 길마를 짓다. 안장을 지우
다. 곧, 말 탈 준비를 갖추다. ⇔기르마

짓다.《朴新諺 3, 53ㅎ》失去帶鞍白馬一
匹, 기르마 지은 흰물 ᄒ 필을 일허시니.

대앙(戴仰) 圐 우러러 떠받들어 모시다.
《集覽, 朴集, 下, 3ㅈ》三寶. 又法數云, 十
號圓明, 萬行具足, 天龍戴仰, 稱無上尊,
卽佛寶也.

대야 回 대야. ⇔선(鏇).《朴新諺 2, 16ㅎ》
酪一鏇, 타락 ᄒ 대야와.

대야(大爺) 圐 큰아버지. 백부(伯父).《朴
新諺 2, 25ㅎ》都是我家太爺從朝鮮帶來
的, 다 이 우리 집 太爺ㅣ 朝鮮으로셔 가
져온 거시매.

대약(大約) 뫼 대개(大槪). ⇔대개.《朴新
諺 1, 8ㅎ》大約這月二十邉領了詔書箚付
就要起身, 대개 이 둘 스므날긔 詔書와
箚付롤 ᄐ면 즉시 쩌나고져 ᄒ노라.

대열(大悅) 圐 매우 기뻐하다.《集覽, 朴
集, 下, 11ㅎ》太公. 姓呂, 名尙. 釣於渭水,
周文王出獵, 過於渭水之陽, 與語大悅, 曰,
自吾先君太公曰, 當有聖人適周, 周以興.
子豈是耶. 吾太公望子久矣. 故號之曰太
公望. 載與俱歸, 立爲師.

대오(大襖) 圐 솜저고리. (솜을 넣은 길고
두터운 윗옷) ⇔큰옷.《朴新諺 2, 14ㅈ》
這魚白[綿]紬原是婦人家大襖裏子, 이 옥
식 綿紬논 본디 婦人의 큰옷 안히니.

대완(大碗) 圐 사발.《朴新諺 1, 4ㅈ》然後
再上四大碗四中碗, 그린 후에 쏘 네 大碗
과 네 中碗을 올리되.

대왕(大王) 圐 훌륭하고 뛰어난 임금을
높여 이르는 말.《朴新諺 3, 27ㅎ》叫大
王有肥皂麽與我洗頭, 부로되 大王아 비
노ㅣ 잇ᄂ냐 나를 주어 머리 곰게 ᄒ라.

대요(待要) 圐 하다. …하려고 하다. ⇔ᄒ
다.《朴新諺 1, 38ㅎ》三哥待要分開, 셋재
형은 눈호고져 ᄒ고. 四哥待要一處, 넷
재 형은 흔디 모호고져 ᄒᄂ 거시여.

대원(大元) 圐 원(元)나라를 높여 이르던
말.《集覽, 朴集, 上, 15ㅎ》南城. 大元以
燕京爲大都, 俗號南城, 以開平府爲上都,

俗號北城.

대원(大願) 명 큰 소원. 《集覽, 朴集, 下, 1ㅈ》西天取經去. 法師曰, 旣有程途, 須有到時, 西天雖遠, 我發大願, 當徃取來.

대월(對月) 명 버금 달. 결혼한 지 한 달 뒤에 신부가 친정에 돌아가서 며칠 묵고 오던 풍습. ⇔버금둘. 《朴新諺 1, 44ㅎ》又要囬家住對月了, 쏘 본집의 도라와 버금 둘을 머믈려 ᄒᆞᄂᆞ니라.

대의(大衣) 명 〈불〉 9~25장의 천 조각을 꿰매어 만든 법의(法衣). 설법을 하거나 걸식할 때에 입는다. 삼의(三衣) 가운데 가장 크다. 《集覽, 朴集, 上, 10ㅈ》袈裟. 反(飜)譯名義云, 袈裟是外國三衣之名. 或名離塵服, 由斷〈断〉六塵故, 或名消瘦服, 由斷煩惱故, 或名無垢衣. 一曰金縷僧伽黎, 卽大衣也, 入王宮聚落時衣, 乞食時着.

대인(大人) 명 ❶덕행이 높고 뜻이 고매한 사람. 《朴新諺 2, 13ㅎ》大人不見小人過, 大人은 小人의 허믈을 보지 아니ᄒᆞᆫ다 ᄒᆞ니라. ❷신분이나 관직이 높은 사람. 《集覽, 朴集, 上, 6ㅈ》張舍. 王公・大人之家, 必有舍人, 卽家臣也. 《集覽, 朴集, 上, 8ㅈ》宅子. 俗緫稱〈総称〉家舍曰房子, 自稱〈称〉曰寒家, 文士呼曰寒居, 自指室內曰屋裏, 人稱王公・大人之家曰宅子. 《朴新諺 1, 29ㅈ》看見兩箇舍人(朴新注, 11ㅈ: 王公・大人之家, 必有舍人, 卽家臣也. 又武職官下閑人, 謂之舍人.)調馬耍子, 두 舍人이 調馬 노리ᄒᆞᄂᆞᆫ 양을 보니. 《朴新諺 3, 16ㅈ》伏望父母大人善保起居, 伏望 父母 大人은 善保 起居ᄒᆞ쇼셔. 《朴新諺 3, 19ㅈ》今日如你老爺做了大人, 오늘 네 老爺ㅣ 大人이 되여시니.

대자(大字) 명 큰 글자. 《集覽, 朴集, 下, 2ㅎ》慶壽寺. 一統志云, 在順天府西南, 內有飛虹・飛渡二橋, 石刻六大字, 極遵勁.

대자(帶子) 명 띠. ⇔쯰. 《集覽, 朴集, 下, 6ㅈ》水滑經帶麵. 質問云, 以麥麵〈麪〉扯成長條, 似包經帶子樣, 煮熟, 椒肉湯食之,

方言謂之水滑經帶麵〈麪〉. 《朴新諺 1, 46ㅈ》做帶子和裏兒的, 쯰와 안흘 민둘 거시니.

대자(對子) 의 쌍. 짝. ⇔짱. 《朴新諺 1, 29ㅎ》兩邉掛着珎珠結成花樣的對子荷包, 두 편에 珎珠로 花樣 겨론 ᄒᆞᆫ 짱 주머니를 ᄎᆞ고.

대자비(大慈悲) 명 〈불〉 중생(衆生)에 대한 불보살(佛菩薩)의 끝이 없는 자비(慈悲). 《集覽, 朴集, 中, 4ㅈ》悲雨慈風. 佛發大慈悲, 廣濟衆生, 猶洒雨發風然, 無遠不被, 故曰風雨.

대자재천(大自在天) 명 〈불〉 대천세계(大千世界)를 주재한다는 신(神). 《集覽, 朴集, 中, 4ㅎ》童男童女. 觀音現三十二應, 曰佛身, 曰辟支〈支〉, 曰圓覺, 曰聲聞, 曰梵王, 曰帝釋, 曰自在天, 曰大自在天, 曰天大將軍, 曰四天王, 曰四天太子, 曰人王, 曰長者, 曰居士, 曰宰官, 曰婆羅門, 曰比丘, 曰比丘尼, 曰優婆塞, 曰優婆夷, 曰女主, 曰童男, 曰童女, 曰天身, 曰龍身, 曰藥又, 曰乾達婆, 曰阿脩羅, 曰緊那羅, 曰摩睺羅, 曰樂人, 曰非人.

대장(帶匠) 명 띠를 만드는 장인(匠人). ⇔쯰장이. 《朴新諺 1, 21ㅎ》是挷攔衚衕裏帶匠夏五廂的, 이 挷攔 골 쯰장이 夏五ㅣ 뎐메윗ᄂᆞ니라.

대장경(大藏經) 명 〈불〉 불경을 집대성한 경전(經典). 석가모니의 설교를 기록한 경장(經藏), 모든 계율을 모은 율장(律藏), 불제자들의 논설을 모은 논장(論藏)을 모두 망라하였다. 《集覽, 朴集, 下, 2ㅎ》盂蘭盆齋. 大藏經云, 大目犍連尊者, 以母生餓鬼中不得食, 佛令作盂蘭盆, 至七月十五日, 具百味五果, 置盆中, 供養十方大德, 而後母乃得食. 《朴新諺 3, 12ㅎ》慶壽寺裡做盂蘭勝會(朴新注, 48ㅎ: 大藏經, 目連尊者, 以母在餓鬼中不得食, 七月十五日, 具百味五果, 置盆中, 供養十方大德, 而後母乃得食, 謂之盂蘭盆會.), 慶壽

寺에셔 盂蘭勝會를 혼다 ᄒ니.

대장부(大丈夫) 똉 건장하고 씩씩한 사내. 《集覽, 朴集, 下, 12ㅈ》太祖. 夫人柳氏曰, 妾聞諸公之言, 尙有感奮, 況大丈夫乎. 提甲領以披之, 諸將扶擁而出, 令人呼曰, 王公已擧義旗, 國人來赴者不可勝計.

대저(大抵) 兕 대개. 대략. 거의. 대체로 보아서. 《集覽, 朴集, 中, 4ㅈ》理圓四德. 大抵梵語, 經文釋義不一, 今不煩解.

대적(對敵) 똉 대적(對敵)하다. (적이나 어떤 세력, 힘 따위와 맞서 겨루다) ⇔대적ᄒ다(對敵-). 《朴新諺 1, 26ㅈ》那裏敢與我對敵呢, 어디 감히 날과 對敵ᄒ리오.

대적ᄒ다(對敵-) 똉 대적(對敵)하다. ⇔대적(對敵). 《朴新諺 1, 26ㅈ》那裏敢與我對敵呢, 어디 감히 날과 對敵ᄒ리오.

대전(大殿) 똉 임금이 거처하는 궁전. 《朴新諺 3, 22ㅈ》起盖三淸大殿, 三淸 大殿을 지어.

대전(大錢) 똉 옛날에 사용하던 동전의 하나. 소전(小錢) 2배의 가치가 있었다. ⇔대천. 《朴新諺 1, 13ㅈ》每擔給你五十大錢(朴新注, 5ㅎ: 舊制, 錢有大小, 大錢一文, 計小錢二文用.)罷, 믹 짐에 너를 五十 대천을 주미 무던ᄒ다. 《朴新諺 1, 43ㅎ》與你十箇大錢, 너를 열 낫 대천을 주마.

대전일(大前日) 똉 그끄저께. ⇔긋그제. 《朴新諺 1, 49ㅎ》大前日來的, 긋그제 왓노라. 《朴新諺 2, 22ㅎ》大前日纔到的, 긋그제 ᄎ 왓노라. 《朴新諺 2, 51ㅈ》這是大前日的話, 이는 이 긋그제 말이라.

대정부(大定府) 똉 요대(遼代)에 두었다. 처음에 중경(中京)에 두었다가 뒤에 북경(北京)이라 고쳤고, 청대(淸代)에는 지금의 귀주성(貴州省) 지역에 두었다. 《集覽, 朴集, 上, 4ㅈ》大寧. 遼誌云, 在遼東城北潢水之南, 漢爲新安縣, 唐置營州, 遼號大定府, 金改北京, 元改大寧路. 今廢.

대제(大祭) 똉 천제(天際)・지제(地祭)・체협(禘祫)・납제(臘祭) 등의 중대한 제사. 《集覽, 朴集, 中, 8ㅎ》臘. 臘者, 獵也, 因獵取獸, 以祭先祖. 又臘者, 接也, 新故交接大祭, 以報功也.

대죄(大罪) 똉 큰 죄. 중죄(重罪). 《朴新諺 2, 34ㅈ》我男兒做這般迷天大罪的事, 우리 ᄉ나히 이런 迷天大罪엣 일을 ᄒ니.

대주(對籌) 똉 산가지로 수효를 헤아리다. 《集覽, 朴集, 上, 5ㅎ》籌. 音義云, 出倉之計筭. 質問云, 以木爲之. 此收・放米計數之籌, 每米一石, 對籌一根.

대쥭 똉 대죽[竹]. 한자 부수(部首)의 이름. ⇔죽자두(竹字頭). 《朴新諺 2, 48ㅈ》竹字頭下着箇立字便是, 대쥭 아리 立字 ᄒ거시 곳 이라.

대지론(大智論) 똉 〈불〉 불경(佛經) 이름. 대지도론(大智度論). 1백 권. 용수(龍樹) 지음. 후진(後秦)의 구마라십(鳩摩羅什) 한역(漢譯). 마하반야바라밀경(摩訶般若波羅密經)을 해석한 것이다. 《集覽, 朴集, 上, 10ㅈ》衲襖. 大智論云, 行者少欲知是〈足〉, 衣趣盖形, 又國土多寒, 畜百衲具. 《集覽, 朴集, 下, 3ㅈ》貪嗔癡. 卽三毒也. 又曰三業. 大智論云, 有利益我者生貪欲, 有違逆我者生嗔恚. 不從智生, 從狂惑生, 是名爲癡, 爲一切煩惱之根本. 《朴新諺 3, 14ㅈ》因你貪嗔癡三毒(朴新注, 49ㅈ: 大智論云, 有利益我者生貪欲, 有違逆我者生嗔恚. 不從智生, 從狂惑生, 是為癡, 一切煩惱之根本. 三毒亦曰三業.)不離於信, 네 貪嗔癡 三毒이 몸에 쩌나지 아니믈 因ᄒ여.

대청(大廳) 똉 대청. 큰 방이나 마루. 《朴新諺 1, 5ㅎ》你們到大廳上去, 너희 大廳에 가.

대천 똉 옛날에 사용하던 동전의 하나. 소전(小錢) 2배의 가치가 있었다. ⇔대전(大錢). 《朴新諺 1, 13ㅈ》每擔給你五十大錢(朴新注, 5ㅎ: 舊制, 錢有大小, 大錢一文, 計小錢二文用.)罷, 믹 짐에 너를 五十 대천을 주미 무던ᄒ다. 《朴新諺 1, 43ㅎ》

與你十箇大錢, 너를 열 낫 대천을 주마.

대청 圐 대청(大廳). 큰 방이나 마루. ⇔청방(廳房). 《朴新諺 2, 44ㅎ》廳房幾間, 대청이 현 간.

대초(大醮) 圐 도교의 성대한 제천의식(祭天儀式). 《集覽, 朴集, 下, 4ㅎ》大醮. 道經云, 醮, 祭名. 夜中於星辰之下, 陳設餠餌·酒果·幣物, 禋祀天皇·太乙·地祇·列宿. 又有消災度厄之法, 依陰陽五行之數, 推人年命, 書爲章疏靑詞, 奏達天神, 謂之醮. 上元金籙齋, 帝王修奉, 設普天大醮. 中元玉籙齋, 保佑六宮, 輔寧妃后, 設周天大醮. 下元黃籙齋, 臣民通修, 普資家國, 設羅天大醮.

대취(大醉) 圐 술에 잔뜩 취하다. ⇔대취ᄒ다(大醉-). 《朴新諺 1, 6ㅎ》弟兄們今日都要吃得酩酊大醉纏妙哩, 弟兄들이 오늘 다 먹어 酩酊 大醉호미 맛치 妙ᄒ리라.

대취ᄒ다(大醉-) 圐 대취(大醉)하다. ⇔대취(大醉). 《朴新諺 1, 6ㅎ》弟兄們今日都要吃得酩酊大醉纏妙哩, 弟兄들이 오늘 다 먹어 酩酊 大醉호미 맛치 妙ᄒ리라.

대쾌(大快) 혱 매우 유쾌하다. 매우 통쾌하다. 《集覽, 字解, 單字解, 5ㅈ》快. 急也. 走的快·疾快. 又樂也. 快活·大快. 又快手 잘 ᄃᆞᆫᄂᆞᆫ 놈. 又呼筯曰快子.

대택(大澤) 圐 큰 못. 큰 늪. 《朴新諺 1, 42ㅎ》狗有濺草(朴新注, 16ㅎ: 晉時, 楊生養狗, 甚愛. 生醉臥大澤草中. 夜(野)火起風猛, 狗呼喚, 生不覺. 狗走往水坑, 以身漬水, 洒生身臥草, 生得不死.)之恩, 개ᄂᆞᆫ 濺草혼 思이 잇고. 馬有垂繮之報, 물은 垂繮혼 報ㅣ 잇다 ᄒᆞ니라.

대통(大統) 圐 왕업 또는 왕위. 《集覽, 朴集, 上, 5ㅎ》平則門. 燕都, 禹貢冀州之域. 唐曰幽都, 虞爲幽州, 武王封召公奭於燕, 卽此. 元初爲燕京路, 後稱(称)大都路, 洪武初改爲北平布政司. 太宗皇帝龍潛於此, 及承大統, 遂爲北京, 遷都焉.

대통하(大通河) 圐 내 이름. 중국 하북성(河北省)의 통혜하(通惠河). 북경시(北京市)의 대통교(大通橋)를 경유하여 흐른다. 《集覽, 朴集, 上, 15ㅈ》西湖. 在玉泉山下, 泉水潴而爲湖, 流入宮中. 西苑爲太液池, 出都城爲玉河, 東南流注于大通河. 環湖十餘里, 荷·蒲·菱·芡與夫沙禽·水鳥出沒, 隱暎於天光雲影中, 實佳境也.

대풍(大風) 圐 큰 바람. 또는 모진 바람. 《集覽, 朴集, 中, 5ㅈ》起浮屠於泗水之間. 中宗令於寺起塔, 俄而大風歘起, 臭氣滿長安.

대하(臺下) 圐 대(臺)의 아래. 《朴新諺 3, 50ㅎ》今告到老爺臺下, 이제 老爺 臺下에 告ᄒᆞᄂᆞ이다. 《朴新諺 3, 52ㅈ》今告到老爺臺下, 이제 老爺 臺下에 告ᄒᆞᄂᆞ이다.

대한의량(大漢衣糧) 圐 궁전 앞 월대(月臺)의 네 모퉁이에 서서 시위(侍衛)하던 병졸인 대한장군(大漢將軍)에게 지급하던 옷과 양식. 《集覽, 朴集, 下, 5ㅎ》四箇將軍. 募選身軀長大壯偉異於人者, 紅盔銀甲, 立於殿前月臺上四隅, 名鎭殿將軍, 亦曰紅盔將軍, 亦曰大漢將軍. 其請給衣粮曰大漢衣粮.

대한장군(大漢將軍) 圐 궁전 앞 월대(月臺)의 네 모퉁이에 서서 시위(侍衛)하는 병졸에 대한 칭호. 《集覽, 朴集, 下, 5ㅎ》四箇將軍. 募選身軀長大壯偉異於人者, 紅盔銀甲, 立於殿前月臺上四隅, 名鎭殿將軍, 亦曰紅盔將軍, 亦曰大漢將軍. 其請給衣粮曰大漢衣粮. 年過五十, 方許出官.

대해(大海) 圐 넓고 큰 바다. 《集覽, 朴集, 下, 2ㅎ》善男信女. 佛法大海, 信爲能入, 智爲能度人, 若無信, 不入佛法.

대홍(大紅) 圐 ●다홍. ⇔다홍. 《朴新諺 1, 16ㅎ》這大紅段眞是南紅顔色經緯勻淨, 이 다홍 비단이 진짓 이 연다홍빗치오 삐늘이 고로고 조ᄒᆞ니. 《朴新諺 2, 14ㅈ》這被面要染大紅的, 이 니블 거족은 다홍을 드리고져 ᄒᆞ고. ●다홍. 다홍빛.

⇔다홍빗ᄎ.《朴新諺 2, 7ㅈ》要換你的
大紅織金胷背, 네 다홍빗체 금ᄉ로 ᄧ고
胷背 ᄒᆞᆫ 것과 밧고고져 ᄒᆞ노라.

대화(大話) 몡 흰소리. 큰소리. 허풍(虛
風). ⇔큰말.《朴新諺 1, 26ㅎ》你說甚麼
大話, 네 므슴 큰말 니ᄅᆞᆫ다.

대환(對換) 동 바꾸다. 맞바꾸다. 서로 교
환(交換)하다. ⇔밧고다.《朴新諺 2, 7
ㅈ》咱有一件東西要與你對換如何, 우리
ᄒᆞᆫ 가지 꺼시 이셔 너와 밧고고져 ᄒᆞ니
엇더ᄒᆞ뇨. 你要對換甚麼東西, 네 므스거
슬 밧고고져 ᄒᆞᄂᆞᆫ다.

대회(大會) 몡 큰 모임이나 회의.《集覽,
朴集, 下, 5ㅎ》元寶. 世祖大會王子・王
孫・駙馬・國戚, 從而頒賜, 或用貨賣, 所
以民間有此錠也.

대후(大後) 몡 뒤.《集覽, 朴集, 中, 3ㅎ》推
出後. 漢人指廁爲後路, 詳見老乞大集覽
〈詳見老乞大集覽上篇〉東廁下. 又大便・
小便, 亦曰大後・小後.

대흥륭사(大興隆寺) 몡 중국 순천부(順
天府)의 남서쪽에 있던 경수사(慶壽寺)
를 정통(正統) 연간에 중건한 뒤 붙인 이
름.《集覽, 朴集, 下, 2ㅎ》慶壽寺. 一統志
云, 在順天府西南, 內有飛虹・飛渡二橋,
石刻六大字, 極遒勁. 相傳金章宗所書. 又
有金學士李晏碑文, 正統間重建, 賜額大
興隆寺, 僧錄司在焉.

대ᄒᆞ다(對-) 동 대(對)하다. 마주 향하다.
⇔대(對).《朴新諺 2, 49ㅎ》終日裏或對
客飮酒吟詩, 終日토록 或 客을 對ᄒᆞ여 술
먹고 詩를 읇프며.《朴新諺 3, 23ㅈ》先生
對唐僧道, 先生이 唐僧을 對ᄒᆞ여 니ᄅᆞ되.
《朴新諺 3, 26ㅈ》鹿皮對大仙說, 鹿皮ㅣ
大仙을 對ᄒᆞ여 니ᄅᆞ되.《朴新諺 3, 29ㅎ》
對你說實價, 너를 對ᄒᆞ여 실갑슬 니를 거
시니.《朴新諺 3, 49ㅎ》對酒自飮自歌, 술
을 對ᄒᆞ여 自飮 自歌ᄒᆞ여.

댁(宅) 몡 집. ⇔집.《朴新諺 2, 19ㅈ》賣與
某大官人宅下養活, 아모 大官人의 집의

푸라 주어 養活ᄒᆞ게 호되.

댓무우 몡 무. ⇔나복(蘿葍).《朴新諺 2,
39ㅎ》蘿葍, 댓무우. 蔓菁, 쉿무우. 萵苣,
부로. 葵菜, 아혹. 白菜, 비치. 赤根菜, 시
근치. 芫荽, 고싀. 蔥, 파. 蒜, 마놀. 薤菜,
부치. 荊芥, 형개. 薄荷, 박하. 茼蒿, 믈
쑥. 水蘿葍, 믈한댓무우. 胡蘿葍, 노른댓
무우. 芋頭, 토란. 紫蘇都好種的, 紫蘇를
다 시믐이 됴타.

댜ᄅᆞ다 혱 짧다. ⇔단(短).《集覽, 字解, 單
字解, 6ㅎ》趲. 잔, 上聲, 逼使走也. 又促
之也. 通作儹. 又縮之也. 儹短些 조려 댜
ᄅᆞ게 ᄒᆞ다.

댜오 의 조(弔: diào). 1천 전(錢). '댜오'는
'弔'의 중국 발음. ⇔조(弔).《朴新諺 1,
1ㅎ》每人出錢一吊(朴新注, 1ㅈ: 唐錢一
百六十三文爲一吊, 且以一吊爲一千, 故
以十六文謂之一百吊. 本絞字, 今俗通用.)
五百文, 每人이 돈 ᄒᆞᆫ 댜오 五百을
내면. 共湊錢四十五六吊, 대되 돈 四十五
六 댜오를 모들 쩌시니.

댱 의 장(張). (종이의 수효를 세는 단위)
⇔장(張).《朴新諺 3, 51ㅎ》陸序班你與
我寫一張狀子, 陸序班아 네 나를 ᄒᆞᆫ 댱
고장을 쩌 주고려.

댱만ᄒᆞ다 동 장만하다. 준비하다. 마련하
다. ⇔판(辦).《朴新諺 1, 44ㅎ》半月頭辦
花燭成親的, 보롬끠 花燭을 댱만ᄒᆞ여 成
親ᄒᆞ고.

댱방올 몡 장치기공. ●⇔구(毬).《朴新諺
1, 20ㅈ》也有踢毬(朴新注, 8ㅈ: 毬, 以圓
木二箇, 用木杓一上一下連接不絶, 方言
謂之打毬.)的, 댱방올 츠리도 이시며.
《朴新諺 3, 36ㅎ》咱們今日打毬罷, 우리
오늘 댱방올 치쟈.《朴新諺 3, 37ㅈ》拿
出毬棒借與崔哥打, 댱방올 막대를 내여
崔哥를 빌려 주어 치게 ᄒᆞ쟈.《朴新諺
3, 37ㅎ》倒慣會打毬哩, 도로혀 댱방올
치기 닉이 알 줄을 싱각지 못ᄒᆞ엿노라.
●⇔구아(毬兒).《集覽, 朴集, 下, 7ㅈ》

打毬兒. 今按, 質問畵成毬兒, 卽如本國: 댱방〈댱방〉올. 注云, 以木刷圓.

더 囝 더. 《朴新諺 1, 24ㅎ》夜裏又死睡不肯起來添草, 밤에 ᄯᅩ 죽은 ᄃᆞ시 자고 즐겨 니러 여믈을 더 주지 아니ᄒᆞ니, 《朴新諺 1, 25ㅎ》看他吃到再添, 제 먹어 가ᄂᆞᆫ 거슬 보아 다시 더 주라.

더그레 囝 더그레. 호의(號衣). ⇔탑호(搭護). 《集覽, 朴集, 上, 8ㅎ》比甲. 衣之無袖, 對襟爲襞積者曰比甲, 卽本國ᄃᆞᆼ지텰릭. 婦女亦依此制爲短襖ան之, 亦曰比甲, 通稱搭護. 《集覽, 朴集, 上, 8ㅎ》搭護. 事物紀原云, 隋內官多服半臂, 餘皆長袖. 唐高祖減其袖, 謂之半臂, 卽今背子也. 江淮間或綌子, 庶人競服之. 今俗呼爲搭護, 더그레.

-더냐 어미 -더냐. 《朴新諺 1, 49ㅎ》我父母在家都安樂麼, 우리 父母ㅣ 집의 이셔 다 安樂ᄒᆞ더냐, 《朴新諺 2, 12ㅎ》誰知道做得狠(很)不如式, 뉘 아더냐 민드롬이 ᄀᆞ장 법 ᄀᆞᆺ지 아니ᄒᆞ고, 《朴新諺 2, 51ㅈ》堂上還不曾畵押哩, 堂上이 당시롱 일즉 슈례두지 아니ᄒᆞ엿다 ᄒᆞ더냐. 《朴新諺 2, 56ㅈ》雨纔晴了街上有路好走麼, 비 ᄀᆞᆺ 개여시니 거리에 길히 이셔 ᄃᆞ니기 됴터냐. 《朴新諺 3, 43ㅈ》昨夜你做道場有你在那裡麼, 어젯밤 道場ᄒᆞᆯ 제 네 거긔 잇더냐.

더너다 둉 걸다. 내기하다. ⇔도(賭). 《朴新諺 1, 26ㅈ》咱與你賭一箇羊吃, 우리 너와 ᄒᆞᆫ 羊을 더너 먹쟈. 《朴新諺 1, 53ㅈ》咱們賭甚麼來, 우리 므서슬 더너료. 賭一桌筵席罷, ᄒᆞᆫ 상 이바지를 더너쟈.

-더뇨 어미 -더냐. 《朴新諺 1, 10ㅎ》你向來打土墻是多少一板, 네 져적의 토담 쏠 제 언머에 ᄒᆞᆫ 틀을 ᄒᆞ더뇨. 《朴新諺 1, 22ㅈ》他做這帶要多少工錢, 뎨 이 ᄯᅴ를 민들매 언머 工錢을 달라 ᄒᆞ더뇨. 《朴新諺 1, 37ㅎ》那太醫把艾怎麼灸法呢, 뎌 太醫 ᄡᅮᆨ으로다가 엇디 ᄡᅳ더뇨. 《朴新諺 1,

下多少財禮呢, 언머 財禮를 드리더뇨. 《朴新諺 1, 44ㅎ》幾時過門的呢, 언제 過門ᄒᆞ더뇨. 《朴新諺 2, 21ㅎ》今年田禾如何, 올ᄒᆡ 田禾ㅣ 엇더ᄒᆞ더뇨. 《朴新諺 2, 57ㅎ》在那裏試走的, 어디셔 ᄃᆞ롬질 시기더뇨. 《朴新諺 2, 57ㅎ》那時誰先走來呢, 그 ᄢᅢ에 뉘 몬져 ᄃᆞ라왓더뇨. 《朴新諺 3, 43ㅈ》不知寫着甚麼哩, 아지 못게라 므서시라 ᄡᅥᆻ더뇨.

더느다 둉 걸다. 내기하다. ⇔도(賭). 《朴新諺 1, 26ㅈ》咱們下一局賭箇輸贏如何, 우리 ᄒᆞᆫ 판 두어 지며 이긔믈 더느미 엇더ᄒᆞ뇨. 《朴新諺 1, 26ㅈ》要賭甚麼呢, 므서슬 더느쟈 ᄒᆞᄂᆞ뇨. 《朴新諺 1, 26ㅈ》賭甚麼, 무서슬 더느료.

-더니 어미 -더니. 《朴新諺 1, 27ㅈ》你說饒我四子, 네 니ᄅᆞ되 나를 네흘 졉쟈 ᄒᆞ더니. 《朴新諺 1, 32ㅎ》你說都是好的, 네 니ᄅᆞ되 다 됴흔 거시라 ᄒᆞ더니. 《朴新諺 1, 56ㅎ》留下名帖可曾見麼, 名帖을 머므럿더니 일즉 보신가. 《朴新諺 2, 10ㅈ》如今來到這永寧寺裏坐了方丈, 이제 이 永寧寺에 와 方丈에 안잣더니. 《朴新諺 2, 23ㅈ》只有五六十箇馬, 다만 五六十 몰이 잇더니. 《朴新諺 2, 34ㅈ》他有兩箇婢家, 뎨 두 계집이 잇더니. 《朴新諺 3, 4ㅎ》竟不曉得葉兒有這用處, 므ᄎᆞᆷ내 닙히 이 쁠 곳 잇ᄂᆞᆫ 줄을 아지 못ᄒᆞ엿더니. 《朴新諺 3, 19ㅎ》徃煤場場拉煤去, 煤場에 셕탄 실라 가더니. 《朴新諺 3, 25ㅈ》說與先生樻中有一箇桃, 先生ᄃᆞ려 닐러 궤 가온디 ᄒᆞᆫ 복셩홰 잇다 ᄒᆞ엿더니. 《朴新諺 3, 57ㅎ》那時太祖不允, 그 ᄢᅢ에 太祖ㅣ 듯지 아니ᄒᆞ더니.

-더니라 어미 -더니라. -었다. 《朴新諺 1, 16ㅎ》大街上買段子去來, 큰 거리에 비단 사라 갓더니라. 《朴新諺 1, 37ㅈ》不好出門騎馬, 門에 나 몰 ᄐᆞ기 됴치 아니ᄒᆞ더니라.

더느다 둉 걸다. 내기하다. ⇔도(賭). 《朴

新諺 2, 55ㅈ》咱賭些甚麼, 우리 므서슬 더ᄂ료.《朴新諺 3, 36ㅎ》賭甚麼呢, 무서슬 더ᄂ리오. 咱賭錢, 우리 돈을 더ᄂ쟈.

더덩이 명 더뎅이. ⇔흘낭(疙瘇).《朴新諺 3, 11ㅎ》滿指甲疙瘇和膿水怎麼好呢, 손톱에 ᄀ득ᄒ 더덩이와 고롬이 엇지 됴흐리오.

더뎌두다 동 버려두다. 맡겨두다. 제 마음대로 하게 하다. ⇔유타(由他).《集覽, 字解, 累字解, 1ㅎ》由他. 더뎌두라. 又제 ᄆ숨대로 ᄒ게 ᄒ라.

더듸다 형 더디다. ⇔지(遲).《朴新諺 1, 58ㅎ》不致遲悞, 더듸여 어그릇츔애 니르지 말고.《朴新諺 2, 2ㅈ》所以來得遲了, 이러모로 오미 더듸여라.《朴新諺 2, 4ㅎ》有心拜節寒食不遲, 節에 拜홀 ᄆ음이 이시면 寒食이라도 더듸지 아니타 ᄒᄂ니라.《朴新諺 2, 35ㅎ》只爭來早與來遲, 다만 오미 일음과 다뭇 오미 더듸믈 ᄃ토ᄂ이라.

더디다 동 던지다. ⇔전(顚).《朴新諺 1, 21ㅈ》不是顚錢便是踢毽子, 돈더디기 아니면 곳 젹이츠기 ᄒᄂ니.

-더라 어미 -더라.《集覽, 字解, 單字解, 4ㅈ》來. 來往. 又語助. 你來 이바, 夜來 어제, 有來 잇더라, 去來 가다. 又數物而有餘數, 未的知之辭. 十來箇 여라믄, 十里來地 십 리만ᄒ 디, 十來日 여라믄 날.《朴新諺 1, 20ㅈ》逢時及莭(節)好會頑耍哩, 째롤 만나고 졀을 밋처 ᄀ장 놀 줄을 아더라.《朴新諺 1, 31ㅈ》眞是打扮的風流好看, 진실로 비온 거시 風流로와 보기 됴터라.《朴新諺 1, 52ㅈ》京都也沒甚麼買賣, 셔울도 아모란 買賣 업더라.《朴新諺 2, 9ㅎ》善能參禪打坐, 參禪 打坐ᄒ기롤 잘ᄒ더라.《朴新諺 2, 22ㅈ》田禾好, 田禾 ㅣ 됴핫더라.《朴新諺 2, 34ㅈ》屢屢的如此行凶作惡, ᄌ조 이리 行凶 作惡ᄒ더라.《朴新諺 2, 56ㅎ》一路稀泥眞有沒脚背深哩, 왼 길 즌홁이 진실로 발

등이 빠질 깁희 잇더라.《朴新諺 3, 22ㅈ》如此作賤(踐)佛家弟子, 이러틋시 佛家 弟子를 쳔답ᄒ더라.《朴新諺 3, 41ㅈ》就如活的只少一口氣哩, 곳 사니 ᄀ고 그저 ᄒ 입긔운만 업더라.《朴新諺 3, 56ㅈ》外面有沈相公同客來奉拜, 밧끠 沈相公이 客과 ᄒ가지로 와 奉拜ᄒ더라.

더러온 형 더러운. ⇔추(醜).《朴新諺 1, 57ㅈ》醜厮你來, 더러온 놈아 이바.

더럽다 형 더럽다. (냄새가) 고약하다. ⇔취(臭).《朴新諺 2, 55ㅎ》氣息臭的了不的, 내음이 더러워 견디지 못ᄒ니.

더레이다 동 더럽히다. 더럽혀지다. ⇔오(汚).《朴新諺 2, 56ㅎ》衣服上都汚的是泥, 衣服에 다 더레인 거시 이 즌홁이라.

-더면 어미 -더라면. -면.《朴新諺 3, 7ㅈ》你們若依我這般用心收拾, 너희 만일 내 대로 이리 用心ᄒ여 收拾ᄒ더면.

더부러 円 더불어. ⇔여(與).《朴新諺 3, 14ㅎ》師傳道我與他無緣也, 師傳ㅣ 니르되 내 뎌로 더부러 인연이 업스니.《朴新諺 3, 23ㅈ》與大仙素不認識, 大仙으로 더부러 본디 아지 못ᄒ니.《朴新諺 3, 41ㅎ》他與我極好相與, 뎨 날로 더부러 極히 됴히 사괴되.《朴新諺 3, 41ㅎ》與他商(商)量了放下定錢, 뎌로 더부러 商(商)量ᄒ여 마초임 갑슬 두면.《朴新諺 3, 50ㅎ》小人與隣人等看驗得賊人蹤跡, 小人이 隣人 等으로 더부러 賊人의 蹤跡을 看驗ᄒ니.

더옥 円 더욱. 훨씬. ●⇔갱(更).《朴新諺 2, 26ㅈ》一發送些來更好, 홈끠 보내여 오니 더옥 됴타. ●⇔월(越).《集覽, 字解, 單字解, 5ㅎ》越. 尤甚也. 越好 ᄀ장 됴타, 越細詳 더옥 춘춘ᄒ다.《朴新諺 2, 45ㅎ》所以越漏了, 그러모로 더옥 싀니.《朴新諺 3, 11ㅎ》越疼的當不得, 더옥 알파 당치 못ᄒ여라.

더욱 円 더욱. 훨씬. ⇔갱(更).《朴新諺 2, 40ㅎ》使鈎子的賊們更多, 갈고리 쓰는

도적들이 더욱 만하. 《朴新諺 3, 55ㅎ》那麼更好, 그러면 더욱 됴타. 《朴新諺 3, 55ㅎ》也就拜他一拜豈不更妙麼, 쏘 곳 저의게 拜홈이 엇티 더욱 妙티 아니ᄒ랴.

더웁다 혱 덥다. ⇔열(熱). 《朴新諺 2, 24ㅎ》來到家裏就害熱, 집의 와 곳 더워.

더위치다 동 잡다. 움켜잡다. 또는 빼앗다. 강탈하다. ⇔창(搶). 《朴新諺 3, 22ㅎ》把祭星茶果搶來吃了, 祭星ᄒ는 茶果를다가 더위쳐 먹고.

더으다 혱 더하다(加). 초과하다. 상회하다. ⇔강여(強如). 《集覽, 字解, 累字解, 1ㅎ》强如. 더으다.

-더이다 어미 -ㅂ디다. -습디다. 《朴新諺 1, 3ㅎ》就去取酒, 즉시 가 술을 가져가라 ᄒ더이다. 《朴新諺 2, 25ㅎ》不要嫌少, 져금을 혐의치 말라 ᄒ더이다.

더ᄒ다 동 더하다. ●⇔가(加). 《朴新諺 2, 43ㅎ》再加你五錢銀罷, 다시 네게 닷 돈 은을 더홈이 무던ᄒ다. ●⇔첨(添). 《朴新諺 2, 43ㅎ》請添些, 쳥컨대 져기 더ᄒ라. 《朴新諺 3, 4ㅎ》我如今也添了些識見了, 내 이제 쏘 져기 識見을 더ᄒ도다. 《朴新諺 3, 12ㅈ》火盆上添些炭火, 화로에 숫불을 더ᄒ고. ●⇔첨상(添上). 《朴新諺 3, 33ㅈ》若再添上三五兩好銀子, 만일 다시 三五兩 됴흔 銀을 더ᄒ면. 《譯語類解, 補, 賣買》添上, 더ᄒ다.

덕승문(德勝門) 명 중국 북경(北京) 내성(內城)에 있는 성문. 안정문(安定門) 서쪽에 있다. 원대(元代)의 건덕문(健德門)을 명(明) 영락(永樂) 연간에 고친 이름이다. 《集覽, 朴集, 上, 5ㅎ》平則門. 永樂十九年, 營建宮室, 立門九, 南曰正陽, 又曰午門, 元則曰麗正, 南之右曰宣武, 元則曰順承, 南之左曰文明, 元則曰崇文, 又曰哈噠, 北之東曰安定, 北之西曰德勝, 元則曰健德, 東之北曰崇仁, 一名東直, 元名同, 東之南曰朝陽, 元則曰齊華, 西之北曰西直, 西之南曰阜城, 元則曰平則. 元設十

一門, 而今減其二. 《朴新諺 3, 48ㅎ》北有安定門・德勝門, 北에는 安定門과 德勝門이 잇고.

덕행(德行) 명 어질고 너그러운 행실. 《朴新諺 3, 13ㅈ》眞是一箇有德行的和尙, 진실로 이 혼 德行 잇는 즁이라.

-던 어미 -던. 《朴新諺 3, 21ㅎ》和伯眼大仙闘(鬪)聖這一段故事, 伯眼大仙과 闘(鬪)聖ᄒ던 이 一段 故事를.

-던고 어미 -던고. 《朴新諺 3, 42ㅎ》他多大年紀了, 데 나히 언머나 ᄒ던고.

덜 閉 덜. ⇔생(省). 《朴新諺 2, 21ㅎ》到那裏各自省睡些, 데 가 각각 좀을 덜 자고.

덜다 동 덜다. ●⇔생(省). 《朴新諺 1, 15ㅈ》豈不省事麼, 엇디 일을 더지 아니ᄒ랴. 《朴新諺 2, 43ㅎ》省些牙錢不好麼, 즈름갑슬 덜미 됴치 아니ᄒ랴. ●⇔소(少). 《朴新諺 3, 45ㅎ》夜飯少一口, 밤밥을 혼 술을 덜면. 活到九十九, 아흔 아홉을 산다 ᄒ니라. ●⇔제(除). 《朴新諺 1, 17ㅈ》除了內造上用之外, 內造 上用을 더론 밧고는. 《朴新諺 1, 46ㅎ》除了氁子馳毛之外, 담과 약대 털을 더론 밧고. 《朴新諺 1, 47ㅎ》除了學長共有四十五箇學生, 學長을 덜고 대되 마흔 다숫 學生이 잇ᄂ니라. 《朴新諺 3, 38ㅎ》除了種子之外, 삐를 더론 밧끠.

덥다 동 덮다. ⇔개(蓋). 《朴新諺 2, 34ㅈ》用板蓋在上頭, 널로 우희 덥고.

덥다 혱 덥다. ●⇔열(熱). 《朴新諺 2, 23ㅎ》小弟這幾日有些頭疼腦熱, 小弟 요스이 져기 마리 알프고 골치 더움이 잇더니. 《朴新諺 2, 24ㅎ》熱炕上焫着出些汗, 더온 炕에 덥게 ᄒ여 져기 똠 내고. 《朴新諺 3, 1ㅈ》熱的當不的, 더위 當치 못ᄒ여라. ●⇔염열(炎熱). 《朴新諺 3, 1ㅈ》今日天氣炎熱, 오눌 天氣 더오니. ●⇔온(溫). 《朴新諺 2, 25ㅈ》煎至七分去滓溫服, 달혀 七分에 니르거든 滓를 ᄇ리고 더온 이로 먹으라.

덥ᅙ다 [동] 덮다. ⇔개(蓋).《朴新諺 1, 55
ㅈ》上遵把小被盖着, 우희 져근 니블을
다가 덥허.

덧덧이 [부] 떳떳이. 늘. 항상. ⇔상(常).
《朴新諺 3, 49ㅎ》閑時節常住在那靑蒲・
紅蓼・灘邉, 한가훈 째에 덧덧이 뎌 靑
蒲・紅蓼・灘邉에 머므러.

덩이 [의] 덩이. ●⇔괴(塊).《朴新諺 1, 39
ㅎ》墙上一塊土吊下來禮拜, 담 우희 훈 덩
이 흙이 쩌러뎌 느려와 禮拜ᅙ는 거시여.
《朴新諺 3, 24ㅎ》取了一塊靑泥來, 훈 덩
이 프른 즌흙을 가져와,《朴新諺 3, 45ㅈ》
我咬着一塊沙子, 내 훈 덩이 모래를 무니.
●⇔정(錠).《朴新諺 3, 33ㅈ》元寶只有
半錠, 元寶ㅣ 그저 반 덩이 이시니. ●⇔
정(整).《朴新諺 1, 58ㅈ》情愿憑中借到某
人名下紋銀五十両整(朴新注, 22ㅎ: 無零
數之謂.), 情愿으로 즁인을 의빙ᅙ여 某
人 名下에 紋銀 五十両 덩이롤 쑤되.

뎌 [관] 저[彼]. ●⇔나(那).《朴新諺 1, 9ㅈ》
到那朝鮮地方, 뎌 朝鮮 짜히 가.《朴新諺
1, 12ㅈ》那挑脚的漢子, 뎌 삭짐 지는 놈
아.《朴新諺 1, 22ㅎ》那珠子有多少大, 뎌
진쥬ㅣ 언머나 크뇨.《朴新諺 2, 5ㅈ》再
看那閣前水面上, 다시 뎌 閣 앏 믈 우흘
보니.《朴新諺 2, 20ㅎ》快叫那木匠來, 샐
리 뎌 木匠을 불러와.《朴新諺 2, 32ㅈ》
那厮十分做的好, 뎌 놈이 ᄀ장 민들기를
잘ᅙᄂ니.《朴新諺 3, 5ㅈ》只怕那寃家們
打關節煩人說情哩, 그저 뎌 寃家들이 쇼
쳥ᅙ여 사롬을 식여 情을 니론가 저페
라.《朴新諺 3, 17ㅈ》那西壁廂還要打一
道墙, 뎌 셔편에 쪼 훈 줄 담을 쓰고,《朴
新諺 3, 34ㅈ》那些勇士都穿着花袴皁靴,
뎌 여러 勇士들이 다 아롱 바지에 거믄
靴를 신고,《朴新諺 3, 46ㅈ》那牛廠裡,
뎌 牛廠에서.《朴新諺 3, 51ㅎ》那厮多少
年紀了, 뎌 놈이 나히 언머나 ᄒ뇨. ●⇔
나개(那箇).《朴新諺 2, 12ㅈ》那箇主兒
又叫做頑雀兒的, 뎌 님자를 쪼 새 놀리는

이라 부르ᄂ니라.《朴新諺 3, 2ㅈ》那箇
拿藍(籃)子盛着猫的不是賣的麽, 뎌 드라
치 가져 괴 담으니 이 폴 리 아니가. ●
⇔저(這).《朴新諺 2, 5ㅈ》這畫棟雕樑朱
欄碧檻, 뎌 畫棟 雕樑과 朱欄 碧檻이.《朴
新諺 3, 12ㅈ》這藥舖有招牌沒有, 뎌 藥舖
에 招牌 잇ᄂ냐 업ᄂ냐.

뎌 [대] 저[彼]. ●⇔나개(那箇).《朴新諺 3,
36ㅎ》那箇新來的崔哥你也會打麽, 뎌 새
로 온 崔哥ㅣ 아 너도 칠 줄을 아는다.
●⇔나사(那些).《朴新諺 3, 44ㅈ》又見
那些送殯親朋, 쏘 보니 뎌 送殯ᅙ는 親朋
이. ●⇔타(他).《集覽, 字解, 單字解, 3
ㅈ》着. 使之爲也. 着落 히여곰, 着他 뎌
ᅙ야. 又置也. 着塩 소곰 두다. 又中也.
着了 맛다. 又見人所行之事, 正合人所指
望之, 方則亦曰着了 마초ᅙ야다. 又實也.
着實 실히. 又語助. 又穿衣服也.《朴新諺
1, 5ㅎ》叫他着幾箇樂工來伺候, 뎌로 ᅙ
여 여러 樂工을 시겨 와 伺候ᅙ고,《朴新
諺 1, 22ㅎ》敎他替我做一條銀廂花帶何
如, 뎌로 ᅙ여 나롤 ᄀᄅ차 훈 오리 銀
던메온 섭사긴 쯰롤 민돌미 엇더ᅙ뇨.
《朴新諺 1, 33ㅎ》我不曾見他, 내 일즉 뎌
롤 보지 못ᅙ여시니.《朴新諺 2, 3ㅎ》你
問他借一箇罷, 네 뎌ᄃ려 무러 ᅙ나흘 빌
미 무던ᄒ다.《朴新諺 2, 18ㅎ》是他的爺
娘立的文契, 이 뎌의 爺娘의 셰온 문셔ㅣ
라.《朴新諺 2, 32ㅎ》你的帽子當初何不
叫他做呢, 네 갓슬 當初에 엇지 뎌로 ᅙ여
민드지 아니ᅙ다.《朴新諺 3, 2ㅈ》恨的
我沒法兒治他, 믜오되 내 뎌를 다스릴 法
이 업세라.《朴新諺 3, 20ㅎ》便把他監起
來也不怕, 곳 뎌를다가 가도아도 저프지
아니ᅙ다.《朴新諺 3, 34ㅈ》又看他們捽
按, 쏘 뎌들의 삐롬홈을 보니.《朴新諺
3, 50ㅈ》我也無心羨慕他了, 내 쏘 ᄆ옴에
뎌를 羨慕홈이 업세라.

뎌것 [대] 저것. ⇔나개(那箇).《集覽, 字解,
單字解, 3ㅎ》那. 平聲, 音노, 推移也. 那

一那 논힐후다. 上聲 나, 何也. 那裏 어
듸, 那箇 어늬. 又誰也. 那一箇 누고. 去
聲 나, 那裏, 彼處也. 那箇 뎌것. 又語助.
有那沒 잇느녀 업스녀.

뎌긔 〔㳡〕 저기. ⇔나리(那裏). 《朴新諺 1,
52ㅈ》到那裏両三箇月, 뎌긔 가 두석
돌을 어들 쎠시오. 《朴新諺 2, 4ㅎ》你說
那裏的景致如何, 네 뎌긔 景致를 니ᄅ미
엇더ᄒ뇨. 《朴新諺 2, 10ㅈ》都往那裏聽
去, 다 뎌긔 드르라 가니. 《朴新諺 2, 39
ㅈ》且到那裏看看景致, ᄯᅩ 뎌긔 가 景致
를 보아. 《朴新諺 2, 49ㅎ》你若到那裏住
幾時, 네 만일 뎌긔 가 여러 ᄢᅢ를 머믈면,
《朴新諺 3, 35ㅎ》那裡吃去罷, 뎌긔 먹으
라 가쟈.

뎌기 〔명〕 제기. ⇔건자(建子). 《集覽, 朴集,
上, 6ㅎ》建子. 아히〈아히〉 ᄎᆞ는 뎌기.
建, 免疑雜韻〈韵〉内字作筆, 音健, 俗自撰
也.

뎌기 〔부〕 적이. 좀. ⇔사(些). 《朴新諺 2,
46ㅎ》也該學些好, ᄯᅩ 뎌기 착ᄒᆞᆫ 일을 비
함 즉ᄒᆞ거늘.

뎌런 〔관〕 저런. ●⇔나등(那等). 《朴新諺 1,
45ㅎ》那等歡娛快樂不必說了, 뎌런 歡娛
快樂호믈 굿ᄒᆞ여 니ᄅ지 못ᄒᆞ리로다.
●⇔나반(那般). 《朴新諺 2, 36ㅎ》那裏
那般好衣服好鞍馬, 어디 뎌런 됴흔 衣服
과 됴흔 鞍馬로.

뎌리 〔부〕 저리. 저렇게. ●⇔나문(那們).
《集覽, 字解, 單字解, 3ㅎ》們. 諸韻書皆
云, 們渾, 肥滿皃. 今俗借用爲等輩之字,
而曰我們·咱們 우리, 你們 너희. 又猶言
如此也. 這們 이리, 那們 뎌리. ●⇔나반
(那般). 《朴新諺 1, 34ㅈ》那般磕頭禮拜
央及我, 뎌리 마리롤 조아 禮拜ᄒᆞ고 내
게 비러. 《朴新諺 2, 24ㅎ》那般不小心所
以就犯了這症侯, 뎌리 조심치 아니ᄒᆞ여
시매 그리모로 이 症侯를 犯ᄒᆞ엿다 《朴
新諺 2, 40ㅎ》如今怎麽那般賊多, 이제
엇지 뎌리 도적이 만흐뇨.

뎐갈 〔명〕 전갈(全蠍). ⇔갈자(蠍子). 《朴新
諺 1, 40ㅈ》這是蝎子, 이는 이 뎐갈이로
다.

뎐당 〔명〕 전당(典當). ⇔당(當). 《朴新諺 1,
23ㅈ》當多了後來銀子不湊手就難贖了,
뎐당을 만히 ᄒᆞ엿다가 후에 은이 손에
모히지 못ᄒᆞ면 곳 무르기 어려오니라.

뎐당ᄒᆞ다 〔동〕 전당(典當)하다. ⇔당(當).
《朴新諺 1, 22ㅎ》我今日到當舖裏當錢去,
내 오늘 當舖에 돈 뎐당ᄒᆞ라 가노라.
《朴新諺 1, 23ㅈ》要當多少錢, 언머 돈에
뎐당ᄒᆞ려 ᄒᆞᄂᆞᆫ다. 當二十両銀子, 스므
냥 은에 뎐당ᄒᆞ려 ᄒᆞ노라. 當許多銀子
做甚麼, 이 만흔 은을 뎐당ᄒᆞ여 므슴 ᄒᆞ
려 ᄒᆞᄂᆞᆫ다. 多當多贖少當少贖, 만히 뎐
당ᄒᆞ면 만히 무르고 젹게 뎐당ᄒᆞ면 젹
게 무르느니. 《朴新諺 1, 23ㅎ》便當二十
両也還不勾用哩, 곳 스므 냥을 뎐당ᄒᆞ여
도 당시롱 ᄡᅳ기에 넉넉지 못ᄒᆞ여라. 《朴
新諺 1, 23ㅎ》我如今先當了這両種, 내 이
제 몬져 이 두 가지룰 뎐당ᄒᆞ고도. 還要
把一副頭面去當哩, ᄯᅩ 흔 불 頭面을 가져
가 뎐당ᄒᆞ려 ᄒᆞᄂᆞ니. 《朴新諺 1, 24ㅈ》
再當一百七八十両銀子, ᄯᅩ 一百 七八十
両 은을 뎐당ᄒᆞ여. 《朴新諺 2, 34ㅎ》拿
珍珠一百顆來當, 珍珠 一百 낫츨 가져와
뎐당ᄒᆞ니.

뎐메오다 〔동〕 전 메우다. ⇔상(廂). 《朴新
諺 1, 21ㅎ》廂的金子多少分両, 뎐메온
金이 언머 分両고. 《朴新諺 1, 22ㅈ》似你
這帶廂得好, 네 이 ᄯᅴᆨᄀᆞ치 뎐메오기 잘
ᄒᆞ량이면. 《朴新諺 1, 22ㅎ》敎他替我做
一條銀廂花帶何如, 뎌로 ᄒᆞ여 나룰 ᄀᆞᄅ
차 ᄒᆞᆫ 오리 銀 뎐메온 섭사긴 ᄯᅴ롤 민돌
미 엇더ᄒᆞ뇨. 《朴新諺 1, 44ㅈ》金廂寶石
頭面, 金으로 寶石에 뎐메온 頭面과.

뎐메우다 〔동〕 전 메우다. ⇔상(廂). 《朴新
諺 1, 21ㅎ》你那條金帶是誰廂的, 네 뎌
金ᄯᅴ룰 뉘 뎐메윗ᄂᆞ뇨. 是挼攔衚衕裏帶
匠夏五廂的, 이 挼攔 골 ᄯᅴ쟝이 夏五ㅣ

던메윗느니라.《朴新諺 1, 21ㅎ》是五两
金子廂的, 이 닷 냥 金으로 던메윗느니
라.《朴新諺 1, 23ㅎ》两對寶石廂嵌的鬢
簪, 두 빵 寶石에 던메워 날박은 鬢簪과.
《朴新諺 1, 23ㅎ》一對猫兒眼廂嵌的金戒
指, 혼 빵 야광쥬 던메워 박은 金가락지.
《朴新諺 1, 30ㅈ》鞍坐子是烏犀角玳瑁廂
嵌的, 기르마가지는 이 烏犀角에 玳瑁로
던메워 박은 거시오.《朴新諺 1, 30ㅈ》
鞍皮事件都是減金與那珊瑚廂嵌的, 질채
와 事件은 다 이 금 입ᄉ와 珊瑚로 던메
워 박은 거시오.

뎔 몡〈불〉절[寺]. ⇔사원(寺院).《朴新諺
1, 35ㅎ》揀那清淨寺院裡, 뎌 清淨혼 뎔
을 굴희여.

뎜 몡 점(店). 상점. 가게. ⇔점(店).《朴新
諺 3, 35ㅎ》咱們到飯店裡吃飯去, 우리
밥뎜에 가 밥 먹으라 가쟈. 西華門外有
箇好飯店, 西華門 밧끠 혼 됴혼 밥뎜이
이시니.

뎝시 몡 접시. ⇔접자(碟子).《朴新諺 1,
6ㅈ》叫小厮們先擺上果碟子, 아희들을
불러 몬져 과실 뎝시롤 버리고.

뎝시 의 접시. ⇔접(楪).《朴新諺 1, 4ㅈ》
每桌辦乾鮮果品十六楪, 每 桌에 乾鮮果
品 열 여ᄉ 뎝시를 출호되.

뎡ᄒ다 통 정(定)하다. ●⇔설정(設定).
《朴新諺 1, 10ㅎ》說之了工價然後好煩你
做活, 공젼을 뎡혼 후에 널로 ᄒ여 셩녕
홈이 됴타. ●⇔정(定).《朴新諺 1, 9ㅈ》
相懇你揀了起程日子, 네게 쳥ᄒ느니
起程훌 날을 굴희어 뎡ᄒ면.《朴新諺 1,
10ㅈ》待我擇之了日期, 내 날 굴희여 뎡
홈을 기드려.《朴新諺 1, 26ㅎ》拈子為之
不許更改的, 물 자바 뎡ᄒ고 고치믈 허
치 마쟈.《朴新諺 1, 34ㅈ》說之一年之內
本利都還我, 닐러 뎡ᄒ여 혼 힛 너에
本과 利롤 다 내게 갑하 물키마 ᄒ여,
《朴新諺 2, 9ㅈ》講定了一幷買你的, 닐러
뎡ᄒ고 혼번에 네 거슬 사쟈.

뎨 때 ●저기. ⇔나리(那裏).《朴新諺 2,
21ㅎ》到那裏各自省些, 뎨 가 각각 좀
을 덜 자고. ●제가. 저 사람이. ⇔타
(他).《朴新諺 1, 22ㅈ》他做這帶要多少
工錢, 뎨 이 ᄭᅴ롤 민들매 언머 工錢을 달
라 ᄒᄂ뇨.《朴新諺 1, 35ㅈ》不知他那一
日纔肯還, 아지 못게라 뎨 어닉 날 마치
즐겨 갑흐리오.《朴新諺 1, 41ㅎ》他要多
少錢纔醫呢, 뎨 언머 공젼을 밧아야 맛
치 고치리오.《朴新諺 2, 3ㅎ》他怎麼不
肯借與你, 뎨 엇지 즐겨 너를 빌리지 아
니ᄒ리오.《朴新諺 2, 18ㅈ》他若再不保
好生重重的打, 뎨 만일 다시 긔수치 아
니ᄒ거든 ᄀ장 듕히 티라.《朴新諺 2, 34
ㅈ》他有兩箇婢家, 뎨 두 계집이 잇더니.
《朴新諺 3, 5ㅎ》他偏不與你辦, 뎨 편벽
히 너를 위ᄒ여 셔도지 아니ᄒ고.《朴新
諺 3, 24ㅎ》他也拔下一根毛來, 뎨 쏘 혼
낫 털을 ᄲᅢ혀.《朴新諺 3, 41ㅈ》他在樞
密院西頭住, 뎨 樞密院 西편에서 사ᄂ느
라.《朴新諺 3, 42ㅎ》他多大年紀了, 뎨
나히 언머나 ᄒ던고.

도(刀) 몡 ●칼. ⇔칼.《朴新諺 1, 17ㅎ》有
張黒子打的刀最好, 張黒子ㅣ 이시니 민
든 칼이 ᄀ장 됴하.《朴新諺 1, 17ㅎ》這
般我敎他打了刀, 이러면 내 뎌로 ᄒ여 칼
을 치이되.《朴新諺 1, 18ㅈ》刀把要紫檀,
칼 ᄌᄅᄂ는 紫檀으로 ᄒ고.《朴新諺 1, 18
ㅈ》刀鞘要起線花梨木, 칼집은 실 돗친
花梨木으로 ᄒ고.《朴新諺 1, 18ㅎ》你要
打這五件刀, 네 이 다ᄉ 볼 칼을 치이되.
《朴新諺 1, 29ㅎ》象牙裝鞘小刀, 象牙로
가풀 ᄭᅮ민 져근 칼이오.《朴新諺 1, 30
ㅎ》両邉小刀荷包手巾, 두 편에 져근 칼
과 주머니 手巾이. ●협도(鋏刀). (한약
재를 써는, 작두와 비슷하게 생긴 연장)
⇔협도.《朴新諺 1, 40ㅎ》這是鍘藥刀,
이는 이 藥 ᄡᅡ흐는 협도ㅣ로다.

도(到) 통 ❶다다르다. 이르다. 당도하다.
●⇔다ᄃ라다.《朴新諺 1, 34ㅈ》誰想到

今年已是一年半了, 뉘 올히 다드라 이믜 一年 半에. 《朴新諺 1, 48ㅎ》到晌午寫倣, 나지 다드라 셔품 쓰기 호되. 《朴新諺 1, 55ㅈ》到了百日又做筵席, 百日에 다드라 ᄯᅩ 이바지ᄒᆞ면. 《朴新諺 2, 17ㅎ》使臣明日到這站, 使臣이 닉일 이 站에 다드라. 《朴新諺 2, 22ㅎ》我來時節到山海關上, 내 올 ᄢᅢ에 山海關에 다드라. 《朴新諺 2, 35ㅎ》這正是善惡到頭終有報, 졍히 이 善과 惡이 ᄆᆞᆾᄒᆡ 다드라 ᄆᆞᄎᆞᆷ내 갑홈이 이시되. 《朴新諺 2, 49ㅈ》到那稻熟的時候, 뎌 벼 닉을 ᄢᅢ에 다드라. 《朴新諺 3, 5ㅎ》不知到幾時纔得了局哩, 아지 못게라 어늬 ᄢᅢ에 다드라 맛치 판나믈 어드리오. 《朴新諺 3, 18ㅈ》直到日午西纔得上馬囬家, 바로 히 西에 거짐애 다드라 계요 ᄆᆞᆯ ᄐᆞ고 집의 도라오ᄂᆞ니라. 《朴新諺 3, 38ㅈ》到了秋收的時候, 秋收홀 ᄢᅢ에 다드라. ❸⇔다드르다. 《朴新諺 3, 45ㅎ》若挨摸到點燈時候, 만일 ᄭᅳ으내여 불 혈 ᄢᅢ에 다드르면. ❹⇔다드르다. 《朴新諺 1, 20ㅈ》到二月清明時候便放風箏了, 二月 清明에 다드르면 곳 연 늘리기 ᄒᆞᄂᆡ. 《朴新諺 1, 21ㅈ》到了七八月裏便鬪(鬪)促織, 七八月에 다드르면 곳 뵈ᄯᅡᆼ이 ᄲᅡ홈 부치고. 《朴新諺 1, 21ㅈ》到冬寒臘月裏, 冬寒 臘月에 다드르면. 《朴新諺 1, 55ㅈ》到滿月, 돌이 ᄎᆞ매 다드르면. ❹⇔다드다. 《朴新諺 1, 15ㅎ》你回去今夜到五更時候, 네 도라가 오늘 밤 五更 다ᄃᆞᆮ도록. 《朴新諺 2, 49ㅈ》直到點燈時分纔下馬, 잇긋 불 혈 ᄢᅢ에 다ᄃᆞᆮ게야 ᄌᆞ ᄆᆞᆯᄯᅢ ᄂᆞ리니. 《朴新諺 2, 52ㅎ》不到一生日哩, 혼 生日이 다ᄃᆞᆮ지 못ᄒᆞ엿다. 《朴新諺 3, 7ㅎ》到六月裏取出來晒幾次, 六月에 다ᄃᆞᆮ거든 가져 내여 여러 번 볏 ᄡᅬ라 ᄒᆞ여시니. 《朴新諺 3, 51ㅎ》那厮不到六十摸撉, 뎌 놈이 六十에 다ᄃᆞᆮ지 못혼 摸撉이러라. 《朴新諺 3, 55ㅎ》已到張編修門首了, 볼셔 張編修

의 門 앏히 다ᄃᆞᆮ거다. ❷❸가다. ⇔가다. 《朴新諺 1, 16ㅎ》還要把領子到該管書辦處換過小票, 당시롱 ᄐᆞᆫ 테롤 가져 ᄀᆞᆷ아ᄂᆞᆫ 셔반의게 가 져근 票롤 밧고고. 《朴新諺 1, 28ㅈ》到處破敗別人誇張自己(己), 간 곳마다 다른 사ᄅᆞᆷ을 허러ᄇᆞ리고 自己롤 쟈랑ᄒᆞ고. 《朴新諺 1, 48ㅈ》洗了臉就到學房裏, ᄂᆞᆾ 싯고 즉시 學房에 가. 《朴新諺 1, 56ㅎ》小弟昨日曾到貴宅奉拜, 小弟 어제 일즉 貴宅에 가 奉拜ᄒᆞ려 ᄒᆞ여. 《朴新諺 2, 2ㅎ》今日到黃村宿, 오늘 黃村에 가 자고. 《朴新諺 2, 12ㅈ》飛到那邊遞與他, ᄂᆞ라 뎌 편에 가 뎌를 주ᄂᆞ니. 《朴新諺 2, 39ㅈ》且到那裏看看景致, ᄯᅩ 더긔 가 景致를 보아. 《朴新諺 2, 41ㅈ》到那人家裏, 아모 人家에 가. 《朴新諺 3, 9ㅎ》慢慢的到江南, 날호여 江南에 가. 《朴新諺 3, 24ㅈ》到那唐僧耳門後咬, 뎌 唐僧의 귀 뒤헤 가 무러. 《朴新諺 3, 35ㅎ》咱們到飯店裡吃飯去, 우리 밥뎜에 가 밥 먹으라 가쟈. 《朴新諺 3, 49ㅎ》或撑到這荷花香處, 或 이 荷花 香내 나ᄂᆞᆫ 곳에 저어 가. ❸오다. 이르다. 닿다. ⇔오다. 《朴新諺 1, 12ㅎ》再到這裏取馬, 다시 예 와 ᄆᆞᆯ을 ᄎᆞᆺ고. 《朴新諺 2, 15ㅎ》一兩日內使臣就到, 一両日內에 使臣이 곳 올 거시니. 《朴新諺 2, 22ㅎ》大前日纔到的, 긋그제 ᄌᆞ 왓노라. 《朴新諺 3, 51ㅈ》嚴差捕役人等緝拿到案, 嚴히 捕役人 等을 시겨 緝拿ᄒᆞ여 案에 와. ❸이르다[到]. ❶⇔니르다. 《朴新諺 3, 9ㅈ》纔到得西天取了經廻來, 계요 西天에 니르러 經을 가지고 도라와. 《朴新諺 3, 21ㅎ》到一箇城子, 혼 城에 니르니. ❷⇔니ᄅᆞ다. 《朴新諺 3, 43ㅎ》直到天明, 바로 하ᄂᆞᆯ이 붉기에 니르더라.

도(到) 图 도리어. 오히려. ⇔도ᄅᆞ혀. 《集覽, 字解, 單字解, 3ㅈ》倒. 上聲, 仆也. 倒了 구으러디다. 又換也. 倒馬 ᄆᆞᆯ ᄀᆞᆯ다. 又贐也. 倒關字 글월 번뎝ᄒᆞ다. 又去聲,

反辭 도ᄅ혀. 通作到.《集覽, 字解, 單字
解, 7ㅈ》到. 至也. 又極也. 又反辭 도ᄅ
혀. 通作倒.

도(挑) 图 지다負. 메다.《集覽, 朴集, 上,
5ㅈ》挑脚. 舊本作起脚的. 謂赶脚者, 賃
驢〈馿〉取直之人, 謂挑脚者, 負擔重物求
直之人也.

도(倒) 图 ❶거꾸러지다. 넘어지다. 자빠
지다. ⇔것구러지다.《朴新諺 2, 22ㅎ》
瘦倒的倒了, 여위여 것구러지리 것구러
지고.《朴新諺 2, 52ㅈ》倒在床上便打鼾
睡, 床 우희 것구러져 곳 코 고오고 자거
늘.《朴新諺 2, 56ㅈ》咳到底是你這矬漢
倒了, 애 나죵내 너 이 킈 져근 놈이 것구
러지거다. ❷구르다. 회전하다. ⇔구을
다.《集覽, 字解, 單字解, 3ㅈ》倒. 上聲,
仆也. 倒了 구으러다. 又換也. 倒馬 물
ᄀ다. 又贈也. 倒關字 글월 번뎝ᄒ다. 又
去聲, 反辭 도ᄅ혀. 通作到. ❸갈다替.
대신하다. 교환하다. 바꾸다. ⇔ᄀ다.
《集覽, 字解, 單字解, 3ㅈ》倒. 上聲, 仆也.
倒了 구으러다. 又換也. 倒馬 물 ᄀ다.
又贈也. 倒關字 글월 번뎝ᄒ다. 又去聲,
反辭 도ᄅ혀. 通作到. ❹무너지다. ⇔믄
허지다.《朴新諺 1, 9ㅎ》我家的墻也倒了
幾堵, 우리 집 담도 여러 돌림이 믄허져
시니.《朴新諺 1, 11ㅈ》保管你站十年不
倒, 네게 十年을 셔셔도 믄허지디 아니
믈 맛들 거시니.《朴新諺 1, 11ㅎ》假如
三两年内倒了, 만일 두세 힌 안희 믄허
지거든.《朴新諺 1, 12ㅈ》你既要立箇保
管不倒的字兒, 네 이믜 믄허지디 아니믈
맛들 문셔롤 셰올 양이면. ❺(글월을)
베끼다. ⇔번뎝ᄒ다.《集覽, 字解, 單字
解, 3ㅈ》倒. 上聲, 仆也. 倒了 구으러디
다. 又換也. 倒馬 물 ᄀ다. 又贈也. 倒關
字 글월 번뎝ᄒ다. 又去聲, 反辭 도ᄅ혀.
通作到. ❻븟다注. ⇔붇다.《朴新諺 3,
31ㅎ》茶博士(朴新注, 55ㅎ: 進茶人之假
稱.)們倒茶來, 茶博士들아 차를 부어 오

라.《朴新諺 3, 32ㅈ》你先倒一椀六安‧
一椀松蘿, 네 몬져 혼 사발 六安차와 혼
사발 松蘿차를 부어 오고, ❼지게 하다.
또는 넘어뜨리다. 압도하다. ⇔지우다.
《朴新諺 2, 48ㅎ》却考不倒我哩, ᄯ 무러
나를 지우지 못ᄒ리라.

도(倒) 円 도리어. 오히려. ❶⇔도로혀.
《朴新諺 1, 34ㅎ》倒累我的新靴子都走破
了, 도로혀 내 새 靴조차 다 ᄃ녀 해아ᄇ
려다.《朴新諺 1, 42ㅈ》錢之多少倒不打
緊, 돈 多少는 도로혀 다 긴치 아니ᄒ다.
《朴新諺 1, 52ㅎ》不去的倒好, 가지 아니
홈이 도로혀 됴흐니라.《朴新諺 1, 53
ㅈ》這般倒也好, 이러면 도로혀 됴타.
《朴新諺 3, 37ㅈ》倒慣會打毬哩, 도로혀
댱방올 치기 닉이 알 줄을 싱각지 못ᄒ
엿노라. ❷⇔도ᄅ혀.《集覽, 字解, 單字
解, 3ㅈ》倒. 上聲, 仆也. 倒了 구으러디
다. 又換也. 倒馬 물 ᄀ다. 又贈也. 倒關
字 글월 번뎝ᄒ다. 又去聲, 反辭 도ᄅ혀.
通作到.《集覽, 字解, 單字解, 7ㅈ》到. 至
也. 又極也. 又反辭 도ᄅ혀. 通作倒.

도(桃) 图 복숭아. ⇔복성화.《朴新諺 1,
4ㅈ》乾果子呢, 므론 과실은. 榛子, 개암.
松子, 잣. 瓜子, 슈박삐. 乾葡萄, 마른 葡
萄. 栗子, 밤. 龍眼, 龍眼. 桃仁, 복성화삐.
荔子, 녀지요.《朴新諺 3, 25ㅈ》說與先生
樻中有一箇桃, 先生ᄃ려 닐러 궤 가온디
혼 복성홰 잇다 ᄒ엿더니.《朴新諺 3, 25
ㅎ》大仙說是一箇桃, 大仙이 닐ᄅ되 이
혼 복성화라 ᄒ여눌.《朴新諺 3, 25ㅎ》
大仙說是一箇桃, 大仙이 닐ᄅ되 이 혼 복
성화라 ᄒ여눌.

도(逃) 图 도망하다. ⇔도망ᄒ다.《朴新諺
3, 58ㅎ》逃徃山中去了, 도망ᄒ여 山中을
향ᄒ여 갓더니.

도(掏) 图 쓸다掃. 또는 파다. 파내다. 후
비다. ⇔뽑다.《朴新諺 1, 43ㅎ》把捎篦
掏一掏耳朶, 짓븨로다가 귓바회 뽑으면.

도(淘) 图 일다淘. 일다.《朴新諺 3, 45

ㅈ》淘米也要乾淨着, 뿔 일기를 쏘 乾淨히 ᄒ라.

도(堵) 의 ❶담틀 5장의 넓이. 곧, 담장 사방 30자尺의 넓이. 《集覽, 朴集, 上, 5ㅈ》板. 六尺爲板. 《集覽, 朴集, 上, 5ㅈ》堵. 五板爲堵. ❷돌림. 둘레. ⇔돌림. 《朴新諺 1, 9ㅎ》我家的墻也倒了幾堵, 우리 집 담도 여러 돌림이 믄허져시니.

도(跳) 동 ❶뛰어 넘다. ⇔넘다. 《朴新諺 1, 20ㅈ》也有跳百索的, 줄 너므리도 잇고, 《朴新諺 3, 51ㅈ》偸盜布疋仍跳墻而去, 布疋을 도적ᄒ고 인ᄒ여 담을 너머 나가시되. ❷뛰놀다. ⇔쒸놀다. 《朴新諺 1, 40ㅎ》両箇先生合賣藥一箇坐一箇跳, 두 先生이 모다 藥 프노라 ᄒ나흔 안잣고 ᄒ나흔 쒸노는 거시여. ❸뛰다. ⇔쒸다. 《朴新諺 3, 14ㅈ》便暴跳起來道, 곳 급피 쒸여 니러나 니르되. 《朴新諺 3, 24ㅎ》大仙大叫一聲便跳下床來了, 大仙이 크게 ᄒᆞᆫ 소리 지르고 곳 床에 쒸여 느리니. 《朴新諺 3, 26ㅎ》打一箇跟阧跳入油中, ᄒᆞᆫ 번 跟阧질ᄒ여 쒸여 기름 가온대 들어가.

도(都) 명 서울. 수도. 도읍. 《朴新諺 3, 57ㅈ》那時有箇王名弓裔(朴新注, 65ㅈ: 新羅憲安王之子. 叛居鉄原爲都, 國號泰封.), 그 ᄣᅢ에 ᄒᆞᆫ 님금이 이셔 일홈이 弓裔니.

도(都) 円 다. 모두. ⇔다. 《朴新諺 1, 2ㅈ》都勾了, 다 넉넉ᄒ리라. 《朴新諺 1, 19ㅈ》好與不好都是小舖的門面, 됴ᄒ며 됴치 아니미 다 이 小舖의 門面이라. 《朴新諺 1, 34ㅎ》倒累我的新靴子都走破了, 도로혀 내 새 靴조차 다 ᄃᆞ녀 해아ᄇ려다. 《朴新諺 1, 54ㅎ》親戚們都來看, 親戚들이 다 와 보고, 《朴新諺 2, 5ㅈ》又都如在鏡子裏一般, 쏘 다 거울 속에 이심 ᄒᆞᆫ가지오. 《朴新諺 2, 21ㅈ》這些都收拾全備着, 이것들을 다 收拾ᄒ여 全備케 ᄒ고. 《朴新諺 2, 45ㅎ》每日下雨房子都漏了,

每日에 비 와 집이 다 시니. 《朴新諺 3, 2ㅈ》庫房裡放的米都被他吃去了好些, 庫에 둔 뿔을 다 제 먹으미 만코, 《朴新諺 3, 16ㅎ》以至堦臺石・磚・瓦都有, 뻐 섬돌과 벽과 지새에 니르히 다 이시니. 《朴新諺 3, 25ㅈ》飛入樻中把桃肉都吃了, 느라 樻 속에 드러가 복셩화 술을다가 다 먹어. 《朴新諺 3, 39ㅈ》都是常事, 다 이 常事ㅣ라.

도(搯) 동 눌러 짜다. ⇔지기다. 《朴新諺 3, 11ㅎ》你只與我搯一遍罷, 네 그저 나를 ᄒᆞᆫ 번 지겨 주고려. 《朴新諺 3, 11ㅎ》搯一會児狠(很)好, ᄒᆞᆫ 지위 지기니 ᄀᆞ장 됴터니.

도(道) 동 이르다. 말하다. ❶⇔니르다. 《朴新諺 3, 42ㅈ》難道連工錢也是不要的, 工錢조차 쏘 밧지 아닛는다 니르기 어렵다. ❷⇔닐다. 《朴新諺 1, 29ㅈ》古語道, 녯 말에 닐러시되. 《朴新諺 1, 53ㅎ》自古道, 녜부터 닐러시되. 《朴新諺 2, 27ㅎ》自古道, 녜로부터 닐러시되. 《朴新諺 2, 30ㅎ》自古道, 녜로부터 닐러시되. 《朴新諺 2, 50ㅈ》來的客人們也道我收得精緻, 오는 客人들도 내 收拾기를 精緻히 ᄒ엿다 니를 거시니.

도(道) 명 ❶도교(道敎). 도가(道家). 《集覽, 朴集, 中, 6ㅈ》萬劫. 儒曰世, 釋曰劫〈규〉, 道曰塵. 一說, 儒家曰數, 道家曰劫〈규〉, 佛家曰世. 《朴新諺 2, 30ㅎ》一針投海底尚有可撈日, 一針을 海底에 드리치매 오히려 可히 건질 날이 이시려니와. 一失人身後萬刧(朴新注, 34ㅈ: 儒曰歲, 道曰塵, 釋曰刧. 又佛家云, 天地一成一敗爲刧.)再逢難, ᄒ번 人身을 일흔 後ㅣ면 萬刧이라도 다시 만나기 어렵다 ᄒ니라. ❷도리. 법도. 《朴新諺 3, 57ㅎ》眞是無道無所不爲, 진실로 道ㅣ 업서 ᄒ지 아닐 배 업논지라.

도(道) 의 ❶가지. 종류. ⇔가지. 《朴新諺 1, 5ㅈ》還要上三道粉湯, 당시롱 세 가지

粉湯을 올릴 거시오. ●줄. ⇔줄.《朴新諺 3, 17ㅈ》那西壁廂還要打一道墻, 뎌 셔편에 쏘 흔 줄 담을 ᄡᅩ고.

도(圖) 阌 구(求)하다. 도모하다. 꾀하다. ⇔구ᄒᆞ다.《朴新諺 2, 44ㅈ》只圖箇下次主顧罷, 다만 후에 단골 홈을 구ᄒᆞ노라.

도(睹) 阌 보다. ⇔보다.《朴新諺 3, 46ㅈ》我說與你便强似你睹了, 내 너ᄃᆞ려 니를 ᄊᆞ시니 곳 눈으로 보는 이도곤 나으리라.

도(稻) 囝 벼. ⇔벼.《朴新諺 2, 49ㅈ》到那稻熟的時候, 뎌 벼 닉을 ᄠᅢ에 다ᄃᆞ라.《朴新諺 3, 20ㅈ》種稻地的那廝, 벼 시므든 그 놈이.

도(賭) 阌 걸다. 내기하다. ●⇔더너다.《朴新諺 1, 26ㅈ》咱與你賭一箇羊吃, 우리 너와 흔 羊을 더너 먹쟈.《朴新諺 1, 53ㅈ》咱們賭甚麼來, 우리 므서슬 더너료. 賭一桌筵席罷, 흔 상 이바지를 더너쟈. ●⇔더느다.《朴新諺 1, 26ㅈ》咱們下一局賭箇輸贏如何, 우리 흔 판 두어 지며 이긔믈 더느미 엇더ᄒᆞ뇨.《朴新諺 1, 26ㅈ》要賭甚麼呢, 므서슬 더느쟈 ᄒᆞ느뇨.《朴新諺 1, 26ㅈ》賭甚麼, 무서슬 더느료.●⇔더ᄂᆞ다.《朴新諺 2, 55ㅈ》咱賭些甚麼, 우리 므서슬 더ᄂᆞ료.《朴新諺 3, 36ㅎ》賭甚麼呢, 무서슬 더ᄂᆞ리오. 咱賭錢, 우리 돈을 더ᄂᆞ쟈.

도(鍍) 阌 올리다. 입히다. ⇔올리다.《朴新諺 3, 33ㅎ》鍍金顏色也都變了, 金 올린 빗도 다 變ᄒᆞ여시니.

-도 어미 -도.《朴新諺 3, 45ㅈ》不要多也不要少了, 만히도 말고 쏘 젹게도 말라.

-도 조 ●-도.《朴新諺 1, 5ㅎ》這也就勾了, 이도 이믜셔 넉넉ᄒᆞ다.《朴新諺 1, 18ㅎ》鐵要好裝修要乾淨, 쇠도 됴코 꾸미기를 乾淨이 ᄒᆞ려 ᄒᆞ면.《朴新諺 1, 36ㅎ》一年經蛇咬三年怕井繩, 一年을 비얌 물려 디내면 三年을 드렛줄도 저퍼ᄒᆞᆫ다 ᄒᆞ니라.《朴新諺 2, 3ㅎ》你也忒傲氣了, 너도 너모 거만ᄒᆞ다.《朴新諺 2, 23ㅎ》

一夜不得半點覺睡, 왼밤을 半點 줌도 엇디 못ᄒᆞ니.《朴新諺 2, 38ㅎ》也有村庄·廟宇, 쏘 村庄·廟宇도 이시며.《朴新諺 2, 49ㅎ》眞箇無一時不是樂境, 진실로 一時도 樂境 아닌 거시 업스니.《朴新諺 3, 22ㅎ》唐僧也引着徒弟去見國王, 唐僧도 徒弟를 ᄃᆞ리고 가 國王을 보니.《朴新諺 3, 28ㅎ》却不見了狗, 믄득 개도 보지 못ᄒᆞ고. 也不見了虎, 쏘 범도 보지 못ᄒᆞ고.《朴新諺 3, 33ㅎ》鍍金顏色也都變了, 金 올린 빗도 다 變ᄒᆞ여시니.《朴新諺 3, 57ㅎ》如我婦人家, 우리 ᄀᆞ툰 계집도. ●-만큼도.《朴新諺 3, 24ㅈ》各上禪床坐之分毫不動, 각각 禪床에 올라 안저 定ᄒᆞ고 分毫도 動치 마라. ●-도. …도 역시. ⇔야(也).《集覽, 字解, 單字解, 2ㅎ》也. 在詞之上者, 又也. 也好 쏘 됴타, 也是 쏘 올타. 在詞之中者, 承上起下之辭. 我也去 나도 가마. 在詞之終者, 語助.《朴新諺 1, 7ㅈ》如今酒也醉了飯也飽了, 이제 술도 醉ᄒᆞ고 밥도 비부르다.《朴新諺 1, 22ㅈ》工價也不筭多, 工錢도 만타 못홀 거시니.《朴新諺 1, 46ㅎ》姐姐不要說我知道, 각시아 니ᄅᆞ지 말라 나도 아노라.《朴新諺 2, 4ㅈ》我也那一日去拜壽了, 나도 그 날 가 拜壽ᄒᆞ고.《朴新諺 2, 18ㅈ》茶飯也須早些辦備, 茶飯도 모로미 일즉이 辦備ᄒᆞ게 ᄒᆞ라.《朴新諺 2, 26ㅎ》飯也好生吃不下, 밥도 ᄀᆞ장 먹지 못ᄒᆞ라.《朴新諺 3, 2ㅈ》横子裡裝的衣服也被他咬破了好些, 横 속에 너혼 衣服도 제 쳐ᄇᆞ린 거시 만흐니.《朴新諺 3, 18ㅎ》這些衙役也不免受這般勞苦, 이 衙役도 이런 勞苦 바드믈 免치 못ᄒᆞ느니라.《朴新諺 3, 28ㅈ》大仙也割下頭來待要再接, 大仙도 머리를 버혀 ᄂᆞ리와 다시 닛고져 ᄒᆞ거늘.

도가(道家) 囝 중국 선진(先秦) 시대 제자백가(諸子百家)의 하나. 만물의 근원으로서의 자연을 숭배하였다. 유가와 더

불어 양대 학파를 이루었다.《集覽, 朴
集, 中, 6ㅈ》萬劫. 儒曰世, 釋曰劫〈刼〉,
道曰塵. 一說, 儒家曰數, 道家曰劫〈刼〉,
佛家曰世.

도각(挑脚) 뗑 삯짐. 또는 짐꾼.《集覽, 朴
集, 上, 5ㅈ》挑脚. 舊本作赶脚的. 謂赶脚
者, 賃驢〈駅〉取直之人, 謂挑脚者, 負擔重
物求直之人也.《朴新諺 1, 12ㅈ》那挑脚
的漢子, 뎌 삯짐 지는 놈아.

도각자(挑脚者) 뗑 짐꾼.《集覽, 朴集, 上,
5ㅈ》挑脚. 舊本作赶脚的. 謂赶脚者, 賃
驢〈駅〉取直之人, 謂挑脚者, 負擔重物求
直之人也.

도개(稻稭) 뗑 볏짚.《集覽, 朴集, 中, 3ㅎ》
稈草. 中國北方土〈土〉地高燥, 宜粟不宜
稻, 故治田好種粟. 收粟者截穗取實, 留
〈畱〉其稭以飼馬, 因名其稭曰稈草, 亦曰
穀草. 稭, 音戛, 稻稭曰稻草.

도검(刀劍) 뗑 칼과 검.《集覽, 朴集, 上,
6ㅈ》鑌鐵. 緫〈聡〉龜云, 出西番, 面上自
有旋螺花者, 有芝麻花者. 凡刀劍器打磨
光淨, 價直過於銀, 鐵〈銕〉中最利者也.

도경(道經) 뗑 도교(道敎)의 경전(經典).
《集覽, 朴集, 中, 6ㅈ》萬劫. 道經云, 天地
一成一敗謂之劫〈刼〉.《集覽, 朴集, 下, 4
ㅎ》三淸. 道經云, 無上大羅. 玉淸, 十二
天聖境也, 九壒所居, 元始天尊所治.《集
覽, 朴集, 下, 4ㅎ》羅天. 道經云, 七寶之
樹各生一方, 弥覆一天, 八樹弥覆八天, 包
羅衆天, 故云大羅, 此聖境也.《集覽, 朴
集, 下, 11ㅈ》好女不看燈. 道經云, 正月
十五日, 謂之上元, 天官下降人閒〈間〉, 考
定罪福. 是夜張燈, 士女鼓〈皷〉樂遊街.
《朴新諺 3, 22ㅈ》一日先生做羅天大醮
(朴新注, 52ㅈ: 道經云, 覆燾萬天, 羅絡三
界, 極高無上, 謂之大羅. 天醮, 祭名, 祭於
星辰曰醮.), 一日에 先生이 羅天大醮를
ᄒᆞ더니.

도고(禱告) 동 빌다祈. 기도하다. 기원하
다. ⇔빌다.《朴新諺 3, 8ㅎ》惟有禱告諸

佛菩薩, 오직 諸 佛菩薩끠 비ᄂᆞ니.

-도곤 조 -보다.《朴新諺 3, 46ㅈ》我說與
你便强似目睹了, 내 너ᄃᆞ려 니를 ᄡᅥ시니
곳 눈으로 보는 이도곤 나으리라.

도과(度過) 동 지내다. 겪다. ⇔지내다.
《朴新諺 1, 1ㅈ》咱們不可虛度過了, 우리
可히 헛도이 지내지 못ᄒᆞ리라.

도과(到過) 동 다니다. ●⇔ᄃᆞᆫ기다.《朴
新諺 2, 4ㅎ》我不曾到過, 내 일즉 ᄃᆞᆫ기지
못ᄒᆞ여시니. ●⇔ᄃᆞᆫ니다.《朴新諺 1, 9
ㅈ》又從不曾到過外邦, 또 본디 일즉 외
국에 ᄃᆞᆫ니디 못ᄒᆞ여시니.《朴新諺 2, 4
ㅎ》李爺你可曾到過西湖, 李爺ㅣ아 네
일즉 西湖에 ᄃᆞᆫ녀.

도관 뗑 도가니. ⇔과아(鍋兒).《朴新諺 3,
33ㅎ》如鐵鎚·鉗子·鐵枕·鍋児, 마치
와 집게와 모로와 도관 ᄀᆞᄐᆞᆫ 거슬.

도관자(倒關字) 동 문서를 베끼다.《集覽,
字解, 單字解, 3ㅈ》倒. 上聲, 仆也. 倒了
구으러디다. 又換也. 倒換 몰 ᄀᆞ다. 又膽
也. 倒關字 글월 번뎝ᄒᆞ다. 又去聲, 反辭
도ᄅᆞ혀. 通作到.

도근(道殣) 뗑 길가에서 굶어 죽은 사람.
《集覽, 朴集, 中, 5ㅈ》隨相現相. 飜譯名
義云, 佛昔爲帝釋時, 遭飢歲, 疾疫流行,
醫療無功, 道殣相屬.

도기(挑起) 동 걷어 올려 꽂다. ⇔것곳다.
《朴新諺 1, 43ㅈ》再把挑針(朴新注, 16ㅎ:
用牛角作廣箆, 箆一端作刷子. 髮多難梳,
則先梳之髮, 以此箆插置, 更梳他髮.)挑起
來, 또 것고지 가져다가 것곳고.

도기(淘氣) 동 저지레하다. 또는 장난이
심하다. 짓궂다. ⇔저즈레ᄒᆞ다.《朴新
諺 2, 46ㅎ》還只管淘氣, 당시롱 그저 ᄉᆞ
리여 저즈레ᄒᆞ고. 終日貪頑耍, 終日토록
놀기를 탐ᄒᆞ고.

도념(道念) 뗑 그리워하는 정.《集覽, 朴
集, 上, 2ㅎ》院本. 院本則五人, 一曰副淨,
古謂之參軍, 一曰副末, 古謂之蒼鶻, 鶻能
擊禽鳥, 末可打副淨, 古(故)云, 一曰引戱,

一曰末泥, 一曰孤裝, 又謂之五花爨弄. 或曰, 宋徽宗見爨國人來朝, 衣裝·鞋履·巾裹, 傅粉墨, 擧動如此, 使優人効之以爲戱. 其間副淨有散說, 有道念, 有筋斗, 有科範. 蓋古敎坊色長有魏·武·劉三人, 而魏長於念誦, 武長於筋斗, 劉長於科範, 至今樂人皆宗之.

도녕(謟佞) 혱 사특하고 황당무계하다. ⇔도녕ᄒᆞ다(謟佞-). 《朴新諺 1, 28ㅈ》又慣會謟佞, 또 謟佞ᄒᆞ기에 닉으니.

도녕ᄒᆞ다(謟佞-) 혱 도녕(謟佞)하다. ⇔도녕(謟佞). 《朴新諺 1, 28ㅈ》又慣會謟佞, 또 謟佞ᄒᆞ기에 닉으니.

-도다 어미 -도다. -구나. 《朴新諺 1, 27ㅈ》看來是我輸了, 보아ᄒᆞ니 이 내 졋도다. 《朴新諺 1, 36ㅈ》這一頓打却也是該的, 이 ᄒᆞᆫ 디워 티미 또 이 맛당ᄒᆞ도다. 《朴新諺 1, 3ㅎ》想是管酒的人們剋減了, 싱각건대 술 ᄀᆞ음아는 사름들이 굴겨 내엿도다. 《朴新諺 2, 29ㅈ》身嚴瓔珞居普陁空翠之山, 몸에 瓔珞으로 장엄ᄒᆞ여시니 普陁 空翠의 山에 居ᄒᆞ엿도다. 《朴新諺 2, 30ㅈ》萬民無搔擾之憂百姓有安祥之慶, 萬民이 搔擾ᄒᆞᄂᆞᆫ 근심이 업고 百姓이 安祥ᄒᆞᆫ 慶이 잇도다. 《朴新諺 3, 4ㅎ》我如今也添了些識見了, 내 이제 또 져기 識見을 더ᄒᆞ도다. 《朴新諺 3, 14ㅎ》正是衆生難化了, 正히 衆生을 化키 어렵도다. 《朴新諺 3, 29ㅎ》也是我運氣不好撞着你, 또 내 運氣 됴치 아니ᄒᆞ여 너를 만나도다. 《朴新諺 3, 44ㅎ》咳這老曹却也苦了, 애 이 老曹ㅣ 또 셟도다.

-도다 조 -도다. -구나. 《朴新諺 3, 59ㅎ》又正是咱秀才們必需之物, 또 졍히 우리 秀才들의 반ᄃᆞ시 뻠즉흔 거시도다.

도당(都堂) 명 당대(唐代)에 6부(部)를 관할하던 도성(都省: 尙書省)을 이르던 말. 명대(明代)에는 도찰원(都察院)의 도어사(都御使)·부도어사(副都御使)·첨도어사(僉都御使)를 이르는 말로 썼다. 《集覽, 朴集, 上, 4ㅈ》都堂. 唐制, 尙書省曰都堂. 元時亦有尙書省. 今按, 華制, 都察院有左右都御史·副都御史·僉都御史, 在外十三布政司及都司, 皆有御史一員, 都御史所在謂之都堂, 監察御史所在謂之察院. 《集覽, 朴集, 上, 4ㅎ》剳付. 音義云, 禮部知會都堂總兵官文書, 內有事件, 体式詳見求政錄.

도독(都督) 명 군정(軍政)을 맡아 다스리던 오군(五軍)의 군사 장관(長官). 《集覽, 朴集, 上, 15ㅈ》揮使. 音義云, 指揮之美稱〈稱〉. 今按, 指揮使, 官名. 都督府都指揮使, 正二品, 各衛指揮使, 正三品. 《集覽, 朴集, 中, 8ㅈ》同知. 都督同知, 從一品, 指揮同知, 從二品, 留守司同知·各衛同知, 俱從三品. 《集覽, 朴集, 下, 11ㅎ》申. 今按, 直隷府申六部, 在外府州申都司, 應天府申五軍都督, 皆名曰申狀.

도독부(都督府) 명 도독(都督)이 관할하는 지방 관아. 《集覽, 朴集, 下, 3ㅈ》照會. 五軍都督府照會六部, 六部照會承宣布政使司, 使司照會提刑按察司. 《集覽, 朴集, 下, 3ㅎ》掾史. 今按, 五軍都督府有掾史, 而光祿寺吏無此名. 《朴新諺 2, 51ㅎ》那一日在李指揮(朴新注, 41ㅎ: 都督府都指揮使, 正二品, 各衛指揮使, 正三品.)家, 뎌 ᄒᆞᆫ 날 李指揮 집의셔.

도두(刀頭) 명 칼날. ⇔칼ᄂᆞᆯ. 《朴新諺 1, 18ㅈ》刀頭要甚麼鐵打呢, 칼ᄂᆞᆯ을 므슴 쇠로 치려 ᄒᆞᄂᆞ뇨. 《朴新諺 1, 19ㅎ》但是刀頭與裝修餙樣我說與你, 다만 칼ᄂᆞᆯ과 민들기와 ᄭᅮ밀 모양을 내 너ᄃᆞ려 니ᄅᆞᆯ 쩌시니.

도두(到頭) 명 나중에. 결국은. ⇔나죵애. 《集覽, 字解, 單字解, 7ㅈ》頭. 首也. 東頭·西頭 동녁 긋·셧녁 긋, 頭到 나죵내, 到頭 나죵애. 通作投. 又上頭 젼ᄎᆞ로. 又頭盤 첫판, 頭舘 첫 판, 頭雞 첫 ᄃᆞᆰ.

도라가다 통 돌아가다. ●⇔회(回). 《朴新諺 3, 15ㅈ》前者姐夫回時, 젼에 姐夫ㅣ

도라갈 제.《朴新諺 3, 30ㅎ》你不賣拿囬
家去就飯吃, 네 푸지 아니코 가져 집의
도라가 밥ᄒ여 먹으려 ᄒᆞᆫ다. ●⇔회
(廻).《朴新諺 1, 48ㅈ》廻家吃了飯, 집의
도라가 밥 먹고. ●⇔회거(回去).《朴新
諺 1, 15ㅎ》你回去今夜到五更時候, 네 도
라가 오늘 밤 五更 다둣도록.《朴新諺
2, 3ㅈ》我便不回去取了, 내 곳 도라가 가
져오지 아니ᄒᆞ리라.《朴新諺 2, 25ㅎ》你
回去說多謝你妳妳費心了, 네 도라가 니
르라 네 妳妳 費心홈을 多謝ᄒ여라.《朴
新諺 3, 14ㅎ》這幾日我家裡有人回去, 요
ᄉᆞ이 우리 집의 사름이 도라가리 이시
니. ●⇔회도(回到).《朴新諺 1, 14ㅈ》回
到你家再量便不勾了, 네 집의 도라가 다
시 되면 곳 모ᄌᆞ라리라.

도라오다 통 돌아오다. ●⇔회(回).《朴
新諺 1, 44ㅎ》又要囬家住對月了, ᄯᅩ 본
집의 도라와 버금 둘을 머믈려 ᄒᆞᄂᆞ니
라.《朴新諺 2, 2ㅎ》今日還要早早回家上
墳去, 오늘 일즉이 집의 도라와 上墳ᄒ
라 가려 ᄒᆞᄂᆞ니라.《朴新諺 3, 18ㅈ》直
到日西纔繼得上馬囬家, 바로 히 西에 거
짐애 다드라 계요 물 ᄐᆞ고 집의 도라오
ᄂᆞ니라.《朴新諺 3, 18ㅎ》但能早散也是
不能早囬家, 다만 능히 일즉이 훗터져도
ᄯᅩ 능히 일즉이 집의 도라오지 못ᄒ여.
●⇔회래(回來).《朴新諺 2, 2ㅎ》上了墳
回來還有甚麼事呢, 上墳ᄒ고 도라와 당
시롱 므슴 일이 이실러뇨.《朴新諺 2, 2
ㅎ》吃了飯回來, 밥 먹고 도라와.《朴新
諺 2, 12ㅎ》回來還我, 도라와 내게 갑ᄒ
라.《朴新諺 2, 31ㅎ》我回來定要打的, 내
도라와 일정 칠 거시오.《朴新諺 2, 49
ㅎ》只怕還不肯回來哩, 다만 저프건대
도로혀 즐겨 도라오지 아닐가 ᄒ노라.
《朴新諺 3, 1ㅎ》就在柳樹下涼快一會兒
回來, 곳 버드나모 아리 이셔 ᄒᆞᆫ 지위
서눌이 ᄒ여 도라오고.《朴新諺 3, 40
ㅈ》你那日到底送到那裡就回來了, 네 그

날 ᄆᆞᄎᆞᆷ내 보내여 어듸 가 곳 도라오뇨.
●⇔회래(迴來).《朴新諺 1, 3ㅈ》你們討
酒的都廻來了麼, 너희 술 어드라 갓든 이
다 도라왓느냐.《朴新諺 1, 47ㅈ》我廻來
時候, 내 도라올 ᄠᅢ에.《朴新諺 3, 9ㅈ》
纔到得西天取了經廻來, 계요 西天에 니
르러 經을 가지고 도라와.《朴新諺 3, 9
ㅎ》沿門化些布施廻來, 집마다 져기 보
시를 비러 도라와.《朴新諺 3, 40ㅎ》住
了一宿便辞別廻來了, ᄒᆞᄅᆺ밤 머므러 곳
하직ᄒ고 도라오라.

도량(道場) 명 〈불〉 불도(佛道)를 수행하
기 위하여 경을 외우고 예배하는 곳.
《集覽, 朴集, 下, 9ㅈ》道場. 反(飜)譯名義
云, 修道之場, 僧寺或名道場. 隋煬帝勑天
下寺院皆名道場.《朴新諺 2, 10ㅈ》聽說
只得三日三夜就圓滿(朴新注, 26ㅈ: 道場
切完曰圓滿.)了, 드르니 그저 三日 三夜
롤 ᄒᆞ여야 곳 圓滿ᄒ니.《朴新諺 3, 43
ㅈ》昨夜做道場(朴新注, 59ㅎ: 修道之場,
僧寺或名道場.)有你在那裡麼, 어젯밤 道
場홀 제 네 거긔 잇더냐.

도량(道場) 명 〈불〉 =도량(道場). '塲'은
'場'과 같다.《字彙, 土部》塲, 同場.《集
覽, 朴集, 下, 9ㅈ》道場. 反(飜)譯名義云,
修道之場, 僧寺或名道場. 隋煬帝勑天下
寺院皆名道塲.《朴新諺 2, 10ㅈ》聽說只
得三日三夜就圓滿(朴新注, 26ㅈ: 道場切
完曰圓滿.)了, 드르니 그저 三日 三夜롤
ᄒᆞ여야 곳 圓滿ᄒ니.《朴新諺 3, 43ㅈ》
昨夜做道塲(朴新注, 59ㅎ: 修道之場, 僧
寺或名道塲.)有你在那裡麼, 어젯밤 道場
홀 제 네 거긔 잇더냐.

도량ᄒ다(道場-) 통 〈불〉 중을 청하여 불
사(佛事)를 열다. ⇔주도량(做道場).
《朴新諺 3, 43ㅈ》昨夜做道場有你在那裡
麼, 어젯밤 道場홀 제 네 거긔 잇더냐.

도로혀 円 도리어. 오히려. ●⇔도(倒).
《朴新諺 1, 34ㅎ》倒累我的新靴子都走破
了, 도로혀 내 새 靴조차 다 ᄃᆞ녀 해아ᄇ

려다.《朴新諺 1, 42ㅈ》錢之多少倒不打
緊, 돈 多少는 도로혀 다 긴치 아니ᄒ다.
《朴新諺 1, 52ㅎ》不去的倒好, 가지 아니
홈이 도로혀 됴흐니라.《朴新諺 1, 53
ㅈ》這般倒也好, 이러면 도로혀 됴타.
《朴新諺 3, 37ㅎ》倒慣會打毬哩, 도로혀
댱방올 치기 닉이 알 줄을 싱각지 못ᄒ
엿노라. ●⇔도시(倒是).《朴新諺 3, 57
ㅎ》倒是娘子柳氏出來說道, 도로혀 娘子
柳氏ㅣ 나와 니르되. ❷⇔환(還).《朴新
諺 1, 34ㅎ》還可恨那驢養的, 도로혀 恨
호온 거슨 뎌 나귀삐.《朴新諺 2, 40ㅈ》
家不吃不了還好賣哩, 집의셔 다 먹지 못
ᄒ거든 도로혀 풀미 됴흐니라.《朴新諺
2, 49ㅈ》但是你還不知那鄕村裏的好處
哩, 다만 네 도로혀 뎌 鄕村에 됴흔 곳을
아지 못ᄒ는쏘다.《朴新諺 2, 49ㅎ》只怕
還不肯回來哩, 다만 저프건대 도로혀 즐
겨 도라오지 아닐가 ᄒ노라.《朴新諺 2,
59ㅎ》這還怕沒有新衣服過年麽, 이 도로
혀 새 옷스로 過年홀 거시 업슬가 저프
랴. 四⇔환시(還是).《朴新諺 2, 3ㅎ》還
是你不肯下氣問他借, 도로혀 네 즐겨 긔
운을 느즈기 ᄒ여 뎌드려 무러 비지 아
니홈이니.《朴新諺 2, 56ㅎ》那般你的靴
子怎麽還是乾的, 그러면 네 靴ㅣ 엇디
도로혀 몰라느뇨.

-도록 어미 -도록.《集覽, 字解, 累字解, 1
ㅎ》早晚. 這早晚 이 늣도록. 又問何時曰,
多早晩 어느 ᄢ.《朴新諺 1, 15ㅈ》你回去
今夜到五更時候, 네 도라가 오늘 밤 五更
다둣도록.

도료(倒了) 동 거꾸러지다. 넘어지다. 굴
러 떨어지다. ⇔구으러디다.《集覽, 字
解, 單字解, 3ㅈ》倒. 上聲, 仆也. 倒了 구
으러디다. 又換也. 倒馬 몰 ᄀ다. 又贍也.
倒關字 글월 번뎝ᄒ다. 又去聲, 反辭 도
ㄹ혀. 通作到.

도리 명 도리(道理). ⇔이(理).《朴新諺 3,
3ㅎ》你這不知理的, 네 이 도리 모ᄅ는

거사.

도리(道理) 명 사람이 마땅히 행(行)해야
할 바른 길.《集覽, 朴集, 上, 10ㅎ》懺悔.
反(飜)譯名義云, 懺者, 首也, 悔者, 伏也.
不逆爲伏, 順從爲首, 正順道理, 不敢作非,
故名懺悔. 又修來爲懺, 改徃爲悔.《朴新
諺 1, 36ㅈ》是甚麼道理呢, 이 므슴 道理
뇨.《朴新諺 3, 22ㅎ》伯眼道這秃厮好沒
道理, 伯眼이 니르되 이 머리믠놈이 ᄀ
장 道理 업다 ᄒ고.

도ᄅ혀 円 도리어. 오히려. ●⇔도(到).
《集覽, 字解, 單字解, 3ㅈ》倒. 上聲, 仆也.
倒了 구으러디다. 又換也. 倒馬 몰 ᄀ다.
又贍也. 倒關字 글월 번뎝ᄒ다. 又去聲,
反辭 도ㄹ혀. 通作到.《集覽, 字解, 單字
解, 7ㅈ》到. 至也. 又極也. 又反辭 도ㄹ혀.
通作倒. ❷⇔도(倒).《集覽, 字解, 單字解,
3ㅈ》倒. 上聲, 仆也. 倒了 구으러디다. 又
換也. 倒馬 몰 ᄀ다. 又贍也. 倒關字 글월
번뎝ᄒ다. 又去聲, 反辭 도ㄹ혀. 通作到.
《集覽, 字解, 單字解, 7ㅈ》到. 至也. 又極
也. 又反辭 도ㄹ혀. 通作倒.

도마(倒馬) 동 말을 갈다. 말을 교환하다.
말을 바꾸다.《集覽, 字解, 單字解, 3ㅈ》
倒. 上聲, 仆也. 倒了 구으러디다. 又換
也. 倒馬 몰 ᄀ다. 又贍也. 倒關字 글월
번뎝ᄒ다. 又去聲, 反辭 도ㄹ혀. 通作到.

도망ᄒ다 동 도망하다. ⇔도(逃).《朴新諺
3, 58ㅎ》逃徃山中去了, 도망ᄒ여 山中을
향ᄒ여 갓더니.

도방(道傍) 명 길가. 길옆.《集覽, 朴集, 上,
11ㅈ》馬有垂繮之報. 漢高祖與項王會鴻
門, 舞劒事急, 謀脫. 匹(疋)馬南行, 道傍
有一眢井, 馬到井邊不肯行. 漢王恐追者
至, 下馬入井.《朴新諺 1, 42ㅎ》狗有濺草
之恩, 개는 濺草혼 恩이 잇고. 馬有垂繮
(朴新注, 16ㅎ: 漢高祖自鴻門, 脫歸匹馬南
行, 道傍有一眢井, 馬到井邊不肯行. 高祖
恐追者至, 下馬入井. 項王追至井傍, 見馬
跡, 謂高祖在井, 令人下井搜求. 見井口有

蜘蛛罩網, 鵂鴿一雙出井飛去, 謂無人仍還. 翌日, 其馬到井垂繮, 高祖執而出.)之報, 물은 垂繮ᄒᆞᆫ 報ㅣ 잇다 ᄒᆞ니라.

도백삭(跳百索) 图 줄을 넘다. 또는 줄넘기 놀이.《朴新諺 1, 20ㅈ》也有跳百索的, 줄 너므리도 잇고.

도사(都司) 图 명대(明代)의 도지휘사사(都指揮使司). 한 성(省)의 군정(軍政)을 총괄하였다.《集覽, 朴集, 上, 4ㅈ》都堂. 唐制, 尙書省曰都堂. 元時亦有尙書省. 今按, 華制, 都察院有左右都御史·副都御史·僉都御史, 在外十三布政司及都司, 皆有御史一員, 都御史所謂之都堂, 監察御史所在謂之察院.《集覽, 朴集, 下, 11ㅎ》申. 今按, 直隷府申六部, 在外府州申都司, 應天府申五軍都督, 皆名曰申狀.

도사(道士) 图 도교(道教)를 믿고 수행하는 사람.《集覽, 朴集, 下, 9ㅈ》彩亭子. 僧尼·道士及鼓〈皷〉樂·鍾鈸塡咽大路, 遠近大小親鄰〈隣〉男女, 前後導從者, 不知幾人, 後施夾障從之.

도산 图 선물(膳物). ●⇔인사(人事).《集覽, 朴集, 上, 12ㅎ》人事. 土産, 俗도·산. 舊木作撒花. ●⇔토산(土産).《集覽, 朴集, 上, 12ㅎ》人事. 土産, 俗도·산. 舊本作撒花.

도상(圖像) 图 형상(形象)을 그리다.《集覽, 朴集, 中, 8ㅈ》十八學士. 秦王暇日, 至館中討論文籍, 使閣立本圖像, 褚亮爲贊. 得與其選者, 世謂之登瀛洲.

도성(都城) 图 임금이나 황제가 있던 도읍지가 성으로 이루어져 있었다는 데에서, 서울을 이르던 말.《集覽, 朴集, 上, 4ㅎ》蘆溝橋. 蘆溝本桑乾河, 俗曰渾河, 亦曰小黃河. 上自保安州界, 歷山南流入宛平縣境, 至都城四十里.《集覽, 朴集, 上, 15ㅈ》西湖. 在玉泉山下, 泉水瀦而爲湖, 流入宮中. 西苑爲太液池, 出都城爲玉河, 東南流注于大通河. 環湖十餘里, 荷·蒲·菱·芡與夫沙禽·水鳥出沒, 隱暎於天

光雲影中, 實佳境也.《朴新諺 2, 4ㅎ》李爺你可曾到過西湖(朴新注, 24ㅈ: 在玉泉山下, 流入西苑為太液池, 出都城注于通州河.), 李爺ㅣ 아 네 일즉 西湖에 ᄃᆞ녀.《朴新諺 3, 15ㅈ》男在都城, 아희 都城에 이셔.

도성(道性) 图〈불〉세속(世俗)을 초탈하여 도를 닦고자 하는 품성.《集覽, 朴集, 中, 4ㅈ》智滿十身. 本覺爲知, 始覺爲智. 滿, 備也. 十身有調御. 十身, 曰無着, 曰弘願, 曰業報, 曰住持, 曰涅槃, 曰淨法, 曰眞心, 曰三昧, 曰道性, 曰如意. 有內十身, 曰菩提, 曰願, 曰化, 曰力持, 曰莊嚴, 曰威勢, 曰意生, 曰福德, 曰法, 曰智. 有外十身, 曰自, 曰衆生, 曰國土, 曰業報, 曰聲聞, 曰圓覺, 曰菩薩, 曰智, 曰法, 曰虛空.

도속(道俗) 图 도인(道人)과 속인(俗人).《朴新諺 3, 13ㅈ》這些聽講的僧尼道俗善男信女, 이 講 듯ᄂᆞᆫ 僧尼 道俗과 善男 信女ㅣ.

도솔(兜率) 图〈불〉도솔천(兜率天)의 준말.《集覽, 朴集, 上, 15ㅈ》兜率. 梵語兜率, 此云妙足, 又云知足於五欲知止足. 故佛地論云, 名憙足, 謂後身菩薩於中教化, 多修憙足故. 卽欲界六天之一也. 兜率天, 人間四百世爲一日.

도솔천(兜率天) 图〈불〉육욕천(六欲天)의 넷째 하늘. 수미산(須彌山)의 꼭대기에서 12만(萬) 유순(由旬) 되는 곳에 있는 미륵보살(彌勒菩薩)의 정토(淨土).《集覽, 朴集, 上, 15ㅈ》兜率. 梵語兜率, 此云妙足, 又云知足於五欲知止足. 故佛地論云, 名憙足, 謂後身菩薩於中教化, 多修憙足故. 卽欲界六天之一也. 兜率天, 人間四百世爲一日.

도수(導首) 图 선도(先導)하다. 앞장서다.《集覽, 朴集, 下, 3ㅈ》三寶. 佛·法·僧也. 功成妙智, 道登圓覺, 佛也. 玄理幽微, 正教精誠, 法也. 禁戒守眞, 威儀出俗, 僧也. 皆是四生導首, 六趣舟航, 故曰寶.

도시(倒是) 囝 도리어. 오히려. ⇔도로혀.
《朴新諺 3, 57ㅎ》倒是娘子柳氏出來說道,
도로혀 娘子 柳氏ㅣ 나와 니로되.

도아(道兒) 몡 길[路]. ⇔길ㅎ.《朴新諺 2,
56ㅎ》揀着道兒走來的, 길흘 굴히여 왓
노라.

도액(度厄) 몡 가정이나 개인에게 닥칠 액
을 미리 막는 일.《集覽, 朴集, 下, 4ㅎ》大
醮. 又有消災度厄之法, 依陰陽五行之數,
推人年命, 書爲章疏靑詞, 奏達天神, 謂之
醮.《集覽, 朴集, 下, 11ㅈ》好女不看燈.
今漢俗, 上元夜行過三橋, 則一年度厄, 謂
之過橋. 傾城士女, 夜遊徹明, 頗有穢聲.

도어사(都御史) 몡 명대(明代) 도찰원(都
察院)의 장관(長官).《集覽, 朴集, 上, 4
ㅈ》都堂. 唐制, 尙書省曰都堂. 元時亦有
尙書省. 今按, 華制, 都察院有左右都御史
・副都御史・僉都御史, 在外十三布政司
及都司, 皆有御史一員, 都御史所在謂之
都堂, 監察御史所在謂之察院.

도연(徒然) 囝 공연히. 쓸데없이. 헛되이.
⇔공히.《集覽, 字解, 單字解, 2ㅈ》乾. 音
干. 徒然之辭. 공히. 又쇽졀업시.

도열(桃茢) 몡 복숭아나무의 가지와 갈대
의 이삭으로 맨 빗자루. 사악하거나 상
서롭지 못한 잡귀를 물리칠 때 사용하
였다.《集覽, 朴集, 中, 8ㅈ》茢箒. 周禮桃
茢鄭云, 茢, 苕箒也, 苕, 葦華也.

도예(道藝) 몡 학문과 기예(技藝).《集覽,
朴集, 中, 5ㅈ》居士宰官. 禮記玉藻曰, 居
士錦帶. 注, 道藝處士也.

도인(桃仁) 몡 복숭아씨. ⇔복셩화삐.
《朴新諺 1, 4ㅈ》乾果子呢, 모론 과실은.
榛子, 개암.松子, 잣. 瓜子, 슈박삐. 乾葡
萄, 마론葡萄.栗子, 밤. 龍眼, 龍眼. 桃仁,
복셩화삐. 荔子, 녀지요.

도인(道人) 몡 도교를 믿고 수행하는 사
람.《朴新諺 3, 22ㅈ》聽的道人們祭星, 道
人들의 祭星홈을 듯고.

도임ᄒ다 图 도임(到任)하다. 부임(赴任)

하다. 취임(就任)하다. ⇔샹임(上任).
《朴新諺 3, 40ㅈ》你何不在衙門裡告幾月
暇, 네 엇지 衙門에 여러 둘 말믜를 告ᄒ
고. 送他上任去, 뎌를 보내여 도임ᄒ라
가지 아니ᄒ다.

도입(跳入) 图 뛰어들다. ⇔쒸여들다.
《朴新諺 3, 26ㅈ》咱如今燒起油鍋跳入洗
澡, 우리 이제 기름 가마에 불쩟고 쒸여
들어 목욕ᄒ쟈. 鹿皮先脫下衣服跳入鍋
裡, 鹿皮ㅣ 몬져 옷 벗고 가마에 쒸여들
거늘.《朴新諺 3, 51ㅈ》由本家西墻跳入,
本家 西墻으로부터 쒸여들어.

도자(刀子) 몡 칼. ⇔칼.《朴新諺 1, 17ㅎ》
京城裏刀子舖狠(很)多, 셔울 칼 푸ᄌㅣ
ᄀ장 만흐니. 不知那一家打的刀子最好,
아지 못게라 어늬 집의셔 민든 칼이 ᄀ
장 됴흐뇨. 我要打幾副刀子, 내 여러 볼
칼을 민들려 ᄒ노라. 你問那有名的刀子
舖麽, 네 뎌 有名혼 칼 푸ᄌ롤 문느냐.
《朴新諺 1, 18ㅎ》大刀子一把, 큰 칼 혼
ᄌ루. 小刀子一把, 져근 칼 혼 ᄌ루.《朴
新諺 1, 19ㅎ》這位官人要打幾副刀子, 이
분 官人이 여러 볼 칼을 치이려 ᄒ니.
《朴新諺 1, 42ㅎ》你刀子是快的還是鈍的
呢, 네 칼이 이 드는 거시냐 이 무된 거시
냐.《朴新諺 1, 43ㅈ》肯用鈍刀子呢, 즐겨
무된 칼을 쁘리오.《朴新諺 2, 52ㅈ》扯
了我一把小刀子去, 내 혼 ᄌ루 져근 칼을
쌔혀 가고.《朴新諺 2, 52ㅎ》我就把他的
小刀子拔了來, 내 이믜셔 뎌의 져근 칼
을다가 쌔히고.

도자(稻子) 몡 벼. ⇔벼.《朴新諺 3, 38ㅈ》
他種的稻子, 제 시믄 벼와. 膏粱, 슈슈와.
黍子, 기장과. 大麥, 보리와. 小麥, 밀과.
蕎麥, 모밀과. 黃豆, 콩과. 小豆, 픗과. 菉
豆, 菉豆와. 豌豆, 광쟝이. 黑豆, 거믄콩.
芝麻, 춤깨와. 蘓(蘇)子, 듧깨.

도장(倒裝) 图 흥졍을 무르다.《集覽, 字
解, 累字解, 2ㅎ》悔交. 흥졍 므르다. 亦
曰倒裝.

도장경(道藏經) 몡 도교에 관한 모든 전적(典籍)을 집대성한 경전(經典). 《集覽, 朴集, 下, 2ㅈ》七月十五日. 道藏經云, 七月十五日, 謂之中元, 地官下降人間, 檢校世人, 甄別善惡, 上告天曹. 《朴新諺 3, 12ㅎ》這七月十五日是中元(朴新注, 48ㅎ: 道藏經云, 中元日, 地官下降人間, 檢較世人, 甄別善惡, 上告天曹)節, 이 七月 十五日은 이 中元節이라.

도저(到底) 閏 ●내내. 끝끝내. 마침내. 결국은. ⇔나종내. 《朴新諺 1, 27ㅈ》到底是沒眼的, 나종내 이 눈 업슨 거시로다. 《朴新諺 2, 51ㅈ》到底是你的職分好福氣好, 나종내 네 職分이 됴코 福氣 됴타. 《朴新諺 2, 56ㅈ》咳到底是你這矬漢倒了, 애 나종내 너 이 킈 져근 놈이 것구러지거다. ●마침내. 또는 철저하게. ⇔므츰내. 《朴新諺 3, 40ㅈ》你那日到底送到那裡就回來了, 네 그 날 므츰내 보내여 어듸 가 곳 도라오뇨. ●끝내. 마침내. 결국. ⇔뭊내. 《朴新諺 3, 19ㅈ》比在前到底强些, 이젼에 비컨대 뭊내 져기 나으니.

도적 몡 도둑. ⇔적(賊). 《朴新諺 2, 31ㅎ》如今賊多, 요ᄉᆞᆯ이 도적이 하니. 《朴新諺 2, 40ㅎ》如今怎麼那般賊多, 이제 엇지뎌리 도적이 만ᄒᆞ뇨. 因此上賊多了, 이런 젼ᄎᆞ로 도적이 만ᄒᆞ니라. 使鉤子的賊們更多, 갈고리 ᄡᅳᄂᆞᆫ 도적들이 더옥 만하. 《朴新諺 3, 8ㅈ》不料前日三更前後被賊進來, 혜아리지 아닌 그젹끠 三更은 ᄒᆞ여 도적이 드러와. 《朴新諺 3, 20ㅎ》捉賊無臟, 도적을 잡으매 장물이 업스니. 《朴新諺 3, 29ㅈ》你這賊養漢生的小驢精, 네 이 도적 養漢ᄒᆞ여 나흔 져근 나귀ᄲᅵ아. 《朴新諺 3, 50ㅎ》小人家下被賊竊去布一百疋, 小人의 집의셔 도적이 뵈 一百 疋을 도적ᄒᆞ여 가믈 닙으니. 《朴新諺 3, 53ㅈ》捉賊見臟, 도적 잡기는 臟物을 보고. 厮打驗傷, 서로 ᄡᅡ혼 딕는 傷處

를 驗ᄒᆞᆫ다 ᄒᆞ니라.

도적질 몡 도둑질. ⇔적(賊). 《朴新諺 3, 30ㅈ》一發去做賊不好麼, 홈ᄭᅴ 가 도적질홈이 됴치 아니ᄒᆞ냐.

도적질ᄒᆞ다 동 도둑질하다. ⇔주적(做賊). 《朴新諺 3, 30ㅈ》一發去做賊不好麼, 홈ᄭᅴ 가 도적질홈이 됴치 아니ᄒᆞ냐.

도적ᄒᆞ다 동 도둑질하다. ●⇔절(竊). 《朴新諺 3, 50ㅎ》小人家下被賊竊去布一百疋, 小人의 집의셔 도적이 뵈 一百 疋을 도적ᄒᆞ여 가믈 닙으니. ●⇔투(偸). 《朴新諺 1, 35ㅈ》一箇和尙偸別人家的媳婦, 흔 듕이 눔의 계집을 도적ᄒᆞ여. 《朴新諺 1, 36ㅈ》偏要偸別人的媳婦, 독별이 다른 사ᄅᆞᆷ의 계집을 도적ᄒᆞ니. 《朴新諺 1, 36ㅎ》日後還敢偸老婆麼, 日後에 다시 敢히 계집을 도적ᄒᆞᆯ다. 《朴新諺 2, 41ㅎ》他怎麼得能勾偸了東西去呢, 데 엇지 시러곰 능히 잡은거슬 도적ᄒᆞ여 가리오. 《朴新諺 3, 8ㅎ》盡行都偸去了, 다 도적ᄒᆞ여 가니. 《朴新諺 3, 20ㅈ》便賴說我家這小厮偸了, 곳 보채여 니르되 우리 집의 아히 놈이 도적ᄒᆞ다 ᄒᆞ여. ●⇔투도(偸盜). 《朴新諺 3, 51ㅈ》偸盜布疋仍跳墻而去, 布疋을 도적ᄒᆞ고 인ᄒᆞ여 담을 너머 나가시되.

도전(賭錢) 동 돈을 걸다. 도박을 하다. 노름을 하다. 《集覽, 朴集, 上, 6ㅎ》博錢. 質問云, 兩人賭錢, 將八文錢捏在手指, 擲之於地, 有八背, 謂之八八, 有七字, 謂之七七, 此是爲勝, 無八八·七七, 此是爲輸.

도제(到齊) 동 오다. 다 오다. 모두 도착하다. ⇔오다. 《朴新諺 1, 6ㅈ》各位老爺都到齊了, 各位 老爺ㅣ 다 왓ᄂᆞ이다.

도제(徒弟) 몡 제자(弟子). ⇔제시. 《集覽, 朴集, 下, 4ㅈ》孫行者. 其後唐太宗勑玄奘法師, 徃西天取經, 路經此山, 見此猴精壓在石縫, 去其佛押出之, 以爲徒弟, 賜法名吾(悟)空, 改号〈號〉爲孫行者, 與沙和尙及黑猪精·朱八戒偕往, 在路降妖去恠, 救

師脫難, 皆是孫行者神通之力也.《朴新諺
2, 32ㅈ》徐五的徒弟李大, 徐五의 제시
李大ㅣ.《朴新諺 3, 22ㅎ》唐僧也引着徒
弟去見國王, 唐僧도 徒弟를 드리고 가 國
王을 보니.《朴新諺 3, 23ㅈ》你敎徒弟壞
了我羅天大醮, 네 徒弟로 ᄒᆞ여 내 羅天大
醮를 ᄒᆡ여ᄇᆞ리고.《朴新諺 3, 24ㅈ》大仙
徒弟名鹿皮, 大仙의 徒弟ㅣ 일홈을 鹿皮
라 ᄒᆞ리.

도조(跳蚤) 몡 벼룩. ⇔벼록.《朴新諺 3,
4ㅎ》跳蚤也不敢近, 벼록이 ᄯᅩ 敢히 갓가
이 못ᄒᆞᄂᆞ니라.

도종(導從) 몡 앞의 안내자와 그의 뒤를
따르는 사람.《集覽, 朴集, 下, 9ㅈ》彩亭
子. 漢俗皆於白日送殯, 凡結飾車輿·幢
幡·傘盖及紙造人馬爲前導者, 連亘四五
十步. 僧尼·道士及鼓〈皷〉樂·鍾鈸塡咽
大路, 遠近大小親鄰〈隣〉男女, 前後導從
者, 不知幾人, 後施夾障從之.

도지휘사(都指揮使) 몡 도지휘사사(都指
揮使司)의 으뜸 벼슬. 송대(宋代)에는 금
위(禁衛)의 관원을 관장하였고, 명대(明
代)에는 각 성(省)에 둔 도지휘사(都指揮
司)의 장관으로서 위소(衛所)의 둔전(屯
田)·조운(漕運)·수비(守備) 등을 담
당하였다.《集覽, 朴集, 上, 15ㅈ》揮使.
音義云, 指揮之美稱〈称〉. 今按, 指揮使,
官名. 都督府都指揮使, 正二品, 各衛指揮
使, 正三品.《朴新諺 2, 51ㅎ》那一日在李
指揮(朴新注, 41ㅎ: 都督府都指揮使, 正
二品, 各衛指揮使, 正三品.)家, 뎌 ᄒᆞᆫ 날
李指揮 집의셔.

도찰원(都察院) 몡 명(明) 홍무(洪武) 연
간에 두었던 관서 이름. 벼슬아치의 비
위(非違)와 지방 행정을 감찰하는 일을
맡았다.《集覽, 朴集, 上, 4ㅈ》都堂. 唐
制, 尙書省曰都堂. 元時亦有尙書省. 今
按, 華制, 都察院有左右都御史·副都御
史·僉都御史, 在外十三布政司及都司,
皆有御史一員, 都御史所在謂之都堂, 監

察御史所在謂之察院.

도처(到處) 몡 간 곳. 이르는 곳.《朴新諺
2, 10ㅈ》到處人民一切善男信女, 到處 人
民과 一切 善男 信女ㅣ.

도첩(度牒) 몡 〈불〉 관아에서 새로 중이
된 사람에게 내주던 신분증명서. 당·
송대(唐宋代)에는 이 도첩을 팔아서 군
비(軍費)에 충당하기도 하였다.《集覽,
朴集, 下, 4ㅈ》孫行者. 行者, 僧未經關給
度牒者, 謂之僧行, 亦曰行者.

도초(刀鞘) 몡 칼집. ⇔칼집.《朴新諺 1,
18ㅈ》刀鞘要起線花梨木, 칼집은 실 돗
친 花梨木으로 ᄒᆞ고.

도초(稻草) 몡 볏짚.《集覽, 朴集, 中, 3ㅎ》
稈草. 中國北方土(土)地高燥, 宜粟不宜
稻, 故治田好種粟. 收粟者截穗取實, 留
〈畱〉其稭以飼馬, 因名其稭曰稈草, 亦曰
穀草. 稭, 音戛, 稻稭曰稻草.

도출래(跳出來) 동 뛰어나오다. ⇔ᄲᅱ여
나오다.《朴新諺 3, 27ㅎ》行者聽了便跳
出來, 行者ㅣ 듯고 곳 ᄲᅱ여나와.

도치(都赤) 몡 궁중(宮中)에서 번을 갈마
들어 숙위(宿衛)하던 호위병의 하나.
《集覽, 朴集, 上, 9ㅈ》骨朵. 南村輟耕錄
云, 國朝有四怯薛中有云都赤, 三日一次
輪流入直, 負骨朵於背〈於肩〉, 余究骨朵
字義, 嘗記宋景文筆記云, 關中人以腹大
爲胍肝, 音孤都, 俗謂杖頭大者亦曰胍肝,
後訛爲骨朵.

도침(挑針) 몡 비녀. ⇔것고지.《集覽, 朴
集, 上, 11ㅈ》挑針. 用牛角作廣篦, 篦〈ㅂ〉
一端作刷子者. 多髮者髮厚難梳, 故先梳
之髮, 以此篦插置上頭, 更梳下髮. 今俗猶
然.《朴新諺 1, 43ㅈ》再把挑針(朴新注, 16
ㅎ: 用牛角作廣篦, 篦一端作刷子. 髮多難
梳, 則先梳之髮, 以此篦插置, 更梳他髮.)
挑起來, ᄯᅩ 것고지 가져다가 것곳고.

도침(擣砧) 몡 (피륙이나 종이 따위를) 다
듬잇돌에 다듬어서 반드럽게 하는 일.
《集覽, 朴集, 上, 12ㅎ》白淸水絹. 무·리·

풋〈플〉:긔 ·업·시 다·ᄃ·마:돌호로 미·론:
깁·이·니, 光滑緻硬, 如本國擣砧者也. 卽
不用糨粉而鍊〈練〉生絹, 以石碾者.

도탈(度脫) 图 〈불〉 해탈(解脫)하다. (번
뇌의 얽매임에서 풀리고 미혹의 괴로움
에서 벗어나다) ⇔도탈ᄒ다(度脫-).
《朴新諺 3, 9ㅈ》度脫衆生纔能成佛, 衆生
을 度脫ᄒ여 계요 능히 成佛ᄒ엿ᄂ니.

도탈ᄒ다(度脫-) 图 〈불〉 도탈(度脫)하
다. ⇔도탈(度脫). 《朴新諺 3, 9ㅈ》度脫
衆生纔能成佛, 衆生을 度脫ᄒ여 계요 능
히 成佛ᄒ엿ᄂ니.

도파삭(跳擺索) 图 줄을 넘다. 또는 줄넘
기 놀이. 《朴新諺 1, 20ㅈ》也有跳百索
(朴新注, 8ㅈ: 一云, 跳擺瑣. 百俗音, 或作
擺字讀, 今從之.)的, 줄 너므리도 잇고.

도파쇄(跳擺瑣) 图 =도파삭(跳擺索). 《朴
新諺 1, 20ㅈ》也有跳百索(朴新注, 8ㅈ:
一云, 跳擺瑣. 百俗音, 或作擺字讀, 今從
之.)的, 줄 너므리도 잇고.

도패수(刀牌手) 图 칼과 방패를 주 무기
로 삼던 병졸. 《集覽, 朴集, 下, 12ㅈ》弓
手. 今按, 軍制編成排甲, 每一百戶, 銃手
十名, 刀牌手二十名, 弓箭手三十名, 槍手
四十名.

도포안삼사(都布按三司) 图 도사(都司)
・포정사(布政司)・안찰사(按察使)의
세 관사를 통틀어 이르던 말. 《集覽, 朴
集, 中, 2ㅈ》令史. 在京六部及三品衙門,
在外各衛及都布按三司俱有令史, 驛吏則
無令史之稱.

도핵(桃核) 图 복숭아씨. ⇔복성화삐.
《朴新諺 3, 25ㅈ》飛入横中把桃肉都吃了,
ᄂ라 横 속에 드러가 복성화 술을다가
다 먹어. 只留下桃核, 다만 복성화 삐만
남기고. 《朴新諺 3, 25ㅎ》三藏說是一箇
桃核, 三藏이 니ᄅ되 이 ᄒ 복성화 삐라
ᄒ니. 《朴新諺 3, 25ㅎ》却是桃核, 쏘 이
복성화 삐라.

도현(倒懸) 图 거꾸로 매달리다. 또는 거

꾸로 매달다. 《集覽, 朴集, 下, 2ㅎ》盂蘭
盆齋. 飜譯名義云, 梵言盂蘭, 唐言救倒懸
也.

도홍(桃紅) 图 복숭아꽃과 같이 붉은 빛깔.
분홍색. 《朴新諺 2, 14ㅈ》要改染做桃紅
顏色, 고텨 桃紅빗츨 드리고져 ᄒ노라.

도홍빗ᄎ(桃紅-) 图 =도홍(桃紅). ⇔도홍
안색(桃紅顏色). 《朴新諺 2, 14ㅈ》要改
染做桃紅顏色, 고텨 桃紅빗츨 드리고져
ᄒ노라.

도홍안색(桃紅顏色) 图 =도홍(桃紅). ⇔
도홍빗ᄎ(桃紅-). 《朴新諺 2, 14ㅈ》要改
染做桃紅顏色, 고텨 桃紅빗츨 드리고져
ᄒ노라.

도화(圖畫) 图 그림. 《集覽, 朴集, 中, 3ㅎ》
西山. 每大雪初霽, 千峯萬壑〈峇〉, 積素凝
華, 若圖畫然, 爲京師八景之一, 曰西山霽
雪.

도회(逃回) 图 도망쳐 돌아오다. 달아나
돌아오다. 《集覽, 字解, 單字解, 7ㅎ》走.
行也. 돈니다. 又逃回曰走回. 又跑也. 能
走・快走 잘 돈ᄂ다. 又透漏也. 走話. 又
洩也. 走了氣 김 나다.

독 图 독. ⇔옹아(甕兒). 《朴新諺 1, 40ㅎ》
一箇長甕兒窄窄口裏頭盛着糯米酒, 혼 긴
독 조븐 부리 안히 춥뿔술 담은 거시여.

독(讀) 图 읽다. ⇔닑다. 《朴新諺 1, 48ㅈ》
你如今讀甚麼書, 네 이제 므슴 글 닑ᄂ
다. 讀的是毛詩・尙書, 닑는 거시 이 毛
詩・尙書ㅣ라. 讀到那裏了, 닑기를 어듸
ᄭ지 ᄒ엿ᄂ뇨. 《朴新諺 1, 48ㅈ》纔讀得
半本哩, 겨요 반 권을 닑엇노라. 《朴新諺
1, 49ㅈ》多半是讀書人做的, 半나마 이
글 닑은 사룸이 ᄒ는 줄을 불러라.

독기(毒氣) 图 독의 기운. 《朴新諺 1, 16
ㅈ》這瘡毒氣散去便暗消了, 이 瘡에 毒氣
흐터져 곳 절로 스러지리라.

독독마사(禿禿麼思) 图 수제비의 한 가
지. 밀가루 반죽을 작고 동글납작하게
만들어 익힌 뒤, 수유(酥油)에 볶은 양고

기와 함께 시고 달콤한 맛이 나는 탕(湯)
에 넣어 대꼬챙이로 찍어먹는다. 《集覽,
朴集, 中, 1ㅎ》禿禿麽思. 一名手撇麵
〈麵〉, 卽本國믜역겨비. 禿字, 音투, 上聲
〈声〉讀. 麽思二合爲音맛, 急呼則用思字,
曰투투맛, 慢言之則用食字, 曰투투마시.
元時語如此. 劑法如水滑麵〈麵〉, 和圓少
彈劑〈劑〉, 冷水浸手掌, 按作小薄餅兒, 下
鍋煮熟, 以盤盛, 用酥油炒片羊肉, 加塩炒
至焦, 以酸甜湯拌和. 滋味得所, 別硏蒜泥
調酪, 任便加減, 使竹簽簽食之.

독벼리 閉 특별히. 유달리. ⇔편(偏). 《集
覽, 字解, 單字解, 3ㅈ》偏. 독벼리, 又독
혀. 又칙여.

독별이 閉 특별히. 유달리. 굳이. 한사코.
⇔편요(偏要). 《朴新諺 1, 36ㅈ》偏要偸
別人的媳婦, 독별이 다른 사룸의 계집을
도젹ᄒ니.

독사(毒蛇) 閉 독을 가진 뱀. 《集覽, 朴集,
下, 1ㅎ》ㄱ蹷. 今按, 法師徃西天時, 初到
師陀國界, 遇猛虎・毒蛇之害, 次遇黑熊
精・黃風恠〈怪〉・地湧夫人・蜘蛛精・
獅子恠〈怪〉・多目恠〈怪〉・紅孩兒恠
〈怪〉, 幾死僅免.

독서(讀書) 图 책을 읽다. 공부하다. 《集
覽, 朴集, 上, 12ㅎ》戒方. 音義云, 學罰에
티ᄂ 것. 質問云, 讀書小兒送入學堂, 師
傅敎寫字, 不用心寫好字, 師傅拿二尺長
・寸半寬・半寸厚的木板條打手掌, 使後
日寫好字, 免打手掌, 謂之戒方. 《朴新諺
1, 48ㅎ》你好好的用心讀書學習, 네 ᄀ장
用心ᄒ여 讀書 學習ᄒ여. 《朴新諺 1, 49
ㅈ》多半是讀書人做的, 半나마 이 글 닑
은 사룸이 ᄒᄂ 줄을 볼러라.

독시(禿廝) 閉 중놈. 까까중. ⇔머리믠놈.
《朴新諺 3, 22ㅎ》伯眼道這禿廝好沒道理,
伯眼이 니ᄅ되 이 머리믠놈이 ᄀ장 道理
업다 ᄒ고.

독자(獨自) 閉 혼자. ⇔혼자. 《朴新諺 1,
53ㅎ》我徃常獨自一箇來射, 내 건너 혼

자 와 뽈 제.

독충(毒蟲) 閉 독을 가진 벌레. 《朴新諺
3, 9ㅈ》撞多少猛虎・毒虫, 언머 猛虎・
毒虫을 만나시리오.

독혀 閉 유별나게. 유독. 특별히. ⇔편
(偏). 《集覽, 字解, 單字解, 3ㅈ》偏. 독벼
리, 又독혀. 又칙여.

돈 閉 ❶돈. ⇔전(錢). 《朴新諺 1, 1ㅎ》每
人出錢一吊五百文, 每人이 돈 흔 댜(다)
오 五百을 내면. 《朴新諺 1, 21ㅈ》不是顚
錢便是踢建子, 돈더디기 아니면 곳 젹이
츠기 ᄒᄂ니. 《朴新諺 1, 42ㅈ》錢之多少
倒不打緊, 돈 多少ᄂ 도로혀 다 긴치 아
니ᄒ다. 《朴新諺 1, 58ㅎ》今因乏錢使用,
이제 돈 쓸 것 업스믈 因ᄒ여. 《朴新諺
1, 59ㅈ》某年月日借錢人趙寶兒, 某年月
日에 돈 꾼 사룸 趙寶兒와. 《朴新諺 3,
31ㅈ》相公捨不的錢, 相公이 돈을 앗긴
다 홈이오. 《朴新諺 3, 32ㅎ》拿二百錢來
罷了, 二百 낫 돈을 가져오미 무던ᄒ다.
《朴新諺 3, 36ㅎ》咱賭錢, 우리 돈을 더
ᄂ쟈. ❷뗫돈. ⇔판(板). 《朴新諺 1, 21
ㅎ》那三台板却做得好, 뎌 三台 돈은 민
둘기롤 잘ᄒ엿고. 南斗六星板却做得忒
圓了些, 南斗六星 돈은 민든 거시 너무
두렷ᄒ고. 左輔右弼板和那両箇束兒, 左
輔 右弼 돈과 두 못금쇠ᄂ. 後面北斗七星
板也做得好, 後面 北斗七星 돈은 민들기
롤 잘ᄒ엿고.

돈 의 ❶돈. (무게) ⇔전(錢). 《朴新諺 1,
19ㅈ》大槩湏〈須〉得五錢價銀一件, 大槩
모로미 닷 돈 은에 흔 볼을 어드리라.
《朴新諺 1, 19ㅎ》每把價銀五錢, 每 ᄌᄅ
갑시 銀 닷 돈이니. 《朴新諺 1, 32ㅎ》每
張只要五錢銀子, 每 張에 그저 닷 돈 은
을 바드려 ᄒ니. 《朴新諺 1, 46ㅎ》沒有
五六錢銀子, 다엿 돈 은이 업스면. ❷돈.
⇔전(錢). 《朴新諺 1, 10ㅎ》我們自吃飯
呢二錢半一板, 우리 이녁 밥 먹으면 두
돈 반에 흔 틀이오. 《朴新諺 1, 13ㅎ》給

他量斗的人一百錢, 더 말 되는 사롭을 일
빅 돈을 주고. 《朴新諺 1, 32ㅎ》給你一
張三錢罷, 너를 혼 쟝에 서 돈식 주리라.
《朴新諺 1, 51ㅈ》也不過使二十八九箇錢,
스믈 여돏 아홉 낫 돈을 쁘매 지나지 아
니ᄒ리라. 《朴新諺 2, 4ㅎ》費五六錢銀買
一箇羊腔子, 다엿 돈 銀을 허비ᄒ여 혼
羊의 몸똥을 사. 《朴新諺 2, 14ㅎ》五箇水
紅絹每疋染錢三錢, 다숫 분홍 깁은 민 필
에 물갑시 서 돈이오. 《朴新諺 2, 43ㅎ》
再加你五錢銀罷, 다시 네게 닷 돈 은을
더홈이 무던ᄒ다. 《朴新諺 3, 2ㅎ》一百
錢短一箇也不賣, 一百 돈에 ᄒ나히 업서
도 ᄑ지 아니ᄒ리라. 《朴新諺 3, 6ㅈ》不
使幾箇錢幹辦是不濟事的, 여러 돈을 뼈
셔도지 아니면 이 일을 일오지 못ᄒ리
라. 《朴新諺 3, 55ㅈ》就取一百錢去賃來
轎上, 곳 혼 빅 돈을 가져가 삭 내여 와
안장 디으라.

돈(頓) ⑧ (뭉근한 불로 푹) 삶다. '頓'은
'燉'과 같게 쓰인다. ⇔슒다. 《(元, 關漢
卿) 金綫池, 1節》這紙湯甁再不向紅罏頓,
鐵煎盤再不使淸油混. 《朴新諺 1, 5ㅈ》是
海蔘頓鴨子, 海蔘 너허 슬믄 올히와. 《朴
新諺 1, 5ㅈ》鰒魚頓肉, 전복 너허 슬믄
고기와. 《朴新諺 1, 5ㅈ》頓爛肘(肋)子,
무르녹게 슬믄 녑팔지와.

돈(頓) ⑨ **1**번. 차례. 회. ●⇔디위. 《集
覽, 字解, 單字解, 5ㅎ》頓. 一次也, 一頓
飯. 又踬也, 頓坐 주잔짜. 又拜頭叩地也,
頓首百拜. 《朴新諺 1, 36ㅈ》這一頓打却
也是該的, 이 혼 디위 티미 쏘 이 맛당ᄒ
도다. ●⇔지위. 《朴新諺 2, 13ㅎ》我定
要打這狗才一頓, 내 일뎡이 개 ᄀ튼 놈을
혼 지위 치리라. **2**끼. 끼니. ⇔찌. 《集
覽, 字解, 單字解, 5ㅎ》頓. 一次也. 一頓
飯. 又踬也. 頓坐 주잔짜. 又拜頭叩地也.
頓首百拜. 《朴新諺 1, 11ㅈ》不要單愛惜
你家這幾頓茶飯, 맛치 네 집 여러 찌 茶
飯만 앗기지 말라. 《朴新諺 2, 28ㅈ》一

日吃了三頓飯, ᄒ르 세 찌 밥 먹고.

돈더디기 ⑲ 돈던지기. (동전 3개를 땅에
던져 승부를 겨루는 어린이들의 놀이.
동전의 위쪽이 많이 나온 사람이 이긴
다) ⇔전전(顚錢). 《朴新諺 1, 21ㅈ》不是
顚錢(朴新注, 8ㅎ: 小兒擲錢三箇, 陽多者
勝.)便是踢建子, 돈더디기 아니면 곳 젹
이츠기 ᄒᄂ니.

돈수(頓首) ⑧ 머리가 땅에 닿도록 절하
다. 《集覽, 字解, 單字解, 5ㅎ》頓. 一次
也. 一頓飯. 又踬也. 頓坐 주잔짜. 又拜頭
叩地也. 頓首百拜. 《朴新諺 3, 14ㅎ》愚男
山童頓首百拜, 愚男 山童은 頓首百拜ᄒ
여. 《朴新諺 3, 16ㅈ》愚男山童頓首百拜
具, 愚男 山童은 頓首百拜 具ᄒᄂ이다.

돈수백배(頓首百拜) ⑧ 돈수(頓首)하며
수없이 계속 절을 하다. ⇔돈수백배ᄒ
다(頓首百拜-). 《朴新諺 3, 14ㅎ》愚男山
童頓首百拜, 愚男 山童은 頓首百拜ᄒ여.
《朴新諺 3, 16ㅈ》愚男山童頓首百拜具,
愚男 山童은 頓首百拜 具ᄒᄂ이다.

돈수백배ᄒ다(頓首百拜-) ⑧ 돈수백배
(頓首百拜)하다. ⇔돈수백배(頓首百拜).
《朴新諺 3, 14ㅎ》愚男山童頓首百拜, 愚
男 山童은 頓首百拜ᄒ여.

돈식(頓息) ⑧ 머물러 휴식하다. 《集覽,
朴集, 中, 5ㅈ》起浮屠於泗水之間. 中宗問
諸近臣, 近臣奏, 僧伽大師化緣在臨淮, 恐
欲歸. 中宗心許, 其臭頓息, 奇香馥烈.

돈정(頓整) ⑧ 정돈하다. 안배하다. 《集
覽, 朴集, 中, 6ㅈ》齒排柯雪. 謂齒如雪堆
枝柯之上, 淨白頓整之形, 似人所編排然.
佛三十二相, 有四十齒相, 有齒白淨相, 有
齒齊密相.

돈좌(頓坐) ⑧ 주저앉다. ⇔주잔짜. 《集
覽, 字解, 單字解, 5ㅎ》頓. 一次也. 一頓
飯. 又踬也. 頓坐 주잔짜. 又拜頭叩地也.
頓首百拜.

돌 ⑲ 돌. ⇔석(石). 《朴新諺 2, 5ㅈ》地下
幔的石如白玉, 싸히 신 돌은 白玉 ᄀ고.

《朴新諺 2, 38ㅈ》有奇奇怪怪之石, 奇奇
怪怪흔 돌도 이시며.

돌리다 图 돌리다. 교대하다. ⇔윤(輪).
《朴新諺 1, 25ㅈ》一更一箇輪流起來喂草,
흔 경에 흐나식 돌려 니러 여믈을 먹이
되.

돌림 图 돌림. 둘레. ⇔도(堵).《朴新諺 1,
9ㅎ》我家的墻也倒了幾堵, 우리 집 담도
여러 돌림이 믄허져시니.

돌보다 图 돌보다. 살피다. 보살피다. 지
키다. ⇔조고(照顧).《朴新諺 2, 9ㅈ》你
太爺下次好再來照顧, 너 太爺ㅣ 훗번에
다시 와 돌보미 됴타.

돌ㅎ 图 돌.《集覽, 朴集, 上, 12ㅎ》白淸水
絹. 무리·픗〈플〉:긔·업·시 다드·마:돌호
로 미·론:깁·이·니, 光滑緻硬, 如本國擣砧
者也. 卽不用糨粉而鍊〈練〉生絹, 以石碾
者.

돕다 图 돕다. ⇔조(助).《朴新諺 1, 6ㅎ》
助助老爺們酒興, 老爺들의 酒興을 도아.
《朴新諺 3, 35ㅎ》天子百靈咸助將軍八面
威風, 天子는 百靈이 다 돕고 將軍은 八
面 威風이러라.

돕지텰릭 图 더그레. (소매가 없고 양쪽
옷섶에 주름을 잡았다) ⇔비갑(比甲).
《集覽, 朴集, 上, 8ㅎ》比甲. 衣之無袖, 對
襟爲襞積者曰比甲, 卽本國돕지텰릭. 婦
女亦依此制爲短襖着之, 亦曰比甲, 通稱
搭護.

돗는문셔 图 벼슬아치의 전임이나 진급
(승진) 따위를 증명하던 문서. ⇔승문
(陞文).《朴新諺 2, 50ㅎ》你的陞文(朴新
注, 41ㅈ: 猶解由也.)得了麼, 네 돗는 문
셔를 어덧는다.

돗다 图 진급(승진)하다. ⇔승(陞).《朴新
諺 2, 50ㅎ》你的陞文得了麼, 네 돗는 문
셔를 어덧는다.

돗치다 图 돋치다. ⇔기(起).《朴新諺 1,
18ㅈ》刀鞘要起線花梨木, 칼집은 실 돗
친 花梨木으로 흐고.《朴新諺 1, 18ㅈ》

象牙廂頂也要起線的, 象牙로 머리에 젼
메오되 쏘 실 돗치고져 흐노라.

돗ㅎ 图 돼지. ⇔저(猪).《朴新諺 2, 52ㅈ》
他前日輸與我的猪頭也不肯買, 데 그젓긔
내게 진 돗희 머리도 즐겨 사지 아니흐
니.

동 图 동. 동쪽. ⇔동(東).《朴新諺 2, 49
ㅈ》每日東走西走不得片時歇息, 每日에
동으로 둣고 셔로 드라 片時도 쉼을 엇
지 못흐니.

동(冬) 图 겨울. ⇔겨울.《朴新諺 2, 40ㅈ》
一冬好煎湯吃, 흔 겨울을 달혀 먹기 됴
흐니.

동(同) 图 함께. 같이. ⇔흔가지로.《朴新
諺 1, 9ㅈ》我竟與你同去, 내 뭇춤내 너와
흔가지로 갈 거시니.《朴新諺 1, 19ㅈ》
我且同你到張黒子家去, 내 쏘 너와 흔가
지로 張黒子의 집의 가쟈.《朴新諺 1, 31
ㅎ》我同大哥去揀箇買好麼, 내 큰형과
흔가지로 가 굴희여 사미 됴타.《朴新諺
1, 53ㅈ》咱們幾箇就同去, 우리 몃치 곳
흔가지로 가료.《朴新諺 2, 7ㅎ》有苦同
受有樂同享, 괴로옴이 잇거든 흔가지로
밧고 즐거옴이 잇거든 흔가지로 누리
면.《朴新諺 2, 10ㅎ》咱們今日就同去聽
一聽罷, 우리 오늘 이믜셔 흔가지로 가
듯쟈.《朴新諺 3, 46ㅈ》所以約你同去哩,
그러모로 너를 언약흐여 흔가지로 가려
흐노라.《朴新諺 3, 55ㅈ》如今就同小弟
去拜望他便了, 이제 즉시 小弟와 흔가지
로 가 뎌를 拜望흐면 곳 흐리라.《朴新諺
3, 56ㅈ》外面有沈相公同客來奉拜, 밧끠
沈相公이 客과 흔가지로 와 奉拜흐더라.

동(同) 의 동. (피륙 열 필을 단위로 이르
는 말)《集覽, 朴集, 中, 2ㅎ》千餘同. 音
義云, 十疋爲同.

동(同) 혱 같다. ➊곳다.《朴新諺 1, 17
ㅈ》却也比尋常的不同, 쏘 녜숫 거세 비
컨대 곳지 아니흐니.《朴新諺 1, 21ㅈ》
各樣不同, 여러 가지 곳디 아니흐더라.

《朴新諺 1, 47ㅎ》人家有貧富不同, 人家
貧富ㅣ ᄀᆞᆺ지 아니호미 이셔. ●⇔ᄀᆞᆺᄐ
다. 《朴新諺 2, 30ㅎ》便同禽獸之類了, 곳
禽獸의 類와 ᄀᆞᆺᄐ리라.

동(東) 명 **①**●동. 동쪽. ⇔동. 《朴新諺 2,
49ㅈ》每日東走西走不得片時歇息, 每日
에 동으로 ᄃᆞᆺ고 셔로 ᄃᆞ라 片時도 쉼을
엇지 못ᄒᆞ니. 《朴新諺 3, 47ㅎ》朝東放着
土牛, 東을 향ᄒᆞ여 土牛를 노코. ●동녁.
동쪽. ⇔동녁. 《集覽, 字解, 單字解, 7ㅈ》
頭. 首也. 東頭·西頭 동녁 귿·셧녁 귿,
頭到 나죵내, 到頭 나죵애. 通作投. 又上
頭 젼츠로. 又頭盤 첫 판, 頭舘 첫 판, 頭
雞 첫 둙. 《朴新諺 1, 56ㅈ》小人在街東堂
子間壁下著哩, 小人이 거리 동녁 堂子ㅅ
ᄇᆞ람을 스이ᄒᆞ여 부리윗노라. 《朴新諺
2, 1ㅈ》大街東市上馬牙子家有, 큰 거리
동녁 져제에 물 즈름의 집이 잇ᄂᆞ니라.
❷동편. 동쪽. ●⇔동편. 《朴新諺 1, 17
ㅎ》大街上四牌樓東, 큰 거리 四牌樓 동
편에. ●⇔동편(東-). 《朴新諺 3, 55ㅎ》
在崇文門裡大街東張編修家住着, 崇文門
안 큰 거리 東편 張編修의 집의 이셔 머
므ᄂᆞ니라.

동(凍) 통 얼다[凍]. ⇔얼다. 《朴新諺 2, 36
ㅈ》街上泥凍的都似狼牙一般, 거리에 즌
흙 언 거시 다 일희 니 ᄀᆞᆺᄐ니.

동(疼) 형 **①**아프. ●⇔알프. 《朴新諺 3,
11ㅎ》越疼的當不得, 더옥 알파 당치 못
ᄒᆞ여라. ●⇔앏프. 《朴新諺 3, 45ㅈ》使
牙疼的了不得, 곳 니 앏파 견디지 못ᄒᆞ여
라. **❷**아프다. ⇔알프다. 《集覽, 朴集, 中,
2ㅎ》奪腦. 奪字未詳. 鄕習傳解曰, 디고리
뽄 앏〈알〉프다. 奪, 音듀, 去聲讀. 《朴新
諺 1, 43ㅈ》刮多了頭疼, 긁빗기기룰 만히
ᄒᆞ면 마리 알프니라. 《朴新諺 2, 23ㅎ》我
今日頭疼腦旋, 내 오늘 마리 알프고 골치
어즐ᄒᆞ고. 《朴新諺 2, 23ㅎ》小弟這幾日
有些頭疼腦熱, 小弟 요스이 져기 마리 알
프고 골치 더움이 잇더니.

동(動) 통 ●놀리다. 움직이다. ⇔놀리다.
《朴新諺 3, 11ㅈ》你一般動手做生活, 네
혼가지로 손을 놀려 혼 셩녕이. ●동
(動)ᄒᆞ다. 움직이다. ⇔동ᄒᆞ다(動-).
《朴新諺 3, 24ㅈ》各上禪床坐之分毫不動,
각각 禪床에 올라 안저 定ᄒᆞ고 分毫도
動치 마라. 但動的便筭輸, 다만 動ᄒᆞᄂᆞ
이를 곳 지니로 혜니라.

동(銅) 명 ●놋. 놋쇠. ⇔놋. 《朴新諺 2,
21ㅈ》還有羅鍋, 또 노고와. 柳箱, 섥과.
灑子, 드레와. 碗楪, 사발 졉시와. 匙筋,
수져와. 榪杓, 나모쥬게와. 箕籬, 됴리
와. 炊箒, 솔과. 擦床兒, 슉치칼과. 簁
(簁)箕, 키와. 篩子, 얼밍이와. 馬尾羅, 물
총체와. 桌子, 상과. 盤子, 盤과. 茶盤, 찻
반과. 燈臺, 燈臺와. 酒種, 잔과. 酒鱉, 쥬
벼으와. 銅杓, 놋쥬게 이시니. ●동(銅).
구리. ⇔퉁. 《朴新諺 2, 13ㅈ》橫子上銅
事件都平常, 橫에 퉁으로 혼 ᄉᆞ건이 다
平常ᄒᆞ고.

동경록(東京錄) 명 동경몽화록(東京夢華
錄)의 준말. 《集覽, 朴集, 上, 8ㅈ》翫月
會. 東京錄云, 中秋夜, 貴家結飾臺榭, 民
間爭占酒樓翫〈玩〉月, 絲簧鼎沸, 近內庭
居民, 夜深遙聞笙竽之聲, 宛若雲外天樂,
閭里兒童連宵嬉戱, 夜市騈闐, 至於通曉.

동경몽화록(東京夢華錄) 명 송(宋) 맹원
로(孟元老) 지음. 10권. 북송(北宋) 때의
수도였던 변경(汴京)의 융성했던 문화
를 기록하였다. 《集覽, 朴集, 下, 9ㅎ》打
春. 東京夢華錄云, 立春前五日, 造土牛·
耕夫·犁具, 前一日順天府進農牛入禁中
鞭春, 府縣官吏·士庶·耆社, 具鼓樂出
東郊迎春, 牛芒神至府前, 各安方位.

동공(動工) 통 공사를 시작하다. 공사를
개시하다. ⇔동공ᄒᆞ다(動工-). 《朴新諺
1, 10ㅈ》土王用事之日不可動工, 土王 用
事日에 動工치 못홀 꺼시니.

동공ᄒᆞ다(動工-) 통 동공(動工)하다. ⇔
동공(動工). 《朴新諺 1, 10ㅈ》土王用事

之日不可動工, 土王 用事日에 動工치 못
홀 써시니.

동과(冬瓜) 圐 동아. (박과의 한해살이 덩
굴성 식물) ⇔동화.《朴新諺 2, 40ㅈ》種
些冬瓜, 져기 동화와. 西瓜, 슈박과. 甜
瓜, 춤외와. 揷葫, 즈른박과. 稍瓜, 수세
외와. 黃瓜, 외와. 茄子等類, 가지들을 심
으라.

동관(同官) 圐 한 관아에서 일하는 같은
등급의 관리나 벼슬아치.《朴新諺 2, 2
ㅎ》後日又要請衙門中同寅(朴新注,   23
ㅎ: 卽同官也. 同寅, 協恭之義.)老爺們吃
酒, 모리 쬬 衙門에 同寅 老爺들을 쳥ᄒ
여 술 먹으려 ᄒ여.

동교(東郊) 圐 동쪽의 교외.《集覽, 朴集,
下, 9ㅎ》打春. 東京夢華錄云, 立春前五
日, 造土牛・耕夫・犁具, 前一日順天府
進農牛入禁中鞭春, 府縣官吏・士庶・耆
社, 其鼓樂出東郊迎春, 牛芒神至府前, 各
安方位.

동국(東國) 圐 예전에 우리나라를 달리
이르던 말. 우리나라가 중국의 동쪽에
있었던 데서 유래하였다.《朴新諺 3, 54
ㅎ》只聽得些東國故事, 다만 져기 東國
故事를 드럿노라.《朴新諺 3, 56ㅎ》你這
東國歷代以來有多少年了, 네 이 東國이
歷代 뼈 옴으로 멋 ᄒ나 ᄒ며.

동남(東南) 圐 남동쪽.《集覽, 朴集, 上, 5
ㅈ》角頭. 音義云, 東南西北往來人煙〈烟〉
湊集之處. 今按, 角頭, 卽通逵達道要會之
衝, 僧力求直之人坌集之所.

동남(童男) 圐 사내아이.《集覽, 朴集, 中,
4ㅎ》童男童女. 觀音現三十二應, 曰佛身,
曰辟支〈支〉, 曰圓覺, 曰聲聞, 曰梵王, 曰
帝釋, 曰自在天, 曰大自在天, 曰天大將軍,
曰四天王, 曰四天太子, 曰人王, 曰長者,
曰居士, 曰宰官, 曰婆羅門, 曰比丘, 曰比
丘尼, 曰優婆塞, 曰優婆夷, 曰女主, 曰童
男, 曰童女, 曰天身, 曰龍身, 曰藥叉, 曰乾
達婆, 曰阿脩羅, 曰緊那羅, 曰摩睺羅, 曰

樂人, 曰非人.《朴新諺 2, 29ㅈ》或作童男
或化童女(朴新注, 33ㅈ: 觀音隨相變化,
或化童男, 或化童女.), 或 童男이 되고 或
童女ㅣ 되며.

동녀(童女) 圐 여자 아이.《集覽, 朴集, 中,
4ㅎ》童男童女. 觀音現三十二應, 曰佛身,
曰辟支〈支〉, 曰圓覺, 曰聲聞, 曰梵王, 曰
帝釋, 曰自在天, 曰大自在天, 曰天大將軍,
曰四天王, 曰四天太子, 曰人王, 曰長者,
曰居士, 曰宰官, 曰婆羅門, 曰比丘, 曰比
丘尼, 曰優婆塞, 曰優婆夷, 曰女主, 曰童
男, 曰童女, 曰天身, 曰龍身, 曰藥叉, 曰乾
達婆, 曰阿脩羅, 曰緊那羅, 曰摩睺羅, 曰
樂人, 曰非人.《朴新諺 2, 29ㅈ》或作童男
或化童女(朴新注, 33ㅈ: 觀音隨相變化,
或化童男, 或化童女.), 或 童男이 되고 或
童女ㅣ 되며.

동녁 圐 동녘. 동쪽. ⇔동(東).《集覽, 字
解, 單字解, 7ㅈ》頭. 首也. 東頭・西頭 동
녁 귿・셧녁 귿, 頭到 나죵내, 到頭 나죵
애. 通作投. 又上頭 젼ᄎ로. 又頭盤 첫
판, 頭舘 첫 판, 頭雞 첫 둙.《朴新諺 1,
56ㅈ》小人在街東堂子間壁下着哩,   小人
이 거리 동녁 堂子ㅅ ᄇ람을 스이ᄒ여
부리윗노라.《朴新諺 2, 1ㅈ》大街東市上
馬牙子家有, 큰 거리 동녁 져제에 믈 즈
름의 집이 잇ᄂ니라.

동년(同年) 圐 동방(同榜). (같은 때에 과
거에 급제하여 방목(榜目)에 함께 적히
던 일. 또는 그런 사람)《朴新諺 3, 18ㅎ》
又是去拜那位同年(朴新注, 51ㅈ: 稱同傍
曰同年.), 쪼 뎌 位 同年의게 가 拜ᄒ여.
《朴新諺 3, 55ㅎ》張編修是小弟的同年,
張編修는 이 小弟의 同年이라.

동두(東頭) 圐 동쪽 끝.《集覽, 字解, 單字
解, 7ㅈ》頭. 首也. 東頭・西頭 동녁 귿・
셧녁 귿, 頭到 나죵내, 到頭 나죵애. 通作
投. 又上頭 젼ᄎ로. 又頭盤 첫 판, 頭舘
첫 판, 頭雞 첫 둙.

동락(湩酪) 圐 우유를 반쯤 응고시킨 음

식. 치즈(cheese).《集覽, 朴集, 中, 7ㅈ》
稀粥也熬着. 北人好獵, 不力於農. 獵者·
行者多齎抄米, 且其食性好粥, 尤好生肉
渾酪, 故兩書皆元時所記, 多言稀粥及酪.

동명(洞明) 몡 구성(九星) 중의 여덟째 별
이름. 파군성(破軍星)의 아래 우필성(右
弼星)의 위에 있다.《集覽, 朴集, 上, 7ㅈ》
北斗左輔右弼. 凡九星, 曰樞宮貪狼, 曰璇
宮巨門, 曰璣〈幾〉宮祿存, 曰權宮文曲, 曰
衡宮廉貞, 曰闓〈開〉陽宮武曲, 曰瑤光宮破
軍, 曰洞明宮左輔, 曰隱元宮右弼. 左輔連
附北斗第〈笇〉六星, 在外, 右弼連附北斗
第〈笇〉二星, 在內. 俱在紫薇〈微〉垣.

동모 몡 동무. 동료. ●⇔화계(火計).《集
覽, 字解, 累字解, 2ㅎ》火計. 동모.《朴新
諺 1, 11ㅎ》我對象火計說, 내 여러 동모
드려 닐러. 齊心用力多使些工夫, 齊心 用
力ㅎ여 만히 工夫 드려. ●⇔화계(伙計).
《朴新諺 2, 42ㅎ》伙計們把那廚開了, 동
모들아 뎌 장을 열고. 揀高的與官人看,
놉흔 이룰 골히야 官人을 주어 보게 ㅎ
라.《朴新諺 3, 10ㅈ》伙計們, 동모들아.
先掘土打兩擔水未好和泥, 몬져 흙을 픠
고 두 짐 물을 기러 와 잘 흙을 니기되.

동문(洞門) 몡 동굴의 입구.《集覽, 朴集,
上, 15ㅈ》玉泉. 一在山之根, 有泉湧出,
洞門刻玉泉二字, 有觀音閣. 又南有石巖
〈岩〉, 號呂公洞, 其上有金時芙蓉殿廢址.
相傳以爲章宗避暑處.《朴新諺 2, 5ㅈ》西
湖是從玉泉山(朴新注, 24ㅈ: 在宛平縣,
距京都西北三十里, 山有石洞三. 一在山
之西南, 其下有泉, 深淺莫測. 一在山之陽,
泉出石罅間, 鑿石爲螭頭, 泉從螭口噴出,
鳴若雜佩, 色如素練, 泓澄百頃. 一在山之
根, 有泉湧出, 洞門刻玉泉二字.)流下來
的, 西湖ᄂ 이 玉泉山으로 조차 흘러ᄂ
런 거시니.

동발(銅鉢) 몡 구리로 만든 바리때.《集
覽, 朴集, 上, 10ㅈ》鉢盂. 緫龜〈総亀〉云,
天竺國器也, 釋迦有女靑石鉢, 宋盧陵王

以銅鉢餉于五祖, 是宋·晉間中國始用也.

동방(同榜) 몡 같은 때에 과거에 급제하
여 방목(榜目)에 함께 적히던 일. 또는
그런 사람.《朴新諺 3, 18ㅎ》又是去拜那
位同年(朴新注, 51ㅈ: 稱同傍曰同年.), ᄯ
뎌 位 同年의게 가 拜ㅎ여.

동방(東房) 몡 건물의 중앙 정방(正房)을
중심으로 하여 동쪽에 있는 방.《朴新諺
2, 44ㅎ》東房幾間, 東房이 현 간.

동방삭(東方朔) 몡 중국 전한(前漢)의 문
인. 자는 만천(曼倩). 해학(諧謔)·변설
(辯舌)·직간(直諫)으로 이름이 났다.
속설에 서왕모(西王母)의 복숭아를 훔
쳐 먹어 장수하였다 하여 삼천갑자 동
방삭(三千甲子東方朔)이라고도 이른다.
《集覽, 朴集, 中, 6ㅈ》萬劫. 漢武帝鑿昆
明池, 其底有灰, 帝問東方朔, 對曰, 此劫
〈规〉灰也.

동변(東邊) 몡 동쪽. 동쪽 방향. 동녘.《集
覽, 字解, 單字解, 4ㅈ》打. 擊也, 着實打,
又打三下. 又爲也. 打酒來 술 사 오라. 又
曰, 打將來 ㅎ야 오라, 打聽 들보라, 打水
믈 긷다, 不打緊. 又打那裏去, 打東邊去,
有投向從往之意. 俗用打字, 似不合本意
者多, 而實有取意不苟, 其用甚廣, 此不盡
錄.

동사(同事) 图 함께 일하다.《朴新諺 1, 11
ㅎ》我對象火計(朴新注, 5ㅈ: 同事者之稱,
一作夥計.)說, 내 여러 동모드려 닐러.

동산 몡 동산. ⇔원(園).《朴新諺 2, 40ㅈ》
再叫小廝們到西園裏去, ᄯ 아히들로 ㅎ
여 뎟녁 동산에 가.

동서(東西) 몡 **1** 동쪽과 서쪽.《朴新諺 2,
52ㅈ》不辨東西不省人事, 東西룰 분변치
못ㅎ고 人事룰 아지 못ㅎ여. **2** ● 것. 물
건. ⇔것.《集覽, 字解, 累字解, 1ㅎ》東西.
指物之辭, 未定其稱而曰東西. 猶曰或東
或西, 未定方向之意.《朴新諺 1, 31ㅎ》這
両件東西要做, 이 두 가지ㅅ 거슬 지으려
ㅎ면.《朴新諺 1, 33ㅎ》慣會誆騙人家東

西(朴新注, 13ㅈ: 如云某物事.), 넘의 것 소겨 후리기 닉게 흐느니. 《朴新諺 1, 54ㅎ》待滿了月便吃生冷東西, 둘 츠기롤 기드려 곳 生冷엣 거슬 먹으면. 《朴新諺 2, 3ㅎ》不通人情不達時務的東西, 人情을 通치 못흐고 時務를 아지 못흐는 거시라. 《朴新諺 2, 14ㅎ》這些東西你共要多少染錢呢, 이 여러 거세 네 대되 언머 물갑슬 바드려 흐는다. 《朴新諺 2, 25ㅎ》這般稀罕東西, 이리 稀罕흔 거슬. 《朴新諺 3, 25ㅈ》着兩箇猜裡面有甚麼東西, 둘로 흐여 안히 므스거시 잇는고 알라 흐고. 《朴新諺 3, 32ㅈ》客官你要的東西都擺上了, 客官아 네 흐고져 흐는 거슬 다 버려시니. ❷잡다한 물건. ⇔잡은것. 《朴新諺 2, 13ㅎ》我到染房裏染東西去, 내 물집의 잡은 것 물드리라 가쟈. 《朴新諺 2, 41ㅈ》看有東西在那裏, 잡은거시 아모 디 잇는 줄을 보아. 《朴新諺 2, 41ㅎ》他怎麼得能勾偷了東西去呢, 뎨 엇지 시러곰 능히 잡은거슬 도적흐여 가리오.

동세악(動細樂) 동 취타(吹打)가 아닌 관현(管絃)악기로 구성한 음악(音樂)을 연주하다. ⇔세풍뉴흐다. 《朴新諺 3, 47ㅈ》前面奏動細樂引着行, 앏히 셰풍뉴흐여 인도흐여 가고.

동시(銅匙) 명 숟가락. 놋숟가락. ⇔술. 《集覽, 字解, 單字解, 1ㅎ》和. 平聲, 調和也. 又去聲, 與也, 及也. 我和你 너와 나와, 銅匙和快子 술와 밋 져와.

동안주(東安州) 명 금대(金代)의 현(縣)을 원대(元代)에 주로 승격시키고 수해를 피하여 지금의 치소로 옮겼다. 순천부(順天府) 남쪽 1백 리 지역으로 홍무(洪武) 연간에 현으로 고쳤다. 《集覽, 朴集, 中, 3ㅎ》東安州. 在東安縣西北. 金以前皆爲縣, 元陞爲州, 今避水患移今治, 在順天府南一百里, 故城遂廢(癈), 洪武初改爲縣. 《朴新諺 2, 28ㅈ》帶十兩銀子到東安州(朴新注, 32ㅎ: 在京都南一百里.)去

放黑豆, 열 냥 은을 가지고 東安州에 가 거믄콩에 노하.

동안현(東安縣) 명 명대(明代)에 두었다. 하북성(河北省) 낭방시(廊坊市)의 서쪽에 두었다가 남동쪽 안차현(安次縣)으로 옮겼다. 《集覽, 朴集, 上, 4ㅎ》蘆溝橋. 其一東南流, 入于蘆溝, 又東入于東安縣界. 去都城三十里, 有石橋跨于河, 廣二百餘步, 其上兩旁皆石欄, 雕刻石獅, 形狀奇巧, 成於金明昌三年.

동옥(東屋) 명 본채를 중심으로 하여 동쪽에 있는 집. 《朴新諺 3, 51ㅈ》於東屋山墻外剜窟進內, 東屋 화방 밧끠 굼글 뚧고 안히 들어.

동와(茼蒿) 명 물쑥. (국화과의 여러해살이풀) ⇔믈쑥. 《朴新諺 2, 39ㅈ》蘿蔔, 댓무우. 蔓菁, 쉿무우. 萵苣, 부로. 葵菜, 아혹. 白菜, 비치. 赤根菜, 시근치. 芫荽, 고싀. 蔥, 파. 蒜, 마늘. 薤菜, 부치. 荊芥, 형개. 薄荷, 박하. 茼蒿, 믈쑥. 水蘿葍, 물한댓무우. 胡蘿葍, 노른댓무우. 芋頭, 토란. 紫蘇都好種的, 紫蘇를 다 시믐이 됴타.

동월(冬月) 명 음력으로 겨울철의 달. 《集覽, 朴集, 上, 11ㅈ》狗有濺草之恩. 晉太和中, 楊生養狗, 甚愛之. 後生飮酒醉, 行至大澤, 草中眠. 時値冬月, 野火起, 風又猛, 狗呼喚, 生不覺. 前有一坑水, 狗便走徃水中, 還以身洒生, 左右草沾水得着, 地火尋過去, 生醒而去. 《集覽, 朴集, 下, 6ㅈ》水滑經帶麵. 冬月溫水浸. 經帶麵〈麪〉, 用頭白麵〈麪〉二斤, 減(碱)二兩, 塩二兩, 硏細, 新汲水破開和搜, 比趕麵〈麪〉劑微軟, 漸以拗棒拗百餘下, 停一時許, 再拗百餘下, 趕至極薄, 切如經帶樣, 滾湯下, 候熟入涼水, 投汁任意.

동유(桐油) 명 유동(油桐)의 씨에서 짜낸 건성(乾性)의 기름. 《集覽, 朴集, 下, 5ㅎ》瀝靑. 家禮儀制云, 生蛤粉・桐油, 合熬爲之.

동인(同寅) 몡 한 관아에서 일하는 같은 등급의 관리나 벼슬아치. (높은 벼슬아치들이 서로 공경하는 동료라는 뜻으로 쓰던 말)《朴新諺 2, 2ㅎ》後日又要請衙門中同寅(朴新注, 23ㅎ: 卽同官也. 同寅, 協恭之義.) 老爺們吃酒, 모릭 쏘 衙門에 同寅 老爺들을 쳥ᄒᆞ여 술 먹으려 ᄒᆞ여,《朴新諺 3, 18ㅎ》不是去望這位同寅, 이 位 同寅을 가 보지 아니면.

동자(凍刺) 통 살이 얼어 터지다. ⇔둘다.《朴新諺 2, 36ㅈ》腮頰凍的刺刺(剌剌)的 疼哩, 쌤이 드라 쁠알힌다.

동자(童子) 몡 사내아이. 남자 아이.《朴新諺 3, 46ㅎ》塑着一箇小童子叫做芒児, 혼 小童子를 민드라 芒児ㅣ라 부릭고.

동전(銅錢) 몡 돈. 동전.《集覽, 朴集, 上, 7ㅎ》印子鋪. 音義云, 是典僧錢物濟急之所. 質問云, 有錢之人開鋪, 那無錢之人拿衣服或器皿, 僧借銅錢或銀子使用, 每十分加利一分, 亦與有印號帖児, 以爲執照.

동절(冬節) 몡 겨울철.《集覽, 朴集, 上, 14ㅎ》寒食. 荊楚記云, 去冬節〈莭〉一百五日, 有疾風甚雨, 謂之寒食, 又謂之百五莭〈莭〉.

동즙(銅汁) 몡 구리를 녹인 물.《集覽, 朴集, 下, 4ㅈ》孫行者. 大聖被執當死, 觀音上請于玉帝, 免死, 令巨靈神押大聖前往下方去, 乃於花菓山石縫內納身, 下截畫如來押字封着, 使山神·土地神鎭守. 飢食鉄〈鐵〉丸, 渴飲銅汁, 待我徃東土尋取經之人, 經過此山, 觀大聖, 肯隨徃西天, 則此時可放.

동지(冬至) 몡 이십사절기(二十四節氣)의 하나. 대설(大雪)과 소한(小寒) 사이로 12월 22~23일경에 든다.《集覽, 朴集, 中, 2ㅈ》郊天. 天子設圜丘於南郊, 以祭天神·地祇·日月星辰·山川·嶽瀆, 以太祖配享. 古制, 冬至祭天.《集覽, 朴集, 中, 8ㅎ》臘. 無定日, 冬至後第〈莭〉二戌日是也.

동지(同知) 몡 벼슬 이름. 송대(宋代)의 부직(副職)으로서 중앙에는 동지 합문사(同知閤門事)·동지 추밀원사(同知樞密院事), 지방에는 동지 부사(同知府事)·동지 주군사(同知州軍事)가 있었다. 원·명대(元明代)에도 그대로 따랐다.《集覽, 朴集, 中, 8ㅈ》同知. 都督同知, 從一品, 指揮同知, 從二品, 留守司同知·各衛同知, 俱從三品.《集覽, 朴集, 下, 8ㅎ》樞密院. 元制, 有使·副使·知院·同知院·簽書院, 與〈与〉中書號爲二府, 主兵政.

동직문(東直門) 몡 중국 북경(北京) 내성(內城)에 있는 성문. 조양문(朝陽門) 북쪽에 있는 숭인문(崇仁門)의 다른 이름이다.《集覽, 朴集, 上, 5ㅎ》平則門. 永樂十九年, 營建宮室, 立門九, 南曰正陽, 又曰午門, 元則曰麗正, 南之右曰宣武, 元則曰順承, 南之左曰文明, 元則曰崇文, 又曰哈噠, 北之東曰安定, 北之西曰德勝, 元則曰健德, 東之北曰崇仁, 一名東直, 元名同, 東之南曰朝陽, 元則曰齊華, 西之北曰西直, 西之南曰阜城, 元則曰平則. 元設十一門, 而今減其二.《朴新諺 3, 48ㅎ》東有朝陽門·東直門, 동에ᄂᆞᆫ 朝陽門과 東直門이 잇고.

동철(銅鐵) 몡 구리와 쇠.《集覽, 朴集, 上, 8ㅎ》鈎子. 用金銀·銅鉄〈鋳〉·玉角等物, 刻成龜〈亀〉·龍·獅·虎之頭, 繫於條之一端, 人若帶之, 則以其〈則又以〉條之一端屈曲爲環, 納於鈎獸頭之空, 以爲固, 使不解〈觧〉落, 如條環之制然.《集覽, 朴集, 中, 5ㅎ》傾甘露於瓶中濟險途於飢渴. 飜〈翻〉譯名義云, 梵言軍持, 此云瓶. 軍持有二, 若甆瓦者是淨用, 若銅鐵者是觸用.

동청(冬靑) 몡 감탕나무. (감탕나뭇과의 상록 활엽 교목)《集覽, 朴集, 上, 2ㅈ》荔子. 子作㴚〈支〉. 荔攴〈支〉, 生巴峽間, 形狀團如帷盖, 葉如冬青, 花如橘, 春榮. 實如丹夏, 朶如葡萄, 核如枇杷, 殼如紅繒,

膜如紫綃, 瓠肉潔白如冰霜, 漿液甘如醴
酪. 如離本枝, 一日色變, 二日香變, 三日
味變, 四五日外色·香·味盡〈尽〉變.

동취(銅觜) 囨 부리가 노란 수종다리. 종
다리의 수컷. (광대가 분장한 모습을 이
른다)《集覽, 朴集, 中, 1ㅈ》弄寶盖. 凡優
人以造化鳥爲戲時, 一人擎一彩帛葆盖,
先入優場, 以告戲雀之由. 次有一人捧一
雀以入作戲. 如本節〈莭〉所云, 造化鳥 종
〈종〉다리, 雄曰銅觜, 雌曰鑞觜.

동토(東土) 囨 동쪽의 나라.《集覽, 朴集,
下, 1ㅈ》西天取經去. 西遊記云, 昔釋迦牟
尼佛在西天靈山雷音寺, 撰成經·律·論
三藏金經, 須送東土, 解度郡〈羣〉迷. 問諸
菩薩, 徃東土尋取經人來.《集覽, 朴集,
下, 4ㅈ》孫行者. 大聖被執當死, 觀音上請
于玉帝, 免死. 令巨靈神押大聖前徃下方
去, 乃於花菓山石縫內納身, 下截畫如來
押字封着, 使山神·土地神鎭守. 飢食鉄
〈鐵〉丸, 渴飮銅汁, 待我徃東土尋取經之
人, 經過此山, 觀大聖, 肯隨徃西天, 則此
時可放.《朴新諺 3, 23ㅈ》三藏道貧僧是
東土人, 三藏이 니ㄹ되 貧僧은 이 東土ㅅ
사룸이라.

동편 囨 동편. 동쪽. ⇔동(東).《朴新諺 1,
17ㅎ》大街上四牌樓東, 큰 거리 四牌樓
동편에.

동편(東-) 囨 동편. 동쪽. ⇔동(東).《朴新
諺 3, 55ㅎ》在崇文門裡大街東張編修家
住着, 崇文門 안 큰 거리 東편 張編修의
집의 이셔 머므ㄴ니라.

동포(同胞) 囨 친형제 자매. 친동기.《集
覽, 字解, 累字解, 1ㅈ》大哥. 哥兄也. 人
有數兄, 則呼長曰大哥, 次曰二哥, 三曰三
哥. 雖非同胞而見儕輩, 可推敬者, 則亦呼
爲哥. 或加大字, 或加老字, 推敬之重也.
只呼弟曰兄弟, 竝擧兄及弟曰弟兄.

동표(銅杓) 囨 놋 주걱. ⇔놋쥬게.《朴新
諺 2, 21ㅈ》還有羅鍋, 또 노고와, 柳箱,
섥과, 灑子, 드레와, 碗楪, 사발 졉시와.

匙筯, 수져와. 榪杓, 나모쥬게와. 筲籬,
됴리와. 炊箒, 솔과. 擦床兒, 슉치칼과.
簸(簁)箕, 키와. 篩子, 얼밍이와. 馬尾羅,
물총체와. 桌子, 상과. 盤子, 盤과. 茶盤,
찻반과. 燈臺, 燈臺와. 酒種, 잔과. 酒鼈,
쥬벼오와. 銅杓, 놋쥬게 이시니.

동한(冬寒) 囨 추운 겨울. 또는 겨울의 추
위.《朴新諺 1, 21ㅈ》到冬寒臘月裏, 冬寒
臘月에 다드ㄹ면.

동화 囨 동아. (박과의 한해살이 덩굴성
식물) ⇔동과(冬瓜).《朴新諺 2, 40ㅈ》種
些冬瓜, 져기 동화와. 西瓜, 슈박과. 甜
瓜, 춤외와. 揷葫, ㅈㄹ박과. 稍瓜, 수세
외와. 黃瓜, 외와. 茄子等類, 가지들을 심
으라.

동환(東還) 图 동쪽으로 되돌아오다. 곧,
중국에서 고려(高麗)로 돌아옴을 이른
다.《集覽, 朴集, 上, 15ㅎ》步虛. 還大都,
時適丁太子令辰十二月二十四日, 奉傳聖
旨, 住持永寧禪寺, 開堂演法. 戊子東還,
掛錫于三角山重興寺. 尋徃龍門山, 結小
庵, 額曰小雪.

동ㅎ다(動-) 图 동(動)하다. 움직이다. ⇔
동(動).《朴新諺 3, 24ㅈ》各上禪床坐之
分毫不動, 각각 禪床에 올라 안저 定ㅎ고
分毫도 動치 마라. 但動的便篿輸, 다만
動ㅎ는 이를 곳 지니로 혜니라.

되 囨 되. ⇔승(升).《朴新諺 1, 12ㅎ》給一
二升米謝他何如, 혼두 되 뿔을 주어 뎌의
게 샤례홈이 엇더ㅎ뇨.《朴新諺 2, 16ㅈ》
應給米三升, 應給ㅎ는 거시 뿔 서 되와.

-되 囲 -되.《朴新諺 1, 4ㅈ》然後再上四
大碗四中碗, 그린 후에 쏘 네 大碗과 네
中碗을 올리되.《朴新諺 1, 18ㅈ》象牙廂
頂也要起線的, 象牙로 머리에 젼메오되
쏘 실 돗치고져 ㅎ노라.《朴新諺 1, 39
ㅎ》過去的過來的弄我的, 디나가며 디나
오ㄹ 나를 弄ㅎ되.《朴新諺 2, 1ㅎ》一箇
黑鬃青馬却走得快, 혼 가리온총이물이
드룸이 샌ㄹ되.《朴新諺 2, 26ㅈ》常言

道, 常言에 니르되.《朴新諺 2, 38ㅎ》也有蒼松·翠栢, 또 蒼松·翠栢도 이시되.《朴新諺 2, 44ㅎ》今租到本坊沈名下住房一所, 이제 本坊 沈가의 名下에 사든 집 흔 곳을 셰내되.《朴新諺 3, 2ㅈ》恨的我沒法兒治他, 믜오되 내 뎌를 다스릴 法이 업세라.《朴新諺 3, 15ㅎ》男在京所幹之事已經完備, 아히 셔울 이셔 所幹事는 임의 完備ᄒᆞ여시되.《朴新諺 3, 31ㅎ》我買這珊瑚却不甚應心, 내 이 珊瑚를 사되 또 심히 ᄆᆞ음에 맛갓지 아니ᄒᆞ다.

되다 동 1❶되다. 이르다. 넉넉하다. ⇔구(勾).《朴新諺 3, 30ㅈ》只勾本我就賣再不爭論的, 그저 本이 되면 내 곳 폴고 다시 爭論치 아니ᄒᆞ리라. ❷되다. 재다. ⇔양(量).《朴新諺 1, 13ㅎ》斗斛都要量足, 말과 휘롤 다 됴히 되게 ᄒᆞ라.《朴新諺 1, 13ㅎ》給他量斗的人一百錢, 뎌 말 되는 사롬을 일 빅 돈을 주고.《朴新諺 1, 14ㅈ》回到你家再量便不勾了, 네 집의 도라가 다시 되면 곳 모ᄌᆞ라리라. ❸되다. 이루어지다. ⇔행(行).《朴新諺 3, 53ㅈ》定行審理發落, 일뎡 審理 發落홈이 되리라. 2되다. ❶⇔성(成).《朴新諺 1, 38ㅈ》直燒到艾都成了灰, 잇굿 타 쑥이 다 직 되니. ❷⇔위(爲).《朴新諺 2, 30ㅎ》為人若不及早修行善果, 사롬이 되여 만일 일즉이 修行 善果치 아니ᄒᆞ면.《朴新諺 3, 57ㅎ》況為男子漢的怕甚麽呢, ᄒᆞ믈며 ᄉᆞ나희 되엿ᄂᆞ니 므서슬 저퍼ᄒᆞ리오. ❸⇔작(作).《朴新諺 2, 29ㅈ》或作童男或化童女, 或 童男이 되고 或 童女ㅣ 되며. ❹⇔주(做).《朴新諺 1, 28ㅈ》却做不得我等的結義弟兄, 또 우리 結義 弟兄이 되지 못홀 거시니.《朴新諺 1, 45ㅈ》做了這媒, 이 즁미 되어.《朴新諺 3, 6ㅈ》也飜做有理, 또 뒤집어 理 이시미 될 거시니.《朴新諺 3, 19ㅈ》今日如你老爺做了大人, 오늘 네 老爺ㅣ 大人이 되여시니.《朴新諺 3, 24ㅈ》拔下一根頭髮變做狗蚤, 흔 낫 머리터럭을 빠혀 變ᄒᆞ여 개벼록이 되여.《朴新諺 3, 24ㅎ》就變做一箇大青蝎子, 즉시 變ᄒᆞ여 흔 큰 프른 젼갈이 되여.《朴新諺 3, 27ㅈ》行者變做五寸大的胡孫, 行者ㅣ 變ᄒᆞ여 五寸만치 큰 진납이 되여.《朴新諺 3, 28ㅈ》變做一箇大黑狗, 변ᄒᆞ여 흔 큰 거믄 개 되여.《朴新諺 3, 28ㅈ》先生變做老虎去赶, 先生이 변ᄒᆞ여 老虎ㅣ 되여 가 ᄶᅩ로거ᄂᆞᆯ. ❺⇔화(化).《朴新諺 2, 29ㅈ》或作童男或化童女, 或 童男이 되고 或 童女ㅣ 되며.

된밥 명 된밥. ⇔건반(乾飯).《朴新諺 2, 36ㅈ》乾飯做成了, 된밥도 지엇고.

됴리 명 조리(笊籬). ⇔조리(笊籬).《朴新諺 2, 21ㅈ》還有鑼鍋, 또 노고와. 柳箱, 섥과. 灑子, 드레와. 碗楪, 사발 졉시와. 匙筯, 수져와. 榪杓, 나모쥬게와. 笊籬, 됴리와. 炊箒, 솔과. 擦床兒, 숙치칼과. 簸(簸)箕, 키와. 篩子, 얼밍이와. 馬尾羅, 물총체와. 桌子, 상과. 盤子, 盤과. 茶盤, 찻반과. 燈臺, 燈臺와. 酒種, 잔과. 酒鼈, 쥬벼ᄋᆞ와. 銅杓, 놋쥬게 이시니.

됴타 형 좋다. ⇔호(好).《集覽, 字解, 單字解, 2ㅎ》也. 在詞之上者, 又也. 也好 또 됴타, 也是 또 올타. 在詞之中者, 承上起下之辭. 我也去 나도 가마. 在詞之終者, 語助.《集覽, 字解, 單字解, 5ㅎ》越. 尤甚也. 越好 ᄀᆞ장 됴타, 越細詳 더옥 ᄎᆞᆫᄎᆞᆫᄒᆞ다.《集覽, 字解, 單字解, 5ㅎ》哏. 極也. 哏好 ᄀᆞ장 됴타, 今不用. 音흔, 匣母.《朴新諺 1, 10ㅈ》就好興工了, 곳 역ᄉᆞ 시작홈이 됴타.《朴新諺 1, 25ㅎ》正好下碁哩, 졍히 바독 두기 됴타.《朴新諺 1, 31ㅎ》我同大哥去揀着買好麽, 내 큰형과 ᄒᆞᆫ가지로 가 골희여 사미 됴타.《朴新諺 2, 26ㅈ》一發送些來更好, 홈믜 보내여 오니 더옥 됴타.《朴新諺 2, 38ㅈ》如今正是秋凉天氣滿山紅葉正好哩, 이제 正히 이 秋凉 天氣니 滿山 紅葉이 正히 됴타.《朴新諺 2, 40ㅈ》我們好嘗新, 우리 새 거

슬 맛봄이 됴타.《朴新諺 2, 59ㅎ》主得
飲食便好裁衣, 飲食을 主ᄒ니 곳 옷 ᄆᆯ
기 됴타.《朴新諺 3, 4ㅎ》這應最好 이러
면 ᄀᆞ장 됴타.《朴新諺 3, 32ㅎ》我把他
揣在靴靿裡去好了, 내 뎌를다가 靴ㅅ돈
에 ᄭᅩ자 가져가미 됴타.《朴新諺 3, 51
ㅎ》這應就好告他, 이러면 곳 뎌를 告ᄒ
기 됴타.

됴하다 혱 좋다. ⇔호(好).《朴新諺 2, 6
ㅎ》咱們相好多年, 우리 서ᄅᆞ 됴한지 여
러 히라.

됴희 명 종이. ⇔지(紙).《朴新諺 3, 59ㅈ》
惟有些高麗筆(筆)·墨·紙張, 오직 져기
高麗ㅅ 붓과 먹과 됴희ㅅ 쟝이 이셔.

됴희ㅅ쟝 명 종잇장. ⇔지장(紙張).《朴新
諺 3, 59ㅈ》惟有些高麗筆(筆)·墨·紙
張, 오직 져기 高麗ㅅ 붓과 먹과 됴희ㅅ
쟝이 이셔.

됴히 円 좋게. 좋이. ●⇔족(足).《朴新諺
1, 13ㅎ》斗斛都要量足, 말과 휘룰 다 됴
히 되게 ᄒ라. ●⇔호(好).《朴新諺 2,
56ㅈ》好好的捽, 됴히 됴히 ᄢᅵᄅᆞᆷᄒᆞ쟈.
《朴新諺 3, 9ㅈ》好收拾這炕, 됴히 이 캉
을 收拾ᄒᆞ쟈.《朴新諺 3, 41ㅎ》他與我極
好相與, 뎨 날로 더브러 極히 됴히 사괴
되.《朴新諺 3, 42ㅈ》但有好相識們十分
央及他, 다만 됴히 서ᄅᆞ 아ᄂᆞ니들이 ᄀᆞ
장 뎌의게 빌면. ●⇔호생(好生).《朴新
諺 3, 8ㅎ》你沿路上好生去罷, 네 길히 됴
히 가라.

됴ᄒ다 혱 좋다. ⇔호(好).《集覽, 字解, 單
字解, 3ㅎ》的. 指物之辭. 你的 네 것, 好
的 됴ᄒᆫ 것. 又語助. 坐的 안짜, 通作地.
又明也, 實也, 端也. 吏語, 的確·的當·
虛的·的實.

둏다 혱 좋다. ⇔호(好).《朴新諺 1, 1ㅈ》
真是好年景, 진짓 이 됴ᄒᆫ 年景이오.《朴
新諺 1, 19ㅎ》好與不好都是小舖的門面,
됴ᄒ며 됴치 아니미 다 이 小舖의 門面
이라.《朴新諺 1, 27ㅎ》咱幾箇好朋友們,

우리 여러 됴ᄒᆫ 벗들이.《朴新諺 1, 32
ㅈ》你說都是好的, 네 니ᄅᆞ되 다 됴ᄒᆫ 거
시라 ᄒᆞ더니.《朴新諺 2, 1ㅈ》那裏有賣
的好馬, 어듸 풀 됴ᄒᆫ ᄆᆞᆯ이 잇ᄂᆞ뇨.《朴
新諺 2, 22ㅈ》田禾好, 田禾ㅣ 됴핫더라.
《朴新諺 2, 34ㅎ》必要욘你抵償怎應好呢,
반ᄃᆞ시 너를 자바 죄에 다혀 샹명홀 거
시니 엇디 됴흐리오《朴新諺 2, 46ㅈ》
不要踏破了纔好, 불바 ᄢᅢ이지 말아야 마
치 됴흐리라.《朴新諺 3, 1ㅎ》好孩子, 됴
흔 아히아.《朴新諺 3, 11ㅎ》滿指甲疙瘩
和膿水怎應好呢, 손톱에 ᄀᆞ득ᄒᆫ 더뎅이
와 고롬이 엇지 됴흐리오.《朴新諺 3, 21
ㅈ》買甚應書好呢, 므슴 칙을 사야 됴흐
료.《朴新諺 3, 45ㅈ》就和些濕煤燒也好,
곳 져기 濕煤를 섯거 퓌여도 됴흐니.

두 판 **1** 두[二]. ⊖쌍(雙).《朴新諺 3, 13
ㅈ》人人盡盤雙足, 사ᄅᆞᆷ마다 다 두 발을
서리고.《朴新諺 3, 23ㅈ》大仙睜開雙眼
道, 大仙이 두 눈을 부룹ᄯᅳ고 니ᄅᆞ되.
《朴新諺 3, 35ㅈ》都是三尺寬肩膀燈盞大
的雙眼, 다 이 석 자나 너른 엇게오 燈盞
만치 큰 두 눈이라. ⊜⇔양(兩).《朴新諺
1, 23ㅎ》我如今先當了這兩種, 내 이제
몬져 이 두 가지를 뎐당ᄒᆞ고도.《朴新諺
1, 30ㅎ》両邊小刀荷包手巾, 두 편에 져
근 칼과 주머니 手巾이.《朴新諺 2, 9ㅈ》
這一疋暗花緞是兩件袍料, 이 혼 필 스믠
문 비단은 이 두 볼 큰옷 ᄀᆞ음이니.《朴
新諺 2, 16ㅈ》酒兩瓶, 술 두 병과.《朴新
諺 2, 32ㅎ》拿去叫李大做兩頂帽子, 가져
가 李大ㅣ로 ᄒᆞ여 두 갓슬 민드되.《朴
新諺 2, 42ㅈ》要南京來的鴉青色·月白
色這兩樣緞子, 南京으로셔 온 야쳥빗과
남빗 이 두 가지 비단을 ᄒᆞ려 ᄒᆞ노라.
《朴新諺 3, 7ㅎ》再拿兩根安息香來燒一
燒, ᄯᅩ 두 ᄌᆞᆯ 安息香을 가져와 피오라.
《朴新諺 3, 10ㅈ》先掘土打兩擔水未好和
泥, 몬져 흙을 피고 두 짐 물을 기러 와
잘 흙을 니기되.《朴新諺 3, 26ㅈ》在油

鍋兩邉看守, 기름 가마 두 편에셔 보아 지킈여. 《朴新諺 3, 47ㅈ》兩邉擺着走, 두 편에 버러 가면셔. ●⇔이(二). 《朴新諺 1, 10ㅎ》我們自吃飯呢二錢半一板, 우리 이녁 밥 먹으면 두 돈 반에 훈 틀이오. 《朴新諺 1, 55ㅎ》每一箇月給二両妳子錢, 每 훈 둘에 두 냥 졋 갑슬 주고. 《朴新諺 2, 12ㅎ》說定與他二兩銀子, 닐러 졍ᄒ고 뎌롤 두 냥 은을 주엇더니. 《朴新諺 2, 25ㅈ》水用二盞半, 물은 두 잔 반을 쓰고. 《朴新諺 2, 45ㅈ》議定每月房租銀二兩, 每月에 집 세 銀 두 냥을 議定ᄒ여. 《朴新諺 3, 15ㅎ》玆者又特寄茶色段子二疋, 이제 ᄯ 특별이 차헐비체 비단 두 필과. 《朴新諺 3, 29ㅎ》只要二兩銀子, 그저 두 냥 은을 달라 ᄒ노라. 《朴新諺 3, 38ㅈ》三停裡該分與主人二停纔是, 세 운에서 맛당이 主人을 두 운을 ᄂ화 주어야 올커눌. ❷●두 (개). ⇔양개(兩箇). 《朴新諺 1, 12ㅈ》我有両箇月俸米要關, 내게 두 둘 녹 뿔이 이셔 트려 ᄒ노라. 《朴新諺 1, 22ㅈ》左輔右弼板和那両箇束兒, 左輔 右弼 돈과 두 뭇금쇠는. 《朴新諺 2, 3ㅈ》你若有両箇油紙帽, 네게 만일 두 油紙帽ㅣ 잇거든. 《朴新諺 2, 3ㅈ》那金老二有兩箇油紙帽, 뎌 金老二의 게 두 油紙帽ㅣ 이시니. 《朴新諺 3, 26ㅈ》行者教千里眼・順風耳兩箇鬼, 行者ㅣ 千里眼・順風耳 두 귀신으로 ᄒ여. ●두 (명). ⇔양개(兩箇). 《朴新諺 1, 29ㅈ》看見両箇舍人調馬要子, 두 舍人이 調馬 노리ᄒ는 양을 보니. 《朴新諺 1, 31ㅈ》這両箇舍人, 이 두 舍人은. 《朴新諺 1, 40ㅎ》両箇先生合賣藥一箇坐一箇跳, 두 先生이 모다 藥 ᄑ노라 ᄒ나흔 안잣고 ᄒ나흔 쮜노는 거시여. 《朴新諺 2, 28ㅈ》那兩箇漢子把那驢・騾喂好了, 뎌 두 놈은 나귀와 노새를다가 먹이기를 잘ᄒ여. 《朴新諺 2, 28ㅈ》這兩箇小厮, 이 두 놈은. 《朴新諺 2, 34ㅈ》他有兩箇婢家, 뎨

두 계집이 잇더니. 《朴新諺 2, 45ㅎ》你兩箇小厮慢慢的上去, 너희 두 아히 날회여 올라가. 《朴新諺 3, 9ㅎ》叫一箇泥水匠兩箇小工來, 훈 미쟝이와 두 조역을 불러와. 《朴新諺 3, 25ㅈ》又叫兩箇宮娥, ᄯ 두 宮娥를 불러.

두 ㈜ 두[二]. ⇔양(兩). 《朴新諺 2, 46ㅈ》都是你這兩箇小畜生, 다 이 너희 이 두 져근 즘성들이.

두(斗) 몡 ●두수(斗宿). 이십팔수(二十八宿)의 하나. 북방(北方) 현무 칠수(玄武七宿)의 첫쨰 별자리. 여섯 개의 별로 이루어져 있으며, 속칭 남두(南斗)라고 한다. 《朴新諺 2, 59ㅎ》斗美牛休虛得粮, 斗 는 美ᄒ고 牛는 休ᄒ고 虛는 得粮ᄒ고. ●말斗. ⇔말. 《集覽, 朴集, 上, 5ㅎ》斗子. 執斗槩量穀之人.〈槩, 卽平斗斛木〉 《朴新諺 1, 13ㅈ》給他量斗的人一百錢, 뎌 말 되는 사름을 일 빅 돈을 주고. 《朴新諺 1, 13ㅎ》斗斛都要量足, 말과 휘롤 다 됴히 되게 ᄒ라. 《朴新諺 3, 37ㅎ》這眞是人不可貌相海不可斗量, 이 진실로 사름은 可히 얼굴로 보지 못홀 거시오 바다흔 可히 말로 되지 못홀 거시로다.

두(肚) 몡 ●양(胖). (소의 밥통을 고기로 이르는 말) 《集覽, 朴集, 上, 2ㅎ》炮炒. 用醬和水炒之. 質問云, 如猪肚生切, 置於鍋中, 用緊火炒熟, 方言謂炮炒. ●배[肚]. ⇔비. 《朴新諺 1, 38ㅈ》這艾氣都入到肚裏去了, 이 艾氣 다 비에 드러가. 《朴新諺 1, 55ㅎ》在肚裏呢懷耽十月, 비에 이셔는 열 둘을 비고.

두(豆) 몡 콩. ⇔콩. 《朴新諺 2, 22ㅈ》圍着一箇西京來的豆船, 훈 西京으로셔 오는 콩 시른 비를 에우고. 《朴新諺 3, 38ㅈ》他種的稻子, 제 시믄 벼와. 膏粱, 슈슈와. 黍子, 기쟝과. 大麥, 보리와. 小麥, 밀과. 蕎麥, 모밀과. 黃豆, 콩과. 小豆, 픗과. 菉豆, 菉豆와. 豌豆, 광쟝이. 黑豆, 거믄콩. 芝麻, 춤째와. 蘇(蘇)子, 듧째.

두(頭) 团 첫. 맨 처음의. ⇔첫. 《集覽, 字解, 單字解, 7ㅈ》頭. 首也, 東頭西頭 동녁 긑 섯녁 긑, 頭到 나죵내, 到頭 나죵애, 通作投. 又上頭 젼ㅊ로. 又頭盤 첫 판, 頭舘 첫 판, 頭雞 첫 둙. 《集覽, 朴集, 上, 2ㅎ》席面. 音義云, ·못 ·쳣·줄.《朴新諺 1, 27ㅈ》高碁輸頭盤, 놉흔 바독은 첫 판을 진다 ᄒ고.

두(頭) 圀 **1**끝. ●⇔긑.《集覽, 字解, 單字解, 7ㅈ》頭. 首也. 東頭·西頭 동녁 긑·섯녁 긑, 頭到 나죵내, 到頭 나죵애. 通作投. 又上頭 젼ㅊ로. 又頭盤 첫 판, 頭舘 첫 판, 頭雞 첫 둙. ●⇔믓ㅎ.《朴新諺 2, 35ㅎ》這正是善惡到頭終有報, 졍히 이 善과 惡이 믓히 다드라 ᄆ춤내 갑홈이 이시되. **2**머리. ●⇔마리.《朴新諺 1, 29ㅈ》是頭戴玄狐帽, 마리에 玄狐帽를 쁘고.《朴新諺 1, 30ㅈ》是頭戴紫貂帽, 마리에 紫貂帽를 뻐시니.《朴新諺 1, 34 ㅈ》那般磕頭禮拜央及我, 뎌리 마리를 조아 禮拜ᄒ고 내게 비러.《朴新諺 1, 43 ㅈ》刮多了頭疼, 긁빗기기를 만히 ᄒ면 마리 알프니라.《朴新諺 2, 23ㅎ》我今日頭疼腦旋, 내 오늘 마리 알프고 골치 어즐ᄒ고.《朴新諺 2, 23ㅎ》小弟這幾日有些頭疼腦熱, 小弟 요ᄉ이 져기 마리 알프고 골치 더움이 잇더니. ●⇔머리.《朴新諺 3, 23ㅎ》第(第)四割頭再接, 弟(第)四ᄂ 머리 버혀 다시 닛기 ᄒ쟈.《朴新諺 3, 27ㅎ》叫大王有肥皂麼與我洗頭, 부로되 大王아 비노ㅣ 잇ᄂ냐 나를 주어 머리 곰게 ᄒ라.《朴新諺 3, 27ㅎ》頭落在地上, 머리 써러져 짜히 잇더니.《朴新諺 3, 28ㅈ》大仙也割下頭來待要再接, 大仙도 머리를 버혀 ᄂ리와 다시 닛고져 ᄒ거늘.《朴新諺 3, 34ㅎ》頭戴金盔, 머리에 金투구 쁘고.《朴新諺 3, 46ㅎ》頭挽雙丫髻, 머리에 가로 샹토 조지고.《朴新諺 3, 47ㅈ》頭戴幞頭, 머리에 幞頭 쁘고. **3**머리. 꼭대기. ●⇔마리.《朴新諺 1,

44ㅈ》滿頭珠翠, 마리에 ᄀ득혼 珠翠와. ●⇔머리.《朴新諺 2, 47ㅎ》卯字頭下着金字右邊加箇側刀便是, 卯字 머리 아릭 金字 ᄒ고 올흔편에 션칼도 혼 거시 곳이라. **4**●머리털. ⇔마리.《朴新諺 1, 42ㅎ》叫那剃頭的來, 뎌 마리 싹는 이를 불러오라.《朴新諺 1, 42ㅎ》我剃頭的所管甚麼來, 우리 마리 싹는 이 所管이 므서시완더.《朴新諺 1, 50ㅎ》梳頭錢是五箇, 마리 빗는 갑슨 다슷 낫 돈이오. 剃頭錢是十箇, 마리 싹는 갑슨 열 낫 돈이오.《朴新諺 1, 51ㅎ》然後剃頭修脚, 그린 후에 마리 싹고 발톱 다듬고.《朴新諺 1, 55ㅈ》把孩子剃了頭, 아희를다가 마리를 싹고. ●머리. 대가리. ⇔머리.《朴新諺 1, 9ㅎ》直淌過蘆溝橋上獅子頭了, 바로 蘆溝橋 우희 獅子 머리를 좀가 넘어.《朴新諺 1, 30ㅈ》馬鐙是獅子頭嵌銀絲的, 등 ᄌ는 이 獅子 머리에 銀絲를 박은 거시오.《朴新諺 2, 52ㅈ》他前日輸與我的猪頭也不肯買, 뎨 그젓긔 내게 진 돗희 머리도 즐겨 사지 아니ᄒ니.《朴新諺 3, 28 ㅎ》只剩下一箇虎頭, 그저 혼 범의 머리만 남아시니. ●머리. 끝. ⇔머리.《朴新諺 1, 18ㅈ》象牙廂頂也要起線的, 象牙로 머리에 젼메오되 쏘 실 돗치고져 ᄒ노라.《朴新諺 2, 13ㅎ》兩頭有記號, 두 머리에 보람이 이시니. **4**부리. 끝. 꼭대기. ⇔부리.《朴新諺 1, 30ㅎ》脚穿粉底尖頭靴, 발에 지ᄌ에 분칠ᄒ고 부리 샌 훠를 신고. **5**으뜸. 제일. ⇔웃뜸.《朴新諺 2, 58ㅈ》頭一箇走得了偌多賞賜, 웃뜸으로 둣고 만흔 샹ᄉ를 어드니.

두(頭) 圀 마리.《集覽, 朴集, 上, 8ㅈ》頭口. 汎指馬·牛·猪·羊之稱數, 猪以頭數, 牛亦曰頭數, 羊以口數, 獐亦曰口, 故泛稱畜口曰頭口, 牛·馬亦曰頭·疋.

두(頭) 图 -께. (…즈음. …에 이르러. …할 때쯤. …전에) ⇔-믜.《朴新諺 1, 44ㅎ》半月頭辦花燭成親的, 보롬믜 花燭을 댱

만ᄒ여 成親ᄒ고.

두계(頭雞) 뗑 첫닭. (새벽에 맨 처음으로 홰를 치며 우는 닭) ⇔첫돍.《集覽, 字解, 單字解, 7ㅈ》頭. 首也. 東頭·西頭 동녁 귿·셧녁 귿, 頭到 나죵내, 到頭 나죵애. 通作投. 又上頭 젼ᄎ로. 又頭盤 첫 판, 頭舘 첫 판, 頭雞 첫 둙.

두곡(斗斛) 뗑 (곡식을 되는) 말과 휘.《集覽, 朴集, 上, 5ㅎ》斗斛. 執斗斛量穀之人.〈斛, 卽平斗斛木〉.

두공(斗供) 뗑 =두공(斗拱). '供'은 '拱'의 다른 표기.《集覽, 朴集, 上, 11ㅎ》金廂寶石. 寶石, 卽上節〈莭〉紫鴉忽之類, 以金爲斗供〈拱〉而納石於其中, 綴着於女冠之上, 以爲飾也. 音義云, 寶石·에 금 :젼메·워 ·꾸·민 頭面.

두공(斗拱) 뗑 두공(枓栱). (목조 건물에서, 기둥과 도리 사이에 치레로 짜 맞춘 구조물. 또는 그런 모양)《集覽, 朴集, 上, 11ㅎ》金廂寶石. 寶石, 卽上莭〈莭〉紫鴉忽之類, 以金爲斗供〈拱〉而納石於其中, 綴着於女冠之上, 以爲飾也.

두관(頭舘) 뗑 첫판. (어떤 일이 벌어지는 첫머리의 판) ⇔첫판.《集覽, 字解, 單字解, 7ㅈ》頭. 首也. 東頭·西頭 동녁 귿·셧녁 귿, 頭到 나죵내, 到頭 나죵애. 通作投. 又上頭 젼ᄎ로. 又頭盤 첫 판, 頭舘 첫 판, 頭雞 첫 둙.

두구(豆蔻) 뗑 육두구(肉荳蔻)과의 상록 활엽 교목. 종자는 동양에서는 약용하고 서양에서는 향미료 따위로 쓴다.《集覽, 朴集, 上, 3ㅎ》細料物. 事林廣記食饌類, 細料物, 官桂·良薑·蓽撥草·豆蔲·陳皮·縮砂仁〈砂仁〉·八角·茴香各一兩, 川椒二兩, 杏仁五兩, 甘草一兩半, 白檀末半兩. 右共爲細末用之. 如欲出路停久用之者, 以水浸, 蒸餠爲丸, 如彈子大, 臨時湯泡用之.

두구(頭口) 뗑 짐승. 또는 가축의 총칭. ⇔즘싱.《集覽, 朴集, 上, 8ㅈ》頭口. 汎指馬·牛·猪·羊之稱數, 猪以頭數, 牛亦曰頭數, 羊以口數, 獐亦曰口, 故泛稱畜口曰頭口, 牛·馬亦曰頭·疋.《朴新諺 1, 41ㅈ》他慣醫頭口, 뎨 즘싱 고치기 닉이 ᄒᄂ니라.

두다 됭 ❶두다[置]. 一⇔관(管).《朴新諺 3, 54ㅈ》收管者謝銀六兩, 거두어 두니ᄂ 銀 엿 냥을 샤례ᄒ리라. ●⇔방착(放着).《朴新諺 3, 44ㅎ》如今在寺裡寄放着哩, 이제 절에 부텨 두엇ᄂ니라. ⊜⇔유(有).《朴新諺 1, 7ㅎ》有酒有花以爲眼前之樂, 술을 두고 꼿츨 두어 眼前에 즐기믈 삼는다 ᄒ고. 四⇔유(留).《朴新諺 3, 43ㅈ》我不曾留心看, 내 일즉 ᄆᆞᆷ 두어 보지 아니ᄒ여시니. 五⇔장취(將就).《朴新諺 2, 2ㅈ》且將就買了去罷, 아직 두어라 ᄒ여 사 가미 무던ᄒ다. 六⇔재(在).《朴新諺 1, 12ㅎ》我如今把騎的馬就寄在這雜貨舖裏, 내 이제 튼 물을다가 곳 이 雜貨舖에 부려 두고.《朴新諺 1, 51ㅈ》都放在這樻裏頭, 다 이 樻ㅅ 속에 너허 두라.《朴新諺 3, 5ㅎ》把我的這案文卷丟在一邉, 내 이 案文卷을다가 ᄒ 편에 드리텨 두고.《朴新諺 3, 46ㅎ》裝在一箇大車上, ᄒ 큰 술위에 시러 두고. ❷●두다[置]. 놓다. ⇔방(放).《朴新諺 3, 2ㅈ》庫房裡放的米都被他吃去了好些, 庫에 둔 ᄡᆞᆯ을 다 제 먹으미 만코. ●두다[置]. 내려놓다. ⇔방하(放下).《朴新諺 1, 19ㅎ》說明了放下之銀, 닐러 붉히고 之흔 銀을 두고.《朴新諺 3, 41ㅎ》與他商(商)量了放下定錢, 더로 더부러 商(商)量ᄒ여 마초임 갑슬 두면. ⊜두다[置]. 넣다. 타다. 치다. ⇔착(着).《集覽, 字解, 單字解, 3ㅈ》着. 使之爲也. 着落 히여곰, 着他 뎌 ᄒ야. 又置也. 着塩 소곰 두다. 又中也. 着了 맛다. 又見人所行之事, 正合人所指望之, 方則亦曰着了 마초ᄒ야다. 又實也. 着實히. 又語助. 又穿衣服也.《朴新諺 3, 45ㅈ》着水也要估量着, 물

두기도 짐쟉ᄒᆞ여. **3**(바둑) 두다. ●⇔
착(着).《朴新諺 2, 49ㅎ》或着碁彈琴遣
興, 或 바독 두며 거믄고를 타 興을 보내
니.《朴新諺 2, 54ㅎ》我先着, 내 몬져 두
쟈. 你怎麽先着呢, 네 엇디 몬져 두리오.
●⇔하(下).《朴新諺 1, 25ㅎ》正好下碁
哩, 졍히 바독 두기 됴타.《朴新諺 1, 26
ㅈ》咱們下一局賭箇輸贏如何, 우리 ᄒᆞᆫ 판
두어 지며 이긔믈 더ᄂᆞ미 엇더ᄒᆞ뇨.《朴
新諺 1, 26ㅎ》且下一盤試看如何, 아직
ᄒᆞᆫ 판 두어 시험ᄒᆞ여 보미 엇더ᄒᆞ뇨.
《朴新諺 1, 26ㅎ》饒你四子纔好下哩, 너
룰 네흘 졉어야 마치 두기 됴흐리라.
《朴新諺 1, 27ㅈ》且再下一盤何如, 또 다
시 ᄒᆞᆫ 판 두미 엇더ᄒᆞ뇨.《朴新諺 2, 54
ㅎ》你且來咱們下一盤罷, 네 아직 오라
우리 ᄒᆞᆫ 판 두쟈. 且拿過碁來下一盤, 아
직 바독 가져와 ᄒᆞᆫ 판 두쟈.《朴新諺 2,
55ㅈ》不要聒譟了快些下罷, 짓궤지 말고
샐리 두라.

두대(肚帶) 명 뱃대끈. ⇔오랑.《朴新諺
2, 20ㅎ》還少套繩, 당시롱 멜 줄과. 撒
繩, 쓰을 줄과. 籠頭, 바구레와. 脚索, 지
달 술 바와. 鞍子, 기르마와. 肚帶等類哩,
오랑 等類ㅣ 업세라.

두도(頭到) 부 내내. 끝끝내. 결국. 마침
내. ⇔나종내.《集覽, 字解, 單字解, 7ㅈ》
頭. 首也. 東頭・西頭 동녁 긑・셧녁 긑,
頭到 나종내, 到頭 나종애. 通作投. 又上
頭 젼ᄎᆞ로. 又頭盤 첫판, 頭舘 첫 판, 頭
雞 첫 ᄃᆞᆰ.

두동(肚疼) 형 배가 아프다.《集覽, 朴集,
上, 11ㅈ》骨眼. 質問云, 馬害肚疼打滾,
割眼內肉, 方言謂之瞖眼, 音姑.

두동(頭疼) 형 머리가 아프다. 골치 아프
다.《朴新諺 1, 43ㅈ》刮多了頭疼, 긁빗
기기룰 만히 ᄒᆞ면 마리 알프니라.《朴新
諺 2, 23ㅎ》小弟這幾日有些頭疼腦熱, 小
弟 요ᄉᆞ이 져기 마리 알프고 골치 더옴
이 잇더니.

두렵다 형 두렵다. ⇔파(怕).《朴新諺 1,
15ㅈ》這麽不怕事, 이는 두렵지 아닌 일
이라.

두렷ᄒᆞ다 형 둥글다. ●⇔단란(團欒).
《朴新諺 2, 57ㅎ》是一箇細長身子團欒面
的, 이 ᄒᆞᆫ 킈 힐힐ᄒᆞ고 ᄂᆞᆺ치 두렷ᄒᆞᆫ. ●
⇔원(圓).《朴新諺 1, 21ㅎ》南斗六星板
却做得忒圓了些, 南斗六星 돈은 믄든 거
시 너무 두렷ᄒᆞ고.《朴新諺 2, 29ㅎ》面
圓璧月身瑩瓊瑰, ᄂᆞᆺ츤 璧月ㄱᄐᆞ치 두렷ᄒᆞ
고 몸은 瓊瑰ㅣ ᄀᆞ치 몱그며.

두리다 동 두려워하다. ⇔해파(害怕).《集
覽, 字解, 單字解, 7ㅎ》害 患也, 苦也. 害
病 병ᄒᆞ다, 害怕 두리다.

두리여ᄒᆞ다 동 두려워하다. ⇔해파(害
怕).《集覽, 字解, 單字解, 2ㅎ》怕. 疑懼
之意. 怕人知道, 又設若之辭. 怕你不信 ᄒᆞ
다가 너옷 믿디 몯거든. 又恐也. 害怕 두
리여ᄒᆞ다.

두면(頭面) 명 고깔. 모자.《集覽, 朴集,
上, 11ㅎ》金廂寶石. 寶石, 卽上節〈莭〉紫
鴉忽之類, 以金爲斗供〈拱〉而納石於其中,
綴着於女冠之上, 以爲飾也. 音義云, 寶石
에 금 :뎐메·위 ·쑤·민 頭面.《朴新諺 1,
23ㅎ》還要把一副頭面(朴新注, 9ㅎ: 首餙
通稱.)去哩, 또 ᄒᆞᆫ 볼 頭面을 가져가 뎐
당ᄒᆞ려 ᄒᆞᄂᆞ니.《朴新諺 1, 44ㅈ》金廂寶
石頭面, 金으로 寶石에 뎐메온 頭面과.

두반(頭盤) 명 첫판. (어떤 일이 벌어지는
첫머리의 판) ⇔첫판.《集覽, 字解, 單字
解, 7ㅈ》頭. 首也. 東頭・西頭 동녁 긑・
셧녁 긑, 頭到 나종내, 到頭 나종애. 通作
投. 又上頭 젼ᄎᆞ로. 又頭盤 첫 판, 頭舘
첫 판, 頭雞 첫 ᄃᆞᆰ.

두발(頭髮) 명 머리털. ●⇔머리터럭.
《朴新諺 3, 24ㅈ》拔下一根頭髮變做狗蚤,
ᄒᆞᆫ 낫 머리터럭을 ᄲᅡ혀 變ᄒᆞ여 개벼록이
되여. ●⇔마리털.《朴新諺 1, 43ㅈ》梳
頭髮的時候, 마리털을 빗길 ᄌᆡ에.《朴新
諺 1, 43ㅎ》綰起頭髮來, 마리털 죡지고.

두부(豆腐) 명 두부. 《集覽, 朴集, 上, 3ㅎ》金銀豆腐湯. 質問云, 豆腐用油煎熟, 其色黃如金, 白如銀, 細切作湯食之.

두분(豆粉) 명 콩가루. 또는 전분가루. 《集覽, 朴集, 上, 3ㅎ》鮮湯. 質問云, 魚·蛤·蟹三味合爲一羹, 或鷄·鴨·鵝〈鵞〉三味合爲羹, 方言俱謂之三鮮湯. 又云〈言〉, 以羊膓·豆粉做假蓮蓬·假茨菰·假合呑魚, 謂之三鮮. 《集覽, 朴集, 下, 6ㅈ》水精角兒. 又居家必用云, 皮用白麪於滾湯攪作稠糊, 於冷水浸, 以豆粉和搜作劑, 打作皮, 包餡上籠, 緊火蒸熟, 洒兩次水, 方可下竈, 臨供時再洒些水便供.

두석 관 두석[二三]. 두세 (개). ⇔양삼개(兩三箇) 《朴新諺 1, 52ㅈ》到那裏住両三箇月, 뎌긔 가 두석 둘을 어들 써시오.

두성(斗星) 명 북두성(北斗星). 북두칠성(北斗七星). 《朴新諺 2, 59ㅈ》今日是乙丑斗星日, 오눌이 이 乙丑 斗星日이니.

두세 관 두세[二三]. ⇔삼량(三兩). 《朴新諺 1, 11ㅎ》假如三両年內倒了, 만일 두세 히 안히 믄허지거든.

두어 감 그만둬! 좋아! 됐어! ⇔파(罷). 《朴新諺 2, 54ㅎ》罷罷, 두어 두어.

두여회(杜如晦) 명 당(唐)나라 두릉(杜陵) 사람. 자는 극명(克明). 시호는 성(成). 당초(唐初) 진왕부(秦王府) 십팔학사(十八學士)의 한 사람. 당나라의 창업 공신. 벼슬은 상서 우복야(尙書右僕射)를 지냈다. 결단력이 매우 뛰어났다. 《集覽, 朴集, 中, 8ㅈ》十八學士. 唐太宗秦王時, 開館延文學之士, 杜如晦·房玄齡〈齡〉·虞世南·褚遂良·姚思廉·李玄道·蔡允恭·薛元敬·顔相時·蘇勗·于志寧·蘇世長·薛攸·李守素·陸德明·孔穎達·蓋文達·許敬宗爲文學館學士, 分爲三番, 更日直宿.

두워 감 그만둬! 좋아! 됐어! ●⇔야파(也罷). 《集覽, 字解, 累字解, 1ㅎ》罷罷. 두워 두워. 亦曰也罷. ●⇔파(罷). 《集覽, 字解, 累字解, 8ㅎ》罷罷. ·두워 ·두워. 亦曰也罷.

두자(斗子) 명 말감고. (되질이나 마질하는 일을 직업으로 하던 사람)《集覽, 朴集, 上, 5ㅎ》斗子. 執斗槩量穀之人.〈槩, 卽平斗斛木〉.

두주(豆酒) 명 찹쌀로 지은 지에밥에 녹두(綠豆)로 만든 누룩을 섞어 빚은 술. 맛이 매우 좋다고 한다. 《集覽, 朴集, 上, 1ㅎ》豆酒. 音義云, 菉豆做的. 質問云, 菉豆造爲細粬作酒, 取其有味. 又云, 以菉豆麴, 用粘米作酒, 其味殊長.

두터이 円 두터이. 두껍게. ⇔후(厚). 《朴新諺 1, 18ㅎ》也不要打得忒厚了, 쏘 치기롤 너무 두터이 말고.

두텁다 혱 두텁다. 두껍다. ⇔후실(厚實). 《朴新諺 2, 13ㅎ》兩箇鋸鈌一箇釘鈄都不厚實, 두 비목과 혼 걸새 다 두텁지 못호니.

두텁이 명 두꺼비. ⇔하마(蝦蟆). 《朴新諺 3, 12ㅈ》放着一箇三脚鐵蝦蟆的便是了, 혼 세 발 가진 쇠 두텁이 노흔 거시 곳이라.

두피(肚皮) 명 배[肚]. 뱃가죽. ⇔비. 《朴新諺 1, 37ㅎ》把小肚皮上使一針, 져근비 우희다가 혼 번 針 주고.

둔(鈍) 혱 무디다. ⇔무되다. 《朴新諺 1, 42ㅎ》你刀子是快的還是鈍的呢, 네 칼이 이 드는 거시냐 이 무된 거시냐. 《朴新諺 1, 43ㅈ》肯用鈍刀子呢, 즐겨 무된 칼을 쓰리오.

둘 ㉿ ❶둘. ⇔이(二). 《朴新諺 1, 38ㅎ》二哥來來去去, 둘재 형은 오락가락호고. 《朴新諺 1, 38ㅎ》二哥是熨斗, 둘재 형은 이 다리우리오. 《朴新諺 3, 56ㅎ》三十二歲了, 셜흔 둘이라. ❷➊둘. 두 (명). ⇔양개(兩箇). 《朴新諺 2, 10ㅎ》咱兩箇拿些布施和香·蠟去禮拜他, 우리 둘이 져기 보시와 香과 초를 가져가 뎌의게 禮拜호고. 《朴新諺 2, 56ㅈ》咱兩箇捽, 우

리 둘이 똬름ᄒᆞ되.《朴新諺 3, 1ㅎ》你兩
箇帶着小兄弟, 너희 둘이 어린 아ᄋᆞ를
드리고.《朴新諺 3, 25ㅈ》着兩箇猜裡面
有甚麽東西, 둘로 ᄒᆞ여 안히 므스거시
잇ᄂᆞᆫ고 알라 ᄒᆞ고. ●둘. 두(자루). ⇔양
파(兩把).《朴新諺 3, 32ㅎ》刷牙兩把·
掠頭兩把, 刷牙 둘과 귀밋빗기 둘을 사
고져 ᄒᆞ노라.

둘ㅎ ㈜ ▉둘. ⇔양(兩).《朴新諺 2, 27ㅎ》
旣兩心相照也是不難的, 이믜 둘희 ᄆᆞᄋᆞᆷ
이 서로 비최면 ᄯᅩ 어렵디 아니ᄒᆞ니. ❷
둘. 두(명). ●⇔양개(兩箇).《朴新諺 2,
42ㅈ》咱兩箇一同去, 우리 둘히 ᄒᆞᆫ가지
로 가쟈.《朴新諺 3, 20ㅎ》我兩箇到書舖
裡去, 우리 둘히 칙푸ᄌᆞ에 가.《朴新諺
3, 23ㅈ》咱兩箇寃讐非同小可, 우리 둘히
寃讐ㅣ 젹지 아니ᄒᆞ니라.《朴新諺 2, 55
ㅎ》咱兩箇交手便見高低, 우리 둘히 交手
ᄒᆞ면 곳 高低를 보리라.《朴新諺 3, 23
ㅎ》咱如今兩箇就在王前閗(鬪)法, 우리
이제 둘히 곳 王 앏ᄒᆡ 이셔 閗(鬪)法ᄒᆞ
여.《朴新諺 3, 41ㅎ》咱兩箇就到那裡去,
우리 둘히 곳 져긔 가. ●⇔양구(兩口).
《朴新諺 1, 45ㅈ》那両口兒做了少年夫妻,
뎌 둘히 少年 夫妻ㅣ 되엿고.

뒤 ㈎ 뒤. ●⇔배후(背後).《朴新諺 1, 24
ㅈ》到背後河裏洗去, 뒷 내에 싯기라 가.
●⇔후(後).《朴新諺 2, 35ㅈ》到他家後
坑裏, 제 집 뒤 디함에 가.《朴新諺 3,
1ㅎ》到那後河裡洗箇澡去, 뒷 내에 목욕
ᄒᆞ라 가.

뒤이다 㦮 뒤지다. 수색하다. 뒤져서 찾
다. ⇔수(搜).《朴新諺 2, 35ㅈ》搜出幾箇
血瀝瀝的尸首來, 여러 피 뜻듯는 尸首를
뒤어 내고.《朴新諺 2, 35ㅈ》搜出珠子·
絹疋來, 진쥬와 絹疋을 뒤어 내고.

뒤집다 㦮 뒤집다. ⇔번(飜).《朴新諺 3,
6ㅈ》也飜做有理, ᄯᅩ 뒤집어 理 이시미
될 거시니.

뒤ㅎ ㈎ 뒤. ●⇔배후(背後).《朴新諺 2,

33ㅎ》正房背後掘一箇老大深坑, 正房 뒤
히 흔 ᄀᆞ장 깁흔 지함을 ᄑᆞ고.《朴新諺
2, 51ㅎ》王千戶打背後來, 王千戶ㅣ 뒤ᄒᆞ
로셔 와.《朴新諺 3, 47ㅎ》芒児立在牛背
後, 芒児ㅣ 쇠 뒤히 셔셔. ●⇔후(後).
《朴新諺 1, 40ㅈ》家後一羣羊箇箇尾子長,
딥 뒤히 흔 무리 羊이 낫낫치 ᄭᅩ리 긴
거시여.《朴新諺 3, 1ㅈ》這房後偏近着水
窪子, 이 집 뒤히 편벽히 웅덩이 갓가와.
《朴新諺 3, 24ㅈ》到那唐僧耳門後咬, 뎌
唐僧의 귀 뒤헤 가 무러.《朴新諺 3, 47
ㅈ》後遑又跟着大小鬼卒, 뒤히 ᄯᅩ 大小
鬼卒이 ᄯᅩ로고.

뒷굽 㐃 뒷굽. 뒷다리의 발굽.《集覽, 朴
集, 上, 14ㅈ》撒蹄. 音義云, ·뒷·굽 므리므
리·예·ᄀᆞ·리ᄂᆞᆫ 물. 譯語指南云, ·굽·ᄀᆞ·리·
ᄂᆞᆫ 물.

뒷동산 㐃 뒷동산. ⇔후원(後園).《朴新諺
2, 39ㅈ》買些菜子後園裏好種, 져기 ᄂᆞ믈
ᄡᅵ를 사 뒷동산에 심으쟈.

듕 㐃 ▉●즁(中). 안. 속. 가운데. ⇔내즁
(內中).《朴新諺 3, 13ㅈ》內中有一箇人
只管打呵欠, 그 듕의 흔 사름이 그저 ᄉᆞ
러여 하회옴ᄒᆞ다가. ●즁(中). 중간. ⇔
중등(中等).《朴新諺 3, 13ㅈ》中等身材
白淨顔面, 듕킈에 희조츨흔 ᄂᆞᆺ치오. ❷
〈불〉 즁[僧]. 화상(和尙).《朴新諺 1,
35ㅈ》一箇和尙(朴新注, 13ㅎ: 萬里相和
曰和, 外道相尙曰尙.)偸別人家的媳婦, 흔
듕이 눔의 계집을 도적ᄒᆞ여.《朴新諺 1,
35ㅎ》便拿住那和尙打的半死半活, 곳 뎌
듕을 자바 텨 半死 半活ᄒᆞ니.《朴新諺 1,
36ㅈ》似你這一荟和尙不打還打誰呢, 너
ᄀᆞᆺ흔 이런 듕을 티지 아니코 도로혀 누
룰 티리오. 衆人再問那和尙, 衆人이 다
시 뎌 듕ᄃᆞ려 무르되.《朴新諺 1, 36ㅎ》
那和尙說, 뎌 듕이 니ᄅᆞ되.

듕인 㐃 중매인(仲買人). 중개인(仲介人).
⇔즁(中).《朴新諺 2, 19ㅈ》當日憑中言
定身價銀五兩, 當日에 듕인을 의빙ᄒᆞ여

身價 銀 닷 냥을 닐러 定ᄒᆞ여.

듕킈 뗑 크지도 작지도 아니한 보통의 키. ⇔중등신재(中等身材). 《朴新諺 3, 13 ㅈ》中等身材白淨顏面, 듕킈에 희조흘ᄒᆞᆫ 늧치오.

듕히 뿐 중(重)히. ⇔중중(重重). 《朴新諺 2, 18ㅈ》他若再不保好生重重的打, 뎌 만 일 다시 고수치 아니ᄒᆞ거든 ᄀᆞ장 듕히 틸라.

듕ᄒᆞ다 혱 중(重)하다. 소중하다. ⇔중 (重). 《朴新諺 1, 27ㅎ》且就那一日拈香 頭發重誓, ᄯᅩ 그 날 香을 곳고 듕ᄒᆞᆫ 밍셰 ᄒᆞ여.

드다 뗑 들다. 잘 베어지다. ⇔쾌(快). 《朴 新諺 1, 42ㅎ》你刀子是快的還是鈍的呢, 네 칼이 이 드는 거시냐 이 무된 거시냐.

드드여 뿐 드디어. ⇔취(就). 《集覽, 字解, 單字解, 5ㅎ》就. 卽也. 就將來 즉재 가져 오라, 就有了・就去了. 又遂也. 就那裏睡 了 게셔 자다, 就便 곧. 又就行 드듸여셔 ᄒᆞ다.

드러가다 뗑 들어가다. ❶⇔입(入). 《朴 新諺 3, 25ㅈ》飛入樻中把桃肉都吃了, ᄂᆞ 라 樻 속에 드러가 복셩화 술을다가 다 먹어. ❷⇔입도(入到). 《朴新諺 1, 38 ㅈ》這艾氣都入到肚裏去了, 이 艾氣 다 ᄇᆡ에 드러가. ❸⇔진거(進去). 《朴新諺 2, 11ㅈ》怎麼得進去呢, 엇지 드러가리오. 《朴新諺 2, 11ㅈ》便我們進去了, 곳 우리를 노하 드러가게 ᄒᆞ리라.

드러오다 뗑 들어오다. ❶⇔입래(入來). 《朴新諺 3, 6ㅈ》衙門處處向南開, 衙門이 곳곳이 南을 向ᄒᆞ여 여러시나. 有理無錢 休入來, 理 이셔도 돈이 업거든 드러오 지 말라 ᄒᆞᄂᆞ니라. ❷⇔진(進). 《朴新諺 2, 2ㅎ》傍晚進城, 늣게야 城에 드러오 고. ❸⇔진래(進來). 《朴新諺 3, 8ㅈ》不 料前日三更前後被賊進來, 헤아리지 아 닌 그적긔 三更은 ᄒᆞ여 도적이 드러와. 《朴新諺 3, 56ㅈ》快請進來相會, 밧비 쳥

ᄒᆞ여 드러와 서ᄅᆞ 못게 ᄒᆞ라.

드렛줄 뗑 두레박줄. ⇔정승(井繩). 《朴新 諺 1, 36ㅎ》一年經蛇咬三年怕井繩, 一年 을 빗얌 물려 디내면 三年을 드렛줄도 저퍼ᄒᆞᆫ다 ᄒᆞ니라.

드리치다 뗑 던져 넣다. 처넣다. 던지다. ⇔주(丟). 《朴新諺 1, 55ㅈ》各自丟在水 盆裏, 각각 믈ㅅ 소라에 드리치ᄂᆞ니.

드리다 뗑 ❶들이다ᇧ. ❶⇔가(加). 《朴 新諺 1, 19ㅈ》你必湏(須)加工打造, 네 모 롬이 공부 드려 민들라. ❷⇔사(使). 《朴新諺 1, 11ㅎ》齊心用力多使些工夫, 齊心 用力ᄒᆞ여 만히 工夫 드려. ❷(물감 을) 들이다. ⇔염(染). 《朴新諺 2, 14ㅈ》 要染柳黃色的, 柳黃빗츨 드리고져 ᄒᆞ고. 這被面要染大紅的, 이 니블 거족은 다홍 을 드리고져 ᄒᆞ고. 被當頭要染水綠的, 니블 기슨 水綠을 드리고져 ᄒᆞ고. 《朴新 諺 2, 14ㅈ》五疋要染南紅, 닷 필은 연다 홍을 드리고져 ᄒᆞ고. 五疋染水紅, 닷 필 은 분홍을 드리고. 這綿紬要染鴉青色, 이 綿紬란 야쳥빗 드리고. 這綿紬要染鴉 青色, 이 綿紬란 야쳥빗 드리고. 《朴新諺 2, 14ㅈ》要改染做桃紅顏色, 고텨 桃紅빗 츨 드리고져 ᄒᆞ노라. 《朴新諺 2, 15ㅈ》 假如你染的不如這樣兒上的顏色, 만일 네 드린 거시 이 樣子엣 빗과 ᄀᆞᆺ지 아니면. 《朴新諺 2, 15ㅈ》你便替我再染, 네 곳 나 를 ᄀᆞ르차 다시 드리리라. ❸드리다獻. ❶⇔정(呈). 《朴新諺 2, 51ㅈ》那幾日你 又說首領官纔做稿呈堂, 져즘의 네 ᄯᅩ 니 ᄅᆞ되 首領官이 ᄀᆞᆺ 초를 민그라 당샹ᄭᅴ 드리니. ❷⇔투(投). 《朴新諺 2, 10ㅎ》 我到衙門去投了文書就回來, 내 衙門에 가 文書를 드리고 즉시 올 거시니. ❸⇔ 하(下). 《朴新諺 1, 44ㅈ》下多少財禮呢, 언머 財禮를 드리더뇨. 下了一百両銀子, 一百両 은을 드리고.

드리오다 뗑 드리우다垂. 늘어뜨리다. ⇔수(垂). 《朴新諺 2, 6ㅈ》撒網垂鈎的是

大小漁船, 그믈을 티고 낙시를 드리온 거슨 이 大小 漁船이오.

드리우다 동 드리우다[垂]. 늘어뜨리다. ⇔수하(垂下).《集覽, 字解, 單字解, 7ㅎ》嚲. 垂下也. 嚲下 드리워 잇다. 又借用爲趓避之趓.《朴新諺 3, 50ㅈ》慢慢的把釣鈎垂下水去, 날회여 낙시를다가 물에 드리워.

드리치다 동 던져 넣다. 처넣다. 내던지다. ❶⇔별(撇).《朴新諺 2, 33ㅎ》也打死了撇在坑裏, 또 쳐 죽여 디함에 드리치고.《朴新諺 2, 34ㅈ》撇在那坑裏, 그 디함에 드리치고. ❷⇔주(丢).《朴新諺 2, 33ㅎ》便丢在那裏頭, 곳 뎌 속에 드리치더니.《朴新諺 3, 26ㅎ》拿着肩膀丢在裡面, 엇게를 잡아 안희 드리치니. ❸⇔주하(丢下).《朴新諺 3, 28ㅈ》行者直拖的到王面前丢下, 行者ㅣ 바로 ᄭᅳ어 王의 앏희 가 드리치니. ❹⇔투(投).《朴新諺 2, 30ㅎ》一針投海底尙有可撈日, 一針을 海底에 드리치매 오히려 可히 건질 날이 이시려니와.

드리티다 동 던져 넣다. 처넣다. 내던지다. ⇔주(丢).《朴新諺 3, 5ㅎ》把我的這案文卷丢在一邊, 내 이 案文卷을다가 ᄒᆞᆫ 편에 드리텨 두고.

드믈다 형 드물다. 희귀하다. 별로 없다. ⇔소유(少有).《朴新諺 1, 45ㅈ》喜的又是郞才女貌眞箇是世上少有的, 깃분 거슨 ᄯᅩ 이 郞才와 女貌ㅣ 진실로 世上에 드므니.《朴新諺 2, 6ㅎ》只此人間少有的了, 그저 이 人間에 드믄 거시니라.

득(得) 동 ❶얻다. ❶⇔얻다.《朴新諺 1, 19ㅈ》大槩湏(須)得五錢價銀一件, 大槩 모로미 닷 돈 은에 ᄒᆞᆫ 볼을 어드리라.《朴新諺 1, 23ㅎ》湏(須)得銀二百両, 모롬이 銀 二百両을 어드리라.《朴新諺 1, 45ㅈ》便得謝媒錢十両, 곳 謝媒錢 十을 어드니.《朴新諺 2, 30ㅈ》故得人天之喜鬼神之歡, 이러모로 人天의 깃거홈과 鬼神의 즐김을 어더.《朴新諺 2, 49ㅈ》幾曾得閑呢, 언제 일즉 ᄒᆞᆫ가홈을 어드리오.《朴新諺 2, 51ㅎ》滿了一任還不知等到何年纔得補用哩, ᄒᆞᆫ 벼술이 ᄎᆞ면 당시롱 어ᄂᆡ ᄒᆡ에 다ᄃᆞ라 마치 補用홈을 어들 줄을 아지 못ᄒᆞᄂᆞ니라.《朴新諺 3, 5ㅎ》不知到幾時纔得了局哩, 아지 못게라 어ᄂᆡ ᄣᆡ에 다ᄃᆞ라 맛치 판나믈 어드리오.《朴新諺 3, 9ㅎ》久後你也要得證正果哩, 오란 후에 너도 正果 證홈을 어드리라.《朴新諺 3, 54ㅈ》若得了這馬來, 만일이 물을 어더 오거든. ❷⇔엇다.《朴新諺 1, 25ㅎ》人不得橫財不富, 사ᄅᆞᆷ이 橫財롤 엇디 못ᄒᆞ면 가옴여디 못ᄒᆞ고.《朴新諺 2, 23ㅎ》一夜不得半點覺睡, 왼밤을 半點 좀도 엇디 못ᄒᆞ니.《朴新諺 2, 25ㅎ》特為我送來難得難得, 특별이 나를 위ᄒᆞ여 보내니 엇기 어렵다 엇기 어렵다.《朴新諺 2, 48ㅎ》不得工夫去不得, 工夫를 엇디 못ᄒᆞ여 가지 못ᄒᆞ노라.《朴新諺 2, 49ㅈ》每日東走西走不得片時歇息, 每日에 동으로 ᄃᆞᆺ고 셔로 ᄃᆞ라 片時도 쉼을 엇지 못ᄒᆞ니.《朴新諺 2, 50ㅎ》為甚麼不得呢, 무서슬 위ᄒᆞ여 엇지 못ᄒᆞ리오.《朴新諺 3, 54ㅎ》因此不得工夫, 이런 젼ᄎᆞ로 결을을 엇지 못ᄒᆞ여.《朴新諺 3, 59ㅎ》這正是難得之物, 이 졍히 엇기 어려온 거시오. ❷하다. …해야 한다. ⇔ᄒᆞ다.《朴新諺 2, 10ㅈ》聽說只得三日三夜就圓滿了, 드ᄅᆞ니 그저 三日 三夜롤 ᄒᆞ여야 곳 圓滿ᄒᆞ니.

득(得) 부 얻어. 능히. ⇔시러곰.《朴新諺 1, 38ㅈ》氣脉得以通行, 氣脉이 시러곰 通行ᄒᆞ여.《朴新諺 2, 41ㅎ》他怎麼得能勾偸了東西去呢, 뎨 엇지 시러곰 능히 잡은거슬 도적ᄒᆞ여 가리오.《朴新諺 3, 16ㅈ》得以衣錦還鄕, 시러곰 ᄡᅧ 衣錦 還鄕ᄒᆞ여.

득(得) 형 알맞다. 적당하다.《朴新諺 1, 17ㅈ》俗語說得好, 俗語에 니ᄅᆞ미 됴흐

니.

득도(得道) 图 〈불〉미혹의 세계를 넘어 깨달음의 경지에 이르다. ⇔득도ᄒ다 (得道-). 《集覽, 朴集, 上, 10ㅈ》衲襖. 反 (飜)譯名義云, 好衣是未得道者生貪着處, 招致賊難, 或致奪余(命), 有如是等患, 故 受弊衲衣. 《集覽, 朴集, 中, 5ㅈ》居士宰 官. 佛書云, 應以居士得道者必在居士, 應 以宰官得道者必現宰官. 《朴新諺 2, 9ㅎ》 聞說有一箇得道的朝鮮和尙, 드ᄅ니 ᄒ 得道ᄒ 朝鮮 중이 이셔.

득도ᄒ다(得道-) 图 〈불〉득도(得道)하 다. ⇔득도(得道). 《朴新諺 2, 9ㅎ》聞說 有一箇得道的朝鮮和尙, 드ᄅ니 ᄒ 得道 ᄒ 朝鮮 중이 이셔.

득량(得粮) 图 =득량(得糧). '粮'은 '糧'과 같다. 《玉篇, 米部》糧, 穀也. 粮, 同糧. 《朴新諺 2, 59ㅈ》斗美牛休虛得粮, 斗ᄂ 美ᄒ고 牛ᄂ 休ᄒ고 虛ᄂ 得粮ᄒ고.

득량(得糧) 图 양식을 얻다. ⇔득량ᄒ다 (得糧-). 《朴新諺 2, 59ㅈ》斗美牛休虛得 粮, 斗ᄂ 美ᄒ고 牛ᄂ 休ᄒ고 虛ᄂ 得粮 ᄒ고.

득량ᄒ다(得糧-) 图 득량(得糧)하다. ⇔ 득량(得糧). 《朴新諺 2, 59ㅈ》斗美牛休 虛得粮, 斗ᄂ 美ᄒ고 牛ᄂ 休ᄒ고 虛ᄂ 得粮ᄒ고.

득보(得寶) 图 보배를 얻다. ⇔득보ᄒ다 (得寶-). 《朴新諺 2, 59ㅈ》壁翼獲財奎得 寶, 壁翼은 獲財ᄒ고 奎ᄂ 得寶ᄒ고.

득보ᄒ다(得寶-) 图 득보(得寶)하다. ⇔ 득보(得寶). 《朴新諺 2, 59ㅈ》壁翼獲財 奎得寶, 壁翼은 獲財ᄒ고 奎ᄂ 得寶ᄒ고.

득오(得悟) 图 〈불〉미혹의 세계를 넘어 깨달음의 경지에 이르다. 《集覽, 朴集, 上, 16ㅈ》作與頌字迴光返照大發明得悟. 音義云, 石屋和尙作佛頌與〈与〉步虛, 其 佛光迴還返照於步虛之身, 其於生死輪迴 之說, 靡不通曉.

득죄(得罪) 图 죄를 짓다. 죄를 범하다.

《朴新諺 3, 54ㅎ》闕拜望了得罪, 拜望홈 을 闕ᄒ니 罪를 엇쾌라.

득중(得中) 圈 지나치거나 모자람이 없이 알맞다. 《集覽, 朴集, 下, 9ㅈ》作中. 爾雅 曰, 偶者, 合也. 陰陽相合則成偶, 謂得中 也.

득흔(得很) 图 가장. 매우. ⇔ᄀ장. 《朴新 諺 2, 12ㅈ》好看得狠(很)哩, 보기 ᄀ장 됴터라.

-든 어미 -던. 《朴新諺 1, 3ㅈ》你們討酒的 都廻來了麽, 너희 술 어드라 갓던 이 다 도라왓ᄂ냐. 《朴新諺 1, 35ㅎ》那傍邉看 的衆人說, 뎌 겨틔셔 보든 衆人이 니ᄅ 되. 《朴新諺 2, 44ㅎ》今租到本坊沈名下 住房一所, 이제 本坊 沈가의 名下에 사든 집 ᄒ 곳을 셰내되. 《朴新諺 3, 55ㅎ》纔 剛說的那秀才, 앗가 니ᄅ든 그 秀才 | .

듣다 图 듣다. ●⇔문(聞). 《朴新諺 2, 9 ㅎ》聽說佛法去罷, 佛法 니ᄅ는 양 드ᄅ 라 가쟈. 聞說有一箇得道的朝鮮和尙, 드 ᄅ니 ᄒ 得道ᄒ 朝鮮 중이 이셔. 《朴新諺 3, 5ㅈ》聞得內中有一兩箇鄕宦, 드ᄅ니 그 즁에 ᄒ두 鄕宦이 이셔. ●⇔청(聽). 《朴新諺 1, 25ㅈ》你們聽着, 너희들 드ᄅ 라. 《朴新諺 1, 43ㅎ》聽得那人家有一箇 官人, 드ᄅ니 뎌 人家에 ᄒ 官人이 이셔. 《朴新諺 2, 5ㅈ》你且聽着, 네 아직 드ᄅ 라. 《朴新諺 2, 15ㅎ》聽我吩咐, 내 吩咐 를 드ᄅ라. 《朴新諺 2, 44ㅎ》我念你聽, 내 닑어든 네 드ᄅ라. 《朴新諺 2, 37ㅈ》 聽得那謊精, 드ᄅ니 뎌 거즛말ᄒ는 삐. 《朴新諺 3, 7ㅈ》你聽我說, 네 드ᄅ라 내 니ᄅ마. 《朴新諺 3, 14ㅎ》你聽我念, 네 드ᄅ라 내 닑그마. 《朴新諺 3, 49ㅈ》你 聽我說, 네 들으라 내 니ᄅ마. 《朴新諺 3, 52ㅈ》你聽我念, 네 드ᄅ라 내 닑으마. 《朴新諺 3, 54ㅈ》你聽我說, 네 드ᄅ라 내 니ᄅ마. 小弟近日聽得, 小弟 | 요ᄉ이 드ᄅ니. 《朴新諺 3, 57ㅎ》聽得心內尙然 不忍, 드ᄅ매 ᄆ음에 오히려 춤지 못ᄒ

거든.

듣보다 匽 듣보다. 들어보다. 또는 물어보
다. 알아보다. ❶⇔타청(打聽). 《集覽,
字解, 累字解, 3ㅈ》打聽一打聽. 듣보다.
唯擧打聽二字, 可說而疊言之者, 此漢人
好事者之說也. 今亦罕用. 《集覽, 字解, 單
字解, 4ㅈ》打. 擊也, 着實打, 又打三下.
又爲也. 打酒來 술 사 오라. 又曰, 打將來
ᄒᆞ야 오라, 打聽 듣보라, 打水 믈 긷다,
不打緊. 又打那裏去, 打東邊去, 有投向從
往之意. 俗用打字, 似不合本意者多, 而實
有取意不苟, 其用甚廣, 此不盡錄. ❷⇔
타청일타청(打聽一打聽). 《集覽, 字解,
累字解, 3ㅈ》打聽一打聽. 듣보다. 唯擧
打聽二字, 可說而疊言之者, 此漢人好事
者之說也. 今亦罕用.

–들 졥 ❶–들. 《朴新諺 1, 49ㅎ》大小家眷
小娃娃, 大小 家眷과 져근 아희들로. 《朴
新諺 2, 21ㅈ》這些都收拾全偹着, 이것들
을 다 收拾ᄒᆞ여 全偹케 ᄒᆞ고. 《朴新諺 2,
27ㅎ》你們這幾箇無用的小厮, 너희 이
여러 ᄡᅳᆯ디업슨 아히 놈들이. 《朴新諺 3,
34ㅈ》那些勇士都穿着花袴皂靴, 뎌 여러
勇士들이 다 아롱 바지에 거믄 靴를 신
고. 《朴新諺 3, 58ㅈ》又着人前去曉諭衆
百姓道, 쏘 사름으로 ᄒᆞ여 나아가 모든
百姓들의게 曉諭ᄒᆞ여 니로되. ❷–들. ❶
⇔등(等). 《朴新諺 1, 54ㅎ》隨常飮食休
吃酸・甜・腥・辣等物, 샹시 음식에 싄
것 돈 것 비린 것 ᄆᆡ온 것들을 먹지 말
고. 《朴新諺 2, 40ㅈ》種些冬瓜, 져기 동
화와. 西瓜, 슈박과. 甜瓜, 춤외와. 揷葫,
즈르박과. 稍瓜, 수세외와. 黃瓜, 외와.
茄子等類, 가지들을 심으라. ❷⇔문
(們). 《朴新諺 1, 2ㅎ》再向內府管酒的官
員們說, 쏘 內府 술 ᄀᆞ음아는 官員들의게
닐러. 《朴新諺 1, 19ㅈ》這箇不湏(須)太
爺們囑咐, 이는 모롬이 太爺들이 당부
말라. 《朴新諺 1, 28ㅈ》咱衆弟兄們自結
拜之後, 우리 모든 弟兄들이 結拜ᄒᆞᆫ 後로

부터. 《朴新諺 2, 2ㅎ》後日又要請衙門中
同寅老爺們吃酒, 모릭 쏘 衙門에 同寅 老
爺들을 쳥ᄒᆞ여 술 먹으려 ᄒᆞ여. 《朴新諺
2, 18ㅈ》你們打的輕, 너희들이 티기를
輕히 ᄒᆞ기로. 《朴新諺 2, 31ㅎ》其餘的小
厮們在家, 그 나믄 아히들은 집의 이셔.
《朴新諺 3, 5ㅈ》只怕那寃家們打關節煩
人說情哩, 그저 뎌 寃家들이 쇼쳥ᄒᆞ여
사름을 식여 情을 니론가 저페라. 《朴新
諺 3, 18ㅈ》方纔書辦們拿文書來畫稿, 앗
가 ᄌᆞ 셔반들이 文書를 가져와 稿에 일
홈밧고. 《朴新諺 3, 31ㅎ》茶博士們倒茶
來, 茶博士들아 차를 부어 오라.

들다 匽 ❶들다(擧). ❶⇔거(擧). 《朴新諺
3, 58ㅈ》王公已擧義兵, 王公이 불셔 義
兵을 드럿느니라. ❷⇔대(擡). 《朴新諺
3, 25ㅈ》擡過一頂紅柒橫子來面前放下,
ᄒᆞᆫ 불근 柒ᄒᆞᆫ 궤를 드러 와 앏히 노코.
《朴新諺 3, 58ㅈ》便抬出金甲一副與太祖
穿上, 곳 金甲 ᄒᆞᆫ 불을 드러 내여 와 太祖
롤 주어 닙히고. ❷들다(入). 들어가다.
❶⇔진(進). 《集覽, 字解, 單字解, 6ㅈ》
賃. 傭屋以語曰賃, 지블 돌마다 銀 현 량
곰 삭 물오 드러 이셔 살 시라. 又雇用驢
馬・舟車之類曰賃, 라괴와 물둘홀 삭 주
고 브릴 시라. 《朴新諺 3, 51ㅈ》於東屋
山墻外剜窟進內, 東屋 화방 밧끠 굼글 뚧
고 안히 들어. ❷⇔투(投). 《朴新諺 3,
22ㅈ》却到城裡智海禪寺投宿, 믄득 城 안
智海禪寺에 가 드러 자더니.

들레다 匽 들레다. (야단스럽게 떠들다)
⇔요(鬧). 《朴新諺 3, 1ㅎ》若再開(鬧)我
我就打了, 만일 다시 내게 들레면 내 곳
치리라.

들리다 匽 들리다(被聽). 듣게 하다. ⇔쳥
(聽). 《朴新諺 1, 58ㅎ》寫完了我念給你
聽, ᄠᅥ 못차시니 내 닑어 네게 들리마.
《朴新諺 3, 35ㅎ》我念與官人聽, 내 외아
官人의게 들리마.

들어가다 匽 들어가다. ❶⇔입(入). 《朴

新諺 3, 26ㅎ》打一箇跟阧跳入油中, 혼 번 跟阧질ᄒ여 쒸여 기름 가온대 들어가. ●⇔입거(入去).《朴新諺 3, 26ㅎ》行者 說我如今入去洗澡, 行者ㅣ 니르되 내 이 제 들어가 목욕ᄒ리라 ᄒ고, ●⇔진거 (進去).《朴新諺 3, 56ㅈ》你進去說, 네 들 어가 니르라.

들창 團 들창. ⇔조창(弔窓).《朴新諺 3, 16ㅎ》這檁, 이 납과. 檁, 므ᄅ와. 椽, 혀 와. 柱, 기동과. 短柱, 短柱와. 門框, 문얼 굴과. 門扇, 문짝과. 吊窓, 들창과. 天窓, 우러리창과. 雙扇, 빵다지와. 單扇, 외다 지와. 窓欞, 창얼굴로.

-들흐 접 -들. ⇔문(們).《朴新諺 2, 57ㅎ》 年時牢子們試走的你可曾看見麽, 젼년에 牢子들희 ᄃ롬질 시기ᄂ 거슬 네 일즉 보왓ᄂ다.

듨ᄠᅳ다 圏 들ᄠᅳ다. 원래의 모양이 바뀌다. ⇔주작(走作).《集覽, 字解, 單字解, 3 ㅎ》做. 韻會遇韻作字註云, 造也, 俗作做 非. 簡韻作字註云, 爲也, 造也, 起也, 俗作 做非. 做音, 直信切. 今按, 俗語做甚麼 므 슴 ᄒ료, 作衣裳 옷 짓다, 作音조, 去聲. 不走作 듨ᄠᅳ다 아니타, 作音조, 入聲. 以 此觀之, 則做從去聲, 作互呼去聲・入聲, 通做字. 俗不用直信切之音.

듧ᄭᆡ 團 들ᄭᆡ. ⇔소자(蘇子).《朴新諺 3, 38ㅈ》他種的稻子, 제 시믄 벼와. 膏粱, 슈슈와. 黍子, 기장과. 大麥, 보리와. 小 麥, 밀과. 蕎麥, 모밀과. 黃豆, 콩과. 小 豆, 풋과. 菉豆, 菉豆와. 豌豆, 광장이. 黑 豆, 거믄콩. 芝麻, 춤깨와. 蘇(蘇)子, 듧 ᄭᆡ.

듯다 圏 ❶듣다. 허락하다. ⇔윤(允).《朴 新諺 3, 57ㅎ》那時太祖不允, 그 째에 太 祖ㅣ 듯지 아니ᄒ더니. ❷듣다. ●⇔청 (聽).《朴新諺 2, 10ㅎ》咱們今日就同去 聽一聽罷, 우리 오늘 이믜셔 ᄒ가지로 가 듯쟈.《朴新諺 2, 34ㅎ》老李聽了恨那 媳婦, 老李 듯고 그 계집을 믜여ᄒ여.

《朴新諺 2, 48ㅎ》我每日纔聽明鍾一聲響, 내 날마다 계요 明鍾 혼 소리를 듯고. 《朴新諺 3, 13ㅈ》這些聽講的僧尼道俗善 男信女, 이 講 듯ᄂ 僧尼 道俗과 善男 信 女ㅣ.《朴新諺 3, 20ㅈ》那官聽了這口供, 뎌 관원이 이 口供을 듯고.《朴新諺 3, 21ㅎ》你說我聽, 네 니르라 내 듯쟈.《朴 新諺 3, 22ㅈ》聽的道人們祭星, 道人들의 祭星홈을 듯고.《朴新諺 3, 27ㅎ》唐僧聽 了啼哭, 唐僧이 듯고 우더니. 行者聽了便 跳出來, 行者ㅣ 듯고 곳 쒸여나와.《朴新 諺 3, 58ㅈ》百姓們聽得這話, 百姓들이 이 말을 듯고. ●⇔청견(聽見).《朴新諺 2, 34ㅎ》大老婆聽見那般說, 큰계집이 그 리 니름을 듯고.《朴新諺 3, 14ㅈ》那人 聽見師傅這般說, 그 사름이 師傅ㅣ 이리 니르믈 듯고.

듯보다 圏 듯보다. 들어보다. 또는 물어보 다. 알아보다. ⇔타청(打聽).《朴新諺 1, 8ㅈ》所以到部裏去打聽消息, 이러모로 部에 가 消息을 듯보려 ᄒ노라.《朴新諺 1, 51ㅎ》大哥你曾打聽得麽, 큰형아 네 일즉 듯보앗ᄂ냐.《朴新諺 2, 1ㅈ》你代 我打聽一打聽, 네 나를 ᄀᄅᆞ차 듯보라.

듯ᄒ다 圏 듯하다. ●⇔여(如).《朴新諺 2, 5ㅈ》上面盖的瓦如鋪翠, 우희 녠 디새 ᄂ 비취를 ᄭᆞᆫ 듯ᄒ고. ●⇔일반(一般). 《朴新諺 2, 5ㅈ》遠望去如在青雲裏一般, 멀리 ᄇ라매 푸른 구름 속에 잇는 듯ᄒ 고.

등 團 ❶등(等). 같은 종류. ⇔등(等).《朴 新諺 1, 32ㅈ》就似這一等花兒大些的怎 麽賣, 이 혼 등ᄀᆞ치 소홈 큰 거슨 엇지 풀짜. ❷등[背]. ●⇔배(背).《朴新諺 1, 50ㅎ》擦背錢是兩箇, 등 문지르는 갑슨 두 낫 돈이오. 剃頭錢是十箇, 마리 싹ᄂ 갑슨 열 낫 돈이오.《朴新諺 2, 11ㅎ》脚 背上轉脚指頭上轉, 발등 우희 구을리고 발가락 우희 구을리다가.《朴新諺 2, 56 ㅎ》一路稀泥眞有沒脚背深哩, 왼 길 즌흙

이 진실로 발등이 빠질 깁희 잇더라. ●
⇔쳑배(脊背).《朴新諺 1, 18ㅎ》脊背只
要平正為妙, 등을 그저 平正이 ᄒᆞ여야 妙
ᄒᆞ니라.

등(登) 图 ●(신을) 신다. ⇔신다.《朴新諺
3, 35ㅈ》脚登朝靴, 발에 朝靴를 신고.
《朴新諺 3, 47ㅈ》脚登朝靴, 발에 朝靴 신
고. ●오르다. ⇔오르다.《朴新諺 3, 58
ㅎ》卽便請太祖登布政殿卽了王位, 즉시
太祖를 請ᄒᆞ여 布政殿에 올라 王位에 卽
ᄒᆞ고.

등(等) 图 기다리다. ⇔기드리다.《朴新諺
1, 24ㅎ》等一會再把些草喂他, 혼 지위
기드려 다시 여믈을다가 뎌롤 먹이라.
《朴新諺 1, 42ㅈ》等我醫過了慢慢的牽去,
내 고치믈 기드려 날호여 잇그러 가.
《朴新諺 1, 50ㅈ》等些時再賣, 져기 기드
려 다시 풀라.《朴新諺 3, 7ㅎ》等一會児
吃罷, 혼 디위 기드려 먹으리라.

등(等) 图 ●등(等). (복수임을 나타내는
말)《朴新諺 1, 54ㅈ》把金珠·銀錢等類,
金珠·銀錢 等類롤다가.《朴新諺 2, 19
ㅎ》並遠近親戚人等爭競, 다못 遠近 親戚
人 等이 爭競홈이 잇거든.《朴新諺 3, 18
ㅈ》猪·羊·鵝·鴨等類却不少吃的, 猪
·羊·鵝·鴨 等類ㅣ ᄯᅩ 먹을 거시 젹
지 아니ᄒᆞ고.《朴新諺 3, 50ㅎ》叫起隣人
幷巡宿総甲人等追赶, 隣人과 다못 巡宿
ᄒᆞᄂᆞᆫ 総甲人 等을 불러 니르혀 ᄯᅩ롸.《朴
新諺 3, 50ㅎ》小人與隣人等看驗得賊人
蹤跡, 小人이 隣人 等으로 더부러 賊人의
蹤跡을 看驗ᄒᆞ니.《朴新諺 3, 51ㅈ》嚴差
捕役人等緝拿到案, 嚴히 捕役人 等을 시
겨 緝拿ᄒᆞ여 案에 와.《朴新諺 3, 57ㅈ》
有將軍裵玄慶·洪儒·卜智謙·申崇謙
等四箇人, 將軍 裵玄慶·洪儒·卜智謙
·申崇謙 等 네 사롬이 이셔. ●등(等).
같은 종류. ⇔등.《朴新諺 1, 32ㅎ》就似
這一等花兒大些的怎麽賣, 이 혼 등ᄌᆞ치
소홈 큰 거슨 엇지 풀짜.

등(等) 图 -들. ⇔-들.《朴新諺 1, 54ㅎ》隨
常飲食休吃酸·甜·腥·辣等物, 샹시
음식에 쉰 것 돈 것 비린 것 미온 것들을
먹지 말고.《朴新諺 2, 40ㅈ》種些冬瓜,
져기 동화와. 西瓜, 슈박과. 甜瓜, 춤외
와. 挿葫, ᄌᆞᄅᆞ박과. 稍瓜, 수세외와. 黃
瓜, 외와. 茄子等類, 가지들을 심으라.

등(等) 혱 같다. ⇔ᄀᆞ다.《朴新諺 1, 47ㅎ》
多少不等, 多少ㅣ ᄀᆞ지 아니ᄒᆞ여.

등(燈) 명 ●등잔불. ⇔등잔불.《朴新諺
2, 18ㅈ》當直的點燈來, 當直ᄒᆞᄂᆞᆫ 이 등
잔불 혀 오라. ●불. 등불. ⇔불.《朴新
諺 2, 49ㅈ》直到點燈時分纔下馬, 잇긋
불 혈 째에 다둣게야 ᄌᆞ 물쎄 ᄂᆞ리니.

등(藤) 명 등나무.《集覽, 朴集, 中, 7ㅈ》乞
留曲律〈葎〉藤. 乞留曲律(葎), 乞留曲律,
謂屈曲擁瘇之意. 漢人凡稱草木行蔓必曰
藤, 非別有一物也.

등거리 명 등거리. (등만 덮을 만하게 걸
쳐 입는 홑옷) ⇔괘자(褂子).《朴新諺 2,
59ㅎ》玄青的裁做褂子, 석쳥빗츤 등거리
몰라 민들고.

등공(騰空) 图 승천(昇天)하다.《集覽, 朴
集, 下, 1ㅈ》西天取經去. 西天雖遠, 我發
大願, 當徃取來. 老僧言訖, 騰空而去, 帝
知觀音化身, 卽勅法師徃西天取經, 法師
奉勅, 行六年東還.

등기(騰起) 图 솟아오르다.《集覽, 朴集,
下, 7ㅎ》花房窩兒. 毬行或騰起, 或斜起,
或輪轉, 各隨窩所在之宜.

등대(燈臺) 명 등잔걸이.《朴新諺 1, 39
ㅈ》這是燈臺, 이ᄂᆞᆫ 이 燈臺로다.《朴新
諺 2, 21ㅈ》還有羅鍋, ᄯᅩ 노고와. 柳箱,
섥과. 灑子, 드레와. 碗楪, 사발 접시와.
匙筋, 수져와. 榪杓, 나모쥬게와. 笊籬,
됴리와. 炊箒, 솔과. 擦床児, 슉치칼과.
簸(簸)箕, 키와. 篩子, 얼밍이와. 馬尾羅
물총체와. 桌子, 상과. 盤子, 盤과. 茶盤
찻반과. 燈臺, 燈臺와. 酒種, 잔과. 酒鼈
쥬벼ᄋᆞ와. 銅杓, 놋쥬게 이시니.

등도(登道) 图 길을 떠나다. 《集覽, 朴集,
下, 9ㅎ》碎盆. 未詳源流. 但本國送殯之
晨, 在家者見靈輀登道, 卽隨以瓦器擲碎
於門外, 大聲作語曰, 持汝家具而去. 云爾
者, 盖使亡人無留念家緣之術也.

등도(等到) 图 ●기다리다. ⇔기드리다.
《朴新諺 1, 10ㅈ》只好等到秋來再修理罷,
ᄀ울을 기드려 다시 修理홈이 무던ᄒ다.
《朴新諺 1, 51ㅎ》等到民間田禾都收割了,
民間에 田禾롤 다 거두어 븨기롤 기드
려. ●다다르다. 이르다. ⇔다드라다.
《朴新諺 2, 51ㅎ》滿了一任還不知等到何
年纔得補用哩, 훈 벼슬이 ᄎ면 당시롱
어니 히에 다드라 마치 補用홈을 어들
줄을 아지 못ᄒᄂ니라.

등류(等類) 똉 같은 종류나 부류. 《朴新諺
1, 54ㅎ》把金珠・銀錢等類, 金珠・銀錢
等類롤다가. 《朴新諺 2, 19ㅈ》並遠近親
戚人等爭競, 다못 遠近 親戚人 等이 爭競
홈이 잇거든. 《朴新諺 3, 18ㅈ》猪・羊・
鵝・鴨等類却不少吃的, 猪・羊・鵝・
鴨 等類ㅣ ᄯᅩ 먹을 거시 젹지 아니ᄒ고.
《朴新諺 3, 50ㅎ》叫起隣人并巡宿総甲人
等追趕, 隣人과 다못 巡宿ᄒᄂ 総甲人 等
을 불러 니르혀 ᄯᅡ롸. 《朴新諺 3, 50ㅎ》
小人與隣人等看驗得賊人蹤跡, 小人이 隣
人 等으로 더부러 賊人의 蹤跡을 看驗ᄒ
니. 《朴新諺 3, 51ㅈ》嚴差捕役人等緝拿
到案, 嚴히 捕役人 等을 시겨 緝拿ᄒ여
案에 와. 《朴新諺 3, 57ㅈ》有將軍裵玄慶
・洪儒・卜智謙・申崇謙等四箇人, 將軍
裵玄慶・洪儒・卜智謙・申崇謙 等 네
사롬이 이셔.

등배(等輩) 똉 무리. 동료. 《集覽, 字解, 單
字解, 1ㅈ》等. 候待也. 等他・等着 기들
우다. 又等子 저울. 又史語, 用此爲等輩
之意. 又等閑, 釋見下. 《集覽, 字解, 單字
解, 1ㅈ》每. 本音上聲, 頻也. 每年, 每一
箇. 又平聲, 等輩也, 我每・咱每・俺每
우리. 恁每・你每 너희. 今俗喜用們字.

《集覽, 字解, 單字解, 3ㅎ》們. 諸韻書皆
云, 們渾, 肥滿皃. 今俗借用爲等輩之字,
而曰我們・咱們 우리, 你們 너희. 又猶言
如此也. 這們 이리, 那們 뎌리.

등영주(登瀛洲) 图 선경(仙境)에 오르다.
선비의 화려한 출세를 비유한다. 《集覽,
朴集, 中, 8ㅎ》十八學士. 秦王暇日, 至館
中討論文籍, 使閻立本圖像, 褚亮爲贊. 得
與其選者, 世謂之登瀛洲.

등자(等子) 똉 저울. ⇔저울. 《集覽, 字解,
單字解, 1ㅈ》等. 候待也. 等他・等着 기
들우다. 又等子 저울. 又史語, 用此爲等
輩之意. 又等閑, 釋見下.

등잔(燈盞) 똉 등잔. 《朴新諺 3, 35ㅈ》都
是三尺寬肩膀燈盞大的雙眼, 다 이 석 자
나 너른 엇게오 燈盞만치 큰 두 눈이라.

등잔불 똉 등잔불. ⇔등(燈). 《朴新諺 2,
18ㅈ》當直的點燈來, 當直ᄒᄂ 이 등잔
불 혀 오라.

등ᄌ 똉 등재鐙. ⇔마등(馬鐙). 《朴新諺
1, 30ㅈ》馬鐙是獅子頭嵌銀絲的, 등ᄌ는
이 獅子 머리에 銀絲롤 박은 거시오.

등착(等着) 图 기다리다. 기다리고 있다.
⇔기들우다. 《集覽, 字解, 單字解, 1ㅈ》
等. 候待也. 等他・等着 기들우다. 又等
子 저울. 又史語, 用此爲等輩之意. 又等
閑, 釋見下.

등촉(燈燭) 똉 등불과 촛불. 《集覽, 朴集,
下, 9ㅎ》打春. 至日黎明, 官吏具香花・
燈燭爲壇, 以祭先農. 至立春時, 官吏行禮
畢, 各執彩杖, 環擊土牛者三, 以示勸農之
意. 《朴新諺 3, 43ㅎ》點起燈燭, 燈燭을
혀고.

등타(等他) 图 기다리다. 기다리고 있다.
⇔기들우다. 《集覽, 字解, 單字解, 1ㅈ》
等. 候待也. 等他・等着 기들우다. 又等
子 저울. 又史語, 用此爲等輩之意. 又等
閑, 釋見下.

등한(等閑) 閈 ●부질없이. 헛되이. ⇔부
질업시. 《集覽, 字解, 單字解, 7ㅎ》閑. 雜

也. 閑雜人. 又替也. 파직ㅎ다, 罷閑了・
替閑了. 又遊息曰閑. 홍쏭여 돈닐시니,
遊閑了. 又練熟也. 弓馬熟閑. 又空也. 空
閑田地 뷔엿는 싸. 又等閑 부질업시, 又
힘히미, 又간대롭다. ●심심히. 한가히.
부질없이. ⇔힘히미. 《集覽, 字解, 單字
解, 7ㅎ》閑. 雜也. 閑雜人. 又替也. 파직
ㅎ다, 罷閑了・替閑了. 又遊息曰閑. 홍
쏭여 돈닐시니, 遊閑了. 又練熟也. 弓馬
熟閑. 又空也. 空閑田地 뷔엿는 싸. 又等
閑 부질업시, 又힘히미, 又간대롭다.

등한(等閑) 혱 부질없다. ⇔간대롭다.
《集覽, 字解, 單字解, 7ㅎ》閑. 雜也. 閑雜
人. 又替也. 파직ㅎ다, 罷閑了・替閑了.
又遊息曰閑. 홍쏭여 돈닐시니, 遊閑了.
又練熟也. 弓馬熟閑. 又空也. 空閑田地
뷔엿는 싸. 又等閑 부질업시, 又힘히미,
又간대롭다.

등후(等候) 동 기다리다. ⇔기드리다.
《朴新諺 3, 48ㅈ》等候那地氣上申的時節,
뎌 地氣 올라 퍼질 째를 기드리더니.

듸 명 데[處]. 《朴新諺 1, 42ㅈ》咱們男子漢
出遠門, 우리 스나희 먼 듸 나가.

-듸 어미 ●-기. 《集覽, 字解, 單字解, 2ㅎ》
保. 恃也. 保你 너 믿노라, 難保 믿디 어
렵다. 吏學指南, 相託信任曰保. 又保擧
也. ●-지. 《集覽, 字解, 單字解, 2ㅎ》怕.
疑懼之意. 怕人知道. 又設若之辭. 怕你不
信 ㅎ다가 너옷 믿디 몯거든. 又恐也. 害
怕 두리여ㅎ다. 《朴新諺 1, 11ㅈ》保管你
站十年不倒, 네게 十年을 셔셔도 믄허지
디 아니믈 맛들 거시니. 《朴新諺 1, 21
ㅈ》各樣不同, 여러 가지 곳디 아니ㅎ더
라. 《朴新諺 1, 46ㅎ》不筭功錢, 功錢을
혜디 아녀도. 《朴新諺 2, 6ㅎ》坐在船裏
不住的往來遊玩, 빈에 안자 머무디 아니
ㅎ고 徃來 遊玩ㅎ니. 《朴新諺 2, 23ㅎ》一
夜不得半點覺睡, 왼밤을 半點 줌도 엇디
못ㅎ니. 《朴新諺 2, 34ㅎ》你做這般不合
理的勾當, 네 이런 理에 合디 아닌 일을

ㅎ다가. 《朴新諺 3, 5ㅈ》所以擋住了還不
肯發落, 이러모로 먹자바 당시롱 즐겨
發落디 아니ㅎ고. 《朴新諺 3, 26ㅎ》王見
他多時不出來, 王이 뎨 오래 나오디 아니
믈 보고.

디나가다 동 지나가다. 지나치다. ⇔과거
(過去). 《朴新諺 1, 39ㅎ》過去的過來的
弄我的, 디나가며 디나오리 나를 弄ㅎ
되. 《朴新諺 2, 39ㅈ》這幾日怎的不見有
賣菜子的過去呢, 요스이 엇지 느믈 삐 풀
리 디나가는 이 이시믈 보지 못ㅎ소뇨.

디나오다 동 지나오다. ⇔과래(過來).
《朴新諺 1, 39ㅎ》過去的過來的弄我的,
디나가며 디나오리 나를 弄ㅎ되.

디내다 동 지내다. ●⇔경(經). 《朴新諺
1, 36ㅎ》一年經蛇咬三年怕井繩, 一年을
빈얌 물려 디내면 三年을 드렛줄도 저퍼
ㅎ다 ㅎ니라. 《朴新諺 3, 9ㅈ》經多少風
寒・暑熱, 언머 風寒・暑熱을 디내며.
●⇔과(過). 《朴新諺 3, 9ㅈ》過多少惡山
・險水, 언머 惡山・險水를 디내며.

디다 동 지다. 떨어지다. ⇔낙료(落了).
《集覽, 字解, 單字解, 7ㅎ》落. 落了 디다.
又院落 뜰. 又落下 써디우다. 又數落了罪
過 죄목 혜다. 又吏語, 下落 간 곧, 又發
落 공亽 긃내다.

디디다 동 지지다[煎]. ●⇔유(油). 《朴新
諺 3, 36ㅈ》黃燒餅, 누른 燒餅과. 油酥燒
餅, 수유에 디딘 燒餅과. ●⇔전(煎).
《朴新諺 3, 27ㅈ》行者被油煎的骨肉都沒
有了, 行者ㅣ 기롬에 디디여 骨肉이 다
업노이다.

디새 명 기와. ⇔와(瓦). 《朴新諺 2, 5ㅈ》
上面盖的瓦如鋪翠, 우희 녠 디새는 비취
롤 쏜 듯ㅎ고. 《朴新諺 2, 45ㅎ》看那瓦
若有破的, 보와 뎌 디새 쌔야진 것 잇거
든. 《朴新諺 2, 46ㅈ》那瓦被水浸多時不
堅實, 뎌 디새 물에 젓기를 오래 ㅎ여
堅實치 못ㅎ니. 《朴新諺 2, 46ㅈ》那瓦有
破的廳, 뎌 디새 쌔야진 거시 잇느냐.

《朴新諺 2, 46ㅈ》把瓦都弄破了, 디새를 다가 다 달화 째이니.

디위 의 번. 차례. 회. ●⇔돈(頓).《朴新諺 1, 36ㅈ》這一頓打却也是該的, 이 흔 디위 티미 쏘 이 맛당ᄒ도다. ●⇔회(回).《朴新諺 3, 37ㅎ》崔哥這幾回果然打得好, 崔哥ㅣ 이 여러 디위를 果然 치기를 잘흔다. ●⇔회(會).《朴新諺 1, 48ㅎ》就上生書念一會, 이믜셔 새 글 비화 흔 디위 닑고.《朴新諺 3, 37ㅈ》我且學打這一會與你看何如, 내 아직 이 흔 디위 비화 쳐 네게 븸이 엇더ᄒ뇨. ●⇔회아(會兒).《朴新諺 3, 7ㅎ》等一會児吃罷, 흔 디위 기ᄃ려 먹으리라.

디함 뎽 지함(地陷). 구덩이. ⇔갱(坑).《朴新諺 2, 33ㅎ》也打死了撤在坑裏, 쏘 쳐 죽여 디함에 드리치고.《朴新諺 2, 34ㅈ》撤在那坑裏, 그 디함에 드리치고.《朴新諺 2, 35ㅈ》到他家後坑裏, 제 집 뒤 디함에 가.

딕희다 뎽 지키다. ⇔수(守).《朴新諺 1, 40ㅎ》弟兄三四箇守着停柱坐, 弟兄 서너 히 기동을 딕희여 안잣는 거시여.

딥 뎽 집. ⇔가(家).《朴新諺 1, 40ㅈ》家後一羣羊箇箇尾子長, 딥 뒤히 흔 무리 羊이 낫낫치 쏘리 긴 거시여.

딥다 뎽 (좀이) 씹다. 슬다. 먹다. ⇔주(蛀).《朴新諺 3, 6ㅎ》虫蛀的無一根風毛了怎麼好, 좀이 딥어 흔 낫 긴털이 업스니 엇지ᄒ여야 됴ᄒ료.《朴新諺 3, 7ㅈ》虫子怎麼得蛀呢, 좀이 엇지 딥어시리오.

딥ㅎ 뎽 짚. ⇔초(草).《朴新諺 2, 28ㅎ》一箇帶二兩銀子到西山去收乾草, ᄒ나흔 두 냥 은을 가지고 西山에 가 ᄆ른딥흘 거두되.

딩ᄌ 뎽 증자(頂子). ⇔정자(頂子).《朴新諺 3, 33ㅎ》你看我這帽頂子, 네 보라 내이 갓세 딩ᄌㅣ.

ᄃ라나다 뎽 달아나다. ⇔주(走).《朴新諺 3, 14ㅎ》罵了幾句就走出了, 여러 귀 ᄭ짓고 곳 ᄃ라나 가니.《朴新諺 3, 53ㅎ》不知怎麼走了, 아지 못게라 엇지ᄒ여 ᄃ라난지.

ᄃ라오다 뎽 달려오다. ⇔주래(走來).《朴新諺 2, 57ㅎ》那時誰先走來呢, 그 쌔에 뉘 몬져 ᄃ라왓더뇨.《朴新諺 2, 58ㅈ》他先走來, 뎨 몬져 ᄃ라왓더라.

ᄃ라치 뎽 다래끼. 바구니. ⇔남자(籃子).《朴新諺 3, 2ㅈ》那箇拿藍(籃)子盛着猫的不是賣的麼, 뎌 ᄃ라치 가져 괴 담으니 이 풀 리 아니가.

ᄃ래 뎽 말다래. ⇔마첩(馬點).《朴新諺 1, 30ㅈ》馬點是羊肝柒的, ᄃ래는 이 羊肝빗츠로 柒흔 거시오.《朴新諺 1, 30ㅎ》鞍子・鞍坐褥・鞦皮・轡頭・馬點, 기르마와 아답개와 질채와 구레와 ᄃ래.

ᄃ래돈 뎽 잔돈. 또는 용돈. ⇔영전(零錢).《朴新諺 2, 12ㅈ》我沒有零錢帶去使用, 내 ᄃ래돈 가져가 쓸 거시 업스니.《朴新諺 2, 12ㅎ》我有零錢, 내게 ᄃ래돈이 이시니.

-ᄃ려 조 ❶-더러. -에게.《朴新諺 1, 11ㅎ》我對衆火計說, 내 여러 동모ᄃ려 닐러.《朴新諺 1, 36ㅈ》衆人再問那和尚, 衆人이 다시 뎌 듕ᄃ려 무르되.《朴新諺 1, 46ㅈ》我對你說, 내 너ᄃ려 니르마.《朴新諺 2, 3ㅎ》你問他借一箇罷, 네 뎌ᄃ려 무러 ᄒ나흘 빌미 무던ᄒ다.《朴新諺 2, 3ㅎ》還是你不肯下氣問他借, 도로혀 네 즐겨 긔운을 느즈기 ᄒ여 뎌ᄃ려 무러 비지 아니홈이니.《朴新諺 2, 12ㅎ》你要使只管問我討不拘多少, 네 쓰고져 ᄒ거든 그저 ᄉ뢰여 날ᄃ려 달라 ᄒ여 多少를 거리끼지 말고.《朴新諺 2, 47ㅈ》我問你些字㨾, 내 너ᄃ려 뎌기 字㨾을 무르리라. ❷-더러. -에게. ●⇔대(對).《朴新諺 1, 13ㅎ》對他說明, 뎌ᄃ려 니르기를 붉히 ᄒ여.《朴新諺 2, 7ㅈ》咱今日有句知心話對你說, 우리 오늘 흔 句ㅣ 심복 아는 말이 이셔 너ᄃ려 니르쟈. ●⇔여

(與). 《朴新諺 1, 15ㅎ》有箇最容易的法子說與你, ᄒᆞᆫ ᄀᆞ장 쉬온 法이 이시니 너ᄃᆞ려 니ᄅᆞᆯ 써시니. 《朴新諺 1, 32ㅎ》我說與你, 내 너ᄃᆞ려 니ᄅᆞ마. 《朴新諺 1, 46ㅈ》都說與我, 다 날ᄃᆞ려 닐러. 《朴新諺 1, 50ㅎ》我說與你, 내 너ᄃᆞ려 니ᄅᆞ마. 《朴新諺 1, 57ㅈ》相公有甚麽事說與小人知道, 相公아 므슴 일이 잇ᄂᆞ뇨 小人ᄃᆞ려 닐러 알게 ᄒᆞ라. 《朴新諺 2, 42ㅎ》我說與你不要哄弄我, 내 너ᄃᆞ려 니ᄅᆞᄂᆞ니 나를 소기지 말라. 《朴新諺 3, 25ㅈ》說與先生櫃中有一箇桃, 先生ᄃᆞ려 닐러 궤 가온ᄃᆡ ᄒᆞᆫ 복셩홰 잇다 ᄒᆞ엿더니. 《朴新諺 3, 25ㅎ》出來說與師傅, 나와 스승ᄃᆞ려 닐러쩌니. 《朴新諺 3, 46ㅈ》我說與你便强似目睹了, 내 너ᄃᆞ려 니를 써시니 곳 눈으로 보ᄂᆞᆫ 이도곤 나으리라.

ᄃᆞ리 명 다리[橋]. ⇔교(橋). 《朴新諺 3, 53ㅎ》好到各處橋上墻角頭貼去, 各處 ᄃᆞ리 우와 담 모롱이에 부치라 가게 ᄒᆞ고.

ᄃᆞ리다 동 더불다. 데리다. 이끌다. ❶⇔대(帶). 《朴新諺 1, 41ㅎ》你帶我拉到他那裏治去, 네 나롤 ᄃᆞ리고 잇그러 져긔 고치라 가. 《朴新諺 3, 1ㅎ》你兩箇帶着小兄弟, 너희 둘이 어린 아ᄋᆞ를 ᄃᆞ리고. ❷⇔영(領). 《朴新諺 1, 22ㅎ》你明日領我去, 네 ᄂᆡ일 나롤 ᄃᆞ려 가. 《朴新諺 1, 22ㅎ》明日就領你去, ᄂᆡ일 곳 너롤 ᄃᆞ려 가리라. ❸⇔인(引). 《朴新諺 3, 21ㅎ》那唐三藏引着孫行者, 뎌 唐三藏이 孫行者를 ᄃᆞ리고. 《朴新諺 3, 22ㅎ》唐僧也引着徒弟去見國王, 唐僧도 徒弟를 ᄃᆞ리고 가 國王을 보니.

ᄃᆞ림줄 명 다림줄. ⇔준선(準線). 《朴新諺 3, 10ㅎ》我們且把準線掛好了, 우리 또 ᄃᆞ림줄을다가 걸기를 잘ᄒᆞ쟈.

ᄃᆞ롬 명 달음질. ⇔주(走). 《朴新諺 2, 1ㅈ》須要走快的, 모롬이 ᄃᆞ롬이 ᄲᆞ른 거슬 ᄒᆞ고져 ᄒᆞ노라. 《朴新諺 2, 1ㅎ》一箇黑鬃青馬却走得快, ᄒᆞᆫ 가리온총이몰이 ᄃᆞ롬이 ᄲᆞᄅᆞ되.

ᄃᆞ롬질 명 달음질. ⇔주(走). 《朴新諺 2, 57ㅎ》年時牢子們試走的你可曾看見麽, 젼년에 牢子들희 ᄃᆞ롬질 시기ᄂᆞᆫ 거슬 네 일즉 보왓ᄂᆞ다. 《朴新諺 2, 57ㅎ》在那裏試走的, 어ᄃᆡ셔 ᄃᆞ롬질 시기더뇨. 《朴新諺 2, 57ㅎ》在六十里庄店裏走的, 六十里庄店에셔 ᄃᆞ롬질 ᄒᆞ니.

ᄃᆞ시 부 듯이. 《朴新諺 1, 24ㅎ》夜裏又死睡不肯起來添草, 밤에 또 죽은 ᄃᆞ시 자고 즐겨 니러 여믈을 더 주지 아니ᄒᆞ니.

ᄃᆞ토다 동 다투다. ❶⇔쟁(爭). 《朴新諺 2, 35ㅎ》只爭來早與來遲, 다만 오미 일음과 다ᄆᆞᆺ 오미 더듸믈 ᄃᆞ토ᄂᆞᆫ이라. 《朴新諺 2, 51ㅎ》時來鐵也爭光, ᄣᆡ 오면 쇠도 빗츨 ᄃᆞ토고. 運去黃金失色, 運이 가면 黃金이 빗츨 일ᄂᆞᆫ다 ᄒᆞ니라. ❷⇔쟁론(爭論). 《朴新諺 1, 26ㅎ》咱們不湏(須)爭論, 우리 모로미 ᄃᆞ토지 말고. 《朴新諺 1, 41ㅎ》也不爭論的, 쏘 ᄃᆞ토ᄂᆞ니 아니라.

-ᄃᆞᆫ 어미 -던. 《朴新諺 1, 39ㅈ》下雨開花刮風結子, 비 오면 ᄭᅩᆺ 픠고 ᄇᆞ람 블면 여름 여ᄃᆞᆫ 거시여.

ᄃᆞᆫ기다 동 다니다. ⇔도과(到過). 《朴新諺 2, 4ㅎ》我不曾到過, 내 일즉 ᄃᆞᆫ기지 못ᄒᆞ여시니.

ᄃᆞᆫ니다 동 다니다. 지나다. ❶⇔도과(到過). 《朴新諺 1, 9ㅈ》又從不曾到過外邦, 쏘 본ᄃᆡ 일즉 외국에 ᄃᆞᆫ니디 못ᄒᆞ여시니. 《朴新諺 2, 4ㅎ》李爺你可曾到過西湖, 李爺ㅣ아 네 일즉 西湖에 ᄃᆞᆫ녀. ❷⇔주(走). 《集覽, 字解, 單字解, 7ㅎ》走. 行也. ᄃᆞᆫ니다. 又逃回曰走回. 又跑也. 能走·快走 잘 ᄃᆞᆫᄂᆞ다. 又透漏也. 走話. 又洩也. 走了氣 김 나다. 《集覽, 字解, 單字解, 7ㅎ》趓. 逃也. 趓着走 에도라 ᄃᆞᆫ닌다. 又避也. 趓一趓 길 ᄎᆡ라. 亦作躱, 通作鞸. 《朴新諺 1, 34ㅎ》只是躱着我走, 그저 나롤 수머 ᄃᆞᆫ녀. 《朴新諺 1, 42ㅎ》到那走不動的時候却怎麽過呢, 뎌 ᄃᆞᆫ니지 못ᄒᆞᆯ

째에 다드라 쏘 엇디 지내리오.《朴新諺
2, 38ㅎ》徃來遊人難走些, 往來ᄒᆞᄂᆞᆫ 遊人
이 ᄃᆞ니기 어렵더라.《朴新諺 2, 46ㅈ》
你上去却要慢慢的走, 네 올라가되 쏘 날
회여 ᄃᆞ니라.《朴新諺 2, 56ㅈ》雨纔晴了
街上有路好走麼, 비 ᄀᆞ 개여시니 거리에
길히 이셔 ᄃᆞ니기 됴타냐. 那裏好走, 어
디 ᄃᆞ니기 됴흐리오.《朴新諺 3, 9ㅈ》走
了好幾年受盡千辛萬苦, 여러 히를 ᄃᆞ녀
千辛 萬苦를 바다 다ᄒᆞ고.

ᄃᆞᆫ느다 톰 달리다. ⇔주(走).《集覽, 字解,
單字解, 7ㅎ》走. 行也. ᄃᆞ니다. 又逃回曰
走回. 又跑也. 能走・快走 잘 ᄃᆞᆫ느다. 又
透漏也. 走話. 又洩也. 走了氣 김 나다.

ᄃᆞᆫᄂᆞᆫ 톰 닫는. 달리는. ⇔주(走).《集覽,
字解, 單字解, 5ㅈ》快. 急也. 走的快・疾
快. 又樂也. 快活・大快. 又快手 잘 ᄃᆞᆫᄂᆞᆫ
놈. 又呼筋曰快子.

ᄃᆞᆫ다 톰 닫다. 달리다.《集覽, 字解, 單字
解, 5ㅈ》快. 急也. 走的快・疾快. 又樂
也. 快活・大快. 又快手 잘 ᄃᆞᆫᄂᆞᆫ 놈. 又呼
筋曰快子.

ᄃᆞᆯ 명 ●달[月]. (천체의 하나) ⇔월(月).
《朴新諺 1, 40ㅎ》満天星宿一箇月三條繩
子由你曳, 하늘에 ᄀᆞᄃᆞᆨᄒᆞᆫ 星宿에 ᄒᆞᆫ ᄃᆞᆯ
을 세 오리 노흐로 제대로 ᄶᅳ으ᄂᆞᆫ 거시
여. ●달. ⇔월(月).《朴新諺 1, 8ㅎ》大
約這月二十邉領了詔書箚付就要起身, 대
개 이 ᄃᆞᆯ 스므날긔 詔書와 箚付를 ᄐᆞ면
즉시 쩌나고져 ᄒᆞ노라.《朴新諺 1, 44
ㅎ》這月初十邉通信, 이 ᄃᆞᆯ 초열흘긔 通
信ᄒᆞ여.《朴新諺 1, 54ㅎ》待満了月便吃
生冷東西, ᄃᆞᆯ 츠기롤 기ᄃᆞ려 곳 生冷엣
거슬 먹으면,《朴新諺 1, 58ㅎ》其銀約至
下年幾月內歸還, 그 은을 니년 아모 ᄃᆞᆯ
늬에 니르러 갑흐믈 언약ᄒᆞ여.《朴新諺
2, 45ㅈ》按月交納不致短少, ᄃᆞᆯ을 조차
交納ᄒᆞ여 쩌럿치매 니르지 아니케 ᄒᆞ리
라.《朴新諺 2, 58ㅎ》這月是大盡是小盡,
이 ᄃᆞᆯ이 이 커 그므ᄂᆞᆫ 져거 그므ᄂᆞᆫ.

《朴新諺 3, 50ㅎ》今年某月某日, 今年 아
모 ᄃᆞᆯ 아모 날.《朴新諺 3, 52ㅈ》本年某
月某日, 本年 아모 ᄃᆞᆯ 아모 날.

ᄃᆞᆯ 관 달. ⇔월(月).《朴新諺 1, 12ㅈ》我有
両箇月俸米要關, 내게 두 ᄃᆞᆯ 녹 뿔이 이
셔 트려 ᄒᆞ노라.《朴新諺 1, 52ㅈ》到那
裏住両三箇月, 뎌긔 가 두석 ᄃᆞᆯ을 어들
쩌시오.《朴新諺 1, 55ㅎ》每一箇月給二
両妳子錢, 每 ᄒᆞᆫ ᄃᆞᆯ에 두 냥 졋 갑슬 주
고.《朴新諺 1, 55ㅎ》在肚裏呢懷躭十月,
빈에 이셔ᄂᆞᆫ 열 ᄃᆞᆯ을 빈고.《朴新諺 2,
52ㅎ》這孩兒幾箇月了, 이 아히 몃 ᄃᆞᆯ이
나 ᄒᆞ뇨. 九箇月了, 아홉 ᄃᆞᆯ이라.《朴新
諺 3, 40ㅈ》你何不在衙門裡告幾月暇, 네
엇지 衙門에 여러 ᄃᆞᆯ 말믜를 告ᄒᆞ고.

ᄃᆞᆯ다 톰 **❶**달다[懸]. ●⇔계(繋).《朴新諺
1, 30ㅈ》也繫孔雀翎, 쏘 孔雀翎을 ᄃᆞ랏
고. ●⇔전(絟).《朴新諺 1, 29ㅈ》上面絟
着孔雀翎, 우희 孔雀翎 ᄃᆞ랏고. ●⇔조
(弔).《朴新諺 2, 17ㅎ》拿這管馬的弔起來
打, 이 ᄆᆞᆯ ᄀᆞ음아ᄂᆞᆫ 이를 잡아 ᄃᆞᆯ고 치라.
《朴新諺 2, 39ㅎ》把針線串了弔在一壁廂,
바ᄂᆞ실로 쩨여 ᄇᆞ람 구석에 ᄃᆞ라. **❷●**
살이 얼어 터지다. ⇔동자(凍刺).《朴新
諺 2, 36ㅈ》腮頰凍的刺刺(刺刺)的疼哩,
쌤이 ᄃᆞ라 ᄲᆞᆯ알힌다. ●(저울에) 달다.
⇔태(兌).《朴新諺 2, 9ㅈ》這麼就請兌銀
罷, 이러면 곳 쳥컨대 은을 ᄃᆞ라.

ᄃᆞᆯ다 형 달다[甘]. ⇔쳠(甜).《朴新諺 1, 54
ㅎ》随常飲食休吃酸・甜・腥・辣等物,
샹시 음식에 쉰 것 ᄃᆞᆫ 것 비린 것 미온
것들을 먹지 말고.《朴新諺 3, 19ㅈ》苦
盡甜來, 쁜 거시 盡ᄒᆞ면 ᄃᆞᆫ 거시 온다 ᄒᆞ
니라.

돍 명 닭. ⇔계(鷄).《朴新諺 1, 5ㅈ》栗子
炒鷄, 밤 너허 쵸ᄒᆞᆫ 돍과.《朴新諺 1, 39
ㅎ》這是鷄鴠, 이ᄂᆞᆫ 이 돍의 알이로다.
《朴新諺 2, 16ㅈ》雞三隻, 돍 세 마리와.
《朴新諺 2, 18ㅈ》明日雞鳴我便就要起程
了, 닉일 돍이 울면 내 곳 즉시 起程ᄒᆞ려

ᄒᆞᄂᆞ니.《朴新諺 2, 18ㅈ》老爺雞鳴了請
起來罷, 老爺ㅣ아 둙이 우러시니 쳥컨대
니러나라.

둙의알 圐 달갈. ⇔계단(鷄鳴).《朴新諺 1,
39ㅎ》這是鷄鳴, 이는 이 둙의 알이로다.

-ᄃᆞᆺ 어미 -ᄃᆞᆺ. -ᄃᆞᆺ이.《集覽, 朴集, 中, 3
ㅈ》大娘. 音義云, 안해님이라 ᄒᆞ·ᄃᆞᆺ ᄒᆞ
:말. 今按, 汎稱尊長妻室曰大娘, 又稱人
之正妻曰大娘, 妾曰小娘.

ᄃᆞᆺ다 圐 ●닫다. 마주하다.《朴新諺 2, 27
ㅎ》有緣千里能相會, 인연이 이시면 千
里라도 능히 서로 못ᄃᆞᆺ. 無緣對面不相
逢, 인연이 업스면 ᄂᆞᆺᄎᆞᆯ 디ᄒᆞ여도 서로
만나디 못ᄒᆞᆫ다 ᄒᆞ니. ●닫다. 달리다.
⇔주(走).《朴新諺 2, 49ㅈ》每日東走西
走不得片時歇息, 每日에 동으로 ᄃᆞᆺ고 셔
로 ᄃᆞ라 片時도 쉼을 엇지 못ᄒᆞ니.《朴新
諺 2, 58ㅈ》頭一箇走得了偌多賞賜, 웃씀
으로 ᄃᆞᆺ고 만흔 샹ᄉᆞ롤 어드니.《朴新諺
3, 27ㅈ》左邉搭右邉走, 左편으로 글면
右편으로 ᄃᆞᆺ고.

ᄃᆞᆺᄒᆞ다 보동 듯하다. ●⇔감(敢).《集覽,
字解, 單字解, 5ㅎ》敢. 忍爲也. 你敢那 네
구틔여 그리ᄒᆞᆯ다. 又疑似也. 敢知道 아
ᄂᆞᆫ ᄃᆞᆺᄒᆞ다. ●⇔감시(敢是).《朴新諺 2,
55ㅎ》敢是這廝漢吃來, 이 크 져근 놈이
먹은 ᄃᆞᆺᄒᆞ다.《朴新諺 3, 27ㅈ》行者敢是
死了, 行者ㅣ 죽은 ᄃᆞᆺᄒᆞ다.

디 圐 **1** 데. 곳.《朴新諺 2, 20ㅈ》自古買人
的中・保人只管得一百日, 녜로부터 사
롬 사ᄂᆞᆫ 디 듕인・보인은 그저 일 뵉 날
을 ᄀᆞ옵아ᄂᆞ니.《朴新諺 2, 27ㅎ》你們這
幾箇無用的小廝, 너희 이 여러 쁠디업슨
아히 놈들이.《朴新諺 2, 29ㅈ》座飾芙蓉
湛南海澄淸之水, 안즌 디ᄂᆞᆫ 芙蓉으로 ᄭᅮ
며시니 南海 澄淸흔 물에 줌겻고.《朴新
諺 2, 29ㅎ》執楊柳於掌內拂病體於輕安,
楊柳롤 손에 잡아 病體를 輕安흔 디 썰치
고.《朴新諺 2, 39ㅎ》紫蘇這廝最有用, 紫
蘇란 이거시 ᄀᆞ장 쁠 디 이시니.《朴新諺

3, 53ㅈ》捉賊見贓, 도적 잡기는 贓物을
보고, 厮打驗傷, 서로 짜혼 디는 傷處를
驗혼다 ᄒᆞ니라. **2** 데. 곳. ●⇔지(地).
《集覽, 字解, 單字解, 4ㅈ》來. 來往. 又語
助. 你來 이바, 夜來 어제, 有來 잇더라,
去來 가다. 又數物而有餘數, 未的知之辭.
十來箇 여라믄, 十里來地 십 리만흔 디,
十來日 여라믄 날. ●⇔처(處).《朴新諺
1, 24ㅈ》洗過了就拴在陰涼處, 싯겨 즉시
서눌흔 디 믹고.《朴新諺 2, 26ㅎ》好淸醬
今年竟沒處尋, 됴흔 ᄀᆞᆫ당을 올히 ᄆᆞᆾ내
어들 디 업더니.《朴新諺 2, 57ㅈ》我還要
到別處去, 내 ᄯᅩ 다른 디 가려 ᄒᆞᄂᆞ니.
《朴新諺 3, 11ㅈ》咳我到處做生活, 애 내
간 디마다 셩녕을 ᄒᆞ되.《朴新諺 3, 41ㅈ》
他在別處畫了一箇人的影像, 뎨 다른 디
셔 흔 사롬의 화샹을 그리니.《朴新諺
3, 53ㅈ》我到別處去望相識, 내 다른 디
가 아는 이를 보려 ᄒᆞ여.

디골 圐 대갈. 머리통.《集覽, 朴集, 中, 2
ㅎ》奪腦. 奪字未詳. 鄕習傳解曰, 디고리
ᄲᅵᆺ 앏〈알〉 프다. 奪, 音득, 去聲讀.

디답ᄒᆞ다 圐 대답하다. 응답하다. ⇔응답
(應答).《集覽, 字解, 累字解, 2ㅈ》打發.
禮待應答之稱, 보숣펴 디답ᄒᆞ다.

디우 圐 갓모자. ⇔모정(帽頂).《朴新諺 2,
32ㅈ》帽頂太尖了些, 디우ㅣ 너모 ᄲᅥ고.

디젹ᄒᆞ다 圐 대적(對敵)하다. (적이나 어
떤 세력, 힘 따위와 맞서 겨루다) ⇔적
(敵).《朴新諺 2, 56ㅈ》我原說你那裏敵
的我過哩, 내 본디 닐ᄂᆞᆺᄂᆞ니 네 엇지 나
를 디젹ᄒᆞ리오.

디ᄒᆞ다 圐 대(對)하다. 마주 향하다. ⇔대
(對).《朴新諺 2, 5ㅎ》北岸上又有一座大
寺相對着, 븍편 언덕 우희 ᄯᅩ 흔 좌 큰
졀이 이셔 서로 디ᄒᆞ엿고.《朴新諺 2, 27
ㅎ》有緣千里能相會, 인연이 이시면 千
里라도 능히 서로 못ᄃᆞᆺ고. 無緣對面不相
逢, 인연이 업스면 ᄂᆞᆺᄎᆞᆯ 디ᄒᆞ여도 서로
만나디 못ᄒᆞᆫ다 ᄒᆞ니.

-ㄹ 어미 -ㄹ.《朴新諺 1, 5ㅈ》還要上三道
粉湯, 당시롱 세 가지 粉湯을 올릴 거시
오.《朴新諺 1, 19ㅎ》但是刀頭與裝修餝
樣我說與你, 다만 칼눌과 믿들기와 꾸밀
모양을 내 너드려 니롤 꺼시니.《朴新諺
1, 33ㅈ》若論買賣銀只該九五色, 만일 買
賣 銀으로 니롤 량이면 그저 九五 셩수ㅣ
라.《朴新諺 2, 12ㅈ》我沒有零錢帶去使
用, 내 드래돈 가져가 쓸 거시 업스니.
《朴新諺 2, 23ㅈ》我不會講漢話, 내 漢말
니롤 줄을 아지 못ᄒ고.《朴新諺 2, 39
ㅎ》紫蘇這斯最有用, 紫蘇란 이거시 ᄀ장
쁠 더 이시니.《朴新諺 3, 2ㅈ》恨的我沒
法兒治他, 믜오되 내 뎌를 다스릴 法이
업세라.《朴新諺 3, 18ㅎ》我們徃日跟官
的時莭(節), 우리 徃日에 관원을 조차 둔
닐 제.《朴新諺 3, 29ㅈ》那裡想到死在胡
孫手裡呢, 어디 죽음이 胡孫의 손에 이실
줄을 싱각ᄒ여시리오.《朴新諺 3, 48ㅈ》
等候那地氣上申的時節, 뎌 地氣 올라 펴
질 째를 기드리더니.

-ㄹ가 어미 -ㄹ까.《朴新諺 1, 50ㅈ》恐市
上出不上價錢哩, 져지셔 갑시 나지 아닐
가 ᄒ노라.《朴新諺 2, 42ㅎ》沒有你怕買
不成麼, 네 업다 사지 못홀가 저프랴.
《朴新諺 2, 49ㅎ》只怕還不肯回來哩, 다
만 저프건대 도로혀 즐겨 도라오지 아
닐가 ᄒ노라.《朴新諺 3, 37ㅈ》只怕不會
打哩, 그저 저프건대 칠 줄을 아지 못홀
가 ᄒ노라.

-ㄹ노다 어미 -겠구나. -겠다.《朴新諺 1,
37ㅈ》好幾日不見了, ᄀ장 여러 날을 보
지 못ᄒ노다.

-ㄹᄂ뇨 어미 -ㄹ 것이냐.《朴新諺 1, 51
ㅎ》京都聖駕幾時起行呢, 京都에 聖駕ㅣ
어늬 째에 起行홀ᄂ뇨.《朴新諺 2, 10
ㅈ》他說幾箇日子呢, 뎨 니롤기롤 몃 날
을 홀ᄂ뇨.

-ㄹ다 어미 -ㄹ 것이냐. -겠느냐.《集覽,
字解, 單字解, 4ㅎ》麼. 本音모. 俗用爲語
助辭, 音마, 古人皆呼爲모, 故或通作莫.
怎麼 엇디, 來麼 오나라. 又用如乎字之意
者則曰, 去麼 갈다, 有麼 잇ᄂ녀. 元語,
麼道 니ᄅᄂ다, 麼音모, 今不用.《集覽,
字解, 單字解, 5ㅎ》敢. 忍爲也. 你敢那 네
구틔여 그리ᄒ다. 又疑似也. 敢知道 아
ᄂ 듯ᄒ다.《朴新諺 1, 8ㅎ》老哥你幾時
起身, 노형아 네 언지 쩌날다.《朴新諺
1, 33ㅎ》這幾日我總不見他, 이 여러 날
을 내 아조 뎌를 보지 못홀다.《朴新諺
1, 36ㅎ》日後還敢偸老婆麼, 日後에 다시
敢히 계집을 도적홀다.《朴新諺 2, 15
ㅈ》准的麼, 일뎡히 홀다.《朴新諺 3, 54
ㅎ》你要我說甚麼, 네 날 드려 니르라 ᄒ
여 므슴 홀다.

-ㄹ러뇨 어미 -러뇨. -려느냐.《朴新諺 2,
2ㅎ》上馬往那裏去, 물을 튼면 어드를 향
ᄒ여 갈러뇨. 上了墳回來還有甚麼事呢,
上墳ᄒ고 도라와 당시롱 므슴 일이 이실
러뇨.《朴新諺 3, 54ㅈ》如何數日不見先
生呢, 엇지 數日을 先生을 보지 못홀러뇨.

-ㄹ러라 어미 -ㄹ 레라.《朴新諺 1, 49ㅈ》
多半是讀書人做的, 半나마 이 글 닑은 사
롬이 ᄒ는 줄을 볼러라.《朴新諺 1, 52
ㅈ》八月初頭纔起程哩, 八月 초성에아
ᄌ 起程홀러라.《朴新諺 3, 27ㅈ》纔待洗

澡却早不見了, 又 목욕ᄒ려 ᄒ더니 볼셔
보지 못ᄒ로라. 《朴新諺 3, 44ㅈ》繫着孝
帶的不可勝數, 복씌 씌니 可히 이긔여 혜
지 못ᄒ러라.

-ㄹ르니 어미 -ㄹ 것이니. 《朴新諺 1, 15
ㅈ》從前日這腮煩上痒的受不得, 그제부
터 쌤이 ᄀ려워 견디지 못ᄒ르니.

-ㄹ만 어미 -ㄹ만. 《朴新諺 1, 1ㅎ》大家且
消愁解悶如何, 대되 ᄯ 消愁 解悶ᄒ올만 又
지 못ᄒ니 엇더ᄒ뇨. 《朴新諺 1, 28ㅈ》不
如去了他罷, 뎌룰 업시ᄒ올만 ᄌ디 못ᄒ다.

-ㄹ샤 어미 -도다. -구나. 《朴新諺 1, 52
ㅈ》遭是我不去, 마즘 내 가지 아니ᄒ올샤.
《朴新諺 3, 6ㅎ》咳可惜了, 애 앗가올샤.

-ㄹ셔 어미 -도다. -구나. -네. 《集覽, 字解,
累字解, 1ㅎ》可知. 그러 아니려. 又그러
커니ᄯ나. 本朝傳習之釋曰새로월셔.

-ㄹ소냐 어미 -ㄹ 것이냐. -ㄹ 것인가.
《朴新諺 3, 29ㅈ》你道這孫行者之法力還
了得麽, 네 니ᄅ라 孫行者의 法力이 당시
롱 견들소냐.

-ㄹ소뇨 어미 -ㄹ 것이냐. -ㄹ 것인가.
《朴新諺 2, 17ㅈ》驛馬怎麽還不見來呢,
驛馬ㅣ 엇지 당시롱 옴을 보지 못ᄒ올소
뇨. 《朴新諺 2, 39ㅈ》這幾日怎的不見有
賣菜子的過去呢, 요ᄉᆞ이 엇지 ᄂᆞ물 삐 풀
리 디나가는 이 이시믈 보지 못ᄒ올소뇨.

-ㄹ시니 어미 -ㄹ 것이니. 《集覽, 字解, 單
字解, 7ㅎ》閑. 雜也. 閑雜人. 又替也. 파
직ᄒ다, 罷閑了ᆞ替閑了. 又遊息曰閑.
흥쑹여 돈닐시니, 遊閑了. 又練熟也. 弓
馬熟閑. 又空也. 空閑田地 뷔엿ᄂᆞᆫ ᄯᅡ. 又
等閑 부질업시, 又힘히미, 又간대롭다.

-ㄹ손 어미 -ㄹ 것은. -ㄴ 것은. 《朴新諺
3, 14ㅈ》甚麽是佛法, 엇지ᄒ올손 이 佛法
고.

-ㄹ싸 어미 -ㄹ 것이냐. -겠느냐. 《朴新諺
1, 12ㅈ》你問他怎麽, 네 뎌룰 무러 므슴
ᄒ올싸. 《朴新諺 1, 31ㅎ》買這猠皮做甚麽,
이 猠皮 사 무섯 ᄒ올싸. 《朴新諺 1, 32ㅎ》

就似這一荸花兒大些的怎麽賣, 이 혼 등
又치 소홈 큰 거슨 엇지 풀싸. 《朴新諺
2, 43ㅈ》相公你與多少, 相公아 네 엇머
로 줄싸. 《朴新諺 3, 41ㅈ》你可能請他到
這裡來麽, 네 可히 能히 뎌를 請ᄒ여 여
긔 올싸.

-ㄹ와 어미 -도다. -노라. 《朴新諺 2, 4ㅈ》
小弟其實不知道, 小弟 진실로 아지 못ᄒ
와. 《朴新諺 2, 4ㅈ》便上馬出來了, 곳 물
을 ᄐ고 나올와.

ㄹ작시면 어미 -ㄹ 것 같으면. -ㄹ 터이
면. 《朴新諺 3, 40ㅎ》既不能勾跟去, 이믜
능히 유여히 ᄯᆞ라가지 못ᄒ올작시면.

-ㄹ지라 어미 -ㄹ지라. -ㄹ 것이라. 《朴新
諺 1, 7ㅎ》又道人生行樂耳, ᄯᅩ 니ᄅ되 人
生이 行樂ᄒ올지라. 《朴新諺 2, 24ㅎ》宜用
香蘇飲(散), 맛당이 香蘇飲(散)을 쓸지라.

-ㄹ진대 어미 -ㄹ진대. 《朴新諺 1, 31ㅈ》
要知前世因, 前世에 因果룰 알려 ᄒ올진대.

-라 어미 ●-라. (명령형) 《朴新諺 1, 1ㅎ》
買一隻羊要肥的, 혼 ᄣᅡ 羊을 사되 술진
거슬 ᄒ라. 《朴新諺 1, 19ㅈ》這箇不湏
(須)太爺們囑咐, 이는 모롬이 太爺들이
당부 말라. 《朴新諺 1, 42ㅈ》也就把蹄子
上放些血罷, ᄯᅩ 이믜셔 굽에 피 ᄲᅡ히라.
《朴新諺 2, 1ㅎ》你如今且到馬市裏自己
揀着買去, 네 이제 ᄯᅩ 물 져제 손조 골히
여 사라 가라. 《朴新諺 2, 15ㅈ》你把現
成樣子來我看, 네 現成ᄒᆞᆫ 樣子를 가져오
라 내 보쟈. 《朴新諺 2, 28ㅎ》你們都依着
我幹辦去罷, 너희들이 다 내 말대로 출
ᄒ라 가라. 《朴新諺 2, 37ㅈ》大哥你看,
큰형아 네 보라. 《朴新諺 3, 1ㅎ》不要只
管廝人了, 그저 ᄉ리여 사롬의게 기개이
지 말라. 《朴新諺 3, 16ㅎ》你只取了傢伙
來做活, 네 그저 연장을 가져와 셩녕ᄒ
라. 《朴新諺 3, 45ㅈ》不要多也不要少了,
만히도 말고 ᄯᅩ 젹게도 말라. 《朴新諺
3, 54ㅎ》你就說一說, 네 곳 니ᄅ라. ●-
라. (연결어미) 《集覽, 字解, 單字解, 5

ㅎ》虧. 損也, 少也. 虧你多少 네게 언메
나 낫브뇨, 虧着我내게 낫배라. 又次也.
吏語, 虧兌 원 슈에서 ᄯᆞ다.《朴新諺 1,
41ㅎ》也不爭論的, ᄯᅩ 드토ᄂᆞ니 아니라.
《朴新諺 1, 45ㅈ》不但文章做得好, 글짓
기를 잘ᄒᆞᆯ ᄲᅳᆫ 아니라.《朴新諺 2, 8ㅈ》我
不是那口外的達子·回回, 나ᄂᆞᆫ 뎌 口外
엣 達子·回回 아니라.《朴新諺 2, 8ㅎ》
不是這等說, 이리 니를 거시 아니라.《朴
新諺 3, 31ㅎ》不是這般說, 이리 니ᄅᆞᆷ이
아니라.《朴新諺 3, 48ㅈ》等候那地氣上
申的時節, 뎌 地氣 올라 퍼질 ᄯᅢ를 기ᄃᆞ
리더니.《朴新諺 3, 50ㅎ》小人卽時驚覺,
小人이 卽時 놀라 ᄭᆡᄃᆞ라.《朴新諺 3, 58
ㅎ》卽便請太祖登布政殿卽了王位, 즉시
太祖를 請ᄒᆞ여 布政殿에 올라 王位에 卽
ᄒᆞ고. ⊜-러. -려고.《朴新諺 1, 7ㅈ》都
到外廂吃飯去, 다 밧채에 밥 먹으라 가
라.《朴新諺 1, 22ㅎ》我今日到當舖裏當
錢去, 내 오늘 當舖에 돈 뎐당ᄒᆞ라 가노
라.《朴新諺 1, 47ㅈ》你今日怎麼不上學
去呢, 네 오늘 엇디 글 빅호라 가지 아니
ᄒᆞᄂᆞᆫ.《朴新諺 2, 1ㅎ》你如今且到馬市
裏自己揀着買去, 네 이제 ᄯᅩ 물 져제 손
조 ᄀᆞᆯᄒᆡ여 사라 가라.《朴新諺 2, 13ㅎ》
我到染房裏染東西去, 내 물집의 잡은것
믈드리라 가쟈.《朴新諺 2, 31ㅈ》今日到
衙門上直去, 오늘 衙門에 上直ᄒᆞ라 가니.
《朴新諺 2, 42ㅈ》店裏買緞子去, 店에 비
단 사라 가니.《朴新諺 3, 8ㅎ》徃西天去
取經的時節, 西天을 향ᄒᆞ여 經 가질라 갈
제.《朴新諺 3, 14ㅈ》誠心懺悔改徃修來
去罷, 誠心으로 懺悔ᄒᆞ여 改徃 修來ᄒᆞ라
가라.《朴新諺 3, 31ㅎ》着別人再看去, 다
른 사롬 ᄒᆞ여 다시 뵈라 가라.《朴新諺
3, 40ㅈ》送他上任去, 뎌를 보내여 도임
ᄒᆞ라 가지 아니ᄒᆞ다.

-라 囮 ●-가.《朴新諺 1, 14ㅎ》這是新布
帒那裏破那裏怕漏呢, 이 새 쟐리라 어디
해여지며 어디 싀기롤 저퍼ᄒᆞ리오. ⊜-

라. -이라.《朴新諺 1, 22ㅎ》是一對珍珠
耳環一對金手鐲, 이 혼 ᄧᅡᆼ 珍珠 귀엣골회
와 혼 ᄧᅡᆼ 금풀쇠라.《朴新諺 1, 42ㅎ》可
知道馬是第(第)一件寶貝, 그리어니 몰은
이 第(第)一 寶貝라.《朴新諺 1, 56ㅎ》朝
南開着一箇小墻門便是, 南을 향ᄒᆞ여 혼
小墻門을 낸 거시 곳 이라.《朴新諺 2,
6ㅎ》咱們相好多年, 우리 서ᄅᆞ 됴한지 여
러 ᄒᆡ라.《朴新諺 2, 47ㅈ》久字底下手字
加箇走字的便是, 久字 아러 手字 ᄒᆞ고 走
字 혼 거시 곳 이라.《朴新諺 3, 5ㅎ》如
今是財帛世界, 이제ᄂᆞᆫ 이 財帛 世界라.
《朴新諺 3, 12ㅈ》放着一箇三脚鐵蝦蟆的
便是了, 혼 세 발 가진 쇠 두텁이 노흔
거시 곳 이라.《朴新諺 3, 25ㅎ》却是桃
核, ᄯᅩ 이 복셩화 ᄢᅵ라.《朴新諺 3, 42ㅎ》
今年纔三十七歲, 올히 ᄀᆞᆺ 三十七歲라.
《朴新諺 3, 57ㅎ》征伐無道乃國家正理,
無道를 征伐홈은 이 國家 正理라. ⊜-라
고. -이라고.《朴新諺 3, 24ㅈ》大仙徒弟
名鹿皮, 大仙의 徒弟ㅣ 일홈을 鹿皮라 ᄒᆞ
리.《朴新諺 3, 25ㅎ》三蔵說是一箇桃核,
三蔵이 니르되 이 혼 복셩화 ᄢᅵ라 ᄒᆞ니.
《朴新諺 3, 25ㅎ》大仙說是一箇桃, 大仙
이 니르되 이 혼 복셩화라 ᄒᆞ여늘.

라괴 囮 나귀[驢]. ⇔여(驢).《集覽, 字解,
單字解, 6ㅈ》賃. 僦屋以語曰賃, 지블 둘
마다 銀 현 량곰 삭 물오 드러 이셔 살
시라. 又雇用驢馬·舟車之類曰賃, 라괴
와 물돌홀 삭 주고 브릴 시라.

-라도 囨 -라도. -이라도.《朴新諺 2, 8
ㅈ》就是那達子·回回, 임의셔 뎌 達子
·回回라도.《朴新諺 2, 27ㅎ》有緣千里
能相會, 인연이 이시면 千里라도 능히
서로 못듯고. 無緣對面不相逢, 인연이
업스면 ᄂᆞᆺ츨 디ᄒᆞ여도 서로 만나디 못
ᄒᆞ다 ᄒᆞ니.

-란 囨 -ㄹ랑. -일랑.《朴新諺 1, 25ㅈ》以
後教小廝們好生替我喂養, 이후란 아희
들로 ᄒᆞ여 ᄀᆞ장 나룰 ᄀᆞᄅᆞ차 먹이게 ᄒᆞ

라.《朴新諺 1, 36ㅎ》小僧再也不敢了, 小
僧이 뇌여란 성심이나.《朴新諺 2, 14
ㅈ》這綿紬要染鴉青色, 이 綿紬란 야쳥
빗 드리고.《朴新諺 2, 39ㅎ》紫蘇這厮最
有用, 紫蘇란 이거시 ᄀ장 뿔 디 이시니.

-랴 어미 -랴.《朴新諺 1, 15ㅈ》豈不省事
麼, 엇디 일을 더지 아니ᄒ랴.《朴新諺
1, 35ㅎ》安禪悟法看經念佛却不好麼, 安
禪 悟法ᄒ고 看經 念佛홈이 ᄯ 됴티 아니
ᄒ랴.《朴新諺 1, 45ㅈ》豈不是他的財運
好麼, 엇지 뎌의 財運이 됴치 아니ᄒ랴.
《朴新諺 2, 7ㅎ》豈不大家有義氣麼, 엇지
대되 義氣 이시미 아니랴.《朴新諺 2, 16
ㅎ》做乾飯呢還是水飯, 乾飯을 지으랴
ᄯ 이 水飯을 ᄒ랴.《朴新諺 2, 27ㅈ》怕
沒有滅你的心火治你的心病之時麼, 네 心
火를 ᄭ고 네 心病을 고칠 ᄣ 업슬가 저
프랴.《朴新諺 2, 42ㅎ》沒有你怕買不成
麼, 네 업다 사지 못홀가 저프랴.《朴新
諺 3, 11ㅈ》不可惜了我的工錢麼, 내 工錢
이 앗갑지 아니ᄒ랴.《朴新諺 3, 30ㅈ》
這麼就與你一兩銀子麼, 이러면 곳 너를
흔 냥 은을 주랴.《朴新諺 3, 31ㅈ》我就
買不起你的好珊瑚麼, 내 곳 네 됴흔 珊瑚
를 사지 못ᄒ랴.《朴新諺 3, 55ㅎ》也就
拜他一拜豈不更妙麼, ᄯ 곳 져의게 拜홈
이 엇지 더욱 妙티 아니ᄒ랴.

량 명 양(樣). 모양.《朴新諺 1, 33ㅈ》若論
買賣銀只該九五色, 만일 買賣 銀으로 니
롤 량이면 그저 九五 성수ㅣ라. 合筭起
來, 合ᄒ여 혜량이면.

-러 어미 -러.《朴新諺 1, 18ㅈ》再把裝修餙
樣說與他, 다시 민들기와 ᄭ밀 모양을
저ᄃ려 닐러.《朴新諺 1, 34ㅈ》說之一年
之內本利都還淸我, 닐러 뎡ᄒ여 혼 힛 니
에 本과 利롤 다 내게 갑하 물키마 ᄒ여.
《朴新諺 1, 57ㅈ》相公有甚麼事說與小人
知道, 相公아 므슴 일이 잇ᄂ뇨 小人ᄃ
려 닐러 알게 ᄒ라.《朴新諺 2, 9ㅈ》講定
了一幷買你的, 닐러 뎡ᄒ고 혼번에 네

거슬 사쟈.《朴新諺 2, 19ㅈ》當日憑中言
定身價銀五兩, 當日에 듕인을 의빙ᄒ여
身價 銀 닷 냥을 닐러 定ᄒ여.《朴新諺
2, 55ㅈ》旣說定了不要改口, 이믜 닐러
定ᄒ여시니 변기치 마쟈.《朴新諺 3, 9
ㅈ》纔到得西天取了經廻來, 계요 西天에
니르러 經을 가지고 도라와.《朴新諺 3,
25ㅈ》說與先生橫中有一箇桃, 先生ᄃ려
닐러 궤 가온ᄃ 흔 복셩홰 잇다 ᄒ엿더
니.《朴新諺 3, 50ㅎ》叫起隣人幷巡宿総
甲人等追趕, 隣人과 다못 巡宿ᄒ는 総甲
人 等을 불러 니르혀 ᄯ롸.

-러냐 조 -더뇨. -더냐.《朴新諺 1, 43ㅎ》
是女孩兒呢還是那後婚呢, 이 새각시러
냐 당시롱 뎌 니물리기러냐.

-러뇨 조 -더뇨. -더냐.《朴新諺 3, 42ㅎ》
陰陽是誰, 陰陽ᄒ는 이는 이 뉘러뇨.

-러라 어미 -더라.《朴新諺 1, 21ㅈ》也覺
得有趣哩, ᄯ 맛 이심을 ᄭᄃ롤러라.

-러라 조 -더라.《朴新諺 1, 29ㅈ》眞是有
福氣的好男兒哩, 진딧 有福혼 됴흔 스나
히러라.《朴新諺 1, 44ㅈ》好不體面哩,
ᄀ장 體面이러라.《朴新諺 3, 34ㅎ》圍着
看如人城一般, 에워 보는 이 人城 혼가지
러라.

-런지 조 -인지. -던지.《朴新諺 3, 34ㅎ》
不知多多少少, 모로리로다 언메런지.

-려 어미 ●-랴. -ㄹ 것인가.《集覽, 字解,
累字解, 1ㅎ》可知. 그러 아니려. 又그러
커니ᄯ나. 本朝傳習之釋日새로왼셔.
●-려. -려고.《朴新諺 1, 7ㅈ》老爺們要
散了, 老爺들이 훗터지려 혼다.《朴新諺
1, 18ㅎ》你要打幾件呢, 네 몃 볼을 치이
려 ᄒ는다.《朴新諺 1, 36ㅈ》要養老婆取
樂了, 계집 쳐 즐기려 ᄒ니.《朴新諺 1,
56ㅎ》小弟昨日曾到貴宅奉拜, 小弟 어제
일즉 貴宅에 가 奉拜ᄒ려 ᄒ여.《朴新諺
2, 1ㅈ》你用多少銀子買呢, 네 언머 은에
사려 ᄒ는다.《朴新諺 2, 18ㅈ》明日雞鳴
我便就要起程了, 너일 둙이 울면 내 곳

즉시 起程ᄒ려 ᄒᄂ니.《朴新諺 2, 35
ㅈ》也要謀死他, ᄯᅩ 더룰 쬐혀여 죽이려
ᄒ니.《朴新諺 2, 56ㅎ》你還要到那裏去,
네 ᄯᅩ 어듸 가려 ᄒᄂ다. 我還要到別處
去, 내 ᄯᅩ 다룬 듸 가려 ᄒᄂ니.《朴新諺
3, 2ㅎ》我要這有花兒的母猫, 내 이 어룽
암 괴롤 사려 ᄒ니.《朴新諺 3, 21ㅈ》怎
麼只要買那小說看呢, 엇지 그저 뎌 小說
을 사 보려 ᄒᄂ뇨.《朴新諺 3, 53ㅈ》我
到別處去望相識, 내 다룬 듸 가 아ᄂ 이
를 보려 혀여.《朴新諺 3, 55ㅈ》有錢賃
便有驢, 돈이 이셔 삭 내려 ᄒ면 곳 나귀
잇ᄂᄂ라.

-려니와 어미 -려니와.《朴新諺 2, 15ㅈ》
如今染錢都依你, 이제 물갑슨 다 네대
로 ᄒ려니와.《朴新諺 2, 30ㅎ》一針投
海底尚有可撈日, 一針을 海底에 드리치
매 오히려 可히 건질 날이 이시려니와.
一失人身後萬刼再逢難, ᄒ번 人身을 일
흔 後ㅣ면 萬刼이라도 다시 만나기 어
렵다 ᄒ니라.

-로 조 -로.《朴新諺 1, 10ㅎ》說乞了工價
然後好煩你做活, 공젼을 뎡흔 後에 널로
혀여 셩녕홈이 됴타.《朴新諺 1, 29ㅎ》
象牙裝鞘小刀, 象牙로 가풀 꾸민 져근 칼
이오.《朴新諺 1, 43ㅎ》把捎箆掏一掏耳
朶, 짓븨로다가 귓바회 ᄲᅳᆯ면.《朴新諺 2,
4ㅈ》你何故不去, 네 므슴 연고로 가지
아니ᄒᆫ다.《朴新諺 2, 18ㅎ》一面叫廚子
送飯, 一面으로 廚子로 혀여 밥을 보내
고.《朴新諺 2, 29ㅎ》以聲察聲拯慈悲於
六道, 소리로 ᄡᅥ 소리를 술펴 慈悲를 六
道에 건디고.《朴新諺 2, 46ㅎ》這也我平
日姑息之愛, 이 ᄯᅩ 내 平日에 姑息之愛
로.《朴新諺 2, 59ㅎ》好váv他們上緊赶活,
ᄀ장 뎌들로 혀여 급히 밋처 셩녕ᄒ면.
《朴新諺 3, 4ㅎ》我要他做席子鋪着睡,
내 뎌로 ᄡᅥ 자리를 민드라 펴고 자고져
ᄒᄂ니.《朴新諺 3, 16ㅎ》窓櫺, 창얼굴
로.《朴新諺 3, 37ㅎ》這眞是人不可貌相

海不可斗量, 이 진실로 사룸은 可히 얼
굴로 보지 못홀 거시오 바다흔 可히 말
로 되지 못홀 거시로다.

-로ᄂ 조 -로는.《朴新諺 1, 17ㅈ》時下筭
是頂好的了, 시졀 것스로ᄂ 웃듬 됴흔
거시라 ᄒ리라.

-로다 어미 -구나.《朴新諺 1, 7ㅎ》暢快之
極矣, 暢快ㅎ 極홈이로다.《朴新諺 1, 16
ㅈ》眞箇好法兒, 진실로 됴흔 法이로다.
《朴新諺 1, 27ㅈ》到底是沒眼的, 나종내
이 눈 업슨 거시로다.《朴新諺 1, 40ㅎ》這
是秤, 이ᄂ 이 저울이로다.《朴新諺 2,
13ㅈ》那廝眞不是人, 뎌 놈이 진실로 이
사룸이 아니로다.《朴新諺 2, 14ㅎ》共該
染錢五兩四錢半銀子, 대되 히오니 물갑
시 닷 냥 너 돈 반 銀이로다.《朴新諺
2, 24ㅈ》這是感冒風寒之症, 이 風寒에 感
冒흔 症이로다.《朴新諺 3, 2ㅎ》果然是賣
猫的, 果然 이 괴 풀 리로다.《朴新諺 3,
20ㅎ》也不免是閉門家裡坐禍從天上來,
ᄯᅩ 이 門을 닷고 집의 안저셔도 禍ㅣ 天上
으로 조차 온다 홈을 免치 못홈이로다.
《朴新諺 3, 31ㅎ》你這小胡孫寡是一張嘴,
네 이 져근 진납이 다만 이 흔 부리ᄲᅵ로
다.《朴新諺 3, 44ㅎ》一日無常萬事休, 一
日에 ᄯᅥᆺᄯᅥᆺ홈이 업스매 萬事ㅣ 休한다 홈
이로다.

-로다가 조 -로. -로다가. ⇔파(把).《朴
新諺 3, 4ㅈ》一發把冷布糊了, 홈의 얼믠
뵈로다가 ᄇᆯ르면.

-로되 조 -로되.《朴新諺 2, 50ㅎ》我在任
幾年並沒有不了的事件, 내 任에 이션 지
여러 히로되 다 못지 못흔 일이 업고.

-로부터 조 -로부터. ●⇔자(自).《朴新
諺 2, 20ㅈ》自古買人的中・保人只管得
一百日, 녜로부터 사룸 사ᄂ 듸 중인・
보인은 그저 일 빅 날을 ᄀ음아ᄂ니.
《朴新諺 2, 27ㅈ》自古道, 녜로부터 닐러
시되.《朴新諺 2, 19ㅈ》自賣之後, 폰 후
로부터.《朴新諺 2, 30ㅎ》自古道, 녜로

부터 닐러시되. ㉡⇔종(從).《朴新諺 2,
7ㅎ》從今已後咱與你論甚麼, 이제로부
터 우리 너와 무서슬 의논ᄒᆞ리오.
-로셔 图 ㉠-로부터.《朴新諺 3, 7ㅎ》不
知那裡來的這些蝤蜒, 아지 못게라 어듸
로셔 온 이 지차린지.《朴新諺 3, 54ㅎ》
有箇高麗來的秀才, 혼 高麗로셔 온 秀才
잇다 ᄒᆞ매.《朴新諺 3, 55ㅎ》高麗來的秀
才還在此住麼, 高麗로셔 온 秀才 당시롱
예 이셔 머므ᄂᆞ냐. ㉡-로부터. ⇔종
(從).《朴新諺 1, 36ㅎ》今日從那裏來, 오
놀 어디로셔 온다.
-로와 겹 -로워.《朴新諺 1, 31ㅈ》眞是打
扮的風流好看, 진실로 비온 거시 風流로
와 보기 됴터라.
-롸 어미 -노라.《朴新諺 3, 40ㅎ》住了一宿
便辞別廻來了, ᄒᆞᄅᆞᆺ밤 머므러 곳 하직ᄒᆞ
고 도라오롸.
-료 어미 -리오.《集覽, 字解, 單字解, 3ㅎ》
做. 韻會遇韻作字註云, 造也, 俗作做非.
箇韻作字註云, 爲也, 造也, 起也, 俗作做
非. 做音, 直信切. 今按, 俗語做甚麼 므슴
ᄒᆞ료, 作衣裳 옷 짓다, 作音조, 去聲.《朴
新諺 1, 2ㅎ》如今先着誰去討酒呢, 이지
몬져 눌로 ᄒᆞ여 가 술을 엇게 ᄒᆞ료.《朴
新諺 1, 12ㅎ》該關幾擔呢, 맛당이 몃 짐
을 투료.《朴新諺 1, 26ㅈ》賭甚麼, 무서
슬 더ᄂᆞ료.《朴新諺 1, 50ㅎ》不曉的多少
錢洗一箇澡, 아지 못게라 언머 돈에 혼
번 목욕ᄒᆞ료.《朴新諺 1, 53ㅈ》咱們幾箇
就同去, 우리 몃치 곳 혼가지로 가료.
《朴新諺 1, 53ㅈ》咱們賭甚麼來, 우리 므
서슬 더너료.《朴新諺 2, 55ㅈ》咱賭些甚
麼, 우리 므서슬 더ᄂᆞ료.
-른 어미 -는.《集覽, 字解, 單字解, 2ㅈ》
滾. 煮水使沸曰滾滾花水 글른 믈. 又輪轉
曰滾滾了 구으다, 字作轆. 又通共和雜曰
累滾 혼 믈와비라. 又滾子 방올.
-를 图 ❶-를.《朴新諺 1, 1ㅎ》共湊錢四
十五六吊, 대되 돈 四十五六 댜오를 모들

쩌시니.《朴新諺 1, 4ㅎ》只用十二樣勾
了, 그저 열두 가지를 뼈야 넉넉ᄒᆞ리라.
《朴新諺 1, 51ㅈ》洗勾了却到客位裏歇一
會, 뗏기를 잇긋 ᄒᆞ고 쏘 客位에 가 혼
지위 쉬예.《朴新諺 2, 1ㅈ》你代我打聽
一打聽, 네 나를 ᄀᆞ르차 듯보라.《朴新諺
2, 19ㅎ》立此為照, 이를 셰워 보람을 삼
노라.《朴新諺 2, 37ㅈ》近來在一箇財主
人家招做了女壻, 요소이 혼 財主 人家에
셔 사회를 삼으니.《朴新諺 2, 45ㅈ》空
地幾畝, 空地 幾畝를.《朴新諺 3, 10ㅎ》
西邊打一箇爐子, 셔편에 혼 미로를 민들
려 ᄒᆞ노라.《朴新諺 3, 21ㅈ》唐三蔵西遊
記, 唐三蔵의 西遊記를 사쟈.《朴新諺 3,
34ㅈ》那些勇士都穿着花袴皂靴, 뎌 여러
勇士들이 다 아롱 바지에 거믄 靴를 신
고.《朴新諺 3, 44ㅈ》穿着麻衣, 麻衣를
닙고.《朴新諺 3, 51ㅎ》為此上告, 이를
위ᄒᆞ여 告홈을 올리ᄂᆞ이다. ❷-를. ⇔
여(與).《朴新諺 3, 3ㅎ》孩子你與我買幾
丈夏布來, 아ᄒᆡ아 네 나를 위ᄒᆞ여 여러
발 뵈를 사 와. ❷❶-에게.《朴新諺 2,
15ㅈ》你便替我再染, 네 곳 나를 ᄀᆞ르차
다시 드리리라.《朴新諺 3, 5ㅎ》你若不
與他一文錢, 네 만일 뎌를 혼 낫 돈을 주
지 아니ᄒᆞ고.《朴新諺 3, 17ㅈ》我慢慢的
再指點你, 내 날호여 다시 너를 ᄀᆞ걸ᄒᆞ
마.《朴新諺 3, 28ㅎ》又賜行者金錢三百,
쏘 行者를 金錢 三百을 주어.《朴新諺 3,
46ㅈ》所以約你同去哩, 그러모로 너를
언약ᄒᆞ여 혼가지로 가려 ᄒᆞ노라. ❷-에
게. ⇔여(與).《朴新諺 1, 57ㅎ》我多與你
些賞錢, 내 만히 너를 賞錢을 주마.《朴
新諺 2, 3ㅎ》他怎麼不肯借與你, 뎨 엇지
즐겨 너를 빌리지 아니ᄒᆞ리오.《朴新諺
2, 16ㅎ》快與我做飯, 샐리 나를 밥 지어
주고려.《朴新諺 3, 1ㅈ》再拿把扇子來與
我, 쏘 혼 ᄌᆞᄅᆞ부치 가져다가 나를 주고
려.《朴新諺 3, 10ㅈ》你只與我改做煤火
炕, 네 그저 나를 셕탄 픠오ᄂᆞᆫ 캉을 고쳐

믿드라 주되.《朴新諺 3, 14ㅎ》先生你與
我寫一封書稍去何如, 先生아 네 나를 혼
봉 글을 뻐 주어든 부텨 보내미 엇더ᄒ
뇨.《朴新諺 3, 31ㅎ》與你八錢一顆罷, 너
를 여듦 돈을 혼 낫체 주리라.《朴新諺
3, 51ㅎ》陸序班你與我寫一張狀子, 陸序
班아 네 나를 혼 댱 고장을 뻐 주고려.

리 몡 이. 사람. ⇔적(的).《朴新諺 1, 6ㅎ》
吹的只管吹, 불 리 그저 불고.《朴新諺
1, 20ㅈ》也有放空中的, 박핑이 치리도
이시며. 也有踢毬的, 댱방올 츠리도 이
시며. 也有跳百索的, 줄 너므리도 잇고.
《朴新諺 1, 31ㅎ》賣猠皮的, 猠皮 풀 리
아.《朴新諺 2, 33ㅎ》有一日一箇賣絹的
打他門口過去, 홀론 혼 깁 풀 리 이셔 제
門을 지나가니.《朴新諺 2, 39ㅈ》這幾日
怎的不見有賣菜子的過去呢, 요소이 엇
지 느믈 뻐 풀 리 디나가는 이 이시믈
보지 못홀소뇨.《朴新諺 3, 2ㅈ》那箇拿
藍(籃)子盛着猫的不是賣的麼, 뎌 드라치
가져 괴 담으니 이 풀 리 아니가.《朴新
諺 3, 2ㅎ》果然是賣猫的, 果然 이 괴 풀
리로다.《朴新諺 3, 29ㅈ》那賣珠子的你
來. 뎌 구술 풀 리아 이바.

리 闾 리. ⇔리(里).《集覽, 字解, 單字解,
4ㅈ》來. 來往. 又語助. 你來 이바, 夜來
어제, 有來 잇더라, 去來 가다. 又數物而
有餘數, 未的知之辭. 十來箇 여라믄, 十
里來地 십 리만혼 딕, 十來日 여라믄 날.
《集覽, 字解, 單字解, 6ㅈ》多. 多少 언메
나. 又許多 하나한. 又餘也. 三十里多地
삼십 리 나믄 짜. 吏語, 多餘. 又過也. 有
甚麼多處 므스기 너믄 고디 이시리오.
又重也. 므스기 앗가온 고디 이시리오.

리(里) 闾 리. ⇔리.《集覽, 字解, 單字解,
4ㅈ》來. 來往. 又語助. 你來 이바, 夜來
어제, 有來 잇더라, 去來 가다. 又數物而
有餘數, 未的知之辭. 十來箇 여라믄, 十
里來地 십 리만혼 딕, 十來日 여라믄 날.
《集覽, 字解, 單字解, 6ㅈ》多. 多少 언메

나. 又許多 하나한. 又餘也. 三十里多地
삼십 리 나믄 짜. 吏語, 多餘. 又過也. 有甚
麼多處 므스기 너믄 고디 이시리오. 又重
也. 므스기 앗가온 고디 이시리오.《朴新
諺 1, 13ㅈ》平則門離這廣豊倉有二十里
地, 平則門이 廣豊倉에 뜸이 二十 里 짜히
이시니.《朴新諺 2, 5ㅈ》西湖是從玉泉山
(朴新注, 24ㅈ: 在宛平縣, 距京都西北三十
里, 山有石洞三. 一在山之西南, 其下有泉,
深淺莫測. 一在山之陽, 泉出石罅間, 鑿石
為螭頭, 泉從螭口噴出, 鳴若雜佩, 色如素
練, 泓澄百頃. 一在山之根, 有泉湧出, 洞門
刻玉泉二字.)流下來的, 西湖는 이 玉泉山
으로 조차 흘러ᄂᆞ린 거시니.《朴新諺 3,
9ㅈ》有十萬八千里程途, 十萬 八千里 길
히 이시니.《朴新諺 3, 40ㅎ》送到四十里
地, 보내여 四十里 짜히 가.

-리니 옘 -리니. -ㄹ 것이니.《朴新諺
1, 11ㅎ》自然堅固的, 自然 堅固ᄒ리니.
《朴新諺 1, 53ㅈ》這箇自然, 이는 그러ᄒ
리니.

-리되 옘 -이되. -게 하되.《朴新諺 2,
12ㅎ》到木匠家做一口橫子, 木匠의 집의
가 혼 橫을 믄둘리되.

-리라 옘 -리라.《集覽, 字解, 單字解, 4
ㅎ》便. 去聲, 卽也. 便行 즉재 가니라, 便
去 즉재 가리라, 又즉재 가다. 又則也.
便有 곧 잇다, 便是 곧 올ᄒ니라. 又順也,
順便. 又安也, 便當. 又宜也. 行方便 됴홀
양오로 ᄒ다, 不方便 다히 마지 쉽사디
아니타. 又猶則也. 你去便就有了 너옷
가면 이시리라. 又平聲, 穩便 온당ᄒ다.
吏語, 便益.《朴新諺 1, 1ㅎ》儘勾使用了,
잇긋 넉넉이 쁘리라.《朴新諺 1, 19ㅎ》
遲日來斷不有悮的, 날을 지연ᄒ여 오라
결짠코 그르미 잇지 아니ᄒ리라.《朴新
諺 1, 38ㅈ》自然就健旺起來了, 自然히 健
旺ᄒ여 가리라.《朴新諺 2, 2ㅈ》一會兒
就出來上馬, 혼 지위만 ᄒ면 곳 나와 몰
을 ᄐᆞ리라.《朴新諺 2, 15ㅈ》你放心斷不

有惧的, 네 放心ᄒ라 결단코 그름이 잇
지 아니ᄒ리라.《朴新諺 2, 25ㅈ》吃一兩
劑便無事了, 흔두 劑 먹으면 곳 無事ᄒ리
라.《朴新諺 3, 1ㅎ》若再鬧(閙)我我就打
了, 만일 다시 내게 들레면 내 곳 치리
라.《朴新諺 3, 12ㅎ》向火烤一會便不痒
痒了, 불을 향ᄒ여 ᄒ 지위 쬐면 곳 ᄀ렵
지 아니ᄒ리라.《朴新諺 3, 30ㅈ》我賣
了, 내 ᄑ리라.

-리로다 어미 -리로다. -ㄹ 것이로다.《集
覽, 字解, 累字解, 2ㅈ》知他. 모ᄅ리로다.
《朴新諺 1, 15ㅈ》不知甚麽瘡, 모로리로
다 므슴 瘡인디.《朴新諺 1, 45ㅈ》這媒人
也筭是有福的, 이 媒人도 有福다 ᄒ리로
다.《朴新諺 1, 45ㅎ》那等歡娛快樂不必
說了, 뎌런 歡娛 快樂호믈 굿ᄒ여 니ᄅ지
못ᄒ리로다.《朴新諺 2, 22ㅈ》謝天地只
願好收成就勾了, 天地ᄭᅴ 謝ᄒᄂ니 다만
원컨대 잘 收成ᄒ면 곳 넉넉ᄒ리로다.
《朴新諺 2, 32ㅈ》若着了幾遍雨定然要走
樣了, 만일 여러 번 비룰 마즈면 일정
모양이 흘긔리로다.《朴新諺 3, 17ㅈ》不
要了儘勾住了, 要치 아니ᄒ노라 잇긋 넉
넉이 머믈리로다.《朴新諺 3, 34ㅎ》不知
多多少少, 모로리로다 언메런지.

-리오 어미 -리오.《集覽, 字解, 單字解, 6
ㅈ》多. 多少 언메나. 又許多 하나한. 又
餘也. 三十里多地 삼십 리 나믄 ᄯᅡ. 吏語,
多餘. 又過也. 有甚麽多處 므스기 너믄
고디 이시리오. 又重也. 므스기 앗가온
고디 이시리오.《朴新諺 1, 10ㅈ》眼前
收拾怕甚麽呢, 시방 즉시 收拾ᄒ면 무서
시 저프리오.《朴新諺 1, 16ㅈ》老哥不說
我却怎麽知道呢, 노형이 니ᄅ지 아니면
내 ᄯᅩ 엇디 알리오.《朴新諺 2, 3ㅎ》他怎
麽不肯借與你, 뎨 엇지 즐겨 너를 빌리
지 아니ᄒ리오.《朴新諺 2, 13ㅈ》怎麽能
句堅固牢壯呢, 엇지 능히 堅固 牢壯ᄒ리
오.《朴新諺 2, 20ㅈ》怕甚麽, 므서시 저
프리오.《朴新諺 2, 57ㅈ》路上盤纏艱難

怎麽去呢, 길에 盤纏이 艱難ᄒ니 엇지 가
리오.《朴新諺 3, 2ㅎ》討甚麽謊價錢, 무
슴 거즛 갑슬 쬐오리오.《朴新諺 3, 28
ㅎ》怎生使他現出本像, 엇지 뎌로 ᄒ여
곰 本像을 現出케 ᄒ리오.《朴新諺 3, 49
ㅈ》那裡知道我這漁翁之樂, 어디 우리
이 漁翁의 즐거오믈 알리오.

-리이다 어미 -리다.《朴新諺 3, 51ㅎ》則
感激無地矣, 곳 感激 無地ᄒ리이다.

-롤 조 ❶-로.《朴新諺 1, 49ㅈ》如今國家
開科取士, 이제 國家ㅣ 과거룰 여러 션
비룰 取ᄒ여.《朴新諺 2, 20ㅈ》要他做甚
麽, 뎌룰 ᄒ여 므슴 ᄒ리오. ❷-를.《朴
新諺 1, 6ㅈ》叫小厮們先擺上果碟子, 아
희들을 불러 몬져 과실 뎝시룰 버리고.
《朴新諺 1, 17ㅎ》你問那有名的刀子舖麽,
네 뎌 有名흔 칼 푸즈룰 문느냐.《朴新諺
1, 36ㅎ》從今日准備簞笠瓦鉢, 오늘브터
삿갓과 에유아리룰 准備ᄒ여.《朴新諺
2, 4ㅎ》看見那裏的景致麽, 져긔 景致룰
보앗다.《朴新諺 2, 10ㅈ》他說幾箇日
子呢, 뎨 니ᄅ기룰 몃 날을 홀ᄂ뇨.《朴
新諺 2, 29ㅎ》結草廬於香山之上, 草廬룰
香山 우희 지엇쏘다.《朴新諺 2, 58ㅈ》
頭一箇走得了偌多賞賜, 웃뜸으로 ᄃ고
만흔 샹소룰 어드니.《朴新諺 3, 2ㅎ》我
要這有花兒的母猫, 내 이 어룽 암 괴룰
사려 ᄒ니.《朴新諺 3, 58ㅎ》國號高麗,
國號룰 高麗ㅣ라 ᄒ고.《朴新諺 3, 59
ㅈ》且請坐一坐再用一杯粗茶, 아직 請컨
대 안즈라 다시 흔 잔 좀차룰 먹쟈. ❸-
에게.《朴新諺 1, 13ㅈ》每擔給你五十大
錢罷, 믹 짐에 너룰 五十 대쳔을 주미 무
던ᄒ다.《朴新諺 1, 15ㅎ》就敎我這箇好
法兒, 이믜셔 나룰 이 됴흔 法을 ᄀᄅ치
라.《朴新諺 1, 20ㅈ》之銀也給你, 츤흔
銀도 너룰 주ᄂ니.《朴新諺 1, 32ㅎ》給
你一張三錢罷, 너룰 흔 쟝에 서 돈식 주
리라.《朴新諺 1, 55ㅈ》按四時與他衣服
穿, 四時룰 按ᄒ여 더룰 衣服을 주어 닙

힐 거시니. 《朴新諺 2, 4ㅎ》送去與他補
做生日罷, 보내여 뎌룰 주어 生日을 다
느림홈이 무던ᄒ다. 《朴新諺 2, 11ㅈ》一
箇人與他五箇錢, 흔 사ᄅᆞᆷ이 뎌룰 다숫 낫
돈을 주면. 《朴新諺 2, 32ㅎ》我如今與你
二兩銀子, 내 이제 너룰 두 냥 은을 줄

거시니. 《朴新諺 2, 34ㅎ》勸他男兒說,
제 ᄉ나희룰 말려 니ᄅᆞ되. 《朴新諺 3, 58
ㅈ》便抬出金甲一副與太祖穿上, 곳 金甲
흔 불을 드러 내여 와 太祖룰 주어 닙히
고. ④-을. 《朴新諺 1, 14ㅎ》如今米都關
出來了, 이제 ᄡᆞᆯ룰 다 타 내여다.

ㅁ

마(馬) 뗑 말. ⇔몰. 《集覽, 字解, 單字解,
1ㅈ》待. 擬要也 ㅎ마 그리 ㅎ려 ㅎ다라.
又欲也. 待賣幾箇馬去 여러 ᄆ를 풀오져
ᄒ야 가노라. 《集覽, 字解, 單字解, 3ㅈ》
倒. 上聲, 仆也. 倒了 구으러디다. 又換
也. 倒馬 몰 ᄀ다. 又膽也. 倒關字 글월
번뎝ᄒ다. 又去聲, 反辭 도르혀. 通作到.
《集覽, 字解, 單字解, 6ㅈ》賃. 僦屋以語
曰賃, 지블 돌마다 銀 현 량곰 삭 물오
드러 이셔 살 시라. 又雇用驢馬・舟車之
類曰賃, 라괴와 물들홀 삭 주고 브릴 시
라. 《朴新諺 1, 12ㅎ》我如今把騎的馬就
寄在這雜貨舖裏, 내 이제 툰 물을다가 곳
이 雜貨舖에 부려 두고. 《朴新諺 1, 24
ㅈ》小厮們你拉馬, 아히들이 네 물을 잇
그러. 《朴新諺 2, 1ㅈ》你要買甚麼馬, 네
므슴 물을 사고져 ᄒ는다. 《朴新諺 2, 21
ㅈ》還有帳房・馬槽都牢壯麽, ᄯ 帳房과
물귀유ㅣ 다 牢壯ᄒ엿ᄂ냐. 《朴新諺 2,
36ㅈ》打一副馬釘子來釘上, 혼 부 물 다
갈 쳐다가 박아. 《朴新諺 3, 18ㅈ》直到
日平西纔得上馬囬家, 바로 히 西에 거짐
에 다드라 계요 물 ᄐ고 집의 도라오ᄂ
니라. 《朴新諺 3, 47ㅈ》一箇小鬼撑着紅
羅傘在馬前, 혼 小鬼ㅣ 紅羅傘 버틔여 물
앏히 잇고. 《朴新諺 3, 53ㅎ》失去帶鞍白
馬一匹, 기르마 지은 흰물 혼 필을 일허
시니.

마(麻) 뗑 삼麻. ⇔삼. 《朴新諺 1, 39ㅈ》
當路一科麻, 길에 當한 혼 퍽이 삼이.
《朴新諺 2, 39ㅈ》夜來收割了麻正當好種
菜哩, 어제 삼을 거두어 븨여시니 正히
맛당이 ᄂ믈 시믐이 됴타.

-마 어미 -마. 《集覽, 字解, 單字解, 2ㅎ》
也. 在詞之上者, 又也. 也好 ᄯ 됴타, 也是
ᄯ 올타. 在詞之中者, 承上起下之辭. 我
也去 나도 가마. 在詞之終者, 語助. 《朴
新諺 1, 32ㅎ》我說與你, 내 너ᄃ려 니르
마. 《朴新諺 1, 38ㅎ》你說來我猜, 네 니
르라 내 알마. 《朴新諺 1, 50ㅎ》我說與
你, 내 너ᄃ려 니르마. 《朴新諺 1, 58ㅈ》
寫完了我念給你聽, 뻐 못차시니 내 닑어
네게 들리마. 《朴新諺 1, 58ㅈ》我寫與
你, 내 뻐 너를 주마. 《朴新諺 2, 21ㅎ》我
隨後慢慢的跟駕去, 나는 隨後ᄒ여 날회
여 駕를 쫄와 가마. 《朴新諺 3, 13ㅎ》你
聽我說, 네 드르라 내 니르마. 《朴新諺
3, 17ㅈ》我慢慢的再指點你, 내 날호여
다시 너를 긔걸ᄒ마. 《朴新諺 3, 35ㅎ》
我念與官人聽, 내 외와 官人의게 들리마.
《朴新諺 3, 49ㅈ》你聽我說, 네 들으라 내
니르마. 《朴新諺 3, 54ㅈ》你聽我說, 네
드르라 내 니르마.

마가장(馬家庄) 뗑 땅 이름. 중국 강소성
(江蘇省)에 있다. 《朴新諺 2, 28ㅎ》一箇
帶五兩銀子到馬家庄去放稈草, ᄒ나흔 닷
냥 은을 가지고 馬家庄에 가 조딥헤 노코.

마과(磨果) 뗑 표고. (버섯의 한 가지) 《集
覽, 朴集, 中, 8ㅈ》磨果釘子. 磨果, 卽香
蕈也. 표고. 釘形似之, 故因名焉.

마과정자(磨果釘子) 뗑 대가리가 마과
(磨果)와 같이 생긴 못. 《集覽, 朴集, 中,
8ㅈ》磨果釘子. 磨果, 卽香蕈也. 표고. 釘
形似之, 故因名焉.

마괘(馬褂) 뗑 마괘자(馬褂子). 마고자.
(옛날에 남자들이 장포(長袍) 위에 덧입

던 옷. 섶을 여미지 않고 두 자락을 맞대어 단추를 끼우게 되어 있으며, 원래는 만주족이 말을 탈 때 입던 옷이었다) ⇔ 쟈른옷. 《朴新諺 1, 30ㅎ》銀針海龍皮馬褂(朴新注, 11ㅎ: 衣之短者, 用扵馬上), 銀針 又혼 海龍皮로 혼 쟈른옷시오.

마나 보통 말거나. 《集覽, 字解, 累字解, 1ㅎ》不揀. 아므라나 마나. 俗語, 不揀甚麼.

마노(瑪瑙) 명 마노. (아름다운 것은 보석이나 장식품으로 쓴다) 《集覽, 朴集, 下, 7ㅎ》花房窩兒. 毬用木爲之, 或用瑪瑠〈瑠〉, 大如雞〈鷄〉卵.

마니즙(麻尼汁) 명 참기름. 《集覽, 朴集, 下, 6ㅈ》麻尼汁經卷兒. 飮膳〈饌〉正要云, 白麪一斤, 小油一斤, 小椒一兩炒去汗, 茴香一兩炒. 右件, 隔宿用酵子・塩・減〈碱〉・溫水一同和麵〈麪〉, 次日入麪, 接肥, 再和成麪, 每斤作二簡入籠蒸. 麻, 卽脂麻也. 搗脂麻爲汁, 如稀泥然, 故曰麻尼汁. 尼, 作泥是.

마니즙경권아(麻尼汁經卷兒) 명 밀가루・참기름・후추 따위를 더운 물로 반죽하여 발효시킨 뒤 시루에 넣어 찐 음식. 《集覽, 朴集, 下, 6ㅈ》麻尼汁經卷兒. 飮膳〈饌〉正要云, 白麪一斤, 小油一斤, 小椒一兩炒去汗, 茴香一兩炒. 右件, 隔宿用酵子・塩・減〈碱〉・溫水一同和麵〈麪〉, 次日入麪, 接肥, 再和成麪, 每斤作二簡入籠蒸. 麻, 卽脂麻也. 搗脂麻爲汁, 如稀泥然, 故曰麻尼汁. 尼, 作泥是.

마놀 명 마늘. ●⇔대산(大蒜). 《朴新諺 1, 41ㅈ》這是大蒜, 이는 이 마놀이로다. ●⇔산(蒜). 《朴新諺 2, 39ㅎ》蘿葍, 댓무우. 蔓菁, 쉿무우. 萵苣, 부로. 葵菜, 아혹. 白菜, 비치. 赤根菜, 시근치. 芫荽, 고싀. 蔥, 파. 蒜, 마놀. 薤菜, 부치. 荊芥, 형개. 薄荷, 박하. 茼蒿, 믈뿍. 水蘿葍, 물한댓무우. 胡蘿葍, 노른댓무우. 芋頭, 토란. 紫蘇都好種的, 紫蘇를 다 시음이 됴타.

-마다 조 -마다. 《集覽, 字解, 單字解, 6ㅈ》賃. 儋屋以語曰賃, 지블 돌마다 銀현량곰 삭 물오 드러 이셔 살 시라. 又雇用驢馬・舟車之類曰賃, 라괴와 몰둘홀 삭 주고 브릴 시라. 《朴新諺 1, 25ㅈ》夜夜如此喂法, 밤마다 먹이는 法을 이フ치 ᄒ고. 《朴新諺 1, 28ㅈ》到處敗敗別人誇張自己(己), 간 곳마다 다른 사름을 허러 브리고 自己룰 쟈랑ᄒ고. 《朴新諺 1, 53ㅎ》箭箭都射着把子上的紅心, 살마다 다 관혁에 관을 마치ᄂ니. 《朴新諺 3, 11ㅈ》咳我到處做生活, 애 내 간 듸마다 셩녕을 ᄒ되. 《朴新諺 3, 13ㅈ》人人盡盤雙足, 사름마다 다 두 발을 서리고. 《朴新諺 3, 18ㅎ》天天都是這般早聚晚散應, 날마다 다 이리 일 모호고 늣게야 흣터지ᄂ냐. 《朴新諺 3, 9ㅎ》沿門化些布施廻來, 집마다 져기 보시를 비러 도라와.

마도(麻刀) 명 삼거웃. (석회와 함께 벽을 바르는 데 쓰는) 삼 부스러기. ⇔삼쩌울. 《朴新諺 3, 10ㅈ》這麽快買石灰麻刀去, 이러면 밧비 회와 삼쩌울을 사라 가라. 《朴新諺 3, 10ㅎ》把那麻刀拌勻着, 뎌 삼쩌울을다가 버무려 고로게 ᄒ고.

마도(麽道) 동 이르느냐. (…라고) 말하느냐. ⇔니ᄅᄂ다. 《集覽, 字解, 單字解, 4ㅎ》麽. 本音모. 俗用爲語助辭, 音마, 古人皆呼爲모, 故或通作莫. 怎麽 엇디, 來麽 오나라. 又用如乎字之意者則曰, 去麽 갈다, 有麽 잇ᄂ녀. 元語, 麽道 니ᄅᄂ다, 麽音모, 今不用.

마두(馬頭) 명 말의 대가리. 《集覽, 朴集, 上, 14ㅈ》轡頭. 今呼鞍轡之轡, 音비, 好轡頭之轡, 音피. 此轡字別有其字而今未得也. 恐當作披字爲是, 謂以勒披馬頭引之也.

마등(馬鐙) 명 등자(鐙). ⇔등ᄌ. 《朴新諺 1, 30ㅈ》馬鐙是獅子頭嵌銀絲的, 등ᄌ는 이 獅子 머리에 銀絲롤 박은 거시오.

마려(馬驢) 명 말과 나귀. 《集覽, 朴集, 中,

2ㅈ》牌子. 凡馬驛設置, 馬驢不等, 其中管
馬者應者, 謂之馬牌, 管驢者, 謂之驢牌,
總〈総〉稱牌子.《集覽, 朴集, 中, 2ㅈ》應
付. 質問云, 應者, 荅應也, 付者, 與也. 如
遇使客到驛, 將口粮·馬驢荅應與他, 方
言謂之應付.

마류(瑪瑠) 뎽 =마노(瑪瑙).'瑠'는 '瑙'의
잘못.《集覽, 朴集, 下, 7ㅎ》花房窩兒. 毬
用木爲之, 或用瑪瑠〈瑠〉, 大如鷄〈鶏〉卵.

마륵(馬勒) 뎽 굴레.《集覽, 朴集, 上, 14
ㅈ》轡頭. 音義云, 잘 돈는 只·롤〈몰을〉
닐온 轡頭. 今按, 轡頭, 卽馬勒也, 今俗謂
·셕·대:묘·혼 只·롤〈몰을〉 呼爲好轡頭, 則
音義亦當幷好字爲釋可也. 且漢俗, 以革
爲之, 有銜〈銜〉者曰轡頭, 以索爲之, 無銜
〈銜〉者曰籠頭.

마리 뎽 ❶머리. ⇔두(頭).《朴新諺 1, 29
ㅈ》是頭戴玄狐帽, 마리에 玄狐帽롤 쓰
고.《朴新諺 1, 30ㅈ》是頭戴紫貂帽, 마리
에 紫貂帽롤 써시니.《朴新諺 1, 34ㅈ》
那般磕頭禮拜央及我, 뎌리 마리롤 조아
禮拜ᄒ고 내게 비러.《朴新諺 1, 43ㅈ》
刮多了頭疼, 긁빗기기롤 만히 ᄒ면 마리
알프니라.《朴新諺 2, 23ㅎ》我今日頭疼
腦旋, 내 오늘 마리 알프고 골치 어즐ᄒ
고.《朴新諺 2, 23ㅎ》小弟這幾日有些頭
疼腦熱, 小弟 요소이 져기 마리 알프고
골치 더움이 잇더니. ❷머리. 꼭대기.
⇔두(頭).《朴新諺 1, 44ㅈ》滿頭珠翠, 마
리에 ᄀ득ᄒ 珠翠와. ❸머리털. ⇔두
(頭).《朴新諺 1, 42ㅎ》叫那剃頭的來, 뎌
마리 싹는 이롤 불러오라.《朴新諺 1, 42
ㅎ》我剃頭的所管甚麼來, 우리 마리 싹
는 이 所管이 므서시완디.《朴新諺 1, 50
ㅎ》梳頭錢是五箇, 마리 빗는 갑슨 다숫
낫 돈이오. 剃頭錢是十箇, 마리 싹는 갑
슨 열 낫 돈이오.《朴新諺 1, 51ㅎ》然後
剃頭修脚, 그린 후에 마리 싹고 발톱 다
둠고.《朴新諺 1, 55ㅈ》把孩子剃了頭, 아
희를다가 마리를 싹고.

마리 의 마리. ⇔척(隻).《朴新諺 2, 16ㅈ》
雞三隻, 둙 세 마리와. 鴨三隻, 올히 세
마리와.

마리털 뎽 머리털. ⇔두발(頭髮).《朴新諺
1, 43ㅈ》梳頭髮的時候, 마리털을 빗길
쌔에.《朴新諺 1, 43ㅎ》綰起頭髮來, 마
리털 족지고.

마르다 동 마르다. ⇔건(乾).《朴新諺 1,
4ㅈ》乾果子呢, 只론 과실은 榛子, 개암.
松子, 잣. 瓜子, 슈박삐. 乾葡萄, 마론葡
萄. 栗子, 밤. 龍眼, 龍眼. 桃仁, 복셩화삐.
荔子, 녀지요.

마론포도(-葡萄) 뎽 마른포도. 건포도.
⇔건포도(乾葡萄).《朴新諺 1, 4ㅈ》乾果
子呢, 只론 과실은 榛子, 개암. 松子, 잣.
瓜子, 슈박삐. 乾葡萄, 마론葡萄. 栗子,
밤. 龍眼, 龍眼. 桃仁, 복셩화삐. 荔子, 녀
지요.

마미(馬尾) 뎽 말총. ⇔물총.《朴新諺 2,
21ㅈ》還有羅鍋, 또 노고와. 柳箱, 섥과.
灑子, 드레와. 碗楪, 사발 졉시와. 匙筯,
수져와. 榪杓, 나모쥬게와. 笓籬, 됴리
와. 炊箒, 솔과. 擦床兒, 슉치칼과. 簸
(籭)箕, 키와. 篩子, 얼밍이와. 馬尾羅, 물
총체와. 桌子, 상과. 盤子, 盤과. 茶盤, 찻
반과. 燈臺, 燈臺와. 酒種, 잔과. 酒鼈, 쥬
벼ᄋ와. 銅杓, 놋쥬게 이시니.

마미라(馬尾羅) 뎽 말총체. (쳇불을 말총
으로 짠 체) ⇔물총체.《朴新諺 2, 21ㅈ》
還有羅鍋, 또 노고와. 柳箱, 섥과. 灑子,
드레와. 碗楪, 사발 졉시와. 匙筯, 수져
와. 榪杓, 나모쥬게와. 笓籬, 됴리와. 炊
箒, 솔과. 擦床兒, 슉치칼과. 簸(籭)箕,
키와. 篩子, 얼밍이와. 馬尾羅, 물총체
와. 桌子, 상과. 盤子, 盤과. 茶盤, 찻반
과. 燈臺, 燈臺와. 酒種, 잔과. 酒鼈, 쥬벼
ᄋ와. 銅杓, 놋쥬게 이시니.

마방(馬房) 뎽 마구간.《朴新諺 2, 45ㅈ》
馬房幾間, 馬房이 현 간.

마병(麻餠) 뎽 소병(燒餠)의 옛 이름인 호

병(胡餠)을 고친 이름.《集覽, 朴集, 下, 7ㅈ》黃燒餠. 總龜云, 燒餠, 卽古之胡餠也. 石勒諱胡, 改爲麻餠.

마부(馬夫) 몡 말을 부리는 사람.《集覽, 朴集, 中, 1ㅎ》轡頭散與. 女直·達子朝貢時, 到驛應付馬匹騎坐者, 各出轡頭, 散與馬夫, 馬夫受轡套馬, 令各轡主認轡占馬, 使無爭占之擾.

마상(馬上) 몡 말의 등 위.《集覽, 朴集, 下, 7ㅎ》花房窩兒. 又云, 在馬上舞毬棒, 一木有一尺五寸長, 上下俱窩兒.《朴新諺 1, 30ㅎ》銀針海龍皮馬褂(朴新注, 11ㅎ: 衣之短者, 用扵馬上), 銀針 ᄯᅩᄒᆞᆫ 海龍皮로 ᄒᆞᆫ 쟈른옷시오.

마수의(馬獸醫) 몡 말의 질병을 진찰하고 치료하는 의사.《集覽, 朴集, 上, 10ㅎ》獸醫. 南村輟耕錄云, 世以療馬者曰獸醫, 療牛者曰牛醫. 周禮獸醫註, 獸, 牛馬之屬. 按此則療牛者亦當曰獸醫, 今俗呼療馬者曰馬獸醫.

마ᅀᆞᆷ 몡 마음.《集覽, 字解, 累字解, 2ㅈ》自在. 마ᅀᆞᆷ 편안히 잇다.《集覽, 字解, 累字解, 2ㅈ》自由. 제 ᄆᆞᅀᆞ모로 ᄒᆞ다.

마애(磨磑) 몡 맷돌.《集覽, 朴集, 中, 1ㅈ》磑. 硏石也. 形如磨磑一隻之半, 轉其外圓以碾絹, 則卽同砧擣者.

마역(馬驛) 몡 역참(驛站).《集覽, 朴集, 中, 2ㅈ》牌子. 凡馬驛設置, 馬驢不等, 其中管馬荅應者, 謂之馬牌, 管驢者, 謂之驢牌, 總〈総〉稱牌子.

마왕(魔王) 몡 〈불〉 천마(天魔)의 왕. 정법(正法)을 해치고 중생(衆生)이 불도(佛道)에 들어가는 것을 방해하는 귀신이라고 한다.《集覽, 朴集, 下, 1ㅎ》魔障. 昔釋迦出世時, 魔王名波旬, 若人來供養恭敬〈若如來供養恭敬〉, 魔王依於佛法, 得善利, 不念報恩, 而反欲加毀. 故名波旬, 此言惡中惡.

마의(麻衣) 몡 삼베옷. 곧, 상복(喪服).《朴新諺 3, 44ㅈ》穿着麻衣, 麻衣를 닙고.

마장(魔障) 몡 귀신의 장난이라는 뜻으로, 일의 진행에 나타나는 뜻밖의 방해나 헤살을 이르는 말.《集覽, 朴集, 下, 1ㅎ》魔障. 飜譯名義云, 梵語魔, 此云障也, 能爲修道作障碍. 昔釋迦出世時, 魔王名波旬, 若人來供養恭敬〈若如來供養恭敬〉, 魔王依於佛法, 得善利, 不念報恩, 而反欲加毀. 故名波旬, 此言惡中惡.

마조(馬槽) 몡 말구유. ⇔믈귀유.《朴新諺 2, 21ㅈ》還有帳房·馬槽都牢壯麽, 또 帳房과 믈귀유ㅣ 다 牢壯ᄒᆞ엿ᄂᆞ냐.

마조치다 동 마주치다. 우연히 만나다. ⇔당견(撞見).《朴新諺 1, 35ㅎ》恰撞見他的漢子, 마치 뎌의 ᄉᆞ나희를 마조치니.

마즘 뮈 마침. ⇔조시(遭是).《朴新諺 1, 52ㅈ》遭是我不去, 마즘 내 가지 아니ᄒᆞᆯ샤.

마즙(麻汁) 몡 참기름.《集覽, 朴集, 下, 6ㅎ》象眼饆子. 攪轉, 撈起控乾, 麻汁加碎肉·糟〈糟〉姜米·醬瓜米·黃瓜米·香菜等粗點用供.

마진(摩震) 몡 나라 이름. 신라(新羅) 말기에 궁예(弓裔)가 세운 나라. 처음에는 후고구려(後高句麗)라 하였다가 신라 효공왕(孝恭王) 8년(905)에 국호를 마진으로 고쳤고, 뒤에 태봉(泰封)으로 개칭하였다.《集覽, 朴集, 下, 12ㅎ》弓裔. 一日, 持鉢赴齋, 有烏嘴(啣)牙籤落鉢中, 視之, 有王字. 遂叛, 據鉄圓郡爲都, 卽今鐡〈鉄〉原府也. 國號摩震, 改元武泰, 後改國號〈号〉泰封.

마첩(馬貼) 몡 말다래. ⇔ᄃᆞ래.《朴新諺 1, 30ㅈ》馬貼是羊肝柒的, ᄃᆞ래ᄂᆞᆫ 이 羊肝 빗츠로 柒혼 거시오.《朴新諺 1, 30ㅎ》鞍子·鞍坐褥·鞦皮·轡頭·馬貼, 기르마와 아답개와 질채와 구레와 ᄃᆞ래.

마초다 동 ●(수공예품을) 맞추다.《集覽, 字解, 單字解, ㅈ》旋. 平聲, 回也, 斡也. 又疾也. 又셩녕 마초다, -做. ●맞추다. 견주다. 비교 대조하다. ⇔조(照).《集

覽, 字解, 累字解, 2ㅈ》照依. 마초와 그대
로 ᄒᆞ다.

마초와 튀 마침. ⇔조시(遭是). 《集覽, 字
解, 單字解, 7ㅈ》遭. 一次謂之一遭. 又周
遭, 猶言周圍也. 又遭是 마초와.

마초임 명 맞춤. ⇔정(定). 《朴新諺 3, 41
ㅎ》與他商(商)量了放下定錢, 뎌로 더부
러 商(商)量ᄒᆞ여 마초임 갑슬 두면.

마초ᄒᆞ다 동 맞게 하다. 맞추어 하다. ⇔
착료(着了). 《集覽, 字解, 單字解, 3ㅈ》
着. 使之爲也. 着落 히여곰, 着他 뎌 ᄒᆞ
야. 又置也. 着塩 소곰 두다. 又中也. 着
了 맛다. 又見人所行之事, 正合人所指望
之, 方則亦曰着了 마초ᄒᆞ야다. 又實也.
着實 실히. 又語助. 又穿衣服也.

마치 명 마치. 망치. ⇔철추(鐵鎚). 《朴新
諺 3, 33ㅎ》如鐵鎚・鉗子・鐵枕・鍋児,
마치와 집게와 모로와 도관 ᄀᆞᄐᆞᆫ 거슬.

마치 튀 **1** 맞추어. ●⇔재(纔). 《朴新諺
1, 26ㅎ》饒你四子纔好下哩, 너를 네흘
졉어야 마치 두기 됴흐리라. 《朴新諺 1,
35ㅈ》不知他那一日纔肯還, 아지 못게라
뎌 어닉 날 마치 즐겨 갑흐리오. 《朴新
諺 2, 27ㅎ》須早些約箇佳期纔妙哩, 모롬
이 일즉 佳期를 언약홈이 마치 妙ᄒᆞ니
라. 《朴新諺 2, 46ㅈ》不要踏破了纔好, 불
바 깨이지 말아야 마치 됴흐리라. 《朴新
諺 2, 51ㅎ》滿了一任還不知等到何年纔
得補用哩, 흔 벼슬이 ᄎᆞ면 당시롱 어니
히에 다ᄃᆞ라 마치 補用홈을 어들 줄을
아지 못ᄒᆞᄂᆞ니라. 《朴新諺 3, 44ㅎ》你做
飯要留心纔好, 네 밥을 지으매 留心홈이
마치 됴흐니라. 《朴新諺 3, 53ㅎ》着他沿
街叫喚尋覔纔好哩, 뎌로 ᄒᆞ여 거리를 조
차 웨여 ᄎᆞ자야 마치 됴흐리라. ●⇔흡
(恰). 《朴新諺 1, 35ㅎ》恰撞見他的漢子,
마치 뎌의 ᄉᆞ나희를 마조치니. 《朴新諺
2, 52ㅈ》昨日那廝恰到我家來, 어지 뎌
놈이 마치 내 집의 왓거늘. **2** 마치. 흡
사. ⇔흡편사(恰便似). 《集覽, 字解, 單字

解, 1ㅈ》恰. 適當之辭. 恰便似 마치. 又方
纔之辭. 恰纔 ᄀᆞ.

-마치 조 -만치. -만큼. ⇔일반(一般).
《朴新諺 3, 46ㅈ》塑一箇如象一般大的春
牛, 흔 코키리마치 큰 春牛를 민들고.

마치다 동 맞히다. ⇔석(射). 《朴新諺 1,
53ㅎ》箭箭都射着把子上的紅心, 살마다
다 관혁에 관을 마치느니.

마패(馬牌) 명 역관(驛館)에서 말을 관리
하는 사람. 《集覽, 朴集, 中, 2ㅈ》牌子.
凡馬驛設置, 馬驢不等, 其中管馬苔應者,
謂之馬牌, 管驢者, 謂之驢牌, 緫〈総〉稱牌
子.

마포(麻布) 명 (중국인이 일컫는) 모시[苧
麻布]의 다른 이름. 《集覽, 朴集, 上, 13
ㅈ》毛施布. 此卽本國人呼苧麻布之稱〈卽
本國人呼苧麻布之稱〉, 漢人皆呼曰苧麻
布, 亦曰麻布, 曰木絲布, 或書作沒絲布.
又曰漂白布, 又曰白布. 今言毛施布, 卽沒
絲〈卽沒絲布〉之訛也. 而漢人因麗人之
稱, 見麗布則直稱此名而呼之. 記書者因
其相稱而遂以爲名也.

마표(構杓) 명 나무 주걱. ⇔나모쥬게. 《朴
新諺 2, 21ㅈ》還有鑼鍋, 쏘 노고와. 柳箱,
섥과. 灑子, 드레와. 碗楪, 사발 졉시와.
匙筯, 수져와. 構杓, 나모쥬게와. 笡籬,
됴리와. 炊箒, 솔과. 擦床兒, 슉치칼과.
籔(籔)箕, 키와. 篩子, 얼밍이와. 馬尾羅,
몰총체와. 桌子, 상과. 盤子, 盤과. 茶盤,
찻반과. 燈臺, 燈臺와. 酒種, 잔과. 酒甕,
쥬벼ㅇ와. 銅杓, 놋쥬게 이시니.

마필(馬匹) 명 말의 총칭. 《集覽, 朴集, 上,
4ㅎ》閞字. 音義云. 支〈支〉應馬匹〈疋〉幷
廩給者, 体式詳見求政錄. 《集覽, 朴集,
中, 1ㅎ》轡頭散與. 女直・達子朝貢時,
到驛應付馬匹騎坐者, 各出轡頭, 散與馬
夫, 馬夫受轡套馬, 令各轡主認轡占馬, 使
無爭占之擾.

마필(馬疋) 명 =마필(馬匹). 《集覽, 朴集,
上, 4ㅎ》閞字. 音義云. 支〈支〉應馬匹

〈疋〉幷廩給者, 体式詳見求政錄.

마후라(摩睺羅) 뗑 〈불〉마후라가(摩睺羅伽). 사람의 몸에 뱀의 머리를 가졌다는 음악의 신(神). 《集覽, 朴集, 中, 4ㅎ》童男童女. 觀音現三十二應, 曰佛身, 曰辟支〈支〉, 曰圓覺, 曰聲聞, 曰梵王, 曰帝釋, 曰自在天, 曰大自在天, 曰天大將軍, 曰四天王, 曰四天太子, 曰人王, 曰長者, 曰居士, 曰宰官, 曰婆羅門, 曰比丘, 曰比丘尼, 曰優婆塞, 曰優婆夷, 曰女主, 曰童男, 曰童女, 曰天身, 曰龍身, 曰藥叉, 曰乾達婆, 曰阿脩羅, 曰緊那羅, 曰摩睺羅, 曰樂人, 曰非人.

마흔 관 마흔. ⇔사십(四十). 《朴新諺 1, 47ㅎ》除了學長共有四十五箇學生, 學長을 덜고 대되 마흔 다숫 學生이 잇느니라.

막(莫) 보동 못하다. ⇔못ᄒ다. 《朴新諺 2, 30ㅈ》由是威神莫測聖德難量, 일로 말미암아 威神을 측냥치 못호고 聖德을 혜아리기 어려온지라.

막다 동 막다. 저지(沮止)하다. 방해하다. ⇔조(阻). 《朴新諺 2, 45ㅎ》被雨水阻住, 비ㅅ물을다가 막아 머므러.

막대 뗑 막대기. ●⇔봉(棒). 《朴新諺 2, 11ㅈ》也有舞鎗弄棒的, 또 鎗을 춤추며 막대 노롯ᄒᄂ 이도 이시니. 《朴新諺 3, 22ㅎ》把伯眼打了一鉄棒, 伯眼을다가 흔 쇠막대로 치니. 《朴新諺 3, 23ㅈ》更打了我一鉄棒, 또 나를 흔 쇠막대로 치니. 《朴新諺 3, 37ㅈ》拿出毬棒借與崔哥打, 댱방올 막대를 내여 崔哥를 빌려 주어 치게 ᄒ쟈. ●⇔봉자(棒子). 《朴新諺 2, 11ㅎ》拿一箇一托長碗口大的紅油畫金棒子, 흐나 흔 발맛치 길고 사발맛치 큰 불근 칠흐고 금으로 그린 막대롤 가져.

막측(莫測) 혱 측정할 수 없다. 헤아릴 수 없다. 《集覽, 朴集, 上, 15ㅈ》玉泉. 在宛平縣西北三十里玉泉山下. 山有石洞三, 一在山之西南, 其下有泉, 深淺莫測. 《朴

新諺 2, 5ㅈ》西湖是從玉泉山(朴新注, 24ㅈ: 在宛平縣, 距京都西北三十里, 山有石洞三. 一在山之西南, 其下有泉, 深淺莫測. 一在山之陽, 泉出石罅間, 鑿石為螭頭, 泉從螭口噴出, 鳴若雜佩, 色如素練, 泓澄百頃. 一在山之根, 有泉湧出, 洞門刻玉泉二字.)流下來的, 西湖ᄂ 이 玉泉山으로조차 흘러ᄂ린 거시니.

만(挽) 동 쫓다. 틀어 매다. 감아 올려 매듭을 짓다. ⇔조지다. 《朴新諺 3, 46ㅎ》頭挽雙丫髻, 머리에 가로 샹토 조지고.

만(晚) 뗑 저녁. ⇔져녁. 《朴新諺 2, 31ㅈ》今晚你把我的鋪盖送去, 오늘 져녁의 네 내 니부자리롤다가 보내고.

만(晚) 혱 늦다. ●⇔늣다. 《朴新諺 3, 18ㅎ》天天都是這般早聚晚散麽, 날마다 다 이리 일 모호고 늣게야 훗터지ᄂ냐. ●⇔늦다. 《朴新諺 1, 7ㅈ》看天氣已晚了, 보매 하늘이 이믜 느저시니.

만(幔) 동 ●갈대鋪. 덮다. 가리다. ⇔낄다. 《朴新諺 2, 5ㅈ》地下幔的石如白玉, 짜히 낀 돌은 白玉 又고. ●치다設. 가리다. ⇔치다. 《朴新諺 2, 41ㅎ》把那綿布簾子在窓戶裏面幔上, 綿布 발을다가 窓 안히 치고.

만(慢) 閈 천천히. 느리게. 더디게. ⇔날호여. 《朴新諺 3, 8ㅈ》且慢些收拾, 아직 날호여 收拾ᄒ게 ᄒ고.

만(滿) 관 온. 전부. 모두. 전체. ⇔왼. 《朴新諺 1, 44ㅎ》將近滿月, 쟝춫 왼둘에 갓가오매.

만(滿) 동 차다滿. ⇔ᄎ다. 《集覽, 朴集, 上, 13ㅎ》滿月. 産書云, 分娩未滿月, 恣食生冷粘・硬果・菜・肥膩魚・肉之物, 當時雖未覺大〈有〉損, 滿月之後, 卽成蓐勞. 質問云, 産婦一箇月不出門, 不生理, 只補養本身, 一月之後出門, 又吃〈喫〉喜酒. 今按, 喜酒者, 賀生兒之宴. 《朴新諺 1, 55ㅈ》到滿月, 둘이 ᄎ매 다ᄃ르면. 《朴新諺 3, 9ㅎ》願滿功成, 願이 ᄎ고 功

이 일면.

만(滿) 형 가득하다. ❶⇔ᄀᆞ득ᄒᆞ다. 《朴新諺 1, 40ㅎ》滿天星宿一箇月三條繩子由你曳, 하ᄂᆞᆯ에 ᄀᆞ득ᄒᆞᆫ 星宿에 ᄒᆞᆫ ᄃᆞᆯ을 세 오리 노흐로 제대로 ᄭᅳ으ᄂᆞᆫ 거시여. 《朴新諺 1, 44ㅈ》滿頭珠翠, 마리에 ᄀᆞ득ᄒᆞᆫ 珠翠와. 《朴新諺 2, 39ㅈ》滿池荷花香噴噴的令人可愛, 못에 ᄀᆞ득ᄒᆞᆫ 荷花ㅣ 香내 ᄲᅮᆷ겨 사ᄅᆞᆷ으로 ᄒᆞ여곰 ᄉᆞ랑홉게 ᄒᆞ더라. 《朴新諺 3, 11ㅎ》滿指甲疙瀼和膿水怎麽好呢, 손톱에 ᄀᆞ득ᄒᆞᆫ 더뎅이와 고롬이 엇지 됴흐리오. ❷⇔ᄀᆞ둑ᄒᆞ다. 《朴新諺 1, 21ㅈ》孩子們買去放得滿天, 아희들이 사 가 놀려 하ᄂᆞᆯ에 ᄀᆞ둑ᄒᆞ니.

-만 조 -만. (한정) 《朴新諺 1, 2ㅈ》討幾瓶蜜林檎·甕頭春·木瓜露·苦菉豆酒, 여러 瓶 蜜林檎과 甕頭春과 木瓜露와 ᄡᅳᆫ 菉豆酒를 어들(듬)만 ᄀᆞᆺ지 못ᄒᆞ니. 《朴新諺 1, 11ㅈ》不要單愛惜你家這幾頓茶飯, 맛치 네 집 여러 ᄭᅵ 茶飯만 앗기지 말라. 《朴新諺 1, 24ㅎ》只是一味貪頑, 다만 건ᄂᆡ 놀기만 貪ᄒᆞ여. 《朴新諺 1, 34ㅈ》只還我本錢, 그저 내게 本錢만 갑고. 《朴新諺 2, 2ㅈ》一會兒就出來上馬, ᄒᆞᆫ 지위만 ᄒᆞ면 곳 나와 ᄆᆞᆯ을 ᄐᆞ리라. 《朴新諺 3, 25ㅎ》只留下桃核, 다만 복셩화 ᄡᅵ만 남기고. 《朴新諺 3, 26ㅎ》搭出一箇光骨頭來, ᄒᆞᆫ 믠뼈만 그려내니. 《朴新諺 3, 28ㅎ》只剩下一箇虎頭, 그저 ᄒᆞᆫ 범의 머리만 남아시니. 《朴新諺 3, 41ㅈ》就如活的只少一口氣哩, 곳 사니 ᄀᆞᆺ고 그저 ᄒᆞᆫ 입 긔운만 업더라.

만간(萬間) 명 1만(萬) 간(間). 매우 넓음을 이른다. 《朴新諺 3, 17ㅎ》捻盖萬間房, 대되 萬間 집을 지으나. 夜眠只一廈, 밤에 자기ᄂᆞᆫ 다만 ᄒᆞᆫ 간 집이라 ᄒᆞ니.

만겁(萬劫) 명 〈불〉 지극히 오랜 시간. 《集覽, 朴集, 中, 6ㅈ》萬. 儒曰世, 釋曰劫〈刼〉, 道曰塵. 一說, 儒家曰數, 道家曰劫〈刼〉, 佛家曰世. 道經云, 天地一成一敗謂之劫〈刼〉. 上天開化, 建五劫〈刼〉紹運, 曰龍漢, 曰赤明, 曰上皇, 曰延康, 曰開皇. 五劫〈刼〉既周, 復從其始. 又六十年一甲子, 一百年爲一小劫〈刼〉, 一千年爲一中劫〈刼〉, 三中劫〈刼〉爲一大劫〈刼〉. 佛家初劫〈刼〉爲釋迦牟尼佛, 二劫〈刼〉爲寶髻佛, 三劫〈刼〉爲燃燈佛. 漢武帝鑿昆明池, 其底有灰, 帝問東方朔, 對曰, 此劫〈刼〉灰也. 《朴新諺 2, 30ㅎ》一針投海底尙有可撈日, 一針을 海底에 드리치매 오히려 可히 건질 날이 이시려니와. 一失人身後萬刼(朴新注, 34ㅈ: 儒曰歲, 道曰塵, 釋曰刼. 又佛家云, 天地一成一敗為刼.)再逢難, ᄒᆞᆫ번 人身을 일흔 後ㅣ면 萬刼이라도 다시 만나기 어렵다 ᄒᆞ니라.

만곡(彎曲) 형 휘우듬하다. 《朴新諺 1, 55ㅈ》買了搖車(朴新注, 21ㅈ: 用薄板如筩篩之圍者, 彎曲成之, 可容一小児, 懸於梁, 臥置小児於其中, 啼哭時推轉搖動, 則卽止.)來, 搖車를 사 와.

만궁(挽弓) 동 활시위를 당기다. 《集覽, 字解, 單字解, 1ㅎ》扯. 裂也. 正作撦. 又扶執也. 又挽弓曰扯.

만기(萬機) 명 정치상의 온갖 중요한 기틀. 《集覽, 朴集, 下, 8ㅎ》丞相. 元中書省有左右丞相, 任宰相之職〈耺〉, 左右天子平章萬機.

만나다 동 **1**(우연히) 만나다. 마주치다. 부딪치다. 맞닥뜨리다. ❶⇔당(撞). 《朴新諺 3, 9ㅈ》撞多少猛虎·毒虫, 언머 猛虎·毒虫을 만나시리오. ❷⇔당견(撞見). 《朴新諺 3, 58ㅎ》撞見弓王放箭射殺了他, 弓王을 만나 살로 ᄡᅩ아 뎌를 죽이니라. **2**만나다. ❶⇔당착(撞着). 《朴新諺 3, 29ㅎ》也是我運氣不好撞着你, ᄯᅩ 내 運氣 됴치 아니ᄒᆞ여 너를 만나도다. ❷⇔봉(逢). 《朴新諺 1, 20ㅈ》逢時及莭(節)好會頑耍哩, ᄣᅢ를 만나고 절을 밋처 ᄀᆞ장 놀 줄을 아더라. 《朴新諺 2, 27ㅎ》有緣千里能相會, 인연이 이시면 千里라도

능히 서르 못둣고. 無緣對面不相逢, 인
연이 업스면 놋츨 딕ᄒ여도 서르 만나
디 못혼다 ᄒ니.《朴新諺 2, 30ㅎ》一針
投海底尙有可撈日, 一針을 海底에 드리
치매 오히려 可히 건질 날이 이시려니
와. 一失人身後萬刧再逢難, 혼번 人身을
일혼 後ㅣ면 萬刧이라도 다시 만나기 어
렵다 ᄒ니라. ●⇔우(遇).《朴新諺 3, 50
ㅈ》便是那姜太公遇文王, 곳 이 뎌 姜太
公의 文王 만남이라도.《朴新諺 3, 52
ㅈ》忽遇本府張千, 믄득 本府 張千을 만
나니.

만다라(曼茶羅) 명 〈불〉 부처나 보살의
상을 모시고 예배하며 공양하는 단(壇).
《集覽, 朴集, 下, 2ㅎ》壇主. 飜譯名義云,
梵言曼〈漫〉茶羅, 此云壇. 謂主場說法者
曰壇主.

만다라(漫茶羅) 명 =만다라(曼茶羅). '漫'
은 '曼'의 다른 표기.《集覽, 朴集, 下, 2
ㅎ》壇主. 飜譯名義云, 梵言曼〈漫〉茶羅,
此云壇. 謂主場說法者曰壇主.

만두(饅頭) 명 만두.《朴新諺 1, 5ㅎ》饅頭,
饅頭와. 蒸食, 蒸食과. 小餶餎, 즌 떡이
니.《朴新諺 3, 35ㅎ》羊肉饅頭, 羊肉 너
흔 饅頭와. 素餡稍麥, 믠소 너흔 稍麥과.
匾食, 변시와.

만랄교(滿刺嬌) 명 =만자교(滿刺嬌). '刺'
은 '刺'의 잘못.《集覽, 朴集, 上, 8ㅈ》滿
刺〈刺〉嬌. 質問云, 以蓮花・荷葉・藕
〈耦〉・鴛鴦・蜂蝶之屬〈形〉, 或用五色
絨綉, 或用彩色畫於段帛上, 謂之滿池嬌.
今按, 刺〈刺〉, 新舊原本皆作池, 今詳文
義, 作刺〈刺〉是. 池與〈与〉刺〈刺〉音相近
而訛.

만료(滿了) 동 차다〔滿〕. ●⇔차다.《朴新
諺 2, 50ㅎ》你的俸滿了不曾, 네 녹봉이
찻ᄂ냐 못ᄒ엿ᄂ냐. 這五月內便滿了, 이
五月에 곳 ᄎᄂ니라. ●⇔ᄎ다.《朴新
諺 1, 54ㅎ》待滿了月便吃生冷東西, 둘 ᄎ기
롤 기드려 곳 生冷엣 거슬 먹으면,《朴新

諺 2, 50ㅎ》你的俸滿了不曾, 네 녹봉이
찻ᄂ냐 못ᄒ엿ᄂ냐. 這五月內便滿了, 이
五月에 곳 ᄎᄂ니라.《朴新諺 2, 51ㅎ》滿
了一任還不知等到何年纔得補用哩, 혼 벼
슬이 ᄎ면 당시롱 어니 ᄒ에 다드라 마치
補用홈을 어들 줄을 아지 못ᄒᄂ니라.

만리(萬里) 명 1천 리의 열 갑절. 곧, 매우
먼 거리.《集覽, 朴集, 上, 9ㅎ》和尙. 萬
里相和曰和, 外道相尙曰尙. 又和者, 太和
也, 尙者, 高尙也.《朴新諺 1, 35ㅈ》一箇
和尙(朴新注, 13ㅎ: 萬里相和曰和, 外道
相尙曰尙). 偸別人家的媳婦, 혼 듕이 놈
의 계집을 도적ᄒ여.

만만곡곡(灣灣曲曲) 형 곧지 않다. 구불
구불하다. ⇔만만곡곡ᄒ다(灣灣曲曲-).
《朴新諺 2, 38ㅎ》有灣灣曲曲之澗水, 灣
灣曲曲 혼 澗水도 잇고.

만만곡곡ᄒ다(灣灣曲曲-) 형 만만곡곡
(灣灣曲曲)하다. ⇔만만곡곡(灣灣曲曲).
《朴新諺 2, 38ㅎ》有灣灣曲曲之澗水, 灣
灣曲曲 혼 澗水도 잇고.

만만아(慢慢兒) 円 천천히. 느리게. 더디
게. ⇔날회여.《朴新諺 2, 56ㅎ》我慢慢
兒沿着人家房簷底下, 내 날회여 人家 쳠
하롤 조차.

만만적(慢慢的) 円 천천히. 느리게. 더디
게. ●一⇔날회여.《朴新諺 1, 38ㅈ》慢慢
的調理將養, 날회여 調理 將養ᄒ면.《朴
新諺 1, 42ㅈ》等我醫過了慢慢的牽去, 내
고치믈 기드려 날회여 잇그러 가.《朴新
諺 1, 46ㅈ》慢慢的我與你把盞, 날회여
내 네게 盞 자브마.《朴新諺 1, 57ㅈ》再
慢慢的聚話罷, 다시 날회여 모다 말ᄒ
쟈.《朴新諺 3, 9ㅎ》慢慢的到江南, 날회
여 江南에 가.《朴新諺 3, 17ㅈ》我慢慢的
再指點你, 내 날회여 다시 너를 ᄀ걸ᄒ
마. ●⇔날회여.《集覽, 字解, 單字解, 1
ㅎ》慢. 緩也. 慢慢的 날회여, 慢着 날회
라.《朴新諺 2, 21ㅎ》我隨後慢慢的跟駕
去, 나는 隨後ᄒ여 날회여 駕를 ᄯ와 가

마. 《朴新諺 2, 45ㅎ》你兩箇小廝慢慢的
上去, 너희 두 아히 날회여 올라가. 《朴
新諺 2, 46ㅈ》你上去却要慢慢的走, 네 올
라가되 쏘 날회여 둔니라. 《朴新諺 3, 50
ㅈ》慢慢的把釣鉤垂下水去, 날회여 낙시
를다가 물에 드리워.

만물(萬物) 똉 세상에 있는 모든 것. 《集
覽, 朴集, 上, 5ㅈ》天赦日. 春戊寅・夏甲
午・秋戊申・冬甲子, 謂天道生育萬物而
有其罪也. 甲戊爲陽干之德, 子午爲陰陽
之成, 寅申爲陰陽之立, 以干德配之爲赦
也, 可修造起工(土). 《集覽, 朴集, 下, 9
ㅈ》作作. 爾雅曰, 偶者, 合也. 陰陽相合
則成偶, 謂得中也. 作字從人從午, 萬物至
午則中正, 又年位屬火, 破諸幽暗, 所以作
作名中人也.

만민(萬民) 똉 모든 백성. 또는 모든 사람.
《朴新諺 2, 30ㅈ》萬民無搔擾之憂百姓有
安祥之慶, 萬民이 搔擾ᄒᆞᄂ 근심이 업고
百姓이 安祥ᄒᆞᆫ 慶이 잇도다.

만사(萬事) 똉 온갖 일. 여러 가지 일. 《朴
新諺 3, 44ㅎ》三寸氣在千般有, 三寸 긔운
이 이시매 千 가지 잇더니. 一日無常萬
事休, 一日에 쩟쩟홈이 업스매 萬事ㅣ
休ᄒᆞ다 홈이로다.

만산(滿山) 혱 온 산에 가득하다. 또는 그
런 산. 《朴新諺 2, 38ㅈ》如今正是秋凉天
氣滿山紅葉正好哩, 이제 正히 이 秋凉 天
氣니 滿山 紅葉이 正히 됴타.

만세(萬歲) 똉 경축하거나 환호(歡呼)하
여 외치는 말. 《集覽, 朴集, 中, 8ㅎ》牢子
走. 在大都則自河西務起程, 若上都則自
泥河兒起程, 越三時, 走一百八十里, 直抵
御前, 俯伏呼萬歲.

만수(滿水) 동 물에 가득 차다. 《集覽, 朴
集, 下, 11ㅎ》李白摸月. 李白, 唐玄宗朝
詩人也. 泛釆石江, 見月影滿水, 以手弄月,
身飜〈翻〉而死.

만수일(萬壽日) 똉 황제나 황태후의 생일
을 이르던 말. 《朴新諺 3, 34ㅈ》今日是

萬壽之日(朴新注, 56ㅎ: 皇帝誕日, 亦云
聖節.), 오늘은 이 萬壽日이라.

만실(滿室) 혱 방 안에 가득하다. 《集覽,
朴集, 下, 3ㅎ》趙太祖飛龍記. 宋太祖, 姓
趙, 名匡胤. 母昭獻皇后夢日入懷而孕. 誕
生之夕, 赤光滿室, 異香馥郁.

만안(萬安) 혱 신상(身上)이 아주 평안하
다. ⇔만안ᄒᆞ다(萬安-). 《朴新諺 3, 14
ㅎ》稟父親母親起居萬安, 父親 母親끠 稟
ᄒᆞᄂ니 起居 萬安ᄒᆞ신가.

만안ᄒᆞ다(萬安-) 혱 만안(萬安)하다. ⇔
만안(萬安). 《朴新諺 3, 14ㅎ》稟父親母
親起居萬安, 父親 母親끠 稟ᄒᆞᄂ니 起居
萬安ᄒᆞ신가.

만월(滿月) 동 달이 차다. 갓난애가 태어
난 지 만 한 달이 되다. 《集覽, 朴集, 上,
13ㅎ》滿月. 産書云, 分娩未滿月, 恣食生
冷粘・硬果・菜・肥膩魚・肉之物, 當
時雖未覺大〈有〉損, 滿月之後, 卽成蓐勞.
質問云, 産婦一箇月不出門, 不生理, 只補
養本身, 一月之後出門, 又吃〈喫〉喜酒. 今
按, 喜酒者, 賀生兒之宴.

만월(滿月) 똉 ●보름달. 《集覽, 朴集, 中,
6ㅈ》面圓璧月. 璧, 天生瑞玉, 盈尺餘, 形
圓者也. 佛八十種好, 云面圓淨如滿月.
《朴新諺 2, 29ㅎ》面圓璧月(朴新注, 33ㅎ:
璧, 瑞玉, 形圓者. 佛書云, 面圓淨如滿月.)
身瑩瑠瑰, 낫츤 璧月ᄀ치 두렷ᄒᆞ고 몸은
瓊瑰ㅣ ᄀ치 물그며. ●온달. 꽉 찬 한
달. 결혼한 지 만 한 달. ⇔왼달. 《朴新
諺 1, 44ㅎ》將近滿月, 쟝ᄎ 왼둘에 갓가
오매.

만일 뮈 만일. 만약. ●⇔가여(假如). 《朴
新諺 1, 11ㅎ》假如三両年內倒了, 만일
두세 히 안히 믄허지거든. 《朴新諺 2, 15
ㅈ》假如你染的不如這樣兒上的顔色, 만
일 네 드린 거시 이 樣子엣 빗과 ᄀᆺ지
아니면. 《朴新諺 2, 34ㅈ》假如明日事發
起來, 만일 닉일 일이 니러ᄂ면. ●⇔당
(倘). 《朴新諺 1, 2ㅎ》倘不勾吃, 만일 넉

넉이 먹지 못ᄒ량이면.《朴新諺 2, 19
ㅎ》倘有疾病死亾, 만일 疾病 死亾이 잇
거든. ❸⇔당혹(倘或).《朴新諺 3, 16
ㅈ》倘或邀天之倖, 만일 하ᄂᆯ 倖을 닙어.
❹⇔약(若).《朴新諺 1, 2ㅈ》若買瘦的,
만일 여윈 거슬 사면.《朴新諺 1, 11ㅎ》
若吃你家的飯呢二錢一板, 만일 네 집 밥
을 먹으면 두 돈에 ᄒᆞᆫ 틀을 ᄒ리라.《朴
新諺 1, 24ㅎ》你若每日把他刷洗, 네 만
일 每日에 뎌룰다가 빗겨 싯기고,《朴新
諺 1, 48ㅎ》若把字寫差了的, 만일 글字
ᄅᆞᆯ다가 쓰기룰 그룻ᄒᆞ느니는.《朴新諺
2, 3ㅈ》你若有兩箇油紙帽, 네게 만일 두
油紙帽ㅣ 잇거든.《朴新諺 2, 18ㅈ》他若
再不保好生重重的打, 뎨 만일 다시 구수
치 아니ᄒ거든 ᄀ장 듕히 티라.《朴新諺
2, 26ㅎ》我夫主若知道却了不得, 우리 지
아비 만일 알면 쏘 에워나지 못ᄒ리라.
《朴新諺 2, 49ㅎ》你若到那裏住幾時, 네
만일 더긔 가 여러 ᄣᆡ를 머믈면.《朴新
諺 3, 1ㅎ》若再鬧(鬧)我我就打了, 만일
다시 내게 들레면 내 곳 치라라.《朴新
諺 3, 29ㅎ》若別人却看不透的, 만일 다
ᄅᆞᆫ 사ᄅᆞᆷ이면 쏘 보아 내지 못ᄒ리라.
《朴新諺 3, 40ㅈ》我若跟隨他去, 내 만일
뎌를 ᄯᆞ라가면. ❺⇔약시(若是).《朴新
諺 1, 11ㅈ》若是吃你家的飯, 만일 네 집
밥을 먹을 양이면.《朴新諺 3, 30ㅎ》若
是這等銀子, 만일 이런 은이면. ❻⇔여
(如).《朴新諺 1, 58ㅎ》如過期不還, 만일
ᄒᆞᆫ이 지나 갑지 아니ᄒ거든.《朴新諺 1,
58ㅎ》如無物可准, 만일 물건이 준졀ᄒᆞᆯ
거시 업거든.《朴新諺 2, 19ㅎ》如神奴,
만일 神奴ㅣ.《朴新諺 3, 15ㅎ》如有便人
來京, 만일 便人이 셔울 오리 잇거든.
만일(萬一) 閱 만일. 만약.《朴新諺 1, 52
ㅎ》萬一到那裏沒有錢使用, 萬一 제 가
돈 쓸 거시 업스면.
만자교(滿刺嬌) 閱 원대(元代)에 황제의
옷에 오색(五色)으로 수놓은 무늬. 연못

에 있는 여러 가지 동식물의 모양을 수
놓았다.《集覽, 朴集, 上, 8ㅈ》滿刺〈刺〉
嬌. 質問云, 以蓮花·荷葉·藕〈耦〉·鴛
鴦·蜂蝶之屬〈形〉, 或用五色絨綉, 或用
彩色畫於段帛上, 謂之滿池嬌. 今按, 刺
〈刺〉, 新舊原本皆作池, 今詳文義, 作刺
〈刺〉是. 池與〈与〉刺〈刺〉音相近而訛.
만장간(萬丈澗) 閱 중국의 소설 서유기
(西遊記)에 나오는, 화과산(花菓山) 수렴
동(水簾洞) 앞 철판교(鐵板橋) 아래에 있
는 계곡 이름.《集覽, 朴集, 下, 4ㅈ》孫行
者. 西遊記云, 西域有花菓山, 山下有水簾
洞, 洞前有鐵板橋, 橋下有萬丈澗, 澗邊有
萬箇小洞, 洞裏多猴. 有老猴精, 號齊天大
聖, 神通廣大, 入天宮仙桃園偸蟠桃, 又偸
老君靈丹藥, 又去王母宮偸王母綉仙衣一
套, 來設慶仙衣會.
만지교(滿池嬌) 閱 =만자교(滿刺嬌). '池'
는 '刺'의 다른 표기.《集覽, 朴集, 上, 8
ㅈ》滿刺〈刺〉嬌. 質問云, 以蓮花·荷葉
·藕〈耦〉·鴛鴦·蜂蝶之屬〈形〉, 或用
五色絨綉, 或用彩色畫於段帛上, 謂之滿
池嬌.
만착(慢著) 图 천천히 하다. 느리게 하다.
⇔날회다.《集覽, 字解, 單字解, 1ㅎ》慢.
緩也. 慢慢的 날회여, 慢著 날회라.
만천(萬千) 閱 만이나 천으로 헤아릴 만
큼 많은 수. 곧, 수량이 많음을 형용한
다.《朴新諺 2, 58ㅈ》萬千人裏頭, 萬千人
즁에.《朴新諺 3, 58ㅈ》聚集萬千人把弓
王圍困, 萬千 사ᄅᆞᆷ을 모하 弓王을다가 에
워 困케 ᄒ니.
만천(萬天) 閱 온 하늘. 또는 온 하늘에
가득하다.《朴新諺 3, 22ㅈ》一日先生做
羅天大醮(朴新注, 52ㅈ: 道經云, 覆盖萬
天, 羅絡三界, 極高無上, 謂之大羅. 天醮,
祭名, 祭扵星辰曰醮.), 一日에 先生이 羅
天大醮를 ᄒ더니.
만천하(滿天下) 閱 온 천하.《集覽, 字解,
累字解, 1ㅎ》相識. 俗稱相識, 滿天下知心

能幾人, 謂朋友也.

만청(蔓菁) 圏 순무. ⇔쉿무우. 《朴新諺
2, 39ㅎ》蘿葍, 댓무우. 蔓菁, 쉿무우. 萵
苣, 부로. 葵菜, 아혹. 白菜, 비치. 赤根
菜, 시근치. 芫荽, 고싀. 蔥, 파. 蒜, 마놀.
薤菜, 부치. 荊芥, 형개. 薄荷, 박하. 茼
蒿, 믈쑥. 水蘿葍, 물한댓무우. 胡蘿葍,
노른댓무우. 芋頭, 토란. 紫蘇都好種的,
紫蘇를 다 시믐이 됴타.

-만치 조 -만치. -만큼. 《朴新諺 1, 23ㅈ》
有黃豆大又圓淨有寶色, 콩만치 크고 쏘
圓淨ᄒ고 寶色이 잇ᄂᆞ니라. 《朴新諺 3,
27ㅈ》行者變做五寸大的胡孫, 行者ㅣ 變
ᄒ여 五寸만치 큰 진납이 되여. 《朴新諺
3, 30ㅎ》黃豆大血點紅的好顔色, 콩만치
크고 血點ᄌᆞ치 븕은 됴흔 빗치니. 《朴新
諺 3, 35ㅈ》都是三尺寬肩膀燈盞大的雙
眼, 다 이 석 자나 너른 엇게오 燈盞만치
큰 두 눈이라.

만타 혱 많다. ⇔다(多). 《朴新諺 1, 22ㅈ》
工價也不筭多, 工錢도 만타 못홀 거시니.
《朴新諺 2, 22ㅈ》聽的今年水賊多, 드ᄅ
니 올히 水賊이 만타 ᄒ니. 《朴新諺 3,
7ㅈ》休道黃金貴安樂直錢多, 黃金을 귀
타 니르지 말라 安樂홈이 갑ᄡᅥ미 만타
ᄒ니라.

만행(萬行) 圏 〈불〉 불교도나 수행자들이
지켜야 할 온갖 행동. 《集覽, 朴集, 下,
3ㅈ》三寶. 又法數云, 十號圓明, 萬行具
足, 天龍戴仰, 稱無上尊, 卽佛寶也.

만호(萬戶) 圏 매우 많은 집. 《集覽, 朴集,
下, 11ㅈ》好女不看燈. 其寺觀街巷, 燈明
若晝. 士女夜遊, 車馬塞路, 有足不躡地浮
行數十步者. 阡陌縱橫, 城闉下禁, 五陵年
少, 滿路行歌, 萬戶千門, 笙簧未撤.

만회(萬迴) 圏 당대(唐代)의 고승(高僧).
괵주(虢州) 문향(閿鄕) 사람. 속성(俗姓)
은 장씨(張氏). 만회(萬回)라고도 한다.
호는 법운공(法雲公). 사호(賜號)는 국
공(國公). 무후(武后) 때 내도량(內道場)

에 들어왔으며, 안락공주(安樂公主)의
역모와 현종(玄宗)의 등극을 예언하였
다. 《集覽, 朴集, 中, 5ㅈ》起浮屠於泗水
之間. 中宗問萬迴和尙曰, 僧伽是何人. 迴
曰, 觀音化身.

만히 면 많이. ●⇔다(多). 《朴新諺 1, 11
ㅎ》齊心用力多使些工夫, 齊心 用力ᄒ여
만히 工夫 드려. 把大夯多舂幾十下, 큰 달
고로 만히 여러 번 다으면. 《朴新諺 1,
23ㅈ》多當多贖少當少贖, 만히 뎐당ᄒ면
만히 무르고 젹게 뎐당ᄒ면 젹게 무르ᄂᆞ
니. 《朴新諺 1, 43ㅈ》刮了頭疼, 긁빗기
기를 만히 ᄒ면 마리 알프니라. 《朴新諺
1, 57ㅎ》我多與你些賞錢, 내 만히 너를
賞錢을 주마. 《朴新諺 2, 24ㅈ》多飮了些
燒酒 · 黃酒, 燒酒와 黃酒를 만히 먹고.
《朴新諺 2, 46ㅈ》多有破的, 깨야진 거시
만히 잇다. 《朴新諺 3, 34ㅎ》我必多多的
賞你哩, 내 반ᄃᆞ시 만히 만히 네게 賞ᄒ리
라. 《朴新諺 3, 45ㅈ》不要多也不要少了,
만히도 말고 쏘 젹게도 말라. 《朴新諺
3, 45ㅎ》我就不敢吃多了, 내 곳 감히 먹
기를 만히 못ᄒ노라. ●⇔다다(多多).
《朴新諺 1, 47ㅈ》多多的帶些人事與你還
禮罷, 만히 人事를 가져 네게 還禮ᄒ마.
《朴新諺 1, 55ㅈ》把褥子 · 氊子多多的鋪
上, 요와 담을다가 만히 ᄭᆞᆯ고.

만ᄒ다 혱 많다. ⇔대(大). 《朴新諺 1, 9
ㅎ》今年雨水狠(很)大, 올히 雨水ㅣ ᄀᆞ장
만ᄒ여.

-만ᄒ다 졉 -만하다. 《集覽, 字解, 單字解,
4ㅈ》來. 來往. 又語助. 你來 이바, 夜來
어제, 有來 잇더라, 去來 가다. 又數物而
有餘數, 未的知之辭. 十來箇 여라믄, 十
里來地 십 리만흔 디, 十來日 여라믄 날.

많다 혱 많다. ●⇔다(多). 《朴新諺 1, 2
ㅈ》京城街市上槽房雖多, 京城 저제에 술
집이 비록 만흐나. 《朴新諺 1, 16ㅈ》多
不過両三日, 만하도 両三 日에 지나지 못
ᄒ여. 《朴新諺 1, 20ㅎ》這市上所賣的風

箏色㨾狠(很))多, 져지에 ᄑᆞᄂᆞᆫ 연이 色㨾이 ᄀᆞ장 만하.《朴新諺 2, 13ㅈ》這樻子多不過直得一兩銀, 이 樻 만하야 不過 ᄒᆞᆫ 냥 은이 ᄡᆞ니.《朴新諺 2, 40ㅎ》使鉤子的賊們更多, 갈고리 ᄡᅳᄂᆞᆫ 도적들이 더욱 만하.《朴新諺 2, 48ㅎ》字之形勢狠(很)多大槩如此, 字의 形勢 ᄀᆞ장 만ᄒᆞ나 大槩이 ᄀᆞᄐᆞ니.《朴新諺 3, 2ㅈ》我家裡老鼠多得狠(很), 우리 집의 쥐 ᄀᆞ장 만ᄒᆞ니.《朴新諺 3, 17ㅎ》何必以多為貴呢, 엇지 반ᄃᆞ시 만흠으로 ᄡᅧ 貴홈을 삼으리오.《朴新諺 3, 39ㅎ》比丞相差不多, 丞相에 比컨대 ᄡᅳ미 만치 아니ᄒᆞ니.《朴新諺 3, 41ㅎ》但是他家裡事多怎麽來的呢, 다만 뎌 집의 일이 만ᄒᆞ니 엇지 오리오. ㊁⇔대(大).《朴新諺 3, 31ㅈ》價錢却大哩, 갑시 ᄯᅩ 만ᄒᆞ니라. ㊂⇔야대(偌大).《朴新諺 2, 35ㅎ》把那偌大的家財盡行帶去, 뎌 만ᄒᆞᆫ 家財를다가 다 가져가. ㊃⇔허다(許多).《朴新諺 1, 23ㅈ》當這許多銀子做甚麽, 이 만ᄒᆞᆫ 은을 뎐당ᄒᆞ여 므슴 ᄒᆞ려 ᄒᆞᄂᆞ다. ㊄⇔호사(好些).《朴新諺 3, 2ㅈ》庫房裡放的米都被他吃去了好些, 庫에 둔 ᄡᆞᆯ을 다 제 먹으미 만코. 樻子裡裝的衣服也被他咬破了好些, 樻 속에 너ᄒᆞᆫ 衣服도 제 쳐ᄇᆞ린 거시 만ᄒᆞ니.

말 명 **1** 말[斗]. ⇔두(斗).《朴新諺 1, 13ㅎ》給他量斗的人一百錢, 뎌 말 되ᄂᆞᆫ 사ᄅᆞᆷ을 일 ᄇᆡᆨ 돈을 주고.《朴新諺 1, 13ㅎ》斗斛都要量足, 말과 휘ᄅᆞᆯ 다 됴히 되게 ᄒᆞ라.《朴新諺 3, 37ㅎ》這眞是人不可貌相海不可斗量, 이 진실로 사ᄅᆞᆷ은 可히 얼굴로 보지 못ᄒᆞᆯ 거시오 바다ᄒᆞᆫ 可히 말로 되지 못ᄒᆞᆯ 거시로다. **2** 말[言]. ㊀⇔설(說).《朴新諺 1, 26ㅎ》便依你說, 곳 네 말대로 ᄒᆞ쟈. ㊁⇔어(語).《朴新諺 1, 29ㅈ》古語道, 녯 말에 닐러시되. ㊂⇔언(言).《朴新諺 1, 28ㅎ》以我之言為何如, 내 말을 엇더타 ᄒᆞᄂᆞ뇨. ㊃⇔언어(言語).《朴新諺 2, 54ㅎ》說這般作怪的言語, 이런 괴이ᄒᆞᆫ 말을 니ᄅᆞᆫ다.《朴新諺 2, 55ㅈ》我輸了再不敢違姐姐的言語, 내 지면 ᄯᅩ 감히 각시의 말을 어긔롯지 못ᄒᆞ고.《朴新諺 2, 55ㅈ》姐姐若輸了也再不要違了我的言語如何, 각시 만일 져도 ᄯᅩ 내 말을 어긔롯지 말미 엇더ᄒᆞ뇨. ㊄⇔화(話).《朴新諺 1, 16ㅈ》話不說不明木不鑽不透, 말을 니ᄅᆞ디 아니면 ᄇᆞᆰ디 못ᄒᆞ고 남글 ᄯᅮᆲ디 아니면 ᄉᆞᄆᆞᆺ디 못ᄒᆞᆫ다 ᄒᆞ니라.《朴新諺 1, 25ㅎ》這話是不差的, 이 말이 그르지 아니ᄒᆞ니라.《朴新諺 1, 32ㅈ》你說那裏話來, 네 어ᄃᆡᆺ 말 니ᄅᆞᄂᆞᆫ다.《朴新諺 2, 7ㅈ》咱今日有句知心話對你說, 우리 오ᄂᆞᆯ ᄒᆞᆫ 句ㅣ 심복 아ᄂᆞᆫ 말이 이셔 너ᄃᆞ려 니ᄅᆞ쟈.《朴新諺 2, 22ㅈ》此話眞不眞呢, 이 말이 진뎍ᄒᆞ냐 진뎍지 아니ᄒᆞ냐.《朴新諺 2, 42ㅎ》你們不要說閑話, 너희들은 힘힘ᄒᆞᆫ 말을 니ᄅᆞ지 말고.《朴新諺 2, 56ㅈ》咳百忙裏說甚麽閑話呢, 애 밧분ᄃᆡ 므슴 힘힘ᄒᆞᆫ 말을 니ᄅᆞᄂᆞᆫ다.《朴新諺 3, 11ㅈ》你說甚麽話, 네 무슴 말 니ᄅᆞᄂᆞᆫ다.《朴新諺 3, 19ㅎ》咳禍不單行這話再也不差, 애 禍不單行이란 이 말이 ᄯᅩ 그르지 아니ᄒᆞ다.《朴新諺 3, 58ㅈ》百姓們聽得這話, 百姓들이 이 말을 듯고.

말(末) 명 ㊀가루[粉].《集覽, 朴集, 上, 3ㅎ》細料物. 事林廣記食饌類, 細料物, 官桂・良薑・華撥草・豆蔻・陳皮・縮砂仁〈砂仁〉・八角・茴香各一兩, 川椒二兩, 杏仁五兩, 甘草一兩半, 白檀末半兩. 右共爲細末用之. ㊁중국의 전통 극에서의 중년 남자 배역. 송대(宋代) 잡극(雜劇)에 등장하기 시작하였고, 원대(元代)의 잡극에서의 정말(正末)은 정단(正旦)과 함께 중요한 배역의 하나였다. 경극(京劇)에서의 노생(老生)과 같은 종류에 속한다.《集覽, 朴集, 上, 2ㅎ》院本. 院本則五人, 一曰副淨, 古謂之叅軍, 一曰副末, 古謂之蒼鶻, 鶻能擊禽鳥, 末可打副淨, 古

(故)云, 一曰引戲, 一曰末泥, 一曰孤裝, 又
謂之五花爨弄. 或曰, 宋徽宗見爨國人來
朝, 衣裝・鞵履・巾裹, 傅粉墨, 擧動如此,
使優人効之以爲戲. 其間副淨有散說, 有
道念, 有筋斗, 有科範. 盖古敎坊色長有魏
・武・劉三人, 而魏長於念誦, 武長於筋
斗, 劉長於科範, 至今樂人皆宗之. 質問云,
院本有曰外, 或粧先生・採訪使・考試官
・老人・達達之類, 皆是外扮, 曰淨, 有男
淨・有女淨, 亦㑱醜態, 專一弄言取人歡
笑, 曰末, 粧扮不一, 初則開場白說, 或粧
家人・祇候, 或扮使臣之類, 曰丑, 狂言戲
弄, 或粧醉漢・太醫・吏員・媒婆之類.

말(抹) 图 바르다. ⇔뜻다. 《朴新諺 3, 10
ㅎ》怎麽抹得不平正呢, 엇지 뜻기를 平
正이 못ᄒᆞ엿ᄂᆞ뇨. 《朴新諺 3, 11ㅈ》把泥
鏝來再抹光些, 흙손으로다가 다시 쓰서
번번이 ᄒᆞ라.

말(襪) 图 버선. ⇔쳥. 《朴新諺 1, 29ㅎ》白
絨氈襪上, 흰 보드라온 담쳥에.

말니(末泥) 图 송대(宋代)의 잡극(雜劇)과
금대(金代) 원본(院本)에서 노인(老人)
역을 맡은 배우. 《集覽, 朴集, 上, 2ㅎ》院
本. 院本則五人, 一曰副淨, 古謂之叅軍,
一曰副末, 古謂之蒼鶻, 鶻能擊禽鳥, 末可
打副淨, 古(故)云, 一曰引戲, 一曰末泥, 一
曰孤裝, 又謂之五花爨弄. 或曰, 宋徽宗見
爨國人來朝, 衣裝・鞵履・巾裹, 傅粉墨,
擧動如此, 使優人効之以爲戲. 其間副淨
有散說, 有道念, 有筋斗, 有科範. 盖古敎
坊色長有魏・武・劉三人, 而魏長於念
誦, 武長於筋斗, 劉長於科範, 至今樂人皆
宗之.

말다 图 말다. ❶⇔불(不). 《朴新諺 1, 19
ㅈ》這箇不湏(須)太爺們囑咐, 이ᄂᆞᆫ 모롬
이 太爺들이 당부 말라. 《朴新諺 1, 58
ㅎ》按月送納不致短少拖欠, 돌을 조차 送
納호되 ᄯᅥ르치며 믄그으매 니르게 말
고. ❷⇔불요(不要). 《朴新諺 1, 18ㅈ》
不要別樣鐵, 다른 쇠ᄂᆞᆫ 말고. 《朴新諺 1,

26ㅈ》你不要誇口, 네 쟈랑 말라. 《朴新
諺 1, 46ㅈ》羊皮金不要紙的, 羊皮金을 ᄒᆞ
고 지금으란 말고. 《朴新諺 1, 53ㅎ》你
不要誇口, 네 쟈랑 말라. 《朴新諺 2, 40
ㅎ》不要懶惰, 게얼리 말라. 《朴新諺 2,
55ㅎ》你不要誇口, 네 쟈랑 말고. 《朴新
諺 3, 31ㅎ》你不要自誇, 네 스스로 쟈랑
말라. 《朴新諺 3, 7ㅈ》不要煩惱了, 서그
러 말라. 《朴新諺 3, 45ㅈ》不要多也不要
少了, 만히도 말고 ᄯᅩ 젹게도 말라. 《朴
新諺 3, 36ㅎ》不要冷了, 츳게 말라. ❸
파(罷). 《朴新諺 3, 3ㅈ》你不買便罷, 네
사지 아니려 커든 곳 말라. ❹⇔휴(休).
《朴新諺 1, 37ㅈ》不曾探望你休恠, 일즉 探
望치 못ᄒᆞ여시니 네 허믈 말라. 《朴新諺
1, 56ㅎ》大哥休恠, 큰형아 허믈 말라. 《朴
新諺 3, 9ㅎ》老師傅你也休忙, 老師傅ㅣ 아
너도 밧바 말고.

말다 图동 말다. ❶⇔무(無). 《朴新諺 3, 15
ㅈ》身子粗安無須憂念, 몸이 져기 편안
ᄒᆞ니 모롬이 憂念치 마르쇼셔. ❷⇔물
(勿). 《朴新諺 3, 59ㅈ》聊以奉送幸勿見
笑, 애아로시 ᄡᅥ 밧드러 보내니 힝혀 웃
지 말라. ❸⇔불(不). 《朴新諺 1, 6ㅈ》不
可辜負了好風光, 됴흔 風光을 져브리지
마쟈. 《朴新諺 1, 14ㅎ》不用小車, 져근
술위를 쓰지 말고. 《朴新諺 1, 26ㅈ》咱
們不湏(須)爭論, 우리 모로미 드토지 말
고. 《朴新諺 1, 41ㅎ》不拘多少錢, 아모
만 공젼을 걸리끼지 말고. 《朴新諺 1, 53
ㅈ》不許賴的, 소기믈 허치 마쟈. 《朴新
諺 2, 6ㅎ》且不必誇天上瑤池, ᄯᅩ 반ᄃᆞ시
天上 瑤池를 쟈랑치 말라. 《朴新諺 2, 12
ㅎ》你要使只管問我討不拘多少, 네 쓰고
져 ᄒᆞ거든 그저 ᄉᆞ뢰여 날ᄃᆞ려 달라 ᄒᆞ
여 多少를 거리끼지 말고. 《朴新諺 2, 31
ㅎ》不許到街上去閑遊惹事, 街上에 가 힘
힘이 노라 일내믈 허치 말고. 《朴新諺
3, 24ㅈ》各上禪床坐之分毫不動, 각각 禪
床에 올라 안저 定ᄒᆞ고 分毫도 動치 마

라.《朴新諺 3, 36ㅎ》這的不消說, 이눈
부졀업시 니른지 말라. ❹⇔불요(不要).
《朴新諺 1, 11ㅈ》不要單愛惜你家這幾頓
茶飯, 맛치 네 집 여러 끼 茶飯만 앗기지
말라.《朴新諺 1, 32ㅎ》不要胡討價錢, 간
대로 갑슬 쇠오지 말라.《朴新諺 1, 43
ㅈ》不要只管的刮, 그저 스룽여 긁빗기
지 말라.《朴新諺 2, 8ㅈ》你不要小看我,
네 나를 업슈이너기지 말라.《朴新諺 2,
25ㅎ》不要嫌少, 져금을 혐의치 말라.
《朴新諺 2, 46ㅈ》不要踏破了纏好, 볼 바
째이지 말아야 마치 됴흐리라.《朴新諺
2, 55ㅈ》不要聒譟了快些下罷, 짓궤지 말
고 샐리 두라.《朴新諺 3, 1ㅎ》不要只管
應人了, 그저 스리여 사룸의게 기개이지
말라.《朴新諺 3, 32ㅎ》拿去使用不要吊
了, 가져가 쓰고 써른치지 말라.《朴新
諺 3, 37ㅈ》你不要管, 네 구옵지 말라.
❺⇔불필(不必).《朴新諺 2, 5ㅎ》遊廊 ·
曲徑且不必說, 遊廊과 曲徑은 아직 니른
지 말고. ❻⇔휴(休).《集覽, 字解, 單字
解, 1ㅈ》休. 禁止之辭. 休去 가디 말라.
《朴新諺 1, 54ㅎ》隨常飮食休吃酸 · 甜 ·
腥 · 辣等物, 샹시 음식에 쉰 것 둔 것 비
린 것 민온 것들을 먹지 말고.《朴新諺
2, 26ㅎ》你再來休說這般不曉事的話, 네
뇌여란 이런 일 모로눈 말 니른지 말라.
《朴新諺 2, 43ㅈ》你休胡討價錢, 네 간대
로 갑슬 쇠오지 말라.《朴新諺 2, 51ㅎ》
你休這般說, 네 이리 니른지 말라.《朴新
諺 3, 6ㅈ》衙門處處向南開, 衙門이 곳곳
이 南을 向ㅎ여 여러시나. 有理無錢休入
來, 理 이셔도 돈이 업거든 드러오지 말
라 ㅎ느니라.《朴新諺 3, 7ㅈ》休道黃金
貴安樂直錢多, 黃金을 귀타 니른지 말라
安樂홈이 갑쏘미 만타 ㅎ느니라.《朴新諺
3, 12ㅎ》休尋海上方, 海上方을 춧지 말
라.《朴新諺 3, 30ㅈ》你休village言村語的只
管罵人, 네 村言 村語로 그저 스리여 사
룸을 꾸짓지 말라. ❼⇔휴요(休要).《朴

新諺 1, 48ㅎ》休要懶惰, 懶惰치 말고. 街
上休要遊蕩, 거리에 遊蕩치 말라.

말리다 图 말리다. 권하다. 권고하다. ⇔
권(勸).《朴新諺 2, 34ㅎ》勸他男兒說, 제
스나희룰 말려 니른되.

말믜 図 말미. ⇔가(暇).《朴新諺 3, 40ㅈ》
你何不在衙門裡告幾月暇, 네 엇지 衙門
에 여러 둘 말믜를 告ㅎ고.

말미암다 图 말미암다. ⇔유(由).《朴新諺
2, 30ㅈ》由是威神莫測聖德難量, 일로 말
미암아 威神을 측냥치 못ㅎ고 聖德을 혜
아리기 어려온지라.

말쏙 図 말뚝. ⇔궐자(橛子).《朴新諺 3,
10ㅎ》那裡打一箇橛子絟罷, 거긔 혼 말
쏙을 박고 미라.

말융흉배(抹絨胷背) 図 사라(紗羅) 따위
의 비단에 채색 털실로 흉배의 무늬를
수놓아 만든 옷.《集覽, 朴集, 上, 8ㅎ》抹
絨胷背. 凡於紗羅 · 段帛之上, 以綵絨織
成胷背之紋, 裁成衣服者也. 凡絲之練熟
未合者曰絨, 已合爲綸者曰線.

말제(末帝) 図 오대 양(五代梁)의 제2대
황제(皇帝: 朱友貞)를 일컫는 말.《集覽,
朴集, 下, 12ㅈ》梁貞明. 十一年, 唐人取
曹州, 帝爲其臣皇甫璘所弑, 是爲末帝.

말ㅎ다 图 말하다. ⇔화(話).《朴新諺 1,
57ㅈ》再慢慢的聚話罷, 다시 날호여 모
다 말ㅎ쟈.

맛 図 맛. 취미. 흥미. 재미. ⇔취(趣).《朴
新諺 1, 21ㅈ》也覺得有趣哩, 또 맛 이심
을 끼드룰러라.《朴新諺 2, 50ㅈ》豈不有
趣呢, 엇지 맛 잇지 아니ㅎ랴.

맛굿다 웽 마땅하다. ❶⇔응(應).《朴新諺
3, 31ㅎ》我買這珊瑚却不甚應心, 내 이 珊
瑚를 사되 또 심히 ㅁ옵에 맛굿지 아니
ㅎ다. ❷⇔중(中).《朴新諺 1, 32ㅈ》一
箇也不中使哩, 호나토 쓰기에 맛굿지 아
니ㅎ다.

맛다 图 ❶맛다[被打]. ⇔끽타(喫打).《集
覽, 字解, 單字解, 1ㅈ》喫. 正音키, 俗音

치. 啖也. 喫飯・喫酒. 又被也. 喫打 맛다. 字雖入聲而俗讀去聲, 或呼如上聲. 俗省文作吃. ❷맡다. 담당하다. ⇔승관(承管).《朴新諺 1, 58ㅎ》中保人一面承管代還, 中保人이 一面으로 맛다 ᄀᆞᆯ차 갑흐리라. ❸맞다. 적합하다. ⇔착료(着了).《集覽, 字解, 單字解, 3ㅈ》着. 使之爲也. 着落 히여곰, 着他 뎌 ᄒᆞ야. 又置也. 着塩 소곰 두다. 又中也. 着了 맛다. 又見人所行之事, 正合人所指望之, 方則亦曰着了 마초ᄒᆞ야다. 又實也. 着實 실히. 又語助. 又穿衣服也.

맛당이 🔲 마땅히. ❶⇔의(宜).《朴新諺 2, 24ㅎ》宜用香蘇飮(散), 맛당이 香蘇飮(散)을 쓸지라. ❷⇔해(該).《朴新諺 1, 12ㅎ》該關幾擔呢, 맛당이 몃 짐을 트료.《朴新諺 2, 30ㅎ》也該一同到那南海去, 또 맛당이 ᄒᆞᆫ가지로 뎌 南海예 가.《朴新諺 3, 38ㅎ》三停裡該分與主人二停纔是, 세 운에서 맛당이 主人을 두 운을 ᄂᆞᆫ화 주어야 올커눌.

맛당ᄒᆞ다 📖 마땅하다. ❶⇔중(中).《朴新諺 3, 44ㅎ》㦲爛了也不中吃, 너무 물러도 먹기에 맛당치 아니ᄒᆞ니라. ❷⇔타당(妥當).《朴新諺 2, 19ㅎ》甚是寫得妥當, 심히 이 쁜 거시 맛당호되. ❸⇔합(合).《朴新諺 3, 52ㅈ》大凡七十已上十五已下不合加刑, 무릇 七十 已上과 十五 已下는 加刑홈이 맛당치 아니타 ᄒᆞ니라. ❹⇔해(該).《朴新諺 1, 36ㅈ》這一頓打却也是該的, 이 ᄒᆞᆫ 디위 티미 또 이 맛당ᄒᆞ도다.

맛드다 📖 보증하다. ⇔보관(保管).《朴新諺 1, 11ㅎ》保管你站十年不倒, 네게 十年을 셔서도 믄허지디 아니믈 맛ᄌᆞ 거시니.《朴新諺 1, 12ㅈ》你旣要立箇保管不倒的字兒, 네 이믜 믄허지디 아니믈 맛들 문서ᄅᆞᆯ 셰올 양이면.

맛디다 📖 맡기다. 시키다. ⇔분부(分付).《集覽, 字解, 累字解, 2ㅈ》分付. 맛디다.

又당부ᄒᆞ다.

맛보다 📖 맛보다. ⇔상(嘗).《朴新諺 2, 40ㅈ》我們好嘗新, 우리 새 거슬 맛봄이 됴타.

맛지다 📖 맡기다. ⇔탁(托).《朴新諺 1, 49ㅎ》你家宅上還托我, 네 집의셔 또 내게 맛져.

맛치 🔲 ❶마침. 단지. ⇔단(單).《朴新諺 1, 11ㅈ》不要單愛惜你家這幾頓茶飯, 맛치 네 집 여러 ᄭᅵ 茶飯만 앗기지 말라. ❷마치. 비로소. ⇔재(纔).《朴新諺 1, 4ㅎ》都要學那南方做法纔好吃哩, 다 뎌 南方셔 믄드는 법대로 ᄒᆞ여야 맛치 먹기 됴흐리라.《朴新諺 1, 6ㅎ》弟兄們今日都要吃得酩酊大醉纔妙哩, 弟兄들이 오늘 다 먹어 酩酊 大醉호미 맛치 妙ᄒᆞ리라.《朴新諺 1, 41ㅎ》他要多少錢纔醫呢, 데언머 공전을 밧아야 맛치 고치리오.《朴新諺 3, 5ㅎ》不知到幾時纔得了局哩, 아지 못게라 어닉 ᄣᅢ에 다드라 맛치 판나믈 어드리오.

-맛치 🔤 -만치. -만큼.《朴新諺 2, 11ㅎ》拿一箇一托長碗口大的紅油畫金棒子, ᄒᆞ나 ᄒᆞᆫ 발맛치 길고 사발맛치 큰 불근 칠ᄒᆞ고 금으로 그린 막대롤 가져.

망(妄) 🔲 망령되이. ⇔망녕도이.《朴新諺 3, 20ㅎ》有妄告官司者反坐抵罪, 망녕도이 官司에 告ᄒᆞᆫ 者ㅣ 이시면 反坐ᄒᆞ여 罪에 다ᄃᆞᆺ게 ᄒᆞ엿ᄂᆞ니라.

망(忙) 📖 바쁘다. 분주하다. ❶⇔밧부다.《朴新諺 2, 54ㅈ》我生活忙那能閑要, 내 셩녕이 밧부니 엇지 능히 힘힘히 놀리오. ❷⇔밧브다.《朴新諺 2, 27ㅎ》你且休忙休心焦, 네 아직 밧바 말고 ᄆᆞ음을 투오지 말라.《朴新諺 3, 9ㅎ》老師傅你也休忙, 老師傅ㅣ 아 너도 밧바 말고.

망(忘) 📖 잊다. ⇔닛다.《朴新諺 3, 15ㅈ》想念之心無日能忘, 싱각ᄒᆞᆫ 모음이 니즐 날이 업스이다.

망(望) 📖 ❶보다. 만나보다. 문안하다.

방문하다. ⇔보다.《朴新諺 3, 18ㅎ》不
是去望這位同寅, 이 位 同寅을 가 보지
아니면,《朴新諺 3, 53ㅈ》我到別處去望
相識, 내 다룬 더 가 아는 이를 보려 ᄒᆞ
여. ❷바라다. ⇔ᄇ라다.《朴新諺 1, 15
ㅎ》這麽望太醫老哥, 이러면 ᄇ라건대
太醫 노형은.《朴新諺 1, 57ㅎ》小人豈敢
望賞, 小人이 엇디 敢히 賞을 ᄇ라리오.
《朴新諺 3, 15ㅎ》望卽示明以慰想念, ᄇ
라건대 즉시 示明ᄒᆞ여 ᄡᅥ 아히 넘녀를
위로ᄒᆞ쇼셔.《朴新諺 3, 19ㅈ》也只指望
本官陞一箇好缺, ᄯᅩ 다만 本官이 ᄒᆞ 됴혼
궐에 올므믈 ᄇ라ᄂᆞ니. ❸바라보다. ⇔
ᄇ라다.《朴新諺 2, 5ㅈ》遠望去如在靑雲
裏一般, 멀리 ᄇ라매 푸른 구름 속에 잇
는 듯ᄒᆞ고.

망(網) 몡 그물. ⇔그믈.《朴新諺 2, 6ㅈ》撒
網垂鉤的是大小漁船, 그믈을 티고 낙시
를 드리온 거슨 이 大小 漁船이오.《朴新
諺 3, 49ㅎ》繫船下網, ᄇᆡ 미고 그믈 티며.

망녕도이 閈 망령되이. ⇔망(妄).《朴新諺
3, 20ㅎ》有妄告官司者反坐抵罪, 망녕도
이 官司에 告ᄒᆞᄂᆞᆫ 者ㅣ 이시면 反坐ᄒᆞ여
罪에 다닷게 ᄒᆞ엿ᄂᆞ니라.

망룡(蟒龍) 몡 이무기.《集覽, 朴集, 上, 6
ㅈ》五爪蟒龍. 蟒, 大蛇也. 蟒龍, 謂無角
龍也. 元制, 五爪二角龍爲紋〈文〉者, 止供
御用, 不許下人穿用.

망신(芒神) 몡 봄을 관장한다는 신. 후세
에는 경작(耕作)과 목축(牧畜)의 신으로
모시어 제사를 지내기도 하였다.《集覽,
朴集, 下, 9ㅎ》打春. 東京夢華錄云, 立春
前五日, 造土牛・耕夫・犁具, 前一日順
天府進農牛入禁中鞭春, 府縣官吏・士庶
・耆社, 其鼓樂出東郊迎春, 牛芒神至府
前, 各安方位.《集覽, 朴集, 下, 10ㅈ》頭
戴耳掩或提在手裏. 芒神耳掩以立春時爲
法, 從卯至戌八時, 掩耳用手提, 陽時左手
提, 陰時右手提, 以八時見日溫和也.《集
覽, 朴集, 下, 10ㅎ》立地赶牛. 芒神閑忙,

立春在正旦前後, 各五日內者是忙, 芒神
與牛齊立, 在正旦前五日外者是農早忙,
芒神在牛前立, 正旦後五辰外者是農晚閑,
芒神在牛後立, 子・寅・辰・午・申・
戌陽年, 在左邊立, 丑・卯・巳・未・酉
・亥陰年, 在右邊立.

망아(芒兒) 몡 망신(芒神)을 달리 이르는
말.《朴新諺 3, 46ㅎ》塑着一箇小童子叫
做芒児, 혼 小童子를 민드라 芒児ㅣ라
부르고.《朴新諺 3, 47ㅎ》芒児立在牛背
後, 芒児ㅣ 쇠 뒤히 셔서.

망야(望夜) 몡 음력 보름날 밤.《集覽, 朴
集, 下, 11ㅈ》好女不看燈. 容齋隨筆云,
漢家祠太乙, 以昏時祠到明. 今人正月望
夜, 夜遊觀月, 是其遺事.

망인(亡人) 몡 죽은 사람.《集覽, 朴集, 下,
9ㅎ》碎盆. 未詳源流. 但本國送殯之晨,
在家者見靈輀登道, 卽隨以瓦器擲碎於門
外, 大聲作語曰, 持汝家具而去. 云爾者,
盖使亡人無留念家緣之術也.

망자(凶者) 몡 =망자(亡者). '凶'은 '亡'과
같다.《集韻, 陽韻》亡, 或作凶.《集覽, 朴
集, 下, 9ㅈ》殃榜. 瞿仙肘後經云, 生人所
生之年, 與亡〈凶〉者所死月節〈莭〉相犯則
忌避.

망자(亡者) 몡 죽은 사람.《集覽, 朴集, 下,
9ㅈ》殃榜. 瞿仙肘後經云, 生人所生之年,
與亡〈凶〉者所死月節〈莭〉相犯則忌避.

망포(蟒袍) 몡 이무기를 수놓아 만든, 벼
슬아치의 예복. 일명 화의(花衣).《朴新
諺 1, 29ㅈ》身穿立水貂皮蟒袍, 몸에 슈
결 잇는 貂皮 蟒袍룰 닙고.

맞다 동 ❶맞다[迎]. 맞이하다. ⇔졉(接).
《朴新諺 2, 36ㅈ》明日好往通州接官去,
ᄂᆡ일 通州ㅣ 가 관원 마즈라 가기 됴케
ᄒᆞ라. ❷(비룰) 맞다. ⇔착(着).《朴新諺
2, 32ㅈ》若着了幾遍雨定然要走樣了, 만
일 여러 번 비롤 마즈면 일정 모양이 흘
그리로다.

매 몡 맷돌. ⇔연자(碾子).《朴新諺 1, 40

ㅈ》這是碾子(朴新注, 15ㅈ: 碾, 磨也. 磨
上轉石曰碾, 磨下定石曰磴, 総稱碾.), 이
논 이 매로다.

매(每) 관 ❶매(每). 각각의. 《朴新諺 1, 19
ㅎ》每把價銀五錢, 每 즈릭 갑시 銀 닷 돈
이니. 《朴新諺 1, 32ㅎ》每張只要五錢銀
子, 每 張에 그저 닷 돈 은을 바드려 ᄒ
니. 《朴新諺 1, 33ㅈ》六箇猠皮每張三錢,
여슷 猠皮에 每張에 서 돈식 ᄒ면. 《朴
新諺 1, 33ㅈ》每一両該申五分銀水哩, 每
ᄒ 냥에 五分銀 성수ㅣ 늘리라. 《朴新諺
1, 55ㅎ》每一箇月給二両妳子錢, 每 ᄒ 둘
에 두 냥 졋 갑슬 주고. 《朴新諺 2, 13ㅎ》
這杭州綾子每疋有七托長, 이 杭州ㅅ 綾
이 每 疋에 닐곱 발 기리 잇고. ❷매(每).
⇔민. 《朴新諺 1, 12ㅎ》每擔脚錢你要多
少, 민 짐 삭갑슬 네 언머롤 달라 ᄒ는
다. 《朴新諺 1, 13ㅈ》每擔給你五十大錢
罷, 민 짐에 너롤 五十 대쳔을 주미 무던
ᄒ다. 《朴新諺 2, 8ㅎ》這緞子每尺紋銀五
錢, 이 비단을 민 자히 紋銀 닷 돈식 훌
거시니. 《朴新諺 2, 14ㅈ》五箇南紅絹每
一疋染錢四錢, 닷 필 연다홍 깁은 민 ᄒ
필에 물갑시 너 돈이오. 五箇水紅絹每疋
染錢三錢, 다숫 분홍 깁은 민 필에 물갑
시 서 돈이오.

매(枚) 의 매. 《朴新諺 2, 25ㅈ》引用生薑三
片棗二枚, 引은 生薑 三片 棗 二枚를 쓸
거시니.

매(媒) 명 중매(仲媒). 중매인(仲媒人). ⇔
즁미. 《朴新諺 1, 45ㅈ》做了這媒, 이 즁
미 되여.

매(買) 동 사다. ⇔사다. 《朴新諺 1, 1ㅎ》
買一隻羊要肥的, ᄒ 딱 羊을 사되 술진
거슬 ᄒ라. 《朴新諺 1, 16ㅎ》大街上買段
子去來, 큰 거리에 비단 사라 갓더니라.
《朴新諺 1, 32ㅎ》你要買幾張, 네 몃 쟝을
사려 ᄒ는다. 我要買六箇, 내 여슷을 사
려 ᄒ노라. 《朴新諺 2, 1ㅈ》你用多少銀
子買呢, 네 언머 은에 사려 ᄒ는다. 《朴

新諺 2, 18ㅎ》我今日買得一箇小廝, 내 오
눌 ᄒ 아히 놈을 사니. 《朴新諺 2, 31ㅎ》
你的帽子那裏買來的, 네 갓시 어더셔 사
온 것고. 《朴新諺 3, 2ㅎ》我買一箇, 내
ᄒ나흘 사쟈. 《朴新諺 3, 10ㅈ》這麼快買
石灰麻刀去, 이러면 밧비 회와 삼쎠울을
사라 가라. 《朴新諺 3, 21ㅈ》買幾部閑書
來消遣何如, 여러 部 힘힘ᄒ 칙을 사 와
消遣홈이 엇더ᄒ뇨. 《朴新諺 3, 31ㅈ》不
是買不起, 사지 못ᄒ리라 홈이 아니라.
《朴新諺 3, 32ㅎ》便依他買了罷, 곳 제대
로 사쟈.

매(煤) 명 매탄(煤炭). 석탄. ❶⇔미탄.
《集覽, 朴集, 下, 9ㅎ》煤簡兒. 質問云, 如
碎煤用黃泥水和成塊子, 方言謂之煤簡兒.
《朴新諺 3, 45ㅈ》乾煤簡子還有麼, 모른
미탄 딍이 쏘 잇ᄂ냐. ❷⇔셕탄. 《朴新
諺 3, 10ㅈ》你只與我改做煤火炕, 네 그
저 나를 셕탄 픠오는 캉을 고쳐 민드라
주되. 《朴新諺 3, 10ㅈ》炕前做一箇煤爐
好燒煤, 캉 앏픠 ᄒ 煤爐를 민드라 셕탄
픠오기 됴케 ᄒ라. 《朴新諺 3, 19ㅎ》徃
煤塲塲拉煤去, 煤塲에 셕탄 실라 가더니.

매(賣) 동 팔다. ⇔풀다. 《集覽, 字解, 單字
解, 1ㅈ》待. 擬要也 ᄒ마 그리 ᄒ려 ᄒ다
라. 又欲也. 待賣幾箇馬去 여러 ᄆ롤 풀
오져 ᄒ야 가노라. 《朴新諺 1, 17ㅈ》恐
不肯賣與你哩, 저컨대 즐겨 네게 푸지
아니ᄒ리라. 《朴新諺 1, 31ㅎ》賣猠皮的,
猠皮 풀 리아. 《朴新諺 1, 40ㅎ》両箇先生
合賣藥一箇坐一箇跳, 두 先生이 모다 藥
플 노라 ᄒ나흔 안잣고 ᄒ나흔 쒸노는
거시여. 《朴新諺 2, 1ㅈ》那裏有賣的好
馬, 어디 풀 됴흔 물이 잇ᄂ뇨. 《朴新諺
2, 19ㅈ》賣與某大官人宅下養活, 아모 大
官人의 집의 푸라 주어 養活ᄒ게 호되.
《朴新諺 2, 39ㅈ》這幾日怎的不見有賣菜
子的過去呢, 요ᄉ이 엇지 ᄂ믈 찌 풀 리
디나가는 이 이시믈 보지 못홀소뇨. 《朴
新諺 3, 2ㅈ》那箇拿藍(籃)子盛着猫的不

是賣的麼, 뎌 드라치 가져 괴 담으니 이 풀 리 아니가.《朴新諺 3, 29ㅈ》那賣珠子的你來. 뎌 구슬 풀 리아 이바.《朴新諺 3, 31ㅎ》這便賣了, 이 곳 풀리라.

매(罵) 图 ●꾸짓다. ⇔꾸짓다.《朴新諺 3, 3ㅈ》你為甚麼罵人, 네 므슴호라 사름을 꾸짓는다.《朴新諺 3, 14ㅎ》罵了幾句就走出去了, 여러 귀 꾸짓고 곳 드라나가니.《朴新諺 3, 30ㅈ》你休村言村語的只管罵人, 네 村言 村語로 그저 스러여 사름을 꾸짓지 말라. ●욕(辱)하다. ⇔욕하다.《朴新諺 3, 3ㅎ》你再罵我也罵了, 네 다시 욕호면 나도 욕호리라.《朴新諺 3, 52ㅎ》扣住小人衣領百般打罵, 小人의 옷깃슬 트러잡고 百般 티고 욕호되.

–매 어미 –매.《朴新諺 1, 7ㅎ》看天氣已晚了, 보매 하놀이 이믜 느저시니.《朴新諺 1, 22ㅈ》他做這帶要多少工錢, 뎨 이 씌롤 민들매 언머 工錢을 달라 ㅎ더뇨.《朴新諺 1, 51ㅈ》也不過使二十八九箇錢, 스믈 여둛 아홉 낫 돈을 쁘매 지나지 아니ㅎ리라.《朴新諺 2, 5ㅈ》遠望去如在青雲裏一般, 멀리 브라매 푸른 구름 속에 잇눈 둧ㅎ고.《朴新諺 2, 23ㅈ》眞是遠行知馬力日久見人心, 진실로 이 멀리 가매 몰 힘을 알고 날이 오래매 사름의 무임을 보느니라.《朴新諺 2, 45ㅈ》按月交納不致短少, 둘을 조차 交納ㅎ여 쩌르치매 니르지 아니케 ㅎ리라.《朴新諺 3, 27ㅈ》右邊搭左邊去, 右편으로 글면 左편으로 가매.《朴新諺 3, 42ㅈ》畫虎畫皮難畫骨, 범을 그리매 가족은 그려도 쎠 그리기 어렵고.《朴新諺 3, 46ㅈ》我却從來不曾見過, 내 쏘 본디 일즉 보지 못ㅎ여시매.《朴新諺 3, 50ㅎ》賊人不知去向, 賊人의 去向을 아지 못ㅎ매.《朴新諺 3, 54ㅎ》有箇高麗來的秀才, 혼 高麗로셔 온 秀才 잇다 ㅎ매.

매간아(煤簡兒) 명 =매간자(煤簡子).《集覽, 朴集, 下, 9ㅎ》煤簡兒. 質問云, 如碎

煤用黃泥水和成塊子, 方言謂之煤簡兒.《集覽, 朴集, 下, 9ㅎ》濕煤. 質問云, 如和煤末乾, 濕燒取其燄火, 方言謂之濕煤. 今按, 石炭搥碎, 幷黃土以水和作塊, 晒乾, 臨用篩碎, 納於爐〈炉〉中, 緫謂之水和炭. 未乾者謂之濕煤, 已乾者謂之煤簡兒, 亦曰煤塊子. 其燒過土塊曰乏煤, 揀〈揀〉其土塊, 更和石炭用之.

매간자(煤簡子) 명 매탄(煤炭) 덩이. ⇔민탄덩이.《朴新諺 3, 45ㅈ》乾煤簡子(朴新注, 60ㅎ: 碎煤和黃土. 印成塊子曰煤簡子.)還有麼, 므른 민탄 덩이 쏘 잇느냐.

매계(賣契) 명 토지나 재물을 팔 때 쓰는 계약서. ⇔프는글월.《朴新諺 2, 19ㅎ》看這張賣契, 보니 이 쟝 프는글월이.

매괴자(煤塊子) 명 =매간자(煤簡子).《集覽, 朴集, 下, 9ㅎ》濕煤. 今按, 石炭搥碎, 幷黃土以水和作塊, 晒乾, 臨用篩碎, 納於爐〈炉〉中, 緫謂之水和炭. 未乾者謂之濕煤, 已乾者謂之煤簡兒, 亦曰煤塊子.

매귀(賣貴) 图 비싸게 팔다.《集覽, 朴集, 中, 6ㅎ》解儅庫. 王莽令市官收賤賣貴, 謂如貸錢與民一百箇, 每月收利錢三箇, 銀一兩, 則每月取利三分之類.

매년(每年) 명 매년.《集覽, 字解, 單字解, 1ㅈ》每. 本音上聲, 頻也. 每年, 每一箇. 又平聲, 等輩也, 我每・咱每・俺每 우리. 恁每・你每 너희. 今俗喜用們字.

매로(煤爐) 명 석탄 난로.《朴新諺 3, 10ㅈ》炕前做一箇煤爐好燒煤, 캉 앏픠 흔 煤爐를 민드라 석탄 픠오기 됴케 ㅎ라.

매로자(煤爐子) 명 =매로(煤爐).《朴新諺 3, 45ㅈ》煤爐子也要收拾好了, 煤爐도 收拾ㅎ기를 잘ㅎ라.

매매(每每) 円 매양. 늘. 항상. ⇔미양.《朴新諺 1, 34ㅎ》我每每半夜三更到他家門上尋他, 내 미양 半夜 三更에 제 집 문에 가 져룰 츠자.

매매(買賣) 명 흥정. 거래. ●⇔흥뎡.《朴新諺 1, 33ㅈ》若論買賣銀只該九五色, 만

일 買賣 銀으로 니룰 량이면 그저 九五 셩수ㅣ라.《朴新諺 1, 52ㅈ》京都也沒甚 麼買賣, 셔울도 아모란 買賣 업더라.《朴 新諺 1, 52ㅈ》買賣也沒有利息, 買賣도 利 息이 업스면.《朴新諺 1, 32ㅎ》大小是買 賣, 크나 져그나 이 흥뎡이라. ●⇔흥 뎡.《朴新諺 3, 2ㅎ》又不是大買賣. ᄯᅩ 이 큰 흥졍이 아니니.

매매ᄒ다(買賣-) 图 흥졍하다. 거래하다. ⇔주매매(做買賣).《朴新諺 2, 28ㅈ》一 箇到帽舖裏去學做買賣, ᄒ나흔 帽舖에 가 買賣ᄒ기 빈호고.

매상(每常) 图 매양. 항상. 늘. 자주. ⇔미 양.《朴新諺 3, 56ㅈ》有每常來的沈進中, 미양 오는 沈進中이.

매월(每月) 图 다달이. 매달. 매월.《集覽, 朴集, 上, 5ㅈ》月俸. 中朝〈元制〉官祿, 每 月支〈支〉給. 今此一月四石之俸, 以元制 考之, 乃從九品也. 米·豆曰祿, 鈔·錢· 絹曰俸.《集覽, 朴集, 中, 6ㅎ》解僧庫. 王 莽令市官收賤賣貴, 謂如貸錢與民一百箇, 每月收利錢三箇, 銀一兩, 則每月取利三 分之類.《朴新諺 1, 10ㅈ》揀箇黃道吉日 (朴新注, 4ㅎ: 每月有黃道·白道·黑道, 而黃道最吉. 卽寅·申月, 子·丑·辰· 巳·未·戌日之類.), 黃道 吉日을 골히 여.《朴新諺 1, 47ㅎ》每月多少學錢一箇 呢, 每月에 ᄒ나희게 언머 學錢고.《朴新 諺 2, 45ㅈ》議定每月房租銀二兩, 每月에 집 세 銀 두 냥을 議定ᄒ여.

매인(每人) 图 매 사람. 각자. 저마다.《朴 新諺 1, 1ㅎ》每人出錢一吊五百文, 每人 이 돈 ᄒᆫ 댜(댜)오 五百을 내면.《朴新諺 1, 6ㅈ》每人先痛飮幾盃如何. 每人이 몬 져 여러 잔 痛飮호미 엇더ᄒ뇨.《朴新諺 1, 7ㅈ》飯後每人湏(須)要再吃三盞上馬 盃, 밥 후에 每人이 다시 三盞 上馬盃를 먹고.

매인(媒人) 图 중매인(仲媒人). 중매쟁이. 《集覽, 朴集, 上, 12ㅈ》媒人也有福. 兩次 送禮之日, 媒人各有表裏之賞.《朴新諺 1, 45ㅈ》這媒人也篹是有福的, 이 媒人도 有 福다 ᄒ리로다.

매일(每日) 图 날마다. 매일. ⇔날마다. 《朴新諺 1, 24ㅎ》你若每日把他刷洗, 네 만일 每日에 뎌롤다가 빗겨 싯기고.《朴新 諺 1, 48ㅈ》你每日做甚麽功課, 네 每日 에 므슴 공부ᄒ는다. 每日清早起來, 每 日 清早에 니러.《朴新諺 2, 45ㅎ》每日下 雨房子都漏了, 每日에 비 와 집이 다 시 니.《朴新諺 2, 46ㅈ》每日偸空便上去拿 雀兒, 每日에 뷘 째를 타 곳 올라가 새를 잡노라.《朴新諺 2, 48ㅎ》我每日纔聽明 鍾一聲響, 내 날마다 겨요 明鍾 ᄒᆫ 소리 를 듯고.《朴新諺 2, 48ㅎ》你每日做甚麽, 네 每日에 무엇 ᄒ는다.《朴新諺 2, 49 ㅈ》每日東走西走不得片時歇息, 每日에 동으로 둧고 셔로 ᄃ라 片時도 쉼을 엇 지 못ᄒ니.

매장(煤場) 图 석탄을 쌓아 둔 곳.《朴新 諺 3, 19ㅎ》徃煤場場拉煤去, 煤場에 셕 탄 실라 가더니.

매종(呆種) 图 어리석은 놈의 새끼. (욕하 는 말)《集覽, 朴集, 中, 8ㅈ》呆種. 事林 廣記, 呆, 音爺, 易見雜字, 呆, 音崖. 今俗 之呼, 皆從去聲·여.

매주(賣主) 图 물건을 파는 사람. 상인. 《集覽, 朴集, 中, 2ㅈ》賣主. 一面, 音義云, 猶言賣主自身. 又一面, 詳見字觧.

매주(賣酒) 图 술을 팔다. 또는 그 술.《集 覽, 朴集, 下, 2ㅈ》幌字. 今按, 漢俗, 凡出 賣諸物之家, 俱設標幟之物, 置於門口, 或 於門前起立牌榜, 如曰張家出賣高麗布扇. 一如賣酒家標植青帘之類, 俗呼青帘曰酒 家望子.

매주가(賣酒家) 图 술집.《集覽, 朴集, 下, 2ㅈ》幌字. 今按, 漢俗, 凡出賣諸物之家, 俱設標幟之物, 置於門口, 或於門前起立 牌榜, 如曰張家出賣高麗布扇. 一如賣酒 家標植青帘之類, 俗呼青帘曰酒家望子.

매파(媒婆) 명 혼인을 중매하는 할멈. 《集覽, 朴集, 上, 2ㅎ》院本. 質問云, 院本有曰外, 或粧先生・探訪使・考試官・老人・達達之類, 皆是外扮, 曰淨, 有男淨・有女淨, 亦做醜態, 專一弄言取人歡笑, 曰末, 粧扮不一, 初則開場白說, 或粧家人・祇候, 或扮使臣之類, 曰丑, 狂言戱弄, 或粧醉漢・太醫・吏員・媒婆之類.

맥(脉) 명 =맥(脈). '脉'은 '脈'의 속자. 《正字通, 肉部》脉, 俗脈字. 《朴新諺 2, 24ㅈ》與我把脉息看一看, 나를 脉 보아 주고려. 咳相公脉息, 애 相公의 脉이.

맥(脈) 명 맥. 맥박. ⇔맥식(脈息). 《朴新諺 2, 24ㅈ》與我把脉息看一看, 나를 脉 보아 주고려. 咳相公脉息, 애 相公의 脉이.

맥면(麥麵) 명 밀가루. 《集覽, 朴集, 上, 1ㅈ》拖爐. 音義云, 麵作小餅者〈麵作小餅〉. 質問云, 以麥麵和油蜜印成花餅, 烙熟食之. 《集覽, 朴集, 上, 1ㅈ》隨食. 音義云, 與拖爐相似. 質問云, 以麥麵和油作小餅, 喫茶時食之, 取其香酥. 原本用隨字, 故反〈飯〉譯亦用隨字, 俗音:취, 今更質之, 字作饊, 宜從:쉬音讀, 今俗亦曰饊餅. 《集覽, 朴集, 上, 3ㅎ》蒸捲. 質問云, 麥麵作成五寸長糕, 蒸熟食之. 又云, 以麵爲之, 長疊四折, 用籠蒸熟. 《集覽, 朴集, 下, 6ㅈ》軟肉薄餅. 質問云, 以麥麭〈麵〉作成薄餅片, 而用檻軟肉捲而食之. 《集覽, 朴集, 下, 7ㅈ》酥燒餅. 質問云, 以麥麵〈麭〉用酥油調和作成餅子, 烙熟最酥, 方言謂之酥餅. 《朴新諺 1, 5ㅎ》饅頭, 饅頭와. 蒸食(朴新注, 2ㅎ: 麥麵作糕, 蒸熟食之.), 蒸食과. 小餑餑, 죤 떡이니. 《朴新諺 3, 36ㅈ》薄餅(朴新注, 57ㅈ: 以麥麭作成薄餅片, 而用炒肉捲而食之.), 薄餅과. 煎餅, 煎餅과. 寬條麵, 너븐 국슈와. 掛麵, 무론 국슈와. 芝麻燒餅, 춤째 무친 燒餅과. 黃燒餅(朴新注, 57ㅈ: 以麥麭作餅, 燒黃甚脆.), 누른 燒餅과. 油酥燒餅, 수유에 디딘 燒餅과.

맥식(脉息) 명 =맥식(脈息). '脉'은 '脈'의 속자. 《正字通, 肉部》脉, 俗脈字. 《朴新諺 2, 24ㅈ》與我把脉息看一看, 나를 脉 보아 주고려. 咳相公脉息, 애 相公의 脉이.

맥식(脈息) 명 맥. 맥박. ⇔맥(脈). 《朴新諺 2, 24ㅈ》與我把脉息看一看, 나를 脉 보아 주고려. 咳相公脉息, 애 相公의 脉이.

맹(盟) 동 맹세하다. ⇔밍셰ᄒ다. 《朴新諺 1, 28ㅎ》旣盟之後, 이믜 밍셰혼 후에.

맹일(孟日) 명 지지(地支)가 인(寅)・사(巳)・신(申)・해(亥)인 날. 일 년 사계절의 첫째 달의 지지(地支)인 음력 정월의 인(寅), 4월의 사(巳), 7월의 신(申), 10월의 해(亥)를 통틀어 이르는 말이다. 《集覽, 朴集, 下, 10ㅈ》手拿結線鞭. 鞭子用柳枝, 長二尺四寸, 按二十四氣, 上用結子. 立春在孟日用麻, 仲日用苧, 季日用絲, 用五彩色醮染. 《朴新諺 3, 46ㅎ》手執彩線鞭(朴新注, 61ㅈ: 用柳枝二尺四寸, 按二十四氣, 上用結子. 立春在孟日用麻, 仲日用苧, 季日用絲, 用五彩色醮染.), 손에 彩線鞭을 가지고.

맹호(猛虎) 명 사나운 범. 《集覽, 朴集, 下, 1ㅎ》弓蹶. 今按, 法師徃西天時, 初到師陀國界, 遇猛虎・毒蛇之害, 次遇黑熊精・黃風恠〈怪〉・地湧夫人・蜘蛛精・獅子恠〈怪〉・多目恠〈怪〉・紅孩兒恠〈怪〉, 幾死僅免. 《朴新諺 3, 9ㅈ》撞多少猛虎・毒虫, 언머 猛虎・毒虫을 만나시리오.

머구리 명 개구리. ⇔전계(田鷄). 《朴新諺 3, 1ㅈ》田鷄偏又叫的聒譟, 머구리 편벽히 쏘 우러 짓궨다.

머다 형 멀다. ⇔원(遠). 《朴新諺 2, 43ㅎ》那般差遠着裏, 그러면 쓰미 머니.

머리 명 ❶● 머리. ⇔두(頭). 《朴新諺 3, 23ㅎ》第(第)四割頭再接, 第(第)四는 머리 버혀 다시 닛기 ᄒ쟈. 《朴新諺 3, 27ㅎ》叫大王有肥皂麽與我洗頭, 부르되 大王아 비노ㅣ 잇ᄂ냐 나를 주어 머리 곰게 ᄒ라. 《朴新諺 3, 27ㅎ》頭落在地上,

머리 쩌러져 짜히 잇더니.《朴新諺 3, 28
ㅈ》大仙也割下頭來待要再接, 大仙도 머
리를 버혀 느리와 다시 닛고져 흐거늘.
《朴新諺 3, 34ㅎ》頭戴金盔, 머리에 金투
구 쁘고.《朴新諺 3, 46ㅎ》頭挽雙丫髻,
머리에 가르 샹토 조지고.《朴新諺 3, 47
ㅈ》頭戴幞頭, 머리에 幞頭 쁘고. ●머
리. 대가리. ⇔두(頭).《朴新諺 1, 9ㅈ》
直淥過蘆溝橋上獅子頭了, 바로 蘆溝橋
우희 獅子 머리롤 좀가 넘어.《朴新諺
1, 30ㅈ》馬鐙是獅子頭嵌銀絲的, 등ㅈ논
이 獅子 머리에 銀絲롤 박은 거시오.《朴
新諺 2, 52ㅈ》他前日輸與我的猪頭也不
肯買, 뎨 그젓긔 내게 진 돗희 머리도
즐겨 사지 아니흐니.《朴新諺 3, 28ㅎ》
只剩下一箇虎頭, 그저 흔 범의 머리만 남
아시니. ❷●머리. 꼭대기. ⇔두(頭).
《朴新諺 2, 47ㅈ》卯字頭下着金字右邊加
箇側刀便是, 卯字 머리 아리 金字 흐고
올흔편에 션칼도 흔 거시 곳 이라. ●머
리. 끝. ⇔두(頭).《朴新諺 1, 18ㅈ》象牙
廂頂也要起線的, 象牙로 머리에 전메오
되 또 실 돗치고져 흐노라.《朴新諺 2,
13ㅎ》兩頭有記號, 두 머리에 보람이 이
시니.

머리믠놈 명 중놈. 까까중. ⇔독시(禿廝).
《朴新諺 3, 22ㅎ》伯眼道această禿廝好沒道理,
伯眼이 니르되 이 머리믠놈이 고장 道理
업다 흐고.

머리터럭 명 머리털. ⇔두발(頭髮).《朴新
諺 3, 24ㅈ》拔下一根頭髮變做狗蚤, 흔 낫
머리터럭을 째혀 變흐여 개벼록이 되여.

머무다 동 머물다. ⇔주(住).《朴新諺 1,
41ㅎ》不住的队倒打滾, 머무지 아니흐고
누우쑤러.《朴新諺 2, 6ㅎ》坐在船裏不住
的往來遊玩, 빈에 안자 머무디 아니흐고
往來 遊玩흐니.

머물다 동 머물다. ⇔거주(居住).《朴新諺
1, 36ㅎ》徃深山居住修心懺悔去了, 深山
에 가 머무러 修心 懺悔흐라 가려 흐노라.

머믈다 동 ❶머물다. 또는 남겨 두다. 남
기다. ⇔유하(留下).《朴新諺 1, 56ㅎ》留
下名帖可曾見麼, 名帖을 머므럿더니 일
즉 보신가. ❷머물다. ●⇔정(停).《朴
新諺 2, 10ㅎ》你且停一停, 네 아직 머믈
라. ●⇔주(住).《朴新諺 1, 15ㅎ》在那瘡
口上不住的搽抹, 뎌 瘡 부리에 머므지 말
고 브르고. 便是白日裏也不住的搽, 곳 낫
도 머므지 말고 브르라.《朴新諺 1, 44
ㅎ》又要回家住對月了, 또 본집의 도라
와 버금 돌을 머믈려 흐느니라.《朴新諺
2, 17ㅎ》未必住宿, 머므러 자기 반둧지
아니흐니《朴新諺 2, 45ㅎ》把雨水阻住,
비ㅅ물을다가 막아 머므러.《朴新諺 2,
49ㅎ》你若到那裏住幾時, 네 만일 뎌긔
가 여러 째를 머믈면.《朴新諺 3, 17ㅈ》
不要乞儘勾住了, 要치 아니흐노라 잇긋
넉넉이 머믈리로다.《朴新諺 3, 40ㅎ》住
了一宿便辞别廻來了, 흐룻밤 머므러 곳
하직흐고 도라오롸.《朴新諺 3, 49ㅎ》閒
時節常常住在那靑蒲・紅蓼・灘邊, 한가흔
째에 덧덧이 뎌 靑蒲・紅蓼・灘邊에 머
므러.《朴新諺 3, 55ㅈ》却住在那裡呢, 또
어디 머므러 잇느뇨.

머유기 명 메기. ⇔점어(鮎魚).《朴新諺 1,
20ㅎ》有像仙鶴的・鮎魚的, 仙鶴과 머유
기 조흔 것도 이시며.

먹 명 먹[墨]. ⇔묵(墨).《朴新諺 3, 59ㅈ》
惟有些高麗筆(筆)・墨・紙張, 오직 져기
高麗ㅅ 붓과 먹과 됴희ㅅ 쟝이 이셔.

먹다 동 ❶먹다. 마시다. ●⇔복(服).《朴
新諺 2, 25ㅈ》煎至七分去滓溫服, 달혀 七
分에 니르거든 滓를 브리고 더온 이로
먹으라. ●⇔용(用).《朴新諺 1, 7ㅈ》弟
兄們酒旣勾了用飯罷, 弟兄들아 술이 이
믜 넉넉흐니 밥을 먹음이 무던흐다.《朴
新諺 3, 32ㅈ》大哥請隨意用些, 큰형아
請컨대 뜻대로 먹으라.《朴新諺 3, 59
ㅈ》且請坐一坐再用一杯粗茶, 아직 請컨
대 안즈라 다시 흔 잔 좀차롤 먹쟈. ●⇔

음(飮).《朴新諺 1, 6ㅎ》好多飮幾盃, ᄀ
장 여러 잔 먹고.《朴新諺 2, 24ㅈ》多飮
了些燒酒・黃酒, 燒酒와 黃酒를 만히 먹
고.《朴新諺 2, 49ㅎ》終日裏或對客飮酒
吟詩, 終日토록 或 客을 對ᄒ여 술 먹고
詩를 읇프며. 四⇔흘(吃).《朴新諺 1, 6
ㅎ》弟兄們今日都要吃得酩酊大醉纏妙哩,
弟兄들이 오늘 다 먹어 酩酊 大醉ᄒ미
맛치 妙ᄒ리라.《朴新諺 1, 51ㅎ》買幾杯
避風酒吃, 여러 잔 避風酒를 사 먹으면.
《朴新諺 2, 2ㅎ》後日又要請衙門中同寅
老爺們吃酒, 모리 ᄯ 衙門에 同寅 老爺들
을 청ᄒ여 술 먹으려 ᄒ여.《朴新諺 2,
25ㅈ》吃一兩劑便無事了, 흔두 劑 먹으
면 곳 無事ᄒ리라.《朴新諺 2, 36ㅎ》且
打些酒來吃幾杯解寒何如, ᄯ 져기 술 가
져와 여러 잔 먹어 解寒홈이 엇더ᄒ뇨.
《朴新諺 2, 40ㅈ》一冬好煎湯吃, 흔 겨울
을 달혀 먹기 됴ᄒ니.《朴新諺 3, 8ㅈ》且
熬些芽茶來我吃罷, 아직 져기 芽茶를 달
혀 오게 ᄒ라 내 먹쟈.《朴新諺 3, 31ㅎ》
請大哥到茶舘裡吃茶去, 請컨대 큰형아
茶舘에 가 차 먹으라 가쟈.《朴新諺 3,
54ㅈ》就請你吃酒, 곳 너를 청ᄒ여 술 먹
으리라. ❷먹다. ●⇔식(食).《朴新諺 2,
40ㅎ》無功食祿寢食不安, 功이 업시 祿
을 먹으면 寢食이 편안치 아니타 ᄒ니
라. ●⇔하(下).《朴新諺 3, 45ㅎ》就煮一
脚羊蹄好下飯, 이믜셔 흔 羊의 다리를 술
마 밥 먹기 됴케 ᄒ고. ❸⇔흘(吃).《朴
新諺 1, 2ㅈ》便有羶氣難吃, 곳 노린내 이
셔 먹기 어려오니라.《朴新諺 1, 10ㅎ》
我們自吃飯呢二錢半一板, 우리 이녁 밥
먹으면 두 돈 반에 흔 틀이오.《朴新諺
1, 25ㅎ》看他吃到再添, 제 먹어가는 거
슬 보아 다시 더 주라.《朴新諺 1, 37ㅎ》
如今飯也吃得些却無事了, 이제 밥도 져
기 먹고 ᄯ 無事ᄒ여라.《朴新諺 2, 2ㅎ》
吃了飯回來, 밥 먹고 도라와.《朴新諺 2,
16ㅎ》再捏些匾食預備我吃罷, ᄯ 져기

변시를 비저 내 먹기를 預備ᄒ라.《朴新
諺 2, 37ㅈ》他如今吃的穿的, 뎨 이제 먹
는 것과 닙는 거시.《朴新諺 3, 2ㅈ》庫房
裡放的米都被他吃去了些, 庫에 둔 ᄡ
을 다 제 먹으미 만코.《朴新諺 3, 18ㅈ》
猪・羊・鵝・鴨等類却不少吃的, 猪・
羊・鵝・鴨 等類ㅣ ᄯ 먹을 거시 젹지
아니ᄒ고.《朴新諺 3, 22ㅎ》把祭星茶果
搶來吃了, 祭星ᄒ는 茶果를다가 더위쳐
먹고.《朴新諺 3, 45ㅎ》我就不敢吃多了,
내 곳 감히 먹기를 만히 못ᄒ노라.

먹댱 圕 먹장. ⇔묵정(墨丁).《朴新諺 1,
29ㅎ》騎着一匹墨丁也似黑的肥馬, 흔 필
먹댱ᄀᄎ치 검고 술진 물을 트고.

먹음 圐 먹음. ⇔흘(吃).《朴新諺 1, 2ㅎ》
添着吃如何, 보타여 먹음이 엇더ᄒ뇨.

먹이다 圐 먹이다. ●⇔외(喂).《朴新諺
1, 24ㅎ》等一會再把些草喂他, 흔 지위
기드려 다시 여믈을다가 뎌롤 먹이라.
《朴新諺 1, 24ㅎ》夜裏又用心喂他, 밤에
ᄯ 用心ᄒ여 먹이면.《朴新諺 1, 24ㅎ》
日裏不肯刷不管喂, 나지 즐겨 빗기지 아
니ᄒ며 먹이기를 ᄀ움아지 아니ᄒ고.
《朴新諺 1, 25ㅈ》以後敎小廝們好生替我
喂養, 이후란 아희들로 ᄒ여 ᄀ장 나롤
ᄀ르차 먹이게 ᄒ라.《朴新諺 1, 25ㅈ》
一更一箇輪流起來喂草, 흔 경에 ᄒ나식
돌려 니러 여믈을 먹이되.《朴新諺 1, 25
ㅎ》夜夜如此喂法, 밤마다 먹이는 法을
이ᄀᄎ치 ᄒ고.《朴新諺 1, 42ㅈ》好好的喂
他, 잘 뎌룰 먹이라.《朴新諺 2, 28ㅈ》那
兩箇漢子把那驢・騾喂好了, 뎌 두 놈은
나귀와 노새를다가 먹이기를 잘ᄒ여.
●⇔파(把).《朴新諺 1, 55ㅎ》如今姐姐
把孩子自妳呢, 이제 각시ㅣ 아희를 손조
졋 먹이느냐. ❸⇔포(哺).《朴新諺 1, 56
ㅈ》生下來呢乳哺三年, 나하는 三年을
졋 먹여.

먹잡다 圐 저지하다. 막아내다. 못하게 하
다. ⇔당주(擋住).《朴新諺 3, 5ㅈ》所以

擋住了還不肯發落, 이러모로 먹자바 당
시롱 즐겨 發落디 아니ᄒ고.

멀리 閉 멀리. ⇔원(遠). 《朴新諺 2, 5ㅈ》
遠望去如在靑雲裏一般, 멀리 ᄇ라매 푸
른 구름 속에 잇ᄂ 듯ᄒ고. 《朴新諺 2,
23ㅈ》眞是遠行知馬力日久見人心, 진실
로 이 멀리 가매 ᄆ 힘을 알고 날이 오래
매 사ᄅᆷ의 ᄆᄋᆷ을 보ᄂ니라. 《朴新諺 3,
40ㅎ》只管遠送他怎麼, 그저 ᄉ리여 멀
리 뎌룰 보내여 므슴 ᄒ리오.

멀다 閺 멀다. ⇔원(遠). 《朴新諺 1, 42ㅈ》
咱們男子漢出遠門, 우리 ᄉ나희 먼 듸 나
가.

메다 閛 ●메다. ⇔강(扛). 《朴新諺 1, 14
ㅈ》又要給那扛口帒人的小脚錢, ᄯ 뎌 쟈
르 메는 사ᄅᆷ의 져근 삭갑슬 쎠시니.
●매다. ⇔투(套). 《朴新諺 2, 20ㅎ》還少
套繩, 당시롱 멜 줄과. 撒繩, 쓰을 줄과.
籠頭, 바구레와. 脚索, 지달 솔 바와. 鞍
子, 기르마와. 肚帶等類哩, 오랑 等類ㅣ
업세라.

메오다 閛 메우다[駕]. ⇔대(擡). 《朴新諺
1, 14ㅎ》只僱大馬車一輛, 그저 큰 ᄆ 메
온 술위 ᄒ나흘 삭 내여.

메우다 閛 메우다[駕]. ⇔대(擡). 《朴新諺
3, 46ㅎ》前面擡着彩亭, 앏히 彩亭을 메
윗ᄂ디.

메육 閔 미역. ⇔해채(海菜). 《朴新諺 2,
25ㅎ》這海菜・乾魚・肉脯, 이 메육과
乾魚와 肉脯ᄂ.

멜줄 閛 멜 줄. 봇줄. ⇔투승(套繩). 《朴新
諺 2, 20ㅎ》還少套繩, 당시롱 멜 줄과.
撒繩, 쓰을 줄과. 籠頭, 바구레와. 脚索,
지달 솔 바와. 鞍子, 기르마와. 肚帶等類
哩, 오랑 等類ㅣ 업세라.

-며 閮 -며. 《朴新諺 1, 14ㅎ》這是新布帒
那裏破那裏怕漏呢, 이 새 쟐리라 어더 해
여지며 어더 시기롤 저퍼ᄒ리오. 《朴新
諺 1, 21ㅈ》無識・無知・無憂・無慮, 無
識・無知ᄒ며 無憂・無慮ᄒ여, 《朴新諺

1, 49ㅈ》你若學的成材長大起來, 네 만일
비화 成材ᄒ며 長大ᄒ여. 《朴新諺 2, 6
ㅈ》飛來飛去的是鴛鴦, ᄂ라오며 ᄂ라가
ᄂ 거슨 이 鴛鴦이오. 《朴新諺 2, 29ㅈ》
或作童男或化童女, 或 童男이 되고 或 童
女ㅣ 되며. 《朴新諺 2, 49ㅎ》或著碁彈琴
遣興, 或 바독 두며 거믄고를 타 興을 보
내니. 《朴新諺 3, 9ㅈ》經多少風寒・暑
熱, 언머 風寒・暑熱을 디내며. 《朴新諺
3, 22ㅈ》便拿着拉車觧鋸, 곳 잡아 술위
ᄢ으며 톱질 시겨. 《朴新諺 3, 37ㅎ》還
是打花臺窩児, 당시롱 花臺 굼글 치며.
《朴新諺 3, 49ㅈ》便彈一曲流水・高山,
곳 ᄒ 곡됴 流水・高山을 ᄐ며.

멱 (覓) 閛 찻다. ⇔춫다. 《朴新諺 3, 53ㅎ》
着他沿街叫喚尋覓纔好哩, 뎌로 ᄒ여 거
리를 조차 웨여 츳자야 마치 됴흐리라.

멱라 (汨灑) 閔 =멱라수(汨羅水). '灑'는 '羅'
의 다른 표기. 《玉篇, 水部》灑, 汨灑, 水
名. 《廣韻, 歌韻》灑, 汨灑, 水名. 屈原沈
處. 《朴新諺 3, 50ㅈ》也不問那屈原投江
(朴新注, 62ㅎ: 屈原, 諫懷王不聽, 投汨灑
而死.), ᄯ 뎌 屈原의 投江홈을 뭇지 아니
ᄒ니.

멱라수 (汨羅水) 閔 중국 호남성(湖南省)
북동쪽에 있는 강. 상강(湘江)의 지류.
상류인 멱수(汨水)는 두 곳에서 발원하
여 나수(羅水)와 합류하는데, 이곳을 멱
라연(汨羅淵) 또는 굴담(屈潭)이라고 하
며, 초(楚)나라 굴원(屈原)이 몸을 던져
죽은 곳으로 유명하다. 《集覽, 朴集, 下,
11ㅎ》屈原投江. 屈原, 楚之大夫也. 諫懷
王不聽, 投汨羅水而死.

면 閔 면(面). 표면. ⇔면(面). 《朴新諺 1,
57ㅎ》這弓面上鋪的筋, 이 활 면에 신 힘
을. 《朴新諺 3, 10ㅈ》炕面磚都有麼, 캉
면 벽이 다 잇ᄂ냐. 《朴新諺 3, 10ㅎ》這
炕面上灰泥, 이 캉 면에 회를.

면 (免) 閛 면(免)하다. ⇔면ᄒ다(免-). 《朴
新諺 3, 18ㅎ》這些徭役也不免受這般勞

苦, 이 衙役도 이런 勞苦 바드믈 免치 못
ᄒᆞᄂᆞ니라.《朴新諺 3, 20ㅎ》也不免是閉
門家裡坐禍從天上來, 쏘 이 門을 닷고 집
의 안저셔도 禍ㅣ 天上으로 조차 온다
홈을 免치 못홈이로다.

면(面) 圀 ●낫. ⇔ᄂᆞᆺᄎᆞ.《朴新諺 2, 27ㅎ》
有緣千里能相會, 인연이 이시면 千里라
도 능히 서ᄅᆞ 못ᄃᆞᆺ고. 無緣對面不相逢,
인연이 업스면 ᄂᆞᆺᄎᆞᆯ 디ᄒᆞ여도 서ᄅᆞ 만나
디 못ᄒᆞᆫ다 ᄒᆞ니.《朴新諺 2, 29ㅎ》面圓璧
月身瑩瓊瑰, ᄂᆞᆺ츤 璧月ᄀᆞ치 두렷ᄒᆞ고 몸
은 瓊瑰ㅣ ᄀᆞ치 ᄆᆞᆯ그며.《朴新諺 2, 57ㅎ》
是一箇細長身子團欒面的, 이 ᄒᆞᆫ 크 힐힐
ᄒᆞ고 ᄂᆞᆺ치 두렷ᄒᆞᆫ.《朴新諺 3, 42ㅈ》畫虎
畫皮難畫骨, 범을 그리매 가족은 그려도
뼈 그리기 어렵고. 知人知面不知心, 사ᄅᆞᆷ
을 알매 ᄂᆞᆺ츤 아라도 ᄆᆞᄋᆞᆷ 아지 못ᄒᆞᆫ다
ᄒᆞ니라. ●면(面). 표면. ⇔면.《朴新諺
1, 57ㅎ》這弓面上鋪的筋, 이 활 면에 ᄭᆡᆫ
힘이.《朴新諺 3, 10ㅈ》炕面磚都有麽, 캉
면 벽이 다 잇ᄂᆞ냐.《朴新諺 3, 10ㅎ》這炕
面上灰泥, 이 캉 면에 회를. ●얼굴. ⇔얼
굴.《朴新諺 1, 36ㅎ》咳貴人難見面, 애
貴人을 얼굴 보기 어렵다.

면(面) 의 ●면. 개. (평평한 물건의 수효
를 세는 단위)《朴新諺 3, 47ㅎ》拿着三
丈高的一面大旗, 세 길이나 노픈 一面 大
旗를 가지고. ●번. ⇔번.《集覽, 字解,
累字解, 1ㅎ》一面. 호은자. 又ᄒᆞ녀고로.
又ᄒᆞᆫ 번.

면(眠) 동 자다. ⇔자다.《朴新諺 3, 17ㅎ》
捲盖萬間房, 대되 萬間 집을 지으나. 夜
眠只一廈, 밤에 자기는 다만 ᄒᆞᆫ 간 집이
라 ᄒᆞ니.

면(麵) 圀 ●국수. ⇔국슈.《朴新諺 3, 36
ㅈ》薄餅, 薄餅과. 煎餅, 煎餅과. 寬條麵,
너븐 국슈와. 掛麵, ᄆᆞ론 국슈와. 芝麻燒
餅, 춤깨 무친 燒餅과. ●가루[粉]. ⇔ᄀᆞ
ᄅᆞ.《朴新諺 2, 16ㅈ》麵三斤, ᄀᆞᄅᆞ 서 근
과.

-면 어미 -면.《集覽, 字解, 單字解, 4ㅎ》
便. 去聲, 卽也. 便行 즉재 가니라, 便去
즉재 가리라, 又즉재 가다. 又則也. 便有
곧 잇다, 便是 곧 올ᄒᆞ니라. 又順也, 順
便. 又安也, 便當. 又宜也. 行小便 됴홀
양오로 ᄒᆞ다, 不方便 다히 마지 쉽사디
아니타. 又猶則也. 你去便就有了 너옷
가면 이시리라.《朴新諺 1, 2ㅈ》若買瘦
的, 만일 여윈 거슬 사면.《朴新諺 1, 21
ㅈ》不是顚錢便是踢建子, 돈더디기 아니
면 곳 젹이츠기 ᄒᆞᄂᆞ니.《朴新諺 1, 32
ㅎ》旣是這般說, 이믜 이리 니ᄅᆞ면.《朴
新諺 2, 2ㅈ》一會兒就出來上馬, ᄒᆞᆫ 지위
만 ᄒᆞ면 곳 나와 ᄆᆞᆯ을 ᄐᆞ리라. 上馬往那
裏去, ᄆᆞᆯ을 ᄐᆞ면 어듸를 향ᄒᆞ여 갈러뇨.
《朴新諺 2, 18ㅈ》明日雞鳴我便就要起程
了, 너일 둙이 울면 내 곳 즉시 起程ᄒᆞ려
ᄒᆞᄂᆞ니.《朴新諺 3, 3ㅎ》你再罵我也罵
了, 네 다시 욕ᄒᆞ면 나도 욕ᄒᆞ리라.《朴
新諺 3, 16ㅈ》拜見父母光耀門閭, 父母ᄭᅴ
拜見ᄒᆞ고 門閭를 光耀ᄒᆞ면.《朴新諺 3,
22ㅈ》但見和尙, 다만 즁을 보면.《朴新
諺 3, 40ㅈ》我若跟隨他去, 내 만일 뎌를
ᄯᆞ라가면.

면국(麵麴) 圀 밀을 곱게 갈아 껍질을 버
리고 밀가루로만 디디어 만든 누룩. 고
급술을 빚는 데 쓴다.《集覽, 朴集, 上,
1ㅎ》腦兒酒. 質問云, 做酒用麵麴藥料爲
蘖, 久封不動, 其色紅而味最純厚.

면목(面目) 圀 용모(容貌). 얼굴 모습.《朴
新諺 2, 37ㅎ》他旣變了面目誰保他, 뎨 임
의 面目을 變ᄒᆞ면 뉘 도로혀 뎌롤 긔수
ᄒᆞ리오.

면문(面門) 圀 낯. 얼굴. ⇔ᄂᆞᆺᄎᆞ.《朴新諺
3, 52ㅎ》竟將小人面門打破耳根打傷, ᄆᆞ
춤내 小人의 ᄂᆞᆺ츨다가 텨 ᄭᆡ이고 귀 밋
출 텨 傷히오니.

면상(面上) 圀 ●물체의 겉면.《集覽, 朴
集, 上, 6ㅈ》鑌鐵. 緫〈聡〉龜云, 出西番,
面上自有旋螺花者, 有芝麻花者. 凡刀劍

-면서 [어미] -면서. 《朴新諺 3, 47ㅎ》兩邊擺着走, 두 편에 버러 가면서.

면오(綿襖) [명] 핫옷. 솜저고리. ⇔핫옷. 《朴新諺 2, 59ㅎ》魚白的裁做綿襖, 옥식 빗츤 핫옷 물라 믄드되.

면전(面前) [명] 앞. ⇔앏ㅎ. 《朴新諺 1, 28ㅈ》他向來面前背後, 데 본디 面前 背後ㅎ여. 《朴新諺 3, 22ㅎ》到國王面前正告訴未畢, 國王의 앏희 가 正히 告訴ㅎ기를 뭇지 못ㅎ여서. 《朴新諺 3, 25ㅈ》攙過一頂紅柒橫子來面前放下, 혼 불근 柒혼 궤를 드러 와 앏희 노코. 《朴新諺 3, 28ㅈ》行者直拖的到王面前丟下, 行者ㅣ 바로 쓰어 王의 앏희 가 드리치니.

면전배후(面前背後) [동] 눈앞에서는 복종하는 체하고 등 뒤에서는 배반하다. ⇔면전배후ㅎ다(面前背後-). 《朴新諺 1, 28ㅈ》他向來面前背後, 데 본디 面前 背後ㅎ여.

면전배후ㅎ다(面前背後-) [동] 면전배후(面前背後)하다. ⇔면전배후(面前背後). 《朴新諺 1, 28ㅈ》他向來面前背後, 데 본디 面前 背後ㅎ여.

면주(綿紬) [명] 명주(明紬). (허드레 고치, 부스러기 털 등으로 무늬 없이 짠, 두껍고 견고한 견직물) 《朴新諺 2, 14ㅈ》這綿紬要染鴉青色, 이 綿紬란 야청빗 드리고. 這魚白綿紬原是婦人家大襖裏子, 이 옥식 綿紬는 본디 婦人의 큰옷 안히니. 《朴新諺 2, 14ㅎ》這鴉青綿紬染錢六錢, 이 야청 綿紬는 물갑시 엿 돈이오.

면ㅎ다(免-) [동] 어떤 일을 당하지 않게 되다. ⇔면(免). 《朴新諺 3, 18ㅎ》這些衙役也不免受這般勞苦, 이 衙役도 이런 勞苦바드믈 免치 못ㅎㄴ니라. 《朴新諺 3, 20ㅎ》也不免是閉門家裡坐禍從天上來, 쏘 이 門을 닷고 집의 안저셔도 禍ㅣ 天上으로 조차 온다 홈을 免치 못홈이로다.

멸(滅) [동] ❶죄다 없어지게 하다. 소멸시키다. ⇔멸ㅎ다(滅-). 《朴新諺 3, 22ㅈ》要滅佛敎, 佛敎를 滅코져 ㅎ여. ❷끄다[滅]. 없애다. 소멸시키다. ⇔쓰다. 《朴新諺 2, 27ㅈ》只滅了我這心頭火, 그저 내 이 心頭火를 쓰면. 《朴新諺 2, 27ㅈ》怕沒有滅你的心火治你的心病之時應, 네 心火를 쓰고 네 心病을 고칠 째 업술가 저프랴.

멸ㅎ다(滅-) [동] 멸(滅)하다. ⇔멸(滅). 《朴新諺 3, 22ㅈ》要滅佛敎, 佛敎를 滅코져 ㅎ여.

몃 [관] ❶몃. ─⇔기(幾). 《集覽, 字解, 累字解, 2ㅎ》幾回. 몃 슌. 《集覽, 字解, 單字解, 5ㅎ》家. 止指一數之稱. 一箇家 혼 낫식, 幾箇家 몃 낫식, 又현 낫식, 幾年家 현 히식. 又㝵也. 大家 대개. 又擧姓呼人之稱. 李家·張家. 又呼皇帝曰官家. 又語助. 沒有家 업다. 《集覽, 字解, 累字解, 9ㅎ》幾會. ·몃 슌. 《朴新諺 1, 12ㅎ》該關幾擔呢, 맛당이 몃 짐을 투료. 《朴新諺 1, 16ㅎ》這是幾丈一疋呢, 이 몃 발 혼 疋고. 《朴新諺 1, 18ㅎ》你要打幾件呢, 네 몃 볼을 치이려 ㅎㄴ다. 《朴新諺 1, 32ㅈ》你要買幾張, 네 몃 장을 사려 ㅎㄴ다. 《朴新諺 3, 36ㅈ》官人們要那幾種吃呢, 官人들이 어늬 몃 가지를 먹으려 ㅎㄴ다. ❷⇔다소(多少). 《朴新諺 3, 56ㅎ》你這東國歷代以來有多少年了, 네 이 東國이 歷代 써 옴으로 몃 히나 ㅎ며. ❷ ●몃 (명). ⇔기개(幾箇). 《朴新諺 1, 47ㅎ》你學堂中共有幾箇學生, 네 學堂에 대되 몃 學生이 잇ㄴ뇨. ●몃 (개). ⇔기개(幾箇). 《集覽, 字解, 單字解, 6ㅎ》幾. 數問多少之辭. 幾箇 몃고, 幾時 언제, 幾曾 어늬 제. 《朴新諺 2, 10ㅈ》他說幾箇日子呢, 데 니르기롤 몃 날을 홀ㄴ뇨. 《朴新

諺 2, 52ㅎ》這孩兒幾箇月了, 이 아히 몃 돌이나 ᄒ뇨.

몃 ㉓ 몇 (명). ⇔기개(幾箇).《朴新諺 1, 53ㅈ》咱們幾箇就同去, 우리 몃치 곳 흔가지로 가료.

몃츨 몡 며칠. 얼마. ⇔기(幾).《朴新諺 2, 58ㅎ》今日幾, 오늘이 몃츨고.

명(名) 몡 이름. ⇔일홈.《朴新諺 2, 30ㅈ》若人有難口念菩薩之名, 만일 사룸이 어려움이 잇거든 입에 菩薩의 일홈을 念ᄒ면.《朴新諺 2, 38ㅈ》有箇山名為田盤山, 흔 山이 이시되 일홈을 田盤山이라 ᄒ니.《朴新諺 2, 38ㅈ》又名三盤山, 쏘 일홈을 三盤山이라 ᄒ니.《朴新諺 2, 58ㅈ》名喚許瘦兒, 일홈을 許瘦兒ㅣ라 부르리.《朴新諺 3, 24ㅈ》大仙徒弟名鹿皮, 大仙의 徒弟ㅣ 일홈을 鹿皮라 ᄒ리.《朴新諺 3, 48ㅎ》這都是門的舊名, 이는 다 이 門 녯 일홈이라.《朴新諺 3, 56ㅎ》在下姓韓名彬字文中, 在下ㅣ 姓은 韓이오 일홈은 彬이오 字는 文中이로다.《朴新諺 3, 57ㅈ》那時有箇王名弓裔, 그 째에 흔 님금이 이셔 일홈이 弓裔니.

명(名) 의 명(名). (사람을 세는 단위)《集覽, 朴集, 中, 1ㅈ》分例支應. 正官曰廩給, 從人曰口粮, 通謂之分例. 元制, 正官一員, 一日宿頓, 該支〈支〉米一升, 粆一斤, 羊肉一斤, 酒一升, 柴一束, 經過減半, 從人一名, 止支〈支〉米一升, 經過減半. 今制, 正官一員, 一日經過, 米三升, 宿頓五升, 從人一名, 經過二升, 宿頓三升. 漢俗今云行三坐五.《朴新諺 2, 15ㅎ》正·副使三員從人六名, 正·副使 三員과 從人 六名에.《朴新諺 2, 16ㅈ》從人六名, 從人 六名에.《朴新諺 2, 17ㅈ》六名跟役騎的, 六名 跟役이 톨 거슨.

명(命) 몡 운수(運數). 운명(運命).《朴新諺 3, 23ㅎ》唐僧道遵命, 唐僧이 니르되 命을 조츠리라.

명(明) 동 밝히다. ⇔붉히다.《朴新諺 1,

19ㅎ》說明了放下之銀, 닐러 붉히고 之흔 銀을 두고.

명(明) 閉 밝히. 밝게. ⇔붉히.《朴新諺 1, 13ㅎ》對他說明, 더드려 니르기를 붉히 ᄒ여.

명(明) 톙 ●명백하다. 뚜렷하다. ⇔명백ᄒ다(明白-).《朴新諺 3, 52ㅈ》大明律上載明, 大明律에 실린 거시 明白ᄒ니. ●밝다. ⇔붉다.《朴新諺 1, 16ㅈ》話不說不明木不鑚不透, 말을 니르디 아니면 붉디 못ᄒ고 남글 뚧디 아니면 스뭇디 못ᄒ다 ᄒ니라.《朴新諺 1, 26ㅎ》但講明了, 다만 강뎡ᄒ여 붉게 ᄒ고.《朴新諺 3, 43ㅎ》直到天明, 바로 하눌이 붉기에 니르더라.

명(鳴) 동 울다. ⇔울다.《朴新諺 2, 18ㅈ》明日雞鳴我便就要起程了, 닐일 둙이 울면 내 곳 즉시 起程ᄒ려 ᄒ노니.《朴新諺 2, 18ㅈ》老爺雞鳴了請起來罷, 老爺ㅣ 아 둙이 우러시니 쳥컨대 니러나라.

명간(冥間) 몡 〈불〉 사람이 죽은 뒤에 간다는 영혼의 세계.《集覽, 朴集, 下, 11ㅈ》金榜. 唐崔昭暴卒復甦云, 見冥間〈間〉列榜〈㭚〉, 書人姓名, 將相金榜〈㭚〉, 次銀榜〈㭚〉, 州縣小官鐵榜〈鉄榜〉. 故今之科第〈苐〉綴名之榜〈㭚〉, 謂之金榜.《朴新諺 3, 49ㅈ》諒你要金榜(朴新注, 62ㅎ: 唐崔昭暴卒復甦, 云, 見冥間列榜, 書人姓名, 將相金榜, 次銀榜, 小官鉄榜. 近世以科甲爲金榜.)題名的書生, 혜아리건대 너 金榜에 題名코져 ᄒ는 書生이.

명기(銘記) 몡 금석(金石) 따위에 새긴 글. 칭송이나 경계의 내용으로 대부분 운문(韻文)이다.《集覽, 朴集, 中, 5ㅈ》起浮屠於泗水之間. 唐龍朔初, 於泗州臨淮縣信義坊, 將建伽藍, 掘得古香積寺銘記幷金像一㪟, 上有普照王佛字, 遂建寺焉.

명년(明年) 몡 내년.《集覽, 朴集, 下, 5ㅈ》蠍〈蝎〉虎. 五月五日捕其生者, 飼以朱砂, 明年端午搗〈擣〉之, 點宮人臂上, 經事則

消, 否則雖死不改, 故名曰守宮.

명리(名利) 똉 명성과 이익. 명예와 이익. 《朴新諺 3, 49ㅈ》我棄了名利, 내 名利를 ㅂ리고.

명문(命門) 똉 오른쪽 신장(腎臟)을 이르는 말. 《集覽, 朴集, 中, 3ㅈ》尺脉較沈. 人手有寸·關·尺三部脉. 尺脉主腎命門, 屬水而沈. 脾屬土.

명백(明白) 뵘 명백하게. 뚜렷하게. ⇔명백히(明白-). 《朴新諺 2, 25ㅈ》藥方上寫得明白, 藥방문에 쓰기를 明白히 ㅎ여시니.

명백(明白) 톙 명백하다. 뚜렷하다. ⇔명백ㅎ다(明白-). 《集覽, 朴集, 上, 10ㅎ》發落. 吏學指南云, 明白散附也. 《朴新諺 1, 3ㅎ》這牌票上寫得明白, 이 牌票에 쓴 거시 明白ㅎ니. 《朴新諺 3, 20ㅎ》大明律上條例載得明白, 大明律 條例에 실린 거시 明白ㅎ니.

명백히(明白-) 뵘 명백(明白)하게. 뚜렷하게. ⇔명백(明白). 《朴新諺 2, 25ㅈ》藥方上寫得明白, 藥방문에 쓰기를 明白히 ㅎ여시니.

명백ㅎ다(明白-) 톙 명백(明白)하다. ● ⇔명(明). 《朴新諺 3, 52ㅈ》大明律上載明, 大明律에 실린 거시 明白ㅎ니. ●⇔명백(明白). 《朴新諺 1, 3ㅎ》這牌票上寫得明白, 이 牌票에 쓴 거시 明白ㅎ니. 《朴新諺 3, 20ㅎ》大明律上條例載得明白, 大明律 條例에 실린 거시 明白ㅎ니.

명부(命婦) 똉 봉작(封爵)을 받은 부인을 이르는 말. 《朴新諺 1, 44ㅈ》珠鳳冠(朴新注, 17ㅈ: 命婦冠也. 有五鳳冠, 有九鳳冠, 餙以珠翠.), 珠鳳冠과.

명성(名聲) 똉 세상에 널리 퍼져 평판 높은 이름. 《朴新諺 1, 19ㅈ》好與不好都是小舖的門面(朴新注, 7ㅎ: 如家聲·名聲之義.), 됴흐며 됴치 아니미 다 이 小舖의 門面이라.

명수(名數) 똉 단위(單位)의 이름과 수치를 붙인 수. 《集覽, 字解, 單字解, 7ㅈ》般. 名數也. 諸般 여러 가짓. 又等也. 一般. 又多也.

명언(名言) 똉 사리에 맞는 훌륭한 말. 《集覽, 朴集, 中, 5ㅈ》居士宰官. 飜〈翻〉譯名義云, 愛談名言, 淸淨自居, 又多積財貨, 居業豐〈豊〉盈, 皆謂之居士.

명영(明瑩) 톙 밝고 깨끗하다. 《集覽, 朴集, 上, 9ㅎ》紫鴉忽. 瓔也. 出南番·西番. 性堅滑, 有紅瓔·紫瓔, 亦有淡者, 色明瑩. 有大如指面者, 儘大儘貴. 古語云, 瓔重一錢, 十萬可相. 《朴新諺 1, 23ㅎ》両對寶石(朴新注, ㅎ: 出南蕃·西蕃, 性堅滑, 色淡紅明瑩.)廂嵌的鬓簪, 두 빵 寶石에 뎐메워 날박은 鬓簪과.

명왕(明王) 똉 〈불〉 무서운 얼굴을 하고 악마(惡魔)를 굴복시키며 불법(佛法)을 지킨다는 신장(神將). 《集覽, 朴集, 下, 5ㅈ》金頭揭地·銀頭揭地·波羅僧揭地. 西遊記云, 釋迦牟尼佛在靈山雷音寺演說三乘敎法, 傍有侍奉阿難·伽舍諸菩薩·聖僧·羅漢·八金剛·四揭地·十代明王·天仙·地仙.

명일(明日) 똉 내일. ⇔닉일. 《朴新諺 1, 22ㅎ》你明日領我去, 네 닉일 나룰 드려 가. 《朴新諺 1, 35ㅈ》今日推明日明日推後日, 오눌은 닉일 미뤄고 닉일은 모릭 미뤼니. 《朴新諺 2, 2ㅎ》明日就那裏上了墳, 닉일 임의셔 게셔 上墳ㅎ고. 《朴新諺 2, 17ㅈ》明日三位老爺騎坐的, 닉일 三位 老爺ㅣ 톨 거슨. 《朴新諺 2, 17ㅎ》使臣明日到這站, 使臣이 닉일 이 站에 다드라. 《朴新諺 2, 18ㅈ》明日雞鳴我便就要起程了, 닉일 둙이 울면 내 곳 즉시 起程ㅎ려 ㅎ느니. 《朴新諺 2, 34ㅈ》假如明日事發起來, 만일 닉일 일이 니러느면. 《朴新諺 2, 36ㅈ》明日好往通州接官去, 닉일 通州ㅣ 가 관원 마즈라 가기 됴케 ㅎ라. 《朴新諺 2, 44ㅈ》明日就搬, 닉일 곳 올무리라. 《朴新諺 2, 54ㅈ》今日死明日死都

是定不得的, 오늘 죽을 똥 닉일 죽을 똥
다 定치 못ᄒᆞᄂᆞ니.

명자(名字) 뎽 이름. ⇔일홈. 《朴新諺 1,
27ㅎ》把衆朋友名字都寫出來, 모든 벗의
일홈을 다 뼈 내여.

명정(酩酊) 동 술에 흠뻑 취한 모양. 《朴
新諺 1, 6ㅎ》弟兄們今日都要吃得酩酊大
醉纏妙哩, 弟兄들이 오늘 다 먹어 酩酊
大醉ᄒᆞ미 맛치 妙ᄒᆞ리라.

명정대취(酩酊大醉) 동 명정(酩酊)하다.
또는 그러한 모양을 형용하는 말. 《朴新
諺 1, 6ㅎ》弟兄們今日都要吃得酩酊大醉
纏妙哩, 弟兄들이 오늘 다 먹어 酩酊 大
醉ᄒᆞ미 맛치 妙ᄒᆞ리라.

명종(明鍾) 뎽 바라. 파루(罷漏). 《朴新諺
2, 48ㅎ》我每日纏聽明鍾一聲響, 내 날마
다 계요 明鍾 ᄒᆞᆫ 소리를 듯고.

명차(名茶) 뎽 이름 있는 좋은 차. 유명한
명차. 《朴新諺 3, 32ㅈ》你先倒一椀六安
・一椀松蘿(朴新注, 55ㅎ: 六安・松蘿,
皆地名, 而産茶最佳故, 曰以名茶.), 네 몬
져 ᄒᆞᆫ 사발 六安차와 ᄒᆞᆫ 사발 松蘿차를
부어 오고.

명찰(名刹) 뎽 이름난 사찰. 유명한 절.
《朴新諺 3, 12ㅎ》慶壽寺(朴新注, 48ㅎ:
在京都西南, 素稱名刹.)裡做盂蘭勝會, 慶
壽寺에서 盂蘭勝會를 ᄒᆞᆫ다 ᄒᆞ니.

명창(明昌) 뎽 남송(南宋) 효종(孝宗) 때
금(金)나라 장종(章宗: 完顔璟)의 연호
(1190~1196). 《集覽, 朴集, 上, 4ㅎ》蘆溝
橋. 其一東南流, 入于蘆溝, 又東入于東安
縣界. 去都城三十里, 有石橋跨于河, 廣二
百餘步, 其上兩旁皆石欄, 雕刻石獅, 形狀
奇巧, 成於金明昌三年.

명첩(名帖) 뎽 명함(名銜). 《朴新諺 1, 56
ㅎ》留下名帖可曾見麼, 名帖을 머므럿더
니 일즉 보신가.

명칭(名稱) 뎽 사람이나 사물 따위를 부
르는 이름. 《集覽, 朴集, 上, 1ㅎ》外郎.
泛稱各衙門吏典之號. 俗嫌其犯於員外郎

之號, 呼外字爲上聲. 大小衙門吏典名稱
各異.

명투(明透) 혱 투명하다. 《集覽, 朴集, 下,
5ㅈ》蜜煎. 事林廣記云, 凡煎生果, 最要逐
其本性, 酸苦辛硬隨性製之. 以半蜜半水
煮十數沸, 乘熟控乾, 別換新蜜, 入銀石器
內, 用文・武火煮, 取其色明透爲度. 入新
缶盛貯, 緊密封窖, 勿令生虫.

명하(名下) 뎽 (어떤 사람의) 명의(名義).
명칭(名稱). 이름. 《朴新諺 1, 58ㅈ》情愿
憑中借到某人名下紋銀五十両整, 情愿으
로 중인을 의빙ᄒᆞ여 某人 名下에 紋銀
五十両 덩이롤 쭈되. 《朴新諺 2, 44ㅎ》
今租到本坊沈名下住房一所, 이제 本坊
沈가의 名下에 사는 집 ᄒᆞᆫ 곳을 셰내되.

명화(名花) 뎽 아름다워서 이름난 꽃. 《朴
新諺 2, 5ㅎ》與那名花・奇樹也不知其數,
다못 뎌 名花와 奇樹는 그 수롤 아지 못
ᄒᆞ니.

모 의 모. 모서리. ⇔각(角). 《朴新諺 1, 20
ㅎ》有八角的・六角的・四方的, 여듧 모
것과 여슷 모 것과 네모 것도 이시며.

모(毛) 뎽 털. ⇔털. 《朴新諺 1, 46ㅎ》除了
氊子馳毛之外, 담과 약대 털을 더론 밧
긔. 《朴新諺 2, 1ㅎ》有一箇土黃馬毛片
好, ᄒᆞᆫ 고라물이 이셔 털 빗치 됴ᄒᆞ되.
《朴新諺 3, 24ㅈ》他也拔下一根毛來, 데
쏘 ᄒᆞᆫ 낫 털을 쌔혀.

모(母) 뎽 암. 암컷. ⇔암. 《朴新諺 3, 2ㅎ》
我要這有花兒的母猫, 내 이 어룽 암 괴롤
사려 ᄒᆞ니.

모(某) 관 아무[某]. ●⇔아모. 《朴新諺 2,
19ㅈ》賣與某大官人宅下養活, 아모 大官
人의 집의 ᄑᆞ라 주어 養活ᄒᆞ게 호되. 《朴
新諺 3, 50ㅎ》今年某月某日, 今年 아모
둘 아모 날. 《朴新諺 3, 50ㅎ》直至某處,
바로 아모 곳에 니르되. 《朴新諺 3, 52
ㅈ》本年某月某日, 本年 아모 둘 아모 날.
小人前往某處, 小人이 아모 곳에 가더니.
●⇔아므. 《朴新諺 3, 50ㅎ》告狀人某寸

某人, 告狀ᄒᆞᄂᆞᆫ 사ᄅᆞᆷ 아므 村에 아뫼.

모(某) 団 아무[某]. ⇔아모. 《朴新諺 1, 28
ㅈ》這位劉某人, 이 위 劉 아뫼ㅣ란 사ᄅᆞᆷ
이. 《朴新諺 1, 59ㅈ》中保人某某, 中保人
아모 아모ㅣ. 《朴新諺 3, 50ㅎ》告狀人某
寸某人, 告狀ᄒᆞᄂᆞᆫ 사ᄅᆞᆷ 아므 村에 아뫼.

모(帽) 圏 갓. 모자. ●⇔갓. 《朴新諺 2,
32ㅈ》這帽樣做得平常, 이 갓 모양이 민
들기롤 平常이 ᄒᆞ엿다. 《朴新諺 2, 32
ㅎ》李大的帽樣, 李大ㅣ의 갓 모양이. ●
⇔갓ㅅ. 《朴新諺 2, 32ㅈ》一頂要雲南氊
大帽, ᄒᆞ나흔 雲南氊 큰갓슬 ᄒᆞ고, 《朴新
諺 2, 32ㅎ》一頂要陝(陝)西赶來的白駝氊
大帽, ᄒᆞ나흔 陝(陝)西셔 미러온 白駝氊
큰갓슬 ᄒᆞ되, 《朴新諺 3, 33ㅎ》你看我這
帽頂子, 네 보라 내 이 갓세 딩ᄌᆞㅣ.

모(貌) 圏 얼굴. 용모. 외모. ⇔얼굴. 《朴
新諺 1, 44ㅈ》那女孩兒又生的十分美貌,
뎌 새각시 ᄯᅩ 삼긴 거시 ᄀᆞ장 고은 얼굴
이니. 《朴新諺 3, 37ㅈ》這眞是人不可貌
相海不可斗量, 이 진실로 사ᄅᆞᆷ은 可히 얼
굴로 보지 못ᄒᆞᆯ 거시오 바다흔 可히 말
로 되지 못ᄒᆞᆯ 거시로다.

모(謀) 圄 꾀하다. 계책을 세우다. 도모하
다. ⇔꾀ᄒᆞ다. 《朴新諺 2, 34ㅈ》又奪了
也謀死他, ᄯᅩ 앗고 ᄯᅩ 뎌를 꾀ᄒᆞ여 죽여
《朴新諺 2, 35ㅈ》也要謀死他, ᄯᅩ 뎌롤 꾀
ᄒᆞ여 죽이려 ᄒᆞ니.

모관쥬 圐 모감주. (무환자나뭇과의 낙엽
활엽 교목. 씨로는 염주를 만들고 정원
수로 재배한다) ⇔목환(木槵). 《集覽, 朴
集, 上, 2ㅈ》龍眼. 一名圓眼. 樹如荔支
〈支〉, 但枝葉稍小, 其子形如彈丸, 核如木
槵, 肉白, 漿甘如蜜, 五六十顆作穗. 荔支
〈支〉熟後龍眼熟, 號荔奴. 木槵, 卽本國모
관쥬. 槵, 音患.

모긔 圐 모기. ●⇔문(蚊). 《朴新諺 3, 4
ㅈ》做一頂蚊帳掛着睡纔好, 흔 볼 모긔帳
을 민드라 치고 자야 마치 됴ᄒᆞ리라. ●
⇔문자(蚊子). 《朴新諺 3, 3ㅎ》蚊子咬的

當不的, 모긔 므러 當치 못ᄒᆞ니. 《朴新諺
3, 4ㅈ》蚊子也畢竟少些, 모긔도 畢竟 져
그리라.

모긔장(-帳) 圐 모기장. ⇔문장(蚊帳).
《朴新諺 3, 4ㅈ》做一頂蚊帳掛着睡纔好,
흔 볼 모긔帳을 민드라 치고 자야 마치
됴ᄒᆞ리라.

모낭(某娘) 圐 비천한 부인. 《集覽, 朴集,
上, 11ㅎ》娘子. 子謂母曰娘, 字作孃. 又
少女之稱, 字作娘. 孃·娘亦通用. 南村輟
耕錄云〈南村輟耕錄〉, 世俗穩婆曰老娘,
女巫曰師娘, 唱〈娼〉婦曰花娘, 達人又曰
草娘, 苗人謂妻曰夫娘, 南方謂婦人無行
者曰夫娘, 謂婦人之卑賤者曰某娘, 曰幾
娘, 鄙之曰婆娘. 今俗稱〈称〉公主·宮女,
下至庶人妻, 皆曰娘子.

모년(某年) 圐 아무 해. 《朴新諺 1, 59ㅈ》
某年月日借錢人趙寶兒, 某年月日에 돈
ᄭᅮᆫ 사ᄅᆞᆷ 趙寶兒와.

모다 圄 몰다[驅]. ●⇔간(趕). 《集覽, 字解,
單字解, 2ㅎ》趕. 音干, 上聲. 亦作趂. 趁
也, 及也. 赶上 밋다. 又逐也. 赶出去 내티
다. 又驅也. 赶牛 쇼 모다. ●⇔간(趂).
《集覽, 字解, 單字解, 2ㅎ》趕. 音干, 上聲.
亦作趂. 趁也, 及也. 赶上 밋다. 又逐也.
赶出去 내티다. 又驅也. 赶牛 쇼 모다.

모도다 圄 모으다. ⇔주(湊). 《朴新諺 1,
24ㅈ》共湊二百両之數, 대되 二百両 數롤
모도아야.

모든 団 모든. ⇔중(衆). 《朴新諺 1, 7ㅈ》
衆弟兄們, 모든 弟兄들이. 《朴新諺 1, 27
ㅎ》把衆朋友名字都寫出來, 모든 벗의
일홈을 다 ᄡᅥ 내여. 《朴新諺 1, 28ㅎ》衆
朋友們, 모든 벗들은. 《朴新諺 3, 27ㅎ》
衆人喝采(保)說佛家法力大贏了, 모든 사
ᄅᆞᆷ이 혀츠고 니ᄅᆞ되 佛家ㅣ 法力이 크다
이긔엿고나. 《朴新諺 3, 43ㅎ》衆和尙,
모든 和尙이. 《朴新諺 3, 58ㅈ》又着人前
去曉諭衆百姓道, ᄯᅩ 사ᄅᆞᆷ으로 ᄒᆞ여 나아
가 모든 百姓들의게 曉諭ᄒᆞ여 니ᄅᆞ되.

모돈 팬 모든. ⇔중(衆). 《朴新諺 1, 28ㅈ》
咱衆弟兄們自結拜之後, 우리 모돈 弟兄
들이 結拜호 後로부터. 《朴新諺 3, 46
ㅎ》順天府官員與欽天監衆官們, 順天府
官員과 다못 欽天監 모돈 관원들이. 《朴
新諺 3, 47ㅎ》衆官員們都燒香禮拜, 모돈
官員들이 다 燒香 禮拜호여.

모래 명 모래. ⇔사자(沙子). 《朴新諺 3,
45ㅈ》我咬着一塊沙子, 내 혼 덩이 모래
를 무니.

모로 팬 모루. (불린 쇠를 올려놓고 두드
릴 때 받침으로 쓰는 쇳덩이) ⇒철침(鐵
枕). 《朴新諺 3, 33ㅎ》如鐵鎚・鉗子・鐵
枕・鍋児, 마치와 집게와 모로와 도관
ᄀ튼 거슬.

모로다 동 모르다. ●⇔부지(不知). 《朴新
諺 1, 15ㅈ》不知甚麼瘡, 모로리로다 므
슴 瘡인디. 《朴新諺 3, 34ㅎ》不知多多少
少, 모로리로다 언메런지. ●⇔불효(不
曉). 《朴新諺 2, 26ㅎ》你再來休說這般不
曉事的話, 네 뇌여란 이런 일 모로는 말
니르지 말라.

모로매 팬 모름지기. 반드시. ⇔호대(好
歹). 《集覽, 字解, 單字解, 6ㅈ》歹. 惡也,
雜也. 又好歹 모로매. 集韻作觪.

모로미 팬 모름지기. 반드시. ⇔수(須).
《朴新諺 1, 15ㅎ》不湏(須)貼膏藥, 모로
미 膏藥을 부치디 말라. 《朴新諺 1, 19
ㅈ》大槩湏(須)得五錢價銀一件, 大槩 모
로미 닷 돈 은에 혼 불을 어드리라. 《朴
新諺 1, 26ㅎ》咱們不湏(須)爭論, 우리 모
로미 드토지 말고. 《朴新諺 2, 18ㅈ》茶
飯也須早些辦備, 茶飯도 모로미 일즉이
辦備호게 호라. 《朴新諺 2, 27ㅈ》你須念
我這秋月紗窓一片心, 네 모로미 내 이 秋
月 紗窓 一片心을 싱각호여.

모롬이 팬 모름지기. 반드시. ●⇔수(須).
《朴新諺 1, 19ㅈ》這簡不湏(須)太爺們囑
咐, 이는 모롬이 太爺들이 당부 말라.
《朴新諺 1, 23ㅎ》湏(須)得銀二百両, 모

롬이 銀 二百両을 어드리라. 《朴新諺 2,
1ㅈ》湏要走快的, 모롬이 드롬이 쌴론 거
슬 호고져 호노라. 《朴新諺 2, 27ㅎ》須
早些約簡佳期纔妙哩, 모롬이 일즉 佳期
를 언약홈이 마치 妙호니라. 《朴新諺 3,
15ㅈ》身子粗安無須憂念, 몸이 져기 편
안호니 모롬이 憂念치 마로쇼셔. ●⇔
필수(必須). 《朴新諺 1, 19ㅈ》你必湏(須)
加工打造, 네 모롬이 공부 드려 민들라.

모롱이 명 모롱이. 또는 일정 지역의 중심
지. ⇔각두(角頭). 《朴新諺 3, 53ㅎ》好到
各處橋上墻角頭貼去, 各處 드리 우와 담
모롱이에 부치라 가게 호고.

모릐 팬 모레. ⇔후일(後日). 《朴新諺 1,
35ㅈ》今日推明日明日推後日, 오늘은 니
일 미뤼고 너일은 모릐 미뤼니.

모르다 동 모르다. ●⇔부지(不知). 《朴新
諺 3, 3ㅎ》你這不知理的, 네 이 도리 모
르는 거사. ●⇔지타(知他). 《集覽, 字
解, 累字解, 2ㅈ》知他. 모르리로다.

모리 팬 모레. ⇔후일(後日). 《朴新諺 2,
2ㅎ》後日又要請衙門中同寅老爺們吃酒,
모리 쏘 衙門에 同寅 老爺들을 청호여
술 먹으려 호여. 《朴新諺 2, 10ㅈ》從今
日起後日止, 오늘브터 시작호여 모리 그
치느니.

모모(某某) 대 아무아무. 《朴新諺 1, 59
ㅈ》中保人某某, 中保人 아모 아모ㅣ.

모밀 명 메밀. ⇔교맥(蕎麥). 《朴新諺 3,
38ㅈ》他種的稻子, 제 시믄 벼와. 膏粱,
슈슈와. 黍子, 기장과. 大麥, 보리와. 小
麥, 밀과. 蕎麥, 모밀과. 黃豆, 콩과. 小豆,
풋과. 菉豆, 菉豆와. 豌豆, 광쟝이. 黑豆,
거믄콩. 芝麻, 춤깨와. 蘓(蘇)子, 듧깨.

모범(模範) 명 틀. 거푸집. 《集覽, 朴集
上, 2ㅈ》象生纏糖. 象生者, 像生物之形而
爲之也. 象作像, 木印, 以木刻成物形爲模
範者也. 糖, 卽沙糖也, 煎甘蔗莖爲之.

모사(模寫) 동 묘사(描寫)하다. 《集覽, 朴
集, 下, 12ㅈ》狀子. 猶本國所志. 吏學指

南云, 狀, 貌也, 以貌寫情於紙墨也. 亦曰
告狀, 謂述其情, 告訴於上也.《朴新諺 1,
48ㅎ》到晡午寫倣(朴新注, 19ㅈ: 小兒習
字模寫曰寫倣.), 나지 다드라 셔품 쓰기
호되.

모선(募選) 图 지망자 중에서 적합한 사
람을 가려 뽑다.《集覽, 朴集, 下, 5ㅎ》四
箇將軍. 募選身軀肥長大壯偉異於人者, 紅
盔銀甲, 立於殿前月臺上四隅, 名鎭殿將
軍, 亦曰紅盔將軍, 亦曰大漢將軍. 其請給
衣粮曰大漢衣粮.

모쇄(帽刷) 图 갓이나 탕건 따위의 먼지
를 떨어내는 솔.《朴新諺 3, 32ㅈ》我要
買這帽刷・靴刷各一把, 내 이 帽刷・靴
刷 각 ᄒ나와.

모시(毛詩) 图 모시(毛詩). 시경(詩經)을
달리 이르는 말.《朴新諺 1, 48ㅈ》讀的
是毛詩・尙書, 닑는 거시 이 毛詩・尙
書ㅣ라.

모시포(毛施布) 图 모시.《集覽, 朴集, 上,
13ㅈ》毛施布. 此卽本國人呼苧麻布之稱
〈卽本國人呼苧麻布之稱〉, 漢人皆呼曰苧
麻布, 亦曰麻布, 曰木絲布, 或書作沒絲布.
又曰漂白布, 又曰白布. 今言毛施布, 卽沒
絲〈卽沒絲布〉之訛也. 而漢人因麗人之
稱, 見麗布則直稱此名而呼之. 記書者因
其相稱而遂以爲名也.

모양 图 모양(模樣). ❶⇔양(樣).《朴新諺
1, 17ㅎ》裝修餙樣都好, 민든 것과 ᄭ민
모양이 다 됴ᄒ니라.《朴新諺 1, 18ㅈ》
再把裝修餙樣說與他, 다시 민들기와 ᄭ
밀 모양을 저ᄃ려 닐러.《朴新諺 1, 18
ㅎ》都要好餙樣的, 다 ᄭ민 모양을 됴케
ᄒ고져 ᄒ노라.《朴新諺 1, 19ㅎ》但是刀
頭與裝修餙樣我說與你, 다만 칼눌과 민
들기와 ᄭ밀 모양을 내 너ᄃ려 니롤 쩌
시니.《朴新諺 2, 32ㅈ》若着了幾遍雨
然要走樣了, 만일 여러 번 비롤 마즈면
일졍 모양이 흘긔리로다.《朴新諺 2, 32
ㅈ》這帽樣做得平常, 이 갓 모양이 민들

기롤 平常이 ᄒ엿다.《朴新諺 2, 32ㅎ》
李大的帽樣, 李大ㅣ의 갓 모양이. ❷⇔
양자(樣子).《朴新諺 2, 37ㅈ》擺樣子與
人看呢, 모양을 지어 사롬의게 뵈는고.

모양(摸樣) 图 =모양(模樣). '摸'는 '模'의
잘못. '樣'은 '樣'과 같다.《廣韻, 去韻》樣,
式樣.《集覽, 朴集, 中, 7ㅈ》粧腰大摸
〈模〉樣. 質問云, 如人大氣像起來時, 又粧
妖氣, 又作大摸〈模〉大樣, 不禮待人, 方言
謂氣像大起來時, 粧妖大摸〈模〉樣.《朴新
諺 3, 51ㅎ》那厮不到六十摸樣, 뎌 놈이
六十에 다둣지 못ᄒ 摸樣이러라.

모양(模樣) 图 =모양(模樣). '樣'은 '樣'과
같다.《廣韻, 去韻》樣, 式樣.《集覽, 朴
集, 中, 7ㅈ》粧腰大摸〈模〉樣. 質問云, 如
人大氣像起來時, 又粧妖氣, 又作大摸
〈模〉大樣, 不禮待人, 方言謂氣像大起來
時, 粧妖大摸〈模〉樣.《朴新諺 3, 51ㅎ》那
厮不到六十摸樣, 뎌 놈이 六十에 다둣지
못ᄒ 摸樣이러라.

모양(模樣) 图 모양. (겉으로 나타나는 생
김새나 모습)《集覽, 朴集, 中, 7ㅈ》粧腰
大摸〈模〉樣. 質問云, 如人大氣像起來時,
又粧妖氣, 又作大摸〈模〉大樣, 不禮待人,
方言謂氣像大起來時, 粧妖大摸〈模〉樣.
《朴新諺 3, 51ㅎ》那厮不到六十摸樣, 뎌
놈이 六十에 다둣지 못ᄒ 摸樣이러라.

모월(某月) 图 아무 달.《朴新諺 1, 59ㅈ》
某年月日借錢人趙寶兒, 某年月日에 돈
꾼 사롬 趙寶兒와.

모월(摸月) 图 손으로 달을 어루만지다.
《集覽, 朴集, 下, 11ㅎ》李白摸月. 李白,
唐玄宗朝詩人也. 泛采石江, 見月影滿水,
以手弄月, 身飜〈翻〉而死.

모의장(毛衣匠) 图 갖옷붙이를 전문적으
로 만드는 사람.《集覽, 朴集, 中, 3ㅎ》狐
帽匠. 今按, 以有毛皮作大帽・小帽〈以有
毛皮作大小帽〉者, 皆謂之胡帽匠〈謂之胡
帽匠〉. 狐字作胡是. 猶本國毛衣匠之類
〈猶本國毛衣匠之類〉.

모인(某人) 団 아무. 아무개.《朴新諺 1, 58ㅈ》情愿憑中借到某人名下紋銀五十両整, 情愿으로 즁인을 의빙ᄒᆞ여 某人 名下에 紋銀 五十両 덩이를 ᄭᅮ되.

모일(某日) 団 아무 날.《朴新諺 1, 59ㅈ》某年月日借錢人趙寶兒, 某年月日에 돈 ᄭᅮᆫ 사ᄅᆞᆷ 趙寶兒와.

모자(帽子) 団 갓. 모자. ●⇔갓.《朴新諺 1, 51ㅈ》衣裳・帽子・靴子, 옷과 갓과 靴를. ●⇔갓ㅅ.《朴新諺 2, 31ㅎ》你的帽子那裏買來的, 네 갓시 어듸서 사 온 것고.《朴新諺 2, 32ㅎ》你的帽子當初何不叫他做呢, 네 갓슬 當初에 엇지 뎌로 ᄒᆞ여 믄드지 아니ᄒᆞᆫ다.《朴新諺 2, 32ㅎ》拿去叫李大做兩頂帽子, 가져가 李大ㅣ로 ᄒᆞ여 두 갓슬 믄드되.

모정(帽頂) 団 갓모자. ⇔디우.《朴新諺 2, 32ㅈ》帽頂太尖了些, 디우ㅣ 너모 썬고.

모ᄌᆞ라다 동 모자라다. 부족하다. 결핍(缺乏)되다. ●⇔결소(缺少).《朴新諺 2, 16ㅎ》這些食物都要鮮明不可缺少纏是, 이 여러 食物을 다 鮮明히 ᄒᆞ고 모ᄌᆞ라지 아니케 홈이 올흐니라. ●⇔단소(短少).《朴新諺 1, 34ㅈ》短少盤纏, 盤纏이 모ᄌᆞ라. ●⇔불구(不勾).《朴新諺 1, 14ㅈ》回到你家再便不勾了, 네 집의 도라가 다시 되면 곳 모ᄌᆞ라리라.

모처(某處) 団 아무 곳. 어떤 곳.《朴新諺 3, 50ㅎ》直至某處, 바로 아모 곳에 니르되.

모촌(某村) 団 아무 촌. 어떤 촌.《朴新諺 3, 52ㅎ》當有某縣某村人王大為證, 곳 某縣 某村 사ᄅᆞᆷ 王大ㅣ 이셔 證ᄒᆞ엿ᄂᆞ니이다.

모친(母親) 団 어머니를 정중히 이르는 말.《朴新諺 3, 14ㅎ》稟父親母親起居萬安, 父親 母親의 稟ᄒᆞᄂᆞ니 起居 萬安ᄒᆞ신가.《朴新諺 3, 15ㅎ》與父親・母親幷兄弟佛童穿用, 父親・母親과 다못 아ᄋᆞ 佛

童을 주어 닙게 ᄒᆞᄂᆞ이다.

모편(毛片) 団 ●털. ⇔털.《朴新諺 1, 24ㅈ》把他渾身毛片刮箇乾淨, 뎌 왼몸에 털을다가 긁빗겨 乾淨히 ᄒᆞ고. ●털빗. ⇔털빗ㅊ.《朴新諺 2, 1ㅎ》有一箇土黃馬毛片好, ᄒᆞᆫ 고라ᄆᆞᆯ이 이셔 털 빗치 됴ᄒᆞ되.《西遊記, 15回》[菩薩]吹口仙氣, 喝聲叫, 變. 那龍卽變做他原來的馬匹毛片.

모포(帽舖) 団 =모포(帽鋪). '舖'는 '鋪'의 속자.《正字通, 金部》鋪, 俗作舖.《朴新諺 2, 28ㅈ》一箇到帽舖裏去學做買賣, ᄒᆞ나흔 帽舖에 가 買賣ᄒᆞ기 비호고.

모포(帽鋪) 団 모자점. 모자 가게.《朴新諺 2, 28ㅈ》一箇到帽舖裏去學做買賣, ᄒᆞ나흔 帽舖에 가 買賣ᄒᆞ기 비호고.

모피(毛皮) 団 털가죽.《集覽, 朴集, 中, 3ㅎ》狐帽匠. 今按, 以有毛皮作大帽・小帽〈以有毛皮作大小帽〉者, 皆謂之胡帽匠〈謂之胡帽匠〉, 狐字作胡.

모하 동 모아[聚]. ⇔취집(聚集).《朴新諺 3, 58ㅈ》聚集萬千人把弓王圍困, 萬千 사ᄅᆞᆷ을 모하 弓王을다가 에워 困케 ᄒᆞ니.

모현(某縣) 団 아무 현. 어떤 현.《朴新諺 3, 52ㅎ》當有某縣某村人王大為證, 곳 某縣 某村 사ᄅᆞᆷ 王大ㅣ 이셔 證ᄒᆞ엿ᄂᆞ니이다.

모호다 동 모으다. ●⇔대(待).《朴新諺 1, 38ㅎ》四哥待要一處, 넷재 형은 ᄒᆞᆫ듸 모호고져 ᄒᆞᄂᆞᆫ 거시여. ●⇔취(聚).《朴新諺 3, 18ㅎ》天天都是這般早聚晚散麼, 날마다 다 이리 일 모호고 늣게야 훗터지ᄂᆞ냐. ●⇔회(會).《朴新諺 1, 44ㅎ》第(第)三日會新親, 第(第)三日에 새 사돈 모호고.《朴新諺 1, 53ㅈ》咱約會了弟兄十數人了, 우리 弟兄 여라믄 사ᄅᆞᆷ을 모호면 넉넉ᄒᆞ리라.

모히다 동 모이다. ⇔주(湊).《朴新諺 1, 23ㅈ》當多了後來銀子不湊手就難贖了, 뎐당을 만히 ᄒᆞ엿다가 후에 은이 손에 모히지 못ᄒᆞ면 곳 무르기 어려오니라.

모흥다 图 모(模)하다. 묘사(描寫)하다.
⇔묘(描).《朴新諺 2, 6ㅎ》描也描不盡的
好風光, 모흐려 흐여도 모흐여 나(다)치
못홀 됴흔 風光이니.

목 图 목[項]. ⇔발항(頸項).《朴新諺 2, 35
ㅈ》把着李鎖着, 老李를다가 목을 줌가.
《朴新諺 3, 3ㅈ》你怎麼這麼硬頭硬腦的
呢, 네 엇지 이리 목구드뇨.《朴新諺 3,
28ㅈ》接在頸項上照舊如初, 목 우희 니
으니 녜대로 처음 マ튼지라.

목(木) 图 나무. ●⇔나모.《集覽, 朴集,
中, 2ㅈ》木料. 凡造一件物而該用之物皆
曰料. 木料, 나모브.틧 マ슴〈옴〉. 詳見字
解料字下. ●⇔남ㄱ.《集覽, 朴集, 下, 3
ㅈ》木植. 亦曰木料, 남·고〈그〉·로:셩·녕
〈셩녕〉홀 マ슴미〈マ옴이〉니. 詳見字解
料字下.《朴新諺 1, 16ㅈ》話不說不明木
不鑽不透, 말을 니르디 아니면 붉디 못
흐고 남글 쑮디 아니면 스몿디 못흔다
흐니라.

목(目) 图 눈. ⇔눈.《朴新諺 3, 46ㅈ》我說
與你便强似目睹了, 내 너드려 니를 쩌시
니 곳 눈으로 보는 이도곤 나으리라.

목가자(木架子) 图 (윗부분에 공을 넣을
수 있도록 구멍이 뚫려 있는) 나무로 만
들어 세운 틀[架子].《集覽, 朴集, 下, 7
ㅎ》窩兒. 又一本質問畫毬門架子, 如本國
抛毬樂架子, 而云木架子, 其高一丈, 用五
色絹結成彩門, 中有圓眼, 擊起毬兒入眼
過落窩者勝.

목각(木刻) 图 나무에 그림이나 글자 따
위를 새기는 일. 또는 거기에 새긴 그림
이나 글자.《集覽, 朴集, 上, 2ㅈ》象生纏
糖. 象生者, 像生物之形而爲之也. 象作
像, 木印, 以木刻成物形爲模範者也. 糖,
卽沙糖也, 煎甘蔗莖爲之.

목건련(目犍連) 图 마하목건련(摩訶目犍
連)의 준말. 석가모니 10대 제자(弟子)
의 한 사람으로, 지옥에 떨어진 어머니
를 구제하기 위하여 행하였다는 시아귀

회(施餓鬼會)는 뒤에 우란분회(盂蘭盆
會)로 정착되었다.《集覽, 朴集, 下, 2ㅎ》
盂蘭盆齋. 大藏經云, 大目犍連尊者, 以母
生餓鬼中不得食, 佛令作盂蘭盆, 至七月
十五日, 具百味五果, 置盆中, 供養十方大
德, 而後母乃得食.《集覽, 朴集, 下, 2ㅎ》
目連尊者. 又大經云, 目犍連, 卽姓也, 因
姓立名目連.

목건련존자(目犍連尊者) 图 목건련(目犍
連)을 높여 이르는 말.《集覽, 朴集, 下,
2ㅎ》盂蘭盆齋. 大藏經云, 大目犍連尊者,
以母生餓鬼中不得食, 佛令作盂蘭盆, 至
七月十五日, 具百味五果, 置盆中, 供養十
方大德, 而後母乃得食.

목과(木瓜) 图 모과.《朴新諺 1, 2ㅈ》討幾
瓶蜜林檎・甕頭春・木瓜露(朴新注, 1
ㅎ: 用木瓜釀者.)・苦菉豆酒, 여러 瓶 蜜
林檎과 甕頭春과 木瓜露와 쁜 菉豆酒를
어들만 굿지 못흐니.

목과로(木瓜露) 图 모과를 넣어 만든 술.
《朴新諺 1, 2ㅈ》討幾瓶蜜林檎・甕頭春
・木瓜露(朴新注, 1ㅎ: 用木瓜釀者.)・苦
菉豆酒, 여러 瓶 蜜林檎과 甕頭春과 木瓜
露와 쁜 菉豆酒를 어들만 굿지 못흐니.

목굳다 图 완강하다. 강경하다. ⇔경두뇌
(硬頭腦).《朴新諺 3, 3ㅈ》你怎麼這麼硬
頭硬腦的呢, 네 엇지 이리 목구드뇨.

목도(目睹) 图 직접 보다. 목도(目睹)하
다.《朴新諺 3, 46ㅈ》我說與你便强似目
睹了, 내 너드려 니를 쩌시니 곳 눈으로
보는 이도곤 나으리라.

목련(目連) 图 목건련(目犍連)의 준말.
《集覽, 朴集, 下, 2ㅎ》目連尊者. 反(飜)譯
名義云, 目連, 婆羅門姓也, 名拘〈拘〉律
陀. 又大經云, 目犍連, 卽姓也, 因姓立名
目連. 事林廣記云, 佛書所謂王舍衛城, 卽
賓童龍國也, 國在西南海中, 隷占城. 占城
選人作地主. 目連, 卽此國人也. 人云, 目
連舍基, 至今猶存.《朴新諺 3, 13ㅈ》談的
是目連尊者(朴新注, 49ㅈ: 佛書云, 目連,

姓也, 名拘律陁. 王舍衛城人, 在西南海中.)救母(母)經, 니르는 거슨 이 目連尊者의 救母(母)經이니.

목련존자(目連尊者) 圕 목련(目連)을 높여 이르는 말. 《集覽, 朴集, 下, 2ㅎ》目連尊者. 反(飜)譯名義云, 目連, 婆羅門姓也, 名拘〈拘〉律陀. 又大經云, 目犍連, 卽姓也, 因姓立名目連. 事林廣記云, 佛書所謂王舍衛城, 卽賓童龍國也, 國在西南海中, 隷占城. 占城選人作地主. 目連, 卽此國人也. 人云, 目連舍基, 至今猶存. 《朴新諺 3, 12ㅎ》慶壽寺裡做盂蘭勝會(朴新注, 48ㅎ: 大蔵經, 目連尊者, 以母在餓鬼中不得食, 七月十五日, 其百味五果, 置盆中, 供養十方大德, 而後母乃得食, 謂之盂蘭盆會.), 慶壽寺에서 盂蘭勝會를 혼다 ᄒ니. 《朴新諺 3, 13ㅈ》談的是目連尊者(朴新注, 49ㅈ: 佛書云, 目連, 姓也, 名拘律陁. 王舍衛城人, 在西南海中.)救母(母)經, 니르는 거슨 이 目連尊者의 救母(母)經이니.

목료(木料) 圕 재목. ⇔지목. 《集覽, 字解, 單字解, 1ㅎ》料. 凡人飼馬, 或用小黑豆, 或用蜀黍雜飼之. 故凡稱飼馬穀豆曰料. 又該用物色雜稱曰物料, 造屋材木曰木料, 入畫彩色曰顔料. 又量也. 又理也. 《集覽, 朴集, 中, 2ㅈ》木料. 凡造一件物而該用之物皆曰料. 木料, 나모ᄇ·틧 ᄀᅀᆷ〈ᄋᆷ〉. 詳見字解料字下. 《集覽, 朴集, 下, 3ㅈ》木植. 亦曰木料, 남·고〈그〉·로:셩·녕〈셩녕〉 홀 ᄀᅀᆞ미〈ᄀᆞ움이〉니. 詳見字解料字下. 《朴新諺 2, 20ㅎ》就買他些木料席子, 이믜셔 뎌 木料와 삿글 사. 《朴新諺 3, 16ㅎ》做的木料都有麼, 지을 지목이 다 잇ᄂ냐.

목봉(木棒) 圕 나무 막대. 《集覽, 朴集, 下, 7ㅈ》毬棒. 質問云, 如人要木毬耍木棒, 一上一下用有柄木杓, 接毬相連不絶, 方言謂之毬棒.

목사포(木絲布) 圕 (중국인이 일컫는) 모시[苧麻布]의 다른 이름. 《集覽, 朴集, 上,

13ㅈ》毛施布. 此卽本國人呼苧麻布之稱〈卽本國人呼苧麻布之稱〉, 漢人皆呼曰苧麻布, 亦曰麻布, 曰木絲布, 或書作沒絲布. 又曰漂白布, 又曰白布. 今言毛施布, 卽沒絲〈卽沒絲布〉之訛也. 而漢人因麗人之稱, 見麗布則直稱此名而呼之. 記書者因其相稱而遂以爲名也.

목식(木植) 圕 나무로 된 감. 목재(木材). 《集覽, 朴集, 下, 3ㅈ》木植. 亦曰木料, 남·고〈그〉·로:셩·녕〈셩녕〉홀 ᄀᅀᆞ미〈ᄀᆞ움이〉니. 詳見字解料字下.

목욕(沐浴) 圕 목욕하다. 《朴新諺 1, 50ㅎ》那孫家混堂(朴新注, 19ㅎ: 漢俗, 開浴室熱水爲湯, 許人沐浴受直.)裏洗澡去罷, 뎌 孫가ㅣ아 混堂에 목욕ᄒ라 가쟈.

목욕ᄒ다 圕 목욕(沐浴)하다. ●⇔세조(洗澡). 《朴新諺 1, 50ㅎ》那孫家混堂裏洗澡去罷, 뎌 孫가ㅣ아 混堂에 목욕ᄒ라 가쟈. 《朴新諺 1, 50ㅎ》不曉的多少錢洗一簡澡, 아지 못게라 언머 돈에 혼 번 목욕ᄒ료. 《朴新諺 3, 1ㅎ》到那後河裡洗簡澡去, 뒷 내에 목욕ᄒ라 가. 《朴新諺 3, 23ㅎ》第(第)三滾油洗澡, 第(第)三은 ᄭᆯ는 기름에 목욕ᄒ고. 《朴新諺 3, 26ㅈ》咱如今燒起油鍋跳入洗澡, 우리 이제 기름 가마에 불찟고 ᄲᅱ여들어 목욕ᄒ쟈. 《朴新諺 3, 27ㅈ》纔待洗澡却早不見了, 又 목욕ᄒ려 ᄒ더니 불셔 보지 못ᄒ러라. ●⇔욕(浴). 《朴新諺 1, 50ㅎ》浴錢是五簡, 목욕ᄒ는 갑슨 다숫 낫 돈이오. 《朴新諺 1, 51ㅈ》我替你管着浴錢, 내 너를 ᄀᄅ차 목욕홀 돈을 ᄀᆞ음알 거시니.

목인(木印) 圕 나무에 물건의 생김새를 파서 만든 도장. 《集覽, 朴集, 上, 2ㅈ》象生纏糖. 象生者, 像生物之形而爲之也. 象作像. 木印, 以木刻成物形爲模範者也. 糖, 卽沙糖也, 煎甘蔗莖爲之.

목장(木匠) 圕 목수(木手). 목공(木工). 《朴新諺 2, 12ㅎ》到木匠家做一口橫子, 木匠의 집의 가 혼 橫롤 민들리되. 《朴新

諺 2, 20ㅎ》快叫那木匠來, 샐리 뎌 木匠을 불러와.《朴新諺 3, 16ㅎ》木匠你來咱與你商(商)量, 木匠아 이바 내 너와 혜아리쟈.

목장(木椿) 명 나무 기둥.《集覽, 朴集, 中, 7ㅈ》木椿. 其制, 於刑人法場, 植一大柱, 縛着罪人於〈縛着罪人於其〉上, 劊子用法刀剔其肉以喂狗, 而只留〈畱〉其骨, 極其慘酷, 方施大辟, 卽古之呂刑也. 劊子, 獄史刑罪人者也.

목정(木釘) 명 나무못.《集覽, 朴集, 上, 6ㅈ》空中. 質問云, 頑童將胡蘆用木釘串之, 傍作一眼, 以繩〈繩〉繫扯, 旋轉有聲, 亦謂之空中.《朴新諺 1, 20ㅈ》也有放空中(朴新注, 8ㅈ: 用檀木旋圓, 用刀剜空, 以繩曳之, 在地轉動有聲. 一云, 將胡蘆用木釘穿之, 傍作一眼, 以繩繫扯, 旋轉有聲, 亦謂之空中.)的, 박펑이 치리도 이시며.

목차(木叉) 명 중국의 소설 서유기(西遊記)에 나오는 천왕(天王)의 태자(太子) 이름.《集覽, 朴集, 下, 4ㅈ》孫行者. 老君 · 王母俱奏於玉帝, 傳宣李天王, 引領天兵十萬及諸神將至花菓山, 與大聖相戰失利. 巡山大力鬼上告天王, 擧灌州灌江口神曰小聖二郞, 可使拿獲. 天王遣太子木叉, 與大力鬼徃請二郞神, 領神兵圍花菓山, 衆猴出戰皆敗.

목초(木杪) 명 나뭇가지의 끝.《集覽, 朴集, 上, 9ㅈ》結縷帽. 樓, 木名, 高一二丈, 葉如車輪, 旁〈旁〉無枝, 皆萃於木杪.

목편(木片) 명 나뭇조각.《集覽, 朴集, 中, 7ㅎ》取燈兒〈取燈〉. 南村輟耕錄云, 杭人削松木爲小片, 其薄如紙, 鎔硫黃塗木片頂分許, 名曰發燭, 又曰焠兒.

목표(木杓) 명 나무 국자. 또는 그런 모양의 것.《朴新諺 1, 20ㅈ》也有踢毬(朴新注, 8ㅈ: 毬, 以圓木二箇, 用木杓一上一下連接不絶, 方言謂之打毬.)的, 댱방올 초리도 이시며.

목환(木槵) 명 모감주. (무환자나뭇과의

낙엽 활엽 교목) ⇔모관쥬.《集覽, 朴集, 上, 2ㅈ》龍眼. 一名圓眼. 樹如荔支〈支〉, 但枝葉稍小, 其子形如彈丸, 核如木槵, 肉白, 漿甘如蜜, 五六十顆作穗. 荔支〈支〉熟後龍眼熟, 號荔奴. 木槵, 卽本國모관쥬. 槵, 音患.

몬져 円 먼저. ●⇔선(先).《朴新諺 1, 2ㅎ》如今先着誰去討酒呢, 이지 몬져 눌로 ㅎ여 가 술을 엇게 ㅎ료.《朴新諺 1, 14ㅎ》先換票領籌何如, 몬져 票를 밧고고 사술을 트미 엇더ㅎ뇨.《朴新諺 1, 25ㅈ》先給半筐他, 몬져 반 광조리를 주고.《朴新諺 2, 17ㅎ》我好赶進京先報去, 내 셔울을 미처 나아가 몬져 報ㅎ라 가기 됴흐리라.《朴新諺 2, 28ㅈ》卽便收拾車輛先載一車去, 곳 車輛을 收拾ㅎ여 몬져 ㅎ 술위를 시르라 가고.《朴新諺 3, 10ㅈ》先掘土打兩擔水未好和泥, 몬져 흙을 픠고 두 짐 물을 기러 와 잘 흙을 니기되.《朴新諺 3, 19ㅎ》那厮便先衙門裡告了, 그 놈이 곳 몬져 衙門에 告ㅎ여.《朴新諺 3, 25ㅎ》王說今番着唐僧先猜, 王이 니르되 이 번은 唐僧으로 ㅎ여 몬져 알게 ㅎ라.《朴新諺 3, 36ㅈ》你把包子火燒先取來, 네 包子와 구은 쩍을다가 몬져 가져오고. ●⇔전(前).《朴新諺 1, 10ㅎ》前不斷後要亂, 몬져 결짠치 아니면 후에 어즈럽다 ㅎ니.

몯 円 못. ⇔불(不).《集覽, 字解, 單字解, 2ㅎ》怕. 疑懼之意. 怕人知道. 又設若之辭. 怕你不信 ㅎ다가 너옷 밋디 몯거든. 又恐也. 害怕 두리여ㅎ다.

몯다 동 모이다. ●⇔제집(齊集).《朴新諺 1, 6ㅈ》列位弟兄旣都齊集了, 列位 弟兄이 이믜 다 모다시니. ●⇔주(湊).《朴新諺 1, 1ㅎ》共湊錢四十五六吊, 대되 돈 四十五六 댜오를 모들 쩌시니. ●⇔취(聚).《朴新諺 1, 57ㅈ》再慢慢的聚話罷, 다시 날호여 모다 말ㅎ쟈. ●⇔회(會).《朴新諺 1, 7ㅈ》我等今日之會, 우리 오

눌 모드미.

몯ᄒ다 图 못하다. ⇔불회(不會). 《集覽,
字解, 累字解, 2ᄌ》不會. 몯ᄒ다.

몰(沒) 图 ●묻히다埋. ⇔뭇치다. 《朴新
諺 1, 9ᄒ》那一帶地方的田禾都渰沒了,
뎌 一帶 地方에 田禾ㅣ 다 줌겨 뭇치엿
고. ●빠지다. 가라앉다. ⇔빠지다. 《朴
新諺 2, 56ᄒ》一路稀泥眞有沒脚背深哩,
왼 길 즌흙이 진실로 발등이 빠질 김희
잇더라.

몰(沒) 혱 없다. ●⇔업다. 《朴新諺 1, 52
ᄌ》京都也沒甚麽買賣, 셔울도 아모란 買
賣 업더라. 《朴新諺 2, 26ᄌ》好淸醬今年
竟沒處尋, 됴흔 ᄀᆞᆼ을 올히 ᄆᆞᆺ내 어듸
더 업더니. 《朴新諺 2, 57ᄌ》我也沒甚麽
幹的勾當, 나도 아모란 홀 일 업고. 《朴新
諺 3, 17ᄒ》咳這一缺也沒甚麽好處, 애 이
ᄒᆞᆫ 자리 ᄯᅩ 아모란 됴흔 곳이 업고. 《朴新
諺 3, 22ᄒ》伯眼道這禿廝好沒道理, 伯眼
이 니르되 이 머리먼놈이 ᄀᆞ장 道理 업다
ᄒᆞ고. 《朴新諺 3, 54ᄒ》沒甚麽新聞, 아모
란 新聞이 업고. ●⇔없다. 《集覽, 字解,
單字解, 2ᄌ》阿. 俗音하. 阿的, 猶言此也.
又語助辭. 有阿沒 잇ᄂᆞ녀 업스녀. 皆元朝
之語. 《集覽, 字解, 單字解, 3ᄒ》那. 平聲,
音노, 推移也. 那一那 논힐후다. 上聲 나,
何也. 那裏 어듸, 那箇 어늬. 又誰也. 那一
箇 누고. 去聲 나. 那裏, 彼處也. 那箇 뎌
것. 又語助. 有那沒 잇ᄂᆞ녀 업스녀. 《朴
新諺 1, 27ᄌ》到底是沒眼的, 나종내 이
눈 업슨 거시로다. 《朴新諺 2, 1ᄒ》却沒
本事, ᄯᅩ 직죄 업스니. 《朴新諺 3, 2ᄌ》恨
的我沒法兒治他, 믜오되 내 뎌를 다스릴
法이 업세라. 《朴新諺 3, 6ᄒ》便是沒理
的事情, 곳 이 理 업슨 일이라도. 《朴新諺
3, 8ᄒ》如今沒奈何, 이제 홀 일 업서. 《朴
新諺 3, 30ᄒ》就與我二兩也沒甚麽利息,
곳 나를 두 냥을 주어도 아모 利息이 업
스니.

몰다 图 몰다驅. ⇔간(赶). 《朴新諺 2, 22

ᄒ》我赶着一百匹馬, 내 一百 匹 물을 모
라. 《朴新諺 3, 46ᄒ》站着赶牛, 셔셔 쇼
를 몰면.

몰래유(沒來由) ᄝ 속절없이. 이유 없이.
까닭 없이. ⇔쇽졀업시. 《朴新諺 1, 36
ᄌ》你今沒來由, 네 이직 쇽졀업시.

몰리(沒理) 图 무리(無理)하다. (도리나 이
치에 맞지 않거나 정도에서 지나치게 벗
어나다) ⇔무리ᄒ다. 《朴新諺 3, 51ᄒ》
有一箇沒理的村牛, ᄒᆞᆫ 무리혼 村牛ㅣ 이
셔.

몰사포(沒絲布) 뎽 (중국인이 일컫는) 모
시[苧麻布]의 다른 이름. 《集覽, 朴集, 上,
13ᄌ》毛施布. 此卽本國人呼苧麻布之稱
〈卽本國人呼苧麻布之稱〉, 漢人皆呼曰苧
麻布, 亦曰麻布, 曰木絲布, 或書作沒絲布.
又曰漂白布, 又曰白布. 今言毛施布, 卽沒
絲〈卽沒絲布〉之訛也. 而漢人因麗人之
稱, 見麗布則直稱此名而呼之. 記書者因
其相稱而遂以爲名也.

몰유(沒有) 혱 없다. ●⇔업다. 《集覽, 字
解, 單字解, 1ᄒ》沒. 無也. 沒有 업다.
《朴新諺 1, 56ᄌ》甚麽門有甚麽記認沒有,
므슴 門이며 므슴 보람이 잇ᄂᆞ냐 업ᄂᆞ
냐. 《朴新諺 2, 15ᄒ》怎麽沒有一箇聽事
的, 엇지 ᄒᆞ나 聽事ᄒᆞ리 업ᄂᆞ뇨. 《朴新諺
2, 20ᄌ》怎麽沒有中·保人呢, 엇지 즁인
·보인이 업ᄂᆞ뇨. 《朴新諺 2, 42ᄒ》沒有
你怕買不成應, 네 업다 사지 못홀가 저
프랴. 《朴新諺 2, 50ᄒ》我在任幾年並沒
有不了的事件, 내 任에 이션 지 여러 힌
로되 다 믓지 못혼 일이 업고. 《朴新諺
3, 2ᄌ》你家裡沒有猫兒麽, 네 집의 괴 업
ᄂᆞ냐. 《朴新諺 3, 12ᄌ》這藥舖有招牌沒
有, 뎌 藥舖에 招牌 잇ᄂᆞ냐 업ᄂᆞ냐. 《朴新
諺 3, 27ᄌ》行者被油煎的骨肉都沒有
了, 行者ㅣ 기름에 디디여 骨肉이 다 업
ᄂᆞ이다. 《朴新諺 3, 45ᄌ》若沒有, 만일
업거든. ●⇔없다. 《朴新諺 1, 42ᄒ》沒
有馬騎, 툴 물이 업스면. 《朴新諺 1, 51

ㅎ》沒有日期還早哩, 日期 업스니 당시
롱 일럿다. 《朴新諺 1, 52ㅈ》買賣也沒有
利息, 買賣도 利息이 업스면. 《朴新諺 2,
12ㅈ》我沒有零錢帶去使用, 내 ᄃ래돈
가져가 쓸 거시 업스니. 《朴新諺 2, 27
ㅈ》怕沒有滅你的心火治你的心病之時應,
네 心火를 쯔고 네 心病을 고칠 째 업슬
가 저프랴. 《朴新諺 2, 43ㅈ》小舖沒有再
高的了, 小舖에 다시 노픈 거시 업세라.
《朴新諺 2, 59ㅎ》這還怕沒有新衣服過年
應, 이 도로혀 새 옷스로 過年ᄒᆞᆯ 거시 업
슬가 저프랴. 《朴新諺 3, 2ㅈ》我家裡沒
有, 우리 집의 업세라. 《朴新諺 3, 10ㅈ》
我沒有這傢伙, 내게 이 연장이 업스면.
《朴新諺 3, 55ㅈ》咳我沒有牲口却怎麼好
呢, 애 내게 즘싱이 업스니 ᄯᅩ 엇지ᄒᆞ여
야 됴ᄒᆞ료.

몰유가(沒有家) 阅 없다. ⇔업다. 《集覽,
字解, 單字解, 5ㅎ》家. 止指一數之稱. 一
箇家 ᄒᆞᆫ 낫식, 幾箇家 몃 낫식, 又현 낫
식, 幾年家 현 ᄒᆡᆨ식. 又檗也. 大家 대개.
又擧姓呼人之稱. 李家・張家. 又呼皇帝
曰官家. 又語助. 沒有家 업다.

몸 阅 몸. ❶⇔신(身). 《朴新諺 1, 29ㅈ》身
穿立水貂皮蟒袍, 몸에 슈결 잇는 貂皮 蟒
袍를 닙고. 《朴新諺 1, 30ㅈ》身穿烏雲豹
皮袍, 몸에 거믄 구룸 ᄀᆞ튼 豹皮 袍를 닙
고. 《朴新諺 2, 24ㅎ》把一身衣服都脫了,
왼몸에 옷슬다가 다 벗고. 《朴新諺 2, 26
ㅎ》婦人無夫身無主, 계집이 지아비 업
스면 몸이 님재 업다 ᄒᆞ니. 《朴新諺 2,
29ㅎ》面圓璧月身瑩瓊瑰, 눗츤 璧月ᄀᆞ치
두렷ᄒᆞ고 몸은 瓊瑰ㅣ ᄀᆞ치 몰그며. 《朴
新諺 3, 14ㅈ》因你貪嗔癡三毒不離於身,
네 貪嗔癡 三毒이 몸에 써나지 아니믈
因ᄒᆞ여. 《朴新諺 3, 22ㅎ》孫行者便到羅
天大醮壇場上蔵身, 孫行者ㅣ 곳 羅天大
醮ᄒᆞᄂᆞᆫ 壇場에 가 몸을 ᄀᆞᆷ초아. 《朴新諺
3, 34ㅎ》身穿金甲, 몸에 金갑옷 닙고.
《朴新諺 3, 46ㅈ》渾身畫着顔色, 왼몸에

빗출 그려. 《朴新諺 3, 47ㅈ》身穿黃袍,
몸에 黃袍를 닙고. ❷⇔신상(身上).《朴
新諺 2, 23ㅎ》夜來身上虛汗如流水一般,
어제 몸에 虛汗이 流水 ᄒᆞᆫ가지 ᄀᆞᆺᄒᆞ여.
❸⇔신자(身子). 《朴新諺 1, 51ㅎ》待身
子涼快些, 몸이 涼快ᄒᆞ기를 기드려. 《朴
新諺 2, 23ㅎ》身子顫的受不的, 몸이 쩰
려 견디지 못ᄒᆞ니. 《朴新諺 3, 7ㅈ》你的
身子安樂就是福了, 네 몸이 安樂ᄒᆞ면 곳
이 福이니라. 《朴新諺 3, 15ㅈ》身子粗安
無須憂念, 몸이 져기 편안ᄒᆞ니 모롬이
憂念치 마ᄅᆞ쇼셔.

몸ᄶᅩᆼ 阅 (제사나 잔치 때에 쓰던, 대가리
를 제거한 동물의) 몸통. 몸뚱이. ⇔강
자(腔子). 《朴新諺 2, 4ㅎ》費五六錢銀買
一箇羊腔子(朴新注, 24ㅈ: 宰羊者, 去首,
只take其體, 謂腔子.), 다엿 돈 銀을 허비ᄒᆞ
여 ᄒᆞᆫ 羊의 몸ᄶᅩᆼ을 사. 《朴新諺 3, 27ㅎ》
只見血淋淋的腔子, 그저 피 뜻듯는 몸ᄶᅩᆼ
만 보고.

못 阅 ❶못[釘]. ⇔정(釘). 《朴新諺 2, 41
ㅎ》把指頭大的長鐵釘, 손가락 굴긔에
긴 쇠못스로다가. ❷못[池]. ⇔지(池).
《朴新諺 2, 38ㅎ》山頂上有一小池, 山頂
우희 ᄒᆞᆫ 져근 못이 이시니. 滿池荷花香
噴噴的令人可愛, 못에 ᄀᆞ득ᄒᆞᆫ 荷花ㅣ 香
내 뿜겨 사ᄅᆞᆷ으로 ᄒᆞ여곰 ᄉᆞ랑홉게 ᄒᆞ
더라.

못 囝 못. ⇔불(不). 《朴新諺 1, 35ㅈ》不知
他那一日纔肯還, 아지 못게라 뎨 어닉 날
마치 즐겨 갑흐리오. 《朴新諺 3, 7ㅎ》不
知那裡來的這些蜢蜓, 아지 못게라 어듸
로셔 온 이 지차린지. 《朴新諺 3, 10ㅈ》
這是死炕這是燒柴火炕都不好, 이ᄂᆞᆫ 불
못 쩻ᄂᆞᆫ 캉이오 이ᄂᆞᆫ 불쩻ᄂᆞᆫ 캉이니 다
됴치 아니ᄒᆞ니. 《朴新諺 3, 15ㅈ》不知收
到否, 아지 못게라 바드신가 못ᄒᆞ신가.
《朴新諺 3, 43ㅈ》不知寫着甚麼哩, 아지
못게라 므서시라 ᄡᅥ더뇨.

못다 图 모이다. ⇔회(會). 《朴新諺 1, 28

즈》好去約會他們, 가 뎌들을 언약ᄒ여 못게 ᄒ쟈. 《朴新諺 2, 27ㅎ》有緣千里能相會, 인연이 이시면 千里라도 능히 서ᄅ 못듯고. 無緣對面不相逢, 인연이 업스면 ᄂᆺ츨 디ᄒ여도 서ᄅ 만나디 못ᄒ다 ᄒ니. 《朴新諺 3, 56ㅎ》快請進來相會, 밧비 쳥ᄒ여 드러와 서ᄅ 못게 ᄒ라.

못듯다 图 모여 마주하다. 《朴新諺 2, 27ㅎ》有緣千里能相會, 인연이 이시면 千里라도 능히 서ᄅ 못듯고. 無緣對面不相逢, 인연이 업스면 ᄂᆺ츨 디ᄒ여도 서ᄅ 만나디 못ᄒ다 ᄒ니.

못ㅅ 圀 못[釘]. ⇔졍자(釘子). 《朴新諺 2, 41ㅎ》把釘子釘住, 못스로 박고.

못ㅎ다 图 못하다. ●⇔부증(不曾). 《朴新諺 2, 50ㅎ》你的俸滿了不曾, 네 녹봉이 찻ᄂ냐 못ᄒ엿ᄂ냐. ●⇔불(不). 《朴新諺 1, 22즈》工價也不筭多, 工錢도 만타 못홀 거시니. 《朴新諺 1, 9즈》便感激不盡, 곳 感激호믈 다 못ᄒ리라. 《朴新諺 2, 36ㅎ》天寒湯·飯都不可冷了, 하늘이 치우니 湯과 밥을 다 可히 ᄎ게 못ᄒ리라. 《朴新諺 2, 49ㅎ》這客位收拾的好不整齊, 이 客位 收拾기를 ᄀ장 整齊히 못ᄒ여시니. 《朴新諺 3, 4ㅎ》跳蚤也不敢近, 벼록이 ᄯ 敢히 갓가이 못ᄒᄂ니라. 《朴新諺 3, 10ㅎ》怎麼抹得不平正呢, 엇지 ᄞᆺ기를 平正이 못ᄒ엿ᄂ뇨. 《朴新諺 3, 45ㅎ》我就不敢吃多了, 내 곳 감히 먹기를 만히 못ᄒ노라.

못ㅎ다 里动 못하다. ●⇔막(莫). 《朴新諺 2, 30즈》由是威神莫測聖德難量, 일로 말미암아 威神을 측냥치 못ᄒ고 聖德을 혜아리기 어려온지라. ●⇔미(未). 《朴新諺 3, 15즈》至今未見回書, 至今 回書를 보지 못ᄒ니. 《朴新諺 3, 15ㅎ》但尙未領憑, 다만 오히려 文憑을 領치 못ᄒ여시니. 《朴新諺 3, 22즈》到國王面前正告訴未畢, 國王의 앏희 가 正히 告訴ᄒ기를 ᄆᆺ지 못ᄒ여셔. 《朴新諺 3, 51즈》至今贓

物未獲, 至今 贓物을 엇지 못ᄒ여시니. ●⇔부득(不得). 《朴新諺 1, 15즈》從前日這腮頰上痒的受不得, 그제부터 ᄲᅠᆷ이 ᄀ려워 견디지 못홀러니. 《朴新諺 1, 16ㅎ》雖比不得上用段子, 비록 上用홀 비단에는 비치 못ᄒ나. 《朴新諺 1, 28즈》却做不得我等的結義弟兄, ᄯᅩ 우리 結義 弟兄이 되지 못홀 거시니. 《朴新諺 1, 52ㅎ》去得來不得, 가고 오지 못홀 거시니. 《朴新諺 2, 26ㅎ》我夫主若知道却了不得, 우리 지아비 만일 알면 ᄯᅩ 에워나지 못ᄒ리라. 《朴新諺 2, 48ㅎ》不得工夫去不得, 工夫를 엇디 못ᄒ여 가지 못ᄒ노라. 《朴新諺 2, 54즈》今日死明日死都是定不得的, 오늘 죽을 똥 니일 죽을 똥 다 定치 못ᄒᄂ니. 《朴新諺 3, 11ㅎ》越疼的當不得, 더옥 알파 당치 못ᄒ여라. 四⇔불(不). 《朴新諺 1, 1즈》咱們不可虛度過了, 우리 可히 헛도이 지내지 못ᄒ리라. 《朴新諺 1, 16즈》多不過兩三日, 만하도 兩三 日에 지나지 못ᄒ여. 《朴新諺 1, 33ㅎ》我不曾見他, 내 일즉 뎌를 보지 못ᄒ여시니. 《朴新諺 1, 40즈》墻上一簡琵琶任誰不敢拿他, 담 우희 혼 琵琶를 아모도 敢히 뎌를 잡지 못ᄒᄂ 거시여. 《朴新諺 2, 1ㅎ》只是腿跨走不開, 다만 구블이 흘러 퍼지지 못ᄒ고. 《朴新諺 2, 17즈》驛馬怎麼還不見來呢, 驛馬ㅣ 엇지 당시롱 옴을 보지 못홀소뇨. 《朴新諺 2, 37즈》他如今氣像大比不當先了, 뎌 이제 氣像이 커 當先에 比치 못ᄒ니. 《朴新諺 3, 1즈》熱的當不的, 더워 當치 못ᄒ여라. 《朴新諺 3, 23즈》與大仙素不認識, 大仙으로 더부러 본디 아지 못ᄒ니. 《朴新諺 3, 43즈》不曾看見麼, 일즉 보지 못ᄒ다. 《朴新諺 3, 50ㅎ》賊人不知去向, 賊人의 去向을 아지 못호매. 五⇔불가(不可). 《朴新諺 1, 10즈》土王用事之日不可動工, 土王 用事日에 動工치 못홀 꺼시니. 六⇔불기(不起). 《朴新諺 3, 31즈》我就買

不起你的好珊瑚麼, 내 곳 네 됴흔 珊瑚를 사지 못ㅎ랴.《朴新諺 3, 31ㅈ》不是買不起, 사지 못ㅎ리라 홈이 아니라. ❼⇔불성(不成).《朴新諺 2, 42ㅎ》沒有你怕買不成麼, 네 업다 사지 못홀가 저프랴. ❽⇔불착(不着).《朴新諺 3, 25ㅎ》皇后大笑說猜不着了, 皇后ㅣ 크게 웃고 니ᄅ되 아지 못ᄒ여다.《朴新諺 3, 27ㅈ》百般搭不着, 빅 가지로 ᄒ되 그지 못ᄒ니. ❾⇔불하(不下).《朴新諺 2, 26ㅎ》飯也好生吃不下, 밥도 ᄀ장 먹지 못ᄒ노라.

못ㅎ다 보형 못하다. ❶⇔불(不).《朴新諺 1, 2ㅈ》不如問那光祿寺, 뎌 光祿寺에 무러. 討幾甁蜜林檎‧甕頭春‧木瓜露‧苦菉豆酒, 여러 甁 蜜林檎과 甕頭春과 木瓜露와 쁜 菉豆酒를 어들만 ᄌ디 못ᄒ니.《朴新諺 1, 16ㅈ》話不說不明木不鑽不透, 말을 니ᄅ디 아니면 붉디 못ᄒ고 남글 ᄯᆱ디 아니면 ᄉ몿디 못ᄒ다 ᄒ니라.《朴新諺 1, 23ㅎ》便當二十兩也還不勾用哩, 곳 스므 냥을 뎐당ᄒ여도 당시롱 쁘기에 넉넉지 못ᄒ여라.《朴新諺 1, 28ㅈ》不如去了他罷, 뎌룰 업시홀만 ᄌ디 못ᄒ다.《朴新諺 1, 56ㅎ》但日連日有事不在家, 다만 連日ᄒ여 일이 이시믈 因ᄒ여 집의 잇지 못홈으로.《朴新諺 2, 13ㅈ》兩箇鋸鉞一箇釘鈑都不厚實, 두 비목과 흔 걸새 다 두텁지 못ᄒ니.《朴新諺 3, 3ㅎ》不如挾着屁眼家裡坐着去罷, 밋궁글 ᄭᅵ고 집의 안자시라 갈만 ᄌ지 못ᄒ다. ❷⇔불능(不能).《朴新諺 1, 14ㅈ》這都是斷不能少的, 이 거시 다 이 결짠고 업지 못홀 쩌시라.

몽고(蒙古) 명 나라 이름. 몽골(Mongol).《朴新諺 2, 8ㅈ》我不是那口外(朴新注, 25ㅎ: 居庸關北, 有古北口等, 諸口其外, 謂之口外, 蒙古所居之地.)的達子‧回回, 나ᄂᆫ 뎌 口外엣 達子‧回回 아니라.

몽롱(朦朧) 톙 의식이 흐리멍덩하다.《朴新諺 3, 11ㅎ》不想那厮打頓(朴新注, 48

ㅎ: 頓, 集韻作旽, 朦朧欲睡之貌.)起來, 싱각지 아닌 그 놈이 조오다가.

뫼시다 동 모시다. 시중들다. 보살피다. ⇔복시(服侍).《朴新諺 3, 58ㅈ》叫衆將軍們服侍上馬, 여러 將軍들을 불러 뫼셔 몰 틔오고.

뫼초라기 명 메추라기. ⇔암순(鵪鶉).《朴新諺 1, 21ㅈ》九月‧十月裏便闘(鬪)鵪鶉, 九月‧十月에 곳 뫼초라기 싸홈 부치고.

묘(妙) 톙 좋다. 아름답다. 훌륭하다. ⇔묘ㅎ다(妙-).《朴新諺 1, 6ㅎ》弟兄們今日都要吃得酩酊大醉纔妙哩, 弟兄들이 오늘 다 먹어 酩酊 大醉호미 맛치 妙ᄒ리라.《朴新諺 2, 27ㅎ》須早些約簡佳期纔妙哩, 모름이 일즉 佳期를 언약홈이 마치 妙ᄒ니라.《朴新諺 3, 55ㅎ》也就拜他一拜豈不更妙麼, 쏘 곳 져의게 拜홈이 엇지 더욱 妙티 아니ᄒ랴.

묘(畝) 의 논밭 넓이의 단위. 1묘는 30평으로 약 99.174㎡에 해당한다.《朴新諺 2, 45ㅈ》空地幾畝, 空地 幾畝를.

묘(描) 동 모(模)하다. 묘사(描寫)하다. ⇔모ᄒ다.《朴新諺 2, 6ㅎ》描也描不盡的好風光, 모ᄒ려 ᄒ여도 모ᄒ여 나(다)치 못홀 됴흔 風光이니.

묘(猫) 명 고양이. ⇔괴.《朴新諺 3, 2ㅈ》那箇拿藍(籃)子盛着猫的不是賣的麼, 뎌 드라치 가져 괴 담으니 이 폴 리 아니가.《朴新諺 3, 2ㅎ》果然是賣猫的, 果然 이 괴 폴 리로다. 你拿猫來我看, 네 괴 가져 오라 내 보쟈.《朴新諺 3, 2ㅎ》我要這有花兒的母猫, 내 이 어룽 암 괴룰 사려 ᄒ니.

묘법(妙法) 명 〈불〉 불교의 신기하고 묘한 법문(法文).《朴新諺, 朴集, 中, 4ㅎ》座飾芙蓉. 飜譯名義云, 大論問, 諸牀〈床〉可坐, 何必蓮華. 荅曰, 牀爲世間白衣坐法, 又以蓮華軟淨, 欲現神力, 能坐其上, 令不壞故, 又以莊嚴妙法故, 又以此華華臺嚴淨香妙可坐故.

묘생(卯生) 명 묘년(卯年)에 태어난 사람을 이르는 말. 《朴新諺 3, 43ㅈ》忌巳·午·亥·卯生人, 巳·午·亥·卯生 사룸이 忌혼다 ᄒᆞ엿더라.

묘시(卯時) 명 십이시(十二時)의 넷째 시. 오전 5시에서 7시까지이다. 《集覽, 朴集, 下, 10ㅈ》頭戴耳掩或提在手裏. 芒神耳掩以立春時爲法, 從卯至戌八時, 掩耳用手提, 陽時左手提, 陰時右手提, 以八時見日溫和也.

묘아(猫兒) 명 고양이. ⇔괴. 《朴新諺 3, 2ㅈ》你家裡沒有猫兒麽, 네 집의 괴 업ᄂᆞ냐. 《朴新諺 3, 3ㅈ》一箇猫兒怎麽就直的這些錢, 혼 낫 괴에 엇지 곳 이 갑시 ᄊᆞ리오.

묘아안(猫兒眼) 명 야광주(夜光珠). (어두운 데서 빛을 내는 구슬) ⇔야광쥬. 《朴新諺 1, 23ㅎ》一對猫兒眼廂嵌的金戒指, 혼 ᄡᅡᆼ 야광쥬 뎐메워 박은 金가락지.

묘액(廟額) 명 사당 앞에 붙인 편액(扁額). 《集覽, 朴集, 下, 10ㅎ》二郞爺爺. 廟額曰昭惠靈顯眞君之廟, 然未知何神. 打春之日, 取此塑像, 盖亦未詳.

묘약(妙藥) 명 신통한 효험을 지닌 약. 《朴新諺 2, 27ㅈ》便强如靈丹妙藥, 곳 靈丹 妙藥에서 나아.

묘우(廟宇) 명 신위를 모신 집. 《朴新諺 2, 38ㅎ》也有村庄·廟宇, ᄯᅩ 村庄·廟宇도 이시며.

묘인(苗人) 명 중국 귀주(貴州)·호남(湖南)·운남(雲南) 등에 사는 토족. 몸집이 작고 살갗은 누른빛인데 성질이 사납다고 한다. 《集覽, 朴集, 上, 11ㅎ》娘子. 南村輟耕錄云〈南村輟耕錄〉, 世謂穩婆曰老娘, 女巫曰師娘, 唱〈娼〉婦曰花娘, 達人又曰草娘, 苗人謂妻曰夫娘, 南方謂婦人無行者曰夫娘, 謂婦人之卑賤者曰某娘, 曰幾娘, 鄙之曰婆娘.

묘족(妙足) 명 만족하다. 《集覽, 朴集, 上, 15ㅈ》兜率. 梵語兜率, 此云妙足, 又云知足於五欲知止足. 故佛地論云, 名憙足, 謂後身菩薩於中敎化, 多修憙足故. 卽欲界六天之一也. 兜率天, 人間四百世爲一日.

묘지(妙智) 명 영묘(靈妙)한 지혜(智慧). 《集覽, 朴集, 下, 3ㅈ》三寶. 佛·法·僧也. 功成妙智, 道登圓覺, 佛也, 玄理幽微, 正敎精誠, 法也, 禁戒守眞, 威儀出俗, 僧也. 《朴新諺 3, 14ㅈ》不信佛法不尊三寶(朴新注, 49ㅎ: 佛·法·僧曰三寶. 功成妙智, 道登圓覺, 佛也, 玄理幽微, 正敎精誠, 法也, 禁戒守眞, 威儀出俗, 僧也. 故曰寶.), 佛法을 信치 아니ᄒᆞ고 三寶를 尊치 아니ᄒᆞ니.

묘통(妙通) 명 신비한 술법(術法). 《集覽, 朴集, 中, 5ㅎ》執楊柳於掌內拂病體於輕安. 佛圖澄, 天竺〈笁〉人也. 妙通玄術, 善誦呪, 能役使鬼神.

묘ᄒᆞ다(妙-) 형 좋다. 아름답다. ●⇔묘(妙). 《朴新諺 1, 6ㅎ》弟兄們今日都要吃得酪酊大醉纏妙哩, 弟兄들이 오늘 다 먹어 酩酊 大醉ᄒᆞ미 맛치 妙ᄒᆞ리라. 《朴新諺 2, 27ㅎ》須早些約簡佳期纏妙哩, 모롬이 일즉 佳期를 언약홈이 마치 妙ᄒᆞ니라. 《朴新諺 3, 55ㅎ》也就拜他一拜豈不更妙麽, ᄯᅩ 곳 져의게 拜홈이 엇지 더욱 妙티 아니ᄒᆞ랴. ●⇔위묘(爲妙). 《朴新諺 1, 18ㅎ》脊背只要平正爲妙, 등을 그저 平正이 ᄒᆞ여야 妙ᄒᆞ니라.

무(無) 보동 말다. ⇔말다. 《朴新諺 3, 15ㅈ》身子粗安無須憂念, 몸이 져기 편안ᄒᆞ니 모롬이 憂念치 마르쇼셔.

무(無) 분 없이. ⇔업시. 《朴新諺 3, 52ㅎ》小人無辜受辱情理難甘, 小人이 죄 업시 辱을 바드니 情理 難甘ᄒᆞ여.

무(無) 형 없다. ●⇔업다. 《朴新諺 1, 7ㅎ》又道天下無不散之筵席, ᄯᅩ 니ᄅᆞ되 天下에 ᄒᆞᆺ터지지 아닐 잔치 업다 ᄒᆞ니. 《朴新諺 1, 58ㅎ》如無物可准, 만일 물건이 쥰졀홀 거시 업거든. 《朴新諺 2, 30ㅈ》萬民無搔擾之憂百姓有安祥之慶, 萬

民이 搔擾ᄒᄂᆫ 근심이 업고 百姓이 安祥
ᄒᆫ 慶이 잇도다.《朴新諺 3, 6ㅈ》衙門處
處向南開, 衙門이 곳곳이 南을 向ᄒᆞ여 여
러시나. 有理無錢休入來, 理 이셔도 돈
이 업거든 드러오지 말라 ᄒᆞᄂᆞ니라.《朴
新諺 3, 57ㅈ》眞是無道無所不為, 진실로
道ㅣ 업서 ᄒᆞ지 아닐 배 업ᄂᆞᆫ지라.《朴
新諺 3, 59ㅈ》小子別無土宜帶來, 小子ㅣ
별로 土産을 가져온 거시 업고. ●⇔없
다.《朴新諺 1, 36ㅈ》無處出脫, 지쳐홀
곳이 업서.《朴新諺 1, 38ㅈ》但如今腿上
還是十分無氣力哩, 다만 이제 다리에 오
히려 ᄀ장 氣力이 업세라.《朴新諺 1, 39
ㅎ》金甕兒・銀甕兒表裏無縫兒, 金독 銀
독이 안팟씌 솔 업슨 거시여.《朴新諺
2, 19ㅈ》今因貧乏無以養贍, 이제 貧乏ᄒᆞ
여 뻐 養贍홈이 업스믈 因ᄒᆞ여.《朴新諺
2, 26ㅎ》男兒無婦財無主, 스나희 지어미
업스면 지믈이 님재 업고.《朴新諺 2, 45
ㅈ》恐後無憑立此為照, 後에 의빙홈이
업슬가 저허 이를 셰워 보람을 삼노라.
《朴新諺 3, 6ㅎ》虫蛀的無一根風毛了怎
麼好, 좀이 딥어 ᄒᆞᆫ 낫 긴털이 업스니
엇지ᄒᆞ여야 됴흐료.《朴新諺 3, 14ㅎ》師
傅道我與他無緣也, 師傅ㅣ 니르되 내 뎌
로 더부러 인연이 업스니.《朴新諺 3, 20
ㅎ》捉賊無贓, 도적을 잡으매 장물이 업
스니.《朴新諺 3, 41ㅈ》是天下無雙的, 이
天下에 雙 업스니라.
무(舞) 图 춤추다. ⇔춤추다.《朴新諺 2,
11ㅈ》也有舞鎗弄棒的, 쏘 鎗을 춤추며
막대 노롯ᄒᆞᄂᆫ 이도 이시니.
무검(舞劍) 图 칼을 휘두르다. 검(劍)을
내두르다.《集覽, 朴集, 上, 11ㅈ》馬有垂
繮之報. 漢高祖與項王會鴻門, 舞劍事急,
謀脫. 匹〈疋〉馬南行, 道傍有一眢井, 馬到
井邊不肯行. 漢王恐追者至, 下馬入井.
무검(舞劒) 图 =무검(舞劍). '劒'은 '劍'과
같다.《集韻, 驗韻》劒, 與劍同. 出海篇.
《集覽, 朴集, 上, 11ㅈ》馬有垂繮之報. 漢

高祖與項王會鴻門, 舞劒事急, 謀脫. 匹
〈疋〉馬南行, 道傍有一眢井, 馬到井邊不
肯行. 漢王恐追者至, 下馬入井.
무곡(武曲) 명 구성(九星) 중의 여섯째 별
이름. 염정성(廉貞星)의 아래 파군성(破
軍星)의 위에 있다.《集覽, 朴集, 上, 7ㅈ》
北斗左輔右弼. 凡九星, 曰樞宮貪狼, 曰璇
宮巨門, 曰璣〈幾〉宮祿存, 曰權宮文曲, 曰
衡宮廉貞, 曰闓(開)陽宮武曲, 曰瑤光宮破
軍, 曰洞明宮左輔, 曰隱元宮右弼. 左輔連
附北斗第〈苐〉六星, 在外, 右弼連附北斗
第〈苐〉二星, 在內. 俱在紫薇(微)垣.
무골(無骨) 혱 뼈가 없다.《集覽, 朴集, 上,
3ㅎ》五軟三下鍋. 質問云, 五般無骨精肉
〈五般精肉〉, 碎切爲片, 先用塩煎, 次用醋
煮, 交葱花以食.
무공(無功) 혱 아무런 공로가 없다.《集
覽, 朴集, 中, 5ㅈ》隨相現相. 飜譯名義云,
佛昔爲帝釋時, 遭飢歲, 疾疫流行, 醫療無
功, 道殣相屬.
무관(無官) 혱 벼슬이 없다.《朴新諺 2, 13
ㅎ》相公(朴新注, 27ㅎ: 無官者尊稱之
辭.)饒他罷, 相公은 뎌를 샤ᄒᆞ쇼셔.
무구의(無垢衣) 명 〈불〉 가사(袈裟)의 다
른 이름.《集覽, 朴集, 上, 10ㅈ》袈裟. 反
〈飜〉譯名義云, 袈裟是外國三衣之名. 或名
離塵服, 由斷〈断〉六塵故, 或名消瘦服, 由
斷煩惱故, 或名無垢衣.
무던ᄒᆞ다 혱 무던하다. 괜찮다. 가(可)하
다. ●⇔야파(也罷).《朴新諺 2, 17ㅈ》
便略次些也罷了, 곳 져기 버금 거슬 ᄒᆞ여
도 무던ᄒᆞ거니와. ●⇔파(罷).《朴新諺
1, 4ㅈ》旣少不多也罷了, 임의 션 거시 하
지 아니ᄒᆞ니 쏘 무던ᄒᆞ다.《朴新諺 1, 20
ㅈ》我們隔幾日再來取罷了, 우리 여러
날 즈음ᄒᆞ여 다시 와 가져가미 무던ᄒᆞ
다.《朴新諺 1, 47ㅈ》就筭是與你送行罷
了, 이믜셔 네게 送行ᄒᆞᄂᆫ 양으로 호미
무던ᄒᆞ다.《朴新諺 2, 2ㅈ》且將就買了去
罷, 아직 두어라 ᄒᆞ여 사 가미 무던ᄒᆞ다.

《朴新諺 2, 3ㅎ》你問他借一箇罷, 네 뎌
드려 무러 ᄒ나흘 빌미 무던ᄒ다.《朴新
諺 2, 4ㅎ》送去與他補做生日罷, 보내여
뎌룰 주어 生日을 다느림홈이 무던ᄒ다.
《朴新諺 2, 8ㅎ》罷了, 무던ᄒ다.《朴新
諺 2, 43ㅎ》再加你五錢銀罷, 다시 네게
닷 돈 은을 더홈이 무던ᄒ다.《朴新諺
3, 32ㅎ》拿二百錢來罷了, 二百 낫 돈을
가져오미 무던ᄒ다.

무도(無道) ᄒ명 말이나 행동이 도리에 어
긋나서 막되다. ⇔무도ᄒ다(無道-).
《朴新諺 3, 57ㅎ》弓王如此無道, 弓王이
이러ᄐ시 無道ᄒ니.《朴新諺 3, 57ㅎ》征
伐無道乃國家正理, 無道를 征伐홈은 이
國家 正理라.

무도ᄒ다(無道-) ᄒ명 무도(無道)하다. ⇔
무도(無道).《朴新諺 3, 57ㅎ》弓王如此
無道, 弓王이 이러ᄐ시 無道ᄒ니.

무되다 ᄒ명 무디다. ⇔둔(鈍).《朴新諺 1,
42ㅎ》你刀子是快的還是鈍的呢, 네 칼이
이 드는 거시냐 이 무된 거시냐.《朴新
諺 1, 43ㅈ》肯用鈍刀子呢, 즐겨 무된 칼
을 쓰리오.

무둑무둑 ᄹ 무더기무더기. ⇔족족(簇
簇).《朴新諺 3, 34ㅈ》四五對簇簇趙趙的
亂捽, 네다섯 ᄡᅡᆼ식 무둑무둑 나아드러
어즈러이 ᄢᅵ롬ᄒ니.

무량(無量) ᄒ명 정도를 헤아릴 수 없을 만
큼 많다.《集覽, 朴集, 中, 4ㅎ》童男童女.
應作種種身, 或在天上, 在人間, 随其所樂,
皆令見衆生形相各不同, 行業音聲亦無量.

무량각(無樑閣) ᄆ명 마룻대가 없는 집.
《朴新諺 2, 44ㅎ》捲蓬(朴新注, 39ㅈ: 如
雨傘閣之類. 舊釋作無樑閣誤.)幾間, 우산
각이 현 간.

무려(無慮) ᄒ명 아무 염려할 것이 없다. ⇔
무려ᄒ다(無慮-).《朴新諺 1, 21ㅈ》無識
・無知・無憂・無慮, 無識・無知ᄒ며
無憂・無慮ᄒ여.

무려ᄒ다(無慮-) ᄒ명 무려(無慮)하다. ⇔

무려(無慮).《朴新諺 1, 21ㅈ》無識・無
知・無憂・無慮, 無識・無知ᄒ며 無憂
・無慮ᄒ여.

무뢰(無賴) ᄹ ➊부질없이. ⇔부질업시.
《集覽, 字解, 累字解, 2ㅎ》無賴. 힘히미.
又부질업시. ➋심심히. 한가히. ⇔힘히
미.《集覽, 字解, 累字解, 2ㅎ》無賴. 힘히
미. 又부질업시.

무뢰(無賴) ᄒ명 막돼먹다. 무뢰(無賴)하다.
《朴新諺 2, 33ㅈ》混名(朴新注, 35ㅈ: 無
賴人, 有號曰混名, 一作渾)喚做李夜叉,
混名을 李夜叉ㅣ라 부르리.

무뢰인(無賴人) ᄆ명 무뢰(無賴)한 사람. 무
뢰한(無賴漢).《朴新諺 2, 33ㅈ》混名(朴
新注, 35ㅈ: 無賴人, 有號曰混名, 一作
渾.)喚做李夜叉, 混名을 李夜叉ㅣ라 부
르리.

무르다 ᄹ동 무르다. ⇔속(贖).《朴新諺 1,
23ㅈ》多當多贖少當少贖, 만히 뎐당ᄒ면
만히 무르고 젹게 뎐당ᄒ면 젹게 무르
ᄂ니. 當多了後來銀子不湊手就難贖了,
뎐당을 만히 ᄒ엿다가 후에 은이 손에
모히지 못ᄒ면 곳 무르기 어려오니라.

무르다 ᄒ명 ➊무르다[爛]. ⇔난(爛).《朴新
諺 1, 54ㅎ》且吃些稀粥爛飯, 아직 묽은
죽과 무른 밥을 먹고.《朴新諺 3, 44ㅎ》
試爛了也不中吃, 너무 물러도 먹기에 맛
당치 아니ᄒ니라. ➋무르다[軟]. ⇔연
(軟).《朴新諺 2, 53ㅈ》却纔會學立的腰
兒軟休弄他, ᄀᆞ 셜 줄을 아되 허리 무르
니 뎌를 달호지 말라.

무르녹다 ᄹ동 무르녹다. ⇔난(爛).《朴新諺
1, 5ㅈ》頓爛肘(肋)子, 무르녹게 술믄 녑
팔지와.

무릇 ᄹ 무릇. 대개. 거의. ⇔대범(大凡).
《朴新諺 3, 52ㅈ》大凡七十已上十五已下
不合加刑, 무릇 七十 已上과 十五 已下는
加刑홈이 맛당치 아니타 ᄒ니라.

무리 ᄆ명 무리[羣]. ⇔군(群).《朴新諺 1, 40
ㅈ》家後一羣羊箇箇尾子長, 딥 뒤히 ᄒ

무리 羊이 낫낫치 죠리 긴 거시여.

무리ᄒᆞ다 동 무리(無理)하다. (도리나 이치에 맞지 않거나 정도에서 지나치게 벗어나다) ⇔몰리(沒理). 《朴新諺 3, 51ㅎ》有一箇沒理的村牛, 혼 무리혼 村牛ㅣ이셔.

무사(武士) 명 무예를 익히어 그 방면에 종사하는 사람. 《集覽, 朴集, 上, 14ㅈ》仵〈揌〉柳. 質問云, 端午節日, 赴敎場內, 將三枝柳植之三處, 走馬射之. 歲時樂事記云, 武士軍校禢柳于擊塲. 《集覽, 朴集, 下, 7ㅎ》花房窩兒. 又云擊鞠, 騎而以杖擊也, 黃帝習兵之勢. 或曰起於戰國, 所以練〈鍊〉武士, 因嬉戲而講習之, 猶打毬, 非蹋鞠之戲也.

무사(無事) 형 아무 탈 없이 편안하다. ⇔무사ᄒᆞ다(無事-). 《朴新諺 1, 37ㅎ》如今飯也吃得些却無事了, 이제 밥도 져기 먹고 ᄯᅩ 無事ᄒᆞ여라. 《朴新諺 2, 25ㅈ》吃一兩劑便無事了, 혼두 劑 먹으면 곳 無事ᄒᆞ리라.

무사ᄒᆞ다(無事-) 형 무사(無事)하다. ⇔무사(無事). 《朴新諺 1, 37ㅎ》如今飯也吃得些却無事了, 이제 밥도 져기 먹고 ᄯᅩ 無事ᄒᆞ여라. 《朴新諺 2, 25ㅈ》吃一兩劑便無事了, 혼두 劑 먹으면 곳 無事ᄒᆞ리라.

무상(無上) 형 그 위에 더할 수 없다. 《集覽, 朴集, 下, 3ㅈ》三寶. 又法數云, 十號圓明, 萬行具足, 天龍戴仰, 稱無上尊, 卽佛寶也. 《集覽, 朴集, 下, 4ㅎ》三淸. 道經云, 無上大羅. 《集覽, 朴集, 下, 4ㅎ》羅天. 謂覆盖萬天, 羅絡三界, 極高無上, 故稱大羅. 《朴新諺 3, 22ㅈ》一日先生做羅天大醮(朴新注, 52ㅈ: 道經云, 覆盖萬天, 羅絡三界, 極高無上, 謂之大羅. 天醮, 祭名, 祭於星辰曰醮.), 一日에 先生이 羅天大醮를 ᄒᆞ더니.

무상보리(無上菩提) 명 〈불〉 더할 나위 없이 훌륭한 부처의 깨달음. 《集覽, 朴集, 上, 10ㅈ》禪. 靜也. 傳燈錄有五等禪, 有外道禪・凡夫禪・小乘禪・大乘禪・最上乘禪, 又名如來淸淨禪, 又名無上菩提.

무색계(無色界) 명 〈불〉 삼계(三界)의 하나. 육체와 물질의 속박에서 벗어난 정신적인 사유(思惟)의 세계를 이른다. 《集覽, 朴集, 中, 4ㅎ》梵王帝釋. 有欲界・色界・無色界爲三界. 欲界有四洲・四惡趣・六欲天, 帝釋爲欲界主. 色界有四禪・十八梵天, 梵王爲色界主. 無色界有四空天. 《朴新諺 2, 29ㅈ》或現質于梵王帝釋(朴新注, 33ㅈ: 佛書云, 有欲界・色界・無色界. 帝釋為欲界主, 梵王為色界主, 無色界有四空天.), 或 梵王 帝釋에 顯質ᄒᆞ고.

무섯 대 무엇. ⇔심마(甚麼). 《朴新諺 1, 10ㅈ》眼前就收拾怕甚麼呢, 시방 즉시 收拾ᄒᆞ면 무서시 저프리오. 《朴新諺 1, 22ㅎ》把甚麼去當, 무서슬 가져가 뎐당ᄒᆞ려 ᄒᆞᄂᆞᆫ다. 《朴新諺 1, 26ㅈ》賭甚麼, 무서슬 더느료. 《朴新諺 1, 31ㅎ》買這猠皮做甚麼, 이 猠皮 사 무섯 홀짜. 《朴新諺 2, 7ㅎ》從今已後咱與你論甚麼, 이제로부터 우리 너와 무서슬 의논ᄒᆞ리오. 《朴新諺 2, 50ㅎ》為甚麼不得呢, 무서슬 위ᄒᆞ여 엇지 못ᄒᆞ리오. 《朴新諺 3, 36ㅎ》我管做甚麼, 내 무섯 ᄒᆞ기를 ᄀᆞ음알리오. 《朴新諺 3, 36ㅎ》賭甚麼呢, 무서슬 더ᄂᆞ리오. 《朴新諺 3, 41ㅈ》你要畫甚麼, 네 무서슬 그리고져 ᄒᆞᆫ다.

무슴 관 무슨. ●⇔심마(甚麼). 《朴新諺 3, 2ㅎ》討甚麼謊價錢, 무슴 거즛 갑슬 쬐오리오. 《朴新諺 3, 11ㅈ》你說甚麼話, 네 무슴 말 니ᄅᆞᆫ다. 《朴新諺 3, 17ㅈ》却還要盖甚麼房子麼, ᄯᅩ 무슴 집을 짓고져 ᄒᆞᆫ다. ●⇔하(何). 《朴新諺 2, 4ㅈ》你何故不去, 네 므슴 연고로 가지 아니ᄒᆞᆫ다. 《朴新諺 2, 20ㅈ》有何疑慮呢, 므슴 疑慮홈이 이시리오. 《朴新諺 3, 23ㅈ》有何冤讐呢, 무슴 冤讐ㅣ이시리오.

무시(武試) 명 무예(武藝) 시험. 《集覽, 朴

集, 下, 7ㅎ》飛棒杓兒. 質問畫成毬棒, 卽
本國武試毬杖之形, 而下云煖木厢柄, 其
杓用水牛皮爲之, 以木爲胎.《集覽, 朴集,
下, 7ㅎ》花房窩兒. 毬棒杓兒之制, 一如本
國武試毬杖之設, 卽元時擊丸之事.

무식(無識) 형 아는 것이 없다. ⇔무식ᄒ
다(無識-).《朴新諺 1, 21ㅈ》無識・無知
・無憂・無慮, 無識・無知ᄒ며 無憂・
無慮ᄒ여.

무식ᄒ다(無識-) 형 무식(無識)하다. ⇔
무식(無識).《朴新諺 1, 21ㅈ》無識・無
知・無憂・無慮, 無識・無知ᄒ며 無憂
・無慮ᄒ여.

무신(戊申) 명 간지(干支)가 무신인 날.
《集覽, 朴集, 上, 5ㅈ》天赦日. 春戊寅・
夏甲午・秋戊申・冬甲子, 謂天道生育萬
物而有其罪也. 甲戊爲陽干之德, 子午爲
陰陽之成, 寅申爲陰陽之立, 以干德配之
爲赦也, 可修造起工〈土〉.

무신(無信) 형 신의가 없다.《朴新諺 2, 10
ㅈ》到處人民一切善男信女(朴新注,　26
ㅈ: 佛經云, 善者, 順理也. 又云, 無信, 不
入佛法.), 到處 人民과 一切 善男 信女ㅣ.

무엇 데 무엇. ⇔심마(甚麼).《朴新諺 2,
48ㅎ》你每日做甚麼, 네 每日에 무엇 ᄒ
ᄂ다.《朴新諺 3, 4ㅈ》要他做甚麼, 뎌를
ᄒ여 무엇 ᄒ려 ᄒᄂ다.《朴新諺 3, 39
ㅈ》他不使些做甚麼, 제 져기 쁘지 아니
ᄒ고 무엇 ᄒ리오.

무예(武藝) 명 무도(武道)에 관한 재주.
《朴新諺 1, 53ㅎ》輸了的是自己(己)武藝
平常, 지ᄂᆞ니는 이 自己 武藝ㅣ 平常홈
이라.

무왕(武王) 명 주(周)나라 제1대 왕. 문왕
(文王)의 아들. 이름은 발(發). 은(殷)의
폭군 주(紂)를 친 뒤 호(鎬)에 도읍하여
주나라를 세우고 자월(子月)을 세수(歲
首)로 삼았다. 후대에 현군(賢君)으로
평가를 받았다.《集覽, 朴集, 上, 4ㅈ》遼
陽. 遼誌云, 舜分冀東北爲幽州, 卽今廣寧

以西之地. 靑東北爲營州, 卽今廣寧以東
之地, 周武王封箕子於朝鮮, 是其地也, 卽
古肅愼氏地.《集覽, 朴集, 上, 5ㅎ》平則
門. 燕都, 禹貢冀州之域. 唐曰幽都, 虞爲
幽州, 武王封召公奭於燕, 卽此.

무용(無用) 형 쓸데없다. 소용없다. ⇔쓸
디없다.《朴新諺 2, 27ㅎ》你們這幾箇無
用的小厮, 너희 이 여러 쓸디업슨 아히
놈들이.

무우 명 무. ⇔나복(蘿蔔).《朴新諺 2, 55
ㅎ》誰吃蘿蔔打噎咈, 뉘 무우 먹고 트림
ᄒ엿ᄂ뇨.

무우(無憂) 형 근심이 없다. 걱정이 없다.
⇔무우ᄒ다(無憂-).《朴新諺 1, 21ㅈ》無
識・無知・無憂・無慮, 無識・無知ᄒ
며 無憂・無慮ᄒ여.

무우ᄒ다(無憂-) 형 무우(無憂)하다. ⇔
무우(無憂).《朴新諺 1, 21ㅈ》無識・無
知・無憂・無慮, 無識・無知ᄒ며 無憂
・無慮ᄒ여.

무으다 동 뭇다. 쌓다. ⇔누(壘).《朴新諺
3, 17ㅈ》前面壘一箇花臺好栽花, 앏히 ᄒ
花臺를 무어 꼿 시므기 됴케 ᄒ라.

무이(無以) 형 부득이하다. 어쩔 수 없다.
《集覽, 朴集, 下, 1ㅈ》唐三藏法師〈三藏〉.
藏, 卽包含攝持之義. 非藏無以積錢財, 非
藏無以蘊文義, 謂攝一切所應知義, 無令
分散, 故名爲藏也.

무인(戊寅) 명 간지(干支)가 무인인 날.
《集覽, 朴集, 上, 5ㅈ》天赦日. 春戊寅・
夏甲午・秋戊申・冬甲子, 謂天道生育萬
物而有其罪也. 甲戊爲陽干之德, 子午爲
陰陽之成, 寅申爲陰陽之立, 以干德配之
爲赦也, 可修造起工〈土〉.

무인(無人) 형 사람이 없다.《集覽, 朴集,
上, 11ㅈ》馬有垂韁之報. 項王追至井傍,
見馬跡至井而止, 謂漢王在井, 令人下井
搜求. 見井口有蜘蛛罩網, 鵓鴿一雙出井
飛去, 謂無人在中, 項王還壁. 翌日, 其馬
到井垂韁, 漢王執之而出.《朴新諺 1, 42

ㅎ》狗有濺草之恩, 개ᄂᆞᆫ 濺草ᄒᆞᆫ 恩이 잇
고. 馬有垂繮(朴新注, 16ㅎ: 漢高祖自鴻
門, 脫歸匹馬南行, 道傍有一眢井, 馬到井
邊不肯行. 高祖恐追者至, 下馬入井. 項王
追至井傍, 見馬跡, 謂高祖在井, 令人下井
搜求. 見井口有蜘蛛罩網, 鵓鴿一雙出井
飛去, 謂無人仍還. 翌日, 其馬到井垂繮,
高祖執而出.)之報, 몰은 垂繮ᄒᆞᆫ 報ㅣ 잇
다 ᄒᆞ니라.

무일(戊日) 圏 천간(天干)이 무(戊)로 된
날.《集覽, 朴集, 中, 8ㅎ》臘. 無定日, 冬
至後第《弟》二戊日是也.

무전(無錢) 圏 돈이 없다.《集覽, 朴集, 下,
3ㅈ》六鶴舞琴. 善惡報應錄云, 江夏郡辛
氏沽酒爲業, 有一先生入坐曰, 有好酒飮
吾否. 辛飮以巨杯. 明日復來, 如此半載.
謂辛曰, 多負酒債, 無錢酬汝.

무정(無情) 圏 감정이 없다. ⇔무정ᄒᆞ다
(無情-).《朴新諺 2, 26ㅎ》咳姐姐我不想
你這般無情, 애 각시아 내 네 이리 無情
ᄒᆞᆯ 줄을 싱각지 못ᄒᆞ엿노라.

무정ᄒᆞ다(無情-) 圏 무정(無情)하다. ⇔
무정(無情).《朴新諺 2, 26ㅎ》咳姐姐我
不想你這般無情, 애 각시아 내 네 이리
無情ᄒᆞᆯ 줄을 싱각지 못ᄒᆞ엿노라.

무제(武帝) 圏 ●전한(前漢)의 제7대 황
제(B.C.156~B.C.87). 성은 유(劉). 이름
은 철(徹). 묘호는 세종(世宗).《集覽, 朴
集, 上, 9ㅎ》漢子. 泛稱〈称〉男兒曰漢, 又
指婦女之夫曰漢子. 事物紀原云, 三代以
降, 有國號者至多, 獨以漢爲名者, 取兩漢
之盛. 漢武帝征討四夷, 專事匈奴, 由此有
漢胡之斥.《集覽, 朴集, 中, 6ㅈ》萬劫. 漢
武帝鑿昆明池, 其底有灰, 帝問東方朔, 對
曰, 此劫〈刦〉灰也.《集覽, 朴集, 下, 5ㅈ》
蠍〈蝎〉虎. 五月五日捕其生者, 飼以朱砂,
明年端午搗〈擣〉之, 點宮人臂上, 經事則
消, 否則雖死不改, 故名曰守宮. 漢武帝嘗
試之, 果驗, 常捕全蠍食之, 故名蠍虎. ●
진(晉) 사마염(司馬炎)의 시호(謚號).

《集覽, 朴集, 上, 12ㅈ》紅定. 晉武帝多簡
良家女以充內職, 而自擇美者入選, 則以
絳紗繫臂. 鎭軍將軍胡奮女入選, 亦以絳
紗繫臂, 故俗謂定婚曰紅定.

무지(拇指) 圏 엄지손가락.《集覽, 朴集,
上, 13ㅈ》濟機. 音義云, ·쓸·로 밍·ᄀᆞ론
혈거피 ·ᄀᆞᆺ튼 것. 今按, 漢人或牛角或鹿
角爲之, 形如環, 着於拇指, 亦所以鉤〈所
以鉤〉弦開弓.

무지(無地) 圏 몸 둘 바를 모르다. 어찌할
바를 모르다. ⇔무지ᄒᆞ다(無地-).《朴新
諺 3, 51ㅎ》則感激無地矣, 곳 感激 無地
ᄒᆞ리이다.

무지(無知) 圏 아는 것이 없다. ⇔무지ᄒᆞ
다(無知-).《朴新諺 1, 21ㅈ》無識・無知
・無憂・無慮, 無識・無知ᄒᆞ며 無憂・
無慮ᄒᆞ여.

무지ᄒᆞ다(無地-) 圏 무지(無地)하다. ⇔
무지(無地).《朴新諺 3, 51ㅎ》則感激無
地矣, 곳 感激 無地ᄒᆞ리이다.

무지ᄒᆞ다(無知-) 圏 무지(無知)하다. ⇔
무지(無知).《朴新諺 1, 21ㅈ》無識・無
知・無憂・無慮, 無識・無知ᄒᆞ며 無憂
・無慮ᄒᆞ여.

무직(武職) 圏 무관.《集覽, 朴集, 上, 6ㅈ》
張舍. 又質問云, 武職官下閑人, 謂之舍
[人].《朴新諺 1, 29ㅈ》看見両箇舍人(朴
新注, 11ㅈ: 王公・大人之家, 必有舍人,
卽家臣也. 又武職官下閑人, 謂之舍人.)調
馬要子, 두 舍人이 調馬 노리ᄒᆞᄂᆞᆫ 양을
보니.《朴新諺 2, 51ㅎ》王千戶(朴新注,
41ㅎ: 各所有正・副千戶, 武職.)打背後
來, 王千戶ㅣ 뒤흐로셔 와.

무직자(無職者) 圏 일정한 직업이 없는
사람.《集覽, 朴集, 中, 6ㅎ》大帽. 今俗唯
出外行者及新婚壻郞無職者, 親迎之夕必
戴大帽.

무진(無盡) 圏 다함이 없다.《集覽, 朴集,
中, 4ㅎ》瓔珞. 頸飾也. 普門品經云, 無盡
意, 菩薩解頸下衆寶瓔珞而以與之.

무차대회(無遮大會) 🄼 〈불〉 성범(聖凡)·도속(道俗)·귀천(貴賤)·상하(上下)의 구별 없이 일체 평등(一切平等)으로 재시(財施)와 법시(法施)를 행하는 대법회.《集覽, 朴集, 下, 1ㅈ》西天取經去. 此時唐太宗, 聚天下僧尼, 設無遮大會, 因衆僧擧一高僧爲壇主說法, 卽玄裝〈奘〉法師也.

무착(無着) 🄳 〈불〉 집착하지 아니하다.《集覽, 朴集, 中, 4ㅈ》智滿十身. 本覺爲知, 始覺爲智. 滿, 備也. 十身有調御. 十身, 曰無着, 曰弘願, 曰業報, 曰住持, 曰涅槃, 曰淨法, 曰眞心, 曰三昧, 曰道性, 曰如意. 有內十身, 曰菩提, 曰願, 曰化, 曰力持, 曰莊嚴, 曰威勢, 曰意生, 曰福德, 曰法, 曰智. 有外十身, 曰自, 曰衆生, 曰國土, 曰業報, 曰聲聞, 曰圓覺, 曰菩薩, 曰智, 曰法, 曰虛空.

무치다 🄳 묻히다. ⇔첨(沾).《朴新諺 1, 15ㅎ》把指頭入口內沾着唾沫, 손가락을 다가 입에 너허 춤을 무쳐.《朴新諺 3, 36ㅈ》薄餠, 薄餠과. 煎餠, 煎餠과. 寬條麵, 너븐 국슈와. 掛麵, 모론 국슉와. 芝麻燒餠, 춤깨 무친 燒餠과.

무태(武泰) 🄼 마진(摩震)의 연호. 신라(新羅) 효공왕(孝恭王) 5년(901)에 궁예(弓裔)가 송악(松嶽)에 웅거하며 국호를 후고구려(後高句麗)라 하였다가, 동왕 8년 국호를 마진(摩震), 연호를 무태(武泰)라 하였다.《集覽, 朴集, 下, 12ㅎ》弓裔. 一日, 持鉢赴齋, 有烏嘴〈啣〉牙籤落鉢中, 視之, 有王字. 遂叛, 據鉄圓郡爲都, 卽今鐵〈鉄〉原府也. 國號摩震, 改元武泰, 後改國號〈号〉泰封.

무행(無行) 🄷 품행이 나쁘다. 행실이 나쁘다. 선행(善行)이 없다.《集覽, 朴集, 上, 11ㅎ》娘子. 南村輟耕錄云〈南村輟耕錄〉, 世謂穩婆曰老娘, 女巫曰師娘, 唱〈娼〉婦曰花娘, 達人又曰草娘, 苗人謂妻曰夫娘, 南方謂婦人無行者曰夫娘, 謂婦人之卑賤者曰某娘, 曰幾娘, 鄙之曰婆娘.

무화(武火) 🄼 활활 세차게 타는 불.《集覽, 朴集, 下, 5ㅈ》蜜煎. 事林廣記云, 凡煎生果, 最要遂其本性, 酸苦辛硬隨性製之. 以半蜜半水煮十數沸, 乘熟控乾, 別換新蜜, 入銀石器內, 用文·武火煮, 取其色明透爲度. 入新缶盛貯, 緊密封窨, 勿令生虫.

묵(墨) 🄼 먹. ⇔먹.《朴新諺 1, 58ㅈ》拿紙·墨·筆〈筆〉·硯來, 紙·墨·筆〈筆〉·硯을 가져오라.《朴新諺 3, 59ㅈ》惟有些高麗筆〈筆〉·墨·紙張, 오직 져기 高麗ㅅ 붓과 먹과 됴희ㅅ 쟝이 이셔.

묵정(墨丁) 🄼 먹장. ⇔먹댱.《朴新諺 1, 29ㅎ》騎着一匹墨丁也似黑的肥馬, 흔 필 먹댱ㅈㅊ치 검고 술진 물을 트고.

문 🄼 ●문. ⇔문(門).《朴新諺 1, 34ㅎ》我每每半夜三更到他家門上尋他, 내 미양 半夜 三更에 제 집 문에 가 져룰 ᄎ자. ●문(紋). 무늬. ⇔화(花).《朴新諺 2, 8ㅎ》你這暗花緞子要多少一疋, 네 이 스믠문 비단을 언머에 흔 필을 흐려 흐ᄂᆞ뇨.《朴新諺 2, 9ㅈ》這一疋暗花緞是兩件袍料, 이 흔 필 스믠문 비단은 이 두 볼 큰옷 ᄀ옴이니.《朴新諺 2, 43ㅈ》鴉靑色四季花的六兩銀子一疋, 야쳥빗 四季花 문에는 엿 냥 은에 흔 필이오.

문(文) 🄼 문서. 문안(文案). ⇔문서.《朴新諺 2, 50ㅎ》你的陞文得了麼, 네 돗눈 문서룰 어덧눈다.

문(文) 🄺 낯. (동전을 셀 때 쓰는 단위) ⇔낫.《朴新諺 1, 1ㅎ》每人出錢一吊(朴新注, 1ㅈ: 唐錢一百六十三文爲一吊, 且以一吊爲一千, 故以十六文謂之一百吊. 本絞字, 今俗通用.)五百文, 每人이 돈 흔 다(댜)오 五百을 내면.《朴新諺 1, 13ㅈ》五十文一擔却不太少些麼, 쉰 낫 돈에 흔 짐이 쏘 너무 젹지 아니흐냐.《朴新諺 1, 13ㅈ》每擔給你五十大錢(朴新注, 5ㅎ: 舊制, 錢有大小, 大錢一文, 計小錢二文用.)罷, 믹 짐에 너룰 五十 대쳔을 주미

무던ᄒ다.《朴新諺 1, 13ㅎ》便給我五十
文一擔也罷了, 곳 나를 쉰 낫 돈을 혼 짐
에 주미 ᄯ 무던ᄒ다.《朴新諺 3, 5ㅎ》你
若不與他一文錢, 네 만일 뎌를 혼 낫 돈
을 주지 아니ᄒ고.

문(門) 똉 ●문. ⇔문.《朴新諺 1, 34ㅎ》我
每每半夜三更到他家門上尋他, 내 미양
半夜 三更에 제 집 문에 가 뎌를 추자.
《朴新諺 1, 56ㅈ》甚麽門有甚麽記認沒有,
므슴 門이며 므슴 보람이 잇ᄂ냐 업ᄂ
냐.《朴新諺 2, 41ㅎ》揷在門拴孔裏, 門빗
장 굼게 ᄭᅩᄌ라.《朴新諺 3, 12ㅈ》那藥
舖門首横子上, 뎌 藥舖 門 앏 케 우희.
《朴新諺 3, 20ㅎ》也不免是閉門家裡坐禍
從天上來, ᄯᅩ 이 門을 닷고 집의 안저서
도 禍ㅣ 天上으로 조차 온다 홈을 免치
못홈이로다.《朴新諺 3, 33ㅎ》在門上磕
了一磕就塌了半邊, 門에 다질려 곳 반 편
이 ᄯᅥ러지고.《朴新諺 3, 53ㅈ》門前絟着
帶鞍子的白馬, 門 앏히 기르마 지은 흰물
을 미엿더니. ●입구. 현관. ⇔문구(門
口).《朴新諺 2, 33ㅎ》有一日一箇賣絹的
打他門口過去, 훌른 혼 집 풀 리 이셔 제
門을 지나가니. ●집. 집안. 문중(門中).
⇔집.《朴新諺 3, 9ㅎ》沿門化些布施廻
來, 집마다 져기 보시를 비러 도라와.

문(們) 젭 -들. ●⇔-들.《朴新諺 1, 2ㅎ》
再向內府管酒的官員們說, ᄯᅩ 內府 술 ᄀ
음아ᄂ 官員들의게 닐러.《朴新諺 1, 19
ㅈ》這箇不湏(須)太爺們囑咐, 이는 모롬
이 太爺들이 당부 말라.《朴新諺 1, 28
ㅈ》咱衆弟兄們自結拜之後, 우리 모돈 弟
兄들이 結拜혼 後로부터.《朴新諺 2, 2
ㅎ》後日又要請街門中同寅老爺們吃酒,
모뢰 ᄯᅩ 衙門에 同寅 老爺들을 쳥ᄒ여
술 먹으려 ᄒ여.《朴新諺 2, 18ㅈ》你們
打的輕, 너희들이 티기를 輕히 ᄒ기로.
《朴新諺 2, 31ㅎ》其餘的小厮們在家, 그
나믄 아히들은 집의 이셔.《朴新諺 3, 5
ㅈ》只怕那寃家們打關節煩人說情哩, 그

저 뎌 寃家들이 쇼쳥ᄒ여 사룸을 식여
情을 니룬가 저페라.《朴新諺 3, 18ㅈ》
方纔書辦們拿文書來畫稿, 앗가 ᄀ 셔반
들이 文書를 가져와 稿에 일홈밧고.《朴
新諺 3, 31ㅎ》茶博士們倒茶來, 茶博士들
아 차를 부어 오라. ●⇔-들ᄒ.《朴新諺
2, 57ㅎ》年時牢子們試走的你可曾看見
麽, 젼년에 牢子들희 ᄃ롬질 시기ᄂ 거
슬 네 일즉 보왓ᄂ다.

문(蚊) 똉 모기. ⇔모긔.《朴新諺 3, 4ㅈ》
做一頂蚊帳掛着睡纔好, 혼 볼 모긔帳을
민드라 치고 자야 마치 됴흐리라.

문(問) 똉 ●무ᄂ냐. ⇔문ᄂ냐.《朴新諺
1, 17ㅎ》你問那有名的刀子舖麽, 네 뎌
有名혼 칼 푸ᄌ룰 문ᄂ냐. ●문나니. ⇔문
ᄂ니.《朴新諺 3, 56ㅎ》請問先生貴姓, 쳥
컨대 문ᄂ니 先生의 貴혼 姓이여.

문(問) 똉 문다. ●⇔문다.《朴新諺 1, 2
ㅈ》不如問那光祿寺, 뎌 光祿寺에 무러.
《朴新諺 1, 5ㅎ》再問教坊司, ᄯᅩ 教坊司
에 무러.《朴新諺 1, 12ㅈ》你問他怎麽,
네 뎌롤 무러 므슴 홀짜.《朴新諺 1, 36
ㅈ》衆人再問那和尙, 衆人이 다시 뎌 듕
ᄃ려 무르되.《朴新諺 2, 3ㅎ》你問他借
一箇罷, 네 뎌ᄃ려 무러 ᄒ나흘 빌미 무
던ᄒ다.《朴新諺 2, 3ㅎ》還是你不肯下氣
問他借, 도로혀 네 즐겨 긔운을 ᄂᄌ기
ᄒ여 뎌ᄃ려 무러 비지 아니홈이니.《朴
新諺 2, 35ㅈ》嚴刑拷打問成死罪, 嚴刑ᄒ
여 져주어 무러 死罪를 일워.《朴新諺
2, 47ㅈ》我問你些字樣, 내 너ᄃ려 져기
字樣을 무르리라.《朴新諺 2, 48ㅎ》憑你
問多少, 네대로 아무만 무러도. ●⇔뭇
다.《朴新諺 1, 41ㅈ》大哥借問一聲, 큰형
아 비러 혼 소리 뭇쟈.《朴新諺 2, 25ㅎ》
問大娘好, 大娘의 평안홈을 뭇고.《朴新
諺 3, 50ㅈ》也不問那屈原投江, ᄯᅩ 뎌 屈
原의 投江홈을 뭇지 아니ᄒ니.《朴新諺
3, 55ㅎ》我問你, 내 너ᄃ려 뭇노니.

문(聞) 똉 듣다. ⇔듣다.《朴新諺 2, 9ㅎ》

聽說佛法去罷, 佛法 니르논 양 드르라 가쟈. 聞說有一箇得道的朝鮮和尙, 드르니 혼 得道혼 朝鮮 중이 이셔.《朴新諺 3, 5ㅈ》聞得內中有一兩箇鄕宦, 드르니 그 중에 혼두 鄕宦이 이셔.

문견록(聞見錄) 똉 책 이름. 문견록에는 문견전록(聞見前錄)과 문견후록(聞見後錄)이 있는데, 문견전록은 송대(宋代) 소백온(邵伯溫)이, 문견후록은 그의 아들 박(博)이 지었는데, 아버지의 문견전록에 이어 지었다 하여 후록이라 하였다. 전록은 20권인데, 1~16권은 송 태조(太祖) 이래의 고사를, 17권은 잡사(雜事)를, 18~20권은 자신의 언행을 기록하였다. 후록은 30권으로, 전록 외에 경의(經義)·사론(史論)·시화(詩話) 및 신비하고 괴이한 일을 기록하였다.《集覽, 朴集, 上, 12ㅈ》圓飯筵席. 邵氏聞見錄, 宋іст文公納子婦, 其婦家饋食. 書云, 以食物媛女.

문계(文契) 똉 ●글월. 문서(文書). 매매계약서. ⇔글월.《朴新諺 2, 20ㅈ》你只把文契收好了, 네 그저 글월을다가 잘 거두어. ●문서. 매매 계약서(賣買契約書). ⇔문서.《朴新諺 2, 18ㅎ》是他的爺娘立的文契, 이 뎌의 爺娘의 셰온 문서 ㅣ라.

문곡(文曲) 똉 구성(九星) 중의 넷째 별 이름. 녹존성(祿存星)의 아래 염정성(廉貞星)의 위에 있다.《集覽, 朴集, 上, 7ㅈ》北斗左輔右弼. 凡九星, 曰樞宮貪狼, 曰璇宮巨門, 曰璣〈幾〉宮祿存, 曰權宮文曲, 曰衡宮廉貞, 曰閩(開)陽宮武曲, 曰瑤光宮破軍, 曰洞明宮左輔, 曰隱元宮右弼. 左輔連附北斗第〈莭〉六星, 在外, 右弼連附北斗第〈莭〉二星, 在內. 俱在紫薇(微)垣.

문광(門框) 똉 문얼굴. 문골. ⇔문얼굴.《朴新諺 3, 16ㅎ》這樣, 이 남과. 樑, 무르와. 椽, 혀와. 柱, 기동과. 短柱, 短柱와. 門框, 문얼굴과. 門扇, 문짝과. 吊窓, 들창과. 天窓, 우러리창과. 雙扇, 빵다지

와. 單扇, 외다지와. 窓欞, 창얼굴로.

문구(門口) 똉 입구. 현관. ⇔문(門).《集覽, 朴集, 下, 2ㅈ》幌字. 今按, 漢俗, 凡出賣諸物之家, 俱設標幟之物, 置於門口, 或於門前起立牌榜, 如曰張家出賣高麗布扇. 一如賣酒家標植靑帘之類, 俗呼靑帘曰酒家望子.《朴新諺 2, 33ㅎ》有一日一箇賣絹的打他門口過去, 홀론 혼 깁 풀 리 이셔 제 門을 지나가니.

문권(文卷) 똉 공문. 문서.《朴新諺 3, 5ㅎ》把我的這案文卷丢在一邊, 내 이 案文卷을다가 혼 편에 드리텨 두고.

문느냐 통 묻느냐. ⇔문(問).《朴新諺 1, 17ㅎ》你問那有名的刀子舖麽, 네 뎌 有名혼 칼 푸즈룰 문느냐.

문느니 통 묻나니. ⇔문(問).《朴新諺 3, 56ㅎ》請問先生貴姓, 청컨대 문느니 先生의 貴혼 姓이여.

문득 閉 문득. ⇔홀연(忽然).《朴新諺 3, 48ㅈ》那灰忽然飛起, 뎌 지 문득 느라 니러나면.

문려(門閭) 똉 가문(家門).《朴新諺 1, 49ㅈ》輔國忠君光顯門閭, 輔國 忠君ㅎ고 光顯 門閭ㅎ면.《朴新諺 3, 16ㅈ》拜見父母光耀門閭, 父母끠 拜見ㅎ고 門閭를 光耀ㅎ면.

문면(門面) 똉 체면(體面). 안면(顔面).《朴新諺 1, 19ㅈ》好與不好都是小舖的門面(朴新注, 7ㅎ: 如家聲, 名聲之義.), 됴흐며 됴치 아니미 다 이 小舖의 門面이라.

문명(問名) 똉 육례(六禮)의 하나로, 예전에 혼인을 청할 때 새색시가 될 여자와 그 집안에 관하여 묻던 일.《集覽, 朴集, 上, 11ㅎ》下多少財錢. 亦云下財. 家禮會通云, 婚有六禮, 納采·問名·納吉·納徵·請期·親迎. 今制, 納采·問名·納吉摠〈總〉一次行禮, 以從簡便, 謂之定禮, 亦爲之定親, 亦曰下紅定, 亦送幣物.《朴新諺 1, 44ㅈ》下多少財禮(朴新注, 17ㅈ: 財, 羊·酒·花紅之屬. 禮, 六禮, 納采·

問名・納吉・納徵・請期・親迎也.)呢,
언머 財禮롤 드리더뇨.

문명문(文明門) 명 중국 북경(北京) 내성
(內城)에 있는 성문. 정양문(正陽門)의
동쪽에 있다. 원대(元代)의 숭문문(崇文
門)을 명(明) 영락(永樂) 연간에 고친 이
름이다. 《集覽, 朴集, 上, 5ㅎ》平則門. 永
樂十九年, 營建宮室, 立門九, 南曰正陽,
又曰午門, 元則曰麗正, 南之右曰宣武, 元
則曰順承, 南之左曰文明, 元則曰崇文, 又
曰哈噠, 北之東曰安定, 北之西曰德勝, 元
則曰健德, 東之北曰崇仁, 一名東直, 元名
同, 東之南曰朝陽, 元則曰齊華, 西之北曰
西直, 西之南曰阜城, 元則曰平則. 元設十
一門, 而今減其二.

문무(文武) 명 문관(文官)과 무관(武官).
《集覽, 朴集, 上, 5ㅎ》米貼. 月俸之貼. 質
問云, 收米・放米計數之票〈標〉也. 又云,
是文武官員關支〈支〉月米時, 各該衙門出
給印信貼兒.

문무화(文武火) 명 문화(文火)와 무화(武
火). 곧, 뭉근하게 타는 불과 세차게 타
는 불. 《集覽, 朴集, 下, 5ㅈ》蜜煎. 事林
廣記云, 凡煎生果, 最要遂其本性, 酸苦辛
硬隨性製之. 以半蜜半水煮十數沸, 乘熟
控乾, 別換新蜜, 入銀石器內, 用文・武火
煮, 取其色明透爲度. 入新缶盛貯, 緊密封
窨, 勿令生虫.

문빗쟝(門-) 명 문빗장. ⇔문젼(門拴).
《朴新諺 2, 41ㅎ》揷在門拴孔裏, 門빗쟝
굴게 쪼즈라.

문빙(文憑) 명 벼슬아치의 부임 증서. 또
는 정부 당국에서 증명하는 위임장(委
任狀). ⇔빙(憑). 《朴新諺 3, 15ㅈ》但尙
未領憑, 다만 오히려 文憑을 領치 못ㅎ
여시니.

문짝 명 문짝. ⇔문선(門扇). 《朴新諺 3,
16ㅎ》這樑, 이 납과. 檁, ㅁ르와. 椽, 혀
와. 柱, 기동과. 短柱, 短柱와. 門框, 문얼
굴과. 門扇, 문짝과. 吊窓, 들창과. 天窓,

우러리창과. 雙扇, 빵다지와. 單扇, 외다
지와. 窓櫺, 창얼굴로.

문사(文士) 명 문인. 학자. 지식인. 《集覽,
朴集, 上, 8ㅈ》宅子. 俗總稱〈総称〉家舍
曰房子, 自稱〈称〉曰寒家, 文士呼曰寒居,
自指室內曰屋裏, 人稱王公・大人之家曰
宅子.

문사(文詞) 명 문장(文章). 또는 (문장 속
의) 글귀나 문구(文句). 《朴新諺 2, 11
ㅈ》裏頭也有諸般唱文詞的, 안히 여러
가지 文詞 부르는 이도 이시며.

문상(門上) 명 문의 위. 《朴新諺 3, 42ㅎ》
他家殃榜(朴新注, 59ㅎ: 漢俗, 凡遇人死,
貼榜門上, 使知忌避, 謂之殃榜. 榜文見本
莭〈節〉.)貼在那門上, 뎌 집의 殃榜을 그
門 우희 부쳣느니.

문서(文書) 명 문서. 문안(文案). 문부(文
簿). 《集覽, 朴集, 上, 4ㅎ》箚付. 音義云,
禮部知會都堂總兵官文書, 內有事件, 体
式詳見求政錄. 《朴新諺 1, 8ㅎ》大約這月
二十邉領了詔書箚付(朴新注, 4ㅈ: 禮部
知會文書.)就要起身, 대개 이 둘 스므날
긔 詔書와 箚付롤 ト면 즉시 쩌나고져
ㅎ노라. 《朴新諺 2, 10ㅈ》我到衙門去投
了文書就回來, 내 衙門에 가 文書를 드리
고 즉시 올 거시니. 《朴新諺 2, 51ㅈ》昨
日衙門書辦已將文書送來了, 어지 衙門
셔반이 이믜 文書룰다가 보내엿더라.
《朴新諺 3, 18ㅈ》方纔書辦們拿文書來畫
稿, 앗가 ㅈ 셔반들이 文書를 가져와 稿
에 일홈밧고.

문선(門扇) 명 문짝. ⇔문짝. 《朴新諺 3,
16ㅎ》這樑, 이 납과. 檁, ㅁ르와. 椽, 혀
와. 柱, 기동과. 短柱, 短柱와. 門框, 문얼
굴과. 門扇, 문짝과. 吊窓, 들창과. 天窓,
우러리창과. 雙扇, 빵다지와. 單扇, 외다
지와. 窓櫺, 창얼굴로.

문서 명 ●문서. 문안. ⇔문(文). 《朴新諺
2, 50ㅎ》你的陞文得了麼, 네 돗는 문서
룰 어덧는다. ●문서. 매매 계약서(賣買

契約書). ⇨문계(文契). 《朴新諺 2, 18
ㅎ》是他的爺娘立的文契, 이 뎌의 爺娘의
셰온 문셔ㅣ라. ❸문서. 젹바림. 증명
서. ⇨자아(字兒). 《朴新諺 1, 12ㅈ》你旣
要立箇保管不倒的字兒, 네 이믜 믄허지
디 아니믈 맛들 문셔룰 셰올 양이면.

문수(門首) 몡 문 앞. 문전(門前). 《朴新諺
3, 12ㅈ》那藥舖門首横子上, 뎌 藥舖 門
앏 궤 우희. 《朴新諺 3, 55ㅎ》已到張編修
門首了, 불셔 張編修의 門 앏히 다둣거
다.

문안 몡 ❶문안(問安). ⇨안(安). 《朴新諺
3, 16ㅈ》幷請近安, 아오로 요ᄉ이 문안
을 請ᄒᄂ이다. ❷문안(文案). 문서. 문
부(文簿). ⇨안건(案件). 《朴新諺 3, 18
ㅈ》案上又堆着許多案件, 셔안 우희 쏘
許多 문안을 싸하.

문얼굴 몡 문얼굴. 문골. ⇨문광(門框).
《朴新諺 3, 16ㅎ》這樑, 이 납과. 樑, 므르
와. 椽, 혀와. 柱, 기동과. 短柱, 短柱와.
門框, 문얼굴과. 門扇, 문짝과. 吊窓, 들
창과. 天窓, 우러리창과. 雙扇, **쌍**다지
와. 單扇, 외다지와. 窓櫳, 창얼굴로.

문연각(文淵閣) 몡 명(明)나라 때 북경의
궁중에 두었던 장서(藏書)의 전각(殿
閣). 《集覽, 朴集, 上, 14ㅎ》文淵閣. 一名
玉堂. 有大學士, 正五品官. 《朴新諺 2, 2
ㅈ》老爺在文淵閣(朴新注, 23ㅈ: 一名玉
堂, 有太學士.)辦事, 老爺ㅣ 文淵閣에 이
셔 일ᄒ니.

문왕(文王) 몡 주(周)나라 왕조의 기틀을
세운 임금. 무왕(武王)의 아버지. 성은
희(姬). 이름은 창(昌). 은(殷)나라 말기
에 태공망(太公望) 등 어진 선비들을 모
아 국정을 바로잡았고, 융적(戎狄)을 토
벌하여 아들 무왕이 주나라를 세울 수
있도록 기반을 닦아 주었다. 무왕이 주
왕(紂王)을 멸하고 나라를 세운 뒤 문왕
으로 추존되었다. 《集覽, 朴集, 下, 11
ㅎ》太公. 姓呂, 名尙. 釣於渭水, 周文王

出獵, 過於渭水之陽, 與語大悅, 曰, 自吾
先君太公曰, 當有聖人適周, 周以興. 子豈
是耶. 吾太公望子久矣. 故號之曰太公望.
載與俱歸, 立爲師. 《朴新諺 3, 50ㅈ》便是
那姜太公遇文王, 곳 이 뎌 姜太公의 文王
만남이라도.

문외(門外) 몡 문의 바깥쪽. 《集覽, 朴集,
下, 9ㅎ》碎盆. 未詳源流. 但本國送殯之
晨, 在家者見靈輀登道, 卽隨以瓦器擲碎
於門外, 大聲作語曰, 持汝家具而去. 云爾
者, 盖使亡人無留念家緣之術也.

문은(紋銀) 몡 순도(純度)가 높고 질(質)
이 가장 좋은 은(銀). 십품은(十品銀).
《朴新諺 1, 58ㅈ》情愿憑中借到某人名下
紋銀五十両整, 情愿으로 즁인을 의빙ᄒ
여 某人 名下에 紋銀 五十両 덩이룰 꾸
되, 《朴新諺 2, 8ㅎ》這緞子每尺紋銀五
錢, 이 비단을 믹 자히 紋銀 닷 돈식 홀
거시니.

문의(文義) 몡 글의 뜻. 《集覽, 朴集, 下,
1ㅈ》唐三藏法師〈三藏〉. 藏, 卽包含攝持
之義. 非藏無以積錢財, 非藏無以蘊文義,
謂攝一切所應知義, 無令分散, 故名爲藏
也.

문자(文字) 몡 글자. 《集覽, 凡例》凡常用
言語之義, 難以文字形容者, 直用諺文說
解, 使人易曉庶不失眞.

문자(蚊子) 몡 모기. ⇨모긔. 《朴新諺 3,
3ㅎ》蚊子咬的當不的, 모긔 므러 當치 못
ᄒ니. 《朴新諺 3, 4ㅈ》蚊子也畢竟少些,
모긔도 畢竟 져그리라.

문장(文狀) 몡 증거 문건(文件). 《集覽, 朴
集, 中, 2ㅈ》甘結. 今按, 如保擧人材者,
必寫稱所擧之人, 並無喪過及干娼優子嗣,
委的賢能, 如虛甘伏重罪云云. 擧此爲辞,
以成文狀, 與彼收執, 或呈報上司, 以憑後
考, 謂之不致扶同, 重甘結狀.

문장(文章) 몡 글짓기. ⇨글짓기. 《朴新諺
1, 45ㅈ》不但文章做得好, 글짓기룰 잘홀
뿐 아니라.

문장(蚊帳) 몡 모기장. ⇔모긔장(-帳).
《朴新諺 3, 4ㅈ》做一頂蚊帳掛着睡纔好,
혼 볼 모긔帳을 믿드라 치고 자야 마치
됴흐리라.

문적(文籍) 몡 책. 서책(書冊). 《集覽, 朴
集, 中, 8ㅈ》十八學士. 秦王暇日, 至館中
討論文籍, 使閻立本圖像, 褚亮爲贊. 得與
其選者, 世謂之登瀛洲.

문전(文錢) 몡 돈. (돈에 문자가 새겨져
있어 이르는 말이다) 《集覽, 朴集, 上, 6
ㅎ》博錢. 質問云, 兩人賭錢, 將八文錢捏
在手指, 擲之於地, 有八背, 謂之八八, 有
七字, 謂之七七, 此是爲勝, 無八八·七
七, 此是爲輸.

문전(門前) 몡 문 앞. 대문 앞. 《集覽, 朴
集, 下, 2ㅈ》幌字. 今按, 漢俗, 凡出賣諸
物之家, 俱設標幟之物, 置於門口, 或於門
前起立牌榜, 如曰張家出賣高麗布扇. 一
如賣酒家標植靑帘之類, 俗呼靑帘曰酒家
望子.

문전(門拴) 몡 문빗장. ⇔문빗쟝(門-).
《朴新諺 2, 41ㅎ》挿在門拴孔裏, 門빗쟝
굼게 꼬즈라.

문제(文帝) 몡 전한(前漢) 효문제(孝文帝:
劉恒)의 준말. 《集覽, 朴集, 上, 6ㅎ》拘
欄. 書言故事云, 鉤〈鈎〉欄, 俳優棚也. 風
俗通云, 漢文帝廟〈庙〉設抱老鉤〈鈎〉欄.
注云, 其鉤屈曲如鉤, 以防人墮.

문중(文中) 몡 한빈(韓彬)이라는 사람의
자(字). 《朴新諺 3, 56ㅎ》在下姓韓名彬
字文中, 在下ㅣ 姓은 韓이오 일홈은 彬
이오 字ᄂᆫ 文中이로다.

문지르다 됭 문지르다. ⇔찰(擦). 《朴新諺
1, 50ㅎ》擦背錢是兩箇, 등 문지르는 갑
슨 두 낫 돈이오.

문창(門窓) 몡 문과 창문. 《朴新諺 2, 45ㅈ》
門窓炕壁俱全, 門窓 炕壁이 다 ᄀᆞ잣고.

문채(文采) 몡 =문채(文彩). '采'는 '彩'와
같다. 《正字通, 采部》采, 別作彩. 《集覽,
朴集, 上, 15ㅈ》串香褐. 串香者, 合和諸

香以爲佩者也. 凡稱〈称〉染色之少文采
〈彩〉者曰褐.

문채(文彩) 몡 화려한 색채. 《集覽, 朴集,
上, 15ㅎ》串香褐. 串香者, 合和諸香以爲
佩者也. 凡稱〈称〉染色之少文采〈彩〉者曰
褐.

문헌통고(文獻通考) 몡 명(明)나라 마단
림(馬端臨)이 고대로부터 송대(宋代)까
지의 여러 제도에 관하여 쓴 책. 3백 48
권. 당(唐)나라 두우(杜佑)의 통전(通典)
을 대본으로 24문(門)으로 분류하였다.
통전·통지(通志)와 더불어 삼통(三通)
으로 불린다. 《集覽, 朴集, 下, 12ㅈ》弓
手. 文獻通考曰, 弓手, 兵号, 如弩手·槍
手之類.

문호(門戶) 몡 가정. 집안. 《朴新諺 2, 31
ㅎ》好生看守門戶要緊, ᄀᆞ장 門戶 보술
피기를 要緊히 ᄒᆞ라.

문혼(們渾) 혱 비만(肥滿)하다. 또는 그런
모양. 《集覽, 字解, 單字解, 3ㅎ》們. 諸韻
書皆云, 們渾, 肥滿皃. 今俗借用爲等輩之
字, 而曰我們·咱們 우리, 你們 너희. 又
猶言如此也. 這們 이리, 那們 뎌리.

문화(文火) 몡 약하지만 끊이지 않고 꾸
준히 타는 불. 《集覽, 朴集, 下, 5ㅈ》蜜
煎. 事林廣記云, 凡煎生果, 最要濯其本性,
酸苦辛硬隨性製之. 以半蜜半水煮十數沸,
乘熟控乾, 別換新蜜, 入銀石器內, 用文·
武火煮, 取其色明透爲度. 入新缶盛貯, 緊
密封窨, 勿令生虫.

문화(文話) 몡 문장에서 쓰는 말. 《集覽,
朴集, 上, 1ㅈ》筵席. 凡宴會, 常話曰筵席,
文話曰筵會, 吏語曰筵宴, 盖取肆筵設席
之意.

문후(問候) 됭 안부를 묻다. 문안을 드리
다. ⇔문후ᄒᆞ다(問候-). 《朴新諺 1, 38
ㅈ》小弟另日再到府上問候罷, 小弟 다른
날 다시 府上에 가 問候ᄒᆞ리라.

문후ᄒᆞ다(問候-) 됭 문후(問候)하다. ⇔
문후(問候). 《朴新諺 1, 38ㅈ》小弟另日

再到府上問候罷, 小弟 다룬 날 다시 府上
에 가 問候ᄒ리라.

문희치다 图 무너뜨리다. ⇔담(坍). 《朴
新諺 1, 9ᄒ》把那城門都衝坍了, 뎌 城門
을다가 다 질러 문희치고.

문ᄒ다 图 문(紋)하다. 무늬를 넣다. 《朴
新諺 2, 42ᄌ》掌横的你這舖裏有四季花
的緞子麽, 横 ᄀ음아ᄂᆞ 이아 네 이 푸ᄌ
에 四季花 문혼 비단이 잇ᄂᆞ냐.

묻다 图 묻다. ●⇔고(考). 《朴新諺 2, 48
ᄒ》却考不倒我哩, ᄯᅩ 무러 나를 지우지
못ᄒ리라. ●⇔문(問). 《朴新諺 1, 2ᄌ》
不如問那光祿寺, 뎌 光祿寺에 무러. 《朴
新諺 1, 5ᄒ》再問敎坊司, ᄯᅩ 敎坊司에 무
러. 《朴新諺 1, 12ᄌ》你問他怎麽, 네 뎌
롤 무러 므슴 홀짜. 《朴新諺 1, 17ᄒ》你
問那有名的刀子舖麽, 네 뎌 有名혼 칼 푸
ᄌ룰 문ᄂᆞ냐. 《朴新諺 1, 36ᄌ》衆人再問
那和尙, 衆人이 다시 뎌 듕드려 무르되.
《朴新諺 2, 3ᄒ》你問他借一箇罷, 네 뎌
드려 무러 ᄒ나흘 빌미 무던ᄒ다. 《朴新
諺 2, 3ᄒ》還是你不肯지氣問他借, 도로
혀 네 즐겨 긔운을 ᄂᆞ즈기 ᄒ여 뎌드려
무러 비지 아니홈이니. 《朴新諺 2, 35
ᄌ》嚴刑拷打問成死罪, 嚴刑ᄒ여 져주어
무러 死罪를 일워. 《朴新諺 2, 47ᄌ》我
問你些字樣, 내 너드려 져기 字樣을 무르
리라. 《朴新諺 2, 48ᄒ》憑你問多少, 네
대로 아무만 무러도.

물 图 **❶**●물. ⇔수(水). 《朴新諺 1, 41ᄌ》
鑽天錐下大水, 하늘 뚧ᄂᆞᆫ 송곳 아리 큰
물이여. 《朴新諺 1, 54ᄒ》把孩子放在水
盆裏洗, 아ᄒᆡ롤다가 물 소라에 너허 씻
기면. 《朴新諺 2, 25ᄌ》水用二盞半, 물
은 두 잔 반을 쓰고. 《朴新諺 2, 29ᄌ》座
飾芙蓉湛南海澄淸之水, 안즌 ᄃᆡᄂᆞᆫ 芙蓉
으로 ᄭᅮ며시니 南海 澄淸혼 물에 ᄌᆞᆷ것
고. 《朴新諺 2, 46ᄌ》那瓦被水浸多時不
堅實, 뎌 디새 물에 젓기를 오래 ᄒ여
堅實치 못ᄒ니. 《朴新諺 3, 10ᄌ》先掘土

打兩擔水未好和泥, 몬져 흙을 픠고 두 짐
물을 기러 와 잘 흙을 니기되. 《朴新諺
3, 39ᄌ》管山吃山管水吃水, 山을 ᄀᆞ음알
면 山엣 것 먹고 물을 ᄀᆞ음알면 물엣 것
먹ᄂᆞᆫ다 ᄒ니라. 《朴新諺 3, 45ᄌ》着水也
要估量着, 물 두기도 짐쟉ᄒ여. 《朴新諺
3, 50ᄌ》慢慢的把釣鈎垂下水去, 날회여
낙시를다가 물에 드리워. ●물. 수면.
⇔수면(水面). 《朴新諺 2, 5ᄒ》再看那閣
前水面上, 다시 뎌 閣 앏 물 우흘 보니.
❸물. 내. ⇔하(河). 《朴新諺 3, 3ᄒ》風
不來樹不搖, ᄇᆞ람이 부지 아니면 남기
흔더기지 아니코. 雨不來河不漲, 비 오
지 아니면 물이 넘지 아니ᄒ다 ᄒ니라.
❹물. 호수. ⇔호(湖). 《朴新諺 2, 5ᄌ》
湖心中有座琉璃閣, 물 가온디 혼 琉璃閣
이 이시니. **❷**물갑. ⇔염(染). 《朴新諺
2, 14ᄒ》這些東西你共要多少染錢呢, 이
여러 거세 네 대되 언머 물갑슬 바드려
ᄒᆞᄂᆞᆫ다. 《朴新諺 2, 15ᄌ》如今染錢都依
你, 이제 물갑슨 다 ᄂᆞᆫ대로 ᄒ려니와.

물(勿) 里동 말다. ⇔말다. 《朴新諺 3, 59
ᄌ》聊以奉送幸勿見笑, 애아로시 ᄡᅥ 밧
드러 보내니 힝혀 웃지 말라.

물(物) 图 **❶**것. 물건. ⇔것. 《朴新諺 1,
17ᄌ》好物不賤賤物不好, 됴흔 거슨 쳔
티 아니ᄒ고 쳔혼 거슨 됴티 아니ᄒ다
ᄒ니라. 《朴新諺 3, 23ᄒ》第(第)二横中
猜物, 第(第)二ᄂᆞᆫ 横中에 거슬 알고. 《朴
新諺 3, 59ᄒ》又正是咱秀才們必需之物,
ᄯᅩ 졍히 우리 秀才들의 반ᄃᆞ시 ᄡᅳᆷ즉혼
거시도다. ●물건. ⇔물건. 《朴新諺 1,
58ᄒ》如無物可准, 만일 물건이 준졀홀
거시 업거든. 《朴新諺 2, 26ᄌ》人離鄕賤
物離鄕貴, 사ᄅᆞᆷ이 離鄕ᄒ면 賤ᄒ고 物이
離鄕ᄒ면 貴타 ᄒ니. 《朴新諺 2, 33ᄒ》
便奪了那物打死那人, 곳 그 물건을 앗고
그 사ᄅᆞᆷ을 쳐 죽여. 《朴新諺 3, 3ᄌ》錢是
你的物是我的, 돈은 이 네 것시오 物은
이 내 것시라.

물값 명 옷감에 물감을 들이는 값. ⇔염전(染錢). 《朴新諺 2, 14ㅎ》這些東西你共要多少染錢呢, 이 여러 거세 네 대되 언머 물갑슬 바드려 ㅎ는다. 這疋杭綾染錢五錢半, 이 혼 필 杭州ㅅ 綾에는 물갑시 닷 돈 반이오. 五箇南紅絹每一疋染錢四錢, 닷 필 연다홍 깁은 미 혼 필에 물갑시 너 돈이오. 五箇水紅絹每疋染錢三錢, 다숫 분홍 깁은 미 필에 물갑시 서 돈이오. 這鴉青綿紬染錢六錢, 이 야청 綿紬는 물갑시 엿 돈이오. 被面被當頭染錢八錢, 니불 거족과 니불 깃슨 물갑시 여덟 돈이니. 共該染錢五兩四錢半銀子, 대되 히오니 물갑시 닷 냥 너 돈 반 銀이로다. 《朴新諺 2, 15ㅈ》如今染錢都依你, 이제 물갑슨 다 네대로 ㅎ려니와.

물건 명 물건. ⇔물(物). 《朴新諺 1, 58ㅎ》如無物可准, 만일 물건이 준절홀 거시 업거든. 《朴新諺 2, 33ㅎ》便奪了那物打死那人, 곳 그 물건을 앗고 그 사롬을 쳐 죽여.

물건(物件) 명 물건. 물품. 《朴新諺 1, 22ㅎ》我今日到當舖(朴新注, 9ㅈ: 典當物件借錢, 周急之所, 每十分加利一分, 有印號作照.)裏當錢去, 내 오늘 當舖에 돈 뎐당ㅎ라 가노라. 《朴新諺 1, 58ㅎ》將家中所有直錢物件, 家中에 잇는 갑쁜 物件을다가. 《朴新諺 2, 33ㅈ》有直錢的物件來當, 갑쁜 物件을 와 뎐당ㅎ리 이시면. 《朴新諺 2, 41ㅈ》不論竿子上的橫子上的物件, 홰엣 거시나 궤엣 物件을 혜지 아니ㅎ고.

물고기 명 물고기. ⇔어(魚). 《朴新諺 1, 5ㅈ》魚翅炒肉, 물고기 진에 너허 쵸혼 고기와. 《朴新諺 1, 5ㅈ》火腿添魚, 저린 고기에 물고기 석근 거시오.

물다 동 ❶(삯을) 물다. 갚다. 《集覽, 字解, 單字解, 6ㅈ》賞. 償屋以語曰賞, 지블 둘마다 銀 현 량곰 삭 물오 드러 이셔 살 시라. 又雇用驢馬·舟車之類曰賞, 라괴와 물둘홀 삭 주고 브릴 시라. ❷물다.

●⇔교(咬). 《朴新諺 3, 24ㅈ》到那唐僧耳門後咬, 뎌 唐僧의 귀 뒤헤 가 무러. 《朴新諺 3, 45ㅈ》我咬着一塊沙子, 내 혼 덩이 모래를 무니. **❷**⇔함(銜). 《朴新諺 2, 12ㅈ》叫那蠟嘴嗡着, 뎌 암죵다리로 ㅎ여 무러.

물드리다 동 물들이다. ⇔염(染). 《朴新諺 2, 13ㅎ》我到染房裏染東西去, 내 물집의 잡은것 물드리라 가쟈. 染家你來看生活, 물드리는 이아 이바 셩녕엣 것 보라. 《朴新諺 2, 15ㅈ》你說幾時染完, 네 닐으라 언제 물드려 ㅁ츠료.

물료(物料) 명 재료. 자재. 《集覽, 字解, 單字解, 1ㅎ》料. 凡人飼馬, 或用小黑豆, 或用蜀黍雜飼之. 故凡稱飼馬穀豆曰料. 又該用物色雜稱曰物料, 造屋材木曰木料, 入畵彩色曰顏料. 又量也. 又理也.

물리다 동 **●**물리다. ⇔교(咬). 《朴新諺 1, 36ㅎ》一年經蛇咬三年怕井繩, 一年을 비얌 물려 디내면 三年을 드렛줄도 저퍼혼다 ㅎ니라. **❷**물리다. 배상(賠償)하게 하다. (세금 납부의 기한을 어겼을 때 장형(杖刑)이나 감금 따위의 가혹한 방법을 써서 상환하게 하는 일) ⇔추비(追比). 《朴新諺 3, 39ㅈ》所以把老安監下要追比(朴新注, 58ㅎ: 償還官私逋物曰追比, 一作追賠.)哩, 이러모로 老安을다가 가도아 물리려 ㅎ느니라.

물명(物名) 명 물건의 이름. 《集覽, 字解, 單字解, 5ㅈ》兒. 嬰孩也. 孩兒. 又呼物名, 必用兒字, 爲助語之辭. 杏兒·李兒. 凡呼物名則呼兒字, 只宜微用其音, 而不至太白可也.

물사(物事) 명 물품. 물건. 《朴新諺 1, 33ㅎ》慣會誆騙人家東西(朴新注, 13ㅈ: 如云某物事.), 눔의 것 소겨 후리기 닉게 ㅎ느니.

물색(物色) 명 물품. 용품. 자재. 《集覽, 字解, 單字解, 1ㅎ》料. 凡人飼馬, 或用小黑豆, 或用蜀黍雜飼之. 故凡稱飼馬穀豆

曰料. 又該用物色雜稱曰物料, 造屋材木曰木料, 入畫彩色曰顔料. 又量也. 又理也.

물소라 명 물이 담긴 소래기. 또는 대야. ⇔수분(水盆). 《朴新諺 1, 54ㅎ》把孩子放在水盆裏洗, 아히롤다가 물 소라에 너허 씻기면.

물수(物數) 명 물품의 수효. 《集覽, 朴集, 中, 1ㅈ》㨾兒〈子〉. 染家有簿冊一本, 有人求染絹帛者, 必於簿上記其物數及染色, 幷其染直以當契約者, 謂之㨾兒.

물집 명 염색집. 염색소. ⇔염방(染房). 《朴新諺 2, 13ㅎ》我到染房裏染東西去, 내 물집의 잡은것 물드리라 가쟈.

물한댓무우 명 즙이 많은 무의 한 가지. ⇔수라복(水蘿葍). 《朴新諺 2, 39ㅎ》蘿葍, 댓무우. 蔓菁, 쉿무우. 萵苣, 부로. 葵菜, 아혹. 白菜, 비치. 赤根菜, 시근치. 芫荽, 고싀. 葱, 파. 蒜, 마놀. 薤菜, 부치. 荊芥, 형개. 薄荷, 박하. 茼蒿, 믈쑥. 水蘿葍, 물한댓무우. 胡蘿葍, 노른댓무우. 芋頭, 토란. 紫蘇都好種的, 紫蘇를 다 시믐이 됴타.

물한비 명 즙이 많고 황록색의 약간 떫은 맛이 나는 배. ⇔향수리(香水梨). 《朴新諺 1, 4ㅈ》鮮果子呢, 싱과실은. 柑子, 柑子. 橘子, 귤. 石榴, 石榴. 香水梨, 물한비. 櫻桃, 櫻桃. 杏子, 술고. 蘋果, 굵은님금. 玉黃李子, 유황외앗시오.

물형(物形) 명 물건의 생김새. 《集覽, 朴集, 上, 2ㅈ》象生纏糖. 象生者, 像生物之形而爲之也. 象作像. 木印, 以木刻成物形爲模範者也. 糖, 卽沙糖也, 煎甘蔗莖爲之.

물화 명 물화(物貨). ⇔화(貨). 《朴新諺 2, 8ㅈ》太爺是識貨的請看, 太爺는 이 물화 아는 이라 쳥컨대 보라. 《朴新諺 2, 8ㅈ》如今也都識貨了, 이제 다 물화를 아ᄂᆞ니.

물화(物貨) 명 물품과 재화. 《集覽, 朴集, 上, 9ㅎ》店. 停物貨賣之舍, 客商〈商〉往來者多寓之. 官所營建收稅者曰官店. 《朴新諺 1, 31ㅈ》店(朴新注, 12ㅈ: 停物貨賣之舍. 又客商留寓之所.)裏買㺚皮去, 店에 㺚皮 사라 가노라.

뭇 명 뭍. 육지. ⇔한(旱). 《朴新諺 2, 21ㅎ》你是水路來還是旱路來, 네 이 믈길로 온다 또 이 뭇길로 온다.

뭇금쇠 명 묶음쇠. ⇔속아(束兒). 《朴新諺 1, 22ㅈ》左輔右弼板和那兩箇束兒, 左輔右弼 돈과 두 뭇금쇠는.

뭇길 명 뭍길. 육로(陸路). ⇔한로(旱路). 《朴新諺 2, 21ㅎ》你是水路來還是旱路來, 네 이 믈길로 온다 또 이 뭇길로 온다.

뭇다 동 묻다. ⇔문(問). 《朴新諺 1, 41ㅈ》大哥借問一聲, 큰형아 비러 ᄒᆞᆫ 소릐 뭇쟈. 《朴新諺 2, 25ㅎ》問大娘好, 大娘의 평안홈을 뭇고. 《朴新諺 3, 50ㅈ》也不問那屈原投江, 또 뎌 屈原의 投江홈을 뭇지 아니ᄒᆞ니. 《朴新諺 3, 55ㅎ》我問你, 내 너ᄃᆞ려 뭇노니.

뭇치다 동 묻히다[埋]. 파묻히다. ⇔엄몰(渰沒). 《朴新諺 1, 9ㅎ》那一帶地方的田禾都渰沒了, 뎌 一帶 地方에 田禾ㅣ 다 좀겨 뭇치엿고.

므던타 형 무던하다. 괜찮다. ⇔진교(儘敎). 《集覽, 字解, 單字解, 5ㅈ》儘. 讓也, 任也. 儘他 제게 다와ᄃᆞ라, 儘讓 뎌긔 미다. 又縱令也. 儘敎 므던타. 又儘一儘 지긔우다. 又儘船 빗 ᄀᆞ장.

므던히 부 무던히. 대수롭지 않게. 《集覽, 字解, 單字解, 8ㅈ》爭. 鬪爭也. 又ᄉᆞᄉᆡ 쁘다. 又不爭 므던히 너기다.

므던ᄒᆞ다 형 무던하다. 괜찮다. ❶⇔불방사(不妨事). 《集覽, 字解, 累字解, 2ㅎ》不妨事. 므던ᄒᆞ다. 猶言不妨碍於事. ❷⇔불방애어사(不妨碍於事). 《集覽, 字解, 累字解, 2ㅎ》不妨事. 므던ᄒᆞ다. 猶言不妨碍於事. ❸⇔불애사(不碍事). 《集覽, 字解, 累字解, 2ㅎ》不妨事. 므던ᄒᆞ다. 猶言不妨碍於事. 《集覽, 字解, 累字解, 2ㅎ》不碍事. 上同. ❹⇔애심마사(碍甚麽事). 《集覽, 字解, 累字解, 3ㅈ》碍甚事.

므슴 이리 방애ᄒᆞ료. 猶言므던ᄒ다. 《集
覽, 字解, 累字解, 3ㅈ》碍甚麽事. 上同.
❺⇔애심사(碍甚事). 《集覽, 字解, 累字
解, 3ㅈ》碍甚事. 므슴 이리 방애ᄒᆞ료. 猶
言므던ᄒ다. ❻⇔파(罷). 《朴新諺 1, 33
ㅈ》也罷, ᄯᅩ 므던ᄒ다.

므르다 圐 ❶(산 물건을) 무르다. ⇔회
(悔). 《集覽, 字解, 累字解, 2ㅎ》番悔. 자
븐 이를 므르다. 番字意未詳, 疑作返飜爲
是. 《集覽, 字解, 累字解, 2ㅎ》悔交. 흥졍
므르다. 亦曰倒裝. ❷(혼인을) 무르다.
⇔회(悔). 《集覽, 字解, 累字解, 2ㅎ》悔
親. 혼인 므르다. 亦曰退親.

므리므리예 閅 때때로. 이따금. 《集覽, 朴
集, 上, 14ㅈ》撒蹄. 音義云, ·뒷·굽 브리므
리·예 ·ᄆᆞ·리·ᄂᆞ 몰. 譯語指南云, ·굽 ·ᄆᆞ·리·
ᄂᆞ 몰.

므슷 때 무엇. ⇔심마(甚麽). 《朴新諺 1,
26ㅈ》要賭甚麽呢, 므서슬 더느쟈 ᄒᄂ
뇨. 《朴新諺 1, 42ㅎ》我剃頭的所管甚麽
來, 우리 마리 깍는 이 所管이 므서시완
디. 《朴新諺 1, 53ㅈ》咱們賭甚麽來, 우리
므서슬 더너료. 《朴新諺 2, 20ㅈ》怕甚
麽, 므서시 저프리오. 《朴新諺 2, 55ㅈ》
咱賭些甚麽, 우리 므서슬 더느료. 《朴新
諺 3, 40ㅈ》你為甚麽不跟了去呢, 네 므
서슬 위ᄒ여 ᄯᅡ라가지 아니ᄒ다. 《朴新
諺 3, 43ㅈ》不知寫着甚麽哩, 아지 못게
라 므서시라 ᄡᅥ더뇨. 《朴新諺 3, 57ㅎ》
況為男子漢的怕甚麽呢, ᄒ믈며 ᄉ나희
되엿ᄂᆞ니 므서슬 저퍼ᄒ리오.

므스것 때 무엇. ⇔심마(甚麽). 《集覽, 字
解, 單字解, 6ㅈ》少. 多少. 又欠也. 少甚
麽 므스거시 업스뇨. 少債 ᄂᆞ미 비들 ᄣᅥ
디워 잇다. 又缺也. 缺少口粮 양시기 그
처디다. 《朴新諺 2, 7ㅈ》你要對換甚麽東
西, 네 므스거슬 밧고고져 ᄒᆞ는다. 《朴
新諺 3, 25ㅈ》着兩箇猜裡面有甚麽東西,
둘로 ᄒ여 안히 므스거시 잇는고 알라
ᄒ고.

므스기 때 무엇이. ⇔심마(甚麽). 《集覽,
字解, 單字解, 6ㅈ》多. 多少 언메나. 又許
多 하나한. 又餘也. 三十里多地 삼십 리
나믄 ᄯᅡ. 吏語, 多餘. 又過也. 有甚麽多處
므스기 너믄 고디 이시리오. 又重也. 므
스기 앗가온 고디 이시리오.

므슴 팬 무슨. ❶⇔심(甚). 《集覽, 字解, 累
字解, 3ㅈ》濟甚事. 므슴 :이·리 :일·료. 猶
言속졀:업·다. ❷⇔심마(甚麽). 《集覽, 字
解, 單字解, 4ㅎ》甚. 숨. 俗語, 甚麽 므슴,
猶何也. 又有呼爲신音者, 故古文·語錄
有什麽之語, 音시모. 以甚爲什, 殊無意義
甚字用終聲, 連呼麽字, 則難於作音, 語不
圓熟. 故甚字不用終聲之音, 今俗亦呼爲
스마. 《朴新諺 1, 15ㅈ》你那腮頰上長的
甚麽瘡, 네 져 ᄲᅡᆷ에 난 거시 므슴 瘡고.
不知甚麽瘡, 모로리로다 므슴 瘡인디.
《朴新諺 1, 26ㅎ》你說甚麽大話, 네 므슴
큰말 니ᄅᄂᆞᆫ. 《朴新諺 2, 1ㅈ》你要買
甚麽馬, 네 므슴 몰을 사고져 ᄒᆞᆫ다. 《朴
新諺 2, 16ㅎ》老爺做甚麽飯, 老爺ㅣ야 므
슴 밥을 지으료. 《朴新諺 2, 42ㅈ》你要甚
麽顏色的, 네 므슴 빗체 치롤 ᄒᆞ려 ᄒᄂ
다. 《朴新諺 3, 10ㅈ》做甚麽泥水匠, 므슴
미쟝인 체ᄒ리오. 《朴新諺 3, 21ㅈ》買甚
麽書好呢, 므슴 췩을 사야 됴ᄒ료. 《朴新
諺 3, 38ㅈ》那老安因甚麽事監在牢裡, 뎌
老安이 므슴 일을 因ᄒ여 옥에 가치엿ᄂ
뇨. 《朴新諺 3, 42ㅎ》甚麽人情, 므슴 人情
고. 《朴新諺 3, 51ㅎ》甚麽狀子呢, 므슴
고장고. ❸⇔하(何). 《朴新諺 2, 4ㅈ》你
何故不去, 네 므슴 연고로 가지 아니ᄒ
다. 《朴新諺 2, 20ㅈ》有何疑慮呢, 므슴
疑慮홈이 이시리오.

므슴 때 무엇. ❶⇔심마(甚麽). 《集覽, 字
解, 單字解, 3ㅎ》做. 韻會遇韻作字註云,
造也, 俗作做非, 箇韻作字註云, 爲也, 造
也, 起也, 俗作做非. 做音, 直信切. 今按,
俗語做甚麽 므슴 ᄒ료, 作衣裳 옷 짓다.
作音조, 去聲. 不走作 듦ᄯᅳ디 아니타, 作

音조, 入聲. 以此觀之, 則做從去聲, 作互呼
去聲·入聲, 通做字. 俗不用直信切之音.
《朴新諺 2, 20ㅈ》要他做甚麼, 뎌룰 ㅎ여
므슴 ㅎ리오.《朴新諺 2, 28ㅈ》要你們做
甚麼, 너희등 ㅎ여 므슴 ㅎ리오.《朴新諺
2, 37ㅎ》我又理他做甚麼, 내 ᄯᅩ 뎌룰 긔
수ㅎ여 므슴 ㅎ리오.《朴新諺 3, 31ㅎ》也
不是甚麼好東西, ᄯᅩ 이 므슴 됴흔 것 아니
니.《朴新諺 3, 40ㅎ》只管遠送他怎麼, 그
저 스러여 멀리 뎌룰 보내여 므슴 ㅎ리
오.《朴新諺 3, 54ㅎ》你要我說甚麼, 네
날 드려 니르라 ㅎ여 므슴 홀다. ●⇔즘
마(怎麼).《朴新諺 1, 12ㅈ》你問他怎麼,
네 뎌룰 무러 므슴 홀짜.

므슴ㅎ라 묀 무슨 까닭으로. 무엇 때문에.
⇔위심마(爲甚麼).《朴新諺 3, 3ㅈ》你爲
甚麼罵人, 네 므슴ㅎ라 사롬을 ᄭᅮ짓눈다.

믄그으다 동 끌다. 미루다. ⇔타흠(拖欠).
《朴新諺 1, 58ㅎ》按月送納不致短少拖欠,
둘을 조차 送納호되 쩌르치며 믄그으매
니르게 말고.

믄득 묀 문득. ●⇔각(却).《朴新諺 3, 22
ㅈ》却到城裡智海禪寺投宿, 믄득 城 안
智海禪寺에 가 드러 자더니.《朴新諺 3,
24ㅎ》他却走到金水河邉, 데 믄득 金水河
ㅅ ᄀᆞ의 가.《朴新諺 3, 28ㅎ》却不見了
狗, 믄득 개도 보지 못ㅎ고. ●⇔변(便).
《朴新諺 3, 58ㅎ》第(第)二年便都移松岳
郡, 第(第)二年에 믄득 松岳郡에 移都ㅎ
니. ❸⇔취(就).《朴新諺 1, 15ㅈ》誰知道
就長起這瘡來了, 뉘 믄득 이 瘡이 ᄌᆞ랄
줄을 알리오. ❹⇔홀(忽).《朴新諺 3, 52
ㅈ》忽遇本府張千, 믄득 本府 張千을 만
나니.

믄허지다 동 무너지다. ⇔도(倒).《朴新諺
1, 9ㅎ》我家的墙也倒了幾堵, 우리 집 담
도 여러 돌림이 믄허져시니.《朴新諺 1,
11ㅎ》保管你站十年不倒, 네게 十年을
셔셔도 믄허지디 아니믈 맛들 거시니.
《朴新諺 1, 11ㅎ》假如三两年內倒了, 만

일 두세 히 안히 믄허지거든.《朴新諺
1, 12ㅈ》你旣要立箇保管不倒的字兒, 네
이믜 믄허지디 아니믈 맛들 문서룰 셰
올 양이면.

믈 圐 물. ⇔수(水).《集覽, 字解, 單字解,
4ㅈ》打. 擊也, 着實打, 又打三下. 又爲也.
打酒來 술 사 오라. 又曰, 打將來 ㅎ야
오라, 打聽 들보라, 打水 믈 긷다, 不打
緊. 又打那裏去, 打東邊去, 有投向從往之
意. 俗用打字, 似不合本意者多, 而實有取
意不苟, 其用甚廣, 此不盡錄.《朴新諺 1,
9ㅎ》村庄人家的房屋墻壁太半都被水衝
了, 村庄 人家에 房屋 墻壁이 太半 다 믈
에 질리엿노이라.《朴新諺 1, 55ㅈ》各自
丢在水盆裏, 각각 믈ㅅ 소라에 드리치노
니.《朴新諺 2, 5ㅈ》四面綠水相映着, 四
面에 프른 믈이 서르 빗최엿고.《朴新諺
2, 21ㅎ》你是水路來還是旱路來, 네 이
믈길로 온다 ᄯᅩ 이 뭇길로 온다.

믈근죽 圐 묽은 죽. 미음(米飮). ⇔희죽(稀
粥).《朴新諺 2, 16ㅎ》熬些稀粥罷, 져기
믈근 죽 뿌라.

믈길 圐 물길. 수로. ⇔수로(水路).《朴新
諺 2, 21ㅎ》你是水路來還是旱路來, 네 이
믈길로 온다 ᄯᅩ 이 뭇길로 온다.

믈다 동 물다. ⇔교(咬).《朴新諺 3, 3ㅎ》
蚊子咬的當不的, 모긔 므러 當치 못ㅎ니.

믈뿍 圐 물쑥. (국화과의 여러해살이풀)
⇔동와(茼蒿).《朴新諺 2, 39ㅎ》蘿蔔, 댓
무우. 蔓菁, 쉿무우. 萵苣, 부로. 葵菜, 아
혹. 白菜, 비치. 赤根菜, 시근치. 芫荽, 고
싀. 蔥, 파. 蒜, 마늘. 薤菜, 부치. 荊芥,
형개. 薄荷, 박하. 茼蒿, 믈뿍. 水蘿蔔, 믈
한댓무우. 胡蘿蔔, 노른댓무우. 芋頭, 토
란. 紫蘇都好種的, 紫蘇룰 다 시믐이 됴
타.

믈왑 圐 소용돌이. ⇔누곤(累滾).《集覽,
字解, 單字解, 2ㅈ》滾. 煮水使沸曰滾滾花
水 글른 믈. 又輪轉曰滾滾了 구으다, 字
作轆. 又通共和雜曰累滾 혼 믈와비라. 又

滾子 방올.

믈읫 閏 무릇. 다만. 오직. ●⇔단(但).
《集覽, 字解, 單字解, 1ㅎ》但. 凡也, 但凡
・但是 믈읫. ●⇔단범(但凡).《集覽, 字
解, 單字解, 1ㅎ》但. 凡也. 但凡・但是 믈
읫. ●⇔단시(但是).《集覽, 字解, 單字
解, 1ㅎ》但. 凡也. 但凡・但是 믈읫.

믉다 阁 묽다. ⇔희(稀).《朴新諺 1, 54ㅎ》
且吃些稀粥爛飯, 아직 믉은 죽과 무른 밥
을 먹고.《朴新諺 2, 16ㅎ》熬些稀粥罷,
져기 믉은 죽 뿌라.《朴新諺 2, 36ㅈ》稀
粥也熬着哩, 믉은 죽도 뿌엇다.

믜여ᄒ다 동 미워하다. 원망하다. 증오하
다. ⇔한(恨).《朴新諺 2, 34ㅎ》老李聽了
恨那媳婦, 老李 듯고 그 계집을 믜여ᄒ여.

믜역져비 명 수제비의 한 가지. 밀가루 반
죽을 작고 동글납작하게 만들어 익힌 뒤,
수유(酥油)에 볶은 양고기와 함께 시고
달콤한 맛이 나는 탕(湯)에 넣어 대꼬챙
이로 찍어 먹는다. ⇔독독마사(禿禿麼
思).《集覽, 朴集, 中, 1ㅎ》禿禿麼思. 一名
手撇麵〈麪〉, 卽本國믜역져비. 禿字, 音
투, 上聲〈声〉讀. 麼思二合爲音맛, 急呼則
用思字, 曰투투맛, 慢言之則用食字, 曰투
투마시. 元時語如此. 劑法如水滑麵〈麪〉,
和圓少彈劑〈剤〉, 冷水浸手掌, 按作小薄
餠兒, 下鍋煮熟, 以盤盛, 用酥油炒片羊肉,
加塩炒至焦, 以酸甜湯拌和. 滋味得所, 別
硏蒜泥調酪, 任便加減, 使竹簽簽食之.

믜오다 阁 미워하다. ⇔한(恨).《朴新諺 3,
2ㅈ》恨的我沒法兒治他, 믜오되 내 뎌를
다스릴 法이 업세라.

믜우다 동 미워하다. ⇔한(恨).《朴新諺 2,
52ㅈ》我正恨他不過, 내 졍히 뎌롤 믜워
견디지 못ᄒ더니.

믜치다 동 찢다. ⇔차(扯).《朴新諺 3, 4
ㅈ》把這窓糊紙都扯了, 이 窓에 ᄇ론 죠
희롤다가 다 믜치고.

믠- 젭 민-. ⇔광(光).《朴新諺 3, 26ㅎ》
搭出一箇光骨頭來, 흔 믠쎠만 그러내니.

●⇔소(素).《朴新諺 1, 46ㅈ》内造素緞
子一尺, 内造 믠비단 흔 자와.《朴新諺
3, 35ㅎ》羊肉饅頭, 羊肉 너흔 饅頭와. 素
餡稍麥, 믠소 너흔 稍麥과. 匾食, 변시와.

믠비단 명 민비단. 무늬 없는 비단. ⇔소
단자(素緞子).《朴新諺 1, 46ㅈ》内造素
緞子一尺, 内造 믠비단 흔 자와.

믠소 명 고기붙이가 들어 있지 않은 소.
⇔소함(素餡).《朴新諺 3, 35ㅎ》羊肉饅
頭, 羊肉 너흔 饅頭와. 素餡稍麥, 믠소 너
흔 稍麥과. 匾食, 변시와.

믠쎠 명 (살이 없는) 흰 뼈. ⇔광골두(光骨
頭).《朴新諺 3, 26ㅎ》搭出一箇光骨頭來,
흔 믠쎠만 그러내니.

미(未) 보동 못하다. ⇔못ᄒ다.《朴新諺 3,
15ㅈ》至今未見回書, 至今 回書를 보지
못ᄒ니.《朴新諺 3, 15ㅎ》但尙未領憑,
다만 오히려 文憑을 領受 못ᄒ여시니.
《朴新諺 3, 22ㅎ》到國王面前正告訴未畢,
國王의 앏희 가 正히 告訴ᄒ기를 뭇지
못ᄒ여서.《朴新諺 3, 51ㅈ》至今臟物未
獲, 至今 臟物을 엇지 못ᄒ여시니.

미(未) 보형 아니하다. 아직 …하지 않다.
⇔아니ᄒ다.《朴新諺 2, 17ㅎ》未必住宿,
머므러 자기 반됫지 아니ᄒ니.

미(米) 명 ●음식물을 잘게 썰어 쌀알과
같이 작게 만든 알갱이.《集覽, 朴集, 下,
6ㅎ》象眼餎子. 麁者再切, 細者有麼末, 却
簁去, 皆要一樣極細如米粒. 下鍋煮熟, 連
湯起在盆內. 用凉水寬投之, 三五次方得
精細. 攪轉, 撈起控乾, 麻汁加碎肉・糟
〈槽〉姜米・醬瓜米・黃瓜米・香菜等粔
點用供. ●쌀. ⇔뿔.《集覽, 朴集, 上, 5
ㅎ》米貼. 月俸之貼. 質問云, 收米・放米
計數之票〈標〉也. 又云, 是文武官員關支
(支)月米時, 各該衙門出給印信貼兒.《朴
新諺 1, 11ㅈ》但于今柴・米・小菜件件
俱貴, 다만 이제 나모와 뿔과 ᄂ믈이 가
지가지 다 귀ᄒ니.《朴新諺 1, 12ㅈ》我有
両箇月俸米要關, 내게 두 둘 녹 뿔이 이셔

터려 ᄒ노라.《朴新諺 1, 14ㅈ》方好到倉
裏關米, 보야ᄒ로 倉에 가 뿔 틱기 됴ᄒ니
라.《朴新諺 1, 15ㅈ》把八口俗米都裝上,
여둛 쟈르에 뿔을 다 시르면.《朴新諺
2, 16ㅈ》應給米三升, 應給ᄒ는 거시 뿔
서 되와.《朴新諺 3, 2ㅈ》庫房裡放的米都
被他吃去了好些, 庫에 둔 뿔을 다 제 먹으
미 만코.《朴新諺 3, 45ㅈ》淘米也要乾凈
着, 뿔 일기를 ᄯ 乾凈 ᄒ라.

미 (尾) 圐 꼬리. ⇔ᄭ리.《朴新諺 3, 24ㅎ》
搖動尾鉤鉤了一下, ᄭ리 갈구리를 흔드
러 ᄒ 번 긁치니.

미 (眉) 圐 눈섭. ⇔눈섭.《集覽, 朴集, 中,
6ㅈ》眉秀垂楊. 佛十相, 有眉細垂楊相.
《朴新諺 2, 29ㅎ》齒排柯雪着秀垂楊, 니
는 柯雪이 버럿는 듯ᄒ고 눈섭은 垂楊이
ᄲ혀난 듯ᄒ도다.

미 (美) 阁 ❶고운[麗]. ⇔고은.《朴新諺 1,
44ㅈ》那女孩兒又生的十分美貌, 뎌 새각
시 ᄯ 삼긴 거시 ᄀ장 고은 얼굴이니.
❷아름답다. 예쁘다. 곱다. ━⇔미ᄒ다
(美-).《朴新諺 2, 59ㅈ》斗美牛休虛得粮,
斗는 美ᄒ고 牛는 休ᄒ고 虛는 得粮ᄒ고.
━⇔아롭답다.《朴新諺 2, 27ㅈ》多謝姐
姐的美意了, 각시의 아롭다온 ᄠ들 多謝
ᄒ거니와,《朴新諺 2, 49ㅈ》蠏正肥魚正
美, 게 정히 숧디고 고기 정히 아롭다온
제.

미 (着) 圐 =미(眉). '着'는 '眉'의 고자.《說
文, 着部》着, 目上毛也. 從目. 象眉之形,
上額理也.《集覽, 朴集, 中, 6ㅈ》眉秀垂
楊. 佛十相, 有眉細垂楊相.《朴新諺 2, 29
ㅎ》齒排柯雪着秀垂楊, 니는 柯雪이 버
럿는 듯ᄒ고 눈섭은 垂楊이 ᄲ혀난 듯ᄒ
도다.

미 (謎) 圐 수수께끼.《集覽, 朴集, 上, 10
ㅎ》謎. 隱語也. 正, 音미, 俗或呼믜.

미고 (味苦) 阁 맛이 쓰다.《朴新諺 1, 2ㅈ》
討幾瓶蜜林檎·甕頭春·木瓜露(·苦菉
豆酒(朴新注, 1ㅎ: 用菉豆麵釀者, 味苦而

淸冽.), 여러 瓶 蜜林檎과 甕頭春과 木瓜
露와 쓴 菉豆酒를 어들만 ᄭ지 못ᄒ니.

미나리 圐 미나리. ⇔수근채(水芹菜).《朴
新諺 2, 40ㅈ》水芹菜也好吃了, 미나리도
먹기 됴ᄒ니.

미능 (未能) 동 …하지 못하다. …할 수 없
다.《集覽, 朴集, 下, 1ㅈ》三更前後. 言前
後者, 未能定稱的時而云然也.

미다 동 양보하다. 겸양하다. ⇔양(讓).
《集覽, 字解, 單字解, 5ㅈ》儘. 讓也, 任也.
儘他 제게 다와드라, 儘讓 뎌기 미다. 又
縱令也. 儘敎 므던타. 又儘一儘 지긔우
다. 又儘船 빗 ᄀ장.

미래불 (未來佛) 圐 〈불〉 내세(來世)에 성
불(成佛)하여 사바세계(娑婆世界)에 나
타나서 중생을 제도한다는 보살.《集覽,
朴集, 下, 1ㅈ》三尊佛. 過去佛·現在佛
·未來佛爲三尊佛, 亦曰三世如來.《朴
新諺 3, 8ㅈ》我曾塑了三尊佛(朴新注, 47
ㅈ: 過去佛·現在佛·未來佛), 내 일즉
三尊佛을 믄드라.

미량 (米糧) 圐 양미(糧米). 식량.《集覽,
朴集, 上, 5ㅎ》廣豐倉. 質問云, 在京師,
收天下米粮處也.

미러오다 동 (수레에 실어) 밀어 오다. ⇔
간래(赶來).《朴新諺 2, 32ㅎ》一頂要陝
(陝)西赶來的白駝氈大帽, ᄒ나흔 陝(陝)
西셔 미러온 白駝氈 큰갓슬 ᄒ되.

미록 (麋鹿) 圐 암사슴. 또는 사불상(四不
像).《集覽, 朴集, 上, 8ㅈ》麂. 大麋也, 麋,
鹿之大者. 譯語指南, 謂牝鹿曰麋鹿. 質問
云, 大曰麋, 小曰麂. 其皮可作靴.

미뤼다 동 미루다. ⇔추(推).《朴新諺 1,
35ㅈ》今日推明日明日推後日, 오늘은 ᄂ
일 미뤼고 ᄂ일은 모릐 미뤼니.

미리 閏 미리. 사전에. 먼저. ⇔예선(豫
先).《朴新諺 2, 3ㅈ》今日都預先約定了,
오늘 다 미리 언약ᄒ여 정ᄒ엿ᄂ니라.

미립 (米粒) 圐 쌀알.《集覽, 朴集, 下, 6ㅎ》
象眼饃子. 麁者再切, 細者有麋末, 却篩

去, 皆要一樣極細如米粒.

미복(微服) 圐 지위가 높은 사람이 무엇을 몰래 살피러 다닐 적에 남의 눈을 피하기 위하여 입는 남루한 옷차림.《集覽, 朴集, 下, 12ㅈ》太祖. 弓裔微服逃至斧壤, 爲民所害. 太祖卽位, 國號高麗.

미상(未詳) 圄 상세히 알지 못하다. 분명히 알지 못하다.《集覽, 朴集, 上, 3ㅎ》鮮湯. 今按, 猠字, 韻〈韵〉書不收, 字意未詳.《集覽, 朴集, 上, 13ㅈ》盤纏. 今按, 盤纏二字, 取義源流未詳.《集覽, 朴集, 中, 5ㅎ》結草廬於香山之上. 觀此則香山亦西域山也, 而未詳所在.《集覽, 朴集, 下, 2ㅈ》三隻脚鐵蝦蟆. 今按, 漢俗, 優人作戲時, 手執三脚蝦蟆入優場作戲. 問之, 則曰, 唯仙家蓄養三脚蝦蟆, 俗人聞氣者必死. 然未詳源流.《集覽, 朴集, 下, 3ㅎ》車遲國. 在西域. 未詳所在.《集覽, 朴集, 下, 9ㅎ》碎盆. 未詳源流.

미소(微笑) 圄 소리를 내지 않고 빙긋이 웃다.《集覽, 朴集, 上, 16ㅈ》石屋. 法名清珙, 號石屋和尙, 臨濟十八世之嫡孫也. 普虛謁石屋, 石屋見之云, 老僧今日旣已放下三百斤擔子遞你擔了, 且展脚睡矣. 乃微笑云, 佛法東矣.

미원(微員) 圐 하급 관리. 말단 벼슬아치.《朴新諺 2, 51ㅎ》似我這般雜職微員陞轉極難, 우리 又혼 이 雜職 微員은 陞轉ᄒ기 극히 어려워.

미의(美意) 圐 아름다운 마음. 좋은 뜻.《朴新諺 2, 27ㅈ》多謝姐姐的美意了, 각시의 아름다온 뜻을 多謝ᄒ거니와.

미일(未日) 圐 지지(地支)가 미(未)인 날.《朴新諺 1, 10ㅈ》揀箇黃道吉日(朴新注, 4ㅎ: 每月有黃道·白道·黑道, 而黃道最吉. 卽寅·申月, 子·丑·辰·巳·未·戌日之類.), 黃道 吉日을 굴히여.

미자(尾子) 圐 꼬리. ⇔꼬리.《朴新諺 1, 40ㅈ》家後一羣羊箇箇尾子長, 딥 뒤히 혼 무리 羊이 낫낫치 꼬리 긴 거시여.

미자(謎子) 圐 수수께끼. ⇔슈지.《朴新諺 1, 38ㅎ》我說幾箇謎子(朴新注, 15ㅎ: 隱語也.)你猜, 내 여러 슈지를 니룰 거시니 네 알라.

미쟝이 圐 미장이. ⇔이수장(泥水匠).《朴新諺 3, 9ㅎ》叫一箇泥水匠兩箇小工來, 혼 미쟝이와 두 조역을 불러와.《朴新諺 3, 10ㅈ》做甚麼泥水匠, 므슴 미쟝인 체ᄒ리오.

미정(未定) 圄 아직 확정(確定)하지 못하다.《集覽, 字解, 累字解, 1ㅎ》東西. 指物之辭, 未定其稱而曰東西. 猶曰或東或西, 未定方向之意.

미주(米酒) 圐 쌀로 빚은 술.《集覽, 朴集, 中, 1ㅈ》米酒. 舊本作一瓶半酒, 新本作米酒. 今造酒用粳米·糯米·黃米. 凡支〈支〉待使客, 皆用此等酒也, 不必擧米酒爲說. 恐是新本仍存半字, 而誤印爲米〈米字〉也. 今從半字讀, 恐或爲是.

미천(迷天) 혱 하늘에 가득하다. 매우 큼을 형용하는 말.《朴新諺 2, 34ㅈ》我男兒做這般迷天大罪的事, 우리 스나히 이런 迷天大罪엣 일을 ᄒ니.

미천대죄(迷天大罪) 圐 더없이 큰 죄. 천인공노(天人共怒)할 큰 죄. 극악무도(極惡無道)한 죄.《朴新諺 2, 34ㅈ》我男兒做這般迷天大罪的事, 우리 스나히 이런 迷天大罪엣 일을 ᄒ니.

미첩(米帖) 圐 월봉(月俸)으로 쌀을 지급할 때 해당 관청에서 발급하는 도장을 찍은 지급 증표.《集覽, 朴集, 上, 5ㅎ》米貼. 月俸之貼. 質問云, 收米·放米計數之票〈標〉也. 又云, 是文武官員關支〈支〉月米時, 各該衙門出給印信貼兒.

미칭(美称) 圐 =미칭(美稱). '称'은 '稱'의 속자.《宋元以來俗字譜, 禾部》稱, 列女傳作称.《集覽, 朴集, 上, 15ㅈ》揮使. 音義云, 指揮之美稱〈称〉. 今按, 指揮使, 官名. 都督府都指揮使, 正二品, 各衛指揮使, 正三品.

미칭(美稱) 圐 아름답게 이르는 이름.《集覽, 朴集, 上, 15ㅈ》揮使. 音義云, 指揮之美稱〈称〉. 今按, 指揮使, 官名. 都督府都指揮使, 正二品, 各衛指揮使, 正三品.

미필(未必) 圀 반드시 …한 것은 아니다. 반드시 …라고는 할 수 없다. 꼭 그렇다고는 할 수 없다.《朴新諺 2, 17ㅎ》未必住宿, 머므러 자기 반둣지 아니ᄒ니.

미ᄒ다(美-) 圀 아름답다. ⇔미(美).《朴新諺 2, 59ㅈ》斗美牛休虛得粮, 斗ᄂ 美ᄒ고 牛ᄂ 休ᄒ고 虛ᄂ 得粮ᄒ고.

민(悶) 圀 심심하다. 한가하다. 또는 답답하다. 우울하다. ⇔힘힘ᄒ다.《朴新諺 3, 21ㅈ》悶時莭(節)看看眞好解悶, 힘힘ᄒᆫ 제 보면 진실로 解悶ᄒ기 됴흐니라.《朴新諺 3, 29ㅈ》就這一段書足可解悶了, 곳 이 一段 칙이 죡히 가히 힘힘호믈 플리라.

민간(民間) 圐 민간. 일반 대중.《集覽, 朴集, 上, 8ㅈ》翫月會. 東京錄云, 中秋夜, 貴家結飾臺榭, 民間爭占酒樓翫〈玩〉月, 絲簧鼎沸, 近內庭居民, 夜深遙聞笙竽之聲, 宛若雲外天樂, 閭里兒童連宵嬉戲, 夜市騈闐, 至於通曉.《集覽, 朴集, 下, 5ㅎ》元寶. 世祖大會王子・王孫・駙馬・國戚, 從而頒賜, 或用貨賣, 所以民間有此錠也.《朴新諺 1, 51ㅎ》等到民間田禾都收割了, 民間에 田禾를 다 거두어 븨기를 기ᄃ려.

민곤(民困) 圐 백성의 빈곤.《集覽, 朴集, 上, 13ㅈ》錢鈔. 錢者, 金帛之名. 古曰泉, 後鑄而曰錢. 古者天降災戾, 於是乎量資幣, 權輕重, 以救民困. 代各鑄錢, 輕重不一.

민안(民安) 圀 백성이 살기가 평안하다. ⇔민안ᄒ다(民安-).《朴新諺 1, 1ㅈ》國泰民安, 國泰民安ᄒ니.

민안ᄒ다(民安-) 圀 민안(民安)하다. ⇔민안(民安).《朴新諺 1, 1ㅈ》國泰民安, 國泰民安ᄒ니.

민인(民人) 圐 인민(人民). 백성.《朴新諺 1, 58ㅈ》京都城內積慶坊住民人趙寶兒, 京都 잣 안 積慶坊에셔 사ᄂ 民人 趙寶兒ㅣ.《朴新諺 2, 19ㅈ》某村住民人錢小馬, 某村에 사ᄂ 民人 錢小馬ㅣ.《朴新諺 2, 44ㅎ》京都城四牌樓下民人朱玉, 京都城 四牌樓 아러 民人 朱玉이.《朴新諺 3, 52ㅈ》係本府本縣附籍民人, 本府 本縣에 미여 附籍ᄒᆫ 民人이라.

민혜(敏慧) 圀 재빠르고 영리하다.《集覽, 字解, 累字解, 2ㅈ》標致. 聰俊敏慧之稱, 俱美其心貌之辭. 標字本在竝母, 則宜從俗呼爲去聲. 而今俗呼標致之標爲上聲, 則字宜作表字讀是.

믿 圐 밑. 근본(根本). ⇔저(底).《集覽, 字解, 單字解, 1ㅎ》底. 下也. 底下 아래. 又本也. 底簿 믿글월. 又語助. 根底 앏픠. 又손뎌. 又與的字通用.

믿글월 圐 밑 글월. 원문(原文). 원고. 초안. ⇔저부(底簿).《集覽, 字解, 單字解, 1ㅎ》底. 下也. 底下 아래. 又本也. 底簿 믿글월. 又語助. 根底 앏픠. 又손뎌. 又與的字通用.

믿다 圐 믿다. ●⇔보(保).《集覽, 字解, 單字解, 2ㅎ》保. 恃也. 保你 너 믿노라, 難保 믿디 어렵다. 史學指南, 相託信任曰保. 又保擧也. ●⇔장(仗).《朴新諺 2, 23ㅈ》全仗着這吳爺一路服事我來, 견혀 이 吳爺ㅣ 一路에 나를 服事홈을 미덧노라.

밀 圐 밀[小麥]. ⇔소맥(小麥).《朴新諺 3, 38ㅈ》他種的稻子, 제 시믄 벼와. 膏粱, 슈슈와. 黍子, 기장과. 大麥, 보리와. 小麥, 밀과. 蕎麥, 모밀과. 黃豆, 콩과. 小豆, 폿과. 菉豆, 菉豆와. 豌豆, 광장이. 黑豆, 거믄콩. 芝麻, 춤깨와. 蘓(蘇)子, 듧깨.

밀(密) 圀 배다. 촘촘하다. ⇔비다.《朴新諺 1, 43ㅈ》然後用那密笓子再攏, 그린 후에 뎌 빈 춤빗스로다가 다시 빗겨.

밀갈(蜜褐) 圐 꿀의 빛깔과 같은 갈색.《集覽, 朴集, 上, 15ㅎ》串香褐. 串香者,

合和諸香以爲佩者也. 凡稱〈称〉染色之少
文采〈彩〉者曰褐. 串香褐·麝香褐·鷹背
褐·蜜褐·茶褐, 卽黃黑雜色也. 玉褐·
艾褐·水褐·銀褐, 卽白黑雜色也. 藕褐,
卽紫黑雜色也. 深淺異色, 各取其像.

밀과자(蜜果子) 📖 밀가루나 쌀가루에 기
름이나 꿀을 넣어 굽거나 튀겨 만든 음
식. 《集覽, 朴集, 上, 1ㅈ》果子. 果實也.
又呼油蜜果, 亦曰果子, 曰蜜果子, 制形如
棗.

밀다 📖 ❶밀다[磨]. 문지르다. 《集覽, 朴
集, 上, 12ㅎ》白淸水絹. 무리 ·픗〈플〉:긔
·업·시 다ᄃ·마:돌호로 미·론:깁·이·니, 光
滑緻硬, 如本國擣砧者也. 卽不用糨粉而
鍊〈練〉生絹, 以石碾者. ❷밀다[推]. ⇔간
(趕).《朴新諺 2, 32ㅎ》一頂要陝〈陝〉西趕
來的白駞氈大帽, ᄒ나흔 陝〈陝〉西셔 미
러온 白駞氈 큰갓슬 ᄒ되.

밀림금(蜜林檎) 📖 =밀림금소주(蜜林檎
燒酒).《朴新諺 1, 2ㅈ》討幾瓶蜜林檎(朴
新注, 1ㅎ: 燒酒浸蒸葡萄者.).· 甕頭春·
木瓜露·苦菉豆酒, 여러 瓶 蜜林檎과 甕
頭春과 木瓜露와 쁜 菉豆酒를 어들만 ᄌ
지 못ᄒ니.

밀림금소주(蜜林檎燒酒) 📖 뜨거운 고량
주[白酒]에 꿀·포도·능금 따위를 넣
어 우려낸 술. 《集覽, 朴集, 上, 1ㅈ》. 質
問云, 初蒸熱燒酒, 用蜜·葡萄相參〈叅〉
浸, 久而食之, 方言謂之蜜林檎燒酒. 又云,
以麵爲麴, 還用藥料, 以燒酒爲漿, 下入熟
糜內〈肉〉, 待熟榨之, 其味甚甜. 又云, 如
蒸的熱燒酒, 將蜜與林檎果參和盛入瓶內
封裹, 久而食之最妙.

밀봉(密封) 📖 단단히 붙여 꼭 봉하다.
《集覽, 朴集, 下, 5ㅈ》蜜煎. 事林廣記云,
凡煎生果, 最要遂其本性, 酸苦辛硬隨性
製之. 以半蜜半水煮十數沸, 乘熟控乾, 別
換新蜜, 入銀石器內, 用文·武火煮, 取其
色明透爲度. 入新缶盛貯, 緊密封窖, 勿令
生虫.

밀어(蜜語) 📖 달콤하고 정다운 이야기.
《朴新諺 1, 35ㅈ》只是甜言蜜語的, 그저
甜言 蜜語로.

밀이(密邇) 📖 가깝다. 밀접하다.《集覽,
朴集, 上, 4ㅎ》蘆溝橋. 橋之路西通關陝,
南達江淮. 兩旁多旅舍, 以其密邇京都, 行
人·使客絡繹不絶.

밀전(蜜煎) 📖 과일을 꿀이나 설탕에 재
어 졸이다. 또는 그 과일.《集覽, 朴集,
下, 5ㅈ》蜜煎. 事林廣記云, 凡煎生果, 最
要遂其本性, 酸苦辛硬隨性製之. 以半蜜
半水煮十數沸, 乘熟控乾, 別換新蜜, 入銀
石器內, 用文·武火煮, 取其色明透爲度.
入新缶盛貯, 緊密封窖, 勿令生虫.

밋 📖 및[及]. ⇔화(和).《集覽, 字解, 單字
解, 1ㅎ》和. 平聲, 調和也. 又去聲, 與也,
及也. 我和你 너와 나와, 銅匙和快子 술
와 밋 져와.

밋궁ㄱ 📖 밑구멍. 항문. (항문이나 여자
의 음부를 속되게 이르는 말) ⇔비안(屁
眼).《朴新諺 3, 3ㅎ》不如挾着屁眼家裡
坐着去罷, 밋궁글 씨고 집의 안자시라
갈만 ᄌ지 못ᄒ다.

밋궁글 📖 밑구멍을. 항문을. (항문이나
여자의 음부를 속되게 이르는 말)《朴新
諺 3, 3ㅎ》不如挾着屁眼家裡坐着去罷,
밋궁글 씨고 집의 안자시라 갈만 ᄌ지
못ᄒ다.

밋다 📖 ❶미치다[及]. 따라잡다. ❶⇔간
상(趕上).《集覽, 字解, 單字解, 2ㅎ》趕.
音干, 上聲. 亦作趕. 趁也, 及也. 趕上 밋
다. 又逐也. 趕出去 내티다. 又驅也. 趕牛
쇼 모다. ❷⇔간상(趕上).《集覽, 字解,
單字解, 2ㅎ》趕. 音干, 上聲. 亦作趕. 趁
也, 及也. 趕上 밋다. 又逐也. 趕出去 내
티다. 又驅也. 趕牛 쇼 모다. ❸⇔기급
(企及).《集覽, 字解, 單字解, 2ㅈ》迭. 企
及之辭. 밋다. ❹⇔질(迭).《集覽, 字解,
單字解, 2ㅈ》迭. 企及之辭. 밋다. ❷밋
다. ❶⇔신(信).《集覽, 字解, 單字解, 2

ㅎ》怕. 疑懼之意. 怕人知道. 又設若之辭. 怕你不信 ᄒ다가 너옷 밋디 몯거든. 又恐也. 害怕 두리여ᄒ다.《朴新諺 3, 13ㅎ》這佛法最尊最貴不可不信, 이 佛法이 ᄀ쟝 尊ᄒ고 ᄀ쟝 貴ᄒ니 可히 밋지 아니치 못홀 거시라. ❷⇔신복(信服).《朴新諺 2, 8ㅎ》你若不信服, 네 만일 밋지 아니ᄒ거든. ❸⇔앙장(仰仗).《朴新諺 1, 9ㅈ》諸事好仰仗你, 범ᄉ를 ᄀ쟝 너를 밋으리니.

밋ㅊ 몡 밑. 아래. ⇔근(根).《朴新諺 3, 52ㅎ》竟將小人面門打破耳根打傷, 므춤내 小人의 ᄂ츨다가 텨 ᄢ이고 귀 밋츨 텨 傷히오니.

밋ㅊ다 동 미치다[及]. 따라잡다. ❶⇔간(趕).《朴新諺 2, 59ㅈ》怎麼就赶不出一套衣服來呢, 엇지 곳 혼 볼 옷슬 밋처 지어 내지 못ᄒ리오.《朴新諺 2, 59ㅎ》好着他們上緊赶活, ᄀ쟝 더들로 ᄒ여 급히 밋처 셩녕ᄒ면. ❷⇔급(及).《朴新諺 1, 20ㅈ》逢時及莭(節)好會頑耍哩, ᄣ룰 만나고 졀을 밋처 ᄀ쟝 놀 줄을 아더라.

밋ᄒ 몡 밑. 아래. ⇔저(底).《朴新諺 1, 18ㅈ》底要駝骨廂的, 밋혼 약대 ᄲ벼로 젼메오고.

및다 동 미치다[及]. 따라잡다. ❶⇔간(趕).《朴新諺 2, 17ㅎ》我好赶進京先報去, 내 셔울을 미처 나아가 몬저 報ᄒ라 가기 됴ᄒ리라. ❷⇔간상(趕上).《朴新諺 2, 7ㅈ》我的胷背怎麼赶上你的繡袍, 내 胷背 엇디 네 슈노흔 큰옷세 미츠리오.

ᄆ디다 혱 마디다. 아끼다. 절약하다. ⇔셩(省).《朴新諺 1, 52ㅎ》省了多少盤纏, 언머 盤纏을 ᄆ디와뇨.

ᄆ라다 동 마르다[乾].⇔건(乾).《朴新諺 2, 56ㅎ》那般你的靴子怎麼還是乾的, 그러면 네 靴ㅣ 엇디 도로혀 몰라ᄂ뇨.

ᄆ르다 동 ❶마르다[乾]. ⇔건(乾).《朴新諺 2, 28ㅎ》一箇帶二兩銀子到西山去收乾草, ᄒ나흔 두 냥 은을 가지고 西山에 가 므

가 ᄆ른딥흘 거두되. ❷마르다[裁]. ⇔재(裁).《朴新諺 2, 59ㅎ》這油綠的裁做袍子, 이 油綠으로란 큰옷슬 몰라 ᄆ들고. 玄靑的裁做褂子, 셕쳥빗츤 등거리 몰라 ᄆ들고. 魚白的裁做綿襖, 옥쉭빗츤 핫옷 몰라 ᄆ드되.

ᄆ른딥ㅎ 몡 마른 짚. 건초(乾草).⇔건초(乾草).《朴新諺 2, 28ㅎ》一箇帶二兩銀子到西山去收乾草, ᄒ나흔 두 냥 은을 가지고 西山에 가 ᄆ른딥흘 거두되.

ᄆ르 몡 마룻대. ⇔양(樑).《集覽, 朴集, 中, 7ㅎ》捲篷. 音義云, ·비 우·흿 지·비〈집이〉·니 ᄆ르 업슨 지블 닐오더 捲篷.《朴新諺 3, 16ㅎ》這樑, 이 납과. 樑, ᄆ르와. 椽, 혀와. 柱, 기동과. 短柱, 短柱와. 門框, 문얼굴과. 門扇, 문ᄱ과. 吊窓, 들창과. 天窓, 우러리창과. 雙扇, ᄡᅡᆼ다지와. 單扇, 외다지와. 窓檽, 창얼굴로.

ᄆ르다 동 ❶마르다[乾]. ⇔건(乾).《朴新諺 1, 4ㅈ》乾果子呢, ᄆ론 과실은. 榛子, 개암.松子, 잣. 瓜子, 슈박ᄡᅵ. 乾葡萄, 마른葡萄.栗子, 밤. 龍眼, 龍眼. 桃仁, 복셩화ᄡᅵ. 荔子, 녀지요.《朴新諺 3, 36ㅈ》薄餅, 薄餅과. 煎餅, 煎餅과. 寬條麵, 너븐 국슈와. 掛麵, ᄆ론 국슈와. 芝麻燒餅, 춤ᄢ 무친 燒餅과.《朴新諺 1, 37ㅎ》他把乾艾揉碎了, 데 ᄆ론 ᄡᅮ글다가 부븨여.《朴新諺 2, 36ㅎ》乾羊腿子煮着哩, ᄆ론 羊의 다리를 술맛노라. ❷마르다[裁]. ⇔재(裁).《朴新諺 2, 59ㅈ》家裏有五六箇婦人做活裁的縫的, 집의 다엿 계집이 이셔 셩녕ᄒ여 ᄆ르거니 짓거니 ᄒ면.《朴新諺 2, 59ㅎ》主得飲食便好裁衣, 飲食을 主ᄒ니 곳 옷 ᄆ르기 됴타.

ᄆ론국슈 몡 마른(말린) 국수. ⇔패면(掛麵).《朴新諺 3, 36ㅈ》薄餅, 薄餅과. 煎餅, 煎餅과. 寬條麵, 너븐 국슈와. 掛麵, ᄆ론 국슈와. 芝麻燒餅, 춤ᄢ 무친 燒餅과.

ᄆ슴모로 틘 마음대로. ❶⇔수(隨).《集覽, 字解, 單字解, 5ㅈ》隨. 從也. 隨你 네

ᄆᄉ모로, 隨喜 구경ᄒ다, 隨從 조츠니. 吏語, 根隨 좃다. ●⇔유(由).《集覽, 字解, 累字解, 1ㅎ》由你. 네 ᄆᄉ모로 ᄒ라.《集覽, 字解, 累字解, 2ㅈ》自由. 제 ᄆᄉ모로 ᄒ다.

ᄆ솜 명 마음.《集覽, 字解, 累字解, 1ㅎ》由他. 더뎌두라. 又제 ᄆᄉ모로ᄒ게 ᄒ라.《集覽, 字解, 累字解, 1ㅎ》由你. 네 ᄆᄉ모로 ᄒ라.《集覽, 字解, 累字解, 2ㅈ》自由. 제 ᄆᄉ모로 ᄒ다.《集覽, 字解, 單字解, 5ㅈ》隨. 從也. 隨你 네 ᄆᄉ모로, 隨喜 구경ᄒ다, 隨從 조츠니. 吏語, 根隨 좃다.

ᄆ솜대로 명 마음대로. ⇔유(由).《集覽, 字解, 累字解, 1ㅎ》由他. 더뎌두라. 又제 ᄆᄉ대로 ᄒ게 ᄒ라.

ᄆᄉ엽다 형 무섭다. 매섭다. ⇔이해(利害).《集覽, 字解, 累字解, 1ㅎ》利害. ᄆᄉ엽다.

ᄆᄋ음 명 마음. ⇔심(心).《朴新諺 1, 45ㅎ》好姐姐, ᄆᄋ음 됴흔 각시아.《朴新諺 2, 6ㅎ》好哥兒弟兄們從來不分彼此, ᄆᄋ음 됴흔 형 아ᄋ들이 본디 彼此를 혀기지 아니ᄒᄂ니.《朴新諺 2, 24ㅈ》被好弟兄們勸我, ᄆᄋ음 됴흔 弟兄들의 勸홈을 닙어.《朴新諺 2, 27ㅎ》既兩心相照也是不難的, 이믜 둘희 ᄆᄋ음이 서ᄅ 비쵀면 ᄯᅩ 어렵디 아니ᄒ니.《朴新諺 3, 15ㅈ》想念之心無日能忘, 싱각ᄒᄂ 음음이 니즐 날이 업스이다.《朴新諺 3, 31ㅎ》我買這珊瑚却不甚應心, 내 이 珊瑚를 사되 ᄯᅩ 심히 ᄆᄋ음에 맛ᄌᆺ지 아니ᄒ다.《朴新諺 3, 42ㅈ》畫虎畫皮難畫骨, 범을 그리매 가족은 그려도 ᄲᅧ 그리기 어렵고. 知人知面不知心, 사롬을 알매 ᄂᆺᄎ 아라도 ᄆᄋ음 아지 못ᄒ다 ᄒ니라.《朴新諺 3, 50ㅈ》我也無心羨慕他了, 내 ᄯᅩ ᄆᄋ음에 뎌를 羨慕홈이 업세라.

ᄆ춤내 명 마침내. 또는 철저하게. ⇔도저(到底).《朴新諺 3, 40ㅈ》你那日到底送到那裡就回來了, 네 그 날 ᄆᄎᆷ내 보내여 어듸 가 곳 도라오뇨.

ᄆ츠다 동 마치다. 끝나다. 종료하다. ⇔완필(完畢).《朴新諺 3, 34ㅈ》我看了百官行禮完畢之後, 내 百官이 行禮ᄒ기를 ᄆ츰을 본 후에.

ᄆ춤내 명 마침내. 결국. 드디어. ●⇔경(竟).《朴新諺 1, 34ㅎ》他竟保也不保, 뎨 ᄆ춤내 긔수홀디 긔수치 아니ᄒ고.《朴新諺 2, 26ㅈ》好淸醬今年竟沒處尋, 됴흔 근댱을 올히 ᄆ춤내 어들 디 업더니.《朴新諺 3, 4ㅎ》竟不曉得葉兒有這用處, ᄆ춤내 닙히 이 쓸 곳 잇는 줄을 아지 못ᄒ엿더니.《朴新諺 3, 42ㅎ》我竟不知道却曾出殯麼, 내 ᄆ춤내 아지 못ᄒ엿ᄂ니 ᄯᅩ 일즉 出殯ᄒ엿느냐.《朴新諺 3, 52ㅎ》竟將小人面門打破耳根打傷, ᄆ춤내 小人의 ᄂᆺᄎ다가 텨 싸이고 귀 밋츨 텨 傷히오니.《朴新諺 3, 53ㅎ》竟不知去向, ᄆ춤내 去向을 아지 못ᄒ니. ●⇔종(終).《朴新諺 2, 35ㅎ》這正是善惡到頭終有報, 졍히 이 善과 惡이 ᄆᆾᄒᆡ 다드라 ᄆ춤내 갑홈이 이시되.

믈 명 ●말. ⇔마(馬).《集覽, 字解, 單字解, 1ㅈ》待. 擬要也 ᄒ마 그리 ᄒ려 ᄒ다라. 又欲也. 待賣幾箇馬去 여러 ᄆ롤 풀오져 ᄒ야 가노라.《集覽, 字解, 單字解, 3ㅈ》倒. 上聲, 仆也. 倒了 구으러디다. 又換也. 倒馬 믈 ᄀ다. 又謄也. 倒關字 글월 번뎝ᄒ다. 又去聲, 反辭 도ᄅ혀. 通作到.《集覽, 字解, 單字解, 6ㅈ》賃. 僦屋以語曰賃, 지블 돌마다 銀 현 량곰 삭 믈오드러 이셔 살 시라. 又雇用驢馬·舟車之類曰賃, 라괴와 ᄆ돌홀 삭 주고 브릴 시라.《朴新諺 1, 12ㅎ》我如今把騎的馬就寄在這雜貨舖裏, 내 이제 튼 믈을다가 곳이 雜貨舖에 부려 두고.《朴新諺 1, 24ㅈ》小厮們你拉馬, 아히들이 네 믈을 잇그러.《朴新諺 1, 37ㅈ》不好出門騎馬, 門에 나 믈 ᄐ기 됴치 아니ᄒ더니라.《朴

新諺 2, 1ㅈ》你要買甚麼馬, 네 므슴 물을 사고져 ㅎ는다.《朴新諺 2, 21ㅈ》還有帳房・馬槽都牢壯麼, 쏘 帳房과 물귀유ㅣ다 牢壯ㅎ엿느냐.《朴新諺 2, 36ㅈ》打一副馬釘子來釘上, 혼 부 물 다갈 쳐다가 박아.《朴新諺 3, 18ㅈ》直到日平西纔得上馬回家, 바로 히 西에 거짐애 다드라 계요 물 투고 집의 도라오느니라.《朴新諺 3, 47ㅈ》一箇小鬼撑着紅羅傘在馬前, 혼 小鬼ㅣ紅羅傘 버틔여 물 앏희 잇고. ●(바둑의) 말. 곧, 바둑돌. ⇔자(子).《朴新諺 1, 26ㅎ》拈子為之不許更改的, 물 자바 덩ㅎ고 고치믈 허치 마쟈.

물귀유 명 말구유. ⇔마조(馬槽).《朴新諺 2, 21ㅈ》還有帳房・馬槽都牢壯麼, 쏘 帳房과 물귀유ㅣ다 牢壯ㅎ엿느냐.

물쏭구으리 명 말똥구리. ⇔당랑(螳螂).《朴新諺 1, 20ㅎ》有像蝴蝶・螳螂的, 나븨와 물쏭구으리 ㄱ흔 것도 이시며.

물총 명 말총. ⇔마미(馬尾).《朴新諺 2, 21ㅈ》還有羅鍋, 쏘 노고와. 柳箱, 섥과. 灑子, 드레와. 碗楪, 사발 접시와. 匙筯, 수져와. 榪杓, 나모쥬게와. 筆籬, 됴리와. 炊箒, 솔과. 擦床兒, 슉치칼과. 簁(簁)箕, 키와. 篩子, 얼밍이와. 馬尾羅, 물총체와. 桌子, 상과. 盤子, 盤과. 茶盤, 찻반과. 燈臺, 燈臺와. 酒種, 잔과. 酒鼈, 쥬벼ㅇ와. 銅杓, 놋쥬게 이시니.

물총체 명 말총체. (쳇불을 말총으로 짠 체) ⇔마미라(馬尾羅).《朴新諺 2, 21ㅈ》還有羅鍋, 쏘 노고와. 柳箱, 섥과. 灑子, 드레와. 碗楪, 사발 접시와. 匙筯, 수져와. 榪杓, 나모쥬게와. 筆籬, 됴리와. 炊箒, 솔과. 擦床兒, 슉치칼과. 簁(簁)箕, 키와. 篩子, 얼밍이와. 馬尾羅, 물총체와. 桌子, 상과. 盤子, 盤과. 茶盤, 찻반과. 燈臺, 燈臺와. 酒種, 잔과. 酒鼈, 쥬벼ㅇ와. 銅杓, 놋쥬게 이시니.

물키다 동 맑히다. ⇔청(淸).《朴新諺 1, 34ㅈ》說之一年之内本利都還清我, 닐러 덩ㅎ여 혼 힛 니에 本과 利를 다 내게 갑하 물키마 ㅎ여.

묽다 형 맑다. 밝고 투명하다. ⇔영(瑩).《朴新諺 2, 29ㅎ》面圓壁月身瑩瓊瑰, ㅊ촌 壁月ㄱ치 두렷ㅎ고 몸은 瓊瑰ㅣㄱ치 물그며.

뭇 관 맨.《集覽, 朴集, 上, 2ㅎ》席面. 音義云, ·뭇 ·첫·줄.

뭇다 동 마치다. 끝내다. ●⇔완료(完了).《朴新諺 3, 1ㅎ》洗完了, 삣기 뭇거든.《朴新諺 3, 8ㅎ》保佑我完了這願心便死也無怨了, 나를 保佑ㅎ여 이 願心을 뭇게 ㅎ면 곳 죽어도 怨홈이 업스리라. ●⇔요(了).《朴新諺 2, 50ㅎ》我在任幾年並沒有不了的事件, 내 任에 이션 지 여러 히로되 다 뭇지 못혼 일이 업고. ●⇔필(畢).《朴新諺 3, 22ㅎ》到國王面前正告訴未畢, 國王의 앏희 가 正히 告訴ㅎ기를 뭇지 못ㅎ여서.

뭇ㅊ다 동 마치다. 끝내다. ⇔완료(完了).《朴新諺 1, 43ㅈ》剃完了, 싹가 뭇차다.《朴新諺 1, 43ㅎ》這就筭剃完了, 이 곳 싹가 뭇찻다 ㅎ리라.《朴新諺 1, 58ㅈ》寫完了我念給你聽, 뻐 뭇차시니 내 닑어 네게 들리마.《朴新諺 2, 44ㅈ》今日早起纔收拾完了, 오늘 아춤에 ㅈ 收拾ㅎ여 뭇차시니.

뭇춤내 분 마침내. ⇔경(竟).《朴新諺 1, 9ㅈ》我竟與你同去, 내 뭇춤내 너와 혼가지로 갈 거시니.

뭊다 동 마치다. 끝내다. ●⇔완(完).《朴新諺 2, 15ㅈ》你說幾時染完, 네 닐으라 언제 물드려 므츠료. ●⇔파(罷).《朴新諺 3, 23ㅎ》說罷, 니르기를 므츠매.

미 관 매(每). ⇔매(每).《朴新諺 1, 12ㅎ》每擔脚錢你要多少, 미 짐 삭갑슬 네 언머를 달라 ㅎ는다.《朴新諺 1, 13ㅈ》每擔給你五十大錢罷, 미 짐에 너를 五十 대쳔을 주미 무던ㅎ다.《朴新諺 2, 8ㅎ》這緞子每尺紋銀五錢, 이 비단을 미 자히 紋銀

닷 돈식 홀 거시니.《朴新諺 2, 14ㅎ》五
箇南紅絹每一疋染錢四錢, 닷 필 연다홍
깁은 미 흔 필에 물갑시 너 돈이오. 五箇
水紅絹每一疋染錢三錢, 다숫 분홍 깁은 미
필에 물갑시 서 돈이오.

미다 图 매다. 동여매다. 묶다. ●⇔계
(繫).《朴新諺 1, 29ㅎ》繫着鴉靑緞子繡
花護膝, 야쳥 비단에 繡노흔 슬갑을 미
고.《朴新諺 3, 49ㅎ》繫船下網, 빅 미고
그믈 티며. ●⇔전(拴).《朴新諺 1, 24
ㅈ》洗過了就拴在陰凉處, 싯겨 즉시 서
늘흔 딕 미고. ●⇔전(經).《朴新諺 3,
10ㅎ》這一邉無處經線, 이 흔 편은 실 밀
곳이 업스니. 那裡打一箇橛子經罷, 거긔
흔 말쪽을 박고 미라.《朴新諺 3, 46ㅎ》
把四條繩經着大車, 네 오리 노흐로다가
큰 술위에 미고.《朴新諺 3, 53ㅈ》門前
經着帶鞍子的白馬, 門 앏히 기르마 지은
흰물을 미엿더니. 四⇔전주(經住).《朴
新諺 1, 42ㅈ》揀箇淸淨去處陰凉樹底下
經住, 淸淨흔 곳 서눌흔 나모 아리롤 굴
희여 미고.

미둡 图 뾰루지. 뾰두라지. 응어리. ⇔흘
달(疙疸).《集覽, 朴集, 上, 10ㅎ》餧. 音
義云, 餧, 音疙. 今按, 疙, 音그(그). 疙疸
미둡.

미로 图 (매탄(煤炭)을 피우는) 난로. 화
로. ⇔노자(爐子).《朴新諺 3, 10ㅎ》西邉
打一箇爐子, 셔편에 흔 미로를 민들려
흐노라.

미양 图 매양. 늘. 항상. ●⇔매매(每每).
《朴新諺 1, 34ㅈ》我每每半夜三更到他家
門上尋他, 내 미양 半夜 三更에 제 집 문
에 가 져롤 츳자. ●⇔매상(每常).《朴新
諺 3, 56ㅈ》有每常來的沈進中, 미양 오
는 沈進中이.

미오로시 图 한결같이. 늘. 언제나. ●⇔
일잔(一刻).《集覽, 字解, 累字解, 1ㅈ》一
刻. 미오로시. 亦曰劃地. ●⇔잔지(劃
地).《集覽, 字解, 累字解, 1ㅈ》一刻. 미

오로시. 亦曰劃地.

미이다 图 매이다. ⇔계(係).《朴新諺 3,
52ㅈ》係本府本縣附籍民人, 本府 本縣에
미여 附籍흔 民人이라.

미탄 图 매탄(煤炭). 석탄. ⇔매(煤).《朴
新諺 3, 45ㅈ》乾煤簡子還有麽, 무 론 미
탄 덩이 쏘 잇ᄂᆞ냐.

미탄덩이 图 매탄(煤炭) 덩이. 석탄 덩이.
⇔매간자(煤簡子).《朴新諺 3, 45ㅈ》乾
煤簡子(朴新注, 60ㅎ: 碎煤和黃土. 印成
塊子曰煤簡子.)還有麽, 무 론 미탄 덩이
쏘 잇ᄂᆞ냐.

민글다 图 만들다. ⇔주(做).《朴新諺 1,
45ㅎ》你替我做一副護膝與我, 네 나롤
ᄀᆞᆮ차 흔 불 슬갑을 민그라 주고려.
《朴新諺 2, 51ㅈ》那幾日你又說首領官纔
做稿呈堂, 져즘끠 네 쏘 니르되 首領官이
ᄀᆞᆺ 초를 민그라 당샹끠 드리니.《朴新諺
2, 54ㅈ》我做袈裟哩, 내 袈裟를 민그노
라.《朴新諺 3, 24ㅎ》變做假行者, 變ᄒᆞ여
거즛 行者를 민그라.

민들다 图 만들다. ●⇔소(塑).《朴新諺
3, 8ㅈ》長老你的佛像塑了麽, 長老ㅣ 야
네 佛像을 민드란ᄂᆞ냐.《朴新諺 3, 8ㅈ》
我曾塑了三尊佛, 내 일즉 三尊佛을 민드
라. ●⇔장(裝).《朴新諺 1, 17ㅎ》裝修餙
樣都好, 민든 것과 꾸민 모양이 다 됴ᄒᆞ
니라.《朴新諺 1, 18ㅈ》再把裝修餙樣說
與他, 다시 민들기와 꾸밀 모양을 저ᄃᆞ
려 닐러.《朴新諺 1, 19ㅎ》但是刀頭與裝
修餙樣我說與你, 다만 칼날과 민들기와
꾸밀 모양을 내 너ᄃᆞ려 니롤 쩌시니. ●
⇔주(做).《朴新諺 1, 20ㅈ》用心照樣做
罷, 用心ᄒᆞ여 양ᄌᆞ대로 민들라.《朴新諺
1, 22ㅈ》他做這帶要多少工錢, 데 이 씌
롤 민들매 언머 工錢을 달라 ᄒᆞᄂᆞ뇨.
《朴新諺 2, 20ㅎ》車輛都做妥當了麽, 車
輛을 다 민들기롤 妥當이 ᄒᆞ엿ᄂᆞ냐.《朴
新諺 2, 32ㅎ》你的帽子當初何不叫他做
呢, 네 갓슬 當初에 엇지 뎌로 ᄒᆞ여 민드

지 아니ᄒᆞ다.《朴新諺 2, 59ㅎ》這油綠的
裁做袍子, 이 油綠으로란 큰옷슬 몰라
민들고.《朴新諺 3, 4ㅈ》做一頂蚊帳掛着
睡纔好, ᄒᆞᆫ 볼 모긔帳을 민드라 치고 자
야 마치 됴흐리라.《朴新諺 3, 10ㅈ》你
只與我改做煤火炕, 네 그저 나를 셕탄 픠
오는 캉을 고쳐 민드라 주되.《朴新諺
3, 11ㅈ》這樣做的平常, 이리 민들기를
平常이 ᄒᆞ여시니.《朴新諺 3, 45ㅎ》若做
完備了早些擺上, 만일 민드라 完備ᄒᆞ거
든 일즉이 버리라. ㈃⇔주득(做得).《朴
新諺 1, 21ㅎ》南斗六星板却做得忒圓了
些, 南斗六星 돈은 민든 거시 너무 두렷
ᄒᆞ고.《朴新諺 1, 22ㅈ》後面北斗七星板
也做得好, 後面 北斗七星 돈은 민들기를
잘ᄒᆞ엿다. 那雀舌做得牢壯也好, 뎌 혀쇠
는 민들기를 牢壯히 ᄒᆞ야시니 ᄯᅩ 됴타.
《朴新諺 2, 12ㅎ》誰知道做得狠(很)不如
式, 뉘 아더냐 민드롬이 ᄀᆞ장 법 ᄀᆞ지
아니ᄒᆞ고.《朴新諺 2, 32ㅈ》是徐五家做
的, 이 徐五의 집의셔 민든 거시라. 這帽
樣做得平常, 이 갓 모양이 민들기를 平常
이 ᄒᆞ엿다.《朴新諺 2, 33ㅈ》向來做得好
不會走作, 向來에 민들기를 잘ᄒᆞ여 흘긔
지 아니ᄒᆞ고. ㈄⇔타(打).《朴新諺 1, 17
ㅎ》不知那一家打的刀子最好, 아지 못게
라 어늬 집의셔 민든 칼이 ᄀᆞ장 됴흐뇨.
我要打幾副刀子, 내 여러 볼 칼을 민들려
ᄒᆞ노라.《朴新諺 1, 17ㅎ》有張黑子打的
刀最好, 張黑子ㅣ 이시니 민든 칼이 ᄀᆞ
장 됴하. ㈅⇔타조(打造).《朴新諺 1, 19
ㅈ》你必湏(須)加工打造, 네 모롬이 공부
드려 민들라.

민돌다 图 만들다. ━⇔소(塑).《朴新諺
3, 46ㅈ》塑一箇如象一般大的春牛, ᄒᆞᆫ 코
키리마치 큰 春牛를 민돌고.《朴新諺 3,
46ㅎ》塑着一箇小童子做芒児, ᄒᆞᆫ 小童
子를 민드라 芒児ㅣ라 부르고. ⼆⇔주
(做).《朴新諺 1, 4ㅈ》都要學那南方做法
纔好吃哩, 다 뎌 南方셔 민드는 법대로

ᄒᆞ여야 맛치 먹기 됴흐리라.《朴新諺 1,
19ㅎ》敢不盡心細做麽, 敢히 盡心ᄒᆞ여
정셰히 민드지 아니ᄒᆞ랴.《朴新諺 1, 22
ㅎ》敎他替我做一條銀廂花帶何如, 뎌로
ᄒᆞ여 나를 ᄀᆞ르차 ᄒᆞᆫ 오리 銀 뎐메온 섭
사긴 ᄯᅴ를 민돌미 엇더ᄒᆞ뇨.《朴新諺 1,
46ㅈ》做帶子和裏兒的, ᄯᅴ와 안흘 민돌
거시니.《朴新諺 1, 57ㅈ》你代我做兩張
弓如何, 네 날을 ᄀᆞ르차 두 쟝 활을 민돌
미 엇더ᄒᆞ뇨. 要做幾箇氣力的弓, 언머
힘에 활을 민돌고져 ᄒᆞᆫ는다.《朴新諺 2,
12ㅎ》到木匠家做一口樻子, 木匠의 집의
가 ᄒᆞᆫ 樻롤 민돌리되.《朴新諺 2, 32ㅎ》
拿去叫李大做兩頂帽子, 가져가 李大ㅣ
로 ᄒᆞ여 두 갓슬 민드되.《朴新諺 2, 53
ㅎ》我好做一雙小綉鞋與他賀一賀, 내 ᄒᆞᆫ
ᄡᅡᆼ 져근 슈신을 민드라 저롤 주어 하례
홈이 됴타. ⽊⇔주득(做得).《朴新諺 1,
21ㅎ》那三台板却做得好, 뎌 三台 돈은
민돌기를 잘ᄒᆞ엿고. ㈃⇔타(打).《朴新
諺 3, 33ㅈ》你與我打一箇立鼈壺, 네 나
를 ᄒᆞᆫ 立鼈壺와. 一箇蝦蟆鼈壺・蝎虎盞,
ᄒᆞᆫ 蝦蟆 鼈壺와 蝎虎盞을 민드라 주고려.
《朴新諺 3, 33ㅈ》你要打這器皿的銀子如
何, 네 이 器皿을 민돌려 ᄒᆞ면 銀이 엇더
ᄒᆞ뇨.《朴新諺 3, 33ㅈ》也具勾打了, ᄯᅩ
이픠셔 넉넉이 민돌리라. 鼈壺要打得區
些, 鼈壺 민돌기를 져기 납죡이 ᄒᆞ고. 嘴
子・把子打下我看了再鏵, 부리와 줄
를 아직 민드라 내 보와든 다시 ᄣᅢ라.

민믈 图 맹물. ⇔천(川).《集覽, 朴集, 上,
2ㅎ》川炒. 音義云, 민므레〈민믈에〉 炒
ᄒᆞᆫ 猪肉. 今按, 川炒, 塩水炒也.

밉다 혱 맵다[辛]. ⇔날(辣).《朴新諺 1, 54
ㅎ》隨常飲食休吃酸・甜・腥・辣等物,
샹시 음식에 쉰 것 둔 것 비린 것 미온
것들을 먹지 말고.

밋쑤미다 图 맺어 꾸미다. ⇔결과(結裹).
《朴新諺 1, 46ㅎ》却結裹不出來的, ᄯᅩ 밋
쑤며 내디 못ᄒᆞ리라.

밍그다 圐 만들다. ⇔주(做).《集覽, 字解,
單字解, 7ㅈ》扮. 修飾也. 裝扮 꾸미다, 扮
做 꾸며 밍그다. 音班, 去聲.

밍골다 圐 만들다.《集覽, 朴集, 上, 13ㅈ》
濟機. 音義云, ·쌀로 밍·ᄀ·론 혈거피 ·ᄀ·
튼 것. 今按, 漢人或牛角或鹿角爲之, 形如
環, 着於拇指, 亦所以鉤〈所以鉤〉弦開弓.

밍셰ᄒ다 圐 맹세(盟誓)하다. ●ᄅ⇔맹(盟).
《朴新諺 1, 28ㅎ》旣盟之後, 이믜 밍셰ᄒ
후에. ●ᄅ⇔서(誓).《朴新諺 1, 27ㅎ》且
就那一日拈香頭發重誓, ᄯ 그 날 香을 곳
고 듕ᄒ 밍셰ᄒ여.

밎다 圐 맺다. ⇔결(結).《朴新諺 1, 27ㅎ》
結爲生死好弟兄罷, 死生에 됴흔 弟兄을
미즈미 무던ᄒ다.《朴新諺 2, 54ㅈ》做些
好事結箇好因緣, 져기 됴흔 일을 ᄒ여 됴
흔 因緣을 미즘이.

바 명 ●바索. 밧줄. ⇔삭(索).《朴新諺
2, 20ㅎ》還少套繩, 당시롱 멜 줄과. 撒繩,
쓰을 줄과. 籠頭, 바구레와. 脚索, 지달
솔 바와. 鞍子, 기르마와. 肚帶等類哩, 오
랑 等類ㅣ 업세라. ●바所. ⇔소(所).
《朴新諺 3, 12ㅎ》這所謂, 이 니론 바.《朴
新諺 3, 35ㅈ》正所謂擎天白玉柱駕海紫金
梁, 正히 니른 바 하늘을 바쳣는 白玉柱ㅣ
오 바다흘 걸탓난 紫金梁이라.《朴新諺
3, 44ㅎ》眞所謂, 진실로 닐온 바.《朴新諺
3, 57ㅈ》眞은 無道無所不爲, 진실로 道ㅣ
업서 흣지 아닐 배 업는지라.

바구레 명 바 굴레. 밧줄로 만든, 재갈이
없는 굴레. ⇔농두(籠頭).《朴新諺 2, 20
ㅎ》還少套繩, 당시롱 멜 줄과. 撒繩, 쯔
을 줄과. 籠頭, 바구레와. 脚索, 지달 술
바와. 鞍子, 기르마와. 肚帶等類哩, 오랑
等類ㅣ 업세라.

바ᄂ실 명 바느질실. ⇔침선(針線).《朴新
諺 2, 39ㅎ》把針線串了弔在一壁廂, 바ᄂ
실로 쎄여 ᄇ람 구석에 드라.

바ᄂ질 명 바느질. ⇔침선(針線).《朴新諺
1, 44ㅎ》針線生活又好, 바ᄂ질 셩녕이
쏘 됴코.

바눌 명 바늘. ⇔침(針).《朴新諺 1, 39ㅈ》
四哥是針線, 넷재 형은 이 바눌실이로다.

바눌실 명 바느질실. ⇔침선(針線).《朴新
諺 1, 39ㅈ》四哥是針線, 넷재 형은 이 바
눌실이로다.

바다ㅎ 명 바다. ⇔해(海).《朴新諺 3, 35
ㅈ》正所謂擎天白玉柱駕海紫金梁, 正히
니른 바 하늘을 바쳣는 白玉柱ㅣ 오 바다
흘 걸탓난 紫金梁이라.《朴新諺 3, 37

ㅎ》這眞是人不可貌相海不可斗量, 이 진
실로 사름은 可히 얼굴로 보지 못홀 거
시오 바다혼 可히 말로 되지 못홀 거시
로다.

바독 명 바독. ⇔기(碁).《朴新諺 1, 25ㅎ》
正好下碁哩, 졍히 바독 두기 됴타.《朴新
諺 1, 27ㅈ》高碁輸頭盤, 놉흔 바독은 첫
판을 진다 ᄒ고.《朴新諺 2, 49ㅎ》或着
碁彈琴遣興, 或 바독 두며 거믄고를 타
興을 보내니.《朴新諺 2, 54ㅎ》且拿過碁
來下一盤, 아직 바독 가져와 ᄒ 판 두쟈.

바라 명 바라. 자바라(啫哱囉). (놋쇠로 만
든 타악기의 하나. 불교 의식에서 많이
쓴다) ●⇔나(羅).《朴新諺 3, 58ㅈ》便
擂皷打鑼, 곳 북 치고 바라 치고. ●⇔발
(鈸).《朴新諺 3, 43ㅎ》吹螺打鈸, 고라 불
고 바라 티고.

바라문(婆羅門) 명 〈불〉 브라만
(Brahman)의 음역어. 인도(印度) 카스
트(caste) 제도에서 가장 높은 지위인 승
려 계급.《集覽, 朴集, 中, 4ㅎ》童男童女.
觀音現三十二應, 曰佛身, 曰辟支〈支〉, 曰
圓覺, 曰聲聞, 曰梵王, 曰帝釋, 曰自在天,
曰大自在天, 曰天大將軍, 曰四天王, 曰四
天太子, 曰人王, 曰長者, 曰居士, 曰宰官,
曰婆羅門, 曰比丘, 曰比丘尼, 曰優婆塞,
曰優婆夷, 曰女主, 曰童男, 曰童女, 曰天
身, 曰龍身, 曰藥叉, 曰乾達婆, 曰阿脩羅,
曰緊那羅, 曰摩睺羅, 曰樂人, 曰非人.《集
覽, 朴集, 下, 2ㅎ》目連尊者. 反〈飜〉譯名
義云, 目連, 婆羅門姓也, 名拘〈拘〉律陀.

바로 閂 바로. 곧장. 직접. ⇔직(直).《朴
新諺 1, 9ㅎ》直淨過蘆溝橋上獅子頭了,

바로 蘆溝橋 우희 獅子 머리롤 줌가 넘
어.《朴新諺 3, 18ㅈ》直到日平西纔得上
馬回家, 바로 힌 西에 거짐애 다드라 계
요 물 투고 집의 도라오ᄂᆞ니라.《朴新諺
3, 18ㅎ》直到人定更深纔能下馬, 바로 人
定 更深홈애 다드라 계요 능히 몰쎄 ᄂᆞ
리ᄂᆞ니.《朴新諺 3, 28ㅈ》行者直拖的到
王面前丟下, 行者ㅣ 바로 쓰어 王의 앏
희 가 드리치니.《朴新諺 3, 43ㅎ》直到
天明, 바로 하늘이 붉기에 니르더라.
《朴新諺 3, 50ㅎ》直至某處, 바로 아모 곳
에 니르되.

바지 圀 바지. ⇔고(袴).《朴新諺 3, 34ㅈ》
那些勇士都穿着花袴皂靴, 뎌 여러 勇士
들이 다 아롱 바지에 거믄 靴를 신고.

바치다 동 받치다. 떠받들다. 받쳐 들다.
⇔경(擎).《朴新諺 3, 35ㅈ》正所謂擎天
白玉柱駕海紫金梁, 正히 니른 바 하늘을
바쳣ᄂᆞᆫ 白玉柱ㅣ오 바다흘 걸탓난 紫金
梁이라.

바탕 圀 가죽띠. ⇔정대(鞓帶).《朴新諺 1,
21ㅎ》鞓帶忒長了, 바탕이 너무 기다.

박(博) 圀 내기[賭].《集覽, 朴集, 上, 6ㅈ》
博錢. 質問云, 兩人賭錢, 將八文錢捏在手
指, 擲之於地, 有八背, 謂之八八, 有七字,
謂之七七, 此是爲勝, 無八八・七七, 此是
爲輪.

박(薄) 혱 엷다. ⇔엷다.《朴新諺 2, 12ㅎ》
油漆也不好板子又薄, 칠도 됴치 아니ᄒᆞ
고 널도 쏘 엷고.

박다 동 **1**(못을) 박다. ●⇔정상(釘上).
《朴新諺 2, 36ㅈ》打一副馬釘子來釘上,
ᄒᆞᆫ 부 몰 다갈 쳐다가 박아. ●⇔정주
(釘住).《朴新諺 2, 41ㅎ》把釘子釘住, 못
스로 박고. ●⇔타(打).《朴新諺 3, 10
ㅎ》那裡打一箇橜子絟罷, 거긔 ᄒᆞᆫ 말쑥
을 박고 미라. **2**박다. 박아 넣다. ⇔감
(嵌).《朴新諺 1, 23ㅎ》四對珠簪, 네 뽱
진쥬 박은 빈혀와.《朴新諺 1, 23ㅎ》一
對猫兒眼廂嵌的金戒指, ᄒᆞᆫ 뽱 야광쥬 던

메워 박은 金가락지.《朴新諺 1, 30ㅈ》
鞍坐子是烏犀角玳瑁廂嵌的, 기르마가지
ᄂᆞᆫ 이 烏犀角에 玳瑁로 뎐메워 박은 거
시오.《朴新諺 1, 30ㅈ》馬鐙是獅子頭嵌
銀絲的, 등ᄌᆞᄂᆞᆫ 이 獅子 머리에 銀絲롤
박은 거시오. 鞦皮事件都是減金與那珊
瑚廂嵌的, 질채와 事件은 다 이 금 입ᄉ
와 珊瑚로 뎐메워 박은 거시오.

박병(薄餅) 圀 얇게 민 밀가루 반대기.
《集覽, 朴集, 下, 6ㅈ》軟肉薄餅. 質問云,
以麥麵作成薄餅片, 而用爛軟肉捲而食之.
《朴新諺 3, 36ㅈ》薄餅(朴新注, 57ㅈ: 以
麥麵作成薄餅片, 而用炒肉捲而食之.), 薄
餅과. 煎餅, 煎餅과. 寬條麵, 너븐 국슈
와. 掛麵, ᄆᆞᄅᆞᆫ 국슈와. 芝麻燒餅, 춤깨
무친 燒餅과.

박수(拍手) 동 두 손뼉을 마주 치다.《集
覽, 朴集, 下, 3ㅈ》六鶴舞琴. 善惡報應錄
云, 江夏郡辛氏沽酒爲業, 有一先生入坐
曰, 有好酒飮吾否. 辛飮以巨杯. 明日復
來, 如此半載. 謂辛曰, 多負酒債, 無錢酬
汝. 遂取藍橘皮, 於壁上畫鶴, 曰, 客來飮
酒, 但令拍手歌之, 其鶴必舞, 將此酬汝.
後客至, 如其言, 鶴果舞, 觀者沓至, 酬之
以錢, 遂致鉅〈巨〉富.

박숙(煼熟) 동 불에 구어 익히다.《集覽,
朴集, 下, 7ㅈ》黃燒餅. 事林廣記云, 每麵
〈麪〉一斤, 入油一兩半, 炒塩一錢, 冷水和
搜得所, 骨魯槌砑開, 鏊上煼(煼)熟, 得硬
煼火燒熟, 甚酥美. 酥, 걱걱ᄒᆞ다〈석석ᄒᆞ
다〉.

박숙(煼熟) 동 =박숙(煼熟). '煼'은 '煼'과
같다.《類篇, 火部》煼, 火乾也, 一曰熱.
或作煼.《集覽, 朴集, 下, 7ㅈ》黃燒餅. 事
林廣記云, 每麵〈麪〉一斤, 入油一兩半, 炒
塩一錢, 冷水和搜得所, 骨魯槌砑開, 鏊上
煼(煼)熟, 得硬煼火燒熟, 甚酥美. 酥, 걱
걱ᄒᆞ다〈석석ᄒᆞ다〉.

박식(薄識) 혱 아는 것이 없다. 곧, 무식하
다.《朴新諺 1, 26ㅈ》如你不過是淺見薄

識之人, 너 ㅈ흔 이는 不過 이 淺見 薄識
엣 사롬이라.

박전(博錢) 명 돈내기. (두 사람이 돈을
걸고 8개의 동전을 땅에 던져 승부를 겨
루는 일종의 내기)《集覽, 朴集, 上, 6ㅎ》
博錢. 質問云, 兩人賭錢, 將八文錢捏在手
指, 擲之於地, 有八背, 謂之八八, 有七字,
謂之七七, 此是爲勝, 無八八·七七, 此是
爲輸.

박전(博錢) 명 =박전(博錢). '愽'은 '博'의
속자.《正字通, 心部》愽, 俗博字.《集覽,
朴集, 上, 6ㅎ》博錢. 質問云, 兩人賭錢,
將八文錢捏在手指, 擲之於地, 有八背, 謂
之八八, 有七字, 謂之七七, 此是爲勝, 無
八八·七七, 此是爲輸.

박통사(朴通事) 명 박통사집람(朴通事集
覽)을 이르는 말.《集覽, 凡例》單字·累
字之解, 只取老乞大·朴通事中所載者爲
解.《集覽, 凡例》兩書諺解簡帙重大, 故朴
通事分爲上·中·下,　老乞大分爲上·
下, 以便繙閱.

박판(薄板) 명 얇은 널빤지.《朴新諺 1, 55
ㅈ》買了搖車(朴新注, 21ㅈ: 用薄板如筲
篩之圍者), 彎曲成之, 可容一小児, 懸扵梁,
臥置小児扵其中, 啼哭時推轉搖動, 則即
止.)來, 搖車를 사 와.

박편(薄片) 명 얇은 조각.《集覽, 朴集, 下,
3ㅎ》稍麥. 質問云, 以麥糆作成薄片, 包肉
蒸熟, 與湯食之, 方言謂之稍麥.

박핑이 명 속을 파낸 박달나무로 만든 팽
이의 한 가지. 줄을 매어 당기면 윙윙
소리를 내면서 돈다. 일설에는, 조롱박
에 구멍을 뚫고 줄을 매어 공중에 휘둘
러 소리를 내는 장난감이라고도 한다.
⇔공중(空中).《朴新諺 1, 20ㅈ》也有放
空中(朴新注, 8ㅈ: 用檀木旋圓, 用刀剜空,
以繩曳之, 在地轉動有聲. 一云, 將胡蘆用
木釘穿之, 傍作一眼, 以繩繫扯, 旋轉有聲,
亦謂之空中.)的, 박핑이 치리도 이시며.

박하 명 박하(薄荷). ⇔박하(薄荷).《朴新

諺 2, 39ㅎ》蘿葍, 댓무우. 蔓菁, 쉿무우.
萵苣, 부로. 葵菜, 아혹. 白菜, 비치. 赤根
菜, 시근치. 芫荽, 고싀. 蔥, 파. 蒜, 마놀.
薤菜, 부치. 荊芥, 형개. 薄荷, 박하. 茴
蒿, 믈뿍. 水蘿葍, 물한댓무우. 胡蘿葍,
노른댓무우. 芋頭, 토란. 紫蘇都好種的,
紫蘇를 다 시믐이 됴타.

박하(薄荷) 명 박하(薄荷). (꿀풀과의 여
러해살이풀) ⇔박하.《朴新諺 2, 39ㅎ》
蘿葍, 댓무우. 蔓菁, 쉿무우. 萵苣, 부로.
葵菜, 아혹. 白菜, 비치. 赤根菜, 시근치.
芫荽, 고싀. 蔥, 파. 蒜, 마놀. 薤菜, 부치.
荊芥, 형개. 薄荷, 박하. 茴蒿, 믈뿍. 水蘿
葍, 물한댓무우. 胡蘿葍, 노른댓무우. 芋
頭, 토란. 紫蘇都好種的, 紫蘇를 다 시믐
이 됴타.

반 명 반(半). ⇔반(半).《朴新諺 1, 10ㅎ》
我們自吃飯呢二錢半一板, 우리 이녁 밥
먹으면 두 돈 반에 흔 틀이오.《朴新諺
1, 25ㅈ》先給半筐他, 몬져 반 광조리롤
주고.《朴新諺 1, 48ㅈ》纔讀得半本哩, 겨
요 반 권을 닑엇노라.《朴新諺 2, 14ㅎ》
這疋杭綾染錢五錢半, 이 흔 필 杭州ㅅ 綾
에는 물갑시 닷 돈 반이오.《朴新諺 2,
14ㅎ》共該染錢五兩四錢半銀子, 대되 히
오니 물갑시 닷 냥 너 돈 반 銀이로다.
《朴新諺 2, 23ㅈ》來到通州賣了多一半,
通州ㅣ 와 반남아 풀고.《朴新諺 3, 33
ㅈ》元寶只有半錠, 元寶ㅣ 그저 반 덩이
이시니.《朴新諺 3, 33ㅎ》在門上磕了一
磕就塌了半邊, 門에 다질려 곳 반 편이
쩌러지고.

반(半) 명 반. 절반. ⇔반.《朴新諺 1, 10
ㅎ》我們自吃飯呢二錢半一板, 우리 이녁
밥 먹으면 두 돈 반에 흔 틀이오.《朴新
諺 1, 25ㅈ》先給半筐他, 몬져 반 광조리
롤 주고.《朴新諺 1, 48ㅈ》纔讀得半本哩,
겨요 반 권을 닑엇노라.《朴新諺 2, 14
ㅎ》這疋杭綾染錢五錢半, 이 흔 필 杭州
ㅅ 綾에는 물갑시 닷 돈 반이오.《朴新

諺 2, 14ㅎ》共該染錢五兩四錢半銀子, 대
되 히오니 물갑시 닷 냥 너 돈 반 銀이로
다. 《朴新諺 2, 23ㅈ》來到通州賣了多一
半, 通州ㅣ 와 반남아 풀고. 《朴新諺 3,
33ㅈ》元寶只有半錠, 元寶ㅣ 그저 반 덩
이 이시니. 《朴新諺 3, 33ㅎ》在門上磕了
一磕就塌了半邊, 門에 다질려 곳 반 편이
쩌러지고.

반(拌) 图 ●버무리다. ⇔버무리다. 《朴
新諺 3, 10ㅎ》把那蔴刀拌匀着, 뎌 삼쩌
울을다가 버무려 고로게 ᄒ고. ●섞다.
⇔석다. 《朴新諺 1, 25ㅈ》把料豆和草拌
匀了, 콩을다가 여믈과 석기를 고로게
ᄒ여.

반(般) 의 가지. 종류. ⇔가지. 《集覽, 字
解, 單字解, 7ㅈ》般 名數也. 諸般 여러
가짓. 又等也. 一般. 又多也. 《朴新諺 1,
45ㅈ》諸般技藝都會的, 여러 가지 技藝
롤 다 아니. 《朴新諺 1, 46ㅈ》你買諸般絨
線, 네 여러 가지 보드라온 실과. 《朴新
諺 2, 11ㅈ》裏頭也有諸般唱文詞的, 안히
여러 가지 文詞 부르는 이도 이시며.
《朴新諺 2, 12ㅈ》還有那諸般做把戲的演
戲法的, 쏘 여러 가지 노롯ᄒ며 환슐 닉
이는 이도 이셔. 《朴新諺 3, 27ㅈ》百般
搭不着, 빅 가지로 ᄒ되 그지 못ᄒ니.
《朴新諺 3, 38ㅎ》諸般粮食, 여러 가지 곡
식을. 《朴新諺 3, 44ㅎ》三寸氣在千般有,
三寸 긔운이 이시매 千 가지 잇더니. 一
日無常萬事休, 一日에 쩟쩟홈이 업스매
萬事ㅣ 休혼다 홈이로다.

반(搬) 图 옮다. 옮겨가다. ⇔옮다. 《朴新
諺 2, 32ㅈ》如今搬在法藏寺西邊混堂間
壁住去了, 이제 法藏寺 西邊 混堂 ᄉ이
ᄇ람에 올마 가 사ᄂ니라. 《朴新諺 2, 44
ㅈ》你如今要搬到那裏去, 네 이제 올마
어딕 가고져 ᄒ는다. 《朴新諺 2, 44ㅈ》
明日就搬, 닉일 곳 올무리라.

반(頒) 图 반포(頒布)하다. ⇔반포ᄒ다.
《朴新諺 1, 8ㅈ》甚麼詔派徃那一路頒去

呢, 므슴 詔書ㅣ 며 어딕롤 그어 반포ᄒ
라 가ᄂ뇨.

반(飯) 圀 밥. ⇔밥. 《朴新諺 1, 7ㅈ》都到
外廂吃飯去, 다 밧채에 밥 먹으라 가라.
《朴新諺 1, 10ㅎ》我們自吃飯呢二錢半一
板, 우리 이녁 밥 먹으면 두 돈 반에 ᄒ
틀이오. 《朴新諺 1, 37ㅎ》如今飯也吃得
些却無事了, 이제 밥도 져기 먹고 쏘 無
事ᄒ여라. 《朴新諺 2, 2ㅎ》吃了飯回來,
밥 먹고 도라오. 《朴新諺 2, 16ㅈ》快與
我做飯, 쌜리 나룰 밥 지어 주고려. 老爺
做甚麼飯, 老爺ㅣ야 므슴 밥을 지으료.
《朴新諺 2, 36ㅈ》請官人吃飯, 쳥컨대 官
人은 밥을 먹으라. 今日做的甚麼飯, 오
늘 므슴 밥을 지엇ᄂ뇨. 《朴新諺 3, 7ㅎ》
我如今且不吃飯, 내 이제 아직 밥을 먹지
아닐 거시니. 《朴新諺 3, 35ㅎ》走堂的你
來有甚麼飯, 음식 ᄑ는 이아 이바 므슴
밥이 잇ᄂ뇨. 《朴新諺 3, 45ㅎ》夜飯少一
口, 밤밥을 ᄒ 술을 덜면. 活到九十九, 아
흔 아홉을 산다 ᄒ니라.

반(盤) 图 서리다[蟠]. ⇔서리다. 《朴新諺
3, 13ㅈ》人人盡盤雙足, 사룸마다 다 두
발을 서리고.

반(盤) 圀 반(盤). (쟁반이나 소반 따위)
《朴新諺 1, 4ㅎ》四大九寸盤, 네 큰 九寸
盤에. 《朴新諺 2, 21ㅈ》還有羅鍋, 쏘 노
고와. 柳箱, 섥과. 灑子, 드레와. 碗楪, 사
발 졉시와. 匙筋, 수져와. 榪杓, 나모쥬
게와. 箬籬, 됴리와. 炊箒, 솔과. 擦床兒,
슈츼칼과. 簁(簁)箕, 키와. 篩子, 얼밍이
와. 馬尾羅, 물총체와. 桌子, 상과. 盤子,
盤과. 茶盤, 찻반과. 燈臺, 燈臺와. 酒種,
잔과. 酒甕, 쥬벼ᄋ와. 銅杓, 놋쥬게 이
시니.

반(盤) 의 (쟝기나 바둑에서의) 판. 국. ⇔
판. 《朴新諺 1, 26ㅎ》且下一盤試看如何,
아직 ᄒ 판 두어 시험ᄒ여 보미 엇더ᄒ
뇨. 《朴新諺 1, 27ㅈ》高碁輸頭盤, 놉흔
바독은 첫 판을 진다 ᄒ고. 《朴新諺 1,

27ㅈ》且再下一盤何如, 쏘 다시 흔 판 두
미 엇더ᄒ뇨.《朴新諺 2, 54ㅈ》姐姐來咱
們下一盤蟞碁罷, 각시아 오라 우리 흔 판
츄샤ᄋ ᄒ쟈.《朴新諺 2, 54ㅎ》你且來咱
們下一盤罷, 네 아직 오라 우리 흔 판 두
쟈. 且拿過碁來下一盤, 아직 바독 가져
와 흔 판 두쟈.

반공(飯供) 동 조석(朝夕)으로 끼니를 드
리다.《朴新諺 1, 36ㅈ》想是你平日布施
人家齋飯·錢(朴新注, 14ㅈ: 齋者, 齊也.
佛家飯供, 謂之齋飯.), 싱각건대 네 平日
에 布施흔 人家 齋飯·錢을.

반균(拌勻) 동 휘저어 고르게 섞다.《集
覽, 朴集, 下, 5ㅎ》餡. 或肉或菜及諸料物
拌勻〈匀〉爲胎, 納於餅中者曰餡. 酸餡·
素餡·葷餡·生餡·熟餡, 供用合宜.
《集覽, 朴集, 下, 6ㅈ》水精角兒. 飮饌正
要云, 羊肉·羊脂·羊尾子·生葱·陳
皮·生薑, 各細切, 入細料物, 塩醬拌勻爲
餡. 用豆粉作皮包之, 水煮供食.

반년(半年) 명 한 해의 반.《朴新諺 1, 34
ㅎ》到今討了半年總不肯還我, 到今 半年
을 달라 호되 아조 즐겨 내게 갑지 아니
ᄒ니.

반당(伴侶) 명 =반당(伴當).《集覽, 朴集,
上, 6ㅈ》張舍. 王公·大人之家, 必有舍
人, 卽家臣也. 如本國伴侶〈儅〉之類, 爲權
勢倚任之人, 貧賤之所羨慕者也〈貧賤之
所羨慕者〉. 故街巷呼親識爲張舍·李舍,
乃一時推敬之稱〈称〉.

반당(伴當) 명 측근자. 종. 하인.《集覽,
朴集, 上, 14ㅎ》伴當. 質問云, 軍職〈戜〉
官跟随儀從人, 謂之伴當, 三日一換. 當,
去聲.

반당(伴儅) 명 =반당(伴當).《集覽, 朴集,
上, 6ㅈ》張舍. 王公·大人之家, 必有舍
人, 卽家臣也. 如本國伴侶〈儅〉之類, 爲權
勢倚任之人, 貧賤之所羨慕者也〈貧賤之
所羨慕者〉. 故街巷呼親識爲張舍·李舍,
乃一時推敬之稱〈称〉.

반도(蟠桃) 명 천궁(天宮)의 선도원(仙桃
園)에서 3천 년마다 한 번씩 열매가 열
린다는 복숭아.《集覽, 朴集, 下, 4ㅈ》孫
行者. 西遊記云, 西域有花菓山, 山下有水
簾洞, 洞前有鐵板橋, 橋下有萬丈澗, 澗邊
有萬箇小洞, 洞裏多猴. 有老猴精, 號齊天
大聖, 神通廣大, 入天宮仙桃園偸蟠桃, 又
偸老君靈丹藥, 又去王母宮偸王母綉仙衣
一套, 來設慶仙衣會.

반드시 閂 반드시. 틀림없이. 꼭. ●⇔필
(必).《朴新諺 1, 18ㅈ》必得鑌鐵打方好,
반드시 鑌鐵로 치이여야 보야흐로 됴흘
꺼시니.《朴新諺 1, 31ㅈ》積善之家必有
餘慶, 積善흔 집에 반드시 餘慶이 잇다
ᄒ고.《朴新諺 2, 6ㅎ》且不必誇天上瑤
池, 쏘 반드시 天上 瑤池를 쟈랑치 말라.
《朴新諺 2, 7ㅎ》咱們好弟兄何必計較這
些, 우리 모음 됴흔 弟兄이 엇지 반드시
이만 거슬 計較ᄒ리오.《朴新諺 2, 34
ㅎ》必要拿你抵償怎麽好呢, 반드시 너를
자바 죄에 다혀 샹명홀 거시니 엇디 됴
흐리오.《朴新諺 3, 17ㅎ》何必以多爲貴
呢, 엇지 반드시 만흠으로 뻐 貴흠을 삼
으리오.《朴新諺 3, 34ㅈ》我必多多的賞
你哩, 내 반드시 만히 만히 네게 賞ᄒ리
라.《朴新諺 3, 59ㅎ》又正是咱秀才們必
需之物, 쏘 정히 우리 秀才들의 반드시
쎔즉흔 거시도다. ●⇔필졍(必定).《朴
新諺 1, 54ㅈ》後來必之是有福氣的, 후에
반드시 福氣 이시리라.《朴新諺 2, 45
ㅎ》必定是房上生出那些草, 반드시 집
우희 뎌 풀이 나.《朴新諺 2, 52ㅎ》路上
人看見必定要笑話他, 길히 사름이 보고
반드시 뎌롤 우어시리라.

반둣ᄒ다 혱 필연(必然)하다. ⇔필(必).
《朴新諺 2, 17ㅎ》未必住宿, 머므러 자기
반둣지 아니ᄒ니.

반비(半臂) 명 소매가 짧거나 없는 윗옷.
《集覽, 朴集, 上, 8ㅈ》搭護. 事物紀原云,
隋内官多服半臂, 餘皆長袖. 唐高祖減其

袖, 謂之半臂, 卽今背子也. 江淮間或曰綽子, 庶人競服之. 今俗呼爲搭護, 더그레.

반비(盤費) 명 여비(旅費). 노자(路資). 《集覽, 朴集, 上, 13ㅈ》盤纏. 길헤 여·러 가지로 쓰는 것. 質問云, 盤費纏緻供給之物, 如供給服食應用金銀·財帛之類. 今按, 盤纏二字, 取義源流未詳.

반사(半死) 동 반죽음하다. ⇔반사ㅎ다(半死-).《朴新諺 1, 35ㅎ》便拿住那和尙打的半死半活, 곳 뎌 듕을 자바 텨 半死半活ㅎ니.

반사(頒賜) 동 임금이 녹봉이나 물건을 내려 나누어 주다.《集覽, 朴集, 下, 5ㅎ》元寶. 世祖大會王子·王孫·駙馬·國戚, 從而頒賜, 或用貨賣, 所以民間有此錠也.

반사ㅎ다(半死-) 동 반사(半死)하다. ⇔반사(半死).《朴新諺 1, 35ㅎ》便拿住那和尙打的半死半活, 곳 뎌 듕을 자바 텨 半死 半活ㅎ니.

반식(飯食) 명 밥. 밥과 반찬. ⇔밥.《朴新諺 1, 11ㅈ》若吃我的飯食, 만일 우리 밥을 먹으면.

반야(半夜) 명 밤중. 심야. 한밤중.《朴新諺 1, 34ㅎ》我每每半夜三更到他家門上尋他, 내 미양 半夜 三更에 제 집 문에 가 져룰 츳자.《朴新諺 3, 19ㅎ》半夜裡起來, 半夜의 니러.

반야경(般若經) 명 〈불〉 반야바라밀(般若波羅密)을 교설한 여러 불경(佛經)을 통틀어 이르는 말.《集覽, 朴集, 上, 10ㅈ》經. 般若經序云, 經者, 徑也. 是成佛之徑路.

반완(盤碗) 명 쟁반과 그릇.《朴新諺 1, 5ㅈ》共十二盤碗, 대되 열두 盤椀이라.

반운(拌匀) 동 =반균(拌匀). '匀'은 '勻'의 잘못.《集覽, 朴集, 下, 5ㅎ》餡. 或肉或菜及諸料物拌〈匀〉爲胎, 納於餠中者曰餡. 酸餡·素餡·葷餡·生餡·熟餡, 供用合宜.

반월(半月) 명 보름. ⇔보롬.《朴新諺 1,

44ㅎ》半月頭辦花燭成親的, 보롬의 花燭을 댱만ㅎ여 成親ㅎ고.

반이(-耳) 명 =반이(半耳). ⇔반이(半耳).《朴新諺 2, 47ㅎ》去字傍着半箇耳字便是, 去字 변에 반耳字 혼 거시 곳 이라.

반이(半耳) 명 병부절방[卩]. 한자 부수(部首)의 이름. ⇔반이(-耳).《朴新諺 2, 47ㅎ》去字傍着半箇耳字便是, 去字 변에 반耳字 혼 거시 곳 이라.

반재(半載) 명 반 년(年).《集覽, 朴集, 下, 3ㅈ》六鶴舞琴. 善惡報應錄云, 江夏郡辛氏沽酒爲業, 有一先生入坐曰, 有好酒飮吾否. 辛飮以巨杯. 明日復來, 如此半載.

반전(盤纏) 명 여비(旅費). 노자(路資).《集覽, 朴集, 上, 13ㅈ》盤纏. 길헤 여·러 가지로 쓰는 것. 質問云, 盤費纏緻供給之物, 如供給服食應用金銀·財帛之類. 今按, 盤纏二字, 取義源流未詳.《朴新諺 1, 34ㅈ》短少盤纏(朴新注, 13ㅈ: 行路費用也.), 盤纏이 모즈라.《朴新諺 1, 52ㅎ》省了多少盤纏, 언머 盤纏을 모디와뇨.《朴新諺 2, 28ㅎ》咱們些盤纏, 우리 져기 盤纏을 쓰어.《朴新諺 2, 57ㅎ》路上盤纏艱難怎麽去呢, 길에 盤纏이 艱難ㅎ니 엇지 가리오.《朴新諺 2, 57ㅎ》也沒有盤纏, 또 盤纏이 업기로.

반점(半點) 명 한 점(點)의 반. 점은 시각을 세던 단위.《朴新諺 2, 23ㅎ》一夜不得半點覺睡, 왼밤을 半點 줌도 엇디 못ㅎ니.

반점(飯店) 명 음식점. 식당. ⇔밥뎜.《朴新諺 3, 35ㅎ》咱們到飯店裡吃飯去, 우리 밥뎜에 가 밥 먹으라 가쟈. 西華門外有箇好飯店, 西華門 밧긔 혼 됴흔 밥뎜이이시니.

반조(返照) 동 (빛이) 되비치다. 반사(反射)하다.《集覽, 朴集, 上, 16ㅈ》作與頌字迴光返照大發明得悟. 音義云, 石屋和尙作頌與〈与〉步虛, 其佛光迴還返照於步虛之身, 其於生死輪迴之說, 靡不通曉.

반조(頒詔) 동 조서(詔書)를 반포하다. 《朴新諺 1, 8ㅈ》為頒詔去, 頒詔ᄒ라 가ᄂᆞ니라.

반좌(反坐) 명 남을 무고한 자에게 도리어 그 무고한 죄와 같게 처벌하던 일. 《朴新諺 3, 20ㅎ》有妄告官司者反坐抵罪, 망녕도이 官司에 告ᄒᆞᄂᆞᆫ 者ㅣ 이시면 反坐ᄒᆞ여 罪에 다ᄃᆞᆺ게 ᄒᆞ엿ᄂᆞ니라.

반찬 명 반찬. 밥반찬. ●⇔반채(飯菜). 《朴新諺 1, 4ㅎ》每桌飯菜呢, 每 桌에 반찬은. 《朴新諺 1, 6ㅎ》然後再上飯菜, 그린 후에 ᄯᅩ 반찬 올리고. ●⇔채(菜). 《朴新諺 3, 7ㅎ》叫厨子把我的飯菜, 厨子로 ᄒᆞ여 내 밥 반찬을다가.

반채(飯菜) 명 반찬. 밥반찬. ●⇔반찬. 《朴新諺 1, 4ㅎ》每桌飯菜呢, 每 桌에 반찬은. 《朴新諺 1, 6ㅎ》然後再上飯菜, 그린 후에 ᄯᅩ 반찬 올리고. ●⇔밥반찬. 《朴新諺 3, 7ㅎ》叫厨子把我的飯菜, 厨子로 ᄒᆞ여 내 밥 반찬을다가.

반천(半天) 명 하늘의 가운데. 《集覽, 朴集, 中, 5ㅈ》六道. 阿脩羅有大力神人, 嘗共天鬪(鬪), 立大海中, 其高半天. 《朴新諺 2, 29ㅈ》以聲察聲拯慈悲於六道(朴新注, 33ㅎ: 以聲察聲. 聞其聲而察其苦樂之狀. 六道, 人道・天道・阿脩羅道・餓鬼道・畜生道・地獄道也. 阿脩羅有大力神人, 嘗共天鬪(鬪), 立大海中, 其高半天.), 소리로 ᄡᅥ 소리를 술펴 慈悲를 六道에 건디고.

반포ᄒᆞ다 동 반포(頒布)하다. ⇔반(頒). 《朴新諺 1, 8ㅈ》甚麼詔派徃那一路頒去呢, 므슴 詔書ㅣ 며 어디롤 그어 반포ᄒᆞ라 가ᄂᆞ뇨.

반활(半活) 동 반만큼 살다. ⇔반활ᄒᆞ다(半活-). 《朴新諺 1, 35ㅎ》便拿住那和尙打的半死半活, 곳 뎌 듕을 자바 텨 半死 半活ᄒᆞ니.

반활ᄒᆞ다(半活-) 동 반활(半活)하다. ⇔반활(半活). 《朴新諺 1, 35ㅎ》便拿住那和尙打的半死半活, 곳 뎌 듕을 자바 텨 半死 半活ᄒᆞ니.

받다 동 받다[受]. ●⇔색(索). 《集覽, 字解, 單字解, 4ㅎ》索. 求也. 索價錢 갑 받다. 又鄕習傳解曰 빋 쐬오다, 亦通. 又須也. 不索, 今皆罕用. ●⇔수(受). 《朴新諺 1, 41ㅎ》給他些便受了, 뎌물 져기 주면 곳 바들 거시오. 《朴新諺 3, 9ㅈ》走了好幾年受盡千辛萬苦, 여러 힛를 ᄃᆞ녀 千辛 萬苦를 바다 다ᄒᆞ고. 《朴新諺 3, 9ㅈ》受多少日炙・風吹, 언머 볏 쬐고 ᄇᆞ람 불믈 바드며. 《朴新諺 3, 18ㅎ》這些衙役也不免受這般勞苦, 이 衙役도 이런 勞苦 바드믈 免치 못ᄒᆞᄂᆞ니라. 《朴新諺 3, 19ㅈ》受多少勞苦, 언머 勞苦를 바다시리오. 《朴新諺 3, 52ㅎ》小人無辜受辱情理難甘, 小人이 죄 업시 辱을 바드니 情理 難甘ᄒᆞ여. ●⇔수도(收到). 《朴新諺 3, 15ㅈ》不知收到否, 아지 못게라 바드신가 못ᄒᆞ신가. ●⇔요(要). 《集覽, 字解, 單字解, 1ㅈ》還. 猶尙也, 再也. 還有多少 당시론 언메나 잇ᄂᆞ뇨. 又다하. 還要多少 다하 언메나 받고져 ᄒᆞ나뇨. 還有・還要之還, 或呼如孩字之音. 此或還音之訛, 或別有其字, 未可知也. 又償也. 還錢 갑 주다. 《朴新諺 1, 32ㅈ》就這六箇你要多少價錢, 이 여ᄉᆞ세 네 언머 갑슬 바드려 ᄒᆞᄂᆞᆫ다. 《朴新諺 1, 32ㅎ》每張只要五錢銀子, 每 張에 그저 닷 돈 은을 바드려 ᄒᆞ니. 《朴新諺 2, 8ㅎ》這是要的老實價, 이 바들 고지식흔 갑시라. 《朴新諺 2, 14ㅎ》這些東西你共要多少染錢呢, 이 여러 거세 네 대되 언머 물갑슬 바드려 ᄒᆞᄂᆞᆫ다. 《朴新諺 3, 2ㅎ》要一百錢, 一百 돈을 바드려 ᄒᆞ노라. ●⇔토(討). 《集覽, 字解, 單字解, 4ㅎ》討. 求也, 探也. 討去 어드라 가다, 討債去 빋 주니 바드라 가다, 討價錢 빋 받다. 又本國傳習之解曰 빋 쐬오다, 亦通.

발 명 ❶발[足]. ●⇔각(脚). 《朴新諺 1, 29

ㅎ》脚穿麂皮嵌金線靴子, 발에 지즈피 金線 갸품 씬 훠롤 신고. 《朴新諺 1, 30 ㅎ》脚穿粉底尖頭靴, 발에 지즈에 분칠 ㅎ고 부리 싼 훠롤 신고. 《朴新諺 1, 37 ㅎ》放在脚踝尖骨頭上, 발 안쒹머리 쎈 죡훈 쎠 우희 노코. 《朴新諺 2, 11ㅎ》脚 背上轉脚指頭上轉, 발등 우희 구을리고 발가락 우희 구을리다가. 《朴新諺 2, 56 ㅎ》一路稀泥眞有沒脚背深哩, 왼 길 즌홁 이 진실로 발등이 싸질 깁회 잇더라. 《朴新諺 3, 12ㅈ》放着一箇三脚鐵蝦蟆的 便是了, 혼 세 발 가진 쇠 두텁이 노혼 거시 곳 이라. 《朴新諺 3, 35ㅈ》脚登朝 靴, 발에 朝靴를 신고. 《朴新諺 3, 47ㅈ》 脚登朝靴, 발에 朝靴 신고. ⇔족(足). 《朴新諺 3, 13ㅈ》人人盡盤雙足, 사롬마 다 다 두 발을 서리고. **2**발렴. ⇔염자 (簾子). 《朴新諺 2, 41ㅈ》把那綿布簾子 在窓戶裏面幔上, 綿布 발을다가 窓 안히 치고. 《朴新諺 3, 1ㅈ》把這簾子捲起窓戶 支起, 이 발을다가 것고 窓을 버틔오라.

발 回 발. ●⇔장(丈). 《朴新諺 1, 16ㅎ》這 是幾丈一疋呢, 이 몃 발 혼 疋고. 《朴新 諺 3, 3ㅎ》孩子你與我買幾丈夏布來, 아 희아 네 나를 위ᄒ여 여러 발 뵈를 사 와. ●⇔탁(托). 《朴新諺 2, 11ㅎ》拿一箇 一托長碗口大的紅油畫金棒子, ᄒ나 혼 발맛치 길고 사발맛치 큰 불근 칠ᄒ고 금으로 그린 막대롤 가져. 《朴新諺 2, 13 ㅎ》這杭州綾子每足有七托長, 이 杭州人 綾이 每 足에 닐곱 발 기리 잇고.

발(拔) 图 빼다. 빼내다. ●⇔싸히다. 《朴 新諺 2, 40ㅈ》叫丫頭去拔些來, 丫頭로 ᄒ 여 가 져기 싸혀 오라. 《朴新諺 2, 45ㅎ》 細細的拔乾淨了, 낫낫치 싸히기를 乾淨 히 ᄒ고, 《朴新諺 3, 24ㅈ》拔下一根頭髮 變做狗蚤, 혼 낫 머리터럭을 싸혀 變ᄒ 여 개벼록이 되여. ●⇔쌔히다. 《朴新 諺 2, 52ㅎ》我就把他的小刀子拔了來, 내 이믜셔 더의 져근 칼을다가 쌔히고, 《朴

新諺 3, 24ㅎ》他也拔下一根毛來, 데 쏘 훈 낫 털을 쌔혀.

발(發) 图 ●(술이) 괴다. ⇔괴다. 《集覽, 字解, 單字解, 7ㅎ》發. 酒發 술 괴다. 發 將來 자바 보내다. 一發, 見下. 又吏語, 告發 고햐다. ●나다. 내다. ⇔나 다. 《集覽, 字解, 單字解, 7ㅎ》發. 酒發 술 괴다. 發將來 자바 보내다. 一發, 見 下. 又吏語, 告發 고햐다. ●보내다. ⇔보내다. 《集覽, 字解, 單字解, 7ㅎ》發. 酒發 술 괴다. 發將來 자바 보내다. 一發, 見下. 又吏語, 告發 고햐다.

발(鈸) 圀 바라. 자바라(啫哱囉). (놋쇠로 만든 타악기의 하나. 불교 의식에서 많 이 쓴다) ⇔바라. 《朴新諺 3, 43ㅎ》吹螺 打鈸, 고라 불고 바라 티고.

발(鉢) 圀 바리때. 《集覽, 朴集, 上, 16ㅈ》 傳衣鉢. 書言故事云, 傳授佛法, 謂之傳衣 鉢. 衣, 卽袈裟三事衣也, 鉢, 應供器也.

발(髮) 圀 터럭. 털. ⇔터럭. 《朴新諺 3, 24ㅈ》拔下一根頭髮變做狗蚤, 혼 낫 머 리터럭을 싸혀 變ᄒ여 개벼록이 되여.

발가락 圀 발가락. ⇔각지두(脚指頭). 《朴 新諺 2, 11ㅎ》脚背上轉脚指頭上轉, 발등 우희 구을리고 발가락 우희 구을리다가.

발기(發起) 图 일어나다. 생겨나다. ⇔니 러ᄂᆞ다. 《朴新諺 2, 34ㅈ》假如明日事發 起來, 만일 ᄂᆡ일 일이 니러ᄂᆞ면.

발등 圀 발등. ⇔각배(脚背). 《朴新諺 2, 11ㅎ》脚背上轉脚指頭上轉, 발등 우희 구을리고 발가락 우희 구을리다가. 《朴 新諺 2, 56ㅎ》一路稀泥眞有沒脚背深哩, 왼 길 즌홁이 진실로 발등이 싸질 깁회 잇더라.

발락(發落) 图 결정하여 끝내다. 처리하 다. 해결하다. ●⇔긒내다. 《集覽, 字解, 單字解, 7ㅎ》落. 落了 디다. 又院落 뜰. 又落下 떠디우다. 又數落了罪過 죄목 혜 다. 又吏語, 下落 간 곧, 又發落 공ᄉᆞ 긒 내다. 《集覽, 朴集, 上, 10ㅎ》發落. 吏學

指南云, 明白散附也. ●⇔발락ᄒ다(發落-).《朴新諺 3, 5ㅈ》所以擋住了還不肯發落, 이러모로 먹자바 당시롱 즐겨 發落디 아니ᄒ고.《朴新諺 3, 18ㅈ》都要逐件發落, 다 낫낫치 發落ᄒ고.《朴新諺 3, 53ㅈ》定行審理發落, 일뎡 審理 發落홈이 되리라.

발락ᄒ다(發落-) 图 발락(發落)하다. ⇔발락(發落).《朴新諺 3, 5ㅈ》所以擋住了還不肯發落, 이러모로 먹자바 당시롱 즐겨 發落디 아니ᄒ고.《朴新諺 3, 18ㅈ》都要逐件發落, 다 낫낫치 發落ᄒ고.《朴新諺 3, 53ㅈ》定行審理發落, 일뎡 審理 發落홈이 되리라.

발명(發明) 图 경서(經書) 및 사서(史書)의 뜻을 스스로 깨달아서 밝히다.《集覽, 朴集, 上, 16ㅈ》作與頌字迴光返照大發明得悟. 音義云, 石屋和尙作佛頌與〈与〉步虛, 其佛光迴還返照於步虛之身, 其於生死輪迴之說, 靡不通曉.

발발(餑餑) 图 (밀가루로 만든) 떡. ⇔쩍.《朴新諺 1, 5ㅎ》饅頭, 饅頭와. 蒸食, 蒸食과. 小餑餑, 즌 쩍이니.《朴新諺 3, 32ㅈ》然後拿些達子餑餑・南糖・乾果子來, 그린 후에 達子쩍과 南糖과 乾果를 가져오라.

발산(發散) 图 사방으로 퍼져 나가다. 또는 그렇게 되게 하다. ⇔발산ᄒ다(發散-).《朴新諺 2, 24ㅎ》我如今先與你發散, 내 이제 몬져 너롤 發散케 홀 꺼시니.《朴新諺 2, 40ㅈ》最能發散風寒的, ᄀ장 능히 風寒을 發散ᄒᄂ니라.

발산ᄒ다(發散-) 图 발산(發散)하다. ⇔발산(發散).《朴新諺 2, 24ㅎ》我如今先與你發散, 내 이제 몬져 너롤 發散케 홀 꺼시니.《朴新諺 2, 40ㅈ》最能發散風寒的, ᄀ장 능히 風寒을 發散ᄒᄂ니라.

발빠당 图 발바닥. ⇔각심(脚心).《朴新諺 2, 11ㅎ》放在他脚心上轉, 뎌 발빠당에 노하 구을리고.

발우(鉢盂) 图 〈불〉 바리때. ●⇔에우아리.《集覽, 朴集, 上, 10ㅈ》鉢盂. 緫龜〈総亀〉云, 天竺國器也, 釋迦有女靑石鉢, 宋廬陵王以銅鉢餉于五祖, 是宋・晉間中國始用也.《朴新諺 3, 28ㅎ》就賜唐僧金錢三百貫・金鉢盂一箇, 곳 唐僧을 金錢 三百貫과 金에우아리 ᄒ나흘 주고. ●⇔에유아리.《朴新諺 1, 35ㅎ》穿着納襖捧着鉢盂, 누비옷 닙고 에유아리 가지고.

발장래(發將來) 图 (범인을) 잡아 보내다.《集覽, 字解, 單字解, 7ㅎ》發. 酒發 술 괴다. 發將來 자바 보내다. 一發, 見下. 又吏語, 告發 고ᄒ야내다.

발제(髮際) 图 (머리에서) 머리카락이 난 언저리 부분.《集覽, 朴集, 上, 11ㅈ》剃頭. 漢俗, 凡梳頭者必剃去腦後頂上髮際細毛, 故曰剃頭.

발촉(發燭) 图 성냥개비의 한 가지. (얇게 깎아낸 소나무 조각의 한쪽 끝에 유황을 발라 불을 붙이거나 밝힐 때 쓰던 물건)《集覽, 朴集, 中, 7ㅎ》取燈兒〈取燈〉. 南村輟耕錄云, 杭人削松木爲小片, 其薄如紙, 鎔硫黃塗木片頂分許, 名曰發燭, 又曰焠兒.

발톱 图 발톱. ⇔각(脚).《朴新諺 1, 50ㅎ》修脚錢是六箇, 발톱 다듬는 갑슨 여슷 낫 돈이니.《朴新諺 1, 51ㅎ》然後剃頭修脚, 그린 후에 마리 싹고 발톱 다듬고.

발풍(發風) 图 바람을 일으키다.《集覽, 朴集, 中, 4ㅈ》悲雨慈風. 佛發大慈悲, 廣濟衆生, 猶洒雨發風然, 無遠不被, 故曰風雨. 佛有四無量心, 慈悲喜捨.

발한(發狠) 图 성내다. 화내다. 노하다. ⇔성내다.《朴新諺 1, 34ㅎ》我便發狠叫喚要銀子, 내 곳 성내여 부르지저 은을 달라 호되.

발합(鵓鴿) 图 집비둘기.《集覽, 朴集, 上, 11ㅈ》馬有垂繮之報. 項王追至井傍, 見馬跡至井而止, 謂漢王在井, 令人下井搜求. 見井口有蜘蛛罩網, 鵓鴿一雙出井飛去, 謂

無人在中, 項王還壁. 翌日, 其馬到井垂繮, 漢王執之而出.《朴新諺 1, 42ㅎ》狗有濺草之恩, 개는 濺草혼 思이 잇고. 馬有垂繮(朴新注, 16ㅎ: 漢高祖自鴻門, 脫歸匹馬南行, 道傍有一瞖井, 馬到井邊不肯行. 高祖恐追者至, 下馬入井. 項王追至井傍, 見馬跡, 謂高祖在井, 令人下井搜求. 見井口有蜘蛛罩網, 鵓鴿一雙出井飛去, 謂無人仍還. 翌日, 其馬到井垂繮, 高祖執而出.)之報, 물은 垂繮호 報ㅣ 잇다 ㅎ니라.

발항(頦項) 圀 목항. ⇔목.《朴新諺 3, 28ㅈ》接在頦項上照舊如初, 목 우희 니으니 녜대로 처음 ᄀᆞ트지라.

발행(發行) 圐 공문서 따위를 발송하다.《集覽, 朴集, 上, 1ㅎ》勘合. 吏學指南云, 勘合, 卽古之符契也. 質問云, 官府設簿冊二扇, 凡事用印鈐記, 上寫外字幾號, 發行去者曰外號, 上寫内字幾號, 留在官府者曰内號.

밤 圀 **❶**밤夜.**●**⇔야(夜).《朴新諺 1, 15ㅎ》你回去今夜到五更時候, 네 도라가 오늘 밤 五更 다ᄃᆞᆺ도록.《朴新諺 1, 24ㅎ》夜裏又用心喂他, 밤에 ᄯᅩ 用心ᄒᆞ여 먹이면.《朴新諺 1, 24ㅎ》夜裏又死睡不肯起來添草, 밤에 ᄯᅩ 죽은 ᄃᆞ시 자고 즐겨 니러 여믈을 더 주지 아니ᄒᆞ니.《朴新諺 1, 25ㅎ》夜夜如此喂法, 밤마다 먹이는 法을 이ᄀᆞ치 ᄒᆞ고.《朴新諺 1, 41ㅎ》幾夜不吃草, 여러 밤을 여믈을 먹지 아니ᄒᆞ니.《朴新諺 2, 23ㅎ》一夜不得半點覺睡, 왼밤을 半點 좀도 엇디 못ᄒᆞ니.《朴新諺 3, 17ㅎ》捲盖萬間房, 대되 萬間 집을 지으나. 夜眠只一廈, 밤에 자기는 다만 혼 간 집이라 ᄒᆞ니.《朴新諺 3, 45ㅎ》夜飯少一口, 밤밥을 혼 술을 덜면. 活到九十九, 아흔 아홉을 산다 ᄒᆞ니라. **❷**⇔흑야(黑夜).《朴新諺 1, 39ㅈ》白日去黑夜來, 나즌 가고 밤은 오는 거시여.《朴新諺 2, 21ㅎ》黑夜好生用心照看, 밤에 ᄀᆞ장 用心ᄒᆞ여 보술피라. **❷**밤栗.

⇔율자(栗子).《朴新諺 1, 4ㅈ》乾果子呢, 므론 과실은. 榛子, 개암.松子, 잣. 瓜子, 슈박ᄡᅵ. 乾葡萄, 마른葡萄. 栗子, 밤. 龍眼, 龍眼. 桃仁, 복셩화ᄡᅵ. 荔子, 녀지요.《朴新諺 1, 5ㅈ》栗子炒鷄, 밤 너허 쵸혼 ᄃᆞᆰ과.

밤밥 圀 밤밥. 또는 저녁밥. 석반(夕飯). ⇔야반(夜飯).《朴新諺 3, 45ㅎ》夜飯少一口, 밤밥을 혼 술을 덜면. 活到九十九, 아흔 아홉을 산다 ᄒᆞ니라.

밤븨다 圐 =밤의다. ⇔화(花).《朴新諺 2, 52ㅈ》他便眼花, 데 곳 눈이 밤븨여.

밤의다 圐 (눈이) 침침하다. 아물아물하다. 흐리하다. ⇔화(花).《朴新諺 2, 11ㅎ》弄的人眼都看花了, 놀려 사롬의 눈이 다 보아 밤의엿고.

밥 圀 밥. **●**⇔반(飯).《朴新諺 1, 7ㅈ》都到外廂吃飯去, 다 밧채에 밥 먹으라 가라.《朴新諺 1, 11ㅈ》若是吃你家的飯, 만일 네 집 밥을 먹을 양이면.《朴新諺 1, 37ㅎ》如今飯也吃得些却無事了, 이제 밥도 져기 먹고 ᄯᅩ 無事ᄒᆞ여라.《朴新諺 2, 2ㅎ》吃了飯回來, 밥 먹고 도라와.《朴新諺 2, 16ㅎ》快與我做飯, 섈리 나를 밥 지어 주고려. 老爺做甚麼飯, 老爺ㅣ야 므슴 밥을 지으료.《朴新諺 2, 23ㅈ》又不會做飯, ᄯᅩ 밥 지을 줄을 아지 못ᄒᆞ기로.《朴新諺 2, 36ㅈ》請官人吃飯, 청컨대 官人은 밥을 먹으라. 今日做的甚麼飯, 오늘 므슴 밥을 지엇ᄂᆞ뇨.《朴新諺 3, 7ㅎ》我如今且不吃飯, 내 이제 아직 밥을 먹지 아닐 거시니.《朴新諺 3, 35ㅎ》走堂的你來有甚麼飯, 음식 ᄑᆞ는 이아 이바 므슴 밥이 잇ᄂᆞ뇨. **●**⇔반식(飯食).《朴新諺 1, 11ㅈ》若吃我的飯食, 만일 우리 밥을 먹으면.

밥뎜 圀 음식점. 식당. ⇔반점(飯店).《朴新諺 3, 35ㅎ》咱們到飯店裡吃飯去, 우리 밥뎜에 가 밥 먹으라 가쟈. 西華門外有箇好飯店, 西華門 밧씌 혼 됴흔 밥뎜이

이시니.

밥반찬 閔 밥반찬. 반찬. ⇔반채(飯菜). 《朴新諺 3, 7ㅎ》叫厨子把我的飯菜, 厨子로 ᄒ여 내 밥 반찬을다가.

밥ᄒ다 图 밥반찬으로 하다. 밥에 조치개로 하다. ⇔취반(就飯). 《朴新諺 2, 36ㅎ》再有甚麽就飯的, ᄯ 므슴 밥ᄒ여 먹을 것 잇ᄂ뇨. 《朴新諺 3, 30ㅎ》你不賣拿回家去就飯吃, 네 ᄑ지 아니코 가져 집의 도라가 밥ᄒ여 먹으려 ᄒ는다.

밧 閔 ●밖. ⇔외(外). 《朴新諺 1, 7ㅈ》都到外廂吃飯去, 다 밧채에 밥 먹으라 가라. 《朴新諺 1, 13ㅈ》我在平則門外住, 내 平則門 밧믜셔 사노라. 《朴新諺 3, 35ㅎ》西華門外有箇好飯店, 西華門 밧믜 흔 됴흔 밥뎜이 이시니. 《朴新諺 3, 38ㅈ》那城外劉村地方, 뎌 城 밧 劉村 ᄯᅡ흔. 《朴新諺 3, 38ㅎ》除了種子之外, 삐를 더론 밧믜. 《朴新諺 3, 51ㅈ》於東屋山墻外剜窟進內, 東屋 화방 밧믜 굼글 ᄯᅮᆯ고 안히 들어. ●밭. 토지. 전지. ⇔지(地). 《朴新諺 3, 19ㅎ》我家裡一箇小厮在城外種地, 내 집 흔 아히 놈이 城 밧긔셔 밧 가다가.

밧ㄱ 閔 밖. ⇔외(外). 《朴新諺 1, 17ㅈ》除了內造上用之外, 內造 上用을 더론 밧긔는. 《朴新諺 1, 29ㅈ》昨日在午門外, 어지 午門 밧긔셔. 《朴新諺 1, 46ㅎ》除了氊子馳毛之外, 담과 약대 털을 더론 밧긔. 《朴新諺 3, 18ㅈ》此外並無別件可取了, 이 밧근 아조 다른 것 가히 取홀 것시 업ᄂ니라. 《朴新諺 3, 19ㅎ》我家裡一箇小厮在城外種地, 내 집 흔 아히 놈이 城 밧긔셔 밧 가다가. 《朴新諺 3, 43ㅎ》大門外放一張桌子, 큰 門 밧긔 흔 상을 노코.

밧고다 图 바꾸다. 교환하다. ●⇔대환(對換). 《朴新諺 2, 7ㅈ》咱有一件東西要與你對換如何, 우리 흔 가지 써시 이셔 너와 밧고고져 ᄒ니 엇더ᄒ뇨. 你要對換甚麽東西, 네 므스거슬 밧고고져 ᄒ는다. ●⇔환(換). 《朴新諺 1, 14ㅈ》還要把領子到該管書辦處換過小票, 당시롱 트는 톄를 가져 그음아는 셔반의게 가 져 근 票롤 밧고고. 《朴新諺 1, 14ㅎ》先換票領籌何如, 몬져 票롤 밧고고 사술을 트미 엇더ᄒ뇨. 《朴新諺 2, 7ㅈ》要換你的大紅織金胷背, 네 다홍빗체 금ᄉ로 ᄧᆞᆫ고 胷背 흔 것과 밧고고져 ᄒ노라. 《朴新諺 2, 7ㅎ》你旣要換就換, 네 이믜 밧고려 ᄒ거든 곳 밧고라. 《朴新諺 2, 46ㅈ》就換幾箇新的, 곳 여러 낫 새 거슬 밧고라. 《朴新諺 2, 57ㅈ》與你換穿了去罷, 너를 주어 밧고와 닙고 가게 ᄒ쟈.

밧다 图 받다[受]. ●⇔수(受). 《朴新諺 1, 31ㅈ》今生受者是, 今生에 밧는 거시 이라 ᄒ니라. 《朴新諺 2, 7ㅎ》有苦同受有樂同享, 괴로옴이 잇거든 흔가지로 밧고 즐거옴이 잇거든 흔가지로 누리면. 《朴新諺 2, 34ㅎ》若作非理必受其殃, 만일 非理에 노롯슬 ᄒ면 반드시 그 앙화를 밧는다 ᄒ니. 《朴新諺 3, 5ㅈ》受他錢財替他說情, 뎌의 錢財를 밧고 뎌를 ᄀᄅᆞ차 情을 니르니. 《朴新諺 3, 5ㅈ》還有該管的書辦們也受了些錢財, ᄯ ᄀ음아는 셔반들도 이셔 져기 錢財를 밧고. ●⇔요(要). 《朴新諺 1, 33ㅎ》別人借一両便要一両的利錢, 다른 사롬은 흔 냥을 ᄶᅮ이면 곳 흔 냥 利錢을 밧ᄂ니. 《朴新諺 1, 41ㅎ》他要多少錢纏醫呢, 데 언머 공전을 밧아야 맛치 고치리오. 《朴新諺 3, 42ㅈ》也不要工錢, ᄯ 工錢을 밧지 아니호되. 《朴新諺 3, 42ㅈ》難道連工錢也是不要的, 工錢조차 ᄯ 밧지 아닛는다 니르기 어렵다.

밧들다 图 받들다. ⇔봉(奉). 《朴新諺 1, 8ㅎ》小弟近來奉上司勻(鈞)令, 小弟ㅣ 요ᄉ이 上司 勻(鈞)令을 밧드니. 《朴新諺 2, 10ㅈ》新近奉皇帝聖旨, 요ᄉ이 皇帝 聖旨를 밧드러. 《朴新諺 3, 59ㅈ》聊以奉送幸勿見笑, 애아로시 ᄢᅥ 밧드러 보내니

힝혀 웃지 말라.

밧부다 혱 바쁘다. 분주하다. ❶⇔망(忙). 《朴新諺 2, 54ㅈ》我生活忙那能閑要, 내 셩녕이 밧부니 엇지 능히 힘힘히 놀리 오. ❷⇔백망(百忙). 《朴新諺 2, 56ㅈ》咳百忙裏說甚麼閑話呢, 애 밧분디 므슴 힘힘흔 말을 니ᄅᆞᆫ다.

밧브다 혱 바쁘다. 분주하다. ⇔망(忙). 《朴新諺 2, 27ㅎ》你且休忙休心焦, 네 아 직 밧바 말고 ᄆᆞ음을 틱오지 말라. 《朴新諺 3, 9ㅎ》老師傅你也休忙, 老師傅 ㅣ 아 너도 밧바 말고.

밧비 閉 바삐. 서둘러. 어서. ⇔쾌(快). 《朴新諺 2, 23ㅎ》快去請范太醫來看一看, 밧비 가 范太醫를 請ᄒᆞ여 와 뵈라. 《朴新諺 3, 7ㅎ》快把苕箒來掃去了, 밧비 닛븨 가져다가 ᄡᅳ러 ᄇᆞ리고. 《朴新諺 3, 10ㅈ》這麼快買石灰麻刀去, 이러면 밧비 회와 삼쩌울을 사라 가라. 《朴新諺 3, 37ㅎ》你且快打罷, 네 아직 밧비 치라. 《朴新諺 3, 56ㅈ》快請進來相會, 밧비 쳥ᄒᆞ여 드러와 서ᄅᆞ 못게 ᄒᆞ라.

밧채 몡 바깥채. 곁채. 옆채. ⇔외상(外廂). 《朴新諺 1, 7ㅈ》都到外廂吃飯去, 다 밧채에 밥 먹으라 가라.

방 몡 ❶방(房). ⇔방자(房子). 《朴新諺 1, 40ㅈ》一間房子裏五箇人剛坐的, 혼 간 방 에 다ᄉᆞᆺ 사ᄅᆞᆷ이 겨요 안ᄂᆞᆫ 거시여. ❷방 (榜). 광고. 벽보. ⇔초자(招子). 《朴新諺 3, 53ㅎ》你與我寫一箇招子, 네 나를 혼 방을 뻐 주어. 《朴新諺 3, 53ㅎ》這招子 寫了, 이 방 뻣다. 《朴新諺 3, 54ㅈ》這招子寫得極簡便, 이 방 ᄡᅳ기를 極히 簡便히 ᄒᆞ엿다.

방(方) 閉 ❶바야흐로. 지금. 현재. ⇔보 야흐로. 《朴新諺 1, 7ㅈ》方許散哩, 보야 흐로 훗터지믈 許ᄒᆞ쟈. 《朴新諺 1, 14 ㅈ》方য到倉裏關米, 보야흐로 倉에 가 ᄡᆞᆯ 틱기 됴ᄒᆞ니라. 《朴新諺 1, 18ㅈ》必 得鑌鐵打方好, 반ᄃᆞ시 鑌鐵로 치이여야

보야흐로 됴흘 꺼시니. 《朴新諺 1, 28 ㅎ》方見得有弟兄之義哩, 보야흐로 弟兄 의 義 이시믈 보리라. 《朴新諺 1, 35ㅎ》方要偸情的時節(節), 보야흐로 偸情ᄒᆞᆯ 째에. 《朴新諺 1, 56ㅈ》方能勾養大成人, 보야흐로 養大 成人ᄒᆞᄂᆞ니. 《朴新諺 1, 56ㅈ》養子方知父母恩, ᄌᆞ식을 길러야 보야흐로 父母 은혜를 안다 ᄒᆞ니라. 《朴 新諺 3, 33ㅎ》你都帶了來這裡做活方好, 네 다 가지고 와 예서 셩녕홈이 보야흐 로 됴타. 《朴新諺 3, 42ㅈ》方肯畫哩, 보 야흐로 즐겨 그리ᄂᆞ니라. ❷아까. 바로. ⇔앗가. 《朴新諺 3, 18ㅈ》方纔書辦們拿 文書來畫稿, 앗가 ᄭᅩ 셔반들이 文書를 가 져와 稿에 일홈밧고.

방(妨) 혱 ❶방해가 있다. 방해로 여길 만 하다. ⇔방해롭다. 《朴新諺 2, 12ㅎ》不 妨事, 일에 방해롭지 아니ᄒᆞ다. ❷해롭 다. 또는 해치다. 손해를 입히다. ⇔해 롭다. 《朴新諺 1, 54ㅎ》不妨事了, 일에 해롭지 아니ᄒᆞ리라. 《朴新諺 2, 53ㅈ》不 妨事我試一試, 해롭지 아니ᄒᆞ니 내 시험 ᄒᆞ쟈. 《朴新諺 3, 32ㅎ》不妨事, 일에 해 롭지 아니ᄒᆞ니.

방(房) 몡 집. ⇔집. 《朴新諺 2, 44ㅈ》大哥 煩你代我寫一張租房契, 큰형아 네게 비 ᄂᆞ니 나를 ᄀᆞᄅᆞ차 혼 쟝 집 셰내는 글월 을 ᄡᅳ고려. 《朴新諺 2, 44ㅎ》今租到本坊 沈名下住房一所, 이제 本坊 沈가의 名下 에 사든 집 혼 곳을 세내되. 《朴新諺 2, 45ㅎ》必定是房上生出那些草, 반드시 집 우희 뎌 풀이 나. 《朴新諺 2, 45ㅎ》把那 房上的草, 뎌 집 우희 풀을다가. 《朴新諺 3, 1ㅈ》這房後偏近着水窪子, 이 집 뒤히 편벽히 웅덩이 갓가와. 《朴新諺 3, 17 ㅎ》捴盖萬間房, 대되 萬間 집을 지으나. 夜眠只一廈, 밤에 자기는 다만 혼 간 집 이라 ᄒᆞ니. 《朴新諺 3, 17ㅎ》捴盖萬間房, 대되 萬間 집을 지으나. 夜眠只一廈, 밤 에 자기는 다만 혼 간 집이라 ᄒᆞ니.

방(放) 图 ❶넣다. 또는 …에 놓다(두다).
●⇔넣다. 《朴新諺 1, 51ㅈ》都放在這檟
裏頭, 다 이 檟ㅅ 속에 너허 두라. ●⇔
넣다. 《朴新諺 3, 6ㅎ》把潮腦放些在衣箱
裡, 쇼로믈다가 져기 옷 샹ㅈ에 너코. ❷
●놓다. 또는 …에 놓다(두다). ⇔놓다.
《朴新諺 2, 11ㅈ》便放我們進去了, 곳 우
리룰 노하 드러가게 ᄒ리라. 《朴新諺 2,
11ㅈ》還有把一箇高桌兒放定, 당시롱 ᄒ
노픈 탁ᄌ롤다가 노코. 《朴新諺 2, 28
ㅈ》帶十兩銀子到東安州(朴新注, 32ㅎ:
在京都南一百里.)去放黑豆, 열 냥 은을
가지고 東安州에 가 거믄콩에 노하. 《朴
新諺 2, 28ㅎ》一箇帶五兩銀子到馬家庄
去放稈草, ᄒ나흔 닷 냥 은을 가지고 馬
家庄에 가 조딥헤 노코. 《朴新諺 2, 50
ㅈ》兩傍放幾張椅子, 두 편에 여러 교의
를 노코. 《朴新諺 3, 20ㅈ》因何監着不放
呢, 엇지ᄒ여 가도고 노치 아니ᄒᄂ뇨.
《朴新諺 3, 43ㅎ》大門外放一張桌子, 큰
門 밧긔 ᄒ 상을 노코. ●날리다. ⇔눌
리다. 《集覽, 朴集, 上, 6ㅎ》鶴兒. 卽紙
鳶. 今漢俗呼爲風旗, 亦曰風禽, 又號爲
〈又號〉紙鶴兒. 質問云, 風旗也. 乃小兒三
月放爲風箏〈箏〉, 八月放爲紙鶴兒. 《朴新
諺 1, 20ㅎ》到二月淸明時候便放風箏了,
二月 淸明에 다ᄃᄅ면 곳 연 눌리기 ᄒ
ᄂ니. 《朴新諺 1, 21ㅈ》孩子們買去放得
滿天, 아희들이 사 가 눌려 하늘에 ᄀ독
ᄒ니. ❸두다. 놓다. ⇔두다. 《朴新諺 3,
2ㅈ》庫房裡放的米都被他吃去了好些, 庫
에 둔 뿔을 다 제 먹으미 만코. ❹빼다.
빼내다. ⇔싸히다. 《朴新諺 1, 41ㅎ》把
蹄子放了些血, 굽에 피 싸히쟈. 《朴新諺
1, 42ㅈ》也就把蹄子上放些血罷, 쏘 이믜
셔 굽에 피 싸히라. ❺(돈을 빌려) 주다.
⇔주다. 《朴新諺 2, 33ㅈ》一箇放債財主,
ᄒ 빗 주기 ᄒᄂ 財主ㅣ. ❻(팽이를) 치
다. ⇔치다. 《朴新諺 1, 20ㅈ》也有放空
中的, 박픵이 치리도 이시며.

방(倣) 图 습자(習字). ⇔셔픔. 《朴新諺 1,
48ㅎ》到晌午寫倣, 나지 다ᄃ라 셔픔 쓰
기 호되.

방(傍) 图 한자의 변(邊). 또는 편(偏)이나
편방(偏旁). ●변. 《朴新諺 2, 47ㅈ》紐絲
傍加箇逢字, 실ㅅ 변에 逢字 ᄒ여시니.
《朴新諺 2, 47ㅈ》是立人傍加箇弋字便是,
이 立人 변에 弋字 ᄒ 거시 곳 이라. 《朴
新諺 2, 47ㅎ》去字傍着半箇耳字便是, 去
字 변에 반耳字 ᄒ 거시 곳 이라. 《朴新
諺 2, 47ㅎ》剔手傍上邊着箇人字下邊着
箇也字便是, 지슈 변에 우희 人字 ᄒ고
아리 也字 ᄒ 거시 곳 이라. 《朴新諺 2,
47ㅎ》金字傍着箇昔字便是, 金字 변에 昔
字 ᄒ 거시 곳 이라. 《朴新諺 2, 48ㅈ》三
點水傍着箇草頭底下着箇雨字便是, 삼슈
변에 草頭 ᄒ고 아리 雨字 ᄒ 거시 곳
이라. 《朴新諺 2, 48ㅈ》雙立人傍着箇寺
字便是, 즁인 변에 寺字 ᄒ 거시 곳 이라.

방(傍) 回 편. 쪽. ⇔편. 《朴新諺 2, 50ㅈ》兩
傍放幾張椅子, 두 편에 여러 교의를 노코.

방계(房契) 图 (부동산의) 권리증서. 부동
산 매매 계약서. 《朴新諺 2, 44ㅈ》大哥
煩你代我寫一張租房契, 큰형아 네게 비
ᄂ니 나를 ᄀ르차 ᄒ 쟝 집 세내는 글월
을 쓰고려.

방공중(放空中) 图 공중(空中: 박픵이)을
치다(돌리다). 《集覽, 朴集, 上, 6ㅈ》空
中. 音義云, 用檀木旋圓, 內用刀剜空, 以
繩〈繩〉曳之, 在地轉動有聲. 質問云, 頑童
將胡蘆用木釘串之, 傍作一眼, 以繩〈繩〉
繫扯, 旋轉有聲, 亦謂之空中. 《朴新諺 1,
20ㅈ》也有放空中(朴新注, 8ㅈ: 用檀木旋
圓, 用刀剜空, 以繩曳之, 在地轉動有聲.
一云, 將胡蘆用木釘穿之, 傍作一眼, 以繩
繫扯, 旋轉有聲, 亦謂之空中.)的, 박픵이
치리도 이시며.

방돌(房突) 图 구들. 또는 굴뚝. 《朴新諺
3, 9ㅎ》好收拾這炕(朴新注, 47ㅎ: 漢俗,
謂房突曰炕.), 됴히 이 캉을 收拾ᄒ쟈.

방득(方得) 형 …하고 나서야 비로소 …할 수 있다. 《集覽, 字解, 單字解, 2ㅎ》纔. 方得僅始之辭. 又, 纔自. 又剛纔, 又方纔, 又恰纔. 《集覽, 字解, 單字解, 6ㅎ》儅. 人有遇急用錢, 則必以重物, 納質於富家, 賒錢取用. 至限則幷其本利償還錢主, 方得退回己之重物而來也. 典字人物通用, 儅字人用於物.

방만(傍晚) 형 늦다. 또는 저녁 무렵. ⇔늦다. 《朴新諺 2, 2ㅎ》傍晚進城, 늣게야 城에 드러오고.

방문(榜文) 명 =방문(榜文). '榜'은 '榜'의 본자. 《正字通, 木部》榜, 俗榜字. 《集覽, 朴集, 下, 9ㅈ》殃榜. 漢俗, 凡遇人死, 則其家必斜貼殃榜〈榜〉於門外壁上, 榜〈榜〉文如本節〈節〉所云, 使生人臨喪知所避忌也.

방문(榜文) 명 앙방(殃榜)에 적은 글. 《集覽, 朴集, 下, 9ㅈ》殃榜. 漢俗, 凡遇人死, 則其家必斜貼殃榜〈榜〉於門外壁上, 榜〈榜〉文如本節〈節〉所云, 使生人臨喪知所避忌也. 《朴新諺 3, 42ㅎ》他家殃榜(朴新注, 59ㅈ: 漢俗, 凡遇人死, 貼榜門上, 使知忌避, 謂之殃榜. 榜文見本節(節).)貼在那門上, 뎌 집의 殃榜을 그 門 우희 부쳣느니.

방미(放米) 동 쌀을 내어 주다. 《朴新諺 1, 14ㅈ》然後到關籌(朴新注, 5ㅎ: 籌, 以木為之, 收·放米計數之物. 每米一石, 對籌一根.)的所在領過籌來, 그린 후에 사술 트는 곳에 가 사술을 타 와야.

방변(傍邊) 명 곁. 옆. 부근. ⇔곁. 《朴新諺 1, 35ㅎ》那傍邉看的衆人說, 뎌 겨틱셔 보는 衆人이 니른되.

방불(仿佛) 형 =방불(仿佛). '仿'은 '彷'으로도 쓴다. 《說文, 人部》仿, 相似也. 〈嚴章福校議議〉今此仿フ當依李注作仿佛, 相似, 視不題也. 《集覽, 朴集, 中, 9ㅈ》閣落. 此二字乃俗之自撰, 諸韻〈韵〉書所不收, 今不採用. 唯於〈於〉直解小學內, 字作閣落, 兩字之音, 稍爲仿〈彷〉佛(佛), 今亦用之.

방불(彷彿) 형 =방불(彷彿). '佛'은 '佛'과 통용. 《正字通, 人部》彷彿, 亦作彷彿. 《集覽, 朴集, 中, 9ㅈ》閣落. 此二字乃俗之自撰, 諸韻〈韵〉書所不收, 今不採用. 唯於〈於〉直解小學內, 字作閣落, 兩字之音, 稍爲仿〈彷〉佛(佛), 今亦用之.

방불(彷彿) 형 비슷하다. 유사하다. 《集覽, 朴集, 中, 9ㅈ》閣落. 此二字乃俗之自撰, 諸韻〈韵〉書所不收, 今不採用. 唯於〈於〉直解小學內, 字作閣落, 兩字之音, 稍爲仿〈彷〉佛(佛), 今亦用之.

방수(芳對) 명 =방수(芳樹). '對'는 '樹'의 속자. 《集韻, 遇韻》樹, 古作對. 《集覽, 朴集, 上, 14ㅎ》寒食. 東京錄云, 唐明皇詔寒食上墓, 近代相承, 皆用此日拜掃丘墓, 都人傾城出郊, 四野如芳市〈四野如市〉, 樹之下〈芳對之下〉, 園囿之間, 羅列杯〈盃〉盤, 抵暮而歸.

방수(芳樹) 명 한창 꽃이 피어 있는 나무. 《集覽, 朴集, 上, 14ㅎ》寒食. 東京錄云, 唐明皇詔寒食上墓, 近代相承, 皆用此日拜掃丘墓, 都人傾城出郊, 四野如芳市〈四野如市〉, 樹之下〈芳對之下〉, 園囿之間, 羅列杯〈盃〉盤, 抵暮而歸.

방심(放心) 동 안심하다. 마음을 놓다. 걱정을 놓다. ⇔방심ᄒᆞ다(放心-). 《朴新諺 1, 47ㅈ》那箇容易你放心, 그는 쉬오니 네 放心ᄒᆞ라. 《朴新諺 1, 53ㅎ》大哥你放心, 큰형아 네 放心ᄒᆞ라. 《朴新諺 2, 15ㅈ》你放心斷不有悞的, 네 放心ᄒᆞ라 결단코 그름이 잇지 아니ᄒᆞ리라. 《朴新諺 2, 42ㅎ》你放心, 네 放心ᄒᆞ라.

방심ᄒᆞ다(放心-) 동 방심(放心)하다. ⇔방심(放心). 《朴新諺 1, 47ㅈ》那箇容易你放心, 그는 쉬오니 네 放心ᄒᆞ라. 《朴新諺 1, 53ㅎ》大哥你放心, 큰형아 네 放心ᄒᆞ라. 《朴新諺 2, 15ㅈ》你放心斷不有悞的, 네 放心ᄒᆞ라 결단코 그름이 잇지 아니ᄒᆞ리라. 《朴新諺 2, 42ㅎ》你放心, 네

放心ᄒ라.

방언(方言) 圐 책 이름. 한(漢)나라 양웅(揚雄) 지음. 13권. 진(晉)나라 곽박(郭璞) 주석. 당시 각 지방에서 조정에 파견한 사자(使者)들의 사투리를 모아 기록하였다. 그 뒤 청말(淸末) 장병린(章炳麟)이 신방언(新方言)을 지었다.《集覽, 朴集, 上, 1ㅈ》蜜林檎燒酒. 質問云, 初蒸熱燒酒, 用蜜·葡萄相參〈叅〉浸, 久而食之, 方言謂之蜜林檎燒酒.《集覽, 朴集, 下, 6ㅈ》水滑經帶麵. 質問云, 以麥麵〈麪〉扯成長條, 似包經帶子樣, 煮熟, 椒肉湯食之, 方言謂之水滑經帶麵〈麪〉.《朴新諺 1, 20ㅈ》也有踢毬(朴新注, 8ㅈ: 毬, 以圓木二箇, 用木杓一上一下連接不絶, 方言謂之打毬.)的, 댱방올 츠리도 이시며.《朴新諺 1, 41ㅈ》我有箇赤馬害骨眼(朴新注, 16ㅈ: 骨眼, 馬害肚疼打滾, 割眼內肉, 方言謂之䔓眼. 䔓, 音姑.), 내게 ᄒᆫ 졀짜물이 이셔 눈에 치 알하.《朴新諺 2, 40ㅈ》種些冬瓜, 져기 동화와. 西瓜, 슈박과. 甜瓜, 춤외와. 挿葫(朴新注, 37ㅎ: 質問云, 如葫蘆, 長一二尺者, 方言謂之挿葫. 農家種田時, 盛種子于其中, 以播地.), ᄌᆞᄅ박과. 稍瓜, 수세외와. 黃瓜, 외와. 茄子等類, 가지들을 심으라.

방옥(房屋) 圐 집의 총칭.《朴新諺 1, 9ㅎ》村庄人家的房屋墻壁太半被水衝了, 村庄 人家에 房屋 墻壁이 太半 다 믈에 질리엿ᄂᆞ니라.

방올 圐 (물)방울. ⇔곤자(滾子).《集覽, 字解, 單字解, 2ㅈ》滾. 煮水使沸曰滾滾花水 글른 믈. 又輪轉曰滾滾了 구으다, 字作轆 又通共和雜曰累滾 ᄒᆫ 믈와비라. 又滾子 방올.

방위(方位) 圐 사방(四方)을 기본으로 하여 나타내는 그 어느 쪽의 위치.《集覽, 朴集, 下, 9ㅎ》打春. 東京夢華錄云, 立春前五日, 造土牛·耕夫·犁具, 前一日順天府進農牛入禁中鞭春, 府縣官吏·土庶

·耆社, 具鼓樂出東郊迎春, 牛芒神至府前, 各安方位.

방자(房子) 圐 ❶방(房). ⇔방.《朴新諺 1, 40ㅈ》一間房子裏五箇人剛坐的, ᄒᆞᆫ 간 방에 다ᄉᆞᆺ 사ᄅᆞᆷ이 겨요 안는 거시여. ❷집. ⇔집.《集覽, 朴集, 上, 8ㅈ》宅子. 俗緫稱〈緫称〉家舍曰房子, 自稱〈称〉曰寒家, 文士呼曰寒居, 自指室內曰屋裏, 人稱王公·大人之家曰宅子.《朴新諺 1, 23ㅎ》我要典一所房子, 내 ᄒᆞᆫ 곳 집을 셰내려 ᄒᆞ니.《朴新諺 2, 44ㅈ》賃一所房子, ᄒᆞᆫ 집을 셰내여.《朴新諺 2, 45ㅎ》每日下雨房子都漏了, 每日에 비 와 집이 다 시니.《朴新諺 3, 17ㅈ》盖了這房子, 이 집을 짓고.《朴新諺 3, 17ㅈ》却還要盖甚麼房子麼, ᄯᅩ 무슴 집을 짓고져 ᄒᆞᆫ다.

방장(方丈) 圐〈불〉 화상(和尙), 국사(國師) 등의 고승(高僧)이 거처하는 처소.《朴新諺 2, 10ㅈ》如今來到這永寧寺裏坐了方丈(朴新注, 26ㅈ: 僧室也. 四方一丈曰方丈.), 이제 이 永寧寺에 와 方丈에 안잣더니.

방재(放在) 통 ❶넣다. 또는 놓다. 두다. ⇔넣다.《朴新諺 1, 51ㅈ》都放在這橫裏頭, 다 이 橫ㅅ 속에 너허 두라.《朴新諺 1, 54ㅎ》把孩子放水盆裏洗, 아ᄒᆡ롤다가 믈 소라에 너허 삣기면. ❷놓다. ⇔놓다.《朴新諺 1, 37ㅎ》放在脚踝尖骨頭上, 발 안쮜머리 ᄲᅩ족ᄒᆞᆫ 뼈 우희 노코.《朴新諺 2, 11ㅎ》放在他脚心上轉, 뎌 발ᄲᅡ당에 노하 구을리고.

방재(方纔) 閉 갓. 겨우. 방금. ⇔ㅈ.《集覽, 字解, 單字解, 1ㅈ》恰. 適當之辭. 恰便似 마치. 又方纔之辭. 恰纔 ㅈ.《集覽, 字解, 單字解, 2ㅎ》纔. 方得僅始之辭. ㅈ, 纔自. 又剛纔, 又方纔, 又恰纔.《朴新諺 3, 18ㅈ》方纔書辦們拿文書來畫稿, 앗가 ㅈ 셔반들이 文書를 가져와 稿에 일훔밧고.

방전(房錢) 圐 집 삯. 집세.《朴新諺 1, 52ㅈ》房錢又空費了, 房錢을 ᄯᅩ 쇽졀업시

허비홀 거시니.

방전(放箭) 图 활을 쏘다. 《朴新諺 3, 58
ㅎ》撞見弓王放箭射殺了他, 弓王을 만나
살로 뽀아 뎌를 죽이니라.

방조(幫助) 图 돕다. 도와주다. 지원하다.
⇔방조ᄒ다(幫助-). 《朴新諺 1, 28ㅎ》便
都要儘力去幫助的, 곳 다 儘力ᄒ여 가 幫
助ᄒ쟈.

방조ᄒ다(幫助-) 图 방조(幫助)하다. ⇔
방조(幫助). 《朴新諺 1, 28ㅎ》便都要儘力
去幫助的, 곳 다 儘力ᄒ여 가 幫助ᄒ쟈.

방주(放走) 명 달리기 시합. 경주(競走).
《集覽, 朴集, 中, 8ㅎ》牢子走. 南村輟耕
錄云, 牢子走者, 元時, 每歲一試之, 名曰
放走, 亦名貴由赤, 俗謂快行是也.

방차(倣此) 图 이것을 본뜨다. 《集覽, 朴
集, 下, 10ㅈ》粧點顔色. 納音, 如甲子日
立春, 納音屬金, 用白色之類. 餘倣此. 《朴
新諺 1, 1ㅎ》可教張三(朴新注, 1ㅈ: 兄弟
排行之次, 下文李四・王五亦倣此.)去, 張
三으로 ᄒ여 가.

방착(放着) 图 ●놓다. ⇔놓다. 《朴新諺
3, 12ㅈ》放着一箇三脚鐵蝦蟆的便是了,
ᄒ 세 발 가진 쇠 두텁이 노흔 거시 곳
이라. 《朴新諺 3, 24ㅎ》向大仙鼻凹裡放
着, 大仙의 코굼글 向ᄒ여 노흐니. 《朴新
諺 3, 47ㅎ》朝東放着土牛, 東을 향ᄒ여
土牛를 노코. ●두다. ⇔두다. 《朴新諺
3, 44ㅎ》如今在寺裡寄放着哩, 이제 졀에
부텨 두엇ᄂ니라.

방첨(房簷) 명 처마. ⇔쳠하. 《朴新諺 2,
56ㅎ》我慢慢兒沿着人家房簷底下, 내 날
회여 人家 쳠하롤 조차.

방츄 명 방망이. ⇔봉추(棒槌). 《朴新諺 1,
38ㅎ》大哥是捧(棒)槌, 큰형은 이 방츄ㅣ
오.

방편(方便) 图 편의에 따라 적절히 일을
꾀하다. 《集覽, 字解, 單字解, 4ㅎ》便. 去
聲, 卽也. 便行 즉재 가니라, 便去 즉재
가리라, 又 즉재 가다. 又則也. 便有 곧

잇다, 便是 곧 올ᄒ니라. 又順也, 順便.
又安也, 便當. 又宜也. 行方便 됴훌 양오
로 ᄒ다, 不方便 다히 마지 쉽사디 아니
타. 又猶則也. 你去便就有了 너옷 가면
이시리라. 又平聲, 穩便 온당ᄒ다. 吏語,
便益.

방포(方袍) 명 〈불〉 즁이 입는 네모난 가
사(袈裟). 《集覽, 朴集, 下, 3ㅈ》三寶. 脫
塵異俗, 圓頂方袍, 入聖超凡, 爲衆中尊,
卽僧寶也.

방하(放下) 图 ●놓다. ⇔놓다. 《集覽, 朴
集, 上, 16ㅈ》石屋. 法名淸珙, 號石屋和
尙, 臨濟十八世之嫡孫也. 普虛謁石屋, 石
屋見之云, 老僧今日旣已放下三百斤擔子
遞你擔了, 且展脚睡矣. 《朴新諺 3, 25ㅈ》
撞過一頂紅柒樻子來面前放下, ᄒ 불근
柒훈 궤를 드러 와 앏히 노코. ●두다.
내려놓다. ⇔두다. 《朴新諺 1, 19ㅎ》說
明了放下之銀, 널러 붉히고 之훈 銀을 두
고. 《朴新諺 3, 41ㅎ》與他商(商)量了放
下定錢, 뎌로 더부러 商(商)量ᄒ여 마초
임 갑슬 두면.

방해(螃蠏) 명 =방해(螃蟹). '蠏'는 '蟹'와
같다. 《說文, 虫部》蟹, 有二敖八足, 旁行,
非蛇鮮之穴無所庇. 从虫, 解聲. 〈趙宦光
長箋〉蠏, 蟹本字. 《朴新諺 1, 5ㅈ》螃蠏
羹, 게탕과.

방해(螃蟹) 명 게[蟹]. ⇔게. 《朴新諺 1, 5
ㅈ》螃蠏羹, 게탕과.

방해갱(螃蟹羹) 명 게탕(蟹湯). ⇔게탕.
《朴新諺 1, 5ㅈ》螃蠏羹, 게탕과.

방해롭다 혱 방해가 있다. 방해로 여길 만
하다. ⇔방(妨). 《朴新諺 2, 12ㅎ》不妨
事, 일에 방해롭지 아니ᄒ다.

방향(方向) 명 어떤 방위(方位)를 향한 쪽.
《集覽, 字解, 累字解, 1ㅎ》東西. 指物之
辭, 未定其稱而曰東西. 猶曰或東或西, 未
定方向之意.

방현령(房玄岭) 명 =방현령(房玄齡). '岭'
은 '齡'의 잘못. 《集覽, 朴集, 中, 8ㅈ》十八

學士. 唐太宗秦王時, 開館延文學之士, 杜
如晦・房玄齡〈岭〉・虞世南・褚遂良・
姚思廉・李玄道・蔡允恭・薛元敬・顔
相時・蘇勖・于志寧・蘇世長・薛攸・
李守素・陸德明・孔穎達・蓋文達・許
敬宗爲文學館學士, 分爲三番, 更日直宿.

방현령(房玄齡) 阌 당(唐)나라 임치(臨淄)
사람. 자는 교(喬). 시호는 문소(文昭).
당초(唐初) 진왕부(秦王府) 십팔학사(十
八學士)의 한 사람. 태종(太宗)을 도와
개국에 많은 공을 세웠다. 진서(晉書) 1
백 30권을 찬술(撰述)하고 관자(管子)를
주해하였다. 《集覽, 朴集, 中, 8ㅈ》十八
學士. 唐太宗秦王時, 開館延文學之士, 杜
如晦・房玄齡〈岭〉・虞世南・褚遂良・
姚思廉・李玄道・蔡允恭・薛元敬・顔
相時・蘇勖・于志寧・蘇世長・薛攸・
李守素・陸德明・孔穎達・蓋文達・許
敬宗爲文學館學士, 分爲三番, 更日直宿.

배(杯) 의 잔. ⇔잔. 《朴新諺 1, 6ㅈ》每人
先痛飲幾盃如何, 每人이 몬져 여러 잔 痛
飲호미 엇더ᄒᆞ뇨. 《朴新諺 1, 6ㅎ》好多
飲幾盃, ᄀᆞ장 여러 잔 먹고. 《朴新諺 1,
51ㅎ》買幾杯避風酒吃, 여러 잔 避風酒
룰 사 먹으면. 《朴新諺 2, 4ㅈ》吃了幾杯
酒過了兩道湯, 여러 잔 술 먹고 兩道 湯
을 지내고. 《朴新諺 2, 36ㅎ》且打些酒來
吃幾杯解寒如何, ᄯᅩ 져기 술 가져와 여러
잔 먹어 解寒홈이 엇더ᄒᆞ뇨. 《朴新諺 3,
59ㅈ》且請坐一坐再用一杯粗茶, 아직 請
컨대 안즈라 다시 ᄒᆞᆫ 잔 좀차롤 먹쟈.

배(盃) 의 =배(杯). '盃'는 杯와 같다. 《朴新
諺 1, 6ㅈ》每人先痛飲幾盃如何, 每人이
몬져 여러 잔 痛飲호미 엇더ᄒᆞ뇨. 《朴新
諺 1, 6ㅎ》好多飲幾盃, ᄀᆞ장 여러 잔 먹
고.

배(拜) 동 절하다. 인사하다. ⇔배ᄒᆞ다
(拜-). 《集覽, 朴集, 上, 14ㅎ》拜節. 歲時
樂事記云, 元日, 士庶自早互相慶賀, 車馬
交馳, 衣服華煥, 雜遝街市, 三四日乃止

〈三四日而乃止〉. 《朴新諺 2, 4ㅎ》有心拜
節寒食不遲, 節에 拜홀 ᄆᆞ옴이 이시면 寒
食이라도 더듸지 아니타 ᄒᆞᄂᆞ니라. 《朴
新諺 3, 18ㅎ》又是去拜那位同年, ᄯᅩ 뎌
位 同年의게 가 拜ᄒᆞ여. 《朴新諺 3, 23
ㅎ》卽拜贏的為師傅, 곳 이긔ᄂᆞᆫ 이룰 拜
ᄒᆞ여 스승을 삼쟈. 《朴新諺 3, 55ㅎ》也
就拜他一拜豈不更妙麽, ᄯᅩ 곳 져의게 拜
홈이 엇지 더욱 妙티 아니ᄒᆞ랴.

배(背) 동 ㅇ외우다. 암송하다. ⇔외오다.
《朴新諺 1, 48ㅈ》把書念熟背了, 글을 다
가 닑어 닉거든 외오고. ㅇ지다[負]. 메
다. ⇔지다. 《朴新諺 2, 18ㅎ》小廝們也
一面打疊背包上馬, 아ᄒᆡ 놈들도 一面으
로 질 짐을 가혀 물을 ᄐᆞ라. ㅇ짓다. 또
는 지우다. ⇔짓다. 《朴新諺 2, 18ㅎ》快
背鞍子, ᄲᆞᆯ리 안장 짓고.

배(背) 뎡 등[背]. ⇔등. 《朴新諺 1, 50ㅎ》
擦背錢是兩箇, 등 문지르ᄂᆞᆫ 갑슨 두 낫
돈이오. 剃頭錢是十箇, 마리 싹ᄂᆞᆫ 갑슨
열 낫 돈이오. 《朴新諺 2, 11ㅎ》脚背上
轉脚指頭上轉, 발등 우희 구을리고 발가
락 우희 구을리다가. 《朴新諺 2, 56ㅎ》
一路稀泥眞有沒脚背深哩, 왼 길 즌흙이
진실로 발등이 ᄲᅡ질 김픠 잇더라.

배(排) 동 벌이다. 늘어서다. ⇔벌다. 《朴
新諺 2, 29ㅎ》齒排柯雪着秀垂楊, 니ᄂᆞᆫ 柯
雪이 버럿ᄂᆞᆫ 둣ᄒᆞ고 눈섭은 垂楊이 ᄲᅡ혀
난 둣ᄒᆞ도다.

배갑(排甲) 阌 주민을 조직하는 기초 단
위. 또는 그 단위의 우두머리. 《集覽, 朴
集, 下, 11ㅎ》總甲. 軍制, 編成排甲, 每一
小甲管軍人一十名, 緫〈總〉甲管軍五十名,
每百戶該管一百一十二名. 《集覽, 朴集,
下, 12ㅈ》弓手. 今按, 軍制編成排甲, 每
一百戶, 銃手十名, 刀牌手二十名, 弓箭手
三十名, 槍手四十名.

배견(拜見) 동 방문하여 만나다. 회견하
다. ⇔배견ᄒᆞ다(拜見-). 《朴新諺 3, 16
ㅈ》拜見父母光耀門閭, 父母끠 拜見ᄒᆞ고

門閭를 光耀ᄒᆞ면.

배견ᄒᆞ다(拜見-) 图 배견(拜見)하다. ⇔
배견(拜見).《朴新諺 3, 16ㅈ》拜見父母
光耀門閭, 父母끠 拜見ᄒᆞ고 門閭를 光耀
ᄒᆞ면.

배교(拜郊) 圀 정월 보름날 하늘에 지내
는 제사.《集覽, 朴集, 中, 2ㅈ》郊天. 古
制, 冬至祭天. 今制, 正月十五日以裏祭天,
俗謂之拜郊〈謂之拜郊〉.

배망(拜望) 图 찾아뵙다. 문안하다. 방문
하다. ⇔배망ᄒᆞ다(拜望-).《朴新諺 3, 54
ㅎ》闕拜望了得罪, 拜望홈을 闕ᄒᆞ니 罪
를 엇괘라.《朴新諺 3, 55ㅈ》如今就同小
弟去拜望他便了, 이제 즉시 小弟와 ᄒᆞᆫ가
지로 가 뎌를 拜望ᄒᆞ면 곳 ᄒᆞ리라.《朴新
諺 3, 56ㅈ》特來拜望先生的, 특별이 와
先生끠 拜望ᄒᆞ다 ᄒᆞ라.

배망ᄒᆞ다(拜望-) 图 배망(拜望)하다. ⇔
배망(拜望).《朴新諺 3, 54ㅎ》闕拜望了
得罪, 拜望홈을 闕ᄒᆞ니 罪를 엇괘라.《朴
新諺 3, 55ㅈ》如今就同小弟去拜望他便
了, 이제 즉시 小弟와 ᄒᆞᆫ가지로 가 뎌를
拜望ᄒᆞ면 곳 ᄒᆞ리라.《朴新諺 3, 56ㅈ》
特來拜望先生的, 특별이 와 先生끠 拜望
ᄒᆞ다 ᄒᆞ라.

배문(拜門) 图 혼행(婚行)하다. 신행(新
行)하다. (중국 풍속에, 결혼한 지 아흐
레째 되는 날 시부모가 아들과 며느리
를 처가에 보내어 장인·장모·형제들
에게 인사를 하게 하던 일)《集覽, 朴集,
上, 12ㅈ》拜門. 質問云, 女嫁九日, 公婆
使兒子·女兒徃丈人家, 拜丈人·丈母或
兄嫂們, 方言謂之拜門.

배반(杯盤) 圀 술상에 차려 놓은 그릇. 또
는 거기에 담긴 음식.《集覽, 朴集, 上,
14ㅎ》寒食. 東京錄云, 唐明皇詔寒食上
墓, 近代相承, 皆用此日拜掃丘墓, 都人傾
城出郊, 四野如芳市〈四野如市〉, 樹之下
〈芳尌之下〉, 園囿之間, 羅列杯〈盃〉盤, 抵
暮而歸.

배반(盃盤) 圀 =배반(杯盤). '盃'는 '杯'와
같다.《集覽, 朴集, 上, 14ㅎ》寒食. 東京
錄云, 唐明皇詔寒食上墓, 近代相承, 皆用
此日拜掃丘墓, 都人傾城出郊, 四野如芳
市〈四野如市〉, 樹之下〈芳尌之下〉, 園囿
之間, 羅列杯〈盃〉盤, 抵暮而歸.

배별(拜別) 图 절하고 작별한다는 뜻으
로, 존경하는 사람과의 작별을 높여 이
르는 말. ⇔배별ᄒᆞ다(拜別-).《朴新諺 3,
15ㅈ》男自拜別之後, 아히 拜別ᄒᆞᆫ 後로
부터.

배별ᄒᆞ다(拜別-) 图 배별(拜別)하다. ⇔
배별(拜別).《朴新諺 3, 15ㅈ》男自拜別
之後, 아히 拜別ᄒᆞᆫ 後로부터.

배소(拜掃) 图 쓸고 절한다는 뜻으로, 무
덤에 찾아가 보다. 성묘하다.《集覽, 朴
集, 上, 14ㅎ》寒食. 東京錄云, 唐明皇詔
寒食上墓, 近代相承, 皆用此日拜掃丘墓,
都人傾城出郊, 四野如芳市〈四野如市〉,
樹之下〈芳尌之下〉, 園囿之間, 羅列杯
〈盃〉盤, 抵暮而歸.

배수(拜壽) 图 (윗사람의) 생일을 축하하
다. ⇔배수ᄒᆞ다(拜壽-).《朴新諺 2, 4
ㅈ》我也那一日去拜壽了, 나도 그 날 가
拜壽ᄒᆞ고.

배수ᄒᆞ다(拜壽-) 图 배수(拜壽)하다. ⇔
배수(拜壽).《朴新諺 2, 4ㅈ》我也那一日
去拜壽了, 나도 그 날 가 拜壽ᄒᆞ고.

배안자(背鞍子) 图 길마를 짓다. 안장을
지우다. 곧, 말 탈 준비를 갖추다. ⇔안
장짓다.《朴新諺 2, 18ㅎ》快背鞍子, 썰
리 안장 짓고.

배알(拜謁) 图 높거나 존경하는 사람을
찾아가 뵙다.《集覽, 朴集, 上, 12ㅎ》唱
喏. 揖也. 詞曲曰, 一箇唱, 百箇喏, 謂一人
呼唱於上, 衆人應諾於下. 如將帥在營幕
下, 軍卒投謁於前者列立於〈軍卒投謁於
前者列於〉庭, 將帥發一令語, 則柔下齊聲
以應. 凡里巷子弟拜謁父兄亦然. 因謂揖
曰唱喏, 未詳是否.

배우(俳優) 몡 배우. 광대[倡優].《集覽, 朴集, 上, 6ㅎ》拘欄. 書言故事云, 鉤〈鈎〉欄, 俳優棚也. 風俗通云, 漢文帝廟〈庙〉設抱老鉤〈鈎〉欄. 注云, 其鉤屈曲如鉤, 以防人墮.《朴新諺 1, 21ㅎ》是拘欄(朴新注, 8ㅎ: 俳優棚, 一云, 妓樂住處.)衚衕裏帶匠夏五廂的, 이 拘欄 곧 씩쟝이 夏五ㅣ 뎐 메윗느니라.

배우붕(俳優棚) 몡 송·원대(宋元代)의 대중 연예장. 설서(說書)·연극·잡기(雜技) 따위를 공연하였다.《集覽, 朴集, 上, 6ㅎ》拘欄. 書言故事云, 鉤〈鈎〉欄, 俳優棚也. 風俗通云, 漢文帝廟〈庙〉設抱老鉤〈鈎〉欄. 注云, 其鉤屈曲如鉤, 以防人墮.《朴新諺 1, 21ㅎ》是拘欄(朴新注, 8ㅎ: 俳優棚, 一云, 妓樂住處.)衚衕裏帶匠夏五廂的, 이 拘欄 곧 씩쟝이 夏五ㅣ 뎐 메윗느니라.

배읍(拜揖) 동 읍(揖)하다. ⇔읍ᄒ다(揖-).《朴新諺 1, 16ㅎ》老哥拜揖了那裏去來, 노형아 揖ᄒ노라 어듸 갓더뇨.

배자(背子) 몡 배자(褙子). (겨울철에 부녀자가 저고리 위에 덧입는 옷)《集覽, 朴集, 上, 8ㅎ》搭護. 事物紀原云, 隋内官多服半臂, 餘皆長袖. 唐高祖減其袖, 謂之半臂, 卽今背子也. 江淮間或曰綽子, 庶人競服之. 今俗呼爲搭護, 더그레.

배절(拜節) 동 명절을 축하하다. 명절 인사하다. 명절 덕담하다.《集覽, 朴集, 上, 14ㅎ》拜節. 歲時樂事記云, 元日, 士庶自早互相慶賀, 車馬交馳, 衣服華煥, 雜遝街市, 三四日乃止〈三四日而止〉.

배제(排擠) 동 받아들이지 아니하고 물리쳐 제외하다.《集覽, 朴集, 中, 3ㅈ》刮劃. 排擠開割之意.

배포(背包) 몡 등짐. 배낭.《朴新諺 2, 18ㅎ》小廝們也一面打疊背包上馬, 아ᄒᆡ 놈들도 一面으로 질 짐을 가혀 물을 트라.

배항(排行) 몡 형제자매의 나이 차례에 따라 매긴 순번.《朴新諺 1, 1ㅎ》可敎張三(朴新注, 1ㅈ: 兄弟排行之次, 下文李四·王五亦倣此.)去, 張三으로 ᄒ여 가.

배향(配享) 몡 신주를 종묘(宗廟)에 모시는 일.《集覽, 朴集, 中, 2ㅈ》郊天. 天子設圜丘於南郊, 以祭天神·地祇·日月星辰·山川·嶽瀆, 以太祖配享.

배현경(裵玄慶) 몡 고려(高麗)의 개국 공신(?~936). 일명 현옥(玄玉). 처음 이름은 백옥삼(白玉衫·白玉三). 병졸(兵卒)에서 시작하여 대광(大匡)까지 지냈다. 처음에 궁예(弓裔)의 기병장(騎兵將)으로 있다가 궁예의 횡포가 심하자 신숭겸(申崇謙) 등과 함께 왕건(王建)을 추대하여 고려를 개국하고 개국 공신 1등이 되었다. 태조 묘정(太祖廟庭)에 배향되었다.《朴新諺 3, 57ㅈ》有將軍裵玄慶·洪儒·卜智謙·申崇謙等四箇人, 將軍 裵玄慶·洪儒·卜智謙·申崇謙 等 네 사름이 이셔.

배후(背後) 동 당사자가 없는 곳에서는 배반하다. ⇔배후ᄒ다(背後-).《朴新諺 1, 28ㅈ》他向來面前背後, 뎨 본듸 面前 背後ᄒ여.

배후(背後) 몡 뒤. ●⇔뒤.《朴新諺 1, 24ㅈ》到背後河裏洗去, 뒷 내에 싯기라 가. ●⇔뒤ㅎ.《朴新諺 2, 33ㅎ》正房背後掘一箇老大深坑, 正房 뒤히 ᄒᆞᆫ ᄀᆞ장 깁흔 지함을 파고.《朴新諺 2, 51ㅎ》王千戶打背後來, 王千戶ㅣ 뒤흐로셔 와.《朴新諺 3, 47ㅎ》芒兒立在牛背後, 芒兒ㅣ 쇠 뒤히 셔셔.

배후ᄒ다(背後-) 동 배후(背後)하다. ⇔배후(背後).《朴新諺 1, 28ㅈ》他向來面前背後, 뎨 본듸 面前 背後ᄒ여.

배흐다(拜-) 동 절하다. 인사하다. ⇔배(拜).《朴新諺 2, 4ㅎ》有心拜節寒食不遲, 節에 拜홀 ᄆᆞ음이 이시면 寒食이라도 더듸지 아니타 ᄒᆞᄂ니라.《朴新諺 3, 18ㅎ》又是去拜那位同年, ᄯᅩ 뎌 位 同年의게 가 拜ᄒ여.《朴新諺 3, 23ㅎ》卽拜贏的

爲師傅, 곳 이긔는 이를 拜ㅎ여 스승을 삼쟈. 《朴新諺 3, 55ㅎ》也就拜他一拜豈不更妙麼, 쏘 곳 져의게 拜홈이 엇지 더욱 妙티 아니ᄒ랴.

백(白) 閃 공(空)히. 공으로. 거저. ⇔공히. 《朴新諺 1, 11ㅎ》替你白効勞重新打築何如, 너룰 ᄀ로차 공히 슈고 드려 다시 ᄲᆞ미 엇더ᄒ뇨.

백(白) 閃 희다. ●⇔백ᄒ다(白-). 《朴新諺 2, 6ㅈ》紅的白的是遠近荷花, 紅ᄒ고 白ᄒ 거슨 이 遠近 荷花ㅣ오. ●⇔희다. 《朴新諺 1, 29ㅎ》白絨檀襪上, 흰 보드라온 담쳥에. 《朴新諺 1, 46ㅈ》麤白珠兒線, 굵고 흰 구슬 돌 실을 사고. 《朴新諺 1, 46ㅈ》白淸水絹三尺, 흰 제믈엣 깁 석 자 논. 《朴新諺 3, 29ㅈ》我賣的是上等白色珠子, 내 ᄑᆞ는 거슨 이 上等 흰빗치 구슬이니. 《朴新諺 3, 53ㅈ》門前絟着帶鞍子的白馬, 門 앏히 기르마 지은 흰물을 미엿더니. 《朴新諺 3, 53ㅎ》失去帶鞍白馬一匹, 기르마 지은 흰물 ᄒᆞᆫ 필을 일허시니.

백(百) 団 십의 열 배가 되는 수. ⇔빅. 《朴新諺 1, 13ㅎ》給他量斗的人一百錢, 뎌 말 되는 사룸을 일 빅 돈을 주고, 《朴新諺 2, 20ㅈ》自古買人的中・保人只管得一百日, 녜로부터 사룸 사는 더 즁인・보인은 그저 일 빅 날을 ᄀ옴아느니. 《朴新諺 3, 27ㅈ》百般搭不着, 빅 가지로 ᄒᆞ되 그지 못ᄒ니. 《朴新諺 3, 55ㅈ》就取一百錢去賃來轎上, 곳 ᄒᆞᆫ 빅 돈을 가져 가 삭 내여 와 안장 디으라.

백검(白臉) 閉 백검은(白臉銀). 십성은(十成銀). 《集覽, 朴集, 上, 8ㅈ》白臉. 質問云, 將好銀子與銀匠, 化了傾成細絲雪白錠兒. 又有光色好看, 卽十成銀也.

백검마(白臉馬) 閉 간자말. (이마와 뺨이 흰 말) ⇔간쟈물. 《朴新諺 2, 1ㅎ》你看這一箇栗色白臉馬, 네 보라 이 ᄒᆞᆫ 구렁빗헤 간쟈물이.

백관(百官) 閉 모든 벼슬아치. 《朴新諺 3, 34ㅈ》我看了百官行禮完畢之後, 내 百官이 行禮ᄒᆞ기를 ᄆᆞ춤을 본 후에.

백교(百巧) 閃 아주 교묘하다. ⇔백교ᄒ다(百巧). 《朴新諺 1, 44ㅎ》百能百巧的, 百能 百巧ᄒ더라.

백교ᄒ다(百巧-) 閃 백교(百巧)하다. ⇔백교(百巧). 《朴新諺 1, 44ㅎ》百能百巧的, 百能 百巧ᄒ더라.

백납(百衲) 閉 〈불〉 승복(僧服). 승의(僧衣). ('衲'은 기웠다는 뜻이다)《集覽, 朴集, 上, 10ㅈ》衲襖. 反(飜)譯名義云, 好衣是未得道者生貪著處, 招致賊難, 或致奪ᄉᆞ(命), 有如是等患, 故受弊衲衣. 大智論云, 行者少欲知足〈足〉, 衣趣盖形, 又國土多寒, 畜百衲具.

백능(百能) 閃 온갖 재능과 기교에 뛰어나다. ⇔백능ᄒ다(百能-). 《朴新諺 1, 44ㅎ》百能百巧的, 百能 百巧ᄒ더라.

백능ᄒ다(百能-) 閃 백능(百能)하다. ⇔백능(百能). 《朴新諺 1, 44ㅎ》百能百巧的, 百能 百巧ᄒ더라.

백단(白檀) 閉 백단향(白檀香). (단향과(檀香科)의 상록 활엽 교목)《集覽, 朴集, 上, 3ㅎ》細料物. 事林廣記食饌類, 細料物, 官桂・良薑・蓽撥草・豆蔲・陳皮・縮砂仁〈砂仁〉・八角・茴香各一兩, 川椒二兩, 杏仁五兩, 甘草一兩半, 白檀末半兩. 右共爲細末用之.

백단말(白檀末) 閉 백단향(白檀香)의 가루. 《集覽, 朴集, 上, 3ㅎ》細料物. 事林廣記食饌類, 細料物, 官桂・良薑・蓽撥草・豆蔲・陳皮・縮砂仁〈砂仁〉・八角・茴香各一兩, 川椒二兩, 杏仁五兩, 甘草一兩半, 白檀末半兩. 右共爲細末用之

백당(白糖) 閉 흰 설탕. 백설탕. 《集覽, 朴集, 上, 2ㅈ》象生纏糖. 音義纏字註云, 用白糖・白芝麻相和, 以火煎熬, 傾入木印內, 須臾凉後, 〈與果實相似也〉. 糖字註云, 白糖化後用木印澆成, 亦與果實相似.

백도(白道) 閉 달이 천구(天球) 위에 그리

는 궤도. 황도(黃道)와는 평균 5도 9분의 경사를 이루며 두 점에서 교차한다. 《朴新諺 1, 10ㅈ》揀簡黃道吉日(朴新注, 4ㅎ: 每月有黃道·白道·黑道, 而黃道最吉. 卽寅·申月, 子·丑·辰·巳·未·戌日之類.), 黃道 吉日을 굴히여.

백두산(白頭山) 명 함경도(咸鏡道)와 중국(中國)의 경계(境界)에 있는 우리나라 제일의 산. 최고봉인 병사봉(兵使峯)에 있는 천지(天池)에서 압록강(鴨綠江)·두만강(豆滿江)·송화강(松花江)이 발원한다. 높이는 2,744m.《集覽, 朴集, 上, 4ㅎ》金剛山. 一名皆骨山, 卽白頭山南條也. 南至淮陽縣之東, 高城郡之西爲金剛山, 凡一萬二千峯.

백령(百靈) 명 온갖 신령(神靈).《朴新諺 3, 35ㅎ》天子百靈咸助將軍八面威風, 天子는 百靈이 다 돕고 將軍은 八面 威風이러라.

백릉(白綾) 명 흰 빛깔의 능(綾). (능은 얼음과 같은 무늬가 있는 얇은 비단이다) 《朴新諺 1, 29ㅎ》白綾飄帶, 白綾 飄帶ㅣ오.

백마(白馬) 명 털빛이 흰 말. ⇔흰물.《朴新諺 3, 47ㅈ》騎坐白馬, 白馬 투고.《朴新諺 3, 53ㅈ》門前絟着帶鞍子的白馬, 門 앏히 기르마 지은 흰물을 미엿더니.《朴新諺 3, 53ㅈ》失去帶鞍白馬一匹, 기르마 지은 흰물 혼 필을 일허시니.

백망(百忙) 톙 바쁘다. 분주하다. ⇔밧부다.《朴新諺 2, 56ㅈ》咳百忙裏說甚麽閑話呢, 애 밧분듸 므슴 힘힘혼 말을 니루는다.

백면(白麵) 명 밀가루.《集覽, 朴集, 下, 6ㅈ》水精角兒. 又居家必用云, 皮用白麪於滾湯攪作稠糊, 於冷水浸, 以豆粉和搜作劑, 打作皮, 包餡上籠, 緊火蒸熟, 洒兩次水, 方可下竃, 臨供時再洒些水便供.《集覽, 朴集, 下, 6ㅈ》麻尼汁經卷兒. 飮膳〈饍〉正要云, 白麪一斤, 小油一斤, 小椒一

兩炒去汗, 茴香一兩炒.《集覽, 朴集, 下, 6ㅈ》水滑經帶麵. 冬月溫水浸. 經帶麵〈麪〉, 用頭白麵〈麪〉二斤, 減〈碱〉二兩, 塩二兩, 硏細, 新汲水破開和搜, 比趕麵〈麪〉劑微軟, 漸以拗棒拗百餘下, 停一時許, 再拗百餘下, 趕至極薄, 切如經帶樣, 滾湯下, 候熟入凉水, 投汁任意.《朴新諺 2, 16ㅎ》你把那白麵來, 네 뎌 白麵을 가져다가.

백미(百味) 명 온갖 맛있는 음식물.《集覽, 朴集, 下, 2ㅈ》盂蘭盆齋. 大藏經云, 大目犍連尊者, 以母生餓鬼中不得食, 佛令作盂蘭盆, 至七月十五日, 其百味五果, 置盆中, 供養十方大德, 而後母乃得食. 飜譯名義云, 梵言盂蘭, 唐言救倒懸也.《朴新諺 3, 12ㅎ》慶壽寺裡做盂蘭勝會(朴新注, 48ㅎ: 大藏經, 目連尊者, 以母在餓鬼中不得食, 七月十五日, 其百味五果, 置盆中, 供養十方大德, 而後母乃得食, 謂之盂蘭盆會.), 慶壽寺에서 盂蘭勝會를 혼다 ㅎ니.

백반(百般) 톙 온갖 방법으로. 갖가지 방법으로. 백방(百方)으로.《朴新諺 3, 52ㅎ》扣住小人衣領百般打罵, 小人의 옷깃슬 트러잡고 百般 티고 욕호되.

백배(百拜) 동 여러 번 절을 하다. 또는 그렇게 하는 절.《朴新諺 3, 14ㅎ》愚男山童頓首百拜, 愚男 山童은 頓首百拜ㅎ여.《朴新諺 3, 16ㅈ》愚男山童頓首百拜具, 愚男 山童은 頓首百拜 具ㅎㄴ이다.

백사밀(白沙蜜) 명 석밀(石蜜). 석청(石淸).《朴新諺 1, 40ㅈ》金罐兒·鐵柄兒裏頭盛着白沙蜜, 金탕관·쇠즈르에 속에 白沙蜜 담은 거시여.

백색(白色) 명 흰 빛깔. ⇔흰빗ᄎ.《集覽, 朴集, 下, 10ㅈ》粧點顔色. 納音, 如甲子日立春, 納音屬金, 用白色之類. 餘倣此.《朴新諺 3, 29ㅈ》我賣的是上等白色珠子, 내 ᄑ는 거슨 이 上等 흰빗치 구슬이니.

백설(白說) 동 공연한 말을 하다. 쓸데없이 지껄이다.《集覽, 朴集, 上, 2ㅎ》院本.

質問云, 院本有日外, 或粧先生・探訪使
・考試官・老人・達達之類, 皆是外扮,
日淨, 有男淨・有女淨, 亦做醜態, 專一弄
言取人歡笑, 日末, 粧扮不一, 初則開場白
說, 或粧家人・祗候, 或扮使臣之類, 日
丑, 狂言戲弄, 或粧醉漢・太醫・吏員・
媒婆之類.

백성(百姓) 명 일반 국민. 《集覽, 朴集, 上,
1ㅎ》館夫. 應當舘〈館〉驛接待使客之役.
質問云, 府・州・縣百姓擇撥〈差〉無差
〈身〉役者, 做館夫荅應使客, 待三年更替.
《朴新諺 2, 30ㅈ》萬民無搔擾之憂百姓有
安祥之慶, 萬民이 搔擾ㅎ는 근심이 업고
百姓이 安祥혼 慶이 잇도다. 《朴新諺 3,
57ㅎ》願公速救百姓之苦, 願컨대 公은
샐리 百姓의 괴로옴을 구ㅎ라. 《朴新諺
3, 58ㅈ》又着人前去曉諭衆百姓道, 쏘 사
롬으로 ㅎ여 나아가 모든 百姓들의게 曉
諭ㅎ여 니른되. 百姓們聽得這話, 百姓들
이 이 말을 듯고.

백세일(百歲日) 명 백일(百日). (중국에서
는 갓난아이가 1백 일을 맞으면 과백세
(過百歲)라 하여 장수(長壽)와 대길(大
吉)을 기원해 주었다) 《集覽, 朴集, 上,
13ㅎ》百歲日. 子生一七日, 謂之一臘, 一
歲, 謂之百晬. 質問云, 初生孩兒以百日爲
百歲日, 六親皆以禮賀之, 主人設席館待.

백수(百晬) 명 백일(百日). 또는 백일잔
치. 《集覽, 朴集, 上, 13ㅎ》百歲日. 子生
一七日, 謂之一臘, 一歲, 謂之百晬. 質問
云, 初生孩兒以百日爲百歲日, 六親皆以
禮賀之, 主人設席館待.

백아(伯牙) 명 중국 춘추시대(春秋時代)
의 거문고의 명인. 그의 거문고 소리를
즐겨 듣던 친구 종자기(鍾子期)가 죽자,
자기의 거문고 소리를 이해하는 사람을
잃었다고 슬퍼한 나머지, 거문고의 줄
을 끊고 일생 동안 거문고를 타지 않았
다고 한다. 《集覽, 朴集, 下, 11ㅈ》流水
高山. 列子, 伯牙善鼓〈皷〉琴, 鍾子期善

聽. 伯牙鼓〈皷〉琴, 志在高山. 子期曰, 善
㦲, 巍巍乎, 志在高山. 俄而志在流水. 子
期曰, 善㦲, 洋洋乎, 志在流水. 子期死, 伯
牙以爲世無知音, 終身不復鼓琴. 《朴新諺
3, 49ㅈ》便彈一曲流水・高山(朴新注, 62
ㅈ: 鍾子期聽伯牙鼓琴, 曰, 志在流水・高
山.), 곳 흔 곡됴 流水・高山을 트며.

백안(伯眼) 명 중국의 소설 서유기(西遊
記)에 나오는 사람의 이름. 거지국(車遲
國)에 살면서 연금술(鍊金術)에 능하였
다고 한다. 《朴新諺 3, 21ㅎ》和伯眼大仙
閗(鬪)聖這一段故事, 伯眼大仙과 閗(鬪)
聖ㅎ던 이 一段 故事를. 《朴新諺 3, 21
ㅎ》國中有一箇先生喚做伯眼, 國中에 흔
先生이 이시되 伯眼이라 브르느니. 《朴
新諺 3, 22ㅎ》把伯眼打了一鐵棒, 伯眼을
다가 흔 쇠막대로 치니. 伯眼道這禿厮好
沒道理, 伯眼이 니른되 이 머리믠놈이
ㄱ장 道理 업다 ㅎ고. 《朴新諺 3, 23ㅎ》
伯眼道, 伯眼이 니른되. 《朴新諺 3, 29
ㅈ》伯眼大仙, 伯眼大仙이.

백안(伯顏) 명 원(元)나라 사람. 멸이길대
씨(蔑爾吉䚟氏). 벼슬은 이부 상서(吏部
尙書)・중서 우승상(中書右丞相)・대승
상(大丞相)을 지냈다. 《集覽, 朴集, 下, 5
ㅎ》元寶. 南村輟耕錄云, 至元十三年, 元
兵平宋, 回至楊(揚)州, 丞相伯顏號令搜撿
(檢)將士行李, 所得撒花銀子, 銷鑄作錠,
每五十兩爲一錠, 歸朝獻〈献〉納.

백안대선(伯眼大仙) 명 백안(伯眼)의 호
(號). 《集覽, 朴集, 下, 4ㅈ》燒金子道人.
西遊記云, 有一先生到車遲國, 吹口氣以
磚瓦皆化爲金, 驚動國王, 拜爲國師, 號伯
眼大仙. 《朴新諺 3, 21ㅎ》和伯眼大仙閗
(鬪)聖這一段故事, 伯眼大仙과 閗(鬪)聖
ㅎ던 이 一段 故事를. 《朴新諺 3, 29ㅈ》
伯眼大仙, 伯眼大仙이.

백오절(百五節) 명 한식(寒食)의 다른 이
름. 《集覽, 朴集, 上, 14ㅎ》寒食. 荊楚記
云, 去冬節〈莭〉一百五日, 有疾風甚雨, 謂

之寒食, 又謂之百五節〈節〉. 秦人呼爲熟食日, 言其不動煙〈烟〉火, 預辦熟食過節〈節〉也.

백옥(白玉) 몡 빛깔이 하얀 옥.《朴新諺 2, 5ㅈ》地下慢的石如白玉, 짜히 신 돌은 白玉 又고.《朴新諺 3, 35ㅈ》正所謂擎天白玉柱駕海紫金梁, 正히 니른 바 하늘을 바쳣논 白玉柱ㅣ오 바다흘 걸탓난 紫金梁이라.

백옥루(白玉樓) 몡 전설상 문인(文人)이나 묵객(墨客)이 죽은 뒤에 간다는 옥황상제(玉皇上帝)의 궁전.《集覽, 朴集, 上, 15ㅈ》瑤池. 列仙傳, 崐崘〈崑崙〉閬苑, 有〈白〉玉樓十二, 玄室九層, 左瑤池, 右翠水, 環以弱水九重, 非飆〈颷〉車羽輪, 不可到也. 註, 瑤池, 王母所居.

백옥주(白玉柱) 몡 백옥으로 만든 기둥.《朴新諺 3, 35ㅈ》正所謂擎天白玉柱駕海紫金梁, 正히 니른 바 하늘을 바쳣논 白玉柱ㅣ오 바다흘 걸탓난 紫金梁이라.

백은(白銀) 몡 십성은(十成銀). 순도가 10 할인 은. ⇔십성은.《集覽, 朴集, 上, 9ㅎ》細絲官銀. 銀十品曰十成, 曰足色, 曰成色, 曰細絲, 曰手絲兒, 曰吹螺, 曰白銀. 九品曰九成, 曰青絲. 八品曰八成, 惣稱〈総称〉元寶〈宝〉. 元寶釋見下.《朴新諺 1, 33ㅈ》我的都是細絲(朴新注, 12ㅎ: 銀十品曰十成, 曰足色, 曰成色, 曰細絲, 曰手絲児, 曰吹螺, 曰白銀. 九品曰九成, 曰青絲. 八品曰八成.)銀子, 내 거슨 다 이 細絲銀이라.《朴新諺 3, 30ㅎ》你說都是白銀, 네 니르되 다 이 십셩은이라 ᄒ더니.

백의(白衣) 몡 속인(俗人)을 이르는 말. 인도에서 중이 아닌 사람은 모두 흰옷을 입은 데에서 유래되었다.《集覽, 朴集, 中, 4ㅎ》座飾芙蓉. 飜譯名義云, 大論問, 諸牀〈床〉可坐, 何必蓮華. 荅曰, 牀爲世間白衣坐法, 又以蓮華軟淨, 欲現神力, 能坐其上, 令不壞故, 又以莊嚴妙法故, 又以此華華臺嚴淨香妙可坐故.

백일(白日) 몡 낫[晝]. 대낮. ●⇔낫.《朴新諺 1, 16ㅈ》便是白日裏也不住的搔, 곳 낫도 머므지 말고 ᄇ르라. ●⇔낮.《集覽, 朴集, 下, 9ㅎ》彩亭子. 漢俗皆於白日送殯, 凡結飾車輿·幢幡·傘盖及紙造人馬爲前導者, 連亘四五十步.《朴新諺 1, 39ㅈ》白日去黑夜來, 나준 가고 밤은 오ᄂᆞᆫ 거시여.

백일(百日) 몡 아이가 태어난 날로부터 1백 번째 되는 날. (중국에서는 갓난아이가 1백 일을 맞으면 과백세(過百歲)라 하여 장수(長壽)와 대길(大吉)을 기원해 주었다)《朴新諺 1, 55ㅈ》到了百日又做筵席, 百日에 다드라 쏘 이바지ᄒ면.

백정(白淨) 혱 희고 조촐하다. 희고 깨끗하다. ⇔희조츨ᄒ다.《集覽, 朴集, 中, 6ㅈ》齒排柯雪. 佛三十二相, 有四十齒相, 有齒白淨相, 有齒齊密相.《朴新諺 3, 13ㅈ》中等身材白淨顔面, 듕크에 희조츨ᄒᆞᆫ ᄂᆞᆺ치오.

백지마(白芝麻) 몡 참깨.《集覽, 朴集, 上, 2ㅈ》象生纏糖. 音義纏字註云, 用白糖·白芝麻相和, 以火煎熬, 傾入木印內, 須臾凉後,〈與果實相似也〉. 糖字註云, 白糖化後用木印澆成, 亦與果實相似.

백채(白菜) 몡 배추. ⇔비치.《朴新諺 2, 39ㅎ》蘿蔔, 댓무우. 蔓菁, 쉿무우. 萵苣, 부로. 葵菜, 아혹. 白菜, 비치. 赤根菜, 시근치. 芫荽, 고싀. 蔥, 파. 蒜, 마놀. 薤菜, 부치. 荊芥, 형개. 薄荷, 박하. 茼蒿, 믈 쑥. 水蘿蔔, 물한댓무우. 胡蘿蔔, 노른댓무우. 芋頭, 토란. 紫蘇都好種的, 紫蘇를 다 시믐이 됴타.

백청수(白淸水) 몡 제물. 또는 맹물. 곧, 무리풀이 섞이지 않은 물.《集覽, 朴集, 上, 12ㅎ》白淸水絹. 무리·픗〈플〉:긔·업시 다드·마:돌호로 미·론:깁·이니, 光滑緻硬, 如本國擣砧者也. 卽不用糨粉而鍊〈練〉生絹, 以石碾者.

백청수견(白淸水絹) 몡 무리풀을 먹이지

않고 다듬이질하여 반드럽게 한 비단. 《集覽, 朴集, 上, 12ㅎ》白淸水絹. 무리·풋〈플〉:긔 ·업·시 다·ᄃ·마·돌호로 미·론:깁·이·니, 光滑緻硬, 如本國擣砧者也. 卽不用糊粉而鍊〈練〉生絹, 以石碾者.

백타전(白駝氈) 圐 흰 낙타의 털로 만든 모전(毛氈). 《朴新諺 2, 32ㅎ》一頂要陜(陝)西赶來的白駝氈大帽, ᄒ나흔 陜(陝)西셔 미러온 白駝氈 큰갓슬 ᄒ되.

백포(白布) 圐 (중국인이 일컫는) 모시[苧麻布의 다른 이름. 《集覽, 朴集, 上, 13ㅈ》毛施布. 此卽本國人呼苧麻布之稱〈卽本國人呼苧麻布之稱〉, 漢人皆呼曰苧麻布, 亦曰麻布, 日木絲布, 或書作沒絲布. 又曰漂白布, 又曰白布. 今言毛施布, 卽沒絲〈卽沒絲布〉之訛也. 而漢人因麗人之稱, 見麗布則直稱此名而呼之. 記書者因其相稱而遂以爲名也. 《朴新諺 1, 49ㅎ》稍得十疋白布·五疋藍布·五疋靑布來與你的, 열 필 白布와 닷 필 藍布와 닷 필 靑布를 부쳐 와 너를 주더라.

백호(百戶) 圐 원대(元代)에 둔 세습 군직(軍職). 천호(千戶)에 예속되었는데, 명·청대(明淸代)에는 하급 군관(軍官)이었다. 《集覽, 朴集, 下, 11ㅎ》總甲. 軍制, 編成排甲, 每一小甲管軍人一十名, 總〈緫〉甲管軍五十名, 每百戶該管一百一十二名.

백호소(百戶所) 圐 원·명대(元明代)에 군인 1백 10명으로 이루어진 단위 부대. 천호소(千戶所)의 아래이다. 《集覽, 朴集, 上, 14ㅎ》千戶. 軍士五千六百名爲一衛, 二千二百名爲一千戶所, 一百一十名爲一百戶所. 每百戶內設緫〈緫〉旗二名, 小旗二名.

백획(刮劃) 동 (풀어) 헤치다. 또는 처리하다. 《集覽, 朴集, 中, 3ㅈ》刮劃. 排擠開割之意. 刮, 韻書不收, 免疑韻略音〈免疑韻略音作〉百. 凡陌韻陌字類諸字, 皆呼如泰韻之音, 故百字呼如擺字, 而鄕習傳呼

刮字音背, 亦從上聲讀, 則字作擺亦通.

백ᄒ다(白-) 혱 희다. ⇔백(白). 《朴新諺 2, 6ㅈ》紅的白的是遠近荷花, 紅ᄒ고 白ᄒ 거슨 이 遠近 荷花ㅣ오.

버금 圐 버금. 다음. 둘째. ●⇔대(對). 《朴新諺 1, 44ㅎ》又要回家住對月了, 쏘 본집의 도라와 버금 둘을 머믈려 ᄒᄂ니라. ●⇔차(次). 《朴新諺 2, 17ㅈ》便略次些也罷了, 곳 져기 버금 거슬 ᄒ여도 무던ᄒ거니와.

버금돌 圐 버금 달. 중국에서 결혼한 지 한 달 뒤에 신부가 친정에 돌아가서 며칠 묵고 오던 풍습. ⇔대월(對月). 《朴新諺 1, 44ㅎ》又要回家住對月了, 쏘 본집의 도라와 버금 둘을 머믈려 ᄒᄂ니라.

버드나모 圐 버드나무. ⇔유수(柳樹). 《朴新諺 3, 1ㅎ》就在柳樹下凉快一會兒回來, 곳 버드나모 아리 이셔 ᄒ 지위 서늘이 ᄒ여 도라오고.

버레 圐 벌레. ⇔충아(蟲兒). 《朴新諺 3, 25ㅈ》行者變做小虫児, 行者ㅣ 變ᄒ여 져근 버레 되여.

버리다 동 벌이다[設]. ●⇔개(開). 《朴新諺 2, 15ㅎ》這牌上開載的, 이 牌에 버려 쓰인. ●⇔파(擺). 《朴新諺 2, 50ㅈ》將鑡金香爐擺上燒些餅子香, 鑡金 香爐를다가 버려 져기 餅子香을 픠오고. 那書案上把幾套書擺着, 뎌 書案 우희 여러 질 칙을다가 버리라. ●⇔파상(擺上). 《朴新諺 1, 6ㅈ》叫小厮們先擺上果碟子, 아희들을 불러 몬져 과실 뎝시를 버리고. 《朴新諺 2, 50ㅈ》將鑡金香爐擺上燒些餅子香, 鑡金 香爐를다가 버려 져기 餅子香을 픠오고. 那書案上把幾套書擺着, 뎌 書案 우희 여러 질 칙을다가 버리라. 《朴新諺 3, 32ㅈ》客官你要的東西都擺上了, 客官아 네 ᄒ고져 ᄒᄂ 거슬 다 버려시니. 《朴新諺 3, 45ㅎ》若做完備了早些擺上, 만일 믄드라 完備ᄒ거든 일즉이 버리라. ●⇔파열(擺列). 《朴新諺 3, 43

ᄒᆞ》擺列茶果, 茶果를 버리고. ❺⇔파정
(擺定).《朴新諺 1, 6ㅈ》先把椅桌分開擺
훗了, 몬져 교의와 상을 눈화 버리고.

버무리다 图 버무리다. ⇔반(拌).《朴新諺
3, 10ㅎ》把那麻刀拌勻着, 뎌 삼꺼울을다
가 버무려 고로게 ᄒᆞ고.

버틔다 图 버티다. ●⇔지기(支起).《朴新
諺 3, 1ㅈ》把這簾子捲起窓戶支起, 이 발
을다가 것고 窓을 버틔오라. ❷⇔탱
(撑).《朴新諺 3, 47ㅈ》一箇小鬼撑着紅
羅傘在馬前, ᄒᆞᆫ 小鬼ㅣ 紅羅傘 버틔여 물
알픽 잇고.

버히다 图 베다. 자르다. ⇔할(割).《朴新
諺 3, 23ㅎ》第(第)四割頭再接, 第(第)四ᄂᆞᆫ
머리 버혀 다시 닛기 ᄒᆞ쟤.《朴新諺 3,
27ㅎ》行者又把他的頭先割下來, 行者ㅣ
坐 제 머리를다가 몬져 버혀 ᄂᆞ리치니.
《朴新諺 3, 28ㅈ》大仙也割下頭來待要再
接, 大仙도 머리를 버혀 ᄂᆞ리와 다시 닛고
져 ᄒᆞ거늘.

번 回 ❶번. 일의 차례를 나타내는 말. ⇔
번(番).《朴新諺 3, 25ㅎ》王說今番着唐
僧先猜, 王이 니ᄅᆞ되 이 번은 唐僧으로
ᄒᆞ여 몬져 알게 ᄒᆞ라. ❷번. 일의 횟수
를 세는 단위. ●⇔개(箇).《朴新諺 1,
50ㅎ》不曉的多少錢洗一箇澡, 아지못게
라 언머 돈에 ᄒᆞᆫ 번 목욕ᄒᆞ료.《朴新諺
3, 26ㅎ》打一箇跟阧跳入油中, ᄒᆞᆫ 번 跟阧
질ᄒᆞ여 쮜여 기룸 가온대 들어가. ●⇔
면(面).《集覽, 字解, 累字解, 1ㅎ》一面.
호은자. 又ᄒᆞ녀고로. 又ᄒᆞᆫ 번. ❸⇔차
(次).《朴新諺 3, 7ㅈ》到六月裡取出來晒
幾次, 六月에 다ᄃᆞᆺ거든 가져 내여 여러
번 볏 쬐라 ᄒᆞ여시니. ❹⇔편(遍).《集
覽, 字解, 單字解, 3ㅈ》遍. 次也. 一遍 ᄒᆞᆫ
번.《朴新諺 2, 32ㅈ》若着了幾遍雨定然
要走樣了, 만일 여러 번 비룰 마즈면 일
정 모양이 흘긔리로다.《朴新諺 3, 11
ㅎ》你只與我揹一遍罷, 네 그저 나룰 ᄒᆞᆫ
번 지겨 주고려.《朴新諺 3, 12ㅈ》不過

一兩遍管情就好了, 혼두 번에 지나지 못
ᄒᆞ여셔 결단코 즉시 됴흐리라. ❺⇔하
(下).《朴新諺 3, 24ㅎ》搖動尾鉤鉤了一
下, ᄭᅩ리 갈구리를 흔드러 ᄒᆞᆫ 번 긁치니.

번(番) 回 번. 일의 차례를 나타내는 말.
⇔번.《朴新諺 3, 25ㅎ》王說今番着唐僧
先猜, 王이 니ᄅᆞ되 이 번은 唐僧으로 ᄒᆞ
여 몬져 알게 ᄒᆞ라.

번(煩) 图 ●빌다(祈). 또는 번거룹게 하
다. 괴룹히다. (주로 남에게 도움을 청
할 때 쓴다) ⇔빌다.《朴新諺 2, 44ㅈ》大
哥煩你代我寫一張租房契, 큰형아 네게
비ᄂᆞ니 나룰 ᄀᆞᄅᆞ차 ᄒᆞᆫ 쟝 집 셰내는 글
월을 ᄡᅳ고려. ●청(請)하다. 또는 번거
룹게 하다. 귀찮게 하다. 수고를 끼치다.
(주로 남에게 도움을 청할 때 쓴다) ⇔
청ᄒᆞ다.《朴新諺 1, 57ㅈ》我有一事煩你,
내 ᄒᆞᆫ 일이 이셔 네게 청ᄒᆞ노라.《朴新
諺 1, 58ㅈ》煩你代我寫一紙借票, 네게
청ᄒᆞᄂᆞ니 나룰 ᄀᆞᄅᆞ차 ᄒᆞᆫ 쟝 빗내는 보
람을 ᄡᅳ라.

번(飜) 图 뒤집다. ⇔뒤집다.《朴新諺 3,
6ㅈ》也飜做有理, ᄯᅩ 뒤집어 理 이시미
될 거시니.

번뇌(煩惱) 圐 〈불〉 마음이나 몸을 괴룹
히는 노여움이나 욕망 따위의 망념(妄
念).《集覽, 朴集, 上, 10ㅈ》袈裟. 反(飜)
譯名義云, 袈裟是外國三衣之名. 或名離
塵服, 由斷〈断〉六塵故, 或名消瘦服, 由斷
煩惱故, 或名無垢衣.《集覽, 朴集, 下, 3
ㅈ》貪嗔癡. 大智論云, 有利益我者生貪
欲, 有違逆我者生嗔恚. 不從智生, 從狂惑
生, 是名爲癡, 爲一切煩惱之根本.《朴新
諺 3, 14ㅈ》因你貪嗔癡三毒(朴新注, 49
ㅈ: 大智論云, 有利益我者生貪欲, 有違逆
我者生嗔恚. 不從智生, 從狂惑生, 是為癡,
一切煩惱之根本. 三毒亦曰三業.)不離於
信, 네 貪嗔癡 三毒이 몸에 써나지 아니
믈 因ᄒᆞ여.

번뎝ᄒᆞ다 图 (글월을) 베끼다. ⇔도(倒).

《集覽, 字解, 單字解, 3ㅈ》倒. 上聲, 仆也.
倒了 구으러디다. 又換也. 倒馬 몰 ㄱ다.
又膽也. 倒關字 글월 번뎝ᄒ다. 又去聲,
反辭 도ᄅᆨ혀. 通作到.

번번이 閉 번번히. 반반히. ⇔광(光).《朴
新諺 3, 11ㅈ》把泥鏝來再抹光些, 흙손으
로다가 다시 쓰서 번번이 ᄒ라.

번역(反譯) 图 =번역(飜譯). '反'은 '飜'의
잘못.《集覽, 朴集, 上, 1ㅈ》隨食. 音義
云, 與拖爐相似. 質問云, 以麥麴和油作小
餅, 喫茶時食之, 取其香酥也. 原本用隨字,
故反(飜)譯亦用隨字, 俗音:취, 今更質之,
字作饊, 宜從:쉬音讀, 今俗亦曰饊餅.

번역(飜譯) 图 번역명의(飜譯名義)의 준
말.《集覽, 朴集, 上, 1ㅈ》隨食. 音義云,
與拖爐相似. 質問云, 以麥麴和油作小餅,
喫茶時食之, 取其香酥也. 原本用隨字, 故
反(飜)譯亦用隨字, 俗音:취, 今更質之, 字
作饊, 宜從:쉬音讀, 今俗亦曰饊餅.

번역명의(反譯名義) 图 =번역명의(飜譯
名義). '反'은 '飜'의 잘못.《集覽, 朴集,
上, 2ㅈ》蘋婆果. 似林檎而大者. 飜(反)
譯名義云, 梵言頻婆果, 此云相思果, 色丹
且潤.《集覽, 朴集, 上, 10ㅈ》衲襖. 反(飜)
譯名義云, 好衣是未得道者生貪着處, 招
致賊難, 或致奪俞(命), 有如是等患, 故受
弊衲衣.

번역명의(飜譯名義) 图 책 이름. 본 이름
은 번역명의집(飜譯名義集). 송대(宋代)
의 중 법운(法雲) 엮음. 20권. 64목(目)으
로 나누어 범어(梵語)를 번역하여 자세
하게 풀이하였다.《集覽, 朴集, 上, 2ㅈ》
蘋婆果. 似林檎而大者. 飜〈反〉譯名義云,
梵言頻婆果, 此云相思果, 色丹且潤.《集
覽, 朴集, 上, 10ㅈ》衲襖. 反(飜)譯名義
云, 好衣是未得道者生貪着處, 招致賊難,
或致奪俞(命), 有如是等患, 故受弊衲衣.

번열(繙閱) 图 조사하다. 뒤지다.《集覽,
凡例》兩書諺解簡帙重大, 故朴通事分爲
上·中·下, 老乞大分爲上·下, 以便繙

閱.

번주(幡柱) 图 〈불〉 번찰(幡刹). 절 앞에
세우는 깃대. 중이 한 가지 법(法)을 깨
달으면 절 앞에 이것을 세워 그 사실을
알렸다.《集覽, 朴集, 中, 4ㅈ》刹土. 梵
語, 刹, 此云竿, 卽幡柱也. 沙門於此法中
勤苦得一法者, 便當竪幡, 以告四遠曰, 今
有少欲人也云.

번회(番悔) 图 산 것을 무르다. 흥정을 무
르다.《集覽, 字解, 累字解, 2ㅎ》番悔. 자
븐 이를 므르다. 番字意未詳, 疑作返飜爲
是.

벌겋다 혭 벌겋다. ⇔적(赤).《朴新諺 2,
11ㅈ》赤條條的仰面臥在桌上, 벌거케 올
올이 탁ㅈ 우희 쟛바누어.

벌다 图 벌이다. 늘어서다. ●⇔배(排).《朴
新諺 2, 29ㅎ》齒排柯雪着秀垂楊, 니는 柯
雪이 버럿는 둣ᄒ고 눈섭은 垂楊이 빠혀
난 둣ᄒ도다. ●⇔파(擺).《朴新諺 3, 39
ㅎ》對對皂隸擺着喝道, 빵빵호 皂隸ㅣ 버
러 喝道ᄒ고.《朴新諺 3, 47ㅈ》兩邉擺着
走, 두 편에 버러 가면셔.

벌약(罰約) 图 처벌 규약.《朴新諺 1, 28
ㅎ》誰敢不依規矩罰約呢, 뉘 敢히 規矩
罰約대로 아니ᄒ리오.

범 图 범. ⇔호(虎).《朴新諺 3, 28ㅎ》也不
見了虎, 쏘 범도 보지 못ᄒ고. 只剩下一
箇虎頭, 그저 혼 범의 머리만 남아시니.
《朴新諺 3, 42ㅈ》畫虎畫皮難畫骨, 범을
그리매 가족은 그려도 뼈 그리기 어렵
고. 知人知面不知心, 사름을 알매 눗츤
아라도 ᄆᆞ음 아지 못혼다 ᄒ니라.

범(犯) 图 범(犯)하다. 당하다. ⇔범ᄒ다
(犯-).《朴新諺 2, 24ㅎ》那般不小心所以
就犯了這症侯, 뎌리 조심치 아니ᄒ여시
매 그리모로 이 症侯를 犯ᄒ엿다.

범(范) 图 성(姓)의 하나.《朴新諺 2, 23ㅎ》
快去請范太醫來看一看, 밧비 가 范太醫
룰 請ᄒ여 와 뵈라.

범부선(凡夫禪) 图 〈불〉 인과(因果)를 밋

고 유위(有爲: 인연에 의하여 생멸하는 만유일체의 법)의 공덕(功德)을 위하여 닦는 선. 《集覽, 朴集, 上, 10ㅈ》禪. 靜也. 傳燈錄有五等禪, 有外道禪·凡夫禪·小乘禪·大乘禪·最上乘禪, 又名如來淸淨禪, 又名無上菩提.

범샹(泛常) 혱 흔하다. 보통이다. 평범하다. 《集覽, 朴集, 中, 1ㅎ》金字圓牌. 其他泛常勾當, 只許臨時領受, 給降聖旨, 方許給馬.

범亽 몡 범사(凡事). 모든 일. ⇔제亽(諸事). 《朴新諺 1, 9ㅈ》諸事好仰仗你, 범亽룰 ㄱ장 너룰 밋亽오리니.

범어(梵語) 몡 범어. 산스크리트어(Sanskrit語). 《集覽, 朴集, 上, 15ㅈ》兜率. 梵語兜率, 此云妙足, 又云知足於五欲知止足. 故佛地論云, 名喜足, 謂後身菩薩於中敎化, 多修喜足故. 卽欲界六天之一也. 兜率天, 人間四百世爲一日. 《集覽, 朴集, 中, 4ㅈ》理圓四德. 大抵梵語, 經文釋義不一, 今不煩解. 《集覽, 朴集, 下, 1ㅎ》魔障. 飜譯名義云, 梵語魔, 此云障也, 能爲修道作障碍.

범언(梵言) 몡 범문(梵文). 고대 인도(印度)의 표준 문어(文語). 산스크리트(Sanskrit). 불경이나 고대 인도 문학은 이 문자로 기록되었다. 《集覽, 朴集, 上, 2ㅈ》蘋婆果. 似林檎而大者. 飜〈反〉譯名義云, 梵言頻婆果, 此云相思果, 色丹且潤. 《集覽, 朴集, 中, 5ㅎ》傾甘露於瓶中濟險途於飢渴. 飜〈翻〉譯名義云, 梵言軍持, 此云瓶. 《集覽, 朴集, 下, 2ㅎ》盂蘭盆齋. 飜譯名義云, 梵言盂蘭, 唐言救倒懸也.

범여(范蠡) 몡 춘추시대 월(越)나라의 대부(大夫). 자는 소백(少伯). 회계(會稽)에서 패한 구천(句踐)을 도와 오왕(吳王) 부차(夫差)를 멸망시키었고, 뒤에 산동(山東)의 도(陶)에 가서 도주공(陶朱公)이라 자칭하고 큰 부(富)를 쌓았다. 《集覽, 朴集, 下, 11ㅎ》范蠡歸湖. 范蠡, 越之大夫也. 相越王勾踐敗吳, 曰, 越王爲人長頸鳥〈鳥〉喙, 可與啚〈圖〉患難, 不可與共安逸. 遂泛扁舟, 載西施, 遊五湖不返.

범왕(梵王) 몡 〈불〉 색계(色界) 초선천(初禪天)의 우두머리. 제석천(帝釋天)과 함께 부처를 좌우에서 모시는 불법(佛法) 수호의 신(神)이다. 《集覽, 朴集, 中, 4ㅎ》梵王帝釋. 有欲界·色界·無色界爲三界. 欲界有四洲·四惡趣·六欲天, 帝釋爲欲界主. 色界有四禪·十八梵天, 梵王爲色界主. 無色界有四空天. 《集覽, 朴集, 中, 4ㅎ》童男童女. 觀音現三十二應, 曰佛身, 曰辟支〈支〉, 曰圓覺, 曰聲聞, 曰梵王, 曰帝釋, 曰自在天, 曰大自在天, 曰天大將軍, 曰四天王, 曰四天太子, 曰人王, 曰長者, 曰居士, 曰宰官, 曰婆羅門, 曰比丘, 曰比丘尼, 曰優婆塞, 曰優婆夷, 曰女主, 曰童男, 曰童女, 曰天身, 曰龍身, 曰藥叉, 曰乾達婆, 曰阿脩羅, 曰緊那羅, 曰摩睺羅, 曰樂人, 曰非人. 《朴新諺 2, 29ㅈ》或現質于梵王帝釋(朴新注, 33ㅈ: 佛書云, 有欲界·色界·無色界. 帝釋爲欲界主, 梵王爲色界主, 無色界有四空天.), 或 梵王 帝釋에 顯質ㅎ고.

범을다 통 말려들다. 연루(連累)되다. ⇔대루(帶累). 《朴新諺 2, 34ㅈ》帶累一家人都死怎的好呢, 왼 집 사룸이 범으러 다 죽을 거시니 엇지ㅎ여야 됴흐리오.

범인(凡人) 몡 평범한 사람. 보통 사람. 《集覽, 字解, 單字解, 6ㅈ》典. 凡人或缺少口粮, 或遇事用錢者, 以物折直, 立限賣與人爲質而求錢取用. 至限償還其直取物而還也. 律條疏議云, 以價易去, 而原價取贖曰典.

범찰(梵刹) 몡 〈불〉 절. 사찰. 《集覽, 朴集, 中, 4ㅈ》刹土. 瓔珞經云, 刹土, 乃聖賢所居之處. 又刹土猶言法界也. 又號伽藍曰梵刹者, 以柱爲表也.

범칭(凡稱) 몡 넓은 범위로 부르는 이름. 또는 두루 쓰이는 이름. 《集覽, 字解, 單

字解, 1ㅎ》料. 凡人飼馬, 或用小黑豆, 或
用蜀黍雜飼之. 故凡稱飼馬穀豆曰料. 又
該用物色雜稱曰物料, 造屋材木曰木料,
入畫彩色曰顏料. 又量也. 又理也. 《集覽,
朴集, 中, 2ㅎ》細車〈室車〉. 鄕習以細字
作室字讀, 謂車上設屋可臥者也. 然漢人
凡稱物之善者皆曰細, 如云茶之好者曰細
茶. 《集覽, 朴集, 中, 7ㅈ》乞留曲律〈葎〉
藤. 乞留曲律〈葎〉, 乞留曲律, 謂屈曲擁瘇
之意. 漢人凡稱草木行蔓必曰藤, 非別有
一物也. 《集覽, 朴集, 下, 5ㅎ》飯. 漢人凡
稱餅・麪〈麵〉・酒食之類皆曰飯.)去來,
우리 밥뎜에 밥 먹으라 가쟈.

범칭(泛稱) 몡 =범칭(凡稱). 《集覽, 字解,
單字解, 8ㅈ》媳. 音息. 子之婦曰媳婦. 又
古語泛稱婦人曰媳婦, 次妻亦曰媳婦. 《集
覽, 朴集, 上, 1ㅎ》外郞. 泛稱各衙門吏員
之號. 俗嫌其犯於員外郞之號, 呼外字爲
上聲. 大小衙門吏員名稱各異. 《集覽, 朴
集, 上, 9ㅎ》漢子. 泛稱〈稱〉男兒曰漢, 又
指婦女之夫曰漢子. 《集覽, 朴集, 上, 8ㅈ》
頭口. 汎指馬・牛・猪・羊之稱數, 猪以
頭數, 牛亦曰頭數, 羊以口數, 獐亦曰口, 故
泛稱畜口曰頭口, 牛・馬亦曰頭・疋.

범태의(范太醫) 몡 범(范)씨 성(姓)을 가
진 의원(醫員). 《朴新諺 2, 23ㅎ》快去請
范太醫來看一看, 밧비 가 范太醫를 請ᄒ
여 와 뵈라.

범ᄒ다(犯-) 图 범(犯)하다. 당하다. ⇔범
(犯). 《朴新諺 2, 24ㅎ》那般不小心所以
就犯了這症候, 뎌리 조심치 아니ᄒ여시
매 그리모로 이 症候를 犯ᄒ엿다.

법 몡 **1**법. 방법. 방식. ●⇔법(法). 《朴
新諺 1, 4ㅎ》都要學那南方做法纔好吃哩,
다 뎌 南方셔 믿ᄃᆞᆫ 법대로 ᄒ여야 맛
치 먹기 됴흐리라. ●⇔법아(法兒). 《朴
新諺 2, 41ㅎ》還有法兒容易隄防的, 당시
롱 법이 이셔 隄防ᄒ기 쉬오니라. **2**법.
또는 격식(格式). 양식(樣式). ⇔식(式).
《朴新諺 2, 12ㅎ》誰知道做得狠(很)不如

式, 뉘 아더냐 믿드롬이 ᄀ장 법 ᄀᆺ지
아니ᄒ고.

법(法) 몡 **1**●〈불〉 청정자성(淸淨自性)
을 깨달아 일체의 공덕(功德)을 성취하
는 일. 《集覽, 朴集, 中, 4ㅈ》理圓四德.
生死爲常, 不受二邊爲樂, 具入自在爲我,
三業淸淨爲淨. 又我者卽是佛義, 常者卽
是法身義, 淨者卽是法義, 樂者卽是涅槃
義. 《集覽, 朴集, 中, 4ㅈ》智滿十身. 本覺
爲知, 始覺爲智. 滿, 備也. 十身有調御. 十
身, 曰無着, 曰弘願, 曰業報, 曰住持, 曰涅
槃, 曰淨法, 曰眞心, 曰三昧, 曰道性, 曰如
意. 有內十身, 曰菩提, 曰願, 曰化, 曰力
持, 曰莊嚴, 曰威勢, 曰意生, 曰福德, 曰法,
曰智. 有外十身, 曰自, 曰衆生, 曰國土, 曰
業報, 曰聲聞, 曰圓覺, 曰菩薩, 曰智, 曰法,
曰虛空. ●〈불〉 삼보(三寶)의 하나. 법
보(法寶). 깊고 오묘한 불교의 진리를 적
은 불경을 보배에 비유하여 이르는 말
이다. 《集覽, 朴集, 下, 3ㅈ》三寶. 佛・法
・僧也. 功成妙智, 道登圓覺, 佛也, 玄理
幽微, 正敎精誠, 法也, 禁戒守眞, 威儀出
俗, 僧也. 《朴新諺 3, 14ㅈ》不信佛法不尊
三寶(朴新注, 49ㅎ: 佛・法・僧曰三寶.
功成妙智, 道登圓覺, 佛也, 玄理幽微, 正
敎精誠, 法也, 禁戒守眞, 威儀出俗, 僧也.
故曰寶.), 佛法을 信치 아니ᄒ고 三寶를
尊치 아니ᄒ니. **2**법. 방법. 방식. ●⇔
법. 《朴新諺 1, 4ㅎ》都要學那南方做法纔
好吃哩, 다 뎌 南方셔 믿ᄃᆞᆫ 법대로 ᄒ
여야 맛치 먹기 됴흐리라. ●⇔법아(法
兒). 《朴新諺 1, 15ㅎ》就教我這箇好法兒,
이믜셔 나를 이 됴흔 法을 ᄀᆞᄅ치라.
《朴新諺 1, 16ㅈ》眞箇好法兒, 진실로 됴
흔 法이로다. 《朴新諺 2, 41ㅎ》還有法兒
容易隄防的, 당시롱 법이 이셔 隄防ᄒ기
쉬오니라. 《朴新諺 3, 2ㅈ》恨的我沒法兒
治他, 믜오되 내 뎌를 다스릴 法이 업세
라. ●⇔법자(法子). 《朴新諺 1, 15ㅎ》
有箇最容易的法子說與你, 흔 ᄀ장 쉬온

法이 이시니 너드려 니롤 쩌시니.

법계(法界) 똉 〈불〉 각종 사물의 현상과 그 본질을 이르는 말. 곧, 우주 만법의 본체인 진여(眞如). 《集覽, 朴集, 中, 4ㅈ》悲雨慈風. 瓔珞經云, 利土, 乃聖賢所居之處. 又利土猶言法界也. 又號伽藍曰梵刹者, 以柱爲表也.

법도(法刀) 똉 〈불〉 망나니가 형(刑)을 집행할 때 쓰던 칼. 《集覽, 朴集, 中, 7ㅈ》木椿. 其制, 於刑人法場, 植一大柱, 縛着罪人於〈縛着罪人於其〉上, 劊子用法刀剔其肉以喂狗, 而只留〈畱〉其骨, 極其慘酷, 方施大辟, 卽古之呂刑也.

법력(法力) 똉 〈불〉 불법(佛法)의 위력. 《朴新諺 3, 27ㅎ》衆人喝采(保)說佛家法力大贏了, 모든 사룸이 혀츠고 니르되 佛家ㅣ 法力이 크다 이긔엿고나. 《朴新諺 3, 29ㅈ》你道這孫行者之法力還了得麽, 네 니르라 孫行者의 法力이 당시롱 견들소냐.

법명(法名) 똉 〈불〉 중이 되는 사람에게 종문(宗門)에서 지어 주는 이름. 《集覽, 朴集, 上, 15ㅎ》法名. 剃〈削〉髮披緇, 歸〈敀〉依佛法, 別立外號, 是謂法名. 《集覽, 朴集, 上, 15ㅎ》步虛. 俗姓洪氏, 高麗洪州人, 法名普愚, 初名普虛, 號太古和尙. 有求法於天下之志. 《集覽, 朴集, 上, 16ㅈ》石屋. 法名淸珙, 號石屋和尙, 臨濟十八世之嫡孫也. 普虛謁石屋, 石屋見之云, 老僧今日旣已放下三百斤擔子遞你擔了, 且展脚睡矣. 《集覽, 朴集, 下, 4ㅈ》孫行者. 其後唐太宗勅玄奘法師, 徃西天取經, 路經此山, 見此猴精壓在石縫, 去其佛押出之, 以爲徒弟, 賜法名吾(悟)空, 改号〈號〉爲孫行者, 與沙和尙及黑猪精·朱八戒偕性, 在路降妖去恠, 救師脫難, 皆是孫行者神通之力也. 《朴新諺 2, 9ㅎ》法名(朴新注, 26: 皈依佛法, 別立外號, 是謂法名.) 叫做步虛, 法名을 步虛ㅣ라 부르리. 《朴新諺 2, 9ㅎ》他師傅法名石屋, 뎌 스승의

法名은 石屋이라.

법보(法寶) 똉 〈불〉 삼보(三寶)의 하나. 깊고 오묘한 불교의 진리를 적은 불경을 보배에 비유하여 이르는 말이다. 《集覽, 朴集, 下, 3ㅈ》三寶. 又法數云, 十號圓明, 萬行具足, 天龍戴仰, 稱無上尊, 卽佛寶也. 一音演說, 普應群〈羣〉機, 究竟淸淨, 名離欲尊, 卽法寶也.

법사(法師) 똉 〈불〉 불법(佛法)에 통달하고 수행을 닦아 사람을 교화하는 중. 《集覽, 朴集, 下, 1ㅈ》西天取經去. 此時唐太宗, 聚天下僧尼, 設無遮大會, 因衆僧擧一高僧爲壇主說法, 卽玄裝〈奘〉法師也. 《集覽, 朴集, 下, 4ㅈ》孫行者. 其後唐太宗勅玄奘法師, 徃西天取經, 路經此山, 見此猴精壓在石縫, 去其佛押出之, 以爲徒弟, 賜法名吾(悟)空, 改号〈號〉爲孫行者, 與沙和尙及黑猪精·朱八戒偕性, 在路降妖去恠, 救師脫難, 皆是孫行者神通之力也. 法師到西天, 受經三藏, 東還, 法師證果栴檀佛如來, 孫行者證果大力王菩薩, 朱八戒證果香華會上淨壇使者.

법성(法性) 똉 〈불〉 우주 만물의 본체. 《集覽, 朴集, 上, 16ㅎ》善知識. 善知〈智〉識者, 指高僧之稱. 知亦作智. 反〈飜〉譯名義云, 佛·菩薩·羅漢是善知〈智〉識, 六波羅密·三十七品是善知〈智〉識, 法性實〈宗〉際是善知〈智〉識.

법수(法數) 똉 〈불〉 불교의 교의(敎義)가운데 어떠한 숫자로 이루어진 것. 곧, 사제(四諦)·육도(六道)·십이연기(十二緣起) 따위이다. 《集覽, 朴集, 下, 3ㅈ》三寶. 又法數云, 十號圓明, 萬行具足, 天龍戴仰, 稱無上尊, 卽佛寶也.

법시(法施) 똉 〈불〉 삼시(三施)의 하나. 남에게 교법(敎法)을 말하여 깨닫게 하는 일. 《集覽, 朴集, 上, 10ㅎ》布施. 捨施也, 財施爲凡, 法施爲聖. 凡布施, 必以滿三千世界, 七寶〈宝〉爲求福之具, 財施也. 此住相布施也. 菩薩布施, 但一心淸淨, 利益一

切, 爲大施主, 法施也. 此不住相布施也.

법아(法兒) 몡 법. 방법.방식. ●⇔법.
《朴新諺 2, 41ㅎ》還有法兒容易隄防的,
당시롱 법이 이셔 隄防ᄒ기 쉬오니라.
●⇔법(法). 《朴新諺 1, 15ㅎ》就敎我這
箇好法兒, 이믜셔 나를 이 됴흔 法을 ᄀ
ᄅ치라. 《朴新諺 1, 16ㅈ》眞箇好法兒,
진실로 됴흔 法이로다. 《朴新諺 3, 2ㅈ》
恨的我沒法兒治他, 믜오되 내 뎌를 다스
릴 法이 업세라.

법안(法眼) 몡 〈불〉 법안종(法眼宗). 선종
(禪宗)의 한 종파. 오대(五代) 시대 문익
선사(文益禪師)의 종지(宗旨)를 근본으
로 하여 일어난 종파. 송대(宋代) 이후
쇠퇴하였다. 《集覽, 朴集, 上, 16ㅈ》石
屋. 事文類聚云, 釋氏五宗之敎, 傳至法眼,
爲雪峯眞覺禪師之道. 至永明, 其道傳于
高麗國. 此卽普虛之傳也.

법원(法苑) 몡 책 이름. 법원주림(法苑珠
林). 당(唐)의 중 도세(道世)가 불경(佛
經)의 고실(故實)을 분류하여 펴낸 책.
1백 20권. 1백 편. 《集覽, 朴集, 中, 4ㅈ》刹
土. 法苑云, 阿育王取金華金幡懸諸刹上.

법자(法子) 몡 방법. 방식. ⇔법(法). 《朴
新諺 1, 15ㅎ》有箇最容易的法子說與你,
혼 ᄀ장 쉬온 法이 이시니 너ᄃ려 니를
써시니.

법장(法場) 몡 사형장(死刑場). 《集覽, 朴
集, 中, 7ㅈ》木椿. 其制, 於刑人法塲, 植
一大柱, 縛着罪人於〈縛着罪人於其〉上,
劊子用法刀剮其肉以喂狗, 而只留〈畱〉其
骨, 極其慘酷, 方施大辟, 卽古之凸刑也.

법장사(法藏寺) 몡 절 이름. 《朴新諺 2, 32
ㅈ》如今搬在法藏寺西邊混堂間壁住去了,
이제 法藏寺 西遠 混堂 ᄉ이 ᄇ람에 올마
가 사ᄂ니라.

벗 몡 벗. 친구. ⇔붕우(朋友). 《朴新諺 1,
27ㅎ》咱幾箇好朋友們, 우리 여러 됴흔
벗들이. 《朴新諺 1, 27ㅎ》把衆朋友名字
都寫出來, 모든 벗의 일홈을 다 뼈 내여.

《朴新諺 1, 28ㅎ》衆朋友們, 모든 벗들
은.

벗다 图 벗다. ●⇔탈(脫). 《朴新諺 2, 24
ㅎ》把一身衣服都脫了, 왼몸에 옷슬다가
다 벗고. 《朴新諺 3, 26ㅎ》便脫了衣裳,
곳 옷슬 벗고. ●⇔탈하(脫下). 《朴新諺
2, 11ㅈ》脫下衣裳, 옷 벗고. 《朴新諺 3,
26ㅈ》鹿皮先脫下衣服跳入鍋裡, 鹿皮ㅣ
몬져 옷 벗고 가마에 ᄲㅒ여들거늘.

벼 몡 벼. ●⇔도(稻). 《朴新諺 2, 49ㅈ》到
那稻熟的時候, 뎌 벼 닉을 째에 다드라.
《朴新諺 3, 20ㅈ》種稻地的那厮, 벼 시므
든 그 놈이. ●⇔도자(稻子). 《朴新諺 3,
38ㅈ》他種的稻子, 제 시믄 벼라. 膏粱,
슈슈와. 黍子, 기장과. 大麥, 보리와. 小
麥, 밀과. 蕎麥, 모밀과. 黃豆, 콩과. 小豆,
폿과. 菉豆, 菉豆와. 豌豆, 광쟝이. 黑豆,
거믄콩. 芝麻, 춤깨와. 蘇(蘇)子, 듧깨.

벼록 몡 벼룩. ●⇔도조(跳蚤). 《朴新諺 3,
4ㅎ》跳蚤也不敢近, 벼록이 ᄯ 敢히 갓가
이 못ᄒᄂ니라. ●⇔조(蚤). 《朴新諺 3,
24ㅈ》拔下一根頭髮變做狗蚤, 혼 낫 머
리터럭을 ᄲㅐ혀 變ᄒ여 개벼록이 되여.
見那狗蚤, 뎌 개벼록을 보고.

벼슬ᄒ다 图 벼슬하다. 관리가 되다. ⇔
주관(做官). 《朴新諺 1, 49ㅈ》應科擧得
做官, 科擧롤 應ᄒ여 벼슬홈을 어더.

벼슬 몡 벼슬. 임기. ⇔임(任). 《朴新諺 2,
51ㅎ》滿了一任還不知等到何年纔得補用
哩, 혼 벼슬이 ᄎ면 당시롱 어닉 히에
다드라 마치 補用홈을 어들 줄을 아지
못ᄒᄂ니라.

벼슬ᄒ다 图 벼슬하다. ⇔제수(除授).
《朴新諺 3, 39ㅈ》你令兄除授在那裡了,
네 슈兄이 벼슬ᄒ여 어듸 잇ᄂ뇨.

벽 몡 벽돌. ⇔전(磚). 《朴新諺 3, 4ㅈ》把
磚墊好着, 벽으로다가 괴와 됴케 ᄒ고.
《朴新諺 3, 10ㅈ》炕面磚都有麼, 캉 면 벽
이 다 잇ᄂ냐. 《朴新諺 3, 16ㅈ》以至塔
臺石・磚・瓦都有, 뼈 섬돌과 벽과 지새

에 니르히 다 이시니.

벽(壁) 명 바람벽. 벽. ⇔ㅂ람. 《朴新諺 1, 56ㅈ》小人在街東堂子間裏壁下着哩, 小人이 거리 동녁 堂子ㅅ ㅂ람을 스이ㅎ여 부리윗노라. 《朴新諺 2, 32ㅈ》如今搬在法藏寺西邊混堂間壁住去了, 이제 法藏寺 西邉 混堂 스이 ㅂ람에 올마 가 사ᄂᆞ니라. 《朴新諺 2, 39ㅎ》把針線串了弔在一壁廂, 바ᄂᆞ실로 쎄여 ㅂ람 구석에 ᄃᆞ라.

벽(壁) 의 편. 쪽. ⇔편. 《朴新諺 3, 1ㅎ》一壁廂各自頑去不好麼, ᄒᆞᆫ 편 구석의 각각 놀라 가미 됴치 아니ᄒᆞ냐.

벽(璧) 명 고리 모양으로 둥글게 만든 옥(玉). 《朴新諺 2, 29ㅎ》面圓璧月(朴新注, 33ㅎ: 璧, 瑞玉, 形圓者. 佛書云, 面圓淨如滿月.)身瑩瓊瑰(朴新注, 33ㅎ: 石次玉者, 瑩潔有光明.), ᄂᆞᆺ츤 璧月ᄀᆞ치 두렷ᄒᆞ고 몸은 瓊瑰ㅣ ᄀᆞ치 물그며.

벽상(壁廂) 명 편. 쪽. ⇔편. 《朴新諺 3, 17ㅈ》那西壁廂還要打一道墻, 뎌 셔편에 ᄯᅩ ᄒᆞᆫ 줄 담을 ᄡᅩ고.

벽월(璧月) 명 구슬같이 둥근 달. 《集覽, 朴集, 中, 6ㅈ》面圓璧月. 璧, 天生瑞玉, 盈尺餘, 形圓者也. 佛八十種好, 云面圓淨如滿月. 《朴新諺 2, 29ㅎ》面圓璧月(朴新注, 33ㅎ: 璧, 瑞玉, 形圓者. 佛書云, 面圓淨如滿月.)身瑩瓊瑰, ᄂᆞᆺ츤 璧月ᄀᆞ치 두렷ᄒᆞ고 몸은 瓊瑰ㅣ ᄀᆞ치 물그며.

벽익(壁翼) 명 별 이름. 벽수(壁宿)와 익수(翼宿). 《朴新諺 2, 59ㅈ》壁翼獲財奎得實, 壁翼은 獲財ᄒᆞ고 奎ᄂᆞᆫ 得實ᄒᆞ고.

벽적(襞積) 명 주름. 《集覽, 朴集, 上, 8ㅎ》比甲. 衣之無袖, 對襟爲襞積者曰比甲, 卽本國ᄃᆞ지텰릭. 婦女亦依此制爲短襖着之, 亦曰比甲, 通稱搭護.

벽지(辟支) 명 〈불〉 부처의 가르침에 기대지 않고 스스로 도를 깨달은 성자(聖者). 《集覽, 朴集, 中, 4ㅎ》童男童女. 觀音現三十二應, 曰佛身, 曰辟支〈支〉, 曰圓覺, 曰聲聞, 曰梵王, 曰帝釋, 曰自在天, 曰大自在天, 曰天大將軍, 曰四天王, 曰四天太子, 曰人王, 曰長者, 曰居士, 曰宰官, 曰婆羅門, 曰比丘, 曰比丘尼, 曰優婆塞, 曰優婆夷, 曰女主, 曰童男, 曰童女, 曰天身, 曰龍身, 曰藥叉, 曰乾達婆, 曰阿脩羅, 曰緊那羅, 曰摩睺羅, 曰樂人, 曰非人.

벽탑 명 돌을 벽돌 모양으로 깎아서 쌓아 올린 탑. ⇔전탑(甎塔). 《朴新諺 2, 44ㅈ》我往羊市前頭甎塔衚衕去, 내 羊 져지 앏 벽탑골에 가.

벽탑골 명 벽탑이 있는 골목. ⇔전탑호동(甎塔衚衕). 《朴新諺 2, 44ㅈ》我往羊市前頭甎塔衚衕去, 내 羊 져지 앏 벽탑골에 가.

벽한(碧漢) 명 은하(銀河). 은하수(銀河水). 《集覽, 朴集, 上, 15ㅈ》碧漢. 〈卽〉天河也. 河精上爲天漢. 爾雅, 析木爲之津. ㄴ 在箕斗間, 自坤抵艮爲地紀, 亦名雲漢, 曰天潢, 曰銀河, 曰銀漢, 曰河漢.

벽함(碧檻) 명 푸른 옥돌로 만든 난간. 《朴新諺 2, 5ㅈ》這畫棟雕樑朱欄碧檻, 뎌 畫棟 雕樑과 朱欄 碧檻이.

변 명 한자의 변(邊). 또는 편(偏)이나 편방(偏旁). ⇔방(傍). 《朴新諺 2, 47ㅈ》紐絲傍加箇逢字, 실ㅅ 변에 逢字 ᄒᆞ여시니. 《朴新諺 2, 47ㅈ》是立人傍加箇弋字便是, 이 立人 변에 弋字 ᄒᆞᆫ 거시 곳 이라. 《朴新諺 2, 47ㅎ》去字傍着半箇耳字便是, 去字 변에 반耳字 ᄒᆞᆫ 거시 곳 이라. 《朴新諺 2, 47ㅎ》剔手傍上邊着箇人字下邊着箇也字便是, 지슈 변에 우희 人字 ᄒᆞ고 아릭 也字 ᄒᆞᆫ 거시 곳 이라. 《朴新諺 2, 47ㅎ》金字傍着箇昔字便是, 金字 변에 昔字 ᄒᆞᆫ 거시 곳 이라. 《朴新諺 2, 48ㅈ》三點水傍着箇草頭底下着箇雨字便是, 삼슈 변에 草頭 ᄒᆞ고 아릭 雨字 ᄒᆞᆫ 거시 곳 이라. 《朴新諺 2, 48ㅈ》雙立人傍着箇寺字便是, 즁인 변에 寺字 ᄒᆞᆫ 거시 곳 이라.

변(便) 円 ❶곧[卽]. 바로. ●⇔곧. 《集覽, 字解, 單字解, 4ㅎ》便. 去聲, 卽也. 便行

즉재 가니라, 便去 즉재 가리라, 又즉재
가다. 又則也. 便有 곧 잇다, 便是 곧 올
ᄒᆞ니라. 又順也, 順便. 又安也, 便當. 又
宜也. 行方便 됴홀 양으로 ᄒᆞ다, 不方便
다히 마지 쉽사디 아니타. 又猶則也. 你
去便就有了 너옷 가면 이시리라. 又平聲,
穩便 온당ᄒᆞ다. 吏語, 便益. ❷⇔곳.《朴
新諺 1, 2ㅈ》便有癉氣難吃, 곳 노린내 이
셔 먹기 어려오니라.《朴新諺 1, 12ㅎ》
我便依着你的價錢做罷, 내 곳 네 갑대로
홈이 무던ᄒᆞ다.《朴新諺 1, 25ㅎ》瘦的馬
就便肥了, 여윈 ᄆᆞᆯ도 이믜셔 곳 술지리
라.《朴新諺 1, 34ㅎ》我便發狠叫喚要銀
子, 내 곳 셩내여 부르지져 은을 달라
ᄒᆞ되.《朴新諺 2, 3ㅈ》我便不回去取了,
내 곳 도라가 가져오지 아니ᄒᆞ리라.《朴
新諺 2, 20ㅈ》我便要隨駕起身去, 내 곳
隨駕ᄒᆞ여 起身ᄒᆞ여 가려 ᄒᆞ니.《朴新諺
2, 33ㅎ》便丟在那裏頭, 곳 뎌 속에 드리
치더니.《朴新諺 3, 3ㅈ》你不買便罷, 네
사지 아니려 커든 곳 말라.《朴新諺 3,
12ㅈ》放着一箇三脚鐵蝦蟆的便是了, 혼
세 발 가진 쇠 두텁이 노흔 거시 곳 이
라.《朴新諺 3, 26ㅎ》便脫了衣裳, 곳 옷
슬 벗고.《朴新諺 3, 50ㅈ》便是那姜太公
遇文王, 곳 이 뎌 姜太公의 文王 만남이
라도. ❷문득. ⇔문득.《朴新諺 3, 58ㅎ》
第(第)二年便移都松岳郡, 第(第)二年에
문득 松岳郡에 移都ᄒᆞ니. ❸즉시(卽時).
곧. ❶⇔즉시.《朴新諺 1, 3ㅈ》便叫當直
的外郎, 즉시 當直 外郎을 불러. ❷⇔즉
재.《集覽, 字解, 單字解, 4ㅎ》便. 去聲,
卽也. 便行 즉재 가니라, 便去 즉재 가리
라, 又즉재 가다. 又則也. 便有 곧 잇다,
便是 곧 올ᄒᆞ니라. 又順也, 順便. 又安也,
便當. 又宜也. 行方便 됴홀 양으로 ᄒᆞ다,
不方便 다히 마지 쉽사디 아니타. 又猶
則也. 你去便就有了 너옷 가면 이시리
라. 又平聲, 穩便 온당ᄒᆞ다. 吏語, 便益.
변(辨) 图 분변(分辨)하다. 판별하다. 구

별하다. 가리다. ⇔분변ᄒᆞ다.《朴新諺
2, 52ㅈ》不辨東西不省人事, 東西를 분변
치 못ᄒᆞ고 人事를 아지 못ᄒᆞ여.
변(邊) 囝 ❶가邊. ⇔ᄀᆞ.《朴新諺 1, 41
ㅈ》那紅橋邊有一箇張獸醫住着, 뎌 紅橋
ᄀᆞ에 혼 張獸醫 이셔 사니.《朴新諺 3,
24ㅎ》他却走到金水河邊, 뎨 믄득 金水河
ㅅ ᄀᆞ의 가. ❷녁. 편. ⇔녁ㅎ.《朴新諺
3, 34ㅎ》四邊站着四箇將軍, 네 녁희 션
는 네 將軍이. ❸편. 쪽. ⇔편.《朴新諺
2, 12ㅈ》飛到那邊逓與他, ᄂᆞ라 뎌 편에
가 뎌를 주ᄂᆞ니.《朴新諺 3, 10ㅎ》西邊
打一箇爐子, 셔편에 혼 미로를 민들려
ᄒᆞ노라.
변(邊) 回 편. 쪽. ⇔편.《集覽, 朴集, 下,
2ㅎ》擎拳合掌. 飜譯名義云, 此方以拱手
爲恭, 外國以合掌爲敬. 手本二邊, 今合爲
一, 表不散誕, 專主一心.《朴新諺 1, 29
ㅎ》兩邊掛着珎珠結成花樣的對子荷包,
두 편에 珎珠로 花樣 겨른 혼 ᄡᅡᆼ 주머니
를 ᄎᆞ고.《朴新諺 1, 30ㅎ》兩邊小刀荷包
手巾, 두 편에 져근 칼과 주머니 手巾이.
《朴新諺 1, 53ㅈ》一邊五箇分開着射, 혼
편에 다숫식 ᄂᆞ화 ᄡᅩ쟈.《朴新諺 3, 5ㅎ》
把我的這案文卷丟在一邊, 내 이 案文卷
을다가 혼 편에 드리텨 두고.《朴新諺
3, 10ㅎ》這一邊無處絟線, 이 혼 편은 실
밀 곳이 업스니.《朴新諺 3, 26ㅈ》在油
鍋兩邊看守, 기름 가마 두 편에서 보아
지키여.《朴新諺 3, 33ㅎ》在門上磕了一
磕就塌了半邊, 門에 다질러 곳 반 편이
ᄠᅥ러지고.《朴新諺 3, 47ㅈ》兩邉擺着走,
두 편에 버러 가면셔.
변(邊) 图 -께. (즈음. 쯤.) ⇔-끠.《朴新諺
1, 44ㅎ》這月初十邉通信, 이 둘 초열흘
끠 通信ᄒᆞ여.
변(變) 图 변하다. 달라지다. 바뀌다. ❶
⇔변ᄒᆞ다.《朴新諺 3, 28ㅈ》變做一箇大
黑狗, 변ᄒᆞ여 혼 큰 거믄 개 되여.《朴新
諺 3, 28ㅈ》先生變做老虎去赶, 先生이 변

ᄒᆞ여 老虎ㅣ 되여 가 쁘로거늘. ❷⇔변
ᄒᆞ다(變-). 《朴新諺 2, 37ᄒ》他旣變了面
目誰保他, 뎨 임의 面目을 變ᄒᆞ면 뉘 도
로혀 더블 긔수ᄒᆞ리오. 《朴新諺 3, 24
ᄌ》拔下一根頭髮變做狗蚤, 흔 낫 머리
터럭을 ᄲᅡ혀 變ᄒᆞ여 개벼록이 되여. 《朴
新諺 3, 24ᄒ》變做假行者, 變ᄒᆞ여 거즛
行者를 민ᄀᆞ라. 《朴新諺 3, 24ᄒ》就變做
一箇大青蝎子, 즉시 變ᄒᆞ여 흔 큰 프른
젼갈이 되여. 《朴新諺 3, 25ᄌ》行者變做
小虫児, 行者ㅣ 變ᄒᆞ여 져근 버레 되여.
《朴新諺 3, 27ᄌ》行者變做五寸大的胡孫,
行者ㅣ 變ᄒᆞ여 五寸만치 큰 진납이 되
여. 《朴新諺 3, 33ᄒ》鍍金顏色也都變了,
金 올린 빗도 다 變ᄒᆞ여시니.

변거(便去) 图 곧 가다. 즉시 가다. 《集覽,
字解, 單字解, 4ᄒ》便. 去聲, 卽也. 便行
즉재 가니라, 便去 즉재 가리라, 又즉재
가다. 又則也. 便有 곧 잇다, 便是 곧 올
ᄒᆞ니라. 又順也, 順便. 又安也, 便當. 又
宜也. 行方便 됴홀 양오로 ᄒᆞ다, 不方便
다히 마지 쉽사디 아니타. 又猶則也. 你
去便就有了 너옷 가면 이시리라. 又平聲,
穩便 온당ᄒᆞ다. 吏語, 便益.

변경(變更) 图 변경하다. 고치다. 바꾸다.
《集覽, 朴集, 中, 7ᄌ》一百七. 今之杖一
百者, 宜止九十七, 而不當反加十也. 議者
憚於變更, 其事遂寢〈寢〉.

변기ᄒᆞ다 图 변개(變改)하다. 변경하다.
말을 바꾸다. 내용을 바꾸다. ⇔개구(改
口). 《朴新諺 2, 55ᄌ》既說定了不要改口,
이믜 닐러 定ᄒᆞ여시니 변기치 마쟈.

변시 图 만두(饅頭). 물만두. ⇔편식(匾
食). 《朴新諺 2, 16ᄒ》再捏些匾食預備我
吃罷, ᄯᅩ 져기 변시를 비저 내 먹기를
預備ᄒᆞ라. 《朴新諺 3, 35ᄒ》羊肉饅頭, 羊
肉 너흔 饅頭와, 素餡稍麥, 믠소 너흔 稍
麥과. 匾食, 변시와.

변시(便是) 图 곧 옳다. 《集覽, 字解, 單字
解, 4ᄒ》便. 去聲, 卽也. 便行 즉재 가니

라, 便去 즉재 가리라, 又즉재 가다. 又則
也. 便有 곧 잇다, 便是 곧 올ᄒᆞ니라. 又
順也, 順便. 又安也, 便當. 又宜也. 行方便
됴홀 양오로 ᄒᆞ다, 不方便 다히 마지 쉽
사디 아니타. 又猶則也. 你去便就有了
너옷 가면 이시리라. 又平聲, 穩便 온당
ᄒᆞ다. 吏語, 便益.

변유(便有) 图 곧 잇다. 《集覽, 字解, 單字
解, 4ᄒ》便. 去聲, 卽也. 便行 즉재 가니
라, 便去 즉재 가리라, 又즉재 가다. 又則
也. 便有 곧 잇다, 便是 곧 올ᄒᆞ니라. 又
順也, 順便. 又安也, 便當. 又宜也. 行方便
됴홀 양오로 ᄒᆞ다, 不方便 다히 마지 쉽
사디 아니타. 又猶則也. 你去便就有了
너옷 가면 이시리라. 又平聲, 穩便 온당
ᄒᆞ다. 吏語, 便益.

변인(辨認) 图 알아내다. 분간하다. 식별
하다. ⇔ᄎᆞ려내다. 《集覽, 字解, 單字解,
6ᄒ》認. 識也. 辨認 ᄎᆞ려내다. 又認得 사
괴다. 又아다. 又認記 보람.

변전(騈闐) 图 죽 이어지다. (수효가 많음
을 형용한다) 《集覽, 朴集, 上, 8ᄌ》翫月
會. 東京錄云, 中秋夜, 貴家結飾臺榭, 民
間爭占酒樓翫〈玩〉月, 絲簧鼎沸, 近內庭
居民, 夜深遙聞笙竽之聲, 宛若雲外天樂,
閭里兒童連宵嬉戲, 夜市騈闐, 至於通曉.

변취(便就) 图 즉시(卽時). 곧. 당장. ⇔즉
시. 《朴新諺 2, 18ᄌ》明日雞鳴我便就要
起程了, 닉일 둙이 울면 내 곳 즉시 起程
ᄒᆞ려 ᄒᆞᄂᆞ니.

변행(便行) 图 곧 가다. 즉시 가다. 《集覽,
字解, 單字解, 4ᄒ》便. 去聲, 卽也. 便行
즉재 가니라, 便去 즉재 가리라, 又즉재
가다. 又則也. 便有 곧 잇다, 便是 곧 올
ᄒᆞ니라. 又順也, 順便. 又安也, 便當. 又
宜也. 行方便 됴홀 양오로 ᄒᆞ다, 不方便
다히 마지 쉽사디 아니타. 又猶則也. 你
去便就有了 너옷 가면 이시리라. 又平聲,
穩便 온당ᄒᆞ다. 吏語, 便益.

변화(變化) 图 바뀌어 달라지다. 《朴新諺

2, 29ㅈ》或作童男或化童女(朴新注, 33
ㅈ: 觀音隨相變化, 或化童男, 或化童女.),
或 童男이 되고 或 童女ㅣ 되며.

변ᄒᆞ다 통 변(變)하다. 달라지다. 바뀌다.
⇔변(變). 《朴新諺 3, 28ㅈ》變做一箇大
黑狗, 변ᄒᆞ여 ᄒᆞᆫ 큰 거믄 개 되여. 《朴新
諺 3, 28ㅈ》先生變做老虎去赶, 先生이 변
ᄒᆞ여 老虎ㅣ 되여 가 ᄯᆞ로거늘.

변ᄒᆞ다(變-) 통 변하다. 달라지다. 바뀌
다. ⇔변(變). 《朴新諺 2, 37ㅎ》他旣變了
面目誰保他, 뎨 임의 面目을 變ᄒᆞ면 뉘
도로혀 뎌룰 긔수ᄒᆞ리오. 《朴新諺 3, 24
ㅈ》拔下一根頭髮變做狗蚤, ᄒᆞᆫ 낫 머리
터럭을 ᄲᅡ혀 變ᄒᆞ여 개벼록이 되여. 《朴
新諺 3, 24ㅎ》變做假行者, 變ᄒᆞ여 거즛
行者를 민그라. 《朴新諺 3, 24ㅎ》就變做
一箇大靑蝎子, 즉시 變ᄒᆞ여 ᄒᆞᆫ 큰 프른
전갈이 되여. 《朴新諺 3, 25ㅈ》行者變做
小虫児, 行者ㅣ 變ᄒᆞ여 져근 버레 되여.
《朴新諺 3, 27ㅈ》行者變做五寸大的胡孫,
行者ㅣ 變ᄒᆞ여 五寸만치 큰 진납이 되
여. 《朴新諺 3, 33ㅎ》鍍金顔色也都變了,
金 올린 빗도 다 變ᄒᆞ여시니.

별(別) 통 이별하다. ⇔니별ᄒᆞ다. 《朴新諺
1, 7ㅎ》大家別了罷, 대되 니별ᄒᆞ쟈. 《朴
新諺 3, 59ㅈ》請暫別過罷, 請컨대 잠깐
니별ᄒᆞ쟈.

별(別) 円 별로. ⇔별로. 《朴新諺 3, 59ㅈ》
小子別無土冝帶來, 小子ㅣ 별로 土産을
가져온 거시 업고.

별(別) 혱 다르다. ❶⇔다르다. 《朴新諺
1, 13ㅎ》你若不肯去我再偱別箇去, 네 만
일 즐겨 가지 아니면 내 다시 다른 이롤
삭 내여 가쟈. 《朴新諺 3, 18ㅈ》此外並
無別件可取了, 이 밧근 아조 다른 것 가
히 取ᄒᆞᆯ 것시 업ᄂᆞ니라. 《朴新諺 3, 31
ㅎ》着別人再看去, 다른 사롭 ᄒᆞ여 다시
뵈라 가라. 《朴新諺 3, 41ㅈ》他在別處畫
了一箇人的影像, 뎨 다른 디셔 ᄒᆞᆫ 사롭의
화샹을 그리니. ❷⇔다르다. 《朴新諺 1,

28ㅈ》到處破敗別人誇張自己(己), 간 곳
마다 다른 사롭을 허러브리고 自己롤 쟈
랑ᄒᆞ고. 《朴新諺 1, 33ㅎ》別人借一两便
要一两的利錢, 다른 사롭은 ᄒᆞᆫ 냥을 ᄭᅮ
이면 곳 ᄒᆞᆫ 냥 利錢을 밧ᄂᆞ니. 《朴新諺
1, 36ㅈ》偏要偸別人的媳婦, 독별이 다른
사롭의 계집을 도적ᄒᆞ니. 《朴新諺 2, 8
ㅎ》再拿去着別人看便見眞假了, 다시 가
져가 다른 사롭 ᄒᆞ여 뵈면 곳 眞價를 알
리라. 《朴新諺 2, 57ㅈ》我還要到別處去,
내 ᄯᅩ 다른 디 가려 ᄒᆞᄂᆞ니. 《朴新諺 3,
29ㅎ》若別人看不透的, 만일 다른 사
롭이면 ᄯᅩ 보아 내지 못ᄒᆞ리라. 《朴新諺
3, 53ㅈ》我到別處去望相識, 내 다른 디
가 아는 이룰 보려 ᄒᆞ여.

별(撇) 통 던져 넣다. 처넣다. 내던지다.
⇔드리치다. 《朴新諺 2, 33ㅎ》也打死了
撇在坑裏, ᄯᅩ 쳐 죽여 디함에 드리치고.
《朴新諺 2, 34ㅈ》撇在那坑裏, 그 디함에
드리치고.

별개(別個) 명 다른 이. 다른 사람. 《朴新
諺 1, 13ㅎ》你若不肯去我再偱別箇去, 네
만일 즐겨 가지 아니면 내 다시 다른 이
룰 삭 내여 가쟈.

별기(鼈碁) 명 주사위. ⇔츄샤ᄋᆞ. 《集覽,
朴集, 中, 8ㅎ》鼈碁. 質問云, 碁子圓如鼈
〈鱉〉身上盖, 謂之鼈碁. 《朴新諺 2, 54ㅈ》
姐姐來咱們下一盤鼈碁罷, 각시아 오라
우리 ᄒᆞᆫ 판 츄샤ᄋᆞ ᄒᆞ쟈.

별력(別力) 명 남다른 힘. 《朴新諺 1, 54
ㅈ》張弓有別力飲酒有別膓, 張弓에 別力
이 잇고 飲酒에 別膓이 잇다 ᄒᆞ니라.

별로(別) 円 별로. ⇔별(別). 《朴新諺 3, 59ㅈ》
小子別無土冝帶來, 小子ㅣ 별로 土産을
가져온 거시 업고.

별립(別立) 통 따로 세우다. 《朴新諺 2, 9
ㅎ》法名(朴新注, 26: 皈依佛法, 別立外
號, 是謂法名.)叫做步虛, 法名을 步虛ㅣ
라 부룰리.

별양(別樣) 혱 =별양(別樣). '樣'은 '樣'과

같다. 《廣韻, 去韻》樣, 式樣. 《朴新諺 1, 18ㅈ》不要別樣鐵, 다른 쇠는 말고.

별양(別樣) 혱 다르다. ⇔다르다. 《朴新諺 1, 18ㅈ》不要別樣鐵, 다른 쇠는 말고.

별인(別人) 명 남. 타인. 《朴新諺 1, 33ㅎ》別人借一両便要一両的利錢, 다른 사름은 흔 냥을 꾸이면 곳 흔 냥 利錢을 밧느니. 《朴新諺 3, 31ㅎ》着別人再看去, 다른 사룸 ᄒᆞ여 다시 뵈라 가라. 《朴新諺 1, 28ㅈ》到處破敗別人誇張自己(己), 간 곳마다 다른 사름을 허러ᄇᆞ리고 自己룰 쟈랑ᄒᆞ고. 《朴新諺 1, 33ㅎ》別人借一両便要一両的利錢, 다른 사름은 흔 냥을 꾸이면 곳 흔 냥 利錢을 밧느니. 《朴新諺 1, 36ㅈ》偏要偸別人的媳婦, 독별이 다른 사름의 계집을 도적ᄒᆞ니. 《朴新諺 2, 8ㅎ》再拿去着別人看便見眞假了, 다시 가져가 다른 사름 ᄒᆞ여 뵈면 곳 眞價를 알리라. 《朴新諺 3, 29ㅎ》若別人却看不透的, 만일 다른 사룸이면 ᄯᅩ 보아 내지 못ᄒᆞ리라.

별인가(別人家) 명 남. 타인. ⇔ᄂᆞᆷ. 《朴新諺 1, 35ㅈ》一箇和尙偸別人家的媳婦, 흔 듕이 ᄂᆞᆷ의 계집을 도적ᄒᆞ여.

별장(別腸) 명 남다른 창자. 《朴新諺 1, 54ㅈ》張弓有別力飮酒有別腸, 張弓에 別力이 잇고 飮酒에 別腸이 잇다 ᄒᆞ니라.

별장(別膓) 명 =별장(別腸). '膓'은 '腸'의 속자. 《正字通, 肉部》膓, 俗腸字. 《朴新諺 1, 54ㅈ》張弓有別力飮酒有別膓, 張弓에 別力이 잇고 飮酒에 別膓이 잇다 ᄒᆞ니라.

별처(別處) 명 다른 곳. 《朴新諺 2, 57ㅈ》我還要到別處去, 내 ᄯᅩ 다른 ᄃᆡ 가려 ᄒᆞ느니. 《朴新諺 3, 41ㅈ》他在別處畵了一箇人的影像, 뎨 다른 ᄃᆡ셔 흔 사름의 화상을 그리니.

별호(鼈壺) 명 자라 모양으로 만든 병. 《朴新諺 3, 33ㅈ》一箇蝦蟆鼈壺·蝎虎盞, 흔 蝦蟆 鼈壺와 蝎虎盞을 민ᄃᆞ라 주

고려. 《朴新諺 3, 33ㅎ》鼈壺要打得匾些, 鼈壺 민들기를 져기 납죡이 ᄒᆞ고.

볏 명 볕. 햇볕. ⇔일(日). 《朴新諺 3, 7ㅈ》到六月裡取出來晒幾次, 六月에 다ᄃᆞ거든 가져 내여 여러 번 볏 쬐라 ᄒᆞ여시니. 《朴新諺 3, 9ㅈ》受多少日炙·風吹, 언머 볏 쬐고 ᄇᆞ람 불믈 바드며.

병 명 ●병(病). ⇔병(病). 《朴新諺 1, 37ㅈ》你如今病都好了不曾, 네 이지 병이 다 됴핫느가 못ᄒᆞ엿는가. 有一箇太醫來看我的病, 흔 太醫 이셔 와 내 병을 보고. ●병(瓶). ⇔호(壺). 《朴新諺 2, 36ㅎ》你把那酒壺汕乾淨着控一控, 네 뎌 술병을 다가 부싀기를 乾淨히 ᄒᆞ여 거후로고.

병 의 병(瓶). ⇔병(瓶). 《朴新諺 2, 16ㅈ》酒兩瓶, 술 두 병과. 《朴新諺 2, 16ㅈ》酒一瓶, 술 흔 병과.

병(幷) 円 ●더불어. 함께. ⇔다못. 《朴新諺 3, 15ㅎ》與父親·母親幷兄弟佛童穿用, 父親·母親과 다못 아ᄋᆞ 佛童을 주어 닙게 ᄒᆞᄂᆞ이다. 《朴新諺 3, 50ㅎ》叫起隣人幷巡宿総甲人等追赶, 隣人과 다못 巡宿ᄒᆞᄂᆞᆫ 総甲人 等을 불러 니르혀 ᄯᅡ라. ●아울러. ⇔아오로. 《朴新諺 1, 5ㅎ》幷着他吩些歌唱的諸樣雜要的來, 아오로 뎌로 ᄒᆞ여 노래 부르고 여러 가지 잡노롯ᄒᆞᄂᆞᆫ 이롤 불러와. 《朴新諺 3, 16ㅈ》幷請近安, 아오로 요ᄉᆞ이 문안을 請ᄒᆞᄂᆞ이다.

병(竝) 円 ●다. 전부. 모두. ⇔다. 《朴新諺 2, 50ㅎ》我在任幾年竝沒有不了的事件, 내 任에 이션 지 여러 히로되 다 못지 못흔 일이 업고. ●더불어. 함께. ⇔다못. 《朴新諺 2, 19ㅎ》竝遠近親戚人等爭競, 다못 遠近 親戚人 等이 爭競홈이 잇거든. ●아주. 결코. ⇔아조. 《朴新諺 3, 18ㅎ》此外竝無別件可取了, 이 밧근 아조 다른 것 가히 取흘 것시 업ᄂᆞ니라. 四전(全)혀. 결코. ⇔전혀. 《集覽, 字解, 累字解, 2ㅎ》竝不會. 전혀 아니타.

병(甁) 圐 병. 《朴新諺 2, 29ㅎ》傾甘露於甁
中濟險途於飢渴, 甘露를 甁 中에 기우려
險途를 飢渴에 구제ᄒᆞᆫ쏘다.

병(甁) 回 병. ⇔병. 《集覽, 朴集, 上, 12ㅈ》
十羊十酒. 羊十牽, 酒十甁也. 制禮亦隨貴
賤異秩〈帙〉, 卽送禮也. 詳見諸司職掌.
《朴新諺 1, 2ㅈ》討幾甁蜜林檎 · 甕頭春
· 木瓜露 · 苦菉豆酒, 여러 甁 蜜林檎과
甕頭春과 木瓜露와 ᄡᆫ 菉豆酒를 어들만
ᄌᆞ지 못ᄒᆞ니. 《朴新諺 1, 2ㅎ》造的本京
好酒討幾甁來, 비즌 本京 됴흔 술을 여러
甁 어더다가. 《朴新諺 2, 16ㅈ》酒兩甁,
술 두 병과. 《朴新諺 2, 16ㅈ》酒一甁, 술
흔 병과.

병(餠) 回 낱. (떡처럼 생긴 것의 수효를
세는 단위) 《集覽, 朴集, 中, 8ㅎ》牢子走.
在大都則自河西務起程, 若上都則自泥河
兒起程, 越三時, 走一百八十里, 直抵御前,
俯伏呼萬歲. 先至者賜銀一餠, 餘者賜段
匹〈疋〉有差.

병가(兵家) 圐 군사 전문가나 군대 지휘관.
《朴新諺 1, 27ㅈ》又道勝敗乃兵家之常,
ᄯᅩ 니ᄅᆞ되 勝敗ᄂᆞᆫ 兵家의 常이라 ᄒᆞ니.

병거(竝擧) 동 함께 사용하다. 병행하다.
《集覽, 字解, 累字解, 1ㅈ》大哥. 哥兄也.
人有數兄, 則呼長曰大哥, 次曰二哥, 三曰
三哥. 雖非同胞而見儕輩, 可推敬者, 則亦
呼爲哥. 或加大字, 或加老字, 推敬之重
也. 只呼弟曰兄弟, 竝擧兄及弟曰弟兄.

병봉(柄棒) 圐 공채의 자루. 《集覽, 朴集,
下, 7ㅎ》花房窩兒. 棒形如匙, 大如掌, 用
水牛皮爲之, 以厚竹合而爲柄棒, 皮薄則
毬高起, 厚則毬不高起.

병불회(竝不會) 동 전혀(결코) 아니하다.
《集覽, 字解, 累字解, 2ㅎ》竝不會. 전혀
아니타.

병사(病死) 동 병으로 죽다. 《集覽, 朴集,
中, 5ㅎ》執楊柳於掌內拂病體於輕安. 勒
愛子暴病死, 澄又取楊枝沾水, 洒而呪之,
遂蘇.

병술(丙戌) 圐 원(元)나라 순제(順帝) 지
정(至正) 6년(1346)을 이르는 말. 《集覽,
朴集, 上, 15ㅎ》步虛. 至正丙戌春, 入燕
都, 聞南朝有臨濟正脉不斷〈断〉, 可徃印
可. 盖指臨濟直下雪嵒〈嵓〉嫡孫石屋和尙
淸珙也.

병아(柄兒) 回 자루[柄]. ⇔ᄌᆞᄅᆞ. 《朴新諺
1, 40ㅈ》金罐兒 · 鐵柄兒裏頭盛着白沙
蜜, 金탕관 · 쇠ᄌᆞᄅᆞ에 속에 白沙蜜 담은
거시여.

병이(餠餌) 圐 밀가루나 쌀가루를 반죽하
여 구워서 만든 과자나 떡의 총칭. 《集
覽, 朴集, 下, 4ㅎ》大醮. 道經云, 醮, 祭名.
夜中於星辰之下, 陳設餠餌 · 酒果 · 幣
物, 禋祀天皇 · 太乙 · 地祇 · 列宿.

병자(餠子) 圐 떡. 《集覽, 朴集, 下, 7ㅈ》黃
燒餠. 質問云, 以麥麵〈糆〉作成餠子, 用芝
麻粘洒, 烙熟食之. 《集覽, 朴集, 下, 7ㅈ》
酥燒餠. 質問云, 以麥麵〈糆〉用酥油調和
作成餠子, 烙熟最酥, 方言謂之酥燒餠.

병자(餠餈) 圐 녹두와 차진 곡식을 물에
불려 맷돌에 간 뒤 지져 익힌 음식. '餈'
의 음 '자'는 추정한 음(音)임. 《集覽, 朴
集, 下, 6ㅈ》餠餈. 質問云, 將菉豆粉糁和
粘穀米, 着水浸濕, 用石磨磨, 細杓兒盛在
鍋內, 一撮一撮煎熟而食.

병자향(餠子香) 圐 향의 한 가지. 《朴新諺
2, 50ㅈ》將鏤金香爐擺上燒些餠子香, 鏤
金 香爐를다가 버려 져기 餠子香을 픠오
고.

병정(兵政) 圐 군사 관계에 관한 행정.
《集覽, 朴集, 上, 4ㅈ》總〈捴〉兵官. 各都
司各有鎭守總〈捴〉兵官一員, 以管兵政.
《集覽, 朴集, 下, 8ㅎ》樞密院. 元制, 有使
· 副使 · 知院 · 同知院 · 簽書院, 與
〈与〉中書號爲二府, 主兵政. 《朴新諺 3,
41ㅈ》他在樞密院(朴新注, 59ㅈ: 與中書
省稱爲両府, 主兵政.)西頭住, 데 樞密院
西편에셔 사ᄂᆞ니라.

병체(病體) 圐 병든 몸. 《集覽, 朴集, 中,

5ㅎ》執楊柳於掌內拂病體於輕安. 佛圖
澄, 天竺〈竺〉人也. 妙通玄術, 善誦呪, 能
役使鬼神. 石勒聞其名, 召試其術, 澄取鉢
盛水, 燒香呪之, 須臾, 鉢中生青蓮花. 勒
愛子暴病死, 澄又取楊枝沾水, 洒而呪之,
遂蘇. 自後凡謝僧醫病曰辱沾楊枝之水.
《朴新諺 2, 29ㅎ》執楊柳於掌內拂病體於
輕安, 楊柳룰 손에 잡아 病體를 輕安ᄒ
디 썰치고.

병편(餅片) 圐 밀방망이로 얇게 민 밀가
루 반대기. 《集覽, 朴集, 下, 6ㅈ》軟肉薄
餅. 質問云, 以麥麪〈麵〉作成薄餅片, 而用
爁軟肉捲而食之. 《朴新諺 3, 36ㅈ》薄餅
(朴新注, 57ㅈ: 以麥糊作成薄餅片, 而用
炒肉捲而食之.), 薄餅과. 煎餅, 煎餅과.
寬條麵, 너분 국슈와. 掛麵, ᄆ론 국슉와.
芝麻燒餠, 춤깨 무친 燒餅과.

병호(兵号) 圐 =병호(兵號). ‘号’는 ‘號’와
같다. 《廣韻, 号韻》号, 亦作號. 《集覽, 朴
集, 下, 12ㅈ》弓手. 文獻通考曰, 弓手, 兵
号, 如弩手・槍手之類.

병호(兵號) 圐 군사의 표지(標識). 《集覽,
朴集, 下, 12ㅈ》弓手. 文獻通考曰, 弓手,
兵号, 如弩手・槍手之類.

병ᄒ다 圐 병에 걸리다. 앓다. ⇔해병(害
病). 《集覽, 字解, 單字解, 7ㅎ》害. 患也,
苦也. 害病 병ᄒ다, 害怕 두리다.

보(步) 凹 걸음. ⇔거룸. 《集覽, 朴集, 上,
4ㅎ》蘆溝橋. 其一東南流, 入于蘆溝, 又東
入于東安縣界. 去都城三十里, 有石橋跨
于河, 廣二百餘步, 其上兩旁皆石欄, 雕刻
石獅, 形狀奇巧, 成於金明昌三年. 《朴新
諺 2, 51ㅈ》一步高如一步, ᄒ 거룸에 ᄒ
거룸이 노프니.

보(保) 圐 믿다. ⇔믿다. 《集覽, 字解, 單字
解, 2ㅎ》保. 恃也. 保你 너 믿노라, 難保
믿디 어렵다. 吏學指南, 相託信任曰保.
又保擧也.

보(報) 圐 ●갚다. 보답하다. ⇔갑ᄒ다.
《集覽, 朴集, 上, 11ㅈ》馬有垂繮之報. 漢

高祖與項王會鴻門, 舞劒事急, 謀脫. 匹
〈疋〉馬南行, 道傍有一眢井, 馬到井邊不
肯行. 漢王恐追者至, 下馬入井. 項王追至
井傍, 見馬跡至井而止, 謂漢王在井, 令人
下井搜求. 見井口有蜘蛛罩網, 鵓鴿一雙
出井飛去, 謂無人在中, 項王還壁. 翌日,
其馬到井垂繮, 漢王執之而出. 《朴新諺 1,
42ㅎ》狗有濺草之恩, 개는 濺草ᄒ 恩이
잇고. 馬有垂繮之報, 물은 垂繮ᄒ 報ㅣ
잇다 ᄒ니라. 《朴新諺 2, 35ㅎ》這正是善
惡到頭終有報, 졍히 이 善과 惡이 ᄆ즞희
다ᄃ라 ᄆ춤내 갑홈이 이시되. ●보고
하다. ⇔보ᄒ다(報-). 《朴新諺 2, 17ㅎ》
我好赶進京先報去, 내 셔울을 미처 나아
가 몬져 報ᄒ라 가기 됴흐리라. 《朴新諺
3, 47ㅎ》司天臺便報時辰, 司天臺 곳 時辰
을 報ᄒ면.

보개(葆蓋) 圐 새의 깃으로 장식한 덮개.
《集覽, 朴集, 中, 1ㅈ》弄寶蓋. 凡優人以
造化鳥爲戲時, 一人擎一彩帛葆蓋, 先入
優場, 以告戲雀之由. 次有一人捧一雀以
入作戲. 如本節〈莭〉所云, 造化鳥 죵〈종〉
다리, 雄曰銅觜, 雌曰鑞觜.

보개(寶蓋) 圐 임금이나 불교의 의장에
쓰는 일산(日傘). 《集覽, 朴集, 中, 1ㅈ》
弄寶蓋. 凡優人以造化鳥爲戲時, 一人擎
一彩帛葆蓋, 先入優場, 以告戲雀之由. 次
有一人捧一雀以入作戲. 如本節〈莭〉所
云, 造化鳥 죵〈종〉다리, 雄曰銅觜, 雌曰
鑞觜. 《朴新諺 2, 11ㅎ》還有那弄寶蓋(朴
新注, 27ㅈ: 優戲時, 一人擎絲帛寶蓋, 先
入優場, 告設戲莭(節)次.)的, ᄯ 寶蓋 농
ᄒᄂ 이도 이시니. 《朴新諺 3, 44ㅈ》還
有十餘對幢幡・寶盖, ᄯ 열나믄 ᄡᅡᆼ 幢幡
과 寶盖ㅣ 와.

보개두(寶蓋頭) 圐 갓머리[ᄼ]. 한자 부수
(部首)의 이름. ⇔갓머리. 《朴新諺 2, 48
ㅈ》寶盖頭下着箇木字便是, 갓머리 아리
木字 ᄒ 거시 곳 이라.

보거(保擧) 圐 보증하여 추천(推薦)하다.

천거(薦擧)하다.《集覽, 字解, 單字解, 2
ㅎ》保. 恃也. 保你 너 밋노라, 難保 밋디
어렵다. 吏學指南, 相託信任曰保. 又保擧
也《集覽, 朴集, 中, 2ㅈ》甘結. 今按, 如保
擧人材者, 必寫稱所擧之人, 並無喪過及干
娼優子嗣, 委的賢能, 如虛甘伏重罪云云.

보검(寶劍) 圀 보배로운 칼.《朴新諺 3, 35
ㅈ》拿寶劒的, 寶劒 가지니와.《朴新諺 3,
59ㅎ》寶劒贈與烈士, 寶劒은 烈士를 주
고. 紅粉付與佳人, 紅粉은 佳人을 준다
ᄒ니라.

보공(報功) 图 은공(恩功)을 갚다.《集覽,
朴集, 上, 6ㅈ》社神. 立春後第〈莭〉五戊
爲春社, 立秋後第〈莭〉五戊爲秋社. 孝經
緯曰, 社, 土地之主也. 土地闊〈濶〉, 不可
盡祭, 故封土爲社, 以報功也.《集覽, 朴
集, 中, 8ㅎ》臘. 臘者, 獵也, 因獵取獸, 以
祭先祖. 又臘者, 接也, 新故交接大祭, 以
報功也.

보관(保管) 图 보증하다. ⇔맜드다.《朴
新諺 1, 11ㅎ》保管你站十年不倒, 네게 十
年을 셔셔도 믄허지디 아니믈 맜들 거시
니.《朴新諺 1, 12ㅈ》你旣要立箇保管不
倒的字兒, 네 이믜 믄허지디 아니믈 맜
들 문셔를 셰올 양이면.

보국(輔國) 图 국정(國政)을 보좌하다.
《朴新諺 1, 49ㅈ》輔國忠君光顯門閭, 輔
國 忠君ᄒ고 光顯 門閭ᄒ면.

보급(普及) 图 보급(普及)하다. (널리 퍼셔
골고루 미치게 하다)《集覽, 朴集, 中, 6
ㅈ》一切. 一, 以普及爲言, 切, 以盡除爲語.

보내다 图 보내다. ❶⇔거(去).《朴新諺
2, 2ㅈ》打發他去了纔來, 뎌롤 打發ᄒ여
보내고 ㅈ 오니.《朴新諺 2, 31ㅎ》都一
一打點全備送到直房裏去, 다 一一히 打
點ᄒ여 ㅈ초와 直房에 보내고.《朴新諺
3, 14ㅎ》先生你與我寫一封書稍去何如,
先生아 네 나를 ᄒ 봉 글을 뻐 주어든
부텨 보내미 엇더ᄒ뇨. ❷⇔견(遣).《朴
新諺 2, 49ㅎ》或着碁彈琴遣興, 或 바독

두며 거믄고를 타 興을 보내니. ❸⇔발
(發).《集覽, 字解, 單字解, 7ㅎ》發. 酒發
술 괴다. 發將來 자바 보내다. 一發, 見
下. 又吏語, 告發 고ᄒ야나다. ❹⇔송
(送).《朴新諺 1, 47ㅈ》隨各人送罷咧, 各
人의 보내는대로 ᄒᆞᄂ니라.《朴新諺 2,
18ㅎ》一面叫厨子送飯, 一面으로 厨子로
ᄒ여 밥을 보내고.《朴新諺 2, 25ㅎ》特
送與老太太些箇, 특별이 老太太의게 져
기 보내니.《朴新諺 2, 26ㅈ》一發送些來
更好, 홈믜 보내여 오니 더옥 됴타.《朴
新諺 2, 51ㅈ》昨日衙門書辦已將文書送
來了, 어지 衙門 셔반이 이믜 文書를다
가 보내엿더라.《朴新諺 3, 4ㅈ》摘些葉
子送我, 져기 닙흘 싸 내게 보내여라.
《朴新諺 3, 15ㅈ》托以段疋送與父親使用,
段疋로 뻐 부텨 父親끠 보내여 쓰게 ᄒ
엿더니.《朴新諺 3, 40ㅎ》送到四十里地,
보내여 四十里 짜히 가.《朴新諺 3, 42
ㅎ》你到老曺家去送人情來的麼, 네 老曺
의 집의 가 人情을 보내고 오니가.《朴新
諺 3, 59ㅈ》小厮們快送茶來, 아히들은
샐리 차를 보내여 오라. ❺⇔송거(送
去).《朴新諺 2, 4ㅈ》送去與他補做生日
罷, 보내여 뎌룰 주어 生日을 다느림홈
이 무던ᄒ다.《朴新諺 2, 31ㅈ》今晚你把
我的鋪盖送去, 오늘 져녁의 네 내 니부
자리롤다가 보내고.

보다 图 보다. ❶⇔가견(可見).《朴新諺 1,
49ㅈ》可見世上的忠臣孝子, 世上에 忠臣
孝子ㅣ. 多半是讀書人做的, 半나마 이 글
닑은 사롬이 ᄒᄂ 줄을 볼러라. ❷⇔간
(看).《集覽, 字解, 累字解, 2ㅎ》看一看.
보다. 難於單字之語, 故重言爲句也. 一,
語助辭.《朴新諺 1, 3ㅎ》你取票來我看,
네 票를 가져오라 내 보쟈.《朴新諺 1,
16ㅎ》你買來的段子借與我看, 네 사 온
비단을 나룰 빌려 보게 ᄒ라.《朴新諺
1, 37ㅎ》有一箇太醫來看我的病, ᄒ 太醫
이셔 와 내 병을 보고.《朴新諺 2, 1ㅎ》

你看這一箇栗色白臉馬, 네 보라 이 흔 구렁빗헤 간쟈물이.《朴新諺 2, 13ㅎ》染家你來看生活, 물드리는 이아 이바 셩녕엣 것 보라.《朴新諺 2, 37ㅈ》大哥你看, 큰형아 네 보라.《朴新諺 3, 2ㅎ》你拿猫來我看, 네 괴 가져오라 내 보쟈.《朴新諺 3, 17ㅈ》我要臨窓看書也要看花哩, 내 窓을 臨ㅎ여 글을 보고 또 곳츨 보고져 ㅎ노라.《朴新諺 3, 29ㅎ》若別人却看不透的, 만일 다른 사롬이면 또 보아 내지 못ㅎ리라. ❸⇔간견(看見).《朴新諺 2, 4ㅎ》看見那裏的景致麼, 져긔 景致룰 보앗눈다.《朴新諺 2, 22ㅈ》看見五六箇賊船, 보니 다엿 賊船이.《朴新諺 2, 52ㅎ》路上人看見必定要笑話他, 길히 사롬이 보고 반드시 더롤 우어시리라.《朴新諺 2, 57ㅎ》年時牢子們試走的你可曾看見麼, 젼년에 牢子들희 둗롬질 시기는 거슬 네 일즉 보왓눈다. 我不曾看見, 내 일즉 보지 못ㅎ엿노라.《朴新諺 3, 43ㅈ》不曾看見麼, 일즉 보지 못혼다. ❹⇔간상(看上).《朴新諺 2, 26ㅈ》姐姐我自從看上了你, 각시아 내 너를 봄으로부터. ❺⇔견(見).《朴新諺 1, 26ㅈ》眼下交手便見輸贏, 眼下에 交手ㅎ면 곳 지며 이긔믈 보리라.《朴新諺 1, 37ㅈ》好幾日不見了, ᄀ장 여러 날을 보지 못홀노다.《朴新諺 1, 48ㅈ》見了師傅便向上唱喏, 스승 보고 곳 향ㅎ여 읍ㅎ고.《朴新諺 2, 13ㅎ》大人不見小人過, 大人은 小人의 허믈을 보지 아니혼다 ㅎ니라.《朴新諺 2, 17ㅈ》驛馬怎麼還不見來呢, 驛馬ㅣ 엇지 당시롱 옴을 보지 못홀소뇨.《朴新諺 2, 23ㅈ》眞是遠行知馬力日久見人心, 진실로 이 멀리 가매 물 힘을 알고 날이 오래매 사롬의 ᄆ음을 보느니라.《朴新諺 3, 7ㅎ》我見了好惡心, 내 보매 ᄀ장 아니꼬오니.《朴新諺 3, 15ㅈ》至今未見回書, 至今 回書를 보지 못ㅎ니.《朴新諺 3, 27ㅎ》只見血淋淋的腔子, 그저 피 뜻듯눈

몸쏭만 보고.《朴新諺 3, 44ㅈ》又見那些送殯親朋, 또 보니 뎌 送殯ㅎ는 親朋이. ❻⇔견득(見得).《朴新諺 1, 28ㅎ》方見得有弟兄之義哩, 보야흐로 弟兄의 義 이시믈 보리라. ❼⇔도(睹).《朴新諺 3, 46ㅈ》我說與你便强似目睹了, 내 너두려 니를 쩌시니 곳 눈으로 보는 이도곤 나으리라. ❽⇔망(望).《朴新諺 3, 18ㅎ》不是去望這位同寅, 이 位 同寅을 가 보지 아니면.《朴新諺 3, 53ㅈ》我到別處去望相識, 내 다른 더 가 아는 이를 보려 ㅎ여. ❾⇔봉망(奉望).《朴新諺 1, 56ㅎ》所以不曾得去奉望, 이러모로 일즉 가 보지 못ㅎ여시니. ❿⇔상(相).《朴新諺 3, 37ㅎ》這眞是人不可貌相海不可斗量, 이 진실로 사롬은 可히 얼굴로 보지 못홀 거시오 바다흔 可히 말로 되지 못홀 거시로다. ⓫⇔험(驗).《朴新諺 2, 17ㅈ》請老爺驗馬, 請컨대 老爺는 물을 보라.
보드랍다 閱 부드럽다. ⇔융(絨).《朴新諺 1, 29ㅎ》白絨氊襪上, 흰 보드라온 담쳥에.
보ᄃ라온실 명 부드러운 실. 융사(絨絲). 자수용 굵은 실. ⇔융션(絨線).《朴新諺 1, 46ㅈ》你買諸般絨線, 네 여러 가지 보드라온 실과.
보ᄃ랍다 閱 부드럽다. ⇔융(絨).《朴新諺 1, 46ㅈ》你買諸般絨線, 네 여러 가지 보드라온 실과.
보람 명 보람. 서명(署名). 표(表). 표지(標識). ❶⇔기호(記號).《朴新諺 2, 13ㅎ》兩頭有記號, 두 머리에 보람이 이시니. ❷⇔인기(認記).《集覽, 字解, 單字解, 6ㅎ》認. 識也. 辨認 츠려내다. 又認得 사괴다. 又아다. 又認記 보람.《朴新諺 1, 56ㅈ》甚麼門有甚麼記認沒有, 므슴 門이며 므슴 보람이 잇ᄂ냐 업ᄂ냐. ❸⇔조(照).《朴新諺 2, 19ㅎ》立此爲照, 이를 셰워 보람을 삼노라.《朴新諺 2, 45ㅈ》恐後無憑立此爲照, 後에 의빙홈이 업슬가

저허 이를 셰워 보람을 삼노라. ⓔ⇔표
(票). 《朴新諺 1, 34ㅈ》現有借票在我手
裏, 시방 쑤는 보람이 내 손에 잇느니.
《朴新諺 1, 58ㅈ》煩你代我寫一紙借票,
네게 쳥ᄒᆞᄂᆞ니 나를 ᄀᆞᄅᆞ차 ᄒᆞᆫ 쟝 빗내
는 보람을 쓰라.

보로기 圕 포대기. ⇔붕자(繃子). 《集覽,
朴集, 上, 13ㅎ》繃子. 보로기, 卽褓也. 廣
韻〈韵〉, 束兒衣也. 闊〈濶〉八寸, 長一尺,
用約小兒而負之行者.

보롬 圕 보름. ⇔반월(半月). 《朴新諺 1,
44ㅎ》半月頭辦花燭成親的, 보롬끠 花燭
을 댱만ᄒᆞ여 成親ᄒᆞ고.

보리 圕 보리. ⇔대맥(大麥). 《朴新諺 3,
38ㅈ》他種的稻子, 제 시믄 벼와. 膏粱,
슈슈와. 黍子, 기장과. 大麥, 보리와. 小
麥, 밀과. 蕎麥, 모밀과. 黃豆, 콩과. 小豆,
풋과. 菉豆, 菉豆와. 豌豆, 광쟝이. 黑豆,
거믄콩. 芝麻, 춤깨와. 蘇(蘇)子, 듧깨.

보리(菩提) 圕 〈불〉 불교 최고의 이상인
불타(佛陀) 정각(正覺)의 지혜. 《集覽,
朴集, 中, 4ㅈ》智滿十身. 本覺爲知, 始覺
爲智. 滿, 備也. 十身有調御. 十身, 曰無
着, 曰弘願, 曰業報, 曰住持, 曰涅槃, 曰淨
法, 曰眞心, 曰三昧, 曰道性, 曰如意. 有內
十身, 曰菩提, 曰願, 曰化, 曰力持, 曰莊嚴,
曰威勢, 曰意生, 曰福德, 曰法, 曰智. 有外
十身, 曰自, 曰衆生, 曰國土, 曰業報, 曰聲
聞, 曰圓覺, 曰菩薩, 曰智, 曰法, 曰虛空.

보문품(普門品) 圕 〈불〉 법화경(法華經)
의 제25품(品). 관세음보살(觀世音菩薩)
이 중생의 온갖 재난을 구제하고 소원
을 이루게 하며 널리 교화하는 일을 설
파하였다. 《集覽, 朴集, 中, 4ㅈ》瓔珞. 普
門品經云, 無盡意, 菩薩解領下衆寶瓔珞
而以與之. 《集覽, 朴集, 中, 6ㅈ》尋聲救
苦應念除災. 史記, 昔盧景裕繫晉陽獄, 志
心念觀世音菩薩, 枷鎖自脫. 又有人當死,
志心誦觀世音菩薩普門品經千百遍, 臨刑
刀折, 因以赦之.

보보(步步) 圕 한 걸음 한 걸음. 걸음마다
점점. 《集覽, 朴集, 下, 11ㅈ》好女不看
燈. 涅槃經云, 上元, 如來闍維訖, 收舍利,
置金床上, 天人散花, 奏樂繞城, 步步燃燈
十二里.

보살(菩薩) 圕 〈불〉 위로 보리(菩提)를 구
하고 아래로 중생(衆生)을 제도하는 대
승불교(大乘佛敎)의 이상적 수행자상.
《集覽, 朴集, 上, 10ㅎ》布施. 菩薩布施,
但一心淸淨, 利益一切, 爲大施主, 法施也.
此不住相布施也. 《集覽, 朴集, 中, 4ㅎ》
瓔珞. 普門品經云, 無盡意, 菩薩解領下衆
寶瓔珞而以與之. 《集覽, 朴集, 中, 4ㅈ》
智滿十身. 本覺爲知, 始覺爲智. 滿, 備也.
十身有調御. 十身, 曰無着, 曰弘願, 曰業
報, 曰住持, 曰涅槃, 曰淨法, 曰眞心, 曰三
昧, 曰道性, 曰如意. 有內十身, 曰菩提, 曰
願, 曰化, 曰力持, 曰莊嚴, 曰威勢, 曰意生,
曰福德, 曰法, 曰智. 有外十身, 曰自, 曰衆
生, 曰國土, 曰業報, 曰聲聞, 曰圓覺, 曰菩
薩, 曰智, 曰法, 曰虛空. 《朴新諺 2, 10ㅈ》
這的眞是善知識(朴新注, 26ㅎ: 指高僧之
稱. 佛書云, 菩薩・羅漢是善知識.)了, 이
진짓 善知識이라. 《朴新諺 2, 29ㅈ》這菩
薩眞乃有靈有聖, 이 菩薩이 진짓 有靈 有
聖 ᄒᆞ니라. 《朴新諺 2, 30ㅈ》若人有難口
念菩薩之名, 만일 사름이 어려옴이 잇거
든 입에 菩薩의 일홈을 念ᄒᆞ면. 《朴新諺
2, 30ㅈ》似這等菩薩不可不去參拜哩, 이
런 菩薩을 可히 가 參拜치 아니치 못홀
거시라.

보색(寶色) 圕 아름다운 색채. 훌륭한 색
조(色調). 《朴新諺 1, 23ㅈ》有黃豆大又
圓淨有寶色, 콩만치 크고 또 圓淨ᄒᆞ고 寶
色이 잇느니라.

보석(寶石) 圕 아주 단단하고 빛깔과 광
택이 아름다우며 희귀한 광물. 《集覽,
朴集, 上, 11ㅎ》金廂寶石. 寶石, 卽上節
〈節〉紫鴉忽之類, 以金爲斗供〈拱〉而納石
於其中, 綴着於女冠之上, 以爲飾也. 音義

云, 寶石에 금 :젼메·워 ·ᄯ·민 頭面.《朴
新諺 1, 23ㅎ》両對寶石(朴新注, ㅎ: 出南
蕃・西蕃, 性堅滑, 色淡紅明瑩.)廂嵌的鬢
簪, 두 ᄡᅡᆼ 寶石에 던메워 날박은 鬢簪과.
《朴新諺 1, 44ㅈ》金廂寶石頭面, 金으로
寶石에 던메온 頭面과.

보성(輔星) 圀 좌보성(左輔星). 구성(九
星) 가운데 여덟째 별 이름.《集覽, 朴集,
上, 7ㅈ》北斗左輔右弼. 晉書天文志云, 七
星在太微北, 七政之樞機, 陰陽之元本. 七
星明, 其國昌, 輔星明, 則臣强.

보시 圀〈불〉보시(布施).⇔보시(布施).
《朴新諺 2, 10ㅎ》咱兩箇拿些布施和香・
蠟去禮拜他, 우리 둘이 져기 보시와 香
과 쵸를 가져가 뎌의게 禮拜ᄒ고.《朴新
諺 3, 8ㅎ》要徃江南地方化些布施去, 江
南 ᄯᅡ흘 향ᄒ여 져기 보시를 빌라 가고
져 ᄒ니.《朴新諺 3, 9ㅎ》沿門化些布施
廻來, 집마다 져기 보시를 비러 도라와.

보시(布施) 图〈불〉보시(布施)하다. ●⇔
보시ᄒ다.《朴新諺 3, 8ㅈ》把我二三年化
來的布施金銀, 내 二三年 비러 온 보시ᄒᆫ
金銀을다가. ●⇔보시ᄒ다(布施-).《朴
新諺 1, 36ㅈ》想是你平日布施(朴新注, 14
ㅈ: 捨施也.)人家齋飯・錢, 싱각건대 네
平日에 布施ᄒᆫ 人家 齋飯・錢을.

보시(布施) 圀〈불〉자비심(慈悲心)으로
남에게 베푸는 재물이나 불법.⇔보시.
《集覽, 朴集, 上, 10ㅈ》布施. 捨施也, 財
施爲凡, 法施爲聖. 凡布施, 必以滿三千世
界, 七寶(宝)爲求福之具, 財施也. 此住相
布施也. 菩薩布施, 但一心淸淨, 利益一切,
爲大施主, 法施也. 此不住相布施也.《朴
新諺 2, 10ㅎ》咱兩箇拿些布施和香・蠟
去禮拜他, 우리 둘이 져기 보시와 香과
쵸를 가져가 뎌의게 禮拜ᄒ고.《朴新諺
3, 8ㅎ》要徃江南地方化些布施去, 江南
ᄯᅡ흘 향ᄒ여 져기 보시를 빌라 가고져
ᄒ니.《朴新諺 3, 9ㅎ》沿門化些布施廻
來, 집마다 져기 보시를 비러 도라와.

보시ᄒ다 图〈불〉보시(布施)하다. ⇔보
시(布施).《朴新諺 3, 8ㅈ》把我二三年化
來的布施金銀, 내 二三年 비러 온 보시ᄒᆫ
金銀을다가.

보시ᄒ다(布施-) 图〈불〉보시(布施)하
다. ⇔보시(布施).《朴新諺 1, 36ㅈ》想是
你平日布施(朴新注, 14ㅈ: 捨施也.)人家
齋飯・錢, 싱각건대 네 平日에 布施ᄒᆫ
人家 齋飯・錢을.

보신(報信) 图 소식을 알리다. 정보를 전
하다. ⇔보신ᄒ다(報信-).《朴新諺 3, 54
ㅈ》報信者給銀三兩, 報信ᄒᄂ 이ᄂ 銀
석 냥을 주고.

보신ᄒ다(報信-) 图 보신(報信)하다. ⇔
보신(報信).《朴新諺 3, 54ㅈ》報信者給
銀三兩, 報信ᄒᄂ 이ᄂ 銀 석 냥을 주고.

보술피다 图 보살피다. 돌보다. ●⇔간수
(看守).《朴新諺 2, 31ㅎ》好生看守門戶
要緊, ᄀ장 門戶 보술피기를 要緊히 ᄒ
라. ●⇔조간(照看).《朴新諺 1, 9ㅈ》教
道我照看我, 나를 ᄀᄅ치고 나를 보술피
면,《朴新諺 2, 21ㅈ》黑夜好生用心照看,
밤에 ᄀ장 用心ᄒ여 보술피라.

보솔피다 图 보살피다. 돌보다. ●⇔간성
(看成).《集覽, 字解, 累字解, 2ㅎ》看成.
보솔피다. 又기르다. 又삼다. ●⇔예대
(禮待).《集覽, 字解, 累字解, 2ㅈ》打發.
禮待應答之稱, 보솔퍼 디답ᄒ다. ●⇔
조관(照管).《集覽, 字解, 累字解, 2ㅈ》照
管. 보솔피다. ●⇔조처(照覰).《集覽,
字解, 累字解, 2ㅈ》照管. 보솔피다.《集
覽, 字解, 累字解, 2ㅈ》照覰. 上同.

보솔히다 图 보살피다. 돌보다. ⇔간수
(看守).《朴新諺 2, 53ㅎ》你好生用心看
守着, 네 ᄀ장 用心ᄒ여 보솔히라.

보아(步兒) 圀 걸음. ⇔거름.《朴新諺 2,
53ㅎ》過了一生日便會學那步兒, ᄒᆫ 生日
이 지나면 곳 거름 옴길 줄을 알 거시니.

보아ᄒ니 图 보아하니. 보건대. ⇔간래
(看來).《朴新諺 1, 27ㅈ》看來是我輸了,

보아ᄒ니 이 내 것도다.

보안주(保安州) 閔 원대(元代)에 두었다. 요대(遼代)의 봉성주(奉聖州) 지역으로, 찰합이성(察哈爾省) 탁록현(涿鹿縣)의 남서쪽에 있었다. 《集覽, 朴集, 上, 4ㅎ》蘆溝橋. 蘆溝本桑乾河, 俗曰渾河, 亦曰小黃河. 上自保安州界, 歷山南流入宛平縣境, 至都城四十里.

보야흐로 囝 바야흐로. ⇔방(方). 《朴新諺 1, 7ᄌ》方許散哩, 보야흐로 훗터지믈 許ᄒ쟈. 《朴新諺 1, 14ᄌ》方好到倉裏關米, 보야흐로 倉에 가 뿔 틋기 됴ᄒ니라. 《朴新諺 1, 18ᄌ》必得鑌鐵打方好, 반ᄃ시 鑌鐵로 치이여야 보야흐로 됴흘 써시니. 《朴新諺 1, 28ㅎ》方見得有弟兄之義哩, 보야흐로 弟兄의 義 이시믈 보리라. 《朴新諺 1, 35ㅎ》方要偸情的時節(節), 보야흐로 偸情홀 째에. 《朴新諺 1, 56ᄌ》方能勾養大成人, 보야흐로 養大成人ᄒᄂ니. 《朴新諺 1, 56ᄌ》養子方知父母恩, 즈식을 길러야 보야흐로 父母 은혜를 안다 ᄒ니라. 《朴新諺 3, 33ㅎ》你都帶了來這裡做活方好, 네 다 가지고 와 예셔 셩녕홈이 보야흐로 됴타. 《朴新諺 3, 42ᄌ》方肯畫哩, 보야흐로 즐겨 그리ᄂ니라.

보양(補養) 图 인체의 양기(陽氣)를 보하다. 《集覽, 朴集, 上, 13ㅎ》滿月. 質問云, 産婦一箇月不出門, 不生理, 只補養本身, 一月之後出門, 又吃〈喫〉喜酒.

보용(補用) 图 재물 따위의 부족한 것을 보태어 쓰다. ⇔보용ᄒ다(補用-). 《朴新諺 2, 51ㅎ》滿了一任還不知等到何年纔得補用哩, 혼 벼슬이 ᄎ면 당시롱 어늬 히에 다ᄃ라 마치 補用홈을 어들 줄을 아지 못ᄒᄂ니라.

보용ᄒ다(補用-) 图 보용(補用)하다. ⇔보용(補用). 《朴新諺 2, 51ㅎ》滿了一任還不知等到何年纔得補用哩, 혼 벼슬이 ᄎ면 당시롱 어늬 히에 다ᄃ라 마치 補

用홈을 어들 줄을 아지 못ᄒᄂ니라.

보우(保佑) 图 보호하고 도와주다. ⇔보우ᄒ다(保佑-). 《集覽, 朴集, 下, 4ㅎ》大醮. 中元玉籙齋, 保佑六宮, 輔寧妃后, 設周天大醮. 《朴新諺 3, 8ㅎ》保佑我完了這願心便死也無怨了, 나를 保佑ᄒ여 이 願心을 못게 ᄒ면 곳 죽어도 怨홈이 업스리라.

보우(普愚) 閔 고려(高麗) 말의 중. 처음 법명(法名)은 보허(普虛). 법호(法號)는 태고화상(太古和尙). 속성은 홍씨(洪氏). 본관은 홍주(洪州). 선종(禪宗)의 주류를 이룩하였고, 공민왕(恭愍王)의 신임을 받아 왕사(王師)가 되었으나, 신돈(辛旽)의 시기와 횡포 때문에 물러났다가 신돈이 죽은 뒤 국사(國師)가 되었다. 《集覽, 朴集, 上, 15ㅎ》步虛. 俗姓洪氏, 高麗洪州人, 法名普愚, 初名普虛, 號太古和尙. 有求法於天下之志.

보우ᄒ다(保佑-) 图 보호하고 도와주다. ⇔보우(保佑). 《朴新諺 3, 8ㅎ》保佑我完了這願心便死也無怨了, 나를 保佑ᄒ여 이 願心을 못게 ᄒ면 곳 죽어도 怨홈이 업스리라.

보은(報恩) 图 은혜를 갚다. 《集覽, 朴集, 下, 1ㅎ》魔障. 昔釋迦出世時, 魔王名波旬, 若人來供養恭敬〈若如來供養恭敬〉, 魔王依於佛法, 得善利, 不念報恩, 而反欲加毀. 故名波旬, 此言惡中惡.

보응(報應) 图 착한 일과 악한 일이 그 원인과 결과에 따라 대갚음을 받다. 《集覽, 朴集, 下, 1ㅎ》證果金身. 言果報者, 觀經疏云, 行眞實法感得勝報也. 又修善得善果, 作惡得惡報, 謂之果報. 又生時所作善惡謂之因, 他日報應謂之果. 謂證果者, 如三藏法師取經東還, 化爲栴檀佛如來. 《朴新諺 2, 10ㅎ》好聽他說些因果(朴新注, 26ㅎ: 生時所作善惡, 謂之因. 他日報應, 謂之果.)何如, 뎌의 因果 니르는 거슬 드르미 엇더ᄒ뇨.

보인 圀 보인(保人). ⇔보인(保人).《朴新
諺 2, 20ㅈ》怎麼沒有中・保人呢, 엇지
중인・보인이 업ᄂᆞ뇨.《朴新諺 2, 20ㅈ》
自古買人的中・保人只管得一百日, 녜로
부터 사ᄅᆞᆷ 사는 ᄃᆡ 중인・보인은 그저
일 빅 날을 ᄀᆞ옴아ᄂᆞ니.

보인(保人) 圀 보증인(保證人). ⇔보인.
《朴新諺 2, 20ㅈ》怎麼沒有中・保人呢,
엇지 중인・보인이 업ᄂᆞ뇨.《朴新諺 2,
20ㅈ》自古買人的中・保人只管得一百
日, 녜로부터 사ᄅᆞᆷ 사는 ᄃᆡ 중인・보인
은 그저 일 빅 날을 ᄀᆞ옴아ᄂᆞ니.

보제(菩濟) 圄 =보제(普濟). ‘菩’는 ‘普’의
잘못.《集覽, 朴集, 上, 12ㅈ》觀音菩薩.
以耳根圓通, 以聞聲作觀, 故謂之觀世音.
菩〈普〉者, 普也, 薩者, 濟也, 謂菩〈普〉濟
衆生也.

보제(普濟) 圄 널리 구제하다.《集覽, 朴
集, 上, 12ㅈ》觀音菩薩. 以耳根圓通, 以
聞聲作觀, 故謂之觀世音. 菩〈普〉者, 普
也, 薩者, 濟也, 謂菩〈普〉濟衆生也.《朴新
諺 1, 44ㅎ》眞是觀音菩薩(朴新注, 17ㅈ:
耳根圓通, 聞聲作觀, 故為之觀音. 菩者,
普也, 薩者, 濟也, 謂普濟衆生也.) 一般, 진
짓 이 觀音菩薩 흔가지오.

보주(補做) 圄 보충하다. 벌충하다. ⇔다
ᄂᆞ림ᄒᆞ다.《朴新諺 2, 4ㅎ》送去與他補做
生日罷, 보내여 더롤 주어 生日을 다ᄂᆞ
림홈이 무던ᄒᆞ다.

보채다 圄 보채다. ●⇔뇌(賴).《朴新諺
3, 20ㅈ》便賴說我家這小廝偷了, 곳 보채
여 니르되 우리 집의 아히 놈이 도적ᄒᆞ
다 ᄒᆞ여. ●⇔늑늑(勒掯).《朴新諺 3, 3
ㅈ》你只管勒掯不賣, 네 그저 스리여 보
채고 ᄑᆞ지 아니ᄒᆞ니. ●⇔조해(遭害).
《朴新諺 3, 1ㅎ》你這孩子們怎麼這般遭
害我, 너 이 아히들이 엇지 이리 나를
보채ᄂᆞ뇨.

보천대초(普天大醮) 圀 도교에서, 정월
보름날 복을 기원하고 재앙을 없애기
위하여 제왕이 성대하게 거행하던 제전
(祭典).《集覽, 朴集, 下, 4ㅎ》大醮. 上元
金籙齋, 帝王修奉, 設普天大醮.

보초(寶鈔) 圀 원(元)・명(明)・청대(淸
代)에 발행한 지폐.《集覽, 朴集, 上, 13
ㅈ》錢鈔. 錢者, 金帛之名. 古曰泉, 後鑄
而曰錢. 古者天降災戾, 於是乎量資幣, 權
輕重, 以救民困. 代各鑄錢, 輕重不一. 鈔,
楮幣也. 始於蜀之交子, 唐之飛錢, 至元朝
有中統元寶. 交鈔, 通行寶鈔之名.《集覽,
朴集, 中, 8ㅎ》錠. 質問云, 每一張鈔, 謂
之一錠. 又云, 五貫寶鈔爲一錠.

보타(普陀) 圀 현(縣) 이름. 중국 절강성
(浙江省)에 있었다. 성(省) 안에 있는 보
타산(普陀山)은 중국 불교 4대 명산(名
山)의 하나이다.《集覽, 朴集, 中, 3ㅎ》南
海普陁落伽山. 山在寧波府定海縣, 古昌
國縣海中. 佛書所謂海岸高絶處, 普陀洛
伽山, 世傳觀音現像于此, 上有普陀寺. 普
陁落伽, 唐言小白花, 卽山礬花也. 山多小
白花, 故仍名. 徃時高麗・新羅・日本諸
國, 皆由此取道以候風汛. 飜譯名義云, 補
陁落迦(伽), 此云海島, 又云小白花.《朴
新諺 2, 28ㅎ》到那南海普陀落伽山, 뎌 南
海 普陀 落伽山에 가.《朴新諺 2, 29ㅈ》
身嚴瓔珞居普陁空翠之山, 몸에 瓔珞으로
장엄ᄒᆞ여시니 普陁 空翠의 山에 居ᄒᆞ엿
도다.

보타다 圄 보태다. ⇔첨(添).《朴新諺 1,
2ㅎ》添着吃如何, 보타여 먹음이 엇더ᄒᆞ
뇨.

보타사(普陀寺) 圀 절 이름. 중국 영파부
(寧波府) 정해현(定海縣)에 있었다.《朴
新諺 2, 28ㅎ》到那南海普陀落伽山(朴新
注, 33ㅈ: 在寧波府定海縣. 世傳觀音現像
于此, 上有普陀寺.), 뎌 南海 普陀 落伽山
에 가.

보탑(寶塔) 圀 절의 탑을 높여 이르는 말.
《朴新諺 1, 41ㅈ》這是寶塔, 이는 이 寶塔
이로다.

보패(寶貝) 몡 보배.《朴新諺 1, 42ㅎ》可
知道馬是第(第)一件寶貝, 그리어니 물은
이 第(第)一 寶貝라.

보허(步虛) 몡 =보허(普虛). '步'는 '普'의
다른 표기.《集覽, 朴集, 上, 15ㅎ》步虛.
俗姓洪氏, 高麗洪州人, 法名普愚, 初名普
虛, 號太古和尙. 有求法於天下之志.《集
覽, 朴集, 上, 16ㅈ》作與頌字迴光返照大
發明得悟. 音義云, 石屋和尙作佛頌與
〈与〉步虛, 其佛光迴還返照於步虛之身,
其於生死輪迴之說, 靡不通曉.《朴新諺 2,
9ㅎ》法名叫做步虛, 法名을 步虛ㅣ라 부
르리.

보허(普虛) 몡 고려(高麗) 말의 중 보우(普
愚)의 처음 법명(法名).《集覽, 朴集, 上,
15ㅎ》步虛. 俗姓洪氏, 高麗洪州人, 法名
普愚, 初名普虛, 號太古和尙. 有求法於天
下之志. 至正丙戌春, 入燕都, 聞南朝有臨
濟正脉不斷〈断〉, 可徃印可. 盖指臨濟直
下雪嵓〈嵓〉嫡孫石屋和尙淸珙也. 遂徃湖
州霞霧山天湖庵謁和尙, 嗣法傳衣. 還大
都, 時適丁太子令辰十二月二十四日, 奉
傳聖旨, 住持永寧禪寺, 開堂演法. 戊子東
還, 掛錫于三角山重興寺. 尋徃龍門山, 結
小庵, 額曰小雪. 戊午冬, 示寂放舍利玄陵,
賜謚圓證國師, 樹塔于重興寺之東, 以藏
舍利. 玄陵, 卽恭愍王陵也.《集覽, 朴集,
上, 16ㅈ》石屋. 法名淸珙, 號石屋和尙,
臨濟十八世之嫡孫也. 普虛謁石屋, 石屋
見之云, 老僧今日旣已放下三百斤擔子遞
你擔了, 且展脚睡矣. 乃微笑云, 佛法東
矣. 遂以袈裟表信曰, 衣雖今日, 法自靈
〈灵〉山流傳至今, 今附於汝, 汝善護持, 毋
〈母〉令斷〈断〉絕. 事文類聚云, 釋氏五宗
之敎, 傳至法眼, 爲雪峯眞覺禪師之道. 至
永明, 其道傳于高麗國. 此卽普虛之傳也.
《朴新諺 2, 9ㅎ》法名叫做步虛, 法名을
步虛ㅣ라 부르리.

보ᄒ다(報-) 통 보고하다. ⇔보(報).《朴
新諺 2, 17ㅎ》我好赶進京先報去, 내 셔
울을 미처 나아가 몬져 報ᄒ라 가기 됴
흐리라.《朴新諺 3, 47ㅎ》司天臺便報時
辰, 司天臺 곳 時辰을 報ᄒ면.

복 의 첩(貼). (첩약의 수효를 세는 단위)
⇔복(服).《朴新諺 2, 24ㅎ》你且熬兩服
吃, 네 아직 두 복을 달혀 먹고.

복(服) 통 먹다. 마시다. ⇔먹다.《朴新諺
2, 25ㅈ》煎至七分去滓溫服, 달혀 七分에
니르거든 滓를 ᄇ리고 더온 이로 먹으라.

복(福) 몡 복. 행복.《朴新諺 3, 7ㅈ》你的
身子安樂就是福了, 네 몸이 安樂ᄒ면 곳
이 福이니라.

복걸(伏乞) 통 엎드려서 빌다.《集覽, 朴
集, 下, 11ㅎ》申. 某府爲某事云云, 合行
申覆, 伏乞照驗施行, 須至申者, 右申某處
承宣布政使司.《朴新諺 3, 51ㅈ》伏乞憲
天老爺立賜看驗, 伏乞 憲天 老爺ᄂ 즉시
看驗홈을 주어.《朴新諺 3, 53ㅈ》伏乞大
老爺恩准施行, 伏乞 大老爺ᄂ 恩准 施行
ᄒ쇼셔.

복급(支給) 통 =지급(支給). '支'은 '支'의
잘못.《集覽, 朴集, 上, 5ㅈ》月俸. 中朝
〈元制〉官祿, 每月支〈支〉給. 今此一月四
石之俸, 以元制考之, 乃從九品也. 米·豆
曰祿,, 鈔·錢·絹曰俸.

복기(福氣) 몡 (행복한 생활을 누릴 수 있
는) 복(福). 운(運).《朴新諺 1, 54ㅈ》後
來必之是有福氣的, 후에 반드시 福氣 이
시리라.《朴新諺 2, 51ㅈ》到底是你的職
分好福氣好, 나죵내 네 職分이 됴코 福氣
됴타.

복덕(福德) 몡 〈불〉 선행의 과보(果報)로
받는 복스러운 공덕.《集覽, 朴集, 中, 4
ㅈ》智滿十身. 本覺爲知, 始覺爲智. 滿,
備也. 十身有調御. 十身, 曰無着, 曰弘願,
曰業報, 曰住持, 曰涅槃, 曰淨法, 曰眞心,
曰三昧, 曰道性, 曰如意. 有內十身, 曰菩
提, 曰願, 曰化, 曰力持, 曰莊嚴, 曰威勢,
曰意生, 曰福德, 曰法, 曰智. 有外十身, 曰
自, 曰衆生, 曰國土, 曰業報, 曰聲聞, 曰圓

覺, 曰菩薩, 曰智, 曰法, 曰虛空.

복두(幞頭) 명 두건(頭巾)의 하나. 검은 명주 천으로 된 네 가닥의 띠가 있는데, 두 개는 아래로 늘어뜨리고 두 개는 머리 위로 올려 묶는다. 북주(北周) 무제(武帝) 때 처음 만들었다고 한다. 《朴新諺 3, 47ㅈ》頭戴幞頭, 머리에 幞頭 쓰고.

복렬(馥烈) 형 향기가 짙다. 《集覽, 朴集, 中, 5ㅈ》起浮屠於泗水之間. 中宗問諸近臣, 近臣奏, 僧伽大師化緣在臨淮, 恐欲歸. 中宗心許, 其臭頓息, 奇香馥烈.

복망(伏望) 동 엎드려 웃어른의 처분 따위를 삼가 바라다. 《朴新諺 3, 16ㅈ》伏望父母大人善保起居, 伏望 父母 大人은 善保 起居ᄒ쇼셔.

복사(服事) 동 돌보다. 시중들다. 보살피다. ⇔복사ᄒ다(服事-). 《朴新諺 2, 23ㅈ》全仗着這吳爺一路服事我來, 젼혀 이 吳爺ㅣ 一路에 나를 服事홈을 미덧노라.

복사ᄒ다(服事-) 동 복사(服事)하다. ⇔복사(服事). 《朴新諺 2, 23ㅈ》全仗着這吳爺一路服事我來, 젼혀 이 吳爺ㅣ 一路에 나를 服事홈을 미덧노라.

복성화 명 복숭아. ⇔도(桃). 《朴新諺 1, 4ㅈ》乾果子呢, 모론 과실은. 榛子, 개암. 松子, 잣. 瓜子, 슈박삐. 乾葡萄, 마론 葡萄. 栗子, 밤. 龍眼, 龍眼. 桃仁, 복성화삐. 荔子, 녀지요. 《朴新諺 3, 25ㅈ》說與先生橫中有一箇桃, 先生ᄃ려 닐러 궤 가온ᄃ 혼 복성홰 잇다 ᄒ엿더니. 《朴新諺 3, 25ㅎ》大仙說是一箇桃, 大仙이 니르되 이 혼 복성화라 ᄒ여늘.

복성화삐 명 복숭아씨. ●⇔도인(桃仁). 《朴新諺 1, 4ㅈ》乾果子呢, 모론 과실은. 榛子, 개암. 松子, 잣. 瓜子, 슈박삐. 乾葡萄, 마론 葡萄. 栗子, 밤. 龍眼, 龍眼. 桃仁, 복성화삐. 荔子, 녀지요. ●⇔도핵(桃核). 《朴新諺 3, 25ㅈ》飛入橫中把桃肉都吃了, ᄂ라 橫 속에 드러가 복성화 술을 다가 다 먹어. 只留下桃核, 다만 복성화

삐만 남기고. 《朴新諺 3, 25ㅎ》三蔵說是一箇桃核, 三蔵이 니르되 이 혼 복성화삐라 ᄒ니. 《朴新諺 3, 25ㅎ》却是桃核, ᄯ 이 복성화 삐라.

복소(復甦) 동 소생(蘇生)하다. 회생(回生)하다. 살아나다. 《集覽, 朴集, 下, 11ㅈ》金榜. 唐崔昭暴卒復甦云, 見冥閒(間)列榜〈梯〉, 書人姓名, 將相金榜〈梯〉, 次銀榜〈梯〉, 州縣小官鐵榜〈鈇〉. 《朴新諺 3, 49ㅈ》諒你要金榜(朴新注, 62ㅈ: 唐崔昭暴卒復甦, 云, 見冥間列榜, 書人姓名, 將相金榜, 次銀榜, 小官鈇榜. 近世以科甲為金榜.)題名的書生, 헤아리건대 너 金榜에 題名코져 ᄒ는 書生이.

복시(伏侍) 동 삼가 받들어 모시다. ⇔복시ᄒ다(伏侍-). 《集覽, 朴集, 上, 13ㅎ》老娘. 音義云, 伏侍生産的婦人. 今按, 俗呼穩婆. 《朴新諺 3, 36ㅎ》豈不用心伏侍的呢, 엇지 用心ᄒ여 伏侍치 아니ᄒ리오.

복시(服侍) 동 모시다. 시중들다. 보살피다. ⇔뫼시다. 《朴新諺 3, 58ㅈ》叫衆將軍們服侍上馬, 여러 將軍들을 불러 뫼셔 물 틔오고.

복시ᄒ다(伏侍-) 동 복시(伏侍)하다. ⇔복시(伏侍). 《朴新諺 3, 36ㅎ》豈不用心伏侍的呢, 엇지 用心ᄒ여 伏侍치 아니ᄒ리오.

복식(服食) 명 의복과 음식물. 《集覽, 朴集, 上, 13ㅈ》盤纏. 길헤 여·러 가지로 쓰는 것. 質問云, 盤費纏繳供給之物, 如供給服食應用金銀·財帛之類. 今按, 盤纏二字, 取義源流未詳.

복씌 명 복(服)띠. (상복에 띠는, 삼베로 만든 띠) ⇔효대(孝帶). 《朴新諺 3, 44ㅈ》繫着孝帶的不可勝數, 복씌 씌니 可히 이긔여 혜지 못ᄒ로라.

복어(鰒魚) 명 전복. ⇔전복. 《朴新諺 1, 5ㅈ》鰒魚頓肉, 전복 너허 술믄 고기와.

복욱(馥郁) 형 풍기는 향기가 그윽하다. 《集覽, 朴集, 下, 3ㅎ》趙太祖飛龍記. 宋

太祖, 姓趙, 名匡胤. 母昭獻皇后夢日入懷
而孕. 誕生之夕, 赤光滿室, 異香馥郁.

복음(福蔭) 图 복을 내려 보호하여 주다.
《朴新諺 3, 15ㅈ》托賴父母福蔭, 父母의
福蔭을 닙어.

복응(支應) 图 =지응(支應). '支'은 '支'의
잘못. 《集覽, 朴集, 上, 4ㅎ》箚付. 音義
云, 禮部知會都堂總兵官文書, 內有事件,
体式詳見求政錄. 《集覽, 朴集, 上, 4ㅎ》
関字. 音義云. 支〈支〉應馬匹〈疋〉并廩給
者, 体式詳見求政錄.

복지겸(卜智謙) 图 고려(高麗)의 개국 공
신. 처음 이름은 사괴(砂瑰)·사귀(沙
貴). 처음에 궁예(弓裔)의 마군장군(馬軍
將軍)으로 있다가, 궁예의 횡포가 심하
자 신숭겸(申崇謙) 등과 함께 왕건(王建)
을 추대하여 고려를 개국하였다. 《朴新
諺 3, 57ㅈ》有將軍裵玄慶·洪儒·卜智
謙·申崇謙等四箇人, 將軍 裵玄慶·洪儒
·卜智謙·申崇謙 等 네 사룸이 이셔.

복희씨(伏羲氏) 图 제왕(帝王)의 이름. 성
은 풍(風). 삼황(三皇)의 한 사람으로 팔
괘를 처음으로 만들고, 목축(牧畜)과 그
물을 발명하여 고기잡이의 방법을 가르
쳤다고 한다. 진(陳)에 도읍. 재위 1백
50년이라 한다. 《集覽, 朴集, 下, 10ㅈ》
勾芒神. 春神之號. 太皥伏羲氏有子曰重,
主木, 爲勾芒神. 《朴新諺 3, 46ㅎ》牌上寫
着勾芒神(朴新注, 61ㅈ: 春神之號. 太昊
伏羲氏有子曰重, 主木, 為勾芒神.), 牌에
쁘기를 勾芒神이라 ᄒ고.

본(本) 图 본전. 원금. 《朴新諺 1, 34ㅈ》說
之一年之內本利都還清我, 닐러 뎡ᄒ여
혼 힛 너에 本과 利를 다 내게 갑하 물키
마 ᄒ여. 《朴新諺 3, 30ㅈ》只勾本我就賣
再不爭論的, 그저 本이 되면 내 곳 풀고
다시 爭論치 아니ᄒ리라.

본(本) 图 본디. 원래. 본래. ⇔본디. 《朴
新諺 2, 18ㅎ》我本待要請你去, 내 본디
ᄒ마 너를 쳥ᄒ라 가려 ᄒ더니.

본(本) 回 권(卷). ⇔권. 《集覽, 朴集, 中,
1ㅈ》撱兒〈子〉. 染家有簿冊一本, 有人求
染絹帛者, 必於簿上記其物數及染色, 幷
其染直以當契約者, 謂之撱兒. 《朴新諺 1,
48ㅈ》纔讀得半本哩, 겨요 반 권을 닑엇
노라.

본- 㝛 본(本)-. 《朴新諺 1, 44ㅎ》又要回家
住對月了, ᄯ 본집의 도라와 버금 돌을
머물러 ᄒᄂ니라.

본가(本家) 图 자기 집. 《朴新諺 3, 51ㅈ》
由本家西墻跳入, 本家 西墻으로부터 쒸
여들어.

본각(本覺) 图 〈불〉 삼각(三覺)의 하나.
우주에 존재하는 모든 것의 본성에 대
한 깨달음. 《集覽, 朴集, 中, 4ㅈ》智滿十
身. 本覺爲知, 始覺爲智. 滿, 備也.

본경(本京) 图 지금 자기가 사는 나라의
서울. 《朴新諺 1, 2ㅎ》造的本京好酒討幾
瓶來, 비즌 本京 됴흔 술을 여러 瓶 어더
다가.

본경(本京) 图 =본경(本京). '京'은 '京'과
같다. 《康熙字典, 亠部》京字, 字彙不載,
韻書無考. 正韻十一先……正字通强增以
爲京卽原字, 不知京·京通假. 《朴新諺 1,
2ㅎ》造的本京好酒討幾甁來, 비즌 本京
됴흔 술을 여러 甁 어더다가.

본관(本官) 图 벼슬아치가 자기 자신을
일컫는 말. 《朴新諺 3, 19ㅈ》也只指望本
官陞一箇好缺, ᄯ 다만 本官이 혼 됴흔
궐에 올므믈 ᄇ라ᄂ니.

본국(本國) 图 자기의 국적(國籍)이 있는
나라. 여기서는 고려(高麗). 《集覽, 字解,
單字解, 4ㅎ》討. 求也, 探也. 討去 어드라
가다, 討債去 빋 주니 바드라 가다, 討價
錢 빋 받다. 又本國傳習之解曰 빋 쾨오
다, 亦通. 《集覽, 朴集, 上, 2ㅈ》龍眼. 木
槵, 卽本國모관쥬. 槵, 音患. 《集覽, 朴集,
上, 6ㅈ》張舍. 王公·大人之家, 必有舍
人, 卽家臣也. 如本國伴倘〈儅〉之類, 爲權
勢倚任之人, 貧賤之所羨慕者也〈貧賤之

所羨慕者〉. 故街巷呼親識爲張舍・李舍,
乃一時推敬之稱〈称〉.《集覽, 朴集, 上,
12ㅎ》白淸水絹. 무·리 ·픗〈플〉:긔 ·업·시
다·드·마:돌호로 미·론:갑·이·니, 光滑緻
硬, 如本國擣砧者也.《集覽, 朴集, 中, 3
ㅎ》狐帽匠. 是猶本國毛衣匠之類〈猶本國
毛衣匠之類〉.《集覽, 朴集, 中, 7ㅈ》稀粥
也熬着. 籹, 音抄, 卽本國米實也.《集覽,
朴集, 中, 9ㅈ》打關節. 宋包拯剛直好駁,
時人語曰, 關節〈莭〉不到, 有閻羅包老. 如
本國俗語 쇼쳥〈쳥〉ᄒ다.《集覽, 朴集,
下, 5ㅎ》勇士. 華制, 以紅毡裁成勇字, 附
於方帛之上, 施長帶於四角, 橫負於背. 侍
衛則用之, 故曰勇士, 卽本國甲士也.《集
覽, 朴集, 下, 9ㅈ》魂車. 作小腰輿, 以黃
絹結爲流蘇垂飾〈餙〉, 如本國結彩之施,
以貯魂〈䰟〉帛, 爲前導.《集覽, 朴集, 下,
12ㅈ》狀子. 猶本國所志.

본국어(本國語) 몡 본국(本國)의 국민들
이 사용하는 말.《集覽, 朴集, 下, 5ㅎ》元
實. 撒花, 元語, 猶本國語曰土産也.

본년(本年) 몡 이 해. 올해. 금년.《朴新諺
3, 52ㅈ》本年某月某日, 本年 아모 둘 아
모 날.《朴新諺 3, 53ㅎ》本年月日, 本年
月日에.

본디 믜 본디. 원래. 본래. ●⇔본(本).
《朴新諺 2, 18ㅎ》我本待要請你去, 내 본
디 ᄒ마 너를 쳥ᄒ라 가려 ᄒ더니. ●⇔
소(素).《朴新諺 3, 23ㅈ》與大仙素不認
識, 大仙으로 더브러 본디 아지 못ᄒ니.
●⇔원(原).《朴新諺 2, 14ㅈ》這魚白綿
紬原是婦人家大襖裏子, 이 옥식 綿紬ᄂ
본디 婦人의 큰옷 안이니.《朴新諺 2, 56
ㅈ》我原說你那裏敵的我過哩, 내 본디 닐
ᄋ느니 네 엇지 나를 디젹ᄒ리오.《朴新
諺 2, 58ㅈ》原是箇南方人, 본디 이 南方
사롬. ●⇔원래(原來).《朴新諺 3, 28
ㅎ》國王道原來是一箇虎精, 國王이 니ᄅ
되 본디 이 흔 虎精이랏다. ●⇔종(從).
《朴新諺 1, 9ㅈ》又從不曾到過外邦, 또

본디 일즉 외국에 ᄃ니디 못ᄒ여시니.
《朴新諺 2, 42ㅎ》小舗從不敢哄人的, 小
舗ㅣ 본디 敢히 사롬을 소기지 못ᄒ노
라. ●⇔종래(從來).《朴新諺 2, 6ㅎ》好
哥兒弟兄們從來不分彼此, 므음 됴흔 형
아ᄋ들이 본디 彼此를 혀기지 아니ᄒ느
니.《朴新諺 3, 11ㅈ》從來不曾見你這般
仔細, 본디 일즉 너 이런 仔細호믈 보지
못ᄒ엿노라.《朴新諺 3, 46ㅈ》我却從來
不曾見過, 내 또 본디 일즉 보지 못ᄒ여
시매. ●⇔향래(向來).《朴新諺 1, 28
ㅈ》他向來面前背後, 데 본디 面前 背後
ᄒ여.

본리(本利) 몡 밑천과 변리(邊利). 원금과
이자.《集覽, 字解, 單字解, 6ㅎ》儅. 人有
遇急用錢, 則必以重物, 納質於富家, 賒錢
取用. 至限則幷其本利償還錢主, 方得退
回己之重物而來也. 典字人物通用, 儅字
人用於物.《集覽, 朴集, 中, 6ㅎ》解儅庫.
元時或稱印子鋪, 或稱把解, 人以重物來
儅, 取錢而去, 在後償還本利, 還取其物而
去, 此卽解儅庫也.

본명(本夲) 몡 =본명(本命). '夲'은 '命'의
속자.《宋元以來俗字譜》命, 古今雜劇作
夲.《集覽, 朴集, 上, 7ㅈ》南斗. 南極老人
星名, 曰天府, 曰天相, 曰天梁, 曰天童, 曰
天樞, 曰天機. 六星秉爵秩祿俸之籍, 能觧
本命〈夲〉之厄. 晉書天文志, 六星天廟
〈庙〉, 丞相太宰之位, 主褒賢進士, 稟授爵
祿.

본명(本命) 몡 자기가 타고난 명(命).《集
覽, 朴集, 上, 7ㅈ》南斗. 南極老人星名,
曰天府, 曰天相, 曰天梁, 曰天童, 曰天樞,
曰天機. 六星秉爵秩祿俸之籍, 能觧本命
〈夲〉之厄. 晉書天文志, 六星天廟〈庙〉,
丞相太宰之位, 主褒賢進士, 稟授爵祿.

본방(本坊) 몡 지금 자기가 사는 마을(고
장).《朴新諺 2, 44ㅎ》今租到本坊沈名下
住房一所, 이제 本坊 沈가의 名下에 사든
집 흔 곳을 셰내되.

본부(本府) 몡 지금 자기가 사는 부(府). 《朴新諺 3, 52ㅈ》係本府本縣附籍民人, 本府 本縣에 미여 附籍흔 民人이라.《朴新諺 3, 52ㅈ》忽遇本府張千, 믄득 本府 張千을 만나니.

본사(本事) 몡 재주. 재능. 기능. 능력. 수완. ⇔직죄. 《朴新諺 2, 1ㅎ》却沒本事, 또 지죄 업스니.

본상(本像) 몡 진상(眞相). 진면목(眞面目). 《朴新諺 3, 28ㅎ》怎生使他現出本像, 엇지 뎌로 흐여곰 本像을 現出케 흐리오.

본성(本性) 몡 사물이나 현상에 본디부터 있는 고유한 특성. 《集覽, 朴集, 下, 5ㅈ》蜜煎. 事林廣記云, 凡煎生果, 最要遂其本性, 酸苦辛硬隨性製之. 以半蜜半水煮十數沸, 乘熟控乾, 別換新蜜, 入銀石器內, 用文・武火煮, 取其色明透爲度. 入新缸盛貯, 緊密封窖, 勿令生虫.

본신(本身) 몡 자기 자신의 몸. 《集覽, 朴集, 上, 13ㅎ》滿月. 質問云, 産婦一箇月不出門, 不生理, 只補養本身, 一月之後出門, 又吃〈喫〉喜酒. 今按, 喜酒者, 賀生兒之宴.

본음(本音) 몡 본래의 (한자)음. 《集覽, 字解, 單字解, 4ㅈ》怎. 何也. 怎麼 엇디. 字音本合口聲, 或有不從合口聲而讀之者, 則曰즌麼, 呼如指字俗音. 故或書作只字, 又書作則字者有之. 又有呼怎的兩字, 則怎字音즌. 秀才・之士・老成之人, 凡呼合口韻諸字, 或從本音讀之.

본의(本意) 몡 본래의 뜻. 주된 뜻. 근본 취지. 《集覽, 字解, 單字解, 4ㅈ》打. 擊也, 着實打, 又打三下. 又爲也. 打酒來 술 사 오라. 又曰, 打將來 흐야 오라, 打聽 듣보라, 打水 믈 긷다, 不打緊. 又打那裏去, 打東邊去, 有投向從往之意. 俗用打字, 似不合本意者多, 而實有取這不苟, 其用甚廣, 此不盡錄. 《集覽, 朴集, 下, 7ㅈ》提攬. 今以質問之釋考之, 則攬字作籃爲是. 然此兩釋似皆不合本意, 未詳是否.

본의(本義) 몡 어의(語義)가 지닌 본래의 뜻. 《集覽, 凡例》凡俗用言語諸字, 有於本義之外, 別借爲義者, 今除本義, 只擧俗用之義爲解.

본전(本錢) 몡 밑천. 본전. 《朴新諺 1, 34ㅈ》只還我本錢, 그저 내게 本錢만 갑고.

본조(本朝) 몡 자기 나라. 우리나라. 《集覽, 字解, 累字解, 1ㅎ》可知. 그러 아니려. 又그러커니쏘나. 本朝傳習之釋曰새로욀셔.

본집 몡 자기 집. 여자의 친정집. 《朴新諺 1, 44ㅎ》又要囬家住對月了, 또 본집의 도라와 버금 둘을 머믈려 흐느니라.

본현(本縣) 몡 지금 자기가 사는 현(縣). 《朴新諺 3, 52ㅈ》係本府本縣附籍民人, 本府 本縣에 미여 附籍흔 民人이라.

봄 몡 봄. ⇔춘(春). 《朴新諺 1, 1ㅈ》這春二三月, 이 봄 二三月이.

봇 몡 봇나무. 봇나무의 껍질. ⇔화(樺). 《朴新諺 1, 57ㅎ》樺一樺, 봇 닙히라.

봉 의 봉(封). 통. 봉투. ⇔봉(封). 《朴新諺 3, 14ㅎ》先生你與我寫一封書稍去何如, 先生아 네 나를 흔 봉 글을 뼈 주어든 부텨 보내미 엇더흐뇨.

봉(奉) 图 받들다. ⇔밧들다. 《朴新諺 1, 8ㅈ》小弟近來奉上司匀(鈞)令, 小弟ㅣ요스이 上司 匀(鈞)令을 밧드니. 《朴新諺 2, 10ㅈ》新近奉皇帝聖旨, 요스이 皇帝 聖旨를 밧드러. 《朴新諺 3, 59ㅈ》聊以奉送幸勿見笑, 애아로시 뼈 밧드러 보내니 힝혀 웃지 말라.

봉(封) 의 봉(封). 통. 봉투. ⇔봉. 《朴新諺 3, 14ㅎ》先生你與我寫一封書稍去何如, 先生아 네 나를 흔 봉 글을 뼈 주어든 부텨 보내미 엇더흐뇨.

봉(俸) 몡 녹봉(祿俸). ⇔녹봉. 《集覽, 朴集, 上, 5ㅈ》月俸. 中朝〈元制〉官祿, 每月支〈支〉給. 今此一月四石之俸, 以元制考之, 乃從九品也. 米・豆曰祿, 鈔・錢・絹曰俸. 《朴新諺 2, 50ㅎ》你的俸滿了不

曾, 네 녹봉이 찻ᄂᆞ냐 못ᄒᆞ엿ᄂᆞ냐.

봉(捧) 图 가지다. 받쳐 들다. ⇔가지다. 《朴新諺 1, 35ㅎ》穿着納襖捧着鉢盂, 누비옷 닙고 에유아리 가지고.

봉(逢) 图 만나다. ⇔만나다. 《朴新諺 1, 20ㅈ》逢時及節(節)好會頑耍哩, 째롤 만나고 절을 맛처 ᄀᆞ장 놀 줄을 아더라. 《朴新諺 2, 27ㅎ》有緣千里能相會, 인연이 이시면 千里라도 능히 서ᄅᆞ 못둣고. 無緣對面不相逢, 인연이 업스면 ᄂᆞᆾ츨 디ᄒᆞ여도 서ᄅᆞ 만나디 못ᄒᆞᆫ다 ᄒᆞ니.《朴新諺 2, 30ㅎ》一針投海底尚有可撈日, 一針을 海底에 드리치매 오히려 可히 건질 날이 이시려니와, 一失人身後萬刼再逢難, ᄒᆞᆫ번 人身을 일흔 後ㅣ면 萬刼이라도 다시 만나기 어렵다 ᄒᆞ니라.

봉(棒) 图 막대기. ⇔막대. 《朴新諺 2, 11ㅈ》也有舞鎗弄棒的, ᄯᅩ 鎗을 춤추며 막대 노롯ᄒᆞ는 이도 이시니. 《朴新諺 3, 22ㅎ》把伯眼打了一鉄棒, 伯眼을다가 ᄒᆞᆫ 쇠막대로 치니. 《朴新諺 3, 23ㅈ》更打了我一鉄棒, ᄯᅩ 나를 ᄒᆞᆫ 쇠막대로 치니. 《朴新諺 3, 37ㅈ》拿出毬棒借與崔哥打, 댱방올 막대를 내여 崔哥를 빌려 주어 치게 ᄒᆞ쟈.

봉(棒) 回 번. 차례. (밀방망이로 민 횟수를 세는 단위)《集覽, 朴集, 下, 6ㅈ》水滑經帶麵. 如此三四次, 微軟和餅劑, 就案上用拗棒拗百餘棒, 多揉數百拳. 至夠性行, 方可搓如指頭大, 新凉水內浸兩時許, 伺麵〈麪〉性行, 方下鍋, 闊〈濶〉細任意做.

봉(鳳) 回 봉황의 수컷. 《集覽, 朴集, 上, 11ㅎ》珠鳳冠. 音義云, 珠子結成鳳的冠. 今按, 用珍珠串結, 作成鳳形, 而至於翎毛, 則皆用綵線及翠羽爲飾(餙).

봉(縫) 图 ●(옷을) 짓다. 꿰매다. ⇔짓다. 《朴新諺 2, 59ㅈ》家裏有五六箇婦人做活裁的縫的, 집의 다엿 계집이 이셔 셩녕ᄒᆞ여 ᄆᆞᄅᆞ거니 짓거니 ᄒᆞ면.《朴新諺 2, 59ㅎ》就着幾箇婦人們下手縫罷, 즉시 여

러 계집들로 ᄒᆞ여 손부려 짓게 ᄒᆞ고. ●ᄒᆞ다(縫). ⇔ᄒᆞ다.《朴新諺 2, 47ㅈ》縫衣裳的縫字怎麽寫, 衣裳 ᄒᆞ다 ᄒᆞᄂᆞᆫ 縫字를 어이 ᄡᅥᄂᆞᆫ요.

봉과(封裹) 图 물건을 싸서 봉하다. 《集覽, 朴集, 上, 1ㅈ》蜜林檎燒酒. 質問云, 初蒸熱燒酒, 用蜜·葡萄相參〈叅〉浸, 久而食之, 方言謂之蜜林檎燒酒. 又云, 以麵爲麴, 還用藥料, 以燒酒爲漿, 下入熟糜內〈肉〉, 待熟榨之, 其味甚甜. 又云, 如蒸的熱燒酒, 將蜜與林檎果參和盛入瓶內封裹, 久而食之最妙.

봉란(奉鑾) 回 당대(唐代) 교방사(敎坊司)의 벼슬 이름. 악무(樂舞)에 관한 일을 맡았다. 《集覽, 朴集, 上, 2ㅎ》敎坊司. 掌雅·俗樂之司, 隷禮部, 有奉鑾〈銮〉·韶舞·司樂等官, 一名麗春院, 卽元俗所呼拘欄司.

봉래(蓬萊) 回 봉래산(蓬萊山). 중국 전설에서 나타나는 가상적 영산(靈山)인 삼신산(三神山) 가운데 하나. 동쪽 바다의 가운데에 있으며, 신선이 살고 불로초와 불사약이 있다고 한다. 《朴新諺 2, 5ㅎ》一望去又是蓬萊(朴新注, 24ㅎ: 三神山之一, 在海上.)仙島一般, ᄇᆞ라매 ᄯᅩ 이 蓬萊 仙島와 ᄒᆞᆫ가지오.

봉망(奉望) 图 보다. ⇔보다. 《朴新諺 1, 56ㅎ》所以不曾得去奉望, 이러모로 일즉 가 보지 못ᄒᆞ여시니.

봉미(俸米) 回 관리에게 봉급으로 주던 쌀. 《朴新諺 1, 12ㅈ》我有両箇月俸米要關, 내게 두 둘 녹 ᄡᆞᆯ이 이셔 ᄐᆞ려 ᄒᆞ노라.

봉배(奉拜) 图 경의를 표하다. 숭배하다. ⇔봉배ᄒᆞ다(奉拜-). 《朴新諺 1, 56ㅎ》小弟昨日曾到貴宅奉拜, 小弟 어제 일즉 貴宅에 가 奉拜ᄒᆞ려 ᄒᆞ여. 《朴新諺 3, 56ㅈ》外面有沈相公同客來奉拜, 밧ᄭᅴ 沈公이 客과 ᄒᆞᆫ가지로 와 奉拜ᄒᆞ더라.

봉배ᄒᆞ다(奉拜-) 图 봉배(奉拜)하다. ⇔

봉배(奉拜). 《朴新諺 1, 56ㅎ》小弟昨日
曾到貴宅奉拜, 小弟 어제 일즉 貴宅에 가
奉拜ᄒ려 ᄒ여. 《朴新諺 3, 56ㅈ》外面有
沈相公同客來奉拜, 밧긔 沈相公이 客과
ᄒ가지로 와 奉拜ᄒ더라.

봉아(縫兒) 몡 솔기. ⇔솔. 《朴新諺 1, 39
ㅎ》金甕兒・銀甕兒表裏無縫兒, 金독 銀
독이 안팟긔 솔 업슨 거시여.

봉자(棒子) 몡 막대기. ⇔막대. 《朴新諺
2, 11ㅎ》拿一箇一托長碗口大的紅油畫金
棒子, ᄒ나 ᄒ 발맛치 길고 사발맛치 큰
불근 칠ᄒ고 금으로 그린 막대롤 가져.

봉전(奉傳) 동 받들어 전하다. 《集覽, 朴
集, 上, 15ㅎ》步虛. 還大都, 時適丁太子
令辰十二月二十四日, 奉傳聖旨, 住持永
寧禪寺, 開堂演法.

봉접(蜂蝶) 몡 벌과 나비. 《集覽, 朴集, 上,
8ㅈ》滿刺〈剌〉嬌. 質問云, 以蓮花・荷葉
・藕〈耦〉・鴛鴦・蜂蝶之屬〈形〉, 或用
五色絨綉, 或用彩色畫於段帛上, 謂之滿
池嬌. 今按, 刺〈剌〉, 新舊原本皆作池, 今
詳文義, 作刺〈剌〉是. 池與〈与〉刺〈剌〉音
相近而訛.

봉추(捧槌) 몡 =봉추(棒槌). '捧'은 '棒'의
잘못. 《朴新諺 1, 38ㅎ》大哥是捧(棒)槌,
큰형은 이 방츄ㅣ오.

봉추(棒槌) 몡 방망이. ⇔방츄. 《朴新諺
1, 38ㅎ》大哥是捧(棒)槌, 큰형은 이 방
츄ㅣ오.

봉칙(奉勅) 동 칙령(勅令)을 받들다. 《集
覽, 朴集, 下, 1ㅈ》唐三藏法師〈三藏〉. 貞
觀三年, 奉勅徃西域, 取經六百卷而來, 仍
呼爲三藏法師. 《集覽, 朴集, 下, 1ㅈ》西
天取經去. 老僧言訖, 騰空而去, 帝知觀音
化身, 卽勅法師徃西天取經, 法師奉勅, 行
六年東還. 《朴新諺 3, 8ㅎ》當時唐三藏
(朴新注, 47ㅈ: 唐僧, 陳伭(玄)奘. 奉勅徃
西天, 取三藏經而來, 故號三藏.)師傅, 그
째에 唐三藏 師傅ㅣ.

봉토(封土) 동 제후(諸侯)를 봉하여 땅을

내주다. 또는 그 땅. 《集覽, 朴集, 上, 6
ㅈ》社神. 立春後第〈莭〉五戊爲春社, 立
秋後第〈莭〉五戊爲秋社. 孝經緯曰, 社, 土
地之主也. 土地闊〈濶〉, 不可盡祭, 故封土
爲社, 以報功也.

봉폐(封閉) 동 (마음대로 열지 못하게) 봉
쇄하다. 폐쇄하다. 《集覽, 朴集, 上, 1ㅎ》
長春酒. 質問云, 春分日所造之酒, 永久不
變其味, 方言謂之長春酒. 又云, 以春分日
蒸麋下酒, 三日後封閉了甕, 待夏後方榨.

뵈 몡 ●뵈. ⇔포(布). 《朴新諺 3, 4ㅈ》一
發把冷布糊了, 홈ᄭᅴ 얼믠뵈로다가 ᄇᄅ
면. 《朴新諺 3, 50ㅎ》小人家下被賊竊去
布一百疋, 小人의 집의셔 도적이 뵈 一百
疋을 도적ᄒ여 가믈 닙으니. ●뵈. 또는
모시. ⇔하포(夏布). 《朴新諺 3, 3ㅎ》孩
子們爲與我買幾丈夏布來, 아히아 네 나를
위ᄒ여 여러 발 뵈를 사 와.

뵈다 동 뵈다. 보게 하다. ●⇔간(看). 《朴
新諺 1, 3ㅈ》吩咐我帶廻來給老爺們看驗
過了, 우리게 吩咐ᄒ여 가져와 老爺네끠
뵈야 驗過ᄒ고. 《朴新諺 1, 57ㅎ》與我看
過之後, 나룰 뵌 후에. 《朴新諺 2, 8ㅎ》
再拿去着別人看便見眞假了, 다시 가져
가 다른 사롬 ᄒ여 뵈면 곳 眞價를 알리
라. 《朴新諺 2, 23ㅎ》快去請范太醫來看
一看, 밧비 가 范太醫롤 請ᄒ여 와 뵈라.
《朴新諺 2, 37ㅈ》擺樣子與人看呢, 모양
을 지어 사롬의게 뵈는고. 《朴新諺 2, 43
ㅈ》你再揀頂高的我看, 네 다시 읏씀 노
픈 거슬 굴히여 나롤 뵈라. 《朴新諺 3,
31ㅎ》着別人再看去, 다른 사롬 ᄒ여 다
시 뵈라 가라. 《朴新諺 3, 37ㅈ》我且學
打這一會與你看何如, 내 아직 이 ᄒ 디위
빅화 처 네게 뵘이 엇더ᄒ뇨. ●⇔현
(現). 《朴新諺 2, 29ㅈ》隨相現相救苦難
於三塗, 相을 조차 相을 뵈아 苦難을 三
途에 救ᄒ는쏘다.

뵈짱이 몡 베짱이. ⇔촉직(促織). 《朴新諺
1, 21ㅈ》到了七八月裏便鬪(鬪)促織, 七

八月에 다드르면 곳 뵈짱이 싸홈 부치고.

부 回 벌. ⇔부(副).《朴新諺 2, 36ㅈ》打一副馬釘子來釘上, 혼 부 물 다갈 쳐다가 박아.

부(夫) 명 지아비. 남편. ⇔지아비.《朴新諺 2, 26ㅎ》男兒無婦財無主, 스나희 지어미 업스면 지물이 님재 업고. 婦人無夫身無主, 계집이 지아비 업스면 몸이 님재 업다 ᄒ니.

부(付) 동 부치다. 보내다. ⇔부티다.《朴新諺 3, 49ㅎ》都付這水國魚鄕了, 다 이 水國 魚鄕에 부티고.

부(副) 回 벌. ●⇔부.《朴新諺 2, 36ㅈ》打一副馬釘子來釘上, 혼 부 물 다갈 쳐다가 박아. ●⇔불.《朴新諺 1, 17ㅎ》我要打幾副刀子, 내 여러 불 칼을 민들려 ᄒ노라.《朴新諺 1, 19ㅈ》這位官人要打幾副刀子, 이 분 官人이 여러 불 칼을 치이려 ᄒ니.《朴新諺 1, 23ㅎ》還要把一副頭面去當哩, 쏘 혼 불 頭面을 가져가 뎐당ᄒ려 ᄒᄂ니.《朴新諺 1, 45ㅎ》你替我做一副護膝與我, 네 나롤 ᄀ른차 혼 불 슬갑을 민그라 주고려.《朴新諺 2, 31ㅈ》盔甲一副腰刀一口, 투구와 갑옷 혼 불 환도ᄒ나흘.《朴新諺 3, 58ㅈ》便抬出金甲一副與太祖穿上, 곳 金甲 혼 불을 드러 내여 와 太祖롤 주어 닙히고.

부(婦) 명 지어미. 아내. ⇔지어미.《朴新諺 2, 26ㅎ》男兒無婦財無主, 스나희 지어미 업스면 지물이 님재 업고. 婦人無夫身無主, 계집이 지아비 업스면 몸이 님재 업다 ᄒ니.

부(部) 명 육부(六部)의 하나. 예부(禮部).《朴新諺 1, 8ㅈ》小弟到禮部去, 小弟ㅣ 禮部에 가노라……所以到部裏去打聽消息, 이러모로 部에 가 消息을 듯보려 ᄒ노라.

부(部) 의 부. 질(帙).《朴新諺 3, 21ㅈ》買幾部閑書來消遣何如, 여러 部 힘힘혼 칙

을 사 와 消遣홈이 엇더ᄒ뇨.

부(富) 혱 가멸다. 부(富)하다. 부요(富饒)하다. ⇔가옴열다.《朴新諺 1, 25ㅎ》人不得橫財不富, 사름이 橫財롤 엇디 못ᄒ면 가옴여디 못ᄒ고. 馬不得夜草不肥, 물이 夜草롤 엇디 못ᄒ면 술지디 못한다 ᄒ니.《朴新諺 2, 46ㅎ》家富小兒嬌, 집이 가옴열면 아히 ᄒ건양혼다 ᄒ니.

부가(夫家) 명 남편의 친가. 곧, 시댁(媤宅).《朴新諺 1, 44ㅎ》幾時過門(朴新注, 17ㅎ: 女子初入夫家曰過門.)的呢, 언제 過門ᄒ더뇨.

부가(富家) 명 부잣집.《集覽, 字解, 單字解, 6ㅎ》儅. 人有遇急用錢, 則必以重物, 納質於富家, 賖錢取用. 至限則并其本利償還錢主, 方得退回己之重物而來也. 典字人物通用, 儅字人用於物. 賖.

부개(覆盖) 동 덮어서 숨기다. 가리다.《集覽, 朴集, 下, 4ㅎ》羅天. 謂覆盖萬天, 羅絡三界, 極高無上, 故稱大羅.《朴新諺 3, 22ㅈ》一日先生做羅天大醮(朴新注, 52ㅈ: 道經云, 覆盖萬天, 羅絡三界, 極高無上, 謂之大羅. 天醮, 祭名, 祭扵星辰曰醮.), 一日에 先生이 羅天大醮롤 ᄒ더니.

부계(符契) 명 증명서나 계약서 따위의 증거로 삼는 문권을 통틀어 이르는 말.《集覽, 朴集, 上, 1ㅎ》勘合. 吏學指南云, 勘合, 卽古之符契也. 質問云, 官府設簿冊二扇, 凡事用印鈐記, 上寫外字幾號, 發行去者曰外號, 上寫內字幾號, 留在官府者曰內號.

부귀(冨貴) 혱 =부귀(富貴). '冨'는 '富'의 속자.《正字通, 一部》冨, 俗富字. 正韻, 富・冨兩存.《集覽, 朴集, 下, 3ㅈ》衣錦還鄕. 項羽屠咸陽, 與沛公分王. 又懷東歸, 曰, 富貴不歸故鄕, 如衣綉(繡)夜行.《朴新諺 1, 7ㅈ》湏(須)冨貴何時, 冨貴롤 어닉 째예 기드리리오 ᄒ니.

부귀(富貴) 혱 재산이 많고 지위가 높다.《集覽, 朴集, 下, 3ㅈ》衣錦還鄕. 項羽屠

咸陽, 與沛公分王. 又懷東歸, 曰, 富貴不歸故鄕, 如衣綉〈繡〉夜行.《朴新諺 1, 7ㅎ》湏(須)富貴何時, 富貴롤 어너 째예 기드리리오 ᄒᆞ니.

부낭(夫娘) 圐 ●묘족(苗族)이 아내를 일컫던 말.《集覽, 朴集, 上, 11ㅎ》娘子. 子謂母曰娘, 字作孃. 又少女之稱, 字作娘. 孃·娘亦通用. 南村輟耕錄[云]〈南村輟耕錄〉, 世謂穩婆曰老娘, 女巫曰師娘, 唱〈娼〉婦曰花娘, 達人又曰草娘, 苗人謂妻曰夫娘, 南方謂婦人無行者曰夫娘, 謂婦人之卑賤者曰某娘, 曰幾娘, 鄙之曰婆娘. 今俗稱〈称〉公主·宮女, 下至庶入妻, 皆曰娘子. ●중국 남부 지방에서 품행(品行)이 나쁜 여자를 일컫던 말.《集覽, 朴集, 上, 11ㅎ》娘子. 南村輟耕錄[云]〈南村輟耕錄〉, 世謂穩婆曰老娘, 女巫曰師娘, 唱〈娼〉婦曰花娘, 達人又曰草娘, 苗人謂妻曰夫娘, 南方謂婦人無行者曰夫娘, 謂婦人之卑賤者曰某娘, 曰幾娘, 鄙之曰婆娘. 今俗稱〈称〉公主·宮女, 下至庶人妻, 皆曰娘子.

부녀(婦女) 圐 부녀자(婦女子).《集覽, 朴集, 上, 8ㅎ》比甲. 衣之無袖, 對襟爲襞積者曰比甲, 卽本國돕지텰릭. 婦女亦依此制爲短襦着之, 亦曰比甲, 通稱搭護.《集覽, 朴集, 上, 12ㅈ》姐姐. 漢俗呼姊曰姐姐. 雖非弟妹, 如遇婦女, 可展斯須之敬者, 亦曰姐姐, 是尊之之謂.《朴新諺 1, 45ㅎ》好姐姐(朴新注, 17ㅎ: 漢俗呼姊曰姐姐. 或遇婦女, 而展斯須之敬者, 亦曰姐姐.), ᄆᆞᆷ 됴흔 각시아.《朴新諺 2, 25ㅈ》我妳妳(朴新注, 31ㅎ: 尊稱婦女之辞.)使喚我來, 우리 妳妳 나를 부려 와.

부단(不但) 졉 …뿐 아니라.《朴新諺 1, 45ㅈ》不但文章做得好, 글짓기롤 잘홀 ᄲᅮᆫ 아니라.

부단(不断) 圐 =부단(不斷). '断'은 '斷'의 속자.《玉篇, 斤部》断, 斷俗字.《集覽, 朴集, 上, 15ㅎ》步虛. 俗姓洪氏, 高麗洪州人, 法名普愚, 初名普虛, 號太古和尙. 有求法於天下之志. 至正丙戌春, 入燕都, 聞南朝有臨濟正脉不斷〈断〉, 可徃印可.

부단(不斷) 圐 끊임없다.《集覽, 朴集, 上, 15ㅎ》步虛. 俗姓洪氏, 高麗洪州人, 法名普愚, 初名普虛, 號太古和尙. 有求法於天下之志. 至正丙戌春, 入燕都, 聞南朝有臨濟正脉不斷〈断〉, 可徃印可.

부담(負擔) 图 등에 지고 어깨에 메다.《集覽, 朴集, 上, 5ㅈ》挑脚. 舊本作赶脚的. 謂赶脚者, 賃驢〈馿〉取直之人, 謂挑脚者, 負擔重物求直之人也.

부도(浮屠) 圐 ●일산(日傘)이나 깃대 끝에 장식하는 탑 모양의 꾸밈새.《集覽, 朴集, 下, 8ㅎ》羅傘.〈卽〉丞用傘, 紅浮屠頂, 黑色茶褐羅表, 紅綃裏, 三簷. ●〈불〉탑(塔).《集覽, 朴集, 中, 5ㅈ》起浮屠於泗水之間. 浮屠, 卽塔也. 唐言高顯也.《朴新諺 2, 29ㅎ》起浮屠(朴新注, 33ㅎ: 浮屠, 塔也. 唐中宗為僧伽大士, 起塔扵泗水, 僧伽卽觀音化身云.)扵泗水之間, 浮屠를 泗水ㅅ ᄉᆞ이에 니ᄅᆞ혀고.

부도어사(副都御史) 圐 명대(明代) 도찰원(都察院)의 버금 벼슬. 직위는 도어사(都御使)의 아래이다.《集覽, 朴集, 上, 4ㅈ》都堂. 唐制, 尙書省曰都堂. 元時亦有尙書省. 今按, 華制, 都察院有左右都御史·副都御史·僉都御史, 在外十三布政司及都司, 皆有御史一員, 都御史所在謂之都堂, 監察御史所在謂之察院.

부동(不同) 圐 서로 같지 않다. 다르다.《集覽, 凡例》音義者, 卽原本所著音義也. 所釋或與譯語指南不同, 今從音義之釋. 音義有誤者, 今亦正之.《集覽, 朴集, 中, 4ㅎ》童男童女. 應作種種身, 或在天上, 在人間, 隨其所樂, 皆令見衆生形相各不同, 行業音聲亦無量.《集覽, 朴集, 下, 7ㅎ》花房窩兒. 質問云, 如打毬, 先立毬窩扵花房之上, 然後用棒打入, 方言謂之花房窩兒. 凡數攃毬名, 用各不同如此.

부동(不動) 동 물건이나 몸이 움직이지 아니하다. 《集覽, 朴集, 上, 1ㅎ》腦兒酒. 質問云, 做酒用糯麴藥料爲蘗, 久封不動, 其色紅而味最純厚.

부동(扶同) 동 부합(附合)하다. 《集覽, 朴集, 中, 2ㅈ》甘結. 今按, 如保擧人材者, 必無喪過及干娼優子嗣, 委之賢能, 如虛甘伏重罪云云. 擧此爲辝, 以成文狀, 與彼收執, 或呈報上司, 以憑後考, 謂之不致扶同, 重甘結狀.

부득(不得) 보동 못하다. …할 수 없다. ⇔못 다. 《朴新諺 1, 15ㅈ》從前日這腮頰上痒的受不得, 그제부터 쌈이 ㄱ려워 견디지 못홀느니. 《朴新諺 1, 16ㅎ》雖比不得上用段子, 비록 上用홀 비단에는 비치 못하나. 《朴新諺 1, 28ㅈ》却做不得我等的結義弟兄, 쏘 우리 結義 弟兄이 되지 못홀 거시니. 《朴新諺 1, 52ㅎ》去得來不得, 가고 오지 못홀 거시니. 《朴新諺 2, 26ㅎ》我夫主若知道却了不得, 우리 지아비 만일 알면 쏘 에워나지 못하리라. 《朴新諺 2, 48ㅎ》不得工夫去不得, 工夫를 엇디 못하여 가지 못하노라. 《朴新諺 2, 54ㅈ》今日死明日死都是定不得的, 오눌 죽을 쏭 닉일 죽을 쏭 다 定치 못하느니. 《朴新諺 3, 11ㅎ》越疼的當不得, 더옥 알파 당치 못하여라.

부등(不等) 형 같지 않다. 《集覽, 朴集, 中, 2ㅈ》牌子. 凡馬驛設置, 馬驢不等, 其中管馬荅應者, 謂之馬牌, 管驢者, 謂之驢牌, 總〈総〉稱牌子.

부러 图 부러. 일부러. ●⇔특고리(特故裏). 《集覽, 字解, 累字解, 2ㅎ》特故裏. 부러. ●⇔특지(特地). 《集覽, 字解, 累字解, 2ㅎ》特地. 부러. 又特벼리. 又ㄱ장. 《朴新諺 2, 52ㅈ》我特地把酒灌的他爛醉, 내 부러 술을다가 뎌의게 부어 爛醉케 하니.

부로 명 상추. ⇔와거(萵苣). 《朴新諺 2, 39ㅎ》蘿蔔, 댓무우. 蔓菁, 쉿무우. 萵苣, 부로. 葵菜, 아혹. 白菜, 비치. 赤根菜, 시근치. 芫荽, 고싀. 蔥, 파. 蒜, 마놀. 薤菜, 부치. 荊芥, 형개. 薄荷, 박하. 茼蒿, 믈뿍. 水蘿蔔, 물한댓무우. 胡蘿蔔, 노른댓무우. 芋頭, 토란. 紫蘇都好種的, 紫蘇를 다 시믐이 됴타.

부로다 동 부르다. ⇔규(叫). 《朴新諺 3, 27ㅎ》叫大王有肥皂麽與我洗頭, 부로되 大王아 비노ㅣ 잇느냐 나를 주어 머리 곰게 하라.

부롭쓰다 동 부릅뜨다. ⇔정개(睜開). 《朴新諺 3, 23ㅈ》大仙睜開雙眼道, 大仙이 두 눈을 부롭쓰고 니르되.

부르다 동 ■부르다(唱). ⇔창(唱). 《朴新諺 1, 5ㅎ》幷着他叫些歌唱的諸樣雜耍的來, 아오로 더로 하여 노래 부르고 여러 가지 잡노롯하는 이롤 불러와. 《朴新諺 1, 6ㅎ》唱的只管唱, 노래 브르리 그저 노래 불러. ②부르다(呼). ●⇔규(叫). 《朴新諺 1, 3ㅈ》便叫當直的外郎, 즉시 當直 外郎을 불러. 《朴新諺 1, 6ㅈ》叫小厮們先擺上果碟子, 아희들을 불러 몬져 과실 뎝시롤 버리고. 《朴新諺 2, 6ㅈ》辦了筵席叫了鼓樂, 잔치를 출호고 鼓樂을 불러. 《朴新諺 3, 25ㅈ》又叫兩箇宮娥, 쏘 두 宮娥를 불러. 《朴新諺 3, 50ㅎ》叫起隣人幷巡宿総甲人等追赶, 隣人과 다못 巡宿하는 総甲人 等을 불러 니르혀 쏘롸. 《朴新諺 3, 58ㅈ》叫衆將軍們服侍上馬, 여러 將軍들을 불러 뫼셔 몰 티오고. ●⇔규주(叫做). 《朴新諺 2, 12ㅈ》那箇主兒又叫做頑雀兒的, 뎌 님자를 쏘 새 놀리는 이라 부르느니라.

부르지지다 동 부르짖다. 고함치다. 소리치다. ⇔규환(叫喚). 《朴新諺 1, 34ㅎ》我便發狠叫喚要銀子, 내 곳 셩내여 부르지져 은을 달라 호되.

부리 명 ■●부리. 끄트머리. ⇔구(口). 《朴新諺 1, 15ㅎ》在那瘡口上不住的搽抹, 뎌 瘡 부리에 머므지 말고 브르고. ●부

리. 입구. ⇔구(口).《朴新諺 1, 40ㅎ》一箇長甕兒窄窄口裏頭盛着糯米酒, 혼 긴 독 조븐 부리 안히 춥뿔술 담은 거시여. ❸부리. 가장자리. 끝. ⇔두(頭).《朴新諺 1, 30ㅎ》脚穿粉底尖頭靴, 발에 지즈에 분칠호고 부리 쁜 휘몰 신고, ❷부리. 주둥이. ❶⇔취(嘴).《朴新諺 1, 35ㅈ》那養漢老婆的嘴, 뎌 養漢ㅎ는 계집의 부리.《朴新諺 3, 31ㅈ》你這小胡孫寡是一張嘴, 네 이 져근 진납이 다만 이 혼 부리 쓴이로다. ❷⇔취자(嘴子).《朴新諺 3, 33ㅎ》嘴子・把子且打下我看了再鋅, 부리와 줄를 아직 믿드라 내 보와든 다시 째라.

부리다 동 ❶❶부리다. 맏기다. ⇔기(寄).《朴新諺 1, 12ㅎ》我如今把騎的馬就寄在這雜貨舖裏, 내 이제 톤 물을다가 곳 이 雜貨舖에 부려 두고. ❷부리다(使). 시키다. 다루다. ⇔사환(使喚).《朴新諺 2, 19ㅈ》養大成人任憑使喚, 養大 成人ㅎ여 임의로 부리되.《朴新諺 2, 25ㅈ》我妳妳(朴新注, 31ㅎ: 尊稱婦女之辭.)使喚我來, 우리 妳妳 나를 부려 와. ❸부리다. 사용하다. ⇔하(下).《朴新諺 2, 59ㅎ》就着幾箇婦人們下手縫罷, 즉시 여러 계집들로 ㅎ여 손부려 짓게 ㅎ고. ❷(위세를) 부리다. ❶⇔사(肆).《朴新諺 3, 52ㅎ》帶酒肆强, 술을 쯰고 사오나옴을 부려. ❷⇔영(逞).《朴新諺 3, 51ㅈ》逞强打我來, 사오나옴을 부려 나를 텨셰라.

부리우다 동 (짐을) 부리다. 부리게 하다. ⇔하(下).《朴新諺 1, 56ㅈ》阿哥在那裏下着呢, 형아 어디 이셔 부리윗는다. 小人在街東堂子間壁下着哩, 小人이 거리 동녁 堂子ㅅ 브람을 스이ㅎ여 부리윗노라.

부르다 동 ❶❶부르다(呼). ❶⇔규(叫).《朴新諺 3, 48ㅎ》于今人把這宣武叫順城門, 이제 사름이 이 宣武를다가 順城門이라 부르고. 崇文叫哈達門, 崇文은 哈達門이라 부르고. 朝陽叫齊華門, 朝陽은 齊華門이라 부르고. 阜城叫平則門, 阜城은 平則門이라 부르니. ❷⇔규주(叫做).《朴新諺 2, 9ㅎ》法名叫做步虛, 法名을 步虛ㅣ라 부르리.《朴新諺 3, 46ㅎ》塑着一箇小童子叫做芒児, 혼 小童子를 민드라 芒児ㅣ라 부르고. ❸⇔환(喚).《朴新諺 2, 58ㅈ》名喚許瘦児, 일홈을 許瘦児ㅣ라 부르리. ㉃⇔환주(喚做).《朴新諺 2, 33ㅈ》混名喚做李夜叉, 混名을 李夜叉ㅣ라 부르리.《朴新諺 3, 21ㅎ》喚做車遲國, 車遲國이라 부르는지라.《朱子語錄 17》直是到這裏方喚做極是處, 方喚做至善處. ❷부르다(唱). ⇔창(唱).《朴新諺 2, 11ㅈ》裏頭也有諸般唱文詞的, 안히 여러 가지 文詞 부르는 이도 이시며.

부마(駙馬) 명 임금의 사위.《集覽, 朴集, 中, 1ㅎ》金字圓牌. 至正條格云, 元時, 中書省奏, 諸王・駙馬各投下有軍情緊急重事, 許令懸帶原降銀字圓牌應付鋪馬騎坐, 其餘差使人員有緊急軍情重事, 許令懸帶金字圓牌, 方付鋪馬.《集覽, 朴集, 下, 5ㅎ》元寶. 世祖大會王子・王孫・駙馬・國戚, 從而頒賜, 或用貨賣, 所以民間有此錠也.

부말(副末) 명 송대(宋代)의 잡극(雜劇)과 금대(金代) 원본(院本)의 주요 여자 배우인 부정(副淨)과 함께 골계역(滑稽役)을 하거나, 개막 직후 또는 극중에 설명을 하는 남자 배우. 뒤에 하인역(下人役)을 많이 맏았다.《集覽, 朴集, 上, 2ㅎ》院本. 南村輟耕錄云, 唐有傳奇, 宋有戲曲・唱諢・詞說, 金有雜劇・諸宮調. 院本・雜劇, 其實一也. 國朝, 院本・雜劇, 始釐而二之. 院本則五人, 一曰副淨, 古謂之衆軍, 一曰副末, 古謂之蒼鶻, 鶻能擊禽鳥, 末可打副淨, 古(故)云, 一曰引戲, 一曰末泥, 一曰孤裝, 又謂之五花爨弄.

부모(父母) 명 부모. 어버이.《朴新諺 1, 49ㅎ》我父母在家都安樂麽, 우리 父母ㅣ 집의 이셔 다 安樂ㅎ더냐.《朴新諺 1, 56

ㅈ》養子方知父母恩, ㅈ식을 길러야 보야ㅎ로 父母 은혜를 안다 ㅎ니라.《朴新諺 3, 15ㅈ》托頼父母福蔭, 父母의 福蔭을 닙어.《朴新諺 3, 16ㅈ》拜見父母光耀門閭, 父母긔 拜見ㅎ고 門閭를 光耀ㅎ면.《朴新諺 3, 16ㅈ》伏望父母大人善保起居, 伏望 父母 大人은 善保 起居ㅎ쇼셔.

부복(俯伏) 图 고개를 숙이고 엎드리다.《集覽, 朴集, 中, 8ㅎ》牢子走. 在大都則自河西務起程, 若上都則自泥河兒起程, 越三時, 走一百八十里, 直抵御前, 俯伏呼萬歲.

부븨다 图 비비다. 또는 비벼 부수다. ⇔유쇄(揉碎).《朴新諺 1, 37ㅎ》他把乾艾揉碎了, 데 무론 뿍을다가 부븨여.

부사(副使) 图 ●관역(館驛)의 버금 벼슬. 품계는 종구품(從九品)이었다.《集覽, 朴集, 中, 1ㅈ》大使. 舘驛有大使一員, 或正九品, 或從九品, 有副使一員, 從九品, 亦有未入流大使・副使.《朴新諺 2, 15ㅎ》正・副使三員從人六名, 正・副使 三員과 從人 六名에. ●추밀원(樞密院)의 버금 벼슬. 사(使)의 아래이다.《集覽, 朴集, 下, 8ㅎ》樞密院. 元制, 有使・副使・知院・同知院・簽書院, 與〈与〉中書號爲二府, 主兵政.

부상(府上) 图 남의 집이나 고향을 높이어 이르는 말.《朴新諺 1, 38ㅈ》小弟另日再到府上問候罷, 小弟 다른 날 다시 府上에 가 問候ㅎ리라.

부성(阜城) 图 =부성문(阜城門).《朴新諺 3, 48ㅎ》阜城叫平則門, 阜城은 平則門이라 부르니.

부성문(阜城門) 图 중국 북경(北京) 내성(內城)에 있는 성문. 서직문(西直門) 남쪽에 있다. 원대(元代)의 평칙문(平則門)을 명(明) 영락(永樂) 연간에 고친 이름이다.《集覽, 朴集, 上, 5ㅎ》平則門. 永樂十九年, 營建宮室, 立門九, 南曰正陽, 又曰午門, 元則曰麗正, 南之右曰宣武, 元

則曰順承, 南之左曰文明, 元則曰崇文, 又曰哈噠, 北之東曰安定, 北之西曰德勝, 元則曰健德, 東之北曰崇仁, 一名東直, 元名同, 東之南曰朝陽, 元則曰齊華, 西之北曰西直, 西之南曰阜城, 元則曰平則. 元設十一門, 而今減其二.《朴新諺 1, 13ㅈ》我在平則門(朴新注, 5ㅎ: 京都西門, 舊名阜城門.)外住, 내 平則門 밧긔셔 사노라.《朴新諺 3, 48ㅎ》西有阜城門・西直門, 西에는 阜城門과 西直門이 이시니.

부소군(扶蘇郡) 图 경기도(京畿道) 송악(松嶽: 開城)의 옛 이름.《集覽, 朴集, 下, 13ㅈ》都松岳郡〈松岳郡〉. 時新羅監干八元善風水, 到扶蘇郡, 見扶蘇山形勝而童, 告康忠曰, 若移郡山南, 植松使不露巖〈岩〉石, 則統合三韓者出矣.

부소산(扶蘇山) 图 경기도(京畿道) 개성시(開城市)에 있는 송악산(松嶽山)의 옛 이름.《集覽, 朴集, 下, 13ㅈ》都松岳郡〈松岳郡〉. 時新羅監干八元善風水, 到扶蘇郡, 見扶蘇山形勝而童, 告康忠曰, 若移郡山南, 植松使不露巖〈岩〉石, 則統合三韓者出矣.

부승(府丞) 图 명대(明代)의 순천부(順天府)・응천부(應天府)와 청대(淸代)의 순천부・봉천부(奉天府)에 둔 부윤(府尹)의 버금 벼슬. 명대의 첨사부(詹事府)와 청대의 종인부(宗人府) 등에도 두었다.《朴新諺 3, 39ㅎ》是南京應天府府丞(朴新注, 58ㅎ: 南京, 古金陵, 今為應天府. 有府丞二員, 正三品.), 이 南京 應天府 府承이라.

부시다 图 (물로) 부시다. 씻다. ⇔산(汕).《朴新諺 2, 36ㅎ》你把那酒壺汕乾淨着控一控, 네 뎌 술병을다가 부싀기를 乾淨히 ㅎ여 거후로고.

부양(斧壤) 图 현(縣) 이름. 강원도(江原道) 평강현(平康縣)의 고구려(高句麗) 때 이름.《集覽, 朴集, 下, 12ㅈ》太祖. 弓裔微服逃至斧壤, 為民所害. 太祖卽位, 國

號高麗.

부여(付與) 图 주다. 건네주다. ⇔주다. 《朴新諺 3, 59ㅎ》寶劒贈與烈士, 寶劒은 烈士를 주고, 紅粉付與佳人, 紅粉은 佳人을 준다 ᄒᆞ니라.

부옹(扶擁) 图 부축하여 둘러싸다. 《集覽, 朴集, 下, 12ㅈ》太祖. 夫人柳氏曰, 妾聞諸公之言, 尙有感奮, 況大丈夫乎. 提甲領以披之, 諸將扶擁而出, 令人呼曰, 王公已擧義旗, 國人來赴者不可勝計.

부용(芙蓉) 명 연꽃의 다른 이름. 《朴新諺 2, 29ㅈ》座飾芙蓉(朴新注, 33ㅈ: 佛書云, 蓮花軟淨, 而坐其上, 不壞方現佛力所及.) 湛南海澄淸之水, 안존 딘ᄂᆞᆫ 芙蓉으로 ᄭᅮ며시니 南海 澄淸ᄒᆞᆫ 물에 좀겻고.

부용전(芙蓉殿) 명 중국 북경시(北京市) 북서쪽 교외, 옥천산(玉泉山) 남쪽 옥천(玉泉) 위에 있던 누각 이름. 《集覽, 朴集, 上, 15ㅈ》玉泉. 一在山之根, 有泉湧出, 洞門刻玉泉二字, 有觀音閣. 又南有石巖〈岩〉, 號呂公洞, 其上有金時芙蓉殿廢址. 相傳以爲章宗避暑處.

부용화(芙蓉花) 명 =부용(芙蓉). 《集覽, 朴集, 上, 3ㅎ》雞脆芙蓉湯. 質問云, 將雞〈鷄〉腰子作芙蓉花, 做湯食之. 又云, 以鷄子淸做成芙蓉花, 每碗三朶. 今按, 上文五揲湯名之釋, 恐或失眞.

부인(夫人) 명 남의 아내를 높여 이르는 말. 《集覽, 朴集, 下, 12ㅈ》太祖. 夫人柳氏曰, 妾聞諸公之言, 尙有感奮, 況大丈夫乎. 提甲領以披之, 諸將扶擁而出, 令人呼曰, 王公已擧義旗, 國人來赴者不可勝計.

부인(婦人) 명 계집. 여자. ⇔계집. 《集覽, 字解, 單字解, 8ㅈ》媳. 音息. 子之婦曰媳婦. 又古語泛稱婦人曰媳婦, 次妻亦曰媳婦. 《集覽, 朴集, 上, 11ㅎ》娘子. 南村輟耕(鋤)云〈南村輟耕錄〉, 世謂穩婆曰老娘, 女巫曰師娘, 唱〈娼〉婦曰花娘, 達人又曰草娘, 苗人謂妻曰夫娘, 南方謂婦人無行者曰夫娘, 謂婦人之卑賤者曰某娘, 曰幾

娘, 鄙之曰婆娘. 《集覽, 朴集, 上, 13ㅎ》老娘. 音義云, 伏侍生産的婦人. 今按, 俗呼穩婆. 《集覽, 朴集, 中, 2ㅎ》細車〈室車〉. 質問云, 如婦人所乘車, 周圍雕刻花榻, 油飾花須, 方言謂之細車. 《朴新諺 1, 55ㅎ》要尋一箇好婦人做妳子哩, 혼 됴혼 계집을 어더 졋어미를 삼고져 ᄒᆞ니. 《朴新諺 2, 14ㅈ》這魚白[綿]紬原是婦人家大襖裏子, 이 옥식 綿紬ᄂᆞᆫ 본디 婦人의 큰옷 안히니. 《朴新諺 2, 26ㅈ》婦人無夫身無主, 계집이 지아비 업스면 몸이 님재 업다 ᄒᆞ니. 《朴新諺 2, 33ㅎ》又一日一箇婦人, ᄯᅩ 홀론 혼 계집이. 《朴新諺 2, 35ㅈ》那婦人便走到衙門裏告了一狀, 뎌 계집이 곳 衙門에 가 혼 狀을 告ᄒᆞ니. 《朴新諺 2, 59ㅈ》家裏有五六箇婦人做活裁的縫的, 집의 다엿 계집이 이셔 셩녕ᄒᆞ여 ᄆᆞᆯ 르거니 짓거니 ᄒᆞ면. 《朴新諺 3, 57ㅎ》如我婦人家, 우리 ᄀᆞᆮᄐᆞᆫ 계집도.

부쟁(不爭) 图 무던하게 여기다. 대수롭지 않게 여기다. 《集覽, 字解, 單字解, 8ㅈ》爭. 鬪爭也. 又ᄉᆞ싀 쁘다. 又不爭 므던히 너기다.

부적(附籍) 图 남의 호적에 얹혀 올리다. ⇔부적ᄒᆞ다(附籍-). 《集覽, 朴集, 下, 12ㅈ》附籍. 非土著〈着〉戶, 而以他鄕之人, 來寓居者也. 《朴新諺 3, 52ㅈ》係本府本縣附籍(朴新注, 63ㅈ: 非土着而以他鄕人寓居者.)民人, 本府 本縣에 미여 附籍혼 民人이라.

부적ᄒᆞ다(附籍-) 图 부적(附籍)하다. ⇔부적(附籍). 《朴新諺 3, 52ㅈ》係本府本縣附籍(朴新注, 63ㅈ: 非土着而以他鄕人寓居者.)民人, 本府 本縣에 미여 附籍혼 民人이라.

부절(不絶) 图 끊이지 아니하고 계속되다. 끊임없다. 《集覽, 朴集, 上, 6ㅎ》打毬兒. 質問云, 作成木圓毬二介, 用木杓一上一下連接不絶, 方言謂之打毬兒. 質問所釋, 疑卽本國優人所弄杓鈴之戲, 與此節

〈莭〉小兒之戲恐或不同. 詳見下卷集覽. 《集覽, 朴集, 下, 7ㅈ》毬棒. 質問云, 如人耍木毬耍木棒, 一上一下用有柄木杓, 接毬相連不絶, 方言謂之毬棒. 《朴新諺 1, 20ㅈ》也有踢毬(朴新注, 8ㅈ: 毬, 以圓木二箇, 用木杓一上一下連接不絶, 方言謂之打毬.)的, 댱방올 츠리도 이시며.

부정(副淨) 圀 송대(宋代)의 잡극(雜劇)과 금대(金代) 원본(院本)의 주요 여자 배우. 익살로 관객을 웃기는 역으로, 모두 간웅(奸雄)이나 악인(惡人)으로 분장하였다. 《集覽, 朴集, 上, 2ㅎ》院本. 院本則五人, 一曰副淨, 古謂之叅軍, 一曰副末, 古謂之蒼鶻, 鶻能擊禽鳥, 末可打副淨, 古(故)云, 一曰引戲, 一曰末泥, 一曰孤裝, 又謂之五花爨弄.

부절업시 閉 부질없이. ⇔소(消). 《朴新諺 3, 36ㅎ》這的不消說, 이는 부절업시 니ᄅᆞ지 말라.

부종(不從) 圄 좇지 아니하거나 따르지 아니하다. 《集覽, 朴集, 下, 12ㅈ》太祖. 年二十, 始仕弓裔, 拜波珍餐 其時, 洪儒等四人詣建第(第), 請擧義兵, 公固拒不從.

부종(部從) 圀 =부종(從). '從'은 '從'의 속자. 《宋元以來俗字譜》從, 取經詩話・嶺南逸事作從. 《朴新諺 3, 40ㅈ》還有大小官員一行部從送他, ᄯᅩ 大小 官員과 一行 部從이 이셔 더를 보내니.

부종(部從) 圀 부하. 수행원. 《朴新諺 3, 40ㅈ》還有大小官員一行部從送他, ᄯᅩ 大小 官員과 一行 部從이 이셔 더를 보내니.

부주(夫主) 圀 지아비. 남편. ⇔지아비. 《朴新諺 2, 26ㅎ》我夫主若知道却了不得, 우리 지아비 만일 알면 ᄯᅩ 에워나지 못ᄒᆞ리라.

부주작(不走作) 圄 들뜨지 아니하다. 《集覽, 字解, 單字解, 3ㅎ》做. 韻會遇韻作字註云, 造也, 俗作做非. 箇韻作字註云, 爲也, 造也, 起也, 俗作做非. 做音, 直信切. 今按, 俗語做甚麼 므슴 ᄒᆞ료, 作衣裳 옷

짓다, 作音조, 去聲. 不走作 듧ᄠᅳ디 아니타, 作音조, 入聲. 以此觀之, 則做從去聲, 作互呼去聲・入聲, 通做字. 俗不用直信切之音.

부즈러니 閉 부지런히. ⇔근(勤). 《朴新諺 1, 25ㅎ》日裏又勤刷勤喂, 나지 ᄯᅩ 부즈러니 빗기고 부즈러니 먹이면.

부증(不曾) 圄 못하다. (일찍이) …한 적이 없다. ⇔못ᄒᆞ다. 《朴新諺 2, 50ㅎ》你的俸滿了不曾, 네 녹봉이 찻ᄂᆞ냐 못ᄒᆞ엿ᄂᆞ냐.

부지(不知) 圄 **1** 모르다. 알지 못하다. 《集覽, 朴集, 下, 1ㅎ》刁蹶. 又過棘〈釣洞・火炎山・薄屎洞・女人國及諸惡山險水, 恠〈怪〉害患苦, 不知其幾, 此所謂刁蹶也. 《集覽, 朴集, 下, 9ㅈ》彩亭子. 僧尼・道士及鼓〈皷〉樂・鍾鈸塡咽大路, 遠近大小親鄰〈隣〉男女, 前後導從者, 不知幾人, 後施夾障號之. 《朴新諺 1, 33ㅎ》那狗骨頭不知分量, 뎌 개의ᄢᅵ 分量을 아지 못ᄒᆞ고. 《朴新諺 2, 49ㅈ》但是你還不知那鄉村裏的好處哩, 다만 네 도로혀 뎌 鄉村에 됴흔 곳을 아지 못ᄒᆞᄂᆞᆫᄯᅩ다. **2** 모르다. 알지 못하다. ●⇔모로다. 《朴新諺 1, 15ㅈ》不知甚麼瘡, 모로리로다 므슴 瘡인디. 《朴新諺 3, 34ㅎ》不知多少少, 모로리로다 언메런지. ●⇔모ᄅᆞ다. 《朴新諺 3, 3ㅎ》你這不知理的, 네 이 도리 모ᄅᆞᄂᆞᆫ 거사.

부지기수(不知其數) 혱 헤아릴 수가 없을 만큼 많다. 또는 그렇게 많은 수효. ⇔부지기수ᄒᆞ(不知其數-). 《朴新諺 3, 13ㅈ》不知其數, 不知其數ᄒᆞ.

부지기수ᄒᆞ(不知其數-) 혱 부지기수(不知其數). ⇔부지기수(不知其數). 《朴新諺 3, 13ㅈ》不知其數, 不知其數ᄒᆞ.

부진(不盡) 혱 그지없다. 다하지 못하다. 끝없다. 《朴新諺 1, 9ㅈ》便感激不盡了, 곳 感激호믈 다 못ᄒᆞ리라.

부질업시 閉 부질없이. ●⇔등한(等閑).

《集覽, 字解, 單字解, 7ㅎ》閑. 雜也. 閑雜
人. 又替也. 파직ᄒᆞ다, 罷閑了・替閑了.
又遊息曰閑. 흥뚱여 ᄃᆞ닐시니, 遊閑了.
又練熟也. 弓馬熟閑. 又空也. 空閑田地 뷔
엿는 ᄯᅡ. 又等閑 부질업시, 又힘히미, 又
간대롭다. ❷⇔무뢰(無賴).《集覽, 字解,
累字解, 2ㅎ》無賴. 힘히미. 又부질업시.

부집(扶執) 图 활시위를 잡아당기다.《集
覽, 字解, 單字解, 1ㅎ》扯. 裂也. 正作撦.
又扶執也. 又挽弓曰扯.

부책(簿冊) 명 문부(文簿). (나중에 자세
하게 참고하거나 검토할 문서와 장부)
《集覽, 朴集, 上, 1ㅎ》勘合. 質問云, 官府
設簿冊二扇, 凡事用印鈐記, 上寫外字幾
號, 發行去者曰外號, 上寫內字幾號, 留在
官府者曰內號.《集覽, 朴集, 中, 1ㅈ》撚
兒〈子〉. 染家有簿冊一本, 有人求染絹帛
者, 必於簿上記其物數及染色, 幷其染直
以當契約者, 謂之撚兒.

부처(夫妻) 명 남편과 아내.《朴新諺 1, 45
ㅈ》那兩口兒做了少年夫妻, 뎌 둘이 少年
夫妻ㅣ 되엿고.《朴新諺 1, 45ㅎ》一夜夫
妻百夜恩, 一夜 夫妻ㅣ 百夜恩이라 ᄒᆞ니
라.

부천호(副千戶) 명 원・명대(元明代)에
둔 무관(武官)인 천호(千戶)의 버금 벼
슬.《朴新諺 2, 51ㅈ》王千戶(朴新注, 41
ㅎ: 各所有正・副千戶, 武職.)打背後來,
王千戶ㅣ 뒤흐로셔 와.

부체 명 부채.⇔선(扇).《朴新諺 2, 24ㅎ》
着丫頭們打扇, 아희들로 ᄒᆞ여 부체질ᄒᆞ
엿노라.

부체질 명 부채질. 또는 부채질하다. ⇔
타선(打扇).《朴新諺 2, 24ㅎ》着丫頭們
打扇, 아희들로 ᄒᆞ여 부체질ᄒᆞ엿노라.

부치다 图 ❶(싸움을) 붙이다.《朴新諺 1,
21ㅈ》到了七八月裏便鬪(鬪)促織, 七八
月에 다ᄃᆞᆯ면 곳 뵈ᄯᅡᇰ이 싸홈 부치고.
九月・十月裏便鬪(鬪)鵪鶉, 九月・十月
에 곳 뫼초라기 싸홈 부치고. ❷(불을)

붙이다. ⇔점(點).《朴新諺 1, 37ㅎ》把火
將艾點着了, 불로 뿍에다가 부쳐. ❸붙
이다. ⇔첩(貼).《朴新諺 1, 15ㅎ》不湏
(須)貼膏藥, 모로미 膏藥을 부치디 말라.
《朴新諺 3, 42ㅎ》他家殃榜貼在那門上,
더 집의 殃榜을 그 門 우희 부쳣ᄂᆞ니.
《朴新諺 3, 53ㅎ》好到各處橋上墻角頭貼
去, 各處 ᄃᆞ리 우와 담 모롱이에 부치라
가게 ᄒᆞ고. ❹부치다. 보내다. ⇔초(稍).
《朴新諺 1, 49ㅎ》稍得十疋白布・五疋藍
布・五疋靑布來與你的, 열 필 白布와 닷
필 藍布와 닷 필 靑布를 부쳐 와 너룰
주더라. 多謝你稍得這些布疋來, 네 이 布
疋을 부쳐 오믈 多謝ᄒᆞ노라.

부친(父親) 명 아버지를 정중히 이르는
말.《朴新諺 3, 14ㅎ》稟父親母親起居萬
安, 父親 母親끠 稟ᄒᆞᄂᆞ니 起居 萬安ᄒᆞ신
가.《朴新諺 3, 15ㅈ》托以段疋送與父親
使用, 段疋로 뻐 부터 父親끠 보내여 ᄡᅳ
게 ᄒᆞ엿더니.《朴新諺 3, 15ㅎ》與父親・
母親幷兄弟佛童穿用, 父親・母親과 다
못 아ᇢ 佛童을 주어 닙게 ᄒᆞᄂᆞ이다.

부치 명 ❶부추. ⇔해채(薤菜).《朴新諺 2,
39ㅎ》蘿葍, 댓무우. 蔓菁, 쉿무우. 萵苣,
부로. 葵菜, 아혹. 白菜, 비ᄎᆡ. 赤根菜, 시
근ᄎᆡ. 芫荽, 고싀. 蔥, 파. 蒜, 마늘. 薤菜,
부치. 荊芥, 형개. 薄荷, 박하. 茼蒿, 믈
뿍. 水蘿葍, 믈한댓무우. 胡蘿葍, 노른댓
무우. 芋頭, 토란. 紫蘇都好種的, 紫蘇를
다 시믐이 됴타. ❷부채. ⇔선자(扇子).
《朴新諺 3, 1ㅈ》再拿把扇子來與我, ᄯᅩ
ᄒᆞᆫ ᄌᆞᄅᆞ부치 가져다가 나를 주고려.

-부터 조 -부터. …에서부터. ❶⇔자(自).
《朴新諺 1, 53ㅎ》自古道, 녜부터 닐러시
되.《朴新諺 2, 13ㅎ》自古道, 녜부터 니ᄅᆞ
되. ❷⇔종(從).《朴新諺 1, 15ㅈ》從幾時
生出來的, 언제부터 낫ᄂᆞ뇨.《朴新諺 1,
15ㅈ》從前日這腮頰上痒的受不得, 그제
부터 ᄲᅡᆷ이 ᄀᆞ려워 견디지 못ᄒᆞᆯ러니.

부티다 图 부치다. 보내다. ❶⇔기(寄).

《朴新諺 3, 15ㅎ》玆者又特寄茶色段子二匹, 이제 또 특별이 차헐비체 비단 두 필과. 藍綾二匹裡紬四匹, 藍綾 두 필과 안 너흘 비단 네 필을 부텨. 《朴新諺 3, 44ㅎ》如今在寺裡寄放着哩, 이제 절에 부텨 두엇느니라. ●⇔부(付). 《朴新諺 3, 49ㅎ》都付這水國魚鄉了, 다 이 水國魚鄉에 부티고. ●⇔초(稍). 《朴新諺 3, 14ㅎ》先生你與我寫一封書稍去何如, 先生아 네 나를 흔 봉 글을 뼈 주어든 부텨 보내미 엇더ㅎ뇨. ●⇔탁(托). 《朴新諺 3, 15ㅈ》托以段疋送與父親使用, 段疋로 뼈 부텨 父親의 보내여 쓰게 ㅎ엿더니.

부평(浮萍) 圀 개구리밥. 《朴新諺 2, 6ㅈ》靑的綠的是浮萍水草, 靑ㅎ며 綠흔 거슨 이 浮萍 水草ㅣ오.

부형(父兄) 圀 아버지와 형. 《集覽, 朴集, 上, 12ㅎ》唱喏. 揖也. 詞曲曰, 一箇唱, 百箇喏, 謂一人呼唱於上, 衆人應諾於下. 如將帥在營幕下, 軍卒投謁於前者列立於 〈軍卒投謁於前者列於〉庭, 將帥發一令語, 則衆下齊聲以應. 凡里巷弟子拜謁父兄亦然. 因謂揖曰唱喏, 未詳是否.

부호(扶護) 통 받들어 보호하다. 돌보아 지키다. 《集覽, 字解, 累字解, 1ㅎ》將就. 猶容忍扶護之意.

북 圀 북. ⇔고(鼓). 《朴新諺 1, 38ㅎ》大哥山上擂鼓, 큰형은 山에셔 북 티고. 《朴新諺 3, 43ㅎ》擂鼓敲磬, 북 티고 磬 티고. 《朴新諺 3, 58ㅈ》便擂鼓打鑼, 곳 북 치고 바라 치고.

북(北) 圀 북편(北便). 북쪽 편. ⇔북편. 《朴新諺 2, 5ㅎ》北岸上又有一座大寺相對着, 북편 언덕 우희 또 흔 좌 큰 절이 이셔 서로 디ㅎ엿고.

북경(北京) 圀 중국의 북경시(北京市). 요(遼)·금(金)·원(元)·명(明)·청(淸) 나라의 서울이었다. 명(明)의 성조(成祖)가 영락(永樂) 원년(1403)에 북평부(北平府)를 순천부(順天府)로 개칭하였

다. 《集覽, 朴集, 上, 4ㅈ》大寧. 遼誌云, 在遼東城北潢水之南, 漢爲新安縣, 唐置營州, 遼號大定府, 金改北京, 元改大寧路, 今廢. 《集覽, 朴集, 上, 5ㅎ》平則門. 燕都, 禹貢冀州之域. 唐曰幽都, 虞爲幽州, 武王封召公奭於燕, 卽此. 元初爲燕京路, 後稱〈称〉大都路, 洪武初改爲北平布政司. 太宗皇帝龍潛於此, 及承大統, 遂爲北京, 遷都焉. 《集覽, 朴集, 上, 6ㅎ》拘欄. 質問云, 麗春院樂人搬演戲文雜劇之處也. 又云麗春院, 卽敎坊司也. 敎坊司見上. 今按, 北京有東拘欄·西拘欄. 俗謂宿娼者曰院裏走. 質問云, 是京師樂工住處. 《集覽, 朴集, 下, 8ㅎ》南京應天府丞. 永樂中, 於北平肇建北京, 爲行在所. 《集覽, 朴集, 下, 9ㅎ》打春. 音義云, 如今北京迎春時, 唯牛芒而已. 《朴新諺 3, 48ㅈ》北京城共有九座門, 北京城에 대되 九座 門이 이시니.

북경성(北京城) 圀 중국 북경(北京)에 쌓은 성. 《朴新諺 3, 48ㅈ》北京城共有九座門, 北京城에 대되 九座 門이 이시니.

북구(北口) 圀 땅 이름. 중국 하북성(河北省)에 있다. 《朴新諺 2, 8ㅈ》我不是那口外(朴新注, 25ㅈ: 居庸關北, 有古北口等, 諸口其外, 謂之口外, 蒙古所居之地.)的達子·回回, 나는 뎌 口外엣 達子·回回 아니라.

북두(北斗) 圀 =북두칠성(北斗七星). 《集覽, 朴集, 上, 7ㅈ》北斗左輔右弼. 凡九星, 曰樞宮貪狼, 曰璇宮巨門, 曰璣〈幾〉宮祿存, 曰權宮文曲, 曰衡宮廉貞, 曰闓〈開〉陽宮武曲, 曰瑤光宮破軍, 曰洞明宮左輔, 曰隱元宮右弼. 左輔連附北斗第〈莭〉六星, 在外, 右弼連附北斗第〈莭〉二星, 在內. 俱在紫薇〈微〉垣. 七現二隱, 世人惟見七星, 不見輔·弼二星. 盖九星宰生死是非之簿, 能解一切厄. 晉書天文志云, 七星在太微北, 七政之樞機, 陰陽之元本. 七星明, 其國昌, 輔星明, 則臣强.

북두칠성(北斗七星) 圀 큰곰자리에서 국

자 모양을 이루며 가장 뚜렷하게 보이는 일곱 개의 별. 이름은 각각 천추(天樞)・천선(天璇)・천기(天璣)・천권(天權)・옥형(玉衡)・개양(開陽)・요광(搖光)이라 하며, 앞의 네 별을 괴(魁), 뒤의 세 별을 표(杓)라 하고, 합하여 두(斗)라 한다. 《朴新諺 1, 22ㅈ》後面北斗七星板也做得好, 後面 北斗七星 돈은 민들기를 잘ᄒ엿고.

북방(北方) 명 북쪽 지방. 《集覽, 朴集, 中, 3ㅎ》稈草. 中國北方士(土)地高燥, 宜粟不宜稻, 故治田好種粟.

북변(北邊) 명 북편(北便). 북쪽 편. ⇔북편(北-). 《朴新諺 3, 12ㅈ》你到那皷樓北邉王家藥舖裡, 네 뎌 皷樓 北편 王家의 藥舖에 가.

북성(北城) 명 원대(元代)에 내몽고자치구(内蒙古自治區)에 두었던 개평부(開平府)를 달리 일컫던 상도(上都)의 속칭. 《集覽, 朴集, 上, 15ㅎ》南城. 大元以燕京爲大都, 俗號南城, 以開平府爲上都, 俗號北城. 開平府在陰山之南. 自燕京至上都, 地勢一步高一步, 四時多雨雪.

북인(北人) 명 중국 북방의 소수민족. 《集覽, 朴集, 中, 7ㅈ》稀粥也熬着. 北人好獵, 不力於農.

북편 명 북편(北便). 북쪽 편. ⇔북(北). 《朴新諺 2, 5ㅎ》北岸上又有一座大寺相對着, 북편 언덕 우희 ᄯ 혼 좌 큰 졀이 이셔 서로 디ᄒ엿고.

북편(北-) 명 북편(北便). 북쪽 편. ⇔북변(北邊). 《朴新諺 3, 12ㅈ》你到那皷樓北邉王家藥舖裡, 네 뎌 皷樓 北편 王家의 藥舖에 가.

북평(北平) 명 중국 우공(禹貢)의 기주(冀州) 지역. 주대(周代)에는 유주(幽州), 송대(宋代)에는 연산부(燕山府), 원대(元代)에는 대도(大都), 명(明) 초에 북평부(北平府)라 하다가, 영락(永樂) 원년(1403)에 북경(北京)으로 바꾸어 수도로

정하고, 북평을 순천부(順天府)라 개칭하였다. 《集覽, 朴集, 上, 4ㅈ》永平. 一統誌云, 禹貢冀州之域. 虞分冀北爲營州, 此卽其地. 商〈商〉爲孤竹國, 元爲永平路. 洪武二年, 改永平府屬北平布政司, 北平卽燕都, 永樂都燕京, 以此直隷京師. 《集覽, 朴集, 上, 5ㅎ》平則門. 燕都, 禹貢冀州之域. 唐曰幽都, 虞爲幽州, 武王封召公奭於燕, 卽此. 元初爲燕京路, 後稱〈称〉大都路, 洪武初改爲北平布政司. 太宗皇帝龍潛於此, 及承大統, 遂爲北京, 遷都焉. 《集覽, 朴集, 下, 8ㅎ》南京應天府丞. 永樂中, 於北平肇建北京, 爲行在所.

분 명 분. 사람. (사람을 높여서 이르는 말) ⇔위(位). 《朴新諺 1, 19ㅈ》這位官人要打幾副刀子, 이 분 官人이 여러 볼 칼을 치이려 ᄒ니. 《朴新諺 3, 56ㅈ》沈兄這位尊姓, 沈兄아 이 분의 놉흔 姓이여.

분 의 푼. ⇔개(箇). 《朴新諺 1, 57ㅎ》要做十箇氣力的一張, 십 분 힘에 치 혼 쟝과. 七八箇氣力的一張, 칠팔 분 힘에 치 혼 쟝을 민들고져 ᄒ노라.

분(分) 통 나누다. ⇔ᄂ호다. 《朴新諺 3, 38ㅎ》三停裡該分與主人二停纔是, 세 운에셔 맛당이 主人을 두 운을 ᄂ화 주어야 올커놀.

분(分) 의 푼. ●⇔푼. 《朴新諺 1, 11ㅈ》給你一錢五分一板罷, 너롤 혼 돈 오 푼을 혼 틀에 주미 무던ᄒ다. 《朴新諺 2, 25ㅈ》煎至七分去滓溫服, 달혀 七分에 니르거든 滓를 ᄇ리고 더온 이로 먹으라. ●⇔픈. 《朴新諺 1, 34ㅈ》利錢一分也不肯還, 利錢은 혼 픈도 즐겨 갑지 아닐 줄을 싱각ᄒ여시리오. 《朴新諺 1, 58ㅈ》每両每月三分起利, 每両 每月에 서 픈식 起利ᄒ여.

분(扮) 통 꾸미다. ⇔ᄭ우미다. 《集覽, 字解, 單字解, 7ㅈ》扮. 修飾也. 裝扮 ᄭ우미다, 扮做 ᄭ우며 밍그다. 音班, 去聲.

분(盆) 명 소래기. ⇔소라. 《集覽, 朴集,

下, 9ㅎ》碎盆. 未詳源流. 但本國送殯之
晨, 在家者見靈輀登道, 卽隨以瓦器擲碎
於門外, 大聲作語曰, 持汝家具而去. 云爾
者, 盖使亡人無留念家緣之術也.《朴新諺
1, 54ㅎ》把孩子放在水盆裏洗, 아히롤다
가 물 소라에 너허 삣기면,《朴新諺 1,
55ㅈ》各自丟在水盆裏, 각각 믈ㅅ 소라
에 드리치ᄂᆞ니.

분(粉) 图 분칠(粉漆)ᄒᆞ다. 분을 바르다.
⇨분칠ᄒᆞ다.《朴新諺 1, 30ㅎ》脚穿粉底
尖頭靴, 발에 지즈에 분칠ᄒᆞ고 부리 쎈
휘롤 신고.

분개(分開) 图 나누다. 가르다. ⇨ᄂᆞᆫ호다.
《朴新諺 1, 6ㅈ》先把椅桌分開擺了, 몬
져 교의와 상을 ᄂᆞᆫ화 버리고.《朴新諺
1, 38ㅎ》三哥待要分開, 셋재 형은 ᄂᆞᆫ호
고져 ᄒᆞ고.《朴新諺 1, 53ㅈ》一遍五箇分
開着射, ᄒᆞᆫ 편에 다ᄉᆞᆺ식 ᄂᆞᆫ화 ᄡᅵ쟈.

분공(坌工) 图 조역(助役). 막일꾼. 잡일
꾼.《集覽, 朴集, 上, 5ㅈ》坌工. 分工用力
之人.

분량(分兩) 图 근량(斤兩). 분량(分量).
《朴新諺 1, 21ㅎ》廂的金子多少分両, 뎐
메온 金이 언머 分両고.

분량(分量) 图 많고 적음이나 부피의 크고
작은 정도.《朴新諺 1, 33ㅎ》那狗骨頭不
知分量, 뎌 개의ᄡᅵ 分量을 아지 못ᄒᆞ고.

분례(分例) 图 늠급(廩給)과 구량(口糧).
또는 정례(定例)로 내어주는 돈이나 재
물.《集覽, 朴集, 中, 1ㅈ》分例支應. 正官
曰廩給, 從人曰口粮, 通謂之分例.

분만(分娩) 图 해산(解産)하다.《朴新諺 1,
54ㅈ》姐姐你纔做了月子(朴新注, 20ㅎ:
分娩也.), 각시아 네 ᄀᆞᆺ 희산ᄒᆞ다 ᄒᆞ니.

분면(粉麵) 图 밀가루.《朴新諺 3, 35ㅎ》
水精包子(朴新注, 57ㅈ: 用各料為餡, 以
粉麵作皮包者.), 제믈에 숢믄 包子와.

분묵(粉墨) 图 흰 분과 눈썹먹. 곧, 화장
품.《集覽, 朴集, 上, 2ㅎ》院本. 院本則五
人, 一曰副淨, 古謂之叅軍, 一曰副末, 古

謂之蒼鶻, 鶻能擊禽鳥, 末可打副淨, 古
(故)云, 一曰引戲, 一曰末泥, 一曰孤裝, 又
謂之五花爨弄. 或曰, 宋徽宗見爨國人來
朝, 衣裝·鞵履·巾裹, 傅粉墨, 舉動如此,
使優人効之以爲戲. 其間副淨有散說, 有
道念, 有筋斗, 有科範. 盖古敎坊色長有魏
·武·劉三人, 而魏長於念誦, 武長於筋
斗, 劉長於科範, 至今樂人皆宗之.

분변ᄒᆞ다 图 분변(分辨)하다. 판별하다.
구별하다. 가리다. ⇨변(辨).《朴新諺 2,
52ㅈ》不辨東西不省人事, 東西롤 분변치
못ᄒᆞ고 人事롤 아지 못ᄒᆞ여.

분복(芬馥) 혱 매우 향기롭다.《集覽, 朴
集, 中, 5ㅈ》起浮屠於泗水之間. 中宗聞
名, 遣使迎師, 居薦福寺, 頂上有一穴, 以
絮窒之, 夜則去絮, 香從頂穴中出, 非常芬
馥. 及曉, 香還頂中, 又以絮窒之.

분부(分付) 图 ❶당부하다. 부탁하다. ⇨
당부ᄒᆞ다.《集覽, 字解, 累字解, 2ㅈ》分
付. 맛디다. 又당부ᄒᆞ다. ❷맛기다. 시
키다. ⇨맛디다.《集覽, 字解, 累字解, 2
ㅈ》分付. 맛디다. 又당부ᄒᆞ다.

분부(吩咐) 图 시키다. …하도록 하다. 지
시를 내리다. ⇨분부ᄒᆞ다(吩咐-).《朴新
諺 1, 3ㅈ》吩咐我帶廻來給老爺們看驗過
了, 우리게 吩咐ᄒᆞ여 가져와 老爺네끠
뵈야 驗過ᄒᆞ고.《朴新諺 1, 3ㅎ》可拿去
吩咐管酒的人, 가져가 술 ᄀᆞ음아는 사름
의게 吩咐ᄒᆞ여.《朴新諺 1, 25ㅈ》吩咐他
們, 뎌들의게 吩咐ᄒᆞ여.《朴新諺 2, 15
ㅎ》聽我吩咐, 내 吩咐를 드르라.《朴新
諺 2, 18ㅈ》吩咐厨子, 厨子의게 吩咐ᄒᆞ
여.《朴新諺 3, 16ㅎ》相公吩咐怎應盖, 相
公은 吩咐ᄒᆞ라 엇디 지으려 ᄒᆞᄂᆞ뇨.

분부(奔赴) 图 급히 달려가다.《集覽, 朴
集, 中, 5ㅈ》隨相現相. 飜譯名義云, 佛昔
爲帝釋時, 遭飢歲, 疾疫流行, 醫療無功,
道殣相屬. 帝釋悲愍, 思所救濟, 乃變其形
爲大蟒身, 殭屍川〈殭屍出于〉谷, 空中遍
告, 聞者感慶, 相率〈牽〈牽〉〉奔赴, 隨割隨

生, 療飢療疾.

분부ᄒᆞ다(吩咐-) 图 분부(吩咐)하다. ⇔분
부(吩咐).《朴新諺 1, 3ㅎ》吩咐我帶廻來
給老爺們看驗過了, 우리게 吩咐ᄒᆞ여 가
져와 老爺네끠 뵈야 驗過ᄒᆞ고.《朴新諺
1, 3ㅎ》可拿去吩咐管酒的人, 가져가 술
ᄀᆞ옴아ᄂᆞᆫ 사ᄅᆞᆷ의게 吩咐ᄒᆞ여.《朴新諺 1,
25ㅈ》吩咐他們, 뎌들의게 吩咐ᄒᆞ여.《朴
新諺 2, 18ㅈ》吩咐厨子, 厨子의게 吩咐ᄒᆞ
여.《朴新諺 3, 16ㅎ》相公吩咐怎麼盖, 相
公은 吩咐ᄒᆞ라 엇디 지으려 ᄒᆞᄂᆞ뇨.

분분(噴噴) 图 풍기다. (향기가 진하게 나
ᄂᆞᆫ 모양) ⇔쏨기다.《朴新諺 2, 39ㅈ》滿
池荷花香噴噴的令人可愛, 못에 ᄀᆞ득ᄒᆞᆫ
荷花ㅣ 香내 쏨겨 사ᄅᆞᆷ으로 ᄒᆞ여곰 ᄉᆞ랑
홉게 ᄒᆞ더라.

분산(分散) 图 갈라져 흩어지다. 또는 그
렇게 되게 하다.《集覽, 朴集, 下, 1ㅈ》唐
三藏法師〈三藏〉. 藏, 卽包含攝持之義. 非
藏無以積錢財, 非藏無以蘊文義, 謂攝一
切所應知義, 無令分散, 故名爲藏也.

분식(粉飾) 图 옷감에 무리풀을 먹여 반
드럽게 꾸미다.《朴新諺 1, 46ㅈ》白淸水
絹(朴新注, 18ㅈ: 不用粉餙, 而碾光者.)三
尺, 흰 제믈엣 깁 석 자는.

분식(粉餙) 图 =분식(粉飾). '餙'은 '飾'의
속자.《(明, 焦竑) 俗書刊誤》飾, 俗作餙.
《朴新諺 1, 46ㅈ》白淸水絹(朴新注, 18ㅈ:
不用粉餙, 而碾光者.)三尺, 흰 제믈엣 깁
석 자는.

분신(分身) 图 〈불〉 부처가 중생을 교화
하기 위하여 여러 가지 몸으로 나타나
다. 또는 그 몸. ⇔분신ᄒᆞ다(分身-).《朴
新諺 2, 29ㅈ》或分身于居士宰官, 或 居士
宰官에 分身ᄒᆞ며.

분신ᄒᆞ다(分身-) 图 〈불〉 분신(分身)하
다. ⇔분신(分身).《朴新諺 2, 29ㅈ》或分
身于居士宰官, 或 居士 宰官에 分身ᄒᆞ며.

분외(分外) 图 너무 심하여 지나치다. 곧,
제 분수 이상.《集覽, 字解, 累字解, 2ㅎ》

分外. 十者數之終, 十分爲數之極, 而甚言
其太過則曰分外.

분주(扮做) 图 꾸며 만들다.《集覽, 字解,
單字解, 7ㅈ》扮. 修飾也. 裝扮 쑤미다, 扮
做 쑤며 밍그다. 音班, 去聲.

분집(坌集) 图 복잡하게 무더기로 모여들
다.《集覽, 朴集, 上, 5ㅈ》角頭. 音義云,
東南西北往來人煙〈烟〉湊集之處.　今按,
角頭, 卽通達達道要會之衝, 儅力求直之
人坌集之所. 然漢俗呼市纏亦曰角頭, 爲
歸〈敀〉市者必指角頭而去, 故云尒.

분출(噴出) 图 뿜어 나오다. 내뿜다.《集
覽, 朴集, 上, 15ㅈ》玉泉. 在宛平縣西北
三十里玉泉山下.　山有石洞三, 一在山之
西南, 其下有泉, 深淺莫測. 一在山之陽,
泉出石罅間, 鑿石爲螭頭, 泉從螭口噴出,
鳴若雜佩, 色如素鍊〈練〉, 泓澄百頃.《朴
新諺 2, 5ㅈ》西湖是從玉泉山(朴新注, 24
ㅈ: 在宛平縣, 距京都西北三十里, 山有石
洞三. 一在山之西南, 其下有泉, 深淺莫
測. 一在山之陽, 泉出石罅間, 鑿石為螭頭,
泉從螭口噴出, 鳴若雜佩, 色如素練, 泓澄
百頃. 一在山之根, 有泉湧出, 洞門刻玉泉
二字.)流下來的, 西湖ᄂᆞᆫ 이 玉泉山으로
조차 흘러ᄂᆞ린 거시니.

분칠ᄒᆞ다 图 분칠(粉漆)하다. 분을 바르
다. ⇔분(粉).《朴新諺 1, 30ㅎ》脚穿粉底
尖頭靴, 발에 지즈에 분칠ᄒᆞ고 부리 쌘
휘롤 신고.

분탕(粉湯) 图 당면에 가늘게 썬 돼지고
기를 넣고 끓인 국.《朴新諺 1, 5ㅈ》還要
上三道粉湯, 당시롱 세 가지 粉湯을 올릴
거시오.

분향(焚香) 图 향을 피우다. 향을 태우다.
《集覽, 朴集, 中, 7ㅎ》佛堂. 漢人酷好釋
教, 家設一堂, 或安金像, 或掛畫佛, 焚香
頂禮, 朝夕不懈.《朴新諺 2, 44ㅎ》佛堂
(朴新注, 39ㅈ: 漢俗, 好佛家設一堂, 或安
金像, 或掛畫佛, 焚香頂禮, 朝夕不懈.)幾
間, 佛堂이 현 간.

분호(分毫) 똉 아주 적은 수량. 매우 적거나 조금인 것. 《朴新諺 3, 24ㅈ》各上禪床坐之分毫不動, 각각 禪床에 올라 안저 定ᄒ고 分毫도 動치 마라.

분홍 똉 분홍색. ⇔수홍(水紅). 《朴新諺 2, 14ㅈ》五疋染水紅, 닷 필은 분홍을 드리고. 《朴新諺 2, 14ㅎ》五箇水紅絹每疋染錢三錢, 다솟 분홍 깁은 믹 필에 물갑시 서 돈이오.

붇다 图 붓다注. ⇔도(倒). 《朴新諺 3, 31ㅎ》茶博士(朴新注, 55ㅎ: 進茶人之假稱.)們倒茶來, 茶博士들아 차를 부어 오라. 《朴新諺 3, 32ㅈ》你先倒一椀六安・一椀松蘿, 네 몬져 ᄒ 사발 六安차와 ᄒ 사발 松蘿차를 부어 오고.

불 똉 ●불. 등불. ⇔등(燈). 《朴新諺 2, 49ㅈ》直到點燈時分纔下馬, 잇긋 불 혈 때에 다둣게야 곳 몰께 느리니. ●불[火]. ⇔화(火). 《朴新諺 1, 37ㅎ》把火將艾點着了, 불로 뿍에다가 부쳐. 《朴新諺 2, 41ㅈ》把取燈點上火往裏照, 取燈에다가 불을 혀 안을 向ᄒ여 비최여. 《朴新諺 3, 10ㅈ》這是死炕這是燒柴火炕都不好, 이는 불 못 쬇는 캉이오 이는 불쬇는 캉이니 다 됴치 아니ᄒ니. 《朴新諺 3, 12ㅈ》火盆上添些炭火, 화로에 숫불을 더ᄒ고. 《朴新諺 3, 12ㅎ》向火烤一會便不痒痒了, 불을 向ᄒ여 ᄒ 지위 쬐면 곳 ᄀ렵지 아니ᄒ리라. 《朴新諺 3, 45ㅎ》只要弄得火快, 그저 불 퓌오기를 쌜리 ᄒ라.

불(不) 图 ●말다. ⇔말다. 《朴新諺 1, 19ㅈ》這箇不湏(須)太爺們囑咐, 이는 모름이 太爺들이 당부 말라. 《朴新諺 1, 58ㅎ》按月送納不致短少拖欠, 둘을 조차 送納호되 쩌르치며 믄그으매 니르게 말고. ●못하다. ⇔못ᄒ다. 《朴新諺 1, 22ㅈ》工價也不筭多, 工錢도 만타 못홀 거시니. 《朴新諺 1, 9ㅈ》便感激不盡了, 곳 感激호믈 다 못ᄒ리라. 《朴新諺 2, 36ㅎ》天寒湯・飯都不可冷了, 하늘이 치우

니 湯과 밥을 다 可히 ᄎ게 못ᄒ리라. 《朴新諺 2, 49ㅎ》這客位收拾的好不整齊, 이 客位 收拾기를 ᄀ장 整齊히 못ᄒ여시니. 《朴新諺 3, 4ㅎ》跳蚤也不敢近, 벼록이 또 敢히 갓가이 못ᄒ느니라. 《朴新諺 3, 10ㅎ》怎麼抹得不平正呢, 엇지 뭇기를 平正이 못ᄒ엿느뇨. 《朴新諺 3, 45ㅎ》我就不敢吃多了, 내 곳 감히 먹기를 만히 못ᄒ노라. ●아니하다. ⇔아니ᄒ다. 《朴新諺 1, 28ㅎ》誰敢不依規矩罰約呢, 뉘 敢히 規矩 罰約대로 아니ᄒ리오. 《朴新諺 2, 18ㅈ》這廝所以不怕, 이 놈이 이러모로 저허 아니ᄒ느니. 《朴新諺 2, 33ㅈ》又不怕雨淋的, 또 비에 젓기를 저퍼 아니ᄒ니.

불(不) 图 ●말다. ⇔말다. 《朴新諺 1, 6ㅈ》不可辜負了好風光, 됴흔 風光을 져 ᄇ리지 마쟈. 《朴新諺 1, 16ㅈ》便是白日裏也不住的搽, 곳 낫도 머므지 말고 ᄇ르라. 《朴新諺 1, 26ㅎ》咱們不湏(須)爭論, 우리 모로미 ᄃ토지 말고. 《朴新諺 1, 41ㅎ》不拘多少錢, 아모만 공전을 걸리끼지 말고. 《朴新諺 1, 58ㅎ》不致遲悞, 더듸여 어그릇츰애 니르지 말고. 《朴新諺 2, 6ㅎ》且不必誇天上瑤池, 또 반ᄃ시 天上 瑤池를 쟈랑치 말라. 《朴新諺 2, 12ㅎ》你要使只管問我討不拘多少, 네 쓰고져 ᄒ거든 그저 스뢰여 날ᄃ려 달라 ᄒ여 多少를 거리끼지 말고. 《朴新諺 2, 31ㅎ》不許到街上去閑遊惹事, 街上에 가 힘힘이 노라 일내믈 허치 말고. 《朴新諺 3, 24ㅈ》各上禪床坐之分毫不動, 각각 禪床에 올라 안저 定ᄒ고 分毫도 動치 마라. 《朴新諺 3, 36ㅎ》這的不消説, 이는 부졀업시 니르지 말라. ●못하다. ⇔못ᄒ다. 《朴新諺 1, 1ㅈ》咱們不可虛度過了, 우리 可히 헛도이 지내지 못ᄒ리라. 《朴新諺 1, 16ㅈ》多不過両三日, 만하도 両三 日에 지나지 못ᄒ여. 《朴新諺 1, 33ㅎ》我不曾見他, 내 일즉 뎌롤 보지

못ㅎ여시니.《朴新諺 2, 1ㅎ》只是腿跨走不開, 다만 구블이 흘러 퍼지지 못ㅎ고.《朴新諺 2, 17ㅈ》驛馬怎麽還不見來呢, 驛馬ㅣ 엇지 당시롱 옴을 보지 못홀소뇨.《朴新諺 2, 37ㅈ》他如今氣像大比不當先了, 뎨 이제 氣像이 커 當先에 比치 못ㅎ니.《朴新諺 3, 1ㅈ》熱的當不的, 더위 當치 못ㅎ여라.《朴新諺 3, 11ㅎ》從來不曾見你這般仔細, 본듸 일즉 너 이런 仔細호믈 보지 못ㅎ엿노라.《朴新諺 3, 23ㅈ》與大仙素不認識, 大仙으로 더부러 본듸 아지 못ㅎ니.《朴新諺 3, 43ㅈ》不曾看見麽, 일즉 보지 못한다. ❸아니다. 아니하다. ⇔아니다.《朴新諺 1, 10ㅎ》前不斷後要亂, 몬져 결짠치 아니면 후에 어즈럽다 ㅎ니.《朴新諺 1, 16ㅈ》老哥不說我却怎麽知道呢, 노형이 니르지 아니면 내 쏘 엇디 알리오.《朴新諺 1, 46ㅎ》不筭功錢, 功錢을 혜디 아녀도.《朴新諺 2, 19ㅎ》不干買主之事, 산 님자의게는 간섭지 아닌 일이라.《朴新諺 2, 34ㅎ》你做這般不合理的勾當, 네 이런 理에 合디 아닌 일을 ㅎ다가.《朴新諺 3, 3ㅈ》你賣就賣不賣就拿了去, 네 폴려 커든 곳 폴고 푸지 아니려 커든 곳 가져가라.《朴新諺 3, 11ㅎ》不想那厮打頓起來, 싱각지 아닌 그 놈이 조오다가.《朴新諺 3, 26ㅎ》王見他多時不出來, 王이 뎨 오래 나오디 아니믈 보고.《朴新諺 3, 42ㅈ》難道連工錢也是不要的, 工錢조차 쏘 밧지 아닛는다 니르기 어렵다. ❹아니하다. ⇔아니ㅎ다.《朴新諺 1, 14ㅎ》你這布帒是破的不漏麽, 네 이 쟐리 해여져 싯지 아니ㅎᄂ냐.《朴新諺 1, 24ㅎ》日裏不肯刷不管喂, 나지 즐겨 빗기지 아니ㅎ며 먹이기를 ᄀ옵아지 아니ㅎ고.《朴新諺 1, 47ㅈ》你今日怎麽不上學去呢, 네 오늘 엇디 글 비호라 가지 아니ㅎᄂ뇨.《朴新諺 2, 3ㅎ》又不吃了他的, 쏘 제 거슬 먹지 아니ㅎ리라.《朴新諺 2, 17ㅈ》你怎

麽不肯備好馬伺候, 네 엇지 즐겨 됴흔 물을 예비ㅎ여 伺候치 아니ㅎᄂ다.《朴新諺 2, 37ㅈ》把我這舊弟兄們都不保了, 우리 이 녯 弟兄들을다가 긔수치 아니ㅎ더라.《朴新諺 3, 2ㅎ》一百錢短一箇也不賣, 一百 돈에 ᄒ나히 업서도 푸지 아니ㅎ리라.《朴新諺 3, 17ㅈ》不要了儘勾住了, 要치 아니ㅎ노라 잇긋 넉넉이 머믈리로다.《朴新諺 3, 30ㅈ》只勾本我就賣再不爭論的, 그저 本이 되면 내 곳 폴고 다시 爭論치 아니ㅎ리라.

불(不) [보형] ❶─못하다. ⇔못하다.《朴新諺 1, 2ㅈ》不如問那光祿寺, 뎌 光祿寺에 무러. 討幾甁蜜林檎・甕頭春・木瓜露・苦菉豆酒, 여러 甁 蜜林檎과 甕頭春과 木瓜露와 쁜 菉豆酒를 어들만 ㅈ지 못ㅎ니.《朴新諺 1, 16ㅈ》話不說不明木不鑚不透, 말을 니르디 아니면 붉디 못ㅎ고 남글 뚧디 아니면 ᄉ못디 못한다 ㅎ니라.《朴新諺 1, 28ㅈ》不如去了他罷, 뎌룰 업시홀만 ㅈ디 못ㅎ다.《朴新諺 1, 56ㅎ》但因連日有事不在家, 다만 連日ㅎ여 일이 이시믈 因ㅎ여 집의 잇지 못홈으로.《朴新諺 2, 13ㅈ》兩箇鋸鉞一箇釘鉤都不厚實, 두 비목과 ᄒ 걸새 다 두텁지 못ㅎ니.《朴新諺 3, 3ㅎ》不如挾着屁眼家裡坐着去罷, 밋궁글 끼고 집의 안자시라 갈만 ㅈ지 못ㅎ다. ❷아니다. 아니하다. ⇔아니다.《朴新諺 1, 15ㅈ》這麽不怕事, 이는 두렵지 아닌 일이라.《朴新諺 1, 19ㅈ》好與不好都是小舖的門面, 됴ㅎ며 됴치 아니미 다 이 小舖의 門面이라.《朴新諺 2, 15ㅈ》假如你染的不如這樣兒上的顔色, 만일 네 드린 거시 이 樣子엣 빗과 ㅈ지 아니면.《朴新諺 2, 18ㅎ》你與我看一看錯也不錯, 네 나를 보와 주고려 그른가 그르지 아닌가.《朴新諺 2, 53ㅎ》便是你的不是了, 곳 이 네 올치 아니니라. ❸아니하다. ❶⇔아니타.《集覽, 字解, 單字解, 3ㅎ》做. 韻會遇韻作字註云,

造也, 俗作做非. 箇韻作字註云, 爲也, 造也, 起也, 俗作做非. 做音, 直信切. 今按, 俗語做甚麼 므슴 ᄒ료, 作衣裳 옷 짓다, 作音조, 去聲. 不走作 듧뜨디 아니타, 作音조, 入聲. 以此觀之, 則做從去聲, 作互呼去聲·入聲, 通做字. 俗不用直信切之音. 《朴新諺 2, 4ㅎ》有心拜節寒食不遲, 節에 拜홀 ᄆᆞᅀᆞᆷ이 이시면 寒食이라도 더듸지 아니타 ᄒᆞᄂᆞ니라. 《朴新諺 2, 40ㅎ》無功食祿寢食不安, 功이 업시 祿을 먹으면 寢食이 편안치 아니타 ᄒᆞ니라. 《朴新諺 2, 54ㅎ》人死不在老少, 사ᄅᆞᆷ의 죽기 老少에 잇지 아니타 ᄒᆞ니라. 《朴新諺 3, 18ㅎ》你說得不差, 네 니ᄅᆞᆷ이 그르지 아니타. 《朴新諺 3, 52ㅈ》大凡七十已上十五已下不合加刑, 무릇 七十 已上과 十五 已下ᄂᆞᆫ 加刑홈이 맛당치 아니타 ᄒᆞ니라. ●⇔아니ᄒᆞ다. 《朴新諺 1, 4ㅈ》既少不多也罷了, 임의 ᄀᆞᆫ 거시 하지 아니ᄒᆞ니 ᄯᅩ 무던ᄒᆞ다. 《朴新諺 1, 17ㅈ》却也比尋常的不同, ᄯᅩ 녜ᄉᆞᆺ 거세 비컨대 ᄀᆞᆺ지 아니ᄒᆞ니. 《朴新諺 1, 25ㅎ》這話是不差的, 이 말이 그르지 아니ᄒᆞ니라. 《朴新諺 1, 32ㅈ》一箇也不中使哩, ᄒᆞ나토 ᄡᅳ기에 맛ᄌᆞᆺ지 아니ᄒᆞ다. 《朴新諺 1, 45ㅈ》豈不是他的財運好麼, 엇지 뎌의 財運이 됴치 아니ᄒᆞ랴. 《朴新諺 2, 17ㅈ》這馬都不中用, 이 ᄆᆞᆯ이 다 ᄡᅥ즉지 아니ᄒᆞ다. 《朴新諺 2, 27ㅎ》既兩心相照也是不難的, 이믜 둘희 ᄆᆞᅀᆞᆷ이 서ᄅᆞ 비최면 ᄯᅩ 어렵디 아니ᄒᆞ니. 《朴新諺 3, 1ㅎ》一壁廂各自頑去不好麼, ᄒᆞᆫ 편 구석의 각각 놀라 가미 됴치 아니ᄒᆞ냐. 《朴新諺 3, 18ㅈ》猪·羊·鵝·鴨等類却不少吃的, 猪·羊·鵝·鴨 等類ㅣ ᄯᅩ 먹을 거시 적지 아니ᄒᆞ고. 《朴新諺 3, 29ㅎ》也是我運氣不好撞着你, ᄯᅩ 내 運氣 됴치 아니ᄒᆞ여 너를 만나도다.

불(不) 囝 못. ⇔못. 《朴新諺 1, 35ㅈ》不知他那一日纔肯還, 아지 못게라 뎨 어니 날 마치 즐겨 갑흐리오. 《朴新諺 3, 7ㅎ》不知那裡來的這些蝤蠓, 아지 못게라 어듸로셔 온 이 지차린지. 《朴新諺 3, 15ㅈ》不知收到否, 아지 못게라 바드신가 못ᄒᆞ신가. 《朴新諺 3, 43ㅈ》不知寫着甚麼哩, 아지 못게라 므서시라 ᄡᅥ더뇨.

불(不) 혱 아니다. ⇔아니다. 《朴新諺 1, 28ㅈ》不是箇有義氣之人, 이 義氣 잇ᄂᆞᆫ 사ᄅᆞᆷ이 아니니. 《朴新諺 1, 41ㅎ》也不爭論的, ᄯᅩ ᄃᆞ토ᄂᆞ니 아니라. 《朴新諺 1, 52ㅎ》家貧不是貧路貧愁殺人, 家貧은 이 貧이 아니오 路貧이야 사ᄅᆞᆷ을 근심케 ᄒᆞᆫ다 ᄒᆞ니라. 《朴新諺 2, 7ㅎ》豈不大家有義氣麼, 엇지 대되 義氣 이시미 아니랴. 《朴新諺 2, 13ㅈ》那厮眞不是人, 뎌 놈이 진실로 이 사ᄅᆞᆷ이 아니로다. 《朴新諺 2, 54ㅎ》豈不是好呢, 엇지 이 됴치 아니ᄒᆞ랴. 《朴新諺 3, 2ㅈ》那箇拿藍(籃)子盛着猫的不是賣的麼, 뎌 드라치 가져 괴 담으니 이 풀 리 아니가. 《朴新諺 3, 28ㅎ》不是聖僧, 이 聖僧이 아니면. 《朴新諺 3, 41ㅎ》他不是開鋪的, 뎨 이 푸ᄌᆞ를 여니 아니오.

불(佛) 몡 〈불〉 삼보(三寶)의 하나로, 석가모니불과 모든 부처를 높여 이르는 말. 부처는 스스로 진리를 깨닫고, 또 다른 사람을 깨닫게 하므로 귀중한 보배와 같다 하여 이르는 말이다. 《集覽, 朴集, 下, 3ㅈ》三寶. 佛·法·僧也. 功成妙智, 道登圓覺, 佛也, 玄理幽微, 正敎精誠, 法也, 禁戒守眞, 威儀出俗, 僧也. 《朴新諺 3, 14ㅈ》不信佛法不尊三寶(朴新注, 49ㅎ: 佛·法·僧曰三寶. 功成妙智, 道登圓覺, 佛也, 玄理幽微, 正敎精誠, 法也, 禁戒守眞, 威儀出俗, 僧也. 故曰寶.), 佛法을 信치 아니ᄒᆞ고 三寶를 尊치 아니ᄒᆞ니.

불(拂) 동 떨치다. ⇔떨치다. 《朴新諺 2, 29ㅎ》執楊柳於掌內拂病體於輕安, 楊柳를 손에 잡아 病體를 輕安ᄒᆞᆫ 디 떨치고.

불가(不可) 동 …할 수 없다. …해서는 안

되다.《朴新諺 2, 6ㅎ》且不必誇天上瑤池
(朴新注, 25ㅈ: 在崑崙, 環以弱水九重, 非
飇車羽輪, 不可到. 王母所居.), 쏘 반둑시
天上 瑤池를 쟈랑치 말라.《朴新諺 3, 13
ㅎ》這佛法最尊最貴不可不信, 이 佛法이
ㄱ장 尊ㅎ고 ㄱ장 貴ㅎ니 可히 밋지 아
니치 못홀 거시라.

불가(不可) 보동 못하다. ⇔못ㅎ다.《朴新
諺 1, 10ㅈ》土王用事之日不可動工, 土王
用事日에 動工치 못홀 쩌시니.

불가(不可) 보형 아니하다. …할 수 없다.
…해서는 안 되다. ⇔아니ㅎ다.《朴新諺
2, 16ㅎ》這些食物都要鮮明不可缺少纔
是, 이 여러 食物을 다 鮮明히 ㅎ고 모ㅈ
라지 아니케 홈이 올흐니라.

불가(佛家) 명 〈불〉 불교를 믿는 사람. 또
는 그들의 사회.《集覽, 朴集, 中, 6ㅎ》萬
劫. 儒曰世, 釋曰劫(规), 道曰塵. 一說,
儒家曰數, 道家曰劫(规), 佛家曰世.《朴
新諺 1, 35ㅎ》你是佛家弟子, 너는 이 佛
家 弟子ㅣ라.《朴新諺 1, 36ㅈ》想是你平
日布施人家齋飯・錢(朴新注, 14ㅈ: 齋者,
齊也. 佛家飯供, 謂之齋飯.), 싱각건대 네
平日에 布施혼 人家 齋飯・錢을.《朴新
諺 2, 29ㅎ》執楊柳於掌內拂病體於輕安
(朴新注, 33ㅎ: 佛家云, 觀音取楊柳枝沾
水, 灑而呪之, 能令死者, 還蘇(蘇).), 楊柳
롤 손에 잡아 病體를 輕安혼 더 떨치고.
《朴新諺 2, 30ㅎ》一失人身後萬规(朴新
注, 34ㅈ: 儒曰歲, 道曰塵, 釋曰规. 又佛家
云, 天地一成一敗為规.)再逢難, 혼번 人
身을 일흔 後ㅣ면 萬规이라도 다시 만나
기 어렵다 ㅎ니라.《朴新諺 2, 44ㅎ》佛
堂(朴新注, 39ㅈ: 漢俗, 好佛家設一堂, 或
安金像, 或掛畫佛, 焚香頂禮, 朝夕不懈.)
幾間, 佛堂이 현 간.《朴新諺 3, 22ㅈ》如
此作賤(踐)佛家弟子, 이러트시 佛家 弟子
를 천답ㅎ더라.《朴新諺 3, 27ㅎ》衆人喝
采(保)說佛家法力大贏了, 모든 사롭이
혀츠고 니르되 佛家ㅣ 法力이 크다 이고

엇고나.

불각(不覺) 동 깨닫지 못하다. 느끼지 못
하다.《朴新諺 1, 42ㅎ》狗有濺草(朴新
注, 16ㅎ: 晉時, 楊生養狗, 甚愛. 生醉臥大
澤草中. 夜(野)火起風猛, 狗呼喚, 生不覺.
狗走徃水坑, 以身漬水, 洒生所臥草, 生得
不死.)之恩, 개눈 濺草혼 恩이 잇고. 馬有
垂繮之報, 물은 垂繮혼 報ㅣ 잇다 ㅎ니
라.《朴新諺 2, 52ㅎ》他酒醒了起來不覺,
데 술이 끼야 니러나 끼듯지 못ㅎ고.

불간(不揀) 동 가래지 않다. 분간하지 않
다.《集覽, 字解, 累字解, 1ㅎ》不揀. 아무
라나 마나. 俗語, 不揀甚麼.

불간심마(不揀甚麼) 동 아무 것이나 가래
지 않다. 분간하지 않다.《集覽, 字解, 累
字解, 1ㅎ》不揀. 아므라나 마나. 俗語,
不揀甚麼.

불감(不敢) 동 감(敢)히 하지 못하다. 감
히 할 수 없다. ⇔불감ㅎ다(不敢-).《朴
新諺 3, 56ㅈ》不敢, 不敢ㅎ여라.《朴新諺
3, 56ㅎ》不敢, 不敢ㅎ여라.

불감(不敢) 뮈 감(敢)히. 또는 감히 …하지
못하다. ⇔싱심이나.《朴新諺 1, 36ㅎ》
小僧再也不敢了, 小僧이 뇌여란 싱심이
나.

불감ㅎ다(不敢-) 동 불감(不敢)하다. ⇔
불감(不敢).《朴新諺 3, 56ㅈ》不敢, 不敢
ㅎ여라.《朴新諺 3, 56ㅎ》不敢, 不敢ㅎ
여라.

불견(不見) 동 잃다. 또는 보이지 않다.
찾을 수 없다. ⇔잃다.《朴新諺 2, 23ㅈ》
又不見了三箇, 쏘 세흘 일코.《朴新諺 2,
39ㅈ》這幾日怎的不見有賣菜子的過去呢,
요스이 엇지 ᄂᆞ믈 삐 풀 리 디나가는 이
이시믈 보지 못홀소뇨.《朴新諺 3, 20
ㅈ》有箇漢人不見了幾件衣服, 혼 漢人이
이셔 여러 가지 衣服을 일코.《朴新諺
3, 54ㅈ》如何數日不見先生呢, 엇지 數日
을 先生을 보지 못홀러뇨.

불경(佛經) 명 〈불〉 불교의 교리를 밝혀

놓은 전적(典籍)을 통틀어 이르는 말. 《集覽, 朴集, 中, 5ㅎ》傾甘露於瓶中濟險途於飢渴. 佛經云, 佛洒甘露水. 又云, 開甘露門. 《朴新諺 1, 31ㅈ》佛經上說, 佛經에 닐러시되. 《朴新諺 2, 10ㅈ》到處人民一切善男信女(朴新注, 26ㅎ: 佛經云, 善者, 順理也. 又云, 無信, 不入佛法.), 到處人民과 一切 善男 信女ㅣ.

불과 閉 불과(不過). ⇔불과(不過). 《朴新諺 3, 17ㅎ》不過淸高而已, 불과 淸高홀 ᄯᆞ롬이라.

불과(不過) 閉 겨우. 단지. ⇔불과. 《朴新諺 1, 26ㅈ》如你不過是淺見薄識之人, 너 ᄀᆞᆺ흔 이는 不過 이 淺見 薄識엣 사ᄅᆞᆷ이라. 《朴新諺 2, 13ㅈ》這樻子多不過直得一兩銀, 이 樻 만하야 不過 ᄒᆞᆫ 냥 은이ᄲᅢ니. 《朴新諺 3, 17ㅎ》不過淸高而已, 불과 淸高홀 ᄯᆞ롬이라. 《朴新諺 3, 20ㅈ》不過是閙(鬪)殿官司, 不過 이 閙(鬪)殿 官司ㅣ니. 《朴新諺 3, 33ㅈ》不過照常, 不過 녜ᄉᆞᆺ 거시라.

불광(佛光) 閉 〈불〉 중생(衆生)을 깨우치는 석가모니의 광명(光明). 《集覽, 朴集, 上, 16ㅈ》作與頌字迴光返照大發明得悟. 音義云, 石屋和尙作佛頌與(与)步虛, 其佛光迴還返照於步虛之身, 其於生死輪迴之說, 靡不通曉.

불교(佛教) 閉 〈불〉 기원전 5세기경 인도(印度)의 석가모니가 창시한 후 동양 여러 나라에 전파된 종교. 《朴新諺 3, 21ㅎ》那國王敬重佛教, 뎌 國王이 佛教를 敬重ᄒᆞ더니. 《朴新諺 3, 22ㅈ》要滅佛教, 佛教를 滅코져 ᄒᆞ여.

불구(不勾) 閉 모자라다. 부족하다. 결핍(缺乏)되다. ⇔모ᄌᆞ라다. 《朴新諺 1, 14ㅈ》回到你家再量便不勾了, 네 집의 도라가 다시 되면 곳 모ᄌᆞ라리라.

불구(不拘) 閉 얽매여 거리끼지 아니하다. 《朴新諺 1, 41ㅎ》不拘多少錢, 아모만 공젼을 걸리끼지 말고.

불구(不苟) 閉 멋대로 하지 아니하다. 마구잡이로 하지 아니하다. 《集覽, 字解, 單字解, 4ㅈ》打. 擊也, 着實打, 又打三下. 又爲也. 打酒來 술 사 오라. 又曰, 打將來 ᄒᆞ야 오라, 打聽 듯보라, 打水 믈 긷다, 不打緊. 又打那裏去, 打東邊去, 有投向從往之意. 俗用打字, 似不合本意者多, 而實有取意不苟, 其用甚廣, 此不盡錄.

불긍(不肯) 閉 즐겨 하고자 하지 아니하다. 《集覽, 朴集, 上, 11ㅈ》馬有垂繮之報. 漢高祖與項王會鴻門, 舞劒事急, 謀脫. 匹(疋)馬南行, 道傍有一眢井, 馬到井邊不肯行. 漢王恐追者至, 下馬入井. 《朴新諺 1, 42ㅎ》狗有濺草之恩, 개는 濺草혼 思이 잇고. 馬有垂繮(朴新注, 16ㅎ: 漢高祖自鴻門, 脫歸匹馬南行, 道傍有一眢井, 馬到井邊不肯行. 高祖恐追者至, 下馬入井. 項王追至井傍, 見馬跡, 謂高祖在井, 令人下井搜求. 見井口有蜘蛛罩網, 鵓鴿一雙出井飛去, 謂無人仍還. 翌日, 其馬到井垂繮, 高祖執而出.)之報, 물은 垂繮혼 報ㅣ 잇다 ᄒᆞ니라. 《朴新諺 3, 5ㅎ》不肯囬官辦理, 즐겨 회공ᄒᆞ여 辦理치 아니ᄒᆞ니.

불기(不起) 뫼됭 못하다. (경제적으로 어렵거나 능력이 되지 않아) 할 수 없다. ⇔못ᄒᆞ다. 《朴新諺 3, 31ㅈ》我就買不起你的好珊瑚麼, 내 곳 네 됴흔 珊瑚를 사지 못ᄒᆞ랴. 《朴新諺 3, 31ㅈ》不是買不起, 사지 못ᄒᆞ리라 홈이 아니라.

불능(不能) 뫼형 못하다. …할 수 없다. ⇔못ᄒᆞ다. 《朴新諺 1, 14ㅈ》這都是斷不能少的, 이 거시 다 이 결짠고 업지 못홀 꺼시라.

불다 됭 **1**불다吹奏. ⇔취(吹). 《朴新諺 1, 6ㅎ》吹的只管吹, 불 리 그저 불고. 《朴新諺 3, 43ㅎ》吹螺打鈸, 고라 불고 바라 티고. **2**불다吹. ●⇔내(來). 《朴新諺 3, 3ㅎ》風不來樹不搖, ᄇᆞ람이 부지 아니면 남기 흔더기지 아니코, 雨不來河不漲, 비 오지 아니면 물이 넘지 아니혼다

ᄒ니라. ●⇔취(吹).《朴新諺 3, 9ㅈ》受
多少日炙・風吹, 언머 볏 쐬고 ᄇ람 불
믈 바드며.

불당(佛堂) 圐 〈불〉 부처를 모신 집.《集
覽, 朴集, 中, 7ㅎ》佛堂. 漢人酷好釋教,
家設一堂, 或安金像, 或掛畫佛, 焚香頂禮,
朝夕不懈.《朴新諺 2, 44ㅎ》佛堂(朴新注,
39ㅈ: 漢俗, 好佛家設一堂, 或安金像, 或
掛畫佛, 焚香頂禮, 朝夕不懈.)幾間, 佛堂
이 현 간.

불도징(佛圖澄) 圐 진대(晉代)의 중. 천축
(天竺) 사람. 현술(玄術)에 능하였다.
310년 낙양(洛陽)에 가서 석늑(石勒)・
석호(石虎)의 신봉을 얻어 화북(華北)
지방에 불교를 널리 보급하였다.《集覽,
朴集, 中, 5ㅎ》執楊柳於掌內拂病體於輕
安. 佛圖澄, 天竺〈竺〉人也. 妙通玄術, 善
誦呪, 能役使鬼神.

불동(佛童) 圐 〈불〉 동자승(童子僧).《朴
新諺 3, 15ㅎ》與父親・母親幷兄弟佛童
穿用, 父親・母親과 다못 아ᄋ 佛童을
주어 닙게 ᄒᄂ이다.

불러 圐 불러. ⇔규(叫).《朴新諺 3, 13ㅎ》
那講主便叫到跟前來說道, 뎌 講主ㅣ 곳
불러 앏히 오라 ᄒ여 니ᄅ되.

불러오다 圐 불러오다. ●⇔규래(叫來).
《朴新諺 1, 5ㅎ》幷着他叫些歌唱的諸樣
雜要的來, 아오로 뎌로 ᄒ여 노래 부르
고 여러 가지 잡노롯ᄒᄂ 이롤 불러와.
《朴新諺 1, 6ㅎ》叫雜要的來, 잡노롯ᄒᄂ
이롤 불러와.《朴新諺 1, 42ㅎ》叫那剃頭
的來, 뎌 마리 싹는 이롤 불러오라.《朴
新諺 1, 57ㅈ》叫那斜眼的弓匠王五來, 뎌
눈 흙뷘 弓匠 王五를 불러오라.《朴新諺
2, 20ㅎ》快叫那木匠來, 쌜리 뎌 木匠을
불러와.《朴新諺 3, 9ㅎ》叫一箇泥水匠兩
箇小工來, ᄒ 미장이와 두 조역을 불러
와. ●⇔환래(喚來).《朴新諺 2, 17ㅈ》
喚驛裏的經丞來, 驛에 經丞을 불러오라.

불력(佛力) 圐 〈불〉 부처의 위력이나 공

력(功力).《朴新諺 2, 29ㅈ》座飾芙蓉(朴
新注, 33ㅈ: 佛書云, 蓮花軟淨, 而坐其上,
不壞方現佛力所及.)湛南海澄淸之水, 안
즌 디는 芙蓉으로 ᄭ며시니 南海 澄淸ᄒ
물에 줌겻고.

불료(不了) 圐 끝나지 아니하다. 끊임없
다.《朴新諺 2, 50ㅎ》我在任幾年並沒有
不了的事件, 내 任에 이션 지 여러 히로
되 다 못지 못ᄒ 일이 업고.

불리(不利) 圐 이롭지 아니하다.《集覽,
朴集, 下, 12ㅎ》弓裔. 日官奏曰, 此兒以
重午日生, 生而有齒, 且光燄〈焰〉異常, 恐
將不利於國家, 宜勿擧.

불매(不賣) 圐 남에게 상품 따위를 팔지
아니하다.《朴新諺 3, 3ㅈ》你只管勒捎不
賣, 네 그저 스리여 보채고 ᄑ지 아니ᄒ
니.

불면(不免) 圐 면할 수 없거나 면하지 못
하다. 벗어날 수 없다.《朴新諺 3, 18ㅎ》
這些衙役也不免受這般勞苦, 이 衙役도
이런 勞苦 바드믈 免치 못ᄒᄂ니라.

불명(不明) 圐 분명하지 아니하다. ⇔불
명ᄒ다(不明-).《朴新諺 2, 19ㅎ》有來歷
不明, 來歷이 不明ᄒ거나.

불명ᄒ다(不明-) 圐 불명(不明)하다. ⇔
불명(不明).《朴新諺 2, 19ㅎ》有來歷不
明, 來歷이 不明ᄒ거나.

불방사(不妨事) 圐 무던하다. 괜찮다. 무
방하다. ⇔므던ᄒ다.《集覽, 字解, 累字
解, 2ㅎ》不妨事. 므던ᄒ다. 猶言不妨碍
於事.《朴新諺 1, 54ㅎ》不妨事了, 일에
해롭지 아니ᄒ리라.《朴新諺 3, 32ㅎ》不
妨事, 일에 해롭지 아니ᄒ니.

불방애어사(不妨碍於事) 圐 =불방사(不
妨事). ⇔므던ᄒ다.《集覽, 字解, 累字解,
2ㅎ》不妨事. 므던ᄒ다. 猶言不妨碍於事.

불방편(不方便) 圐 모두 말기가 쉽지 않
다. 편의에 따라 적절히 일을 꾀하기가
쉽지 않다.《集覽, 字解, 單字解, 4ㅎ》便.
去聲, 卽也. 便行 즉재 가니라, 便去 즉재

가리라, 又즉재 가다. 又則也. 便有 곧
잇다, 便是 곧 올ᄒᆞ니라. 又順也, 順便.
又安也, 便當. 又宜也. 行方便 됴홀 양오
로 ᄒᆞ다, 不方便 다히 마지 쉽사디 아니
타. 又猶則也. 你去便就有了 너옷 가면
이시리라. 又平聲, 穩便 온당ᄒᆞ다. 吏語,
便益.

불법(佛法) 圀 〈불〉 부처가 말한 교법.
《集覽, 朴集, 上, 15ㅎ》法名. 剃〈削〉髮披
緇, 歸〈故〉依佛法, 別立外號, 是謂法名.
《集覽, 朴集, 上, 16ㅈ》石屋. 法名清珙,
號石屋和尙, 臨濟十八世之嫡孫也. 普虛
謁石屋, 石屋見之云, 老僧今日旣已放下
三百斤擔子遞你擔了, 且展脚睡矣. 乃微
笑云, 佛法東矣.《集覽, 朴集, 上, 16ㅈ》
傳衣鉢. 書言故事云, 傳授佛法, 謂之傳衣
鉢. 衣, 卽袈裟三事衣也, 鉢, 應供器也.
《集覽, 朴集, 下, 2ㅎ》善男信女. 佛法大
海, 信爲能入, 智爲能度人, 若無信, 不入
佛法.《朴新諺 2, 9ㅎ》聽說佛法去罷, 佛
法 니르는 양 드르라 가쟈.《朴新諺 2,
9ㅎ》法名(朴新注, 26: 皈依佛法, 別立外
號, 是謂法名.)叫做步虛, 法名을 步虛ㅣ
라 부르리.《朴新諺 2, 9ㅎ》傳與他衣鉢
(朴新注, 26ㅈ: 傳授佛法, 謂之傳衣鉢.
衣, 卽袈裟三事衣也, 鉢, 應供器也.), 뎌
의게 衣鉢을 젼ᄒᆞ여 주니.《朴新諺 2, 10
ㅈ》到處人民一切善男信女(朴新注, 26
ㅈ: 佛經云, 善者, 順理也. 又云, 無信, 不
入佛法.), 到處 人民과 一切 善男 信女ㅣ.
《朴新諺 3, 14ㅈ》不信佛法不尊三寶, 佛
法을 信치 아니ᄒᆞ고 三寶를 尊치 아니ᄒᆞ
니.《朴新諺 3, 14ㅈ》甚麼是佛法, 엇지
홀슨 이 佛法고.

불법승(佛法僧) 圀 〈불〉 삼보(三寶)인 부
처[佛]와 교법(敎法: 法)과 중[僧]을 아울
러 이르는 말.《朴新諺 3, 14ㅈ》不信佛
法不尊三寶(朴新注, 49ㅎ: 佛·法·僧曰
三寶. 功成妙智, 道登圓覺, 佛也, 玄理幽
微, 正教精誠, 法也, 禁戒守眞, 威儀出俗,

僧也. 故曰寶.), 佛法을 信치 아니ᄒᆞ고 三
寶를 尊치 아니ᄒᆞ니.

불변(不變) 圐 사물의 모양이나 성질이
변하지 아니하다.《集覽, 朴集, 上, 1ㅎ》
長春酒. 質問云, 春分日所造之酒, 永久不
變其味, 方言謂之長春酒. 又云, 以春分日
蒸糜下酒, 三日後封閉之瓮, 待夏後方榨.
《朴新諺 1, 5ㅈ》火腿(朴新注, 2ㅎ: 肉之
燻於火, 而醃於塩者, 味經冬不變.)添魚,
저린 고기에 물고기 석근 거시오.

불보(佛寶) 圀 〈불〉 삼보(三寶)의 하나로,
석가모니불(釋迦牟尼佛)과 모든 부처를
높여 이르는 말. 부처는 스스로 진리를
깨닫고, 또 다른 사람을 깨닫게 하므로
세상의 귀중한 보배와 같다 하여 이르
는 말이다.《集覽, 朴集, 下, 3ㅈ》三寶.
又法數云, 十號圓明, 萬行具足, 天龍戴仰,
稱無上尊, 卽佛寶也.

불보살(佛菩薩) 圀 〈불〉 부처와 보살.
《集覽, 朴集, 上, 16ㅎ》善知識. 善知〈智〉
識者, 指高僧之稱. 知亦作智. 反(飜)譯名
義云, 佛·菩薩·羅漢是善知〈智〉識, 六
波羅密·三十七品是善知〈智〉識, 法性實
〈宗〉際是善知〈智〉識.《朴新諺 3, 8ㅎ》
惟有禱告諸佛菩薩, 오직 諸 佛菩薩끠 비
ᄂᆞ니.

불분(不分) 圐 구분하지 아니하다. 가리
지 아니하다. 나누지 아니하다.《朴新諺
2, 6ㅎ》好哥兒弟兄們從來不分彼此, ᄆᆞᄋᆞᆷ
됴흔 형 아ᄋᆞ들이 본되 彼此를 혀기지
아니ᄒᆞᄂᆞ니.

불사(不死) 圐 죽지 아니하다.《朴新諺 1,
42ㅎ》狗有濺草(朴新注, 16ㅎ: 晉時, 楊生
養狗, 甚愛. 生醉臥大澤草中. 夜(野)火起
風猛, 狗呼喚, 生不覺. 狗走徃水坑, 以身
漬水, 洒生所臥草, 生得不死.)之恩, 개ᄂᆞᆫ
濺草혼 思이 잇고, 馬有垂繮之報, 물은
垂繮혼 報ㅣ 잇다 ᄒᆞ니라.

불상(佛像) 圀 〈불〉 부처의 형상을 표현
한 상.《朴新諺 3, 8ㅈ》長老你的佛像塑

了麼, 長老ㅣ야 네 佛像을 민드란느냐.
《朴新諺 3, 43ㅎ》上面供着一尊佛像, 우
희 一尊 佛像을 供ᄒ고.

불서(佛書) 몡 〈불〉 불교에 관한 서적.
《集覽, 朴集, 中, 3ㅎ》南海普陁落伽山.
山在寧波府定海縣, 古昌國縣海中. 佛書
所謂海岸高絶處, 普陀洛伽山, 世傳觀音
現像于此, 上有普陀寺.《集覽, 朴集, 中,
5ㅈ》居士宰官. 佛書云, 應以居士得道者
必在居士, 應以宰官得道者必現宰官.《朴
新諺 2, 10ㅈ》這的眞是善知識(朴新注, 26
ㅎ: 指高僧之稱. 佛書云, 菩薩・羅漢是善
知識.)了, 이 진짓 善知識이라.《朴新諺
2, 29ㅈ》座餙芙蓉(朴新注, 33ㅈ: 佛書云,
蓮花軟淨, 而坐其上, 不壞方現佛力所及.)
湛南海澄淸之水, 안즌 듸는 芙蓉으로 ᄭ
며시니 南海 澄淸ᄒ 물에 줌겻고.《朴新
諺 3, 9ㅎ》久後你也要得證正果(朴新注,
47ㅎ: 證, 應也, 果, 果報也. 證正果, 猶佛
書所謂, 修善得善果之義.)哩, 오란 후에
너도 正果 證홈을 어드리라.《朴新諺 3,
13ㅈ》談的是目連尊者(朴新注, 49ㅈ: 佛
書云, 目連, 姓也, 名拘律陁. 王舍衛城人,
在西南海中)救母(母)經, 니ᄅ는 거슨 이
目連尊者의 救母(母)經이니.

불성(不成) 보동 못하다. 안되다. ⇔못ᄒ
다.《朴新諺 2, 42ㅎ》沒有你怕買不成麼,
네 업다 사지 못홀가 저프랴.

불송(佛頌) 몡 〈불〉 부처의 공덕을 찬미
하는 게송(偈頌).《集覽, 朴集, 上, 16ㅈ》
作與頌字迴光返照大發明得悟. 音義云,
石屋和尙作佛頌與〈与〉步虛, 其佛光迴還
返照於步虛之身, 其於生死輪迴之說, 靡
不通曉.

불시(不是) 뼝 ●그르다. 옳지 아니하다.
⇔그르다.《朴新諺 3, 7ㅈ》都是你的不
是哩, 다 이 네 그르니라. ●그름. 또는
잘못. 과실. ⇔그름.《朴新諺 3, 6ㅎ》這
是誰的不是, 이거시 뉘 그름고. ●아
니다. ⇔아니다.《朴新諺 1, 17ㅈ》若不

是十二両銀子, 만일 十二兩 銀이 아니면.
《朴新諺 1, 21ㅈ》不是顚錢便是踢建子,
돈더디기 아니면 곳 적이츠기 ᄒ느니.
《朴新諺 2, 8ㅈ》我不是那口外的達子・
回回, 나는 뎌 口外엣 達子・回回 아니
라.《朴新諺 2, 54ㅎ》豈不是好呢, 엇지
이 됴치 아니ᄒ랴.《朴新諺 3, 31ㅈ》不
是這般說, 이리 니ᄅ미 아니라.《朴新諺
3, 31ㅈ》不是買不起, 사지 못ᄒ리라 홈
이 아니라.《朴新諺 2, 49ㅎ》眞箇無一時
不是樂境, 진실로 一時도 樂境 아닌 거시
업스니.《朴新諺 3, 23ㅎ》這的不是大讐
麼, 이거시 큰 원슈 아니가.《朴新諺 3,
29ㅎ》這不是燒的假珠子麼, 이 구은 조
구술이 아니가.

불신(不信) 동 믿지 아니하다. 또는 믿지
못하다.《集覽, 字解, 單字解, 2ㅎ》怕. 疑
懼之意. 怕人知道. 又設若之辭. 怕你不信
ᄒ다가 너옷 밋디 몯거든. 又恐也. 害怕
두리여ᄒ다.《朴新諺 3, 13ㅎ》這佛法最
尊最貴不可不信, 이 佛法이 ᄀ장 尊ᄒ고
ᄀ장 貴ᄒ니 可히 밋지 아니치 못홀 거
시라.

불신(佛身) 몡 〈불〉 관세음보살(觀世音菩
薩)의 현신(現身)인 삼십이신(三十二身)
의 하나. 불(佛)의 몸. 곧, 불도를 깨달은
성인의 몸.《集覽, 朴集, 中, 4ㅎ》童男童
女. 觀音現三十二應, 曰佛身, 曰辟支
〈支〉, 曰圓覺, 曰聲聞, 曰梵王, 曰帝釋, 曰
自在天, 曰大自在天, 曰天大將軍, 曰四天
王, 曰四天太子, 曰人王, 曰長者, 曰居士,
曰宰官, 曰婆羅門, 曰比丘, 曰比丘尼, 曰
優婆塞, 曰優婆夷, 曰女主, 曰童男, 曰童
女, 曰天身, 曰龍身, 曰藥叉, 曰乾達婆, 曰
阿脩羅, 曰緊那羅, 曰摩睺羅, 曰樂人, 曰
非人.

불씨(佛氏) 몡 〈불〉 석가모니(釋迦牟尼)
를 이르는 말.《集覽, 朴集, 上, 10ㅎ》齋
飯. 請觀音經疏云, 齋者, 齊也, 齊身口業
也. 佛氏日中而食, 甁沙王問, 佛, 何故日

中食. 答〈荅〉云, 早起諸天食, 日中三世佛食, 日西畜生食, 日暮鬼神食.

불찟다 동 불을 때다. 불을 피우다. ❶⇔소(燒). 《朴新諺 3, 26ㅈ》咱如今燒起油鍋跳入洗澡, 우리 이제 기름 가마에 불찟고 쒸여들어 목욕ᄒᆞ쟈. ❷⇔소시화(燒柴火). 《朴新諺 3, 10ㅈ》這是死炕這是燒柴火炕都不好, 이는 불 못 찟는 캉이오 이는 불찟는 캉이니 다 됴치 아니ᄒᆞ니.

불애사(不碍事) 형 무던하다. 괜찮다. ⇔므던ᄒᆞ다. 《集覽, 字解, 累字解, 2ㅎ》不妨事. 므던ᄒᆞ다. 猶言不妨碍於事. 《集覽, 字解, 累字解, 2ㅎ》不碍事. 上同.

불여(不如) 보형 …만 못하다. 《朴新諺 1, 1ㅈ》不如約幾箇好弟兄們, 여러 됴흔 弟兄들을 언약ᄒᆞ여……大家且消愁解悶如何, 대되 ᄯᅩ 消愁 解悶홈만 ᄀᆞᆺ지 못ᄒᆞ니 엇더ᄒᆞ뇨. 《朴新諺 1, 2ㅈ》不如問那光祿寺, 뎌 光祿寺에 무러. 討幾甁蜜林檎·甕頭春·木瓜露·苦菉豆酒, 여러 甁 蜜林檎과 甕頭春과 木瓜露와 ᄡᅳᆫ 菉豆酒를 어들만 ᄀᆞᆺ지 못ᄒᆞ니.

불온(不穩) 형 온당하지 아니하다. 《集覽, 朴集, 下, 7ㅎ》花房窩兒. 今按, 上文自打毬兒以下, 質問各說似不穩合. 先說尤不合於本節〈莭〉所云事意, 而又無義理, 後說似有可取, 而又有一疑.

불요(不要) 동 말다. …하지 마라. ⇔말다. 《朴新諺 1, 18ㅈ》不要別樣鐵, 다른 쇠는 말고. 《朴新諺 1, 26ㅈ》你不要誇口, 네 쟈랑 말라. 《朴新諺 1, 46ㅈ》羊皮金不要紙的, 羊皮金을 ᄒᆞ고 지금으란 말고. 《朴新諺 1, 53ㅎ》你不要誇口, 네 쟈랑 말라. 《朴新諺 2, 40ㅎ》不要懶惰, 게얼리 말라. 《朴新諺 2, 55ㅎ》你不要誇口, 네 쟈랑 말고. 《朴新諺 3, 31ㅎ》你不要自誇, 네 스스로 쟈랑 말라. 《朴新諺 3, 7ㅈ》不要煩惱了, 서그러 말라. 《朴新諺 3, 45ㅈ》不要多也不要少了, 만히도 말고 ᄯᅩ 젹게도 말라. 《朴新諺 3, 36ㅎ》不要冷了, ᄎᆞ게 말라.

불요(不要) 보동 ❶말다. …하지 마라. ⇔말다. 《朴新諺 1, 11ㅈ》不要單愛惜你家這幾頓茶飯, 맛치 네 집 여러 ᄢᅵ 茶飯만 앗기지 말라. 《朴新諺 1, 32ㅎ》不要胡討價錢, 간대로 갑슬 ᄭᅬ오지 말라. 《朴新諺 1, 46ㅎ》姐姐不要說我也知道, 각시아 니ᄅᆞ지 말라 나도 아노라. 《朴新諺 2, 8ㅈ》你不要小看我, 네 나를 업슈이너기지 말라. 《朴新諺 2, 25ㅎ》不要嫌少, 져금을 혐의치 말라《朴新諺 2, 46ㅈ》不要踏破了纔好, ᄇᆞᆯ바 ᄢᆡ이지 말아야 마치 됴흐리라. 《朴新諺 2, 55ㅈ》不要聒譟了快些下罷, 짓궤지 말고 섈리 두라. 《朴新諺 2, 55ㅈ》旣說定了不要改口, 이믜 닐러 定ᄒᆞ여시니 변ᄀᆡ치 마쟈. 《朴新諺 3, 1ㅎ》不要只管麽人了, 그저 ᄉᆞ릐여 사ᄅᆞᆷ의게 ᄀᆡ개이지 말라. 《朴新諺 3, 32ㅎ》拿去使用不要吊了, 가져가 ᄡᅳ고 ᄯᅥᄅᆞ치지 말라. 《朴新諺 3, 37ㅈ》你不要管, 네 ᄀᆞ옴아지 말라. ❷아니하다. …하지 말라. ⇔아니ᄒᆞ다. 《朴新諺 1, 11ㅎ》我們就不要工錢, 우리 工錢을 밧지 아니코.

불용(不用) 동 쓰지 아니하다. 필요 없다. 《集覽, 字解, 單字解, 4ㅎ》麽. 本音모. 俗用爲語助辭, 音마, 古人皆呼爲모, 故或通作莫. 怎麽 엇디, 來麽 오나라. 又用如乎字之意者則曰, 去麽 갈다, 有麽 잇ᄂᆞ녀. 元語, 麽道 니ᄅᆞᄂᆞ다, 麽音므, 今不用. 《集覽, 朴集, 上, 1ㅎ》腦兒酒. 質問云, 做酒用麵麴藥料爲蘖, 久封不動, 其色紅而味最純厚. 又云, 以糯米爲之, 酒之帶糟者. 又云, 好麴〈麯〉好米作酒, 成熟粘稠有味, 不用參和. 《朴新諺 1, 14ㅎ》不用小車, 져근 술위를 ᄡᅳ지 말고.

불인(不忍) 동 참지 못하다. 《朴新諺 3, 57ㅎ》聽得心內尙然不忍, 드르매 ᄆᆞ옴에 오히려 ᄎᆞᆷ지 못ᄒᆞ거든.

불자(拂子) 명 (파리)채. ⇔채. 《朴新諺 3, 1ㅈ》拿蠅拂子來赶一赶, ᄑᆞ리채 가져다

가 쫏고.

불전(佛殿) 명 〈불〉불당(佛堂). (부처를 모신 집)《朴新諺 2, 5ㅎ》這裏頭鐘鼓樓 • 佛殿, 이 안히 鍾鼓樓와 佛殿과.

불지론(佛地論) 명 당(唐)나라 친광(親光) 지음. 원래 이름은 불지경론(佛地經論) 또는 불설불지경(佛說佛地經). 당(唐)나라 현장(玄奬)이 번역하였다. 청정법계(淸淨法界) • 대원경지(大圓鏡智) • 평등성지(平等性智) • 묘관찰지(妙觀察智) • 성소작지(成所作智) 등 5종의 법(法)이 대각지(大覺智)를 포함함에 대하여 주석하였다.《集覽, 朴集, 上, 15ㅈ》兜率. 梵語兜率, 此云妙足, 又云知足於五欲知止足. 故佛地論云, 名憙足, 謂後身菩薩於中敎化, 多修憙足故. 卽欲界六天之一也. 兜率天, 人間四百世爲一日.

불착(不着) 보통 못하다. ⇔못ᄒ다.《朴新諺 3, 25ㅎ》皇后大笑說猜不着了, 皇后ㅣ 크게 웃고 니르되 아지 못ᄒ여다.《朴新諺 3, 27ㅈ》百般搭不着, 빅 가지로 ᄒ되 그지 못ᄒ니.

불찰(佛刹) 명 〈불〉절. 사찰.《集覽, 朴集, 上, 4ㅎ》禪院松廣. 兩〈佛〉刹名, 俱在金剛山.

불채(不保) 통 듣지 아니하다.《集覽, 字解, 單字解, 7ㅈ》保. 音채. 一, 聽理, 採用之謂. 保一保 채ᄒ다. 不保 듣디 아니ᄒ다. 又作揪保.

불치(不致) 통 이르지 못하다. …을(를) 초래하지 아니하다.《集覽, 朴集, 中, 2ㅈ》甘結. 擧此爲辭, 以成文狀, 與彼收執, 或呈報上司, 以憑後考, 謂之不致扶同, 重甘結狀.

불필(不必) 보통 말다. 또는 …할 필요가 없다. ⇔말다.《朴新諺 2, 5ㅎ》遊廊 • 曲徑且不必說, 遊廊과 曲徑은 아직 니르지 말고.

불하(不下) 보통 못하다. …할 수 없다. ⇔못ᄒ다.《朴新諺 2, 26ㅎ》飯也好生吃不下, 밥도 ᄀ장 먹지 못ᄒ노라.

불합(不合) 혱 서로 합당하지 아니하다.《集覽, 朴集, 下, 7ㅎ》花房窩兒. 今按, 上文自打毬兒以下, 質問各說似不穩合. 先說尤不合於本節〈莭〉所云事意, 而又無義理, 後說似有可取, 而又有一疑.

불합리(不合理) 혱 이론이나 이치에 합당하지 아니하다.《朴新諺 2, 34ㅎ》你做這般不合理的勾當, 네 이런 理에 合디 아닌 일을 ᄒ다가.

불해(不懈) 혱 해이하지 아니하다. 느슨하지 아니하다.《集覽, 朴集, 中, 7ㅎ》佛堂. 漢人酷好釋敎, 家設一堂, 或安金像, 或掛畫佛, 焚香頂禮, 朝夕不懈.《朴新諺 2, 44ㅎ》佛堂(朴新注, 39ㅈ: 漢俗, 好佛家設一堂, 或安金像, 或掛畫佛, 焚香頂禮, 朝夕不懈.)幾間, 佛堂이 현 간.

불허(不許) 통 불허하다. 허락하지 않다.《集覽, 朴集, 上, 6ㅈ》五爪蟒龍. 蟒, 大蛇也. 蟒龍, 謂無角龍也. 元制, 五爪二角龍爲紋〈文〉者, 止供御用, 不許下人穿用.

불혀다 통 불을 켜다. ⇔점등(點燈).《朴新諺 3, 45ㅎ》若挨摸到點燈時候, 만일 쯔으내여 불 혈 쌔에 다드르면.

불회(不會) 통 ●못하다. ⇔몯ᄒ다.《集覽, 字解, 累字解, 2ㅈ》不會. 몯ᄒ다. ●아니하다. …하지 않을 것이다. ⇔아니타.《集覽, 字解, 累字解, 2ㅎ》竝不會. 젼혀 아니타.

불회(不會) 보통 아니하다. …하지 않을 것이다. ⇔아니ᄒ다.《朴新諺 2, 33ㅈ》向來做得好不會走作, 向來에 민들기롤 잘ᄒ여 흘긔지 아니ᄒ고.

불효(不曉) 통 모르다. ⇔모로다.《朴新諺 2, 26ㅎ》你再來休說這般不曉事的話, 네 뇌여란 이런 일 모로는 말 니르지 말라.

불효사(不曉事) 통 사리(事理)에 통달하지 못하다.《朴新諺 2, 26ㅎ》你再來休說這般不曉事的話, 네 뇌여란 이런 일 모로는 말 니르지 말라.

불희 圐 뿌리. ⇔근(根).《朴新諺 3, 4ㅎ》
我只知道蒲根解酒還好做醋, 내 다만 챵
포 불희 술을 씨오고 또 醋 민들기 됴혼
줄만 알고.

붉다 혱 붉다. ⇔홍(紅).《朴新諺 2, 11ㅎ》
拿一箇一托長碗口大的紅油畫金棒子, ㅎ
나 혼 발맛치 길고 사발맛치 큰 불근 칠
ㅎ고 금으로 그린 막대롤 가져.《朴新諺
3, 25ㅈ》擡過一頂紅柒樻子來面前放下,
혼 불근 柒흔 궤를 드러 와 앏히 노코.

붓 圐 붓[筆]. ⇔필(筆).《朴新諺 3, 59ㅈ》
惟有些高麗筆(筆)・墨・紙張, 오직 져기
高麗人 붓과 먹과 됴희人 쟝이 이셔.

붓다 圐 붓다[注]. ⇔관(灌).《朴新諺 2, 52
ㅈ》我特地把酒灌的他爛醉, 내 부러 술
을다가 뎌의게 부어 爛醉케 ㅎ니.

붓ㅅ 圐 붓[筆]. ⇔필(筆).《朴新諺 2, 52
ㅎ》又把筆來在他面上畫黑了, 또 붓스로
다가 뎌의 面上에 그려 검게 ㅎ엿더니.

붕(棚) 圐 가건물. 임시 건물.《集覽, 朴集,
上, 6ㅎ》拘欄. 書言故事云, 鉤(鈎)欄, 俳
優棚也. 風俗通云, 漢文帝廟(廟)設抱老
鉤(鈎)欄. 注云, 其鉤屈曲如鈎, 以防人墮.

붕(棚) 圐 굽다[炙].《集覽, 朴集, 上, 2ㅎ》
棚牛肉. 質問云, 牛肉細切, 用椒塩棚食.
又云, 以水和醬成湯, 放入鍋內, 燒至滾沸,
方下細切的牛肉, 再加椒・醋・葱花盛
供, 故曰棚.

붕우(朋友) 圐 벗. 친구. ⇔벗.《集覽, 字
解, 累字解, 1ㅎ》相識. 俗稱相識, 滿天下
知心能幾人, 謂朋友也.《集覽, 朴集, 上,
1ㅈ》張三. 三, 或族次, 或朋友行輩之次,
或有官者以職次相呼, 或稱爲定名者有之.
李四・王五亦同.《朴新諺 1, 27ㅎ》咱幾
箇好朋友們, 우리 여러 됴흔 벗들이.《朴
新諺 1, 27ㅎ》把衆朋友名字都寫出來, 모
든 벗의 일홈을 다 뻐 내여.《朴新諺 1,
28ㅎ》衆朋友們, 모든 벗들은.

붕자(繃子) 圐 포대기. ⇔보로기.《集覽,
朴集, 上, 13ㅎ》褓子. 音義云, 襁褓, 接曑

汚穢之物. 今按, 褓卽繃子, 裸卽襁子, 音
義混而一之, 誤矣. 但譯語指南, 亦呼繃子,
混稱爲褓褓. 未詳是否. 襁子, 깃.《集覽,
朴集, 上, 13ㅎ》繃子. 보로기, 卽褓也. 廣
韻〈韵〉, 束兒衣也. 闊〈濶〉八寸, 長一尺,
用約小兒而負之行者.

뷔다 圐 비다[虛]. ❶⇔공(空).《朴新諺 2,
46ㅈ》每日偸空便上去拿雀兒, 每日에 뷘
째를 타 곳 올라가 새를 잡노라. ❷⇔공
한(空閑).《集覽, 字解, 單字解, 7ㅎ》閑.
雜也. 閑雜人. 又替也. 파직ᄒᆞ다, 罷閑了
・替閑了. 又遊息曰閑. 홍뚱여 ᄃᆞ닐시
니, 遊閑了. 又練熟也. 弓馬熟閑. 又空也.
空閑田地 뷔엿는 짜. 又等閑 부질업시,
又힘히미, 又간대롭다.

뷔윤실 圐 비비어 꼰 실.《集覽, 朴集, 上,
8ㅎ》刺通袖膝欄. 元時好着此衣, 前後具
胷背, 又連肩而通袖之脊, 至袖口爲紋, 當
膝周圍亦爲紋如欄干, 然織成段匹爲衣者
有之, 或皮或帛, 用綵線周遭回曲爲緣, 如
花樣, 刺(刺)爲草樹〈尌〉・禽獸・山川
・宮殿之文於〈紋於〉其內, 備極奇巧, 皆
用團領着之, 其直甚高. 達達〈ㄷ〉之俗, 今
亦猶然. 뷔윤 실로 치질ᄒᆞ니를 呼爲刺,
亦曰紕, 音扣.

뷔이다 圐 비비다. 꼬다.《集覽, 朴集, 上,
8ㅎ》刺通袖膝欄. 元時好着此衣, 前後具
胷背, 又連肩而通袖之脊, 至袖口爲紋, 當
膝周圍亦爲紋如欄干, 然織成段匹爲衣者
有之, 或皮或帛, 用綵線周遭回曲爲緣, 如
花樣, 刺(刺)爲草樹〈尌〉・禽獸・山川
・宮殿之文於〈紋於〉其內, 備極奇巧, 皆
用團領着之, 其直甚高. 達達〈ㄷ〉之俗, 今
亦猶然. 뷔윤 실로 치질ᄒᆞ니를 呼爲刺,
亦曰紕, 音扣.

뷘째 圐 빈 때. 틈. 짬. ⇔공(空).《朴新諺
2, 46ㅈ》每日偸空便上去拿雀兒, 每日에
뷘 째를 타 곳 올라가 새를 잡노라.

브르다 圐 ❶부르다[唱]. ⇔창(唱).《朴新
諺 1, 6ㅎ》唱的只管唱, 노래 브르리 그저

노래 불러. ❷부르다[呼]. ⇔환(喚).《朴
新諺 1, 4ㅈ》喚厨子來我與他商(商)量, 厨
子를 블러 오라 내 저와 의논ᄒ쟈.

브리다 图 부리다[使]. ❶⇔고용(雇用).
《集覽, 字解, 單字解, 6ㅎ》賃. 僦屋以語
曰賃, 지블 둘마다 銀 현 량곰 삭 물오
드러 이셔 살 시라. 又雇用驢馬·舟車之
類曰賃, 라괴와 믈둘흘 삭 주고 브릴 시
라. ❷⇔사(使).《集覽, 字解, 單字解, 5
ㅎ》使. 上聲, 差也, 役也. 使的我 날 브
려. 又用也. 使用了. 吏語, 行使 ᄡᅳ다. 又
使船 ㅂ 달호다. 又去聲, 使臣, 差使. 又
官名.

브르다 图 부르다. 일컫다. ⇔환(喚).《朴
新諺 3, 21ㅎ》國中有一箇先生喚做伯眼,
國中에 혼 先生이 이시되 伯眼이라 브르
ᄂ니.

-브터 图 -부터. …에서부터. ⇔종(從).
《朴新諺 1, 36ㅎ》從今日准備筭笠瓦鉢,
오ᄂᆞᆯ브터 삿갓과 에유아리룰 准備ᄒ여.
《朴新諺 2, 10ㅈ》從今日起後日止, 오ᄂᆞᆯ
브터 시작ᄒ여 모뢰 그치ᄂ니.

-브티 쩝 -붙이.《集覽, 朴集, 中, 2ㅈ》木
料. 凡造一件物而該用之物皆曰料. 木料,
나모브·팃 ᄀ슴〈옴〉. 詳見字解料字下.

브티다 图 ❶붙이다[貼].《集覽, 朴集, 下,
1ㅈ》丢袖. 音義云, ·ᄉ·미〈매〉 조쳐:내·브.
틴 갓·옷. ❷(글이나 물건을) 부치다. ⇔
초(稍).《集覽, 字解, 單字解, 1ㅎ》稍. 寄
也. 稍將來 브텨 가져오라.《朴新諺 1,
49ㅎ》有書稍來, 편지 이셔 브텨 왓ᄂ니
라.

븓다 图 붙다. 머물다. 쉬다. ⇔안하(安
下).《集覽, 字解, 單字解, 1ㅎ》安. 安鍋
兒 가마 거다. 又安下 사ᄅᆞ미 자리 븓다.
又吏語, 安挿 사ᄅᆞᆷᆯ 안접ᄒ게 ᄒ다.

블다 图 (바람이) 불다. ⇔괄(刮).《朴新諺
1, 39ㅈ》下雨開花刮風結子, 비 오면 곳
픠고 ᄇᆞ람 블면 여름 여돈 거시여.

블러 图 블러.《朴新諺 1, 4ㅈ》喚厨子來我

與他商(商)量, 厨子를 블러 오라 내 저와
의논ᄒ쟈.

블러오다 图 불러오다. ❶⇔규래(叫來).
《朴新諺 1, 10ㅈ》叫幾箇打土墻的匠工來,
여러 토담 ᄊᆞᆫᄂ 장인을 블러와. ❷⇔환
래(喚來).《朴新諺 1, 4ㅈ》喚厨子來我與
他商(商)量, 厨子를 블러 오라 내 저와
의논ᄒ쟈.

블리다 图 불리다. 소환(召喚)되다. ⇔구
섭(勾攝).《集覽, 字解, 單字解, 3ㅎ》勾.
平聲, 曲也. 勾龍, 社神, 勾芒, 春神, 勾吳,
地名. 今按, 俗語勾了 유여ᄒ다, 又에우
다. 又能勾 어루, 又유여히. 又吏語, 勾取
자피다, 又勾攝公事 공ᄉ로 블리다, 又
勾喚 블리다. 又去聲, 勾當, 幹管也, 又事
也, 勾當亦去聲.

븕다 혱 붉다. ⇔홍(紅).《朴新諺 3, 30ㅎ》
黃豆大血點紅的好顔色, 콩만치 크고 血
點ᄀᆺ치 븕은 됴흔 빗치니.

븨다 图 ❶비다[虛]. ⇔공(孔).《朴新諺 1,
59ㅈ》空處寫信行二字, 뷘 곳에 信行 二
字롤 ᄡᅳ라. ❷베다. ⇔할(割).《朴新諺
1, 51ㅎ》等到民間田禾都收割了, 民間에
田禾롤 다 거두어 븨기롤 기드려.《朴新
諺 2, 39ㅈ》夜來收割了庛正當好種菜哩,
어제 삼을 거두어 븨여시니 正히 맛당이
ᄂᆞ믈 시므미 됴타.

비 명 비[雨]. ⇔우(雨).《朴新諺 1, 25ㅎ》
今日下雨天, 오ᄂᆞᆯ 비 오는 날이니.《朴新
諺 1, 39ㅈ》下雨開花刮風結子, 비 오면
곳 픠고 ᄇᆞ람 블면 여름 여돈 거시여.
《朴新諺 2, 32ㅈ》若着了幾遍雨定然要走
樣了, 만일 여러 번 비롤 마즈면 일정
모양이 흘긔리로다.《朴新諺 2, 33ㅈ》又
不怕雨淋的, ᄯᅩ 비에 젓기를 저퍼 아니
ᄒ니.《朴新諺 2, 45ㅎ》每日下雨房子都
漏了, 每日에 비 와 집이 다 시니.《朴新
諺 2, 56ㅈ》雨纔晴了街上有路好走廳, 비
ᄀᆺ 개여시니 거리에 길히 이셔 ᄃᆞᆫ니기
됴터냐.《朴新諺 3, 3ㅎ》風不來樹不搖,

브람이 부지 아니면 남기 흔더기지 아니코. 雨不來河不漲, 비 오지 아니면 물이 넘지 아니혼다 ᄒᆞ니라.

비(比) 图 **①**비(比)ᄒᆞ다. 견주다. ●⇔비ᄒᆞ다.《朴新諺 1, 16ㅎ》雖比不得上用段子, 비록 上用ᄒᆞᆯ 비단에는 비치 못ᄒᆞ나.《朴新諺 1, 17ㅈ》却也比尋常的不同, ᄯᅩ 녜ᄉᆞᆺ 거셰 비컨대 ᄀᆞᆺ지 아니ᄒᆞ니.《朴新諺 3, 19ㅈ》比在前到底强些, 이젼에 비컨대 ᄆᆞᆾ내 져기 나으니. ●⇔비ᄒᆞ다(比-).《朴新諺 1, 21ㅎ》比我們老人家快活得多哩, 우리들 늘근의게 比컨대 즐거옴이 하더라.《朴新諺 1, 50ㅈ》今年此處馬價比往年賤些, 올히 여긔 물 갑시 往年에 比컨대 져기 賤ᄒᆞ니라.《朴新諺 2, 37ㅈ》他如今氣像大比不當先了, 뎨 이제 氣像이 커 當先에 比치 못ᄒᆞ니.《朴新諺 2, 41ㅈ》不比得强盜, 强盜에 比치 못ᄒᆞᆯ 거시라.《朴新諺 3, 39ㅎ》比丞相差不多, 丞相에 比컨대 쓰미 만치 아니ᄒᆞ니. **②**비기다. 견주다. ⇔비기다.《朴新諺 2, 33ㅈ》比他師傅高强十倍哩, 제 스승에 비기면 十倍나 나으니라.

비(肥) 图 살찌다. ●⇔슬디다.《朴新諺 2, 49ㅈ》蠏正肥魚正美, 게 졍히 슬디고 고기 졍히 아롬다온 제. ●⇔슬지다.《朴新諺 1, 1ㅎ》買一隻羊要肥的, ᄒᆞᆫ 짝 羊을 사되 슬진 거슬 ᄒᆞ라.《朴新諺 1, 24ㅎ》這馬自然是會肥的, 이 ᄆᆞᆯ이 졀로 슬지리라.《朴新諺 1, 25ㅎ》瘦的馬就便肥了, 여윈 ᄆᆞᆯ도 이믜셔 곳 슬지리라.《朴新諺 1, 25ㅎ》人不得橫財不富, 사룸이 橫財룰 엇디 못ᄒᆞ면 가옵여디 못ᄒᆞ고. 馬不得夜草不肥, ᄆᆞᆯ이 夜草룰 엇디 못ᄒᆞ면 슬지디 못ᄒᆞᆫ다 ᄒᆞ니.《朴新諺 1, 29ㅎ》騎着一匹墨丁也似黑的肥馬, ᄒᆞᆫ 필 먹댱ᄀᆞᆺ치 검고 슬진 ᄆᆞᆯ을 트고.

비(非) 보형 아니하다. ⇔아니ᄒᆞ다.《朴新諺 3, 23ㅈ》咱兩箇寃讎非同小可, 우리 둘히 寃讎ㅣ 젹지 아니ᄒᆞ니라.

비(飛) 图 날다. ⇔ᄂᆞᆯ다.《朴新諺 2, 12ㅈ》飛到那邊逼與他, ᄂᆞ라 뎌 편에 가 뎌를 주ᄂᆞ니.《朴新諺 3, 25ㅈ》飛入樻中把桃肉都吃了, ᄂᆞ라 樻 속에 드러가 복셩화 술을다가 다 먹어.《朴新諺 3, 48ㅈ》那灰忽然飛起, 뎌 지 문득 ᄂᆞ라 니러나면.

비(備) 图 예비(豫備)하다. ⇔예비ᄒᆞ다.《朴新諺 2, 17ㅎ》你怎麽不肯備好馬伺候, 네 엇지 즐겨 됴흔 ᄆᆞᆯ을 예비ᄒᆞ여 伺候치 아니ᄒᆞᄂᆞᆫ다.

비(費) 图 허비(虛費)하다. ⇔허비ᄒᆞ다.《朴新諺 1, 52ㅈ》房錢又空費了, 房錢을 ᄯᅩ 쇽졀업시 허비ᄒᆞᆯ 거시니.《朴新諺 2, 1ㅈ》我情愿費三十兩價銀, 내 情愿으로 三十兩 갑 銀을 허비ᄒᆞ려 ᄒᆞ노라.《朴新諺 2, 4ㅎ》費五六錢銀買一简羊腔子(朴新注, 24ㅈ: 宰羊者, 去首, 只存其體, 謂腔子.), 다엿 돈 銀을 허비ᄒᆞ여 ᄒᆞᆫ 羊의 몸똥을 사.

비(挽) 图 빗기다. ⇔빗기다.《朴新諺 1, 43ㅈ》先把稀笓子挽了, 몬져 성귄 춤빗스로다가 빗기고.《朴新諺 1, 43ㅈ》然後用那密笓子再挽, 그린 후에 뎌 빈 춤빗스로다가 다시 빗겨.

비(鼻) 图 코. ⇔코.《朴新諺 1, 43ㅎ》把鉸刀鉸了鼻孔毫毛, 鉸刀룰 가져다가 코굼게 털을 뽑고.《朴新諺 3, 24ㅎ》向大仙鼻凹裡放着, 大仙의 코굼글 向ᄒᆞ여 노흐니.

비(轡) 图 안장을 지우다. 길마를 짓다. 곧, 말 탈 준비를 갖추다. ⇔안장딧다.《朴新諺 3, 55ㅈ》就取一百錢去賃來轡上, 곳 ᄒᆞᆫ 빅 돈을 가져가 삭 내여 와 안장 디으라.

비(轡) 图 굴레.《集覽, 朴集, 中, 1ㅎ》轡頭散與. 女直·達子朝貢時, 到驛應付馬匹騎坐者, 各出轡頭, 散與馬夫, 馬夫受轡套馬, 令各轡上認轡占馬, 使無爭占之擾.

비갑(比甲) 图 더그레. (소매가 없고 양쪽 옷섶에 주름을 잡았다) ⇔돕지텰릭.《集覽, 朴集, 上, 8ㅎ》比甲. 衣之無袖, 對

襟爲襞積者曰比甲, 卽本國돕지텰릭. 婦
女亦依此制爲短襦着之, 亦曰比甲, 通稱
搭護.

비거(飛去) 통 날아가다. ⇔ᄂ라가다.
《集覽, 朴集, 上, 11ㅈ》馬有垂繮之報. 項
王追至井傍, 見馬跡至井而止, 謂漢王在
井, 令人下井搜求. 見井口有蜘蛛罩網, 鵓
鴿一雙出井飛去, 謂無人在中, 項王還壁.
翌日, 其馬到井垂繮, 漢王執之而出.《朴
新諺 1, 42ㅎ》狗有濺草之恩, 개ᄂ 濺草
ᄒ 恩이 잇고. 馬有垂繮(朴新注, 16ㅎ: 漢
高祖自鴻門, 脫歸匹馬南行, 道傍有一眢
井, 馬到井邊不肯行. 高祖恐追者至, 下馬
入井. 項王追至井傍, 見馬跡, 謂高祖在井,
令人下井搜求. 見井口有蜘蛛罩網, 鵓鴿
一雙出井飛去, 謂無人仍還. 翌日, 其馬到
井垂繮, 高祖執而出.)之報, 물은 垂繮ᄒ
報ㅣ 잇다 ᄒ니라.《朴新諺 2, 6ㅈ》飛來
飛去的是鴛鴦, ᄂ라오며 ᄂ라가ᄂ 거슨
이 鴛鴦이오.

비공(鼻孔) 뎽 콧구멍. ⇔코굼ㄱ.《朴新
諺 1, 43ㅎ》把鉸刀鉸了鼻孔毫毛, 鉸刀를
가져다가 코굼게 털을 뽑고.

비구(比丘) 뎽 〈불〉 출가(出家)하여 구족
계(具足戒)를 받은 남자 중.《集覽, 朴集,
中, 4ㅎ》童男童女. 觀音現三十二應, 曰佛
身, 曰辟支〈支〉, 曰圓覺, 曰聲聞, 曰梵王,
曰帝釋, 曰自在天, 曰大自在天, 曰天大將
軍, 曰四天王, 曰四天太子, 曰人王, 曰長
者, 曰居士, 曰宰官, 曰婆羅門, 曰比丘, 曰
比丘尼, 曰優婆塞, 曰優婆夷, 曰女主, 曰
童男, 曰童女, 曰天身, 曰龍身, 曰藥叉, 曰
乾達婆, 曰阿修羅, 曰緊那羅, 曰摩睺羅,
曰樂人, 曰非人.

비구니(比丘尼) 뎽 〈불〉 출가(出家)하여
구족계(具足戒)를 받은 여자 중.《集覽,
朴集, 中, 4ㅎ》童男童女. 觀音現三十二
應, 曰佛身, 曰辟支〈支〉, 曰圓覺, 曰聲聞,
曰梵王, 曰帝釋, 曰自在天, 曰大自在天,
曰天大將軍, 曰四天王, 曰四天太子, 曰人

王, 曰長者, 曰居士, 曰宰官, 曰婆羅門, 曰
比丘, 曰比丘尼, 曰優婆塞, 曰優婆夷, 曰
女主, 曰童男, 曰童女, 曰天身, 曰龍身, 曰
藥叉, 曰乾達婆, 曰阿修羅, 曰緊那羅, 曰
摩睺羅, 曰樂人, 曰非人.

비극(備極) 톙 어느 한도보다 매우 심하
다.《集覽, 朴集, 上, 8ㅎ》刺通袖膝欄. 元
時好着此衣, 前後具胷背, 又連肩而通袖
之脊, 至袖口爲紋. 當膝周圍亦爲紋如欄
干, 然織成段匹爲衣者有之, 或皮或帛, 用
綵線周遭回曲爲緣, 如花樣, 刺〈剌〉爲草
樹〈尌〉·禽獸·山川·宮殿之文於〈紋
於〉其內, 備極奇巧, 皆用團領着之, 其直
甚高.

비기(飛起) 통 날아오르다.《朴新諺 3, 48
ㅈ》那灰忽然飛起(朴新注, 61ㅎ: 立春之
日, 以葭莩灰實律之端, 氣至則灰飛.), 뎌
직 문득 ᄂ라 니러나면.

비기다 통 비기다. 견주다. ⇔비(比).《朴
新諺 2, 33ㅈ》比他師傅高强十倍哩, 제 스
승에 비기면 十倍나 나으니라.

비내야(毗奈耶) 뎽 〈불〉 석가모니(釋迦牟
尼)가 제자를 위하여 마련한 모든 계율
(戒律).《集覽, 朴集, 下, 1ㅈ》唐三藏法師
〈三藏〉. 三藏, 經一藏, 律一藏, 論一藏.
曰修多羅, 卽阿難聖衆結集爲經. 曰毗奈
耶, 一曰毗尼, 卽優波尊者結集爲律. 曰阿
毗曇, 卽諸大菩薩衍而爲論.

비노 뎽 비누. ⇔비조(肥皂).《朴新諺 3,
27ㅎ》叫大王有肥皂麽與我洗頭, 부로되
大王아 비노ㅣ 잇ᄂ냐 나를 주어 머리
곰게 ᄒ라.

비니(毗尼) 뎽 〈불〉 석가모니(釋迦牟尼)
가 제자를 위하여 마련한 모든 계율(戒
律).《集覽, 朴集, 下, 1ㅈ》唐三藏法師
〈三藏〉. 三藏, 經一藏, 律一藏, 論一藏.
修多羅, 卽阿難聖衆結集爲經. 曰毗奈耶,
一曰毗尼, 卽優波尊者結集爲律. 曰阿毗
曇, 卽諸大菩薩衍而爲論.

비다 통 빌다借. 빌리다. ⇔차(借).《朴新

諺 2, 3ㅎ》還是你不肯下氣問他借, 도로
혀 네 즐겨 긔운을 느즈기 ᄒᆞ여 뎌드려
무러 비지 아니홈이니.

비단 囤 비단. ●⇔단(段).《朴新諺 1, 16
ㅎ》這大紅段眞是南紅顏色經緯勻淨, 이
다홍 비단이 진짓 이 연다홍빗치오 삐
눌이 고로고 조흐니. ●⇔단(緞).《朴新
諺 2, 9ㅈ》這一疋暗花緞是兩件袍料, 이
ᄒᆞᆫ 필 스몬문 비단은 이 두 볼 큰옷 ᄀᆞᆷ
이니. ●⇔단자(段子).《朴新諺 1, 16
ㅎ》你買來的段子借與我看, 네 사 온 비
단을 나롤 빌려 보게 ᄒᆞ라.《朴新諺 1,
16ㅎ》這段子一疋足勾袍料二件, 이 비단
ᄒᆞᆫ 疋이 큰옷 ᄀᆞᆷ 두 볼이 넉넉ᄒᆞ니.
《朴新諺 1, 16ㅎ》雖比不得上用段子, 비
록 上用홀 비단에는 비치 못ᄒᆞ나.《朴新
諺 1, 17ㅈ》似這㨾段子, 이 ᄀᆞᆺᄐᆞᆫ 비단은.
《朴新諺 3, 15ㅎ》玆者又特寄茶色段子二
疋, 이제 ᄯᅩ 특별이 차혈비쳬 비단 두
필과. ❹⇔단자(緞子).《朴新諺 1, 29
ㅎ》繋着鴉靑緞子繡花護膝, 야쳥 비단에
繡노흔 슬갑을 ᄆᆡ고.《朴新諺 1, 46ㅈ》
內造素緞子一尺, 內造 믠비단 ᄒᆞᆫ 자와.
《朴新諺 2, 8ㅈ》你拿好緞子來我看, 네
됴흔 비단을 가져오라 내 보쟈. 這是南
京來的眞正八絲好緞子, 이 南京셔 온 진
짓 八絲 됴흔 비단이라.《朴新諺 2, 42
ㅈ》店裏買緞子去, 店에 비단 사라 가니.
掌橫的你這舖裏有四季花的緞子麽, 櫃 ᄀᆞ
음아는 이아 네 이 푸즈에 四季花 문흔
비단이 잇느냐.《朴新諺 2, 42ㅈ》要南京
來的鴉靑色・月白色這兩㨾緞子, 南京으
로셔 온 야쳥빗과 남빗 이 두 가지 비단
을 ᄒᆞ려 ᄒᆞ노라.《朴新諺 2, 42ㅎ》這緞
子多少價錢, 이 비단이 갑시 엇마나 ᄒᆞ
뇨.《朴新諺 2, 43ㅈ》這箇緞子中中的, 이
비단이 즁품에 쩌시니. ❺⇔주(紬).《朴
新諺 3, 15ㅎ》藍綾二疋裡紬四疋, 藍綾 두
필과 안 너흘 비단 네 필을 부텨.

비도(飛渡) 囤 중국 순천부(順天府) 남셔

쪽 대흥륭사(大興隆寺) 경내에 있던 돌
다리 이름.《集覽, 朴集, 下, 2ㅎ》慶壽寺.
一統志云, 在順天府西南, 內有飛虹・飛
渡二橋, 石刻六大字, 極遵勁. 相傳金章宗
所書.

비동소가(非同小可) 囤 일이 중요하거나
사태가 심각함을 이르는 말.《朴新諺 3,
23ㅈ》咱兩箇寃讐非同小可, 우리 둘히 寃
讐ㅣ 적지 아니ᄒᆞ니라.

비두(轡頭) 囤 (가죽으로 만들고 재갈이
있는) 굴레. ●⇔구레.《朴新諺 1, 30ㅎ》
鞍子・鞍坐褥・鞦皮・轡頭・馬黏, 기
르마와 아답개와 질채와 구레와 드래.
●⇔셕대.《集覽, 朴集, 上, 14ㅈ》轡頭.
音義云, 잘 도는 ᄆᆞ・롤〈물을〉 닐온 轡頭.
今按, 轡頭, 卽馬勒也, 今俗謂・셕・대:됴.흔
ᄆᆞ・롤〈물을〉 呼爲好轡頭, 則音義亦當幷
好字爲釋可也. 且漢俗, 以革爲之, 有銜
〈衘〉者曰轡頭, 以索爲之, 無銜〈衘〉者曰
籠頭. 今呼鞍轡之轡, 音・비, 好轡頭之轡,
音・피. 此轡字別有其字而今未得也. 恐當
作披字爲是, 謂以勒披馬頭引之也. ●⇔
혁대.《朴新諺 2, 2ㅈ》有九分膘轡頭好,
九分이나 술이 잇고 혁대 됴흐되.

비듬 囤 비듬. ⇔풍설(風屑).《朴新諺 1,
43ㅈ》將風屑去乾淨了, 비듬을다가 업시
ᄒᆞ여 乾淨히 ᄒᆞ고.

비래(飛來) 통 날아오다. ●⇔ᄂᆞ라오다.
《朴新諺 2, 6ㅈ》飛來飛去的是鴛鴦, ᄂᆞ라
오며 ᄂᆞ라가는 거슨 이 鴛鴦이오.

비록 囤 비록. ●⇔수(雖).《朴新諺 1, 2
ㅈ》京城街市上槽房雖多, 京城 져제에 술
집이 비록 만흐나.《朴新諺 1, 16ㅎ》雖
比不得上用段子, 비록 上用홀 비단에는
비치 못ᄒᆞ나.《朴新諺 2, 1ㅎ》一箇赤色
馬雖生的十分可愛, ᄒᆞᆫ 졀짜ᄆᆞᆯ이 비록 삼
긴 거시 ᄀᆞ장 고으나.《朴新諺 3, 19ㅈ》
雖無大出息, 비록 크게 出息홈이 업스
나. ●⇔수연(雖然).《朴新諺 2, 54ㅎ》
雖然這般講, 비록 이리 니ᄅᆞ나.《朴新諺

3, 20ㅎ》雖然這等說, 비록 이리 니르나.

비룡(飛龍) 阌 제왕을 비유하는 말.《集
覽, 朴集, 下, 3ㅎ》趙太祖飛龍記. 宋太祖,
姓趙, 名匡胤. 母昭獻皇后夢日入懷而孕.
誕生之夕, 赤光滿室, 異香馥郁. 及長, 性
沈厚, 有大度, 調遷爲殿前都點檢. 陳橋之
變, 黃袍已加于身, 受周恭帝之禪, 卽皇帝
位. 易曰, 飛龍在天. 龍爲人君之象, 故稱
卽位曰飛龍.

비룡기(飛龍記) 阌 제왕의 즉위에 대한
기록.《集覽, 朴集, 下, 3ㅎ》趙太祖飛龍
記. 宋太祖, 姓趙, 名匡胤. 母昭獻皇后夢
日入懷而孕. 誕生之夕, 赤光滿室, 異香馥
郁. 及長, 性沈厚, 有大度, 調遷爲殿前都
點檢. 陳橋之變, 黃袍已加于身, 受周恭帝
之禪, 卽皇帝位. 易曰, 飛龍在天. 龍爲人
君之象, 故稱卽位曰飛龍.《朴新諺 3, 21
ㅈ》買趙太祖飛龍記(朴新注, 52ㅈ 錄趙
太祖刱業時事.), 趙太祖의 飛龍記와.

비룡재천(飛龍在天) 阌 성인이나 영웅이
가장 높은 지위에 올라 있음을 비유적
으로 이르는 말.《集覽, 朴集, 下, 3ㅎ》趙
太祖飛龍記. 陳橋之變, 黃袍已加于身, 受
周恭帝之禪, 卽皇帝位. 易曰, 飛龍在天.
龍爲人君之象, 故稱卽位曰飛龍.

비리(非理) 阌 올바른 이치나 도리에 어
그러지는 일.《朴新諺 2, 34ㅎ》若作非理
必受其殃, 만일 非理에 노릇슬 ᄒ면 반
ᄃ시 그 앙화를 밧ᄂ다 ᄒ니.

비리다 阌 비리다. ⇔성(腥).《朴新諺 1,
54ㅎ》隨常飮食休吃酸・甛・腥・辣等
物, 샹시 음식에 싄 것 둔 것 비린 것
미온 것들을 먹지 말고.

비만(肥滿) 阌 살찌다. 비만하다.《集覽,
字解, 單字解, 3ㅎ》們. 諸韻書皆云, 們渾
肥滿皃. 今俗借用爲等輩之字, 而曰我們
・咱們 우리, 你們 너희. 又猶言如此也.
這們 이리, 那們 뎌리.

비무(飛舞) 阌 춤추게 하다. 또는 춤추듯
날다. ⇔춤추이다.《朴新諺 2, 11ㅎ》兩

翅飛舞, 두 ᄂᆯ개로 춤추이고.

비문(碑文) 阌 비석에 새긴 글.《集覽, 朴
集, 下, 2ㅎ》慶壽寺. 一統志云, 在順天府
西南, 內有飛虹・飛渡二橋, 石刻六大字,
極遒勁. 相傳金章宗所書. 又有金學士李
晏碑文, 正統間重建, 賜額大興隆寺, 僧錄
司在焉.

비민(悲愍) 혱 불쌍하고 가엾다.《集覽,
朴集, 中, 5ㅈ》隨相現相. 飜譯名義云, 佛
昔爲帝釋時, 遭飢歲, 疾疫流行, 醫療無功,
道殣相屬. 帝釋悲愍, 思所救濟, 乃變其形
爲大蟒身, 殭屍川〈殭屍出于〉谷, 空中遍
告, 聞者感慶, 相率〈宰(㸙)〉奔赴, 隨割隨
生, 療飢療疾.

비봉(飛棒) 阌 장치기공을 치는 공채.《集
覽, 朴集, 下, 7ㅎ》飛棒杓兒. 質問畫成毬
棒, 卽本國武試毬杖之形, 而下云煖木廂
柄, 其杓用水牛皮爲之, 以木爲胎. 今按,
煖木, 黃蘗木也. 廂柄者, 以黃蘗皮裹其柄
也. 胎者, 以木爲骨, 而以皮爲外裹也.

비봉표아(飛棒杓兒) 阌 장치기공을 치는
공채와 공채 끝에 달린 태(胎).《集覽,
朴集, 下, 7ㅎ》飛棒杓兒. 質問畫成毬棒,
卽本國武試毬杖之形,　而下云煖木廂柄,
其杓用水牛皮爲之, 以木爲胎. 今按, 煖木,
黃蘗木也. 廂柄者, 以黃蘗皮裹其柄也. 胎
者, 以木爲骨, 而以皮爲外裹也.

비ㅅ물 阌 빗물. ⇔우수(雨水).《朴新諺 2,
45ㅎ》把雨水阻住, 비ㅅ물을다가 막아
머므러.

비상(非常) 혱 예사롭지 아니하다.《集覽,
朴集, 中, 5ㅈ》起浮屠於泗水之間. 中宗聞
名, 遣使迎師, 居薦福寺, 頂上有一穴, 以
絮窒之, 夜則去絮, 香從頂穴中出, 非常芬
馥. 及曉, 香還頂中, 又以絮窒之.

비새(比賽) 阌 시합(試合)하다.《集覽, 朴
集, 中, 8ㅎ》比賽. 兩人下碁擲色兒, 有點
多者先下碁, 小者後下碁.

비수(悲愁) 阌 슬퍼하고 근심하다. 또는
슬픔과 근심.《集覽, 朴集, 中, 8ㅈ》操.

劉向別錄曰, 其道閉塞, 悲愁而作者, 其曲
曰操. 言遇災害不失其操也. 仍名曲爲操.

비심(費心) 图 마음을 쓰다. 신경을 쓰다.
(부탁이나 감사의 뜻을 나타내는 인사
말로 쓴다) ⇔비심ᄒ다(費心-).《朴新諺
2, 25ㅎ》你回去說多謝你妳妳費心了, 네
도라가 니르라 네 妳妳 費心홈을 多謝ᄒ
여라.

비심ᄒ다(費心-) 图 비심(費心)하다. ⇔
비심(費心).《朴新諺 2, 25ㅎ》你回去說
多謝你妳妳費心了, 네 도라가 니르라 네
妳妳 費心홈을 多謝ᄒ여라.

비안(屁眼) 图 밑구멍. 항문. (항문이나
여자의 음부를 속되게 이르는 말) ⇔밋
궁ㄱ.《朴新諺 3, 3ㅎ》不如挾着屁眼家裡
坐着去罷, 밋궁글 씨고 집의 안자시라
갈만 ᄌ지 못ᄒ다.

비애(悲哀) 図 슬피. ⇔슬피.《朴新諺 3,
44ㅈ》一路悲哀啼哭, 一路에 슬피 울고.

비오기 图 단장하기. 꾸미기. 치장하기.
⇔타분(打扮).《朴新諺 1, 30ㅈ》又一箇
舍人打扮, 쏘 ᄒ 舍人의 비오기는.

비오다 图 단장하다. 꾸미다. 치장하다.
분장하다. ⇔타분(打扮).《朴新諺 1, 29
ㅈ》一箇舍人打扮, ᄒ 舍人의 비온 거슨.
《朴新諺 1, 31ㅈ》眞是打扮的風流好看,
진실로 비온 거시 風流로와 보기 됴터라.

비요(鼻凹) 图 콧구멍. 또는 콧방울 옆에
움푹 패인 곳. ⇔코굼ㄱ.《朴新諺 3, 24
ㅎ》向大仙鼻凹裡放着, 大仙의 코굼글 向
ᄒ여 노ᄒ니.

비용(費用) 图 어떤 일을 하는 데 드는 돈.
《朴新諺 1, 34ㅈ》短少盤纏(朴新注, 13ㅈ:
行路費用也.), 盤纏이 모ᄌ라.

비우(悲雨) 図 〈불〉 부처의 대자대비(大
慈大悲)가 비처럼 미치지 아니하는 곳이
없음을 이르는 말.《集覽, 朴集, 中, 4ㅈ》
悲雨慈風. 佛發大慈悲, 廣濟衆生, 猶洒雨
發風然, 無遠不被, 故曰風雨. 佛有四無量
心, 慈悲喜捨.

비이(肥膩) 園 기름기가 많다. 또는 그런
음식.《集覽, 朴集, 上, 13ㅎ》滿月. 産書
云, 分㛋未滿月, 恣食生冷粘・硬果・菜
・肥膩魚・肉之物, 當時雖未覺大〈有〉
損, 滿月之後, 卽成蓐勞.

비인(非人) 图 〈불〉 용(龍) 따위를 포함하
는 팔부중(八部衆)과 변화신(變化身)・
요귀 따위.《集覽, 朴集, 中, 4ㅎ》童男童
女. 觀音現三十二應, 曰佛身, 曰辟支
〈支〉, 曰圓覺, 曰聲聞, 曰梵王, 曰帝釋, 曰
自在天, 曰大自在天, 曰天大將軍, 曰四天
王, 曰四天太子, 曰人王, 曰長者, 曰居士,
曰宰官, 曰婆羅門, 曰比丘, 曰比丘尼, 曰
優婆塞, 曰優婆夷, 曰女主, 曰童男, 曰童
女, 曰天身, 曰龍身, 曰藥叉, 曰乾達婆, 曰
阿脩羅, 曰緊那羅, 曰摩睺羅, 曰樂人, 曰
非人.

비자(笓子) 图 참빗. ⇔춤빗ㅅ.《朴新諺
1, 43ㅈ》先把稀笓子搵了, 몬져 성권 춤
빗스로다가 빗기고.《朴新諺 1, 43ㅈ》然
後用那密笓子再搵, 그린 후에 뎌 빈 춤빗
스로다가 다시 빗겨.

비자(鼻子) 图 코. ⇔코.《朴新諺 3, 13ㅎ》
把鼻子跌破了, 코를다가 구러져 하여ᄇ
리니.

비전(飛錢) 图 당대(唐代)에 상인들 사이
에 쓰던 환어음의 일종.《集覽, 朴集, 上,
13ㅈ》錢鈔. 錢者, 金帛之名. 古曰泉, 後
鑄而曰錢. 古者天降災戾, 於是乎量資幣,
權輕重, 以救民困. 代各鑄錢, 輕重不一.
鈔, 楮幣也. 始於蜀之交子, 唐之飛錢, 至
元朝有中統元寶. 交鈔, 通行寶鈔之名.

비조(肥皁) 图 비누. ⇔비노.《朴新諺 3,
27ㅎ》叫大王有肥皁麽與我洗頭, 부로되
大王아 비노ㅣ 잇ᄂ냐 나를 주어 머리
곱게 ᄒ라.

비천(卑賤) 園 비천(卑賤)하다. (신분이나
지위 등이 낮거나 천하다)《集覽, 字解,
單字解, 2ㅎ》廝. 卑賤之稱. 這廝 이 놈.
又相似. 廝見 서르 보다. 又汎指人. 亦曰

廝. 小廝 아히, 瞎廝 쇼경. 《集覽, 朴集,
上, 11ㅎ》娘子. 子謂母曰娘, 字作孃. 又
少女之稱, 字作娘. 孃·娘亦通用. 南村輟
耕錄云《南村輟耕錄》, 世謂穩婆曰老娘,
女巫曰師娘, 唱〈娼〉婦曰花娘, 達人又曰
草娘, 苗人謂妻曰夫娘, 南方謂婦人無行
者曰夫娘, 謂婦人之卑賤者曰某娘, 曰幾
娘, 鄙之曰婆娘.

비최다 동 비추다. ⇔조(照). 《朴新諺 2,
27ㅎ》旣兩心相照也是不難的, 이믜 둘희
ᄆᆞ음이 서ᄅᆞ 비최면 ᄯᅩ 어렵디 아니ᄒᆞ
니. 《朴新諺 2, 41ㅈ》把取燈點上火往裏
照, 取燈에다가 불을 혀 안을 향ᄒᆞ여 비
최여.

비취 몡 비취(翡翠). 물총새. ⇔취(翠).
《朴新諺 2, 5ㅈ》上面盖的瓦如鋪翠, 우희
녠 디새ᄂᆞᆫ 비취롤 ᄭᆞᆫ 듯ᄒᆞ고.

비파(枇杷) 몡 비파나무. 또는 그 열매.
《集覽, 朴集, 上, 2ㅈ》荔子. 子作支〈支〉.
荔支〈支〉, 生巴峽間, 形狀團如帷盖, 葉如
冬靑, 花如橘, 春榮. 實如丹夏, 朶如葡萄,
核如枇杷, 殼如紅繒, 膜如紫綃, 瓠肉潔白
如冰霜, 漿液甘如醴酪. 如離本枝, 一日色
變, 二日香變, 三日味變, 四五日外色·香
·味盡〈尽〉變.

비파(琵琶) 몡 비파. (악기의 한 가지) 《朴
新諺 1, 40ㅈ》墻上一箇琵琶任誰不敢拿
他, 담 우희 ᄒᆞᆫ 琵琶롤 아모도 敢히 더롤
잡지 못ᄒᆞᄂᆞᆫ 거시여.

비홍(飛虹) 몡 중국 순천부(順天府) 남서
쪽 대흥륭사(大興隆寺) 경내에 있던 돌
다리 이름. 《集覽, 朴集, 下, 2ㅎ》慶壽寺.
一統志云, 在順天府西南, 內有飛虹·飛
渡二橋, 石刻六大字, 極遒勁. 相傳金章宗
所書.

비ᄒᆞ다(比-) 동 비(比)하다. 견주다. ⇔비(比).
《朴新諺 1, 16ㅎ》雖比不得上用段子, 비
록 上用홀 비단에는 비치 못ᄒᆞ나. 《朴新
諺 1, 17ㅈ》却也比尋常的不同, ᄯᅩ 녜ᄉᆞ
거셰 비컨대 ᄀᆞᆺ지 아니ᄒᆞ니. 《朴新諺 3,

19ㅈ》比在前到底强些, 이젼에 비컨대
ᄆᆞᆺ내 져기 나으니.

비ᄒᆞ다(比-) 동 비(比)하다. 견주다. ⇔비
(比). 《朴新諺 1, 21ㅎ》比我們老人家快
活得多哩, 우리들 늘근이게 比컨대 즐거
옴이 하더라. 《朴新諺 1, 50ㅈ》今年此處
馬價比往年賤些, 올힝 여긔 물 갑시 徃年
에 比컨대 져기 賤ᄒᆞ니라. 《朴新諺 2, 37
ㅈ》他如今氣像大比不當先了, 뎨 이제 氣
像이 커 當先에 比치 못ᄒᆞ니. 《朴新諺 2,
41ㅈ》不比得强盜, 强盜에 比치 못홀 거
시라. 《朴新諺 3, 39ㅎ》比丞相差不多, 丞
相에 比컨대 ᄡᅳ미 만치 아니ᄒᆞ니.

빈(彬) 몡 사람 이름. 《朴新諺 3, 56ㅎ》在
下姓韓名彬字文中, 在下ㅣ 姓은 韓이오
일홈은 彬이오 字ᄂᆞᆫ 文中이로다.

빈(貧) 혱 가난하다. ⇔가난ᄒᆞ다. 《朴新諺
1, 35ㅈ》人貧只為慳少債慣說謊, 사롬이
가난ᄒᆞ면 그저 다랍고 빗지면 거즛말
니르기 잘혼다 ᄒᆞ니라.

빈객(賓客) 몡 귀한 손님. 《集覽, 朴集, 上,
2ㅎ》爁鴿子彈. 質問云, 鴿子彈糝於滾肉
湯食之. 又云, 用肉湯在鍋, 再加椒料·菜
·葱花, 燒火至滾沸, 方下鴿子卵, 盛之於
碗, 以獻賔客.

빈객(賔客) 몡 =빈객(賓客). '賔'은 '賓'의
속자. 《字彙, 貝部》賔, 俗賓字. 《集覽, 朴
集, 上, 2ㅎ》爁鴿子彈. 質問云, 鴿子彈糝
於滾肉湯食之. 又云, 用肉湯在鍋, 再加椒
料·菜·葱花, 燒火至滾沸, 方下鴿子卵,
盛之於碗, 以獻賔客.

빈과(蘋果) 몡 알이 굵은 능금. ⇔굵은님
금. 《朴新諺 1, 4ㅈ》鮮果子呢, 싱과실은.
柑子, 柑子. 橘子, 귤. 石榴, 石榴. 香水梨,
믈한비. 櫻桃, 櫻桃. 杏子, 술고. 蘋果, 굵
은님금. 玉黃李子, 유황외앗시오.

빈동룡국(賔童龍國) 몡 중국 남서쪽 바다
가운데 있으며 점성국(占城國)에 예속
되었던 나라 이름. 점성국(占城國)에서
사람을 선발하여 지주(地主)를 삼았다.

《集覽, 朴集, 下, 2ㅎ》目連尊者. 事林廣
記云, 佛書所謂王舍衛城, 卽賓童龍國也,
國在西南海中, 隷占城.

빈동룡국(賓童龍國) 명 =빈동룡국(賓童
龍國). '賓'은 '賓'의 속자.《字彙, 貝部》
賓, 俗賓字.《集覽, 朴集, 下, 2ㅎ》目連尊
者. 事林廣記云, 佛書所謂王舍衛城, 卽賓
童龍國也, 國在西南海中, 隷占城.

빈록(牝鹿) 명 암사슴.《集覽, 朴集, 上, 8
ㅈ》麂. 大麋也, 麋, 鹿之大者. 譯語指南,
謂牝鹿曰麋鹿. 質問云, 大曰麋, 小曰麂.
其皮可作靴.

빈부(貧富) 명 가난함과 부유함.《朴新諺
1, 47ㅎ》人家有貧富不同, 人家 貧富ㅣ
ᄀ지 아니호미 이셔.

빈승(貧僧) 명 〈불〉 도학(道學)이 깊지 못
한 중이라는 뜻으로, 중이 자신을 낮추
어 이르는 말.《朴新諺 3, 23ㅈ》三蔵道
貧僧是東土人, 三蔵이 니르되 貧僧은 이
東土ㅅ 사롬이라.

빈잠(鬢簪) 명 =빈잠(鬢簪). '鬢'은 '鬢'의
속자.《中華大字典, 髟部》鬢, 鬢俗字.
《朴新諺 1, 23ㅈ》兩對寶石廂嵌的鬢簪,
두 ᄡᅡᆼ 寶石에 던메워 날박은 鬢簪과.

빈잠(鬢簪) 명 살쩍밀이.《朴新諺 1, 23
ㅎ》兩對寶石廂嵌的鬢簪, 두 ᄡᅡᆼ 寶石에
던메워 날박은 鬢簪과.

빈천(貧賤) 명 가난하고 천하다.《集覽,
朴集, 上, 6ㅈ》張舍. 王公・大人之家, 必
有舍人, 卽家臣也. 如本國伴倘〈儅〉之類,
爲權勢倚任之人, 貧賤之所羨慕者也〈貧
賤之所羨慕者〉. 故街巷呼親識爲張舍・
李舍, 乃一時推敬之稱〈称〉.

빈철(鑌鐵) 명 강철.《集覽, 朴集, 上, 6ㅈ》
鑌鐵. 總〈聦〉龜云, 出西番, 面上自有旋螺
花者, 有芝麻花者. 凡刀劍器打磨光淨, 價
直過於銀, 鐵〈鈇〉中最利者也.《朴新諺 1,
18ㅈ》必得鑌鐵(朴新注, 7ㅎ: 出西蕃, 鉄
面有花有光, 價過扵銀, 鈇中最剛者.)打方
好, 반ᄃ시 鑌鐵로 치이여야 보야호로

됴흘 ᄶᅥ시니.

빈파과(頻婆果) 명 =빈파과(蘋婆果). '頻
婆'는 '蘋婆'의 다른 표기.《集覽, 朴集,
上, 2ㅈ》蘋婆果. 似林檎而大者. 飜〈反〉
譯名義云, 梵言頻婆果, 此云相思果, 色丹
且潤. 質問云, 形如沙果, 其大如梨.

빈파과(蘋婆果) 명 알이 굵은 능금.《集覽,
朴集, 上, 2ㅈ》蘋婆果. 似林檎而大者. 飜
〈反〉譯名義云, 梵言頻婆果, 此云相思果,
色丹且潤. 質問云, 形如沙果, 其大如梨.

빈핍(貧乏) 형 빈곤하다. 빈궁하다. 가난
하다. ⇔빈핍ᄒ다(貧乏-).《集覽, 字解,
累字解, 1ㅈ》生受. 艱苦也. 又貧乏也.《朴
新諺 2, 19ㅈ》今因貧乏無以養贍, 이제 貧
乏ᄒ여 ᄡᅥ 養贍홈이 업스믈 因ᄒ여.

빈핍ᄒ다(貧乏-) 형 빈핍(貧乏)하다. ⇔
빈핍(貧乏).《朴新諺 2, 19ㅈ》今因貧乏
無以養贍, 이제 貧乏ᄒ여 ᄡᅥ 養贍홈이 업
스믈 因ᄒ여.

빈혀 명 비녀. ⇔잠(簪).《朴新諺 1, 23ㅎ》
四對珠簪, 네 ᄡᅡᆼ 진쥬 박은 빈혀와.

빋 명 ● 값. 가격. ⇔가전(價錢).《集覽,
字解, 單字解, 4ㅎ》討. 求也, 探也. 討去
어드라 가다, 討債去 빋 주니 바드라 가
다, 討價錢 빋 받다. 又本國傳習之解曰
빋 뫼오다, 亦通.《集覽, 字解, 單字解, 4
ㅎ》索. 求也. 索價錢 갑 받다. 又鄕習傳
解曰 빋 뫼오다, 亦通. 又須也. 不索, 今
皆罕用. ● 빚債. ⇔채(債).《集覽, 字解,
單字解, 4ㅎ》討. 求也, 探也. 討去 어드라
가다, 討債去 빋 주니 바드라 가다, 討價
錢 빋 받다. 又本國傳習之解曰 빋 뫼오
다, 亦通.《集覽, 字解, 單字解, 6ㅈ》少.
多少. 又欠也. 少甚麼 므스거시 업스뇨.
少債 느미 비들 ᄠᅥ디워 잇다. 又缺也. 缺
少口粮 양시기 그처디다.

빋스다 형 비싸다. 값지다. 값나가다. ⇔
치전(直錢).《集覽, 字解, 單字解, 2ㅈ》
直. 用強務致之辭. 굿. 又直錢 빋스다. 通
作值.

빌다 동 **1**빌다[祈]. ㅡ⇔도고(禱告). 《朴
新諺 3, 8ㅎ》惟有禱告諸佛菩薩, 오직 諸
佛菩薩의 비느니. ㅡ⇔번(煩). 《朴新諺
2, 44ㅈ》大哥煩你代我寫一張租房契, 큰
형아 네게 비느니 나를 フ르차 훈 쟝 집
세내는 글월을 쓰고려. ㅡ⇔앙급(央及).
《朴新諺 1, 34ㅈ》那般磕頭禮拜央及我,
뎌리 마리룰 조아 禮拜ᄒ고 내게 비러.
《朴新諺 1, 46ㅎ》我還要央及你, 내 또 네
게 비느니. 《朴新諺 3, 42ㅈ》但有好相識
們十分央及他, 다만 됴히 서로 아느니들
이 フ장 뎌의게 빌면. **2**ㅡ빌다[借]. 빌
리다. ⇔차(借). 《朴新諺 1, 41ㅈ》大哥借
問一聲, 큰형아 비러 훈 소리 뭇쟈. 《朴
新諺 2, 3ㅎ》你問他借一箇罷, 네 뎌ᄃ려
무러 ᄒ나흘 빌미 무던ᄒ다. 那廝那裏肯
借, 뎌 놈이 어듸 즐겨 빌리리오. 《朴新
諺 2, 3ㅎ》他怎麼不肯借與你, 뎨 엇지 즐
겨 너를 빌리지 아니ᄒ리오. ㅡ빌다[乞].
동냥하다. ⇔화(化). 《朴新諺 3, 8ㅈ》把
我二三年化來的布施金銀, 내 二三年 비
러 온 보시ᄒᆫ 金銀을다가. 《朴新諺 3, 8
ㅎ》要往江南地方化些布施去, 江南 ᄯ흘
향ᄒ여 져기 보시를 빌라 가고져 ᄒ니.
《朴新諺 3, 9ㅎ》沿門化些布施廻來, 집마
다 져기 보시를 비러 도라와.

빌리다 동 빌리다. ⇔차(借). 《朴新諺 1,
16ㅎ》你買來的段子借與我看, 네 사 온
비단을 나룰 빌려 보게 ᄒ라. 《朴新諺
2, 3ㅎ》且借與我一箇, 아직 내게 ᄒ나흘
빌리면. 《朴新諺 2, 3ㅎ》你問他借一箇
罷, 네 뎌ᄃ려 무러 ᄒ나흘 빌미 무던ᄒ
다. 那廝那裏肯借, 뎌 놈이 어듸 즐겨 빌
리리오. 《朴新諺 2, 3ㅎ》他怎麼不肯借與
你, 뎨 엇지 즐겨 너를 빌리지 아니ᄒ리
오. 《朴新諺 3, 37ㅈ》拿出毬棒借與崔哥
打, 댱방올 막대를 내여 崔哥를 빌려 주
어 치게 ᄒ쟈.

빗 명 ㅡ빗깔. ⇔안색(顔色). 《朴新諺 2,
15ㅈ》假如你染的不如這樣兒上的顔色,

만일 네 드린 거시 이 樣子엣 빗과 ᄀᆺ지
아니면. 《朴新諺 3, 33ㅎ》鍍金顔色也都
變了, 金 올린 빗도 다 變ᄒ여시니. ㅡ빗
[債]. ⇔채(債). 《朴新諺 2, 33ㅈ》一箇放
債財主, 훈 빗 주기 ᄒ는 財主ㅣ.

빗기다 동 빗기다[梳]. ㅡ⇔비(批). 《朴新
諺 1, 43ㅈ》先把稀笓子批了, 몬져 성권
춤빗스로다가 빗기고. 《朴新諺 1, 43ㅈ》
然後用那密笓子再批, 그린 후에 더 빈 춤
빗스로다가 다시 빗겨. ㅡ⇔소(梳). 《朴
新諺 1, 43ㅈ》梳頭髮的時候, 마리털을 빗
길 째에. ㅡ⇔쇄(刷). 《朴新諺 1, 24ㅎ》你
若每日把他刷洗, 네 만일 每日에 뎌룰다
가 빗겨 싯기고. 《朴新諺 1, 24ㅎ》日裏不
肯刷不管喂, 나지 즐겨 빗기지 아니ᄒ며
먹이기를 ᄀ옴아지 아니ᄒ고. 《朴新諺
1, 25ㅎ》日裏又勤刷勤喂, 나지 또 부즈러
니 빗기고 부즈러니 먹이면.

빗나다 동 빛나다. ⇔요(耀). 《朴新諺 1,
49ㅈ》何等榮耀哩, 엇던 영화와 빗남 이
리오.

빗내다 동 ㅡ〈불〉 빛내다. 또는 개광(開
光)하다. 개안(開眼)하다. (불상을 만든
후 길일을 선택하여 처음으로 공양(供
養)하는 일. 불상에 영(靈)이 있게 하는
일이다) ⇔개광(開光). 《朴新諺 3, 8ㅈ》
正要裝金開光, 正히 금 올려 빗내려 ᄒ더
니. ㅡ빗내다[債]. 빌리다. ⇔차(借). 《朴
新諺 1, 58ㅈ》煩你代我寫一紙借票, 네게
청ᄒ느니 나를 ᄀ르차 훈 쟝 빗내는 보
람을 쓰라.

빗다 동 빗다. ⇔소(梳). 《朴新諺 1, 50ㅎ》
梳頭錢是五箇, 마리 빗는 갑슨 다숫 낫
돈이오.

빗쟝 명 빗장. 문빗장. ⇔전(拴). 《朴新諺
2, 41ㅎ》揷在門拴孔裏, 門빗쟝 굼게 쏘
즈라.

빗지다 동 빚지다[債]. ⇔소채(少債). 《朴
新諺 1, 35ㅈ》人貧只為慳少債慣說謊, 사
롬이 가난ᄒ면 그저 다랍고 빗지면 거

줏말 니르기 잘혼다 ᄒ니라.

빗ᄎ 명 빛깔. ●⇔광(光).《朴新諺 2, 51ㅎ》時來鐵也爭光, 째 오면 쇠도 빗츨 ᄃ토고. 運去黃金失色, 運이 가면 黃金이 빗츨 일는다 ᄒ니라. ●⇔색(色).《朴新諺 2, 14ㅈ》要染柳黃色的, 柳黃빗츨 드리고져 ᄒ고.《朴新諺 2, 51ㅎ》時來鐵也爭光, 째 오면 쇠도 빗츨 ᄃ토고. 運去黃金失色, 運이 가면 黃金이 빗츨 일는다 ᄒ니라.《朴新諺 3, 29ㅈ》我賣的是上等白色珠子, 내 ᄑᆞ는 거슨 이 上等 흰빗ᄎ 구술이니. ●⇔안색(顔色).《朴新諺 1, 16ㅎ》這大紅段眞是南紅顏色經緯勻淨, 이 다홍 비단이 진짓 이 연다홍빗치오 ᄲᅵ놀이 고로고 조흐니.《朴新諺 2, 14ㅈ》要改染做桃紅顏色, 고텨 桃紅빗츨 드리고져 ᄒ노라.《朴新諺 2, 42ㅈ》你要甚麼顏色的, 네 므슴 빗체 치롤 ᄒ려 ᄒ는다.《朴新諺 3, 30ㅎ》黃豆大血點紅的好顏色, 콩만치 크고 血點ᄀ치 붉은 됴흔 빗치니.《朴新諺 3, 46ㅈ》渾身畫着顏色, 왼몸에 빗츨 그려.

빗최다 동 비치다. ⇔영(暎).《朴新諺 2, 5ㅈ》四面綠水相映着, 四面에 프른 믈이 서로 빗최엿고.

빗ㅎ 명 빛깔. ⇔색(色).《朴新諺 3, 50ㅈ》瞬眼間釣出箇老大金色鯉魚, 눈 곰쟉홀 ᄉᆞ이에 ᄒᆞᆫ ᄀᆞ장 큰 금빗히 鯉魚를 낙가내니.

빙(憑) 동 의빙(依憑)하다. (어떤 사실이나 원리 따위에 근거하다) ⇔의빙ᄒ다.《朴新諺 1, 58ㅈ》情愿憑中借到某人名下紋銀五十両整, 情愿으로 중인을 의빙ᄒ여 某人 名下에 紋銀 五十両 덩이롤 ᄭᅮ되.《朴新諺 1, 59ㅈ》恐後無憑立此存照, 후에 의빙홈이 업슬가 저퍼 이롤 셰워 存照케 ᄒ노라.《朴新諺 2, 19ㅈ》當日憑中言定身價銀五両, 當日에 듕인을 의빙ᄒ여 身價 銀 닷 냥을 닐러 定ᄒ여.《朴新諺 2, 19ㅎ》恐後無憑, 後에 의빙홈이

업슬가 저허.《朴新諺 2, 45ㅈ》恐後無憑立此為照, 後에 의빙홈이 업슬가 저허 이를 셰워 보람을 삼노라.

빙(憑) 명 벼슬아치의 부임 증서. 또는 정부 당국에서 증명하는 위임장(委任狀). ⇔문빙(文憑).《朴新諺 3, 15ㅎ》但尙未領憑, 다만 오히려 文憑을 領치 못ᄒ여시니.

빙(憑) 조 -대로. …에 따라. ⇔-대로.《朴新諺 2, 48ㅎ》憑你問多少, 네대로 아무만 무러도.

빙거(憑據) 명 증거. 근거(根據).《朴新諺 2, 20ㅈ》以為日後之憑據就是了, ᄡᅥ 日後의 憑據롤 삼으미 올흐니.

빙상(氷霜) 명 얼음과 서리.《集覽, 朴集, 上, 2ㅈ》荔子. 子作支〈支〉. 荔支〈支〉, 生巴峽間, 形狀團如帷盖, 葉如冬青, 花如橘, 春榮. 實如丹夏, 朶如葡萄, 核如枇杷, 殼如紅繒, 膜如紫綃, 瓠肉潔白如氷霜, 漿液甘如醴酪. 如離本枝, 一日色變, 二日香變, 三日味變, 四五日外色・香・味盡〈尽〉變.

빚다 동 ●빚다. ⇔날(捏).《朴新諺 2, 16ㅎ》再捏些區食預備我吃罷, 또 져기 변시를 비저 내 먹기롤 預備ᄒ라. ●(술)빚다. 담그다. ⇔조(造).《朴新諺 1, 2ㅎ》造的本京好酒討幾瓶來, 비즌 本京 됴흔 술을 여러 瓶 어더다가.

브라다 동 **1** 바라다. ⇔망(望).《朴新諺 1, 15ㅎ》這麼望太醫老哥, 이러면 브라건대 太醫 노형은.《朴新諺 1, 57ㅎ》小人豈敢望賞, 小人이 엇디 敢히 賞을 브라리오.《朴新諺 3, 15ㅎ》望卽示明以慰児念, 브라건대 즉시 示明ᄒ여 ᄡᅥ 아히 념려를 위로ᄒᆞ쇼셔.《朴新諺 3, 19ㅈ》也只指望本官陞一箇好缺, 또 다만 本官이 ᄒ 됴흔 궐에 올므믈 브라ᄂ니. **2** 바라보다. ●⇔망(望).《朴新諺 2, 5ㅈ》遠望去如在靑雲裏一般, 멀리 브라매 푸른 구름 속에 잇는 듯ᄒ고. ●⇔일망(一望).《朴新諺 2, 5ㅎ》一望去又是蓬萊《朴新注, 24ㅈ: 三

神山之一, 在海上.)仙島一般, ㅂ라매 쏘
이 蓬萊 仙島와 흔가지오.

ㅂ람 圐 ●바람. ⇔풍(風). 《朴新諺 1, 39
ㅈ》下雨開花刮風結子, 비 오면 곳 픠고
ㅂ람 블면 여름 여돈 거시여. 《朴新諺
3, 3ㅎ》風不來樹不搖, ㅂ람이 부지 아니
면 남기 흔더기지 아니코. 雨不來河不
漲, 비 오지 아니면 물이 넘지 아니흔다
흐니라. 《朴新諺 3, 9ㅈ》受多少日炙·
風吹, 언머 볏 쐬고 ㅂ람 불믈 바드며.
●바람벽. 벽. ⇔벽(壁). 《朴新諺 1, 56
ㅈ》小人在街東堂子間壁下着哩, 小人이
거리 동녁 堂子人 ㅂ람을 스이흐여 부리
윗노라. 《朴新諺 2, 32ㅈ》如今搬在法藏
寺西邊混堂間壁住去了, 이제 法藏寺 西
邉 混堂 스이 ㅂ람에 올마 가 사느니라.
《朴新諺 2, 39ㅈ》把針線串了弔在一壁廂,
바느실로 쎄여 ㅂ람 구석에 드라.

ㅂ르다 圀 바르다. 붙이다. ⇔호(糊). 《朴
新諺 3, 4ㅈ》一發把冷布糊了, 흠믜 얼믠
뵈로다가 ㅂ르면.

ㅂ리다 圀 버리다. 없애다. 제거하다. ●
⇔거(去). 《朴新諺 2, 25ㅈ》煎至七分去
滓溫服, 달혀 七分에 니르거든 滓를 ㅂ
리고 더온 이로 먹으라. ●⇔기(棄).
《朴新諺 3, 49ㅈ》我棄了名利, 내 名利를
ㅂ리고.

ㅂ리다 뇐 버리다. 없애다. 제거하다. ⇔
거(去). 《朴新諺 3, 7ㅎ》快把苕箒來掃去
了, 밧비 닛븨 가져다가 쓰러 ㅂ리고.

ㅂ르다 圀 ❶바르다[塗]. ●⇔차(搽). 《朴
新諺 1, 16ㅈ》便是白日裏也不住的搽, 곳
낫도 머므지 말고 ㅂ르라. 《朴新諺 3, 12
ㅈ》買疥藥來搽上, 疥창 藥을 사다가 ㅂ
르면. 《朴新諺 3, 12ㅎ》把那藥搽上, 그
약을다가 ㅂ르고. ●⇔차말(搽抹). 《朴
新諺 1, 15ㅎ》在那瘡口上不住的搽抹, 더
瘡 부리에 머므지 말고 ㅂ르고. ❷바르
다. 붙이다. ⇔호(糊). 《朴新諺 3, 4ㅈ》
把這窓糊紙都扯了, 이 窓에 ㅂ론 죠희를

다가 다 믜치고.

볼 圐 벌. ●⇔건(件). 《朴新諺 1, 16ㅎ》這
段子一疋足勾袍料二件, 이 비단 흔 疋이
큰옷 ㄱ음 두 볼이 넉넉흐니. 《朴新諺
1, 18ㅎ》你要打幾件呢, 네 몃 볼을 치이
려 흐는다. 《朴新諺 1, 18ㅎ》你要打這五
件刀, 네 이 다섯 볼 칼을 치이되. 《朴新
諺 1, 19ㅈ》大槩頑(須)得五錢價銀一件,
大槩 모로미 닷 돈 은에 흔 볼을 어드리
라. 《朴新諺 2, 7ㅈ》我有沈香繡袖袍一
件, 내게 침향빗체 스매에 슈노흔 큰옷
흔 볼이 이셔. 《朴新諺 2, 9ㅈ》這一疋暗
花緞是兩件袍料, 이 흔 필 스믠무 비단은
이 두 볼 큰옷 ㄱ옴이니. 《朴新諺 2, 58
ㅎ》咳一件新衣服也沒有怎的好呢, 애 흔
볼 새 옷도 업스니 엇지흐여야 됴흐리
오. ●⇔부(副). 《朴新諺 1, 17ㅎ》我要打
幾副刀子, 내 여러 볼 칼을 믄들려 흐노
라. 《朴新諺 1, 19ㅈ》這位官人要打幾副
刀子, 이 분 官人이 여러 볼 칼을 치이려
흐니. 《朴新諺 1, 23ㅎ》還要把一副頭面
去當哩, 쏘 흔 볼 頭面을 가져가 뎐당흐
려 흐느니. 《朴新諺 1, 45ㅎ》你替我做一
副護膝與我, 네 나롤 ㄱ르차 흔 볼 슬갑
을 믄그라 주고려. 《朴新諺 2, 31ㅈ》盔
甲一副腰刀一口, 투구와 갑옷 흔 볼 환도
흐나흘. 《朴新諺 3, 58ㅈ》便抬出金甲一
副與太祖穿上, 곳 金甲 흔 볼을 드러 내
여 와 太祖롤 주어 닙히고. ●⇔정(頂).
《朴新諺 3, 4ㅈ》做一頂蚊帳掛着睡纔好,
흔 볼 모긔帳을 믄드라 치고 자야 마치
됴흐리라. 四⇔투(套). 《朴新諺 2, 59
ㅈ》怎麼就赶不出一套衣服來呢, 엇지 곳
흔 볼 옷슬 밋처 지어 내지 못흐리오.

볼셔 閉 벌써. ●⇔각조(却早). 《集覽, 字
解, 單字解, 5ㅈ》早. 早裏 일엇다, 却早
볼셔. ●⇔이(已). 《朴新諺 3, 55ㅎ》已
到張編修門首了, 볼셔 張編修의 門 앏히
다둣거다. 《朴新諺 3, 58ㅈ》王公已擧義
兵, 王公이 볼셔 義兵을 드럿느니라. ●

⇔조(早).《朴新諺 3, 27ㅈ》纔待洗澡却
早不見了, 굿 목욕ᄒ려 ᄒ더니 ᄇᆞᆯ셔 보
지 못ᄒᆞᆯ러라.

ᄇᆞᆰ다 혱 밝다. ⇔명(明).《朴新諺 1, 16ㅈ》
話不說不明木不鑽不透, 말을 니ᄅᆞ디 아
니면 ᄇᆞᆰ디 못ᄒ고 남글 ᄯᆞᆲ디 아니면 ᄉ
ᄆᆞᆺ디 못ᄒᆞᆫ다 ᄒᆞ니라.《朴新諺 1, 26ㅎ》
但講明了, 다만 강뎡ᄒᆞ여 ᄇᆞᆰ게 ᄒᆞ고.《朴
新諺 3, 43ㅎ》直到天明, 바로 하ᄂᆞᆯ이 ᄇᆞᆰ
기에 니ᄅᆞ더라.

ᄇᆞᆰ히 면 밝히. 밝게. ⇔명(明).《朴新諺 1,
13ㅎ》對他說明, 더ᄃᆞ려 니ᄅᆞ기ᄅᆞᆯ ᄇᆞᆰ히
ᄒᆞ여.

ᄇᆞᆰ히다 동 밝히다. ⇔명(明).《朴新諺 1,
19ㅎ》說明了放下ㄴ銀, 닐러 ᄇᆞᆰ히고 乞
ᄒᆞᆫ 銀을 두고.

ᄇᆞᆲ다 동 밟다. ⇔답(踏).《朴新諺 2, 46ㅈ》
不要踏破了纔好, ᄇᆞᆯ바 ᄡᅢ이지 말아야 마
치 됴ᄒᆞ리라.

비 명 ●배[肚]. ⇔두(肚).《朴新諺 1, 38
ㅈ》這艾氣都入到肚裏去了, 이 艾氣 다
비에 드러가.《朴新諺 1, 55ㅎ》在肚裏呢
懷躭十月, 비에 이셔는 열 ᄃᆞᆯ을 비고. ●
배[肚]. 뱃가죽. ⇔두피(肚皮).《朴新諺
1, 37ㅎ》把小肚皮上使一針, 져근비 우희
다가 ᄒᆞᆫ 번 針 주고. ●배[舟]. ⇔선(船).
《集覽, 字解, 單字解, 5ㅈ》儘. 讓也, 任也.
儘他 제게 다와ᄃᆞ라, 儘讓 더□ 미다. 又
縱令也. 儘敎 므던타. 又儘一儘 지긔우
다. 又儘船 빗 ᄀᆞ장.《集覽, 字解, 單字解,
5ㅎ》使. 上聲, 差也, 役也. 使的我 날 브
려. 又用也. 使用了. 吏語, 行使 ᄡᅳ다. 又
使船 비 달호다. 又去聲, 使臣, 差使. 又
官名.《朴新諺 2, 6ㅈ》坐在船裏不住的往
來遊玩, 비에 안자 머무디 아니ᄒᆞ고 往
來 遊玩ᄒᆞ니.《朴新諺 2, 21ㅎ》船上來的,
비로 왓노라.《朴新諺 2, 22ㅈ》圍着一簡
西京來的豆船, ᄒᆞᆫ 西京으로셔 오는 콩 시
른 비를 에우고. 又把朝鮮地方來的一隻
船, ᄯᅩ 朝鮮 ᄯᅡᄒᆞ로셔 오는 ᄒᆞᆫ 隻 비를다

가.《朴新諺 2, 22ㅎ》把那船上的人打死
了幾簡, 뎌 비에 사ᄅᆞᆷ을다가 여러흘 쳐
죽엿다 ᄒᆞ더라.《朴新諺 3, 49ㅎ》繫船下
網, 비 미고 그믈 티며. 四배[梨]. ⇔이아
(梨兒).《朴新諺 1, 40ㅈ》這是梨兒, 이는
이 비로다.

비다 동 배다[孕]. ⇔회탐(懷躭).《朴新諺
1, 55ㅎ》在肚裏呢懷躭十月, 비에 이셔는
열 ᄃᆞᆯ을 비고.

비다 혱 배다. 촘촘하다. ⇔밀(密).《朴新
諺 1, 43ㅈ》然後用那密笓子再擂, 그린
후에 뎌 빈 춈빗스로다가 다시 빗겨.

비목 명 배목. (둥글게 구부려 만든 고리
걸쇠) ⇔굴월(鋦鈇).《朴新諺 2, 13ㅈ》兩
箇鋦鈇一箇釘鈒都不厚實, 두 비목과 ᄒᆞᆫ
걸새 다 두텁지 못ᄒᆞ니.

비부르다 혱 배부르다. ⇔포(飽).《朴新諺
1, 7ㅈ》如今酒也醉了飯也飽了, 이제 술
도 醉ᄒᆞ고 밥도 비부르다.

비얌 명 뱀. ⇔사(蛇).《朴新諺 1, 36ㅎ》一
年經蛇咬三年怕井繩, 一年을 비얌 물려
디내면 三年을 드렛줄도 저퍼ᄒᆞᆫ다 ᄒᆞ니
라.

비치 명 배추. ⇔백채(白菜).《朴新諺 2,
39ㅎ》蘿蔔, 댓무우. 蔓菁, 쉿무우. 萵苣,
부로. 葵菜, 아혹. 白菜, 비치. 赤根菜, 시
근치. 芫荽, 고싀. 蔥, 파. 蒜, 마늘. 薤菜,
부치. 荊芥, 형개. 薄荷, 박하. 茼蒿, 믈
쑥. 水蘿蔔, 물한댓무우. 胡蘿蔔, 노른댓
무우. 芋頭, 토란. 紫蘇都好種的, 紫蘇를
다 시믐이 됴타.

비홈 동 배움. ⇔학(學).《朴新諺 2, 46ㅎ》
也該學些好, ᄯᅩ 뎌긔 착ᄒᆞᆫ 일을 비홈 즉
ᄒᆞ거늘.

비호다 동 배우다. ●⇔상(上).《朴新諺
1, 48ㅎ》就上生書念一會, 이믜셔 새 글
비화 ᄒᆞᆫ 디위 닑고. ●⇔수(受).《朴新諺
2, 9ㅈ》他曾到江南地方受過名師, 뎨 일
즉 江南 ᄯᅡ희 가 일홈난 스승의게 비호
니. ●⇔학(學).《朴新諺 1, 47ㅈ》你今日

怎麼不上學去呢, 네 오늘 엇디 글 비호라
가지 아니ᄒᆞᄂᆞ뇨.《朴新諺 1, 49ㅈ》你若
學的成材長大起來, 네 만일 비화 成材ᄒᆞ
며 長大ᄒᆞ여.《朴新諺 2, 28ㅈ》一箇到那
靴舖裏去學生活, ᄒᆞ나흔 뎌 靴푸ᄌᆞ에 가
셩녕 비호고. 一箇到帽舖裏去學做買賣,
ᄒᆞ나흔 帽舖에 가 買賣ᄒᆞ기 비호고.《朴
新諺 2, 55ㅎ》咱們在這草地上學捽挍罷,
우리 이 草地에서 씨름ᄒᆞ기 비호쟈.《朴
新諺 3, 37ㅈ》我且學打這一會與你看何
如, 내 아직 이 ᄒᆞ 디위 비화 쳐 네게
뵘이 엇더ᄒᆞ뇨.

빅 팬 십의 열 배가 되는 수. ⇔백(百).《朴
新諺 1, 13ㅈ》給他量斗的人一百錢, 뎌 말
되는 사름을 일 빅 돈을 주고.《朴新諺
2, 20ㅈ》自古買人的中・保人只管得一百
日, 녜로부터 사름 사는 디 중인・보인
은 그저 일 빅 날을 ᄀᆞ옴아느니.《朴新
諺 3, 27ㅈ》百般搭不着, 빅 가지로 ᄒᆞ되
그지 못ᄒᆞ니.《朴新諺 3, 55ㅈ》就取一百
錢去賃來鞴上, 곳 ᄒᆞ 빅 돈을 가져가 삭
내여 와 안장 디으라.

빗ᄀᆞ장 명 배[舟]의 끝. 곧, 고물. ⇔진선
(儘船).《集覽, 字解, 單字解, 5ㅈ》儘. 讓
也, 任也. 儘他 제게 다와드라, 儘讓 뎌긔
미다. 又縱令也. 儘敎 므던타. 又儘一儘
지긔우다. 又儘船 빗 ᄀᆞ장.

뼈디우다 동 ●떨어뜨리다. ⇔낙하(落下).
《集覽, 字解, 單字解, 7ㅎ》落. 落了 디다.
又院落 ᄠᅳᆯ. 又落下 뼈디우다. 又數落了罪
過 죄목 혜다. 又吏語, 下落 간 곧, 又發落
공ᄉᆞ 긃내다. ●떨어뜨리다. (빚을) 조금
남기다. ⇔소(少).《集覽, 字解, 單字解,
6ㅈ》少. 多少. 又欠也. 少甚麼 므스거시
업스뇨. 少債 ᄂᆞ믜 비들 뼈디워 잇다. 又
缺也. 缺少口粮 양시기 그처디다.

또 튄 또. ⇔차(且).《朴新諺 1, 1ㅎ》大家
且消愁解悶如何, 대되 또 消愁 解悶홀만
ᄀᆞᆺ지 못ᄒᆞ니 엇더ᄒᆞ뇨.

ᄯᅳ다 형 다르다. 차이나다. ⇔쟁(爭).《集

覽, 字解, 單字解, 8ㅈ》爭. 鬪爭也. 又ᄉᆞ
싀 ᄯᅳ다. 又不爭 므던히 너기다.

ᄠᅳᆯ 명 뜰. 정원. ⇔원락(院落).《集覽, 字
解, 單字解, 7ㅎ》落. 落了 디다. 又院落
ᄠᅳᆯ. 又落下 뼈디우다. 又數落了罪過 죄
목 혜다. 又吏語, 下落 간 곧, 又發落 공
ᄉᆞ 긃내다.

ᄠᅳᆺ듯다 동 듣다滴. 떨어지다. ●⇔역력
(瀝瀝).《朴新諺 2, 35ㅈ》搜出幾箇血瀝
瀝的尸首來, 여러 피 ᄠᅳᆺ듯는 尸首를 뒤여
내고. ●⇔임림(淋淋).《朴新諺 3, 27
ㅎ》只見血淋淋的腔子, 그저 피 ᄠᅳᆺ듯는
몸똥만 보고.

ᄯᆞᆫ 팬 딴. 다른. 뜻밖의. ⇔영(另).《集覽,
字解, 單字解, 2ㅎ》另. 音零, 去聲. 別也,
零也. 另的 ᄯᆞᆫ 것. 吏語, 另行 각벼리 ᄒᆞ다.

ᄠᅳᆮ 튄 뜯는 듯이.《集覽, 朴集, 中, 2ㅎ》奪
腦. 奪字未詳. 鄕習傳解曰, 디고리 ᄠᅳᆮ 앏
〈알〉프다. 奪, 音드, 去聲讀.

싸호다 동 싸우다. 또는 구타하다. ●⇔
타(打).《朴新諺 3, 20ㅈ》所以厮打, 이러
모로 서르 싸호니.《朴新諺 3, 53ㅈ》捉
賊見贓, 도적 잡기는 贓物을 보고. 厮打
驗傷, 서르 싸혼 디는 傷處를 驗ᄒᆞ다 ᄒᆞ
니라. ●⇔타가(打架).《朴新諺 3, 19
ㅎ》和一箇人打架, ᄒᆞᆫ 사름과 싸홧더니.

싸홈 명 싸움. ⇔투(鬪).《朴新諺 1, 21ㅈ》
到了七八月裏便鬪(鬪)促織, 七八月에 다
ᄃᆞ르면 곳 뵈땅이 싸홈 부치고. 九月・
十月裏便鬪(鬪)鵪鶉, 九月・十月에 곳
뫼초라기 싸홈 부치고.

싸흘다 동 썰다. ●⇔찰(鍘).《朴新諺 1,
25ㅈ》把草鍘得細些, 여믈을다가 싸흘기
롤 ᄀᆞ놀게 ᄒᆞ고.《朴新諺 1, 40ㅎ》這是
鍘藥刀, 이는 이 藥 싸흐는 협도ㅣ로다.
●⇔할(割).《朴新諺 1, 4ㅎ》用燒割的,
구어 싸흔 거슬 쓰되.

쌍 의 쌍. ●⇔대(對).《朴新諺 1, 22ㅎ》是
一對珍珠耳環一對金手鐲, 이 ᄒᆞᆫ 쌍 珍珠
귀옛골회와 ᄒᆞᆫ 쌍 금풀쇠라.《朴新諺 1,

23ㅎ》両對寶石廂嵌的鬂簪, 두 **쌍** 寶石에
던메워 날박은 鬂簪과. 《朴新諺 1, 23
ㅎ》一對猫兒眼廂嵌的金戒指, 혼 **쌍** 야광
쥬 던메워 박은 金가락지. 《朴新諺 1, 44
ㅈ》八對珠環, 여덟 **쌍** 진쥬 가락지와.
《朴新諺 1, 46ㅎ》做一對護膝, 혼 **쌍** 슬갑
을 지으려 ᄒ면. 《朴新諺 1, 47ㅈ》做一
對小荷包送我如何, 혼 **쌍** 져근 주머니롤
민ᄃ라 나롤 주미 엇더ᄒ뇨. 《朴新諺 3,
34ㅎ》四五對簇簇趱趱的亂拌, 네다슷 **쌍**
식 무둑무둑 나아드러 어즈러이 ᄢ롭ᄒ
니. 《朴新諺 3, 44ㅈ》還有十餘對幢幡·
寶盖, ᄯ 열나믄 **쌍** 幢幡과 寶盖ㅣ 와. ●
⇔대자(對子). 《朴新諺 1, 29ㅎ》両邉掛
着珎珠結成花樣的對子荷包, 두 편에 珎
珠로 花樣 겨론 혼 **쌍** 주머니롤 츠고.
●⇔쌍(雙). 《朴新諺 2, 53ㅎ》我好做一
雙小綉鞋與他買一賀, 내 혼 **쌍** 져근 슈신
을 민ᄃ라 저롤 주어 하례홈이 됴타.

쌍다지 몡 쌍닫이. 두 짝으로 된 문. ⇔쌍
선(雙扇). 《朴新諺 3, 16ㅎ》這檁, 이 납
과. 樑, 므르와. 椽, 혀와. 柱, 기동라. 短
柱, 短柱와. 門框, 문얼굴과. 門扇, 문짝
과. 吊窓, 들창과. 天窓, 우러리창과. 雙
扇, **쌍**다지와. 單扇, 외다지와. 窓欞, 창
얼굴로.

쌍쌍ᄒ다 동 쌍쌍(雙雙)하다. 둘 이상의
쌍이 짝을 이루다. ⇔대대(對對). 《朴新
諺 3, 39ㅎ》對對皂隷擺着喝道, **쌍쌍**혼
皂隷ㅣ 버러 喝道ᄒ고.

ᄰ다 동 쌓다. ⇔퇴(堆). 《朴新諺 3, 18ㅈ》
案上又堆着許多案件, 셔안 우희 ᄯ 許多
문안을 ᄰ하.

뻐 囝 써. ('그것을 가지고', '그런 까닭으
로', '그것으로 말미암아'의 뜻) ⇔이
(以). 《朴新諺 1, 49ㅎ》以至下人們, **뻐** 下
人들에 니르히. 《朴新諺 2, 19ㅈ》今因貧
乏無以養贍, 이제 貧乏ᄒ여 **뻐** 養贍홈이
업스믈 因ᄒ여. 《朴新諺 2, 29ㅈ》以聲拯
慈悲於六道, 소리로 **뻐** 소리를 슬퍼

慈悲를 六道에 건디고. 《朴新諺 3, 15ㅈ》
托以段疋送與父親使用, 段疋로 **뻐** 부텨
父親끠 보내여 ᄡ게 ᄒ엿더니. 《朴新諺
3, 16ㅈ》得以衣錦還鄉, 시러곰 **뻐** 衣錦
還鄉ᄒ여. 《朴新諺 3, 17ㅎ》何必以多為
貴呢, 엇지 반ᄃ시 만흠으로 **뻐** 貴홈을
삼으리오. 《朴新諺 3, 56ㅎ》你這東國歷
代以來有多少年了, 네 이 東國이 歷代 **뻐**
옴으로 몃 히나 ᄒ며. 《朴新諺 3, 59ㅈ》
聊以奉送幸勿見笑, 애아로시 **뻐** 밧드러
보내니 힝혀 웃지 말라.

뻠즉ᄒ다 혱 씀직하다. 쓸 만하다. ●⇔
수(需). 《朴新諺 3, 59ㅎ》又正是咱秀才
們必需之物, ᄯ 정히 우리 秀才들의 반ᄃ
시 **뻠**즉혼 거시도다. ●⇔중용(中用).
《朴新諺 2, 17ㅈ》這馬都不中用, 이 믈이
다 **뻠**즉지 아니ᄒ다.

쏘다 동 쏘다. ⇔사(射). 《朴新諺 1, 52ㅎ》
咱們到敎場裏射箭去罷, 우리 敎場에 활
쏘라 가쟈. 《朴新諺 1, 53ㅈ》一邉五箇分
開着射, 혼 편에 다숫식 눈화 **쏘**쟈. 《朴
新諺 1, 53ㅈ》只要各自用心射去, 그저
각각 用心ᄒ여 **쏘**라 가쟈. 《朴新諺 1, 53
ㅎ》我徃常獨自一箇來射, 내 건니 혼자
와 **쏘**ㄹ 제.

뿌다 동 (죽) 쑤다. ⇔오(熬). 《朴新諺 2,
16ㅎ》熬些稀粥罷, 져기 믈근 죽 **뿌**라.
《朴新諺 2, 36ㅈ》稀粥也熬着哩, 믉은 죽
도 **뿌**엇다.

뿍 몡 쑥. ⇔애(艾). 《朴新諺 1, 37ㅎ》脚踝
上灸了三艾, 발 안쥐머리 우희 세 장 **뿍**
으로 ᄡ니. 《朴新諺 1, 37ㅎ》那太醫把艾
怎麼灸法呢, 뎌 太醫 **뿍**으로다가 엇디 ᄡ
더뇨. 他把乾艾揉碎了, 데 ᄆ른 **뿍**을다
가 부븨여. 《朴新諺 1, 37ㅎ》把火將艾點
着了, 불로 **뿍**에다가 부쳐. 直燒到艾都
成了灰, 잇긋 타 **뿍**이 다 지 되니.

쓰다 동 **1**쓰다[冠]. ⇔대(戴). 《朴新諺 1,
29ㅈ》是頭戴玄狐帽, 마리에 玄狐帽룰
쓰고. 《朴新諺 1, 30ㅈ》是頭戴紫貂帽, 마

리에 紫貂帽롤 뻐시니. 《朴新諺 3, 34
ㅎ》頭戴金盔, 머리에 金투구 쓰고. 《朴
新諺 3, 47ㅎ》頭戴幞頭, 머리에 幞頭 쓰
고. **2** 쓰다[書]. 기재(記載)하다. ●⇔개
재(開載). 《朴新諺 1, 3ㅈ》這票上開載的
各樣好酒, 이 票에 쓰인 各樣 됴흔 술을.
《朴新諺 2, 15ㅎ》這牌上開載的, 이 牌에
버려 쓰인. ●⇔사(寫). 《朴新諺 1, 3ㅈ》
寫了牌票用了印信, 牌票를 쓰고 印쳐.
《朴新諺 1, 27ㅎ》把衆朋友名字都寫出來,
모든 벗의 일홈을 다 뻐 내여. 《朴新諺
1, 48ㅎ》到晌午寫做, 나지 다드라 셔품
쓰기 호되. 《朴新諺 2, 19ㅎ》甚是寫得妥
當, 심히 이 쁜 거시 맛당호되. 《朴新諺
2, 25ㅈ》藥方上寫得明白, 藥방문에 쓰기
를 明白히 ᄒ여시니. 《朴新諺 2, 44ㅈ》
大哥煩你代我寫一張租房契, 큰형아 네
게 비ᄂ니 나를 ᄀ르차 ᄒ 쟝 집 셰내ᄂ
글월을 쓰고려. 《朴新諺 3, 14ㅎ》先生你
與我寫一封書稍去何如, 先生아 네 나를
ᄒ 봉 글을 뻐 주어든 부텨 보내미 엇더
ᄒ뇨. 我寫了, 내 뻐다. 《朴新諺 3, 43ㅈ》
不知寫着甚麼哩, 아지 못게라 므서시라
뻣더뇨. 《朴新諺 3, 51ㅎ》陸序班你與我
寫一張狀子, 陸序班아 네 나를 ᄒ 댱 고
장을 뻐 주고려. **3** 쓰다[用]. 사용하다.
●⇔사(使). 《朴新諺 1, 31ㅎ》買六箇獨
皮纏勾使哩, 여ᄉ 獨皮롤 사야 겨요 넉넉
이 쓰리라. 《朴新諺 1, 32ㅈ》一箇也不中
使哩, ᄒ나토 쓰기에 맛ᄌ지 아니ᄒ다.
《朴新諺 2, 12ㅎ》你要使只管問我討不拘
多少, 네 쓰고져 ᄒ거든 그저 ᄉ뢰여 날
ᄃ려 달라 ᄒ여 多少롤 거리끼지 말고.
《朴新諺 2, 40ㅎ》使鈎子的賊們更多, 갈
고리 쓰는 도적들이 더욱 만한. 《朴新諺
3, 6ㅈ》不使幾箇錢幹辦是不濟事的, 여러
돈을 뻐 셔도지 아니면 이 일을 일오지
못ᄒ리라. 《朴新諺 3, 39ㅈ》咳孩児使爺
娘的, 애 ᄌ식이 어버[이]의 거슬 쓰고.
奴婢使家主的, 죵이 항거싀 거슬 쓰는

거시. 《朴新諺 3, 39ㅈ》他不使些做甚麼,
제 져기 쓰지 아니ᄒ고 무엇 ᄒ리오. ●
⇔사용(使用). 《朴新諺 1, 1ㅎ》儘勾使用
了, 잇긋 넉넉이 쓰리라. 《朴新諺 1, 52
ㅎ》萬一到那裏沒有錢使用, 萬一 제 가
돈 쁠 거시 업스면. 《朴新諺 1, 58ㅈ》今
因乏錢使用, 이제 돈 쁠 것 업스믈 因ᄒ
여. 《朴新諺 2, 12ㅈ》我沒有零錢帶去使
用, 내 ᄃ래돈 가져가 쁠 거시 업스니.
《朴新諺 3, 15ㅈ》托以段疋送與父親使用,
段疋로 뻐 부텨 父親끠 보내여 쓰게 ᄒ
엿더니. 《朴新諺 3, 32ㅎ》拿去使用不要
吊了, 가져가 쓰고 쩌릭치지 말라. ●⇔
용(用). 《朴新諺 1, 4ㅎ》只用十二樣勾了,
그저 열두 가지를 뻐야 넉넉ᄒ리라. 《朴
新諺 1, 14ㅎ》不用小車, 져근 술위롤 쓰
지 말고. 《朴新諺 1, 23ㅎ》便當二十両也
還不勾用哩, 곳 스므 냥을 던당ᄒ여도
당시롱 쓰기에 넉넉지 못ᄒ여라. 《朴新
諺 1, 46ㅈ》護膝上還該要用的裁料, 슬갑
에 쏘 뻠 즉흔 ᄀ음을. 《朴新諺 2, 24ㅎ》
然後再用藿香正氣散, 그린 후에 쏘 藿香
正氣散을 뻐. 《朴新諺 2, 39ㅎ》紫蘇這厮
最有用, 紫蘇란 이거시 ᄀ장 쁠 딕 이시
니. 《朴新諺 3, 4ㅎ》我要用他做席子鋪着
睡, 내 뎌로 뻐 자리를 민드라 펴고 자고
져 ᄒᄂ니. 《朴新諺 3, 27ㅈ》將軍用鈎子
搭去, 將軍이 갈고리로 뻐 글려 ᄒ니.
《朴新諺 3, 28ㅈ》行者用手把頭提起, 行
者ㅣ 손으로 뻐 머리를다가 잡아 니릭
혀. **四** ⇔행사(行使). 《集覽, 字解, 單字
解, 5ㅎ》使. 上聲, 差也, 役也. 使的我 날
브려. 又用也. 使用了. 吏語, 行使 쓰다.
又使船 비 달호다. 又去聲, 使臣, 差使.
又官名.

쓰다 톙 쓰다[苦]. ⇔고(苦). 《朴新諺 1, 2
ㅈ》討幾瓶蜜林檎 · 甕頭春 · 木瓜露 ·
苦菉豆酒, 여러 瓶 蜜林檎과 甕頭春과 木
瓜露와 쁜 菉豆酒를 어들만 ᄌ지 못ᄒ
니. 《朴新諺 3, 19ㅈ》苦盡甜來, 쁜 거시

盡ᄒᆞ면 돈 거시 온다 ᄒᆞ니라.

ᄡᅳ다 图 쓸다[掃]. ●⇔도(掏). 《朴新諺 1, 43ㅎ》把捎篋掏一掏耳朶, 짓븨로다가 귓바회 ᄡᅳ면. ●⇔소(掃). 《朴新諺 2, 49ㅎ》把苕箒來掃乾淨着, 닛뷔 가져다가 ᄡᅳ기를 乾淨히 ᄒᆞ고. 《朴新諺 3, 7ㅎ》快把苕箒來掃去了, 밧비 닛븨 가져다가 ᄡᅳ러 ᄇᆞ리고.

ᄡᅳ딍없다 혱 쓸데없다. 소용없다. ⇔무용(無用). 《朴新諺 2, 27ㅎ》你們這幾箇無用的小厮, 너희 이 여러 ᄡᅳ딍업슨 아희 놈들이.

ᄡᅳ알히다 혱 쓰라리다. ⇔날랄동(刺刺疼). 《朴新諺 2, 36ㅈ》腮頰凍的刺刺(刺刺)的疼哩, 뺨이 드라 ᄡᅳ알힌다.

ᄲᅥ다 图 바르다. ⇔말(抹). 《朴新諺 3, 10ㅎ》怎麼抹得不平正呢, 엇지 ᄲᅥ기를 平正이 못ᄒᆞ엿ᄂᆞ뇨. 《朴新諺 3, 11ㅈ》把泥鏝來再抹光些, 흙손으로다가 다시 ᄲᅥ서 번번이 ᄒᆞ라.

ᄲᅴ오다 图 씌우다. (몸에) 지니다. 가지다. ⇔대(帶). 《朴新諺 2, 11ㅈ》把一箇蠟嘴帶着鬼臉兒, ᄒᆞᆫ 암종다리로다가 광대 ᄲᅴ오고.

ᄡᅵ 명 씨. 씨실. ⇔위(緯). 《朴新諺 1, 16ㅎ》這大紅段眞是南紅顔色經緯匀淨, 이 다홍 비단이 진짓 이 연다홍빗치오 ᄡᅵ눌이 고로고 조ᄒᆞ니.

ᄲᅵ 명 **1**씨. 종자(種子). ●⇔인(仁). 《朴新諺 1, 4ㅈ》乾果子呢, ᄆᆞ론 과실은. 榛子, 개암.松子, 잣. 瓜子, 슈박ᄲᅵ. 乾葡萄, 마론葡萄.栗子, 밤. 龍眼, 龍眼. 桃仁, 복셩화ᄲᅵ. 荔子, 녀지오. ●⇔자(子). 《朴新諺 2, 39ㅈ》這幾日怎的不見有賣菜子的過去呢, 요ᄉᆞ이 엇지 ᄂᆞ믈 ᄲᅵ 풀 리 디나가는 이 이시믈 보지 못ᄒᆞᆯ소뇨. 買些菜子後園裏好種, 져기 ᄂᆞ믈 ᄲᅵ롤 사 뒷동산에 심으쟈. ●⇔종자(種子). 《朴新諺 3, 38ㅎ》除了種子之外, ᄲᅵ를 더론 밧믜. ●⇔핵(核). 《朴新諺 3, 25ㅎ》只留下桃

核, 다만 복셩화 ᄲᅵ만 남기고. 《朴新諺 3, 25ㅎ》三藏說是一箇桃核, 三藏이 니르되 이 ᄒᆞᆫ 복셩화 ᄲᅵ라 ᄒᆞ니. 《朴新諺 3, 25ㅎ》却是桃核, ᄯᅩ 이 복셩화 ᄲᅵ라. **2**씨. 종자(種子). (욕하는 말) ●⇔정(精). 《朴新諺 2, 37ㅈ》聽得那謊精, 드르니 뎌 거즛말ᄒᆞᄂᆞᆫ ᄲᅵ. 《朴新諺 3, 29ㅎ》你這賊養漢生的小驢精, 네 이 도적 養漢ᄒᆞ여 나ᄒᆞᆫ 져근 나귀ᄲᅵ아. ●⇔종(種). 《朴新諺 2, 46ㅎ》把你這忤逆種該殺的, 너 이 忤逆ᄒᆞᆫ ᄲᅵ롤다가 죽염 즉ᄒᆞ다.

ᄲᅵ눌 명 씨날. 씨실[緯]과 날실[經]. ⇔경위(經緯). 《朴新諺 1, 16ㅎ》這大紅段眞是南紅顔色經緯匀淨, 이 다홍 비단이 진짓 이 연다홍빗치오 ᄲᅵ눌이 고로고 조ᄒᆞ니.

ᄲᅵ름ᄒᆞ다 图 씨름하다. ●⇔졸(捽). 《朴新諺 2, 56ㅈ》咱兩箇捽, 우리 둘이 ᄲᅵ름ᄒᆞ되. 《朴新諺 2, 56ㅈ》好好的捽, 됴히 됴히 ᄲᅵ름ᄒᆞ쟈. ●⇔졸교(捽挍). 《朴新諺 2, 55ㅎ》咱們在這草地上學捽挍罷, 우리 이 草地에셔 ᄲᅵ름ᄒᆞ기 ᄇᆡ호쟈.

ᄲᅵ롬 명 씨름. ⇔졸교(捽挍). 《朴新諺 3, 34ㅎ》這些看捽挍的官員們, 이 여러 ᄲᅵ롬 보는 官員들이.

ᄲᅵ롬ᄒᆞ다 图 씨름하다. ●⇔졸(捽). 《朴新諺 3, 34ㅈ》四五對簇簇趨趨的亂捽, 네 다숫 ᄧᅡᆼ식 무둑무둑 나아드러 어즈러이 ᄲᅵ롬ᄒᆞ니. ●⇔졸교(捽挍). 《朴新諺 3, 34ㅈ》又看他們捽挍, ᄯᅩ 뎌들의 ᄲᅵ롬홈을 보니.

뻿기다 图 씻기다. ●⇔세(洗). 《朴新諺 1, 54ㅎ》把孩子放在水盆裏洗, 아희롤다가 물 소라에 너허 뻿기면. ●⇔찰(擦). 《朴新諺 2, 53ㅈ》這孩子眼脂流下來也不擦, 이 아희 눈곱이 흘러ᄂᆞ리되 뻿기지 아니ᄒᆞ니. 我替他擦淨了罷, 내 뎌롤 ᄀᆞ르차 뻿겨 조히 ᄒᆞ쟈.

뻿다 图 씻다. ⇔세(洗). 《朴新諺 1, 51ㅈ》你且洗去, 네 ᄯᅩ ᄲᅵ스라 가쟈. 《朴新諺 1, 51ㅈ》到浴池洗了一會, 浴池에 가 ᄒᆞᆫ

지위 삣고. 歇一歇再洗, 쉬어 다시 삐서.
洗勾了却到客位裏歇一會, 삣기를 잇긋
ᄒ고 ᄯ 客位에 가 ᄒᆞᆫ 지위 쉬여. 《朴新
諺 3, 1ㅎ》洗完了, 삣기 ᄆᆞᆺ거든.

뽀다 동 쌓다. ●⇔타(打). 《朴新諺 3, 17
ㅈ》那西壁廂還要打一道墻, 뎌 셔편에
ᄯ ᄒᆞᆫ 줄 담을 뽀고. ●⇔타츅(打築).
《朴新諺 1, 11ㅎ》替你白効勞重新打築何
如, 너를 ᄀᆞ르차 공히 슈고 드려 다시
뽀미 엇더ᄒᆞ뇨.

뽀다 형 비싸다. 값이 있다. ⇔치(直). 《朴
新諺 2, 13ㅈ》這橫子多不過直得一兩銀,
이 橫 만하야 不過 ᄒᆞᆫ 냥 은이 뽀니. 《朴
新諺 2, 33ㅈ》有直錢的物件來當, 갑뽄 物
件을 와 전당ᄒᆞ리 이시면. 《朴新諺 3, 3
ㅈ》一箇猫兒怎麼就直的這些錢, 혼 낫 괴
에 엇지 곳 이 갑시 뽀리오. 《朴新諺 3,
7ㅈ》休道黃金貴安樂直錢多, 黃金을 귀
타 니르지 말라 安樂홈이 갑뽀미 만타
ᄒᆞ니라.

뽈 명 쌀. ⇔미(米). 《朴新諺 1, 11ㅈ》但于
今柴・米・小菜件件俱貴, 다만 이제 나
모와 뽈과 ᄂᆞ믈이 가지가지 다 귀ᄒᆞ니.
《朴新諺 1, 12ㅈ》今日却是開倉關米的日
期, 오늘이 이 開倉ᄒᆞ여 뽈 ᄐᆞᆫ 날이라.
《朴新諺 1, 12ㅎ》給一二升米謝他何如,
흔두 되 뽈을 주어 뎌의게 샤례홈이 엇
더ᄒᆞ뇨. 《朴新諺 1, 14ㅈ》方好到倉裏關
米, 보야흐로 倉에 가 뽈 ᄐᆞ기 됴ᄒᆞ니라.
《朴新諺 1, 14ㅎ》如今米都關出來了, 이

제 뽈롤 다 타 내여다. 《朴新諺 1, 15ㅈ》
把八口俗米都裝上, 여둛 쟈르에 뽈을 다
시르면. 《朴新諺 2, 16ㅈ》應給米三升, 應
給ᄒᆞᄂᆞᆫ 거시 뽈 서 되와. 《朴新諺 3, 2
ㅈ》庫房裡放的米都被他吃去了好些, 庫
에 둔 뽈을 다 제 먹으미 만코. 《朴新諺
3, 45ㅈ》淘米也要乾淨着, 뽈 일기를 ᄯ
乾淨히 ᄒᆞ라.

뽈 의 살. ⇔세(歲). 《朴新諺 2, 46ㅎ》你們
如今十歲年紀了, 너희 이제 열 뽈 나히라.

ᄢᅢ 명 때[時]. ⇔조만(早晚). 《集覽, 字解,
累字解, 1ㅎ》早晚. 這早晚 이 늣도록. 又
問何時日, 多早晚 어느 ᄢᅢ.

ᄣᅡ 의 짝. 마리. ⇔척(隻). 《朴新諺 1, 1ㅎ》
買一隻羊要肥的, ᄒᆞᆫ ᄣᅡ 羊을 사되 술진
거슬 ᄒᆞ라. 《朴新諺 1, 2ㅈ》再買一隻牛
・猪肉五十斤, ᄯ ᄒᆞᆫ ᄣᅡ 쇼와 猪肉 五十
斤을 사면.

삥긔다 동 주름지다. 주름이 잡히다. ⇔흘
추(黻皺). 《朴新諺 1, 39ㅈ》黻皺䩞黻皺
被, 삥귄 담에 삥귄 니블에. 黻皺娘娘裏
頭睡, 삥귄 계집이 안히셔 자는 거시여.

ᄧᅡ다 동 짜다. ⇔직(織). 《朴新諺 2, 7ㅈ》要
換你的大紅織金胷背, 네 다홍빗체 금슈
로 ᄧᅡ고 胷背 ᄒᆞᆫ 것과 밧고고져 ᄒᆞ노라.

ᄧᅳ기 명 따기. 《集覽, 朴集, 上, 6ㅎ》拿錢
卽猜拳也. 쌍〈쌍〉불:쥐·기. 質問云, 此二
人以錢相賭之戱, 跌過兩背, 相同爲嬴
(贏). 質問之釋, 若本國돈ᄧᅳ기.

ㅅ

-ㅅ [조] ❶-의. (사이시옷)《朴新諺 1, 31ㅎ》這兩件東西要做, 이 두 가지ㅅ 거슬 지으려 ᄒᆞ면.《朴新諺 1, 51ㅈ》都放在這櫃裏頭, 다 이 櫃ㅅ 속에 너허 두라.《朴新諺 1, 56ㅈ》小人在街東堂子間壁下着哩, 小人이 거리 동녁 堂子ㅅ ᄇᆞ람을 ᄉᆞ이ᄒᆞ여 부리윗노라.《朴新諺 2, 13ㅎ》這杭州綾子每疋有七托長, 이 杭州ㅅ 綾이 每 疋에 닐곱 발 기릐 잇고.《朴新諺 2, 14ㅎ》這疋杭綾染錢五錢半, 이 ᄒᆞᆫ 필 杭州ㅅ 綾에ᄂᆞᆫ 물갑시 닷 돈 반이오.《朴新諺 2, 29ㅎ》起浮居於泗水之間, 浮居를 泗水ㅅ ᄉᆞ이에 니ᄅᆞ혀고.《朴新諺 3, 23ㅈ》三藏道貧僧是東土人, 三藏이 니ᄅᆞ되 貧僧은 이 東土ㅅ 사ᄅᆞᆷ이라.《朴新諺 3, 24ㅎ》他却走到金水河邉, 뎨 믄득 金水河ㅅ ᄀᆞ의 가. ❷-의.《集覽, 字解, 單字解, 5ㅈ》儘. 讓也, 任也. 儘他 제게 다와ᄃᆞ라, 儘讓 더ᄀᆡ 미다. 又縱令也. 儘教 므던타. 又儘一儘 지ᄀᆡ우다. 又儘船 빗 ᄀᆞ장.《集覽, 朴集, 中, 7ㅎ》捲篷. 音義云, ·비우·흿 지·비〈집이〉·니 ᄆᆞᄅᆞ 업슨 지블 닐오ᄃᆡ 捲篷.《朴新諺 1, 17ㅈ》却也比尋常的不同, 또 녜ᄉᆞᆺ 거셰 비컨대 ᄀᆞᆺ지 아니ᄒᆞ니.《朴新諺 1, 24ㅈ》到背後河裏洗去, 뒷 내에 싯기라 가.《朴新諺 1, 32ㅈ》你說那裏話來, 네 어ᄃᆡᆺ 말 니ᄅᆞᄂᆞᆫ다.《朴新諺 1, 34ㅈ》說定一年之內本利都還清我, 닐러 뎡ᄒᆞ여 ᄒᆞᆫ 힛 ᄂᆡ에 本과 利ᄅᆞᆯ 다 내게 갑하 ᄆᆞᆯ키마 ᄒᆞ여.《朴新諺 3, 7ㅈ》古人說, 녯 사ᄅᆞᆷ이 니ᄅᆞ되.《朴新諺 3, 43ㅈ》昨夜做道場有你在那裡麽, 어젯밤 道場ᄒᆞᆯ 제 네 거긔 잇더냐.

-ㅅᄂᆞ냐 [어미] -ㅆ(았 · 었)느냐.《朴新諺 2, 15ㅎ》驛丞都到那裏去了, 驛丞이 다 어ᄃᆡ 갓ᄂᆞ냐.《朴新諺 3, 39ㅎ》驛馬去的呢, 驛馬로 갓ᄂᆞ냐. 還是僱的長行馬去的, 또 이 셰낸 長行馬로 갓ᄂᆞ냐.

-ㅅᄂᆞ뇨 [어미] -ㅆ(았 · 었)느냐.《朴新諺 1, 15ㅈ》從幾時生出來的, 언제부터 낫ᄂᆞ뇨.

-ㅅᄂᆞ니 [어미] -ㅆ(았 · 었)느니.《朴新諺 2, 56ㅈ》我原說你那裏敵的我過哩, 내 본ᄃᆡ 닐ᄀᆞᆺᄂᆞ니 네 엇지 나를 ᄃᆡ적ᄒᆞ리오.

-ㅅᄂᆞ니라 [어미] -ㅆ(았 · 었)느니라.《朴新諺 3, 39ㅎ》昨日起身去了, 어제 起身ᄒᆞ여 갓ᄂᆞ니라.《朴新諺 3, 39ㅎ》是驛站裡去的, 이 驛站으로 갓ᄂᆞ니라.

-ㅅᄂᆞᆫ다 [어미] -ㅆ(았 · 었)느냐. -ㅆ(았 · 었)는가.《朴新諺 2, 57ㅎ》年時牢子們試走的你可曾看見麽, 젼년에 牢子들희 ᄃᆞ롬질 시기ᄂᆞᆫ 거슬 네 일즉 보왓ᄂᆞᆫ다.

-ㅅ더뇨 [어미] -ㅆ(았 · 었)더냐.《朴新諺 1, 16ㅎ》老哥拜揖了那裏去來, 노형아 揖ᄒᆞ노라 어ᄃᆡ 갓더뇨.

-ㅅ더니 [어미] -ㅆ(았 · 었)더니.《朴新諺 3, 58ㅎ》逃往山中去了, 도망ᄒᆞ여 山中을 향ᄒᆞ여 갓더니.

-ㅅ더니라 -[어미] -ㅆ(았 · 었)더니라.《朴新諺 1, 16ㅎ》大街上買段子去來, 큰 거리에 비단 사라 갓더니라.

-ㅅ도다 [어미] -ㅆ(았 · 었)도다. -ㅆ(았 · 었)구나.《朴新諺 1, 33ㅎ》想那厮做牙子去了, ᄉᆡᆼ각건대 뎌 놈이 즈름질ᄒᆞ라 갓도다.《朴新諺 2, 13ㅈ》必定是那厮落了我一兩銀子了, 일뎡 뎌 놈이 내 ᄒᆞᆫ 냥 은

을 쪄혓도다.

사(士) 몡 선비. ⇔션비. 《朴新諺 1, 49ㅈ》
如今國家開科取士, 이제 國家ㅣ 과거룰
여러 션비룰 取ᄒᆞ여.

사(四) 퐨 ●너[四]. ⇔너. 《朴新諺 2, 14
ㅎ》五箇南紅絹每一疋染錢四錢, 닷 필 연
다홍 깁은 미 ᄒᆞ 필에 물갑시 너 돈이오.
《朴新諺 2, 14ㅎ》共該染錢五兩四錢半銀
子, 대되 히오니 물갑시 닷 냥 너 돈 반
銀이로다. ●넉[四]. ⇔넉. 《朴新諺 2, 43
ㅈ》月白色的四兩銀子一疋, 남빗체는 넉
냥 은에 ᄒᆞ 필이라. ❸네[四]. ⇔네. 《朴
新諺 1, 4ㅎ》這四樣先上, 이 네 가지를
몬져 올리고. 然後再上四大碗四中碗, 그
린 후에 쏘 네 大碗과 네 中碗을 올리되.
《朴新諺 1, 5ㅈ》四中碗內呢, 네 中椀에
논. 《朴新諺 1, 23ㅎ》四對珠簪, 네 빵 진
쥬 박은 빈혀와. 《朴新諺 2, 58ㅈ》那日
皇上賞了他一百兩銀子四疋內府大緞, 그
날 皇上이 뎌룰 一百兩 銀과 네 疋 內府
大緞을 賞 주더라. 《朴新諺 3, 15ㅎ》藍綾
二疋裡絀四疋, 藍綾 두 필과 안 너흘 비
단 네 필을 부텨. 《朴新諺 3, 34ㅎ》四邊
站着四箇將軍, 네 녁희 션는 네 將軍이.
《朴新諺 3, 46ㅎ》把四條繩絟着大車, 네
오리 노흐로다가 큰 술위에 미고.

사(四) 굮 ❶네[四]. ●⇔네. 《朴新諺 1, 4
ㅎ》四大九寸盤, 네 큰 九寸 盤에. ❷⇔
네ㅎ. 《朴新諺 1, 26ㅎ》饒你四子纏好下
哩, 너룰 네흘 졉어야 마치 두기 됴흐리
라. 《朴新諺 1, 26ㅎ》我饒你四子罷, 내
너룰 네흘 졉쟈. 《朴新諺 1, 27ㅈ》你説
饒我四子, 네 니르되 나룰 네흘 졉쟈 ᄒᆞ
더니. ❷넷[四]. ⇔넷. 《朴新諺 1, 38ㅎ》
四哥待要一處, 넷재 형은 ᄒᆞ디 모호고져
ᄒᆞ는 거시여. 《朴新諺 1, 39ㅈ》四哥是針
線, 넷재 형은 이 바놀실이로다.

사(似) 톙 ●같다. ⇔ᄌᆞᆺ톤다. 《朴新諺 1,
17ㅈ》似這樣段子, 이 ᄌᆞ툰 비단은. 《朴
新諺 2, 36ㅈ》街上泥凍的都似狼牙一般,

거리에 즌흙 언 거시 다 일희 니 ᄌᆞᆺ투니.
●⇔ᄌᆞᆺᄒᆞ다. 《朴新諺 1, 36ㅈ》似你這一
等和尙不打還打誰呢, 너 ᄌᆞ흔 이런 듕을
티지 아니코 도로혀 누룰 티리오. ❸⇔
ᄌᆞᆺᄒᆞ다. 《朴新諺 2, 51ㅈ》似我這般雜職
微員陞轉極難, 우리 ᄌᆞ흔 이 雜職 微員은
陞轉ᄒᆞ기 극히 어려워.

사(似) 죄 -같이. ⇔ᄌᆞᆺ치. 《朴新諺 1, 22
ㅈ》似你這帶廂得好, 네 이 씌ᄌᆞᆺ치 뎐메
오기 잘ᄒᆞ량이면. 《朴新諺 1, 29ㅈ》騎着
一匹墨丁也似黑的肥馬, ᄒᆞ 필 먹댱ᄌᆞᆺ치
검고 술진 물을 투고.

사(寺) 몡 절. ⇔절. 《朴新諺 2, 5ㅎ》北岸
上又有一座大寺相對着, 북편 언덕 우희
쏘 ᄒᆞ 좌 큰 절이 이셔 서로 디ᄒᆞ엿고.
《朴新諺 3, 44ㅎ》如今在寺裡寄放着哩,
이제 절에 부텨 두엇ᄂᆞ니라.

사(死) 똥 ●죽다. ⇔죽다. 《朴新諺 1, 24
ㅎ》夜裏又死睡不肯起來添草, 밤에 쏘 죽
은 드시 자고 즐겨 니러 여믈을 더 주지
아니ᄒᆞ니. 《朴新諺 2, 34ㅈ》帶累一家人
都死怎的好呢, 왼 집 사룸이 범으러 다
죽을 거시니 엇지ᄒᆞ여야 됴흐리오. 《朴
新諺 2, 54ㅈ》今日死明日死都是定不得
的, 오늘 죽을 똥 닉일 죽을 똥 다 定치
못ᄒᆞᄂᆞ니. 《朴新諺 3, 8ㅎ》保佑我完了這
願心便死也無怨了, 나를 保佑ᄒᆞ여 이 願
心을 뭇게 ᄒᆞ면 곳 죽어도 怨흠이 업스리
라. 《朴新諺 3, 26ㅎ》鹿皮就在油鍋裡死
了, 鹿皮ㅣ 곳 기룸 가마에셔 죽으니라.
《朴新諺 3, 27ㅈ》行者敢是死了, 行者ㅣ
죽은 듯ᄒᆞ다. 《朴新諺 3, 29ㅈ》那裡想到
死在胡孫手裡呢, 어딕 죽음이 胡孫의 손
에 이실 줄을 싱각ᄒᆞ여시리오. 《朴新諺
3, 42ㅎ》老曺死了, 老曺ㅣ 죽엇ᄂᆞ니라.
●죽이다. ⇔죽이다. 《朴新諺 2, 22ㅎ》
把那船上的人打死了幾箇, 뎌 비에 사룸
을다가 여러흘 쳐 죽엿다 ᄒᆞ더라. 《朴新
諺 2, 33ㅎ》便奪了那物打死那人, 곳 그
물건을 앗고 그 사룸을 쳐 죽여. 《朴新諺

2, 34ㅈ》又奪了也謀死他, 또 앗고 또 더
를 꾀ㅎ여 죽여. 《朴新諺 2, 35ㅈ》也要謀
死他, 또 뎌롤便 꾀ㅎ려 ㅎ니. 《朴新
諺 3, 24ㅈ》便拿下來磕死了, 곳 자바 ㄴ
리와 즛긔텨 죽이고.

사(些) 관 여러. 또는 약간. 얼마쯤. ⇔여
러. 《朴新諺 2, 14ㅎ》這些東西你共要多
少染錢呢, 이 여러 거세 네 대되 언머 물
갑슬 바드려 ㅎ는다. 《朴新諺 2, 16ㅎ》
這些食物都要鮮明不可缺少纔是, 이 여러
食物을 다 鮮明히 ㅎ고 모즈라지 아니케
홈이 올흐니라. 《朴新諺 3, 34ㅈ》那些勇
士都穿着花袴皂靴, 뎌 여러 勇士들이 다
아롱 바지에 거믄 靴를 신고. 《朴新諺
3, 34ㅎ》這些看捽捄的官員們, 이 여러
쎄롭 보는 官員들이. 《朴新諺 3, 48ㅈ》
這些王公·大臣, 이 여러 王公 大臣이.

사(些) 뮈 적이. 좀. 약간. ●⇔더기. 《朴
新諺 2, 46ㅎ》也該學些好, 또 더기 착흔
일을 비함 즉ㅎ거늘. ●⇔져기. 《集覽,
字解, 單字解, 5ㅈ》些. 少也. 些兒·些箇
·些少 져기. 又語助. 《朴新諺 1, 2ㅈ》買
些乾果·水果, 져기 乾果와 水果를 사.
《朴新諺 1, 27ㅎ》大家斂些錢, 대되 져기
돈 거두어. 《朴新諺 1, 37ㅎ》如今飯也吃
得些却無事了, 이제 밥도 져기 먹고 또
無事ㅎ여라. 《朴新諺 2, 10ㅎ》咱兩箇拿
些布施和香·蠟去禮拜他, 우리 둘이 져
기 보시와 香과 쵸를 가져가 뎌의게 禮
拜ㅎ고. 《朴新諺 2, 16ㅎ》再捏些區食預
偹我吃罷, 또 져기 변시를 비저 내 먹기
룰 預偹ㅎ라. 《朴新諺 2, 36ㅎ》且打些酒
來吃幾杯解寒何如, 또 져기 술 가져와 여
러 잔 먹어 解寒홈이 엇더ㅎ뇨. 《朴新諺
3, 4ㅈ》摘些葉子送我, 져기 닙흘 짜 내게
보내여라. 《朴新諺 3, 19ㅈ》比在前到底
强些, 이전에 비컨대 씃내 져기 나으니.
《朴新諺 3, 33ㅈ》醝壺要打得區些, 醝壺
민둘기를 져기 납죡이 ㅎ고.

사(些) 뮈 -같이. ⇔-ㄱ치. 《朴新諺 1, 32

ㅎ》就似這一荸花兒大些的怎麽賣, 이 흔
등ㄱ치 소홈 큰 거슨 엇지 풀짜.

사(事) 명 일. 사건. ⇔일. 《集覽, 字解, 累
字解, 3ㅈ》濟甚事. 므슴 :이·리 :일료. 猶
言쇽졀:업·다. 《朴新諺 1, 15ㅈ》豈不省事
麽, 엇디 일을 더지 아니ㅎ랴. 《朴新諺
1, 23ㅈ》你不知道我的事, 네 내 일을 아
지 못ㅎ다. 《朴新諺 1, 54ㅎ》不妨事了,
일에 해롭지 아니ㅎ리라. 《朴新諺 2, 2
ㅎ》上了墳回來還有甚麽事呢, 上墳ㅎ고
도라와 당시롱 므슴 일이 이실러뇨. 《朴
新諺 2, 12ㅎ》不妨事, 일에 방해롭지 아
니ㅎ다. 《朴新諺 2, 26ㅎ》你再來休說這
般不曉事的話, 네 뇌여란 이런 일 모로
는 말 니르지 말라. 《朴新諺 2, 34ㅈ》我
男兒做這般迷天大罪的事, 우리 스나히
이런 迷天大罪엣 일을 ㅎ니. 《朴新諺 3,
6ㅈ》不使幾箇錢幹辦是不濟事的, 여러
돈을 써 셔도지 아니면 이 일을 일오지
못ㅎ리라. 《朴新諺 3, 32ㅎ》不妨事, 일
에 해롭지 아니ㅎ니. 《朴新諺 3, 41ㅎ》
但是他家裡事多怎麽來的呢, 다만 데 집
의 일이 만흐니 엇지 오리오.

사(使) 통 ●다루다. 부리다. ⇔달호다.
《集覽, 字解, 單字解, 5ㅎ》使. 上聲, 差也,
役也. 使的我 날 브려. 又用也. 使用了.
吏語, 行使 쓰다. 又使船 빈 달호다. 又去
聲, 使臣, 差使. 又官名. ●들이다[入]. 또
는 사용하다. ⇔드리다. 《朴新諺 1, 11
ㅎ》齊心用力多使些工夫, 齊心 用力ㅎ여
만히 工夫 드려. ●부리다[使]. 쓰다. 사
용하다. ⇔브리다. 《集覽, 字解, 單字解,
5ㅎ》使. 上聲, 差也, 役也. 使的我 날 브
려. 又用也. 使用了. 吏語, 行使 쓰다. 又
使船 빈 달호다. 又去聲, 使臣, 差使. 又
官名. ●쓰다[用]. 사용하다. ⇔쓰다.
《朴新諺 1, 31ㅎ》買六箇猠皮纔勾使哩,
여슷 猠皮롤 사야 겨요 넉넉이 쓰리라.
《朴新諺 1, 32ㅈ》一箇也不中使哩, ㅎ나
토 쓰기에 맛깃지 아니ㅎ다. 《朴新諺 1,

51ㅈ》也不過使二十八九箇錢, 스믈 여듧
아홉 낫 돈을 **쁘**매 지나지 아니ᄒ리라.
《朴新諺 2, 12ㅎ》你要使只管問我討不拘
多少, 네 **쁘**고져 ᄒ거든 그저 ᄉ릐여 날
ᄃ려 달라 ᄒ여 多少를 거리끼지 말고.
《朴新諺 2, 40ㅈ》使鉤子的賊們更多, 갈
고리 **쁘**는 도적들이 더옥 만하.《朴新諺
3, 6ㅈ》不使幾箇錢幹辦是不濟事的, 여러
돈을 **뻐** 셔도지 아니면 이 일을 일오지
못ᄒ리라.《朴新諺 3, 39ㅈ》咳孩児使爺
娘的, 애 ᄌ식이 어버[이]의 거슬 **쁘**고.
奴婢使家主的, 종이 항거식 거슬 **쁘**는
거시.《朴新諺 3, 39ㅈ》他不使些做甚麼,
제 져기 **쁘**지 아니ᄒ고 무엇 ᄒ리오. ⑤
(침을) 주다. 쓰다. 사용하다. ⇔주다.
《朴新諺 1, 37ㅎ》把小肚皮上使一針, 져
근비 우희다가 ᄒ 번 針 주고.

사(使) 몡 추밀원(樞密院)의 으뜸 벼슬. 부
사(副使)의 위이다.《集覽, 朴集, 下, 8
ㅎ》樞密院. 元制, 有使・副使・知院・
同知院・簽書院, 與〈与〉中書號爲二府,
主兵政.

사(使) 円 하여금. 시키어[使]. ●⇔ᄒ여.
《朴新諺 3, 24ㅈ》使他坐不定, 뎌로 ᄒ여
안즈믈 定치 못ᄒ게 ᄒ니. ●⇔ᄒ여곰.
《朴新諺 3, 25ㅈ》皇后暗使一箇宮娥, 皇
后ㅣ ᄀ만이 ᄒ 宮娥로 ᄒ여곰.《朴新諺
3, 28ㅎ》怎生使他現出本像, 엇지 뎌로
ᄒ여곰 本像을 現出케 ᄒ리오.

사(舍) 몡 예전에 행군(行軍)할 때 30리를
이르던 말.《集覽, 朴集, 上, 4ㅎ》瀋陽.
遼誌云, 舊名瀋州. 禹貢營州之域. 遼爲節
〈莭〉鎭, 屬遼東道, 遼亡〈込〉, 歸〈敀〉金.
元爲瀋陽路, 去遼東城數舍.

사(師) 몡 스승. 훈장. 선생. ⇔스승.《朴
新諺 2, 9ㅎ》他曾到江南地方受過名師,
뎨 일즉 江南 ᄯ히 가 일홈난 스승의게
비호니.

사(蛇) 몡 뱀. ⇔비얌.《朴新諺 1, 36ㅎ》一
年經蛇咬三年怕井繩, 一年을 비얌 물려

디내면 三年을 드렛줄도 저퍼ᄒ다 ᄒ니
라.

사(斜) 동 빗기 뵈다. ⇔흙븨다.《朴新諺
1, 57ㅈ》叫那斜眼的弓匠王五來, 뎌 눈
흙븬 弓匠 王五를 불러오라.

사(射) 동 쏘다. ⇔ᄡᅩ다.《朴新諺 1, 52ㅎ》
咱們到敎場裏射箭去罷, 우리 敎場에 활
ᄡᅩ라 가쟈.《朴新諺 1, 53ㅈ》一遍五箇分
開着射, ᄒ 편에 다ᄉᆺ식 ᄂ화 **ᄡᅩ**쟈.《朴
新諺 1, 53ㅈ》只要各自用心射去, 그저
각각 用心ᄒ여 **ᄡᅩ**라 가쟈.《朴新諺 1, 53
ㅎ》我往常每自一箇來射, 내 건너 혼자
와 **ᄡᅩᆯ** 제.

사(絲) 의 실오리의 수효를 세는 단위.
《朴新諺 2, 8ㅈ》這是南京來的眞正八絲
好緞子, 이 南京셔 온 진짓 八絲 됴흔 비
단이라.

사(獅) 몡 사자.《集覽, 朴集, 上, 2ㅎ》獅仙
糖. 以糖印做騎獅仙人之形也, 亦有爲樓
觀僧佛之形者也.

사(肆) 동 부리다. ⇔부리다.《朴新諺 3,
52ㅎ》帶酒肆强, 술을 씌고 사오나옴을
부려.

사(寫) 동 쓰다[書]. ⇔쁘다.《朴新諺 1, 3
ㅈ》寫了牌票用了印信, 牌票를 **쁘**고 印
쳐.《朴新諺 1, 27ㅎ》把衆朋友名字都寫
出來, 모든 벗의 일홈을 다 **뻐** 내여.《朴
新諺 1, 48ㅈ》到晌午寫倣, 나지 다드라
셔품 **쁘**기 호되.《朴新諺 2, 19ㅎ》甚是
寫得妥當, 심히 이 쁜 거시 맛당호되.
《朴新諺 2, 25ㅈ》藥方上寫得明白, 藥방
문에 **쁘**기를 明白히 ᄒ여시니.《朴新諺
2, 48ㅈ》待子怎的寫, 待子를 어이 **뻣**는
요.《朴新諺 3, 14ㅎ》先生你與我寫一封
書稍去何如, 先生아 네 나를 ᄒ 봉 글을
뻐 주어든 부텨 보내미 엇더ᄒ뇨. 我寫
了, 내 **뻐**다.《朴新諺 3, 43ㅈ》不知寫着
甚麼哩, 아지 못게라 므서시라 **뻣**더뇨.
《朴新諺 3, 51ㅎ》陸序班你與我寫一張狀
子, 陸序班아 네 나를 ᄒ 댱 고장을 **뻐**

주고려.《朴新諺 3, 54ㅈ》這招子寫得極簡便, 이 방 쓰기를 極히 簡便히 ᄒᆞ엿다.

사(賜) 동 주다. ⇔주다.《朴新諺 3, 28ㅎ》就賜唐僧金錢三百貫・金鉢盂一箇, 곳 唐僧을 金錢 三百貫과 金에우아리 ᄒᆞ나흘 주고. 又賜行者金錢三百, 또 行者를 金錢 三百을 주어.《朴新諺 3, 51ㅈ》伏乞憲天老爺立賜看驗, 伏乞 憲天 老爺ᄂᆞᆫ 즉시 看驗홈을 주어.

사(謝) 동 사례하다. 고마움을 표시하다. ❶⇔사ᄒᆞ다(謝-).《朴新諺 2, 22ㅈ》謝天地只願好收成就勾了, 天地ᄭᅴ 謝ᄒᆞᄂᆞ니 다만 원컨대 잘 收成ᄒᆞ면 곳 넉넉ᄒᆞ리로다. ❷⇔샤례ᄒᆞ다.《朴新諺 1, 12ㅎ》給一二升米謝他何如, ᄒᆞᆫ두 되 ᄡᆞᆯ을 주어 뎌의게 샤례홈이 엇더ᄒᆞ뇨.《朴新諺 3, 54ㅈ》收管者謝銀六兩, 거두어 두니ᄂᆞᆫ 銀 엿 냥을 샤례ᄒᆞ리라.

사(躧) 동 밟다. 짓밟다.《集覽, 朴集, 中, 7ㅎ》躧. 音義云, 跐, 音채, 躧通用, 後同. 今按, 舊本作躧. 韻書, 跐, 音재, 又ᄌᆞ. 躧, 音새, 又시. 兩字爲채音者, 韻書不收, 而俗讀則俱從채音, 並上聲. 今亦從之. 字學啓蒙, 字作蹝.

사개(四箇) 관 네 (명). ⇔네.《朴新諺 3, 34ㅎ》四邊站着四箇將軍, 네 녁희 션ᄂᆞᆫ 네 將軍이.《朴新諺 3, 57ㅈ》有將軍裵玄慶・洪儒・卜智謙・申崇謙等四箇人, 將軍 裵玄慶・洪儒・卜智謙・申崇謙 等 네 사ᄅᆞᆷ이 이셔.

사개(四箇) 수 네 (개). ⇔네.《朴新諺 1, 14ㅎ》叫四箇小車子載了出去罷, 네 져근 술위에 시러 내여 가미 무던ᄒᆞ다.《朴新諺 3, 47ㅎ》上寫着明現眞君四箇大字, 우희 明現眞君 네 큰 字를 쓰고.

사개(些箇) 부 적이. 약간. 조금. ⇔져기.《集覽, 字解, 單字解, 3ㅈ》箇. 一枚也. 俗呼一枚爲一箇, 亦曰箇把. 又箇箇 난나치. 單言箇字, 亦爲一枚之意. 有箇人 ᄒᆞᆫ 사ᄅᆞ미. 又語助. 這箇・些箇. 又音이. 舌頭兩箇 혓 그토로, 今不用.《集覽, 字解, 單字解, 5ㅈ》些. 少也. 些兒・些箇・些少 져기. 又語助.《朴新諺 2, 25ㅎ》特送與老太太些箇, 특별이 老太太의게 져기 보내니.

사객(使客) 명 외국에서 오거나 외국으로 가는 사신(使臣).《集覽, 朴集, 上, 1ㅈ》光祿寺. 在東長安門內, 其屬有大官・珍〈珎〉羞・良醞・掌醢四署, 掌供辦內府諸品膳羞酒醴及管待使客之事.《集覽, 朴集, 上, 1ㅎ》館夫. 應當舘〈館〉驛接待使客之役. 質問云, 府・州・縣百姓擇撥〈差〉無差〈身〉役者, 做館夫荅應使客, 待三年更替.《集覽, 朴集, 上, 4ㅎ》蘆溝橋. 橋之路西通關陝, 南達江淮. 兩旁多旅舍, 以其密邇京都, 行人・使客絡繹不絶.《集覽, 朴集, 中, 1ㅈ》站家擂鼓. 舘驛門上皆設更鼓〈皷〉之樓, 凡使客入門必擊其鼓〈皷〉, 招集人衆, 應辦事務.《集覽, 朴集, 中, 1ㅈ》米酒. 今造酒用粳米・糯米・黃米. 凡支〈支〉待使客, 皆用此等酒也.《集覽, 朴集, 中, 1ㅎ》廚子. 光祿寺有廚子, 卽供應大小筵宴及館〈舘〉待使客執爨之役者也.《集覽, 朴集, 中, 2ㅈ》應付. 如遇使客到驛, 將口粮・馬驢荅應與他, 方言謂之應付.《朴新諺 1, 3ㅈ》可着姓李的館夫(朴新注, 1ㅎ: 責應館驛接待使客之役.)討去, 李가 館夫로 어드라 가게 ᄒᆞ고.

사거(徙居) 동 거주지를 옮기다.《集覽, 朴集, 下, 13ㅈ》都松岳郡〈松岳郡〉. 於是康忠與〈与〉郡人徙居山南, 栽松遍嶽, 改名松岳.

사건(事件) 명 ❶장식품. 기물. ⇔ᄉᆞ견.《朴新諺 1, 30ㅈ》鞦皮事件都是減金與那珊瑚廂嵌的, 질채와 事件은 다 이 금 입ᄉᆞ와 珊瑚로 뎐메워 박은 거시오.《朴新諺 2, 13ㅈ》槓子上銅事件都平常, 槓에 퉁으로 ᄒᆞᆫ ᄉᆞ견이 다 平常ᄒᆞ고. ❷일. 사건. 사태. ⇔일.《集覽, 朴集, 上, 4ㅎ》劄付. 音義云, 禮部知會都堂總兵官文書, 內有事件, 体式詳見求政錄.《朴新諺 2, 50

ㅅ

ㅎ》我在任幾年並沒有不了的事件, 내 任에 이션 지 여러 히로되 다 못지 못ᄒᆞᆫ 일이 업고. 《朴新諺 3, 5ㅎ》你道是有理的事件, 네 니르되 이 理 잇ᄂᆞᆫ 일이라 ᄒᆞ여도.

사계(四季) 몡 음력 네 계절의 끝 달을 이르는 말. 곧, 계춘(季春: 3월)·계하(季夏: 6월)·계추(季秋: 9월)·계동(季冬: 12월). 《集覽, 朴集, 下, 9ㅈ》畒榜. 臞仙肘後經云, 生人所生之年, 與亡〈亾〉者所死月節〈莭〉相犯則忌避. 如四孟節〈莭〉內死者, 忌寅·申·巳·亥生人, 四仲月節〈莭〉內死者, 忌子·午·卯·酉生人, 四季月節內者〈四季月莭內死者〉, 忌辰·戌·丑·未生人是也.

사계화(四季花) 몡 월계화(月季花). (장미과의 상록 관목) 《朴新諺 2, 42ㅈ》掌横的你這舖裏有四季花的緞子麽, 横ᄀ음아ᄂᆞᆫ 이아 네 이 푸ᄌᆡ에 四季花 문ᄒᆞᆫ 비단이 잇ᄂᆞᆫ냐. 《朴新諺 2, 43ㅈ》鴉靑色四季花的六兩銀子一疋, 야쳥빗 四季花 문에ᄂᆞᆫ 엿 냥 은에 ᄒᆞᆫ 필이오.

사곡(詞曲) 몡 희곡(戲曲). 《集覽, 朴集, 上, 12ㅎ》唱喏. 揖也. 詞曲曰, 一箇唱, 百箇喏, 謂一人呼唱於上, 衆人應諾於下.

사공(司空) 몡 삼공(三公)의 하나. 토지와 민사(民事)에 관한 일을 맡아보았다. 《集覽, 朴集, 上, 7ㅈ》三台. 周禮疏, 上台司命〈肏〉爲太尉, 中台司中爲司徒, 下台司祿爲司空, 三公之象. 《集覽, 朴集, 下, 10ㅎ》太師太保. 元以太師·太傅·太保爲三師, 以太尉·司徒·司空爲三公. 漢·唐舊〈旧〉制也.

사공천(四空天) 몡 〈불〉 사공정(四空定)을 닦아서 태어난다는 곳. 곧, 공무변처(空無邊處)·식무변처(識無邊處)·무소유처(無所有處)·비상비비상처(非想非非想處). 《集覽, 朴集, 中, 4ㅎ》梵王帝釋. 有欲界·色界·無色界爲三界. 欲界有四洲·四惡趣·六欲天, 帝釋爲欲界

主. 色界有四禪·十八梵天, 梵王爲色界主. 無色界有四空天. 《朴新諺 2, 29ㅈ》或現質于梵王帝釋(朴新注, 33ㅈ: 佛書云, 有欲界·色界·無色界. 帝釋為欲界主, 梵王為色界主, 無色界有四空天.), 或 梵王 帝釋에 顯質ᄒᆞ고.

사과(沙果) 몡 사과. 과일의 한 가지. 《集覽, 朴集, 上, 2ㅈ》蘋蔢果. 似林檎而大者. 飜〈反〉譯名義云, 梵言頻婆果, 此云相思果, 色丹且潤. 質問云, 形如沙果, 其大如梨.

사관(仕官) 동 벼슬살이를 하다. 관리가 되다. 《集覽, 朴集, 下, 3ㅈ》衣錦還鄕. 項羽屠咸陽, 與沛公分王. 又懷東歸, 曰, 富貴不歸故鄕, 如衣綉〈繡〉夜行. 遂東歸, 都彭城. 故後人仕官〈窪〉榮貴還鄕里者曰衣錦還鄕.

사관(寺觀) 몡 절과 도관(道觀). 《集覽, 朴集, 下, 11ㅈ》好女不看燈. 其寺觀街巷, 燈明若晝. 士女夜遊, 車馬塞路, 有足不躡地浮行數十步者.

사광(師曠) 몡 춘추시대 진(晉)나라의 악사(樂師). 음률(音律)을 잘 판별하였다고 한다. 《集覽, 朴集, 下, 3ㅈ》六鶴舞琴. 史記, 師曠援琴而鼓, 一奏之, 有玄鶴二八集于廊門, 再奏之, 延頸而鳴, 舒翼而舞.

사괴다 동 사귀다. ●⇔상여(相與). 《朴新諺 3, 41ㅎ》他與我極好相與, 뎨 날로 더부러 極히 됴히 사괴되. ●⇔인득(認得). 《集覽, 字解, 單字解, 6ㅎ》認. 識也. 辨認 츠려내다. 又認得 사괴다. 又아다. 又認記 보람.

사구(四句) 몡 네 구(句). 《朴新諺 1, 48ㅎ》做七言詩四句, 七言詩 四句롤 짓고.

사금(沙禽) 몡 사주(沙洲)나 모래톱에 사는 물새. 《集覽, 朴集, 上, 15ㅈ》西湖. 在玉泉山下, 泉水滶而爲湖, 流入宮中. 西苑爲太液池, 出都城爲玉河, 東南流注于大通河. 環湖十餘里, 荷·蒲·菱·茨與夫沙禽·水鳥出沒, 隱暎於天光雲影中, 實佳境也.

사기(史記) 몡 한(漢)나라 사마천(司馬遷)이 황제(黃帝)로부터 한(漢)나라 무제(武帝)까지의 역대 왕조의 사적(史跡)을 기전체(紀傳體)로 적은 역사책. 130권. 《集覽, 朴集, 中, 6ㅈ》尋聲救苦應念除災. 史記, 昔盧景裕繫晉陽獄, 志心念觀世音菩薩, 枷鎖自脫. 《集覽, 朴集, 下, 3ㅈ》六鶴舞琴. 史記, 師曠援琴而鼓, 一奏之, 有玄鶴二八集于廊門, 再奏之, 延頸而鳴, 舒翼而舞.

사기(斜起) 동 비스듬히 오르다. 《集覽, 朴集, 下, 7ㅎ》花房窩兒. 毬行或騰起, 或斜起, 或輪轉, 各隨窩所在之宜.

사낭(師娘) 몡 여자 무당. 무녀(巫女). 《集覽, 朴集, 上, 11ㅎ》娘子. 南村輟耕錄云〈南村輟耕錄〉, 世謂穩婆曰老娘, 女巫曰師娘, 唱〈娼〉婦曰花娘, 達人又曰草娘, 苗人謂妻曰夫娘, 南方謂婦人無行者曰夫娘, 謂婦人之卑賤者曰某娘, 曰幾娘, 鄙之曰婆娘.

사녀(士女) 몡 남녀. 미혼 남녀. 《集覽, 朴集, 下, 11ㅈ》好女不看燈. 其寺觀街巷, 燈明若晝. 士女夜遊, 車馬塞路, 有足不躡地浮行數十步者……道經云, 正月十五日, 謂之上元, 天官下降人閒〈間〉, 考定罪福. 是夜張燈, 士女鼓〈皷〉樂遊街.

사다 동 사다. ⇔매(買). 《朴新諺 1, 1ㅎ》買一隻羊要肥的, 혼 짝 羊을 사되 술진 거슬 ᄒ라. 《朴新諺 1, 16ㅎ》大街上買段子去來, 큰 거리에 비단 사라 갓더니라. 《朴新諺 1, 32ㅈ》你要買幾張, 네 몃 쟝을 사려 ᄒᄂᆫ다. 我要買六箇, 내 여슷을 사려 ᄒ노라. 《朴新諺 2, 1ㅈ》你用多少銀子買呢, 네 언머 은에 사려 ᄒᄂᆫ다. 《朴新諺 2, 18ㅎ》我今日買得一箇小廝, 내 오늘 혼 아히 놈을 사니. 《朴新諺 2, 31ㅎ》你的帽子那裏買來的, 네 갓시 어듸셔 사온 것고. 《朴新諺 3, 2ㅎ》我買一箇, 내 ᄒ나흘 사쟈. 《朴新諺 3, 21ㅈ》買幾部閑書來消遣何如, 여러 部 힘힘혼 칙을 사

와 消遣홈이 엇더ᄒ뇨. 《朴新諺 3, 31ㅈ》不是買不起, 사지 못ᄒ리라 홈이 아니라. 《朴新諺 3, 32ㅎ》便依他買了罷, 곳 제대로 사쟈.

사덕(四德) 몡 〈불〉 대승열반(大乘涅槃)의 네 가지 덕(德). 곧, 상덕(常德)·낙덕(樂德)·아덕(我德)·정덕(淨德). 《集覽, 朴集, 中, 4ㅈ》理圓四德. 理者, 固常道之至也. 圓, 全備也. 四德, 曰常, 曰樂, 曰我, 曰淨無二.

사도(司徒) 몡 소호(少昊) 때 처음 둔 벼슬. 주대(周代)에는 육경(六卿)의 하나로서 백성을 교화하는 일을 주관하였고, 한대(漢代)에는 승상(丞相)을 대사도(大司徒)로 개칭하고 삼공(三公)의 반열에 포함시켰다. 후대에는 호부 상서(戶部尙書)를 대사도 또는 사도라 통칭하였다. 《集覽, 朴集, 上, 7ㅈ》三台. 周禮疏, 上台司命〈令〉爲太尉, 中台司中爲司徒, 下台司祿爲司空, 三公之象. 《集覽, 朴集, 下, 10ㅎ》太師太保. 元以太師·太傅·太保爲三師, 以太尉·司徒·司空爲三公. 漢·唐舊〈旧〉制也.

사도(師徒) 몡 스승과 제자. 《朴新諺 3, 22ㅈ》唐僧師徒二人, 唐僧 師徒 二人이.

사돈 몡 사돈. ⇔친(親). 《朴新諺 1, 44ㅎ》第(第)三日會新親, 第(第)三日에 새 사돈 모호고.

사득(使得) 동 하다. 사용할 수 있다. ⇔ᄒ다. 《朴新諺 1, 52ㅎ》如何使得呢, 엇디ᄒ리오.

사라(紗羅) 몡 얇은 비단의 한 가지. 《集覽, 朴集, 上, 8ㅎ》抹絨胷背. 凡於紗羅·段帛之上, 以綵絨織成胷背之紋, 裁成衣服者也. 凡絲之練熟未合者曰絨, 已合爲綸者曰線.

사력(司曆) 동 시력(時曆)을 관장하다. 《集覽, 朴集, 下, 10ㅎ》司天臺. 元置, 以司曆占. 今改爲欽天監. 又設司天監於朝陽門城上.

사령(使令) 몡 각 관아에서 심부름하던 사람. 《朴新諺 2, 35ㅈ》立刻差幾箇皁隷(朴新注, 35ㅎ: 衙門使令之屬.), 즉시 여러 皁隷를 시켜.

사록(司祿) 몡 삼태성(三台星) 중의 하태성(下台星). 《集覽, 朴集, 上, 7ㅈ》三台. 周禮疏, 上台司命〈肏〉爲太尉, 中台司中爲司徒, 下台司祿爲司空, 三公之象.

사류(射柳) 몡 요・금(遼金) 시대에 단오(端午)날에 버드나무 가지를 땅에 꽂아 놓고 말을 달리면서 활로 쏘아 맞히던 놀이. 《集覽, 朴集, 上, 14ㅈ》刋〈挳〉柳. 緫龜〈総龜〉云, 端午日, 武士射柳爲閗〈鬪〉力之戱, 各料强弱相敵. 〈此作挳恐誤〉.

사류(祗柳) 몡 단오(端午)날에 군사들이 버드나무 가지를 땅에 꽂아 놓고 말을 달리면서 활로 쏘아 맞히던 기예의 하나. 《集覽, 朴集, 上, 14ㅈ》刋〈挳〉柳. 質問云, 端午節日, 赴敎塲內, 將三枝柳植之三處, 走馬射之. 歲時樂事記云, 武士軍校祗柳于擊塲.

사리(舍利) 몡 〈불〉 석가모니(釋迦牟尼)나 성자(聖者)의 유골(遺骨). 후세에는 화장한 뒤에 나오는 구슬 모양의 것만 이른다. 《集覽, 朴集, 上, 15ㅎ》步虛. 戊子東還, 掛錫于三角山重興寺. 尋徃龍門山, 結小庵, 額曰小雪. 戊午冬, 示寂放舍利玄陵, 賜諡圓證國師, 樹塔于重興寺之東, 以藏舍利. 玄陵, 卽恭愍王陵也. 《集覽, 朴集, 下, 11ㅈ》好女不看燈. 涅槃經云, 上元, 如來闍維訖, 收舍利, 置金床上, 天人散花, 奏樂繞城, 步步燃燈十二里.

사리(捨離) 몡 〈불〉 모든 것을 버리고 집착하지 않아 번뇌에서 떠나는 일. 《集覽, 朴集, 上, 10ㅈ》袈裟. 華嚴云, 着袈裟者, 捨離三毒. 戒壇云, 五條下衣, 斷〈断〉貪身也, 七條中衣, 斷〈断〉嗔口也, 大衣上衣, 斷痴心也.

사림광기(事林廣記) 몡 의방서(醫方書). 송(宋)나라 진원정(陳元靚) 지음. 1부(部) 4책(冊), 또는 1부(部) 7책(冊). 수진요결(修眞要訣)・방환보익(防患補益) 등 13항으로 되어 있다. 《集覽, 朴集, 上, 3ㅎ》細料物. 事林廣記食饌類, 細料物, 官桂・良薑・蓽撥草・豆蔲・陳皮・縮砂仁〈砂仁〉・八角・茴香各一兩, 川椒二兩, 杏仁五兩, 甘草一兩半, 白檀末半兩. 右共爲細末用之. 《集覽, 朴集, 下, 2ㅈ》解夏. 盖夏乃長養之節〈莭〉, 在外行則恐傷草木・虫類. 故九十日安居不出, 至七月十五日, 應禪寺掛搭僧尼, 盡皆散去, 謂之解夏, 又謂解制. 掛搭, 詳見事林廣記. 《集覽, 朴集, 下, 5ㅎ》餡. 或肉或菜及諸料物拌勻〈匀〉爲胎, 納於餅中者曰餡. 酸餡・素餡・葷餡・生餡・熟餡, 供用合宜. 詳見事林廣記・事文類聚・居家必用等書, 劑法不一. 今不煩註.

사름 몡 사람. ●⇔인(人). 《集覽, 字解, 單字解, 3ㅈ》箇. 一枚也. 俗呼一枚爲一箇, 亦曰箇把. 又箇箇 난나치. 單言箇字, 亦爲一枚之意. 有箇人 혼 사르미. 又語助. 這箇・些箇. 又音이. 舌頭兩箇 혓 그토로, 今不用. 《集覽, 字解, 單字解, 6ㅈ》殺. 氣殺我 애들와 셜웨라, 猶言以此而可至於死也. 又愁殺人 사르믈 フ장 근심ᄒᆞ야 셟게 ᄒᆞ다. 又廝殺 싸호다. 又助語辭. 最深殺 フ장 깁다. 《朴新諺 1, 3ㅎ》可拿去吩咐管酒的人, 가져다 술 フᄆᆞ는 사름의게 吩咐ᄒᆞ여. 《朴新諺 1, 25ㅈ》派五箇人直夜, 다ᄉᆞᆺ 사름을 시겨 밤에 샹직ᄒᆞ여. 《朴新諺 2, 11ㅈ》一箇人與他五箇錢, 혼 사름이 뎌룰 다ᄉᆞᆺ 낫 돈을 주면. 《朴新諺 2, 23ㅈ》眞是遠行知馬力日久見人心, 진실로 이 멀리 가매 물 힘을 알고 날이 오래매 사름의 ᄆᆞᄋᆞᆷ을 보ᄂᆞ니라. 《朴新諺 2, 39ㅈ》滿池荷花香噴噴的令人可愛, 못에 フ득혼 荷花ㅣ 香내 뿜겨 사름으로 ᄒᆞ여곰 ᄉᆞ랑홉게 ᄒᆞ더라. 《朴新諺 3, 1ㅎ》不要只管麽人了, 그저 ᄉᆞ러여 사름의게 긔개이지 말라. 《朴新諺 3, 19

ㅎ》和一箇人打架, 혼 사롬과 **짜홧**더니. 《朴新諺 3, 37ㅈ》你是新來的莊家人, 너 는 이 새로 온 향암엣 사롬이라. ●⇔인 가(人家).《朴新諺 1, 41ㅈ》這裏有箇做 獸醫的人家麼, 여긔 獸醫 노롯ᄒᆞᄂᆞᆫ 사롬 이 잇ᄂᆞ냐.

사마(駟馬) 몡 한 채의 수레를 ꠓ는 네 필 의 말.《集覽, 朴集, 下, 8ㅎ》五箇鋪馬. 按禮, 天子六馬, 左右驂, 三公·九卿駟 馬, 左驂. 則漢制太守駟馬, 其加秩中二千 石乃右驂, 故以五馬爲貴.

사망(死亡) 몡 죽음. 사망.《朴新諺 2, 19 ㅎ》倘有疾病死亾, 만일 疾病 死亾이 잇 거든.

사망(死亾) 몡 =사망(死亡). '亾'은 '亡'과 같다.《集韻, 陽韻》亡, 或作亾.《朴新諺 2, 19ㅎ》倘有疾病死亾, 만일 疾病 死亾 이 잇거든.

사매전(謝媒錢) 몡 중매쟁이에게 사례의 뜻으로 주던 돈.《朴新諺 1, 45ㅈ》便得 謝媒錢十両, 곳 謝媒錢 十両을 어드니.

사맹(四孟) 몡 음력 네 계절의 첫 달을 이 르는 말. 곧, 맹춘(孟春: 정월)·맹하(孟 夏: 4월)·맹추(孟秋: 7월)·맹동(孟冬: 10월).《集覽, 朴集, 下, 9ㅈ》殃榜. 瞿仙 肘後經云, 生人所生之年, 與亡〈亾〉者所 死月節〈節〉相犯則忌避. 如四孟節〈節〉內 死者, 忌寅·申·巳·亥生人, 四仲月節 〈節〉內死者, 忌子·午·卯·酉生人, 四 季月節內者〈四季月節內死者〉, 忌辰·戌 ·丑·未生人是也.

사면(四面) 몡 전후좌우의 모든 방면.《朴 新諺 1, 17ㅎ》大街上四牌樓(朴新注, 7ㅈ: 通衢四面, 俱立門, 或當街起樓下, 穿四門, 皆曰四牌樓.)東, 큰 거리 四牌樓 동편에. 《朴新諺 2, 5ㅈ》四面綠水相映着, 四面에 프른 믈이 서ᄅ 빗최엿고.

사명(司命) 몡 =사명(司命). '命'은 '命'의 속자.《宋元以來俗字譜》命, 古今雜劇· 太平樂府作命.《集覽, 朴集, 上, 7ㅈ》三

台. 周禮疏, 上台司命〈命〉爲太尉, 中台司 中爲司徒, 下台司祿爲司空, 三公之象.

사명(司命) 몡 삼태성(三台星) 중의 상태 (上台)의 두 별.《集覽, 朴集, 上, 7ㅈ》三 台. 周禮疏, 上台司命〈命〉爲太尉, 中台司 中爲司徒, 下台司祿爲司空, 三公之象.

사명(賜名) 동 공이 있는 신하에게 임금이 이름을 지어 주다. 또는 그 이름.《集覽, 朴集, 下, 12ㅎ》梁貞明. 朱溫事唐僖宗, 賜 名全忠, 拜宣武軍節〈節〉度使, 封梁王.

사무(事務) 몡 맡고 있는 직무를 처리하는 여러 활동.《集覽, 朴集, 中, 1ㅈ》站家擂 鼓. 舘驛門上皆設更鼓〈皷〉之樓, 凡使客 入門必擊其鼓〈皷〉, 招集人衆, 應辦事務.

사무량심(四無量心) 몡 〈불〉 모든 원한을 버리고 중생(衆生)을 차별하지 아니하는 보살(菩薩)의 네 가지 마음. 곧, 자무량심 (慈無量心)·비무량심(悲無量心)·희 무량심(喜無量心)·사무량심(捨無量 心).《集覽, 朴集, 中, 4ㅈ》悲雨慈風. 佛發 大慈悲, 廣濟衆生, 猶洒雨發風然, 無遠不 被, 故曰風雨. 佛有四無量心, 慈悲喜捨.

사문(沙門) 몡 〈불〉 부지런히 모든 좋은 일을 닦고 나쁜 일을 일으키지 않는다 는 뜻으로, 불문(佛門)에 들어가서 도를 닦는 사람을 이르는 말.《集覽, 朴集, 中, 4ㅈ》利土. 梵語, 刹, 此云竿, 卽幡柱也. 沙門於此法中勤苦得一法者, 便當竪幡, 以告四遠曰, 今有少欲人也云.

사문유취(事文類聚) 몡 책 이름. 유서류 (類書類). 전집(前集)·후집(後集)·속 집(續集)·별집(別集)은 송(宋)나라 축 목(祝穆), 신집(新集)·외집(外集)은 원 (元)나라의 부대용(富大用), 유집(遺集) 은 원나라의 축연(祝淵)이 엮었다.《集 覽, 朴集, 下, 5ㅎ》餡. 或肉或菜及諸料物 拌〈匂〉爲胎, 納於餠中者曰餡. 酸餡· 素餡·葷餡·生餡·熟餡, 供用合宜. 詳 見事林廣記·事文類聚·居家必用等書, 劑法不一. 今不煩註.

사발 명 사발. ●⇔완(碗).《朴新諺 2, 21ㅈ》還有羅鍋, 또 노고와. 柳箱, 섥과. 灑子, 드레와. 碗楪, 사발 접시와. 匙箸, 수져와. 杩杓, 나모쥬게와. 箄籬, 됴리와. 炊箒, 솔과. 擦床兒, 슉치칼과. 簸(簸)箕, 키와. 篩子, 얼밍이와. 馬尾羅, 물총체와. 桌子, 상과. 盤子, 盤과. 茶盤, 찻반과. 燈臺, 燈臺와. 酒種, 잔과. 酒鼈, 쥬벼ᄋ와. 銅杓, 놋쥬게 이시니. ●⇔완구(碗口).《朴新諺 2, 11ㅎ》拿一箇一托長碗口大的紅油畫金棒子, ᄒ나 ᄒ 발맛치 길고 사발맛치 큰 불근 칠ᄒ고 금으로 그린 막대롤 가져.

사발 回 사발. ●⇔완(椀).《朴新諺 3, 32ㅈ》你先倒一椀六安・一椀松蘿, 네 몬져 ᄒ 사발 六安차와 ᄒ 사발 松蘿차를 부어 오고. ●⇔완(碗).《朴新諺 3, 36ㅈ》再下幾碗寬條麵與我們, 또 여러 사발 너분 국슈를 눌러 우리를 주되.

사방(四方) 명 ●동서남북의 네 방향.《集覽, 朴集, 下, 4ㅎ》羅天. 謂覆盖萬天, 羅絡三界, 極高無上, 故稱大羅. 三淸五境三十六天, 謂之大羅, 四方四梵三十二天, 謂之中羅, 其欲色三界三十八天, 謂之小羅, 総(総)謂之羅天三界.《朴新諺 2, 10ㅈ》如今來到這永寧寺裏坐了方丈(朴新注, 26ㅈ: 僧室也. 四方一丈曰方丈.), 이제 이 永寧寺에 와 方丈에 안잣더니. ●네모. ⇔네모.《朴新諺 1, 20ㅎ》有八角的・六角的・四方的, 여둛 모 것과 여슷 모 것과 네모 것도 이시며.

사방(寫倣) 명 습자(習字) 쓰기. ('倣'은 '倣書'의 준말) ⇔셔품쁘기.《朴新諺 1, 48ㅎ》到晌午寫倣(朴新注, 19ㅈ: 小兒習字模寫曰寫倣.), 나지 다듯라 셔품 쁘기 ᄒ되.

사백(絲帛) 명 명주실과 면직물을 아울러 이르는 말.《朴新諺 2, 11ㅈ》還有那弄寶盖(朴新注, 27ㅈ: 優戲時, 一人擎絲帛寶盖, 先入優場, 告設戲莭(節)次.)的, 또 寶

盖 농ᄒ는 이도 이시니.

사범(ヒ範) 명 =사범(師範). 'ヒ'는 왼쪽 또는 위쪽의 글자와 같음을 나타내는 약호.《集覽, 朴集, 下, 10ㅎ》太師太保. 元以太師・太傅・太保爲三師, 以太尉・司徒・司空爲三公. 漢・唐舊〈旧〉制也. 三師, 師〈ヒ〉範一人, 儀刑四海, 三公, 論道經邦, 燮理陰陽.

사범(四梵) 명 사범천(四梵天). 도교에서 이르는 천계(天界)의 하나. 곧, 상용천(常融天)・옥룡천(玉隆天)・범도천(梵度天)・고혁천(賈奕天).《集覽, 朴集, 下, 4ㅎ》羅天. 謂覆盖萬天, 羅絡三界, 極高無上, 故稱大羅. 三淸五境三十六天, 謂之大羅, 四方四梵三十二天, 謂之中羅, 其欲色三界三十八天, 謂之小羅, 総(総)謂之羅天三界.

사범(師範) 명 배울 만한 본보기. 본받을 만한 모범.《集覽, 朴集, 下, 10ㅎ》太師太保. 元以太師・太傅・太保爲三師, 以太尉・司徒・司空爲三公. 漢・唐舊〈旧〉制也. 三師, 師〈ヒ〉範一人, 儀刑四海, 三公, 論道經邦, 燮理陰陽.

사법(嗣法) 명 〈불〉 선가(禪家)에서 스승으로부터 깨달음을 이어받는 일.《集覽, 朴集, 上, 15ㅎ》步虛. 至正丙戌春, 入燕都, 聞南朝有臨濟正脉不斷〈断〉, 可徃印可. 盖指臨濟直下雪嵓〈崀〉嫡孫石屋和尙淸珙也. 遂徃湖州霞霧山天湖庵謁和尙, 嗣法傳衣.

사별(辭別) 동 하직(下直)하다. 이별을 고하다. 작별을 고하다. ⇔하직ᄒ다.《朴新諺 3, 40ㅎ》住了一宿便辝別廻來了, ᄒ룻밤 머므러 곳 하직ᄒ고 도라오라.

사부(師傅) 명 ●중이나 도사(道士)에 대한 존칭.《朴新諺 3, 8ㅎ》當時唐三藏師傅, 그 때에 唐三藏 師傅ㅣ.《朴新諺 3, 9ㅎ》老師傅你也休忙, 老師傅ㅣ아 너도 밧바 말고.《朴新諺 3, 12ㅎ》那壇主是朝鮮師傅, 그 壇主는 이 朝鮮 師傅ㅣ라.

《朴新諺 3, 14ㅈ》那人聽見師傅這般說,
그 사름이 師傅ㅣ 이리 니르믈 듯고.
《朴新諺 3, 14ㅎ》師傅道我與他無緣也,
師傅ㅣ 니르되 내 뎌로 더부러 인연이
업스니. ❷스승. 훈장. 선생. ⇔스승.
《集覽, 朴集, 上, 12ㅎ》戒方. 音義云, 學
罰에 티는 것. 質問云, 讀書小兒送入學
堂, 師傅敎寫字, 不用心寫好字, 師傅拿二
尺長・寸半寬・半寸厚的木板條打手掌,
使後日寫好字, 免打手掌, 謂之戒方.《朴
新諺 1, 48ㅈ》你師傅是甚麼人, 네 스승
이 이 엇던 사름고.《朴新諺 1, 48ㅈ》見
了師傅便向上唱喏, 스승 보고 곳 향ᄒ여
읍ᄒ고.《朴新諺 2, 9ㅎ》他師傅法名石
屋, 뎌 스승의 法名은 石屋이라.《朴新諺
2, 33ㅈ》比他師傅高強十倍哩, 제 스승에
비기면 十倍나 나으니라.《朴新諺 3, 23
ㅎ》卽拜贏的為師傅, 곳 이긔는 이를 拜
ᄒ여 스승을 삼쟈.《朴新諺 3, 24ㅎ》靠
師傅站着, 스승의게 의지ᄒ여 셰오고.
《朴新諺 3, 25ㅎ》出來說與師傅, 나와 스
승ᄃ려 닐러쎠니. ❸편수(編首・邊首).
공장(工匠)의 우두머리. ⇔편슈.《朴新
諺 1, 10ㅎ》匠作師傅, 匠作 편슈ㅣ 아.

사불(捨不) 톰 아끼다. ⇔앗기다.《朴新諺
3, 31ㅈ》相公捨不的錢, 相公이 돈을 앗
긴다 홈이오.

사사(使司) 뎽 승선포정사(承宣布政使司)
의 준말.《集覽, 朴集, 下, 3ㅈ》照會. 五
軍都督府照會六部, 六部照會承宣布政使
司, 使司照會提刑按察司.

사사(筲篩) 뎽 네모난 대상자와 체.《朴新
諺 1, 55ㅈ》買了搖車(朴新注, 21ㅈ: 用薄
板如筲篩之圍者, 彎曲成之, 可容一小児,
懸扵梁, 臥置小児扵其中, 啼哭時推轉搖
動, 則卽止.)來, 搖車를 사 와.

사생(巳生) 뎽 사년(巳年)에 태어난 사람
을 이르는 말.《朴新諺 3, 43ㅈ》忌巳・
午・亥・卯生人, 巳・午・亥・卯生 사
름이 忌혼다 ᄒ엿더라.

사생(四生) 뎽 〈불〉 생물이 태어나는 네
가지 형태. 곧, 태생(胎生)・난생(卵生)
・습생(濕生)・화생(化生).《集覽, 朴集,
下, 3ㅈ》三寶. 佛・法・僧也. 功成妙智,
道登圓覺, 佛也, 玄理幽微, 正敎精誠, 法
也, 禁戒守眞, 威儀出俗, 僧也. 皆是四生
導首, 六趣舟航, 故曰寶.

사생(死生) 뎽 삶과 죽음. ⇔생사(生死).
《朴新諺 1, 27ㅎ》結為生死好弟兄罷, 死
生에 됴흔 弟兄을 ᄆ즈미 무던ᄒ다.

사생(師生) 뎽 스승과 학생.《集覽, 朴集,
下, 9ㅎ》打春. 音義云, 如今北京迎春時,
唯牛芒而已. 在前只有府縣官員, 幷師生
耆老引赴順天府, 候春至之時. 此節〈莭〉
皆杭州所行, 非京都之事.

사서(士庶) 뎽 일반 백성. 또는 사대부(士
大夫)와 서인(庶人).《集覽, 朴集, 上, 14
ㅎ》拜節. 歲時樂事記云, 元日, 士庶自早
互相慶賀, 車馬交馳, 衣服華煥, 雜遝街市,
三四日乃止〈三四日而乃止〉.《集覽, 朴
集, 下, 9ㅎ》打春. 東京夢華錄云, 立春前
五日, 造土牛・耕夫・犁具, 前一日順天
府進農牛入禁中鞭春, 府縣官吏・士庶・
耆社, 具鼓樂出東郊迎春, 牛芒神至府前,
各安方位.

사서(四書) 뎽 중국의 고전인 칠서(七書)
중의 네 가지 책. 곧, 논어(論語)・맹자
(孟子)・중용(中庸)・대학(大學).《朴新
諺 3, 21ㅈ》要買書買些四書六經也好, 칙
을 사려 ᄒ면 四書 六經을 사미 쏘 됴커
늘.

사서인(士庶人) 뎽 사대부(士大夫)와 서
인(庶人).《集覽, 朴集, 上, 7ㅈ》三台. 事
文類聚云, 上階爲天子, 中階爲諸侯・公
卿・大夫, 下階爲士・庶人. 三階平則陰
陽和, 風雨時, 天下大安.

사선(四禪) 뎽 〈불〉 욕계(欲界)를 떠나 색
계(色界)에서 도를 닦는 초선(初禪)・이
선(二禪)・삼선(三禪)・사선(四禪)의
네 단계를 통틀어 이르는 말.《集覽, 朴

集, 中, 4ㅎ》梵王帝釋. 有欲界・色界・
無色界爲三界. 欲界有四洲・四惡趣・六
欲天, 帝釋爲欲界主. 色界有四禪・十八
梵天, 梵王爲色界主. 無色界有四空天.

사선(使船) 图 배를 다루다. 배를 부리다.
노를 젓다. 《集覽, 字解, 單字解, 5ㅎ》使.
上聲, 差也, 役也. 使的我 날 브려. 又用
也. 使用了. 吏語, 行使 쁘다. 又使船 비
달호다. 又去聲, 使臣, 差使. 又官名.

사선당(獅仙糖) 图 설탕을 녹인 뒤 사자
를 탄 신선(神仙) 모양의 도장을 찍어 만
든 사탕. 《集覽, 朴集, 上, 2ㅎ》獅仙糖.
以糖印做騎獅仙人之形也, 亦有爲樓觀僧
佛之形者也.

사설(詞說) 图 문체(文體) 이름. 《集覽, 朴
集, 上, 2ㅎ》院本. 南村輟耕錄云, 唐有傳
奇, 宋有戲曲・唱諢・詞說, 金有雜劇・
諸宮調. 院本・雜劇, 其實一也. 國朝, 院
本・雜劇, 始釐而二之.

사소(些少) 囝 적이. 좀. 다소. ⇔져기.
《集覽, 字解, 單字解, 5ㅈ》些. 少也. 些兒
・些箇・些少 져기. 又語助.

사송(詞訟) 图 민사(民事)의 소송. 《集覽,
朴集, 上, 8ㅈ》官司. 凡干詞訟累禍之事,
皆謂之官司, 如鄕語구의종〈종〉. 司字恐
是事字之誤.

사수(泗水) 图 현(縣) 이름. 수(隋)나라 개
황(開皇) 연간에 두었다. 소재지는 산동
성(山東省) 사수현(泗水縣)에 있었다.
원(元)나라 지원(至元) 연간에 곡부현
(曲阜縣)에 소속되었다가 곧 복구되었
다. 《朴新諺 2, 29ㅎ》起浮屠(朴新注, 33
ㅎ: 浮屠, 塔也. 唐中宗爲僧伽大士, 起塔
於泗水, 僧伽卽觀音化身云.)於泗水之間,
浮屠룰 泗水入 소이에 니르혀고.

사수(斯須) 图 잠시. 잠깐 동안. 《集覽, 朴
集, 上, 12ㅈ》姐姐. 漢俗呼姉나曰姐姐. 雖
非弟妹, 如遇婦女, 可展斯須之敬者, 亦曰
姐姐, 是尊之之謂. 《朴新諺 1, 45ㅈ》好姐
姐(朴新注, 17ㅎ: 漢俗呼姊曰姐姐. 或遇

婦女, 而展斯須之敬者, 亦曰姐姐.), ㅁ옴
됴흔 각시아.

사시(四時) 图 사계(四季). 사철. 사계절.
《集覽, 朴集, 上, 15ㅎ》南城. 大元以燕京
爲大都, 俗號南城, 以開平府爲上都, 俗號
北城. 開平府在陰山之南. 自燕京至上都,
地勢一步高一步, 四時多雨雪. 《朴新諺 1,
55ㅎ》按四時與他衣服穿, 四時룰 按ㅎ여
뎌룰 衣服을 주어 닙힐 거시니.

사시(捨施) 图 〈불〉 시주(施主)하다. 《集
覽, 朴集, 上, 10ㅈ》布施. 捨施也, 財施爲
凡, 法施爲聖. 凡布施, 必以滿三千世界,
七寶〈宝〉爲求福之具, 財施也. 此住相布
施也. 菩薩布施, 但一心淸淨, 利益一切,
爲大施主, 法施也. 此不住相布施也. 《朴
新諺 1, 36ㅈ》想是你平日布施(朴新注, 14
ㅈ: 捨施也.)人家齋飯・錢, 싱각건대 네
平日에 布施흔 人家 齋飯・錢을.

사시(賜諡) 图 임금이 시호(諡號)를 내려
주다. 또는 그 시호. 《集覽, 朴集, 上, 15
ㅎ》步虛. 戊子東還, 掛錫于三角山重興
寺. 尋往龍門山, 結小庵, 額曰小雪. 戊午
冬, 示寂放舍利玄陵, 賜諡圓證國師, 樹塔
于重興寺之東, 以藏舍利. 玄陵, 恭愍王陵
也.

사신(使臣) 图 ●임금이나 국가의 명령을
받고 외국에 사절로 가는 신하. 《集覽,
字解, 單字解, 5ㅎ》使. 上聲, 差也, 役也.
使的我 날 브려. 又用也. 使用了. 吏語,
行使 쁘다. 又使船 비 달호다. 又去聲, 使
臣, 差使. 又官名. 《集覽, 朴集, 上, 2ㅎ》
院本. 質問云, 院本有曰外, 或粧先生・採
訪使・考試官・老人・達達之類, 皆是外
扮, 曰淨, 有男淨・有女淨, 亦做醜態, 專
一弄言取人歡笑, 曰末, 粧扮不一, 初則開
場白說, 或粧家人・祗候, 或扮使臣之類,
曰丑, 狂言戲弄, 或粧醉漢・太醫・吏員
・媒婆之類. ●송대(宋代)에 죄인의 체
포를 맡아하던 무관(武官). 《朴新諺 2,
15ㅎ》一兩日內使臣就到, 一両日 內에 使

臣이 곳 올 거시니.《朴新諺 2, 17ㅎ》使臣明日到這站, 使臣이 니일 이 站에 다드라.《朴新諺 2, 17ㅎ》這使臣往來限期緊急, 이 使臣이 往來 긔흔이 緊急ᄒᆞ여.

사신(社神) 圏 지신(地神). 또는 사직(社稷)의 신.《集覽, 字解, 單字解, 3ㅎ》勾. 平聲, 曲也. 勾龍, 社神, 勾芒, 春神, 勾吳, 地名. 今按, 俗語勾了 유여ᄒᆞ다, 又에우다. 又能勾 어루, 又유여히. 又史語, 勾取 자피다, 又勾攝公事 공소로 블리다, 又勾喚 블리다. 又去聲, 勾當, 幹管也, 又事也, 勾當亦去聲.《集覽, 朴集, 上, 6ᄌ》社神. 立春後第〈節〉五戊爲春社, 立秋後第〈節〉五戊爲秋社. 孝經緯曰, 社, 土地之主也. 土地闊〈濶〉, 不可盡祭, 故封土爲社, 以報功也. 春祭社, 祈穀之生, 秋祭社, 報穀之成. 左傳, 共工氏有子, 曰勾龍氏, 平水土, 故立以爲社. 元制, 五十戶爲一社. 今制, 每一鄕村之間, 或十五戶或二十戶, 隨其所便, 合爲一社. 擇其鄕里之民有義行者一人爲社長, 擇其殷實者一人爲副, 立社倉, 收掌錢穀, 借貸應急.

사십(四十) 囹 마흔. ⇔마흔.《朴新諺 1, 47ㅎ》除了學長共有四十五箇學生, 學長을 덜고 대되 마흔 다숫 學生이 잇ᄂᆞ니라.

사십치상(四十齒相) 圏〈불〉 부처가 범인(凡人)과 다른 40가지의 이[齒]의 모양.《集覽, 朴集, 中, 6ᄌ》齒排柯雪. 謂齒如雪堆枝柯之上, 淨白頓整之形, 似人所編排然. 佛三十二相, 有四十齒相, 有齒白淨相, 有齒齊密相.

사슬 圏 사슬. 제비. 댓가지. ⇔주(籌).《朴新諺 1, 14ᄌ》然後到關籌(朴新注, 5ㅎ: 籌, 以木爲之, 收・放米計數之物. 每米一石, 對籌一根.)的所在領過籌來, 그린 후에 사슬 트는 곳에 가 사슬을 트 와야.《朴新諺 1, 14ㅎ》先換票領籌何如, 몬저 票롤 밧고고 사슬을 트미 엇더ᄒᆞ뇨.

사아(些兒) 囹 적이. 좀. 다소. ⇔져기.

《集覽, 字解, 單字解, 5ᄌ》些. 少也. 些兒・些箇・些少 져기. 又語助.

사악(司樂) 圏 당대(唐代) 교방사(敎坊司)의 벼슬 이름. 악무(樂舞)에 관한 일을 맡았다.《集覽, 朴集, 上, 2ㅎ》敎坊司. 掌雅・俗樂之司, 隷禮部, 有奉鸞(鑾)・韶舞・司樂等官, 一名麗春院, 卽元俗所呼拘欄司.

사악취(四惡趣) 圏〈불〉 악인(惡人)이 죽어서 간다는 네 가지 고통스러운 곳. 곧, 지옥(地獄)・아귀(餓鬼)・축생(畜生)・아수라(阿修羅).《集覽, 朴集, 中, 4ㅎ》梵王帝釋. 有欲界・色界・無色界爲三界. 欲界有四洲・四惡趣・六欲天, 帝釋爲欲界主. 色界有四禪・十八梵天, 梵王爲色界主. 無色界有四空天.

사안(斜眼) 圏 사시(斜視). 사시안(斜視眼). 또는 그런 사람.《朴新諺 1, 57ᄌ》叫那斜眼的弓匠王五來, 뎌 눈 흙븬 弓匠 王五를 불러오라.

사액(賜額) 동 임금이 사당(祠堂)・서원(書院)・누문(樓門) 따위의 이름을 지어서 새긴 편액을 내려주다.《集覽, 朴集, 下, 2ㅎ》慶壽寺. 一統志云, 在順天府西南, 內有飛虹・飛渡二橋, 石刻六大字, 極遒勁. 相傳金章宗所書. 又有金學士李晏碑文, 正統間重建, 賜額大興隆寺, 僧錄司在焉.

사야(四野) 圏 사방의 들.《集覽, 朴集, 上, 14ㅎ》寒食. 東京錄云, 唐明皇詔寒食上墓, 近代相承, 皆用此日拜掃丘墓, 都人傾城出郊, 四野如芳市〈四野如市〉, 樹之下〈芳尌之下〉, 園囿之間, 羅列杯〈盃〉盤, 抵暮而歸.

사역(使役) 동 사람을 부리어 일을 시키다.《朴新諺 3, 35ㅎ》走堂(朴新注, 57ᄌ: 凡酒食舖店使役者, 謂之走堂, 亦云過賣.)的你來有甚麼飯, 음식 ᄑᆞᄂᆞᆫ 이아 이바 므슴 밥이 잇ᄂᆞ뇨.

사연(肆筵) 동 주연을 베풀다.《集覽, 朴

集, 上, 1ㅈ》筵席. 凡宴會, 常話曰筵席, 文話曰筵會, 吏語曰筵宴, 盖取肆筵設席之意.

사오(四五) 관 네다섯. 네댓. ⇔네다숫. 《朴新諺 3, 34ㅈ》四五對簇簇趨趨的亂拶, 네다숫 쌍식 무둑무둑 나아드러 어즈러이 쩌롭ᄒ니.

사오납다 형 사납다. 억세다. 나쁘다. ● ⇔강(强). 《朴新諺 3, 52ㅎ》帶酒肆强, 술을 찌고 사오나옴을 부려. ●⇔영강(逞强). 《朴新諺 3, 51ㅎ》逞强打我來, 사오나옴을 부려 나를 텨셰라. ●⇔이해(利害). 《朴新諺 1, 26ㅎ》這一着果然好利害, 이 혼 슈ㅣ 果然 ᄀ장 사오납고.

사용(使用) 동 쓰다[用]. 사용하다. ⇔쁘다. 《集覽, 字解, 單字解, 5ㅎ》使. 上聲, 差也, 役也. 使的我 날 브려. 又用也. 使用了. 吏語, 行使 쁘다. 又使船 비 달호다. 又去聲, 使臣, 差使. 又官名. 《集覽, 朴集, 上, 7ㅈ》印子鋪. 音義云, 是典儅錢物濟急之所. 質問云, 有錢之人開鋪, 那無錢之人拿衣服或器皿, 儅借銅錢或銀子使用, 每十分加利一分, 亦與有印號帖兒, 以爲執照. 《朴新諺 1, 1ㅎ》儘勾使用了, 잇긋 넉넉이 쁘리라. 《朴新諺 1, 52ㅎ》萬一到那裏沒有錢使用, 萬一 졔 가 돈 쁠 거시 업스면. 《朴新諺 1, 58ㅈ》今因乏錢使用, 이제 돈 쁠 것 업스믈 因ᄒ여. 《朴新諺 2, 12ㅈ》我沒有零錢帶去使用, 내 ᄃ래 돈 가져가 쁠 거시 업스니. 《朴新諺 3, 15ㅈ》托以段疋送與父親使用, 段疋로 뻐 부텨 父親끽 보내여 쁘게 ᄒ엿더니. 《朴新諺 3, 32ㅎ》拿去使用不要吊了, 가져가 쁘고 쩌ᄅ치지 말라.

사우(四隅) 명 네 구석이나 네 모퉁이. 《集覽, 朴集, 下, 5ㅎ》四箇將軍. 募選身軀長大壯偉異於人者, 紅盔銀甲, 立於殿前月臺上四隅, 名鎭殿將軍, 亦曰紅盔將軍, 亦曰大漢將軍. 其請給衣粮曰大漢衣粮.

사원(四遠) 명 사방 멀리 떨어진 곳. 《集覽, 朴集, 中, 4ㅈ》刹土. 梵語, 刹, 此云竿, 卽幡柱也. 沙門於此法中勤苦得一法者, 便當竪幡, 以告四遠曰, 今有少欲人也云.

사원(寺院) 명 〈불〉 절[寺]. 사찰. ⇔뎔. 《集覽, 朴集, 下, 9ㅈ》道場. 反(飜)譯名義云, 修道之場, 僧寺或名道場. 隋煬帝勅天下寺院皆名道場. 《朴新諺 1, 35ㅎ》揀那淸淨寺院裡, 뎌 淸淨혼 뎔을 굴히여.

사유(闍維) 명 〈불〉 다비(茶毘)의 한역어 (漢譯語). 《集覽, 朴集, 下, 11ㅈ》好女不看燈. 涅槃經云, 上元, 如來闍維訖, 收舍利, 置金床上, 天人散花, 奏樂繞城, 步步燃燈十二里.

사의(事意) 명 일의 내용. 《集覽, 朴集, 下, 7ㅎ》花房窩兒. 今按, 上文自打毬兒以下, 質問各說似不穩合. 先說尤不合於本節〈節〉所云事意, 而又無義理, 後說似有可取, 而又有一疑.

사의(蓑衣) 명 도롱이. 《集覽, 朴集, 上, 9ㅈ》結椶帽. 椶, 木名, 高一二丈, 葉如車輪, 旁〈旁〉無枝, 皆萃於木杪. 其下有皮, 重疊裹之, 每皮一匝爲一節〈節〉, 花黃白色, 結實作房, 如魚子狀, 其皮皆是絲而經緯如織, 傍有細縷, 交相連綴不散. 取其絲理之, 以結成大帽. 又剝其皮一匝, 編爲蓑衣, 亦可避雨. 《朴新諺 3, 49ㅈ》也有時披着這簑笠·蓑衣, 쏘 잇짜감 이 簑笠·蓑衣를 닙고.

사이(四夷) 명 예전 중국 변경 지역에 살던 네 민족. 곧, 동이(東夷)·서융(西戎)·남만(南蠻)·북적(北狄). 《集覽, 朴集, 上, 9ㅎ》漢子. 泛稱〈称〉男兒曰漢, 又指婦女之夫曰漢子. 事物紀原云, 三代以降, 有國號者至多, 獨以漢爲名者, 取兩漢之盛. 漢武帝征討四夷, 專事匈奴, 由此有漢胡之斥.

사인(舍人) 명 측근자. 시종. 하인. 《集覽, 朴集, 上, 6ㅈ》張舍. 王公·大人之家, 必有舍人, 卽家臣也. 如本國伴倘〈儅〉之類, 爲權勢倚任之人, 貧賤之所羨慕者也〈貧

賤之所羨慕者〉. 故街巷呼親識爲張舍·李舍, 乃一時推敬之稱〈称〉. 又質問云, 武職官下閑人, 謂之舍人.《集覽, 朴集, 上, 8ㅈ》舍人. 見上張舍下.《朴新諺 1, 29ㅈ》看見両箇舍人(朴新注, 11ㅈ: 王公·大人之家, 必有舍人, 卽家臣也. 又武職官下閑人, 謂之舍人.)調馬要子, 두 舍人이 調馬 노리ᄒᆞᆫ 양을 보니.《朴新諺 1, 29ㅈ》一箇舍人打扮, ᄒᆞᆫ 舍人의 비온 거슨.《朴新諺 1, 30ㅈ》又一箇舍人打扮, ᄯᅩ ᄒᆞᆫ 舍人의 비오기는.《朴新諺 1, 31ㅈ》這両箇舍人, 이 두 舍人은.

사인(砂仁) 圐 축사밀(縮砂蜜)의 씨. 소화제로 쓴다.《集覽, 朴集, 上, 3ㅎ》細料物. 事林廣記食饌類, 細料物, 官桂·良薑·蓽撥草·豆蔲·陳皮·縮砂仁〈砂仁〉·八角·茴香各一兩, 川椒二兩, 杏仁五兩, 甘草一兩半, 白檀末半兩. 右共爲細末用之.

사일(巳日) 圐 지지(地支)가 사(巳)인 날.《朴新諺 1, 10ㅈ》揀簡黃道吉日(朴新注, 4ㅎ: 每月有黃道·白道·黑道, 而黃道最吉. 卽寅·申月, 子·丑·辰·巳·未·戌日之類.), 黃道 吉日을 ᄀᆞᆯᄒᆡ여.

사자(沙子) 圐 모래. ⇔모래.《朴新諺 3, 45ㅈ》我咬着一塊沙子, 내 ᄒᆞᆫ 덩이 모래를 무니.

사자(獅子) 圐 사자.《朴新諺 1, 9ㅎ》直渰過蘆溝橋上獅子頭了, 바로 蘆溝橋 우희 獅子 머리를 좀가 넘어.《朴新諺 1, 30ㅈ》馬鐙是獅子頭嵌銀絲的, 등ᄌᆞ는 이 獅子 머리에 銀絲를 박은 거시오.

사자(寫字) 圐 글씨를 쓰다. 글자를 쓰다.《集覽, 朴集, 上, 12ㅎ》戒方. 音義云, 學罰에 티는 것. 質問云, 讀書小兒送入學堂, 師傅敎寫字, 不用心寫好字, 師傅拿二尺長·寸半寬·半寸厚的木板條打手掌, 使後日寫好字, 免打手掌, 謂之戒方.《朴新諺 1, 48ㅎ》手心上就打三戒方(朴新注, 19ㅈ: 小兒寫字, 不用心者, 以板條打手掌

以戒之.), 손바당을 곳 세 번 전반으로 치ᄂᆞ니라.

사자(篩子) 圐 어레미. ⇔얼밍이.《朴新諺 2, 21ㅈ》還有羅鍋, ᄯᅩ 노고와. 柳箱, 섥과. 灑子, 드레와. 碗楪, 사발 졉시와. 匙筋, 수져와. 榪杓, 나모쥬게와. 箅籬, 됴리와. 炊箒, 솔과. 擦床兒, 슉치칼과. 簌箕, 키와. 篩子, 얼밍이와. 馬尾羅, 몰총체와. 桌子, 상과. 盤子, 盤과. 茶盤, 찻반과. 燈臺, 燈臺와. 酒種, 잔과. 酒鼈, 쥬벼ᅌᅳ와. 銅杓, 놋쥬게 이시니.

사자(筵子) 圐 체.《集覽, 朴集, 下, 6ㅎ》象眼饃子. 但居家必用著米心饃子劑法云, 頭麵〈麪〉以凉水入塩和成劑, 拗棒拗過, 趕至薄, 切作細棊子, 晒〈洒〉乾, 以筵子隔過, 再用刀切千百次, 再隔過.

사자괴(獅子恠) 圐 사자와 같이 생긴 괴물.《集覽, 朴集, 下, 1ㅎ》ㄱ蹶. 今按, 法師徃西天時, 初到師陀國界, 遇猛虎·毒蛇之害, 次遇黑熊精·黃風恠〈怪〉·地湧夫人·蜘蛛精·獅子恠〈怪〉·多目恠〈怪〉·紅孩兒恠〈怪〉, 幾死僅免.

사장(使長) 圐 상전. 윗사람. 상관(上官).《集覽, 朴集, 中, 6ㅎ》使長〈使長者〉. 猶言君長也. 元語邪衍, 音노·연.

사장(社長) 圐 춘사(春社)와 추사(秋社)에 관한 일을 맡아하던 사람.《集覽, 朴集, 上, 6ㅈ》社神. 左傳, 共工氏有子, 曰勾龍氏, 平水土, 故立以爲社. 元制, 五十戶爲一社. 今制, 每一鄉村之間, 或十五戶或二十戶, 隨其所便, 合爲一社. 擇其鄉里之民有義行者一人爲社長, 擇其殷實者一人爲副, 立社倉, 收掌錢穀, 借貸應急.

사전(射箭) 圐 활을 쏘다.《朴新諺 1, 52ㅎ》咱們到敎場裏射箭去罷, 우리 敎場에 활 ᄡᅩ라 가쟈.

사전(賖錢) 圐 돈을 빌리다.《集覽, 字解, 單字解, 6ㅎ》儅. 人有遇急用錢, 則必以重物, 納質于富家, 賖錢取用. 至限則幷其本利償還錢主, 方得退回己之重物而來也.

典字人物通用, 儅字人用於物.

사정(事情) 몡 일. 사건. ⇔일. 《朴新諺 3,
5ㅈ》你那告狀的事情, 네 그 告狀흔 일
을. 《朴新諺 3, 6ㅈ》便是沒理的事情, 곳
이 理 업슨 일이라도.

사죄(死罪) 몡 사형에 처해야 할 범죄. 죽
어 마땅한 죄. 《朴新諺 2, 35ㅈ》嚴刑拷
打問成死罪, 嚴刑ᄒ여 져주어 무러 死罪
를 일위.

사주(四洲) 몡 〈불〉 수미산(須彌山)을 중
심으로 한 사방의 세계. 곧, 남쪽의 섬부
주(贍部洲), 동쪽의 승신주(勝神洲), 서
쪽의 우화주(牛貨洲), 북쪽의 구로주(俱
盧洲). 《集覽, 朴集, 中, 4ᅙ》梵王帝釋.
有欲界・色界・無色界爲三界. 欲界有四
洲・四惡趣・六欲天, 帝釋爲欲界主. 色
界有四禪・十八梵天, 梵王爲色界主. 無
色界有四空天.

사주(泗州) 몡 북주(北周) 때 두었다. 소
재지는 강소성(江蘇省) 숙천현(宿遷縣)
의 남동쪽 지역에 있었다. 청대(淸代)까
지 치폐(置廢)를 거듭하다가 건륭(乾隆)
연간에 안휘성(安徽省) 사현(泗縣)에 병
합되었다. 《集覽, 朴集, 中, 5ㅈ》起浮屠
於泗水之間. 浮屠, 卽塔也. 唐言高顯也.
神僧傳云, 僧伽大士, 西域人, 姓何氏. 唐
龍朔初, 於泗州臨淮縣信義坊, 將建伽藍,
掘得古香積寺銘記幷金像一軀, 上有普照
王佛字, 遂建寺焉.

사주(絲紬) 몡 비단. 견직물. 《朴新諺 1,
46ㅈ》我有現成水綠絲紬, 내게 現成ᄒ 水
綠 絲紬ㅣ 잇다.

사중(四仲) 몡 음력 네 계절의 가운데 달
을 이르는 말. 곧, 중춘(仲春: 2월)・중
하(仲夏: 5월)・중추(仲秋: 8월)・중동
(仲冬: 11월). 《集覽, 朴集, 下, 9ㅈ》殃榜.
臞仙肘後經云, 生人所生之年, 與亡(ㄷ)
者所死月節〈莭〉相犯則忌避. 如四孟節
〈莭〉內死者, 忌寅・申・巳・亥生人, 四
仲月節〈莭〉內死者, 忌子・午・卯・酉

生人, 四季月節内者〈四季月莭内死者〉,
忌辰・戌・丑・未生人是也.

사중(司中) 몡 삼태성(三台星) 중의 가운
데 별. 《集覽, 朴集, 上, 7ㅈ》三台. 周禮
疏, 上台司命〈夳〉爲太尉, 中台司中爲司
徒, 下台司祿爲司空, 三公之象.

사창(社倉) 몡 흉년에 대비하여 향사(鄕
社)에 두었던 곡식 창고. 수대(隋代)에
처음으로 두었다. 《集覽, 朴集, 上, 6ㅈ》
社神. 左傳, 共工氏有子, 曰勾龍氏, 平水
土, 故立以爲社. 元制, 五十戶爲一社. 今
制, 每一鄕村之間, 或十五戶或二十戶, 隨
其所便, 合爲一社. 擇其鄕里之民有義行
者一人爲社長, 擇其殷實者一人爲副, 立
社倉, 收掌錢穀, 借貸應急.

사창(紗窓) 몡 사(紗)붙이나 깁으로 바른
창. 《朴新諺 2, 27ㅈ》你須念我這秋月紗
窓一片心, 네 모로미 내 이 秋月 紗窓 一
片心을 싱각ᄒ여.

사천감(司天監) 몡 당대(唐代)에 두었다.
천문(天文)을 살펴 역서(曆書)를 만드는
일을 주관하였다. 《集覽, 朴集, 下, 10
ᅙ》司天臺. 元置, 以司曆占. 今改爲欽天
監. 又設司天監於朝陽門城上.

사천대(司天臺) 몡 관서 이름. 천문(天文)
을 살펴 역수(曆數)를 고정(考定)하는
일을 맡았다. 당(唐)나라 건원(建元) 원
년(758)에 태사감(太史監)을 고친 이름
이다. 《集覽, 朴集, 下, 10ᅙ》司天臺. 元
置, 以司曆占. 今改爲欽天監. 又設司天監
於朝陽門城上. 《朴新諺 3, 47ᅙ》司天臺
便報時辰, 司天臺 곳 時辰을 報ᄒ면.

사천왕(四天王) 몡 〈불〉 사왕천(四王天)
의 주신(主神)으로 사방을 진호(鎭護)하
며 국가를 수호한다는 네 신(神). 《集覽,
朴集, 中, 4ᅙ》童男童女. 觀音現三十二
應, 曰佛身, 曰辟支〈支〉, 曰圓覺, 曰聲聞,
曰梵王, 曰帝釋, 曰自在天, 曰大自在天,
曰天大將軍, 曰四天王, 曰四天太子, 曰人
王, 曰長者, 曰居士, 曰宰官, 曰婆羅門, 曰

比丘, 曰比丘尼, 曰優婆塞, 曰優婆夷, 曰
女主, 曰童男, 曰童女, 曰天身, 曰龍身, 曰
藥又, 曰乾達婆, 曰阿脩羅, 曰緊那羅, 曰
摩睺羅, 曰樂人, 曰非人.

사천태자(四天太子) 명 〈불〉 사왕천(四
王天)의 태자. 《集覽, 朴集, 中, 4ㅎ》童男
童女. 觀音現三十二應, 曰佛身, 曰辟支
〈支〉, 曰圓覺, 曰聲聞, 曰梵王, 曰帝釋,
曰自在天, 曰大自在天, 曰天大將軍, 曰四天
王, 曰四天太子, 曰人王, 曰長者, 曰居士,
曰宰官, 曰婆羅門, 曰比丘, 曰比丘尼, 曰
優婆塞, 曰優婆夷, 曰女主, 曰童男, 曰童
女, 曰天身, 曰龍身, 曰藥又, 曰乾達婆, 曰
阿脩羅, 曰緊那羅, 曰摩睺羅, 曰樂人, 曰
非人.

사첩(斜貼) 동 비스듬하게 붙이다. 《集覽,
朴集, 下, 9ㅈ》殃榜. 漢俗, 凡遇人死, 則其
家必斜貼殃榜〈榜〉於門外壁上, 榜〈榜〉文
如本節〈莭〉所云, 使生人臨喪知所避忌也.

사타국(師陀國) 명 중국의 소설 서유기
(西遊記)에 나오는 나라 이름. 《集覽, 朴
集, 下, 1ㅎ》勺廐. 今按, 法師徃西天時,
初到師陀國界, 遇猛虎‧毒蛇之害, 次遇
黑熊精‧黃風恠〈怪〉‧地湧夫人‧蜘蛛
精‧獅子恠〈怪〉‧多目恠〈怪〉‧紅孩兒
恠〈怪〉, 幾死僅免.

사탕(沙糖) 명 사탕. 굵은 설탕. 《集覽, 朴
集, 上, 2ㅈ》象生纏糖. 象生者, 像生物之
形而爲之也. 象作像, 木印, 以木刻成物形
爲模範者也. 糖, 卽沙糖也, 煎甘蔗莖爲之.

사통(私通) 동 몰래 결탁하다. 사사로이
접촉하다. 《集覽, 朴集, 上, 12ㅈ》體例.
謂官私通行格例曰体禮〈體例〉.

사패루(四牌樓) 명 네거리에 세운 네 개
의 패루. 《朴新諺 1, 17ㅎ》大街上四牌樓
(朴新注, 7ㅈ: 通街四面, 俱立門, 或當街
起樓于上, 穿四門, 皆曰四牌樓.)東, 큰 거리
四牌樓 동편에.

사풍(斜風) 명 비껴 부는 바람. 《朴新諺
3, 49ㅎ》一任斜風細雨, 斜風 細雨를 一任

ㅎ고.

사항(死炕) 명 불을 때지 못하도록 방고
래를 내지 않고 놓은 구들. 《朴新諺 3,
10ㅈ》這是死炕這是燒柴火炕都不好, 이
는 불 못 찟는 캉이오 이는 불찟는 캉이
니 다 됴치 아니ㅎ니.

사해(四海) 명 온 세상. 《集覽, 朴集, 下,
10ㅎ》太師太保. 元以太師‧太傅‧太保
爲三師, 以太尉‧司徒‧司空爲三公. 漢
‧唐舊〈旧〉制也. 三師, 師〈ヒ〉範一人,
儀刑四海, 三公, 論道經邦, 燮理陰陽.

사향갈(麝香褐) 명 사향의 빛깔과 같은
갈색. 《集覽, 朴集, 上, 15ㅎ》串香褐. 串
香者, 合和諸香以爲佩者也. 凡稱〈称〉染
色之少文采〈彩〉者曰褐. 串香褐‧麝香褐
‧鷹背褐‧蜜褐‧茶褐, 卽黃黑雜色也.
玉褐‧艾褐‧水褐‧銀褐, 卽白黑雜色
也. 藕褐, 卽紫黑雜色也. 深淺異色, 各取
其像.

사화상(沙和尙) 명 중국의 소설 서유기
(西遊記)에 등장하는 사오정(沙悟淨)의
별칭. 《集覽, 朴集, 下, 4ㅈ》孫行者. 其後
唐太宗勑玄奘法師, 徃西天取經, 路經此
山, 見此猴精壓在石縫, 去其佛押出之, 以
爲徒弟, 賜法名吾(悟)空, 改号〈號〉爲孫
行者, 與沙和尙及黑猪精‧朱八戒偕徃, 在
路降妖去恠, 救師脫難, 皆是孫行者神通
之力也.

사환(仕宦) 동 벼슬살이를 하다. 관리가
되다. 《集覽, 朴集, 下, 3ㅈ》衣錦還鄉. 項
羽居咸陽, 與沛公分王. 又懷東歸, 曰, 富
貴不歸故鄉, 如衣綉〈繡〉夜行. 遂東歸, 都
彭城. 故後人仕宦〈宦〉榮貴還鄉里者曰衣
錦還鄉.

사환(仕宦) 동 =사환(仕宦). ‘宦’은 ‘宦’의
속자. 《篇海類編, 地理類, 穴部》宦, 俗宦
字. 《集覽, 朴集, 下, 3ㅈ》衣錦還鄉. 項羽
居咸陽, 與沛公分王. 又懷東歸, 曰, 富貴
不歸故鄉, 如衣綉〈繡〉夜行. 遂東歸, 都彭
城. 故後人仕宦〈宦〉榮貴還鄉里者曰衣錦

還鄕.

사환(使喚) 图 ●부리다使. 시키다. 다루다. ⇔부리다.《朴新諺 2, 19ㅈ》養大成人任憑使喚, 養大 成人ᄒ여 임의로 부리되.《朴新諺 2, 25ㅈ》我妳妳(朴新注, 31ㅎ: 尊稱婦女之辭.)使喚我來, 우리 妳妳 나를 부려 와. ●사환의 일을 시키다. 심부름을 시키다. ⇔사환ᄒ다(使喚-).《朴新諺 2, 58ㅈ》是跟隨張摠兵使喚的牢子, 이 張摠兵을 ᄯᆞ라 使喚ᄒᄂᆞᆫ 牢子ㅣ러라.

사환ᄒ다(使喚-) 图 사환(使喚)하다. ⇔사환(使喚).《朴新諺 2, 58ㅈ》是跟隨張摠兵使喚的牢子, 이 張摠兵을 ᄯᆞ라 使喚ᄒᄂᆞᆫ 牢子ㅣ러라.

사황(絲簧) 图 현악기와 관악기.《集覽, 朴集, 上, 8ㅈ》翫月會. 東京錄云, 中秋夜, 貴家結飾臺榭, 民間爭占酒樓翫〈玩〉月, 絲簧鼎沸, 近內庭居民, 夜深遙聞笙竽之聲, 宛若雲外天樂, 閭里兒童連宵嬉戲, 夜市騈闐, 至於通曉.

사회 图 사위[壻]. ⇔여서(女壻).《朴新諺 2, 37ㅈ》近來在一箇財主人家招做了女壻, 요ᄉᆞ이 ᄒᆞᆫ 財主 人家에서 사회를 삼으니.

사후(伺候) 图 돌보다. 보살피다. ⇔사후ᄒ다(伺候-).《朴新諺 1, 5ㅎ》叫他着幾箇樂工來伺候, 뎌로 ᄒ여 여러 樂工을 시겨 와 伺候ᄒ고.《朴新諺 1, 7ㅈ》你們這些伺候的人, 너희 伺候ᄒᄂᆞᆫ 사ᄅᆞᆷ들이.《朴新諺 2, 16ㅈ》一應供給伺候人役却都預備麼, 一應 供給과 伺候 人役을 다 預備ᄒᆞ엿ᄂᆞ냐.《朴新諺 2, 17ㅎ》你怎麼不肯備好馬伺候, 네 엇지 즐겨 됴흔 ᄆᆞᆯ을 예비ᄒ여 伺候치 아니ᄒᄂᆞᆫ다.

사후ᄒ다(伺候-) 图 사후(伺候)하다. ⇔사후(伺候).《朴新諺 1, 5ㅎ》叫他着幾箇樂工來伺候, 뎌로 ᄒ여 여러 樂工을 시겨 와 伺候ᄒ고.《朴新諺 1, 7ㅈ》你們這些伺候的人, 너희 伺候ᄒᄂᆞᆫ 사ᄅᆞᆷ들이.《朴新諺 2, 17ㅎ》你怎麼不肯備好馬伺候, 네

엇지 즐겨 됴흔 ᄆᆞᆯ을 예비ᄒ여 伺候치 아니ᄒᄂᆞᆫ다.

사흘 图 사흘. 또는 사흘 동안. ⇔삼조(三朝).《朴新諺 1, 54ㅎ》到三朝請老娘來, 사흘에 다ᄃᆞ라 老娘을 請ᄒ여 와.

사ᄒ다(謝-) 图 사례하다. 고마움을 표시하다. ⇔사(謝).《朴新諺 2, 22ㅈ》謝天地只願好收成就勾了, 天地ᄭᅴ 謝ᄒᄂᆞ니 다만 원컨대 잘 收成ᄒᆞ면 곳 넉넉ᄒ리로다.

삭 图 삯. ●⇔고(雇).《朴新諺 3, 53ㅎ》還得雇一箇小厮, ᄯᅩ ᄒᆞᆫ 아히 놈을 삭 내여.《朴新諺 3, 54ㅈ》我就雇人拿去找馬罷, 내 곳 사ᄅᆞᆷ을 삭내여 가져가 ᄆᆞᆯ을 ᄎᆞ쟈. ●⇔임(賃).《集覽, 字解, 單字解, 6ㅈ》賃. 僦屋以語曰賃, 지블 돌마다 銀 현 량곰 삭 물오 드러 이셔 살 시라. 又雇用驢馬・舟車之類曰賃, 라괴와 ᄆᆞᆯ 둘홀 삭 주고 브릴 시라.《朴新諺 3, 55ㅈ》有錢賃便有驢, 돈이 이셔 삭 내려 ᄒᆞ면 곳 나귀 잇ᄂᆞ니라.《朴新諺 3, 55ㅈ》就取一百錢去賃來鞴上, 곳 ᄒᆞᆫ 빅 돈을 가져가 삭 내여 와 안장 디으라.

삭(索) 图 ●바[索]. 밧줄. ⇔바.《朴新諺 2, 20ㅎ》還少套繩, 당시롱 멜 줄과. 撒繩, ᄭ을 줄과. 籠頭, 바구레와. 脚索, 지달 술 바와. 鞍子, 기르마와. 肚帶等類哩, 오랑 等類ㅣ 업세라. ●줄. 밧줄. ⇔줄.《朴新諺 1, 20ㅈ》也有跳百索的, 줄 너므리도 잇고.

삭값 图 삯 값. 운반비. ⇔각전(脚錢).《朴新諺 1, 12ㅎ》每擔脚錢你要多少, 믹 짐 삭갑슬 네 언머롤 달라 ᄒᆞᆫ다.《朴新諺 1, 13ㅈ》你該給多少脚錢一擔罷, 네 언머 삭갑슬 ᄒᆞᆫ 짐에 주려 ᄒᆞᆫ다.《朴新諺 1, 14ㅈ》又要給那扛口俗人的小脚錢, ᄯᅩ 뎌 쟈르 메는 사ᄅᆞᆷ의 져근 삭갑슬 줄 ᄯᅥ시니.

삭내다 图 삯 내다. 세내다. ⇔고(僱).《朴新諺 1, 13ㅎ》你若不肯去我再僱別箇去, 네 만일 즐겨 가지 아니면 내 다시 다른

이룰 삭 내여 가쟈.《朴新諺 1, 14ㅎ》只
僱大馬車一輛, 그저 큰 물 메온 술위 ᄒ
나흘 삭 내여.

삭발(削髮) 뗭 〈불〉 머리털을 자르다. 곧,
출가(出家)하여 중이 됨을 이르는 말.
《集覽, 朴集, 上, 15ㅎ》法名. 剃〈削〉髮披
緇, 歸〈故〉依佛法, 別立外號, 是謂法名.

삭짐 뗭 삯짐. (삯을 받고 나르는 짐)《朴
新諺 1, 12ㅈ》那挑脚的漢子, 뎌 삭짐 지
는 놈아.

산(山) 뗭 산.《朴新諺 1, 38ㅎ》大哥山上搖
皷, 큰형은 山에셔 북 티고.《朴新諺 2,
29ㅎ》身嚴瓔珞居普陁空翠之山, 몸에 瓔
珞으로 장엄ᄒ여시니 普陁 空翠의 山에
居ᄒ엿도다.《朴新諺 2, 38ㅈ》有簡山名
爲田盤山, 혼 山이 이시되 일홈을 田盤山
이라 하니.《朴新諺 2, 38ㅈ》那山有上盤
・中盤・下盤, 뎌 山에 上盤・中盤・下
盤이 이시매.《朴新諺 3, 39ㅈ》管山吃山
管水吃水, 山을 ᄀ음알면 山엣 것 먹고
물을 ᄀ음알면 물엣 것 먹는다 하니라.

산(汕) 뗭 부시다. (물로) 씻다. ⇔부싀다.
《朴新諺 2, 36ㅎ》你把那酒壺汕乾淨着控
一控, 네 뎌 술병을다가 부싀기를 乾淨
히 ᄒ여 거후로고.

산(傘) 뗭 우산. ⇔우산.《朴新諺 1, 39ㅈ》
這是傘, 이는 이 우산이로다.

산(散) 뗭 =산(散). '散'은 '散'과 같다.《朴新
諺 1, 7ㅈ》方許散哩, 보야흐로 흣터지
믈 許ᄒ쟈.《朴新諺 1, 7ㅈ》老爺們要散
了, 老爺들이 흣터지려 한다.《朴新諺 1,
7ㅎ》又道天下無不散之筵席, ᄯ 니르되
天下에 흣터지지 아닐 잔치 업다 ᄒ니.
《朴新諺 3, 18ㅎ》天天都是這般早聚晚散
麼, 날마다 다 이리 일 모호고 늣게야
흣터지느냐.　但能早散也是不能早囬家,
다만 능히 일즉이 흣터져도 ᄯ 능히 일
즉이 집의 도라오지 못ᄒ여.

산(散) 뗭 흩어지다. ●⇔흐터지다.《朴
新諺 1, 16ㅈ》這瘡毒氣散去便暗消了, 이

瘡에 毒氣 흐터져 곳 절로 스러지리라.
●⇔흣터지다.《朴新諺 1, 7ㅈ》方許散
哩, 보야흐로 흣터지믈 許ᄒ쟈.《朴新諺
1, 7ㅈ》老爺們要散了, 老爺들이 흣터지
려 한다.《朴新諺 1, 7ㅎ》又道天下無不
散之筵席, ᄯ 니르되 天下에 흣터지지
아닐 잔치 업다 ᄒ니.《朴新諺 3, 18ㅎ》
天天都是這般早聚晚散麼, 날마다 다 이
리 일 모호고 늣게야 흣터지느냐. 但能
早散也是不能早囬家, 다만 능히 일즉이
흣터져도 ᄯ 능히 일즉이 집의 도라오
지 못ᄒ여.

산(筭) 뗭 =산(算). '筭'은 '算'과 같다.《爾
雅, 釋詁, 下》算, 數也.〈陸德明釋文〉算,
字又作筭.《朴新諺 1, 27ㅈ》筭我輸給你
一隻羊, 내 네게 혼 羊을 져 주량으로 혜
고.《朴新諺 1, 33ㅈ》依你筭, 네대로 혜
여.《朴新諺 1, 33ㅈ》合筭起來, 合ᄒ여
혜량이면.《朴新諺 1, 46ㅎ》不筭功錢,
功錢을 혜디 아녀도.《朴新諺 3, 24ㅈ》
但動的便筭輸, 다만 動ᄒ는 이를 곳 지니
로 혜니라.

산(算) 뗭 계산하다. 셈하다. ⇔혜다.《朴
新諺 1, 27ㅈ》筭我輸給你一隻羊, 내 네
게 혼 羊을 져 주량으로 혜고.《朴新諺
1, 33ㅈ》依你筭, 네대로 혜여.《朴新諺
1, 33ㅈ》合筭起來, 合ᄒ여 혜량이면.
《朴新諺 1, 46ㅎ》不筭功錢, 功錢을 혜디
아녀도.《朴新諺 3, 24ㅈ》但動的便筭輸,
다만 動ᄒ는 이를 곳 지니로 혜니라.

산(蒜) 뗭 마늘. ⇔마늘.《朴新諺 2, 39ㅎ》
蘿蔔, 댓무우. 蔓菁, 쉿무우. 萵苣, 부로.
葵菜, 아혹. 白菜, 빈치. 赤根菜, 시근치.
芫荽, 고싀. 蔥, 파. 蒜, 마늘. 薤菜, 부치.
荊芥, 형개. 薄荷, 박하. 茼蒿, 믈쑥. 水蘿
蔔, 물한댓무우. 胡蘿蔔, 노른댓무우. 芋
頭, 토란. 紫蘇都好種的, 紫蘇를 다 시므
이 됴타.

산(酸) 혱 시다. 시큼하다. ⇔싀다.《朴新
諺 1, 54ㅎ》隨常飮食休吃酸・甜・腥・

辣荨物, 샹시 음식에 쉰 것 돈 것 비린
것 미온 것들을 먹지 말고.

산개(傘盖) 명 =산개(傘蓋). '盖'는 '蓋'의
속자. 《正字通, 皿部》盖, 俗蓋字. 《集覽,
朴集, 下, 9ㅈ》彩亭子. 漢俗皆於白日送
殯, 凡結飾車輿·幢幡·傘盖及紙造人馬
爲前導者, 連亘四五十步.

산개(傘蓋) 명 산(傘)과 개(蓋). 곧, 일산
따위의 덮개. 《集覽, 朴集, 下, 9ㅈ》彩亭
子. 漢俗皆於白日送殯, 凡結飾車輿·幢
幡·傘盖及紙造人馬爲前導者, 連亘四五
十步.

산거(散去) 동 흩어져 돌아가다. 《集覽,
朴集, 下, 2ㅈ》解夏. 盖夏乃長養之節
〈莭〉, 在外行則恐傷草木·虫類. 故九十
日安居不出, 至七月十五日, 應禪寺掛搭
僧尼, 盡皆散去, 謂之解夏, 又謂解制.

산경(山景) 명 산의 경치. 《朴新諺 2, 38
ㅈ》大家商量遊山翫景去罷, 대되 의논ᄒ
여 遊山翫景ᄒ라 가쟈.

산광(山光) 명 산의 풍광. 《朴新諺 3, 49
ㅎ》消遣那山光水色, 뎌 山光 水色을 消
遣ᄒ고.

산근(山根) 명 산기슭. 《朴新諺 2, 5ㅈ》西
湖是從玉泉山(朴新注, 24ㅈ: 在宛平縣,
距京都西北三十里, 山有石洞三. 一在山
之西南, 其下有泉, 深淺莫測. 一在山之陽,
泉出石罅間, 鑿石爲螭頭, 泉從螭口噴出,
鳴若雜佩, 色如素練, 泓澄百頃. 一在山之
根, 有泉湧出, 洞門刻玉泉二字.)流下來
的, 西湖ᄂ 이 玉泉山으로 조차 흘러ᄂ
린 거시니.

산금(山禽) 명 산새. 《朴新諺 2, 38ㅎ》也
有山禽·野獸, 또 山禽·野獸도 이시며.

산니(蒜泥) 명 잘게 다진 마늘. 곱게 빻은
마늘. 《集覽, 朴集, 中, 1ㅎ》禿禿麼思. 劑
法如水滑麪〈麵〉, 和圓少彈劑〈剤〉, 冷水
浸手掌, 按作小薄餠兒, 下鍋煮熟, 以盤盛,
用酥油炒片羊肉, 加塩炒至焦, 以酸甛湯
拌和. 滋味得所, 別硏蒜泥調酪, 任便加減,

使竹簽簽食之.

산동(山童) 명 두메에서 자란 아이. 《朴新
諺 3, 14ㅎ》愚男山童頓首百拜, 愚男 山童
은 頓首百拜ᄒ여. 《朴新諺 3, 16ㅈ》愚男
山童頓首百拜具, 愚男 山童은 頓首百拜
具ᄒᄂ이다.

산래(筭來) 동 =산래(算來). '筭'은 '算'과
같다. 《爾雅, 釋詁, 下》算, 數也. 〈陸德明
釋文〉算, 字又作筭. 《朴新諺 1, 50ㅎ》筭
來做一箇全套, 혜아리건대 ᄒ 全套를 ᄒ
려 ᄒ여도.

산래(算來) 동 헤아리다. ⇔혜아리다.
《朴新諺 1, 1ㅎ》筭來咱好弟兄們, 혜아리
니 우리 됴흔 弟兄들이. 《朴新諺 1, 50
ㅎ》筭來做一箇全套, 혜아리건대 ᄒ 全
套를 ᄒ려 ᄒ여도.

산명(山名) 명 산의 이름. 《朴新諺 2, 29
ㅎ》結草廬於香山(朴新注, 33ㅎ: 西域山
名.)之上, 草廬룰 香山 우희 지엇쏘다.

산반(山礬) 명 봄에 흰 꽃이 피는 상록 관
목(常綠灌木)의 하나. 《集覽, 朴集, 中, 3
ㅎ》南海普陁落伽山. 普陁落伽, 唐言小白
花, 卽山礬花也. 山多小白花, 故仍名.

산반화(山礬花) 명 산반(山礬)의 꽃. 《集
覽, 朴集, 中, 3ㅎ》南海普陁落伽山. 普陁
落伽, 唐言小白花, 卽山礬花也. 山多小白
花, 故仍名.), 此云海島, 又云小白花.

산부(産婦) 명 아이를 갓 낳은 여자. 《集
覽, 朴集, 上, 13ㅎ》滿月. 質問云, 産婦一
箇月不出門, 不生理, 只補養本身, 一月之
後出門, 又吃〈喫〉喜酒. 今按, 喜酒者, 賀
生兒之宴.

산부(散附) 동 흩어졌다가 모여졌다가 하
다. 《集覽, 朴集, 上, 10ㅎ》發落. 吏學指
南云, 明白散附也.

산서(山西) 명 중국의 산서성(山西省).
《朴新諺 1, 31ㅎ》山西店裏去, 山西店에
가노라.

산서점(山西店) 명 산서(山西)에 있는 점
포(가게). 《朴新諺 1, 31ㅎ》山西店裏去,

山西店에 가노라.

산설(散說) 图 가르치며 설명하다.《集覽, 朴集, 上, 2ㅎ》院本. 或曰, 宋徽宗見爨國人來朝, 衣裝·鞵履·巾裹, 傅粉墨, 擧動如此, 使優人效之以爲戲. 其間副淨有散說, 有道念, 有筋斗, 有科範. 盖古敎坊色長有魏·武·劉三人, 而魏長於念誦, 武長於筋斗, 劉長於科範, 至今樂人皆宗之.

산시(筭是) 图 =산시(算是). '筭'은 '算'과 같다.《爾雅, 釋詁, 下》算, 數也.〈陸德明釋文〉算, 字又作筭.《朴新諺 1, 17ㅈ》時下筭是頂好的了, 시절 것스로는 읏듬 됴흔 거시라 ᄒᆞ리라.《朴新諺 1, 45ㅈ》這媒人也筭是有福的, 이 媒人도 有福다 ᄒᆞ리로다.

산시(算是) 图 하다. …라 할 수 있다. 간주하다. ⇔ᄒᆞ다.《朴新諺 1, 17ㅈ》時下筭是頂好的了, 시절 것스로는 읏듬 됴흔 거시라 ᄒᆞ리라.《朴新諺 1, 45ㅈ》這媒人也筭是有福的, 이 媒人도 有福다 ᄒᆞ리로다.

산신(山神) 图 산신령.《集覽, 朴集, 下, 4ㅈ》孫行者. 大聖被執當死, 觀音上請于玉帝, 免死. 令巨靈神押大聖前往下方去, 乃於花菓山石縫內納身, 下截畫如來押字封着, 使山神·土地神鎭守. 飢食鉄〈鐵〉丸, 渴飮銅汁, 待我往東土尋取經之人, 經過此山, 觀大聖, 肯隨往西天, 則此時可放.《朴新諺 3, 26ㅈ》山神·土地神鬼都來了, 山神과 土地神 鬼ㅣ 다 오나눌.

산양(山陽) 图 산의 양지쪽. 산의 남쪽.《朴新諺 2, 5ㅈ》西湖是從玉泉山(朴新注, 24ㅈ: 在宛平縣, 距京都西北三十里, 山有石洞三. 一在山之西南, 其下有泉, 深淺莫測. 一在山之陽, 泉出石罅間, 鑿石爲螭頭, 泉從螭口噴出, 鳴若雜佩, 色如素練, 泓澄百頃. 一在山之根, 有泉湧出, 洞門刻玉泉二字.)流下來的, 西湖는 이 玉泉山으로조차 흘러ᄂᆞ린 거시니.

산여(散與) 图 나누어 주다.《集覽, 朴集, 中, 1ㅎ》賣頭散與. 女直·達子朝貢時,

到驛應付馬匹騎坐者, 各出賣頭, 散與馬夫, 馬夫受賣套馬, 令各賣主認賣占馬, 使無爭占之擾.

산영 图 사냥. ⇔타위(打圍).《朴新諺 2, 1ㅈ》我要打圍去騎坐, 내 산영 갈 제 ᄐᆞ고져 ᄒᆞ니.

산영ᄒᆞ다 图 사냥하다. ⇔타위(打圍).《朴新諺 3, 58ㅎ》後來有人向山中打圍, 後에 사름이 山中을 향ᄒᆞ여 산영ᄒᆞ다가.

산자(山子) 图 관상용으로 정원에 돌을 쌓아서 만든 작은 산(山). (가산(假山) 또는 석가산(石假山)이라고도 하는데, 강소성(江蘇省)에서 나는 태호석(太湖石)을 쌓아 만들었다) ⇔귀여슥.《集覽, 朴集, 上, 12ㅎ》砌山子. 音義云, 귀·여슥類엣 것. 今按, 山子, 卽귀·여슥, 砌, 卽結成之意. 俗呼築城曰砌城, 謂疊石而築成之也.

산장(山墻) 图 화방(火防). (땅에서부터 중방 밑까지 돌을 섞은 흙으로 쌓아 올린 벽) ⇔화방.《朴新諺 3, 51ㅈ》於東屋山墻外剜窟進內, 東屋 화방 밧끠 굼글 뚧고 안히 들어.

산정(山頂) 图 산꼭대기.《朴新諺 2, 38ㅎ》山頂上有一小池, 山頂 우희 흔 져근 못이 이시니.

산중(山中) 图 산의 가운데. 또는 높은 산이 있거나 산이 많은 곳.《朴新諺 3, 58ㅎ》逃往山中去了, 도망ᄒᆞ여 山中을 향ᄒᆞ여 갓더니. 後來有人向山中打圍, 後에 사름이 山中을 향ᄒᆞ여 산영ᄒᆞ다가.

산천(山川) 图 산과 시내.《集覽, 朴集, 上, 8ㅎ》刺通袖膝欄. 元時好着此衣, 前後具胷背, 又連肩而通袖之脊, 至袖口爲紋, 當膝周圍亦爲紋如欄干, 然織成段匹爲衣者有之, 或皮或帛, 用綵線周遭回曲爲緣, 如花樣, 刺〈刾〉爲草樹〈尌〉·禽獸·山川·宮殿之文於〈紋於〉其內, 備極奇巧, 皆用團領着之, 其直甚高.《集覽, 朴集, 中, 2ㅈ》郊天. 天子設圜丘於南郊, 以祭天神

·地祇·日月星辰·山川·嶽瀆, 以太
祖配享.

산첨(酸甜) 몡 신맛과 단맛.《集覽, 朴集,
中, 1ㅎ》秃秃麽思. 劑法如水滑麫〈麵〉,
和圓少彈劑〈剂〉, 冷水浸手掌, 按作小薄
餠兒, 下鍋煮熟, 用盤盛, 用酥油炒片羊肉,
加塩炒至焦, 以酸甜湯拌和. 滋味得所, 別
研蒜泥調酪, 任便加減, 使竹簽簽食之.

산첨(酸甜) 몡 =산첨(酸甜). '甜'은 '甜'과
같다.《說文, 甘部》甜, 美也. 从甘, 从舌.
舌, 知甘者.《集覽, 朴集, 中, 1ㅎ》秃秃麽
思. 劑法如水滑麫〈麵〉, 和圓少彈劑〈剂〉,
冷水浸手掌, 按作小薄餠兒, 下鍋煮熟, 以
盤盛, 用酥油炒片羊肉, 加塩炒至焦, 以酸
甜湯拌和. 滋味得所, 別研蒜泥調酪, 任便
加減, 使竹簽簽食之.

산탄(散誕) 통 거리낌 없이 마음 내키는
대로 행동하다.《集覽, 朴集, 下, 2ㅎ》擎
拳合掌. 翻譯名義云, 此方以拱手爲恭, 外
國以合掌爲敬. 手本二邊, 今合爲一, 表不
散誕, 專主一心.

산함(酸餡) 몡 채소로 만든 소.《集覽, 朴
集, 下, 5ㅎ》餡. 或肉或菜及諸料物拌勻
〈匂〉爲胎, 納於餅中者曰餡. 酸餡·素餡
·葷餡·生餡·熟餡, 供用合宜.

산해관(山海關) 몡 중국 하북성(河北省)
옛 임유현(臨楡縣)의 동문(東門)이며 만
리장성(萬里長城)의 기점인 관문. 교통
의 요지이기 때문에 천하제일관(天下第
一關)이라 칭하였다.《朴新諺 2, 22ㅎ》
我來時節到山海關(朴新注, 30ㅎ: 在楡林
縣, 距京都東七百里. 北接長城, 南臨瀚海
中, 有關門. 徐達所築云.)上, 내 올 쌔에
山海關에 다ᄃ라.

산호(珊瑚) 몡 산호.《朴新諺 1, 30ㅈ》鞍
皮事件都是減金與那珊瑚嵌的, 질채와
事件은 다 이 금 입ᄉ와 珊瑚로 던메워
박은 거시오.《朴新諺 3, 30ㅎ》你還有好
珊瑚麽, 네게 ᄯ 됴흔 珊瑚ㅣ 잇ᄂ냐.
《朴新諺 3, 30ㅎ》你看我這珊瑚, 네 보라

내 이 珊瑚ㅣ.《朴新諺 3, 31ㅈ》我就買
不起你的好珊瑚麽, 내 곳 네 됴흔 珊瑚를
사지 못ᄒ랴.《朴新諺 3, 31ㅈ》這珊瑚老
實價錢一兩一顆, 이 珊瑚ㅣ 고지식흔 갑
시 흔 냥에 흔 낫치라.《朴新諺 3, 31ㅎ》
我買這珊瑚却不甚應心, 내 이 珊瑚를 사
되 ᄯ 심히 ᄆᆞᆷ에 맛ᄌᆞᆽ 아니ᄒ다.

산화(散花) 몡 〈불〉 꽃을 뿌리며 부처를
공양(供養)하는 일.《集覽, 朴集, 下, 11
ㅈ》好女不看燈. 涅槃經云, 上元, 如來闍
維訖, 收舍利, 置金床上, 天人散花, 奏樂
繞城, 步步燃燈十二里.

산후(産後) 몡 아이를 낳은 뒤.《朴新諺
1, 54ㅈ》姐姐你如今在産後, 각시아 네
이제 産後에 이시니.

살 몡 화살. ⇔전(箭).《朴新諺 1, 53ㅎ》箭
箭都射着把子上的紅心, 살마다 다 관혁
에 관을 마치ᄂ니.《朴新諺 2, 31ㅈ》還
要把那箭俗裏挿十根箭, ᄯ 여 살동개에
다가 열 낫 살 꼿고.《朴新諺 3, 58ㅎ》撞
見弓王放箭射殺了他, 弓王을 만나 살로
ᄡᅩ아 뎌를 죽이니라.

살(殺) 통 ●죽도록 …하다. …해 죽겠다.
《集覽, 字解, 單字解, 6ㅈ》殺. 氣殺我 애
ᄃᆞᆯ와 셜웨라, 猶言以此而可至於死也. 又
愁殺人 사ᄅᆞᆷ를 ᄀᆞ장 근심ᄒ야 셟게 ᄒ
다. 又廝殺 싸호다. 又助語辭. 最深殺 ᄀᆞ
장 깁다. ●죽다. ⇔죽다.《朴新諺 2, 35
ㅎ》咳今日天氣冷殺人, 애 오늘 하늘 긔
운이 차 사ᄅᆞᆷ을 죽게 ᄒ니. ●죽이다.
⇔죽이다.《朴新諺 2, 46ㅎ》把你這忤逆
種該殺的, 너 이 忤逆흔 ᄢᅵᆯ로다가 죽염
즉ᄒ다.《朴新諺 3, 58ㅎ》撞見弓王放箭
射殺了他, 弓王을 만나 살로 ᄡᅩ아 뎌를
죽이니라.

살(撒) 통 ●갈리다[磨]. ⇔ᄀᆞ리다.《集覽,
朴集, 上, 14ㅈ》撒蹄. 音義云, ·뒷·굽 ᄆᆞ리
ᄆᆞ리·예·ᄀᆞ·리·ᄂᆞᆫ 몰. 譯語指南云, ·굽 ᄀᆞ
리·ᄂᆞᆫ 몰. ●끌다. ⇔ᄭᅳ을다.《朴新諺 1,
39ㅈ》一箇長大漢撒大鞋, 흔 킈 큰 놈이

큰 신 끄을고. 《朴新諺 2, 20ㅎ》還少套
繩, 당시롱 멜 줄과. 撒繩, 끄을 줄과. 籠
頭, 바구레와. 脚索, 지달 술 바와. 鞍子,
기르마와. 肚帶等類哩, 오랑 等類ㅣ 업
세라. ❸(그물을) 치다. ⇔티다. 《朴新
諺 2, 6ㅈ》撒網垂鉤的是大小漁船, 그믈
을 티고 낙시를 드리온 거슨 이 大小 漁
船이오.

살다 图 ❶살다[生]. ❶⇔생(生). 《朴新諺
2, 54ㅈ》咱們人生在世, 우리 사롬이 사
라 셰샹에 이셔. ❷⇔활(活). 《朴新諺 3,
41ㅈ》就如活的只少一口氣哩, 곳 사니
ᄀ고 그저 흔 입긔운만 업더라. 《朴新諺
3, 45ㅎ》夜飯少一口, 밤밥을 흔 술을 덜
면. 活到九十九, 아흔 아홉을 산다 ᄒ니
라. ❷살다[住]. ⇔주(住). 《集覽, 字解,
單字解, 6ㅈ》賃. 僦屋以語曰賃, 지블 둘
마다 銀 현 량곰 삭 물오 드러 이셔 살
시라. 又雇用驢馬·舟車之類曰賃, 라괴
와 물둘흘 삭 주고 브릴 시라. 《朴新諺
1, 13ㅈ》老太爺你在那裏住, 老太爺ㅣ 야
네 어디셔 사ᄂ다. 我在平則門外住, 내
平則門 밧끠셔 사노라. 《朴新諺 1, 41
ㅈ》那紅橋邉有一箇張獸醫住着, 뎌 紅橋
ᄀ에 흔 張獸醫 이셔 사니. 《朴新諺 2,
19ㅈ》某村住民人錢小馬, 某村에 사는 民
人 錢小馬ㅣ. 《朴新諺 2, 32ㅈ》如今搬在
法藏寺西邉混堂間壁住去了, 이제 法藏寺
西邉 混堂 ᄉ이 ᄇ람에 올마 가 사ᄂ니
라. 《朴新諺 2, 44ㅎ》今租到本坊沈名下
住房一所, 이제 本坊 沈가의 名下에 사든
집 흔 곳을 셰내되. 《朴新諺 3, 41ㅎ》他
在樞密院西頭住, 뎌 樞密院 西편에셔 사
ᄂ니라. 在那裡住呢, 어디셔 사ᄂ뇨.

살동개 명 화살집. ⇔전대(箭袋). 《朴新諺
2, 31ㅈ》還要把那箭俗裏挿十根箭, 쏘 뎌
살동개에다가 열 낫 살 곳고.

살료(撒了) 图 헤치다. ⇔헤티다. 《集覽,
字解, 單字解, 1ㅎ》撒. 散之也. 撒了 헤티
다. 又覺也. 覺撒了 아다. 又放也. 撒放罪

人 죄쉰을 앗아라 노타.

살방(撒放) 图 놓다. 놓아주다. 풀어주다.
⇔노타. 《集覽, 字解, 單字解, 1ㅎ》撒. 散
之也. 撒了 헤티다. 又覺也. 覺撒了 아다.
又放也. 撒放罪人 죄쉰을 앗아라 노타.
《集覽, 朴集, 中, 3ㅈ》攪撒. 撒, 猶知也.
俗語亦曰快撒了. 今以撒放之撒, 用爲知
覺之義者, 亦未詳.

살제(撒蹄) 图 굽을 갈다[磨]. ⇔굽ᄀ리다.
《集覽, 朴集, 上, 14ㅈ》撒蹄. 音義云, ·뒷
굽 ᄆ리ᄆ리·예 ·ᄀ·리·ᄂ 물. 譯語指南云,
·굽 ᄀ·리·ᄂ 물.

살화(撒花) 명 선물(膳物). 《集覽, 朴集,
上, 12ㅎ》人事. 土産, 俗·도·산. 舊本作撒
花. 《集覽, 朴集, 下, 5ㅎ》元寳. 南村輟耕
錄云, 至元十三年, 元兵平宋, 回至楊(揚)
州, 丞相伯顏號令搜撿(檢)將士行李, 所得
撒花銀子, 銷鑄作鋌, 每五十兩爲一鋌, 歸
朝獻(献)納. 世祖大會王子·王孫·駙馬
·國戚, 從而頒賜, 或用貨賣, 所以民間有
此鋌也. 鋌上有字, 曰楊(揚)州元寳. 後朝
廷亦鑄. 又有遼陽元寳, 至元二十三年, 征
遼所得銀子而鑄者也. 撒花, 元語, 猶本國
語曰土産也.

삼 명 삼[麻]. ⇔마(麻). 《朴新諺 1, 39ㅈ》
當路一科麻, 길에 當흔 흔 퍽이 삼이.
《朴新諺 2, 39ㅈ》夜來收割了麻正當好種
菜哩, 어제 삼을 거두어 븨여시니 正히
맛당이 ᄂ믈 시믐이 됴타.

삼(三) 팬 ❶서[三]. ⇔서. 《朴新諺 1, 32
ㅎ》給你一張三錢罷, 너룰 흔 쟝에 서 돈
식 주리라. 《朴新諺 1, 33ㅈ》六箇猠皮每
張三錢, 여슷 猠皮에 每 張에 서 돈식 흔
면. 《朴新諺 1, 47ㅎ》也有三錢的五錢的,
서 돈 흐ᄂ니도 잇고 닷 돈 흐ᄂ니도 이
시니. 《朴新諺 1, 58ㅈ》每両每月三分起
利, 每両 每月에 서 픈식 起利ᄒ여. 《朴
新諺 2, 14ㅎ》五箇水紅絹每疋染錢三錢,
다숫 분홍 깁은 민 필에 물갑시 서 돈이
오. 《朴新諺 2, 16ㅈ》應給米三升, 應給 흔

눈 거시 뿔 서 되와. 麵三斤, フ른 서 근
과. 猪肉三斤, 猪肉 서 근과. ❷석[三]. ⇔
석. 《朴新諺 1, 46ㅈ》白淸水絹三尺, 흰
제믈엣 깁 석 자논. 《朴新諺 2, 43ㅎ》月
白的三兩銀子如何, 남빗츤 석 냥 은에 홈
이 엇더ㅎ뇨. 《朴新諺 3, 35ㅈ》都是三尺
寬肩膀燈盞大的雙眼, 다 이 석 자나 너른
엇게오 燈盞만치 큰 두 눈이라. 《朴新諺
3, 54ㅈ》報信者給銀三兩, 報信ㅎ는 이는
銀 석 냥을 주고. ❸세[三]. ⇔세. 《朴新
諺 1, 5ㅈ》還要上三道粉湯, 당시롱 세 가
지 粉湯을 올릴 거시오. 《朴新諺 1, 37
ㅎ》脚踝上灸了三艾, 발 안쮜머리 우희
세 장 쑥으로 쯔니. 《朴新諺 1, 48ㅎ》手
心上就打三戒方, 손바당을 곳 세 번 전반
으로 치느니라. 《朴新諺 2, 16ㅈ》雞三
隻, 둙 세 마리와. 鴨三隻, 올히 세 마리
와. 《朴新諺 2, 17ㅈ》要三四十分壯健馬,
세 필 フ장 壯健혼 물을 호고. 《朴新諺
2, 28ㅈ》一日吃了三頓飯, 호른 세 끠 밥
먹고. 《朴新諺 3, 12ㅈ》放着一箇三脚鐵
蝦蟆的便是了, 혼 세 발 가진 쇠 두텁이
노흔 거시 곳 이라. 《朴新諺 3, 16ㅈ》我
要盖三間書房, 내 세 간 書房을 짓고져
ㅎ니. 《朴新諺 3, 34ㅎ》咳那身長六尺腰
濶三圍, 애 뎌 身長이 六尺이오 허리 너
르기 세 아름이나 ㅎ고. 《朴新諺 3, 47
ㅎ》拿着三丈高的一面大旗, 세 길이나
노픈 一面 大旗를 가지고.

삼(三) 꾄 셋. ⇔셋. 《朴新諺 1, 38ㅎ》三哥
待要分開, 셋재 형은 눈호고져 ㅎ고. 《朴
新諺 1, 38ㅎ》三哥是剪子, 셋재 형은 이
가위오.

삼(衫) 몡 유삼(油衫). 비옷. (기름에 결은
옷) ⇔유삼. 《朴新諺 2, 3ㅈ》我往家裏去
取氊衫・雨帽, 내 집의 가 담유삼과 갓
모를 가져오려 ㅎ노라.

삼가 꾄 겸손하고 조심하는 마음으로 정
중하게. ⇔근(謹). 《朴新諺 3, 16ㅈ》謹
稟, 삼가 稟ㅎ느이다.

삼가(三哥) 몡 셋째 형(兄). 《集覽, 字解,
累字解, 1ㅈ》大哥. 哥兄也. 人有數兄, 則
呼長曰大哥, 次曰二哥, 三曰三哥. 雖非同
胞而見儕輩, 可推敬者, 則亦呼爲哥. 或加
大字, 或加老字, 推敬之重也. 只呼弟曰兄
弟, 並擧兄及弟曰弟兄.

삼각산(三角山) 몡 서울 북쪽 지역과 경
기도(京畿道) 고양시(高陽市)와의 경계
에 있는 서울의 진산(鎭山). 북한산(北
漢山)의 다른 이름으로, 백제(百濟) 때에
는 부아악(負兒岳) 또는 횡악(橫岳)이라
하였다. 《集覽, 朴集, 上, 15ㅎ》步虛. 還
大都, 時適丁太子令辰十二月二十四日,
奉傳聖旨, 住持永寧禪寺, 開堂演法. 戊子
東還, 掛錫于三角山重興寺. 尋徃龍門山,
結一庵, 額曰小雪. 戊午冬, 示寂放舍利玄
陵, 賜謚圓證國師, 樹塔于重興寺之東, 以
藏舍利. 玄陵, 卽恭愍王陵也.

삼개(三箇) 꾄 세 (마리). ⇔세ㅎ. 《朴新
諺 2, 22ㅎ》我赶着一百匹馬, 내 一百 匹
몰을 모라……《朴新諺 2, 23ㅈ》又不見了
三箇, 쏘 세흘 일코.

삼경(三更) 몡 하룻밤을 오경(五更)으로
나눈 셋째 부분. 밤 11시에서 새벽 1시
사이이다. 《集覽, 朴集, 下, 1ㅈ》三更前
後. 言前後者, 未能定稱的時而云然也.
《朴新諺 1, 34ㅎ》我每每半夜三更到他家
門上尋他, 내 미양 半夜 三更에 제 집 문
에 가 져롤 춧자. 《朴新諺 3, 8ㅈ》不料前
日三更前後被賊進來, 혜아리지 아닌 그
젓픠 三更은 ㅎ여 도적이 드러와.

삼계(三界) 몡 〈불〉 중생(衆生)이 생사(生
死) 왕래하는 세 가지 세계. 곧, 욕계(欲
界)・색계(色界)・무색계(無色界). 《集
覽, 朴集, 中, 4ㅎ》梵王帝釋. 有欲界・色
界・無色界爲三界. 欲界有四洲・四惡趣
・六欲天, 帝釋爲欲界主. 色界有四禪・
十八梵天, 梵王爲色界主. 無色界有四空
天. 《集覽, 朴集, 下, 4ㅎ》羅天. 謂覆盖萬
天, 羅絡三界, 極高無上, 故稱大羅. 三淸

五境三十六天, 謂之大羅, 四方四梵三十二天, 謂之中羅, 其欲色三界三十八天, 謂之小羅, 總〈総〉謂之羅天三界.《朴新諺 3, 22ㅈ》一日先生做羅天大醮(朴新注, 52ㅈ: 道經云, 覆盖萬天, 羅絡三界, 極高無上, 謂之大羅. 天醮, 祭名, 祭於星辰曰醮.), 一日에 先生이 羅天大醮를 ᄒᆞ더니.

삼공(三公) 图 중국에서 최고의 관직에 있으면서 천자(天子)를 보좌하던 세 벼슬. 주대(周代)에는 태사(太師)·태부(太傅)·태보(太保)가 있었고, 진(秦)·전한대(前漢代)에는 승상(丞相)·태위(太尉)·어사대부(御史大夫), 또는 대사마(大司馬)·대사공(大司空)·대사도(大司徒)가 있었으며, 후한(後漢)·당(唐)·송대(宋代)에는 태위(太尉)·사도(司徒)·사공(司空)이 있었다.《集覽, 朴集, 上, 7ㅈ》三台. 周禮疏, 上台司命〈令〉爲太尉, 中台司中爲司徒, 下台司祿爲司空, 三公之象.《集覽, 朴集, 下, 8ㅎ》五箇鋪馬. 按禮, 天子六馬, 左右驂, 三公·九卿駟馬, 左驂.《集覽, 朴集, 下, 10ㅎ》太師太保. 元以太師·太傅·太保爲三師, 以太尉·司徒·司空爲三公. 漢·唐舊〈旧〉制也.

삼기다 图 생기다. ⇔생(生).《朴新諺 1, 44ㅈ》那女孩兒又生的十分美貌, 뎌 새각시 ᄯᅩ 삼긴 거시 ᄀᆞ장 고은 얼굴이니.《朴新諺 2, 1ㅎ》一箇赤色馬雖生的十分可愛, ᄒᆞᆫ 절ᄯᅡ물이 비록 삼긴 거시 ᄀᆞ장 고으나.

삼다 图 삼다. 여기다. 간주하다. ●⇔간성(看成).《集覽, 字解, 累字解, 2ㅎ》看成. 보숣피다. 又기르다. 又삼다. ●⇔위(爲).《朴新諺 1, 7ㅎ》有酒有花以爲眼前之樂, 술을 두고 곳츨 두어 眼前에 즐기믈 삼는다 ᄒᆞ고.《朴新諺 2, 19ㅎ》立此爲照, 이를 셰워 보람을 삼노라.《朴新諺 2, 20ㅈ》以爲日後之憑據就是了, ᄢᅥ 日後의 憑據를 삼으미 올흐니.《朴新諺 2,

45ㅈ》恐後無憑立此爲照, 後에 의빙홈이 업슬가 저허 이를 셰워 보람을 삼노라.《朴新諺 3, 17ㅎ》何必以多爲貴呢, 엇지 반듯이 만홈으로 ᄢᅥ 貴홈을 삼으리오.《朴新諺 3, 23ㅎ》卽拜贏的爲師傅, 곳 이긔ᄂᆞᆫ 이를 拜ᄒᆞ여 스승을 삼쟈. ●⇔주(做).《朴新諺 1, 2ㅈ》做酒樏子, 酒樏子를 삼쟈.《朴新諺 1, 55ㅎ》要尋一箇好婦人做妳子哩, ᄒᆞᆫ 됴흔 계집을 어더 졋어미를 삼고져 ᄒᆞᄂᆞ니.《朴新諺 2, 37ㅈ》近來在一箇財主人家招做了女壻, 요ᄉᆞ이 ᄒᆞᆫ 財主 人家에서 사회를 삼으니.

삼대(三代) 图 중국 상대(上代)의 하(夏)·은(殷)·주(周)의 세 왕조.《集覽, 朴集, 上, 9ㅎ》漢子. 泛稱〈称〉男兒曰漢, 又指婦女之夫曰漢子. 事物紀原云, 三代以降, 有國號者至多, 獨以漢爲名者, 取兩漢之盛.

삼도(三塗) 图 〈불〉 악인(惡人)이 죽어서 가는 세 가지의 괴로운 세계. 곧, 지옥도(地獄塗)·축생도(畜生塗)·아귀도(餓鬼塗).《集覽, 朴集, 中, 5ㅈ》三塗. 餓鬼塗·畜生塗·地獄塗.《朴新諺 2, 29ㅎ》隨相現相救苦難於三塗(朴新注, 33ㅎ: 隨相現相, 隨其衆生之相, 皆現其相而住救焉. 三塗, 餓鬼塗·畜生塗·地獄塗.), 相을 조차 相을 뵈아 苦難을 三途에 救ᄒᆞᄂᆞᆫᄯᅩ다.

삼독(三毒) 图 〈불〉 사람의 깨달음을 해치는 세 가지 번뇌(煩惱). 욕심[貪]·성냄[瞋]·어리석음[癡]을 독에 비유하여 이르는 말이다.《集覽, 朴集, 上, 10ㅈ》袈裟. 華嚴云, 着袈裟者, 捨離三毒. 戒壇云, 五條下衣, 斷〈断〉貪身也, 七條中衣, 斷〈断〉瞋口也, 大衣上衣, 斷痴心也.《集覽, 朴集, 下, 3ㅈ》貪嗔癡. 卽三毒也. 又曰三業.《朴新諺 3, 14ㅈ》因你貪嗔癡三毒(朴新注, 49ㅈ: 大智論云, 有利益我者生貪欲, 有違逆我者生嗔恚. 不從智生, 從狂惑生, 是爲癡, 一切煩惱之根本. 三毒亦

曰三業.)不離於信, 네 貪嗔癡 三毒이 몸
에 떠나지 아니믈 因호여.

삼량(三兩) 관 두세[二三]. ⇔두세. 《朴新
諺 1, 11ㅎ》假如三兩年內倒了, 만일 두
세 히 안히 믄허지거든.

삼만위(三萬衛) 명 명대(明代)에 두었다.
원대(元代)에는 개원로(開元路)라 하였
다. 소재지는 요령성(遼寧省) 개원현(開
元縣)의 현성(縣城)에 있었다. 《集覽, 朴
集, 上, 4ㅈ》開元. 遼誌云, 本肅愼氏地,
虞舜時高麗有其地, 周時爲荒服, 元設開
元路, 元末屬納哈出, 今設三萬衛, 又設遼
海衛.

삼매(三昧) 명 〈불〉 잡념을 떠나서 오직
하나의 대상에만 정신을 집중하는 경지
(境地). 《集覽, 朴集, 中, 4ㅈ》智滿十身.
本覺爲知, 始覺爲智. 滿, 備也. 十身有調
御. 十身, 曰無着, 曰弘願, 曰業報, 曰住
持, 曰涅槃, 曰淨法, 曰眞心, 曰三昧, 曰道
性, 曰如意. 有內十身, 曰菩提, 曰願, 曰
化, 曰力持, 曰莊嚴, 曰威勢, 曰意生, 曰福
德, 曰法, 曰智. 有外十身, 曰自, 曰衆生,
曰國土, 曰業報, 曰聲聞, 曰圓覺, 曰菩薩,
曰智, 曰法, 曰虛空.

삼목(杉木) 명 삼(杉)나무. (낙우송과(落
羽松科)의 상록 교목) 《集覽, 朴集, 中,
7ㅎ》取燈兒〈取燈〉. 宋陶學士淸異錄云,
夜有急, 苦於作燈之緩, 批杉木條染硫黃,
一與火遇, 得燄必速, 呼爲引光奴.

삼반산(三盤山) 명 전반산(田盤山)의 다
른 이름. 산에 상반(上盤)・중반(中盤)
・하반(下盤)이 있어 붙여진 이름이다.
《朴新諺 2, 38ㅈ》有箇山名爲田盤山, 혼
山이 이시되 일홈을 田盤山이라 ᄒᆞ니.
眞箇奇妙, 진실로 奇妙ᄒᆞ더라. 那山有上
盤・中盤・下盤, 뎌 山에 上盤・中盤・
下盤이 이시매. 又名三盤山, ᄯᅩ 일홈을
三盤山이라 ᄒᆞ니.

삼보(三寶) 명 〈불〉 불보(佛寶)・법보(法
寶)・승보(僧寶)를 통틀어 이르는 말.

《集覽, 朴集, 下, 3ㅈ》三寶. 佛・法・僧
也. 功成妙智, 道登圓覺, 佛也, 玄理幽微,
正敎精誠, 法也, 禁戒守眞, 威儀出俗, 僧
也. 《朴新諺 3, 14ㅈ》不信佛法不尊三寶
(朴新注, 49ㅎ: 佛・法・僧曰三寶. 功成
妙智, 道登圓覺, 佛也, 玄理幽微, 正敎精
誠, 法也, 禁戒守眞, 威儀出俗, 僧也. 故曰
寶.), 佛法을 信치 아니ᄒᆞ고 三寶를 尊치
아니ᄒᆞ니.

삼사(三事) 명 세 벌. 《集覽, 朴集, 上, 16
ㅈ》傳衣鉢. 書言故事云, 傳授佛法, 謂之
傳衣鉢. 衣, 卽袈裟三事衣也, 鉢, 應供器
也. 詳見上. 《朴新諺 2, 9ㅎ》傳與他衣鉢
(朴新注, 26ㅈ: 傳授佛法, 謂之傳衣鉢.
衣, 卽袈裟三事衣也, 鉢, 應供器也.), 뎌
의게 衣鉢을 젼ᄒᆞ여 주니.

삼사(三師) 명 북위(北魏) 이후 태사(太
師)・태부(太傅)・태보(太保)를 통틀어
이르던 말. 《集覽, 朴集, 下, 10ㅎ》太師
太保. 元以太師・太傅・太保爲三師, 以
太尉・司徒・司空爲三公. 　漢・唐舊
〈旧〉制也.

삼사개(三四箇) 주 서너 (명). ⇔서너ᄒ.
《朴新諺 1, 40ㅎ》弟兄三四箇守着停柱坐,
弟兄 서너히 기동을 딕희여 안잣는 거시
여.

삼선(三鮮) 명 (물고기・조개・새우, 또
는 닭・오리・거위와 같은) 유사한 세
가지가 모여 이루어진 음식 재료. 또는
그것으로 만든 음식. 《集覽, 朴集, 上, 3
ㅎ》鮮湯. 質問云, 魚・蛤・蠏三味合爲一
羹, 或鷄・鴨・鵝〈鵞〉三味合爲羹, 方言
俱謂之三鮮湯. 又云〈言〉, 以羊腸・豆粉
做假蓮蓬・假茨菰・假合呑魚, 謂之三
鮮. 今按, 合呑魚恐是河豚魚之誤, 然亦未
詳.

삼선탕(三鮮湯) 명 삼선(三鮮)의 재료를
써서 만든 국. 《集覽, 朴集, 上, 3ㅎ》鮮
湯. 質問云, 魚・蛤・蠏三味合爲一羹, 或
鷄・鴨・鵝〈鵞〉三味合爲羹, 方言俱謂之

三鮮湯. 又云〈言〉, 以羊腸・豆粉做假蓮蓬・假茨菰・假合呑魚, 謂之三鮮. 今按, 合呑魚恐是河豚魚之誤, 然亦未詳.

삼세불(三世佛) 圐 〈불〉 삼세제불(三世諸佛). 과거불(過去佛)・현재불(現在佛)・미래불(未來佛)을 통틀어 이르는 말. 《集覽, 朴集, 上, 10ㅎ》齋飯. 請觀音經疏云, 齋者, 齊也, 齊身口業. 佛氏日中而食, 瓶沙王問, 佛, 何故日中食. 答〈荅〉云, 早起諸天食, 日中三世佛食, 日西畜生食, 日暮鬼神食.

삼세여래(三世如來) 圐 〈불〉=삼세불(三世佛). 《集覽, 朴集, 下, 1ㅈ》三尊佛. 過去佛・現在佛・未來佛爲三尊佛也, 亦曰三世如來.

삼슈 圐 삼슈氵. 한자 부수(部首)의 이름. ⇔삼점수(三點水). 《朴新諺 2, 48ㅈ》三點水傍着箇草頭底下着箇雨字便是, 삼슈변에 草頭 ᄒ고 아리 雨字 ᄒ 거시 곳이라.

삼승교법(三乘敎法) 圐 〈불〉 중생을 열반에 이르게 하는 부처의 세 가지 교법(敎法). 곧, 성문승(聲聞乘: 羊車, 小乘)・연각승(緣覺乘: 鹿車, 中乘)・보살승(菩薩乘: 牛車, 大乘). '乘'은 물건을 실어 나르는 수레라는 뜻이다. 《集覽, 朴集, 下, 5ㅈ》金頭揭地・銀頭揭地・波羅僧揭地. 西遊記云, 釋迦牟尼佛在靈山雷音寺演說三乘敎法, 傍有侍奉阿難・伽舍諸菩薩・聖僧・羅漢・八金剛・四揭地・十代明王・天仙・地仙. 觀此則揭地神名, 然未詳何神.

삼신산(三神山) 圐 중국 전설에 나오는 봉래산(蓬萊山)・방장산(方丈山)・영주산(瀛洲山)을 통틀어 이르는 말. 발해(渤海) 가운데 있으며 신선이 산다고 한다. 《朴新諺 2, 5ㅎ》一望去又是蓬萊(朴新注, 24ㅎ: 三神山之一, 在海上.)仙島一般, ᄇ라매 ᄯ 이 蓬萊 仙島와 ᄒ가지오.

삼십 圐 삼십(三十). ⇔삼십(三十). 《集覽,

字解, 單字解, 6ㅈ》多. 多少 언메나. 又許多 하나한. 又餘也. 三十里多地 삼십 리 나믄 ᄯ. 吏語, 多餘. 又過也. 有甚麼多處 므스기 너믄 고디 이시리오. 又重也. 므스기 앗가온 고디 이시리오.

삼십(三十) 관 ●삼십. ⇔삼십. 《集覽, 字解, 單字解, 6ㅈ》多. 多少 언메나. 又許多 하나한. 又餘也. 三十里多地 삼십 리 나믄 ᄯ. 吏語, 多餘. 又過也. 有甚麼多處 므스기 너믄 고디 이시리오. 又重也. 므스기 앗가온 고디 이시리오. 《朴新諺 2, 1ㅈ》我情愿費三十兩價銀, 내 情愿으로 三十兩 갑 銀을 허비ᄒ려 ᄒ노라. ●서른. ⇔셜흔. 《朴新諺 1, 1ㅎ》約有三十多箇, 셜흔 나믄 이 이실 ᄯᆺᄒ니. 《朴新諺 3, 56ㅎ》三十二歲了, 셜흔 둘이라.

삼십육천(三十六天) 圐 도교에서, 신선이 산다는 36개의 하늘. 곧, 욕계 육천(欲界六天)・색계 십팔천(色界十八天)・무색계 사천(無色界四天)・사범천(四梵天)・삼청천(三淸天)・대라천(大羅天). 《集覽, 朴集, 下, 4ㅎ》羅天. 謂覆盖萬天, 羅絡三界, 極高無上, 故稱大羅. 三淸五境三十六天, 謂之大羅, 四方四梵三十二天, 謂之中羅, 其欲色三界三十八天, 謂之小羅, 緫〈緫〉謂之羅天三界.

삼십이상(三十二相) 圐 〈불〉 부처가 범인(凡人)과 다른 32가지의 신체적 특징. 보통 사람이 이것을 갖춘다면 대국왕(大國王)이 된다고 한다. 《集覽, 朴集, 中, 6ㅈ》齒排柯雪. 佛三十二相, 有四十齒相, 有齒白淨相, 有齒齊密相.

삼십이응(三十二應) 圐 〈불〉 관음(觀音)이 중생(衆生)을 제도(濟度)하기 위하여 변화한 32가지의 몸. 《集覽, 朴集, 中, 4ㅎ》童男童女. 觀音現三十二應, 曰佛身, 曰辟支〈支〉, 曰圓覺, 曰聲聞, 曰梵王, 曰帝釋, 曰自在天, 曰大自在天, 曰天大將軍, 曰四天王, 曰四天太子, 曰人王, 曰長者, 曰居士, 曰宰官, 曰婆羅門, 曰比丘, 曰比

丘尼, 曰優婆塞, 曰優婆夷, 曰女主, 曰童
男, 曰童女, 曰天身, 曰龍身, 曰藥叉, 曰乾
達婆, 曰阿脩羅, 曰緊那羅, 曰摩睺羅, 曰
樂人, 曰非人.

삼십이천(三十二天) 몡 〈불〉 소승(小乘)
에서 이르는 욕계 십천(欲界十天)·색
계 십팔천(色界十八天)·무색계 사천
(無色界四天)을 통틀어 이르는 말. 《集
覽, 朴集, 下, 4ㅎ》羅天. 謂覆盖萬天, 羅
絡三界, 極高無上, 故稱大羅. 三淸五境三
十六天, 謂之大羅, 四方四梵三十二天, 謂
之中羅, 其欲色三界三十八天, 謂之小羅,
總〈総〉謂之羅天三界.

삼써울 몡 삼거웃. (석회와 함께 벽을 바
르는 데 쓰는) 삼 부스러기. ⇔마도(麻
刀). 《朴新諺 3, 10ㅈ》這麼快買石灰麻刀
去, 이러면 밧비 회와 삼써울을 사라 가
라. 《朴新諺 3, 10ㅎ》把那麻刀拌勻着, 뎌
삼써울을다가 버무려 고로게 ᄒ고.

삼야(三夜) 몡 세 밤. 사흘 밤. 《朴新諺 2,
10ㅈ》聽說只得三日三夜就圓滿了, 드르
니 그저 三日 三夜룰 ᄒ여야 곳 圓滿ᄒ니.

삼업(三業) 몡 〈불〉 몸과 입과 마음의 세
가지 욕심으로 인하여 저지르는 죄업
(罪業). 곧, 신업(身業)·구업(口業)·의
업(意業). 《集覽, 朴集, 中, 4ㅈ》理圓四
德. 生死爲常, 不受二邊爲樂, 具入自在爲
我, 三業淸淨爲淨. 《集覽, 朴集, 下, 3ㅈ》
貪嗔癡. 卽三毒也. 又曰三業. 《朴新諺 3,
14ㅈ》因你貪嗔癡三毒(朴新注, 49ㅈ: 大
智論云, 有利益我者生貪欲, 有違逆我者
生嗔恚. 不從智生, 從狂惑生, 是爲癡, 一
切煩惱之根本. 三毒亦曰三業.)不離於信,
네 貪嗔癡 三毒이 몸에 쩌나지 아니믈
因ᄒ여.

삼왕(三王) 몡 중국 고대의 세 임금. 곧,
하(夏)나라의 우왕(禹王), 은(殷)나라의
탕왕(湯王), 주(周)나라의 문왕(文王).
《集覽, 朴集, 上, 14ㅈ》官裏. 呼皇帝爲官
家, 亦曰官裏. 五帝官天下·三王家天下,

故云耳〈三王家天下故耳〉.

삼월(三月) 몡 한 해 열두 달 가운데 셋째
달. 《集覽, 朴集, 上, 6ㅎ》鶴兒. 卽紙鳶.
今漢俗呼爲風罾, 亦曰風禽, 又號爲〈又
號〉紙鶴兒. 質問云, 風旗也. 乃小兒三月
放爲風箏〈罾〉, 八月放爲紙鶴也.

삼의(三衣) 몡 〈불〉 세 가지의 가사(袈
裟). 곧, 승가려(僧伽黎: 의식용 가사)·
울다라승(鬱多羅僧: 上衣)·안타회(安
陀會: 下衣). 《集覽, 朴集, 上, 10ㅈ》袈裟.
反(飜)譯名義云, 袈裟是外國三衣之名. 或
名離塵服, 由斷〈断〉六塵故, 或名消瘦服,
由斷煩惱故, 或名無垢衣.

삼일(三日) 몡 세 날. 사흘. 《朴新諺 2, 10
ㅈ》聽說只得三日三夜就圓滿了, 드르니
그저 三日 三夜롤 ᄒ여야 곳 圓滿ᄒ니.
《朴新諺 3, 53ㅈ》不過三日之內, 三日 안
에 지나지 못ᄒ여.

삼장(三藏) 몡 =삼장(三藏). '藏'은 '藏'과
같다. 《雲笈七籤 111》戢此靈鳳羽, 藏我
華龍鱗. 《朴新諺 3, 8ㅎ》當時唐三藏(朴
新注, 47ㅈ: 唐僧, 陳偉(玄)奘. 奉勅徃西
天, 取三藏經而來, 故號三藏.)師傅, 그 째
에 唐三藏 師傅ㅣ. 《朴新諺 3, 21ㅈ》唐三
藏西遊記(朴新注, 52ㅈ: 錄唐三藏西天取
經時事.), 唐三藏의 西遊記를 사쟈. 《朴
新諺 3, 21ㅎ》那唐三藏引着孫行者, 뎌 唐
三藏이 孫行者룰 드리고. 《朴新諺 3, 23
ㅈ》三藏道貧僧是東土人, 三藏이 니ᄅ되
貧僧은 이 東土ㅅ 사룸이라. 《朴新諺 3,
25ㅎ》三藏說是一箇桃核, 三藏이 니ᄅ되
이 흔 복셩화 삐라 ᄒ니.

삼장(三藏) 몡 ●삼장법사(三藏法師)의
준말. 《朴新諺 3, 8ㅎ》當時唐三藏(朴新
注, 47ㅈ: 唐僧, 陳偉(玄)奘. 奉勅徃西天,
取三藏經而來, 故號三藏.)師傅, 그 째에
唐三藏 師傅ㅣ. 《朴新諺 3, 21ㅈ》唐三藏
西遊記(朴新注, 52ㅈ: 錄唐三藏西天取經
時事.), 唐三藏의 西遊記를 사쟈. 《朴新
諺 3, 21ㅎ》那唐三藏引着孫行者, 뎌 唐三

藏이 孫行者를 드리고.《朴新諺 3, 23ㅈ》
三藏道貧僧是東土人, 三藏이 니르되 貧
僧은 이 東土人 사롬이라.《朴新諺 3, 25
ㅎ》三藏說是一箇桃核, 三藏이 니르되
이 혼 복성화 삐라 ᄒᆞ니. ❷〈불〉 경장
(經藏)・율장(律藏)・논장(論藏)의 세
가지 불서(佛書)를 통틀어 이르는 말.
《集覽, 朴集, 下, 1ㅈ》唐三藏法師〈三藏〉.
三藏, 經一藏, 律一藏, 論一藏.《集覽, 朴
集, 下, 1ㅈ》西天取經去. 西遊記云, 昔釋
迦牟尼佛在西天靈山雷音寺, 撰成經・律
・論三藏金經, 須送東土, 解度郡〈羣〉迷.
問諸菩薩, 徃東土尋取經人來.

삼장법사(三藏法師) 뗑 당(唐)나라 현장
(玄奘)을 달리 이르는 말.《集覽, 朴集,
下, 1ㅈ》唐三藏法師〈三藏〉. 俗姓陳, 名
偉, 洛州緱氏縣人也, 號玄奘法師. 貞觀三
年, 奉勅徃西域, 取經六百卷而來, 仍呼爲
三藏法師. 三藏, 經一藏, 律一藏, 論一藏.
曰脩多羅, 卽阿難聖衆結集爲經. 曰毗奈
耶, 一曰毗尼, 卽優波尊者結集爲律. 曰阿
毗曇, 卽諸大菩薩衍而爲論. 藏, 卽包含攝
持之義. 非藏無以積錢財, 非藏無以蘊文
義, 謂攝一切所應知義, 無令分散, 故名爲
藏也.《集覽, 朴集, 下, 1ㅎ》證果金身. 言
果報者, 觀經疏云, 行眞實法感得勝報也.
又修善得善果, 作惡得惡報, 謂之果報. 又
生時所作善惡謂之因, 他日報應謂之果.
謂證果者, 如三藏法師取經東還, 化爲栴
檀佛如來.《集覽, 朴集, 下, 4ㅈ》西遊記.
三藏法師徃西域取經六百卷而來, 記其徃
來始末爲書, 名曰西遊記. 詳見上.

삼점수(三點水) 뗑 삼슈〉. 한자 부수(部
首)의 이름. ⇔삼슈.《朴新諺 2, 48ㅈ》三
點水傍着箇草頭底下着箇雨字便是, 삼슈
변에 草頭 ᄒᆞ고 아리 雨字 혼 거시 곳
이라.

삼조(三朝) 뗑 사흘. 또는 사흘 동안. ⇔
사흘.《朴新諺 1, 54ㅎ》到三朝請老娘來,
사흘에 다ᄃᆞ라 老娘을 請ᄒᆞ여 와.

삼존불(三尊佛) 뗑 〈불〉 과거불(過去佛)
・현재불(現在佛)・미래불(未來佛)을
통틀어 이르는 말. 곧, 과거・현재・미
래에 출현하는 모든 부처.《集覽, 朴集,
下, 1ㅈ》三尊佛. 過去佛・現在佛・未來
佛爲三尊佛也, 亦日三世如來.《集覽, 朴
集, 下, 9ㅈ》一尊佛. 解見三尊佛下.《朴
新諺 3, 8ㅈ》我曾塑了三尊佛(朴新注, 47
ㅈ: 過去佛・現在佛・未來佛), 내 일즉
三尊佛을 민드라.

삼천세계(三千世界) 뗑 〈불〉 삼천대천세
계(三千大千世界). 소천(小千)・중천(中
千)・대천(大千)의 세 종류의 천세계(千
世界)로 이루어진 세계. 이 끝없는 세계
가 부처 하나가 교화(敎化)하는 범위라
고 한다.《集覽, 朴集, 上, 10ㅎ》布施. 捨
施也, 財施爲凡, 法施爲聖. 凡布施, 必以
滿三千世界, 七寶〈宝〉爲求福之具, 財施
也. 此住相布施. 菩薩布施, 但一心淸
淨, 利益一切, 爲大施主, 法施也. 此不住
相布施.

삼청(三淸) 뗑 도교에서 이르는 세 신
(神). 곧, 옥청 원시천존(玉淸元始天尊)
・상청 옥신도군(上淸玉晨道君)・태청
태상노군(太淸太上老君). 또는 선인이
산다는 곳인 옥청(玉淸)・상천(上淸)・
태청(太淸)의 세 궁관(宮觀).《集覽, 朴
集, 下, 4ㅎ》三淸. 道經云, 無上大羅. 玉
淸, 十二天聖境也, 九聖所居, 元始天尊所
治. 上淸, 十二天眞境也, 九眞所居, 玉晨
道君所治. 太淸, 十二天仙境也, 九仙所居,
太上老君所治. 謂之三淸.《集覽, 朴集,
下, 4ㅎ》羅天. 謂覆盖萬天, 羅絡三界, 極
高無上, 故稱大羅. 三淸五境三十六天, 謂
之大羅, 四方四梵三十二天, 謂之中羅, 其
欲色三界三十八天, 謂之小羅, 緫〈総〉謂
之羅天三界.《朴新諺 3, 22ㅈ》起盖三淸
(朴新注, 52ㅈ: 玉淸・上淸・太淸, 謂之
三淸. 元始天尊・玉晨道君・太上老君分
居之.)大殿, 三淸 大殿을 지어.

삼촌(三寸) 명 세 치[寸].《朴新諺 3, 44ㅎ》三寸氣在千般有, 三寸 긔운이 이시매 千가지 잇더니. 一日無常萬事休, 一日에 쩟쩟홈이 업스매 萬事ㅣ 休혼다 홈이로다.

삼태(三台) 명 삼태성(三台星). (큰곰자리에 있는 상태성(上台星)·중태성(中台星)·하태성(下台星)을 통틀어 이르는 말)《集覽, 朴集, 上, 7ㅈ》三台. 三台, 星名. 在天爲六座, 名天階, 亦曰泰階, 太上升降之道也. 事文類聚云, 上階爲天子, 中階爲諸侯·公卿·大夫, 下階爲士·庶人. 三階平則陰陽和, 風雨時, 天下大安. 周禮疏, 上台司命〈肏〉爲太尉, 中台司中爲司徒, 下台司祿爲司空, 三公之象.《朴新諺 1, 21ㅎ》那三台板却做得好, 뎌 三台돈은 민둘기롤 잘ᄒ엿고.

삼품(三品) 명 문무관 품계의 셋째. 정삼품(正三品)과 종삼품(從三品)의 구별이 있다.《集覽, 朴集, 中, 2ㅈ》令史. 在京六部及三品衙門, 在外各衛及都布按三司俱有令史, 驛史則無令史之稱.《朴新諺 2, 24ㅈ》是小弟昨日在張少卿(朴新注, 31ㅈ: 太常寺·大理寺·光祿寺·太僕寺有卿·少卿, 俱三品.)家慶賀筵席上, 올흐니 小弟 어제 張少卿의 집 慶賀 筵席에서.

삼하현(三河縣) 명 당대(唐代)에 순천부(順天府) 동쪽 70리 지역에 두었다. 현부근에 칠도(七渡)·포구(鮑丘)·임구(臨泃)의 세 강이 있어 붙여진 이름이다.《集覽, 朴集, 中, 2ㅎ》三河縣. 在順天府東七十里, 以地近七渡·鮑丘·臨泃〈沟〉三水, 故名. 直隷通州.《朴新諺 2, 22ㅎ》到三河縣(朴新注, 30ㅈ: 在順天府東七十里, 以地近七渡·鮑丘·臨沟三水, 故名.), 三河縣에 다드라.

삼한(三韓) 명 본래는 삼국(三國) 시대 이전에 우리나라 남쪽에 있었던 마한(馬韓)·진한(辰韓)·변한(弁韓) 세 나라의 총칭이었으나, 마한에서 백제(百濟), 진한에서 신라(新羅), 변한에서 가야국(伽倻國)이 일어났기 때문에, 전의되어 우리나라를 이르는 말로도 쓰였다.《集覽, 朴集, 下, 13ㅈ》都松岳郡〈松岳郡〉. 時新羅監干八元善風水, 到扶蘇郡, 見扶蘇山形勝而童, 告康忠曰, 若移郡山南, 植松使不露巖〈岩〉石, 則統合三韓者出矣.

삼화(糝和) 동 함께 넣어 섞다.《集覽, 朴集, 下, 6ㅈ》餅餹. 質問云, 將菉豆粉糝和粘穀米, 着水浸濕, 用石磨磨, 細杓兒盛在鍋內, 一撮一撮煎熟而食.

삽(揷) 동 꽂다. ●⇔꽂다.《朴新諺 2, 31ㅈ》還要把那箭俗裏揷十根箭, 쏘 뎌 살동개에다가 열 낫 살 쏫고. 弓俗裏揷一張弓, 활동개에 혼 쟝 활 쏫고. ●⇔꽃다.《朴新諺 2, 41ㅎ》揷在門拴孔裏, 門빗쟝 굼게 쏘즈라.

삽아(霎兒) 回 번. 차례. 회. ⇔주슴스시.《集覽, 字解, 累字解, 2ㅎ》一霎兒. 혼 주슴스시.

삽호(揷葫) 명 호리병박. ⇔즈르박.《集覽, 朴集, 中, 7ㅈ》揷葫. 質問云, 如葫蘆, 長一二尺者, 方言謂之揷葫.《朴新諺 2, 40ㅈ》種些冬瓜, 져기 동화와. 西瓜, 슈박과. 甜瓜, 춤외와. 揷葫(朴新注, 37ㅎ: 質問云, 如葫蘆, 長一二尺者, 方言謂之揷葫. 農家種田時, 盛種子于其中, 以播地.), 즈르박과. 稍瓜, 수세외와. 黃瓜, 외와. 茄子等類, 가지들을 심으라.

삿ㄱ 명 삿. 삿자리. ⇔석자(席子).《朴新諺 2, 20ㅎ》就買他些木料席子, 이믜셔 뎌 木料와 삿글 사.

삿갓 명 삿갓. ⇔약립(簽笠).《朴新諺 1, 36ㅎ》從今日准備簽笠瓦鉢, 오늘브터 삿갓과 에유아리롤 准備ᄒ여.

상 명 상(床). ●⇔탁(卓).《朴新諺 1, 6ㅈ》先把椅桌分開擺之了, 몬져 교의와 상을 논화 버리고. ●⇔탁자(卓子).《朴新諺 2, 21ㅈ》還有羅鍋, 쏘 노고와. 柳箱, 섥과. 灑子, 드레와. 碗楪, 사발 접시와. 匙筯, 수져와. 鴈杓, 나모쥬게와. 葦籬, 됴

리와. 炊箒, 솔과. 擦床兒, 슈치칼과. 簸(簸)箕, 키와. 篩子, 얼밍이와. 馬尾羅, 물총체와. 桌子, 상과. 盤子, 盤과. 茶盤, 찻반과. 燈臺, 燈臺와. 酒種, 잔과. 酒鱉, 쥬벼ᄋ와. 銅杓, 놋쥬게 이시니. 《朴新諺 3, 43ㅎ》大門外放一張桌子, 큰 門 밧긔 ᄒᆞᆫ 상을 노코.

상 의 상(床). ⇔상(卓). 《朴新諺 1, 1ㅎ》辦幾桌賞花筵席, 여러 상 賞花 筵席을 ᄎᆞ려. 《朴新諺 1, 53ㅈ》賭一桌筵席罷, ᄒᆞᆫ 상 이바지를 더너쟈.

상(上) 동 **1**❶나다. 또는 오르다. ⇔나다. 《朴新諺 1, 50ㅈ》恐市上出不上價錢哩, 져지셔 갑시 나지 아닐가 ᄒᆞ노라. ❷올리다. 드리다. ⇔올리다. 《朴新諺 1, 4ㅎ》這四摞先上, 이 네 가지를 몬져 올리고. 然後再上四大碗四中碗, 그린 후에 또 네 大碗과 네 中碗을 올리되. 《朴新諺 1, 5ㅈ》還要上三道粉湯, 당시롱 세 가지 粉湯을 올릴 거시오. 《朴新諺 1, 6ㅎ》然後再上飯菜, 그린 후에 또 반찬 올리고. 《朴新諺 3, 51ㅎ》為此上告, 이를 위ᄒᆞ여 告홈을 올리ᄂᆞ이다. ❸배우다. 또는 (규정된 시간에) 어떤 활동을 하다. ⇔비호다. 《朴新諺 1, 48ㅎ》就上生書念一會, 이믜셔 새 글 비화 ᄒᆞᆫ 디위 닑고. **2**❶(위로) 오르다. ⇔오르다. 《朴新諺 3, 24ㅈ》各上禪床坐乞分毫不動, 각각 禪床에 올라 안저 定ᄒᆞ고 分毫도 動치 마라. 《朴新諺 3, 48ㅈ》等候那地氣上申的時節, 뎌 地氣 올라 펴질 ᄯᅢ를 기ᄃᆞ리더니. ❷(위로) 올리다. ⇔올리다. 《朴新諺 3, 6ㅎ》把我的銀鼠皮襖上的貂鼠袖, 내 銀鼠皮 갓옷세 올린 쵸피 ᄉᆞ매를다가. 《朴新諺 3, 22ㅎ》王請唐僧上殿, 王이 唐僧을 請ᄒᆞ여 殿에 올린대. **3**❶타다[乘]. ⇔ᄐᆞ다. 《朴新諺 2, 2ㅈ》一會兒就出來上馬, ᄒᆞᆫ 지위만 ᄒᆞ면 곳 나와 몰을 ᄐᆞ리라. 上馬往那裏去, 몰을 ᄐᆞ면 어ᄃᆡ를 향ᄒᆞ여 갈러뇨. 《朴新諺 2, 4ㅈ》便上馬出來了, 곳 몰을 ᄐᆞ고 나오와. 《朴新諺 2, 18ㅎ》小廝們也一面打疊背包上馬, 아ᄒᆡ 놈들도 一面으로 질 짐을 가혀 몰을 ᄐᆞ라. 《朴新諺 2, 49ㅈ》便上馬跟老爺, 곳 몰 ᄐᆞ고 老爺를 ᄯᆞ라. 《朴新諺 3, 18ㅈ》直到日平西纔得上馬回家, 바로 ᄒᆡ 西에 거집애 다ᄃᆞ라 계요 몰 ᄐᆞ고 집의 도라오ᄂᆞ니라. ❷태우다[乘]. ⇔틔오다. 《朴新諺 3, 58ㅈ》叫衆將軍們服侍上馬, 여러 將軍들을 불러 뫼셔 몰 틔오고.

상(上) 명 **1**위. ❶⇔우. 《朴新諺 3, 53ㅎ》好到各處橋上墻角頭貼去, 各處 ᄃᆞ리 우와 담 모롱이에 부치라 가게 ᄒᆞ고. ❷⇔우ㅎ. 《朴新諺 1, 9ㅎ》直滾過蘆溝橋上獅子頭了, 바로 蘆溝橋 우희 獅子 머리롤 줌가 넘어. 《朴新諺 1, 37ㅎ》把小肚皮上使一針, 져근비 우희다가 ᄒᆞᆫ 번 針 주고. 《朴新諺 2, 5ㅎ》再看那閣前水面上, 다시 뎌 閣 앏 물 우흘 보니. 《朴新諺 2, 11ㅈ》赤條條的仰面臥在桌上, 벌거케 올올이 탁ᄌᆞ 우희 쟛바누어. 《朴新諺 2, 29ㅎ》結草廬於香山之上, 草廬롤 香山 우희 지엇ᄯᅩ다. 《朴新諺 2, 38ㅎ》山頂上有一小池, 山頂 우희 ᄒᆞᆫ 져근 못이 이시니. 《朴新諺 3, 12ㅈ》那藥舖門首槓子上, 뎌 藥舖 門 앏 궤 우희. 《朴新諺 3, 18ㅈ》案上又堆着許多案件, 셔안 우희 ᄯᅩ 許多 문안을 ᄡᅡ하. 《朴新諺 3, 28ㅈ》接在頷項上照舊如初, 목 우희 니으니 녜대로 처음 ᄀᆞᄐᆞᆫ지라. 《朴新諺 3, 47ㅎ》上寫着明現眞君四箇大字, 우희 明現眞君 네 큰 字를 ᄡᅳ고. **2**❶(명사 뒤에 쓰여) 물체의 겉면에 있음을 나타낸다. 《朴新諺 2, 1ㅈ》大街東市上馬牙子家有, 큰 거리 동녁 져제에 몰 즈름의 집이 잇ᄂᆞ니라. 《朴新諺 2, 4ㅈ》明日到羊市上, ᄂᆡ일 羊 져제에 가. 《朴新諺 2, 11ㅎ》放在他脚心上轉, 뎌 발ᄡᅡ당에 노하 구을리고. ❷으뜸. ⇔웃듬. 《朴新諺 1, 31ㅎ》你有上好的獷皮麽, 네게 웃듬 됴흔 獷皮 잇ᄂᆞ냐.

상(床) 몡 상. ⇔상.《朴新諺 2, 52ㅈ》倒在
床上便打鼾睡, 床 우희 것구러져 곳 코
고오고 자거눌.《朴新諺 3, 4ㅈ》這床也
不穩, 이 상이 쏘 편안치 아니ᄒᆞ니.《朴
新諺 3, 24ㅎ》大仙大哵一聲便跳下床來
了, 大仙이 크게 ᄒᆞᆫ 소ᄅᆡ 지르고 곳 床에
ᄲᅱ여 ᄂᆞ리니.

상(尙) 뭐 오히려. 도리어. ⇔오히려.《朴
新諺 2, 30ㅎ》一針投海底尙有可撈日, 一
針을 海底에 드리치매 오히려 可히 건질
날이 이시려니와. 一失人身後萬㤼再逢
難, ᄒᆞᆫ번 人身을 일흔 後ㅣ면 萬㤼이라
도 다시 만나기 어렵다 ᄒᆞ니라.《朴新諺
3, 15ㅎ》但尙未領憑, 다만 오히려 文憑
을 領티 못ᄒᆞ여시니.《朴新諺 3, 57ㅎ》
聽得心內尙然不忍, 드르매 ᄆᆞ음에 오히
려 ᄎᆞᆷ지 못ᄒᆞ거든.

상(相) 동 보다. 살펴보다. ⇔보다.《朴新
諺 3, 37ㅎ》這眞是人不可貌相海不可斗
量, 이 진실로 사ᄅᆞᆷ은 可히 얼굴로 보지
못홀 거시오 바다흔 可히 말로 되지 못
홀 거시로다.

상(相) 몡 〈불〉일체 사물의 밖으로 나타
나는 형상과 상태. 자상(自相)과 공상
(共相), 동상(同相)과 이상(異相) 따위로
나뉜다.《朴新諺 2, 29ㅎ》隨相現相救苦
難於三塗, 相을 조차 相을 뵈아 苦難을
三途에 救ᄒᆞᄂᆞᆫ쏘다.

상(相) 뭐 서로. 상호(相互). ⇔서ᄅᆞ.《朴
新諺 2, 5ㅈ》四面綠水相映着, 四面에 프
른 믈이 서ᄅᆞ 빗최엿고.《朴新諺 2, 5ㅎ》
北岸上又有一座大寺相對着, 북편 언덕
우희 쏘 ᄒᆞᆫ 좌 큰 절이 이셔 서ᄅᆞ 디ᄒᆞ엿
고.《朴新諺 2, 6ㅎ》咱們相好多年, 우리
서ᄅᆞ 됴ᄒᆞᆫ지 여러 ᄒᆡ라.《朴新諺 2, 27
ㅎ》有緣千里能相會, 인연이 이시면 千
里라도 능히 서ᄅᆞ 못둣고. 無緣對面不相
逢, 인연이 업스면 ᄂᆞᆺᄎᆞ 디ᄒᆞ여도 서ᄅᆞ
만나디 못ᄒᆞᆫ다 ᄒᆞ니.《朴新諺 2, 27ㅎ》
旣兩心相照也是不難的, 이믜 둘희 ᄆᆞ음

이 서ᄅᆞ 비최면 쏘 어렵디 아니ᄒᆞ니.
《朴新諺 3, 42ㅈ》但有好相識們十分央及
他, 다만 됴히 서ᄅᆞ 아ᄂᆞ니들이 ᄀᆞ장 더
의게 빌면.《朴新諺 3, 56ㅈ》快請進來相
會, 밧비 쳥ᄒᆞ여 드러와 서ᄅᆞ 못게 ᄒᆞ라.

상(常) 몡 일상(日常).《朴新諺 1, 27ㅈ》又
道勝敗乃兵家之常, 쏘 니ᄅᆞ되 勝敗ᄂᆞᆫ 兵
家의 常이라 ᄒᆞ니.

상(常) 뭐 떳떳이. 늘. 항상. ⇔덧덧이.
《朴新諺 3, 49ㅎ》閒時節常常住在那靑蒲・
紅蓼・灘邊, 한가ᄒᆞᆫ 째에 덧덧이 뎌 靑
蒲・紅蓼・灘邊에 머므러.

상(常) 톙 떳떳하다. ⇔쩟쩟ᄒᆞ다.《朴新諺
3, 44ㅎ》三寸氣在千般有, 三寸 긔운이
이시매 千 가지 잇더니. 一日無常萬事休,
一日에 쩟쩟홈이 업스매 萬事ㅣ 休ᄒᆞ다
홈이로다.

상(廂) 동 ❶젼 메우다. ●⇔뎐메오다.
《朴新諺 1, 21ㅎ》廂的金子多少分兩, 뎐
메온 金이 언머 分兩고.《朴新諺 1, 22
ㅈ》似你這帶廂得好, 네 이 ᄯᅴᄀᆞᆺ치 뎐메
오기 잘ᄒᆞ량이면.《朴新諺 1, 22ㅎ》敎他
替我做一條銀廂花帶何如, 뎌로 ᄒᆞ여 나
를 ᄀᆞᄅᆞ차 ᄒᆞᆫ 오리 銀 뎐메온 섭사긴 ᄯᅴ
룰 ᄆᆡᆫᄃᆞᆯ미 엇더ᄒᆞ뇨.《朴新諺 1, 44ㅈ》
金廂寶石頭面, 金으로 寶石에 뎐메온 頭
面과. ●⇔뎐메우다.《朴新諺 1, 21ㅎ》
你那條金帶是誰廂的, 네 뎌 金ᄯᅴ를 뉘 뎐
메웟ᄂᆞ뇨. 是拘攔衕衕裏帶匠夏五廂的,
이 拘攔 골 ᄯᅴ쟝이 夏五ㅣ 뎐메웟ᄂᆞ니
라.《朴新諺 1, 21ㅎ》是五両金子廂的, 이
닷 냥 金으로 뎐메웟ᄂᆞ니라.《朴新諺 1,
23ㅎ》両對寶石廂嵌的鬢簪, 두 ᄡᅡᆼ 寶石에
뎐메워 날박은 鬢簪과.《朴新諺 1, 23
ㅎ》一對猫兒眼廂嵌的金戒指, ᄒᆞᆫ ᄡᅡᆼ 야광
쥬 뎐메워 박은 金가락지.《朴新諺 1, 30
ㅈ》鞍坐子是烏犀角玳瑁廂嵌的, 기르마
가지ᄂᆞᆫ 이 烏犀角에 玳瑁로 뎐메워 박은
거시오.《朴新諺 1, 30ㅈ》鞍皮事件都是
减金與那珊瑚廂嵌的, 질채와 事件은 다

이 금 입ᄉ와 珊瑚로 던메워 박은 거시오. ②전 메우다. ●⇔전메오다. 《朴新諺 1, 18ᄌ》鹿角廂口的, 鹿角으로 아궁이에 전메오고. 底要駝骨廂的, 밋흔 약대 쎼로 전메오고. 《朴新諺 1, 18ᄌ》象牙廂頂也要起線的, 象牙로 머리에 전메오되 또 실 돗치고져 ᄒ노라. ●⇔전메우다. 《集覽, 朴集, 上, 11ᄒ》金廂寶石. 寶石, 卽上節〈節〉紫鴉忽之類, 以金爲斗供〈拱〉而納石於其中, 綴着於女冠之上, 以爲飾也. 音義云, 寶石에 금 :전메·워·쑤민 頭面.

상(廂) 명 구석. 곁. 옆. 부근. ⇔구석. 《朴新諺 2, 39ᄒ》把針線串了弔在一壁廂, 바느실로 쎄여 ᄇ람 구석에 ᄃ라. 《朴新諺 3, 1ᄒ》一壁廂各自頑去不好麼, 혼 편 구석의 각각 놀라 가미 됴치 아니ᄒ냐.

상(廂) 접 -채. (집의 덩이를 나타낼 때 쓰는 말) ⇔-채. 《朴新諺 1, 7ᄌ》都到外廂吃飯去, 다 밧채에 밥 먹으라 가라.

상(象) 통 모방(模倣)하다. 흉내를 내다. 본뜨다. 《集覽, 朴集, 上, 2ᄎ》象生纏糖. 諸司職掌婚禮定親及納徵, 皆用芝麻·纏糖二合, 茶纏糖二合, 則纏與糖非二物矣. 況音義內解〈觧〉義相同, 則是亦明爲一物矣. 象生者, 像生物之形而爲之也. 象作像. 木印, 以木刻成物形爲模範者也. 糖, 卽沙糖也, 煎甘蔗莖爲之.

상(象) 명 코끼리. ⇔코키리. 《朴新諺 3, 46ᄌ》塑一箇如象一般大的春牛, 혼 코키리마치 큰 春牛를 민들고.

상(傷) 통 손상되다. 이상이 생기다. ⇔상ᄒ다(傷-). 《朴新諺 2, 24ᄌ》傷着冷物起的樣子, 冷物에 傷ᄒ여 난 樣이니. 《朴新諺 3, 52ᄒ》竟將小人面門打破耳根打傷, ᄆ춤내 小人의 ᄂᆺ츨다가 텨 ᄭ이고 귀 밋츨 텨 傷히오니.

상(想) 통 생각하다. ⇔싱각ᄒ다. 《朴新諺 1, 1ᄌ》咱想, 우리 싱각ᄒ니. 《朴新諺 1, 11ᄌ》你太爺想, 너 太爺ㅣ 싱각ᄒ여.

《朴新諺 1, 33ᄒ》想那厮做牙子去了, 싱각건대 뎌 놈이 즈름질ᄒ라 갓도다. 《朴新諺 1, 36ᄌ》想是你平日布施人家齋飯·錢, 싱각건대 네 平日에 布施혼 人家 齋飯·錢을. 《朴新諺 1, 42ᄌ》你想, 네 싱각ᄒ라. 《朴新諺 2, 26ᄒ》咳姐姐我不想你這般無情, 애 각시아 내 네 이리 無情홀 줄을 싱각지 못ᄒ엿노라. 《朴新諺 2, 38ᄌ》我也這般想着, 나도 이리 싱각ᄒ엿노라. 《朴新諺 3, 11ᄒ》不想那厮打頓起來, 싱각지 아닌 그 놈이 조오다가. 《朴新諺 3, 37ᄌ》我不想你這莊家漢, 내 너 이 향암엣 놈이. 倒慣會打毬哩, 도로혀 댱방올 치기 닉이 알 줄을 싱각지 못ᄒ엿노라.

상(詳) 형 자세하다. ⇔ᄌ세ᄒ다. 《朴新諺 3, 57ᄌ》請道其詳, 청컨대 그 ᄌ세홈을 니르라.

상(像) 조 -같이. ⇔-ᄀ치. 《朴新諺 1, 24ᄒ》若像你這懶小厮們, 만일 너ᄀ치 이 게어른 아히들이.

상(像) 형 같다. ⇔ᄀᄒ다. 《朴新諺 1, 20ᄒ》有像仙鶴的·鮎魚的, 仙鶴과 머유기 ᄀ혼 것도 이시며. 有像蝴蝶·螳螂的, 나븨와 물똥구으리 ᄀ혼 것도 이시며. 有像仙女的, 仙女 ᄀ혼 것도 이시며. 有像壽星的, 壽星 ᄀ혼 것도 이시며. 有像花草的, 花草 ᄀ혼 것도 이셔.

상(嘗) 통 맛보다. ⇔맛보다. 《朴新諺 2, 40ᄌ》我們好嘗新, 우리 새 거슬 맛봄이 됴타.

상(箱) 명 상자. ⇔샹ᄌ. 《朴新諺 2, 35ᄌ》又在樻·箱裏, 쏘 樻와 샹ᄌ 속에서. 《朴新諺 3, 6ᄒ》把潮腦放些在衣箱裡, 쇼로를다가 져기 옷 샹ᄌ에 녀코.

상(賞) 통 상을 주다. ⇔상ᄒ다(賞-). 《朴新諺 3, 34ᄌ》我必多多的賞你哩, 내 반드시 만히 만히 네게 賞ᄒ리라.

상(賞) 명 상(賞). ⇔샹. 《朴新諺 1, 57ᄒ》小人豈敢望賞, 小人이 엇디 敢히 賞을 ᄇ

라리오.《朴新諺 2, 31ㅎ》若無事我必賞
你們, 만일 일이 업스면 내 반ᄃᆞ시 너희
롤 샹 줄 거시니.《朴新諺 2, 58ㅈ》那日
皇上賞了他一百兩銀子四疋內府大緞, 그
날 皇上이 뎌를 一百兩 銀과 네 疋 內府
大緞을 賞 주더라.

상(償) 图 상명(償命)하다. (살인자가 자
신이 죽인 사람을 위해) 목숨으로 대가
를 치르다. 목숨으로 변제하다) ⇔상명
ᄒᆞ다.《朴新諺 2, 34ㅎ》必要拿你抵償怎
麽好呢, 반ᄃᆞ시 너를 자바 죄에 다혀 샹
명홀 거시니 엇디 됴흐리오.

상거(上去) 图 ●가다. ⇔가다.《朴新諺
1, 12ㅎ》到倉上去, 倉에 가. ●올라가다.
⇔올라가다.《朴新諺 2, 45ㅎ》你兩箇小
廝慢慢的上去, 너희 두 아희 날회여 올
라가.《朴新諺 2, 46ㅈ》你上去却要慢慢
的走, 네 올라가되 ᄯᅩ 날회여 ᄃᆞ니라.
《朴新諺 2, 46ㅈ》每日偸空便上去拿雀兒,
每日에 뷘 ᄣᅢ를 타 곳 올라가 새를 잡노
라. ●(위로) 올리다. ⇔올리다.《朴新
諺 2, 11ㅎ》弔下來踢上去, ᄂᆞ려오거든
차 올려.

상건하(桑乾河) 图 중국 산서성(山西省)
북쪽에서 동쪽의 하북성(河北省)으로
흐르는 영정하(永定河)의 상류. 해마다
오디가 익을 무렵이면 강물이 마른다
하여 붙여진 이름이다.《集覽, 朴集, 上,
4ㅎ》蘆溝橋. 蘆溝本桑乾河, 俗曰渾河, 亦
曰小黃河. 上自保安州界, 歷山南流入宛
平縣境, 至都城四十里.

상격(相擊) 图 서로 부딪치다.《集覽, 朴
集, 上, 6ㅎ》打擡. 音義云, 杭州小兒之戲
也. 用小圓木長三四寸, 各持〈各持一〉塊,
彼此相擊, 出限者爲輸.

상고(上告) 图 상급자나 상급 기관에 보
고하다. ⇔상고ᄒᆞ다(上告-).《集覽, 朴
集, 下, 2ㅈ》七月十五日. 道藏經云, 七月
十五日, 謂之中元, 地官下降人間, 檢校世
人, 甄別善惡, 上告天曹.《集覽, 朴集, 下,

4ㅈ》孫行者. 老君・王母俱奏于玉帝, 傳
宣李天王, 引領天兵十萬及諸神將至花菓
山, 與大聖相戰失利. 巡山大力鬼上告天
王, 擧灌州灌江口神曰小聖二郞, 可使拿
獲. 天王遣太子木叉, 與大力鬼徃請二郞
神, 領神兵圍花菓山, 衆猴出戰皆敗.《朴
新諺 3, 12ㅎ》這七月十五日是中元(朴新
注, 48ㅎ: 道藏經云, 中元日, 地官下降人
間, 檢較世人, 甄別善惡, 上告天曹.)節, 이
七月 十五日은 이 中元節이라.《朴新諺
3, 52ㅎ》為此激切上告, 이를 為ᄒᆞ여 激
切ᄒᆞ여 上告ᄒᆞᄂᆞ니.

상고ᄒᆞ다(上告-) 图 상고(上告)하다. ⇔
상고(上告).《朴新諺 3, 52ㅎ》為此激切上
告, 이를 為ᄒᆞ여 激切ᄒᆞ여 上告ᄒᆞᄂᆞ니.

상공(相公) 图 남자에 대한 경칭.《朴新諺
1, 57ㅈ》相公有甚麽事說與小人知道, 相
公아 므슴 일이 잇ᄂᆞ뇨 小人ᄃᆞ려 닐러
알게 ᄒᆞ라.《朴新諺 2, 13ㅎ》相公(朴新
注, 27ㅎ: 無官者尊稱之辭.)饒了他罷, 相
公은 뎌를 샤ᄒᆞ쇼셔.《朴新諺 2, 24ㅈ》
咳相公脉息, 애 相公의 脉이.《朴新諺 2,
43ㅈ》相公你與多少, 相公아 네 엇머ᄅᆞᆯ
줄짜.《朴新諺 3, 16ㅎ》相公吩咐怎麽盖,
相公은 吩咐ᄒᆞ라 엇디 지으려 ᄒᆞᄂᆞ뇨.
《朴新諺 3, 17ㅈ》相公說的是, 相公의 니
ᄅᆞ미 올타.《朴新諺 3, 31ㅈ》相公捨不的
錢, 相公이 돈을 앗긴다 홈이오.《朴新諺
3, 55ㅎ》你相公在家麽, 네 相公이 집의
잇ᄂᆞ냐. 我相公不在家, 우리 相公이 집
의 잇지 아니ᄒᆞ니라.《朴新諺 3, 56ㅈ》
韓相公, 韓相公아. 外面有沈相公同客來
奉拜, 밧끠 沈相公이 客과 ᄒᆞᆫ가지로 와
奉拜ᄒᆞ더라.

상근(相近) 혱 (거리가) 서로 가깝다.《集
覽, 朴集, 上, 9ㅎ》和尙. 萬里相和曰和, 外
道相尙曰尙. 又和者, 太和也, 尙者, 高尙
也. 又和尙, 外國語, 此云近誦. 以弟子年
少, 不離於師, 常逐相〈常〉近, 受經而誦者.

상근(常近) 혱 =상근(相近). '常'은 '相'의

잘못.《集覽, 朴集, 上, 9ㅎ》和尙. 萬里相
和曰和, 外道相尙曰尙. 又和者, 太和也,
尙者, 高尙也. 又和尙, 外國語, 此云近誦.
以弟子年少, 不離於師, 常逐相〈常〉近, 受
經而誦者.

상기래(想起來) 图 생각하다. ⇔싱각ᄒ
다.《朴新諺 1, 55ㅎ》想起來, 싱각건대.

상념(想念) 图 생각하다. 간절히 생각하
다. ⇔싱각ᄒ다.《朴新諺 3, 15ㅈ》想念
之心無日能忘, 싱각ᄒᄂᆫ ᄆᅀᆞᆷ이 니즐 날
이 업스이다.

상담(常談) 图 늘 하는 말. 평범한 말. 일상
적인 이야기.《集覽, 音義》音義云, 舊本
內說的[呵]字, 不是常談, 如今秀才和朝官
是有說的. 那箇[俺]字是山西人說的. [恁]
字也是官話, 不是常談, 都塗吊了改寫的.

상덕(常德) 图 〈불〉 사덕(四德)의 하나.
항상 변함이 없는 덕.《集覽, 朴集, 中,
4ㅈ》理圓四德. 四德, 曰常, 曰樂, 曰我,
曰淨. 無二生死爲常, 不受二邊爲樂, 具入
自在爲我, 三業淸淨爲淨.

상도(上都) 图 원대(元代)에 내몽고자치
구(內蒙古自治區)에 두었던 개평부(開
平府)를 일컫던 이름.《集覽, 朴集, 上,
15ㅎ》南城. 大元以燕京爲大都, 俗號南
城, 以開平府爲上都, 俗號北城. 開平府在
陰山之南. 自燕京至上都, 地勢一步高一
步, 四時多雨雪.

상도(常道) 图 변하지 않는 떳떳한 도리
(道理).《集覽, 朴集, 中, 4ㅈ》理圓四德.
理者, 固常道之至也. 圓, 全備也.

상도(想到) 图 생각하다. 생각이 미치다.
⇔싱각ᄒ다.《朴新諺 3, 29ㅈ》那裡想到
死在胡孫手裡呢, 어디 죽음이 胡孫의 손
에 이실 줄을 싱각ᄒ여시리오.

상동(相同) 图 서로 같다.《集覽, 朴集, 上,
2ㅈ》象生纏糖. 音義纏字註云, 用白糖·
白芝麻相和, 以火煎熬, 傾入木印內, 須臾
凉後, 〈與果實相似也〉. 糖字註云, 白糖化
後用木印澆成, 亦與果實相似. 今按, 纏糖,

卽一物之名.　諸司職掌婚禮定親及納徵,
皆用芝麻·纏糖二合, 茶纏糖二合, 則纏
與糖非二物矣.　況音義內解〈觧〉義相同,
則是亦明爲一物矣.《集覽, 朴集, 中, 9
ㅈ》閣落. 舊本未得本字, 而借用栲栳二
字. 按韻〈韵〉書, 栲栳, 木名, 筹筨, 柳器.
並音꺌롸, 皆上聲, 與本語字音大不相同.
但免疑韻略〈韵畧〉及字學啓蒙字作旭旮,
音ㆍㄱ롸.

상두(上頭) 图 ●까닭. 원인. ⇔젼ᄎ.《集
覽, 字解, 累字解, 2ㅈ》上頭. 젼ᄎ로. 今
不用.《集覽, 字解, 單字解, 7ㅈ》頭. 首
也. 東頭·西頭 동녁 ᄀᆞᆺ·셧녁 ᄀᆞᆺ, 頭到
나죵내, 到頭 나죵애. 通作投. 又上頭 젼
ᄎ로. 又頭盤 첫 판, 頭舘 첫 판, 頭雞 첫
둙. ●위. 위(쪽). ⇔우ㅎ.《朴新諺 2, 34
ㅈ》用板盖在上頭, 널로 우희 덥고.

상등(上等) 图 상등(上等). 윗길.《朴新諺
3, 29ㅈ》我賣的是上等白色珠子, 내 ᄑᆞᄂᆞᆫ
거슨 이 上等 흰빗쳐 구술이니.

상란(相率) 图 =상솔(相率). '率'은 '率'의
잘못.《集覽, 朴集, 中, 5ㅈ》隨相現相. 帝
釋悲愍, 思所救濟, 乃變其形爲大蟒身, 殭
屍川〈殭屍出于〉谷, 空中遍告, 聞者感慶,
相率〈帇(宲)〉奔赴, 隨割隨生, 療飢療疾.

상래(想來) 图 생각하다. ⇔싱각ᄒ다.
《朴新諺 1, 31ㅈ》想來這都是前世修來的,
싱각건대 다 이 前世에 닷가 온 거시라.

상량(商量) 图 ●헤아리다. 셈하다. 계산
하다. ⇔상량ᄒ다(商量-).《朴新諺 1, 10
ㅎ》與他商量, 뎌와 商量ᄒ쟈.《朴新諺 1,
12ㅎ》咱們且商量, 우리 ᄯᅩ 商量ᄒ쟈.《朴
新諺 3, 41ㅎ》與他商(商)量了放下定錢,
뎌로 더부러 商(商)量ᄒ여 마초임 갑슬
두면. ●의논하다. 상의하다. ⇔의논ᄒ
다.《朴新諺 1, 4ㅈ》喚厨子來我與他商
(商)量, 厨子를 블러 오라 내 져와 의논ᄒ
쟈.《朴新諺 2, 34ㅈ》小老婆與大老婆商
量說, 져근계집이 큰계집과 의논ᄒ여 니
ᄅ되.《朴新諺 2, 38ㅈ》大家商量遊山翫

景去罷, 대되 의논ᄒ여 遊山翫景ᄒ라 가
쟈.《朴新諺 3, 57ㅎ》向太祖商量道, 太祖
를 향ᄒ여 의논ᄒ여 니르되. ❸헤아리
다. 상의하다. ⇔헤아리다.《朴新諺 1,
2ㅎ》咱們商量乭了, 우리 헤아려 乭ᄒ여
다.《朴新諺 3, 16ㅎ》木匠你來咱與你商
(商)量, 木匠아 이바 내 너와 헤아리쟈.
상량ᄒ다(商量-) 图 =상량(商量)하다. ⇔
상량(商量).《朴新諺 1, 10ㅎ》與他商量,
뎌와 商量ᄒ쟈.《朴新諺 1, 12ㅎ》咱們且
商量, 우리 ᄯ 商量ᄒ쟈.《朴新諺 3, 41
ㅎ》與他商(商)量了放下定錢, 뎌로 더부
러 商(商)量ᄒ여 마초임 갑슬 두면.
상련(相連) 图 서로 잇대어 붙이다. 또는
서로 잇닿다.《集覽, 朴集, 下, 7ㅈ》毬棒.
質問云, 如人要木毬要木棒, 一上一下用
有柄木杓, 接毬相連不絶, 方言謂之毬棒.
상마(上馬) 图 말에 오르다. 말을 타다.
《朴新諺 2, 2ㅈ》一會兒就出來上馬, ᄒ
지위만 ᄒ면 곳 나와 물을 ᄐ리라. 上馬
往那裏去, 물을 ᄐ면 어듸를 향ᄒ여 갈
러뇨.《朴新諺 2, 4ㅈ》便上馬出來了, 곳
물을 ᄐ고 나올와.《朴新諺 2, 18ㅎ》小
厮們也一面打疊背包上馬, 아희 놈들도
一面으로 질 짐을 가혀 물을 ᄐ라.《朴新
諺 2, 49ㅈ》便上馬跟老爺, 곳 물 ᄐ고 老
爺를 ᄯ라.《朴新諺 3, 18ㅈ》直到日平西
纔得上馬回家, 바로 히 西에 거짐에 다ᄃ
라 계요 물 ᄐ고 집의 도라오ᄂ니라.
상마배(上馬杯) 圀 말을 타고 길을 떠날
때 술을 담아 권하는 술잔.《朴新諺 1,
7ㅈ》飯後每人湏(須)要再吃三盞上馬盃,
밥 후에 每人이 다시 三盞 上馬盃롤 먹고.
상면(上面) 圀 위. 위쪽. ⇔우ㅎ.《朴新諺
1, 29ㅈ》上面絟着孔雀翎, 우희 孔雀翎
드랏고.《朴新諺 2, 5ㅈ》上面盖的瓦如鋪
翠, 우희 녠 디새는 비취롤 ᄭᆫ 듯ᄒ고.
《朴新諺 3, 43ㅎ》上面供着一尊佛像, 우
희 一尊 佛像을 供ᄒ고.
상묘(上墓) 图 성묘하다. 묘소에 참배하

다.《集覽, 朴集, 上, 14ㅎ》寒食. 東京錄
云, 唐明皇詔寒食上墓, 近代相承, 皆用此
日拜掃丘墓, 都人傾城出郊, 四野如芳市
〈四野如市〉, 樹之下〈芳對之下〉, 園囿之
間, 羅列杯〈盃〉盤, 抵暮而歸.
상방(尙方) 圀 제왕이 쓰는 기물을 만드
는 관아. 진대(秦代)에 두어 소부(少府)
에 속하였고, 한말(漢末)에는 중·좌·
우(中左右)의 세 상방으로 나누었다. 당
대(唐代)에 상서(尙署)라 하였고, 원대
(元代)에 중상감(中尙監)을 두었으며,
명대(明代)에 폐하였다.《朴新諺 1, 17
ㅈ》除了內造(朴新注, 7ㅈ: 尙方所織.)上
用之外, 內造 上用을 더론 밧긔ᄂ.
상번(上番) 图 군사가 돌림차례가 되어
군영(軍營)에서 번(番)을 서다.《集覽,
朴集, 上, 8ㅈ》操. 練習也. 謂軍士上番,
亦曰上操.
상변(上邊) 圀 위. 위쪽. ⇔우ㅎ.《朴新諺
1, 55ㅈ》上邊把小被盖着, 우희 져근 니
블을다가 덥허.《朴新諺 2, 47ㅎ》剔手傍
上邊着箇人字下邊着箇也字便是, 지슈 변
에 우희 人字 ᄒ고 아리 也字 ᄒ 거시
곳 이라.
상병(廂柄) 圀 황벽(黃蘗)나무의 껍질을
싸서 장식한 (장치기)채.《集覽, 朴集,
下, 7ㅎ》飛棒杓兒. 質問畫成毬棒, 卽本國
武試毬杖之形, 而下云煖木廂柄, 其杓用
水牛皮爲之, 以木爲胎. 今按, 煖木, 黃蘗
木也. 廂柄者, 以黃蘗皮裹其柄也. 胎者,
以木爲骨, 而以皮爲外裹也.
상분(上墳) 图 성묘하다. 묘소에 가서 분
향하다. ⇔상분ᄒ다(上墳-).《朴新諺 2,
2ㅎ》今日還要早早回家上墳去, 오늘 일
즉이 집의 도라와 上墳ᄒ라 가려 ᄒᄂ
라. 上了墳回來還有甚麼事呢, 上墳ᄒ고
도라와 당시롱 므슴 일이 이실러뇨.《朴
新諺 2, 2ㅎ》明日就那裏上了墳, 니일 임
의셔 게셔 上墳ᄒ고.
상분ᄒ다(上墳-) 图 상분(上墳)하다. ⇔상

분(上墳).《朴新諺 2, 2ㅎ》今日還要早早回家上墳去, 오늘 일즉이 집의 도라와 上墳ᄒ라 가려 ᄒᄂ니라. 上了墳回來還有甚麼事呢, 上墳ᄒ고 도라와 당시롱 므슴 일이 이실러뇨.《朴新諺 2, 2ㅎ》明日就那裏上了墳, 닉일 임의셔 게셔 上墳ᄒ고.

상사(上司) 몡 위 등급의 관청.《集覽, 朴集, 中, 2ㅈ》甘結. 吏學指南云, 所願曰甘, 合從曰結. 今按, 如保擧人材者, 必寫稱所擧之人, 並無喪過及干娼優子嗣, 委的賢能, 如虛甘代重罪云云. 擧此爲辝, 以成文狀, 與彼收執, 或呈報上司, 以憑後考, 謂之不致扶同, 重甘結狀.《集覽, 朴集, 下, 11ㅎ》申. 音義云, 下司達於上司之謂, 猶言所志.《朴新諺 1, 8ㅈ》小弟近來奉上司勾(鈞)令, 小弟ㅣ 요ᄉᆞ이 上司 勾(鈞)令을 밧드니.

상사(相似) 혱 모양이 서로 비슷하다.《集覽, 朴集, 上, 1ㅈ》隨食. 音義云, 與拖爐相似. 質問云, 以麥糆和油作小餅, 喫茶時食之, 取其香酥也.《集覽, 朴集, 上, 2ㅈ》象生纏糖. 音義纏字註云, 用白糖·白芝麻相和, 以火煎熬, 傾入木印內, 須臾凉後, 〈與果實相似也〉.

상사(常事) 몡 보통 있는 일.《朴新諺 3, 39ㅈ》都是常事, 다 이 常事ㅣ라.

상사(賞賜) 몡 칭찬하여 상으로 물품을 내려 주는 일. ⇔샹ᄉᆞ.《朴新諺 2, 58ㅈ》頭一箇走得了偌多賞賜, 웃뜸으로 ᄃᆞᆺ고 만흔 샹ᄉᆞ를 어드니.

상사과(相思果) 몡 알이 굵은 능금.《集覽, 朴集, 上, 2ㅈ》蘋蔢果. 似林檎而大者. 翻〈反〉譯名義云, 梵言頻婆果, 此云相思果, 色丹且潤. 質問云, 形如沙果, 其大如梨.

상상(上賞) 통 상을 주다.《集覽, 朴集, 中, 8ㅎ》牢子走. 以脚力便捷者膺上賞, 故監役之官, 齊其名數而約之以繩, 使無後先參差之爭, 然後去繩放行.

상상(相尙) 통 서로 숭상하다.《集覽, 朴集, 上, 9ㅎ》和尙. 萬里相和曰和, 外道相尙曰尙. 又和者, 太和也, 尙者, 高尙也. 又和尙, 外國語, 此云近誦. 以弟子年少, 不離於師, 常逐相〈常〉近, 受經而誦者.《朴新諺 1, 35ㅈ》一箇和尙(朴新注, 13ㅈ: 萬里相和曰和, 外道相尙曰尙.)偸別人家的媳婦, 혼 듕이 눔의 계집을 도적ᄒ여.

상생(相生) 통 모순·대립되는 사물이 공존하면서 전화(轉化)하여 끝없이 생성되다.《集覽, 朴集, 中, 8ㅎ》因緣. 反〈翻〉譯名義云, 因, 謂先無其事而從彼生也, 緣, 謂素有其分而從彼起也. 又云, 前緣相生, 因也, 現相助成, 緣也.《朴新諺 2, 54ㅈ》做些好事結箇好因緣(朴新注, 42ㅎ: 佛書云, 曰謂先無其事而從彼生也, 緣謂素有其分而從彼起也. 又云, 前緣相生, 因也, 現相助成, 緣也.), 져기 됴흔 일을 ᄒ여 됴흔 因緣을 ᄆᆡᆽ음이.

상생전당(象生纏糖) 몡 흰 설탕과 흰 참깨를 함께 섞어 녹인 뒤 생물(生物) 모양의 틀에 부어 만든 사탕.《集覽, 朴集, 上, 2ㅈ》象生纏糖. 音義纏字註云, 用白糖·白芝麻相和, 以火煎熬, 傾入木印內, 須臾凉後, 〈與果實相似也〉. 糖字註云, 白糖化後用木印澆成, 亦與果實相似. 今按, 纏糖, 卽一物之名. 諸司職掌婚禮定親及納徵, 皆用芝麻·纏糖二合, 茶纏糖二合, 則纏與糖非二物矣. 況音義內解〈觧〉義相同, 則是亦明爲一物矣. 象生者, 像生物之形而爲之也. 象作像, 木印, 以木刻成物形爲模範者也. 糖, 卽沙糖也, 煎甘蔗莖爲之.

상서(尙書) 몡 ●상서(尙書). (유학(儒學) 오경(五經)의 하나)《朴新諺 1, 48ㅈ》讀的是毛詩·尙書, 닑는 거시 이 毛詩·尙書ㅣ라. ●명·청대(明淸代)에 정부 각 부(部)의 최고 장관(長官).《集覽, 朴集, 中, 7ㅈ》一百七. 大德中, 刑部尙書王約上言, 國朝用刑寬恕, 笞杖十減其三, 故笞一十減爲七.

상서성(尙書省) 몡 중앙 정무를 총괄하던 관청. 후한(後漢) 때에 두어 상서대(尙

書臺) 또는 중대(中臺)라 하였다. 장관
은 상서령(尙書令)이고 차관은 좌우 복
야(僕射)이다. 명대(明代) 이후에 혁파
되었다. 《集覽, 朴集, 上, 4ㅈ》都堂. 唐
制, 尙書省曰都堂. 元時亦有尙書省.

상성(上聲) 閉 한자 사성(四聲)의 하나.
처음이 낮고 차차 높아지다가 가장 높
게 되었을 때 그치는 소리. 《集覽, 朴集,
上, 1ㅎ》外郞. 泛稱各衙門吏典之號. 俗
嫌其犯於員外郞之號, 呼外字爲上聲. 大
小衙門吏典名稱各異. 《集覽, 朴集, 中, 3
ㅈ》攪撒. 攪, 作覺是. 覺字雖入聲, 而凡
入聲淸聲〈声〉, 則呼如上聲者多矣. 如角
字, 亦或呼如上聲. 記書者以覺撒之, 覺呼
爲上聲, 而謂覺字爲入聲, 不可呼如上聲,
故書用攪字耳.

상솔(相率) 閉 서로 잇따르다. 끊이지 않
고 이어지다. 《集覽, 朴集, 中, 5ㅈ》隨相
現相. 帝釋悲慜, 思所救濟, 乃變其形爲大
蟒身, 殭屍川〈殭屍出于〉谷, 空中遍告, 聞
者感慶, 相率〈㝄(攣)〉奔赴, 隨割隨生, 療
飢療疾.

상솔(相攣) 閉 =상솔(相率). '攣'은 '率'의
고자. 《集韻, 質韻》率, 古作攣. 《集覽, 朴
集, 中, 5ㅈ》隨相現相. 帝釋悲慜, 思所救
濟, 乃變其形爲大蟒身, 殭屍川〈殭屍出
于〉谷, 空中遍告, 聞者感慶, 相率〈㝄
(攣)〉奔赴, 隨割隨生, 療飢療疾.

상승(相承) 閉 (앞뒤로) 계승하다. 이어받
다. 《集覽, 朴集, 上, 14ㅎ》寒食. 東京錄
云, 唐明皇詔寒食上墓, 近代相承, 皆用此
日拜掃丘墓, 都人傾城出郊, 四野如芳市
〈四野如市〉, 樹之下〈芳對之下〉, 園囿之
間, 羅列杯〈盃〉盤, 抵暮而歸.

상식(相識) 閉 벗. 친구. 아는 사람. 《集
覽, 字解, 累字解, 1ㅎ》相識. 俗稱相識,
滿天下知心能幾人, 謂朋友也. 《朴新諺 3,
53ㅈ》我到別處去望相識, 내 다른 더 가
아는 이를 보려 ᄒ여.

상아(象牙) 閉 코끼리의 엄니. 《朴新諺 1,

18ㅈ》象牙廂頂也要起線的, 象牙로 머리
에 젼메오되 ᄯ 실 돗치고져 ᄒ노라.
《朴新諺 1, 29ㅎ》象牙裝鞘小刀, 象牙로
가풀 ᄭ민 져근 칼이오.

상안(象眼) 閉 코끼리의 눈. 《集覽, 朴集,
下, 6ㅎ》象眼餪子. 質問云, 以麥麵作成象
眼搗大餪〈粯〉子, 行路便於食之, 方言謂
之象眼餪子. 然餪子形劑未詳.

상언(上言) 图 신하가 임금에게 글을 올
리다. 《集覽, 朴集, 中, 7ㅈ》一百七. 大德
中, 刑部尙書王約上言, 國朝用刑寬恕, 笞
杖十減其三, 故笞一十減爲七.

상언(常言) 閉 습관적으로 자주 하는 말.
곧, 속담이나 격언. 《朴新諺 1, 16ㅈ》常
言道, 常言에 니르되. 《朴新諺 1, 27ㅈ》
常言道, 常言에 니르되. 《朴新諺 1, 42
ㅎ》況且常言說得好, ᄒ믈며 ᄯ 常言에
니른 거시 됴흐니. 《朴新諺 1, 45ㅎ》常
言道, 常言에 니르되. 《朴新諺 2, 4ㅎ》常
言道, 常言에 니르되. 《朴新諺 2, 26ㅈ》
常言道, 常言에 니르되. 《朴新諺 2, 26
ㅎ》常言道, 常言에 니르되. 《朴新諺 2,
34ㅎ》常言道, 常言에 니르되. 《朴新諺 3,
3ㅎ》常言道, 常言에 니르되. 《朴新諺 3,
11ㅈ》常言道, 常言에 니르되. 《朴新諺 3,
17ㅎ》常言道, 常言에 니르되. 《朴新諺 3,
39ㅈ》常言道, 常言에 니르되. 《朴新諺 3,
42ㅈ》常言道, 常言에 니르되.

상여(相與) 图 사귀다. 함께 지내다. 교우
(交友)하다. ⇔사괴다. 《朴新諺 3, 41ㅎ》
他與我極好相與, 뎨 날로 더부러 極히 됴
히 사괴되.

상오(晌午) 閉 낮[晝]. 대낮. 한낮. ⇔낮.
《朴新諺 1, 48ㅎ》到晌午寫倣, 나지 다ᄃ
라 셔품 ᄡᅳ기 호되.

상오(晌午) 閉 =상오(晌午). '晌'은 '晑'과
같다. 《朴新諺 1, 48ㅎ》到晌午寫倣, 나
지 다ᄃ라 셔품 ᄡᅳ기 호되. 《訓蒙字會,
上, 天文》晑. 낮 샹. 正午曰晑午.

상용(上用) 图 신분이 높은 사람이 쓰다.

⇔상용ᄒᆞ다(上用-).《朴新諺 1, 16ㅎ》雖比不得上用(朴新注, 6ㅎ: 卽御用.)段子, 비록 上用홀 비단에는 비치 못ᄒᆞ나.《朴新諺 1, 17ㅈ》除了內造上用之外, 內造 上用을 더론 밧긔는.

상용(常用) 동 일상적으로 쓰다.《集覽, 凡例》凡常用言語之義, 難以文字形容者, 直用諺文說解, 使人易曉庶不失眞.

상용ᄒᆞ다(上用-) 동 상용(上用)하다. ⇔상용(上用).《朴新諺 1, 16ㅎ》雖比不得上用(朴新注, 6ㅎ: 卽御用.)段子, 비록 上用홀 비단에는 비치 못ᄒᆞ나.

상원(上元) 명 음력 정월 보름날. 이날 도교에서는 천상(天上)의 선관(仙官)이 인간의 선악을 살피는 때라 하여 초제(醮祭)를 지낸다.《集覽, 朴集, 下, 4ㅎ》大醮. 上元金籙齋, 帝王修奉, 設普天大醮. 中元玉籙齋, 保佑六宮, 輔寧妃后, 設周天大醮. 下元黃籙齋, 臣民通修, 普資家國, 設羅天大醮.《集覽, 朴集, 下, 11ㅈ》好女不看燈. 涅槃經云, 上元, 如來闍維訖, 收舍利, 置金床上, 天人散花, 奏樂繞城, 步步燃燈十二里……道經云, 正月十五日, 謂之上元, 天官下降人閒〈間〉, 考定罪福. 是夜張燈, 士女鼓〈皷〉樂遊街.

상월(賞月) 동 달구경하다.《朴新諺 1, 27ㅎ》做箇賞月會何如, ᄒᆞᆫ 賞月會롤 홈이 엇더ᄒᆞ뇨.

상월회(賞月會) 명 상월(賞月)하는 모임.《朴新諺 1, 27ㅎ》做箇賞月會何如, ᄒᆞᆫ 賞月會롤 홈이 엇더ᄒᆞ뇨.

상의(上衣) 명 ❶윗옷.《集覽, 朴集, 下, 5ㅎ》花袴. 以裩連上衣爲之者, 如倭奴上着纈文之衣. ❷〈불〉 중이 입는 삼의(三衣)의 한 가지. 곧, 울다라승(鬱多羅僧). 대의(大衣).《集覽, 朴集, 上, 10ㅈ》袈裟. 戒壇云, 五條下衣, 斷〈断〉貪身也, 七條中衣, 斷〈断〉嗔口也, 大衣上衣, 斷痴心也.

상임(上任) 동 도임(到任)하다. 부임(赴任)하다. 취임(就任)하다. ⇔도임ᄒᆞ다.《朴新諺 3, 40ㅈ》你何不在衙門裡告幾月暇, 네 엇지 衙門에 여러 ᄃᆞᆯ 말믜를 告ᄒᆞ고. 送他上任去, 뎌를 보내여 도임ᄒᆞ라 가지 아니ᄒᆞᆫ다.

상재(上載) 동 실리다. 기록되다. ⇔실리다.《朴新諺 3, 52ㅈ》大明律上載明, 大明律에 실린 거시 明白ᄒᆞ니.

상적(相敵) 형 양편의 실력이 서로 비슷하다.《集覽, 朴集, 上, 14ㅈ》刲〈挃〉柳. 總龜〈総亀〉云, 端午日, 武士射柳爲鬪(鬭)力之戲, 各料强弱相敵. 〈此作挃恐誤〉.

상전(相傳) 동 대대(代代)로 서로 전하다. 이어 전하다.《集覽, 朴集, 上, 15ㅈ》玉泉. 又南有石巖〈岩〉, 號呂公洞, 其上有金時芙蓉殿廢址. 相傳以爲章宗避暑處. 宣德年間, 建玉泉亭于其上, 以備臨幸.《集覽, 朴集, 下, 2ㅎ》慶壽寺. 一統志云, 在順天府西南, 內有飛虹・飛渡二橋, 石刻六大字, 極遒勁. 相傳金章宗所書.

상전(相戰) 동 서로 싸우다《集覽, 朴集, 下, 4ㅈ》孫行者. 老君・王母俱奏于玉帝, 傳宣李天王, 引領天兵十萬及諸神將至花菓山, 與大聖相戰失利.《集覽, 朴集, 下, 10ㅎ》二郎爺爺. 按西遊記, 西域花菓山洞有老猴精, 號齊天大聖, 神變〈变〉無測, 鬧(閙)乱天宮, 玉帝命李天王領神兵徃捕, 相戰失利.

상전(賞錢) 명 상금(賞金). 상으로 주는 돈.《朴新諺 1, 57ㅎ》我多與你些賞錢, 내 만히 너를 賞錢을 주마.

상조(上操) 동 군사가 돌림차례가 되어 군영(軍營)에서 번(番)을 서다.《集覽, 朴集, 上, 8ㅈ》操. 練習也. 謂軍士上番, 亦曰上操.

상직(上直) 동 벼슬아치가 당직하러 관아에 나아가다. ⇔상직ᄒᆞ다(上直-).《朴新諺 2, 31ㅈ》今日到衙門上直去, 오ᄂᆞᆯ 衙門에 上直ᄒᆞ라 가니.《朴新諺 3, 40ㅈ》這衙門中上直叫誰替我呢, 이 衙門에 上直을 눌로 ᄒᆞ여 나를 ᄃᆡ당케 ᄒᆞ리오.

상직ᄒ다(上直-) 图 상직(上直)하다. ⇔
상직(上直).《朴新諺 2, 31ㅈ》今日到衙
門上直去, 오늘 衙門에 上直ᄒ라 가니.

상처(傷處) 图 몸을 다쳐서 부상을 입은
자리.《朴新諺 3, 53ㅈ》捉賊見贓, 도적
잡기는 贓物을 보고. 所打驗傷, 서ᄅ ᄡᅡ
혼 ᄃᆡ는 傷處를 驗ᄒ다 ᄒ니라.

상천(上天) 图 천제(天帝). 상제(上帝).
《集覽, 朴集, 中, 6ㅈ》萬劫. 道經云, 天地
一成一敗謂之劫〈刼〉. 上天開化, 建五劫
〈刼〉紹運, 曰龍漢, 曰赤明, 曰上皇, 曰延
康, 曰開皇. 五劫〈刼〉旣周, 復從其始.

상청(上淸) 图 도교에서 이르는, 삼청(三
淸)의 하나. 옥신도군(玉晨道君)이 다스
린다는 곳. 최고의 이상향을 이른다. 달
리 도관(道觀)이나 진경(眞境)을 이르는
말로도 쓰인다.《集覽, 朴集, 下, 4ㅎ》三
淸. 上淸, 十二天眞境也, 九眞所居, 玉晨
道君所治.《朴新諺 3, 22ㅈ》起盖三淸(朴
新注, 52ㅈ: 玉淸・上淸・太淸, 謂之三
淸. 元始天尊・玉晨道君・太上老君分居
之.)大殿, 三淸 大殿을 지어.

상쾌(爽快) 톙 느낌이 시원하고 산뜻하
다. ⇔상쾌ᄒ다(爽快-).《朴新諺 1, 51
ㅎ》精神自然爽快了, 精神이 自然히 爽快
ᄒ리라.

상쾌ᄒ다(爽快-) 톙 상쾌(爽快)하다. ⇔
상쾌(爽快).《朴新諺 1, 51ㅎ》精神自然
爽快了, 精神이 自然히 爽快ᄒ리라.

상탁(相託) 图 도움을 부탁하다. 위탁(委
託)하다.《集覽, 字解, 單字解, 2ㅎ》保.
恃也. 保你 너 믿노라, 難保 믿디 어렵다.
吏學指南, 相託信任曰保. 又保擧也.

상태(上台) 图 삼태(三台) 가운데 하나.
인간의 운명을 맡고 수(壽)를 주관한다
고 한다.《集覽, 朴集, 上, 7ㅈ》三台. 周
禮疏, 上台司命〈肏〉爲太尉, 中台司中爲
司徒, 下台司祿爲司空, 三公之象.

상학(上學) 图 학교나 서당에 공부하러
가다. 등교하다. 학교에 다니다.《朴新

諺 1, 47ㅈ》你今日怎麼不上學去呢, 네 오
늘 엇디 글 ᄇᆡ호라 가지 아니ᄒᄂ뇨.

상합(相合) 图 서로 만나 결합하다.《集
覽, 朴集, 下, 9ㅈ》作作. 爾雅曰, 偶者, 合
也. 陰陽相合則成偶, 謂得中也.

상항(上項) 图 위의 항목.《集覽, 朴集, 下,
12ㅈ》當有. 猶言卽有也. 一曰, 猶言上項
之辭〈辤〉.

상험(相驗) 图 검사하여 증명하다. 검열
하다.《朴新諺 1, 3ㅈ》寫了牌票(朴新注,
2ㅈ: 官府相驗之帖文.)用了印信, 牌票를
ᄡᅳ고 印쳐.

상호(上好) 톙 (주로 물건의 품질이) 최상
이다. 최고급이다. 가장 좋다.《朴新諺
1, 31ㅎ》你有上好的猠皮麼, 네게 웃듬
됴흔 猠皮 잇ᄂ냐.

상호(相好) 톙 서로 친하다. 서로 친밀하
다. 서로 사이좋다.《朴新諺 2, 6ㅈ》咱們
相好多年, 우리 서ᄅ 됴흔지 여러 ᄒ라.

상화(相和) 图 ●서로 고르게 어울리다.
서로 조화(調和)되다.《集覽, 朴集, 上, 9
ㅎ》和尙. 萬里相和曰和, 外道相尙曰尙.
又和者, 太和也, 尙者, 高尙也. 又和尙, 外
國語, 此云近誦. 以弟子年少, 不離於師,
常遂相〈常〉近, 受經而誦者.《朴新諺 1,
35ㅈ》一筒和尙(朴新注, 13ㅎ: 萬里相和
曰和, 外道相尙曰尙.)偷別人家的媳婦, 혼
듕이 ᄂᆷ의 계집을 도적ᄒ여. ●서로 합
하여 섞다.《集覽, 朴集, 上, 2ㅈ》象生纏
糖. 音義纏字註云, 用白糖・白芝麻相和,
以火煎熬, 傾入木印內, 須臾凉後,〈與果
實相似也〉. 糖字註云, 白糖化後用木印澆
成, 亦與果實相似.

상화(常話) 图 일상에서 쓰는 말. 일반적
인 말.《集覽, 朴集, 上, 1ㅈ》筵席. 凡宴
會, 常話曰筵席, 文話曰筵會, 吏語曰筵宴,
盖取肆筵設席之意.

상화(賞花) 图 상화(賞花)하다. 꽃구경하
다.《朴新諺 1, 1ㅎ》辦幾桌賞花筵席, 여
러 상 賞花 筵席을 ᄎ려.

상환(償還) 图 갚다. 돌려주다. 상환하다. 변제하다.《集覽, 字解, 單字解, 6ㅈ》典. 凡人或缺少口粮, 或遇事用錢者, 以物折直, 立限賣與人爲質而求錢取用. 至限償還其直取物而還也. 律條疏議云, 以價易去, 而原價取贖曰典.《集覽, 字解, 單字解, 6ㅎ》儅. 人有遇急用錢, 則必以重物, 納質於富家, 賒錢取用. 至限則幷其本利償還錢主, 方得退回己之重物而來也. 典字人物通用, 儅字人用於物.《集覽, 朴集, 中, 6ㅎ》解儅庫. 元時或稱印子鋪, 或稱把解, 人以重物來儅, 取錢而去, 在後償還本利, 還取其物而去, 此卽解儅庫也.《朴新諺 3, 39ㅈ》所以把老安監下要追比(朴新注, 58ㅈ: 償還官私逋物曰追比, 一作追賠.)哩, 이러모로 老安을다가 가도아 물리려 ᄒᆞᄂᆞ니라.

상황(上皇) 图 도교의 원시천존(元始天尊)의 연호(年號) 가운데 하나. 또는 오겁(五劫) 가운데 세 번째 겁.《集覽, 朴集, 中, 6ㅈ》萬劫. 道經云, 天地一成一敗謂之劫〈刼〉. 上天開化, 建五劫〈刼〉紹運, 曰龍漢, 曰赤明, 曰上皇, 曰延康, 曰開皇. 五劫〈刼〉旣周, 復從其始.

상ᄒᆞ다(傷-) 图 손상되다. 이상이 생기다. ⇔상(傷).《朴新諺 2, 24ㅈ》傷着冷物起的樣子, 冷物에 傷ᄒᆞ여 난 樣이니.《朴新諺 3, 52ㅎ》竟將小人面門打破耳根打傷, ᄆᆞᄎᆞ내 小人의 ᄂᆞᆺ출다가 텨 싸이고 귀 밋출 텨 傷희오니.

상ᄒᆞ다(賞-) 图 상을 주다. ⇔상(賞).《朴新諺 3, 34ㅈ》我必多多的賞你哩, 내 반ᄃᆞ시 만히 만히 네게 賞ᄒᆞ리라.

새 団 새[新]. ●⇔생(生).《朴新諺 1, 48ㅎ》就上生書念一會, 이믜셔 새 글 비화 혼 디위 넑고. ●⇔신(新).《朴新諺 1, 14ㅎ》這是新布俗那裏破那黑怕漏呢, 이 새 잘리라 어디 해여지며 어디 시기롤 저퍼ᄒᆞ리오.《朴新諺 1, 34ㅎ》倒累我的新靴子都走破了, 도로혀 내 새 靴조차 다

ᄃᆞ녀 해아ᄇᆞ려다.《朴新諺 1, 44ㅎ》第(第)三日會新親, 第(第)三日에 새 사돈 모호고.《朴新諺 2, 40ㅈ》我們好嘗新, 우리 새 거슬 맛봄이 됴타.《朴新諺 2, 46ㅈ》就換幾箇新的, 곳 여러 낫 새 거슬 밧고라.《朴新諺 2, 58ㅎ》咳一件新衣服也沒有怎的好呢, 애 혼 볼 새 옷도 업스니 엇지ᄒᆞ여야 됴흐리오.《朴新諺 2, 59ㅎ》這還怕沒有新衣服過年麽, 이 도로혀 새 옷스로 過年홀 거시 업슬가 저프랴.

새 图 새. 또는 참새. ⇔작아(雀兒).《朴新諺 1, 39ㅎ》這是雀兒, 이눈 이 새로다.《朴新諺 2, 12ㅈ》那箇主兒又叫做頑雀兒的, 뎌 님자를 ᄯᅩ 새 놀리는 이라 부르는 이라.《朴新諺 2, 46ㅈ》每日偸空便上去拿雀兒, 每日에 뷘 째를 타 곳 올라가 새를 잡노라.

새각시 图 새색시. ⇔여해아(女孩兒).《朴新諺 1, 43ㅎ》是女孩兒呢還是那後婚呢, 이 새각시러냐 당시롱 뎌 니물리기러냐.《朴新諺 1, 44ㅈ》自然是女孩兒了, 自然이 새각시라.《朴新諺 1, 44ㅈ》那女孩兒又生的十分美貌, 뎌 새각시 ᄯᅩ 삼긴 거시 ᄀᆞ장 고은 얼굴이니.

새로 图 새로. ⇔신(新).《朴新諺 1, 50ㅎ》我是新來的莊家, 나는 이 새로 온 향암이라.《朴新諺 3, 36ㅈ》那箇新來的崔哥你也會打麼, 뎌 새로 온 崔哥ㅣ 아 너도 칠 줄을 아는다.《朴新諺 3, 37ㅈ》你是新來的莊家人, 너는 이 새로 온 향암엣 사름이라.

새로외다 阄 새롭다. ⇔가지(可知).《集覽, 字解, 累字解, 1ㅎ》可知. 그러 아니려. 又그러커니ᄯᅡ나. 本朝傳習之釋曰새로욀셔.

새로이 图 새로이. 한결같이. ●⇔잔신(剗新).《集覽, 字解, 累字解, 1ㅈ》剗新. 새로이.《集覽, 字解, 累字解, 1ㅈ》斬新. 上同. ●⇔참신(斬新).《集覽, 字解, 累字解, 1ㅈ》剗新. 새로이.《集覽, 字解, 累

字解, 1ㅈ》斬新. 上同.

새벼 圐 새벽. ⇔조(早).《朴新諺 3, 42ㅎ》
今早已出殯了, 오늘 새벼 이믜 出殯ᄒ니
라.

색(色) 圐 **1**빛깔. ❶⇔빗ᄎ.《朴新諺 2,
14ㅈ》要染柳黃色的, 柳黃 빗츨 드리고져
ᄒ고.《朴新諺 2, 51ㅎ》時來鐵也爭光, ᄢ
오면 쇠도 빗츨 ᄃ토고. 運去黃金失色,
運이 가면 黃金이 빗츨 일ᄂ다 ᄒ니라.
《朴新諺 3, 29ㅈ》我賣的是上等白色珠子,
내 ᄑᄂ 거슨 이 上等 흰빗치 구술이니.
❷⇔빗ㅎ.《朴新諺 3, 50ㅈ》瞥眼間釣出
箇老大金色鯉魚, 눈 곰쟉홀 ᄉ이에 ᄒᆫ ᄀ
쟝 큰 금빗희 鯉魚를 낙가 내니. **2**순도
(純度). ⇔성수.《朴新諺 1, 33ㅈ》若論買
賣銀只該九五色(朴新注, 12ㅎ: 九五, 卽銀
之九成, 五者, 色是銀之色品.), 만일 買賣
銀으로 니룰 량이면 그저 九五 성수ㅣ라.

색(索) 圐 받다. 찾다. 요구하다. ⇔받다.
《集覽, 字解, 單字解, 4ㅎ》索. 求也. 索價
錢 갑 받다. 又鄕習傳解曰 빋 뫼오다, 亦
通. 又須也. 不索, 今皆罕用.

색가전(索價錢) 圐 값을 받다. 값을 요구
하다.《集覽, 字解, 單字解, 4ㅎ》索. 求
也. 索價錢 갑 받다. 又鄕習傳解曰 빋 뫼
오다, 亦通. 又須也. 不索, 今皆罕用.

색계(色界) 圐 〈불〉 삼계(三界)의 하나.
욕계에서 벗어난 깨끗한 물질의 세계를
이른다.《集覽, 朴集, 中, 4ㅎ》梵王帝釋.
有欲界・色界・無色界爲三界. 欲界有四
洲・四惡趣・六欲天, 帝釋爲欲界主. 色
界有四禪・十八梵天, 梵王爲色界主. 無
色界有四空天.《朴新諺 2, 29ㅈ》或現質
于梵王帝釋(朴新注, 33ㅈ: 佛云, 有欲
界・色界・無色界. 帝釋為欲界主, 梵王
為色界主, 無色界有四空天.), 或 梵王 帝
釋에 顯質ᄒ고.

색양(色樣) 圐 빛깔과 모양.《朴新諺 1, 20
ㅎ》這市上所賣的風箏色樣狠(很))多, 져
지에 ᄑᄂ 연이 色樣이 ᄀ쟝 만햐.《朴新

諺 1, 30ㅎ》件件俱是內造色樣, 가지가지
다 이 內造 色樣이라.

색장(色長) 圐 송대(宋代)에 교방사(敎坊
司)의 악공을 관리하던 관원.《集覽, 朴
集, 上, 2ㅎ》院本. 院本則五人, 一曰副淨,
古謂之叅軍, 一曰副末, 古謂之蒼鶻, 鶻能
擊禽鳥, 末可打副淨, 古(故)云, 一曰引戲,
一曰末泥, 一曰孤裝, 又謂之五花爨弄. 或
曰, 宋徽宗見爨國人來朝, 衣裝・鞵履・
巾裹, 傅粉墨, 擧動如此, 使優人効之以爲
戲. 其間副淨有散說, 有道念, 有筋斗, 有
科範. 盖古敎坊色長有魏・武・劉三人,
而魏長於念誦, 武長於筋斗, 劉長於科範,
至今樂人皆宗之.

색품(色品) 圐 색도(色度: chromaticity).
《朴新諺 1, 33ㅈ》若論買賣銀只該九五色
(朴新注, 12ㅎ: 九五, 卽銀之九成, 五者,
色是銀之色品.), 만일 買賣 銀으로 니룰
량이면 그저 九五 성수ㅣ라.

생(生) 囝 새[新]. 또는 생소(生疎)하다. 낯
설다. ⇔새.《朴新諺 1, 48ㅎ》就上生書
念一會, 이믜셔 새 글 비화 ᄒ 디위 닑고.

생(生) 圐 ❶낳다. 출산하다. ⇔낳다.《朴
新諺 3, 29ㅈ》你這賊養漢生的小驢精, 네
이 도적 養漢ᄒ여 나흔 져근 나귀ᄢ야.
《朴新諺 3, 43ㅈ》寫的是壬辰年二月十二
日生的, 쁜 거시 이 壬辰年 二月 十二日
난 이오. ❷살다[生]. ⇔살다.《朴新諺 2,
54ㅈ》咱們人生在世, 우리 사름이 사라
셰상에 이셔. ❸생기다. ⇔삼기다.《朴
新諺 1, 44ㅈ》那女孩兒又生的十分美貌,
뎌 새각시 쪼 삼긴 거시 ᄀ쟝 고은 얼굴
이니.《朴新諺 2, 1ㅎ》一箇赤色馬雖生的
十分可愛, ᄒᆫ 졀ᄶ물이 비록 삼긴 거시
ᄀ쟝 고으나. ❹(밥이) 설다. ⇔설다.
《朴新諺 3, 44ㅎ》做得生硬了難吃, 짓기
를 서러 ᄢ면 먹기 어렵고.

생(生)- 젭 생-. ('익지 아니한'의 뜻)《朴
新諺 2, 24ㅈ》生果子也多吃了些, 生과실
도 만히 먹고.

생(省) 图 덜다. ⇔덜다.《朴新諺 1, 15ㅈ》
豈不省事麼, 엇디 일을 더지 아니ㅎ랴.
《朴新諺 2, 43ㅎ》省些牙錢不好麼, 즈름
갑슬 덜미 됴치 아니ㅎ냐.

생(省) 图 덜. ⇔덜.《朴新諺 2, 21ㅎ》到那
裏各自省睡些, 데 가 각각 좀을 덜 자고.

생강(生薑) 圀 생강.《集覽, 朴集, 下, 6ㅈ》
水精角兒. 飮饌正要云, 羊肉・羊脂・羊
尾子・生葱・陳皮・生薑, 各細切, 入細
料物, 塩醬拌匀爲餡. 用豆粉作皮包之, 水
煮供食.《朴新諺 2, 25ㅈ》引用生薑三片
棗二枚, 引은 生薑 三片 棗 二枚를 뽈 거
시니.

생견(生絹) 圀 생사로 짠 깁.《集覽, 朴集,
上, 12ㅎ》白淸水絹. 무리 ·픗〈플〉:긔 ·업
시 다ᄃᆞ마:돌호로 미·론:깁·이·니, 光滑
緻硬, 如本國擣砧者也. 卽不用糨粉而鍊
〈練〉生絹, 以石碾者.

생경(生硬) 혱 (밥이) 설어 단단하다. ⇔
서러찌다.《朴新諺 3, 44ㅎ》做得生硬了
難吃, 짓기를 서러 쩌면 먹기 어렵고.

생과(生果) 圀 익히거나 가공하지 않은
과일.《集覽, 朴集, 下, 5ㅈ》蜜煎. 事林廣
記云, 凡煎生果, 最要遂其本性, 酸苦辛硬
隨性製之. 以半蜜半水煮十數沸, 乘熟控
乾, 別換新蜜, 入銀石器内, 用文・武火
煮, 取其色明透爲度. 入新缶盛貯, 緊密封
窨, 勿令生虫.

생과실(生-) 圀 익지 않은 과일. ⇔생과
자(生果子).《朴新諺 2, 24ㅈ》生果子也
多吃了些, 생과실도 만히 먹고.

생과자(生果子) 圀 생(生)과실. ⇔생과실
(生-).《朴新諺 2, 24ㅈ》生果子也多吃了
些, 생과실도 만히 먹고.

생구(牲口) 圀 짐승. 가축. ⇔즘싱.《朴新
諺 2, 36ㅈ》牲口怎麼當的, 즘싱이 엇지
當ㅎ리오.《朴新諺 3, 55ㅈ》咳我沒有牲
口却怎麼好呢, 애 내게 즘싱이 업스니
쏘 엇지ㅎ여야 됴흐료.

생랭(生冷) 圀 날것과 찬 음식.《集覽, 朴

集, 上, 13ㅎ》滿月. 産書云, 分娩未滿月,
恣食生冷粘・硬果・菜・肥膩魚・肉之
物, 當時雖未覺大〈有〉損, 滿月之後, 卽成
蓐勞. 質問云, 産婦一簡月不出門, 不生理,
只補養本身, 一月之後出門, 又吃〈喫〉喜
酒. 今按, 喜酒者, 賀生兒之宴.《朴新諺
1, 54ㅎ》待滿了月便吃生冷東西, 둘 츠기
를 기드려 곳 生冷엣 거슬 먹으면.

생리(生理) 圀 일[事]. 노동.《集覽, 朴集,
上, 13ㅎ》滿月. 産書云, 分娩未滿月, 恣
食生冷粘・硬果・菜・肥膩魚・肉之物,
當時雖未覺大〈有〉損, 滿月之後, 卽成蓐
勞. 質問云, 産婦一簡月不出門, 不生理,
只補養本身, 一月之後出門, 又吃〈喫〉喜
酒. 今按, 喜酒者, 賀生兒之宴.

생문(省文) 图 글자의 점이나 획의 일부
를 생략하다.《集覽, 凡例》凡漢人用字,
或取音同, 或取省文以書. 兩本多有誤字,
今皆去僞從眞, 以便初學之習.

생물(生物) 圀 생명을 가진 물체.《集覽,
朴集, 上, 2ㅈ》象生纏糖. 諸司職掌婚禮定
親及納徵, 皆用芝麻・纏糖二合, 茶纏糖
二合, 則纏與糖非二物矣. 況音義内解
〈解〉義相同, 則是亦明爲一物矣. 象生者,
像生物之形而爲之也. 象作像. 木印, 以木
刻成物形爲模範者也. 糖, 卽沙糖也, 煎甘
蔗莖爲之.

생분(生分) 图 본디. (타고난 성품을 이르
는 말)《集覽, 朴集, 中, 8ㅈ》生分忤逆.
生分, 謂賦受性分也, 忤, 亦逆也.

생사(生死) 圀 ●〈불〉 모든 생물이 과거
의 업(業)의 결과로 개체를 이루었다가
다시 해체되는 일.《集覽, 朴集, 上, 16
ㅈ》作與頌字迴光返照大發明得悟. 音義
云, 石屋和尚作佛頌與〈与〉步虛, 其佛光
迴還返照於步虛之身, 其於生死輪迴之說,
靡不通曉.《集覽, 朴集, 中, 4ㅈ》理圓四
德. 生死爲常, 不受二邊爲樂, 具入自在爲
我, 三業淸淨爲淨. ●삶과 죽음. ⇔사생
(死生).《集覽, 朴集, 上, 7ㅈ》北斗左輔右

弼. 七現二隱, 世人惟見七星, 不見輔·弼二星. 盖九星宰生死是非之簿, 能解一切厄.《朴新諺 1, 27ㅎ》結爲生死好弟兄罷, 死生에 됴흔 弟兄을 미즈미 무던ᄒ다.

생산(生産) 동 (아기를) 낳다. 출산하다. 몸 풀다.《集覽, 朴集, 上, 13ㅎ》老娘. 音義云, 伏侍生産的婦人. 今按, 俗呼穩婆.

생수(生受) 동 수고하다. 고생시키다. 폐를 끼치다.《集覽, 字解, 累字解, 1ㅈ》生受. 艱苦也. 又貧乏也.

생시(生時) 명 살아 있는 동안.《集覽, 朴集, 下, 1ㅎ》證果金身. 言果報者, 觀經疏云, 行眞實法感得勝報также. 又修善得善果, 作惡得惡報, 謂之果報. 又生時所作善惡謂之因, 他日報應謂之果. 謂證果者, 如三藏法師取經東還, 化爲栴檀佛如來.《朴新諺 2, 10ㅎ》好聽他說些因果(朴新注, 26ㅎ: 生時所作善惡, 謂之因. 他日報應, 謂之果.)何如, 뎌의 因果 니ᄅᆞ는 거슬 드르미 엇더ᄒ뇨.

생식(生息) 동 살아 숨을 쉬다. 생활하다. 생존하다.《集覽, 朴集, 上, 10ㅎ》將息. 將, 養也, 息, 生也. 謂調養其氣, 使生息之也. 亦曰將理, 又曰將攝, 今俗只說得〈將〉息.

생우(笙竽) 명 생황(笙簧)과 우(竽). ('우'는 생황과 비슷한데 조금 크다)《集覽, 朴集, 上, 8ㅈ》翫月會. 東京錄云, 中秋夜, 貴家結飾臺榭, 民間爭占酒樓翫〈玩〉月, 絲簧鼎沸, 近內庭居民, 夜深遙聞笙竽之聲, 宛若雲外天樂, 閭里兒童連宵嬉戱, 夜市騈闐, 至於通曉.

생육(生肉) 명 날고기.《集覽, 朴集, 中, 7ㅈ》稀粥也熬着. 北人好獵, 不力於農. 獵者·行者多齎秒米, 且其食性好粥, 尤好生肉渾酪, 故兩書皆元時所記, 多言稀粥及酪.

생육(生育) 동 생물이 나서 자라다.《集覽, 朴集, 上, 5ㅈ》天赦日. 春戊寅·夏甲午·秋戊申·冬甲子, 謂天道生育萬物而

宥其罪也. 甲戊爲陽干之德, 子午爲陰陽之成, 寅申爲陰陽之立, 以干德配之爲赦也, 可修造起工〈土〉.

생인(生人) 명 ❶살아 있는 사람.《集覽, 朴集, 下, 9ㅈ》殃榜. 漢俗, 凡遇人死, 則其家必斜貼殃榜〈㮮〉於門外壁上, 榜〈㮮〉文如本節〈莭〉所云, 使生人臨喪知所避忌也. ❷태어난 사람. 출생한 사람.《集覽, 朴集, 下, 9ㅈ》殃榜. 臞仙肘後經云, 生人所生之年, 與亡〈亾〉者所死月節〈莭〉相犯則忌避. 如四孟節〈莭〉內死者, 忌寅·申·巳·亥生人, 四仲月節〈莭〉內死者, 忌子·午·卯·酉生人, 四季月節內者〈四季月莭內死者〉, 忌辰·戌·丑·未生人是也.

생일(生日) 명 세상에 태어난 날.《朴新諺 2, 4ㅈ》昨日是張千摠的生日, 어지는 이 張千摠의 生日이니.《朴新諺 2, 4ㅈ》在那裏做生日來, 어디서 生日을 ᄒ뇨.《朴新諺 2, 4ㅎ》送去與他補做生日罷, 보내여 뎌를 주어 生日을 다ᄂᆞ림홈이 무던ᄒ다.《朴新諺 2, 52ㅎ》不到一生日哩, 혼 生日이 다둣지 못ᄒ엿다.《朴新諺 2, 53ㅎ》過了一生日便會學那步兒, 혼 生日이 지나면 곳 거름 옴길 줄을 알 거시니.

생적(生的) 명 양자(樣子·樣姿). 모양. 모습. ⇔양ᄌ.《集覽, 字解, 單字解, 7ㅎ》生. 生的 양ᄌ. 生活 셩녕. 又甚也. 又語助. 怎生.《集覽, 朴集, 上, 12ㅈ》生的. 天生容範.

생총(生葱) 명 파.《集覽, 朴集, 下, 6ㅈ》水精角兒. 飮饌正要云, 羊肉·羊脂·羊尾子·生葱·陳皮·生薑, 各細切, 入細料物, 塩醬拌匀爲餡. 用豆粉作皮包之, 水煮供食.

생출(生出) 동 나다. 나오다. ⇔나다.《朴新諺 2, 45ㅎ》必定是房上生出那些草, 반드시 집 우희 뎌 풀이 나.

생충(生蟲) 명 살아 있는 벌레.《集覽, 朴集, 下, 5ㅈ》蜜煎. 事林廣記云, 凡煎生果,

最要遂其本性, 酸苦辛硬隨性製之. 以牛蜜半水煮十數沸, 乘熟控乾, 別換新蜜, 入銀石器內, 用文·武火煮, 取其色明透爲度. 入新缶盛貯, 緊密封窨, 勿令生虫.

생하(生下) 图 낳다. 출산하다. ⇔낳다. 《朴新諺 1, 56ㅈ》生下來呢乳哺三年, 나하는 三年을 졋 먹여. 《譯語類解, 上, 孕産》生下, 낫타.

생함(生餡) 图 날것으로 된 소. 《集覽, 朴集, 下, 5ㅎ》餡. 或肉或菜及諸料物拌匀〈匂〉爲胎, 納於餅中者曰餡. 酸餡·素餡·葷餡·生餡·熟餡, 供用合宜.

생활(生活) 图 수공예(手工藝). ⇔셩녕. 《集覽, 字解, 累字解, 2ㅎ》生活. 셩녕. 《集覽, 字解, 單字解, 7ㅎ》生. 生的 양즈. 生活 셩녕. 又甚也. 又語助. 怎生. 《朴新諺 1, 44ㅎ》針線生活又好, 바느질 셩녕이 쏘 됴코. 《朴新諺 2, 13ㅈ》這生活看了, 이 셩녕을 보매. 《朴新諺 2, 13ㅎ》染家你來看生活, 믈드리는 이아 이바 셩녕엣 것 보라. 《朴新諺 2, 28ㅈ》一箇到那靴舖裏去學生活, 흐나흔 뎌 靴푸즈에 가 셩녕 빅호고. 《朴新諺 2, 33ㅈ》那厮做的生活, 뎌 놈의 민든 셩녕이. 《朴新諺 2, 54ㅈ》我生活忙那能閑耍, 내 셩녕이 밧부니 엇지 능히 힘힘히 놀리오. 你做甚麽生活, 네 므슴 셩녕을 ᄒ눈다. 《朴新諺 3, 11ㅈ》你一般動手做生活, 네 혼가지로 손을 놀려 혼 셩녕이. 《朴新諺 3, 11ㅈ》咳我到處做生活, 애 내 간 디마다 셩녕을 ᄒ되.

생황(笙簧) 图 아악(雅樂)에 쓰는 관악기의 하나. 《集覽, 朴集, 下, 11ㅈ》好女不看燈. 其寺觀街巷, 燈明若晝. 士女夜遊, 車馬塞路, 有足不躡地浮行數十步者. 阡陌縱橫, 城闉下禁, 五陵年少, 滿路行歌, 萬戶千門, 笙簧未撤.

샤례ᄒ다 图 사례(謝禮)하다. ⇔사(謝). 《朴新諺 1, 12ㅎ》給一二升米謝他何如, 혼두 되 뿔을 주어 뎌의게 샤례홈이 엇더

ᄒ뇨. 《朴新諺 3, 54ㅈ》收管者謝銀六兩, 거두어 두니는 銀 엿 냥을 샤례ᄒ리라.

샤ᄒ다 图 사(赦)하다. 용서하다. 관용(寬容)하다. ⇔요(饒). 《朴新諺 2, 13ㅎ》相饒了他罷, 相公은 뎌를 샤ᄒ쇼셔.

샹 图 상(賞). ⇔상(賞). 《朴新諺 2, 31ㅎ》若無事我必賞你們, 만일 일이 업스면 내 반드시 너희룰 샹 줄 거시니.

샹명ᄒ다 图 상명(償命)하다. (살인자가 자신이 죽인 사람을 위해) 목숨으로 대가를 치르다. 목숨으로 변제하다) ⇔상(償). 《朴新諺 2, 34ㅎ》必要拿你抵償怎麽好呢, 반드시 너를 자바 죄에 다혀 샹명홀 거시니 엇디 됴흐리오.

샹시 图 상시(常時). 평상시. ❶⇔수상(隨常). 《朴新諺 1, 54ㅎ》隨常飮食休吃酸·甜·腥·辣等物, 샹시 음식에 쉰 것 든 것 비린 것 미온 것들을 먹지 말고. ❷⇔왕상(往常). 《朴新諺 3, 36ㅎ》往常請也請官人們不至, 샹시에 쳥ᄒ여도 官人들을 請ᄒ여 니르지 못홀 거시니.

샹ᄉ 图 상사(賞賜). (칭찬하여 상으로 물품을 내려 주는 일) ⇔상사(賞賜). 《朴新諺 2, 58ㅈ》頭一箇走得了偌多賞賜, 읏씀으로 둣고 만흔 샹ᄉ룰 어드니.

샹업시 图 상(常)없이. 마음대로. 대충. 아무렇게나. ⇔혼(混). 《朴新諺 3, 3ㅈ》你這迯要錢的王八, 네 이 샹업시 돈 달라ᄒ는 쟈라야.

샹직ᄒ다 图 상직(上直)하다. 당직을 서다. ⇔직(直). 《朴新諺 1, 25ㅈ》派五箇人直夜, 다숫 사룸을 시겨 밤에 샹직ᄒ여.

샹ᄌ 图 상자. ⇔상(箱). 《朴新諺 2, 35ㅈ》又在樻·箱裏, 쏘 樻와 샹ᄌ 속에셔. 《朴新諺 3, 6ㅎ》把潮腦放些在衣箱裡, 쇼로를 다가 져기 옷 샹ᄌ에 녀코.

샹토 图 상투. ⇔계(髻). 《朴新諺 3, 46ㅎ》頭挽雙丫髻, 머리에 가른 샹토 조지고.

서 팬 세[三]. ⇔삼(三). 《朴新諺 1, 32ㅎ》給你一張三錢罷, 너룰 혼 장에 서 돈식

주리라.《朴新諺 1, 33ㅈ》六箇獃皮每張
三錢, 여슷 獃皮에 每 張에 서 돈식 ᄒᆞ면.
《朴新諺 1, 47ㅎ》也有三錢的五錢的, 서
돈 ᄒᆞᄂᆞ니도 잇고 닷 돈 ᄒᆞᄂᆞ니도 이시
니.《朴新諺 1, 58ㅈ》每両每月三分起利,
每両 每月에 서 픈식 起利ᄒᆞ여.《朴新諺
2, 14ㅎ》五箇水紅絹每疋染錢三錢, 다슷
분홍 깁은 미 필에 물갑시 서 돈이오.
《朴新諺 2, 16ㅈ》應給米三升, 應給ᄒᆞᄂᆞ
거시 ᄡᆞᆯ 서 되와. 麵三斤, ᄀᆞᆯ 서 근과.
猪肉三斤, 猪肉 서 근과.

서(西) 뎽 ●서. 서쪽. ⇔셔.《朴新諺 2,
49ㅈ》每日東走西走不得片時歇息, 每日
에 동으로 ᄃᆞᆺ고 셔로 ᄃᆞ라 片時도 쉼을
엇지 못ᄒᆞ니.《朴新諺 3, 18ㅈ》直到日平
西纔得上馬回家, 바로 히 西에 거짐애 다
ᄃᆞ라 계요 물 ᄐᆞ고 집의 도라오ᄂᆞ니라.
●서녁. 서쪽. ⇔셔녁.《集覽, 字解, 單
字解, 7ㅈ》頭. 首也. 東頭‧西頭 동녁 긑
‧셧녁 긑, 頭到 나죵내, 到頭 나죵애.
通作投. 又上頭 젼ᄎᆞ로. 又頭盤 첫 판, 頭
舘 첫 판, 頭雞 첫 둙.《朴新諺 2, 40ㅈ》
再叫小厮們到西園裏去, ᄯᅩ 아희들로 ᄒᆞ
여 셧녁 동산에 가.

서(書) 뎽 ●글. ⇔글.《朴新諺 1, 48ㅈ》你
如今讀甚麼書, 네 이제 므슴 글 닑ᄂᆞᆫ다.
《朴新諺 1, 48ㅈ》把書念熟背了, 글을 다
가 닑어 닉거든 외오고.《朴新諺 1, 48
ㅎ》就上生書念一會, 이믜셔 새 글 비화
ᄒᆞᆫ 디위 닑고.《朴新諺 1, 49ㅈ》多半是
讀書人做的, 半나마 이 글 닑은 사ᄅᆞᆷ이
ᄒᆞᄂᆞᆫ 줄을 볼러라.《朴新諺 3, 14ㅎ》先
生你與我寫一封書稍去何如, 先生아 네
나를 ᄒᆞᆫ 봉 글을 ᄡᅥ 주어든 부텨 보내미
엇더ᄒᆞ뇨.《朴新諺 3, 17ㅈ》我要臨窓看
書也要看花哩, 내 窓을 臨ᄒᆞ여 글을 보고
ᄯᅩ 곳츨 보고져 ᄒᆞ노라.《朴新諺 3, 54
ㅎ》我去尋他講論些書, 내 가 뎌를 ᄎᆞᄌᆞ
글을 講論ᄒᆞ니.《朴新諺 3, 56ㅈ》在書房
裡看書哩, 書房에셔 글을 보ᄂᆞ니라. ●

책. ⇔칙.《朴新諺 2, 50ㅈ》那書案上把
幾套書擺着, 뎌 書案 우희 여러 질 칙을
다가 버리라.《朴新諺 3, 20ㅎ》我兩箇到
書舖裡去, 우리 둘히 칙푸즈에 가. 買幾
部閑書來消遣何如, 여러 部 힘힘ᄒᆞᆫ 칙을
사 와 消遣홈이 엇더ᄒᆞ뇨.《朴新諺 3, 21
ㅈ》買甚麼書好呢, 므슴 칙을 사야 됴ᄒᆞ
료.《朴新諺 3, 29ㅈ》就這一段書足可解
悶了, 곳 이 一段 칙이 족히 가히 힘힘호
믈 플리라. ●편지. 서신. ⇔편지.《朴
新諺 1, 49ㅎ》有書稍來, 편지 이셔 브터
왓ᄂᆞ니라.

서(誓) 둉 맹세하다. ⇔밍셰ᄒᆞ다.《朴新諺
1, 27ㅎ》且就那一日拈香發重誓, ᄯᅩ 그
날 香을 곳고 듕ᄒᆞᆫ 밍셰ᄒᆞ여.

서경(西京) 뎽 고려(高麗) 시대의 사경(四
京) 가운데 하나. 지금의 평양(平壤)에
해당하는 행정 구역.《朴新諺 2, 22ㅈ》
圍着一箇西京來的豆船, 혼 西京으로셔
오는 콩 시른 비를 에우고.

서과(西瓜) 뎽 수박. ⇔슈박.《朴新諺 2,
40ㅈ》種些冬瓜, 져기 동화와. 西瓜, 슈
박과. 甜瓜, 춤외와. 挿葫, ᄌᆞᆯ박과. 稍
瓜, 수세외와. 黃瓜, 외와. 茄子等類, 가
지들을 심으라.

서관(署官) 뎽 중앙의 경시(卿寺)에 딸린
서(署)의 벼슬아치.《集覽, 朴集, 上, 1
ㅎ》署官. 良醞署, 卽光祿寺屬官也. 有署
正‧署丞‧監事等官.

서글다 둉 서글퍼하다. 걱정하다. 괴로워
하다. 초조해 하다. ⇔번뇌(煩惱).《朴新
諺 3, 7ㅈ》不要煩惱了, 서그러 말라.

서기(瑞氣) 뎽 상서로운 기운.《集覽, 朴
集, 下, 1ㅈ》西天取經去. 西遊記云, 昔釋
迦牟尼佛在西天靈山雷音寺, 撰成經‧律
‧論三藏金經, 須送東土, 解度郡〈羣〉迷.
問諸菩薩, 往東土尋取經人來. 乃以西天
去東土十萬八千里之程, 妖恠〈怪〉又多,
諸衆不敢輕諾. 唯南海落伽〈迦〉山觀世音
菩薩, 騰雲駕霧往東土去, 遙見長安京兆

府, 一道瑞氣衝天, 觀音化作老僧入城.

서남(西南) 몡 남서쪽.《集覽, 朴集, 上, 15
ㅈ》玉泉. 在宛平縣西北三十里玉泉山下.
山有石洞三, 一在山之西南, 其下有泉, 深
淺莫測.《集覽, 朴集, 下, 2ㅎ》目連尊者.
事林廣記云, 佛書所謂王舍衛城, 即賓童
龍國也, 國在西南海中, 隷占城.《朴新諺
2, 5ㅈ》西湖是從玉泉山(朴新注, 24ㅈ: 在
宛平縣, 距京都西北三十里, 山有石洞三.
一在山之西南, 其下有泉, 深淺莫測. 一在
山之陽, 泉出石罅間, 鑿石為螭頭, 泉從螭
口噴出, 鳴若珮佩, 色如素練, 泓澄百頃.
一在山之根, 有泉湧出, 洞門刻玉泉二字.)
流下來的, 西湖ᄂᆫ 이 玉泉山으로 조차 흘
러ᄂᆞ린 거시니.《朴新諺 3, 12ㅎ》慶壽寺
(朴新注, 48ㅎ: 在京都西南, 素稱名刹.)裡
做盂蘭勝會, 慶壽寺에셔 盂蘭勝會ᄅᆯ ᄒᆞ
다 ᄒᆞ니.《朴新諺 3, 13ㅈ》談的是目連尊
者(朴新注, 49ㅈ: 佛書云, 目連, 姓也, 名
拘律陁. 王舍衛城人, 在西南海中.)救母
(母)經, 니ᄅᆞᄂᆫ 거슨 이 目連尊者의 救母
(母)經이니.

서너ㅎ 준 서너 (명). ⇔삼사개(三四箇).
《朴新諺 1, 40ㅎ》弟兄三四箇守着停柱坐,
弟兄 서너히 기동을 딕희여 안잣ᄂᆫ 거시
여.

서늘ᄒᆞ다 혱 서늘하다. 시원하다. ⇔양쾌
(涼快).《朴新諺 3, 4ㅈ》又凉快, ᄯᅩ 서늘
ᄒᆞ고.

서눌이 믄 서늘히. ⇔양쾌(涼快).《朴新諺
3, 1ㅎ》就在柳樹下凉快一會兒回來, 곳
버드나모 아리 이셔 ᄒᆞᆫ 지위 서눌이 ᄒᆞ
여 도라오고.

서눌ᄒᆞ다 혱 서늘하다. 시원하다. ⇔음량
(陰涼).《朴新諺 1, 24ㅈ》洗過了就拴在
陰涼處, 싯겨 즉시 서눌ᄒᆞᆫ ᄃᆡ 미고.《朴
新諺 1, 42ㅈ》揀箇淸淨去處陰涼樹底下
絟住, 淸淨ᄒᆞᆫ 곳 서눌ᄒᆞᆫ 나모 아리ᄅᆞᆯ ᄀᆞᆯ
희여 미고.

서달(徐達) 몡 명(明) 호(濠) 땅 사람. 자는

천덕(天德). 시호는 무령(武寧). 개국 훈
신(開國勳臣). 곽자흥(郭子興)의 부장
(部將)으로 태조(太祖)에게 귀순하여 많
은 전공을 세웠다. 벼슬은 대장군(大將
軍), 중서 우승상(中書右丞相)을 지냈다.
《朴新諺 2, 22ㅎ》我來時節到山海關(朴
新注, 30ㅎ: 在楡林縣, 距京都東七百里.
北接長城, 南臨瀚海中, 有關門. 徐達所築
云.)上, 내 올 ᄢᅢ에 山海關에 다드라.

서두(西頭) 몡 서편. 서쪽. 서쪽 끝. ⇔서
편(西-).《集覽, 字解, 單字解, 7ㅈ》頭.
首也. 東頭·西頭 동녁 귿·셧녁 귿, 頭
到 나죵내, 到頭 나죵애. 通作投. 又上頭
젼ᄎᆞ로. 又頭盤 첫 판, 頭舘 첫 판, 頭雞
첫 돍.《朴新諺 3, 41ㅎ》他在樞密院西頭
住, 뎨 樞密院 西편에셔 사ᄂᆞ니라.

서랑(壻郎) 몡 남의 사위를 높여 이르는
말.《集覽, 朴集, 中, 6ㅎ》使長〈使長者〉.
今俗唯出外行者及新婚壻郎無職者, 親迎
之夕必戴大帽.

서러ᄱᅵ다 혱 (밥이) 설어 단단하다. ⇔생
경(生硬).《朴新諺 3, 44ㅎ》做得生硬了
難吃, 짓기를 서러 ᄢᅵ면 먹기 어렵고.

서리(書吏) 몡 문서의 기록과 관리를 맡
아하던 하급의 구실아치.《朴新諺 1, 14
ㅈ》還要把領子到該管書辦(朴新注, 5ㅎ:
書吏之稱, 又曰序班.)處換過小票, 당시롱
ᄐᆞᄂᆞᆫ 톄롤 가져 ᄀᆞ음아ᄂᆞᆫ 셔반의게 가
져근 票롤 밧고고.

서리다 동 서리다[蟠]. ⇔반(盤).《朴新諺
3, 13ㅈ》人人盡盤雙足, 사롬마다 다 두
발을 서리고.

서룩 믄 서로. 상호(相互). ●⇔상(相).
《朴新諺 2, 5ㅈ》四面綠水相映着, 四面에
프른 믈이 서룩 빗최엿고.《朴新諺 2, 5
ㅎ》北岸上又有一座大寺相對着, 북편 언
덕 우희 ᄯᅩ ᄒᆞᆫ 좌 큰 졀이 이셔 서룩 디ᄒᆞ
엿고.《朴新諺 2, 6ㅎ》咱們相好多年, 우
리 서룩 됴한지 여러 ᄒᆡ라.《朴新諺 2,
27ㅎ》有緣千里能相會, 인연이 이시면

千里라도 능히 서르 못듯고. 無綠對面不相逢, 인연이 업스면 눗츨 디히여도 서르 만나디 못혼다 히니.《朴新諺 2, 27ㅎ》既兩心相照也是不難的, 이믜 둘희 무옴이 서르 비최면 쏘 어렵디 아니히니.《朴新諺 3, 42ㅈ》但有好相識們十分央及他, 다만 됴히 서르 아느니들이 그장 뎌의게 빌면.《朴新諺 3, 56ㅈ》快請進來相會, 밧비 쳥히여 드러와 서르 못게 히라. ●⇔시(廝).《朴新諺 3, 20ㅈ》所以廝打, 이러모로 서르 싸호니.《朴新諺 3, 53ㅈ》捉賊見贓, 도적 잡기는 贓物을 보고. 廝打驗傷, 서르 싸혼 디는 傷處를 驗혼다 히니라.

서문(西門) 명 서쪽으로 나 있는 문.《朴新諺 1, 13ㅎ》我在平則門(朴新注, 5ㅎ: 京都西門, 舊名阜城門.)外住, 내 平則門 밧끠셔 사노라.

서반(序班) 명 ●서리(書吏)의 다른 이름.《朴新諺 1, 14ㅈ》還要把領子到該管書辦(朴新注, 5ㅎ: 書吏之稱, 又曰序班.)處換過小票, 당시롱 튼눈 테롤 가져 그움아는 셔반의게 가 져근 票롤 밧고고. ●명대(明代)에 설치하여 청대(淸代)까지 존속되었던 벼슬 이름. 홍려시(鴻臚寺)에 속하였다.《朴新諺 3, 51ㅎ》陸序班你與我寫一張狀子, 陸序班아 네 나를 혼 댱 고장을 뻐 주고려.

서방(西方) 명 중국의 서역(西域). 서쪽 지방.《朴新諺 3, 8ㅎ》徃西天(朴新注, 47ㅈ: 西方天竺國, 有靈山大雷音寺, 釋迦牟尼佛居之, 謂之西天.)去取經的時節, 西天을 향히여 經 가질라 갈 제.

서방(西房) 명 건물의 중앙 정방(正房)을 중심으로 하여 서쪽에 있는 방.《朴新諺 2, 44ㅎ》西房幾間, 西房이 현 간.

서방(書房) 명 서재(書齋). 서실(書室).《朴新諺 2, 44ㅎ》書房幾間, 書房이 현 간.《朴新諺 3, 16ㅈ》我要盖三間書房, 내 세 간 書房을 짓고져 히니.《朴新諺 3, 56ㅈ》在書房裡看書哩, 書房에셔 글을 보느니라.

서번(西番) 명 =서번(西蕃). ‘番’은 ‘蕃’으로도 쓴다.《集覽, 朴集, 上, 6ㅈ》鑌鐵. 緫〈聡〉龜云, 出西番, 面上自有旋螺花者, 有芝麻花者. 凡刀劍器打磨光淨, 價直過於銀, 鐵〈鈇〉中最利者也.《集覽, 朴集, 上, 9ㅎ》紫鴉忽. 瓔也. 出南番・西番. 性堅滑, 有紅瓔・紫瓔, 亦有淡者, 色明瑩. 有大如指面者, 儘大儘貴.

서번(西蕃) 명 중국 서역(西域) 및 서부 변경 지역을 이르는 말.《集覽, 朴集, 上, 6ㅈ》鑌鐵. 緫〈聡〉龜云, 出西番, 面上自有旋螺花者, 有芝麻花者. 凡刀劍器打磨光淨, 價直過於銀, 鐵〈鈇〉中最利者也.《集覽, 朴集, 上, 9ㅎ》紫鴉忽. 瓔也. 出南番・西番. 性堅滑, 有紅瓔・紫瓔, 亦有淡者, 色明瑩. 有大如指面者, 儘大儘貴.《朴新諺 1, 18ㅈ》必得鑌鐵(朴新注, 7ㅎ: 出西蕃, 鐵面有花有光, 價過於銀, 鈇中最剛者.)打方好, 반드시 鑌鐵로 치이여야 보야흐로 됴흘 써시니.《朴新諺 1, 23ㅎ》両對寶石(朴新注, ㅎ: 出南蕃・西蕃, 性堅滑, 色淡紅明瑩.)廂嵌的鬂簪, 두 빵 寶石에 뎐메워 날박은 鬂簪과.

서벽상(西壁廂) 명 서편. 서쪽. ⇔셔편.《朴新諺 3, 17ㅈ》那西壁廂還要打一道墻, 뎌 셔편에 쏘 혼 줄 담을 빤고.

서변(西邊) 명 서편. 서쪽. ⇔셔편.《朴新諺 2, 32ㅈ》如今搬在法蔵寺西邊混堂間壁住了, 이제 法蔵寺 西邉 混堂 스이 브람에 올마 가 사느니라.《朴新諺 3, 10ㅎ》西邉打一箇爐子, 셔편에 혼 미로를 민들려 히노라.

서북(西北) 명 북서쪽.《集覽, 朴集, 上, 5ㅈ》角頭. 音義云, 東南西北往來人煙〈烟〉溱集之處. 今按, 角頭, 卽通逹達道要會之衝, 傭力求直之人坌集之所.《集覽, 朴集, 上, 15ㅈ》玉泉. 在宛平縣西北三十里玉泉山下. 山有石洞三.《朴新諺 2, 5ㅈ》西湖

是從玉泉山(朴新注, 24ㅈ: 在宛平縣, 距京都西北三十里, 山有石洞三. 一在山之西南, 其下有泉, 深淺莫測. 一在山之陽, 泉出石罅間, 鑿石為螭頭, 泉從螭口噴出, 鳴若雜佩, 色如素練, 泓澄百頃. 一在山之根, 有泉湧出, 洞門刻玉泉二字.)流下來的, 西湖는 이 玉泉山으로 조차 흘러느린 거시니.

서산(西山) 명 중국 북경시(北京市) 서쪽 교외에 있다. 남쪽 거마산(拒馬山)에서 시작하여 북쪽 군도산(軍都山)까지 이어지는데, 여러 봉우리가 있는 명승지이다.《集覽, 朴集, 中, 3ㅎ》西山. 在順天府西三十里太行山首, 始于河內, 北至幽州, 强形鉅勢, 爭奇擁翠, 雲聳星拱于皇都之右. 每大雪初霽, 千峯萬壑〈峯〉, 積素凝華, 若圖畫然, 爲京師八景之一, 曰西山霽雪. 今見北京西城外有山一座, 卽是.《朴新諺 2, 28ㅎ》一箇帶二兩銀子到西山去收乾草, 흔나흔 두 냥 은을 가지고 西山에 가 ᄆᆞ른딥흘 거두되.

서산제운(西山霽雪) 명 중국 북경시(北京市) 서쪽 교외에 있는 여덟 곳의 명승지 가운데 하나. 눈이 갠 뒤의 서산(西山)의 아름다운 경치를 일컫는 말이다.《集覽, 朴集, 中, 3ㅎ》西山. 每大雪初霽, 千峯萬壑〈峯〉, 積素凝華, 若圖畫然, 爲京師八景之一, 曰西山霽雪. 今見北京西城外有山一座, 卽是.

서생(書生) 명 선비. 유생(儒生).《朴新諺 3, 49ㅈ》諒你要金榜題名的書生, 혜아리건대 너 金榜에 題名코져 ᄒᆞᄂᆞᆫ 書生이.

서승(署丞) 명 중앙의 경시(卿寺)에 딸린 서(署)의 버금 벼슬.《集覽, 朴集, 上, 1ㅎ》署官. 良醞署, 卽光祿寺屬官也. 有署正・署丞・監事等官.

서시(西施) 명 춘추전국시대 오(吳)나라에 패한 월(越)나라의 왕 구천(句踐)이 부차에게 바친 미녀. 부차가 그 용모에 빠져 있는 사이에 오나라를 멸망시켰다. 훗날 미녀를 대신하는 말이 되었다.《集覽, 朴集, 下, 11ㅎ》范蠡歸湖. 范蠡, 越之大夫也. 相越王勾踐敗吳, 曰, 越王爲人長頸鳥〈烏〉喙, 可與啚〈圖〉患難, 不可與共安逸. 遂泛扁舟, 載西施, 遊五湖不返.

서신(書信) 명 소식. 편지. 서신.《朴新諺 1, 49ㅎ》我家有書信帶來麼, 내 집의 書信이 이셔 가져왓느냐.

서안(書案) 명 예전에 책을 얹던 책상.《朴新諺 2, 50ㅈ》那書案上把幾套書擺着, 뎌 書案 우희 여러 질 칙을다가 버리라.

서언고사(書言故事) 명 송(宋)나라의 호계종(胡繼宗)이 고사성어(故事成語)를 모아서 인군류(人君類)와 유학류(儒學類)로 분류하여 해석하고 그 출전을 밝힌 책. 12권.《集覽, 朴集, 上, 6ㅎ》拘欄. 書言故事云, 鉤〈鉤〉欄, 俳優棚也.《集覽, 朴集, 下, 2ㅈ》三隻脚鐵蝦蟆. 書言故事云, 月宮蟾蜍三足, 是爲昇〈羿〉妻所化.

서역(西域) 명 한대(漢代)에 현재의 옥문관(玉門關) 서쪽의 신강(新疆) 지역과 중앙아시아(中央Asia) 등지를 이르던 말.《集覽, 朴集, 上, 2ㅈ》核桃. 張騫使西域, 得胡桃回, 種于中國. 後五胡時, 避胡字, 改名核桃.《集覽, 朴集, 下, 4ㅈ》西遊記. 三藏法師徃西域取經六百卷而來, 記其徃來始末爲書, 名曰西遊記.《集覽, 朴集, 下, 4ㅈ》孫行者. 西遊記云, 西域有花菓山, 山下有水簾洞, 洞前有鐵板橋, 橋下有萬丈澗, 澗邊有萬箇小洞, 洞裏多猴. 有老猴精, 號齊天大聖, 神通廣大, 入天宮仙桃園偸蟠桃, 又偸老君靈丹藥, 又去王母宮偸王母繡仙衣一套, 來設慶仙衣會.《集覽, 朴集, 下, 10ㅎ》二郎爺爺. 按西遊記, 西域花菓山洞有老猴精, 號齊天大聖, 神變〈変〉無測, 鬧〈閙〉乱天宮, 玉帝命李天王領神兵徃捕, 相戰失利.《朴新諺 2, 29ㅎ》結草廬於香山(朴新注, 33ㅎ: 西域山名.)之上, 草廬를 香山 우희 지엇쏘다.

서역기(西域記) 명 대당서역기(大唐西域

記). 당(唐)나라의 현장(玄奘)이 인도(印度) 및 중앙아시아(中央Asia)를 여행하며 기록한 것을 중 변기(辯機)가 다시 쓴 견문록. 12권. 《集覽, 朴集, 中, 5ㅎ》結草廬於香山之上. 西域記云, 阿耨達, 水名, 在香山之南. 《集覽, 朴集, 中, 5ㅎ》傾甘露於瓶中濟險途於飢渴. 西域記云, 軍持, 澡瓶也. 尼畜軍持, 僧畜澡罐. 《集覽, 朴集, 下, 2ㅎ》擎拳合掌. 西域記云, 致敬之式, 其儀九等, 四曰合掌平拱.

서열(暑熱) 명 무더위. 《朴新諺 3, 9ㅈ》經多少風寒·暑熱, 언머 風寒·暑熱을 디내며.

서오(徐五) 명 서씨(徐氏)의 다섯째 아들이라는 뜻으로, 이름이나 신분이 특별하지 아니한 평범한 사람들을 이르는 말. 《朴新諺 2, 32ㅈ》是徐五家做的, 이 徐五의 집의셔 민든 거시라. 《朴新諺 2, 32ㅈ》徐五的徒弟李大, 徐五의 제시 李大ㅣ.

서옥(瑞玉) 명 상서로운 구슬. 《集覽, 朴集, 中, 6ㅈ》面圓璧月. 璧, 天生瑞玉, 盈尺餘, 形圓者也. 《朴新諺 2, 29ㅈ》面圓璧月(朴新注, 33ㅎ: 璧, 瑞玉, 形圓者. 佛書云, 面圓淨如滿月.), 身瑩瓊瑰(朴新注, 33ㅎ: 石次玉者, 瑩潔有光明.), 놋촌 壁月 ㄱ치 두렷ㅎ고 몸은 瓊瑰ㅣ ㄱ치 몰그며.

서왕모(西王母) 명 신화상 신녀(神女)의 이름. 불사약(不死藥)을 가진 신녀라고 하며, 음양설에서는 일몰(日沒)의 여신이라고도 한다. 《集覽, 朴集, 上, 7ㅎ》釧. 事物紀原云, 黃帝時, 西王母獻(献)白環, 舜時亦獻(献). 通俗文云, 環臂謂之釧. 漢順帝時有功者賜金釧, 亦曰環釧.

서원(西苑) 명 중국 북경시(北京市) 옛 황성 서화문(西華門) 서쪽에 있었다. 본래는 금(金)나라의 이궁(離宮)이었는데, 청대(淸代)에 대내(大內)의 서쪽에 있다 하여 붙여진 이름이다. 《集覽, 朴集, 上, 15ㅈ》西湖. 在玉泉山下, 泉水滶而爲湖, 流入宮中. 西苑爲太液池, 出都城爲玉河,

東南流注于大通河. 環湖十餘里, 荷·蒲·菱·茨與夫沙禽·水鳥出沒, 隱暎於天光雲影中, 實佳境也. 《朴新諺 2, 4ㅎ》李爺你可曾到過西湖(朴新注, 24ㅈ: 在玉泉山下, 流入西苑爲太液池, 出都城注于通州河.), 李爺ㅣ아 네 일즉 西湖에 둔녀.

서유기(西遊記) 명 중국의 소설(小說) 3대 기서(奇書)의 하나. 100회(回)로 된 장회소설(章回小說). 명(明)나라 오승은(吳承恩)이 지었다고 한다. 당(唐)나라의 중 현장(玄奘)의 인도(印度) 여행에 관한 전설에서 취재하여, 손오공(孫悟空)·저팔계(豬八戒)·사오정(沙悟淨)이 삼장법사(三藏法師)를 수호하며 여러 가지 곤란을 극복하고 천축(天竺)에 이르러 무사히 불경(佛經)을 가지고 돌아온다는 이야기이다. 《集覽, 朴集, 下, 1ㅈ》西天取經去. 西遊記云, 昔釋迦牟尼佛在西天靈山雷音寺, 撰成經·律·論三藏金經, 須送東土, 解度郡〈羣〉迷. 問諸菩薩, 徃東土尋取經人來. 《集覽, 朴集, 下, 4ㅈ》西遊記. 三藏法師徃西域取經六百卷而來, 記其徃來始末爲書, 名曰西遊記. 《朴新諺 3, 21ㅈ》唐三藏西遊記(朴新注, 52ㅈ: 錄唐三藏西天取經時事.), 唐三藏의 西遊記를 사쟈. 《朴新諺 3, 21ㅈ》你不知這西遊記熱鬧(閙)得狠(很)哩, 네 아직 못ㅎ다 이 西遊記 ㄱ장 웨전즈런ㅎ니.

서익(舒翼) 동 날개를 펼치다. 《集覽, 朴集, 下, 3ㅈ》六鶴舞琴. 史記, 師曠援琴而鼓, 一奏之, 有玄鶴二八集于廊門, 再奏之, 延頸而鳴, 舒翼而舞.

서인(庶人) 명 서민. 백성. 《集覽, 朴集, 上, 8ㅎ》搭護. 事物紀原云, 隋內官多服半臂, 餘皆長袖. 唐高祖減其袖, 謂之半臂, 卽今背子也. 江淮間或曰綽子, 庶人競服之. 今俗呼爲搭護, 더그레. 《集覽, 朴集, 上, 11ㅎ》娘子. 今俗稱(称)公主·宮女, 下至庶人妻, 皆曰娘子.

서자(黍子) 명 기장[黍]. ⇨기장. 《朴新諺

3, 38ㅈ》他種的稻子, 제 시믄 벼와. 膏粱,
슈슈와. 黍子, 기장과. 大麥, 보리와. 小
麥, 밀과. 蕎麥, 모밀과. 黃豆, 콩과. 小豆,
픗과. 菉豆, 菉豆와. 豌豆, 광쟝이. 黑豆,
거믄콩. 芝麻, 춤째와. 蘓(蘇)子, 듧째.

서자(庶子) 몡 적장자(嫡長子) 이외의 모
든 아들.《集覽, 朴集, 下, 12ㅎ》弓裔. 新
羅憲安王之庶子, 以五月五日生, 屋上有
素光屬天如虹.

서장(西墻) 몡 서쪽의 담장.《朴新諺 3, 51
ㅈ》由本家西墻跳入, 本家 西墻으로부터
쮜여들어.

서정(署正) 몡 중앙의 경시(卿寺)에 딸린
서(署)의 으뜸 벼슬.《集覽, 朴集, 上, 1
ㅎ》署官. 良醞署, 卽光祿寺屬官也. 有署
正・署丞・監事等官.

서직문(西直門) 몡 중국 북경(北京) 내성
(內城)에 있는 성문. 부성문(阜城門) 북
쪽에 있다.《集覽, 朴集, 上, 5ㅎ》平則門.
永樂十九年, 營建宮室, 立門九, 南曰正陽,
又曰午門, 元則曰麗正, 南之右曰宣武, 元
則曰順承, 南之左曰文明, 元則曰崇文, 又
曰哈噠, 北之東曰安定, 北之西曰德勝, 元
則曰健德, 東之北曰崇仁, 一名東直, 元名
同, 東之南曰朝陽, 元則曰齊華, 西之北曰
西直, 西之南曰阜城, 元則曰平則. 元設十
一門, 而今減其二.《朴新諺 3, 48ㅎ》西有
阜城門・西直門, 西에ᄂᆞᆫ 阜城門과 西直
門이 이시니.

서천(西天) 몡 중국의 서역(西域) 지방에
있던 여러 나라를 통틀어 이르는 말.
《集覽, 朴集, 下, 1ㅈ》西天取經去. 西遊
記云, 昔釋迦牟尼佛在西天靈山雷音寺,
撰成經・律・論三藏金經, 須送東土, 解
度郡〈羣〉迷. 問諸菩薩, 徃東土尋取經人
來. 乃以西天去東土十萬八千里之程, 妖
恠〈怪〉又多, 諸衆不敢輕諾. 唯南海落伽
〈迦〉山觀世音菩薩, 騰雲駕霧徃東土去,
遙見長安京兆府, 一道瑞氣衝天, 觀音化
作老僧入城.《朴新諺 3, 8ㅎ》當時唐三蔵

(朴新注, 47ㅈ: 唐僧, 陳佷(玄)奘. 奉勅徃
西天, 取三藏經而來, 故號三藏)師傅, 그
ᄢᅢ에 唐三蔵 師傅ㅣ. 徃西天(朴新注, 47
ㅈ: 西方天竺國, 有靈山大雷音寺, 釋迦牟
尼佛居之, 謂之西天)去取經的時節, 西天
을 向ᄒᆞ여 經 가질라 갈 제.《朴新諺 3,
21ㅈ》唐三蔵西遊記(朴新注, 52ㅈ: 錄唐
三蔵西天取經時事.), 唐三蔵의 西遊記를
사쟈.《朴新諺 3, 21ㅎ》當年有箇唐僧徃
西天取經去, 當年에 ᄒᆞᆫ 唐僧이 이셔 西天
을 向ᄒᆞ여 經 가질라 갈 제.

서판(書辦) 몡 문서나 기록을 맡아보던
하급 관리. 또는 문필(文筆)에 종사하는
사람을 두루 이르는 말. ⇔셔반.《朴新
諺 1, 14ㅈ》還要把領子到該管書辦(朴新
注, 5ㅎ: 書吏之稱, 又曰序班.)處換過小
票, 당시롱 투는 톄를 가져 ᄀᆞ움아는 셔
반의게 가 져근 票를 밧고고.《朴新諺
2, 51ㅈ》昨日衙門書辦已將文書送來了,
어지 衙門 셔반이 이믜 文書를다가 보내
엿더라.《朴新諺 3, 5ㅈ》還有該管的書辦
們也受了些錢財, 쏘 ᄀᆞ움아는 셔반들도
이셔 져기 錢財를 밧고.《朴新諺 3, 18
ㅈ》方纔書辦們拿文書來畫稿, 앗가 ᄀᆞᆺ 셔
반들이 文書를 가져와 稿에 일홈밧고.

서편(西-) 몡 서편. 서쪽. 서쪽 끝. ⇔서두
(西頭).《朴新諺 3, 41ㅈ》他在樞密院西
頭住, 뎨 樞密院 西편에서 사ᄂᆞ니라.

서포(書鋪) 몡 책방. 서점(書店). ⇔칙푸
ᄌᆞ.《朴新諺 3, 20ㅎ》我兩箇到書舖裡去,
우리 둘히 칙푸ᄌᆞ에 가.

서호(西湖) 몡 중국 절강성(浙江省) 항주
시(杭州市)의 시성(市城) 남쪽에 있는
호수. 처음에는 명성호(明聖湖)라 부르
다가 당대(唐代) 이후 서호라 불렀다.
《集覽, 朴集, 上, 15ㅈ》西湖. 在玉泉山下,
泉水瀦而爲湖, 流入宮中. 西苑爲太液池,
出都城爲玉河, 東南流注于大通河. 環湖
十餘里, 荷・蒲・菱・茨與夫沙禽・水
鳥出沒, 隱暎於天光雲影中, 實佳境也.

《朴新諺 2, 4ㅎ》李爺你可曾到過西湖(朴新注, 24ㅈ: 在玉泉山下, 流入西苑為太液池, 出都城注于通州河.), 李爺ㅣ아 네 일즉 西湖에 둔녀.《朴新諺 2, 5ㅈ》西湖是從玉泉山流下來的, 西湖는 이 玉泉山으로 조차 흘러느린 거시니.《朴新諺 2, 57ㅎ》皇上在西湖景凉殿裏坐的看, 皇上이 西湖 景凉殿에셔 안자 보시더라.

서화문(西華門) 圀 셩문(城門) 이름.《朴新諺 3, 35ㅎ》西華門外有箇好飯店, 西華門 밧긔 ᄒᆞᆫ 됴흔 밥뎜이 이시니.

석 팬 셕[三]. ⇔삼(三).《朴新諺 1, 46ㅈ》白淸水絹三尺, 흰 제믈엣 깁 셕 자는.《朴新諺 2, 43ㅎ》月白的三兩銀子如何, 남빗ᄎᆞᆫ 셕 냥 은에 홈이 엇더ᄒᆞ뇨.《朴新諺 3, 35ㅈ》都是三尺寬肩膀燈盞大的雙眼, 다 이 셕 자나 너른 엇게오 燈盞만치 큰 두 눈이라.《朴新諺 3, 54ㅈ》報信者給銀三兩, 報信ᄒᆞᄂᆞᆫ 이는 銀 셕 냥을 주고.

석(石) 圀 ●무게의 단위. 120근(斤).《集覽, 朴集, 上, 13ㅎ》氣力. 音義云, 弓强弱之力, 重十二斤曰一箇氣力. 今按, 舊本以斗石爲重, 續綱目兩石弓註, 三十斤爲鈞, 四鈞爲石, 重百二十斤也.《朴新諺 1, 57ㅎ》要做幾簡氣力(朴新注, 22ㅈ: 十二斤為一箇氣力. 續綱目両石弓註, 三十斤為勻(鈞), 四勻(鈞)為石, 則下欵十簡氣力, 為両石重也.)的弓, 언머 힘에 활을 믠돌고져 ᄒᆞᆫ다. ●돌. ⇔돌.《朴新諺 2, 5ㅈ》地下幔的石如白玉, 짜히 ᄭᆞᆫ 돌은 白玉 ᄀᆞᆺ고.《朴新諺 2, 38ㅈ》有奇奇怪怪之石, 奇奇怪怪ᄒᆞᆫ 돌도 이시며.

석(石) 의 셤.《集覽, 朴集, 上, 5ㅈ》月俸. 中朝〈元制〉官祿, 每月支〈支〉給. 今此一月四石之俸, 以元制考之, 乃從九品也. 米・豆曰祿, 鈔・錢・絹曰俸.

석(射) 图 맞히다. ⇔마치다.《朴新諺 1, 53ㅎ》箭箭都射着把子上的紅心, 살마다 다 관혁에 관을 마치ᄂᆞ니.

석(釋) 圀 〈불〉 석가(釋家). 불교. 불가(佛家).《集覽, 朴集, 中, 6ㅈ》萬劫. 儒曰世, 釋曰劫〈규〉, 道曰塵. 一說, 儒家曰數, 道家曰劫〈규〉, 佛家曰世.《朴新諺 2, 30ㅎ》一針投海底尙有可撈日, 一針을 海底에 드리치매 오히려 可히 건질 날이 이시려니와. 一失人身後萬劫(朴新注, 34ㅈ: 儒曰歲, 道曰塵, 釋曰규. 又佛家云, 天地一成一敗為규.)再逢難, ᄒᆞᆫ번 人身을 일흔 後ㅣ면 萬劫이라도 다시 만나기 어렵다 ᄒᆞ니라.

석가(釋伽) 圀 〈불〉 =석가(釋迦). '伽'는 '迦'의 다른 표기. 범어(梵語) gha음(音)을 적는 데 쓰는 글자.《大日經 2》伽(重聲)字門, 一切諸法一合不可得故.《集覽, 朴集, 下, 1ㅈ》西天取經去. 老僧見法師曰, 西天釋迦〈伽〉造經三藏, 以待取經之人. 法師曰, 旣有程途, 須有到時.

석가(釋迦) 圀 〈불〉 석가모니(釋迦牟尼)의 준말.《集覽, 朴集, 上, 10ㅈ》鉢盂. 總龜〈總亀〉云, 天竺國器也, 釋迦有女青石鉢, 宋廬陵王以銅鉢餉于五祖, 是宋・晉間中國始用也.《集覽, 朴集, 上, 16ㅈ》傳衣鉢. 釋迦佛生年十九出家, 住世四十九年, 傳衣鉢于迦葉初祖達摩, 達摩傳衣鉢于二祖, 二祖傳于三祖, 至於六祖, 至三十二祖弘忍. 盖以此爲傳道之器也.《集覽, 朴集, 下, 1ㅈ》西天取經去. 老僧見法師曰, 西天釋迦〈伽〉造經三藏, 以待取經之人. 法師曰, 旣有程途, 須有到時.

석가모니(釋迦牟尼) 圀 〈불〉 불교의 개조(開祖). 성(姓)은 교답마(喬答摩). 이름은 실달다(悉達多). 중인도(中印度) 가비라국(迦毘羅國) 정반왕(淨飯王)의 맏아들. 설산(雪山)에서 6년간 고행(苦行)한 뒤 가야산(迦耶山) 보리수(菩提樹) 아래에서 도를 깨우쳐 부처가 되었다.《集覽, 朴集, 中, 6ㅈ》萬劫. 五劫〈규〉旣周, 復從其始. 又六十年一甲子, 一百年爲一小劫〈규〉, 一千年爲一中劫〈규〉, 三中

劫〈刼〉爲一大劫〈刼〉. 佛家初劫〈刼〉爲釋迦牟尼佛, 二劫〈刼〉爲寶髻佛, 三劫〈刼〉爲燃燈佛.《集覽, 朴集, 下, 1ㅈ》西天取經去. 西遊記云, 昔釋迦牟尼佛在西天靈山雷音寺, 撰成經・律・論三藏金經, 須送東土, 解度郡〈羣〉迷. 問諸菩薩, 徃東土尋取經人來.《集覽, 朴集, 下, 5ㅈ》金頭揭地・銀頭揭地・波羅僧揭地. 西遊記云, 釋迦牟尼佛在靈山雷音寺演說三乘敎法, 傍有侍奉阿難・伽舍諸菩薩・聖僧・羅漢・八金剛・四揭地・十代明王・天仙・地仙.《朴新諺 3, 8ㅎ》徃西天(朴新注, 47ㅈ: 西方天竺國, 有靈山大雷音寺, 釋迦牟尼佛居之, 謂之西天.)去取經的時節, 西天을 向ᄒᆞ여 經 가질라 갈 제.

석가모니불(釋迦牟尼佛) 圐 〈불〉 석가모니를 부처로 모시어 이르는 말. 삼신불(三身佛) 가운데 화신불(化身佛)에 해당한다.《集覽, 朴集, 中, 6ㅈ》萬劫. 五劫〈刼〉既周, 復從其始. 又六十年一甲子, 一百年爲一小劫〈刼〉, 一千年爲一中劫〈刼〉, 三中劫〈刼〉爲一大劫〈刼〉. 佛家初劫〈刼〉爲釋迦牟尼佛, 二劫〈刼〉爲寶髻佛, 三劫〈刼〉爲燃燈佛.《集覽, 朴集, 下, 1ㅈ》西天取經去. 西遊記云, 昔釋迦牟尼佛在西天靈山雷音寺, 撰成經・律・論三藏金經, 須送東土, 解度郡〈羣〉迷. 問諸菩薩, 徃東土尋取經人來.《集覽, 朴集, 下, 5ㅈ》金頭揭地・銀頭揭地・波羅僧揭地. 西遊記云, 釋迦牟尼佛在靈山雷音寺演說三乘敎法, 傍有侍奉阿難・伽舍諸菩薩・聖僧・羅漢・八金剛・四揭地・十代明王・天仙・地仙.《朴新諺 3, 8ㅎ》徃西天(朴新注, 47ㅈ: 西方天竺國, 有靈山大雷音寺, 釋迦牟尼佛居之, 謂之西天.)去取經的時節, 西天을 向ᄒᆞ여 經 가질라 갈 제.

석각(石刻) 圐 돌에 글씨 따위를 새기다. 또는 그런 조각품.《集覽, 朴集, 下, 2ㅎ》慶壽寺. 一統志云, 在順天府西南, 內有飛虹・飛渡二橋, 石刻六大字, 極遒勁. 相傳

金章宗所書.

석교(石橋) 圐 돌다리.《集覽, 朴集, 上, 4ㅎ》蘆溝橋. 其一東南流, 入于蘆溝, 又東入于東安縣界. 去都城三十里, 有石橋跨于河, 廣二百餘步, 其上兩旁皆石欄, 雕刻石獅, 形狀奇巧, 成於金明昌三年.《朴新諺 1, 9ㅎ》直淌過蘆溝橋(朴新注, 4ㅈ: 京都南三十里, 有河曰蘆溝, 上有石橋, 廣二百餘步, 兩傍皆石欄, 雕刻石獅, 形狀奇巧.)上獅子頭了, 바로 蘆溝橋 우희 獅子 머리룰 줍가 넘어.

석교(釋敎) 圐 〈불〉 불교(佛敎)를 달리 이르는 말.《集覽, 朴集, 中, 7ㅎ》佛堂. 漢人酷好釋敎, 家設一堂, 或安金像, 或掛畫佛, 焚香頂禮, 朝夕不懈.

석기(石器) 圐 돌로 만든 그릇붙이.《集覽, 朴集, 下, 5ㅈ》蜜煎. 事林廣記云, 凡煎生果, 最要逐其本性, 酸苦辛硬隨性製之. 以半蜜半水煮十數沸, 乘熟控乾, 別換新蜜, 入銀石器內, 用文・武火煮, 取其色明透爲度. 入新缶盛貯, 緊密封窖, 勿令生虫.

석늑(石勒) 圐 후조(後趙)의 창업 군주. 자는 세룡(世龍). 시호는 명제(明帝). 묘호(廟號)는 고조(高祖). 급상(汲桑)과 반란을 일으키며 성(姓)을 석씨(石氏)로 고쳤다. 전조(前趙)에 투항하며 세력을 키운 뒤 양국(襄國)을 거점으로 조(趙)나라를 세우고 왕이라 칭하였다. 재위 15년(319~332).《集覽, 朴集, 中, 5ㅎ》執楊柳於掌內拂病體於輕安. 佛圖澄, 天竺〈竺〉人也. 妙通玄術, 善誦呪, 能役使鬼神. 石勒聞其名, 召試其術, 澄取鉢盛水, 燒香呪之, 須臾, 鉢中生靑蓮花.《集覽, 朴集, 下, 7ㅈ》黃燒餠. 總龜云, 燒餠, 卽古之胡餠也. 石勒諱胡, 改爲麻餅.

석다 圐 섞다. ⇔반(拌).《朴新諺 1, 25ㅈ》把料豆和草拌勻了, 콩을다가 여믈과 석기룰 고로게 ᄒᆞ여.

석당(石塘) 圐 송말(宋末)・원초(元初) 호장유(胡長孺)의 호(號).《集覽, 朴集, 中,

6ㅎ》大帽. 南村輟耕錄云, 胡石塘先生嘗應聘入京, 世皇召見於〈於〉便殿, 趍〈趨〉進, 不覺笠子欹側. 上問曰, 秀才何學. 對曰, 脩身齊家治國平天下之學. 上哂〈笑〉曰, 自家笠子尙不端正, 又能平天下耶.

석동(石洞) 몡 돌로 된 동굴. 《集覽, 朴集, 上, 15ㅈ》玉泉. 在宛平縣西北三十里玉泉山下. 山有石洞三.《朴新諺 2, 5ㅈ》西湖是從玉泉山(朴新注, 24ㅈ: 在宛平縣, 距京都西北三十里, 山有石洞三. 一在山之西南, 其下有泉, 深淺莫測. 一在山之陽, 泉出石罅間, 鑿石爲螭頭, 泉從螭口噴出, 鳴若雜佩, 色如素練, 泓澄百頃. 一在山之根, 有泉湧出, 洞門刻玉泉二字.)流下來的, 西湖는 이 玉泉山으로 조차 흘러ㄴ린 거시니.

석란(石欄) 몡 돌난간. 《集覽, 朴集, 上, 4ㅎ》蘆溝橋. 其一東南流, 入于蘆溝, 又東入于東安縣界. 去都城三十里, 有石橋跨于河, 廣二百餘步, 其上兩旁皆石欄, 雕刻石獅, 形狀奇巧, 成於金明昌三年.《朴新諺 1, 9ㅎ》直淥過蘆溝橋(朴新注, 4ㅈ: 京都南三十里, 有河曰蘆溝, 上有石橋, 廣二百餘步, 兩傍皆石欄, 雕刻石獅, 形狀奇巧.)上獅子頭了, 바로 蘆溝橋 우희 獅子 머리룰 좀가 넘어.

석류(石榴) 몡 석류.《朴新諺 1, 4ㅈ》鮮果子呢, 싱과실은. 柑子, 柑子. 橘子, 귤. 石榴, 石榴. 香水梨, 물한빗. 櫻桃, 櫻桃. 杏子, 술고. 蘋果, 굵은님금. 玉黃李子, 유황외앗시오.

석마(石磨) 몡 맷돌.《集覽, 朴集, 下, 6ㅈ》餅餬. 質問云, 將菉豆粉糝和粘穀米, 着水浸濕, 用石磨磨, 細杓兒盛在鍋內, 一撮一撮煎熟而食.

석면(席面) 몡 ●연회석의 맨 첫줄.《集覽, 朴集, 上, 2ㅎ》席面. 音義云, ·믓 ·첫·줄. ●술과 요리.《朴新諺 1, 4ㅈ》一共只要辦八桌席面, 대되 그저 八桌 席面을 출홀 쩌시니.

석목(析木) 몡 성차(星次: 이십팔수에 의한 별의 위치)의 이름. 12신(辰)으로는 인(寅), 이십팔수(二十八宿)로는 미(尾)·기(箕)에 해당된다.《集覽, 朴集, 上, 15ㅈ》碧漢. 〈卽〉天河也. 河精上爲天河. 爾雅, 析木爲之津. 七在箕斗間, 自坤抵艮爲地紀, 亦名雲漢, 曰天潢, 曰銀河, 曰銀漢, 曰河漢.

석목진(析木津) 몡 석목(析木)의 성차(星次)에 있는 은하수. 석목의 성차(星次)는 미(尾) 10도(度)에서 두(斗) 11도 사이로, 그 사이에 은하수가 있기 때문에 붙여진 이름이다.《集覽, 朴集, 上, 15ㅈ》碧漢. 〈卽〉天河也. 河精上爲天漢. 爾雅, 析木爲之津. 七在箕斗間, 自坤抵艮爲地紀, 亦名雲漢, 曰天潢, 曰銀河, 曰銀漢, 曰河漢.

석발(石鉢) 몡 돌로 만든 바리때.《集覽, 朴集, 上, 10ㅈ》鉢盂. 總龜〈総龜〉云, 天竺國器也, 釋迦有女靑石鉢, 宋廬陵王以銅鉢餉于五祖, 是宋·晉間中國始用也.

석봉(石縫) 몡 돌이나 바위의 틈새.《集覽, 朴集, 下, 4ㅈ》孫行者. 其後唐太宗勅玄奘法師, 徃西天取經, 路經此山, 見此猴精壓在石縫, 去其佛押出之, 以爲徒弟, 賜法名吾(悟)空, 改号〈號〉爲孫行者, 與沙和尙及黑猪精·朱八戒偕徃, 在路降妖去恠, 救師脫難, 皆是孫行者神通之力也.

석사(石獅) 몡 돌로 만든 사자.《朴新諺 1, 9ㅎ》直淥過蘆溝橋(朴新注, 4ㅈ: 京都南三十里, 有河曰蘆溝, 上有石橋, 廣二百餘步, 兩傍皆石欄, 雕刻石獅, 形狀奇巧.)上獅子頭了, 바로 蘆溝橋 우희 獅子 머리룰 좀가 넘어.

석석ᄒ다 혱 서걱서걱하다. 바삭바삭하다. ⇔수(酥).《集覽, 朴集, 下, 7ㅈ》黃燒餅. 事林廣記云, 每麵〈糆〉一斤, 入油一兩半, 炒塩一錢, 冷水和搜得所, 骨魯槌砑開, 鏊上爆〈爆〉熟, 得硬煻火燒熟, 甚酥美. 酥, 격격ᄒ다〈석석ᄒ다〉.

석씨(釋氏) 圐 〈불〉 불가(佛家). 중. 승려(僧侶). 《集覽, 朴集, 上, 16ㅈ》石屋. 遂以袈裟表信曰, 衣雖今日, 法自靈〈灵〉山流傳至今, 今附於汝, 汝善護持, 毋〈母〉令斷〈断〉絶. 事文類聚云, 釋氏五宗之敎, 傳至法眼, 爲雪峯眞覺禪師之道. 至永明, 其道傳于高麗國. 此卽普虛之傳也.

석암(石岩) 圐 =석암(石巖). '岩'은 '巖'의 속자. 《正字通, 山部》岩, 俗喦字. 巖, 俗省作岩. 《集覽, 朴集, 上, 15ㅈ》玉泉. 一在山之根, 有泉湧出, 洞門刻玉泉二字, 有觀音閣. 又南有石巖〈岩〉, 號呂公洞, 其上有金時芙蓉殿廢址. 相傳以爲章宗避暑處.

석암(石巖) 圐 바위. 《集覽, 朴集, 上, 15ㅈ》玉泉. 一在山之根, 有泉湧出, 洞門刻玉泉二字, 有觀音閣. 又南有石巖〈岩〉, 號呂公洞, 其上有金時芙蓉殿廢址. 相傳以爲章宗避暑處.

석옥(石屋) 圐 원(元)나라의 중 청공(淸珙)의 자(字). 《集覽, 朴集, 上, 15ㅎ》步虛. 至正丙戌春, 入燕都, 聞南朝有臨濟正脉不斷〈断〉, 可徃印可. 盖指臨濟直下雪嵒〈崬〉嫡孫石屋和尙淸珙也. 《集覽, 朴集, 上, 16ㅈ》石屋. 法名淸珙, 號石屋和尙, 臨濟十八世之嫡孫也. 普虛謁石屋, 石屋見之云, 老僧今日旣已放下三百斤擔子遞你擔了, 且展脚睡矣. 乃微笑云, 佛法東矣. 遂以袈裟表信曰, 衣雖今日, 法自靈〈灵〉山流傳至今, 今附於汝, 汝善護持, 毋〈母〉令斷〈断〉絶. 事文類聚云, 釋氏五宗之敎, 傳至法眼, 爲雪峯眞覺禪師之道. 至永明, 其道傳于高麗國. 此卽普虛之傳也. 《朴新諺 2, 9ㅎ》他師傳法名石屋, 뎌 스승의 法名은 石屋이라.

석옥화상(石屋和尙) 圐 석옥(石屋)의 법호(法號). 《集覽, 朴集, 上, 15ㅎ》步虛. 至正丙戌春, 入燕都, 聞南朝有臨濟正脉不斷〈断〉, 可徃印可. 盖指臨濟直下雪嵒〈崬〉嫡孫石屋和尙淸珙也. 《集覽, 朴集, 上, 16ㅈ》石屋. 法名淸珙, 號石屋和尙,

臨濟十八世之嫡孫也. 《集覽, 朴集, 上, 16ㅈ》作與頌字迴光返照大發明得悟. 音義云, 石屋和尙作佛頌與〈与〉步虛, 其佛光迴還返照於步虛之身, 其於生死輪迴之說, 靡不通曉.

석의(釋義) 圐 한문으로 된 서적에 주석을 달고 자신의 의견을 덧붙이다. 《集覽, 朴集, 中, 4ㅈ》理圓四德. 大抵梵語, 經文釋義不一, 今不煩觧.

석자(席子) 圐 ●삿. 삿자리. ⇔삿ㄱ. 《朴新諺 2, 20ㅎ》就買他些木料席子, 이믜셔 뎌 木料와 삿글 사. ●자리[席]. ⇔자리. 《朴新諺 3, 4ㅎ》我要用他做席子鋪着睡, 내 뎌로 뻐 자리를 민드라 펴고 자고져 ㅎㄴ니.

석자(褯子) 圐 포대기. 강보(襁褓). ⇔깃. 《集覽, 朴集, 上, 13ㅎ》褯子. 音義云, 襁褓, 接替汚穢之物. 今按, 襁卽繃子, 褯卽褯子, 音義混而一之, 誤矣. 但譯語指南, 亦呼繃子, 混稱爲襁褓. 未詳是否. 褯子, 깃.

석척(蜥蜴) 圐 도마뱀붙이과의 하나. 도마뱀과 비슷한데 몸의 길이는 12cm 정도이며, 야행성으로 주로 인가 가까이 살며 작은 소리로 운다. 《集覽, 朴集, 下, 5ㅈ》蝎〈蝎〉虎. 蠑蚖·蜥蜴·蝘蜓·守宮, 一物而四名. 在壁曰守宮, 在草曰蜥蜴.

석탄(石炭) 圐 석탄. 《集覽, 朴集, 下, 9ㅎ》濕煤. 今按, 石炭搗碎, 幷黃土以水和作塊, 晒乾, 臨用麁碎, 納於爐〈炉〉中, 總謂之水和炭. 未乾者謂之濕煤, 已乾者謂之煤簡兒, 亦曰煤塊子.

석하(石罅) 圐 돌이나 바위의 틈. 《朴新諺 2, 5ㅈ》西湖是從玉泉山(朴新注, 24ㅈ: 在宛平縣, 距京都西北三十里, 山有石洞三. 一在山之西南, 其下有泉, 深邃莫測. 一在山之陽, 泉出石罅間, 鑿石爲螭頭, 泉從螭口噴出, 鳴若雜佩, 色如素練, 泓澄百頃. 一在山之根, 有泉湧出, 洞門刻玉泉二字.) 流下來的, 西湖는 이 玉泉山으로 조차 흘러느린 거시니.

석회(石灰) 몡 회(灰). 석회. ⇔회.《朴新
諺 3, 10ㅈ》這麼快買石灰麻刀去, 이러면
밧비 회와 삼써울을 사라 가라.

섞다 图 섞다. ⇔첨(添).《朴新諺 1, 5ㅈ》
火腿添魚, 저린 고기에 물고기 석근 거
시오.

선(仙) 몡 신선(神仙).《集覽, 朴集, 上, 2
ㅎ》獅仙糖. 以糖印做騎獅仙人之形也, 亦
有爲樓觀僧佛之形者也.

선(先) 囝 먼저. ⇔몬져.《朴新諺 1, 2ㅎ》
如今先着誰去討酒呢, 이지 몬져 눌로 ㅎ
여 가 술을 엇게 ㅎ료.《朴新諺 1, 14ㅎ》
先換票領籌何如, 몬져 票롤 밧고고 사술
을 트미 엇더ㅎ뇨.《朴新諺 1, 43ㅈ》先
把稀笓子搵了, 몬져 성근 춤빗스로다가
빗기고.《朴新諺 2, 17ㅎ》我好赶進京先
報去, 내 셔울을 미처 나아가 몬져 報ㅎ
라 가기 됴흐리라.《朴新諺 2, 28ㅈ》卽
便收拾車輛先載一車去, 곳 車輛을 收拾
ㅎ여 몬져 흔 술위를 시르라 가고.《朴
新諺 3, 10ㅈ》先掘土打兩擔水未好和泥,
몬져 흙을 퓌고 두 짐 물을 기러 와 잘
흙을 니기되.《朴新諺 3, 19ㅎ》那廝便先
衙門裡告了, 그 놈이 곳 몬져 衙門에 告
ㅎ여.《朴新諺 3, 25ㅎ》王說今番着唐僧
先猜, 王이 니르되 이 번은 唐僧으로 ㅎ
여 몬져 알게 ㅎ라.《朴新諺 3, 36ㅈ》你
把包子火燒先取來, 네 包子와 구은 쩍을
다가 몬져 가져오고.

선(扇) 몡 부체. ⇔부체.《朴新諺 2, 24ㅎ》
着丫頭們打扇, 아희들로 ㅎ여 부체질ㅎ
엿노라.

선(扇) 괴 벌. 짝.《集覽, 朴集, 上, 1ㅎ》勘
合. 吏學指南云, 勘合, 卽古之符契也. 質
問云, 官府設簿冊二扇, 凡事用印鈐記, 上
寫外字幾號, 發行去者曰外號, 上寫內字
幾號, 留在官府者曰內號.

선(旋) 몡 어질어질하다. 어뜩어뜩하다.
⇔어즐ㅎ다.《朴新諺 2, 23ㅎ》我今日頭
疼腦旋, 내 오늘 마리 알프고 골치 어즐

ㅎ고.

선(船) 몡 배[舟]. ⇔빈.《集覽, 字解, 單字
解, 5ㅈ》儘. 讓也, 任也. 儘他 제게 다와
드라, 儘讓 뎌긔 미다. 又縱令也. 儘敎 므
던타. 又儘一儘 지긔우다. 又儘船 빗 ㄱ
장.《集覽, 字解, 單字解, 5ㅎ》使. 上聲,
差也, 役也. 使的我 날 브려. 又用也. 使
用了. 吏語, 行使 쓰다. 又使船 비 달호
다. 又去聲, 使臣, 差使. 又官名.《朴新諺
2, 6ㅎ》坐在船裏不住的往來遊玩, 빈에
안자 머무디 아니ㅎ고 徃來 遊玩ㅎ니.
《朴新諺 2, 21ㅎ》船上來的, 비로 왓노
라.《朴新諺 2, 22ㅈ》圍着一箇西京來的
豆船, 흔 西京으로셔 오는 콩 시른 비를
에우고. 又把朝鮮地方來的一隻船, 또 朝
鮮 싸흐로셔 오는 흔 隻 비롤다가.《朴新
諺 2, 22ㅎ》把那船上的人打死了幾箇, 뎌
비에 사룸을다가 여러흘 쳐 죽엿다 ㅎ
더라.《朴新諺 3, 49ㅎ》繫船下網, 비 미
고 그믈 티며.

선(善) 몡 올바르고 착하여 도덕적 기준에
맞는 것.《朴新諺 2, 35ㅎ》這正是善惡到
頭終有報, 정히 이 善과 惡이 뭇히 다드
라 무춤내 갑홈이 이시되.

선(璇) 몡 북두칠성의 둘째 별 이름.《集
覽, 朴集, 上, 7ㅈ》北斗左輔右弼. 凡九星,
曰樞宮貪狼, 曰璇宮巨門, 曰璣〈幾〉宮祿
存, 曰權宮文曲, 曰衡宮廉貞, 曰闓〈開〉陽
宮武曲, 曰瑤光宮破軍, 曰洞明宮左輔, 曰
隱元宮右弼. 左輔連附北斗第〈莭〉六星,
在外, 右弼連附北斗第〈莭〉二星, 在內. 俱
在紫薇〈微〉垣.

선(線) 몡 실[絲]. ⇔실.《朴新諺 1, 18ㅈ》
刀鞘要起線花梨木, 칼집은 실 돗친 花梨
木으로 ㅎ고.《朴新諺 1, 18ㅈ》象牙廂頂
也要起線的, 象牙로 머리에 젼메오되 또
실 돗치고져 ㅎ노라.《朴新諺 1, 39ㅈ》
四哥是針線, 넷재 형은 이 바눌실이로
다.《朴新諺 1, 46ㅈ》你買諸般絨線, 네
여러 가지 보드라온 실과.《朴新諺 1, 46

ᄌ》蠶白珠兒線, 굵고 흰 구슬 둘 실을 사고.《朴新諺 3, 10ᅙ》這一遭無處絟線, 이 ᄒᆞᆫ 편은 실 밀 곳이 업스니.

선(禪) 몡〈불〉 마음을 한곳에 모아 조용히 앉아서 참선하다.《集覽, 朴集, 上, 10ᄌ》禪. 靜也. 傳燈錄有五等禪, 有外道禪 · 凡夫禪 · 小乘禪 · 大乘禪 · 最上乘禪, 又名如來淸淨禪, 又名無上菩提. 又云, 被於身爲法, 說於口爲律, 行於心爲禪.

선(鮮) 의 가지. 종류. ⇔가지.《朴新諺 1, 5ᄌ》膾三鮮, 세 가지 회니.

선(鮮) 젭 생-. ⇔싱-.《朴新諺 1, 4ᄌ》鮮果子呢, 싱과실은. 柑子, 柑子. 橘子, 귤. 石榴, 石榴. 香水梨, 물한빅. 櫻桃, 櫻桃. 杏子, 술고. 蘋果, 굵은님금. 玉黃李子, 유황외앗시오.

선(鐥) 몡 대야. ⇔대야.《朴新諺 2, 16ᅙ》酪一鐥, 타락 ᄒᆞᆫ 대야.

선가(仙家) 몡 신선이 사는 집.《集覽, 朴集, 下, 2ᄌ》三隻脚鐵蝦蟆. 今按, 漢俗, 優人作戱時, 手執三脚蝦蟆入優塲作戱. 問之, 則曰, 唯仙家蓄養三脚蝦蟆, 俗人聞氣者必死.

선경(仙境) 몡 신선이 산다는 곳.《集覽, 朴集, 下, 4ᅙ》三淸. 太淸, 十二天仙境也, 九仙所居, 太上老君所治.

선과(善果) 동〈불〉 선과(善果)를 행하다. ⇔선과ᄒᆞ다(善果-).《朴新諺 2, 30ᅙ》爲人若不及早修行善果, 사름이 되여 만일 일즉이 修行 善果치 아니ᄒᆞ면.

선과(善果) 몡〈불〉 좋은 과보(果報). (선행에 대한 훌륭한 보답을 이른다)《集覽, 朴集, 下, 1ᅙ》證果金身. 言果報者, 觀經疏云, 行眞實法感得勝報也. 又修善得善果, 作惡得惡報, 謂之果報.《朴新諺 3, 9ᅙ》久後你也要得證正果(朴新注, 47ᅙ: 證, 應也, 果, 果報也. 證正果, 猶佛書所謂, 修善得善果之義.)ᅟᅵᆯ, 오란 후에 너도 正果 證홈을 어드리라.

선과자(鮮果子-) 몡 생과일. (가공하지 아

니한 싱싱한 과일) ⇔싱과실.《朴新諺 1, 4ᄌ》鮮果子呢, 싱과실은. 柑子, 柑子. 橘子, 귤. 石榴, 石榴. 香水梨, 물한빅. 櫻桃, 櫻桃. 杏子, 술고. 蘋果, 굵은님금. 玉黃李子, 유황외앗시오.

선과ᄒᆞ다(善果-) 동〈불〉 선과(善果)하다. ⇔선과(善果).《朴新諺 2, 30ᅙ》爲人若不及早修行善果, 사름이 되여 만일 일즉이 修行 善果치 아니ᄒᆞ면.

선군(先君) 몡 선대의 임금.《集覽, 朴集, 下, 11ᅙ》太公. 周文王出獵, 過於渭水之陽, 與語大悅, 曰, 自吾先君太公曰, 當有聖人適周, 周以興. 子豈是耶. 吾太公望子久矣. 故號之曰太公望. 載與俱歸, 立爲師.

선남(善男) 몡〈불〉 불법에 귀의한 남자.《集覽, 朴集, 上, 16ᅙ》善男善女. 金剛經疏曰, 向善之男女也. 又見下.《集覽, 朴集, 下, 2ᅙ》善男信女. 了義經云, 善者, 順理也, 信者, 言是事如是也. 佛法大海, 信爲能入, 智爲能度人, 若無信, 不入佛法. 又善男善女釋見上.《朴新諺 2, 10ᄌ》到處人民一切善男信女(朴新注, 26ᄌ: 佛經云, 善者, 順理也. 又云, 無信, 不入佛法.), 到處 人民과 一切 善男 信女ᅵ.《朴新諺 3, 13ᄌ》這些聽講的僧尼道俗善男信女, 이 講 듯는 僧尼 道俗과 善男 信女ᅵ.

선남선녀(善男善女) 몡〈불〉 불법에 귀의(歸依)한 남자와 여자.《集覽, 朴集, 上, 16ᅙ》善男善女. 金剛經疏曰, 向善之男女也. 又見下.《集覽, 朴集, 下, 2ᅙ》善男信女. 佛法大海, 信爲能入, 智爲能度人, 若無信, 不入佛法. 又善男善女釋見上.

선남신녀(善男信女) 몡〈불〉 선남과 신녀. '신녀'는 불교를 믿고 삼귀(三歸)와 오계(五戒)를 받은 세속의 여자.《集覽, 朴集, 下, 2ᅙ》善男信女. 佛法大海, 信爲能入, 智爲能度人, 若無信, 不入佛法. 又善男善女釋見上.《朴新諺 3, 13ᄌ》這些聽講的僧尼道俗善男信女, 이 講 듯는 僧尼 道俗과 善男 信女ᅵ.

선녀(仙女) 명 선경(仙境)에 산다는 여자. 《朴新諺 1, 20ㅎ》有像仙女的, 仙女 又혼 것도 이시며.

선녀(善女) 명 〈불〉 불법에 귀의한 여자. 《集覽, 朴集, 上, 16ㅎ》善男善女. 金剛經 疏曰, 向善之男女也. 又見下. 《集覽, 朴集, 下, 2ㅎ》善男信女. 佛法大海, 信爲能 入, 智爲能度人, 若無信, 不入佛法. 又善 男善女釋見上.

선농(先農) 명 처음으로 농사를 가르친 신이라는 뜻으로, 신농씨(神農氏)를 달 리 이르는 말. 《集覽, 朴集, 下, 9ㅎ》打 春. 至日黎明, 官吏具香花·燈燭爲壇, 以 祭先農. 至立春時, 官吏行禮畢, 各執彩杖, 環擊土牛者三, 以示勸農之意.

선능(善能) 图 잘하다. (…에) 뛰어나다. ⇔잘ᄒᆞ다. 《朴新諺 2, 9ㅎ》善能參禪打 坐, 參禪 打坐ᄒᆞ기를 잘ᄒᆞ더라.

선당(禪堂) 명 불당(佛堂). 《朴新諺 2, 5 ㅎ》禪堂·齋室, 禪堂과 齋室과.

선덕(宣德) 명 명(明)나라 선종(宣宗: 朱瞻 基)의 연호(1426~1435). 《集覽, 朴集, 上, 15ㅈ》玉泉. 一在山之根, 有泉湧出, 洞門 刻玉泉二字, 有觀音閣. 又南有石巖〈岩〉, 號呂公洞, 其上有金時芙蓉殿廢址. 相傳 以爲章宗避暑處. 宣德年間, 建玉泉亭于 其上, 以備臨幸.

선도(仙島) 명 신선이 살고 있었다는 섬. 《朴新諺 2, 5ㅎ》一望去又是蓬萊仙島一 般, ᄇᆞ라매 ᄯᅩ 이 蓬萊 仙島와 ᄒᆞᆫ가지오.

선도(仙道) 명 신선(神仙)의 도술(道術). 또는 신선이 되는 길을 배우는 도법(道 法). 《集覽, 朴集, 中, 5ㅈ》六道. 人道· 天道·阿脩羅道·餓鬼道·畜生道·地 獄道, 亦名六趣, 加仙道, 名曰七趣.

선도원(仙桃園) 명 천제(天帝)나 신선이 사는 천궁(天宮) 안에 있다는, 선도(仙 桃) 나무가 자라는 정원. 《集覽, 朴集, 下, 4ㅈ》孫行者. 西遊記云, 西域有花菓 山, 山下有水簾洞, 洞前有鐵板橋, 橋下有

萬丈澗, 澗邊有萬箇小洞, 洞裏多猴. 有老 猴精, 號齊天大聖, 神通廣大, 入天宮仙桃 園偸蟠桃, 又偸老君靈丹藥, 又去王母宮 偸王母綉仙衣一套, 來設慶仙衣會.

선명(鮮明) 톙 선명(鮮明)히. ⇔선명히(鮮 明-). 《朴新諺 2, 16ㅎ》這些食物都要鮮 明不可缺少纔是, 이 여러 食物을 다 鮮明 히 ᄒᆞ고 모ᄌᆞ라지 아니케 홈이 올흐니라.

선명히(鮮明-) 톙 선명(鮮明)히. ⇔선명 (鮮明). 《朴新諺 2, 16ㅎ》這些食物都要鮮 明不可缺少纔是, 이 여러 食物을 다 鮮明 히 ᄒᆞ고 모ᄌᆞ라지 아니케 홈이 올흐니라.

선모(羨慕) 图 부러워하며 사모(思慕)하 다. ⇔선모ᄒᆞ다(羨慕-). 《集覽, 朴集, 上, 6ㅈ》張舍. 王公·大人之家, 必有舍人, 卽家臣也. 如本國伴倘〈儅〉之類, 爲權勢 倘任之人, 貧賤之所羨慕者也〈貧賤之所 羨慕者〉. 故街巷呼親識爲張舍·李舍, 乃 一時推敬之稱〈称〉. 又質問云, 武職官下 閑人, 謂之舍[人]. 《朴新諺 3, 50ㅈ》我也 無心羨慕他了, 내 ᄯᅩ 무음에 뎌를 羨慕홈 이 업세라.

선모ᄒᆞ다(羨慕-) 图 선모(羨慕)하다. ⇔ 선모(羨慕). 《朴新諺 3, 50ㅈ》我也無心 羨慕他了, 내 ᄯᅩ 無心 羨慕他了, 내 ᄯᅩ 무음에 뎌를 羨慕홈이 업세라.

선무(宣武) 명 선무문(宣武門)의 준말. 《朴新諺 3, 48ㅎ》于今人把這宣武叫順城 門, 이제 사름이 이 宣武를다가 順城門 이라 부르고.

선무군(宣武軍) 명 벼슬 이름. 《集覽, 朴 集, 下, 12ㅈ》梁貞明. 朱溫事唐僖宗, 賜 名全忠, 拜宣武軍節〈莭〉度使, 封梁王.

선무문(宣武門) 명 중국 북경(北京) 내성 (內城)에 있는 성문. 정양문(正陽門)의 서쪽에 있다. 원대(元代)의 순승문(順承 門)을 명(明) 영락(永樂) 연간에 고친 이 름이다. 《集覽, 朴集, 上, 5ㅎ》平則門. 燕 都, 禹貢冀州之域. 唐曰幽都, 虞爲幽州, 武王封召公奭於燕, 卽此. 元初爲燕京路,

後稱〈称〉大都路,　　洪武初改爲北平布政
司. 太宗皇帝龍潛於此, 及承大統, 遂爲北
京, 遷都焉. 永樂十九年, 營建宮室, 立門
九, 南曰正陽, 又曰午門, 元則曰麗正, 南
之右曰宣武, 元則曰順承, 南之左曰文明,
元則曰崇文, 又曰哈噠, 北之東曰安定, 北
之西曰德勝, 元則曰健德, 東之北曰崇仁,
一名東直, 元名同, 東之南曰朝陽, 元則曰
齊華, 西之北曰西直, 西之南曰阜城, 元則
曰平則. 元設十一門, 而今減其二.《朴新
諺 3, 48ㅈ》南有正陽門・宣武門・崇文
門, 南에는 正陽門과 宣武門과 崇文門이
잇고.

선보(善保) 동 선(善)하게 유지하다.《朴
新諺 3, 16ㅈ》伏望父母大人善保起居, 伏
望 父母 大人은 善保 起居ᄒ쇼셔.

선사(禪寺) 명〈불〉선종(禪宗)의 절.《集
覽, 朴集, 下, 2ㅈ》解夏. 盖夏乃長養之節
〈莭〉, 在外行則恐傷草木・虫類. 故九十
日安居不出, 至七月十五日, 應禪寺掛搭
僧尼, 盡皆散去, 謂之解夏, 又謂解制.

선상(禪床) 명〈불〉중이 설법할 때에 올
라앉는 법상(法床).《朴新諺 3, 24ㅈ》各
上禪床坐之分毫不動, 각각 禪床에 올라
안저 定ᄒ고 分毫도 動치 마라.

선생(先生) 명 ●도사(道士). 또는 음양가
(陰陽家). 점술가.《集覽, 朴集, 上, 2ㅎ》
院本. 質問云, 院本有曰外, 或粧先生・採
訪使・考試官・老人・達達之類, 皆是外
扮, 曰淨, 有男淨・有女淨, 亦做醜態, 專
一弄言取人歡笑, 曰末, 粧扮不一, 初則開
場白說, 或粧家人・祇候, 或扮使臣之類,
曰丑, 狂言戲弄, 或粧醉漢・太醫・吏員
・媒婆之類. 今按, 諢音混, 優人戲弄之言
也.《集覽, 朴集, 下, 3ㅈ》六鶴舞琴. 善惡
報應錄云, 江夏郡辛氏沽酒爲業, 有一先
生入坐曰, 有好酒飮吾否. 辛飮以巨杯. 明
日復來, 如此半載. ●도사(道士). 서유기
(西遊記)에 나오는 백안대선(伯眼大仙)
을 일컫는 말.《集覽, 朴集, 下, 4ㅈ》燒金

子道人. 西遊記云, 有一先生到車遲國, 吹
口氣以磚瓦皆化爲金, 驚動國王, 拜爲國
師, 號伯眼大仙.《朴新諺 3, 21ㅎ》國中有
一箇先生喚做伯眼, 國中에 ᄒ 先生이 이
시되 伯眼이라 브르ᄂᆞ니.《朴新諺 3, 22
ㅈ》一日先生做羅天大醮, 一日에 先生이
羅天大醮를 ᄒ더니.《朴新諺 3, 23ㅈ》先
生對唐僧道, 先生이 唐僧을 對ᄒ여 니ᄅ
되.《朴新諺 3, 25ㅈ》說與先生樻中有一
箇桃, 先生ᄃ려 닐러 궤 가온디 ᄒ 복셩
화 잇다 ᄒ엿더니.《朴新諺 3, 26ㅈ》先
生又輸了, 先生이 ᄯ 지니라.《朴新諺 3,
28ㅈ》把先生的頭拖了去, 先生의 머리를
다가 ᄭ어 가니. ●선생. (지식인과 어
느 정도의 신분을 가진 성인 남자에 대
한 존칭)《集覽, 朴集, 中, 6ㅎ》大帽. 南
村輟耕錄云, 胡石塘先生嘗應聘入京, 世
皇召見於〈於〉便殿, 趍〈趋〉進, 不覺笠子
欹側. 上問曰, 秀才何學. 對曰, 脩身齊家
治國平天下之學. 上哂〈笑〉曰, 自家笠子
尚不端正, 又能平天下耶.《朴新諺 1, 40
ㅎ》兩箇先生合賣藥一箇坐一箇跳, 두 先
生이 모다 藥 ᄑ노라 ᄒ나흔 안잣고 ᄒ
나흔 ᄶ노는 거시여.《朴新諺 1, 47ㅎ》
我今日向先生告了暇來, 내 오늘 先生ᄭᅴ
告暇ᄒ고 왓노라.《朴新諺 3, 14ㅎ》先生
你與我寫一封書稍去何如, 先生아 네 나
를 ᄒ 봉 글을 뻐 주어든 부텨 보내미
엇더ᄒ뇨.《朴新諺 3, 42ㅎ》是朱先生,
이 朱先生이라.《朴新諺 3, 54ㅈ》如何數
日不見先生呢, 엇지 數日을 先生을 보지
못ᄒ러뇨.《朴新諺 3, 56ㅎ》先生令尊・
令堂俱在堂麼, 先生의 令尊・令堂이 다
在堂ᄒ신가.

선수(膳羞) 명 맛있는 음식.《集覽, 朴集,
上, 1ㅈ》光祿寺. 在東長安門內, 其屬有大
官・珍〈珎〉羞・良醞・掌醢四署,　掌供
辦內府諸品膳羞酒醴及管待使客之事.

선순등룡탕(鮮笋燈龍湯) 명 신선한 죽순
에 꽃 모양을 정교하게 아로새긴 뒤 그

속에 고기를 넣어 끓인 국.《集覽, 朴集, 上, 3ㅎ》鮮笋燈龍湯. 質問云, 鮮笋, 以笋雕爲玲瓏花樣, 空其內, 糝肉作羹食之. 又云, 以竹芽切成寸段, 鷄子煮熟, 去黃, 粧肉做湯.

선악(善惡) 명 착한 것과 악한 것. 선과 악.《集覽, 朴集, 下, 1ㅎ》證果金身. 言果報者, 觀經疏云, 行眞實法感得勝報也. 又修善得善果, 作惡得惡報, 謂之果報. 又生時所作善惡謂之因, 他日報應謂之果. 謂證果者, 如三藏法師取經東還, 化爲栴檀佛如來.《集覽, 朴集, 下, 2ㅈ》七月十五日. 道藏經云, 七月十五日, 謂之中元, 地官下降人間, 檢校世人, 甄別善惡, 上告天曹.《朴新諺 2, 10ㅎ》好聽他說些因果(朴新注, 26ㅎ: 生時所作善惡, 謂之因. 他日報應, 謂之果.)何如, 뎌의 因果 니ᄅᆞᆫ 거슬 드르미 엇더ᄒᆞ뇨.《朴新諺 2, 35ㅎ》這正是善惡到頭終有報, 정히 이 善과 惡이 ᄆᆞᆾ히 다ᄃᆞ라 ᄆᆞᆷᄎᆞ내 갑홈이 이시되.《朴新諺 3, 12ㅎ》這七月十五日是中元(朴新注, 48ㅎ: 道藏經云, 中元日, 地官下降人間, 檢較世人, 甄別善惡, 上告天曹.)節, 이 七月 十五日은 이 中元節이라.

선원(旋圓) 동 둥글게 돌리다.《集覽, 朴集, 上, 6ㅈ》空中. 音義云, 用檀木旋圓, 內用刀剜空, 以繩〈繩〉曳之, 在地轉動有聲. 質問云, 頑童將胡蘆用木釘串之, 傍作一眼, 以繩〈繩〉繫扯, 旋轉有聲, 亦謂之空中.《朴新諺 1, 20ㅈ》也有放空中(朴新注, 8ㅈ: 用檀木旋圓, 用刀剜空, 以繩曳之, 在地轉動有聲. 一云, 將胡蘆用木釘穿之, 傍作一眼, 以繩繫扯, 旋轉有聲, 亦謂之空中.)的, 박핑이 치리도 이시며.

선원사(禪院寺) 명 강원도(江原道) 금강산(金剛山)에 있던 절 이름.《集覽, 朴集, 上, 4ㅎ》禪院松廣. 兩〈佛〉刹名, 俱在金剛山.

선음(宣淫) 동 음란한 행위를 거침없이 드러내 놓고 하다.《集覽, 字解, 單字解, 7ㅎ》養. 養成 기르다. 又生産曰養, 養孩兒 ᄌᆞ식 나타. 又呼淫婦宣淫者曰養漢的.

선의(仙衣) 명 선녀가 입는 옷.《集覽, 朴集, 下, 4ㅈ》孫行者. 西遊記云, 西域有花菓山, 山下有水簾洞, 洞前有鐵板橋, 橋下有萬丈澗, 澗邊有萬箇小洞, 洞裏多猴. 有老猴精, 號齊天大聖, 神通廣大, 入天宮仙桃園偸蟠桃, 又偸老君靈丹藥, 又去王母宮偸王母綉仙衣一套, 來設慶仙衣會.

선인(仙人) 명 선도(仙道)를 닦아서 도에 통(通)한 사람.《集覽, 朴集, 上, 2ㅎ》獅仙糖. 以糖印做騎獅仙人之形也, 亦有爲樓觀僧佛之形者也.

선입(先入) 동 먼저 들어가거나 들어오다.《集覽, 朴集, 中, 1ㅈ》弄寶盖. 凡優人以造化鳥爲戲時, 一人擎一彩帛葆盖, 先入優場, 以告戲雀之由. 次有一人捧一雀以入作戲. 如本節(莭)所云, 造化鳥 죵〈죵〉다리, 雄曰銅嘴, 雌曰鑞嘴.《朴新諺 2, 11ㅎ》還有那弄寶盖(朴新注, 27ㅈ: 優戲時, 一人擎絲帛寶盖, 先入優場, 告設戲莭(節)次.)的, ᄯᅩ 寶盖 놓ᄒᆞᆫ 이도 이시니.

선자(扇子) 명 부채. ⇔부치.《朴新諺 3, 1ㅈ》再拿把扇子來與我, ᄯᅩ 흔 ᄌᆞ로부치 가져다가 나를 주고려.

선전(旋轉) 동 원을 그리며 돌다. 빙빙 돌다. 선회(旋回)하다.《集覽, 朴集, 上, 6ㅈ》空中. 音義云, 用檀木旋圓, 內用刀剜空, 以繩〈繩〉曳之, 在地轉動有聲. 質問云, 頑童將胡蘆用木釘串之, 傍作一眼, 以繩〈繩〉繫扯, 旋轉有聲, 亦謂之空中.《朴新諺 1, 20ㅈ》也有放空中(朴新注, 8ㅈ: 用檀木旋圓, 用刀剜空, 以繩曳之, 在地轉動有聲. 一云, 將胡蘆用木釘穿之, 傍作一眼, 以繩繫扯, 旋轉有聲, 亦謂之空中.)的, 박핑이 치리도 이시며.

선조(先祖) 명 윗대의 조상.《集覽, 朴集, 中, 8ㅎ》臘. 臘者, 獵也, 因獵取獸, 以祭先祖.

선지식(善知識) 명 〈불〉 지혜와 덕망이

있고 사람들을 교화할 만한 능력이 있는 중.《集覽, 朴集, 上, 16ㅎ》善知識. 善知〈智〉識者, 指高僧之稱. 知亦作智. 反(飜)譯名義云, 佛・菩薩・羅漢是善知〈智〉識, 六波羅密・三十七品是善知〈智〉識, 法性實〈宗〉際是善知〈智〉識.《朴新諺 2, 10ㅈ》這的眞是善知識(朴新注, 26ㅎ: 指高僧之稱. 佛書云, 菩薩・羅漢是善知識.)了, 이 진짓 善知識이라.

선지식(善智識) 명 =선지식(善知識). '智'는 '知'의 다른 표기.《集覽, 朴集, 上, 16ㅎ》善知識. 善知〈智〉識者, 指高僧之稱. 知亦作智. 反(飜)譯名義云, 佛・菩薩・羅漢是善知〈智〉識, 六波羅密・三十七品是善知〈智〉識, 法性實〈宗〉際是善知〈智〉識.

선찰(禪利) 명〈불〉선종(禪宗)의 절.《集覽, 朴集, 下, 2ㅈ》解夏. 荊楚歲時記云, 天下僧尼, 於四月十五日, 就禪利掛搭不出門, 謂之結夏, 亦曰結制.

선출(選出) 동 빼내다. 뽑다. ⇔빠내다.《朴新諺 2, 50ㅎ》吏部已選出來了, 吏部ㅣ 이믜 빠내엿ᄂᆞ니라.

선편(線鞭) 명 실오리를 매어 단 채찍.《朴新諺 3, 47ㅈ》手拿線鞭, 손에 線鞭 가지고.

선학(仙鶴) 명 두루미.《朴新諺 1, 20ㅎ》有像仙鶴的・鮎魚的, 仙鶴과 머유기 ᄀᆞ흔 것도 이시며.

선화(宣和) 명 송(宋)나라 휘종(徽宗)의 연호(1119~1125). 또는 휘종을 이르는 말.《集覽, 朴集, 下, 10ㅎ》二郞爺爺. 宣和遺事云, 宣和七年十二月, 有神降坤寧殿修(傍)神保觀.《集覽, 朴集, 下, 11ㅈ》好女不看燈. 宣和遺事云, 天官好樂, 地官好人, 水官好燈.

선화유사(宣和遺事) 명 소설 이름. 전후 2집(集). 저자 미상. 송(宋)나라 휘종(徽宗)・흠종(欽宗) 부자의 교만하고 사치스러우며 음란한 행적과 금(金)나라 오

국성(五國城)에 유폐되어 객사(客死)한 전말을 기술하였다.《集覽, 朴集, 下, 10ㅎ》二郞爺爺. 宣和遺事云, 宣和七年十二月, 有神降坤寧殿修(傍)神保觀.《集覽, 朴集, 下, 11ㅈ》好女不看燈. 宣和遺事云, 天官好樂, 地官好人, 水官好燈.

설(舌) 명 혀. ⇔혀.《朴新諺 2, 41ㅈ》把舌尖濕破窓戶, 혀 ᄭᅳᆺ흐로다가 窓戶를 적셔 ᄯᅮᆯ고.

설(洩) 동 (액체나 기체가) 새다. 빠지다.《集覽, 字解, 單字解, 7ㅎ》走. 行也. ᄃᆞᆫ니다. 又逃回曰走回. 又跑也. 能走・快走 잘 ᄃᆞᆫᄂᆞ다. 又透漏也. 走話. 又洩也. 走了氣 김 나다.

설(說) 동 이르다. 말하다. ❶⇔니르다.《朴新諺 2, 27ㅈ》這應說, 이리 니르면.《朴新諺 2, 25ㅎ》你回去說多謝你妳妳費心了, 네 도라가 니르라 네 妳妳 費心홈을 多謝ᄒᆞ여라.《朴新諺 3, 17ㅈ》相公說的是, 相公의 니르미 올타.《朴新諺 3, 35ㅎ》官人們各自說愛吃甚麼飯, 官人들은 각각 니르라 므슴 밥 먹기를 즐기ᄂᆞ뇨. ❷⇔니르다.《朴新諺 1, 10ㅈ》這般說, 이리 니르면.《朴新諺 1, 17ㅈ》俗語說得好, 俗語에 니르미 됴흐니.《朴新諺 1, 28ㅎ》大哥說得狠(很)是, 큰형의 니르미 ᄀᆞ장 올타.《朴新諺 1, 45ㅎ》那等歡娛快樂不必說了, 더런 歡娛 快樂호믈 굿ᄒᆞ여 니르지 못ᄒᆞ리로다.《朴新諺 2, 4ㅎ》你說那裏的景致如何, 네 뎌긔 景致를 니르미 엇더ᄒᆞ뇨.《朴新諺 2, 26ㅎ》你再來休說這般不曉事的話, 네 뇌여란 이런 일 모로는 말 니르지 말라.《朴新諺 2, 42ㅈ》牙子說都有, 즈름이 니르되 다 이셰라.《朴新諺 3, 2ㅎ》你賣的價錢老實說, 네 풀 갑슬 고지식이 니르라.《朴新諺 3, 20ㅈ》便賴說我家這小厮偷了, 곳 보채여 니르되 우리 집의 아히 놈이 도적ᄒᆞ다 ᄒᆞ여.《朴新諺 3, 36ㅎ》這的不消說, 이 논 부졀업시 니르지 말라. ❸⇔닐ᄂᆞ다.

《朴新諺 2, 56ㅈ》我原說你那裏敵的我過
哩, 내 본디 닐늦느니 네 엇지 나를 딕젹
ㅎ리오. ❹⇨닐다. 《集覽, 字解, 累字解,
2ㅈ》說知. 닐어 알외다. 《朴新諺 1, 2
ㅎ》再向內府管酒的官員們說, 쪼 內府 술
ㄱ옴아는 官員들의게 닐러. 《朴新諺 1,
18ㅈ》再把裝修餙樣說與他, 다시 민들기
와 쑤밀 모양을 저드려 닐러. 《朴新諺
1, 31ㅈ》佛經上說, 佛經에 닐러시되.
《朴新諺 1, 46ㅈ》都說與我, 다 날드려 닐
러. 《朴新諺 1, 52ㅈ》俗語說, 俗語에 닐
러시되. 《朴新諺 2, 12ㅎ》說定與他二兩
銀子, 닐러 정ㅎ고 더룰 두 냥 은을 주엇
더니. 《朴新諺 2, 55ㅈ》旣說定了不要改
口, 이믜 닐러 定ㅎ여시니 변기치 마쟈.
《朴新諺 3, 25ㅈ》說與先生槤中有一箇桃,
先生드려 닐러 궤 가온디 흔 복셩해 잇
다 ㅎ엿더니.

설(說) 똉 말[言]. ⇨말. 《朴新諺 1, 26ㅎ》
便依你說, 곳 네 말대로 ㅎ쟈.

설다 图 (밥이) 설다. ⇨생(生). 《朴新諺
3, 44ㅎ》做得生硬了難吃, 짓기를 서러
찌면 먹기 어렵고.

설도(說道) 图 이르다. 말하다. ⇨니르다.
《朴新諺 3, 13ㅎ》那講主便叫到跟前來說
道, 뎌 講主ㅣ 곳 불러 앏히 오라 ㅎ여
니르되. 《朴新諺 3, 57ㅎ》倒是娘子柳氏
出來說道, 도로혀 娘子 柳氏ㅣ 나와 니
르되.

설두(舌頭) 똉 혀[舌]. ⇨혀. 《集覽, 字解,
單字解, 3ㅈ》箇. 一枚也. 俗呼一枚爲一
箇, 亦曰箇把. 又箇箇 난나치. 單言箇字,
亦爲一枚之意. 有箇人 흔 사룸미. 又語
助. 這箇・些箇. 又音이. 舌頭兩箇 혓 그
토로, 今不用.

설두양개(舌頭兩箇) 똉 혀끝. 혀의 끝. ⇨
혓글. 《集覽, 字解, 單字解, 3ㅈ》箇. 一枚
也. 俗呼一枚爲一箇, 亦曰箇把. 又箇箇
난나치. 單言箇字, 亦爲一枚之意. 有箇人
흔 사룸미. 又語助. 這箇・些箇. 又音이.

舌頭兩箇 혓 그토로, 今不用.

설백(雪白) 혱 눈의 빛깔과 같이 희다.
《集覽, 朴集, 下, 1ㅈ》銀鼠. 形如靑鼠而
差小, 色純雪白, 出達子地, 價直甚高.

설법(說法) 图 〈불〉 불교의 교의(敎義)를
풀어 밝히다. ⇨설법ㅎ다(說法-). 《集
覽, 朴集, 下, 1ㅈ》西天取經去. 此時唐太
宗, 聚天下僧尼, 設無遮大會, 因衆僧擧一
高僧爲壇主說法, 卽玄裝〈奘〉法師也. 《集
覽, 朴集, 下, 2ㅎ》壇主. 飜譯名義云, 梵
言曼〈漫〉茶羅, 此云壇. 謂主塲說法者曰
壇主. 《朴新諺 2, 10ㅈ》着他講經說法, 뎌
로 ㅎ여 講經 說法ㅎᄂ니라.

설법ㅎ다(說法-) 图 〈불〉 설법(說法)하
다. ⇨설법(說法). 《朴新諺 2, 10ㅈ》着他
講經說法, 뎌로 ㅎ여 講經 說法ㅎᄂ니라.

설봉(雪峯) 똉 당(唐)나라의 중 의존(義
存)의 법호(法號). 《集覽, 朴集, 上, 16
ㅈ》石屋. 事文類聚云, 釋氏五宗之敎, 傳
至法眼, 爲雪峯眞覺禪師之道. 至永明, 其
道傳于高麗國. 此卽普虛之傳也.

설석(設席) 图 연회석을 마련하다. 《集覽,
朴集, 上, 1ㅈ》筵席. 凡宴會, 常話曰筵席,
文話曰筵會, 吏語曰筵宴, 盖取肆筵設席
之意. 《集覽, 朴集, 上, 13ㅎ》百歲日. 子
生一七日, 謂之一臘, 一歲, 謂之百晬. 質
問云, 初生孩兒以百日爲百歲日, 六親皆
以禮賀之, 主人設席館待.

설수(薛攸) 똉 당(唐)나라 포주(蒲州) 분
음(汾陰) 사람. 자는 백포(伯褒). 당초
(唐初) 진왕부(秦王府) 십팔학사(十八學
士)의 한 사람. 고조(高祖) 때 두건덕(竇
建德)・왕세충(王世充)을 진압한 공으
로 천책부 기실참군(天策府記室參軍)에
제수되고, 유흑달(劉黑闥)을 평정한 공
으로 분음현남(汾陰縣南)에 봉해졌다.
《集覽, 朴集, 中, 8ㅈ》十八學士. 唐太宗
秦王時, 開館延文學之士, 杜如晦・房玄
齡〈岭〉・虞世南・褚遂良・姚思廉・李
玄道・蔡允恭・薛元敬・顔相時・蘇勗

·于志寧·蘇世長·薛攸·李守素·陸德明·孔穎達·蓋文達·許敬宗爲文學館學士, 分爲三番, 更日直宿.

설수(爇水) 동 =설수(焫水). '爇'은 '焫'의 본자. 《正字通, 火部》爇, 本作焫. 《集覽, 朴集, 上, 13ㅈ》混堂. 人家設溫湯浴室處, 燕都多有之, 乃爇〈焫〉水爲湯, 非溫泉也. 或稱堂子, 舊本作湯子.

설수(焫水) 동 불을 피워 물을 데우다. 《集覽, 朴集, 上, 13ㅈ》混堂. 人家設溫湯浴室處, 燕都多有之, 乃爇〈焫〉水爲湯, 非溫泉也. 或稱堂子, 舊本作湯子.

설암(雪嵓) 명 =설암(雪嵒). '嵓'은 '嵒'의 다른 표기. 《集覽, 朴集, 上, 15ㅎ》步虛. 至正丙戌春, 入燕都, 聞南朝有臨濟正脉不斷〈断〉, 可仴印可. 盖指臨濟直下雪嵓〈嵒〉嫡孫石屋和尙淸珙也.

설암(雪嵒) 명 당대(唐代) 진주(鎭州) 임제원(臨濟院)에서 주석(駐錫)하던 혜조선사(慧照禪師) 의현(義玄)의 정맥(正脈)을 이은 한 중의 법명(法名). 《集覽, 朴集, 上, 15ㅎ》法名. 至正丙戌春, 入燕都, 聞南朝有臨濟正脉不斷〈断〉, 可仴印可. 盖指臨濟直下雪嵓〈嵒〉嫡孫石屋和尙淸珙也.

설약(設若) 명 만일. 만약. 《集覽, 字解, 單字解, 2ㅎ》怕. 疑懼之意. 怕人知道. 又設若之辭. 怕你不信 ᄒ다가 너옷 밋디 몯거든. 又恐也. 害怕 두리여ᄒ다.

설엇다 동 서릊다. 정리하다. 정돈하다. ⇔수습(收拾). 《集覽, 字解, 累字解, 1ㅈ》收拾. 간슈ᄒ다. 又설엇다. 又거두다.

설연(設宴) 동 연회를 베풀다. 《集覽, 朴集, 上, 12ㅈ》圓飯筵席. 圓作完是, 謂齊足之意. 今按, 漢人娶妻親迎, 而女至男家以宿, 則女家送女食于男家, 三日而止. 止食之日, 女家必具酒饌, 送男家設宴, 謂之完飯筵席.

설원경(薛元敬) 명 당(唐)나라 포주(蒲州) 분음(汾陰) 사람. 당초(唐初) 진왕부(秦

王府) 십팔학사(十八學士)의 한 사람. 벼슬은 고조(高祖) 때 문학관 학사(文學館學士)를 지내고 황태자 이세민(李世民)의 태자 사인(太子舍人)을 역임하였다. 《集覽, 朴集, 中, 8ㅈ》十八學士. 唐太宗秦王時, 開館延文學之士, 杜如晦·房玄齡〈岭〉·虞世南·褚遂良·姚思廉·李玄道·蔡允恭·薛元敬·顔相時·蘇勖·于志寧·蘇世長·薛攸·李守素·陸德明·孔穎達·蓋文達·許敬宗爲文學館學士, 分爲三番, 更日直宿.

설정(說之) 동 =설정(設定). '之'은 '定'의 속자. 《宋元以來俗字譜》定, 通俗小說·嶺南逸事作之. 《朴新諺 1, 10ㅎ》說之了工價然後好煩你做活, 공젼을 뎡흔 후에 널로 ᄒ여 셩녕홈이 됴타.

설정(設定) 동 정(定)하다. 결정하다. ⇔뎡ᄒ다. 《朴新諺 1, 10ㅎ》說之了工價然後好煩你做活, 공젼을 뎡흔 후에 널로 ᄒ여 셩녕홈이 됴타.

설지(說知) 동 말하여 알리다. 고(告)하다. 통지하다. 《集覽, 字解, 累字解, 2ㅈ》說知. 닐어 알외다.

설치(設置) 동 베풀어서 두다. 《集覽, 朴集, 中, 2ㅈ》牌子. 凡馬驛設置, 馬驢不等, 其中管馬答應者, 謂之馬牌, 管驢者, 謂之驢牌, 緫〈総〉稱牌子.

설퇴(雪堆) 명 눈 더미. 《集覽, 朴集, 中, 6ㅈ》齒排柯雪. 謂齒如雪堆枝柯之上, 淨白頓整之形, 似人所編排然.

설해(說解) 동 설명하고 해석하다. 《集覽, 凡例》凡常用言語之義, 難以文字形容者, 直用諺文說解, 使人易曉庶不失眞.

설희(設戲) 동 놀이를 마련하다. 《朴新諺 2, 11ㅎ》還有那弄寶盖(朴新注, 27ㅈ: 優戲時, 一人擎絲帛寶盖, 先入優塲, 告設戲莭(節)次.)的, 쏘 寶盖 농ᄒ는 이도 이시니.

섥 명 설기. (싸리 채나 버들 채 따위로 엮어서 만든 네모꼴의 상자) ⇔유상(柳

箱).《朴新諺 2, 21ㅈ》還有鑼鍋, 쏘 노고와. 柳箱, 섥과. 灑子, 드레와. 碗楪, 사발접시와. 匙筯, 수져와. 榪杓, 나모쥬게와. 筲籬, 됴리와. 炊箒, 솔과. 擦床兒, 슈치칼과. 篸(籔)箕, 키와. 篩子, 얼밍이와. 馬尾羅, 물총체와. 桌子, 상과. 盤子, 盤과. 茶盤, 찻반과. 燈臺, 燈臺와. 酒種, 잔과. 酒鼈, 쥬벼ᄋ와. 銅杓, 놋쥬게 이시니.

섬돌 圕 섬돌. ⇔계대석(階臺石).《朴新諺 3, 16ㅎ》以至堦臺石・磚・瓦都有, 뼈 섬돌과 벽과 지새에 니르히 다 이시니.

섬서(陝西) 圕 중국 섬서성(陝西省). 동서로 이어지는 진령(秦嶺)을 경계로 하여 북부의 위수(渭水) 유역과 남부의 한수(漢水) 유역으로 나뉜다. 소재지는 서안시(西安市)에 있었다.《集覽, 朴集, 上, 15ㅎ》陝(陝)西. 古雍州地, 漢所都長安之地. 唐置京圻〈畿〉道, 宋置陝(陝)西路, 元置陝(陝)西行中書省, 今置陝(陝)西布政使司〈司使〉.《朴新諺 2, 32ㅎ》一頂要陝(陝)西(朴新注, 34ㅎ: 古雍州.)赶來的白駞氈大帽, ᄒ나흔 陝(陝)西셔 미러온 白駞氈 큰갓슬 ᄒ되.

섬서로(陝西路) 圕 송대(宋代)에 둔 노(路). 지도(至道) 연간에 둔 15로의 하나. 소재지는 서안시(西安市)에 있었다.《集覽, 朴集, 上, 15ㅎ》陝(陝)西. 古雍州地, 漢所都長安之地. 唐置京圻〈畿〉道, 宋置陝(陝)西路, 元置陝(陝)西行中書省, 今置陝(陝)西布政使司〈司使〉.

섬서포정사사(陝西布政使司) 圕 =섬서포정사사(陝西布政使司). '司使'는 '使司'의 잘못.《集覽, 朴集, 上, 15ㅎ》陝(陝)西. 古雍州地, 漢所都長安之地. 唐置京圻〈畿〉道, 宋置陝(陝)西路, 元置陝(陝)西行中書省, 今置陝(陝)西布政使司〈司使〉.

섬서포정사사(陝西布政使司) 圕 청(淸) 강희(康熙) 연간에 섬서 좌포정사사(陝西左布政使司)를 섬서 포정사사(陝西布政使司)로 고쳤다.《集覽, 朴集, 上, 15

ㅎ》陝(陝)西. 古雍州地, 漢所都長安之地. 唐置京圻〈畿〉道, 宋置陝(陝)西路, 元置陝(陝)西行中書省, 今置陝(陝)西布政使司〈司使〉.

섬서행중서성(陝西行中書省) 圕 원대(元代)에 둔 행성(行省). 섬서성(陝西省)의 전 지역 및 감숙성(甘肅省) 평번현(平番縣)의 남쪽, 사천성(四川省) 무현(茂縣)의 서쪽, 한원현(漢源縣)의 북쪽 지역을 관할하였다.《集覽, 朴集, 上, 15ㅎ》陝(陝)西. 古雍州地, 漢所都長安之地. 唐置京圻〈畿〉道, 宋置陝(陝)西路, 元置陝(陝)西行中書省, 今置陝(陝)西布政使司〈司使〉.

섬여(蟾蜍) 圕 두꺼비.《集覽, 朴集, 下, 2ㅈ》三隻脚鐵蝦蟆. 書言故事云, 月宮蟾蜍三足, 是爲异(羿)妻所化.

섭리(燮理) 圀 =섭리(燮理). '爕'은 '燮'의 속자.《五音集韻, 葉韻》爕, 俗燮.《集覽, 朴集, 下, 10ㅎ》太師太保. 三師, 師〈ㅌ〉範一人, 儀刑四海, 三公, 論道經邦, 爕理陰陽.

섭리(燮理) 圀 조화시키고 조절하다.《集覽, 朴集, 下, 10ㅎ》太師太保. 三師, 師〈ㅌ〉範一人, 儀刑四海, 三公, 論道經邦, 爕理陰陽.

섭사기다 圀 섭새기다. ⇔화(花).《朴新諺 1, 22ㅎ》敎他替我做一條銀廂花帶何如, 뎌로 ᄒ여 나를 ᄀ르차 ᄒ 오리 銀 뎐메온 섭사긴 씌롤 민돌미 엇더ᄒ뇨.

섭섭이 圕 부실히. 거칠게. ⇔송(鬆).《朴新諺 2, 32ㅈ》氈子也鬆又做的鬆, 담도 굵고 쏘 민들기롤 섭섭이 ᄒ여시니.

섭지(攝持) 圀 온전하게 간직하다. 보호하여 유지하다.《集覽, 朴集, 下, 1ㅈ》唐三藏法師〈三藏〉. 三藏, 經一藏, 律一藏, 論一藏. 曰脩多羅, 卽阿難聖衆結集爲經. 曰毗奈耶, 一曰毗尼, 卽優波尊者結集爲律. 曰阿毗曇, 卽諸大菩薩衍而爲論. 藏, 卽包含攝持之義.

섯ㄱ다 图 섞다. ⇔화(和). 《朴新諺 3, 45
ㅈ》就和些濕煤燒也好, 곳 져기 濕煤를
섯거 퓌여도 됴흐니.

성(成) 图 ●(해)내다. 이루다. 완성하다.
⇔내다. 《朴新諺 2, 6ㅎ》眞箇是畫成畫不
成的好景致, 진짓 이 그리려 ᄒ여도 그
려 내지 못홀 됴흔 景致오. ●되다. ⇔
되다. 《朴新諺 1, 38ㅈ》直燒到艾都成了
灰, 잇긋 타 뿍이 다 지 되니. ●이루어
지다. 되다. 이루다. ⇔일다. 《朴新諺 3,
9ㅎ》願滿功成, 願이 ᄎ고 功이 일면. ❹
이루다. ⇔일우다. 《朴新諺 2, 35ㅈ》嚴
刑拷打問成死罪, 嚴刑ᄒ여 져주어 무러
死罪를 일워.

성(姓) 图 성. 성씨. 《朴新諺 1, 3ㅈ》可着
姓李的館夫討去, 李가 館夫로 어드라 가
게 ᄒ고. 《朴新諺 3, 56ㅈ》沈兄這位尊姓,
沈兄아 이 분의 놉흔 姓이여. 《朴新諺 3,
56ㅎ》在下姓葛字敬之, 在下ㅣ 姓은 葛
이오 字ᄂ 敬之라. 《朴新諺 3, 56ㅎ》請問
先生貴姓, 쳥컨대 묻ᄂᆞ니 先生의 貴흔 姓
이여. 《朴新諺 3, 57ㅈ》高麗太祖姓王諱
建表字若天, 高麗 太祖의 姓은 王이오 諱
ᄂ 建이오 字ᄂ 若天이라.

성(省) 图 알다. 알게 되다. 깨닫다. ⇔알
다. 《朴新諺 2, 52ㅈ》不辨東西不省人事,
東西를 분변치 못ᄒ고 人事를 아지 못ᄒ
여.

성(省) 图 마디다. 아끼다. 절약하다. ⇔
ᄆ디다. 《朴新諺 1, 52ㅎ》省了多少盤纏,
언머 盤纏을 ᄆ디와뇨.

성(城) 图 성. ⇔잣. 《朴新諺 1, 58ㅈ》京都
城內積慶坊住民人趙寶兒, 京都 잣 안 積
慶坊에셔 사는 民人 趙寶兒ㅣ. 《朴新諺
2, 2ㅎ》傍晚進城, 늣게야 城에 드러오고.
《朴新諺 2, 23ㅈ》來到這城裏都賣了, 이
잣 안히 와 다 ᄑ랏노라. 《朴新諺 2, 38
ㅈ》這離城三十里地, 이 城에셔 쓰미 三十
里 싸히. 《朴新諺 2, 44ㅎ》京都城四牌樓
下民人朱玉, 京都城 四牌樓 아리 民人 朱

玉이. 《朴新諺 3, 19ㅎ》我家裡一箇小廝
在城外種地, 내 집 흔 아히 놈이 城 밧긔
셔 밧 가다가. 《朴新諺 3, 21ㅎ》到一箇城
子, 흔 城에 니르니. 《朴新諺 3, 22ㅈ》却
到城裡智海禪寺投宿, 믄득 城 안 智海禪
寺에 가 드러 자더니. 《朴新諺 3, 38ㅈ》那
城外劉村地方, 뎌 城 밧 劉村 싸흔.

성(盛) 图 담다. ⇔담다. 《朴新諺 1, 40ㅈ》
金罐兒・鐵柄兒裏頭盛着白沙蜜, 金탕관
・쇠ᄌ르에 속에 白沙蜜 담은 거시여.
《朴新諺 1, 40ㅎ》一箇長甕兒窄窄口裏頭
盛着糯米酒, 흔 긴 독 조븐 부리 안히 춥
뿔술 담은 거시여. 《朴新諺 3, 2ㅈ》那箇
拿藍(籃)子盛着猫的不是賣的麼, 뎌 드라
치 가져 괴 담으니 이 폴 리 아니가.

성(腥) 刨 비리다. ⇔비리다. 《朴新諺 1,
54ㅎ》隨常飮食休吃酸・甜・腥・辣等
物, 샹시 음식에 쉰 것 둔 것 비린 것
ᄆ온 것들을 먹지 말고.

성(聖) 刨 신성(神聖)하다. 셩스럽다. 《朴
新諺 2, 29ㅈ》這菩薩眞乃有靈有聖, 이 菩
薩이 진짓 有靈 有聖 ᄒ니라.

성(醒) 图 (술이) 깨다. ⇔ᄭ다. 《朴新諺
2, 52ㅎ》他酒醒了起來不覺, 뎨 술이 ᄭ
야 니러나 ᄭ듯지 못ᄒ고.

성(聲) 图 소리. ⇔소리. 《朴新諺 1, 41ㅈ》
大哥借問一聲, 큰형아 비러 흔 소리 뭇
쟈. 《朴新諺 2, 29ㅈ》以聲察聲拯慈悲於
六道(朴新注, 33ㅎ: 以聲察聲. 聞其聲而
察其苦樂之狀. 六道, 人道・天道・阿脩
羅道・餓鬼道・畜生道・地獄道也. 阿脩
羅有大力神人, 嘗共天鬪(鬪), 立大海中,
其高半天.), 소리로 뻐 소리를 술펴 慈悲
를 六道에 건디고. 《朴新諺 3, 24ㅎ》大仙
大叫一聲便跳下床來了, 大仙이 크게 흔
소리 지르고 곳 床에 쒸여 ᄂ리니. 《朴新
諺 3, 26ㅈ》行者念一聲唵字, 行者ㅣ 흔
소리 唵字를 念ᄒ니.

성가(聖駕) 图 임금이 타는 수레를 높여
이르는 말. 《朴新諺 1, 51ㅎ》京都聖駕幾

時起行呢, 京都에 聖駕 l 어늬 째에 起行홀느뇨.

성경(聖境) 圏 종교를 믿는 사람들이 지향하는 성인의 경지. 《集覽, 朴集, 下, 4ㅎ》三清. 道經云, 無上大羅. 玉清, 十二天聖境也, 九聖所居, 元始天尊所治. 《集覽, 朴集, 下, 4ㅎ》羅天. 道經云, 七寶之樹各生一方, 弥覆一天, 八樹弥覆八天, 包羅衆天, 故云大羅, 此聖境也.

성공(星拱) 图 뭇 별이 북극성(北極星)을 에워싸듯 빙 둘러싸다. 《集覽, 朴集, 中, 3ㅎ》西山. 在順天府西三十里太行山首, 始于河內, 北至幽州, 强形鉅勢, 爭奇擁翠, 雲聳星拱于皇都之右.

성긔다 阌 성기다. ⇔희(稀). 《朴新諺 1, 43ㅈ》先把稀笓子搯了, 몬져 성긘 춤빗스로다가 빗기고.

성덕(聖德) 圏 성인(聖人)의 덕. 《朴新諺 2, 30ㅈ》由是威神莫測聖德難量, 일로 말미암아 威神을 측냥치 못ᄒ고 聖德을 혜아리기 어려온지라.

성명(姓名) 圏 성과 이름. 《集覽, 朴集, 下, 11ㅈ》金榜. 唐崔昭暴卒復甦云, 見冥間〈間〉列榜〈牓〉, 書人姓名, 將相金榜〈牓〉, 次銀榜〈牓〉, 州縣小官鐵榜〈鉄牓〉. 《集覽, 朴集, 下, 11ㅎ》申. 某府爲某事云云, 合行申覆, 伏乞照驗施行, 須至申者, 右申某處承宣布政使司, 年月, 府官姓名. 《朴新諺 3, 49ㅈ》諒你要金榜(朴新注, 62ㅈ: 唐崔昭暴卒復甦, 云, 見冥間列榜, 書人姓名, 將相金榜, 次銀榜, 小官鉄榜. 近世以科甲爲金榜.)題名的書生, 혜아리건대 너 金榜에 題名코져 ᄒ는 書生이.

성문(城門) 圏 성문. 《朴新諺 1, 9ㅎ》把那城門都衝塌了, 뎌 城門을다가 다 질러 문희치고.

성문(聲聞) 圏 〈불〉 설법(說法)을 듣고 사체(四諦)의 이치를 깨달아 아라한((阿羅漢)이 되고자 하는 불제자(佛弟子). 《集覽, 朴集, 中, 4ㅎ》童男童女. 觀音現三十二應, 曰佛身, 曰辟支〈支〉, 曰圓覺, 曰聲聞, 曰梵王, 曰帝釋, 曰自在天, 曰大自在天, 曰天大將軍, 曰四天王, 曰四天太子, 曰人王, 曰長者, 曰居士, 曰宰官, 曰婆羅門, 曰比丘, 曰比丘尼, 曰優婆塞, 曰優婆夷, 曰女主, 曰童男, 曰童女, 曰天身, 曰龍身, 曰藥叉, 曰乾達婆, 曰阿脩羅, 曰緊那羅, 曰摩睺羅, 曰樂人, 曰非人. 《集覽, 朴集, 中, 4ㅈ》智滿十身. 十身有調御. 十身, 曰無着, 曰弘願, 曰業報, 曰住持, 曰涅槃, 曰淨法, 曰眞心, 曰三昧, 曰道性, 曰如意. 有內十身, 曰菩提, 曰願, 曰化, 曰力持, 曰莊嚴, 曰威勢, 曰意生, 曰福德, 曰法, 曰智. 有外十身, 曰自, 曰衆生, 曰國土, 曰業報, 曰聲聞, 曰圓覺, 曰菩薩, 曰智, 曰法, 曰虛空.

성분(性分) 圏 타고난 성품. 천성(天性). 《集覽, 朴集, 中, 8ㅈ》生分忤逆. 生分, 謂賦受性分也, 忤亦逆也.

성불(成佛) 图 〈불〉 부처가 되다. 보살이 자리(自利)와 이타(利他)의 덕을 완성하여 궁극적인 깨달음의 경지를 실현하다. ⇔성불ᄒ다(成佛-). 《集覽, 朴集, 上, 10ㅈ》經. 般若經序云, 經者, 徑也. 是成佛之徑路. 《朴新諺 3, 9ㅈ》度脫衆生纔能成佛, 衆生을 度脫ᄒ여 계요 능히 成佛ᄒ엿느.

성불ᄒ다(成佛-) 图 〈불〉 성불(成佛)하다. ⇔성불(成佛). 《朴新諺 3, 9ㅈ》度脫衆生纔能成佛, 衆生을 度脫ᄒ여 계요 능히 成佛ᄒ엿느니.

성상(城上) 圏 성곽(城郭)의 위. 《集覽, 朴集, 下, 10ㅎ》司天臺. 元置, 以司曆占. 今改爲欽天監. 又設司天監於朝陽門城上.

성색(成色) 圏 십성(十成). 금은(金銀)의 품질을 10등분한 가운데 제1등. 곧, 순도가 10할인 금은. 《集覽, 朴集, 上, 9ㅎ》細絲官銀. 銀十品曰十成, 曰足色, 曰成色, 曰細絲, 曰手絲兒, 曰吹螺, 曰白銀. 九品曰九成, 曰靑絲. 八品曰八成. 總稱〈総称〉

元寶〈宝〉. 元寶釋見下.《朴新諺 1, 33ㅈ》我的都是細絲(朴新注, 12ㅎ: 銀十品曰十成, 曰足色, 曰成色, 曰細絲, 曰手絲児, 曰吹螺, 曰白銀. 九品曰九成, 曰靑絲. 八品曰八成.)銀子, 내 거슨 다 이 細絲銀이라.

성수(成數) 명 일정 단위의 수. 정수(整數).《集覽, 朴集, 中, 7ㅈ》一百七. 南村輟耕錄云, 凡七下至五十七下用笞, 六十七下至一百七下用杖. 而數用七者, 建元以前, 皆用成數.

성수(星宿) 명 별.《朴新諺 1, 40ㅎ》滿天星宿一簡月三條繩子由你曳, 하ᄂᆞᆯ에 ᄀᆞ득ᄒᆞᆫ 星宿에 ᄒᆞᆫ 둘을 세 오리 노흐로 제대로 ᄶ으는 거시어.

성숙(成熟) 동 (과실·술·열매 등이) 익다.《集覽, 朴集, 上, 1ㅎ》腦兒酒. 質問云, 做酒用糯麴藥料爲蘖, 久封不動, 其色紅而味最純厚. 又云, 以糯米爲之, 酒之帶糟者. 又云, 好麴〈麯〉好米作酒, 成熟粘稠有味, 不用參和.

성승(聖僧) 명 〈불〉 정과(正果)를 얻은 고승(高僧).《集覽, 朴集, 下, 5ㅈ》金頭揭地·銀頭揭地·波羅僧揭地. 西遊記云, 釋迦牟尼佛在靈山雷音寺演說三乘敎法, 傍有侍奉阿難·伽舍諸菩薩·聖僧·羅漢·八金剛·四揭地·十代明王·天仙·地仙.《朴新諺 3, 28ㅎ》不是聖僧, 이 聖僧이 아니면.

성신(星辰) 명 별.《集覽, 朴集, 下, 4ㅎ》大醮. 道經云, 醮, 祭名. 夜中於星辰之下, 陳設餠餌·酒果·幣物, 禋祀天皇·太乙·地祇·列宿.《朴新諺 3, 22ㅈ》一日先生做羅天大醮(朴新注, 52ㅎ: 道經云, 覆盖萬天, 羅絡三界, 極高無上, 謂之大羅. 天醮, 祭名, 祭扵星辰曰醮), 一日에 先生이 羅天大醮를 ᄒᆞ더니.

성심(誠心) 명 정성스러운 마음. 진실한 마음.《朴新諺 3, 14ㅈ》誠心懺悔改徃修來去罷, 誠心으로 懺悔ᄒᆞ여 改徃 修來ᄒᆞ라 가라.

성음(聲音) 명 소리. 목소리. ⇔소리.《朴新諺 3, 13ㅈ》念的聲音響亮, 닑는 소리 響亮ᄒᆞ고.

성인(成人) 동 어른이 되다. 성년이 되다. ⇔성인ᄒᆞ다(成人-).《朴新諺 1, 56ㅈ》方能勾養大成人, 보야흐로 養大 成人ᄒᆞᄂᆞ니.《朴新諺 2, 19ㅈ》養大成人任憑使喚, 養大 成人ᄒᆞ여 임의로 부리되.

성인(城闉) 명 성문(城門).《集覽, 朴集, 下, 11ㅈ》好女不看燈. 其寺觀街巷, 燈明若晝. 士女夜遊, 車馬塞路, 有足不躡地浮行數十步者. 阡陌縱橫, 城闉不禁, 五陵年少, 滿路行歌, 萬戶千門, 笙簧未撤.

성인(聖人) 명 지혜와 덕이 매우 뛰어나 길이 우러러 본받을 만한 사람.《集覽, 朴集, 下, 11ㅎ》太公. 周文王出獵, 過於渭水之陽, 與語大悅, 曰, 自吾先君太公曰, 當有聖人適周, 周以興. 子豈是耶. 吾太公望子久矣.

성인ᄒᆞ다(成人-) 동 성인(成人)하다. ⇔성인(成人).《朴新諺 1, 56ㅈ》方能勾養大成人, 보야흐로 養大 成人ᄒᆞᄂᆞ니.《朴新諺 2, 19ㅈ》養大成人任憑使喚, 養大 成人ᄒᆞ여 임의로 부리되.

성자(姓字) 명 성(姓)을 나타내는 글자.《集覽, 朴集, 上, 13ㅈ》老官人. 漢人呼尊長必加老字扵姓字之上, 尊之之辞.

성재(成材) 동 재능이 있는 사람이 되다. 유용한 사람이 되다. ⇔성재ᄒᆞ다(成材).《朴新諺 1, 49ㅈ》你若學的成材長大起來, 네 만일 비화 成材ᄒᆞ며 長大ᄒᆞ여.

성재ᄒᆞ다(成材) 동 성재(成材)하다. ⇔성재(成材).《朴新諺 1, 49ㅈ》你若學的成材長大起來, 네 만일 비화 成材ᄒᆞ며 長大ᄒᆞ여.

성저(盛貯) 동 담아서 보관하다.《集覽, 朴集, 下, 5ㅈ》蜜煎. 事林廣記云, 凡煎生果, 最要逐其本性, 酸苦辛硬隨性製之. 以半蜜半水煮十數沸, 乘熟控乾, 別換新蜜, 入銀石器內, 用文·武火煮, 取其色明透

爲度. 入新缶盛貯, 緊密封箸, 勿令生虫.

성절(聖節) 圐 성인(聖人)이나 임금의 생일을 경축하는 명절.《朴新諺 3, 34ㅈ》今日是萬壽之日(朴新注, 56ㅎ: 皇帝誕日, 亦云聖節.), 오눌은 이 萬壽日이라.

성중(聖衆) 圐 〈불〉 성자(聖者)의 무리. 곧, 부처와 성문(聲聞)·연각(緣覺)·보살(菩薩) 따위.《集覽, 朴集, 下, 1ㅈ》唐三藏法師〈三藏〉. 三藏, 經一藏, 律一藏, 論一藏. 曰脩多羅, 卽阿難聖衆結集爲經. 曰毗奈耶, 一曰毗尼, 卽優波尊者結集爲律. 曰阿毗曇, 卽諸大菩薩衍而爲論. 藏, 卽包含攝持之義.

성지(聖旨) 圐 임금의 뜻.《集覽, 朴集, 上, 15ㅎ》步虛. 還大都, 時適丁太子令辰十二月二十四日, 奉傳聖旨, 住持永寧禪寺, 開堂演法.《集覽, 朴集, 中, 1ㅎ》金字圓牌. 其他泛常勾當, 只許臨時領受, 給降聖旨, 方許給馬.《朴新諺 2, 10ㅈ》新近奉皇帝聖旨, 요수이 皇帝 聖旨를 밧드러.

성취(成就) 동 이루다. 성취하다. ⇔일오다.《朴新諺 2, 26ㅎ》怎能勾成就了這因緣, 엇지 능히 이 因緣을 일올이오.

성친(成親) 동 결혼(結婚)하다. ⇔성친ᄒᆞ다(成親-).《朴新諺 1, 44ㅎ》半月頭辦花燭成親的, 보롬끠 花燭을 댱만ᄒᆞ여 成親ᄒᆞ고.

성친ᄒᆞ다(成親-) 동 성친(成親)하다. ⇔성친(成親).《朴新諺 1, 44ㅎ》半月頭辦花燭成親的, 보롬끠 花燭을 댱만ᄒᆞ여 成親ᄒᆞ고.

성행(性行) 圐 본성과 행위.《集覽, 朴集, 下, 6ㅈ》水滑經帶麵. 如此三四次, 微軟和餅劑, 就案上用拗棒拗百餘棒, 多揉數百拳. 至剩性行, 方可搓如指頭大, 新凉水內浸兩時許, 伺麵〈麪〉性行, 方下鍋, 闊〈濶〉細任意做.

성향(聲響) 圐 소리. ⇔소리.《朴新諺 2, 48ㅎ》我每日纔聽明鍾一聲響, 내 날마다 계요 明鍾 ᄒᆞᆫ 소리를 듯고.《朴新諺 3,

23ㅎ》打一聲鍾響, ᄒᆞᆫ 소리 鍾을 치고.

성현(聖賢) 圐 성인(聖人)과 현인(賢人).《集覽, 朴集, 中, 4ㅈ》利土. 瓔珞經云, 利土, 乃聖賢所居之處.

성회(省會) 동 알리다. 고(告)하다. ⇔알위다.《集覽, 字解, 累字解, 2ㅈ》省會. 알위다.

세 団 세[三]. ⇔삼(三).《朴新諺 1, 5ㅈ》還要上三道粉湯, 당시롱 세 가지 粉湯을 올릴 거시오.《朴新諺 1, 37ㅎ》脚踝上灸了三艾, 발 안쮜머리 우희 세 장 뿍으로 쓰니.《朴新諺 1, 40ㅎ》滿天星宿一箇月三條繩子由你曳, 하늘에 ᄀᆞ득ᄒᆞᆫ 星宿에 ᄒᆞᆫ 둘을 세 오리 노흐로 제대로 쓰으는 거시여.《朴新諺 2, 16ㅈ》雞三隻, 둙 세 마리와. 鴨三隻, 올히 세 마리와.《朴新諺 2, 28ㅈ》一日吃了三頓飯, ᄒᆞ르 세 끼 밥 먹고.《朴新諺 3, 12ㅈ》放着一箇三脚鐵蝦蟆的便是了, ᄒᆞᆫ 세 발 가진 쇠 두텁이 노흔 거시 곳 이라.《朴新諺 3, 34ㅎ》咳那身長六尺腰濶三圍, 애 뎌 身長이 六尺이오 허리 너르기 세 아름이나 ᄒᆞ고.《朴新諺 3, 47ㅎ》拿着三丈高的一面大旗, 세 길이나 노픈 一面 大旗를 가지고.

세(世) 圐 ●세기. 세대.《集覽, 朴集, 中, 6ㅈ》萬劫. 儒曰世, 釋曰劫〈刧〉, 道曰塵. 一說, 儒家曰數, 道家曰劫〈刧〉, 佛家曰世. ●세상(世上). ⇔셰샹.《朴新諺 2, 54ㅈ》咱們人生在世, 우리 사름이 사라 셰샹에 이셔.

세(洗) 동 **1** 감다[浴]. ⇔곰다.《朴新諺 3, 27ㅎ》따大王有肥皂麽與我洗頭, 부로되 大王아 비노ㅣ 잇느냐 나를 주어 머리 곰게 ᄒᆞ라. **2** 씻기다. ●⇔삣기다.《朴新諺 1, 54ㅎ》把孩子放在水盆裏洗, 아희를 다가 물 소라에 너허 삣기면. ●⇔싯기다.《朴新諺 1, 24ㅈ》到背後河裏洗去, 뒷 내에 싯기라 가. 洗過了就拴在陰凉處, 싯겨 즉시 서눌ᄒᆞᆫ 딕 미고.《朴新諺 1, 24ㅎ》你若每日把他刷洗, 네 만일 每日

에 더롤다가 빗겨 싯기고. **3**썻다. ●⇔
삣다.《朴新諺 1, 51ㅈ》你且洗去, 네 또
삐스라 가쟈.《朴新諺 1, 51ㅈ》到浴池洗
了一會, 浴池에 가 혼 지위 삣고. 歇一歇
再洗, 쉬어 다시 삐서. 洗勾了却到客位裏
歇一會, 삣기를 잇긋 호고 또 客位에 가
혼 지위 쉬여.《朴新諺 3, 1ㅎ》洗完了,
삣기 못거든. ●⇔싯다.《朴新諺 1, 48
ㅈ》洗了臉就到學房裏, 눗 싯고 즉시 學
房에 가.

세(細) 閉 정세(精細)히. ⇔정세히.《朴新
諺 1, 19ㅎ》敢不盡心細做麼, 敢히 盡心ㅎ
여 정세히 민드지 아니ㅎ랴.

세(細) 혱 가늘다. ⇔フ놀다.《集覽, 老集,
下, 2ㅈ》細褶. 譯語指南云, 細褶 フ논 결
주름. 今按, 褶作摺是. 細摺, 細襞積也.
《朴新諺 1, 25ㅈ》把草鍘得細些, 여물을
다가 싸흘기를 フ놀게 ㅎ고,《朴新諺 1,
39ㅎ》不知道我的麤和細, 나의 굴금과
フ놀믈 아지 못ㅎ는 거시여.《朴新諺 2,
32ㅎ》歇式要時樣氈子要匀細就是了, 歇
式은 時樣으로 ㅎ고 담은 고로고 フ놀게
홈이 곳 올흐니라.

세(歲) 의 살. ⇔뿔.《朴新諺 1, 44ㅎ》那官
人今年纔十九歲, 뎌 官人이 올힉 又 十九
歲오.《朴新諺 2, 46ㅎ》你們如今十歲年
紀了, 너희 이제 열 뿔 나히라.《朴新諺
2, 54ㅎ》纔十五歲的女孩兒, 又 十五歲에
女孩兒 ㅣ.《朴新諺 3, 42ㅎ》今年纔三十
七歲, 올힉 又 三十七歲라.《朴新諺 3, 43
ㅈ》年三十七歲身故, 나히 三十七歲에 身
故ㅎ여.

세간(世間) 閉 〈불〉 영원하지 않은 것들
이 서로 모여 있는 우주 공간.《集覽, 朴
集, 中, 4ㅎ》座飾芙蓉. 飜譯名義云, 大論
問, 諸牀(床)可坐, 何必蓮華. 荅曰, 牀爲
世間白衣坐法, 又以蓮華軟淨, 欲現神力,
能坐其上, 令不壞故, 又以莊嚴妙法故, 又
以此華華臺嚴淨香妙可坐故.

세거(細車) 閉 장막을 쳐서 방처럼 아름

답게 꾸며 만든 수레.《集覽, 朴集, 中,
2ㅎ》細車〈室車〉. 鄕習以細字作室字讀,
謂車上設屋可臥者也. 然漢人凡稱物之善
者皆曰細, 如云茶之好者曰細茶. 今此細
車亦謂設帳房於〈於〉車上爲屋, 乃車之善
者也. 故謂之細車, 連呼帳房細車讀亦通.
質問云, 如婦人所乘車, 周圍雕刻花樈, 油
飾花須, 方言謂之細車. 又云, 女人所乘有
樈長盖之車.

세계(世界) 閉 사회의 풍조(風潮). 사회의
형세.《朴新諺 3, 5ㅎ》如今是財帛世界,
이제는 이 財帛 世界라.

세다(細茶) 閉 품질이 아주 좋은 차.《集
覽, 朴集, 中, 2ㅎ》細車〈室車〉. 然漢人凡
稱物之善者皆曰細, 如云茶之好者曰細茶.

-세라 어미 -구나.《朴新諺 1, 45ㅎ》我沒
有現成裁料, 내게 現成혼 フ음이 업세
라.《朴新諺 2, 20ㅎ》還少套繩, 당시롱
멜 줄과. 撒繩, 쓰을 줄과. 籠頭, 바구레
와. 脚索, 지달 술 바와. 鞍子, 기르마와.
肚帶等類哩, 오랑 等類ㅣ 업세라.《朴新
諺 3, 50ㅈ》我也無心羨慕他了, 내 또 무
음에 더를 羨慕홈이 업세라.

세말(細末) 閉 아주 곱게 빻은 가루.《集
覽, 朴集, 上, 3ㅎ》細料物. 事林廣記食饌
類, 細料物, 官桂·良薑·蓽撥草·豆蔲
·陳皮·縮砂仁〈砂仁〉·八角·茴香各
一兩, 川椒二兩, 杏仁五兩, 甘草一兩半,
白檀末半兩. 右共爲細末用之. 如欲出路
停久用之者, 以水浸, 蒸餠爲丸, 如彈子大,
臨時湯泡用之. 今按, 漢俗謂·탕·슛·고·믈
曰細料物.

세모(細毛) 閉 잔털. 가는 털.《集覽, 朴集,
上, 11ㅈ》剃頭. 漢俗, 凡梳頭者必剃去腦
後頂上髮際細毛, 故曰剃頭.

세밀(細密) 혱 품질이나 바탕이 정교하
다.《集覽, 朴集, 中, 6ㅎ》雲南氈. 雲南,
古梁州, 南境爲徼外夷也. 漢置益州郡, 元
置路, 今改爲布政司. 州縣俱出氈, 細密爲
天下最.《朴新諺 2, 32ㅎ》一頂要雲南氈

(朴新注, 34ㅎ: 雲南, 古梁州. 出毡, 細密 爲天下最.)大帽, ㅎ나흔 雲南毡 큰갓슬 ㅎ고.

세사(細絲) 명 십성(十成). 금은(金銀)의 품질을 10등분한 가운데 제1등. 곧, 순도가 10할인 금은.《集覽, 朴集, 上, 9ㅎ》細絲官銀. 銀十品曰十成, 曰足色, 曰成色, 曰細絲, 曰手絲兒, 曰吹螺, 曰白銀. 九品曰九成, 曰青絲. 八品曰八成. 總稱〈総称〉元寶〈宝〉. 元寶釋見下.《朴新諺 1, 33ㅈ》我的都是細絲(朴新注, 12ㅎ: 銀十品曰十成, 曰足色, 曰成色, 曰細絲, 曰手絲兒, 曰吹螺, 曰白銀. 九品曰九成, 曰青絲. 八品曰八成.)銀子, 내 거슨 다 이 細絲銀이라.

세사관은(細絲官銀) 명 세사(細絲)인 관은(官銀).《集覽, 朴集, 上, 9ㅎ》細絲官銀. 銀十品曰十成, 曰足色, 曰成色, 曰細絲, 曰手絲兒, 曰吹螺, 曰白銀. 九品曰九成, 曰青絲. 八品曰八成. 總稱〈総称〉元寶〈宝〉. 元寶釋見下.

세사은(細絲銀) 명 세사(細絲)인 은(銀). ⇨세사은자(細絲銀子).《朴新諺 1, 33ㅈ》我的都是細絲(朴新注, 12ㅎ: 銀十品曰十成, 曰足色, 曰成色, 曰細絲, 曰手絲兒, 曰吹螺, 曰白銀. 九品曰九成, 曰青絲. 八品曰八成.)銀子, 내 거슨 다 이 細絲銀이라.《朴新諺 2, 9ㅈ》是細絲銀子, 이 細絲銀이라.

세사은자(細絲銀子) 명 세사은(細絲銀). ⇨세사은(細絲銀).《朴新諺 1, 33ㅈ》我的都是細絲(朴新注, 12ㅎ: 銀十品曰十成, 曰足色, 曰成色, 曰細絲, 曰手絲兒, 曰吹螺, 曰白銀. 九品曰九成, 曰青絲. 八品曰八成.)銀子, 내 거슨 다 이 細絲銀이라.《朴新諺 2, 9ㅈ》是細絲銀子, 이 細絲銀이라.

세삼(洗三) 명 (옛날 풍속에 아기가 태어난 지) 삼 일째 되는 날 목욕시키는 일.《朴新諺 1, 54ㅎ》把孩子放在水盆裏洗, 아히롤다가 믈 소라에 너허 뗏기면. 親

戚們都來看, 親戚들이 다 와 보고.金珠銀錢等類親, 金珠銀錢等類롤다가. 各自丟在水盆裏, 각각 믈ㅅ 소라에 드리치느니. 這謂之洗三, 이를 洗三이라 니르느니라.

세상(世上) 명 사람이 살고 있는 모든 사회.《朴新諺 1, 45ㅈ》喜的又是郎才女貌眞箇是世上少有的, 깃분 거슨 쏘 이 郎才와 女貌ㅣ 진실로 世上에 드므니.《朴新諺 1, 49ㅈ》可見世上的忠臣孝子, 世上에 忠臣 孝子ㅣ.

세상(細詳) 혱 찬찬하다. 차근차근하다. ⇨춘춘ㅎ다.《集覽, 字解, 單字解, 5ㅎ》越. 尤甚也. 越好 ㄱ장 됴타, 越細詳 더욱 츤츤ㅎ다.

세세(細細) 뮈 낱낱이. ⇨낫낫치.《朴新諺 2, 45ㅎ》細細的拔乾淨了, 낫낫치 빠히기를 乾淨히 ㅎ고.

세악(細樂) 명 취타(吹打)가 아닌 관현(管絃)악기로 구성한 음악(音樂). ⇨세풍뉴.《朴新諺 3, 47ㅈ》前面奏動細樂引着行, 앏희 셰풍뉴ㅎ여 인도ㅎ여 가고.

세요물(細料物) 명 고명. 꾸미. 양념. ⇨탕슛고믈.《集覽, 朴集, 上, 3ㅎ》細料物. 事林廣記食饌類, 細料物, 官桂·良薑·蓽撥草·豆蔲·陳皮·縮砂仁〈砂仁〉·八角·茴香各一兩, 川椒二兩, 杏仁五兩, 甘草一兩半, 白檀末半兩. 右共爲細末用之. 如欲出路停久用之者, 以水浸, 蒸餠爲丸, 如彈子大, 臨時湯泡用之. 今按, 漢俗謂탕슛고믈 曰細料物.《集覽, 朴集, 下, 6ㅈ》水精角兒. 飲饌正要云, 羊肉·羊脂·羊尾子·生葱·陳皮·生薑, 各細切, 入細料物, 塩醬拌勻爲餡. 用豆粉作皮包之, 水煮供食.

세우(細雨) 명 가랑비.《朴新諺 3, 49ㅎ》一任斜風細雨, 斜風 細雨를 一任ㅎ고.

세인(世人) 명 세상 사람.《集覽, 朴集, 下, 2ㅈ》七月十五日. 道藏經云, 七月十五日, 謂之中元, 地官下降人間, 檢校世人, 甄別

善惡, 上告天曹.《朴新諺 3, 12ㅎ》這七月
十五日是中元(朴新注, 48ㅎ: 道藏經云,
中元日, 地官下降人間, 檢較世人, 甄別善
惡, 上告天曹.)節, 이 七月 十五日은 이
中元節이라.

세장(細長) 혱 호리호리하다. 가늘고 길
다. ⇔힐힐ᄒᆞ다.《朴新諺 2, 57ㅎ》是一
箇細長身子團欒面的, 이 ᄒᆞᆫ 킈 힐힐ᄒᆞ고
ᄂᆞᆺ치 두렷ᄒᆞᆫ.

세전(世傳) 통 대대로 전하여 내려오다.
《集覽, 朴集, 上, 3ㅈ》雜劇. 劇〈ㅂ〉, 戱
也. 南村輟耕錄曰, 稗官廢而傳奇作, 傳奇
作而戲曲繼〈継〉. 金季國初, 樂府猶宋詞
之流, 傳奇猶宋戲曲之變〈变〉, 世傳謂之
雜劇.《集覽, 朴集, 中, 3ㅎ》南海普陁落
伽山. 佛書所謂海岸高絶處, 普陀洛伽山,
世傳觀音現像于此, 上有普陀寺.《朴新諺
2, 28ㅎ》到那南海普陀落伽山(朴新注, 33
ㅈ: 在寧波府定海縣. 世傳觀音現像于此,
上有普陀寺.), 뎌 南海 普陀 落伽山에 가.

세절(細切) 통 잘게 자르다.《集覽, 朴集,
上, 2ㅎ》棚牛肉. 音義, 棚, 音붕〈붕〉, 平
聲. 質問云, 牛肉細切, 用椒塩棚食. 又云,
以水和醬成湯, 放入鍋內, 燒至滾沸, 方下
細切的牛肉, 再加椒·醋·葱花盛供, 故
曰棚.《集覽, 朴集, 上, 3ㅎ》金銀豆腐湯.
質問云, 豆腐用油煎熟, 其色黃如金, 白如
銀, 細切入湯食之. 又云, 用雞〈鷄〉鴠淸同
鴠黃相制爲之. 今按, 鴠, 卽雞〈鷄〉子也.
《集覽, 朴集, 下, 6ㅈ》水精角兒. 飮饌正
要云, 羊肉·羊脂·羊尾子·生葱·陳
皮·生薑, 各細切, 入細料物, 塩醬拌勻爲
餡. 用豆粉作皮包之, 水煮供食.

세조(世祖) 몡 원(元)나라 제1대 황제(皇
帝: 忽必烈)의 묘호(廟號).《集覽, 朴集,
下, 5ㅎ》元寶. 世祖大會王子·王孫·駙
馬·國戚, 從而頒賜, 或用貨賣, 所以民間
有此錠也.

세조(洗澡) 통 목욕하다. ⇔목욕ᄒᆞ다.
《朴新諺 1, 50ㅎ》那孫家混堂裏洗澡去罷,

뎌 孫가ㅣ아 混堂에 목욕ᄒᆞ라 가쟈.《朴
新諺 1, 50ㅎ》不曉的多少錢洗一箇澡, 아
지 못게라 언머 돈에 ᄒᆞᆫ 번 목욕ᄒᆞ료.
《朴新諺 3, 1ㅎ》到那後河裡洗箇澡去, 뒷
내에 목욕ᄒᆞ라 가.《朴新諺 3, 23ㅎ》第
(第)三滾油洗澡, 第(第)三은 ᄭᅳᆯᄂᆞᆫ 기름에
목욕ᄒᆞ고.《朴新諺 3, 26ㅈ》咱如今燒起
油鍋跳入洗澡, 우리 이제 기름 가마에
불ᄶᅵᆺ고 ᄯᅱ여들어 목욕ᄒᆞ쟈.《朴新諺 3,
27ㅈ》纔待洗澡却早不見了, ᄀᆞᆺ 목욕ᄒᆞ려
ᄒᆞ더니 볼셔 보지 못ᄒᆞᆯ러라.

세칭(世稱) 통 세상에서 흔히 일컫다.《朴
新諺 3, 50ㅈ》我不管那李白撈月(朴新注,
62ㅎ: 世稱, 李白泛采石江, 見月影在水,
以手撈月, 曰墮水死.), 내 뎌 李白의 撈月
홈을 ᄀᆞ움아지 아니ᄒᆞ고.

세ㅎ ㈜ 세[三] (마리). ⇔삼개(三箇).《朴
新諺 2, 22ㅎ》我赶着一百匹馬, 내 一百
匹 ᄆᆞᆯ을 모라…… 又不見了三箇, 또 세흘
일코.

세화(細貨) 몡 질이 좋은 값비싼 화물(貨
物).《集覽, 朴集, 中, 2ㅎ》抽分. 今按, 中
朝設抽分竹木局, 如遇客商〈商〉興販竹木
·柴炭等項, 照例抽分. 粗貨十五分中抽
二分, 細貨十分中抽二分.

셋 ㈜ 셋. ⇔삼(三).《朴新諺 1, 38ㅎ》三哥
待要分開, 셋재 형은 ᄂᆞᆫ호고져 ᄒᆞ고.《朴
新諺 1, 38ㅎ》三哥是剪子, 셋재 형은 이
가이오.

셔 몡 서. 서쪽. ⇔서(西).《朴新諺 2, 49
ㅈ》每日東走西走不得片時歇息, 每日에
동으로 ᄃᆞᆺ고 셔로 ᄃᆞ라 片時도 쉼을 엇
지 못ᄒᆞ니.

－셔 어미 －서.《朴新諺 3, 46ㅎ》站着赶牛,
셔셔 쇼를 몰면.《朴新諺 3, 47ㅎ》芒児
立在牛背後, 芒児ㅣ 쇠 뒤ᄒᆡ 셔셔.

－셔 조 －서. －에서. －에서부터.《集覽, 字
解, 單字解, 5ㅎ》就. 卽也. 就將來 즉재
가져오라, 就有了·就去了. 又遂也. 就
那裏睡了 게셔 자다, 就便 곧. 又就行 ᄃᆞ

되여셔 ᄒ다.《朴新諺 1, 2ㅎ》這幾樣都
是南方來的有名的好酒, 이 여러 가지는
다 이 南方셔 온 有名ᄒ 됴흔 술이라.
《朴新諺 1, 13ㅈ》老太爺你在那裏住, 老
太爺ㅣ야 네 어디셔 사는다.《朴新諺 1,
34ㅈ》他在京裏臨起身時莭(節), 제 셔울
셔 ᄯ떠날 째에 臨ᄒ여.《朴新諺 2, 4ㅈ》在
那裏做生日來, 어디셔 生日을 ᄒ뇨.《朴
新諺 2, 8ㅎ》這是南京來的眞正八絲好緞
子, 이 南京셔 온 진짓 八絲 됴흔 비단이
라.《朴新諺 3, 33ㅎ》你都帶了來這裡做
活方好, 네 다 가지고 와 예셔 셩녕홈이
보야흐로 됴타.《朴新諺 3, 41ㅈ》在那裡
住呢, 어디셔 사ᄂ뇨.《朴新諺 3, 41ㅈ》
他在別處畫了一箇人的影像, 데 다른 ᄃ
셔 ᄒ 사롬의 화샹을 그리니.

셔다 图 셔다. ●⇔입(立).《朴新諺 2, 53
ㅈ》却纔會學立的腰兒軟休弄他, ᄀ 셜 줄
을 아되 허리 므르니 뎌를 달호지 말라.
《朴新諺 3, 47ㅎ》芒児立在牛背後, 芒児ㅣ
쇠 뒤히 셔셔. ●⇔참(站).《朴新諺 1,
11ㅎ》保管你站十年不倒, 네게 十年을
셔셔도 믄허지디 아니믈 맛들 거시니.
《朴新諺 2, 6ㅈ》睡着站着的是鷗鷺, 자며
셧는 거슨 이 鷗鷺ㅣ오.《朴新諺 3, 34
ㅎ》四邊站着四箇將軍, 네 녁희 션는 네
將軍이.《朴新諺 3, 46ㅎ》站着赶牛, 셔셔
쇼를 몰면.

셔도다 图 (어떤 일을) 처리하다. ●⇔간
판(幹辦).《朴新諺 3, 6ㅈ》不使幾箇錢幹
辦是不濟事的, 여러 돈을 ᄡ 셔도지 아
니면 이 일을 일오지 못ᄒ리라. ●⇔판
(辦).《朴新諺 3, 5ㅎ》他偏不與你辦, 데
편벽히 너를 위ᄒ여 셔도지 아니ᄒ고.

셔반 图 셔판(書辦). 문서나 기록을 맡아
보던 하급 관리. 또는 문필(文筆)에 종사
하는 사람을 두루 이르는 말. ⇔서판(書
辦).《朴新諺 1, 14ㅈ》還要把領子到該管
書辦(朴新注, 5ㅎ: 書吏之稱, 又曰序班.)
處換過小票, 당시롱 ᄐ는 톄롤 가져 ᄀ

움아는 셔반의게 가 져근 票롤 밧고고.
《朴新諺 2, 51ㅈ》昨日衙門書辦已將文書
送來了, 어지 衙門 셔반이 이믜 文書를다
가 보내엿더라.《朴新諺 3, 5ㅈ》還有該
管的書辦們也受了些錢財, ᄯᅩ ᄀ움아는
셔반들도 이셔 져기 錢財를 밧고.《朴新
諺 3, 18ㅈ》方纔書辦們拿文書來畫稿, 앗
가 ᄌ 셔반들이 文書를 가져와 稿에 일
홈밧고.

셔안 图 서안(書案). ⇔안(案).《朴新諺 3,
18ㅈ》案上又堆着許多案件, 셔안 우희
ᄯᅩ 許多 문안을 싸하.

셔울 图 서울. ●⇔경(京).《朴新諺 1, 34
ㅈ》他在京裏臨起身時莭(節), 제 셔울셔
ᄯ떠날 째에 臨ᄒ여.《朴新諺 2, 17ㅎ》我
好赶進京先報去, 내 셔울을 미처 나아가
몬져 報ᄒ라 가기 됴ᄒ리라.《朴新諺 3,
15ㅎ》如有便人來京, 만일 便人이 셔울
오리 잇거든.《朴新諺 3, 15ㅎ》男在京所
幹之事已經完備, 아히 셔울 이셔 所幹事
는 임의 完備ᄒ여시되. ●⇔경도(京都).
《朴新諺 1, 52ㅈ》京都也沒甚麼買賣, 셔
울도 아모란 買賣 업더라. ●⇔경성(京
城).《朴新諺 1, 17ㅎ》京城裏刀子舖狼
(很)多, 셔울 칼 푸즈ㅣ ᄀ장 만흐니.

셔편 图 서편. 서쪽. ●⇔서벽상(西壁廂).
《朴新諺 3, 17ㅈ》那西壁廂還要打一道墙,
뎌 셔편에 ᄯᅩ ᄒ 줄 담을 ᄡ고. ●⇔서
변(西邊).《朴新諺 3, 10ㅈ》西邉打一箇
爐子, 셔편에 ᄒ 미로를 민들려 ᄒ노라.

셔품 图 습자(習字). ⇔방(倣).《朴新諺 1,
48ㅎ》到晌午寫倣, 나지 다ᄃ라 셔품 ᄡ
기 ᄒ되.

셔품쓰기 图 습자(習字) 쓰기. ('倣'은 방
서(倣書)의 준말) ⇔사방(寫倣).《朴新
諺 1, 48ㅎ》到晌午寫倣(朴新注, 19ㅈ: 小
兒習字模寫曰寫倣.), 나지 다ᄃ라 셔품
쓰기 ᄒ되.

셕대 图 (가죽으로 만들고 재갈이 있는)
굴레. ⇔비두(轡頭).《集覽, 朴集, 上, 14

ᄌ》轡頭. 音義云, 잘 ᄃᆞ논 ᄆᆞ·롤〈몰을〉
닐온 轡頭. 今按, 轡頭, 即馬勒也, 今俗謂
·셕·대:됴·흔 ᄆᆞ·롤〈몰을〉呼爲好轡頭, 則
音義亦當并好字爲釋可也. 且漢俗, 以革
爲之, 有銜〈衘〉者曰轡頭, 以索爲之, 無銜
〈衘〉者曰籠頭. 今呼鞍轡之轡, 音·비, 好
轡頭之轡, 音·피. 此轡字別有其字而今未
得也. 恐當作披字爲是, 謂以勒披馬頭引
之也.

셕쳥빗ㅊ 圐 짙은 검정색. 새까만 색. ⇔
현쳥(玄靑).《朴新諺 2, 59ㅎ》玄靑的裁
做褂子, 셕쳥빗츤 등거리 몰라 민들고.

셕탄 圐 석탄. ⇔매(煤).《朴新諺 3, 10ㅈ》
你只與我改做煤火炕, 네 그저 나를 셕탄
피오ᄂᆞᆫ 캉을 고쳐 민드라 주되.《朴新諺
3, 10ㅈ》炕前做一箇煤爐好燒煤, 캉 앏픠
ᄒᆞᆫ 煤爐를 민드라 셕탄 피오기 됴케 ᄒᆞ
라.《朴新諺 3, 19ㅎ》徃煤場塲拉煤去, 煤
塲에 셕탄 실라 가더니.

션비 圐 선비. ⇔사(士).《朴新諺 1, 49ㅈ》
如今國家開科取士, 이제 國家ㅣ 과거를
여러 션비를 取ᄒᆞ여.

션참ᄒ다 图 선참(先站)하다. 먼저 길을
떠나다. 또는 먼저 가서 나중에 오는 동
료나 친구를 위해서 숙식 등의 문제를
처리하다. ⇔타두참(打頭站).《朴新諺
2, 21ㅎ》先打頭站去, 몬져 션참ᄒ여 가.

션칼도 圐 선칼도[刂]. 한자 부수(部首)의
이름. ⇔측도(側刀).《朴新諺 2, 47ㅎ》卯
字頭下着金字右邊加箇側刀便是, 卯字 머
리 아리 金字 ᄒᆞ고 올흔편에 션칼도 ᄒᆞᆫ
거시 곳 이라.

셜다 혱 섧다. 슬프다. ⇔휴(虧).《朴新諺
3, 30ㅎ》太虧我了, 너모 내게 셜웨라.

셜흔 관 서른. ⇔삼십(三十).《朴新諺 1,
1ㅎ》約有三十多箇, 셜흔 나믄 이 이실
ᄯᅳᆺᄒᆞ니.《朴新諺 3, 56ㅎ》三十二歲了,
셜흔 둘이라.

셟다 혱 섧다. 괴롭다. 고통스럽다. ⇔고
(苦).《朴新諺 3, 44ㅎ》咳這老曺却也苦

了, 애 이 老曺ㅣ ᄯᅩ 셟도다.

셧녁 圐 서녁. 서쪽. ⇔서(西).《集覽, 字
解, 單字解, 7ㅈ》頭. 首也. 東頭·西頭 동
녁 긑·셧녁 긑, 頭티 나죵내, 到頭 나죵
애. 通作投. 又上頭 젼ᄎ로. 又頭盤 첫
판, 頭舘 첫 판, 頭雞 첫 ᄃᆞᆰ.《朴新諺 2,
40ㅈ》再叫小廝們到西園裏去, ᄯᅩ 아희들
로 ᄒᆞ여 셧녁 동산에 가.

셩내다 图 성내다. 화내다. 노하다. ⇔발
한(發狠).《朴新諺 1, 34ㅎ》我便發狠叫
喚要銀子, 내 곳 셩내여 부르지져 은을
달라 ᄒᆞ되.

셩녕 圐 수공예(手工藝). ⇔생활(生活).
《集覽, 字解, 累字解, 2ㅎ》生活. 셩녕.
《集覽, 字解, 單字解, 7ㅈ》旋. 平聲, 回也,
幹也. 又疾也. 又셩녕 마초다, -做.《集
覽, 字解, 單字解, 7ㅎ》生. 生的 양ᄌ. 生
活 셩녕. 又甚也. 又語助. 怎生.《集覽,
朴集, 下, 3ㅈ》木植. 亦曰木料, 남고
〈그〉·로:셩·녕〈셩녕〉홀 ᄀᆞᄉᆞ미〈ᄀᆞ움이〉
니. 詳見字解料字下.《朴新諺 1, 44ㅎ》針
線生活又好, 바느질 셩녕이 ᄯᅩ 됴코.《朴
新諺 2, 13ㅈ》這生活看了, 이 셩녕을 보
매.《朴新諺 2, 28ㅈ》一箇到那靴舖裏去
學生活, ᄒᆞ나흔 뎌 靴푸ᄌ에 가 셩녕 비
호고.《朴新諺 2, 33ㅈ》那厮做的生活, 뎌
놈의 민든 셩녕이.《朴新諺 2, 54ㅈ》我
生活忙那能閑耍, 내 셩녕이 밧부니 엇지
능히 힘힘히 놀리오. 你做甚麼生活, 네
므슴 셩녕을 ᄒᆞᄂᆞᆫ다.《朴新諺 3, 11ㅈ》
你一般動手做生活, 네 흔가지로 손을 놀
려 흔 셩녕이.《朴新諺 3, 11ㅈ》咳我到
處做生活, 애 내 간 디마다 셩녕을 ᄒᆞ되.

셩녕ᄒ다 图 공작(工作)하다. 일하다. 제
작하다. ●⇔주생활(做生活).《朴新諺
3, 11ㅈ》你一般動手做生活, 네 흔가지로
손을 놀려 흔 셩녕이.《朴新諺 3, 11ㅈ》
咳我到處做生活, 애 내 간 디마다 셩녕을
ᄒᆞ되. ●⇔주활(做活).《朴新諺 1, 10
ㅎ》說㝎了工價然後好煩你做活, 공젼을

덩흔 후에 널로 흐여 셩녕홈이 됴타.
《朴新諺 2, 59ㅈ》家裏有五六箇婦人做活
裁的縫的, 집의 다엿 계집이 이셔 셩녕
흐여 ᄆᆞ르거니 짓거니 흐면.《朴新諺 3,
16ㅎ》你只取了傢伙來做活, 네 그저 연
장을 가져와 셩녕흐라.《朴新諺 3, 33
ㅎ》你都帶了來這裡做活方好, 네 다 가지
고 와 예셔 셩녕홈이 보야흐로 됴타. ●
⇔활(活).《朴新諺 2, 59ㅎ》好着他們上
緊赶活, ᄀᆞ장 뎌들로 흐여 급히 밋쳐 셩
녕흐면.

셩수 뎽 순도(純度). ●⇔색(色).《朴新諺
1, 33ㅈ》若論買賣銀只該九五色(朴新注,
12ㅎ: 九五, 卽銀之九成, 五者, 色是銀之
色品.), 만일 買賣 銀으로 니룰 량이면
그저 九五 셩수ㅣ라. ●⇔수(水).《朴新
諺 1, 33ㅈ》每一兩該中五分銀水哩, 每 흔
냥에 五分銀 셩수ㅣ 늘리라.

셰 뎽 세(稅). ⇔조(租).《朴新諺 2, 45ㅈ》
議定每月房租銀二兩, 每月에 집 셰 銀 두
냥을 議定흐여.

셰내다 동 세(貰)내다. ●⇔고(僱).《朴新
諺 3, 39ㅎ》還是僱的長行馬去的, 쏘 이
셰낸 長行馬로 갓ᄂᆞ냐. ●⇔임(賃).《朴
新諺 2, 44ㅈ》賃一所房子, 흔 집을 셰내
여.《朴新諺 3, 55ㅈ》不知街坊上可有賃
的驢麽, 아지 못게라 거리에 셰낼 나귀
잇ᄂᆞ냐. ●⇔전(典).《朴新諺 1, 23ㅎ》
我要典一所房子, 내 흔 곳 집을 셰내려
흐니.《朴新諺 1, 24ㅈ》纔勾典那宅子哩,
겨요 뎌 집을 셰내기 넉넉흐리라. ●⇔
조(租).《朴新諺 2, 44ㅈ》大哥煩你代我
寫一張租房契, 큰형아 네게 비ᄂᆞ니 나를
ᄀᆞᄅ차 흔 쟝 집 셰내는 글월을 쓰고려.
《朴新諺 2, 44ㅈ》這租房契寫了, 이 집 셰
내는 글월 뻐라.《朴新諺 2, 44ㅈ》今租
到本坊沈名下住房一所, 이제 本坊 沈가
의 名下에 사든 집 흔 곳을 셰내되.《朴
新諺 2, 45ㅈ》你道我這箇租帖, 네 니르
라 내 이 셰내는 글월이.

-셰라 어미 -구나.《朴新諺 3, 36ㅈ》硬麵
火燒都有, 硬麵으로 민ᄃᆞ라 구은 쩍이
다 이셰라.《朴新諺 3, 51ㅎ》逞强打我來,
사오나옴을 부려 나를 텨셰라.

셰샹 뎽 세상(世上). ⇔세(世).《朴新諺 2,
54ㅈ》咱們人生在世, 우리 사롬이 사라
세상에 이셔.

셰오다 동 ●세우다. (문서를) 작성하다.
제정(制定)하다. ⇔입(立).《朴新諺 1, 12
ㅈ》你旣要立箇保管不倒的字兒, 네 이믜
믄허지디 아니믈 맛들 문셔룰 셰올 양
이면.《朴新諺 2, 18ㅎ》是他的爺娘立的
文契, 이 뎌의 爺娘의 셰온 문서ㅣ라. ●
세우다. ⇔참(站).《朴新諺 3, 24ㅎ》靠師
傅站着, 스승의게 의지흐여 셰오고.

셰우다 동 ●세우다. 건국하다. ⇔건(建).
《朴新諺 3, 57ㅈ》當初怎生建國, 當初에
엇지 나라흘 셰윗눈지. ●세우다. (문서
를) 작성하다. 제정(制定)하다. ⇔입
(立).《朴新諺 1, 59ㅈ》恐後無憑立此存
照, 후에 의빙홈이 업슬가 저퍼 이룰 셰
워 存照케 흐노라.《朴新諺 2, 19ㅎ》立
此爲照, 이를 셰워 보람을 삼노라.《朴新
諺 2, 45ㅈ》恐後無憑立此爲照, 後에 의
빙홈이 업슬가 저허 이를 셰워 보람을
삼노라.

셰풍뉴 뎽 취타(吹打)가 아닌 관현(管絃)
악기로 구성한 음악(音樂). ⇔세악(細
樂).《朴新諺 3, 47ㅈ》前面奏動細樂引着
行, 앏히 셰풍뉴흐여 인도흐여 가고.

셰풍뉴흐다 동 취타(吹打)가 아닌 관현
(管絃)악기로 구성한 음악(音樂)을 연주
하다. ⇔동세악(動細樂).《朴新諺 3, 47
ㅈ》前面奏動細樂引着行, 앏히 셰풍뉴흐
여 인도흐여 가고.

소 뎽 (송편이나 만두 따위의 속에 넣는)
소. ⇔함(餡).《朴新諺 3, 35ㅎ》羊肉饅
頭, 羊肉 너흔 饅頭와. 素餡稍麥, 믠소 너
흔 稍麥과. 區食, 변시와.

소(小) 뎽 아이. 어린 아이. ⇔아히.《朴新

諺 2, 18ㅎ》小廝們也一面打疊背包上馬, 아히 놈들도 一面으로 질 짐을 가혀 물을 타라. 《朴新諺 2, 27ㅎ》你們這幾箇無用的小廝, 너희 이 여러 쓸디업슨 아히 놈들이. 《朴新諺 3, 8ㅈ》叫小廝們, 아히 놈들로 ᄒᆞ여. 《朴新諺 3, 19ㅎ》我家裡一箇小廝在城外種地, 내 집 ᄒᆞᆫ 아히 놈이 城 밧긔셔 밧 가다가. 《朴新諺 3, 19ㅎ》又有一箇小廝, ᄯᅩ ᄒᆞᆫ 아히 놈이 이셔. 《朴新諺 3, 20ㅈ》便賴說我家這小廝偷了, 곳 보채여 니ᄅᆞ되 우리 집의 아히 놈이 도적ᄒᆞ다 ᄒᆞ여. 《朴新諺 3, 20ㅈ》便把我這小廝監了, 곳 우리 이 아히 놈을다가 가도앗ᄂᆞ니라. 《朴新諺 3, 53ㅎ》還得雇一箇小廝, ᄯᅩ ᄒᆞᆫ 아히 놈을 삭 내여.

소(小) 혱 ❶●어리다. ⇔어리다. 《朴新諺 3, 1ㅎ》你兩箇帶着小兄弟, 너희 둘이 어린 아ᄋᆞᆯ 드리고. 《朴新諺 3, 44ㅎ》咳還有他那小児子, 애 ᄯᅩ 뎌의 그 어린 아돌이 이셔. ●잘다. ⇔졀다. 《朴新諺 1, 5ㅎ》饅頭, 饅頭와. 蒸食, 蒸食과. 小餑餑, 준 ᄯᅥ이니. ❷●작다. ⇔젹다. 《朴新諺 1, 14ㅈ》還要把領子到該管書辦處換過小票, 당시롱 ᄐᆞᆫ 톄를 가져 ᄀᆞᆷ아는 셔반의게 가 져근 票를 밧고고. 《朴新諺 1, 37ㅎ》把小肚皮上使一針, 져근비 우희다가 ᄒᆞᆫ 번 針 주고. 《朴新諺 1, 47ㅈ》做一對小荷包送我如何, ᄒᆞᆫ ᄡᅡᆼ 져근 주머니를 믿드라 나를 주미 엇더ᄒᆞ뇨. 《朴新諺 2, 12ㅈ》他的主兒一箇手拿着五色小旗, 뎌 님재 ᄒᆞᆫ 손에 五色 져근 旗를 가지고. 《朴新諺 2, 38ㅎ》山頂上有一小池, 山頂 우희 ᄒᆞᆫ 져근 못이 이시니. 《朴新諺 2, 46ㅈ》都是你這兩箇小畜生, 다 이 너희 이 두 져근 즘싱들이. 《朴新諺 3, 25ㅈ》行者變做小虫児, 行者ㅣ 變ᄒᆞ여 져근 버레 되여. 《朴新諺 3, 29ㅎ》你這賊養漢生的小驢精, 네 이 도적 養漢ᄒᆞ여 나흔 져근 나귀삐아. 《朴新諺 3, 31ㅈ》你這小胡孫寡是一張嘴, 네 이 져근 진납이 다만 이 ᄒᆞᆫ 부리ᄲᅳᆫ이로

다. ●젹다. ⇔젹다. 《朴新諺 1, 14ㅎ》又要給那扛口㑇人的小脚錢, ᄯᅩ 뎌 쟈르 메는 사ᄅᆞᆷ의 져근 삭갑슬 줄 써시니. 《朴新諺 1, 32ㅎ》大小是買賣, 크나 져그나 이 흥뎡이라.

소(少) 동 ❶●덜다. 줄이다. ⇔덜다. 《朴新諺 3, 45ㅎ》夜飯少一口, 밤밥을 ᄒᆞᆫ 술을 덜면. 活到九十九, 아흔 아홉을 산다 ᄒᆞ니라. ●떨어뜨리다. (빗을) 조금 남기다. ⇔뼈디우다. 《集覽, 字解, 單字解, 6ㅈ》少. 多少. 又欠也. 少甚麼 므스거시 업스뇨. 少債 ᄂᆞ미 비들 뼈디워 잇다. 又缺也. 缺少口粮 양시기 그처디다. ●까다. 축내다. 모자라다. ⇔ᄭᅡ다. 《朴新諺 1, 4ㅈ》旣少不多也罷了, 임의 ᄭᅵᆫ 거시 하지 아니ᄒᆞ니 ᄯᅩ 무던ᄒᆞ다. ●(빗)지다. ⇔지다. 《朴新諺 1, 33ㅎ》他少我五両銀子哩, 뎨 내게 닷 냥 은을 졋ᄂᆞ니라. ❺싸게 하다. 깎다. ⇔지우다. 《朴新諺 2, 43ㅎ》旣如此却少賣了五錢一疋, 이미 이러면 ᄯᅩ 닷 돈을 ᄒᆞᆫ 필에 지워 ᄑᆞ니.

소(少) 혱 ❶없다. 빠지다. ●⇔업다. 《朴新諺 1, 14ㅈ》這都是斷不能少的, 이 거시 다 이 결짠고 업지 못홀 쩌시라. 《朴新諺 3, 41ㅈ》就如活的只少一口氣哩, 곳 사니 ᄀᆞᆺ고 그저 ᄒᆞᆫ 입긔운만 업더라. ●⇔없다. 《集覽, 字解, 單字解, 6ㅈ》少. 多少. 又欠也. 少甚麼 므스거시 업스뇨. 少債 ᄂᆞ미 비들 뼈디워 잇다. 又缺也. 缺少口粮 양시기 그처디다. ❷●적음少. ⇔져금. 《朴新諺 2, 25ㅎ》不要嫌少, 져금을 혐의치 말라 ᄒᆞ더이다. ●젹다. ⇔젹다. 《朴新諺 1, 3ㅎ》這酒怎麼少了, 이 술이 엇지ᄒᆞ여 져그뇨. 《朴新諺 1, 13ㅈ》噯呀老太爺忒給少了, 아야 老太爺ㅣ 아너무 젹께 주려 ᄒᆞ다. 《朴新諺 1, 13ㅈ》五十文一擔却不太少些麼, 쉰 낫 돈에 ᄒᆞᆫ 짐이 ᄯᅩ 너무 젹지 아니ᄒᆞ냐. 《朴新諺 1, 23ㅈ》多當多贖少當少贖, 만히 뎐당ᄒᆞ면 만히 무르고 젹게 뎐당ᄒᆞ면 젹게 무

르느니. 《朴新諺 3, 18ㅈ》猪·羊·鵝· 鴨等類却不少吃的, 猪·羊·鵝·鴨 等類ㅣ 쏘 먹을 거시 젹지 아니ᄒᆞ고. 《朴新諺 3, 45ㅈ》不要多也不要少了, 만히도 말고 ᄯᅩ 젹게도 말라. **3** 졂다. ⇔졈다. 《朴新諺 3, 42ㅎ》咳年紀還少哩, 애 나도 ᄯᅩ 졈닷다.

소(所) 阌 배所ㅣ. ⇔바. 《朴新諺 3, 12ㅎ》這所謂, 이 니론 바. 《朴新諺 3, 35ㅈ》正所謂擎天白玉柱駕海紫金梁, 正히 니른 바 하ᄂᆞᆯ 바쳣는 白玉柱ㅣ오 바다흘 걸 탓난 紫金梁이라. 《朴新諺 3, 44ㅎ》眞所謂, 진실로 닐온 바. 《朴新諺 3, 57ㅈ》眞是無道無所不為, 진실로 道ㅣ 업서 ᄒᆞ지 아닐 배 업는지라.

소(所) 回 곳. ⇔곳. 《朴新諺 1, 23ㅎ》我要典一所房子, 내 ᄒᆞᆫ 곳 집을 셰내려 ᄒᆞ니. 《朴新諺 2, 44ㅎ》今租到本坊沈名下住房一所, 이제 本坊 沈가의 名下에 사든 집 ᄒᆞᆫ 곳을 셰내되.

소(消) 阌 스러디다. 사라디다. ⇔스러지다. 《朴新諺 1, 16ㅈ》這瘡毒氣散去便暗消了, 이 瘡에 毒氣 흐터져 곳 절로 스러지리라.

소(消) 囝 부질업시. ⇔부졀업시. 《朴新諺 3, 36ㅎ》這的不消說, 이ᄂᆞᆫ 부졀업시 니ᄅᆞ지 말라.

소(笑) 阌 웃다. ⇔웃다. 《朴新諺 3, 25ㅎ》皇后大笑說猜不着了, 皇后ㅣ 크게 웃고 니ᄅᆞ되 아지 못ᄒᆞ여다.

소(素) 囝 본디. 원래. 본래. ⇔본디. 《朴新諺 3, 23ㅈ》與大仙素不認識, 大仙으로 더부러 본디 아지 못ᄒᆞ니.

소(素) 젭 믠-. ⇔믠-. 《朴新諺 1, 46ㅈ》內造素緞子一尺, 內造 믠비단 ᄒᆞᆫ 자와. 《朴新諺 3, 35ㅎ》羊肉饅頭, 羊肉 너흔 饅頭와. 素餡稍麥, 믠소 너흔 稍麥과. 匾食, 변시와.

소(掃) 阌 쓸다掃. ⇔ᄡᅳᆯ다. 《朴新諺 2, 49ㅎ》把苕箒來掃乾淨着, 닛뷔 가져다가 쓸기를 乾淨히 ᄒᆞ고. 《朴新諺 3, 7ㅎ》快把苕箒來掃去了, 밧비 닛븨 가져다가 ᄡᅳ러 ᄇᆞ리고.

소(梳) 阌 ❶빗기다. ⇔빗기다. 《朴新諺 1, 43ㅈ》梳頭髮的時候, 마리털을 빗길 째에. ❷빗다. ⇔빗다. 《朴新諺 1, 50ㅎ》梳頭錢是五箇, 마리 빗는 갑슨 다슷 낫 돈이오.

소(塑) 阌 만들다. 빗다. ❶⇔민들다. 《朴新諺 3, 8ㅈ》長老你的佛像塑了麼, 長老ㅣ야 네 佛像을 민드란느냐. 《朴新諺 3, 8ㅈ》我曾塑了三尊佛, 내 일즉 三尊佛을 민드라. ❷⇔민둘다. 《朴新諺 3, 46ㅈ》塑一箇如象一般大的春牛, ᄒᆞᆫ 코키리마치 큰 春牛를 민둘고. 《朴新諺 3, 46ㅎ》塑着一箇小童子叫做芒児, ᄒᆞᆫ 小童子를 민드라 芒児ㅣ라 부르고.

소(燒) 阌 **❶❶** 굽다炙. ⇔굽다. 《朴新諺 1, 4ㅎ》用燒割的, 구어 ᄢᅡ혼 거슬 ᄡᅳ되. 燒鵝, 구은 거유. 燒鴨, 구은 올히. 燒牛肉, 구은 쇠고기. 燒羊肉, 구은 羊의 고기니. 《朴新諺 3, 29ㅈ》這不是燒的假珠子麼, 이 구은 조구술이 아니가. 《朴新諺 3, 36ㅈ》硬麵火燒都有, 硬麵으로 민드라 구은 떡이 다 이셰라. 《朴新諺 3, 36ㅈ》你把包子火燒先取來, 네 包子와 구은 떡을다가 몬져 가져오고. ❷불 때다. 불 피우다. ⇔불찟다. 《朴新諺 3, 26ㅈ》咱如今燒起油鍋跳入洗澡, 우리 이제 기름 가마에 불찟고 ᄲᅱ여들어 목욕ᄒᆞ쟈. ❸타다. ⇔타다. 《朴新諺 1, 38ㅈ》直燒到艾都成了灰, 잇긋 타 쑥이 다 지 되니. **2** 피우다燃. ❶⇔픠다. 《朴新諺 3, 45ㅈ》就和些濕煤燒也好, 곳 져기 濕煤를 섯거 픠여도 됴ᄒᆞ니. ❷⇔픠오다. 《朴新諺 2, 50ㅈ》將鏤金香爐擺上燒些餠子香, 鏤金 香爐를다가 버려 져기 餠子香을 픠오고. 《朴新諺 3, 7ㅎ》再拿兩根安息香來燒一燒, ᄯᅩ 두 ᄌᆞᄅᆞ 安息香을 가져와 픠오라. 《朴新諺 3, 10ㅈ》炕前做一箇煤

爐好燒煤, 캉 앏픠 훈 煤爐를 믿드라 석
탄 픠오기 됴케 흐라.

소가(小可) 혱 적다. 또는 보통이다. 평
범하다. 예사롭다. ⇔젹다. 《朴新諺 3,
23ㅈ》咱兩箇寃讐非同小可, 우리 둘히
寃讐ㅣ 젹지 아니흐니라.

소간(小看) 图 업신여기다. 얕보다. 깔보
다. 우습게 보다. ⇔업슈이너기다. 《朴
新諺 2, 8ㅈ》你不要小看我, 네 나를 업슈
이너기지 말라. 《朴新諺 2, 8ㅈ》你怎麼
小看起的我朝鮮人呢, 네 엇지 우리 朝鮮
사룸을 업슈이너기는다. 《朴新諺 3, 31
ㅈ》你好小看人, 네 ᄀ장 사룸을 업슈이
너긴다.

소간사(所幹事) 명 볼일. 《朴新諺 3, 15
ㅎ》男在京所幹之事已經完備, 아히 셔울
이셔 所幹事는 임의 完備흐여시되.

소거(小車) 명 일륜차(一輪車). 바퀴가 하
나 달린 수레. 《集覽, 朴集, 上, 6ㅈ》小
車. 一輪車也. 卽輻輼.

소겁(小劫) 명 〈불〉 사람의 목숨이 8만 살
부터 100년마다 한 살씩 줄어져서 열 살
이 되기까지의 동안. 또는 열 살에서
100년마다 한 살씩 늘어서 8만 살에 이
르는 동안. 《集覽, 朴集, 中, 6ㅈ》萬劫.
五劫〈规〉旣周, 復從其始. 又六十年一甲
子, 一百年爲一小劫〈规〉, 一千年爲一中
劫〈规〉, 三中劫〈规〉爲一大劫〈规〉.

소견(召見) 图 윗사람이 아랫사람을 불러
내어 만나 보다. 《集覽, 朴集, 中, 6ㅎ》大
帽. 南村輟耕錄云, 胡石塘先生嘗應聘入
京, 世皇召見於〈於〉便殿, 趍(趨)進, 不覺
笠子欹側.

소견(消遣) 图 소일(消日)하다. 심심풀이
하다. ⇔소견흐다(消遣-). 《朴新諺 1, 5
ㅎ》咱們大家消遣何如, 우리 대되 消遣
홈이 엇더흐뇨. 《朴新諺 3, 21ㅈ》買幾部
閑書來消遣何如, 여러 部 힘힘훈 칙을 사
와 消遣홈이 엇더흐뇨. 《朴新諺 3, 49
ㅎ》消遣那山光水色, 뎌 山光 水色을 消

遣흐고.

소견흐다(消遣-) 图 소견(消遣)하다. ⇔
소견(消遣). 《朴新諺 1, 5ㅎ》咱們大家消
遣何如, 우리 대되 消遣홈이 엇더흐뇨.
《朴新諺 3, 21ㅈ》買幾部閑書來消遣何如,
여러 部 힘힘훈 칙을 사 와 消遣홈이 엇
더흐뇨. 《朴新諺 3, 49ㅎ》消遣那山光水
色, 뎌 山光 水色을 消遣흐고.

소경(少卿) 명 벼슬 이름. 경(卿)의 버금
벼슬. 태상시(太常寺)·대리시(大理寺)
·광록시(光祿寺)·태복시(太僕寺)에
두었다. 《集覽, 朴集, 中, 3ㅈ》少卿. 太常
寺·大理寺·光祿寺·太僕寺有卿·少
卿, 俱三品. 《朴新諺 2, 24ㅈ》是小弟昨日
在張少卿(朴新注, 31ㅈ: 太常寺·大理寺
·光祿寺·太僕寺有卿·少卿, 俱三品.)
家慶賀筵席上, 올흐니 小弟 어제 張少卿
의 집 慶賀 筵席에서.

소곰 명 소금. ⇔염(鹽). 《集覽, 字解, 單字
解, 3ㅈ》着. 使之爲也. 着落 히여곰, 着他
뎌 흐야. 又置也. 着塩 소곰 두다. 又中
也. 着了 맛다. 又見人所行之事, 正合人
所指望之, 方則亦曰着了 마초흐야다. 又
實也. 着實 실히. 又語助. 又穿衣服也.
《朴新諺 2, 16ㅈ》油·塩·醬·醋·茶
各一斤, 기름과 소곰과 醬과 醋와 茶ㅣ
各 훈 근이니.

소공(小工) 명 조역(助役). 막일꾼. 잡일
꾼. ⇔조역. 《朴新諺 3, 9ㅎ》叫一箇泥水
匠兩箇小工來, 훈 미장이와 두 조역을
불러와.

소공(召公) 명 주(周)나라 문왕(文王)의
아들. 이름은 석(奭). 형 무왕(武王)이
주(紂)를 멸한 뒤 북연(北燕)에 봉하였
고, 조카인 주공(周公)과 함께 어린 성왕
(成王)을 도와 덕정(德政)을 폈다. 《集
覽, 朴集, 上, 5ㅎ》平則門. 燕都, 禹貢冀
州之域. 唐曰幽都, 虞爲幽州, 武王封召公
奭於燕, 卽此.

소관(小官) 명 직위가 낮은 벼슬. 《集覽,

朴集, 下, 11ㅈ》金榜. 唐崔昭暴卒復甦云,
見冥閒〈間〉列榜〈榜〉, 書人姓名, 將相金
榜〈榜〉, 次銀榜〈榜〉, 州縣小官鐵榜〈鉄
榜〉.《朴新諺 3, 49ㅈ》諒你要金榜(朴新
注, 62ㅈ: 唐崔昭暴卒復甦, 云, 見冥間列
榜, 書人姓名, 將相金榜, 次銀榜, 小官鉄
榜. 近世以科甲為金榜.)題名的書生, 혜아
리건대 너 金榜에 題名코져 ᄒᆞᄂᆞᆫ 書生이.

소관(所管) 몡 맡아 관리하는 바. 또는 그
범위.《朴新諺 1, 42ㅎ》我剃頭的所管甚
麼來, 우리 마리 싹ᄂᆞᆫ 이 所管이 므서시
완디.

소광(素光) 몡 눈이나 서리 따위와 같은
흰빛.《集覽, 朴集, 下, 12ㅎ》弓裔. 新羅
憲安王之庶子, 以五月五日生, 屋上有素
光屬天如虹.

소귀(小鬼) 몡 꼬마도깨비. 마귀 새끼.
《朴新諺 3, 47ㅈ》一箇小鬼撑着紅羅傘在
馬前, ᄒᆞᆫ 小鬼ㅣ 紅羅傘 버틔여 ᄆᆞᆯ 앏히
잇고.

소금자도인(燒金子道人) 몡 중국의 소설
서유기(西遊記)에 나오는, 거지국(車遲國)
에 살면서 연금술(鍊金術)에 능하였
다는 백안대선(伯眼大仙)을 달리 일컫
는 칭호.《集覽, 朴集, 下, 4ㅈ》燒金子道
人. 西遊記云, 有一先生到車遲國, 吹口氣
以磚瓦皆化爲金, 驚動國王, 拜爲國師, 號
伯眼大仙.

소기(小旗) 몡 원・명대(元明代)에 군사
10명을 지휘하던 하급 군관(軍官). 또는
그 부대의 단위.《集覽, 朴集, 上, 14ㅎ》
千戶. 軍士五千六百名爲一衛, 二千二百
名爲一千戶所, 一百一十名爲一百戶所.
每百戶內設總〈総〉旗二名, 小旗二名.

소기다 동 속이다. 기만하다. ●⇔광(誆).
《朴新諺 1, 33ㅎ》慣會誆騙人家東西, 늠
의 것 소겨 후리기 닉게 ᄒᆞᄂᆞ니.《朴新
諺 2, 33ㅎ》他就誆到家裏去, 제 곳 소겨
집의 가. ●⇔뇌(賴).《朴新諺 1, 53ㅈ》
不許賴的, 소기믈 허치 마쟈.《朴新諺 1,

53ㅎ》豈容他賴呢, 엇디 뎌의 소기믈 용
납ᄒᆞ리오. ●⇔홍(哄).《朴新諺 2, 42
ㅎ》小舖從不敢哄人的, 小舖ㅣ 본디 敢
히 사ᄅᆞᆷ을 소기지 못ᄒᆞ노라. 四⇔홍롱
(哄弄).《朴新諺 2, 42ㅎ》我說與你不要
哄弄我, 내 너ᄃᆞ려 니ᄅᆞᄂᆞ니 나를 소기
지 말라.

소낭(小娘) 몡 첩(妾).《集覽, 朴集, 中, 3
ㅈ》大娘. 音義云, 안해님이라 ᄒᆞ・ᄃᆞᆺ ᄒᆞᆫ
:말. 今按, 汎稱尊長妻室曰大娘, 又稱人之
正妻曰大娘, 妾曰小娘.《朴新諺 2, 25ㅎ》
問大娘(朴新注, 31ㅎ: 稱人之正妻曰大娘,
妾曰小娘.)好, 大娘의 평안홈을 뭇고.

소년(少年) 몡 나이 어린 사내아이.《朴新
諺 1, 45ㅈ》那両口兒做了少年夫妻, 뎌 둘
히 少年 夫妻ㅣ 되엿고.

소노파(小老婆) 몡 첩(妾). 소실(小室). ⇔
져근계집.《朴新諺 2, 34ㅈ》小老婆與大
老婆商量說, 져근계집이 큰계집과 의논
ᄒᆞ여 니ᄅᆞ되.

소단자(素緞子) 몡 민비단. 무늬 없는 비
단. ⇔믠비단.《朴新諺 1, 46ㅈ》內造素
緞子一尺, 內造 믠비단 ᄒᆞᆫ 자와.

소동자(小童子) 몡 나이 어린 사내아이.
남자 아이.《朴新諺 3, 46ㅎ》塑着一箇
小童子叫做芒児, ᄒᆞᆫ 小童子를 민ᄃᆞ라 芒
児ㅣ라 부르고.

소두(小肚) 몡 아랫배. ⇔져근비.《朴新諺
1, 37ㅎ》把小肚皮上使一針, 져근비 우희
다가 ᄒᆞᆫ 번 針 주고.

소두(小豆) 몡 팥. ⇔ᄑᆞᆺ.《朴新諺 3, 38ㅈ》
他種的稻子, 제 시믄 벼와. 膏粱, 슈슈와.
黍子, 기장과. 大麥, 보리와. 小麥, 밀과.
蕎麥, 모밀과. 黃豆, 콩과. 小豆, ᄑᆞᆺ과. 菉
豆, 菉豆와. 豌豆, 광쟝이. 黑豆, 거믄콩.
芝麻, 춤깨와. 蘓(蘇)子, 듧깨.

소두(梳頭) 동 머리를 빗다.《集覽, 朴集,
上, 11ㅈ》剃頭. 漢俗, 凡梳頭者必剃去腦
後項上髮際細毛, 故曰剃頭.

소득(所得) 몡 어떤 일의 결과로 얻은 것.

《集覽, 朴集, 下, 5ㅎ》元寶. 錠上有字, 曰楊(揚)州元寶. 後朝廷亦鑄. 又有遼陽元寶, 至元二十三年, 征遼所得銀子而鑄者也.

소라 똉 소래기. ⇔분(盆). 《朴新諺 1, 54ㅎ》把孩子放在水盆裏洗, 아히롤다가 믈 소라에 너허 삣기면, 《朴新諺 1, 55ㅈ》各自丟在水盆裏, 각각 믈ㅅ 소라에 드리치느니.

소라(小羅) 똉 도교에서 이르는, 신선이 산다는 삼계(三界)와 삼십팔천(三十八天)의 세계. 《集覽, 朴集, 下, 4ㅎ》羅天. 謂覆盖萬天, 羅絡三界, 極高無上, 故稱大羅. 三淸五境三十六天, 謂之大羅, 四方四梵三十二天, 謂之中羅, 其欲色三界三十八天, 謂之小羅, 緫〈総〉謂之羅天三界.

소련(素鍊) 똉 =소련(素練). '鍊'은 '練'의 잘못. 《集覽, 朴集, 上, 15ㅈ》玉泉. 一在山之陽, 泉出石罅間, 鑿石爲螭頭, 泉從螭口噴出, 鳴若雜佩, 色如素鍊〈練〉, 泓澄百頃.

소련(素練) 똉 흰 비단. 흰 명주. 《集覽, 朴集, 上, 15ㅈ》玉泉. 一在山之陽, 泉出石罅間, 鑿石爲螭頭, 泉從螭口噴出, 鳴若雜佩, 色如素鍊〈練〉, 泓澄百頃. 《朴新諺 2, 5ㅈ》西湖是從玉泉山(朴新注, 24ㅈ: 在宛平縣, 距京都西北三十里, 山有石洞三. 一在山之西南, 其下有泉, 深淺莫測. 一在山之陽, 泉出石罅間, 鑿石為螭頭, 泉從螭口噴出, 鳴若雜佩, 色如素練, 泓澄百頃. 一在山之根, 有泉湧出, 洞門刻玉泉二字.)流下來的, 西湖는 이 玉泉山으로 조차 흘러 느린 거시니.

소리 똉 소리. ●⇔성(聲). 《朴新諺 1, 41ㅈ》大哥借問一聲, 큰형아 비러 혼 소리 뭇쟈. 《朴新諺 2, 29ㅈ》以聲察聲拯慈悲於六道(朴新注, 33ㅎ: 以聲察聲. 聞其聲而察其苦樂之狀. 六道, 人道・天道・阿脩羅道・餓鬼道・畜生道・地獄道也. 阿脩羅有大力神人, 嘗共天鬪〈鬭〉, 立大海中, 其高半天.), 소리로 뻐 소리를 술펴 慈悲를 六道에 건디고. 《朴新諺 3, 24ㅎ》大仙 大叫一聲便跳下床來了, 大仙이 크게 혼 소리 지르고 곳 床에 쮜여 느리니. 《朴新諺 3, 26ㅈ》行者念一聲唵字, 行者ㅣ 혼 소리 唵字를 念ㅎ니. ●⇔성음(聲音). 《朴新諺 3, 13ㅈ》念的聲音響亮, 닑는 소리 響亮ㅎ고. ●⇔성향(聲響). 《朴新諺 2, 48ㅎ》我每日纔聽明鍾一聲響, 내 날마다 계요 明鍾 혼 소리를 듯고. 《朴新諺 3, 23ㅎ》打一聲鍾響, 혼 소리 鍾을 치고.

소마(小馬) 똉 청대(淸代)에 관청에서 천한 일을 맡아하던 사람. 《朴新諺 2, 19ㅈ》某村住民人錢小馬, 某村에 사는 民人 錢小馬ㅣ.

소맥(小麥) 똉 밀. ⇔밀. 《朴新諺 3, 38ㅈ》他種的稻子, 제 시믄 벼와. 膏粱, 슈슈와. 黍子, 기장과. 大麥, 보리와. 小麥, 밀과. 蕎麥, 모밀과. 黃豆, 콩과. 小豆, 폿과. 菉豆, 菉豆와. 豌豆, 광쟝이. 黑豆, 거믄콩. 芝麻, 춤깨와. 蕬(蘇)子, 듧깨.

소명(小名) 똉 보통 부르는 이름. 《朴新諺 2, 19ㅈ》情愿將親生之子小名神奴現年五歲, 情愿으로 親生혼 아돌 小名은 神奴ㅣ오 시방 나히 五歲엣 거슬다가.

소모(小帽) 똉 보통 모자. (갓양태나 갓모자가 대모(大帽)보다 작다) 《集覽, 朴集, 中, 3ㅎ》狐帽匠. 今按, 以有毛皮作大帽・小帽〈以有毛皮作大小帽〉者, 皆謂之胡帽匠〈謂之胡帽匠〉, 狐字作胡.

소모적(小毛賊) 똉 좀도둑. ⇔고모도적. 《朴新諺 2, 41ㅈ》這廝們只是小毛賊, 이 놈들은 그저 이 고모도적이니.

소무(韶舞) 똉 당대(唐代) 교방사(敎坊司)의 관직 이름. 악무(樂舞)에 관한 일을 맡았다. 《集覽, 朴集, 上, 2ㅎ》敎坊司. 掌雅・俗樂之司, 隷禮部, 有奉鑾〈銮〉・韶舞・司樂等官, 一名麗春院, 卽元俗所呼拘欄司.

소백화(小白花) 똉 상록 관목인 산반(山礬)의 당대(唐代) 이름. 봄에 꽃을 피우는데 빛깔이 희다. 《集覽, 朴集, 中, 3ㅎ》

南海普陁落伽山. 普陁落伽, 唐言小白花, 卽山礬花也. 山多小白花, 故仍名. 徃時高麗·新羅·日本諸國, 皆由此取道以候風汛. 飜譯名義云, 補陁落迦(伽), 此云海島, 又云小白花.

소변(小便) 명 오줌.《集覽, 朴集, 中, 3ㅈ》推出後. 漢人指廁爲後路, 詳見老乞大集覽〈詳見老乞大集覽上篇〉東厠下. 又大便·小便, 亦曰大後·小後.

소병(燒餠) 명 밀가루를 반죽하여 원형 혹은 사각의 평평한 모양으로 만들고 표면에 참깨를 뿌려 구운 떡.《朴新諺 3, 36ㅈ》薄餅, 薄餅과. 煎餅, 煎餅과. 寬條麵, 너븐 국슈와. 掛麵, 므론 국슈와. 芝麻燒餅, 춤깨 무친 燒餅과. 黃燒餅, 누른 燒餅과. 油酥燒餅, 수유에 디딘 燒餅과.

소사(少些) 형 적다. ⇔격다.《朴新諺 3, 4ㅈ》蚊子也畢竟少些, 모긔도 畢竟 져그리라.

소사(燒死) 동 불에 타서 죽다.《集覽, 朴集, 上, 14ㅎ》寒食. 荊楚記云, 去冬節〈莭〉一百五日, 有疾風甚雨, 謂之寒食, 又謂之百五莭〈莭〉. 秦人呼爲熟食日, 言其不動煙〈烟〉火, 預辦熟食過莭〈莭〉也. 晉文公焚山求子推, 因燒死, 遂禁火以報之.

소생(所生) 동 낳다. 출생하다.《朴新諺 2, 7ㅎ》就如一母所生親弟兄, 곳 一母 所生 親弟兄ヌ치 ᄒ여.

소설(小雪) 명 고려(高麗)의 중 보우(普愚)가 경기도(京畿道) 용문산(龍門山)에 지은 암자 이름.《集覽, 朴集, 上, 15ㅎ》步虛. 戊子東還, 掛錫于三角山重興寺. 尋徃龍門山, 結小庵, 額曰小雪.

소설(小說) 명 소설. (산문체의 문학 양식)《朴新諺 3, 21ㅈ》怎麼只要買那小說看呢, 엇지 그저 뎌 小說을 사 보려 ᄒᆞᄂᆞ뇨.

소성이랑(小聖二郞) 명 중국의 소설 서유기(西遊記)에 나오는, 관주(灌州) 관강(灌江)에 산다는 신(神) 이름.《集覽, 朴集, 下, 4ㅈ》孫行者. 老君·王母俱奏于玉帝, 傳宣李天王, 引領天兵十萬及諸神將至706菓山, 與大聖相戰失利. 巡山大力鬼上告天王, 擧灌州灌江口神曰小聖二郞, 可使拿獲. 天王遣太子木叉, 與大力鬼徃請二郞神, 領神兵圍706菓山, 衆猴出戰皆敗.《集覽, 朴集, 下, 10ㅎ》二郞爺爺. 按西遊記, 灌州灌江口立廟, 有神曰小聖二郞, 又號二郞賢聖天王, 請二郞捕獲大聖, 卽此.

소세장(蘇世長) 명 당(唐)나라 경조(京兆) 무공(武功) 사람. 당초(唐初) 진왕부(秦王府) 십팔학사(十八學士)의 한 사람. 벼슬은 수(隋)에서 도수소감(都水少監)·태자 태보(太子太保)를 지내고, 당에 귀의하여 간의대부(諫議大夫)·파주 자사(巴州刺史)를 지냈다.《集覽, 朴集, 中, 8ㅈ》十八學士. 唐太宗秦王時, 開館延文學之士, 杜如晦·房玄齡〈齡〉·虞世南·褚遂良·姚思廉·李玄道·蔡允恭·薛元敬·顔相時·蘇勗·于志寧·蘇世長·薛攸·李守素·陸德明·孔穎達·蓋文達·許敬宗爲文學館學士, 分爲三番, 更日直宿.

소수(消愁) 동 시름이나 걱정을 해소하다.《朴新諺 1, 1ㅎ》大家且消愁解悶如何, 대되 또 消愁 解悶흘만 ㄸᆞ지 못ᄒ니 엇더ᄒ뇨.

소수복(消瘦服) 명 〈불〉 가사(袈裟)의 다른 이름. 번뇌를 단절시키는 옷이라는 뜻이다.《集覽, 朴集, 上, 10ㅈ》袈裟. 反〈飜〉譯名義云, 袈裟是外國三衣之名. 或名離塵服, 由斷〈断〉六塵故, 或名消瘦服, 由斷煩惱故, 或名無垢衣.

소숙(燒熟) 동 불에 구어 익히다.《集覽, 朴集, 下, 7ㅈ》黃燒餅. 事林廣記云, 每麵〈糆〉一斤, 入油一兩半, 炒塩一錢, 冷水和搜得所, 骨魯槌砑開, 鏊上煿〈煿〉熟, 得硬煿火燒熟, 甚酥美. 酥, 걱걱ᄒ다〈석석ᄒ다〉.

소승(小僧) 명 중이 자기를 낮추어 이르

는 말.《朴新諺 1, 36ㅎ》小僧再也不敢了,
小僧이 뇌여란 싱심이나.

소승선(小乘禪) 뗑〈불〉아공(我空: 자아
(自我)는 오온(五蘊)이 화합하여 이루어
진 것일 뿐, 참으로 자아라고 할 만한
실체는 없음)을 믿고 해탈(解脫)을 위하
여 닦는 선.《集覽, 朴集, 上, 10ㅈ》禪.
靜也. 傳燈錄有五等禪, 有外道禪・凡夫
禪・小乘禪・大乘禪・最上乘禪, 又名如
來清淨禪, 又名無上菩提. 又云, 被於身爲
法, 說於口爲律, 行於心爲禪,《朴新諺 1,
35ㅎ》安禪(朴新注, 13ㅎ: 禪, 靜也. 傳燈
錄, 有小乘禪・大乘禪・最上乘禪. 又云,
被扵身為法, 說扵口為律, 行扵心為禪.)悟
法看念念佛却不好麼, 安禪 悟法ㅎ고 看
經 念佛홈이 쪼 됴티 아니ㅎ랴.

소시(小厮) 뗑 ❶사나이. 사내. ⇔스나히.
《朴新諺 1, 54ㅈ》養的是小厮呢還是女孩
兒呢, 나흔 거시 이 스나히가 이 계집아
희가. 好一箇俊小厮, ᄀ장 혼 쥰슈혼 스
나히니. ❷아이. 어린 하인. ●⇔아희.
《朴新諺 1, 5ㅎ》小厮們, 아희들아.《朴
新諺 1, 6ㅈ》叫小厮們先擺上果碟子, 아
희들을 블러 몬져 과실 뎝시롤 버리고.
《朴新諺 1, 25ㅈ》以後教小厮們好生替我
喂養, 이후란 아희들로 ㅎ여 ᄀ장 나롤
ᄀ르차 먹이게 ㅎ라. ●⇔아히.《集覽,
字解, 單字解, 2ㅎ》厮. 卑賤之稱. 這厮 이
놈. 又相也. 厮見 서르 보다. 又汎指人.
亦曰厮. 小厮 아히, 瞎厮 쇼경.《朴新諺
1, 20ㅈ》與那街上小厮們, 뎌 거리 아히
들이.《朴新諺 1, 21ㅈ》咳這些小厮們, 애
이 아희들이.《朴新諺 1, 24ㅈ》小厮們你
拉馬, 아희들이 네 물을 잇그러.《朴新諺
2, 31ㅎ》其餘的小厮們在家, 그 나믄 아
희들은 집의 이셔.《朴新諺 2, 40ㅎ》再
叫小厮們到西園裏去, 쪼 아희들로 ㅎ여
셧녁 동산에 가.《朴新諺 2, 45ㅎ》你兩
箇小厮慢慢的上去, 너희 두 아희 날회여
올라가.《朴新諺 3, 11ㅎ》我那幾日着小

厮們, 내 져적의 아히들로 ㅎ여.《朴新諺
3, 59ㅈ》小厮們快送茶來, 아히들은 샐리
차롤 보내여 오라.

소시(召試) 동 불러들여 시험하다.《集覽,
朴集, 中, 5ㅎ》執楊柳於掌內拂病體於輕
安. 佛圖澄, 天竺〈竺〉人也. 妙通玄術, 善
誦呪, 能役使鬼神. 石勒聞其名, 召試其術,
澄取鉢盛水, 燒香呪之, 須臾, 鉢中生靑蓮
花.

소시(燒柴) 뗑 장작. 땔감.《朴新諺 3, 10
ㅈ》這是死炕這是燒柴火炕都不好, 이는
불 못 쩟는 캉이오 이는 불쩟는 캉이니
다 됴치 아니ㅎ니.

소시화(燒柴火) 동 불 때다. 불 피우다.
⇔불쩟다.《朴新諺 3, 10ㅈ》這是死炕這
是燒柴火炕都不好, 이는 불 못 쩟는 캉이
오 이는 불쩟는 캉이니 다 됴치 아니ㅎ
니.

소식(消息) 뗑 ●소식. 편지.《集覽, 字解,
單字解, 3ㅎ》消. -化, -息. 又須也.《朴新
諺 1, 8ㅈ》所以到部裏去打聽消息, 이러
모로 部에 가 消息을 듯보려 ㅎ노라. ●
=소식(捎篦). '消息'은 '捎篦'의 다른 표
기.《集覽, 朴集, 上, 11ㅈ》消息. 以禽鳥
毳翎安於竹針頭, 用以取耳垢者, 俗呼爲
消息. 舊本作蒲樓翎兒.《朴新諺 1, 43ㅎ》
把捎篦(朴新注, 17ㅈ: 以禽鳥毳翎安扵竹
頭, 用以取耳垢者, 俗呼為消息.)掏一掏耳
朶, 짓븨로다가 귓바회 쁠면.

소식(捎篦) 뗑 깃비[羽箒]. (댓개비 끝에
깃을 비 모양으로 모아 단) 귀이개의 한
가지. ⇔짓븨.《朴新諺 1, 43ㅎ》把捎篦
(朴新注, 17ㅈ: 以禽鳥毳翎安扵竹頭, 用
以取耳垢者, 俗呼為消息.)掏一掏耳朶, 짓
븨로다가 귓바회 쁠면.

소심(小心) 동 조심(操心)하다. 주의하다.
⇔조심ㅎ다.《朴新諺 2, 24ㅎ》那般不小
心所以犯了這症侯, 뎌리 조심치 아니
ㅎ여시매 그리모로 이 症侯를 犯ㅎ엿다.
《朴新諺 2, 31ㅎ》你們都要小心着, 너희

다 조심ᄒ라.

소씨(邵氏) 뗑 송대(宋代)에 문견전록(聞見前錄)을 지은 소백온(邵伯溫)과 문견후록(聞見後錄)을 지은 그의 아들 박(博)을 아울러 이르는 말.《集覽, 朴集, 上, 12ㅈ》圓飯筵席. 邵氏聞見錄, 宋景文公納子婦, 其婦家饋食. 書云, 以食物煖女.

소아(小児) 뗑 =소아(小兒). '児'는 '兒'의 속자.《宋元以來俗字譜》兒, 列女傳・通俗小說・三國志平話作児.《朴新諺 1, 55ㅈ》買了搖車(朴新注, 21ㅈ: 用薄板如筐篩之圍者, 彎曲成之, 可容一小児, 懸扵梁, 臥置小児扵其中, 啼哭時推轉搖動, 則卽止.)來, 搖車를 사 와.《朴新諺 2, 46ㅎ》家富小児嬌, 집이 가옴열면 아히 ᄒ건양 ᄒ다 ᄒ니.

소아(小兒) 뗑 아이. 어린아이. ⇔아히.《集覽, 字解, 單字解, 2ㅈ》咳. 五音集韻, 何來切, 小兒笑也. 口漑切, 咳嗽逆氣也. 今呼驚嘆之聲曰咳. 音해, 借用爲字也. 考韻書作唉是.《集覽, 朴集, 上, 13ㅎ》繃子. 보로기, 卽襁也. 廣韻〈韵〉, 束兒衣也. 闊〈濶〉八寸, 長一尺, 用約小兒而負之行者.《朴新諺 1, 48ㅎ》到晌午寫倣(朴新注, 19ㅈ: 小兒習字模寫曰寫倣.), 나지 다드라 셔품 쓰기 호되.《朴新諺 1, 48ㅎ》手心上就打三戒方(朴新注, 19ㅈ: 小兒寫字, 不用心者, 以板條打手掌以戒之.), 손바당을 곳 세 번 젼반으로 치ᄂᆞ니라.《朴新諺 1, 49ㅎ》大小家眷小娃娃(朴新注, 19ㅈ 孩兒之稱. 又字作哇哇, 小兒啼聲.), 大小 家眷과 져근 아히들로.《朴新諺 1, 55ㅈ》買了搖車(朴新注, 21ㅈ: 用薄板如筐篩之圍者, 彎曲成之, 可容一小兒, 懸扵梁, 臥置小兒扵其中, 啼哭時推轉搖動, 則卽止.)來, 搖車를 사 와.《朴新諺 2, 46ㅎ》家富小児嬌, 집이 가옴열면 아히 ᄒ건양 ᄒ다 ᄒ니.

소암(小庵) 뗑 규모가 작은 암자.《集覽, 朴集, 上, 15ㅎ》步虛. 戊子東還, 掛錫于三角山重興寺. 尋徃龍門山, 結小庵, 額曰小雪.

소어선(小漁船) 뗑 규모가 작은 어선(漁船).《朴新諺 3, 49ㅈ》撑箇一葉小漁船, 一葉 小漁船을 저어.

소요(搔擾) 뗑 여럿이 떠들썩하게 들고일어나다. 또는 그런 술렁거림과 소란. ⇔소요ᄒ다(搔擾-).《朴新諺 2, 30ㅈ》萬民無搔擾之憂百姓有安祥之慶, 萬民이 搔擾ᄒᄂᆞᆫ 근심이 업고 百姓이 安祥ᄒᆫ 慶이 잇도다.

소요ᄒ다(搔擾-) 뗑 소요(搔擾)하다. ⇔소요(搔擾).《朴新諺 2, 30ㅈ》萬民無搔擾之憂百姓有安祥之慶, 萬民이 搔擾ᄒᄂᆞᆫ 근심이 업고 百姓이 安祥ᄒᆫ 慶이 잇도다.

소욕(少欲) 뗑 욕심이 적다. 또는 적은 욕심.《集覽, 朴集, 上, 10ㅈ》袦襖. 大智論云, 行者少欲知是〈足〉, 衣趣盖形, 又國土多寒, 畜百袦具.

소욱(蘇勗) 뗑 당(唐)나라 경조(京兆) 무공(武功) 사람. 자는 신행(愼行). 당초(唐初) 진왕부(秦王府) 십팔학사(十八學士)의 한 사람. 고조(高祖) 때 이세민(李世民)의 자의(諮議)・전첨(典籤)을 지내고, 남강공주(南江公主)와 결혼하여 부마도위(駙馬都尉)가 되었으며, 뒤에 이부 시랑(吏部侍郞)・태자 좌서자(太子左庶子)를 지냈다.《集覽, 朴集, 中, 8ㅈ》十八學士. 唐太宗秦王時, 開館延文學之士, 杜如晦・房玄齡〈岭〉・虞世南・褚遂良・姚思廉・李玄道・蔡允恭・薛元敬・顔相時・蘇勗・于志寧・蘇世長・薛攸・李守素・陸德明・孔穎達・盖文達・許敬宗爲文學館學士, 分爲三番, 更日直宿.

소원(所願) 뗑 바라고 원하다. 또는 그렇게 하는 일.《集覽, 朴集, 中, 2ㅈ》甘結. 吏學指南云, 所願曰甘, 合從曰結.

소위(所爲) 뗑 이른바.《集覽, 朴集, 上, 3ㅈ》擡卓兒. 擡, 擧也. 進案撤案皆曰擡,

謂人所擧也. 卓, 卽本國所謂高足床也.
《集覽, 朴集, 下, 1ㅎ》刁蹶. 又過棘〈釣洞
・火炎山・薄屎洞・女人國及諸惡山險
水, 恠(怪)害患苦, 不知其幾, 此所謂刁蹶
也.《朴新諺 3, 9ㅎ》久後你也要得證正果
(朴新注, 47ㅎ: 證, 應也, 果, 果報也. 證正
果, 猶佛書所謂, 修善得善果之義.)哩, 오
란 후에 너도 正果 證홈을 어드리라.

소유(少有) 웹 드물다. 희귀하다. 별로 없
다. ⇔드믈다.《朴新諺 1, 45ㅈ》喜的又
是郞才女貌眞箇是世上少有的, 깃븐 거슨
쏘 이 郞才와 女貌ㅣ 진실로 世上에 드
므니.《朴新諺 2, 6ㅎ》只此人間少有的
了, 그저 이 人間에 드믄 거시니라.

소유(所有) 웹 있다. 가지고 있다. ⇔잇
다.《朴新諺 1, 58ㅎ》將家中所有直錢物
件, 家中에 잇는 갑쏜 物件을다가.

소이(所以) 뗑 까닭. 일이 생기게 된 원인
이나 조건.《集覽, 朴集, 中, 9ㅈ》打關節.
吏學指南云, 下之所以通欵曲於上者曰關
節〈莭〉, 又造請權要謂之關節〈莭〉.《集
覽, 朴集, 下, 5ㅎ》元寶. 世祖大會王子・
王孫・駙馬・國戚, 從而頒賜, 或用貨賣,
所以民間有此錠也.

소이(所以) 뷘 ❶그러므로. 그러니. 그러
니까. ●⇔그러모로.《朴新諺 1, 38ㅈ》
所以便好了, 그러모로 곳 됴호되.《朴新
諺 2, 45ㅎ》所以越漏了, 그러모로 더옥
시니.《朴新諺 3, 46ㅈ》所以約你同去哩,
그러모로 너를 언약호여 혼가지로 가려
호노라. ●⇔그리모로.《朴新諺 2, 24
ㅎ》那般不小心所以就犯了這症侯, 뎌리
조심치 아니호여시매 그리모로 이 症侯
를 犯호엿다. ❷이러므로. 그러니. 그러
니까. ⇔이러모로.《朴新諺 1, 8ㅈ》所以
到部裏去打聽消息, 이러모로 部에 가 消
息을 듯보려 호노라.《朴新諺 1, 56ㅎ》
所以不曾得去奉望, 이러모로 일즉 가 보
지 못호여시니.《朴新諺 2, 2ㅈ》所以來
得遲了, 이러모로 오미 더듸여라.《朴新

諺 2, 18ㅈ》這厮所以不怕, 이 놈이 이러
모로 저허 아니호느니.《朴新諺 2, 57
ㅎ》所以不曾去, 이러모로 일즉 가지 못
호엿노라.《朴新諺 3, 5ㅈ》所以擋住了還
不肯發落, 이러모로 먹자바 당시롱 즐겨
發落디 아니호고.《朴新諺 3, 20ㅈ》所以
厮打, 이러모로 서로 짜호니.《朴新諺 3,
39ㅈ》所以把老安監下要追比哩, 이러모
로 老安을다가 가도아 물리려 호느니라.

소인(小人) 뗑 ●도량이 좁고 간사한 사
람.《朴新諺 2, 13ㅎ》大人不見小人過, 大
人은 小人의 허물을 보지 아니혼다 호니
라.《朴新諺 2, 55ㅎ》咱們先小人而後君
子好, 우리 몬져는 小人이오 후에는 君
子로옴이 됴호니라. ●소인. (자기를 낮
추어 이르는 말)《朴新諺 1, 3ㅈ》小人們
到那衙門裏, 小人들이 져 衙門에 가.《朴
新諺 1, 56ㅈ》小人在街東堂子間壁下着
哩, 小人이 거리 동녁 堂子ㅅ ᄇ람을 ᄉ
이호여 부리윗노라.《朴新諺 1, 57ㅎ》小
人豈敢望賞, 小人이 엇디 敢히 賞을 ᄇ라
리오.《朴新諺 2, 15ㅎ》小的們都在這裏,
小人들이 다 여긔 잇노라.《朴新諺 3, 50
ㅎ》小人家下被賊竊去布一百疋, 小人의
집의셔 도적이 뵈 一百 疋을 도적호여
가믈 닙으니. 小人卽時驚覺, 小人이 卽時
놀라 씨드라.《朴新諺 3, 52ㅎ》小人無辜
受辱情理難甘, 小人이 죄 업시 辱을 바드
니 情理 難甘호여.

소자(小子) 뗑 자기를 겸손히 이르는 말.
《朴新諺 3, 59ㅈ》小子別無土宜帶來, 小
子ㅣ 별로 土産을 가져온 거시 업고.

소자(蘇子) 뗑 들깨. ⇔듧깨.《朴新諺 3,
38ㅈ》他種的稻子, 제 시믄 벼와. 膏粱,
슈슈와. 黍子, 기장과. 大麥, 보리와. 小
麥, 밀과. 蕎麥, 모밀과. 黃豆, 콩과. 小豆,
ᄑᆞᆺ과. 菉豆, 菉豆와. 豌豆, 광쟝이. 黑豆,
거믄콩. 芝麻, 춤깨와. 蘇(蘇)子, 듧깨.

소작(所作) 뗑 해 놓은 짓.《集覽, 朴集,
下, 1ㅎ》證果金身. 又生時所作善惡謂之

因, 他日報應謂之果. 謂證果者, 如三藏法師取經東還, 化爲栴檀佛如來.

소장문(小墻門) 몡 담에 낸 작은 문.《朴新諺 1, 56ㅎ》朝南開着一箇小墻門便是, 南을 향ᄒᆞ여 ᄒᆞᆫ 小墻門을 낸 거시 곳 이라.

소재(所在) 몡 곳[處]. 장소. 있는 곳. ⇔곳.《集覽, 朴集, 中, 5ㅎ》結草廬於香山之上. 飜〈翻〉譯名義云, 西域記云, 阿耨達, 水名, 在香山之南. 觀此則香山亦西域山也, 而未詳所在.《集覽, 朴集, 下, 3ㅎ》車遲國. 在西域. 未詳所在.《集覽, 朴集, 下, 7ㅎ》花房窩兒. 毬行或騰起, 或斜起, 或輪轉, 各隨窩所在之宜.《朴新諺 1, 14ㅈ》然後到關籌的所在領過籌來, 그런 후에 사술 ᄐᆞᆫ 곳에 가 사술을 ᄐᆞ 와야.

소재(所載) ᄒᆡ 책 따위에 실려 있다.《集覽, 凡例》單字・累字之解, 只取老乞大・朴通事中所載者爲解.

소재(消災) 동 재앙을 없애다.《集覽, 朴集, 下, 4ㅎ》大醮. 又有消災度厄之法, 依陰陽五行之數, 推人年命, 書爲章疏靑詞, 奏達天神, 謂之醮.

소전(小錢) 몡 옛날에 사용하던 동전의 하나. 대전(大錢) 반(半)의 가치가 있었다.《朴新諺 1, 13ㅈ》每擔給你五十大錢(朴新注, 5ㅎ: 舊制, 錢有大小, 大錢一文, 計小錢二文用.)罷, 미 짐에 너를 五十 대쳔을 주미 무던ᄒᆞ다.

소제(小弟) 몡 저. 이 동생. (남자가 친구나 잘 아는 사람 사이에서 자신을 겸손하게 이르는 말)《朴新諺 1, 8ㅈ》小弟到禮部去, 小弟ㅣ 禮部에 가노라.《朴新諺 1, 37ㅈ》小弟實不敢當, 小弟 실로 敢히 當치 못ᄒᆞ여라.《朴新諺 1, 38ㅈ》小弟另日再到府上問候罷, 小弟 다른 날 다시 府上에 가 問候ᄒᆞ리라.《朴新諺 1, 56ㅎ》小弟昨日曾到貴宅奉拜, 小弟 어제 일즉 貴宅에 가 奉拜ᄒᆞ려 ᄒᆞ여.《朴新諺 2, 4ㅈ》小弟其實不知道, 小弟 진실로 아지 못ᄒᆞᆯ와.《朴新諺 2, 23ㅎ》小弟這幾日有

些頭疼腦熱, 小弟 요ᄉᆞ이 져기 마리 알프고 골치 더움이 잇더니.《朴新諺 3, 54ㅈ》小弟近日聽得, 小弟ㅣ 요ᄉᆞ이 드르니.《朴新諺 3, 55ㅈ》如今就同小弟去拜望他便了, 이제 즉시 小弟와 ᄒᆞᆫ가지로 가 뎌를 拜望ᄒᆞ면 곳 ᄒᆞ리라.《朴新諺 3, 55ㅎ》張編修是小弟的同年, 張編修ᄂᆞᆫ 이 小弟의 同年이라.

소종(昭宗) 몡 당(唐)나라 19대 황제(皇帝: 李曄)의 묘호(廟號).《集覽, 朴集, 下, 12ㅎ》唐昭宗. 姓李, 名曄, 僖宗第七子. 爲逆臣朱全忠所弒.《朴新諺 3, 57ㅈ》正是唐昭宗乾寧三年, 졍히 이 唐昭宗 乾寧 三年이라.

소주(燒酒) 몡 배갈(baigar: 白酒). (고량(高粱)을 원료로 하여 만든 중국식 증류주)《集覽, 朴集, 上, 1ㅈ》蜜林檎燒酒. 質問云, 初蒸熱燒酒, 用蜜・葡萄相參〈叅〉浸, 久而食之, 方言謂之蜜林檎燒酒. 又云, 以麵爲麯, 還用藥料, 以燒酒爲漿, 下入熟麋內〈肉〉, 待熟榨之, 其味甚甜. 又云, 如蒸的熱燒酒, 將蜜與林檎果參和盛入瓶內封裹, 久而食之最妙.《朴新諺 1, 2ㅈ》討幾瓶蜜林檎(朴新注, 1ㅎ: 燒酒浸蒸葡萄者.)・甕頭春・木瓜露・苦菉豆酒, 여러 瓶 蜜林檎과 甕頭春과 木瓜露와 ᄡᅳᆫ 菉豆酒를 어들만 ᄌᆞᆺ지 못ᄒᆞ니.《朴新諺 2, 24ㅈ》多飮了些燒酒・黃酒, 燒酒와 黃酒를 만히 먹고.

소지(所志) 몡 고장(告狀). (예전에 청원(請願)이 있을 때에 관아에 내던 서면(書面))《集覽, 朴集, 下, 11ㅎ》申. 音義云, 下司達於上司之謂, 猶言所志.《集覽, 朴集, 下, 12ㅈ》執結. 音義云, 亦猶云所志. 今按, 凡供狀內皆云執結是實, 謂今所供報之詞, 皆實非虛, 如虛甘罪云云之意, 非徒謂所志詞語也.《集覽, 朴集, 下, 12ㅈ》狀子. 猶本國所志. 吏學指南云, 狀, 貌也, 以貌寫情於紙墨也. 亦曰告狀, 謂述其情, 告訴於上也.

소채(小菜) 명 나물. 또는 나물 절임. ⇔ ᄂᆞ믈. 《朴新諺 1, 11ㅈ》但于今柴・米・小菜件件俱貴, 다만 이제 나모와 ᄡᆞᆯ과 ᄂᆞ믈이 가지가지 다 귀ᄒᆞ니.

소채(少債) 동 빚지다[債]. 또는 조금 남아 있는 빚. ⇔빗지다. 《集覽, 字解, 單字解, 6ㅈ》少. 多少. 又欠也, 少甚麼 므스거시 업스뇨. 少債 ᄂᆞᄆᆡ 비들 ᄢᅥ디워 잇다. 又缺也, 缺少口粮 양시기 그처디다. 《朴新諺 1, 35ㅈ》人貧只為慳少債慣說謊, 사ᄅᆞᆷ이 가난ᄒᆞ면 그저 다랍고 빗지면 거즛 말 니ᄅᆞ기 잘ᄒᆞᆫ다 ᄒᆞ니라.

소축생(小畜生) 명 짐승 같은 놈. (욕하는 말) 《朴新諺 2, 46ㅈ》都是你這兩箇小畜生, 다 이 너희 이 두 져근 즘ᄉᆡᆼ들이.

소편(小片) 명 조그마한 조각. 《集覽, 朴集, 中, 7ㅎ》取燈兒〈取燈〉. 南村輟耕錄云, 杭人削松木爲小片, 其薄如紙, 鎔硫黃塗木片頂分許, 名曰發燭, 又曰焠兒.

소포(小舖) 명 =소포(小鋪). '舖'는 '鋪'의 속자. 《正字通, 金部》鋪, 俗作舖. 《朴新諺 1, 19ㅈ》好與不好都是小舖的門面, 됴호며 됴치 아니미 다 이 小舖의 門面이라. 《朴新諺 2, 9ㅈ》小舖賤賣了, 小舖에셔 賤히 ᄑᆞ니. 《朴新諺 2, 42ㅎ》小舖從不敢哄人的, 小舖ㅣ 본ᄃᆡ 敢히 사ᄅᆞᆷ을 소기지 못ᄒᆞ노라. 《朴新諺 2, 43ㅈ》小舖沒有再高的了, 小舖에 다시 노픈 거시 업세라.

소포(小鋪) 명 소점(小店). 폐점(弊店). (다른 사람 앞에서 자기 가게를 겸손하게 이르는 말) 《朴新諺 1, 19ㅈ》好與不好都是小舖的門面, 됴호며 됴치 아니미 다 이 小舖의 門面이라. 《朴新諺 2, 9ㅈ》小舖賤賣了, 小舖에셔 賤히 ᄑᆞ니. 《朴新諺 2, 42ㅎ》小舖從不敢哄人的, 小舖ㅣ 본ᄃᆡ 敢히 사ᄅᆞᆷ을 소기지 못ᄒᆞ노라. 《朴新諺 2, 43ㅈ》小舖沒有再高的了, 小舖에 다시 노픈 거시 업세라.

소학(小學) 명 송(宋)나라의 유자징(劉子澄)이 주희(朱熹)의 가르침으로 지은 초학자들의 수양서. 6권 5책. 《集覽, 朴集, 中, 9ㅈ》閣落. 唯於〈於〉直解小學內, 字作閣落, 兩字之音, 稍爲仿〈彷〉佛(彿), 今亦用之.

소함(素餡) 명 고기붙이가 들어 있지 않은 소. ⇔믠소. 《集覽, 朴集, 下, 5ㅎ》餡. 或肉或菜及諸料物拌勻〈匀〉爲胎, 納於餅中者曰餡. 酸餡・素餡・葷餡・生餡・熟餡, 供用合宜. 《朴新諺 3, 35ㅎ》羊肉饅頭, 羊肉 너흔 饅頭와. 素餡稍麥, 믠소 너흔 稍麥과. 匾食, 변시와.

소해자(小孩子) 명 아이. 어린아이. 어린애. 어린이. ⇔아ᄒᆡ. 《朴新諺 1, 20ㅈ》你看這人家小孩子, 네 보라 이 人家의 아ᄒᆡ와.

소행(小行) 명 잔걸음. ⇔ᄌᆞᆫ거름. 《朴新諺 2, 2ㅈ》只是小行上遲些, 다만 ᄌᆞᆫ거름이 ᄯᅳ니.

소행(所行) 명 이미 한 일이나 짓. 《集覽, 字解, 單字解, 3ㅈ》着. 使之爲也. 着落 히여곰, 着他 뎌 ᄒᆞ야. 又置也. 着塩 소곰 두다. 又中也. 着了 맛다. 又見人所行之事, 正合人所指望之, 方則亦曰着了 마초ᄒᆞ야다. 又實也. 着實 실히. 又語助. 又穿衣服也.

소향(燒香) 동 향을 사르다. 《集覽, 朴集, 中, 5ㅎ》執楊柳於掌內拂病體於輕安. 佛圖澄, 天竺〈竺〉人也. 妙通玄術, 善誦呪, 能役使鬼神. 石勒聞其名, 召試其術, 澄取鉢盛水, 燒香呪之, 須臾, 鉢中生青蓮花. 《朴新諺 2, 30ㅎ》燒香懺悔纔是, 燒香 懺悔홈이 마치 올타. 《朴新諺 3, 47ㅎ》衆官員們都燒香禮拜, 모든 官員들이 다 燒香 禮拜ᄒᆞ여.

소헌황후(昭獻皇后) 명 송(宋)나라 태조(太祖) 조광윤(趙匡胤)의 어머니. 《集覽, 朴集, 下, 3ㅎ》趙太祖飛龍記. 宋太祖, 姓趙, 名匡胤. 母昭獻皇后夢日入懷而孕. 誕生之夕, 赤光滿室, 異香馥郁.

소홈 명 소름. 또는 좁쌀 모양의 무늬. ➊

⇔화(花).《朴新諺 1, 32ㅎ》這六箇花大的, 이 여슷 소홈 큰 거슨. ●⇔화아(花兒).《朴新諺 1, 32ㅎ》就似這一等花兒大些的怎麼賣, 이 흔 둥곳치 소홈 큰 거슨 엇지 풀짜.

소화(消化) 图 ●(먹은 음식을) 소화하다.《集覽, 字解, 單字解, 2ㅈ》消. -化, -息. 又須也. ●사라지다. 또는 없애다. ⇔술아디다.《朴新諺 2, 27ㅈ》我的心病自然都消化了, 내 心病이 自然 다 술아디리라.

소화(燒化) 图 사르다燒. 또는 (시신이나 제물 등을) 태우다. ⇔술오다.《集覽, 朴集, 上, 2ㅎ》燒鴿子彈. 質問云, 鴿子彈縿於滾肉湯食之. 又云, 用肉湯在鍋, 再加椒料・菜・葱花, 燒火至滾沸, 方下鴿子卵, 盛之於碗, 以獻賔客.《朴新諺 3, 44ㅎ》把尸首燒化了, 尸首를다가 술와.

소황하(小黃河) 图 중국 산서성(山西省) 북쪽에서 동쪽의 하북성(河北省)으로 흐르는 영정하(永定河)의 상류. 곧, 노구(蘆溝)의 다른 이름.《集覽, 朴集, 上, 4ㅎ》蘆溝橋. 蘆溝本桑乾河, 俗曰渾河, 亦曰小黃河. 上自保安州界, 歷山南流入宛平縣境, 至都城四十里.

소후(小後) 图 오줌.《集覽, 朴集, 中, 3ㅈ》推出後. 漢人指廁爲後路, 詳見老乞大集覽〈詳見老乞大集覽上篇〉東廁下. 又大便・小便, 亦曰大後・小後.

소흑두(小黑豆) 图 작은 검은콩.《集覽, 字解, 單字解, 1ㅎ》料. 凡人飼馬, 或用小黑豆, 或用蜀黍雜飼之. 故凡稱飼馬穀豆曰料. 又該用物色雜稱曰物料, 造屋材木曰木料, 入畫彩色曰顔料. 又量也. 又理也.

속 图 속. ●⇔이(裏).《朴新諺 2, 5ㅈ》遠望去如在靑雲裏一般, 멀리 ᄇᆞ라매 푸른 구름 속에 잇는 듯ᄒᆞ고,《朴新諺 2, 5ㅈ》又都如在鏡子裏一般, ᄯᅩ 다 거울 속에 이심 ᄒᆞᆫ가지오.《朴新諺 2, 35ㅈ》又在樻・箱裏, ᄯᅩ 樻와 샹ᄌᆞ 속에서,《朴新諺 3, 2ㅈ》樻子裡裝的衣服也被他咬破了好些,

樻 속에 너흔 衣服도 제 처ᄇᆞ린 거시 만흐니. ●⇔이두(裏頭).《朴新諺 1, 40ㅈ》金罐兒・鐵柄兒裏頭盛着白沙蜜, 金탕관・쇠ᄌᆞᄅᆞ에 속에 白沙蜜 담은 거시여.《朴新諺 1, 51ㅈ》都放在這樻裏頭, 다 이 樻ㅅ 속에 너허 두라.《朴新諺 2, 33ㅎ》便丟在那裏頭, 곳 뎌 속에 드리치더니. ●⇔중(中).《朴新諺 3, 25ㅈ》飛入樻中把桃肉都吃了, ᄂᆞ라 樻 속에 드러가 복셩화 술을다가 다 먹어.

속 图 속. 내막(內幕). 속사정. ⇔취리(就裏).《朴新諺 3, 42ㅈ》誰知道他的就裡, 뉘 뎌의 속을 알리오.

속(束) 回 뭇.《集覽, 朴集, 中, 1ㅈ》分例支應. 正官曰廩給, 從人曰口粮, 通謂之分例. 元制, 正官一員, 一日宿頓, 該支〈支〉米一升, 糆一斤, 羊肉一斤, 酒一升, 柴一束, 經過減半, 從人一名, 止支〈支〉米一升, 經過減半. 今制, 正官一員, 一日經過, 米三升, 宿頓五升, 從人一名, 經過二升, 宿頓三升. 漢俗今云行三坐五.

속(速) 图 빨리. ⇔셜리.《朴新諺 3, 57ㅎ》願公速救百姓之苦, 願컨대 公은 셜리 百姓의 괴로옴을 구ᄒᆞ라.

속(贖) 图 무르다. ⇔무르다.《朴新諺 1, 23ㅈ》多當多贖少當少贖, 만히 뎐당ᄒᆞ면 만히 무르고 젹게 뎐당ᄒᆞ면 젹게 무르ᄂᆞ니. 當多了後來銀子不湊手就難贖了, 뎐당을 만히 ᄒᆞ엿다가 후에 은이 손에 모히지 못ᄒᆞ면 곳 무르기 어려오니라.

속관(屬官) 图 어떤 관청에 예속된 벼슬아치.《集覽, 朴集, 上, 1ㅎ》署官. 良醞署, 即光祿寺屬官也. 有署正・署丞・監事等官.

속명(俗名) 图 통속적으로 부르는 이름.《朴新諺 3, 48ㅎ》這都是些俗名了, 이는 다 이 俗名이니라.

속성(俗姓) 图 〈불〉 중이 되기 전에 가졌던 성(姓).《集覽, 朴集, 上, 15ㅎ》步虛. 俗姓洪氏, 高麗洪州人, 法名普愚, 初名普

虛, 號太古和尙. 有求法於天下之志.《集覽, 朴集, 下, 1ㅈ》唐三藏法師〈三藏〉. 俗姓陳, 名偉, 洛州緱氏縣人也.

속아(束兒) 图 묶음쇠. ⇔뭇금쇠.《朴新諺 1, 22ㅈ》左輔右弼板和那両箇束兒, 左輔右弼 돈과 두 뭇금쇠는.

속악(俗樂) 图 통속적으로 불리는 민간 음악.《集覽, 朴集, 上, 2ㅎ》敎坊司. 掌雅・俗樂之司, 隷禮部, 有奉鑾〈銮〉・韶舞・司樂等官, 一名麗春院, 卽元俗所呼拘欄司.

속어(俗語) 图 통속적으로 쓰는 말.《集覽, 字解, 單字解, 3ㅎ》勾. 平聲, 曲也. 勾龍, 社神, 勾芒, 春神, 勾吳, 地名. 今按, 俗語勾了 유여ᄒ다, 又에우다. 又能勾어루, 又유여히. 又史語, 勾取 자피다, 又勾攝公事 공ᄉ로 블리다, 又勾喚 블리다. 又去聲, 勾當, 幹管也, 又事也, 勾當亦去聲.《集覽, 朴集, 中, 9ㅈ》打關節. 宋包拯剛直好駁, 時人語曰, 關節〈節〉不到, 有閻羅包老. 如本國俗語 쇼쳥〈쳥〉ᄒ다.《朴新諺 1, 10ㅎ》俗語說, 俗語에 니ᄅ되.《朴新諺 1, 17ㅈ》俗語說得好, 俗語에 니ᄅ미 됴흐니.《朴新諺 1, 25ㅎ》俗語說, 俗語에 니ᄅ되.《朴新諺 1, 52ㅎ》俗語說, 俗語에 닐러시되.

속음(俗音) 图 본디의 음(音)은 아니나 시속(時俗)에서 널리 쓰이는 한자의 음.《集覽, 朴集, 上, 1ㅈ》隨食. 音義云, 與拖爐相似. 質問云, 以麥糆和油作小餅, 喫茶時食之, 取其香酥也. 原本用隨字, 故反(飜)譯亦用隨字, 俗音:취, 今更質之, 字作饀, 宜從:쉬音讀, 今俗亦曰饀餅.

속인(俗人) 图〈불〉불가에서 중이 아닌 일반 사람을 이르는 말.《集覽, 朴集, 下, 2ㅈ》三隻脚鐵蝦蟆. 今按, 漢俗, 優人作戲時, 手執三脚蝦蟆入優場作戲. 問之, 則曰, 唯仙家蓄養三脚蝦蟆, 俗人聞氣者必死.

속칭(俗稱) 图 통속적으로 부르다. 속칭(俗稱)하다. 또는 그러한 칭호.《集覽,

字解, 累字解, 1ㅎ》相識. 俗稱相識, 滿天下知心能幾人, 謂朋友也.

속호(俗呼) 图 일반적으로 …라고 하다.《朴新諺 1, 43ㅎ》把捎篦(朴新注, 17ㅈ: 以禽鳥氄翎安扵竹頭, 用以取耳垢者, 俗呼爲消息.)掏一掏耳朶, 짓븨로다가 귓바회 뿔면.

손 图 손. ●⇔수(手).《朴新諺 1, 23ㅈ》當多了後來銀子不湊手就難贖了, 뎐당을 만히 ᄒ엿다가 후에 은이 손에 모히지 못ᄒ면 곳 무르기 어려오니라.《朴新諺 1, 34ㅈ》現有借票在我手裏, 시방 쭈는 보람이 내 손에 잇ᄂ니.《朴新諺 2, 12ㅈ》他的主兒一箇手拿着五色小旗, 뎌 님재 ᄒᆫ 손에 五色 져근 旗를 가지고.《朴新諺 2, 59ㅎ》就着幾箇婦人們下手縫罷, 즉시 여러 계집들로 ᄒ여 손부려 짓게 ᄒ고.《朴新諺 3, 11ㅈ》你一般動手做生活, 네 ᄒᆫ가지로 손을 놀려 ᄒᆫ 셩녕이.《朴新諺 3, 28ㅈ》行者用手把頭提起, 行者ㅣ 손으로 뻐 머리를다가 잡아 니ᄅ혀.《朴新諺 3, 35ㅈ》手持畫戟, 손에 畫戟을 가지고.《朴新諺 3, 46ㅎ》手執彩線鞭, 손에 彩線鞭을 가지고.《朴新諺 3, 47ㅈ》手拿線鞭, 손에 線鞭 가지고. ●⇔장(掌).《朴新諺 2, 29ㅎ》執楊柳於掌內拂病體於輕安, 楊柳를 손에 잡아 病體를 輕安ᄒᆫ 디 떨치고.

손(孫) 图 성(姓)씨의 하나.《朴新諺 1, 50ㅎ》那孫家混堂裏洗澡去罷, 뎌 孫가ㅣ 아 混堂에 목욕ᄒ라 가쟈.

손가락 图 손가락. ⇔지두(指頭).《朴新諺 1, 15ㅎ》把指頭在九内沾着唾沫, 손가락을다가 입에 너허 춤을 무쳐.《朴新諺 1, 32ㅈ》十箇指頭也有長短的, 열 손가락도 긴 이 져른 이 잇ᄂ니.《朴新諺 2, 41ㅎ》把指頭大的長鐵釘, 손가락 굴긔에 긴 쇠못스로다가.

손대랑(孫大郎) 图 손군(孫君). '대랑'은 남자 아이에 대한 존칭.《朴新諺 2, 36ㅎ》孫大郎那厮, 孫大郎 뎌 놈이.

-손딕 図 -에게. -한테. ⇔근저(根底). 《集覽, 字解, 單字解, 1ㅎ》底. 下也. 底下 아래. 又本也. 底簿 밑글월. 又語助. 根底 앏픠. 又손딕. 又與的字通用.

손바당 图 손바닥. ⇔수심(手心).《朴新諺 1, 48ㅎ》手心上就打三戒方, 손바당을 곳 세 번 전반으로 치ᄂᆞ니라.

손부리다 图 손을 대다. 착수(着手)하다. (어떤 일을) 하기 시작하다. ⇔하수(下 手).《朴新諺 2, 59ㅎ》就着幾箇婦人們下 手縫罷, 즉시 여러 계집들로 ᄒᆞ여 손부 려 짓게 ᄒᆞ고.

손조 图 손수. ●⇔자(自).《朴新諺 1, 32 ㅎ》任你自揀何如, 네대로 손조 골희미 엇더ᄒᆞ뇨.《朴新諺 1, 55ㅎ》如今姐姐把 孩子自妳呢, 이제 각시ㅣ 아히를 손조 졋 먹이ᄂᆞ냐. ●⇔자기(自己).《朴新諺 2, 1ㅎ》你如今且到馬市裏自己揀着買去, 네 이제 ᄯᅩ 몰 저제 손조 골히여 사라 가라.

손톱 图 손톱. ⇔지갑(指甲).《朴新諺 3, 11ㅎ》你有長指甲替我抓一抓, 네 긴 손 톱이 잇거든 나를 ᄀᆞᄅᆞ차 긁그라. 滿指 甲疙瘩和膿水怎麽好呢, 손톱에 ᄀᆞ득ᄒᆞᆫ 더딍이와 고롬이 엇지 됴흐리오.

손행자(孫行者) 图 성(姓)이 손씨(孫氏)인 행자(行者). 곧, 손오공(孫悟空)의 다른 별호.《集覽, 朴集, 下, 4ㅈ》孫行者. 西遊 記云, 西域有花菓山, 山下有水簾洞, 洞前 有鐵板橋, 橋下有萬丈澗, 澗邊有萬箇小 洞, 洞裏多猴. 有老猴精, 號齊天大聖, 神 通廣大, 入天宮仙桃園偸蟠桃, 又偸老君 靈丹藥, 又去王母宮偸王母綉仙衣一套, 來設慶仙衣會. 老君・王母俱奏于玉帝, 傳宣李天王, 引領天兵十萬及諸神將至花 菓山, 與大聖相戰失利. 巡山大力鬼上告 天王, 擧灌州灌江口神曰小聖二郞, 可使 拿獲. 天王遣太子木叉, 與大力鬼往請二 郞神, 領神兵圍花菓山, 衆猴出戰皆敗. 大 聖被執當死, 觀音上請于玉帝, 免死. 令巨 靈神押大聖前往下方去, 乃於花菓山石縫 內納身, 下截畫如來押字封着, 使山神・ 土地神鎭守. 飢食鈇〈鐵〉丸, 渴飮銅汁, 待 我往東土尋取經之人, 經過此山, 觀大聖, 肯隨往西天, 則此時可放. 其後唐太宗勅 玄奘法師, 往西天取經, 路經此山, 見此猴 精壓在石縫, 去其佛押出之, 以爲徒弟, 賜 法名吾〈悟〉空, 改号〈號〉爲孫行者, 與沙 和尙及黑猪精朱八戒偕往, 在路降妖去恠, 救師脫難, 皆是孫行者神通之力也. 法師 到西天, 受經三藏, 東還, 法師證果栴檀佛 如來, 孫行者證果大力王菩薩, 朱八戒證 果香華會上淨壇使者.《集覽, 朴集, 下, 10 ㅎ》二郞爺爺. 廟額曰昭惠靈顯眞君之廟, 然未知何神. 打春之日, 取此塑像, 盖亦未 詳. 又見孫行者註下.《朴新諺 3, 21ㅎ》那 唐三藏引着孫行者, 뎌 唐三藏이 孫行者 를 드리고.《朴新諺 3, 22ㅎ》孫行者便到 羅天大醮壇場上藏身, 孫行者ㅣ 곳 羅天 大醮ᄒᆞᆫ 壇場에 가 몸을 곰초아.《朴新 諺 3, 29ㅈ》你道這孫行者之法力還了得 麽, 네 니ᄅᆞ라 孫行者의 法力이 당시롱 견들소냐.

솔 图 ●솔기. ⇔봉아(縫兒).《朴新諺 1, 39ㅎ》金甕兒・銀甕兒表裏無縫兒, 金독 銀독이 안팟끠 솔 업슨 거시여. ●솔[刷] 子]. ⇔취추(炊箒).《朴新諺 2, 21ㅈ》還 有羅鍋, ᄯᅩ 노고와. 柳箱, 섥과. 灑子, 드 레와. 碗楪, 사발 졉시와. 匙筯, 수져와. 榪杓, 나모쥬게와. 筲籬, 됴리와. 炊箒, 솔과. 擦床兒, 슉치칼과. 簸〈簸〉箕, 키와. 篩子, 얼밍이와. 馬尾羅, 몰총체와. 桌子, 상과. 盤子, 盤과. 茶盤, 찻반과. 燈臺, 燈 臺와. 酒種, 잔과. 酒鼈, 쥬벼으와. 銅杓, 놋쥬게 이시니.

송(宋) 图 성(姓)씨의 하나.《朴新諺 3, 46 ㅈ》宋哥我同你看打春去罷, 宋가 형아 내 너와 ᄒᆞᆫ가지로 닙츈노롯ᄒᆞᄂᆞᆫ 양 보라 가쟈.

송(送) 图 ●보내다. ⇔보내다.《朴新諺

1, 47ㅎ》隨各人送罷咧, 各人의 보내ᄂᆞᆫ대로 ᄒᆞᄂᆞ니라. 《朴新諺 2, 18ㅎ》一面叫厨子送飯, 一面으로 厨子로 ᄒᆞ여 밥을 보내고. 《朴新諺 2, 25ㅎ》特送與老太太些箇, 특별이 老太太의게 져기 보내니. 《朴新諺 2, 26ㅈ》一發送些來更好, 흠ᄭᅴ 보내여 오니 더옥 됴타. 《朴新諺 2, 51ㅈ》昨日衙門書辦已將文書送來了, 어지 衙門 셔반이 이믜 文書를다가 보내엿더라. 《朴新諺 3, 4ㅈ》摘些葉子送我, 져기 닙흘 ᄣᅡ 내게 보내여라. 《朴新諺 3, 15ㅈ》托以段疋送與父親使用, 段疋로 ᄡᅧ 부텨 父親ᄭᅴ 보내여 ᄡᅳ게 ᄒᆞ엿더니. 《朴新諺 3, 40ㅎ》送到四十里地, 보내여 四十里ᄶᅡ히 가. 《朴新諺 3, 42ㅎ》你到老曺家去送人情來的麽, 네 老曺의 집의 가 人情을 보내고 오니가. 《朴新諺 3, 59ㅈ》小厮們快送茶來, 아희들은 ᄲᆞᆯ리 차ᄅᆞᆯ 보내여 오라. ❷주다. 선사(膳賜)하다. 증정(贈呈)하다. ⇔주다. 《朴新諺 1, 47ㅈ》我自然做了送你, 내 自然 ᄆᆡᆫᄃᆞ라 너ᄅᆞᆯ 주어. 《朴新諺 1, 47ㅈ》做一對小荷包送我如何, ᄒᆞᆫ ᄡᅡᆼ 져근 주머니ᄅᆞᆯ ᄆᆡᆫᄃᆞ라 나ᄅᆞᆯ 주미 엇더ᄒᆞ뇨. 《朴新諺 3, 32ㅎ》大哥我送你一箇刷牙·一箇掠頭, 큰형아 내 너를 ᄒᆞᆫ 刷牙와 ᄒᆞᆫ 귀밋빗기를 줄 거시니.

송(鬆) 뷔 부실히. 거칠게. ⇔섭섭이. 《朴新諺 2, 32ㅈ》罈子也麤又做的鬆, 담도 굵고 ᄯᅩ ᄆᆡᆫ들기ᄅᆞᆯ 섭섭이 ᄒᆞ여시니.

송거(送去) 동 보내다. ⇔보내다. 《朴新諺 2, 4ㅎ》送去與他補做生日罷, 보내여 뎌ᄅᆞᆯ 주어 生日을 다ᄂᆞ림홈이 무던ᄒᆞ다. 《朴新諺 2, 31ㅈ》今晚你把我的鋪盖送去, 오ᄂᆞᆯ 져녁의 네 내 니부자리ᄅᆞᆯ다가 보내고.

송곳 명 송곳. ❶⇔추(錐). 《朴新諺 1, 41ㅈ》鑽天錐下大水, 하ᄂᆞᆯ ᄯᅮᆯᄂᆞᆫ 송곳 아러 큰 물이여. ❷⇔추자(錐子). 《朴新諺 1, 18ㅎ》錐子一箇, 송곳 ᄒᆞ나.

송광(松廣) 명 송광사(松廣寺). 강원도(江原道) 금강산(金剛山)에 있던 절 이름. 《集覽, 朴集, 上, 4ㅎ》禪院松廣. 兩〈佛〉刹名, 俱在金剛山. 《朴新諺 1, 8ㅎ》我如今也派往金剛山松廣(朴新注, 3ㅎ: 寺名, 在順天.)等處去降香, 내 이직 ᄯᅩ 金剛山 松廣 等 處에 그이여 가 降香ᄒᆞ리라.

송군(送君) 동 임과 이별하다. 《朴新諺 3, 40ㅎ》送君千里終湏(須)一別, 送君 千里나 終湏(須) 一別이라 ᄒᆞᄂᆞ니라.

송군천리종수일별(送君千里 終須一別) 구 임을 1천 리까지 배웅해도 결국은 이별을 해야 한다는 뜻으로, 배웅하는 사람에게 멀리 나오지 말라고 부탁하는 말. 《朴新諺 3, 40ㅎ》送君千里終湏(須)一別, 送君 千里나 終湏(須) 一別이라 ᄒᆞᄂᆞ니라.

송납(送納) 동 보내다. 수납(輸納)하다. ⇔송납ᄒᆞ다(送納-). 《朴新諺 1, 58ㅎ》按月送納不致短少拖欠, ᄃᆞᆯ을 조차 送納호되 ᄶᅥᄅᆞ치며 믄그으매 니르게 말고.

송납ᄒᆞ다(送納-) 동 송납(送納)하다. ⇔송납(送納). 《朴新諺 1, 58ㅎ》按月送納不致短少拖欠, ᄃᆞᆯ을 조차 送納호되 ᄶᅥᄅᆞ치며 믄그으매 니르게 말고.

송라(松蘿) 명 ❶땅 이름. 중국 안휘성(安徽省) 섭현(歙縣)에 있었다. 《朴新諺 3, 32ㅈ》你先倒一椀六安·一椀松蘿(朴新注, 55ㅎ: 六安·松蘿, 皆地名, 而産茶最佳故, 回以名茶.), 네 몬져 ᄒᆞᆫ 사발 六安차와 ᄒᆞᆫ 사발 松蘿차를 부어 오고. ❷중국 안휘성(安徽省) 섭현(歙縣)의 송라산(松蘿山)에서 나는 차(茶). 품질이 매우 좋다고 한다. ⇔송라차(松蘿-). 《朴新諺 3, 32ㅈ》你先倒一椀六安·一椀松蘿(朴新注, 55ㅎ: 六安·松蘿, 皆地名, 而産茶最佳故, 回以名茶.), 네 몬져 ᄒᆞᆫ 사발 六安차와 ᄒᆞᆫ 사발 松蘿차를 부어 오고.

송라차(松蘿-) 명 중국 안휘성(安徽省) 섭현(歙縣)의 송라산(松蘿山)에서 나는 차(茶). 품질이 매우 좋다고 한다. ⇔송

라(松蘿).《朴新諺 3, 32ㅈ》你先倒一椀
六安・一椀松蘿(朴新注, 55ㅎ: 六安・松
蘿, 皆地名, 而産茶最佳故, 曰以名茶.), 네
몬져 흔 사발 六安차와 흔 사발 松蘿차
를 부어 오고.

송례(送禮) 명 육례(六禮)의 하나로, 정혼
(定婚)이 이루어진 증거로 신랑 집에서
신부 집으로 예물을 보내는 예.《集覽,
朴集, 上, 11ㅎ》下多少財錢. 今制, 納采
・問名・納吉摠〈総〉一次行禮, 以從簡
便, 謂之定禮, 亦爲之定親, 亦曰下紅定,
亦送幣物. 又涓吉送婚書, 行納徵禮, 亦曰
納幣, 俗云下財, 亦曰送禮. 俗總稱〈総称〉
曰羊酒花紅. 又一次有禮曰請期, 謂之催
裝, 亦具禮物. 五品以下無請期之禮.《集
覽, 朴集, 上, 12ㅈ》十羊十酒. 羊十牽, 酒
十瓶也. 制禮亦隨貴賤異秩〈帙〉, 卽送禮
也. 詳見諸司職掌.《集覽, 朴集, 上, 12
ㅈ》媒人也有福. 兩次送禮之日, 媒人各有
表裏之賞.

송목(松木) 명 소나무 목재.《集覽, 朴集,
中, 7ㅎ》取燈兒〈取燈〉. 南村輟耕錄云,
杭人削松木爲小片, 其薄如紙, 鎔硫黃塗
木片頂分許, 名曰發燭, 又曰焠兒.《朴新
諺 2, 41ㅈ》拿着取燈兒(朴新注, 37ㅎ: 削
松木爲小片, 其薄如紙, 鎔硫黃塗於片端,
點火得焰甚速.), 取燈을 가지고.

송빈(送殯) 图 (발인할 때) 영구(靈柩)를
따라 전송(餞送)하다. ⇔송빈ᄒᆞ다(送
殯-).《集覽, 朴集, 下, 9ㅈ》彩亭子. 漢俗
皆於白日送殯, 凡結飾車輿・幢幡・傘盖
及紙造人馬爲前導者, 連亙四五十步.《集
覽, 朴集, 下, 9ㅎ》碎盆. 未詳源流. 但本
國送殯之晨, 在家者見靈輀登道, 卽隨以
瓦器擲碎於門外, 大聲作語曰, 持汝家具
而去. 云爾者, 盖使亡人無留念家緣之術
也.《朴新諺 3, 44ㅈ》又見那些送殯親朋,
또 보니 뎌 送殯ᄒᆞᄂᆞᆫ 親朋이.

송빈ᄒᆞ다(送殯-) 图 송빈(送殯)하다. ⇔
송빈(送殯).《朴新諺 3, 44ㅈ》又見那些

送殯親朋, 또 보니 뎌 送殯ᄒᆞᄂᆞᆫ 親朋이.

송악(松岳) 명 송악군(松岳郡).《集覽, 朴
集, 下, 13ㅈ》都松岳郡〈松岳郡〉. 今開城
府. 高麗太祖之先有康忠者, 居五冠山摩
訶岬. 時新羅監干八元善風水, 到扶蘇郡,
見扶蘇山形勝而童, 告康忠曰, 若移郡山
南, 植松使不露巖〈岩〉石, 則統合三韓者
出矣. 於是康忠與〈与〉郡人徙居山南, 栽
松遍嶽, 改名松岳.

송악군(松岳郡) 명 경기도(京畿道) 개성
(開城)의 옛 이름.《集覽, 朴集, 下, 12
ㅈ》太祖. 姓王氏, 諱建, 字若天, 松岳郡
人. 幼而聰明, 龍顔日角.《集覽, 朴集, 下,
13ㅈ》都松岳郡〈松岳郡〉. 今開城府. 高
麗太祖之先有康忠者, 居五冠山摩訶岬.
時新羅監干八元善風水, 到扶蘇郡, 見扶
蘇山形勝而童, 告康忠曰, 若移郡山南, 植
松使不露巖〈岩〉石, 則統合三韓者出矣.
於是康忠與〈与〉郡人徙居山南, 栽松遍嶽,
改名松岳.《朴新諺 3, 58ㅎ》第(第)二年
便移都松岳郡, 第(第)二年에 믄득 松岳郡
에 移都ᄒᆞ니.

송자(松子) 명 잣[柏]. ⇔잣.《朴新諺 1, 4
ㅈ》乾果子呢, 므른 과실은. 榛子, 개암.
松子, 잣. 瓜子, 슈박삐. 乾葡萄, 마른葡
萄. 栗子, 밤. 龍眼, 龍眼. 桃仁, 복셩화삐.
荔子, 녀지요.

송자(頌字) 명 〈불〉 부처의 공덕을 찬미하
는 노래.《集覽, 朴集, 上, 16ㅈ》作與頌字
迴光返照大發明得悟. 音義云, 石屋和尙
作佛頌與〈与〉步虛, 其佛光迴還返照於步
虛之身, 其於生死輪迴之說, 靡不通曉.

송주(誦呪) 图 주문을 외다.《集覽, 朴集,
中, 5ㅎ》執楊柳於掌內拂病體於輕安. 佛
圖澄, 天竺〈竺〉人也. 妙通玄術, 善誦呪,
能役使鬼神.

송행(送行) 图 배웅하다. 전송하다. ⇔송
행ᄒᆞ다(送行-).《朴新諺 1, 47ㅈ》就筭是
與你送行罷了, 이믜셔 네게 送行ᄒᆞᄂᆞᆫ 양
으로 호미 무던ᄒᆞ다.

송행ᄒ다(送行-) 图 송행(送行)하다. ⇔
송행(送行).《朴新諺 1, 47ㅈ》就筭是與
你送行罷了, 이믜셔 네게 送行ᄒ는 양으
로 호미 무던ᄒ다.

솨(耍) 图 ●놀다. 장난하다. ⇔놀다.《朴
新諺 2, 54ㅈ》我生活忙那能閑耍, 내 성
녕이 밧부니 엇지 능히 힘힘히 놀리오.
●놀리다. 놀다. 장난하다. ⇔놀리다.
《集覽, 字解, 單字解, 7ㅈ》耍. 戱弄之辭
曰耍子, 戱笑之事曰耍笑. 又行房亦曰耍
子.《朴新諺 1, 6ㅎ》看他耍些技藝罷, 뎌
직조 놀리는 것 보쟈.

솨소(耍笑) 图 우스갯소리하다. 농담(弄
談)하다. 시시덕거리다.《集覽, 字解, 單
字解, 7ㅈ》耍. 戱弄之辭曰耍子, 戱笑之事
曰耍笑. 又行房亦曰耍子.

솨자(耍子) 图 ●부부가 방사(房事)하다.
부부가 동침하다.《集覽, 字解, 單字解,
7ㅈ》耍. 戱弄之辭曰耍子, 戱笑之事曰耍
笑. 又行房亦曰耍子. ●놀이하다. 장난
하다. ⇔노리ᄒ다.《集覽, 字解, 單字解,
7ㅈ》耍. 戱弄之辭曰耍子, 戱笑之事曰耍
笑. 又行房亦曰耍子.《朴新諺 1, 29ㅈ》看
見両箇舎人調馬耍子, 두 舎人이 調馬 노
리ᄒ는 양을 보니.

솽불쥐기 图 먹국하기. ●⇔나전(拏錢).
《集覽, 朴集, 上, 6ㅎ》拏錢. 卽猜拳也. 솽
〈솽〉불:쥐·기. 質問云, 此二人에錢相賭之
戱, 跌過兩背, 相同爲贏(贏). 質問之釋,
若本國돈뾰기. ●⇔시권(猜拳).《集覽,
朴集, 上, 6ㅎ》拏錢. 卽猜拳也. 솽〈솽〉
불:쥐·기. 質問云, 此二人에錢相賭之戱,
跌過兩背, 相同爲贏(贏). 質問之釋, 若本
國돈뾰기.

쇄(刷) 图 빗기다. ⇔빗기다.《朴新諺 1,
24ㅎ》你若每日把他刷洗, 네 만일 每日에
뎌롤다가 빗겨 싯기고,《朴新諺 1, 24ㅎ》
日裏不肯刷不管喂, 나지 즐겨 빗기지 아
니ᄒ며 먹이기롤 ᄀ음아지 아니ᄒ고.
《朴新諺 1, 25ㅎ》日裏又勤刷勤喂, 나지

쏘 부즈러니 빗기고 부즈러니 먹이면.

쇄(晒) 图 =쇄(曬). '晒'는 '曬'와 같다.《正
字通, 日部》晒, 與曬同.《朴新諺 3, 7ㅈ》
到六月裡取出來晒幾次, 六月에 다ᄃᆞ거
든 가져 내여 여러 번 볏 쬐라 ᄒ여시니.

쇄(碎) 匣 잘다.《集覽, 朴集, 上, 3ㅎ》五軟
三下鍋. 質問云, 五般無骨精肉〈五般精
肉〉, 碎切爲片, 先用塩煎, 次用醋煮, 交葱
花以食.《集覽, 朴集, 上, 6ㅈ》碎貼兒. 音
義云, 出門驗放之貼.

쇄(鎖) 图 잠기다鎖. 채우다. ⇔ᄌᆞ기다.
《朴新諺 2, 35ㅈ》把老李鎖着(朴新注, 35
ㅎ: 漢俗, 重囚必以鉄索鎖項.), 老李를다
가 목을 ᄌᆞ가.《朴新諺 3, 19ㅎ》鎖在冷
鋪裡監禁着, 닝포에 ᄌᆞ가 가치여시니.

쇄(灑) 图 뿌리다. ⇔쑤리다.《朴新諺 2,
49ㅎ》灑些水, 져기 믈 쑤리고.

쇄(曬) 图 쬐다曬. ⇔쬐다.《朴新諺 3, 7
ㅈ》到六月裡取出來晒幾次, 六月에 다ᄃᆞ
거든 가져 내여 여러 번 볏 쬐라 ᄒ여시
니.

쇄건(晒乾) 图 =쇄건(曬乾). '晒'는 '曬'와
같다.《正字通, 日部》晒, 與曬同.《集覽,
朴集, 下, 9ㅎ》濕煤. 今按, 石炭搗碎, 幷
黃土以水和作塊, 晒乾, 臨用麄碎, 納於爐
〈炉〉中, 緫謂之水和炭. 未乾者謂之濕煤,
已乾者謂之煤簡兒, 亦曰煤塊子.

쇄건(曬乾) 图 볕에 쬐어 말리다.《集覽,
朴集, 下, 9ㅎ》濕煤. 今按, 石炭搗碎, 幷
黃土以水和作塊, 晒乾, 臨用麄碎, 納於爐
〈炉〉中, 緫謂之水和炭. 未乾者謂之濕煤,
已乾者謂之煤簡兒, 亦曰煤塊子.

쇄분(碎盆) 图 중국에서, 상여가 길을 나
서면 동이를 문 밖에 던져서 깨뜨리며
큰 소리로 '당신 집의 가구(家具)를 가져
가시오'라고 외치던 풍속.《集覽, 朴集,
下, 9ㅎ》碎盆. 未詳源流. 但本國送殯之
晨, 在家者見靈輀登道, 卽隨以瓦器擲碎
於門外, 大聲作語曰, 持汝家具而去. 云爾
者, 盖使亡人無留念家緣之術也.

쇄아(刷牙) 뎽 이를 닦는 솔. 곧, 칫솔. 《朴新諺 3, 32ㅎ》刷牙兩把·掠頭兩把, 刷牙 둘과 귀밋빗기 둘을 사고져 ㅎ노라. 《朴新諺 3, 32ㅎ》大哥我送你一箇刷牙·一箇掠頭, 큰형아 내 너를 혼 刷牙와 혼 귀밋빗기를 줄 거시니.

쇄우(洒雨) 뎽 =쇄우(灑雨). '洒'는 '灑'와 같다. 《集韻, 蟹韻》灑, 或作洒. 《集覽, 朴集, 中, 4ㅈ》悲雨慈風. 佛發大慈悲, 廣濟衆生, 猶洒雨發風然, 無遠不被, 故曰風雨.

쇄우(灑雨) 뎽 비를 뿌리다. 《集覽, 朴集, 中, 4ㅈ》悲雨慈風. 佛發大慈悲, 廣濟衆生, 猶洒雨發風然, 無遠不被, 故曰風雨.

쇄육(碎肉) 뎽 고기 조각. 고기 부스러기. 《集覽, 朴集, 下, 3ㅎ》稍麥. 又云, 皮薄內實切碎肉, 當頂撮細, 似線稍繫, 故曰稍麥.

쇄자(刷子) 뎽 솔. 《集覽, 朴集, 上, 11ㅈ》挑針. 用牛角作廣箆, 箆〈ㅌ〉一端作刷子者. 多髮者髮厚難梳, 故先梳之髮, 以此箆插置上頭, 更梳下髮. 今俗猶然. 《朴新諺 3, 32ㅈ》你看那賣刷子的來了, 네 보라 뎌 刷子 푸는 이 왓다.

쇄절(碎切) 뎽 잘게 썰다. 《集覽, 朴集, 上, 3ㅎ》五軟三下鍋. 質問云, 五般無骨精肉〈五般精肉〉, 碎切爲片, 先用塩煎, 次用醋煮, 交葱花以食.

쇄첩아(碎貼兒) 뎽 검사를 다 마친 뒤 문밖으로의 통과를 허가하는 체자(帖子). 《集覽, 朴集, 上, 6ㅈ》碎貼兒. 音義云, 出門驗放之貼.

쇄항(鎖項) 뎽 목에 쇠밧줄(칼)을 씌우다. 《朴新諺 2, 35ㅈ》把老李鎖着(朴新注, 35ㅎ: 漢俗, 重囚必以鉄索鎖項.), 老李를다가 목을 줌가.

쇠 뎽 쇠. ⇔철(鐵). 《朴新諺 1, 18ㅈ》刀頭要甚麽鐵打呢, 칼눌을 므슴 쇠로 치이려 ㅎ 느뇨. 不要別樣鐵, 다른 쇠는 말고. 《朴新諺 1, 39ㅎ》鐵人鐵馬不着鐵鞭不下馬, 쇠사롬 쇠물끠 쇠채로 치지 아니면 물 ᄂ리지 아니ᄒᆞᄂᆞᆫ 거시여. 《朴新諺 2,

41ㅎ》把指頭大的長鐵釘, 손가락 굴긔에 긴 쇠못스로다가. 《朴新諺 2, 51ㅎ》時來鐵也爭光, 째 오면 쇠도 빗츨 ᄃ토고. 運去黃金失色, 運이 가면 黃金이 빗츨 일ᄂᆞ다 ᄒᆞ니라. 《朴新諺 3, 12ㅈ》放着一箇三脚鐵蝦蟆的便是了, 혼 세 발 가진 쇠 두텁이 노혼 거시 곳 이라. 《朴新諺 3, 22ㅎ》把伯眼打了一鉄棒, 伯眼을다가 혼 쇠막대로 치니. 《朴新諺 3, 23ㅈ》更打了我一鉄棒, 쪼 나를 혼 쇠막대로 치니. 《朴新諺 3, 26ㅎ》教將軍使金鉤子, 將軍으로 ᄒᆞ여곰 쇠갈고리로.

쇠갈고리 뎽 쇠갈고랑이. ⇔금구자(金鉤子). 《朴新諺 3, 26ㅎ》教將軍使金鉤子, 將軍으로 ᄒᆞ여곰 쇠갈고리로.

쇠막대 뎽 쇠막대. ⇔철봉(鐵棒). 《朴新諺 3, 22ㅎ》把伯眼打了一鉄棒, 伯眼을다가 혼 쇠막대로 치니. 《朴新諺 3, 23ㅈ》更打了我一鉄棒, 쪼 나를 혼 쇠막대로 치니.

쇠못ㅅ 뎽 쇠못. ⇔철정(鐵釘). 《朴新諺 2, 41ㅎ》把指頭大的長鐵釘, 손가락 굴긔에 긴 쇠못스로다가.

쇠몰 뎽 쇠로 만든 말(馬). ⇔철마(鐵馬). 《朴新諺 1, 39ㅎ》鐵人鐵馬不着鐵鞭不下馬, 쇠사롬 쇠몰끠 쇠채로 치지 아니면 물 ᄂ리지 아니ᄒᆞᄂᆞᆫ 거시여.

쇠사롬 뎽 쇠로 만든 사람. ⇔철인(鐵人). 《朴新諺 1, 39ㅎ》鐵人鐵馬不着鐵鞭不下馬, 쇠사롬 쇠몰끠 쇠채로 치지 아니면 물 ᄂ리지 아니ᄒᆞᄂᆞᆫ 거시여.

쇠ᄌᆞᄅ 뎽 쇠로 만든 자루. ⇔철병아(鐵柄兒). 《朴新諺 1, 40ㅈ》金罐兒·鐵柄兒裏頭盛着白沙蜜, 금탕관·쇠ᄌᆞᄅ에 속에 白沙蜜 담은 거시여.

쇠채 뎽 쇠로 만든 채찍. ⇔철편(鐵鞭). 《朴新諺 1, 39ㅎ》鐵人鐵馬不着鐵鞭不下馬, 쇠사롬 쇠몰끠 쇠채로 치지 아니면 물 ᄂ리지 아니ᄒᆞᄂᆞᆫ 거시여.

쇼 뎽 소. ⇔우(牛). 《集覽, 字解, 單字解, 2ㅎ》赶. 音干, 上聲. 亦作趕. 趁也, 及也.

赶上 밋다. 又逐也. 赶出去 내티다. 又驅
也. 赶牛 쇼 모다.《朴新諺 1, 2ㅈ》再買
一隻牛·猪肉五十斤, 쏘 혼 짝 쇼와 猪肉
五十斤을 사면,《朴新諺 3, 46ㅎ》站着赶
牛, 셔셔 쇼를 몰면.

쇼경 명 소경. 장님. ⇔할시(瞎廝).《集覽,
字解, 單字解, 2ㅈ》廝. 卑賤之稱. 這廝 이
놈. 又相也. 廝見 서르 보다. 又汎指人.
亦曰廝. 小廝 아히, 瞎廝 쇼경.

쇼로 명 소뇌(韶腦). 장뇌(樟腦). (케톤
(ketone)의 하나. 독특한 향기가 있는 무
색의 고체이다) ⇔조뇌(潮腦).《朴新諺
3, 6ㅎ》把潮腦放些在衣箱裡, 쇼로를다
가 져기 옷 샹즈에 녀코.

-쇼셔 어미 -소서.《朴新諺 2, 13ㅎ》相公
饒了他罷, 相公은 뎌를 샤호쇼셔.《朴新
諺 3, 15ㅎ》望卽示明以慰児念, 브라건대
즉시 示明호여 뼈 아히 넘녀를 위로호쇼
셔.《朴新諺 3, 16ㅈ》伏望父母大人善保
起居, 伏望 父母 大人은 善保 起居호쇼
셔.《朴新諺 3, 53ㅈ》伏乞大老爺恩准施
行, 伏乞 大老爺는 恩准 施行호쇼셔.

쇼쳥ᄒ다 동 소청(訴請)하다. 몰래 뇌물
을 주어 벼슬아치를 매수하여 남몰래
부탁하다. ⇔타관절(打關節).《集覽, 朴
集, 中, 9ㅈ》打關節. 吏學指南云, 下之所
以通欵曲於上者曰關節〈莭〉, 又造請權要
謂之關節〈莭〉. 漢曰關說. 宋包剛直好
駁, 時人語曰, 關節〈莭〉不到, 有閻羅包
老. 如本國俗語 쇼쳥〈쳥〉 ᄒ다.《朴新諺
3, 5ㅈ》只怕那寃家們打關節(朴新注, 46
ㅈ: 下之通欵曲於上曰關節, 又造請權要
謂之關莭(節).)煩人說情哩, 그저 뎌 寃家
들이 쇼쳥ᄒ여 사롬을 식여 情을 니론가
저페라.

속졀업다 형 속절없다. ●⇔제심마사(濟
甚麼事).《集覽, 字解, 累字解, 3ㅈ》濟甚
事. 므슴 :이·리 :일·료. 猶言속졀:업·다.
《集覽, 字解, 累字解, 3ㅈ》濟甚麼事. 上
同. ●⇔제심사(濟甚事).《集覽, 字解,

累字解, 3ㅈ》濟甚事. 므슴 :이·리 :일·료.
猶言속졀:업·다.

속졀업시 부 속절없이. ●⇔건(乾).《集
覽, 字解, 單字解, 2ㅈ》乾. 音干. 徒然之
辭. 공히. 又속졀업시. ●⇔공(空).《朴
新諺 1, 52ㅈ》房錢又空費了, 房錢을 쏘
속졀업시 허비홀 거시니. ●⇔몰래유
(沒來由).《朴新諺 1, 36ㅈ》你今沒來由,
네 이지 속졀업시.

쇠 명 소의. ⇔우(牛).《朴新諺 1, 4ㅎ》燒鵝,
구은 거유. 燒鴨, 구은 올히. 燒牛肉, 구은
쇠고기. 燒羊肉, 구은 羊의 고기니.《朴新
諺 3, 47ㅎ》芒児立在牛背後, 芒児ㅣ 쇠
뒤히 셔셔.

쇠고기 명 쇠고기. ⇔우육(牛肉).《朴新諺
1, 4ㅎ》燒鵝, 구은 거유. 燒鴨, 구은 올
히. 燒牛肉, 구은 쇠고기. 燒羊肉, 구은
羊의 고기니.

수 명 수(數). 수목(數目). 수량(數量). ⇔
수(數).《朴新諺 2, 5ㅎ》與那名花·奇樹
也不知其數, 다못 뎌 名花와 奇樹는 그
수를 아지 못ᄒ니.

수(手) 명 ●놈. 사람. (기예 방면에 뛰어
난 사람) ⇔놈.《集覽, 字解, 單字解, 5
ㅈ》快. 急也. 走的快·疾快. 又樂也. 快
活·大快. 又快手 잘 둣는 놈. 又呼筋曰
快子. ●손. ⇔손.《朴新諺 1, 23ㅈ》當多
了後來銀子不湊手就難贖了, 뎐당을 만
히 ᄒ엿다가 후에 은이 손에 모히지 못
ᄒ면 곳 무르기 어려오니라.《朴新諺 1,
34ㅈ》現有借票在我手裏, 시방 쑤는 보
람이 내 손에 잇느니.《朴新諺 2, 12ㅈ》
他的主児一箇手拿着五色小旗, 뎌 님재
혼 손에 五色 져근 旗를 가지고.《朴新諺
2, 59ㅎ》就着幾箇婦人們下手縫罷, 즉시
여러 계집들로 ᄒ여 손부려 짓게 ᄒ고.
《朴新諺 3, 11ㅈ》你一般動手做生活, 네
혼가지로 손을 놀려 혼 셩녕이.《朴新諺
3, 28ㅈ》行者用手把頭提起, 行者ㅣ 손으
로 뼈 머리를다가 잡아 니르혀.《朴新諺

3, 35ㅈ》手持畫戟, 손에 畫戟을 가지고.
《朴新諺 3, 46ㅎ》手執彩線鞭, 손에 彩線
鞭을 가지고. 《朴新諺 3, 47ㅈ》手拿線鞭,
손에 線鞭 가지고.

수(水) 똉 ❶물. ●⇔물. 《朴新諺 1, 41ㅈ》
鑽天錐下大水, 하늘 쁧는 송곳 아리 큰
물이여. 《朴新諺 1, 54ㅎ》把孩子放在水
盆裏洗, 아히롤다가 물 소라에 너허 삣
기면. 《朴新諺 2, 25ㅈ》水用二盞半, 물
은 두 잔 반을 쓰고. 《朴新諺 2, 46ㅈ》那
瓦被水浸多時不堅實, 뎌 디새 물에 젓기
를 오래 ㅎ여 堅實치 못ㅎ니. 《朴新諺
2, 49ㅎ》灑些水, 져기 물 뿌리고. 《朴新
諺 3, 10ㅈ》先掘土打兩擔水未好和泥, 몬
져 흙을 픠고 두 짐 물을 기러 와 잘 흙을
니기되. 《朴新諺 3, 39ㅈ》管山吃山管水
吃水, 山을 ᄀ음알면 山엣 것 먹고 물을
ᄀ음알면 물엣 것 먹는다 ㅎ니라. 《朴新
諺 3, 45ㅈ》着水也要估量着, 물 두기도
짐쟉ㅎ여. 《朴新諺 3, 50ㅈ》慢慢的把釣
鉤垂下水去, 날회여 낙시를다가 물에 드
리워. ❷⇔믈. 《集覽, 字解, 單字解, 4
ㅈ》打. 擊也, 着實打, 又打三下. 又爲也.
打酒來 술 사 오라. 又曰, 打將來 ㅎ야
오라, 打聽 듣보라, 打水 믈 긷다, 不打
緊. 又打那裏去, 打東邊去, 有投向從往之
意. 俗用打字, 似不合本意者多, 而實有取
意不苟, 其用甚廣, 此不盡錄. 《朴新諺 1,
9ㅎ》村庄人家的房屋墻壁太半都被水衝
了, 村庄 人家에 房屋 墻壁이 太半 다 믈
에 질리엿ᄂ이라. 《朴新諺 1, 55ㅎ》各自
丟在水盆裏, 각각 믈을 소라에 드리치ᄂ
니. 《朴新諺 2, 5ㅈ》四面綠水相映着, 四
面에 프른 믈이 서로 빗최엿고. 《朴新諺
2, 21ㅎ》你是水路來還是旱路來, 네 이
믈길로 온다 ᄯ 이 뭇길로 온다. ❷●순
도(純度). ⇔셩수. 《朴新諺 1, 33ㅈ》每一
兩該申五分銀水哩, 每 ᄒ 냥에 五分銀 셩
수ㅣ 늘리라. ●수(水)결. 물결浪. 또
는 그런 모양의 무늬. ⇔슈결. 《朴新諺

1, 29ㅈ》身穿立水(朴新注, 11ㅎ: 袍衣下
邉, 繡浪·花形者.)貂皮蟒袍, 몸에 슈결
잇는 貂皮 蟒袍롤 닙고.

수(守) 똥 지키다. ●⇔딕희다. 《朴新諺
1, 40ㅎ》弟兄三四箇守着停柱坐, 弟兄 서
너히 기동을 딕희여 안잣는 거시여. ●
⇔지키다. 《朴新諺 3, 26ㅈ》在油鍋兩邉
看守, 기름 가마 두 편에서 보아 지킈여.

수(收) 똥 거두다. 거두어들이다. ⇔거두
다. 《朴新諺 1, 51ㅎ》等到民間田禾都收
割了, 民間에 田禾롤 다 거두어 븨기룰
기드려. 《朴新諺 2, 20ㅈ》你只把文契收
好了, 네 그저 글월을다가 잘 거두어.
《朴新諺 2, 28ㅎ》一箇帶二兩銀子到西山
去收乾草, ᄒ나흔 두 냥 은을 가지고 西
山에 가 므른딥흘 거두되. 《朴新諺 2, 39
ㅈ》夜來收割了麻正當好種菜哩, 어제 삼
을 거두어 븨여시니 正히 맛당이 ᄂ물
시믐이 됴타. 《朴新諺 2, 40ㅎ》今年天旱
田禾不收, 올히 하늘이 ᄀ므라 田禾롤
거두지 못ㅎ여시매. 《朴新諺 3, 54ㅈ》收
管者謝銀六兩, 거두어 두니는 銀 엿 냥을
샤례ㅎ리라.

수(秀) 톙 빼어나다. ⇔싸혀나다. 《朴新諺
2, 29ㅎ》齒排柯雪着秀垂楊, 니는 柯雪이
버럿는 듯ㅎ고 눈섭은 垂楊이 싸혀난 듯
ㅎ도다.

수(受) 똥 ❶●견디다. 참다. ⇔견디다.
《朴新諺 1, 15ㅈ》從前日這腮頰上痒的受
不得, 그제부터 ᄲ이 ᄀ려워 견디지 못
ᄒ로니. 《朴新諺 2, 23ㅎ》身子顫的受不
的, 몸이 ᄯ려 견디지 못ㅎ니. ●배우다.
가르침을 받다. ⇔비호다. 《朴新諺 2, 9
ㅎ》他曾到江南地方受過名師, 뎨 일즉 江
南 ᄯ히 가 일홈난 스승의게 비호니. ❷
받다. ●⇔받다. 《朴新諺 1, 41ㅎ》給他
些便錢了, 뎌룰 져기 주면 곳 바들 거시
오. 《朴新諺 3, 9ㅈ》走了好幾年受盡千辛
萬苦, 여러 ᄒ를 둔녀 千辛 萬苦룰 바다
다ᄒ고. 《朴新諺 3, 9ㅈ》受多少日炙·

風吹, 언머 볏 쐬고 바람 불믈 바드며. 《朴新諺 3, 18ㅎ》這些衙役也不免受這般 勞苦, 이 衙役도 이런 勞苦 바드믈 免치 못ᄒᄂ니라. 《朴新諺 3, 19ㅈ》受多少勞 苦, 언머 勞苦를 바다시리오. 《朴新諺 3, 52ㅎ》小人無辜受辱情理難甘, 小人이 죄 업시 辱을 바드니 情理 難甘ᄒ여. ●⇔ 밧다. 《朴新諺 1, 31ㅈ》今生受者是, 今生 에 밧ᄂᆫ 거시 이라 ᄒ니라. 《朴新諺 2, 7ㅎ》有苦同受有樂同享, 괴로움이 잇거 든 ᄒᆫ가지로 밧고 즐거움이 잇거든 ᄒᆫ 가지로 누리면. 《朴新諺 2, 34ㅎ》若作非 理必受其殃, 만일 非理에 노롯슬 ᄒ면 반 ᄃ시 그 앙화를 밧는다 ᄒ니. 《朴新諺 3, 5ㅈ》受他錢財替他說情, 뎌의 錢財를 밧고 뎌를 ᄀᆞ르차 情을 니르니. 《朴新諺 3, 5ㅈ》還有該管的書辦們也受了些錢財, 또 ᄀᆞ옴아는 셔반들도 이셔 져기 錢財를 밧고.

수(垂) 图 드리우다. 늘어뜨리다. ⇔드리 오다. 《集覽, 朴集, 上, 11ㅈ》馬有垂繮之 報. 漢高祖與項王會鴻門, 舞劒事急, 謀 脫. 匹〈疋〉馬南行, 道傍有一眢井, 馬到井 邊不肯行. 漢王恐追者至, 下馬入井. 《朴 新諺 2, 6ㅈ》撒網垂鉤的是大小漁船, 그 믈을 티고 낙시를 드리온 거슨 이 大小 漁船이오.

수(首) 图 앞. ●⇔앏. 《朴新諺 3, 12ㅈ》那 藥舖門首橫子上, 뎌 藥舖 門 앏 궤 우희. ●⇔앏ᄒ. 《朴新諺 3, 55ㅎ》已到張編修 門首了, 볼셔 張編修의 門 앏히 다ᄃᆺ거다.

수(修) 图 ❶다듬다. ●⇔다듬다. 《朴新 諺 1, 50ㅎ》修脚錢是六箇, 발톱 다듬는 갑슨 여숫 낫 돈이니. ●⇔다둠다. 《朴 新諺 1, 51ㅎ》然後剃頭修脚, 그린 후에 마리 깍고 발톱 다둠고. ❷닭다. ⇔닷ᄀ 다. 《朴新諺 1, 31ㅈ》想來這都是前世修 來的, 싱각건대 다 이 前世에 닷가 온 거 시라.

수(袖) 图 소매. ●⇔ᄉ매. 《集覽, 朴集,

上, 8ㅎ》剌通袖膝欄. 元時好着此衣, 前後 具胷背, 又連肩而通袖之脊, 至袖口爲紋, 當膝周圍亦爲紋如欄干, 然織成段匹爲衣 者有之, 或皮或帛, 用綵線周遭回曲爲緣, 如花樣, 剌〈剌〉爲草樹〈尌〉・禽獸・山 川・宮殿之文於〈紋於〉其內, 備極奇巧, 皆用團領着之, 其直甚高. 達達〈ㄷ〉之俗, 今亦猶然. 뷔윤 실로 치질ᄒ니를 呼爲 剌, 亦曰紐, 音扣. 《集覽, 朴集, 下, 1ㅈ》 丟袖. 音義云, ・ᄉ・미〈매〉 조쳐:내・ᄇ・틴 갓・옷. 《朴新諺 2, 7ㅈ》我有沈香繡袖袍 一件, 내게 침향빗체 ᄉ매에 슈노흔 큰 옷 ᄒᆫ 볼이 이셔. 《朴新諺 3, 6ㅎ》把我的 銀鼠皮襖上的貂鼠袖, 내 銀鼠皮 갓옷세 올린 쵸피 ᄉ매를다가. ●⇔ᄉ미. 《集 覽, 朴集, 下, 1ㅈ》丟袖. 音義云, ・ᄉ・미 〈매〉 조쳐:내・ᄇ・틴 갓・옷.

수(授) 图 뒤지다. 수색하다. 뒤져서 찾다. ⇔뒤이다. 《朴新諺 2, 35ㅈ》搜出幾箇血 瀝瀝的尸首來, 여러 피 뜻듯ᄂ 尸首를 뒤 어 내고. 《朴新諺 2, 35ㅈ》搜出珠子・絹 疋來, 진쥬와 絹疋을 뒤어 내고.

수(酥) 图 수유(酥油). (소나 양의 젖을 끓 여서 만든 기름) ⇔수유. 《朴新諺 3, 36 ㅈ》黃燒餅, 누른 燒餅과. 油酥燒餅, 수유 에 디딘 燒餅과.

수(酥) 톙 ●바삭바삭하다. ⇔걱걱ᄒ다. 《集覽, 朴集, 下, 7ㅈ》黃燒餅. 事林廣記 云, 每麵〈糆〉一斤, 入油一兩半, 炒塩一 錢, 冷水和搜得所, 骨魯槌研開, 鏊上煿 〈煿〉熟, 得硬塘火燒熟, 甚酥美. 酥, 걱걱 ᄒ다〈석석ᄒ다〉. ●서걱서걱하다. 바 삭바삭하다. ⇔석석ᄒ다. 《集覽, 朴集, 下, 7ㅈ》黃燒餅. 事林廣記云, 每麵〈糆〉 一斤, 入油一兩半, 炒塩一錢, 冷水和搜得 所, 骨魯槌研開, 鏊上煿〈煿〉熟, 得硬塘火 燒熟, 甚酥美. 酥, 걱걱ᄒ다〈석석ᄒ다〉.

수(須) 图 기다리다. ⇔기드리다. 《朴新諺 1, 7ㅎ》湏〈須〉富貴何時, 富貴룰 어너 째 예 기드리리오 ᄒ니.

수(須) 閇 모름지기. ●⇔모로미.《朴新諺
1, 15ㅎ》不湏(須)貼膏藥, 모로미 膏藥을
부치디 말고.《朴新諺 1, 19ㅈ》大槩湏
(須)得五錢價銀一件, 大槩 모로미 닷 돈
은에 ᄒᆞᆫ 불을 어드리라.《朴新諺 1, 26
ㅎ》咱們不湏(須)爭論, 우리 모로미 ᄃᆞ토
지 말고.《朴新諺 2, 18ㅈ》茶飯也須早些
辦備, 茶飯도 모로미 일즉이 辦備ᄒᆞ게
ᄒᆞ라.《朴新諺 2, 27ㅎ》你須念我這秋月
紗窓一片心, 네 모로미 내 이 秋月 紗窓
一片心을 ᄉᆡᆼ각ᄒᆞ여. ●⇔모롬이.《朴新
諺 1, 19ㅈ》這箇不湏(須)太爺們囑咐, 이
ᄂᆞᆫ 모롬이 太爺들이 당부 말라.《朴新諺
1, 23ㅎ》湏(須)得銀二百両, 모롬이 銀 二
百両을 어드리라.《朴新諺 2, 1ㅈ》須要
走快的, 모롬이 ᄃᆞ롬이 ᄲᆞᆯ른 거슬 ᄒᆞ고
져 ᄒᆞ노라.《朴新諺 2, 27ㅎ》須早些約箇
佳期纔妙哩, 모롬이 일즉 佳期를 언약홈
이 마치 妙ᄒᆞ니라.《朴新諺 3, 15ㅈ》身
子粗安無須憂念, 몸이 져기 편안ᄒᆞ니 모
롬이 憂念치 마르쇼셔.

수(愁) 图 근심하다. ⇔근심ᄒᆞ다.《集覽,
字解, 單字解, 6ㅈ》殺. 氣殺我 애둘와 셜
웨라, 猶言以此而可至於死也. 又愁殺人
사ᄅᆞᆯ ᄀᆞ장 근심ᄒᆞ야 셟게 ᄒᆞ다. 又廝
殺 싸호다. 又助語辭. 最深殺 ᄀᆞ장 깁다.

수(綉) 图 =수(繡). '綉'는 '繡'의 속자.《正
字通, 糸部》繡, 俗作綉.《集覽, 朴集, 上,
9ㅈ》納綉. 以未合之絲滿綉紗面, 不令紗
之本質外見者, 呼爲納綉. 綉亦作繡.

수(瘦) 图 여위다. 수척하다. ●⇔여외다.
《朴新諺 1, 25ㅎ》瘦的馬就便肥了, 여윈
ᄆᆞᆯ도 이믜셔 곳 술지리라. ●⇔여위다.
《朴新諺 1, 2ㅈ》若買瘦的, 만일 여윈 거
슬 사면.《朴新諺 2, 22ㅎ》瘦倒的倒了,
여위여 것구러지리 것구러지고.

수(睡) 图 ●누이다[臥]. 눕다. ⇔누이다.
《朴新諺 1, 55ㅈ》把孩兒睡在裏頭, 아희
를다가 안히 누이고. ●⇔자다. 자다.
《集覽, 字解, 單字解, 5ㅎ》就. 卽也. 就將

來 즉재 가져오라, 就有了·就去了. 又
遂也. 就那裏睡了 게셔 자다, 就便 곧. 又
就行 드듸여셔 ᄒᆞ다.《朴新諺 1, 24ㅎ》
夜裏又死睡不肯起來添草, 밤에 ᄯᅩ 죽은
ᄃᆞ시 자고 즐겨 니러 여믈을 더 주지 아
니ᄒᆞ니.《朴新諺 1, 39ㅎ》一箇老子當路
睡, ᄒᆞᆫ 늙은이 길히 當ᄒᆞ여 자거든.《朴
新諺 2, 6ㅈ》睡着站着的是鷗鷺, 자며 셧
ᄂᆞᆫ 거슨 이 鷗鷺ㅣ오.《朴新諺 2, 21ㅎ》
到那裏各自省睡些, 뎨 가 각각 좀을 덜
자고.《朴新諺 2, 52ㅈ》倒在床上便打鼾
睡, 床 우희 것구러져 곳 코 고오고 자거
늘.《朴新諺 3, 4ㅈ》做一頂蚊帳掛着睡纔
好, ᄒᆞᆫ 볼 모긔帳을 믄드라 치고 자야
마치 됴흐리라.

수(需) 图 쓰직하다. 쓸 만하다. 필요로 하
다. 요구되다. ⇔뗌즉ᄒᆞ다.《朴新諺 3,
59ㅎ》又正是咱秀才們必需之物, ᄯᅩ 정히
우리 秀才들의 반ᄃᆞ시 뗌즉ᄒᆞᆫ 거시도다.

수(數) 동 헤아리다. ⇔혜다.《朴新諺 3,
44ㅈ》繫着孝帶的不可勝數, 복씌 씌니 可
히 이긔여 혜지 못ᄒᆞ러라.

수(數) 명 수(數). 수목(數目). 수량(數量).
⇔수.《朴新諺 1, 24ㅈ》共湊二百両之數,
대되 二百両 數롤 모도아야.《朴新諺 2,
5ㅎ》與那名花·奇樹也不知其數, 다못
뎌 名花와 奇樹ᄂᆞᆫ 그 수롤 아지 못ᄒᆞ니.

수(誰) 대 ●누구. ⇔누.《朴新諺 1, 36ㅈ》
似你這一等和尙不打還打誰呢, 너 ᄀᆞᆺ흔
이런 듕을 티지 아니코 도로혀 누롤 티
리오. ●누구가. ⇔뉘.《朴新諺 1, 15ㅈ》
誰知道就長起這瘡來了, 뉘 믄득 이 瘡이
ᄌᆞ랄 줄을 알리오.《朴新諺 1, 34ㅈ》誰
想到今年已是一年半了, 뉘 올히 다드라
이믜 一年 半에.《朴新諺 2, 3ㅎ》誰肯向
他開口, 뉘 즐겨 뎌를 향ᄒᆞ여 입을 열리
오.《朴新諺 2, 12ㅈ》誰知道做得狠(很)
不如式, 뉘 아더냐 믄드롬이 ᄀᆞ장 법 ᄀᆞᆺ
지 아니ᄒᆞ고.《朴新諺 2, 37ㅎ》他旣變了
面目誰保他, 뎨 임의 面目을 變ᄒᆞ면 뉘

도로혀 더룰 긔수ᄒᆞ리오.《朴新諺 2, 58
ㅈ》是誰家的牢子呢, 이 뉘 집 牢子ㅣ러
뇨.《朴新諺 3, 6ㅎ》這是誰的不是, 이거
시 이 뉘 그름고.《朴新諺 3, 42ㅈ》誰知
道他的就裡, 뉘 뎌의 속을 알리오.《朴新
諺 3, 42ㅎ》陰陽是誰, 陰陽ᄒᆞᄂᆞᆫ 이ᄂᆞᆫ 이
뉘러뇨. ●아무[某]. ⇔아모.《朴新諺 1,
40ㅈ》墻上一箇琵琶任誰不敢拿他, 담 우
희 ᄒᆞᆫ 琵琶롤 아모도 敢히 더룰 잡지 못
ᄒᆞᄂᆞᆫ 거시여.

수(樹) 뗭 나무. ⇔남ㄱ.《朴新諺 3, 3ㅎ》
風不來樹不搖, ᄇᆞ람이 부지 아니면 남기
흔더기지 아니코. 雨不來河不漲, 비 오
지 아니면 믈이 넘지 아니ᄒᆞ다 ᄒᆞ니라.

수(輸) 동 지다. 패하다. ⇔지다.《朴新諺
1, 26ㅈ》咱們下一局賭箇輸贏如何, 우리
흔 판 두어 지며 이긔믈 더ᄂᆞ미 엇더ᄒᆞ
뇨.《朴新諺 1, 27ㅈ》看來是我輸了, 보아
ᄒᆞ니 이 내 졋도다.《朴新諺 1, 27ㅈ》筭
我輸給你一隻羊, 내 네게 ᄒᆞᆫ 羊을 져 주
량으로 혜고.《朴新諺 1, 53ㅈ》輸了的就
去辦, 지ᄂᆞ니 즉시 가 쟝만ᄒᆞ고.《朴新諺
2, 52ㅈ》他前日輸與我的猪頭也不肯買,
뎨 그젓긔 내게 진 돗희 머리도 즐겨 사
지 아니ᄒᆞ니.《朴新諺 2, 55ㅈ》姐姐若輸
了也再不要違了我的言語如何, 각시 만일
져도 ᄯᅩ 내 말을 어긔롯지 말미 엇더ᄒᆞ
뇨.《朴新諺 2, 55ㅈ》我輸了再不敢違姐
姐的言語, 내 지면 ᄯᅩ 감히 각시의 말을
어긔롯지 못ᄒᆞ고.《朴新諺 3, 23ㅎ》那一
箇輸了, 아모나 ᄒᆞ나히 지거든.《朴新諺
3, 24ㅈ》但動的便筭輸, 다만 動ᄒᆞᄂᆞᆫ 이
를 곳 지니로 혜니라.《朴新諺 3, 26ㅈ》
先生又輸了, 先生이 ᄯᅩ 지니라.

수(隨) 동 ●…하고 …하다. …하는 대로
(족족) …하다.《朴新諺 1, 47ㅎ》隨各人
送罷咧, 各人의 보내ᄂᆞᆫ대로 ᄒᆞᄂᆞ니라.
●좇다[從]. 따르다. ⇔좇다.《朴新諺 2,
29ㅎ》隨相現相救苦難於三塗, 相을 조차
相을 뵈야 苦難을 三途에 救ᄒᆞᄂᆞᆫᄯᅩ다.

수(隨) 閉 마음대로. ⇔ᄆᆞᅀᆞᆷ모로.《集覽,
字解, 單字解, 5ㅈ》隨. 從也. 隨你 네 ᄆᆞ
ᅀᆞᆷ모로, 隨喜 구경ᄒᆞ다, 隨從 조ᄎᆞ니. 吏
語, 根隨 좃다.

수(雖) 閉 비록. 비록 …이지만. ⇔비록.
《朴新諺 1, 2ㅈ》京城街市上槽房雖多, 京
城 져제에 술집이 비록 만흐나.《朴新諺
1, 16ㅎ》雖比不得上用段子, 비록 上用ᄒᆞᆯ
비단에는 비치 못ᄒᆞ나.《朴新諺 2, 1ㅎ》
一箇赤色馬雖生的十分可愛, ᄒᆞᆫ 졀짜물
이 비록 삼긴 거시 ᄀᆞ장 고으나.《朴新
諺 3, 19ㅈ》雖無大出息, 비록 크게 出息
홈이 업스나.

수(繡) 동 수놓다. ⇔슈놓다.《集覽, 朴集,
上, 9ㅈ》納繡. 以未合之絲滿繡紗面, 不令
紗之本質外見者, 呼爲納繡. 繡亦作繼.
《朴新諺 2, 7ㅈ》我有沈香繡袖袍一件, 내
게 침향빗체 ᄉᆞ매에 슈노흔 큰옷 ᄒᆞᆫ 불
이 이셔.《朴新諺 2, 7ㅈ》我的胷背怎麽
赶上你的繡袍, 내 胷背 엇디 네 슈노흔
큰옷세 미츠리오.

수(繡) 뗭 수. ⇔슈.《朴新諺 2, 53ㅎ》我好
做一雙小綉鞋與他賀一賀, 내 ᄒᆞᆫ ᄡᅡᆼ 져근
슈신을 믄드라 져룰 주어 하례홈이 됴타.

수(讐) 뗭 원수(怨讐). ⇔원슈.《朴新諺 3,
23ㅎ》這的不是大讐麼, 이거시 큰 원슈
아니가.

수가(隨駕) 동 어가(御駕)를 수행하다. 제
왕을 수행하다. ⇔수가ᄒᆞ다(隨駕-).
《朴新諺 2, 20ㅈ》我便要隨駕起身去, 내
곳 隨駕ᄒᆞ여 起身ᄒᆞ여 가려 ᄒᆞ니.

수가ᄒᆞ다(隨駕-) 동 수가(隨駕)하다. ⇔
수가(隨駕).《朴新諺 2, 20ㅈ》我便要隨
駕起身去, 내 곳 隨駕ᄒᆞ여 起身ᄒᆞ여 가려
ᄒᆞ니.

수각(修脚) 동 발톱을 다듬다. 발가락을
손질하다.《朴新諺 1, 50ㅎ》修脚錢是六
箇, 발톱 다듬는 갑슨 여슷 낫 돈이니.
《朴新諺 1, 51ㅎ》然後剃頭修脚, 그린 후
에 마리 싹고 발톱 다듬고.

수각(睡覺) 동 졸다[眠]. 자다. ⇔조올다.
《朴新諺 3, 13ㅎ》一會児倚着欄干便打頓
睡覺了, 혼 지위 欄干을 지혀 곳 조오더
니.

수갈(水褐) 명 수갈색(水褐色). 물빛을 띤
갈색. 《集覽, 朴集, 上, 15ㅎ》串香褐. 串
香者, 合和諸香以爲佩者也. 凡稱〈称〉染
色之少文采〈彩〉者曰褐. 串香褐・麝香褐
・鷹背褐・蜜褐・茶褐, 卽黃黑雜色也.
玉褐・艾褐・水褐・銀褐, 卽白黑雜色
也. 藕褐, 卽紫黑雜色也. 深淺異色, 各取
其像.

수강(垂繮) 동 고삐를 드리우다. 고삐를
늘어뜨리다. ⇔수강ᄒ다(垂繮-).《集覽,
朴集, 上, 11ㅈ》馬有垂繮之報. 漢高祖與
項王會鴻門, 舞劒事急, 謀脫. 匹〈疋〉馬南
行, 道傍有一眢井, 馬到井邊不肯行. 漢王
恐追者至, 下馬入井. 項王追至井傍, 見馬
跡至井而止, 謂漢王在井, 令人下井搜求.
見井口有蜘蛛罩網, 鵓鴿一雙出井飛去, 謂
無人在中, 項王還壁. 翌日, 其馬到井垂繮,
漢王執之而出.《朴新諺 1, 42ㅎ》狗有濺
草之恩, 개는 濺草혼 思이 잇고. 馬有垂繮
(朴新注, 16ㅎ: 漢高祖自鴻門, 脫歸匹馬南
行, 道傍有一眢井, 馬到井邊不肯行. 高祖
恐追者至, 下馬入井. 項王追至井傍, 見馬
跡, 謂高祖在井, 令人下井搜求. 見井口有
蜘蛛罩網, 鵓鴿一雙出井飛去, 謂無人仍
還. 翌日, 其馬到井垂繮, 高祖執而出.)之
報, 물은 垂繮혼 報ㅣ 잇다 ᄒ니라.

수강ᄒ다(垂繮-) 동 수강(垂繮)하다. ⇔
수강(垂繮).《朴新諺 1, 42ㅎ》狗有濺草
之恩, 개는 濺草혼 思이 잇고. 馬有垂繮
(朴新注, 16ㅎ: 漢高祖自鴻門, 脫歸匹馬
南行, 道傍有一眢井, 馬到井邊不肯行. 高
祖恐追者至, 下馬入井. 項王追至井傍, 見
馬跡, 謂高祖在井, 令人下井搜求. 見井口
有蜘蛛罩網, 鵓鴿一雙出井飛去, 謂無人
仍還. 翌日, 其馬到井垂繮, 高祖執而出.)
之報, 물은 垂繮혼 報ㅣ 잇다 ᄒ니라.

수갱(水坑) 명 물웅덩이. 못.《朴新諺 1,
42ㅎ》狗有濺草(朴新注, 16ㅎ: 晉時, 楊生
養狗, 甚愛. 生醉臥大澤草中. 夜(野)火起
風猛, 狗呼喚, 生不覺. 狗走徃水坑, 以身
漬水, 洒生所臥草, 生得不死.)之恩, 개는
濺草혼 思이 잇고. 馬有垂繮之報, 물은
垂繮혼 報ㅣ 잇다 ᄒ니라.

수건(手巾) 명 수건. 손수건.《朴新諺 1,
29ㅎ》白綾飄帶(朴新注, 11ㅎ: 如手巾之
屬, 繫扵腰帶之左右.), 白綾 飄帶ㅣ오.
《朴新諺 1, 30ㅎ》両邊小刀荷包手巾, 두
편에 겨근 칼과 주머니 手巾이.

수검(搜撿) 동 =수검(搜檢). '撿'은 '檢'의
잘못.《集覽, 朴集, 下, 5ㅎ》元寶. 南村輟
耕錄云, 至元十三年, 元兵平宋, 回至楊
(揚)州, 丞相伯顔號令搜撿(檢)將士行李,
所得撒花銀子, 銷鑄作錠, 每五十兩爲一
錠, 歸朝獻〈献〉納.

수검(搜檢) 동 금제품(禁制品) 따위를 수
색하여 검사하다. 뒤져가며 검사하다.
《集覽, 朴集, 下, 5ㅎ》元寶. 南村輟耕錄
云, 至元十三年, 元兵平宋, 回至楊(揚)州,
丞相伯顔號令搜撿(檢)將士行李, 所得撒
花銀子, 銷鑄作錠, 每五十兩爲一錠, 歸朝
獻〈献〉納.

수과(水果) 명 과일. 과실.《朴新諺 1, 2
ㅈ》買些乾果・水果, 져기 乾果와 水果
를 사.

수관(水官) 명 도관(道觀)에서 받들어 모
시는 세 신관(神官)의 하나.《集覽, 朴集,
下, 11ㅈ》好女不看燈. 宣和遺事云, 天官
好樂, 地官好人, 水官好燈.

수관(收管) 동 수장(收藏)하다. 보존하다.
수집하다.《朴新諺 3, 54ㅈ》收管者謝銀
六兩, 거두어 두느니는 銀 엿 냥을 샤례ᄒ
리라.

수구(袖口) 명 소맷부리.《集覽, 朴集, 上,
8ㅎ》刺通袖膝欄. 元時好着此衣, 前後具
胷背, 又連肩而通袖之脊, 至袖口爲紋, 當
膝周圍亦爲紋如欄干, 然織成段匹爲衣者

有之, 或皮或帛, 用綵線周遭回曲爲緣, 如花㨾, 刺〈刺〉爲草樹〈尌〉・禽獸・山川・宮殿之文於〈紋於〉其內, 備極奇巧, 皆用團領着之, 其直甚高.

수구(搜求) 图 수색하여 찾다.《集覽, 朴集, 上, 11ㅈ》馬有垂繮之報. 漢高祖與項王會鴻門, 舞劒事急, 謀脫. 匹〈疋〉馬南行, 道傍有一眢井, 馬到井邊不肯行. 漢王恐追者至, 下馬入井. 項王追至井傍, 見馬跡至井而止, 謂漢王在井, 令人下井搜求. 見井口有蜘蛛罩網, 鵓鴿一雙出井飛去, 謂無人在中, 項王還壁. 翌日, 其馬到井垂繮, 漢王執之而出.《朴新諺 1, 42ㅎ》狗有濺草之恩, 개는 濺草혼 思이 잇고. 馬有垂繮(朴新注, 16ㅎ: 漢高祖自鴻門, 脫歸匹馬南行, 道傍有一眢井, 馬到井遑不肯行. 高祖恐追者至, 下馬入井. 項王追至井傍, 見馬跡, 謂高祖在井, 令人下井搜求. 見井口有蜘蛛罩網, 鵓鴿一雙出井飛去, 謂無人仍還. 翌日, 其馬到井垂繮, 高祖執而出.)之報, 물은 垂繮혼 報ㅣ 잇다 ᄒ니라.

수구(綉釦) 图 =수구(繡釦). '綉'는 '繡'의 속자.《正字通, 糸部》繡, 俗作綉.《集覽, 朴集, 上, 12ㅎ》皮金. 未詳. 質問云, 以厚紙上貼金, 女人粧〈綉〉釦之用. 又云, 將金搥打如紙張之薄, 方言爲之皮金.

수구(繡釦) 图 단추를 아름답게 꾸미다.《集覽, 朴集, 上, 12ㅎ》皮金. 未詳. 質問云, 以厚紙上貼金, 女人粧〈綉〉釦之用. 又云, 將金搥打如紙張之薄, 方言爲之皮金.

수국(水國) 图 강이나 호수 따위가 많거나 바다로 둘러싸인 나라를 비유하여 이르는 말.《朴新諺 3, 49ㅎ》都付這水國魚鄕了, 다 이 水國 魚鄕에 부티고.

수궁(守宮) 图 도마뱀붙잇과의 하나. 도마뱀과 비슷한데 몸의 길이는 12cm 정도이며, 야행성으로 주로 인가 가까이 살며 작은 소리로 운다. 음력 5월 5일에 잡아 주사(朱砂)를 먹여 기른 뒤, 다음해 단오(端午)에 짓찧어 궁녀의 팔뚝에 바르면, 성교를 하기 전에는 그 흔적이 지워지지 않는다 하여 붙여진 이름이다.《集覽, 朴集, 下, 5ㅈ》蠍〈蝎〉虎. 蠑蚖・蜥蜴・蝘蜓・守宮, 一物而四名. 在壁曰守宮, 在草曰蜥蜴. 守宮卽蠍〈蝎〉虎也. 褐色四足, 偃伏壁間, 名蝘蜓, 亦曰守宮.《朴新諺 3, 33ㅈ》一箇蝦蟆鼈壺・蝎虎(朴新注, 56ㅈ: 一名守宮, 又曰蝘蜓.)盞, 혼 蝦蟆 鼈壺와 蝎虎盞을 민ᄃ라 주고려.

수근채(水芹菜) 图 미나리. ⇔미나리.《朴新諺 2, 40ㅈ》水芹菜也好吃了, 미나리도 먹기 됴흐니.

수기(手記) 图 가락지의 다른 이름. 후비(后妃)나 군첩(群妾)이 임금을 모실 때 표지로서 가락지를 끼었기 때문에 일컫는 말이다.《集覽, 朴集, 上, 7ㅎ》窟嵌戒指. 今按, 窟嵌者, 指環之背剜空爲穴, 用珠塡穴爲飾. 總龜〈亀〉云, 亦名手記, 所飾玉石呼爲戒指面.

수놓다(繡-) 图 수놓다. ⇔수화(繡花).《朴新諺 1, 29ㅎ》繫着鴉青緞子繡花護膝, 야청 비단에 繡노흔 슬갑을 미고.

수니(隨你) 图 너의 마음대로.《集覽, 字解, 單字解, 5ㅈ》隨. 從也. 隨你 네 ᄆᆞᄋᆞᆷ모로, 隨喜 구경ᄒ다, 隨從 조ᄎ니. 史語, 根隨 좃다.

수다라(修多羅) 图〈불〉인도(印度)에서 책을 꿰맬 때 여러 겹의 실을 꼬아서 사용하였기 때문에, 전의되어 경전(經典)의 뜻으로 쓰인다.《集覽, 朴集, 下, 1ㅈ》唐三藏法師〈三藏〉. 三藏, 經一藏, 律一藏, 論一藏. 曰脩多羅, 卽阿難聖衆結集爲經. 曰毗奈耶, 一曰毗尼, 卽優波尊者結集爲律. 曰阿毗曇, 卽諸大菩薩衍而爲論.

수다라(脩多羅) 图 =수다라(修多羅). '脩'는 '修'와 같다.《易, 井》井甃無咎, 脩井也.《集覽, 朴集, 下, 1ㅈ》唐三藏法師〈三藏〉. 三藏, 經一藏, 律一藏, 論一藏. 曰脩多羅, 卽阿難聖衆結集爲經. 曰毗奈耶, 一曰毗尼, 卽優波尊者結集爲律. 曰阿毗曇,

卽諸大菩薩衍而爲論.

수도(收到) 图 받다. 얻다. 입수(入手)하다. ⇔받다. 《朴新諺 3, 15ㅈ》不知收到否, 아지 못게라 바드신가 못ᄒ신가.

수도(修道) 圀 〈불〉 삼도(三道)의 둘째 단계. 감정이나 의지로부터 일어나는 온갖 번뇌의 속박에서 벗어나기 위하여 되풀이해서 수행하는 단계이다. 《集覽, 朴集, 下, 1ㅎ》魔障. 翻譯名義云, 梵語魔, 此云障也, 能爲修道作障碍. 《集覽, 朴集, 下, 9ㅈ》道場. 反(飜)譯名義云, 修道之塲, 僧寺或名道塲. 隋煬帝勑天下寺院皆名道塲. 《朴新諺 3, 43ㅈ》昨夜做道塲(朴新注, 59ㅎ: 修道之塲, 僧寺或名道塲.)有你在那裡麽, 어젯밤 道塲흘 제 네 거긔 잇더냐.

수라복(水蘿葍) 圀 즙이 많은 무의 한 가지. ⇔물한댓무우. 《朴新諺 2, 39ㅎ》蘿葍, 댓무우. 蔓菁, 쉿무우. 萵苣, 부로. 葵菜, 아혹. 白菜, 비치. 赤根菜, 시근치. 芫荽, 고싀. 蔥, 파. 蒜, 마눌. 薤菜, 부치. 荊芥, 형개. 薄荷, 박하. 茼蒿, 믈뿍. 水蘿葍, 물한댓무우. 胡蘿葍, 노른댓무우. 芋頭, 토란. 紫蘇都好種的, 紫蘇를 다 시믐이 됴타.

수락(數落) 图 헤아리다. 또는 (잘못을 하나하나 열거하며 꾸짖다. 일일이 따지며 질책하다. ⇔혜다. 《集覽, 字解, 單字解, 7ㅎ》落. 落了 디다. 又院落 뜰. 又落下 뻐디우다. 又數落了罪過 죄목 혜다. 又吏語, 下落 간 곧, 又發落 공ᄉ 긇내다.

수래(修來) 图 〈불〉 미래의 선행을 닦다. ⇔수래ᄒ다(修來-). 《朴新諺 3, 14ㅈ》誠心懺悔改徃修來去罷, 誠心으로 懺悔ᄒ여 改徃 修來ᄒ라 가라.

수래ᄒ다(修來-) 图 〈불〉 수래(修來)하다. ⇔수래(修來). 《朴新諺 3, 14ㅈ》誠心懺悔改徃修來去罷, 誠心으로 懺悔ᄒ여 改徃 修來ᄒ라 가라.

수렴동(水簾洞) 圀 중국의 소설 서유기(西遊記)에 나오는, 화과산(花菓山) 아래에 있으며 폭포수에 가려져 있다는 동굴 이름. 《集覽, 朴集, 下, 4ㅈ》孫行者. 西遊記云, 西域有花菓山, 山下有水簾洞, 洞前有鐵板橋, 橋下有萬丈澗, 澗邊有萬箇小洞, 洞裏多猴. 有老猴精, 號齊天大聖, 神通廣大, 入天宮仙桃園偸蟠桃, 又偸老君靈丹藥, 又去王母宮偸王母綉仙衣一套, 來設慶仙衣會.

수령관(首領官) 圀 종인부(宗人府)의 경력(經歷)이나 육부(六部)의 주사(主事)를 이르던 말. 《集覽, 朴集, 中, 8ㅈ》首領官. 今宗人府經歷爲首領官, 六部主事爲首領官之類, 然未詳取義. 但各衙門有首領官, 如有司之任, 主出納一司公事. 《朴新諺 2, 51ㅈ》那幾日你又說首領官纔做稿呈堂, 져즘의 네 ᄯ 니ᄅ되 首領官이 ᄌ 초를 민그라 당샹의 드리니.

수로(水路) 圀 물길. (배를 타고 물로 다니는 길) ⇔믈길. 《朴新諺 2, 21ㅎ》你是水路來還是旱路來, 네 이 믈길로 온다 ᄯ 이 뭇길로 온다.

수록(水綠) 圀 연록(軟綠). 연녹색(軟綠色). 《朴新諺 1, 46ㅈ》我有現成水綠(朴新注, 18ㅈ: 深綠也.)絲紬, 내게 現成ᄒ 水綠 絲紬ㅣ 잇다. 《朴新諺 2, 14ㅈ》被當頭要染水綠的, 니블 기슨 水綠을 드리고져 ᄒ고.

수리(修理) 图 손보아 고치다. ⇔수리ᄒ다(修理-). 《朴新諺 1, 10ㅈ》只好等到秋來再修理罷, ᄀ올을 기ᄃ려 다시 修理홈이 무던ᄒ다.

수리ᄒ다(修理-) 图 수리(修理)하다. ⇔수리(修理). 《朴新諺 1, 10ㅈ》只好等到秋來再修理罷, ᄀ올을 기ᄃ려 다시 修理홈이 무던ᄒ다.

수면(水面) 圀 물. 수면. ⇔물. 《朴新諺 2, 5ㅎ》再看那閣前水面上, 다시 뎌 閣 앏 물 우흘 보니.

수미(收米) 图 쌀을 거두어들이다. 《朴新諺 1, 14ㅈ》然後到關籌(朴新注, 5ㅎ: 籌,

以木爲之, 收·放米計數之物. 每米一石, 對籌一根.)的所在領過籌來, 그린 후에 사슬 틑는 곳에 가 사슬을 틑 와야.

수민(愁悶) 휑 걱정스럽다. 우울(憂鬱)하다. 고민(苦悶)스럽다. ⇔수민ᄒᆞ다(愁悶-).《朴新諺 2, 39ㅈ》解解愁悶如何, 愁悶홈을 풀미 엇더ᄒᆞ뇨.

수민ᄒᆞ다(愁悶-) 휑 수민(愁悶)하다. ⇔수민(愁悶).《朴新諺 2, 39ㅈ》解解愁悶如何, 愁悶홈을 풀미 엇더ᄒᆞ뇨.

수반(水飯) 명 죽(粥).《朴新諺 2, 16ㅎ》做乾飯呢還是水飯, 乾飯을 지으랴 또 이 水飯을 ᄒᆞ랴.

수별면(水撤麪) 명 =수별면(水撤麵). ‘麪’은 ‘麵’과 같다.《說文, 麥部》麪, 麥屑末也.〈段玉裁注〉末者, 屑之尤細者.《集覽, 朴集, 中, 1ㅎ》禿禿麼思. 一名手撤麪〈麵〉, 卽本國믜역져비.

수별면(水撤麵) 명 수제비의 한 가지. 밀가루 반죽을 작고 동글납작하게 만들어 익힌 뒤, 수유(酥油)에 볶은 양고기와 함께 시고 달콤한 맛이 나는 탕(湯)에 넣어 대꼬챙이로 찍어 먹는다.《集覽, 朴集, 中, 1ㅎ》禿禿麼思. 一名手撤麪〈麵〉, 卽本國믜역져비.

수병(饅餅) 명 떡의 한 가지. 밀가루를 기름과 반죽하여 조그맣게 떼어낸 뒤 떡살로 눌러 익혀 만든다. 차를 마실 때 함께 먹는다.《集覽, 朴集, 上, 1ㅈ》隨食. 音義云, 與拖爐相似. 質問云, 以麥糆和油作小餅, 喫茶時食之, 取其香酥也. 原本用隨字, 故反(飜)譯亦用隨字, 俗音:취, 今更質之, 字作饅, 宜從:쉬音讀, 今俗亦曰饅餅.

수보리(須菩提) 명 〈불〉 불도(佛道)가 높고 출가한 기간이 오랜 중.《集覽, 朴集, 下, 1ㅈ》長老. 僧有智德可尊者曰長老. 又道高臘長呼爲須菩提, 亦曰長老.

수복(繡腹) 명 수를 놓은 듯 아름다운 마음이란 뜻으로, 문장이 화려함을 비유하는 말.《朴新諺 3, 49ㅎ》把我這錦心繡腹, 내 이 錦心 繡腹을다가.

수봉(修奉) 동 보수(補修)하고 제사를 지내다.《集覽, 朴集, 下, 4ㅎ》大醮. 上元金籙齋, 帝王修奉, 設普天大醮.

수분(水盆) 명 물이 담긴 소래기. 대야. ⇔물소라.《朴新諺 1, 54ㅎ》把孩子放在水盆裏洗, 아ᄒᆡ롤다가 물 소라에 너허 삣기면.

수사아(手絲兒) 명 십성(十成). 금은(金銀)의 품질을 10등분한 가운데 제1등. 곧, 순도가 10할인 금은.《集覽, 朴集, 上, 9ㅎ》細絲官銀. 銀十品曰十成, 曰足色, 曰成色, 曰細絲, 曰手絲兒, 曰吹螺, 曰白銀. 九品曰九成, 曰靑絲. 八品曰八成. 總稱〈總稱〉元寶〈宝〉. 元寶釋見下.《朴新諺 1, 33ㅈ》我的都是細絲(朴新注, 12ㅎ: 銀十品曰十成, 曰足色, 曰成色, 曰細絲, 曰手絲兒, 曰吹螺, 曰白銀. 九品曰九成, 曰靑絲. 八品曰八成.)銀子, 내 거슨 다 이 細絲銀이라.

수살(愁殺) 동 근심하다. 또는 못 견디게 걱정되다. 근심으로 애가 타다. ⇔근심ᄒᆞ다.《集覽, 字解, 單字解, 6ㅈ》殺. 氣殺我 애둘와 셜웨라, 猶言以此而可至於死也. 又愁殺人 사ᄅᆞ믈 ᄀᆞ장 근심ᄒᆞ야 셟게 ᄒᆞ다. 又廝殺 싸호다. 又助語辭, 最深殺 ᄀᆞ장 깁다.《集覽, 朴集, 上, 13ㅈ》愁殺人. 謂人有愁之甚而可至於死, 甚言其愁之極也.《朴新諺 1, 52ㅎ》家貧不是貧路貧愁殺人, 家貧은 이 貧이 아니오 路貧이야 사롬을 근심케 ᄒᆞ다 ᄒᆞ니라.

수상(隨常) 명 상시(常時). 보통. 평상시. ⇔샹시.《朴新諺 1, 54ㅎ》隨常飮食休吃酸·甜·腥·辣等物, 샹시 음식에 쉰 것 둔 것 비린 것 미온 것들을 먹지 말고.

수상(隨相) 동 형상을 좃다.《朴新諺 2, 29ㅈ》或作童男或化童女(朴新注, 33ㅈ: 觀音隨相變化, 或化童男, 或化童女.), 或 童男이 되고 或 童女ㅣ 되며.

수색(水色) 명 물빛. 물의 빛깔.《朴新諺

3, 49ㅎ》消遣那山光水色, 뎌 山光 水色을 消遣ㅎ고.

수선(修善) 图 선행을 쌓거나 올바르게 행동하다. 《集覽, 朴集, 下, 1ㅎ》證果金身. 言果報者, 觀經疏云, 行眞實法感得勝報也. 又修善得善果, 作惡得惡報, 謂之果報. 《朴新諺 3, 9ㅎ》久後你也要得證正果(朴新注, 47ㅎ: 證, 應也, 果, 果報也. 證正果, 猶佛書所謂, 修善得善果之義.)哩, 오란 후에 너도 正果 證홈을 어드리라.

수성(收成) 图 수확하다. 거두어들이다. ⇔수성ㅎ다(收成-). 《朴新諺 2, 22ㅈ》謝天地只願好收成就勾了, 天地의 謝ㅎᄂ니 다만 원컨대 잘 收成ㅎ면 곳 넉넉ㅎ리로다.

수성(壽星) 图 남극노인성(南極老人星). (큰개자리에서 가장 밝은 별. 장수를 상징한다고 하여 붙여진 이름이다) 《朴新諺 1, 20ㅎ》有像壽星的, 壽星 又혼 것도 이시며.

수성ㅎ다(收成-) 图 수성(收成)하다. ⇔수성(收成). 《朴新諺 2, 22ㅈ》謝天地只願好收成就勾了, 天地의 謝ㅎᄂ니 다만 원컨대 잘 收成ㅎ면 곳 넉넉ㅎ리로다.

수세(收稅) 图 세금을 거두어들이다. 《集覽, 朴集, 上, 9ㅎ》店. 停物貨賣之舍, 客商〈商〉徃來者多寓之. 官所營建收稅者曰官店.

수세외 图 수세미외. ⇔초과(稍瓜). 《朴新諺 2, 40ㅈ》種些冬瓜, 져기 동화와. 西瓜, 슈박과. 甜瓜, 춤외와. 挿葫, 즈르박과. 稍瓜, 수세외와. 黃瓜, 외와. 茄子等類, 가지들을 심으라.

수소병(酥燒餅) 图 수유(酥油)를 넣어 만든 소병(燒餅). 《集覽, 朴集, 下, 7ㅈ》酥燒餅. 質問云, 以麥麵〈糆〉用酥油調和作成餅子, 烙熟最酥, 方言謂之酥燒餅.

수습(收拾) 图 ❶간수(看守)하다. 수습하다. 서룻다. ⇔간슈ㅎ다. 《集覽, 字解, 累字解, 1ㅈ》收拾. 간슈ㅎ다. 又셜엇다.

又거두다. ❷거두다. ⇔거두다. 《集覽, 字解, 累字解, 1ㅈ》收拾. 간슈ㅎ다. 又셜엇다. 又거두다. ❸서룻다. 정리하다. 정돈하다. ⇔셜엇다. 《集覽, 字解, 累字解, 1ㅈ》收拾. 간슈ㅎ다. 又셜엇다. 又거두다. ❹고치다. 손질하다. 수리(수선)하다. ⇔수습ㅎ다(收拾-). 《朴新諺 1, 10ㅈ》眼前就收拾怕甚麼呢, 시방 즉시 收拾ㅎ면 무서시 저프리오. 《朴新諺 2, 20ㅎ》怎麼這車輛還不曾收拾, 엇지 이 車輛을 당시롱 일즉 收拾지 아니ㅎ엿ᄂ뇨. 《朴新諺 2, 40ㅎ》你們把菜園都收拾好着, 너희들이 菜園을다가 다 收拾ㅎ기를 잘ㅎ고. 《朴新諺 2, 53ㅎ》若不用心收拾他, 만일 用心ㅎ여 뎌를 收拾지 아니ㅎ면. 《朴新諺 3, 6ㅎ》這些皮衣一夏天沒有收拾, 이 갓옷슬 혼 녀름을 收拾홈이 업더니. 《朴新諺 3, 7ㅈ》你們若依我這般用心收拾, 너희 만일 내대로 이리 用心ㅎ여 收拾ㅎ더면. 《朴新諺 3, 8ㅈ》且慢些收拾, 아직 날호여 收拾ㅎ게 ㅎ고. 《朴新諺 3, 9ㅎ》好收拾這炕, 됴히 이 캉을 收拾ㅎ쟈. 《朴新諺 3, 34ㅈ》你與我收拾好, 네 나를 위ㅎ여 收拾기를 잘ㅎ면. 《朴新諺 3, 45ㅈ》煤爐子也要收拾好了, 煤爐도 收拾ㅎ기를 잘ㅎ라. ❺차리다. 준비하다. 정리하다. ⇔츌호다. 《朴新諺 3, 36ㅎ》只要收拾乾淨些, 그저 츌호기를 乾淨히 ㅎ고.

수습ㅎ다(收拾-) 图 수습(收拾)하다. ⇔수습(收拾). 《朴新諺 1, 10ㅈ》眼前就收拾怕甚麼呢, 시방 즉시 收拾ㅎ면 무서시 저프리오. 《朴新諺 2, 20ㅎ》怎麼這車輛還不曾收拾, 엇지 이 車輛을 당시롱 일즉 收拾지 아니ㅎ엿ᄂ뇨. 《朴新諺 2, 40ㅎ》你們把菜園都收拾好着, 너희들이 菜園을다가 다 收拾ㅎ기를 잘ㅎ고. 《朴新諺 2, 53ㅎ》若不用心收拾他, 만일 用心ㅎ여 뎌를 收拾지 아니ㅎ면. 《朴新諺 3, 6ㅎ》這些皮衣一夏天沒有收拾, 이 갓옷슬 혼 녀

름을 收拾홈이 업더니.《朴新諺 3, 7ㅈ》你們若依我這般用心收拾, 너희 만일 내대로 이리 用心ᄒ여 收拾ᄒ더면.《朴新諺 3, 8ㅈ》且慢些收拾, 아직 날호여 收拾ᄒ게 ᄒ고.《朴新諺 3, 9ㅎ》好收拾這炕, 됴히 이 캉을 收拾ᄒ쟈.《朴新諺 3, 34ㅈ》你與我收拾好, 네 나를 위ᄒ여 收拾기를 잘ᄒ면,《朴新諺 3, 45ㅈ》煤爐子也要收拾好了, 煤爐도 收拾ᄒ기를 잘ᄒ라.

수시(須時) 명 잠시. 잠깐.《集覽, 朴集, 下, 5ㅈ》蜜煎. 須時復看視, 纔覺蜜酸, 急以新蜜煉熟易之.

수식(垂餙) 명 매달아서 길게 늘어뜨리다. 또는 그런 물건.《集覽, 朴集, 下, 9ㅈ》魂車. 作小腰輿, 以黃絹結爲流蘇垂飾〈餙〉, 如本國結彩之施, 以貯魂〈䰟〉帛, 爲前導.

수식(首飾) 명 머리에 꽂는 장식품.《朴新諺 1, 23ㅎ》還要把一副頭面(朴新注, 9ㅎ: 首飾通稱.)去當哩, ᄯ 혼 볼 頭面을 가져가 뎐당ᄒ려 ᄒᄂ니.

수식(首餙) 명 =수식(首飾). '餙'은 '飾'의 속자.《(明, 焦竑) 俗書刊誤》飾, 俗作餙.《朴新諺 1, 23ㅎ》還要把一副頭面(朴新注, 9ㅎ: 首餙通稱.)去當哩, ᄯ 혼 볼 頭面을 가져가 뎐당ᄒ려 ᄒᄂ니.

수식(修飾) 통 ●꾸미다. 화장하다. 단장하다.《集覽, 字解, 單字解, 7ㅈ》扮. 修飾也. 裝扮 ᄭ미다, 扮做 ᄭ미며 밍그다. 音班, 去聲.《集覽, 朴集, 中, 7ㅈ》粧腰大摸〈模〉樣. 質問云, 如人大氣像起來時, 又粧妖氣, 又作大摸〈模〉大樣, 不禮待人, 方言謂氣像大起來時, 粧妖大摸〈模〉樣. 一說, 粧腰猶脩飾〈餙〉也, 一說, 腰大猶言大起像也. ●꾸미다. ⇔ᄭ미다.《朴新諺 1, 17ㅎ》裝修餙樣都好, 믄든 것과 ᄭ민 모양이 다 됴흐니라.《朴新諺 1, 18ㅈ》再把裝修餙樣說與他, 다시 믄들기와 ᄭ밀 모양을 저ᄃ려 닐러.《朴新諺 1, 19ㅎ》但是刀頭與裝修餙樣我說與你, 다만 칼눌

과 믄들기와 ᄭ밀 모양을 내 너ᄃ려 니를 쩌시니.

수식(修餙) 통 =수식(修飾). '餙'은 '飾'의 속자.《(明, 焦竑) 俗書刊誤》飾, 俗作餙.《集覽, 字解, 單字解, 7ㅈ》扮. 修飾也. 裝扮 ᄭ미다, 扮做 ᄭ미며 밍그다. 音班, 去聲.《集覽, 朴集, 中, 7ㅈ》粧腰大摸〈模〉樣. 質問云, 如人大氣像起來時, 又粧妖氣, 又作大摸〈模〉大樣, 不禮待人, 方言謂氣像大起來時, 粧妖大摸〈模〉樣. 一說, 粧腰猶脩飾〈餙〉也, 一說, 腰大猶言大起像也.《朴新諺 1, 17ㅎ》裝修餙樣都好, 믄든 것과 ᄭ민 모양이 다 됴흐니라.《朴新諺 1, 18ㅈ》再把裝修餙樣說與他, 다시 믄들기와 ᄭ밀 모양을 저ᄃ려 닐러.《朴新諺 1, 19ㅎ》但是刀頭與裝修餙樣我說與你, 다만 칼눌과 믄들기와 ᄭ밀 모양을 내 너ᄃ려 니를 쩌시니.

수식(隨食) 명 떡의 한 가지. 밀가루를 기름과 반죽하여 조그맣게 떼어낸 뒤 떡살로 눌러 익혀 만든다. 차를 마실 때 함께 먹는다.《集覽, 朴集, 上, 1ㅈ》隨食. 音義云, 與拖爐相似. 質問云, 以麥麭和油作小餅, 喫茶時食之, 取其香酥也. 原本用隨字, 故反(飜)譯亦用隨字, 俗音:쉬, 今更質之, 字作饍, 宜從:쉬音讀, 今俗亦曰饍餅.

수신(修身) 통 마음과 행실을 바르게 되도록 심신을 닦아 수양하다.《集覽, 朴集, 中, 6ㅎ》大帽. 南村輟耕錄云, 胡石塘先生嘗應聘入京, 世皇召見於〈於〉便殿, 趍〈趨〉進, 不覺笠子欹側. 上問曰, 秀才何學. 對曰, 脩身齊家治國平天下之學. 上哂〈笑〉曰, 自家笠子尙不端正, 又能平天下耶.

수신제가(修身齊家) 통 수신(修身)하고 집안을 잘 다스려 바로잡다.《集覽, 朴集, 中, 6ㅎ》大帽. 南村輟耕錄云, 胡石塘先生嘗應聘入京, 世皇召見於〈於〉便殿, 趍〈趨〉進, 不覺笠子欹側. 上問曰, 秀才何學. 對曰, 脩身齊家治國平天下之學. 上哂〈笑〉曰, 自家笠子尙不端正, 又能平天下耶.

수심(手心) 명 손바다. ⇔손바당.《朴新諺
1, 48ㅎ》手心上就打三戒方, 손바당을 곳
세 번 전반으로 치느니라.

수심(修心) 동 마음을 닦다.《朴新諺 1, 36
ㅎ》徃深山居住修心懺悔去了, 深山에 가
머무러 修心 懺悔ᄒ라 가려 ᄒ노라.

수양(垂楊) 명 수양버들.《集覽, 朴集, 中,
6ㅈ》眉秀垂楊. 佛十相, 有眉細垂楊相.
《朴新諺 2, 29ㅎ》齒排柯雪着秀垂楊, 니
ᄂ 柯雪이 버럿ᄂ 돗ᄒ고 눈섭은 垂楊이
ᄲ혀난 돗ᄒ도다.

수양제(隋煬帝) 명 수(隋)나라 2대 황제
양광(楊廣)의 시호(諡號).《集覽, 朴集,
下, 9ㅈ》道場. 反(飜)譯名義云, 修道之場,
僧寺或名道場. 隋煬帝勑天下寺院皆名道
場.

수연(雖然) 円 비록. 비록 …일지라도(하
지만). 설령 …일지라도. ⇔비록.《朴新
諺 2, 54ㅎ》雖然這般講, 비록 이리 니ᄅ
나.《朴新諺 3, 20ㅎ》雖然這等說, 비록
이리 니ᄅ나.

수와자(水窪子) 명 웅덩이. ⇔웅덩이.
《朴新諺 3, 1ㅈ》這房後偏近着水窪子, 이
집 뒤히 편벽히 웅덩이 갓가와.

수요(須要) 동 반드시 …하여야 한다.《朴
新諺 1, 7ㅈ》飯後每人湏(須)要再吃三盞
上馬盃, 밥 후에 每人이 다시 三盞 上馬
盃를 먹고.

수우(水牛) 명 물소.《集覽, 朴集, 下, 7ㅎ》
飛棒杓兒. 質問畫成毬棒, 卽本國武試毬
杖之形, 而下云煖木廂柄, 其杓用水牛皮
爲之, 以木爲胎.《集覽, 朴集, 下, 7ㅎ》花
房窩兒. 但本國龍飛御天歌云, 擊毬之法,
或數人, 或十餘人, 分左右以較勝負. 棒形
如匙, 大如掌, 用水牛皮爲之, 以厚竹合而
爲柄棒, 皮薄則毬高起, 厚則毬不高起.

수우피(水牛皮) 명 수우(水牛)의 가죽.
《集覽, 朴集, 下, 7ㅎ》飛棒杓兒. 質問畫
成毬棒, 卽本國武試毬杖之形, 而下云煖
木廂柄, 其杓用水牛皮爲之, 以木爲胎.

《集覽, 朴集, 下, 7ㅎ》花房窩兒. 但本國
龍飛御天歌云, 擊毬之法, 或數人, 或十餘
人, 分左右以較勝負. 棒形如匙, 大如掌,
用水牛皮爲之, 以厚竹合而爲柄棒, 皮薄
則毬高起, 厚則毬不高起.

수유 명 수유(酥油). ⇔수(酥).《朴新諺 3,
36ㅈ》黃燒餅, 누른 燒餅과. 油酥燒餅, 수
유에 디딘 燒餅과.

수유(酥油) 명 소나 양의 젖을 끓여서 만
든 기름.《集覽, 朴集, 中, 1ㅎ》秃秃麼思.
劑法如水滑麪〈麵〉, 和圓少彈劑〈剤〉, 冷
水浸手掌, 按作小薄餅兒, 下鍋煮熟, 以盤
盛, 用酥油炒片羊肉, 加塩炒至焦, 以酸甜
湯拌和. 滋味得所, 別硏蒜泥調酪, 任便加
減, 使竹簽簽食之.《集覽, 朴集, 下, 7ㅈ》
酥燒餅. 質問云, 以麥麪〈麵〉用酥油調和
作成餅子, 烙熟最酥, 方言謂之酥燒餅.

수유(須臾) 명 잠깐. 잠시. 편시(片時).
《集覽, 朴集, 上, 2ㅈ》象生纏糖. 音義纏
字註云, 用白糖・白芝麻相和, 以火煎熬,
傾入木印內, 須臾凉後,〈與果實相似也〉.
《集覽, 朴集, 中, 5ㅎ》執楊柳於掌內拂病
體於輕安. 佛圖澄, 天竺〈竺〉人也. 妙通玄
術, 善誦呪, 能役使鬼神. 石勒聞其名, 召
試其術, 澄取鉢盛水, 燒香呪之, 須臾, 鉢
中生靑蓮花.

수의(隨意) 명 뜻대로. 생각(마음)대로.
⇔뜻대로.《朴新諺 3, 32ㅈ》大哥請隨意
用些, 큰형아 請컨대 뜻대로 먹으라.

수의(獸醫) 명 수의사.《集覽, 朴集, 上, 10
ㅎ》獸醫. 南村輟耕錄云, 世以療馬者曰獸
醫, 療牛者曰牛醫. 周禮獸醫註, 獸, 牛馬
之屬. 按此則療牛者亦當曰獸醫, 今俗呼
療馬者曰馬獸醫.《朴新諺 1, 41ㅈ》這裏
有箇做獸醫(朴新注, 15ㅎ: 療馬者曰獸醫,
療牛者曰牛醫.)的人家麼, 여긔 獸醫 노릇
ᄒᄂ 사름이 잇ᄂ냐. 那紅橋邉有一箇張
獸醫住着, 뎌 紅橋ᄀ에 ᄒ 張獸醫 이셔
사니.

수일(數日) 명 여러 날.《朴新諺 3, 54ㅈ》

如何數日不見先生呢, 엇지 數日을 先生을 보지 못흐러뇨.

수장(手掌) 뎽 손바닥. 《集覽, 朴集, 上, 12ㅎ》戒方. 音義云, 學罰에 티는 것. 質問云, 讀書小兒送入學堂, 師傅敎寫字, 不用心寫好字, 師傅拿二尺長·寸半寬·半寸厚的木板條打手掌, 使後日寫好字, 免打手掌, 謂之戒方. 《集覽, 朴集, 中, 1ㅎ》禿禿麼思. 劑法如水滑麪〈麵〉, 和圓少彈劑〈劑〉, 冷水浸手掌, 按作小薄餠兒, 下鍋煮熟, 以盤盛, 用酥油炒片羊肉, 加塩炒至焦, 以酸甜湯拌和. 滋味得所, 別硏蒜泥調酪, 任便加減, 使竹簽簽食之. 《朴新諺 1, 48ㅎ》手心上就打三戒方(朴新注, 19ㅈ: 小兒寫字, 不用心者, 以板條打手掌以戒之.), 손바당을 곳 세 번 젼반으로 치ᄂ니라.

수장(收掌) 동 간수해 두고 관리하다. 《集覽, 朴集, 上, 6ㅈ》社神. 今制, 每一鄕村之間, 或十五戶或二十戶, 隨其所便, 合爲一社. 擇其鄕里之民有義行者一人爲社長, 擇其殷實者一人爲副, 立社倉, 收掌錢穀, 借貸應急.

수재(秀才) 뎽 선비. 학자. 원·명대(元明代) 이래 서생(書生)이나 독서인(讀書人)을 이르던 말. 《集覽, 字解, 單字解, 4ㅈ》怎. 何也. 怎麼 엇디. 字音本合口聲, 或有不從合口聲而讀之者, 則曰즘麼, 呼如指字俗音. 故或書作只字, 又書作則字者有之. 又有呼怎的兩字, 則怎字音즌. 秀才·之士·老成之人, 凡呼合口韻諸字, 或從本音讀之. 《集覽, 朴集, 中, 6ㅎ》大帽. 南村輟耕錄云, 胡石塘先生嘗應聘入京, 世皇召見於〈於〉便殿, 趍(趨)進, 不覺笠子欹側. 上問曰, 秀才何學. 對曰, 脩身齊家治國平天下之學. 上哂〈笑〉曰, 自家笠子尙不端正, 又能平天下耶. 《朴新諺 1, 48ㅈ》是秀才, 이 秀才라. 《朴新諺 1, 58ㅈ》秀才哥, 秀才 형아. 《朴新諺 3, 49ㅈ》秀才哥咱們打魚去罷, 秀才 형아 우리 고

기 잡으라 가쟈. 《朴新諺 3, 54ㅎ》有箇高麗來的秀才, 혼 高麗로셔 온 秀才 잇다 ᄒ매. 《朴新諺 3, 55ㅈ》纔剛說的那秀才, 앗가 니ᄅ든 그 秀才ㅣ. 《朴新諺 3, 55ㅎ》高麗來的秀才還在此住麼, 高麗로셔 온 秀才 당시롱 예 이셔 머므ᄂ냐. 《朴新諺 3, 59ㅎ》又正是咱秀才們的必需之物, ᄯ 정히 우리 秀才들의 반ᄃ시 뻠즉혼 거시도다.

수적(水賊) 뎽 해적(海賊). 《朴新諺 2, 22ㅈ》聽的今年水賊多, 드ᄅ니 올히 水賊이 만타 ᄒ니.

수졀(守節) 동 정절(貞節)을 지키다. 《集覽, 朴集, 下, 12ㅎ》娘子柳氏〈柳氏〉. 太祖到其家, 天弓饗之甚歡, 以女薦寢. 旣去, 絶不徃來, 女守節〈節〉爲尼.

수졍(水精) 뎽 제물. (그 자체에서 우러난 물) ⇔제믈. 《朴新諺 3, 35ㅎ》水精包子, 제믈에 술믄 包子와.

수졍각아(水精角兒) 뎽 콩가루 따위를 반죽하여 얇은 반대기를 만들고, 양고기·파·생강과 양념을 버무린 소를 싼 뒤 물에 익혀 만든 음식. 《集覽, 朴集, 下, 6ㅈ》水精角兒. 飮饌正要云, 羊肉·羊脂·羊尾子·生葱·陳皮·生薑, 各細切, 入細料物, 塩醬拌勻爲餡. 用豆粉作皮包之, 水煮供食. 又居家必用云, 皮用白麪於滾湯攪作稠糊, 於冷水浸, 以豆粉和搜作劑, 打作皮, 包餡上籠, 緊火蒸熟, 洒兩次水, 方可下竈, 臨供時再洒些水便供.

수져 뎽 수저. (숟가락과 젓가락) ⇔시져(匙筯). 《朴新諺 2, 21ㅈ》還有羅鍋, ᄯ 노고와. 柳箱, 섥과. 麗子, 드레와. 碗楪, 사발 졉시와. 匙筯, 수져와. 馮杓, 나모쥬게와. 筲籬, 됴리와. 炊箒, 솔과. 擦床兒, 슉치칼과. 簸(簸)箕, 키와. 篩子, 얼밍이와. 馬尾羅, 물총체와. 桌子, 상과. 盤子, 盤과. 茶盤, 찻반과. 燈臺, 燈臺와. 酒種, 잔과. 酒甕, 쥬벼ᄋ와. 銅杓, 놋쥬게 이시니.

수조(水鳥) 명 물새. 《集覽, 朴集, 上, 15 ㅈ》西湖. 在玉泉山下, 泉水瀦而爲湖, 流 入宮中. 西苑爲太液池, 出都城爲玉河, 東 南流注于大通河. 環湖十餘里, 荷·蒲· 菱·芡與夫沙禽·水鳥出沒, 隱暎於天光 雲影中, 實佳境也.

수조(修造) 동 고치거나 만들다. 《集覽, 朴集, 上, 5ㅈ》天赦日. 春戊寅·夏甲午 ·秋戊申·冬甲子, 謂天道生育萬物而有 其罪也. 甲戊爲陽干之德, 子午爲陰陽之 成, 寅申爲陰陽之立, 以干德配之爲赦也, 可修造起工〈土〉.

수종(隨從) 동 좇다〈從〉. 따르다. ⇔좇다. 《集覽, 字解, 單字解, 5ㅈ》隨. 從也. 隨你 네 ᄆᆞᅀᆞ모로, 隨喜 구경ᄒᆞ다, 隨從 조ᄎ 니. 吏語, 根隨 좇다.

수중(水中) 명 물속. 《集覽, 朴集, 上, 11ㅈ》 狗有濺草之恩. 晉太和中, 楊生養狗, 甚愛 之. 後生飮酒醉, 行至大澤, 草中眠. 時値 冬月, 野火起, 風又猛, 狗呼喚, 生不覺. 前 有一坑水, 狗便走往水中, 還以身洒生, 左 右草沾水得着, 地火尋過去, 生醒而去.

수지(手指) 명 손가락. 《集覽, 朴集, 上, 6 ㅎ》博錢. 質問云, 兩人賭錢, 將八文錢捏 在手指, 擲之於地, 有八背, 謂之八八, 有 七字, 謂之七七, 此是爲勝, 無八八·七 七, 此是爲輸.

수진(守眞) 동 본성(本性)을 보존하여 지 키다. 《集覽, 朴集, 下, 3ㅈ》三寶. 佛·法 ·僧也. 功成妙智, 道登圓覺, 佛也, 玄理 幽微, 正敎精誠, 法也, 禁戒守眞, 威儀出 俗, 僧也. 《朴新諺 3, 14ㅈ》不信佛法不尊 三寶(朴新注, 49ㅎ: 佛·法·僧曰三寶. 功成妙智, 道登圓覺, 佛也, 玄理幽微, 正 敎精誠, 法也, 禁戒守眞, 威儀出俗, 僧也. 故曰寶.), 佛法을 信치 아니ᄒᆞ고 三寶를 尊치 아니ᄒᆞ니.

수집(收執) 동 거두어 보존하다. 《集覽, 朴集, 中, 2ㅈ》甘結. 今按, 如保擧人材者, 必寫稱所擧之人, 並無喪過及干娼優子嗣,

委的賢能, 如虛甘伏重罪云云. 擧此爲辭, 以成文狀, 與彼收執, 或呈報上司, 以憑後 考, 謂之不致扶同, 重甘結狀.

수초(水草) 명 물풀. 《朴新諺 2, 6ㅈ》靑的 綠的是浮萍水草, 靑ᄒᆞ며 綠혼 거슨 이 浮 萍 水草ㅣ오.

수치(受直) 동 요금을 받다. 보수를 받다. 《朴新諺 1, 50ㅎ》那孫家混堂(朴新注, 19 ㅎ: 漢俗, 開浴室熱水爲湯, 許人沐浴受 直.)裏洗澡去罷, 뎌 孫가ㅣ아 混堂에 목 욕ᄒᆞ라 가쟈.

수침(水浸) 동 물에 담그다. 《集覽, 朴集, 上, 3ㅎ》細料物. 事林廣記食饌類, 細料 物, 官桂·良薑·蓽撥草·豆蔲·陳皮 ·縮砂仁〈砂仁〉·八角, 茴香各一兩, 川椒二兩, 杏仁五兩, 甘草一兩半, 白檀末 半兩. 右共爲細末用之. 如欲出路停久用 之者, 以水浸, 蒸餠爲丸, 如彈子大, 臨時 湯泡用之. 今按, 漢俗謂·탕·슛·고·믈 曰細 料物.《集覽, 朴集, 下, 6ㅈ》餠餄. 質問云, 將菉豆粉糝和粘穀米, 着水浸濕, 用石磨 磨, 細杓兒盛在鍋內, 一撮一撮煎熟而食.

수탁(手鐲) 명 팔찌. ⇔풀쇠. 《朴新諺 1, 22ㅎ》是一對珍珠耳環一對金手鐲, 이 혼 ᄦᅡᆼ 珍珠 귀옛골회와 혼 ᄦᅡᆼ 금풀쇠라.

수탑(樹塔) 동 탑을 세우다. 《集覽, 朴集, 上, 15ㅎ》步虛. 戊午冬, 示寂放舍利玄陵, 賜諡圓證國師, 樹塔于重興寺之東, 以藏 舍利.

수파(手帕) 명 수건(手巾). 《集覽, 朴集, 上, 14ㅎ》手帕. 卽手巾也.

수하(垂下) 동 드리우다〈垂〉. 늘어뜨리다. ⇔드리우다. 《集覽, 字解, 單字解, 7ㅎ》 嚲. 垂下也. 嚲下 드리워 잇다. 又借用爲 趓避之趓. 《朴新諺 3, 50ㅈ》慢慢的把釣 鈎垂下水去, 날회여 낙시를다가 물에 드 리워.

수할(收割) 동 거두다. 수확(收穫)하다. 거 두어들이다. 《朴新諺 2, 39ㅈ》夜來收割 了麻正當好種菜哩, 어제 삼을 거두어 븨

여시니 正히 맛당이 느믈 시믐이 됴타.

수행(修行) 튕 〈불〉 부처의 가르침을 실천하고 불도를 닦는 데 힘쓰다. 《朴新諺 2, 30ㅎ》爲人若不及早修行善果, 사룸이 되여 만일 일즉이 修行 善果치 아니ᄒᆞ면.

수혜(繡鞋) 명 수(繡)신. (아름답게 수를 놓은 가죽신) ⇔슈신. 《朴新諺 2, 53ㅎ》我好做一雙小綉鞋與他買一買, 내 ᄒᆞᆫ 빵 져근 슈신을 민ᄃᆞ라 저를 주어 하례홈이 됴타.

수홍(水紅) 명 분홍색. ⇔분홍. 《朴新諺 2, 14ㅈ》五疋染水紅, 닷 필은 분홍을 드리고. 《朴新諺 2, 14ㅎ》五箇水紅絹每疋染錢三錢, 다ᄉᆞᆺ 분홍 깁은 미 필에 물갑시 서 돈이오.

수화(繡花) 튕 수놓다. ⇔수놓다(繡-). 《朴新諺 1, 29ㅎ》繫着鴉靑緞子繡花護膝, 야청 비단에 繡노흔 슬갑을 미고.

수화탄(水和炭) 명 황토와 물을 한데 섞어 말린 석탄. 《集覽, 朴集, 下, 9ㅎ》濕煤. 今按, 石炭搥碎, 幷黃土以水和作塊, 晒乾, 臨用㪔碎, 納於爐〈炉〉中, 總謂之水和炭. 未乾者謂之濕煤, 已乾者謂之煤簡兒, 亦曰煤塊子.

수환(水患) 명 수해(水害)로 인하여 생기는 근심. 《集覽, 朴集, 中, 3ㅎ》東安州. 在東安縣西北. 金以前皆爲縣, 元陞爲州, 今避水患移今治, 在順天府南一百里, 故城遂廢〈癈〉, 洪武初改爲縣.

수활(水滑) 명 제물. (그 자체에서 우러난 물) 《集覽, 朴集, 下, 6ㅈ》水滑經帶麵. 水滑麵〈麪〉用頭麵, 春夏秋用新汲水, 入油塩, 先攪作拌麪羹樣, 漸漸入水和搜成劑, 用水拆開, 作小塊子, 再用油水洒和, 以拳搓一二百拳.

수활경대면(水滑經帶麵) 명 제물에 만 칼국수. 《集覽, 朴集, 下, 6ㅈ》水滑經帶麵. 質問云, 以麥麵〈麪〉扯成長條, 似包經帶子樣, 煮熟, 椒肉湯食之, 方言謂之水滑經帶麵〈麪〉. 事林廣記及居家必用以水滑

・經帶爲二物. 水滑麵〈麪〉用頭麪, 春夏秋用新汲水, 入油塩, 先攪作拌麪羹樣, 漸漸入水和搜成劑, 用水拆開, 作小塊子, 再用油水洒和, 以拳搓一二百拳. 如此三四次, 微軟和餠劑, 就案上用拗棒拗百餘棒, 多揉數百拳. 至麪性行, 方可搓如指頭大, 新凉水內浸兩時許, 伺麵〈麪〉性行, 方下鍋, 闊〈濶〉細任意做. 《林園十六志, 鼎俎志 2, 炊餾之類, 麵》經帶麵法. 頭白麪二斤, 减一兩, 塩二兩研細, 新汲水破開和搜, 比捍麪劑微軟, 以拗棒拗百餘下, 停一時間許, 再拗百餘下, 捍至極薄, 切如經帶樣, 滾湯下候熟, 入凉水拔汁任意.

수활면(水滑麵) 명 밀가루에 기름과 소금을 넣어 반죽한 뒤 밀방망이로 밀어 부드러워지면, 손가락 크기로 비벼 만들어 솥에 넣고 끓여 만든 음식. 《集覽, 朴集, 中, 1ㅎ》禿禿麽思. 劑法如水滑麪〈麪〉, 和圓少彈劑〈劑〉, 冷水浸手掌, 按作小薄餠兒, 下鍋煮熟, 以盤盛, 用酥油炒片羊肉, 加塩炒至焦, 以酸甜湯拌和. 滋味得所, 別研蒜泥調酪, 任便加減, 使竹簽簽食之.

수후(隨後) 튕 뒤를 따르다. ⇔수후ᄒᆞ다(隨後-). 《朴新諺 2, 21ㅎ》我隨後慢慢的跟駕去, 나ᄂᆞᆫ 隨後ᄒᆞ여 날회여 駕를 ᄯᆞ로와 가마.

수후ᄒᆞ다(隨後-) 튕 수후(隨後)하다. ⇔수후(隨後). 《朴新諺 2, 21ㅎ》我隨後慢慢的跟駕去, 나ᄂᆞᆫ 隨後ᄒᆞ여 날회여 駕를 ᄯᆞ로와 가마.

수희(隨喜) 튕 〈불〉 구경하다. 수희(隨喜)하다. 절을 찾아 참배하다. (불상에 절을 하면 마음에 희열이 생긴다 하여 일컫는 말이다) ⇔구경ᄒᆞ다. 《集覽, 字解, 單字解, 5ㅈ》隨. 從也. 隨你 네 ᄆᆞᅀᆞᆷ모로, 隨喜 구경ᄒᆞ다, 隨從 조ᄎᆞ니. 吏語, 根隨 좃다. 《集覽, 字解, 單字解, 5ㅈ》隨. 從也. 隨你 네 ᄆᆞᅀᆞᆷ모로, 隨喜 구경ᄒᆞ다, 隨從 조ᄎᆞ니. 吏語, 根隨 좃다. 《朴新諺 3, 12ㅈ》我們也隨喜去罷, 우리도 구경ᄒᆞ라

가쟈.

숙(宿) 톰 자다. ⇔자다.《朴新諺 2, 2ㅎ》今日到黃村宿, 오늘 黃村에 가 자고.《朴新諺 2, 17ㅎ》未必住宿, 머므러 자기 반둣지 아니ᄒᆞ니.《朴新諺 3, 22ㅈ》却到城裡智海禪寺投宿, 믄득 城 안 智海禪寺에 가 드러 자더니.

숙(熟) 톰 ●익다熟. ⇔닉다.《朴新諺 3, 45ㅎ》若飯熟了, 만일 밥이 닉거든. ●익다. 여물다. ⇔닉다.《朴新諺 2, 49ㅈ》到那稻熟的時候, 뎌 벼 닉을 째에 다드라.

숙(熟) 톙 익다. 익숙하다. ⇔닉다.《朴新諺 1, 48ㅈ》把書念熟背了, 글을다가 닑어 닉거든 외오고.

숙돈(宿頓) 톙 숙박하다. 묵다.《集覽, 朴集, 中, 1ㅈ》分例支應. 元制, 正官一員, 一日宿頓, 該支(支)米一升, 糆一斤, 羊肉一斤, 酒一升, 柴一束, 經過減半, 從人一名, 止支(支)米一升, 經過減半. 今制, 正官一員, 一日經過, 米三升, 宿頓五升, 從人一名, 經過二升, 宿頓三升. 漢俗今云行三坐五.

숙살(肅殺) 톙 쌀쌀한 가을 기운이 풀이나 나무를 말리어 죽이다.《集覽, 朴集, 中, 9ㅈ》衙門處處向南開. 南村輟耕錄云, 凡衙門皆坐北南向者, 南方屬離卦, 離虛中則聰. 又南方火位, 火明則能破暗, 故表南面聰〈聰〉明, 爲民治愚暗之事. 臺門必北開者, 取肅殺就陰之象.

숙식(熟食) 톙 익힌 음식.《集覽, 朴集, 上, 14ㅎ》寒食. 荊楚記云, 去冬節〈莭〉一百五日, 有疾風甚雨, 謂之寒食, 又謂之百五節〈莭〉. 秦人呼爲熟食日, 言其不動煙〈烟〉火, 預辦熟食過節〈莭〉也.

숙식일(熟食日) 톙 한식(寒食)의 다른 이름. (음식을 미리 익혀 두었다가 먹는 날이라 하여 붙인 이름이다)《集覽, 朴集, 上, 14ㅎ》寒食. 荊楚記云, 去冬節〈莭〉一百五日, 有疾風甚雨, 謂之寒食, 又謂之百五節〈莭〉. 秦人呼爲熟食日, 言其

不動煙〈烟〉火, 預辦熟食過節〈莭〉也.

숙신씨(肅愼氏) 톙 고조선(古朝鮮) 때에 지금의 흑룡강(黑龍江)과 송화강(松花江) 유역에 살던 퉁구스족(Tungus族). 고구려(高句麗) 서천왕(西川王) 때에 일부가 복속되었고, 광개토대왕(廣開土大王) 8년(398)에 완전히 병합되었다.《集覽, 朴集, 上, 4ㅈ》遼陽. 遼誌云, 舜分冀東北爲幽州, 卽今廣寧以西之地. 靑東北爲營州, 卽今廣寧以東之地, 周武王封箕子於朝鮮, 是其地也, 卽古肅愼氏地.

숙연(熟軟) 톙 모피를 무두질하여 부드럽게 만들다.《集覽, 朴集, 上, 9ㅎ》獤皮. 質問云, 羊皮去毛, 熟軟, 有鬃眼. 作靴好看. 今按, 獤字, 韻〈韵〉書不收, 字意未詳.《朴新諺 1, 31ㅈ》店裏買獤皮(朴新注, 12ㅈ: 羊皮去毛, 熟軟, 有鬃眼者.)去, 店에 獤皮 사라 가노라.

숙창(宿娼) 톙 창녀와 놀다. 창녀와 간음하다.《集覽, 朴集, 上, 6ㅎ》拘欄. 今按, 北京有東拘欄・西拘欄. 俗謂宿娼者曰院裏走. 質問云, 是京師樂工住處.

숙한(熟閑) 톙 숙련(熟練)하다. 배워 익혀 숙달하다.《集覽, 字解, 單字解, 7ㅎ》閑. 雜也. 閑雜人. 又替也. 파직ᄒᆞ다, 罷閑了・替閑了. 又遊息曰閑. 흥뚱여 든닐시니, 遊閑了. 又練熟也. 弓馬熟閑. 又空也. 空閑田地 뷔엿ᄂᆞᆫ 짜. 又等閑 부질업시, 又힘히미, 又간대롭다.

숙함(熟餡) 톙 익힌 것으로 만든 소.《集覽, 朴集, 下, 5ㅎ》餡. 或肉或菜及諸料物拌匀〈匂〉爲胎, 納於餅中者曰餡. 酸餡・素餡・葷餡・生餡・熟餡, 供用合宜.

순(舜) 톙 고대 중국의 전설상의 임금. 성은 우(虞)・유우(有虞). 이름은 중화(重華). 요(堯)의 뒤를 이어 천하를 잘 다스려 태평 시대를 이루었다고 한다.《集覽, 朴集, 上, 7ㅎ》釧. 事物紀原云, 黃帝時, 西王母獻〈献〉白環, 舜時亦獻〈献〉. 通俗文云, 環臂謂之釧. 漢順帝時有功者

賜金釧, 亦曰環釧.

순리(順理) 몡 순한 이치나 도리. 또는 도리나 이치에 순종하다. 《集覽, 朴集, 下, 2ㅎ》善男信女. 了義經云, 善者, 順理也, 信者, 言是事如是也. 《朴新諺 2, 10ㅈ》到處人民一切善男信女(朴新注, 26ㅈ: 佛經云, 善者, 順理也. 又云, 無信, 不入佛法.), 到處 人民과 一切 善男 信女ㅣ.

순백(純白) 혱 순백하다. 순수하게 희다. 새하얗다. 《朴新諺 3, 6ㅎ》把我的銀鼠(朴新注, 46ㅎ: 色純白, 出猹子地.)皮襖上的貂鼠袖, 내 銀鼠皮 갓옷세 올린 쵸피 亽매를 다가.

순성문(順城門) 몡 =순승문(順承門). '城'은 '承'의 다른 표기. 《集覽, 朴集, 上, 5ㅎ》平則門. 永樂十九年, 營建宮室, 立門九, 南曰正陽, 又曰午門, 元則曰麗正, 南之右曰宣武, 元則曰順承, 南之左曰文明, 元則曰崇文, 又曰哈噠, 北之東曰安定, 北之西曰德勝, 元則曰健德, 東之北曰崇仁, 一名東直, 元名同, 東之南曰朝陽, 元則曰齊華, 西之北曰西直, 西之南曰阜城, 元則曰平則. 元設十一門, 而今減其二. 《朴新諺 3, 48ㅎ》于今人把這宣武叫順城門, 이제 사룸이 이 宣武를 다가 順城門이라 부르고.

순숙(巡宿) 동 순찰하며 숙직하다. ⇔순숙ᄒᆞ다(巡宿-). 《朴新諺 3, 50ㅎ》叫起隣人幷巡宿總甲人等追赶, 隣人과 다못 巡宿ᄒᆞᄂᆞᆫ 総甲人 等을 불러 니르혀 ᄯᅩ롸.

순숙ᄒᆞ다(巡宿-) 동 순숙(巡宿)하다. ⇔순숙(巡宿). 《朴新諺 3, 50ㅎ》叫起隣人幷巡宿總甲人等追赶, 隣人과 다못 巡宿ᄒᆞᄂᆞᆫ 総甲人 等을 불러 니르혀 ᄯᅩ롸.

순승문(順承門) 몡 중국 북경(北京) 내성(內城)에 있는 성문. 정양문(正陽門) 서쪽에 있는 선무문(宣武門)의 원대(元代)의 이름이다. 《集覽, 朴集, 上, 5ㅎ》平則門. 永樂十九年, 營建宮室, 立門九, 南曰正陽, 又曰午門, 元則曰麗正, 南之右曰宣

武, 元則曰順承, 南之左曰文明, 元則曰崇文, 又曰哈噠, 北之東曰安定, 北之西曰德勝, 元則曰健德, 東之北曰崇仁, 一名東直, 元名同, 東之南曰朝陽, 元則曰齊華, 西之北曰西直, 西之南曰阜城, 元則曰平則. 元設十一門, 而今減其二.

순야(巡夜) 몡 순라(巡邏). 순찰. ⇔순라. 《朴新諺 3, 19ㅎ》被巡夜的拿住, 순라에 잡피믈 닙어.

순제(順帝) 몡 후한(後漢) 제8대 황제 유보(劉保)의 시호(諡號). 명(明)나라 태조 주원장(朱元璋)에게 나라를 빼앗겼다. 《集覽, 朴集, 上, 7ㅎ》釧. 事物紀原云, 黃帝時, 西王母獻〈献〉白環, 舜時亦獻〈献〉. 通俗文云, 環臂謂之釧. 漢順帝時有功者賜金釧, 亦曰環釧.

순종(順從) 동 순순히 따르다. 《集覽, 朴集, 上, 10ㅎ》懺悔. 反〈飜〉譯名義云, 懺者, 首也, 悔者, 伏也. 不逆爲伏, 順從爲首, 正順道理, 不敢作非, 故名懺悔.

순차(循次) 몡 정해진 차례대로. 순서대로. 《集覽, 字解, 單字解, 2ㅎ》挨. 音해, 平聲. 俗語挨次謂循次. 歷審無攙越之意 츠ᄂᆞ니 ᄒᆞ다. 又吏語, 挨究·挨捕.

순천(順天) 몡 순천부(順天府)의 준말. 《朴新諺 1, 8ㅎ》我如今也派徃金剛山松廣(朴新注, 3ㅎ: 寺名, 在順天.)等處去降香, 내 이지 또 金剛山 松廣 等 處에 그이여 가 降香ᄒᆞ리라.

순천부(順天府) 몡 명대(明代)에 북평부(北平府)를 고쳐 두었다. 소재지는 북경시(北京市)에 있었다. 《集覽, 朴集, 中, 2ㅎ》三河縣. 在順天府東七十里, 以地近七渡·鮑丘·臨泃〈沟〉三水, 故名. 直隷通州. 《集覽, 朴集, 中, 3ㅎ》東安州. 在東安縣西北. 金以前皆爲縣, 元陞爲州, 今避水患移今治, 在順天府南一百里, 故城遂廢〈癈〉, 洪武初改爲縣. 《集覽, 朴集, 下, 2ㅎ》慶壽寺. 一統志云, 在順天府西南, 內有飛虹·飛渡二橋, 石刻六大字, 極遒勁.

相傳金章宗所書.《集覽, 朴集, 下, 8ㅎ》
南京應天府丞. 正統中, 以北京爲京師, 設
順天府, 以應天府爲南京.《朴新諺 2, 22
ㅎ》到三河縣(朴新注, 30ㅎ: 在順天府東
七十里, 以地近七渡·鮑丘·臨泃三水,
故名.), 三河縣에 다드라.《朴新諺 2, 23
ㅈ》來到通州(朴新注, 31ㅈ: 在順天府東
四十五里, 卽古潞州, 今陞爲通州, 取漕運
通濟之義.)賣了多一半, 通州ㅣ 와 반남
아 풀고.《朴新諺 3, 46ㅎ》順天府官員與
欽天監衆官們, 順天府 官員과 다못 欽天
監 모든 관원들이.

순편(順便) 图 내친김에. …하는 김에. …
하는 바에.《集覽, 字解, 累字解, 2ㅈ》空
便. 空隙順便之時, 조각. 皆去聲.《集覽,
字解, 單字解, 4ㅎ》便. 去聲, 卽也. 便行
즉재 가니라, 便去 즉재 가리라, 又즉재
가다. 又則也. 便有 곧 잇다, 便是 곧 올
ㅎ니라. 又順也, 順便. 又安也, 便當. 又
宜也. 行方便 됴홀 양오로 ᄒ다, 不方便
다히 마지 쉽사디 아니타. 又猶則也. 你
去便就有了 너옷 가면 이시리라. 又平聲,
穩便 온당ᄒ다. 吏語, 便益.

순풍이(順風耳) 图 아주 먼 곳의 소리도
들을 수 있다는 귀신 이름.《集覽, 朴集,
下, 5ㅈ》千里眼順風耳. 兩鬼名.《朴新諺
3, 26ㅈ》行者教千里眼·順風耳兩箇鬼,
行者ㅣ 千里眼·順風耳 두 귀신으로 ᄒ
여.

순후(純厚) 톙 순수하고 후(厚)하다.《集
覽, 朴集, 上, 1ㅎ》腦兒酒. 質問云, 做酒
用糯麴藥料爲蘗, 久封不動, 其色紅而味
最純厚.

술 图 ●숟가락. 놋숟가락. ⇔동시(銅匙).
《集覽, 字解, 單字解, 1ㅎ》和. 平聲, 調和
也. 又去聲, 與也, 及也. 我和你 너와 나
와, 銅匙和快子 술와 밋 져와. ●숟가락.
⇔시(匙).《朴新諺 2, 21ㅈ》還有鑼鍋, ᄯ
노고와, 柳箱, 섥과, 灑子, 드레와, 碗楪,
사발 졉시와, 匙筯, 수져와, 榪杓, 나모

쥬게와, 筆籬, 됴리와, 炊箒, 솔과. 擦床
兒, 슉치칼과. 簸(簸)箕, 키와. 篩子, 얼
밍이와. 馬尾羅, 물총체와. 桌子, 상과.
盤子, 盤과. 茶盤, 찻반과. 燈臺, 燈臺와.
酒種, 잔과. 酒醬, 쥬벼ᄋ와. 銅杓, 놋쥬
게 이시니.

술 图 술. ⇔주(酒).《集覽, 字解, 單字解,
4ㅈ》打. 擊也, 着實打, 又打三下. 又爲也.
打酒來 술 사 오라. 又曰, 打將來 ᄒ야
오라, 打聽 들보라, 打水 믈 긷다, 不打緊.
又打那裏去, 打東邊去, 有投向從往之意.
俗用打字, 似不合本意者多, 而實有取意不
苟, 其用甚廣, 此不盡錄.《集覽, 字解, 單
字解, 7ㅎ》發. 酒發 술 괴다. 發將來 자바
보내다. 一發, 見下. 又吏語, 告發 고ᄒ야
나다.《朴新諺 1, 2ㅈ》打來的酒捴平常,
가져온 술이 다 平常ᄒ니.《朴新諺 1, 7
ㅈ》弟兄們酒旣勾了用飯罷, 弟兄들아 술
이 이믜 넉넉ᄒ니 밥을 먹음이 무던ᄒ다.
《朴新諺 2, 2ㅎ》後日又要請衙門中同寅
老爺們吃酒, 모리 ᄯ 衙門에 同寅 老爺들
을 쳥ᄒ여 술 먹으려 ᄒ여.《朴新諺 2,
16ㅈ》酒兩瓶, 술 두 병과.《朴新諺 2, 36
ㅎ》你把那酒壺汕乾淨着控一控, 네 뎌 술
병을다가 부싀기를 乾淨히 ᄒ여 거후로
고.《朴新諺 3, 4ㅎ》我只知道蒲根解酒還
好做醋, 내 다만 챵포 불희 술을 삐오고
ᄯ 醋 민들기 됴흔 줄만 알고.《朴新諺
3, 18ㅈ》還有幾種好酒, ᄯ 여러 가지 됴
흔 술이 잇고.《朴新諺 3, 49ㅎ》對酒自飮
自歌, 술을 對ᄒ여 自飮 自歌ᄒ여.

술 囘 술. 숟가락. 입. ⇔구(口).《朴新諺
3, 45ㅎ》夜飯少一口, 밤밥을 혼 술을 덜
면. 活到九十九, 아흔 아홉을 산다 ᄒ니
라.

술병 图 술병. ⇔주호(酒壺).《朴新諺 2,
36ㅎ》你把那酒壺汕乾淨着控一控, 네 뎌
술병을다가 부싀기를 乾淨히 ᄒ여 거후
로고.

술시(戌時) 图 십이시(十二時)의 11째 시.

오후 7시부터 9시까지이다. 《集覽, 朴集, 下, 10ㅈ》頭戴耳掩或提在手裏. 芒神耳掩以立春時爲法, 從卯至戌八時, 掩耳用手提, 陽時左手提, 陰時右手提, 以八時見日溫和也.

술위 명 수레. ●⇔거(車). 《朴新諺 1, 14ㅎ》不用小車, 져근 술위를 쓰지 말고. 《朴新諺 1, 14ㅎ》只僱大馬車一輛, 그저 큰 물 메온 술위 ᄒ나흘 삭 내여. 《朴新諺 2, 28ㅈ》卽便收拾車輛先載一車去, 곳 車輛을 收拾ᄒ여 몬져 ᄒᆫ 술위를 시르라 가고. 《朴新諺 3, 22ㅈ》便拿着拉車觧鋸, 곳 잡아 술위 ᄭ이며 톱질 시겨. 《朴新諺 3, 46ㅎ》裝在一箇大車上, ᄒᆫ 큰 술위에 시러 두고. 把四條繩絟着大車, 네 오리 노흐로다가 큰 술위에 미고. ●⇔거자(車子). 《朴新諺 1, 14ㅎ》叫四箇小車子載了出去罷, 네 져근 술위에 시러 내여 가미 무던ᄒ다.

술일(戌日) 명 지지(地支)가 술(戌)인 날. 《朴新諺 1, 10ㅈ》揀箇黃道吉日(朴新注, 4ㅎ: 每月有黃道・白道・黑道, 而黃道最吉. 卽寅・申月, 子・丑・辰・巳・未・戌之類.), 黃道 吉日을 골히여.

술집 명 술집. 또는 양조장. ⇔조방(槽房). 《朴新諺 1, 2ㅈ》京城街市上槽房(朴新注, 1ㅎ: 卽酒舖.)雖多, 京城 져제에 술집이 비록 만흐나.

숨다 통 숨다. 피하다. ⇔타(躱). 《朴新諺 1, 34ㅎ》只是躱着我走, 그저 나를 수머 돈녀.

숫 명 숯. ⇔탄(炭). 《朴新諺 3, 12ㅈ》火盆上添些炭火, 화로에 숫불을 더ᄒ고.

숫불 명 숯불. ⇔탄화(炭火). 《朴新諺 3, 12ㅈ》火盆上添些炭火, 화로에 숫불을 더ᄒ고.

숭문(崇文) 명 숭문문(崇文門)의 준말. 《朴新諺 3, 48ㅎ》崇文ᄯ哈達門, 崇文은 哈達門이라 부르고.

숭문문(崇文門) 명 중국 북경(北京) 내성(內城)에 있는 성문. 정양문(正陽門) 동쪽에 있는 문명문(文明門)의 원대(元代)의 이름이다. 《集覽, 朴集, 上, 5ㅎ》平則門. 永樂十九年, 營建宮室, 立門九, 南曰正陽, 又曰午門, 元則曰麗正, 南之右曰宣武, 元則曰順承, 南之左曰文明, 元則曰崇文, 又曰哈噠, 北之東曰安定, 北之西曰德勝, 元則曰健德, 東之北曰崇仁, 一名東直, 元名同, 東之南曰朝陽, 元則曰齊華, 西之北曰西直, 西之南曰阜城, 元則曰平則. 元設十一門, 而今減其二. 《朴新諺 3, 48ㅈ》南有正陽門・宣武門・崇文門, 南에는 正陽門과 宣武門과 崇文門이 잇고. 《朴新諺 3, 55ㅎ》在崇文門裡大街東張編修家住着, 崇文門 안 큰 거리 東편 張編修의 집의 이셔 머므느니라.

숭인문(崇仁門) 명 중국 북경(北京) 내성(內城)에 있는 성문. 조양문(朝陽門) 북쪽에 있다. 《集覽, 朴集, 上, 5ㅎ》平則門. 永樂十九年, 營建宮室, 立門九, 南曰正陽, 又曰午門, 元則曰麗正, 南之右曰宣武, 元則曰順承, 南之左曰文明, 元則曰崇文, 又曰哈噠, 北之東曰安定, 北之西曰德勝, 元則曰健德, 東之北曰崇仁, 一名東直, 元名同, 東之南曰朝陽, 元則曰齊華, 西之北曰西直, 西之南曰阜城, 元則曰平則. 元設十一門, 而今減其二.

쉬다 통 쉬다. 휴식하다. ●⇔안식(安息). 《朴新諺 2, 18ㅈ》我且安息, 내 아직 쉬쟈. ●⇔헐(歇). 《朴新諺 1, 51ㅈ》歇一歇再洗, 쉬어 다시 ᄡ여. 洗勾了却到客位裏歇一會, ᄡ기를 잇긋 ᄒ고 또 客位에 가 ᄒᆫ 지위 쉬여. ⊜⇔헐식(歇息). 《朴新諺 2, 49ㅈ》每日東走西走不得片時歇息, 每日에 동으로 듯고 셔로 ᄃ라 片時도 쉼을 엇지 못ᄒ니.

쉬아(焠兒) 명 성냥개비의 한 가지. (얇게 깎아낸 소나무 조각의 한쪽 끝에 유황을 발라 불을 붙이거나 밝힐 때 쓰던 물건) 《集覽, 朴集, 中, 7ㅎ》取燈兒〈取燈〉.

南村輟耕錄云, 杭人削松木爲小片, 其薄
如紙, 鎔硫黃塗木片頂分許, 名曰發燭, 又
曰焠兒.

쉰 관 쉰. ⇔오십(五十). 《朴新諺 1, 13ㅈ》
五十文一擔却不太少些麼, 쉰 낫 돈에 흔
짐이 ᄯᅩ 너무 젹지 아니ᄒᆞ냐. 《朴新諺
1, 13ㅎ》便給我五十文一擔也罷了, 곳 나
롤 쉰 낫 돈을 흔 짐에 주미 ᄯᅩ 무던ᄒᆞ다.

쉽다 형 쉽다. ⇔용이(容易). 《朴新諺 1,
15ㅈ》容易醫治的, 고치기 쉬오니. 《朴
新諺 1, 15ㅎ》有箇最容易的法子說與你,
흔 ᄀᆞ장 쉬온 法이 이시니 너ᄃᆞ려 니롤
써시니. 《朴新諺 1, 47ㅈ》那箇容易你放
心, 그는 쉬오니 네 放心ᄒᆞ라. 《朴新諺
2, 41ㅎ》還有法兒容易隄防的, 당시롱 법
이 이셔 隄防ᄒᆞ기 쉬오니라.

쉿무우 명 순무. ⇔만청(蔓菁). 《朴新諺 2,
39ㅎ》蘿蔔, 댓무우. 蔓菁, 쉿무우. 萵苣,
부로. 葵菜, 아혹. 白菜, 빅치. 赤根菜, 시
근치. 芫荽, 고싀. 蔥, 파. 蒜, 마ᄂᆞᆯ. 薤菜,
부치. 荊芥, 형개. 薄荷, 박하. 茼蒿, 믈
뿍. 水蘿蔔, 물한댓무우. 胡蘿蔔, 노른댓
무우. 芋頭, 토란. 紫蘇都好種的, 紫蘇를
다 시믐이 됴타.

슈 명 수(繡). ⇔수(繡). 《朴新諺 2, 53ㅎ》
我好做一雙小綉鞋與他賀一賀, 내 흔 ᄡᅡᆼ
져근 슈신을 민ᄃᆞ라 저롤 주어 하례홈
이 됴타.

슈 의 (바둑이나 장기 등의) 수(手). ⇔착
(着). 《朴新諺 1, 26ㅎ》這一着果然好利
害, 이 흔 슈ㅣ 果然 ᄀᆞ장 사오납고.

슈결 명 수(水)결. 물결(浪). 또는 그런 모
양의 무늬. ⇔수(水). 《朴新諺 1, 29ㅈ》
身穿立水(朴新注, 11ㅎ: 袍衣下邉, 繡浪
・花形者.)貂皮蟒袍, 몸에 슈결 잇는 貂
皮 蟒袍롤 닙고.

슈고드리다 동 수고(受苦)들이다. 또는
힘쓰다. 힘을 다하다. ⇔효로(效勞).
《朴新諺 1, 11ㅎ》替你白效勞重新打築何
如, 너롤 ᄀᆞᄅᆞ차 공히 슈고 드려 다시

ᄣᅥ미 엇더ᄒᆞ뇨.

슈놓다 동 수(繡)놓다. ⇔수(繡). 《朴新諺
2, 7ㅈ》我有沈香繡袖袍一件, 내게 침향
빗체 ᄉ매에 슈노흔 큰옷 흔 볼이 이셔.
《朴新諺 2, 7ㅈ》我的脊背怎麼赶上你的
繡袍, 내 脊背 엇디 네 슈노흔 큰옷세 미
ᄎ리오.

슈례두다 동 수례(手例)하다. 수결(手決)
하다. 서명(署名)하다. 표(表)하다. ⇔화
압(畫押). 《朴新諺 2, 51ㅈ》堂上還不曾
畫押哩, 堂上이 당시롱 일즉 슈례두지
아니ᄒᆞ엿다 ᄒᆞ더냐.

슈박 명 수박. ⇔서과(西瓜). 《朴新諺 2,
40ㅈ》種些冬瓜, 져기 동화와. 西瓜, 슈
박과. 甜瓜, 춤외와. 挿葫, ᄌᆞ르박과. 稍
瓜, 수세외와. 黃瓜, 외와. 茄子等類, 가
지들을 심으라.

슈박씨 명 수박씨. ⇔과자(瓜子). 《朴新諺
1, 4ㅈ》乾果子呢, 무론 과실은. 榛子, 개
암.松子, 잣. 瓜子, 슈박삐. 乾葡萄, 마론
葡萄.栗子, 밤. 龍眼, 龍眼. 桃仁, 복셩화
삐. 荔子, 녀지요.

슈슈 명 수수. ⇔고량(膏粱). 《朴新諺 3,
38ㅈ》他種的稻子, 제 시믄 벼와. 膏粱,
슈슈와. 黍子, 기장과. 大麥, 보리와. 小
麥, 밀과. 蕎麥, 모밀과. 黃豆, 콩과. 小豆,
풋과. 菉豆, 菉豆와. 豌豆, 광장이. 黑豆,
거믄콩. 芝麻, 춤깨와. 蘇(蘇)子, 듧깨.

슈신 명 수(繡)신. (아름답게 수를 놓은 가
죽신) ⇔수혜(繡鞋). 《朴新諺 2, 53ㅎ》我
好做一雙小綉鞋與他賀一賀, 내 흔 ᄡᅡᆼ 져
근 슈신을 민ᄃᆞ라 저롤 주어 하례홈이
됴타.

슈지 명 수수께끼. ⇔미자(謎子). 《朴新諺
1, 38ㅎ》我說幾箇謎子(朴新注, 15ㅈ: 隱
語也.)你猜, 내 여러 슈지롤 니롤 거시니
네 알라.

슉치칼 명 채칼. 채도(菜刀). ⇔찰상아(擦
床兒). 《朴新諺 2, 21ㅈ》還有鑼鍋, ᄯᅩ 노
고와. 柳箱, 섥과. 籭子, 드레와. 碗楪, 사

발 접시와. 匙筋, 수져와. 榪杓, 나모쥬게
와. 筲籬, 됴리와. 炊箒, 솔과. 擦床兒(朴
新注, 30ㅈ: 用木小板長尺餘, 橫穿為空二
三十穴, 各用薄鉄為刃廂其中, 以蘿蔔等
物, 按磨扵刃上, 其絲從穴下隆.), 슉치칼
과. 簸(簸)箕, 키와. 篩子, 얼밍이와. 馬尾
羅, 몰총체와. 桌子, 상과. 盤子, 盤과. 茶
盤, 찻반과. 燈臺, 燈臺와. 酒種, 잔과. 酒
鼈, 쥬벼ㅇ와. 銅杓, 놋쥬게 이시니.

슌 〔의〕 슌(巡). 바퀴. ⇔회(回).《集覽, 字解,
累字解, 2ㅎ》一回. 혼 슌.《集覽, 字解,
累字解, 2ㅎ》幾回. 몃 슌.

슌라 〔명〕 슌라(巡邏). 순찰. ⇔슌야(巡夜).
《朴新諺 3, 19ㅎ》被巡夜的拿住, 슌라에
잡피믈 닙어.

스러지다 〔통〕 스러지다. 사라지다. ⇔소
(消).《朴新諺 1, 16ㅈ》這瘡毒氣散去便
暗消了, 이 瘡에 毒氣 흐터져 곳 절로 스
러지리라.

스므 〔관〕 스무二十. ⇔이십(二十).《朴新諺
1, 23ㅈ》當二十両銀子, 스므 냥 은에 뎐
당ᄒᆞ려 ᄒᆞ노라.《朴新諺 1, 23ㅎ》便當二
十両也還不勾用哩, 곳 스므 냥을 뎐당ᄒᆞ
여도 당시롱 ᄡᅳ기에 넉넉지 못ᄒᆞ여라.

스므날 〔명〕 스무날. ⇔이십(二十).《朴新諺
1, 8ㅎ》大約這月二十邉領了詔書箚付就
要起身, 대개 이 둘 스므날긔 詔書와 箚
付를 ᄐᆞ면 즉시 써나고져 ᄒᆞ노라.

스물 〔관〕 스물二十. ⇔이십(二十).《朴新
諺 1, 51ㅈ》也不過使二十八九箇錢, 스믈
여덟 아홉 낫 돈을 ᄡᅥ매 지나지 아니ᄒᆞ
리라.

스미다 〔통〕 스미다. 드러나지 않다. ⇔암
(暗).《朴新諺 2, 8ㅎ》你這暗花緞子要多
少一疋, 네 이 스믠문 비단을 언머에 혼
필을 ᄒᆞ려 ᄒᆞᄂᆞ뇨.《朴新諺 2, 9ㅈ》這一
疋暗花緞是兩件袍料, 이 혼 필 스믠문 비
단은 이 두 볼 큰옷 ᄀᆞᆷ이니.

스믠문 〔명〕 스믠 무늬. (드러나지 않은 꽃
무늬. 곧, 직물의 바탕에 명암이나 실의

굵기, 또는 성기고 밴 정도에 따라 은은
하게 보이는 꽃무늬) ⇔암화(暗花).《朴
新諺 2, 8ㅎ》你這暗花緞子要多少一疋,
네 이 스믠문 비단을 언머에 혼 필을 ᄒᆞ
려 ᄒᆞᄂᆞ뇨.《朴新諺 2, 9ㅈ》這一疋暗花
緞是兩件袍料, 이 혼 필 스믠문 비단은
이 두 볼 큰옷 ᄀᆞᆷ이니.

스스로 〔円〕 스스로. ⇔자(自).《朴新諺 3,
31ㅎ》你不要自誇, 네 스스로 쟈랑 말라.

스승 〔명〕 스승. 훈장. 선생. ●⇔사(師).
《朴新諺 2, 9ㅎ》他曾到江南地方受過名
師, 뎨 일즉 江南 짜히 가 일홈난 스승의
게 비호니. ●⇔사부(師傅).《朴新諺 1,
48ㅈ》你師傅是甚麼人, 네 스승이 이 엇
던 사롬고.《朴新諺 1, 48ㅈ》見了師傅便
向上唱喏, 스승 보고 곳 향ᄒᆞ여 읍ᄒᆞ고.
《朴新諺 2, 9ㅎ》他師傅法名石屋, 뎌 스
승의 法名은 石屋이라.《朴新諺 2, 33ㅈ》
比他師傅高强十倍哩, 제 스승에 비기면
十倍나 나으니라.《朴新諺 3, 23ㅎ》卽拜
贏的為師傅, 곳 이긔ᄂᆞᆫ 이를 拜ᄒᆞ여 스
승을 삼쟈.《朴新諺 3, 24ㅈ》靠師傅站着,
스승의게 의지ᄒᆞ여 세오고.《朴新諺 3,
25ㅎ》出來說與師傅, 나와 스승드려 닐
러쩌니.

슬갑 〔명〕 슬갑(膝甲). ⇔호슬(護膝).《朴新
諺 1, 29ㅎ》繫着鴉青緞子繡花護膝, 야쳥
비단에 繡노흔 슬갑을 미고.《朴新諺 1,
45ㅎ》你替我做一副護膝與我, 네 나롤
ᄀᆞᄅ차 혼 볼 슬갑을 민그라 주고려.
《朴新諺 1, 46ㅈ》護膝上還該要用的裁料,
슬갑에 ᄶᅩ 쁨 즉흔 ᄀᆞᆷ을.《朴新諺 1,
46ㅎ》做一對護膝, 혼 ᄡᅡᆼ 슬갑을 지으려
ᄒᆞ면.

슬란(膝欄) 〔통〕 스란. (스란에 용(龍)·봉
(鳳)·전자(篆字) 따위의 무늬를 넣은
것)《集覽, 朴集, 上, 8ㅎ》刺通袖膝欄. 元
時好着此衣, 前後具胷背, 又連肩而通袖
之脊, 至袖口為紋, 當膝周圍亦為紋如欄
干, 然織成段疋為衣者有之, 或皮或帛, 用

綵線周遭回曲爲緣, 如花樣, 刺〈刾〉爲草
樹〈尌〉·禽獸·山川·宮殿之文於〈紋
於〉其內, 備極奇巧, 皆用團領着之, 其直
甚高. 達達〈ㅏ〉之俗, 今亦猶然. 뷔윤 실
로 치질ㅎ니를 呼爲刺, 亦曰絅, 音扣.

슬피 閉 슬피. ⇔비애(悲哀).《朴新諺 3,
44ㅈ》一路悲哀啼哭, 一路에 슬피 울고.

슬희다 동 싫어하다. 흥미 없어 하다. 귀
찮아하다. ⇔나태(懶怠).《朴新諺 3, 46
ㅈ》我不去也懶怠看, 내 가지 아니ㅎ리
라 또 보기 슬희여라.

습(濕) 동 적시다. ⇔적시다.《朴新諺 2,
41ㅈ》把舌尖濕破窓戶, 혀 긋흐로다가
窓戶를 적셔 뜛고.

습매(濕煤) 명 황토와 물을 한데 섞어 만
든, 아직 덜 마른 석탄.《集覽, 朴集, 下,
9ㅎ》濕煤. 質問云, 如和煤未乾, 濕燒取其
燄火, 方言謂之濕煤. 今按, 石炭搥碎, 并
黃土以水和作塊, 晒乾, 臨用俺碎, 納於爐
〈炉〉中, 總謂之水和炭. 未乾者謂之濕煤,
已乾者謂之煤簡兒, 亦曰煤塊子. 其燒過
土塊曰乏煤, 揀〈揀〉其土塊, 更和石炭用
之.《朴新諺 3, 45ㅈ》就和些濕煤燒也好,
곳 져기 濕煤를 섯거 퓌여도 됴ㅎ니.

습병(習兵) 동 군대를 훈련시키다. 군사
를 조련하다.《集覽, 朴集, 下, 7ㅎ》花房
窩兒. 又云擊鞠, 騎而以杖擊也, 黃帝習兵
之勢.

습자(習字) 명 습자(習字). (특히 붓글씨를
연습하는 것을 이른다)《朴新諺 1, 48ㅎ》
到晌午寫倣(朴新注, 19ㅈ: 小兒習字模寫
曰寫倣.), 나지 다드라 셔품 쓰기 호되.

습전(習傳) 동 배우고 전승(傳承)하다.
《集覽, 朴集, 中, 2ㅎ》奪腦. 奪字未詳. 鄕
習傳解曰, 티고리 뽄 앏〈알〉프다. 奪, 音
ㄷ, 去聲讀.

승(升) 回 되[升].《集覽, 朴集, 中, 1ㅈ》分
例支應. 元制, 正官一員, 一日宿頓, 該支
〈支〉米一升, 糆一斤, 羊肉一斤, 酒一升,
柴一束, 經過減半, 從人一名, 止支〈支〉米

一升, 經過減半. 今制, 正官一員, 一日經
過, 米三升, 宿頓五升, 從人一名, 經過二
升, 宿頓三升. 漢俗今云行三坐五.

승(承) 동 (상대방이 베푼 호의를) 입다.
받다. ⇔닙다.《朴新諺 1, 19ㅎ》旣承有
心照顧, 이믜 有心 照顧홈을 니브니.《朴
新諺 1, 37ㅈ》老長兄承你掛念, 老長兄아
네 掛念호믈 닙으니.《朴新諺 3, 59ㅈ》
旣承二位光顧, 임의 二位 光顧홈을 닙어
시니.

승(陞) 동 ❶진급(승진)하다. ⇔돗다.《朴
新諺 2, 50ㅎ》你的陞文得了麽, 네 돗는
문셔를 어덧느냐. ❷옮다. (벼슬이) 오
르다. 승진하다. ⇔옮다.《朴新諺 3, 19
ㅈ》也只指望本官陞一箇好缺, 또 다만 本
官이 혼 됴흔 궐에 올므믈 브라느니.

승(勝) 동 이기다. ⇔이긔다.《朴新諺 3,
25ㅈ》國王道唐僧得勝了, 國王이 니르되
唐僧이 이긔여다.《朴新諺 3, 44ㅈ》繫着
孝帶的不可勝數, 복쯱 쯰니 可히 이긔여
혜지 못홀러라.

승(僧) 명 〈불〉 삼보(三寶)의 하나. 승보
(僧寶). 부처의 가르침을 받들어 실천하
는 사람들을 보배에 비유하여 이르는
말이다.《集覽, 朴集, 下, 3ㅈ》三寶. 佛·
法·僧也. 功成妙智, 道登圓覺, 佛也, 玄
理幽微, 正敎精誠, 法也, 禁戒守眞, 威儀
出俗, 僧也.《朴新諺 3, 14ㅈ》不信佛法不
尊三寳(朴新注, 49ㅎ: 佛·法·僧曰三
寶. 功成妙智, 道登圓覺, 佛也, 玄理幽微,
正敎精誠, 法也, 禁戒守眞, 威儀出俗, 僧
也. 故曰寶.), 佛法을 信치 아니ㅎ고 三寳
를 尊치 아니ㅎ니.

승(繩) 명 ❶노. 노끈. ⇔노ㅎ.《朴新諺 3,
46ㅎ》把四條繩絟着大車, 네 오리 노흐
로다가 큰 술위에 미고. ❷줄. 밧줄. ⇔
줄.《朴新諺 2, 20ㅎ》還少套繩, 당시롱
멜 줄과. 撒繩, 쯰을 줄과. 籠頭, 바구레
와. 脚索, 지달 술 바와. 鞍子, 기르마와.
肚帶等類哩, 오랑 等類ㅣ 업세라.

승(蠅) 명 파리. ⇔프리.《朴新諺 3, 1ㅈ》拿
蠅拂子來赶一赶, 프리채 가져다가 쏫고.

승가(僧伽) 명 승가대사(僧伽大士).《朴新
諺 2, 29ㅎ》起浮屠(朴新注, 33ㅎ: 浮屠,
塔也. 唐中宗為僧伽大士, 起塔扵泗水, 僧
伽即觀音化身云.)扵泗水之間, 浮屠를 泗
水ㅅ 스이에 니르혀고.

승가대사(僧伽大士) 명 서역(西域)의 이
름난 중. 성(姓)은 하씨(何氏). 시호는
성증대사(聖證大師). 용삭(龍朔) 초에
당(唐)나라에 들어와 사주(泗州)에 절을
세웠고, 뒤에 천복사(薦福寺)에 거처하
였다. 세상에서는 관음보살(觀音菩薩)
의 화신(化身)이라 하며, 관음보살이나
소상(塑像)을 이를 때도 쓰인다.《集覽,
朴集, 中, 5ㅈ》起浮屠扵泗水之間. 神僧傳
云, 僧伽大士, 西域人, 姓何氏. 唐龍朔初,
扵泗州臨淮縣信義坊, 將建伽藍, 掘得古
香積寺銘記并金像一軀, 上有普照王佛字,
遂建寺焉. 中宗聞名, 遣使迎師, 居薦福寺,
頂上有一穴, 以絮窒之, 夜則去絮, 香從頂
穴中出, 非常芬馥. 及曉, 香還頂中, 又以
絮窒之. 景龍四年, 端立而終. 中宗令扵寺
起塔, 俄而大風歘起, 臭氣滿長安. 中宗問
諸近臣, 近臣奏, 僧伽大師化緣在臨淮, 恐
欲歸.

승가려(僧伽黎) 명 〈불〉 삼의(三衣)의 한
가지. 의식용 가사(袈裟)이다.《集覽, 朴
集, 上, 10ㅈ》袈裟. 反(飜)譯名義云, 袈裟
是外國三衣之名. 或名離塵服, 由斷〈断〉
六塵故, 或名消瘦服, 由斷煩惱故, 或名無
垢衣. 一曰金縷僧伽黎, 即大衣也, 入王宮
聚落時衣, 乞食時着.

승강(升降) 명 올라가고 내려오다.《集覽,
朴集, 上, 7ㅈ》三台. 三台, 星名. 在天爲
六座, 名天階, 亦曰泰階, 太上升降之道也.

승계(勝計) 명 하나하나 모두 헤아리다.
《集覽, 朴集, 下, 12ㅈ》太祖. 夫人柳氏曰,
妾聞諸公之言, 尚有感奮, 況大丈夫乎. 提
甲領以披之, 諸將扶擁而出, 令人呼曰, 王

公已舉義旗, 國人來赴者不可勝計.

승관(承管) 동 (책임을) 맡다. 담당하다.
⇔맛다.《朴新諺 1, 58ㅎ》中保人一面承
管代還, 中保人이 一面으로 맛다 フ르차
갑흐리라.

승니(僧尼) 명 〈불〉 비구(比丘)와 비구니
(比丘尼).《集覽, 朴集, 下, 1ㅈ》西天取經
去. 此時唐太宗, 聚天下僧尼, 設無遮大會,
因衆僧擧一高僧爲壇主說法, 即玄裝〈奘〉
法師也.《集覽, 朴集, 下, 2ㅈ》解夏. 荊楚
歲時記云, 天下僧尼, 扵四月十五日, 就禪
刹掛搭不出門, 謂之結夏, 亦曰結制.《集
覽, 朴集, 下, 9ㅈ》彩亭子. 漢俗皆扵白日
送殯, 凡結飾車輿・幢幡・傘盖及紙造人
馬爲前導者, 連亘四五十步. 僧尼・道士
及鼓〈皷〉樂・鍾鈸塡咽大路, 遠近大小親
鄰〈隣〉男女, 前後導從者, 不知幾人, 後施
夾障從之.《朴新諺 3, 13ㅈ》這些聽講的
僧尼道俗善男信女, 이 講 듯는 僧尼 道俗
과 善男 信女ㅣ.

승당(承當) 동 받아들여 갑당하다. 담당
(擔當)하다. 책임(責任)지다. ⇔승당ᄒ
다(承當-).《朴新諺 2, 19ㅎ》賣主一面承
當, 픈 님자ㅣ 一面으로 承當ᄒ고.

승당ᄒ다(承當-) 동 승당(承當)하다. ⇔
승당(承當).《朴新諺 2, 19ㅎ》賣主一面
承當, 픈 님자ㅣ 一面으로 承當ᄒ고.

승록사(僧錄司) 명 절과 중에 대한 일을
맡아보던 관아. 당(唐)나라 개성(開成)
연간에 처음으로 두었다.《集覽, 朴集,
下, 2ㅎ》慶壽寺. 一統志云, 在順天府西
南, 內有飛虹・飛渡二橋, 石刻六大字, 極
遒勁. 相傳金章宗所書. 又有金學士李晏
碑文, 正統間重建, 賜額大興隆寺, 僧錄司
在焉.

승문(陞文) 명 벼슬아치의 전임이나 진급
(승진) 따위를 증명하던 문서. ⇔돗는문
셔.《朴新諺 2, 50ㅎ》你的陞文(朴新注,
41ㅈ: 猶解由也.)得了麽, 네 돗는 문셔를
어덧느다.

승보(勝報) 명 매우 승묘(勝妙)한 보응(報應).《集覽, 朴集, 下, 1ㅎ》證果金身. 言果報者, 觀經疏云, 行眞實法感得勝報也.

승보(僧寶) 명 〈불〉 삼보(三寶)의 하나. 본래 승단(僧團)을 이르는 말이었으나, 뒤에는 불법을 계승하고 선양(宣揚)하는 중의 무리를 일컫는 말로 쓰였다.《集覽, 朴集, 下, 3ㅈ》三寶. 脫塵異俗, 圓頂方袍, 入聖超凡, 爲衆中尊, 卽僧寶也.

승부(勝負) 명 이김과 짐.《集覽, 朴集, 下, 7ㅎ》花房窩兒. 但本國龍飛御天歌云, 擊毬之法, 或數人, 或十餘人, 分左右以較勝負.

승불자(蠅拂子) 명 파리채. ⇔푸리채.《朴新諺 3, 1ㅈ》拿蠅拂子來赶一赶, 푸리채 가져다가 쫏고.

승사(僧寺) 명 절. 사찰.《朴新諺 3, 43ㅈ》昨夜做道場(朴新注, 59ㅎ: 修道之場, 僧寺或名道場.)有你在那裡麼, 어젯밤 道場 홀 제 네 거긔 잇더냐.

승상(丞相) 명 전국시대(戰國時代) 진(秦)나라가 두었다. 무왕(武王) 2년(B.C. 309)에 처음으로 두었는데, 원대(元代)에는 좌·우승상(左右丞相)을 두어 재상(宰相)의 직임(職任)을 담당하고, 천자(天子)를 보좌하여 국사를 처리하게 하였다. 명(明)나라 홍무(洪武) 13년(1380)에 폐하였다. 우리나라의 정승(政丞)과 같다.《集覽, 朴集, 上, 7ㅎ》南斗. 晉書天文志, 六星天廟〈庿〉, 丞相太宰之位, 主褒賢進士, 稟授爵祿.《集覽, 朴集, 下, 5ㅎ》元寶. 南村輟耕錄云, 至元十三年, 元兵平宋, 回至楊〈揚〉州, 丞相伯顔號令搜撿〈檢〉將士行李, 所得撒花銀子, 銷鑄作錠, 每五十兩爲一錠, 歸朝獻〈献〉納.《集覽, 朴集, 下, 8ㅎ》丞相. 元中書省有左右丞相, 任宰相之職〈戝〉, 左右天子平章萬機.《朴新諺 3, 39ㅈ》比丞相差不多, 丞相에 比컨대 쓰미 만치 아니ᄒᆞ니.

승상기하(承上起下) 동 앞의 문장을 받아서 뒷 문장을 잇다.《集覽, 字解, 單字解, 2ㅎ》也. 在詞之上者, 又也. 也好 巫 됴타, 也是 巫 올타. 在詞之中者, 承上起下之辭. 我也去 나도 가마. 在詞之終者, 語助.

승선포정사(承宣布政使) 명 벼슬 이름. 송대(宋代)에 두었던 절도 유후(節度留後)를 명대(明代)에 고친 이름. 청대(淸代)에는 포정사(布政使)라 하였다. 한성(省)의 정사(政事)를 관장하고 조정의 시책과 금령(禁令)을 하부에 알리는 일을 맡았다.《集覽, 朴集, 上, 9ㅈ》江西. 古楊(揚)州地, 今置承宣布政使司.《集覽, 朴集, 下, 3ㅈ》照會. 五軍都督府照會六部, 六部照會承宣布政使司, 使司照會提刑按察司.《集覽, 朴集, 下, 11ㅎ》申. 某府爲某事云云, 合行申覆, 伏乞照驗施行, 須至申者, 右申某處承宣布政使司, 年月, 府官姓名.

승실(僧室) 명 중이 거처하는 처소.《朴新諺 2, 10ㅈ》如今來到這永寧寺裏坐了方丈(朴新注, 26ㅈ: 僧室也. 四方一丈曰方丈.), 이제 이 永寧寺에 와 方丈에 안잣더니.

승자(繩子) 명 노. 노끈. ⇔노ㅎ.《朴新諺 1, 40ㅎ》滿天星宿一箇月三條繩子由你曳, 하늘에 ᄀᆞ득ᄒᆞᆫ 星宿에 ᄒᆞᆫ 둘을 세 오리 노ㅎ로 제대로 쓰으는 거시여.

승자(蠅子) 명 파리. ⇔푸리.《朴新諺 3, 1ㅈ》怎麼這蠅子這麼多呢, 엇지 푸리 이리 만흐뇨.

승전(陞轉) 동 승진하다. 영전하다. 높은 지위로 오르다. ⇔승전ᄒᆞ다(陞轉-).《朴新諺 2, 51ㅎ》似我這般雜職微員陞轉極難, 우리 ᄀᆞᆺᄒᆞᆫ 이 雜職 微員은 陞轉ᄒᆞ기 극히 어려워.

승전ᄒᆞ다(陞轉-) 동 승전(陞轉)하다. ⇔승전(陞轉).《朴新諺 2, 51ㅎ》似我這般雜職微員陞轉極難, 우리 ᄀᆞᆺᄒᆞᆫ 이 雜職 微員은 陞轉ᄒᆞ기 극히 어려워.

승천포(昇天浦) 명 포구 이름. 경기도 풍덕군(豐德郡)에 있었다.《集覽, 朴集, 下,

12ㅎ》娘子柳氏〈柳氏〉. 貞州, 今豐〈豊〉德昇天浦古城北二里是也.

승패(勝敗) 명 승리와 패배.《朴新諺 1, 27ㅈ》又道勝敗乃兵家之常, 쏘 니로되 勝敗는 兵家의 常이라 ㅎ니.

승행(僧行) 〈불〉 중이 되기 위하여 출가한 사람으로서 아직 도첩(度牒)을 받지 못한 사람.《集覽, 朴集, 下, 4ㅈ》孫行者. 行者, 僧未經關給度牒者, 謂之僧行, 亦曰行者.

싀다 혭 시다. 시큼하다. ⇔산(酸).《朴新諺 1, 54ㅎ》隨常飲食休吃酸・甜・腥・辣等物, 샹시 음식에 싄 것 둔 것 비린 것 미온 것들을 먹지 말고.

싀집 명 시(媤)집. 또는 (막 결혼한 신혼부부가 함께 신부 쪽 집안 또는 신부의 친구 집들을 돌며) 인사하러 다니다. ⇔회문(回門).《朴新諺 1, 44ㅎ》第(第)九日囬門, 第(第)九日에 싀집의 가.

시 명 것이.《集覽, 字解, 單字解, 6ㅈ》賃. 僦屋以語曰賃, 지블 둘마다 銀 현 량곰 삭 물오 드러 이셔 살 시라. 又雇用驢馬・舟車之類曰賃, 라괴와 물둘흘 삭 주고 브릴 시라.

시(市) 명 저자. 시장. ●⇔져제.《朴新諺 2, 1ㅈ》大街東市上馬牙子家有, 큰 거리 동녁 져제에 물 즈름의 집이 잇느니라.《朴新諺 2, 1ㅎ》你如今且到馬市裏自己揀着買去, 네 이제 쏘 물 져제 손조 골히여 사라 가라.《朴新諺 2, 4ㅈ》明日到羊市上, 너일 羊 져제에 가. ●⇔져직.《朴新諺 1, 20ㅎ》這市上所賣的風筝色樣狠(很))多, 져직에 푸는 연이 色樣이 ▽장 만하.《朴新諺 1, 50ㅈ》恐市上出不上價錢哩, 져직셔 갑시 나지 아닐가 ㅎ노라.《朴新諺 2, 44ㅈ》我往羊市前頭甎塔衚衕去, 내 羊 져직 앏 벽탑골에 가.

시(是) 퀜 이. ⇔이.《朴新諺 2, 4ㅈ》昨日是張千摠的生日, 어지는 이 張千摠의 生日이니.《朴新諺 2, 13ㅈ》那厮眞不是人, 뎌 놈이 진실로 이 사름이 아니로다.《朴新諺 2, 25ㅎ》都是我家太爺從朝鮮帶來的, 다 이 우리 집 太爺 ㅣ 朝鮮으로셔 가져온 거시매.《朴新諺 2, 32ㅈ》是徐五家做的, 이 徐五의 집의셔 믠든 거시라.《朴新諺 2, 41ㅈ》這厮們只是小毛賊, 이 놈들은 그저 이 고모도젹이니.《朴新諺 3, 2ㅎ》果然是賣猫的, 果然 이 괴 풀 리로다.《朴新諺 3, 12ㅎ》這七月十五日是中元節, 이 七月 十五日은 이 中元節이라.《朴新諺 3, 18ㅎ》不是去望這位同寅, 이 位 同寅을 가 보지 아니면.《朴新諺 3, 28ㅎ》不是聖僧, 이 聖僧이 아니면.《朴新諺 3, 39ㅎ》是驛站裡去的, 이 驛站으로 갓느니라.《朴新諺 3, 48ㅎ》這都是些俗名了, 이는 다 이 俗名이니라.

시(是) 데 ●이. ⇔이.《朴新諺 1, 1ㅈ》真是好年景, 진짓 이 됴혼 年景이오《朴新諺 1, 14ㅈ》這都是斷不能少的, 이 거시 다 이 결짠고 업지 못홀 꺼시라.《朴新諺 1, 50ㅎ》我是新來的莊家, 나는 이 새로 온 향암이라.《朴新諺 2, 6ㅎ》眞箇是畫也畫不成的好景致, 진짓 이 그리려 ㅎ여도 그려 내지 못홀 됴흔 景致오.《朴新諺 2, 19ㅎ》甚是寫得妥當, 심히 이 쁜 거시 맛당호되.《朴新諺 2, 46ㅎ》是不長進的, 이 長進치 못홀 거시로다.《朴新諺 3, 2ㅈ》那箇拿藍(籃)子盛着猫的不是賣的麽, 뎌 드라치 가져 괴 담으니 이 풀 리 아니가.《朴新諺 3, 2ㅎ》又不是大買賣, 쏘 이 큰 홍졍이 아니니.《朴新諺 3, 12ㅈ》放着一箇三脚鐵蝦蟆的便是了, 혼 세 발 가진 쇠 두텁이 노흔 거시 곳 이라.《朴新諺 3, 37ㅈ》你是新來的莊家人, 너는 이 새로 온 향암엣 사롬이라. ●이로. ⇔일로.《朴新諺 2, 30ㅈ》由是威神莫測聖德難量, 일로 말미암아 威神을 측냥치 못ㅎ고 聖德을 혜아리기 어려온지라.

시(是) 퀜 그런 것이. ⇔그리.《朴新諺 1, 14ㅈ》若不是, 만일 그리 아니면.

시(是) 혱 옳다. ●⇔올타. 《集覽, 字解, 單字解, 2ㅎ》也. 在詞之上者, 又也. 也好 쏘 됴타, 也是 쏘 올타. 在詞之中者, 承上 起下之辭. 我也去 나도 가마. 在詞之終者, 語助. 《朴新諺 1, 15ㅈ》說的是, 니르미 올타. 《朴新諺 1, 28ㅎ》大哥說得狠(很)是, 큰형의 니르미 ㄱ장 올타. 《朴新諺 1, 31ㅎ》正是, 졍히 올타. 《朴新諺 1, 52ㅎ》你說的是, 네 니르미 올타. 《朴新諺 2, 30ㅎ》燒香懺悔繞是, 燒香 懺悔홈이 마치 올타. 《朴新諺 2, 49ㅈ》你說的是, 네 니르미 올타. 《朴新諺 2, 53ㅎ》你說的是, 네 니르미 올타. 《朴新諺 2, 55ㅈ》是了, 올타. 《朴新諺 3, 17ㅈ》相公說的是, 相公의 니르미 올타. ●⇔올ᄒ다. 《集覽, 字解, 單字解, 4ㅎ》便. 去聲, 卽也. 便行 즉재 가니라, 便去 즉재 가리라, 又 즉재 가다. 又則也. 便有 곧 잇다, 便是 곧 올ᄒ니라. 又順也, 順便. 又安也, 便當. 又宜也. 行方便 됴홀 양오로 ᄒ다, 不方便 다히 마지 쉽사디 아니타. 又猶則也. 你去便就有了 너옷 가면 이시리라. 又平聲, 穩便 온당ᄒ다. 吏語, 便益. 《朴新諺 2, 53ㅎ》便是你的不是了, 곳 이 네 올치 아니니라. 《朴新諺 3, 38ㅎ》三停裡該分與主人二停繞, 세 운에셔 맛당이 主人을 두 운을 ᄂ화 주어야 올커놀. ●⇔옳다. 《朴新諺 1, 43ㅈ》你剃的乾淨便是了, 네 싹기롤 乾淨히 홈이 곳 올ᄒ니라. 《朴新諺 2, 16ㅎ》這些食物都要鮮明不可缺少繞是, 이 여러 食物을 다 鮮明히 ᄒ고 모ᄌ라지 아니케 홈이 올ᄒ니라. 《朴新諺 2, 24ㅈ》是小弟昨日在張少卿家慶賀筵席上, 올ᄒ니 小弟 어제 張少卿의 집 慶賀 筵席에셔. 《朴新諺 2, 32ㅎ》欵式要時攉䙡子要与細就是了, 欵式은 時攉으로 ᄒ고 담은 고로고 ㄱ놀게 홈이 곳 올ᄒ니라.

시(時) 몡 ●때. ⇔재. 《朴新諺 1, 7ㅎ》湏(須)富貴何時, 富貴롤 어늬 째예 기드리

리오 ᄒ니. 《朴新諺 1, 20ㅈ》逢時及莭(節)好會頑耍哩, 째롤 만나고 결을 밋처 ㄱ장 놀 줄을 아더라. 《朴新諺 1, 38ㅈ》你且寬耐幾時, 네 아직 여러 째롤 견디여. 《朴新諺 2, 27ㅈ》怕沒有滅你的心火治你的心病之時麽, 네 心火를 ᄡ고 네 心病을 고칠 째 업슬가 저프랴. 《朴新諺 2, 51ㅎ》時來鐵也爭光, 째 오면 쇠도 빗츨 ᄃ토고. 運去黄金失色, 運이 가면 黄金이 빗츨 일는다 ᄒ니라. 《朴新諺 3, 5ㅎ》不知到幾時繞得了局哩, 아지 못게라 어늬 째에 다ᄃ라 맛치 판나믈 어드리오. 《朴新諺 3, 47ㅎ》候到幾時幾刻立春, 어늬 째 어늬 刻에 다ᄃ라 立春 홈을 기드려. 《朴新諺 3, 57ㅈ》那時有箇王名弓裔, 그 째에 ᄒ 님금이 이셔 일홈이 弓裔니. ●제. 때에. 적에. ⇔제. 《朴新諺 3, 15ㅈ》前者姐夫回時, 젼에 姐夫ㅣ 도라 갈 제.

시(柴) 몡 나무. 땔나무. ⇔나모. 《朴新諺 1, 11ㅈ》但于今柴‧米‧小菜件件俱貴, 다만 이제 나모와 뿔과 느믈이 가지가지 다 귀ᄒ니.

시(翅) 몡 ●날개. ⇔눌개. 《朴新諺 2, 11ㅎ》兩翅飛舞, 두 눌개로 춤추이고. ●지느러미. ⇔진에. 《朴新諺 1, 5ㅈ》魚翅炒肉, 물고기 진에 너허 쵸ᄒ 고기와.

시(匙) 몡 숟가락. ⇔술. 《朴新諺 2, 21ㅈ》還有鑼鍋, 쏘 노고와. 柳箱, 섥과. 灑子, 드레와. 碗楪, 사발 졉시와. 匙筯, 수져와. 鴈杓, 나모쥬게와. 䈴籬, 됴리와. 炊箒, 솔과. 擦床兒, 슉치칼과. 簁(簸)箕, 키와. 篩子, 얼밍이와. 馬尾羅, 물총체와. 桌子, 상과. 盤子, 盤과. 茶盤, 찻반과. 燈臺, 燈臺와. 酒種, 잔과. 酒鼈, 쥬벼오와. 銅杓, 놋쥬게 이시니.

시(猜) 통 ●알아맞히다. ⇔알다. 《朴新諺 1, 38ㅎ》我說幾箇謎子你猜, 내 여러 슈지롤 니롤 거시니 네 알라. 你說來我猜, 네 니롤라 내 알마. 《朴新諺 1, 38ㅎ》我

猜, 내 아노라. 《朴新諺 1, 39ㅈ》你再說
幾箇我猜, 네 다시 여러흘 니르라 내 알
마. 《朴新諺 1, 41ㅈ》咳你都猜着了, 애
네 다 아는고나. 《朴新諺 3, 23ㅎ》第(第)
二横中猜物, 第(第)二는 横中에 거슬 알
고. 《朴新諺 3, 25ㅈ》着兩箇猜裡面有甚
麼東西, 둘로 ᄒᆞ여 안히 므스거시 잇는
고 알라 ᄒᆞ고. 《朴新諺 3, 25ㅈ》王說今
番着唐僧先猜, 王이 니르되 이 번은 唐僧
으로 ᄒᆞ여 몬져 알게 ᄒᆞ라. 《朴新諺 3,
25ㅎ》皇后大笑說猜不着了, 皇后ㅣ 크게
웃고 니르되 아지 못ᄒᆞ여다. ❷짐작(斟
酌)하다. 추측하다. 알아맞히다. ⇔짐쟉
ᄒᆞ다. 《朴新諺 1, 17ㅈ》你眞猜着了, 네
잘 짐쟉ᄒᆞ엿다. 《朴新諺 1, 16ㅎ》你猜是
甚麼價錢, 네 이 므슴 갑신고 짐쟉ᄒᆞ라.
我猜, 내 짐쟉ᄒᆞ니.

시(試) 图 ❶시키다. 시험하다. ⇔시기다.
《朴新諺 2, 57ㅎ》年時牢子們試走的你可
曾看見麼, 전년에 牢子들희 ᄃᆞ롬질 시기
는 거슬 네 일즉 보왓는다. 《朴新諺 2,
57ㅎ》在那裏試走的, 어듸셔 ᄃᆞ롬질 시
기더뇨. ❷시험(試驗)하다. ⇔시험ᄒᆞ
다. 《朴新諺 1, 15ㅈ》試一試便好了, 시험
ᄒᆞ면 곳 됴흐리라. 《朴新諺 1, 26ㅎ》且
下一盤試看如何, 아직 ᄒᆞᆫ 판 두어 시험ᄒᆞ
여 보미 엇더ᄒᆞ뇨. 《朴新諺 2, 53ㅈ》不
妨事我試一試, 해롭지 아니ᄒᆞ니 내 시험
ᄒᆞ쟈.

시(詩) 图 감흥과 사상 따위를 함축적이고
운율적인 언어로 표현한 글. 《朴新諺 2,
49ㅎ》終日寒或對客飮酒吟詩, 終日토록
或 客을 對ᄒᆞ여 술 먹고 詩를 읊프며.

시(廝) 图 놈. 자식. (보통 사람) ⇔놈. 《朴
新諺 1, 33ㅎ》李小兒那廝, 李小兒ㅣ란
더 놈을. 《朴新諺 1, 57ㅈ》醜廝你來, 더
러온 놈아 이바. 《朴新諺 2, 3ㅎ》那廝那
裏肯借, 더 놈이 어듸 즐겨 빌리리오.
《朴新諺 2, 13ㅈ》必定是那廝落了我一兩
銀子了, 일뎡 더 놈이 내 ᄒᆞᆫ 냥 은을 ᄯᅥ혓

도다. 《朴新諺 2, 27ㅎ》你們這幾箇無用
的小廝, 너희 이 여러 ᄡᅳᆯ듸업슨 아희 놈
들이. 《朴新諺 2, 41ㅈ》這廝們只是小毛
賊, 이 놈들은 그저 이 고모도적이니.
《朴新諺 3, 8ㅈ》叫小廝們, 아희 놈들로
ᄒᆞ여. 《朴新諺 3, 19ㅎ》那廝便先衙門裡
告了, 그 놈이 곳 몬져 衙門에 告ᄒᆞ여.
《朴新諺 3, 20ㅈ》種稻地的那廝, 벼 시므
든 그 놈이. 《朴新諺 3, 51ㅎ》那廝多少年
紀了, 뎌 놈이 나히 언머나 ᄒᆞ뇨. 那廝不
到六十摸樣, 뎌 놈이 六十에 다둣지 못ᄒᆞᆫ
摸樣이러라.

시(廝) 图 서로. 상호(相互). ⇔서ᄅᆞ. 《朴
新諺 3, 20ㅈ》所以廝打, 이러모로 서ᄅᆞ
ᄡᅡ호니. 《朴新諺 3, 53ㅈ》捉賊見贓, 도
적 잡기는 贓物을 보고. 廝打驗傷, 서ᄅᆞ
ᄡᅡ혼 디는 傷處를 驗ᄒᆞ다 ᄒᆞ니라.

-시- 어미 -시-. (존칭) 《朴新諺 1, 56ㅎ》
留下名帖可曾見麼, 名帖을 머므럿더니
일즉 보신가. 《朴新諺 2, 57ㅎ》皇上在西
湖景凉殿裏坐的看, 皇上이 西湖 景凉殿
에서 안자 보시더라. 《朴新諺 3, 56ㅎ》
先生令尊·令堂俱在堂麼, 先生의 令尊
·令堂이 다 在堂ᄒᆞ신가. 《朴新諺 3, 14
ㅎ》稟父親母親起居萬安, 父親 母親끠 稟
ᄒᆞᄂᆞ니 起居 萬安ᄒᆞ신가. 《朴新諺 3, 15
ㅈ》不知收到否, 아지 못게라 바드신가
못ᄒᆞ신가.

시가(時價) 图 일정한 시기의 물건값. 상
품의 시장 가격. 《朴新諺 1, 58ㅎ》照依
時價准折, 時價대로 准折ᄒᆞ고.

시견(廝見) 图 서로 보다(만나다). 《集覽,
字解, 單字解, 2ㅎ》廝. 卑賤之稱. 這廝 이
놈. 又相也. 廝見 서르 보다. 又汎指人.
亦曰廝. 小廝 아희, 瞎廝 쇼경.

시관(市官) 图 무역을 관장하던 벼슬아
치. 《集覽, 朴集, 中, 6ㅎ》解儅庫. 王莽令
市官收賤賣貴, 謂如貸錢與民一百箇, 每
月收利錢三箇, 銀一兩, 則每月取利三分
之類.

시권(猜拳) [명] 먹국하기. ⇔솽불쥐기. 《集覽, 朴集, 上, 6ㅎ》拿錢. 卽猜拳也. 솽〈솽〉불:쥐·기. 質問云, 此二人以錢相賭之戲, 跌過兩背, 相同爲贏(贏). 質問之釋, 若本國돈ᄠᅳ기.

시근치 [명] 시금치. ⇔적근채(赤根菜). 《朴新諺 2, 39ㅎ》蘿蔔, 댓무우. 蔓菁, 쉿무우. 萵苣, 부로. 葵菜, 아혹. 白菜, ᄇᆡ치. 赤根菜, 시근치. 芫荽, 고싀. 葱, 파. 蒜, 마ᄂᆞᆯ. 薤菜, 부칙. 荊芥, 형개. 薄荷, 박하. 茼蒿, 믈ᄡᅮᆨ. 水蘿蔔, 물한댓무우. 胡蘿蔔, 노ᄅᆞᆫ댓무우. 芋頭, 토란. 紫蘇都好種的, 紫蘇를 다 시믐이 됴타.

시기다 [동] 시키다. 명령하다. ❶⇔규(叫). 《朴新諺 1, 5ㅎ》叫他着幾箇樂工來伺候, 뎌로 ᄒᆞ여 여러 樂工을 시겨 와 伺候ᄒᆞ고. ❷⇔시(試). 《朴新諺 2, 57ㅎ》年時牢子們試走的你可曾看見麽, 전년에 牢子들희 ᄃᆞ롬질 시기ᄂᆞᆫ 거슬 네 일즉 보왓ᄂᆞᆫ다. 《朴新諺 2, 57ㅎ》在那裏試走的, 어ᄃᆡ셔 ᄃᆞ롬질 시기더뇨. ❸⇔차(差). 《朴新諺 2, 35ㅈ》立刻差幾箇皂隷, 즉시 여러 皂隷를 시겨. 《朴新諺 3, 51ㅈ》嚴差捕役人等緝拿到案, 嚴히 捕役人 等을 시겨 緝拿ᄒᆞ여 案에 와. ❹⇔파(派). 《朴新諺 1, 8ㅎ》朝鮮國也該有詔可曾派你去麽, 朝鮮國에도 詔書ㅣ 이셤 즉ᄒᆞ니 ᄯᅩ 일즉 너롤 시겨 가게 ᄒᆞ엿ᄂᆞ냐. 《朴新諺 1, 25ㅈ》派五箇人直夜, 다ᄉᆞᆺ 사ᄅᆞᆷ을 시겨 밤에 샹직ᄒᆞ여.

시랄동(廝剌疼) [형] 쓰라리다. 찢어지듯이 아프다. 《集覽, 字解, 單字解, 5ㅈ》剌. 音라, 語助. 又痛也. 廝剌疼. 集韻作辣. 又音치, 剌綉.

시러곰 [부] 얻어. 능히. ⇔득(得). 《朴新諺 1, 38ㅈ》氣脉得以通行, 氣脉이 시러곰 通行ᄒᆞ여. 《朴新諺 2, 41ㅎ》他怎麽得能勾偸了東西去呢, 뎨 엇지 시러곰 능히 잡은거슬 도적ᄒᆞ여 가리오. 《朴新諺 3, 16ㅈ》得以衣錦還鄕, 시러곰 ᄡᅧ 衣錦 還鄕ᄒᆞ여.

시말(始末) [명] 처음과 끝. 《集覽, 朴集, 下, 4ㅈ》西遊記. 三藏法師往西域取經六百卷而來, 記其往來始末爲書, 名曰西遊記.

시명(示明) [동] 일반에게 자세히 알리다. ⇔시명ᄒᆞ다(示明-). 《朴新諺 3, 15ㅎ》望卽示明以慰兒念, ᄇᆞ라건대 즉시 示明ᄒᆞ여 ᄡᅧ 아ᄒᆡ 념녀를 위로ᄒᆞ쇼셔.

시명ᄒᆞ다(示明-) [동] 시명(示明)하다. ⇔시명(示明). 《朴新諺 3, 15ㅎ》望卽示明以慰兒念, ᄇᆞ라건대 즉시 示明ᄒᆞ여 ᄡᅧ 아ᄒᆡ 념녀를 위로ᄒᆞ쇼셔.

시무(時務) [명] 시급한 일. 눈앞의 중대한 일. 눈앞의 (객관적인) 형세. 《集覽, 朴集, 上, 13ㅈ》莊家. 村莊治農之人曰莊家, 謂不達時務之人. 《朴新諺 1, 50ㅎ》我是新來的莊家(朴新注, 19ㅎ: 村莊治農之人, 又不達時務之人, 謂之莊家.), 나ᄂᆞᆫ 이 새로 온 향암이라. 《朴新諺 2, 3ㅎ》不通人情不達時務的東西, 人情을 通치 못ᄒᆞ고 時務를 아지 못ᄒᆞᄂᆞᆫ 거시라.

시므다 [동] 심다. ❶⇔재(栽). 《朴新諺 3, 17ㅈ》前面壘一箇花臺好栽花, 앏히 ᄒᆞᆫ 花臺를 무어 곳 시므기 됴케 ᄒᆞ라. ❷⇔종(種). 《朴新諺 2, 39ㅈ》夜來收割了麻正當好種菜哩, 어제 삼을 거두어 븨여시니 正히 맛당이 ᄂᆞ믈 시믐이 됴타. 《朴新諺 2, 39ㅎ》紫蘇都好種的, 紫蘇를 다 시믐이 됴타.

시방 [명] 시방(時方). 현재. 지금. ❶⇔안전(眼前). 《朴新諺 1, 10ㅈ》眼前就收拾怕甚麽呢, 시방 즉시 收拾ᄒᆞ면 무서시 저프리오. ❷⇔현(現). 《朴新諺 1, 34ㅈ》現有借票在我手裏, 시방 ᄡᅮᄂᆞᆫ 보람이 내 손에 잇ᄂᆞ니. 《朴新諺 2, 19ㅈ》情願將親生之子小名神奴現年五歲, 情願으로 親生ᄒᆞᆫ 아ᄃᆞᆯ 小名은 神奴ㅣ오 시방 나히 五歲엣 거슬다가. 《朴新諺 3, 52ㅈ》告狀人李萬現年幾歲, 告狀ᄒᆞᄂᆞᆫ 사ᄅᆞᆷ 李萬의 시방 나히 현이오.

시방(十方) 몡 〈불〉 사방(四方)·사우(四隅)·상하(上下)를 통틀어 이르는 말. 《集覽, 朴集, 下, 2ㅎ》盂蘭盆齋. 大藏經云, 大目犍連尊者, 以母生餓鬼中不得食, 佛令作盂蘭盆, 至七月十五日, 具百味五果, 置盆中, 供養十方大德, 而後母乃得食. 《朴新諺 3, 12ㅎ》慶壽寺裡做盂蘭勝會(朴新注, 48ㅎ: 大藏經, 目連尊者, 以母在餓鬼中不得食, 七月十五日, 具百味五果, 置盆中, 供養十方大德, 而後母乃得食, 謂之盂蘭盆會.), 慶壽寺에서 盂蘭勝會를 혼다 ᄒ니.

시봉(侍奉) 동 시중을 들며 받들다. 《集覽, 朴集, 下, 5ㅈ》金頭揭地·銀頭揭地·波羅僧揭地. 西遊記云, 釋迦牟尼佛在靈山雷音寺演說三乘敎法, 傍有侍奉阿難·伽舍諸菩薩·聖僧·羅漢·八金剛·四揭地·十代明王·天仙·地仙. 觀此則揭地神名, 然未詳何神.

시부(是否) 몡 옳음과 아님. 또는 인지 아닌지. 《集覽, 朴集, 上, 13ㅎ》襁子. 音義云, 襁褓, 接臀汚穢之物. 今按, 襁卽繃子, 褓卽褓子, 音義混而一之, 誤矣. 但譯語指南, 亦呼繃子, 混稱爲襁褓. 未詳是否. 襁子, 깃.

시분(時分) 몡 때. ⇔째. 《朴新諺 3, 57ㅈ》年當二十歲時分, 나히 二十歲에 당홀 째는.

시비(是非) 몡 옳음과 그름. 잘잘못. 《集覽, 朴集, 上, 7ㅈ》北斗左輔右弼. 凡九星, 曰樞宮貪狼, 曰璇宮巨門, 曰璣〈幾〉宮祿存, 曰權宮文曲, 曰衡宮廉貞, 曰闓(開)陽宮武曲, 曰瑤光宮破軍, 曰洞明宮左輔, 曰隱元宮右弼. 左輔連附北斗第〈莭〉六星, 在外, 右弼連附北斗第〈莭〉二星, 在內. 俱在紫薇(微)垣. 七現二隱, 世人惟見七星, 不見輔·弼二星. 盖九星宰生死是非之簿, 能解一切厄. 晉書天文志云, 七星在太微北, 七政之樞機, 陰陽之元本. 七星明, 其國昌, 輔星明, 則臣强.

시사(時事) 몡 그 당시에 일어난 여러 가지 사회적 사건. 《朴新諺 3, 21ㅈ》買趙太祖飛龍記(朴新注, 52ㅈ: 錄趙太祖刱業時事.), 趙太祖의 飛龍記와. 唐三蔵西遊記(朴新注, 52ㅈ: 錄唐三藏西天取經時事.), 唐三藏의 西遊記를 사쟈.

시살(廝殺) 동 싸우다. ⇔싸호다. 《集覽, 字解, 單字解, 6ㅈ》殺. 氣殺我 애들와 셜웨라, 猶言以此而可至於死也. 又愁殺人 사ᄅᆞᆷ를 ᄀᆞ장 근심ᄒᆞ야 섧게 ᄒᆞ다. 又廝殺 싸호다. 又助語辭. 最深殺 ᄀᆞ장 깁다.

시서(詩書) 몡 시경(詩經)과 서경(書經). 또는 경서(經書)를 두루 일컫는 말. 《朴新諺 1, 49ㅈ》重的是詩書, 重히 너기는 거슨 이 詩書ㅣ라.

시수(尸首) 몡 시체(屍體). 송장. 《朴新諺 2, 35ㅈ》搜出幾箇血瀝瀝的尸首來, 여러 피 뜻듯ᄂᆞᆫ 尸首를 뒤어 내고. 《朴新諺 3, 44ㅎ》把尸首燒化了, 尸首를다가 술와.

시양(時樣) 몡 =시양(時樣). '樣'은 '樣'과 같다. 《廣韻, 去韻》樣, 式樣. 《朴新諺 2, 32ㅎ》欵式要時樣檯子要勻細就是了, 欵式은 時樣으로 ᄒᆞ고 담은 고로고 ᄀᆞ늘게 홈이 곳 올흐니라.

시양(時樣) 몡 시체(時體). (그 시대의 풍습이나 유행) 《朴新諺 2, 32ㅎ》欵式要時樣檯子要勻細就是了, 欵式은 時樣으로 ᄒᆞ고 담은 고로고 ᄀᆞ늘게 홈이 곳 올흐니라.

시어(侍御) 동 제왕을 모시다. 《集覽, 朴集, 上, 7ㅎ》耳墜兒. 事文類聚云, 莊子曰, 天子之侍御, 不叉椾(不爪翦), 不穿耳, 則穿耳自古有之. 今俗亦曰耳環, 卽八珠環也.

시위(侍衛) 동 윗사람을 모시어 호위하다. 또는 그런 사람. 《集覽, 朴集, 下, 5ㅎ》勇士. 華制, 以紅毡裁成勇字, 附於方帛之上, 施長帶於四角, 横負於背. 侍衛則用之, 故曰勇士, 卽本國甲士也.

시인(時人) 몡 그 당시의 사람들. 《集覽, 朴集, 中, 7ㅎ》裵彈. 今按, 包孝肅公名拯,

性剛直不撓, 其所彈劾, 不避權勢, 故時人
呼爲包閻羅, 曰關節〈莭〉不到, 有閻羅包
老.《集覽, 朴集, 中, 9ㅈ》打關節. 宋包拯
剛直好駁, 時人語曰, 關節〈莭〉不到, 有閻
羅包老.

시인(詩人) 몡 시를 전문적으로 짓는 사
람.《集覽, 朴集, 下, 11ㅎ》李白撈月. 李
白, 唐玄宗朝詩人也. 泛采石江, 見月影滿
水, 以手弄月, 身飜〈翻〉而死.

시작ᄒ다 图 시작하다. ●⇔기(起).《朴
新諺 2, 10ㅈ》從今日起後日止, 오늘브터
시작ᄒ여 모리 그치ᄂᆞ니. ●⇔흥(興).
《朴新諺 1, 10ㅈ》就好興工了, 곳 역ᄉ 시
작홈이 됴타.

시저(匙筯) 몡 수저. (숟가락과 젓가락)
⇔수져.《朴新諺 2, 21ㅈ》還有羅鍋, ᄯ
노고와. 柳箱, 섥과. 籭子, 드레와. 碗楪,
사발 접시와. 匙筯, 수져와. 榪杓, 나모
쥬게와. 箪籬, 됴리와. 炊箒, 솔과. 擦床
兒, 슉치칼과. 簁〈簁〉箕, 키와. 篩子, 얼
밍이와. 馬尾羅, 몰총체와. 桌子, 상과.
盤子, 盤과. 茶盤, 찻반과. 燈臺, 燈臺와.
酒種, 잔과. 酒甕, 쥬벼ᄋ와. 銅杓, 놋쥬
게 이시니.

시적(示寂) 몡 〈불〉 보살(菩薩)이나 고승
의 죽음을 이르는 말.《集覽, 朴集, 上,
15ㅎ》法名. 戊子東還, 掛錫于三角山重興
寺. 尋徙龍門山, 結小庵, 額曰小雪. 戊午
冬, 示寂放舍利玄陵, 賜諡圓證國師, 樹塔
于重興寺之東, 以藏舍利.

시전(市纏) 몡 가게. 시가. 상가.《集覽,
朴集, 上, 5ㅈ》角頭. 今按, 角頭, 卽通達
達道要會之衝, 傭力求直之人坌集之所.
然漢俗呼市纏亦曰角頭, 爲歸〈敀〉市者必
指角頭而去, 故云尔.《朴新諺 3, 12ㅈ》這
藥舖有招牌(朴新注, 48ㅎ: 漢俗, 凡市纏,
俱設標記, 使人易認.)沒有, 뎌 藥舖에 招
牌 잇ᄂᆞ냐 업ᄂᆞ냐.

시절(時莭) 몡 =시절(時節). '莭'은 '節'의
속자.《干祿字書, 入聲》莭, 節莭俗字.《朴

新諺 1, 1ㅈ》又正是好時莭(節), ᄯ 정히
이 됴혼 時莭(節)이니.《朴新諺 1, 34ㅈ》
他在京裏臨起身時莭(節), 제 셔울셔 ᄯᅥ날
째에 臨ᄒ여.《朴新諺 1, 35ㅎ》方要偸情
的時莭(節), 보야흐로 偸情홀 째에.

시절(時節) 몡 ●때. ⇔째.《朴新諺 1, 1
ㅈ》又正是好時節(節), ᄯ 정히 이 됴혼
時莭(節)이니.《朴新諺 1, 34ㅈ》他在京
裏臨起身時節(節), 제 셔울셔 ᄯᅥ날 째에
臨ᄒ여.《朴新諺 1, 35ㅎ》方要偸情的時
莭(節), 보야흐로 偸情홀 째에.《朴新諺
2, 22ㅈ》我來的時節, 내 올 째에.《朴新
諺 2, 22ㅎ》我來時節到山海關上, 내 올
째에 山海關에 다ᄃᆞ라.《朴新諺 2, 51
ㅎ》打雙陸時節, 雙陸 칠 째에.《朴新諺
3, 6ㅎ》我臨去時節也曾再三囑付, 내 갈
째를 臨ᄒ여 ᄯ 일즉 再三 당부ᄒ여.《朴
新諺 3, 39ㅎ》去的時節却也體面, 갈 째
에 ᄯ 體面이라.《朴新諺 3, 49ㅎ》閒時節
常住在那青蒲·紅蓼·灘邊, 한가혼 째
에 덧덧이 뎌 青蒲·紅蓼·灘邊에 머므
러. ●제. 적에. ⇔제.《朴新諺 3, 8ㅎ》
徃西天去取經的時節, 西天을 향ᄒ여 經
가질라 갈 제.《朴新諺 3, 18ㅎ》我們徃
日跟官的時節(節), 우리 徃日에 관원을
조차 ᄃᆞ닐 제.《朴新諺 3, 21ㅈ》悶時莭
(節)看看眞好解悶, 힘힘혼 제 보면 진실
로 解悶ᄒ기 됴흐니라.

시점(市店) 몡 저자의 여관이나 점포. 시
장의 여관이나 가게.《朴新諺 2, 8ㅈ》掌
横的(朴新注, 25ㅎ: 主管市店者之稱.)老
哥, 横 ᄀ옴아는 늙은 형아.

시졀 몡 시절(時節). 때. 또는 현재. 지금.
⇔시하(時下).《朴新諺 1, 17ㅈ》時下第
是頂好的了, 시졀 것스로는 읏듬 됴혼
거시라 ᄒ리라.

시주(施主) 몡 〈불〉 자비심으로 조건 없
이 절이나 중에게 돈이나 물건을 베풀
어 주는 일.《集覽, 朴集, 上, 10ㅎ》布施.
菩薩布施, 但一心清淨, 利益一切, 爲大施

主, 法施也. 此不住相布施也.

시진(時辰) 圐 시간이나 시각. 때. 《朴新諺 3, 47ㅎ》司天臺便報時辰, 司天臺 곳 時辰을 報호면.

시탄(柴炭) 圐 땔나무와 숯. 《集覽, 朴集, 中, 2ㅎ》抽分. 今按, 中朝設抽分竹木局, 如遇客商〈商〉興販竹木·柴炭等項, 照例抽分. 粗貨十五分中抽二分, 細貨十分中抽二分. 竹木·柴炭, 或三十分取二, 或十分取二, 或三分取一.

시하(時下) 圐 시절(時節). 때. 또는 현재. 지금. ⇔시절. 《朴新諺 1, 17ㅈ》時下第是頂好的了, 시졀 것스로는 읏듬 됴흔 거시라 호리라.

시행(施行) 圐 실제로 행하다. ⇔시행호다(施行-). 《集覽, 朴集, 下, 11ㅎ》申. 某府爲某事云云, 合行申覆, 伏乞照驗施行, 須至申者, 右申某處承宣布政使司, 年月, 府官姓名. 《朴新諺 3, 53ㅈ》伏乞大老爺恩准施行, 伏乞 大老爺는 思准 施行호쇼셔.

시행호다(施行-) 圐 시행(施行)하다. ⇔시행(施行). 《朴新諺 3, 53ㅈ》伏乞大老爺思准施行, 伏乞 大老爺는 思准 施行호쇼셔.

시험호다 圐 시험(試驗)하다. ⇔시(試). 《朴新諺 1, 15ㅎ》試一試便好了, 시험호면 곳 됴흐리라. 《朴新諺 1, 26ㅎ》且下一盤試看如何, 아직 흔 판 두어 시험호여 보미 엇더호뇨. 《朴新諺 2, 53ㅈ》不妨事我試一試, 해롭지 아니호니 내 시험호쟈.

시협(顋頰) 圐 뺨. ⇔뺨. 《朴新諺 1, 15ㅈ》你那顋頰上長的甚麼瘡, 네 져 뺨에 난 거시 므슴 瘡고. 《朴新諺 1, 15ㅈ》從前日這腮頰上痒的受不得, 그제부터 이 뺨이 ㄱ려워 견디지 못호ㄹ니. 《朴新諺 2, 36ㅈ》腮頰凍的刺刺(刺刺)的疼哩, 뺨이 드라 쁠알힌다.

시후(時候) 圐 때. ⇔때. 《朴新諺 1, 15ㅎ》你回去今夜到五更時候, 네 도라가 오늘

밤 五更 다둣도록. 《朴新諺 1, 20ㅎ》到二月淸明時候便放風筝了, 二月 淸明에 다드르면 곳 연 눌리기 호느니. 《朴新諺 1, 42ㅎ》到那走不動的時候却怎麼過呢, 뎌 돈니지 못홀 째에 다드라 쏘 엇디 지내리오. 《朴新諺 1, 43ㅈ》梳頭髮的時候, 마리털을 빗길 째에. 《朴新諺 1, 47ㅈ》我廻來時候, 내 도라올 째에. 《朴新諺 2, 49ㅈ》到那稻熟的時候, 뎌 벼 닉을 째에 다드라. 《朴新諺 3, 38ㅈ》到了秋收的時候, 秋收홀 째에 다드라. 《朴新諺 3, 45ㅎ》若挨摸到點燈時候, 만일 쓰으내여 불 혈 째에 다드르면.

식(式) 圐 법. 또는 격식(格式). 양식(樣式). ⇔법. 《朴新諺 2, 12ㅎ》誰知道做得狠(很)不如式, 뉘 아더냐 믄드롬이 ㄱ장 법 ㄱ지 아니호고.

식(食) 圐 먹다. ●⇔먹다. 《朴新諺 2, 40ㅎ》無功食祿寢食不安, 功이 업시 祿을 먹으면 寢食이 편안치 아니타 호니라. ●⇔식호다(食-). 《朴新諺 2, 59ㅈ》角安亢食氐房益, 角은 安호고 亢은 食호고 氐房은 益호고.

식(植) 圐 감. 재료. 《集覽, 朴集, 下, 3ㅈ》木植. 亦曰木料, 남·고〈그〉·로:셩·녕〈셩녕〉홀 ㄱ슴이〈ㄱ움이〉니. 詳見字解料字下.

식(飾) 圐 꾸미다. ⇔꾸미다. 《朴新諺 1, 18ㅎ》都要好餙樣的, 다 꾸민 모양을 됴케 호고져 호노라. 《朴新諺 2, 29ㅈ》座飾芙蓉湛南海澄淸之水, 안즌 디는 芙蓉으로 꾸며시니 南海 澄淸흔 물에 줌겻고.

식(餙) 圐 =식(飾). '餙'은 '飾'의 속자. 《(明, 焦竑) 俗書刊誤》飾, 俗作餙. 《朴新諺 1, 18ㅎ》都要好餙樣的, 다 꾸민 모양을 됴케 호고져 호노라.

식(識) 圐 알다. 인식하다. ⇔알다. 《朴新諺 2, 8ㅈ》太爺是識貨的請看, 太爺는 이 물화 아는 이라 쳥컨대 보라. 《朴新諺 2, 8ㅈ》如今也都識貨了, 이제 다 물화를

아느니. 《朴新諺 3, 29ㅎ》咳你眞識貨,
애 네 진실로 항호를 아니. 《朴新諺 3,
30ㅈ》你旣識貨, 네 이믜 항호를 알면.
《朴新諺 3, 42ㅈ》但有好相識們十分央及
他, 다만 묘히 서ᄅ 아ᄂ니들이 ᄀ장 뎌
의게 빌면.

-식 接 -씩. ⇔가(家). 《集覽, 字解, 單字
解, 5ㅎ》家. 止指一數之稱. 一箇家 혼 낫
식, 幾箇家 몃 낫식, 又현 낫식, 幾年家
현 히식. 又檠也. 大家 대개. 又擧姓呼人
之稱. 李家·張家. 又呼皇帝曰官家. 又語
助. 沒有家 업다. 《朴新諺 1, 25ㅈ》一更
一箇輪流起來喂草, 혼 경에 ᄒ나식 돌려
니러 여믈을 먹이되. 《朴新諺 1, 32ㅎ》
給你一張三錢罷, 너를 혼 장에 서 돈식
주리라. 《朴新諺 1, 33ㅈ》六箇猠皮每張
三錢, 여ᄉ 猠皮에 每張에 서 돈식 ᄒ면.
《朴新諺 1, 53ㅈ》一遍五箇分開着射, 혼
편에 다ᄉ식 ᄂ화 ᄡᅡ쟈. 《朴新諺 2, 8ㅎ》
這緞子每尺紋銀五錢, 이 비단을 믹 자히
紋銀 닷 돈식 홀 거시니. 《朴新諺 2, 17
ㅎ》一日三站五站的趲路, ᄒᄅ 세 站 다
ᄉ 站식 길을 죄오ᄂ니. 《朴新諺 3, 34
ㅈ》四五對簇簇趙趙的亂拌, 네다ᄉ 빵식
무둑무둑 나아드러 어즈러이 ᄢ롬ᄒ니.

식견(識見) 명 학식과 견문이라는 뜻으로,
사물을 분별할 수 있는 능력을 이르는
말. 《朴新諺 3, 4ㅎ》我如今也添了些識見
了, 내 이제 ᄯ쏘 져기 識見을 더ᄒ도다.

식물(食物) 명 먹을거리. 음식물. 《集覽,
朴集, 上, 12ㅈ》圓飯筵席. 邵氏聞見錄, 宋
景文公納子婦, 其婦家饋食. 書云, 以食物
煖女. 《朴新諺 2, 16ㅎ》這些食物都要鮮
明不可缺少纔是, 이 여러 食物을 다 鮮明
히 ᄒ고 모ᄌ라지 아니케 홈이 올흐니라.

식부(媳婦) 명 ●며느리. 《集覽, 字解, 單
字解, 8ㅈ》媳. 音息. 子之婦曰媳婦. 又古
語泛稱婦人曰媳婦, 次妻亦曰媳婦. ●아
내. 《朴新諺 3, 38ㅎ》還落下些養活他媳
婦·孩児, ᄯᅩ 져기 ᄶᅥ릭처 제 媳婦와 孩

児를 치더니. ●첩(妾). 《集覽, 字解, 單
字解, 8ㅈ》媳. 音息. 子之婦曰媳婦. 又古
語泛稱婦人曰媳婦, 次妻亦曰媳婦. ●계
집. 여자. ⇔계집. 《集覽, 字解, 單字解,
8ㅈ》媳. 音息. 子之婦曰媳婦. 又古語泛
稱婦人曰媳婦, 次妻亦曰媳婦. 《朴新諺 1,
35ㅈ》一箇和尙偸別人家的媳婦, 혼 듕이
놈의 계집을 도적ᄒ여. 《朴新諺 1, 36
ㅈ》偏要偸別人的媳婦, 독별이 다른 사
룸의 계집을 도적ᄒ니. 《朴新諺 2, 34
ㅎ》老李聽了恨那媳婦, 老李 듯고 그 계
집을 믜여ᄒ여.

식성(食性) 명 음식에 대하여 좋아하거나
싫어하는 성미. 《集覽, 朴集, 中, 7ㅈ》稀
粥也熬着. 獵者·行者多齎秒米, 且其食
性好粥, 尤好生肉渾酪, 故兩書皆元時所
記, 多言稀粥及酪.

식양(飾樣) 명 양식(樣式). 스타일(style).
《朴新諺 1, 30ㅎ》都是內造餙樣, 다 이 內
造 餙樣이오.

식양(餙樣) 명 =식양(飾樣). '餙樣'은 '飾樣'
의 속자. 《(明, 焦竑) 俗書刊誤》飾, 俗作
餙. 《朴新諺 1, 30ㅎ》都是內造餙樣, 다
이 內造 餙樣이오.

식이다 동 시키다. 번거롭게 하다. ⇔번
(煩). 《朴新諺 3, 5ㅈ》只怕那寃家們打關
節煩人說情哩, 그저 뎌 寃家들이 쇼쳥ᄒ
여 사름을 식여 情을 니런가 저페라.

식점(食店) 명 음식점. 식당. 《集覽, 朴集,
下, 5ㅎ》過賣. 食店內執役供具之人, 如雇
工者也.

식찬(食饌) 명 반찬(飯饌). 《集覽, 朴集,
上, 3ㅎ》細料物. 事林廣記食饌類, 細料
物, 官桂·良薑·蓽撥草·豆蔲·陳皮
·縮砂仁〈砂仁〉·八角·茴香各一兩,
川椒二兩, 杏仁五兩, 甘草一兩半, 白檀末
半兩. 右共爲細末用之.

식품(食品) 명 식품. 음식물. 《集覽, 字解,
累字解, 1ㅈ》茶飯. 摠稱食品之謂.

식ᄒ다(食-) 동 먹다. ⇔식(食). 《朴新諺

2, 59ㅈ》角安亢食氐房益, 角은 安ᄒ고 亢은 食ᄒ고 氐房은 益ᄒ고.

신 圆 신. ⇔혜(鞋). 《朴新諺 1, 39ㅈ》一箇 長大漢撒大鞋, ᄒᆫ 킈 큰 놈이 큰 신 ᄡᅳ을 고. 《朴新諺 2, 53ᄒ》我好做一雙小綉鞋 與他賀一賀, 내 ᄒᆫ 쌍 져근 슈신을 민ᄃᆞ 라 져를 주어 하례홈이 됴타.

신(申) 圄 ●소지(所志)를 하급 관아에서 상급 관아에 품신(稟申)하다. 《集覽, 朴集, 下, 11ᄒ》申. 音義云, 下司達於上司 之謂, 猶言所志. ●늘다. 늘어나다. ⇔늘 다. 《朴新諺 1, 33ㅈ》每一両該申五分銀 水哩, 每 ᄒᆫ 냥에 五分銀 성수ㅣ 늘리라. ●퍼지다. ⇔퍼지다. 《朴新諺 3, 48ㅈ》 等候那地氣上申的時節, 뎌 地氣 올라 퍼 질 ᄣᅢ를 기드리더니.

신(身) 圆 몸. ⇔몸. 《朴新諺 1, 29ㅈ》身穿 立水貂皮蟒袍, 몸에 슈결 잇는 貂皮 蟒袍 ᄅᆞᆯ 닙고. 《朴新諺 2, 24ᄒ》把一身衣服都 脫了, 왼몸에 옷슬다가 다 벗고. 《朴新諺 2, 26ㅈ》男兒無婦財無主, 소나희 지어미 업스면 지물이 님재 업고. 婦人無夫身無 主, 계집이 지아비 업스면 몸이 님재 업 다 ᄒᆞ니. 《朴新諺 2, 29ᄒ》面圓璧月身瑩 瓊瑰, 낫촌 璧月ᄀᆞ치 두렷ᄒ고 몸은 瓊 瑰ㅣ ᄀᆞ치 몰그며. 《朴新諺 3, 14ㅈ》因 你貪嗔癡三毒不離於身, 네 貪嗔癡 三毒 이 몸에 쩌나지 아니믈 因ᄒᆞ여. 《朴新諺 3, 22ᄒ》孫行者便到羅天大醮壇塲上蔵 身, 孫行者ㅣ 곳 羅天大醮ᄒᄂᆞᆫ 壇塲에 가 몸을 ᄀᆞᆷ초아. 《朴新諺 3, 34ᄒ》身穿金 甲, 몸에 金갑옷 닙고. 《朴新諺 3, 46ㅈ》 渾身畫着顔色, 왼몸에 빗출 그려. 《朴新 諺 3, 47ㅈ》身穿黃袍, 몸에 黃袍를 닙고.

신(信) 圄 믿다. ●⇔믿다. 《集覽, 字解, 單字解, 2ᄒ》怕. 疑懼之意. 怕人知道. 又 設若之辭. 怕你不信 ᄒ다가 너옷 믿디 몯거든. 又恐也. 害怕 두리여ᄒ다. 《朴 新諺 3, 13ᄒ》這佛法最尊最貴不可不信, 이 佛法이 ᄀᆞ장 尊ᄒ고 ᄀᆞ장 貴ᄒ니 可

히 밋지 아니치 못홀 거시라. ●⇔신ᄒ 다(信-). 《朴新諺 3, 14ㅈ》不信佛法不尊 三寶, 佛法을 信치 아니ᄒ고 三寶를 尊치 아니ᄒ니.

신(新) 瑆 새[新]. ⇔새. 《朴新諺 1, 14ᄒ》 這是新布俗那裏破那裏怕漏呢, 이 새 쟐 리라 어디 해여지며 어디 시기를 저퍼 ᄒ리오. 《朴新諺 1, 34ᄒ》倒累我的新靴 子都走破了, 도로혀 내 새 靴조차 다 든 녀 해아ᄇᆞ려다. 《朴新諺 1, 44ᄒ》第(第) 三日會新親, 第(第)三日에 새 사돈 모호 고. 《朴新諺 2, 40ㅈ》我們好嘗新, 우리 새 거슬 맛봄이 됴타. 《朴新諺 2, 46ㅈ》 就換幾箇新的, 곳 여러 낫 새 거슬 밧고 라. 《朴新諺 2, 58ᄒ》咳一件新衣服也沒 有怎的好呢, 애 ᄒᆫ 볼 새 옷도 업스니 엇 지ᄒ여야 됴흐리오. 《朴新諺 2, 59ᄒ》這 還怕沒有新衣服過年麽, 이 도로혀 새 옷 스로 過年홀 거시 업슬가 저프랴.

신(新) 囨 새로. ⇔새로. 《朴新諺 1, 50ᄒ》 我是新來的莊家, 나는 이 새로 온 향암이 라. 《朴新諺 3, 36ᄒ》那箇新來的崔哥你 也會打麽, 뎌 새로 온 崔哥ㅣ 아 너도 칠 줄을 아는다. 《朴新諺 3, 37ㅈ》你是新來 的莊家人, 너는 이 새로 온 향암엣 사롬 이라.

신가(身價) 圆 몸값. (예전에 사람을 사고 팔 때의 값) 《朴新諺 2, 19ㅈ》當日憑中言 定身價銀五兩, 當日에 듕인을 의빙ᄒ여 身價 銀 닷 냥을 닐러 定ᄒ여.

신고(身故) 圄 (사람이) 죽다. ⇔신고ᄒ다 (身故-). 《朴新諺 3, 43ㅈ》年三十七歲身 故, 나히 三十七歲에 身故ᄒ여.

신고(新故) 圆 새 것과 옛 것《集覽, 朴集, 中, 8ᄒ》臘. 臘者, 獵也, 因獵取獸, 以祭 先祖. 又臘者, 接也, 新故交接大祭, 以報 功也.

신고ᄒ다(身故-) 圄 신고(身故)하다. ⇔ 신고(身故). 《朴新諺 3, 43ㅈ》年三十七 歲身故, 나히 三十七歲에 身故ᄒ여.

신구(身軀) 몡 몸집. 《集覽, 朴集, 下, 5ㅎ》
四箇將軍. 募選身軀長大壯偉異於人者,
紅盔銀甲, 立於殿前月臺上四隅, 名鎭殿
將軍, 亦曰紅盔將軍, 亦曰大漢將軍. 其請
給衣粮曰大漢衣粮.

신근(新近) 몡 요사이. 요즈음. 근래. ⇔
요소이. 《朴新諺 2, 10ㅈ》新近奉皇帝聖
旨, 요소이 皇帝 聖旨를 밧드러.

신녀(信女) 몡 〈불〉 불교를 믿고 삼귀(三
歸)와 오계(五戒)를 받은 세속의 여자.
《集覽, 朴集, 下, 2ㅎ》善男信女. 了義經
云, 善者, 順理也, 信者, 言是事如是也.
《朴新諺 2, 10ㅈ》到處人民一切善男信女
(朴新注, 26ㅈ: 佛經云, 善者, 順理也. 又
云, 無信, 不入佛法.), 到處 人民과 一切
善男 信女ㅣ.

신노(神奴) 몡 사람 이름. 《朴新諺 2, 19
ㅈ》情愿將親生之子小名神奴現年五歲,
情愿으로 親生혼 아돌 小名은 神奴ㅣ오
시방 나히 五歲엣 거슬다가. 《朴新諺 2,
19ㅎ》如神奴, 만일 神奴ㅣ.

신다 동 (신을) 신다. ●⇔등(登). 《朴新諺
3, 35ㅈ》脚登朝靴, 발에 朝靴를 신고.
《朴新諺 3, 47ㅈ》脚登朝靴, 발에 朝靴 신
고. ●⇔천(穿). 《朴新諺 1, 29ㅈ》脚穿麂
皮嵌金線靴子, 발에 지즈피 金線 갸품 씬
휘롤 신고. 《朴新諺 1, 30ㅎ》脚穿粉底尖
頭靴, 발에 지즈에 분칠ᄒ고 부리 쀼 휘
롤 신고. 《朴新諺 3, 34ㅈ》那些勇士都穿
着花袴皂靴, 뎌 여러 勇士들이 다 아롱
바지에 거믄 靴를 신고.

신라(新羅) 몡 삼국(三國) 시대의 한 나라.
박혁거세(朴赫居世)가 지금의 영남(嶺
南) 지방을 중심으로 건국하였는데, 29
대 태종(太宗) 무열왕(武烈王) 때 백제
(百濟)와 고구려(高句麗)를 멸시키고 삼
국을 통일하였으나, 935년에 고려(高麗)
태조 왕건(王建)에게 망하였다. 《集覽,
朴集, 中, 3ㅎ》南海普陁落伽山. 徃時高麗
・新羅・日本諸國, 皆由此取道以候風

汎. 《集覽, 朴集, 下, 12ㅎ》弓裔. 新羅憲
安王之庶子, 以五月五日生, 屋上有素光
屬天如虹. 《集覽, 朴集, 下, 13ㅈ》都松岳
郡〈松岳郡〉. 時新羅監干八元善風水, 到
扶蘇郡, 見扶蘇山形勝而童, 告康忠曰, 若
移郡山南, 植松使不露嚴〈岩〉石, 則統合
三韓者出矣. 《朴新諺 3, 57ㅈ》那時有箇
王名弓裔(朴新注, 65ㅈ: 新羅憲安王之子.
叛居鉄原為都, 國號泰封.), 그 째에 혼 님
금이 이셔 일홈이 弓裔니.

신력(神力) 몡 신묘한 도력(道力). 또는
그런 힘의 작용. 《集覽, 朴集, 中, 4ㅎ》座
飾芙蓉. 翻譯名義云, 大論問, 諸牀〈床〉可
坐, 何必蓮華. 荅曰, 牀爲世間白衣坐法,
又以蓮華軟淨, 欲現神力, 能坐其上, 令不
壞故, 又以莊嚴妙法故, 又以此華華臺嚴
淨香妙可坐故.

신묘(神廟) 몡 신을 모신 사당. 《集覽, 朴
集, 下, 10ㅎ》二郞爺爺. 二郞, 神名, 爺爺,
尊敬之稱. 今遼東城內有二郞神廟.

신문(新聞) 몡 새로운 소식이나 견문. 《朴
新諺 3, 54ㅎ》先生近來却有些新聞麽, 先
生아 요소이 쏘 新聞이 잇느냐. 아모란
新聞이 업고.

신민(臣民) 몡 관원과 백성. 《集覽, 朴集,
下, 4ㅎ》大醮. 上元金籙齋, 帝王修奉, 設
普天大醮. 中元玉籙齋, 保佑六宮, 輔寧妃
后, 設周天大醮. 下元黃籙齋, 臣民通修,
普資家國, 設羅天大醮.

신변(神变) 몡 =신변(神變). '变'은 '變'의
속자. 《宋元以來俗字譜》變, 列女傳・取
經詩話・通俗小說作变. 《集覽, 朴集, 下,
10ㅎ》二郞爺爺. 按西遊記, 西域花菓山洞
有老猴精, 號齊天大聖, 神變〈变〉無測, 鬧
(閙)乱天宮, 玉帝命李天王領神兵徃捕, 相
戰失利.

신변(神變) 몡 사람의 지혜로는 도저히
알 수 없는 신비로운 변화. 《集覽, 朴集,
下, 10ㅎ》二郞爺爺. 按西遊記, 西域花菓
山洞有老猴精, 號齊天大聖, 神變〈变〉無

測, 閙(鬧)乱天宮, 玉帝命李天王領神兵徃捕, 相戰失利.

신병(神兵) 명 신이 보낸 군사. 또는 신의 가호(加護)를 받는 군사. 《集覽, 朴集, 下, 4ㅈ》孫行者. 老君·王母俱奏于玉帝, 傳宣李天王, 引領天兵十萬及諸神將至花菓山, 與大聖相戰失利. 巡山大力鬼上告天王, 擧灌州灌江口神曰小聖二郎, 可使拿獲. 天王遣太子木叉, 與大力鬼徃請二郎神, 領神兵圍花菓山, 衆猴出戰皆敗. 《集覽, 朴集, 下, 10ㅎ》二郎爺爺. 按西遊記, 西域花菓山洞有老猴精, 號齊天大聖, 神變〈変〉無測, 閙(鬧)乱天宮, 玉帝命李天王領神兵徃捕, 相戰失利. 灌州灌江口立廟, 有神曰小聖二郎, 又號二郎賢聖天王, 請二郎捕獲大聖, 卽此.

신보관(神保觀) 명 전설상의 신(神)으로 받드는, 진(秦)나라 이빙(李冰)의 둘째 아들을 모시는 사당. 《集覽, 朴集, 下, 10ㅎ》二郎爺爺. 宣和遺事云, 宣和七年十二月, 有神降坤寧殿修(傍)神保觀. 神保觀者, 乃二郎神也, 都人素畏之.

신복(申覆) 동 심의(審議)를 신청하다. 《集覽, 朴集, 下, 11ㅎ》申. 某府爲某事云云, 合行申覆, 伏乞照驗施行, 須至申者, 右仰某處承宣布政使司.

신복(信服) 동 믿다. 믿고 복종하다. ⇔밋다. 《朴新諺 2, 8ㅎ》你若不信服, 네 만일 밋지 아니ᄒᆞ거든.

신상(身上) 명 몸. ⇔몸. 《朴新諺 2, 23ㅎ》夜來身上虛汗如流水一般, 어제 몸에 虛汗이 流水 흔가지 곳ᄒᆞ여.

신선약(神仙藥) 명 신선이 먹는다는 불사(不死)의 약. 《朴新諺 3, 12ㅎ》自有神仙藥, ᄌᆞ연이 神仙藥이 잇다 홈이로다.

신숭겸(申崇謙) 명 고려(高麗)의 개국 공신(?~927). 처음 이름은 능산(能山). 처음에 궁예(弓裔)의 기장(騎將)으로 있다가 궁예의 횡포가 심하자 배현경(裴玄慶) 등과 함께 왕건(王建)을 추대하여 고려를 개국하였다. 대장군(大將軍)이 되었고, 태조(太祖) 10년(927) 공산(公山)에서 견훤(甄萱)의 군대에 포위된 태조를 구하고 전사하였다. 태조 묘정(廟庭)에 배향되었다. 《朴新諺 3, 57ㅈ》有將軍裵玄慶·洪儒·卜智謙·申崇謙等四箇人, 將軍 裵玄慶·洪儒·卜智謙·申崇謙 等 네 사름이 이셔.

신승전(神僧傳) 명 책 이름. 명(明) 영락(永樂) 15년(1417)에 주체(朱棣)가 지은 불교 사서(史書). 9권. 동한(東漢)의 마등(摩騰)으로부터 원대(元代)의 담파(膽巴)에 이르기까지 208명의 신승(神僧)에 대한 전기(傳記)를 기록하였다. 《集覽, 朴集, 中, 5ㅈ》起浮屠於泗水之間. 浮屠, 卽塔也. 唐言高顯也. 神僧傳云, 僧伽大士, 西域人, 姓何氏.

신안현(新安縣) 명 원대(元代)에 두었다. 치소는 원대에는 하북성(河北省) 신안현 북동쪽의 신안진(新安鎭)에, 명대(明代)에는 광동성(廣東省) 보안현(寶安縣)에 있었다. 《集覽, 朴集, 上, 4ㅈ》大寧. 遼誌云, 在遼東城北潢水之南, 漢爲新安縣, 唐置營州, 遼號大定府, 金改北京, 元改大寧路. 今廢.

신역(身役) 명 몸으로 치르는 노역(勞役)이나 고역(苦役). 《集覽, 朴集, 上, 1ㅎ》館夫. 應當舘〈館〉驛接待使客之役. 質問云, 府·州·縣百姓擇撥〈差〉無差〈身〉役者, 做館夫苔應使客, 待三年更替.

신월(申月) 명 지지(地支)가 신(申)인 달. 《朴新諺 1, 10ㅈ》揀箇黃道吉日(朴新注, 4ㅎ: 每月有黃道·白道·黑道, 而黃道最吉. 卽寅·申月, 子·丑·辰·巳·未·戌日之類.), 黃道 吉日을 굴ᄒᆡ여.

신인(神人) 명 도(道)를 닦아서 현실의 인간 세계를 떠나 산다는 상상의 사람. 《集覽, 朴集, 中, 5ㅈ》六道. 人道·天道·阿脩羅道·餓鬼道·畜生道·地獄道, 亦名六趣, 加仙道, 名曰七趣. 阿脩羅有大

力神人, 嘗共天鬪(鬪), 立大海中, 其高半天. 《朴新諺 2, 29ㅈ》以聲察聲拯慈悲於六道(朴新注, 33ㅎ: 以聲察聲. 聞其聲而察其苦樂之狀. 六道, 人道・天道・阿脩羅道・餓鬼道・畜生道・地獄道也. 阿脩羅有大力神人, 嘗共天鬪(鬪), 立大海中, 其高半天), 소리로 뻐 소리를 술펴 慈悲를 六道에 건디고.

신임(信任) 통 신임(信任)하다. 믿고 일을 맡기다. 《集覽, 字解, 單字解, 2ㅎ》保. 恃也. 保你 너 믿노라, 難保 믿디 어렵다. 吏學指南, 相託信任曰保. 又保擧也.

신자(身子) 명 몸. ⇔몸. 《朴新諺 1, 51ㅎ》待身子凉快些, 몸이 凉快ᄒ기를 기드려. 《朴新諺 2, 23ㅎ》身子顫的受不的, 몸이 쩔려 견디지 못ᄒ니. 《朴新諺 3, 7ㅈ》你的身子安樂就是福了, 네 몸이 安樂ᄒ면 곳 이 福이니라. 《朴新諺 3, 15ㅈ》身子粗安無須憂念, 몸이 져기 편안ᄒ니 모롬이 憂念치 마르쇼셔.

신장(申狀) 명 예전에 청원이 있을 때에 하급 관아에서 상급 관청에 내던 사실을 진술한 문서. 《集覽, 朴集, 下, 11ㅎ》申. 今按, 直隷府申六部, 在外府州申都司, 應天府申五軍都督, 皆名曰申狀.

신장(身長) 명 키. 《朴新諺 3, 34ㅎ》咳那身長六尺腰濶三圍, 애 뎌 身長이 六尺이오 허리 너르기 세 아름이나 ᄒ고.

신장(神將) 명 신병(神兵)을 거느리는 장수. 《集覽, 朴集, 下, 4ㅈ》孫行者. 老君・王母俱奏于玉帝, 傳宣李天王, 引領天兵十萬及諸神將至花菓山, 與大聖相戰失利.

신재(身材) 명 키. 몸매. 체격(體格). 몸집. ⇔킈. 《朴新諺 3, 13ㅈ》中等身材白淨顔面, 듕킈에 희조츨ᄒ 눗치오.

신정월(新正月) 명 음력 새해의 정월. ⇔정월(正月). 《朴新諺 1, 20ㅈ》新正月裏呢, 正月에ᄂ.

신통(神通) 명 무슨 일이든지 해낼 수 있는 영묘하고 불가사의한 힘이나 능력.

《集覽, 朴集, 下, 4ㅈ》孫行者. 西遊記云, 西域有花菓山, 山下有水簾洞, 洞前有鐵板橋, 橋下有萬丈澗, 澗邊有萬箇小洞, 洞裏多猴. 有老猴精, 號齊天大聖, 神通廣大, 入天宮仙桃園偸蟠桃, 又偸老君靈丹藥, 又去王母宮偸王母綉仙衣一套, 來設慶仙衣會.

신통력(神通力) 명 신통(神通)한 힘이나 능력. 《集覽, 朴集, 下, 4ㅈ》孫行者. 其後唐太宗勅玄奘法師, 徃西天取經, 路經此山, 見此猴精壓在石縫, 去其佛押出之, 以爲徒弟, 賜法名吾(悟)空, 改号〈號〉爲孫行者, 與沙和尙及黑猪精朱八戒偕佐, 在路降妖去恠, 救師脫難, 皆是孫行者神通之力也.

신행(信行) 명 성실한 행동. 신의를 지키는 행동. 《朴新諺 1, 59ㅈ》空處寫信行二字, 븬 곳에 信行 二字를 쁘라.

신혜(神惠) 명 고려(高麗) 태조(太祖) 왕건(王建)의 원후(元后)인 유씨(柳氏)의 시호(諡號). 《集覽, 朴集, 下, 12ㅎ》娘子柳氏〈柳氏〉. 太祖聞之, 迎以爲妃. 後裴玄慶・申崇謙等推戴太祖, 后贊成之. 旣卽位, 策后爲元妃. 薨, 諡神惠.

신혼(新婚) 통 갓 결혼하다. 《集覽, 朴集, 中, 6ㅎ》大帽. 今俗唯出外行者及新婚壻郞無職者, 親迎之夕必戴大帽.

신ᄒ다(信-) 통 신(信)하다. 믿다. ⇔신(信). 《朴新諺 3, 14ㅈ》不信佛法不尊三寶, 佛法을 信치 아니ᄒ고 三寶를 尊치 아니ᄒ니.

싣다 통 싣다[載]. ●⇔납(拉). 《朴新諺 3, 19ㅎ》徃煤場塲拉(朴新注, 51ㅎ: 載車輪物曰拉.)煤去, 煤場에 셕탄 실라 가더니. ●⇔장(裝). 《朴新諺 1, 15ㅈ》把八口俗米都裝上, 여둛 쟈ᄅ에 ᄡᆞᆯ을 다 시르면. 《朴新諺 3, 46ㅎ》裝在一箇大車上, ᄒ 큰 술위에 시러 두고. ●⇔재(載). 《朴新諺 1, 14ㅎ》叫四箇小車子載了出去罷, 네 져근 술위에 시러 내여 가미 무던ᄒ다.

《朴新諺 2, 28ㅈ》卽便收拾車輛先載一車
去, 곳 車輛을 收拾ᄒ여 몬져 ᄒᆫ 술위를
시르라 가고.

실 명 실[絲]. ⇔선(線).《朴新諺 1, 18ㅈ》
刀鞘要起線花梨木, 칼집은 실 돗친 花梨
木으로 ᄒ고,《朴新諺 1, 18ㅈ》象牙廂頂
也要起線的, 象牙로 머리에 젼메오되 쏘
실 돗치고져 ᄒ노라.《朴新諺 1, 39ㅈ》
四哥是針線, 넷재 형은 이 바늘실이로
다.《朴新諺 1, 46ㅈ》你買諸般絨線, 네
여러 가지 보드라온 실과.《朴新諺 1, 46
ㅈ》麤白珠兒線, 굵고 흰 구슬 둘 실을
사고,《朴新諺 3, 10ㅎ》這一遍無處絟線,
이 ᄒᆫ 편은 실 밀 곳이 업스니.

실(失) 동 1잃다. 一⇔일다.《朴新諺 2,
51ㅎ》時來鐵也爭光, 째 오면 쇠도 빗츨
드토고. 運去黃金失色, 運이 가면 黃金
이 빗츨 일는다 ᄒ니라. 二⇔잃다.《朴
新諺 2, 30ㅎ》一針投海底尙有可撈日, 一
針을 海底에 드리치매 오히려 可히 건질
날이 이시려니와. 一失人身後萬刼再逢
難, ᄒᆫ번 人身을 일흔 後ㅣ면 萬刼이라
도 다시 만나기 어렵다 ᄒ니라.《朴新諺
2, 46ㅎ》失于敎訓了, 敎訓홈을 일흐이로
다. 2절다. 넘어지다. ⇔거티다.《集
覽, 朴集, 上, 14ㅈ》前失. 音義云, 거·티·
논 물. 譯語指南云, 앏거·티·논 물.

실(實) 위 실로. 참으로. ⇔실로.《朴新諺
1, 37ㅈ》咳我實不知道, 애 내 실로 아지
못ᄒ여,《朴新諺 1, 37ㅈ》小弟實不敢當,
小弟 실로 敢히 當치 못ᄒ여라.《朴新諺
3, 44ㅈ》實葬了呢還是火葬的, 실로 葬ᄒ
엿느냐 쏘 이 火葬ᄒ엿느냐.

실(實) 접 실(實)-. ⇔실-.《朴新諺 2, 9
ㅈ》實價十二兩, 실갑시 열두 냥이라.
《朴新諺 3, 29ㅎ》對你說實價, 너를 對ᄒ
여 실갑슬 니를 거시니.

실(實) 형 실(實)하다. ⇔실ᄒ다.《朴新諺
2, 43ㅈ》討的是虛價還的是實價, 꾀오는
거슨 이 거즛 갑시오 갑는 거시아 이 실

ᄒᆫ 갑시니.

실- 접 실(實)-. ⇔실(實).《朴新諺 2, 9ㅈ》
實價十二兩, 실갑시 열두 냥이라.《朴新
諺 3, 29ㅎ》對你說實價, 너를 對ᄒ여 실
갑슬 니를 거시니.

실가(實價) 명 실제의 값. 一⇔실값.《朴
新諺 2, 9ㅈ》實價十二兩, 실갑시 열두 냥
이라.《朴新諺 3, 29ㅎ》對你說實價, 너
를 對ᄒ여 실갑슬 니를 거시니. 二⇔실
ᄒᆫ값.《朴新諺 2, 43ㅈ》討的是虛價還的
是實價, 꾀오는 거슨 이 거즛 갑시오 갑
는 거시아 이 실ᄒᆫ 갑시니.

실값 명 실제의 값. ⇔실가(實價).《朴新
諺 2, 9ㅈ》實價十二兩, 실갑시 열두 냥이
라.《朴新諺 3, 29ㅎ》對你說實價, 너를
對ᄒ여 실갑슬 니를 거시니.

실거(失去) 동 잃다. 잃어버리다. ⇔잃다.
《朴新諺 3, 53ㅎ》失去帶鞍白馬一匹, 기
르마 지은 흰물 ᄒᆫ 필을 일허시니.

실거(室車) 명 방처럼 아름답게 꾸며 만
든 수레.《集覽, 朴集, 中, 2ㅎ》細車〈室
車〉. 鄕習以細字作室字讀, 謂車上設屋可
臥者也. 然漢人凡稱物之善者皆曰細, 如
云茶之好者曰細茶. 今此細車亦謂設帳房
於〈於〉車上爲屋, 乃車之善者也. 故謂之
細車, 連呼帳房細車讀亦通. 質問云, 如婦
人所乘車, 周圍雕刻花槅, 油飾紅�, 方言
謂之細車. 又云, 女人所乘有槅長盖之車.

실내(室內) 명 집 안. 방 안. 실내.《集覽,
朴集, 上, 8ㅈ》宅子. 俗總稱〈総称〉家舍
曰房子, 自稱〈称〉曰寒家, 文士呼曰寒居,
自指室內曰屋裏, 人稱王公·大人之家曰
宅子.

실례(失禮) 동 말이나 행동이 예의에 벗
어나다. ⇔실례ᄒ다(失禮-).《朴新諺 2,
4ㅈ》咳我眞箇失禮了, 애 내 진실로 失禮
ᄒ여다.

실례ᄒ다(失禮-) 동 실례(失禮)하다. ⇔
실례(失禮).《朴新諺 2, 4ㅈ》咳我眞箇失
禮了, 애 내 진실로 失禮ᄒ여다.

실로 **閂** 실로. 참으로. ⇔실(實). 《朴新諺
1, 37ㅈ》咳我實不知道, 애 내 실로 아지
못ᄒᆞ여. 《朴新諺 1, 37ㅈ》小弟實不敢當,
小弟 실로 敢히 當치 못ᄒᆞ여라. 《朴新諺
3, 44ㅈ》實葬了呢還是火葬的, 실로 葬ᄒᆞ
엿ᄂᆞ냐 ᄯᅩ 이 火葬ᄒᆞ엿ᄂᆞ냐.

실리(失利) **동** (전쟁이나 시합에서) 지다.
패하다. 《集覽, 朴集, 下, 4ㅈ》孫行者. 老
君 · 王母俱奏于玉帝, 傳宣李天王, 引領
天兵十萬及諸神將至花菓山, 與大聖相戰
失利. 《集覽, 朴集, 下, 10ㅎ》二郞爺爺.
按西遊記, 西域花菓山洞有老猴精, 號齊
天大聖, 神變〈変〉無測, 閙〈鬧〉乱天宮, 玉
帝命李天王領神兵徃捕, 相戰失利.

실리다 **동** 실리다. 기록되다. ●━⇔상재(上
載). 《朴新諺 3, 52ㅈ》大明律上載明, 大明
律에 실린 거시 明白ᄒᆞ니. ●━⇔재(載).
《朴新諺 3, 20ㅎ》大明律上條例載得明白,
大明律 條例에 실린 거시 明白ᄒᆞ니.

실색(失色) **동** 색을 잃다. 빛깔을 잃다.
《朴新諺 2, 51ㅎ》時來鐵也爭光, ᄣᅢ 오면
쇠도 빗츨 ᄃᆞ토고. 運去黃金失色, 運이
가면 黃金이 빗츨 일는다 ᄒᆞ니라.

실스 **명** 실사糸. 한자 부수(部首)의 이름.
⇔유사(紐絲). 《朴新諺 2, 47ㅈ》紐絲傍
加箇逢字, 실스 변에 逢字 ᄒᆞ여시니.

실제(宗際) **명** 〈불〉 =실제(實際). '宗'은
'實'의 고자. 《玉篇, 宀部》宗, 古文實. 《集
覽, 朴集, 上, 16ㅎ》善知識. 善知〈智〉識
者, 指高僧之稱. 知亦作智. 反〈飜〉譯名義
云, 佛 · 菩薩 · 羅漢是善知〈智〉識, 六波
羅密 · 三十七品是善知〈智〉識, 法性實
〈宗〉際是善知〈智〉識.

실제(實際) **명** 〈불〉 허망(虛妄)을 떠난 열
반의 깨달음. 또는 진여(眞如)의 이체
(理體). 《集覽, 朴集, 上, 16ㅎ》善知識. 善
知〈智〉識者, 指高僧之稱. 知亦作智. 反
〈飜〉譯名義云, 佛 · 菩薩 · 羅漢是善知
〈智〉識, 六波羅密 · 三十七品是善知〈智〉
識, 法性實〈宗〉際是善知〈智〉識.

실히 **閂** 실(實)히. 착실히. 확실히. ⇔착실
(着實). 《集覽, 字解, 單字解, 3ㅈ》着. 使
之爲也. 着落 히여곰, 着他 뎌 ᄒᆞ야. 又置
也. 着塩 소곰 두다. 又中也. 着了 맛다.
又見人所行之事, 正合人所指望之, 方則
亦曰着了 마초ᄒᆞ야다. 又實也. 着實 실
히. 又語助. 又穿衣服也.

실ᄒᆞ다 **형** 실(實)하다. ⇔실(實). 《朴新諺
2, 43ㅈ》討的是虛價還的是實價, 꾀오는
거슨 이 거즛 갑시오 갑는 거시아 이 실
혼 갑시니.

실ᄒᆞᆫ값 **명** 실제의 값. ⇔실가(實價). 《朴
新諺 2, 43ㅈ》討的是虛價還的是實價, 꾀
오는 거슨 이 거즛 갑시오 갑는 거시아
이 실혼 갑시니.

심(心) **명** ●━마음. ⇔ᄆᆞ움. 《朴新諺 2, 4
ㅎ》有心拜節寒食不遲, 節에 拜홀 ᄆᆞ음
이 이시면 寒食이라도 더듸지 아니타 ᄒᆞ
ᄂᆞ니라. 《朴新諺 2, 23ㅈ》眞是遠行知馬
力日久見人心, 진실로 이 멀리 가매 물
힘을 알고 날이 오래매 사롬의 ᄆᆞ움을
보느니라. 《朴新諺 2, 27ㅈ》你且休忙休
心焦, 네 아직 밧바 말고 ᄆᆞ음을 티오지
말라. 《朴新諺 3, 15ㅈ》想念之心無日能
忘, 성각ᄒᆞᆫ ᄆᆞ음이 니즐 날이 업스
다. 《朴新諺 3, 31ㅎ》我買這珊瑚却不甚
應心, 내 이 珊瑚를 사되 ᄯᅩ 심히 ᄆᆞ음에
맛곳지 아니ᄒᆞ다. 《朴新諺 3, 42ㅈ》畫虎
畫皮難畫骨, 범을 그리매 가족은 그려도
ᄲᅧ 그리기 어렵고. 知人知面不知心, 사
롬을 알매 ᄂᆞᆺᄎᆞᆫ 아라도 ᄆᆞ음 아지 못ᄒᆞᆫ
다 ᄒᆞ니라. 《朴新諺 3, 50ㅈ》我也無心羨
慕他了, 내 ᄯᅩ ᄆᆞ음에 뎌를 羨慕홈이 업
세라. ●━심복(心腹). (마음속 깊은 곳.
또는 그곳에 품고 있는 심정) ⇔심복.
《朴新諺 2, 7ㅈ》咱今日有句知心話對你
說, 우리 오늘 혼 句ㅣ 심복 아는 말이
이셔 너드려 니르쟈.

심(沈) **명** 성(姓)씨의 하나. 《朴新諺 2, 44
ㅎ》今租到本坊沈名下住房一所, 이제 本

坊 沈가의 名下에 사든 집 혼 곳을 셰내
되.

심(甚) 팬 무슨. ⇔므슴. 《集覽, 字解, 累字
解, 3ㅈ》濟甚事. 므슴 :이·리 :일·료. 猶言
속절:업·다.

심(甚) 뷔 ●가장. 매우. 매우. 아주. ⇔ᄀ
장. 《朴新諺 1, 11ㅈ》據你要的價錢却也
不甚多, 네 달라는 갑대로 ᄒ여도 ᄯ ᄀ
장 만치 아니커니와. ●심(甚)히. ⇔심
히. 《朴新諺 1, 12ㅈ》這麼甚湊巧, 이러
면 심히 공교ᄒ다. 《朴新諺 1, 32ㅈ》我
看都甚平常, 내 보기에는 다 심히 平常ᄒ
여. 《朴新諺 2, 19ㅎ》甚是寫得妥當, 심히
이 쁜 거시 맛당ᄒ되. 《朴新諺 3, 31ㅎ》
我買這珊瑚却不甚應心, 내 이 珊瑚를 사
되 ᄯ 심히 ᄆ옴에 맛곳지 아니ᄒ다.

심(深) 몡 깊이. ⇔깁희. 《朴新諺 2, 56ㅎ》
一路稀泥眞有沒脚背深哩, 왼 길 즌흙이
진실로 발등이 빠질 깁희 잇더라.

심(深) 휑 깊다. ⇔깁ᄒ다. 《朴新諺 2, 33
ㅎ》正房背後掘一箇老大深坑, 正房 뒤히
혼 ᄀ장 깁흔 지함을 파고.

심(尋) 됭 ❶얻다. ⇔얻다. 《朴新諺 1, 55
ㅎ》還尋妳子呢, ᄯ 졋어미를 어덧ᄂ냐.
要尋一箇好婦人做妳子哩, 혼 됴흔 계집
을 어더 졋어미를 삼고져 ᄒᄂ니. 《朴新
諺 2, 10ㅎ》那裏尋去, 어디 가 어드리오.
《朴新諺 2, 26ㅈ》好淸醬今年竟沒處尋,
됴흔 ᄀ댱을 올히 ᄆ춤내 어들 디 업더
니. ❷찾다. ●⇔ᄎ다. 《朴新諺 3, 12
ㅎ》休尋海上方, 海上方을 ᄎ지 말라. ●
⇔ᄎ다. 《朴新諺 1, 34ㅎ》我每每半夜三
更到他家門上尋他, 내 미양 半夜 三更에
제 집 문에 가 져룰 ᄎ자. 《朴新諺 3, 54
ㅎ》我去尋他講論些書, 내 가 뎌를 ᄎ자
글을 講論ᄒ니.

심ㄱ다 됭 심다[植]. ⇔종(種). 《朴新諺 2,
39ㅎ》種甚麼菜好呢, 므슴 ᄂ믈을 심거
야 됴흐리오.

심거 됭 심어[植]. 《朴新諺 2, 39ㅎ》種甚麼

菜好呢, 므슴 ᄂ믈을 심거야 됴흐리오.

심광(甚廣) 휑 매우 넓다. 《集覽, 字解, 單
字解, 4ㅈ》打. 擊也, 着實打, 又打三下.
又爲也. 打酒來 술 사 오라. 又曰, 打將來
ᄒ야 오라, 打聽 듣보라, 打水 믈 긷다,
不打緊. 又打那裏去, 打東邊去, 有投向從
往之意. 俗用打字, 似不合本意者多, 而實
有取意不苟, 其用甚廣, 此不盡錄.

심다 됭 심다[植]. ⇔종(種). 《朴新諺 2, 40
ㅈ》種些冬瓜. 져기 동화와. 西瓜. 슈박
과. 甛瓜. 춤외와. 挿葫. 즈릭박과. 稍瓜.
수세외와. 黃瓜. 외와. 茄子等類, 가지들
을 심으라. 《朴新諺 3, 20ㅈ》種稻地的那
廝, 벼 시므든 그 놈이. 《朴新諺 3, 38ㅈ》
他種的稻子, 제 시믄 벼와. 膏粱, 슈슈와.
黍子, 기장과. 大麥, 보리와. 小麥, 밀과.
蕎麥, 모밀과. 黃豆, 콩과. 小豆, 풋과. 菉
豆, 菉豆와. 豌豆, 광쟝이. 黑豆, 거믄콩.
芝麻, 춤깨와. 蘇(蘇)子, 듧깨.

심두(心頭) 몡 생각하고 있는 마음. 또는
순간적인 생각이나 마음. 《朴新諺 2, 27
ㅈ》只滅了我這心頭火, 그저 내 이 心頭
火를 ᄭ면.

심두화(心頭火) 몡 심두(心頭)의 불. 곧,
번뇌(煩惱). 《朴新諺 2, 27ㅈ》只滅了我
這心頭火, 그저 내 이 心頭火를 ᄭ면.

심록(深綠) 몡 짙은 녹색. 《朴新諺 1, 46
ㅈ》我有現成水綠(朴新注, 18ㅈ: 深綠
也.)絲紬, 내게 現成혼 水綠 絲紬ㅣ 잇다.

심리(審理) 됭 사실을 자세히 조사하여
처리하다. 《朴新諺 3, 53ㅈ》定行審理發
落, 일뎡 審理 發落홈이 되리라.

심마(甚麼) 팬 ●무슨. ⇔므슴. 《集覽, 字
解, 單字解, 4ㅎ》甚. 습. 俗語, 甚麼 므슴,
猶何也. 又有呼爲신音者, 故古文·語錄
有什麼之語, 音시모. 以甚爲什, 殊無意
義. 甚字用終聲, 連呼麼字, 則難於作音,
語不圓熟. 故甚字不用終聲之音, 今俗亦
呼爲스마. 《朴新諺 1, 15ㅈ》你那腮頰上
長的甚麼瘡, 네 져 쌤에 난 거시 므슴 瘡

고. 不知甚麼瘡, 모로리로다 므슴 瘡인디.《朴新諺 1, 26ㅈ》你說甚麼大話, 네 므슴 큰말 니르는다.《朴新諺 1, 36ㅈ》是甚麼道理呢, 이 므슴 道理뇨.《朴新諺 1, 48ㅈ》你如今讀甚麼書, 네 이제 므슴 글 닑는다.《朴新諺 2, 1ㅈ》你要買甚麼馬, 네 므슴 몰을 사고져 ᄒᆞᄂᆞᆫ다.《朴新諺 2, 9ㅈ》太爺甚麼銀子, 太爺ㅣ야 므슴 은고.《朴新諺 2, 16ㅎ》老爺做甚麼飯, 老爺ㅣ야 므슴 밥을 지으료.《朴新諺 2, 42ㅈ》你要甚麼顏色的, 네 므슴 빗체 치룰 ᄒᆞ려 ᄒᆞᄂᆞᆫ다.《朴新諺 3, 10ㅈ》做甚麼泥水匠, 므슴 미쟝인 체ᄒᆞ리오.《朴新諺 3, 21ㅈ》買甚麼書好呢, 므슴 칙을 사야 됴흐료.《朴新諺 3, 32ㅈ》客官吃甚麼茶吃甚麼點心, 客官아 므슴 차를 먹으며 므슴 點心을 먹을짜. ❷아무[某]. ⇔아모.《朴新諺 3, 30ㅎ》就與我二兩也沒甚麼利息, 곳 나를 두 냥을 주어도 아모 利息이 업스니. ❸아무런. 아무러한. ⇔아모란.《朴新諺 1, 52ㅈ》京都也沒甚麼買賣, 셔울도 아모란 買賣 업더라.《朴新諺 2, 57ㅈ》我也沒甚麼幹的勾當, 나도 아모란 ᄒᆞᆯ 일 업고.《朴新諺 3, 17ㅎ》咳這一缺也沒甚麼好處, 애 이 ᄒᆞᆫ 자리 ᄯᅩ 아모란 됴흔 곳이 업고.《朴新諺 3, 54ㅎ》沒甚麼新聞, 아모란 新聞이 업고. ❹어떤. 어떠한. ⇔엇던.《朴新諺 1, 48ㅈ》你師傅是甚麼人, 네 스승이 이 엇던 사룸고.

심마(甚麼) 団 ❶무엇. ❶⇔무섯.《朴新諺 1, 10ㅈ》眼前就收拾怕甚麼呢, 시방 즉시 收拾ᄒᆞ면 무서시 저프리오.《朴新諺 1, 22ㅎ》把甚麼去當, 무서슬 가져가 뎐당ᄒᆞ려 ᄒᆞᄂᆞᆫ다.《朴新諺 1, 26ㅈ》賭甚麼, 무서슬 더느료.《朴新諺 1, 31ㅎ》買這猠皮做甚麼, 이 猠皮 사 무섯 ᄒᆞᆯ짜.《朴新諺 2, 7ㅈ》從今已後咱與你論甚麼, 이제로부터 우리 너와 무서슬 의논ᄒᆞ리오.《朴新諺 2, 50ㅎ》為甚麼不得呢, 무서슬 위ᄒᆞ여 엇지 못ᄒᆞ리오.《朴新諺 3, 36ㅎ》我管做甚麼, 내 무섯 ᄒᆞ기를 ᄀᆞ음알리오.《朴新諺 3, 36ㅎ》賭甚麼呢, 무서슬 더느리오.《朴新諺 3, 41ㅈ》你要畫甚麼, 네 무서슬 그리고져 ᄒᆞᄂᆞᆫ다. ❷⇔무엇.《朴新諺 2, 48ㅎ》你每日做甚麼, 네 每日에 무엇 ᄒᆞᄂᆞᆫ다.《朴新諺 3, 4ㅈ》要他做甚麼, 더를 ᄒᆞ여 무엇 ᄒᆞ려 ᄒᆞᄂᆞᆫ다.《朴新諺 3, 39ㅈ》他不使他做甚麼, 제 져기 쓰지 아니ᄒᆞ고 무엇 ᄒᆞ리오. ❸⇔므섯.《朴新諺 1, 26ㅈ》要賭甚麼呢, 므서슬 더느쟈 ᄒᆞᄂᆞ뇨.《朴新諺 1, 42ㅎ》我剃頭的所管甚麼來, 우리 마리 싹는 이 所管이 므서시완ᄃᆡ.《朴新諺 1, 53ㅈ》咱們賭甚麼來, 우리 므서슬 더느료.《朴新諺 2, 20ㅈ》怕甚麼, 므서시 저프리오.《朴新諺 2, 55ㅈ》咱賭些甚麼, 우리 므서슬 더느료.《朴新諺 3, 40ㅈ》你為甚麼不跟了去呢, 네 므서슬 위ᄒᆞ여 ᄯᅡ라가지 아니ᄒᆞᆫ다.《朴新諺 3, 43ㅈ》不知寫着甚麼哩, 아지 못게라 므서시라 ᄡᅥᆫ디뇨.《朴新諺 3, 57ㅎ》況為男子漢的怕甚麼呢, ᄒᆞ믈며 스나희 되엿ᄂᆞ니 므서슬 저퍼ᄒᆞ리오. ❹⇔므스것.《集覽, 字解, 單字解, 6ㅈ》少. 多少. 又欠也. 少甚麼 므스거시 업스뇨. 少債 ᄂᆞ믜 비들 ᄣᅥ디워 잇다. 又缺也. 缺少口粮 양시기 그처디다.《朴新諺 2, 7ㅈ》你要對換甚麼東西, 네 므스거슬 밧고고져 ᄒᆞᄂᆞᆫ다.《朴新諺 3, 25ㅈ》着兩箇猜裡面有甚麼東西, 둘로 ᄒᆞ여 안히 므스거시 잇는고 알라 ᄒᆞ고. ❺⇔므슴.《集覽, 字解, 單字解, 3ㅎ》做. 韻會遇韻作字註云, 造也, 俗作做非. 簡韻作字註云, 爲也, 造也, 起也, 俗作做非. 做音, 直信切. 今按, 俗語做甚麼 므슴 ᄒᆞ료, 作衣裳 옷 짓다, 作音조, 去聲. 不走作 듧ᄣᅥ디디 아니타, 作音조, 入聲. 以此觀之, 則做從去聲, 作互呼去聲·入聲, 通做字. 俗不用直信切之音.《朴新諺 1, 23ㅈ》當這許多銀子做甚麼, 이 만흔 은을 뎐당ᄒᆞ여 므슴 ᄒᆞ려 ᄒᆞᄂᆞᆫ다.《朴新諺 2, 20ㅈ》要他

做甚麼, 더룰 ᄒ여 므슴 ᄒ리오.《朴新諺 2, 28ㅈ》要你們做甚麼, 너희들 ᄒ여 므슴 ᄒ리오.《朴新諺 2, 37ㅎ》我又理他做甚麼, 내 ᄯ 더를 긔수ᄒ여 므슴 ᄒ리오.《朴新諺 3, 31ㅎ》也不是甚麼好東西, ᄯ 이 므슴 됴흔 것 아니니.《朴新諺 3, 40ㅎ》只管遠送他怎麼, 그저 스려여 멀리 더룰 보내여 므슴 ᄒ리오.《朴新諺 3, 54ㅎ》你要我說甚麼, 네 날 드려 니르라 ᄒ여 므슴 홀다. ❷무엇이. ⇔므스기.《集覽, 字解, 單字解, 6ㅈ》多. 多少 언메나. 又許多 하나한. 又餘也. 三十里多地 삼십 리 나믄 ᄯ. 史語, 多餘. 又過也. 有甚麼多處 므스기 너믄 고디 이시리오. 又重也. 므스기 앗가온 고디 이시리오.

심마 (甚麼) 图 어찌하다. 어떠하다. ●⇔엇디ᄒ다.《朴新諺 2, 57ㅈ》你也却為甚麼不去呢, 너는 ᄯ 엇디ᄒ여 가지 아니ᄒ엿ᄂ다. ●⇔엇지ᄒ다.《朴新諺 3, 14ㅈ》甚麼是佛法, 엇지홀손 이 佛法고.

심마 (甚麼) 뮈 어찌. ⇔엇지.《朴新諺 1, 32ㅎ》就似這一苓花兒大些的怎麼賣, 이 ᄒ 등곳치 소홈 큰 거슨 엇지 풀ᄯ.

심병 (心病) 圀 마음의 병. 또는 (말 못할) 마음속의 괴로움.《朴新諺 2, 27ㅈ》我的心病自然都消化了, 내 心病이 自然 다 슬 아디리라.《朴新諺 2, 27ㅈ》怕沒有滅你的心火治你的心病之時麼, 네 心火를 ᄯ 고 네 心病을 고칠 ᄩ 업슬가 저프랴.

심복 圀 심복(心腹). (마음속 깊은 곳. 또는 그곳에 품고 있는 심정) ⇔심(心).《朴新諺 2, 7ㅈ》咱今日有句知心話對你說, 우리 오늘 ᄒ 句ㅣ 심복 아는 말이 이셔 너ᄃ려 니르쟈.

심산 (深山) 圀 깊은 산.《朴新諺 1, 36ㅎ》往深山居住心懷悔去了, 深山에 가 머무러 修心 懺悔ᄒ려 가려 ᄒ노라.

심상 (尋常) 圀 예사(例事). ⇔녜ᄉ.《朴新諺 1, 17ㅈ》却也比尋常的不同, ᄯ 녜ᄉ 거세 비컨대 ᄀᆺ지 아니ᄒ니.

심상공 (沈相公) 圀 성(姓)씨가 심(沈)인 상공.《朴新諺 3, 56ㅈ》外面有沈相公同客來奉拜, 밧끠 沈相公이 客과 ᄒ가지로 와 奉拜ᄒ더라.

심성 (尋聲) 图 소리를 따라가다. 소리가 난 곳을 찾다.《集覽, 朴集, 中, 6ㅈ》尋聲救苦應念除災. 史記, 昔盧景裕繫晉陽獄, 志心念觀世音菩薩, 枷鎖自脫. 又有人當死, 志心誦觀世音菩薩普門品經千百遍, 臨刑刀折, 因以赦之.

심쇄 (深殺) 톙 깊다. ⇔깁다.《集覽, 字解, 單字解, 6ㅈ》殺. 氣殺我 애둘와 셜웨라, 猶言以此而可至於死也. 又愁殺人 사ᄅ 믈 ᄀᆞ장 근심ᄒ야 셟게 ᄒ다. 又廝殺 싸호다. 又助語辭. 最深殺 ᄀᆞ장 깁다.

심양 (瀋陽) 圀 땅 이름. 진대(秦代) 이전에는 숙신씨(肅愼氏)의 땅이었다. 발해(渤海)에서는 심주(瀋州), 원대(元代)에는 심양로(瀋陽路), 명대(明代)에는 심양위(瀋陽衛)를 두었다. 소재지는 요령성(遼寧省) 심양시(瀋陽市)에 있었다.《集覽, 朴集, 上, 4ㅎ》瀋陽. 遼誌云, 舊名瀋州. 禹貢營州之域. 遼爲節〈莭〉鎭, 屬遼東道, 遼亡〈亾〉, 歸〈敀〉金. 元爲瀋陽路, 去遼東城數舍. 今設瀋陽中衛, 地方廣衍, 東逼高麗, 北抵建州, 去衛治東北八十里, 有州曰貴德, 或謂玄菟郡.《朴新諺 1, 8ㅎ》派小弟是往永平・大寧・遼陽・開元・瀋陽〔朴新注, 3ㅎ: 今之奉天府.〕等處, 小弟롤 그은 거슨 이 永平・大寧・遼陽・開元・瀋陽 등 處에 가ᄂ니라.

심양로 (瀋陽路) 圀 원대(元代)에 둔 노(路). 소재지는 요령성(遼寧省) 심양시(瀋陽市)에 있었다.《集覽, 朴集, 上, 4ㅎ》瀋陽. 遼誌云, 舊名瀋州. 禹貢營州之域. 遼爲節〈莭〉鎭, 屬遼東道, 遼亡〈亾〉, 歸〈敀〉金. 元爲瀋陽路, 去遼東城數舍. 今設瀋陽中衛, 地方廣衍, 東逼高麗, 北抵建州, 去衛治東北八十里, 有州曰貴德, 或謂玄菟郡.

심양중위(瀋陽中衛) 뎽 명대(明代)에 둔 위(衛). 홍무(洪武) 연간에 심주(瀋州)를 고쳐 두었다. 소재지는 요령성(遼寧省) 심양시(瀋陽市)에 있었다. 《集覽, 朴集, 上, 4ㅎ》瀋陽. 遼誌云, 舊名瀋州. 禹貢營州之域. 遼爲節〈莭〉鎭, 屬遼東道, 遼亡〈兦〉, 歸〈敀〉金. 元爲瀋陽路, 去遼東城數舍. 今設瀋陽中衛, 地方廣衍, 東逼高麗, 北抵建州, 去衛治東北八十里, 有州曰貴德, 或謂玄菟郡.

심오(深奧) 혱 깊고 오묘하다. 《集覽, 朴集, 中, 9ㅈ》閭落. 音ㄱ·롿, 指一隅深奧之處.

심우(甚雨) 뎽 줄기차게 많이 오는 비. 《集覽, 朴集, 上, 14ㅎ》寒食. 荊楚記云, 去冬節〈莭〉一百五日, 有疾風甚雨, 謂之寒食, 又謂之百五節〈莭〉.

심원(心願) 뎽 염원(念願). 원망(願望). 《朴新諺 3, 16ㅈ》則男之心願已足, 곳 아희 心願이 足홀 거시니.

심으다 통 심다. ⇔종(種). 《朴新諺 2, 39ㅈ》買些菜子後園裏好種, 져기 ᄂᆞ믈 삐를 사 뒷동산에 심으쟈.

심주(瀋州) 뎽 요대(遼代)에 두었다. 명(明) 홍무(洪武) 연간에 심양중위(瀋陽中衛)로 고쳐 두었다. 소재지는 요령성(遼寧省) 심양시(瀋陽市)에 있었다. 《集覽, 朴集, 上, 4ㅎ》瀋陽. 遼誌云, 舊名瀋州. 禹貢營州之域. 遼爲節〈莭〉鎭, 屬遼東道.

심중(心中) 뎽 가운데. ⇔가온디. 《朴新諺 2, 5ㅈ》湖心中有座琉璃閣, 물 가온디 흔 琉璃閣이 이시니.

심진중(沈進中) 뎽 사람 이름. 《朴新諺 3, 56ㅈ》有每常來的沈進中, 미양 오는 沈進中이.

심천(深淺) 뎽 ●(물의) 깊음과 얕음. 《集覽, 朴集, 上, 15ㅈ》玉泉. 在宛平縣西北三十里玉泉山下. 山有石洞三, 一在山之西南, 其下有泉, 深淺莫測. 《朴新諺 2, 5ㅈ》西湖是從玉泉山(朴新注, 24ㅈ: 在宛平縣, 距京都西北三十里, 山有石洞三. 一

在山之西南, 其下有泉, 深淺莫測. 一在山之陽, 泉出石罅間, 鑿石爲螭頭, 泉從螭口噴出, 鳴若雜佩, 色如素練, 泓澄百頃. 一在山之根, 有泉湧出, 洞門刻玉泉二字.)流下來的, 西湖ᄂᆞᆫ 이 玉泉山으로 조차 흘러ᄂᆞ린 거시니. ●(빛깔의) 짙음과 옅음. 《集覽, 朴集, 上, 15ㅎ》串香褐. 串香者, 合和諸香以爲佩者也. 凡稱〈称〉染色之少文采〈彩〉者曰褐. 串香褐·麝香褐·鷹背褐·蜜褐·茶褐, 卽黃黑雜色也. 玉褐·艾褐·水褐·銀褐, 卽白黑雜色也. 藕褐, 卽紫黑雜色也. 深淺異色, 各取其像.

심허(心許) 통 진정한 마음으로 허락하다. 《集覽, 朴集, 中, 5ㅈ》起浮屠於泗水之間. 中宗問諸近臣, 近臣奏, 僧伽大師化緣在臨淮, 恐欲歸. 中宗心許, 其臭頓息, 奇香馥烈.

심화(心火) 뎽 마음속의 노기(怒氣). 마음속에서 북받쳐 나는 화. 《朴新諺 2, 27ㅈ》怕沒有滅你的心火治你的心病之時麼, 네 心火를 쓰고 네 心病을 고칠 째 업술가 저프랴.

심후(沈厚) 혱 인덕(仁德)이나 마음씨 따위가 깊고 두텁다. 《集覽, 朴集, 下, 3ㅎ》趙太祖飛龍記. 宋太祖, 姓趙, 名匡胤. 母昭獻皇后夢日入懷而孕. 誕生之夕, 赤光滿室, 異香馥郁. 及長, 性沈厚, 有大度, 調遷爲殿前都點檢.

심히 뮈 심(甚)히. ⇔심(甚). 《朴新諺 1, 12ㅈ》這麼甚湊巧, 이러면 심히 공교ᄒᆞ다. 《朴新諺 1, 32ㅈ》我都看甚平常, 내 보기에는 다 심히 平常ᄒᆞ여. 《朴新諺 2, 19ㅎ》甚是寫得妥當, 심히 이 쁜 거시 맛당ᄒᆞ되. 《朴新諺 3, 31ㅎ》我買這珊瑚却不甚應心, 내 이 珊瑚를 사되 또 심히 ᄆᆞ음에 맛ᄌᆞ지 아니ᄒᆞ다.

십(十) 관 열. ⇔열. 《集覽, 字解, 單字解, 2ㅎ》捱. 正作涯. 倚限有恃之意 그슴ᄒᆞ다, 捱到十年 열 히 다돌도록. 《朴新諺 1, 4ㅈ》每桌辦乾鮮果品十六楪, 每 桌에

乾鮮果品 열 여슷 뎝시를 출호되.《朴新
諺 1, 43ㅎ》與你十箇大錢, 너를 열 낫 대
쳔을 주마.《朴新諺 1, 44ㅈ》又是十表十
裏, 쏘 이 열 것과 열 안과.《朴新諺 1,
50ㅎ》剃頭錢은 十箇, 마리 싹는 갑슨 열
낫 돈이오.《朴新諺 1, 55ㅎ》在肚裏呢懷
躭十月, 비에 이셔는 열 둘을 비고.《朴
新諺 2, 14ㅈ》這十疋絹, 이 열 필 깁에셔.
《朴新諺 2, 28ㅈ》帶十兩銀子到東安州去
放黑豆, 열 냥 은을 가지고 東安州에 가
거믄콩에 노하.《朴新諺 2, 31ㅈ》還要把
那箭俗裏挿十根箭, 쏘 더 살동개에다가
열 낫 살 곳고.《朴新諺 2, 46ㅎ》你們如
今十歲年紀了, 너희 이제 열 뿔 나히라.

십개(十箇) 핀 열 (개). ⇔열.《朴新諺 1,
32ㅈ》十箇指頭也有長短的, 열 손가락도
긴 이 져른 이 잇ᄂᆞ니.

십년(十年) 명 열 해.《朴新諺 1, 11ㅎ》保
管你站十年不倒, 네게 十年을 셔셔도 믄
허지디 아니믈 맛들 거시니.

십래(十來) 핀 여남은. ⇔여라믄.《集覽,
字解, 單字解, 4ㅈ》來. 來往. 又語助. 你
來 이바, 夜來 어제, 有來 잇더라, 去來
가다. 又數物而有餘數, 末的知之辭. 十來
箇 여라믄, 十里來地 십 리만흔 디, 十來
日 여라믄 날.

십래개(十來箇) 핀 여남은 (개). ⇔여라
믄.《集覽, 字解, 單字解, 4ㅈ》來. 來往.
又語助. 你來 이바, 夜來 어제, 有來 잇더
라, 去來 가다. 又數物而有餘數, 末的知
之辭. 十來箇 여라믄, 十里來地 십 리만
흔 디, 十來日 여라믄 날.

십래일(十來日) 명 여남은 날. 십여일(十
餘日).《集覽, 字解, 單字解, 4ㅈ》來. 來
往. 又語助. 你來 이바, 夜來 어제, 有來
잇더라, 去來 가다. 又數物而有餘數, 末
的知之辭. 十來箇 여라믄, 十里來地 십
리만흔 디, 十來日 여라믄 날.

십리래지(十里來地) 명 십 리 정도 떨어
진 곳.《集覽, 字解, 單字解, 4ㅈ》來. 來

往. 又語助. 你來 이바, 夜來 어제, 有來
잇더라, 去來 가다. 又數物而有餘數, 末的
知之辭. 十來箇 여라믄, 十里來地 십 리
만흔 디, 十來日 여라믄 날.

십마(什麽) 데 어떤. 무슨. 어느.《集覽,
字解, 單字解, 4ㅎ》甚. 슴. 俗語, 甚麼 므
슴, 猶何也. 又有呼爲신音者, 故古文·語
錄有什麼之語, 音시모. 以甚爲什, 殊無意
義. 甚字用終聲, 連呼麼字, 則難於作音,
語不圓熟. 故甚字不用終聲之音, 今俗亦
呼爲ᄉ마.

십배(十倍) 명 열 갑절.《朴新諺 2, 33ㅈ》
比他師傅高强十倍哩, 제 스승에 비기면
十倍나 나으니라.

십분(十分) 명 모두. 전부.《朴新諺 2, 37
ㅎ》他敬我五分我便敬他十分, 뎨 날을 五
分을 공경ᄒᆞ면 내 곳 뎌롤 十分을 공경
ᄒᆞ고.

십분(十分) 핀 가장. 매우. 아주. ⇔ᄀᆞ장.
《集覽, 字解, 累字解, 2ㅎ》分外. 十者數
之終, 十分爲數之極, 而甚言其太過則曰
分外.《朴新諺 1, 30ㅎ》騎着一匹十分脿
鐵靑玉面馬, 흔 필 ᄀᆞ장 술진 鐵靑총이玉
面馬롤 튼고.《朴新諺 1, 38ㅈ》但如今腿
上還是十分無氣力哩, 다만 이제 다리에
오히려 ᄀᆞ장 氣力이 업세라.《朴新諺 1,
44ㅈ》那女孩兒又生的十分美貌, 뎌 새각
시 쏘 삼긴 거시 ᄀᆞ장 고은 얼굴이니.
《朴新諺 2, 1ㅎ》一箇赤色馬雖生的十分
可愛, 흔 졀짜물이 비록 삼긴 거시 ᄀᆞ장
고으나.《朴新諺 2, 17ㅈ》要三匹十分壯
健馬, 세 필 ᄀᆞ장 壯健흔 물을 ᄒᆞ고.《朴
新諺 2, 17ㅈ》我騎的却要十分快馬, 내 톨
거슨 쏘 ᄀᆞ장 잰 물을 구ᄒᆞ노니.《朴新
諺 2, 32ㅈ》那厮十分做的好, 뎌 놈이 ᄀᆞ
장 민들기를 잘ᄒᆞᄂᆞ니.

십상(十相) 명 〈불〉 부처의 몸에 나타난
10가지의 특이한 형상(形相).《集覽, 朴
集, 中, 6ㅈ》眉秀垂楊. 佛十相, 有眉細垂
楊相.

십성(十成) 옙 금은(金銀)의 품질을 10등 분한 가운데 제1등. 곧, 순도가 10할인 금은.《集覽, 朴集, 上, 9ㅎ》細絲官銀. 銀 十品曰十成, 曰足色, 曰成色, 曰細絲, 曰 手絲兒, 曰吹螺, 曰白銀. 九品曰九成, 曰 靑絲. 八品曰八成. 總稱〈総称〉元寶〈宝〉. 元寶釋見下.《朴新諺 1, 33ㅈ》我的都是 細絲(朴新注, 12ㅎ: 銀十品曰十成, 曰足 色, 曰成色, 曰細絲, 曰手絲兒, 曰吹螺, 曰 白銀. 九品曰九成, 曰靑絲. 八品曰八成.) 銀子, 내 거슨 다 이 細絲銀이라.

십성은(十成銀) 옙 십성(十成)인 은.《朴 新諺 3, 33ㅈ》元寶(朴新注, 56ㅈ: 十成銀 也. 五十両爲一錠.)只有半錠, 元寶ㅣ 그 저 반 덩이 이시니.

십성은 옙 십성은(十成銀). ⇔백은(白銀).《朴新諺 3, 30ㅎ》你說都是白銀, 네 니르 되 다 이 십성은이라 ᄒ더니.

십수(十數) 관 여남은. ⇔여라믄.《朴新諺 1, 53ㅈ》咱約會了弟兄十數人勾了, 우리 弟兄 여라믄 사름을 모호면 넉넉ᄒ리라.

십신(十身) 옙 〈불〉 보살이 중생의 마음 을 알아서 그 즐기는 바에 따라 권화(權 化)한다는 열 가지 몸. 곧, 무착신(無着 身)·홍원신(弘願身)·업보신(業報身) ·주지신(住持身)·열반신(涅槃身)· 정법신(淨法身)·진심신(眞心身)·삼 매신(三昧身)·도성신(道性身)·여의 신(如意身).《集覽, 朴集, 中, 4ㅈ》智滿十 身. 本覺爲知, 始覺爲智. 滿, 備也. 十身有 調御. 十身, 曰無着, 曰弘願, 曰業報, 曰住 持, 曰涅槃, 曰淨法, 曰眞心, 曰三昧, 曰道 性, 曰如意. 有內十身, 曰菩提, 曰願, 曰 化, 曰力持, 曰莊嚴, 曰威勢, 曰意生, 曰福 德, 曰法, 曰智. 有外十身, 曰自, 曰衆生, 曰國土, 曰業報, 曰聲聞, 曰圓覺, 曰菩薩, 曰智, 曰法, 曰虛空.

십양(十羊) 옙 양 열 마리.《集覽, 朴集, 上, 12ㅈ》十羊十酒. 羊十牽, 酒十瓶也. 制禮亦隨貴賤異秩〈帙〉, 卽送禮也. 詳見

諸司職掌.《朴新諺 1, 44ㅈ》十羊十酒, 十 羊과 十酒ㅣ니.

십여(十餘) 관 여남은. ⇔열나믄.《朴新諺 3, 44ㅈ》還有十餘對幢幡·寶盖, 또 열나 믄 雙 幢幡과 寶盖ㅣ와.

십이(十二) 관 열두. ⇔열두.《朴新諺 1, 4ㅎ》只用十二樣勾了, 그저 열두 가지를 ᄡᅥ야 넉넉ᄒ리라.《朴新諺 1, 5ㅈ》共十 二盤碗, 대되 열두 盤椀이라.《朴新諺 2, 9ㅈ》實價十二兩, 실갑시 열두 냥이라.

십이천(十二天) 옙 〈불〉 인간 세상을 지 키는 열두 하늘. 또는 인간을 수호하며 그곳을 지킨다는 열두 신(神). 곧, 제석 천(帝釋天: 東)·염마천(閻魔天: 南)· 수천(水天: 西)·비사문천(毘沙門天: 北) ·화천(火天: 東南)·나찰천(羅刹天: 西 南)·풍천(風天: 西北)·대자재천(大自 在天: 東北)·범천(梵天: 上)·지천(地 天: 下)·일천(日天)·월천(月天).《集 覽, 朴集, 下, 4ㅎ》三淸. 道經云, 無上大 羅. 玉淸, 十二天聖境也, 九聖所居, 元始 天尊所治. 上淸, 十二天眞境也, 九眞所居, 玉晨道君所治. 太淸, 十二天仙境也, 九仙 所居, 太上老君所治. 謂之三淸.

십주(十酒) 옙 술 열 병.《集覽, 朴集, 上, 12ㅈ》十羊十酒. 羊十牽, 酒十瓶也. 制禮 亦隨貴賤異秩〈帙〉, 卽送禮也. 詳見諸司 職掌.《朴新諺 1, 44ㅈ》十羊十酒, 十羊과 十酒ㅣ니.

십팔범천(十八梵天) 옙 〈불〉 삼계(三界) 중 색계(色界)에 있다는 18개의 범천(梵 天).《集覽, 朴集, 中, 4ㅎ》梵王帝釋. 有 欲界·色界·無色界爲三累. 欲界有四洲 ·四惡趣·六欲天, 帝釋爲欲界主. 色界 有四禪·十八梵天, 梵王爲色界主. 無色 界有四空天.

십팔학사(十八學士) 옙 당 태종(唐太宗) 이 문학관 학사(文學館學士)로 임명한 18명의 학사. 곧, 두여회(杜如晦)·방현 령(房玄齡〈岭〉)·우세남(虞世南)·저

수량(褚遂良)·요사렴(姚思廉)·이현
도(李玄道)·채윤공(蔡允恭)·설원경
(薛元敬)·안상시(顏相時)·소욱(蘇勗)
·우지령(于志寧)·소세장(蘇世長)·
설수(薛攸: 죽은 뒤 劉孝孫이 이음)·이
수소(李守素)·육덕명(陸德明)·공영
달(孔穎達)·갑문달(蓋文達)·허경종
(許敬宗). 염입본(閻立本)이 화상(畫像)
을 그리고 저양(褚亮)이 찬(贊)을 지었
다.《集覽, 朴集, 中, 8ㅈ》十八學士. 唐太
宗秦王時, 開館延文學之士, 杜如晦·房
玄齡〈崟〉·虞世南·褚遂良·姚思廉·
李玄道·蔡允恭·薛元敬·顏相時·蘇
勗·于志寧·蘇世長·薛攸·李守素·
陸德明·孔穎達·蓋文達·許敬宗爲文
學館學士, 分爲三番, 更日直宿. 秦王暇日,
至館中討論文籍, 使閻立本圖像, 褚亮爲
贊. 得與其選者, 世謂之登瀛洲.

십품(十品) 명 십성(十成). 금은(金銀)의
품질을 10등분한 가운데 제1등. 곧, 순
도가 10할인 금은.《集覽, 朴集, 上, 9ㅎ》
細絲官銀. 銀十品曰十成, 曰足色, 曰成色,
曰細絲, 曰手絲兒, 曰吹螺, 曰白銀. 九品
曰九成, 曰靑絲. 八品曰八成. 緫稱〈總稱〉
元寶〈宝〉. 元寶釋見下.《朴新諺 1, 33ㅈ》
我的都是細絲(朴新注, 12ㅎ: 銀十品曰十
成, 曰足色, 曰成色, 曰細絲, 曰手絲兒, 曰
吹螺, 曰白銀. 九品曰九成, 曰靑絲. 八品
曰八成.)銀子, 내 거슨 다 이 細絲銀이라.

십호(十號) 명 〈불〉여래십호(如來十號).
부처의 공덕상(功德相)을 이르는 10가
지 덕호(德號). 곧, 여래(如來)·응공(應
供)·정변지(正徧知)·명행족(明行足)
·선서(善逝)·세간해(世間解)·무상
사(無上士)·조어장부(調御丈夫)·천
인사(天人師)·불세존(佛世尊).《集覽,
朴集, 下, 3ㅈ》三寶. 又法數云, 十號圓明,
萬行具足, 天龍戴仰, 稱無上尊, 卽佛寶也.

싯기다 통 씻기다. ⇔세(洗).《朴新諺 1,
24ㅈ》到背後河裏洗去, 뒷 내에 싯기라

가. 洗過了就拴在陰凉處, 싯겨 즉시 서
눌흔 더 미고.《朴新諺 1, 24ㅎ》你若每
日把他刷洗, 네 만일 每日에 뎌롤다가 빗
겨 싯기고.

싯다 통 ●씻다. ⇔세(洗).《朴新諺 1, 48
ㅈ》洗了臉就到學房裏, 눗 싯고 즉시 學
房에 가. ●싣다. ⇔재(載).《朴新諺 3,
49ㅈ》載着這酒·琴·漁網, 이 酒·琴·
漁網을 싯고.

스견 명 장식품. 기물. ⇔사건(事件).《朴
新諺 2, 13ㅈ》橫子上銅事件都平常, 橫에
둥으로 흔 스견이 다 平常ᄒᆞ고.

스나희 명 사나이. 사내. ●⇔남아(男兒).
《朴新諺 2, 26ㅎ》男兒無婦財無主, 스나
희 지어미 업스면 지물이 님재 업고. 婦
人無夫身無主, 계집이 지아비 업스면 몸
이 님재 업다 하니.《朴新諺 2, 34ㅎ》勸
他男兒說, 제 스나희롤 말려 니르되. ●
⇔남자한(男子漢).《朴新諺 1, 42ㅈ》咱
們男子漢出遠門, 우리 스나희 먼 되 나
가.《朴新諺 3, 57ㅎ》況爲男子漢的怕甚
麼呢, ᄒᆞ믈며 스나희 되엿느니 므서슬
저퍼ᄒᆞ리오. ●⇔한자(漢子).《朴新諺
1, 35ㅎ》恰撞見他的漢子, 마치 뎌의 스
나희롤 마조치니.

스나히 명 사나이. 사내. ●⇔남아(男兒).
《朴新諺 1, 29ㅈ》眞是有福氣的好男兒哩,
진딧 有福흔 됴흔 스나히러라.《朴新諺
2, 34ㅈ》我男兒做這般迷天大罪的事, 우
리 스나히 이런 迷天大罪엣 일을 ᄒᆞ니.
●⇔소시(小廝).《朴新諺 1, 54ㅈ》養的
是小廝呢還是女孩兒呢, 나흔 거시 이 스
나히가 이 계집아히가. 好一箇俊小廝,
ᄀᆞ장 흔 쥰슈흔 스나히니. ●⇔한자(漢
子).《朴新諺 3, 35ㅈ》眞是條條好漢子,
진실로 이 오리오리 됴흔 스나히니.

스다 통 싸다(包).《朴新諺 2, 20ㅎ》還少套
繩, 당시롱 멜 줄과. 撒繩, ᄯᅵ을 줄과. 籠
頭, 바구레와. 脚索, 지달 술 바와. 鞍子,
기르마와. 肚帶等類哩, 오랑 等類ㅣ 업

세라.

스람 명 사람. ⇔인(人).《朴新諺 3, 5ㅈ》只怕那寃家們打關節煩人說情哩, 그저 뎌 寃家들이 쇼청ᄒ여 사ᄅᆷ을 식여 情을 니ᄅᆫ가 저페라.《朴新諺 3, 57ㅈ》有將軍裵玄慶·洪儒·卜智謙·申崇謙等四箇人, 將軍 裵玄慶·洪儒·卜智謙·申崇謙 等 네 사ᄅᆷ이 이셔.

스랑ᄒ다 동 사랑하다. 또는 귀엽다. 사랑스럽다. ⇔가애(可愛).《朴新諺 2, 39ㅈ》滿池荷花香噴噴的令人可愛, 못에 ᄀ득ᄒᆫ 荷花ㅣ 香내 쏨겨 사람으로 ᄒ여곰 스랑홉게 ᄒ더라.

스뢰여 뮈 함부로. 마음대로. 얼마든지. ⇔관(管).《朴新諺 2, 12ㅎ》你要使只管問我討不拘多少, 네 ᄡ고져 ᄒ거든 그저 스뢰여 날ᄃ려 달라 ᄒ여 多少를 거리끼지 말고.

스ᄅ여 뮈 함부로. 마음대로. ⇔관(管).《朴新諺 1, 43ㅈ》不要只管的刮, 그저 스ᄅ여 긁빗기지 말라.

스리여 뮈 함부로. 마음대로. ⇔관(管).《朴新諺 2, 46ㅎ》還只管淘氣, 당시롱 그저 스리여 저즈레ᄒ고.《朴新諺 3, 1ㅎ》不要只管麼人了, 그저 스리여 사ᄅᆷ의게 기개이지 말라.《朴新諺 3, 3ㅈ》你只管勒捔不賣, 네 그저 스리여 보채고 ᄑ지 아니ᄒ니.《朴新諺 3, 13ㅎ》內中有一箇人只管打呵欠, 그 듕의 ᄒᆫ 사ᄅᆷ이 그저 스리여 하회욤ᄒ다가.《朴新諺 3, 30ㅈ》你休村言村語的只管罵人, 네 村言 村語로 그저 스리여 사ᄅᆷ을 ᄭ짓지 말라.《朴新諺 3, 40ㅎ》只管送送他怎麼, 그저 스리여 멀리 더뤌 보내여 므슴 ᄒ리오.

스매 명 소매. ⇔수(袖).《集覽, 朴集, 上, 8ㅎ》刺通袖膝欄. 元時好着此衣, 前後具胷背, 又連肩而通袖之脊, 至袖口爲紋, 當膝周圍亦爲紋如欄干, 然織成段匹爲衣者有之, 或皮或帛, 用綵線周遭回曲爲緣, 如花樣, 刺〈刺〉爲草樹〈對〉·禽獸·山川

·宮殿之文於〈紋於〉其內, 備極奇巧, 皆用團領緝之, 其直甚高. 達達〈ㄷ〉之俗, 今亦猶然. 뷔윤 실로 치질ᄒ니를 呼爲刺, 亦曰和, 音扣.《集覽, 朴集, 下, 1ㅈ》丢袖. 音義云, ·스·미〈매〉 조쳐:내·ᄇ·틴 갓·옷.《朴新諺 2, 7ㅈ》我有沈香繡袖袍一件, 내게 침향빗체 스매에 슈노흔 큰옷 ᄒᆫ 볼이 이셔.《朴新諺 3, 6ㅎ》把我的銀鼠皮襖上的貂鼠袖, 내 銀鼠皮 갓옷세 올린 쵸피 스매를다가.

스뭇다 동 통하다. ⇔투(透).《朴新諺 1, 16ㅈ》話不說不明木不鑽不透, 말을 니ᄅ디 아니면 붉디 못ᄒ고 남글 ᄯᅵᆰ디 아니면 스뭇디 못ᄒ다 ᄒ니라.

스미 명 소매. ⇔수(袖).《集覽, 朴集, 下, 1ㅈ》丢袖. 音義云, ·스·미〈매〉 조쳐:내·ᄇ·틴 갓·옷.

스싀 명 사이.《集覽, 字解, 累字解, 2ㅎ》一霎兒. ᄒᆫ 주슴스싀.《集覽, 字解, 單字解, 8ㅈ》爭. 鬪爭也. 又스싀 ᄯᆮ다. 又不爭 므던히 너기다.

스이 명 사이. ⇔간(間).《朴新諺 2, 29ㅎ》起浮屠於泗水之間, 浮屠를 泗水入 스이에 니르혀고.《朴新諺 2, 32ㅈ》如今搬在法蔵寺西邊混堂間壁住去了, 이제 法蔵寺 西邉 混堂 스이 ᄇ람에 올마 가 사ᄂᆞ니라.《朴新諺 3, 50ㅈ》瞯晴間釣出箇老大金色鯉魚, 눈 ᄀ죽홀 스이에 ᄒᆫ ᄀ장 큰 금빗히 鯉魚를 낙가 내니.

-스이다 어미 -사이다.《朴新諺 3, 15ㅈ》想念之心無日能忘, 싱각ᄒᆞᄂᆞᆫ ᄆ음이 니즐 날이 업스이다.

스이ᄒ다 동 사이하다. ⇔간(間).《朴新諺 1, 56ㅈ》小人在街東堂子間壁下着哩, 小人이 거리 동녁 堂子入 ᄇ람을 스이ᄒ여 부리윗노라.

술 명 ●살[果肉]. ⇔육(肉).《朴新諺 3, 25ㅈ》飛入檳中把桃肉都吃了, 느라 檳 속에 드러가 복셩화 술을다가 다 먹어. ●살[肉]. ⇔표(脿).《朴新諺 2, 2ㅈ》有九分脿

轡頭好, 九分이나 술이 잇고 혁대 됴ᄒ되.

솔고 圐 살구. ⇔행자(杏子). 《朴新諺 1, 4ㅈ》鮮果子呢, 싱과실은. 柑子, 柑子. 橘子, 귤. 石榴, 石榴. 香水梨, 믈한빈. 櫻桃, 櫻桃. 杏子, 솔고. 蘋果, 굵은님금. 玉黃李子, 유황외앗시오.

솔디다 圐 살찌다. ●⇔비(肥). 《朴新諺 2, 49ㅈ》鱓正肥魚正美, 게 정히 술디고 고기 정히 아룸다온 제. ●⇔장표(長膘). 《朴新諺 1, 25ㅈ》這馬如何能長膘呢, 이 ᄆᆞᆯ이 엇디 능히 술디리오.

솔아디다 圐 사라지다. 또는 없애다. ⇔소화(消化). 《朴新諺 2, 27ㅈ》我的心病自然都消化了, 내 心病이 自然 다 술아디리라.

솔오다 圐 사르다[燒]. 태우다. ⇔소화(燒化). 《朴新諺 3, 44ㅎ》把尸首燒化了, 尸首를다가 술와.

솔이여 閈 함부로. 마음대로. ●⇔언성(偃成). 《集覽, 字解, 累字解, 1ㅎ》則管. 則音즈, 去聲. 或作只. 술이여. 亦曰演成, 演亦作偃. ●⇔연성(演成). 《集覽, 字解, 累字解, 1ㅎ》則管. 則音즈, 去聲. 或作只. 술이여. 亦曰演成, 演亦作偃. ●⇔즉관(則管). 《集覽, 字解, 累字解, 1ㅎ》則管. 則音즈, 去聲. 或作只. 술이여. 亦曰演成, 演亦作偃. 四⇔지관(只管). 《集覽, 字解, 單字解, 8ㅈ》管. 攝也. 又只管. 照管, 見下. 《集覽, 字解, 累字解, 1ㅎ》則管. 則音즈, 去聲. 或作只. 술이여. 亦曰演成, 演亦作偃.

솔지다 圐 살찌다. ●⇔비(肥). 《朴新諺 1, 1ㅎ》買一隻羊要肥的, ᄒᆞᆫ 짝 羊을 사되 술진 거슬 ᄒᆞ라. 《朴新諺 1, 24ㅎ》這馬自然是會肥的, 이 ᄆᆞᆯ이 절로 술지리라. 《朴新諺 1, 25ㅎ》瘦的馬就便肥了, 여읜 ᄆᆞᆯ도 이믜셔 곳 술지리라. 《朴新諺 1, 25ㅎ》人不得橫財不富, 사룸이 橫財룰 엇디 못ᄒᆞ면 가옴여디 못ᄒᆞ고. 馬不得夜草不肥, ᄆᆞᆯ이 夜草룰 엇디 못ᄒᆞ면 술지디

못ᄒᆞ다 ᄒᆞ니. 《朴新諺 1, 29ㅎ》騎着一匹墨丁也似黑的肥馬, ᄒᆞᆫ 필 먹당ᄀᆞᆺ치 검고 술진 ᄆᆞᆯ을 ᄐᆞ고. ●⇔표(膘). 《朴新諺 1, 30ㅎ》騎着一匹十分膘鐵靑玉面馬, ᄒᆞᆫ 필 ᄀᆞ장 술진 鐵靑총이玉面馬룰 ᄐᆞ고.

솔피다 圐 살피다. ⇔찰(察). 《朴新諺 2, 29ㅈ》以聲察聲拯慈悲於六道(朴新注, 33ㅎ: 以聲察聲. 聞其聲而察其苦樂之狀. 六道, 人道·天道·阿脩羅道·餓鬼道·畜生道·地獄道也. 阿脩羅有大力神人, 嘗共天鬪(鬪), 立大海中, 其高半天.), 소리로 ᄢᅥ 소리를 술펴 慈悲를 六道에 건디고.

ᄉᆞᆷ다 圐 삶다. ●⇔돈(頓). 《朴新諺 1, 5ㅈ》是海蔘頓鴨子, 海蔘 너허 술믄 올히와. 《朴新諺 1, 5ㅈ》鰒魚頓肉, 전복 너허 술믄 고기와. 《朴新諺 1, 5ㅈ》頓爛肘(肘)子, 무르녹게 술믄 녑팔지와. ●⇔자(煮). 《朴新諺 2, 36ㅎ》乾羊腿子煮着哩, 무론 羊의 다리를 술맛노라. 《朴新諺 3, 35ㅎ》水精包子, 제믈에 술믄 包子와. 《朴新諺 3, 45ㅎ》就煮一脚羊蹄好下飯, 이믜셔 ᄒᆞᆫ 羊의 다리를 술마 밥 먹기 됴케 ᄒᆞ고.

싀다 圐 새대漏. ⇔누(漏). 《朴新諺 1, 14ㅎ》你這布帒是破的不漏麼, 네 이 쟐리 ᄒᆡ여져 싀지 아니ᄒᆞᄂᆞ냐. 這是新布帒那裏破那裏怕漏呢, 이 새 쟐리라 어디 ᄒᆡ여지며 어디 싀기룰 저퍼ᄒᆞ리오. 《朴新諺 2, 45ㅎ》每日下雨房子都漏了, 每日에 비 와 집이 다 싀니. 《朴新諺 2, 45ㅎ》所以越漏了, 그러모로 더옥 싀니.

싱- 쪱 생-. ⇔선(鮮). 《朴新諺 1, 4ㅈ》鮮果子呢, 싱과실은. 柑子, 柑子. 橘子, 귤. 石榴, 石榴. 香水梨, 믈한빈. 櫻桃, 櫻桃. 杏子, 솔고. 蘋果, 굵은님금. 玉黃李子, 유황외앗시오.

싱각ᄒ다 圐 생각하다. ●⇔상(想). 《朴新諺 1, 1ㅈ》咱想, 우리 싱각ᄒ니. 《朴新諺 1, 11ㅈ》你太爺想, 너 太爺ㅣ 싱각ᄒ

여.《朴新諺 1, 33ㅎ》想那厮做牙子去了, 싱각건대 뎌 놈이 즈름질ㅎ라 갓도다.《朴新諺 1, 36ㅈ》想是你平日布施人家齋飯·錢, 싱각건대 네 平日에 布施혼 人家 齋飯·錢을.《朴新諺 1, 42ㅈ》你想, 네 싱각ㅎ라.《朴新諺 2, 26ㅎ》咳姐姐我不想你這般無情, 애 각시아 내 네 이리 無情홀 줄을 싱각지 못ㅎ엿노라.《朴新諺 2, 38ㅈ》我也這般想着, 나도 이리 싱각ㅎ엿노라.《朴新諺 3, 11ㅎ》不想那厮打頓起來, 싱각지 아닌 그 놈이 조오다가.《朴新諺 3, 37ㅎ》我不想你這莊家漢, 내 너 이 향암엣 놈이. 倒慣會打毬哩, 도로혀 댱방올 치기 닉이 알 줄을 싱각지 못ㅎ엿노라. ●⇔상기래(想起來).《朴新諺 1, 55ㅎ》想起來, 싱각건대. ●⇔상념(想念).《朴新諺 3, 15ㅈ》想念之心無日能忘, 싱각ㅎ는 ㅁ음이 니즐 날이 업스이다. 四⇔상도(想到).《朴新諺 3, 29ㅈ》那裡想到死在胡孫手裡呢, 어듸 죽음이 胡孫의 손에 이실 줄을 싱각ㅎ여시리오. 五⇔상래(想來).《朴新諺 1, 31ㅈ》想來這都是前世修來的, 싱각건대 다 이 前世에 닷가 온 거시라. 六⇔념(念).《朴新諺 2, 27ㅈ》你須念我這秋月紗窓一片心, 네 모로미 내 이 秋月 紗窓 一片心을 싱각ㅎ여.

싱계 閱 생계(生計). 살아 나갈 방도. ⇔활계(活計).《集覽, 字解, 累字解, 2ㅎ》活計. 싱계.

싱과실 閱 생과일. (가공하지 아니한 싱싱한 과일) ⇔선과자(鮮果子).《朴新諺 1, 4ㅈ》鮮果子呢, 싱과실은. 柑子, 柑子. 橘子, 귤. 石榴, 石榴. 香水梨, 물한빈. 櫻桃, 櫻桃. 杏子, 솔고. 蘋果, 굵은님금. 玉黃李子, 유황외앗시오.

싱심이나 閉 감(敢)히. 또는 감히 …하지 못하다. ⇔불감(不敢).《朴新諺 1, 36ㅎ》小僧再也不敢了, 小僧이 뇌여란 싱심이나.

싸이다 图 깨지다. 상처가 나다. ⇔파(破).《朴新諺 3, 52ㅎ》竟將小人面門打破耳根打傷, ㅁ춤내 小人의 ㄴ출다가 텨 싸이고 귀 밋츨 텨 傷ㅎ이오니.

싹다 图 깎다. 자르다. ⇔체(剃).《朴新諺 1, 42ㅎ》叫那剃頭的來, 뎌 마리 싹는 이룰 불러오라.《朴新諺 1, 42ㅎ》我剃頭的所管甚麼來, 우리 마리 싹는 이 所管이 므서시완듸.《朴新諺 1, 43ㅈ》你剃的乾淨便是了, 네 싹기를 乾淨히 홈이 곳 올ㅎ니라.《朴新諺 1, 43ㅈ》剃完了, 싹가 못차다.《朴新諺 1, 43ㅎ》這就筭剃完了, 이 곳 싹가 못찻다 ㅎ리라.《朴新諺 1, 50ㅎ》剃頭錢是十箇, 마리 싹는 갑슨 열 낫 돈이오.《朴新諺 1, 51ㅎ》然後剃頭修脚, 그린 후에 마리 싹고 발톱 다듬고.《朴新諺 1, 55ㅈ》把孩子剃了頭, 아희를 다가 마리를 싹고.

쌔야지다 图 깨어지다. ⇔파(破).《朴新諺 2, 45ㅎ》看那瓦若有破的, 보와 뎌 디새 쌔야진 것 잇거든.《朴新諺 2, 46ㅈ》那瓦有破的麼, 뎌 디새 쌔야진 거시 잇ㄴ냐. 多有破的, 쌔야진 거시 만히 잇다.

쌔이다 图 깨지다. ⇔파(破).《朴新諺 2, 46ㅈ》不要踏破纔好, 볼바 쌔이지 말아야 마치 됴흐리라.《朴新諺 2, 46ㅈ》把瓦都弄破了, 디새를다가 다 달화 쌔이니.

썻 閱 것. ('ㄹ' 받침 뒤에서 바뀐 표기)《朴新諺 1, 1ㅎ》共湊錢四十五六吊, 대되 돈 四十五六 댜오를 모들 써시니.《朴新諺 1, 10ㅈ》土王用事之日不可動工, 土王 用事日에 動工치 못홀 써시니.《朴新諺 1, 14ㅈ》又要給那扛口帒人的小脚錢, 쏘 뎌 쟈르 메는 사름의 져근 삭갑슬 줄 써시니.《朴新諺 1, 15ㅎ》有簡最容易的法子說與你, 혼 ᄀ장 쉬온 法이 이시니 너ᄃ려 니롤 써시니.《朴新諺 1, 18ㅈ》必得鑌鐵打方好, 반드시 鑌鐵로 치이여야 보야ㅎ로 됴홀 써시니.《朴新諺 1, 19ㅎ》但是刀頭與裝修餙樣我說與你, 다만 칼눌

과 밍들기와 쑤밀 모양을 내 너두려 니
롤 쩌시니. 《朴新諺 1, 52ㅈ》到那裏住両
三箇月, 더긔 가 두석 둘을 어들 쩌시오.
《朴新諺 2, 24ㅎ》我如今先與你發散, 내
이제 몬져 너롤 發散케 홀 쩌시니. 《朴新
諺 3, 46ㅈ》我說與你便强似目睹了, 내 너
두려 니롤 쩌시니 곳 눈으로 보는 이도
곤 나으리라.

-쎄 어미 -게. 《朴新諺 1, 13ㅈ》噯呀老太爺
忒給少了, 아야 老太爺ㅣ아 너무 젹쎄
주려 혼다.

-쎄 조 -에게. 《朴新諺 2, 49ㅈ》直到點燈
時分纔下馬, 잇긋 불 혈 쩨에 다둣 게야
又 몰쎄 느리니. 《朴新諺 3, 18ㅎ》直到
人定更深纔能下馬, 바로 人定 更深홈애
다드라 계요 능히 몰쎄 느리느니.

쎄다 통 꿰다. ⇔천(串). 《朴新諺 2, 39ㅈ》
把針線串了弔在一壁廂, 바느실로 쎄여
브람 구셕에 드라.

쏘리 명 꼬리. ●⇔미(尾). 《朴新諺 3, 24
ㅎ》搖動尾鉤鉤了一下, 쏘리 갈구리를
흔드러 혼 번 긁치니. ●⇔미자(尾子).
《朴新諺 1, 40ㅈ》家後一羣羊箇箇尾子長,
딥 뒤히 혼 무리 羊이 낫낫치 쏘리 긴
거시여.

꼿 명 꽃. ⇔화(花). 《朴新諺 1, 39ㅈ》下雨
開花刮風結子, 비 오면 꼿 피고 브람 블
면 여름 여든 거시여. 《朴新諺 3, 17ㅈ》
前面疊一箇花臺好栽花, 앏히 혼 花臺를
무어 꼿 시므기 됴케 ᄒᆞ라. 我要臨窓看
書也要看花哩, 내 窓을 臨ᄒᆞ여 글을 보고
또 꼿츨 보고져 ᄒᆞ노라.

꼿다 통 꽂다. ●⇔삽(揷). 《朴新諺 2, 31
ㅈ》還要把那箭帒裏揷十根箭, 또 더 살동
개에다가 열 낫 살 꼿고. 弓帒裏揷一張
弓, 활동개에 혼 쟝 활 꼿고. ●⇔염(拈).
《朴新諺 1, 27ㅎ》且就那一日拈香頭發重
誓, 또 그 날 香을 꼿고 둥혼 밍셰ᄒᆞ여.

꼿ᄎ 명 꽃. ⇔화(花). 《朴新諺 1, 7ㅎ》有
酒有花以為眼前之樂, 술을 두고 꼿츨 두

어 眼前에 즐기믈 삼는다 ᄒᆞ고. 《朴新諺
3, 17ㅈ》前面疊一箇花臺好栽花, 앏히 혼
花臺를 무어 꼿 시므기 됴케 ᄒᆞ라. 我要
臨窓看書也要看花哩, 내 窓을 臨ᄒᆞ여 글
을 보고 또 꼿츨 보고져 ᄒᆞ노라.

꽂다 통 꽂다. ●⇔삽(揷). 《朴新諺 2, 41
ㅎ》揷在門拴孔裏, 門빗쟝 굼게 쏘즈라.
●⇔췌(揣). 《朴新諺 3, 32ㅎ》我把他揣
在靴靿裏去好了, 내 더룰다가 靴ㅅ돈에
쏘자 가져가미 됴타.

쇠오다 통 에누리하다. 또는 덜어내다. ⇔
토(討). 《集覽, 字解, 單字解, 4ㅎ》討. 求
也, 探也. 討去 어드라 가다, 討債去 빋
주니 바드라 가다, 討價去 빋 받다. 又本
國傳習之解曰 빋 쇠오다, 亦通. 《集覽,
字解, 單字解, 4ㅎ》索. 求也. 索價錢 갑
받다. 又鄕習傳解曰 빋 쇠오다, 亦通. 又
須也, 不索, 今皆罕用. 《朴新諺 1, 32ㅎ》
不要胡討價錢, 간대로 갑슬 쇠오지 말
라. 《朴新諺 2, 43ㅈ》你休胡討價錢, 네
간대로 갑슬 쇠오지 말라. 討的是虛價還
的是實價, 쇠오는 거슨 이 거즛 갑시오
갑는 거시아 이 실혼 갑시니. 《朴新諺
3, 2ㅎ》討甚麼謊價錢, 무슴 거즛 갑슬 쇠
오리오. 《朴新諺 3, 32ㅎ》這箇還討甚麼
價錢呢, 이거슬 당시롱 므슴 갑슬 쇠오
리오.

쇠ᄒᆞ다 통 꾀하다. 계책을 세우다. 도모하
다. ⇔모(謀). 《朴新諺 2, 34ㅈ》又奪了也
謀死他, 또 앗고 또 더를 쇠ᄒᆞ여 죽여.
《朴新諺 2, 35ㅈ》也要謀死他, 또 더룰 쇠
ᄒᆞ여 죽이려 ᄒᆞ니.

쑤다 통 꾸다. 빌리다. ●⇔대(貸). 《朴新
諺 2, 28ㅎ》咱貸些盤纏, 우리 져기 盤纏
을 쑤어. ●⇔차(借). 《朴新諺 1, 34ㅈ》
現有借票在我手裏, 시방 쑤는 보람이 내
손에 잇느니. 《朴新諺 1, 58ㅈ》情愿憑中
借到某人名下紋銀五十両整, 情愿으로 즁
인을 의빙ᄒᆞ여 某人 名下에 紋銀 五十両
덩이룰 쑤되. 《朴新諺 1, 59ㅈ》某年月日

借錢人趙寶兒, 某年月日에 돈 꾼 사롬 趙寶兒와.

쑤미다 통 꾸미다. ●⇔분(扮).《集覽, 字解, 單字解, 7ㅈ》扮. 修飾也. 裝扮 꾸미다, 扮做 꾸며 밍그다. 音班, 去聲. ●⇔수식(修飾).《朴新諺 1, 17ㅎ》裝修餙撲都好, 믄든 것과 쑤민 모양이 다 됴흐니라.《朴新諺 1, 18ㅈ》再把裝修餙撲說與他, 다시 믄들기와 쑤밀 모양을 저드려 닐러.《朴新諺 1, 19ㅎ》但是刀頭與裝修餙撲我說與你, 다만 칼눌과 믄들기와 쑤밀 모양을 내 너드려 니롤 쩌시니. ●⇔식(飾).《朴新諺 1, 18ㅎ》都要好餙撲的, 다 쑤민 모양을 됴케 흐고져 흐노라.《朴新諺 2, 29ㅈ》座餙芙蓉湛南海澄淸之水, 안즌 디는 芙蓉으로 쑤며시니 南海澄淸흔 물에 즙것고. ●⇔장(粧).《朴新諺 3, 47ㅈ》還有那粧二郞神的, 쏘 뎌 二郞神의 모양 쑤민 거시 이시니. ●⇔장(裝).《朴新諺 1, 29ㅎ》象牙裝鞘小刀, 象牙로 가풀 쑤민 져근 칼이오. ●⇔장분(裝扮).《集覽, 字解, 單字解, 7ㅈ》扮. 修飾也. 裝扮 꾸미다, 扮做 꾸며 밍그다. 音班, 去聲. ●⇔장수(裝修).《朴新諺 1, 18ㅎ》鐵要好裝修要乾淨, 쇠도 됴코 쑤미기롤 乾淨이 흐려 흐면.

쑤이다 통 꾸이다. 빌려주다. ⇔차(借).《朴新諺 1, 33ㅎ》別人借一兩便要一兩的利錢, 다룬 사롬은 혼 냥을 쑤이면 곳 혼 냥 利錢을 밧느니.

쑤짓다 통 꾸짖다. ⇔매(罵).《朴新諺 3, 3ㅈ》你為甚麼罵人, 네 므슴흐라 사롬을 쑤짓는다.《朴新諺 3, 14ㅎ》罵了幾句就走出去了, 여러 귀 쑤짓고 곳 드라나 가니.《朴新諺 3, 30ㅈ》你休村言村語的只管罵人, 네 村言 村語로 그저 스러여 사롬을 쑤짓지 말라.

쒜음 의 꿰미. ⇔천(串).《朴新諺 3, 29ㅎ》還有幾串, 당시롱 여러 쒜음이 잇노라.

쁘다 통 끄다[滅]. 없애다. 소멸시키다. ⇔멸(滅).《朴新諺 2, 27ㅈ》只滅了我這心頭火, 그저 내 이 心頭火를 쁘면.《朴新諺 2, 27ㅈ》怕沒有滅你的心火治你的心病之時麼, 네 心火를 쁘고 네 心病을 고칠 쩨 업술가 저프랴.

쁘으다 통 ●(시간을) 끌다. 지체하다. ⇔애모(挨摸).《朴新諺 3, 45ㅎ》若挨摸到點燈時候, 만일 쁘으내여 불 혈 쩨에 다드르면. ●끌다. ⇔예(曳).《朴新諺 1, 40ㅎ》滿天星宿一簡月三條繩子由你曳, 하눌에 マ득흔 星宿에 흔 둘을 세 오리 노흐로 제대로 쁘으는 거시여.

쁘을다 통 끌다. ●⇔납(拉).《朴新諺 3, 46ㅎ》衆人拉着, 여러 사룸이 쁘을고. ●⇔살(撒).《朴新諺 1, 39ㅈ》一簡長大漢撒大鞋, 흔 킈 큰 놈이 큰 신 쁘을고.《朴新諺 2, 20ㅎ》還少套繩, 당시롱 멜 줄과. 撒繩, 쁘을 줄과. 籠頭, 바구레와. 脚索, 지달 술 바와. 鞍子, 기르마와. 肚帶等類哩, 오랑 等類ㅣ 업세라.

쁘이다 통 끌게 하다. 끌리다. ⇔납(拉).《朴新諺 3, 22ㅈ》便拿着拉車鮮鋸, 곳 잡아 술위 쁘이며 톱질 시겨.

쁠다 통 ●끓다. ⇔곤(滾).《朴新諺 3, 23ㅎ》第(第)三滾油洗澡, 第(第)三은 쁠는 기롬에 목욕흐고. ●끌다[曳]. ⇔타(拖).《朴新諺 3, 28ㅈ》把先生的頭拖了去, 先生의 머리를다가 쁠어 가니.《朴新諺 3, 28ㅈ》行者直拖的到王面前丟下, 行者ㅣ 바로 쁠어 王의 앏희 가 드리치니.

쯪내 閉 끝내. 마침내. 결국. ⇔도저(到底).《朴新諺 3, 19ㅈ》比在前到底强些, 이젼에 비컨대 쯪내 져기 나으니.

쯪ㅎ 명 끝. ●⇔두(頭).《朴新諺 2, 35ㅎ》這正是善惡到頭終有報, 졍히 이 善과 惡이 쯪희 다드라 모춤내 갑홈이 이시되. ●⇔첨(尖).《朴新諺 2, 41ㅈ》把舌尖濕破窓戸, 혀 쯪흐로다가 窓戸를 적셔 뿛고.

-쯰 집 **1**-께.《朴新諺 2, 51ㅈ》那幾日你又說首領官纔做稿呈堂, 져즘쯰 네 쏘 니

르되 首領官이 ᄌ 초를 믄그라 당샹긔
드리니. **2**-께. ●⇔두(頭).《朴新諺 1,
44ㅎ》半月頭辦花燭成親的, 보롬의 花燭
을 댱만ᄒ여 成親ᄒ고. ●⇔변(邊).《朴
新諺 1, 44ㅎ》這月初十邉通信, 이 둘 초
열흘긔 通信ᄒ여.

-의 图 ●-에.《朴新諺 1, 39ㅎ》金甕兒‧
銀甕兒表裏無縫兒, 金독 銀독이 안팟긔
솔 업슨 거시여.《朴新諺 3, 35ㅎ》西華
門外有箇好飯店, 西華門 밧긔 ᄒᆫ 됴흔 밥
뎜이 이시니.《朴新諺 3, 38ㅎ》除了種子
之外, 삐를 더론 밧긔.《朴新諺 3, 51ㅈ》
於東屋山墻外剏窟進內, 東屋 화방 밧긔
굼글 뿔고 안히 들어. ●-께. -에게.
《朴新諺 1, 3ㅈ》田過堂上官貟, 堂上 官貟
긔 알외니.《朴新諺 1, 39ㅎ》鐵人鐵馬不
着鐵鞭不下馬, 쇠사룸 쇠물긔 쇠채로 치
지 아니면 몰 ᄂ리지 아니ᄒᆞᄂ 거시여.
《朴新諺 1, 47ㅎ》我今日向先生告了暇來,
내 오늘 先生긔 告暇ᄒ고 왓노라.《朴新
諺 2, 22ㅈ》謝天地只願好收成就勾了, 天
地긔 謝ᄒᄂ니 다만 원컨대 잘 收成ᄒ면
곳 넉넉ᄒ리로다.《朴新諺 3, 8ㅎ》惟有
禱告諸佛菩薩, 오직 諸 佛菩薩긔 비ᄂ니.
《朴新諺 3, 14ㅎ》稟父親母親起居萬安,
父親 母親긔 稟ᄒᄂ니 起居 萬安ᄒ신가.
《朴新諺 3, 16ㅈ》拜見父母光耀門閭, 父
母긔 拜見ᄒ고 門閭를 光耀ᄒ면.《朴新
諺 3, 56ㅈ》特來拜望先生的, 특별이 와
先生긔 拜望ᄒ다 ᄒ라.

-의셔 图 -에서.《朴新諺 1, 13ㅈ》我在平
則門外住, 내 平則門 밧긔셔 사노라.

ᄊ 回 ᄭᅵ. ᄭᅵ니. ⇔돈(頓).《朴新諺 1, 11
ㅈ》不要單愛惜你家這幾頓茶飯, 맛치 네
집 여러 씨 茶飯만 앗기지 말라.《朴新諺
2, 28ㅈ》一日吃了三頓飯, ᄒᄅ 세 ᄭᅵ 밥
먹고.

ᄭᅵ다 图 ●⇔감(嵌).《朴新諺
1, 29ㅎ》脚穿麂皮嵌金線靴子, 발에
지즈피 金線 가품 ᄭᅵᆫ 훠롤 신고. ●⇔협

(挾).《朴新諺 3, 3ㅎ》不如挾着屁眼家裡
坐着去罷, 밋궁글 ᄭᅵ고 집의 안자시라
갈만 ᄌᄒ지 못ᄒ다.

ᄭᅵ다 图 단단하다. ⇔경(硬).《朴新諺 3,
44ㅎ》做得生硬了難吃, 짓기를 서러 ᄭᅵ
면 먹기 어렵고.

ᄭᅵ다 图 ᄭᅡ다. 축내다. 모자라다. ●⇔소
(少).《朴新諺 1, 4ㅈ》旣少不多也罷了,
임의 ᄭᅵᆫ 거시 하지 아니ᄒ니 ᄯᅩ 무던ᄒ
다. ●⇔휴(虧).《集覽, 字解, 單字解, 5
ㅎ》虧. 損也, 少也. 虧你多少 네게 언메
나 낟브뇨. 虧着我 내게 낟배라. 又次也.
吏語, 虧兌 원수에서 ᄭᅵ다.

-ᄭᅵ지 图 -까지.《朴新諺 1, 48ㅈ》讀到那
裏了, 닑기롤 어듸ᄭᅵ지 ᄒ엿ᄂ뇨.

ᄭᆯ다 图 ᄭᅡᆯ다鋪. 덮다. ●⇔만(幔).《朴新
諺 2, 5ㅈ》地下幔的石如白玉, ᄯᅡ히 ᄭᅵᆫ 돌
은 白玉 ᄌᆮ고. ●⇔포(鋪).《朴新諺 1, 55
ㅈ》把褥子‧氊子多多的鋪上, 요와 담을
다가 만히 ᄭᅵᆯ고.《朴新諺 1, 57ㅎ》這弓
面上鋪的筋, 이 활 면에 ᄭᅵᆫ 힘을.《朴新
諺 2, 5ㅈ》上面盖的瓦如鋪翠, 우희 녠 디
새는 비취롤 ᄭᅵᆫ 듯ᄒ고.《朴新諺 2, 50
ㅈ》將花氊鋪在炕上, 花氊 가져다가 캉
에 ᄭᅵᆯ고.

ᄭᅢ다 图 (술이) 깨다. ⇔성(醒).《朴新諺
2, 52ㅎ》他酒醒了起來不覺, 뎨 술이 ᄭᅢ
야 니러나 ᄭᅢᆮ지 못ᄒ고.

ᄭᅢᆮ다 图 깨닫다. ⇔각(覺).《朴新諺 1,
21ㅈ》也覺得有趣哩, ᄯᅩ 맛 이심을 ᄭᅢᆮ
룰러라.《朴新諺 2, 52ㅎ》他酒醒了起來
不覺, 뎨 술이 ᄭᅢ야 니러나 ᄭᅢᆮ지 못ᄒ
고.《朴新諺 3, 50ㅎ》小人卽時驚覺, 小人
이 卽時 놀라 ᄭᅢᆮ드라.

ᄭᅢ오다 图 깨우다. ⇔해(解).《朴新諺 3,
4ㅎ》我只知道蒲根解酒還好做醋, 내 다
만 챵포 불휘 술을 ᄭᅢ오고 ᄯᅩ 醋 민들기
됴흔 줄만 알고.

싸 回 ●땅. 토지. ⇔전지(田地).《集覽,
字解, 單字解, 7ㅎ》閑. 雜也. 閑雜人. 又

替也. 파직ᄒᆞ다, 罷閑了·替閑了. 又遊
息曰閑. 흥뚱여 ᄃᆞ닐시니, 遊閑了. 又練
熟也. 弓馬熟閑. 又空也. 空閑田地 뷔엿
ᄂᆞᆫ 싸. 又等閑 부질업시, 又힘히미, 又간
대롭다. ❷땅. 지역. 구역. ⇔지(地).
《集覽, 字解, 單字解, 6ㅈ》多. 多少 언메
나. 又許多 하나한. 又餘也. 三十里多地
삼십 리 나믄 싸. 吏語, 多餘. 又過也. 有
甚麼多處 므스기 너믄 고디 이시리오.
又重也. 므스기 앗가온 고디 이시리오.

싸다 동 따다[摘]. ⇔적(摘). 《朴新諺 2, 39
ㅎ》把那葉兒摘了, 뎌 닙흘다가 싸.《朴
新諺 3, 4ㅈ》摘些葉子送我, 져기 닙흘 싸
내게 보내여라.

싸ㅎ 명 ❶땅. 토지. ⇔지(地).《朴新諺 2,
5ㅈ》地下幔的石如白玉, 싸히 ᄭᆞᆫ 돌은 白
玉 ᄀᆞᆺ고.《朴新諺 3, 27ㅎ》頭落在地上,
머리 ᄯᅥ러져 싸히 잇더니. ❷땅. 지역.
구역. ❶⇔지(地).《朴新諺 1, 13ㅈ》平
則門離這廣豊倉有二十里地, 平則門이 廣
豊倉에 ᄯᅳᆷ이 二十里 싸히 이시니.《朴新
諺 1, 13ㅎ》那裏有二十里地呢, 어디 二十
里 싸히 잇ᄂᆞ뇨.《朴新諺 2, 38ㅈ》這離
城三十里地, 이 城에셔 ᄯᅳᆷ이 三十里 싸
히.《朴新諺 3, 40ㅎ》送到四十里地, 보내
여 四十里 싸히 가. ❷⇔지방(地方).《朴
新諺 1, 9ㅈ》到那朝鮮地方, 뎌 朝鮮 싸히
가.《朴新諺 2, 9ㅎ》他曾到江南地方受過
名師, 뎨 일즉 江南 싸히 가 일홈난 스승
의게 비호니.《朴新諺 2, 22ㅈ》又把朝鮮
地方來的一隻船, ᄯᅩ 朝鮮 싸ㅎ로셔 오ᄂᆞ
ᄒᆞᆫ 隻 비롤다가.《朴新諺 3, 8ㅎ》要徃江
南地方些布施去, 江南 싸흘 향ᄒᆞ여 져
기 보시를 빌라 가고져 ᄒᆞ니.《朴新諺
3, 38ㅈ》那城外劉村地方, 뎌 城 밧 劉村
싸흔.

ᄣᅢ 명 때. ❶⇔시(時).《朴新諺 1, 7ㅎ》湏
(須)富貴何時, 富貴롤 어너 ᄣᅢ예 기ᄃᆞ리
리오 ᄒᆞ니.《朴新諺 1, 20ㅈ》逢時及莭
(節)好會頑要哩, ᄣᅢ롤 만나고 절을 밋처

ᄀᆞ장 놀 줄을 아더라.《朴新諺 1, 38ㅈ》
你且寬耐幾時, 네 아직 여러 ᄣᅢ롤 견디
여.《朴新諺 1, 51ㅎ》京都聖駕幾時起行
呢, 京都에 聖駕ㅣ 어느 ᄣᅢ에 起行ᄒᆞᄂᆞ
뇨.《朴新諺 2, 27ㅈ》怕沒有滅你的心火
治你的心病之時應, 네 心火를 ᄭᅳ고 네 心
病을 고칠 ᄣᅢ 업슬가 저프랴.《朴新諺
2, 51ㅎ》時來鐵也爭光, ᄣᅢ 오면 쇠도 빗
츨 ᄃᆞ토고.《朴新諺 3, 5ㅎ》不知到幾時
纔得了局哩, 아지 못게라 어느 ᄣᅢ에 다
드라 맛치 판나믈 어드리오.《朴新諺 3,
8ㅎ》當時唐三藏師傅, 그 ᄣᅢ에 唐三藏 師
傅ㅣ.《朴新諺 3, 47ㅎ》候到幾時幾刻立
春, 어느 ᄣᅢ 어느 刻에 다ᄃᆞ라 立春 홈을
기ᄃᆞ려.《朴新諺 3, 57ㅎ》那時太祖不允,
그 ᄣᅢ에 太祖ㅣ 듯지 아니ᄒᆞ더니. ❷⇔
시분(時分).《朴新諺 3, 57ㅈ》年當二十
歲時分, 나히 二十歲에 당홀 ᄣᅢᄂᆞᆫ. ❸⇔
시절(時節).《朴新諺 1, 34ㅈ》他在京裏
臨起身時莭(節), 제 셔울셔 ᄯᅥ날 ᄣᅢ에 臨
ᄒᆞ여.《朴新諺 1, 35ㅎ》方要偸情的時莭
(節), 보야흐로 偸情홀 ᄣᅢ에.《朴新諺 2,
22ㅈ》我來的時節, 내 올 ᄣᅢ에.《朴新諺
2, 22ㅎ》我來時節到山海關上, 내 올 ᄣᅢ
에 山海關에 다ᄃᆞ라.《朴新諺 2, 51ㅎ》
打雙陸時節, 雙陸 칠 ᄣᅢ에.《朴新諺 3, 6
ㅎ》我臨去時節也曾再三囑付, 내 갈 ᄣᅢ를
臨ᄒᆞ여 ᄯᅩ 일즉 再三 당부ᄒᆞ여.《朴新諺
3, 39ㅎ》去的時節却也軆面, 갈 ᄣᅢ에 ᄯᅩ
軆面이라.《朴新諺 3, 48ㅈ》等候那地氣
上申的時節, 뎌 地氣 올라 퍼질 ᄣᅢ를 기
ᄃᆞ리더니.《朴新諺 3, 49ㅎ》閒時節常住
在那靑蒲·紅蓼·灘邉, 한가ᄒᆞᆫ ᄣᅢ에 덧
덧이 뎌 靑蒲·紅蓼·灘邉에 머므러.
❹⇔시후(時候).《朴新諺 1, 42ㅎ》到那
走不動的時候却怎麼過呢, 뎌 ᄃᆞ니지 못
홀 ᄣᅢ에 다ᄃᆞ라 ᄯᅩ 엇디 지내리오.《朴
新諺 1, 43ㅈ》梳頭髮的時候, 마리털을
빗길 ᄣᅢ에.《朴新諺 1, 47ㅈ》我廻來時候,
내 도라올 ᄣᅢ에.《朴新諺 2, 49ㅈ》到那

稻熟的時候, 뎌 벼 닉을 째에 다ᄃᆞ라. 《朴新諺 3, 38ㅈ》到了秋收的時候, 秋收홀 째에 다ᄃᆞ라. 《朴新諺 3, 45ㅎ》若挨摸到點燈時候, 만일 ᄰᅳ으내여 불 혈 째에 다ᄃᆞ르면.

ᄰᅢ다 圄 때우다. 땜질하다. ⇔한(釬). 《朴新諺 3, 33ㅎ》嘴子・把子且打下我看了再釬, 부리와 줄을 아직 민ᄃᆞ라 내 보와든 다시 ᄰᅢ라.

ᄰᅥ나다 圄 떠나다. ●⇔기신(起身). 《朴新諺 1, 8ㅎ》老哥你幾時起身, 노형아 네 언지 ᄰᅥ날다. 大約這月二十邊領了詔書箚付就要起身, 대개 이 둘 스므날긔 詔書와 箚付를 ᄐᆞ면 즉시 ᄰᅥ나고져 ᄒᆞ노라. 《朴新諺 1, 34ㅈ》他在京裏臨起身時節(節), 제 셔울셔 ᄰᅥ날 째에 臨ᄒᆞ여. ●⇔이(離). 《朴新諺 3, 14ㅈ》因你貪嗔癡三毒不離於身, 네 貪嗔癡 三毒이 몸에 ᄰᅥ나지 아니믈 因ᄒᆞ여.

ᄰᅥ러디다 圄 떨어지다. ⇔조(弔). 《朴新諺 1, 39ㅎ》墻上一塊土吊下來禮拜, 담 우희 ᄒᆞᆫ 덩이 흙이 ᄰᅥ러뎌 ᄂᆞ려와 禮拜ᄒᆞᄂᆞᆫ 거시여.

ᄰᅥ러지다 圄 ●떨어지다. ⇔낙(落). 《朴新諺 3, 27ㅎ》頭落在地上, 머리 ᄰᅥ러져 ᄯᅡ히 잇더니. ●떨어지다. 해어지다. ⇔탑(塌). 《朴新諺 3, 33ㅎ》在門上磕了一磕就塌了半邊, 門에 다질려 곳 반 편이 ᄰᅥ러지고.

ᄰᅥ르치다 圄 ●떨어뜨리다. 가로채다. ⇔낙하(落下). 《朴新諺 3, 38ㅎ》還落下些養活他媳婦・孩児, ᄶ 져기 ᄰᅥ르쳐 제 媳婦와 孩児를 치더니. ●떨어뜨리다. 모자라다. 부족하다. ⇔단소(短少). 《朴新諺 1, 58ㅎ》按月送納不致短少拖欠, 둘을 조차 送納ᄒᆞ되 ᄰᅥ르치며 믄그으매 니르게 말고. 《朴新諺 2, 45ㅈ》按月交納不致短少, 둘을 조차 交納ᄒᆞ여 ᄰᅥ르치매 니르지 아니케 ᄒᆞ리라. ●떨어뜨리다. 해어지게 하다. ⇔조(弔). 《朴新諺 3, 32

ㅎ》拿去使用不要吊了, 가져가 ᄡᅳ고 ᄰᅥ르치지 말라.

ᄰᅥ히다 圄 떼어먹다. 가로채다. ⇔낙(落). 《朴新諺 2, 13ㅈ》必定是那厮落了我一兩銀了, 일뎡 뎌 놈이 내 ᄒᆞᆫ 냥 은을 ᄰᅥ혓도다.

ᄰᅥᆨ 圀 떡. ⇔발발(餑餑). 《朴新諺 3, 32ㅈ》然後拿些達子餑餑・南糖・乾果子來, 그린 후에 達子ᄰᅥᆨ과 南糖과 乾果를 가져오라. 《朴新諺 3, 36ㅈ》硬麵火燒都有, 硬麵으로 민ᄃᆞ라 구은 ᄰᅥᆨ이 다 이셰라. 《朴新諺 3, 36ㅈ》你把包子火燒先取來, 네 包子와 구은 ᄰᅥᆨ을다가 몬져 가져오고.

ᄰᅥᆯ리다 圄 떨리다. ⇔전(顫). 《朴新諺 2, 23ㅎ》身子顫的受不的, 몸이 ᄰᅥᆯ려 견디지 못ᄒᆞ니.

ᄰᅥᆯ치다 圄 떨치다. ⇔불(拂). 《朴新諺 2, 29ㅎ》執楊柳於掌內拂病體於輕安, 楊柳를 손에 잡아 病體를 輕安ᄒᆞᆫ ᄃᆡ ᄰᅥᆯ치고.

ᄰᅥᆺᄰᅥᆺᄒᆞ다 圀 떳떳하다. ⇔상(常). 《朴新諺 3, 44ㅎ》三寸氣在千般有, 三寸 긔운이 이시매 千 가지 잇더니. 一日無常萬事休, 一日에 ᄰᅥᆺᄰᅥᆺ홈이 업스매 萬事ㅣ 休ᄒᆞ다 홈이로다.

ᄶ 囝 또. ●⇔각(却). 《集覽, 字解, 單字解, 5ㅈ》却. ᄶ. 又却來・却有來 뉘 아니라 커니, 却有 ᄶ 그. 《朴新諺 1, 2ㅈ》却敎李四去, ᄶ 李四로 ᄒᆞ여 가. 《朴新諺 1, 16ㅈ》老哥不說我却怎麽知道呢, 노형이 니ᄅᆞ지 아니면 내 ᄶ 엇디 알리오. 《朴新諺 1, 27ㅈ》于今我却贏了呢, 이지 내 ᄶ 이긔여다. 《朴新諺 1, 35ㅎ》安禪悟法看經念佛却不好麽, 安禪 悟法ᄒᆞ고 看經 念佛홈이 ᄶ 됴티 아니ᄒᆞ랴. 《朴新諺 2, 1ㅎ》却沒本事, ᄶ 지죄 업스니. 《朴新諺 2, 18ㅎ》你却來了, 네 ᄶ 오ᄂᆞ다. 《朴新諺 2, 26ㅎ》我夫主若知道却了不得, 우리 지아비 만일 알면 ᄶ 에워나지 못ᄒᆞ리라. 《朴新諺 2, 43ㅎ》旣如此却賣少五錢一疋, 이믜 이러면 ᄶ 닷 돈을 ᄒᆞᆫ 필에 지워

푸니. 《朴新諺 3, 5ㅈ》却曾完結了麼, 또
일즉 完結ᄒ엿ᄂ냐. 《朴新諺 3, 18ㅈ》猪
・羊・鵝・鴨等類却不少吃的, 猪・羊・
鵝・鴨等類ㅣ 또 먹을 거시 젹지 아니ᄒ
고. 《朴新諺 3, 25ㅎ》却是桃核, 또 이 복
셩화 ᄢ라. 《朴新諺 3, 40ㅎ》你却知道麼,
네 또 아ᄂ다. ❷⇔갱(更). 《朴新諺 3,
23ㅈ》更打了我一鐵棒, 또 나를 ᄒ 쇠막
대로 쳐니. ❸⇔야(也). 《集覽, 字解, 單
字解, 2ㅎ》也. 在詞之上者, 又也. 也好 또
됴타, 也是 또 올타. 在詞之中者, 承上起
下之辭. 我也去 나도 가마. 在詞之終者,
語助. 《朴新諺 1, 4ㅈ》旣少不多也罷了,
임의 신 거시 하지 아니ᄒ니 또 무던ᄒ
다. 《朴新諺 1, 18ㅈ》象牙廂頂也要起線
的, 象牙로 머리에 젼메오되 또 실 돗치고
져 ᄒ노라. 《朴新諺 1, 42ㅈ》也就把蹄子
上放些血罷, 또 이믜셔 굽에 피 ᄣ히라.
《朴新諺 2, 11ㅈ》也有舞鎗弄棒的, 또 鎗
을 춤추며 막대 노롯ᄒᄂ 이도 이시니.
《朴新諺 2, 27ㅎ》旣兩心相照也是不難的,
이믜 둘희 ᄆ음이 서ᄅ 비최면 또 어렵디
아니ᄒ니. 《朴新諺 3, 4ㅎ》跳蚤也不敢近,
벼록이 또 敢히 갓가이 못ᄒᄂ니라. 《朴
新諺 3, 17ㅈ》我要臨窓看書也要看花哩,
내 窓을 臨ᄒ여 글을 보고 또 곳츨 보고져
ᄒ노라. 《朴新諺 3, 24ㅎ》他也拔下一根
毛來, 데 또 ᄒ 낫 털을 쌔혀. 《朴新諺
3, 39ㅎ》去的時節却也體面, 갈 째에 또
體面이라. ❹⇔우(又). 《朴新諺 1, 1ㅈ》
又正是好時節(節), 또 졍히 이 됴ᄒ 時節
(節)이니. 《朴新諺 1, 14ㅈ》又要給那扛口
伐人的小脚錢, 또 뎌 쟈ᄅ 메ᄂ 사롭의
져근 삭갑슬 줄 써시니. 《朴新諺 1, 23ㅈ》
有黃豆大ᄂ圓淨有寶色, 콩만치 크고 또
圓淨ᄒ고 寶色이 잇ᄂ니라. 《朴新諺 1,
44ㅈ》又是十表十裏, 또 이 열 것과 열 안
과. 《朴新諺 3, 1ㅈ》田鷄偏又叫的聒譟,
머구리 편벽히 또 우러 짓ᄭᆌᆫ다. 《朴新諺
3, 15ㅎ》玆者又特寄茶色段子二疋, 이제
또 특별이 차헐비쳬 비단 두 필과. 《朴新諺
3, 25ㅈ》又叫兩箇宮娥, 또 두 宮娥를
불러. 《朴新諺 3, 34ㅈ》又看他們捽按, 또
뎌들의 ᄢ룸흠을 보니. 《朴新諺 3, 47ㅈ》
後遏又跟着大小鬼卒, 뒤히 또 大小 鬼卒
이 ᄯ로고. 又有一箇鬼, 또 ᄒ 귀졸이 이
셔. 《朴新諺 3, 59ㅎ》又正是咱秀才們必
需之物, 또 졍히 우리 秀才들의 반ᄃ시
ᄡᅳᆷ즉ᄒ 거시도다. ❺⇔재(再). 《朴新諺
1, 2ㅈ》再買一隻牛・猪肉五十斤, 또 ᄒ
ᄣ 쇼와 猪肉 五十斤을 사면. 《朴新諺 1,
24ㅈ》再當一百七八十両銀子, 또 一百 七
八十両 은을 던당ᄒ여. 《朴新諺 1, 43ㅈ》
再把挑針挑起來, 또 것고지 가져다가 것
곳고. 《朴新諺 2, 16ㅎ》再捏些匾食預備
我吃罷, 또 져기 변시를 비저 내 먹기롤
預備ᄒ라. 《朴新諺 2, 24ㅎ》然後再用藿
香正氣散, 그린 후에 또 藿香正氣散을 뻐.
《朴新諺 2, 36ㅎ》再有甚麼就飯的, 또 므
슴 밥ᄒ여 먹을 것 잇ᄂ뇨. 《朴新諺 2,
40ㅎ》再叫小廝們到西園裏去, 또 아히들
로 ᄒ여 셧녁 동산에 가. 《朴新諺 3, 7ㅎ》
再拿兩根安息香來燒一燒, 또 두 ᄌᄅ 安
息香을 가져와 픠오라. 《朴新諺 3, 19ㅎ》
咳禍不單行這話再也不差, 애 禍不單行이
란 이 말이 또 그르지 아니ᄒ다. 《朴新諺
3, 36ㅈ》再下幾碗寬條麵與我們, 또 여러
사발 너분 국슈를 눌러 우리를 주되. ❻
⇔차(且). 《朴新諺 1, 12ㅎ》咱們且商量,
우리 또 商量ᄒ쟈. 《朴新諺 1, 19ㅈ》我且
同你到張黑子家去, 내 또 너와 ᄒ가지로
張黑子의 집의 가쟈. 《朴新諺 1, 27ㅈ》且
再下一盤何如, 또 다시 ᄒ 판 두미 엇더ᄒ
뇨. 《朴新諺 1, 42ㅎ》況且常言說得好, ᄒ
믈며 또 常言에 니론 거시 됴흐니. 《朴新
諺 2, 6ㅎ》且不必誇天上瑤池, 또 반ᄃ시
天上 瑤池를 쟈랑치 말라. 《朴新諺 2, 1
ㅎ》你如今且到馬市裏自己揀着買去, 네
이제 또 물 져제 손조 굴히여 사라 가라.
《朴新諺 2, 36ㅎ》且打些酒來吃幾杯解寒

何如, 쏘 져기 술 가져와 여러 잔 먹어 解寒홈이 엇더ᄒᆞ뇨.《朴新諺 2, 39ㅈ》且到那裏看看景致, 쏘 뎌긔 가 景致를 보아.《朴新諺 3, 10ㅎ》我們且把準線掛好了, 우리 쏘 드림줄을다가 걸기를 잘ᄒᆞ쟈. ❼⇔환(還).《朴新諺 1, 23ㅎ》還要把一副頭面去當哩, 쏘 혼 불 頭面을 가져가 뎐당ᄒᆞ려 ᄒᆞ니.《朴新諺 1, 46ㅎ》護膝上還該要用的裁料, 슬갑에 쏘 뻠 즉혼 ᄀᆞ음을.《朴新諺 2, 11ㅎ》還有那弄寶盖的, 쏘 寶盖 농ᄒᆞ는 이도 이시니.《朴新諺 2, 21ㅈ》還有羅鍋, 쏘 노고와……銅杓, 놋쥬게 이시니.《朴新諺 2, 31ㅈ》還要把那箭俗裏挿十根箭, 쏘 뎌 살동개에다가 열낫 살 곳고.《朴新諺 3, 4ㅎ》我只知道蒲根解酒還好做醋, 내 다만 챵포 불희 술을 ᄢᅵ오고 쏘 醋 민들기 됴흔 줄만 알고.《朴新諺 3, 17ㅈ》那西壁廂還要打一道墻, 뎌 셔편에 쏘 혼 줄 담을 ᄲᅡ고.《朴新諺 3, 30ㅎ》你還有好珊瑚麽, 네게 쏘 됴흔 珊瑚ㅣ 잇ᄂᆞ냐.《朴新諺 3, 44ㅈ》咳還有他那小児子, 애 쏘 뎌의 그 어린 아ᄃᆞᆯ이 이셔.《朴新諺 3, 48ㅈ》你何必逞定要去看麽, 네 엇지 반ᄃᆞ시 쏘 일졍 가 보고져 ᄒᆞᆫ다.《朴新諺 3, 53ㅎ》還得雇一箇小廝, 쏘 혼 아히 놈을 삭 내여. ❽⇔환유(還有).《朴新諺 2, 21ㅈ》還有帳房・馬槽都牢壯麽, 쏘 帳房과 몰귀유ㅣ 다 牢壯ᄒᆞ엿ᄂᆞ냐.

-쏘다 에미 -도다. -구나.《朴新諺 2, 29ㅎ》結草廬於香山之上, 草廬를 香山 우희 지엇쏘다.

쏘혼 뭐 또한. ⇔재(再).《朴新諺 3, 1ㅈ》再拿把扇子來與我, 쏘혼 ᄌᆞᄅᆞ부처 가져다가 나를 주고려.

쏨 몡 둥.《朴新諺 2, 54ㅈ》今日死明日死都是定不得的, 오늘 죽을 쏨 너일 죽을 쏨 다 定치 못ᄒᆞᄂᆞ니.

쁧다 동 뚫다. ❶⇔완(剜).《朴新諺 3, 51ㅈ》於東屋山墻外剜窟進內, 東屋 화방 밧끠 굼글 쁧고 안희 들어. ❷⇔찬(鑽).《朴新諺 1, 16ㅈ》話不說不明木不鑽不透, 말을 니ᄅᆞ디 아니면 붉디 못ᄒᆞ고 남글 쁧디 아니면 ᄉᆞᄆᆞᆺ디 못혼다 ᄒᆞ니라.《朴新諺 1, 41ㅈ》鑽天錐下大水, 하ᄂᆞᆯ 쁧는 송곳 아리 큰 믈이여. ❸⇔파(破).《朴新諺 2, 41ㅈ》把舌尖濕破窓戶, 혀 ᄭᅳᆺᄒᆞ로다가 窓戶를 젹셔 쁧고.

쒸놀다 동 뛰놀다. ⇔도(跳).《朴新諺 1, 40ㅎ》両箇先生合賣藥一箇坐一箇跳, 두 先生이 모다 藥 ᄑᆞ노라 ᄒᆞ나흔 안잣고 ᄒᆞ나흔 쒸노는 거시여.

쒸다 동 뛰다. ⇔도(跳).《朴新諺 3, 14ㅈ》便暴跳起來道, 곳 급피 쒸여 니러나 니ᄅᆞ되.《朴新諺 3, 24ㅎ》大仙大叫一聲便跳下來了, 大仙이 크게 혼 소리 지르고 곳 床에 쒸여 ᄂᆞ리니.《朴新諺 3, 26ㅎ》打一箇跟阧跳入油中, 혼 번 跟阧질ᄒᆞ여 쒸여 기름 가온대 들어가.

쒸여나오다 동 뛰어나오다. ⇔도출래(跳出來).《朴新諺 3, 27ㅎ》行者聽了便跳出來, 行者ㅣ 듯고 곳 쒸여나와.

쒸여들다 동 뛰어들다. ⇔도입(跳入).《朴新諺 3, 26ㅈ》咱如今燒起油鍋跳入洗澡, 우리 이제 기름 가마에 불ᄯᅥᆺ고 쒸여 들어 목욕ᄒᆞ쟈. 鹿皮先脫下衣服跳入鍋裡, 鹿皮ㅣ 몬져 옷 벗고 가마에 쒸여들 거늘.《朴新諺 3, 51ㅈ》由本家西墻跳入, 本家 西墻으로부터 쒸여들어.

쓰다 동 뜨대灸]. ⇔구(灸).《朴新諺 1, 37ㅎ》脚踝上灸了三艾, 발 안쒸머리 우희 세 장 ᄲᅮᆨ으로 쓰니.《朴新諺 1, 37ㅎ》那太醫把艾怎麽灸法呢, 뎌 太醫 ᄲᅮᆨ으로다가 엇디 쓰더뇨.

쓰다 혱 ❶뜨다. 느리다. ⇔지(遲).《朴新諺 2, 2ㅈ》只是小行上遲些, 다만 즌거름이 쓰니. ❷뜨다. 차이나다. ⇔차(差).《朴新諺 2, 43ㅈ》月白的三兩銀子如何, 남빗츤 석 냥 은에 홈이 엇더ᄒᆞ뇨. 那般差遠着裏, 그러면 쓰미 머니.《朴新諺 3,

39ㅎ》比丞相差不多, 丞相에 比컨대 쓰
미 만치 아니ᄒ니.

쁨 명 뜸. 사이. ⇔이(離). 《朴新諺 1, 13
ㅈ》平則門離這廣豊倉有二十里地, 平則
門이 廣豊倉에 쁨이 二十里 짜히 이시니.
《朴新諺 2, 38ㅈ》這離城三十里地, 이 城
에서 쁨이 三十里 짜히.

뜯 명 뜻. ⇔의(意). 《朴新諺 2, 27ㅈ》多謝
姐姐的美意了, 각시의 아롬다온 뜯을 多
謝ᄒ거니와.

뜯대로 閈 뜻대로. 생각(마음)대로. ⇔수
의(隨意). 《朴新諺 3, 32ㅈ》大哥請隨意
用些, 큰형아 請컨대 뜯대로 먹으라.

뜯ᄒ다 보형 듯하다. 《朴新諺 1, 1ㅎ》約有
三十多箇, 셜흔 나믄 이 이실 뜯ᄒ니.

띄 명 띠. ●⇔대(帶). 《朴新諺 1, 22ㅈ》他
做這帶要多少工錢, 뎨 이 띄롤 민들매 언
머 工錢을 달라 ᄒ더뇨. 《朴新諺 1, 22
ㅈ》似你這帶廂得好, 네 이 띄ᄀ치 뎐메
오기 잘ᄒ량이면, 《朴新諺 1, 22ㅎ》教他
替我做一條銀廂花帶何如, 뎌로 ᄒ여 나
롤 ᄀᄅ차 ᄒ 오리 銀 뎐메온 섭사긴 띄
롤 민들미 엇더ᄒ뇨. 《朴新諺 1, 30ㅎ》
羊脂玉帶鉤, 羊脂玉 띄갈고리오. 《朴新
諺 3, 47ㅈ》腰繫玉帶, 허리에 玉띄 띄고.
●⇔대자(帶子). 《朴新諺 1, 46ㅈ》做帶
子和裏兒的, 띄와 안흘 민돌 거시니.

띄갈고리 명 띠고리. ⇔대구(帶鉤). 《朴新
諺 1, 30ㅎ》羊脂玉帶鉤, 羊脂玉 띄갈고
리오.

띄다 동 ●(띠를) 띠다. ⇔계(繫). 《朴新諺
1, 29ㅎ》腰繫着漢府帶, 허리에 漢府帶롤
띄고. 《朴新諺 1, 30ㅎ》腰繫內造織金帶,
허리에 內造織 金帶롤 띄고. 《朴新諺 3,
44ㅈ》繫着孝帶的不可勝數, 복띄 띄니 可
히 이긔여 혜지 못ᄒ로라. 《朴新諺 3, 47
ㅈ》腰繫玉帶, 허리에 玉띄 띄고. ●띠
다. 가지다. 지니다. ⇔대(帶). 《朴新諺
3, 52ㅎ》帶酒肆强, 술을 띄고 사오나옴
을 부려.

띄쟝이 명 띠를 만드는 장인(匠人). ⇔대
장(帶匠). 《朴新諺 1, 21ㅎ》是拘攔衚衕
裏帶匠夏五廂的, 이 拘攔 골 띄쟝이 夏
五ㅣ 뎐메윗ᄂ니라.

-ᄯ나 집 -말거나. 《集覽, 字解, 累字解,
1ㅎ》可知. 그러 아니려. 又그러커니ᄯ
나. 本朝傳習之釋曰새로욀셔.

ᄯ라 동 따라. ⇔근수(跟隨). 《朴新諺 2,
58ㅈ》是跟隨張摠兵使喚的牢子, 이 張摠
兵을 ᄯ라 使喚ᄒᄂ 牢子ㅣ러라.

ᄯ라가다 동 따라가다. ⇔근거(跟去).
《朴新諺 3, 40ㅈ》你為甚麼不跟了去呢,
네 므서슬 위ᄒ여 ᄯ라가지 아니ᄒ다.
《朴新諺 3, 40ㅎ》既不能勾跟去, 이믜 능
히 유여히 ᄯ라가지 못ᄒ쟉시면.

ᄯ로다 동 따르다. ●⇔간(赶). 《朴新諺
3, 28ㅈ》先生變做老虎去赶, 先生이 변ᄒ
여 老虎ㅣ 되여 가 ᄯ로거늘. ●⇔근착
(跟着). 《朴新諺 3, 47ㅈ》後邉又跟着大
小鬼卒, 뒤히 ᄯ 大小 鬼卒이 ᄯ로고.
●⇔추간(追赶). 《朴新諺 3, 50ㅎ》叫起隣
人幷巡宿総甲人等追赶, 隣人과 다못 巡
宿ᄒᄂ 総甲人 等을 불러 니르혀 ᄯ라.

ᄯ르다 동 따르다. 뒤따르다. ●⇔근(跟).
《朴新諺 2, 49ㅈ》便上馬跟老爺, 곳 몰 트
고 老爺를 ᄯ라. ●⇔근수(跟隨). 《朴新
諺 3, 40ㅈ》我若跟隨他去, 내 만일 뎌를
ᄯ라가면.

ᄯ롬 명 따름. 뿐. ⇔이이(而已). 《朴新諺
3, 17ㅎ》不過清高而已, 불과 清高홀 ᄯ
롬이라.

ᄯ올오다 동 따르다. ⇔근(跟). 《朴新諺 2,
21ㅎ》我隨後慢慢的跟駕去, 나는 隨後ᄒ
여 날회여 駕를 ᄯ올와 가마.

ᄯᆷ 명 땀. ⇔한(汗). 《朴新諺 2, 24ㅎ》熱炕
上熰着出些汗, 더운 炕에 덥게 ᄒ여 져기
ᄯᆷ 내고.

ᄲ내다 동 빼내다. 뽑다. ⇔선출(選出).
《朴新諺 2, 50ㅎ》吏部已選出來了, 吏部ㅣ
이믜 ᄲ내엿ᄂ니라.

빠지다 图 빠지다. 가라앉다. 침몰(沈沒)
하다. ⇔몰(沒). 《朴新諺 2, 56ㅎ》一路稀
泥眞有沒脚背深哩, 왼 길 즌흙이 진실로
발등이 빠질 깁희 잇더라.

빠혀나다 图 빼어나다. ⇔수(秀). 《朴新諺
2, 29ㅎ》齒排柯雪眉秀垂楊, 니는 柯雪이
버럿는 듯ᄒ고 눈섭은 垂楊이 빠혀난 듯
ᄒ도다.

빠히다 图 빼다. 빼내다. ●⇔발(拔). 《朴
新諺 2, 40ㅈ》따丫頭去拔些來, 丫頭로 ᄒ
여 가 져기 빠혀 오라. 《朴新諺 2, 45ㅎ》
細細的拔乾淨了, 낫낫치 빠히기를 乾淨
히 ᄒ고. 《朴新諺 3, 24ㅈ》拔下一根頭髮
變做狗蚤, 혼 낫 머리터럭을 빠혀 變ᄒ
여 개벼록이 되여. ●⇔방(放). 《朴新諺
1, 41ㅎ》把蹄子放了些血, 굽에 피 빠히
쟈. 《朴新諺 1, 42ㅈ》也就把蹄子上放些
血罷, 쏘 이믜셔 굽에 피 빠히라.

빼히다 图 빼다. 빼내다. ●⇔발(拔). 《朴
新諺 2, 52ㅎ》我就把他的小刀子拔了來,
내 이믜셔 더의 져근 칼을다가 빼히고.
《朴新諺 3, 24ㅎ》他也拔下一根毛來, 데
쏘 혼 낫 털을 빼혀. ●⇔차(扯). 《朴新
諺 2, 52ㅈ》扯了我一把小刀子去, 내 혼
ᄌᄅ 져근 칼을 빼혀 가고. ●⇔추분(抽
分). 《朴新諺 2, 22ㅈ》被他抽分(朴新注,
30ㅎ: 十分而取一分以利, 官用曰抽分.)了
幾箇去, 더의게 여러흘 빼혀 가믈 닙고.
《朴新諺 2, 22ㅎ》又抽分了幾箇去, 쏘 여
러흘 빼혀 가고.

쌤 图 뺨. ●⇔검(臉). 《朴新諺 2, 56ㅈ》大
家休打臉, 大家 ㅣ 쌤 치지 말고. ●⇔시
협(顋頰). 《朴新諺 1, 15ㅈ》你那顋頰上
長的甚麼瘡, 네 져 쌤에 난 거시 므슴 瘡
고. 《朴新諺 1, 15ㅈ》從前日這腮頰上痒
的受不得, 그제부터 쌤이 ᄀ려워 견디지
못ᄒ로니. 《朴新諺 2, 36ㅈ》腮頰凍的刺
刺(刺刺)的哩, 쌤이 드라 쁠알힌다.

뼈 图 뼈. ●⇔골(骨). 《朴新諺 1, 18ㅈ》底
要駝骨廂的, 밋흔 약대 뼈로 젼메오고.

《朴新諺 3, 42ㅈ》畫虎畫皮難畫骨, 범을
그리매 가족은 그려도 뼈 그리기 어렵
고. 知人知面不知心, 사룸을 알매 늣츤
아라도 ᄆᆞᆷ 아지 못혼다 ᄒ니라. ●⇔
골두(骨頭). 《朴新諺 1, 37ㅎ》放在脚踝
尖骨頭上, 발 안쥐머리 쏘쪽혼 뼈 우희
노코.

쏘쪽ᄒ다 혱 뾰족하다. ⇔첨(尖). 《朴新諺
1, 37ㅎ》放在脚踝尖骨頭上, 발 안쥐머리
쏘쪽혼 뼈 우희 노코.

쏩다 图 뽑다. 자르다. 깎다. ⇔교(鉸).
《朴新諺 1, 43ㅎ》把鉸刀鉸了鼻孔毫毛,
鉸刀룰 가져다가 코굼게 털을 쏩고.

쑤리다 图 뿌리다. ⇔쇄(灑). 《朴新諺 2,
49ㅎ》灑些水, 져기 물 쑤리고.

쑨 圀 뿐. ⇔단(但). 《朴新諺 1, 45ㅈ》不但
文章做得好, 글짓기룰 잘홀 쑨 아니라.

-쑨 죄 -뿐. -만. -뿐만. 《朴新諺 3, 31ㅈ》
你這小胡孫寡是一張嘴, 네 이 져근 진납
이 다만 이 혼 부리쑨이로다.

쑴기다 图 풍기다. ⇔분분(噴噴). 《朴新諺
2, 39ㅈ》滿池荷花香噴噴的令人可愛, 못
에 ᄀ득혼 荷花ㅣ 香내 쑴겨 사룸으로
ᄒ여곰 ᄉ랑홉게 ᄒ더라.

쓸 圀 뿔[角]. 《集覽, 朴集, 上, 13ㅈ》濟機.
音義云, ·쓸로 밍·ᄀ·론 혈거피 ·ᄀ·튼 것.
今按, 漢人或牛角或鹿角爲之, 形如環, 着
於拇指, 亦所以鈎〈所以鈎〉弦開弓.

쓴다 혱 빨다. 뾰족하다. ⇔첨(尖). 《朴新
諺 1, 30ㅎ》脚穿粉底尖頭靴, 발에 지즈
에 분칠ᄒ고 부리 쓴 휘룰 신고. 《朴新
諺 2, 32ㅈ》帽頂太尖了些, 디우ㅣ 너모
쓴고.

샌ᄅ다 혱 빠르다. ●⇔연망(連忙). 《集
覽, 字解, 單字解, 7ㅎ》忙. 疾也. 疾忙·
連忙·擺忙 샌ᄅ다. 走的忙·去的忙. ●
⇔질망(疾忙). 《集覽, 字解, 單字解, 7
ㅎ》忙. 疾也. 疾忙·連忙·擺忙 샌ᄅ다.
走的忙·去的忙. ●⇔쾌(快). 《朴新諺
2, 1ㅈ》須要走快的, 모롬이 드룸이 샌론

거슬 호고져 호노라.《朴新諺 2, 1ㅎ》一
箇黑鬃靑馬却走得快, 혼 가리온총이물
이 드롬이 샌르되. 四⇔파망(擺忙).《集
覽, 字解, 單字解, 7ㅎ》忙. 疾也. 疾忙・
連忙・擺忙 샌르다. 走的忙・去的忙.
샬리 甲 빨리. ●⇔속(速).《朴新諺 3, 57
ㅎ》願公速救百姓之苦, 願컨대 公은 샬
리 百姓의 괴로옴을 구호라. ●⇔연망
(連忙).《集覽, 字解, 累字解, 2ㅎ》疾快.
샬리.《集覽, 字解, 累字解, 2ㅎ》疾忙. 上
同.《集覽, 字解, 累字解, 2ㅎ》連忙. 上
同. ●⇔질망(疾忙).《集覽, 字解, 累字
解, 2ㅎ》疾快. 샬리.《集覽, 字解, 累字
解, 2ㅎ》疾忙. 上同. 四⇔질쾌(疾快).
《集覽, 字解, 累字解, 2ㅎ》疾快. 샬리. 五
⇔쾌(快).《朴新諺 1, 27ㅈ》快去買羊罷,
샬리 가 羊을 사라.《朴新諺 2, 16ㅎ》快
與我做飯, 샬리 나를 밥 지어 주고려.
《朴新諺 2, 17ㅎ》快預備好馬, 샬리 됴흔
물을 預備호라.《朴新諺 2, 18ㅎ》快背鞍
子, 샬리 안장 짓고.《朴新諺 2, 20ㅎ》快
叫那木匠來, 샬리 뎌 木匠을 블러와.《朴
新諺 2, 55ㅈ》不要聒譟了快些下罷, 짓궤
지 말고 샬리 두라.《朴新諺 3, 45ㅎ》只
要弄得火快, 그저 불 퓌오기를 샬리 호
라.《朴新諺 3, 59ㅈ》小廝們快送茶來, 아
히들은 샬리 차롤 보내여 오라.
싸호다 동 싸우다. ⇔시살(廝殺).《集覽,
字解, 單字解, 6ㅈ》殺. 氣殺我 애둘와 셜
웨라, 猶言以此而可至於死也. 又愁殺人
사ᄅᆞᆷ을 ᄀᆞ장 근심호야 셟게 호다. 又廝
殺 싸호다. 又助語辭. 最深殺 ᄀᆞ장 깁다.
쌍(雙) 관 두[二]. ⇔두.《朴新諺 3, 13ㅈ》
人人盡盤雙足, 사롭마다 다 두 발을 서
리고.《朴新諺 3, 23ㅈ》大仙睜開雙眼道,
大仙이 두 눈을 부롭쓰고 니ᄅᆞ되.《朴新
諺 3, 35ㅈ》都是三尺寬肩膀燈盞大的雙
眼, 다 이 석 자나 너른 엇게오 燈盞만치
큰 두 눈이라.
쌍(雙) 명 짝. 상대.《朴新諺 3, 41ㅈ》是天

下無雙的, 이 天下에 雙 업스니라.
쌍(雙) 団 쌍. ⇔짱.《朴新諺 2, 53ㅎ》我好
做一雙小綉鞋與他買一賞, 내 혼 짱 져근
슈신을 민드라 저룰 주어 하례홈이 됴
타.
쌍륙(雙陸) 명 쌍륙(雙六).《朴新諺 2, 51
ㅎ》打雙陸時節, 雙陸 칠 째에.
쌍선(雙扇) 명 쌍미닫이. (두 짝을 좌우로
밀어 열게 된 미닫이) ⇔짱다지.《朴新
諺 3, 16ㅎ》這樑, 이 납과. 樑, ᄆᆞᄅ와.
椽, 혀와. 柱, 기동과. 短柱, 短柱와. 門
框, 문얼굴과. 門扇, 문짝과. 吊窓, 들창
과. 天窓, 우러리창과. 雙扇, 짱다지와.
單扇, 외다지와. 窓欞, 창얼굴로.
쌍입인(雙立人) 명 중(두)인[彳]. 한자 부
수(部首)의 이름. ⇔중인.《朴新諺 2, 48
ㅈ》雙立人傍着箇寺字便是, 중인 변에 寺
字 혼 거시 곳 이라.
쓰다 동 쓰다. ⇔용(用).《朴新諺 2, 24ㅎ》
宜用香蘇飮(散), 맛당이 香蘇飮(散)을 쓸
지라.
쓰다 동 쌓다. ⇔타(打).《朴新諺 1, 10ㅈ》
叫幾箇打土墙的匠工來, 여러 토담 쓰는
쟝인을 블러와.《朴新諺 1, 10ㅎ》你向來
打土墙是多少一板, 네 져적의 토담 쓸 제
언머에 혼 틀을 호더뇨.
쫏다 동 쫓다. ⇔간(趕).《朴新諺 3, 1ㅈ》拿
蠅拂子來赶一赶, 프리채 가져다가 쫏고.
쬐다 동 쬐다[曝]. ●⇔고(烤).《朴新諺 3,
12ㅎ》向火烤一會便不痒痒了, 불을 향ᄒᆞ
여 혼 지위 쬐면 곳 ᄀᆞ렵지 아니ᄒᆞ리라.
●⇔쇄(曬).《朴新諺 3, 7ㅈ》到六月裡取
出來晒幾次, 六月에 다ᄃᆞᆺ거든 가져 내여
여러 번 볏 쬐라 ᄒᆞ여시니. ●⇔자(炙).
《朴新諺 3, 9ㅈ》受多少日炙・風吹, 언머
볏 쬐고 ᄇᆞ람 불믈 바드며.
씻다 동 (불) 때다.《朴新諺 3, 10ㅈ》這是
死炕這是燒柴火炕都不好, 이는 불 못 ᄊᆡ
는 캉이오 이는 불ᄊᆡᆺ는 캉이니 다 됴치
아니ᄒᆞ니.

아(丫) 명 갈래. ⇔가르.《朴新諺 3, 46ㅎ》
頭挽雙丫髻, 머리에 가르 상토 조지고.

아(牙) 명 ❶나이. ⇔나ㅎ.《朴新諺 3, 54
ㅈ》牙幾歲, 나히 현이라. ❷이[齒]. ⇔
니.《朴新諺 2, 36ㅈ》街上泥凍的都似狼
牙一般, 거리에 즌흙 언 거시 다 일희 니
ᄀ틔니. 《朴新諺 3, 45ㅈ》便牙疼的了不
得, 곳 니 앏파 견ᄃ지 못ᄒ여라. ❸주
릅. 거간(居間)꾼. 중개인. ⇔즈름.《朴新
諺 2, 43ㅎ》省些牙錢不好麼, 즈름갑슬
덜미 됴치 아니ᄒ냐.

아(我) 데 ❶❶나. ⇔나.《集覽, 字解, 單字
解, 1ㅎ》和. 平聲, 調和也. 又去聲, 與也,
及也. 我和你 너와 나와, 銅匙和快子 술
와 밋 져와.《集覽, 字解, 單字解, 2ㅎ》
也. 在詞之上者, 又也. 也好 ᄯ 됴타, 也是
ᄯ 올타. 在詞之中者, 承上起下之辭. 我
也去 나도 가마. 在詞之終者, 語助.《朴
新諺 1, 9ㅈ》我是愚蠢之人, 나는 이 愚蠢
ᄒ 사람이오.《朴新諺 1, 25ㅈ》以後敎小
廝們好生替我喂養, 이후란 아희들로 ᄒ
여 ᄀ장 나를 ᄀ르차 먹이게 ᄒ라.《朴
新諺 1, 42ㅈ》張大哥你替我醫這馬骨眼,
張가 큰형아 네 나를 ᄀ르차 이 물 눈에
치 고치고.《朴新諺 2, 1ㅈ》你代我打聽
一打聽, 네 나를 ᄀ르차 듯보라.《朴新諺
2, 15ㅈ》你便替我再染, 네 곳 나를 ᄀ르
차 다시 드리리라.《朴新諺 2, 37ㅎ》如
今他不理我, 이제 뎨 나를 긔수치 아니
ᄒ니.《朴新諺 3, 3ㅈ》孩子你與我買幾丈
夏布來, 아희아 네 나를 위ᄒ여 여러 발
뵈를 사 와.《朴新諺 3, 40ㅈ》這衙門中上
直叫誰替我呢, 이 衙門에 上直을 눌로 ᄒ

여 나를 톄당케 ᄒ리오. ❷날. 나를. ⇔
날.《朴新諺 3, 41ㅎ》他與我極好相與, 뎨
날로 더부러 極히 됴히 사괴되.《朴新諺
3, 54ㅎ》你要我說甚麼, 네 날 드려 니ᄅ
라 ᄒ여 므슴 홀다. ❷❶나의. ⇔내.
《朴新諺 1, 45ㅈ》我沒有現成裁料, 내게
現成ᄒ ᄀ옴이 업세라.《朴新諺 2, 3ㅈ》
且借與我一箇, 아직 내게 ᄒ나흘 빌리
면.《朴新諺 2, 12ㅎ》回來還我, 도라와
내게 갑흐라.《朴新諺 2, 15ㅈ》聽我吩
咐, 내 吩咐를 드르라.《朴新諺 2, 27ㅈ》
我的心病自然都消化了, 내 心病이 自然
다 술아디리라.《朴新諺 2, 28ㅈ》你們都
依着我幹辦去罷, 너희들이 다 내 말대로
출호라 가라.《朴新諺 2, 52ㅈ》他前日輸
與我的猪頭也不肯買, 뎨 그젓긔 내게 진
돗희 머리도 즐겨 사지 아니ᄒ니.《朴新
諺 2, 55ㅈ》姐姐若輸了也再不要違了我
的言語如何, 각시 만일 져도 ᄯ 내 말을
어긔롯지 말미 엇더ᄒ뇨.《朴新諺 3, 19
ㅎ》把我家小廝拿去監了兩日, 내 집 아히
놈을다가 자바가 가도완 지 이틀이오.
的物是我的, 돈은 이 네 것시오 物은 이
내 것시라. ❷내가. ⇔내.《朴新諺 1, 4
ㅈ》喚廚子來我與他商(商)量, 廚子를 블
러 오라 내 저와 의논ᄒ쟈.《朴新諺 1,
17ㅎ》這般我敎他打了刀, 이러면 내 뎌
로 ᄒ여 칼을 치이되.《朴新諺 1, 26ㅎ》
我饒你四子罷, 내 너를 네흘 졉쟈.《朴新
諺 1, 37ㅈ》咳我實不知道, 애 내 실로 아
지 못ᄒ여.《朴新諺 2, 10ㅎ》我到衙門去
投了文書就回來, 내 衙門에 가 文書를 드
리고 즉시 올 거시니.《朴新諺 2, 37ㅎ》

我又理他做甚麼, 내 ᄯᅩ 더를 긔수ᄒᆞ여 므
슴 ᄒᆞ리오.《朴新諺 2, 52ㅈ》我正恨他不
過, 내 졍히 뎌롤 믜워 견듸지 못ᄒᆞ더니.
《朴新諺 3, 6ㅎ》我有差使出去了, 내 差
使ㅣ 이셔 나가.《朴新諺 3, 14ㅎ》我寫
了, 내 ᄡᅥ다.《朴新諺 3, 26ㅎ》行者說我
如今入去洗澡, 行者ㅣ 니ᄅᆞ되 내 이제
들어가 목욕ᄒᆞ리라 ᄒᆞ고.《朴新諺 3, 37
ㅈ》我怎麼不會打, 내 엇지 칠 줄을 아지
못ᄒᆞ리오.《朴新諺 3, 43ㅈ》我不曾留心
看, 내 일즉 ᄆᆞᆷ 두어 보지 아니ᄒᆞ여시
니.《朴新諺 3, 55ㅎ》我問你, 내 너ᄃᆞ려
뭇노니. ❸우리. ⇔우리.《朴新諺 1, 3
ㅈ》吩咐我帶迴來給老爺們看驗過了, 우
리게 吩咐ᄒᆞ여 가져와 老爺네끠 뵈야 驗
過ᄒᆞ고.《朴新諺 1, 21ㅈ》比我們老人家
快活得多哩, 우리들 늘근의게 比컨대 즐
거옴이 하더라.《朴新諺 1, 49ㅎ》我父母
在家都安樂麼, 우리 父母ㅣ 집의 이셔
다 安樂ᄒᆞ더냐.《朴新諺 2, 8ㅈ》你怎麼
小看起的我朝鮮人呢, 네 엇지 우리 朝鮮
사ᄅᆞᆷ을 업슈이너기ᄂᆞᆫ다.《朴新諺 2, 25
ㅈ》我妳妳使喚我來, 우리 妳妳 나를 부
려 와.《朴新諺 2, 34ㅈ》我男兒做這般迷
天大罪的事, 우리 ᄉᆞ나히 이런 迷天大罪
엣 일을 ᄒᆞ니.《朴新諺 3, 2ㅈ》我家裡老
鼠多得狠(很), 우리 집의 쥐 ᄀᆞ장 만ᄒᆞ
니.《朴新諺 3, 14ㅎ》這幾日我家裡有人
回去, 요ᄉᆞ이 우리 집의 사ᄅᆞᆷ이 도라가
리 이시니.《朴新諺 3, 20ㅈ》便賴說我家
這小厮偸了, 곳 보채여 니ᄅᆞ되 우리 집
의 아히 놈이 도적ᄒᆞ다 ᄒᆞ여.

아(児) 명 =아(兒). '児'는 '兒'의 속자.《宋
元以來俗字譜》兒, 列女傳·通俗小說·
三國志平話作児.《朴新諺 3, 15ㅎ》望卽
示明以慰児念, ᄇᆞ라건대 즉시 示明ᄒᆞ여
ᄡᅥ 아히 넘녀를 위로ᄒᆞ쇼셔.

아(兒) 명 아이. 또는 어린 아이. ⇔아히.
《集覽, 字解, 單字解, 5ㅈ》兒. 嬰孩也. 孩
兒. 又呼物名, 必用兒字, 爲助語之辭. 杏

兒·李兒. 凡呼物名則呼兒字, 只宜微用
其音, 而不至太白可也.《朴新諺 3, 15ㅎ》
望卽示明以慰児念, ᄇᆞ라건대 즉시 示明
ᄒᆞ여 ᄡᅥ 아히 넘녀를 위로ᄒᆞ쇼셔.

아(鵝) 명 거위. ⇔거유.《朴新諺 1, 4ㅎ》
燒鵝, 구은 거유. 燒鴨, 구은 올히. 燒牛
肉, 구은 쇠고기. 燒羊肉, 구은 羊의 고기
니.《朴新諺 3, 18ㅈ》猪·羊·鵝·鴨等
類却不少吃的, 猪·羊·鵝·鴨 等類ㅣ
ᄯᅩ 먹을 거시 젹지 아니ᄒᆞ고.

-아 어미 ❶-아.《朴新諺 1, 10ㅈ》把憲書
看一看, 칙력을 보아.《朴新諺 1, 20ㅎ》
這市上所賣的風箏色樣狠(很)多, 져지에
ᄑᆞᄂᆞᆫ 연이 色樣이 ᄀᆞ장 만하.《朴新諺
1, 35ㅎ》便拿住那和尙打的半死半活, 곳
뎌 듕을 자바 텨 半死 半活ᄒᆞ니.《朴新諺
1, 47ㅈ》我自然做了送你, 내 自然 민ᄃᆞ
라 너롤 주어.《朴新諺 2, 11ㅈ》便放我
們進去了, 곳 우리롤 노하 드러가게 ᄒᆞ
리라.《朴新諺 2, 22ㅎ》我赶着一百匹馬,
내 一百 匹 ᄆᆞᆯ을 모라.《朴新諺 2, 30ㅈ》
由是威神莫測聖德難量, 일로 말미암아
威神을 측냥치 못ᄒᆞ고 聖德을 헤아리기
어려온지라.《朴新諺 2, 46ㅈ》不要踏破
了纔好, 불바 ᄭᆡ이지 말아야 마치 됴ᄒᆞ
리라.《朴新諺 3, 18ㅈ》案上又堆着許多
案件, 셔안 우희 ᄯᅩ 許多 문안을 ᄡᅡ하.
《朴新諺 3, 38ㅎ》其餘賣的賣了, 그 남아
풀 것 풀고.《朴新諺 3, 45ㅎ》就煮一脚羊
蹄好下飯, 이믜셔 ᄒᆞᆫ 羊의 다리를 술마
밥 먹기 됴케 ᄒᆞ고. ❷-어.《集覽, 朴集,
上, 12ㅎ》白淸水絹. 무리 ·풋〈플〉:긔 업
·시 다ᄃᆞ·마:돌호로 미·론(:깁·이·니, 光滑
緻硬, 如本國擣砧者也. 卽不用糊粉而鍊
(練)生絹, 以石碾者.《朴新諺 3, 10ㅈ》你
只與我改做煤火炕, 네 그저 나를 셕탄 픠
오ᄂᆞᆫ 캉을 고쳐 민ᄃᆞ라 주되, 炕前做一
箇煤爐好燒煤, 캉 앏픠 ᄒᆞᆫ 煤爐를 민ᄃᆞ라
셕탄 픠오기 됴케 ᄒᆞ라.《朴新諺 3, 33
ㅈ》你與我打一箇立鼈壺, 네 나를 ᄒᆞᆫ 立

鼈壺와. 一箇蝦蟆鼈壺・蝎虎盞, 혼 蝦蟆鼈壺와 蝎虎盞을 민드라 주고려.《朴新諺 3, 35ㅎ》我念與官人聽, 내 외아 官人의게 들리마.《朴新諺 3, 36ㅈ》硬麵火燒都有, 硬麵으로 민드라 구은 썩이 다 이세라.

-아 图 ●-아. (호격)《朴新諺 1, 5ㅎ》小厮們, 아희들아.《朴新諺 1, 12ㅈ》那挑脚的漢子, 더 삭짐 지는 놈아.《朴新諺 1, 27ㅈ》老兄呀, 老兄아.《朴新諺 1, 42ㅈ》張大哥你替我醫這馬骨眼, 張가 큰형아 네 나롤 ᄀᆞ르차 이 몰 눈에 치 고치고.《朴新諺 2, 8ㅈ》掌櫃的老哥, 横 ᄀᆞ옴아ᄂᆞᆫ 늙은 형아.《朴新諺 2, 37ㅈ》大哥你看, 큰형아 네 보라.《朴新諺 2, 42ㅈ》伙計們把那廚開了, 동모들아 뎌 장을 열고.《朴新諺 2, 50ㅎ》老年兄, 老年 兄아.《朴新諺 3, 3ㅎ》你這不知理的, 네 이 도리 모르ᄂᆞᆫ 거사.《朴新諺 3, 14ㅎ》先生你與我寫一封書稍去何如, 先生아 네 나를 혼 봉 글을 뻐 주어든 부텨 보내미 엇더ᄒᆞ뇨.《朴新諺 3, 27ㅈ》王說將軍你撈去, 王이 니르되 將軍아 네 건디라.《朴新諺 3, 49ㅈ》秀才哥咱們打魚去罷, 秀才 형아 우리 고기 잡으라 가쟈. ●-야. (호격)《朴新諺 1, 54ㅈ》姐姐你纔做了月子, 각시아 네 ᄀᆞ 희산ᄒᆞ다 ᄒᆞ니.《朴新諺 2, 13ㅎ》染家你來看生活, 물드리는 이아 이바 셩녕엣 것 보라.《朴新諺 2, 26ㅈ》姐姐我自從看上了你, 각시아 내 너를 봄으로부터.《朴新諺 2, 26ㅎ》咳姐姐我不想你這般無情, 애 각시아 내 네 이리 無情ᄒᆞᆯ 줄을 싱각지 못ᄒᆞ엿노라.《朴新諺 2, 42ㅈ》掌櫃的你這舖裏有四季花的緞子麽, 横 ᄀᆞ옴아ᄂᆞᆫ 이아 네 이 푸ᄌᆞ에 四季花 문혼 비단이 잇ᄂᆞ냐.《朴新諺 2, 54ㅈ》姐姐來咱們下一盤蟞碁罷, 각시아 오라 우리 혼 판 츄샤오 ᄒᆞ쟈.《朴新諺 3, 1ㅎ》好孩子, 됴혼 아희아.《朴新諺 3, 29ㅈ》那賣珠子的你來. 뎌 구

슬 풀 리아 이바.《朴新諺 3, 29ㅎ》你這賊養漢生的小驢精, 네 이 도적 養漢ᄒᆞ여 나혼 져근 나귀삐아.《朴新諺 3, 35ㅎ》走堂的你來有甚麼飯, 음식 ᄑᆞᄂᆞᆫ 이아 이바 므슴 밥이 잇ᄂᆞ뇨.

아가(牙家) 뗑 주릅. 거간(居間)꾼. 중개인.《集覽, 朴集, 上, 14ㅈ》牙家. 事文類聚云, 今人云駔驗爲牙, 本爲之互郎, 主互市事也. 唐人書互作ㅗ, 似牙字, 因轉爲牙. 今漢俗亦曰牙子, 即古之牙儈.

아가(阿哥) 뗑 형. 형님. (형이나 자기보다 나이가 많은 청년 남자를 친근하게 부르는 호칭) ⇔형.《朴新諺 1, 56ㅈ》阿哥在那裏下着呢, 형아 어디 이셔 부리윗ᄂᆞᆫ다.

아개(ᄀᆞ開) 图 밀어 넓게 펴다.《集覽, 朴集, 下, 7ㅈ》黃燒餠. 事林廣記云, 每麵〈糆〉一斤, 入油一兩半, 炒塩一錢, 冷水和搜得所, 骨魯槌研開, 鏊上煿〈爐〉熟, 得硬煿火燒熟, 甚酥美. 酥, 걱걱ᄒᆞ다〈석셕ᄒᆞ다〉.

아궁이 뗑 아가리. 입구. ⇔구(口).《朴新諺 1, 18ㅈ》刀鞘要起線花梨木, 칼집은 실 돗친 花梨木으로 ᄒᆞ고. 鹿角廂口的, 鹿角으로 아궁이에 젼메오고.

아귀(餓鬼) 뗑 〈불〉 팔부(八部)의 하나. 계율(戒律)을 어기거나 탐욕을 부려 아귀도(餓鬼道)에 떨어진 귀신으로, 목구멍이 바늘구멍 같아서 음식을 먹을 수 없어 늘 굶주림으로 괴로워한다고 한다.《集覽, 朴集, 下, 2ㅎ》盂蘭盆齋. 大藏經云, 大目犍連尊者, 以母生餓鬼中不得食, 佛令作盂蘭盆, 至七月十五日, 其百味五果, 置盆中, 供養十方大德, 而後母乃得食.《朴新諺 3, 12ㅎ》慶壽寺裡做盂蘭勝會(朴新注, 48ㅎ: 大蔵經, 目連尊者, 以母在餓鬼中不得食, 七月十五日, 其百味五果, 置盆中, 供養十方大德, 而後母乃得食, 謂之盂蘭盆會.), 慶壽寺에셔 盂蘭勝會를 혼다 ᄒᆞ니.

아귀도(餓鬼塗) 몡〈불〉삼악도(三惡塗)
의 하나. 아귀(餓鬼)들이 모여 산다는 세
계이다. 《集覽, 朴集, 中, 5ㅈ》三塗. 餓鬼
塗・畜生塗・地獄塗. 《朴新諺 2, 29ㅎ》
隨相現相救苦難於三塗(朴新注, 33ㅎ: 隨
相現相, 隨其衆生之相, 皆現其相而徃救
焉. 三塗, 餓鬼塗・畜生塗・地獄塗.), 相
을 조차 相을 뵈아 苦難을 三途에 救ᄒ
는쏘다.

아귀도(餓鬼道) 몡〈불〉육도(六道)의 하
나. 아귀(餓鬼)들이 모여 산다는 세계이
다. 《集覽, 朴集, 中, 5ㅈ》六道. 人道・天
道・阿脩羅道・餓鬼道・畜生道・地獄
道, 亦名六趣, 加仙道, 名曰七趣. 阿脩羅
有大力神人, 甞共天鬪(鬪), 立大海中, 其
高半天. 《朴新諺 2, 29ㅈ》以聲察聲拯慈
悲於六道(朴新注, 33ㅎ: 以聲察聲, 聞其
聲而察其苦樂之狀. 六道, 人道・天道・
阿脩羅道・餓鬼道・畜生道・地獄道也.
阿脩羅有大力神人, 甞共天鬪(鬪), 立大海
中, 其高半天.), 소리로 뻐 소리를 솔펴
慈悲를 六道에 건디고.

아난(阿難) 몡〈불〉아난다(阿難陀:
Ānanda). 석가모니의 10대 제자 가운데
한 사람. 곡반왕(斛飯王)의 아들. 십육
나한(十六羅漢)의 한 사람으로, 석가모
니 열반 후에 경전 결집에 중심이 되었
다. 《集覽, 朴集, 下, 1ㅈ》唐三藏法師〈三
藏〉. 三藏, 經一藏, 律一藏, 論一藏. 曰脩
多羅, 卽阿難聖衆結集爲經. 曰毗奈耶, 一
曰毗尼, 卽優波尊者結集爲律. 曰阿毗曇,
卽諸大菩薩衍而爲論. 《集覽, 朴集, 下, 5
ㅈ》金頭揭地・銀頭揭地・波羅僧揭地.
西遊記云, 釋迦牟尼佛在靈山雷音寺演說
三乘敎法, 傍有侍奉阿難・伽舍諸菩薩・
聖僧・羅漢・八金剛・四揭地・十代明
王・天仙・地仙.

-아뇨 어미 -거뇨. -뇨. -습니까. -ㄴ니
까. 《朴新諺 1, 52ㅎ》省了多少盤纏, 언머
盤纏을 무더와뇨.

아누달(阿耨達) 몡 인도(印度) 설산(雪山)
의 북쪽에 있던 못. 당대(唐代)에는 무열
뇌지(無熱惱池)라고 불렀다. 《集覽, 朴
集, 中, 5ㅎ》結草廬於香山之上. 飜〈翻〉
譯名義云, 西域記云, 阿耨達, 水名, 在香
山之南.

아니다 보동 아니다. 아니하다. ⇔불(不).
《朴新諺 1, 10ㅎ》前不斷後要亂, 몬져 결
짠치 아니면 후에 어즈럽다 ᄒ니. 《朴新
諺 1, 16ㅈ》老哥不說我却怎麽知道呢, 노
형이 니르지 아니면 내 쏘 엇디 알리오.
《朴新諺 1, 34ㅈ》利錢一分也不肯還, 利
錢은 혼 픈도 즐겨 갑지 아닐 줄을 싱각
ᄒ여시리오. 《朴新諺 2, 19ㅎ》不干買主
之事, 산 님자의게는 간셥지 아닌 일이
라. 《朴新諺 2, 34ㅎ》你做這般不合理的
勾當, 네 이런 理에 合디 아닌 일을 ᄒ다
가. 《朴新諺 2, 49ㅎ》只怕還不肯回來哩,
다만 저프건대 도로혀 즐겨 도라오지
아닐가 ᄒ노라. 《朴新諺 3, 3ㅈ》你賣就
賣不賣就拿了去, 네 폴려 커든 곳 폴고
푸지 아니려 커든 곳 가져가라. 《朴新諺
3, 11ㅎ》不想那厮打頓起來, 싱각지 아닌
그 놈이 조오다가. 《朴新諺 3, 26ㅎ》王
見他多時不出來, 王이 데 오래 나오디 아
니믈 보고. 《朴新諺 3, 57ㅈ》眞是無道無
所不爲, 진실로 道ㅣ 업서 ᄒ지 아닐 배
업논지라.

아니다 보형 아니다. 아니하다. ⇔불(不).
《朴新諺 1, 15ㅈ》這麽不怕事, 이느 두렵
지 아닌 일이라. 《朴新諺 1, 19ㅈ》好與
不好都是小舖的門面, 됴흐며 됴치 아니
미 다 이 小舖의 門面이라. 《朴新諺 2,
15ㅈ》假如你染的不如這樣兒上的顔色,
만일 네 드린 거시 이 樣子엣 빗과 ᄀᆺ지
아니면. 《朴新諺 2, 18ㅎ》你與我看一看
錯也不錯, 네 나를 보와 주고려 그른가
그르지 아닌가. 《朴新諺 2, 53ㅎ》便是你
的不是了, 곳 이 네 올치 아니니라.

아니다 형 아니다. ●⇔불(不). 《朴新諺

1, 28ㅈ》不是箇有義氣之人, 이 義氣 잇
는 사름이 아니니.《朴新諺 1, 41ㅎ》也
不爭論的, ᄯ 드토ᄂ니 아니라.《朴新諺
1, 45ㅈ》不但文章做得好, 글짓기를 잘ᄒᆯ
쑨 아니라.《朴新諺 1, 52ㅎ》家貧不是貧
路貧愁殺人, 家貧은 이 貧이 아니오 路貧
이야 사름을 근심케 ᄒ다 ᄒ니라.《朴新
諺 2, 7ㅎ》豈不大家有義氣麼, 엇지 대되
義氣 이시미 아니랴.《朴新諺 2, 13ㅈ》
那厮眞不是人, 뎌 놈이 진실로 이 사름
이 아니로다.《朴新諺 3, 2ㅈ》那箇拿藍
(籃)子盛着猫的不是賣的麼, 뎌 ᄃ라치
가져 괴 담으니 이 폴 리 아니가.《朴新
諺 3, 28ㅎ》不是聖僧, 이 聖僧이 아니면.
《朴新諺 3, 31ㅈ》不是這般說, 이리 니ᄅ
미 아니라.《朴新諺 3, 41ㅎ》他不是開鋪
的, 뎨 이 푸즈를 여니 아니오. ●⇔불시
(不是).《朴新諺 1, 17ㅈ》若不是十二両
銀子, 만일 十二兩 銀이 아니면,《朴新諺
1, 21ㅈ》不是顚錢便是踢建子, 돈더디기
아니면 곳 젹이ᄎ기 ᄒᄂ니.《朴新諺 2,
8ㅈ》我不是那口外的達子・回回, 나ᄂ
뎌 口外엣 達子・回回 아니라.《朴新諺
3, 31ㅈ》不是買不起, 사지 못ᄒ리라 홈
이 아니라.《朴新諺 2, 49ㅎ》眞箇無一時
不是樂境, 진실로 一時도 樂境 아닌 거시
업스니.《朴新諺 3, 23ㅎ》這的不是大讐
麼, 이거시 큰 원슈 아니가.《朴新諺 3,
29ㅎ》這不是燒的假珠子麼, 이 구은 조
구술이 아니가.

아니쏩다 〔혱〕 아니꼽다. 또는 메스껍다. 역
겹다. ⇔악심(惡心).《朴新諺 3, 7ㅎ》我
見了好惡心, 내 보매 ᄀ쟝 아니쏘오니.

아니타 〔동〕 아니하다. ⇔불회(不會).《集覽,
字解, 累字解, 2ㅎ》竝不會. 전혀 아니타.

아니타 〔보혱〕 아니하다. ⇔불(不).《朴新諺
2, 4ㅎ》有心拜節寒食不遲, 節에 拜ᄒᆯ ᄆ
옴이 이시면 寒食이라도 더듸지 아니타
ᄒᄂ니라.《朴新諺 2, 40ㅎ》無功食祿寢
食不安, 功이 업시 祿을 먹으면 寢食이

편안치 아니타 ᄒ니라.《朴新諺 2, 54
ㅎ》人死不在老少, 사름의 죽기 老少에
잇지 아니타 ᄒ니라.《朴新諺 3, 18ㅎ》
你說得不差, 네 니ᄅ미 그르지 아니타.
《朴新諺 3, 52ㅈ》大凡七十已上十五已下
不合加刑, 무릇 七十 已上과 十五 已下ᄂ
加刑홈이 맛당치 아니타 ᄒ니라.

아니ᄒ다 〔동〕 아니하다. ⇔불(不).《朴新諺
1, 28ㅎ》誰敢不依規矩罰約呢, 뉘 敢히 規
矩 罰約대로 아니ᄒ리오.《朴新諺 2, 18
ㅈ》這厮所以不怕, 이 놈이 이러모로 저
허 아니ᄒᄂ니.《朴新諺 2, 33ㅈ》又不怕
雨淋的, ᄯ 비에 젓기를 저퍼 아니ᄒ니.

아니ᄒ다 〔보동〕 아니하다. ●⇔불(不).《朴
新諺 1, 14ㅎ》你這布俗是破的不漏麼, 네
이 쟐리 해여져 싀지 아니ᄒᄂ냐.《朴新
諺 1, 24ㅎ》日裏不肯刷不管喂, 나지 즐겨
빗기지 아니ᄒ며 먹이기를 ᄀ움아지 아
니ᄒ고.《朴新諺 1, 47ㅈ》你今日怎麼不
上學去呢, 네 오ᄂᆯ 엇디 글 ᄇ호라 가지
아니ᄒᄂ뇨.《朴新諺 2, 3ㅎ》又不吃了他
的, ᄯ 제 거슬 먹지 아니ᄒ리라.《朴新諺
2, 17ㅎ》你怎麼不肯備好馬伺候, 네 엇지
즐겨 됴흔 ᄆᆯ을 예비ᄒ여 伺候치 아니ᄒ
ᄂ다.《朴新諺 2, 30ㅈ》似這等菩薩不可
不去參拜哩, 이런 菩薩을 可히 가 參拜치
아니치 못ᄒᆯ 거시라.《朴新諺 2, 41ㅈ》不
論竿子上的樻子上的物件, 홰엣 거시나
궤엣 物件을 혜지 아니ᄒ고.《朴新諺 3,
2ㅎ》一百錢短一箇也不賣, 一百 돈에 ᄒ
나히 업서도 푸지 아니ᄒ리라.《朴新諺
3, 17ㅈ》不要了儘勾住了, 要치 아니ᄒ노
라 잇긋 넉넉이 머믈리로다.《朴新諺 3,
30ㅈ》只勾本我就賣再不爭論的, 그저 本
이 되면 내 곳 풀고 다시 爭論치 아니ᄒ리
라. ●⇔불요(不要).《朴新諺 1, 11ㅎ》我
們就不要工錢, 우리 工錢을 밧지 아니코.
●⇔불회(不會).《朴新諺 2, 33ㅈ》向來
做得好不會走作, 向來에 믄들기를 잘ᄒ
여 흘긔지 아니ᄒ고.

아니ᄒᆞ다 보형 아니하다. ❶⇔미(未). 《朴新諺 2, 17ㅎ》未必住宿, 머므러 자기 반 둣지 아니ᄒᆞ니. ❷⇔불(不). 《朴新諺 1, 4ㅈ》既少不多也罷了, 임의 ᄭᅵᆫ 거시 하지 아니ᄒᆞ니 ᄯᅩ 무던ᄒᆞ다. 《朴新諺 1, 17ㅈ》却也比尋常的不同, ᄯᅩ 녜ᄉᆞᆺ 거셰 비 컨대 ᄀᆞᆺ지 아니ᄒᆞ니. 《朴新諺 1, 25ㅎ》這話是不差的, 이 말이 그르지 아니ᄒᆞ니 라. 《朴新諺 1, 32ㅈ》一箇也不中使喂, ᄒᆞ 나토 ᄡᅳ기에 맛ᄀᆞᆺ지 아니ᄒᆞ다. 《朴新諺 2, 17ㅈ》這馬都不中用, 이 ᄆᆞᆯ이 다 ᄲᅥᆷ즉 지 아니ᄒᆞ다. 《朴新諺 2, 27ㅎ》既兩心相 照也是不難的, 이미 둘희 ᄆᆞ옴이 서로 비취면 ᄯᅩ 어렵디 아니ᄒᆞ니. 《朴新諺 2, 47ㅈ》這箇字不難寫, 이 字ᄂᆞᆫ ᄡᅳ기 어렵 지 아니ᄒᆞ니. 《朴新諺 3, 1ㅎ》一壁廂各 自頑去不好麽, ᄒᆞᆫ 편 구석의 각각 놀라 가미 됴치 아니ᄒᆞ냐. 《朴新諺 3, 29ㅎ》 也是我運氣不好撞着你, ᄯᅩ 내 運氣 됴치 아니ᄒᆞ여 너를 만나도다. 《朴新諺 3, 50 ㅈ》豈不快樂, 엇지 快樂지 아니ᄒᆞ리오. ❸⇔불가(不可). 《朴新諺 2, 16ㅎ》這些 食物都要鮮明不可缺少纔是, 이 여러 食 物을 다 鮮明히 ᄒᆞ고 모ᄌᆞ라지 아니케 홈이 올흐니라. ❹⇔비(非). 《朴新諺 3, 23ㅈ》咱兩箇寃讐非同小可, 우리 둘히 寃 讐ㅣ 적지 아니ᄒᆞ니라.

아다 동 알다. 이해하다. ❶⇔각살료(覺 撒了). 《集覽, 字解, 單字解, 1ㅎ》撒. 散 之也. 撒了 헤티다. 又覺也. 覺撒了 아다. 又放也. 撒放罪人 죄쉬ᄂᆞᆯ 앗아라 노타. ❷⇔이회(理會). 《集覽, 字解, 累字解, 2 ㅈ》理會. :아다. 又ᄎᆞ리·다. ❸⇔인득 (認得). 《集覽, 字解, 單字解, 6ㅎ》認. 識 也. 辨認 ᄎᆞ려내다. 又認得 사괴다. 又아 다. 又認記 보람. ❹⇔지도(知道). 《集 覽, 字解, 累字解, 2ㅈ》知道. 아다. ❺⇔ 지득(知得). 《集覽, 字解, 累字解, 2ㅈ》知 道. 아다. 《集覽, 字解, 累字解, 2ㅈ》知 得. 上同.

아다(芽茶) 명 매우 부드러운 찻잎. 《朴新 諺 3, 8ㅈ》且熬些芽茶來我吃罷, 아직 져 기 芽茶를 달혀 오게 ᄒᆞ라 내 먹쟈.

아답개 명 깔개. 방석. ❶⇔안좌욕(鞍坐 褥). 《朴新諺 1, 30ㅎ》鞍子・鞍坐褥・鞦 皮・轡頭・馬黏, 기르마와 아답개와 질 채와 구레와 드래. ❷⇔좌욕(坐褥). 《朴 新諺 1, 31ㅎ》做坐褥皮搭連的, 아답개와 가족 대련 지을 거시라.

아덕(我德) 명 〈불〉 사덕(四德)의 하나. 참된 자아를 확립하여 열반에 이르는 보살 수행. 《集覽, 朴集, 中, 4ㅈ》理圓四 德. 理者, 固常道之至也. 圓, 全備也. 四 德, 曰常, 曰樂, 曰我, 曰淨無二.

-아도 어미 ❶-아도. 《朴新諺 1, 16ㅈ》多 不過両三日, 만하도 両三 日에 지나지 못 ᄒᆞ여. 《朴新諺 3, 42ㅈ》畫虎畫皮難畫骨, 범을 그리매 가족은 그려도 ᄲᅧ 그리기 어렵고. 知人知面不知心, 사름을 알매 ᄂᆞᆺ츤 아라도 ᄆᆞ옴 아지 못ᄒᆞ다 ᄒᆞ니라. ❷-어도. 《朴新諺 3, 20ㅎ》便把他監起 來也不怕, 곳 ᄀᆞ텨다가 가도아도 저프지 아니ᄒᆞ다.

아동(兒童) 명 어린이. 《集覽, 朴集, 上, 8 ㅈ》翫月會. 東京錄云, 中秋夜, 貴家結飾 臺樹, 民間爭占酒樓翫〈玩〉月, 絲簧鼎沸, 近內庭居民, 夜深遙聞笙竿之聲, 宛若雲 外天樂, 閭里兒童連宵嬉戲, 夜市騈闐, 至 於通曉.

아두(丫頭) 명 아이. 계집아이. 계집종. 하녀. ⇔아희. 《朴新諺 2, 24ㅎ》着丫頭 們打扇, 아희들로 ᄒᆞ여 부체질ᄒᆞ엿노라. 《朴新諺 2, 40ㅈ》叫丫頭去拔些來, 丫頭 로 ᄒᆞ여 가 져기 ᄲᅢ혀 오라.

아들 명 아들. ❶⇔아자(兒子).《朴新諺 3, 44ㅈ》咳還有他那小児子, 애 ᄯᅩ 뎌의 그 어린 아들이 이셔. ❷⇔자(子). 《朴新諺 2, 19ㅈ》情愿將親生之子小名神奴現年五 歲, 情愿으로 親生ᄒᆞᆫ 아들 小名은 神奴ㅣ 오 시방 나히 五歲엣 거슬다가.

아래 圐 아래. ⇔저하(底下).《集覽, 字解, 單字解, 1ㅎ》底. 下也. 底下 아래. 又本也. 底簿 밑글월. 又語助. 根底 앏픠. 又손디. 又與的字通用.

아롱 圐 아롱. 아롱이 ⇔화(花).《朴新諺 3, 34ㅈ》那些勇士都穿着花袴皂靴, 뎌 여러 勇士들이 다 아롱 바지에 거믄 靴를 신고.

아롬 圑 아름. ⇔위(圍).《朴新諺 3, 34ㅎ》咳那身長六尺腰濶三圍, 애 뎌 身長이 六尺이오 허리 너르기 세 아롬이나 ᄒᆞ고.

아롬답다 혱 아름답다. 예쁘다. 곱다. ⇔미(美).《朴新諺 2, 27ㅈ》多謝姐姐的美意了, 각시의 아롬다온 ᄠᅳ슬 多謝ᄒᆞ거니와.《朴新諺 2, 49ㅈ》鱓正肥魚正美, 게 졍히 슬디고 고기 졍히 아롬다온 제.

아리 圐 ❶아래. 밑. ❶⇔저하(底下).《朴新諺 1, 42ㅈ》揀箇清淨去處陰凉樹底下絟住, 清淨ᄒᆞᆫ 곳 셔늘ᄒᆞᆫ 나모 아리롤 굴희여 ᄆᆡ고.《朴新諺 2, 47ㅈ》久字底下手字加箇走字的便是, 久字 아리 手字 ᄒᆞ고 走字 ᄒᆞᆫ 거시 곳 이라. ❷⇔하(下).《朴新諺 1, 41ㅈ》鑽天錐下大水, 하늘 ᄠᅮᆰ는 송곳 아리 큰 물이여.《朴新諺 2, 44ㅎ》京都城四牌樓下民人朱玉, 京都城 四牌樓 아리 民人 朱玉이.《朴新諺 2, 47ㅎ》卯字頭下着金字右邊加箇側刀便是, 卯字 머리 아리 金字 ᄒᆞ고 올흔편에 션칼도 ᄒᆞᆫ 거시 곳 이라.《朴新諺 2, 48ㅈ》三點水傍着箇草頭底下着箇雨字便是, 삼슈 변에 草頭 ᄒᆞ고 아리 雨字 ᄒᆞᆫ 거시 곳 이라.《朴新諺 2, 48ㅈ》寶盖頭下着箇木字便是, 갓 머리 아리 木字 ᄒᆞᆫ 거시 곳 이라.《朴新諺 2, 48ㅈ》竹字頭下着箇立字便是, 대쥭 아리 立字 ᄒᆞᆫ 거시 곳 이라.《朴新諺 2, 48ㅎ》田字下着箇心字便是, 田字 아리 心字 ᄒᆞᆫ 거시 곳 이라.《朴新諺 3, 1ㅎ》就在柳樹下凉快一會兒回來, 곳 버드나모 아리 이셔 ᄒᆞᆫ 지위 셔늘이 ᄒᆞ여 도라오고. ❷⇔하변(下邊).《朴新諺 2, 47ㅎ》

剔手傍上邊着箇人字下邊着箇也字便是, 지슈 변에 우희 人字 ᄒᆞ고 아리 也字 ᄒᆞᆫ 거시 곳 이라. ❷아래. 전일(前日). 이젼. ⇔왕상(往常).《集覽, 字解, 單字解, 5ㅈ》往. 向也. 往那裏去 어드러 향ᄒᆞ야 가는다. 又昔也. 往常 아리.

아매(我每) 뗴 우리. ⇔우리.《集覽, 字解, 單字解, 1ㅈ》每. 本音上聲, 頻也. 每年, 每一箇. 又平聲, 等輩也, 我每・咱每・俺每 우리. 恁每・你每 너희. 今俗喜用們字.

아모 괜 아무[某]. ❶⇔나(那).《朴新諺 1, 28ㅎ》那一家有喜事, 아모 집의 喜事ㅣ 잇거든.《朴新諺 2, 41ㅈ》到那人家裏, 아모 人家에 가. ❷⇔나리(那裏).《朴新諺 2, 41ㅈ》看có東西在那裏, 잡은거시 아모 ᄃᆡ 잇는 줄을 보아. ❸⇔모(某).《朴新諺 2, 19ㅈ》賣與某大官人宅下養活, 아모 大官人의 집의 ᄑᆞ라 주어 養活ᄒᆞ게 호되.《朴新諺 3, 50ㅎ》今年某月某日, 今年 아모 ᄃᆞᆯ 아모 날.《朴新諺 3, 50ㅎ》直至某處, 바로 아모 곳에 니르되.《朴新諺 3, 52ㅈ》本年某月某日, 本年 아모 ᄃᆞᆯ 아모 날. 小人前徃某處, 小人이 아모 곳에 가더니. ❹⇔심마(甚麼).《朴新諺 3, 30ㅎ》就與我二兩也沒甚麼利息, 곳 나를 두 냥을 주어도 아모 利息이 업스니.

아모 뗴 아무[某]. ❶⇔기(幾).《朴新諺 1, 58ㅎ》其銀約至下年幾月內歸還, 그 은을 닉년 아모 ᄃᆞᆯ 닉에 니르러 갑흐믈 언약ᄒᆞ여. ❷⇔나(那).《朴新諺 3, 23ㅎ》那一箇輸了, 아모나 ᄒᆞ나히 지거든. ❸⇔모(某).《朴新諺 1, 28ㅎ》這位劉某人, 이 위 劉 아모ㅣ 란 사롬이.《朴新諺 1, 59ㅈ》中保人某某, 中保人 아모 아모ㅣ. ❹⇔수(誰).《朴新諺 1, 40ㅈ》墻上一箇琵琶任誰不敢拿他, 담 우희 ᄒᆞᆫ 琵琶롤 아모도 敢히 뎌롤 잡지 못ᄒᆞ는 거시여.

아모란 괜 아무런. 아무러한. ⇔심마(甚麼).《朴新諺 1, 52ㅈ》京都也沒甚麼買賣, 셔울도 아모란 買賣 업더라.《朴新諺 2,

57ㅈ》我也沒甚麽幹的勾當, 나도 아모란 홀 일 업고.《朴新諺 3, 17ㅎ》咳這一缺也沒甚麽好處, 애 이 흔 자리 또 아모란 됴흔 곳이 업고.《朴新諺 3, 54ㅈ》沒甚麽新聞, 아모란 新聞이 업고.

아모만 뙤 얼마큼. ⇔다소(多少).《朴新諺 1, 41ㅎ》不拘多少錢, 아모만 공젼을 걸리끼지 말고.

아무만 뙤 얼마큼. ⇔다소(多少).《朴新諺 2, 48ㅎ》憑你問多少, 네대로 아무만 무러도.

아문(我們) 때 우리(들). ⇔우리.《集覽, 字解, 單字解, 3ㅎ》們. 諸韻書皆云, 們渾, 肥滿兒. 今俗借用爲等輩之字, 而曰我們・咱們 우리, 你們 너희. 又猶言如此也. 這們 이리, 那們 뎌리.《集覽, 字解, 單字解, 4ㅈ》把. 持也, 握也. 一把 혼 줌, 又혼 조루. 把我們 우리를다가, 把來 그를다가, 與將字大同小異. 又元時語, 有把解之語, 猶言典儅也, 今不用.《朴新諺 1, 10ㅎ》我們自吃飯呢二錢半一板, 우리 이녁 밥 먹으면 두 돈 반에 혼 틀이오.《朴新諺 1, 20ㅈ》我們隔幾日再來取罷了, 우리 여러 날 즈음ㅎ여 다시 와 가져가미 무던ㅎ다.《朴新諺 2, 11ㅈ》便放我們進去了, 곳 우리롤 노하 드러가게 ㅎ리라.《朴新諺 2, 40ㅈ》我們好嘗新, 우리 새 거슬 맛봄이 됴타.《朴新諺 3, 10ㅈ》我們且把準線掛好了, 우리 또 드림줄을다가 걸기를 잘ㅎ쟈.《朴新諺 3, 12ㅎ》我們也隨喜去罷, 우리도 구경ㅎ라 가쟈.《朴新諺 3, 36ㅈ》再下幾椀寬條麵與我們, 또 여러 사발 너분 국슈를 눌러 우리를 주되.

아문(衙門) 똉 ●관아. 관청.《集覽, 朴集, 上, 1ㅎ》外郞. 泛稱各衙門吏典之號. 俗嫌其犯於員外郞之號, 呼外字爲上聲. 大小衙門吏典名稱各異.《集覽, 朴集, 中, 8ㅈ》首領官. 今宗人府經歷爲首領官, 六部主事爲首領官之類, 然未詳取義. 但各衙門有首領官, 如有司之任, 主出納一司公事.《朴新諺 1, 2ㅈ》不如問那光祿寺(朴新注, 1ㅎ: 管筵宴・酒飯衙門.), 뎌 光祿寺에 무러.《朴新諺 2, 2ㅎ》後日又要請衙門中同寅老爺們吃酒, 모러 또 衙門에 同寅 老爺들을 쳥ㅎ여 술 먹으려 ㅎ여.《朴新諺 2, 10ㅎ》我到衙門去投了文書就回來, 내 衙門에 가 文書를 드리고 즉시 올 거시니.《朴新諺 2, 35ㅈ》立刻差幾箇皂隸(朴新注, 35ㅎ: 衙門使令之屬.), 즉시 여러 皂隸를 시켜.《朴新諺 3, 6ㅈ》衙門處處向南開, 衙門이 곳곳이 南을 向ㅎ여 여러시나.《朴新諺 3, 17ㅎ》你老爺如今除授在那衙門裡了, 네 老爺] 이제 어늬 衙門에 除授ㅎ엿ㄴ뇨.《朴新諺 3, 40ㅈ》這衙門中上直叫誰替我呢, 이 衙門에 上直을 눌로 ㅎ여 나를 톄당케 ㅎ리오.《朴新諺 3, 53ㅈ》這狀告到衙門, 이 고장을 衙門에 告ㅎ면. ●관아의 출입문.《集覽, 朴集, 中, 9ㅈ》衙門處處向南開. 南村輟耕錄云, 凡衙門皆坐北南向者, 南方屬離卦, 離虛中則聰. 又南方火位, 火明則能破暗, 故表南面聰〈聰〉明, 爲民治愚暗之事.

아므 뙤 아무[某]. ⇔모(某).《朴新諺 3, 50ㅎ》告狀人某寸某人, 告狀ㅎ는 사롬 아므 村에 아뫼.

아모라나 뙤 아무든. 아무튼.《集覽, 字解, 累字解, 1ㅎ》不揀. 아모라나 마나. 俗語, 不揀甚麼.

아비담(阿毗曇) 똉 〈불〉 불교의 삼장(三藏)의 하나인 논장(論藏)을 이르는 말.《集覽, 朴集, 下, 1ㅈ》唐三藏法師〈三藏〉. 三藏, 經一藏, 律一藏, 論一藏. 曰脩多羅, 卽阿難聖衆結集爲經. 曰毗奈耶, 一曰毗尼, 卽優波尊者結集爲律. 曰阿毗曇, 卽諸大菩薩衍而爲論.

아석(砑石) 똉 매. 방아.《集覽, 朴集, 中, 1ㅈ》碾. 砑石也. 形如磨磴一隻之半, 轉其外圓以碾絹, 則卽同砧擣者.

아수라(阿脩羅) 똉 〈불〉 =아수라(阿修

羅). '脩'는 '修'와 같다. 《易, 井》井甃無咎, 脩井也. 《集覽, 朴集, 中, 4ㅎ》童男童女. 觀音現三十二應, 曰佛身, 曰辟支〈支〉, 曰圓覺, 曰聲聞, 曰梵王, 曰帝釋, 曰自在天, 曰大自在天, 曰天大將軍, 曰四天王, 曰四天太子, 曰人王, 曰長者, 曰居士, 曰宰官, 曰婆羅門, 曰比丘, 曰比丘尼, 曰優婆塞, 曰優婆夷, 曰女主, 曰童男, 曰童女, 曰天身, 曰龍身, 曰藥叉, 曰乾達婆, 曰阿脩羅, 曰緊那羅, 曰摩睺羅, 曰樂人, 曰非人. 《集覽, 朴集, 中, 5ㅈ》六道. 人道・天道・阿脩羅道・餓鬼道・畜生道・地獄道, 亦名六趣, 加仙道, 名曰七趣. 阿脩羅有大力神人, 嘗共天鬪(鬪), 立大海中, 其高半天. 《朴新諺 2, 29ㅈ》以聲察聲拯慈悲於六道(朴新注, 33ㅎ: 阿脩羅道・餓鬼道・畜生道・地獄道也. 阿脩羅有大力神人, 嘗共天鬪(鬪), 立大海中, 其高半天.), 소릐로 뻐 소릐를 술펴 慈悲를 六道에 건디고.

아수라(阿修羅) 명 〈불〉 팔부중(八部衆)의 하나. 싸우기를 좋아하는 귀신으로, 항상 제석천(帝釋天)과 싸움을 벌인다고 한다. 《集覽, 朴集, 中, 4ㅎ》童男童女. 觀音現三十二應, 曰佛身, 曰辟支〈支〉, 曰圓覺, 曰聲聞, 曰梵王, 曰帝釋, 曰自在天, 曰大自在天, 曰天大將軍, 曰四天王, 曰四天太子, 曰人王, 曰長者, 曰居士, 曰宰官, 曰婆羅門, 曰比丘, 曰比丘尼, 曰優婆塞, 曰優婆夷, 曰女主, 曰童男, 曰童女, 曰天身, 曰龍身, 曰藥叉, 曰乾達婆, 曰阿脩羅, 曰緊那羅, 曰摩睺羅, 曰樂人, 曰非人. 《集覽, 朴集, 中, 5ㅈ》六道. 人道・天道・阿脩羅道・餓鬼道・畜生道・地獄道, 亦名六趣, 加仙道, 名曰七趣. 阿脩羅有大力神人, 嘗共天鬪(鬪), 立大海中, 其高半天. 《朴新諺 2, 29ㅈ》以聲察聲拯慈悲於六道(朴新注, 33ㅎ: 阿脩羅道・餓鬼道・畜生道・地獄道也. 阿脩羅有大力神人, 嘗共天鬪(鬪), 立大海中, 其高半天.), 소릐로 뻐 소릐를 술펴 慈悲를 六道에 건디고.

아수라도(阿修羅道) 명 〈불〉 삼선도(三善道)의 하나. 항상 싸움이 그치지 않는 세계로, 교만심과 시기심이 많은 사람이 죽어서 간다고 한다. 《集覽, 朴集, 中, 5ㅈ》六道. 人道・天道・阿脩羅道・餓鬼道・畜生道・地獄道, 亦名六趣, 加仙道, 名曰七趣. 阿脩羅有大力神人, 嘗共天鬪(鬪), 立大海中, 其高半天. 《朴新諺 2, 29ㅈ》以聲察聲拯慈悲於六道(朴新注, 33ㅎ: 以聲察聲. 聞其聲而察其苦樂之狀. 六道, 人道・天道・阿脩羅道・餓鬼道・畜生道・地獄道也. 阿脩羅有大力神人, 嘗共天鬪(鬪), 立大海中, 其高半天.), 소릐로 뻐 소릐를 술펴 慈悲를 六道에 건디고.

아순(雅馴) 형 우아하고 순정(純正)하다. 《集覽, 朴集, 上, 9ㅈ》骨朶. 予按字書, 簻・檛皆音竹爪〈瓜〉切, 通作薖, 又音徒果切, 簻〈簻字〉之變〈变〉爲骨朶, 雖不雅馴, 其來久矣.

아악(雅樂) 명 예전에 궁중에서 연주되던 전통 음악. 속악(俗樂)에 상대하여 이르는 말이다. 《集覽, 朴集, 上, 2ㅎ》敎坊司. 掌雅・俗樂之司, 隷禮部, 有奉鑾〈銮〉・韶舞・司樂等官, 一名麗春院, 卽元俗所呼拘欄司.

아야 감 아야! 야! 아이고! ⇔애아(嗳呀). 《朴新諺 1, 13ㅈ》嗳呀老太爺忒給少了, 아야 老太爺ㅣ아 너무 젹께 주려 혼다.

-아야 어미 ❶-아야. 《朴新諺 1, 41ㅎ》他要多少錢纔醫呢, 데 언머 공젼을 밧아야 맛치 고치리오. 《朴新諺 3, 53ㅎ》着他沿街叫喚尋覓纔好哩, 뎌로 ㅎ여 거리를 조차 웨여 ㅊ자야 마치 됴흐리라. 《朴新諺 2, 13ㅈ》這樻子多不過直得一兩銀, 이 樻만하야 不過 ㅎ 냥 은이 빡니. 《朴新諺 2, 46ㅈ》不要踏破了纔好, 불바 쌔이지 말아야 마치 됴흐리라. ❷-어야. 《朴新諺 1, 24ㅈ》共湊二百両之數, 대되 二百両數를 모도아야.

아역(衙役) 명 지방 관아에서 사사롭게 부리던 사내종.《朴新諺 3, 18ㅎ》這些衙役也不免受這般勞苦, 이 衙役도 이런 勞苦 바드믈 免치 못ᄒᆞᄂᆞ니라.

아오로 閉 아울러. ⇔병(并).《朴新諺 1, 5ㅎ》并着他叫些歌唱的諸樣雜要的來, 아오로 뎌로 ᄒᆞ여 노래 부르고 여러 가지 잡노롯ᄒᆞᄂᆞᆫ 이ᄅᆞᆯ 불러와.《朴新諺 3, 16ㅈ》并請近安, 아오로 요ᄉᆞ이 문안을 請ᄒᆞᄂᆞ이다.

아육왕(阿育王) 명 아소카왕(Asoka王). 인도(印度) 마가다국(Magadha國) 마우리아왕조(Maurya王朝)의 제3대 왕. 처음에는 바라문교(婆羅門敎)를 믿다가 뒤에 불교에 귀의(歸依)하여 국교(國敎)로 삼고, 외국에 전교(傳敎)하는 등 불교 발전에 크게 공헌하였다.《集覽, 朴集, 中, 4ㅈ》利土. 法苑云, 阿育王取金華金幡懸諸利上.

아ᅌᅮ 명 아우. ❶⇔제형(弟兄).《朴新諺 2, 6ㅎ》好哥兒弟兄們從來不分彼此, ᄆᆞᄋᆞᆷ 됴혼 형 아ᅌᅮ들이 본디 彼此를 혀기지 아니ᄒᆞᄂᆞ니. ❷⇔형제(兄弟).《朴新諺 3, 1ㅎ》你兩箇帶着小兄弟, 너희 둘이 어린 아ᅌᅮ를 ᄃᆞ리고.《朴新諺 3, 15ㅎ》與父親・母親幷兄弟佛童穿用, 父親・母親과 다못 아ᅌᅮ 佛童을 주어 닙게 ᄒᆞᄂᆞ이다.

아자(児子) 명 =아자(兒子). '児'는 '兒'의 속자.《宋元以來俗字譜》兒, 列女傳・通俗小說・三國志平話作児.《朴新諺 3, 44ㅈ》咳還有他那小児子, 애 ᄯᅩ 뎌의 그 어린 아들이 이셔.

아자(牙子) 명 주릅. 거간(居間)꾼. 중개인. ⇔즈름.《集覽, 朴集, 上, 14ㅈ》牙家. 事文類聚云, 今人云駔儈爲牙, 本爲之互郎, 主互市事也. 唐人書互作乜, 似牙字, 因轉爲牙. 今漢俗亦曰牙子, 卽古之牙儈.《朴新諺 1, 33ㅎ》想那厮做牙子(朴新注, 13ㅈ: 主互市事, 卽古之牙儈.)去了, 싱각건대 뎌 놈이 즈름질ᄒᆞ라 갓도다.《朴新

諺 2, 1ㅈ》大街東市上馬牙子家有, 큰 거리 동녁 져제에 ᄆᆞᆯ 즈름의 집이 잇ᄂᆞ니라.《朴新諺 2, 42ㅈ》牙子說都有, 즈름이 니ᄅᆞ되 다 이셰라.《朴新諺 2, 43ㅎ》咱這裏沒有牙子, 우리 여긔 즈름이 업스니.

아자(兒子) 명 아들. ⇔아둘.《集覽, 朴集, 上, 12ㅈ》拜門. 質問云, 女嫁九日, 公婆使兒子・女兒徃丈人家, 拜丈人・丈母或兄嫂們, 方言謂之拜門.《朴新諺 3, 44ㅈ》咳還有他那小児子, 애 ᄯᅩ 뎌의 그 어린 아둘이 이셔.

아전(牙錢) 명 구문(口文). 중개료. ⇔즈름값.《朴新諺 2, 43ㅎ》省些牙錢不好麽, 즈름갑슬 덜미 됴치 아니ᄒᆞ냐.

아조 閉 ❶아주. 결코. ⇔병(並).《朴新諺 3, 18ㅈ》此外並無別件可取了, 이 밧근 아조 다른 것 가히 取홀 것시 업ᄂᆞ니라. ❷아주. 줄곧. ⇔총(總).《朴新諺 1, 33ㅎ》這幾日我總不見他, 이 여러 날을 내 아조 뎌를 보지 못홀다.《朴新諺 1, 34ㅎ》到今討了半年總不肯還我, 到今 半年을 달라 호되 아조 즐겨 내게 갑지 아니ᄒᆞ니.

아직 閉 아직. 또는 잠시. 잠깐. ⇔차(且).《朴新諺 1, 26ㅎ》且下一盤試看如何, 아직 혼 판 두어 시험ᄒᆞ여 보미 엇더ᄒᆞ뇨.《朴新諺 1, 38ㅈ》你且寬耐幾時, 네 아직 여러 ᄣᆡ를 견디여.《朴新諺 2, 2ㅈ》且將就買了去罷, 아직 두어라 ᄒᆞ여 사 가미 무던ᄒᆞ다.《朴新諺 2, 10ㅎ》你且停一停, 네 아직 머믈라.《朴新諺 2, 24ㅎ》你且熬兩服吃, 네 아직 두 복을 달혀 먹고.《朴新諺 2, 27ㅎ》你且休忙休心焦, 네 아직 밧바 말고 ᄆᆞᄋᆞᆷ을 티오지 말라.《朴新諺 3, 7ㅎ》我如今且不吃飯, 내 이제 아직 밥을 먹지 아닐 거시니.《朴新諺 3, 8ㅈ》且慢些收拾, 아직 날호여 收拾ᄒᆞ게 ᄒᆞ고.《朴新諺 3, 33ㅎ》嘴子・把子且打下我看了再銲, 부리와 ᄌᆞᄅᆞᆯ 아직 민ᄃᆞ라 내 보와든 다시 ᄢᆡ라.《朴新諺 3, 37ㅈ》

我且學打這一會與你看何如, 내 아직 이
흔 디위 비화 쳐 네게 뵘이 엇더ᄒ뇨.

아쳠(牙籤) 圀 상아로 만든 서쳠(書籤).
《集覽, 朴集, 下, 12ᄒ》弓裔. 一日, 持鉢赴
齋, 有鳥嗛(啣)牙籤落鉢中, 視之, 有王字.
遂叛, 據鐵圓郡爲都, 卽今鐵〈鉄〉原府也.
國號摩震, 改元武泰, 後改國號〈号〉泰封.

아쳥(鴉靑) 圀 아쳥색(鴉靑色). ●⇔야쳥.
《朴新諺 1, 29ᄒ》繫着鴉靑緞子繡花護膝,
야쳥 비단에 繡노흔 슬갑을 미고. 《朴新
諺 2, 14ᄒ》這鴉靑綿紬染錢六錢, 이 야
쳥 綿紬ᄂᆫ 물갑시 엿 돈이오. ●⇔야쳥
빗ᄎ. 《朴新諺 2, 43ᄒ》這鴉靑的五兩銀
子, 이 야쳥빗츤 닷 냥 은에 ᄒ고.

아쳥색(鴉靑色) 圀 반물. 짙은 남빛. ⇔야
쳥빗. 《朴新諺 2, 14ᄒ》這綿紬要染鴉靑
色, 이 綿紬란 야쳥빗 드리고. 《朴新諺
2, 42ᄌ》要南京來的鴉靑色·月白色這兩
樣緞子, 南京으로셔 온 야쳥빗과 남빗
이 두 가지 비단을 ᄒ려 ᄒ노라. 《朴新
諺 2, 43ᄌ》鴉靑色四季花的六兩銀子一
疋, 야쳥빗 四季花 문에ᄂ 엿 냥 은에 흔
필이오.

아ᄎᆞᆷ 圀 아침. ⇔조기(早起). 《朴新諺 2,
2ᄌ》早起家下有客來, 아ᄎᆞᆷ에 집의 나그
니 왓거늘. 《朴新諺 2, 44ᄌ》今日早起纔
收拾完了, 오늘 아ᄎᆞᆷ에 ㅈ 收拾ᄒ여 ᄆᆺ
차시니. 《朴新諺 3, 45ᄌ》早起那飯裡,
아ᄎᆞᆷ 그 밥에.

아쾌(牙儈) 圀 주릅. 거간(居間)꾼. 중개
인. 《集覽, 朴集, 上, 14ᄌ》牙家. 事文類
聚云, 今人云馹驗爲牙, 本爲之互郞, 主互
市事也. 唐人書互作乒, 似牙字, 因轉爲
牙. 今漢俗亦曰牙子, 卽古之牙儈. 《朴新
諺 1, 33ᄒ》想那廝做牙子(朴新注, 13ᄌ:
主互市事, 卽古之牙儈.)去了, 싱각건대
더 놈이 즈름질ᄒ라 갓도다.

아혹 圀 아욱. ⇔규채(葵菜). 《朴新諺 2,
39ᄒ》蘿蔔, 댓무우. 蔓菁, 쉿무우. 萵苣,
부로. 葵菜, 아혹. 白菜, 비ᄎᆡ. 赤根菜, 시

근치. 芫荽, 고싀. 蔥, 파. 蒜, 마ᄂᆞᆯ. 薤菜,
부치. 荊芥, 형개. 薄荷, 박하. 茼蒿, 믈
쑥. 水蘿葍, 물한댓무우. 胡蘿葍, 노른댓
무우. 芋頭, 토란. 紫蘇都好種的, 紫蘇를
다 시믐이 됴타.

아홉 괜 ●아홉. ⇔구(九). 《朴新諺 1, 23
ᄒ》九枝金鳳, 아홉 가지 金鳳과. 《朴新
諺 1, 51ᄌ》也不過使二十八九箇錢, 스믈
여덟 아홉 낫 돈을 쓰매 지나지 아니ᄒ
리라. ●아홉 (개). ⇔구개(九箇). 《朴新
諺 2, 52ᄒ》九箇月了, 아홉 둘이라.

아홉 囝 아홉. ⇔구(九). 《朴新諺 3, 45ᄒ》
夜飯少一口, 밤밥을 흔 술을 덜면. 活到
九十九, 아흔 아홉을 산다 ᄒ니라.

아흔 괜 아흔. ⇔구십(九十). 《朴新諺 3,
45ᄒ》夜飯少一口, 밤밥을 흔 술을 덜면.
活到九十九, 아흔 아홉을 산다 ᄒ니라.

아희 圀 아이. 또는 나이 어린 하인. ⇔소
시(小廝). 《朴新諺 1, 5ᄒ》小廝們, 아희
들아. 《朴新諺 1, 6ᄌ》叫小廝們先擺上果
碟子, 아희들을 불러 몬져 과실 뎝시를
버리고. 《朴新諺 1, 25ᄌ》以後敎小廝們
好生替我喂養, 이후란 아희들로 ᄒ여 ᄀ
장 나롤 ᄀᆞᆯ차 먹이게 ᄒ라.

아ᄒ 圀 아이. 《集覽, 朴集, 上, 6ᄒ》捹子.
아ᄒ〈아히〉 ᄎᆞᄂ 더기. 建, 免疑雜韻
〈韵〉內字作毽, 音健, 俗自撰也.

아히 圀 아이. 어린아이. ●⇔남(男). 《朴
新諺 3, 15ᄌ》男在都城, 아히 都城에 이
셔. 《朴新諺 3, 15ᄌ》男自拜別之後, 아히
拜別흔 後로부터. 《朴新諺 3, 15ᄒ》男在
京所幹之事已經完備, 아히 셔울 이셔 所
幹事ᄂ 임의 完備ᄒ여시되. 《朴新諺 3,
16ᄌ》則男之心願已足, 곳 아히 心願이
足홀 거시니. ●⇔소(小). 《朴新諺 2, 18
ᄒ》小廝們也一面打疊背包上馬, 아히 놈
들도 一面으로 질 짐을 가혀 물을 트라.
《朴新諺 2, 18ᄒ》我今日買得一箇小廝,
내 오늘 흔 아히 놈을 사니. 《朴新諺 2,
27ᄒ》你們這幾箇無用的小廝, 너희 이

여러 쓸듸업슨 아히 놈들이.《朴新諺 3,
8ㅈ》叫小厮們, 아히 놈들로 ᄒᆞ여.《朴新
諺 3, 19ㅎ》我家裡一箇小厮在城外種地,
내 집 혼 아히 놈이 城 밧긔셔 밧 가다가.
《朴新諺 3, 19ㅎ》把我家小厮拿去監了兩
日, 내 집 아히 놈을다가 자바가 가도완
지 이틀이오.《朴新諺 3, 19ㅎ》又有一箇
小厮, ᄯᅩ 혼 아히 놈이 이셔.《朴新諺 3,
20ㅈ》便賴說我家這小厮偸了, 곳 보채여
니ᄅᆞ되 우리 집의 아히 놈이 도적ᄒᆞ다
ᄒᆞ여.《朴新諺 3, 20ㅈ》便把我這小厮監
了, 곳 우리 이 아히 놈을다가 가도앗ᄂᆞ
니라.《朴新諺 3, 53ㅎ》還得雇一箇小厮,
ᄯᅩ 혼 아히 놈을 삭 내여.❸⇔소시(小
厮).《集覽, 字解, 單字解, 2ㅎ》厮. 卑賤
之稱. 這厮 이 놈. 又相也. 厮見 서르 보
다. 又汎指人. 亦曰厮. 小厮 아히, 瞎厮
쇼경.《朴新諺 1, 20ㅈ》與那街上小厮們,
뎌 거리 아히들이.《朴新諺 1, 21ㅈ》咳
這些小厮們, 애 이 아히들이.《朴新諺 1,
24ㅈ》小厮你拉馬, 아히들이 네 물을
잇그러.《朴新諺 1, 24ㅎ》若像你這懶小
厮們, 만일 너ᄀᆞ치 이 게어른 아히들이.
《朴新諺 2, 31ㅎ》其餘的小厮們在家, 그
나믄 아히들은 집의 이셔.《朴新諺 2, 40
ㅈ》再叫小厮們到西園裏去, ᄯᅩ 아히들로
ᄒᆞ여 셧녁 동산에 가.《朴新諺 2, 45ㅎ》
你兩箇小厮慢慢的上去, 너희 두 아히 날
회여 올라가.《朴新諺 3, 11ㅎ》我那幾日
着小厮們, 내 져적의 아히들로 ᄒᆞ여.《朴
新諺 3, 59ㅈ》小厮們快送茶來, 아히들은
ᄲᆞ리 차를 보내여 오라.❹⇔소아(小
兒).《朴新諺 2, 46ㅎ》家富小兒嬌, 집이
가옴열면 아히 ᄒᆞ건양혼다 ᄒᆞ니.❺⇔
소해자(小孩子).《朴新諺 1, 20ㅈ》你看
這人家小孩子, 네 보라 이 人家의 아히
와.❻⇔아(兒).《朴新諺 3, 15ㅈ》望卽示
明以慰児念, 브라건대 즉시 示明ᄒᆞ여 뻐
아히 넘녀를 위로ᄒᆞ게ᄒᆞ쇼셔.❼⇔아두(丫
頭).《朴新諺 2, 24ㅎ》着丫頭們打扇, 아

히들로 ᄒᆞ여 부체질ᄒᆞ엿노라.❽⇔왜
왜(娃娃).《朴新諺 1, 49ㅎ》大小家眷小
娃娃(朴新注, 19ㅈ 孩兒之稱. 又字作哇
哇, 小兒啼聲.), 大小 家眷과 져근 아히들
로.❾⇔해아(孩兒).《集覽, 朴集, 上, 6
ㅎ》建子. 아ᄒᆞ〈아히〉ᄎᆞᄂᆞᆫ 뎌기. 建, 免
疑雜韻〈韵〉內字作毽, 音健, 俗自撰也.
《朴新諺 1, 55ㅈ》把孩兒睡在裏頭, 아히
를다가 안히 누이고.《朴新諺 1, 55ㅈ》
見孩兒啼哭時, 아히 울믈 보면.《朴新諺
1, 55ㅎ》養孩兒好不難哩, 아히를 기르기
ᄀᆞ장 어려오니.《朴新諺 2, 52ㅎ》這孩兒
幾箇月了, 이 아히 몃 돌이나 ᄒᆞ뇨.《朴
新諺 2, 53ㅈ》孩兒會學唱喏了麼, 아히
읍홀 줄을 아ᄂᆞ냐.❿⇔해자(孩子).《朴
新諺 1, 21ㅈ》孩子們買去放得滿天, 아히
들이 사 가 눌려 하늘에 ᄀᆞ득ᄒᆞ니.《朴
新諺 1, 54ㅎ》把孩子放在水盆裏洗, 아히
룰다가 물 소라에 너허 삣기면.《朴新諺
1, 55ㅈ》把孩子剃了頭, 아히를다가 마리
를 싹고.《朴新諺 1, 55ㅎ》如今姐姐把孩
子自妳呢, 이제 각시ㅣ 아히를 손조 졋
먹이ᄂᆞ냐.《朴新諺 2, 53ㅈ》這孩子眼脂
流下來也不擦, 이 아히 눈옵이 흘러ᄂᆞ리
되 삣기지 아니ᄒᆞ니.《朴新諺 3, 1ㅎ》你
這孩子們怎麽這般遭害我, 너 이 아히들
이 엇지 이리 나를 보채ᄂᆞ뇨.《朴新諺
3, 1ㅎ》好孩子, 됴혼 아히아.《朴新諺 3,
3ㅎ》孩子你與我買幾丈夏布來, 아히아
네 나를 위ᄒᆞ여 여러 발 뵈를 사 와.

악(惡) 圀 인간의 도덕적 기준에 어긋나
나쁜 것.《朴新諺 2, 35ㅎ》這正是善惡到
頭終有報, 정히 이 善과 惡이 ᄆᆞᆾ히 다ᄃᆞ
라 ᄆᆞ춤내 갑홈이 이시되.

악공(樂工) 圀 가무(歌舞)와 악기 연주를
전문으로 하는 사람. 중국의 남북조(南
北朝) 때부터 당대(唐代)까지 있었다.
《集覽, 朴集, 上, 6ㅎ》拘欄. 今按, 北京有
東拘欄・西拘欄. 俗謂宿娼者曰院裏走.
質問云, 是京師樂工住處.《朴新諺 1, 5

ㅎ》叫他着幾箇樂工來伺候, 뎌로 ㅎ여 여러 樂工을 시겨 와 伺候ㅎ고.《朴新諺 1, 6ㅎ》你這樂工們, 너희 樂工들이.

악독(嶽瀆) 몡 국전(國典)으로 제사지내던 오악(五嶽)과 사독(四瀆).《集覽, 朴集, 中, 2ㅈ》郊天. 天子設圜丘於南郊, 以祭天神・地祇・日月星辰・山川・嶽瀆, 以太祖配享.

악보(惡報) 몡 〈불〉 나쁜 짓에 대한 보응(報應).《集覽, 朴集, 下, 1ㅎ》證果金身. 言果報者, 觀經疏云, 行眞實法感得勝報也. 又修善得善果, 作惡得惡報, 謂之果報.

악부(樂府) 몡 인정(人情) 풍속을 내용으로 읊은 한시(漢詩)의 한 체.《集覽, 朴集, 上, 3ㅈ》雜劇. 金季國初, 樂府猶宋詞之流, 傳奇猶宋戲曲之變〈変〉, 世傳謂之雜劇.

악산(惡山) 몡 험한 산.《集覽, 朴集, 下, 1ㅎ》刁蹶. 又過棘〈釣洞・火炎山・薄屎洞・女人國及諸惡山險水, 恠〈怪〉害患苦, 不知其幾, 此所謂刁蹶也.《朴新諺 3, 9ㅈ》過多少惡山・險水, 언머 惡山・險水를 디내며.

악심(惡心) 혱 아니꼽다. 또는 메스껍다. 역겹다. ⇔아니꼽다.《朴新諺 3, 7ㅎ》我見了好惡心, 내 보매 フ장 아니꼬오니.

악인(樂人) 몡 악사(樂師)・악생(樂生)・악공(樂工)・가동(歌童) 따위 가무(歌舞)나 악기를 연주하는 예인(藝人)을 두루 이르는 말.《集覽, 朴集, 上, 2ㅎ》院本. 盖古教坊色長有魏・武・劉三人, 而魏長於念誦, 武長於筋斗, 劉長於科範, 至今樂人皆宗之.《集覽, 朴集, 上, 6ㅎ》拘欄. 質問云, 麗春院樂人搬演戲文雜劇之處也.《集覽, 朴集, 中, 4ㅎ》童男童女. 觀音現三十二應, 曰佛身, 曰辟支〈支〉, 曰圓覺, 曰聲聞, 曰梵王, 曰帝釋, 曰自在天, 曰大自在天, 曰天大將軍, 曰四天王, 曰四天太子, 曰人王, 曰長者, 曰居士, 曰宰官, 曰婆羅門, 曰比丘, 曰比丘尼, 曰優婆塞, 曰

優婆夷, 曰女主, 曰童男, 曰童女, 曰天身, 曰龍身, 曰藥叉, 曰乾達婆, 曰阿脩羅, 曰緊那羅, 曰摩睺羅, 曰樂人, 曰非人.

안 몡 ❶안. 속. 가운데. ➊⇔내(內).《朴新諺 1, 58ㅈ》京都城內積慶坊住民人趙寶兒, 京都 잣 안 積慶坊에서 사는 民人 趙寶兒ㅣ.《朴新諺 3, 53ㅈ》不過三日之內, 三日 안에 지나지 못ㅎ여. ➋⇔이(裏).《朴新諺 2, 41ㅈ》把取燈點上火往裏照, 取燈에다가 불을 혀 안을 향ㅎ여 비쵀여.《朴新諺 3, 22ㅈ》却到城裡智海禪寺投宿, 믄득 城 안 智海禪寺에 가 드러 자더니.《朴新諺 3, 55ㅎ》在崇文門裡大街東張編修家住着, 崇文門 안 큰 거리 東편 張編修의 집의 이셔 머므느니라. ➌⇔중(中).《朴新諺 2, 31ㅎ》家中若有差失, 집 안에 만일 差失홈이 이시면. ❷안. 안감. 안찝. ⇔이(裏).《朴新諺 1, 44ㅈ》又是十表十裏, 쏘 이 열 것과 열 안과.《朴新諺 3, 15ㅈ》藍綾二疋裡紬四疋, 藍綾 두 필과 안 너흘 비단 네 필을 부텨.

안(安) 동 (솥을) 걸다. ⇔걸다.《集覽, 字解, 單字解, 1ㅎ》安. 安鍋兒 가마 거다. 又安下 사라미 자리 븥다. 又吏語, 安挿 사라믈 안졉ㅎ게 ㅎ다.

안(安) 몡 문안(問安). ⇔문안.《朴新諺 3, 16ㅈ》幷請近安, 아오로 요스이 문안을 請ㅎㄴ이다.

안(安) 혱 편안(便安)하다. ➊⇔안ㅎ다(安−).《朴新諺 2, 59ㅈ》角安亢食氐房益, 角은 安ㅎ고 亢은 食ㅎ고 氐房은 益ㅎ고. ➋⇔편안ㅎ다.《朴新諺 2, 40ㅎ》無功食祿寢食不安, 功이 업시 祿을 먹으면 寢食이 편안치 아니타 ㅎ니라.《朴新諺 3, 15ㅈ》身子粗安無須憂念, 몸이 져기 편안ㅎ니 모롬이 憂念치 마른쇼셔.

안(岸) 몡 언덕. 또는 기슭. ⇔언덕.《朴新諺 2, 5ㅎ》北岸上又有一座大寺相對着, 북편 언덕 우희 쏘 훈 좌 큰 졀이 이셔 서로 디ᄒ엿고.

안(按) 图 ●조사하다. 자세히 관찰하다.
⇔안ᄒ다(按-).《朴新諺 1, 55ᄒ》按四時
與他衣服穿, 四時를 按ᄒ여 더롤 衣服을
주어 닙힐 거시니. ●좇다(從). …에 따르
다. ⇔좇다.《朴新諺 1, 58ᄒ》按月送納不
致短少拖欠, 둘을 조차 送納호되 쩌로치
며 믄그으매 니르게 말고.《朴新諺 2, 45
ᄌ》按月交納不致短少, 둘을 조차 交納ᄒ
여 쩌로치매 니르지 아니케 ᄒ리라.
안(案) 图 ●관청의 부서(部署).《朴新諺
3, 5ᄒ》把我的這案文卷丟在一邊, 내 이
案文卷을다가 ᄒ 편에 드리텨 두고.《朴
新諺 3, 51ᄌ》嚴差捕役人等緝拿到案, 嚴
히 捕役人 等을 시겨 緝拿ᄒ여 案에 와.
●서안(書案). ⇔셔안.《朴新諺 3, 18
ᄌ》案上又堆着許多案件, 셔안 우희 쏘
許多 문안을 싸하.
안(眼) 图 ●눈[目]. ⇔눈.《朴新諺 1, 41
ᄌ》我有箇赤馬害骨眼, 내게 ᄒ 졀짜물
이 이셔 눈에 치 알하.《朴新諺 1, 42ᄌ》
張大哥你替我醫這馬骨眼, 張가 큰형아
네 나롤 ᄀ로차 이 물 눈에 치 고치고.
《朴新諺 1, 57ᄌ》叫那斜眼的弓匠王五來,
뎌 눈 흙븬 弓匠 王五를 불러오라.《朴新
諺 2, 11ᄒ》弄的人眼都看花了, 놀려 사
롬의 눈이 다 보아 밤븨엿고.《朴新諺
2, 52ᄒ》他便眼花, 뎨 곳 눈이 밤븨여.
《朴新諺 3, 23ᄌ》大仙睜開雙眼道, 大仙
이 두 눈을 부롭뜨고 니르되.《朴新諺
3, 35ᄌ》都是三尺寬肩膀燈盞大的雙眼,
다 이 석 자나 너른 엇게오 燈盞만치 큰
두 눈이라.《朴新諺 3, 50ᄌ》瞞眼間釣出
箇老大金色鯉魚, 눈 금쟉홀 ᄉ이에 ᄒ ᄀ
장 큰 금빗히 鯉魚를 낙가 내니. ●(바둑
에서의) 집. ⇔눈.《朴新諺 1, 27ᄌ》到底
是沒眼的, 나죵내 이 눈 업슨 거시로다.
안(眼) 의 우물의 수효를 세는 단위.《朴
新諺 2, 45ᄌ》井一眼, 우물 ᄒ나.
안(鞍) 图 길마. ⇔기르마.《朴新諺 3, 53
ᄒ》失去帶鞍白馬一匹, 기르마 지은 흰

물 ᄒ 필을 일허시니.
-안- 어미 -었-.《朴新諺 3, 8ᄌ》長老你的
佛像塑了麼, 長老ㅣ야 네 佛像을 민드란
느냐.
안거(安居) 图 〈불〉 출가한 중이 일정한
기간 동안 외출하지 않고 한곳에 머무
르면서 수행하는 일.《集覽, 朴集, 下, 2
ᄌ》解夏. 盖夏乃長養之節(莭), 在外行
則恐傷草木·虫類. 故九十日安居不出,
至七月十五日, 應禪寺掛搭僧尼, 盡皆散
去, 謂之解夏, 又謂解制.
안건(案件) 图 문안(文案). 문서. 문부(文
簿). ⇔문안.《朴新諺 3, 18ᄌ》案上又堆
着許多案件, 셔안 우희 쏘 許多 문안을
싸하.
안다 图 앉다. ⇔좌(坐).《朴新諺 1, 40ᄌ》
一間房子裏五箇人剛坐的, ᄒ 간 방에 다
숫 사롬이 겨요 안는 거시여.《朴新諺
3, 23ᄒ》第(第)一坐靜, 第(第)一은 안씨
를 고요히 ᄒ고.
안락(安樂) 혱 안락(安樂)하다. 편안하다.
편안하고 즐겁다. ⇔안락ᄒ다(安樂-).
《朴新諺 1, 49ᄒ》我父母在家都安樂麼,
우리 父母ㅣ 집의 이셔 다 安樂ᄒ더냐.
《朴新諺 3, 7ᄌ》你的身子安樂就是福了,
네 몸이 安樂ᄒ면 곳 이 福이니라.《朴新
諺 3, 7ᄌ》休道黃金貴安樂直錢多, 黃金
을 귀타 니르지 말라 安樂홈이 갑쏘미
만타 ᄒ니라.
안락ᄒ다(安樂-) 혱 안락(安樂)하다. ⇔
안락(安樂).《朴新諺 1, 49ᄒ》我父母在
家都安樂麼, 우리 父母ㅣ 집의 이셔 다
安樂ᄒ더냐.《朴新諺 3, 7ᄌ》你的身子安
樂就是福了, 네 몸이 安樂ᄒ면 곳 이 福
이니라.《朴新諺 3, 7ᄌ》休道黃金貴安樂
直錢多, 黃金을 귀타 니르지 말라 安樂홈
이 갑쏘미 만타 ᄒ니라.
안료(顔料) 图 안료. 도료. 물감.《集覽,
字解, 單字解, 1ᄒ》料. 凡人飼馬, 或用小
黑豆, 或用蜀黍雜飼之. 故凡稱飼馬穀豆

曰料. 又該用物色雜稱曰物料, 造屋材木
曰木料, 入畫彩色曰顏料. 又量也. 又理也.

안마(鞍馬) 몡 안장을 지운 말. 《朴新諺
2, 36ㅎ》那裏那般好衣服好鞍馬, 어듸 뎌
런 됴흔 衣服과 됴흔 鞍馬로.

안면(顔面) 몡 낯. 안면. ⇔놏츠. 《朴新諺
3, 13ㅈ》中等身材白淨顏面, 듕킈에 희조
츨흔 눗치오.

안비(鞍轡) 몡 안장과 고삐. 《集覽, 朴集,
上, 14ㅈ》轡頭. 音義云, 잘 돈는 ᄆᆞ·롤
〈물을〉 닐온 轡頭. 今按, 轡頭, 卽馬勒也,
今俗謂·셕·대:됴·흔 ᄆᆞ·롤〈물을〉 呼爲好
轡頭, 則音義亦當幷好字爲釋可也. 且漢
俗, 以革爲之, 有銜〈衘〉者曰轡頭, 以索爲
之, 無銜〈衘〉者曰籠頭. 今呼鞍轡之轡, 音
비, 好轡頭之轡, 音피. 此轡字別有其字而
今未得也. 恐當作披字爲是, 謂以勒披馬
頭引之也.

안삽(安揷) 통 안접(安接)하다. 편안히 마
음을 먹고 머물러 살다. ⇔안접ᄒ다.
《集覽, 字解, 單字解, 1ㅎ》安. 安鍋兒 가
마 거다. 又安下 사ᄅ미 자리 븓다. 又吏
語, 安揷 사ᄅᆞ믈 안접ᄒ게 ᄒ다.

안상(安詳) 톙 편안하고 행복하다. ⇔안
상ᄒ다(安詳-). 《朴新諺 2, 30ㅈ》萬民無
搔擾之憂百姓有安祥之慶, 萬民이 搔擾ᄒ
는 근심이 업고 百姓이 安祥흔 慶이 잇
도다.

안상시(顔相時) 몡 당(唐)나라 경조(京兆)
만년(萬年) 사람. 자는 예(睿). 사고(師
古)의 아우. 당초(唐初) 진왕부(秦王府)
십팔학사(十八學士)의 한 사람. 벼슬은
간의대부(諫議大夫) · 예부 시랑(禮部侍
郞)을 지냈다. 형 사고가 죽자 슬퍼하다
가 몸이 상하여 죽었다. 《集覽, 朴集, 中,
8ㅈ》十八學士. 唐太宗秦王時, 開館延文
學之士, 杜如晦 · 房玄齡〈岭〉 · 虞世南 ·
褚遂良 · 姚思廉 · 李玄道 · 蔡允恭 · 薛
元敬 · 顔相時 · 蘇勖 · 于志寧 · 蘇世長
· 薛攸 · 李守素 · 陸德明 · 孔穎達. 蓋

文達 · 許敬宗爲文學館學士, 分爲三番,
更日直宿.

안상ᄒ다(安詳-) 톙 안상(安詳)하다. ⇔
안상(安詳). 《朴新諺 2, 30ㅈ》萬民無搔擾
之憂百姓有安祥之慶, 萬民이 搔擾ᄒ는
근심이 업고 百姓이 安祥흔 慶이 잇도다.

안색(顔色) 몡 빛깔. ●⇔빗. 《集覽, 朴集,
下, 10ㅈ》粧點顏色. 牛色以立春日爲法,
日干爲頭 · 角 · 耳 · 色, 日支〈支〉爲身
色, 納音爲蹄 · 尾 · 肚色. 《朴新諺 2, 15
ㅈ》假如你染的不如這樣兒上的顏色, 만
일 네 드린 거시 이 樣子엣 빗과 ᄀᆞ지
아니면. 《朴新諺 3, 33ㅎ》鍍金顏色也都
變了, 金 올린 빗도 다 變ᄒ여시니. ●⇔
빗ᄎ. 《朴新諺 1, 16ㅎ》這大紅段眞是南
紅顏色經緯勻淨, 이 다홍 비단이 진짓 이
연다홍빗치오 삐놀이 고로고 조흐니.
《朴新諺 2, 14ㅈ》要改染做桃紅顏色, 고
텨 桃紅빗츨 드리고져 ᄒ노라. 《朴新諺
2, 42ㅈ》你要甚麽顏色的, 네 므슴 빗체
치룰 ᄒ려 ᄒ는다. 《朴新諺 3, 30ㅎ》黃
豆大血點紅的好顏色, 콩만치 크고 血點
ᄀᆞ치 븕은 됴흔 빗치니. 《朴新諺 3, 46
ㅈ》渾身畫着顏色, 왼몸에 빗츨 그려.

안선(安禪) 통 〈불〉 좌선(坐禪)하다. 《朴
新諺 1, 35ㅎ》安禪(朴新注, 13ㅎ: 禪, 靜
也. 傳燈錄, 有小乘禪 · 大乘禪 · 最上乘
禪. 又云, 被於身爲法, 說扵口爲律, 行扵心
爲禪)悟法看經念佛却不好麽, 安禪 悟法
ᄒ고 看經 念佛홈이 ᄯ 됴티 아니ᄒ랴.

안식(安息) 통 쉬다. 휴식하다. 조용히 쉬
다. ⇔쉬다. 《朴新諺 2, 18ㅈ》我且安息,
내 아직 쉬쟈.

안식향(安息香) 몡 안식향나무의 나무껍
질에서 나는 진액을 건조시켜 만든 향.
《朴新諺 3, 7ㅎ》再拿兩根安息香來燒一
燒, ᄯ 두 ᄌᆞ릭 安息香을 가져와 피오라.

안쮜머리 몡 안쪽복사. ⇔과(踝). 《朴新諺
1, 37ㅎ》放在脚踝尖骨頭上, 발 안쮜머리
쏘쪽흔 ᄲᅧ 우희 노코. 《朴新諺 1, 37ㅎ》

脚踝上灸了三艾. 발 안쉬머리 우희 세 장 뿍으로 쓰니.

안싸 동 앉다. 앉아 있다. ⇔좌적(坐的). 《集覽, 字解, 單字解, 3ㅎ》的. 指物之辭. 你的 네 것, 好的 됴흔 것. 又語助. 坐的 안싸, 通作地. 又明也, 實也, 端也. 吏語, 的確·的當·虛的·的實.

안일(安逸) 형 편안하고 한가롭다. 《集覽, 朴集, 下, 11ㅎ》范蠡歸湖. 范蠡, 越之大夫也. 相越王勾踐敗吳, 曰, 越王爲人長頸鳥〈鳥〉喙, 可與圖〈圖〉患難, 不可與共安逸. 遂泛扁舟, 載西施, 遊五湖不返.

안자(鞍子) 명 ●길마. ⇔기르마. 《朴新諺 1, 30ㅎ》鞍子·鞍坐褥·鞦皮·轡頭·馬點, 기르마와 아답개와 질채와 구레와 드래. 《朴新諺 2, 20ㅎ》還少套繩, 당시롱 멜 줄과. 撒繩, 쓰을 줄과. 籠頭, 바구레와. 脚索, 지달 술 바와. 鞍子, 기르마와. 肚帶等類哩, 오랑 等類ㅣ 업세라. 《朴新諺 3, 53ㅈ》門前絟着帶鞍子的白馬, 門 앏히 기르마 지은 흰물을 미엿더니. ●안장(鞍裝). ⇔안장. 《朴新諺 2, 18ㅎ》快背鞍子, 섈리 안장 짓고.

안장 명 안장(鞍裝). ⇔안자(鞍子). 《朴新諺 2, 18ㅎ》快背鞍子, 섈리 안장 짓고.

안장딧다 동 길마를 짓다. 안장을 지우다. 곧, 말 탈 준비를 갖추다. ⇔비(轡). 《朴新諺 3, 55ㅈ》就取一百錢去賃來轡上, 곳 혼 빅 돈을 가져가 삭 내여 와 안장 디으라.

안장짓다 동 =안장딧다. ⇔배안자(背鞍子). 《朴新諺 2, 18ㅎ》快背鞍子, 섈리 안장 짓고.

안전(眼前) 명 ●눈앞. 면전(面前). 《朴新諺 1, 7ㅎ》有酒有花以爲眼前之樂, 술을 두고 곳츨 두어 眼前에 즐기믈 삼는다 ㅎ고. ●시방(時方). 현재. 지금. 눈앞. ⇔시방. 《朴新諺 1, 10ㅈ》眼前就收拾怕甚麼呢, 시방 즉시 收拾ㅎ면 무서시 저프리오.

안정문(安定門) 명 중국 북경(北京) 내성(內城)에 있는 성문. 덕승문(德勝門) 동쪽에 있다. 《集覽, 朴集, 上, 5ㅎ》平則門. 燕都, 禹貢冀州之域. 唐曰幽都, 虞爲幽州, 武王封召公奭於燕, 卽此. 元初爲燕京路, 後稱〈称〉大都路, 洪武初改爲北平布政司. 太宗皇帝龍潛於此, 及承大統, 遂爲北京, 遷都焉. 永樂十九年, 營建宮室, 立門九, 南曰正陽, 又曰午門, 元則曰麗正, 南之右曰宣武, 元則曰順承, 南之左曰文明, 元則曰崇文, 又曰哈噠, 北之東曰安定, 北之西曰德勝, 元則曰健德, 東之北曰崇仁, 一名東直, 元名同, 東之南曰朝陽, 元則曰齊華, 西之北曰西直, 西之南曰阜城, 元則曰平則. 元設十一門, 而今減其二. 《朴新諺 3, 48ㅎ》北有安定門·德勝門, 北에는 安定門과 德勝門이 잇고.

안졉ㅎ다 동 안접(安接)하다. 편안히 마음을 먹고 머물러 살다. ⇔안삽(安揷). 《集覽, 字解, 單字解, 1ㅎ》安. 安鍋兒 가마 거다. 又安下 사롬미 자리 븓다. 又吏語, 安揷 사로믈 안졉흐게 흐다.

안좌욕(鞍坐褥) 명 깔개. 방석. ⇔아답개. 《朴新諺 1, 30ㅎ》鞍子·鞍坐褥·鞦皮·轡頭·馬點, 기르마와 아답개와 질채와 구레와 드래.

안좌자(鞍坐子) 명 길맛가지. ⇔기르마가지. 《朴新諺 1, 30ㅈ》鞍坐子是烏犀角玳瑁廂嵌的, 기르마가지는 이 烏犀角에 玳瑁로 뎐메워 박은 거시오.

안주(按酒) 명 (술)안주. 《集覽, 字解, 累字解, 1ㅈ》按酒. 飮酒時, 其所助酒按下之物曰按酒. 猶言餚饌. 《朴新諺 1, 2ㅈ》做酒楪子(朴新注, 1ㅎ: 凡宴會, 先進各果碟子作按酒.), 酒楪子를 삼쟈.

안지(眼脂) 명 눈곱. ⇔눈쏩. 《朴新諺 2, 53ㅈ》這孩子眼脂流下來也不擦, 이 아히 눈쏩이 흘러느리되 삣기지 아니ㅎ니.

안직 閉 아직. 가장. ⇔차(且). 《集覽, 字解, 單字解, 2ㅈ》且. 姑也 안직. 急且 과

글이. 亦曰且節, 俗罕用.

안치다 图 ●앉히다. ⇔좌(坐).《朴新諺 2, 23ㅎ》請到屋裏坐, 請ᄒᆞ여 집 안헤 안치라. ●앉히다. 설치하다. ⇔타(打).《朴新諺 3, 33ㅎ》你到這裡來打爐子, 네 예 와 플무 안치고.

안타회(安陀會) 图 〈불〉중이 입는 삼의(三衣)의 한 가지. 오조(五條)로 된 가사(袈裟)이다.《集覽, 朴集, 上, 10ㅈ》袈裟. 三曰安陁會, 卽五條也, 院內行道雜作衣.

안타회(安陁會) 图 〈불〉=안타회(安陀會). '陁'는 '陀'와 같다.《集覽, 朴集, 上, 10ㅈ》袈裟. 三曰安陁會, 卽五條也, 院內行道雜作衣.

안팟 图 안팎. ⇔표리(表裏).《朴新諺 1, 39ㅎ》金甕兒・銀甕兒表裏無縫兒, 金독 銀독이 안팟쯰 솔 업슨 거시여.

안ㅎ 图 **❶**안. 속. 가운데. ●⇔내(內).《朴新諺 1, 11ㅎ》假如三两年內倒了, 만일 두세 히 안희 믄허지거든.《朴新諺 2, 20ㅈ》這一兩日內, 이 혼 이틀 안희.《朴新諺 3, 51ㅈ》於東屋山墻外剟窟進內, 東屋 화방 밧쯰 굼글 똟고 안희 들어. ●⇔이(裏).《朴新諺 1, 19ㅎ》請裏坐好講, 請컨대 안히 안자 의논ᄒᆞ쟈.《朴新諺 2, 23ㅈ》來到這城裏都賣了, 이 잣 안희 와 다 ᄑᆞ랏노라.《朴新諺 2, 23ㅎ》請到屋裏坐, 請ᄒᆞ여 집 안헤 안치라. ●⇔이두(裏頭).《朴新諺 1, 39ㅈ》㤹皺娘娘裏頭睡, 삥근 계집이 안히셔 자는 거시여.《朴新諺 1, 40ㅎ》一箇長甕兒窄窄口裏頭盛着糯米酒, 혼 긴 독 조븐 부리 안히 춥뿔술 담은 거시여.《朴新諺 1, 55ㅈ》把孩兒睡在裏頭, 아히를다가 안히 누이고.《朴新諺 2, 5ㅎ》這裏頭鐘鼓樓・佛殿, 이 안히 鍾鼓樓와 佛殿과.《朴新諺 2, 11ㅈ》裏頭也有諸般唱文詞的, 안히 여러 가지 文詞 부르는 이도 이시며. **❹**⇔이면(裏面).《朴新諺 2, 41ㅎ》把那綿布簾子在窓戶裏面帳上, 綿布 발을다가 窓 안히 치

고.《朴新諺 3, 25ㅈ》着兩箇猜裡面有甚麼東西, 둘로 ᄒᆞ여 안히 므스거시 잇는고 알라 ᄒᆞ고.《朴新諺 3, 26ㅎ》拿着肩膀丟在裡面, 엇게를 잡아 안히 드리치니. **❷**안(內). 안쩝. ●⇔이아(裏兒).《朴新諺 1, 46ㅎ》做帶子和裏兒的, 쯰와 안흘 민둘 거시니. ●⇔이자(裏子).《朴新諺 2, 14ㅈ》這魚白[綿]紬原是婦人家大襖裏子, 이 옥식 綿紬는 본더 婦人의 큰옷 안히니.

안하(安下) 图 붇다. 머물다. 쉬다. ⇔븓다.《集覽, 字解, 單字解, 1ㅎ》安. 安鍋兒 가마 거다. 又安下 사르미 자리 븓다. 又 吏語, 安插 사르물 안졉ᄒᆞ게 ᄒᆞ다.

안하(按下) 图 억제하다. 어루만지다.《集覽, 字解, 累字解, 1ㅈ》按酒. 飲酒時, 其所助酒按下之物曰按酒. 猶言餚饌.

안하(眼下) 图 눈 아래. 곧, 현재. 지금.《朴新諺 1, 26ㅈ》眼下交手便見輸贏, 眼下에 交手ᄒᆞ면 곳 지며 이긔믈 보리라.

안해 图 아내. ⇔대낭(大娘).《集覽, 朴集, 中, 3ㅈ》大娘. 音義云, 안해님이라 ᄒᆞ듯 혼 :말. 今按, 汎稱尊長妻室曰大娘, 又稱人之正妻曰大娘, 妾曰小娘.《朴新諺 2, 25ㅎ》問大娘(朴新注, 31ㅎ: 稱人之正妻曰大娘, 妾曰小娘.)好, 大娘의 평안홈을 뭇고.

안ㅎ다(安−) 혱 편안하다. ⇔안(安).《朴新諺 2, 59ㅎ》角安亢食氐房益, 角은 安ᄒᆞ고 亢은 食ᄒᆞ고 氐房은 益ᄒᆞ고.

안ㅎ다(按−) 图 조사하다. 자세히 관찰하다. ⇔안(按).《朴新諺 1, 55ㅎ》按四時與他衣服穿, 四時롤 按ᄒᆞ여 더롤 衣服을 주어 닙힐 거시니.

앉다 图 앉다. ●⇔좌(坐).《朴新諺 1, 19ㅎ》請裏坐好講, 請컨대 안히 안자 의논ᄒᆞ쟈.《朴新諺 1, 40ㅎ》両箇先生合賣藥一箇坐一箇跳, 두 先生이 모다 藥 ᄑᆞ노라 ᄒᆞ나흔 안잣고 ᄒᆞ나흔 쒸노는 거시여.《朴新諺 2, 6ㅎ》坐在船裏不住的往來遊

玩, 비에 안자 머무디 아니ᄒ고 徃來 遊
玩ᄒ니. 《朴新諺 2, 10ㅈ》如今來到這永
寧寺裏坐了方丈, 이제 이 永寧寺에 와 方
丈에 안잣더니. 《朴新諺 2, 57ㅈ》皇上在
西湖景凉殿裏坐的看, 皇上이 西湖 景凉
殿에셔 안자 보시더라. 《朴新諺 3, 3ㅎ》
不如挾着屄眼家裡坐着去罷, 밋궁글 ᄢ
고 집의 안자시라 갈만 ᄀᆺ지 못ᄒ다.
《朴新諺 3, 20ㅎ》也不免是閉門家裡坐禍
從天上來, 쏘 이 門을 닷고 집의 안저셔
도 禍ㅣ 天上으로 조차 온다 홈을 免치
못홈이로다. 《朴新諺 3, 24ㅈ》各上禪床
坐之分毫不動, 각각 禪床에 올라 안저 定
ᄒ고 分毫도 動치 마라. ●⇔좌(座). 《朴
新諺 2, 29ㅈ》座飾芙蓉湛南海澄淸之水,
안즌 ᄃᆡ는 芙蓉으로 ᄭᅮ며시니 南海 澄淸
ᄒᆫ 물에 줌겻고. 《正字通, 广部》座, 古作
坐, 俗作座.

알 圀 알[卵]. ⇔단(鴠). 《朴新諺 1, 39ㅎ》
這是鷄鴠, 이ᄂᆞᆫ 이 ᄃᆰ의 알이로다.

알(斡) 圐 돌리다. 빙빙 돌다. 선회(旋回)
하다. 《集覽, 朴集, 上, 11ㅈ》斡. 運也.
俗音呼: 와, 字作穵是.

알다 圐 알다. 이해하다. 깨닫다. ❶⇔견
(見). 《朴新諺 2, 8ㅎ》再拿去着別人看便
見眞假了, 다시 가져가 다른 사름 ᄒ여
뵈면 곳 眞價를 알리라. 《淮南子, 修務
訓》今使六子者易事,　而明弗能見者何.
〈高誘注〉見, 猶知也. ❷⇔달(達). 《朴新
諺 2, 3ㅎ》不通人情不達時務的東西, 人
情을 通치 못ᄒ고 時務를 아지 못ᄒᄂᆞᆫ
거시라. ❸⇔성(省). 《朴新諺 2, 52ㅈ》
不辨東西不省人事, 東西룰 분변치 못ᄒ
고 人事룰 아지 못ᄒ여. ❹⇔식(識). 《朴
新諺 2, 8ㅈ》太爺是識貨的請看, 太爺ᄂᆞᆫ
이 물화 아는 이라 쳥컨대 보라. 《朴新
諺 2, 8ㅈ》如今也都識貨了, 이제 다 물화
를 아ᄂᆞ니. 《朴新諺 3, 29ㅈ》咳你眞識貨,
애 네 진실로 항화를 아니. 《朴新諺 3,
30ㅈ》你既識貨, 네 이믜 항화를 알면.

《朴新諺 3, 42ㅈ》但有好相識們十分央及
他, 다만 됴히 서ᄅᆞ 아ᄂᆞ니들이 ᄀᆞ장 뎌
의게 빌면. ❺⇔인득(認得). 《朴新諺 3,
12ㅈ》我不認得, 내 아지 못ᄒ노라. ❻⇔
인식(認識). 《朴新諺 3, 23ㅈ》與大仙素
不認識, 大仙으로 더부러 본ᄃᆡ 아지 못
ᄒ니. ❼⇔지(知). 《朴新諺 1, 17ㅎ》不
知那一家打的刀子最好, 아지 못게라 어
늬 집의셔 ᄆᆡᆫ든 칼이 ᄀᆞ장 됴흐뇨. 《朴
新諺 1, 31ㅈ》要知前世因, 前世에 因果룰
알려 홀진대. 《朴新諺 2, 5ㅎ》與那名花
・奇樹也不知其數, 다못 뎌 名花와 奇樹
ᄂᆞᆫ 그 수룰 아지 못ᄒ니. 《朴新諺 2, 23
ㅈ》眞是遠行知馬力日久見人心, 진실로
이 멀리 가매 ᄆᆞᆯ 힘을 알고 날이 오래매
사ᄅᆞᆷ의 ᄆᆞ음을 보ᄂᆞ니라. 《朴新諺 2, 49
ㅈ》但是你還不知那鄕村裏的好處哩, 다
만 네 도로혀 뎌 鄕村에 됴흔 곳을 아지
못ᄒᄂᆞᆫ쏘다. 《朴新諺 3, 5ㅎ》不知到幾時
纔得了局哩, 아지 못게라 어늬 ᄠᅢ에 다
드라 맛치 판나믈 어드리오. 《朴新諺 3,
21ㅈ》你不知這西遊記熱鬧(閙)得狠(很)
哩, 네 아지 못ᄒᆫ다 이 西遊記 ᄀᆞ장 웨젼
즈런ᄒ니. 《朴新諺 3, 43ㅈ》不知寫着甚
麼哩, 아지 못게라 므서시라 ᄡᅥᆻ더뇨. ❽
⇔지도(知道). 《集覽, 字解, 單字解, 5
ㅎ》敢. 忍爲也. 你敢那 네 구틔여 그리
홀다. 又疑似也. 敢知道 아는 ᄃᆞᆺᄒ다.
《朴新諺 1, 15ㅈ》誰知道就長起這瘡來了,
뉘 믄득 이 瘡이 ᄌᆞ랄 줄을 알리오. 《朴
新諺 1, 23ㅈ》你不知道我的事, 네 내 일
을 아지 못ᄒᆫ다. 《朴新諺 1, 37ㅈ》咳我
實不知道, 애 내 실로 아지 못ᄒ여. 《朴
新諺 2, 4ㅈ》小弟其實不知道, 小弟 진실
로 아지 못홀와. 《朴新諺 2, 12ㅎ》誰知
道做得狠(很)不如式, 뉘 아더냐 ᄆᆡᆫ드롬
이 ᄀᆞ장 법 ᄀᆞᆺ지 아니ᄒ고. 《朴新諺 2,
34ㅎ》若官府知道了, 만일 官府ㅣ 알면.
《朴新諺 3, 4ㅎ》我只知道蒲根解酒還好
做醋, 내 다만 챵포 불휘 술을 ᄢᆡ오고

쪼 醋 민들기 됴혼 줄만 알고.《朴新諺 3, 21ㅎ》你知道麽, 네 아논다.《朴新諺 3, 40ㅎ》你却知道麽, 네 쪼 아논다. 我知道一箇有名的畫匠, 내 아노니 혼 有名혼 畫匠이.（九⇔회(會).《朴新諺 1, 20ㅈ》逢時及節(節)好會頑耍哩, 째롤 만나고 절을 밋처 ㄱ장 놀 줄을 아더라.《朴新諺 1, 45ㅈ》諸般技藝都會的, 여러 가지 技藝롤 다 아니.《朴新諺 2, 23ㅈ》我不會講漢話, 내 漢말 니롤 줄을 아지 못ㅎ고. 又不會做飯, 쪼 밥 지을 줄을 아지 못ㅎ기로.《朴新諺 2, 53ㅎ》會爬麽, 긜 줄을 아노냐. 會爬了, 긜 줄을 아노니라.《朴新諺 3, 36ㅎ》那箇新來的崔哥你也會打麽, 뎌 새로 온 崔哥ㅣ아 너도 칠 줄을 아논다. 我怎麽不會打, 내 엇지 칠 줄을 아지 못ㅎ리오.《朴新諺 3, 37ㅈ》只怕不會打哩, 그저 저프건대 칠 줄을 아지 못홀가 ㅎ노라.《朴新諺 3, 37ㅎ》倒慣會打毬哩, 도로혀 당방올 치기 닉이 알 줄을 싱각지 못ㅎ엿노라.（十⇔회학(會學).《朴新諺 2, 53ㅈ》孩兒會學唱喏了麽, 아히 읍홀 줄을 아노냐. 會學亭亭了麽, 징징이질 홀 줄 아노냐. 却纔會學立的腰兒軟休弄他, ㅈ 셜 줄을 아되 허리 무르니 뎌롤 달호지 말라.《朴新諺 2, 53ㅎ》過了一生日便會學那步兒, 혼 生日이 지나면 곳 거름 옴길 줄을 알 거시니.（十一⇔효(曉).《朴新諺 1, 50ㅈ》不曉的多少錢洗一箇澡, 아지 못게라 언머 돈에 혼 번 목욕ㅎ료.（十二⇔효득(曉得).《朴新諺 1, 9ㅈ》焉能曉得他那裏的規矩, 엇지 능히 거긔 規矩롤 알리오.《朴新諺 2, 26ㅈ》咳女兒你不曉得, 애 女兒ㅣ아 네 아지 못ㅎ다.《朴新諺 3, 4ㅎ》竟不曉得葉兒有這用處, 무춤내 닙히 이 쓸 곳 잇는 줄을 아지 못ㅎ엿더니.

알다 동 알아맞히다. ⇔시(猜).《朴新諺 1, 38ㅎ》我說幾箇謎子你猜, 내 여러 슈지롤 니롤 거시니 네 알라. 你說來我猜, 네

니르라 내 알마.《朴新諺 1, 38ㅎ》我猜, 내 아노라.《朴新諺 1, 39ㅈ》你再說幾箇我猜, 네 다시 여러흘 니르라 내 알마.《朴新諺 1, 41ㅈ》咳你都猜着了, 애 네 다 아는고나.《朴新諺 3, 23ㅈ》第(第)二橫中猜物, 第(第)二논 橫中에 거슬 알고.《朴新諺 3, 25ㅈ》着兩箇猜裡面有甚麽東西, 둘로 ㅎ여 안히 므스거시 잇는고 알라 ㅎ고.《朴新諺 3, 25ㅎ》王說今番着唐僧先猜, 王이 니르되 이 번은 唐僧으로 ㅎ여 몬져 알게 ㅎ라.《朴新諺 3, 25ㅎ》皇后大笑說猜不着了, 皇后ㅣ 크게 웃고 니르되 아지 못ㅎ여다.

알외다 동 ㊀알리다. 고(告)하다. ⇔지(知).《集覽, 字解, 累字解, 2ㅈ》說知. 닐어 알외다. ㊁아뢰다. 알리다. ⇔회(回).《朴新諺 1, 3ㅈ》田過堂上官負, 堂上 官負끠 알외니.

알위다 동 알리다. 고(告)하다. ㊀⇔성회(省會).《集覽, 字解, 累字解, 2ㅈ》省會. 알위다. ㊁⇔지회(知會).《集覽, 字解, 累字解, 2ㅈ》省會. 알위다.《集覽, 字解, 累字解, 2ㅈ》知會. 上同. 吏語.

알파 형 아파. ⇔동(疼).《朴新諺 3, 11ㅎ》越疼的當不得, 더옥 알파 당치 못ㅎ여라.

알프다 형 아프다. ⇔동(疼).《集覽, 朴集, 中, 2ㅎ》奪腦. 奪字未詳. 鄕習傳解曰, 더고리 쁜 앏〈알〉프다. 奪, 音드, 去聲讀.《朴新諺 1, 43ㅈ》刮多了頭疼, 긁빗기기롤 만히 ㅎ면 마리 알프니라.《朴新諺 2, 23ㅎ》我今日頭疼腦旋, 내 오늘 마리 알프고 골치 어즐ㅎ고.《朴新諺 2, 23ㅎ》小弟這幾日有些頭疼腦熱, 小弟 요亽이 져기 마리 알프고 골치 더움이 잇더니.

앒 명 앞. ㊀⇔수(首).《朴新諺 3, 12ㅈ》那藥舖門首橫子上, 뎌 藥舖 門 앏 궤 우희. ㊁⇔전(前).《集覽, 朴集, 上, 14ㅈ》前失. 音義云, 거·티·논 몰. 譯語指南云, 앏거·티·논 몰.）, 그저 앏 거티고.《朴新諺 2, 5

ㅎ》再看那閣前水面上, 다시 뎌 閣 앒 믈 우흘 보니.《朴新諺 3, 34ㅎ》大明殿前月臺上, 大明殿 앒 月臺 우희. 〓⇔전두(前頭).《朴新諺 2, 44ㅈ》我往羊市前頭甎塔衚衕去, 내 羊 져지 앒 벽탑골에 가.

앒거치다 동 =앒거티다. ⇔전실(前失).《朴新諺 2, 1ㅎ》又只是要打前失, 쏘 다만 앒거치고.

앒거티다 동 앞으로 넘어지다. ⇔전실(前失).《集覽, 朴集, 上, 14ㅈ》前失. 音義云, 거·티·는 믈. 譯語指南云, 앒거·티·는 믈.

앒ㅍ 명 앞. 근처. ●⇔근저(根底).《集覽, 字解, 單字解, 1ㅎ》底. 下也. 底下 아래. 又本也. 底簿 밑글월. 又語助. 根底 앒픠. 又손디. 又與的字通用.《集覽, 字解, 累字解, 2ㅈ》根前. 앒픠.《集覽, 字解, 累字解, 2ㅈ》根底. 앒픠. 比根底稍卑之稱. 〓⇔근전(根前).《集覽, 字解, 累字解, 2ㅈ》根前. 앒픠.《集覽, 字解, 累字解, 2ㅈ》根底. 앒픠. 比根前稍卑之稱. 〓⇔전(前).《朴新諺 3, 10ㅈ》炕前做一箇煤爐好燒煤, 캉 앒픠 혼 煤爐를 믿드라 셕탄 픠오기 됴케 ᄒ라.

앒파 형 아파. ⇔동(疼).《朴新諺 3, 45ㅈ》便牙疼的了不得, 곳 니 앒파 견디지 못ᄒ여라.

앒프다 형 아프다.《集覽, 朴集, 中, 2ㅎ》奪腦. 奪字未詳. 鄕習傳解曰, 디고리 뽀 앒〈알〉프다. 奪, 音ᄃ, 去聲讀.

앒ㅎ 명 앞. ●⇔근전(跟前).《朴新諺 3, 13ㅎ》那講主便叫到跟前來說道, 뎌 講主ㅣ 곳 불러 앒히 오라 ᄒ여 니르되. 〓⇔면전(面前).《朴新諺 3, 22ㅎ》到國王面前正告訴未畢, 國王의 앒희 가 正히 告訴ᄒ기를 뭇지 못ᄒ여서.《朴新諺 3, 25ㅈ》撞過一頂紅柒樻子來面前放下, 혼 불근 柒 혼 궤를 드러 와 앒희 노코.《朴新諺 3, 28ㅈ》行者直拖的到王面前丟下, 行者ㅣ 바로 ᄭ어 王의 앒희 가 드리치니. 〓⇔수(首).《朴新諺 3, 55ㅎ》已到張編修門

首了, 볼셔 張編修의 門 앒히 다둣거다. 〓⇔전(前).《朴新諺 3, 23ㅎ》咱如今兩箇就在王前閗(鬪)法, 우리 이제 둘히 곳 王의 앒히 이셔 閗(鬪)法ᄒ여.《朴新諺 3, 47ㅈ》一箇小鬼撑着紅羅傘在馬前, 혼 小鬼ㅣ 紅羅傘 버틔여 믈 앒히 잇고.《朴新諺 3, 53ㅈ》門前絵着帶鞍子的白馬, 門 앒히 기르마 지은 흰몰을 미엿더니. 〓⇔전면(前面).《朴新諺 3, 17ㅈ》前面壘一箇花臺好栽花, 앒히 혼 花臺를 무어 꼿 시므기 됴케 ᄒ라.《朴新諺 3, 43ㅎ》靈柩前面, 靈柩 앒히는.《朴新諺 3, 46ㅎ》前面抬着彩亭, 앒히 彩亭을 메웟는디.《朴新諺 3, 47ㅈ》前面奏動細樂引着行, 앒히 셰풍뉴ᄒ여 인도ᄒ여 가고.《朴新諺 3, 47ㅎ》到了皷樓前面, 皷樓 앒히 다드라.

앓다 동 앓다. 병이 생기다. ⇔해(害).《朴新諺 1, 37ㅈ》我這幾日害痢疾, 내 이 여러 날 痢疾 알하.《朴新諺 1, 41ㅈ》我有箇赤馬害骨眼, 내게 혼 졀짜몰이 이셔 눈에 치 알하.

암 명 암. 암컷. ⇔모(母).《朴新諺 3, 2ㅎ》我要這有花兒的母猫, 내 이 어룽 암 괴롤 사려 ᄒ니.

암(暗) 동 스미다. 드러나지 않다. ⇔스미다.《朴新諺 2, 8ㅎ》你這暗花緞子要多少一疋, 네 이 스뮌문 비단을 언머에 혼 필을 ᄒ려 ᄒ뇨.《朴新諺 2, 9ㅈ》這一疋暗花緞是兩件袍料, 이 혼 필 스뮌문 비단은 이 두 볼 큰옷 ᄀ음이니.

암(暗) 円 ●가만히. 은밀히. ⇔ᄀ만이.《朴新諺 3, 25ㅈ》皇后暗使一箇宮娥, 皇后ㅣ ᄀ만이 혼 宮娥로 ᄒ여곰. 〓절로. 남몰래. ⇔절로.《朴新諺 1, 16ㅈ》這瘡毒氣散去便暗消了, 이 瘡에 毒氣 흐터져 곳 절로 스러지리라.

암석(岩石) 명 =암석(巖石). '岩'은 '巖'의 속자.《正字通, 山部》岩, 俗嵒字. 巖, 俗省作岩.《集覽, 朴集, 下, 13ㅈ》都松岳郡

〈松岳郡〉. 時新羅監干八元善風水, 到扶蘇郡, 見扶蘇山形勝而童, 告康忠曰, 若移郡山南, 植松使不露巖〈岩〉石, 則統合三韓者出矣.

암석(巖石) 몡 부피가 큰 돌. 바위. 《集覽, 朴集, 下, 13ㅈ》都松岳郡〈松岳郡〉. 時新羅監干八元善風水, 到扶蘇郡, 見扶蘇山形勝而童, 告康忠曰, 若移郡山南, 植松使不露巖〈岩〉石, 則統合三韓者出矣.

암순(鵪鶉) 몡 메추라기. ⇔뫼초라기. 《朴新諺 1, 21ㅈ》九月·十月裏便鬪〈鬪〉鵪鶉, 九月·十月에 곳 뫼초라기 싸홈 부치고.

암자(唵字) 몡 〈불〉 육자진언(六字眞言)의 글자. 곧, 문수보살의 진언(眞言)인 '암파계타나마(唵婆計陀那摩)' 또는 '암박계답납막(唵縛鷄淡納莫)' 따위의 여섯 자. 《朴新諺 3, 26ㅈ》行者念一聲唵字, 行者ㅣ 혼 소리 唵字를 念ᄒᆞ니.

암죵다리 몡 (부리가 푸른) 암종다리. 종다리의 암컷. (광대가 분장한 모습을 이른다) ⇔납취(蠟嘴). 《朴新諺 2, 11ㅎ》把一箇蠟嘴帶着鬼臉兒, 혼 암죵다리로다가 광대 삑오고. 《朴新諺 2, 12ㅈ》叫那蠟嘴嗛着, 뎌 암죵다리로 ᄒᆞ여 무러.

암화(暗花) 몡 스민 무늬. (드러나지 않은 꽃무늬. 곧, 직물의 바탕에 명암이나 실의 굵기, 또는 성기고 밴 정도에 따라 은은하게 보이는 꽃무늬) ⇔스믠문. 《朴新諺 2, 8ㅎ》你這暗花緞子要多少一疋, 네 이 스믠문 비단을 언머에 혼 필을 ᄒᆞ려 ᄒᆞᄂᆞ뇨. 《朴新諺 2, 9ㅈ》這一疋暗花緞是兩件袍料, 이 혼 필 스믠문 비단은 이 두 볼 큰옷 ᄀᆞ옴이니.

압(鴨) 몡 오리. ⇔올히. 《朴新諺 3, 18ㅈ》猪·羊·鵝·鴨等類却不少吃的, 猪·羊·鵝·鴨 等類ㅣ 또 먹을 거시 적지 아니호고. 《朴新諺 2, 16ㅈ》鴨三隻, 올히 세 마리와.

압자(押字) 동 서명(署名)하다. 수결(手決)하다. 《集覽, 朴集, 下, 4ㅈ》孫行者. 大聖被執當死, 觀音上請于玉帝, 免死. 令巨靈神押大聖前往下方去, 乃於花菓山石縫內納身, 下截畫如來押字封着, 使山神·土地神鎭守. 飢食鉄〈鐵〉丸, 渴飮銅汁, 待我往東土尋取經之人, 經過此山, 觀大聖, 肯隨往西天, 則此時可放.

압자(鴨子) 몡 오리. ⇔올히. 《朴新諺 1, 5ㅈ》是海蔘頓鴨子, 海蔘 너허 술믄 올히와.

-앗- 어미 ●-았-. 《朴新諺 1, 6ㅈ》各位老爺都到齊了, 各位 老爺ㅣ 다 왓ᄂᆞ이다. 《朴新諺 1, 22ㅎ》我知道了, 내 아랏노라. 《朴新諺 1, 30ㅎ》也緊孔雀翎, 쏘 孔雀翎을 ᄃᆞ랏고. 《朴新諺 1, 40ㅎ》兩箇先生合賣藥一箇坐一箇跳, 두 先生이 모다 藥 포노라 ᄒᆞ나흔 안잣고 ᄒᆞ나흔 쒸노는 거시여. 《朴新諺 2, 2ㅈ》早起家下有客來, 아츰에 집의 나그너 왓거늘. 《朴新諺 2, 18ㅎ》馬都來了沒有, 물이 다 왓ᄂᆞ냐 업ᄂᆞ냐. 《朴新諺 2, 23ㅈ》來到這城裏都賣了, 이 잣 안히 와 다 포랏노라. 《朴新諺 2, 36ㅎ》乾羊腿子煮着哩, 무론 羊의 다리를 술맛노라. 《朴新諺 2, 45ㅈ》門窓炕壁俱全, 門窓 炕壁이 다 ᄀᆞ잣고. 《朴新諺 2, 52ㅈ》昨日那厮恰到我家來, 어지 뎌 놈이 마치 내 집의 왓거늘. 《朴新諺 3, 32ㅈ》你看那賣刷子的來了, 네 보라 뎌 刷子 포는 이 왓다. ●-었-. 《朴新諺 3, 20ㅈ》便把我這小厮監了, 곳 우리 이 아히 놈을다가 가도앗ᄂᆞ니라.

앗가 뿐 아까. 바로. ●⇔방(方). 《朴新諺 3, 18ㅈ》方纔書辦們拿文書來畫稿, 앗가 ᄀᆞ 셔반들이 文書를 가져와 稿에 일홈밧고. ●⇔재강(纔剛). 《朴新諺 3, 55ㅈ》纔剛說的那秀才, 앗가 니ᄅᆞ든 그 秀才ㅣ.

앗갑다 혱 아깝다. 아쉽다. ⇔가석(可惜). 《集覽, 字解, 單字解, 6ㅈ》多. 多少 언머. 又許多 하나한. 又餘也. 三十里多地 삼십 리 나믄 짜. 吏語, 多餘. 又過也. 有

甚麼多處 므스기 너믄 고디 이시리오.
又重也. 므스기 앗가온 고디 이시리오.
《朴新諺 3, 6ㅎ》咳可惜了, 애 앗가올샤.
《朴新諺 3, 11ㅈ》不可惜了我的工錢麼,
내 工錢이 앗갑지 아니ᄒᆞ랴.
앗기다 图 아끼다. ●⇔사불(捨不).《朴新
諺 3, 31ㅈ》相公捨不的錢, 相公이 돈을
앗긴다 홈이오. ●⇔애석(愛惜).《朴新
諺 1, 11ㅈ》不要單愛惜你家這幾頓茶飯,
맛치 네 집 여러 씨 茶飯만 앗기지 말라.
앗다 图 **1** 빼앗다. ●⇔창탈(搶奪).《朴
新諺 2, 22ㅈ》都搶奪去了, 다 아사 가고.
●⇔탈(奪).《朴新諺 2, 33ㅎ》便奪了那
物打死那人, 곳 그 물건을 앗고 그 사ᄅᆞᆷ
을 쳐 죽여.《朴新諺 2, 33ㅎ》把那絹都奪
了, 뎌 깁을다가 다 앗고.《朴新諺 2, 34
ㅈ》又奪了也謀死他, ᄯᅩ 앗고 ᄯᅩ 뎌를 꾀
ᄒᆞ여 죽여. **2**●⇔앗다. 취하다. 체포하
다.《集覽, 字解, 單字解, 1ㅎ》撒. 散之
也. 撒了 헤티다. 又覺也. 覺撒了 아다.
又放也. 撒放罪人 죄신을 앗아라 노타.
●앗다. ⇔좌(坐).《集覽, 字解, 單字解,
1ㅎ》剛. 僅也. 剛坐 계우 앗다. 纔也. 剛
纔 ᄀᆞ.
앙(殃) 图 앙화(殃禍). (지은 죄의 앙갚음으
로 받는 재앙) ⇔앙화.《朴新諺 2, 34ㅎ》
若作非理必受其殃, 만일 非理에 노롯슬
ᄒᆞ면 반ᄃᆞ시 그 앙화를 밧는다 ᄒᆞ니.
앙급(央及) 图 빌다(祈). 또는 간청하다.
부탁하다. ⇔빌다.《集覽, 字解, 累字解,
1ㅎ》央及. 請乞也. 字之取義未詳. 吏語,
亦只稱央字.《朴新諺 1, 34ㅈ》那般磕頭
禮拜央及我, 뎌리 마리룰 조아 禮拜ᄒᆞ고
내게 비러.《朴新諺 1, 46ㅎ》我還要央及
你, 내 ᄯᅩ 네게 비ᄂᆞ니.《朴新諺 3, 42ㅈ》
但有好相識們十分央及他, 다만 됴히 서
ᄅᆞ 아ᄂᆞ니들이 ᄀᆞ장 뎌의게 빌면.
앙면와(仰面臥) 图 반듯이 눕다. ⇔쟛바
눕다.《朴新諺 2, 11ㅈ》赤條條的仰面臥
在桌上, 벌거케 올올이 탁ᄌ 우희 쟛바

누어.
앙방(殃榜) 图 사람이 죽었을 때 음양설
에 정통한 사람에게 물어 출관(出棺)하
는 일시(日時), 망자(亡者)의 생년월일
및 사망 연월일과 그 혼령이 며칠 만에
돌아오는가를 써서 문밖에 붙이던 방
(榜).《集覽, 朴集, 下, 9ㅈ》殃榜. 漢俗,
凡遇人死, 則其家必斜貼殃榜〈榜〉於門外
壁上, 榜〈榜〉文如本節〈莭〉所云, 使生人
臨喪知所避忌也. 瞿仙肘後經云, 生人所
生之年, 與亡〈込〉者所死月節〈莭〉相犯則
忌避. 如四孟節〈莭〉內死者, 忌寅・申・
巳・亥生人, 四仲月節〈莭〉內死者, 忌子
・午・卯・酉生人, 四季月節內者〈四季
月莭內死者〉, 忌辰・戌・丑・未生人是
也.《朴新諺 3, 42ㅎ》他家殃榜〔朴新注,
59ㅎ: 漢俗, 凡遇人死, 貼榜門上, 使知忌
避, 謂之殃榜. 榜文見本莭(節).)貼在那門
上, 뎌 집의 殃榜을 그 門 우희 붓쳣ᄂᆞ니.
앙장(仰仗) 图 믿다. 기대다. 의지하다.
⇔밋다.《朴新諺 1, 9ㅈ》諸事好仰仗你,
범ᄉᆞ룰 ᄀᆞ장 너룰 밋으리니.
앙화 图 앙화(殃禍). (지은 죄의 앙갚음으
로 받는 재앙) ⇔앙(殃).《朴新諺 2, 34
ㅎ》若作非理必受其殃, 만일 非理에 노롯
슬 ᄒᆞ면 반ᄃᆞ시 그 앙화를 밧는다 ᄒᆞ니.
애 囝 허! 아이구! ⇔해(咳).《朴新諺 1, 21
ㅈ》咳這些小厮們, 애 이 아히들이.《朴
新諺 1, 36ㅎ》咳貴人難見面, 애 貴人을
얼굴 보기 어렵다.《朴新諺 1, 41ㅈ》咳
你都猜着了, 애 네 다 아ᄂᆞᆫ고나.《朴新諺
2, 4ㅈ》咳我眞箇失禮了, 애 내 진실로 失
禮ᄒᆞ여다.《朴新諺 2, 24ㅈ》咳相公脉息,
애 相公의 脉이.《朴新諺 2, 35ㅎ》咳今日
天氣冷殺人, 애 오늘 하늘 긔운이 차 사
룸을 죽게 ᄒᆞ니.《朴新諺 3, 6ㅎ》咳可惜
了, 애 앗가올샤.《朴新諺 3, 19ㅎ》咳禍
不單行這話再也不差, 애 禍不單行이란
이 말이 ᄯᅩ 그르지 아니ᄒᆞ다.《朴新諺
3, 29ㅎ》咳你眞識貨, 애 네 진실로 항호

를 아니. 《朴新諺 3, 44ㅈ》咳還有他那小
児子, 애 쏘 뎌의 그 어린 아돌이 이셔.
《朴新諺 3, 55ㅈ》咳我沒有牲口却怎麽好
呢, 애 내게 즘싱이 업스니 쏘 엇지ᄒᆞ여
야 됴흐료.

애(艾) 똉 쑥. ⇔뿍. 《朴新諺 1, 37ㅎ》脚踝
上灸了三艾, 발 안쮜머리 우희 세 장 뿍
으로 쓰니. 《朴新諺 1, 37ㅎ》那太醫把艾
怎麽灸法呢, 뎌 太醫 뿍으로다가 엇디 쓰
더뇨. 他把乾艾揉碎了, 뎨 ᄆᆞ른 뿍을다
가 부븨여. 《朴新諺 1, 37ㅎ》把火將艾點
着了, 불로 뿍에다가 부쳐. 直燒到艾都
成了灰, 잇긋 타 뿍이 다 지 되니.

애(挨) 똥 순서를 따르다. 순번을 좃다.
《集覽, 字解, 單字解, 2ㅎ》挨. 音해, 平
聲. 俗語挨次謂循次. 歷審無攙越之意 츤
츤니 ᄒᆞ다. 又吏語, 挨究·挨捕.

애(挨) 円 찬찬히. ⇔츤츤니. 《集覽, 字解,
單字解, 2ㅎ》挨. 音해, 平聲. 俗語挨次謂
循次. 歷審無攙越之意 츤츤니 ᄒᆞ다. 又吏
語, 挨究·挨捕. 《吏文輯覽 11》挨究. 挨,
俗言 츤츤. 究, 窮尋.

애(捱) 똥 한정(限定)하다. 한도(限度)로
하다. ⇔그슴ᄒᆞ다. 《集覽, 字解, 單字解,
2ㅎ》捱. 正作涯. 倚限有恃之意 그슴ᄒᆞ
다, 捱到十年 열 ᄒᆡ 다돌도록.

애(噯) 囨 아! 아아! 아이고! 《集覽, 字解,
單字解, 2ㅈ》噯. 五音集韻, 烏盖切, 氣也.
今呼驚訝之聲曰噯, 借用爲字也. 考韻書
作欸是.

-애 죄 -에. 《朴新諺 1, 58ㅎ》不致遲悞, 더
듸여 어그릇츰애 니르지 말고. 《朴新諺
3, 7ㅎ》我見了好惡心, 내 보매 ᄀᆞ장 아니
쏘오니. 《朴新諺 3, 18ㅈ》直到日平西纔
得上馬回家, 바로 ᄒᆡ 西에 거짐애 다ᄃᆞ
라 계요 물 ᄐᆞ고 집의 도라오ᄂᆞ니라.
《朴新諺 3, 18ㅎ》直到人定更深纔能下馬,
바로 人定 更深홈애 다ᄃᆞ라 계요 능히
몰쎄 ᄂᆞ리ᄂᆞ니.

애갈(艾褐) 똉 쑥의 빛깔이 나는 갈색.
《集覽, 朴集, 上, 15ㅎ》串香褐. 串香褐·
麝香褐·鷹背褐·蜜褐·茶褐, 卽黃黑雜
色也. 玉褐·艾褐·水褐·銀褐, 卽白黑
雜色也. 藕褐, 卽紫黑雜色也.

애구(挨究) 똥 찬찬하게 애써 끝까지 찾
다. 추궁하다. 《集覽, 字解, 單字解, 2ㅎ》
挨. 音해, 平聲. 俗語挨次謂循次. 歷審無
攙越之意 츤츤니 ᄒᆞ다. 又吏語, 挨究·
挨捕. 《吏文輯覽 11》挨究. 挨, 俗言 츤츤.
究, 窮尋.

애기(艾氣) 똉 쑥을 태울 때 나오는 기운.
《朴新諺 1, 38ㅈ》這艾氣都入到肚裏去了,
이 艾氣 다 ᄇᆡ에 드러가.

애도(捱到) 똥 다다르다. 이르다. …가 되
다. ⇔다돌다. 《集覽, 字解, 單字解, 2ㅎ》
捱. 正作涯. 倚限有恃之意 그슴ᄒᆞ다, 捱
到十年 열 ᄒᆡ 다돌도록.

애돌다 혱 애달프다. 《集覽, 字解, 單字解,
6ㅈ》殺. 氣殺我 애돌와 셜웨라, 猶言以
此而可至於死也. 又愁殺人 사ᄅᆞ믈 ᄀᆞ장
근심ᄒᆞ야 셟게 ᄒᆞ다. 又廝殺 싸호다. 又
助語辭. 最深殺 ᄀᆞ장 깁다.

애모(挨摸) 똥 (시간을) 끌다. 지체하다.
⇔쯔으다. 《朴新諺 3, 45ㅎ》若挨摸到點
燈時候, 만일 쯔으내여 불 혈 째에 다ᄃᆞ
르면.

애쯰오다 똥 애쓰우다. 애쓰게 하다. 곧,
화가 나서 죽을 지경이다. ⇔기살(氣
殺). 《集覽, 字解, 單字解, 6ㅈ》殺. 氣殺
我 애돌와 셜웨라, 猶言以此而可至於死
也. 又愁殺人 사ᄅᆞ믈 ᄀᆞ장 근심ᄒᆞ야 셟
게 ᄒᆞ다. 又廝殺 싸호다. 又助語辭, 最深
殺 ᄀᆞ장 깁다. 《朴新諺 1, 35ㅈ》眞箇氣殺
人, 진실로 사룸을 애쯰온다.

애석(愛惜) 똥 아끼다. 소중하게 생각하
다. ⇔앗기다. 《朴新諺 1, 11ㅈ》不要單
愛惜你家這幾頓茶飯, 맛치 네 집 여러 끼
茶飯만 앗기지 말라.

애심마사(碍甚麽事) 혱 무던하다. 괜찮
다. 무방하다. ⇔므던ᄒᆞ다. 《集覽, 字解,

累字解, 3ㅈ》碍甚事. 므슴 이리 방애ㅎ
료. 猶言므던ㅎ다.《集覽, 字解, 累字解,
3ㅈ》碍甚麼事. 上同.

애심사(碍甚事) 혱 무던하다. 괜찮다. 무
방하다. ⇔므던ㅎ다.《集覽, 字解, 累字
解, 3ㅈ》碍甚事. 므슴 이리 방애ㅎ료. 猶
言므던ㅎ다.

애아(噯呀) 깜 아야! 야! 아이고! ⇔아야.
《朴新諺 1, 13ㅈ》噯呀老太爺忒給少了,
아야 老太爺ㅣ아 너무 젹쎄 주려 ᄒ다.

애아로시 円 겨우. 애오라지. 또는 약간.
조금. ⇔요(聊).《朴新諺 3, 59ㅈ》聊以奉
送幸勿見笑, 애아로시 뻐 밧드러 보내니
힝혀 웃지 말라.

애차(挨次) 円 정해진 차례로. 순서대로.
《集覽, 字解, 單字解, 2ㅎ》挨. 音해, 平
聲. 俗語挨次謂循次. 歷審無攙越之意 춘
추니 ᄒ다. 又吏語, 挨究·挨捕.

애포(挨捕) 통 엄중히 수색하여 찾다. 체
포하다.《集覽, 字解, 單字解, 2ㅎ》挨. 音
해, 平聲. 俗語挨次謂循次. 歷審無攙越之
意 춘추니 ᄒ다. 又吏語, 挨究·挨捕.

액두(額頭) 명 이마. ⇔니마.《朴新諺 2,
53ㅎ》額頭上跌破了, 니마 우히 구러져
ᄒ야지니.

앵도(櫻桃) 명 앵두.《朴新諺 1, 4ㅈ》鮮果
子呢, 싱과실은. 柑子, 柑子. 橘子, 귤. 石
榴, 石榴. 香水梨, 물한빈. 櫻桃, 櫻桃. 杏
子, 술고. 蘋果, 굵은님금. 玉黃李子, 유
황외앗시오.《朴新諺 1, 40ㅈ》這是櫻桃,
이ᄂᆞᆫ 이 櫻桃ㅣ로다.

야(也) 円 또. …도 또한. …도 역시. ⇔ᄯᅩ.
《集覽, 字解, 單字解, 2ㅎ》也. 在詞之上
者, 又也. 也好 ᄯᅩ 됴타, 也是 ᄯᅩ 올타.
在詞之中者, 承上起下之辭. 我也去 나도
가마. 在詞之終者, 語助.《朴新諺 1, 4ㅈ》
旣少不多也罷了, 임의 젼 거시 하지 아니
ᄒ니 ᄯᅩ 무던ᄒ다.《朴新諺 1, 13ㅎ》便
給我五十文一擔也罷了, 곳 나롤 쉰 낫 돈
을 ᄒᆞᆫ 짐에 주미 ᄯᅩ 무던ᄒ다.《朴新諺

1, 42ㅈ》也就把蹄子上放些血罷, ᄯᅩ 이믜
셔 굽에 피 ᄲᅢ히라.《朴新諺 2, 11ㅈ》也
有舞鎗弄棒的, ᄯᅩ 鎗을 춤추며 막대 노롯
ᄒᄂᆞᆫ 이도 이시니.《朴新諺 2, 27ㅎ》旣
兩心相照也是不難的, 이믜 둘희 ᄆᆞᄋᆞᆷ이
서로 비최면 ᄯᅩ 어렵디 아니ᄒ니.《朴新
諺 2, 46ㅎ》這也我平日姑息之愛, 이 ᄯᅩ
내 平日에 姑息之愛로.《朴新諺 3, 4ㅎ》
跳蚤也不敢近, 벼록이 ᄯᅩ 敢히 갓가이 못
ᄒᄂᆞ니라.《朴新諺 3, 17ㅈ》我要臨窓看
書也要看花哩, 내 窓을 臨ᄒ여 글을 보고
ᄯᅩ 쏫츨 보고져 ᄒ노라.《朴新諺 3, 45
ㅈ》不要多也不要少了, 만히도 말고 ᄯᅩ
젹게도 말라.

야(也) 어미 -어도. …도 또한. …도 역시.
⇔-어도.《朴新諺 2, 55ㅈ》姐姐若輸了
也再不要違了我的言語如何, 각시 만일
져도 ᄯᅩ 내 말을 어긔롯지 말미 엇더ᄒ
뇨.《朴新諺 3, 2ㅈ》一百錢短一箇也不
賣, 一百 돈에 ᄒ나히 업서도 ᄑᆞ지 아니
ᄒ리라.《朴新諺 3, 8ㅎ》保佑我完了這願
心便死也無怨了, 나를 保佑ᄒ여 이 願心
을 못게 ᄒ면 곳 죽어도 怨홈이 업스리
라.《朴新諺 3, 30ㅎ》就與我二兩也沒甚
麼利息, 곳 나를 두 냥을 주어도 아모 利
息이 업스니.

야(也) 조 ●-도. …도 또한. …도 역시.
⇔-도.《集覽, 字解, 單字解, 2ㅎ》也. 在
詞之上者, 又也. 也好 ᄯᅩ 됴타, 也是 ᄯᅩ
올타. 在詞之中者, 承上起下之辭. 我也去
나도 가마. 在詞之終者, 語助.《朴新諺 1,
7ㅈ》如今酒也醉了飯也飽了, 이제 술도
醉ᄒ고 밥도 비부르다.《朴新諺 1, 22
ㅈ》工價也不筭多, 工錢도 만타 못홀 거
시니.《朴新諺 1, 32ㅈ》一箇也不中使哩,
ᄒ나토 ᄡᅳ기에 맛갓지 아니ᄒ다.《朴新
諺 2, 4ㅈ》我也那一日去拜壽了, 나도 그
날 가 拜壽ᄒ고.《朴新諺 2, 18ㅈ》茶飯也
湏早些辦備, 茶飯도 모로미 일즉이 辦備
ᄒ게 ᄒ라.《朴新諺 2, 26ㅎ》飯也好生吃

不下, 밥도 ㄱ장 먹지 못ㅎ노라.《朴新諺 2, 40ㅈ》水芹菜也好吃了, 미나리도 먹기 됴흐니.《朴新諺 3, 2ㅈ》横子裡装的衣服 也被他咬破了好些, 樻 속에 너흔 衣服도 제 처ㅂ린 거시 만흐니.《朴新諺 3, 28 ㅈ》大仙也割下頭來待要再接, 大仙도 머 리를 버혀 느리와 다시 닛고져 ㅎ거늘. 《朴新諺 3, 45ㅈ》煤爐子也要收拾好了, 煤爐도 收拾ㅎ기를 잘ㅎ라. ●-에도. ⇔-에도.《朴新諺 1, 8ㅎ》朝鮮國也該有 詔可曾派你去麼, 朝鮮國에도 詔書ㅣ 이 셤 즉ㅎ니 쏘 일즉 너를 시겨 가게 ㅎ엿 느냐.《朴新諺 2, 46ㅎ》學裏也不肯去, 學 에도 즐겨 가지 아니ㅎ니.

야(夜) 명 밤(夜). ⇔밤.《朴新諺 1, 15ㅎ》 你回去今夜到五更時候, 네 도라가 오늘 밤 五更 다닷도록.《朴新諺 1, 24ㅎ》夜 裏又用心喂他, 밤에 쏘 用心ㅎ여 먹이면. 《朴新諺 1, 24ㅎ》夜裏又死睡不肯起來添 草, 밤에 쏘 죽은 드시 자고 즐겨 니러 여믈을 더 주지 아니ㅎ니.《朴新諺 1, 25 ㅈ》派五箇人直夜, 다숫 사룸을 시겨 밤 에 샹직ㅎ여.《朴新諺 1, 25ㅎ》夜夜如此 喂法, 밤마다 먹이는 法을 이ㄱ치 ㅎ고. 《朴新諺 1, 41ㅎ》幾夜不吃草, 여러 밤을 여믈을 먹지 아니ㅎ니.《朴新諺 2, 23 ㅎ》一夜不得半點覺睡, 왼밤을 半點 줌 도 엇디 못ㅎ니.《朴新諺 3, 17ㅎ》捴盖 萬間房, 대되 萬間 집을 지으나. 夜眠只 一廈, 밤에 자기는 다만 혼 간 집이라 ㅎ니.《朴新諺 3, 45ㅎ》夜飯少一口, 밤 밥을 혼 술을 덜면. 活到九十九, 아흔 아 홉을 산다 ㅎ니라.

야(偌) 円 너무. 매우. 몹시. ⇔너므.《集 覽, 字解, 單字解, 7ㅈ》偌. 太甚也. 偌大 너므 크다, 偌多 너므 하다. 又하나라. 通作熱.

야(爺) 명 연장자나 나이 든 남자에 대한 높임말.《朴新諺 2, 21ㅎ》趙爺你幾時來 的, 趙爺ㅣ아 네 언제 온다.《朴新諺 2,

22ㅎ》那丁爺你幾時來, 뎌 丁爺ㅣ아 네 언제 온다.《朴新諺 2, 23ㅈ》全仗着這吳 爺一路服事我來, 전혀 이 吳爺ㅣ 一路에 나를 服事홈을 미덧노라.

-야 어미 ●-야.《朴新諺 1, 4ㅎ》只用十二 樣勾了, 그저 열두 가지를 뻐야 넉넉ㅎ 리라.《朴新諺 1, 14ㅎ》然後到關籌的所 在領過籌來, 그린 후에 사술 틋는 곳에 가 사술을 틋 와야.《朴新諺 1, 31ㅎ》買 六箇猠皮纔勾使哩, 여숫 猠皮룰 사야 겨 요 넉넉이 쁘리라.《朴新諺 3, 4ㅈ》做一 頂蚊帳掛着睡纔好, 혼 볼 모기帳을 믿드 라 치고 자야 마치 됴흐리라.《朴新諺 3, 21ㅈ》買甚麼書好呢, 므슴 칙을 사야 됴흐료. ●-어.《朴新諺 2, 42ㅎ》揀高的 與官人看, 놉흔 이롤 굴히야 官人을 주 어 보게 ㅎ라.《朴新諺 2, 52ㅎ》他酒醒 了起來不覺, 뎨 술이 끼야 니러나 끼둧 지 못ㅎ고. ●-여.《集覽, 字解, 單字解, 1ㅈ》待. 擬要也 ㅎ마 그리 호려 ㅎ다라. 又欲也. 待賣幾箇馬去 여러 무롤 풀오져 ㅎ야 가노라.

야광쥬 명 야광주(夜光珠). (어두운 데서 빛을 내는 구슬) ⇔묘아안(猫兒眼).《朴 新諺 1, 23ㅎ》一對猫兒眼廂嵌的金戒指, 혼 빵 야광쥬 뎐메워 박은 金가락지.

야낭(爺娘) 명 어버이. 양친. 부모. ⇔어 버이.《朴新諺 2, 18ㅈ》是他的爺娘立的 文契, 이 뎌의 爺娘의 세온 문셔ㅣ라. 《朴新諺 3, 39ㅈ》咳孩児使爺娘的, 애 주 식이 어버[이]의 거술 쁘고.

야다(偌多) 핀 하고많은. 많고 많은. ⇔하 나한.《集覽, 字解, 單字解, 7ㅈ》偌. 太甚 也. 偌大 너므 크다, 偌多 너므 하다. 又 하나한. 通作熱.

-야다 어미 -였다.《集覽, 字解, 單字解, 3 ㅈ》着. 使之爲也. 着落 히여곰, 着他 뎌 ㅎ야. 又置也. 着塩 소곰 두다. 又中也. 着了 맛다. 又見人所行之事, 正合人所指 望之, 方則亦曰着了 마초ㅎ야다. 又實也.

着實 실히. 又語助. 又穿衣服也.

야대(偌大) 〔혱〕 많다. 또는 이렇게 크다. 그렇게 크다. ⇔많다.《朴新諺 2, 35ㅎ》把那偌大的家財盡行帶去, 뎌 만흔 家財를다가 다 가져가.

야래(夜來) 〔명〕 어제. 작일(昨日). ●⇔어제.《集覽, 字解, 單字解, 4ㅈ》來. 來往. 又語助. 你來 이바, 夜來 어제, 有來 잇더라, 去來 가다. 又數物而有餘數, 未的知之辭. 十來箇 여라믄, 十里來地 십 리만 흔 디, 十來日 여라믄 날.《朴新諺 2, 23ㅎ》夜來身上虛汗如流水一般, 어제 몸에 虛汗이 流水 흔가지 ᄀᆞᆺ호여.《朴新諺 2, 39ㅈ》夜來收割了麻正當好種菜哩, 어제 삼을 거두어 븨여시니 正히 맛당이 ᄂᆞᄆᆞᆯ 시믐이 됴타. ●⇔어지.《朴新諺 2, 12ㅎ》夜來叫李三, 어지 李三으로 ᄒᆞ여.

야반(夜飯) 〔명〕 밤밥. 또는 저녁밥. 석반(夕飯). ⇔밤밥.《朴新諺 3, 45ㅎ》夜飯少一口, 밤밥을 흔 술을 덜면. 活到九十九, 아흔 아홉을 산다 ᄒᆞ니라.

야반소일구활도구십구(夜飯少一口 活到九十九) 〔구〕 밤밥 한 술을 줄이면 아흔 아홉까지 산다는 뜻으로, 소식하면 장수한다는 말.《朴新諺 3, 45ㅎ》夜飯少一口, 밤밥을 흔 술을 덜면. 活到九十九, 아흔 아홉을 산다 ᄒᆞ니라.

야사(惹事) 〔동〕 일내다. 골치 아픈 일을 만들다. 화를 초래(招來)하다. ⇔일내다.《朴新諺 2, 31ㅎ》不許到街上去閑遊惹事, 街上에 가 힘힘이 노라 일내믈 허치 말고.

야수(野獸) 〔명〕 야생의 사나운 짐승.《朴新諺 2, 38ㅎ》也有山禽‧野獸, ᄯᅩ 山禽‧野獸도 이시며.

야시(也是) 〔혱〕 또 옳다. …하는 편이 옳다.《集覽, 字解, 單字解, 2ㅎ》也. 在詞之上者, 又也. 也好 ᄯᅩ 됴타, 也是 ᄯᅩ 올타. 在詞之中者, 承上起下之辭. 我也去 나도 가마. 在詞之終者, 語助.

야시(夜市) 〔명〕 밤에만 물건을 파는 장. 야시장(夜市場).《集覽, 朴集, 上, 8ㅈ》翫月會. 東京錄云, 中秋夜, 貴家結飾臺榭, 民間爭占酒樓翫〈玩〉月, 絲簧鼎沸, 近內庭居民, 夜深遙聞笙竿之聲, 宛若雲外天樂, 閭里兒童連宵嬉戲, 夜市騈闐, 至於通曉.

야심(夜深) 〔혱〕 야심하다. 밤이 깊다.《集覽, 朴集, 上, 8ㅈ》翫月會. 東京錄云, 中秋夜, 貴家結飾臺榭, 民間爭占酒樓翫〈玩〉月, 絲簧鼎沸, 近內庭居民, 夜深遙聞笙竿之聲, 宛若雲外天樂, 閭里兒童連宵嬉戲, 夜市騈闐, 至於通曉.

야야(夜夜) 〔명〕 매야(每夜). 매일 밤.《朴新諺 1, 25ㅎ》夜夜如此喂法, 밤마다 먹이ᄂᆞᆫ 法을 이ᄀᆞ치 ᄒᆞ고.

야야(爺爺) 〔명〕 어른에 대한 높임말.《集覽, 朴集, 下, 10ㅎ》二郎爺爺. 二郎, 神名, 爺爺, 尊敬之稱. 今遼東城內有二郎神廟.

야유(夜遊) 〔명〕 밤놀이.《集覽, 朴集, 下, 11ㅈ》好女不看燈. 今人正月望夜, 夜遊觀月, 是其遺事……今漢俗, 上元夜行過三橋, 則一年度厄, 謂之過橋. 傾城士女, 夜遊徹明, 頗有穢聲.

야중(夜中) 〔명〕 밤중.《集覽, 朴集, 下, 4ㅎ》大醮. 道經云, 醮, 祭名. 夜中於星辰之下, 陳設餠餌‧酒果‧幣物, 禋祀天皇‧太乙‧地祇‧列宿.

야청 〔명〕 반물. 짙은 남빛. ⇔아청(鴉靑).《朴新諺 1, 29ㅎ》繫着鴉靑緞子繡花護膝, 야쳥 비단에 繡노흔 슬갑을 미고.《朴新諺 2, 14ㅎ》這鴉靑綿紬染錢六錢, 이 야쳥 綿紬ᄂᆞᆫ 물갑시 엿 돈이오.

야청빗 〔명〕 반물. 짙은 남빛. ⇔아청색(鴉靑色).《朴新諺 2, 14ㅈ》這綿紬要染鴉靑色, 이 綿紬란 야쳥빗 드리고.《朴新諺 2, 42ㅈ》要南京來的鴉靑色‧月白色這兩樣緞子, 南京으로셔 온 야쳥빗과 남빗 이 두 가지 비단을 ᄒᆞ려 ᄒᆞ노라.《朴新諺 2, 43ㅈ》鴉靑色四季花的六兩銀子一疋, 야쳥빗 四季花 문에ᄂᆞᆫ 엿 냥 은에 흔

필이오.

야청빗ᄎ 閔 반물. 짙은 남빛. ⇔아청(鴉青).《朴新諺 2, 43ㅎ》這鴉青的五兩銀子, 이 야청빗츤 닷 냥 은에 ᄒ고.

야초(夜草) 閔 밤에 마소에게 먹이는 풀.《朴新諺 1, 25ㅎ》人不得橫財不富, 사름이 橫財를 엇디 못ᄒ면 가옴여디 못ᄒ고. 馬不得夜草不肥, 물이 夜草를 엇디 못ᄒ면 술지디 못ᄒ다 ᄒ니.

야파(也罷) 캅 그만둬! 좋아! 됐어! ⇔두워.《集覽, 字解, 累字解, 1ㅎ》罷罷. 두워 두워. 亦曰也罷.

야파(也罷) 휑 무던하다. 괜찮다. 가(可)하다. ⇔무던ᄒ다.《朴新諺 2, 17ㅈ》便略次些也罷了, 곳 져기 버금 거슬 ᄒ여도 무던ᄒ거니와.

야행(夜行) 동 밤길을 가다.《集覽, 朴集, 下, 3ㅈ》衣錦還郷. 項羽屠咸陽, 與沛公分王. 又懷東歸, 曰, 富貴不歸故郷, 如衣綉〈繡〉夜行.《集覽, 朴集, 下, 11ㅈ》好女不看燈. 今漢俗, 上元夜行過三橋, 則一年度厄, 謂之過橋. 傾城士女, 夜遊徹明, 頗有穢聲.

야호(也好) 휑 또 좋다. …하는 편이 좋다.《集覽, 字解, 單字解, 2ㅎ》也. 在詞之上者, 又也. 也好 ᄯ 됴타, 也是 ᄯ 올타. 在詞之中者, 承上起下之辭. 我也去 나도 가마. 在詞之終者, 語助.

야화(夜火) 閔 ❶야간(夜間)의 화재.《朴新諺 1, 42ㅎ》狗有濺草(朴新注, 16ㅎ: 晉時, 楊生養狗, 甚愛. 生醉臥大澤草中. 夜(野)火起風猛, 狗呼喚, 生不覺. 狗走徃水坑, 以身漬水, 洒生所臥草, 生得不死.)之恩, 개는 濺草ᄒ 思이 잇고. 馬有垂繮之報, 물은 垂繮ᄒ 報ㅣ 잇다 ᄒ니라. ❷=야화(野火). '夜'는 '野'의 잘못.《集覽, 朴集, 上, 11ㅈ》狗有濺草之恩. 晉太和中, 楊生養狗, 甚愛之. 後生飮酒醉, 行至大澤, 草中眠. 時値冬月, 野火起, 風又猛, 狗呼喚, 生不覺.《朴新諺 1, 42ㅎ》狗有濺草

(朴新注, 16ㅎ: 晉時, 楊生養狗, 甚愛. 生醉臥大澤草中. 夜(野)火起風猛, 狗呼喚, 生不覺. 狗走徃水坑, 以身漬水, 洒生所臥草, 生得不死.)之恩, 개는 濺草ᄒ 思이 잇고. 馬有垂繮之報, 물은 垂繮ᄒ 報ㅣ 잇다 ᄒ니라.

야화(野火) 閔 들불.《集覽, 朴集, 上, 11ㅈ》狗有濺草之恩. 晉太和中, 楊生養狗, 甚愛之. 後生飮酒醉, 行至大澤, 草中眠. 時値冬月, 野火起, 風又猛, 狗呼喚, 生不覺.《朴新諺 1, 42ㅎ》狗有濺草(朴新注, 16ㅎ: 晉時, 楊生養狗, 甚愛. 生醉臥大澤草中. 夜(野)火起風猛, 狗呼喚, 生不覺. 狗走徃水坑, 以身漬水, 洒生所臥草, 生得不死.)之恩, 개는 濺草ᄒ 思이 잇고. 馬有垂繮之報, 물은 垂繮ᄒ 報ㅣ 잇다 ᄒ니라.

약 閔 약(藥). ⇔약(藥).《朴新諺 3, 12ㅎ》把那藥搽上, 그 약을다가 ᄇ르고.

약(約) 동 언약(言約)하다. 말로 약속하다. ⇔언약ᄒ다.《朴新諺 1, 1ㅈ》不如約幾箇好弟兄們, 여러 됴흔 弟兄들을 언약ᄒ여.《朴新諺 1, 28ㅈ》好去約會他們, 가 더들을 언약ᄒ여 못게 ᄒ쟈.《朴新諺 1, 58ㅎ》其銀約至下年幾月內歸還, 그 은을 닉년 아모 둘 닉에 니르러 갑흐믈 언약ᄒ여.《朴新諺 2, 3ㅈ》今日都預先約定了, 오늘 다 미리 언약ᄒ여 정ᄒ엿느니라.《朴新諺 2, 27ㅎ》須早些約筒佳期纔妙哩, 모롬이 일즉 佳期를 언약홈이 마치 妙ᄒ니라.《朴新諺 3, 46ㅈ》所以約你同去哩, 그러모로 너를 언약ᄒ여 흔가지로 가려 ᄒ노라.

약(約) 팀 ❶대개. 또는 대략. 대충. ⇔대개.《朴新諺 3, 15ㅈ》約待月餘便可起程, 대개 月餘를 기드리면 곳 가히 起程홀 거시니. ❷모두. 통틀어. 또는 대략. 대충. ⇔대되.《朴新諺 3, 51ㅈ》約有賊衆幾人, 대되 賊衆 여러 사름이 이셔.

약(若) 閔 만일. 만약. ⇔만일.《朴新諺 1, 2ㅈ》若買瘦的, 만일 여윈 거슬 사면.

《朴新諺 1, 11ㅈ》若吃你家的飯呢二錢一
板, 만일 네 집 밥을 먹으면 두 돈에 흔
틀을 흐리라. 《朴新諺 1, 24ㅎ》你若每日
把他刷洗, 네 만일 每日에 뎌를다가 빗
겨 싯기고. 《朴新諺 1, 48ㅎ》若把字寫差
了的, 만일 글字를다가 쁘기를 그릇흐ᄂ
니논. 《朴新諺 2, 3ㅈ》你若有兩箇油紙
帽, 네게 만일 두 油紙帽ㅣ 잇거든. 《朴
新諺 2, 18ㅈ》他若再不保好生重重的打,
뎨 만일 다시 긔수치 아니ᅙ거든 ᄀ장
듕히 티라. 《朴新諺 2, 26ㅎ》我夫主若知
道却了不得, 우리 지아비 만일 알면 쏘
에워나지 못흐리라. 《朴新諺 3, 1ㅎ》若
再鬧(鬧)我我就打了, 만일 다시 내게 들
레면 내 곳 치리라. 《朴新諺 3, 29ㅎ》若
別人却看不透的, 만일 다른 사롬이면 쏘
보아 내지 못흐리라. 《朴新諺 3, 40ㅈ》
我若跟隨他去, 내 만일 뎌를 쏜라가면.

약(略) 円 적이. 좀. 약간. ⇨뎌기. 《朴新
諺 2, 17ㅈ》便略次些也罷了, 곳 져기 버
금 거슬 흐여도 무던흐거니와.

약(藥) 명 약(藥). ⇨약. 《朴新諺 1, 40ㅎ》
両箇先生合賣藥一箇坐一箇跳, 두 先生이
모다 藥 푸노라 ᄒ나흔 안잣고 ᄒ나흔
쒸노는 거시여. 這是鍘藥刀, 이는 이 藥
빠흐는 협도ㅣ로다. 《朴新諺 3, 12ㅈ》買
疥藥來搽上, 疥창 藥을 사다가 ᄇ른면.
《朴新諺 3, 12ㅎ》把那藥搽上, 그 약을다
가 ᄇ른고.

약대 명 약대. 낙타. ⇨타(駝). 《朴新諺 1,
18ㅈ》底要駝骨廂的, 밋흔 약대 뼈로 젼
메오고. 《朴新諺 1, 46ㅎ》除了罿子馳毛
之外, 담과 약대 털을 더론 밧긔.

약두(掠頭) 명 빗. ⇨귀밋빗기. 《朴新諺
3, 32ㅎ》刷牙兩把 · 掠頭兩把, 刷牙 둘과
귀밋빗기 둘을 사고져 ᄒ노라. 《朴新諺
3, 32ㅎ》大哥我送你一箇刷牙 · 一箇掠
頭, 큰형아 내 너를 흔 刷牙와 흔 귀밋빗
기를 줄 거시니. 《朝鮮成宗實錄 156, 14
年, 7月, 癸巳》欽賜國王母銀一百兩, 金嵌

寶石眞珠頭面一副, 掠頭一件, 火焰一件.
梔子花一件, 松竹梅一件, 梅花掩鬢一對,
菊花釵一件.

약료(藥料) 명 약제(藥劑). 약종(藥種).
《集覽, 朴集, 上, 1ㅈ》蜜林檎燒酒. 質問
云, 初蒸熱燒酒, 用蜜 · 葡萄相參〈叅〉浸,
久而食之, 方言謂之蜜林檎燒酒. 又云, 以
麵爲麪, 還用藥料, 以燒酒爲漿, 下入熟麪
內〈肉〉, 待熟榨之, 其味甚甜. 《集覽, 朴
集, 上, 1ㅎ》腦兒酒. 質問云, 做酒用糯麴
藥料爲蘖, 久封不動, 其色紅而味最純厚.

약립(箬笠) 명 삿갓. ⇨삿갓. 《朴新諺 1,
36ㅎ》從今日准備箬笠瓦鉢, 오늘브터 삿
갓과 에유아리를 准備ᅙ여. 《朴新諺 3,
49ㅎ》也有時披着這箬笠 · 蓑衣, 쏘 잇싸
감 이 箬笠 · 蓑衣를 닙고.

약방(藥方) 명 약방문(藥方文). ⇨약방문
(藥-). 《朴新諺 2, 25ㅈ》藥方上寫得明白,
藥방문에 쁘기를 明白히 흐여시니.

약방문(藥-) 명 약방문(藥方文). 처방전
(處方箋). ⇨약방(藥方). 《朴新諺 2, 25
ㅈ》藥方上寫得明白, 藥방문에 쁘기를
明白히 흐여시니.

약수(弱水) 명 신선이 살았다는 중국 서
쪽의 전설 속의 강. 길이가 3천 리나 되
며 부력이 매우 약하여 기러기의 털도
가라앉는다고 한다. 《集覽, 朴集, 上, 15
ㅈ》瑤池. 列仙傳, 崐崙〈崑崙〉閬苑, 有
〈白〉玉樓十二, 玄室九層, 左瑤池, 右翠
水, 環以弱水九重, 非飆(飇)車羽輪, 不可
到也. 註, 瑤池, 王母所居. 《朴新諺 2, 6
ㅎ》且不必誇天上瑤池(朴新注, 25ㅈ: 在
崑崙, 環以弱水九重, 非飇車羽輪, 不可到.
王母所居.), 쏘 반ᄃ시 天上 瑤池를 쟈랑
치 말라.

약시(若是) 円 만일. 만약. 만약 …라면.
⇨만일. 《朴新諺 1, 11ㅈ》若是吃你家的
飯, 만일 네 집 밥을 먹을 양이면. 《朴新
諺 3, 30ㅎ》若是這等銀子, 만일 이런 은
이면.

약유(約有) 图 어림잡다. 또는 대략. 대개. 《朴新諺 1, 1ㅎ》約有三十多箇, 셜흔 나믄 이 이실 뜻ᄒ니, 《吏文輯覽, 2》約有, 不能的知其數, 而擧其大略, 曰約.

약차(藥叉) 图 〈불〉 야차(夜叉). 팔부중(八部衆)의 하나로 사람을 괴롭히거나 해친다는 사나운 귀신. 《集覽, 朴集, 中, 4ㅎ》童男童女. 觀音現三十二應, 曰佛身, 曰辟支〈支〉, 曰圓覺, 曰聲聞, 曰梵王, 曰帝釋, 曰自在天, 曰大自在天, 曰天大將軍, 曰四天王, 曰四天太子, 曰人王, 曰長者, 曰居士, 曰宰官, 曰婆羅門, 曰比丘, 曰比丘尼, 曰優婆塞, 曰優婆夷, 曰女主, 曰童男, 曰童女, 曰天身, 曰龍身, 曰藥叉, 曰乾達婆, 曰阿脩羅, 曰緊那羅, 曰摩睺羅, 曰樂人, 曰非人.

약천(若天) 图 고려(高麗) 태조(太祖) 왕건(王建)의 자(字). 《集覽, 朴集, 下, 12ㅈ》太祖. 姓王氏, 諱建, 字若天, 松岳郡人. 幼而聰明, 龍顔日角. 《朴新諺 3, 57ㅈ》高麗太祖姓王諱建表字若天, 高麗 太祖의 姓은 王이오 諱ᄂ 建이오 字ᄂ 若天이라.

약포(藥舖) 图 =약포(藥鋪). '舖'는 '鋪'의 속자. 《正字通, 金部》舖, 俗作鋪. 《朴新諺 3, 12ㅈ》你到那皷樓北邊王家藥舖裡, 네 뎌 皷樓 北편 王家의 藥舖에 가. 《朴新諺 3, 12ㅈ》這藥舖有招牌沒有, 뎌 藥舖에 招牌 잇ᄂ냐 업ᄂ냐. 那藥舖門首橫子上, 뎌 藥舖 門 앏 궤 우희.

약포(藥鋪) 图 약방. 한약방. 《朴新諺 3, 12ㅈ》你到那皷樓北邊王家藥舖裡, 네 뎌 皷樓 北편 王家의 藥舖에 가. 《朴新諺 3, 12ㅈ》這藥舖有招牌沒有, 뎌 藥舖에 招牌 잇ᄂ냐 업ᄂ냐. 那藥舖門首橫子上, 뎌 藥舖 門 앏 궤 우희.

약회(約會) 图 만나기를 약속하다. 《朴新諺 1, 53ㅈ》咱約會了弟兄十數人勾了, 우리 弟兄 여라믄 사ᄅ믈 모호면 넉넉ᄒ리라.

양 图 양. 모양. ⇔양(樣). 《朴新諺 1, 13ㅎ》旣如此說, 이믜 이리 니롤 양이면. 《朴新諺 1, 29ㅈ》看見両箇舍人調馬耍子, 두 舍人이 調馬 노리ᄒᄂ 양을 보니. 《朴新諺 1, 41ㅎ》只要他治得馬好, 그저 뎨 물을 고쳐 됴흘 양이면. 《朴新諺 1, 47ㅈ》就筭是與你送行罷了, 이믜셔 네게 送行ᄒᄂ 양으로 호미 무던ᄒ다. 《朴新諺 1, 48ㅎ》這等說, 이리 니롤 양이면. 《朴新諺 2, 9ㅎ》聽說佛法去罷, 佛法 니ᄅᄂ 양 드르라 가쟈. 《朴新諺 2, 43ㅎ》如此說, 이리 니롤 양이면. 《朴新諺 2, 51ㅈ》這麼看起來, 이리 볼 양이면. 《朴新諺 3, 16ㅎ》要捲篷樣, 우산각 양으로 ᄒ고져 ᄒ노라. 《朴新諺 3, 46ㅈ》宋哥我同你看打春去罷, 宋가 형아 내 너와 ᄒ가지로 닙츈노롯ᄒᄂ 양 보라 가쟈.

양(羊) 图 양. 《集覽, 朴集, 上, 14ㅎ》羊腔子. 韻會云, 骨体曰腔. 音義云, 羊無首之名. 羊有首, 則人獸〈猒〉看. 今按, 漢俗屠羊出賣者, 皆去其首. 《朴新諺 1, 1ㅎ》買一隻羊要肥的, ᄒ 짝 羊을 사되 술진 거슬 ᄒ라. 《朴新諺 1, 26ㅈ》咱與你賭一箇羊吃, 우리 너와 ᄒ 羊을 더너 먹쟈. 《朴新諺 1, 27ㅈ》筭我輸給你一隻羊, 내 네게 ᄒ 羊을 져 주량으로 혜고. 《朴新諺 1, 40ㅈ》家後一羣羊箇箇尾子長, 딥 뒤히 ᄒ 무리 羊이 낫낫치 ᄭ리 긴 거시여. 《朴新諺 2, 4ㅈ》明日到羊市上, 니일 羊 져제에 가. 《朴新諺 2, 36ㅎ》乾羊腿子煮着哩, 므론 羊의 다리를 술맛노라. 《朴新諺 2, 44ㅈ》我往羊市前頭甎塔衚衕去, 내 羊 져지 앏 벽탑골에 가. 《朴新諺 3, 18ㅈ》猪・羊・鵝・鴨等類却不少吃的, 猪・羊・鵝・鴨 等類ㅣ ᄯ 먹을 거시 적지 아니ᄒ고. 《朴新諺 3, 45ㅎ》就煮一脚羊蹄好下飯, 이믜셔 ᄒ 羊의 다리를 술마 밥 먹기 됴케 ᄒ고.

양(兩) 관 두ㄱ. ⇔두. 《朴新諺 1, 23ㅎ》我如今先當了這両種, 내 이제 몬져 이 두

가지롤 뎐당ᄒ고도.《朴新諺 1, 30ㅎ》两
邊小刀荷包手巾, 두 편에 져근 칼과 주머
니 手巾이.《朴新諺 2, 9ㅈ》這一疋暗花緞
是兩件袍料, 이 혼 필 스믄문 비단은 이
두 볼 큰옷 ᄀ옴이니.《朴新諺 2, 16ㅈ》
酒兩瓶, 술 두 병과.《朴新諺 2, 32ㅎ》拿
去叫李大做兩頂帽子, 가져가 李大ㅣ로
ᄒ여 두 갓슬 민드되.《朴新諺 2, 50ㅈ》
兩傍放幾張椅子, 두 편에 여러 교의를 노
코.《朴新諺 3, 7ㅎ》再拿兩根安息香來燒
一燒, 쏘 두 즈릭 安息香을 가져와 픠오
라.《朴新諺 3, 10ㅈ》先掘土打兩擔水未
好和泥, 몬저 흙을 픠고 두 짐 물을 기러
와 잘 흙을 니기되.《朴新諺 3, 26ㅈ》在
油鍋兩邉看守, 기름 가마 두 편에서 보아
지킈여.《朴新諺 3, 47ㅈ》兩邊擺着走, 두
편에 버러 가면서.

양(兩) 두[二]. ⇔두.《朴新諺 2, 46
ㅈ》都是你這兩箇小畜生, 다 이 너희 이
두 져근 즘싱들이. 둘. ⇔둘ㅎ.《朴新
諺 2, 27ㅎ》旣兩心相照也是不難的, 이믜
둘희 ᄆ옴이 서르 비최면 쏘 어렵디 아
니ᄒ니.

양(梁) 성(姓)씨의 하나.《朴新諺 2, 4
ㅈ》在八里庄梁家花園裏做的, 八里庄 梁
家 花園의셔 ᄒ니라.

양(痒) 가렵다. ⇔ᄀ렵다.《朴新諺 1,
15ㅈ》從前日這腮頰上痒的受不得, 그제
부터 쌤이 ᄀ려워 견디지 못ᄒᄅ니.《朴
新諺 3, 11ㅎ》我這疥瘡痒得當不的, 내 이
疥瘡이 ᄀ려워 當치 못ᄒ니.

양(樑) 마룻대. ⇔ᄆ ᄅ.《朴新諺 3, 16
ㅎ》這樑, 이 납과. 樑, ᄆ ᄅ와. 椽, 혀와.
柱, 기동과. 短柱, 短柱와. 門框, 문얼굴
과. 門扇, 문짝과. 吊窓, 들창과. 天窓, 우
러리창과. 雙扇, 빵다지와. 單扇, 외다지
와. 窓欞, 창얼굴로.

양(量) 되다. 재다. ⇔되다.《朴新諺
1, 13ㅎ》斗斛都要量足, 말과 휘룰 다 됴
히 되게 ᄒ라.《朴新諺 1, 13ㅎ》給他量

斗的人一百錢, 더 말 되는 사룸을 일 빅
돈을 주고.《朴新諺 1, 14ㅈ》回到你家再
量便不勾了, 네 집의 도라가 다시 되면
곳 모즈라리라. 헤아리다. ⇔헤아리
다.《朴新諺 1, 19ㅈ》你估量不差, 네 짐
쟉ᄒ여 헤아리미 그르지 아니ᄒ다.《朴
新諺 2, 30ㅈ》由是威神莫測聖德難量, 일
로 말미암아 威神을 측냥치 못ᄒ고 聖德
을 헤아리기 어려온지라.

양(陽) 산의 남쪽. 물의 북쪽.《朴新諺
2, 5ㅈ》西湖是從玉泉山(朴新注, 24ㅈ: 在
宛平縣, 距京都西北三十里, 山有石洞三.
一在山之西南, 其下有泉, 深淺莫測. 一在
山之陽, 泉出石罅間, 鑿石為螭頭, 泉從螭
口噴出, 鳴玉雜佩, 色如素練, 泓澄百頃.
一在山之根, 有泉湧出, 洞門刻玉泉二字.)
流下來的, 西湖ᄂ 이 玉泉山으로 조차 흘
러ᄂ린 거시니.

양(樣) 양. 모양(模樣). ⇔모양.《朴
新諺 1, 17ㅈ》裝修餙樣都好, 민든 것과
쑤민 모양이 다 됴흐니라.《朴新諺 1, 18
ㅈ》再把裝修餙樣說與他, 다시 민들기와
쑤밀 모양을 저드려 닐러.《朴新諺 1, 18
ㅎ》都要好餙樣的, 다 쑤민 모양을 됴케
ᄒ고져 ᄒ노라.《朴新諺 1, 19ㅎ》但是刀
頭與裝修餙樣我說與你, 다만 칼놀과 민
들기와 쑤밀 모양을 내 너드려 니를 써
시니.《朴新諺 2, 32ㅈ》若着了幾遍雨定
然要走樣了, 만일 여러 번 비룰 마즈면
일졍 모양이 흘긔리로다.《朴新諺 2, 32
ㅈ》這帽樣做得平常, 이 갓 모양이 민들
기룰 平常이 ᄒ엿다.《朴新諺 2, 32ㅎ》
李大的帽樣, 李大ㅣ의 갓 모양이. ⇔
양.《朴新諺 3, 16ㅎ》要捲篷樣, 우산각
양으로 ᄒ고져 ᄒ노라. ⇔양자(樣子).
《朴新諺 2, 24ㅈ》傷着冷物起的樣子, 冷
物에 傷ᄒ여 난 樣이니. ⇔양즈.《朴
新諺 1, 20ㅈ》用心照樣做罷, 用心ᄒ여
양즈대로 민들라.

양(樣) 가지. 종류. ⇔가지.《朴新諺 1,

2ㅎ》這幾撈都是南方來的有名的好酒, 이 여러 가지는 다 이 南方셔 온 有名혼 됴흔 술이라.《朴新諺 1, 4ㅎ》這四撈先上, 이 네 가지를 몬져 올리고.《朴新諺 1, 4ㅎ》只用十二撈勾了, 그저 열두 가지를 뻐야 넉넉ᄒ리라.《朴新諺 1, 4ㅎ》這四撈先上, 이 네 가지를 몬져 올리고.《朴新諺 1, 5ㅎ》幷着他叫些歌唱的諸撈雜耍的來, 아오로 뎌로 ᄒ여 노래 부르고 여러 가지 잡노롯ᄒᄂᆫ 이롤 불러와.《朴新諺 1, 21ㅈ》各撈不同, 여러 가지 ᄌ디 아니ᄒ더라.《朴新諺 2, 42ㅈ》要南京來的鴉靑色・月白色這兩撈緞子, 南京으로서 온 야청빗과 남빗 이 두 가지 비단을 ᄒ려 ᄒ노라.

양(養) 툉 **①●**기르다. 키우다. ⇔기르다. 《朴新諺 1, 55ㅎ》養孩兒好不難哩, 아히를 기르기 ᄀ장 어려오니.《朴新諺 1, 56ㅈ》養子方知父母恩, ᄌ식을 길러야 보야호로 父母 은혜를 안다 ᄒ니라. **●**치다. 기르다. ⇔치다.《朴新諺 1, 36ㅈ》要養老婆取樂了, 계집 쳐 즐기려 ᄒ니. **②**낳다. 출산하다. **●**⇔나타.《集覽, 字解, 單字解, 7ㅎ》養. 養成 기르다. 又生産曰養, 養孩兒 ᄌ식 나타. 又呼淫婦宣淫者曰養漢的. **●**⇔낳다.《朴新諺 1, 54ㅈ》養的是小廝呢還是女孩兒呢, 나흔 거시 이 ᄉ나히가 이 계집아히가.

양(諒) 툉 헤아리다. 짐작하다. 추측하다. ⇔헤아리다.《朴新諺 3, 49ㅈ》諒你要金榜題名的書生, 헤아리건대 너 金榜에 題名코져 ᄒᄂᆫ 書生이.

양(讓) 툉 **●**양보하다. 겸양하다. ⇔미다.《集覽, 字解, 單字解, 5ㅈ》儘. 讓也, 任也. 儘他 제게 다와ᄃ라, 儘讓 더긔 미다. 又縱令也. 儘敎 므던타. 又儘一儘 지긔우다. 又儘船 빗 ᄀ장. **●**넘겨주다. 양도(讓渡)하다. ⇔양ᄒ다(讓-).《朴新諺 1, 33ㅈ》就讓你九分銀子何如, 네게 九分銀을 讓홈이 엇더ᄒ뇨.

양가(良家) 몡 지체가 있는 좋은 집안.《集覽, 朴集, 上, 12ㅈ》紅定. 晉武帝多簡良家女以充內職, 而自擇美者入選, 則以絳紗繫臂. 鎭軍將軍胡奮女入選, 亦以絳紗繫臂, 故俗謂定婚曰紅定.

양가(梁家) 몡 양씨(梁氏) 성(姓)을 가진 사람의 집.《朴新諺 2, 4ㅈ》在八里庄梁家花園裏做的, 八里庄 梁家 花園의서 ᄒ니라.

양간(羊肝) 몡 양(羊)의 간(肝). 또는 그 빛깔. 곧, 적갈색(赤褐色). ⇔양간빗ᄎ(羊肝).《朴新諺 1, 30ㅈ》馬黏是羊肝柒的, ᄃ래ᄂᆫ 이 羊肝빗츠로 柒혼 거시오.

양간(陽干) 몡 천간(天干) 중에서 기수(奇數)에 해당하는 것. 곧, 갑(甲)・병(丙)・무(戊)・경(庚)・임(壬).《集覽, 朴集, 上, 5ㅈ》天赦日. 春戊寅・夏甲午・秋戊申・冬甲子, 謂天道生育萬物而有其罪也. 甲戊爲陽干之德, 子午爲陰陽之成, 寅申爲陰陽之立, 以干德配之爲赦也, 可修造起工〈土〉.

양간빗ᄎ(羊肝-) 몡 양(羊) 간(肝)의 빛깔. 곧, 적갈색(赤褐色). ⇔양간(羊肝).《朴新諺 1, 30ㅈ》馬黏是羊肝柒的, ᄃ래ᄂᆫ 이 羊肝빗츠로 柒혼 거시오.

양강(良薑) 몡 생강의 한 가지. 씨는 홍두구(紅豆蔲)라 하여 뿌리와 같이 한약재로 쓴다.《集覽, 朴集, 上, 3ㅎ》細料物. 事林廣記食饌類, 細料物, 官桂・良薑・蓽撥草・豆蔲・陳皮・縮砂仁〈砂仁〉・八角・茴香各一兩, 川椒二兩, 杏仁五兩, 甘草一兩牛, 白檀末牛兩. 右共爲細末用之. 如欲出路停久用之者, 以水浸, 蒸餅爲丸, 如彈子大, 臨時湯泡用之. 今按, 漢俗謂당・슈・고・믈 曰細料物.

양개(兩箇) 뫤 **●**두 (개). ⇔두.《朴新諺 1, 12ㅈ》我有両箇月俸米要關, 내게 두 ᄃᆞᆯ 녹 뿔이 이셔 ᄐ려 ᄒ노라.《朴新諺 1, 22ㅈ》左輔右弼板和那両箇束兒, 左輔 右弼 돈과 두 뭇금쇠는.《朴新諺 2, 3ㅈ》你

若有兩箇油紙帽, 네게 만일 두 油紙帽ㅣ
잇거든.《朴新諺 2, 3ㅈ》那金老二有兩箇
油紙帽, 뎌 金老二의게 두 油紙帽ㅣ 이시
니.《朴新諺 3, 26ㅈ》行者敎千里眼·順
風耳兩箇鬼, 行者ㅣ 千里眼·順風耳 두
귀신으로 ᄒᆞ여. ❷두 (명). ⇔두.《朴新
諺 1, 29ㅈ》看見両箇舍人調馬耍子, 두 舍
人이 調馬 노리ᄒᆞᄂᆞᆫ 양을 보니.《朴新諺
1, 31ㅈ》這兩箇舍人, 이 두 舍人은.《朴新
諺 1, 40ㅎ》両箇先生合賣藥一箇坐一箇
跳, 두 先生이 모다 藥 ᄑᆞ노라 ᄒᆞ나흔 안
잣고 ᄒᆞ나흔 ᄶᅱ노ᄂᆞᆫ 거시여.《朴新諺 2,
28ㅈ》那兩箇漢子把那驢·騾喂好了, 뎌
두 놈은 나귀와 노새를다가 먹이기를 잘
ᄒᆞ여.《朴新諺 2, 28ㅈ》這兩箇小厮, 이
두 놈은.《朴新諺 2, 34ㅈ》他有兩箇婢家,
뎨 두 계집이 잇더니.《朴新諺 2, 45ㅎ》
你兩箇小厮慢慢的上去, 너희 두 아히 날
회여 올라가.《朴新諺 3, 9ㅎ》叫一箇泥
水匠兩箇小工來, 혼 미장이와 두 조역을
불러와.《朴新諺 3, 25ㅈ》又叫兩箇宮娥,
또 두 宮娥를 불러.

양개(兩箇) 㽃 둘. 두 (명). ❶⇔둘.《朴新
諺 2, 10ㅎ》咱兩箇拿些布施和香·蠟去
禮拜他, 우리 둘이 져기 보시와 香과 쵸
를 가져가 뎌의게 禮拜ᄒᆞ고.《朴新諺 2,
56ㅈ》咱兩箇捽, 우리 둘이 ᄢᅵ름ᄒᆞ되.
《朴新諺 3, 1ㅎ》你兩箇帶着小兄弟, 너희
둘이 어린 아ᄋᆞ를 ᄃᆞ리고.《朴新諺 3, 25
ㅈ》着兩箇猜裡面有甚麽東西, 둘로 ᄒᆞ여
안히 므스거시 잇ᄂᆞᆫ고 알라 ᄒᆞ고. ❷⇔
둘ㅎ.《朴新諺 2, 42ㅈ》咱兩箇一同去,
우리 둘히 ᄒᆞᆫ가지로 가쟈.《朴新諺 3, 20
ㅎ》我兩箇到書舖裡去, 우리 둘히 칙푸
ᄌᆞ에 가.《朴新諺 3, 23ㅈ》咱兩箇冤讐非
同小可, 우리 둘히 冤讐ㅣ 젹지 아니ᄒᆞ
니라.《朴新諺 2, 55ㅎ》咱兩箇交手便見
高低, 우리 둘이 交手ᄒᆞ면 곳 高低를 보
리라.《朴新諺 3, 23ㅎ》咱如今兩箇就在
王前閗(鬪)法, 우리 이제 둘히 곳 王의

앏히 이셔 閗(鬪)法ᄒᆞ여.《朴新諺 3, 41
ㅎ》咱兩箇就到那裡去, 우리 둘히 곳 져
긔 가.

양경기(兩京記) 똉 양경신기(兩京新記).
당(唐) 위술(韋述) 지음. 1권. 원본은 5
권. 당대(唐代)의 장안(長安)과 낙양(洛
陽)에 대하여 서술하였다.《集覽, 朴集,
下, 11ㅈ》好女不看燈. 唐韋述兩京記曰,
正月十五日夜, 勅金吾弛禁, 前後各一日,
以觀燈.

양고기(羊-) 똉 양의 고기. ⇔양육(羊肉).
《朴新諺 1, 4ㅎ》燒鵝, 구은 거유. 燒鴨,
구은 올히. 燒牛肉, 구은 쇠고기. 燒羊肉,
구은 羊의 고기니.

양구(兩口) 㽃 둘. 두 (명). ⇔둘ㅎ.《朴新
諺 1, 45ㅈ》那両口兒做了少年夫妻, 뎌 둘
히 少年 夫妻ㅣ 되엿고.

양구(養狗) 图 개를 기르다.《朴新諺 1, 42
ㅎ》狗有濺草(朴新注, 16ㅎ: 晉時, 楊生養
狗, 甚愛. 生醉臥大澤草中. 夜(野)火起風
猛, 狗呼喚, 生不覺. 狗走徃水坑, 以身漬
水, 洒生所臥草, 生得不死.)之恩, 개ᄂᆞᆫ 濺
草흔 思이 잇고. 馬有垂繮之報, 呈은 垂
繮흔 報ㅣ 잇다 ᄒᆞ니라.

양년(陽年) 똉 지지(地支)가 자(子)·인
(寅)·진(辰)·오(午)·신(申)·술(戌)
인 해.《集覽, 朴集, 下, 10ㅎ》立地赶牛.
芒神閑忙, 立春在正旦前後, 各五日內者
是忙, 芒神與牛齊立, 在正旦前五辰外者
是農早忙, 芒神在牛前立, 正旦後五辰外
者是農晩閑, 芒神在牛後立, 子·寅·辰
·午·申·戌陽年, 在左邊立, 丑·卯·
巳·未·酉·亥陰年, 在右邊立.

양대(養大) 图 크게 키우다.《朴新諺 1, 56
ㅈ》方能勾養大成人, 보야흐로 養大 成人
ᄒᆞᄂᆞ니.《朴新諺 2, 19ㅈ》養大成人任憑
使喚, 養大 成人ᄒᆞ여 임의로 부리되.

양류(楊柳) 똉 버드나무.《集覽, 朴集, 中,
5ㅎ》執楊柳於掌內拂病體於輕安. 佛圖
澄, 天竺〈竺〉人也. 妙通玄術, 善誦呪, 能

役使鬼神. 石勒聞其名, 召試其術, 澄取鉢
盛水, 燒香呪之, 須臾, 鉢中生靑蓮花. 勒
愛子暴病死, 澄又取楊枝沾水, 洒而呪之,
遂蘇. 自後凡謝僧醫病曰辱沾楊枝之水.
《朴新諺 2, 29ㅎ》執楊柳於掌內拂病體於
輕安(朴新注, 33ㅎ: 佛家云, 觀音取楊柳
枝沾水, 灑而呪之, 能令死者, 還蘇(蘇).),
楊柳롤 손에 잡아 病體를 輕安혼 디 썰
치고.

양방(兩旁) 圀 =양방(兩傍). 《集覽, 朴集,
上, 4ㅎ》蘆溝橋. 其一東南流, 入于蘆溝,
又東入于東安縣界. 去都城三十里, 有石
橋跨于河, 廣二百餘步, 其上兩旁皆石欄,
雕刻石獅, 形狀奇巧, 成於金明昌三年.

양방(兩傍) 圀 좌우. 양쪽. 《朴新諺 1, 9
ㅎ》直淽過蘆溝橋(朴新注, 4ㅈ: 京都南三
十里, 有河曰蘆溝, 上有石橋, 廣二百餘步,
兩傍皆石欄, 雕刻石獅, 形狀奇巧.)上獅子
頭了, 바로 蘆溝橋 우희 獅子 머리롤 좀
가 넘어. 《朴新諺 2, 50ㅈ》兩傍放幾張椅
子, 두 편에 여러 교의를 노코.

양삼개(兩三箇) 팬 두석[二三]. 두세 (개).
⇔두석. 《朴新諺 1, 52ㅈ》到那裏住両三
箇月, 뎌긔 가 두석 둘을 어둘 써시오.

양생(楊生) 圀 양씨(楊氏) 성을 가진 젊은
이. 생(生)은 성(姓) 뒤에 붙어 '젊은 사람'
의 뜻을 더하는 접미사. 《集覽, 朴集, 上,
11ㅈ》狗有濺病之恩. 晉太和中, 楊生養
狗, 甚愛之. 後生飮酒醉, 行至大澤, 草中
眠. 時値冬月, 野火起, 風又猛, 狗呼喚, 生
不覺. 《朴新諺 1, 42ㅎ》狗有濺草(朴新注,
16ㅈ: 晉時, 楊生養狗, 甚愛. 生醉臥大澤
草中. 夜(野)火起風猛, 狗呼喚, 生不覺. 狗
走徃水坑, 以身漬水, 洒生所臥草, 生得不
死.)之恩, 개ᄂᆞᆫ 濺草혼 思이 잇고. 馬有垂
繮之報, 몰은 垂繮혼 報ㅣ 잇다 ᄒᆞ니라.

양섬(養贍) 圀 먹고살 수 있도록 도와주
다. 양육하다. 부양하다. ⇔양섬ᄒᆞ다(養
贍-). 《朴新諺 2, 19ㅈ》今因貧乏無以養
贍, 이제 貧乏ᄒᆞ여 뻐 養贍홈이 업ᄉᆞᆯ

因ᄒᆞ여.

양섬ᄒᆞ다(養贍-) 圐 양섬(養贍)하다. ⇔
양섬(養贍). 《朴新諺 2, 19ㅈ》今因貧乏
無以養贍, 이제 貧乏ᄒᆞ여 뻐 養贍홈이 업
ᄉᆞᆯ 因ᄒᆞ여.

양성(養成) 圐 기르다. 키우다. ⇔기르다.
《集覽, 字解, 單字解, 7ㅎ》養. 養成 기르
다. 又生産曰養, 養孩兒 ᄌᆞ식 나타. 又呼
淫婦宣淫者曰養漢的.

양수(凉水) 圀 시원한 물. 찬물. 《集覽, 朴
集, 下, 6ㅈ》水滑經帶麵. 如此三四次, 微
軟和餅劑, 就案上用拗棒拗百餘棒, 多揉
數百拳. 至麴性行, 方可搓如指頭大, 新凉
水內浸兩時許, 伺麵〈麪〉性行, 方下鍋, 闊
〈濶〉細任意做.

양식 圀 양식(糧食). 식량. ⇔구량(口粮).
《集覽, 字解, 單字解, 6ㅈ》少. 多少. 又欠
也. 少甚麼 므스거시 업스뇨. 少債 ᄂᆞ미
비들 뼈디워 잇다. 又缺也. 缺少口粮 양
시기 그처디다.

양식(糧食) 圀 곡식. 양곡. 양식. ⇔곡식.
《朴新諺 3, 38ㅎ》諸般粮食, 여러 가지 곡
식을.

양아(樣兒) 圀 견양(見樣). 본보기. 《集覽,
朴集, 中, 1ㅈ》樣兒〈子〉. 染家有簿冊一
本, 有人求染絹帛者, 必於簿上記其物數
及染色, 并其染直以當契約者, 謂之樣兒.

양양(洋洋) 혱 바다가 한없이 넓다. 《集
覽, 朴集, 下, 11ㅈ》流水高山. 俄而志在
流水. 子期曰, 善㦲, 洋洋乎, 志在流水.

양양(痒痒) 혱 가렵다. ⇔ᄀᆞ렵다. 《朴新諺
3, 12ㅎ》向火烤一會便不痒痒了, 불을 향
ᄒᆞ여 혼 지위 쬐면 곳 ᄀᆞ럽지 아니ᄒᆞ리
라.

양온서(良醖署) 圀 명대(明代)의 관서 이
름. 광록시(光祿寺)에 딸리어 술에 관한
일을 맡았다. 《集覽, 朴集, 上, 1ㅈ》光祿
寺. 在東長安門內, 其屬有大官·珍〈珎〉
羞·良醖·掌醢四署, 掌供辦內府諸品膳
羞酒醴及管待使客之事.《集覽, 朴集, 上,

1ㅎ》署官. 良醖署, 即光祿寺屬官也. 有
署正·署丞·監事等官.

양왕(梁王) 阌 오대 양(五代梁) 태조 주온
(朱溫: 朱全忠)을 일컫는 말.《集覽, 朴
集, 下, 12ㅎ》梁貞明. 朱溫事唐僖宗, 賜
名全忠, 拜宣武軍節〈莭〉度使, 封梁王.

양웅(楊雄) 阌 =양웅(揚雄). '楊'은 '揚'의
다른 표기.《集覽, 朴集, 上, 5ㅈ》擔. 前
漢書䣅通傳, 守甂石之祿. 應劭注, 擔, 受
二斛. 楊(揚)雄傳, 家無甂石之儲.

양웅(揚雄) 阌 한(漢)나라 성도(成都) 사
람. 자(字)는 자운(子雲). 학식이 넓고
사부(辭賦)에 능하였다. 왕망(王莽)에게
나아가 벼슬하였다. 저서에 방언(方言)
·태현경(太玄經)·양자법언(揚子法
言) 등이 있다.《集覽, 朴集, 上, 5ㅈ》擔.
前漢[書]䣅通傳, 守甂石之祿. 應劭注, 擔,
受二斛. 楊(揚)雄傳, 家無甂石之儲.

양육(羊肉) 阌 양의 고기. ⇔양고기(羊-).
《集覽, 朴集, 中, 1ㅈ》分例支應. 元制, 正
官一員, 一日宿頓, 該支〈支〉米一升, 糆一
斤, 羊肉一斤, 酒一升, 柴一束, 經過減半,
從人一名, 止支〈支〉米一升, 經過減半.
《集覽, 朴集, 中, 1ㅎ》禿禿麽思. 劑法如
水滑麫〈麵〉, 和圓少彈劑〈劑〉, 冷水浸手
掌, 按作小薄餅兒, 下鍋煮熟, 以盤盛, 用
酥油炒片羊肉, 加塩炒至焦, 以酸甜湯拌
和. 滋味得所, 別硏蒜泥調酪, 任便加減,
使竹簽簽食之.《集覽, 朴集, 下, 6ㅈ》水
精角兒. 飮饌正要云, 羊肉·羊脂·羊尾
子·生葱·陳皮·生薑, 各細切, 入細料
物, 塩醬拌勻爲餡. 用豆粉作皮包之, 水煮
供食.《朴新諺 1, 4ㅎ》燒鵝, 구은 거유.
燒鴨, 구은 올히. 燒牛肉, 구은 쇠고기.
燒羊肉, 구은 羊의 고기니.《朴新諺 2, 16
ㅈ》羊肉三斤, 羊肉 서 근과.《朴新諺 3,
35ㅎ》羊肉饅頭, 羊肉 너흔 饅頭와. 素餡
稍麥, 믠소 너흔 稍麥과. 匾食, 변시와.

양일(兩日) 阌 이틀. ⇔이틀.《朴新諺 2,
20ㅈ》這一兩日內, 이 흔 이틀 안히.《朴

新諺 3, 19ㅎ》把我家小厮拿去監了兩日,
내 집 아히 놈을다가 자바가 가도완 지
이틀이오.

양자(樣子) 阌 **1**견양(見樣). 본보기.《集
覽, 朴集, 中, 1ㅈ》樣兒〈子〉. 染家有簿冊
一本, 有人求染絹帛者, 必於簿上記其物
數及染色, 幷其染直以當契約者, 謂之樣
兒.《朴新諺 2, 15ㅈ》你把現成樣子來我
看, 네 現成흔 樣子를 가져오라 내 보쟈.
假如你染的不如這樣兒上的顏色, 만일 네
드린 거시 이 樣子엣 빗과 곳지 아니면.
2모양(模樣). ●⇔모양.《朴新諺 2, 37
ㅈ》擺樣子與人看呢, 모양을 지어 사롬
의게 뵈논고. ●⇔양(樣).《朴新諺 2, 24
ㅈ》傷着冷物起的樣子, 冷物에 傷ㅎ여 난
樣이니.

양장(羊腸) 阌 양의 창자.《集覽, 朴集, 上,
3ㅎ》鮮湯. 質問云, 魚·蛤·蠏三味合爲
一羹, 或鷄·鴨·鵝〈鵞〉三味合爲羹, 方
言俱謂之三鮮湯. 又云〈言〉, 以羊腸·豆
粉做假蓮蓬·假茨菰·假合呑魚, 謂之三
鮮. 今按, 合呑魚恐是河豚魚之誤, 然亦未
詳.

양제(煬帝) 阌 수(隋)나라 제2대 황제
(569~618). 이름은 양광(楊廣). 대운하
(大運河)를 비롯한 토목 공사를 크게 일
으켰다. 대군을 보내어 고구려를 침입하
였다가 을지문덕(乙支文德)에게 패하였
다. 재위 15년(604~618).《集覽, 朴集, 下,
9ㅈ》道場. 反〈飜〉譯名義云, 修道之場, 僧
寺或名道場. 隋煬帝勅天下寺院皆名道場.

양주(羊酒) 阌 양고기와 술. 예전 선물용
물품이었다.《集覽, 朴集, 上, 11ㅎ》下多
少財錢. 今制, 納采·問名·納吉揔〈總〉
一次行禮, 以從簡便, 謂之定禮, 亦爲之定
親, 亦曰下紅定, 亦送幣物. 又涓吉送婚書,
行納徵禮, 亦曰納幣, 俗云下財, 亦曰送禮.
俗總稱〈総稱〉曰羊酒花紅.

양주(梁州) 阌 주(州) 이름. 중국 운남성
(雲南省) 지경에 있었다.《朴新諺 2, 32

ㅎ》一頂要雲南氈(朴新注, 34ㅎ: 雲南, 古
梁州. 出氈, 細密爲天下最.)大帽, ㅎ나흔
雲南氈 큰갓슬 ᄒᆞ고.

양주(揚州) 몡 주(州) 이름. 명·청대(明
淸代)에 강소성(江蘇省)에 두었다. 양자
강(揚子江) 북쪽, 회하(淮河)를 양자강
과 이어주는 대운하의 남쪽 끝에 있었
다. 《集覽, 朴集, 上, 9ㅈ》江西. 古楊(揚)
州地, 今置承宣布政使司. 《集覽, 朴集,
下, 5ㅎ》元寶. 南村輟耕錄云, 至元十三
年, 元兵平宋, 回至楊(揚)州, 丞相伯顔號
令搜撿(檢)將士行李, 所得撒花銀子, 銷鑄
作錠, 每五十兩爲一錠, 歸朝獻(獻)納.

양주(楊州) 몡 =양주(揚州). '楊'은 '揚'의
다른 표기. 《集覽, 朴集, 上, 9ㅈ》江西.
古楊(揚)州地, 今置承宣布政使司. 《集覽,
朴集, 下, 5ㅎ》元寶. 南村輟耕錄云, 至元
十三年, 元兵平宋, 回至楊(揚)州, 丞相伯
顔號令搜撿(檢)將士行李, 所得撒花銀子,
銷鑄作錠, 每五十兩爲一錠, 歸朝獻(獻)
納.

양주(釀酒) 동 술을 빚다. 술을 담그다.
《集覽, 朴集, 上, 1ㅈ》槽房. 釀酒出賣之
家, 官收其稅.

양주화홍(羊酒花紅) 몡 육례(六禮)의 하
나로, 정혼(定婚)이 이루어진 증거로 신
랑 집에서 신부 집으로 예물을 보내는
일. 《集覽, 朴集, 上, 11ㅎ》下多少財錢.
今制, 納采·問名·納吉揔(総)一次行
禮, 以從簡便, 謂之定禮, 亦爲之定親, 亦
曰下紅定, 亦送幣物. 又涓吉送婚書, 行納
徵禮, 亦曰納幣, 俗云下財, 亦曰送禮. 俗
總稱(総称)曰羊酒花紅.

양지(羊脂) 몡 양이나 염소의 지방(脂肪).
《集覽, 朴集, 下, 6ㅈ》水精角兒. 飮饌正
要云, 羊肉·羊脂·羊尾子·生葱·陳
皮·生薑, 各細切, 入細料物, 塩醬拌勻爲
餡, 用豆粉作皮包之, 水煮供食.

양지(楊枝) 몡 버들가지. 《集覽, 朴集, 中,
5ㅎ》執楊柳於掌內拂病體於輕安. 佛圖

澄, 天竺〈竺〉人也. 妙通玄術, 善誦呪, 能
役使鬼神. 石勒聞其名, 召試其術, 澄取鉢
盛水, 燒香呪之, 須臾, 鉢中生靑蓮花. 勒
愛子暴病死, 澄又取楊枝沾水, 洒而呪之,
遂蘇. 《集覽, 朴集, 中, 5ㅎ》傾甘露於瓶
中濟險途於飢渴. 佛經云, 佛洒甘露水. 又
云, 開甘露門. 又云, 手執靑楊枝, 徧酒甘
露之水.

양지옥(羊脂玉) 몡 양지옥. (양지(羊脂)의
덩이같이 빛이 나고 윤택이 있는 흰 옥)
《朴新諺 1, 30ㅎ》羊脂玉帶鈎, 양지옥 띄
갈고리오.

양ᄌᆞ 몡 양자(樣子·樣姿). 모양. 모습. ●
⇔생적(生的). 《集覽, 字解, 單字解, 7
ㅎ》生. 生的 양ᄌᆞ. 生活 셩녕. 又甚也. 又
語助. 怎生. ●⇔양(樣). 《朴新諺 1, 20
ㅈ》用心照搛做罷, 用心ᄒᆞ여 양ᄌᆞ대로
민들라.

양차(兩次) 몡 두 번. 두 차례. 《集覽, 朴
集, 上, 12ㅈ》媒人也有福. 兩次送禮之日,
媒人各有表裏之賞.

양쾌(凉快) 円 서늘히. ⇔서늘이. 《朴新諺
3, 1ㅎ》就在柳樹下凉快一會兒回來, 곳
버드나모 아리 이셔 ᄒᆞᆫ 지위 서늘이 ᄒᆞ
여 도라오고.

양쾌(凉快) 혱 ●서늘하다. 상쾌하다. 선
선하다. ⇔서늘ᄒᆞ다. 《朴新諺 3, 4ㅈ》又
凉快, 쏘 서늘ᄒᆞ고. ●상쾌하다. 선선하
다. ⇔양쾌ᄒᆞ다(凉快-). 《朴新諺 1, 51
ㅎ》待身子凉快些, 몸이 凉快ᄒᆞ기룰 기
ᄃᆞ려.

양쾌ᄒᆞ다(凉快-) 혱 양쾌(凉快)하다. ⇔
양쾌(凉快). 《朴新諺 1, 51ㅎ》待身子凉
快些, 몸이 凉快ᄒᆞ기룰 기ᄃᆞ려.

양파(兩把) 囝 둘. 두 (자루). ⇔둘. 《朴新
諺 3, 32ㅎ》刷牙兩把·掠頭兩把, 刷牙
둘과 귀밋빗기 둘을 사고져 ᄒᆞ노라.

양피(羊皮) 몡 양의 가죽. 《集覽, 朴集, 上,
9ㅎ》靴皮. 質問云, 羊皮去毛, 熟軟, 有縐
眼. 作靴好看. 今按, 靴字, 韻〈韵〉書不收,

字意未詳.《朴新諺 1, 31ㅈ》店裏買獨皮
(朴新注, 12ㅈ: 羊皮去毛, 熟軟, 有鬃眼
者.)去, 店에 獨皮 사라 가노라.《朴新諺
1, 46ㅈ》羊皮金不要紙的, 羊皮金을 ᄒ고
지금으란 말고.

양피금(羊皮金) 뎽 (옷의 장식이나 꾸밈
에 쓰려고) 금을 입힌 얇은 양가죽.《朴
新諺 1, 46ㅈ》羊皮金不要紙的, 羊皮金을
ᄒ고 지금으란 말고.

양한(兩漢) 뎽 중국의 서한(西漢)과 동한
(東漢)의 두 나라.《集覽, 朴集, 上, 9ㅎ》
漢子. 泛稱(称)男兒曰漢, 又指婦女之夫
曰漢子. 事物紀原云, 三代以降, 有國號者
至多, 獨以漢爲名者, 取兩漢之盛. 漢武帝
征討四夷, 專事匈奴, 由此有漢胡之斥. 至
晉末, 五胡亂〈乱〉華, 胡人罵華人曰漢兒,
華人罵胡人曰胡虜, 此稱〈称〉漢之始也.
今按, 元時胡漢相雜, 故兩書稱〈称〉漢者
居多.

양한(養漢) 동 화냥질하다. 정부(情夫)를
두다. 서방질하다. ⇔양한ᄒ다(養漢-).
《集覽, 字解, 單字解, 7ㅎ》養. 養成 기르
다. 又生産曰養, 養孩兒 ᄌ식 나타. 又呼
淫婦宣淫者曰養漢的.《朴新諺 1, 35ㅈ》
那養漢老婆的嘴, 뎌 養漢ᄒ는 계집의 부
리.《朴新諺 3, 29ㅎ》你這賊養漢生的小
驢精, 네 이 도적 養漢ᄒ여 나흔 져근 나
귀삐아.

양한적(養漢的) 뎽 양한(養漢)하는 음탕
한 여자.《集覽, 字解, 單字解, 7ㅎ》養.
養成 기르다. 又生産曰養, 養孩兒 ᄌ식
나타. 又呼淫婦宣淫者曰養漢的.

양한ᄒ다(養漢-) 동 양한(養漢)하다. ⇔
양한(養漢).《朴新諺 1, 35ㅈ》那養漢老
婆的嘴, 뎌 養漢ᄒ는 계집의 부리.《朴新
諺 3, 29ㅎ》你這賊養漢生的小驢精, 네 이
도적 養漢ᄒ여 나흔 져근 나귀삐아.

양해아(養孩兒) 동 자식을 낳다. 출산(出
産)하다.《集覽, 字解, 單字解, 7ㅎ》養.
養成 기르다. 又生産曰養, 養孩兒 ᄌ식

나타. 又呼淫婦宣淫者曰養漢的.

양활(養活) 동 ❶부양(扶養)하다. 기르다.
먹여 살리다. 양육하다. ⇔양활하다(養
活-).《朴新諺 2, 19ㅈ》賣與某大官人宅
下養活, 아모 大官人의 집의 ᄑ라 주어
養活ᄒ게 호되. ❷치다. 기르다. 부양
(扶養)하다. ⇔치다.《朴新諺 3, 38ㅎ》還
落下些養活他媳婦・孩兒, ᄯ 져기 쩌르
쳐 제 媳婦와 孩兒를 치더니.

양활하다(養活-) 동 양활(養活)하다. ⇔
양활(養活).《朴新諺 2, 19ㅈ》賣與某大
官人宅下養活, 아모 大官人의 집의 ᄑ라
주어 養活ᄒ게 호되.

양ᄒ다(讓-) 동 넘겨주다. 양도(讓渡)하
다. ⇔양(讓).《朴新諺 1, 33ㅈ》就讓你九
分銀子何如, 네게 九分銀을 讓홈이 엇더
ᄒ뇨.

양식 뎽 양식(糧食). 식량. ⇔구량(口糧).
《集覽, 字解, 單字解, 6ㅈ》少. 多少. 又欠
也. 少甚麼 므스거시 업스뇨. 少債 ᄂ미
비들 ᄢ워 잇다. 又缺也. 缺少口粮 양
시기 그처디다.《集覽, 字解, 單字解, 6
ㅈ》典. 凡人或缺少口粮, 或遇事用錢者,
以物折直, 立限賣與人爲質而求錢取用.
至限償還其直取物而還也. 律條疏議云,
以價易去, 而原價取贖曰典.

어(魚) 뎽 물고기. ❶⇔고기.《朴新諺 2,
49ㅈ》蟹正肥魚正美, 게 졍히 술디고 고
기 졍히 아름다온 제.《朴新諺 3, 49ㅈ》
秀才哥咱們打魚去罷, 秀才 형아 우리 고
기 잡으라 가쟈. ❷⇔물고기.《朴新諺
1, 5ㅈ》魚翅炒肉, 물고기 진에 너허 쵸
ᄒ 고기와.《朴新諺 1, 5ㅈ》火腿添魚, 저
린 고기에 물고기 석근 거시오.

어(語) 뎽 말[言]. ⇔말.《朴新諺 1, 29ㅈ》
古語道, 녯 말에 닐러시되.

-어 에미 ❶-아.《朴新諺 3, 24ㅈ》各上禪床
坐之分毫不動, 각각 禪床에 올라 안저 定
ᄒ고 分毫도 動치 마라. ❷-어.《朴新諺
1, 4ㅎ》用燒割的, 구어 ᄣ혼 거슬 쓰되.

《朴新諺 1, 9ㅈ》相懇你揀了了起程日子, 네게 쳥ᄒᆞ니 起程홀 날을 굴히어 뎡ᄒᆞ면. 《朴新諺 1, 27ㅎ》大家斂些錢, 대되 져기 돈 거두어. 《朴新諺 1, 36ㅈ》無處出脫, 지쳐홀 곳이 업서. 《朴新諺 2, 4ㅎ》送去與他補做生日罷, 보내여 뎌롤 주어 生日을 다느림홈이 무던ᄒᆞ다. 《朴新諺 2, 16ㅎ》快與我做飯, ᄲᆞᆯ리 나를 밥 지어 주고려. 《朴新諺 2, 24ㅈ》被好弟兄們勸我, ᄆᆞᄋᆞᆷ 됴흔 弟兄들의 勸홈을 닙어. 《朴新諺 3, 15ㅈ》托賴父母福蔭, 父母의 福蔭을 닙어. 《朴新諺 3, 27ㅎ》叫大王有肥皂麼與我洗頭, 부로되 大王아 비노ㅣ 잇ᄂᆞ냐 나를 주어 머리 곰게 ᄒᆞ라. 《朴新諺 3, 37ㅈ》拿出毬棒借與崔哥打, 댱방올 막대를 내여 崔哥를 빌려 주어 치게 ᄒᆞ쟈. 《朴新諺 3, 43ㅈ》我不曾留心看, 내 일즉 ᄆᆞᄋᆞᆷ 두어 보지 아니ᄒᆞ여시니.

어그릇츠다 동 그르치다. 어긋나게 하다. ⇔오(悮). 《朴新諺 1, 58ㅎ》不致遲悮, 더듸여 어그릇츰애 니르지 말고.

어그릇다 동 어기다. 어긋나게 하다. 거스르다. ⇔위(違). 《朴新諺 2, 55ㅈ》我輸了再不敢違姐姐的言語, 내 지면 ᄯᅩ 감히 각시의 말을 어그릇지 못ᄒᆞ고. 姐姐若輸了也再不要違了我的言語如何, 각시 만일 져도 ᄯᅩ 내 말을 어그릇지 말미 엇더ᄒᆞ뇨.

어느 관 어느. 무슨. 얼마. ⇔다(多). 《集覽, 字解, 累字解, 1ㅎ》早晚. 這早晚 이 늣도록. 又問何時曰, 多早晚 어느 ᄣᅢ.

어느ᄣᅢ 대 어느 때. 언제. ❶⇔다조만(多早晚). 《集覽, 字解, 累字解, 1ㅎ》早晚. 這早晚 이 늣도록. 又問何時曰, 多早晚 어느 ᄣᅢ. ❷⇔하시(何時). 《集覽, 字解, 累字解, 1ㅎ》早晚. 這早晚 이 늣도록. 又問何時曰, 多早晚 어느 ᄣᅢ.

어느제 대 어느 때. 언제. ⇔기증(幾曾). 《集覽, 字解, 累字解, 2ㅈ》幾曾. 어느 제.

어늬 관 어느. 무슨. 어떤. ❶⇔기(幾). 《朴新諺 1, 51ㅎ》京都聖駕幾時起行呢, 京都에 聖駕ㅣ 어늬 째에 起行ᄒᆞᄂᆢ뇨. ❷⇔나(那). 《朴新諺 3, 17ㅎ》你老爺如今除授在那衙門裡了, 네 老爺ㅣ 이제 어늬 衙門에 除授ᄒᆞ엿ᄂᆢ뇨. ❸⇔나개(那箇). 《集覽, 字解, 單字解, 3ㅎ》那. 平聲, 音노, 推移也. 那一那 논힐후다. 上聲 나, 何也. 那裏 어듸, 那箇 어늬. 又誰也. 那一箇 누고. 去聲 나, 那裏, 彼處也. 那箇 뎌것. 又語助. 有那沒 잇ᄂᆞ녀 업스녀.

어늬새 대 어느 때. 언제. ⇔기시(幾時). 《朴新諺 1, 51ㅎ》京都聖駕幾時起行呢, 京都에 聖駕ㅣ 어늬 째에 起行홀ᄂᆢ뇨.

어늬제 대 어느 때. 언제. ⇔기증(幾曾). 《集覽, 字解, 單字解, 6ㅎ》幾. 數問多少之辭. 幾箇 몃고, 幾時 언제, 幾曾 어늬제.

-어ᄂᆞᆫ 어미 -어서는. 《朴新諺 1, 55ㅎ》在肚裏呢懷躭十月, 빈에 이셔ᄂᆞᆫ 열 둘을 비고.

어늬 관 어느. 무슨. ❶⇔기(幾). 《朴新諺 3, 5ㅎ》不知到幾時纔得了局哩, 아지 못게라 어늬 째에 다ᄃᆞ라 맛치 판나믈 어드리오. ❷⇔나(那). 《朴新諺 1, 17ㅎ》不知那一家打的刀子最好, 아지 못게라 어늬 집의셔 민든 칼이 ᄀᆞ장 됴흐뇨. 《朴新諺 1, 35ㅈ》不知他那一日纔肯還, 아지 못게라 데 어늬 날 마치 즐겨 갑흐리오. 《朴新諺 3, 36ㅈ》官人們要那幾種吃呢, 官人들이 어늬 몃 가지를 먹으려 ᄒᆞᄂᆞᆫ다. 《朴新諺 3, 37ㅈ》咱打那一簡窩児, 우리 어늬 ᄒᆞᆫ 굼글 치리오. ❸⇔나개(那箇). 《朴新諺 1, 31ㅎ》那箇店裏去, 어늬 店에 가는다. ❹⇔하(何). 《朴新諺 2, 51ㅎ》滿了一任還不知等到何年纔得補用哩, ᄒᆞᆫ 벼슬이 ᄎᆞ면 당시롱 어늬 힛에 다ᄃᆞ라 마치 補用홈을 어들 줄을 아지 못ᄒᆞᄂᆞ니라.

어늬째 관 어느 때. 언제. ❶⇔기시(幾時). 《朴新諺 3, 47ㅈ》候到幾時幾刻立春, 어늬 째 어늬 刻에 다ᄃᆞ라 立春 홈을 기ᄃᆞ려. ❷⇔하시(何時). 《朴新諺 1, 7ㅎ》湏(須)富貴何時, 冨貴룰 어늬 째예 기ᄃᆞ

리리오 ᄒ니.

-어다 어미 -었다. 《朴新諺 1, 34ㅎ》倒累 我的新靴子都走破了, 도로혀 내 새 靴조 차 다 ᄃᆞ녀 해아ᄇᆞ려다.

-어도 어미 ●-어도. 《朴新諺 1, 46ㅎ》不 第功錢, 功錢을 혜디 아녀도, 《朴新諺 2, 48ㅎ》憑你問多少, 네대로 아무만 무러 도. 《朴新諺 3, 18ㅎ》但能早散也是不能 早回家, 다만 능히 일즉이 훗터져도 또 능히 일즉이 집의 도라오지 못ᄒᆞ여. 《朴 新諺 3, 42ㅈ》畫虎畫皮難畫骨, 범을 그 리매 가족은 그려도 ᄻᅥ 그리기 어렵고. ●-어도. …도 또한. …도 역시. ⇔야 (也). 《朴新諺 2, 55ㅈ》姐姐若輸了也再 不要違了我的言語如何, 각시 만일 져도 또 내 말을 어긔롯지 말미 엇더ᄒᆞ뇨. 《朴新諺 3, 2ㅎ》一百錢短一箇也不賣, 一 百 돈에 ᄒᆞ나히 업서도 ᄑᆞ지 아니ᄒᆞ리 라. 《朴新諺 3, 8ㅎ》保佑我完了這願心便 死也無怨了, 나를 保佑ᄒᆞ여 이 願心을 못 게 ᄒᆞ면 곳 죽어도 怨홈이 업스리라. 《朴新諺 3, 30ㅎ》就與我二兩也沒甚麽利 息, 곳 나를 두 냥을 주어도 아모 利息이 업스니.

어드러 때 어디로. 어느 곳으로. ⇔나리 (那裏). 《集覽, 字解, 單字解, 5ㅈ》往. 向 也. 往那裏去 어드러 향ᄒᆞ야 가는다. 又 昔也. 往常 아리.

어드로셔 부 어느 곳에서. 어느 곳으로부 터. ⇔나리(那裏). 《朴新諺 3, 34ㅈ》你那 裡來, 네 어드로셔 오는다.

-어든 어미 -거든. -니. -으니. 《朴新諺 2, 44ㅎ》我念你聽, 내 닑어든 네 드르라. 《朴新諺 3, 14ㅎ》先生你與我寫一封書稍 去何如, 先生아 네 나를 ᄒᆞᆫ 봉 글을 써 주어든 부텨 보내미 엇더ᄒᆞ뇨. 《朴新諺 3, 53ㅎ》我念你聽, 내 닑어든 네 드르라.

어듸 때 어디. ●⇔나개(那箇). 《集覽, 字 解, 單字解, 3ㅎ》那. 平聲, 音노, 推移也. 那一那 논힐후다. 上聲나, 何也, 那裏 어

되, 那箇 어듸. 又誰也, 那一箇 누고. 去 聲나, 那裏, 彼處也, 那箇 뎌것. 又語助, 有那沒 잇ᄂᆞ녀 업스녀. ●⇔나리(那裏). 《集覽, 字解, 單字解, 3ㅎ》那. 平聲, 音노, 推移也. 那一那 논힐후다. 上聲 나, 何也. 那裏 어듸, 那箇 어늬. 又誰也. 那一箇 누 고. 去聲 나. 那裏, 彼處也. 那箇 뎌것. 又語助. 有那沒 잇ᄂᆞ녀 업스녀. 《朴新諺 1, 8ㅈ》你到那裏去, 네 어듸 가는다. 《朴 新諺 1, 32ㅎ》你說那裏話來, 네 어듯 말 니르는다. 《朴新諺 2, 2ㅈ》上馬往那裏 去, 물을 ᄐᆞ면 어듸를 향ᄒᆞ여 갈러뇨. 《朴新諺 2, 3ㅈ》李老大(朴新注, 23ㅎ: 老 者之稱)你那裏去, 李老大ㅣ아 네 어듸 가ᄂᆞᆫ다. 《朴新諺 3, 7ㅎ》不知那裡來的這 些蜘蜒, 아지 못게라 어듸로셔 온 이 지 차린지. 《朴新諺 3, 39ㅈ》你令兄除授在 那裡了, 네 令兄이 벼슬ᄒᆞ여 어듸 잇ᄂᆞ 뇨. 《朴新諺 3, 40ㅈ》你那日到底送到那 裡就回來了, 네 그 날 ᄆᆞ츰내 보내여 어 듸 가 곳 도라오뇨.

어듸 때 어디. ●⇔나(那). 《朴新諺 1, 8ㅈ》 甚麽詔派徃那一路頒去呢, 므슴 詔書ㅣ며 어듸롤 그어 반포ᄒᆞ라 가ᄂᆞ뇨. ●⇔나 리(那裏). 《朴新諺 1, 13ㅈ》老太爺你在 那裏住, 老太爺ㅣ야 네 어듸셔 사는다. 《朴新諺 1, 22ㅎ》你今日那裏去, 네 오늘 어듸 가는다. 《朴新諺 1, 48ㅈ》讀到那裏 了, 닑기를 어듸ᄭ지 ᄒᆞ엿ᄂᆞ뇨. 《朴新諺 2, 2ㅈ》咱老爺在那裏, 우리 老爺ㅣ 어듸 잇ᄂᆞ뇨. 《朴新諺 2, 10ㅎ》那裏尋去, 어 듸 가 어드리오. 《朴新諺 2, 15ㅎ》驛丞 都到那裏去了, 驛丞이 다 어듸 갓ᄂᆞ냐. 《朴新諺 2, 31ㅎ》你的帽子那裏買來的, 네 갓시 어듸셔 사 온 것고. 《朴新諺 2, 44ㅈ》你如今要搬到那裏去, 네 이제 올 마 어듸 가고져 ᄒᆞᄂᆞᆫ다. 《朴新諺 3, 19 ㅈ》那裡管雨雪陰晴, 어듸 雨雪 陰晴을 ᄀᆞ옴알리오. 《朴新諺 3, 29ㅈ》那裡想到 死在胡孫手裡呢, 어듸 죽음이 胡孫의 손

에 이실 줄을 싱각ᄒ여시리오.《朴新諺
3, 49ㅈ》那裡知道我這漁翁之樂, 어디 우
리 이 漁翁의 즐거오믈 알리오.

-어라 어미 -어라.《朴新諺 2, 2ㅈ》且將就
買了去罷, 아직 두어라 ᄒ여 사 가미 무
던ᄒ다.

어려오니 혱 어려우니. ⇔난(難).《朴新諺
1, 55ㅎ》養孩兒好不難哩, 아희를 기르기
ᄀ장 어려오니.

어렵다 혱 어렵다. ⇔난(難).《朴新諺 1,
2ㅈ》便有蠶氣難吃, 곳 노린내 이셔 먹기
어려오니라.《朴新諺 1, 23ㅈ》當多了後
來銀子不湊手就難贖了, 뎐당을 만히 ᄒ
엿다가 후에 은이 손에 모히지 못ᄒ면
곳 무르기 어려오니라.《朴新諺 1, 36
ㅎ》咳貴人難見面, 애 貴人을 얼굴 보기
어렵다.《朴新諺 2, 11ㅈ》這箇不難, 이
어렵지 아니ᄒ다.《朴新諺 2, 25ㅎ》特為
我送來難得難得, 특별이 나를 위ᄒ여 보
내니 엇기 어렵다 엇기 어렵다.《朴新諺
2, 47ㅈ》這箇字不難寫, 이 字ᄂᆞᆫ 쁘기 어
렵지 아니ᄒ니.《朴新諺 3, 14ㅎ》正是衆
生難化了, 正히 衆生을 化키 어렵도다.
《朴新諺 3, 42ㅈ》難道連工錢也是不要的,
工錢조차 ᄯᅩ 밧지 아닛ᄂᆞᆫ다 니르기 어렵
다.《朴新諺 3, 42ㅈ》畫虎畫皮難畫骨, 범
을 그리매 가죡은 그려도 ᄲᅧ 그리기 어
렵고.《朴新諺 3, 44ㅎ》做得生硬了難吃,
짓기를 서러 ᄭᅵ면 먹기 어렵고.

어록(語錄) 명 위인이나 유명인의 말을
모은 기록. 또는 그런 책.《集覽, 字解,
單字解, 4ㅎ》甚. 숨. 俗語, 甚麽 므슴, 猶
何也. 又有呼爲신音者, 故古文·語錄有
什麽之語, 音시모. 以甚爲什, 殊無意義.
甚字用終聲, 連呼麽字, 則難於作音, 語不
圓熟. 故甚字不用終聲之音, 今俗亦呼爲
스마.

어루 튀 가(可)히. 넉넉히. ⇔능구(能勾).
《集覽, 字解, 單字解, 3ㅎ》勾. 平聲, 曲也.
勾龍, 社神, 勾芒, 春神, 勾吳, 地名. 今按,

俗語勾了 유여ᄒ다, 又에우다. 又能勾
어루, 又유여히. 又史語, 勾取 자피다, 又
勾攝公事 공ᄉ로 블리다, 又勾喚 블리
다. 又去聲, 勾當, 幹管也, 又事也, 勾當亦
去聲.

어룽 명 얼룩. ⇔화아(花兒).《朴新諺 3,
2ㅎ》我要這有花兒的母猫, 내 이 어룽 암
괴롤 사려 ᄒ니.

어리다 혱 어리다. ⇔소(小).《朴新諺 3,
1ㅎ》你兩箇帶着小兄弟, 너희 둘이 어린
아ᅀᆞ를 ᄃᆞ리고.《朴新諺 3, 44ㅈ》咳還有
他那小児子, 애 ᄯᅩ 뎌의 그 어린 아둘이
이셔.

어망(漁網) 명 물고기를 잡는 데 쓰는 그
물.《朴新諺 3, 49ㅈ》載着這酒·琴·漁
網, 이 酒·琴·漁網을 싯고.

어미 명 어미. ⇔낭(娘).《朴新諺 2, 53ㅈ》
這妳娘好不精細, 이 졋어미 ᄀ장 精細치
못ᄒ다.

어백(魚白) 명 옥색(玉色). (물고기의 배
처럼 하얀색에 푸른빛이 감도는 색깔)
●⇔옥식.《朴新諺 2, 14ㅈ》這魚白[綿]
紬原是婦人家大襖裏子, 이 옥식 綿紬ᄂᆞᆫ
본디 婦人의 큰옷 안히니. ●⇔옥식빗
츠.《朴新諺 2, 59ㅎ》魚白的裁做綿襖,
옥식빗츤 핫옷 몰라 민드되.

어버이 명 어버이. 양친. 부모. ⇔야낭(爺
娘).《朴新諺 3, 39ㅈ》咳孩児使爺娘的,
애 ᄌᆞ식이 어버[이]의 거슬 쁘고.

어사(御史) 명 벼슬 이름. 춘추전국시대
에는 모든 나라가 어사를 두어 임금 가
까이에서 문서(文書)나 기사(記事)에 관
한 일을 맡아보게 하였다. 한대(漢代)부
터는 직함이 여러 차례 변경되었는데,
규찰(糾察)과 탄핵(彈劾)만 맡고 문서와
기사는 태사(太史)가 맡았다.《集覽, 朴
集, 上, 4ㅈ》都堂. 唐制, 尙書省曰都堂.
元時亦有尙書省. 今按, 華制, 都察院有左
右都御史·副都御史·僉都御史, 在外十
三布政司及都司, 皆有御史一員, 都御史

所在謂之都堂, 監察御史所在謂之察院.

어사(語辭) 몡 어조사(語助辭).《集覽, 字解, 累字解, 2ㅈ》怎生. 怎, 何也. 生, 語辭. 詳見上.

어선(漁船) 몡 물고기를 잡는 배.《朴新諺 2, 6ㅈ》撒網垂鉤的是大小漁船, 그믈을 티고 낙시를 드리온 거슨 이 大小 漁船 이오.《朴新諺 3, 49ㅈ》撑篙一葉小漁船, 一葉 小漁船을 저어.

-어셔도 옘 -어서도.《朴新諺 3, 20ㅎ》 也不免是閉門家裡坐禍從天上來, 쪼 이 門을 닷고 집의 안저셔도 禍ㅣ 天上으로 조차 온다 홈을 免치 못홈이로다.

-어시니 옘 -시니. -으시니.《朴新諺 1, 7ㅎ》看天氣已晚了, 보매 하늘이 이믜 느 저시니.《朴新諺 1, 9ㅎ》我家的墙也倒了 幾堵, 우리 집 담도 여러 돌림이 믄허져 시니.《朴新諺 1, 56ㅎ》有失迎接了, 迎接 홈을 일허시니.《朴新諺 2, 18ㅈ》老爺雞 鳴了請起來罷, 老爺ㅣ 아 둙이 우러시니 쳥컨대 니러나라.《朴新諺 3, 53ㅎ》失去 帶鞍白馬一匹, 기르마 지은 흰물 혼 필 을 일허시니.《朴新諺 3, 59ㅈ》旣承二位 光顧, 임의 二位 光顧홈을 닙어시니.

어아(魚兒) 몡 물고기. ⇔고기.《朴新諺 2, 6ㅈ》穿波逐浪的是魚兒, 穿波 逐浪ㅎ 는 거슨 이 고기오.

-어야 옘 -어야.《朴新諺 1, 26ㅎ》饒你 四子纔好下哩, 너롤 네흘 졉어야 마치 두기 됴흐리라.《朴新諺 2, 39ㅎ》種甚麼 菜好呢, 므슴 ㄴ믈을 심거야 됴흐리오. 《朴新諺 3, 38ㅎ》三停裡該分與主人二停 纔是, 세 운에셔 맛당이 主人을 두 운을 눈화 주어야 올커눌.

어옹(漁翁) 몡 물고기를 잡는 노인.《朴新 諺 3, 49ㅈ》那裡知道我這漁翁之樂, 어디 우리 이 漁翁의 즐거오믈 알리오.

어용(御用) 몡 제왕이 쓰는 것.《集覽, 朴 集, 上, 6ㅈ》五爪蟒龍. 蟒, 大蛇也. 蟒龍, 謂無角龍也. 元制, 五爪二角龍爲紋〈文〉

者, 止供御用, 不許下人穿用.《朴新諺 1, 16ㅎ》雖比不得上用段子, 비록 上用홀 비단에는 비치 못ㅎ나.

어육(魚肉) 몡 물고기와 짐승의 고기.《集 覽, 朴集, 上, 13ㅎ》滿月. 産書云, 分娩未 滿月, 恣食生冷粘・硬果・菜・肥膩魚・ 肉之物, 當時雖未覺大〈有〉損, 滿月之後, 卽成蓐勞.

어이 뿐 어이. 어찌. ●⇔즘(怎).《朴新諺 2, 47ㅎ》拖字怎的寫, 拖字를 어이 뻣ㄴ 요.《朴新諺 2, 48ㅈ》待子怎的寫, 待子를 어이 뻣ㄴ요. ●⇔즘마(怎麼).《朴新諺 2, 47ㅈ》縫衣裳的縫字怎麼寫, 衣裳 호다 ㅎ는 縫字를 어이 뻣ㄴ요.《朴新諺 2, 47 ㅈ》替代的代字怎麼寫, 替代ㅎ다 ㅎ는 代 字를 어이 뻣ㄴ요.《朴新諺 2, 47ㅎ》却 字怎麼寫, 却字를 어이 뻣ㄴ요.《朴新諺 2, 47ㅈ》劉字怎麼寫, 劉字를 어이 뻣ㄴ 요.《朴新諺 2, 47ㅎ》錯字怎麼寫, 錯字를 어이 뻣ㄴ요.《朴新諺 2, 48ㅈ》宋字怎麼 寫, 宋字를 어이 뻣ㄴ요.《朴新諺 2, 48 ㅈ》笠字怎麼寫, 笠字를 어이 뻣ㄴ요. 《朴新諺 2, 48ㅈ》滿字怎麼寫, 滿字를 어 이 뻣ㄴ요.《朴新諺 2, 48ㅈ》思字怎麼寫, 思字를 어이 뻣ㄴ요.

어자(魚子) 몡 물고기의 알.《集覽, 朴集, 上, 9ㅈ》結椶帽. 椶, 木名, 高一二丈, 葉 如車輪, 旁〈旁〉無枝, 皆萃於木杪. 其下有 皮, 重疊裹之, 每皮一匝爲一節〈莭〉, 花黃 白色, 結實作房, 如魚子狀, 其皮皆是絲而 經緯如織, 傍有細縷, 交相連綴不散.

어전(御前) 몡 임금의 앞.《集覽, 朴集, 中, 8ㅎ》牢子走. 在大都則自河西務起程, 若 上都則自泥河兒起程, 越三時, 走一百八 十里, 直抵御前, 俯伏呼萬歲.

어제 몡 어제. 작일(昨日). ●⇔야래(夜 來).《集覽, 字解, 單字解, 4ㅈ》來. 來往. 又語助. 你來 이바, 夜來 어제, 有來 잇더 라, 去來 가다. 又數物而有餘數, 未的知 之辭. 十來箇 여라믄, 十里來地 십 리만

혼 디, 十來日 여라믄 날.《朴新諺 2, 23
ㅎ》夜來身上虛汗如流水一般, 어제 몸에
虛汗이 流水 혼가지 굿ᄒ여.《朴新諺 2,
39ㅈ》夜來收割了麻正當好種菜哩, 어제
삼을 거두어 뷔여시니 正히 맛당이 ᄂᆞ믈
시믐이 됴타. ❷⇔작(昨).《朴新諺 3, 43
ㅈ》昨夜做道場有你在那裡麽, 어젯밤 道
場홀 제 네 거긔 잇더냐. ❸⇔작일(昨
日).《朴新諺 1, 56ㅎ》小弟昨日曾到貴宅
奉拜, 小弟 어제 일즉 貴宅에 가 奉拜ᄒ
려 ᄒ여.《朴新諺 2, 21ㅎ》昨日來的, 어
제 왓노라.《朴新諺 2, 24ㅈ》是小弟昨日
在張少卿家慶賀筵席上, 올흐니 小弟 어
제 張少卿의 집 慶賀 筵席에서.《朴新諺
3, 39ㅎ》昨日起身去了, 어제 起身ᄒ여
갓ᄂᆞ니라.

어젯밤 몡 어젯밤. ⇔작야(昨夜).《朴新諺
3, 43ㅈ》昨夜做道場有你在那裡麽, 어젯
밤 道場홀 제 네 거긔 잇더냐.

어조사(語助辭) 몡 어기조사(語氣助詞).
일정한 의미가 없이 실자(實字)를 도와
서 문법적 관계나 어기(語氣)의 강약, 억
양 따위를 나타내는 글자.《集覽, 字解,
單字解, 4ㅎ》麽. 本音모. 俗用爲語助辭,
音마, 古人皆呼爲모, 故或通作莫. 怎麽
엇디, 來麽 오나라. 又用如乎字之意者則
曰, 去麽 갈다, 有麽 잇ᄂᆞ녀. 元語, 麽道
니ᄅᆞᄂᆞ다, 麽音모, 今不用.

어즈러이 閂 어지럽게. ⇔난(亂).《朴新諺
3, 34ㅈ》四五對簇簇趨趨的亂擠, 네다숫
ᄡᅡ식 무둑무둑 나아드러 어즈러이 ᄡᅵ룸
ᄒ니.

어즈럽다 혱 어지럽다. ⇔난(亂).《朴新諺
1, 10ㅎ》前不斷後要亂, 몬져 결짠치 아
니면 후에 어즈럽다 ᄒ니.

어즐ᄒ다 혱 어질어질하다. 어뜩어뜩하
다. ⇔선(旋).《朴新諺 2, 23ㅎ》我今日頭
疼腦旋, 내 오늘 마리 알프고 골치 어즐
ᄒ고.

어지 몡 어제. 작일(昨日). ❶⇔야래(夜

來).《朴新諺 2, 12ㅎ》夜來叫李三, 어지
李三으로 ᄒ여. ❷⇔작일(昨日).《朴新諺
1, 29ㅈ》昨日在午門外, 어지 午門 밧
긔셔.《朴新諺 2, 4ㅈ》昨日是張千摠的生
日, 어지ᄂᆞᆫ 이 張千摠의 生日이니.《朴新
諺 2, 51ㅈ》昨日衙門書辦已將文書送來
了, 어지 衙門 셔반이 이믜 文書를다가
보내엿더라.《朴新諺 2, 52ㅈ》昨日那厮
恰到我家來, 어지 뎌 놈이 마치 내 집의
왓거놀.

어향(魚鄉) 몡 물고기가 많이 잡히는 곳.
《朴新諺 3, 49ㅎ》都付這水國魚鄉了, 다
이 水國 魚鄉에 부티고.

언(言) 통 이르다. 말하다. 말로 나타내다.
⇔닐다.《朴新諺 1, 22ㅈ》言之一両銀子,
혼 냥 銀에 닐러 ᄂᆞᆯᄒ엿노라.《朴新諺
2, 19ㅈ》當日憑中言定身價銀五兩, 當日
에 듕인을 의빙ᄒ여 身價 銀 닷 냥을 닐
러 定ᄒ여.

언(言) 몡 말[言]. ⇔말.《朴新諺 1, 28ㅎ》以
我之言爲何如, 내 말을 엇더타 ᄒᆞᄂᆞ뇨.

언(焉) 円 어찌. 어째서. 왜. ⇔엇지.《朴
新諺 1, 9ㅈ》焉能曉得他那裏的規矩, 엇
지 능히 거긔 規矩롤 알리오.

언덕 몡 언덕. 또는 기슭. ❶⇔안(岸).《朴
新諺 2, 5ㅎ》北岸上又有一座大寺相對着,
북편 언덕 우희 ᄯᅩ 혼 좌 큰 절이 이서
서로 디ᄒ엿고. ❷⇔애(崖).《朴新諺 2,
38ㅎ》只是崖高路窄, 다만 이 언덕이 놉
고 길히 좁으니. ❸⇔파(坡).《朴新諺 2,
38ㅎ》有高高下下之坡, 高高下下혼 언덕
도 이시며.

언머 몡 얼마. ❶⇔기개(幾箇).《朴新諺 1,
57ㅎ》要做幾箇氣力的弓, 언머 힘에 활
을 ᄆᆞᆫ둘고져 ᄒᆞᆫ다. ❷⇔다소(多少).
《朴新諺 1, 10ㅎ》你向來打土墻是多少一
板, 네 져젹의 토담 쏠 제 언머에 혼 틀을
ᄒ더뇨.《朴新諺 1, 23ㅈ》要當多少錢,
언머 돈에 뎐당ᄒ려 ᄒᆞᆫ다.《朴新諺 1,
32ㅈ》就這六箇你要多少價錢, 이 여슷세

네 언머 갑슬 바드려 ᄒᆞᄂᆞᆫ다. 《朴新諺
1, 47ㅎ》每月多少學錢一箇呢, 每月에 ᄒᆞ
나희게 언머 學錢고. 《朴新諺 2, 1ㅈ》你
用多少銀子買呢, 네 언머 은에 사려 ᄒᆞᄂᆞᆫ
다. 《朴新諺 2, 14ㅎ》這些東西你共要多
少染錢呢, 이 여러 거세 네 대되 언머 물
갑슬 바드려 ᄒᆞᄂᆞᆫ다. 《朴新諺 3, 2ㅎ》你
要多少錢賣呢, 네 언머 돈에 풀려 ᄒᆞᄂᆞᆫ
다. 《朴新諺 3, 9ㅈ》經多少風寒・暑熱,
언머 風寒・暑熱을 디내며. 受多少日炙
・風吹, 언머 볏 쬐고 ᄇᆞ람 불믈 바드며.
過多少惡山・險水, 언머 惡山・險水를
디내며. 見多少恠物・妖精, 언머 恠物・
妖精을 보아시며. 《朴新諺 3, 19ㅈ》忍多
少飢渴, 언머 飢渴을 ᄎᆞᆷ으며.

언머나 円 얼마나. ●⇔다(多). 《朴新諺
3, 42ㅎ》他多大年紀了, 뎨 나히 언머나
ᄒᆞ던고. ●⇔다소(多少). 《朴新諺 1, 22
ㅎ》那珠子有多少大, 뎌 진쥬ㅣ 언머나
크뇨. 《朴新諺 3, 51ㅎ》那厮多少年紀了,
뎌 놈이 나히 언머나 ᄒᆞ뇨.

언메 円 얼마. 얼마쯤. ⇔다다소소(多多少
少). 《朴新諺 3, 34ㅎ》不知多多少少, 모
로리로다 언메런지.

언메나 円 얼마나. ⇔다소(多少). 《集覽,
字解, 單字解, 1ㅈ》還. 猶尙也, 再也. 還
有多少 당시론 언메나 잇ᄂᆞ뇨. 又다하.
還要多少 다하 언메나 받고져 ᄒᆞ나뇨.
還有・還要之還, 或呼如孩字之音. 此或
還音之訛, 或別有其字, 未可知也. 又償
也. 還錢 갑 주다. 《集覽, 字解, 單字解,
5ㅎ》虧. 損也, 少也. 虧你多少 네게 언메
나 낟브뇨, 虧着我 내게 낟배라. 又次也.
吏語, 虧兌 원수에셔 ᄯᅳ다.

언문(諺文) 円 언문(諺文). 곧, 한글. 《集
覽, 凡例》凡常用言語之義, 難以文字形容
者, 直用諺文說解, 使人易曉庶不失眞.

언설(言說) 동 이르다. 말하다. 이야기하
다. ⇔니ᄅᆞ다. 《朴新諺 1, 42ㅎ》況且常
言說得好, ᄒᆞ믈며 ᄯᅩ 常言에 니른 거시

묘ᄒᆞ니.

언성(偃成) 円 함부로. ⇔슬이여. 《集覽,
字解, 累字解, 1ㅎ》則管. 則音ᄌᆞ, 去聲.
或作只. 슬이여. 亦曰演成, 演亦作偃.

언약ᄒᆞ다 동 언약(言約)하다. 말로 약속
하다. ⇔약(約). 《朴新諺 1, 1ㅈ》不如約
幾箇好弟兄們, 여러 됴흔 弟兄들을 언약
ᄒᆞ여. 《朴新諺 1, 28ㅈ》好去約會他們, 가
뎌들을 언약ᄒᆞ여 못게 ᄒᆞ쟈. 《朴新諺 1,
58ㅎ》其銀約至下年幾月內歸還, 그 은을
너년 아모 둘 ᄂᆡ에 니르러 갑흘믈 언약
ᄒᆞ여. 《朴新諺 2, 3ㅈ》今日都預先約定
了, 오늘 다 미리 언약ᄒᆞ여 졍ᄒᆞ엿ᄂᆞ니
라. 《朴新諺 2, 27ㅎ》須早些約箇佳期纔
妙哩, 모롬이 일즉 佳期를 언약홈이 마
치 妙ᄒᆞ니라. 《朴新諺 3, 46ㅈ》所以約你
同去哩, 그러모로 너를 언약ᄒᆞ여 ᄒᆞᆫ가지
로 가려 ᄒᆞ노라.

언어(言語) 円 말[言]. ⇔말. 《集覽, 凡例》
凡俗用言語諸字, 有於本義之外, 別借爲義
者, 今除本義, 只擧俗用之義爲解. 《集覽,
凡例》凡常用言語之義, 難以文字形容者,
直用諺文說解, 使人易曉庶不失眞. 《集覽,
凡例》質問者, 入中朝質問而來者也. 兩書
皆元朝言語, 其沿舊未改者, 今難曉解. 前
後質問亦有抵捂, 姑并收以袪初學之碍.
間有未及質問, 大有疑碍者, 不敢强解, 宜
竢更質. 《朴新諺 2, 54ㅎ》說這般作怪的
言語, 이런 괴이흔 말을 니른다. 《朴新諺
2, 55ㅈ》我輸了再不敢違姐姐的言語, 내
지면 ᄯᅩ 감히 각시의 말을 어긔롯지 못ᄒᆞ
고. 《朴新諺 2, 55ㅈ》姐姐若輸了也再不
要違了我的言語如何, 각시 만일 져도 ᄯᅩ
내 말을 어긔롯지 말미 엇더ᄒᆞ뇨.

언음(諺音) 円 우리나라의 말소리를 중국
의 한음(漢音)에 상대하여 이르는 말.
《集覽, 凡例》諺音及字旁之點, 皆從鄕語
・鄕音, 詳見反譯凡例.

언전(蝘蜓) 円 도마뱀붙잇과의 하나. 도
마뱀과 비슷한데 몸의 길이는 12cm 정

도이며, 야행성으로 주로 인가 가까이 살며 작은 소리로 운다. 《集覽, 朴集, 下, 5ㅎ》蝎〈蝎〉虎. 蠑蚖·蜥蝪·蝘蜓·守宮, 一物而四名. 在壁曰守宮, 在草曰蜥蝪. 《朴新諺 3, 33ㅈ》一箇蝦蟆鼈壺·蝎虎(朴新注, 56ㅈ: 一名守宮, 又曰蝘蜓.)盞, 혼 蝦蟆 鼈壺와 蝎虎盞을 민ᄃᆞ라 주고려.

언정(言定) 图 (주로 남자 측에서 여자 측 집에) 사돈을 맺기를 청하다. 혼인을 청하다. 《集覽, 朴集, 上, 11ㅎ》今日做筵席. 舊本作開口筵席, 古所謂言定, 今俗云求親.

언제 团 언제. 어느 때. ●⇔기(幾). 《朴新諺 2, 49ㅈ》幾曾得閑呢, 언제 일즉 한가홈을 어드리오. ●⇔기시(幾時). 《集覽, 字解, 單字解, 6ㅎ》幾. 數問多少之辭. 幾箇 몃고, 幾時 언제, 幾曾 어느 제. 《朴新諺 1, 15ㅈ》從幾時生出來的, 언제부터 낫ᄂᆞ뇨. 《朴新諺 1, 44ㅎ》幾時過門的呢, 언제 過門ᄒᆞ더뇨. 《朴新諺 1, 49ㅎ》你幾時來的, 네 언제 온다. 《朴新諺 2, 15ㅈ》你說幾時染完, 네 닐으라 언제 믈드려 ᄆᆞ츠료. 《朴新諺 2, 21ㅈ》趙爺你幾時來的, 趙爺ㅣ아 네 언제 온다. 《朴新諺 2, 22ㅎ》那丁爺你幾時來, 뎌 丁爺ㅣ아 네 언제 온다. ●⇔기일(幾日). 《朴新諺 3, 39ㅎ》幾日榮行, 언제 榮行ᄒᆞᄂᆞ뇨.

언지 团 언제. 어느 때. ⇔기시(幾時). 《朴新諺 1, 8ㅎ》老哥你幾時起身, 노형아 네 언지 쩌날다.

언해(諺解) 图 한문을 한글로 풀어서 쓰다. 또는 그런 책. 《集覽, 凡例》兩書諺解簡帙重大, 故朴通事分爲上·中·下, 老乞大分爲上·下, 以便繙閱.

얻다 图 ●얻다. ⇔득(得). 《朴新諺 1, 19ㅈ》大槩湏(須)得五錢價銀一件, 大槩 모로미 닷 돈 은에 혼 불을 어드리라. 《朴新諺 1, 49ㅎ》應科學得做官, 科擧롤 應ᄒᆞ여 벼슬홈을 어더. 《朴新諺 2, 30ㅈ》故

得人天之喜鬼神之歡, 이러모로 人天의 깃거홈과 鬼神의 즐김을 어더. 《朴新諺 2, 49ㅈ》幾曾得閑呢, 언제 일즉 한가홈을 어드리오. 《朴新諺 2, 50ㅎ》你的陞文得了麽, 네 뜻는 문셔롤 어덧는다. 《朴新諺 2, 51ㅎ》滿了一任還不知等到何年纔得補用哩, 혼 벼술이 ᄎᆞ면 당시롱 어니 히에 다드라 마치 補用홈을 어들 줄을 아지 못ᄒᆞᄂᆞ니라. 《朴新諺 3, 5ㅎ》不知到幾時纔得了局哩, 아지 못게라 어늬 째에 다드라 맛치 판나믈 어드리오. 《朴新諺 3, 9ㅎ》久後你也要得證正果哩, 오란 후에 너도 正果 證홈을 어드리라. 《朴新諺 3, 54ㅈ》若得了這馬來, 만일 이 믈을 어더 오거든. ●얻다. 찾다. ⇔심(尋). 《朴新諺 1, 55ㅎ》還尋妳子呢, ᄯᅩ 졋어미를 어덧ᄂᆞ냐. 要尋一箇好婦人做妳子哩, 혼 됴흔 계집을 어더 졋어미를 삼고져 ᄒᆞᄂᆞ니. 《朴新諺 2, 10ㅎ》那裏尋去, 어디 가 어드리오. 《朴新諺 2, 26ㅈ》好淸醬今年竟沒處尋, 됴흔 ᄀᆞ장을 올히 ᄆᆞᄎᆞᆷ내 어들 ᄃᆡ 업더니. ●(살 곳을) 얻다. 또는 살다. 머무르다. ⇔주(住). 《朴新諺 1, 52ㅈ》到那裏住両三箇月, 뎌긔 가 두 석 둘을 어들 쩌시오. 四얻다. 또는 요구(요청)하다. ⇔토(討). 《集覽, 字解, 單字解, 4ㅎ》討. 求也, 探也. 討去 어드라 가다, 討債去 빋 주니 바드라 가다, 討價錢 빋 받다. 又本國傳習之解曰 빋 쾨오다, 亦通. 《朴新諺 1, 2ㅈ》討幾瓶蜜林檎·甕頭春·木瓜露·苦菜豆酒, 여러 瓶 蜜林檎과 甕頭春과 木瓜露와 쁜 菜豆酒를 어들만 ᄌᆞ지 못ᄒᆞ니. 《朴新諺 1, 2ㅎ》造的本京好酒討幾瓶來, 비즌 本京 됴흔 술을 여러 瓶 어더다가. 《朴新諺 1, 3ㅈ》可着姓李的館夫討去, 李가 館夫로 어드라 가게 ᄒᆞ고. 《朴新諺 1, 3ㅈ》你們討酒的都廻來了麽, 너희 술 어드라 갓든 이 다 도라왓ᄂᆞ냐.

얼굴 图 얼굴. ●⇔면(面). 《朴新諺 1, 36

ㅎ》咳貴人難見面, 애 貴人을 얼굴 보기 어렵다. ●⇔모(貌).《朴新諺 1, 44ㅈ》那女孩兒又生的十分美貌, 뎌 새각시 또 삼긴 거시 ᄀ장 고은 얼굴이니.

얼다 图 얼다. ⇔동(凍).《朴新諺 2, 36ㅈ》街上泥凍的都似狼牙一般, 거리에 즌홁언 거시 다 일희 니 ᄀᆺᄐᆞ니.

얼믜다 혱 성기다. 설피다.《朴新諺 3, 4ㅈ》一發把冷布糊了, 훔끠 얼믠뵈로다가 브르면.

얼믠뵈 뎽 여름철에 창(窓)에 바르는 베. 올이 성기어 통풍이 잘 되고 벌레의 침입도 막는다. ⇔냉포(冷布).《朴新諺 3, 4ㅈ》一發把冷布糊了, 훔끠 얼믠뵈로다가 브르면.

얼밍이 뎽 어레미. ⇔사자(篩子).《朴新諺 2, 21ㅈ》還有羅鍋, 또 노고와. 柳箱, 섥과. 灑子, 드레와. 碗楪, 사발 졉시와. 匙筯, 수져와. 榪杓, 나모쥬게와. 箇籬, 됴리와. 炊箒, 솔과. 擦床兒, 슉치칼과. 簸(簸)箕, 키와. 篩子, 얼밍이와. 馬尾羅, 몰총체와. 桌子, 상과. 盤子, 盤과. 茶盤, 찻반과. 燈臺, 燈臺와. 酒種, 잔과. 酒鼈, 쥬벼ᇰ와. 銅杓, 놋쥬게 이시니.

엄(淹) 图 잠기다[沈]. ●⇔줌ᄀ다.《朴新諺 1, 9ㅎ》直淹過蘆溝橋上獅子頭了, 바로 蘆溝橋 우희 獅子 머리를 좀가 넘어. ●⇔줌기다.《朴新諺 1, 9ㅎ》那一帶地方的田禾都淹沒了, 뎌 一帶 地方에 田禾ㅣ 다 줌겨 못치엿고.

엄(嚴) 튀 엄(嚴)히. ⇔엄히(嚴-).《朴新諺 3, 51ㅈ》嚴差捕役人等緝拿到案, 嚴히 捕役人 等을 시겨 緝拿ᄒ여 案에 와.

엄(嚴) 혱 〈불〉 장엄(莊嚴)하다. 씩씩하고 웅장하며 위엄 있고 엄숙하다. ⇔장엄ᄒ다.《朴新諺 2, 29ㅈ》身嚴瓔珞居普陁空翠之山, 몸에 瓔珞으로 장엄ᄒ여시니 普陁 空翠의 山에 居ᄒ엿도다.

엄매(俺每) 때 우리. ⇔우리.《集覽, 字解, 單字解, 1ㅈ》每. 本音上聲, 頻也. 每年, 每

一箇. 又平聲, 等輩也, 我每·咱每·俺每 우리. 恁每·你每 너희. 今俗喜用們字.

엄몰(淹沒) 图 물에 빠지다. 물에 잠기다.《朴新諺 1, 9ㅎ》那一帶地方的田禾都淹沒了, 뎌 一帶 地方에 田禾ㅣ 다 줌겨 못치엿고.

엄응(嚴凝) 혱 몹시 춥다.《集覽, 朴集, 下, 10ㅈ》頭戴耳掩或提在手裏. 寅時揭左邊, 亥時揭右邊而戴, 以寅·亥時爲通氣, 故揭一邊也, 子·丑時全戴, 爲嚴凝也.

엄이(掩耳) 뎽 이엄(耳掩). (방한용 귀마개)《集覽, 朴集, 下, 10ㅈ》頭戴耳掩或提在手裏. 芒神耳掩以立春時爲法, 從卯至戌八時, 掩耳用手提, 陽時左手提, 陰時右手提, 以八時見日溫和也.《元典章, 禮部 5, 春牛經式》釋策牛人掩耳……寅亥時爲通氣, 故揭一邊, 子丑時芒神全戴掩耳, 爲嚴凝時全掩也.

엄정(嚴淨) 혱 엄숙하고 깨끗하다.《集覽, 朴集, 中, 4ㅎ》座飾芙蓉. 飜譯名義云, 大論問, 諸牀〈床〉可坐, 何必蓮華. 荅曰, 牀爲世間白衣坐法, 又以蓮華軟淨, 欲現神力, 能坐其上, 令不壞故, 又以莊嚴妙法故, 又以此華華臺嚴淨香妙可坐故.

엄형(嚴刑) 图 엄하게 형벌을 가하다. ⇔엄형ᄒ다(嚴刑-).《朴新諺 2, 35ㅈ》嚴刑拷打問成死罪, 嚴刑ᄒ여 져주어 무러 死罪를 일워.

엄형ᄒ다(嚴刑-) 图 엄형(嚴刑)하다. ⇔엄형(嚴刑).《朴新諺 2, 35ㅈ》嚴刑拷打問成死罪, 嚴刑ᄒ여 져주어 무러 死罪를 일워.

엄히(嚴-) 튀 엄(嚴)히. ⇔엄(嚴).《朴新諺 3, 51ㅈ》嚴差捕役人等緝拿到案, 嚴히 捕役人 等을 시겨 緝拿ᄒ여 案에 와.

업다 혱 없다. ●⇔몰(沒).《朴新諺 1, 52ㅈ》京都也沒甚麽買賣, 셔울도 아모란 買賣 업더라.《朴新諺 2, 26ㅈ》好淸醬今年竟沒處尋, 됴흔 근댱을 올히 ᄆ춤내 어들 디 업더니.《朴新諺 2, 57ㅈ》我也

沒甚麽幹的勾當, 나도 아모란 홀 일 업
고.《朴新諺 3, 22ㅎ》伯眼道這禿廝好沒
道理, 伯眼이 니ᄅᆞ되 이 머리믠놈이 ᄀᆞ
장 道理 업다 ᄒᆞ고.《朴新諺 3, 54ㅎ》沒
甚麽新聞, 아모란 新聞이 업고. ●⇔몰
유(沒有).《集覽, 字解, 單字解, 1ㅎ》沒.
無也. 沒有 업다.《朴新諺 1, 56ㅈ》甚麽
門有甚麽記認沒有, 므슴 門이며 므슴 보
람이 잇ᄂᆞ냐 업ᄂᆞ냐.《朴新諺 2, 15ㅎ》
怎麽沒有一簡聽事的, 엇지 ᄒᆞ나 聽事ᄒᆞ
리 업ᄂᆞ뇨.《朴新諺 2, 20ㅈ》怎麽沒有中
・保人呢, 엇지 중인・보인이 업ᄂᆞ뇨.
《朴新諺 2, 42ㅎ》沒有你怕買不成麽, 네
업다 사지 못홀가 저프랴.《朴新諺 2, 50
ㅎ》我在任幾年並沒有不了的事件, 내 任
에 이션 지 여러 히로되 다 ᄆᆞᆺ지 못ᄒᆞᆫ
일이 업고.《朴新諺 2, 57ㅈ》也沒有盤纏,
ᄯᅩ 盤纏이 업기로.《朴新諺 3, 2ㅈ》你家
裡沒有猫兒麽, 네 집의 괴 업ᄂᆞ냐.《朴新
諺 3, 6ㅎ》這些皮衣一夏天沒有收拾, 이
갓옷슬 ᄒᆞᆫ 녀름을 收拾홈이 업더니.《朴
新諺 3, 12ㅈ》這藥舖有招牌沒有, 뎌 藥舖
에 招牌 잇ᄂᆞ냐 업ᄂᆞ냐.《朴新諺 3, 27
ㅈ》行者被油煎的骨肉都沒有了, 行者ㅣ
기름에 디디여 骨肉이 다 업ᄂᆞ이다.《朴
新諺 3, 45ㅈ》若沒有, 만일 업거든. ●⇔
몰유가(沒有家).《集覽, 字解, 單字解, 5
ㅎ》家. 止指一數之稱. 一簡家 ᄒᆞᆫ 낫식,
幾簡家 몃 낫식, 又현 낫식, 幾年家 현
히식. 又ᄆᆞᆯ也. 大家 대개. 又擧姓呼人之
稱. 李家・張家. 又呼皇帝曰官家. 又語
助. 沒有家 업다. ●⇔무(無).《朴新諺 1,
7ㅎ》又道天下無不散之筵席, ᄯᅩ 니ᄅᆞ되
天下에 흣터지지 아닐 잔치 업다 ᄒᆞ니.
《朴新諺 1, 58ㅎ》如無物可准, 만일 물건
이 준졀홀 거시 업거든.《朴新諺 2, 30
ㅈ》萬民無搔擾之憂百姓有安祥之慶, 萬
民이 搔擾ᄒᆞᄂᆞᆫ 근심이 업고 百姓이 安祥
ᄒᆞᆫ 慶이 잇도다.《朴新諺 3, 6ㅈ》衙門處
處向南開, 衙門이 곳곳이 南을 向ᄒᆞ여 여

러시나. 有理無錢休入來, 理 이셔도 돈
이 업거든 드러오지 말라 ᄒᆞᄂᆞ니라.《朴
新諺 3, 15ㅈ》想念之心無日能忘, 싱각ᄒᆞ
ᄂᆞᆫ ᄆᆞ음이 니즐 날이 업ᄉᆞ이다.《朴新諺
3, 18ㅈ》此外並無別件可取了, 이 밧근
아조 다른 것 가히 取홀 것시 업ᄂᆞ니라.
《朴新諺 3, 57ㅈ》眞是無道無所不為, 진
실로 道ㅣ 업서 ᄒᆞ지 아닐 배 업ᄂᆞᆫ지라.
《朴新諺 3, 59ㅈ》小子別無土宜帶來, 小
子ㅣ 별로 土産을 가져온 거시 업고. ●
⇔소(少).《朴新諺 1, 14ㅈ》這都是斷不
能少的, 이 거시 다 이 결판고 업지 못홀
꺼시라.《朴新諺 3, 41ㅈ》就如活的只少
一口氣哩, 곳 사니 ᄀᆞᆺ고 그저 ᄒᆞᆫ 입긔운
만 업더라. ●⇔흠(欠).《朴新諺 1, 22
ㅈ》却欠端正些, 端正홈이 업고.
업보(業報) 圐 〈불〉 선악의 행업(行業)으
로 말미암은 과보(果報).《集覽, 朴集,
中, 4ㅈ》智滿十身. 本覺爲知, 始覺爲智.
滿, 備也. 十身有調御. 十身, 曰無着, 曰弘
願, 曰業報, 曰住持, 曰涅槃, 曰淨法, 曰眞
心, 曰三昧, 曰道性, 曰如意, 有內十身, 曰
菩提, 曰願, 曰化, 曰力持, 曰莊嚴, 曰威勢,
曰意生, 曰福德, 曰法, 曰智. 有外十身, 曰
自, 曰衆生, 曰國土, 曰業報, 曰聲聞, 曰圓
覺, 曰菩薩, 曰智, 曰法, 曰虛空.
업슈이너기다 图 업신여기다. 얕보다. 깔
보다. 우습게 보다. ⇔소간(小看).《朴新
諺 2, 8ㅈ》你不要小看我, 네 나를 업슈이
너기지 말라.《朴新諺 2, 8ㅈ》你怎麽小看
起的我朝鮮人呢, 네 엇지 우리 朝鮮 사룸
을 업슈이너기는다.《朴新諺 3, 31ㅈ》你
好小看人, 네 ᄀᆞ장 사룸을 업슈이너긴다.
업시 뗌 없이. ⇔무(無).《朴新諺 3, 52ㅎ》
小人無辜受辱情理難甘, 小人이 죄 업시
辱을 바드니 情理 難甘ᄒᆞ여.
업시ᄒᆞ다 图 없이하다. 없애다. 제거하
다. ⇔거(去).《朴新諺 1, 28ㅈ》不如去了
他罷, 뎌룰 업시홀만 ᄀᆞᆺ디 못ᄒᆞ다.《朴
新諺 1, 43ㅈ》將風屑去乾淨了, 비듬을 다

가 업시ᄒᆞ여 乾淨히 ᄒᆞ고.

업장(業障) 圐 〈불〉 삼장(三障)의 하나. 말·동작·마음으로 지은 악업에 의한 장애(障碍).《集覽, 朴集, 中, 6ㅈ》罪障. 猶言業障·罪業.

없다 톙 없다. ●⇔단(短).《朴新諺 3, 2ㅎ》一百錢短一箇也不賣, 一百 돈에 ᄒᆞ나히 업서도 ᄑᆞ지 아니ᄒᆞ리라. ●⇔몰(沒).《集覽, 字解, 單字解, 2ㅈ》阿. 俗音 하. 阿的, 猶言此也. 又語助辭. 有阿沒 잇ᄂᆞ녀 업스녀. 皆元朝之語.《集覽, 字解, 單字解, 3ㅎ》那. 平聲, 音노, 推移也. 那一那 논힐후다. 上聲 나, 何也. 那裏 어듸, 那箇 어늬. 又誰也. 那一箇 누고. 去聲 나. 那裏, 彼處也. 那箇 뎌것. 又語助. 有那沒 잇ᄂᆞ녀 업스녀.《朴新諺 1, 27ㅈ》到底是沒眼的, 나죵내 이 눈 업슨 거시로다.《朴新諺 2, 1ㅎ》却沒本事, ᄯᅩ 지죄 업스니.《朴新諺 3, 2ㅈ》恨的我沒法兒治他, 믜오되 내 뎌를 다스릴 法이 업세라.《朴新諺 3, 6ㅈ》便是沒理的事情, 곳 이 理 업슨 일이라도.《朴新諺 3, 8ㅎ》如今沒奈何, 이제 홀 일 업서.《朴新諺 3, 30ㅎ》就與我二兩也沒甚麼利息, 곳 나를 두 냥을 주어도 아모 利息이 업스니. ●⇔몰유(沒有).《朴新諺 1, 42ㅎ》沒有馬騎, 툴 물이 업스면.《朴新諺 1, 46ㅎ》沒有五六錢銀子, 다엿 돈 은이 업스면.《朴新諺 1, 51ㅎ》沒有日期還早哩, 日期 업스니 당시롱 일럿다.《朴新諺 2, 12ㅈ》我沒有零錢帶去使用, 내 ᄃᆞ래돈 가져가 쁠 거시 업스니.《朴新諺 2, 27ㅈ》怕沒有滅你的心火治你的心病之時麼, 네 心火를 ᄢᅳ고 네 心病을 고칠 ᄢᅢ 업술가 저프랴.《朴新諺 2, 43ㅈ》小舖沒有再高的了, 小舖에 다시 노픈 거시 업세라.《朴新諺 2, 50ㅎ》又沒有過犯, ᄯᅩ 過犯이 업스니.《朴新諺 2, 59ㅎ》這還怕沒有新衣服過年麼, 이 도로혀 새 옷스로 過年ᄒᆞᆯ 거시 업슬가 저프랴.《朴新諺 3, 2ㅈ》我

家裡沒有, 우리 집의 업세라.《朴新諺 3, 10ㅈ》我沒有這傢伙, 내게 이 연장이 업스면.《朴新諺 3, 55ㅈ》咳我沒有牲口却怎麼好呢, 애 내게 즘성이 업스니 ᄯᅩ 엇지ᄒᆞ여야 됴흐료. 四⇔무(無).《朴新諺 1, 36ㅈ》無處出脫, 지쳐홀 곳이 업서.《朴新諺 1, 39ㅎ》金甕兒·銀甕兒裏表裏無縫兒, 金독 銀독이 안팟끠 솔 업슨 거시여.《朴新諺 1, 59ㅈ》恐後無憑立此存照, 후에 의빙홈이 업슬가 저퍼 이룰 셰워 存照케 ᄒᆞ노라.《朴新諺 2, 19ㅈ》今因貧乏無以養贍, 이제 貧乏ᄒᆞ여 ᄡᅥ 養贍홈이 업스믈 因ᄒᆞ여.《朴新諺 2, 26ㅎ》男兒無婦財無主, ᄉᆞ나희 지어미 업스면 지물이 님재 업고.《朴新諺 2, 45ㅈ》恐後無憑立此為照, 後에 의빙홈이 업슬가 저허 이를 셰워 보람을 삼노라.《朴新諺 3, 6ㅎ》虫蛀的無一根風毛了怎麼好, 좀이 딥어 ᄒᆞᆫ 낫 긴털이 업스니 엇지ᄒᆞ여야 됴흐료.《朴新諺 3, 14ㅎ》師傅道我與他無緣也, 師傅ㅣ 니르되 내 뎌로 더부러 인연이 업스니.《朴新諺 3, 41ㅈ》是天下無雙的, 이 天下에 雙 업스니라. 五⇔소(少).《集覽, 字解, 單字解, 6ㅈ》少. 多少. 又欠也. 少甚麼 므스거시 업스뇨. 少債 ᄂᆞ믜 비들 뗘 디워 잇다. 又缺也. 缺少口粮 양시기 그처디다. 六⇔핍(乏).《朴新諺 1, 58ㅈ》今因乏錢使用, 이제 돈 쁠 것 업스믈 因ᄒᆞ여.

-엇- 固 -었-.《朴新諺 1, 21ㅎ》你那條金帶是誰廂的, 네 뎌 金씩롤 뉘 던메웟ᄂᆞ뇨.《朴新諺 1, 33ㅎ》他少我五両銀子哩, 뎨 내게 닷 냥 은을 졋ᄂᆞ니라.《朴新諺 1, 48ㅈ》纔讀得半本哩, 겨오 반 권을 닑엇노라.《朴新諺 2, 12ㅎ》說定與他二兩銀子, 닐러 졍ᄒᆞ고 뎌롤 두 냥 은을 주엇더니.《朴新諺 2, 23ㅈ》全仗着這吳爺一路服事我來, 젼혀 이 吳爺ㅣ 一路에 나를 服事홈을 미덧노라.《朴新諺 2, 36ㅈ》今日做的甚麼飯, 오놀 므슴 밥을 지엇ᄂᆞ뇨.

乾飯做成了, 된밥도 지엇고.《朴新諺 2, 50ㅎ》你的陞文得了麽, 네 돗는 문셔룰 어덧느냐.《朴新諺 3, 35ㅈ》正所謂擎天白玉柱駕海紫金梁, 正히 니론 바 하늘을 바쳣는 白玉柱ㅣ오 바다흘 걸탓난 紫金梁이라.《朴新諺 3, 42ㅎ》老曺死了, 老曺ㅣ 죽엇느니라.《朴新諺 3, 57ㅈ》當初怎生建國, 當初에 엇지 나라흘 셰웟는지.

엇게 명 어깨. ⇔견방(肩膀).《朴新諺 3, 26ㅎ》拿着肩膀丟在裡面, 엇게를 잡아 안히 드리치니.《朴新諺 3, 35ㅈ》都是三尺寬肩膀燈盞大的雙眼, 다 이 석 자나 너른 엇게오 燈盞만치 큰 두 눈이라.

엇다 동 얻다. ●⇔득(得).《朴新諺 1, 25ㅎ》人不得橫財不富, 사룸이 橫財룰 엇디 못ㅎ면 가옴여디 못ㅎ고. 馬不得夜草不肥, 물이 夜草룰 엇디 못ㅎ면 술지디 못ㅎ다 ㅎ니.《朴新諺 2, 23ㅎ》一夜不得半點覺睡, 왼밤을 半點 줌도 엇디 못ㅎ니.《朴新諺 2, 25ㅎ》特為我送來難得難得, 특별이 나를 위ㅎ여 보내니 엇기 어렵다 엇기 어렵다.《朴新諺 2, 48ㅎ》不得工夫去不得, 工夫를 엇디 못ㅎ여 가지 못ㅎ노라.《朴新諺 2, 49ㅈ》每日東走西走不得片時歇息, 每日에 동으로 둣고 셔로 두라 片時도 쉼을 엇디 못ㅎ니.《朴新諺 2, 50ㅎ》為甚麽不得呢, 무서슬 위ㅎ여 엇지 못ㅎ리오.《朴新諺 3, 54ㅎ》因此不得工夫, 이런 젼츠로 결을 엇디 못ㅎ여. 闕拜望了得罪, 拜望홈을 闕ㅎ니 罪를 엇과라.《朴新諺 3, 59ㅎ》這正是難得之物, 이 정히 엇기 어려온 거시오. ●⇔토(討).《朴新諺 1, 2ㅎ》如今先着誰去討酒呢, 이지 몬져 눌로 ㅎ여 가 술을 엇게 ㅎ료.《朴新諺 1, 3ㅈ》就着姓崔的外郎去討, 곳 崔가 外郎으로 가 엇게 ㅎ라. ●⇔획(獲).《朴新諺 3, 51ㅈ》至今贓物未獲, 至今 贓物을 엇지 못ㅎ여시니.

엇더타 형 어떠하다. 어떻다. ⇔하여(何如).《朴新諺 1, 28ㅎ》以我之言為何如,

내 말을 엇더타 ㅎ느뇨.

엇더ㅎ다 형 어떠하다. ⇔여하(如何).《朴新諺 1, 1ㅎ》大家且消愁解悶何如, 대되 또 消愁 解悶홈만 ㄻ지 못ㅎ니 엇더ㅎ뇨.《朴新諺 1, 14ㅎ》先換票領籌何如, 몬져 票룰 밧고고 사술을 트미 엇더ㅎ뇨.《朴新諺 1, 22ㅎ》敎他替我做一條銀廂花帶何如, 뎌로 ㅎ여 나룰 ㄱ룿차 훈 오리 銀 뎐메온 섭사긴 씌룰 민둘미 엇더ㅎ뇨.《朴新諺 1, 32ㅎ》任你自揀何如, 네대로 손조 굴희미 엇더ㅎ뇨.《朴新諺 1, 47ㅈ》做一對小荷包送我如何, 훈 뺭 져근 주머니룰 민드라 나룰 주미 엇더ㅎ뇨.《朴新諺 2, 4ㅎ》你說那裏的景致如何, 네 뎌긔 景致룰 니르미 엇더ㅎ뇨.《朴新諺 2, 21ㅎ》今年田禾如何, 올희 田禾ㅣ 엇더ㅎ더뇨.《朴新諺 2, 36ㅎ》且打些酒來吃幾杯解寒何如, 또 져기 술 가져와 여러 잔 먹어 解寒홈이 엇더ㅎ뇨.《朴新諺 2, 55ㅈ》姐姐若輸了也再不要違了我的言語如何, 각시 만일 져도 또 내 말을 어긔롯지 말미 엇더ㅎ뇨.《朴新諺 3, 14ㅎ》先生你與我寫一封書稍去何如, 先生아 네 나룰 훈 봉 글을 뻐 주어든 부텨 보내미 엇더ㅎ뇨.《朴新諺 3, 21ㅈ》買幾部閑書來消遣何如, 여러 部 힘힘훈 칙을 사 와 消遣홈이 엇더ㅎ뇨.《朴新諺 3, 33ㅈ》你要打這器皿的銀子如何, 네 이 器皿을 민돌려 ㅎ면 銀이 엇더ㅎ뇨.《朴新諺 3, 37ㅈ》我且學打這一會與你看何如, 내 아직 이 훈 디위 비화 쳐 네게 뵘이 엇더ㅎ뇨.

엇던 판 어떤. 어떠한. ●⇔심마(甚麽).《朴新諺 1, 48ㅈ》你師傅是甚麽人, 네 스승이 이 엇던 사룸고. ●⇔하등(何等).《朴新諺 1, 49ㅈ》何等榮耀哩, 엇던 영화와 빗남 이리오.

엇디 円 어찌. ●⇔기(豈).《朴新諺 1, 15ㅈ》豈不省事麽, 엇디 일을 더지 아니ㅎ랴.《朴新諺 1, 53ㅎ》豈容他賴呢, 엇디

뎌의 소기믈 용납ᄒ리오.《朴新諺 1, 53
ㅎ》今日豈有不贏之理呢, 오늘 엇디 이
긔지 못홀 理 이시리오.《朴新諺 1, 57
ㅎ》小人豈敢望賞, 小人이 엇디 敢히 賞
을 ᄇ라리오. ㊁⇔나(那).《朴新諺 1, 26
ㅈ》你那能贏得我, 네 엇디 능히 나롤 이
긔리오. ㊂⇔여하(如何).《朴新諺 1, 25
ㅈ》這馬如何能長膘呢, 이 ᄆᆯ이 엇디 능
히 슬디리오.《朴新諺 1, 52ㅎ》如何是好
呢, 엇디 이 됴흐리오. ㊃⇔즘마(怎麽).
《集覽, 字解, 單字解, 4ㅈ》怎. 何也. 怎麽
엇디.《集覽, 字解, 單字解, 4ㅎ》麽. 本音
모. 俗用爲語助辭, 音마, 古人皆呼爲모,
故或通作莫. 怎麽 엇디, 來麽 오나라.
《朴新諺 1, 16ㅈ》老哥不說我却怎麽知道
呢, 노형이 니ᄅ지 아니면 내 ᄯ 엇디
알리오.《朴新諺 1, 37ㅈ》你近來怎麽這
般黃瘦, 네 요ᄉᆞ이 엇디 이리 黃瘦ᄒ엿
ᄂᆞᆫ다.《朴新諺 1, 42ㅎ》到所走不動的時
候却怎麽過呢, 뎌 ᄃ니지 못홀 ᄊᆡ에 다
ᄃ라 ᄯ 엇디 지내리오.《朴新諺 2, 7ㅈ》
我的脊背怎麽赶上你的繡袍, 내 脊背 엇
디 네 슈노흔 큰옷세 미츠리오.《朴新諺
2, 34ㅎ》必要拿你抵償怎麽好呢, 반ᄃ시
너를 자바 죄에 다혀 샹명홀 거시니 엇
디 됴흐리오.《朴新諺 2, 54ㅎ》你怎麽這
般說, 네 엇디 이리 니ᄅ는다.《朴新諺
2, 57ㅈ》你今年怎麽不到京城去, 네 올히
엇디 京城에 가지 아니ᄒ엿ᄂᆞ뇨.《朴新
諺 3, 16ㅈ》相公吩咐怎麽盖, 相公은 吩咐
ᄒ라 엇디 지으려 ᄒᆞᄂᆞ뇨.

엇디ᄒ다 图 어찌하다. ㊀⇔심마(甚麽).
《朴新諺 2, 57ㅈ》你也却為甚麽不去呢, 너
는 ᄯ 엇디ᄒ여 가지 아니ᄒ엿는다. ㊁⇔
여하(如何).《朴新諺 1, 52ㅎ》如何使得呢,
엇디ᄒ리오. ㊂⇔즘생(怎生).《朴新諺 3,
13ㅎ》不知怎生吃了一跌, 아지 못케라 엇
디ᄒᆞᆫ지 ᄒᆞᆫ 번 구러지믈 닙어.

엇마 图 얼마. ⇔다소(多少).《朴新諺 3,
29ㅎ》這珠子你要多少價錢, 이 구슬을

네 엇마 갑슬 달라 ᄒ는다.《朴新諺 3,
30ㅈ》還我多少價錢, 내게 엇마 갑슬 갑
흐려 ᄒ는다.

엇마나 图 얼마나. ⇔다소(多少).《朴新諺
2, 42ㅎ》這緞子多少價錢, 이 비단이 갑
시 엇마나 ᄒ뇨.

엇머 뎡 얼마. ⇔다소(多少).《朴新諺 2,
43ㅈ》相公你與多少, 相公아 네 엇머롤
줄따.

엇지 图 어찌. ㊀⇔기(豈).《朴新諺 1, 45
ㅈ》豈不是他的財運好麽, 엇지 뎌의 財運
이 됴치 아니ᄒ랴.《朴新諺 2, 7ㅎ》豈不
大家有義氣麽, 엇지 대되 義氣 이시미 아
니랴.《朴新諺 2, 30ㅎ》這咱們一生作
事豈無罪孽, 이러면 우리 一生에 일을 홈
애 엇지 罪孽이 업스리오.《朴新諺 2, 50
ㅈ》豈不有趣呢, 엇지 맛 잇지 아니ᄒ랴.
《朴新諺 2, 54ㅎ》豈不是好呢, 엇지 이 됴
치 아니ᄒ랴.《朴新諺 3, 36ㅎ》豈不用心
伏侍的呢, 엇지 用心ᄒ여 伏侍치 아니ᄒ
리오.《朴新諺 3, 50ㅈ》豈不快樂, 엇지
快樂지 아니ᄒ리오.《朴新諺 3, 55ㅎ》也
就拜他一拜豈不更妙麽, ᄯ 곳 져의게 拜
홈이 엇지 더옥 妙티 아니ᄒ랴. ㊁⇔나
(那).《朴新諺 2, 54ㅈ》我生活忙那能閑
耍, 내 셩녕이 밧부니 엇지 능히 힘힘히
놀리오. ㊂⇔나리(那裏).《朴新諺 2, 56
ㅈ》我原說你那裏敵的我過哩, 내 본디 닐
ᄋᆞ니 네 엇지 나를 더격ᄒ리오. ㊃⇔
심마(甚麽).《朴新諺 1, 32ㅎ》就似這一
等花兒大些的怎麽賣, 이 ᄒᆞᆫ 등ᄯ치 소홈
큰 거슨 엇지 풀따. ㊄⇔언(焉).《朴新諺
1, 9ㅈ》焉能曉得他那裏的規矩, 엇지 능
히 거긔 規矩롤 알리오. ㊅⇔여하(如
何).《朴新諺 3, 54ㅎ》如何數日不見先生
呢, 엇지 數日을 先生을 보지 못홀러뇨.
㊆⇔즘(怎).《朴新諺 2, 26ㅈ》怎能勾成
就了這因緣, 엇지 능히 이 因緣을 일올이
오. ㊇⇔즘마(怎麽).《朴新諺 2, 2ㅈ》你
怎麽纏來, 네 엇지 ᄌ 온다.《朴新諺 2,

11ㅈ》怎麼得進去呢, 엇지 드러가리오. 《朴新諺 2, 20ㅈ》怎麼沒有中·保人呢, 엇지 즁인·보인이 업ᄂᆞ뇨. 《朴新諺 2, 36ㅈ》牲口怎麼當的, 즘싱이 엇지 當ᄒᆞ리오. 《朴新諺 2, 40ㅎ》如今怎麼那般賊多, 이제 엇지 뎌리 도적이 만흐뇨. 《朴新諺 3, 1ㅈ》怎麼這蠅子這麼多呢, 엇지 ᄑᆞ리 이리 만흐뇨. 《朴新諺 3, 10ㅎ》怎麼抹得不平正呢, 엇지 ᄨ기를 平正이 못ᄒᆞ엿ᄂᆞ뇨. 《朴新諺 3, 21ㅈ》怎麼只要買那小說看呢, 엇지 그저 뎌 小說을 사 보려 ᄒᆞᄂᆞ뇨. 《朴新諺 3, 30ㅎ》怎麼是八成銀子呢, 엇지 이 八成銀이뇨. 《朴新諺 3, 37ㅈ》我怎麼不會打, 내 엇지 칠 줄을 아지 못ᄒᆞ리오. 《朴新諺 3, 41ㅈ》但是他家裡事务怎麼來的呢, 다만 뎨 집의 일이 만흐니 엇지 오리오. ❾⇔즘생(怎生). 《朴新諺 3, 28ㅎ》怎生使他現出本像, 엇지 뎌로 ᄒᆞ여곰 本像을 現出케 ᄒᆞ리오. 《朴新諺 3, 57ㅈ》當初怎生建國, 當初에 엇지 나라흘 셰윗ᄂᆞ지. ❿⇔즘적(怎的). 《朴新諺 2, 39ㅈ》這幾日怎的不見有賣菜子的過去呢, 요ᄉᆞ이 엇지 ᄂᆞ믈 ᄢᅥ 풀 리 디나가는 이 이시믈 보지 못ᄒᆞᆯ소뇨. ⓫⇔하(何). 《朴新諺 2, 7ㅎ》咱們好弟兄何必計較這些, 우리 므음 됴흔 弟兄이 엇지 반드시 이만 거슬 計較ᄒᆞ리오. 《朴新諺 2, 32ㅎ》你的帽子當初何不叫他做呢, 네 갓슬 當初에 엇지 뎌로 ᄒᆞ여 믄드지 아니흔다. 《朴新諺 3, 17ㅎ》何必以多為貴呢, 엇지 반드시 만흠으로 ᄡᅥ 貴홈을 삼으리오. 《朴新諺 3, 40ㅈ》你何不在衙門裡告幾月暇, 네 엇지 衙門에 여러 둘 말 믜를 告ᄒᆞ고. 《朴新諺 3, 48ㅈ》你何必還定要去看麽, 네 엇지 반드시 ᄯᅩ 일졍 가 보고져 ᄒᆞᄂᆞᆫ다. ⓬⇔하필(何必). 《朴新諺 2, 27ㅎ》何必着急呢, 엇지 着急히 굴리오.

엇지ᄒᆞ다 통 어찌하다. ❶⇔심마(甚麼). 《朴新諺 3, 14ㅈ》甚麼是佛法, 엇지홀 손

이 佛法고. ❷⇔인하(因何). 《朴新諺 3, 20ㅈ》因何監着不放呢, 엇지ᄒᆞ여 가도고 노치 아니ᄒᆞᄂᆞ뇨. ❸⇔즘마(怎麼). 《朴新諺 1, 3ㅎ》這酒怎麼少了, 이 술이 엇지ᄒᆞ여 져그뇨. 《朴新諺 2, 12ㅈ》怎麼好呢, 엇지ᄒᆞ여야 됴흐리오. 《朴新諺 3, 6ㅎ》虫蛀的無一根風毛了怎麼好, 좀이 딥어 흔 낫 긴털이 업스니 엇지ᄒᆞ여야 됴흐료. 《朴新諺 3, 53ㅎ》不知怎麼走了, 아지 못게라 엇지ᄒᆞ여 드라난지. 《朴新諺 3, 55ㅈ》咳我沒有牲口却怎麼好呢, 애 내게 즘싱이 업스니 ᄯᅩ 엇지ᄒᆞ여야 됴흐료. ❹⇔즘적(怎的). 《朴新諺 2, 58ㅎ》咳一件新衣服也沒有怎的好呢, 애 흔 볼 새 옷도 업스니 엇지ᄒᆞ여야 됴흐리오. 《朴新諺 2, 34ㅈ》帶累一家人都死怎的好呢, 왼 집 사룸이 범으러 다 죽을 거시니 엇지ᄒᆞ여야 됴흐리오.

－에 조 －에. 《朴新諺 1, 1ㅈ》到那有名的花園裏去, 뎌 有名흔 花園에 가. 《朴新諺 1, 12ㅎ》之例只該關八擔, 之例에 그저 여둛 짐을 ᄐᆞ리라. 《朴新諺 1, 23ㅈ》要當多少錢, 언머 돈에 던당ᄒᆞ려 ᄒᆞᆫ다. 《朴新諺 1, 44ㅈ》金廂寶石頭面, 金으로 寶石에 던메온 頭面과. 《朴新諺 2, 5ㅈ》又都如在鏡子裏一般, ᄯᅩ 다 거울 속에 이심 흔가지오. 《朴新諺 2, 15ㅎ》這牌上開載的, 이 牌에 버려 쓰인. 《朴新諺 2, 24ㅈ》傷着冷物起的樣子, 冷物에 傷ᄒᆞ여 난 樣이니. 《朴新諺 2, 49ㅈ》到那稻熟的時候, 뎌 벼 닉을 째에 다ᄃᆞ라. 《朴新諺 3, 1ㅎ》到那後河裡洗箇澡去, 뒷 내에 목욕ᄒᆞ라 가. 《朴新諺 3, 15ㅈ》男在都城, 아희 都城에 이셔. 《朴新諺 3, 34ㅎ》頭戴金盔, 머리에 金투구 쓰고. 身穿金甲, 몸에 金갑옷 닙고. 《朴新諺 3, 49ㅎ》或撑到這荷花香處, 或 이 荷花 香내 나는 곳에 저어 가.

－에는 조 －에는. 《朴新諺 1, 3ㅈ》光祿寺裏呢, 光祿寺에는. 《朴新諺 1, 3ㅈ》內府裏

呢, 內府에는.《朴新諺 1, 5ㅈ》四大碗內
呢, 네 큰 碗에는.《朴新諺 1, 16ㅎ》雖比
不得上用段子, 비록 上用홀 비단에는 비
치 못ᄒ나.《朴新諺 1, 20ㅈ》新正月裏呢,
正月에는.《朴新諺 1, 32ㅈ》我看都甚平
常, 내 보기에는 다 심히 平常ᄒ여.《朴
新諺 2, 14ㅎ》這疋杭綾染錢五錢半, 이 혼
필 杭州ㅅ 綾에는 물갑시 닷 돈 반이오.
《朴新諺 2, 43ㅈ》月白色的四兩銀子一疋,
남빗체는 넉 냥 은에 혼 필이라.《朴新
諺 2, 43ㅈ》鴉靑色四季花的六兩銀子一
疋, 야쳥빗 四季花 문에는 엿 냥 은에 혼
필이오.《朴新諺 2, 55ㅈ》咱們先小人而
後君子好, 우리 몬져는 小人이오 후에는
君子로옴이 됴ᄒ니라.《朴新諺 3, 48ㅈ》
南有正陽門・宣武門・崇文門, 南에는
正陽門과 宣武門과 崇文門이 잇고.

-에도 ㉑ -에도. ⇔야(也).《朴新諺 1, 8
ㅎ》朝鮮國也該有詔可曾派你去麽, 朝鮮
國에도 詔書ㅣ 이셤 즉ᄒ니 ᄯ 일즉 너
를 시겨 가게 ᄒ엿ᄂ냐.《朴新諺 2, 46
ㅎ》學裏也不肯去, 學에도 즐겨 가지 아
니ᄒ니.

에돌다 ⑧ 에돌다. 피하다. 비키다. ⇔타
(趓).《集覽, 字解, 單字解, 7ㅎ》趓. 逃也.
趓着走 에도라 ᄃ닌다. 又避也. 趓一趓
길 츼라. 亦作躱, 通作嚲.

-에라 ⓐ ㊀-도다. -구나.《朴新諺 1, 38
ㅈ》但如今腿上還是十分無氣力哩, 다만
이제 다리에 오히려 ᄀ장 氣力이 업세
라.《朴新諺 2, 43ㅈ》小舖沒有再高的了,
小舖에 다시 노픈 거시 업세라.《朴新諺
3, 2ㅈ》我家裡沒有, 우리 집의 업세라.
《朴新諺 3, 2ㅈ》恨的我沒法兒治他, 믜오
되 내 뎌를 다스릴 法이 업세라. ㊁-어
라.《朴新諺 2, 42ㅈ》牙子說都有, 즈름
이 니르되 다 이셰라.

-에셔 ㉑ ㊀-에서.《集覽, 字解, 單字解,
5ㅎ》虧. 損也, 少也. 虧你多少 네게 언메
나 낟브뇨, 虧着我 내게 낟배라. 又次也.

吏語, 虧兌 원수에셔 ᄭ다.《朴新諺 1, 13
ㅎ》廣豊倉到平則門, 廣豊倉에셔 平則門
가기.《朴新諺 1, 38ㅎ》大哥山上擂皷, 큰
형은 山에셔 북 티고.《朴新諺 2, 9ㅎ》小
舖賤賣了, 小舖에셔 賤히 ᄑ니.《朴新諺
2, 24ㅈ》是小弟昨日在張少卿家慶賀筵席
上, 올ᄒ니 小弟 어제 張少卿의 집 慶賀
筵席에셔.《朴新諺 2, 35ㅈ》又在樻・箱
裏, ᄯ 樻와 샹ᄌ 속에서.《朴新諺 2, 38
ㅈ》這離城三十里地, 이 城에서 ᄯ음이 三
十里 ᄶ히.《朴新諺 3, 12ㅎ》慶壽寺裡做
盂蘭勝會, 慶壽寺에셔 盂蘭勝會를 ᄒ다
ᄒ니.《朴新諺 3, 26ㅈ》在油鍋兩邊看守,
기름 가마 두 편에서 보아 지킈여.《朴
新諺 3, 38ㅎ》三停裡該分與主人二停纔
是, 세 운에서 맛당이 主人을 두 운을 ᄂ
화 주어야 올커눌. ㊁-에서. …에(서).
⇔재(在).《朴新諺 2, 55ㅈ》咱們在這草
地上學捽按罷, 우리 이 草地에서 ᄡ름ᄒ
기 비호쟈.

-에아 ㉑ -에야.《朴新諺 1, 52ㅈ》八月初
頭纔起程哩, 八月 초ᄉ셩에아 ᄌ 起程ᄒ러
라.

에우다 ⑧ ㊀긋다. 지우다. 삭제하다. ⇔
구료(勾了).《集覽, 字解, 單字解, 3ㅎ》
勾. 平聲, 曲也. 勾龍, 社神, 勾芒, 春神,
勾吳, 地名. 今按, 俗語勾了 유여ᄒ다, 又
에우다. 又能勾 어루, 又유여히. 又吏語,
勾取 자피다, 又勾攝公事 공ᄉ로 블리다,
又勾喚 블리다. 又去聲, 勾當, 幹管也, 又
事也, 勾當亦去聲. ㊁에우다. 두르다. ⇔
위(圍).《朴新諺 2, 22ㅈ》圍着一簡西京
來的豆船, 혼 西京으로셔 오는 콩 시른
ᄇ를 에우고.《朴新諺 3, 34ㅎ》圍着看如
人城一般, 에워 보는 이 人城 혼가지러
라.《朴新諺 3, 58ㅈ》聚集萬千人把弓王
圍困, 萬千 사름을 모화 弓王을다가 에
워 困케 ᄒ니.

에우아리 ⑲ 〈불〉 바리때. ⇔발우(鉢盂).
《朴新諺 3, 28ㅎ》就賜唐僧金錢三百貫・

金鉢盂一箇, 곳 唐僧을 金錢 三百貫과 金에우아리 ᄒ나흘 주고.

에워나다 [동] 감당해내다. 맡아 해내다. ⇔요(了).《朴新諺 2, 26ㅎ》我夫主若知道却了不得, 우리 지아비 만일 알면 쏘 에워나지 못ᄒ리라.

에유아리 [명] 〈불〉 바리때. ●⇔발우(鉢盂).《朴新諺 1, 35ㅎ》穿着納襖捧着鉢盂, 누비옷 닙고 에유아리 가지고. ●⇔와발(瓦鉢).《朴新諺 1, 36ㅎ》從今日准備箬笠瓦鉢, 오늘브터 삿갓과 에유아리를 准備ᄒ여.

-엣 [조] **❶** ●-에 의한.《集覽, 朴集, 上, 12ㅎ》砌山子. 音義云, 귀·여슈 類엣 것. 今按, 山子, 即귀·여슈, 砌, 即結成之意. 俗呼築城曰砌城, 謂疊石而築成之也.《朴新諺 2, 13ㅎ》染家你來看生活, 믈드리는 이아 이바 셩녕엣 것 보라.《朴新諺 2, 15ㅈ》假如你染的不如這樣兒上的顔色, 만일 네 드린 거시 이 樣子엣 빗과 ᄀ자지 아니면,《朴新諺 3, 37ㅈ》你是新來的莊家人, 너는 이 새로 온 향암엣 사롬이라.《朴新諺 3, 37ㅎ》我不想你這莊家漢, 내 너 이 향암엣 놈이. ●-에 있는.《朴新諺 2, 8ㅈ》我不是那口外的達子·回回, 나는 뎌 口外엣 達子·回回 아니라.《朴新諺 2, 19ㅈ》情愿將親生之子小名神奴現年五歲, 情愿으로 親生ᄒ 아들 小名은 神奴ㅣ오 시방 나히 五歲엣 거슬다가.《朴新諺 2, 41ㅈ》不論竿子上的槕子上的物件, 홰엣 거시나 궤엣 物件을 혜지 아니ᄒ고,《朴新諺 3, 39ㅈ》管山吃山管水吃水, 山을 ᄀ옴알면 山엣 것 먹고 믈을 ᄀ옴알면 믈엣 것 먹는다 ᄒ니라. **❷** -에 의한. ●⇔적(的).《朴新諺 2, 34ㅈ》我男兒做這般迷天大罪的事, 우리 스나히 이런 迷天大罪엣 일을 ᄒ니. ●⇔지(之).《朴新諺 1, 26ㅈ》如你不過是淺見薄識之人, 너 ᄀ혼 이는 不過 이 淺見 薄識엣 사롬이라.

여(如) [명] 만일. 만약. ⇔만일.《朴新諺 1, 58ㅎ》如過期不還, 만일 혼이 지나 갑지 아니ᄒ거든.《朴新諺 1, 58ㅎ》如無物可准, 만일 물건이 준졀홀 거시 업거든.《朴新諺 2, 19ㅈ》如神奴, 만일 神奴ㅣ.《朴新諺 3, 15ㅎ》如有便人來京, 만일 便人이 셔울 오리 잇거든.

여(如) [조] -같이. ⇔-ᄀ치.《朴新諺 1, 25ㅎ》夜夜如此喂法, 밤마다 먹이는 法을 이ᄀ치 ᄒ고. ●⇔-ᄀ치.《朴新諺 2, 7ㅎ》就如一母所生親弟兄, 곳 一母 所生 親弟兄ᄀ치 ᄒ여.

여(如) [형] 같다. ●⇔ᄀ트다.《集覽, 朴集, 上, 13ㅈ》濟機. 音義云, ·쓸로 밍·ᄀ론 혈거피 ·ᄀ툰 것. 今按, 漢人或牛角或鹿角爲之, 形如環, 着於拇指, 亦所以鉤〈所以鉤〉弦開弓.《朴新諺 2, 48ㅎ》字之形勢狠(很)多大槩如此, 字의 形勢 ᄀ장 만흐나 大槩 이 ᄀ투니.《朴新諺 3, 33ㅎ》如鐵鎚·鉗子·鐵枕·鍋児, 마치와 집게와 모로와 도관 ᄀ툰 거슬. ●⇔ᄀ다.《朴新諺 1, 1ㅈ》不如約幾箇好弟兄們, 여러 됴흔 弟兄들을 언약ᄒ여……大家且消愁觧悶如何, 대되 또 消愁 觧悶홀만 ᄀ지 못ᄒ니 엇더ᄒ뇨.《朴新諺 1, 2ㅈ》不如問那光祿寺, 뎌 光祿寺에 무러. 討幾瓶蜜林檎·甕頭春·木瓜露·苦菉豆酒, 여러 瓶 蜜林檎과 甕頭春과 木瓜露와 쁜 菉豆酒를 어들만 ᄀ지 못ᄒ니.《朴新諺 1, 28ㅈ》不如去了他罷, 뎌롤 업시홀만 ᄀ디 못ᄒ다.《朴新諺 2, 5ㅈ》地下幔的石如白玉, 싸히 ᄭ 돌은 白玉 ᄀ고.《朴新諺 2, 12ㅎ》誰知道做得狠(很)不如式, 뉘 아더냐 믄드롬이 ᄀ장 법 ᄀ지 아니ᄒ고.《朴新諺 2, 15ㅈ》假如你染的不如這樣兒上的顔色, 만일 네 드린 거시 이 樣子엣 빗과 ᄀ지 아니면,《朴新諺 3, 3ㅎ》不如挾着屁眼家裡坐着去罷, 밋궁글 ᄭ고 집의 안자시라 갈만 ᄀ지 못ᄒ다.《朴新諺 3, 41ㅈ》就如活的只少一口氣哩,

곳 사니 곳고 그저 혼 입긔운만 업더라.
❸⇔곳ㅎ다. 《朴新諺 1, 26ㅈ》如你不過
是淺見薄識之人, 너 곳흔 이는 不過 이
淺見 薄識엣 사롬이라. ❹⇔곳흔. 《朴新
諺 1, 26ㅈ》如你不過是淺見薄識之人, 너
곳흔 이는 不過 이 淺見 薄識엣 사룸이
라. ❺⇔곳ㅎ다. 《朴新諺 2, 23ㅎ》夜來
身上虛汗如流水一般, 어제 몸에 虛汗이
流水 혼가지 곳ㅎ여. ❻⇔곹다. 《朴新諺
3, 28ㅈ》接在頚項上照舊如初, 목 우희
니으니 녜대로 처음 곹튼지라. 《朴新諺
3, 57ㅎ》如我婦人家, 우리 곹튼 계집도.

여(如) 혱 둣하다. ⇔둣ㅎ다. 《朴新諺 2,
5ㅈ》上面盖的瓦如鋪翠, 우희 녠 디새는
비취롤 신 듯ㅎ고.

여(與) 통 ❶위(爲)하다. ⇔위하다. 《朴新
諺 3, 3ㅎ》孩子你與我買幾丈夏布來, 아
히아 네 나를 위ㅎ여 여러 발 뵈를 사
와. 《朴新諺 3, 5ㅎ》他偏不與你辦, 데 편
벽히 너를 위ㅎ여 셔도지 아니ㅎ고. 《朴
新諺 3, 34ㅈ》你與我收拾好, 네 나를 위
ㅎ여 收拾기를 잘ㅎ면. ❷주다. ⇔주다.
《集覽, 字解, 單字解, 2ㅎ》與. 給也, 與你
多少. 又及也. 又爲也, 爲去聲. 《朴新諺
1, 43ㅎ》與你十箇大錢, 너룰 열 낫 대쳔
을 주마. 《朴新諺 1, 55ㅎ》按四時與他衣
服穿, 四時룰 按ㅎ여 뎌룰 衣服을 주어
닙힐 거시니. 《朴新諺 2, 4ㅎ》送去與他
補做生日罷, 보내여 뎌룰 주어 生日을 다
느림홈이 무던ㅎ다. 《朴新諺 2, 24ㅈ》與
我把脉息看一看, 나룰 脉 보아 주고려.
《朴新諺 2, 32ㅎ》我如今與你二兩銀子,
내 이제 너룰 두 냥 은을 줄 거시니. 《朴
新諺 2, 42ㅎ》揀高的與官人看, 놉흔 이
룰 골히야 官人을 주어 보게 ㅎ라. 《朴新
諺 3, 1ㅈ》再拿把扇子來與我, 쏘혼 주루
부쳐 가져다가 나룰 주고려. 《朴新諺 3,
15ㅎ》與父親・母親幷兄弟佛童穿用, 父
親・母親과 다못 아우 佛童을 주어 닙게
ㅎᄂ이다. 《朴新諺 3, 36ㅈ》再下幾碗寬

條麵與我們, 쏘 여러 사발 너분 국슈를
눌러 우리롤 주되.

여(與) 囝 더블어. 함께. ❶⇔다못. 《朴新
諺 2, 5ㅎ》與那名花・奇樹也不知其數,
다못 뎌 名花와 奇樹는 그 수롤 아지 못
ㅎ니. 《朴新諺 3, 46ㅎ》順天府官員與欽
天監衆官們, 順天府 官員과 다못 欽天監
모든 관원들이. ❷⇔다못. 《朴新諺 2,
35ㅎ》只爭來早與來遲, 다만 오미 일음
과 다못 오미 더듸믈 드토는이라. ❸⇔
더부러. 《朴新諺 3, 14ㅈ》師傅道我與他
無緣也, 師傅] 니룻되 내 뎌로 더부러
인연이 업스니. 《朴新諺 3, 23ㅈ》與大仙
素不認識, 大仙으로 더부러 본디 아지
못ㅎ니. 《朴新諺 3, 41ㅎ》他與我極好相
與, 뎨 날로 더부러 極히 됴히 사괴되.
《朴新諺 3, 41ㅎ》與他商(商)量了放下定
錢, 뎌로 더부러 商(商)量ㅎ여 마초임 갑
슬 두면. 《朴新諺 3, 50ㅈ》小人與隣人等
看驗得賊人蹤跡, 小人이 隣人 等으로 더
부러 賊人의 蹤跡을 看驗ㅎ니.

여(與) 囝 ❶-게. -에게. ⇔-게. 《朴新
諺 1, 17ㅈ》恐不肯賣與你哩, 저컨대 즐
겨 네게 픗지 아니ㅎ리라. 《朴新諺 1, 46
ㅎ》慢慢的我與你把盞, 날호여 내 네게
盞 자브마. 《朴新諺 1, 47ㅈ》多多的帶些
人事與你還禮罷, 만히 人事룰 가져 네게
還禮ㅎ마. 《朴新諺 1, 47ㅈ》就算是與你
送行罷了, 이믜셔 네게 送行ㅎ는 양으로
ㅎ미 무던ㅎ다. 《朴新諺 2, 52ㅈ》他前日
輸與我的猪頭也不肯買, 뎨 그젓긔 내게
진 돗희 머리도 즐겨 사지 아니ㅎ니.
❷-에게. ⇔-의게. 《朴新諺 2, 37ㅈ》擺
搂子與人看呢, 모양을 지어 사룸의게 뵈
는고. 《朴新諺 3, 35ㅎ》我念與官人聽, 내
외아 官人의게 들리마. ❷❶-과. ⇔-
과. 《朴新諺 1, 19ㅎ》但是刀頭與裝修餙
搂我說與你, 다만 칼눌과 민들기와 쑤밀
모양을 내 너드려 니룰 쎠시니. 《朴新諺
2, 34ㅈ》小老婆與大老婆商量說, 져근계

집이 큰계집과 의논ᄒ여 니ᄅ되. ●-더
러. -에게. ⇔-ᄃ려.《朴新諺 1, 15ᄒ》
有箇最容易的法子說與你, 흔 ᄀ장 쉬온
法이 이시니 너ᄃ려 니롤 쩌시니.《朴新
諺 1, 19ᄒ》但是刀頭與裝修餙樣我說與
你, 다만 칼눌과 민들기와 쑤밀 모양을
내 너ᄃ려 니롤 쩌시니.《朴新諺 1, 32
ᄒ》我說與你, 내 너ᄃ려 니ᄅ마.《朴新
諺 1, 46ᄌ》都說與我, 다 날ᄃ려 닐러.
《朴新諺 1, 50ᄒ》我說與你, 내 너ᄃ려 니
ᄅ마.《朴新諺 1, 57ᄌ》相公有甚麼事說
與小人知道, 相公아 므슴 일이 잇ᄂ뇨 小
人ᄃ려 닐러 알게 ᄒ라.《朴新諺 2, 42
ᄒ》我說與你不要哄弄我, 내 너ᄃ려 니
ᄅᄂ니 나를 소기지 말라.《朴新諺 3, 25
ᄌ》說與先生樻中有一箇桃, 先生ᄃ려 닐
러 궤 가온ᄃ 흔 복셩홰 잇다 ᄒ엿더니.
《朴新諺 3, 25ᄒ》出來說與師傅, 나와 스
승ᄃ려 닐러쩌니.《朴新諺 3, 46ᄌ》我說
與你便强似目睹了, 내 너ᄃ려 니를 쩌시
니 곳 눈으로 보는 이도곤 나으리라.
●-와. ⇔-와.《朴新諺 1, 4ᄌ》喚厨子來
我與他商(商)量, 厨子를 블러 오라 내 저
와 의논ᄒ쟈.《朴新諺 1, 9ᄌ》我竟與你
同去, 내 ᄆᆺ춤내 너와 흔가지로 갈 거시
니.《朴新諺 1, 26ᄌ》咱與你賭一箇羊吃,
우리 너와 흔 羊을 더너 먹쟈.《朴新諺
2, 7ᄌ》咱有一件東西要與你對換如何, 우
리 흔 가지 쩌시 이셔 너와 밧고고져 ᄒ
니 엇더ᄒ뇨.《朴新諺 2, 7ᄒ》從今已後
咱與你論甚麼, 이제로부터 우리 너와 무
서슬 의논ᄒ리오.《朴新諺 3, 16ᄌ》木匠
你來咱與你商(商)量, 木匠아 이바 내 너
와 헤아리쟈.❸●-를. ⇔-를.《朴新諺
3, 3ᄒ》孩子你與我買幾丈夏布來, 아히아
네 나를 위ᄒ여 여러 발 뵈를 사 와. ●-
에게. ⇔-를.《朴新諺 1, 57ᄒ》我多與你
些賞錢, 내 만히 너를 賞錢을 주마.《朴
新諺 2, 3ᄒ》他怎麼不肯借與你, 뎨 엇지
즐겨 너를 빌리지 아니ᄒ리오.《朴新諺

2, 16ᄒ》快與我做飯, 샐리 나를 밥 지어
주고려.《朴新諺 3, 1ᄌ》再拿把扇子來與
我, 쏘흔 ᄌᄅ부치 가져다가 나를 주고
려.《朴新諺 3, 10ᄌ》你只與我改做煤火
炕, 네 그저 나를 석탄 픠오는 캉을 고쳐
믄드라 주되.《朴新諺 3, 14ᄒ》先生你與
我寫一封書稍去何如, 先生아 네 나를 흔
봉 글을 ᄡᅥ 주어든 부텨 보내미 엇더ᄒ
뇨.《朴新諺 3, 31ᄒ》與你八錢一顆罷, 너
를 여ᄃᆲ 돈을 흔 낫체 주리라.《朴新諺
3, 51ᄒ》陸序班你與我寫一張狀子, 陸序
班아 네 나를 흔 댱 고장을 ᄡᅥ 주고려.
여(慮) 명 염려(念慮). ⇔넘녀.《朴新諺 1,
46ᄌ》你不要慮, 네 넘녀 말라.
여(餘) 동 남다. ⇔남다.《朴新諺 1, 46ᄒ》
其餘的你都買去, 그 남은 거슨 네 다 사
라 가라.《朴新諺 2, 31ᄒ》其餘的小廝們
在家, 그 나믄 아히들은 집의 이셔.《朴
新諺 3, 33ᄒ》其餘傢伙, 그 나믄 연장.
《朴新諺 3, 38ᄒ》其餘賣的賣了, 그 남아
폴 것 폴고.
여(驢) 명 나귀. ●⇔나귀.《朴新諺 1, 34
ᄒ》還可恨那驢養的, 도로혀 恨호온 거
슨 뎌 나귀ᄢᅵ.《朴新諺 2, 28ᄌ》那兩箇
漢子把那驢·騾喂好了, 뎌 두 놈은 나귀
와 노새를다가 먹이기를 잘ᄒ여.《朴新
諺 3, 29ᄒ》你這賊養漢生的小驢精, 네 이
도적 養漢ᄒ여 나흔 져근 나귀ᄢᅵ아.《朴
新諺 3, 55ᄌ》不知街坊上可有賃的驢麼,
아지 못게라 거리에 셰낼 나귀 잇ᄂ냐.
《朴新諺 3, 55ᄌ》有錢賃便有驢, 돈이 이
셔 삭 내려 ᄒ면 곳 나귀 잇ᄂ니라. ●⇔
라괴.《集覽, 字解, 單字解, 6ᄌ》賃. 僦屋
以語曰賃, 지블 둘마다 銀 현 량곰 삭 물
오 드러 이셔 살 시라. 又雇用驢馬·舟
車之類曰賃, 라괴와 물둘홀 삭 주고 브
릴 시라.
-여 어미 ●-어.《朴新諺 1, 10ᄌ》待我擇之
了日期, 내 날 굴힉여 뎡홈을 기드려.《朴
新諺 1, 27ᄒ》把衆朋友名字都寫出來, 모

든 벗의 일홈을 다 써 내여.《朴新諺 1,
37ㅎ》他把乾艾揉碎了, 데 모론 뽁을다가
부븨여.《朴新諺 1, 45ㅈ》做了這媒, 이
즁민 되여.《朴新諺 2, 1ㅎ》你如今且到馬
市裏自己揀着買去, 네 이제 쏘 물 져제
손조 골히여 사라 가라.《朴新諺 2, 41ㅈ》
便把鉤子鉤出來拿去, 곳 갈고리로 그러
내여 가져가ᄂᆞ니라.《朴新諺 2, 43ㅈ》你
再揀頂高的我看, 네 다시 웃씀 노픈 거슬
골히여 나룰 뵈라.《朴新諺 3, 14ㅎ》便暴
跳起來道, 곳 급피 뛰여 니러나 니르되.
《朴新諺 3, 24ㅎ》大仙大叫一聲便跳下床
來了, 大仙이 크게 혼 소리 지르고 곳 床
에 뛰여 ᄂᆞ리니.《朴新諺 3, 47ㅈ》一箇小
鬼撑着紅羅傘在馬前, 혼 小鬼ㅣ 紅羅傘
버틔여 몰 앒히 잇고. ●二-여.《朴新諺
1, 11ㅈ》你太爺想, 너 太爺ㅣ 싱각ᄒᆞ여.
《朴新諺 1, 24ㅎ》只是一味貪頑, 다만 건
니 놀기만 貪ᄒᆞ여.《朴新諺 1, 43ㅈ》將風
屑去乾淨了, 비듬을다가 업시ᄒᆞ여 乾淨
히 ᄒᆞ고.《朴新諺 2, 2ㅎ》上馬往那裏去,
물을 트면 어듸를 향ᄒᆞ여 갈러뇨.《朴新
諺 2, 17ㅎ》這使臣往來限期緊急, 이 使臣
이 往來 긔혼이 緊急ᄒᆞ여.《朴新諺 2, 25
ㅎ》特為我送來難得難得, 특별이 나룰 위
ᄒᆞ여 보내니 엇기 어렵다 엇기 어렵다.
《朴新諺 2, 34ㅈ》又奪了也謀死他, 쏘 앗
고 쏘 뎌룰 꾀ᄒᆞ여 죽여.《朴新諺 3, 3ㅎ》
孩子你與我買幾丈夏布來, 아히아 네 나
룰 위ᄒᆞ여 여러 발 뵈룰 사 와.《朴新諺
3, 14ㅎ》愚男山童頓首百拜, 愚男 山童은
頓首百拜ᄒᆞ여.《朴新諺 3, 19ㅎ》那廝便
先衙門裡告了, 그 놈이 곳 몬져 衙門에
告ᄒᆞ여.《朴新諺 3, 43ㅎ》看經念佛, 看經
念佛ᄒᆞ여.

여가(女家) 명 (결혼에 있어서의) 신부
측. 여자 측.《集覽, 朴集, 上, 12ㅈ》圓飯
筵席. 圓作完是, 謂齊足之意. 今按, 漢人
娶妻親迎, 而女至男家以宿, 則女家送女
食于男家, 三日而止. 止食之日, 女家必具

酒饌, 送男家設宴, 謂之完飯筵席. 質問
同. 舊本曰解〈觧〉幔筵席. 邵氏聞見錄, 宋
景文公納子婦, 其婦家饋食. 書云, 以食物
煖女. 公曰, 錯用字, 從食·從而·從大,
其子退撿. 博雅餪字注云, 女家三日餉食
爲餪女也. 圓飯, 卽遺制也.

여경(餘慶) 명 남에게 좋은 일을 많이 한
보답으로 뒷날 그 자손이 받는 경사(慶
事).《朴新諺 1, 31ㅈ》積善之家必有餘慶,
積善혼 집에 반ᄃᆞ시 餘慶이 잇다 ᄒᆞ고.

여공동(呂公洞) 명 중국 북경시(北京市)
북서쪽 교외 옥천산(玉泉山) 남쪽에 있
는 바위 이름. 그 위에 금대(金代)에 지
은 부용전(芙蓉殿)의 옛 터가 있다.《集
覽, 朴集, 上, 15ㅈ》玉泉. 一在山之根, 有
泉湧出, 洞門刻玉泉二字, 有觀音閣. 又南
有石巖〈岩〉, 號呂公洞, 其上有金時芙蓉
殿廢址.

여구(犁具) 명 쟁기 따위의 농기구.《集
覽, 朴集, 下, 9ㅎ》打春. 東京夢華錄云,
立春前五日, 造土牛·耕夫·犁具, 前一
日順天府進農牛入禁中鞭春, 府縣官吏·
士庶·著社, 其鼓樂出東郊迎春, 牛芒神
至府前, 各安方位.

여금(如今) 명 요사이. 지금. 현재. ⇔요
스이.《朴新諺 2, 31ㅎ》如今賊多, 요스
이 도적이 하니.

여금(如今) 명 이제. 지금. 현재. ●⇔이
제.《朴新諺 1, 7ㅈ》如今酒也醉了飯也飽
了, 이제 술도 醉ᄒᆞ고 밥도 비부르다.
《朴新諺 1, 14ㅎ》如今米都關出來了, 이
제 쏠롤 다 타 내여다.《朴新諺 1, 37ㅎ》
如今飯也吃得些却無事了, 이제 밥도 져
기 먹고 쏘 無事ᄒᆞ여라.《朴新諺 2, 1ㅎ》
你如今且到馬市裏自己揀着買去, 네 이제
쏘 물 져제 손조 골히여 사라 가라.《朴
新諺 2, 15ㅈ》如今染錢都依你, 이제 물
갑슨 다 네대로 ᄒᆞ려니와.《朴新諺 2, 24
ㅎ》我如今先與你發散, 내 이제 몬져 너
룰 發散케 홀 써시니.《朴新諺 2, 37ㅈ》

他如今吃的穿的, 뎨 이제 먹는 것과 닙는 거시. 《朴新諺 3, 4ㅎ》我如今也添了些識見了, 내 이제 또 져기 識見을 더ᄒᆞ도다. 《朴新諺 3, 14ㅈ》你如今到家, 네 이제 집의 가. 《朴新諺 3, 23ㅎ》咱如今兩箇就在王前閗(鬪)法, 우리 이제 둘히 곳 王의 앏히 이셔 閗(鬪)法ᄒᆞ여. 《朴新諺 3, 44ㅎ》如今在寺裡寄放着哩, 이제 졀에 부텨 두엇ᄂᆞ니라. ❷⇔이지. 《集覽, 音義》音義云, 舊本內說的[呵]字, 不是常談, 如今秀才和朝官是有說的. 《朴新諺 1, 8ㅎ》我如今也派往金剛山松廣等處去降香, 내 이지 또 金剛山 松廣 等 處에 그이여 가 降香ᄒᆞ리라. 《朴新諺 1, 2ㅎ》如今先着誰去討酒呢, 이지 몬져 눌로 ᄒᆞ여 가 술을 엇게 ᄒᆞ료. 《朴新諺 1, 37ㅈ》你如今病都好了不曾, 네 이지 병이 다 됴핫ᄂᆞᆫ가 못ᄒᆞ엿ᄂᆞᆫ가.

여긔 대 여기. 이곳. ❶⇔저리(這裏). 《朴新諺 1, 41ㅈ》這裏有箇做獸醫的人家麽, 여긔 獸醫 노롯ᄒᆞᄂᆞᆫ 사ᄅᆞᆷ이 잇ᄂᆞ냐. 《朴新諺 2, 15ㅎ》小的們都在這裏, 小人들이 다 여긔 잇노라. 《朴新諺 2, 43ㅎ》咱這裏沒有牙子, 우리 여긔 즈름이 업스니. 《朴新諺 2, 56ㅈ》我只到這裏來, 내 그저 여긔 오노라. 《朴新諺 3, 41ㅎ》你可能請他到這裡來麽, 네 可히 能히 뎌를 請ᄒᆞ여 여긔 올싸. ❷⇔저지방(這地方). 《朴新諺 1, 50ㅈ》今年這地方馬價如何, 올히 여긔 ᄆᆞᆯ 갑시 엇더ᄒᆞ뇨. ❸⇔차처(此處). 《朴新諺 1, 50ㅈ》今年此處馬價比往年賤些, 올히 여긔 ᄆᆞᆯ 갑시 往年에 比컨대 져기 賤ᄒᆞ니라.

여노(荔奴) 명 용안(龍眼)의 다른 이름. 《集覽, 朴集, 上, 2ㅈ》龍眼. 一名圓眼. 樹如荔支〈支〉, 但枝葉稍小, 其子形如彈丸, 核如木槵, 肉白, 漿甘如蜜, 五六十顆作穗. 荔支〈支〉熟後龍眼熟, 號荔奴. 木槵, 卽本國모관쥬. 槵, 音患.

-여놀 어미 -거늘. -이거늘. 《朴新諺 3, 25ㅎ》大仙說是一箇桃, 大仙이 니ᄅᆞ되 이 ᄒᆞᆫ 복셩화라 ᄒᆞ여ᄂᆞᆯ.

-여다 어미 -였다. -었다. 《朴新諺 1, 2ㅎ》咱們商量定了, 우리 혜아려 定ᄒᆞ여다. 《朴新諺 1, 5ㅎ》這些酒席都已辦停妥完備了, 이 酒席을 다 이믜 쟝만ᄒᆞ여 停妥完備ᄒᆞ여다. 《朴新諺 1, 14ㅎ》如今米都關出來了, 이제 ᄡᆞᆯ롤 다 타 내여다. 《朴新諺 1, 27ㅈ》于今我却贏了呢, 이지 내 또 이긔여다. 《朴新諺 2, 4ㅈ》咳我眞箇失禮了, 애 내 진실로 失禮ᄒᆞ여다. 《朴新諺 3, 59ㅈ》咱們都領教了, 우리 다 ᄀᆞᄅᆞ치믈 領ᄒᆞ여다.

-여도 어미 -여도. 《朴新諺 1, 23ㅎ》便當二十両也還不勾用哩, 곳 스므 냥을 뎐당ᄒᆞ여도 당시롱 ᄡᅳ기에 넉넉지 못ᄒᆞ여라. 《朴新諺 2, 6ㅎ》眞箇是畫也畫不成的好景致, 진짓 이 그리려 ᄒᆞ여도 그려 내지 못ᄒᆞᆯ 됴흔 景致오. 描也描不盡的好風光, 모ᄒᆞ려 ᄒᆞ여도 모ᄒᆞ여 나(다)치 못ᄒᆞᆯ 됴흔 風光이니. 《朴新諺 2, 17ㅈ》便略次些也罷了, 곳 져기 버금 거슬 ᄒᆞ여도 무던ᄒᆞ거니와. 《朴新諺 2, 27ㅎ》有緣千里能相會, 인연이 이시면 千里라도 능히 서ᄅᆞ 못ᄃᆞᆺ고. 無緣對面不相逢, 인연이 업스면 ᄂᆞᆾ츨 ᄃᆡᄒᆞ여도 서ᄅᆞ 만나디 못ᄒᆞᆫ다 ᄒᆞ니. 《朴新諺 3, 5ㅎ》你道是有理的事件, 네 니ᄅᆞ되 이 理 잇ᄂᆞᆫ 일이라 ᄒᆞ여도. 《朴新諺 3, 36ㅎ》往常請也請官人們不至, 샹시에 쳥ᄒᆞ여도 官人들을 請ᄒᆞ여 니르지 못ᄒᆞᆯ 거시니. 《朴新諺 3, 45ㅈ》就和些濕煤燒也好, 곳 져기 濕煤를 섯거 퓌여도 됴흐니.

여돏 관 여덟. ⇔팔(八). 《朴新諺 1, 12ㅎ》定例只該關八擔, 定例에 그저 여돏 짐을 ᄐᆞ리라. 《朴新諺 1, 15ㅈ》把八口俗米都裝上, 여돏 쟈ᄅᆞ에 ᄡᆞᆯ을 다 시르면. 《朴新諺 1, 20ㅎ》有八角的・六角的・四方的, 여돏 모 것과 여숫 모 것과 네모 것도 이시며. 《朴新諺 1 33ㅈ》共該一両八錢,

대되 히오니 흔 냥 여듧 돈이라.《朴新
諺 1, 44ㅈ》八對珠環, 여듧 雙 진쥬 가락
디와.《朴新諺 1, 51ㅈ》也不過使二十八
九箇錢, 스믈 여듧 아홉 낫 돈을 쓰매 지
나지 아니ᄒ리라.《朴新諺 2, 14ㅎ》被面
被當頭染錢八錢, 니불 거족과 니불 깃슨
물갑시 여듧 돈이니.《朴新諺 3, 31ㅎ》
與你八錢一顆罷, 너를 여듧 돈을 흔 낫체
주리라.

-여라 어미 -여라.《朴新諺 1, 23ㅎ》便當
二十両也還不勾用哩, 곳 스므 냥을 던당
ᄒ여도 당시롱 쓰기에 넉넉지 못ᄒ여
라.《朴新諺 1, 37ㅈ》小弟實不敢當, 小弟
실로 敢히 當치 못ᄒ여라.《朴新諺 1, 47
ㅈ》多謝姐姐, 多謝ᄒ여라 각시아.《朴
新諺 2, 2ㅈ》所以來得遲了, 이러모로 오
미 더듸여라.《朴新諺 2, 25ㅎ》你回去説
多謝你妳妳費心了, 네 도라가 니르라 네
妳妳 費心홈을 多謝ᄒ여라.《朴新諺 3,
1ㅈ》熱的當不的, 더워 當치 못ᄒ여라.
《朴新諺 3, 11ㅎ》越疼的當不得, 더옥 알
파 當치 못ᄒ여라.《朴新諺 3, 45ㅈ》便
牙疼的了不得, 곳 니 앏파 견듸지 못ᄒ
여라.《朴新諺 3, 46ㅈ》我不去也懶怠看,
내 가지 아니ᄒ리라 ᄯ 보기 슬희여라.
《朴新諺 3, 56ㅎ》不敢, 不敢ᄒ여라.

여라믄 판 여남은.●⇔십래(十來).《集
覽, 字解, 單字解, 4ㅈ》來. 來往. 又語助.
你來 이바, 夜來 어제, 有來 잇더라, 去來
가다. 又數物而有餘數, 未的知之辭. 十來
箇 여라믄, 十里來地 십 리만흔 디, 十來
日 여라믄 날.●⇔십래개(十來箇).《集
覽, 字解, 單字解, 4ㅈ》來. 來往. 又語助.
你來 이바, 夜來 어제, 有來 잇더라, 去來
가다. 又數物而有餘數, 未的知之辭. 十來
箇 여라믄, 十里來地 십 리만흔 디, 十來
日 여라믄 날.●⇔십수(十數).《朴新諺
1, 53ㅈ》咱約會了弟兄十數人勾了, 우리
弟兄 여라믄 사름을 모호면 넉넉ᄒ리라.

여래(如來) 명 〈불〉부처를 달리 이르는

말.《集覽, 朴集, 下, 1ㅎ》魔障. 昔釋迦出
世時, 魔王名波旬, 若人來供養恭敬〈若如
來供養恭敬〉, 魔王依於佛法, 得善利, 不
念報恩, 而反欲加毀. 故名波旬, 此言惡中
惡.《集覽, 朴集, 下, 1ㅎ》證果金身. 言果
報者, 觀經疏云, 行眞實法感得勝報也. 又
修善得善果, 作惡得惡報, 謂之果報. 又生
時所作善惡謂之因, 他日報應謂之果. 謂
證果者, 如三藏法師取經東還, 化爲栴檀
佛如來. 詳見下.《集覽, 朴集, 下, 11ㅈ》
好女不看燈. 涅槃經云, 上元, 如來闍維訖,
收舍利, 置金床上, 天人散花, 奏樂繞城,
步步燃燈十二里.

여래선(如來禪) 명 〈불〉여래(如來)의 가
르침에 의하여 깨닫는 진실한 선.《集
覽, 朴集, 上, 10ㅈ》禪. 靜也. 傳燈錄有五
等禪, 有外道禪・凡夫禪・小乘禪・大乘
禪・最上乘禪, 又名如來淸淨禪, 又名無
上菩提. 又云, 被於身爲法, 說於口爲律,
行於心爲禪.

여래청정선(如來淸淨禪) 명 〈불〉여래
(如來)의 가르침에 의하여 깨닫는 청정
하고 진실한 선.《集覽, 朴集, 上, 10ㅈ》
禪. 靜也. 傳燈錄有五等禪, 有外道禪・凡
夫禪・小乘禪・大乘禪・最上乘禪, 又名
如來淸淨禪, 又名無上菩提. 又云, 被於身
爲法, 說於口爲律, 行於心爲禪.

여러 판 ❶여러. ●⇔각(各).《朴新諺 1,
21ㅈ》各樣不同, 여러 가지 ᄀᆞᆺ디 아니ᄒ
더라. ●⇔기(幾).《集覽, 字解, 累字解,
2ㅎ》幾會. 여러 즈음.《朴新諺 1, 1ㅎ》
辦幾桌賞花筵席, 여러 상 賞花 筵席을 ᄎ
려.《朴新諺 1, 17ㅎ》我要打幾副刀子, 내
여러 볼 칼을 민들려 ᄒ노라.《朴新諺
1, 24ㅈ》把這幾件去, 이 여러 가지를 가
져가.《朴新諺 1, 38ㅈ》你且寬耐幾時, 네
아직 여러 ᄣᅢ를 견디여.《朴新諺 2, 4ㅈ》
吃了幾杯酒過了兩道湯, 여러 잔 술 먹고
兩道 湯을 지내고.《朴新諺 2, 32ㅈ》若着
了幾遍雨定然要走樣了, 만일 여러 번 비

롤 마즈면 일졍 모양이 흘긔리로다.《朴新諺 2, 46ㅈ》就換幾箇新的, 곳 여러 낫새 거슬 밧고라.《朴新諺 3, 7ㅈ》到六月裡取出來晒幾次, 六月에 다둣거든 가져 내여 여러 번 볏 쬐라 ᄒ여시니.《朴新諺 3, 14ㅎ》罵了幾句就走出去了, 여러 귀 ᄭ짓고 곳 ᄃ라나 가니.《朴新諺 3, 36ㅈ》再下幾碗寬條麵與我們, ᅩ 여러 사발 너분 국슈를 눌러 우리를 주되. ❸⇔기십(幾十).《朴新諺 1, 11ㅎ》把大夯多春幾十下, 큰 달고로 만히 여러 번 다으면. ❹⇔다(多).《朴新諺 2, 6ㅎ》咱們相好多年, 우리 서ᄅ 됴한지 여러 ᄒ라. ❺⇔사(些).《朴新諺 2, 14ㅎ》這些東西你共要多少染錢呢, 이 여러 거세 네 대되 언머 물갑슬 바드려 ᄒᄂ다.《朴新諺 2, 16ㅎ》這些食物都要鮮明不可缺少纔是, 이 여러 食物을 다 鮮明히 ᄒ고 모ᄌ라지 아니케 홈이 올흐니라.《朴新諺 3, 34ㅈ》那些勇士都穿着花袴皂靴, 뎌 여러 勇士들이 다 아롱 바지에 거믄 靴를 신고.《朴新諺 3, 34ㅎ》這些看捽按的官員們, 이 여러 ᄢᄅ음 보는 官員들이.《朴新諺 3, 48ㅈ》這些王公·大臣, 이 여러 王公大臣이. ❻⇔제(諸).《集覽, 字解, 單字解, 7ㅈ》般. 名數也. 諸般 여러 가짓. 又等也. 一般. 又多也.《朴新諺 1, 5ㅎ》并着他叫些歌唱的諸樣雜耍的來, 아오로 뎌로 ᄒ여 노래 부르고 여러 가지 잡노롯 ᄒᄂ 이룰 불러와.《朴新諺 1, 45ㅈ》諸般技藝都會的, 여러 가지 技藝룰 다 아니.《朴新諺 1, 46ㅈ》你買諸般絨線, 네 여러 가지 보드라온 실과.《朴新諺 2, 11ㅈ》裏頭也有諸般唱文詞的, 안히 여러 가지 文詞 부르는 이도 이시며.《朴新諺 2, 12ㅈ》還有那諸般做把戲的演戲法的, ᅩ 여러 가지 노롯ᄒ며 환슐 닉이는 이도 이셔.《朴新諺 3, 38ㅎ》諸般粮食, 여러 가지 곡식을. ❼⇔중(衆).《朴新諺 1, 11ㅎ》我對衆火計說, 내 여러 동모ᄃ려

닐러.《朴新諺 3, 46ㅎ》衆人拉着, 여러 사롬이 쯔을고.《朴新諺 3, 58ㅈ》叫衆將軍們服侍上馬, 여러 將軍들을 불러 뫼셔 몰 틱오고. ❷여러 (개). ❶⇔기개(幾箇).《朴新諺 1, 38ㅎ》我說幾箇謎子你猜, 내 여러 슈지롤 니롤 거시니 네 알라.《朴新諺 2, 35ㅎ》搜出幾箇血瀝瀝的尸首來, 여러 피 뜻듯는 尸首를 뒤어 내고.《朴新諺 3, 6ㅈ》不使幾箇錢幹辦是不濟事的, 여러 돈을 뻐 셔도지 아니면 이 일을 일오지 못ᄒ리라. ❷⇔기장(幾張).《朴新諺 2, 50ㅈ》兩傍放幾張椅子, 두 편에 여러 교의를 노코. ❸❶여러 (마리). ⇔기개(幾箇).《集覽, 字解, 單字解, 1ㅈ》待. 擬要也 ᄒ마 그리 ᄒ려 ᄒ다. 又欲也. 待賣幾箇馬去 여러 ᄆ룰 풀오져 ᄒ야 가노라. ❷여러 (명). ⇔기개(幾箇).《朴新諺 1, 1ㅈ》不如約幾箇好弟兄們, 여러 됴흔 弟兄들을 언약ᄒ여.《朴新諺 1, 5ㅎ》叫他着幾箇樂工來伺候, 뎌로 ᄒ여 여러 樂工을 시겨 와 伺候ᄒ고.《朴新諺 1, 10ㅈ》叫幾箇打土墻的匠工來, 여러 토담 ᄊᄂ 쟝인을 블러와.《朴新諺 1, 27ㅎ》咱幾箇好朋友們, 우리 여러 됴흔 벗들이.《朴新諺 2, 27ㅎ》你們這幾箇無用的小厮, 너희 이 여러 쁠딕업슨 아히 놈들이.《朴新諺 2, 35ㅈ》立刻差幾箇皂隸, 즉시 여러 皂隸를 시겨.《朴新諺 2, 59ㅎ》就着幾箇婦人們下手縫罷, 즉시 여러 계집들로 ᄒ여 손부려 짓게 ᄒ고.

여러ㅎ 관 ❶여러 (개). ⇔기개(幾箇).《朴新諺 1, 39ㅈ》你再說幾箇我猜, 네 다시 여러흘 니르라 내 알마. ❷여러 (마리). ⇔기개(幾箇).《朴新諺 2, 22ㅎ》被他抽分了幾箇去, 뎌의게 여러흘 빼혀 가믈 닙고.《朴新諺 2, 22ㅎ》又抽分了幾箇去, ᅩ 여러흘 빼혀 가고. ❸여러 (명). ⇔기개(幾箇).《朴新諺 2, 22ㅎ》把那船上的人打死了幾箇, 뎌 빅에 사롬을다가 여러흘 쳐 죽엿다 ᄒ더라.

여름 圐 열매. 종자. ⇔자(子). 《朴新諺 1, 39ㅈ》下雨開花刮風結子, 비 오면 곳 픠고 ㅂ람 블면 여름 여둔 거시여.

여릉왕(廬陵王) 圐 여릉효헌왕(廬陵孝獻王). 남조 송(南朝宋) 유의진(劉義眞)의 봉시호(封諡號). 《集覽, 朴集, 上, 10ㅈ》鉢盂. 總龜〈總亀〉云, 天竺國器也, 釋迦有女靑石鉢, 宋廬陵王以銅鉢餉于五祖, 是宋・晉間中國始用也.

여리(閭里) 圐 백성이 사는 곳. 마을. 《集覽, 朴集, 上, 8ㅈ》翫月會. 東京錄云, 中秋夜, 貴家結飾臺榭, 民間爭占酒樓翫〈玩〉月, 絲簧鼎沸, 近內庭居民, 夜深遙聞笙芋之聲, 宛若雲外天樂, 閭里兒童連宵嬉戲, 夜市騈闐, 至於通曉.

여마(驢馬) 圐 나귀와 말. 《集覽, 字解, 單字解, 6ㅈ》賃. 僦屋以語曰賃, 지블 둘마다 銀 현 량곰 삭 물오 드러 이셔 살 시라. 又雇用驢馬・舟車之類曰賃, 라괴와 물둘홀 삭 주고 브릴 시라.

여명(黎明) 圐 희미하게 날이 밝아 오는 빛. 또는 그런 무렵. 《集覽, 朴集, 下, 9ㅎ》打春. 至日黎明, 官吏具香花・燈燭爲壇, 以祭先農. 至立春時, 官吏行禮畢, 各執彩杖, 環擊土牛者三, 以示勸農之意.

여모(女貌) 톙 여자가 아름답다. 《朴新諺 1, 45ㅈ》喜的又是郞才女貌眞箇是世上少有的, 깃분 거슨 ㅉ 이 郞才와 女貌ㅣ 진실로 世上에 드므니.

여무(女巫) 圐 여자 무당. 무녀(巫女). 《集覽, 朴集, 上, 11ㅎ》娘子. 南村輟耕錄云〈南村輟耕錄〉, 世謂穩婆曰老娘, 女巫曰師娘, 唱〈娼〉婦曰花娘, 達人又曰草娘, 苗人謂妻曰夫娘, 南方謂婦人無行者曰夫娘, 謂婦人之卑賤者曰某娘, 曰幾娘, 鄙之曰婆娘.

여믈 圐 여물. 꼴. ⇔초(草). 《朴新諺 1, 24ㅎ》等一會再把些草喂他, 혼 지위 기드려 다시 여믈을다가 뎌롤 먹이라. 《朴新諺 1, 24ㅎ》夜裏又死睡不肯起來添草,

밤에 ㅉ 죽은 ㄷ시 자고 즐겨 니러 여믈을 더 주지 아니ㅎ니. 《朴新諺 1, 25ㅈ》一更一箇輪流起來喂草, 혼 경에 ㅎ나식 돌려 니러 여믈을 먹이되. 把草鍘得細些, 여믈을다가 ㅆ흘기롤 ㄱ놀게 ㅎ고. 《朴新諺 1, 25ㅈ》把料豆和草拌匀了, 콩을다가 여믈과 석기롤 고로게 ㅎ여. 《朴新諺 1, 41ㅎ》幾夜不吃草, 여러 밤을 여믈을 먹지 아니ㅎ니.

여복(荔支) 圐 =여지(荔支). '支'는 '支'의 잘못. 《集覽, 朴集, 上, 2ㅈ》龍眼. 一名圓眼. 樹如荔支〈支〉, 但枝葉稍小, 其子形如彈丸, 核如木槵, 肉白, 漿甘如蜜, 五六十顆作穗. 荔支〈支〉熟後龍眼熟, 號荔奴. 木槵, 卽本國모관쥬. 槵, 音患. 《集覽, 朴集, 上, 2ㅈ》荔子. 子作支〈支〉. 荔支〈支〉, 生巴峽間, 形狀團如帷盖, 葉如冬靑, 花如橘, 春榮. 實如丹夏, 朶如葡萄, 核如枇杷, 殼如紅繒, 膜如紫綃, 瓠肉潔白如冰霜, 漿液甘如醴酪. 如離本枝, 一日色變, 二日香變, 三日味變, 四五日外色・香・味盡〈尽〉變.

여사(旅舍) 圐 여관(旅館). 《集覽, 朴集, 上, 4ㅎ》蘆溝橋. 橋之路西通關陜, 南達江淮. 兩旁多旅舍, 以其密邇京都.

여서(女壻) 圐 사위[壻]. ⇔사회. 《朴新諺 2, 37ㅈ》近來在一箇財主人家招做了女壻, 요ㅅ이 혼 財主 人家에서 사회를 삼으니.

-여서 어미 -여서. 《朴新諺 3, 12ㅈ》不過一兩遍管情就好了, 혼두 번에 지나지 못ㅎ여셔 결단코 즉시 됴흐리라. 《朴新諺 3, 22ㅎ》到國王面前正告訴未畢, 國王의 앏희 가 正히 告訴ㅎ기를 못지 못ㅎ여셔.

여시(如是) 관 이런. 《集覽, 朴集, 上, 10ㅈ》衲襖. 反(飜)譯名義云, 好衣是未得道者生貪着處, 招致賊難, 或致奪숨(命), 有如是等患, 故受弊衲衣. 《集覽, 朴集, 下, 2ㅎ》善男信女. 了義經云, 善者, 順理也, 信者, 言是事如是也.

여시(如是) 圐 하다가. 만일. 만약. ⇔ㅎ다가. 《集覽, 字解, 累字解, 2ㅈ》如是. 혼

다가.

-여시니 어미 -시거니. -시니. 《朴新諺 1, 33ㅎ》我不曾見他, 내 일즉 뎌롤 보지 못ᄒ여시니. 《朴新諺 2, 4ㅎ》我不曾到過, 내 일즉 둔기지 못ᄒ여시니. 《朴新諺 2, 25ㅈ》藥方上寫得明白, 藥방문에 쁘기를 明白히 ᄒ여시니. 《朴新諺 2, 29ㅈ》身嚴瓔珞居普陁空翠之山, 몸에 瓔珞으로 장엄ᄒ여시니 普陁 空翠의 山에 居ᄒ엿도다. 《朴新諺 2, 39ㅈ》夜來收割了麻正當好種菜哩, 어제 삼을 거두어 븨여시니 正히 맛당이 ᄂᆞ믈 시믐이 됴타. 《朴新諺 2, 49ㅎ》這客位收拾的好不整齊, 이 客位 收拾기를 ᄀᆞ장 整齊히 못ᄒ여시니. 《朴新諺 2, 55ㅈ》旣說定了不要改口, 이믜 닐러 定ᄒ여시니 변기치 마쟈. 《朴新諺 2, 56ㅈ》雨纔晴了街上有路好走麼, 비 ᄀᆞᆺ 개여시니 거리에 길히 이셔 돈니기 됴터냐. 《朴新諺 3, 33ㅎ》鍍金顔色也都變了, 金 올린 빗도 다 變ᄒ여시니. 《朴新諺 3, 43ㅈ》我不曾留心看, 내 일즉 ᄆᆞ음 두어 보지 아니ᄒ여시니.

여슷 괜 ●여섯. ⇔육(六). 《朴新諺 1, 4ㅈ》每桌辦乾鮮果品十六楪, 每 桌에 乾鮮果品 열 여슷 뎝시를 출호되. 《朴新諺 1, 20ㅎ》有八角的·六角的·四方的, 여 ᄃᆞᆲ 모 것과 여슷 모 것과 네모 것도 이시며. 《朴新諺 1, 50ㅎ》修脚錢是六箇, 발톱 다듬눈 갑슨 여슷 낫 돈이니. ●여섯 (개). ⇔육개(六箇). 《朴新諺 1, 31ㅎ》買六箇猠皮纔勾使哩, 여슷 猠皮룰 사야 겨요 넉넉이 쁘리라. 《朴新諺 1, 32ㅎ》這六箇花大的, 이 여슷 소홈 큰 거슨. 《朴新諺 1, 33ㅈ》六箇猠皮每張三錢, 여슷 猠皮에 每 張에 서 돈식 ᄒ면.

여슷ㅅ ㉠ 여섯 (개). ⇔육개(六箇). 《朴新諺 1, 32ㅈ》我要買六箇, 내 여슷슬 사려 ᄒ노라. 就這六箇你要多少價錢, 이 여슷 세 네 언머 갑슬 바드려 ᄒ눈다.

여아(女兒) 몡 여자 아이. 또는 딸. 《集覽, 朴集, 上, 12ㅈ》拜門. 質問云, 女嫁九日, 公婆使兒子·女兒徃丈人家, 拜丈人·丈母或兄嫂們, 方言謂之拜門. 《朴新諺 2, 25ㅎ》女兒, 女兒ㅣ 아. 《朴新諺 2, 26ㅈ》咳女兒你不曉得, 애 女兒ㅣ 아 네 아지 못ᄒ다.

-여야 어미 -여야. 《朴新諺 1, 4ㅎ》都要學那南方做法纔好吃哩, 다 뎌 南方셔 ᄆᆡᆼ 눈 법대로 ᄒ여야 맛치 먹기 됴흐리라. 《朴新諺 1, 18ㅈ》必得鑌鐵打方好, 반ᄃᆞ시 鑌鐵로 치이여야 보야흐로 됴흘 써시니. 《朴新諺 1, 28ㅎ》是這樣關切, 이러ᄐᆞ시 關切ᄒ여야. 《朴新諺 2, 10ㅈ》聽說只得三日三夜就圓滿了, 드르니 그저 三日三夜롤 ᄒ여야 곳 圓滿ᄒ니. 《朴新諺 2, 12ㅈ》怎麼好呢, 엇지ᄒ여야 됴흐리오. 《朴新諺 2, 34ㅈ》帶累一家人都死怎的好呢, 왼 집 사름이 범으러 다 죽을 거시니 엇지ᄒ여야 됴흐리오. 《朴新諺 2, 58ㅎ》咳一件新衣服也沒有怎的好呢, 애 ᄒ 볼 새 옷도 업스니 엇지ᄒ여야 됴흐리오. 《朴新諺 3, 2ㅈ》怎麼好呢, 엇지ᄒ여야 됴흐료. 《朴新諺 3, 6ㅎ》虫蛀的無一根風毛了怎麼好, 좀이 딥어 ᄒ 낫 긴털이 업스니 엇지ᄒ여야 됴흐료. 《朴新諺 3, 55ㅈ》咳我沒有牲口却怎麼好呢, 애 내게 즘싱이 업스니 ᄯᅩ 엇지ᄒ여야 됴흐료.

여양적(驢養的) 몡 당나귀 새끼. 개새끼. (욕하는 말) ⇔나귀삐. 《朴新諺 1, 34ㅎ》還可恨那驢養的, 도로혀 恨호온 거슨 뎌 나귀삐.

여외다 혱 여위다. 수척하다. ⇔수(瘦). 《朴新諺 1, 25ㅎ》瘦的馬就便肥了, 여읜 물도 이믜셔 곳 술지리라.

여위다 혱 여위다. 수척하다. ⇔수(瘦). 《朴新諺 1, 2ㅈ》若買瘦的, 만일 여윈 거슬 사면. 《朴新諺 2, 22ㅎ》瘦倒的倒了, 여위여 것구러지리 것구러지고.

여의(如意) 몡 〈불〉 뜻대로 되다. 마음에 들다. 《集覽, 朴集, 中, 4ㅈ》智滿十身. 十

身有調御. 十身, 曰無着, 曰弘願, 曰業報, 曰住持, 曰涅槃, 曰淨法, 曰眞心, 曰三昧, 曰道性, 曰如意. 有內十身, 曰菩提, 曰願, 曰化, 曰力持, 曰莊嚴, 曰威勢, 曰意生, 曰福德, 曰法, 曰智. 有外十身, 曰自, 曰衆生, 曰國土, 曰業報, 曰聲聞, 曰圓覺, 曰菩薩, 曰智, 曰法, 曰虛空.

여인(女人) 몡 여인. 어른이 된 여자.《集覽, 朴集, 中, 2ㅎ》細車〈室車〉. 質問云, 如婦人所乘車, 周圍雕刻花楇, 油飾花須, 方言謂之細車. 又云, 女人所乘有楇長盖之車.

여인(麗人) 몡 고려(高麗) 사람.《集覽, 朴集, 上, 13ㅈ》毛施布. 今言毛施布, 卽沒絲〈卽沒絲布〉之訛也. 而漢人因麗人之稱, 見麗布則直稱此名而呼之. 記書者因其相稱而遂以爲名也.

여인국(女人國) 몡 전설상 여자들만 산다는 나라.《集覽, 朴集, 下, 1ㅎ》ㄱ蹶. 又過棘〈釣洞・火炎山・薄屎洞・女人國及諸惡山險水, 恠〈怪〉害患苦, 不知其幾, 此所謂ㄱ蹶也.

여자(女子) 몡 여자.《集覽, 朴集, 下, 12ㅎ》娘子柳氏〈柳氏〉. 貞州柳天弓女也. 高麗太祖初爲弓裔將軍, 領兵過貞州, 憇古柳下, 見川上有一女子甚美, 問誰. 女對曰, 天弓之女.《朴新諺 1, 44ㅎ》幾時過門(朴新注, 17ㅎ: 女子初入夫家曰過門.)的呢, 언제 過門ᄒ더뇨.

여자(荔子) 몡 여지(荔枝). 여주. ⇔녀지.《集覽, 朴集, 上, 2ㅈ》荔子. 子作支〈支〉. 荔支〈支〉, 生巴峽間, 形狀團如帷盖, 葉如冬靑, 花如橘, 春榮. 實如丹夏, 朶如葡萄, 核如枇杷, 殼如紅繒, 膜如紫綃, 瓠肉潔白如冰霜, 漿液甘如醴酪. 如離本枝, 一日色變, 二日香變, 三日味變, 四五日外色・香・味盡〈尽〉變.《朴新諺 1, 4ㅈ》乾果子呢, ᄆᆞᄅᆫ 과실은. 榛子, 개암. 松子, 잣. 瓜子, 슈박삐. 乾葡萄, 마른葡萄. 栗子, 밤. 龍眼, 龍眼. 桃仁, 복셩화삐. 荔子, 녀지요.

여정(驢精) 몡 당나귀 새끼. 개새끼. (욕하는 말) ⇔나귀삐.《朴新諺 3, 29ㅎ》你這賊養漢生的小驢精, 네 이 도적 養漢ᄒ여 나혼 져근 나귀삐아.

여정문(麗正門) 몡 중국 북경(北京) 내성(內城)에 있는 성문. 정남(正南)쪽의 문인 정양문(正陽門)의 원대(元代)의 이름이다.《集覽, 朴集, 上, 5ㅎ》平則門. 永樂十九年, 營建宮室, 立門九, 南曰正陽, 又曰午門, 元則曰麗正, 南之右曰宣武, 元則曰順承, 南之左曰文明, 元則曰崇文, 又曰哈噠, 北之東曰安定, 北之西曰德勝, 元則曰健德, 東之北曰崇仁, 一名東直, 元名同, 東之南曰朝陽, 元則曰齊華, 西之北曰西直, 西之南曰阜城, 元則曰平則. 元設十一門, 而今減其二.

여주(女主) 몡 여왕(女王).《集覽, 朴集, 中, 4ㅎ》童男童女. 觀音現三十二應, 曰佛身, 曰辟支〈支〉, 曰圓覺, 曰聲聞, 曰梵王, 曰帝釋, 曰自在天, 曰大自在天, 曰天大將軍, 曰四天王, 曰四天太子, 曰人王, 曰長者, 曰居士, 曰宰官, 曰婆羅門, 曰比丘, 曰比丘尼, 曰優婆塞, 曰優婆夷, 曰女主, 曰童男, 曰童女, 曰天身, 曰龍身, 曰藥叉, 曰乾達婆, 曰阿脩羅, 曰緊那羅, 曰摩睺羅, 曰樂人, 曰非人.

여지(荔支) 몡 여주. 여지(荔枝).《集覽, 朴集, 上, 2ㅈ》龍眼. 一名圓眼. 樹如荔支〈支〉, 但枝葉稍小, 其子形如彈丸, 核如木槵, 肉白, 漿甘如蜜, 五六十顆作穗. 荔支〈支〉熟後龍眼熟, 號荔奴. 木槵, 卽本國모관쥬. 槵, 音患.《集覽, 朴集, 上, 2ㅈ》荔子. 子作支〈支〉. 荔支〈支〉, 生巴峽間, 形狀團如帷盖, 葉如冬靑, 花如橘, 春榮. 實如丹夏, 朶如葡萄, 核如枇杷, 殼如紅繒, 膜如紫綃, 瓠肉潔白如冰霜, 漿液甘如醴酪. 如離本枝, 一日色變, 二日香變, 三日味變, 四五日外色・香・味盡〈尽〉變.

여직(女直) 몡 여진(女眞). 요(遼)나라 흥종(興宗)의 이름인 종진(宗眞)을 피휘

(避諱)하여 요나라 사람들이 고쳐 불렀
다. 《集覽, 朴集, 中, 1ㅎ》轡頭散與. 女直
・達子朝貢時, 到驛應付馬匹騎坐者, 各
出轡頭, 散與馬夫, 馬夫受轡套馬, 令各轡
主認轡占馬, 使無爭占之擾.

여차(如此) 円 ❶이러면. ⇔이러면. 《朴
新諺 2, 43ㅎ》既如此却少賣了五錢一疋,
이믜 이러면 또 닷 돈을 흔 필에 지워
푸니. ❷이렇게. ⇔이리. 《朴新諺 1, 13
ㅎ》既如此說, 이믜 이리 니룰 양이면.
《朴新諺 1, 19ㅎ》既如此說, 이믜 이리 니
ㄹ면. 《朴新諺 1, 41ㅎ》如此說, 이리 니
ㄹ면. 《朴新諺 2, 34ㅈ》屢屢的如此行凶
作惡, ᄌ조 이리 行凶 作惡ᄒ더라. 《朴新
諺 2, 43ㅎ》如此說, 이리 니룰 양이면.
❸이렇듯이. ⇔이러트시. 《朴新諺 2, 25
ㅈ》如此調治, 이러트시 調治ᄒ면. 《朴新
諺 3, 22ㅈ》如此作賤(踐)佛家弟子, 이
러트시 佛家 弟子를 쳔답ᄒ더라. 《朴新
諺 3, 57ㅎ》弓王如此無道, 弓王이 이러
트시 無道ᄒ니.

여차(如此) 혱 이러하다. ⇔이리ᄒ다.
《集覽, 字解, 單字解, 3ㅎ》地. 土也. 田地
・土地・地方・地面. 又指當處. 土地之
神亦曰土地. 又語助. 坐地. 又恁地, 猶言
如此. 《集覽, 字解, 累字解, 2ㅎ》這們. 上
同. 《集覽, 字解, 單字解, 5ㅈ》恁. 汝也.
亦作您. 又恁地, 猶言如此也. 《集覽, 朴
集, 下, 3ㅈ》六鶴舞琴. 善惡報應錄云, 江
夏郡辛氏沽酒爲業, 有一先生入坐曰, 有
好酒飮吾否. 辛飮以巨杯, 明日復來, 如此
半載. 《集覽, 朴集, 下, 7ㅎ》花房窩兒. 質
問云, 如打毬, 先立毬窩於花房之上, 然後
用棒打入, 方言謂之花房窩兒. 凡數樣毬
名, 用各不同如此. 《朴新諺 1, 16ㅈ》如
此, 이리ᄒ면.

여처(昇妻) 명 =예처(羿妻). '昇'는 '羿'의
잘못. 《集覽, 朴集, 下, 2ㅈ》三隻脚鐵蝦
蟆. 書言故事云, 月宮蟾蜍三足, 是爲昇
(羿)妻所化.

여춘원(麗春院) 명 교방사(敎坊司)의 다
른 이름. 《集覽, 朴集, 上, 2ㅎ》敎坊司.
掌雅・俗樂之司, 隷禮部, 有奉鑾〈鑾〉・
韶舞・司樂等官, 一名麗春院, 卽元俗所
呼拘欄司. 《集覽, 朴集, 上, 6ㅎ》拘欄. 質
問云, 麗春院樂人搬演戲文雜劇之處也.
又云麗春院, 卽敎坊司也.

여패(驢牌) 명 역관(驛館)에서 나귀를 관
리하는 사람. 《集覽, 朴集, 中, 2ㅈ》牌子.
凡馬驛設置, 馬驢不等, 其中管馬苔應者,
謂之馬牌, 管驢者, 謂之驢牌, 總〈緫〉稱牌
子.

여포(麗布) 명 고려(高麗)에서 나는 포
(布). 곧, 모시. 《集覽, 朴集, 上, 13ㅈ》毛
施布. 今言毛施布, 卽沒絲〈卽沒絲布〉之
訛也. 而漢人因麗人之稱, 見麗布則直稱
此名而呼之. 記書者因其相稱而遂以爲名
也.

여피(如彼) 대 그렇게. 저렇게. 《集覽, 字
解, 累字解, 2ㅎ》那們. 猶言如彼.

여하(如何) 동 어찌하다. ⇔엇디ᄒ다. 《朴
新諺 1, 52ㅎ》如何使得呢, 엇디ᄒ리오.

여하(如何) 円 어찌. ❶⇔엇디. 《朴新諺
1, 25ㅈ》這馬如何能長膘呢, 이 몰이 엇
디 능히 술디리오. 《朴新諺 1, 52ㅎ》如
何是好呢, 엇디 이 됴흐리오. ❷⇔엇지.
《朴新諺 3, 54ㅈ》如何數日不見先生呢,
엇지 數日을 先生을 보지 못ᄒ러뇨.

여하(如何) 혱 어떠하다. 어떻다. ⇔엇더
ᄒ다. 《朴新諺 1, 1ㅎ》大家且消愁解悶如
何, 대되 또 消愁 解悶홀만 ᄀᆺ지 못ᄒ니
엇더ᄒ뇨. 《朴新諺 1, 47ㅎ》做一對小荷
包送我如何, 흔 ᄡᅡᆼ 져근 주머니롤 민ᄃ
라 나롤 주미 엇더ᄒ뇨. 《朴新諺 2, 4ㅎ》
你說那裏的景致如何, 네 뎌긔 景致롤 니
ㄹ미 엇더ᄒ뇨. 《朴新諺 2, 21ㅎ》今年田
禾如何, 올ᄒᆡ 田禾ㅣ 엇더ᄒ더뇨. 《朴新
諺 2, 43ㅎ》月白的三兩銀子如何, 남빗ᄎᆫ
석 냥 은에 홈이 엇더ᄒ뇨. 《朴新諺 2,
55ㅈ》姐姐若輸了也再不要違了我的言語

如何, 각시 만일 져도 坐 내 말을 어긔롯
지 말미 엇더호뇨.《朴新諺 3, 33ㅈ》你
要打這器皿的銀子如何, 네 이 器皿을 민
돌려 호면 銀이 엇더호뇨.
여해아(女孩兒) 圐 ➊계집아이. 여자아
이. 소녀. ⇔계집아희.《朴新諺 1, 54ㅈ》
養的是小廝呢還是女孩兒呢, 나흔 거시
이 스나히가 이 계집아희가.《朴新諺 2,
54ㅎ》纔十五歲的女孩兒, 又 十五歲에 女
孩兒ㅣ. ➋새색시. 또는 여자 아이. 소
녀. ⇔새각시.《朴新諺 1, 43ㅎ》是女孩兒
呢還是那已婚呢, 이 새각시러냐 당시롱
뎌 니물리기러냐.《朴新諺 1, 44ㅈ》自然
是女孩兒了, 自然이 새각시라.《朴新諺
1, 44ㅈ》那女孩兒又生的十分美貌, 뎌 새
각시 坐 삼긴 거시 ㄱ장 고은 얼굴이니.
역(力) 圐 힘. ⇔힘.《朴新諺 2, 23ㅈ》眞是
遠行知馬力日久見人心, 진실로 이 멀리
가매 몰 힘을 알고 날이 오래매 사롬의
모음을 보느니라.
역(驛) 圐 역참(驛站).《朴新諺 2, 17ㅈ》喚
驛裏的經丞(朴新注, 28ㅎ: 驛站管馬者.)
來, 驛에 經丞을 불러오라.
역경(易經) 圐 주역(周易). 오경(五經)의
하나.《朴新諺 1, 31ㅈ》易經上說, 易經에
닐러시되.
역기(逆氣) 圐 욕지기.《集覽, 字解, 單字
解, 2ㅈ》咳. 五音集韻, 何來切, 小兒笑也.
口漑切, 咳嗽逆氣也. 今呼驚嘆之聲曰咳.
音海, 借用爲字也. 考韻書作咳是.
역대(歷代) 圐 대대로 이어 내려온 여러
대.《朴新諺 3, 56ㅎ》你這東國歷代以來
有多少年了, 네 이 東國이 歷代 뼈 옴으
로 몃 히나 호며.
역두(曆頭) 圐 책력(冊曆). 달력. 역서(曆
書). ⇔칙녁.《朴新諺 2, 58ㅎ》把曆頭來
我看, 칙녁 가져오라 내 보쟈.
역력(瀝瀝) 圐 듣다滴. 떨어지다. ⇔뜻뜻
다.《朴新諺 2, 35ㅈ》搜出幾箇血瀝瀝的
尸首來, 여러 피 뜻뜻는 尸首를 뒤어 내

고.
역리(驛吏) 圐 역참(驛站)에 속한 구실아
치.《集覽, 朴集, 中, 2ㅈ》令史. 在京六部
及三品衙門, 在外各衛及都布按三司俱有
令史, 驛吏則無令史之稱. 元制, 未詳.
역마(驛馬) 圐 각 역참에 갖추어 둔 말.
관용(官用)의 교통 및 통신 수단이었다.
《朴新諺 2, 17ㅈ》驛馬怎麼還不見來呢,
驛馬ㅣ 엇지 당시롱 옴을 보지 못홀소
뇨.《朴新諺 3, 39ㅎ》驛馬去的呢, 驛馬로
갓느냐.
역사(役使) 圐 부리다. 또는 지배하다.
《集覽, 朴集, 中, 5ㅎ》執楊柳於掌內拂病
體於輕安. 佛圖澄, 天竺〈竺〉人也. 妙通玄
術, 善誦呪, 能役使鬼神.
역산(歷山) 圐 중국 하북성(河北城) 탁록
현(涿鹿縣) 남서쪽에 있다.《集覽, 朴集,
上, 4ㅎ》蘆溝橋. 蘆溝本桑乾河, 俗曰渾
河, 亦曰小黃河. 上自保安州界, 歷山南流
入宛平縣境, 至都城四十里, 分爲二派.
역승(驛丞) 圐 역참을 관리하던 구실아
치.《朴新諺 2, 15ㅎ》驛丞都到那裏去了,
驛丞이 다 어디 갓느냐.
역신(逆臣) 圐 임금을 반역한 신하.《集
覽, 朴集, 下, 12ㅎ》唐昭宗. 姓李, 名曄,
僖宗第七子. 爲逆臣朱全忠所弑.
역심(歷審) 圐 조목조목 조사하다. 여러
차례 심문하다.《集覽, 字解, 單字解, 2
ㅎ》挨. 音해, 平聲. 俗語挨次謂循次. 歷
審無攙越之意 츤츤이 ㅎ다. 又吏語, 挨究
・挨捕.
역수 圐 역사(役事). (토목이나 건축 따위
의 공사) ⇔공(工).《朴新諺 1, 10ㅈ》就
好興工了, 곳 역스 시작홈이 됴타.
역어지남(譯語指南) 圐 본래는 명(明)나
라 헌제(憲帝) 14년(1478)에 김자정(金
自貞) 등이 엮은 중국어 어휘 사전. 조선
(朝鮮) 성종(成宗) 9년(1478)에 이극배
(李克培) 등이 언석(諺釋)하여 찬진(撰
進)하였다.《集覽, 凡例》音義者, 卽原本

所著音義也. 所釋或與譯語指南不同, 今從音義之釋. 音義有誤者, 今亦正之.《集覽, 朴集, 上, 13ㅎ》襦子. 音義云, 褯褓, 接襅汚穢之物. 今按, 褯卽繃子, 褓卽襦子, 音義混而一之, 誤矣. 但譯語指南, 亦呼繃子, 混稱爲褯褓. 未詳是否. 襦子, 깃.

역지(力持) 동 힘써 지키다. 힘써 유지하다.《集覽, 朴集, 中, 4ㅈ》智滿十身. 十身有調御. 十身, 曰無着, 曰弘願, 曰業報, 曰住持, 曰涅槃, 曰淨法, 曰眞心, 曰三昧, 曰道性, 曰如意. 有內十身, 曰菩提, 曰願, 曰化, 曰力持, 曰莊嚴, 曰威勢, 曰意生, 曰福德, 曰法, 曰智. 有外十身, 曰自, 曰衆生, 曰國土, 曰業報, 曰聲聞, 曰圓覺, 曰菩薩, 曰智, 曰法, 曰虛空.

역참(驛站) 명 정부 문서를 전달하던 사람이 중간에 말을 바꿔 타거나 휴식하거나 묵던 곳.《朴新諺 2, 15ㅎ》驛站人役們在那裏, 驛站에 人役들이 어듸 잇ᄂᆞ뇨.《朴新諺 2, 17ㅈ》喚驛裏的經丞(朴新注, 28ㅎ: 驛站管馬者.)來, 驛에 經丞을 불러오라.《朴新諺 3, 39ㅎ》是驛站裡去的, 이 驛站으로 갓ᄂᆞ니라.

역청(瀝青) 명 조개껍질 가루와 유동(油桐)의 기름을 한데 섞은 뒤 끓여 만든다.《集覽, 朴集, 下, 5ㅎ》瀝靑. 家禮儀制云, 生蛤粉・桐油, 合熬爲之.

연 명 연(鳶). ⇔풍쟁(風箏).《朴新諺 1, 20ㅎ》到二月清明時候便放風箏(朴新注, 8ㅈ: 紙鳶. 一云, 鶴児.)了, 二月 淸明에 다ᄃᆞᄅᆞ면 곳 연 놀리기 ᄒᆞᄂᆞ니.《朴新諺 1, 20ㅎ》這市上所賣的風箏色樣狠(很))多, 져지에 ᄑᆞᄂᆞᆫ 연이 色樣이 ᄀᆞ장 만하.

연(年) 명 ❶나이. 연령(年齡). ⇔나ㅎ.《朴新諺 2, 19ㅈ》情愿將親生之子小名神奴現年五歲, 情愿으로 親生ᄒᆞᆫ 아ᄃᆞᆯ 小名은 神奴ㅣ오 시방 나히 五歲엣 거슬다가.《朴新諺 3, 43ㅈ》年三十七歲身故, 나히 三十七歲에 身故ᄒᆞ여.《朴新諺 3, 52ㅈ》告狀人李萬現年幾歲, 告狀ᄒᆞᄂᆞᆫ 사ᄅᆞᆷ 李萬의 시방 나히 현이오.《朴新諺 3, 57ㅈ》年當二十歲時分, 나히 二十歲에 당ᄒᆞᆯ 때ᄂᆞᆫ. ❷해[年]. ⇔ᄒᆡ.《朴新諺 2, 6ㅎ》咱們相好多年, 우리 서ᄅᆞ 됴한지 여러 ᄒᆡ라.《朴新諺 2, 50ㅎ》我在任幾年並沒有不了的事件, 내 任에 이션 지 여러 ᄒᆡ로되 다 ᄆᆞᆺ지 못ᄒᆞᆫ 일이 업고.《朴新諺 2, 51ㅎ》滿了一任還不知等到何年纔得補用哩, ᄒᆞᆫ 벼슬이 ᄎᆞ면 당시롱 어ᄂᆡ ᄒᆡ에 다ᄃᆞ라 마치 補用홈을 어들 줄을 아지 못ᄒᆞᄂᆞ니라.《朴新諺 3, 9ㅈ》走了好幾年受盡千辛萬苦, 여러 ᄒᆡ를 ᄃᆞᆫ녀 千辛 萬苦를 바다 다ᄒᆞ고.

연(沿) 동 좇다[從]. 따르다. ⇔좇다.《朴新諺 3, 53ㅎ》着他沿街叫喚尋覓纔好哩, 뎌로 ᄒᆞ여 거리를 조차 웨여 ᄎᆞ자야 마치 됴흐리라.

연(軟) 형 무르다. ⇔무르다.《朴新諺 2, 53ㅈ》却纔會學立的腰兒軟休弄他, ᄀᆞᆺ 셜 줄을 아되 허리 무르니 뎌를 달호지 말라.

연(連) 의 ❶개. (저울의 수효를 세는 단위)《集覽, 字解, 單字解, 7ㅈ》連. 及也. 幷也 조쳐. 又秤一把曰一連. 又鷹一箇亦曰一連. 字又作聯. ❷마리. (매의 수효를 세는 단위)《集覽, 字解, 單字解, 7ㅈ》連. 及也. 幷也 조쳐. 又秤一把曰一連. 又鷹一箇亦曰一連. 字又作聯.

연(然) 관 그런. 그러한. ⇔그런.《朴新諺 1, 4ㅎ》然後再上四大碗四中碗, 그런 후에 ᄯᅩ 네 大碗과 네 中碗을 올리되.《朴新諺 1, 6ㅎ》然後再上飯菜, 그런 후에 ᄯᅩ 반찬 올리고.《朴新諺 1, 14ㅈ》然後到鬮籌的所在領過籌來, 그런 후에 사술 ᄐᆞᄂᆞᆫ 곳에 가 사술을 ᄐᆞ 와야.《朴新諺 1, 43ㅈ》然後用那密筐子再擔, 그런 후에 뎌 빈 ᄎᆞᆷ빗ᄉᆞ로다가 다시 빗겨.《朴新諺 1, 51ㅎ》然後剃頭修脚, 그런 후에 마리 싹고 발톱 다둠고.《朴新諺 2, 24ㅎ》然後再用藿香正氣散, 그런 후에 ᄯᅩ 藿香正氣

散을 뻐.《朴新諺 3, 32ㅈ》然後拿些達子
餑餑·南糖·乾果子來, 그린 후에 達子
쩍과 南糖과 乾果를 가져오라.

연(硯) 뗑 벼루.《朴新諺 1, 58ㅈ》拿紙·
墨·筆(筆)·硯來, 紙·墨·筆(筆)·硯
을 가져오라.

연(椽) 뗑 서까래. ⇔혀.《朴新諺 3, 16ㅎ》
這樑, 이 납과. 樑, 므른와. 椽, 혀와. 柱,
기동과. 短柱, 短柱와. 門框, 문얼굴과.
門扇, 문짝과. 吊窓, 들창과. 天窓, 우러
리창과. 雙扇, 쌍다지와. 單扇, 외다지
와. 窓欞, 창얼굴로.

연(演) 동 익히다图. 연습(演習)하다. 연기
(演技)하다. ⇔닉이다.《朴新諺 2, 12ㅈ》
還有那諸般做把戱的演戱法的, 또 여러 가
지 노룻ᄒ며 환슐 닉이ᄂ 이도 이셔.

연(碾) 뗑 매. 방아.《集覽, 朴集, 中, 1ㅈ》
碾. 砑石也. 形如磨磑一隻之牛, 轉其外圓
以碾絹, 則卽同砧擣者.

연(緣) 뗑 〈불〉 인연(因緣). 인(因)과 연
(緣). ⇔인연.《朴新諺 2, 27ㅎ》有緣千里
能相會, 인연이 이시면 千里라도 능히
서르 못둣고. 無緣對面不相逢, 인연이
업스면 놋츨 디ᄒ여도 서르 만나디 못
ᄒ다 ᄒ니.《朴新諺 3, 14ㅎ》師傅道我與
他無緣也, 師傅ㅣ 니르되 내 뎌로 더부
러 인연이 업스니.

연(聯) 의 마리. (매[鷹]의 수효를 세는 단
위)《集覽, 字解, 單字解, 7ㅈ》連. 及也.
幷也 조쳐. 又秤一把曰一連. 又鷹一箇亦
曰一連. 字又作聯.

연간(年間) 뗑 한 임금이 왕위(王位)에 있
는 동안.《集覽, 朴集, 上, 15ㅈ》玉泉. 宣
德年間, 建玉泉亭于其上, 以備臨幸.

연강(延康) 뗑 도교의 원시천존(元始天
尊)의 연호(年號) 가운데 하나. 또는 오
겁(五劫) 가운데 네 번째 겁.《集覽, 朴
集, 中, 6ㅈ》萬劫. 道經云, 天地一成一敗
謂之劫〈刧〉. 上天開化, 建五劫〈刧〉紹運,
曰龍漢, 曰赤明, 曰上皇, 曰延康, 曰開皇.

연견(碾絹) 동 비단을 다듬질하다. 또는
그렇게 한 비단.《集覽, 朴集, 中, 1ㅈ》
碾. 砑石也. 形如磨磑一隻之牛, 轉其外圓
以碾絹, 則卽同砧擣者.

연경(年景) 뗑 새해를 맞는 광경. 설을 쇠
는 모습. 연말연시(年末年始)의 풍경.
《朴新諺 1, 1ㅈ》真是好年景, 진짓 이 됴
흔 年景이오.

연경(延頸) 동 목을 길게 빼다.《集覽, 朴
集, 下, 3ㅈ》六鶴舞琴. 史記, 師曠援琴而
鼓, 一奏之, 有玄鶴二八集于廊門, 再奏之,
延頸而鳴, 舒翼而舞.

연경(燕京) 뗑 수도 이름. 춘추전국시대
(春秋戰國時代) 때 연(燕)나라의 수도가
이 지역에 있었기 때문에 불리어진 이
름이다.《集覽, 朴集, 上, 4ㅈ》永平. 一統
誌云, 禹貢冀州之域. 虞分冀北爲營州, 此
卽其地. 商〈商〉爲孤竹國, 元爲永平路. 洪
武二年, 改永平府屬北平布政司, 北平卽
燕都, 永樂都燕京, 以此直隸京師.《集覽,
朴集, 上, 15ㅎ》南城. 大元以燕京爲大都,
俗號南城, 以開平府爲上都, 俗號北城. 開
平府在陰山之南. 自燕京至上都, 地勢一
步高一步, 四時多雨雪.《集覽, 朴集, 下,
8ㅎ》南京應天府丞. 南京, 古金陵之地, 吳
·晉·宋·齊·梁·陳·南唐建都, 大
明太祖定鼎於此, 爲京師, 設應天府, 以燕
京爲北平布政司.《朴新諺 2, 9ㅎ》咱們到
南城(朴新注, 26ㅈ: 元時, 以燕京稱爲南
城.)永寧寺裏, 우리 南城 永寧寺에 가.

연고 뗑 연고(緣故). ●⇔고(故).《朴新諺
2, 4ㅈ》你何故不去, 네 므슴 연고로 가지
아니ᄒᆫ다. ●⇔연고(緣故).《朴新諺 1,
34ㅎ》因這箇緣故, 이런 연고로 因ᄒ여.

연고(緣故) 뗑 일의 까닭. ⇔연고.《朴新
諺 1, 34ㅎ》因這箇緣故, 이런 연고로 因
ᄒ여.

연광(碾光) 동 천을 다듬이질하여 반드럽
게 만들다.《朴新諺 1, 46ㅈ》白淸水絹
(朴新注, 18ㅈ: 不用粉餙, 而碾光者.)三

尺, 흰 제믈엣 깁 셕 자눈.

연긍(連亘) ⑧ 끊임없이 이어지다. 《集覽,
朴集, 下, 9ㅈ》彩亭子. 漢俗皆於白日送
殯, 凡結飾車輿・幢幡・傘盖及紙造人馬
爲前導者, 連亘四五十步.

연기(年紀) 图 나이. 연세. ●⇔나.《朴新
諺 3, 42ㅎ》咳年紀還少哩, 애 나도 쏘 졈
닷다. ●⇔나히.《朴新諺 2, 46ㅎ》你們
如今十歲年紀了, 너희 이제 열 쁠 나히라.
《朴新諺 3, 42ㅎ》他多大年紀了, 뎨 나히
언머나 ᄒ던고.《朴新諺 3, 51ㅎ》那厮多
少年紀了, 뎌 놈이 나히 언머나 ᄒ뇨.

연길(涓吉) 图 혼인 따위의 경사를 위하
여 좋은 날을 고르다.《集覽, 朴集, 上,
11ㅎ》下多少財錢. 今制, 納采・問名・
納吉捴〈總〉一次行禮, 以從簡便, 謂之定
禮, 亦爲之定親, 亦曰下紅定, 亦送幣物.
又涓吉送婚書, 行納徵禮, 亦曰納幣, 俗云
下財, 亦曰送禮.

연다홍 图 연다홍(軟-紅). 연한 다홍색.
⇔남홍-(南紅).《朴新諺 1, 16ㅎ》這大紅
段眞是南紅顔色經緯勻淨, 이 다홍 비단
이 진짓 이 연다홍빗치오 찌눌이 고로
고 조흐니.《朴新諺 2, 14ㅈ》五疋要染南
紅, 닷 필은 연다홍을 드리고져 ᄒ고.
《朴新諺 2, 14ㅎ》五箇南紅絹每一疋染錢
四錢, 닷 필 연다홍 깁은 미 ᄒ 필에 물갑
시 너 돈이오.

연도(燕都) 图 연경(燕京). 춘추전국시대
(春秋戰國時代) 때 연(燕)나라의 수도가
이 지역에 있었기 때문에 불리어진 이
름이다.《集覽, 朴集, 上, 4ㅈ》永平. 洪武
二年, 改永平府屬北平布政司, 北平卽燕
都, 永樂都燕京, 以此直隷京師.《集覽, 朴
集, 上, 5ㅎ》平則門. 燕都, 禹貢冀州之域.
唐曰幽都, 虞爲幽州, 武王封召公奭於燕,
卽此.《集覽, 朴集, 上, 13ㅈ》混堂. 人家
設溫湯浴室處, 燕都多有之, 乃蒅〈蒅〉水
爲湯, 非溫泉也.《集覽, 朴集, 上, 15ㅎ》
步虛. 至正丙戌春, 入燕都, 聞南朝有臨濟

正脉不斷〈断〉, 可徃印可. 盖指臨濟直下
雪嵓〈嵓〉嫡孫石屋和尙淸珙也.

연등(燃燈) 图 연등놀이를 할 때에 밝히
는 등불.《集覽, 朴集, 下, 11ㅈ》好女不
看燈. 涅槃經云, 上元, 如來闍維訖, 收舍
利, 置金床上, 天人散花, 奏樂繞城, 步步
燃燈十二里.

연등불(燃燈佛) 图 〈불〉과거불(過去佛)
의 하나. 석가모니(釋迦牟尼)에게 미래
에 성불(成佛)한다는 예언을 한 부처. 그
가 태어날 때 몸의 주의가 등불같이 빛
났다 하여 붙여진 이름이다.《集覽, 朴
集, 中, 6ㅈ》萬劫. 佛家初劫〈刧〉爲釋迦
牟尼佛, 二劫〈刧〉爲寶髻佛, 三劫〈刧〉爲
燃燈佛.

연로(沿路) 图 길을 따라.《朴新諺 3, 8ㅎ》
你沿路上好生去罷, 네 길히 됴히 가라.

연망(連忙) 图 빨리. ⇔쌜리.《集覽, 字解,
累字解, 2ㅎ》疾快. 쌜리.《集覽, 字解, 累
字解, 2ㅎ》疾忙. 上同.《集覽, 字解, 累字
解, 2ㅎ》連忙. 上同.

연망(連忙) 혱 빠르다. 또는 다급하다. ⇔
쌘르다.《集覽, 字解, 單字解, 7ㅎ》忙. 疾
也. 疾忙・連忙・擺忙 쌘르다. 走的忙・
去的忙.

연명(年命) 图 운명. 또는 수명.《集覽, 朴
集, 下, 4ㅈ》大醮. 又有消災度厄之法, 依
陰陽五行之數, 推人年命, 書爲章疏靑詞,
奏達天神, 謂之醮.

연문(沿門) 图 집집마다. 한 집 한 집.《朴
新諺 3, 9ㅈ》沿門化些布施廻來, 집마다
겨기 보시를 비러 도라와.

연법(演法) 图 교리(敎理)를 강의하다.
《集覽, 朴集, 上, 15ㅎ》步虛. 還大都, 時
適丁太子令辰十二月二十四日, 奉傳聖旨,
住持永寧禪寺, 開堂演法.

연봉(蓮蓬) 图 연방(蓮房). (연의 열매가
들어 있는 송이)《集覽, 朴集, 上, 3ㅎ》鮮
湯. 質問云, 魚・蛤・蠏三味合爲一羹, 或
鷄・鴨・鵝〈鵞〉三味合爲羹, 方言俱謂之

三鮮湯. 又云〈言〉, 以羊腸·豆粉做假蓮
蓬·假茨菰·假合呑魚, 謂之三鮮.

연부(連附) 图 딸리다. 의지하다. 《集覽,
朴集, 上, 7ㅈ》北斗左輔右弼. 左輔連附北
斗第〈莭〉六星, 在外, 右弼連附北斗第
〈莭〉二星, 在内. 俱在紫薇〈微〉垣.

연사(掾史) 명 한대(漢代) 이래 관아에서
장관(長官)의 업무를 보좌하던 벼슬. 당
·송대(唐宋代) 이후로는 서리(胥吏)를
지칭하였다. 《集覽, 朴集, 下, 3ㅎ》掾史.
今按, 五軍都督府有掾史, 而光祿寺吏無
此名. 元制, 未詳.

연석(筵席) 명 ●이바지. 잔치. ⇔이바지.
《集覽, 朴集, 上, 1ㅈ》筵席. 凡宴會, 常話
曰筵席, 文話曰筵會, 吏語曰筵宴, 盖取肆
筵設席之意. 《朴新諺 1, 1ㅎ》辦幾桌賞花
筵席, 여러 상 賞花 筵席을 츠려. 《朴新
諺 1, 53ㅈ》賭一桌筵席罷, 흔 상 이바지
를 더너쟈. 《朴新諺 2, 24ㅈ》是小弟昨日
在張少卿家慶賀筵席上, 올호니 小弟 어
제 張少卿의 집 慶賀 筵席에서. ●잔치.
이바지. ⇔잔치. 《朴新諺 1, 7ㅎ》又道天
下無不散之筵席, 쏘 니로되 天下에 훗터
지지 아닐 잔치 업다 ᄒ니. 《朴新諺 2,
6ㅈ》辦了筵席叫了鼓樂, 잔치를 출호고
鼓樂을 불러.

연설(演說) 图 도리(道理)·교의(敎義)·
의의(意義) 따위를 진술하다. 《集覽, 朴
集, 下, 3ㅈ》三寶. 一音演說, 普應群〈羣〉
機, 究竟淸淨, 名離欲尊, 卽法寶也. 《集
覽, 朴集, 下, 5ㅈ》金頭揭地·銀頭揭地
·波羅僧揭地. 西遊記云, 釋迦牟尼佛在
靈山雷音寺演說三乘敎法, 傍有侍奉阿難
·伽舍諸菩薩·聖僧·羅漢·八金剛·
四揭地·十代明王·天仙·地仙. 觀此則
揭地神名, 然未詳何神.

연성(年成) 명 수확(收穫). 작황(作況).
《朴新諺 1, 52ㅈ》今年年成平常銀錢艱難,
올히 年成이 平常ᄒ고 銀錢이 艱難ᄒ여.

연성(演成) 图 함부로. ⇔술이여. 《集覽,

字解, 累字解, 1ㅎ》則管. 則音ᄌ, 去聲.
或作只. 술이여. 亦曰演成, 演亦作偃.

연소(年少) 혱 나이가 적다. 《集覽, 朴集,
上, 9ㅎ》和尙. 萬里相和曰和, 外道相尙曰
尙. 又和者, 太和也, 尙者, 高尙也. 又和
尙, 外國語, 此云近ణ. 以弟子年少, 不離
於師, 常逐相〈常〉近, 受經而誦者.

연소(連宵) 图 밤을 새우다. 《集覽, 朴集,
上, 8ㅈ》翫月會. 東京錄云, 中秋夜, 貴家
結飾臺榭, 民間爭占酒樓翫〈玩〉月, 絲簧
鼎沸, 近內庭居民, 夜深遙聞笙竽之聲, 宛
若雲外天樂, 閭里兒童連宵嬉戲, 夜市駢
闐, 至於通曉.

연숙(練熟) 图 ●(실이나 옷감을) 누이다.
《集覽, 朴集, 上, 8ㅎ》抹絨胷背. 凡於紗
羅·段帛之上, 以綵絨織成胷背之紋, 裁
成衣服者也. 凡絲之練熟未合者曰絨, 已
合爲綯者曰線. ●숙련(熟練)하다. 배워
익혀 숙달하다. 《集覽, 字解, 單字解, 7
ㅎ》閑. 雜也. 閑雜人. 又替也. 파직ᄒ다,
罷閑了·替閑了. 又遊息曰閑. 홍뚱여 돈
닐시니, 遊閑了. 又練熟也. 弓馬熟閑. 又
空也. 空閑田地 뷔엿는 짜. 又等閑 부질
업시, 又힘히미, 又간대롭다.

연습(練習) 图 익숙하도록 익히다. 《集覽,
朴集, 上, 8ㅈ》操. 練習也. 謂軍士上番,
亦曰上操.

연시(年時) 명 전년(前年). 작년. 지난해.
⇔전년. 《朴新諺 2, 57ㅎ》年時牢子們試
走的你可曾看見麼, 전년에 牢子들희 ᄃ
롬질 시기는 거슬 네 일즉 보왓는다.

연연(筵宴) 명 이바지. 잔치. 《集覽, 朴集,
上, 1ㅈ》筵席. 凡宴會, 常話曰筵席, 文話
曰筵會, 吏語曰筵宴, 盖取肆筵設席之意.
《集覽, 朴集, 中, 1ㅎ》廚子. 光祿寺有廚
子, 卽供應大小筵宴及館〈舘〉待使客執爨
之役者也. 《朴新諺 1, 2ㅈ》不如問那光祿
寺(朴新注, 1ㅎ: 管筵宴·酒飯衙門.), 뎌
光祿寺에 무러. 《朴新諺 1, 4ㅈ》喚厨子
(朴新注, 2ㅈ: 供應筵宴執爨之役者.)來我

與他商(商)量, 厨子를 블러 오라 내 저와
의논ㅎ쟈.

연육(軟肉) 뗑 연한 고기.《集覽, 朴集, 下,
6ㅈ》軟肉薄餅. 質問云, 以麥麫作成薄餅
片, 而用爁軟肉捲而食之.

연육박병(軟肉薄餅) 뗑 불에 구은 연육
(軟肉)으로 된 소를 얇은 밀가루 반대기
에 싼 뒤 익힌 음식.《集覽, 朴集, 下, 6
ㅈ》軟肉薄餅. 質問云, 以麥麫作成薄餅
片, 而用爁軟肉捲而食之.

연일(連日) 똉 여러 날을 계속하다. ⇔연
일ㅎ다(連日-).《朴新諺 1, 56ㅎ》但因連
日有事不在家, 다만 連日ㅎ여 일이 이시
믈 因ㅎ여 집의 잇지 못홈으로.

연일ㅎ다(連日-) 똉 연일(連日)하다. ⇔
연일(連日).《朴新諺 1, 56ㅎ》但因連日
有事不在家, 다만 連日ㅎ여 일이 이시믈
因ㅎ여 집의 잇지 못홈으로.

연자(碾子) 뗑 맷돌. ⇔매.《集覽, 朴集,
上, 10ㅎ》碾子. 磨也. 磨上轉石曰碾, 磨
下定石曰磑, 緫〈総〉稱曰碾.《朴新諺 1,
40ㅈ》這是碾子(朴新注, 15ㅈ: 碾, 磨也.
磨上轉石曰碾, 磨下定石曰磑, 總稱碾.),
이는 이 매로다.

연장 뗑 연장. 공구(工具). ⇔가화(傢伙).
《朴新諺 3, 10ㅈ》我沒有這傢伙, 내게 이
연장이 업스면.《朴新諺 3, 16ㅎ》你只取
了傢伙來做活, 네 그저 연장을 가져와
셩녕ㅎ라.《朴新諺 3, 33ㅎ》其餘傢伙,
그 나믄 연장.

연접(連接) 똉 서로 잇닿다. 또는 이어 맞
닿게 하다.《集覽, 朴集, 上, 6ㅎ》打毬兒.
質問云, 作成木圓毬二介, 用木杓一上一
下連接不絶, 方言謂之打毬兒.《朴新諺 1,
20ㅈ》也有踢毬(朴新注, 8ㅈ: 毬, 以圓木
二箇, 用木杓一上一下連接不絶, 方言謂
之打毬.)的, 댱방올 츠리도 이시며.

연정(軟淨) 혱 부드럽고 졍결하다.《集覽,
朴集, 中, 4ㅎ》座飾芙蓉. 飜譯名義云, 大
論問, 諸牀〈床〉可坐, 何必蓮華. 荅曰, 牀

爲世間白衣坐法, 又以蓮華軟淨, 欲現神
力, 能坐其上, 令不壞故, 又以莊嚴妙法故,
又以此華華臺嚴淨香妙可坐故.《朴新諺
2, 29ㅈ》座飾芙蓉(朴新注, 33ㅈ: 佛書云,
蓮花軟淨, 而坐其上, 不壞方現佛力所及.)
湛南海澄淸之水, 안즌 디는 芙蓉으로 쑤
며시니 南海 澄淸흔 물에 줌겻고.

연착(沿着) 똉 좇다(從). 또는 …을 따라서.
…을 지나서. …을 끼고. ⇔좇다.《朴新
諺 2, 56ㅎ》我慢慢兒沿着人家房簷底下,
내 날회여 人家 쳠하롤 조차.

연철(連綴) 똉 잇닿다. 이어지다. 연결(連
結)하다.《集覽, 朴集, 上, 7ㅎ》八珠環.
귀·엿골·회. 以珍〈珎〉珠大者四顆連綴爲
一隻, 一雙〈雙〉共八珠.

연호(年號) 뗑 임금이 즉위한 해에 붙이
던 칭호.《集覽, 朴集, 下, 12ㅎ》梁貞明.
梁, 國號, 卽五代朱梁也. 貞明, 均王年號.

연화(烟火) 뗑 =연화(煙火). '烟'은 '煙'과
같다.《正字通, 火部》烟, 同煙.《集覽, 朴
集, 上, 14ㅎ》寒食. 荊楚記云, 去冬節
〈莭〉一百五日, 有疾風甚雨, 謂之寒食, 又
謂之百五節〈莭〉. 秦人呼爲熟食日, 言其
不動煙〈烟〉火, 預辦熟食過節〈莭〉也.

연화(煙火) 뗑 연기와 불. (일반적으로 밥
을 짓는 연기를 일컫는다)《集覽, 朴集,
上, 14ㅎ》寒食. 荊楚記云, 去冬節〈莭〉一
百五日, 有疾風甚雨, 謂之寒食, 又謂之百
五節〈莭〉. 秦人呼爲熟食日, 言其不動煙
〈烟〉火, 預辦熟食過節〈莭〉也.

연화(蓮花) 뗑 연꽃.《集覽, 朴集, 上, 8ㅈ》
滿剌〈剌〉嬌. 質問云, 以蓮花・荷葉・藕
〈藕〉・鴛鴦・蜂蝶之屬〈形〉, 或用五色
絨綉, 或用彩色畫於段帛上, 謂之滿池嬌.
《集覽, 朴集, 中, 5ㅈ》執楊柳於掌內拂病
體於輕安. 佛圖澄, 天竺〈笁〉人也. 妙通玄
術, 善誦呪, 能役使鬼神. 石勒聞其名, 召
試其術, 澄取鉢盛水, 燒香呪之, 須臾, 鉢
中生靑蓮花.《朴新諺 2, 29ㅈ》座飾芙蓉
(朴新注, 33ㅈ: 佛書云, 蓮花軟淨, 而坐其

上, 不壞方現佛力所及.)湛南海澄淸之水,
안즌 디는 芙蓉으로 꾸며시니 南海 澄淸
흔 믈에 줌겻고.

연화(蓮華) 圀 =연화(蓮花). 《集覽, 朴集,
中, 4ㅎ》座飾芙蓉. 飜譯名義云, 大論問,
諸牀〈床〉可坐, 何必蓮華. 荅曰, 牀爲世間
白衣坐法, 又以蓮華軟淨, 欲現神力, 能坐
其上, 令不壞故, 又以莊嚴妙法故, 又以此
華華臺嚴淨香妙可坐故.

연회(宴會) 圀 이바지. 잔치. 《集覽, 朴集,
上, 1ㅈ》筵席. 凡宴會, 常話曰筵席, 文話
曰筵會, 吏語曰筵宴, 盖取肆設席之意.
《朴新諺 1, 2ㅈ》做酒楪子(朴新注, 1ㅎ:
凡宴會, 先進各果碟子作按酒.), 酒楪子를
삼쟈.

연회(筵會) 圀 =연회(宴會). 《集覽, 朴集,
上, 1ㅈ》筵席. 凡宴會, 常話曰筵席, 文話
曰筵會, 吏語曰筵宴, 盖取肆設席之意.

연후(然後) 圀 후. 또는 그런 후에. 그렇게
하고 난 후에. ⇔후. 《集覽, 朴集, 中, 8
ㅎ》牢子走. 南村輟耕錄云, 牢子走者, 元
時, 每歲一試之, 名曰放走, 亦名貴由赤,
俗謂快行是也. 以脚力便捷者膺上賞, 故
監役之官, 齊其名數而約之以繩, 使無後
先參差之爭, 然後去繩放行. 《集覽, 朴集,
下, 7ㅎ》毬門窩兒. 質問云, 如打毬兒, 先
竪一毬門, 上繫毬門, 然後將毬打上, 方言
謂之毬門窩兒. 《集覽, 朴集, 下, 7ㅎ》花
房窩兒. 質問云, 如打毬, 先立毬窩於花房
之上, 然後用棒打入, 方言謂之花房窩兒.
《朴新諺 1, 10ㅎ》說之了工價然後好煩你
做活, 공젼을 뎡흔 후에 널로 ㅎ여 셩녕
홈이 됴타. 《朴新諺 2, 24ㅎ》然後再用藿
香正氣散, 그린 후에 또 藿香正氣散을
뻐. 《朴新諺 3, 32ㅈ》然後拿些達子餑餑
·南糖·乾果子來, 그린 후에 達子쩍과
南糖과 乾果를 가져오라.

연희(演戲) 圐 말과 동작으로 여러 사람
앞에서 재주를 부리다. 《集覽, 朴集, 上,
6ㅎ》拘欄. 質問云, 麗春院樂人搬演戲文

雜劇之處也. 又云麗春院, 卽敎坊司也.

열 관 ●열. ⇔십(十). 《集覽, 字解, 單字解,
2ㅎ》捱. 正作涯. 倚限有恃之意 그슴ㅎ
다, 捱到十年 열 히 다둗도록. 《朴新諺
1, 4ㅈ》每桌辦乾鮮果品十六楪, 每 桌에
乾鮮果品 열 여슷 뎝시를 출호되. 《朴新
諺 1, 43ㅎ》與你十箇大錢, 너롤 열 낫 대
쳔을 주마. 《朴新諺 1, 44ㅈ》又是十表十
裏, 또 이 열 것과 열 안과. 《朴新諺 1,
50ㅎ》剃頭錢是十箇, 마리 싹는 갑슨 열
낫 돈이오. 《朴新諺 1, 55ㅎ》在肚裏呢懷
躭十月, 비에 이셔는 열 둘을 비고. 《朴
新諺 2, 14ㅈ》這十疋絹, 이 열 필 깁에셔.
《朴新諺 2, 28ㅈ》帶十兩銀子到東安州去
放黑豆, 열 냥 은을 가지고 東安州에 가
거믄콩에 노하. 《朴新諺 2, 31ㅈ》還要把
那箭俗裏插十根箭, 또 뎌 살동개에다가
열 낫 살 꼿고. 《朴新諺 2, 46ㅎ》你們如
今十歲年紀了, 너희 이제 열 뿔 나히라.
●열 (개). ⇔십개(十箇). 《朴新諺 1, 32
ㅈ》十箇指頭也有長短的, 열 손가락도
긴 이 져른 이 잇느니.

열(熱) 혱 덥다. ●⇔더웁다. 《朴新諺 2,
24ㅎ》來到家裏就害熱, 집의 와 곳 더워.
●⇔덥다. 《朴新諺 2, 23ㅎ》小弟這幾日
有些頭疼腦熱, 小弟 요스이 져기 마리 알
프고 골치 더옴이 잇더니. 《朴新諺 2, 24
ㅎ》熱炕上熅着出些汗, 더온 炕에 덥게
ㅎ여 져기 쏨 내고. 《朴新諺 3, 1ㅈ》熱的
當不的, 더워 當치 못ㅎ여라.

열나믄 관 여남은. ⇔십여(十餘). 《朴新諺
3, 44ㅈ》還有十餘對幢幡·寶盖, 또 열나
믄 雙 幢幡과 寶盖ㅣ 와.

열뇨(熱鬧) 혱 =열뇨(熱閙). '鬧'는 '閙'와
같다. 《廣韻, 效韻》閙, 同鬧. 〈周祖謨校
勘記〉閙, 當作鬧. 《朴新諺 3, 21ㅈ》你不
知這西遊記熱閙(鬧)得狠(很)哩, 네 아지
못ㅎ다 이 西遊記 ᄀ장 웨전즈런ㅎ니.

열뇨(熱閙) 혱 수선스럽다. 떠들썩하다.
시끌벅적하다. ⇔웨전즈런ㅎ다. 《朴新

諺 3, 21ㅈ》你不知這西遊記熱閙(鬧)得狠
(很)哩, 네 아지 못ᄒ다 이 西遊記 ᄀ장
웨전즈런ᄒ니.

열다 图 ●열다. ⇔개(開).《朴新諺 1, 49
ㅈ》如今國家開科取士, 이제 國家ㅣ 과거
롤 여러 션비롤 取ᄒ여.《朴新諺 2, 3ᅙ》
誰肯向他開口, 뉘 즐겨 뎌롤 향ᄒ여 입을
열리오.《朴新諺 2, 33ㅈ》開着一座當鋪,
一座 當鋪를 열고.《朴新諺 2, 42ᅙ》伙計
們把那廚開了, 동모들아 뎌 장을 열고.
《朴新諺 3, 6ᅙ》衙門處處向南開, 衙門이
곳곳이 南을 向ᄒ여 여러시나. 有理無錢
休入來, 理 이셔도 돈이 업거든 드러오지
말라 ᄒᄂ니라.《朴新諺 3, 25ᅙ》就着將
軍開橫看, 즉시 將軍으로 ᄒ여 橫를 여러
보니.《朴新諺 3, 41ᅙ》他不是開鋪的, 뎨
이 푸즈를 여니 아니오. ●열다. 열리다.
맷히다. ⇔결(結).《朴新諺 1, 39ㅈ》下雨
開花刮風結子, 비 오면 곳 픠고 ᄇ람 블면
여름 여둔 거시여.

열두 뗀 열두. ⇔십이(十二).《朴新諺 1,
4ᅙ》只用十二樣勾了, 그저 열두 가지를
뻐야 넉넉ᄒ리라.《朴新諺 1, 5ㅈ》共十
二盤碗, 대되 열두 盤椀이라.《朴新諺 2,
9ㅈ》實價十二兩, 실갑시 열두 냥이라.

열반(涅槃) 圐 〈불〉 불도(佛道)를 완전하
게 이루어 일체의 번뇌를 해탈(解脫)한
최고의 경지.《集覽, 朴集, 中, 4ㅈ》理圓
四德. 生死爲常, 不受二邊爲樂, 具入自在
爲我, 三業淸淨爲淨. 又我者卽是佛義, 常
者卽是法身義, 淨者卽是法義, 樂者卽是
涅槃義.《集覽, 朴集, 中, 4ㅈ》智滿十身.
十身有調御. 十身, 曰無着, 曰弘願, 曰業
報, 曰住持, 曰涅槃, 曰淨法, 曰眞心, 曰三
昧, 曰道性, 曰如意. 有內十身, 曰菩提, 曰
願, 曰化, 曰力持, 曰莊嚴, 曰威勢, 曰意生,
曰福德, 曰法, 曰智. 有外十身, 曰自, 曰衆
生, 曰國土, 曰業報, 曰聲聞, 曰圓覺, 曰菩
薩, 曰智, 曰法, 曰虛空.

열반경(涅槃經) 圐 〈불〉 대반열반경(大

般涅槃經). 석가모니의 열반을 설명하
기 위하여 편찬한 불교 경전(經典).《集
覽, 朴集, 下, 11ㅈ》好女不看燈. 涅槃經
云, 上元, 如來闍維訖, 收舍利, 置金床上,
天人散花, 奏樂繞城, 步步燃燈十二里.

열사(烈士) 圐 절의(節義)를 굳게 지키며
큰 포부를 지닌 사람.《朴新諺 3, 59ᅙ》
寶劍贈與烈士, 寶劍은 烈士를 주고. 紅粉
付與佳人, 紅粉은 佳人을 준다 ᄒ니라.

열선전(列仙傳) 圐 한(漢)나라 유향(劉向)
지음. 2권. 71명의 선인(仙人)을 열녀전
(烈女傳)의 체제를 좇아 엮었다.《集覽,
朴集, 上, 15ㅈ》瑤池. 列仙傳, 崐崘〈崑
崙〉閬苑, 有〈白〉玉樓十二, 玄室九層, 左
瑤池, 右翠水, 環以弱水九重, 非飇(飈)車
羽輪, 不可到也. 註, 瑤池, 王母所居.

열수(列宿) 圐 하늘에 떠 있는 무수한 별.
《集覽, 朴集, 下, 4ᅙ》大醮. 道經云, 醮,
祭名. 夜中於星辰之下, 陳設餠餌·酒果
·幣物, 禋祀天皇·太乙·地祗·列宿.

열수(熱水) 圐 더운 물.《朴新諺 1, 50ᅙ》
那孫家混堂(朴新注, 19ᅙ: 漢俗, 開浴室
熱水爲湯, 許人沐浴受直.)裏洗澡去罷, 뎌
孫가ㅣ 아 混堂에 목욕ᄒ라 가쟈.

열위(列位) 圐 여러분.《朴新諺 1, 6ㅈ》列
位弟兄旣都齊集了, 列位 弟兄이 이믜 다
모다시니.

열자(列子) 圐 중국 도가(道家) 경전의 하
나. 전국시대의 열자(列子)와 그 제자가
썼다고 하나, 현전하는 8편은 진(晉)나
라 장담(張湛)이 쓴 것이다.《集覽, 朴集,
下, 11ㅈ》流水高山. 列子, 伯牙善鼓〈皷〉
琴, 鍾子期善聽.

엷다 혱 엷다. ⇔박(薄).《朴新諺 2, 12ᅙ》
油漆也不好板子又薄, 칠도 됴치 아니ᄒ
고 널도 쏘 엷고.

염(拈) 图 ●꽂다. ⇔꽂다.《朴新諺 1, 27
ᅙ》且就那一日拈香頭發重誓, 쏘 그 날
香을 꽂고 듕ᄒ 밍셰ᄒ여. ●잡다(執).
집다. ⇔잡다.《朴新諺 1, 26ᅙ》拈子爲

定不許更改的, 믈 자바 뎡ᄒᆞ고 고치믈 허치 마쟈.

염(念) 동 ❶(소리 내어) 읽다. 낭독(朗讀)하다. ㊀⇔닑ㄱ다. 《朴新諺 3, 14ㅎ》你聽我念, 네 드르라 내 닑그마. ㊁⇔닑다. 《朴新諺 1, 48ㅈ》把書念熟背了, 글을다가 닑어 닉거든 외오고. 《朴新諺 1, 48ㅎ》就上生書念一會, 이믜셔 새 글 비화 ᄒᆞᆫ 디위 닑고. 《朴新諺 1, 58ㅈ》寫完了我念給你聽, 뻐 ᄆᆞᆺ차시니 내 닑어 네게 들리마. 《朴新諺 2, 44ㅎ》我念你聽, 내 닑어든 네 드르라. 《朴新諺 3, 13ㅈ》念的聲音響亮, 닑는 소릐 響亮ᄒᆞ고. 《朴新諺 3, 52ㅈ》你聽我念, 네 드르라 내 닑으마. 《朴新諺 3, 53ㅎ》我念你聽, 내 닑어든 네 드르라. ❷㊀〈불〉 조용히 불경이나 진언(眞言) 따위를 외다. ⇔염ᄒᆞ다(念-). 《朴新諺 2, 30ㅈ》若人有難口念菩薩之名, 만일 사ᄅᆞᆷ이 어려옴이 잇거든 입에 菩薩의 일홈을 念ᄒᆞ면. 《朴新諺 3, 26ㅈ》行者念一聲唵字, 行者ㅣ ᄒᆞᆫ 소릐 唵字를 念ᄒᆞ니. 《朴新諺 3, 28ㅈ》行者念幾句眞言, 行者ㅣ 여러 귀 眞言을 念ᄒᆞ고. ㊁외우다. ⇔외다. 《朴新諺 3, 35ㅎ》我念與官人聽, 내 외아 官人의게 들리마.

염(念) 명 염려(念慮). ⇔념녀. 《朴新諺 3, 15ㅎ》望卽示明以慰兒念, ᄇᆞ라건대 즉시 示明ᄒᆞ여 뻐 아ᄒᆡ 념녀를 위로ᄒᆞ쇼셔.

염(染) 동 ㊀(물감을) 들이다[染]. ⇔드리다. 《朴新諺 2, 14ㅈ》要染柳黃色的, 柳黃빗ᄎᆞᆯ 드리고져 ᄒᆞ고. 這被面要染大紅的, 이 니블 거족은 다홍을 드리고져 ᄒᆞ고. 被當頭要染水綠的, 니블 기슨 水綠을 드리고져 ᄒᆞ고. 《朴新諺 2, 14ㅈ》五疋要染南紅, 닷 필은 연다홍을 드리고져 ᄒᆞ고. 五疋染水紅, 닷 필은 분홍을 드리고. 這綿紬要染鴉青色, 이 綿紬란 야쳥빗 드리고. 這綿紬要染鴉青色, 이 綿紬란 야쳥빗 드리고. 《朴新諺 2, 14ㅈ》要改染做桃紅顏色, 고텨 桃紅빗ᄎᆞᆯ 드리고져 ᄒᆞ노라. 《朴新諺 2, 15ㅈ》假如你染的不如這㨾兒上的顏色, 만일 네 드린 거시 이 㨾子엣 빗과 ᄀᆞᆺ지 아니면. 《朴新諺 2, 15ㅈ》你便替我再染, 네 곳 나를 ᄀᆞ른차 다시 드리리라. ㊁물들이다. ⇔물드리다. 《朴新諺 2, 13ㅎ》我到染房裏染東西去, 내 물집의 잡은것 물드리라 가쟈. 染家你來看生活, 물드리는 이아 이바 셩녕엣 것 보라. 《朴新諺 2, 15ㅈ》你說幾時染完, 네 닐으라 언제 물드려 ᄆᆞᄎᆞ료.

염(染) 명 물감. ⇔물. 《朴新諺 2, 14ㅎ》這些東西你共要多少染錢呢, 이 여러 거세 네 대되 언머 물갑슬 바드려 ᄒᆞ는다. 《朴新諺 2, 15ㅈ》如今染錢都依你, 이제 물갑슨 다 네대로 ᄒᆞ려니와.

염(塩) 명 =염(鹽). '塩'은 '鹽'의 속자. 《正字通, 土部》鹽, 俗省作塩. 《集覽, 字解, 單字解, 3ㅈ》着. 使之爲也. 着落 ᄒᆡ여곰, 着他 뎌 ᄒᆞ야. 又置也. 着塩 소곰 두다. 又中也. 着了 맛다. 又見人所行之事, 正合人所指望之, 方則亦曰着了 마초ᄒᆞ야다. 又實也. 着實 실히. 又語助. 又穿衣服也. 《朴新諺 2, 16ㅈ》油·塩·醬·醋·茶各一斤, 기름과 소곰과 醬과 醋와 茶ㅣ 各 ᄒᆞᆫ 근이오. 《朴新諺 2, 16ㅎ》塩·菜各一斤, 소곰과 菜 各 ᄒᆞᆫ 근이니.

염(斂) 동 거두다. ⇔거두다. 《朴新諺 1, 27ㅎ》大家斂些錢, 대되 져기 돈 거두어.

염(鹽) 명 소금. ⇔소곰. 《集覽, 字解, 單字解, 3ㅈ》着. 使之爲也. 着落 ᄒᆡ여곰, 着他 뎌 ᄒᆞ야. 又置也. 着塩 소곰 두다. 又中也. 着了 맛다. 又見人所行之事, 正合人所指望之, 方則亦曰着了 마초ᄒᆞ야다. 又實也. 着實 실히. 又語助. 又穿衣服也. 《朴新諺 2, 16ㅈ》油·塩·醬·醋·茶各一斤, 기름과 소곰과 醬과 醋와 茶ㅣ 各 ᄒᆞᆫ 근이오. 《朴新諺 2, 16ㅎ》塩·菜各一斤, 소곰과 菜 各 ᄒᆞᆫ 근이니.

염라(閻羅) 명 〈불〉 염라대왕(閻羅大王). 저승에서, 지옥에 떨어지는 사람이 지

은 생전의 선악을 심판하는 왕.《集覽,
朴集, 中, 7ㅎ》褒彈. 今按, 包孝肅公名拯,
性剛直不撓, 其所彈劾, 不避權勢, 故時人
呼爲包閻羅, 曰關節〈節〉不到, 有閻羅包
老.《集覽, 朴集, 中, 9ㅈ》打關節. 吏學指
南云, 下之所以通欵曲於上者曰關節〈節〉,
又造請權要謂之關節〈節〉. 漢曰關說. 宋
包拯剛直好駁, 時人語曰, 關節〈節〉不到,
有閻羅包老.

염라포로(閻羅包老) 몡 송(宋)나라 포증
(包拯)을 달리 이르는 말. 포씨 성을 가
진 늙은 염라대왕이라는 뜻으로, 포증
이 대관(臺官)으로 있을 때 잘못이 있는
관원은 반드시 탄핵하였기 때문에 불리
던 별명이다.《集覽, 朴集, 中, 7ㅎ》褒彈.
今按, 包孝肅公名拯, 性剛直不撓, 其所彈
劾, 不避權勢, 故時人呼爲包閻羅, 曰關節
〈節〉不到, 有閻羅包老.《集覽, 朴集, 中,
9ㅈ》打關節. 吏學指南云, 下之所以通欵
曲於上者曰關節〈節〉, 又造請權要謂之關
節〈節〉. 漢曰關說. 宋包拯剛直好駁, 時人
語曰, 關節〈節〉不到, 有閻羅包老.

염방(染房) 몡 염색집. 염색소. ⇨물집.
《朴新諺 2, 13ㅎ》我到染房裏染東西去,
내 물집의 잡은것 물드리라 가쟈.

염불(念佛) 몡 〈불〉 조용히 불경이나 진
언(眞言) 따위를 외다. ⇨염불ㅎ다(念
佛-).《朴新諺 1, 35ㅎ》安禪悟法看經念
佛却不好麼, 安禪 悟法ㅎ고 看經 念佛홈
이 쏘 됴티 아니ㅎ랴.《朴新諺 3, 43ㅎ》
看經念佛, 看經 念佛ㅎ여.

염불ㅎ다(念佛-) 동 〈불〉 염불(念佛)하
다. ⇨염불(念佛).《朴新諺 1, 35ㅎ》安禪
悟法看經念佛却不好麼, 安禪 悟法ㅎ고
看經 念佛홈이 쏘 됴티 아니ㅎ랴.《朴新
諺 3, 43ㅎ》看經念佛, 看經 念佛ㅎ여.

염색(染色) 몡 물들이는 빛깔. 또는 물감
으로 물을 들이다.《集覽, 朴集, 中, 1ㅈ》
㨾兒〈子〉. 染家有簿冊一本, 有人求染絹
帛者, 必於簿上記其物數及染色, 幷其染

直以當契約者, 謂之㨾兒.

염송(念誦) 몡 〈불〉 마음속으로 부처를
잊지 아니하고 불경(佛經)을 외우다.
《集覽, 朴集, 上, 2ㅎ》院本. 盖古敎坊色長
有魏·武·劉三人, 而魏長於念誦, 武長
於筋斗, 劉長於科範, 至今樂人皆宗之.

염수(塩水) 몡 =염수(鹽水). '塩'은 '鹽'의
속자.《正字通, 土部》鹽, 俗省作塩.《集
覽, 朴集, 上, 2ㅎ》川炒. 音義云, 믠므레
〈믠믈에〉 炒혼 猪肉. 今按, 川炒, 塩水炒
也.

염수(鹽水) 몡 소금물.《集覽, 朴集, 上, 2
ㅎ》川炒. 音義云, 믠므레〈믠믈에〉 炒혼
猪肉. 今按, 川炒, 塩水炒也.

염열(炎熱) 혱 덥다. ⇨덥다.《朴新諺 3,
1ㅈ》今日天氣炎熱, 오늘 天氣 더오니.

염입본(閻立本) 몡 당(唐) 옹주(雍州) 만
년(萬年) 사람. 시호는 문정(文貞). 그림
에 뛰어나 봉부십팔학사도(奉府十八學
士圖)와 능연각공신도(凌煙閣功臣圖)
등을 그렸다.《集覽, 朴集, 中, 8ㅈ》十八
學士. 唐太宗秦王時, 開館延文學之士, 杜
如晦·房玄齡〈岭〉·虞世南·褚遂良·
姚思廉·李玄道·蔡允恭·薛元敬·顔
相時·蘇勗·于志寧·蘇世長·薛攸·
李守素·陸德明·孔穎達·蓋文達·許
敬宗爲文學館學士, 分爲三番, 更日直宿.
秦王暇日, 至館中討論文籍, 使閻立本圖
像, 褚亮爲贊.

염자(簾子) 몡 발簾. ⇨발.《朴新諺 2, 41
ㅎ》把那綿布簾子在窓戶裏面幔上, 綿布
발을다가 窓 안희 치고,《朴新諺 3, 1ㅈ》
把這簾子捲起窓戶支起, 이 발을다가 것
고 窓을 버틔오라.

염장(塩醬) 몡 =염장(鹽醬). '塩'은 '鹽'의
속자.《正字通, 土部》鹽, 俗省作塩.《集
覽, 朴集, 下, 6ㅈ》水精角兒. 飮饌正要云,
羊肉·羊脂·羊尾子·生葱·陳皮·生
薑, 各細切, 入細料物, 塩醬拌匀爲餡. 用
豆粉作皮包之, 水煮供食.

염장(鹽醬) 圐 소금과 간장.《集覽, 朴集, 下, 6ㅈ》水精角兒. 飮饌正要云, 羊肉·羊脂·羊尾子·生葱·陳皮·生薑, 各細切, 入細料物, 塩醬拌勻爲餡. 用豆粉作皮包之, 水煮供食.

염전(染錢) 圐 옷감에 물감을 들이는 값. ⇔물값.《朴新諺 2, 14ㅎ》這些東西你共要多少染錢呢, 이 여러 거세 네 대되 언머 물갑슬 바드려 ᄒᆞᄂᆞᆫ다. 這疋杭綾染錢五錢半, 이 ᄒᆞᆫ 필 杭州ㅅ 綾에ᄂᆞᆫ 물갑시 닷 돈 반이오. 五箇南紅絹每一疋染錢四錢, 닷 필 연다홍 깁은 미 ᄒᆞᆫ 필에 물갑시 너 돈이오. 五箇水紅絹每疋染錢三錢, 다ᄉᆞᆺ 분홍 깁은 미 필에 물갑시 서 돈이오. 這鴉靑綿紬染錢六錢, 이 야쳥 綿紬ᄂᆞᆫ 물갑시 엿 돈이오. 被面被當頭染錢八錢, 니블 거족과 니블 깃슨 물갑시 여ᄃᆞᆲ 돈이니. 共該染錢五兩四錢半銀子, 대되 히오니 물갑시 닷 냥 너 돈 반 銀이로다.《朴新諺 2, 15ㅈ》如今染錢都依你, 이제 물갑슨 다 네대로 ᄒᆞ려니와.

염정(廉貞) 圐 구성(九星) 중의 다섯째 별이름. 문곡성(文曲星)의 아래 무곡성(武曲星)의 위에 있다.《集覽, 朴集, 上, 7ㅈ》北斗左輔右弼. 凡九星, 曰樞宮貪狼, 曰璇宮巨門, 曰璣〈幾〉宮祿存, 曰權宮文曲, 曰衡宮廉貞, 曰闓〈開〉陽宮武曲, 曰瑤光宮破軍, 曰洞明宮左輔, 曰隱元宮右弼.

염치(染直) 圐 옷이나 옷감에 물들이는 값.《集覽, 朴集, 中, 1ㅈ》撛兒〈子〉. 染家有簿冊一本, 有人求染絹帛者, 必於簿上記其物數及染色, 幷其染直以當契約者, 謂之撛兒.

염향(拈香) 圐 〈불〉 부처에게 향을 피우고 절을 하다.《朴新諺 1, 27ㅎ》且就那一日拈香頭發重誓, ᄯᅩ 그 날 香을 ᄭᅩᆺ고 듕ᄒᆞᆫ 밍셰ᄒᆞ여.

염화(燄火) 圐 불꽃.《集覽, 朴集, 下, 9ㅎ》濕煤. 質問云, 如和煤未乾, 濕燒取其燄火, 方言謂之濕煤.

염ᄒᆞ다(念-) 圐 〈불〉 조용히 불경이나 진언(眞言) 따위를 외다. ⇔염(念).《朴新諺 2, 30ㅈ》若人有難口念菩薩之名, 만일 사ᄅᆞᆷ이 어려옴이 잇거든 입에 菩薩의 일홈을 念ᄒᆞ면.《朴新諺 3, 26ㅈ》行者念一聲唵字, 行者ㅣ ᄒᆞᆫ 소리 唵字를 念ᄒᆞ니.《朴新諺 3, 28ㅈ》行者念幾句眞言, 行者ㅣ 여러 귀 眞言을 念ᄒᆞ고.

엽아(葉兒) 圐 잎. ⇔닙ㅎ.《朴新諺 2, 39ㅎ》把那葉兒摘了, 뎌 닙흘다가 ᄶᅡ.《朴新諺 3, 4ㅎ》竟不曉得葉兒有這用處, ᄆᆞ춤내 닙히 이 쁠 곳 잇ᄂᆞᆫ 줄을 아지 못ᄒᆞ엿더니.

엽자(葉子) 圐 잎. ⇔닙ㅎ.《朴新諺 3, 4ㅈ》摘些葉子送我, 져기 닙흘 ᄶᅡ 내게 보내여라.

엿 관 여섯(六). ⇔육(六).《朴新諺 2, 14ㅎ》這鴉靑綿紬染錢六錢, 이 야쳥 綿紬ᄂᆞᆫ 물갑시 엿 돈이오.《朴新諺 2, 43ㅈ》鴉靑色四季花的六兩銀子一疋, 야쳥빗 四季花 문에ᄂᆞᆫ 엿 냥 은에 ᄒᆞᆫ 필이오.《朴新諺 3, 54ㅈ》收管者謝銀六兩, 거두어 두ᄂᆞᆫ 銀 엿 냥을 샤례ᄒᆞ리라.

-엿- 어미 -였-. -었-.《朴新諺 1, 3ㅎ》想是管酒的人們剋減了, 싱각건대 술 ᄀᆞ음 아ᄂᆞᆫ 사ᄅᆞᆷ들이 ᄀᆞᆯ겨 내엿도다.《朴新諺 1, 17ㅈ》你眞猜着了, 네 잘 짐쟉ᄒᆞ엿다.《朴新諺 1, 37ㅈ》你近來怎麼這般黃瘦, 네 요ᄉᆞ이 엇디 이리 黃瘦ᄒᆞ엿ᄂᆞᆫ다.《朴新諺 2, 5ㅎ》北岸上又有一座大寺相對着, 북편 언덕 우희 ᄯᅩ ᄒᆞᆫ 좌 큰 졀이 이셔 서ᄅᆞ 디ᄒᆞ엿고.《朴新諺 2, 16ㅈ》一應供給伺候人役却都預備廳, 一應 供給과 伺候 人役을 다 預備ᄒᆞ엿ᄂᆞ냐.《朴新諺 2, 38ㅈ》我也這般想着, 나도 이리 싱각ᄒᆞ엿노라.《朴新諺 3, 4ㅎ》竟不曉得葉兒有這用處, ᄆᆞ춤내 닙히 이 쁠 곳 잇ᄂᆞᆫ 줄을 아지 못ᄒᆞ엿더니.《朴新諺 3, 15ㅈ》托以段疋送與父親使用, 段疋로 ᄡᅥ 부텨 父親ᄭᅴ 보내여 쓰게 ᄒᆞ엿더니.《朴新諺 3, 42

ㅎ》我竟不知道却曾出殯麼, 내 ᄆ촘내
아지 못ᄒ엿ᄂᆞ니 ᄯᅩ 일즉 出殯ᄒ엿ᄂᆞ냐.

엿좁다 阁 여쭙다. ⇔주(奏).《朴新諺 3,
27ㅈ》將軍奏道, 將軍이 엿ᄌᆞ와 니ᄅ되.

영(令) 曱 하여금. …로 하여금 …하게 하
다. …를 시키다. ⇔ᄒ여곰.《朴新諺 2,
13ㅈ》眞令人可恨可惱, 진실로 사ᄅᆞᆷ으로
ᄒ여곰 恨ᄒᆞ고 노홉게 ᄒᆞ니.《朴新諺 2,
39ㅈ》滿池荷花香噴噴的令人可愛, 못에
ᄀᆞ득ᄒᆞᆫ 荷花 | 香내 뿜겨 사ᄅᆞᆷ으로 ᄒ여
곰 ᄉᆞ랑홉게 ᄒᆞ더라.

영(另) 관 딴. 다른. 뜻밖의. ⇔ᄯᆞᆫ.《集覽,
字解, 單字解, 2ㅎ》另. 音零, 去聲. 別也,
零也. 另的 ᄯᆞᆫ 것. 吏語, 另行 각벼리 ᄒᆞ다.

영(另) 曱 각별히. ⇔각벼리.《集覽, 字解,
單字解, 2ㅎ》另. 音零, 去聲. 別也, 零也.
另的 ᄯᆞᆫ 것. 吏語, 另行 각벼리 ᄒᆞ다.

영(另) 혱 다르다. ⇔다ᄅᆞ다.《朴新諺 1,
38ㅈ》小弟另日再到府上問候罷, 小弟 다
ᄅᆞᆫ 날 다시 府上에 가 問候ᄒᆞ리라.

영(逞) 阁 (위세를) 부리다. ⇔부리다.《朴
新諺 3, 51ㅎ》逞强打我, 사오나옴을
부려 나를 텨셰라.

영(暎) 阁 비치다. ⇔빗최다.《朴新諺 2,
5ㅈ》四面綠水相映着, 四面에 프른 믈이
서ᄅ 빗최엿고.

영(榮) 명 영화(榮華). ⇔영화.《朴新諺 1,
49ㅈ》何等榮耀哩, 엇던 영화와 빗남 이
리오.

영(領) 阁 ●더블다. 데리다. 이끌다. ⇔
ᄃᆞ리다.《朴新諺 1, 22ㅎ》你明日領我去,
네 ᄂᆡ일 나를 ᄃᆞ려 가.《朴新諺 1, 22ㅎ》
明日就領你去, ᄂᆡ일 곳 너를 ᄃᆞ려 가리
라. ●받다. 수령(受領)하다. ⇔영ᄒ다
(領-).《朴新諺 3, 15ㅎ》但尙未領憑, 다
만 오히려 文憑을 領치 못ᄒᆞ여시니.《朴
新諺 3, 59ㅈ》咱們都領敎了, 우리 다 ᄀᆞ
ᄅ치믈 領ᄒᆞ여다. ❸타다. 받다. 수령하
다. ⇔ᄐᆞ다.《朴新諺 1, 8ㅎ》大約這月二
十遣領了詔書箚付就要起身, 대개 이 ᄃᆞᆯ

스므날긔 詔書와 箚付를 ᄐᆞ면 즉시 ᄯᅥ나
고져 ᄒᆞ노라.《朴新諺 1, 14ㅈ》然後到關
籌的所在領過籌來, 그린 후에 사술 ᄐᆞᄂᆞᆫ
곳에 가 사술을 ᄐᆞ 와야.《朴新諺 1, 14
ㅎ》先換票領籌何如, 몬져 票를 밧고고
사술을 ᄐᆞ미 엇더ᄒᆞ뇨.

영(瑩) 혱 맑다. 밝고 투명하다. ⇔ᄆᆞᆰ다.
《朴新諺 2, 29ㅎ》面圓璧月身瑩瓊瑰, ᄂᆞ
ᄎᆞᆫ 璧月ᄀᆞ치 두렷ᄒᆞ고 몸은 瓊瑰 | ᄀᆞ치
물그며.

영(贏) 阁 이기다. ⇔이긔다.《朴新諺 1,
26ㅈ》咱們下一局賭箇輸贏如何, 우리 ᄒᆞᆫ
판 두어 지며 이긔믈 더ᄂᆞ미 엇더ᄒᆞ뇨.
你那能贏得我, 네 엇디 능히 나를 이긔
리오.《朴新諺 1, 26ㅈ》眼下交手便見輸
贏, 眼下에 交手ᄒᆞ면 곳 지며 이긔믈 보
리라.《朴新諺 1, 27ㅈ》于今我却贏了呢,
이지 내 ᄯᅩ 이긔여다.《朴新諺 1, 53ㅎ》
今日豈有不贏之理呢, 오늘 엇디 이긔지
못ᄒᆞᆯ 理 이시리오.《朴新諺 3, 23ㅎ》卽
拜贏的為師傅, 곳 이긔ᄂᆞᆫ 이를 拜ᄒᆞ여 스
승을 삼쟈.《朴新諺 3, 27ㅎ》衆人喝采
(保)說佛家法力大贏了, 모든 사ᄅᆞᆷ이 혀
츠고 니ᄅ되 佛家 | 法力이 크다 이긔엿
고나.

영(靈) 혱 영험(靈驗)하다.《朴新諺 2, 29
ㅈ》這菩薩眞乃有靈有聖, 이 菩薩이 진짓
有靈 有聖 ᄒᆞ니라.

영강(逞强) 혱 사납다. 억세다. 나쁘다.
또는 힘이나 권력을 과시하다. 위세를
부리다. ⇔사오납다.《朴新諺 3, 51ㅎ》
逞强打我, 사오나옴을 부려 나를 텨셰
라.

영건(營建) 阁 집이나 건물을 짓다.《集
覽, 朴集, 上, 5ㅎ》平則門. 燕都, 禹貢冀
州之域. 唐曰幽都, 虞爲幽州, 武王封召公
奭於燕, 卽此. 元初爲燕京路, 後稱(称)大
都路, 洪武初改爲北平布政司. 太宗皇帝
龍潛於此, 及承大統, 逐爲北京, 遷都焉.
永樂十九年, 營建宮室, 立門九.

영결(瑩潔) 혱 아주 맑고 깨끗하다.《朴新諺 2, 29ㅎ》面圓壁月身瑩瓊瑰(朴新注, 33ㅎ: 石次玉者, 瑩潔有光明.), 눛춘 壁月ㄱ치 두렷ㅎ고 몸은 瓊瑰ㅣ ㄱ치 물그며.

영교(靈巧) 혱 슬기롭고 영민하다. 민첩하고 교묘하다. ⇔영교ᄒ다(靈巧-).《朴新諺 1, 41ㅈ》眞箇是聰明靈巧人, 진실로 이 聰明 靈巧혼 사ᄅᆞᆷ이로다.

영교ᄒ다(靈巧-) 혱 영교(靈巧)하다. ⇔영교(靈巧).《朴新諺 1, 41ㅈ》眞箇是聰明靈巧人, 진실로 이 聰明 靈巧혼 사ᄅᆞᆷ이로다.

영구(永久) 혱 영원(永遠)하다. 장구(長久)하다. 끝없이 오래다.《集覽, 朴集, 上, 1ㅎ》長春酒. 質問云, 春分日所造之酒, 永久不變其味, 方言謂之長春酒.

영구(靈柩) 몡 시체를 넣은 관(棺).《朴新諺 3, 43ㅎ》靈柩前面, 靈柩 앏히는.

영구불변(永久不變) 통 영구(永久)하게 변하지 아니하다.《集覽, 朴集, 上, 1ㅎ》長春酒. 質問云, 春分日所造之酒, 永久不變其味, 方言謂之長春酒.

영귀(榮貴) 혱 지체가 높고 귀하다.《集覽, 朴集, 下, 3ㅈ》衣錦還鄕. 項羽屠咸陽, 與沛公分王. 又懷東歸, 曰, 富貴不歸故鄕, 如衣綉(繡)夜行. 遂東歸, 都彭城. 故後人仕官(窅)榮貴還鄕里者曰衣錦還鄕.

영녕사(永寧寺) 몡 절 이름.《朴新諺 2, 9ㅎ》咱們到南城永寧寺裏, 우리 南城 永寧寺에 가.《朴新諺 2, 10ㅈ》如今來到這永寧寺裏坐了方丈, 이제 이 永寧寺에 와 方丈에 안잣더니.

영녕선사(永寧禪寺) 몡 절 이름.《集覽, 朴集, 上, 15ㅎ》步虛. 還大都, 時適丁太子令辰十二月二十四日, 奉傳聖旨, 住持永寧禪寺, 開堂演法.

영단(靈丹) 몡 =영단약(靈丹藥).《朴新諺 2, 27ㅈ》便强如靈丹妙藥, 곳 靈丹 妙藥에셔 나아.

영단약(靈丹藥) 몡 모든 병을 치료할 수 있다는 단약. 모든 병을 물리쳐서 불로장생(不老長生)하게 한다고 한다.《集覽, 朴集, 下, 4ㅈ》孫行者. 西遊記云, 西域有花菓山, 山下有水簾洞, 洞前有鐵板橋, 橋下有萬丈澗, 澗邊有萬箇小洞, 洞裏多猴. 有老猴精, 號齊天大聖, 神通廣大, 入天宮仙桃園偸蟠桃, 又偸老君靈丹藥, 又去王母宮偸王母綉仙衣一套, 來設慶仙衣會.

영당(令堂) 몡 자당(慈堂). (상대방의 어머니를 높여 부르는 말)《朴新諺 3, 56ㅎ》先生令尊·令堂俱在堂麼, 先生의 令尊·令堂이 다 在堂ㅎ신가.

영락(永樂) 몡 명(明)나라 성조(成祖)의 연호(1403~1424).《集覽, 朴集, 上, 4ㅈ》永平. 洪武二年, 改永平府屬北平布政司, 北平卽燕都, 永樂都燕京, 以此直隷京師.《集覽, 朴集, 上, 5ㅎ》平則門. 永樂十九年, 營建宮室, 立門九.《集覽, 朴集, 下, 8ㅎ》南京應天府丞. 永樂中, 於北平肇建北京, 爲行在所.

영락(瓔珞) 몡 구슬을 꿰어 만든 장신구. 목이나 팔 따위에 건다.《集覽, 朴集, 中, 4ㅎ》瓔珞. 頸飾也. 普門品經云, 無盡意, 菩薩解頸下衆寶瓔珞而以與之. 一說, 珠在頸曰瓔, 在身曰珞.《朴新諺 2, 29ㅈ》身嚴瓔珞(朴新注, 33ㅈ: 頸飾也. 一云, 珠在頸曰瓔, 在身曰珞.)居普陁空翠之山, 몸에 瓔珞으로 장엄ㅎ여시니 普陁 空翠의 山에 居ㅎ엿도다.

영락경(瓔珞經) 몡 〈불〉 불경(佛經) 이름.《集覽, 朴集, 中, 4ㅈ》利土. 瓔珞經云, 刹土, 乃聖賢所居之處. 又利土猶言法界也. 又號伽藍曰梵刹者, 以柱爲表也.

영롱(玲瓏) 혱 영롱하다. 찬란하다.《集覽, 朴集, 上, 3ㅎ》鮮笋燈龍湯. 質問云, 鮮笋, 以笋雕爲玲瓏花摸, 空其內, 糝肉作羹食之.

영막(營幕) 몡 군영(軍營)의 막사.《集覽, 朴集, 上, 12ㅎ》唱喏. 揖也. 詞曲曰, 一箇

唱, 百箇喏, 謂一人呼唱於上, 衆人應諾於下. 如將帥在營幕下, 軍卒投謁於前者列立於〈軍卒投謁於前者列於〉庭, 將帥發一令語, 則衆下齊聲以應.

영명(永明) 圀 남조 제(南朝齊) 무제(武帝: 蕭賾)의 연호(483~493). 《集覽, 朴集, 上, 16ㅈ》石屋. 事文類聚云, 釋氏五宗之敎, 傳至法眼, 爲雪峯眞覺禪師之道. 至永明, 其道傳于高麗國. 此卽普虛之傳也.

영모(翎毛) 圀 새의 깃털. 《集覽, 朴集, 上, 11ㅎ》珠鳳冠. 音義云, 珠子結成鳳之冠. 今按, 用珍珠串結, 作成鳳形, 而至於翎毛, 則皆用綵線及翠羽爲飾(餙).

영사(令史) 圀 아전(衙前)이나 이속(吏屬). 송·원대(宋元代) 이래 각 관아의 서리(胥吏)를 통틀어 이르던 말. 《集覽, 朴集, 中, 2ㅈ》令史. 在京六部及三品衙門, 在外各衛及都布按三司俱有令史, 驛吏則無令史之稱. 元制, 未詳.

영산(灵山) 圀 =영산(靈山). '灵'은 '靈'의 속자. 《正字通, 火部》灵, 俗靈字. 《集覽, 朴集, 上, 16ㅈ》石屋. 遂以袈裟表信曰, 衣雖今日, 法自靈〈灵〉山流傳至今, 今附於汝, 汝善護持, 毋〈母〉令斷〈斷〉絶.

영산(靈山) 圀 영취산(靈鷲山). 고대 인도(印度) 마갈타국(摩竭陀國)의 라자그리하(Rajagriha) 북동쪽에 있는 산. 석가여래(釋迦如來)가 법화경(法華經)과 무량수경(無量壽經)을 강(講)하였다는 곳이다. 《集覽, 朴集, 上, 16ㅈ》石屋. 遂以袈裟表信曰, 衣雖今日, 法自靈〈灵〉山流傳至今, 今附於汝, 汝善護持, 毋〈母〉令斷〈斷〉絶. 《集覽, 朴集, 下, 1ㅈ》西天取經去. 西遊記云, 昔釋迦牟尼佛在西天靈山雷音寺, 撰成經·律·論三藏金經, 須送東土, 解度郡〈羣〉迷. 問諸菩薩, 徃東土尋取經人來. 《集覽, 朴集, 下, 5ㅈ》金頭揭地·銀頭揭地·波羅僧揭地. 西遊記云, 釋迦牟尼佛在靈山雷音寺演說三乘敎法, 傍有侍奉阿難·伽舍諸菩薩·聖僧·羅

漢·八金剛·四揭地·十代明王·天仙·地仙. 《朴新諺 3, 8ㅎ》徃西天(朴新注, 47ㅈ: 西方天空國, 有靈山大雷音寺, 釋迦牟尼佛居之, 謂之西天.)去取經的時節, 西天을 향ᄒᆞ여 經 가질라 갈 제.

영상(迎祥) 圐 상서(祥瑞)를 맞이하다. ⇔영상ᄒᆞ다(迎祥-). 《朴新諺 2, 59ㅈ》婁增彣久鬼迎祥, 婁ᄂᆞᆫ 增ᄒᆞ고 彣은 久ᄒᆞ고 鬼ᄂᆞᆫ 迎祥ᄒᆞ니.

영상(影像) 圀 화상(畫像). (사람의 얼굴을 그림으로 그린 형상) ⇔화상. 《朴新諺 3, 41ㅈ》他在別處畫了一箇人的影像, 뎌 다른 듸셔 ᄒᆞᆫ 사름의 화상을 그리니.

영상ᄒᆞ다(迎祥-) 圐 영상(迎祥)하다. ⇔영상(迎祥). 《朴新諺 2, 59ㅈ》婁增彣久鬼迎祥, 婁ᄂᆞᆫ 增ᄒᆞ고 彣은 久ᄒᆞ고 鬼ᄂᆞᆫ 迎祥ᄒᆞ니.

영수(零數) 圀 정수(整數)에 차지 못하거나 차고 남은 수. 곧, 나머지. 우수리. 끝수. 《集覽, 朴集, 上, 14ㅈ》整. 無零數之謂. 《朴新諺 1, 58ㅈ》情愿憑中借到某人名下紋銀五十両整(朴新注, 22ㅎ: 無零數之謂.), 情愿으로 중인을 의빙ᄒᆞ여 某人 名下에 紋銀 五十両 뎡이롤 쑤되.

영수(領受) 圐 돈이나 물건 따위를 받다. 수령(受領)하다. 《集覽, 朴集, 中, 1ㅎ》金字圓牌. 至正條格云, 元時, 中書省奏, 諸王·駙馬各投下有軍情緊急重事, 許令懸帶原降銀字圓牌應付鋪馬騎坐, 其餘差使人員有緊急軍情重事, 許令懸帶金字圓牌, 方付鋪馬. 其他泛常勾當, 只許臨時領受, 給降聖旨, 方許給馬.

영신(令辰) 圀 좋은 날. 길한 날. 《集覽, 朴集, 上, 15ㅎ》步虛. 還大都, 時適丁太子令辰十二月二十四日, 奉傳聖旨, 住持永寧禪寺, 開堂演法.

영왕(郢王) 圀 오대 양(五代梁) 때의 왕. 태조(太祖) 주온(朱溫: 朱全忠)의 둘째 아들. 아버지 주온을 시해(弑害)하고 왕위에 올랐다. 《集覽, 朴集, 下, 12ㅎ》梁

貞明. 朱溫事唐僖宗, 賜名全忠, 拜宣武軍
節〈莭〉度使, 封梁王. 尋受唐禪, 卽位六
年, 爲第〈第〉二子郢王友珪所弑. 均王誅
友珪而立.

영요(榮耀) 동 부귀하고 명성이 빛나다.
⇔영요ᄒ다(榮耀-).《朴新諺 2, 58ㅎ》眞
是皇恩浩蕩好不榮耀, 진실로 皇恩이 浩
蕩ᄒ지라 ᄀ장 榮耀ᄒ더라.《朴新諺 3,
40ㅈ》眞好榮耀氣像, 진실로 ᄀ장 榮耀
ᄒ 긔샹이러라.

영요ᄒ다(榮耀-) 동 영요(榮耀)하다. ⇔
영요(榮耀).《朴新諺 2, 58ㅎ》眞是皇恩
浩蕩好不榮耀, 진실로 皇恩이 浩蕩ᄒ지
라 ᄀ장 榮耀ᄒ더라.《朴新諺 3, 40ㅈ》
眞好榮耀氣像, 진실로 ᄀ장 榮耀ᄒ 긔샹
이러라.

영원(蠑蚖) 명 도마뱀붙잇과의 하나. 도
마뱀과 비슷한데 몸의 길이는 12cm 정
도이며, 야행성으로 주로 인가(人家) 가
까이 살며 작은 소리로 운다.《集覽, 朴
集, 下, 5ㅎ》蠑〈蝾〉虎. 蠑蚖·蜥蜴·蝘
蜓·守宮, 一物而四名. 在壁曰守宮, 在草
曰蜥蜴.

영이(靈輀) 명 영구차(靈柩車).《集覽, 朴
集, 下, 9ㅎ》碎盆. 未詳源流. 但本國送殯
之晨, 在家者見靈輀登道, 卽隨以瓦器擲
碎於門外, 大聲作語曰, 持汝家具而去. 云
爾者, 盖使亡人無留念家緣之術也.

영인(令人) 명 아내.《集覽, 朴集, 下, 12
ㅈ》太祖. 夫人柳氏曰, 妾聞諸公之言, 尙
有感奮, 況大丈夫乎. 提甲領以披之, 諸將
扶擁而出, 令人呼曰, 王公已擧義旗, 國人
來赴者不可勝計. 先至宮門, 鼓〈皷〉噪以
待者, 亦萬餘人.

영자(領子) 명 체자(帖子). 체지(帖紙). 장
부(帳簿). ⇔톄.《朴新諺 1, 14ㅈ》還要把
領子(朴新注, 5ㅎ: 月俸之貼.)到該管書辦
處換過小票, 당시롱 틱는 톄를 가져 ᄀ
음아는 셔반의게 가 져근 票룰 밧고고.

영적(另的) 명 딴 것. 다른 것.《集覽, 字

解, 單字解, 2ㅎ》另. 音零, 去聲. 別也, 零
也. 另的 ᄯᆞᆫ 것. 吏語, 另行 각벼리 ᄒ다.

영전(零錢) 명 잔돈. 또는 용돈. ⇔드래
돈.《朴新諺 2, 12ㅈ》我沒有零錢帶去使
用, 내 드래돈 가져가 쁠 거시 업스니.
《朴新諺 2, 12ㅎ》我有零錢, 내게 드래돈
이 이시니.

영접(迎接) 동 손님을 맞아서 대접하다.
⇔영접ᄒ다(迎接-).《朴新諺 1, 56ㅎ》有
失迎接了, 迎接홈을 일허시니.

영접ᄒ다(迎接-) 동 영접(迎接)하다. ⇔
영접(迎接).《朴新諺 1, 56ㅎ》有失迎接
了, 迎接홈을 일허시니.

영정(影亭) 명 영정자(影亭子)의 준말.
《朴新諺 3, 44ㅈ》是影亭(朴新注, 60ㅈ:
掛死者之眞影者.)·香亭·轎馬, 이 影亭
과 香亭과 轎馬와.

영정자(影亭子) 명 장례 때 죽은 사람의
진용(眞容)을 걸어 받쳐 드는 작은 정자
모양의 기구.《集覽, 朴集, 下, 9ㅎ》影亭
子. 畫死者〈畫死者之〉眞容, 掛於小腰輿,
爲前導.

영존(令尊) 명 상대방의 아버지를 높여
부르는 말.《朴新諺 3, 56ㅎ》先生令尊·
令堂俱在堂麼, 先生의 令尊·令堂이 다
在堂ᄒ신가.

영주(營州) 명 우공(禹貢)의 기주(冀州)
지역. 우(虞)나라가 기주의 북방을 나누
어 영주(營州)라 하였다.《集覽, 朴集,
上, 4ㅈ》永平. 一統誌云, 禹貢冀州之域.
虞分冀北爲營州, 此卽其地.

영주(瀛洲) 명 선비가 선경(仙境)에 들어
간 것처럼 특별한 영예를 얻은 것을 비
유하는 말. 당 태종(唐太宗)이 천하의 인
재를 모으기 위하여 문학관(文學館)을
설치하고 두여회(杜如晦)·방현령(房玄
齡) 등 18명의 문신을 학사(學士)로 임명
한 일에서 비롯되었다.《集覽, 朴集, 中,
8ㅈ》十八學士. 唐太宗秦王時, 開舘延文
學之士, 杜如晦·房玄齡〈岭〉·虞世南

褚遂良・姚思廉・李玄道・蔡允恭・薛
元敬・顔相時・蘇勖・于志寧・蘇世長
・薛攸・李守素・陸德明・孔穎達・蓋
文達・許敬宗爲文學館學士, 分爲三番,
更日直宿. 秦王暇日, 至館中討論文籍, 使
閻立本圖像, 褚亮爲贊. 得與其選者, 世謂
之登瀛洲.

영춘(迎春) 图 봄을 맞이하다. 《集覽, 朴
集, 下, 9ㅎ》打春. 東京夢華錄云, 立春前
五日, 造土牛・耕夫・犁具, 前一日順天
府進農牛入禁中鞭春, 府縣官吏・士庶・
耆社, 具鼓樂出東郊迎春, 牛芒神至府前,
各安方位.

영파부(寧波府) 图 중국 절강성(浙江省)
동부 연해(沿海)와 항주만(杭州灣) 남쪽
에 있었다. 송대(宋代)에는 경원부(慶元
府)의 치소, 명・청대(明淸代)에는 영파
부의 치소였다. 《集覽, 朴集, 中, 3ㅎ》南
海普陁落伽山. 山在寧波府定海縣, 古昌
國縣海中.《朴新諺 2, 28ㅎ》到那南海普
陀落伽山(朴新注, 33ㅈ: 在寧波府定海縣.
世傳觀音現像于此, 上有普陀寺.), 뎌 南
海 普陀 落伽山에 가.

영평(永平) 图 땅 이름. 우공(禹貢)의 기
주(冀州) 지역. 우(虞)나라가 기주의 북
방을 나누어 영주(營州)라 하였고, 상대
(商代)에는 고죽국(孤竹國), 원대(元代)
에는 영평로(永平路)라 하였다. 홍무(洪
武) 2년(1369)에 영평부(永平府)로 고치
고 북평포정사(北平布政司)에 속하게
하였다. 《集覽, 朴集, 上, 4ㅈ》永平. 一統
誌云, 禹貢冀州之域. 虞分冀北爲營州, 此
卽其地. 商〈商〉爲孤竹國, 元爲永平路. 洪
武二年, 改永平府屬北平布政司, 北平卽
燕都, 永樂都燕京, 以此直隷京師. 《朴新
諺 1, 8ㅎ》派小弟是徃永平(朴新注, 3ㅎ:
今之永平府.)・大寧・遼陽・開元・瀋
陽等處, 小弟룰 그은 거슨 이 永平・大寧
・遼陽・開元・瀋陽 等 處에 가느니라.

영평부(永平府) 图 명대(明代)에 두엇다.

홍무(洪武) 2년(1369)에 영평(永平)을 영
평부(永平府)로 고치고 북평포정사(北
平布政司)에 속하게 하였다. 소재지는
하북성(河北省) 노룡현(盧龍縣) 지역에
있었다. 청대(淸代)까지 존속되었다.
《集覽, 朴集, 上, 4ㅈ》永平. 一統誌云, 禹
貢冀州之域. 虞分冀北爲營州, 此卽其地.
商〈商〉爲孤竹國, 元爲永平路. 洪武二年,
改永平府屬北平布政司, 北平卽燕都, 永
樂都燕京, 以此直隷京師.

영해(嬰孩) 图 어린아이.《集覽, 字解, 單
字解, 5ㅈ》兒. 嬰孩也. 孩兒. 又呼物名,
必用兒字, 爲助語之辭. 杏兒・李兒. 凡呼
物名則呼兒字, 只宜微用其音, 而不至太
白可也.

영행(另行) 图 각별하게 하다. 따로 시행
하다. 별도로 행하다.《集覽, 字解, 單字
解, 2ㅎ》另. 音零, 去聲. 別也, 零也. 另的
뿐 것. 吏語, 另行 각벼리 ᄒᆞ다.

영행(榮行) 图 출발하다. (남의 출행에 대
한 경칭) ⇔영행ᄒᆞ다(榮行-).《朴新諺 3,
39ㅎ》幾日榮行, 언제 榮行ᄒᆞᄂᆞ뇨.

영행ᄒᆞ다(榮行-) 图 영행(榮行)하다. ⇔
영행(榮行).《朴新諺 3, 39ㅎ》幾日榮行,
언제 榮行ᄒᆞᄂᆞ뇨.

영현(靈顯) 图 영묘한 감응. 또는 영험(靈
驗)하다.《朴新諺 3, 47ㅈ》還有那粧二郎
神(朴新注, 61ㅈ: 廟在灌江口, 甚靈顯.)的,
ᄯᅩ 뎌 二郎神의 모양 ᄭᅮ민 거시 이시니.

영형(令兄) 图 (당신의) 형님.《朴新諺 3,
39ㅈ》你令兄除授在那裡了, 네 令兄이 벼
슬ᄒᆞ여 어듸 잇ᄂᆞ뇨.

영화 图 영화(榮華). ⇔영(榮).《朴新諺 1,
49ㅈ》何等榮耀呷, 엇던 영화와 빗남 이
리오.

영ᄒᆞ다(領-) 图 받다. 수령(受領)하다. ⇔
영(領).《朴新諺 3, 15ㅎ》但尙未領憑, 다
만 오히려 文憑을 領치 못ᄒᆞ여시니.《朴
新諺 3, 59ㅈ》咱們都領敎了, 우리 다 ᄀᆞ
ᄅ치믈 領ᄒᆞ여다.

예 🅓 예. 여기. 이에. ●⇔저리(這裏).
《朴新諺 1, 12ㅎ》再到這裏取馬, 다시 예
와 물을 춧고. 《朴新諺 3, 33ㅎ》你到這
裡來打爐子, 네 예 와 플무 안치고. 《朴
新諺 3, 33ㅎ》你都帶了來這裡做活丁好,
네 다 가지고 와 예셔 셩녕홈이 보야흐
로 됴타. ●⇔차(此). 《朴新諺 3, 55ㅎ》
高麗來的秀才還在此住麽, 高麗로셔 온
秀才 당시롱 예 이셔 머므느냐.

예(曳) 🅟 끌다. ⇔쯔으다. 《朴新諺 1, 40
ㅎ》滿天星宿一簡月三條繩子由你曳, 하
눌에 ᄀ득ᄒᆞᆫ 星宿에 ᄒᆞᆫ 둘을 세 오리 노
흐로 제대로 쯔으는 거시여.

예(羿) 🅝 중국 고대의 전설적 영웅. 요
(堯)의 신하로, 활을 잘 쏘아 당시 10개
의 태양이 함께 떠올라 초목이 말라 죽
게 되었을 때 그중 9개를 쏘아 떨어뜨렸
다고 한다. 《集覽, 朴集, 下, 2ㅈ》三隻脚
鐵蝦蟆. 書言故事云, 月宮蟾蜍三足, 是爲
昇(羿)妻所化.

–예 🅩 –에. 《朴新諺 1, 17ㅈ》却也比尋常
的不同, 쏘 녜숫 거셰 비컨대 ᄌᆞᆺ지 아니
ᄒᆞ니. 《朴新諺 1, 7ㅎ》湏(須)富貴何時,
富貴룰 어늬 째예 기드리리오 ᄒᆞ니. 《朴
新諺 3, 15ㅎ》玆者又特寄茶色段子二疋,
이제 쏘 특별이 차헐비체 비단 두 필과.

예근(禮覲) 🅟 예를 갖추어 뵙다. 참배하
다. 《集覽, 朴集, 中, 4ㅈ》参. 禮覲也.

예기(禮記) 🅝 유교의 경전(經典)으로 예
(禮)의 이론과 실제를 풀이해 적은 오경
(五經)의 하나. 한(漢)나라 무제(武帝)
때에 하간헌왕(河間獻王)이 공자와 그
후학들이 지은 1백 31편의 책을 모아 정
리한 뒤에, 선제(宣帝) 때 대덕(戴德)이
85편으로 엮어 대대례(大戴禮)라 하였
고, 대덕의 조카 대성(戴聖)이 49편으로
줄여 소대례(小戴禮)라 하였다. 현재의
예기는 소대례의 별칭이다. 《集覽, 朴
集, 中, 5ㅈ》居士宰官. 禮記玉藻曰, 居士
錦帶. 注, 道藝處士也.

예대(禮待) 🅟 보살피다. 또는 예로서 대
우하다. ⇔보숣피다. 《集覽, 字解, 累字
解, 2ㅈ》打發. 禮待應答之稱, 보숣펴 디
답ᄒᆞ다. 《集覽, 朴集, 中, 7ㅈ》粧腰大摸
〈模〉樣. 質問云, 如人大象像起來時, 又粧
妖氣, 又作大摸〈模〉大樣, 不禮待人, 方言
謂氣像大起來時, 粧妖大摸〈模〉樣.

예락(醴酪) 🅝 단술과 우유. 《集覽, 朴集,
上, 2ㅈ》荔子. 子作支〈攴〉. 荔攴〈攴〉, 生
巴峽間, 形狀團如帷盖, 葉如冬靑, 花如橘,
春榮, 實如丹夏, 朶如葡萄, 核如枇杷, 殼如
紅繒, 膜如紫綃, 瓠肉潔白如冰霜, 漿液甘
如醴酪. 如離本枝, 一日色變, 二日香變, 三
日味變, 四五日外色·香·味盡〈尽〉變.

예물(禮物) 🅝 예로 주는 물품. 《集覽, 朴
集, 上, 11ㅎ》下多少財錢. 又一次有禮日
請期, 謂之催裝, 亦具禮物. 五品以下無請
期之禮.

예배(禮拜) 🅟 초월적 존재 앞에 경배하는
의식을 행하다. ⇔예배ᄒᆞ다(禮拜–). 《朴
新諺 1, 34ㅈ》那般磕頭禮拜央及我, 뎌리
마리를 조아 禮拜ᄒᆞ고 내게 비러. 《朴新
諺 1, 39ㅎ》墻上一塊土吊下來禮拜, 담 우
희 ᄒᆞᆫ 덩이 흙이 쩌러뎌 ᄂᆞ려와 禮拜ᄒᆞ는
거시여. 《朴新諺 2, 10ㅎ》咱兩箇拿些布
施和香·蠟去禮拜他, 우리 둘이 져기 보
시와 香과 쵸를 가져가 뎌의게 禮拜ᄒᆞ고.
《朴新諺 3, 47ㅎ》衆官員們都燒香禮拜,
모든 官員들이 다 燒香 禮拜ᄒᆞ여.

예배ᄒᆞ다(禮拜–) 🅟 예배(禮拜)하다. ⇔
예배(禮拜). 《朴新諺 1, 34ㅈ》那般磕頭
禮拜央及我, 뎌리 마리를 조아 禮拜ᄒᆞ고
내게 비러.《朴新諺 1, 39ㅎ》墻上一塊土
吊下來禮拜, 담 우희 ᄒᆞᆫ 덩이 흙이 쩌러
뎌 ᄂᆞ려와 禮拜ᄒᆞ는 거시여.《朴新諺 2,
10ㅎ》咱兩箇拿些布施和香·蠟去禮拜
他, 우리 둘이 져기 보시와 香과 쵸를
가져가 뎌의게 禮拜ᄒᆞ고.《朴新諺 3, 47
ㅎ》衆官員們都燒香禮拜, 모든 官員들이
다 燒香 禮拜ᄒᆞ여.

예부(禮部) 명 육부(六部)의 하나. 국가의 법령과 제도, 제사(祭祀)·학교·과거(科擧) 및 외국 사신의 접대 등 중요한 국사를 관장하던 관서. 원래는 한대(漢代) 상서(尙書)의 객조(客曹)였으나, 북위(北魏) 때 의조(儀曹)라 부르다가 북주(北周) 때부터 예부라 하였다. 청(淸)나라 말기에 전례원(典禮院)으로 고쳤다.《集覽, 朴集, 上, 2ㅎ》敎坊司. 掌雅·俗樂之司, 隷禮部, 有奉鑾〈銮〉·韶舞·司樂等官, 一名麗春院, 卽元俗所呼拘欄司.《集覽, 朴集, 上, 4ㅎ》箚付. 音義云, 禮部知會都堂總兵官文書, 內有事件, 体式詳見求政錄.《朴新諺 1, 8ㅈ》小弟到禮部去, 小弟ㅣ 禮部에 가노라.《朴新諺 1, 8ㅎ》大約這月二十遣領了詔書箚付(朴新注, 4ㅈ: 禮部知會文書.)就要起身, 대개 이 둘 스므날긔 詔書와 箚付를 트면 즉시 써나고져 ᄒ노라.

예비(預備) 동 =예비(預備). '俻'는 '備'의 본자.《正字通, 人部》俻, 備本字.《朴新諺 2, 16ㅈ》一應供給伺候人役却都預備廳, 一應 供給과 伺候 人役을 다 預備ᄒ엿ᄂ냐.《朴新諺 2, 16ㅎ》再捏些匾食預備我吃罷, 또 져기 변시를 비저 내 먹기를 預備ᄒ라.《朴新諺 2, 17ㅎ》快預備好馬, 샐리 됴흔 물을 預備ᄒ라.

예비(預備) 동 미리 마련하거나 갖추어 놓다. ⇔예비ᄒ다(預備-).《朴新諺 2, 16ㅈ》一應供給伺候人役却都預備廳, 一應 供給과 伺候 人役을 다 預備ᄒ엿ᄂ냐.《朴新諺 2, 16ㅎ》再捏些匾食預備我吃罷, 또 져기 변시를 비저 내 먹기를 預備ᄒ라.《朴新諺 2, 17ㅎ》快預備好馬, 샐리 됴흔 물을 預備ᄒ라.

예비ᄒ다 동 예비(豫備)하다. ⇔비(備).《朴新諺 2, 17ㅎ》你怎麽不肯備好馬伺候, 네 엇지 즐겨 됴흔 물을 예비ᄒ여 伺候치 아니ᄒ는다.

예비ᄒ다(預備-) 동 예비(預備)하다. ⇔

예비(預備).《朴新諺 2, 16ㅈ》一應供給伺候人役却都預備廳, 一應 供給과 伺候人役을 다 預備ᄒ엿ᄂ냐.《朴新諺 2, 16ㅎ》再捏些匾食預備我吃罷, 또 져기 변시를 비저 내 먹기를 預備ᄒ라.《朴新諺 2, 17ㅎ》快預備好馬, 샐리 됴흔 물을 預備ᄒ라.

예선(豫先) 円 미리. 사전에. 먼저. ⇔미리.《朴新諺 2, 3ㅈ》今日都預先約定了, 오늘 다 미리 언약ᄒ여 졍ᄒ엿ᄂ니라.

예성(穢聲) 명 추잡하고 좋지 못한 소문.《集覽, 朴集, 下, 11ㅈ》好女不看燈. 今漢俗, 上元夜行過三橋, 則一年度厄, 謂之過橋. 傾城士女, 夜遊徹明, 頗有穢聲.

예송(禮誦) 명 〈불〉예불(禮佛)과 독경(讀經).《集覽, 朴集, 上, 10ㅈ》裟婆. 二曰鬱〈欝〉多羅僧, 卽七條也, 此云上着衣也, 入衆時衣, 禮誦齋講時着.

예처(羿妻) 명 신화상 예(羿)의 아내라는 여자. 곧, 항아(嫦娥). 예가 서왕모(西王母)에게 얻어온 불사약(不死藥)을 훔쳐 먹고 달로 도망갔다고 한다.《集覽, 朴集, 下, 2ㅈ》三隻脚鐵蝦蟆. 書言故事云, 月宮蟾蜍三足, 是爲羿妻之所化.

오 깐 오(五). ⇔오(五).《朴新諺 1, 11ㅈ》給你一錢五分一板罷, 너를 ᄒᆫ 돈 오 푼을 ᄒᆫ 틀에 주미 무던ᄒ다.

오(五) 깐 ● 다섯. ⇔다숫.《朴新諺 1, 18ㅎ》你要打這五件刀, 네 이 다숫 불 칼을 치이되.《朴新諺 1, 50ㅎ》浴錢是五箇, 목욕ᄒ는 갑슨 다숫 낫 돈이오.《朴新諺 1, 50ㅎ》梳頭錢是五箇, 마리 빗는 갑슨 다숫 낫 돈이오.《朴新諺 2, 11ㅈ》一箇人與他五箇錢, ᄒᆫ 사룸이 뎌를 다숫 낫 돈을 주면. ● 닷. 다섯. ⇔닷.《朴新諺 1, 19ㅈ》大樂湏(須)得五錢價銀一件, 大樂 모로미 닷 돈 은에 ᄒᆫ 불을 어드리라.《朴新諺 1, 21ㅎ》是五両金子廂的, 이 닷 냥 金으로 뎐메윗ᄂ니라.《朴新諺 1, 32ㅎ》每張只要五錢銀子, 每 張에 그저 닷

돈 은을 바드려 ᄒᆞ니. 《朴新諺 1, 49ㅎ》稍得十疋白布・五疋藍布・五疋青布來與你的, 열 필 白布와 닷 필 藍布와 닷 필 青布를 부쳐 와 너를 주더라. 《朴新諺 2, 8ㅎ》這緞子每尺紋銀五錢, 이 비단을 믹 자히 紋銀 닷 돈식 홀 거시니. 《朴新諺 2, 19ㅈ》當日憑中言定身價銀五兩, 當日에 듕인을 의빙ᄒᆞ여 身價 銀 닷 냥을 닐러 定ᄒᆞ여. 《朴新諺 2, 28ㅎ》一箇帶五兩銀子到馬家庄去放稈草, ᄒᆞ나흔 닷 냥 은을 가지고 馬家庄에 가 조딥헤 노코. 《朴新諺 2, 43ㅎ》再加你五錢銀罷, 다시 네게 닷 돈 은을 더홈이 무던ᄒᆞ다. ❸오(五). ⇔오. 《朴新諺 1, 11ㅈ》給你一錢五分一板罷, 너를 ᄒᆞᆫ 돈 오 푼을 ᄒᆞᆫ 틀에 주미 무던ᄒᆞ다.

오(汚) 동 더럽히다. 더럽혀지다. ⇔더레이다. 《朴新諺 2, 56ㅎ》衣服上都汚的是泥, 衣服에 다 더레인 거시 이 즌훍이라.

오(悞) 형 =오(悮). '悞'는 '悮'와 같다. 《朴新諺 1, 19ㅎ》遲日來斷不有悞的, 날을 지연ᄒᆞ여 오라 결싼코 그르미 잇지 아니ᄒᆞ리라.

오(悮) 동 그르치다. 어긋나게 하다. ⇔어그릇츠다. 《朴新諺 1, 58ㅎ》不致遲悮, 더듸여 어그릇츰애 니르지 말고.

오(悮) 형 ❶그르다. 옳지 아니하다. ⇔그르다. 《朴新諺 1, 19ㅎ》遲日來斷不有悞的, 날을 지연ᄒᆞ여 오라 결싼코 그르미 잇지 아니ᄒᆞ리라. ❷그름[非]. ⇔그름. 《朴新諺 2, 15ㅈ》你放心斷不有悮的, 네 放心ᄒᆞ라 결단코 그름이 잇지 아니ᄒᆞ리라.

오(烏) 형 검다. ⇔검다. 《朴新諺 1, 30ㅈ》身穿烏雲豹皮袍, 몸에 거믄 구룸 ᄀᆞ흔 豹皮 袍를 닙고.

오(熬) 동 ❶달이다. 곯이다. ⇔달히다. 《朴新諺 2, 24ㅎ》你且熬兩服吃, 네 아직 두 복을 달혀 먹고. 《朴新諺 3, 8ㅈ》且熬些芽茶來我吃罷, 아직 져기 芽茶를 달혀 오게 ᄒᆞ라 내 먹쟈. ❷쑤다. ⇔뿌다. 《朴新諺 2, 16ㅎ》熬些稀粥罷, 져기 믈근 쥭 뿌라. 《朴新諺 2, 36ㅈ》稀粥也熬着哩, 믉은 쥭도 뿌엇다.

-오 조 -고. -요. 《朴新諺 1, 30ㅎ》羊脂玉帶鉤, 羊脂玉 띄갈고리오. 《朴新諺 1, 38ㅎ》三哥是剪子, 셋재 형은 이 가익오. 《朴新諺 1, 38ㅎ》二哥是熨斗, 둘재 형은 이 다리우리오. 《朴新諺 1, 44ㅎ》那官人今年纔十九歲, 뎌 官人이 올히 ᄀᆞᆺ 十九歲오. 《朴新諺 2, 5ㅈ》又都如在鏡子裏一般, 또 다 거울 속에 이심 ᄒᆞᆫ가지오. 《朴新諺 2, 6ㅈ》穿波逐浪的是魚兒, 穿波 逐浪ᄒᆞᄂᆞᆫ 거슨 이 고기오. 《朴新諺 2, 6ㅎ》眞箇是畫也畫不成的好景致, 진짓 이 그리려 ᄒᆞ여도 그려 내지 못홀 됴흔 景致오. 《朴新諺 3, 35ㅈ》都是三尺寬肩膀燈盞大的雙眼, 다 이 석 자나 너른 엇게오 燈盞만치 큰 두 눈이라. 《朴新諺 3, 41ㅎ》他不是開鋪的, 뎨 이 푸ᄌᆞ를 여니 아니오. 《朴新諺 3, 43ㅈ》寫的是壬辰年二月十二日生的, ᄡᅳᆫ 거시 이 壬辰年 二月 十二日 난 이오.

-오- 어미 -오-. (선어말어미) 《朴新諺 1, 2ㅈ》便有羶氣難吃, 곳 노린내 이셔 먹기 어려오니라. 《朴新諺 1, 15ㅈ》容易醫治的, 고치기 쉬오니. 《朴新諺 1, 29ㅎ》白絨氈襪上, 흰 보드라온 담쳥에. 《朴新諺 1, 34ㅎ》還可恨那驢養的, 도로혀 恨호온 거슨 뎌 나귀삐. 《朴新諺 2, 27ㅈ》多謝姐姐的美意了, 각시의 아름다온 ᄠᅳᆮ을 多謝ᄒᆞ거니와. 《朴新諺 2, 30ㅈ》若人有難口念菩薩之名, 만일 사름이 어려옴이 잇거든 입에 菩薩의 일훔을 念ᄒᆞ면. 《朴新諺 2, 41ㅎ》還有法兒容易隄防的, 당시롱 법이 이셔 隄防ᄒᆞ기 쉬오니라. 《朴新諺 3, 1ㅈ》今日天氣炎熱, 오늘 天氣 더오니. 《朴新諺 3, 7ㅎ》我見了好惡心, 내 보매 ᄀᆞ장 아니ᅀᅩ오니.

오가(五家) 명 다섯 채의 집. 또는 다섯

세대. 《集覽, 朴集, 下, 11ㅎ》總甲. 又里制, 每里一百戶, 五家爲一火, 十家爲一甲, 每十戶, 甲首一名.

오개(五箇) 팬 다섯 (명). ⇔다슷. 《朴新諺 1, 25ㅈ》派五箇人直夜, 다섯 사룸을 시겨 밤에 샹직ㅎ여. 《朴新諺 1, 40ㅈ》一間房子裏五箇人剛坐的, 혼 간 방에 다섯 사룸이 겨요 안눈 거시여. 《朴新諺 1, 47ㅎ》除了學長共有四十五箇學生, 學長을 덜고 대되 마흔 다섯 學生이 잇ᄂ니라.

오개(五箇) 쥐 다섯 (개). ⇔다슷. 《朴新諺 1, 53ㅈ》一遍五箇分開着射, 혼 편에 다슷식 논화 ᄡᆞ쟈. 《朴新諺 2, 14ㅎ》五箇水紅絹每疋染錢三錢, 다슷 분홍 깁은 미필에 물갑시 서 돈이오.

오개일자(五箇日子) 뗑 닷새. ⇔닷쇄. 《朴新諺 2, 58ㅎ》這是大盡還有五箇日子哩, 이 커 그므니 당시롱 닷쇄 잇ᄂ니라.

오겁(五劫) 뗑 도가(道家)에서 이르는, 용한(龍漢) · 적명(赤明) · 상황(上皇) · 연강(延康) · 개황(開皇)의 다섯 겁을 통틀어 이르는 말. 《集覽, 朴集, 中, 6ㅈ》萬劫. 道經云, 天地一成一敗謂之劫〈刧〉. 上天開化, 建五劫〈刧〉紹運, 曰龍漢, 曰赤明, 曰上皇, 曰延康, 曰開皇. 五劫〈刧〉既周, 復從其始.

오경(五更) 뗑 하룻밤을 다섯 부분으로 나누었을 때 맨 마지막 부분. 새벽 3시에서 5시 사이이다. 《朴新諺 1, 15ㅎ》你回去今夜到五更時候, 네 도라가 오늘 밤五更 다둣도록.

오경(五境) 뗑 〈불〉 오식(五識)으로 깨닫는 다섯 가지 대상. 곧, 빛[色] · 소리[聲] · 냄새[香] · 맛[味] · 닿는 느낌[觸]. 《集覽, 朴集, 下, 4ㅎ》羅天. 謂覆盖萬天, 羅絡三界, 極高無上, 故稱大羅. 三清五境三十六天, 謂之大羅, 四方四梵三十二天, 謂之中羅, 其欲色三界三十八天, 謂之小羅, 緫〈總〉謂之羅天三界.

오공(吾空) 뗑 =오공(悟空). '吾'눈 '悟'의 다른 표기. 《集覽, 朴集, 下, 4ㅈ》孫行者. 其後唐太宗勑玄奘法師, 徃西天取經, 路經此山, 見此猴精壓在石縫, 去其佛押出之, 以爲徒弟, 賜法名吾(悟)空, 改号〈號〉爲孫行者, 與沙和尙及黑猪精·朱八戒偕徃, 在路降妖去恠, 救師脫難, 皆是孫行者神通之力也.

오공(悟空) 뗑 중국의 소설 서유기(西遊記)에 나오는 손오공(孫悟空)의 법명(法名). 일명 제천대성(齊天大聖). 《集覽, 朴集, 下, 4ㅈ》孫行者. 其後唐太宗勑玄奘法師, 徃西天取經, 路經此山, 見此猴精壓在石縫, 去其佛押出之, 以爲徒弟, 賜法名吾(悟)空, 改号〈號〉爲孫行者, 與沙和尙及黑猪精·朱八戒偕徃, 在路降妖去恠, 救師脫難, 皆是孫行者神通之力也.

오과(五果) 뗑 〈불〉 범서(梵書)에서 이르는 다섯 가지의 과일. 곧, 복숭아 · 대추 · 살구 따위의 핵과(核果), 배 · 사과 따위의 부과(膚果), 콩 · 팥 따위의 각과(殼果), 솔방울 · 잣 따위의 회과(檜果), 야자 · 호두 따위의 견과(堅果). 《集覽, 朴集, 下, 2ㅎ》盂蘭盆齋. 大藏經云, 大目犍連尊者, 以母生餓鬼中不得食, 佛令作盂蘭盆, 至七月十五日, 具百味五果, 置盆中, 供養十方大德, 而後母乃得食. 飜譯名義云, 梵言盂蘭, 唐言救倒懸也. 《朴新諺 3, 12ㅎ》慶壽寺裡做盂蘭勝會(朴新注, 48ㅎ: 大藏經, 目連尊者, 以母在餓鬼中不得食, 七月十五日, 具百味五果, 置盆中, 供養十方大德, 而後母乃得食, 謂之盂蘭盆會.), 慶壽寺에서 盂蘭勝會를 혼다 ᄒ니.

오관산(五冠山) 뗑 경기도(京畿道) 개풍군(開豐郡) 영남면(嶺南面)에 있다. 정상에 작은 봉우리 다섯이 둥그렇게 관(冠)처럼 솟아 있다 하여 붙여진 이름이다. 《集覽, 朴集, 下, 13ㅈ》都松岳郡〈松岳郡〉. 今開城府. 高麗太祖之先有康忠者, 居五冠山摩訶岬.

오군(五軍) 뗑 군제(軍制)의 하나. 명대

(明代)의 좌군(左軍)·우군(右軍)·중군(中軍)·전군(前軍)·후군(後軍)의 다섯 군대를 이른다. 《集覽, 朴集, 下, 3ㅈ》照會. 五軍都督府照會六部, 六部照會承宣布政使司, 使司照會提刑按察司. 《集覽, 朴集, 下, 3ㅎ》掾史. 今按, 五軍都督府有掾史, 而光祿寺吏無此名.

오기(傲氣) 圐 거만하다. 방자(放恣)하다. ⇔거만ᄒ다. 《朴新諺 2, 3ㅎ》你也忒傲氣了, 너도 너모 거만ᄒ다.

오나라 圐 오너라. 오거라. ⇔내마(來麽). 《集覽, 字解, 單字解, 4ㅈ》麽. 本音모. 俗用爲語助辭, 音마, 古人皆呼爲모, 故或通作莫. 怎麽 엇디, 來麽 오나라. 又用如乎字之意者則曰, 去麽 갈다, 有麽 잇ᄂ녀. 元語, 麽道 니ᄅᄂ다, 麽音ㅁ, 今不用.

오늘 圐 오늘. ●⇔금(今). 《朴新諺 1, 15ㅎ》你回去今夜到五更時候, 네 도라가 오늘 밤 五更 다ᄃ도록. 《朴新諺 2, 31ㅈ》今日到衙門上直去, 오늘 衙門에 上直ᄒ라 가니. 今晚你把我的鋪盖送去, 오늘 져녁의 네 내 니부자리ᄅ다가 보내고. 《朴新諺 3, 42ㅎ》今早已出殯了, 오늘 새벼 이믜 出殯ᄒ니라. ●⇔금일(今日). 《朴新諺 1, 6ㅈ》咱們今日俱要開懷暢飮, 우리 오늘 다 開懷 暢飮ᄒ여. 《朴新諺 1, 12ㅈ》今日却是開倉關米的日期, 오늘이 이 開倉ᄒ여 뿔 ᄐᄂ 날이라. 《朴新諺 1, 22ㅎ》你今日那裏去, 네 오늘 어디 가ᄂ다. 《朴新諺 1, 35ㅈ》今日推明日明日推後日, 오늘은 ᄂ일 미뤄고 ᄂ일은 모릐 미뤼니. 《朴新諺 2, 2ㅎ》今日到黃村宿, 오늘 黃村에 가 자고. 《朴新諺 2, 18ㅎ》我今日買得一箇小厮, 내 오늘 ᄒ 아히 놈을 사니. 《朴新諺 2, 31ㅈ》今日到衙門上直去, 오늘 衙門에 上直ᄒ라 가니. 《朴新諺 3, 1ㅈ》今日天氣炎熱, 오늘 天氣 더오니. 《朴新諺 3, 14ㅈ》因此上今日現報, 이런 젼ᄎ로 오늘 現報ᄒᄂ니라. 《朴新諺 3, 19ㅈ》今日如你老爺做了大人,

오늘 네 老爺ㅣ 大人이 되여시니. 《朴新諺 3, 36ㅎ》咱們今日打毬罷, 우리 오늘 댱방올 치자.

오다 圐 오다. ●⇔내(來). 《集覽, 字解, 單字解, 1ㅎ》稍. 寄也. 稍將來 브터 가져오라. 《集覽, 字解, 單字解, 4ㅈ》打. 擊也, 着實打, 又打三下. 又爲也. 打酒來 술 사오라. 又曰, 打將來 ᄒ야 오라, 打聽 듣보라, 打水 믈 긷다, 不打緊, 又打那裏去, 打東邊去, 有投向從往之意. 俗用打字, 似不合本意者多, 而實有取意不苟, 其用甚廣, 此不盡錄. 《朴新諺 1, 2ㅎ》這幾樣都是南方來的有名的好酒, 이 여러 가지는 다 이 南方셔 온 有名ᄒ 됴흔 술이라. 《朴新諺 1, 20ㅈ》我們隔幾日再來取罷了, 우리 여러 날 즈음ᄒ여 다시 와 가져가미 무던ᄒ다. 《朴新諺 2, 2ㅈ》早起家下有客來, 아춤에 집의 나그니 왓거늘. 《朴新諺 2, 15ㅈ》我好拿銀子來取, 내 銀을 가지고 와 츠즈리라. 《朴新諺 3, 3ㅎ》孩子你與我買幾丈夏布來, 아히아 네 나를 위ᄒ여 여러 발 뵈를 사 와. 《朴新諺 3, 20ㅎ》也不免是閉門家裡坐禍從天上來, 쏘 이 門을 닷고 집의 안저셔도 禍ㅣ 天上으로 조차 온다 홈을 免치 못홈이로다. 《朴新諺 3, 32ㅈ》你看那賣刷子的來了, 네 보라 뎌 刷子 ᄑᄂ 이 왓다. 《朴新諺 3, 42ㅎ》你到老曹家去送人情來的麽, 네 老曹의 집의 가 人情을 보내고 오니가. ●⇔내도(來到). 《朴新諺 2, 10ㅈ》如今來到這永寧寺裏坐了方丈, 이제 이 永寧寺에 와 方丈에 안잣더니. 《朴新諺 2, 23ㅈ》來到通州賣了多一半, 通州ㅣ 와 반남아 풀고. 《朴新諺 2, 24ㅎ》來到家裏就害熱, 집의 와 곳 더위. ●⇔도(到). 《朴新諺 1, 12ㅎ》再到這裏取馬, 다시 예 와 몰을 츳고. 《朴新諺 2, 15ㅎ》一兩日內使臣就到, 一両日 內에 使臣이 곳 올 거시니. 《朴新諺 2, 22ㅎ》大前日纔到的, 굿그제 ㄨ 왓노라. 《朴新諺 3, 51ㅈ》嚴

差捕役人等緝拿到案, 엄히 捕役人 等을 시겨 緝拿ᄒ여 案에 와. **四**⇔도제(到齊).《朴新諺 1, 6ㅈ》各位老爺都到齊了, 各位 老爺ㅣ 다 왓ᄂᆞ이다. **五**⇔하(下).《朴新諺 1, 25ㅎ》今日下雨天, 오늘 비 오ᄂᆞᆫ 날이니.《朴新諺 1, 39ㅎ》下雨開花刮風結子, 비 오면 곳 픠고 ᄇᆞ람 블면 여름 여돈 거시여.《朴新諺 2, 45ㅎ》每日下雨房子都漏了, 每日에 비 와 집이 다 싀니. **六**⇔회래(回來).《朴新諺 2, 10ㅎ》我到衙門去投了文書就回來, 내 衙門에 가 文書를 드리고 즉시 올 거시니.

오대(五代) 똉 당(唐)나라 말기의 다섯 나라. 곧, 양(梁)·당(唐)·진(晉)·한(漢)·주(周).《集覽, 朴集, 下, 12ㅎ》梁貞明. 梁, 國號, 即五代朱梁也. 貞明, 均王年號.

-오되 어미 -되. -오되.《朴新諺 1, 58ㅎ》按月送納不致短少拖欠, 돌을 조차 送納호되 쩌ᄅᆞ치며 믄그으매 니르게 말고.《朴新諺 2, 19ㅈ》賣與某大官人宅下養活, 아모 大官人의 집의 프라 주어 養活ᄒᆞ게 호되.《朴新諺 2, 19ㅎ》甚是寫得妥當, 심히 이 쁜 거시 맛당호되.

오등선(五等禪) 똉 〈불〉 다섯 가지의 참선(參禪). 수준에 따라 외도선(外道禪)·범부선(凡夫禪)·소승선(小乘禪)·대승선(大乘禪)·최상승선(最上乘禪)으로 나눈다.《集覽, 朴集, 上, 10ㅈ》禪. 靜也. 傳燈錄有五等禪, 有外道禪·凡夫禪·小乘禪·大乘禪·最上乘禪, 又名如來清淨禪, 又名無上菩提. 又云, 被於身爲法, 說於口爲律, 行於心爲禪.

오락가락ᄒᆞ다 똥 오락가락하다. ⇔내래거거(來來去去).《朴新諺 1, 38ㅎ》二哥來來去去, 둘재 형은 오락가락ᄒᆞ고.

오란 관 오랜. ⇔구(久).《朴新諺 3, 9ㅈ》久後你也要得證正果哩, 오란 후에 너도 正果 證홈을 어드리라.

오랑 똉 뱃대끈. ⇔두대(肚帶).《朴新諺 2, 20ㅎ》還少套繩, 당시롱 멜 줄과. 撒繩, 쯔을 줄과. 籠頭, 바구레와. 脚索, 지달슬 바와. 鞍子, 기르마와. 肚帶等類哩, 오랑 等類ㅣ 업세라.

오래 똉 오래. 오랫동안. ⇔다시(多時).《朴新諺 2, 46ㅈ》那瓦被水浸多時不堅實, 뎌 디새 물에 젓기를 오래 ᄒᆞ여 堅實치 못ᄒᆞ니.《朴新諺 3, 26ㅎ》王見他多時不出來, 王이 뎨 오래 나오디 아니믈 보고.

오래다 혱 오래다. ⇔구(久).《朴新諺 2, 23ㅈ》眞是遠行知馬力日久見人心, 진실로 이 멀리 가매 ᄆᆞᆯ 힘을 알고 날이 오래매 사름의 ᄆᆞᄋᆞᆷ을 보ᄂᆞ니라.

-오로 죄 -으로.《集覽, 字解, 累字解, 1ㅎ》一面. 호은자. 又ᄒᆞ녀고로. 又ᄒᆞᆫ 번.《集覽, 字解, 單字解, 3ㅈ》箇. 一枚也. 俗呼一枚爲一箇, 亦曰箇把. 又箇箇 난나치. 單言箇字, 亦爲一枚之意. 有箇人 ᄒᆞᆫ 사ᄅᆞ미. 又語助. 這箇·些箇. 又音이. 舌頭兩箇 혓 그토로, 今不用.《集覽, 字解, 單字解, 4ㅎ》便. 去聲, 即也. 便行 즉재 가니라, 便去 즉재 가리라, 又즉재 가다. 又則也. 便有 곧 잇다, 便是 곧 올ᄒᆞ니라. 又順也, 順便. 又安也, 便當. 又宜也. 行方便 됴홀 양오로 ᄒᆞ다, 不方便 다히 마지 쉽사디 아니타. 又猶則也. 你去便就有了 너옷 가면 이시리라. 又平聲, 穩便 온당ᄒᆞ다. 吏語, 便益.《集覽, 字解, 單字解, 5ㅈ》隨. 從也. 隨你 네 ᄆᆞᄋᆞᄆᆞ로, 隨喜 구경ᄒᆞ다, 隨從 조ᄎᆞ니. 吏語, 根隨 좃다.《集覽, 朴集, 下, 3ㅈ》木植. 亦曰木料, 남고〈그〉·로:셩·녕〈셩녕〉홀 ᄀᆞᅀᆞ미〈ᄀᆞ음〉이니. 詳見字解料字下.

오륙(五六) 관 대엿. 대여섯. ⇔다엿.《朴新諺 1, 46ㅎ》沒有五六錢銀子, 다엿 돈은이 업스면.《朴新諺 2, 4ㅎ》費五六錢銀買一箇羊腔子(朴新注, 24ㅈ: 宰羊者, 去首, 只存其體, 謂腔子.), 다엿 돈 銀을 허비ᄒᆞ여 ᄒᆞᆫ 羊의 몸똥을 사.

오륙개(五六箇) 관 ●대엿. 대여섯 (개). ⇔다엿.《朴新諺 2, 22ㅈ》看見五六箇賊

船, 보니 다엿 賊船이. ●대엿. 대여섯
(명). ⇔다엿.《朴新諺 2, 59ㅈ》家裏有五
六箇婦人做活裁的縫的, 집의 다엿 계집
이 이셔 셩녕ᄒ여 ᄆ른거니 짓거니 ᄒ면.

오르다 图 오르다. ●⇔등(登).《朴新諺
3, 58ㅎ》卽便請太祖登布政殿卽了王位,
즉시 太祖를 請ᄒ여 布政殿에 올라 王位
에 卽ᄒ고. ●⇔상(上).《朴新諺 3, 24
ㅈ》各上禪床坐之分毫不動, 각각 禪床에
올라 안저 定ᄒ고 分毫도 動치 마라.《朴
新諺 3, 48ㅈ》等候那地氣上申的時節, 뎌
地氣 올라 퍼질 때를 기드리더니.

오릉(五陵) 图 중국 장안(長安)에 있는 한
(漢) 고조(高祖) 이하 오제(五帝)의 능.
이 근처에 사는 많은 부호가(富豪家)의
아들들이 이곳에서 모여 호화롭게 놀았
다 한다.《集覽, 朴集, 下, 11ㅈ》好女不
看燈. 其寺觀街巷, 燈明若晝. 土女夜遊,
車馬塞路, 有足不蹋地浮行數十步者. 阡
陌縱橫, 城闉下禁, 五陵年少, 滿路行歌,
萬戶千門, 笙簧未撤.

오릉연소(五陵年少) 图 오릉(五陵) 근처
에 사는 부호가(富豪家)의 아들을 일컫
는 말. 이곳에서 모여 호화롭게 놀았다
한다.《集覽, 朴集, 下, 11ㅈ》好女不看
燈. 其寺觀街巷, 燈明若晝. 土女夜遊, 車
馬塞路, 有足不蹋地浮行數十步者. 阡陌
縱橫, 城闉下禁, 五陵年少, 滿路行歌, 萬
戶千門, 笙簧未撤.

오리 图 오리[緺]. ⇔조(條).《朴新諺 1, 22
ㅎ》敎他替我做一條銀廂花帶何如, 뎌로
ᄒ여 나를 ᄀ른차 ᄒ 오리 銀 던메온 섭
사긴 ᄯ룰 믠둘미 엇더ᄒ뇨.《朴新諺 1,
40ㅎ》滿天星宿一箇月三條繩子由你曳,
하눌에 ᄀ득ᄒ 星宿에 ᄒ 둘을 세 오리
노ᄒ로 제대로 ᄲ으는 거시여.《朴新諺
3, 46ㅎ》把四條繩絟着大車, 네 오리 노
ᄒ로다가 큰 술위에 미고.

오리오리 图 올올이. (차례나 질서가 있
는 모양) ⇔조조(條條).《朴新諺 3, 35

ㅈ》眞是條條好漢子, 진실로 이 오리오
리 됴흔 스나히니.

-오매 어미 -오매.《朴新諺 1, 44ㅎ》將近
滿月, 쟝촛 윈둘에 갓가오매.

오문(午門) 图 중국 북경(北京) 내성(內
城)에 있는 성문. 정남(正南)쪽의 문인
정양문(正陽門)의 다른 이름이다.《集
覽, 朴集, 上, 5ㅎ》平則門. 永樂十九年,
營建宮室, 立門九, 南曰正陽, 又曰午門,
元則曰麗正, 南之右曰宣武, 元則曰順承,
南之左曰文明, 元則曰崇文, 又曰哈噠, 北
之東曰安定, 北之西曰德勝, 元則曰健德,
東之北曰崇仁, 一名東直, 元名同, 東之南
曰朝陽, 元則曰齊華, 西之北曰西直, 西之
南曰阜城, 元則曰平則.《集覽, 朴集, 上,
8ㅈ》午門. 見上平則門下.《朴新諺 1, 29
ㅈ》昨日在午門(朴新注, 11ㅈ: 在闕中太
和門之外, 上有五鳳樓.)外, 어직 午門 밧
긔서.

오법(悟法) 图 〈불〉 불법(佛法)을 깨닫다.
⇔오법ᄒ다(悟法-).《朴新諺 1, 35ㅎ》安
禪悟法看經念佛却不好麼, 安禪 悟法ᄒ고
看經 念佛홈이 ᄯ 됴티 아니ᄒ랴.

오법ᄒ다(悟法-) 图 〈불〉 오법(悟法)ᄒ
다. ⇔오법(悟法).《朴新諺 1, 35ㅎ》安禪
悟法看經念佛却不好麼, 安禪 悟法ᄒ고
看經 念佛홈이 ᄯ 됴티 아니ᄒ랴.

오봉관(五鳳冠) 图 명부(命婦)가 쓰던 관
(冠)의 하나. 다섯 마리의 봉황(鳳凰)을
수놓았다.《朴新諺 1, 44ㅈ》珠鳳冠(朴新
注, 17ㅈ: 命婦冠也. 有五鳳冠, 有九鳳冠,
餙以珠翠.), 珠鳳冠과.

오봉루(五鳳樓) 图 중국 북경(北京) 내성
(內城)의 태화문(太和門) 위에 있던 누
각. 당(唐)나라 현종(玄宗)이 큰 잔치를
베풀었던 곳. 훗날 남조 양(南朝梁)의 태
조(太祖)가 중건하였다.《朴新諺 1, 29
ㅈ》昨日在午門(朴新注, 11ㅈ: 在闕中太
和門之外, 上有五鳳樓.)外, 어직 午門 밧
긔서.

오분(五分) 명 반(半). 5할(割).《朴新諺 2, 37ㅎ》他敬我五分我便敬他十分, 데 날을 五分을 공경ᄒ면 내 곳 뎌를 十分을 공경ᄒ고. 他敬我一分我只敬他五分, 데 나를 一分을 공경ᄒ면 내 그저 뎌를 五分을 공경ᄒ려니와.

오색(五色) 명 황(黃)·청(靑)·적(赤)·백(白)·흑(黑)의 다섯 가지 빛깔.《集覽, 朴集, 上, 8ㅈ》滿刺〈剌〉嬌. 質問云, 以蓮花·荷葉·藕〈耦〉·鴛鴦·蜂蝶之屬〈形〉, 或用五色絨綉, 或用彩色畫於段帛上, 謂之滿池嬌. 今按, 刺〈剌〉, 新舊原本皆作池, 今詳文義, 作刺〈剌〉是. 池與〈与〉刺〈剌〉音相近而訛.《集覽, 朴集, 下, 7ㅎ》窩兒. 又一本質問畫毬門架子, 如本國抛毬樂架子, 而云木架子, 其高一丈, 用五色絹結成彩門, 中有圓眼, 擊起毬兒入眼過落窩者勝.《朴新諺 2, 12ㅈ》他的主兒一箇手拿着五色小旗, 뎌 님재 ᄒᆫ 손에 五色 져근 旗를 가지고.

오생(午生) 명 오년(午年)에 태어난 사람을 이르는 말.《朴新諺 3, 43ㅈ》忌巳·午·亥·卯生人, 巳·午·亥·卯生 사ᄅᆷ이 忌ᄒᆫ다 ᄒᆞ엿더라.

오서(烏犀) 명 코뿔소.《朴新諺 1, 30ㅈ》鞍坐子是烏犀角玳瑁廂嵌的, 기르마가지는 이 烏犀角에 玳瑁로 던메워 박은 거시오.

오서각(烏犀角) 명 오서(烏犀)의 뿔.《朴新諺 1, 30ㅈ》鞍坐子是烏犀角玳瑁廂嵌的, 기르마가지는 이 烏犀角에 玳瑁로 던메워 박은 거시오.

오선(五禪) 명 〈불〉 다섯 가지의 참선(參禪). 수준에 따라 외도선(外道禪)·범부선(凡夫禪)·소승선(小乘禪)·대승선(大乘禪)·최상승선(最上乘禪)으로 나눈다.《集覽, 朴集, 上, 10ㅈ》禪. 靜也. 傳燈錄有五等禪, 有外道禪·凡夫禪·小乘禪·大乘禪·最上乘禪, 又名如來淸淨禪, 又名無上菩提. 又云, 被於身爲法, 說

於口爲律, 行於心爲禪.

오세(五歲) 명 다섯 살.《朴新諺 2, 19ㅈ》情愿將親生之子小名神奴現年五歲, 情愿으로 親生ᄒᆫ 아들 小名은 神奴ㅣ오 시방 나히 五歲엣 거슬다가.

오십(五十) ㈜ 쉰. ⇨쉰.《朴新諺 1, 13ㅈ》五十文一擔却不太少些麽, 쉰 낫 돈에 ᄒᆫ 짐이 쏘 너무 젹지 아니ᄒᆞ냐.《朴新諺 1, 13ㅎ》便給我五十文一擔也罷了, 곳 나를 쉰 낫 돈을 ᄒᆫ 짐에 주미 쏘 무던ᄒᆞ다.

오야(吳爺) 명 오씨(吳氏). ('爺'는 연장자나 나이 든 남자에 대한 높임말)《朴新諺 2, 23ㅈ》全仗着這吳爺一路服事我來, 전혀 이 吳爺ㅣ 一路에 나를 服事홈을 미덧노라.

오역(忤逆) 통 거역하다. 거스르다. ⇨오역ᄒᆞ다(忤逆-).《集覽, 朴集, 中, 8ㅈ》生分忤逆. 生分, 謂賦受性分也, 忤亦逆也.《朴新諺 2, 46ㅎ》把你這忤逆種該殺的, 너 이 忤逆ᄒᆫ 삐롤다가 죽염 즉ᄒᆞ다.

오역ᄒᆞ다(忤逆-) 통 오역(忤逆)하다. ⇨오역(忤逆).《朴新諺 2, 46ㅎ》把你這忤逆種該殺的, 너 이 忤逆ᄒᆫ 삐롤다가 죽염 즉ᄒᆞ다.

오연삼하과(五軟三下鍋) 명 주로 돼지고기의 정육(精肉)을 잘게 썰어 소금과 초를 뿌려 익힌 음식. 잘게 썬 파와 함께 먹는다.《集覽, 朴集, 上, 3ㅎ》五軟三下鍋. 質問云, 五般無骨精肉〈五般精肉〉, 碎切爲片, 先用塩煎, 次用醋煮, 交葱花以食.

오예(汚穢) 명 지저분하고 더러운 것.《集覽, 朴集, 上, 13ㅎ》襠子. 音義云, 襪襠. 接䐻汚穢之物. 今按, 襪卽繃子, 襠卽襠子, 音義混而一之, 誤矣. 但譯語指南, 亦呼繃子, 混稱爲襪襠. 未詳是否. 襠子, 깃.

오욕(五欲) 명 〈불〉 다섯 가지 욕심이라는 뜻으로, 빛[色]·소리[聲]·냄새[香]·맛[味]·닿는 느낌[觸]의 다섯 가지 정욕(情欲)을 이르는 말.《集覽, 朴集, 上, 15

ㅈ》兜率. 梵語兜率, 此云妙足, 又云知足
於五欲知止足. 故佛地論云, 名憙足, 謂後
身菩薩於中敎化, 多憙足故.

오월(五月) 몡 한 해 열두 달 가운데 다섯
째 달. 《朴新諺 2, 50ㅎ》這五月內便滿了,
이 五月에 곳 추느니라.

오일(午日) 몡 지지(地支)가 오(午)인 날.
《集覽, 朴集, 下, 12ㅎ》弓裔. 日官奏曰,
此兒以重午日生, 生而有齒, 且光燄〈焰〉
異常, 恐將不利於國家, 宜勿擧.

오자(誤字) 몡 잘못 쓴 글자. 《集覽, 凡例》
凡漢人用字, 或取音同, 或取省文以書. 兩
本多有誤字, 今皆去僞從眞, 以便初學之
習.

오작(仵作) 몡 시체를 검사하거나 염장
(殮葬)하는 사람. 또는 그렇게 하는 일.
《集覽, 朴集, 下, 9ㅈ》仵作. 吏學指南云,
中人也. 作者, 偶也, 作者, 任事也. 爾雅
曰, 偶者, 合也. 陰陽相合則成偶, 謂得中
也. 作字從人從午, 萬物至午則中正, 又午
位屬火, 破諸幽暗, 所以仵作名中人也.

오제(五帝) 몡 중국 고대의 다섯 성군(聖
君). 곧, 황제(黃帝)・전욱(顓頊)・제곡
(帝嚳)・당요(唐堯)・우순(虞舜). 《集
覽, 朴集, 上, 14ㅈ》官裏. 呼皇帝爲官家,
亦曰官裏. 五帝官天下・三王家天下, 故
云耳〈三王家天下故耳〉.

-오져 어미 -고자. 《集覽, 字解, 單字解, 1
ㅈ》待. 擬要也 ᄒ마 그리 ᄒ려 ᄒ다라.
又欲也. 待賣幾簡馬去 여러 ᄆᆞ롤 풀오져
ᄒ야 가노라.

오조(五條) 몡 〈불〉 중이 입는 삼의(三衣)
의 한 가지. 안타회(安陁會: 下衣). 다섯
조각의 헝겊을 기워 보자기처럼 만드는
데, 보통 일할 때나 잘 때 입는다. 《集覽,
朴集, 上, 10ㅈ》袈裟. 三曰安陁會, 卽五
條也, 院內行道雜作衣.

오조망룡(五爪蟒龍) 몡 발가락이 다섯인
이무기. 《集覽, 朴集, 上, 6ㅈ》五爪蟒龍.
蟒, 大蛇也. 蟒龍, 謂無角龍也. 元制, 五爪

二角龍爲紋〈文〉者, 止供御用, 不許下人
穿用.

오종(五宗) 몡 〈불〉 불교의 다섯 종파(宗
派). 대승(大乘)의 다섯 종파는 천태종
(天台宗)・화엄종(華嚴宗)・법상종(法
相宗)・삼론종(三論宗)・율종(律宗)이
고, 선종(禪宗)의 다섯 종파는 법안종(法
眼宗)・운문종(雲門宗)・위앙종(潙仰
宗)・임제종(臨濟宗)・조동종(曹洞宗)
이다. 《集覽, 朴集, 上, 16ㅈ》石屋. 事文
類聚云, 釋氏五宗之敎, 傳至法眼, 爲雪峯
眞覺禪師之道.

오직 팀 오직. ●⇔유(惟). 《朴新諺 3, 8
ㅎ》惟有壽告諸佛菩薩, 오직 諸 佛菩薩끠
비ᄂᆞ니. 《朴新諺 3, 17ㅎ》這衙門惟出些
好飮食, 이 衙門이 오직 됴흔 음식이 나
니. 《朴新諺 3, 59ㅈ》惟有些高麗筆〈筆〉
・墨・紙張, 오직 져기 高麗人 붓과 먹
과 됴희人 장이 이셔. ●⇔지(只). 《集
覽, 字解, 單字解, 1ㅈ》只. 止此之辭. 다
믄, 又오직. 韻書皆上聲, 俗讀去聲. 唯韻
會註云, 今俗讀若質.

오채(五彩) 몡 황(黃)・청(靑)・적(赤)・
백(白)・흑(黑)의 다섯 가지 빛깔. 《朴
新諺 3, 46ㅎ》手執彩線鞭(朴新注, 61ㅈ:
用柳枝二尺四寸, 按二十四氣, 上用結子.
立春在孟日用靑, 仲日用苧, 季日用絲, 用
五彩色醮染.), 손에 彩線鞭을 가지고.

오채색(五彩色) 몡 오채(五彩)의 빛깔.
《朴新諺 3, 46ㅎ》手執彩線鞭(朴新注, 61
ㅈ: 用柳枝二尺四寸, 按二十四氣, 上用結
子. 立春在孟日用靑, 仲日用苧, 季日用絲,
用五彩色醮染.), 손에 彩線鞭을 가지고.

오푼은(五分銀) 몡 순도가 5할인 은. 《朴
新諺 1, 33ㅈ》每一兩該申五分銀水哩, 每
ᄒᆞᆫ 냥에 五分銀 성수ㅣ 늘리라.

오품(五品) 몡 벼슬의 다섯째 품계(品階).
정오품(正五品)과 종오품(從五品)의 구
별이 있다. 《集覽, 朴集, 上, 5ㅎ》郞中.
六部郞中〈元制, 郞中〉, 正五品, 月支〈支〉

米十六石, 歲該一百九十石. 今此月支
〈支〉四石, 則非實郞中, 乃斯須〈須〉假號
推敬之稱〈称〉.

오행(五行) 몡 우주 만물을 이루는 다섯
가지 원소. 곧, 금(金)·수(水)·목(木)
·화(火)·토(土).《集覽, 朴集, 下, 4ㅎ》
大醮. 又有消災度厄之法, 依陰陽五行之
數, 推人年命, 書爲章疏靑詞, 奏達天神,
謂之醮.

오호(五胡) 몡 중국의 동한(東漢)에서 남
북조(南北朝) 시대에 이르기까지 서북
방으로부터 중국 본토에 이주한 다섯
민족. 곧, 흉노(匈奴)·갈(羯)·선비(鮮
卑)·저(氐)·강(羌).《集覽, 朴集, 上, 2
ㅈ》核桃. 張騫使西域, 得胡桃回, 種于中
國. 後五胡時, 避胡字, 改名核桃.《集覽,
朴集, 上, 9ㅎ》漢子. 至晉末, 五胡亂〈乱〉
華, 胡人罵華人曰漢兒, 華人罵胡人曰胡
虜, 此稱〈称〉漢之始也.

오호(五湖) 몡 중국의 태호(太湖)와 그 부
근의 사호(四湖)를 합하여 부르는 이름.
《集覽, 朴集, 下, 11ㅎ》范蠡歸湖. 范蠡, 越
之大夫也. 相越王勾踐敗吳, 曰, 越王爲人
長頸鳥〈鳥〉喙, 可與啚〈圖〉患難, 不可與
共安逸. 遂泛扁舟, 載西施, 遊五湖不返.

오호난화(五胡亂華) 몡 오호(五胡)가 중
원(中原)에서 일으킨 난.《集覽, 朴集,
上, 9ㅎ》漢子. 至晉末, 五胡亂〈乱〉華, 胡
人罵華人曰漢兒, 華人罵胡人曰胡虜, 此
稱〈称〉漢之始也.

오화찬롱(五花爨弄) 몡 송·원대(宋元
代)의 잡극(雜劇)에서의 배역인 부정(副
淨)·부말(副末)·인희(引戲)·말니(末
泥)·고장(孤裝)을 통틀어 이르던 말.
《集覽, 朴集, 上, 2ㅎ》院本. 院本則五人,
一曰副淨, 古謂之叅軍, 一曰副末, 古謂之
蒼鶻, 鶻能擊禽鳥, 末可打副淨, 占〈故〉云,
一曰引戲, 一曰末泥, 一曰孤裝, 又謂之五
花爨弄.

오훼(烏喙) 몡 까마귀의 부리처럼 입이

뾰족한 모양. 월왕(越王) 구천(句踐)이
그렇게 생겼다 하여 그를 일컫기도 한
다.《集覽, 朴集, 下, 11ㅎ》范蠡歸湖. 范
蠡, 越之大夫也. 相越王勾踐敗吳, 曰, 越
王爲人長頸鳥〈鳥〉喙, 可與啚〈圖〉患難,
不可與共安逸. 遂泛扁舟, 載西施, 遊五湖
不返.

오히려 閉 오히려. 도리어. ●⇔상(尙).
《朴新諺 2, 30ㅎ》一針投海底尙有可撈日,
一針을 海底에 드리치매 오히려 可히 건
질 날이 이시려니와. 一失人身後萬刼再
逢難, 혼번 人身을 일흔 後ㅣ면 萬刼이
라도 다시 만나기 어렵다 ㅎ니라.《朴新
諺 3, 15ㅎ》但尙未領憑, 다만 오히려 文
憑을 領치 못ㅎ여시니.《朴新諺 3, 57
ㅎ》聽得心內尙然不忍, 드르매 ᄆ음에
오히려 춤지 못ㅎ거든. ●⇔환시(還是).
《朴新諺 1, 38ㅈ》但如今腿上還是十分無
氣力哩, 다만 이제 다리에 오히려 ᄀ장
氣力이 업세라.

옥 몡 옥(獄). ⇔뇌(牢).《朴新諺 3, 38ㅈ》
那老安因甚麼事監在牢裡, 뎌 老安이 므
슴 일을 因ㅎ여 옥에 가치엿ᄂ뇨.

옥(屋) 몡 집. ⇔집.《集覽, 字解, 單字解,
6ㅈ》賃. 僦屋以語曰賃, 지블 돌마다 銀
현 량곰 삭 물오 드러 이셔 살 시라. 又雇
用驢馬·舟車之類曰賃, 라괴와 ᄆᆯᄃᆞᆯᄒᆞ
삭 주고 브릴 시라.《朴新諺 2, 23ㅎ》請
到屋裏坐, 請ㅎ여 집 안헤 안치라.

옥각(玉角) 몡 옥과 뿔.《集覽, 朴集, 上,
8ㅎ》鉤子. 用金銀·銅鉄〈銕〉·玉角等
物, 刻成龜〈龟〉·龍·獅·虎之頭, 繫於
條之一端, 人若帶之, 則以其〈則又以〉條
之一端屈曲爲環, 納於鉤獸頭之空, 以爲
固, 使不解〈觧〉落, 如條環之制然.

옥갈(玉褐) 몡 옥의 빛깔이 나는 갈색.
《集覽, 朴集, 上, 15ㅎ》串香褐. 串香褐·
麝香褐·鷹背褐·蜜褐·茶褐, 卽黃黑雜
色也. 玉褐·艾褐·水褐·銀褐, 卽白黑
雜色也. 藕褐, 卽紫黑雜色也.

옥당(玉堂) 명 문연각(文淵閣)의 다른 이름. 《集覽, 朴集, 上, 14ㅎ》文淵閣. 一名 玉堂. 有大學士, 正五品官. 《朴新諺 2, 2ㅈ》老爺在文淵閣(朴新注, 23ㅈ: 一名玉堂, 有太學士.)辦事, 老爺 l 文淵閣에 이셔 일ᄒᆞ니.

옥대(玉帶) 명 옥으로 장식한 띠. ⇔옥씌(玉-). 《朴新諺 3, 47ㅈ》腰繫玉帶, 허리에 玉씌 씌고.

옥록재(玉籙齋) 명 도사(道士)가 음력 8월 보름날에 거행하는 의식의 한 가지. 이때 주천대초(周天大醮)를 베푼다. 의식 때 사용하는 부록(符籙)이 옥색이기 때문에 붙여진 이름이다. 《集覽, 朴集, 下, 4ㅎ》大醮. 上元金籙齋, 帝王修奉, 設普天大醮, 中元玉籙齋, 保佑六宮, 輔寧妃后, 設周天大醮. 下元黃籙齋, 臣民通修, 普資家國, 設羅天大醮.

옥루(玉樓) 명 전설상 천상계(天上界) 곤륜산(崑崙山)에 있는데 신선이 산다고 한다. 《集覽, 朴集, 上, 15ㅈ》瑤池. 列仙傳, 崐崘〈崑崘〉閬苑, 有〈白〉玉樓十二, 玄室九層, 左瑤池, 右翠水, 環以弱水九重, 非飇〈飇〉車羽輪, 不可到也. 註, 瑤池, 王母所居.

옥리(屋裏) 명 집 안. 방 안. 실내. 《集覽, 朴集, 上, 8ㅈ》宅子. 俗緫稱〈総称〉家舍曰房子, 自稱〈称〉曰寒家, 文士呼曰寒居, 自指室內曰屋裏, 人稱王公・大人之家曰宅子.

옥면마(玉面馬) 명 이마가 흰 말. 《朴新諺 1, 30ㅎ》騎着一匹十分脿鐵靑玉面馬, 흔 필 ᄀᆞ장 술진 鐵靑총이玉面馬를 트고.

옥사(獄史) 명 소송 사건을 심리하던 벼슬아치. 《集覽, 朴集, 中, 7ㅈ》木椿. 劊子, 獄史刑罪人者也.

옥상(屋上) 명 지붕 위. 《集覽, 朴集, 下, 12ㅎ》弓裔. 新羅憲安王之庶子, 以五月五日生, 屋上有素光屬天如虹.

옥석(玉石) 명 옥돌. 《集覽, 朴集, 上, 7ㅎ》窟嵌戒指. 緫龜〈亀〉云, 亦名手記, 所飾玉石呼爲戒指面. 舊本作指纏兒.

옥신도군(玉晨道君) 명 도교에서 이르는 세 신(神) 가운데 상청 옥신도군(上淸玉晨道君)을 이르는 말. 《集覽, 朴集, 下, 4ㅎ》三淸. 上淸, 十二天眞境也, 九眞所居, 玉晨道君所治. 《朴新諺 3, 22ㅈ》起盖三淸(朴新注, 52ㅈ: 玉淸・上淸・太淸, 謂之三淸. 元始天尊・玉晨道君・太上老君分居之.)大殿, 三淸 大殿을 지어.

옥식 명 옥색(玉色). (물고기의 배 색깔과 같은) 청백색(靑白色). ⇔어백(魚白). 《朴新諺 2, 14ㅈ》這魚白〈綿〉紬原是婦人家大襖裏子, 이 옥식 綿紬는 본디 婦人의 큰옷 안히니.

옥식빗ᄎ 명 옥색(玉色)빛. (물고기의 배 색깔과 같은) 청백색(靑白色). ⇔어백(魚白). 《朴新諺 2, 59ㅎ》魚白的裁做綿襖, 옥식빗츤 핫옷 몰라 민드되.

옥씌(玉-) 명 옥으로 장식한 띠. ⇔옥대(玉帶). 《朴新諺 3, 47ㅈ》腰繫玉帶, 허리에 玉씌 씌고.

옥제(玉帝) 명 흔히 도가(道家)에서 옥황상제(玉皇上帝)를 이르는 말. 《集覽, 朴集, 下, 4ㅈ》孫行者. 老君・王母俱奏于玉帝, 傳宣李天王, 引領天兵十萬及諸神將至花菓山, 與大聖相戰失利. 《集覽, 朴集, 下, 10ㅎ》二郞爺爺. 按西遊記, 西域花菓山洞有老猴精, 號齊天大聖, 神變〈変〉無測, 閙〈鬧〉乱天宮, 玉帝命李天王領神兵徃捕, 相戰失利.

옥조(玉藻) 명 예기(禮記)의 편명(篇名). 《集覽, 朴集, 中, 5ㅈ》居士宰官. 禮記玉藻曰, 居士錦帶.

옥천(玉泉) 명 중국 북경시(北京市) 북서쪽 옥천산(玉泉山)에서 발원하여 곤명호(昆明湖)로 흐르고, 자금성(紫禁城)을 휘돌아 대통하(大通河)로 흘러든다. 《集覽, 朴集, 上, 15ㅈ》玉泉. 在宛平縣西北三十里玉泉山下. 山有石洞三, 一在山之

西南, 其下有泉, 深淺莫測. 一在山之陽, 泉出石罅間, 鑿石爲螭頭, 泉從螭口噴出, 鳴若雜佩, 色如素鍊〈練〉, 泓澄百頃. 一在山之根, 有泉湧出, 洞門刻玉泉二字, 有觀音閣. 又南有石巖〈岩〉, 號呂公洞, 其上有金時芙蓉殿廢址.   相傳以爲章宗避暑處. 宣德年間, 建玉泉亭于其上, 以備臨幸. 《朴新諺 2, 5ㅈ》西湖是從玉泉山(朴新注, 24ㅈ: 在宛平縣, 距京都西北三十里, 山有石洞三. 一在山之西南, 其下有泉, 深淺莫測. 一在山之陽, 泉出石罅間, 鑿石為螭頭, 泉從螭口噴出, 鳴若雜佩, 色如素練, 泓澄百頃. 一在山之根, 有泉湧出, 洞門刻玉泉二字.)流下來的, 西湖는 이 玉泉山으로 조차 흘러ᄂ린 거시니.

옥천산(玉泉山) 명 중국 북경시(北京市) 북서쪽 교외에 있다. 산 아래에 옥천(玉泉)이 있다. 《集覽, 朴集, 上, 15ㅈ》西湖. 在玉泉山下, 泉水潴而爲湖, 流入宮中. 西苑爲太液池, 出都城爲玉河, 東南流注于大通河. 環湖十餘里, 荷·蒲·菱·芡與夫沙禽·水鳥出沒, 隱暎於天光雲影中, 實佳境也. 《集覽, 朴集, 上, 15ㅈ》玉泉. 在宛平縣西北三十里玉泉山下. 山有石洞三.《朴新諺 2, 4ㅎ》李爺你可曾到過西湖(朴新注, 24ㅈ: 在玉泉山下, 流入西苑為太液池, 出都城注于通州河.), 李爺ㅣ 아네 일즉 西湖에 돈녀.《朴新諺 2, 5ㅈ》西湖是從玉泉山(朴新注, 24ㅈ: 在宛平縣, 距京都西北三十里, 山有石洞三. 一在山之西南, 其下有泉, 深淺莫測. 一在山之陽, 泉出石罅間, 鑿石為螭頭, 泉從螭口噴出, 鳴若雜佩, 色如素練, 泓澄百頃. 一在山之根, 有泉湧出, 洞門刻玉泉二字.)流下來的, 西湖는 이 玉泉山으로 조차 흘러ᄂ린 거시니.

옥천정(玉泉亭) 명 중국 북경시(北京市) 북서쪽 교외 옥천산(玉泉山) 남쪽 옥천(玉泉) 위에 있던 정자 이름.《集覽, 朴集, 上, 15ㅈ》玉泉. 宣德年間, 建玉泉亭

于其上, 以備臨幸.

옥청(玉淸) 명 도교에서 이르는 삼청(三淸)의 하나. 원시천존(元始天尊)이 다스린다는 곳. 달리 원시천존이나 성경(聖境)를 이르는 말로도 쓰인다.《集覽, 朴集, 下, 4ㅎ》三淸. 道經云, 無上大羅. 玉淸, 十二天聖境也, 九聖所居, 元始天尊所治.《朴新諺 3, 22ㅈ》起盖三淸(朴新注, 52ㅈ: 玉淸·上淸·太淸, 謂之三淸. 元始天尊·玉晨道君·太上老君分居之.)大殿, 三淸 大殿을 지어.

옥하(玉河) 명 중국 북경시(北京市) 북서쪽 옥천산(玉泉山)에서 발원하여 대통하(大通河)로 흘러드는 강 이름.《集覽, 朴集, 上, 15ㅈ》西湖. 在玉泉山下, 泉水潴而爲湖, 流入宮中. 西苑爲太液池, 出都城爲玉河, 東南流注于大通河. 環湖十餘里, 荷·蒲·菱·芡與夫沙禽·水鳥出沒, 隱暎於天光雲影中, 實佳境也.

옥황이자(玉黃李子) 명 오얏의 하나. ⇔유황외앗.《朴新諺 1, 4ㅈ》鮮果子呢, 싱과실은. 柑子, 柑子. 橘子, 귤. 石榴, 石榴. 香水梨, 물한비. 櫻桃, 櫻桃. 杏子, 술고. 蘋果, 굵은님금. 玉黃李子, 유황외앗시오.

온(溫) 형 덥다. ⇔덥다.《朴新諺 2, 25ㅈ》煎至七分去滓溫服, 달혀 七分에 니르거든 滓를 ᄇ리고 더온 이로 먹으라.

온(穩) 형 편안(便安)하다. 평온(平穩)하다. ⇔편안ᄒ다.《朴新諺 3, 4ㅎ》這床也不穩, 이 상이 ᄯ 편안치 아니ᄒ니.

-온 어미 ❶-ㄴ.《朴新諺 1, 17ㅈ》除了內造上用之外, 內造 上用을 더론 밧긔는. 《朴新諺 1, 34ㅎ》還可恨那驢養的, 도로혀 恨호온 거슨 뎌 나귀삐. ❷-은.《集覽, 朴集, 上, 12ㅎ》白淸水絹. 무·리 ·픗〈플〉:긔 ·업·시 다ᄃ·마:돌호로 미·론·깁이·니, 光滑緻硬, 如本國擣砧者也. 卽不用糨粉而鍊〈練〉生絹, 以石碾者.《朴新諺 3, 38ㅎ》除了種子之外, 삐를 더론 밧긔.

온당ᄒᆞ다 [형] 온당(穩當)하다. 사리에 맞고 원만하다. ⇔온편(穩便). 《集覽, 字解, 單字解, 4ᅙ》便. 去聲, 卽也. 便行 즉재 가니라, 便去 즉재 가리라, 又즉재 가다. 又則也. 便有 곧 잇다, 便是 곧 올ᄒᆞ니라. 又順也, 順便. 又安也, 便當. 又宜也. 行方便 됴홀 양으로 ᄒᆞ다, 不方便 다히 마지 쉽사디 아니타. 又猶則也. 你去便就有了 너읫 가면 이시리라. 又平聲, 穩便 온당ᄒᆞ다. 吏語, 便益.

온복(溫服) [동] 탕약을 따뜻하게 데워서 복용(服用)하다. 《朴新諺 2, 25ㅈ》煎至七分去滓溫服, 달혀 七分에 니르거든 滓를 ᄇᆞ리고 더운 이로 먹으라.

온수(溫水) [명] 더운물. 《集覽, 朴集, 下, 6ㅈ》麻尼汁經卷兒. 飮膳(饌)正要云, 白麪一斤, 小油一斤, 小椒一兩炒去汗, 茴香一兩炒. 右件, 隔宿用酵子·塩·減(鹹)·溫水一同和麪〈麵〉, 次日入麪, 接肥, 再和成麪, 每斤作二箇入籠蒸. 《集覽, 朴集, 下, 6ㅈ》水滑經帶麵. 冬月溫水浸. 經帶麵〈麵〉, 用頭白麵〈麵〉二斤, 減(鹹)二兩, 塩二兩, 硏細, 新汲水破開和搜, 比趄麵〈麵〉劑微軟, 漸以拗棒拗百餘下, 停一時許, 再拗百餘下, 趄至極薄, 切如經帶樣, 滾湯下, 候熟入凉水, 投計任意.

온천(溫泉) [명] 온천. 《集覽, 朴集, 上, 13ㅈ》混堂. 人家設溫湯浴室處, 燕都多有之, 乃爇〈爇〉水爲湯, 非溫泉也. 或稱堂子, 舊本作湯子.

온탕(溫湯) [명] 온수(溫水). 더운물. 《集覽, 朴集, 上, 13ㅈ》混堂. 人家設溫湯浴室處, 燕都多有之, 乃爇〈爇〉水爲湯, 非溫泉也. 或稱堂子, 舊本作湯子.

온파(穩婆) [명] 산파(産婆). 조산원(助産員). 《集覽, 朴集, 上, 11ㅎ》娘子. 南村輟耕錄云〈南村輟耕錄〉, 世謂穩婆曰老娘, 女巫曰師娘, 唱〈娼〉婦曰花娘, 達人又曰草娘, 苗人謂妻曰夫娘, 南方謂婦人無行者曰夫娘, 謂婦人之卑賤者曰某娘, 曰幾

娘, 鄙之曰婆娘. 《集覽, 朴集, 上, 13ㅎ》老娘. 音義云, 伏侍生産的婦人. 今按, 俗呼穩婆. 《朴新諺 1, 54ㅎ》到三朝請老娘(朴新注, 21ㅈ: 護産之女, 又稱穩婆.)來, 사흘에 다드라 老娘을 請ᄒᆞ여 와.

온편(穩便) [형] 온당(穩當)하다. 사리에 맞고 원만하다. ⇔온당ᄒᆞ다. 《集覽, 字解, 單字解, 4ᅙ》便. 去聲, 卽也. 便行 즉재 가니라, 便去 즉재 가리라, 又즉재 가다. 又則也. 便有 곧 잇다, 便是 곧 올ᄒᆞ니라. 又順也, 順便. 又安也, 便當. 又宜也. 行方便 됴홀 양으로 ᄒᆞ다, 不方便 다히 마지 쉽사디 아니타. 又猶則也. 你去便就有了 너읫 가면 이시리라. 又平聲, 穩便 온당ᄒᆞ다. 吏語, 便益.

온화(溫和) [형] 날씨가 맑고 따뜻하며 바람이 부드럽다. 《集覽, 朴集, 下, 10ㅈ》頭戴耳掩或提在手裏. 芒神耳掩以立春時爲法, 從卯至戌八時, 掩耳用手提, 陽時左手提, 陰時右手提, 以八時見日溫和也.

올라가다 [동] 올라가다. ⇔상거(上去). 《朴新諺 2, 45ㅎ》你兩箇小厮慢慢的上去, 너희 두 아히 날회여 올라가. 《朴新諺 2, 46ㅈ》你上去却要慢慢的走, 네 올라가되 ᄯᅩ 날회여 ᄃᆞ니라. 《朴新諺 2, 46ㅈ》每日偸空便上去拿雀兒, 每日에 뷘 ᄯᅢ를 타 곳 올라가 새를 잡노라.

올리다 [동] **1** 올리다. 입히다. **⦁**⇔도(鍍). 《朴新諺 3, 33ㅎ》鍍金顔色也都變了, 金올린 빗도 다 變ᄒᆞ여시니. **⦁**⇔장(裝). 《朴新諺 3, 8ㅈ》正要裝金開光, 正히 금 올려 빗내려 ᄒᆞ더니. **2** (위로) 올리다. **⦁**⇔상(上). 《朴新諺 3, 6ㅈ》把我的銀鼠皮襖上的貂鼠袖, 내 銀鼠皮 갓옷세 올린 쵸피 ᄉᆞ매를다가. 《朴新諺 3, 22ㅎ》王請唐僧上殿, 王이 唐僧을 請ᄒᆞ여 殿에 올린대. **⦁**⇔상거(上去). 《朴新諺 2, 11ㅎ》弔下來踢上去, ᄂᆞ려오거든 차 올려. **3** 올리다. 드리다. ⇔상(上). 《朴新諺 1, 4ㅎ》這四樣先上, 이 네 가지를 몬져 올리

고. 然後再上四大碗四中碗, 그린 후에 쏘 네 大碗과 네 中碗을 올리되.《朴新諺 1, 5ㅈ》還要上三道粉湯, 당시롱 세 가지 粉湯을 올릴 거시오.《朴新諺 1, 6ㅎ》然後再上飯菜, 그린 후에 쏘 반찬 올리고.《朴新諺 3, 51ㅎ》為此上告, 이를 위ㅎ여 告홈을 올리ㄴ이다.

올올이 閉 올올이. ⇔조조(條條).《朴新諺 2, 11ㅈ》赤條條的仰面臥在桌上, 벌거케 올올이 탁ㅈ 우희 쟛바누어.

올타 혱 옳다. ⇔시(是).《集覽, 字解, 單字解, 2ㅎ》也. 在詞之上者, 又也. 也好 쏘 됴타, 也是 쏘 올타. 在詞之中者, 承上起下之辭. 我也去 나도 가마. 在詞之終者, 語助.《朴新諺 1, 15ㅈ》說的是, 니ㄹ미 올타.《朴新諺 1, 28ㅎ》大哥說得狠(很)是, 큰형의 니ㄹ미 ㄱ장 올타.《朴新諺 1, 31ㅎ》正是, 졍히 올타.《朴新諺 1, 52ㅎ》你說的是, 네 니ㄹ미 올타.《朴新諺 2, 30ㅎ》燒香懺悔纔是, 燒香 懺悔홈이 마치 올타.《朴新諺 2, 49ㅈ》你說的是, 네 니ㄹ미 올타.《朴新諺 2, 53ㅎ》你說的是, 네 니ㄹ미 올타.《朴新諺 2, 55ㅈ》是了, 올타.《朴新諺 3, 17ㅈ》相公說的是, 相公의 니르미 올타.

올ㅎ 閉 올해. ⇔금년(今年).《朴新諺 1, 9ㅎ》今年雨水狠(很)大, 올ㅎㅣ 雨水ㅣ ㄱ장 만ㅎ여.《朴新諺 1, 34ㅈ》誰想到今年已是一年半了, 뉘 올ㅎㅣ 다ㄷㄹ 이믜 一年半에.《朴新諺 1, 44ㅈ》今年纔十六歲, 올ㅎㅣ ㅈ 十六歲니.《朴新諺 1, 50ㅈ》今年這地方馬價如何, 올ㅎㅣ 여긔 물 갑시 엇더ㅎ뇨. 今年此處馬價比徃年賤些, 올ㅎㅣ 여긔 물 갑시 徃年에 比컨대 져기 賤ㅎ니라.《朴新諺 1, 52ㅈ》今年年成平常銀錢艱難, 올ㅎㅣ 年成이 平常ㅎ고 銀錢이 艱難ㅎ여.《朴新諺 2, 21ㅎ》今年田禾如何, 올ㅎㅣ 田禾ㅣ 엇더ㅎ더뇨.《朴新諺 2, 22ㅈ》聽的今年水賊多, 드ㄹ니 올ㅎㅣ 水賊이 만타 ㅎ니.《朴新諺 2, 40ㅎ》今年

旱田禾不收, 올ㅎㅣ 하눌이 ㄱ므라 田禾를 거두지 못ㅎ여시매.《朴新諺 2, 57ㅈ》你今年怎麽不到京城去, 네 올ㅎㅣ 엇디 京城에 가지 아니ㅎ엿ㄴ뇨.《朴新諺 3, 42ㅎ》今年纔三十七歲, 올ㅎㅣ ㅈ 三十七歲라.

올흔편 몡 오른편. 오른 쪽. ⇔우변(右邊).《朴新諺 2, 47ㅎ》卯字頭下着金字右邊加箇側刀便是, 卯字 머리 아러 金字 ㅎ고 올흔편에 션칼도 혼 거시 곳 이라.

올히 몡 오리(鴨). ●⇔압(鴨).《朴新諺 2, 16ㅈ》鴨三隻, 올히 세 마리와.《朴新諺 1, 5ㅈ》是海蔘頓鴨子, 海蔘 너허 술믄 올히와.

올ㅎ다 혱 옳다. ⇔시(是).《集覽, 字解, 單字解, 4ㅎ》便. 去聲, 卽也. 便行 즉재 가니라, 便去 즉재 가리라, 又즉재 가다. 又則也. 便有 곧 잇다, 便是 곧 올ㅎ니라. 又順也, 順便. 又安也, 便當. 又宜也. 行方便 됴홀 양으로 ㅎ다, 不方便 다히 마지 쉽사디 아니타. 又猶則也. 你去便就有了 너옷 가면 이시리라. 又平聲, 穩便 온당ㅎ다. 吏語, 便益.《朴新諺 2, 53ㅎ》便是你的不是了, 곳 이 네 올치 아니니라.《朴新諺 3, 38ㅎ》三停裡該分與主人二停纔是, 세 운에서 맛당이 主人을 두 운을 논화 주어야 올커놀.

옮다 동 ●옮다. 옮겨가다. ⇔반(搬).《朴新諺 2, 32ㅈ》如今搬在法蔵寺西邊混堂間壁住去了, 이제 法蔵寺 西邉 混堂 ㅅ이 브람에 올마 가 사ㄴ니라.《朴新諺 2, 44ㅈ》你如今要搬到那裏去, 네 이제 올마 어디 가고져 ㅎ는다.《朴新諺 2, 44ㅈ》明日就搬, 닛일 곳 올무리라. ●옮다. (벼슬이) 오르다. 승진하다. ⇔승(陞).《朴新諺 3, 19ㅈ》也只指望本官陞一箇好缺, 쏘 다만 本官이 혼 됴흔 궐에 올므믈 브라ㄴ니.

옳다 혱 옳다. ●⇔시(是).《朴新諺 1, 43ㅈ》你剃的乾淨便是了, 네 싹기롤 乾淨

히 홈이 곳 올흐니라.《朴新諺 2, 16ㅎ》
這些食物都要鮮明不可缺少纏是, 이 여러
食物을 다 鮮明히 흐고 모즈라지 아니케
홈이 올흐니라.《朴新諺 2, 24ㅈ》是小弟
昨日在張少卿家慶賀筵席上, 올흐니 小弟
어제 張少卿의 집 慶賀 筵席에셔.《朴新
諺 2, 32ㅎ》欵式要時撑樏子要匀細就是
了, 欵式은 時撑으로 흐고 담은 고로고
マ눌게 홈이 곳 올흐니라. ●⇔취시(就
是).《朴新諺 2, 20ㅈ》以為日後之憑據就
是了, 뻐 日後의 憑據를 삼으미 올흐니.
옴 图 옴[來]. •내(來).《朴新諺 2, 17ㅈ》
驛馬怎麼還不見來呢, 驛馬ㅣ 엇지 당시
롱 옴을 보지 못홀소뇨.
옴기다 图 옮기다.《朴新諺 2, 53ㅎ》過了
一生日便會學那步兒, 혼 生日이 지나면
곳 거름 옴길 줄을 알 거시니.
-옵- 어미 -읍-.《朴新諺 2, 39ㅈ》滿池荷花
香噴噴的令人可愛, 못에 マ득혼 荷花ㅣ
香내 뿜겨 사름으로 흐여곰 스랑홉게 흐
더라.
옷 图 옷. ●⇔의(衣).《集覽, 朴集, 下, 1
ㅈ》丢袖. 音義云, •ᄉᆞ•미〈매〉 조쳐•내•브·
틴 갓·옷.《朴新諺 2, 59ㅎ》主得飮食便好
裁衣, 飮食을 主흐니 곳 옷 ᄆᆞᄅ기 됴타.
《朴新諺 3, 6ㅎ》把潮腦放些在衣箱裡, 쇼
로를다가 져기 옷 샹즈에 녀코. ●⇔의
복(衣服).《朴新諺 1, 51ㅎ》穿了衣服到
那裏去, 옷 닙고 져긔 가.《朴新諺 2, 58
ㅎ》咳一件新衣服也沒有怎的好呢, 애 혼
볼 새 옷도 업스니 엇지흐여야 됴흐리
오.《朴新諺 3, 26ㅈ》鹿皮先脫下衣服跳
入鍋裡, 鹿皮ㅣ 몬져 옷 벗고 가마에 뛰
여들거늘. ●⇔의상(衣裳).《集覽, 字解,
單字解, 3ㅎ》做. 韻會遇韻作字註云, 造
也, 俗作做非. 簡韻作字註云, 爲也, 造也,
起也, 俗作做非. 做音, 直信切. 今按, 俗語
做甚麼 므슴 흐료, 作衣裳 옷 짓다, 作音
조, 去聲. 不走作 듧ᄯᅳ디 아니타, 作音조,
入聲. 以此觀之, 則做從去聲, 作互呼去聲

• 入聲, 通做字. 俗不用直信切之音.《朴
新諺 1, 51ㅎ》衣裳•帽子•靴子, 옷과
갓과 靴롤.《朴新諺 2, 11ㅈ》脫下衣裳,
옷 벗고.
-옷 图 -곧. -만.《集覽, 字解, 單字解, 2
ㅎ》怕. 疑懼之意. 怕人知道. 又設若之辭.
怕你不信 흐다가 너옷 믿디 몯거든. 又
恐也. 害怕 두리여흐다.《集覽, 字解, 單
字解, 4ㅎ》便. 去聲, 卽也. 便行 즉재 가
니라, 便去 즉재 가리라, 又즉재 가다.
又則也. 便有 곧 잇다, 便是 곧 올흐니라.
又順也, 順便. 又安也, 便當. 又宜也. 行方
便 됴홀 양으로 흐다, 不方便 다히 마지
쉽사디 아니타. 又猶則也. 你去便就有了
너옷 가면 이시리라. 又平聲, 穩便 온당
흐다. 吏語, 便益.
옷깃ㅅ 图 옷깃. ⇔의령(衣領).《朴新諺 3,
52ㅎ》扭住小人衣領百般打罵, 小人의 옷
깃슬 트러잡고 百般 티고 욕호되.
옷ㅅ 图 옷. ●⇔의(衣).《朴新諺 3, 6ㅎ》
這些皮衣一夏天沒有收拾, 이 갓옷슬 혼
녀름을 收拾홈이 업더니. ●⇔의복(衣
服).《朴新諺 2, 24ㅎ》把一身衣服都脫了,
왼몸에 옷슬다가 다 벗고.《朴新諺 2, 59
ㅈ》怎麼就赶不出一套衣服來呢, 엇지 곳
혼 볼 옷슬 밋쳐 지어 내지 못흐리오.
《朴新諺 2, 59ㅈ》這還怕沒有新衣服過年
麼, 이 도로혀 새 옷스로 過年홀 거시 업
슬가 저프랴. ●⇔의상(衣裳).《朴新諺
3, 26ㅎ》便脫了衣裳, 곳 옷슬 벗고.
옷샹즈 图 옷상자. 트렁크(trunk). ⇔의상
(衣箱).《朴新諺 3, 6ㅎ》把潮腦放些在衣
箱裡, 쇼로를다가 져기 옷 샹즈에 녀코.
옹두춘(甕頭春) 图 황주(黃酒)를 아름답
게 이르는 이름. (황주는 색이 노랗고
알코올 함유량이 비교적 낮은 술이다)
《朴新諺 1, 2ㅈ》討幾瓶蜜林檎•甕頭春
(朴新注, 1ㅎ: 黃酒之美者.)•木瓜露•苦
菉豆酒, 여러 瓶 蜜林檎과 甕頭春과 木瓜
露와 쁜 菉豆酒를 어들만 곳지 못흐니.

옹아(甕兒) 圐 독. ⇔독.《朴新諺 1, 40ㅎ》
一箇長甕兒窄窄口裏頭盛着糯米酒, 혼 긴
독 조븐 부리 안히 춥뿔술 담은 거시여.

옹종(擁腫) 圐 울퉁불퉁하고 고르지 못하
다.《集覽, 朴集, 中, 7ㅈ》乞留曲律(葎)
藤. 乞留曲律(葎), 乞留曲律, 謂屈曲擁腫
之意.

옹주(雍州) 圐 옛 구주(九州)의 하나. 섬
서성(陝西省)과 산서성(山西省)에서 청
해성(靑海省)과 감숙성(甘肅省) 일대까
지 걸쳐 있었다.《朴新諺 2, 32ㅎ》一頂
要陝(陜)西(朴新注, 34ㅎ: 古雍州.)赶來
的白駝氊大帽, 혼나흔 陝(陜)西셔 미러
온 白駝氊 큰갓슬 ᄒ되.

옹취(擁翠) 圐 산 이름. 중국 운남성(雲南
省) 몽화현(蒙化縣)의 남쪽에 있는 산.
조사랑(刁斯郎)이 쌓은 산채(山寨)의 유
지(遺址)가 있었다.《集覽, 朴集, 中, 3
ㅎ》西山. 在順天府西三十里太行山首, 始
于河內, 北至幽州, 强形勢, 爭奇擁翠,
雲聳星拱于皇都之右.

와(瓦) 圐 기와. ❶⇔디새.《朴新諺 2, 5ㅈ》
上面盖的瓦如鋪翠, 우희 녠 디새는 비취
룰 ᄭ 듯ᄒ고,《朴新諺 2, 45ㅎ》看那瓦若
有破的, 보와 뎌 디새 쌔야진 것 잇거든.
《朴新諺 2, 46ㅈ》那瓦被水浸多時不堅實,
뎌 디새 물에 젓기를 오래 ᄒ여 堅實치
못ᄒ니,《朴新諺 2, 46ㅈ》那瓦有破的麼,
뎌 디새 쌔야진 거시 잇ᄂ냐.《朴新諺
2, 46ㅈ》把瓦都弄破了, 디새를다가 다 달
화 쌔이니. ❷⇔지새.《朴新諺 3, 16ㅎ》
以至塔臺石・磚・瓦都有, 뼈 섬돌과 벽
과 지새에 니르히 다 이시니.

-와 어미 -고.《集覽, 字解, 累字解, 2ㅈ》照
依. 마초와 그대로 ᄒ다.《朴新諺 2, 45
ㅎ》看那瓦若有破的, 보와 뎌 디새 쌔야
진 것 잇거든.《朴新諺 3, 27ㅈ》將軍奏
道, 將軍이 엿ᄌ와 니ᄅ되.

-와 조 ❶-와.《朴新諺 1, 2ㅈ》買些乾果・
水果, 져기 乾果와 水果를 사.《朴新諺

1, 18ㅈ》再把裝修餙樣說與他, 다시 민들
기와 ᄭ밀 모양을 저드려 닐러.《朴新諺
1, 44ㅈ》八對珠環, 여듧 ᄡ앙 진쥬 가라디
와. 滿頭珠翠, 마리에 ᄀ득혼 珠翠와.
《朴新諺 2, 5ㅈ》與那名花・奇樹也不知
其數, 다못 뎌 名花와 奇樹는 그 수롤 아
지 못ᄒ니.《朴新諺 2, 16ㅈ》應給米三升,
應給ᄒ는 거시 뿔 서 되와.《朴新諺 2,
31ㅈ》盔甲一副腰刀一口, 투구와 갑옷
혼 볼 환도 ᄒ나흘.《朴新諺 2, 40ㅈ》種
些冬瓜, 져기 동화와. 西瓜, 슈박과. 甜
瓜, 춤외와.《朴新諺 3, 10ㅈ》這麼快買石
灰麻刀去, 이러면 밧비 회와 삼쩌울을
사라 가라.《朴新諺 3, 16ㅎ》這樣, 이 납
과. 櫟, ᄆᆞᄅ와. 橡, 혀와.《朴新諺 3, 32
ㅈ》你先倒一椀六安・一椀松蘿, 네 몬져
혼 사발 六安차와 혼 사발 松蘿차를 부
어 오고.《朴新諺 3, 44ㅈ》衣帽・靴帶䓁
類, 衣帽와 靴帶 䓁類ㅣ오. ❷❶-와. ⇔
여(與).《朴新諺 1, 4ㅈ》喚厨子來我與他
商(商)量, 厨子를 블러 오라 내 저와 의
논ᄒ쟈.《朴新諺 1, 9ㅈ》我竟與你同去,
내 못춤내 너와 혼가지로 갈 거시니.
《朴新諺 1, 26ㅈ》咱與你賭一箇羊吃, 우
리 너와 혼 羊을 더너 먹쟈.《朴新諺 2,
7ㅈ》咱有一件東西要與你對換如何, 우리
혼 가지 쩌시 이셔 너와 밧고고져 ᄒ니
엇더ᄒᄂ뇨.《朴新諺 2, 7ㅎ》從今已後咱與
你論甚麼, 이제로부터 우리 너와 무서슬
의논ᄒ리오.《朴新諺 3, 16ㅎ》木匠你來
咱與你商(商)量, 木匠아 이바 내 너와 혜
아리쟈. ❸-와. ⇔화(和).《集覽, 字解,
單字解, 1ㅎ》和. 平聲, 調和也. 又去聲,
與也, 及也. 我和你 너와 나와, 銅匙和快
子 술와 밋 져와.《朴新諺 1, 46ㅈ》做帶
子和裏兒的, 씌와 안흘 민들 거시니.《朴
新諺 2, 10ㅎ》咱兩箇拿些布施和香・蠟
去禮拜他, 우리 둘이 져기 보시와 香과
쵸를 가져가 뎌의게 禮拜ᄒ고.《朴新諺
3, 11ㅎ》滿指甲疙灢和膿水怎麼好呢, 손

톱에 ▽득혼 더덩이와 고롬이 엇지 됴
흐리오.

와거(萵苣) 뗑 상추. ⇔부로. 《朴新諺 2,
39ㅎ》蘿蔔, 댓무우. 蔓菁, 쉿무우. 萵苣,
부로. 葵菜, 아혹. 白菜, 비치. 赤根菜, 시
근치. 芫荽, 고싀. 蔥, 파. 蒜, 마늘. 薤菜,
부치. 荊芥, 형개. 薄荷, 박하. 茼蒿, 믈
뿍. 水蘿葍, 물한댓무우. 胡蘿葍, 노른댓
무우. 芋頭, 토란. 紫蘇都好種的, 紫蘇를
다 시므이 됴타.

와기(瓦器) 뗑 진흙으로 만들어 유약을
바르지 아니하고 구운 그릇. 《集覽, 朴
集, 下, 9ㅎ》碎盆. 未詳源流. 但本國送殯
之晨, 在家者見靈輀登道, 卽隨以瓦器擲
碎於門外, 大聲作語曰, 持汝家具而去. 云
爾者, 盖使亡人無留念家緣之術也.

와도(臥倒) 동 엎드리다. 드러눕다. 《朴新
諺 1, 41ㅎ》不住的臥倒打滾, 머무지 아
니흐고 누우꾸러.

와도타곤(臥倒打滾) 동 드러누워서 (이
리저리) 뒹굴다. ⇔누우꿀다. 《朴新諺
1, 41ㅎ》不住的臥倒打滾, 머무지 아니흐
고 누우꾸러.

-와든 어미 -거든. 《朴新諺 3, 33ㅎ》嘴子
・把子且打下我看了再銲, 부리와 줄를
아직 믠드라 내 보와든 다시 째라.

와발(瓦鉢) 뗑 〈불〉 바리때. 또는 진흙으
로 구워 만든 사발. ⇔에유아리. 《朴新
諺 1, 36ㅎ》從今日准備簑笠瓦鉢, 오늘브
터 삿갓과 에유아리롤 准備흐여.

와와(哇哇) 뗑 갓난아이가 우는 소리. 《朴
新諺 1, 49ㅎ》大小家眷小娃娃(朴新注, 19
ㅈ 孩兒之稱. 又字作哇哇, 小兒啼聲.), 大
小 家眷과 져근 아희들로.

와아(窩児) 뗑 =와아(窩兒). '児'는 '兒'의
속자. 《宋元以來俗字譜》兒, 列女傳・通
俗小說・三國志平話作児. 《朴新諺 3, 37
ㅈ》咱打那一箇窩児(朴新注, 57ㅎ: 打毬
時, 先掘一窩, 後將毬打入窩內, 方言謂之
窩児.), 우리 어늬 혼 굼글 치리오. 《朴新

諺 3, 37ㅈ》咱打那一箇窩児, 우리 어늬
혼 굼글 치리오. 且打毬門窩児罷, 아직
毬門 굼글 치라. 還是打花臺窩児, 당시
롱 花臺 굼글 치며. 打花房窩児呢, 花房
굼글 칠 거시니.

와아(窩兒) 뗑 ●장치기공을 치는 공채의
끝에 매단 주걱 모양의 태(胎). 《集覽,
朴集, 下, 7ㅎ》花房窩兒. 又云, 在馬上舞
毬棒, 一木有一尺五寸長, 上下俱窩兒. ●
장치기 경기에서, 땅을 사발 모양으로
파서 공을 쳐 넣는 구멍. ⇔굼ㄱ. 《集覽,
朴集, 下, 7ㅈ》毬棒. 又云, 此戲之一端也,
有毬門, 有窩兒, 中者爲勝. 以下四者俱打
毬之用. 《集覽, 朴集, 下, 7ㅎ》花房窩兒.
但本國龍飛御天歌云, 擊毬之法, 或數人,
或十餘人, 分左右以較勝負. 棒形如此, 大
如掌, 用水牛皮爲之, 以厚竹合而爲柄棒,
皮薄則毬高起, 厚則毬不高起. 又有滾棒,
所擊之毬輪而不起. 隨其厚薄大小, 厥名
各異. 毬用木爲之, 或用瑪瑠〈瑠〉, 大如雞
〈鷄〉卵. 掘地如椀, 名窩兒. 或隔殿閣而作
窩, 或於階上作窩, 或於平地作窩. 《朴新
諺 3, 37ㅈ》咱打那一箇窩兒(朴新注, 57
ㅎ: 打毬時, 先掘一窩, 後將毬打入窩內,
方言謂之窩兒.), 우리 어늬 혼 굼글 치리
오. 《朴新諺 3, 37ㅈ》咱打那一箇窩兒, 우
리 어늬 혼 굼글 치리오. 且打毬門窩兒
罷, 아직 毬門 굼글 치라. 還是打花臺窩
兒, 당시롱 花臺 굼글 치며. 打花房窩兒
呢, 花房 굼글 칠 거시니.

완(完) 동 마치다. 끝내다. ⇔뫂다. 《朴新
諺 2, 15ㅈ》你說幾時染完, 네 닐으라 언
제 물드려 므츠료.

완(剜) 동 뚫다. ⇔뚧다. 《朴新諺 3, 51ㅈ》
於東屋山墻外剜窟進內, 東屋 화방 밧끠
굼글 뚧고 안히 들어.

완(椀) 의 사발. ⇔사발. 《朴新諺 3, 32ㅈ》
你先倒一椀六安・一椀松蘿, 네 몬져 혼
사발 六安차와 혼 사발 松蘿차를 부어
오고.

완(碗) 圀 사발. ⇔사발. 《集覽, 朴集, 上,
2ㅎ》燋鴿子彈. 質問云, 鴿子彈糝於滾肉
湯食之. 又云, 用肉湯在鍋, 再加椒料・菜
・葱花, 燒火至滾沸, 方下鴿子卵, 盛之於
碗, 以獻賓客. 《朴新諺 1, 5ㅈ》四大碗內
呢, 네 큰 碗에논. 《朴新諺 2, 21ㅈ》還有
鑼鍋, 또 노고와. 柳箱, 섥과. 灑子, 드레
와. 碗楪, 사발 졉시와. 匙筯, 수져와. 榪
杓, 나모쥬게와. 筲籬, 됴리와. 炊箒, 솔
과. 擦床兒, 슉치칼과. 簸(簸)箕, 키와.
篩子, 얼밍이와. 馬尾羅, 물총체와. 桌子,
상과. 盤子, 盤과. 茶盤, 찻반과. 燈臺, 燈
臺와. 酒種, 잔과. 酒鼈, 쥬벼ᅌ와. 銅杓,
놋쥬게 이시니.

완(碗) 回 사발. ⇔사발. 《朴新諺 3, 36ㅈ》
再下幾碗寬條麵與我們, 또 여러 사발 너
분 국슈를 눌러 우리룰 주되.

완(頑) 圐 ●놀다. 장난하다. ⇔놀다. 《朴
新諺 1, 24ㅎ》只是一味貪頑, 다만 건니
놀기만 貪ᄒ여. 《朴新諺 3, 1ㅎ》一壁廂
各自頑去不好麼, 혼 편 구석의 각각 놀라
가미 됴치 아니ᄒ냐. ●놀리다回刷. 장난
하다. ⇔놀리다. 《朴新諺 2, 12ㅈ》那簡
主兒又叫做頑雀兒的, 뎌 님자를 또 새 놀
리는 이라 부르는이라.

완결(完結) 圐 완전하게 끝을 맺다. ⇔완
결ᄒ다(完結-). 《朴新諺 3, 5ㅈ》却曾完
結了麼, 또 일즉 完結ᄒ엿ᄂ냐.

완결ᄒ다(完結-) 圐 완결(完結)하다. ⇔
완결(完結). 《朴新諺 3, 5ㅈ》却曾完結了
麼, 또 일즉 完結ᄒ엿ᄂ냐.

완공(剜空) 圐 구멍을 내다. 뚫다. 파다.
《集覽, 朴集, 上, 6ㅈ》空中. 音義云, 用檀
木旋圓, 內用刀剜空, 以繩〈繩〉曳之, 在地
轉動有聲. 《集覽, 朴集, 上, 7ㅎ》窟嵌戒
指. 今按, 窟嵌者, 指環之背剜空爲穴, 用
珠塡穴爲飾. 《朴新諺 1, 20ㅈ》也有放空
中(朴新注, 8ㅈ: 用檀木旋圓, 用刀剜空,
以繩曳之, 在地轉動有聲. 一云, 將胡蘆用
木釘穿之, 傍作一眼, 以繩繫扯, 旋轉有聲,

亦謂之空中.)的, 박핑이 치리도 이시며.

완구(碗口) 圐 사발. 또는 (공기, 사발 등
의) 가장자리. 변죽. ⇔사발. 《朴新諺 2,
11ㅎ》拿一箇一托長碗口大的紅油畫金棒
子, ᄒ나 혼 발맛치 길고 사발맛치 큰
불근 칠ᄒ고 금으로 그린 막대룰 가져.

완동(頑童) 圐 장난꾸러기. 개구쟁이. 악
동(惡童). 《集覽, 朴集, 上, 6ㅈ》空中. 質
問云, 頑童將胡蘆用木釘串之, 傍作一眼,
以繩〈繩〉繫扯, 旋轉有聲, 亦謂之空中.

완두(豌豆) 圐 광저기. 동부. ⇔광장이.
《朴新諺 3, 38ㅈ》他種的稻子, 제 시믄 벼
와. 膏粱, 슈슈와. 黍子, 기장과. 大麥, 보
리와. 小麥, 밀과. 蕎麥, 모밀과. 黃豆, 콩
과. 小豆, 폿과. 菉豆, 菉豆와. 豌豆, 광장
이. 黑豆, 거믄콩. 芝麻, 참깨와. 蘓(蘇)
子, 듧깨.

완료(完了) 圐 마치다. 끝내다. ●⇔뭇다.
《朴新諺 3, 1ㅎ》洗完了, 씻기 뭇거든.
《朴新諺 3, 8ㅎ》保佑我完了這願心便死
也無怨了, 나를 保佑ᄒ여 이 願心을 뭇게
ᄒ면 곳 죽어도 怨홈이 업스리라. ●⇔
뭇ᄎ다. 《朴新諺 1, 43ㅈ》剃完了, 깍가
뭇차다. 《朴新諺 1, 43ㅎ》這就算剃完了,
이 곳 깍가 뭇찻다 ᄒ리라. 《朴新諺 1,
58ㅈ》寫完了我念給你聽, 뻐 뭇차시니
내 닑어 네게 들리마. 《朴新諺 2, 44ㅈ》
今日早起纔收拾完了, 오늘 아춤에 又 收
拾ᄒ여 뭇차시니.

완반(完飯) 圐 예전 중국의 혼인에서, 친
영(親迎) 때 신부가 신랑 집에 가서 사흘
을 묵는데, 마지막 날 신부 측에서 잔치
를 위하여 신랑 측에 보내온 술과 음식.
《集覽, 朴集, 上, 12ㅈ》圓飯筵席. 今按,
漢人娶妻親迎, 而女至男家以宿, 則女家
送女食于男家, 三日而止. 止食之日, 女家
必具酒饌, 送男家設宴, 謂之完飯筵席.

완반연석(完飯筵席) 圐 완반(完飯)으로
신랑 집에서 벌이는 잔치. 《集覽, 朴集,
上, 12ㅈ》圓飯筵席. 今按, 漢人娶妻親迎,

而女至男家以宿, 則女家送女食于男家, 三日而止. 止食之日, 女家必具酒饌, 送男家設宴, 謂之完飯筵席.

완비(完備) 图 빠짐없이 완전히 갖추다. ⇔완비ᄒ다(完備-). 《朴新諺 1, 5ㅎ》這些酒席都已辦停妥完備了, 이 酒席을 다 이믜 쟝만ᄒ여 停妥 完備ᄒ여다. 《朴新諺 3, 15ㅎ》男在京所幹之事已經完備, 아히 셔울 이셔 所幹事ᄂ 임의 完備ᄒ여시되. 《朴新諺 3, 45ㅎ》若做完備了早些擺上, 만일 믿드라 完備ᄒ거든 일즉이 버리라.

완비ᄒ다(完備-) 图 완비(完備)하다. ⇔완비(完備). 《朴新諺 1, 5ㅎ》這些酒席都已辦停妥完備了, 이 酒席을 다 이믜 쟝만ᄒ여 停妥 完備ᄒ여다. 《朴新諺 3, 15ㅎ》男在京所幹之事已經完備, 아히 셔울 이셔 所幹事ᄂ 임의 完備ᄒ여시되. 《朴新諺 3, 45ㅎ》若做完備了早些擺上, 만일 믿드라 完備ᄒ거든 일즉이 버리라.

완쇠(頑耍) 图 놀다. 장난하다. ⇔놀다. 《朴新諺 1, 20ㅈ》逢時及莭(節)好會頑耍哩, 째롤 만나고 절을 밋처 ᄀ장 놀 줄을 아더라. 《朴新諺 2, 46ㅈ》終日貪頑耍, 終日토록 놀기를 탐ᄒ고.

완약(宛若) 阌 거의 비슷하다. 흡사(恰似)하다. 《集覽, 朴集, 上, 8ㅈ》翫月會. 東京錄云, 中秋夜, 貴家結飾臺榭, 民間爭占酒樓翫〈玩〉月, 絲簧鼎沸, 近內庭居民, 夜深遙聞笙竽之聲, 宛若雲外天樂, 闔里兒童連宵嬉戲, 夜市騈闐, 至於通曉.

완월(玩月) 图 =완월(翫月). 《集覽, 朴集, 上, 8ㅈ》翫月會. 東京錄云, 中秋夜, 貴家結飾臺榭, 民間爭占酒樓翫〈玩〉月, 絲簧鼎沸, 近內庭居民, 夜深遙聞笙竽之聲, 宛若雲外天樂, 闔里兒童連宵嬉戲, 夜市騈闐, 至於通曉.

완월(翫月) 图 달을 구경하며 즐기다. 《集覽, 朴集, 上, 8ㅈ》翫月會. 東京錄云, 中秋夜, 貴家結飾臺榭, 民間爭占酒樓翫

〈玩〉月, 絲簧鼎沸, 近內庭居民, 夜深遙聞笙竽之聲, 宛若雲外天樂, 闔里兒童連宵嬉戲, 夜市騈闐, 至於通曉.

완월회(翫月會) 阌 완월(翫月)하는 모임. 《集覽, 朴集, 上, 8ㅈ》翫月會. 東京錄云, 中秋夜, 貴家結飾臺榭, 民間爭占酒樓翫〈玩〉月, 絲簧鼎沸, 近內庭居民, 夜深遙聞笙竽之聲, 宛若雲外天樂, 闔里兒童連宵嬉戲, 夜市騈闐, 至於通曉.

완평현(宛平縣) 阌 요대(遼代)에 두었다. 소재지는 북경시(北京市) 서쪽 영정하(永定河)의 서안에 있었다. 《集覽, 朴集, 上, 4ㅎ》蘆溝橋. 蘆溝本桑乾河, 俗曰渾河, 亦曰小黃河. 上自保安州界, 歷山南流入宛平縣境, 至都城四十里, 《集覽, 朴集, 上, 15ㅈ》玉泉. 在宛平縣西北三十里玉泉山下. 《朴新諺 2, 5ㅈ》西湖是從玉泉山(朴新注, 24ㅈ: 在宛平縣, 距京都西北三十里, 山有石洞三. 一在山之西南, 其下有泉, 深淺莫測. 一在山之陽, 泉出石罅間, 鑿石爲螭頭, 泉從螭口噴出, 鳴若雜佩, 色如素練, 泓澄百頃. 一在山之根, 有泉湧出, 洞門刻玉泉二字.)流下來的, 西湖ᄂ 이 玉泉山으로 조차 흘러ᄂ린 거시니.

완필(完畢) 图 마치다. 끝나다. 종료하다. ⇔ᄆ츠다. 《朴新諺 3, 34ㅈ》我看了百官行禮完畢之後, 내 百官이 行禮ᄒ기를 ᄆ춤을 본 후에.

왕(王) 阌 ●성(姓)씨의 하나. 《朴新諺 3, 57ㅈ》高麗太祖姓王諱建表字若天, 高麗太祖의 姓은 王이오 諱ᄂ 建이오 字ᄂ 若天이라. ●임금. ⇔님금. 《朴新諺 3, 22ㅎ》王請唐僧上殿, 王이 唐僧을 請ᄒ여 殿에 올린대. 《朴新諺 3, 23ㅎ》咱如今兩箇就在王前鬪(鬪)法, 우리 이제 둘히 곳 王의 앏히 이셔 鬪(鬪)法ᄒ여. 《朴新諺 3, 25ㅎ》王說今番着唐僧先猜, 王이 니ᄅ되 이 번은 唐僧으로 ᄒ여 몬져 알게 ᄒ라. 《朴新諺 3, 26ㅎ》王見他多時不出來, 王이 뎨 오래 나오디 아니믈 보고.

《朴新諺 3, 27ㅈ》王說將軍你撈去, 王이 니ᄅ되 將軍아 네 건디라. 《朴新諺 3, 28 ㅈ》行者直拖的到王面前丢下, 行者ㅣ 바로 ᄭ어 王의 앏희 가 드리치니. 《朴新諺 3, 57ㅈ》那時有箇王名弓裔, 그 째에 ᄒᆞ 님금이 이셔 일홈이 弓裔니.

왕(往) 图 ●가다. ⇔가다. 《朴新諺 1, 8 ㅎ》派小弟是往永平・大寧・遼陽・開元・瀋陽等處, 小弟를 그은 거슨 이 永平・大寧・遼陽・開元・瀋陽 等 處에 가ᄂᆞ니라. 《朴新諺 1, 8ㅎ》我如今也派往金剛山松廣等處去降香, 내 이지 ᄯᅩ 金剛山 松廣 等 處에 그이여 가 降香ᄒᆞ리라. 《朴新諺 1, 36ㅎ》往深山居住修心懺悔去了, 深山에 가 머무러 修心 懺悔ᄒᆞ라 가려 ᄒᆞ노라. 《朴新諺 2, 3ㅈ》我往家裏去取氊衫・雨帽, 내 집의 가 담요삼과 갓모를 가져오려 ᄒᆞ노라. 《朴新諺 2, 36ㅈ》明日好往通州接官去, 너일 通州ㅣ 가 관원 마즈라 가기 됴케 ᄒᆞ라. ●향(向)하다. ⇔향ᄒᆞ다. 《集覽, 字解, 單字解, ㅈ》往. 向也. 往那裏去 어드러 향ᄒᆞ야 가ᄂᆞᆫ다. 又昔也. 往常 아린. 《朴新諺 2, 2ㅎ》上馬往那裏去, 물을 ᄐᆞ면 어듸를 향ᄒᆞ여 갈러뇨. 《朴新諺 2, 41ㅈ》把取燈點上火往裏照, 取燈에다가 불을 혀 안을 향ᄒᆞ여 비최여. 《朴新諺 3, 8ㅎ》要往江南地方化些布施去, 江南 ᄯᅡ흘 향ᄒᆞ여 져기 보시를 빌라 가고져 ᄒᆞ니. 《朴新諺 3, 8ㅎ》往西天去取經的時節, 西天을 향ᄒᆞ여 經 가질라 갈 제. 《朴新諺 3, 21ㅎ》當年有箇唐僧往西天取經去, 當年에 ᄒᆞᆫ 唐僧이 이셔 西天을 향ᄒᆞ여 經 가질라 갈 제. 《朴新諺 3, 58ㅎ》逃往山中去了, 도망ᄒᆞ여 山中을 향ᄒᆞ여 갓더니.

왕가(王家) 몡 왕씨의 집. 《朴新諺 3, 12 ㅈ》你到那皷樓北邉王家藥舖裡, 네 뎌 皷樓 北편 王家의 藥舖에 가.

왕공(王公) 몡 왕과 공. 곧, 신분이 높은 사람. 《集覽, 朴集, 上, 6ㅈ》張舍. 王公・

大人之家, 必有舍人, 卽家臣也. 如本國伴倘〈儅〉之類, 爲權勢倚任之人, 貧賤之所羨慕者也〈貧賤之所羨慕者〉. 故街巷呼親識爲張舍・李舍, 乃一時推敬之稱〈称〉. 又質問云, 武職官下閑人, 謂之舍人. 《集覽, 朴集, 上, 8ㅈ》宅子. 俗總稱〈総称〉家舍曰房子, 自稱〈称〉曰寒家, 文士呼曰寒居, 自指室內曰屋裏, 人稱王公・大人之家曰宅子. 《朴新諺 1, 29ㅈ》看見両箇舍人(朴新注, 11ㅈ: 王公・大人之家, 必有舍人, 卽家臣也. 又武職官下閑人, 謂之舍人.)調馬耍子, 두 舍人이 調馬 노리ᄒᆞᄂᆞᆫ 양을 보니. 《朴新諺 3, 48ㅈ》這些王公・大臣, 이 여러 王公 大臣이. 《朴新諺 3, 58ㅈ》王公已擧義兵, 王公이 불셔 義兵을 드럿ᄂᆞ니라.

왕궁(王宮) 몡 임금이 사는 궁궐. 《集覽, 朴集, 上, 10ㅈ》袈裟. 一曰金縷僧伽黎, 卽大衣也, 入王宮聚落時衣, 乞食時着.

왕년(往年) 몡 지나간 해. 《朴新諺 1, 50 ㅈ》今年此處馬價比往年賤些, 올ᄒᆡ 여긔 몰 갑시 往年에 比컨대 져기 賤ᄒᆞ니라.

왕대(王大) 몡 사람 이름. 《朴新諺 3, 52 ㅎ》當有某縣某村人王大為證, 곳 某縣 某村 사롭 王大ㅣ 이셔 證ᄒᆞ엿ᄂᆞ이다.

왕래(往來) 图 가고 오고 하다. ⇔왕래ᄒᆞ다(往來-). 《集覽, 朴集, 上, 4ㅈ》開元. 城東陸路, 舊有設站, 至三散口子, 通朝鮮後門, 管屬外夷往來朝貢之路, 四面皆古設站之地. 《集覽, 朴集, 上, 5ㅈ》角頭. 音義云, 東南西北往來人煙〈烟〉湊集之處. 《集覽, 朴集, 上, 9ㅎ》店. 停物貨賣之舍, 客商〈商〉往來者多寓之. 官所營建收稅者曰官店. 《集覽, 朴集, 下, 4ㅈ》西遊記. 三藏法師往西域取經六百卷而來, 記其往來始末爲書, 名曰西遊記. 《集覽, 朴集, 下, 12ㅎ》娘子柳氏〈柳氏〉. 太祖到其家, 天弓饗之甚欵, 以女薦寢. 旣去, 絶不往來, 女守節〈莭〉爲尼. 《朴新諺 2, 6ㅎ》坐在船裏不住的往來遊玩, 빅에 안자 머무디 아

니ᄒ고 往來 遊玩ᄒ니.《朴新諺 2, 17ᄒ》
這使臣往來限期緊急, 이 使臣이 往來 긔
흔이 緊急ᄒ여.《朴新諺 2, 38ᄒ》往來遊
人難走些, 往來ᄒᄂ 遊人이 돈니기 어렵
더라.

왕래ᄒ다(往來-) 图 왕래(往來)하다. ⇔
왕래(往來).《朴新諺 2, 38ᄒ》往來遊人難
走些, 往來ᄒᄂ 遊人이 돈니기 어렵더라.

왕망(王莽) 명 한(漢) 제남(濟南) 동평릉
(東平陵) 사람(B.C. 45~A.D. 23). 자는
거군(巨君). 원제 황후(元帝皇后)의 조
카. 신(新) 왕조의 창업자. 평제(平帝)를
독살하고 어린 유영(劉嬰)을 세워 섭정
하면서 스스로 가황제(假皇帝)라 칭하
다가, 초시(初始) 원년(8)에 유영을 몰아
내고 즉위하여 국호를 신(新)이라 하였
다. 재위 동안 주례(周禮)에 의거하여 다
스렸으나 실패로 돌아가 각지에서 반란
이 일어났고, 상인 두오(杜吳)에게 피살
됨으로써 신(新)도 망하였다.《集覽, 朴
集, 中, 6ᄒ》解償庫. 王莽令市官收賤賣
貴, 謂如貸錢與民一百箇, 每月收利錢三
箇, 銀一兩, 則每月取利三分之類.

왕모(王母) 명 서왕모(西王母). 고대 신화
상의 여신. 곤륜산(崑崙山)의 요지(瑤
池)에 사는데, 그곳에 있는 선도(仙桃)
를 먹으면 불로장생(不老長生)한다고
한다.《集覽, 朴集, 上, 15ㅈ》瑤池. 列仙
傳, 崑崙〈崑崙〉閬苑, 有〈白〉玉樓十二, 玄
室九層, 左瑤池, 右翠水, 環以弱水九重,
非飆〈飇〉車羽輪, 不可到也. 註, 瑤池, 王
母所居.《集覽, 朴集, 下, 4ㅈ》孫行者. 西
遊記云, 西域有花菓山, 山下有水簾洞, 洞
前有鐵板橋, 橋下有萬丈澗, 澗邊有萬箇
小洞, 洞裏多猴. 有老猴精, 號齊天大聖,
神通廣大, 入天宮仙桃園偸蟠桃, 又偸老
君靈丹藥, 又去王母宮偸王母綉仙衣一套,
來設慶仙衣會.《朴新諺 2, 6ᄒ》且不必誇
天上瑤池(朴新注, 25ㅈ: 在崑崙, 環以弱
水九重, 非飇車羽輪, 不可到. 王母所居.),

ᄶ 반드시 天上 瑤池를 쟈랑치 말라.

왕사위성(王舍衛城) 명 중국 남서쪽 바다
가운데 있으며 점성국(占城國)에 예속
되었던 나라 이름. 점성국에서 사람을
선발하여 지주(地主)를 삼았다.《集覽,
朴集, 下, 2ᄒ》目連尊者. 事林廣記云, 佛
書所謂王舍衛城, 卽寶童龍國也, 國在西
南海中, 隷占城.《朴新諺 3, 13ㅈ》談的是
目連尊者(朴新注, 49ㅈ: 佛書云, 目連, 姓
也, 名拘律陁. 王舍衛城人, 在西南海中.)
救母(母)經, 니르ᄂ 거슨 이 目連尊者의
救母(母)經이니.

왕상(往常) 명 ❶상시(常時). 평상시. ⇔
샹시.《朴新諺 3, 36ᄒ》往常請也請官人
們不至, 샹시에 쳥ᄒ여도 官人들을 請ᄒ
여 니르지 못홀 거시니. ❷아래. 전일
(前日). 이전. ⇔아릭.《集覽, 字解, 單字
解, 5ㅈ》往. 向也. 往那裏去 어드러 향ᄒ
야 가는다. 又昔也. 往常 아릭.

왕상(往常) 閉 늘. 항상. 평소. ⇔건니.
《朴新諺 1, 53ᄒ》我往常獨自一箇來射,
내 건니 혼자 와 뽈 제.

왕손(王孫) 명 임금의 손자 또는 후손.
《集覽, 朴集, 下, 5ᄒ》元寶. 世祖大會王
子・王孫・駙馬・國戚, 從而頒賜, 或用
貨賣, 所以民間有此錠也.

왕시(往時) 명 옛적. 지나간 때.《集覽, 朴
集, 中, 3ᄒ》南海普陁落伽山. 往時高麗・
新羅・日本諸國, 皆由此取道以候風汛.

왕약(王約) 명 원(元)나라 진정(眞定) 사
람. 자는 언박(彦博). 박학하고 문장에
뛰어났다. 벼슬은 형부 상서(刑部尙書)
・한림 직학사(翰林直學士)・집현전 태
학사(集賢殿大學士)를 지냈다.《集覽,
朴集, 中, 7ㅈ》一百七. 大德中, 刑部尙書
王約上言, 國朝用刑寬恕, 笞杖十減其三,
故笞一十減爲七.

왕오(王五) 명 왕씨(王氏)의 다섯째 아들
이란 뜻으로, 이름이나 신분이 뚜렷하
지 못한 평범한 사람을 일컫는 말.《集

覽, 朴集, 上, 1ㅈ》張三. 三, 或族次, 或朋友行輩之次, 或有官者以職次相呼, 或稱爲定名者有之. 李四·王五亦同. 《朴新諺 1, 1ㅎ》可敎張三(朴新注, 1ㅈ: 兄弟排行之次, 下文李四·王五亦倣此.)去, 張三으로 ᄒᆞ여 가. 《朴新諺 1, 57ㅈ》叫那斜眼的弓匠王五來, 뎌 눈 흙뷘 弓匠 王五를 불러오라. 相公王五來了, 相公아 王五ㅣ 왓ᄂᆞ이다.

왕위(王位) 뗑 임금의 자리. 《朴新諺 3, 58ㅎ》卽便請太祖登布政殿卽了王位, 즉시 太祖를 請ᄒᆞ여 布政殿에 올라 王位에 卽ᄒᆞ고.

왕일(往日) 뗑 지난날. 과거. 예전. 《朴新諺 3, 18ㅎ》我們往日跟官的時節(節), 우리 往日에 관원을 조차 ᄃᆞᆫ닐 제.

왕자(王子) 뗑 임금의 아들. 《集覽, 朴集, 下, 5ㅎ》元寶. 世祖大會王子·王孫·駙馬·國戚, 從而頒賜, 或用貨賣, 所以民間有此錠也.

왕천호(王千戶) 뗑 왕(王)씨 성(姓)을 가진 천호(千戶). 《朴新諺 2, 51ㅎ》王千戶打背後來, 王千戶ㅣ 뒤흐로서 와.

왕팔(王八) 뗑 자라鼈. 또는 남을 욕하는 말. 전촉(前蜀)의 왕건(王建)이 젊어서 도둑질을 하는 등 무뢰한 짓을 하였는데, 그가 여덟 번째 항렬이었기 때문에 고을 사람들이 왕팔(王八)이라 부른 데에서 유래하였다. ⇔쟈라. 《朴新諺 3, 3ㅈ》你這混要錢的王八, 네 이 상업시 돈 달라 ᄒᆞᄂᆞᆫ 쟈라야.

왕환(往還) 똥 왕래(往來)하다. 《朴新諺 1, 52ㅈ》往還路程約有二千多里, 往還 路程이 二千里 나마 잇고.

왜노(倭奴) 뗑 예전에 중국 사람이나 고려(高麗) 사람이 일본(日本) 사람을 낮잡아 이르던 말. 《集覽, 朴集, 下, 5ㅎ》花袴. 以裩連上衣爲之者, 如倭奴上着綿文之衣.

왜왜(娃娃) 뗑 아이. 갓난아이. 영아(嬰兒). 젖먹이. 어린애. ⇔아히. 《集覽, 朴集, 上, 13ㅈ》娃娃. 娃娃, 指孩兒之稱. 字作呱, 音·와. 是小兒啼聲. 《朴新諺 1, 49ㅎ》大小家眷小娃娃(朴新注, 19ㅈ 孩兒之稱. 又字作哇哇, 小兒啼聲.), 大小 家眷과 져근 아히들로.

외 뗑 외. 오이. ⇔황과(黃瓜). 《朴新諺 2, 40ㅈ》種些冬瓜, 져기 동화와. 西瓜, 슈박과. 甜瓜, 춤외와. 挿葫, 즈른박과. 稍瓜, 수세외와. 黃瓜, 외와. 茄子等類, 가지들을 심으라.

외(外) 뗑 밖. ❶⇔밧. 《朴新諺 1, 7ㅈ》都到外廂吃飯去, 다 밧채에 밥 먹으라 가라. 《朴新諺 1, 13ㅈ》我在平則門外住, 내 平則門 밧끠셔 사노라. 《朴新諺 3, 35ㅎ》西華門外有箇好飯店, 西華門 밧끠 ᄒᆞᆫ 됴흔 밥뎜이 이시니. 《朴新諺 3, 38ㅈ》那城外劉村地方, 뎌 城 밧 劉村 짜흔. 《朴新諺 3, 38ㅎ》除了種子之外, 삐를 더론 밧끠. 《朴新諺 3, 51ㅈ》於東屋山墻外剜窟進內, 東屋 화방 밧끠 굼글 뚧고 안히 들어. ❷⇔밧ㄱ. 《朴新諺 1, 17ㅈ》除了內造上用之外, 內造 上用을 더론 밧긔는. 《朴新諺 1, 29ㅈ》昨日在午門外, 어지 午門 밧긔셔. 《朴新諺 1, 46ㅎ》除了黿子駞毛之外, 담과 약대 털을 더론 밧긔. 《朴新諺 3, 18ㅈ》此外並無別件可取了, 이 밧근 아조 다른 것 가히 取홀 것시 업ᄂᆞ니라. 《朴新諺 3, 19ㅎ》我家裡一箇小厮在城外種地, 내 집 혼 아히 놈이 城 밧긔셔 밧 가다가. 《朴新諺 3, 43ㅎ》大門外放一張桌子, 큰 門 밧긔 ᄒᆞᆫ 상을 노코.

외(外) 뗑 중국 전통 극에서의 배역 이름. 원대(元代)에는 정식 이외의 보충된 배역으로 남자의 역이나 여자의 역을, 명대(明代) 이후로는 남자의 역이나 늙은 영감의 역을 지칭하였다. 《集覽, 朴集, 上, 2ㅎ》院本. 質問云, 院本有曰外, 或粧先生·採訪使·考試官·老人·達達之類, 皆是外扮.

외(喂) 图 먹이다. ⇔먹이다.《朴新諺 1,
24ㅎ》等一會再把些草喂他, 훈 지위 기
드려 다시 여믈을다가 더믈 먹이라.《朴
新諺 1, 24ㅎ》夜裏又用心喂他, 밤에 쏘
用心ㅎ여 먹이면.《朴新諺 1, 24ㅎ》日裏
不肯刷不管喂, 나지 즐겨 빗기지 아니ㅎ
며 먹이기를 ㄱ옴아지 아니ㅎ고.《朴新
諺 1, 25ㅈ》以後敎小厮們好生替我喂養,
이후란 아희들로 ㅎ여 ㄱ장 나를 ㄱ르
차 먹이게 ㅎ라.《朴新諺 1, 25ㅈ》一更
一箇輪流起來喂草, 훈 경에 ㅎ나식 돌려
니러 여믈을 먹이되.《朴新諺 1, 25ㅎ》
夜夜如此喂法, 밤마다 먹이는 法을 이ㄱ
치 ㅎ고. 日裏又勤刷勤喂, 나지 쏘 부즈
러니 빗기고 부즈러니 먹이면.《朴新諺
1, 42ㅈ》好好的喂他, 잘 더믈 먹이라.
《朴新諺 2, 28ㅎ》那兩箇漢子把那驢・騾
喂好了, 뎌 두 놈은 나귀와 노새를다가
먹이기를 잘ㅎ여.

외국 图 외국(外國). ⇔외방(外邦).《朴新
諺 1, 9ㅈ》又從不曾到過外邦, 쏘 본디 일
즉 외국에 둔니디 못ㅎ여시니.

외국(外國) 图 자기 나라 밖의 다른 나라.
《集覽, 朴集, 上, 10ㅈ》袈裟. 反(飜)譯名
義云, 袈裟是外國三衣之名. 或名離塵服,
由斷〈断〉六塵故, 或名消瘦服, 由斷煩惱
故, 或名無垢衣.《集覽, 朴集, 下, 2ㅎ》擎
拳合掌. 飜譯名義云, 此方以拱手爲恭, 外
國以合掌爲敬.

외국어(外國語) 图 외국(外國)의 말.《集
覽, 朴集, 上, 9ㅎ》和尙. 萬里相和曰和,
外道相尙曰尙. 又和者, 太和也, 尙者, 高
尙也. 又和尙, 外國語, 此云近誦.

외다 图 외우다. ⇔염(念).《朴新諺 3, 35
ㅎ》我念與官人聽, 내 외아 官人의게 들
리마.

외다지 图 외닫이. ⇔단선(單扇).《朴新諺
3, 16ㅎ》這欞, 이 납과. 欞, ᄆᄅ와. 橡,
혀와. 柱, 기동과. 短柱, 短柱와. 門框, 문
얼굴과. 門扇, 문짝과. 吊窓, 들창과. 天

窓, 우러리창과. 雙扇, 쌍다지와. 單扇,
외다지와. 窓櫺, 창얼굴로.

외도(外道) 图 불교 이외의 다른 종교나
사상.《集覽, 朴集, 上, 9ㅎ》和尙. 萬里相
和曰和, 外道相尙曰尙. 又和者, 太和也,
尙者, 高尙也.《朴新諺 1, 35ㅈ》一箇和尙
(朴新注, 13ㅎ: 萬里相和曰和, 外道相尙
曰尙.)偸別人家的媳婦, 훈 듕이 눔의 계
집을 도적ㅎ여.

외도선(外道禪) 图 〈불〉 인과(因果)를 믿
지 않고 유루(有漏: 번뇌에 얽매이어 깨
달음을 얻지 못한 범부의 경지)의 공덕
(功德)을 위하여 닦는 선.《集覽, 朴集,
上, 10ㅈ》禪. 靜也. 傳燈錄有五等禪, 有
外道禪・凡夫禪・小乘禪・大乘禪・最
上乘禪, 又名如來淸淨禪, 又名無上菩提.

외랑(外郞) 图 서리(胥吏). 각 아문(衙門)
의 하급 벼슬아치.《集覽, 朴集, 上, 1ㅎ》
外郞. 泛稱各衙門吏典之號. 俗嫌其犯於
員外郞之號, 呼外字爲上聲. 大小衙門吏
典名稱各異.《朴新諺 1, 3ㅈ》就着姓崔的
外郞(朴新注, 1ㅎ: 各衙門吏胥之號.)去
討, 곳 崔가 外郞으로 가 엇게 ㅎ라.《朴
新諺 1, 3ㅈ》便叫當直的外郞, 즉시 當直
外郞을 불러.

외명(外名) 图 외부에 알려진 이름. 곧, 다
른 이름.《集覽, 朴集, 上, 7ㅎ》圓眼. 音
義云, 龍眼의 外名. 釋見上.

외방(外邦) 图 외국(外國). ⇔외국.《朴新
諺 1, 9ㅈ》又從不曾到過外邦, 쏘 본디 일
즉 외국에 둔니디 못ㅎ여시니.

외분(外扮) 图 겉을 꾸미다. 분장하다.
《集覽, 朴集, 上, 2ㅎ》院本. 質問云, 院本
有曰外, 或粧先生・採訪使・考試官・老
人・達達之類, 皆是外扮.

외상(外廂) 图 바깥채. 곁채. 옆채. ⇔밧
채.《朴新諺 1, 7ㅈ》都到外廂吃飯去, 다
밧채에 밥 먹으라 가라.

외앗 图 오얏. ⇔이자(李子).《朴新諺 1,
4ㅈ》鮮果子呢, 싱과실은. 柑子, 柑子. 橘

子, 귤. 石榴, 石榴. 香水梨, 물한비. 櫻桃,
櫻桃. 杏子, 술고. 蘋果, 굵은님금. 玉黃
李子, 유황외앗시오.

외양(喂養) 통 기르다. 양육(養育)하다.
⇔외양ᄒ다(喂養-).《朴新諺 1, 50ㅈ》你
且喂養幾日, 네 아직 여러 날 喂養ᄒ여.

외양ᄒ다(喂養-) 통 외양(喂養)하다. ⇔
외양(喂養).《朴新諺 1, 50ㅈ》你且喂養
幾日, 네 아직 여러 날 喂養ᄒ여.

외오다 통 외우다. 암송하다. ⇔배(背).
《朴新諺 1, 48ㅈ》把書念熟背了, 글을 다
가 닑어 닉거든 외오고.

외외(巍巍) 혱 산이나 바위 따위가 매우
높고 우뚝하다.《集覽, 朴集, 下, 11ㅈ》
流水高山. 伯牙鼓〈皷〉琴, 志在高山. 子期
曰, 善㦲, 巍巍乎, 志在高山.

외이(外夷) 명 오랑캐. 예전에 두만강(豆
滿江) 일대의 만주(滿洲) 지방에 살던 여
진족(女眞族)을 멸시하여 이르던 말.
《集覽, 朴集, 上, 4ㅈ》開元. 城東陸路, 舊
有設站, 至三散口子, 通朝鮮後門, 管屬外
夷往來朝貢之路, 四面皆古設站之地.《集
覽, 朴集, 中, 6ㅎ》雲南氊. 雲南, 古梁州,
南境爲徼外夷也.

외호(外號) 명 ●관청에서 발송하는 공문
서 위에 찍던 기호. 발송하는 공문서에
는 '外'자, 보관하는 공문서에는 '內'자를
새긴 감합(勘合)을 찍었다.《集覽, 朴集,
上, 1ㅎ》勘合. 質問云, 官府設簿冊二扇,
凡事用印鈐記, 上寫外字幾號, 發行去者
曰外號, 上寫內字幾號, 留在官府者曰內
號. ●별명(別名). (사람의 본명 외에 붙
인 이름)《集覽, 朴集, 上, 15ㅎ》法名. 剃
〈削〉髮披緇, 歸〈敀〉依佛法, 別立外號, 是
謂法名.《朴新諺 2, 9ㅎ》法名(朴新注, 26:
皈依佛法, 別立外號, 是謂法名.)叫做步
虛, 法名을 步虛ㅣ라 부르리.

외후일(外後日) 명 글피. ⇔글픠.《朴新
諺 2, 15ㅈ》外後日來取罷, 글픠 와 츠즈
라.

왼 관 온. 전부. ●⇔만(滿).《朴新諺 1,
44ㅎ》將近滿月, 쟝춧 왼돌에 갓가오매.
●⇔일(一).《朴新諺 2, 23ㅎ》一夜不得
半點覺睡, 왼밤을 半點 줌도 엇디 못ᄒ
니.《朴新諺 2, 24ㅈ》把一身衣服都脫了,
왼몸에 옷슬다가 다 벗고.《朴新諺 2, 34
ㅈ》帶累一家人都死怎的好呢, 왼 집 사ᄅ
이 범으러 다 죽을 거시니 엇지ᄒ여야
됴흐리오.《朴新諺 2, 56ㅎ》一路稀泥眞
有沒脚背深哩, 왼 길 즌흙이 진실로 발
등이 ᄲ질 김희 잇더라. ●⇔혼(渾).
《朴新諺 1, 24ㅈ》把他渾身毛片刮箇乾淨,
더 왼몸에 털을다가 긁빗겨 乾淨히 ᄒ
고.《朴新諺 3, 46ㅈ》渾身畫着顔色, 왼몸
에 빗출 그려.

왼달 명 온달. 꽉 찬 한 달. 결혼한 지 만
한 달. ⇔만월(滿月).《朴新諺 1, 44ㅎ》
將近滿月, 쟝춧 왼돌에 갓가오매.

왼몸 명 온몸. 전신(全身). ●⇔일신(一
身).《朴新諺 2, 24ㅈ》把一身衣服都脫了,
왼몸에 옷슬다가 다 벗고. ●⇔혼신(渾
身).《朴新諺 1, 24ㅈ》把他渾身毛片刮箇
乾淨, 더 왼몸에 털을다가 긁빗겨 乾淨
히 ᄒ고.《朴新諺 3, 46ㅈ》渾身畫着顔色,
왼몸에 빗출 그려.

왼밤 명 온밤. 온 하룻밤. ⇔일야(一夜).
《朴新諺 2, 23ㅎ》一夜不得半點覺睡, 왼
밤을 半點 줌도 엇디 못ᄒ니.

요 명 요褥. ⇔욕자(褥子).《朴新諺 1, 55
ㅈ》把褥子·氈子多多的鋪上, 요와 담을
다가 만히 ᄭᆯ고.

요(了) 통 ●견디다. ⇔견디다.《朴新諺
2, 55ㅎ》氣息臭的了不的, 내음이 더러워
견듸지 못ᄒ니.《朴新諺 3, 45ㅈ》便牙疼
的了不得, 곳 니 앏파 견디지 못ᄒ여라.
●개개다. 또는 망치다. 그르치다. 못쓰
게 만들다. ⇔기개이다.《朴新諺 3, 1
ㅎ》不要只管麽人了, 그저 ᄉ리여 사ᄅ
의게 기개이지 말라. ●마치다. 끝내다.
⇔ᄆᆺ다.《朴新諺 2, 50ㅎ》我在任幾年並

沒有不了的事件, 내 任에 이션 지 여러 히로되나 다 뭇지 못ᄒᆞᆫ 일이 업고, ❹감당해내다. 맡아 해내다. ⇔에워나다. 《朴新諺 2, 26ㅎ》我夫主若知道却了不得, 우리 지아비 만일 알면 또 에워나지 못ᄒᆞ리라. ❺판나다. 끝장나다. ⇔판나다. 《朴新諺 3, 5ㅎ》不知到幾時纔得了局哩, 아지 못게라 어니 째에 다드라 맛치 판나믈 어드리오.

요(凹) 명 구멍. ⇔굼ㄱ. 《朴新諺 3, 24ㅎ》向大仙鼻凹裡放着, 大仙의 코굼글 向ᄒᆞ여 노흐니.

요(要) 동 ❶❶구(求)하다. 요구하다. ⇔구ᄒᆞ다. 《朴新諺 2, 17ㅈ》我騎的却要十分快馬, 내 툴 거슨 또 ᄀᆞ장 잰 물을 구ᄒᆞ노니. ❷하다. …하려고 하다. ⇔ᄒᆞ다. 《朴新諺 1, 17ㅎ》我要打幾副刀子, 내 여러 볼 칼을 민들려 ᄒᆞ노라. 《朴新諺 1, 23ㅈ》要當多少錢, 언머 돈에 뎐당ᄒᆞ려 ᄒᆞᆫ다. 《朴新諺 1, 44ㅈ》又要田家住對月了, 또 본집의 도라와 버금 둘을 머믈려 ᄒᆞᄂᆞ니라. 《朴新諺 2, 12ㅎ》你要使只管問我討不拘多少, 네 ᄡᅳ고져 ᄒᆞ거든 그저 ᄉᆞ릐여 날드려 달라 ᄒᆞ여 多少를 거리끼지 말고. 《朴新諺 2, 20ㅈ》我便要隨駕起身去, 내 곳 隨駕ᄒᆞ여 起身ᄒᆞ여 가려 ᄒᆞ니. 《朴新諺 2, 35ㅈ》也要謀死他, 또 더롤 꾀ᄒᆞ여 죽이려 ᄒᆞ니. 《朴新諺 3, 8ㅈ》正要裝金開光, 正히 금 올려 빗내려 ᄒᆞ더니. 《朴新諺 3, 16ㅎ》要捲篷撗, 우산각 양으로 ᄒᆞ고져 ᄒᆞ노라. 《朴新諺 3, 26ㅈ》鹿皮待要出來, 鹿皮ㅣ 나오고져 ᄒᆞ거늘. 《朴新諺 3, 49ㅈ》諒你要金榜題名的書生, 혜아리건대 너 金榜에 題名코져 ᄒᆞᄂᆞᆫ 書生이. ❷받다(受). 요구하다. ❶⇔받다. 《集覽, 字解, 單字解, 1ㅈ》還. 猶尙也, 再也. 還有多少 당시론 언메나 잇ᄂᆞ뇨. 又다하. 還要多少 다하 언메나 받고져 ᄒᆞ나뇨. 還有·還要之還, 或呼如孩字之音. 此或還音之訛, 或別有其字, 未

可知也. 又償也. 還錢 갑 주다. 《朴新諺 1, 32ㅈ》就這六箇你要多少價錢, 이 여슷세 네 언머 갑슬 바드려 ᄒᆞᆫ다. 《朴新諺 1, 32ㅎ》每張只要五錢銀子, 每 張에 그저 닷 돈 은을 바드려 ᄒᆞ니. 《朴新諺 2, 8ㅎ》這是要的老實價, 이 바들 고지식ᄒᆞᆫ 갑시라. 《朴新諺 2, 14ㅎ》這些東西你共要多少染錢呢, 이 여러 거세 네 대되 언머 물갑슬 바드려 ᄒᆞᆫ다. 《朴新諺 3, 2ㅎ》要一百錢, 一百 돈을 바드려 ᄒᆞ노라. ❷⇔밧다. 《朴新諺 1, 33ㅎ》別人借一両便要一両的利錢, 다른 사름은 ᄒᆞᆫ 냥을 꾸이면 곳 ᄒᆞᆫ 냥 利錢을 밧ᄂᆞ니. 《朴新諺 1, 41ㅎ》他要多少錢纔醫呢, 데 언머 공전을 밧아야 맛치 고치리오. 《朴新諺 3, 42ㅈ》也不要工錢, 또 工錢을 밧지 아니호되. 《朴新諺 3, 42ㅈ》難道連工錢也是不要的, 工錢조차 또 밧지 아닛는다 니르기 어렵다. ❸❶달라. 달라고. ⇔달라. 《朴新諺 1, 11ㅈ》據你要的價錢却也不甚多, 네 달라는 갑대로 ᄒᆞ여도 또 ᄀᆞ장 만치 아니커니와. 《朴新諺 1, 12ㅎ》每擔脚錢你要多少, 믹 짐 삭갑슬 네 언머룰 달라 ᄒᆞᆫ다. 《朴新諺 1, 22ㅈ》他做這帶要多少工錢, 데 이 씌룰 민들매 언머 工錢을 달라 ᄒᆞ더뇨. 《朴新諺 1, 34ㅎ》我便發狠叫喚要銀子, 내 곳 셩내여 부르지져 은을 달라 호되. 《朴新諺 2, 9ㅈ》便都依了你的要價罷, 곳 다 너 달라는 갑대로 ᄒᆞ쟈. 《朴新諺 3, 3ㅈ》你這混要錢的王八, 네 이 샹업시 돈 달라 ᄒᆞᆫ 쟈라야. 《朴新諺 3, 29ㅎ》這珠子你要多少價錢, 이 구술을 네 엇마 갑슬 달라 ᄒᆞᄂᆞᆫ다. 《朴新諺 3, 29ㅎ》只要二兩銀子, 그저 두 냥 은을 달라 ᄒᆞ노라. ❷요구하다. ⇔요ᄒᆞ다(要-). 《朴新諺 3, 17ㅈ》不要了儘勾住了, 要치 아니ᄒᆞ노라 잇긋 넉넉이 머믈리로다.

요(要) 보동 하다. …하려고 하다. ⇔ᄒᆞ다. 《朴新諺 2, 1ㅈ》我要打圍去騎坐, 내 산

영 갈 제 투고져 ᄒ니.《朴新諺 2, 14ㅈ》
要改染做桃紅顔色, 고텨 桃紅빗츨 드리
고져 ᄒ노라.《朴新諺 2, 48ㅎ》我要往你
莊頭家去, 내 네 농장 집의 가고져 ᄒ되.

요(料) 통 헤아리다. 예상하다. 짐작하다.
⇔헤아리다.《朴新諺 3, 6ㅈ》我料你那
件官司, 내 헤아리건대 네 뎌 官司ㅣ.
《朴新諺 3, 8ㅈ》不料前日三更前後被賊
進來, 헤아리지 아닌 그적의 三更은 ᄒ
여 도적이 드러와.

요(料) 명 ■갑. 재료. ●⇔ᄀ옴.《集覽,
朴集, 中, 2ㅈ》木料. 凡造一件物而該用之
物皆曰料. 木料, 나모브·팃 ᄀ옴〈옴〉. 詳
見字解料字下.《集覽, 朴集, 下, 3ㅈ》木
植. 亦曰木料, 남·고〈그〉·로:셩녕〈셩녕〉
홀 ᄀᄉ미〈ᄀ옴이〉니. 詳見字解料字下.
●⇔ᄀ옴.《朴新諺 1, 16ㅎ》這段子一疋
足勾袍料二件, 이 비단 혼 疋이 큰옷 ᄀ
음 두 불이 넉넉ᄒ니. ●⇔ᄀ옴.《集覽,
朴集, 中, 2ㅈ》木料. 凡造一件物而該用之
物皆曰料. 木料, 나모브·팃 ᄀ옴〈옴〉. 詳
見字解料字下.《集覽, 朴集, 下, 3ㅈ》木
植. 亦曰木料, 남·고〈그〉·로:셩녕〈셩녕〉
홀 ᄀᄉ미〈ᄀ옴이〉니. 詳見字解料字下.
《朴新諺 2, 9ㅈ》這一疋暗花緞是兩件袍
料, 이 혼 필 스믠문 비단은 이 두 불
큰옷 ᄀ옴이니. ②콩.《集覽, 字解, 單字
解, 1ㅎ》料. 漢俗, 飼馬或用小黑豆, 或用
蜀黍雜飼之, 故凡稱飼馬穀豆曰料. 又該
用物色雜稱曰物料, 造屋材木曰木料, 入
畫彩色曰顔料. 又量也. 又理也.

요(聊) 뷔 겨우. 애오라지. 또는 약간. 조
금. ⇔애아로시.《朴新諺 3, 59ㅈ》聊以
奉送幸勿見笑, 애아로시 뻐 밧드러 보내
니 힝혀 웃지 말라.

요(搖) 통 ●흔즈거리다. ⇔흔더기다.
《朴新諺 3, 3ㅎ》風不來樹不搖, 브람이
부지 아니면 남기 흔더기지 아니코. 雨
不來河不漲, 비 오지 아니면 물이 넘지
아니혼다 ᄒ니라. ●흔들다. ⇔흔들다.

《朴新諺 1, 55ㅈ》把搖車搖一搖便住了,
搖車를다가 흔들면 곳 긋치ᄂ니라.

요(腰) 명 허리. ⇔허리.《朴新諺 1, 29ㅎ》
腰繫着漢府帶, 허리에 漢府帶를 씌고.
《朴新諺 1, 30ㅎ》腰繫內造織金帶, 허리
에 內造織 金帶를 씌고.《朴新諺 3, 34
ㅎ》咳那身長六尺腰濶三圍, 애 뎌 身長이
六尺이오 허리 너르기 세 아롬이나 ᄒ
고.《朴新諺 3, 35ㅈ》各自腰帶七寶環刀,
각각 허리에 七寶혼 環刀를 츠고.《朴新
諺 3, 47ㅈ》腰繫玉帶, 허리에 玉씌 씌고.

요(撓) 통 긁히다. 할퀴다. ⇔긁치다.《朴
新諺 3, 11ㅎ》把瘡都撓破了, 瘡을다가
다 긁쳐 히여ᄇ리니.《朴新諺 3, 12ㅎ》
撓破了這瘡, 이 瘡을 긁쳐 히여ᄇ리고.

요(鬧) 통 =요(鬧). '鬧는 '鬧'와 같다.《廣
韻, 效韻》鬧, 同閙.〈周祖謨校勘記〉鬧,
當作閙.《朴新諺 3, 1ㅎ》若再鬧(鬧)我我
就打了, 만일 다시 내게 들레면 내 곳 치
리라.

요(閙) 통 들레다. (야단스럽게 떠들다)
⇔들레다.《朴新諺 3, 1ㅎ》若再鬧(鬧)我
我就打了, 만일 다시 내게 들레면 내 곳
치리라.

요(邀) 통 입대被. 받다. ⇔닙다.《朴新諺
3, 16ㅈ》倘或邀天之倖, 만일 하놀 倖을
닙어.

요(耀) 통 빗나다. ⇔빗나다.《朴新諺 1,
49ㅈ》何等榮耀哩, 엇던 영화와 빗남 이
리오.

요(饒) 통 ●사(赦)하다. 용서하다. 관용
(寬容)하다. ⇔샤ᄒ다.《朴新諺 2, 13ㅎ》
相饒了他罷, 相公은 뎌를 샤ᄒ쇼셔. ●
(바둑의 수를) 접다. 또는 양보하다. ⇔
접다.《朴新諺 1, 26ㅎ》饒你四子纔好下
哩, 너를 네흘 접어야 마치 두기 됴흐리
라.《朴新諺 1, 26ㅎ》我饒你四子罷, 내
너를 네흘 졉쟈.《朴新諺 1, 27ㅈ》你說
饒我四子, 네 니르되 나를 네흘 졉쟈 ᄒ
더니.

-요 困 -요. -이오.《朴新諺 1, 4ㅈ》乾果
子呢, 무른 과실은. 榛子, 개암.松子, 잣.
瓜子, 슈박찌. 乾葡萄, 마른葡萄.栗子,
밤. 龍眼, 龍眼. 桃仁, 복성화찌. 荔子, 녀
지요.

요거(搖車) 圐 유모차(乳母車).《朴新諺 1,
55ㅈ》買了搖車(朴新注, 21ㅈ: 用薄板如
筍篩之圍者, 彎曲成之, 可容一小児, 懸扵
梁, 臥置小児扵其中, 啼哭時推轉搖動, 則
卽止.)來, 搖車를 사 와.《朴新諺 1, 55
ㅈ》把搖車搖一搖便住了, 搖車롤다가 흔
들면 곳 긋치ᄂ니라.

요광(瑤光) 圐 북두칠성의 일곱째 별 이
름.《集覽, 朴集, 上, 7ㅈ》北斗左輔右弼.
凡九星, 曰樞宮貪狼, 曰璇宮巨門, 曰璣
〈幾〉宮祿存, 曰權宮文曲, 曰衡宮廉貞, 曰
闓(開)陽宮武曲, 曰瑤光宮破軍, 曰洞明宮
左輔, 曰隱元宮右弼.

요괴(妖怪) 圐 요사스러운 귀신.《集覽,
朴集, 下, 1ㅈ》西天取經去. 乃以西天去東
土十萬八千里之程, 妖恠〈怪〉又多, 諸衆
不敢輕諾. 唯南海落伽〈迦〉山觀世音菩
薩, 騰雲駕霧徃東土去, 遙見長安京兆府,
一道瑞氣衝天, 觀音化作老僧入城.

요기(妖氣) 圐 요망하고 간사스러운 기
운.《集覽, 朴集, 中, 7ㅈ》粧腰大摸〈模〉
㨾. 質問云, 如人大氣像起來時, 又粧妖氣,
又作大摸〈模〉大㨾, 不禮待人, 方言謂氣
像大起來時, 粧妖大摸〈模〉㨾.

요기(療飢) 圐 시장기를 겨우 면할 정도
로 조금 먹다. 허기(虛飢)를 채우다.《集
覽, 朴集, 中, 5ㅈ》隨相現相. 帝釋悲憫,
思所救濟, 乃變其形爲大蟒身, 殭屍川〈殭
屍出于〉谷, 空中遍告, 聞者感慶, 相率〈宰
〈率〉〉奔赴, 隨割隨生, 療飢療疾.

요긴(要緊) 円 긴요(緊要)히. 중요하게.
⇔요긴히(要緊-).《朴新諺 2, 31ㅎ》好生
看守門戶要緊, ᄀ장 門戶 보술피기를 要
緊히 ᄒ라.

요긴히(要緊-) 円 요긴(要緊)히. ⇔요긴

(要緊).《朴新諺 2, 31ㅎ》好生看守門戶
要緊, ᄀ장 門戶 보술피기를 要緊히 ᄒ
라.

요당(了當) 圐 완료하다. 완전히 끝내다.
《集覽, 字解, 單字解, 3ㅈ》了. 語助, 去了.
又決絶之意, 了不得. 又了當.

요대(腰大) 圐 기개(氣槪). 도량(度量).
《集覽, 朴集, 中, 7ㅈ》粧腰大摸〈模〉㨾.
質問云, 如人大氣像起來時, 又粧妖氣, 又
作大摸〈模〉大㨾, 不禮待人, 方言謂氣像
大起來時, 粧妖大摸〈模〉㨾. 一說, 粧腰猶
脩飾〈餙〉也, 一說, 腰大猶言大起像也.

요대(腰帶) 圐 허리띠.《朴新諺 1, 29ㅎ》
白綾飄帶(朴新注, 11ㅎ: 如手巾之屬, 繫
扵腰帶之左右.), 白綾 飄帶 ㅣ오.

요도(腰刀) 圐 군복에 갖추어 차던 군도
(軍刀). ⇔환도.《朴新諺 2, 31ㅈ》盔甲一
副腰刀一口, 투구와 갑옷 혼 볼 환도 ᄒ
나흘.

요동(搖動) 圐 흔들다. ⇔흔들다.《朴新諺
1, 55ㅈ》買了搖車(朴新注, 21ㅈ: 用薄板
如筍篩之圍者, 彎曲成之, 可容一小児, 懸
扵梁, 臥置小児扵其中, 啼哭時推轉搖動,
則卽止.)來, 搖車를 사 와.《朴新諺 3, 24
ㅎ》搖動尾鉤鉤了一下, 꼬리 갈구리를
흔드러 혼 번 긁치니.

요동(遼東) 圐 중국 요하(遼河) 동쪽 지역
을 이르는 말. 소재지는 지금의 요령성
(遼寧省) 동부와 남부 지역이다.《集覽,
朴集, 上, 4ㅈ》大寧. 遼誌云, 在遼東城北
潢水之南, 漢爲新安縣, 唐置營州, 遼號大
定府, 金改北京, 元改大寧路. 今廢.《集
覽, 朴集, 下, 10ㅎ》二郎爺爺. 二郎, 神名,
爺爺, 尊敬之稱. 今遼東城內有二郎神廟.

요두(料豆) 圐 콩. (가축에게 사료로 먹이
는 콩) ⇔콩.《朴新諺 1, 25ㅈ》把料豆和
草拌勻了, 콩을다가 여믈과 석기룰 고로
게 ᄒ여.

요득(了得) 圐 견디다. 또는 굉장하다. 대
단하다. ⇔견드다.《朴新諺 3, 29ㅈ》你

道這孫行者之法力還了得麽, 네 니르라
孫行者의 法力이 당시롱 견들소냐.

요란(鬧亂) 톙 요란(擾亂)하다. 《集覽, 朴
集, 下, 10ㅎ》二郞爺爺. 按西遊記, 西域
花菓山洞有老猴精, 號齊天大聖, 神變
〈変〉無測, 鬧〈鬧〉乱天宮, 玉帝命李天王
領神兵往捕, 相戰失利.

요문(遙聞) 톔 멀리서 듣다. 《集覽, 朴集,
上, 8ㅈ》翫月會. 東京錄云, 中秋夜, 貴家
結飾臺榭, 民間爭占酒樓翫〈玩〉月, 絲簧
鼎沸, 近內庭居民, 夜深遙聞笙竽之聲, 宛
若雲外天樂, 閭里兒童連宵嬉戲, 夜市騈
闐, 至於通曉.

요물(料物) 뎽 고명. 꾸미. 양념. 《集覽,
朴集, 上, 3ㅎ》細料物. 事林廣記食饌類,
細料物, 官桂・良薑・華撥草・豆蔲・
陳皮・縮砂仁〈砂仁〉八角・茴香各一
兩, 川椒二兩, 杏仁五兩, 甘草一兩半, 白
檀末半兩. 右共爲細末用之. 如欲出路停
久用之者, 以水浸, 蒸餅爲丸, 如彈子大,
臨時湯泡用之. 今按, 漢俗謂・탕・슝・고・믈
曰細料物.

요부득(了不得) 톙 엄청나다. 대단하다.
뛰어나다. 굉장하다. 《集覽, 字解, 單字
解, 3ㅈ》了. 語助, 去了. 又決絶之意, 了
不得. 又了當. 《朴新諺 3, 45ㅈ》便牙疼的
了不得, 곳 니 앏파 견듸지 못ᄒ여라.

요사렴(姚思廉) 뎽 당(唐)나라 만년(萬年)
사람. 본명은 간(簡). 자(字)로 세상에
알려졌다. 시호는 강(康). 당초(唐初) 진
왕부(秦王府) 십팔학사(十八學士)의 한
사람. 벼슬은 당 태종(唐太宗) 때 홍문관
학사(弘文館學士)를 지냈다. 아버지의
구고(舊稿)를 참고하여 위징(魏徵)과 함
께 양서(梁書)・진서(陳書)를 찬술(撰
述)하였다. 《集覽, 朴集, 中, 8ㅈ》十八學
士. 唐太宗秦王時, 開館延文學之士, 杜如
晦・房玄齡〈岭〉・虞世南・褚遂良・姚
思廉・李玄道・蔡允恭・薛元敬・顔相
時・蘇勗・于志寧・蘇世長・薛攸・李

守素・陸德明・孔穎達・蓋文達・許敬
宗爲文學館學士, 分爲三番, 更日直宿.

요산(樂山) 톔 산을 좋아하다. 《集覽, 朴
集, 下, 11ㅈ》流水高山. 孔子曰, 仁者樂
山, 智者樂水. 子期嘆伯牙仁智兼俻.

요수(樂水) 톔 물을 좋아하다. 《集覽, 朴
集, 下, 11ㅈ》流水高山. 孔子曰, 仁者樂
山, 智者樂水. 子期嘆伯牙仁智兼俻.

요ᄉ이 뎽 요사이. 요새. ❶⇔근(近). 《朴
新諺 3, 16ㅈ》并請近安, 아오로 요ᄉ이
문안을 請ᄒ니다. ❷⇔근래(近來).
《朴新諺 1, 8ㅈ》小弟近來奉上司勻(鈞)
令, 小弟ㅣ 요ᄉ이 上司 勻(鈞)令을 밧드
니. 《朴新諺 1, 37ㅈ》你近來怎麽這般黃
瘦, 네 요ᄉ이 엇디 이리 黃瘦ᄒ엿ᄂ다.
《朴新諺 2, 37ㅈ》近來在一箇財主人家招
做了女壻, 요ᄉ이 호 財主 人家에서 사회
를 삼으니. 《朴新諺 3, 54ㅎ》先生近來却
有些新聞麽, 先生아 요ᄉ이 쏘 新聞이 잇
ᄂ냐. ❸⇔근일(近日). 《朴新諺 3, 54
ㅈ》小弟近日聽得, 小弟ㅣ 요ᄉ이 드르
니. ❹⇔신근(新近). 《朴新諺 2, 10ㅈ》
新近奉皇帝聖旨, 요ᄉ이 皇帝 聖旨를 밧
드러. ❺⇔여금(如今). 《朴新諺 2, 31
ㅎ》如今賊多, 요ᄉ이 도적이 하니. ❻⇔
저기일(這幾日). 《朴新諺 1, 45ㅎ》我這
幾日有差使出去, 내 요ᄉ이 差使ㅣ 이셔
나가니. 《朴新諺 2, 23ㅎ》小弟這幾日有
些頭疼腦熱, 小弟 요ᄉ이 져기 마리 알프
고 골치 더옴이 잇더니. 《朴新諺 2, 39
ㅈ》這幾日怎的不見有賣菜子的過去呢,
요ᄉ이 엇지 ᄂ믈 叫 풀 리 디나가는 이
이시믈 보지 못홀소뇨. 《朴新諺 3, 14
ㅎ》這幾日我家裡有人回去, 요ᄉ이 우리
집의 사름이 도라가리 이시니.

요아(腰兒) 뎽 허리. ⇔허리. 《朴新諺 2,
53ㅈ》却纔會學立的腰兒軟休弄他, 又 셜
믜 셜 줄을 아되 허리 무르니 뎌를 달호지 말
라.

요양(遼陽) 뎽 현(縣) 이름. 요대(遼代)에

두었다. 소재지는 요령성(遼寧省) 요양시(遼陽市) 노성구(老城區) 에 있었다. 《集覽, 朴集, 下, 5ㅎ》元寶. 錠上有字, 曰楊(揚)州元寶. 後朝廷亦籌. 又有遼陽元寶, 至元二十三年, 征遼所得銀子而籌者也.《朴新諺 1, 8ㅎ》派小弟是徃永平・大寧・遼陽(朴新注, 3ㅎ: 今之遼東.)・開元・瀋陽等處, 小弟를 그은 거슨 이 永平・大寧・遼陽・開元・瀋陽 等 處에 가느니라.

요여(腰輿) 명 혼백과 신주를 모시는 작은 가마.《集覽, 朴集, 下, 9ㅈ》魂車. 作小腰輿, 以黃絹結爲流蘇垂飾〈餙〉, 如本國結彩之施, 以貯魂〈䰟〉帛, 爲前導.《集覽, 朴集, 下, 9ㅈ》影亭子. 畫死者〈畫死者之〉眞容, 掛於小腰輿, 爲前導.

요의경(了義經) 명 〈불〉불법의 도리를 명백하고 완전하게 말한 경전.《集覽, 朴集, 下, 2ㅎ》善男信女. 了義經云, 善者, 順理也, 信者, 言是事如是也.

요자(腰子) 명 콩팥. 신장(腎臟).《集覽, 朴集, 上, 3ㅎ》雞脆芙蓉湯. 質問云, 將雞〈鷄〉腰子作芙蓉花, 做湯食之.

요정(妖精) 명 요사스러운 정령(精靈).《朴新諺 3, 9ㅈ》見多少恠物・妖精, 언머 恠物・妖精을 보아시며.

요조(釕釣) 명 (대문이나 창문의) 걸쇠. ⇔걸새.《朴新諺 2, 13ㅈ》兩箇鋸鈌一箇釕鈟都不厚實, 두 비목과 혼 걸새 다 두텁지 못ᄒ니.《朴新諺 2, 41ㅎ》把門上釕鈟扣上了, 門에 걸새를다가 걸고.《譯語類解, 上, 屋宅》釕鈟, 걸새.

요지(瑤池) 명 전설상 곤륜산(崑崙山)에 있다는 연못. 서왕모(西王母)가 살았던 곳으로 그 왼쪽에 백옥루(白玉樓)가 있다고 한다.《集覽, 朴集, 上, 15ㅈ》瑤池. 列仙傳, 崑崙〈崙〉閬苑, 有〈白〉玉樓十二, 玄室九層, 左瑤池, 右翠水, 環以弱水九重, 非飆(飇)車羽輪, 不可到也. 註, 瑤池, 王母所居.《朴新諺 2, 6ㅎ》且不必誇

天上瑤池(朴新注, 25ㅈ: 在崑崙, 環以弱水九重, 非飈車羽輪, 不可到. 王母所居.), ᄯ 반ᄃ시 天上 瑤池를 쟈랑치 말라.

요해위(遼海衛) 명 위(衛) 이름. 명대(明代)에 두었다. 원대(元代)의 삼만위(三萬衛)를 고쳐 부른 이름이다.《集覽, 朴集, 上, 4ㅈ》開元. 遼誌云, 本肅愼氏地, 虞舜時高麗有其地, 周時爲荒服, 元設開元路, 元末屬納哈出, 今設三萬衛, 又設遼海衛.

요회(要會) 명 사통팔달(四通八達)한 대도시의 요로(要路).《集覽, 朴集, 上, 5ㅈ》角頭. 音義云, 東南西北徃來人煙〈烟〉湊集之處. 今按, 角頭, 卽通逵達道要會之衝, 備力求直之人坌集之所.

요ᄒ다(要-) 동 요구하다. ⇔요(要).《朴新諺 3, 17ㅈ》不要了儘勾住了, 要치 아니ᄒ노라 잇굿 넉넉이 머믈리로다.

욕(浴) 동 목욕하다. ⇔목욕ᄒ다.《朴新諺 1, 50ㅎ》浴錢是五箇, 목욕ᄒᄂᆫ 갑슨 다슷 낫 돈이오.《朴新諺 1, 51ㅈ》我替你管着浴錢, 내 너롤 ᄀ르차 목욕홀 돈을 ᄀ움알 거시니.

욕(辱) 명 부끄럽고 치욕적이고 불명예스러운 일.《朴新諺 3, 52ㅎ》小人無辜受辱情理難甘, 小人이 죄 업시 辱을 바드니 情理 難甘ᄒ여.

욕계(欲界) 명 〈불〉삼계(三界)의 하나. 색욕(色欲)・식욕(食欲)・재욕(財欲) 등의 욕망이 강한 중생이 머무는 세계.《集覽, 朴集, 上, 15ㅈ》兜率. 梵語兜率, 此云妙足, 又云知足於五欲知止足. 故佛地論云, 名憙足, 謂後身菩薩於中敎化, 多修憙足故. 卽欲界六天之一也. 兜率天, 人間四百世爲一日.《集覽, 朴集, 中, 4ㅎ》梵王帝釋. 有欲界・色界・無色界爲三界. 欲界有四洲・四惡趣・六欲天, 帝釋爲欲界主.《朴新諺 2, 29ㅈ》或現質于梵王帝釋(朴新注, 33ㅈ: 佛書云, 有欲界・色界・無色界. 帝釋為欲界主, 梵王為色

界主, 無色界有四空天.), 或 梵王 帝釋에 顯質호고.

욕로(蓐勞) 團 산후에 기혈이 소모된 상태에서 몸조리를 잘못하여 생기는 허로 증상. 《集覽, 朴集, 上, 13ㅎ》滿月. 産書云, 分娩未滿月, 恣食生冷粘・硬果・菜・肥膩魚・肉之物, 當時雖未覺大〈有〉損, 滿月之後, 卽成蓐勞.

욕실(浴室) 團 목욕실. 《集覽, 朴集, 上, 13ㅈ》混堂. 人家設溫湯浴室處, 燕都多有之, 乃爇(熱)水爲湯, 非溫泉也. 《朴新諺 1, 50ㅎ》那孫家混堂(朴新注, 19ㅎ: 漢俗, 開浴室熱水為湯, 許人沐浴受直.)裏洗澡去罷, 뎌 孫가ㅣ아 混堂에 목욕호라 가쟈.

욕자(褥子) 團 요[褥]. ⇔요. 《朴新諺 1, 55ㅈ》把褥子・氊子多多的鋪上, 요와 담을 다가 만히 실고.

욕지(浴池) 團 목욕통. 욕조. 《朴新諺 1, 51ㅈ》到浴池洗了一會, 浴池에 가 혼 지위 삣고.

욕ㅎ다 團 욕(辱)하다. ⇔매(罵). 《朴新諺 3, 3ㅎ》你再罵我也罵了, 네 다시 욕호면 나도 욕호리라. 《朴新諺 3, 52ㅎ》扣住小人衣領百般打罵, 小人의 옷깃슬 트러잡고 百般 티고 욕호되.

용(用) 團 ●먹다. 마시다. ⇔먹다. 《朴新諺 1, 7ㅈ》弟兄們酒旣勾了用飯罷, 弟兄들아 술이 이믜 넉넉호니 밥을 먹음이 무던호다. 《朴新諺 3, 32ㅈ》大哥請隨意用些, 큰형아 請컨대 뜻대로 먹으라. 《朴新諺 3, 59ㅈ》且請坐一坐再用一杯粗茶, 아직 請컨대 안즈라 다시 혼 잔 좀차를 먹쟈. ●(印)치다. 쓰다. 사용하다. ⇔치다. 《朴新諺 1, 3ㅈ》寫了牌票用了印信, 牌票를 쓰고 印 쳐.

용(用) 團 쓰다[用]. ●⇔쓰다. 《朴新諺 1, 4ㅎ》只用十二樣勾了, 그저 열두 가지를 뻐야 넉넉호리라. 《朴新諺 1, 14ㅎ》不用小車, 져근 술위룰 쓰지 말고. 《朴新諺 1, 23ㅎ》便當二十両也還不勾用哩, 곳 스

므 냥을 던당호여도 당시롱 쓰기에 넉넉지 못호여라. 《朴新諺 1, 46ㅈ》護膝上還該要用的裁料, 슬갑에 쯰 뻠 즉혼 フ음을. 《朴新諺 2, 24ㅎ》然後再用藿香正氣散, 그린 후에 쯰 藿香正氣散을 뻐. 《朴新諺 2, 39ㅎ》紫蘇這厮最有用, 紫蘇란 이 거시 フ장 쁠 더 이시니. 《朴新諺 3, 4ㅎ》我要用他做席子鋪着睡, 내 뎌로 뻐 자리를 민드라 펴고 자고져 흐느니. 《朴新諺 3, 27ㅈ》將軍用鈎子搭去, 將軍이 갈고리로 뻐 글려 흐니. 《朴新諺 3, 28ㅈ》行者用手把頭提起, 行者ㅣ 손으로 뻐 머리를다가 잡아 니르혀. ●⇔쓰다. 《朴新諺 2, 24ㅎ》宜用香蘇飲(散), 맛당이 香蘇飲(散)을 쓸지라.

용(容) 團 용납(容納)하다. ⇔용납ㅎ다. 《朴新諺 1, 53ㅎ》豈容他賴呢, 엇디 뎌의 소기믈 용납ㅎ리오.

용(春) 團 다지다. 찧다. ⇔다으다. 《朴新諺 1, 11ㅎ》把大夯多春幾十下, 큰 달고로 만히 여러 번 다으면.

용납ㅎ다 團 용납(容納)하다. ⇔용(容). 《朴新諺 1, 53ㅎ》豈容他賴呢, 엇디 뎌의 소기믈 용납ㅎ리오.

용력(用力) 團 힘을 쓰다. 힘을 들이다. 힘을 내다. ⇔용력ㅎ다(用力-). 《朴新諺 1, 11ㅎ》齊心用力多使些工夫, 齊心 用力호여 만히 工夫 드려.

용력(備力) 團 품삯을 받고 남의 일을 하다. 《集覽, 朴集, 上, 5ㅈ》角頭. 今按, 角頭, 卽通逵達道要會之衝, 備力求直之人坌集之所.

용력ㅎ다(用力-) 團 용력(用力)하다. ⇔용력(用力). 《朴新諺 1, 11ㅎ》齊心用力多使些工夫, 齊心 用力호여 만히 工夫 드려.

용문산(龍門山) 團 경기도(京畿道) 양평군(楊平郡) 용문면(龍門面)과 옥천면(玉泉面) 사이에 있다. 《集覽, 朴集, 上, 15ㅎ》步虛. 戊子東還, 掛錫于三角山重興

寺. 尋徃龍門山, 結小庵, 額曰小雪.

용범(容範) 圕 용모와 인품. 풍채.《集覽, 朴集, 上, 12ㅈ》生的. 天生容範.

용비어천가(龍飛御天歌) 圕 악장의 하나. 조선 세종(世宗) 27년(1445)에 정인지(鄭麟趾)・안지(安止)・권제(權踶) 등이 지어 세종 29년에 간행하였다. 125장. 10권 5책. 훈민정음(訓民正音)으로 쓴 최초의 작품으로, 조선을 세우기까지 목조(穆祖)・익조(翼祖)・도조(度祖)・환조(桓祖)・태조(太祖)・태종(太宗)의 사적(事跡)을 중국 고사(古事)에 비유하여 그 공덕을 기리어 지은 노래이다. 각 사적의 기술에 앞서 우리말 노래를 먼저 싣고 그에 대한 한역시(漢譯詩)를 뒤에 붙였다.《集覽, 朴集, 下, 7ㅎ》花房窩兒. 但本國龍飛御天歌云, 擊毬之法, 或數人, 或十餘人, 分左右以較勝負.

용사(用事) 圐 일을 처리하다.《朴新諺 1, 10ㅈ》土王用事之日不可動工, 土王 用事日에 動工치 못홀 꺼시니.

용사(勇士) 圕 붉은 모전(毛氈)으로 용(勇)자를 오려 사각형의 천에 붙인 표장(表章)을 등에 붙이고 시위(侍衛)하던 군사.《集覽, 朴集, 下, 5ㅎ》勇士. 華制, 以紅氈裁成勇字, 附於方帛之上, 施長帶於四角, 橫負於背. 侍衛則用之, 故曰勇士, 卽本國甲士也.《朴新諺 3, 34ㅈ》那些勇士都穿着花袴皂靴, 뎌 여러 勇士들이 다 아롱 바지에 거믄 靴를 신고.

용사일(用事日) 圕 용사(用事)하는 날.《朴新諺 1, 10ㅈ》土王用事之日不可動工, 土王 用事日에 動工치 못홀 꺼시니.

용신(龍身) 圕 〈불〉 용왕(龍王). 또는 용왕의 몸.《集覽, 朴集, 中, 4ㅎ》童男童女. 觀音現三十二應, 曰佛身, 曰辟支〈支〉, 曰圓覺, 曰聲聞, 曰梵王, 曰帝釋, 曰自在天, 曰大自在天, 曰天大將軍, 曰四天王, 曰四天太子, 曰人王, 曰長者, 曰居士, 曰宰官, 曰婆羅門, 曰比丘, 曰比丘尼, 曰優婆塞, 曰優婆夷, 曰女主, 曰童男, 曰童女, 曰天身, 曰龍身, 曰藥叉, 曰乾達婆, 曰阿脩羅, 曰緊那羅, 曰摩睺羅, 曰樂人, 曰非人.

용심(用心) 圐 용심(用心)하다. 주의력을 집중하다. 마음을 쓰다. ⇔용심ᄒ다(用心-).《朴新諺 1, 20ㅈ》用心照搃做罷, 用心ᄒ여 양ᄌ대로 믄들라.《朴新諺 1, 24ㅎ》夜裏又用心喂他, 밤에 쏘 用心ᄒ여 먹이면.《朴新諺 1, 46ㅎ》你用心做與我, 네 用心ᄒ여 믄드라 나를 주고려.《朴新諺 1, 48ㅈ》手心上就打三戒方(朴新注, 19ㅈ: 小兒寫字, 不用心者, 以板條打手掌以戒之.), 손바당을 곳 세 번 젼반으로 치ᄂ니라.《朴新諺 1, 53ㅈ》只要各自用心射去, 그저 각각 用心ᄒ여 쏘라 가쟈.《朴新諺 2, 21ㅎ》黑夜好生用心照看, 밤에 ᄀ장 用心ᄒ여 보술피라.《朴新諺 2, 53ㅎ》你好生用心看守着, 네 ᄀ장 用心ᄒ여 보슐히라. 若不用心收拾他, 만일 用心ᄒ여 뎌를 收拾지 아니ᄒ면.《朴新諺 3, 7ㅈ》你們若依我這般用心收拾, 너희 만일 내대로 이리 用心ᄒ여 收拾ᄒ더면.《朴新諺 3, 36ㅎ》豈不用心伏侍的呢, 엇지 用心ᄒ여 伏侍치 아니ᄒ리오.

용심ᄒ다(用心-) 圐 용심(用心)하다. ⇔용심(用心).《朴新諺 1, 20ㅈ》用心照搃做罷, 用心ᄒ여 양ᄌ대로 믄들라.《朴新諺 1, 24ㅎ》夜裏又用心喂他, 밤에 쏘 用心ᄒ여 먹이면.《朴新諺 1, 46ㅎ》你用心做與我, 네 用心ᄒ여 믄드라 나를 주고려.《朴新諺 1, 48ㅎ》手心上就打三戒方(朴新注, 19ㅈ: 小兒寫字, 不用心者, 以板條打手掌以戒之.), 손바당을 곳 세 번 젼반으로 치ᄂ니라.《朴新諺 1, 53ㅈ》只要各自用心射去, 그저 각각 用心ᄒ여 쏘라 가쟈.《朴新諺 2, 21ㅎ》黑夜好生用心照看, 밤에 ᄀ장 用心ᄒ여 보술피라.《朴新諺 2, 53ㅎ》你好生用心看守着, 네 ᄀ장 用心ᄒ여 보슐히라. 若不用心收拾他, 만일 用心ᄒ여 뎌를 收拾지 아니ᄒ면.《朴

新諺 3, 7ㅈ》你們若依我這般用心收拾,
너희 만일 내대로 이리 用心ᄒ여 收拾ᄒ
더면.《朴新諺 3, 36ㅎ》豈不用心伏侍的
呢, 엇지 用心ᄒ여 伏侍치 아니ᄒ리오.

용안(龍眼) 뗑 무환자과에 속하는 상록
교목. 씨에 붙은 용안육은 맛이 달아 식
용 또는 약용한다.《集覽, 朴集, 上, 2ㅈ》
龍眼. 一名圓眼. 樹如荔支〈支〉, 但枝葉稍
小, 其子形如彈丸, 核如木槵, 肉白, 漿甘
如蜜, 五六十顆作穗. 荔支〈支〉熟後龍眼
熟, 號荔奴. 木槵, 卽本國모관쥬. 槵, 音
患.《集覽, 朴集, 上, 7ㅎ》圓眼. 音義云,
龍眼的外名. 釋見上.《朴新諺 1, 4ㅈ》乾
果子呢, 므른 과실은. 榛子, 개암. 松子,
잣. 瓜子, 슈박삐. 乾葡萄, 마른葡萄. 栗
子, 밤. 龍眼, 龍眼. 桃仁, 복셩화삐. 荔子,
녀지요.

용안(龍顔) 뗑 임금의 얼굴을 높여 이르
던 말.《集覽, 朴集, 下, 12ㅈ》太祖. 姓王
氏, 諱建, 字若天, 松岳郡人. 幼而聰明, 龍
顔日角.

용이(容易) 혱 쉽다. ⇔쉽다.《朴新諺 1,
15ㅈ》容易醫治的, 고치기 쉬오니.《朴
新諺 1, 15ㅎ》有箇最容易的法子說與你,
ᄒᆫ ᄀ장 쉬온 法이 이시니 너ᄃ려 니ᄅᆯ
쩌시니.《朴新諺 1, 47ㅈ》那箇容易你放
心, 그는 쉬오니 네 放心ᄒ라.《朴新諺
2, 41ㅎ》還有法兒容易隄防的, 당시롱 법
이 이셔 隄防ᄒ기 쉬오니라.

용인(容忍) 됭 참고 용서하다. 참고 견디
다. 허용하다.《集覽, 字解, 累字解, 1ㅎ》
將就. 猶容忍扶護之意.

용인신(用印信) 됭 인(印)치다. 도장을 찍
다. ⇔인치다(印-).《朴新諺 1, 3ㅈ》寫
了牌票用了印信, 牌票를 쁘고 印쳐.

용잠(龍潛) 뗑 임금이 왕위에 오르기 전
에 살던 집.《集覽, 朴集, 上, 5ㅎ》平則
門. 燕都, 禹貢冀州之域. 唐曰幽都, 虞爲
幽州, 武王封召公奭於燕, 卽此. 元初爲燕
京路, 後稱〈称〉大都路, 洪武初改爲北平

布政司. 太宗皇帝龍潛於此, 及承大統, 遂
爲北京, 遷都焉.

용재(容齋) 뗑 송(宋)나라 홍매(洪邁)의
호(號).《集覽, 朴集, 下, 11ㅈ》好女不看
燈. 容齋隨筆云, 漢家祠太乙, 以昏時祠到
明. 今人正月望夜, 夜遊觀月, 是其遺事.

용재수필(容齋隨筆) 뗑 송(宋)나라 홍매
(洪邁)의 수필집. 16권. 속필(續筆) 16권,
삼필(三筆) 16권, 사필(四筆) 16권, 오필
(五筆) 15권. 경사(經史)와 제자백가(諸
子百家)에서 의복(醫卜)과 성산(星算)에
이르기까지 폭넓게 고증하였다.《集覽,
朴集, 下, 11ㅈ》好女不看燈. 容齋隨筆云,
漢家祠太乙, 以昏時祠到明. 今人正月望
夜, 夜遊觀月, 是其遺事.

용전(用錢) 됭 돈을 쓰다.《集覽, 字解, 單
字解, 6ㅎ》儅. 人有遇急用錢, 則必以重
物, 納質于富家, 賒錢取用. 至限則并其本
利償還錢主, 方得退回己之重物而來也.
典字人物通用, 儅字人用於物.

용처(用處) 뗑 쓸 곳. 용도(用途). 쓸모.
《朴新諺 3, 4ㅎ》竟不曉得葉兒有這用處,
므춤내 닙히 이 쁠 곳 잇ᄂᆫ 줄을 아지
못ᄒ엿더니.

용출(湧出) 됭 물이 솟아 나오다.《集覽,
朴集, 上, 15ㅈ》玉泉. 一在山之根, 有泉
湧出, 洞門刻玉泉二字, 有觀音閣.《朴新
諺 2, 5ㅈ》西湖是從玉泉山(朴新注, 24ㅈ:
在宛平縣, 距京都西北三十里, 山有石洞
三. 一在山之西南, 其下有泉, 深淺莫測.
一在山之陽, 泉出石罅間, 鑿石爲螭頭, 泉
從螭口噴出, 鳴若雜佩, 色如素練, 泓澄百
頃. 一在山之根, 有泉湧出, 洞門刻玉泉二
字.)流下來的, 西湖ᄂᆫ 이 玉泉山으로 조
차 흘러ᄂᆞ린 거시니.

용한(龍漢) 뗑 도교의 원시천존(元始天
尊)의 연호(年號) 가운데 하나. 또는 오
겁(五劫) 가운데 첫 번째 겁.《集覽, 朴
集, 中, 6ㅈ》萬劫. 道經云, 天地一成一敗
謂之劫〈규〉. 上天開化, 建五劫〈규〉紹運

日龍漢, 日赤明, 日上皇, 日延康, 日開皇.

우(□) 몡 위. ⇔상(上).《朴新諺 3, 53ㅎ》好到
各處橋上墻角頭貼去, 各處 드리 우와 담
모롱이에 부치라 가게 ᄒ고.

우(又) 몜 또. ⇔쏘.《朴新諺 1, 1ㅈ》又正
是好時莭(節), 쏘 졍히 이 됴흔 時莭(節)
이니.《朴新諺 1, 14ㅈ》又要給那扛口俗
人的小脚錢, 쏘 더 쟈르 메는 사룸의 져
근 삭갑슬 줄 써시니.《朴新諺 1, 23ㅈ》
有黃豆大又圓淨有寶色, 콩만치 크고 쏘
圓淨ᄒ고 寶色이 잇ᄂ니라.《朴新諺 1,
30ㅈ》又一箇舍人打扮, 쏘 흔 舍人의 비
오기논.《朴新諺 3, 1ㅈ》田鷄偏又呌的聒
譟, 머구리 편벽히 쏘 우러 짓궨다.《朴
新諺 3, 15ㅎ》妓者又特寄茶色段子二疋,
이제 쏘 특별이 차헐비쳬 비단 두 필과.
《朴新諺 3, 19ㅎ》又有一箇小廝, 쏘 흔 아
히 놈이 이셔.《朴新諺 3, 25ㅈ》又呌兩
箇宮娥, 쏘 두 宮娥를 불러.《朴新諺 3,
47ㅈ》後邉又跟着大小鬼卒, 뒤히 쏘 大小
鬼卒이 ᄯ로고.《朴新諺 3, 59ㅎ》又正是
咱秀才們必需之物, 쏘 졍히 우리 秀才들
의 반드시 ᄡᆸ즉흔 거시도다.

우(牛) 몡 ❶−소. ⇔쇼.《集覽, 字解, 單字
解, 2ㅎ》赶. 音干, 上聲. 亦作趕. 趁也, 及
也. 赶上 밋다. 又逐也. 赶出去 내티다.
又驅也. 赶牛 쇼 모다.《朴新諺 1, 2ㅈ》
再買一隻牛·猪肉五十斤, 쏘 흔 ᄡᅪ 쇼와
猪肉 五十斤을 사면.《朴新諺 3, 46ㅈ》站
着赶牛, 셔셔 쇼를 몰면. ❷−소의. ⇔쇠.
《朴新諺 1, 4ㅎ》燒鵝, 구은 거유. 燒鴨,
구은 올히. 燒牛肉, 구은 쇠고기. 燒羊肉,
구은 羊의 고기니.《朴新諺 3, 47ㅎ》芒
児立在牛背後, 芒児ㅣ 쇠 뒤히 셔셔. ❷
우수(牛宿). 이십팔수(二十八宿)의 하
나. 북방(北方) 현무 칠수(玄武七宿)의
둘째 별자리. 6개의 별로 이루어져 있
다. 일명 견우(牽牛).《朴新諺 2, 59ㅈ》
斗美牛休虛得粮, 斗는 美ᄒ고 牛는 休ᄒ
고 虛논 得粮ᄒ고.

우(雨) 몡 비[雨]. ⇔비.《朴新諺 1, 25ㅎ》
今日下雨天, 오늘 비 오논 날이니.《朴新
諺 1, 39ㅈ》下雨開花刮風結子, 비 오면
곳 픠고 ᄇ람 블면 여름 여둔 거시여.
《朴新諺 2, 32ㅈ》若着了幾遍雨定然要走
撢了, 만일 여러 번 비룰 마즈면 일졍
모양이 흘긔리로다.《朴新諺 2, 33ㅈ》又
不怕雨淋的, 쏘 비에 졋기를 저퍼 아니
ᄒ니.《朴新諺 2, 45ㅎ》每日下雨房子都
漏了, 每日에 비 와 집이 다 싀니.《朴新
諺 2, 56ㅈ》雨纔晴了街上有路好走麼, 비
ᄀ 개여시니 거리에 길히 이셔 돈니기
됴터냐.《朴新諺 3, 3ㅎ》風不來樹不搖,
ᄇ람이 부지 아니면 남기 흔더기지 아
니코. 雨不來河不漲, 비 오지 아니면 물
이 넘지 아니혼다 ᄒ니라.

우(遇) 통 만나다. ⇔만나다.《朴新諺 3,
50ㅈ》便是那姜太公遇文王, 곳 이 뎌 姜
太公의 文王 만남이라도.《朴新諺 3, 52
ㅈ》忽遇本府張千, 믄득 本府 張千을 만
나니.

우(憂) 몡 근심. ⇔근심.《朴新諺 2, 30ㅈ》
萬民無搔擾之憂百姓有安祥之慶, 萬民이
搔擾ᄒ는 근심이 업고 百姓이 安祥혼 慶
이 잇도다.

우(耦) 몡 =우(藕). '耦'는 '藕'의 잘못.《集
覽, 朴集, 上, 8ㅈ》滿剌〈剌〉嬌. 質問云,
以蓮花·荷葉·藕〈耦〉·鴛鴦·蜂蝶之
屬〈形〉, 或用五色絨綉, 或用彩色畫於段
帛上, 謂之滿池嬌.

우(藕) 몡 연뿌리.《集覽, 朴集, 上, 8ㅈ》滿
剌〈剌〉嬌. 質問云, 以蓮花·荷葉·藕
〈耦〉·鴛鴦·蜂蝶之屬〈形〉, 或用五色
絨綉, 或用彩色畫於段帛上, 謂之滿池嬌.
《集覽, 朴集, 上, 15ㅎ》串香褐. 串香褐·
麝香褐·鷹背褐·蜜褐·茶褐, 卽黃黑雜
色也. 玉褐·艾褐·水褐·銀褐, 卽白黑
雜色也. 藕褐, 卽紫黑雜色也.

우각(牛角) 몡 쇠뿔.《集覽, 朴集, 上, 11
ㅈ》挑針. 用牛角作廣箆, 箆〈ヒ〉一端作

刷子者.《集覽, 朴集, 上, 13ㅈ》濟機. 今
按, 漢人或牛角或鹿角爲之, 形如環, 着於
拇指, 亦所以鈎〈所以鈎〉弦開弓.

우갈(藕褐) 뗑 연뿌리의 빛깔이 나는 갈
색.《集覽, 朴集, 上, 15ㅎ》串香褐. 串香
褐・麝香褐・鷹背褐・蜜褐・茶褐, 卽黃
黑雜色也. 玉褐・艾褐・水褐・銀褐, 卽
白黑雜色也. 藕褐, 卽紫黑雜色也.

우거(寓居) 뙝 남의 집이나 타향에서 임
시로 몸을 붙이어 살다.《集覽, 朴集, 下,
12ㅈ》附籍. 非土著〈着〉戶, 而以他鄕之
人, 來寓居者也.《朴新諺 3, 52ㅈ》係本府
本縣附籍(朴新注, 63ㅈ: 非土着而以他鄕
人寓居者.)民人, 本府 本縣에 미여 附籍
혼 民人이라.

우공(禹貢) 뗑 중국 구주(九州)의 지리와
산물에 대하여 기술한 고대의 지리서.
서경(書經) 하서(夏書)의 편명이다.《集
覽, 朴集, 上, 4ㅈ》永平. 一統誌云, 禹貢
冀州之域. 虞分冀北爲營州, 此卽其地. 商
〈商〉爲孤竹國, 元爲永平路.《集覽, 朴集,
上, 5ㅎ》平則門. 燕都, 禹貢冀州之域. 唐
曰幽都, 虞爲幽州, 武王封召公奭於燕, 卽
此.《集覽, 朴集, 下, 9ㅈ》眞定. 禹貢冀州
之域, 周爲幷州地, 秦爲鉅鹿郡, 漢置恒山
郡, 元爲眞定路, 今爲眞定府, 直隷京師.

우규(友珪) 뗑 오대 양(五代梁) 영왕(郢王)
의 이름. 태조(太祖) 주온(朱溫: 朱全忠)
의 둘째 아들로 아버지를 시해(弑害)하
고 왕위에 올랐다.《集覽, 朴集, 下, 12
ㅎ》梁貞明. 朱溫事唐僖宗, 賜名全忠, 拜
宣武軍節〈莭〉度使, 封梁王. 尋受唐禪, 卽
位六年, 爲第〈第〉二子郢王友珪所弑. 均
王誅友珪而立.

우금(于今) 뗑 이제. 지금. 현재. 오늘날.
●⇨이제.《朴新諺 1, 11ㅈ》旦于今柴・
米・小菜件件俱貴, 다만 이제 나모와 뿔
과 느믈이 가지가지 다 귀ᄒ니《朴新諺
3, 48ㅎ》于今人把這宣武叫順城門, 이제
사ᄅᆞᆷ이 이 宣武를다가 順城門이라 부ᄅ

고. ●⇨이지.《朴新諺 1, 27ㅈ》于今我
却贏了呢, 이지 내 ᄯᅩ 이긔여다.

우남(愚男) 뗑 어리석은 사내. (자기 사신
에 대한 겸칭)《朴新諺 3, 14ㅎ》愚男山
童頓首百拜, 愚男 山童은 頓首百拜ᄒ여.
《朴新諺 3, 16ㅈ》愚男山童頓首百拜具,
愚男 山童은 頓首百拜 具ᄒᆞᄂ이다.

우념(憂念) 뙝 근심하고 염려하다. ⇨우
념ᄒ다(憂念-).《朴新諺 3, 15ㅈ》身子粗
安無須憂念, 몸이 져기 편안ᄒ니 모롬이
憂念치 마르쇼셔.

우념ᄒ다(憂念-) 뙝 우념(憂念)하다. ⇨
우념(憂念).《朴新諺 3, 15ㅈ》身子粗安
無須憂念, 몸이 져기 편안ᄒ니 모롬이
憂念치 마르쇼셔.

-우니 에미 -으니. -니.《朴新諺 2, 36ㅎ》
天寒湯・飯都不可冷了, 하늘이 치우니
湯과 밥을 다 可히 츠게 못ᄒ리라.

우두(芋頭) 뗑 토란. ⇨토란.《朴新諺 2,
39ㅎ》蘿蔔, 댓무우. 蔓菁, 쉿무우. 萬苣,
부로. 葵菜, 아혹. 白菜, 비치. 赤根菜, 시
근치. 芫荽, 고싀. 蔥, 파. 蒜, 마늘. 薤菜,
부치. 荊芥, 형개. 薄荷, 박하. 茼蒿, 믈
뿍. 水蘿蔔, 물한댓무우. 胡蘿蔔, 노른댓
무우. 芋頭, 토란. 紫蘇都好種的, 紫蘇를
다 시므미 됴타.

우란(盂蘭) 뗑 우란분(盂蘭盆)의 준말.
《集覽, 朴集, 下, 2ㅎ》盂蘭盆齋. 飜譯名
義云, 梵言盂蘭, 唐言救倒懸也.

우란분(盂蘭盆) 뗑 =우란분회(盂蘭盆會).
《集覽, 朴集, 下, 2ㅎ》盂蘭盆齋. 大藏經
云, 大目犍連尊者, 以母生餓鬼中不得食,
佛令作盂蘭盆, 至七月十五日, 具百味五
果, 置盆中, 供養十方大德, 而後母乃得食.

우란분재(盂蘭盆齋) 뗑 =우란분회(盂蘭
盆會).《集覽, 朴集, 下, 2ㅎ》盂蘭盆齋.
大藏經云, 大目犍連尊者, 以母生餓鬼中
不得食, 佛令作盂蘭盆, 至七月十五日, 具
百味五果, 置盆中, 供養十方大德, 而後母
乃得食.

우란분회(盂蘭盆會) 명 〈불〉 아귀도(餓
鬼道)에 떨어진 망령을 위하여 여는 불
사(佛事). 하안거(夏安居)의 끝 날인 음
력 7월 보름을 앞뒤로 한 사흘간 여러
가지 음식을 만들어 조상이나 부처에게
공양(供養)한다. 목련건존자(目連犍尊
者)가 아귀도(餓鬼道)에 떨어진 어머니
를 구하기 위하여 석가모니의 가르침을
받아 삼보(三寶)에게 올린 공양에서 비
롯되었다. 《朴新諺 3, 12ㅎ》慶壽寺裡做
盂蘭勝會(朴新注, 48ㅎ: 大蔵經, 目連尊
者, 以母在餓鬼中不得食, 七月十五日, 具
百味五果, 置盆中, 供養十方大德, 而後母
乃得食, 謂之盂蘭盆會.), 慶壽寺에셔 盂
蘭勝會를 혼다 하니.

우란승회(盂蘭勝會) 명 =우란분회(盂蘭
盆會). 《朴新諺 3, 12ㅎ》慶壽寺裡做盂蘭
勝會(朴新注, 48ㅎ: 大蔵經, 目連尊者, 以
母在餓鬼中不得食, 七月十五日, 具百味
五果, 置盆中, 供養十方大德, 而後母乃得
食, 謂之盂蘭盆會.), 慶壽寺에셔 盂蘭勝
會를 혼다 하니.

우러리창 명 천창(天窓). (보꾹에 낸 창)
⇔천창(天窓). 《朴新諺 3, 16ㅎ》這樑, 이
납과. 樑, ᄆᆞᆯ와. 椽, 혀와. 柱, 기동과.
短柱, 短柱와. 門框, 문얼굴과. 門扇, 문
짝과. 吊窓, 들창과. 天窓, 우러리창과.
雙扇, 쌍다지와. 單扇, 외다지와. 窓欞,
창얼굴로.

우륜(羽輪) 명 난새[鸞]와 학(鶴)이 끈다
는, 전설상 신선의 수레. 《集覽, 朴集,
上, 15ㅈ》瑤池. 列仙傳, 崐崘〈崑崙〉閬苑,
有〈白〉玉樓十二, 玄室九層, 左瑤池, 右翠
水, 環以弱水九重, 非飇〈飇〉車羽輪, 不可
到也. 註, 瑤池, 王母所居. 《朴新諺 2, 6
ㅎ》且不必誇天上瑤池(朴新注, 25ㅈ: 在
崑崘, 環以弱水九重, 非飇車羽輪, 不可到.
王母所居.), 또 반둣시 天上 瑤池를 쟈랑
치 말라.

우리 데 ❶우리. ❶⇔아(我). 《朴新諺 1,

3ㅈ》吩咐我帶廻來給老爺們看驗過了, 우
리게 吩咐하여 가져와 老爺네끠 뵈야 驗
過하고. 《朴新諺 1, 21ㅈ》比我們老人家
快活得多哩, 우리들 늘근의게 比컨대 즐
거움이 하더라. 《朴新諺 1, 32ㅈ》我這店
裏的皮張都是好的, 우리 이 店에 가족이
다 됴흔 거시라. 《朴新諺 2, 8ㅈ》你怎麽
小看起的我朝鮮人呢, 네 엇지 우리 朝鮮
사롬을 업슈이너기눈다. 《朴新諺 2, 25
ㅈ》我妳妳使喚我來, 우리 妳妳 나를 부
려 와. 《朴新諺 2, 34ㅈ》我男兒做這般迷
天大罪的事, 우리 ᄉᆞ나히 이런 迷天大罪
엣 일을 하니. 《朴新諺 3, 2ㅈ》我家裡老
鼠多得狠(很), 우리 집의 쥐 ᄀᆞ장 만흐
니. 《朴新諺 3, 14ㅎ》這幾日我家裡有人
回去, 요ᄉᆞ이 우리 집의 사롬이 도라가
리 이시니. 《朴新諺 3, 20ㅈ》便賴說我家
這小廝偷了, 곳 보채여 니르되 우리 집
의 아히 놈이 도적하다 하여. ❷⇔아매
(我每). 《集覽, 字解, 單字解, 1ㅈ》每. 本
音上聲, 頻也. 每年, 每一箇. 又平聲, 等輩
也, 我每·咱每·俺每 우리. 恁每·你每
너희. 今俗喜用們字. ❸⇔엄매(俺每).
《集覽, 字解, 單字解, 1ㅈ》每. 本音上聲,
頻也. 每年, 每一箇. 又平聲, 等輩也, 我每
·咱每·俺每 우리. 恁每·你每 너희.
今俗喜用們字. ❹⇔자(咱). 《朴新諺 1, 1
ㅈ》咱想, 우리 싱각하니. 《朴新諺 1, 26
ㅈ》咱與你賭一箇羊吃, 우리 너와 혼 羊
을 더너 먹쟈. 《朴新諺 1, 53ㅈ》咱約會
了弟兄十數人勾了, 우리 弟兄 여러믄 사
롬을 모호면 넉넉하리라. 《朴新諺 2, 2
ㅈ》咱老爺在那裏, 우리 老爺ㅣ 어디 잇
ᄂᆞ뇨. 《朴新諺 2, 10ㅎ》咱兩箇拿些布施
和香·蠟去禮拜他, 우리 둘이 져기 보시
와 香과 쵸를 가져가 뎌의게 禮拜하고.
《朴新諺 2, 28ㅎ》咱這些盤纏, 우리 져기
盤纏을 쑤어. 《朴新諺 2, 37ㅎ》咱好悶
(閑)當不的, 우리 ᄀᆞ장 힘힘하여 당치 못
하니. 《朴新諺 3, 23ㅈ》咱兩箇寃讐非同

小可, 우리 둘히 寃讎ㅣ 젹지 아니ᄒ니라. 《朴新諺 3, 37ㅈ》咱打那一箇窩児, 우리 어늬 ᄒᆫ 굼글 치리오. 《朴新諺 3, 59ㅎ》又正是咱秀才們必需之物, ᄯ 졍히 우리 秀才들의 반ᄃ시 뻠즉ᄒᆫ 거시도다. **2** 우리(들). ●⇔아문(我們). 《集覽, 字解, 單字解, 3ㅎ》們. 諸韻書皆云, 們渾, 肥滿皃. 今俗借用爲等輩之字, 而曰我們・咱們 우리, 你們 너희. 又猶言如此也. 這們 이리, 那們 뎌리. 《集覽, 字解, 單字解, 4ㅈ》把. 持也, 握也. 一把 ᄒᆫ 줌, 又 ᄒᆫ 즈르. 把我們 우리를다가, 把來 그를다가, 與將字大同小異. 又元時語, 有把解之語, 猶言典儅也, 今不用. 《朴新諺 1, 10ㅎ》我們自吃飯呢二錢半一板, 우리 이녁 밥 먹으면 두 돈 반에 ᄒᆫ 틀이오. 《朴新諺 1, 20ㅈ》我們隔幾日再來取罷了, 우리 여러 날 즈음ᄒ여 다시 와 가져가미 무던ᄒ다. 《朴新諺 2, 11ㅈ》便放我們進去了, 곳 우리를 노하 드러가게 ᄒ리라. 《朴新諺 2, 40ㅈ》我們好嘗新, 우리 새 거슬 맛봄이 됴타. 《朴新諺 3, 10ㅎ》我們且把準線掛好了, 우리 ᄯ 드림줄을다가 걸기를 잘ᄒ쟈. 《朴新諺 3, 18ㅎ》我們徃日跟官的時節(節), 우리 徃日에 관원을 조차 돈닐 제. 《朴新諺 3, 36ㅈ》再下幾碗條麵與我們, ᄯ 여러 사발 너분 국슈를 눌러 우리를 주되. ●⇔자매(咱每). 《集覽, 字解, 單字解, 1ㅈ》每. 本音上聲, 頻也. 每年, 每一箇 又平聲, 等輩也, 我每・咱每・俺每 우리. 恁每・你每 너희. 今俗喜用們字. ●⇔자문(咱們). 《集覽, 字解, 單字解, 3ㅎ》們. 諸韻書皆云, 們渾, 肥滿皃. 今俗借用爲等輩之字, 而曰我們・咱們 우리, 你們 너희. 又猶言如此也. 這們 이리, 那們 뎌리. 《集覽, 字解, 單字解, 4ㅈ》將. 持也. 將來 가져오라, 將着 가지라, 將咱們 우리를다가. 又將次 쟝ᄎ. 《朴新諺 1, 1ㅈ》咱們不可虛度過了, 우리 可히 헛도이 지내지 못ᄒ리라. 《朴

新諺 1, 12ㅎ》咱們且商量, 우리 ᄯ 商量ᄒ쟈. 《朴新諺 1, 26ㅈ》咱們下一局賭箇輸贏如何, 우리 ᄒᆫ 판 두어 지며 이긔믈 더느미 엇더ᄒᆞ뇨. 《朴新諺 1, 42ㅈ》咱們男子漢出遠門, 우리 ᄉ나희 먼 듸 나가. 《朴新諺 2, 6ㅎ》咱們相好多年, 우리 서 ᄅ 됴한지 여러 ᄒ라. 《朴新諺 2, 30ㅎ》這麼咱們一生作事豈無罪孽, 이러면 우리 一生에 일을 홈애 엇지 罪孽이 업스리오. 《朴新諺 3, 35ㅈ》咱們到飯店裡吃飯去, 우리 밥뎜에 가 밥 먹으라 가쟈. 《朴新諺 3, 49ㅈ》秀才哥咱們打魚去罷, 秀才 형아 우리 고기 잡으라 가쟈.

-우리라 어미 -으리라. 《朴新諺 2, 44ㅈ》明日就搬, 닉일 곳 올무리라.

우마(牛馬) 명 소와 말. 《集覽, 朴集, 上, 10ㅎ》獸醫. 南村輟耕錄云, 世以療馬者曰獸醫, 療牛者曰牛醫. 周禮獸醫註, 獸, 牛馬之屬.

우망(牛芒) 명 =우망신(牛芒神). 《集覽, 朴集, 下, 9ㅎ》打春. 音義云, 如今北京迎春時, 唯牛芒而已. 在前只有府縣官員, 幷師生者老引赴順天府, 候春至之時.

우망신(牛芒神) 명 토우(土牛)와 망신(芒神). 《集覽, 朴集, 下, 9ㅎ》打春. 東京夢華錄云, 立春前五日, 造土牛・耕夫・犁具, 前一日順天府進農牛入禁中鞭春, 府縣官吏・士庶・耆社, 具鼓樂出東郊迎春, 牛芒神至府前, 各安方位.

우모(雨帽) 명 갈모. ⇔갓모. 《朴新諺 2, 3ㅈ》我徃家裏去取氊衫・雨帽, 내 집의 가 담유삼과 갓모를 가져오려 ᄒ노라.

우믈 명 우물. ⇔졍(井). 《朴新諺 2, 45ㅈ》井一眼, 우믈 ᄒ나.

우바(優波) 명 〈불〉 불도(佛徒). 승니(僧尼). 《集覽, 朴集, 下, 1ㅈ》唐三藏法師〈三藏〉. 三藏, 經一藏, 律一藏, 論一藏. 曰脩多羅, 卽阿難聖衆結集爲經. 曰毗奈耶, 一曰毗尼, 卽優波尊者結集爲律. 曰阿毗曇, 卽諸大菩薩衍而爲論.

우바새(優婆塞) 몡 〈불〉 불교를 믿는 남자를 통틀어 이르는 말.《集覽, 朴集, 中, 4ㅎ》童男童女. 觀音現三十二應, 曰佛身, 曰辟支〈支〉, 曰圓覺, 曰聲聞, 曰梵王, 曰帝釋, 曰自在天, 曰大自在天, 曰天大將軍, 曰四天王, 曰四天太子, 曰人王, 曰長者, 曰居士, 曰宰官, 曰婆羅門, 曰比丘, 曰比丘尼, 曰優婆塞, 曰優婆夷, 曰女主, 曰童男, 曰童女, 曰天身, 曰龍身, 曰藥叉, 曰乾達婆, 曰阿脩羅, 曰緊那羅, 曰摩睺羅, 曰樂人, 曰非人.

우바이(優婆夷) 몡 〈불〉 불교를 믿는 여자를 통틀어 이르는 말.《集覽, 朴集, 中, 4ㅎ》童男童女. 觀音現三十二應, 曰佛身, 曰辟支〈支〉, 曰圓覺, 曰聲聞, 曰梵王, 曰帝釋, 曰自在天, 曰大自在天, 曰天大將軍, 曰四天王, 曰四天太子, 曰人王, 曰長者, 曰居士, 曰宰官, 曰婆羅門, 曰比丘, 曰比丘尼, 曰優婆塞, 曰優婆夷, 曰女主, 曰童男, 曰童女, 曰天身, 曰龍身, 曰藥叉, 曰乾達婆, 曰阿脩羅, 曰緊那羅, 曰摩睺羅, 曰樂人, 曰非人.

우변(右邊) 몡 ●오른편. 오른쪽. ⇔올흔편.《朴新諺 2, 47ㅎ》卯字頭下着金字右邊加簡側刀便是, 卯字 머리 아리 金字 ㅎ고 올흔편에 션칼도 흔 거시 곳 이라. ●우편(右便). 오른쪽. ⇔우편(右-).《集覽, 朴集, 下, 10ㅈ》頭戴耳掩或提在手裏. 寅時揭左邊, 亥時揭右邊而戴, 以寅·亥時爲通氣, 故揭一邊也, 子·丑時全戴, 爲嚴凝也.《朴新諺 3, 27ㅈ》左邊搭右邊走, 左편으로 글면 右편으로 둧고. 右邊搭左邊去, 右편으로 글면 左편으로 가매.

우산 몡 우산. ⇔산(傘).《朴新諺 1, 39ㅈ》這是傘, 이는 이 우산이로다.

우산각 몡 우산각(雨傘閣). ●⇔권봉(捲蓬).《朴新諺 2, 44ㅎ》捲蓬(朴新注, 39ㅈ: 如雨傘閣之類. 舊釋作無樑閣誤.)幾間, 우산각이 현 간. ●⇔권봉(捲篷).《朴新諺 3, 16ㅎ》要捲篷樣, 우산각 양으로 ㅎ고

져 ㅎ노라.

우산각(雨傘閣) 몡 (감아 올릴 수 있게) 우산 모양으로 만든 천막.《朴新諺 2, 44ㅎ》捲蓬(朴新注, 39ㅈ: 如雨傘閣之類. 舊釋作無樑閣誤.)幾間, 우산각이 현 간.

우설(雨雪) 몡 눈비.《集覽, 朴集, 上, 15ㅎ》南城. 開平府在陰山之南. 自燕京至上都, 地勢一步高一步, 四時多雨雪.《朴新諺 3, 19ㅈ》那裡管雨雪陰晴, 어디 雨雪陰晴을 ㄱ음알리오.

우세남(虞世南) 몡 당(唐)나라 월주(越州) 여요(餘姚) 사람. 자는 백시(伯施). 시호는 문의(文懿). 당초(唐初) 진왕부(秦王府) 십팔학사(十八學士)의 한 사람. 왕희지(王羲之)의 필법을 터득하여 구양순(歐陽詢)·저수량(褚遂良)·설직(薛稷)과 함께 사대서가(四大書家)로 불린다. 벼슬은 수(隋)에서 기거사인(起居舍人), 당에서 홍문관 학사(弘文館學士)를 역임하였다.《集覽, 朴集, 中, 8ㅈ》十八學士. 唐太宗秦王時, 開館延文學之士, 杜如晦·房玄齡〈岺〉·虞世南·褚遂良·姚思廉·李玄道·蔡允恭·薛元敬·顔相時·蘇勗·于志寧·蘇世長·薛攸·李守素·陸德明·孔穎達·蓋文達·許敬宗爲文學館學士, 分爲三番, 更日直宿.

우수(右手) 몡 오른손.《集覽, 朴集, 上, 7ㅎ》窟嵌戒指. 事物紀原云, 古者后妃羣妾御于君, 所當御者, 以銀環進之, 娠則以金環退之, 進者着右手, 退者着左手. 今有指環, 卽遺制也.

우수(雨水) 몡 빗물. ⇔비ㅅ물.《朴新諺 1, 9ㅎ》今年雨水狠(很)大, 올히 雨水ㅣ ㄱ장 만ㅎ여.《朴新諺 2, 45ㅈ》把雨水阻住, 비ㅅ물을다가 막아 머므러.

우순(雨順) 몡 비가 때맞추어 알맞게 내리다. ⇔우순ㅎ다(雨順-).《朴新諺 1, 1ㅈ》風調雨順, 風調雨順ㅎ고.

우순(虞舜) 몡 고대 중국의 황제(黃帝)·전욱(顓頊)·제곡(帝嚳)·당요(唐堯)와

함께 다섯 성군(聖君)의 하나. 성은 요(姚) 또는 규(嬀). 이름은 중화(重華). 효성이 지극하였고, 요(堯)에게 등용되어 섭정하다가 요가 죽은 뒤 제위(帝位)에 올랐다. 사흉(四凶)을 제거하였으며, 우(禹)를 등용하여 홍수를 다스렸다. 재위 39년.《集覽, 朴集, 上, 4ㅈ》開元. 遼誌云, 本肅慎氏地, 虞舜時高麗有其地, 周時爲荒服, 元設開元路, 元末屬納哈出, 今設三萬衛, 又設遼海衛.

우순ᄒ다(雨順-) 통 우순(雨順)하다. ⇔우순(雨順).《朴新諺 1, 1ㅈ》風調雨順, 風調雨順ᄒ고.

우승상(右丞相) 명 벼슬 이름. 좌승상(左丞相)과 함께 천자(天子)를 도와 정무(政務)를 총괄하였다. 진(秦) 무왕(武王) 2년(B.C. 309)에 두었으며, 원대(元代)까지 존속되었다.《集覽, 朴集, 下, 8ㅎ》丞相. 元中書省有左右丞相, 任宰相之職〈軄〉, 左右天子平章萬機.

우심(尤甚) 형 더욱 심하다.《集覽, 字解, 單字解, 5ㅎ》越. 尤甚也. 越好 マ장 됴타, 越細詳 더옥 ᄌ셔ᄒ다.

우심(牛心) 명 소의 심장.《集覽, 朴集, 上, 9ㅈ》油心紅. 質問云, 朱紅, 一云如心之紅也. 油, 加油於紅漆之上也. 又云, 油乃牛字, 非油也, 其色紅如牛心.

우암(愚暗) 형 우매하다. 사리에 밝지 못하다. 암둔(闇鈍)하다.《集覽, 朴集, 中, 9ㅈ》衙門處處向南開. 南村輟耕錄云, 凡衙門皆坐北南向者, 南方屬離卦, 離虛中則聰. 又南方火位, 火明則能破暗, 故表南面〈聡〉明, 爲民治愚暗之事.

우어 통 웃어[笑]. 비웃어. ⇔소화(笑話).《朴新諺 2, 52ㅎ》路上人看見必定要笑話他, 길히 사룸이 보고 반ᄃ시 더롤 우어 시리라.

우육(牛肉) 명 쇠고기. ⇔쇠고기.《集覽, 朴集, 上, 2ㅎ》牜牛肉. 音義, 牜, 音붕〈븡〉, 平聲. 質問云, 牛肉細切, 用椒塩牜

食.《朴新諺 1, 4ㅎ》燒鵝, 구은 거유. 燒鴨, 구은 올히. 燒牛肉, 구은 쇠고기. 燒羊肉, 구은 羊의 고기니.

우의(牛醫) 명 소의 질병을 진찰하고 치료하는 의사.《集覽, 朴集, 上, 10ㅎ》獸醫. 南村輟耕錄云, 世以療馬者曰獸醫, 療牛者曰牛醫.

우의(雨衣) 명 유삼(油衫). 비옷. (기름에 결은 옷) ⇔유삼.《朴新諺 2, 57ㅈ》這麼拿我的雨衣・雨靴來, 이러면 내 유삼과 즌훠를 가져와.

우인(優人) 명 배우(俳優). 광대(倡優).《集覽, 朴集, 上, 2ㅎ》院本. 或曰, 宋徽宗見爨國人來朝, 衣裝・鞵履・巾裹, 傅粉墨, 擧動如此, 使優人効之以爲戲. 其間副淨有散說, 有道念, 有筋斗, 有科範.《集覽, 朴集, 上, 6ㅎ》打毬兒. 質問云, 作成木圓毬二介, 用木杓一上一下連接不絕, 方言謂之打毬兒. 質問所釋, 疑卽本國優人所弄杓鈴之戲, 與此節〈莭〉小兒之戲恐或不同. 詳見下卷集覽.《集覽, 朴集, 中, 1ㅈ》弄寶盖. 凡優人以造化鳥爲戲時, 一人擎一彩帛葆盖, 先入優塲, 以告戲雀之由. 次有一人捧一雀以入作戲. 如本節〈莭〉所云, 造化鳥 종〈종〉다리, 雄曰銅觜, 雌曰鑞觜.《集覽, 朴集, 下, 2ㅈ》三隻脚鐵蝦蟆. 今按, 漢俗, 優人作戲時, 手執三脚蝦蟆入優塲作戲. 問之, 則曰, 唯仙家蓄養三脚蝦蟆, 俗人聞氣者必死.

우장(優塲) 명 배우가 극(劇)을 연출하는 곳.《集覽, 朴集, 中, 1ㅈ》弄寶盖. 凡優人以造化鳥爲戲時, 一人擎一彩帛葆盖, 先入優塲, 以告戲雀之由. 次有一人捧一雀以入作戲. 如本節〈莭〉所云, 造化鳥 종〈종〉다리, 雄曰銅觜, 雌曰鑞觜.《朴新諺 2, 11ㅎ》還有那弄寶盖(朴新注, 27ㅈ: 優戲時, 一人擎絲帛寶盖, 先入優塲, 告設戲莭(節)次.)的, 또 寶盖 농ᄒ는 이도 이시니.

우준(愚蠢) 형 생각이나 행동 따위가 어리석고 굼뜨다. ⇔우준ᄒ다(愚蠢-).《朴新

諺 1, 9ㅈ》我是愚蠢之人, 나는 이 愚蠢ᄒ 사롬이오.

우준ᄒ다(愚蠢-) 톙 우준(愚蠢)하다. ⇔ 우준(愚蠢).《朴新諺 1, 9ㅈ》我是愚蠢之人, 나는 이 愚蠢ᄒ 사롬이오.

우지령(于志寧) 톙 당대(唐代)의 문신. 자는 중밀(仲謐). 시호는 정(定). 당초(唐初) 진왕부(秦王府) 십팔학사(十八學士)의 한 사람. 국사(國史)를 감수하고 격식 율령(格式律令)·오경의소(五經義疏)의 제작에 참여하였다. 벼슬은 태자 태사(太子太師)를 지냈다.《集覽, 朴集, 中, 8ㅈ》十八學士. 唐太宗秦王時, 開館延文學之士, 杜如晦·房玄齡〈齡〉·虞世南·褚遂良·姚思廉·李玄道·蔡允恭·薛元敬·顏相時·蘇勗·于志寧·蘇世長·薛攸·李守素·陸德明·孔穎達·蓋文達·許敬宗爲文學館學士, 分爲三番, 更日直宿.

우참(右驂) 톙 수레를 끄는 세 마리 또는 네 마리 말 중 맨 오른쪽의 말.《集覽, 朴集, 下, 8ㅎ》五箇鋪馬. 按禮, 天子六馬, 左右驂, 三公·九卿駟馬, 左驂.

우창(牛廠) 톙 토우(土牛)를 만드는 헛간.《集覽, 朴集, 下, 10ㅈ》牛廠. 屋無壁爲廠, 卽塑牛處.《朴新諺 3, 46ㅈ》那牛廠(朴新注, 61ㅈ: 屋無壁為廠, 卽塑牛處.)裡, 뎌 牛廠에셔.

우천(雨天) 톙 비가 오는 날.《朴新諺 1, 25ㅎ》今日下雨天, 오눌 비 오는 날이니.

우편(右-) 톙 우편(右便). 오른쪽. ⇔우변(右邊).《朴新諺 3, 27ㅈ》左邉搭右邉走, 左편으로 글면 右편으로 둣고, 右邉搭左邉去, 右편으로 글면 左편으로 가매.

우필(右弼) 톙 구성(九星) 중(中)의 여덟째 별 이름. 좌보성(左輔星)의 아래에 있다.《集覽, 朴集, 上, 7ㅈ》北斗左輔右弼. 凡九星, 曰樞宮貪狼, 曰璇宮巨門, 曰璣〈幾〉宮祿存, 曰權宮文曲, 曰衡宮廉貞, 曰闓(開)陽宮武曲, 曰瑤光宮破軍, 曰洞明宮

左輔, 曰隱元宮右弼.《朴新諺 1, 22ㅈ》左輔右弼板和那両箇束兒, 左輔 右弼 돈과 두 뭇금쇠는.

우ㅎ 톙 위. 위(쪽). ●⇔상(上).《朴新諺 1, 9ㅎ》直渰過蘆溝橋上獅子頭了, 바로 蘆溝橋 우희 獅子 머리룰 줌가 넘어.《朴新諺 1, 37ㅎ》把小肚皮上使一針, 져근비 우희다가 ᄒ 번 針 주고.《朴新諺 1, 40ㅈ》墙上一箇琵琶任誰不敢拿他, 담 우희 ᄒ 琵琶룰 아모도 敢히 뎌룰 잡지 못ᄒ는 거시여.《朴新諺 2, 5ㅎ》再看那閣前水面上, 다시 뎌 閣 앏 물 우흘 보니.《朴新諺 2, 29ㅎ》結草廬於香山之上, 草廬룰 香山 우희 지엇쏘다.《朴新諺 2, 38ㅎ》山頂上有一小池, 山頂 우희 ᄒ 져근 못이 이시니.《朴新諺 3, 12ㅈ》那藥舖門首槐子上, 뎌 藥舖 門 앏 궤 우희.《朴新諺 3, 28ㅈ》接在頭項上照舊如初, 목 우희 니으니 녜대로 처음 ᄀ튼지라.《朴新諺 3, 34ㅎ》大明殿前月臺上, 大明殿 앏 月臺 우희.《朴新諺 3, 47ㅎ》上寫着明現眞君四箇大字, 우희 明現眞君 네 큰 字를 쓰고. ●⇔상두(上頭).《朴新諺 2, 34ㅈ》用板盖在上頭, 널로 우희 덥고. ⊜⇔상면(上面).《朴新諺 1, 29ㅈ》上面絟着孔雀翎, 우희 孔雀翎 ᄃ랏고.《朴新諺 2, 5ㅈ》上面盖的瓦如鋪翠, 우희 녠 디새눈 비취룰 씬 듯ᄒ고.《朴新諺 3, 43ㅎ》上面供着一尊佛像, 우희 一尊 佛像을 供ᄒ고. ⬛⇔상변(上邊).《朴新諺 1, 55ㅈ》上邉把小被盖着, 우희 져근 니블을다가 덥허.《朴新諺 2, 47ㅎ》剔手傍上邊着箇人字下邊着箇也字便是, 지슈 변에 우희 人字 ᄒ고 아리 也字 ᄒ 거시 곳 이라.

우화(雨靴) 톙 비가 오거나 땅이 질 때에 신는 목이 긴 가죽신. ⇔즌훠.《朴新諺 2, 57ㅈ》這麼拿我的雨衣·雨靴來, 이러면 내 유삼과 즌훠룰 가져와.

우희(優戱) 톙 광대놀음. 희극(戱劇).《朴新諺 2, 11ㅎ》還有那弄寳盖(朴新注, 27

ㅈ: 優戱時, 一人擎絲帛寶盖, 先入優塲,
告設戱節(節)次.)的, 또 寶盖 농ᄒᆞ는 이
도 이시니.

운 回 몫. ⇔정(停).《朴新諺 3, 38ㅎ》三停
裡該分與主人二停纏是, 세 운에셔 맛당
이 主人을 두 운을 논화 주어야 올커눌.
他只交(把)一停與主人, 데 다만 혼 운을
다가 主人을 주고.

운(雲) 圀 구름. ●⇔구룸.《朴新諺 1, 30
ㅈ》身穿烏雲豹皮袍, 몸에 거믄 구룸 ᄀᆞ
튼 豹皮 袍롤 닙고. ●⇔구름.《朴新諺
2, 5ㅈ》遠望去如在靑雲裏一般, 멀리 ᄇᆞ
라매 푸른 구름 속에 잇ᄂᆞᆫ 듯ᄒᆞ고.

운(運) 圀 운수(運數). 운명.《朴新諺 2, 51
ㅎ》時來鐵也爭光, ᄠᅢ 오면 쇠도 빗츨 ᄃᆞ
토고. 運去黃金失色, 運이 가면 黃金이
빗츨 일ᄂᆞᆫ다 ᄒᆞ니라.

-운 어미 -은.《集覽, 朴集, 上, 8ㅎ》刺通袖
膝欄. 뷔운 실로 치질ᄒᆞ니를 呼爲刺.

운기(運氣) 圀 운명. 운수. 운세(運勢).《朴
新諺 3, 29ㅎ》也是我運氣不好撞着你, 또
내 運氣 됴치 아니ᄒᆞ여 너를 만나도다.

운남(雲南) 圀 현(縣) 이름. 한대(漢代)에
두었다. 소재지는 운남성(雲南省) 상운
현(祥雲縣) 남쪽에 있었다.《集覽, 朴集,
中, 6ㅎ》雲南氈. 雲南, 古梁州, 南境爲徼
外夷也. 漢置益州郡, 元置路, 今改爲布政
司.《朴新諺 2, 32ㅎ》一頂要雲南氈(朴新
注, 34ㅎ: 雲南, 古梁州. 出氊, 細密爲天下
最.)大帽, ᄒᆞ나흔 雲南氈 큰갓슬 ᄒᆞ고.

운남전(雲南氈) 圀 중국 운남(雲南)에서
나는 품질이 좋은 모전(毛氈).《集覽, 朴
集, 中, 6ㅎ》雲南氈. 雲南, 古梁州, 南境
爲徼外夷也. 漢置益州郡, 元置路, 今改爲
布政司. 州縣俱出氊, 細密爲天下最.《朴
新諺 2, 32ㅎ》一頂要雲南氈(朴新注, 34
ㅎ: 雲南, 古梁州. 出氊, 細密為天下最.)
大帽, ᄒᆞ나흔 雲南氈 큰갓슬 ᄒᆞ고.

운략(韵畧) 圀 =운략(韻略). '韵'은 '韻'과
'畧'은 '略'과 같다.《集韻, 燆韻》韻, 說文,
和也. 或作韵.《正字通, 田部》畧, 畧同.
《集覽, 朴集, 中, 9ㅈ》閣落. 按韻〈韵〉書,
栲栳, 木名, 筹筐, 柳器. 並音ヱ로, 皆上
聲, 與本語字音大不相同. 但免疑韻略〈韵
畧〉及字學啓蒙字作旭旮, 音ᄀᆞ로.

운략(韻略) 圀 예부운략(禮部韻略). 송(宋)
나라의 정도(丁度)가 지은 운서(韻書).
《集覽, 朴集, 中, 3ㅈ》刣劃. 排擠開割之
意. 刣, 韻書不收, 免疑韻略音〈免疑韻略
音作〉百.《集覽, 朴集, 中, 9ㅈ》閣落. 按韻
〈韵〉書, 栲栳, 木名, 筹筐, 柳器. 並音ヱ로,
皆上聲, 與本語字音大不相同. 但免疑韻
略〈韵畧〉及字學啓蒙字作旭旮, 音ᄀᆞ로.

운서(韵書) 圀 =운서(韻書). '韵'은 '韻'과
같다.《集韻, 燆韻》韻, 說文, 和也. 或作
韵.《集覽, 朴集, 中, 9ㅈ》閣落. 按韻〈韵〉
書, 栲栳, 木名, 筹筐, 柳器. 並音ヱ로, 皆
上聲.

운서(韻書) 圀 한자를 운(韻)에 따라 분류
한 자서(字書).《集覽, 字解, 單字解, 3
ㅎ》們. 諸韻書皆云, 們渾, 肥滿皃. 今俗
借用爲等輩之字, 而曰我們 · 咱們 우리,
你們 너희. 又猶言如此也. 這們 이리, 那
們 뎌리.《集覽, 朴集, 中, 3ㅈ》刣劃. 排
擠開割之意. 刣, 韻書不收, 免疑韻略音
〈免疑韻略音作〉百.《集覽, 朴集, 中, 7
ㅎ》躧. 今按, 舊本作趓. 韻書, 跐, 音재,
又ㅈ. 躧, 音새, 又시. 兩字爲채音者, 韻
書不收, 而俗讀則俱從채音, 並上聲.)破
了, 그저 불와 ᄠᅥ릴가 저페라.《集覽, 朴
集, 中, 9ㅈ》閣落. 按韻〈韵〉書, 栲栳, 木
名, 筹筐, 柳器. 並音ヱ로, 皆上聲.

운영(雲影) 圀 구름의 그림자.《集覽, 朴
集, 上, 15ㅈ》西湖. 在玉泉山下, 泉水潴
而爲湖, 流入宮中. 西苑爲太液池, 出都城
爲玉河, 東南流注于大通河. 環湖十餘里,
荷 · 蒲 · 菱 · 芡與夫沙禽 · 水鳥出沒,
隱暎於天光雲影中, 實佳境也.

운외(雲外) 圀 구름의 밖이라는 뜻으로,
선계(仙界)를 비유하는 말.《集覽, 朴集,

上, 8ㅈ》翫月會. 東京錄云, 中秋夜, 貴家
結飾臺榭, 民間爭占酒樓翫〈玩〉月, 絲簧
鼎沸, 近內庭居民, 夜深遙聞笙竽之聲, 宛
若雲外天樂, 閭里兒童連宵嬉戲, 夜市騈
闐, 至於通曉.

운운(云云) 형 이와 같다. 이러하다. 《集
覽, 朴集, 中, 2ㅈ》甘結. 今按, 如保擧人
材者, 必寫稱所擧之人, 並無喪過及干娼
優子嗣, 委的賢能, 如虛甘伏重罪云云.
《集覽, 朴集, 下, 12ㅈ》執結. 今按, 凡供
狀內皆云執結是實, 謂今所供報之詞, 皆
實非虛, 如虛甘罪云云之意, 非徒謂所志
詞語也.

운한(雲漢) 명 은하(銀河). 은하수(銀河
水). 《集覽, 朴集, 上, 15ㅈ》碧漢. 〈卽〉天
河也. 河精上爲天漢. 爾雅, 析木爲之津.
ヒ在箕斗間, 自坤抵艮爲地紀, 亦名雲漢,
曰天潢, 曰銀河, 曰銀漢, 曰河漢.

울다 동 울다. ●⇔규(叫). 《朴新諺 3, 1
ㅈ》田鷄偏又叫的聒譟, 머구리 편벽히
쏘 우러 짓궨다. ●⇔명(鳴). 《朴新諺 2,
18ㅈ》明日雞鳴我便就要起程了, 니일 둙
이 울면 내 곳 즉시 起程ᄒ여 ᄒᄂ니.
《朴新諺 2, 18ㅈ》老爺雞鳴了請起來罷,
老爺ㅣ아 둙이 우러시니 쳥컨대 니러나
라. ⊟⇔제곡(啼哭). 《朴新諺 1, 55ㅈ》
見孩兒啼哭時, 아히 울물 보면. 《朴新諺
3, 27ㅎ》唐僧聽了啼哭, 唐僧이 듯고 우
더니. 《朴新諺 3, 44ㅈ》一路悲哀啼哭, 一
路에 슬피 울고.

울다라승(齏多羅僧) 명 =울다라승(鬱多
羅僧). '齏'은 '鬱(鬱)'의 속자. 《集覽, 朴
集, 上, 10ㅈ》袈裟. 二曰鬱〈齏〉多羅僧,
卽七條也, 此云上着衣也, 入衆時衣, 禮誦
齋講時着.

울다라승(鬱多羅僧) 명 〈불〉 중이 입는
삼의(三衣)의 하나. 예송(禮誦)·청강
(聽講)·설계(說戒)할 때 윗옷으로 입는
법의(法衣)이다. 《集覽, 朴集, 上, 10ㅈ》
袈裟. 二曰鬱〈齏〉多羅僧, 卽七條也, 此云

上着衣也, 入衆時衣, 禮誦齋講時着.

웃다 동 ●웃다. ⇔소(笑). 《朴新諺 3, 25
ㅎ》皇后大笑說猜不着了, 皇后ㅣ 크게
웃고 니ᄅ되 아지 못ᄒ여다. ●웃다. 비
웃다. ⇔견소(見笑). 《朴新諺 3, 59ㅈ》聊
以奉送幸勿見笑, 애아로시 ᄡᅥ 밧드러 보
내니 힝혀 웃지 말라.

웅덩이 명 웅덩이. ⇔수와자(水窪子). 《朴
新諺 3, 1ㅈ》這房後偏近着水窪子, 이 집
뒤히 편벽히 웅덩이 갓가와.

원(怨) 동 원망하다. 비난하다. ⇔원ᄒ다
(怨-). 《朴新諺 3, 8ㅎ》保佑我完了這願心
便死也無怨了, 나를 保佑ᄒ여 이 願心을
뭇게 ᄒ면 곳 죽어도 怨홈이 업스리라.

원(原) 부 본디. 원래. 본래. ⇔본디. 《朴
新諺 2, 14ㅈ》這魚白絹紬原是婦人家大
襖裏子, 이 옥식 綿紬눈 본디 婦人의 큰
옷 안히니. 《朴新諺 2, 56ㅈ》我原說你那
裏敵的我過哩, 내 본디 닐엇ᄂ니 네 엇
지 나를 더적ᄒ리오. 《朴新諺 2, 58ㅈ》
原是箇南方人, 본디 이 南方 사ᄅ.

원(員) 의 명. 인(人). 《集覽, 朴集, 上, 4
ㅈ》院判. 太醫院有院使一員, 院判一員.
《集覽, 朴集, 中, 1ㅈ》分例支應. 元制, 正
官一員, 一日宿頓, 該支〈支〉米一升, 糆一
斤, 羊肉一斤, 酒一升, 柴一束, 經過減半,
從人一名, 止支〈支〉米一升, 經過減半. 今
制, 正官一員, 一日經過, 米三升, 宿頓五
升, 從人一名, 經過二升, 宿頓三升. 漢俗
今云行三坐五. 《朴新諺 1, 8ㅈ》院判(朴
新注, 3ㅎ: 太醫院, 有院使一員, 院判一
員.)哥, 院判 형아. 《朴新諺 2, 15ㅎ》正·
副使三員從人六名, 正·副使 三員과 從
人 六名에. 《朴新諺 2, 16ㅈ》官三員, 관
원 三員에.

원(園) 명 동산. ⇔동산. 《朴新諺 2, 40ㅈ》
再叫小廝們到西園裏去, 쏘 아히들로 ᄒ
여 셧녁 동산에 가.

원(圓) 형 둥글다. ⇔두렷ᄒ다. 《朴新諺 1,
21ㅎ》南斗六星板却做得忒圓了些, 南斗

六星 돈은 믿든 거시 너무 두렷ᄒ고. 《朴新諺 2, 29ㅎ》面圓璧月身瑩瓊瑰, ᄂ츤 璧月ᄀ치 두렷ᄒ고 몸은 瓊瑰ㅣᄀ치 물그며.

원(遠) 團 멀리. ⇔멀리. 《朴新諺 2, 5ㅈ》遠望去如在靑雲裏一般, 멀리 ᄇ라매 푸른 구름 속에 잇ᄂ 듯ᄒ고. 《朴新諺 2, 23ㅈ》眞是遠行知馬力日久見人心, 진실로 이 멀리 가매 물 힘을 알고 날이 오래매 사름의 ᄆᄋᆷ을 보ᄂ니라. 《朴新諺 3, 40ㅎ》只管遠送他怎麼, 그저 ᄉ러여 멀리 더롤 보내여 므슴 ᄒ리오.

원(遠) 阅 멀다. ●⇔머다. 《朴新諺 2, 43ㅎ》那般差遠着裏, 그러면 ᄊ미 머니. ● ⇔멀다. 《朴新諺 1, 42ㅈ》咱們男子漢出遠門, 우리 ᄉ나희 먼 듸 나가.

원(願) 통 원(願)하다. 소원하다. ●⇔원ᄒ다. 《朴新諺 2, 22ㅈ》謝天地只願好收成就勾了, 天地끠 謝ᄒᄂ니 다만 원컨대 잘 收成ᄒ면 곳 넉넉ᄒ리로다. ●⇔원ᄒ다(願-). 《朴新諺 3, 57ㅎ》願公速救百姓之苦, 願컨대 公은 쌜리 百姓의 괴로움을 구ᄒ라.

원가(原價) 圐 원래의 가격. 《集覽, 字解, 單字解, 6ㅈ》典. 凡人或缺少口粮, 或遇事用錢者, 以物折直, 立限賣與人爲質而求錢取用. 至限償還其直取物而還也. 律條疏議云, 以價易去, 而原價取贖曰典.

원가(寃家) 圐 자기에게 원한을 갖고 있는 사람. 원수(怨讐). 《朴新諺 3, 5ㅈ》只怕那寃家們打關節煩人說情哩, 그저 뎌 寃家들이 쇼청ᄒ여 사름을 식여 情을 니론가 저페라.

원각(圓覺) 圐 〈불〉 부처의 원만한 깨달음. 《集覽, 朴集, 中, 4ㅎ》童男童女. 觀音現三十二應, 曰佛身, 曰辟支〈支〉, 曰圓覺, 曰聲聞, 曰梵王, 曰帝釋, 曰自在天, 曰大自在天, 曰天大將軍, 曰四天王, 曰四天太子, 曰人王, 曰長者, 曰居士, 曰宰官, 曰婆羅門, 曰比丘, 曰比丘尼, 曰優婆塞, 曰

優婆夷, 曰女主, 曰童男, 曰童女, 曰天身, 曰龍身, 曰藥叉, 曰乾達婆, 曰阿脩羅, 曰緊那羅, 曰摩睺羅, 曰樂人, 曰非人. 《集覽, 朴集, 下, 3ㅈ》三寶. 佛・法・僧也. 功成妙智, 道登圓覺, 佛也, 玄理幽微, 正教精誠, 法也, 禁戒守眞, 威儀出俗, 僧也. 《朴新諺 3, 14ㅈ》不信佛法不尊三寶(朴新注, 49ㅎ: 佛・法・僧曰三寶. 功成妙智, 道登圓覺, 佛也, 玄理幽微, 正教精誠, 法也, 禁戒守眞, 威儀出俗, 僧也. 故曰寶.), 佛法을 信치 아니ᄒ고 三寶를 尊치 아니ᄒ니.

원권(圓圈) 圐 원(圓). 고리. 테두리. 《集覽, 朴集, 下, 7ㅈ》提攬. 質問云, 如筐子, 上有圓圈, 用手提携, 方言謂之提攬.

원근(遠近) 圐 멀고 가까움. 《集覽, 朴集, 下, 9ㅈ》彩亭子. 僧尼・道士及鼓〈皷〉樂・鍾鈸塡咽大路, 遠近大小親鄰〈隣〉男女, 前後導從者, 不知幾人, 後施夾障從之. 《朴新諺 2, 6ㅈ》紅的白的是遠近荷花, 紅ᄒ고 白ᄒ 거슨 이 遠近 荷花ㅣ오. 《朴新諺 2, 19ㅎ》並遠近親戚人等爭競, 다못 遠近 親戚人 等이 爭競홈이 잇거든.

원금(援琴) 통 거문고를 잡다(쥐다). 곧, 거문고를 연주하다. 《集覽, 朴集, 下, 3ㅈ》六鶴舞琴. 史記, 師曠援琴而鼓, 一奏之, 有玄鶴二八集于廊門, 再奏之, 延頸而鳴, 舒翼而舞.

원내(院內) 圐 절의 경내(境內). 《集覽, 朴集, 上, 10ㅈ》袈裟. 三曰安陁會, 卽五條也, 院內行道雜作衣.

원락(院落) 圐 뜰. 정원. ⇔뜰. 《集覽, 字解, 單字解, 7ㅎ》落. 落了 디다. 又院落 뜰. 又落下 떠디우다. 又數落了罪過 죄목 혜다. 又吏語, 下落 간 곧, 又發落 공ᄉ 긃내다.

원래(原來) 團 본디. 원래. 본래. ⇔본디. 《朴新諺 3, 28ㅎ》國王道原來是一箇虎精, 國王이 니르되 본디 이 ᄒ 虎精이랏다.

원류(源流) 圐 사물이나 현상의 본래 근

원.《集覽, 朴集, 上, 13ㅈ》盤纏. 길헤 여·러 가지로 쓰는 것. 質問云, 盤費纏緻供給之物, 如供給服食應用金銀·財帛之類. 今按, 盤纏二字, 取義源流未詳.《集覽, 朴集, 下, 2ㅈ》三隻脚鐵蝦蟆. 今按, 漢俗, 優人作戲時, 手執三脚蝦蟆入優場作戲. 問之, 則曰, 唯仙家蓄養三脚蝦蟆, 俗人聞氣者必死. 然未詳源流.《集覽, 朴集, 下, 9ㅎ》碎盆. 未詳源流. 但本國送殯之晨, 在家者見靈輀登道, 卽隨以瓦器擲碎於門外, 大聲作語曰, 持汝家具而去. 云爾者, 盖使亡人無留念家緣之術也.

원리주(院裏走) 명 창녀와 노는 사람. 창녀와 간음하는 사람.《集覽, 朴集, 上, 6ㅎ》拘欄. 今按, 北京有東拘欄·西拘欄. 俗謂宿娼者曰院裏走.

원만(圓滿) 통 〈불〉 불사(佛事)가 끝나다. ⇔원만ᄒ다(圓滿-).《朴新諺 2, 10ㅈ》聽說只得三日三夜就圓滿(朴新注, 26ㅈ: 道場切完曰圓滿.)了, 드ᄅ니 그저 三日 三夜롤 ᄒ여야 곳 圓滿ᄒ니.

원만ᄒ다(圓滿-) 통 〈불〉 원만(圓滿)하다. ⇔원만(圓滿).《朴新諺 2, 10ㅈ》聽說只得三日三夜就圓滿(朴新注, 26ㅈ: 道場切完曰圓滿.)了, 드ᄅ니 그저 三日 三夜롤 ᄒ여야 곳 圓滿ᄒ니.

원명(圓明) 통 철저하게 깨닫다.《集覽, 朴集, 下, 3ㅈ》三寶. 又法數云, 十號圓明, 萬行具足, 天龍戴仰, 稱無上尊, 卽佛寶也.

원목(圓木) 명 둥근 나무. 또는 몽둥이.《集覽, 朴集, 上, 6ㅎ》打擡. 音義云, 杭州小兒之戲也. 用小圓木長三四寸, 各持〈各持一〉塊, 彼此相擊, 出限者爲輸.《朴新諺 1, 20ㅈ》也有踢毬(朴新注, 8ㅈ: 毬, 以圓木二箇, 用木杓一上一下連接不絶, 方言謂之打毬.)的, 댱방올 츠리도 이시며.

원반(圓飯) 명 예전 중국의 혼인에서, 친영(親迎) 때 신부가 신랑 집에 가서 사흘을 묵는데, 마지막 날 신부 측에서 잔치를 위하여 신랑 측에 보내온 술과 음식.《集覽, 朴集, 上, 12ㅈ》圓飯筵席. 圓作完是, 謂齊足之意. 今按, 漢人娶妻親迎, 而女至男家以宿, 則女家送女食于男家, 三日而止. 止食之日, 女家必具酒饌, 送男家設宴, 謂之完飯筵席. 質問同. 舊本曰解〈觧〉慢筵席. 邵氏聞見錄, 宋景文公納子婦, 其婦家饋食. 書云, 以食物煖女. 公曰, 錯用字, 從食·從而·從大, 其子退撿. 博雅餪字注云, 女家三日餉食爲餪女也. 圓飯, 卽遺制也.

원반연석(圓飯筵席) 통 원반(圓飯)으로 큰 이바지(잔치)를 하다. 또는 그런 잔치.《集覽, 朴集, 上, 12ㅈ》圓飯筵席. 圓作完是, 謂齊足之意. 今按, 漢人娶妻親迎, 而女至男家以宿, 則女家送女食于男家, 三日而止. 止食之日, 女家必具酒饌, 送男家設宴, 謂之完飯筵席. 質問同. 舊本曰解〈觧〉慢筵席. 邵氏聞見錄, 宋景文公納子婦, 其婦家饋食. 書云, 以食物煖女. 公曰, 錯用字, 從食·從而·從大, 其子退撿. 博雅餪字注云, 女家三日餉食爲餪女也. 圓飯, 卽遺制也.

원방(遠方) 명 먼 지방. 또는 먼 곳.《集覽, 朴集, 下, 8ㅎ》五箇鋪馬. 鋪馬, 站馬也. 元制, 遠方之任官員, 一品五疋〈匹〉, 二品四疋〈匹〉, 三·四品三疋〈匹〉, 五品以下二疋〈匹〉.

원보(元宝) 명 =원보(元寶). '宝'는 '寶'의 속자.《宋元以來俗字譜》寶, 通俗小說作宝.《集覽, 朴集, 上, 9ㅎ》細絲官銀. 銀十品曰十成, 曰足色, 曰成色, 曰細絲, 曰手絲兒, 曰吹螺, 曰白銀. 九品曰九成, 曰靑絲. 八品曰八成. 總稱〈総稱〉元寶〈宝〉. 元寶釋見下.

원보(元寶) 명 ❶말굽은(銀). 중국에서 쓰던 화폐의 하나.《集覽, 朴集, 上, 9ㅎ》細絲官銀. 銀十品曰十成, 曰足色, 曰成色, 曰細絲, 曰手絲兒, 曰吹螺, 曰白銀. 九品曰九成, 曰靑絲. 八品曰八成. 總稱〈総稱〉元寶〈宝〉. 元寶釋見下. ❷전폐(錢幣)의

한 가지. 당(唐)나라 때 개원통보(開元通寶)를 개통원보(開通元寶)로 잘못 읽어 생겨난 이름으로, 대송원보(大宋元寶)·대력원보(大曆元寶) 등이 있었다. 《集覽, 朴集, 中, 8ㅎ》錠. 今按, 俗謂銀一餠, 亦謂之一錠, 元寶則五十兩爲一錠. 《集覽, 朴集, 下, 5ㅎ》元寶. 南村輟耕錄云, 至元十三年, 元兵平宋, 回至楊(揚)州, 丞相伯顔號令搜撿(檢)將士行李, 所得撒花銀子, 銷鑄作錠, 每五十兩爲一錠, 歸朝獻〈献〉納. 世祖大會王子·王孫·駙馬·國戚, 從而頒賜, 或用貨賣, 所以民間有此錠也. 錠上有字, 曰楊(揚)州元寶. 後朝廷亦鑄. 又有遼陽元寶, 至元二十三年, 征遼所得銀子而鑄者也. 撒花, 元語, 猶本國語曰土産也.《朴新諺 3, 33ㅈ》元寶(朴新注, 56ㅈ: 十成銀也. 五十兩為一錠.)只有半錠, 元寶ㅣ 그저 반 덩이 이시니.

원본(元本) 图 근본. 시작. 근원.《集覽, 朴集, 上, 7ㅈ》北斗左輔右弼. 晉書天文志云, 七星在太微北, 七政之樞機, 陰陽之元本.

원본(原本) 图 개정이나 번역 따위를 하기 전 본디의 서류나 책.《集覽, 凡例》音義者, 即原本所著音義也. 所釋或與譯語指南不同, 今從音義之釋. 音義有誤者, 今亦正之.《集覽, 朴集, 上, 1ㅈ》隨食. 質問云, 以麥糆和油作小餠, 喫茶時食之, 取其香酥也. 原本用隨字, 故反〈飜〉譯亦用隨字, 俗音:취, 今更質之, 字作饀, 宜從:쉬音讀, 今俗亦曰饀餠.《集覽, 朴集, 上, 8ㅈ》滿剌〈刺〉嬌. 今按, 剌〈刺〉, 新舊原本皆作池, 今詳文義, 作剌〈刺〉是.

원본(院本) 图 금·원대(金元代)에 기원(妓院)에서 연창(演唱)하던 희곡의 각본. 명·청대(明淸代)에는 잡극(雜劇)이나 전기(傳奇)를 이르는 말로 썼다.《集覽, 朴集, 上, 2ㅎ》院本. 南村輟耕錄云, 唐有傳奇, 宋有戲曲·唱諢·詞說, 金有雜劇·諸宮調. 院本·雜劇, 其實一也.

國朝, 院本·雜劇, 始釐而二之. 院本則五人, 一曰副淨, 古謂之叅軍, 一曰副末, 古謂之蒼鶻, 鶻能擊禽鳥, 末可打副淨, 古(故)云, 一曰引戲, 一曰末泥, 一曰孤裝, 又謂之五花爨弄. 或曰, 宋徽宗見爨國人來朝, 衣裝·鞵履·巾裹, 傅粉墨, 擧動如此, 使優人効之以爲戲. 其間副淨有散說, 有道念, 有筋斗, 有科範. 盖古敎坊色長有魏·武·劉三人, 而魏長於念誦, 武長於筋斗, 劉長於科範, 至今樂人皆宗之. 質問云, 院本有曰外, 或粧先生·採訪使·考試官·老人·達達之類, 皆是外扮, 曰淨, 有男淨·有女淨, 亦做醜態, 專一弄言取人歡笑, 曰末, 粧扮不一, 初則開場白說, 或粧家人·祗候, 或扮使臣之類, 曰丑, 狂言戲弄, 或粧醉漢·太醫·吏員·媒婆之類. 今按, 諢音混, 優人戲弄之言也.

원비(元妃) 图 임금의 정실을 이르던 말.《集覽, 朴集, 下, 12ㅎ》娘子柳氏〈柳氏〉. 太祖聞之, 迎以爲妃. 後裴玄慶·申崇謙等推戴太祖, 后贊成之. 旣卽位, 策后爲元妃.

원사(院使) 图 청대(淸代)에 태의원(太醫院)의 사무를 총괄하던 벼슬아치.《集覽, 朴集, 上, 4ㅈ》院判. 太醫院有院使一員, 院判一員.《朴新諺 1, 8ㅈ》院判(朴新注, 3ㅎ: 太醫院, 有院使一員, 院判一員.) 哥, 院判 형아.

원수 图 원수(元數). 본디의 수. ⇔태(兌).《集覽, 字解, 單字解, 5ㅎ》虧. 損也, 少也. 虧你多少 네게 언메나 낟브뇨, 虧着我 내게 낟배라. 又次也. 吏語, 虧兌 원수에서 ᄯᅳᆯ다.

원수(芫荽) 图 고수. (산형과의 한해살이풀. 절에서 많이 재배한다) ⇔고싀.《朴新諺 2, 39ㅎ》蘿蔔, 댓무우. 蔓菁, 쉿무우. 萵苣, 부로. 葵菜, 아혹. 白菜, 비치. 赤根菜, 시근치. 芫荽, 고싀. 蔥, 파. 蒜, 마늘. 薤菜, 부치. 荊芥, 형개. 薄荷, 박하. 茼蒿, 믈뿍. 水蘿蔔, 물한댓무우. 胡

蘘薑, 노른댓무우. 芋頭, 토란. 紫蘇都好種的, 紫蘇를 다 시므이 됴타.

원수(寃讐) 몡 원수(怨讐).《朴新諺 3, 23ㅈ》咱兩箇寃讐非同小可, 우리 둘히 寃讐ㅣ 젹지 아니ᄒ니라. 有何寃讐呢, 무슴 寃讐ㅣ 이시리오.

원숙(圓熟) 혱 원숙(圓熟)하다. 노련하다.《集覽, 字解, 單字解, 4ㅎ》甚. 슴. 俗語, 甚麼 므슴, 猶何也. 又有呼爲신音者, 故古文・語錄有什麼之語, 音시모. 以甚爲什, 殊無意義. 甚字用終聲, 連呼麼字, 則難於作音, 語不圓熟. 故甚字不用終聲之音, 今俗亦呼爲스마.

원슈 몡 원수(怨讐). ⇔수(讐).《朴新諺 3, 23ㅎ》這的不是大讐麼, 이거시 큰 원쉬 아니가.

원시천존(元始天尊) 몡 도교에서 이르는 세 신(神) 가운데 옥청 원시천존(玉淸元始天尊)을 이르는 말.《集覽, 朴集, 下, 4ㅎ》三淸. 道經云, 無上大羅. 玉淸, 十二天聖境也, 九聖所居, 元始天尊所治.《朴新諺 3, 22ㅈ》起盖三淸(朴新注, 52ㅈ: 玉淸・上淸・太淸, 謂之三淸. 元始天尊・玉晨道君・太上老君分居之.)大殿, 三淸大殿을 지어.

원심(願心) 몡 바람. 희망. 원망(願望). 염원.《朴新諺 3, 8ㅈ》保佑我完了這願心便死也無怨了, 나를 保佑ᄒ여 이 願心을 못게 ᄒ면 곳 죽어도 怨홈이 업스리라.

원안(圓眼) 몡 ●(장치기공을 쳐 넣는, 가자(架子)에 낸) 둥근 구멍.《集覽, 朴集, 下, 7ㅎ》窩兒. 又一本質問畫毬門架子, 如本國抛毬樂架子, 而云木架子, 其高一丈, 用五色絹結成彩門, 中有圓眼, 擊起毬兒入眼過落窩者勝. ●용안(龍眼)의 다른 이름. (무환자과에 속하는 상록 교목으로, 씨에 붙은 용안육은 맛이 달아 식용 또는 약용한다)《集覽, 朴集, 上, 2ㅈ》龍眼. 一名圓眼. 樹如荔支〈支〉, 但枝葉稍小, 其子形如彈丸, 核如木槵, 肉白, 漿甘

如蜜, 五六十顆作穗. 荔支〈支〉熟後龍眼熟, 號荔奴. 木槵, 卽本國모관쥬. 槵, 音患.《集覽, 朴集, 上, 7ㅎ》圓眼. 音義云, 龍眼的外名. 釋見上.

원앙(鴛鴦) 몡 =원앙(鴛鴦). '鴛'은 '鴛'의 잘못.《朴新諺 2, 6ㅈ》飛來飛去的是鴛鴦, ᄂ라오며 ᄂ라가는 거슨 이 鴛鴦이오.

원앙(鴛鴦) 몡 원앙새.《集覽, 朴集, 上, 8ㅈ》滿剌〈剌〉嬌. 質問云, 以蓮花・荷葉・藕〈藕〉・鴛鴦・蜂蝶之屬〈形〉, 或用五色絨綉, 或用彩色畫於段帛上, 謂之滿池嬌.《朴新諺 2, 6ㅈ》飛來飛去的是鴛鴦, ᄂ라오며 ᄂ라가는 거슨 이 鴛鴦이오.

원와(圓窩) 몡 (장치기공을 쳐 넣는, 땅을 파서 만든) 둥근 구멍.《集覽, 朴集, 下, 7ㅎ》毬門窩兒. 質問云, 如打毬兒, 先竪一毬門, 上繫毬窩, 然後將毬打上, 方言謂之毬門窩兒. 又云, 平地窟成圓窩, 擊起毬兒落入窩者勝.《朴新諺 3, 37ㅎ》且打毬門窩兒(朴新注, 57ㅎ: 竪一毬門, 上繫毬窩, 將毬打上. 又云, 平地掘成圓窩, 擊起毬兒, 落入窩者勝.)罷, 아직 毬門 굼글 치라.

원외랑(員外郞) 몡 정원 이외에 둔 낭관(郞官). 진(晉) 무제(武帝)가 원외 산기상시(員外散騎常侍)와 원외 산기시랑(員外散騎侍郞)을 두어 원외랑이라 칭한 데에서 비롯되었는데, 당대(唐代)에는 각 부(部)의 정식 관원으로 삼아 낭중(郞中)의 아래와 주사(主事)의 위로 대우하였다.《集覽, 朴集, 上, 1ㅎ》外郞. 泛稱各衙門吏典之號. 俗嫌其犯於員外郞之號, 呼外字爲上聲. 大小衙門吏典名稱各異.

원유(園囿) 몡 원소(園所)와 나라 동산.《集覽, 朴集, 上, 14ㅎ》寒食. 東京錄云, 唐明皇詔寒食上墓, 近代相承, 皆用此日拜掃丘墓, 都人傾城出郊, 四野如芳市〈四野如市〉, 樹之下〈芳尌之下〉, 園囿之間, 羅列杯〈盃〉盤, 抵暮而歸.

원일(元日) 몡 설날. 정월 초하루.《集覽, 朴集, 上, 14ㅎ》拜節. 歲時樂事記云, 元日,

土庶自早互相慶賀, 車馬交馳, 衣服華煥, 雜遝街市, 三四日乃止〈三四日而乃止〉.

원정(眢井) 명 폐정(廢井). 마른 우물. 《集覽, 朴集, 上, 11ㅈ》馬有垂繮之報. 漢高祖與項王會鴻門, 舞劒事急, 謀脫. 匹〈疋〉馬南行, 道傍有一眢井, 馬到井邊不肯行. 漢王恐追者至, 下馬入井. 《朴新諺 1, 42ㅎ》狗有濺草之恩, 개는 濺草흔 恩이 잇고. 馬有垂繮(朴新注, 16ㅎ: 漢高祖自鴻門, 脫歸匹馬南行, 道傍有一眢井, 馬到井邉不肯行. 高祖恐追者至, 下馬入井. 項王追至井傍, 見馬跡, 謂高祖在井, 令人下井搜求. 見井口有蜘蛛罩網, 鵓鴿一雙出井飛去, 謂無人仍還. 翌日, 其馬到井垂繮, 高祖執而出.)之報, 물은 垂繮흔 報ㅣ 잇다 흐니라.

원정(圓淨) 형 모양이 둥글고 빛깔이 맑다. ⇔원정흐다(圓淨-). 《朴新諺 1, 23ㅈ》有黃豆大又圓淨有寶色, 콩만치 크고 쪼 圓淨흐고 寶色이 잇느니라. 《朴新諺 2, 29ㅎ》面圓璧月(朴新注, 33ㅎ: 璧, 瑞玉, 形圓者. 佛書云, 面圓淨如滿月.)身瑩瓊瑰, 놋촌 璧月マ치 두렷흐고 몸은 瓊瑰ㅣ マ치 물그며.

원정(圓頂) 명 둥근 머리. 《集覽, 朴集, 下, 3ㅈ》三寶. 脫塵異俗, 圓頂方袍, 入聖超凡, 爲衆中尊, 卽僧寶也.

원정흐다(圓淨-) 형 원정(圓淨)하다. ⇔원정(圓淨). 《朴新諺 1, 23ㅈ》有黃豆大又圓淨有寶色, 콩만치 크고 쪼 圓淨흐고 寶色이 잇느니라.

원제(元制) 명 원(元)나라의 제도(制度). 《集覽, 朴集, 上, 5ㅈ》月俸. 中朝〈元制〉官祿, 每月支〈支〉給. 《集覽, 朴集, 下, 8ㅎ》五箇鋪馬. 鋪馬, 站馬也. 元制, 遠方之任官員, 一品五疋〈匹〉, 二品四疋〈匹〉, 三・四品三疋〈匹〉, 五品以下二疋〈匹〉.

원조(元朝) 명 원(元)나라. 또는 원나라의 조정. 《集覽, 凡例》質問者, 入中朝質問而來者也. 兩書皆元朝言語, 其沿舊未改

者, 今難曉解. 前後質問亦有抵捂, 姑幷收以祛初學之碍. 間有未及質問, 大有疑碍者, 不敢强解, 宜竢更質.

원증(圓證) 명 고려(高麗)의 중 보우(普愚)의 시호(諡號). 《集覽, 朴集, 上, 15ㅎ》步虛. 戊午冬, 示寂放舍利玄陵, 賜諡圓證國師, 樹塔于重興寺之東, 以藏舍利.

원증국사(圓證國師) 명 고려(高麗)의 중 보우(普愚)의 사시(賜諡). 《集覽, 朴集, 上, 15ㅎ》步虛. 戊午冬, 示寂放舍利玄陵, 賜諡圓證國師, 樹塔于重興寺之東, 以藏舍利.

원첨(院簽) 명 추밀원(樞密院)의 첨서(簽書). 첨서추밀원사(簽書樞密院事)의 준말이다. 《集覽, 朴集, 下, 8ㅎ》樞密院. 元制, 有使・副使・知院・同知院・簽書院, 與〈与〉中書號爲二府, 主兵政.

원통(圓通) 동 〈불〉 지혜로써 진여(眞如)의 이치를 깨닫다. 또는 그 이치. 《集覽, 朴集, 上, 12ㅈ》觀音菩薩. 以耳根圓通, 以聞聲作觀, 故謂之觀世音. 《朴新諺 1, 44ㅎ》眞是觀音菩薩(朴新注, 17ㅈ: 耳根圓通, 聞聲作觀, 故爲之觀音. 菩者, 普也, 薩者, 濟也, 謂普濟衆生也.)一般, 진짓 이 觀音菩薩 흔가지오.

원판(院判) 명 원(院) 자(字)가 든 관서의 판관(判官). 곧, 태의원(太醫院)의 판관을 이른다. 이 외에 선휘원(宣徽院)과 추밀원(樞密院)에도 판관이 있었다. 《集覽, 朴集, 上, 4ㅈ》院判. 太醫院有院使一員, 院判一員. 《朴新諺 1, 8ㅈ》院判(朴新注, 3ㅎ: 太醫院, 有院使一員, 院判一員.) 哥, 院判 형아.

원행(遠行) 동 먼 길을 가다. 《朴新諺 2, 23ㅈ》眞是遠行知馬力日久見人心, 진실로 이 멀리 가매 물 힘을 알고 날이 오래매 사룸의 ᄆ움을 보느니라.

원행지마력일구견인심(遠行知馬力 日久見人心) 쿠 길이 멀어야 말의 힘을 알고, 사람은 지내보아야 안다는 뜻.《朴

新諺 2, 23ㅈ》眞是遠行知馬力日久見人
心, 진실로 이 멀리 가매 물 힘을 알고
날이 오래매 사ᄅᆞᆷ의 ᄆᆞᄋᆞᆷ을 보ᄂᆞ니라.

원ᄒᆞ다 圖 원(願)하다. 소원하다. ⇔원
(願). 《朴新諺 2, 22ㅈ》謝天地只願好收
成就勾了, 天地ᄭᅴ 謝ᄒᆞᄂᆞ니 다만 원컨대
잘 收成ᄒᆞ면 곳 넉넉ᄒᆞ리로다.

원ᄒᆞ다(怨-) 圖 원망하다. 비난하다. ⇔원
(怨). 《朴新諺 3, 8ㅎ》保佑我完了這願心
便死也無怨了, 나를 保佑ᄒᆞ여 이 願心을
믓게 ᄒᆞ면 곳 죽어도 怨홈이 업스리라.

원ᄒᆞ다(願-) 圖 원(願)하다. 소원하다. ⇔
원(願). 《朴新諺 3, 57ㅎ》願公速救百姓
之苦, 願컨대 公은 ᄲᆞᆯ리 百姓의 괴로옴
을 구ᄒᆞ라.

월(月) 圐 ●달[月]. (천체의 하나) ⇔ᄃᆞᆯ.
《朴新諺 1, 40ㅎ》滿天星宿一箇月三條繩
子由你曳, 하늘에 ᄀᆞ득ᄒᆞᆫ 星宿에 ᄒᆞᆫ ᄃᆞᆯ
을 세 오리 노ᄒᆞ로 제대로 ᄭᅳᄋᆞᄂᆞᆫ 거시
여. ●달. ⇔ᄃᆞᆯ. 《朴新諺 1, 8ㅎ》大約這
月二十邊領了詔書箚付就要起身, 대개 이
ᄃᆞᆯ 스므날긔 詔書와 箚付를 ᄐᆞ면 즉시
ᄭᅥ나고져 ᄒᆞ노라. 《朴新諺 1, 44ㅎ》這月
初十邊通信, 이 ᄃᆞᆯ 초열흘긔 通信ᄒᆞ여.
《朴新諺 1, 54ㅎ》待滿了月便吃生冷東西,
ᄃᆞᆯ ᄎᆞ기를 기ᄃᆞ려 곳 生冷엣 거슬 먹으
면. 《朴新諺 1, 58ㅎ》按月送納不致短少
拖欠, ᄃᆞᆯ을 조차 送納호되 ᄶᅥ르치며 믄
그으매 니르게 말고. 《朴新諺 2, 45ㅈ》
按月交納不致短少, ᄃᆞᆯ을 조차 交納ᄒᆞ여
ᄶᅥ르치매 니르지 아니케 ᄒᆞ리라. 《朴新
諺 2, 58ㅎ》這月是大盡是小盡, 이 ᄃᆞᆯ이
이 커 그므느냐 져거 그므느냐. 《朴新諺
3, 50ㅎ》今年某月某日, 今年 아모 ᄃᆞᆯ 아
모 날.

월(月) 回 달. ⇔ᄃᆞᆯ. 《朴新諺 1, 12ㅈ》我有
両箇月俸米要關, 내게 두 ᄃᆞᆯ 녹 ᄲᅮᆯ이 이
셔 ᄐᆞ려 ᄒᆞ노라. 《朴新諺 1, 52ㅈ》到那
裏住両三箇月, 뎌긔 가 두석 ᄃᆞᆯ을 어들
ᄭᅥ시오. 《朴新諺 1, 55ㅎ》每一箇月給二

両妳子錢, 每 ᄒᆞᆫ ᄃᆞᆯ에 두 냥 젓 갑슬 주
고. 《朴新諺 1, 55ㅎ》在肚裏呢懷躭十月,
ᄇᆡ에 이셔ᄂᆞᆫ 열 ᄃᆞᆯ을 ᄇᆡ고. 《朴新諺 2,
52ㅎ》這孩兒幾箇月了, 이 아히 몃 ᄃᆞᆯ이
나 ᄒᆞ뇨. 九箇月了, 아홉 ᄃᆞᆯ이라. 《朴新
諺 3, 40ㅈ》你何不在衙門裡告幾月暇, 네
엇지 衙門에 여러 ᄃᆞᆯ 말믜를 告ᄒᆞ고.

월(越) 凰 ●가장. 매우. 자못. ⇔ᄀᆞ장. 《集
覽, 字解, 單字解, 5ㅎ》越. 尤甚也. 越好
ᄀᆞ장 됴타, 越細詳 더옥 ᄎᆞᆫᄎᆞᆫ하다. ●더
욱. ⇔더옥. 《集覽, 字解, 單字解, 5ㅎ》越.
尤甚也. 越好 ᄀᆞ장 됴타, 越細詳 더옥 ᄎᆞᆫ
ᄎᆞᆫ하다. 《朴新諺 2, 45ㅎ》所以越漏了, 그
러모로 더옥 시니. 《朴新諺 3, 11ㅎ》越疼
的當不得, 더옥 알파 당치 못ᄒᆞ여라.

월건(月建) 圐 달의 간지(干支). 《集覽, 朴
集, 下, 9ㅎ》打春. 至日黎明, 官吏具香花
・燈燭爲壇, 以祭先農. 至立春時, 官吏行
禮畢, 各執彩杖, 環擊土牛者三, 以示勸農
之意. 爲牛者, 謂十二月建丑屬牛, 寒將極,
故爲其像以送之, 且以升陽也.

월궁(月宮) 圐 전설상 달 속에 있다는 궁
전. 《集覽, 朴集, 下, 2ㅈ》三隻脚鐵蝦蟆.
書言故事云, 月宮蟾蜍三足, 是爲昇(羿)妻
所化.

월대(月臺) 圐 궁전이나 누각 따위의 앞
에 있는 섬돌. 《朴新諺 3, 34ㅎ》大明殿
前月臺上, 大明殿 앏 月臺 우희.

월령(月令) 圐 농가나 국가의 정례적인
연간 행사를 월별로 구별하여 기록한
표. 《集覽, 朴集, 下, 9ㅎ》打春. 今按, 月
令曰, 季冬出土牛, 以示農之早晩.

월백(月白) 圐 =월백색(月白色). ⇔남빗
ᄎᆞ. 《朴新諺 2, 43ㅎ》月白的三兩銀子如
何, 남빗츤 석 냥 은에 홈이 엇더ᄒᆞ뇨.

월백색(月白色) 圐 (옅은) 남색. 담청색
(淡靑色). ●⇔남빗. 《朴新諺 2, 42ㅈ》要
南京來的鴉靑色・月白色這兩樣緞子, 南
京으로셔 온 야쳥빗과 남빗 이 두 가지
비단을 ᄒᆞ려 ᄒᆞ노라. ●⇔남빗ᄎᆞ. 《朴

新諺 2, 43ㅈ》月白色的四兩銀子一疋, 남
빗체ᄂᆞᆫ 넉 냥 은에 ᄒᆞᆫ 필이라.
월봉(月俸) 톙 녹(祿). 녹봉(祿俸). ⇔녹.
《集覽, 朴集, 上, 5ㅈ》月俸. 中朝〈元制〉
官祿, 每月攴〈支〉給. 今此一月四石之俸,
以元制考之, 乃從九品也. 米·豆曰祿, 鈔
·錢·絹曰俸.《集覽, 朴集, 上, 5ㅎ》米
貼. 月俸之貼. 質問云, 收米·放米計數之
票〈標〉也. 又云, 是文武官員關攴〈支〉月
米時, 各該衙門出給利信貼兒.《朴新諺 1,
12ㅈ》我有両箇月俸米要關, 내게 두 돌
녹 ᄲᅳ리 이셔 트려 ᄒᆞ노라.《朴新諺 1,
14ㅈ》還要把領子(朴新注, 5ㅎ: 月俸之
貼.)到該管書辦(處換過小票, 당시롱 트
ᄂᆞᆫ 톄롤 가져 ᄀᆞ옴아ᄂᆞᆫ 셔반의게 가 져
근 票롤 밧고고.
월부(鉞斧) 톙 월(鉞)과 부(斧). (장수가
출정할 때 임금이 부신(符信)으로 주던
도끼 모양의 의장(儀仗)이다)《朴新諺 3,
35ㅈ》還有那拿鉞(鉞)斧的, ᄯᅩ 뎌 鉞(鉞)
斧 가지니와.《朴新諺 3, 39ㅈ》車馬·羅
傘, 車馬와 羅傘과. 金瓜·鉞(鉞)斧, 金瓜
와 鉞(鉞)斧와.
월세상(越細詳) 혱 더욱 찬찬하다. 더욱
차근차근하다.《集覽, 字解, 單字解, 5
ㅎ》越. 尤甚也. 越好 ᄀᆞ장 됴타, 越細詳
더옥 ᄎᆞᆫᄎᆞᆫᄒᆞ다.
월여(月餘) 톙 달포. (한 달이 조금 넘는
기간)《朴新諺 3, 15ㅎ》約待月餘便可起
程, 대개 月餘를 기ᄃᆞ리면 곳 가히 起程
홀 거시니.
월영(月影) 톙 달의 그림자. 또는 달의 모
습.《集覽, 朴集, 下, 11ㅎ》李白摸月. 李
白, 唐玄宗朝詩人也. 泛采石江, 見月影滿
水, 以手弄月, 身飜〈翻〉而死.《朴新諺 3,
50ㅈ》我不管那李白撈月(朴新注, 62ㅎ:
世稱, 李白泛采石江, 見月影在水, 以手撈
月, 曰墮水死.), 내 뎌 李白의 撈月홈을
ᄀᆞ옴아지 아니ᄒᆞ고.
월왕(越王) 톙 월(越)나라의 왕. 곧, 월왕

(越王) 구천(勾踐)을 이르는 말.《集覽,
朴集, 下, 11ㅎ》范蠡歸湖. 范蠡, 越之大
夫也. 相越王勾踐敗吳, 曰, 越王爲人長頸
鳥〈烏〉喙, 可與圖〈圖〉患難, 不可與共安
逸. 遂泛扁舟, 載西施, 遊五湖不返.
월자(月子) 동 해산(解産)하다. 분만(分
娩)하다. ⇔희산ᄒᆞ다.《朴新諺 1, 54ㅈ》
姐姐你纔做了月子(朴新注, 20ㅎ: 分娩
也.), 각시아 네 ᄌᆞ 희산ᄒᆞ다 ᄒᆞ니.
월절(月節) 톙 음력 한 달.《集覽, 朴集,
下, 9ㅈ》殃榜. 臞仙肘後經云, 生人所生之
年, 與亡〈兦〉者所死月節〈節〉相犯則忌
避. 如四孟節〈節〉内死者, 忌寅·申·巳
·亥生人, 四仲月節〈節〉内死者, 忌子·
午·卯·酉生人, 四季月節内者〈四季月
節内死者〉, 忌辰·戌·丑·未生人是也.
월호(越好) 혱 가장 좋다.《集覽, 字解, 單
字解, 5ㅎ》越. 尤甚也. 越好 ᄀᆞ장 됴타,
越細詳 더옥 ᄎᆞᆫᄎᆞᆫᄒᆞ다.
웨다 동 외치다. ⇔규환(叫喚).《朴新諺 3,
53ㅎ》着他沿街叫喚尋覓纔好呢, 뎌로 ᄒᆞ
여 거리를 조차 웨여 ᄎᆞ자야 마치 됴ᄒᆞ
리라.
웨전즈런ᄒᆞ다 혱 수선스럽다. 떠들썩하
다. 시끌벅적하다. ⇔열뇨(熱鬧).《朴新
諺 3, 21ㅈ》你不知這西遊記熱鬧(鬧)得狠
(很)哩, 네 아지 못ᄒᆞᆫ다 이 西遊記 ᄀᆞ장
웨전즈런ᄒᆞ니.
위 톙 위(位). 분. 사람. (사람을 높여서
이르는 말) ⇔위(位).《朴新諺 1, 28ㅈ》
這位劉某人, 이 위 劉 아뫼 ㅣ 란 사름이.
위(位) 톙 사람을 높여서 이르는 말. ●분.
사람. ⇔분.《朴新諺 1, 19ㅈ》這位官人
要打幾副刀子, 이 분 官人이 여러 볼 칼
을 치이려 ᄒᆞ니.《朴新諺 3, 18ㅎ》不是
去望這位同寅, 이 位 同寅을 가 보지 아
니면, 《朴新諺 3, 18ㅎ》又是去拜那位同
年, ᄯᅩ 뎌 位 同年의게 가 拜ᄒᆞ여.《朴新
諺 3, 56ㅈ》沈兄這位尊姓, 沈兄아 이 분
의 놉흔 姓이여. ●위. 분. 사람. ⇔위.

《朴新諺 1, 28ㅈ》這位劉某人, 이 위 劉아뫼ㅣ란 사롬이.

위(位) 回 분. (높이는 사람을 세는 단위) 《朴新諺 2, 17ㅈ》明日三位老爺騎坐的, 니일 三位 老爺ㅣ 둘 거슨. 《朴新諺 3, 59ㅈ》旣承二位光顧, 임의 二位 光顧홈을 닙어시니.

위(圍) 图 에우다. 두르다. ⇔에우다. 《朴新諺 2, 22ㅈ》圍着一箇西京來的豆船, 혼 西京으로셔 오논 콩 시른 빅를 에우고. 《朴新諺 3, 34ㅎ》圍着看如人城一般, 에워 보논 이 人城 호가지러라. 《朴新諺 3, 58ㅈ》聚集萬千人把弓王圍困, 萬千 사롬을 모하 弓王을다가 에워 困케 ᄒᆞ니.

위(圍) 回 아름. ⇔아롬. 《朴新諺 3, 34ㅎ》咳那身長六尺腰濶三圍, 애 더 身長이 六尺이오 허리 너르기 세 아롬이나 ᄒᆞ고.

위(爲) 图 ❶● 되다. ⇔되다. 《朴新諺 2, 30ㅎ》爲人若不及早修行善果, 사롬이 되여 만일 일즉이 修行 善果치 아니ᄒᆞ면. 《朴新諺 3, 57ㅎ》況爲男子漢的怕甚麽呢, ᄒᆞ믈며 스나희 되엿ᄂᆞ니 므서슬 저퍼ᄒᆞ리오. ● 삼다. 여기다. 생각하다. ⇔삼다. 《朴新諺 1, 7ㅎ》有酒有花以爲眼前之樂, 술을 두고 꽃츨 두어 眼前에 즐기믈 삼는다 ᄒᆞ고. 《朴新諺 2, 19ㅎ》立此爲照, 이를 세워 보람을 삼노라. 《朴新諺 2, 20ㅈ》以爲日後之憑據就是了, 뻐 日後의 憑據롤 삼으미 올ᄒᆞ니. 《朴新諺 2, 45ㅈ》恐後無憑立此爲照, 後에 의빙홈이 업슬가 저허 이를 세워 보람을 삼노라. 《朴新諺 3, 17ㅎ》何必以多爲貴呢, 엇지 반ᄃᆞ시 만흠으로 뻐 貴홈을 삼으리오. 《朴新諺 3, 23ㅎ》卽拜贏的爲師傅, 곳 이긔논 이를 拜ᄒᆞ여 스승을 삼쟈. ❸하다. 행하다. ⇔ᄒᆞ다. 《朴新諺 1, 8ㅈ》爲頒詔去, 頒詔ᄒᆞ라 가ᄂᆞ니라. 《朴新諺 1, 28ㅎ》以我之言爲何如, 내 말을 엇더타 ᄒᆞᄂᆞ뇨. 《朴新諺 2, 38ㅈ》有箇山名爲田盤山, 혼 山이 이시되 일홈을 田盤山이라 ᄒᆞ니. 《朴新諺 2,

57ㅈ》你也却爲甚麽不去呢, 너는 또 엇디 ᄒᆞ여 가지 아니ᄒᆞ엿ᄂᆞ다. 《朴新諺 3, 57ㅈ》眞是無道無所不爲, 진실로 道ㅣ 업서 ᄒᆞ지 아닐 배 업ᄂᆞᆫ지라. ❷위(爲)하다. 이롭게 하거나 돕다. ●⇔위ᄒᆞ다. 《朴新諺 2, 25ㅎ》特爲我送來難得難得, 특별이 나를 위ᄒᆞ여 보내니 엇기 어렵다 엇기 어렵다. 《朴新諺 2, 50ㅈ》爲甚麽不得呢, 무서슬 위ᄒᆞ여 엇지 못ᄒᆞ리오. 《朴新諺 3, 40ㅈ》你爲甚麽不跟了去呢, 네 므서슬 위ᄒᆞ여 ᄯᅡ라가지 아니ᄒᆞᆫ다. 《朴新諺 3, 51ㅎ》爲此上告, 이를 위ᄒᆞ여 告홈을 올리ᄂᆞ이다. ●⇔위ᄒᆞ다(爲-). 《朴新諺 3, 52ㅎ》爲此激切上告, 이를 爲ᄒᆞ여 激切ᄒᆞ여 上告ᄒᆞᄂᆞ니.

위(緯) 명 씨. 씨실. ⇔삐. 《朴新諺 1, 16ㅎ》這大紅段眞是南紅顔色經緯勻淨, 이 다홍 비단이 진짓 이 연다홍빗치오 삐놀이 고로고 조흐니.

위(違) 图 어기다. 어긋나게 하다. 거스르다. ⇔어긔롯다. 《朴新諺 2, 55ㅈ》我輸了再不敢違姐姐的言語, 내 지면 또 감히 각시의 말을 어긔롯지 못ᄒᆞ고. 姐姐若輸了也再不要違了我的言語如何, 각시 만일 져도 또 내 말을 어긔롯지 말미 엇더ᄒᆞ뇨.

위(慰) 图 위로(慰勞)하다. ⇔위로ᄒᆞ다. 《朴新諺 3, 15ㅎ》望卽示明以慰児念, ᄇᆞ라건대 즉시 示明ᄒᆞ여 뻐 아히 넘녀를 위로ᄒᆞ쇼셔.

위(衛) 명 원·명대(元明代)에 병졸 5천 6백 명으로 이루어진 단위 부대. 천호소(千戶所)의 위이다. 《集覽, 朴集, 上, 14ㅎ》千戶. 軍士五千六百名爲一衛, 二千二百名爲一千戶所, 一百一十名爲一百戶所. 每百戶內設總〈緫〉旗二名, 小旗二名.

위(謂) 图 ❶이르다. 말하다. ●⇔니르다. 《朴新諺 3, 35ㅈ》正所謂擎天白玉柱駕海紫金梁, 正히 니른 바 하눌을 바쳣는 白玉柱ㅣ오 바다흘 걸닷난 紫金梁이라. ❷

⇔니르다.《朴新諺 1, 55ㅈ》這謂之洗三, 이를 洗三이라 니르ᄂᆞ니라. ●⇔닐다《朴新諺 3, 12ㅎ》這所謂, 이 니론 바. ❷이르다. 말해 주다. ⇔닐오다.《朴新諺 3, 44ㅎ》眞所謂, 진실로 닐온 바.《朴新諺 3, 48ㅈ》這就謂之打春了, 이 곳 닐온 닙츈노롯홈이라.

위두(熨斗) 똉 다리미. ⇔다리우리.《朴新諺 1, 38ㅎ》二哥是熨斗(朴新注, 15ㅈ: 持火展繒者, 通解熨. 俗音運, 今從之.), 둘재 형은 이 다리우리오.

위로ᄒᆞ다 동 위로(慰勞)하다. ⇔위(慰).《朴新諺 3, 15ㅎ》望卽示明以慰児念, ᄇᆞ라건대 즉시 示明ᄒᆞ여 ᄡᅥ 아히 넘녀를 위로ᄒᆞ쇼셔.

위묘(爲妙) 톙 좋다. 아름답다. …하는 편이 좋다. ⇔묘ᄒᆞ다(妙-).《朴新諺 1, 18ㅎ》脊背只要平正為妙, 등을 그저 平正이 ᄒᆞ여야 妙ᄒᆞ니라.

위민(爲民) 동 백성을 위하다.《集覽, 朴集, 中, 9ㅈ》衙門處處向南開. 南村輟耕錄云, 凡衙門皆坐北南向者, 南方屬離卦, 離虛中則聰. 又南方火位, 火明則能破暗, 故表南面聰〈聰〉明, 爲民治愚暗之事. 臺門必北開者, 取肅殺就陰之象.

위사(衛士) 톙 대궐이나 능(陵)・관아・군영(軍營)을 지키던 장교(將校).《集覽, 朴集, 上, 9ㅈ》骨朶. 事文類聚云, 宋景文筆錄謂俗以檛爲骨朶, 古無稽. 據國朝旣〈統〉名, 衛士執檛扈從者爲骨朶子班.

위세(威勢) 톙 위엄과 권세.《集覽, 朴集, 中, 4ㅈ》智滿十身. 十身有調御. 十身, 曰無着, 曰弘願, 曰業報, 曰住持, 曰涅槃, 曰淨法, 曰眞心, 曰三昧, 曰道性, 曰如意. 有內十身, 曰菩提, 曰願, 曰化, 曰力持, 曰莊嚴, 曰威勢, 曰意生, 曰福德, 曰法, 曰智. 有外十身, 曰自, 曰衆生, 曰國土, 曰業報, 曰聲聞, 曰圓覺, 曰菩薩, 曰智, 曰法, 曰虛空.

위수(渭水) 똉 중국 황하(黃河) 중류의 지류인 위하(渭河)를 이르는 말. 발원지는 감숙성(甘肅省) 위원현(渭源縣)의 서쪽에 있는 조서산(鳥鼠山)이다.《集覽, 朴集, 下, 11ㅎ》太公. 姓呂, 名尙. 釣於渭水, 周文王出獵, 過於渭水之陽, 與語大悅, 曰, 自吾先君太公曰, 當有聖人適周, 周以興. 子豈是耶. 吾太公望子久矣.

위술(韋述) 똉 당(唐)나라 경조(京兆) 만년(萬年) 사람. 경룡(景龍) 연간의 진사(進士). 벼슬은 집현원 학사(集賢院學士)・공부 상서(工部尙書). 서부(書府)에 40년, 사관(史官)으로 20년을 지내면서 국사 편찬을 주도하고 많은 저술을 남겼다.《集覽, 朴集, 下, 11ㅈ》好女不看燈. 唐韋述兩京記曰, 正月十五日夜, 勑金吾弛禁, 前後各一日, 以觀燈.

위신(威神) 똉 〈불〉 부처가 가진, 인간의 지식으로는 헤아릴 수 없는 영묘하고도 불가사의한 힘.《朴新諺 2, 30ㅈ》由是威神莫測聖德難量, 일로 말미암아 威神을 측냥치 못ᄒᆞ고 聖德을 헤아리기 어려온지라.

위심마(爲甚麼) 吏 무슨 까닭으로. 무엇 때문에. ⇔므슴ᄒᆞ라.《朴新諺 3, 3ㅈ》你爲甚麼罵人, 네 므슴ᄒᆞ라 사롬을 ᄭᅮ짓ᄂᆞ다.

위역(違逆) 동 거스르다. 따르지 않다. 거역(拒逆)하다.《集覽, 朴集, 下, 3ㅈ》貪嗔癡. 大智論云, 有利益我者生貪欲, 有違逆我者生嗔恚. 不從智生, 從狂惑生, 是名爲癡, 爲一切煩惱之根本.《朴新諺 3, 14ㅈ》因你貪嗔癡三毒(朴新注, 49ㅈ: 大智論云, 有利益我者生貪欲, 有違逆我者生嗔恚. 不從智生, 從狂惑生, 是為癡, 一切煩惱之根本. 三毒亦曰三業.)不離於信, 네 貪嗔癡 三毒이 몸에 ᄶᅥ나지 아니믈 因ᄒᆞ여.

위의(威儀) 똉 〈불〉 불자(佛者)가 지켜야 할 계율(戒律). '戒'는 깨끗하고 착한 습관을 익혀 지키기를 맹세하는 결의를, '律'은 불교 교단(敎團)의 규칙을 이른

다.《集覽, 朴集, 下, 3ㅈ》三寶. 佛・法・
僧也. 功成妙智, 道登圓覺, 佛也, 玄理幽
微, 正教精誠, 法也, 禁戒守眞, 威儀出俗,
僧也.《朴新諺 3, 14ㅎ》不信佛法不尊三
寶(朴新注, 49ㅎ: 佛・法・僧曰三寶. 功
成妙智, 道登圓覺, 佛也, 玄理幽微, 正教
精誠, 法也, 禁戒守眞, 威儀出俗, 僧也. 故
曰寶.), 佛法을 信치 아니ᄒᆞ고 三寶를 尊
치 아니ᄒᆞ니.

위인(爲人) 몡 사람의 됨됨이.《集覽, 朴
集, 下, 11ㅎ》范蠡歸湖. 范蠡, 越之大夫
也. 相越王勾踐敗吳, 曰, 越王爲人長頸鳥
〈烏〉喙, 可與啚〈圖〉患難, 不可與共安逸.
遂泛扁舟, 載西施, 遊五湖不返.

위조(爲照) 통 증거로 삼다. 근거로 삼다.
《集覽, 朴集, 上, 7ㅎ》印子鋪. 質問云, 有
錢之人開鋪, 執那無錢之人拿衣服或器皿,
僧借銅錢或銀子使用, 每十分加利一分,
亦與有印號帖兒, 以爲照.

위풍(威風) 몡 위세가 있고 엄숙하여 쉽
게 범하기 힘든 풍채나 기세.《朴新諺
3, 35ㅎ》天子百靈咸助將軍八面威風, 天
子는 百靈이 다 돕고 將軍은 八面 威風이
러라.

위화(葦華) 몡 갈대꽃.《集覽, 朴集, 中, 8
ㅈ》苕箒. 周禮桃茢鄭云, 茢, 苕箒也, 苕,
葦華也.

위ᄒᆞ다 통 위(爲)하다. ●⇔여(與).《朴新
諺 3, 3ㅎ》孩子你與我買幾丈夏布來, 아
히아 네 나를 위ᄒᆞ여 여러 발 뵈를 사
와.《朴新諺 3, 5ㅎ》他偏不與你辦, 뎨 편
벽히 너를 위ᄒᆞ여 셔도지 아니ᄒᆞ고,《朴
新諺 3, 34ㅈ》你與我收拾好, 네 나를 위
ᄒᆞ여 收拾기를 잘ᄒᆞ면. ●⇔위(爲).《朴
新諺 2, 25ㅎ》特為我送來難得難得, 특별
이 나를 위ᄒᆞ여 보내니 엇기 어렵다 엇
기 어렵다.《朴新諺 2, 50ㅎ》為甚麼不得
呢, 무서슬 위ᄒᆞ여 엇지 못ᄒᆞ리오.《朴
新諺 3, 40ㅈ》你為甚麼不跟了去呢, 네 므
서슬 위ᄒᆞ여 ᄯᅡ라가지 아니ᄒᆞᆫ다.《朴新

諺 3, 51ㅎ》為此上告, 이를 위ᄒᆞ여 告홈
을 올리ᄂᆞ이다.

위ᄒᆞ다(爲-) 통 위(爲)하다. ⇔위(爲).
《朴新諺 3, 52ㅎ》為此激切上告, 이를 為
ᄒᆞ여 激切ᄒᆞ여 上告ᄒᆞᄂᆞ니.

유(由) 통 말미암다. ⇔말미암다.《朴新諺
2, 30ㅈ》由是威神莫測聖德難量, 일로 말
미암아 威神을 측냥치 못ᄒᆞ고 聖德을 혜
아리기 어려온지라.

유(由) 円 마음대로. ●⇔ᄆᆞ음모로.《集
覽, 字解, 累字解, 1ㅎ》由你. 네 ᄆᆞ음모로
ᄒᆞ라.《集覽, 字解, 累字解, 2ㅈ》自由. 제
ᄆᆞ음모로 ᄒᆞ다. ●⇔ᄆᆞ음대로.《集覽,
字解, 累字解, 1ㅎ》由他. 더뎌두라. 又제
ᄆᆞ음대로 ᄒᆞ게 ᄒᆞ라.

유(由) 죠 ●-대로. ⇔-대로.《朴新諺 1,
40ㅎ》滿天星宿一箇月三條繩子由你曳,
하ᄂᆞᆯ에 ᄀᆞ득ᄒᆞᆫ 星宿에 ᄒᆞᆫ 둘을 세 오리
노흐로 제대로 쓰으는 거시여. ●-으로
부터. ⇔-으로부터.《朴新諺 3, 51ㅈ》由
本家西墻跳入, 本家 西墻으로부터 ᄲᅱ여
들어.

유(有) 괸 ●ᄒᆞᆫ. 어떤. (명시되지 않은 사
람・때・장소 따위를 나타낸다. '某'와
비슷하다) ⇔ᄒᆞᆫ.《集覽, 老集, 上, 1ㅈ》
漢兒人有. 元時語必言終用有字, 如語
助而實非語助. 今俗不用.《朴新諺 2, 38
ㅈ》有箇山名為田盤山, ᄒᆞᆫ 山이 이시되
일홈을 田盤山이라 ᄒᆞ니.《朴新諺 3, 20
ㅈ》有箇漢人不見了幾件衣服, ᄒᆞᆫ 漢人이
이셔 여러 가지 衣服을 일코.《朴新諺
3, 21ㅎ》當年有箇唐僧徃西天取經去, 當
年에 ᄒᆞᆫ 唐僧이 이셔 西天을 향ᄒᆞ여 經
가질라 갈 제.《朴新諺 3, 35ㅎ》西華門
外有箇好飯店, 西華門 밧끠 ᄒᆞᆫ 됴ᄒᆞᆫ 밥뎜
이 이시니.《朴新諺 3, 54ㅈ》有箇高麗來
的秀才, ᄒᆞᆫ 高麗로셔 온 秀才 잇다 ᄒᆞᄆᆡ.
《朴新諺 3, 57ㅈ》那時有箇王名弓裔, 그
째에 ᄒᆞᆫ 님금이 이셔 일홈이 弓裔니.

유(有) 통 두다. ⇔두다.《朴新諺 1, 7ㅎ》

有酒有花以爲眼前之樂, 술을 두고 곶츨 두어 眼前에 즐기믈 삼는다 ᄒᆞ고.

유(有) 톙 있다. ●⇔이시다. 《集覽, 字解, 單字解, 4ㅎ》便. 去聲, 卽也. 便行 즉재 가니라, 便去 즉재 가리라, 又즉재 가다. 又則也. 便有 곧 잇다, 便是곳 올ᄒᆞ니라. 又順也, 順便. 又安也, 便當. 又宜也. 行方便 됴홀 양오로 ᄒᆞ다, 不方便 다히 마지 쉽사디 아니타. 又猶則也. 你去便就有了 너옷 가면 이시리라. 又平聲, 穩便 온당ᄒᆞ다. 吏語, 便益. 《集覽, 字解, 單字解, 6ㅈ》多. 多少 언메나. 又許多 하나한. 又餘也. 三十里多地 삼십 리 나믄 싸. 吏語, 多餘. 又過也. 有甚麼多處 므스기 너믄 고디 이시리오. 又重也. 므스기 앗가온 고디 이시리오. 《朴新諺 1, 8ㅈ》有件差使着我去辦, ᄒᆞᆫ 差使ㅣ 이셔 날로 ᄒᆞ여 가 ᄒᆞ라 ᄒᆞ매. 《朴新諺 1, 28ㅎ》方見得有弟兄之義哩, 보야흐로 弟兄의 義 이시믈 보리라. 《朴新諺 1, 41ㅈ》我有箇赤馬害骨眼, 내게 ᄒᆞᆫ 졀짜물이 이셔 눈에 치 알ᄒᆞ. 《朴新諺 2, 1ㅈ》有一箇土黃馬毛片好, ᄒᆞᆫ 고라물이 이셔 털 빗치 됴흐되. 《朴新諺 2, 13ㅎ》兩頭有記號, 두 머리에 보람이 이시니. 《朴新諺 2, 20ㅈ》有何疑慮呢, 므슴 疑慮홈이 이시리오. 《朴新諺 3, 5ㅈ》聞得內中有一兩箇鄕宦, 드르니 그 중에 ᄒᆞᆫ두 鄕宦이 이셔. 《朴新諺 3, 14ㅎ》這幾日我家裡有人回去, 요ᄉᆞ이 우리 집의 사ᄅᆞᆷ이 도라가리 이시니. 《朴新諺 3, 35ㅎ》西華門外有箇好飯店, 西華門 밧끠 ᄒᆞᆫ 됴흔 밥뎜이 이시니. ●⇔잇다. 《集覽, 字解, 單字解, 1ㅈ》還. 猶尙也, 再也. 還有多少 당시론 언메나 잇ᄂᆞ뇨. 《集覽, 字解, 單字解, 2ㅈ》阿. 俗音하. 阿的, 猶言此也. 又語助辭. 有阿沒 잇ᄂᆞ녀 업스녀. 皆元朝之語. 《集覽, 字解, 單字解, 4ㅎ》便. 去聲, 卽也. 便行 즉재 가니라, 便去 즉재 가리라, 又즉재 가다. 又則也. 便有 곧 잇다, 便是 곧 올ᄒᆞ니라. 《朴

新諺 1, 8ㅈ》你去有甚麼勾當, 네 가미 므슴 일이 잇ᄂᆞ뇨. 《朴新諺 1, 13ㅎ》那裏有二十里地呢, 어디 二十里 짜히 잇ᄂᆞ뇨. 《朴新諺 1, 34ㅈ》現有借票在我手裏, 시방 ᄡᅮ는 보람이 내 손에 잇ᄂᆞ니. 《朴新諺 2, 1ㅈ》那裏有賣的好馬, 어더 풀 됴흔 물이 잇ᄂᆞ뇨. 《朴新諺 2, 19ㅎ》倘有疾病死亡, 만일 疾病 死亡이 잇거든. 《朴新諺 2, 30ㅈ》若人有難口念菩薩之名, 만일 사ᄅᆞᆷ이 어려옴이 잇거든 입에 菩薩의 일홈을 念ᄒᆞ면. 《朴新諺 3, 4ㅈ》你家裡不有菖蒲麼, 네 집의 菖蒲ㅣ 잇지 아니ᄒᆞ냐. 《朴新諺 3, 15ㅎ》如有便人來京, 만일 便人이 셔울 오리 잇거든. 《朴新諺 3, 25ㅈ》說與先生樻中有一箇桃, 先生ᄃᆞ려 닐러 궤 가온디 ᄒᆞᆫ 복셩홰 잇다 ᄒᆞ엿더니.

유(乳) 톙 졋. ⇔졋. 《朴新諺 1, 56ㅈ》生下來呢乳哺三年, 나하는 三年을 졋 먹여.

유(油) 통 ●지지다[煎]. 또는 (기름을) 바르다. 칠하다. ⇔디디다. 《朴新諺 3, 36ㅈ》黃燒餅, 누른 燒餅과. 油酥燒餅, 수유에 디딘 燒餅과. ●칠(漆)하다. 바르다. ⇔칠ᄒᆞ다. 《朴新諺 2, 11ㅎ》拿一箇一托長碗口大的紅油畫金棒子, ᄒᆞ나 ᄒᆞᆫ 발맛치 길고 사발맛치 큰 불근 칠ᄒᆞ고 금으로 그린 막대롤 가져.

유(油) 톙 기름. ●⇔기름. 《朴新諺 2, 16ㅈ》油·塩·醬·醋·茶各一斤, 기름과 소곰과 醬과 醋와 茶ㅣ 各 ᄒᆞᆫ 근이오. ●⇔기름. 《朴新諺 3, 23ㅎ》第(第)三滾油洗澡, 第(第)三은 ᄭᅳᆯ는 기름에 목욕ᄒᆞ고. 《朴新諺 3, 26ㅈ》咱如今燒起油鍋跳入洗澡, 우리 이제 기름 가마에 불 ᄶᅥᆺ고 ᄠᅱ여들어 목욕ᄒᆞ쟈. 《朴新諺 3, 26ㅈ》在油鍋兩邊看守, 기름 가마 두 편에서 보아 지킈여. 《朴新諺 3, 26ㅎ》鹿皮就在油鍋裡死了, 鹿皮ㅣ 곳 기름 가마에서 죽으니라. 《朴新諺 3, 26ㅎ》打一箇跟阧跳入油中, ᄒᆞᆫ 번 跟阧질ᄒᆞ여 ᄠᅱ여 기름 가온대 들어가. 《朴新諺 3, 27ㅈ》行者被油

煎的骨肉都沒有了, 行者ㅣ 기름에 디디
여 骨肉이 다 업ㄴ이다.

유(柳) 圐 버들. 버드나무. 《集覽, 朴集,
上, 14ㅈ》刊〈挭〉柳. 質問云, 端午節日,
赴敎場內, 將三枝柳植之三處, 走馬射之.
歲時樂事記云, 武士軍校禘柳于擊場. 今
按, 禘字, 卽刊音, 而刊字韻〈韵〉書不着
〈著〉, 唯免疑雜韻〈韵〉內音乍, 卽與挿字
音意同. 總龜〈総亀〉云, 端午日, 武士射柳
爲鬪〈鬪〉力之戲, 各料强弱相敵.〈此作挭
恐誤〉.

유(留) 圐 두다. ⇔두다. 《朴新諺 3, 43ㅈ》
我不曾留心看, 내 일즉 ㅁ옴 두어 보지
아니ㅎ여시니.

유(惟) 閉 오직. ⇔오직. 《朴新諺 3, 8ㅎ》
惟有禱告諸佛菩薩, 오직 諸 佛菩薩끠 비
ㄴ니. 《朴新諺 3, 17ㅎ》這衙門惟出些好
飮食, 이 衙門이 오직 됴흔 음식이 나니.
《朴新諺 3, 59ㅈ》惟有些高麗筆(筆)·墨
·紙張, 오직 져기 高麗ㅅ 붓과 먹과 됴
희ㅅ 장이 이셔.

유(遊) 圐 놀다. 장난하다. ⇔놀다. 《朴新
諺 2, 28ㅈ》只知道閑遊浪蕩, 그저 힘힘
이 놀고 ㄱ랠 줄만 아니. 《朴新諺 2, 31
ㅎ》不許到街上去閑遊惹事, 街上에 가 힘
힘이 노라 일내믈 허치 말고.

유(劉) 圐 성(姓)씨의 하나. 《朴新諺 1, 28
ㅈ》這位劉某人, 이 위 劉 아뫼ㅣ란 사람
이.

유(儒) 圐 =유가(儒家). 《集覽, 朴集, 中, 6
ㅈ》萬劫. 儒曰世, 釋曰劫〈刧〉, 道曰塵.
一說, 儒家曰數, 道家曰劫〈刧〉, 佛家曰
世. 《朴新諺 2, 30ㅎ》一針投海底尙有可
撈日, 一針을 海底에 드리치매 오히려 可
히 건질 날이 이시려니와. 一失人身後萬
刧(朴新注, 34ㅈ: 儒曰歲, 道曰塵, 釋曰
刧. 又佛家云, 天地一成一敗爲刧.)再逢
難, 혼번 人身을 일흔 後ㅣ면 萬刧이라
도 다시 만나기 어렵다 ㅎ니라.

유(類) 圐 유. 종류. 《朴新諺 1, 54ㅎ》把金

珠·銀錢等類, 金珠·銀錢 等類롤다가.
《朴新諺 3, 18ㅈ》猪·羊·鵝·鴨等類
却不少吃的, 猪·羊·鵝·鴨 等類ㅣ 쏘
먹을 거시 적지 아니ㅎ고. 《朴新諺 2, 20
ㅎ》還少套繩, 당시롱 멜 줄과. 撒繩, 쓰
을 줄과. 籠頭, 바구레와. 脚索, 지달 술
바와. 鞍子, 기르마와. 肚帶等類哩, 오랑
等類ㅣ 업세라. 《朴新諺 2, 30ㅈ》便同禽
獸之類了, 곳 禽獸의 類와 ㄡ트리라.

유가(遊街) 圐 거리를 돌아다니며 놀다.
《集覽, 朴集, 下, 11ㅈ》好女不看燈. 道經
云, 正月十五日, 謂之上元, 天官下降人間
〈間〉, 考定罪福. 是夜張燈, 士女鼓〈皷〉
樂遊街.

유가(儒家) 圐 공자(孔子)의 학설이나 학
풍 등을 신봉하고 연구하는 학자나 학
파. 《集覽, 朴集, 中, 6ㅈ》萬劫. 儒曰世,
釋曰劫〈刧〉, 道曰塵. 一說, 儒家曰數, 道
家曰劫〈刧〉, 佛家曰世.

유개인(有箇人) 圐 한 명의 사람. ('有'는
명시되지 않은 사람·때·장소 따위를
나타낸다. '某'와 비슷하다)《集覽, 字解,
單字解, 3ㅈ》箇. 一枚也. 俗呼一枚爲一
箇, 亦曰箇把. 又箇箇 난나치. 單言箇字,
亦爲一枚之意. 有箇人 혼 사ㄹ미. 又語
助. 這箇·些箇. 又音이. 舌頭兩箇 혓 그
토로, 今不用.

유견(油絹) 圐 기름을 먹인 비단. 《朴新諺
2, 3ㅈ》我只有一箇油絹帽, 내게 다만 혼
油絹帽ㅣ 잇고.

유견모(油絹帽) 圐 유견(油絹)으로 만든
갈모. 《朴新諺 2, 3ㅈ》我只有一箇油絹
帽, 내게 다만 혼 油絹帽ㅣ 잇고.

유기(柳器) 圐 고리버들의 가지나 대오리
따위로 겯어서 상자같이 만든 물건. 《集
覽, 朴集, 中, 9ㅈ》閣落. 按韻〈韵〉書, 栲
栳, 木名, 筹筥, 柳器.

유나몰(有那沒) 엥 있느냐 없느냐. 《集覽,
字解, 單字解, 3ㅎ》那. 平聲, 音노, 推移
也. 那一那 논힐후다. 上聲 나, 何也. 那

裏 어듸. 那箇 어늬. 又誰也. 那一箇 누
고. 去聲 나. 那裏, 彼處也. 那箇 뎌것.
又語助. 有那沒 잇느녀 업스녀.

유념(留念) 图 잊거나 소홀히 하지 않도
록 마음속에 깊이 간직하여 생각하다.
《集覽, 朴集, 下, 9ㅎ》碎盆. 未詳源流. 但
本國送殯之晨, 在家者見靈輀登道, 卽隨
以瓦器擲碎於門外, 大聲作語曰, 持汝家
具而去. 云爾者, 盖使亡人無留念家緣之
術也.

유니(由你) 图 네 마음대로 하라.《集覽,
字解, 累字解, 1ㅎ》由你. 네 ᄆᆞᅀᆞ모로 ᄒᆞ
라.

유도(幽都) 图 현(縣) 이름. 당대(唐代)에
두었다. 소재지는 하북성(河北省) 북평
시(北平市) 남서쪽에 있었다.《集覽, 朴
集, 上, 5ㅎ》平則門. 燕都, 禹貢冀州之域.
唐曰幽都, 虞爲幽州, 武王封召公奭於燕,
卽此.

유랑(遊廊) 图 복도. 회랑(回廊). (두 채
이상의 건물을 연결한 복도)《朴新諺 2,
5ㅎ》遊廊·曲徑且不必說, 遊廊과 曲徑
은 아직 니르지 말고.

유록(油綠) 图 유록(柳綠)빛. (버들잎의
빛깔과 같은 연한 녹색)《朴新諺 2, 59
ㅎ》這油綠的裁做袍子, 이 油綠으로란
큰옷슬 몰라 민들고.

유료(有了) 图 있다.《集覽, 字解, 單字解,
5ㅎ》就. 卽也. 就將來 즉재 가져오라, 就
有了·就去了. 又遂也. 就那裏睡了 게셔
자다, 就便 곧. 又就行 드듸여셔 ᄒᆞ다.

유리(琉璃) 图 유리.《集覽, 朴集, 中, 6ㅈ》
身瑩瓊瓓. 佛八十種好云, 身有光明, 又云
身淸淨. 又云色潤澤如瑠璃.

유리(瑠璃) 图 =유리(琉璃). '瑠'는 '琉'와
같다.《集韻, 尤韻》瑠, 瑠璃, 珠也. 或作
琉.《集覽, 朴集, 中, 6ㅈ》身瑩瓊瓓. 佛八
十種好云, 身有光明, 又云身淸淨. 又云色
潤澤如瑠璃.

유리각(琉璃閣) 图 유리로 만든 누각.
《朴新諺 2, 5ㅈ》湖心中有座琉璃閣, 물
가온더 혼 琉璃閣이 이시니.

유림현(楡林縣) 图 청(淸) 옹정(雍正) 8년
(1730)에 두었다. 소재지는 섬서성(陝西
省) 유림시(楡林市)에 있었다.《朴新諺
2, 22ㅎ》我來時節到山海關(朴新注, 30
ㅎ: 在楡林縣, 距京都東七百里. 北接長
城, 南臨瀚海中, 有關門. 徐達所築云.)上,
내 올 제에 山海關에 다드라.

유명(有名) 형 이름이 널리 알려져 있다.
⇔유명ᄒᆞ다(有名-).《朴新諺 1, 1ㅈ》到
那有名的花園裏去, 뎌 有名혼 花園에 가.
《朴新諺 1, 2ㅎ》這幾樣都是南方來的有
名的好酒, 이 여러 가지는 다 이 南方셔
온 有名혼 됴흔 술이라.《朴新諺 1, 17
ㅎ》你問那有名的刀子舖麼, 네 뎌 有名혼
칼 푸즈를 문느냐.《朴新諺 2, 26ㅈ》況
那朝鮮淸醬最是有名的哩, 흐믈며 뎌 朝
鮮 ᄀᆞ쟝은 ᄀᆞ장 이 有名혼 거시라.《朴新
諺 3, 40ㅎ》我知道一箇有名的畫匠, 내 아
노니 혼 有名혼 畫匠이.

유명ᄒᆞ다(有名-) 형 유명(有名)하다. ⇔
유명(有名).《朴新諺 1, 1ㅈ》到那有名的
花園裏去, 뎌 有名혼 花園에 가.《朴新諺
1, 2ㅎ》這幾樣都是南方來的有名的好酒,
이 여러 가지는 다 이 南方셔 온 有名혼
됴흔 술이라.《朴新諺 1, 17ㅎ》你問那有
名的刀子舖麼, 네 뎌 有名혼 칼 푸즈룰
문느냐.《朴新諺 2, 26ㅈ》況那朝鮮淸醬
最是有名的哩, 흐믈며 뎌 朝鮮 ᄀᆞ쟝은 ᄀᆞ
쟝 이 有名혼 거시라.《朴新諺 3, 40ㅎ》
我知道一箇有名的畫匠, 내 아노니 혼 有
名혼 畫匠이.

유미(幽微) 형 심오(深奧)하고 정미(精微)
하다.《集覽, 朴集, 下, 3ㅈ》三寶. 佛·法
·僧也. 功成妙智, 道登圓覺, 佛也, 玄理
幽微, 正教精誠, 法也, 禁戒守眞, 威儀出
俗, 僧也.

유밀과(油蜜果) 图 밀가루나 쌀가루에 기
름이나 꿀을 넣어 굽거나 튀겨 만든 음

식. 《集覽, 朴集, 上, 1ㅈ》果子. 果實也. 又呼油蜜果, 亦曰果子, 曰蜜果子, 制形如棗.

유복(有福) 〔혱〕 유복(有福)하다. 복이 있다. ●⇔유복다(有福-). 《朴新諺 1, 45ㅈ》這媒人也筭是有福的, 이 媒人도 有福다 ᄒ리로다. ●⇔유복ᄒ다(有福-). 《集覽, 朴集, 上, 12ㅈ》媒人也有福. 兩次送禮之日, 媒人各有表裏之賞. 《朴新諺 1, 29ㅈ》眞是有福氣的好男兒哩, 진딧 有福혼 됴혼 ᄉ나히러라.

유복다(有福-) 〔혱〕 유복(有福)하다. ⇔유복(有福). 《朴新諺 1, 45ㅈ》這媒人也筭是有福的, 이 媒人도 有福다 ᄒ리로다.

유복ᄒ다(有福-) 〔혱〕 유복(有福)하다. ⇔유복(有福). 《朴新諺 1, 29ㅈ》眞是有福氣的好男兒哩, 진딧 有福혼 됴혼 ᄉ나히러라.

유비(乳婢) 〔몡〕 유모(乳母). 《集覽, 朴集, 下, 12ㅎ》弓裔. 曰官奏曰, 此兒以重午日生, 生而有齒, 且光燄〈焰〉異常, 恐將不利於國家, 宜勿擧. 王勑中使殺之, 乳婢竊〈窃〉奉而逃, 祝髮爲僧.

유사(有司) 〔몡〕 관리. 벼슬아치. 《集覽, 朴集, 中, 8ㅈ》首領官. 今宗人府經歷爲首領官, 六部主事爲首領官之類, 然未詳取義. 但各衙門有首領官, 如有司之任, 主出納一司公事.

유사(紐絲) 〔몡〕 실사(糸). 한자 부수(部首)의 이름. ⇔실ᄉ. 《朴新諺 2, 47ㅈ》紐絲傍加箇逢字, 실ᄉ 변에 逢字 ᄒ여시니.

유사(遺事) 〔몡〕 예로부터 전하여 오는 사적(事跡). 《集覽, 朴集, 下, 11ㅈ》好女不看燈. 容齋隨筆云, 漢家祠太乙, 以昏時祠到明. 今人正月望夜, 夜遊觀月, 是其遺事.

유산완경(遊山翫景) 〔동〕 산을 유람(遊覽)하다. ⇔유산완경ᄒ다(遊山翫景-). 《朴新諺 2, 38ㅈ》大家商量遊山翫景去罷, 대되 의논ᄒ여 遊山翫景ᄒ라 가쟈.

유산완경ᄒ다(遊山翫景-) 〔동〕 유산완경

(遊山翫景)하다. ⇔유산완경(遊山翫景). 《朴新諺 2, 38ㅈ》大家商量遊山翫景去罷, 대되 의논ᄒ여 遊山翫景ᄒ라 가쟈.

유삼 〔몡〕 유삼(油衫). 비옷. (기름에 결은 옷) ●⇔삼(衫). 《朴新諺 2, 3ㅈ》我往家裏去取氊衫·雨帽, 내 집의 가 담유삼과 갓모를 가져오려 ᄒ노라. ●⇔우의(雨衣). 《朴新諺 2, 57ㅈ》這麼拿我的雨衣·雨靴來, 이러면 내 유삼과 즌훠를 가져와.

유소(流蘇) 〔몡〕 기(旗)나 승교(乘轎) 따위에 다는 술. 《集覽, 朴集, 下, 9ㅈ》魂車. 作小腰輿, 以黃絹結爲流蘇垂飾〈餙〉, 如本國結彩之施, 以貯魂〈䰟〉帛, 爲前導.

유쇄(揉碎) 〔동〕 비비다. 또는 비벼 부수다. ⇔부븨다. 《朴新諺 1, 37ㅎ》他把乾艾揉碎了, 뎨 ᄆ론 쑥을다가 부븨여.

유수(油酥) 〔몡〕 기름으로 밀가루를 반죽하여 바삭바삭하게 구운 과자. 《朴新諺 3, 36ㅈ》黃燒餅, 누른 燒餠과. 油酥燒餅, 수유에 디딘 燒餅과.

유수(柳樹) 〔몡〕 버드나무. ⇔버드나모. 《朴新諺 3, 1ㅎ》就在柳樹下凉快一會兒回來, 곳 버드나모 아릭 이셔 혼 지위 서눌이 ᄒ여 도라오고.

유수(流水) 〔몡〕 흐르는 물. 《集覽, 朴集, 下, 11ㅈ》流水高山. 列子, 伯牙善鼓〈皷〉琴, 鍾子期善聽. 伯牙鼓〈皷〉琴, 志在高山. 子期曰, 善恭, 巍巍乎, 志在高山. 俄而志在流水. 子期曰, 善恭, 洋洋乎, 志在流水. 《朴新諺 2, 23ㅎ》夜來身上虛汗如流水一般, 어제 몸에 虛汗이 流水 혼가지 又ᄒ여. 《朴新諺 3, 49ㅈ》便彈一曲流水·高山(朴新注, 62ㅈ: 鍾子期聽伯牙鼓琴, 曰, 志在流水·高山.), 곳 혼 곡됴 流水·高山을 투며.

유수(留守) 〔몡〕 임금이 순행(巡行)하거나 친정(親征)할 경우에 임시로 수도를 관할하던 벼슬. 《集覽, 朴集, 中, 8ㅈ》同知. 都督同知, 從一品, 指揮同知, 從二品, 留

守司同知・各衛同知, 俱從三品.

유수고산(流水高山) 團 풍류의 곡조를 잘
아는 사람이 아니면 알지 못할 미묘한
거문고의 소리를 비유적으로 이르는
말.《集覽, 朴集, 下, 11ㅈ》流水高山. 列
子, 伯牙善鼓〈皷〉琴, 鍾子期善聽. 伯牙鼓
〈皷〉琴, 志在高山. 子期曰, 善哉, 巍巍乎,
志在高山. 俄而志在流水. 子期曰, 善哉,
洋洋乎, 志在流水. 子期死, 伯牙以爲世無
知音, 終身不復鼓琴. 孔子曰, 仁者樂山,
智者樂水. 子期嘆伯牙仁智兼俻.《朴新諺
3, 49ㅈ》便彈一曲流水・高山(朴新注, 62
ㅈ: 鍾子期聽伯牙鼓琴, 曰, 志在流水・高
山.), 곳 흔 곡됴 流水・高山을 트며.

유시(有時) 団 이따금. 간혹. 가끔. 때때
로. ⇔잇짜감.《朴新諺 3, 49ㅈ》有時高
興, 잇짜감 놉흔 興으로.《朴新諺 3, 49
ㅎ》也有時披着這簑笠・蓑衣, 쏘 잇짜감
이 簑笠・蓑衣를 닙고.

유식(油飾) 園 기름을 바르거나 옷칠을
하여 단장하다.《集覽, 朴集, 中, 2ㅎ》細
車〈室車〉. 質問云, 如婦人所乘車, 周圍雕
刻花榻, 油飾花須, 方言謂之細車.

유식(遊息) 園 유식(遊息)하다. 무위도식
하다.《集覽, 字解, 單字解, 7ㅎ》閑. 雜
也. 閑雜人. 又替也. 파직ᄒ다, 罷閑了・
替閑了. 又遊息曰閑. 홍뚱여 돈닐시니,
遊閑了. 又練熟也. 弓馬熟閑. 又空也. 空
閑田地 뷔엿눈 짜. 又等閑 부질업시, 又
힘히미, 又간대롭다.

유실(有失) 園 잃다. 유실되다. ⇔잃다.
《朴新諺 1, 56ㅎ》有失迎接了, 迎接홈을
일허시니.

유심(有心) 團 마음이 있다. 생각이 있다.
의향(意向)이 있다.《朴新諺 1, 19ㅎ》旣
承有心照顧, 이믜 有心 照顧홈을 니브니.

유심(留心) 園 주의(注意)하다. 마음을 기
울이다. 신경을 쓰다. ⇔유심ᄒ다(留
心-).《朴新諺 3, 44ㅎ》你做飯要留心纔
好, 네 밥을 지으매 留心홈이 마치 됴ᄒ

니라.

유심홍(油心紅) 團 주홍색(朱紅色).《集
覽, 朴集, 上, 9ㅈ》油心紅. 質問云, 朱紅,
一云如心之紅也. 油, 加油於紅漆之上也.
又云, 油乃牛字, 非油也, 其色紅如牛心.

유심ᄒ다(留心-) 園 유심(留心)하다. ⇔
유심(留心).《朴新諺 3, 44ㅎ》你做飯要
留心纔好, 네 밥을 지으매 留心홈이 마
치 됴흐니라.

유씨(柳氏) 團 성(姓)씨의 하나.《朴新諺
3, 57ㅎ》倒是娘子柳氏出來說道, 도로혀
娘子 柳氏ㅣ 나와 니르되.

유암(幽暗) 園 그윽하고 어둠침침하다.
《集覽, 朴集, 下, 9ㅈ》作作. 作字從人從
午, 萬物至午則中正, 又午位屬火, 破諸幽
暗, 所以作作名中人也.

유여히 団 유여(有餘)히. 넉넉히. ●⇔구
(勾).《朴新諺 3, 40ㅎ》旣不能勾跟去, 이
믜 능히 유여히 쓰라가지 못홀쟉시면.
●⇔능구(能勾).《集覽, 字解, 單字解, 3
ㅎ》勾. 平聲, 曲也. 勾龍, 社神, 勾芒, 春
神, 勾吳, 地名. 今按, 俗語勾了 유여ᄒ다,
又에우다. 又能勾 어루, 又유여히. 又吏
語, 勾取 자피다, 又勾攝公事 공소로 블
리다, 又勾喚 블리다. 又去聲, 勾當, 幹管
也, 又事也, 勾當亦去聲.

유여ᄒ다 園 유여(有餘)하다. 넉넉하다.
족(足)하다. ⇔구료(勾了).《集覽, 字解,
單字解, 3ㅎ》勾. 平聲, 曲也. 勾龍, 社神,
勾芒, 春神, 勾吳, 地名. 今按, 俗語勾了
유여ᄒ다, 又에우다. 又能勾 어루, 又유
여히. 又吏語, 勾取 자피다, 又勾攝公事
공소로 블리다, 又勾喚 블리다. 又去聲,
勾當, 幹管也, 又事也, 勾當亦去聲.

유연(猶然) 園 여전히 그러하다.《集覽,
朴集, 上, 8ㅎ》刺通袖膝欄. 元時好着此
衣, 前後具胷背, 又連肩而通袖之脊, 至袖
口爲紋, 當膝周圍亦爲紋如欄干, 然織成
段匹爲衣者有之, 或皮或帛, 用綵線周遭
回曲爲緣, 如花樣, 刺〈刺〉爲草樹〈尌〉・

禽獸・山川・宮殿之文於〈紋於〉其內, 備
極奇巧, 皆用團領着之, 其直甚高. 達達
〈ㄷ〉之俗, 今亦猶然. 뷔윤 실로 치질ᄒ
니를 呼爲刺, 亦曰紉, 音扣.

유연(蜵蜒) 뎽 그리마. (절지동물문 그리
맛과의 동물) ⇔지차리. 《朴新諺 3, 7
ㅎ》不知那裡來的這些蜵蜒, 아지 못게라
어듸로셔 온 이 지차린지.

유연천리능상회무연대면불상봉(有緣
千里能相會 無緣對面不相逢) 군 인연
이 있으면 천릿길을 마다하지 아니하고
와서 만나고, 인연이 없으면 마주보고
도 만나지 못한다는 뜻. 《朴新諺 2, 27
ㅎ》有緣千里能相會, 인연이 이시면 千
里라도 능히 서르 못둣고. 無緣對面不相
逢, 인연이 업스면 눗츨 디ᄒ여도 서르
만나디 못ᄒ다 ᄒ니.

유엽(柳葉) 뎽 버들잎. 버드나무의 잎.
《集覽, 朴集, 下, 7ㅈ》柳葉饃子. 質問云,
以麥麵作成柳葉樣饃子, 亦便於行路之食,
方言謂之柳葉饃子.

유완(遊玩) 동 놀다. 장난치다. ⇔유완ᄒ
다(遊玩-). 《朴新諺 2, 6ㅎ》坐在船裏不
住的往來遊玩, 비에 안자 머무디 아니ᄒ
고 往來 遊玩ᄒ니.

유완(遊翫) 동 한가히 거닐다. 돌아다니
며 구경하다. 유람(遊覽)하다. 《朴新諺
2, 38ㅈ》大家商量遊山翫景去罷, 대되 의
논ᄒ여 遊山翫景ᄒ라 가쟈.

유완ᄒ다(遊玩-) 동 유완(遊玩)하다. ⇔
유완(遊玩). 《朴新諺 2, 6ㅎ》坐在船裏不
住的往來遊玩, 비에 안자 머무디 아니ᄒ
고 往來 遊玩ᄒ니.

유우(留寓) 혱 타향에 머물러 있다. 《朴新
諺 1, 31ㅈ》店(朴新注, 12ㅈ: 停物貨賣之
舍. 又客商留寓之所.)裏買狐皮去, 店에
狐皮 사라 가노라.

유월(六月) 뎽 유월. 《朴新諺 3, 7ㅈ》到六
月裡取出來晒幾次, 六月에 다둣거든 가
져 내여 여러 번 볏 쐬라 ᄒ여시니.

유인(有人) 뎽 어떤 사람. 누군가. 어떤
이. 《集覽, 朴集, 中, 1ㅈ》撨兒〈子〉. 染家
有簿冊一本, 有人求染絹帛者, 必於簿上
記其物數及染色, 幷其染直以當契約者,
謂之撨兒. 《集覽, 朴集, 中, 6ㅈ》尋聲救
苦應念除災. 史記, 昔盧景裕繫晉陽獄, 志
心念觀世音菩薩, 枷鎖自脫. 又有人當死,
志心誦觀世音菩薩普門品經千百遍, 臨刑
刀折, 因以赦之. 《朴新諺 3, 58ㅎ》後來有
人向山中打圍, 後에 사룸이 山中을 향ᄒ
여 산영ᄒ다가.

유인(遊人) 뎽 관광객. 여행객. 《朴新諺 2,
38ㅎ》往來遊人難走些, 往來ᄒᄂ 遊人이
돈니기 어렵더라.

유입(流入) 동 물이 어떤 곳으로 흘러들
다. 《集覽, 朴集, 上, 4ㅎ》蘆溝橋. 蘆溝本
桑乾河, 俗曰渾河, 亦曰小黃河. 上自保安
州界, 歷山南流入宛平縣境, 至都城四十
里. 《集覽, 朴集, 上, 15ㅈ》西湖. 在玉泉
山下, 泉水瀦而爲湖, 流入宮中. 西苑爲太
液池, 出都城爲玉河, 東南流注于大通河.
環湖十餘里, 荷・蒲・菱・芡與夫沙禽・
水鳥出沒, 隱暎於天光雲影中, 實佳境也.
《朴新諺 2, 4ㅎ》李爺你可曾到過西湖(朴
新注, 24ㅈ: 在玉泉山下, 流入西苑為太液
池, 出都城注于通州河.), 李爺ㅣ 아 네 일
즉 西湖에 돈녀.

유적시(有的是) 혱 많이 있다. 숱하다. 얼
마든지 있다. ⇔잇거져ᄒ다. 《朴新諺 1,
32ㅈ》有的是猠皮, 잇거져혼 이 猠皮니.

유전(油煎) 동 기름에 지지다. 《集覽, 朴
集, 上, 2ㅎ》爆. 音義, 音조ㅏㅎ, 誤. 以油煎
也. 《集覽, 朴集, 上, 3ㅎ》金銀豆腐湯. 質
問云, 豆腐用油煎熟, 其色黃如金, 白如銀,
細切作湯食之.

유전(流傳) 동 세상에 널리 퍼져 전하다.
널리 전파(傳播)하다. 《集覽, 朴集, 上,
16ㅈ》石屋. 遂以袈裟表信曰, 衣雖今日,
法自靈〈灵〉山流傳至今, 今附於汝, 汝善
護持, 毋〈毋〉令斷〈断〉絶.

유정(有情) 圀 〈불〉 마음을 가진 살아 있
는 중생.《集覽, 朴集, 上, 9ㅎ》佛. 梵云
婆加婆, 唐言佛. ㅂ者, 覺也, 自覺・ㅂ他.
一切有情咸具此道, 悟者卽名佛, 迷者曰
衆生.

유제(遺制) 圀 예로부터 전하여 오는 제
도.《集覽, 朴集, 上, 7ㅎ》窟嵌戒指. 事物
紀原云, 古者后妃羣妾御于君, 所當御者,
以銀環進之, 娠則以金環退之, 進者着右
手, 退者着左手. 今有指環, 卽遺制也.《集
覽, 朴集, 上, 12ㅈ》圓飯筵席. 邵氏聞見
錄, 宋景文公納子婦, 其婦家饋食. 書云,
以食物煖女. 公曰, 錯用字, 從食・從而・
從大, 其子退撿. 博雅餪字注云, 女家三日
餉食爲餪女也. 圓飯, 卽遺制也.《集覽, 朴
集, 中, 7ㅎ》取燈兒〈取燈〉. 宋陶學士淸
異錄云, 夜有急, 苦於作燈之緩, 批杉木條
染硫黄, 一與火遇, 得燄必速, 呼爲引光奴.
今之取燈兒, 其遺制也.

유주(幽州) 圀 중국 옛 구주(九州)의 하나.
전국시대 연(燕)나라 지역으로 하북성
(河北省) 북부와 요령성(遼寧省) 일대이
다.《集覽, 朴集, 上, 4ㅈ》遼陽. 遼誌云,
舜分冀東北爲幽州, 卽今廣寧以西之地.
《集覽, 朴集, 上, 5ㅎ》平則門. 燕都, 禹貢
冀州之域. 唐曰幽都, 虞爲幽州, 武王封召
公奭於燕, 卽此.《集覽, 朴集, 中, 3ㅎ》西
山. 在順天府西三十里太行山首, 始于河
內, 北至幽州, 强形鉅勢, 爭奇擁翠, 雲巒
星拱于皇都之右.

유지(油紙) 圀 기름을 먹인 종이.《朴新諺
2, 3ㅈ》你若有兩箇油紙帽, 네게 만일 두
油紙帽ㅣ 잇거든.《朴新諺 2, 3ㅈ》那金
老二有兩箇油紙帽, 뎌 金老二의게 두 油
紙帽ㅣ 이시니.

유지(柳枝) 圀 버들가지. 버드나무의 가
지.《集覽, 朴集, 下, 10ㅈ》手拿結線鞭.
鞭子用柳枝, 長二尺四寸, 按二十四氣, 上
用結子.《朴新諺 3, 46ㅎ》手執彩線鞭(朴
新注, 61ㅈ: 用柳枝二尺四寸, 按二十四

氣, 上用結子. 立春在孟日用麻, 仲日用苧,
季日用絲, 用五彩色醮染.), 손에 彩線鞭
을 가지고.

유지모(油紙帽) 圀 유지(油紙)로 만든 갈
모.《朴新諺 2, 3ㅈ》你若有兩箇油紙帽,
네게 만일 두 油紙帽ㅣ 잇거든.《朴新諺
2, 3ㅈ》那金老二有兩箇油紙帽, 뎌 金老
二의게 두 油紙帽ㅣ 이시니.

유차(有差) 혱 다르다. 같지 않다. 구별이
있다. 차이가 있다.《集覽, 朴集, 中, 8
ㅎ》牢子走. 在大都則自河西務起程, 若上
都則自泥河兒起程, 越三時, 走一百八十
里, 直抵御前, 俯伏呼萬歲. 先至者賜銀一
餠, 餘者賜段匹〈疋〉有差.

유천궁(柳天弓) 圀 고려(高麗) 태조(太祖)
왕건(王建)의 장인(丈人) 이름.《集覽,
朴集, 下, 12ㅈ》娘子柳氏〈柳氏〉. 貞州柳
天弓女也. 高麗太祖初爲弓裔將軍, 領兵
過貞州, 憩古柳下, 見川上有一女子甚美,
問誰. 女對曰, 天弓之女.

유촌(劉村) 圀 유씨(劉氏) 성(姓)을 가진
사람이 모여 사는 촌락.《朴新諺 3, 38
ㅈ》那城外劉村地方, 뎌 城 밧 劉村 짜흔.

유칠(油漆) 圀 칠(漆). ⇔칠.《朴新諺 2, 12
ㅎ》油漆也不好板子又薄, 칠도 됴치 아
니ᄒ고 널도 ᄯ 엷고.

유타(由他) 图 버려두다. 맡겨두다. 제 마
음대로 하게 하다. ⇔더뎌두다.《集覽,
字解, 累字解, 1ㅎ》由他. 더뎌두라. 又제
ᄆᆞᆷ대로 ᄒ게 ᄒ라.

유탕(遊蕩) 图 빈둥거리다. 한가롭게 노
닐다. ⇔유탕ᄒ다(遊蕩-).《朴新諺 1, 48
ㅎ》街上休要遊蕩, 거리에 遊蕩치 말라.

유탕ᄒ다(遊蕩-) 图 유탕(遊蕩)하다. ⇔
유탕(遊蕩).《朴新諺 1, 48ㅎ》街上休要
遊蕩, 거리에 遊蕩치 말라.

유하(留下) 图 ❶남기다. 남겨 두다. ⇔남
기다.《朴新諺 3, 25ㅎ》只留下桃核, 다
만 복셩화 삐만 남기고. ❷머물다. 또는
남겨 두다. 남기다. ⇔머믈다.《朴新諺

1, 56ㅎ》留下名帖可曾見麼, 名帖을 머므
렷더니 일즉 보신가.

유하래(流下來) 툉 흘러내리다. ⇔흘러
느리다. 《朴新諺 2, 5ㅈ》西湖是從玉泉山
流下來的, 西湖눈 이 玉泉山으로 조차 흘
러느린 거시니. 《朴新諺 2, 45ㅈ》都流不
下來, 다 흘러느리지 못ㅎ니. 《朴新諺 2,
53ㅈ》這孩子眼脂流下來也不擦, 이 아히
눈꼽이 흘러느리되 삣기지 아니ㅎ니.

유한(遊閑) 툉 흥청거리며 한가하게 놀
다. 또는 시간이나 재물 따위에 여유가
있어 한가하다. 《集覽, 字解, 單字解, 7
ㅎ》閑. 雜也. 閑雜人. 又替也. 파직ㅎ다,
罷閑了・替閑了. 又遊息曰閑. 흥쏭여 돈
닐시니, 遊閑이. 又練熟也. 弓馬熟閑. 又
空也. 空閑田地 뷔엿는 짜. 又等閑 부질
업시, 又힘히미, 又간대롭다.

유행(流行) 툉 전염병이 널리 퍼져 돌아
다니다. 《集覽, 朴集, 中, 5ㅈ》隨相現相.
飜譯名義云, 佛昔爲帝釋時, 遭飢歲, 疾疫
流行, 醫療無功, 道殣相屬.

유향(劉向) 명 한(漢)나라 초 원왕(楚元
王) 교(交)의 4세손. 자(字)는 자정(子
政). 본래 이름은 갱생(更生). 벼슬은 중
루 교위(中壘校尉). 경학(經學)과 천문
(天文)에 정통하였다. 《集覽, 朴集, 中, 8
ㅈ》操. 劉向別錄曰, 其道閉塞, 悲愁而作
者, 其曲曰操. 言遇災害不失其操也. 仍名
曲爲操.

유향별록(劉向別錄) 명 유향(劉向)이 비
부(祕府)의 책을 교정하며 적은 사기(私
記)를 청(淸)나라의 홍이훤(洪頤烜)이
엮은 책. 1권. 《集覽, 朴集, 中, 8ㅈ》操.
劉向別錄曰, 其道閉塞, 悲愁而作者, 其曲
曰操. 言遇災害不失其操也. 仍名曲爲操.

유황(硫黃) 명 유황. (비금속 원소의 하
나) 《集覽, 朴集, 中, 7ㅎ》取燈兒〈取燈〉.
南村輟耕錄云, 杭人削松木爲小片, 其薄
如紙, 鎔硫黃塗木片頂分許, 名曰發燭, 又
曰焠兒. 《朴新諺 2, 41ㅈ》拿着取燈兒〈朴

新注, 37ㅎ〉: 削松木爲小片, 其薄如紙, 鎔
硫黃塗於片端, 點火得焰甚速.), 取燈을
가지고.

유황빗ㅊ 명 녹황색. ⇔유황색(柳黃色).
《朴新諺 2, 14ㅈ》要染柳黃色的, 柳黃빗
츨 드리고져 ㅎ고.

유황색(柳黃色) 명 녹황색. ⇔유황빗ㅊ.
《朴新諺 2, 14ㅈ》要染柳黃色的, 柳黃빗
츨 드리고져 ㅎ고.

유황외앗 명 오얏의 하나. ⇔옥황이자(玉
黃李子). 《朴新諺 1, 4ㅈ》鮮果子呢, 싱과
실은. 柑子, 柑子. 橘子, 귤. 石榴, 石榴.
香水梨, 물한비. 櫻桃, 櫻桃. 杏子, 술고.
蘋果, 굵은님금. 玉黃李子, 유황외앗시
오.

육(六) 관 ●여섯. ⇔여섯. 《朴新諺 1, 4
ㅈ》每桌辦乾鮮果品十六楪, 每 桌에 乾鮮
果品 열 여슷 뎝시를 출호되. 《朴新諺
1, 20ㅎ》有八角的・六角的・四方的, 여
둛 모 것과 여슷 모 것과 네모 것도 이시
며. 《朴新諺 1, 50ㅎ》修脚錢是六箇, 발톱
다듬는 갑슨 여슷 낫 돈이니. ●엿[六].
⇔엿. 《朴新諺 2, 14ㅎ》這鴉靑綿紬染錢
六錢, 이 야쳥 綿紬눈 물갑시 엿 돈이오.
《朴新諺 2, 43ㅈ》鴉靑色四季花的六兩銀
子一疋, 야쳥빗 四季花 문에는 엿 냥 은
에 혼 필이오. 《朴新諺 3, 54ㅈ》收管者
謝銀六兩, 거두어 두니는 銀 엿 냥을 샤
례ㅎ리라.

육(肉) 명 ●고기. ⇔고기. 《朴新諺 1, 4
ㅎ》燒鵝, 구은 거유. 燒鴨, 구은 올히.
燒牛肉, 구은 쇠고기. 燒羊肉, 구은 羊의
고기니. 《朴新諺 1, 5ㅈ》魚翅炒肉, 물고
기 진에 너허 쵸혼 고기와. 鰒魚頓肉, 전
복 너허 술믄 고기와. ●솕果肉. ⇔술.
《朴新諺 3, 25ㅈ》飛入樻中把桃肉都吃了,
느라 樻 속에 드러가 복셩화 술을다가
다 먹어.

육개(六箇) 관 여섯 (개). ⇔여슷. 《朴新諺
1, 31ㅎ》買六箇猠皮纔勾使哩, 여슷 猠皮

롤 사야 겨요 넉넉이 **쓰리라**. 《朴新諺 1, 32ㅎ》這六箇花大的, 이 여슷 소홈 큰 거슨. 《朴新諺 1, 33ㅈ》六箇獐皮每張三錢, 여슷 獐皮에 每 張에 서 돈식 ᄒ면.

육개(六箇) ㉠ 여섯 (개). ⇔여슷ㅅ. 《朴新諺 1, 32ㅈ》我要買六箇, 내 여슷슬 사려 ᄒ노라. 就這六箇你要多少價錢, 이 여슷세 네 언머 갑슬 바드려 ᄒ는다.

육경(六經) 圐 중국 춘추 시대의 여섯 가지 경서(經書). 역경(易經)·서경(書經)·시경(詩經)·춘추(春秋)·예기(禮記)·악기(樂記)를 이르는데, 악기 대신 주례(周禮)를 넣기도 한다. 《朴新諺 3, 21ㅈ》要買書買些四書六經也好, 칙을 사려 ᄒ면 四書 六經을 사미 ᄯ 됴커늘.

육궁(六宮) 圐 왕비. 또는 왕비가 거처하는 궁. 《集覽, 朴集, 下, 4ㅎ》大醮. 上元金籙齋, 帝王修奉, 設普天大醮. 中元玉籙齋, 保佑六宮, 輔寧妃后, 設周天大醮. 下元黃籙齋, 臣民通修, 普資家國, 設羅天大醮.

육덕명(陸德明) 圐 당(唐)나라 소주(蘇州) 오(吳) 땅 사람. 이름은 원랑(元朗). 덕명은 자(字). 봉호는 오현남(吳縣南). 당초(唐初) 진왕부(秦王府) 십팔학사(十八學士)의 한 사람. 벼슬은 남조진(南朝陳)과 수(隋)나라에서 국자 조교(國子助敎), 당나라에서 국자 박사(國子博士)를 지냈다. 경전석문(經典釋文)을 지어 의소(義疏)의 효시가 되었다. 《集覽, 朴集, 中, 8ㅈ》十八學士. 唐太宗秦王時, 開館延文學之士, 杜如晦·房玄齡〈岺〉·虞世南·褚遂良·姚思廉·李玄道·蔡允恭·薛元敬·顏相時·蘇勗·于志寧·蘇世長·薛攸·李守素·陸德明·孔穎達·蓋文達·許敬宗爲文學館學士, 分爲三番, 更日直宿.

육도(六道) 圐 〈불〉 삼악도(三惡道)와 삼선도(三善道)를 통틀어 이르는 말. 중생(衆生)이 선악의 원인에 의하여 윤회(輪廻)하는 여섯 가지의 세계이다. 곧, 지옥도(地獄道)·축생도(畜生道)·아귀도(餓鬼道)·천도(天道)·인도(人道)·아수라도(阿修羅道). 《集覽, 朴集, 中, 5ㅈ》六道. 人道·天道·阿脩羅道·餓鬼道·畜生道·地獄道, 亦名六趣, 加仙道, 名曰七趣. 阿脩羅有大力神人, 嘗共天鬪〈鬭〉, 立大海中, 其高半天. 《朴新諺 2, 29ㅈ》以聲察聲拯慈悲於六道(朴新注, 33ㅎ: 以聲察聲. 聞其聲而察其苦樂之狀. 六道, 人道·天道·阿脩羅道·餓鬼道·畜生道·地獄道也. 阿脩羅有大力神人, 嘗共天鬪〈鬭〉, 立大海中, 其高半天.), 소리로 뻐 소리를 술펴 慈悲를 六道에 건디고.

육례(六禮) 圐 예전 혼인의 여섯 가지 예법. 곧, 납채(納采)·문명(問名)·납길(納吉)·납징(納徵)·청기(請期)·친영(親迎). 《集覽, 朴集, 上, 11ㅎ》下多少財錢. 亦云下財. 家禮會通云, 婚有六禮, 納采·問名·納吉·納徵·請期·親迎. 《朴新諺 1, 44ㅈ》下多少財禮(朴新注, 17ㅈ: 財, 羊·酒·花紅之屬. 禮, 六禮, 納采·問名·納吉·納徵·請期·親迎也.)呢, 언머 財禮롤 드리더뇨.

육로(陸路) 圐 땅위로 난 길. 《集覽, 朴集, 上, 4ㅈ》開元. 永樂年間, 設安樂·自在二州, 俱隷遼東都司. 城東陸路, 舊有設站, 至三散口子, 通朝鮮後門, 管屬外夷徃來朝貢之路, 四面皆古設站之地.

육바라밀(六波羅密) 圐 〈불〉 열반(涅槃)에 이르기 위한 보살의 여섯 가지 수행. 곧, 보시(布施)·인욕(忍辱)·지계(持戒)·정진(精進)·선정(禪定)·지혜(智慧). 《集覽, 朴集, 上, 16ㅎ》善知識. 善知〈智〉識者, 指高僧之稱. 知亦作智. 反〈飜〉譯名義云, 佛·菩薩·羅漢是善知〈智〉識, 六波羅密·三十七品是善知〈智〉識, 法性實〈宗〉際是善知〈智〉識.

육부(六部) 圐 수·당대(隋唐代)로부터 청대(淸代)까지 두었던 여섯 중앙 행정

기관. 곧, 이부(吏部)·호부(戶部)·예부(禮部)·병부(兵部)·형부(刑部)·공부(工部).《集覽, 朴集, 上, 5ㅎ》郞中. 六部郞中〈元制, 郞中〉, 正五品, 月攴〈支〉米十六石, 歲該一百九十石.《集覽, 朴集, 中, 2ㅈ》令史. 在京六部及三品衙門, 在外各衛及都布按三司俱有令史, 驛吏則無令史之稱.《集覽, 朴集, 中, 8ㅈ》首領官. 今宗人府經歷爲首領官, 六部主事爲首領官之類.《集覽, 朴集, 下, 3ㅈ》照會. 五軍都督府照會六部, 六部照會承宣布政使司, 使司照會提刑按察司.《集覽, 朴集, 下, 11ㅎ》申. 今按, 直隷府申六部, 在外府州申都司, 應天府申五軍都督, 皆名曰申狀.

육서반(陸序班) 몡 육(陸)씨 성을 가진 서반(序班).《朴新諺 3, 51ㅎ》陸序班你與我寫一張狀子, 陸序班아 네 나를 혼 댱 고장을 뼈 주고려.

육안(六安) 몡 현(縣) 이름. 한(漢) 회남왕(淮南王)이 도읍하였던 곳. 안휘성(安徽省) 합비현(合肥縣) 서쪽 지역이다.《朴新諺 3, 32ㅈ》你先倒一椀六安·一椀松蘿(朴新注, 55ㅎ: 六安·松蘿, 皆地名, 而産茶最佳故, 回以名茶.), 네 몬져 혼 사발 六安차와 혼 사발 松蘿차를 부어 오고.

육안차(六安-) 몡 육안(六安)에서 나는 차. 안휘성(安徽省) 대촉산(大蜀山)에서 나는 차를 이른다.《朴新諺 3, 32ㅈ》你先倒一椀六安·一椀松蘿, 네 몬져 혼 사발 六安차와 혼 사발 松蘿차를 부어 오고.

육욕(六欲) 몡 〈불〉 육근(六根)을 통하여 일어나는 여섯 가지 욕정(欲情). 곧, 색(色: 色欲)·미모(美貌: 形貌欲)·애교(愛嬌: 威儀姿態欲)·말소리[言語音聲欲]·이성의 부드러운 살결[細滑欲]·사랑스러운 인상(人相: 人相欲) 등에 대한 탐욕.《集覽, 朴集, 中, 4ㅎ》梵王帝釋. 有欲界·色界·無色界爲三界. 欲界有四洲·四惡趣·六欲天, 帝釋爲欲界主.

육조(六祖) 몡 〈불〉 선종(禪宗)의 6대 조

사(祖師)인 혜능(慧能)을 일컫는 말. 남종(南宗)의 시조가 되었으며, 오가칠종(五家七宗)으로 퍼지게 한 조사이다.《集覽, 朴集, 上, 10ㅎ》懺悔. 自陳悔也. 六祖惠(慧)能大師曰, 懺者, 懺其前愆, 悔者, 悔其後過.

육진(六塵) 몡 〈불〉 심성(心性)을 더럽히는 육식(六識)의 대상계(對象界). 곧, 육신으로 깨닫는 색(色)·성(聲)·향(香)·미(味)·촉(觸)·법(法)의 여섯 가지 욕정.《集覽, 朴集, 上, 10ㅈ》袈裟. 反(飜)譯名義云, 袈裟是外國三衣之名. 或名離塵服, 由斷〈断〉六塵故, 或名消瘦服, 由斷煩惱故, 或名無垢衣.

육천(六天) 몡 〈불〉 육욕천(六欲天). 욕계(欲界)에 속한 여섯 하늘. 곧, 사천왕천(四天王天)·야마천(夜摩天)·도리천(忉利天)·도솔천(兜率天)·낙변화천(樂變化天)·타화자재천(他化自在天).《集覽, 朴集, 上, 15ㅈ》兜率. 梵語兜率, 云妙足. 又云知足, 於五欲知止足, 故佛地論云, 名憙足, 謂後身菩薩於中敎化, 多修憙足故. 卽欲界六天之一也. 兜率天, 人間四百世爲一日.

육취(六趣) 몡 〈불〉 삼악도(三惡道)와 삼선도(三善道)를 통틀어 이르는 말. 중생(衆生)이 선악의 원인에 의하여 윤회(輪廻)하는 여섯 가지의 세계이다. 곧, 지옥도(地獄道)·축생도(畜生道)·아귀도(餓鬼道)·천도(天道)·인도(人道)·아수라도(阿修羅道).《集覽, 朴集, 中, 5ㅈ》六道. 人道·天道·阿脩羅道·餓鬼道·畜生道·地獄道, 亦名六趣, 加仙道, 名曰七趣.《集覽, 朴集, 下, 3ㅈ》三寶. 佛·法·僧也. 功成妙智, 道登圓覺, 佛也, 玄理幽微, 正敎精誠, 法也, 禁戒守眞, 威儀出俗, 僧也. 皆是四生導首, 六趣舟航, 故曰寶.

육친(六親) 몡 부모·형제·처자를 통틀어 이르는 말.《集覽, 朴集, 上, 13ㅎ》百

육탕(肉湯) 뎽 고기붙이로 끓여 만든 국. 《集覽, 朴集, 上, 2ㅎ》燭鴿子彈. 質問云, 鴿子彈糝於滾肉湯食之.《集覽, 朴集, 下, 6ㅈ》水滑經帶麵. 質問云, 以麥麵〈麪〉扯成長條, 似包經帶子樣, 煮熟, 椒肉湯食之, 方言謂之水滑經帶麵〈麪〉.

육포(肉脯) 뎽 쇠고기를 얇게 저미어 말린 포.《朴新諺 2, 25ㅎ》這海菜·乾魚·肉脯, 이 메육과 乾魚와 肉脯는.

육학무금(六鶴舞琴) 뎽 여섯 마리의 학이 춤을 추는 모양이 그려진 거문고.《集覽, 朴集, 下, 3ㅈ》六鶴舞琴. 史記, 師曠援琴而鼓, 一奏之, 有玄鶴二八集于廊門, 再奏之, 延頸而鳴, 舒翼而舞. 善惡報應錄云, 江夏郡辛氏沽酒爲業, 有一先生入坐曰, 有好酒飮吾否. 辛飮以巨杯. 明日復來, 如此半載. 謂辛曰, 多負酒債, 無錢酬汝. 遂取藍橘皮, 於壁上畫鶴, 曰, 客來飮酒, 但拍手歌之, 其鶴必舞, 將此酬汝. 後客至, 如其言, 鶴果舞, 觀者沓至, 酬之以錢, 遂致鉅〈巨〉富.

윤(允) 둉 듣다. 윤허하다. ⇔둗다.《朴新諺 3, 57ㅎ》那時太祖不允, 그 쌔에 太祖ㅣ 둗지 아니ᄒᆞ더니.

윤(輪) 둉 돌리다. 교대하다. 순번대로 하다. ⇔돌리다.《朴新諺 1, 25ㅈ》一更一箇輪流起來喂草, 혼 경에 ᄒᆞ나식 돌려 니러 여믈을 먹이되.

윤류(輪流) 둉 교대하다. 순번대로 하다.《集覽, 朴集, 上, 9ㅈ》骨朵. 南村輟耕錄云, 國朝有四怯薛中有云都赤, 三日一次輪流入直, 負骨朵於背〈於肩〉, 余究骨朵字義, 嘗記宋景文筆記云, 關中人以腹大爲胍肝, 音孤都, 俗謂杖頭大者亦曰胍肝, 後訛爲骨朵.

윤전(輪轉) 둉 굴러가다. 회전하다.《集覽, 字解, 單字解, 2ㅈ》滾. 煮水使沸曰滾滾花水 글른 믈. 又輪轉曰滾滾了 구으다,

字作輠. 又通共和雜曰累滾 혼 믈와비라. 又滾子 방올.《集覽, 朴集, 下, 7ㅎ》花房窩兒. 毬行或騰起, 或斜起, 或輪轉, 各隨窩所在之宜.

윤택(潤澤) 혱 광택에 윤기가 있다.《集覽, 朴集, 中, 6ㅈ》身瑩瓊瓖. 佛八十種好云, 身有光明, 又云身淸淨. 又云色潤澤如瑠璃.

윤회(輪廻) 뎽 〈불〉 중생(衆生)이 성도 수업(聖道修業)의 결과 해탈(解脫)을 얻을 때까지, 그의 영혼이 육체와 함께 업(業)에 의하여 다른 생(生)을 받아 끊임없이 생사를 반복하는 일.《集覽, 朴集, 上, 16ㅈ》作與頌字迴光返照大發明得悟. 音義云, 石屋和尙作佛頌與〈与〉步虛, 其佛光迴還返照於步虛之身, 其於生死輪迴之說, 靡不通曉.

율(律) 뎽 〈불〉 율장(律藏). 삼장(三藏)의 하나. 부처가 제정한 계율의 조례(條例)를 모은 책.《集覽, 朴集, 下, 1ㅈ》唐三藏法師〈三藏〉. 三藏, 經一藏, 律一藏, 論一藏. 曰脩多羅, 卽阿難聖衆結集爲經. 曰毗奈耶, 一曰毗尼, 卽優波尊者結集爲律. 曰阿毗曇, 卽諸大菩薩衍而爲論.《集覽, 朴集, 下, 1ㅈ》西天取經去. 西遊記云, 昔釋迦牟尼佛在西天靈山雷音寺, 撰成經·律·論三藏金經, 須送東土, 解度郡〈羣〉迷. 問諸菩薩, 徃東土尋取經人來.

율색(栗色) 뎽 밤색. ⇔구렁빗ㅎ.《朴新諺 2, 1ㅎ》你看這一箇栗色白臉馬, 네 보라 이 혼 구렁빗헤 간쟈물이.

율자(栗子) 뎽 밤[栗]. ⇔밤.《朴新諺 1, 4ㅈ》乾果子呢, 므른 과실은. 榛子, 개암. 松子, 잣. 瓜子, 슈박삐. 乾葡萄, 마른 葡萄. 栗子, 밤. 龍眼, 龍眼. 桃仁, 복셩화삐. 荔子, 녀지요.《朴新諺 1, 5ㅈ》栗子炒鷄, 밤 너허 쵸혼 둙과.

융(絨) 뎽 융(絨). 융사(絨絲).《集覽, 朴集, 上, 8ㅎ》抹絨胷背. 凡於紗羅·段帛之上, 以綵絨織成胷背之紋, 裁成衣服者也. 凡

絲之練熟未合者曰絨, 已合爲綸者曰線.

융(絨) 혱 부드럽다. ●⇔보드랍다. 《朴
新諺 1, 29ㅎ》白絨氈襪上, 흰 보드라온
담청에. ●⇔보드랍다. 《朴新諺 1, 46
ㅈ》你買諸般絨線, 네 여러 가지 보드라
온 실과.

융선(絨線) 몡 융사(絨絲). 부드러운 실.
자수용 굵은 실. ⇔보드라온실. 《集覽,
老集, 下, 3ㅎ》繡銀條紗. 紗之白而無紋
者, 只以白絨線織成胸背而已. 《朴新諺 1,
46ㅈ》你買諸般絨線, 네 여러 가지 보드
라온 실과.

융수(絨綉) 톙 =융수(絨繡). '綉'는 '繡'의
속자. 《正字通, 糸部》繡, 俗作綉. 《集覽,
朴集, 上, 8ㅈ》滿刺〈剌〉嬌. 質問云, 以蓮
花·荷葉·藕〈稱〉·鴛鴦·蜂蝶之屬
〈形〉, 或用五色絨綉, 或用彩色畫於段帛
上, 謂之滿池嬌.

융수(絨繡) 톙 누인 명주실로 수를 놓다.
또는 그런 직물. 《集覽, 朴集, 上, 8ㅈ》滿
刺〈剌〉嬌. 質問云, 以蓮花·荷葉·藕
〈稱〉·鴛鴦·蜂蝶之屬〈形〉, 或用五色
絨綉, 或用彩色畫於段帛上, 謂之滿池嬌.

-으 매개 -으-. 《朴新諺 3, 15ㅈ》不知收
到否, 아지 못게라 바드신가 못ᄒ신가.
《朴新諺 3, 19ㅈ》雖無大出息, 비록 크게
出息홈이 업스나. 《朴新諺 3, 20ㅈ》種稻
地的那厮, 벼 시므든 그 놈이. 《朴新諺
3, 24ㅈ》使人坐不定, 뎌로 ᄒ여 안즈믈
定치 못게 ᄒ니. 《朴新諺 3, 30ㅎ》就
與我二兩也沒甚麼利息, 곳 나를 두 냥을
주어도 아모 利息이 업스니. 《朴新諺 3,
36ㅈ》官人們要那幾種吃呢, 官人들이 어
니 멋 가지를 먹으려 ᄒ는다. 《朴新諺
3, 44ㅎ》你做飯要留心纔好, 네 밥을 지
으매 留心홈이 마치 됴ᄒ니라. 《朴新諺
3, 53ㅎ》我念你聽, 내 닑어든 네 드르라.
《朴新諺 3, 55ㅈ》就取一百錢去賃來鞴上,
곳 ᄒ 빅 돈을 가져가 삭 내여 와 안장
디으라.

-으나 어미 -으나. 《朴新諺 1, 2ㅈ》京城街
市上槽房雖多, 京城 져제에 술집이 비록
만흐나. 《朴新諺 1, 32ㅎ》大小是買賣,
크나 져그나 이 흥뎡이라. 《朴新諺 2, 1
ㅎ》一箇赤色馬雖生的十分可愛, 흔 졀짜
물이 비록 삼긴 거시 ᄀ장 고으나. 《朴
新諺 2, 48ㅎ》字之形勢狠(很)多大槩如
此, 字의 形勢 ᄀ장 만흐나 大槩 이 ᄀᄐ
니. 《朴新諺 3, 19ㅈ》雖無大出息, 비록
크게 出息홈이 업스나.

-으냐 어미 -으냐. 《朴新諺 2, 22ㅎ》馬都
好麼, 물이 다 됴흐냐.

-으녀 어미 -느냐. -는가. 《集覽, 字解, 單
字解, 2ㅈ》阿. 俗音하. 阿的, 猶言此也.
又語助辭. 有阿沒 잇ᄂ녀 업스녀. 皆元
朝之語. 《集覽, 字解, 單字解, 3ㅎ》那. 平
聲, 音노, 推移也. 那一那 논힐후다. 上聲
나, 何也. 那裏 어듸, 那箇 어늬. 又誰也.
那一箇 누고. 去聲 나. 那裏, 彼處也. 那
箇 뎌것. 又語助. 有那沒 잇ᄂ녀 업스녀.

-으뇨 어미 -으냐. -느냐. 《集覽, 字解, 單
字解, 6ㅈ》少. 多少. 又欠也. 少甚麼 므스
거시 업스뇨. 少債 ᄂ믜 비들 뼈디워 잇
다. 又缺也. 缺少口粮 양시기 그쳐디다.
《朴新諺 1, 17ㅎ》不知那一家打的刀子最
好, 아지 못게라 어너 집의셔 믠든 칼이
ᄀ장 됴흐뇨. 《朴新諺 1, 3ㅎ》這酒怎麼
少了, 이 술이 엇지ᄒ여 져그뇨. 《朴新諺
2, 40ㅎ》如今怎麼那般賊多, 이제 엇지
뎌리 도적이 만흐뇨. 《朴新諺 3, 1ㅈ》怎
麼這蠅子這麼多呢, 엇지 ᄑ리 이리 만흐
뇨. 《朴新諺 3, 3ㅈ》你怎麼這麼硬頭硬腦
的呢, 네 엇지 이리 목구드뇨.

-으니 어미 -으니. 《朴新諺 1, 16ㅎ》這大
紅段眞是南紅顔色經緯勻淨, 이 다홍 비
단이 진짓 이 연다홍빗치오 뼈눌이 고
로고 조흐니. 《朴新諺 1, 28ㅈ》又慣會諂
佞, 또 諂佞ᄒ기에 닉으니. 《朴新諺 1,
37ㅈ》老長兄承你掛念, 老長兄아 네 掛念
호믈 닙으니. 《朴新諺 2, 1ㅎ》却沒本事,

쏘 지죄 업스니.《朴新諺 2, 24ㅈ》是小
弟昨日在張少卿家慶賀筵席上, 올흐니 小
弟 어제 張少卿의 집 慶賀 筵席에서.《朴
新諺 2, 40ㅈ》一冬好煎湯吃, 흔 겨올을
달혀 먹기 됴흐니.《朴新諺 2, 58ㅎ》咳
一件新衣服也沒有怎的好呢, 애 흔 볼 새
옷도 업스니 엇지ᄒ여야 됴흐리오.《朴
新諺 3, 2ㅈ》我家裡老鼠多得狠(很), 우리
집의 쥐 ᄀ장 만흐니.《朴新諺 3, 19ㅈ》
比在前到底强些, 이젼에 비컨대 묫내 져
기 나으니.《朴新諺 3, 30ㅎ》就與我二兩
也沒甚麼利息, 곳 나를 두 냥을 주어도
아모 利息이 업스니.

-으니라 [어미] -으니라.《朴新諺 1, 14ㅈ》
方好到倉裏關米, 보야흐로 倉에 가 뿔 트
기 됴흐니라.《朴新諺 1, 17ㅎ》裝修餙搙
都好, 믄든 것과 쑤민 모양이 다 됴흐니
라.《朴新諺 1, 43ㅈ》你剃的乾淨便是了,
네 싹기룰 乾淨히 홈이 곳 올흐니라.
《朴新諺 2, 32ㅎ》欵式要時樣匣子要勻細
就是了, 欵式은 時樣으로 ᄒ고 담은 고로
고 ᄀ늘게 홈이 곳 올흐니라.《朴新諺
2, 40ㅎ》因此上賊多了, 이런 젼츠로 도
적이 만흐니라.《朴新諺 2, 55ㅈ》咱們先
小人而後君子好, 우리 몬져는 小人이오
후에는 君子로옴이 됴흐니라.《朴新諺
3, 21ㅈ》悶時節(節)看看眞好解悶, 힘힘
흔 제 보면 진실로 解悶ᄒ기 됴흐니라.
《朴新諺 3, 41ㅈ》是天下無雙的, 이 天下
에 雙 업스니라.《朴新諺 3, 44ㅎ》你做
飯要留心纔好, 네 밥을 지으매 留心홈이
마치 됴흐니라.

-으되 [어미] -되. -으되.《朴新諺 1, 36ㅈ》衆
人再問那和尚, 衆人이 다시 뎌 듕더려 무
르되.《朴新諺 1, 38ㅈ》所以便好了, 그러
모로 곳 됴흐되.《朴新諺 2, 1ㅎ》有一箇
土黃馬毛片好, 흔 고라물이 이셔 털 빗치
됴흐되.《朴新諺 2, 2ㅈ》有九分膘轡頭好,
九分이나 술이 잇고 혁대 됴흐되.

-으든 [어미] -으던.《朴新諺 3, 20ㅈ》種稻

地的那厮, 벼 시므든 그 놈이.

-으라 [어미] ●-으라.《朴新諺 2, 5ㅈ》你且
聽着, 네 아직 드르라.《朴新諺 2, 15ㅎ》
聽我吩咐, 내 吩咐를 드르라.《朴新諺 2,
25ㅈ》煎至七分去滓溫服, 달혀 七分에
니르거든 滓를 브리고 더온 이로 먹으
라.《朴新諺 2, 44ㅎ》我念你聽, 내 닑어
든 네 드르라.《朴新諺 3, 11ㅎ》你有長
指甲替我抓一抓, 네 긴 손톱이 잇거든 나
를 ᄀ로차 글그라.《朴新諺 3, 13ㅈ》你
聽我說, 네 드르라 내 니르마.《朴新諺
3, 49ㅈ》你聽我說, 네 들으라 내 니르마.
《朴新諺 3, 52ㅈ》你聽我念, 네 드르라 내
닑으마.《朴新諺 3, 53ㅎ》我念你聽, 내
닑어든 네 드르라.《朴新諺 3, 55ㅈ》就
取一百錢банз賃來鞴上, 곳 흔 빅 돈을 가져
가 삭 내여 와 안장 디으라.《朴新諺 3,
59ㅈ》且請坐一坐再用一杯粗茶, 아직 請
컨대 안즈라 다시 흔 잔 좀차룰 먹쟈.
●-으러.《集覽, 字解, 單字解, 4ㅎ》討.
求也, 探也. 討吃 어드라 가다, 討債去 빋
주니 바드라 가다, 討價錢 빋 받다. 又本
國傳習之解曰 빋 꾀오다, 亦通.《朴新諺
1, 3ㅈ》你們討酒的都廻來了麼, 너희 술
어드라 갓든 이 다 도라왓느냐.《朴新諺
1, 3ㅈ》可着姓李的館夫討去, 李가 館夫
로 어드라 가게 ᄒ고.《朴新諺 1, 7ㅎ》都
到外廂吃飯去, 다 밧채에 밥 먹으라 가
라.《朴新諺 1, 51ㅈ》你且洗去, 네 쏘 삐
스라 가쟈.《朴新諺 2, 36ㅈ》明日好往通
州接官去, 닉일 通州ㅣ 가 관원 마즈라
가기 됴케 ᄒ라.《朴新諺 3, 31ㅈ》請大
哥到茶舘裡吃茶去, 請컨대 큰형아 茶舘
에 가 차 먹으라 가쟈.《朴新諺 3, 35ㅎ》
咱們到飯店裡吃飯去, 우리 밥뎜에 가 밥
먹으라 가쟈.

-으란 [조] -을랑. -으랑은.《朴新諺 1, 46
ㅈ》羊皮金不要紙的, 羊皮金을 ᄒ고 지
금으란 말고.

-으랴 [어미] -으랴.《朴新諺 2, 16ㅎ》做乾

飯呢還是水飯, 乾飯을 지으랴 또 이 水飯
을 ᄒᆞ랴.

-으려 어미 -으려. 《朴新諺 1, 31ㅎ》這兩
件東西要做, 이 두 가지ㅅ 거슬 지으려
ᄒᆞ면. 《朴新諺 1, 32ㅈ》就這六箇你要多
少價錢, 이 여슷세 네 언머 갑슬 바드려
ᄒᆞᄂᆞᆫ다. 《朴新諺 1, 32ㅎ》每張只要五錢
銀子, 每張에 그저 닷 돈 은을 바드려
ᄒᆞ니. 《朴新諺 1, 46ㅎ》做一對護膝, 호
ᄡᅡᆼ 슬갑을 지으려 ᄒᆞ면. 《朴新諺 2, 2ㅎ》
後日又要請衙門中同寅老爺們吃酒, 모리
또 衙門에 同寅 老爺들을 쳥ᄒᆞ여 술 먹
으려 ᄒᆞ여. 《朴新諺 3, 2ㅎ》要一百錢, 一
百 돈을 바드려 ᄒᆞ노라. 《朴新諺 3, 16
ㅎ》相公吩咐怎麼盖, 相公은 吩咐ᄒᆞ라 엇
디 지으려 ᄒᆞᄂᆞ뇨. 《朴新諺 3, 30ㅈ》還
我多少價錢, 내게 엇마 갑슬 갑흐려 ᄒᆞ
ᄂᆞᆫ다. 《朴新諺 3, 30ㅎ》你不賣拿回家去
就飯吃, 네 ᄑᆞ지 아니코 가져 집의 도라
가 밥ᄒᆞ여 먹으려 ᄒᆞᄂᆞᆫ다. 《朴新諺 3, 36
ㅈ》官人們要那幾種吃呢, 官人들이 어ᄂᆞ
몃 가지를 먹으려 ᄒᆞᄂᆞᆫ다.

-으로 조 ●-으로. 《朴新諺 1, 1ㅎ》可教張
三去, 張三으로 ᄒᆞ여 가. 《朴新諺 1, 18
ㅈ》刀把要紫檀, 칼 ᄌᆞᄅᆞᆫ 紫檀으로 ᄒᆞ
고. 《朴新諺 1, 27ㅈ》筭我輸給你一隻羊,
내 네게 ᄒᆞᆫ 羊을 져 주량으로 혜고. 《朴新
諺 1, 43ㅈ》先把稀笓子攏了, 몬져 성권
춤빗스로다가 빗기고. 《朴新諺 2, 1ㅈ》
我情愿費三十兩價銀, 내 情愿으로 三十兩
갑 銀을 허비ᄒᆞ려 ᄒᆞ노라. 《朴新諺 2, 19
ㅎ》賣主一面承當, 푼 님자ㅣ 一面으로
承當ᄒᆞ고. 《朴新諺 2, 39ㅈ》滿池荷花香
噴噴的令人可愛, 못에 ᄀᆞ득ᄒᆞᆫ 荷花ㅣ 香
내 뿜겨 사룸으로 ᄒᆞ여곰 스랑홉게 ᄒᆞ더
라. 《朴新諺 3, 4ㅈ》把磚墊好着, 벽으로
다가 괴와 됴케 ᄒᆞ고. 《朴新諺 3, 17ㅎ》何
必以多為貴呢, 엇지 반ᄃᆞ시 만흠으로 ᄡᅥ
貴흠을 삼으리오. 《朴新諺 3, 23ㅈ》與大
仙素不認識, 大仙으로 더부러 본디 아지

못ᄒᆞ니. 《朴新諺 3, 39ㅎ》是驛站裡去的,
이 驛站으로 갓ᄂᆞ니라. ●-으로부터.
《朴新諺 3, 20ㅎ》也不免是閉門家裡坐禍
從天上來, 또 이 門을 닷고 집의 안저셔도
禍ㅣ 天上으로 조차 온다 홈을 免치 못홈
이로다. 《朴新諺 3, 34ㅎ》一品至九品, 一
品으로 九品에 니르히.

-으로는 조 -으로는. 《朴新諺 1, 17ㅈ》時
下筆是頂好的了, 시졀 것스로는 읏듬 됴
흔 거시라 ᄒᆞ리라.

-으로부터 조 -으로부터. ●⇨유(由).
《朴新諺 3, 51ㅈ》由本家西墻跳入, 本家
西墻으로부터 ᄲᅱ여들어. ●⇨자종(自
從). 《朴新諺 2, 26ㅈ》姐姐我自從看上了
你, 각시아 내 너를 봄으로부터.

-으로셔 조 **1**-으로부터. 《朴新諺 2, 22
ㅈ》又把朝鮮地方來的一隻船, 또 朝鮮 ᄯᅡ
흐로셔 오는 흔 隻 비롤다가. 《朴新諺
2, 22ㅈ》圍着一箇西京來的豆船, 흔 西京
으로셔 오는 콩 시른 비를 에우고. 《朴
新諺 2, 42ㅈ》要南京來的鴉青色 · 月白
色這兩樣緞子, 南京으로셔 온 야쳥빗과
남빗 이 두 가지 비단을 흐려 ᄒᆞ노라.
《朴新諺 3, 34ㅈ》我在衙門裡來, 내 衙門
으로셔 오노라. **2**-으로부터. ●⇨종
(從). 《朴新諺 2, 25ㅎ》都是我家太爺從
朝鮮帶來的, 다 이 우리 집 太爺ㅣ 朝鮮
으로셔 가져온 거시매. ●⇨타(打). 《朴
新諺 2, 51ㅈ》王千戸打背後來, 王千戸ㅣ
뒤흐로셔 와.

-으료 어미 -으리오. 《朴新諺 2, 15ㅈ》你說
幾時染完, 네 닐으라 언제 믈드려 ᄆᆞᄎᆞ료.
《朴新諺 2, 16ㅎ》老爺做甚麼飯, 老爺ㅣ
야 므슴 밥을 지으료. 《朴新諺 3, 2ㅈ》怎
麼好呢, 엇지ᄒᆞ여야 됴흐료. 《朴新諺 3,
6ㅎ》虫蛀的無一根風毛了怎麼好, 좀이
딥어 흔 낫 긴털이 업스니 엇지ᄒᆞ여야
됴흐료. 《朴新諺 3, 21ㅈ》買甚麼書好呢,
므슴 칙을 사야 됴흐료. 《朴新諺 3, 55ㅈ》
咳我沒有牲口却怎麼好呢, 애 내게 즘싱

이 업스니 ᄯᅩ 엇지ᄒᆞ여야 됴ᄒᆞ료.

-으리니 어미 -으리니. 《朴新諺 1, 9ᅐ》諸事好仰仗你, 범ᄉᆞ롤 ᄀᆞ장 너롤 밋으리니.

-으리라 어미 -으리라. 《朴新諺 1, 4ᅙ》都要學那南方做法纔好吃哩, 다 뎌 南方셔 민ᄃᆞᆫ 법대로 ᄒᆞ여야 맛치 먹기 됴ᄒᆞ리라. 《朴新諺 1, 19ᅐ》大槩湏(須)得五錢價銀一件, 大槩 모로미 닷 돈 은에 ᄒᆞᆫ 볼을 어드리라. 《朴新諺 1, 23ᅙ》湏(須)得銀二百両, 모롬이 銀 二百両을 어드리라. 《朴新諺 2, 15ᅐ》我好拿銀子來取, 내 銀을 가지고 와 ᄎᆞ즈리라. 《朴新諺 2, 46ᅐ》不要踏破了纔好, 볼바 ᄢᅢ이지 말아야 마치 됴ᄒᆞ리라. 《朴新諺 3, 4ᅐ》做一頂蚊帳掛着睡纔好, ᄒᆞᆫ 볼 모긔帳을 민ᄃᆞ라 치고 자야 마치 됴ᄒᆞ리라. 《朴新諺 3, 12ᅐ》不過一兩遍管情就好了, ᄒᆞᆫ두 번에 지나지 못ᄒᆞ여셔 결단코 즉시 됴ᄒᆞ리라. 《朴新諺 3, 23ᅙ》唐僧道遵命, 唐僧이 니ᄅᆞ되 命을 조츠리라. 《朴新諺 3, 46ᅐ》我說與你便强似目睹了, 내 너ᄃᆞ려 니를 쎠시니 곳 눈으로 보는 이도곤 나으리라.

-으리오 어미 -으리오. 《朴新諺 1, 35ᅐ》不知他那一日纔肯還, 아지 못게라 뎨 어닉 날 마치 즐겨 갑흐리오. 《朴新諺 2, 10ᅙ》那裏尋去, 어디 가 어드리오. 《朴新諺 2, 30ᅙ》這麼咱們一生作事豈無罪孽, 이러면 우리 一生에 일을 홈애 엇지 罪孽이 업스리오. 《朴新諺 2, 39ᅙ》種甚麼菜好呢, 므슴 ᄂᆞᄆᆞᆯ을 심거야 됴ᄒᆞ리오. 《朴新諺 2, 49ᅙ》幾曾得閑呢, 언제 일즉 한가홈을 어드리오. 《朴新諺 2, 58ᅙ》咳一件新衣服也沒有怎的好呢, 애 ᄒᆞᆫ 볼 새 옷도 업스니 엇지ᄒᆞ여야 됴ᄒᆞ리오. 《朴新諺 3, 5ᅙ》不知到幾時纔得了局哩, 아지 못게라 어닉 ᄣᅢ에 다ᄃᆞ라 맛치 판나믈 어드리오. 《朴新諺 3, 11ᅙ》滿指甲疙瘩和膿水怎麼好呢, 손톱에 ᄀᆞ득ᄒᆞᆫ 더덩이와 고롬이 엇지 됴ᄒᆞ리오.

-으마 어미 -으마. 《朴新諺 1, 46ᅙ》慢慢的我與你把盞, 날호여 내 네게 盞 자브마. 《朴新諺 3, 7ᅐ》你聽我説, 네 드르라 내 니르마. 《朴新諺 3, 14ᅙ》你聽我念, 네 드르라 내 닑그마. 《朴新諺 3, 52ᅐ》你聽我念, 네 드르라 내 닑으마.

-으매 어미 -으매. 《朴新諺 3, 20ᅙ》捉賊無贓, 도적을 잡으매 장물이 업스니. 《朴新諺 3, 44ᅙ》三寸氣在千般有, 三寸 긔운이 이시매 千 가지 잇더니. 一日無常萬事休, 一日에 ᄯᅥᆺᄯᅥᆺ홈이 업스매 萬事ㅣ 休ᄒᆞ다 홈이로다. 《朴新諺 3, 44ᅙ》你做飯要留心纔好, 네 밥을 지으매 留心홈이 마치 됴ᄒᆞ니라. 《朴新諺 3, 57ᅐ》聽得心內尙然不忍, 드르매 ᄆᆞ움에 오히려 춤지 못ᄒᆞ거든.

-으며 어미 -으며. 《朴新諺 1, 19ᅐ》好與不好都是小舖的門面, 됴ᄒᆞ며 됴치 아니미 다 이 小舖의 門面이라. 《朴新諺 2, 29ᅙ》面圓璧月身瑩瓊瑰, 낫촌 璧月ᄀᆞ치 두렷ᄒᆞ고 몸은 瓊瑰ㅣ ᄀᆞ치 물그며. 《朴新諺 2, 49ᅙ》終日裏或對客飮酒吟詩, 終日토록 或 客을 對ᄒᆞ여 술 먹고 詩를 읇프며. 《朴新諺 3, 9ᅐ》受多少日炙・風吹, 언머 볏 쐬고 ᄇᆞ람 불믈 바드며. 《朴新諺 3, 19ᅐ》忍多少飢渴, 언머 飢渴을 춤으며. 《朴新諺 3, 32ᅐ》客官吃甚麼茶吃甚麼點心, 客官아 므슴 차를 먹으며 므슴 點心을 먹을짜.

-으면 어미 -으면. 《朴新諺 1, 10ᅙ》我們自吃飯呢二錢半一板, 우리 이녁 밥 먹으면 두 돈 반에 ᄒᆞᆫ 틀이오. 《朴新諺 1, 15ᅐ》把八口俗米都裝上, 여듧 쟈ᄅᆞ에 ᄡᆞᆯ을 다 시르면. 《朴新諺 1, 42ᅙ》沒有馬騎, 툴 물이 업스면. 《朴新諺 2, 25ᅐ》吃一兩劑便無事了, ᄒᆞᆫ두 劑 먹으면 곳 無事ᄒᆞ리라. 《朴新諺 2, 27ᅙ》有緣千里能相會, 인연이 이시면 千里라도 능히 서ᄅᆞ 못둣고. 無緣對面不相逢, 인연이 업스면 ᄂᆞᆾ츨 더ᄒᆞ여도 서ᄅᆞ 만나디 못ᄒᆞᆫ다 ᄒᆞ

니.《朴新諺 2, 31ㅎ》若無事我必賞你們, 만일 일이 업스면 내 반드시 너희룰 샹 줄 거시니.《朴新諺 2, 32ㅈ》若幹了幾遍 雨定然要走了, 만일 여러 번 비룰 마즈 면 일졍 모양이 흘긔리로다.《朴新諺 2, 40ㅎ》無功食祿寢食不安, 功이 업시 祿 을 먹으면 寢食이 편안치 아니타 ᄒᆞ니 라.《朴新諺 3, 10ㅈ》我沒有這傢伙, 내게 이 연장이 업스면.

은 圀 은(銀). ●⇔은(銀).《朴新諺 1, 58 ㅎ》其銀約至下年幾月內歸還, 그 은을 니 년 아모 ᄃᆞᆯ 니에 니르러 갑흐믈 언약ᄒᆞ 여.《朴新諺 2, 9ㅈ》這麼就請兌銀罷, 이 러면 곳 쳥컨대 은을 둘라.《朴新諺 2, 13ㅈ》這樻子多不過直得一兩銀, 이 樻 만 하야 不過 ᄒᆞᆫ 냥 은이 ᄲᅵ니.《朴新諺 2, 43ㅎ》再加你五錢銀罷, 다시 네게 닷 돈 은을 더홈이 무던ᄒᆞ다. ●⇔은자(銀子). 《朴新諺 1, 23ㅈ》當二十両銀子, 스므 냥 은에 뎐당ᄒᆞ려 ᄒᆞ노라.《朴新諺 1, 34 ㅎ》我便發狠叫喚要銀子, 내 곳 셩내여 부르지져 은을 달라 호되.《朴新諺 1, 44 ㅈ》下了一百両銀子, 一百両 은을 드리 고.《朴新諺 1, 46ㅎ》沒有五六錢銀子, 다 엿 돈 은이 업스면.《朴新諺 2, 1ㅈ》你用 多少銀子買呢, 네 언머 은에 사려 ᄒᆞᄂᆞ 다.《朴新諺 2, 12ㅎ》說定與他二兩銀子, 닐러 졍ᄒᆞ고 뎌롤 두 냥 은을 주엇더니. 《朴新諺 2, 28ㅈ》帶十兩銀子到東安州去 放黑豆, 열 냥 은을 가지고 東安州에 가 거믄콩에 노하.《朴新諺 2, 43ㅎ》這鴉靑 的五兩銀子, 이 야쳥빗츤 닷 냥 은에 ᄒᆞ 고. 月白的三兩銀子如何, 남빗츤 석 냥 은에 홈이 엇더ᄒᆞ뇨.《朴新諺 3, 29ㅎ》 只要二兩銀子, 그저 두 냥 은을 달라 ᄒᆞ 노라.《朴新諺 3, 30ㅎ》若是這等銀子, 만 일 이런 은이면.

은(恩) 圀 은혜.《集覽, 朴集, 上, 11ㅈ》狗 有澆草之恩. 晉太和中, 楊生養狗, 甚愛 之. 後生飲酒醉, 行至大澤, 草中眠. 時値

冬月, 野火起, 風又猛, 狗呼喚, 生不覺. 前 有一坑水, 狗便走徃水中, 還以身洒生, 左 右草沾水得着, 地火尋過去, 生醒而去. 《朴新諺 1, 42ㅎ》狗有澆草之恩, 개ᄂᆞᆫ 澆 草흔 思이 잇고. 馬有垂繮之報, ᄆᆞᆯ은 垂 繮흔 報ㅣ 잇다 ᄒᆞ니라.

은(銀) 圀 은. ●⇔은.《朴新諺 1, 58ㅎ》其 銀約至下年幾月內歸還, 그 은을 니년 아 모 ᄃᆞᆯ 니에 니르러 갑흐믈 언약ᄒᆞ여. 《朴新諺 2, 9ㅈ》這麼就請兌銀罷, 이러면 곳 쳥컨대 은을 둘라.《朴新諺 2, 13ㅈ》 這樻子多不過直得一兩銀, 이 樻 만하야 不過 ᄒᆞᆫ 냥 은이 ᄲᅵ니.《朴新諺 2, 43ㅎ》 再加你五錢銀罷, 다시 네게 닷 돈 은을 더홈이 무던ᄒᆞ다. ●⇔은자(銀子).《朴 新諺 1, 17ㅈ》若不是十二両銀子, 만일 十 二兩 銀이 아니면.《朴新諺 1, 22ㅈ》言之 一両銀子, ᄒᆞᆫ 냥 銀에 닐러 ᄂᆞᆼᄒᆞ엿노라. 《朴新諺 2, 14ㅎ》共該染錢五兩四錢半銀 子, 대되 히오니 믈감시 닷 냥 너 돈 반 銀이로다.《朴新諺 2, 20ㅈ》這麼我給你 銀子就買去, 이러면 내 너롤 銀을 줄 거 시니 곳 사라 가라.《朴新諺 2, 58ㅈ》那 日皇上賞了他一百兩銀子四疋內府大緞, 그 날 皇上이 뎌롤 一百兩 銀과 네 疋 內府 大緞을 賞 주더라.《朴新諺 3, 33 ㅈ》你要打這器皿的銀子如何, 네 이 器皿 을 민돌려 ᄒᆞ면 銀이 엇더ᄒᆞ뇨.

-은 어미 ●-는.《朴新諺 2, 27ㅎ》你們這 幾箇無用的小厮, 너희 이 여러 ᄲᅩᆯ더업슨 아히 놈들이.《朴新諺 3, 6ㅈ》便是沒理 的事情, 곳 이 理 업슨 일이라도. ●-은. 《朴新諺 1, 1ㅈ》真是好年景, 진짓 이 됴 흔 年景이오.《朴新諺 1, 17ㅈ》時下第是 頂好的了, 시졀 것스로는 읏듬 됴흔 거 시라 ᄒᆞ리라.《朴新諺 1, 36ㅈ》似你這一 等和尚不打還打誰呢, 너 ᄀᆞᆺ흔 이런 듕을 티지 아니코 도로혀 누룰 티리오.《朴新 諺 2, 8ㅈ》掌樻的(朴新注, 25ㅎ: 主管市 店者之稱.)老哥, 樻 ᄀᆞ음아ᄂᆞᆫ 늙은 형아.

《朴新諺 2, 16ㅎ》熬些稀粥罷, 져기 믈근 죽 뿌라.《朴新諺 2, 38ㅎ》山頂上有一小池, 山頂 우희 혼 져근 못이 이시니.《朴新諺 3, 1ㅎ》好孩子, 됴혼 아히아.《朴新諺 3, 17ㅎ》咳這一缺也沒甚麼好處, 애 이 혼 자리 쏘 아모란 됴혼 곳이 업고.《朴新諺 3, 38ㅈ》他種的稻子, 제 시믄 벼와.《朴新諺 3, 47ㅎ》拿着三丈高的一面大旗, 세 길이나 노픈 一面 大旗를 가지고.

-은 图 ㅡ는.《朴新諺 2, 28ㅈ》一箇到那靴舖裏去學生活, ㅎ나흔 뎌 靴푸즈에 가 셩녕 빈호고. 一箇到帽舖裏去學做買賣, ㅎ나흔 帽舖에 가 買賣ㅎ기 빈호고.《朴新諺 2, 32ㅎ》一頂要雲南氊大帽, ㅎ나흔 雲南氊 큰갓슬 ㅎ고.《朴新諺 2, 32ㅎ》一頂要陜(陝)西赶來的白駝氊大帽, ㅎ나흔 陜(陝)西셔 미러온 白駝氊 큰갓슬 ㅎ되. ㅡ은.《朴新諺 1, 9ㅎ》你家的墻垣如何, 네 집 墻垣은 엇더ㅎ엿ㄴ뇨.《朴新諺 1, 18ㅈ》底要駝骨廂的, 밋혼 약대 쎼로 젼메오고.《朴新諺 2, 5ㅈ》地下幔的石如白玉, 싸히 신 돌은 白玉 ス고.《朴新諺 2, 15ㅈ》如今染錢都依你, 이제 물 갑슨 다 네대로 ᄒᆞ려니와.《朴新諺 2, 32ㅎ》欵式要時樣氊子要匀細就是了, 欵式은 時樣으로 ᄒᆞ고 담은 고로고 ᄀᆞ늘게 홈이 곳 올ᄒᆞ니라.《朴新諺 3, 3ㅈ》錢是你的物是我的, 돈은 이 네 것시오 物은 이 내 것시라.《朴新諺 3, 14ㅎ》愚男山童頓首百拜, 愚男 山童은 頓首百拜ᄒᆞ여.《朴新諺 3, 38ㅈ》那城外劉村地方, 뎌 城밧 劉村 짜흔.《朴新諺 3, 59ㅎ》寶劍贈與烈士, 寶劍은 烈士를 주고. 紅粉付與佳人, 紅粉은 佳人을 준다 ᄒᆞ니라.

은갈(銀褐) 명 은의 빗갈이 나는 갈색.《集覽, 朴集, 上, 15ㅎ》串香褐. 串香褐·麝香褐·鷹背褐·蜜褐·茶褐, 卽黃黑雜色也. 玉褐·艾褐·水褐·銀褐, 卽白黑雜色也. 藕褐, 卽紫黑雜色也.

은갑(銀甲) 명 은빛이 나는 갑옷.《集覽,

朴集, 下, 5ㅎ》四箇将軍. 募選身軀長大壯偉異於人者, 紅盔銀甲, 立於殿前月臺上四隅, 名鎭殿將軍, 亦曰紅盔將軍, 亦曰大漢將軍. 其請給衣粮曰大漢衣粮.

은거(隱居) 통 은거(隱居)하다. 숨어서 살다.《集覽, 朴集, 中, 5ㅈ》居士宰官. 隱居之士, 宰輔之官. 佛書云, 應以居士得道者必在居士, 應以宰官得道者必現宰官.《朴新諺 2, 29ㅈ》或分身于居士宰官(朴新注, 33ㅈ: 居士, 隱居之士. 宰官, 宰輔之官.), 或 居士 宰官에 分身ᄒᆞ며.

은독(銀-) 은으로 만든 독(甕). ⇔은옹아(銀甕兒).《朴新諺 1, 39ㅎ》金甕兒·銀甕兒表裏無縫兒, 金독 銀독이 안팟ᄭᅴ 솔 업슨 거시여.

은방(銀榜) 명 =은방(銀榜). '榜'은 '榜'의 속자.《正字通, 木部》榜, 俗榜字.《集覽, 朴集, 下, 11ㅈ》金榜. 唐崔昭暴卒復甦云, 見冥間〈間〉列榜〈榜〉, 書人姓名, 將相金榜〈榜〉, 次銀榜〈榜〉, 州縣小官鐵榜〈鉄榜〉.

은방(銀榜) 명 명간(冥間)에서 장상(將相)에 버금가는 사람의 이름을 게시하는 방(榜).《集覽, 朴集, 下, 11ㅈ》金榜. 唐崔昭暴卒復甦云, 見冥間〈間〉列榜〈榜〉, 書人姓名, 將相金榜〈榜〉, 次銀榜〈榜〉, 州縣小官鐵榜〈鉄榜〉.《朴新諺 3, 49ㅈ》諒你要金榜(朴新注, 62ㅈ: 唐崔昭暴卒復甦, 云, 見冥間列榜, 書人姓名, 將相金榜, 次銀榜, 小官鉄榜. 近世以科甲為金榜.)題名的書生, 혜아리건대 너 金榜에 題名코져 ᄒᆞ는 書生이.

은사(銀絲) 명 은실.《朴新諺 1, 30ㅈ》馬鐙是獅子頭嵌銀絲的, 등즈는 이 獅子 머리에 銀絲를 박은 거시오.

은서(銀鼠) 명 무산쇠족제비. (족제빗과의 포유류. 겨울에는 온몸이 흰색이고 여름에는 등이 엷은 붉은 갈색으로 바뀐다)《集覽, 朴集, 下, 1ㅈ》銀鼠. 形如靑鼠而差小, 色純雪白, 出達子地, 價直甚高.

《朴新諺 3, 6ㅎ》把我的銀鼠(朴新注, 46
ㅎ: 色純白, 出猰子地.)皮襖上的貂鼠袖,
내 銀鼠皮 갓옷세 올린 쵸피 스매를다가.
은서피(銀鼠皮) 몡 은서(銀鼠)의 털가죽.
《朴新諺 3, 6ㅎ》把我的銀鼠皮襖上的貂
鼠袖, 내 銀鼠皮 갓옷세 올린 쵸피 스매
를다가.
은실(殷實) 혱 넉넉하다. 부유(富裕)하다.
《集覽, 朴集, 上, 6ㅈ》社神. 今制, 每一鄕
村之間, 或十五戶或二十戶, 隨其所便, 合
爲一社. 擇其鄕里之民有義行者一人爲社
長, 擇其殷實者一人爲副.
은어(隱語) 몡 수수께끼. 미어(謎語). 《集
覽, 朴集, 上, 10ㅎ》謎. 隱語也. 正, 音미,
俗或呼믜.
은영(隱暎) 통 겉으로 드러나지 아니하면
서 은은하게 비치다. 《集覽, 朴集, 上, 15
ㅈ》西湖. 在玉泉山下, 泉水瀦而爲湖, 流
入宮中. 西苑爲太液池, 出都城爲玉河, 東
南流注于大通河. 環湖十餘里, 荷·蒲·
菱·芡與夫沙禽·水鳥出沒, 隱暎於天光
雲影中, 實佳境也.
은옹아(銀甕兒) 몡 은(銀)으로 만든 독
[甕]. ⇔은독(銀-). 《朴新諺 1, 39ㅎ》金甕
兒·銀甕兒表裏無縫兒, 金독 銀독이 안
팟끠 솔 업슨 거시여.
은원(隱元) 몡 구성(九星) 중의 여덟째 별
이름. 좌보성(左輔星)의 아래에 있다.
《集覽, 朴集, 上, 7ㅈ》北斗左輔右弼. 凡
九星, 曰樞宮貪狼, 曰璇宮巨門, 曰璣(幾)
宮祿存, 曰權宮文曲, 曰衡宮廉貞, 曰闓
(開)陽宮武曲, 曰瑤光宮破軍, 曰洞明宮左
輔, 曰隱元宮右弼.
은자(銀子) 몡 은(銀). ●⇔은. 《朴新諺 1,
23ㅈ》當二十兩銀子, 스므 냥 은에 뎐당
ᄒ려 ᄒ노라. 《朴新諺 1, 32ㅎ》每張只要
五錢銀子, 每張에 그저 닷 돈 은을 바드
려 ᄒ니. 《朴新諺 1, 44ㅈ》下了一百両銀
子, 一百両 은을 드리고. 《朴新諺 1, 46
ㅎ》沒有五六錢銀子, 다엿 돈 은이 업스

면. 《朴新諺 2, 1ㅈ》你用多少銀子買呢,
네 언머 은에 사려 ᄒ는다. 《朴新諺 2,
12ㅎ》說定與他二兩銀子, 닐러 졍ᄒ고 뎌
를 두 냥 은을 주엇더니. 《朴新諺 2, 28
ㅈ》帶十兩銀子到東安州去放黑豆, 열 냥
은을 가지고 東安州에 가 거믄콩에 노하.
《朴新諺 2, 43ㅈ》鴉靑色四季花的六兩銀
子一疋, 야쳥빗 四季花 문에는 엿 냥 은에
ᄒ 필이오. 《朴新諺 3, 29ㅎ》只要二兩銀
子, 그저 두 냥 은을 달라 ᄒ노라. 《朴新諺
3, 30ㅈ》這麽就與你一兩銀子麽, 이러면
곳 너를 ᄒ 냥 은을 주랴. 你拿銀子來看,
네 은을 가져오라 보쟈. ●⇔은(銀). 《朴
新諺 1, 17ㅈ》若不是十二両銀子, 만일 十
二両 銀이 아니면. 《朴新諺 1, 22ㅈ》言之
一両銀子, ᄒ 냥 銀에 닐러 之ᄒ엿노라.
《朴新諺 2, 14ㅎ》共該染錢五兩四錢半銀
子, 대되 히오니 물갑시 닷 냥 너 돈 반
銀이로다. 《朴新諺 2, 20ㅎ》這麽我給你
銀子就買去, 이러면 내 너를 銀을 줄 거시
니 곳 사라 가라. 《朴新諺 2, 58ㅈ》那日皇
上賞了他一百兩銀子四疋內府大緞, 그 날
皇上이 뎌를 一百兩 銀과 네 疋 內府 大緞
을 賞 주더라. 《朴新諺 3, 33ㅈ》你要打這
器皿的銀子如何, 네 이 器皿을 민돌려 ᄒ
면 銀이 엇더ᄒ뇨.
은자원패(銀字圓牌) 몡 원대(元代)에 군
사상 중요하고 긴급한 일이 발생하였을
때, 긴급히 공문서를 전달하기 위하여
투하(投下)에게 지니게 하던 패. 역말을
이용할 수 있는 권한이 있었다. 《集覽,
朴集, 中, 1ㅎ》金字圓牌. 至正條格云, 元
時, 中書省奏, 諸王·駙馬各投下有軍情
緊急重事, 許令懸帶原降銀字圓牌應付鋪
馬騎坐, 其餘差使人員有緊急軍情重事,
許令懸帶金字圓牌, 方付鋪馬.
은전(銀錢) 몡 은전. 돈. 《朴新諺 1, 52ㅈ》
今年成平常銀錢艱難, 올ᄒ 年成이 平
常ᄒ고 銀錢이 艱難ᄒ여.
은전지(銀錢紙) 몡 지전(紙錢) 모양으로

만든 은색의 종이.《集覽, 朴集, 下, 9ㅈ》
紙車. 以金·銀錢紙結造小空車, 爲前導.
은준(恩準) 통 간청을 들어주다. 허락하
다.《朴新諺 3, 53ㅈ》伏乞大老爺恩准施
行, 伏乞 大老爺는 恩准 施行ᄒ쇼셔.
-은지라 어미 –은지라.《朴新諺 3, 28ㅈ》
接在頚項上照舊如初, 목 우희 니으니 녜
대로 처음 ᄀᆞ튼지라.
은침(銀針) 명 은으로 만든 침.《朴新諺
1, 30ㅎ》銀針海龍皮馬褂, 銀針 ᄯᅩᆫ 海龍
皮로 ᄒᆞᆫ 쟈른옷이오.
은하(銀河) 명 은하(銀河). 은하수.《集覽,
朴集, 上, 15ㅈ》碧漢.〈卽〉天河也. 河精
上爲天漢. 爾雅, 析木爲之津. ㄴ 在箕斗
間, 自坤抵艮爲地紀, 亦名雲漢, 曰天潢,
曰銀河, 曰銀漢, 曰河漢.
은한(銀漢) 명 은하(銀河). 은하수.《集覽,
朴集, 上, 15ㅈ》碧漢.〈卽〉天河也. 河精
上爲天漢. 爾雅, 析木爲之津. ㄴ 在箕斗
間, 自坤抵艮爲地紀, 亦名雲漢, 曰天潢,
曰銀河, 曰銀漢, 曰河漢.
은혜 명 은혜. ⇔은(恩).《朴新諺 1, 56ㅈ》
養子方知父母恩, ᄌᆞ식을 길러야 보야ᄒᆞ
로 父母 은혜를 안다 ᄒᆞ니라.
은환(銀環) 명 은가락지.《集覽, 朴集, 上,
7ㅎ》窟嵌戒指. 事物紀原云, 古者后妃羣
妾御于君, 所當御者, 以銀環進之, 娠則以
金環退之, 進者着右手, 退者着左手.
-을 어미 –을.《朴新諺 1, 1ㅎ》共湊錢四十
五六吊, 대되 돈 四十五六 댜오를 모들
ᄭᅥ시니.《朴新諺 1, 18ㅎ》必得鑌鐵打方
好, 반ᄃᆞ시 鑌鐵로 치이여야 보야ᄒᆞ로
됴흘 ᄭᅥ시니.《朴新諺 1, 31ㅎ》做坐褥皮
搭連的, 아답개와 가족 대련 지을 거시
라.《朴新諺 1, 52ㅈ》到那裏住両三箇月,
뎌긔 가 두석 둘을 어들 ᄭᅥ시오.《朴新
諺 2, 8ㅎ》不是這等說, 이리 니를 거시
아니라.《朴新諺 2, 34ㅈ》帶累一家人都
死怎的好呢, 왼 집 사롬이 범으러 다 죽
을 거시니 엇지ᄒᆞ여야 됴흐리오.《朴新

諺 3, 15ㅈ》想念之心無日能忘, 싱각ᄒᆞ는
ᄆᆞ음이 니즐 날이 업ᄉᆞ이다.《朴新諺 3,
18ㅈ》猪·羊·鵝·鴨等類却不少吃的,
猪·羊·鵝·鴨 等類ㅣ ᄯᅩ 먹을 거시
젹지 아니ᄒᆞ고.《朴新諺 3, 46ㅈ》我說與
你便强似目睹了, 내 너ᄃᆞ려 니를 쎠스니
곳 눈으로 보는 이도곤 나으리라.
-을 조 ❶–를.《朴新諺 2, 31ㅈ》盔甲一副
腰刀一口, 투구와 갑옷 ᄒᆞᆫ 볼 환도 ᄒᆞ나
흘. ❷–을.《朴新諺 1, 1ㅎ》辦幾桌賞花
筵席, 여러 상 賞花 筵席을 ᄎᆞ려.《朴新
諺 1, 18ㅎ》都要好餙樣的, 다 ᄭᅮ민 모양
을 됴케 ᄒᆞ고져 ᄒᆞ노라.《朴新諺 1, 25
ㅈ》把料豆和草拌勻了, 콩을다가 여믈과
석기롤 고로게 ᄒᆞ여.《朴新諺 1, 46ㅈ》
做帶子和裏兒的, 씌와 안흘 민둘 거시
니.《朴新諺 2, 3ㅎ》又不吃了他的, ᄯᅩ 제
거슬 먹지 아니ᄒᆞ리라.《朴新諺 2, 17
ㅈ》我騎的却要十分快馬, 내 톨 거슨 ᄯᅩ
ᄀᆞ장 잰 물을 구ᄒᆞ노니.《朴新諺 2, 49
ㅎ》終日裏或對客飮酒吟詩, 終日토록 或
客을 對ᄒᆞ여 술 먹고 詩를 읇프며.《朴新
諺 3, 1ㅈ》把這簾子捲起窓戶支起, 이 발
을다가 것고 窓을 버틔오라.《朴新諺 3,
17ㅎ》捿盖萬間房, 대되 萬間 집을 지으
나.《朴新諺 3, 21ㅈ》買甚麽書好呢, 므슴
칙을 사야 됴흐료.《朴新諺 3, 46ㅎ》前
面抬着彩亭, 앏히 彩亭을 메윗는디.
-을가 어미 –을까.《朴新諺 1, 59ㅈ》恐後
無憑立此存照, 후에 의빙홈이 업슬가 저
퍼 이룰 셰워 存照케 ᄒᆞ노라.《朴新諺
2, 19ㅎ》恐後無憑, 後에 의빙홈이 업슬
가 저허.《朴新諺 2, 45ㅈ》恐後無憑立此
爲照, 後에 의빙홈이 업슬가 저허 이를
셰워 보람을 삼노라.《朴新諺 2, 59ㅎ》
這還怕沒有新衣服過年麽, 이 도로혀 새
옷스로 過年홀 거시 업슬가 저프랴.
-을싸 어미 –ㄹ 것이냐. –겠느냐.《朴新諺
3, 32ㅈ》客官吃甚麽茶吃甚麽點心, 客官
아 므슴 차를 먹으며 므슴 點心을 먹을

짜.

을축(乙丑) 몡 간지(干支)가 을축인 날. 《朴新諺 2, 59ㅈ》今日是乙丑斗星日, 오늘이 이 乙丑 斗星日이니.

읇프다 동 읊다. ⇔음(吟). 《朴新諺 2, 49ㅎ》終日裏或對客飲酒吟詩, 終日토록 或 客을 對ᄒᆞ여 술 먹고 詩를 읇프며.

음(飮) 동 먹다. 마시다. ⇔먹다. 《朴新諺 1, 6ㅈ》好多飲幾盃, ᄀᆞ장 여러 잔 먹고. 《朴新諺 2, 24ㅈ》多飲了些燒酒·黃酒, 燒酒와 黃酒를 만히 먹고. 《朴新諺 2, 49ㅎ》終日裏或對客飲酒吟詩, 終日토록 或 客을 對ᄒᆞ여 술 먹고 詩를 읇프며.

-음 어미 -음. 《朴新諺 1, 7ㅎ》我等今日之 會, 우리 오늘 모드미. 《朴新諺 1, 27ㅎ》 結爲生死好弟兄罷, 死生에 됴흔 弟兄을 미즈미 무던ᄒᆞ다. 《朴新諺 1, 39ㅎ》不知 道我的麤和細, 나의 굴금과 ᄀᆞ놀믈 아지 못ᄒᆞᄂᆞᆫ 거시여. 《朴新諺 3, 17ㅎ》何必以 多爲貴呢, 엇지 반ᄃᆞ시 만홈으로 뻐 貴 홈을 삼으리오. 《朴新諺 3, 18ㅎ》這些衙 役也不免受這般勞苦, 이 衙役도 이런 勞 苦 바드믈 免치 못ᄒᆞᄂᆞ니라. 《朴新諺 3, 19ㅈ》也只指望本官陞一箇好缺, 쏘 다만 本官이 ᄒᆞᆫ 됴흔 궐에 올므믈 ᄇᆞ라ᄂᆞ니. 《朴新諺 3, 2ㅈ》庫房裡放的米都被他吃 去了好些, 庫에 둔 뿔을 다 제 먹으미 만 코. 《朴新諺 3, 29ㅈ》那裡想到死在胡孫 手裡呢, 어디 죽음이 胡孫의 손에 이실 줄을 싱각ᄒᆞ여시리오.

음년(陰年) 몡 지지(地支)가 축(丑)·묘 (卯)·사(巳)·미(未)·유(酉)·해(亥) 인 해. 《集覽, 朴集, 下, 10ㅎ》立地赶牛. 芒神閑忙, 立春在正旦前後, 各五日內者 是忙, 芒神與牛齊立, 在正旦前五辰外者 是農早忙, 芒神在牛前立, 正旦後五辰外 者是農晚閑, 芒神在牛後立, 子寅辰午申 戌陽年, 在左邊立, 丑·卯·巳·未·酉 ·亥陰年, 在右邊立.

음량(陰涼) 몡 서늘하다. 시원하다. ⇔서

눌ᄒᆞ다. 《朴新諺 1, 24ㅈ》洗過了就拴在 陰涼處, 싯겨 즉시 서눌흔 ᄃᆡ 미고. 《朴 新諺 1, 42ㅈ》揀箇淸淨去處陰涼樹底下 絟住, 淸淨흔 곳 서눌흔 나모 아리를 ᄀᆞᆯ 희여 미고.

음부(淫婦) 몡 음란하고 방탕한 여자. 《集 覽, 字解, 單字解, 7ㅎ》養. 養成 기르다. 又生產曰養, 養孩兒 ᄌᆞ식 나타. 又呼淫婦 宣淫者曰養漢的.

음산(陰山) 몡 산 이름. 내몽구자치구(內 蒙古自治區)에 있다. 《集覽, 朴集, 上, 15 ㅎ》南城. 大元以燕京爲大都, 俗號南城, 以開平府爲上都, 俗號北城. 開平府在陰 山之南. 自燕京至上都, 地勢一步高一步, 四時多雨雪.

음성(音聲) 몡 사람의 목소리나 말소리. 《集覽, 朴集, 中, 4ㅎ》童男童女. 應作種 種身, 或在天上, 在人間, 隨其所樂, 皆令 見衆生形相各不同, 行業音聲亦無量.

음식 몡 음식(飮食). ⇔음식(飮食). 《朴新 諺 1, 54ㅎ》隨常飲食休吃酸·甛·腥· 辣等物, 샹시 음식에 쉰 것 둔 것 비린 것 미온 것들을 먹지 말고. 《朴新諺 3, 17ㅎ》這衙門惟出些好飲食, 이 衙門이 오 직 됴흔 음식이 나니. 《朴新諺 3, 35ㅎ》 走堂的你來有甚麼飯, 음식 ᄑᆞᄂᆞᆫ 이아 이 바 므슴 밥이 잇ᄂᆞ뇨.

음식(飮食) 몡 먹는 것과 마시는 것. ⇔음 식. 《集覽, 朴集, 中, 3ㅈ》尺脉較沈. 人手 有寸·關·尺三部脉. 尺脉主腎命門, 屬 水而沈. 脾屬土, 凡人飲食傷脾土, 則土不 克水而見沈, 脉較差也. 《朴新諺 1, 38ㅈ》 只用把好飲食, 그저 됴흔 飲食으로다가. 《朴新諺 1, 54ㅎ》隨常飲食休吃酸·甛· 腥·辣等物, 샹시 음식에 쉰 것 둔 것 비 린 것 미온 것들을 먹지 말고. 《朴新諺 2, 59ㅎ》主得飲食便好裁衣, 飲食을 主ᄒᆞ 니 곳 옷 ᄆᆞᄅᆞ기 됴타. 《朴新諺 3, 17ㅎ》 這衙門惟出些好飲食, 이 衙門이 오직 됴 흔 음식이 나니.

음악(音樂) 圐 음악. 목소리나 악기를 통하여 사상 또는 감정을 나타내는 예술. 《朴新諺 1, 5ㅎ》再問敎坊司(朴新注, 2ㅎ: 掌音樂・雜戲之司.), 또 敎坊司에 무러.

음양(陰陽) 图 상묘(相墓)・택일(擇日)・점성(占星)・점복(占卜) 따위를 보다. ⇔음양ᄒ다(陰陽-).《朴新諺 3, 42ㅎ》陰陽是誰, 陰陽ᄒᄂᆫ 이ᄂᆫ 이 뉘러뇨.

음양(陰陽) 圐 음과 양. 우주 만물의 서로 반대되는 두 가지 기운으로서 이원적 대립 관계를 나타내는 것.《集覽, 朴集, 上, 5ㅈ》天赦日. 春戊寅・夏甲午・秋戊申・冬甲子, 謂天道生育萬物而有其罪也. 甲戊爲陽干之德, 子午爲陰陽之成, 寅申爲陰陽之立, 以干德配之爲赦也, 可修造起工〈土〉.《集覽, 朴集, 上, 7ㅈ》三台. 三台, 星名. 事文類聚云, 上階爲天子, 中階爲諸侯・公卿・大夫, 下階爲士・庶人. 三階平則陰陽和, 風雨時, 天下大安.《集覽, 朴集, 下, 4ㅎ》大醮. 又有消災度厄之法, 依陰陽五行之數, 推人年命, 書爲章疏靑詞, 奏達天神, 謂之醮.《集覽, 朴集, 下, 9ㅈ》作作. 爾雅曰, 偶者, 合也. 陰陽相合則成偶, 謂得中也.《集覽, 朴集, 下, 10ㅎ》太師太保. 元以太師・太傅・太保爲三師, 以太尉・司徒・司空爲三公. 漢・唐舊〈旧〉制也. 三師, 師〈ㅣ〉範一人, 儀刑四海, 三公, 論道經邦, 燮理陰陽.

음양오행(陰陽五行) 图 음양과 오행.《集覽, 朴集, 下, 4ㅎ》大醮. 又有消災度厄之法, 依陰陽五行之數, 推人年命, 書爲章疏靑詞, 奏達天神, 謂之醮.

음양ᄒᄂᆫ이 图 음양(陰陽)하는 일을 업으로 하는 사람. 음양가(陰陽家).《朴新諺 3, 42ㅎ》陰陽是誰, 陰陽ᄒᄂᆫ 이ᄂᆫ 이 뉘러뇨.

음양ᄒ다(陰陽-) 图 음양(陰陽)하다. ⇔음양(陰陽).《朴新諺 3, 42ㅎ》陰陽是誰, 陰陽ᄒᄂᆫ 이ᄂᆫ 이 뉘러뇨.

음의(音義) 图 소리와 뜻.《集覽, 凡例》音義者, 卽原本所著音義也. 所釋或與譯語指南不同, 今從音義之釋. 音義有誤者, 今亦正之.

음주(飮酒) 图 술을 마시다.《集覽, 字解, 累字解, 1ㅈ》按酒. 飮酒時, 其所助酒按下之物曰按酒. 猶言餚饌.《集覽, 朴集, 上, 11ㅈ》狗有濺草之恩. 晉太和中, 楊生養狗, 甚愛之. 後生飮酒醉, 行至大澤, 草中眠. 時値冬月, 野火起, 風又猛, 狗呼喚, 生不覺.《集覽, 朴集, 下, 3ㅈ》六鶴舞琴. 遂取藍橘皮, 於壁上畫鶴, 曰, 客來飮酒, 但令拍手歌之, 其鶴必舞, 將此酬汝. 後客至, 如其言, 鶴果舞, 觀者沓至, 酬之以錢, 遂致鉅〈巨〉富.《朴新諺 1, 54ㅈ》張弓有別力飮酒有別腸, 張弓에 別力이 잇고 飮酒에 別腸이 잇다 ᄒ니라.《朴新諺 2, 49ㅎ》終日裏或對客飮酒吟詩, 終日토록 或 客을 對ᄒ여 술 먹고 詩를 읇프며.

음청(陰靑) 图 날씨가 흐린 날과 갠 날. 또는 흐림과 갬.《朴新諺 3, 19ㅈ》那裡管雨雪陰晴, 어디 雨雪 陰晴을 ᄀ음알리오.

읍ᄒ다(揖-) 图 읍(揖)하다. ●⇔배읍(拜揖).《朴新諺 1, 16ㅎ》老哥拜揖了那裏去來, 노형아 揖ᄒ노라 어더 갓더뇨. ●⇔창야(唱喏).《朴新諺 1, 48ㅈ》見了師傅便向上唱喏(朴新注, 18ㅎ: 揖也. 又中朝俗以鞠躬拱手爲唱喏.), 스승 보고 곳 향ᄒ여 읍ᄒ고.《朴新諺 2, 53ㅈ》孩兒會學唱喏了麽, 아히 읍홀 줄을 아ᄂ냐.

읏듬 图 으뜸. ●⇔상(上).《朴新諺 1, 31ㅎ》你有上好的猠皮麽, 네게 읏듬 됴흔 猠皮 잇ᄂ냐. ●⇔정(頂).《朴新諺 1, 17ㅈ》時下第是頂好的了, 시졀 것스로는 읏듬 됴흔 거시라 ᄒ리라.

읏씀 图 으뜸. ●⇔두(頭).《朴新諺 2, 58ㅈ》頭一箇走得了偌多賞賜, 읏씀으로 ᄃ고 만흔 샹스롤 어드니. ●⇔정(頂).《朴新諺 2, 43ㅈ》你再揀頂高的我看, 네 다시 읏씀 노픈 거슬 ᄀ릐여 나롤 뵈라.

응(應) 图 응(應)하다. ⇔응ᄒ다(應-).《朴

新諺 1, 49ㅈ》應科擧得做官, 科擧룰 應ᄒᆞ여 벼슬홈을 어더.

응(應) 뭐 응당(應當). ⇔응당. 《朴新諺 1, 57ㅎ》應効勞的, 응당 効勞홀 거시니이다.

응(應) 형 마땅하다. 또는 부합(符合)하다. ⇔맛갖다. 《朴新諺 3, 31ㅎ》我買這珊瑚却不甚應心, 내 이 珊瑚를 사되 또 심히 ᄆᆞᄋᆞᆷ에 맛갖지 아니ᄒᆞ다.

응공(應供) 동 봉양(奉養)하다. 또는 봉양을 받다. 《集覽, 朴集, 上, 16ㅈ》傳衣鉢. 書言故事云, 傳授佛法, 謂之傳衣鉢. 衣, 卽袈裟三事衣也, 鉢, 應供器也. 《朴新諺 2, 9ㅎ》傳與他衣鉢(朴新注, 26ㅈ: 傳授佛法, 謂之傳衣鉢. 衣, 卽袈裟三事衣也, 鉢, 應供器也.), 뎌의게 衣鉢을 젼ᄒᆞ여 주니.

응급(應給) 동 급한 대로 우선 처리하다. 또는 급한 정황에 대처하다. ⇔응급ᄒᆞ다(應給-). 《集覽, 朴集, 上, 6ㅈ》社神. 今制, 每一鄕村之間, 或十五戶或二十戶, 隨其所便, 合爲一社. 擇其鄕里之民有義行者一人爲社長, 擇其殷實者一人爲副, 立社倉, 收掌錢穀, 借貸應急. 《朴新諺 2, 16ㅈ》應給米三升, 應給ᄒᆞᄂᆞᆫ 거시 ᄡᆞᆯ 서 되와.

응급ᄒᆞ다(應給-) 동 응급(應給)하다. ⇔응급(應給). 《朴新諺 2, 16ㅈ》應給米三升, 應給ᄒᆞᄂᆞᆫ 거시 ᄡᆞᆯ 서 되와.

응낙(應諾) 동 상대편의 요청에 응하여 승낙하다. 《集覽, 朴集, 上, 12ㅎ》唱喏. 揖也. 詞曲曰, 一箇唱, 百箇喏, 謂一人呼唱於上, 衆人應諾於下. 如將帥在營幕下, 軍卒投謁於前者列立於〈軍卒投謁於前者列於〉庭, 將帥發一令語, 則衆下齊聲以應.

응답(應答) 동 대답하다. 응답하다. ⇔ᄃᆡ답ᄒᆞ다. 《集覽, 字解, 累字解, 2ㅈ》打發. 禮待應答之稱, 보숣펴 ᄃᆡ답ᄒᆞ다.

응당 뭐 응당(應當). ⇔응(應). 《朴新諺 1, 57ㅎ》應効勞的, 응당 効勞홀 거시니이다.

응당(應當) 뭐 응당. 《集覽, 朴集, 上, 1ㅎ》館夫. 應當舘〈館〉驛接待使客之役.

응배갈(鷹背褐) 명 매 등의 빛깔과 같은 갈색. 《集覽, 朴集, 上, 15ㅎ》串香褐. 串香褐・麝香褐・鷹背褐・蜜褐・茶褐, 卽黃黑雜色也. 玉褐・艾褐・水褐・銀褐, 卽白黑雜色也. 藕褐, 卽紫黑雜色也.

응부(應付) 동 요구에 응하여 내어주다. 《集覽, 朴集, 中, 1ㅎ》金字圓牌. 至正條格云, 元時, 中書省奏, 諸王・駙馬各投下有軍情緊急重事, 許令懸帶原降銀字圓牌應付鋪馬騎坐, 其餘差使人員有緊急軍情重事, 許令懸帶金字圓牌, 方付鋪馬. 《集覽, 朴集, 中, 1ㅎ》轡頭散與. 女直・達子朝貢時, 到驛應付馬匹騎坐者, 各出轡頭, 散與馬夫, 馬夫受轡套馬, 令各轡主認轡占馬, 使無爭占之擾. 《集覽, 朴集, 中, 2ㅈ》應付. 質問云, 應者, 荅應也, 付者, 與也. 如遇使客到驛, 將口粮・馬驢荅應與他, 方言謂之應付.

응빙(應聘) 동 초빙(招聘)에 응하다. 초빙되다. 《集覽, 朴集, 中, 6ㅎ》大帽. 如本國笠子之制. 南村輟耕錄云, 胡石塘先生嘗應聘入京, 世皇召見於〈於〉便殿, 趍(趨)進, 不覺笠子欹側.

응소(應劭) 명 후한(後漢) 여남(汝南) 사람. 봉(奉)의 아들. 자(字)는 중원(仲遠). 박학다문(博學多聞)하였다. 효렴(孝廉)으로 천거되어 태산 태수(太山太守)가 되고, 황건적(黃巾賊) 토벌에 공을 세워 헌제(獻帝) 때 원소(袁紹)의 군모 교위(軍謀校尉)를 지냈다. 저서에 풍속통(風俗通)이 있다. 《集覽, 朴集, 上, 5ㅈ》擔. 前漢[書]蒯通傳, 守甔石之祿. 應劭注, 擔, 受二斛.

응용(應用) 동 응용(應用)하다. (필요에 따라서 활용하다. 사용하다) 《集覽, 朴集, 上, 13ㅈ》盤纏. 質問云, 盤費纏繳供給之物, 如供給服食應用金銀・財帛之類.

응천부(應天府) 명 명대(明代)에 두었다.

태조(太祖)가 도읍을 정한 곳으로, 성조(成祖)가 북경(北京)으로 도읍을 옮기면서 남경(南京)이라 하였다. 《集覽, 朴集, 下, 11ㅎ》申. 今按, 直隷府申六部, 在外府州申都司, 應天府申五軍都督, 皆名曰申狀. 《集覽, 朴集, 下, 8ㅎ》南京應天府丞. 南京, 古金陵之地, 吳・晉・宋・齊・梁・陳・南唐建都, 大明太祖定鼎於此, 爲京師, 設應天府, 以燕京爲北平布政司. 《朴新諺 3, 39ㅈ》是南京應天府府丞(朴新注, 58ㅎ: 南京, 古金陵, 今爲應天府. 有府丞二員, 正三品.), 이 南京 應天府 府承이라.

응취(鷹觜) 〈명〉 장치기공을 치는 공채의 위를 꾸미는 물건. 《集覽, 朴集, 下, 7ㅎ》鷹觜. 質問云, 毬棒上所用之物.

응판(應辦) 〈동〉 수요(需要)에 응하여 갖추어 대다. 《集覽, 朴集, 中, 1ㅈ》站家擂鼓. 舘驛門上皆設更鼓〈皷〉之樓, 凡使客入門必擊其鼓〈皷〉, 招集人衆, 應辦事務.

응ᄒ다(應-) 〈동〉 응(應)하다. ⇔응(應). 《朴新諺 1, 49ㅈ》應科擧得做官, 科擧를 應ᄒ여 벼슬홈을 어더.

의(衣) 〈명〉 옷. ●⇔옷. 《朴新諺 2, 59ㅎ》主得飲食便好裁衣, 飲食을 主ᄒ니 곳 옷 ᄆᆞ르기 됴타. 《朴新諺 3, 6ㅎ》把潮腦放些在衣箱裡, 쇼로를다가 져기 옷 샹ᄌᆞ에 녀코. ●⇔옷ㅅ. 《朴新諺 3, 6ㅎ》這些皮衣一夏天沒有收拾, 이 갓옷슬 ᄒᆞᆫ 녀름을 收拾홈이 업더니.

의(依) 〈뮈〉 그대로. …대로. ⇔그대로. 《集覽, 字解, 累字解, 2ㅈ》照依. 마초와 그대로 ᄒᆞ다.

의(依) 〈조〉 -대로. …따라. …대로. …에 의해서. ⇔-대로. 《朴新諺 1, 11ㅎ》你若依了我的價錢, 네 만일 내 갑대로 ᄒᆞ면. 《朴新諺 1, 19ㅎ》便依着你的價錢, 곳 네 갑대로 호되. 《朴新諺 1, 26ㅎ》便依你說, 곳 네 말대로 ᄒᆞ쟈. 《朴新諺 1, 28ㅎ》誰敢不依規矩罰約呢, 뉘 敢히 規矩 罰約대로 아니ᄒ리오. 《朴新諺 1, 33ㅈ》依你筭, 네대로 혜여. 《朴新諺 1, 58ㅎ》照依時價准折, 時價대로 准折ᄒ고. 《朴新諺 2, 9ㅈ》便都依了你的要價罷, 곳 다 너 달라는 갑대로 ᄒᆞ쟈. 《朴新諺 2, 15ㅈ》如今染錢都依你, 이제 물갑슨 다 네대로 ᄒᆞ려니와. 《朴新諺 2, 28ㅎ》你們都依着我幹辦去罷, 너희들이 다 내 말대로 출ᄒ라 가라. 《朴新諺 3, 7ㅈ》你們若依我這般用心收拾, 너희 만일 내대로 이리 用心ᄒ여 收拾ᄒ더면. 《朴新諺 3, 32ㅎ》便依他買了罷, 곳 제대로 사쟈.

의(宐) 〈뮈〉 =의(宜). '宐'는 '宜'와 같다. 《玉篇, 宀部》宐, 同宜. 《朴新諺 2, 24ㅈ》宐用香蘇飮(散), 맛당이 香蘇飮(散)을 쓸지라.

의(宜) 〈뮈〉 마땅히. 응당. 반드시. ⇔맛당이. 《朴新諺 2, 24ㅈ》宐用香蘇飮(散), 맛당이 香蘇飮(散)을 쓸지라.

의(倚) 〈동〉 의지(依支)하다. ⇔지혀다. 《朴新諺 3, 13ㅎ》一會兒倚着欄干便打頓睡覺了, 혼 지위 欄干을 지혀 곳 조오더니.

의(椅) 〈명〉 교의(交椅). 의자. ⇔교의. 《朴新諺 1, 6ㅈ》先把椅桌分開擺了, 몬져 교의와 상을 눈화 버리고.

의(意) 〈명〉 뜻. ⇔뜻. 《朴新諺 2, 27ㅈ》多謝姐姐的美意了, 각시의 아롬다온 뜻을 多謝ᄒ거니와.

의(義) 〈명〉 의리(義理). 《朴新諺 1, 28ㅎ》方見得有弟兄之義哩, 보야ᄒ로 弟兄의 義이시믈 보리라.

의(醫) 〈동〉 고치다. 치료하다. ⇔고치다. 《朴新諺 1, 41ㅈ》他慣醫頭口, 뎨 즘싱 고치기 닉이 ᄒᆞᄂᆞ니라. 《朴新諺 1, 41ㅎ》他要多少錢纔醫呢, 뎨 언머 공젼을 밧아야 맛치 고치리오. 《朴新諺 1, 42ㅈ》張大哥你替我醫這馬骨眼, 張가 큰형아 네 나를 ᄀᆞᄅᆞ차 이 물 눈에 치 고치고. 《朴新諺 1, 42ㅈ》等我醫過了慢慢的牽去, 내 고치믈 기드려 날호여 잇그러 가.

-의 〈조〉 ●-에. 《集覽, 字解, 單字解, 1ㅎ》

底. 下也. 底下 아래. 又本也. 底簿 믿글
월. 又語助. 根底 얿픠. 又손더. 又與的字
通用.《朴新諺 1, 10ㅎ》你向來打土墻是
多少一板, 네 져적의 토담 쏠 제 언머에
ᄒᆞᆫ 틀을 ᄒᆞ더뇨.《朴新諺 1, 28ㅎ》那一
家有喜事, 아모 집의 喜事ㅣ 잇거든.《朴
新諺 1, 37ㅎ》把小肚皮上使一針, 져근비
우희다가 ᄒᆞᆫ 번 針 주고.《朴新諺 2, 2
ㅈ》早起家下有客來, 아춤에 집의 나그
니 왓거ᄂᆞᆯ.《朴新諺 2, 19ㅈ》賣與某大官
人宅下養活, 아모 大官人의 집의 ᄑᆞ라 주
어 養活ᄒᆞ게 ᄒᆞ되.《朴新諺 2, 31ㅈ》今
晚你把我的鋪盖送去, 오늘 져녁의 네 내
니부자리ᄅᆞᆯ다가 보내고.《朴新諺 3, 1
ㅎ》一壁廂各自頑去不好麽, ᄒᆞᆫ 편 구석
의 각각 놀라 가미 됴치 아니ᄒᆞ냐.《朴
新諺 3, 12ㅈ》那藥舖門首槦子上, 더 藥舖
門 앏 궤 우희.《朴新諺 3, 24ㅎ》他却走到
金水河邉, 데 믄득 金水河ㅅ ᄀᆞ의 가.
●-의.《朴新諺 1, 6ㅎ》助助老爺們酒興,
老爺들의 酒興을 도아.《朴新諺 1, 19ㅈ》
我且同你到張黒子家去, 내 ᄯᅩ 너와 ᄒᆞᆫ가
지로 張黒子의 집의 가쟈.《朴新諺 1, 39
ㅎ》這是鷄鳴, 이는 이 ᄃᆞᆰ의 알이로다.
《朴新諺 2, 1ㅈ》大街東市上馬牙子家有,
큰 거리 동녁 져제에 ᄆᆞᆯ 즈름의 집이 잇
ᄂᆞ니라.《朴新諺 2, 19ㅈ》賣與某大官人
宅下養活, 아모 大官人의 집의 ᄑᆞ라 주어
養活ᄒᆞ게 ᄒᆞ되.《朴新諺 2, 37ㅈ》都是他
丈人家的, 다 이 뎌의 丈人의 집 거시라.
《朴新諺 2, 48ㅎ》字之形勢狠(很)多大槩
如此, 字의 形勢 ᄀᆞ장 만흐나 大槩 이 ᄀᆞ
트니.《朴新諺 3, 15ㅈ》托賴父母福蔭, 父
母의 福蔭을 닙어.《朴新諺 3, 28ㅎ》只剩
下一箇虎頭, 그저 ᄒᆞᆫ 범의 머리만 남아
시니.《朴新諺 3, 41ㅈ》我要畫我的喜容,
내 나의 진영을 그리고져 ᄒᆞ노라.
-의 图 ●-의. ❶●⇔적(的).《朴新諺 1, 14
ㅈ》又要給那扛口帒人的小脚錢, ᄯᅩ 뎌 쟈
르 메ᄂᆞᆫ 사름의 져근 삭갑슬 줄 쩌시니.

《朴新諺 1, 19ㅈ》好與不好都是小舖的門
面, 됴흐며 됴치 아니미 다 이 小舖의 門
面이라.《朴新諺 1, 35ㅈ》那養漢老婆的
嘴, 뎌 養漢ᄒᆞᄂᆞᆫ 계집의 부리.《朴新諺
1, 35ㅎ》恰撞見他的漢子, 마치 뎌의 ᄉ
나희ᄅᆞᆯ 마조치니.《朴新諺 1, 36ㅈ》偏要
偸別人的媳婦, 독별이 다론 사름의 계집
을 도적ᄒᆞ니.《朴新諺 1, 39ㅎ》不知道我
的麤和細, 나의 굴금과 ᄀᆞᄂᆞᆯ믈 아지 못
ᄒᆞᄂᆞᆫ 거시여.《朴新諺 3, 28ㅈ》把先生的
頭拖了去, 先生의 머리를다가 ᄭᅳ어 가
니. ❷●⇔지(之).《朴新諺 1, 27ㅈ》又道勝
敗乃兵家之常, ᄯᅩ 니ᄅᆞ되 勝敗ᄂᆞᆫ 兵家의
常이라 ᄒᆞ니.《朴新諺 2, 30ㅈ》故得人天
之喜鬼神之歡, 이러모로 人天의 깃거홈
과 鬼神의 즐김을 어더.《朴新諺 2, 30
ㅈ》若人有難口念菩薩之名, 만일 사름이
어려옴이 잇거든 입에 菩薩의 일홈을 念
ᄒᆞ면.《朴新諺 3, 29ㅈ》你道這孫行者之
法力還了得麽, 네 니ᄅᆞ라 孫行者의 法力
이 당시롱 견들소냐. ❷●-에게.《朴新
諺 1, 3ㅎ》可拿去吩咐管酒的人, 가져가
술 ᄀᆞᄋᆞᄆᆞᄂᆞᆫ 사름의게 吩咐ᄒᆞ여.《朴新
諺 1, 14ㅈ》還要把領子到該管書辦處換
過小票, 당시롱 ᄐᆞᄂᆞᆫ 톄ᄅᆞᆯ 가져 ᄀᆞᄋᆞᆷ아
ᄂᆞᆫ 셔반의게 가 져근 票ᄅᆞᆯ 밧고고.《朴
新諺 1, 47ㅎ》每月多少學錢一箇呢, 每月
에 ᄒᆞ나희게 언머 學錢고.《朴新諺 2, 3
ㅈ》那金老二有兩箇油紙帽, 뎌 金老二의
게 두 油紙帽ㅣ 이시니.《朴新諺 2, 18
ㅈ》吩咐廚子, 廚子의게 吩咐ᄒᆞ여.《朴新
諺 2, 25ㅎ》特送與老太些箇, 특별이 老
太太의게 져기 보내니.《朴新諺 3, 1ㅎ》
不要只管麽人了, 그저 ᄉᆞ려여 사름의게
긔개이지 말라.《朴新諺 3, 18ㅎ》又是去
拜那位同年, ᄯᅩ 뎌 位 同年의게 가 拜ᄒᆞ
여.《朴新諺 3, 42ㅈ》但有好相識們十分
央及他, 다만 됴히 서ᄅᆞ 아ᄂᆞ니들이 ᄀᆞ
장 뎌의게 빌면.《朴新諺 3, 55ㅎ》也就
拜他一拜豈不更妙麽, ᄯᅩ 곳 져의게 拜홈

이 엇지 더욱 妙티 아니ᄒᆞ랴. ❷-에게.
⇔여(與).《朴新諺 2, 37ㅈ》擺樣子與人
看呢, 모양을 지어 사ᄅᆞᆷ의게 뵈는고.
《朴新諺 3, 35ㅎ》我念與官人聽, 내 외아
官人의게 들리마.

의구(疑懼) 图 의심하고 두려워하다.《集
覽, 字解, 單字解, 2ㅎ》怕. 疑懼之意. 怕人
知道. 又設若之辭. 怕你不信 ᄒᆞ다가 너옷
밋디 몯거든. 又恐也. 害怕 두리여ᄒᆞ다.

의금(衣錦) 명 비단옷을 입는다는 뜻으
로, 부귀한 몸이 됨을 이르는 말.《集覽,
朴集, 下, 3ㅈ》衣錦還鄕. 項羽屠咸陽, 與
沛公分王. 又懷東歸, 曰, 富貴不歸故鄕,
如衣綉〈繡〉夜行. 遂東歸, 都彭城. 故後人
仕官〈宦〉榮貴還鄕里者曰衣錦還鄕.《朴
新諺 3, 16ㅈ》得以衣錦還鄕, 시러곰 뼈
衣錦 還鄕ᄒᆞ여.

의금환향(衣錦還鄕) 명 비단옷을 입고 고
향에 돌아온다는 뜻으로, 출세를 하여
고향에 돌아가거나 돌아옴을 비유적으
로 이르는 말.《集覽, 朴集, 下, 3ㅈ》衣錦
還鄕. 項羽屠咸陽, 與沛公分王. 又懷東
歸, 曰, 富貴不歸故鄕, 如衣綉〈繡〉夜行.
遂東歸, 都彭城. 故後人仕官〈宦〉榮貴還
鄕里者曰衣錦還鄕.

의기(義氣) 명 정의감에서 우러나오는 기
개(氣槪).《朴新諺 1, 28ㅈ》不是箇有義
氣之人, 이 義氣 잇ᄂᆞᆫ 사ᄅᆞᆷ이 아니니.
《朴新諺 2, 7ㅎ》豈不大家有義氣麼, 엇지
대되 義氣 이시미 아니랴.

의기(義旗) 명 의병(義兵)의 군기(軍旗).
《集覽, 朴集, 下, 12ㅈ》太祖. 夫人柳氏曰,
妾聞諸公之言, 尙有感奮, 況大丈夫乎. 提
甲領以披之, 諸將扶擁而出, 令人呼曰, 王
公已擧義旗, 國人來赴者不可勝計.

의논ᄒᆞ다 图 의논하다. ❶⇔강(講).《朴
新諺 1, 19ㅎ》請裏坐好講, 請컨대 안희
안자 의논ᄒᆞ쟈. ❷⇔논(論).《朴新諺 2,
7ㅎ》從今已後咱與你論甚麼, 이제로부
터 우리 너와 무서슬 의논ᄒᆞ리오. ❸⇔

상량(商量).《朴新諺 1, 4ㅈ》喚厨子來我
與他商(商)量, 厨子를 블러 오라 내 저와
의논ᄒᆞ쟈.《朴新諺 2, 34ㅈ》小老婆與大
老婆商量說, 져근계집이 큰계집과 의논
ᄒᆞ여 니ᄅᆞ되.《朴新諺 2, 38ㅈ》大家商量
遊山翫景去罷, 대되 의논ᄒᆞ여 遊山翫景
ᄒᆞ라 가쟈.《朴新諺 3, 57ㅎ》向太祖商量
道, 太祖를 향ᄒᆞ여 의논ᄒᆞ여 니ᄅᆞ되.

-의논 조 -에는.《朴新諺 1, 17ㅈ》除了內
造上用之外, 內造 上用을 더론 밧긔는.

의량(衣糧) 명 옷과 식량. 곧, 급료.《集覽,
朴集, 下, 5ㅎ》四箇將軍. 募選身軀長大壯
偉異於人者, 紅盔銀甲, 立於殿前月臺上
四隅, 名鎭殿將軍, 亦曰紅盔將軍, 亦曰大
漢將軍. 其請給衣粮曰大漢衣粮.

의려(疑慮) 图 의심하고 염려하다. ⇔의
려ᄒᆞ다(疑慮-).《朴新諺 2, 20ㅈ》有何疑
慮呢, 므슴 疑慮홈이 이시리오.

의려ᄒᆞ다(疑慮-) 图 의려(疑慮)하다. ⇔
의려(疑慮).《朴新諺 2, 20ㅈ》有何疑慮
呢, 므슴 疑慮홈이 이시리오.

의령(衣領) 명 옷깃. ⇔옷깃ㅅ.《朴新諺
3, 52ㅎ》扣住小人衣領百般打罵, 小人의
옷깃슬 트러잡고 百般 티고 욕ᄒᆞ되.

의료(醫療) 图 의술로 병을 고치다. 또는
그런 일.《集覽, 朴集, 中, 5ㅈ》隨相現相.
飜譯名義云, 佛昔爲帝釋時, 遭飢歲, 疾疫
流行, 醫療無功, 道殣相屬.

의리(義理) 명 문장의 내용과 이치.《集
覽, 朴集, 下, 7ㅎ》花房窩兒. 今按, 上文
自打毬兒以下, 質問各說似不穩合. 先說
尤不合於本節〈莭〉所云事意, 而又無義理,
後說似有可取, 而又一疑.

의모(衣帽) 명 옷과 모자.《朴新諺 3, 44ㅈ》
衣帽・靴帶荨類, 衣帽와 靴帶 荨類ㅣ오.

의발(衣鉢) 명 가사(袈裟)와 바리때.《集
覽, 朴集, 上, 16ㅈ》傳衣鉢. 書言故事云,
傳授佛法, 謂之傳衣鉢. 衣, 卽袈裟三事衣
也, 鉢, 應供器也. 詳見上. 釋迦佛生年十
九出家, 住世四十九年, 傳衣鉢于迦葉初

祖達摩, 達摩傳衣鉢于二祖, 二祖傳于三
祖, 至於六祖, 至三十二祖弘忍. 盖以此爲
傳道之器也.《朴新諺 2, 9ㅎ》傳與他衣鉢
(朴新注, 26ㅈ: 傳授佛法, 謂之傳衣鉢.
衣, 卽袈裟三事衣也, 鉢, 應供器也.), 뎌
의게 衣鉢을 전호여 주니.

의방(醫方) 몡 병이나 상처를 고치는 기
술. 의학에 관련되는 기술.《集覽, 朴集,
下, 2ㅈ》海上方. 唐崔元亮著海上方, 卽醫
方也.

의병(義兵) 몡 의(儀)를 위하여 자발적으
로 일어난 병졸.《集覽, 朴集, 下, 12ㅈ》
太祖. 年二十, 始仕弓裔, 拜波珍飡. 其時,
洪儒等四人詣建第(第), 請擧義兵, 公固拒
不從.《朴新諺 3, 58ㅈ》王公已擧義兵, 王
公이 불셔 義兵을 드럿느니라.

의병(醫病) 동 병을 고치다.《集覽, 朴集,
中, 5ㅎ》執楊柳於掌內拂病體於輕安. 勅
愛子暴病死, 澄又取楊枝沾水, 洒而呪之,
遂蘇. 自後凡謝僧醫病曰辱沾楊枝之水.

의복(衣服) 몡 옷. ●⇔옷.《集覽, 朴集,
上, 7ㅎ》印子鋪. 質問云, 有錢之人開鋪,
那無錢之人拿衣服或器皿, 僧借銅錢或銀
子使用, 每十分加利一分, 亦與有印號帖
兒, 以爲執照.《集覽, 朴集, 上, 14ㅎ》拜
節. 歲時樂事記云, 元日, 士庶自早互相慶
賀, 車馬交馳, 衣服華煥, 雜遝街市, 三四
日乃止〈三四日而乃止〉.《朴新諺 1, 51
ㅎ》穿了衣服到那裏去, 옷 닙고 져긔 가.
《朴新諺 2, 36ㅎ》那裏那般好衣服好鞍馬,
어디 뎌런 됴흔 衣服과 됴흔 鞍馬로.《朴
新諺 2, 56ㅎ》衣服上都汚的是泥, 衣服에
다 더레인 거시 이 즌흙이라.《朴新諺
3, 2ㅈ》樻子裡裝的衣服也被他咬破了好
些, 樻 속에 너흔 衣服도 제 쳐브린 거시
만흐니.《朴新諺 3, 20ㅈ》有簡漢人不見
了幾件衣服, 혼 漢人이 이셔 여러 가지
衣服을 일코.《朴新諺 3, 26ㅈ》鹿皮先脫
下衣服跳入鍋裡, 鹿皮 | 몬져 옷 벗고 가
마에 뛰여들거늘. ●⇔옷ㅅ.《朴新諺 2,

24ㅎ》把一身衣服都脫了, 왼몸에 옷슬 다
가 다 벗고.《朴新諺 2, 59ㅈ》怎麼就趕不
出一套衣服來呢, 엇지 곳 혼 불 옷슬 밋
처 지어 내지 못호리오.《朴新諺 2, 59
ㅎ》這還怕沒有新衣服過年麼, 이 도로혀
새 옷스로 過年홀 거시 업슬가 저프랴.

의빙ᄒ다 동 의빙(依憑)하다. (어떤 사실
이나 원리 따위에 근거하다) ⇔빙(憑).
《朴新諺 1, 58ㅈ》情愿憑中借到某人名下
紋銀五十両整, 情愿으로 즁인을 의빙ᄒ
여 某人 名下에 紋銀 五十両 덩이롤 꾸
되.《朴新諺 1, 59ㅈ》恐後無憑立此存照,
후에 의빙홈이 업슬가 저퍼 이롤 셰워
存照케 ᄒ노라.《朴新諺 2, 19ㅈ》當日憑
中言定身價銀五兩, 當日에 듕인을 의빙
ᄒ여 身價 銀 닷 냥을 닐러 定ᄒ여.《朴
新諺 2, 19ㅎ》恐後無憑, 後에 의빙홈이
업슬가 저허.《朴新諺 2, 45ㅈ》恐後無憑
立此為照, 後에 의빙홈이 업슬가 저허
이룰 셰워 보람을 삼노라.

의사(意思) 몡 뜻. 의미.《朴新諺 1, 27ㅎ》
好意思, 됴흔 意思 | 로다.

의사(疑似) 혱 불분명하다. 긴가민가하
다. 애매모호(曖昧模糊)하다.《集覽, 字
解, 單字解, 5ㅎ》敢. 忍爲也. 你敢那 네
구틔여 그리홀다. 又疑似也. 敢知道 아
ᄂ 듯ᄒ다.

의상(衣裳) 몡 옷. ●⇔옷.《集覽, 字解,
單字解, 3ㅎ》做. 韻會遇韻作字註云, 造
也, 俗作做非. 簡韻作字註云, 爲也, 造也,
起也, 俗作做非. 做音, 直信切. 今按, 俗語
做甚麼 므슴 ᄒ료, 作衣裳 옷 짓다, 作音
조, 去聲. 不走作 듧ᄯᅳᆯ다 아니타, 作音조,
入聲. 以此觀之, 則做從去聲, 作互呼去聲
・入聲, 通做字. 俗不用直信切之音.《朴
新諺 1, 51ㅈ》衣裳・帽子・靴子, 옷과
갓과 靴롤.《朴新諺 2, 11ㅈ》脫下衣裳,
옷 벗고.《朴新諺 2, 47ㅈ》縫衣裳的縫字
怎麼寫, 衣裳 호다 ᄒᄂ 縫字를 어이 뻣
ᄂ뇨. ●⇔옷ㅅ.《朴新諺 3, 26ㅎ》便脫

了衣裳, 곳 옷슬 벗고.

의상(衣箱) 뗑 옷상자. 트렁크(trunk). ⇔옷샹ᄌᆞ.《朴新諺 3, 6ㅎ》把潮腦放些在衣箱裡, 쇼로를다가 저기 옷 샹ᄌᆞ에 녀코.

의생(意生) 뗑 〈불〉 보살이 중생을 제도하기 위하여 마음먹은 대로 세상에 나타나다.《集覽, 朴集, 中, 4ᄌ》智滿十身. 十身有調御. 十身, 曰無着, 曰弘願, 曰業報, 曰住持, 曰涅槃, 曰淨法, 曰眞心, 曰三昧, 曰道性, 曰如意. 有內十身, 曰菩提, 曰願, 曰化, 曰力持, 曰莊嚴, 曰威勢, 曰意生, 曰福德, 曰法, 曰智. 有外十身, 曰自, 曰衆生, 曰國士, 曰業報, 曰聲聞, 曰圓覺, 曰菩薩, 曰智, 曰法, 曰虛空.

-의셔 조 ●-에서.《朴新諺 1, 17ㅎ》不知那一家打的刀子最好, 아지 못게라 어늬 집의셔 민든 칼이 ᄀᆞ장 됴흐뇨.《朴新諺 1, 29ᄌ》昨日在午門外, 어지 午門 밧긔셔.《朴新諺 1, 49ㅎ》你家宅上還托我, 네 집의셔 또 내게 맛뎌.《朴新諺 2, 32ᄌ》是徐五家做的, 이 徐五의 집의셔 민든 거시라.《朴新諺 2, 40ᄌ》家下吃不了還好賣哩, 집의셔 다 먹지 못ᄒᆞ거든 도로혀 풀미 됴흐니라.《朴新諺 3, 19ㅎ》我家裡一箇小厮在城外種地, 내 집 혼 아히 놈이 城 밧긔셔 밧 가다가.《朴新諺 3, 50ㅎ》小人家下被賊竊去布一百疋, 小人의 집의셔 도적이 뵈 一百 疋을 도적ᄒᆞ여 가믈닙으니. ●-에서. …에(서). …에 있어서. ⇔재(在).《朴新諺 2, 4ᄌ》在那裏做生日來, 어디셔 生日을 ᄒᆞ뇨. 在八里庄梁家花園裏做的, 八里庄 梁家 花園의셔 ᄒᆞ니라.《朴新諺 2, 51ㅎ》那一日在李指揮家, 더 혼 날 李指揮 집의셔.

의수(衣綉) 뗑 =의수(衣繡). '綉'는 '繡'의 속자.《正字通, 糸部》繡, 俗作綉.《集覽, 朴集, 下, 3ᄌ》衣錦還鄉. 項羽屠咸陽, 與沛公分王. 又懷東歸, 曰, 富貴不歸故鄉, 如衣綉〈繡〉夜行. 遂東歸, 都彭城. 故後人仕官〈窐〉榮貴還鄉里者曰衣錦還鄉.

의수(衣繡) 뗑 수놓은 비단옷을 입다.《集覽, 朴集, 下, 3ᄌ》衣錦還鄉. 項羽屠咸陽, 與沛公分王. 又懷東歸, 曰, 富貴不歸故鄉, 如衣綉〈繡〉夜行. 遂東歸, 都彭城. 故後人仕官〈窐〉榮貴還鄉里者曰衣錦還鄉.

의수야행(衣繡夜行) 뗑 수놓은 비단옷을 입고 밤길을 다닌다는 뜻으로, 아무 보람이 없는 일을 함을 이르는 말.《集覽, 朴集, 下, 3ᄌ》衣錦還鄉. 項羽屠咸陽, 與沛公分王. 又懷東歸, 曰, 富貴不歸故鄉, 如衣綉〈繡〉夜行. 遂東歸, 都彭城. 故後人仕官〈窐〉榮貴還鄉里者曰衣錦還鄉.

의애(疑碍) 통 의심스럽고 지장을 주다.《集覽, 凡例》質問者, 入中朝質問而來者也. 兩書皆元朝言語, 其沿舊未改者, 今難曉解. 前後質問亦有抵捂, 姑倂收以祛初學之碍. 間有未及質問, 大有疑碍者, 不敢強解, 宜竢更質.

의요(擬要) 통 장차 하려고 하다. 장차 할 작정이다.《集覽, 字解, 單字解, 1ᄌ》待. 擬要也 ᄒᆞ마 그리 ᄒᆞ려 ᄒᆞ다라. 又欲也. 待賣幾箇馬去 여러 ᄆᆞᆯ 풀오져 ᄒᆞ야 가노라.

의임(倚任) 통 의지하고 신임하다.《集覽, 朴集, 上, 6ᄌ》張舍. 王公・大人之家, 必有舍人, 卽家臣也. 如本國伴倘〈儻〉之類, 爲權勢倚任之人, 貧賤之所羨慕者也〈貧賤之所羨慕者〉. 故街巷呼親識爲張舍・李舍, 乃一時推敬之稱〈称〉.

의자(椅子) 뗑 교의(交椅). 의자. ⇔교의.《朴新諺 2, 50ᄌ》兩傍放幾張椅子, 두 편에 여러 교의를 노코.

의장(衣裝) 뗑 옷차림.《集覽, 朴集, 上, 2ㅎ》院本. 或曰, 宋徽宗見爨國人來朝, 衣裝・鞵履・巾裹, 傅粉墨, 擧動如此, 使優人効之以爲戲.《朴新諺 3, 58ㅎ》弓王只得改換衣裝, 弓王이 그저 衣裝을 고치고.

의정(議定) 통 의논하여 결정하다. 토의하여 결정하다. ⇔의정ᄒᆞ다(議定-).《朴新諺 2, 45ᄌ》議定每月房租銀二兩,

每月에 집 세 銀 두 냥을 議定흐여.

의정흐다(議定-) 图 의정(議定)하다. ⇔
의정(議定).《朴新諺 2, 45ㅈ》議定每月
房租銀二兩, 每月에 집 세 銀 두 냥을 議
定흐여.

의지흐다 图 의지(依支)하다. ⇔고(靠).
《朴新諺 3, 24ㅎ》靠師傅站着, 스승의게
의지흐여 셰오고.

의치(醫治) 图 고치다. 치료하다. ⇔고치
다.《朴新諺 1, 15ㅈ》容易醫治的, 고치
기 쉬오니.

의한(倚限) 图 기한에 따르다. 기한에 의
거하다.《集覽, 字解, 單字解, 2ㅎ》捱. 正
作涯. 倚限有恃之意 그슴흐다, 捱到十年
열 히 다둗도록.

의행(義行) 명 의(義)로운 행위.《集覽, 朴
集, 上, 6ㅈ》社神. 今制, 每一鄕村之間,
或十五戶或二十戶, 隨其所便, 合爲一社.
擇其鄕里之民有義行者一人爲社長, 擇其
殷實者一人爲副.

의형(儀刑) 명 본보기. 전범(典範).《集覽,
朴集, 下, 10ㅎ》太師太保. 元以太師・太
傅・太保爲三師, 以太尉・司徒・司空爲
三公. 漢・唐舊〈旧〉制也. 三師, 師〈ヒ〉
範一人, 儀刑四海, 三公, 論道經邦, 爕理
陰陽.

-읫 조 -엣. -에 있는.《集覽, 朴集, 中,
7ㅎ》捲簾. 音義云, ·비 우·흿 지·비〈집
이〉·니 ᄆᆞᄅ 업슨 지블 닐오디 捲簾.

이 괸 이. ●⇔금(今).《朴新諺 3, 25ㅎ》王
說今番着唐僧先猜, 王이 니르되 이 번은
唐僧으로 흐여 몬져 알게 흐라. ●⇔나
(那).《朴新諺 2, 5ㅈ》就是那蒼松・翠竹,
곳 이 蒼松・翠竹과.《朴新諺 3, 37ㅈ》
這麼把我那皮俗來, 이러면 내 이 皮俗를
가져와. ●⇔시(是).《朴新諺 2, 4ㅈ》昨
日是張千摠的生日, 어지는 이 張千摠의
生日이니.《朴新諺 2, 13ㅈ》那廝眞不是
人, 뎌 놈이 진실로 이 사름이 아니로다.
《朴新諺 2, 25ㅎ》都是我家太爺從朝鮮帶

來的, 다 이 우리 집 太爺ㅣ 朝鮮으로셔
가져온 거시《朴新諺 2, 41ㅈ》這厮們只
是小毛賊, 이 놈들은 그저 이 고모도적
이니.《朴新諺 3, 2ㅎ》果然是賣猫的, 果
然 이 괴 풀 리로다.《朴新諺 3, 12ㅎ》這
七月十五日是中元節, 이 七月 十五日은
이 中元節이라.《朴新諺 3, 28ㅎ》不是聖
僧, 이 聖僧이 아니면.《朴新諺 3, 39ㅎ》
是驛站裡去的, 이 驛站으로 갓느니라.
《朴新諺 3, 48ㅎ》這都是些俗名了, 이는
다 이 俗名이니라.《朴新諺 3, 55ㅎ》張
編修是小弟的同年, 張編修는 이 小弟의
同年이라. ❹⇔저(這).《朴新諺 1, 3ㅎ》
這牌票上寫得明白, 이 牌票에 쓴 거시 明
白흐니.《朴新諺 1, 12ㅎ》我如今把騎的
馬就寄在這雜貨舖裏, 내 이제 튼 몰을다
가 곳 이 雜貨舖에 부려 두고.《朴新諺
1, 25ㅎ》這話是不差的, 이 말이 그르지
아니흐니라.《朴新諺 2, 10ㅈ》如今來到
這永寧寺裏坐了方丈, 이제 이 永寧寺에
와 方丈에 안잣더니.《朴新諺 2, 19ㅎ》
看這張賣契, 보니 이 쟝 픈는글월이.《朴
新諺 2, 25ㅎ》這海菜・乾魚・肉脯, 이
메육과 乾魚와 肉脯는.《朴新諺 2, 32ㅈ》
這帽樣做得平常, 이 갓 모양이 믠들기룰
平常이 흐엿다.《朴新諺 3, 1ㅈ》把這簾
子捲起窓戶支起, 이 발을다가 것고 窓을
버틔오라.《朴新諺 3, 10ㅎ》我沒有這傢
伙, 내게 이 연장이 업스면.《朴新諺 3,
29ㅈ》就這一段書足可解悶了, 곳 이 一段
칙이 죡히 가히 힘힘호믈 플리라. ❺⇔
저개(這箇).《朴新諺 2, 43ㅈ》這箇緞子
中中的, 이 비단이 즁품에 쎠시니.《朴新
諺 2, 47ㅈ》這箇字不難寫, 이 字는 쓰기
어렵지 아니흐니. ❻⇔저반(這般).《朴
新諺 2, 51ㅎ》似我這般雜職微員陞轉極
難, 우리 ᄀᆞᆺ흔 이 雜職 微員은 陞轉흐기
극히 어려워. ❼⇔저사(這些).《朴新諺
1, 5ㅎ》這些酒席都已辦停妥完備了, 이
酒席을 다 이믜 쟝만흐여 停妥 完備흐여

다.《朴新諺 1, 21ㅈ》咳這些小厮們, 애
이 아희들이.《朴新諺 1, 50ㅈ》多謝你稍
得這些布疋來, 네 이 布疋을 부쳐 오믈
多謝ᄒ노라.《朴新諺 3, 3ㅈ》一箇猫兒怎
麽就直的這些錢, 혼 낫 괴에 엇지 곳 이
갑시 ᄊ리오.《朴新諺 3, 7ㅎ》不知那裡
來的這些蝤蜓, 아지 못게라 어듸로셔 온
이 지차린지.《朴新諺 3, 13ㅈ》這些聽講
的僧尼道俗善男信女, 이 講 듯ᄂᆞᆫ 僧尼 道
俗과 善男 信女ㅣ.《朴新諺 3, 34ㅎ》這些
看捽挍的官員們, 이 여러 ᄲᅵ름 보는 官員
들이. ❽⇔차(此).《朴新諺 2, 22ㅈ》此
話眞不眞呢, 이 말이 진덕ᄒ냐 진덕지
아니ᄒᆞ냐.《朴新諺 2, 6ㅎ》只此人間少有
的了, 그저 이 人間에 드믄 거시니라.
《朴新諺 3, 18ㅈ》此外並無別件可取了,
이 밧근 아조 다른 것 가히 取ᄒᆞᆯ 것시
업ᄂᆞ니라.

이 떼 이. ❶⇔각시(却是).《朴新諺 1, 12
ㅈ》今日却是開倉關米的日期, 오늘이 이
開倉ᄒᆞ여 ᄡᆞᆯ ᄐᆞᆫ는 날이라. ❷⇔시(是).
《朴新諺 1, 1ㅈ》真是好年景, 진짓 이 됴
흔 年景이오.《朴新諺 1, 14ㅈ》這都是斷
不能少的, 이 거시 다 이 결짠고 업지 못
ᄒᆞᆯ 써시라.《朴新諺 2, 6ㅎ》眞箇是畫也
畫不成的好景致, 진짓 이 그리려 ᄒᆞ여도
그려 내지 못ᄒᆞᆯ 됴흔 景致오.《朴新諺
2, 19ㅎ》甚是寫得妥當, 심히 이 쁜 거시
맛당호되.《朴新諺 2, 46ㅎ》是不長進的,
이 長進치 못ᄒᆞᆯ 거시로다.《朴新諺 2, 54
ㅎ》豈不是好呢, 엇지 이 됴치 아니ᄒᆞ냐.
《朴新諺 3, 2ㅈ》那箇拿藍(籃)子盛着猫的
不是賣的麽, 뎌 드라치 가져 괴 담으니
이 폴 리 아니가.《朴新諺 3, 2ㅈ》又不是
大買賣. ᄯᅩ 이 큰 흥정이 아니니.《朴新
諺 3, 12ㅈ》放着一箇三脚鐵蝦蟆的便是
了, 혼 세 발 가진 쇠 두텁이 노흔 거시
곳 이라.《朴新諺 3, 37ㅈ》你是新來的莊
家人, 너는 이 새로 온 향암엣 사름이라.
❸⇔저(這).《集覽, 字解, 累字解, 8ㅎ》

早晚. 這早晚 ·이 늣·도·록. 又問何時日多
早晚 어느 ·ᄢᅢ.《朴新諺 1, 32ㅎ》這是老
實價錢, 이 고지식혼 갑시라.《朴新諺 2,
46ㅎ》把你這忤逆種該殺的, 너 이 忤逆혼
ᄢᅵ롤다가 죽염 즉ᄒᆞ다.《朴新諺 3, 4ㅎ》
竟不曉得葉兒有這用處, 므ᄎᆞ내 닙히 이
ᄡᆞᆯ 곳 잇는 줄을 아지 못ᄒᆞ엿더니.《朴
新諺 3, 10ㅈ》這是死炕這是燒柴火炕都
不好, 이ᄂᆞᆫ 불 못 ᄯᅥᆺᄂᆞᆫ 캉이오 이ᄂᆞᆫ 불ᄯᆞᆺ
ᄂᆞᆫ 캉이니 다 됴치 아니ᄒᆞ니.《朴新諺
3, 12ㅎ》這所謂, 이 니론 바.《朴新諺 3,
31ㅈ》你這小胡孫寡是一張嘴, 네 이 져
근 진납이 다만 이 혼 부리쑨이로다.
《朴新諺 3, 48ㅈ》這就謂之打春了, 이 곳
닐온 닙츈노릇홈이라.《朴新諺 3, 58ㅎ》
這便是當年高麗建國之故事了, 이 곳 當
年에 高麗ㅣ 建國혼 故事ㅣ니라.《朴新
諺 3, 59ㅎ》這正是難得之物, 이 정히 엇
기 어려온 거시오. ❹⇔저개(這箇).《朴
新諺 1, 15ㅎ》就敎我這箇好法兒, 이믜셔
나를 이 됴흔 法을 ᄀᆞᆯ치라.《朴新諺
1, 53ㅈ》這箇自然, 이ᄂᆞᆫ 그러ᄒᆞ리니.
《朴新諺 2, 11ㅈ》這箇不難, 이 어렵지 아
니ᄒᆞ다.《朴新諺 2, 45ㅈ》你道我這箇租
帖, 네 니ᄅᆞ라 내 이 셰내는 글월이. ❺
⇔차(此).《朴新諺 1, 25ㅎ》夜夜如此喂
法, 밤마다 먹이는 法을 이ᄀᆞ치 ᄒᆞ고.
《朴新諺 1, 59ㅎ》恐後無憑立此存照, 후
에 의빙홈이 업슬가 저퍼 이룰 셰워 存
照케 ᄒᆞ노라.《朴新諺 2, 19ㅎ》立此為照,
이를 셰워 보람을 삼노라.《朴新諺 2, 45
ㅈ》恐後無憑立此為照, 後에 의빙홈이
업슬가 저허 이를 셰워 보람을 삼노라.
《朴新諺 2, 48ㅎ》字之形勢狠(很)多大槩
如此, 字의 形勢 ᄀᆞ장 만흐나 大槩 이 ᄀᆞ
ᄐᆞ니.《朴新諺 3, 51ㅎ》為此上告, 이를
위ᄒᆞ여 告홈을 올ᄂᆞᆫ이다.《朴新諺 3,
52ㅎ》為此激切上告, 이를 為ᄒᆞ여 激切
ᄒᆞ여 上告ᄒᆞᄂᆞ니.

이 똉 ❶ 것. ❶⇔개(箇).《朴新諺 1, 1ㅎ》

約有三十多箇, 셜흔 나믄 이 이실 똣ᄒ
니. ●⇔적(的). 《朴新諺 1, 32ㅈ》十箇指
頭也有長短的, 열 손가락도 긴 이 져른
이 잇ᄂ니. **2**이[者]. 사람. ●⇔가(家).
《朴新諺 2, 13ㅎ》染家你來看生活, 물드
리ᄂ 이아 이바 셩녕엣 것 보라. ●⇔자
(者). 《朴新諺 3, 54ㅈ》報信者給銀三兩,
報信ᄒᄂ 이ᄂ 銀 석 냥을 주고. 收管者
謝銀六兩, 거두어 두니ᄂ 銀 엿 냥을 샤
례ᄒ리라. ●⇔적(的). 《朴新諺 1, 3ㅈ》
你們討酒的都廻來了麼, 너희 술 어드라
갓든 이 다 도라왓ᄂ냐. 《朴新諺 1, 39
ㅎ》過去的過來的弄我的, 디나가며 디나
오리 나를 弄ᄒ되. 《朴新諺 2, 8ㅈ》太爺
是識貨的請看, 太爺ᄂ 이 물화 아ᄂ 이라
쳥컨대 보라. 《朴新諺 2, 11ㅈ》也有舞鎗
弄棒的, ᄯ 鎗을 춤추며 막대 노롯ᄒᄂ
이도 이시니. 《朴新諺 2, 15ㅎ》怎麼沒有
一箇聽事的, 엇지 ᄒ나 聽事ᄒ리 업ᄂ
뇨. 《朴新諺 2, 42ㅎ》揀高的與官人看, 놉
흔 이롤 골희야 官人을 주어 보게 ᄒ라.
《朴新諺 3, 23ㅎ》卽拜贏的為師傅, 곳 이
긔ᄂ 이를 拜ᄒ여 스승을 삼쟈. 《朴新諺
3, 35ㅈ》還有那拿鉞(鉞)斧的, ᄯ 더 鉞
(鉞)斧 가지니와. 拿寶劒的, 寶劒 가지니
와. 手拄槍的, 손에 槍 집흔 이 이시니.
《朴新諺 3, 42ㅎ》你到老曺家去送人情來
的麼, 네 老曺의 집의 가 人情을 보내고
오니가.
이(二) 관 두[二]. ⇔두. 《朴新諺 1, 10ㅎ》
我們自吃飯呢二錢半一板, 우리 이녁 밥
먹으면 두 돈 반에 ᄒ 틀이오. 《朴新諺
1, 16ㅎ》這段子一疋足勾袍料二件, 이 비
단 ᄒ 疋이 큰옷 ᄀᆞ음 두 불이 넉넉ᄒ니.
《朴新諺 1, 55ㅎ》每一箇月給二兩妳子錢,
每 ᄒ 둘에 두 냥 졋 갑슬 주고. 《朴新諺
2, 12ㅎ》說定與他二兩銀子, 닐러 졍ᄒ고
더룰 두 냥 은을 주엇더니. 《朴新諺 2,
25ㅈ》水用二盞半, 물은 두 잔 반을 쓰고.
《朴新諺 2, 45ㅈ》議定每月房租銀二兩,

每月에 집 세 銀 두 냥을 議定ᄒ여. 《朴
新諺 3, 15ㅎ》玆者又特寄茶色段子二疋,
이제 ᄯ 특별이 차헐비체 비단 두 필과.
藍綾二疋裡紬四疋, 藍綾 두 필과 안 너흘
비단 네 필을 부텨. 《朴新諺 3, 29ㅎ》只
要二兩銀子, 그저 두 냥 은을 달라 ᄒ노
라. 《朴新諺 3, 38ㅎ》三停裡該分與主人
二停纔是, 세 운에서 맛당이 主人을 두
운을 ᄂ화 주어야 올커놀.
이(二) 관 둘. ⇔둘. 《朴新諺 1, 38ㅎ》二哥
來來去去, 둘재 형은 오락가락ᄒ고. 《朴
新諺 1, 38ㅎ》二哥是熨斗, 둘재 형은 이
다리우리오. 《朴新諺 3, 56ㅎ》三十二歲
了, 셜흔 둘이라.
이(已) 뿐 **1**벌써. ⇔볼셔. 《朴新諺 3, 55
ㅎ》已到張編修門首了, 볼셔 張編修의 門
앏히 다둣거다. 《朴新諺 3, 58ㅈ》王公已
擧義兵, 王公이 볼셔 義兵을 드럿ᄂ니
라. **2**이믜. ●⇔이믜. 《朴新諺 1, 5ㅎ》
這些酒席都已辦停妥完備了, 이 酒席을
다 이믜 쟝만ᄒ여 停妥 完備ᄒ여다. 《朴
新諺 1, 7ㅎ》看天氣已晚了, 보매 하늘이
이믜 느저시니. 《朴新諺 1, 34ㅈ》誰想到
今年已是一年半了, 뉘 올릴 다ᄃᆞ라 이믜
一年 半에. 《朴新諺 2, 50ㅎ》吏部已選出
來了, 吏部ㅣ 이믜 ᄲ내엿ᄂ니라. 《朴新
諺 2, 51ㅈ》昨日衙門書辦已將文書送來
了, 어지 衙門 셔반이 이믜 文書를다가
보내엿더라. 《朴新諺 3, 42ㅎ》今早已出
殯了, 오늘 새베 이믜 出殯ᄒ니라. ●⇔
임의. 《朴新諺 3, 15ㅎ》男在京所幹之事
已經完備, 아ᄒ 셔울 이셔 所幹事ᄂ 임의
完備ᄒ여시되.
이(以) 뿐 써. ('그것을 가지고', '그런 까닭
으로', '그것으로 말미암아'의 뜻) ⇔뻐.
《朴新諺 1, 49ㅎ》以至下人們, 뻐 下人들
에 니르히. 《朴新諺 2, 19ㅈ》今因貧乏無
以養贍, 이제 貧乏ᄒ여 뻐 養贍홈이 업스
믈 因ᄒ여. 《朴新諺 2, 29ㅈ》以聲察聲拯
慈悲於六道, 소리로 뻐 소리를 술펴 慈悲

를 六道에 건디고.《朴新諺 3, 15ㅈ》托
以段疋送與父親使用, 段疋로 뻐 부텨 父
親끠 보내여 쓰게 ᄒᆞ엿더니.《朴新諺 3,
16ㅈ》得以衣錦還鄉, 시러곰 뻐 衣錦 還
鄉ᄒᆞ여.《朴新諺 3, 16ㅎ》以至堦臺石・
磚・瓦都有, 뻐 섬돌과 벽과 지새에 니
르히 다 이시니.《朴新諺 3, 17ㅎ》何必
以多為貴呢, 엇지 반ᄃᆞ시 만흠으로 뻐
貴흠을 삼으리오.《朴新諺 3, 56ㅎ》你這
東國歷代以來有多少年了, 네 이 東國이
歷代 뻐 옴으로 몃 히나 ᄒᆞ며.《朴新諺
3, 59ㅈ》聊以奉送幸勿見笑, 애아로시 뻐
밧드러 보내니 힝혀 웃지 말라.

이(耳) 圕 귀. ⇔귀.《朴新諺 1, 43ㅎ》把捎
篦掏一掏耳朵, 짓븨로다가 귓바회 쓸면.
《朴新諺 3, 52ㅎ》竟將小人面門打破耳根
打傷, ᄆᆞ춤내 小人의 ᄂᆞᆺ츨 텨 ᄭᅢ이
고 귀 믿츨 텨 傷ᄒᆡ오니.

이(你) 団 ❶●너. ⇔너.《集覽, 字解, 單字
解, 1ㅎ》和. 平聲, 調和也. 又去聲, 與也,
及也. 我和你 너와 나와, 銅匙和快子 술
와 밋 져와.《集覽, 字解, 單字解, 2ㅎ》
怕. 疑懼之意. 怕人知道. 又設若之辭. 怕
你不信 ᄒᆞ다가 너옷 믿디 몯거든. 又恐
也. 害怕 두리여ᄒᆞ다.《朴新諺 1, 10ㅎ》
說了工價然後好煩你做活, 공젼을 뎡
ᄒᆞᆫ 후에 널로 ᄒᆞ여 셩녕홈이 됴타.《朴
新諺 1, 26ㅈ》咱與你賭一箇羊吃, 우리
너와 ᄒᆞᆫ 羊을 더너 먹쟈.《朴新諺 2, 3
ㅎ》他怎麼不肯借與你, 데 엇지 즐겨 너
를 빌리지 아니ᄒᆞ리오.《朴新諺 2, 18
ㅎ》我本待要請你去, 내 본ᄃᆡ ᄒᆞ마 너를
쳥ᄒᆞ라 가려 ᄒᆞ더니.《朴新諺 2, 42ㅎ》
我說與你不要哄弄我, 내 너ᄃᆞ려 니르ᄂᆞ
니 나를 소기지 말라.《朴新諺 3, 1ㅎ》你
這孩子們怎麼這般遭害我, 너 이 아희들
이 엇지 이리 나를 보채ᄂᆞ뇨.《朴新諺
3, 11ㅈ》從來不曾見你這般仔細, 본ᄃᆡ 일
즉 너 이런 仔細호믈 보지 못ᄒᆞ엿노라.
《朴新諺 3, 29ㅎ》也是我運氣不好撞着你,

ᄯᅩ 내 運氣 됴치 아니ᄒᆞ여 너를 만나도
다. ❷너희. 너희들. ⇔너희.《朴新諺 1,
6ㅎ》你這樂工們, 너희 樂工들이.《朴新諺
2, 45ㅎ》你兩箇小厮慢慢的上去, 너희
두 아히 날회여 올라가.《朴新諺 2, 46
ㅈ》都是你這兩箇小畜生, 다 이 너희 이
두 져근 즘싱들이.《朴新諺 3, 1ㅎ》你兩
箇帶着小兄弟, 너희 둘이 어린 아ᄋᆞ를
ᄃᆞ리고. ❸제. 제가. 저의. ⇔제.《朴新
諺 1, 40ㅈ》滿天星宿一箇月三條繩子由
你曵, 하늘에 ᄀᆞ득ᄒᆞᆫ 星宿에 ᄒᆞᆫ 둘을 세
오리 노흐로 제대로 ᄯᅳ으ᄂᆞ 거시여. ②
●너의. ⇔네.《集覽, 字解, 單字解, 5
ㅎ》隨. 從也. 隨你 네 ᄆᆞᄉᆞ모로, 隨喜 구
경ᄒᆞ다, 隨從 조ᄎᆞ니. 吏語, 根隨 좃다.
《集覽, 字解, 單字解, 5ㅎ》虧. 損也, 少也.
虧你多少 네게 언메나 낟브뇨, 虧着我 내
게 낟배라. 又次也. 吏語, 虧兌 원수에셔
ᄯᅥ다.《朴新諺 1, 11ㅈ》若吃你家的飯呢
二錢一板, 만일 네 집 밥을 먹으면 두 돈
에 ᄒᆞᆫ 틀을 ᄒᆞ리라.《朴新諺 1, 26ㅎ》便
依你說, 곳 네 말대로 ᄒᆞ쟈.《朴新諺 1,
46ㅎ》慢慢的我與你把盞, 날호여 내 네
게 盞 자브마.《朴新諺 2, 3ㅈ》你若有兩
箇油紙帽, 네게 만일 두 油紙帽ㅣ 잇거
든.《朴新諺 2, 27ㅈ》怕沒有滅你的心火
治你的心病之時麼, 네 心火를 ᄭᅳ고 네 心
病을 고칠 ᄄᆡ 업슬가 저프랴.《朴新諺
3, 2ㅈ》你家裡沒有猫兒麼, 네 집의 괴 업
ᄂᆞ냐.《朴新諺 3, 14ㅈ》因你貪嗔癡三毒
不離於身, 네 貪嗔癡 三毒이 몸에 ᄯᅥ나지
아니믈 因ᄒᆞ여. ❷네가. ⇔네.《集覽, 字
解, 單字解, 5ㅎ》敢. 忍爲也. 你敢那 네
구틔여 그리ᄒᆞ랴. 又疑似也. 敢知道 아
ᄂᆞᆫ 듯ᄒᆞ다.《朴新諺 1, 10ㅎ》你向來打土
墻是多少一板, 네 져적의 토담 쏠 제 언
머에 ᄒᆞᆫ 틀을 ᄒᆞ더뇨.《朴新諺 1, 22ㅈ》
似你這帶廂得好, 네 이 ᄯᅴᄀᆞᆺ치 뎐메오기
잘ᄒᆞ량이면.《朴新諺 1, 37ㅈ》你近來怎
麼這般黃瘦, 네 요ᄉᆞ이 엇디 이리 黃瘦ᄒᆞ

엿는다.《朴新諺 2, 1ㅈ》你用多少銀子買呢, 네 언머 은에 사려 ᄒ᷑는다.《朴新諺 2, 20ㅈ》你只把文契收好了, 네 그저 글월을다가 잘 거두어.《朴新諺 2, 37ㅈ》大哥你看, 큰형아 네 보라.《朴新諺 3, 5ㅎ》你若不與他一文錢, 네 만일 뎌를 ᄒ᷑ 낫 돈을 주지 아니ᄒ᷑고.《朴新諺 3, 10ㅈ》你只與我改做煤火炕, 네 그저 나를 셕탄 픠오ᄂ᷑ 캉을 고쳐 믄드라 주되.《朴新諺 3, 27ㅈ》王說將軍你撈去, 王이 니르되 將軍아 네 건디라.《朴新諺 3, 33ㅈ》你與我打一箇立鼈壺, 네 나를 ᄒ᷑ 立鼈壺와.

이(利) 圐 길미. 이자. 이윤.《朴新諺 1, 34ㅈ》說之一年之內本利都還淸我, 닐러 뎡ᄒ᷑여 ᄒ᷑ 힛 닉에 本과 利를 다 내게 갑하 물키마 ᄒ᷑여.

이(李) 圐 성(姓)씨의 하나.《朴新諺 1, 3ㅈ》可着姓李的舘夫討去, 李가 舘夫로 어드라 가게 ᄒ᷑고.《朴新諺 2, 3ㅈ》李老大(朴新注, 23ㅎ: 老者之稱)你那裏去, 李老大ㅣ아 네 어듸 가는다.《朴新諺 2, 32ㅈ》徐五的徒弟李大, 徐五의 제시 李大ㅣ.《朴新諺 2, 32ㅎ》拿去叫李大做兩頂帽子, 가져가 李大ㅣ로 ᄒ᷑여 두 갓슬 믄드되.《朴新諺 2, 35ㅈ》把老李鎖着, 老李를다가 목을 줌가.

이(里) 圐 주대(周代)의 행정 구역으로 5가(家)를 인(鄰), 25가를 이라 하였다.《集覽, 字解, 單字解, 2ㅈ》里. 居也. 五家爲鄰, 五鄰爲里. 又路程, 以三百六十步爲一里. 又語助.

이(呢) 죄 ●서술문의 끝에 쓰이어, 사실을 확인하는 어기를 나타낸다.《朴新諺 1, 2ㅎ》如今先着誰去討酒呢, 이지 몬져 눌로 ᄒ᷑여 가 술을 엇게 ᄒ᷑료.《朴新諺 1, 14ㅎ》這是新布俗那裏破那裏怕漏呢, 이 새 쟐리라 어듸 해여지며 어듸 시기를 저퍼ᄒ᷑리오.《朴新諺 1, 28ㅎ》誰敢不依規矩罰約呢, 뉘 敢히 規矩 罰約대로 아

니ᄒ᷑리오.《朴新諺 1, 41ㅎ》他要多少錢纔醫呢, 뎨 언머 공젼을 밧아야 맛치 고치리오.《朴新諺 2, 13ㅈ》怎麽能句堅固牢壯呢, 엇지 능히 堅固 牢壯ᄒ᷑리오.《朴新諺 2, 26ㅈ》這淸醬有甚麽稀罕呢, 이 ᄀ᷑댱이 므슴 稀罕홈이 이시리오.《朴新諺 2, 39ㅎ》種甚麽菜好呢, 므슴 ᄂ᷑믈을 심거야 됴흐리오.《朴新諺 2, 58ㅎ》咳一件新衣服也沒有怎的好呢, 애 ᄒ᷑ 볼 새 옷도 업스니 엇지ᄒ᷑여야 됴흐리오.《朴新諺 3, 17ㅎ》何必以多爲貴呢, 엇지 반드시 만흠으로 ᄡ᷑ 貴홈을 삼으리오.《朴新諺 3, 30ㅎ》怎麽是八成銀子呢, 엇지 이 八成銀이뇨. ●의문문의 끝에 쓰이어, 의문이나 반문의 어투를 나타낸다.《朴新諺 1, 55ㅎ》如今姐姐把孩子自妳呢, 이제 각시ㅣ 아히를 손조 졋 먹이느냐.《朴新諺 2, 17ㅈ》驛馬怎麽還不見來呢, 驛馬ㅣ 엇지 당시롱 옴을 보지 못ᄒ᷑소뇨.《朴新諺 2, 32ㅎ》你的帽子當初何不叫他做呢, 네 갓슬 當初에 엇지 뎌로 ᄒ᷑여 믄드지 아니ᄒ᷑다.

이(泥) 圐 ❶진흙. ●⇔즌흙.《朴新諺 3, 24ㅎ》取了一塊靑泥來, ᄒ᷑ 덩이 프른 즌흙을 가져와. ●⇔즌흙.《朴新諺 2, 36ㅈ》街上泥凍的都似狼牙一般, 거리에 즌흙 언 거시 다 일희 니 ᄀ᷑트니.《朴新諺 2, 56ㅎ》衣服上都汚的是泥, 衣服에 다 더레인 거시 이 즌흙이라. ❷흙. ⇔흙.《朴新諺 3, 10ㅈ》先掘土打兩擔水未好和泥, 몬져 흙을 픽고 두 짐 물을 기러 와 잘 흙을 니기되.

이(哩) 죄 '呢'와 같은 활용을 하나, 그것과는 달리 의문문에서는 쓰이지 않는다.《朴新諺 1, 4ㅎ》都要學那南方做法纔好吃哩, 다 뎌 南方셔 믄드ᄂ᷑ 법대로 ᄒ᷑여야 맛치 먹기 됴흐리라.《朴新諺 1, 21ㅈ》也覺得有趣哩, 또 맛 이심을 끼ᄃ᷑롤러라.《朴新諺 1, 33ㅈ》每一両該申五分銀水哩, 每 ᄒ᷑ 냥에 五分銀 셩수ㅣ 늘리

라. 《朴新諺 2, 26ㅈ》況那朝鮮淸醬最是
有名的哩, ᄒᆞ믈며 뎌 朝鮮 근댱은 ᄀᆞ장
이 有名ᄒᆞᆫ 거시라. 《朴新諺 2, 33ㅈ》比
他師傅高强十倍哩, 제 스승에 비기면 十
倍나 나으니라. 《朴新諺 3, 7ㅈ》都是你
的不是哩, 다 이 네 그르니라. 《朴新諺
3, 9ㅎ》久後你也要得證正果哩, 오란 후
에 너도 正果 證홈을 어드리라. 《朴新諺
3, 31ㅈ》價錢却大哩, 갑시 ᄯᅩ 만흐니라.
《朴新諺 3, 34ㅈ》我必多多的賞你哩, 내
반ᄃᆞ시 만히 만히 네게 賞ᄒᆞ리라. 《朴新
諺 3, 46ㅈ》所以約你同去哩, 그러모로
너를 언약ᄒᆞ여 ᄒᆞᆫ가지로 가려 ᄒᆞ노라.

이(理) 图 상대하다. 거들떠보다. 아랑곳
하다. 관심을 가지다. ⇔긔수ᄒᆞ다. 《朴
新諺 2, 37ㅎ》如今他不理我, 이제 뎨 나
를 긔수치 아니ᄒᆞ니. 我又理他做甚麽,
내 ᄯᅩ 뎌를 긔수ᄒᆞ여 므슴 ᄒᆞ리오.

이(理) 명 도리(道理). (사람이 마땅히 행해
야 할 바른 길) ⇔도리. 《集覽, 朴集, 中,
4ㅈ》理圓四德. 理者, 固常道之至也. 圓,
全備也. 《朴新諺 1, 53ㅎ》今日豈有不贏
之理呢, 오늘 엇디 이긔지 못홀 理 이시리
오. 《朴新諺 2, 34ㅎ》你做這般不合理的
勾當, 네 이런 理에 合디 아닌 일을 ᄒᆞ다
가. 《朴新諺 3, 3ㅎ》你這不知理的, 네 이
도리 모르는 거사. 《朴新諺 3, 5ㅈ》堂上
官府憑着理自然合斷的, 堂上 官府ㅣ 理
로 ᄒᆞ면 自然 결단ᄒᆞ염 즉호리. 《朴新諺
3, 5ㅎ》你道是有理的事件, 네 니르되 이
理 잇는 일이라 ᄒᆞ여도. 《朴新諺 3, 6ㅈ》
便是沒理的事情, 곳 이 理 업슨 일이라도.
也翻做有理, ᄯᅩ 뒤집어 理 이시미 될 거시
니. 《朴新諺 3, 6ㅈ》衙門處處向南開, 衙
門이 곳곳이 南을 向ᄒᆞ여 여러시나. 有理
無錢休入來, 理 이셔도 돈이 업거든 드러
오지 말라 ᄒᆞᄂᆞ니라.

이(裏) 명 ❶●안[內]. 안쩝. 《集覽, 朴集,
下, 8ㅎ》羅傘. 〈卽〉丞用傘, 紅浮屠頂, 黑
色茶褐羅表, 紅絹裏, 三簷. ●속. ⇔속.

《朴新諺 2, 5ㅈ》遠望去如在靑雲裏一般,
멀리 ᄇᆞ라매 푸른 구름 속에 잇는 듯ᄒᆞ
고. 《朴新諺 2, 5ㅈ》又都如在鏡子裏一般,
ᄯᅩ 다 거울 속에 이심 ᄒᆞᆫ가지오. 《朴新諺
2, 35ㅈ》又在樻・箱裏, ᄯᅩ 樻와 상ᄌᆞ 속
에셔. 《朴新諺 3, 2ㅈ》樻子裡裝的衣服也
被他咬破了好些, 樻 속에 너흔 衣服도 제
처ᄇᆞ린 거시 만흐니. ❷안. 속. 가운데.
●⇔안. 《朴新諺 2, 41ㅈ》把取燈點上火
往裏照, 取燈에다가 불을 혀 안을 향ᄒᆞ여
비쵀여. 《朴新諺 3, 22ㅈ》却到城裡智海
禪寺投宿, 믄득 城 안 智海禪寺에 가 드러
자더니. 《朴新諺 3, 55ㅎ》在崇文門裡大
街東張編修家住着, 崇文門 안 큰 거리 東
편 張編修의 집의 이셔 머므ᄂᆞ니라. ●⇔
안ㅎ. 《朴新諺 1, 19ㅎ》請裏坐好講, 請컨
대 안히 안자 의논ᄒᆞ쟈. 《朴新諺 2, 23ㅈ》
來到這城裏都賣了, 이 잣 안히 와 다 파랏
노라. 《朴新諺 2, 23ㅎ》請到屋裏坐, 請ᄒᆞ
여 집 안헤 안치라.

이(離) 图 떠나다. ⇔쩌나다. 《朴新諺 3,
14ㅈ》因你貪嗔癡三毒不離於身, 네 貪嗔
癡 三毒이 몸에 쩌나지 아니믈 因ᄒᆞ여.

이(離) 명 뜸. 사이. ⇔뜸. 《朴新諺 1, 13
ㅈ》平則門離這廣豊倉有二十里地, 平則
門이 廣豊倉에 뜸이 二十里 짜히 이시니.
《朴新諺 2, 38ㅈ》這離城三十里地, 이 城
에서 뜸이 三十里 짜히.

-이 젭 -이. (동사나 형용사 어근에 붙어
그 말을 부사로 만드는 접미사) 《集覽,
朴集, 上, 12ㅎ》白淸水絹. 무리 풋〈플〉:
긔 ·업·시 다ᄃᆞ·마:돌호로 미·론:깁·이니,
光滑緻硬, 如本國擣砧者也. 卽不用糨粉
而鍊〈練〉生絹, 以石碾者. 《朴新諺 3, 37
ㅎ》倒慣會打毬哩, 도로혀 댱방올 치기
닉이 알 줄을 싱각지 못ᄒᆞ엿노라. 《朴新
諺 3, 42ㅈ》但有好相識們十分央及他, 다
만 됴히 서로 아ᄂᆞ니들이 ᄀᆞ장 뎌의게
빌면. 《朴新諺 3, 52ㅎ》小人無辜受辱情
理難甘, 小人이 죄 업시 辱을 바드니 情

理 難甘ㅎ여.

-이 图 -이.《集覽, 字解, 單字解, 1ㅎ》安. 安鍋兒 가마 거다. 又安下 사ᄅ미 자리 븓다. 又吏語, 安挿 사ᄅ믈 안졉ㅎ게 ㅎ 다.《朴新諺 1, 1ㅈ》當今皇上洪福齊天, 當今에 皇上이 洪福이 齊天ㅎ여.《朴新 諺 1, 15ㅈ》從前日這腮頰上痒的受不得, 그제부터 뺨이 ᄀ려워 견듸지 못홀러 니.《朴新諺 1, 32ㅈ》我這店裏的皮張都 是好的, 우리 이 店에 가족이 다 됴흔 거 시라.《朴新諺 2, 1ㅈ》那裏有賣的好馬, 어디 풀 됴흔 물이 잇ᄂ뇨.《朴新諺 2, 15ㅎ》驛丞都到那裏去了, 驛丞이 다 어 듸 갓ᄂ냐.《朴新諺 2, 24ㅈ》尺脉較沈, 尺脉이 져기 沈ㅎ니.《朴新諺 2, 33ㅎ》 又一日一箇婦人, 쏘 ᄒᆞ론 혼 계집이.《朴 新諺 3, 2ㅎ》又不是大買賣. 쏘 이 큰 흥 졍이 아니니.《朴新諺 3, 15ㅈ》想念之心 無日能忘, 싱각ᄒᆞᆫ ᄆᆞ음이 니즐 날이 업ᄉ이다.《朴新諺 3, 35ㅎ》西華門外有 箇好飯店, 西華門 밧끠 혼 됴흔 밥뎜이 이시니.

이가(二哥) 图 둘째 형(兄).《集覽, 字解, 累字解, 1ㅈ》大哥. 哥兄也. 人有數兄, 則 呼長曰大哥, 次曰二哥, 三曰三哥. 雖非同 胞而見儕輩, 可推敬者, 則亦呼爲哥. 或加 大字, 或加老字, 推敬之重也. 只呼弟曰兄 弟, 竝擧兄及弟曰弟兄.

이가(李家) 图 이가(李哥). 이씨.《集覽, 字解, 單字解, 5ㅎ》家. 止指一數之稱. 一 箇家 ᄒᆞ 낫식, 幾箇家 몃 낫식, 又현 낫 식, 幾年家 현 ᄒᆡ식. 又槩也. 大家 대개. 又擧姓呼人之稱. 李家·張家. 又呼皇帝 曰官家. 又語助. 沒有家 업다.

이것 때 이것. ❶⇔저(這).《朴新諺 3, 6 ㅎ》這是誰的不是, 이거시 이 뉘 그름고. ❷⇔저개(這簡).《朴新諺 3, 32ㅎ》這箇 還討甚麼價錢呢, 이거슬 당시롱 므슴 갑 슬 쬐오리오. ❸⇔저사(這些).《朴新諺 2, 21ㅈ》這些都收拾全備着, 이것들을 다

收拾ᄒᆞ여 全備케 ᄒᆞ고. ❹⇔저시(這厮). 《朴新諺 2, 39ㅎ》紫蘇這厮最有用, 紫蘇 란 이거시 ᄀ장 쓸 더 이시니. ❺⇔저적 (這的).《朴新諺 3, 23ㅎ》這的不是大譬 麼, 이거시 큰 원쉬 아니가.

이괘(離卦) 图 팔괘(八卦)의 하나. 불을 상징한다.《集覽, 朴集, 中, 9ㅈ》衙門處 處向南開. 南村輟耕錄云, 凡衙門皆坐北 南向者, 南方屬離卦, 離虛中則聰. 又南方 火位, 火明則能破暗, 故表南面聰〈聡〉明, 爲民治愚暗之事.

이구(耳垢) 图 귀지.《集覽, 朴集, 上, 11 ㅈ》消息. 以禽鳥毳翎安於竹針頭, 用以取 耳垢者, 俗呼爲消息.《朴新諺 1, 43ㅎ》把 捎箆(朴新注, 17ㅈ: 以禽鳥毳翎安扵竹頭, 用以取耳垢者, 俗呼爲消息.)掏一掏耳朶, 짓븨로다가 귓바회 쓸면.

이구(螭口) 图 이수(螭首)의 아가리.《集 覽, 朴集, 上, 15ㅈ》玉泉. 在宛平縣西北 三十里玉泉山下. 山有石洞三, 一在山之 西南, 其下有泉, 深淺莫測. 一在山之陽, 泉出石罅間, 鑿石爲螭頭, 泉從螭口噴出, 鳴若雜佩, 色如素鍊〈練〉, 泓澄百頃.《朴 新諺 2, 5ㅈ》西湖是從玉泉山(朴新注, 24 ㅈ: 在宛平縣, 距京都西北三十里, 山有石 洞三. 一在山之西南, 其下有泉, 深淺莫 測. 一在山之陽, 泉出石罅間, 鑿石爲螭頭, 泉從螭口噴出, 鳴若雜佩, 色如素練, 泓澄 百頃. 一在山之根, 有泉湧出, 洞門刻玉泉 二字.)流下來的, 西湖ᄂᆞᆫ 이 玉泉山으로 조차 흘러ᄂᆞ린 거시니.

이근(耳根) 图 〈불〉 오근(五根)의 하나. 청각 기관인 귀를 이르는 말이다.《集 覽, 朴集, 上, 12ㅈ》觀音菩薩. 以耳根圓 通, 以聞聲作觀, 故謂之觀世音.《朴新諺 1, 44ㅎ》眞是觀音菩薩(朴新注, 17ㅈ: 耳 根圓通, 聞聲作觀, 故爲之觀音. 菩者, 普 也, 薩者, 濟也, 謂普濟衆生也.)一般, 진 짓 이 觀音菩薩 혼가지오.

이금(弛禁) 图 금령(禁令)을 풀다. 해금

(解禁)하다.《集覽, 朴集, 下, 11ㅈ》好女
不看燈. 唐韋述兩京記曰, 正月十五日夜,
勅金吾弛禁, 前後各一日, 以觀燈.

이긔다 图 이기다. 승리하다. ●⇔승(勝).
《朴新諺 3, 25ㅈ》國王道唐僧得勝了, 國
王이 니르되 唐僧이 이긔여다.《朴新諺
3, 44ㅈ》繫着孝帶的不可勝數, 복씌 씌니
可히 이긔여 혜지 못홀러라. ●⇔영
(贏).《朴新諺 1, 26ㅈ》咱們下一局賭箇
輸贏如何, 우리 혼 판 두어 지며 이긔믈
더느미 엇더ᄒ뇨. 你那能贏得我, 네 엇
디 능히 나룰 이긔리오.《朴新諺 1, 26
ㅈ》眼下交手便見輸贏, 眼下에 交手ᄒ면
곳 지며 이긔믈 보리라.《朴新諺 1, 27
ㅈ》于今我却贏了呢, 이지 내 ᄯ 이긔여
다.《朴新諺 1, 53ㅎ》今日豈有不贏之理
呢, 오늘 엇디 이긔지 못홀 理 이시리오.
《朴新諺 3, 23ㅎ》即拜贏的為師傅, 곳 이
긔는 이룰 拜ᄒ여 스승을 삼쟈.《朴新諺
3, 27ㅎ》衆人喝采(保)說佛家法力大贏了,
모든 사ᄅᆷ이 혀츠고 니ᄅ되 佛家ㅣ 法力
이 크다 이긔엿고나.

-이나 图 -이나.《朴新諺 2, 2ㅈ》有九分脹
犣頭好, 九分이나 술이 잇고 혁대 됴ᄒ
되.《朴新諺 2, 41ㅈ》不論笔子上的桶子
上的物件, 홰엣 거시나 궤엣 物件을 혜
지 아니ᄒ고.《朴新諺 2, 52ㅈ》這孩兒幾
箇月了, 이 아ᄒᆡ 몃 둘이나 ᄒ뇨.《朴新
諺 3, 34ㅎ》咳那身長六尺腰濶三圍, 애 뎌
身長이 六尺이오 허리 너ᄅ기 세 아롭이
나 ᄒ고.《朴新諺 3, 47ㅎ》拿着三丈高的
一面大旗, 세 길이나 노픈 一面 大旗를
가지고.

이녁 图 이녁. 이편. 이쪽. ⇔자(自).《朴
新諺 1, 10ㅎ》我們自吃飯呢二錢半一板,
우리 이녁 밥 먹으면 두 돈 반에 혼 틀이
오.

이노대(李老大) 图 이(李)씨 성(姓)을 가
진 노인.《朴新諺 2, 3ㅈ》李老大(朴新注,
23ㅎ: 老者之稱)你那裏去, 李老大ㅣ 아

네 어듸 가는다.

-이뇨 图 -이냐.《朴新諺 3, 30ㅎ》怎麼是
八成銀子呢, 엇지 이 八成銀이뇨.

-이니 图 -이니.《集覽, 朴集, 上, 12ㅎ》白
淸水絹. 무리 ·픗·플〉긔 ·업·시 다ᄃ·마
돌호로 미·론〉깁·이·니, 光滑緻硬, 如本國
擣砧者也. 卽不用糨粉而鍊〈練〉生絹, 以
石碾者.《朴新諺 1, 1ㅈ》又正是好時節
(節), ᄯ 정히 이 됴흔 時節(節)이니.《朴
新諺 1, 15ㅎ》有箇最容易的法子說與你,
혼 ᄀ장 쉬온 法이 이시니 너ᄃ려 니ᄅᆯ
써시니.《朴新諺 1, 25ㅎ》今日下雨天,
오늘 비 오는 날이니.《朴新諺 2, 9ㅈ》這
一疋暗花緞是兩件袍料, 이 혼 필 스믠문
비단은 이 두 불 큰옷 ᄀ옴이니.《朴新
諺 2, 24ㅈ》傷着冷物起的樣子, 冷物에 傷
ᄒ여 난 樣이니.《朴新諺 3, 10ㅈ》這是
死炕這是燒柴火炕都不好, 이는 불 못 ᄯᅵᆺ
는 캉이오 이는 불ᄯᅵᆺ는 캉이니 다 됴치
아니ᄒ니.《朴新諺 3, 46ㅈ》我說與你便
强似目睹了, 내 너ᄃ려 니ᄅ 써시니 곳
눈으로 보는 이도곤 나으리라.

-이니라 图 -이니라.《朴新諺 2, 6ㅎ》只
此人間少有的了, 그저 이 人間에 드믄 거
시니라.《朴新諺 3, 7ㅈ》你的身子安樂就
是福了, 네 몸이 安樂ᄒ면 곳 이 福이니
라.《朴新諺 3, 48ㅎ》這都是些俗名了, 이
는 다 이 俗名이니라.

-이니이다 어미 -입니다. -인 것입니다.
《朴新諺 1, 57ㅎ》應効勞的, 응당 効勞ᄒᆯ
거시니이다.

이대(李大) 图 사람 이름.《朴新諺 2, 32ㅈ》
徐五的徒弟李大, 徐五의 제시 李大ㅣ.
《朴新諺 2, 32ㅎ》拿去叫李大做兩頂帽子,
가져가 李大ㅣ로 ᄒ여 두 갓슬 민드되.
《朴新諺 2, 32ㅎ》李大的帽樣, 李大ㅣ의
갓 모양이.

이도(移都) 图 도읍을 옮기다. ⇔이도ᄒ
다(移都-).《朴新諺 3, 58ㅎ》第(第)二年
便移都松岳郡, 第(第)二年에 믄득 松岳郡

에 移都ᄒᆞ니.

이도ᄒᆞ다(移都–) 동 이도(移都)하다. ⇔ 이도(移都).《朴新諺 3, 58ㅎ》第(第)二年便移都松岳郡, 第(第)二年에 믄득 松岳郡에 移都ᄒᆞ니.

이두(裏頭) 명 ❶궁중. 궁궐 안.《集覽, 字解, 單字解, 2ㅈ》裏. 內也. 裏頭·內裏. 又闕內. 亦曰裏頭, 又曰內裏. 又處也. 這裏·那裏. 又語助. 去裏·有裏. 通作里·俚·哩. ❷속. ⇔속.《朴新諺 1, 40ㅈ》金罐兒·鐵柄兒裏頭盛着白沙蜜, 金탕관·쇠ᄌᆞ르에 속에 白沙蜜 담은 거시여.《朴新諺 1, 51ㅈ》都放在這櫃裏頭, 다 이 櫃ㅅ 속에 너허 두라.《朴新諺 2, 33ㅎ》便丢在那裏頭, 곳 뎌 속에 드리치더니. ❸안. 속. 가운데. ⇔안ㅎ.《集覽, 字解, 單字解, 2ㅈ》裏. 內也. 裏頭·內裏. 又闕內. 亦曰裏頭, 又曰內裏. 又處也. 這裏·那裏. 又語助. 去裏·有裏. 通作里·俚·哩.《朴新諺 1, 39ㅈ》乜斜娘娘裏頭睡, 찡권 계집이 안히셔 자ᄂᆞᆫ 거시여.《朴新諺 1, 40ㅎ》一箇長甕兒窄窄口裏頭盛着糯米酒, ᄒᆞᆫ 긴 독 조븐 부리 안히 찹ᄡᆞᆯ술 담은 거시여.《朴新諺 1, 55ㅈ》把孩兒睡在裏頭, 아히를다가 안히 누이고.《朴新諺 2, 5ㅎ》這裏頭鐘鼓樓·佛殿, 이 안히 鍾鼓樓와 佛殿과.《朴新諺 2, 11ㅈ》裏頭也有諸般唱文詞的, 안히 여러 가지 文詞 부르ᄂᆞᆫ 이도 이시며. ❹중(中). 가운데. ⇔즁.《朴新諺 2, 58ㅈ》萬千人裏頭, 萬千人 즁에.

이두(螭頭) 명 이수(螭首). (건축물 따위에 뿔 없는 용의 모양을 아로새긴 형상)《集覽, 朴集, 上, 15ㅈ》玉泉. 一在山之陽, 泉出石罅間, 鑿石爲螭頭, 泉從螭口噴出, 鳴若雜佩, 色如素鍊〈練〉, 泓澄百頃.《朴新諺 2, 5ㅈ》西湖是從玉泉山(朴新注, 24ㅈ: 在宛平縣, 距京都西北三十里, 山有石洞三. 一在山之西南, 其下有泉, 深淺莫測. 一在山之陽, 泉出石罅間, 鑿石為螭頭, 泉從螭口噴出, 鳴若雜佩, 色如素練, 泓澄百頃. 一在山之根, 有泉湧出, 洞門刻玉泉二字.)流下來的, 西湖ᄂᆞᆫ 이 玉泉山으로 조차 흘러ᄂᆞ린 거시니.

–이라 조 ❶–이라. –라.《集覽, 字解, 單字解, 2ㅈ》滾. 煮水使沸曰滾滾花水 글른 믈. 又輪轉曰滾滾了 구으다, 字作輥. 又通共和雜曰累滾 ᄒᆞᆫ 믈와비라. 又滾子방올.《朴新諺 1, 5ㅈ》共十二盤碗, 대되 열두 盤椀이라.《朴新諺 1, 15ㅈ》這麽不怕事, 이ᄂᆞᆫ 두렵지 아닌 일이라.《朴新諺 1, 26ㅈ》如你不過是淺見薄識之人, 너 ᄀᆞᆺᄒᆞᆫ 이ᄂᆞᆫ 不過 이 淺見 薄識엣 사ᄅᆞᆷ이라.《朴新諺 1, 33ㅈ》我的都是細絲銀子, 내 거슨 다 이 細絲銀이라.《朴新諺 2, 3ㅎ》不通人情不達時務的東西, 人情을 通치 못ᄒᆞ고 時務를 아지 못ᄒᆞᄂᆞᆫ 거시라.《朴新諺 2, 19ㅎ》不干買主之事, 산 님자의게ᄂᆞᆫ 간셥지 아닌 일이라.《朴新諺 2, 26ㅈ》況那朝鮮淸醬最是有名的哩, ᄒᆞ믈며 뎌 朝鮮 ᄌᆞᆫ댱은 ᄀᆞ장 이 有名ᄒᆞᆫ 거시라.《朴新諺 3, 3ㅈ》錢是你的物是我的, 돈은 이 네 것시오 物은 이 내 것시라.《朴新諺 3, 37ㅈ》你是新來的莊家人, 너ᄂᆞᆫ 이 새로 온 향암엣 사ᄅᆞᆷ이라. ❷–이라. –이라고.《集覽, 朴集, 中, 3ㅈ》大娘. 音義云, 안해님이라 ᄒᆞ·ᄃᆞᆺ ᄒᆞᆫ :말. 今按, 汎稱尊長妻室曰大娘, 又稱人之正妻曰大娘, 妾曰小娘.)身子好麽, 大娘의 몸이 됴ᄒᆞ신가.《朴新諺 1, 17ㅈ》時下筭是頂好的了, 시졀 것스로ᄂᆞᆫ 웃듬 됴흔 거시라 ᄒᆞ리라.《朴新諺 1, 32ㅈ》你說都是好的, 네 니ᄅᆞ되 다 됴흔 거시라 ᄒᆞ더니.《朴新諺 1, 45ㅎ》一夜夫妻百夜恩, 一夜 夫妻ㅣ 百夜恩이라 ᄒᆞ니라.《朴新諺 2, 38ㅈ》又名三盤山, ᄯᅩ 일홈을 三盤山이라 ᄒᆞ니.《朴新諺 3, 11ㅈ》拙匠人巧主人, 拙ᄒᆞᆫ 匠人이오 巧ᄒᆞᆫ 主人이라 ᄒᆞ니라.《朴新諺 3, 17ㅎ》捻盖萬間房, 대되 萬間 집을 지으나. 夜眠只一廈, 밤에 자기ᄂᆞᆫ 다만 ᄒᆞᆫ 간 집

이라 ᄒ니.《朴新諺 3, 21ㅎ》國中有一箇
先生喚做伯眼, 國中에 혼 先生이 이시되
伯眼이라 브르ᄂ니.《朴新諺 3, 30ㅎ》你
說都是白銀, 네 니르되 다 이 십셩은이
라 ᄒ더니.

-이라도 조 -이라도.《朴新諺 2, 4ㅎ》有心
拜節寒食不遅, 節에 拜홀 ᄆ옴이 이시면
寒食이라도 더듸지 아니타 ᄒᄂ니라.
《朴新諺 2, 30ㅎ》一失人身後萬却再逢難,
혼번 人身을 일흔 後ㅣ면 萬刧이라도 다
시 만나기 어렵다 ᄒ니라.《朴新諺 3, 6
ᄌ》便是沒理的事情, 곳 이 理 업슨 일이라
도.《朴新諺 3, 50ᄌ》便是那姜太公遇文
王, 곳 이 뎌 姜太公의 文王 만남이라도.

-이란 조 -이란.《朴新諺 3, 19ㅎ》咳禍不
單行這話再也不差, 애 禍不單行이란 이
말이 ᄯ 그르지 아니ᄒ다.

-이랏다 조 -이었다.《朴新諺 3, 28ㅎ》國
王道原來是一箇虎精, 國王이 니르되 본
더 이 혼 虎精이랏다.

이랑(二郞) 명 =이랑신(二郞神).《集覽, 朴
集, 下, 10ㅎ》二郞爺爺. 二郞, 神名, 爺爺,
尊敬之稱. 今遼東城內有二郞神廟. 按西
遊記, 西域花菓山洞有老猴精, 號齊天大
聖, 神變〈変〉無測, 鬧(鬧)乱天宮, 玉帝命
李天王領神兵徃捕, 相戰失利. 灌州灌江
口立廟, 有神曰小聖二郞, 又號二郞賢聖
天王, 請二郞捕獲大聖, 卽此. 廟額曰昭惠
靈顯眞君之廟, 然未知何神. 打春之日, 取
此塑像, 盖亦未詳. 又見孫行者註下. 宣和
遺事云, 宣和七年十二月, 有神降坤寧殿
修(傍)神保觀. 神保觀者, 乃二郞神也, 都
人素畏之.

이랑신(二郞神) 명 전설상의 신(神) 이름.
진(秦)나라 이빙(李冰)의 둘째 아들을
신격화하여 이르는 말. 또는 그를 모시
는 사당.《集覽, 朴集, 下, 4ᄌ》孫行者.
老君・王母俱奏于玉帝, 傳宣李天王, 引
領天兵十萬及諸神將至花菓山, 與大聖相
戰失利. 巡山大力鬼上告天王, 擧灌州灌

江口神曰小聖二郞, 可使拿獲. 天王遣太
子木叉, 與大力鬼徃請二郞神, 領神兵圍
花菓山, 衆猴出戰皆敗.《集覽, 朴集, 下,
10ㅎ》二郞爺爺. 二郞, 神名, 爺爺, 尊敬
之稱. 今遼東城內有二郞神廟. 按西遊記,
西域花菓山洞有老猴精, 號齊天大聖, 神
變〈変〉無測, 鬧(鬧)乱天宮, 玉帝命李天
王領神兵徃捕, 相戰失利. 灌州灌江口立
廟, 有神曰小聖二郞, 又號二郞賢聖天王,
請二郞捕獲大聖, 卽此. 廟額曰昭惠靈顯
眞君之廟, 然未知何神. 打春之日, 取此塑
像, 盖亦未詳. 又見孫行者註下. 宣和遺事
云, 宣和七年十二月, 有神降坤寧殿修(傍)
神保觀. 神保觀者, 乃二郞神也, 都人素畏
之.《朴新諺 3, 47ᄌ》還有那粧二郞神(朴
新注, 61ᄌ: 廟在灌江口, 甚靈顯.)的, ᄯ
뎌 二郞神의 모양 ᄭ민 거시 이시니.

이랑현성천왕(二郞賢聖天王) 명 소성이
랑(小聖二郞)의 다른 이름.《集覽, 朴集,
下, 10ㅎ》二郞爺爺. 按西遊記, 灌州灌江
口立廟, 有神曰小聖二郞, 又號二郞賢聖
天王, 請二郞捕獲大聖, 卽此.

이래(你來) 감 이봐. 여봐라. ⇔이바.《集
覽, 字解, 單字解, 4ᄌ》來. 來往. 又語助.
你來 이바, 夜來 어제, 有來 잇더라, 去來
가다. 又數物而有餘數, 未的知之辭. 十來
箇 여라믄, 十里來地 십 리만호 디, 十來
日 여라믄 날.《朴新諺 1, 32ᄌ》你來, 이
바.《朴新諺 1, 57ᄌ》醜厮你來, 더러온
놈아 이바.《朴新諺 2, 8ㅎ》你來, 이바.
《朴新諺 2, 13ㅎ》染家你來看生活, 물드
리는 이아 이바 셩녕엣 것 보라.《朴新
諺 2, 16ㅎ》厨子你來, 厨子ㅣ아 이바.
《朴新諺 2, 55ㅎ》鄭哥你來, 鄭哥ㅣ아 이
바.《朴新諺 3, 16ㅎ》木匠你來咱與你商
(商)量, 木匠아 이바 내 너와 헤아리쟈.
《朴新諺 3, 29ᄌ》那賣珠子的你來, 뎌 구
슬 풀 리아 이바.《朴新諺 3, 35ㅎ》走堂
的你來有甚麼飯, 음식 푸는 이아 이바 므
슴 밥이 잇ᄂ뇨.

-이러라 囨 -이더라. 《朴新諺 3, 35ㅎ》天子百靈咸助將軍八面威風, 天子는 百靈이 다 돕고 將軍은 八面 威風이러라. 《朴新諺 3, 40ㅈ》眞好榮耀氣像, 진실로 ᄀᆞ장 榮耀ᄒᆞᆫ 긔샹이러라. 《朴新諺 3, 51ㅎ》那厮不到六十摸揉, 뎌 놈이 六十에 다ᄃᆞᆺ지 못ᄒᆞᆫ 摸揉이러라.

이러면 囝 이러면. ❶⇔여차(如此). 《朴新諺 2, 43ㅎ》旣如此却少賣了五錢一疋, 이믜 이러면 ᄯᅩ 닷 돈을 ᄒᆞᆫ 필에 지워 ᄑᆞ니. ❷⇔저마(這麽). 《朴新諺 1, 12ㅈ》這麽甚湊巧, 이러면 심히 공교ᄒᆞ다. 《朴新諺 1, 15ㅎ》這麽望太醫老哥, 이러면 ᄇᆞ라건대 太醫 노형은. 《朴新諺 2, 9ㅈ》這麽就請兌銀罷, 이러면 곳 쳥컨대 은을 둘라. 《朴新諺 2, 20ㅎ》這麽我給你銀子就買去, 이러면 내 너롤 銀을 줄 거시니 곳 사라 가라. 《朴新諺 2, 30ㅎ》這麽咱們一生作事豈無罪孽, 이러면 우리 一生에 일을 홈애 엇지 罪孽이 업스리오. 《朴新諺 3, 4ㅎ》這麽最好 이러면 ᄀᆞ장 됴타. 《朴新諺 3, 10ㅈ》這麽快買石灰麻刀去, 이러면 밧비 회와 삼써울을 사라 가라. 《朴新諺 3, 30ㅈ》這麽就與你一兩銀子麽, 이러면 곳 너를 ᄒᆞᆫ 냥 은을 주랴. 《朴新諺 3, 51ㅎ》這麽就好告他, 이러면 곳 져를 告ᄒᆞ기 됴타. ❸⇔저반(這般). 《朴新諺 1, 17ㅎ》這般我敎他打了刀, 이러면 내 뎌로 ᄒᆞ여 칼을 치이되. 《朴新諺 1, 53ㅈ》這般倒也好, 이러면 도로혀 됴타. 《朴新諺 2, 51ㅈ》旣是這般, 이믜 이러면. 《朴新諺 3, 41ㅎ》這般, 이러면.

이러모로 囝 이러므로. ❶⇔고(故). 《朴新諺 2, 30ㅈ》故得人天之喜鬼神之歡, 이러모로 人天의 깃거홈과 鬼神의 즐김을 어더. ❷⇔소이(所以). 《朴新諺 1, 8ㅈ》所以到部裏去打聽消息, 이러모로 部에 가 消息을 듯보려 ᄒᆞ노라. 《朴新諺 1, 56ㅎ》所以不曾得去奉望, 이러모로 일즉 가 보지 못ᄒᆞ여시니. 《朴新諺 2, 2ㅈ》所以來得遲了, 이러모로 오미 더듸여라. 《朴新諺 2, 18ㅈ》這厮所以不怕, 이 놈이 이러모로 저허 아니ᄒᆞᄂᆞ니. 《朴新諺 2, 57ㅎ》所以不曾去, 이러모로 일즉 가지 못ᄒᆞ엿노라. 《朴新諺 3, 5ㅈ》所以擋住了還不肯發落, 이러모로 먹자바 당시롱 즐겨 發落디 아니ᄒᆞ고. 《朴新諺 3, 20ㅈ》所以厮打, 이러모로 서ᄅᆞ 싸호니. 《朴新諺 3, 39ㅈ》所以把老安監下要追比哩, 이러모로 老安을다가 가도아 물리려 ᄒᆞᄂᆞ니라.

이러ᄐᆞ시 囝 이렇듯이. ❶⇔여차(如此). 《朴新諺 2, 25ㅈ》如此調治, 이러ᄐᆞ시 調治ᄒᆞ면. 《朴新諺 3, 22ㅈ》如此作賤(踐)佛家弟子, 이러ᄐᆞ시 佛家 弟子를 쳔답ᄒᆞ더라. 《朴新諺 3, 57ㅎ》弓王如此無道, 弓王이 이러ᄐᆞ시 無道ᄒᆞ니. ❷⇔저양(這樣). 《朴新諺 1, 28ㅎ》是這揉關切, 이러ᄐᆞ시 關切ᄒᆞ여야.

이러ᄒᆞ다 囹 이러하다. 또는 이러한. 이와 같은. ⇔저반(這般). 《朴新諺 2, 12ㅈ》這般, 이러ᄒᆞ면.

이런 囝 이런. ❶⇔저(這). 《朴新諺 1, 36ㅈ》似你這一等和尙不打還打誰呢, 너 ᄀᆞ흔 이런 듕을 티지 아니코 도로혀 누롤 티리오. ❷⇔저개(這箇). 《朴新諺 1, 34ㅎ》因這箇緣故, 이런 연고로 因ᄒᆞ여. ❸⇔저등(這等). 《朴新諺 2, 30ㅈ》似這等菩薩不可不去參拜哩, 이런 菩薩을 可히 가 參拜치 아니치 못홀 거시라. 《朴新諺 3, 30ㅎ》若是這等銀子, 만일 이런 은이면. ❹⇔저반(這般). 《朴新諺 2, 26ㅎ》你再來休說這般不曉事的話, 네 뇌여란 이런 일 모로는 말 니ᄅᆞ지 말라. 《朴新諺 2, 34ㅈ》我男兒做這般迷天大罪的事, 우리 ᄉᆞ나희 이런 迷天大罪엣 일을 ᄒᆞ니. 《朴新諺 2, 34ㅎ》你做這般不合理的勾當, 네 이런 理에 合디 아닌 일을 ᄒᆞ다가. 《朴新諺 2, 54ㅎ》說這般作怪的言語, 이런 괴이ᄒᆞᆫ 말을 니ᄅᆞ다. 《朴新諺 3, 11

ㅈ》從來不曾見你這般仔細, 본디 일즉
너 이런 仔細호믈 보디 못호엿노라.《朴
新諺 3, 18ㅎ》這些衙役也不免受這般勞
苦, 이 衙役도 이런 勞苦 바드믈 免치 못
호ᄂᆞ니라. 🄦⇔차(此).《朴新諺 2, 40
ㅎ》因此上賊多了, 이런 젼ᄎ로 도적이
만흐니라.《朴新諺 3, 14ㅈ》因此上今日
現報, 이런 젼ᄎ로 오늘 現報호ᄂᆞ니라.
《朴新諺 3, 54ㅎ》因此不得工夫, 이런 젼
ᄎ로 결을을 엇지 못호여.

-이로다 죠 -이로다.《朴新諺 3, 56ㅎ》在
下姓韓名彬字文中, 在下ㅣ 姓은 韓이오
일홈은 彬이오 字ᄂᆞᆫ 文中이로다.

이리 뮈 이렇게. ❶⇔저등(這等).《朴新諺
1, 48ㅎ》這等說, 이리 니ᄅᆞᆯ 양이면.《朴
新諺 2, 8ㅎ》不是這等說, 이리 니ᄅᆞᆯ 거시
아니라.《朴新諺 3, 20ㅎ》雖然這等說,
비록 이리 니ᄅᆞ나. ❷⇔여차(如此).《朴
新諺 1, 13ㅎ》旣如此說, 이믜 이리 니ᄅᆞᆯ
양이면.《朴新諺 1, 19ㅎ》旣如此說, 이
믜 이리 니ᄅᆞ면.《朴新諺 1, 41ㅎ》如此
說, 이리 니ᄅᆞ면.《朴新諺 2, 34ㅈ》屢屢
的如此行凶作惡, ᄌᆞ조 이리 行凶 作惡호
더라.《朴新諺 2, 43ㅎ》如此說, 이리 니
ᄅᆞᆯ 양이면. ❸⇔저마(這麼).《朴新諺 2,
27ㅈ》這麼說, 이리 니ᄅᆞ면.《朴新諺 2,
43ㅎ》這麼說, 이리 니ᄅᆞ면.《朴新諺 2,
51ㅈ》這麼看起來, 이리 볼 양이면.《朴
新諺 3, 1ㅈ》怎麼這蠅子這麼多呢, 엇지
ᄑᆞ리 이리 만흐뇨.《朴新諺 3, 3ㅈ》你怎
麼這麼硬頭硬腦的呢, 네 엇지 이리 목구
드뇨. ❹⇔저문(這們).《集覽, 字解, 單
字解, 3ㅎ》們. 諸韻書皆云, 們渾, 肥滿皃.
今俗借用爲等輩之字, 而曰我們·咱們 우
리, 你們 너희. 又猶言如此也. 這們 이리,
那們 뎌리. ❺⇔저반(這般).《朴新諺 1,
10ㅈ》這般說, 이리 니ᄅᆞ면.《朴新諺 1,
32ㅎ》旣是這般說, 이믜 이리 니ᄅᆞ면.
《朴新諺 2, 9ㅈ》這般說, 이리 니ᄅᆞ면.
《朴新諺 2, 25ㅈ》這般稀罕東西, 이리 稀

罕혼 거슬.《朴新諺 2, 38ㅈ》我也這般想
着, 나도 이리 싱각호엿노라.《朴新諺 2,
50ㅈ》這般陳設妥當, 이리 陳設호기를
妥當히 호면.《朴新諺 3, 1ㅎ》你這孩子
們怎麼這般害我, 너 이 아ᄒᆡ들이 엇지
이리 나를 보채ᄂᆞ뇨.《朴新諺 3, 7ㅈ》你
們若依我這般用心收拾, 너희 만일 내대
로 이리 用心호여 收拾호더면.《朴新諺
3, 14ㅈ》那人聽見師傅這般說, 그 사ᄅᆞ미
師傅ㅣ 이리 니ᄅᆞᆯ 듯고.《朴新諺 3, 18
ㅎ》天天都是這般早聚晚散麼, 날마다 다
이리 일 모호고 늣게야 훗터지ᄂᆞ냐.《朴
新諺 3, 31ㅈ》不是這般說, 이리 니ᄅᆞ미
아니라. ❻⇔저양(這樣).《朴新諺 3, 11
ㅈ》這樣做的平常, 이리 민들기를 平常
이 호여시니.

이리ᄒᆞ다 혱 이러하다. ⇔여차(如此).
《朴新諺 1, 16ㅈ》如此, 이리ᄒᆞ면.

이만 괜 이만. 이만한. ⇔저사(這些).《朴
新諺 2, 7ㅎ》咱們好弟兄何必計較這些,
우리 ᄆᆞᆷ 됴흔 弟兄이 엇지 반ᄃᆞ시 이
만 거슬 計較ᄒᆞ리오.

이만(李萬) 뎽 사람 이름.《朴新諺 3, 52
ㅈ》告狀人李萬現年幾歲, 告狀ᄒᆞᄂᆞᆫ 사ᄅᆞᆷ
李萬의 시방 나히 현이오.

이만(泥鏝) 뎽 흙손. ⇔흙손.《朴新諺 3,
11ㅈ》把泥鏝來再抹光些, 흙손으로다가
다시 ᄡᅳ서 번번이 ᄒᆞ라.

이만자(泥鏝子) 뎽 =이만(泥鏝). ⇔흙손.
《朴新諺 3, 9ㅎ》你有泥鏝子麼, 네게 흙
손이 잇ᄂᆞ냐.

이매(你每) 때 너희. ⇔너희.《集覽, 字解,
單字解, 1ㅈ》每. 本音上聲, 頻也. 每年,
每一箇. 又平聲, 等輩也, 我每·咱每·俺
每 우리. 恁每·你每 너희. 今俗喜用們
字.

-이며 죠 -이며.《朴新諺 1, 56ㅈ》甚麼門
有甚麼記認沒有, 므슴 門이며 므슴 보람
이 잇ᄂᆞ냐 업ᄂᆞᆫ냐.

이면(裏面) 뎽 안. 속. 가운데. ⇔안ㅎ.

《朴新諺 2, 41ㅎ》把那綿布簾子在窓戶裏
面幔上, 綿布 발을다가 窓 안히 치고.
《朴新諺 3, 25ㅈ》着兩箇猜裡面有甚麼東
西, 둘로 ㅎ여 안히 므스거시 잇는고 알
라 ㅎ고. 《朴新諺 3, 26ㅎ》拿着肩膀丟在
裡面, 엇게를 잡아 안히 드리치니.

-이면 图 -이면. 《朴新諺 1, 2ㅎ》倘不勾
吃, 만일 넉넉이 먹지 못ㅎ량이면, 《朴
新諺 1, 12ㅈ》你既要立箇保管不倒的字
兒, 네 이믜 믄허지디 아니믈 맛들 문셔
룰 셰올 양이면, 《朴新諺 1, 22ㅈ》似你
這帶廂得好, 네 이 씌ㅈ치 뎐메오기 잘
ㅎ량이면, 《朴新諺 1, 33ㅈ》若論買賣銀
只該九五色, 만일 買賣 銀으로 니룰 량이
면 그저 九五 성수ㅣ라. 《朴新諺 1, 41
ㅎ》只要他治得馬好, 그저 뎨 물을 고쳐
됴흘 양이면, 《朴新諺 1, 48ㅎ》這等說,
이리 니룰 양이면, 《朴新諺 2, 43ㅎ》如
此說, 이리 니룰 양이면. 《朴新諺 2, 51
ㅈ》這麽看起來, 이리 볼 양이면. 《朴新
諺 3, 29ㅎ》若別人却看不透的, 만일 다
룬 사룸이면 ㅼ 보아 내지 못ㅎ리라.
《朴新諺 3, 30ㅎ》若是這等銀子, 만일 이
런 은이면.

이문(耳門) 图 귀. 또는 귓구멍. 귓문. ⇔
귀. 《朴新諺 3, 24ㅈ》到那唐僧耳門後咬,
뎌 唐僧의 귀 뒤헤 가 무러.

이문(你們) 때 너희(들). ⇔너희. 《集覽,
字解, 單字解, 3ㅎ》們. 諸韻書皆云, 們渾,
肥滿皃. 今俗借用爲等輩之字, 而曰我們
・咱們 우리, 你們 너희. 又猶言如此也.
這們 이리, 那們 뎌리. 《朴新諺 1, 3ㅈ》
你們討酒的都廻來了麽, 너희 술 어드라
갓든 이 다 도라왓느냐. 《朴新諺 1, 25
ㅈ》你們聽着, 너희들 드릭라. 《朴新諺
2, 18ㅈ》你們打的輕, 너희들이 티기를
輕히 ㅎ기로. 《朴新諺 2, 27ㅎ》你們這幾
箇無用的小廝, 너희 이 여러 쁠디업슨
아히 놈들이. 《朴新諺 2, 31ㅎ》若無事我
必賞你們, 만일 일이 업스면 내 반ㄷ시

너희룰 샹 줄 거시니. 《朴新諺 2, 40ㅎ》
你們把菜園都收拾好着, 너희들이 菜園
을다가 다 收拾ㅎ기를 잘ㅎ고. 《朴新諺
2, 46ㅎ》你們如今十歲年紀了, 너희 이제
열 쁠 나히라. 《朴新諺 3, 7ㅈ》你們若依
我這般用心收拾, 너희 만일 내대로 이리
用心ㅎ여 收拾ㅎ더면.

이믜 閉 이미. ●⇔기(既). 《朴新諺 1, 6
ㅈ》列位弟兄既都齊集了, 列位 弟兄이 이
믜 다 모다시니. 《朴新諺 1, 13ㅈ》既如
此說, 이믜 이리 니룰 양이면. 《朴新諺
1, 19ㅎ》既承有心照顧, 이믜 有心 照顧
홈을 니브니. 《朴新諺 1, 28ㅎ》既盟之
後, 이믜 밍셰혼 후에. 《朴新諺 2, 7ㅎ》
你既要換就換, 네 이믜 밧고려 ㅎ거든
곳 밧고라. 《朴新諺 2, 27ㅎ》既兩心相照
也是不難的, 이믜 둘희 ㅁ옴이 서로 비
최면 ㅼ 어렵디 아니ㅎ니. 《朴新諺 2, 43
ㅎ》既如此却少賣了五錢一疋, 이믜 이러
면 ㅼ 닷 돈을 혼 필에 지워 푸니. 《朴新
諺 2, 55ㅈ》既說定了不要改口, 이믜 닐
러 定ㅎ여시니 변기치 마쟈. 《朴新諺 3,
30ㅈ》你既識貨, 네 이믜 항호를 알면.
《朴新諺 3, 40ㅎ》既不能勾跟去, 이믜 능
히 유여히 ㅼ라가지 못홀쟉시면. ●⇔
기시(既是). 《朴新諺 1, 13ㅈ》既是這麽,
이믜 이러면. 《朴新諺 1, 32ㅈ》既是這般
說, 이믜 이리 니룻면. 《朴新諺 2, 51ㅈ》
既是這般, 이믜 이러면. 《朴新諺 3, 41
ㅎ》既是那般, 이믜 그러면. ●⇔이(已).
《朴新諺 1, 5ㅎ》這些酒席都已辦停妥完
備了, 이 酒席을 다 이믜 쟝만ㅎ여 停妥
完備ㅎ여다. 《朴新諺 1, 7ㅎ》看天氣已晚
了, 보매 하눌이 이믜 느저시니. 《朴新
諺 1, 34ㅈ》誰想到今年已是一年半了, 뉘
올히 다ㄷ라 이믜 一年 半에. 《朴新諺 2,
50ㅎ》吏部已選出來了, 吏部ㅣ 이믜 ㅼ
내엿느니라. 《朴新諺 2, 51ㅈ》昨日衙門
書辦已將文書送來了, 어지 衙門 셔반이
이믜 文書를다가 보내엿더라. 《朴新諺

3, 42ㅎ》今早已出殯了, 오늘 새벼 이믜
出殯ᄒ니라.

이믜셔 円 곧. ❶⇔일발(一發).《集覽, 字
解, 累字解, 1ㅎ》一發. 홈ᄭᅴ. 又이믜셔.
又·쳐여. ❷⇔일취(一就).《集覽, 字解,
累字解, 1ㅎ》一就. 이믜셔. 又홈ᄭᅴ. ❸
⇔취(就).《朴新諺 1, 5ㅎ》這也就勾了,
이도 이믜셔 넉넉ᄒ다.《朴新諺 1, 15
ㅎ》就教我這箇好法兒, 이믜셔 나롤 이
됴혼 法을 ᄀᆞ르치라.《朴新諺 1, 25ㅎ》
瘦的馬就便肥了, 여윈 물도 이믜셔 곳 술
지리라.《朴新諺 1, 42ㅈ》也就把蹄子上
放些血罷, ᄯᅩ 이믜셔 굽에 피 ᄲᅡ히라.
《朴新諺 2, 10ㅎ》咱們今日就同去聽一聽
罷, 우리 오늘 이믜셔 혼가지로 가 듯쟈.
《朴新諺 2, 20ㅎ》就買他些木料席子, 이
믜셔 뎌 木料와 삿글 사.《朴新諺 2, 52
ㅎ》就那般去了, 이믜셔 그린 재 가니.
《朴新諺 3, 33ㅈ》也就勾打了, ᄯᅩ 이믜셔
넉넉이 민돌리라.《朴新諺 3, 45ㅎ》就煮
一脚羊蹄好下飯, 이믜셔 혼 羊의 다리를
술마 밥 먹기 됴케 ᄒ고. ❹⇔취산(就
算).《朴新諺 1, 47ㅈ》就筭是與你送行罷
了, 이믜셔 네게 送行ᄒᄂ는 양으로 호미
무던ᄒ다.

이바 ㈎ 이봐. 여봐라. ⇔이래(你來).《集
覽, 字解, 單字解, 4ㅈ》來. 來往. 又語助.
你來 이바, 夜來 어제, 有來 잇더라, 去來
가다. 又數物而有餘數, 未的知之辭. 十來
箇 여라믄, 十里來短 십 리만흔 더, 十來
日 여라믄 날.《朴新諺 1, 32ㅎ》你來, 이
바.《朴新諺 1, 57ㅈ》醜厮你來, 더러온
놈아 이바.《朴新諺 2, 8ㅎ》你來, 이바.
《朴新諺 2, 13ㅎ》染家你來看生活, 믈드
리는 이아 이바 셩녕엣 것 보라.《朴新
諺 2, 16ㅎ》厨子你來, 厨子ㅣ아 이바.
《朴新諺 3, 16ㅎ》木匠你來咱與你商(商)
量, 木匠아 이바 내 너와 헤아리쟈.《朴
新諺 3, 29ㅈ》那賣珠子的你來. 뎌 구슬
풀 리아 이바.《朴新諺 3, 35ㅎ》走堂的

你來有甚麽飯, 음식 ᄑᆞᄂ 이아 이바 므
슴 밥이 잇ᄂ뇨.

이바지 圐 이바지. 잔치. ⇔연석(筵席).
《朴新諺 1, 53ㅈ》賭一桌筵席罷, 혼 상 이
바지를 더너쟈.

이바지ᄒ다 圐 이바지하다. 잔치하다. ⇔
주연석(做筵席).《朴新諺 1, 55ㅈ》到了
百日又做筵席, 百日에 다ᄃ라 ᄯᅩ 이바지
ᄒ면.

이백(李白) 圐 당(唐)나라 성기(成紀) 사
람(701~762). 자는 태백(太白). 호는 청
련거사(靑蓮居士)・취선옹(醉仙翁). 젊
은 시절 협객(俠客)으로 사방을 주유하
며 밤낮으로 호음(豪飮)하였다. 안녹산
(安祿山)의 난리에 영왕 인(永王璘)의 막
좌(幕佐)가 되어 평란(平亂)에 참여하였
으나 영왕이 패하여 야랑(夜郞)으로 귀
양 갔다. 칠언 절구에 특히 뛰어났으며,
두보(杜甫)와 더불어 시(詩)의 양대 산
맥을 이루었다.《集覽, 朴集, 下, 11ㅎ》
李白摸月. 李白, 唐玄宗朝詩人也. 泛采石
江, 見月影滿水, 以手弄月, 身齛〈翻〉而
死.《朴新諺 3, 50ㅈ》我不管那李白撈月
(朴新注, 62ㅎ: 世稱, 李白泛采石江, 見月
影在水, 以手撈月, 曰墮水死.), 내 뎌 李白
의 撈月홈을 ᄀᆞ옴아지 아니ᄒ고.

이변(二邊) 圐 사물(事物)에 대한 상대적
인 두 가지의 견해.《集覽, 朴集, 中, 4
ㅈ》理圓四德. 生死爲常, 不受二邊爲樂,
具入自在爲我, 三業淸淨爲淨.

이부(吏部) 圐 관서(官署) 이름. 6부(部)의
하나. 경외(京外) 문관(文官)의 전서(銓
銓)・훈계(勳階)・출척(黜陟) 등을 관
장하였다.《朴新諺 2, 50ㅎ》吏部已選出
來了, 吏部ㅣ 이믜 ᄲᅡ내엿ᄂ니라.

이사(李四) 圐 이씨(李氏)의 넷째 아들이
란 뜻으로, 이름이나 신분이 뚜렷하지
못한 평범한 사람을 일컫는 말.《集覽,
朴集, 上, 1ㅈ》張三. 三, 或族次, 或朋友
行輩之次, 或有官者以職次相呼, 或稱爲

定名者有之. 李四·王五亦同.《朴新諺 1, 1ㅎ》可敎張三(朴新注, 1ㅈ: 兄弟排行之次, 下文李四·王五亦倣此.)去, 張三으로 ᄒ여 가.《朴新諺 1, 2ㅈ》却敎李四去, 또 李四로 ᄒ여 가.

이사(李舍) 圐 이씨(李氏) 성(姓)을 가진 사인(舍人). 또는 이가(李哥).《集覽, 朴集, 上, 6ㅈ》張舍. 王公·大人之家, 必有舍人, 卽家臣也. 如本國伴倘〈儻〉之類, 爲權勢倚任之人, 貧賤之所羨慕者也〈貧賤之所羨慕者〉. 故街巷呼親識爲張舍·李舍, 乃一時推敬之稱〈称〉. 又質問云, 武職官下閑人, 謂之舍人.

이삼(李三) 圐 이씨(李氏)의 셋째 아들이라는 뜻으로, 이름이나 신분이 특별하지 아니한 평범한 사람들을 이르는 말.《朴新諺 2, 12ㅎ》夜來叫李三, 어지 李三으로 ᄒ여.

이상(以上) 圐 그것보다 많거나 위임을 나타낸다.《朴新諺 3, 52ㅈ》大凡七十已上十五已下不合加刑, 무릇 七十 已上과 十五 已下는 加刑홈이 맛당치 아니타 ᄒ니라.

이상(異常) 圐 평소와는 다른 상태.《集覽, 朴集, 下, 12ㅎ》弓裔. 日官奏曰, 此兒以重午日生, 生而有齒, 且光燄〈焰〉異常, 恐將不利於國家, 宜勿擧.

이색(異色) 圐 다른 빛깔.《集覽, 朴集, 上, 15ㅎ》串香褐. 串香者, 合和諸香以爲佩者也. 凡稱〈称〉染色之少文采〈彩〉者曰褐. 串香褐·麝香褐·鷹背褐·蜜褐·茶褐, 卽黃黑雜色也. 玉褐·艾褐·水褐·銀褐, 卽白黑雜色也. 藕褐, 卽紫黑雜色也. 深淺異色, 各取其像.

이서(吏胥) 圐 각 관아에서 부서(簿書)·안독(案牘) 따위의 일을 관장하던 구실아치.《朴新諺 1, 3ㅈ》就着姓崔的外郎(朴新注, 1ㅎ: 各衙門吏胥之號.)去討, 곳 崔가 外郎으로 가 엇게 ᄒ라.

이소아(李小兒) 圐 사람 이름.《朴新諺 1,

33ㅎ》李小兒那厮, 李小兒ㅣ란 뎌 놈을.

이속(異俗) 圐 다른 풍속.《集覽, 朴集, 下, 3ㅈ》三寶. 脫塵異俗, 圓頂方袍, 入聖超凡, 爲衆中尊, 卽僧寶也.

이수소(李守素) 圐 당(唐)나라 조주(趙州) 사람. 당초(唐初) 진왕부(秦王府) 십팔학사(十八學士)의 한 사람. 벼슬은 천책부 창조 참군(天策府倉曹參軍)을 지냈다. 보학(譜學)에 밝아 육보(肉譜)라 불리었다.《集覽, 朴集, 中, 8ㅈ》十八學士. 唐太宗秦王時, 開館延文學之士, 杜如晦·房玄齡〈岭〉·虞世南·褚遂良·姚思廉·李玄道·蔡允恭·薛元敬·顏相時·蘇勗·于志寧·蘇世長·薛收·李守素·陸德明·孔穎達·蓋文達·許敬宗爲文學館學士, 分爲三番, 更日直宿.

이수장(泥水匠) 圐 미장이. ⇔미장이.《朴新諺 3, 9ㅎ》叫一箇泥水匠兩箇小工來, 혼 미장이와 두 조역을 불러와.《朴新諺 3, 10ㅈ》做甚麼泥水匠, 므슴 미장인 체ᄒ리오.

이시다 圐 있다. ●⇔유(有).《集覽, 字解, 單字解, 4ㅎ》便. 去聲, 卽也. 便行 즉재 가니라, 便去 즉재 가리라, 又즉재 가다. 又則也. 便有 곧 잇다, 便是곳 올ᄒ니라. 又順也, 順便. 又安也, 便當. 又宜也. 行方便 됴홀 양오로 ᄒ다, 不方便 다히 마지 쉽사디 아니타. 又猶則也. 你去便就有了 너옷 가면 이시리라. 又平聲, 穩便 온당ᄒ다. 吏語, 便益.《集覽, 字解, 單字解, 6ㅈ》多. 多少 언메나. 又許多 하나한. 又餘也. 三十里多地 삼십 리 나믄 ᄯᅡ. 吏語, 多餘. 又過也. 有甚麼多處 므스기 너믄 고디 이시리오. 又重也. 므스기 앗가온 고디 이시리오.《朴新諺 1, 8ㅈ》有件差使着我去辦, 혼 差使ㅣ 이셔 날로 ᄒ여 가 ᄒ라 ᄒ매.《朴新諺 1, 28ㅎ》方見得有弟兄之義哩, 보야흐로 弟兄의 義 이시믈 보리라.《朴新諺 1, 41ㅈ》我有箇赤馬害骨眼, 내게 혼 졀짜물이 이셔 눈에 치

알하. 《朴新諺 2, 1ㅎ》有一箇土黃馬毛片
好, 혼 고라물이 이서 털 빗치 됴흐되.
《朴新諺 2, 20ㅈ》有何疑慮呢, 므슴 疑慮
홈이 이시리오. 《朴新諺 3, 5ㅈ》聞得內
中有一兩箇鄉宦, 드르니 그 중에 혼두 鄉
宦이 이서. 《朴新諺 3, 14ㅎ》這幾日我家
裡有人回去, 요스이 우리 집의 사룸이
도라가리 이시니. 《朴新諺 3, 23ㅈ》有何
寃讐呢, 무슴 寃讐ㅣ 이시리오. ●⇔재
(在). 《朴新諺 1, 49ㅎ》我父母在家都安
樂麼, 우리 父母ㅣ 집의 이셔 다 安樂ㅎ
더냐. 《朴新諺 1, 54ㅈ》姐姐你如今在産
後, 각시아 네 이제 産後에 이시니. 《朴
新諺 2, 2ㅈ》老爺在文淵閣辦事, 老爺ㅣ
文淵閣에 이셔 일ㅎ니. 《朴新諺 2, 5ㅈ》
又都如在鏡子裏一般, 또 다 거울 속에 이
심 혼가지오. 《朴新諺 2, 31ㅎ》其餘的小
厮們在家, 그 나믄 아히들은 집의 이셔.
《朴新諺 2, 54ㅈ》咱們人生在世, 우리 사
룸이 사라 셰샹에 이서. 《朴新諺 3, 1ㅎ》
就在柳樹下凉快一會兒回來, 곳 버드나
모 아릭 이서 혼 지위 서늘이 ㅎ여 도라
오고. 《朴新諺 3, 15ㅈ》男在都城, 아히
都城에 이셔. 《朴新諺 3, 23ㅎ》咱如今兩
箇就在王前閗(鬪)法, 우리 이제 둘히 곳
王의 앏히 이서 閗(鬪)法ㅎ여.

이식(利息) 圀 이자. 길미. 《朴新諺 1, 52
ㅈ》買賣也沒有利息, 買賣도 利息이 업스
면. 《朴新諺 3, 30ㅎ》就與我二兩也沒甚
麼利息, 곳 나를 두 냥을 주어도 아모 利
息이 업스니.

이십(二十) 괜 ●스무. ⇔스므. 《朴新諺
1, 23ㅈ》當二十両銀子, 스므 냥 은에 뎐
당ㅎ려 ㅎ노라. 《朴新諺 1, 23ㅎ》便當二
十両也還不勾用哩, 곳 스므 냥을 뎐당ㅎ
여도 당시롱 쁘기에 넉넉지 못ㅎ여라.
●스물. ⇔스믈. 《朴新諺 1, 51ㅈ》也不
過使二十八九箇錢, 스믈 여둛 아홉 낫 돈
을 쁘매 지나지 아니ㅎ리라.

이십(二十) 圀 스무날. ⇔스므날. 《朴新諺

1, 8ㅎ》大約這月二十邉領了詔書箚付就
要起身, 대개 이 둘 스므날긔 詔書와 箚
付룰 투면 즉시 쪄나고져 ㅎ노라.

이십사기(二十四氣) 圀 이십사절기(二十
四節氣). 《集覽, 朴集, 下, 10ㅈ》手拿結線
鞭. 鞭子用柳枝, 長二尺四寸, 按二十四氣,
上用結子. 立春在孟日用麻, 仲日用苧, 季
日用絲, 用五彩色醮染. 《朴新諺 3, 46ㅎ》
手執彩線鞭(朴新注, 61ㅈ: 用柳枝二尺四
寸, 按二十四氣, 上用結子. 立春在孟日用
麻, 仲日用苧, 季日用絲, 用五彩色醮染.),
손에 彩線鞭을 가지고.

이아(李兒) 圀 자두. 《集覽, 字解, 單字解,
5ㅈ》兒. 嬰孩也. 孩兒. 又呼物名, 必用兒
字, 爲助語之辭. 杏兒・李兒. 凡呼物名則
呼兒字, 只宜微用其音, 而不至太白可也.

이아(梨兒) 圀 배[梨]. ⇔빅. 《朴新諺 1, 40
ㅈ》這是梨兒, 이는 이 비로다.

이아(裏兒) 圀 안[內]. 안쩝. ⇔안ㅎ. 《朴
新諺 1, 46ㅈ》做帶子和裏兒的, 씌와 안
흘 민둘 거시니.

이아(爾雅) 圀 책 이름. 자서(字書). 3권.
기원전 2세기(世紀) 무렵에 주공(周公)
이 지은 것이라고 전해진다. 시경(詩經)
・서경(書經)에서 글자를 뽑아 고어를
용법과 종목별로 19편으로 나누고 풀이
하였다. 청(淸)나라 때의 이아의소(爾雅
義疏) 20권은 가장 뛰어난 주석서이다.
《集覽, 朴集, 下, 9ㅈ》作作. 爾雅曰, 偶者,
合也. 陰陽相合則成偶, 謂得中也.

-이아 조 -이야. 《朴新諺 2, 43ㅈ》討的是
虛價還的是實價, 쇠오는 거슨 이 거즛 갑
시오 갑는 거시아 이 실혼 갑시니.

이안(李晏) 圀 금(金)나라 고평(高平) 사
람. 벼슬은 병부 시랑(兵部侍郎). 글씨
를 잘 썼고 검소하였다. 《集覽, 朴集, 下,
2ㅎ》慶壽寺. 一統志云, 在順天府西南, 內
有飛虹・飛渡二橋, 石刻六大字, 極遒勁.
相傳金章宗所書. 又有金學士李晏碑文,
正統間重建, 賜額大興隆寺, 僧錄司在焉.

이야(李爺) 똉 이(李)씨 성(姓)을 가진 어
르신.《朴新諺 2, 4ㅎ》李爺你可曾到過西
湖, 李爺ㅣ아 네 일즉 西湖에 둔녀.

-이야 图 -이야.《朴新諺 1, 52ㅎ》家貧不
是貧路貧愁殺人, 家貧은 이 貧이 아니오
路貧이야 사름을 근심케 혼다 흐니라.

이야차(李夜叉) 똉 이(李)씨 성을 가진 사
람의 별명(別名).《朴新諺 2, 33ㅈ》混名
喚做李夜叉, 混名을 李夜叉ㅣ라 부르리.

이어(吏語) 똉 이문(吏文). 벼슬아치 사이
에서 쓰는 말.《集覽, 字解, 單字解, 1ㅎ》
安. 安鍋兒 가마 거다. 又安下 사름미 자
리 븓다. 又吏語, 安揷 사름몰 안졉흐게
흐다.《集覽, 字解, 單字解, 5ㅈ》隨. 從
也. 隨你 네 므슴모로, 隨喜 구경흐다, 隨
從 조츠니. 吏語, 根隨 좃다.《集覽, 朴集,
上, 1ㅈ》筵席. 凡宴會, 常話曰筵席, 文話
曰筵會, 吏語曰筵宴, 盖取肆筵設席之意.

이어(鯉魚) 똉 잉어.《朴新諺 3, 50ㅈ》瞬眼
間釣出箇老大金色鯉魚, 눈 곰쟉홀 수이
에 흔 フ장 큰 금빗히 鯉魚를 나가 내니.

이엄(耳掩) 똉 모피로 된 방한용 귀마개.
《集覽, 朴集, 下, 10ㅈ》頭戴耳掩或提在手
裏. 芒神耳掩以立春時爲法, 從卯至戌八
時, 掩耳用手提, 陽時左手提, 陰時右手提,
以八時見日溫和也.

-이여 图 -이여.《朴新諺 1, 38ㅎ》四哥待
要一處, 넷재 형은 흔디 모호고져 흐는
거시여.《朴新諺 1, 39ㅈ》白日去黑夜來,
나준 가고 밤은 오는 거시여.《朴新諺
1, 39ㅎ》墻上一塊土吊下來禮拜, 담 우희
흔 덩이 흙이 쩌러뎌 느려와 禮拜흐는
거시여.《朴新諺 1, 40ㅈ》一間房子裏五
箇人剛坐的, 흔 간 방에 다숫 사름이 겨
요 안는 거시여.《朴新諺 1, 40ㅎ》弟兄
三四箇守着停柱坐, 弟兄 서너히 기동을
딕희여 안잣는 거시여.《朴新諺 1, 41
ㅈ》鑽天錐下大水, 하눌 뚧는 송곳 아리
큰 물이여.《朴新諺 3, 56ㅈ》沈兄這位尊
姓, 沈兄아 이 분의 놉흔 姓이여.《朴新

諺 3, 56ㅎ》請問先生貴姓, 청컨대 문느
니 先生의 貴혼 姓이여.《朴新諺 3, 56
ㅎ》韓先生貴庚, 韓先生의 貴혼 나히여.

-이오 图 -이고. -이오.《朴新諺 1, 5ㅈ》
還要上三道粉湯, 당시롱 세 가지 粉湯을
올릴 거시오.《朴新諺 1, 16ㅎ》這大紅段
眞是南紅顔色經緯匀淨, 이 다홍 비단이
진짓 이 연다홍빗치오 쎄눌이 고로고
조흐니.《朴新諺 1, 41ㅎ》給他些便受了,
뎌룰 져기 주면 곳 바들 거시오.《朴新
諺 2, 6ㅈ》撒網垂鉤的是大小漁船, 그믈
을 티고 낙시를 드리온 거슨 이 大小 漁
船이오.《朴新諺 2, 14ㅎ》這疋杭綾染錢
五錢半, 이 흔 필 杭州ㅅ 綾에는 물갑시
닷 돈 반이오.《朴新諺 2, 31ㅎ》我回來
定要打的, 내 도라와 일졍 칠 거시오.
《朴新諺 3, 3ㅈ》錢是你的物是我的, 돈은
이 네 것시오 物은 이 내 것시라.《朴新
諺 3, 13ㅈ》中等身材白淨顔面, 듕크에
희조츨흔 늦치오.《朴新諺 3, 34ㅎ》咳那
身長六尺腰濶三圍, 애 뎌 身長이 六尺이
오 허리 너르기 세 아룸이나 흐고.

-이완디 어미 -이건대.《朴新諺 1, 42ㅎ》
我剃頭的所管甚麼來, 우리 마리 짝는 이
所管이 므서시완디.

-이요 图 -이요. -이고.《朴新諺 2, 59ㅈ》
却是箇好日子, 쏘 이 됴흔 날이요.

이원(吏員) 똉 구실아치.《集覽, 朴集, 上,
2ㅎ》院本. 曰丑, 狂言戲弄, 或粧醉漢·
太醫·吏員·媒婆之類.

이이(而已) 똉 따름. 뿐. 다만 …일 뿐. ⇔
쏜룸.《集覽, 朴集, 下, 9ㅎ》打春. 音義
云, 如今北京迎春時, 唯牛芒而已.《朴新
諺 3, 17ㅎ》不過淸高而已, 불과 淸高홀
쏜룸이라.

이익(利益) 똉 〈불〉 부처의 가르침을 받
음으로써 얻는 은혜나 행복.《集覽, 朴
集, 上, 10ㅎ》布施. 捨施也, 財施爲凡, 法
施爲聖. 凡布施, 必以滿三千世界, 七寶
〈宝〉爲求福之具, 財施也. 此住相布施也.

菩薩布施, 但一心淸淨, 利益一切, 爲大施主, 法施也. 此不住相布施也. 《集覽, 朴集, 下, 3ㅈ》貪嗔癡. 大智論云, 有利益我者生貪欲, 有違逆我者生嗔恚. 《朴新諺 3, 14ㅈ》因你貪嗔癡三毒(朴新注, 49ㅈ: 大智論云, 有利益我者生貪欲, 有違逆我者生嗔恚. 不從智生, 從狂惑生, 是爲癡, 一切煩惱之根本. 三毒亦曰三業.)不離於信, 네 貪嗔癡 三毒이 몸에 떠나지 아니믈 因ㅎ여.

이자(李子) 몡 오얏. 자두. ⇔외앗.《朴新諺 1, 4ㅈ》鮮果子呢, 싱과실은. 柑子, 柑子. 橘子, 귤. 石榴, 石榴. 香水梨, 물한비. 櫻桃, 櫻桃. 杏子, 술고. 蘋果, 굵은님금. 玉黃李子, 유황외앗시오.

이자(裏子) 몡 안[內]. 안쩝. ⇔안ㅎ.《朴新諺 2, 14ㅈ》這魚白[綿]紬原是婦人家大襖裏子, 이 옥싀 綿紬는 본디 婦人의 큰 옷 안히니.

이적(你的) 몡 네 것.《集覽, 字解, 單字解, 3ㅎ》的. 指物之辭. 你的 네 것, 好的 됴ㅎ 것. 又語助. 坐的 안짜, 通作地. 又明也, 實也, 端也. 吏語, 的確·的當·虛的·的實.

이전(以前) 몡 이제보다 전.《集覽, 朴集, 中, 7ㅈ》一百七. 南村輟耕錄云, 凡七下至五十七用笞, 六十七下至一百七下用杖. 而數用七者, 建元以前, 皆用成數. 大德中, 刑部尙書王約上言, 國朝用刑寬恕, 笞杖十減其三, 故笞一十減爲七. 今之杖一百者, 宜止九十七, 而不當反加十也. 議者憚於變更, 其事遂寢〈寢〉.

이전(吏典) 몡 원(元)·명(明)·청대(淸代)의 부(府)와 현(縣)의 하급 벼슬아치.《集覽, 朴集, 上, 1ㅎ》外郎. 泛稱各衙門吏典之號. 俗嫌其犯於員外郎之號, 呼外字爲上聲. 大小衙門吏名稱各異.

이전(利錢) 몡 변리(邊利). 길미. 이자.《集覽, 朴集, 中, 6ㅎ》解儅庫. 王莽令市官收賤賣貴, 謂如貸錢與民一百箇, 每月收利錢三箇, 銀一兩, 則每月取利三分之類.《朴新諺 1, 33ㅎ》別人借一兩便要一兩的利錢, 다른 사름은 혼 냥을 쑤이면 곳 혼 냥 利錢을 밧느니.《朴新諺 1, 34ㅈ》利錢一分也不肯還, 利錢은 혼 픈도 즐겨 갑지 아닐 줄을 싱각ㅎ여시리오.

이제 몡 이제. 지금. ●⇔금(今).《朴新諺 1, 58ㅈ》今因乏錢使用, 이제 돈 쓸 것 업스믈 因ㅎ여.《朴新諺 2, 19ㅈ》今因貧乏無以養贍, 이제 貧乏ㅎ여 뻐 養贍홈이 업스믈 因ㅎ여.《朴新諺 2, 44ㅎ》今租到本坊沈名下住房一所, 이제 本坊 沈가의 名下에 사든 집 혼 곳을 셰내되.《朴新諺 3, 50ㅎ》今告到老爺臺下, 이제 老爺 臺下에 告ㅎ느이다.《朴新諺 3, 52ㅈ》今告到老爺臺下, 이제 老爺 臺下에 告ㅎ느이다. ●⇔여금(如今).《朴新諺 1, 7ㅈ》如今酒也醉了飯也飽了, 이제 술도 醉ㅎ고 밥도 비부르다.《朴新諺 1, 14ㅎ》如今米都關出來了, 이제 쏠룰 다 타 내여다.《朴新諺 1, 23ㅎ》我如今先當了 這両種, 내 이제 몬져 이 두 가지롤 뎐당ㅎ고도.《朴新諺 2, 1ㅎ》你如今且到馬市裏自己揀着買去, 네 이제 또 몰 져제 손조 굴히여 사라 가라.《朴新諺 2, 15ㅈ》如今染錢都依你, 이제 물갑슨 다 네대로 ㅎ려니와.《朴新諺 2, 37ㅈ》他如今吃的穿的, 데 이제 먹는 것과 닙는 거시.《朴新諺 3, 4ㅎ》我如今也添了些識見了, 내 이제 또 져기 識見을 더ㅎ도다.《朴新諺 3, 14ㅈ》你如今到家, 네 이제 집의 가.《朴新諺 3, 26ㅈ》咱如今燒起油鍋跳入洗澡, 우리 이제 기롬 가마에 불썻고 쒸여들어 목욕ㅎ쟈.《朴新諺 3, 44ㅎ》如今在寺裡寄放着哩, 이제 졀에 부텨 두엇느니라. ●⇔우금(于今).《朴新諺 1, 11ㅎ》但于今柴·米·小菜件件俱貴, 다만 이제 나모와 뿔과 느믈이 가지가지 다 귀ㅎ니.《朴新諺 3, 48ㅎ》于今人把這宣武呌順城門, 이제 사롬이 이 宣武를다가 順城門

이라 부르고. ④⇔자(妓). 《朴新諺 3, 15
ㅎ》妓者又特寄茶色段子二疋, 이제 또 특
별이 차혈비체 비단 두 필과. ⑤⇔종금
(從今). 《朴新諺 2, 7ㅎ》從今已後咱與你
論甚麼, 이제로부터 우리 너와 무서슬
의논ㅎ리오.

이제(里制) 몡 한 이(里)의 편제와 제도.
《集覽, 朴集, 下, 11ㅎ》總甲. 又里制, 每
里一百戶, 五家爲一火, 十家爲一甲, 每十
戶, 甲首一名. 《朴新諺 3, 50ㅎ》叫起隣人
幷巡宿総甲(朴新注, 62ㅎ: 軍制, 管軍十
名爲一甲, 五十名爲総甲. 又里制, 十家爲
一甲.)人等追赶, 隣人과 다못 巡宿ㅎ는
総甲人 等을 불러 니르혀 쏜롸.

이전 몡 이전(以前). 종전. ⇔재전(在前).
《朴新諺 3, 19ㅈ》比在前到底强些, 이젼
에 비컨대 믓내 져기 나으니.

이지휘(李指揮) 몡 이(李)씨 성(姓)을 가진
지휘사(指揮使). 《朴新諺 2, 51ㅎ》那一日
在李指揮家, 뎌 흔 날 李指揮 집의셔.

이진복(離塵服) 몡 〈불〉 가사(袈裟)의 다
른 이름. 심성(心性)을 더럽히는 육식
(六識)을 단절시키는 옷이란 뜻이다.
《集覽, 朴集, 上, 10ㅈ》袈裟. 反(飜)譯名
義云, 袈裟是外國三衣之名. 或名離塵服,
由斷〈断〉六塵故, 或名消瘦服, 由斷煩惱
故, 或名無垢衣.

이질(痢疾) 몡 변에 곱이 섞여 나오며 뒤
가 잦은 증상을 보이는 법정 전염병.
《朴新諺 1, 37ㅈ》我這幾日害痢疾, 내 이
여러 날 痢疾 알하.

이지 몡 이제. 지금. ❶⇔금(今). 《朴新諺
1, 36ㅈ》你今沒來由, 네 이지 쇽졀업시.
❶⇔여금(如今). 《朴新諺 1, 8ㅎ》我如今
也派徃金剛山松廣等處去降香, 내 이지
또 金剛山 松廣 等 處에 그이여 가 降香ㅎ
리라. 《朴新諺 1, 2ㅎ》如今先着誰去討酒
呢, 이지 몬져 눌로 ㅎ여 가 술을 엇게
ㅎ료. 《朴新諺 1, 37ㅈ》你如今病都好了
不曾, 네 이지 병이 다 됴핫는가 못ㅎ엿

눈가. ⊜⇔우금(于今). 《朴新諺 1, 27ㅈ》
于今我却赢了呢, 이지 내 쏘 이긔여다.

이차(以此) 囝 그래서. 그러므로. 이 때문
에. 《集覽, 朴集, 上, 5ㅈ》擔. 楊(揚)雄傳,
家無儋石之儲. 注〈註〉, 一石爲石, 再石爲
擔. 以此觀之, 則擔爲二石也.

이천왕(李天王) 몡 당(唐)나라 이정(李靖)
을 신격화하여 이르는 말. 《集覽, 朴集,
下, 4ㅈ》孫行者. 老君·王母俱奏于玉帝,
傳宣李天王, 引領天兵十萬及諸神將至花
菓山, 與大聖相戰失利. 《集覽, 朴集, 下,
10ㅎ》二郎爺爺. 按西遊記, 西域花菓山洞
有老猴精, 號齊天大聖, 神變〈変〉無測, 閙
(鬧)乱天宮, 玉帝命李天王領神兵徃捕, 相
戰失利.

이추아(耳墜兒) 몡 귀고리. 《集覽, 朴集,
上, 7ㅎ》耳墜兒. 事文類聚云, 莊子曰, 天
子之侍御, 不叉楠(不爪翦), 不穿耳, 則穿
耳自古有之. 今俗亦曰耳環, 卽八珠環也.

이타(耳朶) 몡 귓바퀴. ⇔귓바회. 《集覽,
朴集, 上, 11ㅈ》耳朶. 朶作垜是, 俗去聲
讀. 《朴新諺 1, 43ㅎ》把捎簋掏一掏耳朶,
짓븨로다가 귓바회 뜰면.

이타(耳垜) = 이타(耳朶). '垜'는 '朶'와
같다. 《集覽, 朴集, 上, 11ㅈ》耳朶. 朶作
垜是, 俗去聲讀.

이틀 몡 이틀. ⇔양일(兩日). 《朴新諺 3,
19ㅎ》把我家小廝拿去監了兩日, 내 집 아
히 놈을다가 자바가 가도완 지 이틀이
오. 《朴新諺 2, 20ㅈ》這一兩日內, 이 흔
이틀 안히.

이하(以下) 몡 이하(以下). (일정한 기준
보다 적거나 모자라다)《朴新諺 3, 52
ㅈ》大凡七十已上十五已下不合加刑, 무
릇 七十 已上과 十五 已下는 加刑홈이 맛
당치 아니타 ㅎ니라.

이학지남(吏學指南) 몡 원(元)나라 때의
공문(公文) 용어 사전. 정치·경제·법
률 등의 용어를 간략하게 풀이하여 놓
았다. 《集覽, 朴集, 上, 1ㅎ》勘合. 吏學指

南云, 勘合, 卽古之符契也.《集覽, 朴集, 下, 12ㅈ》狀子. 吏學指南云, 狀, 貌也, 以貌寫情於紙墨也.

이항(里巷) 명 마을. 촌리(村里).《集覽, 朴集, 上, 12ㅎ》唱喏. 揖也. 詞曲曰, 一箇唱, 百箇喏, 謂一人呼唱於上, 衆人應諾於下. 如將帥在營幕下, 軍卒投謁於前者列立於〈軍卒投謁於前者列於〉庭, 將帥發一令語, 則衆下齊聲以應. 凡里巷子弟拜謁父兄亦然.

이해(利害) 형 ●무섭다. 매섭다. ⇔모싀엽다.《集覽, 字解, 累字解, 1ㅎ》利害. 모싀엽다. ●사납다. 억세다. 나쁘다. 심하다. ⇔사오납다.《朴新諺 1, 26ㅎ》這一着果然好利害, 이 혼 슈ㅣ 果然 マ장 사오납고.

이향(異香) 명 이상야릇하게 좋은 향기.《集覽, 朴集, 下, 3ㅎ》趙太祖飛龍記. 宋太祖, 姓趙, 名匡胤. 母昭獻皇后夢日入懷而孕. 誕生之夕, 赤光滿室, 異香馥郁.

이향(離鄕) 동 고향을 떠나다. ⇔이향ㅎ다(離鄕-).《朴新諺 2, 26ㅈ》人離鄕賤物離鄕貴, 사룸이 離鄕ㅎ면 賤ㅎ고 物이 離鄕ㅎ면 貴타 ㅎ니.

이향ㅎ다(離鄕-) 동 이향(離鄕)하다. ⇔이향(離鄕).《朴新諺 2, 26ㅈ》人離鄕賤物離鄕貴, 사룸이 離鄕ㅎ면 賤ㅎ고 物이 離鄕ㅎ면 貴타 ㅎ니.

이현도(李玄道) 명 당(唐)나라 농서(隴西) 사람. 태종(太宗) 때 문학관 학사(文學館學士)를 지냈다. 당초(唐初) 진왕부(秦王府) 십팔학사(十八學士)의 한 사람. 상주자사(常州刺史)로 있을 때 청간(淸簡)한 태도로 선정을 베풀어 백성들에게 칭송을 받았다.《集覽, 朴集, 中, 8ㅈ》十八學士. 唐太宗秦王時, 開館延文學之士, 杜如晦·房玄齡〈峹〉·虞世南·褚遂良·姚思廉·李玄道·蔡允恭·薛元敬·顏相時·蘇勗·于志寧·蘇世長·薛收·李守素·陸德明·孔穎達·蓋文達·許敬

宗爲文學館學士, 分爲三番, 更日直宿.

이환(耳環) 명 귀고리. ⇔귀옛골회.《集覽, 朴集, 上, 7ㅎ》耳墜兒. 事文類聚云, 莊子曰, 天子之侍御, 不叉櫛(不爪鬋), 不穿耳, 則穿耳自古有之. 今俗亦曰耳環, 卽八珠環也.《朴新諺 1, 22ㅎ》是一對珍珠耳環一對金手鐲, 이 혼 썅 珍珠 귀옛골회와 혼 썅 금풀쇠라.

이회(理會) 동 ●알다. 이해하다. 깨닫다. ⇔아다.《集覽, 字解, 累字解, 2ㅈ》理會. :아다. 又츠리·다. ●(알아)차리다. ⇔츠리다.《集覽, 字解, 累字解, 2ㅈ》理會. :아다. 又츠리·다.

이후(以後) 명 이후(以後). ⇔이후(以後).《朴新諺 1, 25ㅈ》以後敎小廝們好生替我喂養, 이후란 아희들로 ㅎ여 マ장 나룰 フ른차 먹이게 ㅎ라.

이후(已後) 명 =이후(以後).《朴新諺 2, 7ㅎ》從今已後咱與你論甚麼, 이제로부터 우리 너와 무서슬 의논ㅎ리오.

이후(以後) 명 이후. 금후(今後). 차후(此後). ⇔이후.《朴新諺 1, 25ㅈ》以後敎小廝們好生替我喂養, 이후란 아희들로 ㅎ여 マ장 나룰 フ른차 먹이게 ㅎ라.

익(益) 동 이익을 주다. ⇔익ㅎ다(益-).《朴新諺 2, 59ㅈ》角安亢食氐房益, 角은 安ㅎ고 亢은 食ㅎ고 氐房은 益ㅎ고.

익일(翌日) 명 다음날. 이튿날.《朴新諺 1, 42ㅎ》狗有溅草之恩, 개는 溅草혼 恩이 잇고. 馬有垂繮(朴新注, 16ㅎ: 漢高祖自鴻門, 脫歸匹馬南行, 道傍有一眢井, 馬到井邉不肯行. 高祖恐追者至, 下馬入井. 項王追至井傍, 見馬跡, 謂高祖在井, 令人下井搜求. 見井口有蜘蛛罩網, 鵓鴿一雙出井飛去, 謂無人仍還. 翌日, 其馬到井垂繮, 高祖執而出.)之報, 몰은 垂繮혼 報ㅣ 잇다 ㅎ니라.

익주군(益州郡) 명 한대(漢代)에 두었다. 소재지는 운남성(雲南省) 진녕현(晉寧縣) 동쪽에 있었다.《集覽, 朴集, 中, 6

ㅎ》雲南甸. 雲南, 古梁州, 南境爲徼外夷
也. 漢置益州郡, 元置路, 今改爲布政司.

익흐다(益-) 퇸 익(益)하다. ⇔익(益).
《朴新諺 2, 59ㅈ》角安亢食氐房益, 角은
安ㅎ고 亢은 食ㅎ고 氐房은 益ㅎ고.

인(人) 똉 사람. ⇔사름. 《集覽, 字解, 單字
解, 3ㅈ》箇. 一枚也. 俗呼一枚爲一箇, 亦
曰箇把. 又箇箇 난나치. 單言箇字, 亦爲
一枚之意. 有箇人 혼 사ᄅ미. 又語助. 這
箇·些箇. 又音이. 舌頭兩箇 혓 그토로,
今不用. 《集覽, 字解, 單字解, 6ㅈ》殺. 氣
殺我 애돌와 셜웨라, 猶言以此而可至於
死也. 又愁殺人 사ᄅ믈 ᄀ장 근심ᄒ야
섧게 ᄒ다. 又廝殺 싸호다. 又助語辭. 最
深殺 ᄀ장 깁다. 《朴新諺 1, 3ㅎ》可拿去
吩咐管酒的人, 가져가 술 ᄀ옵ᄋᆞ는 사롬
의게 吩咐ᄒ여. 《朴新諺 1, 25ㅈ》派五箇
人直夜, 다ᄉᆞᆺ 사ᄅᆞᆷ을 시겨 밤에 샹직ᄒ
여. 《朴新諺 2, 11ㅈ》一箇人與他五箇錢,
혼 사ᄅᆞᆷ이 뎌롤 다ᄉᆞᆺ 낫 돈을 주면, 《朴
新諺 2, 23ㅈ》眞是遠行知馬力日久見人
心, 진실로 이 멀리 가매 몰 힘을 알고
날이 오래매 사롬의 ᄆᆞ옴을 보ᄂᆞ니라.
《朴新諺 3, 1ㅎ》不要只管麼人了, 그저
스러여 사롬의게 기개이지 말라. 《朴新
諺 3, 19ㅎ》和一箇人打架, 혼 사ᄅᆞᆷ과 싸
홧더니. 《朴新諺 3, 29ㅎ》若別人却看不
透的, 만일 다른 사롬이면 ᄯᅩ 보아 내지
못ᄒ리라. 《朴新諺 3, 48ㅎ》于今人把這
宣武叫順城門, 이제 사롬이 이 宣武를다
가 順城門이라 부르고.

인(仁) 똉 씨. 종자(種子). ⇔ᄡᅵ. 《朴新諺
1, 4ㅈ》乾果子呢, 므론 과실은. 榛子, 개
암.松子, 잣. 瓜子, 슈박ᄡᅵ. 乾葡萄, 마론
葡萄. 栗子, 밤. 龍眼, 龍眼. 桃仁, 복셩화
ᄡᅵ. 荔子, 녀지요.

인(引) 퇸 ●더블다. 데리다. 이끌다. ⇔
ᄃᆞ리다. 《朴新諺 3, 21ㅎ》那唐三藏引着
孫行者, 뎌 唐三藏이 孫行者를 ᄃᆞ리고.
《朴新諺 3, 22ㅎ》唐僧也引着徒弟去見國

王, 唐僧도 徒弟를 ᄃᆞ리고 가 國王을 보
니. ●인도(引導)하다. 안내하다. ⇔인
도ᄒ다. 《朴新諺 3, 47ㅈ》前面奏動細樂
引着行, 앏ᄒᆡ 셰풍뉴ᄒᆞ여 인도ᄒᆞ여 가
고.

인(引) 똉 한약 처방에서 주된 약재(藥材)
에 배합시켜 약효를 높여 주는 보조 약
재. 《朴新諺 2, 25ㅈ》引用生薑三片棗二
枚, 引은 生薑 三片 棗 二枚를 쁠 거시니.

인(印) 똉 도장. ⇔인신(印信). 《朴新諺 1,
3ㅈ》寫了牌票用了印信, 牌票를 쁘고 印
쳐.

인(因) 퇸 인(因)하다. 어떤 사실로 말미암
다. 근거하다. 의거하다. ⇔인ᄒ다
(因-). 《朴新諺 1, 34ㅎ》因這箇緣故, 이
런 연고로 因ᄒ여. 《朴新諺 1, 56ㅎ》但
曰連日有事不在家, 다만 連日ᄒ여 일이
이시믈 因ᄒ여 집의 잇지 못홈으로. 《朴
新諺 1, 58ㅈ》今因乏錢使用, 이제 돈 쁠
것 업스믈 因ᄒ여. 《朴新諺 2, 19ㅈ》今
因貧乏無以養贍, 이제 貧乏ᄒ여 ᄡᅥ 養贍
홈이 업스믈 因ᄒ여. 《朴新諺 3, 4ㅎ》因
你這一說, 네 이 혼 번 니ᄅᆞ믈 因ᄒ여.
《朴新諺 3, 14ㅈ》因你貪嗔癡三毒不離於
身, 네 貪嗔癡 三毒이 몸에 ᄯᅥ나지 아니
믈 因ᄒ여. 《朴新諺 3, 38ㅈ》那老安因甚
麼事監在牢裡, 뎌 老安이 므슴 일을 因ᄒ
여 옥에 가치엿ᄂᆞ뇨.

인(因) 똉 ●〈불〉 선악의 업에 따라 그에
해당하는 과보(果報)를 받는 일. ⇔인과
(因果). 《朴新諺 1, 31ㅈ》要知前世因, 前
世에 因果롤 알려 홀진대. 《朴新諺 2, 10
ㅎ》好聽他說些因果(朴新注, 26ㅎ: 生時
所作善惡, 謂之因. 他日報應, 謂之果.)何
如, 뎌의 因果 니ᄅᆞ는 거슬 드ᄅᆞ미 엇더
ᄒ뇨. ●까닭. 원인. ⇔젼ᄎᆞ. 《朴新諺 2,
40ㅎ》因此上賊多了, 이런 젼ᄎᆞ로 도적
이 만흐니라. 《朴新諺 3, 14ㅈ》因此上今
日現報, 이런 젼ᄎᆞ로 오늘 現報ᄒᆞ느니
라. 《朴新諺 3, 54ㅎ》因此不得工夫, 이런

견추로 결을을 엇지 못ᄒᆞ여.

인(忍) 图 참다忍. ⇔춤다.《朴新諺 3, 19
ㅈ》忍多少飢渴, 언머 飢渴을 춤으며.
《朴新諺 3, 57ㅎ》聽得心內尙然不忍, 드
르매 ᄆᆞ음에 오히려 춤지 못ᄒᆞ거든.

인가(人家) 图 ●집. 가졍.《集覽, 朴集,
上, 13ㅈ》混堂. 人家設溫湯浴室處, 燕都
多有之, 乃爇〈熱〉水爲湯, 非溫泉也. 或稱
堂子, 舊本作湯子.《朴新諺 1, 9ㅎ》村庄
人家的房屋墻壁太半都被水衝了, 村庄 人
家에 房屋 墻壁이 太半 다 믈에 질리엿ᄂᆞ
이라.《朴新諺 1, 20ㅈ》你看這人家小孩
子, 네 보라 이 人家의 아히와.《朴新諺
1, 36ㅈ》想是你平日布施人家齋飯・錢,
싱각건대 네 平日에 布施ᄒᆞᆫ 人家 齋飯・
錢을.《朴新諺 1, 43ㅎ》聽得那人家有一
箇官人, 드르니 뎌 人家에 ᄒᆞᆫ 官人이 이
셔.《朴新諺 2, 37ㅈ》近來在一箇財主人
家招做了女壻, 요ᄉᆞ이 ᄒᆞᆫ 財主 人家에셔
사회를 삼으니.《朴新諺 2, 41ㅈ》到那人
家裏, 아모 人家에 가.《朴新諺 2, 56ㅎ》
我慢慢兒沿着人家房簷底下, 내 날회여
人家 쳠하롤 조차.《朴新諺 3, 41ㅎ》又
不肯到人家去畫, ᄯᅩ 즐겨 人家에 가 그리
지 아니ᄒᆞ고. ●남. 타인. ⇔눔.《朴新諺
1, 33ㅎ》慣會証騙人家東西, 눔의 것 소
겨 후리기 닉게 ᄒᆞ느니. ●사롬. 사롬
들. ⇔사롬.《朴新諺 1, 41ㅈ》這裏有箇
做獸醫的人家麽, 여긔 獸醫 노룻ᄒᆞᆫ 사
롬이 잇ᄂᆞ냐.

인가(印可) 图 〈불〉 사승(師僧)이 제자의
득법(得法)이나 설법(說法) 등을 증명하
고 인가(認可)하다.《集覽, 朴集, 上, 15
ㅎ》步虛. 至正丙戌春, 入燕都, 聞南朝有
臨濟正脉不斷〈断〉, 可徃印可. 盖指臨濟
直下雪嵓〈嵒〉嫡孫石屋和尙清珙也.

인간(人間) 图 사람이 사는 세상. 세간(世
間).《集覽, 朴集, 下, 2ㅈ》七月十五日.
道藏經云, 七月十五日, 謂之中元, 地官下
降人間, 檢校世人, 甄別善惡, 上告天曹.

《集覽, 朴集, 下, 11ㅈ》好女不看燈. 道經
云, 正月十五日, 謂之上元, 天官下降人閒
〈間〉, 考定罪福. 是夜張燈, 士女鼓〈皷〉
樂遊街.《朴新諺 2, 6ㅎ》只此人間少有的
了, 그저 이 人間에 드믄 거시니라.《朴
新諺 3, 12ㅎ》這七月十五日是中元(朴新
注, 48ㅎ: 道藏經云, 中元日, 地官下降人
間, 檢較世人, 甄別善惡, 上告天曹.)節, 이
七月 十五日은 이 中元節이라.

-인고 图 -인고.《朴新諺 1, 16ㅎ》你猜是
甚麽價錢, 네 이 므슴 갑신고 짐쟉ᄒᆞ라.

인과(因果) 图 〈불〉 선악의 업에 따라 그
에 해당하는 과보(果報)를 받는 일. ⇔
인(因).《朴新諺 1, 31ㅈ》要知前世因, 前
世에 因果룰 알려 ᄒᆞᆯ진대.《朴新諺 2, 10
ㅎ》好聽他說些因果(朴新注, 26ㅎ: 生時
所作善惡, 謂之因. 他日報應, 謂之果.)何
如, 뎌의 因果 니ᄅᆞᆫ 거슬 드르미 엇더
ᄒᆞ뇨.

인광노(引光奴) 图 성냥개비의 한 가지.
(삼(杉)나무 가지 한쪽 끝에 유황을 발
라, 불을 붙이거나 밝힐 때 쓰던 물건)
《集覽, 朴集, 中, 7ㅎ》取燈兒〈取燈〉. 宋
陶學士清異錄云, 夜有急, 苦於作燈之緩,
批杉木條染硫黃, 一與火遇, 得㷲必速, 呼
爲引光奴.

인군(人君) 图 임금.《集覽, 朴集, 下, 3ㅎ》
趙太祖飛龍記. 易曰, 飛龍在天. 龍爲人君
之象, 故稱卽位曰飛龍.

인기(認記) 图 보람. 서명(署名). 표(表).
표지(標識). ⇔보람.《集覽, 字解, 單字
解, 6ㅎ》認. 識也. 辨認 츠려내다. 又認
得 사괴다. 又아다. 又認記 보람.《朴新
諺 1, 56ㅈ》甚麽門有甚麽記認沒有, 므슴
門이며 므슴 보람이 잇ᄂᆞ냐 업ᄂᆞ냐.

인도(人道) 图 〈불〉 육도(六道)의 하나.
사람이 사는 세계.《集覽, 朴集, 中, 5ㅈ》
六道. 人道・天道・阿脩羅道・餓鬼道
・畜生道・地獄道, 亦名六趣, 加仙道, 名
曰七趣.《朴新諺 2, 29ㅈ》以聲察聲拯慈

悲於六道(朴新注, 33ㅎ: 以聲察聲. 聞其
聲而察其苦樂之狀. 六道, 人道・天道・
阿脩羅道・餓鬼道・畜生道・地獄道也.
阿脩羅有大力神人, 嘗共天鬪(鬪), 立大海
中, 其高半天.), 소리로 뻐 소리를 술펴
慈悲를 六道에 건디고.

인도호다 동 인도(引導)하다. 안내하다.
⇔인(引).《朴新諺 3, 47ㅈ》前面奏動細樂
引着行, 앏히 셰풍뉴ㅎ여 인도호여 가고.

인득(認得) 동 **1**사귀다. ⇔사괴다.《集
覽, 字解, 單字解, 6ㅎ》認. 識也. 辨認 ᄎ
려내다. 又認得 사괴다. 又아다. 又認記
보람. **2** 알다. 이해하다. ●⇔아다.《集
覽, 字解, 單字解, 6ㅎ》認. 識也. 辨認 ᄎ
려내다. 又認得 사괴다. 又아다. 又認記
보람. ●⇔알다.《朴新諺 3, 12ㅈ》我不
認得, 내 아지 못호노라.

인령(引領) 동 이끌다. 인도하다. 인솔하
다.《集覽, 朴集, 下, 4ㅎ》孫行者. 老君・
王母俱奏于玉帝, 傳宣李天王, 引領天兵
十萬及諸神將至花菓山, 與大聖相戰失利.

인마(人馬) 명 사람과 말.《集覽, 朴集, 下,
9ㅈ》彩亭子. 漢俗皆於白日送殯, 凡結飾
車輿・幢幡・傘盖及紙造人馬爲前導者,
連亘四五十步.

인물(人物) 명 사람과 물건.《集覽, 字解,
單字解, 6ㅎ》儅. 人有遇急用錢, 則必以重
物, 納質于富家, 賒錢取用. 至限則幷其本
利償還錢主, 方得退回己之重物而來也.
典字人物通用, 儅字人用於物.

인민(人民) 명 사람들. 백성.《朴新諺 2,
10ㅈ》到處人民一切善男信女, 到處 人民
과 一切 善男 信女ㅣ.

인부득횡재불부마부득야초불비(人不
得橫財不富 馬不得夜草不肥) ⌷ 사람
은 횡재를 얻지 못하면 부자가 되지 못하
고, 말은 밤에 꼴을 먹지 못하면 살찌지
못한다는 뜻.《朴新諺 1, 25ㅈ》人不得橫
財不富, 사룸이 橫財를 엇디 못ᄒ면 가음
여디 못ᄒ고, 馬不得夜草不肥, 물이 夜草

룰 엇디 못ᄒ면 술지디 못ᄒ다 ᄒ니.

인사(人事) 명 ●사람의 일. 사람으로서
해야 할 일.《朴新諺 2, 52ㅈ》不辨東西不
省人事, 東西룰 분변치 못ᄒ고 人事룰 아
지 못ᄒ여. ●선물(膳物). ⇔도산.《集
覽, 朴集, 上, 12ㅎ》人事. 土産, 俗도・산.
舊本作撒花.

인사(禋祀) 명 제천의식(祭天儀式)의 한
가지. 섶을 태워 연기를 올린 뒤에 희생
이나 옥백(玉帛)을 올려놓고 태운다.
《集覽, 朴集, 下, 4ㅎ》大醮. 道經云, 醮,
祭名. 夜中於星辰之下, 陳設餠餌・酒果
・幣物, 禋祀天皇・太乙・地祇・列宿.

인생(人生) 명 인생. 인간. 사람.《朴新諺
1, 1ㅈ》人生一世草生一秋, 人生 一世ㅣ
오 草生 一秋ㅣ라.《朴新諺 1, 7ㅎ》又道
人生行樂耳, 쏘 니ᄅ되 人生이 行樂홀지
라.

인성(人城) 명 사람이 성을 이루었다는
뜻으로, 아주 많은 사람이 빙 둘러 있는
상태를 이르는 말.《朴新諺 3, 34ㅎ》圍
着看如人城一般, 에워 보ᄂᆫ 이 人城 ᄒ가
지러라.

인시(寅時) 명 십이시(十二時)의 셋째 시.
오전 3시에서 5시까지이다.《集覽, 朴
集, 下, 10ㅈ》頭戴耳掩或提在手裏. 寅時
揭左邊, 亥時揭右邊而戴, 以寅・亥時爲
通氣, 故揭一邊也, 子・丑時全戴, 爲嚴凝
也.《朴新諺 3, 43ㅈ》二十四日寅時出殯,
二十四日 寅時에 出殯ᄒ니.

인식(認識) 동 알다. ⇔알다.《朴新諺 3,
23ㅈ》與大仙素不認識, 大仙으로 더부러
본디 아지 못ᄒ니.

인신(人身) 명 사람의 몸.《朴新諺 2, 30
ㅎ》一針投海底尚有可捞日, 一針을 海底
에 드리치매 오히려 可히 건질 날이 이
시려니와. 一失人身後萬刼再逢難, ᄒ번
人身을 일흔 後ㅣ면 萬刼이라도 다시 만
나기 어렵다 ᄒ니라.

인신(印信) 명 도장. ⇔인(印).《集覽, 朴

集, 上, 5ㅎ》米貼. 月俸之貼. 質問云, 收
米・放米計數之票(標)也. 又云, 是文武
官員關支(支)月米時, 各該衙門出給印信
貼兒. 《朴新諺 1, 3ㅈ》寫了牌票用了印
信, 牌票를 쓰고 印쳐.

인심(人心) 뗑 사람의 마음. 양심(良心).
《集覽, 字解, 累字解, 2ㅈ》標致. 聰俊敏
慧之稱, 俱美其人心貌之辭. 標字本在竝
母, 則宜從俗呼爲去聲. 而今俗呼標致之
標爲上聲, 則字宜作表字讀是. 《朴新諺 2,
23ㅈ》眞是遠行知馬力日久見人心, 진실
로 이 멀리 가매 몰 힘을 알고 날이 오래
매 사롬의 ㅁ옴을 보느니라.

인씨(人氏) 뗑 (본적을 가리킬 때의) 사
람. 《朴新諺 3, 41ㅈ》他是那裡人氏呢, 뎌
이 어디 人氏고.

인역(人役) 뗑 관청의 하급 벼슬아치. 《朴
新諺 2, 15ㅎ》驛站人役們在那裏, 驛站에
人役들이 어디 잇느뇨. 《朴新諺 2, 16
ㅈ》一應供給伺候人役却都預偹麽, 一應
供給과 伺候 人役을 다 預偹ㅎ엿느냐.

인연 뗑 〈불〉 인연(因緣). ⇔연(緣). 《朴新
諺 2, 27ㅎ》有緣千里能相會, 인연이 이
시면 千里라도 능히 서로 못듯고. 無緣
對面不相逢, 인연이 업스면 눗츨 디ㅎ여
도 서로 만나디 못ㅎ다 ㅎ니. 《朴新諺
3, 14ㅎ》師傅道我與他無緣也, 師傅ㅣ 니
ᄅ되 내 뎌로 더부러 인연이 업스니.

인연(因緣) 뗑 〈불〉 인(因)과 연(緣). (결과
를 만드는 직접적인 힘과 그를 돕는 외적
이고 간접적인 힘을 이른다). 《集覽, 朴
集, 中, 8ㅎ》因緣. 反(飜)譯名義云, 因, 謂
先無其事而從彼生也, 緣, 謂素有其分而從
彼起也. 又云, 前緣相生, 因也, 現相助成,
緣也. 《朴新諺 2, 26ㅎ》怎能勾成就了這
因緣, 엇지 능히 이 因緣을 일올이오. 《朴
新諺 2, 54ㅈ》做些好事結箇好因緣(朴新
注, 42ㅎ: 佛書云, 曰謂先無其事而從彼生
也, 緣謂素有其分而從彼起也. 又云, 前緣
相生, 因也, 現相助成, 緣也.), 져기 됴흔

일을 ㅎ여 됴흔 因緣을 미즘이.

인왕(人王) 뗑 임금. 왕. 《集覽, 朴集, 中,
4ㅎ》童男童女. 觀音現三十二應, 曰佛身,
曰辟支(支), 曰圓覺, 曰聲聞, 曰梵王, 曰
帝釋, 曰自在天, 曰大自在天, 曰天大將軍,
曰四天王, 曰四天太子, 曰人王, 曰長者,
曰居士, 曰宰官, 曰婆羅門, 曰比丘, 曰比
丘尼, 曰優婆塞, 曰優婆夷, 曰女主, 曰童
男, 曰童女, 曰天身, 曰龍身, 曰藥叉, 曰乾
達婆, 曰阿俗羅, 曰緊那羅, 曰摩睺羅, 曰
樂人, 曰非人.

인원(人員) 뗑 단체를 이루고 있는 사람
들. 또는 그 수효. 《集覽, 朴集, 中, 1ㅎ》
金字圓牌. 至正條格云, 元時, 中書省奏,
諸王・駙馬各投下有軍情緊急重事, 許令
懸帶原降銀字圓牌應付鋪馬騎坐, 其餘差
使人員有緊急軍情重事, 許令懸帶金字圓
牌, 方付鋪馬.

인월(寅月) 뗑 지지(地支)가 인(寅)인 달.
음력 정월이다. 《朴新諺 1, 10ㅈ》揀箇黃
道吉日(朴新注, 4ㅎ: 每月有黃道・白道
・黑道, 而黃道最吉. 卽寅・申月, 子・
丑・辰・巳・未・戌日之類.), 黃道 吉日
을 굴히여.

인위(忍爲) 뿐 감히. 차마 어찌하다. 《集
覽, 字解, 單字解, 5ㅎ》敢. 忍爲也. 你敢
那 네 구틔여 그리홀다. 又疑似也. 敢知
道 아는 듯ㅎ다.

인리향천물리향귀(人離鄕賤 物離鄕貴)
仧 사람이 고향을 떠나면 천(賤)해지고,
물건이 산지를 떠나면 가치가 커진다는
뜻. 《朴新諺 2, 26ㅈ》人離鄕賤物離鄕貴,
사롬이 離鄕ㅎ면 賤ㅎ고 物이 離鄕ㅎ면
貴타 ㅎ니.

인인(人人) 뗑 모든 사람. 매 사람. 각자.
《朴新諺 3, 13ㅈ》人人盡盤雙足, 사롬마
다 다 두 발을 서리고.

인인(隣人) 뗑 이웃 사람. 《朴新諺 3, 50
ㅎ》呌起隣人幷巡宿総甲人等追赶, 隣人
과 다못 巡宿ㅎᄂ 総甲人 等을 불러 니

르혀 쏘롸.《朴新諺 3, 50ㅎ》小人與隣人
荸看驗得賊人蹤跡, 小人이 隣人 荸으로
더부러 賊人의 蹤跡을 看驗ᄒ니.

인자(仁者) 몡 마음이 어진 사람.《集覽,
朴集, 下, 11ㅈ》流水高山. 孔子曰, 仁者
樂山, 智者樂水. 子期嘆伯牙仁智兼偹.

인자요산(仁者樂山) 몡 어진 사람은 몸가
짐이 무겁고 덕이 두터워 그 마음이 산
과 비슷하므로 자연히 산을 좋아한다는
말.《集覽, 朴集, 下, 11ㅈ》流水高山. 孔
子曰, 仁者樂山, 智者樂水. 子期嘆伯牙仁
智兼偹.

인자포(印子鋪) 몡 전당포. 원대(元代)의
말이다.《集覽, 朴集, 上, 7ㅎ》印子鋪. 音
義云, 是典僧錢物濟急之所. 質問云, 有錢
之人開鋪, 那無錢之人拿衣服或器皿, 僧
借銅錢或銀子使用, 每十分加利一分, 亦
與有印號帖兒, 以爲執照.《集覽, 朴集,
中, 6ㅎ》解僧庫. 元時或稱印子鋪, 或稱把
解, 人以重物來僧, 取錢而去, 在後償還本
利, 還取其物而去, 此卽解僧庫也.

인재(人材) 몡 학식이나 능력이 뛰어난
사람.《集覽, 朴集, 中, 2ㅈ》甘結. 今按,
如保擧人材者, 必寫稱所擧之人, 並無喪
過及干娼優子嗣, 委的賢能, 如虛甘伏重
罪云云.

인정(人定) 몡 밤이 깊어 인적이 끊기는
시간.《朴新諺 3, 18ㅎ》直到人定更深纔
能下馬, 바로 人定 更深홈애 다ᄃ라 계요
능히 몰쎄 ᄂ리ᄂ니.

인정(人情) 몡 ●사람이 본래 가지고 있
는 감정이나 심정.《朴新諺 2, 3ㅎ》不通
人情不達時務的東西, 人情을 通치 못ᄒ
고 時務를 아지 못ᄒᄂ 거시라. ●선물.
예물.《朴新諺 3, 42ㅎ》你到老曹家去送
人情來的麽, 네 老曹의 집의 가 人情을
보내고 오니가. 甚麽人情, 므슴 人情고.

인중(人衆) 몡 사람이 많다. 또는 많은 사
람.《集覽, 朴集, 中, 1ㅈ》站家擂鼓. 舘驛
門上皆設更鼓〈皷〉之樓, 凡使客入門必擊

其鼓〈皷〉, 招集人衆, 應辦事務.

인지(仁智) 몡 어질고 슬기롭다.《集覽,
朴集, 下, 11ㅈ》流水高山. 孔子曰, 仁者
樂山, 智者樂水. 子期嘆伯牙仁智兼偹.

인차상(因此上) 円 이런 까닭으로. 그래
서. 그러므로. 이 때문에.《集覽, 字解,
累字解, 2ㅎ》因此上. 猶言上頭.

인천(人天) 몡 〈불〉 인간계(人間界)와 천
상계(天上界). 또는 그곳의 중생.《朴新
諺 2, 30ㅈ》故得人天之喜鬼神之歡, 이러
모로 人天의 깃거홈과 鬼神의 즐김을 어
더.

인치다(印-) 통 인(印)치다. 도장을 찍다.
⇔용인신(用印信).《朴新諺 1, 3ㅈ》寫了
牌票用了印信, 牌票를 쁘고 印쳐.

인하(因何) 통 어찌하다. 또는 무엇 때문
에. 무엇으로 인하여. ⇔엇지ᄒ다.《朴
新諺 3, 20ㅈ》因何監着不放呢, 엇지ᄒ여
가도고 노치 아니ᄒᄂ뇨.

인호(印號) 통 도장을 찍어 기호로 표시
하다.《集覽, 朴集, 上, 7ㅎ》印子鋪. 質問
云, 有錢之人開鋪, 那無錢之人拿衣服或
器皿, 僧借銅錢或銀子使用, 每十分加利
一分, 亦與有印號帖兒, 以爲執照.《朴新
諺 1, 22ㅎ》我今日到當舖(朴新注, 9ㅈ:
典當物件借錢, 周急之所, 每十分加利一
分, 有印號作照.)裏當錢去, 내 오늘 當舖
에 돈 던당ᄒ라 가노라.

인희(引戱) 몡 송대(宋代)의 잡극(雜劇)과
금대(金代)의 원본(院本)에 나오는 배우
의 하나.《集覽, 朴集, 上, 2ㅎ》院本. 院
本則五人, 一曰副淨, 古謂之叅軍, 一曰副
末, 古謂之蒼鶻, 鶻能擊禽鳥, 末可打副淨,
古(故)云, 一曰引戱, 一曰末泥, 一曰孤裝,
又謂之五花爨弄.

인ᄒ다 통 인(因)하다. ⇔잉(仍).《朴新諺
3, 51ㅈ》偸盜布疋仍跳墻而去, 布疋을 도
적ᄒ고 인ᄒ여 담을 너머 나가시되.

인ᄒ다(因-) 통 인(因)하다. 어떤 사실로
말미암다. 근거하다. 의거하다. ⇔인

(因).《朴新諺 1, 34ㅎ》因這簡緣故, 이런
연고로 因ᄒᆞ여. 《朴新諺 1, 56ㅎ》但日連
日有事不在家, 다만 連日ᄒᆞ여 일이 이시
믈 因ᄒᆞ여 집의 잇지 못홈으로. 《朴新諺
1, 58ㅈ》今因乏錢使用, 이제 돈 쁠 것 업
스믈 因ᄒᆞ여.《朴新諺 2, 19ㅈ》今因貧乏
無以養贍, 이제 貧乏ᄒᆞ여 뼈 養贍홈이 업
스믈 因ᄒᆞ여. 《朴新諺 3, 4ㅎ》因你這一
說, 네 이 혼 번 니ᄅᆞ믈 因ᄒᆞ여. 《朴新諺
3, 14ㅈ》因你貪嗔癡三毒不離於身, 네 貪
嗔癡 三毒이 몸에 써나지 아니믈 因ᄒᆞ
여.《朴新諺 3, 38ㅈ》那老安因甚麽事監
在牢裡, 뎌 老安이 므슴 일을 因ᄒᆞ여 옥
에 가치엿ᄂᆞ뇨.

일 팬 일[一]. ⇔일(一). 《朴新諺 1, 13ㅎ》
給他量斗的人一百錢, 뎌 말 되는 사ᄅᆞᆷ을
일 빅 돈을 주고. 《朴新諺 2, 20ㅈ》自古
買人的中·保人只管得一百日, 네로부터
사ᄅᆞᆷ 사는 디 즁인·보인은 그저 일 빅
날을 ᄀᆞ옴아ᄂᆞ니.

일 圐 일. 사건. ●⇔구당(勾當).《朴新諺
1, 8ㅈ》你去有甚麽勾當, 네 가미 므슴 일
이 잇ᄂᆞ뇨.《朴新諺 2, 34ㅈ》你做這般不
合理的勾當, 네 이런 理에 合디 아닌 일
을 ᄒᆞ다가.《朴新諺 2, 57ㅈ》有些緊要勾
當, 져기 緊要ᄒᆞᆫ 일이 잇노라. 《朴新諺
2, 57ㅈ》我也沒甚麽幹的勾當, 나도 아모
란 홀 일 업고. ●⇔사(事).《集覽, 字解,
累字解, 3ㅈ》濟甚事. 므슴 :이리 :일료.
猶言속졀:업·다.《朴新諺 1, 15ㅈ》豈不省
事麽, 엇디 일을 더지 아니ᄒᆞ랴. 《朴新諺
1, 23ㅈ》你不知道我的事, 네 내 일을 아
지 못혼다.《朴新諺 2, 2ㅎ》上了墳回來
還有甚麽事呢, 上墳ᄒᆞ고 도라와 당시롱
므슴 일이 이실러뇨. 《朴新諺 2, 12ㅎ》
不妨事, 일에 방해롭지 아니ᄒᆞ다.《朴新
諺 2, 26ㅎ》你再來休說這般不曉事的話,
네 뇌여란 이런 일 모로는 말 니ᄅᆞ지 말
라. 《朴新諺 2, 54ㅈ》做些好事結簡好因
緣, 져기 됴혼 일을 ᄒᆞ여 됴혼 因緣을 믹

즘이.《朴新諺 3, 6ㅈ》不使幾簡錢幹辦是
不濟事的, 여러 돈을 뻐 셔도지 아니면
이 일을 일오지 못ᄒᆞ리라.《朴新諺 3, 32
ㅎ》不妨事, 일에 해롭지 아니ᄒᆞ니.《朴
新諺 3, 41ㅈ》但是他家裡事多怎麽來的
呢, 다만 뎨 집의 일이 만흐니 엇지 오리
오. ●⇔사건(事件).《朴新諺 2, 50ㅎ》
我在任幾年並沒有不了的事件, 내 任에
이션 지 여러 히로되 다 뭇지 못혼 일이
업고. 《朴新諺 3, 5ㅎ》你道是有理的事
件, 네 니ᄅᆞ되 이 理 잇는 일이라 ᄒᆞ여도.
四⇔사정(事情).《朴新諺 3, 5ㅈ》你那告
狀的事情, 네 그 告狀혼 일을. 《朴新諺
3, 6ㅈ》便是沒理的事情, 곳 이 理 업슨
일이라도.

일 图 일쯕. 일쯕이. ⇔조(早).《朴新諺 3,
18ㅎ》天天都是這般早聚晚散麽, 날마다
다 이리 일 모호고 늣게야 훗터지ᄂᆞ냐.

일(一) 팬 ●온. (전체 또는 모든 것을 나
타냄) ⇔왼.《朴新諺 2, 23ㅎ》一夜不得
半點覺睡, 왼밤을 半點 줌도 엇디 못ᄒᆞ
니.《朴新諺 2, 24ㅎ》把一身衣服都脫了,
왼몸에 옷슬다가 다 벗고. 《朴新諺 2, 34
ㅈ》帶累一家人都死怎的好呢, 왼 집 사ᄅᆞᆷ
이 범으러 다 죽을 거시니 엇지ᄒᆞ여야
됴ᄒᆞ리오. 《朴新諺 2, 56ㅎ》一路稀泥眞
有沒脚背裸哩, 왼 길 즌ᄒᆞᆰ이 진실로 발
등이 ᄲᅡ질 깁희 잇더라. ●일[一]. ⇔일.
《朴新諺 1, 13ㅎ》給他量斗的人一百錢,
뎌 말 되는 사ᄅᆞᆷ을 일 빅 돈을 주고. 《朴
新諺 2, 20ㅈ》自古買人的中·保人只管
得一百日, 네로부터 사ᄅᆞᆷ 사는 디 즁인
·보인은 그저 일 빅 날을 ᄀᆞ옴아ᄂᆞ니.
●한[一]. ⇔혼.《集覽, 字解, 累字解, 1
ㅎ》一面, 호은자. 又ᄒᆞ녀고로. 又혼 번.
《集覽, 字解, 累字解, 2ㅎ》一回. 혼 슌.
《朴新諺 1, 10ㅎ》我們自吃飯呢二錢半一
板, 우리 이녁 밥 먹으면 두 돈 반에 혼
틀이오.《朴新諺 1, 23ㅎ》一對猫兒眼廂
嵌的金戒指, 혼 ᄡᅡᆼ 야광쥬 뎐메워 박은

金가락지.《朴新諺 2, 11ㅎ》拿一箇一托長碗口大的紅油畫金棒子, ㅎ나 흔 발맛치 길고 사발맛치 큰 불근 칠흐고 금으로 그린 막대룰 가져.《朴新諺 2, 20ㅈ》這一兩日內, 이 흔 이틀 안희.《朴新諺 2, 48ㅎ》我每日纔聽明鍾一聲響, 내 날마다 계요 明鍾 흔 소리를 듯고,《朴新諺 3, 3ㅈ》一箇猫兒怎麽就直的這些錢, 흔 낫 괴에 엇지 곳 이 갑시 ᄣᆞ리오.《朴新諺 3, 14ㅎ》先生你與我寫一封書稍去何如, 先生아 네 나룰 흔 봉 글을 ᄣᅥ 주어든 부텨 보내미 엇더ᄒᆞ뇨.《朴新諺 3, 26ㅈ》行者念一聲唵字, 行者ㅣ 흔 소리 唵字룰 念ᄒᆞ니.

일(一) 뎽 한번. 한 차례. 한순간. ⇔흔번.《朴新諺 2, 30ㅎ》一針投海底尚有可撈日, 一針을 海底에 드리치매 오히려 可히 건질 날이 이시려니와. 一失人身後萬刼再逢難, 흔번 人身을 일흔 後ㅣ면 萬刼이라도 다시 만나기 어렵다 ᄒᆞ니라.

일(一) 판 중국어에서, (어떤 동작을) 한 차례 또는 한순간에 하는 것을 나타낼 때 중첩하는 동사(動詞)의 중간에 쓴다. 자신의 의지나 상대의 동작, 또는 행위를 재촉하는 어감을 내포한다.《集覽, 字解, 累字解, 2ㅎ》看一看. 보다. 難於單字之語, 故重言爲句也. 一, 語助辭.《集覽, 字解, 累字解, 3ㅈ》打聽一打聽. 듣보다. 唯擧打聽二字, 可說而疊言之者, 此漢人好事者之說也. 今亦罕用.《朴新諺 1, 10ㅈ》把憲書看一看, 칙력을 보아.《朴新諺 1, 15ㅎ》試一試便好了, 시험ᄒᆞ면 곳 됴흐리라.《朴新諺 1, 43ㅎ》把捎篦掏一掏耳朶, 짓븨로다가 귓바회 ᄡᅳᆯ면.《朴新諺 2, 10ㅎ》咱們今日就同去聽一聽罷, 우리 오눌 이믜셔 흔가지로 가 듯쟈.《朴新諺 2, 18ㅎ》你與我看一看錯也不錯, 네 나룰 보와 주고려 그른가 그르지 아닌가.《朴新諺 2, 23ㅎ》快去請范太醫來看一看, 밧비 가 范太醫룰 請ᄒᆞ여 와 뵈라.

《朴新諺 2, 36ㅎ》你把那酒壺汕乾淨着控一控, 네 뎌 술병을다가 부싀기를 乾淨히 ᄒᆞ여 거후로고.《朴新諺 3, 1ㅈ》拿蠅拂子來赶一赶, 포리채 가져다가 ᄧᅩᆺ고.《朴新諺 3, 7ㅎ》再拿兩根安息香來燒一燒, ᄯᅩ 두 ᄌᆞᆯ 安息香을 가져와 픠오라.

일(日) 뎽 ●날. ⇔날.《集覽, 字解, 單字解, 4ㅈ》來. 來往. 又語助. 你來 이바, 夜來 어제, 有來 잇더라, 去來 가다. 又數物而有餘數, 未的知之辭. 十來箇 여라믄, 十里來地 십 리만흔 디, 十來日 여라믄 날.《朴新諺 1, 19ㅎ》遲日來斷不有悮的, 날을 지연ᄒᆞ여 오라 결짠코 그르미 잇지 아니ᄒᆞ리라.《朴新諺 1, 33ㅎ》這幾日我總不見他, 이 여러 날을 내 아조 뎌룰 보지 못홀다.《朴新諺 2, 23ㅈ》眞是遠行知馬力日久見人心, 진실로 이 멀리 가매 물 힘을 알고 날이 오래매 사룸의 무움을 보느니라.《朴新諺 2, 30ㅎ》一針投海底尚有可撈日, 一針을 海底에 드리치매 오히려 可히 건질 날이 이시려니와.《朴新諺 3, 15ㅈ》想念之心無日能忘, 싱각ᄒᆞ는 무움이 니즐 날이 업스이다.《朴新諺 3, 40ㅈ》你那日到底送到那裡就回來了, 네 그 날 무츰내 보내여 어듸 가 곳 도라오뇨.《朴新諺 3, 52ㅈ》本年某月某日, 本年 아모 둘 아모 날. ●낫[晝]. 대낫. ⇔낫.《朴新諺 1, 24ㅎ》日裏不肯刷不管喂, 나지 즐겨 빗기지 아니ᄒᆞ며 먹이기룰 ᄀᆞ옴아지 아니ᄒᆞ고.《朴新諺 1, 25ㅎ》日裏又勤刷勤喂, 나지 ᄯᅩ 부즈러니 빗기고 부즈러니 먹이면. ●볃. 햇볃. ⇔볏.《朴新諺 3, 9ㅈ》受多少日炙・風吹, 언머 볏 쬐고 ᄇᆞ람 불믈 바드며. 四해[日]. ⇔희.《朴新諺 3, 18ㅈ》直到日平西纔得上馬囬家, 바로 희 西에 거짐애 다드라 계요 물 트고 집의 도라오느니라.

일(日) 회 날. ⇔날.《朴新諺 2, 20ㅈ》自古買人的中・保人只管得一百日, 녜로부터 사룸 사는 더 즁인・보인은 그저 일 빅

날을 ᄀ옵아ᄂ니.《朴新諺 2, 51ㅎ》那一
日在李指揮家, 더 ᄒ 날 李指揮 집의서.

일가(一家) 몡 집. 또는 한집안. ⇔집.《朴
新諺 1, 17ㅎ》不知那一家打的刀子最好,
아지 못게라 어느 집의셔 민든 칼이 ᄀ
쟝 됴흐뇨.《朴新諺 1, 28ㅎ》那一家有喜
事, 아모 집의 喜事ㅣ 잇거든.

일각(日角) 몡 관상에서, 이마 한가운데
뼈가 불거져 있는 상. 대귀(大貴)한 사람
의 상(相)이라고 한다.《集覽, 朴集, 下,
12ㅈ》太祖. 姓王氏, 諱建, 字若天, 松岳
郡人. 幼而聰明, 龍顔日角.

일간(日干) 몡 날을 기록하는 데 쓰이는
천간(天干).《集覽, 朴集, 下, 10ㅈ》粧點
顔色. 牛色以立春日爲法, 日干爲頭·角
·耳·色, 日支〈支〉爲身色, 納音爲蹄·
尾·肚色. 日干, 甲·乙, 木, 靑色, 丙·
丁, 火, 紅色之類.

일갑(一甲) 몡 행정구역 단위. 10호(戶).
송(宋)나라의 보갑법(保甲法)에는 10호
(戶)를 1갑, 10갑을 1보(保)라 하였다.
《集覽, 朴集, 下, 11ㅎ》總甲. 又里制, 每
里一百戶, 五家爲一火, 十家爲一甲, 每十
戶, 甲首一名.《朴新諺 3, 50ㅎ》叫起隣人
幷巡宿総甲(朴新注, 62ㅎ: 軍制, 管軍十
名為一甲, 五十名為総甲. 又里制, 十家為
一甲.)人等追赶, 隣人과 다못 巡宿ᄒ는
総甲人 等을 불러 니르혀 ᄯ롸.

일갑자(一甲子) 몡 육십 년. (천간(天干)
과 지지(地支)를 조합해서 계산한 햇수
이다)《集覽, 朴集, 中, 6ㅈ》萬劫. 五劫
〈规〉既周, 復從其始. 又六十年一甲子, 一
百年爲一小劫〈规〉,   一千年爲一中劫
〈规〉, 三中劫〈规〉爲一大劫〈规〉.

일개(一箇) 관 ● 한 (개). ⇔ᄒ.《朴新諺
1, 40ㅈ》墻上一箇琵琶任誰不敢拿他, 담
우희 혼 琵琶를 아모도 敢히 더러 잡지
못ᄒ는 거시여.《朴新諺 1, 55ㅎ》每一箇
月給二両妳子錢, 每 혼 둘에 두 냥 졋 갑
슬 주고.《朴新諺 2, 3ㅈ》我只有一箇油

絹帽, 내게 다만 혼 油絹帽ㅣ 잇고.《朴
新諺 2, 11ㅈ》還有把一箇高桌兒放定, 당
시롱 혼 노픈 탁ᄌ롤다가 노코.《朴新諺
2, 13ㅈ》兩箇鋸鈂一箇釘鈀都不厚實, 두
빗목과 혼 걸새 다 두텁지 못ᄒ니.《朴
新諺 3, 10ㅈ》炕前做一箇煤爐好燒煤, 캉
앏픠 혼 煤爐를 민드라 셕탄 픠오기 됴
케 ᄒ라.《朴新諺 3, 25ㅈ》說與先生樻中
有一箇桃, 先生ᄃ려 닐러 궤 가온디 혼
복셩홰 잇다 ᄒ엿더니.《朴新諺 3, 53
ㅎ》你與我寫一箇招子, 네 나를 혼 방을
뻐 주어. ● 한 (마리). ⇔혼.《朴新諺 1,
26ㅈ》咱與你賭一箇羊吃, 우리 너와 혼
羊을 더너 먹쟈.《朴新諺 2, 1ㅎ》一箇黑
鬃靑馬却走得快, 혼 가리온총이몰이 ᄃ
롭이 ᄲ르되.《朴新諺 2, 11ㅎ》把一箇蠟
嘴帶着鬼臉兒, 혼 암죵다리로다가 광대
ᄢ오고.《朴新諺 2, 4ㅈ》費五六錢銀買一
箇羊腔子, 다엿 돈 銀을 허비ᄒ여 혼 羊
의 몸똥을 사.《朴新諺 3, 28ㅈ》國王道
原來是一箇虎精, 國王이 니르되 본디 이
혼 虎精이랏다.《朴新諺 3, 46ㅈ》塑一箇
如象一般大的春牛, 혼 코키리마치 큰 春
牛를 민돌고. ● 한 (명). ⇔혼.《朴新諺
1, 30ㅈ》又一箇舍人打扮, ᄯ 혼 舍人의
비오기는.《朴新諺 1, 41ㅎ》那紅橋邊有
一箇張獸醫住着, 뎌 紅橋 ᄀ에 혼 張獸醫
이셔 사니.《朴新諺 1, 54ㅈ》好一箇俊小
厮, ᄀ쟝 혼 쥰슈혼 스나히니.《朴新諺
2, 9ㅎ》聞說有一箇得道的朝鮮和尙, 드로
니 혼 得道혼 朝鮮 즁이 이셔.《朴新諺
2, 18ㅎ》我今日買得一箇小厮, 내 오늘
혼 아히 놈을 사니.《朴新諺 2, 33ㅈ》一
箇放債財主, 혼 빗 주기 ᄒ는 財主ㅣ.
《朴新諺 2, 37ㅈ》近來在一箇財主人家招
做了女壻, 요ᄉᆞ이 혼 財主 人家에서 사회
를 삼으니.《朴新諺 2, 57ㅈ》是一箇細長
身子團欒面的, 이 혼 킈 힐힐ᄒ고 ᄂᆞ치
두렷혼.《朴新諺 3, 38ㅎ》被一箇挾讐的
人告訴了他主人, 혼 挾讐혼 사롬이 제 主

人의게 告訴홈을 닙어.《朴新諺 3, 51ㅎ》
有一箇沒理的村牛, 혼 무리혼 村牛ㅣ 이
셔. ㊃한 (척). ⇔혼.《朴新諺 2, 22ㅈ》圍
着一箇西京來的豆船, 혼 西京으로셔 오
는 콩 시른 빈를 에우고.

일개(一箇) ㉮ **❶**하나. 한 (개). ●⇔ᄒ나.
《朴新諺 1, 18ㅎ》又兒一箇, 쳠ᄌ ᄒ나.
錐子一箇, 송곳 ᄒ나.《朴新諺 2, 11ㅎ》
拿一箇一托長碗口大的紅油畫金棒子, ᄒ
나 혼 발맛치 길고 사발맛치 큰 불근 칠
ᄒ고 금으로 그린 막대롤 가져. ●⇔ᄒ
나ᄒ.《朴新諺 1, 18ㅎ》小鋸子一箇, 져
근 톱 ᄒ나흘 호되.《朴新諺 1, 32ㅈ》一
箇也不中使哩, ᄒ나토 ᄡ기에 맛ᄃ지 아
니ᄒ다.《朴新諺 2, 3ㅈ》且借與我一箇,
아직 내게 ᄒ나흘 빌리면.《朴新諺 2, 3
ㅎ》你問他借一箇罷, 네 뎌ᄃ려 무러 ᄒ
나흘 빌미 무던ᄒ다.《朴新諺 3, 2ㅎ》我
買一箇, 내 ᄒ나흘 사쟈.《朴新諺 3, 2
ㅎ》一百錢短一箇也不賣, 一百 돈에 ᄒ나
히 업서도 ᄑ지 아니ᄒ리라.《朴新諺 3,
28ㅎ》就賜唐僧金錢三百貫 · 金鉢盂一
箇, 곳 唐僧을 金錢 三百貫과 金에우아리
ᄒ나흘 주고. **❷**하나. 한 (명). ●⇔ᄒ
나.《朴新諺 1, 25ㅈ》一更一箇輪流起來
喂草, 혼 경에 ᄒ나식 돌려 니러 여믈을
먹이되.《朴新諺 2, 15ㅎ》怎麼沒有一箇
聽事的, 엇지 ᄒ나 聽事ᄒ리 업ᄂ뇨. ●
⇔ᄒ나ᄒ.《朴新諺 1, 40ㅎ》兩箇先生合
賣藥一箇坐一箇跳, 두 先生이 모다 藥 ᄑ
노라 ᄒ나흔 안잣고 ᄒ나흔 ᄶᅱ노는 거
시여.《朴新諺 1, 47ㅎ》每月多少學錢一
箇呢, 每月에 ᄒ나희게 언머 學錢고.《朴
新諺 2, 28ㅈ》一箇到那靴舖裏去學生活,
ᄒ나흔 뎌 靴푸즈에 가 셩녕 비호고. 一
箇到帽舖裏去學做買賣, ᄒ나흔 帽舖에
가 買賣ᄒ기 비호고.《朴新諺 2, 28ㅎ》
一箇帶五兩銀子到馬家庄去放秤草, ᄒ나
흔 닷 냥 은을 가지고 馬家庄에 가 조딥
혜 노코. 一箇帶二兩銀子到西山去收乾

草, ᄒ나흔 두 냥 은을 가지고 西山에 가
ᄆ른딥흘 거두되.《朴新諺 3, 23ㅎ》那一
箇輸了, 아모나 ᄒ나히 지거든.

일개기력(一箇氣力) ㉠ 12근(斤) 무게의
힘.《集覽, 朴集, 上, 13ㅎ》氣力. 音義云,
弓强弱之力, 重十二斤曰一箇氣力. 今按,
舊本以斗石爲重, 續綱目兩石弓註, 三十
斤爲鈞, 四鈞爲石, 重百二十斤也.

일공(一共) ㉮ 모두. 통틀어. ⇔대되.《朴
新諺 1, 4ㅈ》一共只要辦八桌席面, 대되
그저 八卓 席面을 출홀 써시니.

일관(日官) ㉠ 천문(天文)과 역수(曆數)를
관장하던 벼슬아치.《集覽, 朴集, 下, 12
ㅎ》弓裔. 日官奏曰, 此兒以重午日生, 生
而有齒, 且光燄〈焰〉異常, 恐將不利於國
家, 宜勿擧.

일구(一口) ㉰ 한 (개). ⇔혼.《朴新諺 2,
12ㅎ》到木匠家做一口橫子, 木匠의 집의
가 혼 橫룰 민둘리되.

일구(一口) ㉮ 하나. 한 (개). ⇔ᄒ나ᄒ.
《朴新諺 2, 31ㅈ》盔甲一副腰刀一口, 투
구와 갑옷 혼 불 환도 ᄒ나흘.

일구(日久) ㉦ 시일이 경과하다.《朴新諺
2, 23ㅈ》眞是遠行知馬力日久見人心, 진
실로 이 멀리 가매 물 힘을 알고 날이
오래매 사롬의 ᄆ음을 보ᄂ니라.

일기(日期) ㉠ 날. 날짜. (어떤 일이 발생
한 확정적인 날) ⇔날.《朴新諺 1, 10ㅎ》
待我擇了日期, 내 날 ᄀ희여 뎡홈을 기
드려.《朴新諺 1, 12ㅈ》今日却是開倉關
米的日期, 오늘이 이 開倉ᄒ여 ᄲᆯ ᄐᆞᆫ
날이라.《朴新諺 1, 51ㅎ》沒有日期還早
哩, 日期 업스니 당시롱 일럿다.

일내다 ㉦ 일내다. 골치 아픈 일을 만들다.
화를 초래(招來)하다. ⇔야사(惹事).《朴
新諺 2, 31ㅎ》不許到街上去閑遊惹事, 街
上에 가 힘힘이 노라 일내믈 허치 말고.

일년경사교삼년파정승(一年經蛇咬　三
年怕井繩) ㉮ 뱀에게 한 해 물리면 삼
년 동안 두레박줄도 무서워한다는 뜻으

로, 재난이나 좌절을 한번 겪고 난 후에
는 두려운 마음이 있어서, 소심해지고
일을 무서워한다는 말. 《朴新諺 1, 36
ㅎ》一年經蛇咬三年怕井繩, 一年을 비얌
물려 디내면 三年을 드렛줄도 저퍼혼다
호니라.

일다 〔동〕 **❶**이루어지다. 되다. ●⇔성(成).
《朴新諺 3, 9ㅎ》願滿功成, 願이 추고 功
이 일면. ●⇔제(濟). 《集覽, 字解, 累字
解, 3ㅈ》濟甚事. 므슴 :이·리 :일·료. 猶言
속절:업·다. **❷**●일다(淘). ⇔도(淘). 《朴
新諺 3, 45ㅈ》淘米也要乾淨着, 뿔 일기
를 또 乾淨히 호라. ●잃다. ⇔실(失).
《朴新諺 2, 51ㅎ》時來鐵也爭光, 째 오면
쇠도 빗츨 드토고. 運去黃金失色, 運이
가면 黃金이 빗츨 일는다 호니라.

일다 〔형〕 이르다(早). ●⇔조(早). 《集覽, 字
解, 單字解, 5ㅈ》早. 早裏 일엇다, 却早
불셔. 《朴新諺 1, 51ㅎ》沒有日期還早哩,
日期 업스니 당시롱 일럿다. ●⇔조리
(早裏). 《集覽, 字解, 單字解, 5ㅈ》早. 早
裏 일엇다, 却早 불셔.

일단(一段) 〔명〕 일부분. 한 부분. 《朴新諺
3, 21ㅎ》和伯眼大仙閗(鬪)聖這一段故事,
伯眼大仙과 閗(鬪)聖호던 이 一段 故事
를. 《朴新諺 3, 29ㅈ》就這一段書足可解
悶了, 곳 이 一段 칙이 죡히 가히 힘힘호
믈 플리라.

일단(一端) 〔명〕 한 끝. 《集覽, 朴集, 上, 11
ㅈ》挑針. 用牛角作廣篦, 篦〈ヒ〉一端作
刷子者. 多髮者髮厚難梳, 故先梳之髮, 以
此篦插置上頭, 更梳下髮. 今俗猶然.

일대(一帶) 〔명〕 일정한 범위의 어느 지역
전부. 《朴新諺 1, 9ㅎ》那一帶地方的田禾
都澇沒了, 뎌 一帶 地方에 田禾ㅣ 다 줌
겨 뭇치엿고.

일뎡 〔閉〕 일정(一定). 반드시. 필연코. ●⇔
정(定). 《朴新諺 3, 53ㅈ》定行審理發落,
일뎡 審理 發落홈이 되리라. ●⇔필뎡
(必定). 《朴新諺 2, 13ㅈ》必定是那厮落

了我一兩銀子了, 일뎡 뎌 놈이 내 혼 냥
은을 쩌혓도다.

일뎡이 〔閉〕 일정(一定)히. ⇔정(定). 《朴新
諺 2, 13ㅎ》我定要打這狗才一頓, 내 일
뎡이 개 굿튼 놈을 혼 지위 치리라.

일뎡히 〔閉〕 일정(一定)히. 또는 표준(標準).
⇔준적(準的). 《朴新諺 2, 15ㅈ》准的麼,
일뎡히 홀다.

일동(一同) 〔閉〕 함께. 같이. ⇔혼가지로.
《朴新諺 2, 30ㅎ》也該一同到那南海去,
또 맛당이 혼가지로 뎌 南海에 가. 《朴新
諺 2, 42ㅈ》咱兩箇一同去, 우리 둘히 혼
가지로 가쟈.

일랍(一臘) 〔명〕 아이가 태어난 날로부터 일
곱째 되는 날. 죽은 뒤 일곱째 되는 날인
기(忌)의 상대어이다. 《集覽, 朴集, 上,
13ㅎ》百歲日. 子生一七日, 謂之一臘, 一
歲, 謂之百晬. 質問云, 初生孩兒以百日爲
百歲日, 六親皆以禮賀之, 主人設席館待.

일량(一両) 〔관〕 =일량(一兩). '両'은 '兩'의
속자. 《宋元以來俗字譜》兩, 白袍記·東
牕記·目蓮記·金瓶梅作両. 《朴新諺 2,
15ㅎ》一両日內使臣到, 一両日 內에 使
臣이 곳 올 거시니.

일량(一兩) 〔관〕 한두[一二]. ⇔혼두. 《朴新
諺 2, 15ㅎ》一兩日內使臣就到, 一両日 內
에 使臣이 곳 올 거시니. 《朴新諺 2, 25
ㅈ》吃一兩劑便無事了, 혼두 劑 먹으면
곳 無事호리라. 《朴新諺 3, 5ㅈ》聞得內
中有一兩箇鄕宦, 드르니 그 즁에 혼두 鄕
宦이 이셔. 《朴新諺 3, 12ㅈ》不過一兩遍
管情就好了, 혼두 번에 지나지 못호여서
결단코 즉시 됴호리라.

일량(一輛) 〔관〕 하나. 한 (량). ⇔호나ㅎ.
《朴新諺 1, 14ㅎ》只僱大馬車一輛, 그저
큰 몰 메온 술위 호나흘 삭 내여.

일로 〔대〕 이로. ⇔시(是). 《朴新諺 2, 30ㅈ》
由是威神莫測聖德難量, 일로 말미암아
威神을 측냥치 못호고 聖德을 혜아리기
어려온지라.

일로(一路) 명 도중(途中). 노중(路中). 연로(沿路). 《朴新諺 1, 8ㅈ》甚麽詔派往那一路頒去呢, 므슴 詔書ㅣ며 어듸ᄅᆞᆯ 그어 반포ᄒᆞ라 가ᄂᆞ뇨. 《朴新諺 2, 23ㅈ》全仗着這吳爺一路服事我來, 젼혀 이 吳爺ㅣ 一路에 나를 服事ᄒᆞᆷ을 미덧노라. 《朴新諺 3, 44ㅈ》一路悲哀啼哭, 一路에 슬피 울고.

일륜차(一輪車) 명 바퀴가 하나 달린 수레. 《集覽, 朴集, 上, 6ㅈ》小車. 一輪車也. 卽轀輬.

일리(一里) 의 노정(路程)의 단위. 3백 60보(步)를 1리라 하였다. 《集覽, 字解, 單字解, 2ㅈ》里. 居也. 五家爲鄰, 五鄰爲里. 又路程, 以三百六十步爲一里. 又語助.

일망(一望) 동 바라보다. 한눈에 바라보다. ⇔ᄇᆞ라다. 《朴新諺 2, 5ㅎ》一望去又是蓬萊(朴新注, 24ㅎ: 三神山之一, 在海上.)仙島一般, ᄇᆞ라매 ᄯᅩ 이 蓬萊 仙島와 ᄒᆞᆫ가지오.

일면(一面) 명 ❶한 개(장). 《朴新諺 3, 47ㅎ》拿着三丈高的一面大旗, 세 길이나 노픈 一面 大旗를 가지고. ❷한 번. 《集覽, 字解, 累字解, 1ㅎ》一面. 호은자. 又ᄒᆞ녀고로. 又ᄒᆞᆫ 번. ❸한 방면. 일면(一面). 《朴新諺 1, 58ㅎ》中保人一面承管代還, 中保人이 一面으로 맛다 ᄀᆞᄅᆞ차 갑흐리라. 《朴新諺 2, 18ㅎ》一面叫厨子送飯, 一面으로 厨子로 ᄒᆞ여 밥을 보내고. 小厮們也一面打疊背包上馬, 아ᄒᆡ 놈들도 一面으로 질 짐을 가혀 ᄆᆞᆯ을 ᄐᆞ라. 《朴新諺 2, 19ㅎ》賣主一面承當, ᄑᆞᆫ 님자ㅣ 一面으로 承當ᄒᆞ고. ❹한 녘. 한쪽. 한편. ⇔ᄒᆞᆫ녁. 《集覽, 字解, 累字解, 1ㅎ》一面. 호은자. 又ᄒᆞ녀고로. 又ᄒᆞᆫ 번.

일면(一面) 부 혼자. ⇔호은자. 《集覽, 字解, 累字解, 1ㅎ》一面. 호은자. 又ᄒᆞ녀고로. 又ᄒᆞᆫ 번. 《集覽, 朴集, 上, 14ㅈ》一面. 호은자. 詳見字解. 《集覽, 朴集, 中, 2ㅈ》賣主. 一面, 音義云, 猶言賣主自身. 又一面, 詳見字解.

일명(一名) 명 본명(本名) 이외에 따로 부르는 이름. 《集覽, 朴集, 上, 4ㅎ》金剛山. 一名皆骨山, 卽白頭山南條也. 南至淮陽縣之東, 高城郡之西爲金剛山, 凡一萬二千峯. 《朴新諺 2, 2ㅈ》老爺在文淵閣(朴新注, 23ㅈ: 一名玉堂, 有太學士.)辦事, 老爺ㅣ 文淵閣에 이셔 일ᄒᆞ니. 《朴新諺 3, 33ㅈ》一箇蝦蟆鼈壺・蝎虎(朴新注, 56ㅈ: 一名守宮, 又曰蝘蜓.)盞, ᄒᆞᆫ 蝦蟆 鼈壺와 蝎虎盞을 ᄆᆡᆫᄃᆞ라 주고려.

일모(一母) 명 한 어머니. 같은 어머니. 《朴新諺 2, 7ㅎ》就如一母所生親弟兄, 곳 一母 所生 親弟兄ᄀᆞᆺ치 ᄒᆞ여.

일모(日暮) 명 해질 무렵. 《集覽, 朴集, 上, 10ㅎ》齋飯. 請觀音經疏云, 齋者, 齊也, 齊身口業也. 佛氏日中而食, 瓶沙王問, 佛, 何故日中食. 答〈苔〉云, 早起諸天食, 日中三世佛食, 日西畜生食, 日暮鬼神食.

일미(一味) 부 늘. 항상. 덮어놓고. 무턱대고. ⇔건ᄂᆡ. 《朴新諺 1, 24ㅎ》只是一味貪頑, 다만 건ᄂᆡ 놀기만 貪ᄒᆞ여.

일반(一般) 명 한가지. ⇔ᄒᆞᆫ가지. 《朴新諺 1, 44ㅎ》眞是觀音菩薩一般, 진짓 이 觀音菩薩 ᄒᆞᆫ가지오. 《朴新諺 2, 5ㅈ》又都如在鏡子裏一般, ᄯᅩ 다 거울 속에 이심 ᄒᆞᆫ가지오. 《朴新諺 2, 5ㅎ》一望去又是蓬萊仙島一般, ᄇᆞ라매 ᄯᅩ 이 蓬萊 仙島와 ᄒᆞᆫ가지오. 《朴新諺 2, 23ㅎ》夜來身上虛汗如流水一般, 어제 몸에 虛汗이 流水 ᄒᆞᆫ가지ᄀᆞᆺᄒᆞ여. 《朴新諺 3, 34ㅎ》圍着看如人城一般, 에워 보ᄂᆞᆫ 이 人城 ᄒᆞᆫ가지러라.

일반(一般) 부 함께. 같이. ⇔ᄒᆞᆫ가지로. 《朴新諺 3, 11ㅈ》你一般動手做生活, 네 ᄒᆞᆫ가지로 손을 놀려 ᄒᆞᆫ 셩녕이.

일반(一般) 조 -만치. -만큼. ⇔-마치. 《朴新諺 3, 46ㅈ》塑一箇如象一般大的春牛, ᄒᆞᆫ 코키리마치 큰 春牛를 ᄆᆡᆫᄃᆞᆯ고.

일반(一般) 형 ❶같다. ⇔ᄀᆞᆺᄐᆞ다. 《朴新諺 2, 36ㅈ》街上泥凍的都似狼牙一般, 거

리에 즌홈 언 거시 다 일희 니 ㅈ투니. ●듯하다. 어슷비슷하다. 같다. 마찬가지다. ⇔듯ᄒ다. 《朴新諺 2, 5ㅈ》遠望去如在青雲裏一般, 멀리 ᄇ라매 푸른 구름 속에 잇ᄂ 듯ᄒ고.

일발(一發) 图 치우치다. ⇔칙이다. 《集覽, 字解, 累字解, 1ㅎ》一發. 홈ᄭᅴ. 又이·미·셔. 又·칙여.

일발(一發) 🔲 ●곧. 즉시. 바로. 당장. ⇔이미셔. 《集覽, 字解, 累字解, 1ㅎ》一發. 홈ᄭᅴ. 又이·미·셔. 又·칙여. ●함께. 같이. 한꺼번에. ⇔홈ᄭᅴ. 《集覽, 字解, 累字解, 1ㅎ》一發. 홈ᄭᅴ. 又이미셔. 又·칙여. 《朴新諺 2, 26ㅈ》一發送些來更好, 홈ᄭᅴ 보내여 오니 더욱 됴타. 《朴新諺 3, 4ㅈ》一發把冷布糊了, 홈ᄭᅴ 얼믠뵈로다가 ᄇ르면. 《朴新諺 3, 30ㅈ》一發去做賊不好麽, 홈ᄭᅴ 가 도적질홈이 됴치 아니ᄒᄂ냐.

일방(一方) 图 어느 한쪽. 또는 어느 한편. 《集覽, 朴集, 下, 4ㅎ》羅天. 道經云, 七寶之樹各生一方, 弥覆一天, 八樹弥覆八天, 包羅衆天, 故云大羅, 此聖境也.

일백(一百) 团 백. 1백. 《朴新諺 2, 34ㅎ》拿珍珠一百顆來當, 珍珠 一百 낫츨 가져와 뎐당ᄒ니.

일별(一別) 图 한 번 헤어지다. 한 번 이별하다. 《朴新諺 3, 40ㅎ》送君千里終湏(須)一別, 送君 千里나 終湏(須) 一別이라 ᄒ니라.

일병(一幷) 🔲 함께. 같이. 전부. 모두. ⇔혼번에. 《朴新諺 2, 9ㅈ》講定了一幷買你的, 닐러 뎡ᄒ고 혼번에 네 거슬 사쟈.

일본(日本) 图 나라 이름. 수도는 동경(東京: Tokyo)이다. 《集覽, 朴集, 中, 3ㅎ》南海普陁落伽山. 徃時高麗·新羅·日本諸國, 皆由此取道以候風汛.

일삽아(一霎兒) 图 한참. 잠시. 잠깐. ⇔혼주슴쇠. 《集覽, 字解, 累字解, 9ㅎ》一霎兒. 혼 주슴쇠.

일생(一生) 图 평생. 한평생. 《朴新諺 2,

30ㅎ》這麼咱們一生作事豈無罪孽, 이러면 우리 一生에 일을 홈애 엇지 罪孽이 업스리오.

일서(日西) 图 해가 서쪽으로 기울다. 《集覽, 朴集, 上, 10ㅎ》齋飯. 請觀音經疏云, 齋者, 齊也, 齊身口業也. 佛氏日中而食, 瓶沙王問, 佛, 何故日中食. 答〈荅〉云, 早起諸天食, 日中三世佛食, 日西畜生食, 日暮鬼神食.

일설(一說) 图 하나의 주장이나 학설. 《集覽, 朴集, 中, 6ㅈ》萬劫. 儒曰世, 釋曰劫〈规〉, 道曰塵. 一說, 儒家曰數, 道家曰劫〈规〉, 佛家曰世. 《集覽, 朴集, 中, 7ㅈ》粧腰大摸〈模〉樣. 質問云, 如人大氣像起來時, 又粧妖氣, 又作大摸〈模〉大樣, 不禮待人, 方言謂氣像大起來時, 粧妖大摸〈模〉樣. 一說, 粧腰猶侉飾〈餙〉也, 一說, 腰大猶言大起像也.

일세(一世) 图 일생. 한평생. 《朴新諺 1, 1ㅈ》人生一世草生一秋, 人生 一世 ㅣ오 草生 一秋 ㅣ라.

일세(一歲) 图 백일(百日). 돌. 《集覽, 朴集, 上, 13ㅎ》百歲日. 子生一七日, 謂之一臘, 一歲, 謂之百晬. 質問云, 初生孩兒以百日爲百歲日, 六親皆以禮賀之, 主人設席館待.

일소(一所) 団 한 (채). ⇔혼. 《朴新諺 2, 44ㅈ》賃一所房子, 혼 집을 셰내여.

일숙(一宿) 图 ●하룻밤. ⇔ᄒ룻밤. 《集覽, 字解, 累字解, 1ㅎ》一宿. 흔슘. 又ᄒ룻밤. 《朴新諺 3, 40ㅎ》住了一宿便辞別廻來了, ᄒ룻밤 머므러 곳 하직ᄒ고 도라오와. ●한숨. (잠깐 동안의 휴식이나 잠) ⇔흔슘. 《集覽, 字解, 累字解, 1ㅎ》一宿. 흔슘. 又ᄒ룻밤.

일시(一時) 图 한때. 한 시기. 한동안. 《集覽, 朴集, 上, 6ㅈ》張舍. 王公·大人之家, 必有舍人, 卽家臣也. 如本國伴儅〈儅〉之類, 爲權勢侉任之人, 貧賤之所羨慕者也〈貧賤之所羨慕者〉. 故街巷呼親識爲張舍

· 李舍, 乃一時推敬之稱〈称〉.《朴新諺
2, 49ㅎ》眞箇無一時不是樂境, 진실로 一
時도 樂境 아닌 거시 업스니.

일신(一身) 圐 온몸. 전신(全身). ⇔왼몸.
《朴新諺 2, 24ㅎ》把一身衣服都脫了, 왼
몸에 옷슬다가 다 벗고.

일심(一心) 圐 〈불〉 단 하나의 심성(心性)
이라는 뜻으로, 진여(眞如)를 이르는 말.
《集覽, 朴集, 上, 10ㅎ》布施. 菩薩布施,
但一心淸淨, 利益一切, 爲大施主, 法施也.
此不住相布施也.《集覽, 朴集, 下, 2ㅎ》
擎拳合掌. 飜譯名義云, 此方以拱手爲恭,
外國以合掌爲敬. 手本二邊, 今合爲一, 表
不散誕, 專主一心.

일안(一眼) 㒳 하나. 한 (개). ⇔ㅎ나.《朴
新諺 2, 45ㅈ》井一眼, 우믈 ㅎ나.

일야(一夜) 圐 온밤. 온 하룻밤. ⇔왼밤.
《朴新諺 1, 45ㅎ》一夜夫妻百夜恩, 一夜
夫妻ㅣ 百夜恩이라 ㅎ니라.《朴新諺 2,
23ㅎ》一夜不得半點覺睡, 왼밤을 半點
줌도 엇디 못ㅎ니.

일야부처백야은(一夜夫妻百夜恩) 㒳 하
룻밤 부부는 백일의 애정이 있다는 뜻.
《朴新諺 1, 45ㅎ》一夜夫妻百夜恩, 一夜
夫妻ㅣ 百夜恩이라 ㅎ니라.

일언(一言) 圐 한 마디 말.《朴新諺 1, 29
ㅈ》君子一言快馬一鞭, 君子と 一言이오
快馬と 一鞭이라 ㅎ니라.

일여(一如) 圀 (어떤 상황과) 똑같다. 완
전히 같다. 동일(同一)하다.《集覽, 朴集,
下, 2ㅈ》幌字. 今按, 漢俗, 凡出賣諸物之
家, 俱設標幟之物, 置於門口, 或於門前起
立牌榜, 如曰張家出賣高麗布扇. 一如賣
酒家標植靑帘之類, 俗呼靑帘曰酒家望子.
《集覽, 朴集, 下, 7ㅎ》花房窩兒. 毬棒杓
兒之制, 一如本國武試毬杖之設, 卽元時
擊丸之事.

일엽(一葉) 圐 한 척의 작은 배를 비유하
는 말.《朴新諺 3, 49ㅈ》撑箇一葉小漁船,
一葉 小漁船을 저어.

일오다 圐 이루다. ●⇔성취(成就).《朴新
諺 2, 26ㅎ》怎能勾成就了這因緣, 엇지
능히 이 因緣을 일올이오. ●⇔제(濟).
《朴新諺 3, 6ㅈ》不使幾箇錢幹辦是不濟
事的, 여러 돈을 쩌 셔도지 아니면 이
일을 일오지 못ㅎ리라.

일우(一隅) 圐 구석. 모퉁이.《集覽, 朴集,
中, 9ㅈ》閣落. 音고·락, 指一隅深奧之處.

일우다 圐 이루다. ⇔성(成).《朴新諺 2,
35ㅈ》嚴刑拷打問成死罪, 嚴刑ㅎ여 져무
어 무러 死罪를 일워.

일월(一月) 圐 한 달.《集覽, 朴集, 上, 5
ㅈ》月俸. 中朝〈元制〉官祿, 每月支〈支〉
給. 今此一月四石之俸, 以元制考之, 乃從
九品也. 米·豆曰祿, 鈔·錢·絹曰俸.

일월성신(日月星辰) 圐 해와 달과 별을
통틀어 이르는 말.《集覽, 朴集, 中, 2ㅈ》
郊天. 天子設圜丘於南郊, 以祭天神·地
祇·日月星辰·山川·嶽瀆, 以太祖配
享.

일으다 圀 이르다[早]. ⇔조(早).《朴新諺
2, 35ㅎ》只爭來早與來遲, 다만 오미 일
음과 다못 오미 더듸믈 드토는이라.

일음 圀 일음[早].《朴新諺 2, 35ㅎ》只爭來
早與來遲, 다만 오미 일음과 다못 오미
더듸믈 드토는이라.

일음(一音) 圐 〈불〉 대승(大乘)과 소승(小
乘), 돈교(頓敎)와 점교(漸敎)의 구별은
근기(根機)에 차이가 있어 견해를 달리
하는 것일 뿐이고 원래 부처의 설법은
동일하다는 뜻으로, 부처의 설법을 이
르는 말.《集覽, 朴集, 下, 3ㅈ》三寶. 一
音演說, 普應群〈羣〉機, 究竟淸淨, 名離欲
尊, 卽法寶也.

일응(一應) 圐 모든 것. 전부. 일체(一切).
《朴新諺 2, 16ㅈ》一應供給伺候人役却都
預備應, 一應 供給과 伺候 人役을 다 預備
ㅎ엿느냐.

일이(一二) 괜 한두. ⇔ㅎ두.《朴新諺 1,
12ㅎ》給一二升米謝他何如, ㅎ두 되 뿔

을 주어 뎌의게 샤례홈이 엇더ᄒ뇨.

일인(一人) 명 한 사람. 한 명. 《集覽, 朴集, 上, 12ㅎ》唱喏. 揖也. 詞曲曰, 一箇唱, 百箇喏, 謂一人呼唱於上, 衆人應諾於下.

일일(一一) 円 일일이. 하나씩 하나씩. ⇔일일히(一一). 《朴新諺 2, 31ㅈ》都一一打點全備送到直房裏去, 다 一一히 打點ᄒ여 ᄀᆺ초와 直房에 보내고.

일일(一日) 명 ❶●〈불〉 도솔천(兜率天)에서의 하루. 이승에서는 4백 세(世)의 기간이 된다고 한다. 《集覽, 朴集, 上, 15ㅈ》兜率. 梵語兜率, 此云妙足, 又云知足於五欲知止足. 故佛地論云, 名憙足, 謂後身菩薩於中敎化, 多修憙足故. 卽欲界六天之一也. 兜率天, 人間四百世爲一日. ●(어느) 날. ⇔날. 《朴新諺 1, 27ㅎ》且就那一日拈香頭發重誓, 쏘 그 날 香을 곳고 듕ᄒ 밍셰ᄒ여, 不知他那一日纔肯還, 아지 못게라 데 어늬 날 마치 즐겨 갑흐리오. 《朴新諺 2, 4ㅈ》我也那一日去拜壽了, 나도 그 날 가 拜壽ᄒ고. 《朴新諺 3, 22ㅈ》一日先生做羅天大醮, 一日에 先生이 羅天大醮를 ᄒ더니. 《朴新諺 3, 44ㅎ》三寸氣在千般有, 三寸 긔운이 이시매 千 가지 잇더니. 一日無常萬事休, 一日에 쩟쩟홈이 업스매 萬事ㅣ 休ᄒ다 홈이로다. ❷하루. ●⇔ᄒᄅᆞ. 《朴新諺 2, 17ㅎ》一日三站五站的趲路, ᄒᄅᆞ 세 站 닷 站식 길을 죄오ᄂᆞ니. 《朴新諺 2, 28ㅈ》一日吃了三頓飯, ᄒᄅᆞ 세 ᄢᅵ 밥 먹고. ●⇔홀ㄹ. 《朴新諺 2, 33ㅎ》有一日一箇賣絹的打他門口過去, 홀론 ᄒᆫ 깁 풀 리 이셔 제 門을 지나가니. 《朴新諺 2, 33ㅎ》又一日一箇婦人, 쏘 홀론 ᄒ 계집이.

일일히(一一) 円 일일이. ⇔일일(一一). 《朴新諺 2, 31ㅈ》都一一打點全備送到直房裏去, 다 一一히 打點ᄒ여 ᄀᆺ초와 直房에 보내고.

일임(一任) 동 모두 다 맡기다. ⇔일임ᄒ

다(一任-). 《朴新諺 3, 49ㅎ》一任斜風細雨, 斜風 細雨를 一任ᄒ고.

일임ᄒ다(一任-) 동 일임(一任)하다. ⇔일임(一任). 《朴新諺 3, 49ㅎ》一任斜風細雨, 斜風 細雨를 一任ᄒ고.

일자(日子) 명 날. 날짜. ⇔날. 《朴新諺 1, 9ㅈ》相懇你揀ᄉ了起程日子, 네게 쳥ᄒ느니 起程홀 날을 ᄀᆯ히어 뎡ᄒ면. 《朴新諺 2, 10ㅈ》他說幾箇日子呢, 데 니ᄅᆞ기를 멋 날을 홀ᄂ뇨. 《朴新諺 2, 59ㅈ》却是箇好日子, 쏘 이 됴흔 날이요.

일잔(一剗) 円 한결같이. 늘. 항상. 줄곧. 언제나. ⇔미오로시. 《集覽, 字解, 累字解, 1ㅈ》一剗. 미오로시. 亦曰剗地.

일장(一丈) 명 한 장(丈). 《朴新諺 2, 10ㅈ》如今來到這永寧寺裏來坐了方丈(朴新注, 26ㅈ: 僧室也. 四方一丈曰方丈.), 이제 이 永寧寺에 와 方丈에 안잣더니.

일장(一張) 관 한 (개). ⇔ᄒᆫ. 《朴新諺 3, 31ㅈ》你這小胡孫寡是一張嘴, 네 이 져근 진납이 다만 이 ᄒ 부리쑨이로다. 《朴新諺 3, 43ㅎ》大門外放一張桌子, 큰 門 밧긔 ᄒ 상을 노코.

일정(一頂) 관 한 (개). ⇔ᄒᆫ. 《朴新諺 3, 25ㅈ》擡過一頂紅柒樻子來面前放下, ᄒ 불근 柒혼 궤를 드러 와 앏히 노코.

일정(一頂) 쥐 하나. 한 (개). ⇔ᄒ나ㅎ. 《朴新諺 2, 32ㅎ》一頂要雲南氊大帽, ᄒ나흔 雲南氊 큰갓슬 ᄒ고. 《朴新諺 2, 32ㅎ》一頂要陜(陜)西赶來的白駞氊大帽, ᄒ나흔 陜(陜)西셔 미러온 白駞氊 큰갓슬 ᄒ되.

일정(一錠) 명 십성은(十成銀) 50냥을 단위로 이르는 말. 《朴新諺 3, 33ㅈ》元寶(朴新注, 56ㅈ: 十成銀也. 五十両為一錠.)只有半錠, 元寶ㅣ 그저 반 뎡이 이시니.

일정 円 일정(一定). 반드시. 꼭. 틀림없이. ●⇔졍(定). 《朴新諺 2, 31ㅎ》我回來定要打的, 내 도라와 일졍 칠 거시오. 《朴新諺 3, 48ㅈ》你何必還定要去看廳, 네 엇지

반독시 또 일정 가 보고져 호눈다. ●⇔
정연(定然).《朴新諺 2, 32ㅈ》若着了幾遍
雨定然要走撄了, 만일 여러 번 비롤 마즈
면 일정 모양이 흘긔리로다.

일조(一弔) 명 1천 전(錢).《朴新諺 1, 1ㅎ》
每人出錢一吊(朴新注, 1ㅈ: 唐錢一百六十
三文為一吊, 且以一吊為一千, 故以十六文
謂之一百吊. 本絞字, 今俗通用.)五百文,
每人이 돈 혼 다(댜)오 五百을 내면.

일조(一遭) 뙤 한참. 잠시. 잠깐. ⇔혼디
위.《集覽, 字解, 單字解, 7ㅎ》遭. 一次謂
之一遭. 又周遭, 猶言周圍也. 又遭是 마
초와.

일존(一尊) 명 〈불〉 (불상(佛像)의) 일좌
(一座).《集覽, 朴集, 下, 9ㅈ》一尊佛. 解
見三尊佛下.《朴新諺 3, 43ㅎ》上面供着
一尊佛像, 우희 一尊 佛像을 供호고.

일존불(一尊佛) 명 〈불〉 일존(一尊)의 불
상(佛像).《集覽, 朴集, 下, 9ㅈ》一尊佛.
解見三尊佛下.

일중(日中) 명 정오(正午). 낮 12시.《集
覽, 朴集, 上, 10ㅎ》齋飯. 請觀音經疏云,
齋者, 齊也, 齊身口業也. 佛氏日中而食,
瓶沙王問, 佛, 何故日中食. 答〈荅〉云, 早
起諸天食, 日中三世佛食, 日西畜生食, 日
暮鬼神食.

일즉 뙤 일찍. 일찍이. ●⇔가증(可曾).
《朴新諺 1, 56ㅎ》留下名帖可曾見麼, 名
帖을 머므럿더니 일즉 보신가.《朴新諺
2, 4ㅎ》李爺你可曾到過西湖, 李爺ㅣ아
네 일즉 西湖에 둔녀.●⇔조(早).《朴新
諺 2, 27ㅎ》須早些約箇佳期纔妙哩, 모롬
이 일즉 佳期를 언약홈이 마치 妙호니
라. ●⇔증(曾).《集覽, 字解, 單字解, 6
ㅎ》曾. 충, 乃也, 則也. 又經也, 嘗也. 又
증, 曾孫. 又姓.《朴新諺 1, 8ㅎ》朝鮮國也
該有詔可曾派你去麼, 朝鮮國에도 詔書ㅣ
이셤 즉호니 또 일즉 너롤 시겨 가게 호
엿느냐.《朴新諺 1, 33ㅎ》我不曾見他,
내 일즉 더롤 보지 못호여시니.《朴新諺

2, 4ㅎ》我不曾到過, 내 일즉 둔기지 못호
여시니.《朴新諺 2, 20ㅎ》怎麼這車輛還
不曾收拾, 엇지 이 車輛을 당시롱 일즉
收拾지 아니호엿느뇨.《朴新諺 2, 49ㅈ》
幾曾得閑呢, 언제 일즉 한가홈을 어드
오.《朴新諺 3, 5ㅈ》却曾完結了麼, 또 일
즉 完結호엿느냐.《朴新諺 3, 11ㅈ》從來
不曾見你這般仔細, 본디 일즉 너 이런 仔
細호믈 보지 못호엿노라.《朴新諺 3, 42
ㅎ》我竟不知道却曾出殯麼, 내 무춤내
아지 못호엿느니 또 일즉 出殯호엿느냐.

일즉이 뙤 일찍이. ●⇔급조(及早).《朴新
諺 2, 30ㅎ》為人若不及早修行善果, 사룸
이 되여 만일 일즉이 修行 善果치 아니
호면. ●⇔조(早).《朴新諺 2, 18ㅎ》茶
飯也須早些辦備, 茶飯도 모로미 일즉이
辦備호게 호라.《朴新諺 3, 18ㅎ》但能早
散也是不能早囬家, 다만 능히 일즉이 홋
터져도 또 능히 일즉이 집의 도라오지
못호여.《朴新諺 3, 45ㅎ》若做完備了早
些擺上, 만일 믄드라 完備호거든 일즉이
버리라. 我好早些吃, 내 겨기 일즉이 먹
쟈. ●⇔조기(早起).《朴新諺 3, 53ㅈ》
今日早起, 오늘 일즉이. ●⇔조조(早
早).《朴新諺 2, 2ㅎ》今日還要早早囬家
上墳去, 오늘 일즉이 집의 도라와 上墳
호라 가려 호느니라.

일지(日支) 명 날을 기록하는 데 쓰이는
지지(地支).《集覽, 朴集, 下, 10ㅈ》粧點
顔色. 牛色以立春日爲法, 日干爲頭・角
・耳・色, 日支〈支〉爲身色, 納音爲蹄・
尾・肚色. 日干, 甲・乙, 木, 靑色, 丙・
丁, 火, 紅色之類. 日支〈支〉, 亥・子, 水,
黑色, 寅・卯, 木, 靑色之類.

일처(一處) 명 한데. 한 곳. ⇔혼디.《朴新
諺 1, 38ㅎ》四哥待要一處, 넷재 형은 혼
디 모호고져 호는 거시여.

일척(一隻) 팬 한 (척・마리). ⇔혼.《朴
新諺 1, 27ㅈ》筭我輸給你一隻羊, 내 네
게 혼 羊을 져 주량으로 혜고.

일체(一切) 팬 모든. 온갖. 또는 모든 것. 《集覽, 朴集, 上, 9ㅎ》佛. 梵云婆加婆, 唐言佛. ㄴ者, 覺也, 自覺・ㄴ他. 一切有情咸具此道, 悟者卽名佛, 迷者曰衆生. 《集覽, 朴集, 下, 1ㅈ》唐三藏法師〈三藏〉. 藏, 卽包含攝持之義. 非藏無以積錢財, 非藏無以蘊文義, 謂攝一切所應知義, 無令分散, 故名爲藏也. 《集覽, 朴集, 下, 3ㅈ》貪嗔癡. 大智論云, 有利益我者生貪欲, 有違逆我者生嗔恚. 不從智生, 從狂惑生, 是名爲癡, 爲一切煩惱之根本. 《朴新諺 2, 10ㅈ》到處人民一切善男信女, 到處 人民과 一切 善男 信女ㅣ. 《朴新諺 3, 14ㅈ》因你貪嗔癡三毒(朴新注, 49ㅈ: 大智論云, 有利益我者生貪欲, 有違逆我者生嗔恚. 不從智生, 從狂惑生, 是爲癡, 一切煩惱之根本. 三毒亦曰三業.)不離你信, 네 貪嗔癡三毒이 몸에 써나지 아니믈 因ᄒ여.

일추(一秋) 명 한 가을. 《朴新諺 1, 1ㅈ》人生一世草生一秋, 人生 一世ㅣ오 草生 一秋ㅣ라.

일취(一就) 円 ●곧. 즉시. 바로. 당장. ⇔이믜셔. 《集覽, 字解, 累字解, 1ㅎ》一就. 이믜셔. 又홈믜. ●함께. ⇔홈믜. 《集覽, 字解, 累字解, 1ㅎ》一就. 이믜셔. 又홈믜.

일침(一針) 명 하나의 바늘. 《朴新諺 2, 30ㅎ》一針投海底尚有可撈日, 一針을 海底에 드리치매 오히려 可히 건질 날이 이시려니와. 一失人身後萬刧再逢難, ᄒ번 人身을 일흔 後ㅣ면 萬刧이라도 다시 만나기 어렵다 ᄒ니라.

일침투해저상유가로일일실인신후만겁재봉난(一針投海底尚有可撈日 一失人身後萬刧再逢難) 円 바늘을 바다에 빠뜨리면 건질 날이 있지만, 사람이 한 번 죽으면 만겁(萬劫)이 지나도 만날 수 없다는 뜻. 《朴新諺 2, 30ㅎ》一針投海底尚有可撈日, 一針을 海底에 드리치매 오히려 可히 건질 날이 이시려니와. 一失人身後萬刧再逢難, ᄒ번 人身을 일흔 後ㅣ면

萬刧이라도 다시 만나기 어렵다 ᄒ니라.

일통지(一統誌) 명 지리서(地理書). 원・명・청대(元明淸代)에 각각 있었으나, 원대(元代)의 일통지 1천 권은 전하지 않는다. 《集覽, 朴集, 上, 4ㅈ》永平. 一統誌云, 禹貢冀州之域. 虞分冀北爲營州, 此卽其地. 《集覽, 朴集, 下, 2ㅎ》慶壽寺. 一統志云, 在順天府西南, 內有飛虹・飛渡二橋, 石刻六大字, 極遒勁. 相傳金章宗所書.

일파(一把) 円 하나. 한 (개). ⇔ᄒ나. 《朴新諺 3, 32ㅈ》我要買這帽刷・靴刷各一把, 내 이 帽刷・靴刷 각 ᄒ나와.

일편(一鞭) 명 한 번의 채찍질. 《朴新諺 1, 29ㅈ》君子一言快馬一鞭, 君子ᄂ 一言이오 快馬ᄂ 一鞭이라 ᄒ니라.

일편심(一片心) 명 한 조각의 마음이라는 뜻으로, 흔들리지 아니하는 굳은 마음을 이르는 말. 《朴新諺 2, 27ㅈ》你須念我這秋月紗窓一片心, 네 모로미 내 이 秋月 紗窓 一片心을 싱각ᄒ여.

일품(一品) 명 문무관 품계의 첫째. 정일품(正一品)과 종일품(從一品)이 있다. 《朴新諺 3, 34ㅎ》一品至九品, 一品으로 九品에 니르히.

일행(一行) 명 함께 길을 가는 사람. 또는 그 무리. 《朴新諺 3, 40ㅈ》還有大小官員一行部從送他, 쏘 大小 官員과 一行 部從이 이셔 뎌를 보내니.

일홈 명 이름. ●⇔명(名). 《朴新諺 2, 30ㅈ》若人有難口念菩薩之名, 만일 사ᄅᆷ이 어려움이 잇거든 입에 菩薩의 일홈을 念ᄒ면. 《朴新諺 2, 38ㅈ》有簡山名爲田盤山, ᄒ 山이 이시되 일홈을 田盤山이라 ᄒ니. 《朴新諺 2, 38ㅈ》又名三盤山, 쏘 일홈을 三盤山이라 ᄒ니. 《朴新諺 2, 58ㅈ》名喚許瘐兒, 일홈을 許瘐兒ㅣ라 부르리. 《朴新諺 3, 24ㅈ》大仙徒弟名鹿皮, 大仙의 徒弟ㅣ 일홈을 鹿皮라 ᄒ리. 《朴新諺 3, 48ㅎ》這都是門的舊名, 이ᄂ 다 이 門 녯 일홈이라. 《朴新諺 3, 56ㅎ》在

下姓韓名彬字文中, 在下 ㅣ 姓은 韓이오
일홈은 彬이오 字는 文中이로다. 《朴新
諺 3, 57ㅈ》那時有箇王名弓裔, 그 째에
혼 님금이 이셔 일홈이 弓裔니. ●⇔명
자(名字). 《朴新諺 1, 27ㅎ》把衆朋友名字
都寫出來, 모든 벗의 일홈을 다 뻐 내여.

일홈나다 图 이름나다. 또는 실제보다 지
나친 명성. ⇔과명(過名). 《朴新諺 2, 9
ㅎ》他曾到江南地方受過名師, 뎨 일즉 江
南 짜히 가 일홈난 스승의게 비호니.

일홈두다 图 서명(書名)하다. 화압(花押)
하다. 수결(手決)하다. ⇔화압(花押).
《朴新諺 1, 59ㅈ》都打了花押, 다 일홈두
고.

일홈밧다 图 서명(書名)을 받다. 화압(花
押)을 받다. 수결(手決)을 받다. ⇔화
(畫). 《朴新諺 3, 18ㅈ》方纔書辦們拿文
書來畫稿, 앗가 又 셔반들이 文書를 가
져와 稿에 일홈밧고.

일화(一火) 명 행정구역 단위. 5가(家).
《集覽, 朴集, 下, 11ㅎ》總甲. 又里制, 每
里一百戶, 五家爲一火, 十家爲一甲, 每十
戶, 甲首一名.

일회(一回) 명 한 순(巡). 한 순배(巡杯).
⇔혼순. 《集覽, 字解, 累字解, 2ㅎ》一回.
혼 순.

일회(一會) 閉 한참. 잠시. 잠깐. ●⇔혼
디위. 《朴新諺 3, 7ㅎ》等一會兒吃罷, 혼
디위 기드려 먹으리라. 《朴新諺 3, 37
ㅈ》我且學打這一會與你看何如, 내 아직
이 혼 디위 비화 쳐 네게 뵘이 엇더ᄒ뇨.
●⇔혼지위. 《朴新諺 3, 12ㅎ》向火烤一
會便不痒痒了, 불을 향ᄒ여 혼 지위 쬐
면 곳 ᄀ렵지 아니ᄒ리라.

일회아(一會児) 閉 =일회아(一會兒). ‘児’
는 ‘兒’의 속자. 《宋元以來俗字譜》兒, 列
女傳·通俗小說·三國志平話作児. 《朴新
諺 3, 11ㅎ》搯一會児狠(很)好, 혼 지위
지기니 ᄀ장 됴터니. 《朴新諺 3, 13ㅎ》
一會児倚着欄干便打頓睡覺了, 혼 지위

欄干을 지혀 곳 조오더니.

일회아(一會兒) 閉 한참. 잠시. 잠깐. ●
⇔혼주슴ᄉ싀. 《集覽, 字解, 累字解, 9
ㅎ》一霎兒. 혼 주슴ᄉ싀. 《集覽, 字解,
累字解, 9ㅎ》一會兒. 上同. ●⇔혼지위.
《朴新諺 3, 1ㅎ》就在柳樹下凉快一會兒
回來, 곳 버드나모 아리 이셔 혼 지위
서눌이 ᄒ여 도라오고. 《朴新諺 2, 2ㅈ》
一會兒就出來上馬, 혼 지위만 ᄒ면 곳 나
와 물을 투리라. 《朴新諺 3, 11ㅎ》搯一
會児狠(很)好, 혼 지위 지기니 ᄀ장 됴터
니. 《朴新諺 3, 13ㅎ》一會兒倚着欄干便
打頓睡覺了, 혼 지위 欄干을 지혀 곳 조
오더니.

일후(日後) 명 뒷날. 장래. 이후. 《朴新諺
1, 36ㅎ》日後還敢偸老婆麽, 日後에 다시
敢히 계집을 도적홀다. 《朴新諺 2, 20
ㅈ》以爲日後之憑據就是了, 뻐 日後의 憑
據롤 삼으미 올흐니.

일희 명 이리[狼]. ⇔낭(狼). 《朴新諺 2, 36
ㅈ》街上泥凍的都似狼牙一般, 거리에 즌
흙 언 거시 다 일희 니 ᄀ트니.

일ᄒ다 图 일하다. 일을 처리하다. ⇔판
사(辦事). 《朴新諺 2, 2ㅈ》老爺在文淵閣
(朴新注, 23ㅈ: 一名玉堂, 有太學士.)辦
事, 老爺ㅣ 文淵閣에 이셔 일ᄒ니.

잃다 图 잃다. ●⇔불견(不見). 《朴新諺 2,
23ㅈ》又不見了三箇, 또 세흘 일코. 《朴
新諺 3, 20ㅈ》有箇漢人不見了幾件衣服,
혼 漢人이 이셔 여러 가지 衣服을 일코.
●⇔실(失). 《朴新諺 2, 30ㅎ》一針投海
底尙有可撈日, 一針을 海底에 드리치매
오히려 可히 건질 날이 이시려니와. 一
失人身後萬刼再逢難, 혼번 人身을 일흔
後ㅣ면 萬刼이라도 다시 만나기 어렵다
ᄒ니라. 《朴新諺 2, 46ㅎ》失于敎訓了, 敎
訓홈을 일홈이로다. ●실거(失去). 《朴
新諺 3, 53ㅎ》失去帶鞍白馬一匹, 기르마
지은 흰물 혼 필을 일허시니. 四⇔유실
(有失). 《朴新諺 1, 56ㅎ》有失迎接了, 迎

接홈을 일허시니.

임(任) 명 벼슬. 임기. ⇔벼슬. 《朴新諺 2, 50ㅎ》我在任幾年並沒有不了的事件, 내 任에 이션 지 여러 히로되 다 못지 못한 일이 업고. 《朴新諺 2, 51ㅎ》滿了一任還 不知等到何年繼得補用哩, 혼 벼슬이 ᄎ 면 당시롱 어닉 히에 다드라 마치 補用 홈을 어들 줄을 아지 못ᄒᄂ니라.

임(淋) 동 젖다. ⇔젓다. 《朴新諺 2, 33ㅈ》 又不怕雨淋的, 또 비에 젓기를 저퍼 아 니ᄒ니.

임(賃) 동 세(賃)내다. ⇔셰내다. 《朴新諺 2, 44ㅈ》賃一所房子, 혼 집을 셰내여. 《朴 新諺 3, 55ㅈ》不知街坊上可有賃的驢麽, 아지 못게라 거리에 셰닐 나귀 잇ᄂ냐.

임(賃) 명 삯. ⇔삭. 《集覽, 字解, 單字解, 6ㅈ》賃. 僦屋以語曰賃, 지블 둘마다 銀 현 량곰 삭 물오 드러 이셔 살 시라. 又雇 用驢馬·舟車之類曰賃, 라괴와 물돌홀 삭 주고 브릴 시라. 《朴新諺 3, 55ㅈ》有 錢賃便有驢, 돈이 이셔 삭 내려 ᄒ면 곳 나귀 잇ᄂ니라. 《朴新諺 3, 55ㅈ》就取一 百錢去賃來鞴上, 곳 혼 빅 돈을 가져가 삭 내여 와 안장 디으라.

임(臨) 동 임(臨)하다. 도달하다. ⇔임ᄒ 다(臨-). 《朴新諺 1, 34ㅈ》他在京裏臨起 身時節(節), 제 셔울셔 떠날 째에 臨ᄒ 여. 《朴新諺 3, 6ㅎ》我臨去時節也曾再三 囑付, 내 갈 째를 臨ᄒ여 또 일즉 再三 당부ᄒ여. 《朴新諺 3, 17ㅈ》我要臨窓看 書也要看花哩, 내 窓을 臨ᄒ여 글을 보고 또 꼿츨 보고져 ᄒ노라.

임구(臨沟) 명 =임구(臨泃). '沟'는 '泃'의 잘못. 《集覽, 朴集, 中, 2ㅎ》三河縣. 在順 天府東七十里, 以地近七渡·鮑丘·臨泃 〈沟〉三水, 故名. 直隷通州. 《朴新諺 2, 22 ㅎ》到三河縣(朴新注, 30ㅎ: 在順天府東 七十里, 以地近七渡·鮑丘·臨泃三水, 故名.), 三河縣에 다드라.

임구(臨泃) 명 강 이름. 중국 하북성(河北

省) 삼하현(三河縣)에 있다. 《集覽, 朴集, 中, 2ㅎ》三河縣. 在順天府東七十里, 以地 近七渡·鮑丘·臨泃〈沟〉三水, 故名. 直 隷通州. 《朴新諺 2, 22ㅎ》到三河縣(朴新 注, 30ㅎ: 在順天府東七十里, 以地近七渡 ·鮑丘·臨泃三水, 故名.), 三河縣에 다 드라.

임금(林檎) 명 능금. 《集覽, 朴集, 上, 2ㅈ》 蘋蔢果. 似林檎而大者. 飜〈反〉譯名義云, 梵言頻婆果, 此云相思果, 色丹且潤. 質問 云, 形如沙果, 其大如梨.

임림(淋淋) 동 듣대滴. 떨어지다. ⇔뜻듯 다. 《朴新諺 3, 27ㅎ》只見血淋淋的腔子, 그저 피 뜻듯는 몸똥만 보고.

임매(恁每) 대 너희. ⇔너희. 《集覽, 字解, 單字解, 1ㅈ》每. 本音上聲, 頻也. 每年, 每 一箇. 又平聲, 等輩也, 我每·咱每·俺每 우리. 恁每·你每 너희. 今俗喜用們字.

임빙(任憑) 円 임의로. 뜻대로. ⇔임의로. 《朴新諺 2, 19ㅈ》養大成人任憑使喚, 養 大 成人ᄒ여 임의로 부리되.

임사(任事) 동 사무를 맡다. 《集覽, 朴集, 下, 9ㅈ》作作. 吏學指南云, 中人也. 作者, 偶也, 作者, 任事也.

임시(臨時) 명 미리 정하지 아니하고 그 때그때 필요에 따라 정한 것. 《集覽, 朴 集, 上, 3ㅎ》細料物. 事林廣記食饌類, 細 料物, 官桂·良薑·蓽撥草·豆蔲·陳 皮·縮砂仁〈砂仁〉·八角·茴香各一兩, 川椒二兩, 杏仁五兩, 甘草一兩半, 白檀末 半兩. 右共爲細末用之. 如欲出路停久用 之者, 以水浸, 蒸餅爲丸, 如彈子大, 臨時 湯泡用之. 今按, 漢俗謂·탕·숫·고·믈 曰細 料物. 《集覽, 朴集, 中, 1ㅎ》金字圓牌. 其 他泛常勾當, 只許臨時領受, 給降聖旨, 方 許給馬.

임의 円 이미. ●⇔기(既). 《朴新諺 1, 4ㅈ》 既少不多也罷了, 임의 젹 거시 하지 아니 ᄒ니 또 무던ᄒ다. 《朴新諺 2, 37ㅎ》他既 變了面目誰保他, 뎨 임의 面目을 變ᄒ면

뉘 도로혀 더룰 긔수ᄒᆞ리오.《朴新諺 3, 59ㅈ》既承二位光顧, 임의 二位 光顧홈을 닙어시니. ●⇔이(已).《朴新諺 3, 15ㅎ》男在京所幹之事已經完備, 아히 셔울 이셔 所幹事ᄂᆞᆫ 임의 完備ᄒᆞ여시되.

임의(任意) 图 일정한 기준이나 원칙 없이 하고 싶은 대로 하다.《集覽, 朴集, 下, 6ㅈ》水滑經帶麵. 如此三四次, 微軟和餠劑, 就案上用拗棒拗百餘棒, 多揉數百拳. 至觔性行, 方可搓如指頭大, 新涼水內浸兩時許, 伺麵〈麪〉性行, 方下鍋, 闊〈濶〉細任意做.

임의로 用 임의로. 뜻대로. ⇔임빙(任憑).《朴新諺 2, 19ㅈ》養大成人任憑使喚, 養大 成人ᄒᆞ여 임의로 부리되.

임의셔 囝 곧. 장차. 바로. 즉시. ⇔취(就).《朴新諺 2, 2ㅎ》明日就那裏上了墳, 너일 임의셔 게셔 上墳ᄒᆞ고.《朴新諺 2, 8ㅈ》就是那達子·回回, 임의셔 뎌 達子·回回라도.

임제(臨濟) 图 당대(唐代) 진주(鎭州) 임제원(臨濟院)에서 주석(駐錫)하던 혜조선사 의현(慧照禪師義玄)을 이르는 말.《集覽, 朴集, 上, 15ㅎ》步虛. 至正丙戌春, 入燕都, 聞南朝有臨濟正脉不斷〈断〉, 可徃印可. 盖指臨濟直下雪嵓〈嵒〉嫡孫石屋和尙清珙也.《集覽, 朴集, 上, 16ㅈ》石屋. 法名清珙, 號石屋和尙, 臨濟十八世之嫡孫也.

임지(恁地) 用 이렇게. 그렇게. 이와 같이. 그와 같이.《集覽, 字解, 單字解, 3ㅎ》地. 土也. 田地·土地·地方·地面. 又指當處. 土地之神亦曰土地. 又語助. 坐地. 又恁地, 猶言如此.《集覽, 字解, 單字解, 5ㅈ》恁. 汝也. 亦作您. 又恁地, 猶言如此也.

임진(壬辰) 图 육십갑자의 스물아홉째.《朴新諺 3, 43ㅈ》寫的是壬辰年二月十二日生的, 쁜 거시 이 壬辰年 二月 十二日 난 이오.

임진년(壬辰年) 图 간지(干支)가 임진인 해.《朴新諺 3, 43ㅈ》寫的是壬辰年二月十二日生的, 쁜 거시 이 壬辰年 二月 十二日 난 이오.

임행(臨幸) 图 임금이 어떤 곳에 거동하다.《集覽, 朴集, 上, 15ㅈ》玉泉. 宣德年間, 建玉泉亭于其上, 以備臨幸.

임회현(臨淮縣) 图 당대(唐代)에 두었다. 소재지는 강소성(江蘇省) 우이현(盱眙縣)의 북서쪽에 있었다.《集覽, 朴集, 中, 5ㅈ》起浮屠於泗水之間. 神僧傳云, 僧伽大士, 西域人, 姓何氏. 唐龍朔初, 於泗州臨淮縣信義坊, 將建伽藍, 掘得古碑積寺銘記幷金像一軀, 上有普照王佛字, 遂建寺焉.

임ᄒᆞ다(臨-) 图 임(臨)하다. 도달하다. ⇔임(臨).《朴新諺 1, 34ㅈ》他在京裏臨起身時莭〈節〉, 제 셔울셔 ᄯᅥ날 째에 臨ᄒᆞ여.《朴新諺 3, 6ㅎ》我臨去時節也曾再三囑付, 내 갈 째를 臨ᄒᆞ여 쏘 일즉 再三 당부ᄒᆞ여.《朴新諺 3, 17ㅈ》我要臨窓看書也要看花哩, 내 窓을 臨ᄒᆞ여 글을 보고 ᄯᅩ 곳츨 보고져 ᄒᆞ노라.

입 图 입. ⇔구(口).《朴新諺 1, 15ㅎ》把指頭在口內沾着唾沫, 손가락을다가 입에 너허 춤을 무쳐.《朴新諺 2, 3ㅎ》誰肯向他開口, 뉘 즐겨 뎌룰 향ᄒᆞ여 입을 열리오.《朴新諺 2, 30ㅈ》若人有難口念菩薩之名, 만일 사룸이 어려옴이 잇거든 입에 菩薩의 일홈을 念ᄒᆞ면.《朴新諺 3, 41ㅈ》就如活的只少一口氣哩, 곳 사니 ᄯᅩ고 그저 ᄒᆞᆫ 입긔운만 업더라.

입(入) 图 들어가다. ●⇔드러가다.《朴新諺 3, 25ㅈ》飛入樻中把桃肉都吃了, ᄂᆞ라 樻 속에 드러가 복셩화 술을다가 다 먹어. ●⇔들어가다.《朴新諺 3, 26ㅎ》打一箇跟阧跳入油中, ᄒᆞᆫ 번 跟阧질ᄒᆞ여 ᄲᅱ여 기룸 가온대 들어가.

입(立) 图 ❶서다. ⇔셔다.《朴新諺 2, 53ㅈ》却纔會學立的腰兒軟休弄他, ᄯᅩ 셜 줄

을 아뒤 허리 무르니 뎌를 달호지 말라. 《朴新諺 3, 47ㅎ》芒児立在牛背後, 芒児ㅣ 쇠 뒤히 셔서. **2**세우다. (문서를) 작성하다. 제정(制定)하다. ●⇔셰오다. 《朴新諺 1, 12ㅈ》你旣要立箇保管不倒的字兒, 네 이믜 믄허지디 아니믈 맛들 문서롤 셰올 양이면. 《朴新諺 2, 18ㅎ》是他的爺娘立的文契, 이 뎌의 爺娘의 셰온 문서ㅣ라. ●⇔셰우다. 《朴新諺 1, 59ㅈ》恐後無憑立此存照, 후에 의빙홈이 업슬가 저퍼 이룰 셰워 存照케 흐노라. 《朴新諺 2, 19ㅎ》立此為照, 이룰 셰워 보람을 삼노라. 《朴新諺 2, 45ㅈ》恐後無憑立此為照, 後에 의빙홈이 업슬가 저허 이룰 셰워 보람을 삼노라.

입(立) 閈 즉시(卽時). 즉각. ⇔즉시. 《朴新諺 3, 51ㅈ》伏乞憲天老爺立賜看驗, 伏乞 憲天 老爺는 즉시 看驗홈을 주어.

입(立) 형 있다. 또는 드러내다. 나타내다. ⇔잇다. 《朴新諺 1, 29ㅈ》身穿立水(朴新注, 11ㅎ: 袍衣下邉, 繡浪·花形者.)貂皮蟒袍, 몸에 슈결 잇는 貂皮 蟒袍롤 닙고.

입각(立刻) 閈 즉시(卽時). 곧. 당장. 바로. ⇔즉시. 《朴新諺 2, 35ㅈ》立刻差幾箇皂隷, 즉시 여러 皂隷를 시겨.

입거(入去) 동 들어가다. ⇔들어가다. 《朴新諺 3, 26ㅎ》行者說我如今入去洗澡, 行者ㅣ 니르되 내 이제 들어가 목욕흐리라 흐고.

입경(入京) 동 서울에 들어가거나 들어오다. 《集覽, 朴集, 中, 6ㅎ》大帽. 南村輟耕錄云, 胡石塘先生嘗應聘入京, 世皇召見於(於)便殿, 趍(趍)進, 不覺笠子歆側.

입긔운 명 입김. (입에서 나오는 기운) ⇔구긔(口氣). 《朴新諺 3, 41ㅈ》就如活的只少一口氣哩, 곳 사니 짓고 그저 흔 입긔운만 업더라.

입도(入到) 동 들어가다. ⇔드러가다. 《朴新諺 1, 38ㅈ》這艾氣都入到肚裏去了, 이 艾氣 다 빅에 드러가.

입래(入來) 동 들어오다. ⇔드러오다. 《朴新諺 3, 6ㅈ》衙門處處向南開, 衙門이 곳곳이 南을 向흐여 여러시나. 有理無錢休入來, 理 이셔도 돈이 업거든 드러오지 말라 흐느니라.

입류(入流) 동 구품(九品) 이내의 관계(官階)에 오르다. 《集覽, 朴集, 中, 1ㅈ》大使. 舘驛有大使一員, 或正九品, 或從九品, 有副使一員, 從九品, 亦有未入流大使·副使. 詳見諸司職掌.

입별호(立䲽壺) 명 자리[䲽]가 서 있는 모양으로 만든 주합(酒盒). 《朴新諺 3, 33ㅈ》你與我打一箇立䲽壺(朴新注, 56ㅈ: 酒盒也.), 네 나를 흔 立䲽壺 와.

입선(入選) 동 뽑히다. 선출되다. 선발되다. 《集覽, 朴集, 上, 12ㅈ》紅定. 晉武帝多簡良家女子以充內職, 而自擇美者入選, 則以絳紗繫臂. 鎭軍將軍胡奮女入選, 亦以絳紗繫臂, 故俗謂定婚曰紅定.

입성(入城) 동 성 안으로 들어가거나 들어오다. 《集覽, 朴集, 下, 1ㅈ》西天取經去. 乃以西天去東土十萬八千里之程, 妖恠〈怪〉又多, 諸衆不敢輕諾. 唯南海落伽〈迦〉山觀世音菩薩, 騰雲駕霧徃東土去, 遙見長安京兆府, 一道瑞氣衝天, 觀音化作老僧入城.

입성(入聖) 동 〈불〉 불도(佛道)를 닦아서 성자(聖者)의 단계에 들어서다. 《集覽, 朴集, 下, 3ㅈ》三寶. 脫塵異俗, 圓頂方袍, 入聖超凡, 爲衆中尊, 卽僧寶也.

입성(入聲) 명 한자음 사성(四聲)의 하나. 짧고 빨리 끝나는 소리이다. 《集覽, 朴集, 中, 3ㅈ》攪撒. 攪, 作覺是. 覺字雖入聲, 而凡入聲淸聲〈声〉, 則呼如上聲者多矣. 如角字, 亦或呼如上聲, 記書者以覺撒之, 覺呼爲上聲, 而謂覺字爲入聲, 不可呼如上聲, 故書用攪字耳.

입성초범(入聖超凡) 동 〈불〉 보통 사람의 경지를 벗어나 성인(聖人)의 경지로 들어가다. 《集覽, 朴集, 下, 3ㅈ》三寶. 脫

塵異俗, 圓頂方袍, 入聖超凡, 爲衆中尊, 卽僧寶也.

입시(立時) 뮏 즉시(卽時). 곧. 당장. 바로. ⇔즉시. 《朴新諺 2, 35ㅎ》立時處斬, 즉시 處斬ᄒ니라.

입ᄉ호다 튕 입사(入絲)하다. 그릇 표면에 은사(銀絲)를 넣어 장식하다. ⇔감(減). 《朴新諺 1, 30ㅈ》鞍皮事件都是減金與那珊瑚廂嵌的, 질채와 事件은 다 이금 입ᄉ와 珊瑚로 뎐메워 박은 거시오.

입인(立人) 뎽 사람인[亻]. 한자 부수(部首)의 이름. 《朴新諺 2, 47ㅈ》是立人傍加箇弋字便是, 이 立人 변에 弋字 혼 거시 곳 이라.

입자(笠子) 뎽 갓. 모자. 《集覽, 朴集, 中, 6ㅎ》大帽. 南村輟耕錄云, 胡石塘先生嘗應聘入京, 世皇召見於(於)便殿, 趍(趨)進, 不覺笠子欹側.

입좌(入坐) 튕 자리에 앉다. 착석(着席)하다. 《集覽, 朴集, 下, 3ㅈ》六鶴舞琴. 善惡報應錄云, 江夏郡辛氏沽酒爲業, 有一先生入坐曰, 有好酒飮吾否. 辛飮以巨杯. 明日復來, 如此半載.

입중(入衆) 튕 〈불〉 도(道)를 깨우친 후 처음으로 총림(叢林)에 들어가 대중과 함께 기거하다. 《集覽, 朴集, 上, 10ㅈ》袈裟. 二曰鬱〈欝〉多羅僧, 卽七條也, 此云上著衣也, 入衆時衣, 禮誦齋講時着.

입직(入直) 튕 입직하다. 숙직하다. 당직 근무하다. 《集覽, 朴集, 上, 9ㅈ》骨朶. 南村輟耕錄云, 國朝有四怯薛中有云都赤, 三日一次輪流入直, 負骨朶於背〈於肩〉, 余究骨朶字義, 嘗記宋景文筆記云, 關中人以腹大爲胍肝, 音孤都, 俗謂杖頭大者亦曰胍肝, 後訛爲骨朶. 朶〈𣎴〉, 平聲.

입추(立秋) 뎽 입추. (이십사절기(二十四節氣)의 하나) 《集覽, 朴集, 上, 6ㅈ》社神. 立春後第〈莭〉五戊爲春社, 立秋後第〈莭〉五戊爲秋社.

입춘(立春) 뎽 입춘. (이십사절기(二十四

節氣)의 하나) 《集覽, 朴集, 上, 6ㅈ》社神. 立春後第〈莭〉五戊爲春社, 立秋後第〈莭〉五戊爲秋社. 《集覽, 朴集, 下, 9ㅎ》打春. 東京夢華錄云, 立春前五日, 造土牛・耕夫・犁具, 前一日順天府進農牛入禁中鞭春, 府縣官吏・士庶・耆社, 具鼓樂綵出東郊迎春, 牛芒神至府前, 各安方位. 《集覽, 朴集, 下, 10ㅈ》粧點顔色. 牛色以立春日爲法, 日干爲頭・角・耳・色, 日支〈支〉爲身色, 納音爲蹄・尾・肚色. 《集覽, 朴集, 下, 10ㅈ》放一堆灰. 立春之日, 以葭莩灰實〈寀〉律之端, 氣至則灰飛. 《朴新諺 3, 46ㅎ》手執彩線鞭(朴新注, 61ㅈ: 用柳枝二尺四寸, 按二十四氣, 上用結子. 立春在孟日用麻, 仲日用苧, 季日用絲, 用五彩色醮染.), 손에 彩線鞭을 가지고. 《朴新諺 3, 47ㅎ》候到幾時幾刻立春, 어니 때 어니 刻에 다드라 立春 홈을 기ᄃ려. 《朴新諺 3, 48ㅈ》那灰忽然飛起(朴新注, 61ㅎ: 立春之日, 以葭莩灰實律之端, 氣至則灰飛.), 뎌 지 문득 ᄂ라 니러나면.

입한(立限) 튕 기한을 정하다. 《集覽, 字解, 單字解, 6ㅈ》典. 凡人或缺少口粮, 或遇事用錢者, 以物折直, 立限賣與人爲質而求錢取用. 至限償還其直取物而還也. 律條疏議云, 以價易去, 而原價取贖曰典.

잇거져ᄒ다 톙 많이 있다. 숱하다. 얼마든지 있다. ⇔유적시(有的是). 《朴新諺 1, 32ㅈ》有的是猠皮, 잇거져혼 이 猠皮니.

잇글다 튕 이끌다. 당기다. 끌어당기다. ●⇔견(牽). 《朴新諺 1, 42ㅈ》等我醫過了慢慢的牽去, 내 고치믈 기ᄃ려 날호여 잇그러 가. ●⇔납(拉). 《朴新諺 1, 24ㅈ》小廝們你拉馬, 아히들이 네 몰을 잇그러. 《朴新諺 1, 41ㅎ》你帶我拉到他那裏治去, 네 나를 ᄃ리고 잇그러 져긔 고치라 가. 《朴新諺 1, 50ㅈ》若就拉去賣, 만일 즉시 잇그러 가 풀면.

잇긋 뮏 느긋하게. 만족히. ●⇔구(勾). 《朴新諺 1, 51ㅈ》洗勾了却到客位裏歇一

會, 뻿기를 잇긋 ᄒ고 또 客位에 가 흔
지위 쉬여. ●⇔직(直). 《朴新諺 1, 38
ㅈ》直燒到艾都成了灰, 잇긋 타 뿍이 다
지 되니. 《朴新諺 2, 49ㅈ》直到點燈時分
纔下馬, 잇긋 불 혈 째에 다ᄃᆞ게야 ᄀᆞᆺ 물
쎄 ᄂᆞ리니. ●⇔진(儘). 《朴新諺 1, 1ㅎ》
儘勾使用了, 잇긋 넉넉이 쁘리라. 《朴新
諺 3, 17ㅈ》不要了儘勾住了, 要치 아니
ᄒ노라 잇긋 넉넉이 머믈리로다.

잇다 [형] 있다. ●⇔소유(所有). 《朴新諺 1,
58ㅎ》將家中所有直錢物件, 家中에 잇ᄂᆞᆫ
갑쁜 物件을다가. ●⇔유(有). 《集覽, 字
解, 單字解, 1ㅈ》還. 猶尙也, 再也. 還有多
少 당시론 언메나 잇ᄂᆞ뇨. 《集覽, 字解,
單字解, 4ㅎ》便. 去聲, 卽也. 便行 즉재
가니라, 便去 즉재 가리라, 又즉재 가다.
又則也. 便有 곧 잇다, 便是 곧 올ᄒᆞ니라.
《朴新諺 1, 8ㅈ》你去有甚麼勾當, 네 가미
므슴 일이 잇ᄂᆞ뇨. 《朴新諺 1, 13ㅎ》那裏
有二十里地呢, 어듸 二十里 ᄯᅡ히 잇ᄂᆞ뇨.
《朴新諺 1, 34ㅈ》現有借票在我手裏, 시
방 쑤는 보람이 내 손에 잇ᄂᆞ니. 《朴新諺
2, 1ㅈ》那裏有賣的好馬, 어듸 풀 됴흔 물
이 잇ᄂᆞ뇨. 《朴新諺 2, 19ㅎ》倘有疾病死
亾, 만일 疾病 死亾이 잇거든. 《朴新諺
2, 41ㅈ》看有東西在那裏, 잡은거시 아모
듸 잇ᄂᆞᆫ 줄을 보아. 《朴新諺 3, 4ㅈ》你家
裡不有菖蒲麼, 네 집의 菖蒲ㅣ 잇지 아니
ᄒᆞᆫ냐. 《朴新諺 3, 15ㅎ》如有便人來京, 만
일 便人이 셔울 오리 잇거든. 《朴新諺
3, 25ㅈ》說與先生橫中有一箇桃, 先生ᄃᆞ
려 닐러 궤 가온ᄃᆡ 흔 복셩해 잇다 ᄒᆞ엿
더니. ●⇔입(立). 《朴新諺 1, 29ㅈ》身穿
立水(朴新注, 11ㅎ: 袍衣下邊, 繡浪・花
形者), 貂皮蟒袍, 몸에 슈결 잇는 貂皮 蟒
袍를 닙고. ●⇔재(在). 《集覽, 字解, 累
字解, 9ㅈ》自在. 마음 편안히 잇다. 《朴
新諺 1, 19ㅈ》張哥在家麼, 張哥ㅣ 아 집의
잇ᄂᆞ냐. 《朴新諺 1, 56ㅎ》但曰連日有事
不在家, 다만 連日ᄒᆞ여 일이 이시믈 因ᄒᆞ

여 집의 잇지 못홈으로. 《朴新諺 2, 2ㅈ》
咱老爺在那裏, 우리 老爺ㅣ 어디 잇ᄂᆞ뇨.
《朴新諺 2, 5ㅈ》遠望去如在靑雲裏一般,
멀리 ᄇᆞ라매 푸른 구름 속에 잇ᄂᆞᆫ 듯ᄒᆞ
고. 《朴新諺 2, 15ㅎ》驛站人役們在那裏,
驛站에 人役들이 어디 잇ᄂᆞ뇨. 《朴新諺
2, 54ㅎ》人死不在老少, 사름의 죽기 老少
에 잇지 아니타 ᄒᆞᆫ니라. 《朴新諺 3, 27
ㅎ》頭落在地上, 머리 ᄯᅥ러져 ᄯᅡ히 잇더
니. 《朴新諺 3, 39ㅈ》你令兄除授在那裡
了, 네 令兄이 벼슬ᄒᆞ여 어듸 잇ᄂᆞ뇨. 《朴
新諺 3, 55ㅎ》你相公在家麼, 네 相公이
집의 잇ᄂᆞ냐.

잇싸감 [명] 이따금. 간혹. 가끔. 때때로. ⇔
유시(有時). 《朴新諺 3, 49ㅈ》有時高興,
잇싸감 놉흔 興으로. 《朴新諺 3, 49ㅎ》
也有時披着這簑笠・蓑衣, 또 잇싸감 이
簑笠・蓑衣를 닙고.

잉(仍) [동] 인(因)하다. 어떤 사실로 말미암
다. 근거하다. 의거하다. ⇔인ᄒᆞ다. 《朴
新諺 3, 51ㅈ》偸盜布疋仍跳墙而去, 布疋
을 도적ᄒᆞ고 인ᄒᆞ여 담을 너머 나가시되.

잉하(剩下) [동] 남대餘). ⇒남다. 《朴新諺
3, 28ㅎ》只剩下一箇虎頭, 그저 흔 범의
머리만 남아시니.

－ㅣ [조] ●－가. 《朴新諺 1, 6ㅈ》各位老爺都
到齊了, 各位 老爺ㅣ 다 왓ᄂᆞ이다. 《朴新
諺 1, 28ㅎ》那一家有喜事, 아모 집의 喜
事ㅣ 잇거든. 《朴新諺 1, 49ㅈ》如今國家
開科取士, 이제 國家ㅣ 과거롤 여러 션
빅롤 取ᄒᆞ여. 《朴新諺 2, 3ㅈ》你若有兩
箇油紙帽, 네게 만일 두 油紙帽ㅣ 잇거
든. 《朴新諺 2, 16ㅎ》油・塩・醬・醋・
茶各一斤, 기름과 소곰과 醬과 醋와 茶ㅣ
各 흔 근이오. 《朴新諺 2, 29ㅈ》或作童男
或化童女, 或 童男이 되고 或 童女ㅣ 되
며. 《朴新諺 3, 13ㅈ》聰明智慧過人, 聰明
智慧ㅣ 사름의게 지나고. 《朴新諺 3, 19
ㅈ》今日如你老爺做了大人, 오늘 네 老爺ㅣ
大人이 되여시니. 《朴新諺 3, 26ㅈ》鹿皮

待要出來, 鹿皮ㅣ 나오고져 ᄒᆞ거늘.《朴
新諺 3, 33ㅎ》你看我這帽頂子, 네 보라
내 이 갓세 딩ᄌ ㅣ.〇-에.《朴新諺 2,
23ㅈ》來到通州賣了多一半, 通州ㅣ 와
반남아 풀고.《朴新諺 2, 36ㅈ》明日好往
通州接官去, 닉일 通州ㅣ 가 관원 마즈
라 가기 됴케 ᄒᆞ라.〓-와.《朴新諺 2,
29ㅎ》面圓壁月身瑩瓊瑰, 낫츤 壁月ᄀᆞ치
두렷ᄒᆞ고 몸은 瓊瑰ㅣ ᄀᆞ치 몰그며.四-
의.《朴新諺 2, 56ㅈ》大家休打臉, 大家ㅣ
쌤 치지 말고.《朴新諺 3, 27ㅎ》衆人喝
采(保)說佛家法力大赢了, 모든 사롬이
혀ᄎᆞ고 니르되 佛家ㅣ 法力이 크다 이긔
엿고나.

-ㅣ뇨 ㈜ -이뇨.《朴新諺 1, 8ㅈ》甚麼差使
呢, 므슴 差使ㅣ뇨.

-ㅣ니 ㈜ -이니.《朴新諺 1, 44ㅈ》十羊十
酒, 十羊과 十酒ㅣ니.《朴新諺 3, 20ㅈ》
不過是閙(鬧)殿官司, 不過 이 閙(鬧)殿 官
司ㅣ니.

-ㅣ니라 ㈜ -이니라.《朴新諺 3, 58ㅎ》這
便是當年高麗建國之故事了, 이 곳 當年
에 高麗ㅣ 建國ᄒᆞᆫ 故事ㅣ니라.

-ㅣ라 ㈜ -이라. -라.《朴新諺 1, 1ㅈ》人
生一世草生一秋, 人生 一世ㅣ오 草生 一
秋ㅣ라.《朴新諺 1, 33ㅈ》若論買賣銀只
該九五色, 만일 買賣 銀으로 니롤 량이면
그저 九五 성수ㅣ라.《朴新諺 1, 48ㅈ》
讀的是毛詩·尚書, 닑는 거시 이 毛詩·
尚書ㅣ라.《朴新諺 2, 9ㅎ》法名叫做步
虛, 法名을 步虛ㅣ라 부르리.《朴新諺 2,
18ㅎ》是他的爺娘立的文契, 이 뎌의 爺娘
의 셰온 문셔ㅣ라.《朴新諺 2, 33ㅈ》混
名喚做李夜叉, 混名을 李夜叉ㅣ라 부르
리.《朴新諺 3, 12ㅎ》那壇主是朝鮮師傅,
그 壇主는 이 朝鮮 師傅ㅣ라.《朴新諺 3,
38ㅈ》是他主子的莊田, 이 제 항것싀 농
소ㅣ라.《朴新諺 3, 39ㅈ》都是常事, 다
이 常事ㅣ라.《朴新諺 3, 46ㅈ》塑着一箇
小童子叫做芒児, ᄒᆞᆫ 小童子를 민드라 芒

児ㅣ라 부르고.

-ㅣ란 ㈜ -이라는.《朴新諺 1, 28ㅈ》這位
劉某人, 이 위 劉 아뫼ㅣ란 사롬이.《朴
新諺 1, 33ㅎ》李小児那厮, 李小児ㅣ란
뎌 놈을.

-ㅣ러뇨 ㈜ -이더냐.《朴新諺 2, 58ㅈ》是
誰家的牢子呢, 이 뉘 집 牢子ㅣ러뇨.

-ㅣ러라 ㈜ -이더라.《朴新諺 2, 58ㅈ》是
跟隨張摠兵使喚的牢子, 이 張摠兵을 ᄯᆞ
라 使喚ᄒᆞ는 牢子ㅣ러라.

-ㅣ로 ㈜ -이로. -로.《朴新諺 2, 32ㅈ》拿
去叫李大做兩頂帽子, 가져가 李大ㅣ로
ᄒᆞ여 두 갓슬 민드되.

-ㅣ로다 ㈜ -이로다. -로다.《朴新諺 1,
27ㅎ》好意思, 됴흔 意思ㅣ로다.《朴新
諺 1, 39ㅈ》這是核桃, 이논 이 호도ㅣ로
다.《朴新諺 1, 40ㅈ》這是櫻桃, 이논 이
櫻桃ㅣ로다.《朴新諺 1, 40ㅈ》這是靴子,
이논 이 훠으ㅣ로다.《朴新諺 1, 40ㅎ》
這是鍘藥刀, 이논 이 藥 싸ᄒᆞ는 협도ㅣ
로다.

-ㅣ며 ㈜ -이며.《朴新諺 1, 8ㅈ》甚麼詔派
徃那一路頒去呢, 므슴 詔書ㅣ며 어디롤
그어 반포ᄒᆞ라 가느뇨.

-ㅣ면 ㈜ -이면.《朴新諺 2, 30ㅎ》一針投
海底尚有可撈日, 一針을 海底에 드리치
매 오히려 可히 건질 날이 이시려니와.
一失人身後萬刧再逢難, 흔번 人身을 일
흔 後ㅣ면 萬刧이라도 다시 만나기 어렵
다 ᄒᆞ니라.

-ㅣ아 ㈜ -이야. -야.《朴新諺 1, 7ㅎ》各
位請了, 各位ㅣ아 請ᄒᆞ노라.《朴新諺 1,
19ㅈ》張哥在家麼, 張哥ㅣ아 집의 잇느
냐.《朴新諺 1, 50ㅎ》那孫家混堂裏洗澡
去罷, 뎌 孫家ㅣ아 混堂에 목욕ᄒᆞ라 가
쟈.《朴新諺 2, 3ㅈ》李老大(朴新注, 23
ㅎ: 老者之稱)你那裏去, 李老大ㅣ아 네
어듸 가는다.《朴新諺 2, 16ㅎ》厨子你
來, 厨子ㅣ아 이바.《朴新諺 2, 21ㅎ》趙
爺你幾時來的, 趙爺ㅣ아 네 언제 온다.

《朴新諺 2, 25ㅎ》女兒, 女兒ㅣ아. 《朴新諺 2, 26ㅈ》咳女兒你不曉得, 애 女兒ㅣ아 네 아지 못혼다. 《朴新諺 2, 55ㅎ》鄭哥你來, 鄭哥ㅣ아 이바. 《朴新諺 3, 8ㅎ》長老, 長老ㅣ아. 《朴新諺 3, 9ㅎ》老師傅你也休忙, 老師傅ㅣ아 너도 밧바 말고. 《朴新諺 3, 36ㅎ》那箇新來的崔哥你也會打麽, 뎌 새로 온 崔哥ㅣ아 너도 칠 줄을 아는다. 《朴新諺 3, 44ㅎ》咳春奴, 애 春奴ㅣ아.

-ㅣ야 죄 -이야. -야. 《朴新諺 1, 13ㅈ》老太爺你在那裏住, 老太爺ㅣ야 네 어디셔 사는다. 《朴新諺 3, 8ㅈ》長老你的佛像塑了麽, 長老ㅣ야 네 佛像을 민드란느냐.

-ㅣ오 죄 -이오. -이고. 《朴新諺 1, 1ㅈ》人生一世草生一秋, 人生 一世ㅣ오 草生 一秋ㅣ라. 《朴新諺 1, 29ㅎ》白綾飄帶, 白綾飄帶ㅣ오. 《朴新諺 1, 38ㅎ》大哥是捧(棒)槌, 큰형은 이 방츄ㅣ오. 《朴新諺 2, 6ㅈ》睡着站着的是鷗鷺, 자며 섯는 거슨 이 鷗鷺ㅣ오. 《朴新諺 2, 6ㅈ》青的綠的是浮萍水草, 青ᄒ며 綠혼 거슨 이 浮萍 水草ㅣ오. 紅的白的是遠近荷花, 紅ᄒ고 白혼 거슨 이 遠近 荷花ㅣ오. 《朴新諺 2, 19ㅈ》情愿將親生之子小名神奴現年五歳, 情愿으로 親生혼 아들 小名은 神奴ㅣ오 시방 나히 五歳엣 거슬다가. 《朴新諺 3, 35ㅈ》正所謂擎天白玉柱駕海紫金梁, 正히 니른 바 하놀을 바쳣는 白玉柱ㅣ오 바다흘 걸탓난 紫金梁이라. 《朴新諺 3, 44ㅈ》衣帽・靴帶 荨類, 衣帽와 靴帶 荨類ㅣ오.

-ㅣ오니 어미 -이오니. -니. 《朴新諺 3, 52ㅎ》竟将小人面門打破耳根打傷, 므춤내 小人의 눗출다가 텨 싸이고 귀 밋출 텨 傷히오니.

-ㅣ와 죄 -와. 《朴新諺 3, 44ㅈ》還有十餘對幢幡・寳盖, 또 열나믄 뺭 幢幡과 寳盖ㅣ와.

-ㅣ의 죄 -이의. -의. 《朴新諺 2, 32ㅎ》李大的帽樣, 李大ㅣ의 갓 모양이.

-ㅇ- 매개 -으-. 《集覽, 字解, 單字解, 4ㅎ》討. 求也, 探也. 討去 어드라 가다, 討債去 빋 주니 바드라 가다, 討價錢 빋 받다. 又本國傳習之解曰 빋 쬐오다, 亦通. 《集覽, 字解, 單字解, 5ㅈ》隨. 從也. 隨你 네 므슴으로, 隨喜 구경ᄒ다, 隨從 조츠니. 吏語, 根隨 좃다. 《朴新諺 1, 25ㅈ》你們聽着, 너희들 드르라. 《朴新諺 2, 7ㅈ》我的胷背怎麽赶上你的繡袍, 내 胷背 엇디 네 슈노흔 큰옷세 미츠리오. 《朴新諺 2, 10ㅈ》聽說只得三日三夜就圓滿了, 드르니 그저 三日 三夜롤 ᄒ여야 곳 圓滿ᄒ니. 《朴新諺 2, 19ㅈ》今因貧乏無以養贍, 이제 貧乏ᄒ여 뼈 養贍홈이 업스믈 因ᄒ여. 《朴新諺 2, 22ㅈ》聽的今年水賊多, 드르니 올히 水賊이 만타 ᄒ니. 《朴新諺 3, 14ㅎ》師傅道我與他無緣也, 師傅ㅣ 니르되 내 뎌로 더부러 인연이 업스니. 《朴新諺 3, 23ㅎ》說罷, 니른기를 므츠매.

-으니 어미 -으니. 《集覽, 字解, 單字解, 5ㅈ》隨. 從也. 隨你 네 므슴으로, 隨喜 구경ᄒ다, 隨從 조츠니. 吏語, 根隨 좃다. 《朴新諺 2, 9ㅎ》聞說有一箇得道的朝鮮和尙, 드르니 혼 得道혼 朝鮮 즁이 이셔. 《朴新諺 2, 10ㅈ》聽說只得三日三夜就圓滿了, 드르니 그저 三日 三夜롤 ᄒ여야 곳 圓滿ᄒ니. 《朴新諺 2, 22ㅈ》聽的今年水賊多, 드르니 올히 水賊이 만타 ᄒ니. 《朴新諺 3, 14ㅎ》師傅道我與他無緣也, 師傅ㅣ 니르되 내 뎌로 더부러 인연이 업스니.

-으라 어미 ❶-으라. 《朴新諺 1, 25ㅈ》你們聽着, 너희들 드르라. ❷-으러. 《集覽, 字解, 單字解, 4ㅎ》討. 求也, 探也. 討去 어드라 가다, 討債去 빋 주니 바드라 가다, 討價錢 빋 받다. 又本國傳習之解曰 빋 쬐오다, 亦通. 《朴新諺 2, 10ㅈ》都往那裏聽去, 다 뎌긔 드르라 가니. 《朴新諺 2, 9ㅎ》聽說佛法去罷, 佛法 니른는 양 드르라 가쟈.

-으리오 어미 -으리오.《朴新諺 2, 7ㅈ》我
的脊背怎麼赶上你的繡袍, 내 脊背 엇디
네 슈노흔 큰옷세 미츠리오.
-으쇼셔 어미 -으소서.《朴新諺 3, 15ㅈ》
身子粗安無須憂念, 몸이 져기 편안ᄒ니
모롬이 憂念치 마ᄅ쇼셔.
-은 어미 -은.《集覽, 朴集, 上, 13ㅈ》濟機.
音義云, ·쌀로 밍·ᄀ·론 혈거피 ·ᄀ·튼 것.
今按, 漢人或牛角或鹿角爲之, 形如環, 着
於拇指, 亦所以鉤〈所以鉤〉弦開弓.《朴新
諺 2, 13ㅎ》我定要打這狗才一頓, 내 일
뎡이 개 ᄀ튼 놈을 흔 지위 치리라.《朴
新諺 3, 57ㅎ》如我婦人家, 우리 ᄀ튼 계
집도.
-은 조 -은.《朴新諺 1, 39ㅈ》白日去黑夜
來, 나즌 가고 밤은 오는 거시여.《朴新諺
2, 29ㅎ》面圓璧月身瑩瓊瑰, ᄂ츤 璧月 ᄀ
치 두렷ᄒ고 몸은 瓊瑰ㅣ ᄀ치 몰그며.
-올 조 -을.《集覽, 字解, 單字解, 1ㅈ》待.
擬要也 ᄒ마 그리 ᄒ려 ᄒ다라. 又欲也.
待賣幾箇馬去 여러 ᄆ롤 풀오져 ᄒ야 가
노라.《集覽, 字解, 單字解, 1ㅎ》安. 安鍋
兒 가마 거다. 又安下 사ᄅ미 자리 븓다.
又吏語, 安揷 사ᄅ믈 안졉게 ᄒ다.《朴
新諺 3, 46ㅈ》渾身畫着顏色, 왼몸에 빗
츨 그려.《朴新諺 3, 52ㅎ》竟將小人面門
打破耳根打傷, ᄆ춤내 小人의 ᄂ츨다가
텨 ᄭ이고 귀 믿츨 텨 傷ᄒ오니.

-올가 어미 -을까.《朴新諺 2, 27ㅈ》怕沒有
減你的心火治你的心病之時麼, 네 心火를
ᄭ고 네 心病을 고칠 ᄣ 업슬가 저프랴.
-의 조 -에.《朴新諺 1, 9ㅈ》到那朝鮮地方,
뎌 朝鮮 ᄯ히 가.《朴新諺 1, 19ㅎ》請裏
坐好講, 請컨대 안히 안자 의논ᄒ쟈.《朴
新諺 1, 25ㅎ》日裏又勤刷勤喂, 나지 ᄶ
부즈러니 빗기고 부즈러니 먹이면.《朴新
諺 2, 8ㅎ》這緞子每尺紋銀五錢, 이 비
단을 믜 자히 紋銀 닷 돈식 홀 거시니.
《朴新諺 2, 20ㅈ》這一兩日內, 이 흔 이틀
안히.《朴新諺 2, 35ㅎ》這正是善惡到頭
終有報, 졍히 이 善과 惡이 ᄆᄎ힌 다ᄃ라
ᄆ춤내 갑홈이 이시되.《朴新諺 3, 8ㅎ》
你沿路上好生去罷, 네 길히 됴히 가라.
《朴新諺 3, 17ㅈ》前面壘一箇花臺好栽花,
앏히 흔 花臺를 무어 곳 시므기 됴케 ᄒ
라.《朴新諺 3, 23ㅎ》咱如今兩箇就在王
前閗(鬪)法, 우리 이제 둘히 곳 王의 앏
히 이셔 閗(鬪)法ᄒ여.《朴新諺 3, 42ㅎ》
今年纔三十七歲, 올히 ᄌ 三十七歲라.
-의는 조 -에는.《朴新諺 3, 43ㅎ》靈柩前
面, 靈柩 앏히는.
-의셔 조 -에서.《朴新諺 1, 35ㅎ》那傍邉
看的衆人說, 뎌 겨ᄐ셔 보든 衆人이 니ᄅ
되.《朴新諺 1, 39ㅈ》瓮蹶娘娘裏頭睡, 뗑
건 계집이 안히셔 자는 거시여.

자 回 자尺. ⇔척(尺). 《朴新諺 1, 46ㅈ》
內造素緞子一尺, 內造 믠비단 혼 자와.
白淸水絹三尺, 흰 제믈엣 깁 석 자는.
《朴新諺 3, 35ㅈ》都是三尺寬肩膀燈盞大
的雙眼, 다 이 석 자나 너른 엇게오 燈盞
만치 큰 두 눈이라.

자(子) 圀 ●(바둑의) 말. 곧, 바둑돌. ⇔
몰. 《朴新諺 1, 26ㅎ》拈子為之不許更改
的, 몰 자바 뎡ᄒᆞ고 고티믈 허치 마쟈.
《朴新諺 1, 26ㅎ》饒你四子纔好下哩, 너
를 네흘 접어야 마치 두기 됴흐리라.
《朴新諺 1, 26ㅎ》我饒你四子罷, 내 너를
네흘 졉쟈. 《朴新諺 1, 27ㅈ》你說饒我四
子, 네 니르되 나를 네흘 졉쟈 ᄒᆞ더니.
●씨. 종자(種子). ⇔삐. 《朴新諺 2, 39
ㅈ》這幾日些的不見有賣菜子的過去呢,
요ᄉᆞ이 엇지 ᄂᆞ믈 삐 폴 리 디나가는 이
이시믈 보지 못ᄒᆞᆯ소뇨. 畕些菜子後園裏
好種, 져기 ᄂᆞ믈 삐롤 사 뒷동산에 심으
쟈. ●아들. ⇔아들. 《朴新諺 2, 19ㅈ》情
願將親生之子小名神奴現年五歲, 情願으
로 親生혼 아들 小名은 神奴ㅣ오 시방
나히 五歲엣 거슬다가. 四열매. 종자.
⇔여름. 《朴新諺 1, 39ㅈ》下雨開花刮風
結子, 비 오면 곳 피고 ᄇᆞ람 블면 여름
여든 거시여. 五자식. ⇔ᄌᆞ식. 《朴新諺
1, 56ㅈ》養子方知父母恩, ᄌᆞ식을 길러야
보야흐로 父母 은혜를 안다 ᄒᆞ니라.

자(字) 圀 ●본이름 외에 부르는 이름. 《朴
新諺 3, 56ㅎ》在下姓葛字敬之, 在下ㅣ 姓
은 葛이오 字는 敬之라. 《朴新諺 3, 56ㅎ》
在下姓韓名彬字文中, 在下ㅣ 姓은 韓이
오 일홈은 彬이오 字는 文中이로다. 《朴

新諺 3, 57ㅈ》高麗太祖姓王諱建表字若
天, 高麗 太祖의 姓은 王이오 諱는 建이오
字는 若天이라. ●글자. ⇔글자(-字).
《朴新諺 1, 48ㅎ》若把字寫差了的, 만일
글字롤다가 쁘기롤 그릇ᄒᆞᄂᆞ니는. 《朴
新諺 2, 47ㅈ》這簡字不難寫, 이 字는 쁘
기 어렵지 아니ᄒᆞ니. 《朴新諺 2, 48ㅎ》字
之形勢狠(很)多大槩如此, 字의 形勢 ᄀᆞ장
만흐나 大槩 이 ᄀᆞ트니. 《朴新諺 3, 47
ㅎ》上寫着明現眞君四箇大字, 우희 明現
眞君 네 큰 字를 쁘고.

자(自) 圀 ●〈불〉 자기 자신. 《集覽, 朴集,
中, 4ㅈ》智滿十身. 十身有調御. 十身, 曰
無着, 曰弘願, 曰業報, 曰住持, 曰涅槃, 曰
淨法, 曰眞心, 曰三昧, 曰道性, 曰如意. 有
內十身, 曰菩提, 曰願, 曰化, 曰力持, 曰莊
嚴, 曰威勢, 曰意生, 曰福德, 曰法, 曰智.
有外十身, 曰自, 曰衆生, 曰國土, 曰業報,
曰聲聞, 曰圓覺, 曰菩薩, 曰智, 曰法, 曰虛
空. ●이녁. 이편. 이쪽. ⇔이녁. 《朴新諺
1, 10ㅎ》我們自吃飯呢二錢半一板, 우리
이녁 밥 먹으면 두 돈 반에 혼 틀이오.

자(自) 囝 ●그저. 또는 달리. 별도로. ⇔
그저. 《朴新諺 1, 51ㅈ》自有管混堂的看
守, 그저 混堂 ᄀᆞ옴아는 이 이셔 看守ᄒᆞ
리라. ●손수. ⇔손조. 《朴新諺 1, 32ㅎ》
任你自揀何如, 네대로 손조 골희미 엇더
ᄒᆞ뇨. 《朴新諺 1, 55ㅎ》如今姐姐把孩子
自妳呢, 이제 각시ㅣ 아히를 손조 졋 먹
이느냐. ●스스로. ⇔스스로. 《朴新諺
3, 31ㅎ》你不要自誇, 네 스스로 쟈랑 말
라. 四자연히. ⇔ᄌᆞ연이. 《朴新諺 3, 12
ㅎ》自有神仙藥, ᄌᆞ연이 神仙藥이 잇다

홈이로다.

자(自) 国 ●-로부터. ⇔-로부터. 《朴新
諺 2, 20ㅈ》自古買人的中·保人只管得
一百日, 녜로부터 사룸 사는 디 즁인·
보인은 그저 일 빅 날을 マ옴아느니.
《朴新諺 2, 20ㅈ》自古買人的中·保人只
管得一百日, 녜로부터 사룸 사는 디 즁
인·보인은 그저 일 빅 날을 マ옴아느
니. 《朴新諺 2, 27ㅎ》自古道, 녜로부터
닐러시되. 《朴新諺 2, 19ㅈ》自賣之後,
폰 후로부터. 《朴新諺 2, 30ㅎ》自古道,
녜로부터 닐러시되. ●-부터. ⇔-부터.
《朴新諺 1, 53ㅎ》自古道, 네부터 닐러시
되. 《朴新諺 2, 13ㅎ》自古道, 네부터 니
르되.

자(刺) 동 자수(刺繡)하다. 수놓다. 《集覽,
朴集, 上, 8ㅎ》刺通袖膝欄. 元時好着此
衣, 前後具胷背, 又連肩而通袖之脊, 至袖
口爲紋, 當膝周圍亦爲紋如欄干, 然織成
段匹爲衣者有之, 或皮或帛, 用綵線周遭
回曲爲緣, 如花樣, 刺(刺)爲草樹〈對〉·
禽獸·山川·宮殿之文於〈紋於〉其內, 備
極奇巧, 皆用團領者之, 其直甚高. 達達
〈ㅼ〉之俗, 今亦猶然. 뷔윤 실로 치질ᄒ
니를 呼爲刺, 亦曰和, 音扣.

자(炙) 동 쬐다(曝). ⇔쬐다. 《朴新諺 3, 9
ㅈ》受多少日炙·風吹, 언머 볏 쬐고 ᄇ
람 불믈 바드며.

자(咱) 대 우리. ⇔우리. 《集覽, 字解, 單字
解, 3ㅈ》咱. 五音集韻, 子葛切. 俗謂自己
爲咱. 免疑雜字, 音匝. 兩書皆有咱們之
文, 們字初聲謂合口聲. 鄕習以們字初聲,
連咱字之終讀之, 故咱字亦似合口聲之字,
遂以咱字爲合口聲習以爲常, 誤矣. 又着
於詞終則爲語助, 今罕用也. 《朴新諺 1, 1
ㅈ》咱想, 우리 싱각ᄒ니. 《朴新諺 1, 26
ㅈ》咱與你賭一箇羊吃, 우리 너와 혼 羊
을 더너 먹쟈. 《朴新諺 2, 2ㅈ》咱老爺在
那裏, 우리 老爺ㅣ 어디 잇ᄂ뇨. 《朴新諺
2, 10ㅎ》咱兩箇拿些布施和香·蠟去禮拜

他, 우리 둘이 져기 보시와 香과 쵸를
가져가 뎌의게 禮拜ᄒ고. 《朴新諺 2, 28
ㅎ》咱貸些盤纏, 우리 져기 盤纏을 쑤어.
《朴新諺 2, 37ㅎ》咱好悶(閑)當不的, 우
리 マ장 힘힘ᄒ여 당치 못ᄒ니. 《朴新諺
2, 56ㅈ》咱両箇捽, 우리 둘이 ᄢ름ᄒ되.
《朴新諺 3, 23ㅈ》咱両箇寃讐非同小可,
우리 둘히 寃讐ㅣ 젹지 아니ᄒ니라. 《朴
新諺 3, 37ㅈ》咱打那一箇窩児, 우리 어
니 혼 굼글 치리오.

자(者) 명 ●것. 물건. ⇔것. 《朴新諺 1,
31ㅈ》今生受者是, 今生에 밧는 거시 이
라 ᄒ니라. ●이[者]. 사람. ⇔이. 《朴新
諺 3, 20ㅎ》有妄告官司者反坐抵罪, 망녕
도이 官司에 告ᄒ는 者ㅣ 이시면 反坐ᄒ
여 罪에 다톳게 ᄒ엿ᄂ니라. 《朴新諺 3,
54ㅈ》報信者給銀三兩, 報信ᄒ는 이는 銀
석 냥을 주고. 收管者謝銀六兩, 거두어
두니는 銀 엿 냥을 샤례ᄒ리라.

자(妓) 명 이제. 지금. ⇔이제. 《朴新諺 3,
15ㅎ》妓者又特寄茶色段子二疋, 이제 쏘
특별이 차헐비체 비단 두 필과.

자(煮) 동 삶다. ⇔숨다. 《朴新諺 2, 36ㅎ》
乾羊腿子煮着哩, 모른 羊의 다리를 술맛
노라. 《朴新諺 3, 45ㅎ》就煮一脚羊蹄好
下飯, 이믜셔 혼 羊의 다리를 술마 밥 먹
기 됴케 ᄒ고.

자(跐) 동 밟다. 짓밟다. 《集覽, 朴集, 中,
7ㅎ》躧. 音義云, 跐, 音채, 躧通用, 後同.
今按, 舊本作躧. 韻書, 跐, 音재, 又ᅎ. 躧,
音새, 又시. 兩字爲채音者, 韻書不收, 而
俗讀則俱從채音, 並上聲. 今亦從之. 字學
啓蒙, 字作蹀.

-자 어미 -자. (청유형) 《朴新諺 3, 36ㅎ》咱
們今日打毬罷, 우리 오늘 댱방을 치자.

자가(自家) 명 자기. 자신. 《集覽, 朴集,
中, 6ㅎ》大帽. 南村輟耕錄云, 胡石塘先生
嘗應聘入京, 世皇召見於〈於〉便殿, 趍(趂)
進, 不覺笠子欹側. 上問曰, 秀才何學. 對
曰, 脩身齊家治國平天下之學. 上咲〈笑〉

曰, 自家笠子尙不端正, 又能平天下耶.

자가(自歌) 통 자기가 직접 노래를 부르다. ⇔자가ᄒ다(自歌-).《朴新諺 3, 49ㅎ》對酒自飮自歌, 술을 對ᄒ여 自飮 自歌ᄒ여.

자가ᄒ다(自歌-) 통 자가(自歌)하다. ⇔자가(自歌).《朴新諺 3, 49ㅎ》對酒自飮自歌, 술을 對ᄒ여 自飮 自歌ᄒ여.

자각(自覺) 통 스스로 자기를 깨닫다.《集覽, 朴集, 上, 9ㅎ》佛. 梵云婆加婆, 唐言佛. ᄂ者, 覺也, 自覺・ᄂ他. 一切有情咸具此道, 悟者卽名佛, 迷者曰衆生.

자거(自居) 통 스스로 차지하여 앉다.《集覽, 朴集, 中, 5ㅈ》居士宰官. 飜〈翻〉譯名義云, 愛談名言, 淸淨自居, 又多積財貨, 居業豐〈豊〉盈, 皆謂之居士.

자고(自古) 囝 예로부터 지금까지의 동안.《集覽, 朴集, 上, 7ㅎ》耳墜兒. 事文類聚云, 莊子曰, 天子之侍御, 不又櫛(不爪翦), 不穿耳, 則穿耳自古有之. 今俗亦曰耳環, 卽八珠環也.《朴新諺 2, 27ㅎ》自古道, 녜로부터 닐러시되.

자고(茨菰) 명 소귀나물. (택사과의 여러해살이풀)《集覽, 朴集, 上, 3ㅎ》鮮湯. 質問云, 魚・蛤・蠏三味合爲一羹, 或鷄・鴨・鵝〈鵝〉三味合爲羹, 方言俱謂之三鮮湯. 又云〈言〉, 以羊膓・豆粉做假蓮蓬・假茨菰・假呑魚, 謂之三鮮.

자금(紫金) 명 자마금(紫磨金). (자색(紫色)을 띤 순수한 황금)《朴新諺 3, 35ㅈ》正所謂擎天白玉柱駕海紫金梁, 正히 니른 바 하ᄂᆞᆯ을 바쳣ᄂ 白玉柱ㅣ오 바다흘 걸탓난 紫金梁이라.

자금량(紫金梁) 명 자금(紫金)으로 된 들보.《朴新諺 3, 35ㅈ》正所謂擎天白玉柱駕海紫金梁, 正히 니른 바 하ᄂᆞᆯ을 바쳣ᄂ 白玉柱ㅣ오 바다흘 걸탓난 紫金梁이라.

자기(子期) 명 종자기(鍾子期)의 이름.《集覽, 朴集, 下, 11ㅈ》流水高山. 列子, 伯牙善鼓〈皷〉琴, 鍾子期善聽. 伯牙鼓

〈皷〉琴, 志在高山. 子期曰, 善㦲, 巍巍乎, 志在高山. 俄而志在流水. 子期曰, 善㦲, 洋洋乎, 志在流水. 子期死, 伯牙以爲世無知音, 終身不復鼓琴. 孔子曰, 仁者樂山, 智者樂水. 子期嘆伯牙仁智兼倆.《集覽, 字解, 單字解, 3ㅈ》咱. 五音集韻, 子葛切. 俗謂自己爲咱. 免疑雜字, 音匝. 兩書皆有咱們之文, 們字初聲謂合口聲. 鄕習以們字初聲, 連咱字之終讀之, 故咱字亦似合口聲之字, 遂以咱字爲合口聲習以爲常, 誤矣. 又着於詞終則爲語助, 今罕用也.

자기(自己) 명 자기. 자신.《集覽, 字解, 單字解, 3ㅈ》咱. 五音集韻, 子葛切. 俗謂自己爲咱. 免疑雜字, 音匝. 兩書皆有咱們之文, 們字初聲謂合口聲. 鄕習以們字初聲, 連咱字之終讀之, 故咱字亦似合口聲之字, 遂以咱字爲合口聲習以爲常, 誤矣. 又着於詞終則爲語助, 今罕用也.《朴新諺 1, 28ㅈ》到處破敗別人誇張自己(己), 간 곳마다 다른 사롬을 허러ᄇ리고 自己룰 쟈랑ᄒ고.《朴新諺 1, 53ㅎ》輸了的是自己(己)武藝平常, 지ᄂ니ᄂ 이 自己 武藝ㅣ 平常홈이라.

자기(自己) 囝 손수. ⇔손조.《朴新諺 2, 1ㅎ》你如今且到馬市裏自己揀着買去, 네 이제 쏘 물 져제 손조 골히여 사라 가라.

자다 통 자다. ❶⇔면(眠).《朴新諺 3, 17ㅎ》搭盖萬間房, 대되 萬間 집을 지으나. 夜眠只一廈, 밤에 자기ᄂ 다만 혼 간 집이라 ᄒ니. ❷⇔수(睡).《集覽, 字解, 單字解, 5ㅎ》就. 卽也. 就將來즉재 가져오라, 就有了・就去了. 又遂也. 就那裏睡了 게셔 자다, 就便 곧. 又就行 드듸여셔 ᄒ다.《朴新諺 1, 24ㅎ》夜裏又死睡不肯起來添草, 밤에 쏘 죽은 ᄃᆞ시 자고 즐겨 니러 여믈을 더 주지 아니ᄒ니.《朴新諺 1, 39ㅎ》一箇老子當路睡, 혼 늙은이 길히 當ᄒ여 자거든.《朴新諺 2, 6ㅈ》睡着站着的是鷗鷺, 자며 셧ᄂ 거ᄉ 이 鷗鷺ㅣ오.《朴新諺 2, 21ㅎ》到那裏各自省睡些,

데 가 각각 줌을 덜 자고.《朴新諺 3, 4
ㅈ》做一頂蚊帳掛着睡纔好, 혼 불 모긔帳
을 믿드라 치고 자야 마치 됴흐리라.
《朴新諺 3, 4ㅎ》我要用他做席子鋪着睡,
내 뎌로 뻐 자리를 믿드라 펴고 자고져
ᄒᆞᆫ니. 🔳⇔숙(宿).《朴新諺 2, 2ㅎ》今
日到黃村宿, 오눌 黃村에 가 자고.《朴新
諺 2, 17ㅎ》未必住宿, 머므러 자기 반ᄃᆞᆺ
지 아니ᄒᆞ니.《朴新諺 3, 22ㅈ》却到城裡
智海禪寺投宿, 믄득 城 안 智海禪寺에 가
드러 자더니.

자단(紫檀) 閔 콩과의 상록 활엽 교목. 재
목은 건축이나 가구 따위의 재료로 쓴
다.《朴新諺 1, 18ㅈ》刀把要紫檀, 칼 ᄌᆞ
ᄅᆞᆫ 紫檀으로 ᄒᆞ고.

자리 閔 ●자리. 빈자리. ⇔결(缺).《朴新
諺 3, 17ㅎ》咳這一缺也沒甚麼好處, 애 이
혼 자리 ᄯᅩ 아모란 됴흔 곳이 업고. ●자
리[席]. ⇔석자(席子).《集覽, 字解, 單字
解, 1ㅎ》安. 安鍋兒 가마 거다. 又安下
사ᄅᆞ미 자리 븓다. 又吏語, 安揷 사ᄅᆞᆷ을
안졉ᄒᆞ게 ᄒᆞ다.《朴新諺 3, 4ㅎ》我要用
他做席子鋪着睡, 내 뎌로 뻐 자리를 믿드
라 펴고 자고져 ᄒᆞᄂᆞ니.

자매(咱每) 때 우리(들). ⇔우리.《集覽,
字解, 單字解, 1ㅈ》每. 本音上聲, 頻也.
每年, 每一箇. 又平聲, 等輩也, 我每・咱
每・俺每 우리. 恁每・你每 너희. 今俗
喜用們字.

자문(咱們) 때 우리(들). ⇔우리.《集覽,
字解, 單字解, 3ㅎ》們. 諸韻書皆云, 們渾,
肥滿皃. 今俗借用爲等輩之字, 而曰我們
・咱們 우리, 你們 너희. 又猶言如此也.
這們 이리, 那們 뎌리.《集覽, 字解, 單字
解, 4ㅈ》將. 持也. 將來 가져오라, 將着
가지라, 將咱們 우리를다가. 又將次 쟝
ᄎᆞ.《朴新諺 1, 1ㅈ》咱們不可虛度過了,
우리 可히 헛도이 지내지 못ᄒᆞ리라.《朴
新諺 1, 26ㅈ》咱們下一局賭箇輸贏如何,
우리 혼 판 두어 지며 이긔믈 더ᄂᆞ미 엇

더ᄒᆞ뇨.《朴新諺 1, 42ㅈ》咱們男子漢出
遠門, 우리 ᄉᆞ나희 먼 듸 나가.《朴新諺
2, 6ㅎ》咱們相好多年, 우리 서로 됴한지
여러 히라.《朴新諺 2, 30ㅎ》這麼咱們一
生作事豈無罪孽, 이러면 우리 一生에 일
을 홈애 엇지 罪孽이 업스리오.《朴新諺
3, 35ㅎ》咱們到飯店裡吃飯去, 우리 밥뎜
에 가 밥 먹으라 가쟈.《朴新諺 3, 36ㅎ》
咱們今日打毬罷, 우리 오눌 댱방올 치
자.《朴新諺 3, 49ㅈ》秀才哥咱們打魚去
罷, 秀才 형아 우리 고기 잡으라 가쟈.

자미(滋味) 閔 (음식의) 맛.《集覽, 朴集,
中, 1ㅎ》秃秃麽思. 劑法如水滑麪〈麵〉,
和圓少彈劑〈劑〉, 冷水浸手掌, 按作小薄
餠兒, 下鍋煮熟, 以盤盛, 用酥油炒片羊肉,
加塩炒至焦, 以酸甜湯拌和. 滋味得所, 別
硏蒜泥調酪, 任便加減, 使竹簽簽食之.

자미원(紫薇垣) 閔 =자미원(紫微垣). '薇'
는 '微'의 잘못.《集覽, 朴集, 上, 7ㅈ》北
斗左輔右弼. 左輔連附北斗第〈莭〉六星,
在外, 右弼連附北斗第〈莭〉二星, 在內. 俱
在紫薇(微)垣.

자미원(紫微垣) 閔 큰곰자리를 중심으로
1백 70개의 별로 이루어진 별자리. 태미
원(太微垣)・천시원(天市垣)과 더불어
삼원(三垣)이라고 하며, 별자리를 천자
(天子)의 자리에 비유한다.《集覽, 朴集,
上, 7ㅈ》北斗左輔右弼. 左輔連附北斗第
〈莭〉六星, 在外, 右弼連附北斗第〈莭〉二
星, 在內. 俱在紫薇(微)垣.

자바가다 동 잡아가다. ⇔나거(拿去).
《朴新諺 3, 19ㅈ》把我家小廝拿去監了兩
日, 내 집 아히 놈을다가 자바가 가도완
지 이틀이오.

자방(字旁) 閔 옛 한글에 찍은 방점(傍點).
《集覽, 凡例》諺音及字旁之點, 皆從鄕語
・鄕音, 詳見反譯凡例.

자부(子婦) 閔 며느리.《集覽, 字解, 單字
解, 8ㅈ》媳. 音息. 子之婦曰媳婦. 又古語
泛稱婦人曰媳婦, 次妻亦曰媳婦.《集覽,

朴集, 上, 12ㅈ》圓飯筵席. 邵氏聞見錄,
宋景文公納子婦, 其婦家饋食.

자비(慈悲) 통 〈불〉 중생에게 즐거움을
주고 괴로움을 없게 하다. 《朴新諺 2, 29
ㅈ》以聲察聲拯慈悲於六道, 소리로 뻐
소리를 슬펴 慈悲를 六道에 건디고.

자비희사(慈悲喜捨) 뎅 〈불〉 자비(慈悲)
롭고 중생을 차별하지 아니하는 보살의
네 가지 마음인, 자무량심(慈無量心)·
비무량심(悲無量心)·희무량심(喜無量
心)·사무량심(捨無量心)의 준말. 《集
覽, 朴集, 中, 4ㅈ》悲雨慈風. 佛發大慈悲,
廣濟衆生, 猶洒雨發風然, 無遠不被, 故曰
風雨. 佛有四無量心, 慈悲喜捨.

자사(子嗣) 뎅 자식. 대를 이을 아들. 《集
覽, 朴集, 中, 2ㅈ》甘結. 今按, 如保擧人
材者, 必寫稱所擧之人, 並無喪過及干娼
優子嗣, 委的賢能, 如虛甘伏重罪云云.

자세(仔細) 혱 사소한 부분까지 아주 구
체적이고 분명하다. ⇔자세ᄒ다(仔
細-). 《朴新諺 3, 11ㅈ》從來不曾見你這
般仔細, 본디 일즉 너 이런 仔細호믈 보
지 못ᄒ엿노라.

자세ᄒ다(仔細-) 혱 자세(仔細)하다. ⇔
자세(仔細). 《朴新諺 3, 11ㅈ》從來不曾
見你這般仔細, 본디 일즉 너 이런 仔細호
믈 보지 못ᄒ엿노라.

자소(紫蘇) 뎅 소엽(蘇葉)을 한방에서 이
르는 말. (꿀풀과의 한해살이풀. 잎과
줄기는 약재로 쓰고 어린잎과 씨는 식
용한다)《朴新諺 2, 39ㅎ》蘿蔔, 댓무우.
蔓菁, 쉿무우. 萵苣, 부로. 葵菜, 아혹. 白
菜, 비치. 赤根菜, 시근치. 芫荽, 고싀.
蔥, 파. 蒜, 마늘. 薤菜, 부치. 莉芥, 형개.
薄荷, 박하. 茼蒿, 믈뿍. 水蘿蔔, 물한댓
무우. 胡蘿蔔, 노른댓무우. 芋頭, 토란.
紫蘇都好種的, 紫蘇를 다 시믐이 됴타.
紫蘇這厮最有用, 紫蘇란 이거시 ᄀ장 쓸
더 이시니.

자수(刺綉) 뎅 =자수(刺繡). '綉'는 '繡'의

속자. 《正字通, 糸部》繡, 俗作綉. 《集覽,
字解, 單字解, 5ㅈ》剌. 音라, 語助. 又痛
也. 瘶剌疼. 集韻作辢. 又音치, 刺綉.

자수(刺繡) 뎅 수놓기. 자수(刺綉). 《集覽,
字解, 單字解, 5ㅈ》剌. 音라, 語助. 又痛
也. 瘶剌疼. 集韻作辢. 又音치, 刺綉.

자수(煮水) 통 물을 끓이다. 《集覽, 字解,
單字解, 2ㅈ》滾. 煮水使沸曰滾滾花水 글
른 믈. 又輪轉曰滾滾了 구으다, 字作轆.
又通共和雜曰累滾 혼 믈와비라. 又滾子
방올.

자숙(煮熟) 통 알맞게 삶(아지)다. 《集覽,
朴集, 上, 3ㅎ》鮮筍燈龍湯. 質問云, 鮮筍,
以筍雕爲玲瓏花樣, 空其內, 糝肉作羹食
之. 又云, 以竹芽切成寸段, 鷄子煮熟, 去
黃, 粧肉做湯. 《集覽, 朴集, 中, 1ㅎ》秃秃
麼思. 劑法如水滑麪〈麵〉, 和圓少彈劑
〈劑〉, 冷水浸手掌, 按作小薄餅兒, 下鍋煮
熟, 以盤盛, 用酥油炒片羊肉, 加塩炒至焦,
以酸甜湯拌和. 滋味得所, 別硏蒜泥調酪,
任便加減, 使竹簽簽食之. 《集覽, 朴集,
下, 6ㅎ》象眼餅子. 傂者再切, 細者有糜
末, 却篩去, 皆要一樣極細如米粒. 下鍋煮
熟, 連湯起在盆內. 用涼水寬投之, 三五次
方得精細.

자시(子時) 뎅 십이시(十二時)의 첫째 시.
밤 11부터 오전 1시까지이다. 《集覽, 朴
集, 下, 10ㅈ》頭戴耳掩或提在手裏. 寅時
揭左邊, 亥時揭右邊而戴, 以寅·亥時爲
通氣, 故揭一邊也, 子·丑時全戴, 爲嚴凝
也.

자신(自身) 뎅 자기 또는 자기의 몸. 《集
覽, 朴集, 中, 2ㅈ》賣主. 一面, 音義云, 猶
言賣主自身. 又一面, 詳見字觧.

자아(字兒) 뎅 문서. 적바림. 증명서. ⇔
문서. 《朴新諺 1, 12ㅈ》你旣要立箇保管
不倒的字兒, 네 이믜 믄허지디 아니믈
맛들 문서룰 셰올 양이면.

자아홀(紫鴉忽) 뎅 자줏빛이 나는 옥(玉)
의 한 가지. 《集覽, 朴集, 上, 9ㅎ》紫鴉

忽. 瓙也. 出南番・西番. 性堅滑, 有紅瓙
・紫瓙, 亦有淡者, 色明瑩. 有大如指面
者, 儘大儘貴. 古語云, 瓙重一錢, 十萬可
相. 瓙, 音날, 舊本作刺〈剌〉, 元語作刺
〈剌〉兒.《集覽, 朴集, 上, 11ㅎ》金廂寶
石. 寶石, 卽上節〈莭〉紫鴉忽之類, 以金爲
斗供〈拱〉而納石於其中, 綴着於女冠之上,
以爲飾也. 音義云, 寶石・에 금 :젼매・워・
쑤・민 頭面.

자액(自縊) 圖 스스로 목을 매다. 스스로
목매어 죽다. 목매어 자살하다.《集覽,
字解, 單字解, 6ㅎ》弔. 以繩懸物曰弔着.
又自縊而死曰弔死. 又物自彫落曰弔了.
又行文州縣取其問囚卷宗曰弔取・曰弔
卷.

자연(自然) 图 자연히. ━⇔자연이(自
然-).《朴新諺 1, 44ㅈ》自然是女孩兒了,
自然이 새각시라. ━⇔자연히(自然-).
《朴新諺 1, 38ㅈ》自然就健旺起來了, 自
然히 健旺ᄒ여 가리라.《朴新諺 1, 51
ㅎ》精神自然爽快了, 精神이 自然히 爽快
ᄒ리라.《朴新諺 2, 25ㅈ》貴體自然漸漸
的健旺了, 貴體 自然히 漸漸 健旺ᄒ리라.

자연(自然) 형 ━자연스럽다. 자연적이
다.《朴新諺 1, 11ㅎ》自然堅固的, 自然
堅固ᄒ리니.《朴新諺 1, 47ㅈ》我自然做
了送你, 내 自然 민드라 너를 주어.《朴
新諺 2, 27ㅈ》我的心病自然都消化了, 내
心病이 自然 다 술아디리라.《朴新諺 3,
5ㅈ》堂上官府憑着理自然合斷的, 堂上
官府ㅣ 理로 ᄒ면 自然 결단ᄒ염 즉호
되. ━그러하다. 당연하다. ⇔그러ᄒ다.
《朴新諺 1, 53ㅈ》這箇自然, 이는 그러ᄒ
리니.

자연이(自然-) 円 자연(自然)히. ⇔자연
(自然).《朴新諺 1, 44ㅈ》自然是女孩兒
了, 自然이 새각시라.

자연히(自然-) 円 ━자연(自然)히. ⇔자
연(自然).《朴新諺 1, 38ㅈ》自然就健旺
起來了, 自然히 健旺ᄒ여 가리라.《朴新

諺 1, 51ㅎ》精神自然爽快了, 精神이 自然
히 爽快ᄒ리라.《朴新諺 2, 25ㅈ》貴體自
然漸漸的健旺了, 貴體 自然히 漸漸 健旺
ᄒ리라. ━절로. 자연(自然)히. ⇔절로.
《朴新諺 1, 24ㅎ》這馬自然是會肥的, 이
몰이 절로 술지리라.

자오(子午) 명 십이지(十二支) 중의 자
(子)와 오(午). 방위로는 자는 정북, 오는
정남에 해당된다. 시각으로는 자는 밤
11시에서 오전 1시까지, 오는 오전 11시
에서 오후 1시까지이다.《集覽, 朴集, 上,
5ㅈ》天赦日. 春戊寅・夏甲午・秋戊申
・冬甲子, 謂天道生育萬物而有其罪也.
甲戊爲陽干之德, 子午爲陰陽之成, 寅申
爲陰陽之立, 以干德配之爲赦也, 可修造
起工(土).

자유(自由) 图 제 마음대로 하다.《集覽,
字解, 累字解, 2ㅈ》自由. 저 ᄆᅀᆞ모로 ᄒ
다.

자음(字音) 명 글자의 음. 흔히 한자(漢字)
의 음을 이른다.《集覽, 朴集, 中, 9ㅈ》閣
落. 按韻〈韵〉書, 栲栳, 木名, 筹筦, 柳器.
並音㘘㘘, 皆上聲, 與本語字音大不相同.
但免疑韻略〈韵畧〉及字學啓蒙字作旭㘘,
音・ᄀᆞ롼. 此二字乃俗之自撰, 諸韻〈韵〉書
所不收, 今不採用.

자음(自飮) 图 자음(自飮)하다. 자기가 직
접 따라 마시다. ⇔자음ᄒ다(自飮-).
《朴新諺 3, 49ㅎ》對酒自飮自歌, 술을 對
ᄒ여 自飮 自歌ᄒ여.

자음ᄒ다(自飮-) 图 자음(自飮)하다. ⇔
자음(自飮).《朴新諺 3, 49ㅎ》對酒自飮
自歌, 술을 對ᄒ여 自飮 自歌ᄒ여.

자의(字意) 명 글자의 뜻. 글자의 의미.
《集覽, 朴集, 上, 9ㅎ》犼皮. 質問云, 羊皮
去毛, 熟軟, 有縶眼. 作靴好看. 今按, 犼
字, 韻〈韵〉書不收, 字意未詳.

자일(子日) 명 지지(地支)가 자(子)인 날.
《朴新諺 1, 10ㅈ》揀箇黃道吉日(朴新注,
4ㅎ: 每月有黃道・白道・黑道, 而黃道最

吉. 卽寅·申月, 子·丑·辰·巳·未·戌日之類), 黃道 吉日을 굴히여.

자재(自在) 통 ━제 스스로 마음 편하게 있다. 《集覽, 字解, 累字解, 2ㅈ》自在. 마슴 편안히 잇다. ━〈불〉 번뇌의 속박에서 벗어나 아무런 장애가 없이 마음대로 하다. 《集覽, 朴集, 中, 4ㅈ》理圓四德. 生死爲常, 不受二邊爲樂, 具入自在爲我, 三業淸淨爲淨.

자재천(自在天) 명 〈불〉 대천세계(大千世界)를 주재한다는 신(神). 눈은 셋, 팔은 여덟이며, 흰 소를 타고 흰 불자(拂子)를 들고 있다고 한다. 《集覽, 朴集, 中, 4ㅎ》童男童女. 觀音現三十二應, 曰佛身, 曰辟支〈支〉, 曰圓覺, 曰聲聞, 曰梵王, 曰帝釋, 曰自在天, 曰大自在天, 曰天大將軍, 曰四天王, 曰四天太子, 曰人王, 曰長者, 曰居士, 曰宰官, 曰婆羅門, 曰比丘, 曰比丘尼, 曰優婆塞, 曰優婆夷, 曰女主, 曰童男, 曰童女, 曰天身, 曰龍身, 曰藥叉, 曰乾達婆, 曰阿脩羅, 曰緊那羅, 曰摩睺羅, 曰樂人, 曰非人.

자제(子弟) 명 남의 집안의 젊은 사람을 일컫는 말. 《集覽, 朴集, 上, 12ㅎ》唱喏. 揖也. 詞曲曰, 一箇唱, 百箇喏, 謂一人呼唱於上, 衆人應諾於下. 如將帥在營幕下, 軍卒投謁於前者列立於〈軍卒投謁於前者列於〉庭, 將帥發一令語, 則衆下齊聲以應. 凡里巷子弟拜謁父兄亦然.

자종(自從) 조 ―으로부터. ―에서. ―부터. ⇔―으로부터. 《朴新諺 2, 26ㅈ》姐姐我自從看上了你, 각시아 내 너를 봄으로부터.

자진(自陳) 통 스스로 진술하다. 스스로 해명하다. 《集覽, 朴集, 上, 10ㅎ》懺悔. 自陳悔也. 六祖惠(慧)能大師曰, 懺者, 懺其前愆, 悔者, 悔其後過.

자찬(自撰) 통 글을 손수 짓거나 책을 편찬하다. 《集覽, 朴集, 中, 9ㅈ》閣落. 按韻〈韵〉書, 栲栳, 木名, 筹笔, 柳器. 並音丵㘬, 皆上聲, 與本語字音大不相同. 但免疑

韻略〈韵畧〉及字學啓蒙字作旭㘬, 音丆丵. 此二字乃俗之自撰, 諸韻〈韵〉書所不收, 今不採用.

자초모(紫貂帽) 명 자색(紫色)의 초피(貂皮)로 만든 모자. 《朴新諺 1, 30ㅈ》是頭戴紫貂帽, 마리에 紫貂帽롤 떠시니.

자추(子推) 명 개자추(介子推). 중국 춘추 시대의 은인(隱人). 진(晉)나라 문공(文公)이 공자(公子)일 때 19년 동안 함께 망명 생활을 하며 고생하였으나, 문공이 귀국하여 왕이 된 후 자신을 멀리하자 면산(綿山)에 들어가 숨어 살았다. 문공이 잘못을 뉘우치고 자추가 나오도록 하기 위하여 그 산에 불을 질렀으나 나오지 않고 타 죽었다고 한다. 《集覽, 朴集, 上, 14ㅎ》寒食. 荊楚記云, 去冬節〈莭〉一百五日, 有疾風甚雨, 謂之寒食, 又謂之百五莭〈莭〉. 秦人呼爲熟食日, 言其不動煙〈烟〉火, 預辦熟食過莭〈莭〉也. 晉文公焚山求子推, 因燒死, 遂禁火以報之.

자칭(自稱) 명 남에게 대하여 자기 스스로를 일컫는 말. 《集覽, 朴集, 上, 8ㅈ》宅子. 俗總稱〈緫称〉家舍曰房子, 自稱〈称〉曰寒家, 文士呼曰寒居, 自指室內曰屋裏, 人稱王公·大人之家曰宅子.

자통수슬란(刺通袖膝欄) 명 원대(元代)에 즐겨 입던 옷. 앞뒤로 흉배(胸背)가 있고, 어깨와 소매가 연결되어 있으며, 등에서 소매까지 무늬를 수놓았다. 《集覽, 朴集, 上, 8ㅎ》刺通袖膝欄. 元時好着此衣, 前後具胷背, 又連肩而通袖之脊, 至袖口爲紋, 當膝周圍亦爲紋如欄干, 然織成段匹爲衣者有之, 或皮或帛, 用綵線周遭回曲爲緣, 如花樣, 刺〈刺〉爲草樹〈對〉·禽獸·山川·宮殿之文於〈紋於〉其內, 備極奇巧, 皆用團領着之, 其直甚高. 達達〈ヒ〉之俗, 今亦猶然. 뷔윤 실로 치질ᄒ니를 呼爲刺, 亦曰和, 音扣.

자폐(資幣) 명 돈. 화폐. 《集覽, 朴集, 上, 13ㅈ》錢鈔. 錢者, 金帛之名. 古曰泉, 後

鑄而曰錢. 古者天降災戾, 於是乎量資幣,
權輕重, 以救民困.

자풍(慈風) 명 자애로운 바람. 《集覽, 朴
集, 中, 4ㅈ》悲雨慈風. 佛發大慈悲, 廣濟
衆生, 猶洒雨發風然, 無遠不被, 故曰風雨.
佛有四無量心, 慈悲喜捨.

자피다 동 잡히다. 소환(召喚)되다. 징집
(徵集)되다. ⇔구취(勾取). 《集覽, 字解,
單字解, 3ㅎ》勾. 平聲, 曲也. 勾龍, 社神,
勾芒, 春神, 勾吳, 地名. 今按, 俗語勾了
유여ᄒ다, 又에우다, 又能勾 어루, 又유
여히. 又吏語, 勾取 자피다, 又勾攝公事
공ᄉ로 블리다, 又勾喚 블리다. 又去聲,
勾當, 幹管也, 又事也, 勾當亦去聲.

자ᄒ 명 재尺. ⇔척(尺). 《朴新諺 2, 8ㅎ》
這緞子每尺紋銀五錢, 이 비단을 미 자히
紋銀 닷 돈식 홀 거시니.

자해(字解) 명 =자해(字解). ‘解’는 ‘解’의
속자. 《宋元以來俗字譜》解, 通俗小說·
古今雜劇·太平樂府·目蓮記作解. 《集
覽, 朴集, 上, 14ㅈ》一面. 호은자. 詳見字
解.

자해(字解) 명 글자에 대한 해석. 주로 한
자(漢字)에 대하여 이른다. 《集覽, 朴集,
上, 14ㅈ》一面. 호은자. 詳見字解.

자후(自後) 명 이로부터 뒤. 《集覽, 朴集,
中, 5ㅎ》執楊柳於掌內拂病體於輕安. 勒
愛子暴病死, 澄又將楊枝沾水, 洒而呪之,
遂蘇. 自後凡謝僧醫病曰辱沾楊枝之水.

자흑(紫黑) 명 자줏빛을 띤 검은색. 《集
覽, 朴集, 上, 15ㅎ》串香褐. 串香者, 合和
諸香以爲佩者也. 凡稱(称)染色之少文采
〈彩〉者曰褐. 串香褐·麝香褐·鷹背褐
·蜜褐·茶褐, 卽黃黑雜色也. 玉褐·艾
褐·水褐·銀褐, 卽白黑雜色也. 藕褐, 卽
紫黑雜色也. 深淺異色, 各取其像.

작(作) 동 ●되다. ⇔되다. 《朴新諺 2, 29
ㅈ》或作童男或化童女, 或 童男이 되고
或 童女ㅣ 되며. ●(옷을) 짓다作. 만들
다. ⇔짓다. 《集覽, 字解, 單字解, 3ㅎ》

做. 韻會遇韻作字註云, 造也, 俗作做非.
箇韻作字註云, 爲也, 造也, 起也, 俗作做
非. 做音, 直信切. 今按, 俗語做甚麽 므슴
ᄒ료, 作衣裳 옷 짓다, 作音조, 去聲. 不
走作 듬띠다 아니타, 作音조, 入聲. 以此
觀之, 則做從去聲, 作互呼去聲·入聲, 通
做字. 俗不用直信切之音. ❷함. ⇔홈.
《朴新諺 2, 30ㅎ》這麽咱們一生作事豈無
罪孽, 이러면 우리 一生에 일을 홈애 엇
지 罪孽이 업스리오. ❹(행)하다. 종사
(從事)하다. 실행(實行)하다. ⇔ᄒ다.
《朴新諺 2, 34ㅎ》若作非理必受其殃, 만
일 非理에 노룻슬 ᄒ면 반ᄃ시 그 앙화
를 밧는다 ᄒ니.

작(昨) 명 어제. 작일(昨日). ⇔어제. 《朴
新諺 3, 43ㅈ》昨夜做道場有你在那裡麽,
어젯밤 道場홀 제 네 거긔 잇더냐.

작괴(作怪) 형 괴이(怪異)하다. 이상야릇
하다. 색다르다. ⇔괴이ᄒ다. 《朴新諺
2, 54ㅎ》說這般作怪的言語, 이런 괴이ᄒ
말을 니른다.

작록(爵祿) 명 관작(官爵)과 봉록(俸祿).
《集覽, 朴集, 上, 7ㅈ》南斗. 晉書天文志,
六星天廟〈庙〉, 丞相太宰之位, 主襃賢進
士, 稟授爵祿.

작설(雀舌) 명 날름쇠. ⇔혀쇠. 《朴新諺
1, 22ㅈ》那雀舌做得牢壯也好, 뎌 혀쇠는
민들기를 牢壯히 ᄒ야시니 ᄯᅩ 됴타.

작아(雀兒) 명 새. 또는 참새. ⇔새. 《朴新
諺 1, 39ㅎ》這是雀兒, 이는 이 새로다.
《朴新諺 2, 12ㅈ》那箇主兒又叫做頑雀兒
的, 뎌 님자를 ᄯᅩ 새 놀리는 이라 부르는
이라. 《朴新諺 2, 46ㅈ》每日偸空便上去
拿雀兒, 每日에 뷘 ᄢᅢ를 타 곳 올라가 새
를 잡노라.

작악(作惡) 동 작악(作惡)하다. (나쁜 짓
을 저지르다) ⇔작악ᄒ다(作惡-). 《集
覽, 朴集, 下, 1ㅎ》證果金身. 言果報者,
觀經疏云, 行眞實法感得勝報也. 又修善
得善果, 作惡得惡報, 謂之果報. 《朴新諺

2, 34ㅈ》屢屢的如此行凶作惡, ᄌ조 이리 行凶 作惡ᄒ더라.

작악ᄒ다(作惡-) 통 작악(作惡)하다. ⇔ 작악(作惡). 《朴新諺 2, 34ㅈ》屢屢的如此行凶作惡, ᄌ조 이리 行凶 作惡ᄒ더라.

작야(昨夜) 명 어젯밤. ⇔어젯밤. 《朴新諺 3, 43ㅈ》昨夜做道塲有你在那裡麼, 어젯밤 道塲ᄒᆯ 제 네 거긔 잇더냐.

작일(昨日) 명 어제. ●⇔어제. 《朴新諺 1, 56ㅎ》小弟昨日曾到貴宅奉拜, 小弟 어제 일즉 貴宅에 가 奉拜ᄒ려 ᄒ여. 《朴新諺 2, 21ㅎ》昨日來的, 어제 왓노라. 《朴新諺 2, 24ㅈ》是小弟昨日在張少卿家慶賀筵席上, 올ᄒ니 小弟 어제 張少卿의 집 慶賀 筵席에서. 《朴新諺 3, 39ㅎ》昨日起身去了, 어제 起身ᄒ여 갓ᄂᆞ니라. ●⇔어지. 《朴新諺 1, 29ㅈ》昨日在午門外, 어지 午門 밧긔셔. 《朴新諺 2, 4ㅈ》昨日是張千摠的生日, 어지ᄂᆞᆫ 이 張千摠의 生日이니. 《朴新諺 2, 51ㅈ》昨日衙門書辦已將文書送來了, 어지 衙門 셔반이 이믜 文書를다가 보내엿더라. 《朴新諺 2, 52ㅈ》昨日那厮恰到我家來, 어지 뎌 놈이 마치 내 집의 왓거늘.

작자(綽子) 명 중국 강회(江淮) 지방에서 일컫던, 배자(褙子)의 다른 이름. 《集覽, 朴集, 上, 8ㅎ》搭護. 事物紀原云, 隋内官多服半臂, 餘皆長袖. 唐高祖減其袖, 謂之半臂, 卽今背子也. 江淮間或曰綽子, 庶人競服之. 今俗呼爲搭護, 더그레.

작질(爵秩) 명 작위(爵位)와 봉록(俸祿). 《集覽, 朴集, 上, 7ㅈ》南斗. 南極老人星名, 曰天府, 曰天相, 曰天梁, 曰天童, 曰天樞, 曰天機. 六星秉爵秩祿俸之籍, 能解本命〈肏〉之厄.

작천(作踐) 통 천답(踐踏)하다. 짓밟다. 유린(蹂躪)하다. (사람을) 못살게 굴다. 학대하다. ⇔천답ᄒ다. 《朴新諺 3, 22ㅈ》如此作賤(踐)佛家弟子, 이러트시 佛家 弟子를 천답ᄒ더라.

작희(作戲) 통 놀이를 하다. 《集覽, 朴集, 中, 1ㅈ》弄寶盖. 凡優人以造化鳥爲戲時, 一人擎一彩帛葆盖, 先入優塲, 以告戲雀之由. 次有一人捧一雀以入作戲. 如本節〈莭〉所云, 造化鳥 종〈종〉다리, 雄曰銅觜, 雌曰鐵觜.

잔 명 잔(盞). 술잔. ⇔주종(酒種). 《朴新諺 2, 21ㅈ》還有羅鍋, ᄯᅩ 노고와. 柳箱, 섥과. 灑子, 드레와. 碗楪, 사발 졉시와. 匙筯, 수져와. 榪杓, 나모쥬게와. 箪籬, 됴리와. 炊箒, 솔과. 擦床兒, 슉치칼과. 簏(籬)箕, 키와. 篩子, 얼밍이와. 馬尾羅, 물총체와. 桌子, 상과. 盤子, 盤과. 茶盤, 찻반과. 燈臺, 燈臺와. 酒種, 잔과. 酒醋, 쥬벼ᄋᆞ와. 銅杓, 놋쥬게 이시니.

잔 의 잔(盞). ●⇔배(杯). 《朴新諺 1, 51ㅎ》買幾杯避風酒吃, 여러 잔 避風酒를 사 먹으면. 《朴新諺 2, 4ㅈ》吃了幾杯酒過了兩道湯, 여러 잔 술 먹고 兩道 湯을 지내고. 《朴新諺 2, 36ㅎ》且打些酒來吃幾杯解寒何如, ᄯᅩ 져긔 술 가져와 여러 잔 먹어 解寒홈이 엇더ᄒ뇨. 《朴新諺 3, 59ㅈ》且請坐一坐再用一杯粗茶, 아직 請컨대 안즈라 다시 ᄒᆫ 잔 좀차롤 먹쟈. ●⇔배(盃). 《朴新諺 1, 6ㅈ》每人先痛飮幾盃如何. 每人이 몬져 여러 잔 痛飮ᄒ미 엇더ᄒ뇨. 《朴新諺 1, 6ㅎ》好多飮幾盃, ᄀᆞ장 여러 잔 먹고. ●⇔잔(盞). 《朴新諺 2, 25ㅈ》水用二盞半, 물은 두 잔 반을 ᄡᅳ고.

잔(盞) 명 잔. 《朴新諺 1, 46ㅎ》慢慢的我與你把盞, 날호여 내 네게 盞 자브마.

잔(盞) 의 잔. ⇔잔. 《朴新諺 1, 7ㅈ》飯後每人湏(須)要再吃三盞上馬盃, 밥 후에 每人이 다시 三盞 上馬盃를 먹고. 《朴新諺 2, 25ㅈ》水用二盞半, 물은 두 잔 반을 ᄡᅳ고.

잔신(剗新) 图 새로이. 한결같이. ⇔새로이. 《集覽, 字解, 累字解, 1ㅈ》剗新. 새로이. 《集覽, 字解, 累字解, 1ㅈ》斬新. 上同.

잔지(剗地) 图 한결같이. 늘. 언제나. ⇔

미오로시. 《集覽, 字解, 累字解, 1ㅈ》一
刻. 미오로시. 亦曰劃地.

잔치 圐 잔치. ⇔연석(筵席). 《朴新諺 1,
7ㅎ》又道天下無不散之筵席, 또 니르되
天下에 홋터지지 아닐 잔치 업다 ᄒ니.
《朴新諺 2, 6ㅈ》辦了筵席叫了鼓樂, 잔치
를 출호고 鼓樂을 불러.

잘 团 잘. ●⇔능(能). 《集覽, 字解, 單字解,
7ㅎ》走. 行也. 돈니다. 又逃回曰走回. 又
跑也. 能走·快走 잘 돈ᄂ다. 又透漏也.
走話. 又洩也. 走了氣 김 나다. ●⇔진
(眞). 《朴新諺 1, 17ㅈ》你眞猜着了, 네 잘
짐작ᄒ엿다. ●⇔쾌(快). 《集覽, 字解,
單字解, 7ㅎ》走. 行也. 돈니다. 又逃回曰
走回. 又跑也. 能走·快走 잘 돈ᄂ다. 又
透漏也. 走話. 又洩也. 走了氣 김 나다.
四⇔호(好). 《朴新諺 1, 42ㅈ》好好的喂
他, 잘 뎌롤 먹이라. 《朴新諺 2, 20ㅈ》你
只把文契收好了, 네 그저 글월을다가 잘
거두어. 《朴新諺 2, 22ㅈ》謝天地只願好
收成就勾了, 天地끠 謝ᄒᄂ니 다만 원컨
대 잘 收成ᄒ면 곳 넉넉ᄒ리로다. 《朴新
諺 3, 10ㅈ》先掘土打兩擔水未好和泥, 몬
져 흙을 픠고 두 짐 물을 기러 와 잘 흙을
니기되. 《朴新諺 3, 40ㅎ》好畫匠那裡有,
그림 잘 그리는 쟝인이 어디 잇ᄂ뇨.

잘ᄒ다 圐 잘하다. ●⇔관(慣). 《朴新諺
1, 35ㅈ》人貧只爲慳少債慣說謊, 사름이
가난ᄒ면 그저 다랍고 빗지면 거즛말
니르기 잘혼다 ᄒ니라. ●⇔선능(善能).
《朴新諺 2, 9ㅎ》善能參禪打坐, 參禪 打坐
ᄒ기룰 잘ᄒ더라. ●⇔호(好). 《朴新諺
1, 21ㅎ》那三台板却做得好, 뎌 三台 돈
은 민돌기룰 잘ᄒ엿고. 《朴新諺 1, 45
ㅈ》不但文章做得好, 글짓기룰 잘홀 ᄲᅮᆫ
아니라. 《朴新諺 1, 57ㅎ》你若用心做的
好, 네 만일 用心ᄒ여 민돌기룰 잘ᄒ면.
《朴新諺 2, 28ㅈ》那兩箇漢子把那驢·騾
喂好了, 뎌 두 놈은 나귀와 노새룰다가
먹이기룰 잘ᄒ여. 《朴新諺 2, 32ㅈ》那廝

十分做的好, 뎌 놈이 ᄀ장 민들기를 잘
ᄒᄂ니. 《朴新諺 2, 40ㅎ》你們把菜園都
收拾好着, 너희들이 菜園을다가 다 收拾
ᄒ기를 잘ᄒ고. 《朴新諺 3, 10ㅎ》我們且
把準線掛好了, 우리 또 드림줄을다가 걸
기를 잘ᄒ쟈. 《朴新諺 3, 34ㅈ》你與我收
拾好, 네 나를 위ᄒ여 收拾기를 잘ᄒ면.
《朴新諺 3, 45ㅈ》煤爐子也要收拾好了,
煤爐도 收拾ᄒ기를 잘ᄒ라.

잠(暫) 团 잠깐. 잠시. 조금. ⇔잠싼. 《朴
新諺 3, 59ㅈ》請暫別過罷, 請컨대 잠싼
니별ᄒ쟈.

잠(簪) 圐 비녀. ⇔빈혀. 《朴新諺 1, 23ㅎ》
四對珠簪, 네 ᄡᅡᆼ 진쥬 박은 빈혀와.

잠싼 团 잠깐. 잠시. 조금. ⇔잠(暫). 《朴
新諺 3, 59ㅈ》請暫別過罷, 請컨대 잠싼
니별ᄒ쟈.

잡(匝) 団 겹. 《集覽, 朴集, 上, 9ㅈ》結椶帽.
椶, 木名, 高一二丈, 葉如車輪, 旁〈旁〉無
枝, 皆萃於木杪. 其下有皮, 重疊裹之, 每皮
一匝爲一節〈莭〉, 花黃白色, 結實作房, 如
魚子狀, 其皮皆是絲而經緯如織, 傍有細
縷, 交相連綴不散. 取其絲理之, 以結成大
帽. 又剝其皮一匝, 編爲蓑衣, 亦可避雨.

잡(煤) 图 기름에 음식을 지지다. 《集覽,
朴集, 上, 2ㅎ》煤. 音義, 音짱, 誤. 以油煎
也.

잡극(雜劇) 圐 중국에서 이루어진 연극
형태의 하나. 송대(宋代)에는 익살 풍자
극을, 원대(元代)에는 고사(故事)·전설
·재판 따위의 내용을 다룬 가극을, 명
·청대(明清代)에는 단편극을 이르는
말로 쓰였다. 《集覽, 朴集, 上, 2ㅎ》院本.
南村輟耕錄云, 唐有傳奇, 宋有戲曲·唱
諢·詞說, 金有雜劇·諸宮調. 院本·雜
劇, 其實一也. 《集覽, 朴集, 上, 6ㅎ》拘欄.
質問云, 麗春院樂人搬演戲文雜劇之處也.

잡기(雜技) 圐 오락 형식의 하나. 백희(百
戲)·잡악(雜樂)·가무희(歌舞戲)·괴
뢰희(傀儡戲) 따위를 이른다. 《集覽, 朴

集, 中, 1ㅈ》枸〈拘〉欄. 見上〈見上篇〉. 《朴新諺 2, 10ㅎ》咱們到拘欄院裏看雜技去罷, 우리 拘欄院에 雜技 보라 가쟈.

잡노룻ㅎ다 图 잡기(雜技)를 하다. ⇔잡쇠(雜要). 《朴新諺 1, 5ㅎ》幷着他叫些歌唱的諸樣雜要的來, 아오로 더로 ㅎ여 노래 부르고 여러 가지 잡노룻ㅎ는 이룰 불러와. 《朴新諺 1, 6ㅎ》叫雜要的來, 잡노룻ㅎ는 이룰 불러와.

잡다 图 ❶잡다捕. ❶⇔나(拿). 《朴新諺 2, 17ㅎ》拿這管馬的弔起來打, 이 물 ㄱ음아는 이룰 잡아 둘고 치라. 《朴新諺 2, 34ㅎ》必要拿你抵償怎麼好呢, 반두시 너룰 자바 죄에 다혀 샹명홀 거시니 엇디 됴흐리오. 《朴新諺 2, 46ㅈ》每日偷空便上去拿雀兒, 每日에 뷘 째를 타 곳 올라가 새를 잡노라. 《朴新諺 3, 22ㅈ》便拿着拉車觧鋸, 곳 잡아 술위 쓰이며 톱질 시겨. 《朴新諺 3, 24ㅈ》便拿下來磕死了, 곳 자바 느리와 즛긔텨 죽이고. ❷⇔나주(拿住). 《朴新諺 1, 35ㅎ》便拿住那和尙打的半死半活, 곳 뎌 듕을 자바 텨 半死 半活ㅎ니. ❸⇔착(捉). 《朴新諺 3, 20ㅎ》捉賊無贓, 도적을 잡으매 장물이 업스니. 《朴新諺 3, 53ㅈ》捉賊見贓, 도적 잡기는 贓物을 보고. 廝打驗傷, 서로 빠흔 디는 傷處를 驗혼다 ㅎ니라. ❹⇔타(打). 《朴新諺 3, 49ㅈ》秀才哥咱們打魚去罷, 秀才 형아 우리 고기 잡으라 가쟈. ❷잡다執. 쥐다. ❶⇔나(拿). 《朴新諺 1, 40ㅈ》墻上一箇琵琶任誰不敢拿他, 담 우희 혼 琵琶룰 아모도 敢히 더룰 잡지 못ㅎ는 거시여. 《朴新諺 3, 26ㅎ》拿着肩膀丟在裡面, 엇게를 잡아 안희 드리치니. ❷⇔염(拈). 《朴新諺 1, 26ㅎ》拈子為之不許更改的, 몰 자바 뎡ㅎ고 고치믈 허치 마쟈. ❸⇔제(提). 《朴新諺 3, 28ㅈ》行者用手把頭提起, 行者] 손으로 뻐 머리룰다가 잡아 니룪혀. ❹⇔집(執). 《朴新諺 2, 29ㅎ》執楊柳於掌內拂

病體於輕安, 楊柳룰 손에 잡아 病體룰 輕安혼 디 썰치고. ❺⇔파(把). 《朴新諺 1, 46ㅎ》慢慢的我與你把盞, 날호여 내 네게 盞 자브마.

잡답(雜遝) 명 번잡하고 어수선한 모양. 난잡하고 소란스러운 모양. 《集覽, 朴集, 上, 14ㅎ》拜節. 歲時樂事記云, 元日, 士庶自早互相慶賀, 車馬交馳, 衣服華換, 雜遝街市, 三四日乃止〈三四日而乃止〉.

잡색(雜色) 명 여러 가지 잡다한 색. 《集覽, 朴集, 上, 15ㅎ》串香褐. 串香褐・麝香褐・鷹背褐・蜜褐・茶褐, 卽黃黑雜色也. 玉褐・艾褐・水褐・銀褐, 卽白黑雜色也. 藕褐, 卽紫黑雜色也.

잡쇠(雜要) 图 잡기(雜技)를 하다. ⇔잡노룻ㅎ다. 《朴新諺 1, 5ㅎ》幷着他叫些歌唱的諸樣雜要的來, 아오로 더로 ㅎ여 노래 부르고 여러 가지 잡노룻ㅎ는 이룰 불러와. 《朴新諺 1, 6ㅎ》叫雜要的來, 잡노룻ㅎ는 이룰 불러와.

잡아가다 图 잡아가다. 이끌어 가다. 데리고 가다. ⇔대도(帶到). 《朴新諺 2, 35ㅈ》就把老李帶到衙門, 즉시 老李룰다가 衙門에 잡아가.

잡은것 명 잡다한 물건. ⇔동서(東西). 《朴新諺 2, 13ㅎ》我到染房裏染東西去, 내 물집의 잡은것 물드리라 가쟈. 《朴新諺 2, 41ㅈ》看有東西在那裏, 잡은거시 아모 디 잇는 줄을 보아. 《朴新諺 2, 41ㅎ》他怎麼得能勾偸了東西去呢, 데 엇지 시러곰 능히 잡은거슬 도적ㅎ여 가리오.

잡작(雜作) 图 함께 일하다. 《集覽, 朴集, 上, 10ㅈ》袈裟. 三曰安陁會, 卽五條也, 院內行道雜作衣.

잡직(雜職) 명 품계에 들지 않은 말단 벼슬아치. 《朴新諺 2, 51ㅎ》似我這般雜職微員陞轉極難, 우리 又흔 이 雜職 微員은 陞轉ㅎ기 극히 어려워.

잡패(雜佩) 명 잡다한 패물(佩物). 《集覽, 朴集, 上, 15ㅈ》玉泉. 山有石洞三, 一在

山之西南, 其下有泉, 深淺莫測. 一在山之
陽, 泉出石罅間, 鑿石爲螭頭, 泉從螭口噴
出, 鳴若雜佩, 色如素錬〈練〉, 泓澄百頃.
《朴新諺 2, 5ㅎ》西湖是從玉泉山(朴新注,
24ㅈ: 在宛平縣, 距京都西北三十里, 山有
石洞三. 一在山之西南, 其下有泉, 深淺莫
測. 一在山之陽, 泉出石罅間, 鑿石為螭頭,
泉從螭口噴出, 鳴若雜佩, 色如素練, 泓澄
百頃. 一在山之根, 有泉湧出, 洞門刻玉泉
二字.)流下來的, 西湖는 이 玉泉山으로
조차 흘러느린 거시니.

잡피다 图 잡히다. 구속되다. ⇔나주(拿
住).《朴新諺 3, 19ㅎ》被巡夜的拿住, 순
라에 잡피믈 닙어.

잡화포(雜貨鋪) 阅 잡화를 파는 가게.
《朴新諺 1, 12ㅎ》我如今把騎的馬就寄在
這雜貨鋪裏, 내 이제 튼 물을다가 곳 이
雜貨鋪에 부려 두고.

잡희(雜戲) 阅 오락 형식의 하나. 백희(百
戲)・잡악(雜樂)・가무희(歌舞戲)・괴
뢰희(傀儡戲) 등을 포함한다.《朴新諺 1,
5ㅎ》再問敎坊司(朴新注, 2ㅎ: 掌音樂・
雜戲之司.), 坐 敎坊司에 무러.

잣 阅 ●셩[城]. ⇔셩(城).《朴新諺 1, 58
ㅈ》京都城內積慶坊住民人趙寶兒, 京都
잣 안 積慶坊에셔 사논 民人 趙寶兒 ㅣ.
《朴新諺 2, 23ㅈ》來到這城裏都賣了, 이
잣 안희 와 다 프랏노라. ●잣[柏]. ⇔송
자(松子).《朴新諺 1, 4ㅈ》乾果子呢, 므
론 과실은. 榛子, 개암. 松子, 잣. 瓜子, 슈
박삐. 乾葡萄, 마론葡萄. 栗子, 밤. 龍眼,
龍眼. 桃仁, 복셩화삐. 荔子, 녀지요.

장 阅 장(欌). 또는 상자. 궤짝. ⇔주(廚).
《朴新諺 2, 42ㅎ》伙計們把那廚開了, 동
모들아 뎌 장을 열고.

장 回 장(壯). (쑥뜸을 할 때 쑥 덩어리의
수효를 세는 단위)《朴新諺 1, 37ㅎ》脚
踝上灸了三艾, 발 안쮜머리 우희 세 장
뿍으로 쓰니.

장(丈) 回 ●길. ⇔길.《集覽, 朴集, 下, 7

ㅎ》窩兒. 又一本質問畫毬門架子, 如本國
抛毬樂架子, 而云木架子, 其高一丈, 用五
色絹結成彩門, 中有圓眼, 擊起毬兒入眼
過落窩者勝.《朴新諺 3, 47ㅎ》拿着三丈
高的一面大旗, 세 길이나 노픈 一面 大旗
를 가지고. ●발. ⇔발.《朴新諺 1, 16
ㅎ》這是幾丈一疋呢, 이 몃 발 혼 疋고.
《朴新諺 3, 3ㅎ》孩子你與我買幾丈夏布
來, 아히아 네 나를 위호여 여러 발 뵈를
사 와.

장(仗) 图 믿다. 기대다. 의지(依支)하다.
⇔믿다.《朴新諺 2, 23ㅈ》全仗着這吳爺
一路服事我來, 젼혀 이 吳爺ㅣ 一路에 나
를 服事홈을 미덧노라.

장(匠) 阅 장인(匠人). ⇔쟝인.《朴新諺 3,
40ㅎ》好畫匠那裡有, 그림 잘 그리는 쟝
인이 어디 잇느뇨.

장(狀) 阅 고장(告狀). 소장(訴狀). ⇔고
장.《朴新諺 2, 35ㅈ》那婦人便走到衙門
裏告了一狀, 뎌 계집이 곳 衙門에 가 혼
狀을 告호니.《朴新諺 3, 53ㅈ》這狀告到
衙門, 이 고장을 衙門에 告호면.

장(長) 图 나다. 또는 생기다. 자라다. ⇔
나다.《朴新諺 1, 15ㅈ》你那腮頰上長的
甚麼瘡, 네 져 쌤에 난 거시 므슴 瘡고.

장(長) 阅 길이. ⇔기리.《朴新諺 2, 13ㅎ》
這杭州綾子每疋有七托長, 이 杭州ㅅ 綾
이 每 疋에 닐곱 발 기리 잇고.

장(長) 阍 길다. ●⇔기다.《朴新諺 1, 21
ㅎ》鞦轡忒長了, 바탕이 너무 기다. ●⇔
길다.《朴新諺 1, 32ㅈ》十箇指頭也有長
短的, 열 손가락도 긴 이 져른 이 잇느니.
《朴新諺 1, 40ㅈ》家後一羣羊箇箇尾子長,
딥 뒤히 혼 무리 羊이 낫낫치 꼬리 긴
거시여.《朴新諺 1, 40ㅎ》一箇長甕兒窄
窄口裏頭盛着糯米酒, 혼 긴 독 조븐 부리
안희 찹쌀술 담은 거시여.《朴新諺 2, 11
ㅎ》拿一箇一托長碗口大的紅油畫金棒子,
호나 혼 발맛치 길고 사발맛치 큰 불근
칠호고 금으로 그린 막대롤 가져.《朴新

諺 2, 41ㅎ》把指頭大的長鐵釘, 손가락 굴긔에 긴 쇠못스로다가.《朴新諺 3, 11ㅎ》你有長指甲替我抓一抓, 네 긴 손톱이 잇거든 나를 ᄀᆞ르차 글그라.

장(將) 图 가지다. ⇔가지다.《集覽, 字解, 單字解, 1ㅎ》稍. 寄也. 稍將來 브터 가져오라.《集覽, 字解, 單字解, 4ㅈ》將. 持也. 將來 가져오라, 將着 가지라, 將咱們 우리를다가. 又將次 쟝ᄎᆞ.《朴新諺 2, 50ㅈ》將花㲚鋪在炕上, 花㲚 가져다가 캉에 ᄭᆞᆯ고.

장(將) 图 쟝차(將次). 앞으로. 미래에. ⇔쟝ᄎᆞ.《朴新諺 1, 44ㅎ》將近滿月, 쟝ᄎᆞ 왼둘에 갓가오매.

장(將) 图 **1●**'-를'의 뜻. (격조사 '를' 뒤에 붙는다) ⇔-다가.《集覽, 字解, 單字解, 4ㅈ》將. 持也. 將來 가져오라, 將着 가지라, 將咱們 우리를다가. 又將次 쟝ᄎᆞ.《朴新諺 2, 50ㅈ》將鏤金香爐擺上燒些餠子香, 鏤金 香爐를다가 버려 져기 餠子香을 피오고.《朴新諺 2, 51ㅈ》昨日衙門書辦已將文書送來了, 어지 衙門 셔반이 이믜 文書를다가 보내엿더라. **●**'-를'의 뜻. (격조사 '롤' 뒤에 붙는다) ⇔-다가.《朴新諺 3, 52ㅎ》竟將小人面門打破耳根打傷, 모ᄎᆞᆷ내 小人의 ᄂᆞᆺ출다가 텨 ᄭᅢ이고 귀 밋출 텨 傷히오니. **2●**'-을'의 뜻. (격조사 '을' 뒤에 붙는다) ⇔-다가.《朴新諺 1, 43ㅈ》將風屑去乾淨了, 비듬을다가 업시ᄒᆞ여 乾淨히 ᄒᆞ고.《朴新諺 1, 58ㅎ》將家中所有直錢物件, 家中에 잇ᄂᆞᆫ 갑빤 物件을다가.

장(張) 囘 **●**셩(姓)씨의 하나.《集覽, 朴集, 上, 6ㅈ》張黑子. 張, 姓. 黑子, 痣也. 張之面有痣, 因以爲號, 人號爲張黑子.《朴新諺 1, 19ㅈ》張哥在家麼, 張哥ㅣ아 집의 잇ᄂᆞᆫ냐.《朴新諺 2, 4ㅈ》昨日是張千摠的生日, 어지는 이 張千摠의 生日이니. **●**장(張). 종잇장. ⇔쟝.《朴新諺 2, 19ㅎ》看這張賣契, 보니 이 쟝 ᄑᆞᄂᆞᆫ글월이.《朴

新諺 3, 59ㅈ》惟有些高麗筆(筆)·墨·紙張, 오직 져기 高麗人 붓과 먹과 됴희人 쟝이 이셔.

장(張) 凹 **1**쟝. (종이의 수효를 세는 단위) **●**⇔댱.《朴新諺 3, 51ㅎ》陸序班你與我寫一張狀子, 陸序班아 네 나를 혼 댱 고장을 뻐 주고려. **●**⇔쟝.《朴新諺 1, 32ㅈ》你要買幾張, 네 몃 쟝을 사려 ᄒᆞᄂᆞᆫ다.《朴新諺 1, 32ㅎ》給你一張三錢罷, 너룰 혼 쟝에 서 돈식 주리라.《朴新諺 2, 44ㅈ》大哥煩你代我寫一張租房契, 큰형아 네게 비ᄂᆞ니 나를 ᄀᆞ르차 혼 쟝 집 셰내는 글월을 쓰고려. **2●**쟝. (가죽의 수효를 세는 단위)《朴新諺 1, 32ㅎ》每張只要五錢銀子, 每 張에 그저 닷 돈 은을 바드려 ᄒᆞ니.《朴新諺 1, 33ㅈ》六箇猠皮每張三錢, 여슷 猠皮에 每 張에 서 돈식 ᄒᆞ면. **●**쟝. (활의 수효를 세는 단위) ⇔쟝.《朴新諺 1, 57ㅈ》你代我做両張弓如何, 네 날을 ᄀᆞ르차 두 쟝 활을 민들미 엇더ᄒᆞ뇨.《朴新諺 1, 57ㅎ》要做十箇氣力的一張, 십 분 힘에 치 혼 쟝과. 七八箇氣力的一張, 칠팔 분 힘에 치 혼 쟝을 민들고져 ᄒᆞ노라.《朴新諺 2, 31ㅈ》弓俗裏揷一張弓, 활동개에 혼 쟝 활 곳고.

장(掌) 图 가마는. 관리하는. 주관하는. ⇔ᄀᆞ음아는.《朴新諺 2, 8ㅈ》掌樻的(朴新注, 25ㅈ: 主管市店者之稱.)老哥, 樻 ᄀᆞ음아는 늙은 형아.《朴新諺 2, 42ㅈ》掌樻的你這舖裏有四季花的段子麼, 樻 ᄀᆞ음아ᄂᆞᆫ 이아 네 이 푸즈에 四季花 문혼 비단이 잇ᄂᆞᆫ냐.

장(掌) 凹 손. ⇔손.《朴新諺 2, 29ㅎ》執楊柳於掌內拂病體於輕安, 楊柳롤 손에 잡아 病體를 輕安혼 ᄃᆡ 쓸치고.

장(粧) 图 꾸미다. ⇔쑤미다.《朴新諺 3, 47ㅈ》還有那粧二郎神的, ᄯᅩ 뎌 二郎神의 모양 쑤민 거시 이시니.

장(葬) 图 장(葬)하다. 장사(葬事)를 지내

다. ⇔장ᄒᆞ다(葬-). 《朴新諺 3, 44ㅈ》實葬了呢還是火葬的, 실로 葬ᄒᆞ엿ᄂᆞ냐 ᄯᅩ이 火葬ᄒᆞ엿ᄂᆞ냐.

장(裝) 동 ❶넣다. 담다. ⇔넣다. 《朴新諺 3, 2ㅈ》橫子裡裝的衣服也被他咬破了好些, 橫 속에 너흔 衣服도 제 처ᄇᆞ린 거시 만흐니. ❷만들다. 또는 설치하다. 조립하다. 부착하다. ⇔ᄆᆡᆫ들다. 《朴新諺 1, 17ㅎ》裝修餙樣都好, ᄆᆡᆫ든 것과 ᄭᅮ민 모양이 다 됴흐니라. 《朴新諺 1, 18ㅈ》再把裝修餙樣說與他, 다시 ᄆᆡᆫ들기와 ᄭᅮ밀 모양을 저ᄃᆞ려 닐러. 《朴新諺 1, 19ㅎ》但是刀頭與裝修餙樣我說與你, 다만 칼눌과 ᄆᆡᆫ들기와 ᄭᅮ밀 모양을 내 너ᄃᆞ려 니ᄅᆞᆯ 써시니. ❸싣다. 담다. ⇔싣다. 《朴新諺 1, 15ㅈ》把八口俗米都裝上, 여듧 쟈ᄅᆞ에 ᄡᆞᆯ을 다 시르면. 《朴新諺 3, 46ㅎ》裝在一箇大車上, 흔 큰 술위에 시러 두고. ❹꾸미다. ⇔ᄭᅮ미다. 《朴新諺 1, 29ㅎ》象牙裝鞘小刀, 象牙로 가풀 ᄭᅮ민 져근 칼이오. ❺올리다. 입히다. ⇔올리다. 《朴新諺 3, 8ㅈ》正要裝金開光, 正히 금 올려 빗내려 ᄒᆞ더니.

장(墻) 명 담墻. ⇔담. 《朴新諺 1, 9ㅎ》我家的墻也倒了幾堵, 우리 집 담도 여러 돌림이 믄허져시니. 《朴新諺 1, 10ㅈ》叫幾箇打土墻的匠工來, 여러 토담 ᄡᅳᄂᆞᆫ 쟝인을 블러와. 《朴新諺 1, 10ㅎ》你向來打土墻是多少一板, 네 져적의 토담 ᄡᅳᆯ 제 언머에 흔 틀을 ᄒᆞ더뇨. 《朴新諺 1, 39ㅎ》墻上一塊土吊下來禮拜, 담 우희 흔 덩이 흙이 써러뎌 ᄂᆞ려와 禮拜ᄒᆞᄂᆞᆫ 거시여. 《朴新諺 1, 40ㅎ》墻上一箇琵琶任誰不敢拿他, 담 우희 흔 琵琶롤 아모도 敢히 뎌롤 잡지 못ᄒᆞᄂᆞᆫ 거시여. 《朴新諺 3, 17ㅈ》那西壁廂還要打一道墻, 뎌 셔편에 ᄯᅩ 흔 줄 담을 ᄡᅡ고. 《朴新諺 3, 51ㅈ》倫盜布疋仍跳墻而去, 布疋을 도적ᄒᆞ고 인ᄒᆞ여 담을 너머 나가시되. 《朴新諺 3, 53ㅎ》好到各處橋上墻角頭貼去, 各處 ᄃᆞ리

우와 담 모롱이에 부치라 가게 ᄒᆞ고.

장(蔵) 동 =장(藏). '蔵'은 '藏'과 같다. 《龍龕手鑑, 草部》蔵, 藏莨, 莨尾草也. 《朴新諺 3, 22ㅎ》孫行者便到羅天大醮壇場上蔵身, 孫行者ㅣ 곳 羅天大醮ᄒᆞᄂᆞᆫ 壇場에 가 몸을 곰초아.

장(藏) 동 감추다. ⇔곰초다. 《朴新諺 3, 22ㅎ》孫行者便到羅天大醮壇場上藏身, 孫行者ㅣ 곳 羅天大醮ᄒᆞᄂᆞᆫ 壇場에 가 몸을 곰초아.

장(贜) 명 장물(贜物). 훔친 물건. ❶⇔장물. 《朴新諺 3, 20ㅎ》捉賊無贜, 도적을 잡으매 장물이 업스니. ❷⇔장물(贜物). 《朴新諺 3, 53ㅈ》捉賊見贜, 도적 잡기ᄂᆞᆫ 贜物을 보고. 厮打驗傷, 서ᄅᆞ ᄡᅡ혼 ᄃᆡᄂᆞᆫ 傷處를 驗혼다 ᄒᆞ니라.

장(醬) 명 장. 《朴新諺 2, 16ㅈ》油·塩·醬·醋·茶各一斤, 기름과 소곰과 醬과 醋와 茶ㅣ 各 흔 근이오.

장가(張家) 명 장가(張哥). 장씨. 《集覽, 字解, 單字解, 5ㅎ》家. 止指一數之稱. 一箇家 흔 낫식, 幾箇家 몃 낫식, 又현 낫식, 幾年家 현 히식. 又槩也. 大家 대개. 又擧姓呼人之稱. 李家·張家. 又呼皇帝曰官家. 又語助. 沒有家 업다.

장가(莊家) 명 향암(鄕闇). 농민. 시골뜨기. ⇔향암. 《集覽, 朴集, 上, 13ㅈ》莊家. 村莊治農之人曰莊家, 謂不達時務之人. 《朴新諺 1, 50ㅎ》我是新來的莊家(朴新注, 19ㅎ: 村莊治農之人, 又不達時務之人, 謂之莊家.), 나ᄂᆞᆫ 이 새로 온 향암이라. 《朴新諺 3, 37ㅈ》你是新來的莊家人, 너ᄂᆞᆫ 이 새로 온 향암엣 사롬이라. 《朴新諺 3, 37ㅎ》我不想你這莊家漢, 내 너이 향암엣 놈이.

장건(壯健) 형 건장(健壯)하다. 튼튼하고 기운이 세다. ⇔장건ᄒᆞ다(壯健-). 《朴新諺 2, 17ㅈ》要三匹十分壯健馬, 세 필 ᄀᆞ장 壯健흔 ᄆᆞᆯ을 ᄒᆞ고.

장건(張騫) 명 한(漢)나라 한중(漢中) 성

고(成固) 사람. 건원(建元) 연간에 낭(郞)이 되었다. 월지국(月氏國)에 사신으로 갔다가 흉노에게 붙잡혀 13년 동안 억류되었다가 도망하여 대중대부(大中大夫)를 지냈다. 《集覽, 朴集, 上, 2ㅈ》核桃. 張騫使西域, 得胡桃回, 種于中國. 後五胡時, 避胡字, 改名核桃.

장건ᄒᆞ다(壯健-) 匓 장건(壯健)하다. ⇔장건(壯健). 《朴新諺 2, 17ㅈ》要三四十分壯健馬, 세 필 ㄹ장 壯健ᄒᆞᆫ 몰을 ᄒᆞ고.

장경(長頸) 匓 목이 길다. 또는 그런 목. 《集覽, 朴集, 下, 11ㅎ》范蠡歸湖. 范蠡, 越之大夫也. 相越王勾踐敗吳, 曰, 越王爲人長頸鳥〈烏〉喙, 可與圖〈圖〉患難, 不可與共安逸. 遂泛扁舟, 載西施, 遊五湖不返.

장공(匠工) 圐 장인(匠人). ⇔쟝인. 《朴新諺 1, 10ㅈ》叫幾箇打土墻的匠工來, 여러 토담 쓰는 쟝인을 블러와.

장과(醬瓜) 圐 월과(越瓜: 김치참외)로 담근 장아찌. 또는 된장에 절인 김치참외. 《集覽, 朴集, 下, 6ㅎ》象眼饃子. 僬者再切, 細者有糜末, 却簸去, 皆要一樣極細如米粒. 下鍋煮熟, 連湯起在盆內. 用凉水寬投之, 三五次方得精細. 攪轉, 撈起控乾, 麻汁加碎肉・糟〈槽〉姜米・醬瓜米・黃瓜米・香菜等粧點用供.

장과미(醬瓜米) 圐 장과(醬瓜)를 썰어 쌀알과 같이 잘게 만든 것. 《集覽, 朴集, 下, 6ㅎ》象眼饃子. 僬者再切, 細者有糜末, 却簸去, 皆要一樣極細如米粒. 下鍋煮熟, 連湯起在盆內. 用凉水寬投之, 三五次方得精細. 攪轉, 撈起控乾, 麻汁加碎肉・糟〈槽〉姜米・醬瓜米・黃瓜米・香菜等粧點用供.

장구(粧紐) 圐 단추를 아름답게 장식하다. 《集覽, 朴集, 上, 12ㅎ》皮金. 未詳. 質問云, 以厚紙上貼金, 女人粧〈綉〉紐之用. 又云, 將金搥打如紙張之薄, 方言爲之皮金.

장군(將軍) 圐 ●군대의 우두머리로 군을 지휘하고 통솔하는 무관. 《集覽, 朴集,

下, 12ㅎ》娘子柳氏〈柳氏〉. 高麗太祖初爲弓裔將軍, 領兵過貞州, 憩古柳下, 見川上有一女子甚美, 問誰. 女對曰, 天弓之女. 《朴新諺 3, 25ㅎ》就着將軍開橫看, 즉시 將軍으로 ᄒᆞ여 橫를 여러 보니. 《朴新諺 3, 27ㅈ》將軍用鉤子搭去, 將軍이 갈고리로 뼈 글려 ᄒᆞ니. 《朴新諺 3, 34ㅎ》四邊站着四箇將軍, 네 녁희 션ᄂᆞᆫ 네 將軍이. 《朴新諺 3, 35ㅎ》天子百靈咸助將軍八面威風, 天子ᄂᆞᆫ 百靈이 다 돕고 將軍은 八面威風이러라. 《朴新諺 3, 57ㅈ》有將軍裵玄慶・洪儒・卜智謙・申崇謙等四箇人, 將軍 裵玄慶・洪儒・卜智謙・申崇謙 等 네 사름이 이셔. 《朴新諺 3, 58ㅈ》叫衆將軍們服侍上馬, 여러 將軍들을 불러 뫼셔 몰 틔오고. ●궁전 앞 월대(月臺)의 네 모퉁이에 서서 시위(侍衛)하는 병졸에 대한 칭호. 《集覽, 朴集, 下, 5ㅎ》四箇將軍. 募選身軀長大壯偉異於人者, 紅盔銀甲, 立於殿前月臺上四隅, 名鎭殿將軍, 亦曰紅盔將軍, 亦曰大漢將軍. 其請給衣粮曰大漢衣粮. 年過五十, 方許出官.

장궁(張弓) 圐 활시위를 당기다. 《朴新諺 1, 54ㅈ》張弓有別力飮酒有別腸, 張弓에 別力이 잇고 飮酒에 別腸이 잇다 ᄒᆞ니라.

장궁유별력음주유별장(張弓有別力飮酒有別腸) 귤 활을 당기기에는 각별한 힘이 있어야 되고, 음주(飮酒)에도 각별한 창자가 있어야 된다는 뜻으로, 무슨 일이든지 그에 걸맞는 역량과 능력이 필요하다는 말. 《朴新諺 1, 54ㅈ》張弓有別力飮酒有別腸, 張弓에 別力이 잇고 飮酒에 別腸이 잇다 ᄒᆞ니라.

장궤적(掌櫃的) 圐 저자의 여관이나 점포를 책임을 지고 맡아 관리하는 사람. 곧, 시점(市店)을 주관(主管)하는 사람. 《朴新諺 2, 8ㅈ》掌橫的(朴新注, 25ㅎ: 主管市店者之稱)老哥, 橫 ㄹ옵아는 늙은 형아.

장기(長起) 圐 자라다. ⇔ᄌᆞ라다. 《朴新諺 1, 15ㅈ》誰知道就長起這瘡來了, 뉘 믄득

이 瘡이 ᄌᆞ랄 줄을 알리오.

장대(長大) 톰 자라다. 성장하다. ⇔장대
ᄒᆞ다(長大-).《朴新諺 1, 49ㅈ》你若學的
成材長大起來, 네 만일 비화 成材ᄒᆞ며 長
大ᄒᆞ여.

장대(長大) 톙 ●길고 크다.《集覽, 朴集,
上, 2ㅈ》虎刺(刺)賔. 質問云, 如李長大,
半靑半紅色, 食之可口. 又云, 如赤李長而
大者. ●허우대가 크고 튼튼하다.《集
覽, 朴集, 下, 5ㅎ》四箇將軍. 募選身軀長
大壯偉異於人者, 紅盔銀甲, 立於殿前月
臺上四隅, 名鎭殿將軍, 亦曰紅盔將軍, 亦
曰大漢將軍. 其請給衣粮曰大漢衣粮.《朴
新諺 1, 39ㅈ》一箇長大漢撒大鞋, 혼 킈
큰 놈이 큰 신 쓰을고.

장대ᄒᆞ다(長大-) 톰 장대(長大)하다. ⇔
장대(長大).《朴新諺 1, 49ㅈ》你若學的
成材長大起來, 네 만일 비화 成材ᄒᆞ며 長
大ᄒᆞ여.

장두(莊頭) 똉 농장(農場). 전지(田地). ⇔
농장.《朴新諺 2, 48ㅎ》我要往你莊頭家
去, 내 네 농장 집의 가고져 ᄒᆞ되.

장등(張燈) 톰 등불을 켜 놓다.《集覽, 朴
集, 下, 11ㅈ》好女不看燈. 道經云, 正月
十五日, 謂之上元, 天官下降人開(間), 考
定罪福. 是夜張燈, 士女鼓〈皷〉樂遊街.

장래(將來) 톰 가져오다. ⇔가져오다.
《集覽, 字解, 單字解, 1ㅎ》稍. 寄也. 稍將
來 브텨 가져오라.《集覽, 字解, 單字解,
4ㅈ》將. 持也. 將來 가져오라, 將着 가지
라, 將咱們 우리를다가. 又將次 쟝ᄎᆞ.
《集覽, 字解, 單字解, 5ㅎ》就. 卽也. 就將
來 즉재 가져오라, 就有了・就去了.

장로(長老) 똉 ●나이가 많은 사람.《朴新
諺 1, 13ㅈ》老太爺(朴新注, 5ㅎ: 尊稱長老
之辭.)你在那裏住, 老太爺ㅣ야 네 어디서
사는다. ●〈불〉 배움이 크고 나이가 많
으며 지덕(知德)이 높은 중을 높여 이르
는 말.《集覽, 朴集, 下, 1ㅈ》長老. 僧有智
德可尊者曰長老. 又道高臘長呼爲須菩提,

亦曰長老.《朴新諺 3, 8ㅈ》長老(朴新注,
47ㅈ: 僧有智德可尊者曰長老.)你的佛像
塑了麽, 長老ㅣ야 네 佛像을 민드란ᄂᆞ냐.
《朴新諺 3, 8ㅎ》長老, 長老ㅣ아.

장리(將理) 톰 휴양(休養)하여 몸을 돌보
다.《集覽, 朴集, 上, 10ㅎ》將息. 將, 養
也, 息, 生也. 謂調養其氣, 使生息之也. 亦
曰將攝, 又曰將理, 今俗只說得〈將〉息.

장모(丈母) 똉 아내의 어머니.《集覽, 朴
集, 上, 12ㅈ》拜門. 質問云, 女嫁九日, 公
婆使兒子・女兒徃丈人家, 拜丈人・丈母
或兄嫂們, 方言謂之拜門.

장모주양(粧模做樣) 톰 허세를 부리다.
잘난 체하다. ⇔장모주양ᄒᆞ다(粧模做
樣-).《朴新諺 2, 37ㅈ》粧模做㨾, 粧模做
㨾ᄒᆞ여.

장모주양ᄒᆞ다(粧模做樣-) 톰 장모주양
(粧模做樣)하다. ⇔장모주양(粧模做樣).
《朴新諺 2, 37ㅈ》粧模做㨾, 粧模做㨾ᄒᆞ
여.

장문(墻門) 똉 담에 낸 문. 일각문(一角
門).《朴新諺 1, 56ㅈ》朝南開着一箇小墻
門便是, 南을 향ᄒᆞ여 혼 小墻門을 낸 거
시 곳 이라.

장물 똉 장물(贓物). ⇔장(贓).《朴新諺 3,
20ㅎ》捉賊無贓, 도적을 잡으매 장물이
업스니.

장물(贓物) 똉 훔친 물건. ⇔장(贓).《朴新
諺 3, 51ㅈ》至今贓物未獲, 至今 贓物을 엇
지 못ᄒᆞ여시니.《朴新諺 3, 53ㅈ》捉賊見
贓, 도적 잡기ᄂᆞᆫ 贓物을 보고. 厮打驗傷,
서르 싸혼 ᄃᆡᄂᆞᆫ 傷處를 驗ᄒᆞ다 ᄒᆞ니라.

장방(帳房) 똉 장막을 둘러쳐 만든 방. 천
막(天幕).《集覽, 朴集, 中, 2ㅎ》細車〈室
車〉. 鄕習以細字作室字讀, 謂車上設屋可
臥者也. 然漢人凡稱物之善者皆曰細, 如
云茶之好者曰細茶. 今此細車亦謂設帳房
於〈於〉車上爲屋, 乃車之善者也. 故謂之
細車, 連呼帳房細車讀亦通.《朴新諺 2,
21ㅈ》還有帳房・馬槽都牢壯麽, 坐 帳房

과 물귀유 ㅣ 다 牢壯ᄒᆞ엿느냐.

장방세거(帳房細車) 몡 장방(帳房)하여 아름답게 꾸며 만든 수레. 《集覽, 朴集, 中, 2ㅎ》細車〈室車〉. 鄕習以細字作室字讀, 謂車上設屋可臥者也. 然漢人凡稱物之善者皆曰細, 如云茶之好者曰細茶. 今此細車亦謂設帳房於〈於〉車上爲屋, 乃車之善者也. 故謂之細車, 連呼帳房細車讀亦通.

장벽(墻壁) 몡 담. 《朴新諺 1, 9ㅎ》村庄人家的房屋墻壁太半都被水衝了, 村庄 人家에 房屋 墻壁이 太半 다 믈에 질리엿는이라.

장분(裝扮) 동 꾸미다. ⇔쑤미다. 《集覽, 字解, 單字解, 7ㅈ》扮. 修飾也. 裝扮 쑤미다, 扮做 쑤미며 밍그다. 音班, 去聲.

장사(將士) 몡 장수와 병졸. 《集覽, 朴集, 下, 5ㅎ》元寶. 南村輟耕錄云, 至元十三年, 元兵平宋, 回至楊(揚)州, 丞相伯顔號令搜撿(檢)將士行李, 所得撒花銀子, 銷鑄作錠, 每五十兩爲一錠, 歸朝獻(献)納.

장사(張舍) 몡 장씨(張氏) 성을 가진 사인(舍人). 또는 장가(張哥). 《集覽, 朴集, 上, 8ㅈ》舍人. 見上張舍下.

장삼(張三) 몡 장씨(張氏)의 셋째 아들이란 뜻으로, 성명이나 신분이 뚜렷하지 못한 평범한 사람을 일컫는 말. 《集覽, 朴集, 上, 1ㅈ》張三. 三, 或族次, 或朋友行輩之次, 或有官者以職次相呼, 或稱爲定名者有之. 李四・王五亦同. 《朴新諺 1, 1ㅎ》可敎張三(朴新注, 1ㅈ: 兄弟排行之次, 下文李四・王五亦倣此.)去, 張三으로 ᄒᆞ여 가.

장상(將相) 몡 장수와 재상. 《集覽, 朴集, 下, 11ㅈ》金榜. 唐崔昭暴卒復甦云, 見冥間〈間〉列榜〈榜〉, 書人姓名, 將相金榜〈榜〉, 次銀榜〈榜〉, 州縣小官鐵榜〈鉄榜〉. 《朴新諺 3, 49ㅈ》諒你要金榜(朴新注, 62ㅈ: 唐崔昭暴卒復甦云, 見冥間列榜, 書人姓名, 將相金榜, 次銀榜, 小官鉄榜. 近

世以科甲爲金榜.)題名的書生, 혜아리건대 너 金榜에 題名코져 ᄒᆞ는 書生이.

장섭(將攝) 동 조섭(調攝)하다. 휴양(休養)하다. 《集覽, 朴集, 上, 10ㅎ》將息. 將, 養也, 息, 生也. 謂調養其氣, 使生息之也. 亦曰將理, 又曰將攝, 今俗只說得〈將〉息.

장성(長城) 몡 중국의 만리장성(萬里長城)을 이르는 말. 《朴新諺 2, 22ㅎ》我來時節到山海關(朴新注, 30ㅎ: 在楡林縣, 距京都東七百里. 北接長城, 南臨瀚海中, 有關門. 徐達所築云.)上, 내 올 째에 山海關에 다드라.

장소(章疏) 몡 임금이나 천신(天神)에게 올리는 글. 《集覽, 朴集, 下, 4ㅈ》大醮. 又有消災度厄之法, 依陰陽五行之數, 推人年命, 書爲章疏靑詞, 奏達天神, 謂之醮.

장소경(張少卿) 몡 장씨(張氏) 성(姓)을 가진 소경(少卿). 《朴新諺 2, 24ㅈ》是小弟昨日在張少卿(朴新注, 31ㅈ: 太常寺・大理寺・光祿寺・太僕寺有卿・少卿, 俱三品.)家慶賀筵席上, 올흐니 小弟 어제 張少卿의 집 慶賀 筵席에서.

장소청사(章疏靑詞) 몡 도교를 믿는 사람들이 푸른 종이에 붉은 글씨로 쓴 부적. 《集覽, 朴集, 下, 4ㅈ》大醮. 又有消災度厄之法, 依陰陽五行之數, 推人年命, 書爲章疏靑詞, 奏達天神, 謂之醮.

장수(長袖) 몡 긴 소매. 《集覽, 朴集, 上, 8ㅎ》搭護. 事物紀原云, 隋內官多服半臂, 餘皆長袖.

장수(將帥) 몡 군사를 거느리는 우두머리. 《集覽, 朴集, 上, 12ㅎ》唱喏. 揖也. 詞曲曰, 一簡唱, 百簡喏, 謂一人呼唱於上, 衆人應諾於下. 如將帥在營幕下, 軍卒投謁於前者列立於〈軍卒投謁於前者列於〉庭, 將帥發一令語, 則衆下齊聲以應.

장수(裝修) 동 꾸미다. 내장(內裝)하다. ⇔쑤미다. 《朴新諺 1, 18ㅎ》鐵要好裝修要乾淨, 쇠도 됴코 쑤미기를 乾淨이 ᄒᆞ려 ᄒᆞ면.

장수의(張獸醫) 몡 장씨 성(姓)을 가진 수
의사(獸醫師).《朴新諺 1, 41ㅈ》那紅橋
邊有一箇張獸醫住着, 뎌 紅橋 ᄀᆞ에 흔 張
獸醫 이셔 사니.

장식(將息) 동 조리(調理)하다. 몸조리하
다.《集覽, 朴集, 上, 10ㅎ》將息. 將, 養
也, 息, 生也. 謂調養其氣, 使生息之也. 亦
曰將理, 又曰將攝, 今俗只說得〈將〉息.

장신(藏身) 동 몸을 숨기다. 은신하다.
《朴新諺 3, 22ㅎ》孫行者便到羅天大醮壇
場上藏身, 孫行者ㅣ 곳 羅天大醮ᄒᆞᄂᆞᆫ 壇
場에 가 몸을 ᄀᆞ초아.

장안(長安) 몡 중국 섬서성(陝西省) 서안
(西安) 일대. 서한(西漢)·신(新)·서진
(西晉)·전조(前趙)·진(秦)·서위(西
魏)·북주(北周)·수(隋)·당(唐)나라
의 도읍지였다.《集覽, 朴集, 上, 15ㅎ》
陝(陝)西. 古雍州地, 漢所都長安之地.
《集覽, 朴集, 中, 5ㅈ》起浮屠於泗水之間.
中宗令於寺起塔, 俄而大風歘起, 臭氣滿
長安.《集覽, 朴集, 下, 1ㅈ》西天取經去.
乃以西天去東土十萬八千里之程, 妖怪
〈怪〉又多, 諸衆不敢輕諾. 唯南海落伽
〈迦〉山觀世音菩薩, 騰雲駕霧徃東土去,
遙見長安京兆府, 一道瑞氣衝天, 觀音化
作老僧入城.

장안문(長安門) 몡 중국 장안(長安)에 있
던 문 이름.《集覽, 朴集, 上, 1ㅈ》光祿
寺. 在東長安門內, 其屬有大官·珍〈珎〉
羞·良醞·掌醢四署, 掌供辦內府諸品膳
羞酒醴及管待使客之事.

장애(障碍) 동 지장을 주다. 장애를 주다.
《集覽, 朴集, 下, 1ㅎ》魔障. 翻譯名義云,
梵語魔, 此云障也, 能爲修道作障碍.

장액(漿液) 몡 과일의 즙.《集覽, 朴集, 上,
2ㅈ》荔子. 子作支〈支〉. 荔支〈支〉, 生巴
峽間, 形狀團如帷盖, 葉如冬靑, 花如橘, 春
榮. 實如丹夏, 朶如葡萄, 核如枇杷, 殼如紅
繒, 膜如紫綃, 瓠肉潔白如冰霜, 漿液甘如
醴酪. 如離本枝, 一日色變, 二日香變, 三日

味變, 四五日外色·香·味盡〈尽〉變.

장양(長養) 동 길러 양성하다.《集覽, 朴
集, 下, 2ㅈ》解夏. 盖夏乃長養之節〈莭〉,
在外行則恐傷草木·虫類. 故九十日安居
不出, 至七月十五日, 應禪寺掛搭僧尼, 盡
皆散去, 謂之解夏. 又謂解制.

장양(將養) 동 휴식하고 요양하다. 쉬며
몸조리하다. ⇔장양ᄒᆞ다(將養-).《朴新
諺 1, 38ㅈ》慢慢的調理將養, 날호여 調
理 將養ᄒᆞ면.

장양ᄒᆞ다(將養-) 동 장양(將養)하다. ⇔
장양(將養).《朴新諺 1, 38ㅈ》慢慢的調
理將養, 날호여 調理 將養ᄒᆞ면.

장엄(莊嚴) 혱 〈불〉씩씩하고 웅장하며
위엄 있고 엄숙하다.《集覽, 朴集, 中, 4
ㅈ》智滿十身. 十身有調御. 十身, 曰無着,
曰弘願, 曰業報, 曰住持, 曰涅槃, 曰淨法,
曰眞心, 曰三昧, 曰道性, 曰如意. 有內十
身, 曰菩提, 曰願, 曰化, 曰力持, 曰莊嚴,
曰威勢, 曰意生, 曰福德, 曰法, 曰智. 有外
十身, 曰自, 曰衆生, 曰國土, 曰業報, 曰聲
聞, 曰圓覺, 曰菩薩, 曰智, 曰法, 曰虛空.
《集覽, 朴集, 中, 4ㅎ》座飾芙蓉. 翻譯名
義云, 大論問, 諸牀〈床〉可坐, 何必蓮華.
荅曰, 牀爲世間白衣坐法, 又以蓮華軟淨,
欲現神力, 能坐其上, 令不壞故, 又以莊嚴
妙法故, 又以此華華臺嚴淨香妙可坐故.

장엄ᄒᆞ다(莊嚴-) 혱 〈불〉장엄(莊嚴)하다. ⇔엄
(嚴).《朴新諺 2, 29ㅈ》身嚴瓔珞居普陁
空翠之山, 몸에 瓔珞으로 장엄ᄒᆞ여시니
普陁 空翠의 山에 居ᄒᆞ엿도다.

장요(粧腰) 동 꾸미다. 단장하다. 화장하
다.《集覽, 朴集, 中, 7ㅈ》粧腰大摸〈模〉
樣. 質問云, 如人大氣像起來時, 又粧妖氣,
又作大摸〈模〉大樣, 不禮待人, 方言謂氣
像大起來時, 粧妖大摸〈模〉樣. 一說, 粧腰
猶脩飾〈餙〉也, 一說, 腰大猶言大起像也.

장원(長圓) 몡 타원형.《集覽, 朴集, 下, 7
ㅈ》提攬. 又云, 或竹或荊爲之, 有本等長
圓提攬.

장원(墻垣) 圏 벽. 담. 《朴新諺 1, 9ㅎ》你家
的墻垣如何, 네 집 墻垣은 엇더ᄒ엿ᄂ뇨.

장위(壯偉) 혱 장대하고 늠름하다. 《集覽,
朴集, 下, 5ㅎ》四箇將軍. 募選身軀長大壯
偉異於人者, 紅盔銀甲, 立於殿前月臺上
四隅, 名鎭殿將軍, 亦曰紅盔將軍, 亦曰大
漢將軍. 其請給衣粮曰大漢衣粮.

장인(丈人) 圏 아내의 아버지. 《集覽, 朴
集, 上, 12ㅈ》拜門. 質問云, 女嫁九日, 公
婆使兒子·女兒徃丈人家, 拜丈人·丈母
或兄嫂們, 方言謂之拜門. 《朴新諺 2, 37
ㅈ》都是他丈人家的, 다 이 뎌의 丈人의
집 거시라.

장인(匠人) 圏 장인. 《朴新諺 3, 11ㅈ》拙
匠人巧主人, 拙ᄒᆫ 匠人이오 巧ᄒᆫ 主人이
라 ᄒᆞ니라.

장자(長者) 圏 덕망이 뛰어나고 경험이
많아 세상일에 익숙한 어른. 《集覽, 朴
集, 中, 4ㅎ》童男童女. 觀音現三十二應,
曰佛身, 曰辟支〈支〉, 曰圓覺, 曰聲聞, 曰
梵王, 曰帝釋, 曰自在天, 曰大自在天, 曰
天大將軍, 曰四天王, 曰四天太子, 曰人王,
曰長者, 曰居士, 曰宰官, 曰婆羅門, 曰比
丘, 曰比丘尼, 曰優婆塞, 曰優婆夷, 曰女
主, 曰童男, 曰童女, 曰天身, 曰龍身, 曰藥
叉, 曰乾達婆, 曰阿脩羅, 曰緊那羅, 曰摩
睺羅, 曰樂人, 曰非人.

장자(狀子) 圏 고장(告狀). 소장(訴狀). ⇨
고장. 《集覽, 朴集, 下, 12ㅈ》狀子. 猶本
國所志. 吏學指南云, 狀, 貌也, 以貌寫情
於紙墨也. 亦曰告狀, 謂述其情, 告訴於上
也. 《朴新諺 3, 51ㅎ》陸序班你與我寫一
張狀子, 陸序班아 네 나를 ᄒᆞᆫ 댱 고장을
뻐 주고려. 甚麽狀子呢, 므슴 고장고.

장자(莊子) 圏 중국 전국시대의 사상가.
또는 그가 지은 책 이름. 중국의 철학과
선종(禪宗)의 발전에 큰 영향을 미쳤다.
《集覽, 朴集, 上, 7ㅎ》耳墜兒. 事文類聚
云, 莊子曰, 天子之侍御, 不爪揃(不爪翦)
不穿耳, 則穿耳自古有之. 今俗亦曰耳環,

卽八珠環也.

장작(匠作) 圏 장인(匠人). 《朴新諺 1, 10
ㅎ》匠作師傅, 匠作 편슈ㅣ 아.

장전(莊田) 圏 농지(農地). 전지(田地). ⇨
농소. 《朴新諺 3, 38ㅈ》是他主子的莊田,
이 제 항것싀 농소ㅣ라. 《朴新諺 3, 39
ㅈ》旣叫他管着那莊田, 이믜 저로 ᄒᆞ여
더 농소를 ᄀᆞ옴알게 ᄒᆞ니.

장점(庄店) 圏 =장점(莊店). '庄'은 '莊'의
속자. 《正字通, 艸部》莊, 田舍曰莊. 俗作
庄. 《朴新諺 2, 57ㅎ》在六十里庄店裏走
的, 六十里 庄店에셔 ᄃᆞ롭질 ᄒᆞ니.

장점(莊店) 圏 점방(店房). 가게. 상점.
《朴新諺 2, 57ㅎ》在六十里庄店裏走的,
六十里 庄店에셔 ᄃᆞ롭질 ᄒᆞ니.

장점(粧點) 튕 꾸미다. 단장하다. 장식하
다. 《集覽, 朴集, 下, 6ㅎ》象眼餻子. 㑒者
再切, 細者有糜末, 却篩去, 皆要一樣極細
如米粒. 下鍋煮熟, 連湯起在盆內. 用凉水
寬投之, 三五次方得精細. 攪轉, 撈起控乾,
麻汁加碎肉·糟〈槽〉姜米·醬瓜米·黃
瓜米·香菜等粧點用供. 《集覽, 朴集, 下,
10ㅈ》粧點顔色. 牛色以立春日爲法, 日干
爲頭·角·耳·色, 日支〈支〉爲身色, 納
音爲蹄·尾·肚色. 日干, 甲·乙, 木, 靑
色, 丙·丁, 火, 紅色之類. 日支〈支〉, 亥
·子, 水, 黑色, 寅·卯, 木, 靑色之類. 納
音, 如甲子日立春, 納音屬金, 用白色之類.
餘倣此.

장종(章宗) 圏 금(金)나라 제6대 황제 완
안경(完顔璟)의 묘호(廟號). 《集覽, 朴
集, 上, 15ㅈ》玉泉. 又南有石巖〈岩〉, 號
呂公洞, 其上有金時芙蓉殿廢址. 相傳以
爲章宗避暑處. 宣德年間, 建玉泉亭于其
上, 以備臨幸. 《集覽, 朴集, 下, 2ㅎ》慶壽
寺. 一統志云, 在順天府西南, 內有飛虹·
飛渡二橋, 石刻六大字, 極遵勁. 相傳金章
宗所書.

장진(長進) 튕 향상되다. 발전하다. 진보
가 있다. ⇨장진ᄒᆞ다(長進-). 《朴新諺 2,

46ㅎ》是不長進的, 이 長進치 못홀 거시
로다.

장진ᄒ다(長進-) 퉁 장진(長進)하다. ⇔
장진(長進). 《朴新諺 2, 46ㅎ》是不長進
的, 이 長進치 못홀 거시로다.

장차(將次) 믜 장차(將次). 앞으로. 미래
에. ⇔쟝ᄎ. 《集覽, 字解, 單字解, 4ㅈ》
將. 持也. 將來 가져오라, 將着 가지라,
將咱們 우리를다가. 又將次 쟝ᄎ.

장착(將着) 퉁 가지다. ⇔가지다. 《集覽,
字解, 單字解, 4ㅈ》將. 持也. 將來 가져오
라, 將着 가지라, 將咱們 우리를다가. 又
將次 쟝ᄎ.

장천(張千) 믜 장(張)씨 성을 가진 천호
(千戶). 천호는 원·명대(元明代)에 둔
무관(武官) 벼슬. 《朴新諺 3, 52ㅈ》忽遇
本府張千, 믄득 本府 張千을 만나니.

장천총(張千摠) 믜 장(張)씨 성을 가진 천
총(千總). 천총은 명대(明代)에는 훈신
(勳臣) 중에서 임명하였으나 차츰 그 직
권이 가벼워져서 청대(淸代)에는 하급
무관직의 하나가 되었다. 《朴新諺 2, 4
ㅈ》昨日是張千摠的生日, 어지는 이 張千
摠의 生日이니.

장총병(張總兵) 믜 장씨(張氏) 성(姓)을
가진 총병(總兵). 총병은 명·청대(明淸
代)에 각 성(省)의 제독(提督) 휘하에 두
었던 군사 지휘관이다. 《朴新諺 2, 58
ㅈ》是跟隨張摠兵使喚的牢子, 이 張摠兵
을 ᄯ라 使喚ᄒ는 牢子ㅣ러라.

장춘주(長春酒) 믜 춘분(春分)날 삶은 기
장에 술을 부어 빚은 술. 오래도록 맛이
변하지 않는다고 한다. 《集覽, 朴集, 上,
1ㅎ》長春酒. 質問云, 春分日所造之酒, 永
久不變其味, 方言謂之長春酒. 又云, 以春
分日蒸糜下酒, 三日後封閉了瓮, 待夏後
方榨.

장취(將就) 퉁 ●그럭저럭 지내다. 아쉬
운 대로 지내다. 《集覽, 字解, 累字解, 1
ㅎ》將就. 猶容忍扶護之意. ●두다. ⇔두

다. 《朴新諺 2, 2ㅈ》且將就買了去罷, 아
직 두어라 ᄒ여 사 가미 무던ᄒ다.

장쾌(駔儈) 믜 가축의 매매를 알선하는
사람. 뒤에 주릅(중개인)을 이르는 말로
썼다. 《集覽, 朴集, 上, 14ㅈ》牙家. 事文
類聚云, 今人云駔儈爲牙, 本爲之瓦郎, 主
互市事也. 唐人書互作ᄯ, 似牙字, 因轉爲
牙. 今漢俗亦曰牙子, 卽古之牙儈.

장편수(張編修) 믜 장씨(張氏) 성(姓)을
가진 편수(編修). 편수는 국사(國史)의
편찬에 종사하던 사관(史官)이다. 《朴新
諺 3, 55ㅎ》在崇文門裡大街東張編修家
住着, 崇文門 안 큰 거리 東편 張編修의
집의 이셔 머므느니라. 張編修是小弟的
同年, 張編修는 이 小弟의 同年이라. 《朴
新諺 3, 55ㅎ》已到張編修門首了, 볼셔 張
編修의 門 앏히 다둣거다.

장표(長膘) 퉁 살찌다. ⇔술디다. 《朴新諺
1, 25ㅈ》這馬如何能長膘呢, 이 몰이 엇
디 能히 술디리오.

장해서(掌醢署) 믜 청대(淸代)의 관서 이
름. 광록시(光祿寺)에 딸리어 장(醬)이나
젓갈에 관한 일을 맡았다. 《集覽, 朴集,
上, 1ㅈ》光祿寺. 在東長安門內, 其屬有大
官·珍(珎)羞·良醞·掌醢四署, 掌供辦
內府諸品膳羞酒醴及管待使客之事.

장행마(長行馬) 믜 말의 한 가지. '보(步)'
라고 하는 말 다음으로 빠른 말이다.
《朴新諺 3, 39ㅎ》還是偏的長行馬去的,
ᄯ 이 셰낸 長行馬로 갓ᄂ냐. 《星湖僿說
6, 萬物門, 馬步》又有前後兩蹄, 不能齊
擧, 而微有先後, 與步相近者, 俗名長行,
雖不甚快, 亦可以次於步矣.

장흑자(張黑子) 믜 성(姓)이 장(張)씨이
고 얼굴에 사마귀가 있는 사람을 빗대
어 일컫는 이름. 《集覽, 朴集, 上, 6ㅈ》張
黑子. 張, 姓. 黑子, 痣也. 張之面有痣, 因
以爲號, 人號爲張黑子. 《朴新諺 1, 17ㅎ》
有張黑子(朴新注, 7ㅈ: 黑子, 痣也.)打的
刀最好, 張黑子ㅣ 이시니 믄든 칼이 ᄀ

장 묘하. 《朴新諺 1, 19ㅈ》我且同你到張
黑子家去, 내 또 너와 혼가지로 張黑子의
집의 가쟈.

장ᄒ다(葬-) 图 장(葬)하다. 장사(葬事)를
지내다. ⇔장(葬). 《朴新諺 3, 44ㅈ》實葬
了呢還是火葬的, 실로 葬ᄒ엿ᄂ냐 또 이
火葬ᄒ엿ᄂ냐.

재 囘 채. 채로. (이미 있는 상태 그대로)
《朴新諺 2, 52ㅎ》就那般去了, 이믜셔 그
린 재 가니.

재(在) 图 두다. ⇔두다. 《朴新諺 1, 12ㅎ》
我如今騎的馬就寄在這雜貨舖裏, 내 이
제 톤 물을다가 곳 이 雜貨舖에 부려 두
고. 《朴新諺 1, 51ㅈ》都放在這橫裏頭, 다
이 橫ㅅ 속에 너허 두라. 《朴新諺 3, 5
ㅎ》把我的這案文卷丟在一遍, 내 이 案文
卷을다가 혼 편에 드리텨 두고. 《朴新諺
3, 46ㅎ》裝在一箇大車上, 혼 큰 술위에
시러 두고.

재(在) 图 —에서. …에(서). …에 있어서.
●⇔—에서. 《朴新諺 2, 55ㅎ》咱們在這草
地上學摔按罷, 우리 이 草地에서 삐름ᄒ
기 비호쟈. ●⇔—의셔. 《朴新諺 2, 4ㅈ》
在那裏做生日來, 어듸셔 生日을 ᄒ뇨. 在
八里庄梁家花園裏做的, 八里庄 梁家 花園
의셔 ᄒ니라. 《朴新諺 2, 51ㅎ》那一日在
李指揮家, 뎌 혼 날 李指揮 집의셔.

재(在) 圐 있다. ●⇔이시다. 《朴新諺 1,
49ㅎ》我父母在家都安樂麼, 우리 父母ㅣ
집의 이셔 다 安樂ᄒ더냐. 《朴新諺 1, 56
ㅈ》阿哥在那裏下着呢, 형아 어듸 이셔
부리윗는다. 《朴新諺 2, 2ㅈ》老爺在文淵
閣辦事, 老爺ㅣ 文淵閣에 이셔 일ᄒ니.
《朴新諺 2, 5ㅈ》又都如在鏡子裏一般, 또
다 거울 속에 이심 혼가지오. 《朴新諺
2, 31ㅎ》其餘的小厮們在家, 그 나믄 아
희들은 집의 이셔. 《朴新諺 3, 1ㅎ》就在
柳樹下涼快一會兒回來, 곳 버드나모 아
리 이셔 혼 지위 서늘이 ᄒ여 도라오고.
《朴新諺 3, 15ㅈ》男在都城, 아희 都城에

이셔. 《朴新諺 3, 23ㅎ》咱如今兩箇就在
王前鬪(鬪)法, 우리 이제 둘이 곳 王의
앏히 이셔 鬪(鬪)法ᄒ여. 《朴新諺 3, 44
ㅎ》三寸氣在千般有, 三寸 긔운이 이시
매 千 가지 잇더니. ●⇔잇다. 《集覽, 字
解, 累字解, 9ㅈ》自在. 마ᄋᆞᆷ 편안히 잇
다. 《朴新諺 1, 19ㅈ》張哥在家麼, 張哥ㅣ
아 집의 잇ᄂ냐. 《朴新諺 1, 56ㅈ》但日
連日有事不在家, 다만 連日ᄒ여 일이 이
시믈 因ᄒ여 집의 잇지 못홈으로. 《朴新
諺 2, 2ㅈ》咱老爺在那裏, 우리 老爺ㅣ 어
듸 잇ᄂ뇨. 《朴新諺 2, 15ㅎ》驛站人役們
在那裏, 驛站에 人役들이 어듸 잇ᄂ뇨.
《朴新諺 3, 27ㅈ》頭落在地上, 머리 ᄯᅥ러
져 ᄯᅡ히 잇더니. 《朴新諺 3, 39ㅈ》你令
兄除授在那裡了, 네 令兄이 벼슬ᄒ여 어
듸 잇ᄂ뇨. 《朴新諺 3, 43ㅈ》昨夜做道場
有你在那裡麼, 어젯밤 道場홀 제 네 거긔
잇더냐. 《朴新諺 3, 47ㅈ》一箇小鬼撑着
紅羅傘在馬前, 혼 小鬼ㅣ 紅羅傘 버틔여
물 앏히 잇고. 《朴新諺 3, 55ㅎ》你相公
在家麼, 네 相公이 집의 잇ᄂ냐.

재(再) 图 ❶다시. ●⇔뇌여. 《朴新諺 1,
36ㅎ》小僧再也不敢了, 小僧이 뇌여란
셩심이나. ●⇔다시. 《朴新諺 1, 10ㅈ》
只好等到秋來再修理罷, ᄀ을을 기드려
다시 修理홈이 무던ᄒ다. 《朴新諺 1, 24
ㅎ》等一會再把些草喂他, 혼 지위 기드
려 다시 여믈을다가 뎌롤 먹이라. 《朴新
諺 1, 43ㅈ》然後用那密笓子再攏, 그린
후에 뎌 빈 춤빗스로다가 다시 빗겨.
《朴新諺 2, 5ㅎ》再看那閣前水面上, 다시
뎌 閣 앏 믈 우흘 보니. 《朴新諺 2, 15ㅈ》
你便替我再染, 네 곳 나를 ᄀᄅ차 다시
드리리라. 《朴新諺 2, 30ㅎ》一失人身後
萬劫再逢難, 혼번 人身을 일혼 後ㅣ면 萬
劫이라도 다시 만나기 어렵다 ᄒ니라.
《朴新諺 2, 43ㅎ》再加你五錢銀罷, 다시
네게 닷 돈 은을 더홈이 무던ᄒ다. 《朴
新諺 3, 1ㅎ》若再鬧(鬧)我我就打了, 만일

다시 내게 들레면 내 곳 치리라.《朴新
諺 3, 11ㅈ》把泥鏝來再抹光些, 흙손으로
다가 다시 쓰서 번번이 ᄒ라.《朴新諺
3, 33ㅈ》若再添上三五兩好銀子, 만일 다
시 三五兩 됴흔 銀을 더ᄒ면, **②**━**또**. ⇔
쏘.《朴新諺 1, 2ㅈ》再買一隻牛・猪肉五
十斤, 쏘 ᄒ 짝 쇼와 猪肉 五十斤을 사면.
《朴新諺 1, 24ㅈ》再當一百七八十両銀子,
쏘 一百 七八十両 은을 뎐당ᄒ여.《朴新
諺 1, 43ㅈ》再把挑針挑起來, 쏘 것고지
가져다가 것곳고.《朴新諺 2, 16ㅈ》再捏
些區食預備我吃罷, 쏘 져기 변시를 비저
내 먹기를 預備ᄒ라.《朴新諺 2, 24ㅎ》
然後再用藿香正氣散, 그린 후에 쏘 藿香
正氣散을 뻐.《朴新諺 2, 36ㅎ》再有甚麼
就飯的, 쏘 므슴 밥ᄒ여 먹을 것 잇ᄂ뇨.
《朴新諺 3, 7ㅎ》再拿兩根安息香來燒一
燒, 쏘 두 ᄌ르 安息香을 가져와 픠오라.
《朴新諺 3, 19ㅎ》咳禍不單行這話再也不
差, 애 禍不單行이란 이 말이 쏘 그르지
아니ᄒ다.《朴新諺 3, 36ㅈ》再下幾碗寬
條麵與我們, 쏘 여러 사발 너분 국슈를
눌러 우리를 주되, ━**또한**. ⇔**쏘혼**.《朴
新諺 3, 1ㅈ》再拿把扇子來與我, 쏘혼 ᄌ
ᄅ 부치 가져다가 나를 주고려.

재(哉) 죄 감탄의 어기(語氣)를 나타낸다.
《朴新諺 2, 54ㅎ》怪哉, 괴이ᄒ다.

재(栽) 동 심다. ⇔시므다.《朴新諺 3, 17
ㅈ》前面壘一箇花臺好栽花, 앏히 ᄒ 花臺
를 무어 곳 시므기 됴케 ᄒ라.

재(財) 명 재물. ⇔지물.《朴新諺 2, 26ㅎ》
男兒無婦財無主, ᄉ나희 지어미 업스면
지물이 님재 업고. 婦人無夫身無主, 계집
이 지아비 업스면 몸이 님재 업다 ᄒ니.

재(裁) 동 마르다[裁]. ━⇔므르다.《朴新
諺 2, 59ㅎ》這油綠的裁做袍子, 이 油綠으
로란 큰옷슬 몰라 믠들고. 玄靑的裁做掛
子, 셕쳥빗츤 등거리 몰라 믠들고. 魚白
的裁做綿襖, 옥식빗튼 핫옷 몰라 믠드
되. ━⇔ᄆᄅ다.《朴新諺 2, 59ㅈ》家裏

有五六箇婦人做活裁的縫的, 집의 다엿
계집이 이셔 셩녕ᄒ여 ᄆᄅ거니 짓거니
ᄒ면.《朴新諺 2, 59ㅎ》主得飮食便好裁
衣, 飮食을 主ᄒ니 곳 옷 ᄆᄅ기 됴타.

재(滓) 명 찌꺼기. 침전물.《朴新諺 2, 25
ㅈ》煎至七分去滓溫服, 달혀 七分에 니
르거든 滓를 ᄇ리고 더온 이로 먹으라.

재(載) 동 **①**싣다. ━⇔싣다.《朴新諺 1,
14ㅎ》叫四箇小車子載了出去罷, 네 져근
술위에 시러 내여 가미 무던ᄒ다.《朴新
諺 2, 28ㅈ》卽便收拾車輛先載一車去, 곳
車輛을 收拾ᄒ여 몬져 ᄒ 술위를 시르라
가고. ━⇔싯다.《朴新諺 3, 49ㅈ》載着
這酒・琴・漁網, 이 酒・琴・漁網을 싯
고. **②**실리다. 기록되다. ⇔실리다.《朴
新諺 3, 20ㅎ》大明律上條例載得明白, 大
明律 條例에 실린 거시 明白ᄒ니.

재(纔) 뷔 **①**갓. 방금. 처음. ⇔ᄌ.《集覽,
字解, 單字解, 2ㅎ》纔. 方得僅始之辭. ᄌ.
纔自. 又剛纔, 又方纔, 又恰纔.《朴新諺
1, 44ㅈ》今年纔十六歲, 올히 ᄌ 十六歲
니.《朴新諺 1, 52ㅈ》八月初頭纔起程哩,
八月 초성에아 ᄌ 起程ᄒ려라.《朴新諺
2, 2ㅈ》你怎麼纔來, 네 엇지 ᄌ 온다.
《朴新諺 2, 22ㅎ》大前日纔到的, 긋그제
ᄌ 왓노라.《朴新諺 2, 44ㅈ》今日早起纔
收拾完了, 오늘 아춤에 ᄌ 收拾ᄒ여 ᄆ
차시니.《朴新諺 2, 49ㅈ》直到點燈時分
纔下馬, 잇긋 불 혈 째에 다ᄃ게야 ᄌ 몰
쎄 ᄂ리니.《朴新諺 3, 18ㅈ》方纔書辦們
拿文書來畫稿, 앗가 ᄌ 셔반들이 文書를
가져와 稿에 일홈밧고.《朴新諺 3, 27
ㅈ》纔待洗澡却早不見了, ᄌ 목욕ᄒ려
ᄒ더니 볼셔 보지 못ᄒ러라.《朴新諺 3,
42ㅎ》今年纔三十七歲, 올히 ᄌ 三十七歲
라. **②**겨우. ━⇔겨요.《朴新諺 1, 24
ㅈ》纔勾典那宅子哩, 겨요 뎌 집을 셰내
기 넉넉ᄒ리라.《朴新諺 1, 31ㅎ》買六箇
猠皮纔勾使哩, 여슷 猠皮롤 사야 겨요 넉
넉이 ᄡ리라.《朴新諺 1, 48ㅈ》纔讀得半

本哩, 겨요 반 권을 닑엇노라. ❷⇔계요. 《朴新諺 2, 48ㅎ》我每日纔聽明鍾一聲響, 내 날마다 게요 明鍾 흔 소리를 듯고. 《朴新諺 3, 9ㅈ》纔到得西天取了經廻來, 계요 西天에 니르러 經을 가지고 도라 와. 度脫衆生纔能得佛, 衆生을 度脫ㅎ여 계요 능히 成佛ㅎ엿ㄴ니. 《朴新諺 3, 18ㅈ》直到日平西纔得上馬回家, 바로 히 西 에 거짐애 다드라 계요 몰 타고 집의 도 라오ㄴ니라. 《朴新諺 3, 18ㅎ》直到人定更深纔能下馬, 바로 人定 更深흠애 다드 라 계요 능히 몰쎄 ㄴ리ㄴ니. ❸⦵맛추어. ⇔마치. 《朴新諺 1, 26ㅈ》饒你四子纔好下哩, 너롤 네흘 졉어야 마치 두기 됴흐리라. 《朴新諺 1, 35ㅈ》不知他那一日纔肯還, 아지 못게라 뎌 어닉 날 마치 즐겨 갑흐리오. 《朴新諺 2, 27ㅎ》須早些約箇佳期纔妙哩, 모롬이 일즉 佳期를 언약홈이 마치 妙흐니라. 《朴新諺 2, 30ㅎ》燒香懺悔纔是, 燒香 懺悔홈이 마치 올타. 《朴新諺 2, 46ㅈ》不要踏破了纔好, 불바 쌔이지 말아야 마치 됴흐리라. 《朴新諺 3, 44ㅎ》你做飯要留心纔好, 네 밥을 지으매 留心홈이 마치 됴흐니라. 《朴新諺 3, 53ㅎ》着他沿街叫喚尋覓纔好哩, 뎌로 ᄒᆞ여 거리를 조차 웨여 춧자야 마치 됴흐리라. ❹마치. 비로소. ⇔맛치. 《朴新諺 1, 4ㅎ》都要學那南方做法纔好吃哩, 다 뎌 南方셔 민ᄃᆞᆫ 법대로 ᄒᆞ여 야 맛치 먹기 됴흐리라. 《朴新諺 1, 6ㅎ》弟兄們今日都要吃得酩酊大醉纔妙哩, 弟兄들이 오늘 다 먹어 酩酊 大醉호미 맛치 妙흐리라. 《朴新諺 1, 41ㅎ》他要多少錢纔醫呢, 뎨 언머 공젼을 밧아야 맛치 고치리오. 《朴新諺 3, 5ㅎ》不知到幾時纔得了局哩, 아지 못게라 어닉 째에 다드라 맛치 판나믈 어드리오.

–재 집 –제. 《朴新諺 1, 38ㅎ》二哥來來去去, 둘재 형은 오락가락ᄒᆞ고. 三哥待要分開, 셋재 형은 ᄂᆞᆫ호고져 ᄒᆞ고. 四哥待要一處, 넷재 형은 흔ᄃᆡ 모호고져 ᄒᆞᄂᆞ 거시여. 《朴新諺 1, 38ㅎ》三哥是剪子, 셋재 형은 이 가이오. 四哥是針線, 넷재 형은 이 바눌실이로다.

재가(在家) 혱 집에 머물러 있다. 《朴新諺 1, 49ㅎ》我父母在家都安樂麼, 우리 父母ㅣ 집의 이셔 다 安樂ᄒᆞ더냐.

재강(齋講) 명 〈불〉 법회(法會). (설법하는 모임)《集覽, 朴集, 上, 10ㅈ》袈裟. 二曰鬱〈蔚〉多羅僧, 卽七條也, 此云上着衣也, 入衆時衣, 禮誦齋講時着.

재강(纔剛) 띰 아까. 방금. 막. ⇔앗가. 《朴新諺 3, 55ㅈ》纔剛說的那秀才, 앗가 니ᄅᆞ든 그 秀才ㅣ.

재경(在京) 혱 서울에 있다. 《集覽, 朴集, 中, 2ㅈ》令史. 在京六部及三品衙門, 在外各衛及都布按三司俱有令史, 驛吏則無令史之稱.

재관(宰官) 명 ❶임금을 보좌하는 재상(宰相). 《集覽, 朴集, 中, 5ㅈ》居士宰官. 隱居之士, 宰輔之官. 佛書云, 應以居士得道者必在居士, 應以宰官得道者必現宰官. 《朴新諺 2, 29ㅈ》或分身于居士宰官(朴新注, 33ㅈ: 居士, 隱居之士. 宰官, 宰輔之官.), 或 居士 宰官에 分身ᄒᆞ며. ❷〈불〉 관세음보살(觀世音菩薩)의 32현신(現身)의 하나. 정치를 관장한다. 《集覽, 朴集, 中, 4ㅎ》童男童女. 觀音現三十二應, 曰佛身, 曰辟支〈支〉, 曰圓覺, 曰聲聞, 曰梵王, 曰帝釋, 曰自在天, 曰大自在天, 曰天大將軍, 曰四天王, 曰四天太子, 曰人王, 曰長者, 曰居士, 曰宰官, 曰婆羅門, 曰比丘, 曰比丘尼, 曰優婆塞, 曰優婆夷, 曰女主, 曰童男, 曰童女, 曰天身, 曰龍身, 曰藥叉, 曰乾達婆, 曰阿脩羅, 曰緊那羅, 曰摩睺羅, 曰樂人, 曰非人.

재난(災難) 명 뜻밖에 일어나는 불행(不幸)한 일. 《朴新諺 1, 28ㅎ》有官司災難, 官司 災難이 잇거든.

재내(在內) 혱 어느 곳의 안에 있다. 《集

覽, 朴集, 上, 14ㅎ》八里庄. 地名. 凡鄕井
之制, 在內曰街·坊·關·廂, 在外曰店
·鎭·鄕·莊〈庄〉·亯·保·屯·務
·寨·峆·灣·窩, 盖因俗呼得名, 皆指
人所聚居之處也.

재다 혱 재다(敏). 빠르다. ⇔쾌(快). 《朴新
諺 2, 17ㅈ》我騎的却要十分快馬, 내 톨
거슨 또 ᄀ장 잰 믈을 구ᄒ노니.

재당(在堂) 동 재당(在堂)하다. 부모가 살
아 계시다. ⇔재당ᄒ다(在堂-). 《朴新諺
3, 56ㅎ》先生令尊·令堂俱在堂廳, 先生
의 令尊·令堂이 다 在堂ᄒ신가.

재당ᄒ다(在堂-) 동 재당(在堂)하다. ⇔
재당(在堂). 《朴新諺 3, 56ㅎ》先生令尊
·令堂俱在堂廳, 先生의 令尊·令堂이
다 在堂ᄒ신가.

재래(再來) 면 다시. 한 번 더 …하다. ⇔
뇌여. 《朴新諺 2, 26ㅈ》你再來休說這般
不曉事的話, 네 뇌여란 이런 일 모로ᄂ
말 니ᄅ지 말라.

재려(災戾) 명 재앙. 자연 재해. 《集覽, 朴
集, 上, 13ㅈ》錢鈔. 錢者, 金帛之名. 古曰
泉, 後鑄而曰錢. 古者天降災戾, 於是乎量
資幣, 權輕重, 以救民困.

재례(財禮) 명 예(禮)로 주는 금품. 본래
는 혼인할 때 신랑 집에서 신부 집에 보
내는 금품을 이르던 말이다. 《朴新諺 1,
44ㅈ》下多少財禮(朴新注, 17ㅈ: 財, 羊·
酒·花紅之屬. 禮, 六禮, 納采·問名·
納吉·納徵·請期·親迎也.)呢, 언머 財
禮롤 드리더뇨.

재료(裁料) 명 감. 재료. '裁'는 '材'와 통용.
⇔ᄀ음. 《朴新諺 1, 45ㅎ》我沒有現成裁
料, 내게 現成ᄒ ᄀ음이 업세라. 《朴新諺
1, 46ㅈ》護膝上還該要用的裁料, 슬갑에
또 뗌 즉혼 ᄀ음을. 《管子, 形勢》裁大者
衆之所比也. 〈兪樾平議〉形勢解曰, 天之
裁大, 故能兼覆萬物, 地之裁大, 故能兼載
萬物, 人主之裁大, 故容物多而衆人得比
焉. 裁字竝當讀爲財, 謂天之財大, 地之財

大, 人主之財大也.

재목(材木) 명 재목. 《集覽, 字解, 單字解,
1ㅎ》料. 凡人飼馬, 或用小黑豆, 或用蜀黍
雜飼之. 故凡稱飼馬穀豆曰料. 又該用物
色雜稱曰物料, 造屋材木曰木料, 入畫彩
色曰顔料. 又量也. 又理也.

재물(財物) 명 재물. 《朴新諺 3, 6ㅈ》你若
多與他些財物, 네 만일 뎌룰 만히 財物을
주면.

재반(齋飯) 명 〈불〉 동냥밥. (중이 탁발
(托鉢)한 밥) 《集覽, 朴集, 上, 10ㅎ》齋
飯. 請觀音經疏云, 齋者, 齊也, 齊身口業
也. 佛氏日中而食, 甁沙王問, 佛, 何故日
中食. 答〈荅〉云, 早起諸天食, 日中三世佛
食, 日西畜生食, 日暮鬼神食. 《朴新諺 1,
36ㅈ》想是你平日布施人家齋飯·錢(朴
新注, 14ㅈ: 齋者, 齊也. 佛家飯供, 謂之齋
飯.), 싱각건대 네 平日에 布施혼 人家 齋
飯·錢을.

재백(財帛) 명 재화(財貨)와 포백(布帛).
《集覽, 朴集, 上, 13ㅈ》盤纏. 길혜 여·러
가지로 쁘논 것. 質問云, 盤費纏緻供給之
物, 如供給服食應用金銀·財帛之類. 今
按, 盤纏二字, 取義源流未詳. 《朴新諺 3,
5ㅎ》如今是財帛世界, 이제논 이 財帛 世
界라.

재보(宰輔) 명 임금을 보필하는 대신. 재
상을 두루 이르는 말. 《集覽, 朴集, 中,
5ㅈ》居士宰官. 隱居之士, 宰輔之官. 佛
書云, 應以居士得道者必在居士, 應以宰
官得道者必現宰官. 《朴新諺 2, 29ㅈ》或
分身于居士宰官(朴新注, 33ㅈ: 居士, 隱
居之士. 宰官, 宰輔之官.), 或 居士 宰官
에 分身ᄒ며.

재삼(再三) 면 재삼. 거듭. 여러 번. 《朴新
諺 3, 6ㅎ》我臨去時節也曾再三囑付, 내
갈 때를 臨ᄒ여 또 일즉 再三 당부ᄒ여.

재상(宰相) 명 천자를 보좌하고 국사(國
事)를 주관하던 최고 벼슬. 또는 그 벼슬
아치. 진·한대(秦漢代)의 승상(丞相),

수대(隋代)의 내사(內史), 당·송대(唐宋代)의 중서(中書)·문하(門下)·상서(尚書)의 장관(長官), 명·청대(明淸代)의 내각 태학사(內閣太學士)가 이에 해당된다. 《集覽, 朴集, 下, 8ㅎ》丞相. 元中書省有左右丞相, 任宰相之職〈耺〉, 左右天子平章萬機.

재시(財施) 閔 〈불〉 삼시(三施)의 하나. 절이나 가난한 사람에게 재산과 입을 것과 먹을 것 등을 베푸는 일. 《集覽, 朴集, 上, 10ㅎ》布施. 捨施也, 財施爲凡, 法施爲聖. 凡布施, 必以滿三千世界, 七寶〈宝〉爲求福之具, 財施也. 此住相布施也.

재실(齋室) 閔 무덤이나 사당 옆에 제사를 지내기 위하여 지은 집. 《朴新諺 2, 5ㅎ》禪堂·齋室, 禪堂과 齋室과.

재아(裁兒) 閔 감. 재료. 《集覽, 朴集, 下, 12ㅈ》裁兒. 裁, 作材是, 謂軀幹也.

재야(再也) 閈 더 이상. 다시는. 《朴新諺 3, 19ㅎ》咳禍不單行這話再也不差, 애 禍不單行이란 이 말이 쪼 그르지 아니ᄒ다.

재양(宰羊) 동 양을 도살하다. 《朴新諺 2, 4ㅎ》費五六錢銀買一箇羊腔子(朴新注, 24ㅈ: 宰羊者, 去首, 只存其體, 謂腔子.), 다엿 돈 銀을 허비ᄒ여 ᄒ 羊의 몸동을 사.

재외(在外) 동 외출하다. 《集覽, 朴集, 下, 2ㅈ》解夏. 盖夏乃長養之節〈莭〉, 在外行則恐傷草木·虫類. 故九十日安居不出, 至七月十五日, 應禪寺掛搭僧尼, 盡皆散去, 謂之解夏, 又謂解制.

재외(在外) 형 어느 곳의 밖에 있다. 《集覽, 朴集, 上, 14ㅎ》八里庄. 地名. 凡鄕井之制, 在內曰街·坊·關·廂, 在外曰店·鎭·鄕·莊〈庄〉·啚·保·屯·務·寨·峪·灣·窩, 盖因俗呼得名, 皆指人所聚居之處也. 《集覽, 朴集, 下, 11ㅎ》申. 今按, 直隷府申六部, 在外府州申都司, 應天府申五軍都督, 皆名曰申狀.

재운(財運) 閔 재물을 모을 운수. 《朴新諺 1, 45ㅈ》豈不是他的財運好麽, 엇지 뎌의 財運이 됴치 아니ᄒ랴.

재자(纔自) 閈 갓. 지금 막. 방금. 이제. 금방. ⇔又. 《集覽, 字解, 單字解, 2ㅎ》纔. 方得僅始之辭. 又, 纔自. 又剛纔, 又方纔, 又恰纔.

재전(在前) 閔 이전(以前). 종전. ⇔이견. 《集覽, 朴集, 下, 9ㅎ》打春. 音義云, 如今北京迎春時, 唯牛芒而已. 在前只有府縣官員, 并師生耆老引赴順天府, 候春至之時. 《朴新諺 3, 19ㅈ》比在前到底强些, 이견에 비컨대 끗내 져기 나으니.

재전(財錢) 閔 천량錢糧. 재물. 《集覽, 朴集, 上, 11ㅎ》下多少財錢. 亦云下財. 家禮會通云, 婚有六禮, 納采·問名·納吉·納徵·請期·親迎. 今制, 納采·問名·納吉揔〈総〉一次行禮, 以從簡便, 謂之定禮, 亦爲之定親, 亦曰下紅定, 亦送幣物. 又涓吉送婚書, 行納徵禮, 亦曰納幣, 俗云下財, 亦曰送禮. 俗揔稱〈総称〉曰羊酒花紅. 又一次有禮曰請期, 謂之催裝, 亦具禮物. 五品以下無請期之禮.

재전(齋錢) 閔 〈불〉 중이 탁발(托鉢)하여 시주로 받은 돈(재물). 《朴新諺 1, 36ㅈ》想是你平日布施(朴新注, 14ㅈ: 捨施也.)人家齋飯·錢(朴新注, 14ㅈ: 齋者, 齊也. 佛家飯供, 謂之齋飯.), 싱각건대 네 平日에 布施ᄒ 人家 齋飯·錢을.

재주(財主) 閔 재산이나 재물의 임자. 또는 많은 재산을 가지고 생활하는 부자. 《朴新諺 2, 33ㅈ》一箇放債財主, 흔 빗 주기 ᄒᄂ 財主ㅣ. 《朴新諺 2, 37ㅈ》近來在一箇財主人家招做了女壻, 요소이 흔 財主ㅣ 人家에셔 사회를 삼으니.

재천(在天) 형 하늘에 있다. 《集覽, 朴集, 下, 3ㅎ》趙太祖飛龍記. 易曰, 飛龍在天. 龍爲人君之象, 故稱卽位曰飛龍.

재하(在下) 데 저. 소생(小生). 시생(侍生). (자기 자신을 겸손하게 이르는 말) 《朴新諺 3, 56ㅎ》在下姓葛字敬之, 在下ㅣ 姓은

葛이오 字는 敬之라.《朴新諺 3, 56ㅎ》在
下姓韓名彬字文中, 在下ㅣ 姓은 韓이오
일홈은 彬이오 字는 文中이로다.《朴新
諺 3, 56ㅎ》在下具慶, 在下ㅣ 具慶ㅎ여
라.

재해(災害) 뎽 재앙으로 말미암아 받는
피해.《集覽, 朴集, 中, 8ㅈ》操. 劉向別錄
曰, 其道閉塞, 悲愁而作者, 其曲曰操. 言
遇災害不失其操也.

재화(財貨) 뎽 재물.《集覽, 朴集, 中, 5ㅈ》
居士宰官. 飜〈翻〉譯名義云, 愛談名言, 清
淨自居, 又多積財貨, 居業豐〈豊〉盈, 皆謂
之居士.

재후(在後) 뎽 이후(以後).《集覽, 朴集,
中, 6ㅎ》解僐庫. 元時或稱印子鋪, 或稱把
解, 人以重物來僐, 取錢而去, 在後償還本
利, 還取其物而去, 此卽解僐庫也.

잰물 뎽 잰 말. 준마(駿馬). ⇔쾌마(快馬).
《朴新諺 2, 17ㅈ》我騎的却要十分快馬,
내 톨 거슨 쏘 ᄀ장 잰 믈을 구ᄒ노니.

쟁(爭) 뭉 다투다. ⇔ᄃ토다.《朴新諺 2,
35ㅎ》只爭來早與來遲, 다만 오미 일음
과 다못 오미 더듸믈 ᄃ토느이라.《朴新
諺 2, 51ㅎ》時來鐵也爭光, 째 오면 쇠도
빗츨 ᄃ토고. 運去黃金失色, 運이 가면
黃金이 빗츨 일는다 ᄒ니라.

쟁(爭) 혱 다르다. 차이나다. ⇔ᄠ다.《集
覽, 字解, 單字解, 8ㅈ》爭. 鬪爭也. 又ᄉ
싀 ᄠ다. 又不爭 므던히 너기다.

쟁경(爭競) 뭉 다투다. 따지다. 승강이하
다. 옥신각신하다. ⇔쟁경ᄒ다(爭競-).
《朴新諺 2, 19ㅎ》並遠近親戚人等爭競,
다못 遠近 親戚人 等이 爭競홈이 잇거든.

쟁경ᄒ다(爭競-) 뭉 쟁경(爭競)하다. ⇔
쟁경(爭競).《朴新諺 2, 19ㅎ》並遠近親
戚人等爭競, 다못 遠近 親戚人 等이 爭競
홈이 잇거든.

쟁기(爭奇) 뭉 서로 기이함을 뽐내려고
다투다.《集覽, 朴集, 中, 3ㅎ》西山. 在順
天府西三十里太行山首, 始于河內, 北至

幽州, 强形鉅勢, 爭奇擁翠, 雲聳星拱于皇
都之右.

쟁론(爭論) 뭉 ●다투다. 논쟁하다. ⇔ᄃ
토다.《朴新諺 1, 26ㅎ》咱們不須(須)爭
論, 우리 모로미 ᄃ토지 말고.《朴新諺
1, 41ㅎ》也不爭論的, 쏘 ᄃ토느니 아니
라. ●서로 다투어 토론하다. ⇔쟁론ᄒ
다(爭論-).《朴新諺 3, 30ㅈ》只勾本我就
賣再不爭論的, 그저 本이 되면 내 곳 풀
고 다시 爭論치 아니ᄒ리라.

쟁론ᄒ다(爭論-) 뭉 쟁론(爭論)하다. ⇔
쟁론(爭論).《朴新諺 3, 30ㅈ》只勾本我
就賣再不爭論的, 그저 本이 되면 내 곳
풀고 다시 爭論치 아니ᄒ리라.

쟁점(爭占) 뭉 다투어 차지하다.《集覽,
朴集, 上, 8ㅈ》翫月會. 東京錄云, 中秋夜,
貴家結飾臺榭, 民間爭占酒樓翫〈玩〉月,
絲簧鼎沸, 近內庭居民, 夜深遙聞笙竽之
聲, 宛若雲外天樂, 閭里兒童連宵嬉戲, 夜
市駢闐, 至於通曉.

-쟈 어미 ●-자. (연결어미)《朴新諺 1, 26
ㅈ》要賭甚麼呢, 므서슬 더느쟈 ᄒ느뇨.
《朴新諺 1, 27ㅈ》你說饒我四子, 네 니ᄅ
되 나롤 네흘 졉쟈 ᄒ더니. ●-자. (청유
형 종결어미)《朴新諺 1, 2ㅈ》做酒楪子,
酒楪子를 삼쟈.《朴新諺 1, 26ㅈ》咱與你
賭一箇羊吃, 우리 너와 ᄒ 羊을 더너 먹
쟈.《朴新諺 1, 41ㅈ》大哥借問一聲, 큰형
아 비러 ᄒ 소릭 뭇쟈.《朴新諺 2, 7ㅈ》
咱今日有句知心話對你說, 우리 오눌 ᄒ
句ㅣ 심복 아는 말이 이셔 너ᄃ려 니르
쟈.《朴新諺 2, 15ㅈ》你把現成樣子來我
《朴新諺 2, 18ㅈ》我且安息, 내 아직 쉬
쟈.《朴新諺 2, 38ㅈ》大家商量遊山翫景
去罷, 대되 의논ᄒ여 遊山翫景ᄒ라 가
쟈.《朴新諺 2, 55ㅈ》旣說定了不要改口,
이믜 닐러 定ᄒ여시니 변기치 마쟈.《朴
新諺 3, 2ㅎ》你拿猫來我看, 네 괴 가져오
라 내 보쟈. 我買一箇, 내 ᄒ나흘 사쟈.
《朴新諺 3, 21ㅎ》你說我聽, 네 니르라 내

듯쟈. 《朴新諺 3, 29ㅎ》你拿來我看, 네
가져오라 내 보쟈.

쟈라 몡 자라[鼈]. 남을 욕하는 말. 전촉(前
蜀)의 왕건(王建)이 젊어서 도둑질을 하
는 등 무뢰한 짓을 하였는데, 그가 여덟
번째 항렬이었기 때문에 고을 사람들이
왕팔(王八)이라 부른 데에서 유래하였
다. ⇔왕팔(王八). 《朴新諺 3, 3ㅈ》你這
混要錢的王八, 네 이 샹업시 돈 달라 ㅎ
는 쟈라야.

쟈랑 몡 자랑. ●⇔과(誇). 《朴新諺 3, 31
ㅎ》你不要自誇, 네 스스로 쟈랑 말라.
●⇔과구(誇口). 《朴新諺 1, 26ㅈ》你不
要誇口, 네 쟈랑 말라. 《朴新諺 1, 53ㅎ》
你不要誇口, 네 쟈랑 말라. 《朴新諺 2, 55
ㅎ》你不要誇口, 네 쟈랑 말고.

쟈랑ᄒ다 됭 자랑하다. ●⇔과(誇). 《朴
新諺 2, 6ㅎ》且不必誇天上瑤池, 또 반ᄃ
시 天上 瑤池를 쟈랑치 말라. ●⇔과장
(誇張). 《朴新諺 1, 28ㅈ》到處破敗別人
誇張自己(己), 간 곳마다 다른 사롬을 허
러ᄇ리고 自己롤 쟈랑ᄒ고.

쟈르 몡 자루[袋]. ⇔구대(口袋). 《朴新諺
1, 14ㅈ》又要給那扛口伩人的小脚錢, 또
더 쟈르 메는 사롬의 져근 삭갑슬 줄 쩌
시니.

쟈른옷 몡 마괘자(馬褂子). 마고자. (옛날
에 남자들이 장포(長袍) 위에 덧입던 옷.
섶을 여미지 않고 두 자락을 맞대어 단
추를 끼우게 되어 있으며, 원래는 만주
족이 말을 탈 때 입던 옷이었다) ⇔마괘
(馬褂). 《朴新諺 1, 30ㅎ》銀針海龍皮馬
褂(朴新注, 11ㅎ: 衣之短者, 用扵馬上),
銀針 ᄯ혼 海龍皮로 혼 쟈른옷시오.

쟈릐 몡 자루[袋]. ⇔구대(口袋). 《朴新諺
1, 15ㅈ》把八口伩米都裝上, 여돏 쟈릐에
뿔을 다 시르면.

쟈양(字樣) 몡 글자의 모양. 글씨의 본보
기. 《朴新諺 2, 47ㅈ》我問你些字樣, 내
너ᄃ려 져기 字樣을 무르리라.

쟐 몡 자루[袋]. ⇔포대(布袋). 《朴新諺 1,
14ㅎ》你這布俗是破的不漏麼, 네 이 쟐
리 해여져 싀지 아니ᄒᄂ냐. 這是新布俗
那裏破那裏怕漏呢, 이 새 쟐리라 어디 해
여지며 어디 싀기룰 저퍼ᄒ리오.

쟐리 몡 자루[袋]가. 《朴新諺 1, 14ㅎ》你這
布俗是破的不漏麼, 네 이 쟐리 해여져 싀
지 아니ᄒᄂ냐. 這是新布俗那裏破那裏
怕漏呢, 이 새 쟐리라 어디 해여지며 어
디 싀기룰 저퍼ᄒ리오.

쟛바눕다 됭 반듯이 눕다. ⇔앙면와(仰面
臥). 《朴新諺 2, 11ㅈ》赤條條的仰面臥在
桌上, 벌거케 올올이 탁ᄌ 우희 쟛바누
어.

쟝 몡 장(張). 종잇장. ⇔장(張). 《朴新諺
2, 19ㅎ》看這張賣契, 보니 이 쟝 포ᄂ글
월이. 《朴新諺 3, 59ㅎ》惟有些高麗筆
(筆)·墨·紙張, 오직 져기 高麗ㅅ 붓과
먹과 됴희ㅅ 쟝이 이셔.

쟝 의 ●장. (종이의 수효를 세는 단위)
⇔장(張). 《朴新諺 1, 32ㅈ》你要買幾張,
네 몃 쟝을 사려 ᄒ는다. 《朴新諺 1, 32
ㅎ》給你一張三錢罷, 너룰 혼 쟝에 서 돈
식 주리라. 《朴新諺 2, 44ㅈ》大哥煩你代
我寫一張租房契, 큰형아 네게 비느니 나
를 ᄀ르차 혼 쟝 집 셰내는 글월을 쓰고
려. ●장. (활의 수효를 세는 단위) ⇔장
(張). 《朴新諺 1, 57ㅈ》你代我做両張弓
如何, 네 날을 ᄀ르차 두 쟝 활을 민돌미
엇더ᄒ뇨. 《朴新諺 1, 57ㅎ》要做十箇氣
力的一張, 십 분 힘에 치 혼 쟝과. 七八箇
氣力的一張, 칠팔 분 힘에 치 혼 쟝을 민
돌고져 ᄒ노라. 《朴新諺 2, 31ㅈ》弓俗裏
挿一張弓, 활동개에 혼 쟝 활 꼿고.

쟝만ᄒ다 됭 장만하다. ⇔판(辦). 《朴新諺
1, 5ㅎ》這些酒席都已辦停妥完備了, 이
酒席을 다 이믜 쟝만ᄒ여 停妥 完備ᄒ여
다. 《朴新諺 1, 53ㅈ》輸了的就去辦, 지ᄂ
니 즉시 가 쟝만ᄒ고.

쟝인 몡 장인(匠人). ●⇔장(匠). 《朴新諺

3, 40ㅎ》好畫匠那裡有, 그림 잘 그리ᄂᆞᆫ 쟝인이 어듸 잇ᄂᆞ뇨. ❷⇔장공(匠工). 《朴新諺 1, 10ㅈ》叫幾箇打土墻的匠工來, 여러 토담 ᄡᅳᄂᆞᆫ 쟝인을 블러와.

장ᄎᆞ [부] 장차(將次). 앞으로. 미래에. ⇔장차(將次). 《集覽, 字解, 單字解, 4ㅈ》將. 持也. 將來 가져오라, 將着 가지라, 將咱們 우리를다가. 又將次 쟝ᄎᆞ.

저 [대] 저. ⇔타(他). 《朴新諺 1, 4ㅈ》喚厨子來我與他商(商)量, 厨子를 블러 오라 내 저와 의논ᄒᆞ쟈. 《朴新諺 1, 18ㅈ》再把裝修飾搽說與他, 다시 ᄆᆡᆫ들기와 ᄭᅮ밀 모양을 저ᄃᆞ려 닐러. 《朴新諺 2, 53ㅎ》我好做一雙小綉鞋與他賀一賀, 내 ᄒᆞᆫ ᄡᅡᆼ 져근 슈신을 ᄆᆡᆫᄃᆞ라 저ᄅᆞᆯ 주어 하례홈이 됴타. 《朴新諺 3, 39ㅈ》旣叫他管着那莊田, 이믜 저로 ᄒᆞ여 뎌 농소를 ᄀᆞ옴알게 ᄒᆞ니.

저(底) [명] ❶밑. 근본(根本). ⇔믿. 《集覽, 字解, 單字解, 1ㅎ》底. 下也. 底下 아래. 又本也. 底簿 믿글월. 又語助. 根底 ᄲᅮᆯ희. 又손ᄃᆡ. 又與的字通用. ❷밑. 아래. ⇔밋ㅎ. 《朴新諺 1, 18ㅈ》底要駝骨廂的, 밋ᄒᆞᆫ 약대 ᄲᅧ로 젼메오고. ❸신창. 바닥. ⇔지ᄌᆞ. 《朴新諺 1, 30ㅎ》脚穿粉底尖頭靴, 발에 지ᄌᆞ에 분칠ᄒᆞ고 부리 ᄲᅢᆫ 훠ᄅᆞᆯ 신고.

저(抵) [동] ❶다다르다. 이르다. 도착하다. ⇔다ᄃᆞᆺ다. 《朴新諺 3, 20ㅎ》有妄告官司者反坐抵罪, 망녕도이 官司에 告ᄒᆞᄂᆞᆫ 者ㅣ 이시면 反坐ᄒᆞ여 罪에 다ᄃᆞᆺ게 ᄒᆞ엿ᄂᆞ니라. ❷에끼다. 상쇄하다. 맞비기다. ⇔다히다. 《朴新諺 2, 34ㅎ》必要拿你抵償怎麽好呢, 반ᄃᆞ시 너를 자바 죄에 다혀 샹명ᄒᆞᆯ 거시니 엇디 됴흐리오.

저(這) [관] ❶저[彼]. ⇔뎌. 《朴新諺 2, 5ㅈ》這畫棟雕樑朱欄碧檻, 뎌 畫棟 雕樑과 朱欄 碧檻이. 《朴新諺 3, 12ㅈ》這藥舖有招牌沒有, 뎌 藥舖에 招牌 잇ᄂᆞ냐 업ᄂᆞ냐. ❷이. ⇔이. 《朴新諺 1, 3ㅎ》這牌票上寫得明白, 이 牌票에 ᄡᅳᆫ 거시 明白ᄒᆞ니. 《朴新諺 1, 12ㅎ》我如今把騎的馬就寄在這雜貨舖裏, 내 이제 ᄐᆞᆫ 물을다가 곳 이 雜貨舖에 부려 두고. 《朴新諺 1, 25ㅎ》這話是不差的, 이 말이 그르지 아니ᄒᆞ니라. 《朴新諺 2, 10ㅈ》如今來到這永寧寺裏坐了方丈, 이제 이 永寧寺에 와 方丈에 안잣더니. 《朴新諺 2, 19ㅎ》看這張賣契, 보니 이 쟝 ᄑᆞᄂᆞᆫ글월이. 《朴新諺 2, 32ㅈ》這帽據做得平常, 이 갓 모양이 ᄆᆡᆫ들기ᄅᆞᆯ 平常이 ᄒᆞ엿다. 《朴新諺 3, 1ㅈ》把這簾子捲起窓戶支起, 이 발을다가 것고 窓을 버틔오라. 《朴新諺 3, 10ㅈ》我沒有這傢伙, 내게 이 연장이 업스면. 《朴新諺 3, 16ㅎ》這欂, 이 납과. 《朴新諺 3, 29ㅈ》就這一段書足可解悶了, 곳 이 一段 ᄎᆡᆨ이 족히 가히 힘힘호믈 플리라. ❸이런. ⇔이런. 《朴新諺 1, 36ㅈ》似你這一等和尚不打還打誰呢, 너 ᄀᆞᆺᄒᆞᆫ 이런 ᄃᆞᆼ을 티지 아니코 도로혀 누ᄅᆞᆯ 티리오.

저(這) [대] ❶이. ⇔이. 《集覽, 字解, 累字解, 8ㅎ》早晚. 這早晚 ·이 ᄂᆞᆺ·도·록. 又問何時曰多早晚 어·느 ·ᄣᅢ. 《朴新諺 1, 32ㅎ》這是老實價錢, 이 고지식ᄒᆞᆫ 갑시라. 《朴新諺 2, 46ㅎ》把你這忤逆種該殺的, 너 이 忤逆ᄒᆞᆫ ᄡᅵᄅᆞᆯ다가 죽염 즉ᄒᆞ다. 《朴新諺 2, 59ㅎ》這還怕沒有新衣服過年麽, 이 도로혀 새 옷스로 過年ᄒᆞᆯ 거시 업슬가 저프랴. 《朴新諺 3, 4ㅎ》竟不曉得葉兒有這用處, ᄆᆞᄎᆞᆷ내 닙히 이 ᄡᅳᆯ 곳 잇ᄂᆞᆫ 줄을 아지 못ᄒᆞ엿더니. 《朴新諺 3, 10ㅈ》這是死炕這是燒柴火炕都不好, 이ᄂᆞᆫ 불 못 ᄶᅵᆺᄂᆞᆫ 캉이오 이ᄂᆞᆫ 불ᄶᅵᆺᄂᆞᆫ 캉이니 다 됴치 아니ᄒᆞ니. 《朴新諺 3, 31ㅈ》你這小胡孫寡是一張嘴, 네 이 져근 ᄶᅵᆫ납이 다만 이 ᄒᆞᆫ 부리 ᄲᅮᆫ이로다. 《朴新諺 3, 48ㅈ》這就謂之打春了, 이 곳 닐온 닙츈노롯홈이라. ❷이것. ⇔이것. 《朴新諺 3, 6ㅎ》這是誰的不是, 이거시 이 뉘 그ᄅᆞᆷ고.

저(猪) [명] 돼지. ⇔돗ㅎ. 《集覽, 朴集, 上,

2ㅎ》炮炒. 用醬和水炒之. 質問云, 如猪肚生切, 置於鍋中, 用緊火炒熟, 方言謂炮炒. 《朴新諺 3, 18ㅈ》猪・羊・鵝・鴨等類却不少吃的, 猪・羊・鵝・鴨 等類ㅣ 쏘 먹을 거시 젹지 아니ᄒᆞ고. 《朴新諺 2, 52ㅈ》他前日輸與我的猪頭也不肯買, 뎨 그젓긔 내게 진 돗희 머리도 즐겨 사지 아니ᄒᆞ니.

저(筯) 뎽 저. 젓가락. ⇔져. 《朴新諺 2, 21ㅈ》還有羅鍋, 쏘 노고와. 柳箱, 섥과. 篩子, 드레와. 碗楪, 사발 졉시와. 匙筯, 수져와. 榪杓, 나모쥬게와. 筭籮, 됴리와. 炊箒, 솔과. 擦床兒, 슉치칼과. 篏(籤)箕, 키와. 篩子, 얼밍이와. 馬尾羅, 물총체와. 桌子, 상과. 盤子, 盤과. 茶盤, 찻반과. 燈臺, 燈臺와. 酒種, 잔과. 酒鼈, 쥬벼으와. 銅杓, 놋쥬게 이시니.

저개(這箇) 괸 ●이. ⇔이. 《朴新諺 2, 43ㅈ》這箇緞子中中的, 이 비단이 즁품에 써시니. 《朴新諺 2, 47ㅈ》這箇字不難寫, 이 字ᄂᆞᆫ 쓰기 어렵지 아니ᄒᆞ니. ●이런. ⇔이런. 《朴新諺 1, 34ㅎ》因這箇緣故, 이런 연고로 因ᄒᆞ여.

저개(這箇) 때 ●이. 이것. ⇔이. 《朴新諺 1, 15ㅎ》就敎我這箇好法兒, 이믜셔 나ᄅᆞᆯ 이 됴흔 法을 ᄀᆞᄅᆞ치라. 《朴新諺 1, 53ㅈ》這箇自然, 이ᄂᆞᆫ 그러ᄒᆞ리니. 《朴新諺 2, 11ㅈ》這箇不難, 이 어렵지 아니ᄒᆞ다. 《朴新諺 2, 45ㅈ》你道我這箇租帖, 네 니ᄅᆞ라 내 이 셰내ᄂᆞᆫ 글월이. ●이것. ⇔이것. 《集覽, 字解, 單字解, 1ㅈ》這. 此也. 這箇, 這裏. 俗呼二音, 之夜切 져, 之石切 지. 俗從지音者多. 《集覽, 字解, 單字解, 3ㅈ》箇. 一枚也. 俗呼一枚爲一箇, 亦曰箇把. 又箇箇 난나치. 單言箇字, 亦爲一枚之意. 有箇人 ᄒᆞᆫ 사ᄅᆞ미. 又語助. 這箇・些箇. 又音ㄱ. 舌頭兩箇 혓 그토로, 今不用. 《朴新諺 3, 32ㅎ》這箇還討甚麼價錢呢, 이거슬 당시롱 므슴 갑슬 쬐오리오.

저기일(這幾日) 뎽 요사이. 요새. ⇔요ᄉᆞ이. 《朴新諺 1, 45ㅈ》我這幾日有差使出去, 내 요ᄉᆞ이 差使ㅣ 이셔 나가니. 《朴新諺 2, 23ㅎ》小弟這幾日有些頭疼腦熱, 小弟 요ᄉᆞ이 져기 마리 알프고 골치 더옴이 잇더니. 《朴新諺 2, 39ㅈ》這幾日怎的不見有賣菜子的過去呢, 요ᄉᆞ이 엇지 ᄂᆞ믈 ᄢᅵ 풀 리 디나가ᄂᆞᆫ 이 이시믈 보지 못ᄒᆞᆯ소뇨. 《朴新諺 3, 14ㅎ》這幾日我家裡有人回去, 요ᄉᆞ이 우리 집의 사ᄅᆞᆷ이 도라가리 이시니.

저당(抵當) 동 이기다. 막아내다. ⇔저당ᄒᆞ다(抵當-). 《朴新諺 2, 55ㅎ》咳你這㷠漢那裏能抵當的我, 애 너 이 ᄏᆡ 져근 놈이 어디 능히 나를 抵當ᄒᆞ리오.

저당ᄒᆞ다(抵當-) 동 저당(抵當)하다. ⇔저당(抵當). 《朴新諺 2, 55ㅎ》咳你這㷠漢那裏能抵當的我, 애 너 이 ᄏᆡ 져근 놈이 어디 능히 나를 抵當ᄒᆞ리오.

저두(猪肚) 뎽 돼지의 밥통. 《集覽, 朴集, 上, 2ㅎ》炮炒. 用醬和水炒之. 質問云, 如猪肚生切, 置於鍋中, 用緊火炒熟, 方言謂炮炒.

저등(這等) 괸 이런. 또는 이런 따위의. 이와 같은. 이런 유의. ⇔이런. 《朴新諺 2, 30ㅈ》似這等菩薩不可不去參拜哩, 이런 菩薩을 可히 가 參拜치 아니치 못ᄒᆞᆯ 거시라. 《朴新諺 3, 30ㅎ》若是這等銀子, 만일 이런 은이면.

저등(這等) 円 이렇게. 이와 같이. ⇔이리. 《朴新諺 1, 48ㅎ》這等說, 이리 니ᄅᆞᆯ 양이면. 《朴新諺 2, 8ㅎ》不是這等說, 이리 니를 거시 아니라. 《朴新諺 3, 20ㅎ》雖然這等說, 비록 이리 니르나.

저리(這裡) 때 =저리(這裏). '裡'는 '裏'와 같다. 《正字通, 衣部》裏, 或作裡. 《朴新諺 1, 12ㅎ》再到這裏取馬, 다시 예 와 물을 츳고. 《朴新諺 3, 33ㅎ》你到這裡來打爐子, 네 예 와 풀무 안치고. 《朴新諺 3, 33ㅎ》你都帶了來這裡做活方好, 네 다 가

지고 와 예셔 셩녕홈이 보야호로 됴타.

저리(這裏) 때 ●여기. 이곳. ⇔여긔. 《集覽, 字解, 單字解, 1ㅈ》這. 此也. 這箇, 這裏. 俗呼二音, 之夜切 져, 之石切 지. 俗從지音者多. 《集覽, 字解, 單字解, 2ㅈ》裏. 內也. 裏頭·內裏. 又闕內. 亦曰裏頭, 又曰內裏. 又處也. 這裏·那裏. 又語助. 去裏·有裏. 通作里·俚·哩. 《朴新諺 1, 41ㅈ》這裏有箇做獸醫的人家麼, 여긔 獸醫 노롯흐는 사롬이 잇느냐. 《朴新諺 2, 15ㅎ》小的們都在這裏, 小人들이 다 여긔 잇노라. 《朴新諺 2, 43ㅎ》咱這裏没有牙子, 우리 여긔 즈름이 업스니. 《朴新諺 2, 56ㅈ》我只到這裏來, 내 그저 여긔 오노라. 《朴新諺 3, 41ㅈ》你可能請他到這裡來麼, 네 可히 能히 뎌를 請흐여 여긔 올짜. ●예. 여기. 이에. ⇔예. 《朴新諺 1, 12ㅎ》再到這裏取馬, 다시 예 와 물을 촟고. 《朴新諺 3, 33ㅈ》你到這裡來打爐子, 네 예 와 플무 안치고. 《朴新諺 3, 33ㅎ》你都帶了來這裡做活方好, 네 다 가지고 와 예셔 셩녕홈이 보야호로 됴타.

저리다 동 절이다. (소금에 약간 절여 불에 그슬리다) ⇔화(火). 《朴新諺 1, 5ㅈ》火腿(朴新注, 2ㅎ: 肉之燻於火, 而醃於塩者, 味經冬不變.)添魚, 저린 고기에 물고기 석근 거시오.

저린고기 명 절인 고기. (소금에 약간 절여 불에 그슬린 돼지 다리) ⇔화퇴(火腿). 《朴新諺 1, 5ㅈ》火腿(朴新注, 2ㅎ: 肉之燻於火, 而醃於塩者, 味經冬不變.)添魚, 저린 고기에 물고기 석근 거시오.

저마(這麼) 쀤 ●이러면. ⇔이러면. 《朴新諺 1, 12ㅈ》這麼甚湊巧, 이러면 심히 공교흐다. 《朴新諺 2, 9ㅈ》這麼就請兌銀罷, 이러면 곳 쳥컨대 은을 돌라. 《朴新諺 2, 20ㅈ》這麼我給你銀子就買去, 이러면 내 너를 銀을 줄 거시니 곳 사라 가라. 《朴新諺 2, 30ㅎ》這麼咱們一生作事豈無罪孽, 이러면 우리 一生에 일을 홈애 엇

지 罪孽이 업스리오. 《朴新諺 3, 4ㅎ》這麼最好 이러면 ᄀ장 됴타. 《朴新諺 3, 10ㅈ》這麼快買石灰麻刀去, 이러면 밧비 회와 삼써울을 사라 가라. 《朴新諺 3, 30ㅈ》這麼就與你一兩銀子麼, 이러면 곳 너를 흔 냥 은을 주랴. 《朴新諺 3, 37ㅈ》這麼把我那皮俗來, 이러면 내 이 皮俗를 가져와. 《朴新諺 3, 51ㅎ》這麼就好告他, 이러면 곳 져를 告흐기 됴타. ●이렇게. ⇔이리. 《朴新諺 2, 27ㅈ》這麼說, 이리 니르면. 《朴新諺 2, 43ㅎ》這麼說, 이리 니룰면. 《朴新諺 2, 51ㅈ》這麼看起來, 이리 볼 양이면. 《朴新諺 3, 1ㅈ》怎麼這蠅子這麼多呢, 엇지 프리 이리 만흐뇨. 《朴新諺 3, 3ㅈ》你怎麼這麼硬頭硬腦的呢, 네 엇지 이리 목구드뇨.

저마포(苧麻布) 명 모시. 《集覽, 朴集, 上, 13ㅈ》毛施布. 此卽本國人呼苧麻布之稱〈卽本國人呼苧麻布之稱〉, 漢人皆呼曰苧麻布, 亦曰麻布, 曰木絲布, 或書作沒絲布. 又曰漂白布, 又曰白布.

저문(這們) 쀤 이렇게. ⇔이리. 《集覽, 字解, 單字解, 3ㅎ》們. 諸韻書皆云, 們渾, 肥滿兒. 今俗借用爲等輩之字, 而曰我們·咱們 우리, 你們 너희. 又猶言如此也. 這們 이리, 那們 뎌리.

저문(這們) 혱 이와 같은. 이러한. 이런. 《集覽, 字解, 累字解, 2ㅎ》這般. 猶言如此. 《集覽, 字解, 累字解, 2ㅎ》這們. 上同.

저반(這般) 관 ●이. ⇔이. 《朴新諺 2, 51ㅎ》似我這般雜職微員陞轉極難, 우리 ᄀ흔 이 雜職 微員은 陞轉흐기 극히 어려워. ●이런. ⇔이런. 《朴新諺 2, 26ㅎ》你再來休說這般不曉事的話, 네 뇌여란 이런 일 모로는 말 니르지 말라. 《朴新諺 2, 34ㅈ》我男兒做這般迷天大罪的事, 우리 스나히 이런 迷天大罪엣 일을 흐니. 《朴新諺 2, 34ㅎ》你做這般不合理的勾當, 네 이런 理에 合디 아닌 일을 흐다가. 《朴新諺 2, 54ㅎ》說這般作怪的言語, 이

런 괴이호 말을 니른다.《朴新諺 3, 11
ㅈ》從來不曾見你這般仔細, 본디 일즉
너 이런 仔細호믈 보지 못호엿노라.《朴
新諺 3, 18ㅎ》這些衙役也不免受這般勞
苦, 이 衙役도 이런 勞苦 바드믈 免치 못
호느니라.

저반(這般) 円 ❶이렇게. ⇔이리.《朴新
諺 1, 10ㅈ》這般說, 이리 니르면.《朴新
諺 1, 32ㅎ》既是這般說, 이믜 이리 니르
면.《朴新諺 1, 37ㅈ》你近來怎麼這般黃
瘦, 네 요스이 엇디 이리 黃瘦호엿는다.
《朴新諺 2, 9ㅈ》這般說, 이리 니르면.
《朴新諺 2, 25ㅎ》這般稀罕東西, 이리 稀
罕호 거슬.《朴新諺 2, 38ㅈ》我也這般想
着, 나도 이리 싱각호엿노라.《朴新諺 2,
41ㅎ》這般隄防的緊愼, 이리 隄防호기롤
緊愼이 호면.《朴新諺 3, 1ㅎ》你這孩子
們怎麼這般遭害我, 너 이 아히들이 엇지
이리 나룰 보채느뇨.《朴新諺 3, 14ㅈ》
那人聽見師傅這般說, 그 사룸이 師傅ㅣ
이리 니르믈 듯고.《朴新諺 3, 18ㅎ》天
天都是這般早聚晩散麼, 날마다 다 이리
일 모호고 늦게야 흣터지느냐.《朴新諺
3, 31ㅈ》不是這般說, 이리 니르미 아니
라. ❷이러면. ⇔이러면.《朴新諺 1, 17
ㅎ》這般我敎他打了刀, 이러면 내 뎌로
호여 칼을 치이되.《朴新諺 1, 53ㅈ》這
般倒也好, 이러면 도로혀 됴타.《朴新諺
2, 51ㅈ》既是這般, 이믜 이러면.《朴新
諺 3, 41ㅎ》這般, 이러면.

저반(這般) 혱 이러하다. 이러한. 이와 같
은. ⇔이러호다.《集覽, 字解, 累字解, 2
ㅎ》這般. 猶言如此.《朴新諺 2, 12ㅈ》這
般, 이러호면.

저방(氐房) 뎽 이십팔수(二十八宿)의 하
나. 동방(東方) 창룡 칠수(蒼龍七宿)의
셋째와 넷째 별자리.《朴新諺 2, 59ㅈ》
角安亢食氐房益, 角은 安호고 亢은 食호
고 氐房은 益호고.

저부(姐夫) 뎽 자형(姉兄). 매형(妹兄).

《朴新諺 3, 15ㅈ》前者姐夫回時, 전에 姐
夫ㅣ 도라갈 제.

저부(底簿) 뎽 밑 글월. 원문(原文). 원고.
초안. ⇔믿글월.《集覽, 字解, 單字解, 1
ㅎ》底. 下也. 底下 아래. 又本也. 底簿 믿
글월. 又語助. 根底 앏픠. 又손디. 又與的
字通用.

저사(底似) 円 ❶가장. 매우. 자못. ⇔ㄱ
장.《集覽, 字解, 累字解, 2ㅈ》底似. ㄱ
장. 又너므. 今不用. ❷너무. 매우. 몹시.
⇔너무.《集覽, 字解, 累字解, 2ㅈ》底似.
ㄱ장. 又너므. 今不用.

저사(這些) 관 ❶이. 이것. ⇔이.《朴新諺
1, 5ㅎ》這些酒席都已辦停妥完備了, 이
酒席을 다 이믜 장만호여 停妥 完備호여
다.《朴新諺 1, 21ㅈ》咳這些小厮們, 애
이 아히들이.《朴新諺 1, 50ㅈ》多謝你稍
得這些布疋來, 네 이 布疋을 부처 오믈
多謝호노라.《朴新諺 3, 3ㅈ》一箇猫兒怎
麼就直的這些錢, 호 낫 괴에 엇지 곳이
갑시 쓰리오.《朴新諺 3, 7ㅎ》不知那裡
來的這些蟈蜒, 아지 못게라 어듸로셔 온
이 지차린지.《朴新諺 3, 13ㅈ》這些聽講
的僧尼道俗善男信女, 이 講 듯는 僧尼 道
俗과 善男 信女ㅣ.《朴新諺 3, 34ㅎ》這些
看捽挍的官員們, 이 여러 삐롬 보는 官員
들이. ❷이만. 이만한. ⇔이만.《朴新諺
2, 7ㅎ》咱們好弟兄何必計較這些, 우리
무음 됴흔 弟兄이 엇지 반두시 이만 거
슬 計較호리오.

저사(這些) 떼 이것. 또는 이놈. ⇔이것.
《朴新諺 2, 21ㅈ》這些都收拾全備着, 이
것들을 다 收拾호여 全備케 호고.

저수량(褚遂良) 뎽 당(唐)나라 항주(杭州)
전당(錢塘) 사람. 자는 등선(登善). 당초
(唐初) 진왕부(秦王府) 십팔학사(十八學
士)의 한 사람. 벼슬은 상서 우복야(尙書
右僕射)를 지냈다. 글씨에 뛰어나 구양
순(歐陽詢)·우세남(虞世南)·설직(薛
稷)과 함께 사대서가(四大書家)로 불린

다.《集覽, 朴集, 中, 8ㅈ》十八學士. 唐太宗秦王時, 開館延文學之士, 杜如晦·房玄齡〈齡〉·虞世南·褚遂良·姚思廉·李玄道·蔡允恭·薛元敬·顔相時·蘇勗·于志寧·蘇世長·薛攸·李守素·陸德明·孔穎達·蓋文達·許敬宗爲文學館學士, 分爲三番, 更日直宿.

저시(這廝) 때 이것. 또는 이놈. ⇨이것.《集覽, 字解, 單字解, 2ㅎ》廝. 卑賤之稱. 這廝 이 놈. 又相也. 廝見 서르 보다. 又汎指人. 亦曰廝. 小廝 아히, 瞎廝 쇼경.《朴新諺 2, 39ㅎ》紫蘇這廝最有用, 紫蘇란 이거시 ᄀᆞ장 쓸 디 이시니.

저양(這樣) 囝 =저양(這樣). '撨'은 '樣'과 같다.《廣韻, 去韻》撨, 式撨.《朴新諺 1, 28ㅎ》是這樣關切, 이러트시 關切ᄒᆞ여야.《朴新諺 3, 11ㅈ》這樣做的平常, 이리 민들기를 平常이 ᄒᆞ여시니.

저양(這樣) 囝 ●이렇듯이. ⇨이러트시.《朴新諺 1, 28ㅎ》是這樣關切, 이러트시 關切ᄒᆞ여야. ●이렇게. ⇨이리.《朴新諺 3, 11ㅈ》這樣做的平常, 이리 민들기를 平常이 ᄒᆞ여시니.

저양(褚亮) 阌 당(唐)나라 항주(杭州) 전당(錢塘) 사람. 자는 희명(希明). 봉호는 양적현후(陽翟縣侯). 시호는 강(康). 벼슬은 남조 진(南朝陳)나라에서 상서 전중 시랑(尙書殿中侍郞), 수(隋)나라에서 태상 박사(太常博士), 당나라에서 진왕부 문학(秦王府文學)·산기상시(散騎常侍)를 지냈다. 시에 능하였다.《集覽, 朴集, 中, 8ㅈ》十八學士. 唐太宗秦王時, 開館延文學之士, 杜如晦·房玄齡〈齡〉·虞世南·褚遂良·姚思廉·李玄道·蔡允恭·薛元敬·顔相時·蘇勗·于志寧·蘇世長·薛攸·李守素·陸德明·孔穎達·蓋文達·許敬宗爲文學館學士, 分爲三番, 更日直宿. 秦王暇日, 至館中討論文篇, 使閻立本圖像, 褚亮爲贊. 得與其選者, 世謂之登瀛洲.

저오(抵捂) 동 서로 모순되다. 서로 일치하지 아니하다.《集覽, 凡例》質問者, 入中朝質問而來者也. 兩書皆元朝言語, 其沿舊未改者, 今難曉解. 前後質問亦有抵捂, 姑幷收以袪初學之碍. 間有未及質問, 大有疑碍者, 不敢强解, 宜竢更質.

저울 몡 저울. ●⇨등자(等子).《集覽, 字解, 單字解, 1ㅈ》等, 候待也. 等他·等着 기들우다. 又等子 저울. 又吏語, 用此爲等輩之意. 又等閑, 釋見下. ●⇨칭(秤).《朴新諺 1, 40ㅎ》這是秤, 이는 이 저울이로다.

저육(豬肉) 몡 돼지고기.《集覽, 朴集, 上, 2ㅎ》川炒. 音義云, 민므레〈민믈에〉炒혼 猪肉. 今按, 川炒, 塩水炒也.《朴新諺 1, 2ㅈ》再買一隻牛·猪肉五十斤, 쏘 혼 ᄣᅡ 쇼와 猪肉五十斤을 사면.《朴新諺 2, 16ㅈ》猪肉三斤, 猪肉 서 근과.

저저(姐姐) 몡 각시. 젊은 계집. ⇨각시.《集覽, 朴集, 上, 12ㅈ》姐姐. 漢俗呼姊曰姐姐. 雖非弟妹, 如遇婦女, 可展斯須之敬者, 亦曰姐姐, 是尊之之謂.《朴新諺 1, 45ㅎ》好姐姐(朴新注, 17ㅎ: 漢俗呼姊曰姐姐. 或遇婦女, 而展斯須之敬者, 亦曰姐姐.), ᄆᆞ음 됴흔 각시아.《朴新諺 1, 54ㅈ》姐姐你纔做了月子, 각시아 네 ᄀᆞᆺ 히산ᄒᆞ다 ᄒᆞ니.《朴新諺 2, 26ㅈ》姐姐我自從看上了你, 각시아 내 너를 봄으로부터.《朴新諺 2, 27ㅈ》多謝姐姐的美意了, 각시의 아름다온 뜻을 多謝ᄒᆞ거니와.《朴新諺 2, 54ㅈ》姐姐來咱們下一盤蟞碁罷, 각시아 오라 우리 혼 판 츄샤ᄋ ᄒᆞ쟈.《朴新諺 2, 55ㅈ》我輸了再不敢違姐姐的言語, 내 지면 쏘 감히 각시의 말을 어긔롯지 못ᄒᆞ고.《朴新諺 2, 55ㅈ》姐姐若輸了也再不要違了我的言語如何, 각시 만일 져도 쏘 내 말을 어긔롯지 말미 엇더ᄒᆞ뇨.

저적(抵敵) 동 대적(對敵)하다. (적이나 어떤 세력, 힘 따위와 맞서 겨루다) ⇨저적ᄒ다(抵敵-).《朴新諺 3, 52ㅎ》小人知他酒醉不敢抵敵, 小人이 제 술 취홈을 알고 敢히 抵敵지 아니ᄒ엿더니.

저적(這的) 때 이것. ⇔이것.《朴新諺 3, 23ㅎ》這的不是大譬麽, 이거시 큰 원쉬 아니가.

저적ᄒ다(抵敵-) 동 저적(抵敵)하다. ⇔저적(抵敵).《朴新諺 3, 52ㅎ》小人知他酒醉不敢抵敵, 小人이 제 술 취홈을 알고 敢히 抵敵지 아니ᄒ엿더니.

저조만(這早晚) 혱 이리 늦도록.《集覽, 字解, 累字解, 1ㅎ》早晚. 這早晚 이 늦도록. 又問何時日, 多早晚 어느 때.

저즈레ᄒ다 동 저지레하다. 또는 장난이 심하다. 짓궂다. ⇔도기(淘氣).《朴新諺 2, 46ㅎ》還只管淘氣, 당시롱 그저 스리여 저즈레ᄒ고. 終日貪頑耍, 終日토록 놀기를 탐ᄒ고.

저지방(這地方) 때 여기. 이곳. ⇔여긔.《朴新諺 1, 50ㅈ》今年這地方馬價如何, 올히 여긔 물 갑시 엇더ᄒ뇨.

저퍼 동 저어. 두려워. ●⇔공(恐).《朴新諺 1, 59ㅈ》恐後無憑立此存照, 후에 의빙홈이 업슬가 저퍼 이롤 셰워 存照케 ᄒ노라. ●⇔파(怕).《朴新諺 2, 33ㅈ》又不怕雨淋的, 쏘 비에 젓기를 저퍼 아니ᄒ니.

저퍼ᄒ다 동 저어하다. 두려워하다. ⇔파(怕).《朴新諺 1, 14ㅎ》這是新布俗那裏破那裏怕漏呢, 이 새 쟐리라 어디 해여지며 어디 시기롤 저퍼ᄒ리오.《朴新諺 1, 36ㅎ》一年經蛇咬三年怕井繩, 一年을 비얌 물려 디내면 三年을 드렛줄도 저퍼ᄒ다 ᄒ니라.《朴新諺 3, 31ㅎ》相公你怕錯買了麽, 相公아 네 그릇 산가 저퍼ᄒ느냐.《朴新諺 3, 57ㅈ》況爲男子漢的怕甚麽呢, ᄒ믈며 스나희 되엿느니 므서슬 저퍼ᄒ리오.

저페라 혱 두려워라. ⇔파(怕).《朴新諺 3, 5ㅈ》只怕那寃家們打關節煩人說情哩, 그 뎌 寃家들이 쇼쳥ᄒ여 사름을 식여 情을 니롤가 저페라.

저폐(楮幣) 명 저화(楮貨). (중국 북송(北宋) 때부터 국가나 상인이 발행한 지폐)《集覽, 朴集, 上, 13ㅈ》錢鈔. 錢者, 金帛之名. 古曰泉, 後鑄而曰錢. 古者天降災戾, 於是乎量資幣, 權輕重, 以救民困. 代各鑄錢, 輕重不一. 鈔, 楮幣也. 始於蜀之交子, 唐之飛錢, 至元朝有中統寶. 交鈔, 通行寶鈔之名.

저프다 혱 두렵다. ⇔파(怕).《朴新諺 1, 10ㅈ》眼前就收拾怕甚麽呢, 시방 즉시 收拾ᄒ면 무서시 저프리오.《朴新諺 1, 54ㅈ》最怕的是感冒風寒, ᄀ장 저픈 거슨 이 風寒에 感冒홈이니.《朴新諺 2, 20ㅈ》怕甚麽, 므서시 저프리오.《朴新諺 2, 42ㅎ》沒有你怕買不成麽, 네 업다 사지 못ᄒᆞᆯ가 저프랴.《朴新諺 2, 49ㅈ》只怕還不肯回來哩, 다만 저프건대 도로혀 즐겨 도라오지 아닐가 ᄒ노라.《朴新諺 2, 59ㅎ》這還怕沒有新衣服過年麽, 이 도로혀 새 옷스로 過年홀 거시 업슬가 저프랴.《朴新諺 3, 20ㅎ》便把他監起來也不怕, 곳 뎌를다가 가도아도 저프지 아니ᄒ다.《朴新諺 3, 37ㅈ》只怕不會打哩, 그저 저프건대 칠 줄을 아지 못ᄒᆞᆯ가 ᄒ노라.

저하(底下) 명 아래. ●⇔아래.《集覽, 字解, 單字解, 1ㅎ》底. 下也. 底下 아래. 又本也. 底簿 밑글월. 又語助. 根底 앏픠. 又손디. 又與的字通用.《朴新諺 2, 56ㅎ》我慢慢兒沿着人家房簷底下, 내 날회여 人家 쳠하롤 조차. ●⇔아리.《朴新諺 1, 42ㅈ》揀箇淸淨去處陰涼樹底下絟住, 淸淨ᄒ 곳 서눌ᄒ 나모 아리롤 ᄀᆯ희여 미고.《朴新諺 2, 47ㅈ》久字底下手字加箇走字的便是, 久字 아리 手字 ᄒ고 走字 ᄒ 거시 곳 이라.

저허 동 저어. 두려워. ●⇔공(恐).《朴新諺 2, 19ㅈ》恐後無憑, 後에 의빙홈이 업슬가 저허.《朴新諺 2, 45ㅈ》恐後無憑立

此爲照, 後에 의빙홈이 업슬가 저허 이를 세워 보람을 삼노라. ●⇔파(怕). 《朴新諺 2, 18ㅈ》這廝所以不怕, 이 놈이 이러모로 저허 아니ᄒᆞᄂᆞ니.

저흐다 圐 두려워하다. ⇔공(恐). 《朴新諺 1, 17ㅈ》恐不肯賣與你哩, 저컨대 즐겨 네게 ᄑᆞ지 아니ᄒᆞ리라.

적(赤) 혱 벌겋다. ⇔벌겋다. 《朴新諺 2, 11ㅈ》赤條條的仰面臥在桌上, 벌거케 올올이 탁ᄌ 우희 쟛바누어.

적(的) 몡 ❶●것. 물건. (사람 또는 사물을 나타낸다) ⇔것. 《集覽, 字解, 單字解, 2ㅎ》另. 音零, 去聲. 別也, 零也. 另的 ᄹᆫ 것. 吏語, 另行 각벼리 ᄒᆞ다. 《集覽, 字解, 單字解, 3ㅎ》的. 指物之辭. 你的 네 것, 好的 됴ᄒᆞᆫ 것. 又語助. 坐的 안짜, 通作 地. 又明也, 實也, 端也. 吏語, 的確・的當・虛的・的實. 《朴新諺 1, 1ㅎ》買一隻羊要肥的, ᄒᆞᆫ 짝 羊을 사되 술진 거슬 ᄒᆞ라. 《朴新諺 1, 20ㅎ》有八角的・六角的・四方的, 여듧 모 것과 여슷 모 것과 네모 것도 이시며. 《朴新諺 1, 32ㅈ》你說都是好的, 네 니ᄅ되 다 됴ᄒᆞᆫ 거시라 ᄒᆞ더니. 《朴新諺 2, 6ㅈ》飛來飛去的是鴛鴦, ᄂᆞ라 오며 ᄂᆞ라가는 거슨 이 鴛鴦이오. 《朴新諺 2, 17ㅈ》六名跟役騎的, 六名 跟役이 톨 거슨. 《朴新諺 2, 31ㅈ》你的帽子那裏買來的, 네 갓시 어듸서 사 온 것고. 是徐五家做的, 이 徐五의 집의셔 민든 거시라. 《朴新諺 3, 3ㅎ》你這不知理的, 네 이 도리 모ᄅᆞᄂᆞᆫ 거사. 《朴新諺 3, 18ㅈ》猪・羊・鵝・鴨等類却不少吃的, 猪・羊・鵝・鴨 等類ㅣ 쏘 먹을 거시 젹지 아니ᄒᆞ고. 《朴新諺 3, 29ㅈ》我賣的是上等白色珠子, 내 ᄑᆞ는 거슨 이 上等 흰빗치 구슬이니. ●것. ⇔이. 《朴新諺 1, 32ㅈ》十箇指頭也有長短的, 열 손가락도 긴 이 져른 이 잇ᄂᆞ니. ●치. 것. ⇔치. 《朴新諺 1, 57ㅎ》要做十箇氣力的一張, 십 분 힘에 치 ᄒᆞᆫ 쟝과. 七八箇氣力的一張, 칠

팔 분 힘에 치 ᄒᆞᆫ 쟝을 민들고져 ᄒᆞ노라. 《朴新諺 2, 42ㅈ》你要甚麼顔色的, 네 므슴 빗체 치롤 ᄒᆞ려 ᄒᆞᄂᆞᆫ다. ❷이. 사람. ●⇔리. 《朴新諺 1, 6ㅎ》吹的只管吹, 불리 그저 불고. 《朴新諺 1, 31ㅎ》賣獤皮的, 獤皮 ᄑᆞᆯ 리아. 《朴新諺 2, 33ㅎ》有一日一箇賣絹的打他門口過去, 홀론 ᄒᆞᆫ 깁 ᄑᆞᆯ 리 이셔 제 門을 지나가니. 《朴新諺 2, 39ㅈ》這幾日怎的不見有賣菜子的過去呢, 요ᄉᆞ이 엇지 ᄂᆞᄆᆞᆯ 씨 ᄑᆞᆯ 리 디나가는 이 이시믈 보지 못ᄒᆞᆯ소뇨. 《朴新諺 3, 2ㅈ》那箇拿藍(籃)子盛着猫的不是賣的麼, 뎌 드라치 가져 괴 담으니 이 ᄑᆞᆯ 리 아니가. 《朴新諺 3, 2ㅈ》果然是賣猫的, 果然 이 괴 ᄑᆞᆯ 리로다. 《朴新諺 3, 29ㅈ》那賣珠子的你來, 뎌 구슬 ᄑᆞᆯ 리아 이바. ●⇔이. 《朴新諺 1, 3ㅈ》你們討酒的都廻來了麼, 너희 술 어드라 갓든 이 다 도라왓ᄂᆞ냐. 《朴新諺 1, 39ㅎ》過去的過來的弄我的, 디나가며 디나오리 나를 弄ᄒᆞ되. 《朴新諺 1, 42ㅎ》我剃頭的所管甚麼來, 우리 마리 ᄭᆞᆨ는 이 所管이 므서시완더. 《朴新諺 2, 8ㅈ》太爺是識貨的請看, 太爺는 이 물화 아는 이라 쳥컨대 보라. 《朴新諺 2, 11ㅈ》也有舞鎗弄棒的, 쏘 鎗을 춤츠며 막대 노롯ᄒᆞ는 이도 이시니. 《朴新諺 2, 42ㅎ》揀高的與官人看, 놉흔 이 롤 ᄀᆞᆯ히야 官人을 주어 보게 ᄒᆞ라. 《朴新諺 3, 23ㅎ》卽拜贏的爲師傅, 곳 이긔는 이를 拜ᄒᆞ여 스승을 삼쟈. 《朴新諺 3, 35ㅈ》還有那拿鈀(鈀)斧的, 쏘 뎌 鈀(鈀)斧 가지니와. 《朴新諺 3, 42ㅎ》你到老曺家去送人情來的麼, 네 老曺의 집의 가 人情을 보내고 오니가.

적(的) 졉 ●-에 의한. ⇔-엣. 《朴新諺 2, 34ㅈ》我男兒做這般迷天大罪的事, 우리 스나히 이런 迷天大罪엣 일을 ᄒᆞ니. ●-의. ⇔-의. 《朴新諺 1, 14ㅈ》又要給那扛口帒人的小脚錢, 쏘 뎌 쟈르 메는 사ᄅᆞᆷ의 져근 삭갑슬 줄 써시니. 《朴新諺 1, 19

ス》好與不好都是小舖的門面, 됴흐며 됴치 아니미 다 이 小舖의 門面이라. 《朴新諺 1, 35ス》那養漢老婆的嘴, 뎌 養漢흐는 계집의 부리. 《朴新諺 1, 35ㅎ》恰撞見他的漢子, 마치 뎌의 ᄉ나희를 마조치니. 《朴新諺 1, 36ス》偏要偸別人的媳婦, 독별이 다른 사롬의 계집을 도적하니. 《朴新諺 1, 39ㅎ》不知道我的麤和細, 나의 굴금과 ᄀ놀믈 아지 못하는 거시여. 《朴新諺 3, 28ス》把先生的頭拖了去, 先生의 머리를다가 쓰어 가니.

적(賊) 명 ●도둑. ⇔도적. 《朴新諺 2, 31ㅎ》如今賊多, 요스이 도적이 하니. 《朴新諺 2, 40ㅎ》如今怎麼那般賊多, 이제 엇지 뎌리 도적이 만흐뇨. 因此上賊多了, 이런 전초로 도적이 만흐니라. 使鉤子的賊們更多, 갈고리 쓰는 도적들이 더욱 만하. 《朴新諺 3, 8ス》不料前日三更前後被賊進來, 헤아리지 아닌 그적의 三更은 하여 도적이 드러와. 《朴新諺 3, 20ㅎ》捉賊無贓, 도적을 잡으매 장물이 업스니. 《朴新諺 3, 29ㅎ》你這賊養漢生的小驢精, 네 이 도적 養漢하여 나흔 져근 나귀삐아. 《朴新諺 3, 50ㅎ》小人家下被賊竊去布一百疋, 小人의 집의셔 도적이 뵈 一百 疋을 도적하여 가믈 닙으니. ●도둑질. ⇔도적질. 《朴新諺 3, 30ス》一發去做賊不好麼, 홈의 가 도적질홈이 됴치 아니호냐.

적(摘) 동 따다摘. ⇔따다. 《朴新諺 2, 39ㅎ》把那葉兒摘了, 뎌 닙흘다가 따. 《朴新諺 3, 4ス》摘些葉子送我, 져기 닙흘 따 내게 보내여라.

적(敵) 동 대적(對敵)하다. (적이나 어떤 세력, 힘 따위와 맞서 겨루다) ⇔디격하다. 《朴新諺 2, 56ス》我原說你那裏敵的我過哩, 내 본디 널닛느니 네 엇지 나를 디격하리오.

적경방(積慶坊) 명 중국 북경(北京)에 있던 행정구역 이름. 《朴新諺 1, 58ス》京都城內積慶坊住民人趙寶兒, 京都 잣 안 積慶坊에셔 사는 民人 趙寶兒ㅣ.

적광(赤光) 명 붉은 기운의 빛. 《集覽, 朴集, 下, 3ㅎ》趙太祖飛龍記. 宋太祖, 姓趙, 名匡胤. 母昭獻皇后夢日入懷而孕. 誕生之夕, 赤光滿室, 異香馥郁.

적근채(赤根菜) 명 시금치. ⇔시근치. 《朴新諺 2, 39ㅎ》蘿蔔, 댓무우. 蔓菁, 쉿무우. 萵苣, 부로. 葵菜, 아혹. 白菜, 비치. 赤根菜, 시근치. 芫荽, 고싀. 蔥, 파. 蒜, 마놀. 薤菜, 부치. 荊芥, 형개. 薄荷, 박하. 茼蒿, 믈뿍. 水蘿蔔, 물한댓무우. 胡蘿蔔, 노른댓무우. 芋頭, 토란. 紫蘇都好種的, 紫蘇를 다 시믐이 됴타.

적난(賊難) 동 도둑에게 재난을 당하다. 또는 그 재난. 《集覽, 朴集, 上, 10ス》衲襖. 反(飜)譯名義云, 好衣是未得道者生貪着處, 招致賊難, 或致奪命(命), 有如是等患, 故受弊衲衣.

적당(的當) 동 꼭 들어맞다. 《集覽, 字解, 單字解, 3ㅎ》的. 指物之辭. 你的 네 것, 好的 됴흔 것. 又語助. 坐的 안따, 通作地. 又明也, 實也, 端也. 吏語, 的確・的當・虛的・的實.

적당(適當) 형 적당(適當)하다. 적절하다. 알맞다. 《集覽, 字解, 單字解, 1ス》恰. 適當之辭. 恰便似 마치. 又方纔之辭. 恰纔 又.

적리(赤李) 명 알이 붉은 오얏. 《集覽, 朴集, 上, 2ス》虎刺(刺)賓. 質問云, 如李長大, 半青半紅色, 食之可口. 又云, 如赤李長而大者.

적마(赤馬) 명 절따말. ⇔절짜몰. 《朴新諺 1, 41ス》我有箇赤馬害骨眼, 내게 혼 절짜몰이 이셔 눈에 치 알하.

적명(赤明) 명 도교의 원시천존(元始天尊)의 연호(年號) 가운데 하나. 또는 오겁(五劫) 가운데 두 번째 겁. 《集覽, 朴集, 中, 6ス》萬劫. 道經云, 天地一成一敗謂之劫(刧). 上天開化, 建五劫(刧)紹運,

日龍漢, 日赤明, 日上皇, 日延康, 日開皇.

적색마(赤色馬) 뗑 절따말. ⇔절짜몰. 《朴新諺 2, 1ㅎ》一箇赤色馬雖生的十分可愛, 혼 절짜몰이 비록 삼긴 거시 ㄱ장 고으나.

적선(賊船) 뗑 해적의 배. 《朴新諺 2, 22ㅈ》看見五六箇賊船, 보니 다엿 賊船이.

적선지가필유여경(積善之家 必有餘慶) ㉥ 착한 일을 많이 한 집안에는 반드시 경사스런 일이 있다는 뜻으로, 착한 일을 계속해서 하면 복이 자신뿐만 아니라 자손에까지도 미친다는 말. 《朴新諺 1, 31ㅈ》積善之家必有餘慶, 積善혼 집에 반ᄃ시 餘慶이 잇다 ᄒ고.

적소(積素) ㉦ 흰 눈이 쌓이다. 《集覽, 朴集, 中, 3ㅎ》西山. 每大雪初霽, 千峯萬壑〈峯〉, 積素凝華, 若圖畫然, 爲京師八景之一, 日西山霽雪.

적손(嫡孫) 뗑 적자(嫡子)의 적자. 곧, 적통(嫡統)을 이은 제자나 후손. 《集覽, 朴集, 上, 15ㅎ》步虛. 俗姓洪氏, 高麗洪州人, 法名普愚, 初名普虛, 號太古和尙. 有求法於天下之志. 至正丙戌春, 入燕都, 聞南朝有臨濟正脉不斷〈断〉, 可徃印可. 盖指臨濟直下雪嵓〈嵒〉嫡孫石屋和尙清珙也. 遂徃湖州霞霧山天湖庵謁和尙, 嗣法傳衣. 《集覽, 朴集, 上, 16ㅈ》石屋. 法名清珙, 號石屋和尙, 臨濟十八世之嫡孫也.

적시다 ㉦ 적시다. ⇔습(濕). 《朴新諺 2, 41ㅈ》把舌尖濕破窓戶, 혀 긋ᄒ로다가 窓戶를 적셔 뚧고.

적인(賊人) 뗑 도둑. 도둑놈. 《朴新諺 3, 50ㅎ》賊人不知去向, 賊人의 去向을 아지 못호매. 《朴新諺 3, 50ㅎ》小人與隣人等看驗得賊人蹤跡, 小人이 隣人 等으로 더부러 賊人의 蹤跡을 看驗호니. 《朴新諺 3, 51ㅈ》追還布疋懲治賊人, 布疋을 ᄎ자 주고 賊人을 懲治호면.

적정(適丁) ㉦ 때마침 만나다. 운 좋게 만나다. 《集覽, 朴集, 上, 15ㅎ》步虛. 還大都, 時適丁太子令辰十二月二十四日, 奉傳聖旨, 住持永寧禪寺, 開堂演法.

적중(賊衆) 뗑 도둑의 무리. 《朴新諺 3, 51ㅈ》約有賊衆幾人, 대되 賊衆 여러 사룸이 이셔.

적확(的確) ㉧ 확실히. 분명히. 참으로. 실로. 《集覽, 字解, 單字解, 3ㅎ》的. 指物之辭. 你的 네 것, 好的 됴흔 것. 又語助. 坐的 안짜, 通作地. 又明也, 實也, 端也. 吏語, 的確·的當·虛的·的實.

전(全) ㉧ 전(全)혀. 전적(全的)으로. ⇔전혀. 《朴新諺 2, 23ㅈ》全仗着這吳爺一路服事我來, 젼혀 이 吳爺ㅣ 一路에 나를 服事홈을 미덧노라.

전(全) ㉨ 갖다. 구비되어 있다. 완비되어 있다. ⇔궂다. 《朴新諺 2, 45ㅈ》門窓炕壁俱全, 門窓 炕壁이 다 ㄱ잣고.

전(典) ㉦ ●전당(典當)하다. 《集覽, 字解, 單字解, 6ㅈ》典. 凡人或缺少口粮, 或遇事用錢者, 以物折直, 立限賣與人爲質而求錢取用. 至限償還其直取物而還也. 律條疏議云, 以價易去, 而原價取贖曰典. ●세(貰)내다. ⇔셰내다. 《朴新諺 1, 23ㅎ》我要典一所房子, 내 흔 곳 집을 셰내려 ᄒ니. 《朴新諺 1, 24ㅈ》纔勾典那宅子哩, 겨요 뎌 집을 셰내기 넉넉호리라.

전(前) 뗑 ❶앞. ●⇔앒. 《集覽, 朴集, 上, 14ㅈ》前失. 音義云, 거·티·ᄂ 몰. 譯語指南云, 앏거·티·ᄂ 몰.), 그저 앏 거티고. 《朴新諺 2, 5ㅎ》再看那閣前水面上, 다시 뎌 閣 앏 물 우흘 보니. 《朴新諺 3, 34ㅎ》大明殿前月臺上, 大明殿 앏 月臺 우희. ●⇔앏ㅍ. 《朴新諺 3, 10ㅈ》炕前做一箇煤爐好燒煤, 캉 앏픠 혼 煤爐를 민드라 셕탄 픠오기 됴케 호라. ❷⇔앏ㅎ. 《朴新諺 3, 23ㅎ》咱如今兩箇就在王前鬪〈鬪〉法, 우리 이제 둘히 곳 王의 앏히 이셔 鬪〈鬪〉法호여. 《朴新諺 3, 47ㅈ》一箇小鬼撑着紅羅傘在馬前, 혼 小鬼ㅣ 紅羅傘 버틔여 물 앏히 잇고. 《朴新諺 3, 53ㅈ》

門前絟着帶鞍子的白馬, 門 앏히 기르마 지은 흰물을 미엿더니. **2**전(前). ⇔전. 《朴新諺 3, 15ㅈ》前者姐夫回時, 전에 姐夫ㅣ 도라갈 제.

전(前) 🈲 먼저. ⇔몬져. 《朴新諺 1, 10ㅎ》前不斷後要亂, 몬져 결짠치 아니면 후에 어즈럽다 ᄒᆞ니.

전(拴) 图 매다. 동여매다. 묶다. ⇔미다. 《集覽, 字解, 單字解, 7ㅈ》絟. 纏縛也. 音슌, 或音쉰, 字亦作拴. 《朴新諺 1, 24ㅈ》洗過了就拴在陰凉處, 싯겨 즉시 서눌ᄒᆞᆫ 디 미고.

전(拴) 🈂 빗장. 문빗장. ⇔빗쟝. 《朴新諺 2, 41ㅎ》揷在門拴孔裏, 門빗쟝 굼게 꼬즈라.

전(氊) 🈂 =전(氈). '氊'은 '氈'의 속자. 《正字通, 毛部》氊, 俗氈字. 《朴新諺 2, 32ㅎ》一頂要雲南氊(朴新注, 34ㅎ: 雲南, 古梁州. 出氊, 細密為天下最.)大帽, ᄒᆞ나흔 雲南氊 큰갓슬 ᄒᆞ고.

전(絟) 图 ●달다[懸]. ⇔둘다. 《朴新諺 1, 29ㅈ》上面絟着孔雀翎, 우희 孔雀翎 ᄃᆞ랏고. ●매다. 묶다. ⇔미다. 《集覽, 字解, 單字解, 7ㅈ》絟. 纏縛也. 音슌, 或音쉰, 字亦作拴. 《朴新諺 3, 10ㅎ》這一遍無處絟線, 이 ᄒᆞᆫ 편은 실 밀 곳이 업스니. 那裡打一箇繫子絟罷, 거긔 ᄒᆞᆫ 말쪽을 박고 미라. 《朴新諺 3, 46ㅎ》把四條繩絟着大車, 네 오리 노흐로다가 큰 술위에 미고. 《朴新諺 3, 53ㅈ》門前絟着帶鞍子的白馬, 門 앏히 기르마 지은 흰물을 미엿더니.

전(傳) 图 전(傳)하다. 전수(傳受)하다. ⇔전ᄒᆞ다. 《集覽, 朴集, 上, 16ㅈ》傳衣鉢. 書言故事云, 傳授佛法, 謂之傳衣鉢. 衣, 卽袈裟三事衣也, 鉢, 應供器也. 詳見上. 釋迦佛生年十九出家, 住世四十九年, 傳衣鉢于迦葉初祖達摩, 達摩傳衣鉢于二祖, 二祖傳于三祖, 至於六祖, 至三十二祖弘忍. 盖以此爲傳道之器也. 《朴新諺 2, 9

ㅎ》傳與他衣鉢, 뎌의게 衣鉢을 전ᄒᆞ여 주니.

전(殿) 🈂 전각(殿閣). 《朴新諺 3, 22ㅎ》王請唐僧上殿, 王이 唐僧을 請ᄒᆞ여 殿에 올린대.

전(煎) 图 ●달이다. 끓이다. ⇔달히다. 《朴新諺 2, 25ㅈ》煎至七分去滓溫服, 달혀 七分에 니르거든 滓를 ᄇᆞ리고 더온 이로 먹으라. ●지지다. ⇔디디다. 《朴新諺 3, 27ㅈ》行者被油煎的骨肉都沒有了, 行者ㅣ 기름에 디디여 骨肉이 다 업ᄂᆞ이다.

전(箭) 🈂 화살. ⇔살. 《朴新諺 1, 53ㅎ》箭箭都射着把子上的紅心, 살마다 다 관혁에 관을 마치ᄂᆞ니. 《朴新諺 2, 31ㅈ》還要把那箭俗裏揷十根箭, 쏘 뎌 살동개에다가 열 낫 살 꼿고. 《朴新諺 3, 58ㅎ》撞見弓王放箭射殺了他, 弓王을 만나 살로 쏘아 뎌를 죽이니라.

전(磚) 🈂 벽돌. ⇔벽. 《朴新諺 3, 4ㅈ》把磚墊好着, 벽으로다가 괴와 됴케 ᄒᆞ고. 《朴新諺 3, 10ㅎ》炕面磚都有麼, 캉 면 벽이 다 잇ᄂᆞ냐. 《朴新諺 3, 16ㅎ》以至塔臺石・磚・瓦都有, 뼈 섬돌과 벽과 지새에 니르히 다 이시니.

전(錢) 🈂 **1**값. ●⇔갑. 《集覽, 字解, 單字解, 1ㅈ》還. 猶尙也, 再也. 還有多少 당시론 언메나 잇ᄂᆞ뇨. 又다하. 還要多少 다하 언메나 받고져 ᄒᆞ나뇨. 還有・還要之還, 或呼如孩字之音. 此或還音之訛, 或別有其字, 未可知也. 又償也. 還錢 갑 주다. 《朴新諺 2, 33ㅈ》有直錢的物件來當, 갑쏜 物件을 와 전당ᄒᆞ리 이시면. 《朴新諺 3, 7ㅈ》休道黃金貴安樂直錢多, 黃金을 귀타 니르지 말라 安樂홈이 갑쏘미 만타 ᄒᆞ니라. ●⇔값. 《朴新諺 1, 50ㅈ》浴錢是五箇, 목욕ᄒᆞᄂᆞᆫ 갑슨 다ᄉᆞᆺ 낫 돈이오. 擦背錢是兩箇, 등 문지르ᄂᆞᆫ 갑슨 두 낫 돈이오. 剃頭錢是十箇, 마리 짝ᄂᆞᆫ 갑슨 열 낫 돈이오. 修脚錢是六箇, 발톱 다듬

는 갑슨 여슷 낫 돈이니.《朴新諺 1, 55
ㅎ》每一箇月給二両妳子錢, 每 흔 둘에
두 냥 졋 갑슬 주고.《朴新諺 2, 14ㅎ》這
些東西你共要多少染錢呢, 이 여러 거세
네 대되 언머 물갑슬 바드려 ㅎ는다.
《朴新諺 2, 15ㅈ》如今染錢都依你, 이제
물갑슨 다 네대로 ㅎ려니와.《朴新諺 2,
43ㅎ》省些牙錢不好麼, 즈름갑슬 덜미
됴치 아니ㅎ냐.《朴新諺 3, 3ㅈ》一箇猫
兒怎麼就直的這些錢, 흔 낫 괴에 엇지 곳
이 갑시 ᄡᆞ리오.《朴新諺 3, 41ㅎ》與他
商(商)量了放下定錢, 뎌로 더부러 商(商)
量ᄒᆞ여 마초임 갑슬 두면, **2**●공전(工
錢). 수공(手工). ⇔공전.《朴新諺 1, 41
ㅎ》他要多少錢纔醫呢, 데 언머 공전을
밧아야 맛치 고치리오. 不拘多少錢, 아
모만 공전을 걸리끼지 말고. ●돈. ⇔
돈.《朴新諺 1, 1ㅎ》每人出錢一吊五百
文, 每人이 돈 흔 다(댜)오 五百을 내면.
《朴新諺 1, 21ㅈ》不是顚錢便是踢建子,
돈더디기 아니면 곳 젹이츠기 ᄒᆞ느니.
《朴新諺 1, 42ㅈ》錢之多少倒不打緊, 돈
多少는 도로혀 다 긴치 아니ᄒᆞ다.《朴新
諺 1, 58ㅈ》今因乏錢使用, 이제 돈 ᄡᅳᆯ 것
업스믈 因ᄒᆞ여.《朴新諺 1, 59ㅈ》某年月
日借錢人趙寶兒, 某年月日에 돈 ᄭᅮᆫ 사룸
趙寶兒와.《朴新諺 3, 31ㅈ》相公捨不的
錢, 相公이 돈을 앗긴다 홈이오.《朴新諺
3, 32ㅎ》拿二百錢來罷了, 二百 낫 돈을
가져오미 무던ᄒᆞ다.《朴新諺 3, 36ㅎ》咱
賭錢, 우리 돈을 더ᄌᆞ쟈.

전(錢) 의 ●돈. (무게) ⇔돈.《朴新諺 1,
19ㅈ》大檞湏(須)得五錢價銀一件, 大檞
모로미 닷 돈 은에 흔 볼을 어드리라.
《朴新諺 1, 19ㅎ》每把價銀五錢, 每 ᄌᆞ른
갑시 銀 닷 돈이니.《朴新諺 1, 32ㅎ》每
張只要五錢銀子, 每 張에 그저 닷 돈 은
을 바드려 ᄒᆞ니.《朴新諺 1, 46ㅎ》沒有
五六錢銀子, 다엿 돈 은이 업스면. ●돈.
엽전 열 푼. ⇔돈.《朴新諺 1, 10ㅎ》我們

自吃飯呢二錢半一板, 우리 이녁 밥 먹으
면 두 돈 반에 흔 틀이오.《朴新諺 1, 32
ㅎ》給你一張三錢罷, 너룰 흔 장에 서 돈
식 주리라.《朴新諺 1, 47ㅎ》也有三錢的
五錢的, 서 돈 ᄒᆞᄂᆞ니도 잇고 닷 돈 ᄒᆞᄂᆞ
니도 이시니.《朴新諺 2, 4ㅎ》費五六錢
銀買一箇羊腔子, 다엿 돈 銀을 허비ᄒᆞ여
흔 羊의 몸똥을 사.《朴新諺 2, 14ㅎ》五
箇水紅絹每疋染錢三錢, 다숫 분홍 깁은
미 필에 물갑시 서 돈이오. 這鴉青綿紬
染錢六錢, 이 야쳥 綿紬는 물갑시 엿 돈
이오.《朴新諺 2, 43ㅎ》再加你五錢銀罷,
다시 네게 닷 돈 은을 더홈이 무던ᄒᆞ다.
《朴新諺 3, 2ㅎ》一百錢短一箇也不賣, 一
百 돈에 ᄒᆞ나히 업서도 ᄑᆞ지 아니ᄒᆞ리
라.《朴新諺 3, 6ㅈ》不使幾箇錢幹辦是不
濟事的, 여러 돈을 ᄡᅥ 셔도지 아니면 이
일을 일오지 못ᄒᆞ리라.

전(氈) 명 ●모전(毛氈). 융단(絨緞).《朴
新諺 2, 32ㅎ》一頂要雲南氈(朴新注, 34
ㅎ: 雲南, 古梁州. 出氈, 細密為天下最.)
大帽, ᄒᆞ나흔 雲南氈 큰갓슬 ᄒᆞ고. ●담
(毯). 담요. ⇔담.《朴新諺 1, 29ㅎ》白絨
氈襪上, 흰 보드라온 담쳥에.《朴新諺 1,
39ㅈ》㦰皺氈㦰皺被, ᄢᅥᆼ권 담에 ᄢᅥᆼ권 니
블에.《朴新諺 2, 3ㅈ》我往家裏去取氈衫
・雨帽, 내 집의 가 담우삼과 갓모를 가
져오려 ᄒᆞ노라.

전(轉) 동 굴리다. ⇔구을리다.《朴新諺 2,
11ㅎ》放在他脚心上轉, 뎌 발빠당에 노
하 구을리고.《朴新諺 2, 11ㅎ》脚背上轉
脚指頭上轉, 발등 우희 구을리고 발가락
우희 구을리다가.

전(顚) 동 던지다. ⇔더디다.《朴新諺 1,
21ㅈ》不是顚錢便是踢建子, 돈더디기 아
니면 곳 젹이츠기 ᄒᆞ느니.

전(顫) 동 떨리다. 떨다. ⇔ᄯᅥᆯ리다.《朴新
諺 2, 23ㅎ》身子顫的受不的, 몸이 ᄯᅥᆯ려
견듸지 못ᄒᆞ니.

전가(錢價) 명 명(明)・청대(淸代)에 조정

에서 주조하여 통용하던 동전을 은으로
환산한 가격.《朴新諺 1, 19ㅈ》大褁湏
(須)得五錢價銀一件, 大褁 모로미 닷 돈
은에 혼 불을 어드리라.

전각(殿閣) 몡 궁전과 누각.《集覽, 朴集,
上, 13ㅎ》棧殿. 作殿閣, 用棧木皮苫盖,
以爲遊御之所. 舊本作棕毛殿. 棧, 通作
棕.《集覽, 朴集, 下, 7ㅎ》花房窩兒. 掘地
如椀, 名窩兒. 或隔殿閣而作窩, 或於階上
作窩, 或於平地作窩.

전갈(全蝎) 몡 전갈. (전갈목의 절지동물
의 하나)《集覽, 朴集, 下, 5ㅈ》蠍〈蝎〉虎.
五月五日捕其生者, 飼以朱砂, 明年端午
搗〈擣〉之, 點宮人臂上, 經事則消, 否則雖
死不改, 故名曰守宮. 漢武帝嘗試之, 果驗,
常捕全蠍食之, 故名蠍虎.

전갈(全蠍) 몡 =전갈(全蝎). '蝎'은 '蠍'로도
쓴다.《篇海類編, 鱗介類, 虫部》蠍, 或作
蝎.《集覽, 朴集, 下, 5ㅈ》蠍〈蝎〉虎. 五月
五日捕其生者, 飼以朱砂, 明年端午搗
〈擣〉之, 點宮人臂上, 經事則消, 否則雖死
不改, 故名曰守宮. 漢武帝嘗試之, 果驗,
常捕全蠍食之, 故名蠍虎.

전거(前去) 통 나아가다. ⇨나아가다.
《朴新諺 3, 58ㅈ》又着人前去曉諭衆百姓
道, 또 사룸으로 ᄒᆞ여 나아가 모든 百姓
들의게 曉諭ᄒᆞ여 니ᄅᆞ되.

전건(前愆) 몡 이전에 저지른 잘못이나
죄.《集覽, 朴集, 上, 10ㅎ》懺悔. 自陳悔
也. 六祖惠(慧)能大師曰, 懺者, 懺其前愆.
悔者, 悔其後過.

전계(田鷄) 몡 개구리. ⇨머구리.《朴新諺
3, 1ㅈ》田鷄偏又叫的聒譟, 머구리 편벽
히 또 우러 짓궨다.

전곡(錢穀) 몡 돈과 곡식.《集覽, 朴集, 上,
6ㅈ》社神. 元制, 五十戶爲一社. 今制, 每
一鄕村之間, 或十五戶或二十戶, 隨其
便, 合爲一社. 擇其鄕里之民有義行者一
人爲社長, 擇其殷實者一人爲副, 立社倉,
收掌錢穀, 借貸應急.

전교(纏繞) 통 성가시게 굴다. 방해하다.
《集覽, 朴集, 上, 13ㅈ》盤纏. 길헤 여·러
가지로 쓰는 것. 質問云, 盤費纏繞供給之
物, 如供給服食應用金銀·財帛之類. 今
按, 盤纏二字, 取義源流未詳.

전국(戰國) 몡 중국의 전국시대(戰國時
代). 춘추(春秋)시대 다음의 기원전 403
년부터 진(晉)나라가 중국을 통일한 기
원전 221년까지 약 200년간의 과도기를
이른다.《集覽, 朴集, 下, 7ㅎ》花房窩兒.
又云擊鞠, 騎而以杖擊也, 黃帝習兵之勢.
或曰起於戰國, 所以練〈鍊〉武士, 因嬉戲
而講習之, 猶打毬, 非蹋鞠之戲也.

전기(傳奇) 몡 기이한 사실을 기록한 소
설이나 희곡.《集覽, 朴集, 上, 2ㅎ》院本.
南村輟耕錄云, 唐有傳奇, 宋有戲曲·唱
諢·詞說, 金有雜劇·諸宮調. 院本·雜
劇, 其實一也. 國朝, 院本·雜劇, 始釐而
二之.《集覽, 朴集, 上, 3ㅈ》雜劇. 劇
〈ヒ〉, 戲也. 南村輟耕錄曰, 稗官廢而傳奇
作, 傳奇作而戲曲繼〈継〉. 金季國初, 樂府
猶宋詞之流, 傳奇猶宋戲曲之變〈変〉, 世
傳謂之雜劇.

전기(羶氣) 몡 노린내. ⇨노린내.《朴新諺
1, 2ㅈ》便有羶氣難吃, 곳 노린내 이셔 먹
기 어려오니라.

전단(栴檀) 몡 인도에서 나는 향나무의
하나. 목재는 불상을 만드는 재료로 쓰
고, 뿌리는 가루로 만들어 단향(檀香)으
로 쓴다.《集覽, 朴集, 下, 1ㅎ》證果金身.
又生時所作善惡謂之因, 他日報應謂之果.
謂證果者, 如三藏法師取經東還, 化爲栴
檀佛如來. 詳見下.

전당(典當) 통 전당(典當) 잡히다. 전당하
다.《朴新諺 1, 22ㅎ》我今日到當舖(朴新
注, 9ㅈ: 典當物件借錢, 周急之所, 每十分
加利一分, 有印號作照.)裏當錢去, 내 오
늘 當舖에 돈 뎐당ᄒᆞ라 가노라.

전당(典儅) 통 =전당(典當).《集覽, 字解,
單字解, 4ㅈ》把. 持也, 握也. 一把 혼 줌,

又혼 ㅈ라. 把我們 우리를다가, 把來 그를다가, 與將字大同小異. 又元時語, 有把解之語, 猶言典儅也, 今不用. 《集覽, 朴集, 上, 7ㅎ》印子鋪. 音義云, 是典儅錢物濟急之所.

전당(纏糖) 명 설탕. 사탕. 《集覽, 朴集, 上, 2ㅈ》象生纏糖. 音義纏字註云, 用白糖·白芝麻相和, 以火煎熬, 傾入木印內, 須臾凉後, 〈與果實相似也〉. 糖字註云, 白糖化後用木印澆成, 亦與果實相似. 今按, 纏糖, 卽一物之名. 諸司職掌婚禮定親及納徵, 皆用芝麻·纏糖二合, 茶纏糖二合, 則纏與糖非二物矣. 況音義內解〈觧〉義相同, 則是亦明爲一物矣. 象生者, 像生物之形而爲之也. 象作像. 木印, 以木刻成物形爲模範者也. 糖, 卽沙糖也, 煎甘蔗莖爲之.

전대(全戴) 동 모자 따위를 온전하게 머리에 쓰다. 《集覽, 朴集, 下, 10ㅈ》頭戴耳掩或提在手裏. 寅時揭左邊, 亥時揭右邊而戴, 以寅·亥時爲通氣, 故揭一邊也, 子·丑時全戴, 爲嚴凝也.

전대(箭帒) 명 =전대(箭袋). '帒'은 '袋'와 같다. 《說文新附, 巾部》帒, 囊也. 或从衣. 《朴新諺 2, 31ㅈ》還要把那箭帒裏挿十根箭, 쏘 뎌 살동개에다가 열 낫 살 곳고.

전대(箭袋) 명 화살집. ⇔살동개. 《朴新諺 2, 31ㅈ》還要把那箭帒裏挿十根箭, 쏘 뎌 살동개에다가 열 낫 살 곳고.

전도(前導) 동 앞길을 인도하다. 또는 앞서서 이끌다. 《集覽, 朴集, 下, 9ㅈ》魂車. 作小腰輿, 以黃絹結爲流蘇垂飾〈餙〉, 如本國結彩之施, 以貯魂〈竸〉帛, 爲前導. 《集覽, 朴集, 下, 9ㅈ》紙車. 以金·銀錢紙結造小空車, 爲前導. 《集覽, 朴集, 下, 9ㅈ》影亭子. 畫死者〈畫死者之〉眞容, 掛於小腰輿, 爲前導. 《集覽, 朴集, 下, 9ㅈ》彩亭子. 亦以彩絹結作小輿, 爲前導.

전도(傳道) 동 도리를 세상에 널리 전하여 알리다. 《集覽, 朴集, 上, 16ㅈ》傳衣鉢. 釋迦佛生年十九出家, 住世四十九年,

傳衣鉢于迦葉初祖達摩, 達摩傳衣鉢于二祖, 二祖傳于三祖, 至於六祖, 至三十二祖弘忍. 盖以此爲傳道之器也.

전동(轉動) 동 돌리다. 회전시키다. 《朴新諺 1, 20ㅈ》也有放空中(朴新注, 8ㅈ: 用檀木旋圓, 用刀剜空, 以繩曳之, 在地轉動有聲. 一云, 將胡蘆用木釘穿之, 傍作一眼, 以繩繫扯, 旋轉有聲, 亦謂之空中.)的, 박핑이 치리도 이시며.

전두(前頭) 명 앞. 전면(前面). 앞면. ⇔앒. 《朴新諺 2, 44ㅈ》我往羊市前頭甎塔衚衕去, 내 羊 져지 앒 벽탑골에 가.

전등록(傳燈錄) 명 경덕전등록(景德傳燈錄). 송(宋)나라 때의 고승 도원(道源)이 경덕(景德) 1년(1004)에 지은 불서(佛書). 선종(禪宗)의 전등(傳燈)한 법계(法系)의 차례를 과거(過去) 칠불(七佛)로부터 시작하여, 인도·중국 역대 제사(諸師)의 전기(傳記)를 수록하였다. 《集覽, 朴集, 上, 10ㅈ》禪. 靜也. 傳燈錄有五等禪, 有外道禪·凡夫禪·小乘禪·大乘禪·最上乘禪, 又名如來淸淨禪, 又名無上菩提. 《朴新諺 1, 35ㅎ》安禪(朴新注, 13ㅎ: 禪, 靜也. 傳燈錄, 有小乘禪·大乘禪·最上乘禪. 又云, 被扵身爲法, 說扵口爲律, 行扵心爲禪.)悟法看經念佛却不好麼, 安禪 悟法ᄒᆞ고 看經 念佛홈이 쏘 됴티 아니ᄒᆞ랴.

전말(氊襪) 명 전(氊)버선. 모전(毛氊)으로 만든 버선. 《朴新諺 1, 29ㅎ》白絨檀襪上, 흰 보드라온 담쳥에.

전면(前面) 명 앞. ⇔앒ᄒᆡ. 《朴新諺 3, 17ㅈ》前面壘一箇花臺好栽花, 앏히 혼 花臺를 무어 곳 시므기 됴케 ᄒᆞ라. 《朴新諺 3, 43ㅎ》靈柩前面, 靈柩 앏히ᄂᆞᆫ. 《朴新諺 3, 46ㅎ》前面抬着彩亭, 앏히 彩亭을 메윗ᄂᆞᆫ디. 《朴新諺 3, 47ㅈ》前面奏動細樂引着行, 앏히 셰풍뉴ᄒᆞ여 인도ᄒᆞ여 가고. 《朴新諺 3, 47ㅎ》到了皷樓前面, 皷樓 앏히 다ᄃᆞ라.

전물(錢物) 몡 돈과 재물.《集覽, 朴集, 上, 7ㅎ》印子鋪. 音義云, 是典儅錢物濟急之所.

전박(纏縛) 동 동여매다. 붙들어 매다. 얽매다.《集覽, 字解, 單字解, 7ㅈ》綁. 纏縛也. 音촨, 或音쥔, 字亦作拴.

전반산(田盤山) 몡 산 이름.《朴新諺 2, 38ㅈ》有箇山名爲田盤山, 혼 山이 이시되 일홈을 田盤山이라 ᄒᆞ니.

전병(煎餅) 몡 찹쌀가루나 밀가루 따위를 둥글넓적하게 부친 떡.《朴新諺 3, 36ㅈ》薄餅, 薄餅과. 煎餅, 煎餅과. 寬條麵, 너븐 국슈와. 掛麵, ᄆᆞ론 국슈와. 芝麻燒餅, 춤깨 무친 燒餅과.

전부(顚仆) 동 넘어지다. 쓰러지다. 자빠지다.《集覽, 朴集, 下, 1ㅎ》刁蹶. 音義云, 刁, 難也, 蹶, 顚仆而不能行也.

전비(全備) 동 ●갖추다. 완비하다. ⇔又초다.《集覽, 朴集, 中, 4ㅈ》理圓四德. 理者, 固常道之至也. 圓, 全備也. 四德, 曰常, 曰樂, 曰我, 曰淨無二.《朴新諺 2, 31ㅈ》都一一打點全備送到直房裏去, 다 一一히 打點ᄒᆞ여 又초와 直房에 보내고. ●전비(全備)하다. 완비하다. ⇔전비ᄒᆞ다(全備-).《朴新諺 2, 21ㅈ》這些都收拾全備着, 이것들을 다 收拾ᄒᆞ여 全備케 ᄒᆞ고.

전비(全偹) 동 =전비(全備). '偹'는 '備'의 본자.《正字通, 人部》偹, 備本字.《朴新諺 2, 21ㅈ》這些都收拾全偹着, 이것들을 다 收拾ᄒᆞ여 全偹케 ᄒᆞ고.《朴新諺 2, 31ㅈ》都一一打點全偹送到直房裏去, 다 一一히 打點ᄒᆞ여 又초와 直房에 보내고.

전비ᄒᆞ다(全備-) 동 전비(全備)하다. ⇔전비(全備).《朴新諺 2, 21ㅈ》這些都收拾全備着, 이것들을 다 收拾ᄒᆞ여 全備케 ᄒᆞ고.

전사(專事) 동 오로지 어떤 일만 하다. 전념(專念)하다.《集覽, 朴集, 上, 9ㅎ》漢子. 事物紀原云, 三代以降, 有國號者至多, 獨以漢爲名者, 取兩漢之盛. 漢武帝征討四夷, 專事匈奴, 由此有漢胡之斥.

전사(箭射) 동 화살을 쏘다.《朴新諺 3, 58ㅎ》撞見弓王放箭射殺了他, 弓王을 만나 살로 쏘아 뎌를 죽이니라.

전선(傳宣) 동 명령을 전하여 선포하다.《集覽, 朴集, 下, 4ㅈ》孫行者. 老君・王母俱奏于玉帝, 傳宣李天王, 引領天兵十萬及諸神將至花菓山, 與大聖相戰失利.

전세(前世) 몡 〈불〉 삼세(三世)의 하나. 이 세상에 태어나기 이전의 세상을 이른다.《朴新諺 1, 31ㅈ》想來這都是前世修來的, 싱각건대 다 이 前世에 닷가 온 거시라.《朴新諺 1, 31ㅈ》要知前世因, 前世에 因果룰 알려 ᄒᆞᆯ진대.

전소마(錢小馬) 몡 사람 이름. 또는 전(錢)씨 성을 가진 소마(小馬). '소마'는 청대(淸代)에 관청에서 천한 일을 맡아 하던 사람.《朴新諺 2, 19ㅈ》某村住民人錢小馬, 某村에 사는 民人 錢小馬ㅣ.

전수(傳授) 동 기술이나 지식 따위를 차례차례 전하여 주다.《集覽, 朴集, 上, 16ㅈ》傳衣鉢. 書言故事云, 傳授佛法, 謂之傳衣鉢. 衣, 卽袈裟三事衣也, 鉢, 應供器也.《朴新諺 2, 9ㅎ》傳與他衣鉢(朴新注, 26ㅈ: 傳授佛法, 謂之傳衣鉢. 衣, 卽袈裟三事衣也, 鉢, 應供器也.), 뎌의게 衣鉢을 전ᄒᆞ여 주니.

전습(傳習) 동 전수(傳授)받아 익히다. 또는 전수(傳授)와 학습.《集覽, 字解, 累字解, 1ㅎ》可知. 그러 아니려. 又그러커니ᄯᆞ나. 本朝傳習之釋曰새로윌셔.《集覽, 字解, 單字解, 4ㅎ》討. 求也, 探也. 討去 어드라 가다, 討債去 빈 주니 바드라 가다, 討價錢 빈 받다. 又本國傳習之解曰 빈 뫼오다, 亦通.

전실(前失) 동 앞으로 넘어지다. ●⇔앏거치다.《朴新諺 2, 1ㅎ》又只是要打前失, 쏘 다만 앏거치고. ●⇔앏거티다.《集覽, 朴集, 上, 14ㅈ》前失. 音義云, 거・타・는 ᄆᆞᆯ. 譯語指南云, 앏거・타・는 ᄆᆞᆯ.

전연(前緣) 명 〈불〉 전생(前生)에서 맺은 연분이나 인연.《集覽, 朴集, 中, 8ㅎ》因緣. 反(飜)譯名義云, 因, 謂先無其事而從彼生也, 緣, 謂素有其分而從彼起也. 又云, 前緣相生, 因也, 現相助成, 緣也.《朴新諺 2, 54ㅈ》做些好事結箇好因緣(朴新注, 42ㅎ: 佛書云, 曰謂先無其事而從彼生也, 緣謂素有其分而從彼起也. 又云, 前緣相生, 因也, 現相助成, 緣也.), 져기 됴흔 일을 ᄒᆞ여 됴흔 因緣을 ᄆᆡᄌᆞᆷ이.

전열(塡咽) 동 가득 메우다. 꽉 들어차다.《集覽, 朴集, 下, 9ㅈ》彩亭子. 僧尼・道士及鼓〈皷〉樂・鍾鈸塡咽大路, 遠近大小親鄰〈隣〉男女, 前後導從者, 不知幾人, 後施夾障從之.

전오(煎熬) 동 끓이고 삶다.《集覽, 朴集, 上, 2ㅈ》象生纏糖. 音義纏字註云, 用白糖・白芝麻相和, 以火煎熬, 傾入木印內, 須臾凉後, 〈與果實相似也〉.

전와(磚瓦) 명 벽돌과 기와.《集覽, 朴集, 下, 4ㅈ》燒金子道人. 西遊記云, 有一先生到車遲國, 吹口氣以磚瓦皆化爲金, 驚動國王, 拜爲國師, 號伯眼大仙.

전왕(前往) 동 가다. …로 향해 가다. …로 나아가다. ⇔가다.《朴新諺 3, 52ㅈ》小人前往某處, 小人이 아모 곳에 가더니.

전의(傳衣) 명 〈불〉 전의발(傳衣鉢)의 준말.《集覽, 朴集, 上, 15ㅎ》步虛. 至正丙戌春, 入燕都, 聞南朝有臨濟正脉不斷〈断〉, 可往印可. 盖指臨濟直下雪嵒〈嵓〉嫡孫石屋和尙淸珙也. 遂往湖州霞霧山天湖庵謁和尙, 嗣法傳衣.

전의발(傳衣鉢) 명 〈불〉 스승이 제자에게 도나 학문을 전하여 줌을 이르는 말. 당(唐)나라 선종(禪宗)의 일조(一祖)인 달마(達磨)로부터 육조(六祖) 혜능(惠能)까지 가사와 바리때를 전하여 준 데에서 유래한 말이다.《集覽, 朴集, 上, 16ㅈ》傳衣鉢. 書言故事云, 傳授佛法, 謂之傳衣鉢. 衣, 卽袈裟三事衣也, 鉢, 應供器也. 詳見上. 釋迦佛生年十九出家, 住世四十九年, 傳衣鉢于迦葉初祖達摩, 達摩傳衣鉢于二祖, 二祖傳于三祖, 至於六祖, 至三十二祖弘忍. 盖以此爲傳道之器也.《朴新諺 2, 9ㅎ》傳與他衣鉢(朴新注, 26ㅈ: 傳授佛法, 謂之傳衣鉢. 衣, 卽袈裟三事衣也, 鉢, 應供器也.), 뎌의게 衣鉢을 젼ᄒᆞ여 주니.

전일(前日) 명 그제. 그저께. ❶⇔그적믜.《朴新諺 3, 8ㅈ》不料前日三更前後被賊進來, 혜아리지 아닌 그적믜 三更은 ᄒᆞ여 도적이 드러와. ❷⇔그젓긔.《朴新諺 2, 52ㅈ》他前日輪與我的猪頭也不肯買, 뎨 그젓긔 내게 진 돗희 머리도 즐겨 사지 아니ᄒᆞ니. ❸⇔그제.《朴新諺 1, 15ㅈ》從前日這腮頰上痒的受不得, 그제부터 뺨이 ᄀᆞ려워 견ᄃᆡ지 못ᄒᆞᆯᄅᆞ니.

전일(專一) 동 마음과 힘을 모아 오직 한 곳에만 쓰다.《集覽, 朴集, 上, 2ㅎ》院本. 質問云, 院本有曰外, 或粧先生・採訪使・考試官・老人・達達之類, 皆是外扮, 曰淨, 有男淨・有女淨, 亦做醜態, 專一弄言取人歡笑.

전자(剪子) 명 가위. ⇔가ᄋᆡ.《朴新諺 1, 38ㅎ》三哥是剪子, 셋재 형은 이 가ᄋᆡ오.

전자(氈子) 명 담(毯). 모전(毛氈). ⇔담.《朴新諺 1, 46ㅎ》除了氊子馳毛之外, 담과 약대 털을 더론 밧긔.《朴新諺 1, 55ㅈ》把褥子・氊子多多的鋪上, 요와 담을 다가 만히 ᄭᆞᆯ고.《朴新諺 2, 32ㅈ》氊子也麤又做的鬆, 담도 굵고 ᄯᅩ ᄆᆡᆫ들기를 섭섭이 ᄒᆞ여시니.《朴新諺 2, 32ㅎ》欵式要時樣氈子要匀細就是了, 欵式은 時樣으로 ᄒᆞ고 담은 고로고 ᄀᆞ늘게 홈이 곳 올흐니라.

전재(錢財) 명 돈과 재물.《集覽, 朴集, 下, 1ㅈ》唐三藏法師〈三蔵〉. 非藏無以積錢財, 非藏無以蘊文義, 謂攝一切所應知義, 無令分散, 故名爲藏也.《朴新諺 3, 5ㅈ》受他錢財替他說情, 뎌의 錢財를 밧고 뎌

를 ▽로차 情을 니르니.《朴新諺 3, 5ㅈ》
還有該管的書辦們也受了些錢財, 쏘 ▽음
아는 셔반들도 이셔 져기 錢財를 밧고.

전전(顚錢) 명 돈던지기. (동전 3개를 땅
에 던져 승부를 겨루는 어린이들의 놀
이. 동전의 위쪽이 많이 나온 사람이 이
긴다) ⇔돈더디기.《朴新諺 1, 21ㅈ》不
是顚錢(朴新注, 8ㅎ: 小児擲錢三箇, 陽多
者勝.)便是踢建子, 돈더디기 아니면 곳
적이츠기 ᄒ느니.

전전도점검(殿前都點檢) 명 오대 주(五
代周)에서 송(宋)나라 초까지 두었던 전
전사(殿前司)의 으뜸 벼슬. 금군(禁軍)
을 통할(統轄)하고 각 군(軍)의 방어(防
禦)와 출정(出征)을 통솔하였다.《集覽,
朴集, 下, 3ㅎ》趙太祖飛龍記. 宋太祖, 姓
趙, 名匡胤. 母昭獻皇后夢日入懷而孕. 誕
生之夕, 赤光滿室, 異香馥郁. 及長, 性沈
厚, 有大度, 調遷爲殿前都點檢.

전주(專主) 동 오로지 중시하다.《集覽,
朴集, 下, 2ㅎ》擎拳合掌. 飜譯名義云, 此
方以拱手爲恭, 外國以合掌爲敬. 手本二
邊, 今合爲一, 表不散誕. 專主一心.

전주(絟住) 동 매다. 동여매다. 묶다. ⇔
미다.《朴新諺 1, 42ㅈ》揀箇清淨去處陰
凉樹底下絟住, 清淨ᄒᆫ 곳 서늘ᄒᆫ 나모 아
리롤 굴희여 미고.

전주(錢主) 명 돈 임자. 돈을 대여해준 사
람.《集覽, 字解, 單字解, 6ㅎ》儅. 人有遇
急用錢, 則必以重物, 納質于富家, 賒錢取
用. 至限則幷其本利償還錢主, 方得退回
己之重物而來也. 典字人物通用, 儅字人
用於物.

전지(田地) 명 땅. 토지. ⇔따.《集覽, 字
解, 單字解, 3ㅎ》地. 土也. 田地・土地・
地方・地面. 又指當處. 土地之神亦曰土
地. 又語助. 坐地. 又恁地, 猶言如此.《集
覽, 字解, 單字解, 7ㅎ》閑. 雜也. 閑雜人.
又替也. 파직ᄒ다, 罷閑了・替閑了. 又
遊息曰閑. 흥뚱여 돈닐시니, 遊閑了. 又

練熟也. 弓馬熟閑. 又空也. 空閑田地 뷔
엿는 짜. 又等閑 부질업시, 又힘히미, 又
간대롭다.

전지(錢紙) 명 지전(紙錢) 모양으로 만든
가짜 돈.《集覽, 朴集, 下, 9ㅈ》紙車. 以
金・銀錢紙結造小空車, 爲前導.

전초(錢鈔) 명 동전과 지폐. 곧, 돈. 재물.
《集覽, 朴集, 上, 13ㅈ》錢鈔. 錢者, 金帛
之名. 古曰泉, 後鑄而曰錢. 古者天降災
戾, 於是乎量資幣, 權輕重, 以救民困. 代
各鑄錢, 輕重不一. 鈔, 楮幣也. 始於蜀之
交子, 唐之飛錢, 至元朝有中統元寶. 交鈔,
通行寶鈔之名.

전최(殿最) 동 고과(考課)하다. 평가하다.
《集覽, 朴集, 中, 8ㅈ》觧由. 吏學指南云,
考滿職除曰解, 歷其殿最曰由.

전충(全忠) 명 오대 양(五代梁) 주전충(朱
全忠)의 이름.《集覽, 朴集, 下, 12ㅎ》梁
貞明. 太祖朱溫之第〈第〉四子也. 朱溫事
唐僖宗, 賜名全忠, 拜宣武軍節〈莭〉度使,
封梁王.

전탑(甎塔) 명 돌을 벽돌 모양으로 깎아
서 쌓아 올린 탑. ⇔벽탑.《朴新諺 2, 44
ㅈ》我往羊市前頭甎塔衚衕去, 내 羊 져지
앏 벽탑골에 가.

전탑호동(甎塔衚衕) 명 전탑(甎塔)이 있
는 골목. ⇔벽탑골.《朴新諺 2, 44ㅈ》我
往羊市前頭甎塔衚衕去, 내 羊 져지 앏 벽
탑골에 가.

전탕(煎湯) 동 달이다. 끓이다. ⇔달히다.
《朴新諺 2, 40ㅈ》一冬好煎湯吃, ᄒᆫ 겨울
을 달혀 먹기 됴흐니.

전투(全套) 명 한 벌. 한 질. 한 세트.《朴
新諺 1, 50ㅎ》筭來做一箇全套, 혜아리건
대 ᄒᆫ 全套롤 ᄒ려 ᄒ여도.

전피(羶皮) 명 무두질한 양의 가죽.《集
覽, 朴集, 上, 9ㅎ》羶皮. 質問云, 羊皮去
毛, 熟軟, 有緫眼. 作靴好看. 今按, 羶字,
韻〈韵〉書不收, 字意未詳.《朴新諺 1, 31
ㅈ》店裏買羶皮(朴新注, 12ㅈ: 羊皮去毛,

熟軟, 有鬆眼者.)去, 店에 獷皮 사라 가노
라.《朴新諺 1, 31ㅎ》買這獷皮做甚麼, 이
獷皮 사 무섯 홀짜.《朴新諺 1, 31ㅎ》買
六箇獷皮纏勾使哩, 여숫 獷皮룰 사야 겨
요 넉넉이 쓰리라.《朴新諺 1, 31ㅎ》賣
獷皮的, 獷皮 풀 리아. 你有上好的獷皮
麼, 네게 웃듬 됴흔 獷皮 잇느냐.《朴新
諺 1, 32ㅈ》有的是獷皮, 잇거ев호 이 獷
皮니.《朴新諺 1, 33ㅈ》六箇獷皮每張三
錢, 여숫 獷皮에 每 張에 서 돈식 ᄒ면.

전화(田禾) 圐 논밭의 곡식. 농작물.《朴新
諺 1, 9ㅎ》那一帶地方的田禾都湮沒了,
뎌 一帶 地方에 田禾ㅣ 다 줌겨 뭇치엿
고.《朴新諺 1, 51ㅎ》等到民間田禾都收
割了, 民間에 田禾룰 다 거두어 븨기룰
기드려.《朴新諺 2, 21ㅎ》今年田禾如何,
올힌 田禾ㅣ 엇더ᄒ더뇨. 田禾好, 田禾ㅣ
됴핫더라.《朴新諺 2, 40ㅎ》今年天旱田
禾不收, 올힌 하늘이 ᄀ므라 田禾룰 거두
지 못ᄒ여시매.

전후(前後) 圐 ●(어떤 시간의) 안팎. 쯤.
경. 가량.《集覽, 凡例》質問者, 入中朝質
問而來者也. 兩書皆元朝言語, 其沿舊未
改者, 今難曉解. 前後質問亦有抵捂, 姑幷
收以袪初學之碍. 間有未及質問, 大有疑
碍者, 不敢强解, 宜竢來質.《集覽, 朴集,
下, 1ㅈ》三更前後. 言前後者, 未能定稱的
時而云然也.《集覽, 朴集, 下, 11ㅈ》好女
不看燈. 唐韋述兩京記曰, 正月十五日夜,
勅金吾弛禁, 前後各一日, 以觀燈.《朴新
諺 3, 8ㅈ》不料前日三更前後被賊進來,
헤아리지 아닌 그젹픠 三更은 ᄒ여 도적
이 드러와. ●앞과 뒤.《集覽, 朴集, 上,
8ㅎ》刺通袖膝欄. 元時好着此衣, 前後具
胷背, 又連肩而通袖之脊, 至袖口爲紋, 當
膝周圍亦爲紋如欄干, 然織成段匹爲衣者
有之, 或皮或帛, 用綵線周遭回曲爲緣, 如
花樣, 刺〈刺〉爲草樹〈尌〉·禽獸·山川
·宮殿之文於〈紋扵〉其內, 備極奇巧, 皆
用團領着之, 其直甚高.《集覽, 朴集, 下,

9ㅈ》彩亭子. 僧尼·道士及鼓〈皷〉樂·
鍾鈸塡咽大路, 遠近大小親鄰〈隣〉男女,
前後導從者, 不知幾人, 後施夾障從之.

절(節) 圐 ●명절(名節). 절기(節氣).《集
覽, 朴集, 上, 14ㅎ》拜節. 歲時樂事記云,
元日, 士庶自早互相慶賀, 車馬交馳, 衣服
華煥, 雜遝街市, 三四日乃止〈三四日而乃
止〉.《朴新諺 2, 4ㅈ》有心拜節寒食不遲,
節에 拜홀 ᄆ옴이 이시면 寒食이라도 더
듸지 아니타 ᄒ느니라. ●절(節). 철. ⇔
절.《朴新諺 1, 20ㅈ》逢時及莭(節)好會
頑耍哩, 째룰 만나고 절을 밋처 ᄀ장 놀
줄을 아더라.

절(竊) 圐 도둑질하다. ⇔도적ᄒ다.《朴新
諺 3, 50ㅎ》小人家下被賊竊去布一百疋,
小人의 집의셔 도적이 뵈 一百 疋을 도
적ᄒ여 가믈 닙으니.

절도사(節度使) 圐 당·송대(唐宋代)에
한 도(道)나 여러 주(州)의 군사(軍事)·
민정(民政)·재정(財政) 등을 관할하던
벼슬.《集覽, 朴集, 下, 12ㅎ》梁貞明. 朱
溫善唐僖宗, 賜名全忠, 拜宣武軍節〈莭〉
度使, 封梁王.

절로 閑 절로. ●⇔암(暗).《朴新諺 1, 16
ㅈ》這瘡毒氣散去便暗消了, 이 瘡에 毒氣
흐터져 곳 절로 스러지리라. ●⇔자연
(自然).《朴新諺 1, 24ㅎ》這馬自然是會
肥的, 이 몰이 절로 술지리라.

절목(節目) 圐 낱낱의 순서나 절차.《集
覽, 朴集, 下, 7ㅎ》花房窩兒. 或立而擊,
或跪而擊, 節〈莭〉目甚多.

절완(切完) 圐 온전하게 학문이나 심성을
닦아 기르다.《朴新諺 2, 10ㅈ》聽說只得
三日三夜就圓滿(朴新注, 26ㅈ: 道場切完
曰圓滿.)了, 드르니 그저 三日 三夜룰 ᄒ
여야 곳 圓滿ᄒ니.

절진(節鎭) 圐 절도사(節度使)를 둔 군사
상 요충지. 또는 군사 지휘관이 있는 요
새.《集覽, 朴集, 上, 4ㅎ》瀋陽. 遼誌云,
舊名瀋州. 禹貢營州之域. 遼爲節〈莭〉鎭,

屬遼東道.

절차(節次) 圐 =절차(節次). '莭'은 '節'의 속자. 《干祿字書, 入聲》莭, 節俗字. 《朴新諺 2, 11ㅎ》還有那弄寶盖(朴新注, 27ㅈ: 優戱時, 一人擎絲帛寶盖, 先入優塲, 告設戱莭(節)次.)的, 또 寶盖 농ᄒᆞᆫ 이 도 이시니.

절차(節次) 圐 일을 치르는 데 거쳐야 하 는 순서나 방법. 《朴新諺 2, 11ㅎ》還有 那弄寶盖(朴新注, 27ㅈ: 優戱時, 一人擎 絲帛寶盖, 先入優塲, 告設戱莭(節)次.)的, 또 寶盖 농ᄒᆞᆫ 이도 이시니.

절치(折直) 图 물건을 값으로 환산하다. 《集覽, 字解, 單字解, 6ㅈ》典. 凡人或缺 少口粮, 或遇事用錢者, 以物折直, 立限賣 與人爲質而求錢取用. 至限償還其直取物 而還也. 律條疏議云, 以價易去, 而原價取 贖曰典.

점(店) 圐 점(店). 상점. 가게. ⇔뎜. 《集 覽, 朴集, 上, 9ㅎ》店. 停物貨賣之舍, 客 商〈商〉往來者多寓之. 官所營建收稅者曰 官店. 《朴新諺 1, 31ㅈ》店(朴新注, 12ㅈ: 停物貨賣之舍. 又客商留寓之所.)裏買狄 皮去, 店에 狄皮 사라 가노라. 《朴新諺 1, 31ㅎ》那箇店裏去, 어니 店에 가노다. 《朴新諺 1, 32ㅈ》我這店裏的皮張都是好 的, 우리 이 店에 가족이 다 됴흔 거시라. 《朴新諺 2, 42ㅈ》店裏買緞子去, 店에 비 단 사라 가니. 《朴新諺 3, 35ㅎ》咱們到 飯店裡吃飯去, 우리 밥뎜에 가 밥 먹으 라 가쟈. 西華門外有箇好飯店, 西華門 밧 씌 흔 됴흔 밥뎜이 이시니.

점(墊) 图 괴다〈攴〉. 받치다. ⇔괴다. 《朴新 諺 3, 4ㅈ》把磚墊好着, 벽으로다가 괴와 됴케 ᄒᆞ고.

점(點) 图 ●(불을) 붙이다. ⇔부치다. 《朴新諺 1, 37ㅎ》把火將艾點着了, 불로 뿍에다가 부쳐. ●(불) 켜다. ⇔혀다. 《朴新諺 2, 18ㅈ》當直的點燈來, 當直ᄒᆞ 는 이 등잔불 혀 오라. 《朴新諺 2, 41ㅈ》

把取燈點上火往裏照, 取燈에다가 불을 혀 안을 향ᄒᆞ여 비쵀여. 《朴新諺 2, 49 ㅈ》直到點燈時分纔下馬, 잇긋 불 혈 째 에 다둣게야 ᄀᆞᆺ 물쎄 ᄂᆞ리니. 《朴新諺 3, 43ㅎ》點起燈燭, 燈燭을 혀고. 《朴新諺 3, 45ㅎ》若挨摸到點燈時候, 만일 ᄭᅳ으내 여 불 혈 째에 다드르면.

점(點) 의 점(點). (경(更)의 5분의 1에 해 당되는 시간이다) 《朴新諺 2, 23ㅎ》一夜 不得半點覺睡, 왼밤을 半點 줌도 엇디 못 ᄒᆞ니.

점경(粘硬) 圐 차진 것과 단단한 것. 《集 覽, 朴集, 上, 13ㅎ》滿月. 産書云, 分娩未 滿月, 恣食生冷粘・硬果・菜・肥膩魚・ 肉之物, 當時雖未覺大〈有〉損, 滿月之後, 卽成蓐勞.

점등(點燈) 图 (등에) 불을 켜다. ⇔불혀 다. 《朴新諺 2, 49ㅈ》直到點燈時分纔下 馬, 잇긋 불 혈 째에 다둣게야 ᄀᆞᆺ 물쎄 ᄂᆞ리니. 《朴新諺 3, 45ㅎ》若挨摸到點燈 時候, 만일 ᄭᅳ으내여 불 혈 째에 다드르 면.

점성(占城) 圐 나라 이름. 후한(後漢) 말 기 인도차이나반도(Indo-China半島) 동 쪽 해안 지역에 챔족(Cham族)이 세운 나라. 15세기 말기에 멸망하였다. 《集 覽, 朴集, 下, 2ㅎ》目連尊者. 事林廣記云, 佛書所謂王舍衛城, 卽賔童龍國也, 國在 西南海中, 隷占城. 占城選人作地主.

점심(點心) 圐 (끼니 전에 먹는) 간식. (또 는 정식 이외에 먹는 소량의 음식) 《朴 新諺 3, 32ㅈ》客官吃甚麽茶吃甚麽點心, 客官아 므슴 차를 먹으며 므슴 點心을 먹을짜.

점어(鮎魚) 圐 메기. ⇔머유기. 《朴新諺 1, 20ㅎ》有像仙鶴的・鮎魚的, 仙鶴과 머 유기 ᄀᆞᆺ흔 것도 이시며.

점점(漸漸) 囝 점점. 점차(漸次). 차차. 《集 覽, 朴集, 下, 6ㅈ》水滑經帶麵. 水滑麵 〈麪〉用頭麺, 春夏秋用新汲水, 入油塩, 先

攪作拌麪羹撔, 漸漸入水和搜成劑, 用水拆開, 作小塊子, 再用油水洒和, 以拳搋一二百拳. 《朴新諺 2, 25ㅈ》貴體自然漸漸的健旺了, 貴體 自然히 漸漸 健旺 히리라.

점조(粘稠) 혱 차지고 밀도(密度)가 조밀하다. 《集覽, 朴集, 上, 1ㅎ》腦兒酒. 質問云, 做酒用糯麴藥料爲蘗, 久封不動, 其色紅而味最純厚. 又云, 以糯米爲之, 酒之帶糟者. 又云, 好麴〈麪〉好米作酒, 成熟粘稠有味, 不用參和.

점화(點火) 동 불을 붙이거나 켜다. 《朴新諺 2, 41ㅈ》拿着取燈兒(朴新注, 37ㅎ: 削松木爲小片, 其薄如紙, 鎔硫黃塗於片端, 點火得焰甚速.), 取燈을 가지고.

접(接) 동 ●잇다. ⇔닛다. 《朴新諺 3, 23ㅎ》第(第)四割頭再接, 第(第)四는 머리버혀 다시 닛기 히쟈. 《朴新諺 3, 28ㅈ》大仙也割下頭來待要再接, 大仙도 머리를 버혀 느리와 다시 닛고져 히거늘. 《朴新諺 3, 28ㅈ》接在頷項上照舊如初, 목 우희 니으니 녜대로 처음 ㄱ튼지라. ●맞다迎. ⇔맞다. 《朴新諺 2, 36ㅈ》明日好往通州接官去, 너일 通州ㅣ 가 관원 마즈라 가기 됴케 히라.

접(楪) 명 접시. ⇔접시. 《朴新諺 2, 21ㅈ》還有鑼鍋, 坐 노고와. 柳箱, 섥과. 灑子, 드레와. 碗楪, 사발 접시와. 匙筯, 수져와. 杴杓, 나모쥬게와. 笻籬, 됴리와. 炊箒, 솔과. 擦床兒, 슉치칼과. 簸(簸)箕, 키와. 篩子, 얼밍이와. 馬尾羅, 물총체와. 桌子, 상과. 盤子, 盤과. 茶盤, 찻반과. 燈臺, 燈臺와. 酒種, 잔과. 酒鼈, 쥬벼ᄋ와. 銅杓, 놋쥬게 이시니.

접(楪) 回 접시. ⇔뎝시. 《朴新諺 1, 4ㅈ》每桌辦乾鮮果品十六楪, 每 桌에 乾鮮果品 열 여숫 뎝시를 출호되.

접대(接待) 동 접대(接待)하다. 응접(應接)하다. 대접(待接)하다. 《集覽, 朴集, 上, 1ㅎ》館夫. 應當舘〈館〉驛接待使客之役. 質問云, 府・州・縣百姓擇撥〈差〉無

差〈身〉役者, 做館夫荅應使客, 待三年更替. 《朴新諺 1, 3ㅈ》可着姓李的館夫(朴新注, 1ㅎ: 責應館驛接待使客之役.)討去, 李가 館夫로 어드라 가게 히고.

접임(接任) 동 교대하다. 임무를 넘겨받다. 직무를 인계하다. ⇔교디히다. 《朴新諺 2, 50ㅎ》接任的官有了麼, 교디홀 관원이 잇ᄂ냐.

접자(楪子) 명 접시. ⇔뎝시. 《朴新諺 1, 6ㅈ》叫小厮們先擺上果楪子, 아희들을 불러 몬져 과실 뎝시를 버리고.

젓다 동 **➊** 젓다. ●⇔임(淋). 《朴新諺 2, 33ㅈ》又不怕雨淋的, 坐 비에 젓기를 저퍼 아니히니. ●⇔침(浸). 《朴新諺 2, 46ㅈ》那瓦被水浸多時不堅實, 뎌 디새 물에 젓기를 오래 히여 堅實치 못히니. **➋** (배를) 젓다. ⇔탱(撑). 《朴新諺 3, 49ㅈ》撑箇一葉小漁船, 一葉 小漁船을 저어. 《朴新諺 3, 49ㅎ》或撑到這荷花香處, 或 이 荷花 香내 나는 곳에 저어 가.

정(井) 명 우물. ⇔우물. 《朴新諺 2, 45ㅈ》井一眼, 우물 히나.

정(正) 면 정(正)히. 진정으로 꼭. ●⇔정히(正-). 《朴新諺 2, 38ㅈ》如今正是秋凉天氣滿山紅葉正好哩, 이제 正히 이 秋凉天氣니 滿山 紅葉이 正히 됴타. 《朴新諺 3, 8ㅈ》正要裝金開光, 正히 금 올려 빗내려 히더니. 《朴新諺 3, 14ㅎ》正是衆生難化了, 正히 衆生을 化키 어렵도다. 《朴新諺 3, 22ㅎ》到國王面前正告訴未畢, 國王의 앏희 가 正히 告訴히기를 뭇지 못히여서. 《朴新諺 3, 35ㅈ》正所謂擎天白玉柱駕海紫金梁, 正히 니른 바 하눌을 바쳣는 白玉柱ㅣ오 바다흘 걸탓난 紫金梁이라. ●⇔정히. 《朴新諺 1, 1ㅈ》又正是好時節(節), 坐 정히 이 됴흔 時節(節)이니. 《朴新諺 1, 25ㅈ》正好下碁哩, 정히 바독 두기 됴타. 《朴新諺 1, 31ㅎ》正是, 정히 올타. 《朴新諺 2, 35ㅎ》這正是善惡到頭終有報, 정히 이 善과 惡이 뭇히 다드라

므춤내 갑홈이 이시되.《朴新諺 2, 49
ㅈ》蟹正肥魚正美, 게 정히 술디고 고기
정히 아룹다온 제.《朴新諺 2, 52ㅈ》我
正恨他不過, 내 정히 더룰 믜워 견디지
못ᄒᆞ더니.《朴新諺 3, 57ㅈ》正是唐昭宗
乾寧三年, 정히 이 唐昭宗 乾寧 三年이
라.《朴新諺 3, 59ㅎ》這正是難得之物, 이
정히 엇기 어려온 거시오. 又正是咱秀才
們必需之物, ᄯᅩ 정히 우리 秀才들의 반ᄃ
시 ᄡᅥ홀 거시도다.

정(呈) 图 드리다[獻]. ⇔드리다.《朴新諺
2, 51ㅈ》那幾日你又說首領官繳做稿呈
堂, 져즘의 네 ᄯᅩ 니르되 首領官이 ᄌᆞ 초
를 민그라 당샹의 드리니.

정(芝) 图 =정(定). '芝'은 '定'의 속자.《宋
元以來俗字譜》定, 通俗小說・嶺南逸事
作芝.《朴新諺 1, 9ㅈ》相懇你揀芝了起程
日子, 네게 쳥ᄒᆞᄂᆞ니 起程홀 날을 골히
어 뎡ᄒᆞ면.《朴新諺 1, 10ㅈ》待我擇芝了
日期, 내 날 골히여 뎡홈을 기ᄃᆞ려.《朴
新諺 1, 26ㅎ》拮子為芝不許更改的, 믈 자
바 뎡ᄒᆞ고 고치믈 허치 마쟈.《朴新諺
1, 34ㅈ》說芝一年之內本利都還清我, 닐
러 뎡ᄒᆞ여 혼 힛 니에 本과 利를 다 내게
갑하 믈키마 ᄒᆞ여.

정(定) 图 ■고정하다. 고정시키다.《朴新
諺 2, 11ㅈ》還有把一箇高桌兒放定, 당시
롱 혼 노픈 탁ᄌᆞ를다가 노코. ❷정(定)
하다. ●⇔뎡ᄒᆞ다.《朴新諺 1, 9ㅈ》相懇
你揀芝了起程日子, 네게 쳥ᄒᆞᄂᆞ니 起程
홀 날을 골히어 뎡ᄒᆞ면.《朴新諺 1, 10
ㅈ》待我擇芝了日期, 내 날 골히여 뎡홈
을 기ᄃᆞ려.《朴新諺 1, 26ㅎ》拮子為芝不
許更改的, 믈 자바 뎡ᄒᆞ고 고치믈 허치
마쟈.《朴新諺 1, 34ㅈ》說芝一年之內本
利都還清我, 닐러 뎡ᄒᆞ여 혼 힛 니에 本
과 利를 다 내게 갑하 믈키마 ᄒᆞ여.《朴
新諺 2, 9ㅈ》講定了一幷買你的, 닐러 뎡
ᄒᆞ고 혼번에 네 거슬 사쟈. ●⇔정ᄒᆞ다
(定-).《朴新諺 1, 2ㅎ》咱們商量芝了, 우

리 혜아려 ᄌᆞᇂᄒᆞ여다.《朴新諺 1, 19ㅎ》
說明了放下芝銀, 닐러 붉히고 ᄌᆞᇂ혼 銀을
두고.《朴新諺 1, 20ㅈ》芝銀也給你, ᄌᆞᇂ혼
銀도 너를 주ᄂᆞ니.《朴新諺 1, 22ㅈ》言
芝一両銀子, 혼 냥 銀에 닐러 ᄌᆞᇂᄒᆞ엿노
라.《朴新諺 1, 53ㅈ》說芝了, 닐러 ᄌᆞᇂᄒᆞ
여시니.《朴新諺 2, 19ㅈ》當日憑中言定
身價銀五兩, 當日에 듕인을 의빙ᄒᆞ여 身
價 銀 닷 냥을 닐러 定ᄒᆞ여.《朴新諺 2,
54ㅈ》今日死明日死都是定不得的, 오늘
죽을 똥 닉일 죽을 똥 다 定치 못ᄒᆞᄂᆞ니.
《朴新諺 2, 55ㅈ》既說定了不要改口, 이
믜 닐러 定ᄒᆞ여시니 변기치 마쟈.《朴新
諺 3, 24ㅈ》各上禪床坐芝分毫不動, 각각
禪床에 올라 안저 定ᄒᆞ고 分毫도 動치
마라. ❷⇔정ᄒᆞ다.《朴新諺 2, 3ㅈ》今日
都預先約定了, 오늘 다 미리 언약ᄒᆞ여
정ᄒᆞ엿ᄂᆞ니라.《朴新諺 2, 12ㅎ》說定與
他二兩銀子, 닐러 정ᄒᆞ고 뎌룰 두 냥 은
을 주엇더니.

정(定) 图 맞춤. ⇔마초임.《朴新諺 3, 41
ㅎ》與他商(商)量了放下定錢, 뎌로 더부
러 商(商)量ᄒᆞ여 마초임 갑슬 두면.

정(定) 图 ■일정(一定). 반드시. 꼭. 틀림
없이. ●⇔일뎡.《朴新諺 3, 53ㅈ》定行
審理發落, 일뎡 審理 發落홈이 되리라.
❷⇔일정.《朴新諺 2, 31ㅈ》我回來定要
打的, 내 도라와 일정 칠 거시오.《朴新
諺 3, 48ㅈ》你何必還定要去看麽, 네 엇
지 반드시 ᄯᅩ 일정 가 보고져 ᄒᆞᄂᆞ다.
❷일정(一定)히. ⇔일뎡이.《朴新諺 2,
13ㅎ》我定要打這狗才一頓, 내 일뎡이
개 ᄀᆞ튼 놈을 혼 지위 치리라.

정(釘) 图 못. ⇔못.《朴新諺 2, 41ㅎ》把指
頭大的長鐵釘, 손가락 굴긔에 긴 쇠못ᄉᆞ
로다가.

정(停) 图 머물다. ⇔머믈다.《朴新諺 2,
10ㅎ》你且停一停, 네 아직 머믈라.

정(停) 囝 몫. ⇔운.《朴新諺 3, 38ㅎ》三停
裡該分與主人二停纔是, 세 운에서 맛당

이 主人을 두 운을 논화 주어야 올커눌. 他只交(把)一停與主人, 데 다만 흔 운을 다가 主人을 주고.

정(情) 명 일의 사정과 상황. 정황(情況). 《朴新諺 3, 5ㅈ》只怕那寃家們打關節煩人說情哩, 그저 뎌 寃家들이 쇼쳥ᄒᆞ여 사름을 식여 情을 니른가 저페라. 《朴新諺 3, 5ㅈ》受他錢財替他說情, 뎌의 錢財를 밧고 뎌를 ᄀᆞ른차 情을 니른니.

정(淨) 명 중국 전통 극에서의 배역의 하나. 장비(張飛)나 조조(曹操)처럼 성격이 강렬하거나 거친 남자 배역이다. 《集覽, 朴集, 上, 2ㅎ》院本. 質問云, 院本有曰外, 或粧先生・採訪使・考試官・老人・達達之類, 皆是外扮, 曰淨, 有男淨・有女淨, 亦做醜態, 專一弄言取人歡笑, 曰末, 粧扮不一, 初則開場白說, 或粧家人・祇候, 或扮使臣之類, 曰丑, 狂言戲弄, 或粧醉漢・太醫・吏員・媒婆之類. 今按, 諢音混, 優人戲弄之言也.

정(淨) 円 깨끗이. ⇔조히. 《集覽, 字解, 累字解, 3ㅈ》乾乾淨淨. 조타. 又조히 ᄒᆞ다. 重言之者, 甚言其乾淨也. 凡疊字爲說者, 倣此. 《朴新諺 2, 53ㅈ》我替他擦淨了罷, 내 뎌룰 ᄀᆞ른차 삣겨 조히 ᄒᆞ쟈.

정(淨) 형 좋다. ⇔좋다. 《朴新諺 1, 16ㅎ》這大紅段眞是南紅顔色經緯勻淨, 이 다홍 비단이 진짓 이 연다홍빗치오 삐눌이 고로고 조흐니.

정(頂) 명 으뜸. ●⇔읏듬. 《朴新諺 1, 17ㅈ》時下筆是頂好的了, 시졀 것스로는 읏듬 됴흔 거시라 ᄒᆞ리라. ●⇔읏씀. 《朴新諺 2, 43ㅈ》你再揀頂高的我看, 네 다시 읏씀 노픈 거슬 ᄀᆞᆯ히여 나룰 뵈라.

정(頂) 의 ●개(箇). 《朴新諺 2, 32ㅎ》拿去叫李大做兩頂帽子, 가져가 李大ㅣ로 ᄒᆞ여 두 갓슬 민드되. ●벌. ⇔볼. 《朴新諺 3, 4ㅈ》做一頂蚊帳掛着睡纔好, 흔 볼 모긔帳을 민드라 치고 자야 마치 됴흐리라.

정(精) 명 씨. 종자(種子). (욕하는 말) ⇔

삐. 《朴新諺 2, 37ㅈ》聽得那謊精, 드르니 뎌 거즛말ᄒᆞᆫ 삐. 《朴新諺 3, 29ㅎ》你這賊養漢生的小驢精, 네 이 도적 養漢ᄒᆞ여 나흔 져근 나귀삐아.

정(整) 명 덩이. ⇔덩이. 《朴新諺 1, 58ㅈ》情愿憑中借到某人名下紋銀五十両整(朴新注, 22ㅎ: 無零數之謂.), 情愿으로 즁인을 의빙ᄒᆞ여 某人 名下에 紋銀 五十両 덩이룰 꾸되.

정(錠) 명 화폐로 쓰는 은괴(銀塊). 말굽은. 《集覽, 朴集, 中, 8ㅎ》錠. 質問云, 每一張鈔, 謂之一錠. 又云, 五貫寶鈔爲一錠. 今按, 俗謂銀一餠, 亦謂之一錠, 元寶則五十兩爲一錠.

정(錠) 의 덩이. ⇔덩이. 《朴新諺 3, 33ㅈ》元寶只有半錠, 元寶ㅣ 그저 반 덩이 이시니.

정(靜) 円 고요히. ⇔고요히. 《朴新諺 3, 23ㅎ》第(第)一坐靜, 第(第)一은 안씨를 고요히 ᄒᆞ고.

정가(鄭哥) 명 정가. 정씨. 《朴新諺 2, 55ㅎ》鄭哥你來, 鄭哥ㅣ아 이바.

정개(睜開) 동 부릅뜨다. ⇔부롭쓰다. 《朴新諺 3, 23ㅈ》大仙睜開雙眼道, 大仙이 두 눈을 부롭쓰고 니른되.

정과(正果) 명 〈불〉 선행을 쌓고 수행(修行)하여 좋은 과보(果報)를 얻는 일. 《朴新諺 3, 9ㅎ》久後你也要得證正果(朴新注, 47ㅎ: 證, 應也, 果, 果報也. 證正果, 猶佛書所謂, 修善得善果之義.)哩, 오란 후에 너도 正果 證홈을 어드리라.

정관(貞觀) 명 당 태종(唐太宗: 李世民)의 연호(627~649). 《集覽, 朴集, 下, 1ㅈ》唐三藏法師〈三藏〉. 貞觀三年, 奉勅往西域, 取經六百卷而來, 仍呼爲三藏法師.

정교(正敎) 명 정교(政敎). 정령(政令)과 교화(敎化). 《集覽, 朴集, 下, 3ㅈ》三寶. 玄理幽微, 正敎精誠, 法也. 《朴新諺 3, 14ㅈ》不信佛法不尊三寶(朴新注, 49ㅎ: 佛・法・僧曰三寶. 功成妙智, 道登圓覺, 佛

也, 玄理幽微, 正教精誠, 法也, 禁戒守眞, 威儀出俗, 僧也. 故曰實.), 佛法을 信치 아니ᄒ고 三寶를 尊치 아니ᄒ니.

정단(正旦) 몡 설날 아침. 《集覽, 朴集, 下, 10ㅎ》立地赶牛. 芒神閑忙, 立春在正旦前後, 各五日內者是忙, 芒神與牛齊立, 在正旦前五辰外者是農早忙, 芒神在牛前立, 正旦後五辰外者是農晚閑, 芒神在牛後立, 子・寅・辰・午・申・戌陽年, 在左邊立, 丑・卯・巳・未・酉・亥陰年, 在右邊立.

정대(鞓帶) 몡 가죽띠. ⇔바탕. 《朴新諺 1, 21ㅎ》鞓帶忒長了, 바탕이 너무 기다.

정덕(淨德) 몡 〈불〉 사덕(四德)의 하나. 삼업(三業)으로부터 청정(淸淨)한 덕. 《集覽, 朴集, 中, 4ㅈ》理圓四德. 四德, 曰常, 曰樂, 曰我, 曰淨無二.

정도(程途) 몡 길[路]. 도정. 여정. 노정. ⇔길ㅎ. 《集覽, 朴集, 下, 1ㅈ》西天取經去. 法師曰, 旣有程途, 須有到時. 《朴新諺 3, 9ㅈ》有十萬八千里程途, 十萬 八千里 길히 이시니.

정례(之例) 몡 =정례(定例). '之'은 '定'의 속자. 《宋元以來俗字譜》定, 通俗小說・嶺南逸事作之. 《朴新諺 1, 12ㅎ》之例只該關八擔, 之例에 그저 여듧 짐을 트리라.

정례(定例) 몡 일정하게 정하여진 규칙이나 관례. 《朴新諺 1, 12ㅎ》之例只該關八擔, 之例에 그저 여듧 짐을 트리라.

정례(定禮) 몡 정혼(定婚)한 뒤에 신랑 집에서 신부 집으로 보내는 예물. 《集覽, 朴集, 上, 11ㅎ》下多少財錢. 今制, 納采・問名・納吉揔〈総〉一次行禮, 以從簡便, 謂之定禮, 亦爲之定親, 亦曰下紅定, 亦送幣物.

정례(頂禮) 몡 공경하는 뜻으로 이마가 땅에 닿도록 절을 하다. 또는 그렇게 하는 절. 《集覽, 朴集, 中, 7ㅎ》佛堂. 漢人酷好釋教, 家設一堂, 或安金像, 或掛畫佛, 焚香頂禮, 朝夕不懈. 《朴新諺 2, 44ㅎ》佛堂(朴新注, 39ㅈ: 漢俗, 好佛家設一堂, 或安金像, 或掛畫佛, 焚香頂禮, 朝夕不懈.) 幾間, 佛堂이 현 간.

정리(正理) 몡 올바른 도리. 《朴新諺 3, 57ㅎ》征伐無道乃國家正理, 無道를 征伐홈은 이 國家 正理라.

정리(情理) 몡 인정과 도리. 《朴新諺 3, 52ㅎ》小人無辜受辱情理難甘, 小人이 죄 업시 辱을 바드니 情理 難甘ᄒ여.

정리(整理) 동 흐트러지거나 혼란스러운 것을 질서 있는 상태가 되게 하다. ⇔정리ᄒ다(整理-). 《朴新諺 2, 20ㅎ》整理起來, 整理ᄒ라.

정리ᄒ다(整理-) 동 정리(整理)하다. ⇔정리(整理). 《朴新諺 2, 20ㅎ》整理起來, 整理ᄒ라.

정맥(正脉) 몡 =정맥(正脈). '脉'은 '脈'의 속자. 《正字通, 肉部》脉, 俗脈字. 《集覽, 朴集, 上, 15ㅎ》步虛. 至正丙戌春, 入燕都, 聞南朝有臨濟正脉不斷〈断〉, 可徃印可.

정맥(正脈) 몡 바른 계통. 정통(正統). 《集覽, 朴集, 上, 15ㅎ》步虛. 至正丙戌春, 入燕都, 聞南朝有臨濟正脉不斷〈断〉, 可徃印可.

정명(定名) 동 명칭을 확정하다. 《集覽, 朴集, 上, 1ㅈ》張三. 三, 或族次, 或朋友行輩之次, 或有官者以職次相呼, 或稱爲定名者有之. 李四・王五亦同.

정명(貞明) 몡 오대 양(五代梁) 균왕(均王)의 연호(915~920). 《集覽, 朴集, 下, 12ㅎ》梁貞明. 梁, 國號, 卽五代朱梁也. 貞明, 均王年號. 均王名瑱, 太祖朱溫之第〈第〉四子也.

정방(正房) 몡 여러 채로 된 살림집에서 주가 되는 집채. 《朴新諺 2, 33ㅎ》正房背後掘一箇老大深坑, 正房 뒤히 ᄒᆞᆫ ᄀᆞ장 깁흔 지함을 픠고. 《朴新諺 2, 44ㅎ》計開正房幾間, 혜오니 正房이 현 간.

정백(淨白) 혱 깨끗하고 희다. 《集覽, 朴集, 中, 6ㅈ》齒排柯雪. 謂齒如雪堆枝柯之

上, 淨白頓整之形, 似人所編排然.

정벌(征伐) 동 적 또는 죄 있는 무리를 무력으로써 치다. ⇔정벌ᄒ다(征伐-).《朴新諺 3, 57ㅎ》征伐無道乃國家正理, 無道를 征伐홈은 이 國家 正理라.

정벌ᄒ다(征伐-) 동 정벌(征伐)하다. ⇔정벌(征伐).《朴新諺 3, 57ㅎ》征伐無道乃國家正理, 無道를 征伐홈은 이 國家 正理라.

정법(淨法) 명 〈불〉 온갖 번뇌와 정욕(情欲: 물건을 탐내고 집착하는 마음)으로부터 해탈하는 일.《集覽, 朴集, 中, 4ㅈ》智滿十身. 十身有調御. 十身, 曰無着, 曰弘願, 曰業報, 曰住持, 曰涅槃, 曰淨法, 曰眞心, 曰三昧, 曰道性, 曰如意. 有內十身, 曰菩提, 曰願, 曰化, 曰力持, 曰莊嚴, 曰威勢, 曰意生, 曰福德, 曰法, 曰智. 有外十身, 曰自, 曰衆生, 曰國土, 曰業報, 曰聲聞, 曰圓覺, 曰菩薩, 曰智, 曰法, 曰虛空.

정보(呈報) 동 보고서를 올리다.《集覽, 朴集, 中, 2ㅈ》甘結. 今按, 如保擧人材者, 必寫稱所擧之人, 並無喪過及干娼優子嗣, 委的賢能, 如虛甘伏重罪云云. 擧此爲辭, 以成文狀, 與彼收執, 或呈報上司, 以憑後考, 謂之不致扶同, 重甘結狀.

정비(鼎沸) 동 (솥 안의 물이 끓는 것처럼) 떠들썩하다. 시끌벅적하다. 어수선하다.《集覽, 朴集, 上, 8ㅈ》翫月會. 東京錄云, 中秋夜, 貴家結飾臺榭, 民間爭占酒樓翫(玩)月, 絲簧鼎沸, 近內庭居民, 夜深遙聞笙竽之聲, 宛若雲外天樂, 閭里兒童連宵嬉戲, 夜市騈闐, 至於通曉.

정사(正使) 명 사신(使臣) 가운데 으뜸이 되는 사람.《朴新諺 2, 15ㅎ》正·副使三員從人六名, 正·副使 三員과 從人 六名에.

정삼품(正三品) 명 벼슬자리의 18품계 가운데 다섯째 등급.《朴新諺 2, 51ㅎ》那一日在李指揮(朴新注, 41ㅎ: 都督府都指揮使, 正二品, 各衛指揮使, 正三品.)家, 더

혼 날 李指揮 집의셔.《朴新諺 3, 39ㅎ》是南京應天府府丞(朴新注, 58ㅎ: 南京, 古金陵, 今為應天府. 有府丞二員, 正三品.), 이 南京 應天府 府承이라.

정상(釘上) 동 박다. 못을 박다. ⇔박다.《朴新諺 2, 36ㅈ》打一副馬釘子來釘上, 혼 부 물 다갈 쳐다가 박아.

정상(頂上) 명 정수리.《集覽, 朴集, 上, 11ㅈ》剃頭. 漢俗, 凡梳頭者必剃去腦後頂上髮際細毛, 故曰剃頭.

정성(精誠) 명 참되고 성실한 마음.《集覽, 朴集, 下, 3ㅈ》三寶. 玄理幽微, 正敎精誠, 法也.《朴新諺 3, 14ㅈ》不信佛法不尊三寶(朴新注, 49ㅎ: 佛·法·僧曰三寶. 功成妙智, 道登圓覺, 佛也, 玄理幽微, 正敎精誠, 法也, 禁戒守眞, 威儀出俗, 僧也. 故曰寶.), 佛法을 信치 아니ᄒ고 三寶를 尊치 아니ᄒ니.

정세(精細) 형 ●음식 따위가 훌륭하다.《集覽, 朴集, 下, 6ㅎ》象眼饃子. 饈者再切, 細者有糜末, 却簸去, 皆要一樣極細如米粒. 下鍋煮熟, 連湯起в盆內. 用凉水寬投之, 三五次方得精細. ❷정세(精細)하다. (정밀하고 자세하다) ⇔정세하다(精細-).《朴新諺 2, 53ㅈ》這妳娘好不精細, 이 졋어미 ᄀ장 精細치 못ᄒ다.

정세하다(精細-) 형 정세(精細)하다. ⇔정세(精細).《朴新諺 2, 53ㅈ》這妳娘好不精細, 이 졋어미 ᄀ장 精細치 못ᄒ다.

정승(井繩) 명 =정승(井繩). '繩'은 '繩'의 속자.《廣韻, 蒸韻》繩, 俗作繩.《朴新諺 1, 36ㅎ》一年經蛇咬三年怕井繩, 一年을 비얌 물려 디내면 三年을 드렛줄도 저퍼ᄒ다 ᄒ니라.

정승(井繩) 명 두레박줄. ⇔드렛줄.《朴新諺 1, 36ㅎ》一年經蛇咬三年怕井繩, 一年을 비얌 물려 디내면 三年을 드렛줄도 저퍼ᄒ다 ᄒ니라.

정신(精神) 명 육체나 물질에 대립되는 영혼이나 마음.《朴新諺 1, 51ㅎ》精神自

然爽快了, 精神이 自然히 爽快ᄒ리라.

정양문(正陽門) 圀 중국 북경(北京) 내성(內城)에 있는 정남(正南)쪽의 문. 원대(元代)의 여정문(麗正門)을 명(明) 영락(永樂) 연간에 고친 이름이다. 《集覽, 朴集, 上, 5ㅎ》平則門. 永樂十九年, 營建宮室, 立門九, 南曰正陽, 又曰午門, 元則曰麗正, 南之右曰宣武, 元則曰順承, 南之左曰文明, 元則曰崇文, 又曰哈噠, 北之東曰安定, 北之西曰德勝, 元則曰健德, 東之北曰崇仁, 一名東直, 元名同, 東之南曰朝陽, 元則曰齊華, 西之北曰西直, 西之南曰阜城, 元則曰平則. 元設十一門, 而今減其二.《朴新諺 3, 48ㅈ》南有正陽門·宣武門·崇文門, 南에는 正陽門과 宣武門과 崇文門이 잇고.

정연(定然) 囝 일정(一定). 반드시. 꼭. 틀림없이. ⇔일정. 《朴新諺 2, 32ㅈ》若着了幾遍雨定然要走樣了, 만일 여러 번 비를 마즈면 일정 모양이 흘긔리로다.

정원(情愿) 圄 =정원(情願). '愿'은 '願'과 같다. 《淸平山堂話本, 花燈轎蓮女成佛記》張待詔許下愿心, 拜告神明.《朴新諺 1, 58ㅈ》情愿憑中借到某人名下紋銀五十両整, 情愿으로 중인을 의빙ᄒ여 某人 名下에 紋銀 五十両 덩이룰 쑤되.《朴新諺 2, 1ㅈ》我情愿費三十兩價銀, 내 情愿으로 三十兩 갑 銀을 허비ᄒ려 ᄒ노라.《朴新諺 2, 19ㅈ》情愿將親生之子小名神奴現年五歲, 情愿으로 親生ᄒᆫ 아둘 小名은 神奴ㅣ오 시방 나히 五歲엣 거슬다가.

정원(情願) 圄 진정으로 바라다. 희망(希望)하다. 《朴新諺 1, 58ㅈ》情愿憑中借到某人名下紋銀五十両整, 情愿으로 중인을 의빙ᄒ여 某人 名下에 紋銀 五十両 덩이룰 쑤되.《朴新諺 2, 1ㅈ》我情愿費三十兩價銀, 내 情愿으로 三十兩 갑 銀을 허비ᄒ려 ᄒ노라.《朴新諺 2, 19ㅈ》情愿將親生之子小名神奴現年五歲, 情愿으로 親生ᄒᆫ 아둘 小名은 神奴ㅣ오 시방 나히

五歲엣 거슬다가.

정월(正月) 圀 음력 새해의 첫 번째 달. ⇔신정월(新正月).《集覽, 朴集, 下, 11ㅈ》好女不看燈. 容齋隨筆云, 漢家祠太乙, 以昏時祠到明. 今人正月望夜, 夜遊觀月, 是其遺事.《集覽, 朴集, 下, 11ㅈ》好女不看燈. 唐韋述兩京記曰, 正月十五日夜, 勅金吾弛禁, 前後各一日, 以觀燈.《朴新諺 1, 20ㅈ》新正月裏呢, 正月에ᄂᆞᆫ.

정육(精肉) 圀 정육. (주로 돼지고기 중에서 비계가 없는 살코기를 이른다)《集覽, 朴集, 上, 3ㅎ》五軟三下鍋. 質問云, 五般無骨精肉〈五般精肉〉, 碎切爲片, 先用塩煎, 次用醋煮, 交葱花以食.

정이품(正二品) 圀 벼슬자리의 18품계 가운데 셋째 등급.《朴新諺 2, 51ㅎ》那一日在李指揮(朴新注, 41ㅎ: 都督府都指揮使, 正二品, 各衛指揮使, 正三品.)家, 더ᄒᆫ 날 李指揮 집의서.

정자(釘子) 圀 ❶대갈. (말굽에 편자를 박을 때 쓰는 징) ⇔다갈.《朴新諺 2, 36ㅈ》打一副馬釘子來釘上, ᄒᆫ 부 물 다갈 쳐다가 박아. ❷못[釘]. ⇔못ㅅ.《朴新諺 2, 41ㅎ》把釘子釘住, 못스로 박고.

정자(頂子) 圀 증자[頂子]. ⇔딩ᄌᆞ.《朴新諺 3, 33ㅎ》你看我這帽頂子, 네 보라 내 이 갓세 딩ᄌᆞㅣ.

정정(亭亭) 圀 아기 재롱의 하나. ⇔징징이질.《朴新諺 2, 53ㅈ》會學亭亭了麽, 징징이질 홀 줄 아ᄂᆞ냐.

정정(整錠) 圀 완전한 모양의 (말굽)은. 원대(元代)의 원보(元寶)로부터 적주(滴珠) 등의 여러 은화에 이르기까지 주조한 채 자르지 않은 완전한 모양의 은화를 이른다.《集覽, 朴集, 上, 8ㅈ》傾銀. 質問云, 將碎銀子與銀匠, 化了傾成整錠.

정제(整齊) 囝 정돈하여 가지런하게. 반듯하게. ⇔정제히(整齊-).《朴新諺 2, 49ㅎ》這客位收拾的好不整齊, 이 客位 收拾기를 ᄀᆞ장 整齊히 못ᄒ여시니.

정제히(整齊-) 图 정제(整齊)히. ⇔정제
(整齊). 《朴新諺 2, 49ㅎ》這客位收拾的
好不整齊, 이 客位 收拾기를 ᄀ장 整齊히
못ᄒ여시니.

정주(貞州) 명 땅 이름. 경기도(京畿道) 풍
덕(豐德)의 고구려(高句麗) 때 이름. 《集
覽, 朴集, 下, 12ㅎ》娘子柳氏〈柳氏〉. 貞
州柳天弓女也……貞州, 今豐〈豊〉德昇天
浦古城北二里是也.

정주(釘住) 图 박다. 못을 (단단히) 박다.
⇔박다. 《朴新諺 2, 41ㅎ》把釘子釘住,
못스로 박고.

정주(停柱) 명 우뚝 솟은 기둥. 《朴新諺
1, 40ㅎ》弟兄三四箇守着停柱坐, 弟兄 서
너히 기동을 딕희여 안잣는 거시여.

정처(正妻) 명 본처(本妻). 정실(正室).
《集覽, 朴集, 中, 3ㅈ》大娘. 音義云, 안해
님이라 ᄒ·ᄃ ᄒ :말. 今按, 汎稱尊長妻室
曰大娘, 又稱人之正妻曰大娘, 妾曰小娘.
《朴新諺 2, 25ㅎ》問大娘(朴新注, 31ㅎ:
稱人之正妻曰大娘, 妾曰小娘.)好, 大娘의
평안홈을 뭇고.

정천호(正千戶) 명 원·명대(元明代)에
둔 무관(武官)인 천호(千戶)의 으뜸 벼
슬. 《朴新諺 2, 51ㅎ》王千戶(朴新注, 41
ㅎ: 各所有正·副千戶, 武職.)打背後來,
王千戶ㅣ 뒤흐로서 와.

정초(錠鈔) 명 화폐로 쓰는 은괴(銀塊)와
돈. 《集覽, 朴集, 上, 7ㅎ》共有二百兩銀.
今觀所典之物, 只得七十兩, 而云二百兩
銀者, 盖舊本云有二百錠鈔, 今本改鈔爲
銀, 仍存鈔之舊數而不改也.

정촉(丁囑) 图 당부하다. 부탁하다. ⇔당
부ᄒ다. 《集覽, 字解, 累字解, 2ㅈ》丁囑.
당부ᄒ다. 《集覽, 字解, 累字解, 2ㅎ》囑
咐. 上同.

정치(精緻) 图 정교하고 치밀하게. ⇔정
치히(精緻-). 《朴新諺 2, 50ㅈ》來的客人
們也道我收拾得精緻, 오는 客人들도 내
收拾기를 精緻히 ᄒ엿다 니를 거시니.

정치히(精緻-) 图 정치(精緻)히. ⇔정치
(精緻). 《朴新諺 2, 50ㅈ》來的客人們也
道我收拾得精緻, 오는 客人들도 내 收拾
기를 精緻히 ᄒ엿다 니를 거시니.

정친(定親) 图 혼인을 정하다. 약혼하다.
《集覽, 朴集, 上, 2ㅈ》象生纏糖. 今按, 纏
糖, 卽一物之名. 諸司職掌婚禮定親及納
徵, 皆用芝麻·纏糖二合茶. 《集覽, 朴集,
上, 11ㅎ》下多少財錢. 今制, 納采·問名
·納吉揔〈総〉一次行禮, 以從簡便, 謂之
定禮, 亦爲之定親, 亦曰下紅定, 亦送幣物.

정타(停妥) 혱 적절하다. 알맞다. 모두 갖
추다. 《朴新諺 1, 5ㅎ》這些酒席都已辦停
妥完備了, 이 酒席을 다 이믜 쟝만ᄒ여
停妥 完備ᄒ여다.

정토(征討) 图 무력으로 공격하여 없애
다. 토벌하다. 정벌하다. 《集覽, 朴集,
上, 9ㅎ》漢子. 事物紀原云, 三代以降, 有
國號者至多, 獨以漢爲名者, 取兩漢之盛.
漢武帝征討四夷, 專事匈奴, 由此有漢胡
之斥.

정통(正統) 명 명(明)나라 영종(英宗: 李祁
鎭)의 연호(1436~1449). 《集覽, 朴集, 下,
2ㅎ》慶壽寺. 相傳金章宗所書. 又有金學
士李晏碑文, 正統間重建, 賜額大興隆寺,
僧錄司在焉. 《集覽, 朴集, 下, 8ㅎ》南京
應天府丞. 正統中, 以北京爲京師, 設順天
府, 以應天府爲南京.

정합(正合) 图 바로 맞다. 과연 그러하다.
《集覽, 字解, 單字解, 3ㅈ》着. 使之爲也.
着落 히여곰, 着他 뎌 ᄒ야. 又置也. 着塩
소곰 두다. 又中也. 着了 맛다. 又見人所
行之事, 正合人所指望之, 方則亦曰着了
마초ᄒ야다. 又實也. 着實 실히. 又語助.
又穿衣服也.

정해(定害) 图 폐를 끼치다. ●⇔너리다.
《集覽, 字解, 累字解, 1ㅎ》定害. 너리과
라. 又해자ᄒ이과라. ●⇔해자ᄒ다.
《集覽, 字解, 累字解, 1ㅎ》定害. 너리과
라. 又해자하이과라.

정해현(定海縣) 몡 청대(淸代)에 두었다. 소재지는 절강성(浙江省) 은현(鄞縣)의 북동쪽 지역에 있었다. 《集覽, 朴集, 中, 3ㅎ》南海普陁落伽山. 山在寧波府定海縣, 古昌國縣海中.《朴新諺 2, 28ㅎ》到那南海普陀落伽山(朴新注, 33ㅈ: 在寧波府定海縣. 世傳觀音現像于此, 上有普陀寺.), 뎌 南海 普陀 落伽山에 가.

정호(情好) 통 마음으로 좋아하다. 사랑하다.《集覽, 字解, 單字解, 6ㅈ》好. 됴타. 又好生 ᄀ장. 又去聲, 喜-・情-.

정혼(定婚) 통 혼인을 정하다.《集覽, 朴集, 上, 12ㅈ》紅定. 晉武帝多簡良家女以充內職, 而自擇美者入選, 則以絳紗繫臂. 鎮軍將軍胡奮女入選, 亦以絳紗繫臂, 故俗謂定婚曰紅定.

정히(正-) 円 진정으로 꼭. ⇔정(正).《朴新諺 2, 38ㅈ》如今正是秋凉天氣滿山紅葉正好哩, 이제 正히 이 秋凉 天氣니 滿山 紅葉이 正히 됴타.《朴新諺 3, 8ㅈ》正要裝金開光, 正히 금 올려 빗내려 ᄒ더니.《朴新諺 3, 14ㅎ》正是衆生難化了, 正히 衆生을 化키 어렵도다.《朴新諺 3, 22ㅎ》到國王面前正告訴未畢, 國王의 앏희 가 正히 告訴ᄒ기를 뭇지 못ᄒ여셔.《朴新諺 3, 35ㅈ》正所謂擎天白玉柱駕海紫金梁, 正히 니른 바 하늘을 바쳣ᄂ 白玉柱ㅣ오 바다흘 걸탓난 紫金梁이라.

정ᄒ다(定-) 통 정(定)하다. 판단하여 결정하다. 약정(約定)하다. ⇔정(定).《朴新諺 1, 2ㅎ》咱們商量定了, 우리 혜아려 定ᄒ여다.《朴新諺 1, 19ㅎ》說明了放下定銀, 닐러 붉히고 定흔 銀을 두고.《朴新諺 1, 20ㅈ》定銀也給你, 定흔 銀도 너룰 주ᄂ니.《朴新諺 1, 22ㅈ》言定一両銀子, 흔 냥 銀에 닐러 定ᄒ엿노라.《朴新諺 1, 53ㅈ》說定了, 닐러 定ᄒ여시니.《朴新諺 2, 19ㅈ》當日憑中言定身價銀五兩, 當日에 듕인을 의빙ᄒ여 身價 銀 닷냥을 닐러 定ᄒ여.《朴新諺 2, 54ㅈ》今

日死明日死都是定不得的, 오늘 죽을 쯩 닉일 죽을 쯩 다 定치 못ᄒᄂ니.《朴新諺 3, 24ㅈ》各上禪床坐之分毫不動, 각각 禪床에 올라 안저 定ᄒ고 分毫도 動치 마라.《朴新諺 3, 24ㅈ》使他坐不定, 뎌로 ᄒ여 안즈믈 定치 못ᄒ게 ᄒ니.

제 団 제. 제가. 저의. ●⇔이(你).《朴新諺 1, 40ㅎ》滿天星宿一箇月三條繩子由你曳, 하늘에 ᄀ득흔 星宿에 흔 둘을 세 오리 노흐로 제대로 쓰으는 거시여. ●⇔타(他).《集覽, 字解, 單字解, 5ㅈ》儘. 讓也, 任也. 儘他 제게 다와드라, 儘讓 뎌긔 미다. 又縱令也. 儘教 므던타. 又儘一儘 지긔우다. 又儘船 빗 ᄀ장.《集覽, 字解, 累字解, 8ㅎ》由他. 더뎌두라. 又제 므슴대로 ᄒ게 ᄒ라.《朴新諺 1, 25ㅎ》看他吃到再添, 제 먹어가는 거슬 보아 다시 더 주라.《朴新諺 1, 34ㅈ》他在京裏臨起身時莭(節), 제 셔울셔 쩌날 째에 臨ᄒ여.《朴新諺 2, 3ㅎ》又不吃了他的, 쏘 제 거슬 먹지 아니ᄒ리라.《朴新諺 2, 33ㅈ》比他師傅高强十倍哩, 제 스승에 비기면 十倍나 나으니라.《朴新諺 2, 35ㅈ》到他家後坑裏, 제 집 뒤 디함에 가.《朴新諺 3, 2ㅈ》庫房裡放的米都被他吃去了好些, 庫에 둔 뿔을 다 제 먹으미 만코.《朴新諺 3, 27ㅎ》行者又把他的頭先割下來, 行者ㅣ 쏘 제 머리를다가 몬져 버혀 ᄂ리치니.《朴新諺 3, 39ㅈ》他不使些做甚麽, 제 져기 쓰지 아니ᄒ고 무엇 ᄒ리오.

제 몡 제. 때에. 적에. ●⇔시(時).《朴新諺 3, 15ㅈ》前者姐夫回時, 전에 姐夫ㅣ 도라갈 제. ●⇔시졀(時節).《朴新諺 3, 8ㅎ》徃西天去取經的時節, 西天을 향ᄒ여 經 가질라 갈 제.《朴新諺 3, 18ㅎ》我們徃日跟官的時莭(節), 우리 徃日에 관원을 조차 ᄃ닐 제.《朴新諺 3, 21ㅈ》悶時莭(節)看看眞好解悶, 힘힘흔 제 보면 진실로 解悶ᄒ기 됴흐니라.

제(除) 통 덜다. 제외하다. ⇔덜다. 《朴新
諺 1, 17ㅈ》除了內造上用之外, 內造 上用
을 더론 밧긔는. 《朴新諺 1, 46ㅎ》除了
氊子馳毛之外, 담과 약대 털을 더론 밧
긔. 《朴新諺 1, 47ㅎ》除了學長共有四十
五箇學生, 學長을 덜고 대되 마흔 다爻
學生이 잇ᄂᆞ니라. 《朴新諺 3, 38ㅎ》除了
種子之外, ᄡᅵ를 더론 밧끠.

제(第) 젭 제-. 《朴新諺 1, 44ㅎ》第(第)三日
會新親, 第(第)三日에 새 사돈 모호고. 第
(第)九日囬門, 第(第)九日에 싀집의 가.

제(提) 통 잡다〈執〉. 쥐다. ⇔잡다. 《朴新諺
3, 28ㅈ》行者用手把頭提起, 行者ㅣ 손으
로 ᄡᅥ 머리를다가 잡아 니ᄅᆞ혀.

제(祭) 통 제사지내다. 《集覽, 朴集, 上, 6
ㅈ》社神. 立春後第〈莭〉五戊爲春社, 立
秋後第〈莭〉五戊爲秋社. 孝經緯曰, 社, 土
地之主也. 土地闊〈濶〉, 不可盡祭, 故封土
爲社, 以報功也. 春祭社, 祈穀之生, 秋祭
社, 報穀之成.

제(蹄) 명 ❶굽. 발굽. ⇔굽. 《集覽, 朴集,
上, 14ㅈ》撒蹄. 音義云, ·뒷·굽 므리므리·
예·ᄀᆞ·리·는 몰. 譯語指南云, ·굽·ᄀᆞ·리·는
몰. ❷다리〈脚〉. ⇔다리. 《朴新諺 3, 45
ㅎ》就煮一脚羊蹄好下飯, 이믜셔 흔 羊
의 다리를 솔마 밥 먹기 됴케 ᄒᆞ고.

제(劑) 의 제. (한약의 분량을 나타내는 단
위. 한 제는 탕약(湯藥) 스무 첩) 《朴新
諺 2, 25ㅈ》吃一兩劑便無事了, 흔두 劑
먹으면 곳 無事ᄒᆞ리라.

제(諸) 꾄 여러. 《朴新諺 3, 8ㅎ》惟有禱告
諸佛菩薩, 오직 諸 佛菩薩끠 비ᄂᆞ니.

제(濟) 통 ❶구제(救濟)하다. ⇔구제ᄒᆞ다.
《朴新諺 2, 29ㅈ》傾甘露於甁中濟險途於
飢渴, 甘露를 甁 中에 기우려 險途를 飢
渴에 구제ᄒᆞᄂᆞᆫ쏘다. ❷❶이루어지다.
되다. 생기다. ⇔일다. 《集覽, 字解, 累字
解, 3ㅈ》濟甚事. 므슴 :이·리 :일·료. 猶言
속졀:업·다. ❷이루다. 성사시키다. ⇔
일오다. 《朴新諺 3, 6ㅈ》不使幾箇錢幹辦

是不濟事的, 여러 돈을 ᄡᅥ 셔도지 아니
면 이 일을 일오지 못ᄒᆞ리라.

제가(齊家) 통 집안을 잘 다스려 바로잡
다. 《集覽, 朴集, 中, 6ㅎ》大帽. 南村輟耕
錄云, 胡石塘先生嘗應聘入京, 世皇召見
於〈於〉便殿, 趍〈趨〉進, 不覺笠子欹側. 上
問曰, 秀才何學. 對曰, 脩身齊家治國平天
下之學. 上哂〈笑〉曰, 自家笠子尚不端正,
又能平天下耶.

제곡(啼哭) 통 울다. 울부짖다. ⇔울다.
《朴新諺 1, 55ㅈ》買了搖車(朴新注, 21ㅈ:
用薄板如筐篩之圍者, 彎曲成之, 可容一
小児, 懸扵梁, 臥置小児扵其中, 啼哭時推
轉搖動, 則卽止.)來, 搖車를 사 와. 《朴新
諺 1, 55ㅈ》見孩兒啼哭時, 아히 울믈 보
면. 《朴新諺 3, 27ㅎ》唐僧聽了啼哭, 唐僧
이 듯고 우더니. 《朴新諺 3, 44ㅈ》一路
悲哀啼哭, 一路에 슬피 울고.

제국(諸國) 명 여러 나라. 《集覽, 朴集, 中,
3ㅎ》南海普陁落伽山. 普陁落伽, 唐言小
白花, 卽山礬花也. 山多小白花, 故仍名.
徃時髙麗·新羅·日本諸國, 皆由此取道
以候風汛.

제궁조(諸宮調) 명 북송(北宋) 말에 산서
성(山西省) 출신의 예인(藝人) 공삼전
(孔三傳)이 창시한 창극(唱劇)의 하나.
노래와 대사(臺詞)의 연쇄(連鎖)로 현악
기의 반주에 의하여 한 사람이 창연(唱
演)하는 형식인데, 한 편이 각종 궁조(宮
調)의 여러 가곡(歌曲)으로 이루어졌다.
《集覽, 朴集, 上, 2ㅎ》院本. 南村輟耕錄
云, 唐有傳奇, 宋有戲曲·唱諢·詞說, 金
有雜劇·諸宮調.

제급(濟急) 통 급한 일이 있을 때 구제하
다. 《集覽, 朴集, 上, 7ㅎ》印子鋪. 音義
云, 是典僧錢物濟急之所.

제기(濟機) 명 깍지. 각지〈角指〉. ⇔혈거
피. 《集覽, 朴集, 上, 13ㅈ》濟機. 音義云,
·빨로 밍·ᄀᆞ론 혈거피 ·ᄀᆞ·튼 것. 今按, 漢
人或牛角或鹿角爲之, 形如環, 着扵拇指,

亦所以鉤〈所以鉤〉弦開弓.

제람(提攬) 圏 광주리. 《集覽, 朴集, 下, 7 ㅈ》提攬. 質問云, 如筐子, 上有圓圈, 用手 提攜, 方言謂之提攬. 又云, 或竹或荊爲之, 有本等長圓提繫. 今以質問之釋考之, 則 攬字作籃爲是. 然此兩釋似皆不合本意, 未詳是否.

제례(制禮) 匽 예법을 제정하다. 《集覽, 朴集, 上, 12ㅈ》十羊十酒. 羊十牽, 酒十 瓶也. 制禮亦隨貴賤異秩〈帙〉, 卽送禮也. 詳見諸司職掌.

제매(弟妹) 圏 남동생과 여동생. 《集覽, 朴集, 上, 12ㅈ》姐姐. 漢俗呼姉曰姐姐. 雖非弟妹, 如遇婦女, 可展斯須之敬者, 亦 曰姐姐, 是尊之之謂.

제명(祭名) 圏 제사의 이름. 《朴新諺 3, 22 ㅈ》一日先生做羅天大醮(朴新注, 52ㅈ: 道經云, 覆盖萬天, 羅絡三界, 極高無上, 謂之大羅. 天醮, 祭名, 祭於星辰曰醮), 一 日에 先生이 羅天大醮를 ᄒᆞ더니.

제명(題名) 匽 자기의 이름을 쓰다. ⇔제 명ᄒᆞ다(題名-). 《朴新諺 3, 49ㅈ》諒你要 金榜題名的書生, 헤아리건대 너 金榜에 題名코져 ᄒᆞᄂᆞᆫ 書生이.

제명ᄒᆞ다(題名-) 匽 제명(題名)하다. ⇔ 제명(題名). 《朴新諺 3, 49ㅈ》諒你要金 榜題名的書生, 헤아리건대 너 金榜에 題 名코져 ᄒᆞᄂᆞᆫ 書生이.

제물 圏 제물. (그 자체에서 우러난 물) ⇔수정(水精). 《朴新諺 3, 35ㅎ》水精包 子, 제물에 슬믄 包子와.

제믈 圏 제물. 맹물. (무리풀이 섞이지 않 은 물) ⇔청수(淸水). 《朴新諺 1, 46ㅈ》 白淸水絹(朴新注, 18ㅈ: 不用粉餙, 而碾 光者.)三尺, 흰 제믈엣 깁 석 자는.

제믈엣깁 圏 제물의 깁. (무리풀을 먹이 지 않고 다듬이질하여 반드럽게 한 비 단) ⇔청수견(淸水絹). 《朴新諺 1, 46ㅈ》 白淸水絹(朴新注, 18ㅈ: 不用粉餙, 而碾 光者.)三尺, 흰 제믈엣 깁 석 자는.

제밀(齊密) 톙 가지런하고 조밀하다. 《集 覽, 朴集, 中, 6ㅈ》齒排柯雪. 謂齒如雪堆 枝柯之上, 淨白頓整之形, 似人所編排然. 佛三十二相, 有四十齒相, 有齒白淨相, 有 齒齊密相.

제반(諸般) 圏 여러 가지. 모든 것. 《集覽, 字解, 單字解, 7ㅈ》般. 名數也. 諸般 여러 가짓. 又等也. 一般. 又多也.

제방(隄防) 圏 방비하다. 대비하다. ⇔제 방ᄒᆞ다(隄防-). 《朴新諺 2, 41ㅎ》還有法 兒容易隄防的, 당시롱 법이 이셔 隄防ᄒᆞ 기 쉬오니라. 《朴新諺 2, 41ㅎ》這般隄防 的繁愼, 이리 隄防ᄒᆞ기룰 繁愼이 ᄒᆞ면.

제방ᄒᆞ다(隄防-) 匽 제방(隄防)하다. ⇔ 제방(隄防). 《朴新諺 2, 41ㅎ》還有法兒 容易隄防的, 당시롱 법이 이셔 隄防ᄒᆞ기 쉬오니라. 《朴新諺 2, 41ㅎ》這般隄防的 繁愼, 이리 隄防ᄒᆞ기룰 繁愼이 ᄒᆞ면.

제배(儕輩) 圏 =제배(儕輩). '軰'는 '輩'의 속자. 《廣韻, 隊韻》輩, 俗作軰. 《集覽, 字 解, 累字解, 1ㅈ》大哥. 哥兄也. 人有數兄, 則呼長曰大哥, 次曰二哥, 三曰三哥. 雖非 同胞而見儕軰, 可推敬者, 則亦呼爲哥. 或 加大字, 或加老字, 推敬之重也. 只呼弟曰 兄弟, 並擧兄及弟曰弟兄.

제배(儕輩) 圏 동료. 동배(同輩). 《集覽, 字解, 累字解, 1ㅈ》大哥. 哥兄也. 人有數 兄, 則呼長曰大哥, 次曰二哥, 三曰三哥. 雖非同胞而見儕軰, 可推敬者, 則亦呼爲 哥. 或加大字, 或加老字, 推敬之重也. 只 呼弟曰兄弟, 並擧兄及弟曰弟兄.

제법(劑法) 圏 여러 가지 재료를 조합(調 合)하여 만드는 방법. 《集覽, 朴集, 中, 1ㅎ》禿禿麽思. 劑法如水滑麪〈麵〉, 和圓 少彈劑〈劑〉, 冷水浸手掌, 按作小薄餅兒, 下鍋煮熟, 以盤盛, 用酥油炒片羊肉, 加塩 炒至焦, 以酸甜湯拌和. 滋味得所, 別硏蒜 泥調酪, 任便加減, 使竹簽簽食之. 《集覽, 朴集, 下, 5ㅎ》餡. 或肉或菜及諸料物拌匀 〈匀〉爲胎, 納於餠中者曰餡. 酸餡·素餡

·葷餡·生餡·熟餡, 供用合宜. 詳見事林廣記·事文類聚·居家必用等書, 劑法不一. 今不煩註.《集覽, 朴集, 下, 6ㆆ》象眼餼子. 但居家必用著米心餼子劑法云, 頭麵〈麨〉以凉水入塩和成劑, 拗棒拗過, 趕至薄, 切作細棊子, 晒〈酒〉乾, 以筷子隔過, 再用刀切千百次, 再隔過.

제사(祭社) 동 토지신에게 제사를 지내다.《集覽, 朴集, 上, 6ㅈ》社神. 立春後第〈莭〉五戊爲春社, 立秋後第〈莭〉五戊爲秋社. 孝經緯曰, 社, 土地之主也. 土地闊〈濶〉, 不可盡祭, 故封土爲社, 以報功也. 春祭社, 祈穀之生, 秋祭社, 報穀之成.

제사(諸司) 명 여러 관서.《集覽, 朴集, 上, 2ㅈ》象生纏糖. 諸司職掌婚禮定親及納徵, 皆用芝麻·纏糖二合茶.《集覽, 朴集, 上, 12ㅈ》十羊十酒. 羊十牽, 酒十瓶也. 制禮亦隨貴賤異秩〈帙〉, 卽送禮也. 詳見諸司職掌.

제사(諸事) 명 범사(凡事). 모든 일. ⇔범ᄉ.《朴新諺 1, 9ㅈ》諸事好仰仗你, 범ᄉ룰 ᄀ장 너룰 밋으리니.

제사(濟事) 형 성사할 수 있다. 일을 이룰 수 있다. 쓸모가 있다.《朴新諺 3, 6ㅈ》不使幾箇錢幹辦是不濟事的, 여러 돈을 뼈 셔도지 아니면 이 일을 일오지 못ᄒ리라.

제사직장(諸司職掌) 명 책 이름. 명(明)나라 홍무(洪武) 26년(1393)에 책선(翟善) 등 지음. 각 관아에서 하는 일과 인원 등에 대하여 기록하였다.《集覽, 朴集, 上, 2ㅈ》象生纏糖. 諸司職掌婚禮定親及納徵, 皆用芝麻·纏糖二合茶.《集覽, 朴集, 上, 12ㅈ》十羊十酒. 羊十牽, 酒十瓶也. 制禮亦隨貴賤異秩〈帙〉, 卽送禮也. 詳見諸司職掌.

제석(帝釋) 명 〈불〉 호법신(護法神)의 하나. 수미산(須彌山) 꼭대기에 있는 도리천(忉利天)의 임금으로, 사천왕(四天王)과 삼십이천(三十二天)을 통솔하면서 불법과 불법에 귀의하는 사람을 보호하고 아수라(阿修羅)의 군대를 정벌한다고 한다.《集覽, 朴集, 中, 4ㆆ》童男童女. 觀音現三十二應, 曰佛身, 曰辟支〈支〉, 曰圓覺, 曰聲聞, 曰梵王, 曰帝釋, 曰自在天, 曰大自在天, 曰天大將軍, 曰四天王, 曰四天太子, 曰人王, 曰長者, 曰居士, 曰宰官, 曰婆羅門, 曰比丘, 曰比丘尼, 曰優婆塞, 曰優婆夷, 曰女主, 曰童男, 曰童女, 曰天身, 曰龍身, 曰藥叉, 曰乾達婆, 曰阿脩羅, 曰緊那羅, 曰摩睺羅, 曰樂人, 曰非人.《集覽, 朴集, 中, 4ㆆ》梵王帝釋. 有欲界·色界·無色界爲三界. 欲界有四洲·四惡趣·六欲天, 帝釋爲欲界主. 色界有四禪·十八梵天, 梵王爲色界主. 無色界有四空天.《集覽, 朴集, 中, 5ㅈ》隨相現相. 飜譯名義云, 佛昔爲帝釋時, 遭飢歲, 疾疫流行, 醫療無功, 道殣相屬.《朴新諺 2, 29ㅈ》或現質于梵王帝釋(朴新注, 33ㅈ: 佛書云, 有欲界·色界·無色界. 帝釋爲欲界主, 梵王爲色界主, 無色界有四空天.), 或 梵王 帝釋에 顯質ᄒ고.

제성(啼聲) 명 우는 소리.《集覽, 朴集, 上, 13ㅈ》娃娃. 娃娃, 指孩兒之稱. 字作哇, 音·와. 是小兒啼聲.

제성(祭星) 동 매년 봄에 천자(天子)가 동교(東郊)에 제단을 쌓고 성신(星辰)에게 제사를 올리다. (고대 제례(祭禮)의 하나이다) ⇔제성ᄒ다(祭星-).《朴新諺 3, 22ㅈ》聽的道人們祭星, 道人들의 祭星홈을 듯고.《朴新諺 3, 22ㆆ》把祭星茶果搶來吃了, 祭星ᄒ는 茶果를다가 더위처 먹고.

제성(齊聲) 동 여러 사람이 한꺼번에 일제히 소리를 지르다.《集覽, 朴集, 上, 12ㆆ》唱喏. 揖也. 詞曲曰, 一箇唱, 百箇喏, 謂一人呼唱於上, 衆人應諾於下. 如將帥在營幕下, 軍卒投謁於前者列立於〈軍卒投謁於前者列於〉庭, 將帥發一令語, 則衆下齊聲以應.

제성ᄒ다(祭星-) 동 제성(祭星)하다. ⇔

제성(祭星).《朴新諺 3, 22ㅈ》聽的道人們祭星, 道人들의 祭星홈을 듯고.《朴新諺 3, 22ㅎ》把祭星茶果搶來吃了, 祭星ㅎ는 茶果를다가 더위쳐 먹고.

제수(除授) 통 ●벼슬하다. ⇔벼슬ㅎ다.《朴新諺 3, 39ㅈ》你令兄除授在那裡了, 네 令兄이 벼슬ㅎ여 어듸 잇느뇨. ●제수(除授)하다. (벼슬을 내리다) ⇔제수ㅎ다(除授-).《朴新諺 3, 17ㅎ》你老爺如今除授在那衙門裡了, 네 老爺ㅣ 이제 어늬 衙門에 除授ㅎ엿느뇨. 除授了光祿寺卿了, 光祿寺卿에 除授ㅎ엿느니라.

제수ㅎ다(除授-) 통 제수(除授)하다. ⇔제수(除授).《朴新諺 3, 17ㅎ》你老爺如今除授在那衙門裡了, 네 老爺ㅣ 이제 어늬 衙門에 除授ㅎ엿느뇨. 除授了光祿寺卿了, 光祿寺卿에 除授ㅎ엿느니라.

제시 명 제자(弟子). ⇔도제(徒弟).《朴新諺 2, 32ㅈ》徐五的徒弟李大, 徐五의 제시 李大ㅣ.

제신(齊身) 통 몸을 정연(整然)하게 하다.《集覽, 朴集, 上, 10ㅎ》齋飯. 請觀音經疏云, 齋者, 齊也, 齊身口業也.

제심(齊心) 통 뜻을 함께하다. 마음을 같이하다.《朴新諺 1, 11ㅎ》齊心用力多使些工夫, 齊心 用力ㅎ여 만히 工夫 드려.

제심사(濟甚事) 형 속절없다. ⇔쇽졀업다.《集覽, 字解, 累字解, 3ㅈ》濟甚事. 므·슴 :이·리 :일·료. 猶言쇽졀:업·다.

제왕(帝王) 명 황제와 국왕.《集覽, 朴集, 下, 4ㅎ》大醮. 上元金籙齋, 帝王修奉, 設普天大醮. 中元玉籙齋, 保佑六宮, 輔寧妃后, 設周天大醮. 下元黃籙齋, 臣民通修, 普資家國, 設羅天大醮.

제왕(諸王) 명 여러 임금.《集覽, 朴集, 中, 1ㅎ》金字圓牌. 至正條格云, 元時, 中書省奏, 諸王·駙馬各投下有軍情緊急重事, 許令懸帶原降銀字圓牌應付鋪馬騎坐, 其餘差使人員有緊急軍情重事, 許令懸帶金字圓牌, 方付鋪馬.

제자(弟子) 명 스승으로부터 가르침을 받거나 받은 사람.《集覽, 朴集, 上, 9ㅎ》和尙. 萬里相和曰和, 外道相尙曰尙. 又和者, 太和也, 尙者, 高尙也. 又和尙, 外國語, 此云近誦. 以弟子年少, 不離於師, 常逐相〈常〉近, 受經而誦者.《朴新諺 1, 35ㅎ》你是佛家弟子, 너는 이 佛家 弟子ㅣ라.《朴新諺 3, 22ㅈ》如此作賤(踐)佛家弟子, 이러트시 佛家 弟子를 쳔답ㅎ더라.

제자(梯子) 명 수레의 앞을 괴는 나무. 또는 사닥다리. ⇔거전괴오는나모(車前-).《集覽, 朴集, 中, 2ㅈ》梯子. 音義云, 車前괴오·는나모.

제자(蹄子) 명 굽. 발굽. ⇔굽.《朴新諺 1, 41ㅎ》把蹄子放了些血, 굽에 피 짜히쟈.《朴新諺 1, 42ㅈ》也就把蹄子上放些血罷, 쏘 이믜셔 굽에 피 짜히라.

제재(除災) 통 해로운 것을 없애다.《集覽, 朴集, 中, 6ㅈ》尋聲救苦應念除災. 史記, 昔盧景裕繫晉陽獄, 志心念觀世音菩薩, 枷鎖自脫. 又有人當死, 志心誦觀世音菩薩普門品經千百遍, 臨刑刀折, 因以赦之.

제족(齊足) 형 모두 충족하다.《集覽, 朴集, 上, 12ㅈ》圓飯筵席. 圓作完是, 謂齊足之意.

제집(齊集) 통 모이다. 집합하다. ⇔몯다.《朴新諺 1, 6ㅈ》列位弟兄旣都齊集了, 列位 弟兄이 이믜 다 모다시니.

제천(祭天) 통 하늘에 제사를 지내다.《集覽, 朴集, 中, 2ㅈ》郊天. 天子設圜丘於南郊, 以祭天神·地祇·日月星辰·山川·嶽瀆, 以太祖配享. 古制, 冬至祭天. 今制, 正月十五日以裏祭天, 俗謂之拜郊〈謂之拜郊〉.

제천(齊天) 형 하늘과 가지런하다. ⇔제천ㅎ다(齊天-).《朴新諺 1, 1ㅈ》當今皇上洪福齊天, 當今에 皇上이 洪福이 齊天ㅎ여.

제천(諸天) 명 〈불〉 모든 하늘. 욕계(欲界)의 육욕천(六欲天), 색계(色界)의 십

팔천(十八天), 무색계(無色界)의 사천
(四天) 등을 통틀어 이르는 말.《集覽,
朴集, 上, 10ㅎ》齋飯. 請觀音經疏云, 齋
者, 齊也, 齊身口業也. 佛氏日中而食, 瓶
沙王問, 佛, 何故日中食. 答〈答〉云, 早起
諸天食, 日中三世佛食, 日西畜生食, 日暮
鬼神食.

제천대성(齊天大聖) 몡 중국의 소설 서유
기(西遊記)에 나오는 손오공(孫悟空)의
별호.《集覽, 朴集, 下, 4ㅈ》孫行者. 西遊
記云, 西域有花菓山, 山下有水簾洞, 洞前
有鐵板橋, 橋下有萬丈澗, 澗邊有萬箇小
洞, 洞裏多猴. 有老猴精, 號齊天大聖, 神
通廣大, 入天宮仙桃園偸蟠桃, 又偸老君
靈丹藥, 又去王母宮偸王母綉仙衣一套,
來設慶仙衣會.《集覽, 朴集, 下, 10ㅎ》二
郞爺爺. 按西遊記, 西域花菓山洞有老猴
精, 號齊天大聖, 神變〈変〉無測, 鬧(鬧)乱
天宮, 玉帝命李天王領神兵徃捕, 相戰失
利. 灌州灌江口立廟, 有神曰小聖二郞, 又
號二郞賢聖王王, 請二郞捕獲大聖, 卽此.

제천ㅎ다(齊天-) 혱 제천(齊天)하다. ⇔
제천(齊天).《朴新諺 1, 1ㅈ》當今皇上洪
福齊天, 當今에 皇上이 洪福이 齊天ㅎ여.

제품(諸品) 몡 여러 종류의 물품.《集覽,
朴集, 上, 1ㅈ》光祿寺. 在東長安門內, 其
屬有大官・珍〈珎〉羞・良醞・掌醢四署,
掌供辦內府諸品膳羞酒醴及管待使客之
事.

제형(弟兄) 몡 ●형제. 형과 아우.《朴新
諺 1, 1ㅈ》不如約幾箇好弟兄們, 여러 됴
혼 弟兄들을 언약ㅎ여.《朴新諺 1, 27
ㅎ》結為生死好弟兄罷, 死生에 됴혼 弟兄
을 미즈미 무던ㅎ다.《朴新諺 1, 28ㅈ》
却做不得我等的結義弟兄, 또 우리 結義
弟兄이 되지 못ㅎㄹ 거시니.《朴新諺 1, 40
ㅎ》弟兄三四箇守着停柱坐, 弟兄 서너히
기동을 딕희여 안잣는 거시여.《朴新諺
1, 53ㅈ》咱約會了弟兄十數人勾了, 우리
弟兄 여라믄 사름을 모호면 넉넉ㅎ리라.

《朴新諺 2, 7ㅎ》咱們好弟兄何必計較這
些, 우리 무음 됴혼 弟兄이 엇지 반드시
이만 거슬 計較ㅎ리오.《朴新諺 2, 24
ㅈ》被好弟兄們勸我, 무음 됴혼 弟兄들
의 勸홈을 닙어.《朴新諺 2, 37ㅈ》把我
這舊弟兄們都不保了, 우리 이 녯 弟兄들
을다가 긔수치 아니ㅎ더라. ●아우. ⇔
아우.《朴新諺 2, 6ㅎ》好哥兒弟兄們從來
不分彼此, 무음 됴혼 형 아우들이 본디
彼此를 혀기지 아니ㅎㄴ니.

제형안찰사(提刑按察司) 몡 관서 이름.
원대(元代)에 처음 두어 명・청대(明淸
代)까지 존속되었다. 장관(長官)인 제형
안찰사는 송(宋)나라의 제점형옥(提點
刑獄)에 해당되는 벼슬로서 옥송(獄訟)
과 농사에 관한 일을 관장하였다.《集
覽, 朴集, 下, 3ㅈ》照會. 五軍都督府照會
六部, 六部照會承宣布政使司, 使司照會
提刑按察司.

제화문(齊華門) 몡 중국 북경(北京) 내성
(內城)에 있는 성문. 숭인문(崇仁門) 남
쪽에 있는 조양문(朝陽門)의 원대(元代)
의 이름이다.《集覽, 朴集, 上, 5ㅎ》平則
門. 永樂十九年, 營建宮室, 立門九, 南曰正
陽, 又曰午門, 元則曰麗正, 南之右曰宣武,
元則曰順承, 南之左曰文明, 元則曰崇文,
又曰哈噠, 北之東曰安定, 北之西曰德勝,
元則曰健德, 東之北曰崇仁, 一名東直, 元
名同, 東之南曰朝陽, 元則曰齊華, 西之北
曰西直, 西之南曰阜城, 元則曰平則. 元設
十一門, 而今減其二.《朴新諺 3, 48ㅎ》朝
陽呌齊華門, 朝陽은 齊華門이라 부르고.

제후(諸侯) 몡 봉건시대에 일정한 영토를
가지고 그 영내의 백성을 지배하는 권
력을 가지던 사람.《集覽, 朴集, 上, 7ㅈ》
三台. 三台, 星名. 在天爲六座, 名天階, 亦
曰泰階, 太上升降之道也. 事文類聚云, 上
階爲天子, 中階爲諸侯・公卿・大夫, 下
階爲士・庶人. 三階平則陰陽和, 風雨時,
天下大安. 周禮疏, 上台司命〈肏〉爲太尉,

中台司中爲司徒, 下台司祿爲司空, 三公之象.

제휴(提携) 동 몸에 지니다. 휴대하다. 《集覽, 朴集, 下, 7ㅈ》提攬. 質問云, 如筐子, 上有圓圈, 用手提携, 方言謂之提攬.

져 관 저. ⇔나(那). 《朴新諺 1, 3ㅈ》小人們到那衙門裏, 小人들이 져 衙門에 가. 《朴新諺 1, 15ㅈ》你那腮頰上長的甚麽瘡, 네 져 뺨에 난 거시 므슴 瘡고. 《朴新諺 2, 51ㅈ》那幾日你又說首領官纔做稿呈堂, 져즘ᄭᅴ 네 ᄯᅩ 니ᄅᆞ되 首領官이 ᄀᆞᆺ 초를 ᄆᆡᆫ그라 당샹ᄭᅴ 드리니.

져 대 저. ⇔타(他). 《朴新諺 3, 51ㅎ》這麽就好告他, 이러면 곳 져를 告ᄒᆞ기 됴타. 《朴新諺 3, 55ㅎ》也就拜他一拜豈不更妙麽, ᄯᅩ 곳 져의게 拜홈이 엇지 더욱 妙티 아니ᄒᆞ랴.

져 명 저. 젓가락. ❶⇔저(筯). 《朴新諺 2, 21ㅈ》還有鑼鍋, ᄯᅩ 노고와. 柳箱, 섥과. 灑子, 드레와. 碗楪, 사발 졉시와. 匙筯, 수져와. 樏杓, 나모쥬게와. 笊籬, 됴릐와. 炊箒, 솔과. 擦床兒, 숙치칼과. 簸(簸)箕, 키와. 篩子, 얼밍이와. 馬尾羅, 몰총체와. 桌子, 상과. 盤子, 盤과. 茶盤, 찻반과. 燈臺, 燈臺와. 酒鍾, 잔과. 酒鼈, 쥬벼ᄋᆞ와. 銅杓, 놋쥬게 이시니. ❷⇔쾌자(快子). 《集覽, 字解, 單字解, 1ㅎ》和. 平聲, 調和也. 又去聲, 與也, 及也. 我和你 너와 나와, 銅匙和快子 술와 밋 져와.

져근계집 명 첩(妾). 소실(小室). ⇔소노파(小老婆). 《朴新諺 2, 34ㅈ》小老婆與大老婆商量說, 져근계집이 큰계집과 의논ᄒᆞ여 니ᄅᆞ되.

져근ᄇᆡ 명 아랫배. ⇔소두(小肚). 《朴新諺 1, 37ㅎ》把小肚皮上使一針, 져근ᄇᆡ 우희다가 ᄒᆞᆫ 번 針 주고.

져금 형 적음[少]. ⇔소(少). 《朴新諺 2, 25ㅎ》不要嫌少, 져금을 혐의치 말라 ᄒᆞ더이다.

져긔 대 저기. ⇔나리(那裏). 《朴新諺 1, 41ㅎ》你帶我拉到他那裏治去, 네 나ᄅᆞᆯ ᄃᆞ리고 잇그러 져긔 고치라 가. 《朴新諺 1, 51ㅎ》穿了衣服到那裏去, 옷 닙고 져긔 가. 《朴新諺 2, 4ㅎ》看見那裏的景致麽, 져긔 景致ᄅᆞᆯ 보앗ᄂᆞ다. 《朴新諺 3, 41ㅎ》咱兩箇就到那裡去, 우리 둘히 곳 져긔 가.

져기 부 적이. 좀. 약간. ❶⇔교(較). 《朴新諺 2, 24ㅈ》尺脉較沈, 尺脉이 져기 沈ᄒᆞ니. ❷⇔사(些). 《集覽, 字解, 單字解, 5ㅈ》些. 少也. 些兒・些箇・些少 져기. 又語助. 《朴新諺 1, 2ㅈ》買些乾果・水果, 져기 乾果와 水果를 사. 《朴新諺 1, 27ㅎ》大家斂些錢, 대되 져기 돈 거두어. 《朴新諺 1, 41ㅎ》給他些便受了, 뎌ᄅᆞᆯ 져기 주면 곳 바들 거시오. 《朴新諺 2, 10ㅎ》咱兩箇拿些布施和香・蠟去禮拜他, 우리 둘이 져기 보시와 香과 쵸를 가져가 뎌의게 禮拜ᄒᆞ고. 《朴新諺 2, 28ㅎ》咱貸些盤纏, 우리 져기 盤纏을 ᄭᅮ어. 《朴新諺 2, 36ㅎ》且打些酒來吃幾杯解寒何如, ᄯᅩ 져기 술 가져와 여러 잔 먹어 解寒홈이 엇더ᄒᆞ뇨. 《朴新諺 3, 4ㅈ》摘些葉子送我, 져기 닙흘 ᄯᅡ 내게 보내여라. 《朴新諺 3, 19ㅈ》比在前到底强些, 이젼에 비컨대 ᄆᆞᆺ내 져기 나으니. 《朴新諺 3, 39ㅈ》他不使些做甚麽, 제 져기 ᄡᅳ지 아니ᄒᆞ고 무엇 ᄒᆞ리오. ❸⇔사개(些箇). 《集覽, 字解, 單字解, 5ㅈ》些. 少也. 些兒・些箇・些少 져기. 又語助. 《朴新諺 2, 25ㅎ》特送與老太太些箇, 특별이 老太太의게 져기 보내니. ❹⇔사소(些少). 《集覽, 字解, 單字解, 5ㅈ》些. 少也. 些兒・些箇・些少 져기. 又語助. ❺⇔사아(些兒). 《集覽, 字解, 單字解, 5ㅈ》些. 少也. 些兒・些箇・些少 져기. 又語助. ❻⇔약(略). 《朴新諺 2, 17ㅈ》便略次些也罷了, 곳 져기 버금 거슬 ᄒᆞ여도 무던ᄒᆞ거니와. ❼⇔조(粗). 《朴新諺 3, 15ㅈ》身子粗安無須憂念, 몸이 져기 편안ᄒᆞ니 모

롬이 憂念치 마른쇼셔.

져녁 명 저녁. ⇔만(晚).《朴新諺 2, 31ㅈ》
今晚你把我的鋪盖送去, 오늘 져녁의 네
내 니부자리롤다가 보내고.

져르다 형 짧다. ⇔단(短).《朴新諺 1, 32
ㅈ》十箇指頭也有長短的, 열 손가락도
긴 이 져른 이 잇느니.

져브리다 동 저버리다. ⇔고부(辜負).
《朴新諺 1, 6ㅈ》不可辜負了好風光, 됴흔
風光을 져브리지 마쟈.

져적 명 저적. 접때. ●⇔나기일(那幾日).
《朴新諺 3, 11ㅎ》我那幾日着小厮們, 내
져적의 아히들로 ㅎ여. ●⇔향래(向來).
《朴新諺 1, 10ㅎ》你向來打土墻是多少一
板, 네 져적의 토담 쓸 제 언머에 흔 틀을
ㅎ더뇨.

져제 명 저자. 시장. 시가(市街). ●⇔가
시(街市).《朴新諺 1, 2ㅈ》京城街市上槽
房(朴新注, 1ㅎ: 卽酒舗.)雖多, 京城 져제
에 술집이 비록 만흐나. ●⇔시(市).
《朴新諺 2, 1ㅈ》大街東市上馬牙子家有,
큰 거리 동녁 져제에 몰 즈름의 집이 잇
느니라.《朴新諺 2, 1ㅎ》你如今且到馬市
裏自己揀着買去, 네 이제 쏘 몰 져제 손
조 골히여 사라 가라.《朴新諺 2, 4ㅈ》明
日到羊市上, 닉일 羊 져제에 가.

져주다 동 신문(訊問)하다. 힐문(詰問)하
다. 고문(拷問)하다. ⇔고타(拷打).《朴
新諺 2, 35ㅈ》嚴刑拷打問成死罪, 嚴刑 ㅎ
여 져주어 무러 死罪를 일워.

져즘의 명 저즈음께. ⇔나기일(那幾日).
《朴新諺 2, 51ㅈ》那幾日你又說首領官纔
做稿呈堂, 져즘의 네 쏘 니르되 首領官이
ᄀᆞᆺ 초를 민그라 당샹의 드리니.

져지 명 저자. 시장. ⇔시(市).《朴新諺 1,
20ㅎ》這市上所賣的風筝色樣狠(很))多,
져지에 ᄑᆞ는 연이 色樣이 ᄀᆞ장 만하.
《朴新諺 1, 50ㅈ》恐市上出不上價錢哩,
져지셔 갑시 나지 아닐가 ㅎ노라.《朴新
諺 2, 44ㅈ》我往羊市前頭甎塔衕衕去, 내

羊 져지 앏 벽탑골에 가.

젹다 형 ❶●작다. ⇔소(小).《朴新諺 1,
14ㅈ》還要把領子到該管書辦處換過小票,
당시롱 틋는 톄롤 가져 ᄀᆞ옴아는 셔반
의게 가 져근 票롤 밧고고.《朴新諺 1,
29ㅎ》象牙裝鞘小刀, 象牙로 가풀 쑤민
져근 칼이오.《朴新諺 1, 37ㅎ》把小肚皮
上使一針, 져근비 우희다가 흔 번 針 주
고.《朴新諺 2, 12ㅈ》他的主兒一箇手拿
着五色小旗, 뎌 님재 흔 손에 五色 져근
旗를 가지고.《朴新諺 2, 38ㅎ》山頂上有
一小池, 山頂 우희 흔 져근 못이 이시니.
《朴新諺 2, 46ㅈ》都是你這兩箇小畜生,
다 이 너희 이 두 져근 즘싱들이.《朴新
諺 3, 25ㅈ》行者變做小虫児, 行者ㅣ 變
ㅎ여 져근 버레 되여.《朴新諺 3, 29ㅎ》
你這賤養漢生的小驢精, 네 이 도적 養漢
ㅎ여 나흔 져근 나귀삣아.《朴新諺 3, 31
ㅈ》你這小胡孫寡是一張嘴, 네 이 져근
진납이 다만 이 흔 부리뿐이로다. ●작
다. 왜소(矮小)하다. ⇔좌(矬).《朴新諺
2, 55ㅎ》咳你這矬漢那裏能抵當的我, 애
너 이 크 져근 놈이 어디 능히 나를 抵當
ㅎ리오.《朴新諺 2, 55ㅎ》敢是這矬漢吃
來, 이 크 져근 놈이 먹은 듯ㅎ다.《朴新
諺 2, 56ㅈ》咳到底是你這矬漢倒了, 애 나
죵내 너 이 크 져근 놈이 것구러지거다.
❷젹다. ●⇔소(小).《朴新諺 1, 14ㅈ》
又要給那扛口俗人的小脚錢, 쏘 뎌 쟈르
메는 사룸의 져근 삭갑슬 줄 써시니.
《朴新諺 1, 32ㅎ》大小是買賣, 크나 져그
나 이 흥뎡이라. ●⇔소(少).《朴新諺 1,
3ㅎ》這酒怎麼少了, 이 술이 엇지ㅎ여 져
그뇨.《朴新諺 1, 13ㅈ》噯呀老太爺忒給
少了, 아야 老太爺ㅣ아 너무 젹께 주려
흔다.《朴新諺 1, 13ㅈ》五十文一擔却不
太少些麼, 쉰 낫 돈에 흔 짐이 쏘 너무
젹지 아니ㅎ냐.《朴新諺 1, 23ㅈ》多當多
贖少當少贖, 만히 뎐당ㅎ면 만히 무르고
젹게 뎐당ㅎ면 젹게 무르느니.《朴新諺

3, 18ㅈ》猪・羊・鵝・鴨荨類却不少吃
的, 猪・羊・鵝・鴨荨類ㅣ 쏘 먹을 거
시 젹지 아니ᄒ고.《朴新諺 3, 45ㅈ》不要
多也不要少了, 만히도 말고 쏘 젹게도 말
라. ⧺⇔소가(小可).《朴新諺 3, 23ㅈ》咱
兩箇寃讐非同小可, 우리 둘히 寃讐ㅣ 젹
지 아니ᄒ니라. ⬜⇔소사(少些).《朴新
諺 3, 4ㅈ》蚊子也畢竟少些, 모긔도 畢竟
져그리라.

젹이 圐 제기. ⇔건자(建子).《朴新諺 1,
21ㅈ》不是顚錢便是踢建子, 돈더디기 아
니면 곳 젹이츠기 ᄒ느니.

젹이츠기 圐 제기차기. ⇔척건자(踢建子).
《朴新諺 1, 21ㅈ》不是顚錢便是踢建子,
돈더디기 아니면 곳 젹이츠기 ᄒ느니.

젼 圐 전(前). ⇔전(前).《朴新諺 3, 15ㅈ》
前者姐夫回時, 젼에 姐夫ㅣ 도라갈 제.

젼갈 圐 전갈(全蠍). ⇔갈자(蠍子).《朴新
諺 3, 24ㅎ》就變做一箇大靑蝎子, 즉시 變
ᄒ여 ᄒᆫ 큰 프른 젼갈이 되여.

젼년 圐 전년(前年). 작년. 지난해. ⇔연시
(年時).《朴新諺 2, 57ㅎ》年時牢子們試
走的你可曾看見麽, 젼년에 牢子들희 ᄃ
롬질 시기ᄂ 거슬 네 일즉 보왓ᄂ다.

젼당ᄒ다 图 전당(典當)하다. ⇔당(當).
《朴新諺 2, 33ㅈ》有直錢的物件來當, 갑
쏜 物件을 와 젼당ᄒ리 이시면.

젼메오다 图 전 메우다. ⇔상(廂).《朴新
諺 1, 18ㅈ》鹿角廂口的, 鹿角으로 아궁
이에 젼메오고. 底要駝骨廂的, 밋흔 약
대 ᄲᅧ로 젼메오고.《朴新諺 1, 18ㅈ》象
牙廂頂也要起線的, 象牙로 머리에 젼메
오되 쏘 실 돗치고져 ᄒ노라.

젼메우다 图 전 메우다. ⇔상(廂).《集覽,
朴集, 上, 11ㅎ》金廂寶石. 寶石, 卽上節
〈節〉紫鴉忽之類, 以金爲斗供〈拱〉而納石
於其中, 綴着於女冠之上, 以爲飾也. 音義
云, 寶石에 금 :젼메·워 ·쑤·민 頭面.

젼반 圐 전반翦板. (예전에 서당 훈장이
학생을 체벌할 때 사용하던 목판) ⇔계

방(戒方).《朴新諺 1, 48ㅎ》手心上就打
三戒方(朴新注, 19ㅎ: 小兒寫字, 不用心
者, 以板條打手掌以戒之.), 손바당을 곳
세 번 젼반으로 치느니라.

젼복 圐 전복. ⇔복어(鰒魚).《朴新諺 1,
5ㅈ》鰒魚頓肉, 젼복 너허 술믄 고기와.

젼ᄎ 圐 까닭. 원인. ⇔상두(上頭).《集
覽, 字解, 累字解, 2ㅈ》上頭. 젼ᄎ로. 今
不用.《集覽, 字解, 單字解, 7ㅈ》頭. 首
也. 東頭・西頭 동녁 귿・셧녁 귿, 頭到
나죵내, 到頭 나죵애. 通作投. 又上頭 젼
ᄎ로. 又頭盤 첫 판, 頭舘 첫 판, 頭雞 첫
돍. ⬤⇔인(因).《朴新諺 2, 40ㅎ》因此上
賊多了, 이런 젼ᄎ로 도적이 만흐니라.
《朴新諺 3, 14ㅈ》因此上今日現報, 이런
젼ᄎ로 오ᄂᆯ 現報ᄒᄂ니라.《朴新諺 3,
54ㅎ》因此不得工夫, 이런 젼ᄎ로 결을
을 엇지 못ᄒ여.

젼혀 图 전(全)혀. 결코. ⬤⇔병(竝).《集
覽, 字解, 累字解, 2ㅎ》竝不會. 젼혀 아니
타. ⬤⇔전(全).《朴新諺 2, 23ㅈ》全仗着
這吳爺一路服事我來, 젼혀 이 吳爺ㅣ 一
路에 나를 服事홈을 미덧노라.

젼ᄒ다 图 전(傳)하다. ⇔전(傳).《朴新諺
2, 9ㅎ》傳與他衣鉢, 뎌의게 衣鉢을 젼ᄒ
여 주니.

졀 圐 ⬤절. ⇔사(寺).《朴新諺 2, 5ㅎ》北
岸上又有一座大寺相對着, 북편 언덕 우
희 쏘 ᄒᆫ 좌 큰 졀이 이셔 서ᄅ 디ᄒ엿
고.《朴新諺 3, 44ㅎ》如今在寺裡寄放着
哩, 이제 졀에 부텨 두엇ᄂ니라. ⬤졀
(節). 철. ⇔절(節).《朴新諺 1, 20ㅈ》逢
時及莭(節)好會頑耍哩, 째룰 만나고 졀
을 밋처 ᄀ장 놀 줄을 아더라.

졀싸물 圐 절따말. ⬤⇔적마(赤馬).《朴新
諺 1, 41ㅈ》我有箇赤馬害骨眼, 내게 ᄒᆫ
졀싸물이 이셔 눈에 치 알하. ⬤⇔적색
마(赤色馬).《朴新諺 2, 1ㅎ》一箇赤色馬
雖生的十分可愛, ᄒᆫ 졀싸물이 비록 삼긴
거시 ᄀ장 고으나.

졈다 [형] 젊다. ⇔소(少). 《朴新諺 3, 42ㅎ》咳年紀還少哩, 애 나도 ᄯᅩ 졈닷다.

졉다 [동] (바둑의 수를) 접다. 접어주다. ⇔요(饒). 《朴新諺 1, 26ㅎ》饒你四子纔好下哩, 너ᄅᆞᆯ 네흘 졉어야 마치 두기 됴ᄒᆞ리라. 《朴新諺 1, 26ㅎ》我饒你四子罷, 내 너ᄅᆞᆯ 네흘 졉쟈. 《朴新諺 1, 27ㅈ》你說饒我四子, 네 니ᄅᆞ되 나ᄅᆞᆯ 네흘 졉쟈 ᄒᆞ더니.

졉시 [명] 접시. ⇔접(楪). 《朴新諺 2, 21ㅈ》還有鑼鍋, ᄯᅩ 노고와. 柳箱, 섥과. 灑子, 드레와. 碗楪, 사발 졉시와. 匙筯, 수져와. 榪杓, 나모쥬게와. 笊籬, 됴릐와. 炊箒, 솔과. 擦床兒, 숙치칼과. 簸(簸)箕, 키와. 篩子, 얼밍이와. 馬尾羅, ᄆᆞᆯ총체와. 桌子, 상과. 盤子, 盤과. 茶盤, 찻반과. 燈臺, 燈臺와. 酒種, 잔과. 酒鼈, 쥬벼ᄋᆞ와. 銅杓, 놋쥬게 이시니.

졋 [명] 젖. ❶⇔내(妳). 《朴新諺 1, 55ㅎ》如今姐姐把孩子自妳呢, 이제 각시ㅣ 아희를 손조 졋 먹이ᄂᆞ냐. 《朴新諺 2, 53ㅈ》這妳娘好不精細, 이 졋어미 ᄀᆞ장 精細치 못ᄒᆞ다. ❷⇔내자(妳子). 《朴新諺 1, 40ㅎ》這是妳子, 이ᄂᆞᆫ 이 졋이로다. 《朴新諺 1, 55ㅎ》每一箇月給二两妳子錢, 每 ᄒᆞᆫ ᄃᆞᆯ에 두 냥 졋 갑슬 주고. ❸⇔유(乳). 《朴新諺 1, 56ㅈ》生下來呢乳哺三年, 나하ᄂᆞᆫ 三年을 졋 먹여.

졋어미 [명] 젖어미. 유모(乳母). ❶⇔내낭(妳娘). 《朴新諺 2, 53ㅈ》這妳娘好不精細, 이 졋어미 ᄀᆞ장 精細치 못ᄒᆞ다. ❷⇔내자(妳子). 《朴新諺 1, 55ㅎ》還尋妳子呢, ᄯᅩ 졋어미를 어덧ᄂᆞ냐. 要尋一箇好婦人做妳子哩, ᄒᆞᆫ 됴흔 계집을 어더 졋어미를 삼고져 ᄒᆞᄂᆞ니.

졍셰히 [부] 정세(精細)히. ⇔세(細). 《朴新諺 1, 19ㅎ》敢不盡心細做麽, 敢히 盡心ᄒᆞ여 졍셰히 ᄆᆡᆫᄃᆞ지 아니ᄒᆞ랴.

졍히 [부] 정(正)히. ⇔정(正). 《朴新諺 1, 1ㅈ》又正是好時莭(節), ᄯᅩ 졍히 이 됴흔 時莭(節)이니. 《朴新諺 1, 25ㅎ》正好下碁哩, 졍히 바독 두기 됴타. 《朴新諺 1, 31ㅎ》正是, 졍히 올타. 《朴新諺 2, 35ㅎ》這正是善惡到頭終有報, 졍히 이 善과 惡이 ᄭᅳᆺ희 다ᄃᆞ라 ᄆᆞᄎᆞᆷ내 갑흠이 이시되. 《朴新諺 2, 49ㅈ》蟹正肥魚正美, 게 졍히 ᄉᆞᆯ디고 고기 졍히 아름다온 제. 《朴新諺 2, 52ㅈ》我正恨他不過, 내 졍히 뎌ᄅᆞᆯ 믜워 견듸지 못ᄒᆞ더니. 《朴新諺 3, 57ㅈ》正是唐昭宗乾寧三年, 졍히 이 唐昭宗 乾寧 三年이라. 《朴新諺 3, 59ㅎ》這正是難得之物, 이 졍히 엇기 어려온 거시오. 又正是咱秀才們必需之物, ᄯᅩ 졍히 우리 秀才들의 반ᄃᆞ시 ᄡᅳᆷ즉ᄒᆞᆫ 거시도다.

졍ᄒᆞ다 [동] 정(定)하다. ⇔정(定). 《朴新諺 2, 3ㅈ》今日都預先約定了, 오ᄂᆞᆯ 다 미리 언약ᄒᆞ여 졍ᄒᆞ엿ᄂᆞ니라. 《朴新諺 2, 12ㅎ》說定與他二兩銀子, 닐러 졍ᄒᆞ고 뎌ᄅᆞᆯ 두 냥 은을 주엇더니.

제 [대] 저기. ⇔나리(那裏). 《朴新諺 1, 52ㅎ》萬一到那裏沒有錢使用, 萬一 제 가 돈 ᄡᅳᆯ 거시 업스면.

조 [명] 조(造). 조(造)짜. 가짜. ⇔가(假). 《朴新諺 3, 29ㅈ》你有好假珠子麽, 네게 됴흔 조구슬 잇ᄂᆞ냐. 《朴新諺 3, 29ㅎ》這不是燒的假珠子麽, 이 구은 조구슬이 아니가.

조(弔) [동] ❶달다[懸]. 걸다. 매달다. ⇔ᄃᆞᆯ다. 《朴新諺 2, 17ㅎ》拿這管馬的弔起來打, 이 ᄆᆞᆯ ᄀᆞ음아ᄂᆞᆫ 이를 잡아 ᄃᆞᆯ고 치라. 《朴新諺 2, 39ㅎ》把針線串了弔在一壁廂, 바ᄂᆞ실로 ᄢᅦ여 ᄇᆞᄅᆞᆷ 구석에 ᄃᆞ라. ❷떨어지다. ⇔ᄠᅥ러디다. 《朴新諺 1, 39ㅎ》墻上一塊土吊下來禮拜, 담 우희 ᄒᆞᆫ 덩이 흙이 ᄠᅥ러뎌 ᄂᆞ려와 禮拜ᄒᆞᄂᆞᆫ 거시여. ❸떨어뜨리다. 해어지게 하다. ⇔ᄠᅥᄅᆞ치다. 《朴新諺 3, 32ㅎ》拿去使用不要吊了, 가져가 ᄡᅳ고 ᄠᅥᄅᆞ치지 말라.

조(弔) [의] 조(弔: diào). 1천 전(錢). ⇔다오. 《朴新諺 1, 1ㅎ》每人出錢一吊(朴新

注, 1ㅈ: 唐錢一百六十三文為一吊, 且以一吊為一千, 故以十六文謂之一百吊. 本絞字, 今俗通用.)五百文, 每人이 돈 흔 댜(댜)오 五百을 내면. 共湊錢四十五吊, 대되 돈 四十五六 댜오를 모들 쎠시니.

조(吊) 튕 =조(弔). '吊'는 '弔'와 같다. 《改倂四聲篇海, 口部》俗字背篇: 吊, 同弔. 《朴新諺 1, 39ㅎ》墻上一塊土吊下來禮拜, 담 우희 흔 덩이 흙이 쩌려려 ᄂ려와 禮拜ᄒᆞᄂᆞᆫ 거시여. 《朴新諺 3, 32ㅎ》拿去使用不要吊了, 가져가 쓰고 쩌ᄅ치지 말라.

조(早) 명 새벽. ⇔새볘. 《朴新諺 3, 42ㅎ》今早已出殯了, 오늘 새볘 이믜 出殯ᄒᆞ니라.

조(早) 円 ❶ ⚫ 벌써. ⇔볼셔. 《朴新諺 3, 27ㅈ》纔待洗澡却早不見了, ᆺ 목욕ᄒᆞ려 ᄒᆞ더니 볼셔 보지 못ᄒᆞᆯ러라. ⚫ 일찍이. ⇔일즉이. 《朴新諺 2, 18ㅈ》茶飯也須早些辦備, 茶飯도 모로미 일즉이 辦備ᄒᆞ게 ᄒᆞ라. 《朴新諺 3, 18ㅎ》但能早散也是不能早囬家, 다만 능히 일즉이 흣터져도 ᄯᅩ 능히 일즉이 집의 도라오지 못ᄒᆞ여. 《朴新諺 3, 45ㅎ》若做完備了早些擺上, 만일 믠드라 完備ᄒᆞ거든 일즉이 버리라. 我好早些吃, 내 져기 일즉이 먹쟈. ❷ 일찍. 일찍이. ⚫ ⇔일. 《朴新諺 3, 18ㅎ》天天都是這般早聚晚散麼, 날마다 다 이리 일 모호고 늣게야 흣터지ᄂᆞ냐. ⚫ ⇔일즉. 《朴新諺 2, 27ㅎ》須早些約簡佳期纔妙哩, 모롬이 일즉 佳期를 언약홈이 마치 妙ᄒᆞ니라.

조(早) 혱 이르다早. ⚫ ⇔일다. 《集覽, 字解, 單字解, 5ㅈ》早. 早裏 일엇다, 却早 볼셔. 《朴新諺 1, 51ㅎ》沒有日期還早哩, 日期 업스니 당시롱 일럿다. ⚫ ⇔일으다. 《朴新諺 2, 35ㅎ》只爭來早與來遲, 다만 오미 일음과 다믓 오미 더듸믈 ᄃᆞ토ᄂᆞᆫ이라.

조(皂) 혱 검다. ⇔검다. 《朴新諺 3, 34ㅈ》那些勇士都穿着花袴皂靴, 뎌 여러 勇士

들이 다 아롱 바지에 거믄 靴를 신고.

조(皂) 혱 =조(皁). '皂'는 '皁'와 같다. 《玉篇, 白部》皂, 同皁. 《朴新諺 3, 34ㅈ》那些勇士都穿着花袴皂靴, 뎌 여러 勇士들이 다 아롱 바지에 거믄 靴를 신고.

조(助) 동 돕다. ⇔돕다. 《朴新諺 1, 6ㅎ》助助老爺們酒興, 老爺들의 酒興을 도아. 《朴新諺 3, 35ㅎ》天子百靈咸助將軍八面威風, 天子는 百靈이 다 돕고 將軍은 八面 威風이러라.

조(找) 동 찾다. ⇔ᄎᆞᆽ다. 《朴新諺 3, 54ㅈ》我就雇人拿去找馬罷, 내 곳 사롬을 삭내여 가져가 물을 ᄎᆞᆽ쟈.

조(阻) 동 막다. 저지(沮止)하다. 방해하다. ⇔막다. 《朴新諺 2, 45ㅎ》把雨水阻住, 비스물을다가 막아 머므러.

조(租) 동 세(貰)내다. ⇔셰내다. 《朴新諺 2, 44ㅈ》大哥煩你代我寫一張租房契, 큰형아 네게 비ᄂᆞ니 나를 ᄀᆞ르차 흔 쟝 집 셰내는 글월을 쓰고려. 《朴新諺 2, 44ㅈ》這租房契寫了, 이 집 셰내는 글월 뻐다. 《朴新諺 2, 44ㅎ》今租到本坊沈名下住房一所, 이제 本坊 沈가의 名下에 사든 집 흔 곳을 셰내되. 《朴新諺 2, 45ㅈ》你道我這箇租帖, 네 니르라 내 이 셰내는 글월이.

조(租) 명 세(稅). ⇔셰. 《朴新諺 2, 45ㅈ》議定每月房租銀二兩, 每月에 집 셰 銀 두 냥을 議定ᄒᆞ여.

조(蚤) 명 벼룩. ⇔벼록. 《朴新諺 3, 24ㅈ》拔下一根頭髮變做狗蚤, 흔 낫 머리터럭을 ᄲᅡ혀 變ᄒᆞ여 개벼록이 되여. 見那狗蚤, 뎌 개벼록을 보고.

조(造) 동 빚다. 담그다. ⇔빚다. 《朴新諺 1, 2ㅎ》造的本京好酒討幾瓶來, 비즌 本京 됴흔 술을 여러 甁 어더다가.

조(條) 명 오리. ⇔오리. 《朴新諺 3, 35ㅈ》眞是條條好漢子, 진실로 이 오리오리 됴흔 스나히니.

조(條) 의 오리. ⇔오리. 《朴新諺 1, 22ㅎ》

教他替我做一條銀廂花帶何如, 더로 호여 나롤 フ르차 혼 오리 銀 뎐메온 셥사긴 씌룰 민들미 엇더호뇨.《朴新諺 1, 40ㅎ》滿天星宿一箇月三條繩子由你曳, 하 늘에 フ득혼 星宿에 혼 돌을 세 오리 노 흐로 제대로 쓰으는 거시여.《朴新諺 3, 46ㅎ》把四條繩絟着大車, 네 오리 노흐 로다가 큰 술위에 믹고.

조(粗) 円 적이. 조금. 약간. ⇔져기.《朴新諺 3, 15ㅈ》身子粗安無須憂念, 몸이 져기 편안호니 모롬이 憂念치 마룻쇼셔.

조(釣) 图 낚다. ⇔낙フ다.《朴新諺 3, 50ㅈ》瞬眼間釣出箇老大金色鯉魚, 눈 곰쟉 홀 소이에 혼 フ장 큰 금빗희 鯉魚를 낙 가 내니.

조(棗) 뗑 대추.《朴新諺 2, 25ㅈ》引用生薑三片棗二枚, 引은 生薑 三片 棗 二枚를 쁠 거시니.

조(朝) 图 향(向)하다. ⇔향호다.《集覽, 字解, 單字解, 5ㅎ》朝. 音潮, 向也. 朝南·朝東.《朴新諺 1, 56ㅎ》朝南開着一箇小墻門便是, 南을 향호여 혼 小墻門을 낸 거시 곳 이라.《朴新諺 3, 10ㅈ》這炕我要朝南做, 이 캉을 내 남향호여 민들고.《朴新諺 3, 47ㅎ》朝東放着土牛, 東을 향 호여 土牛를 노코.

조(詔) 뗑 임금의 명령을 일반에게 알릴 목적으로 적은 문서. ⇔조서(詔書).《朴新諺 1, 8ㅈ》甚麼詔派徃那一路頒去呢, 므슴 詔書ㅣ며 어디롤 그어 반포호랴 가 느뇨.《朴新諺 1, 8ㅎ》朝鮮國也該有詔可曾派你去麼, 朝鮮國에도 詔書ㅣ 이셤 즉 호니 쯔 일즉 너롤 시겨 가게 호엿느냐.

조(照) 图 ●맞추다. 견주다. 비교 대조하 다. ⇔마초다.《集覽, 字解, 累字解, 2ㅈ》照依. 마초와 그대로 호다. ●비추다. ⇔비최다.《朴新諺 2, 27ㅎ》旣兩心相照也是不難的, 이믜 둘희 모음이 서른 비 최면 쯔 어렵디 아니호니,《朴新諺 2, 41ㅈ》把取燈點上火往裏照, 取燈에다가 불

을 혀 안을 향호여 비최여.

조(照) 뗑 보람. 서명(署名). 표(表). 표지 (標識). ⇔보람.《朴新諺 2, 19ㅎ》立此為照, 이를 세워 보람을 삼노라.《朴新諺 2, 45ㅈ》恐後無憑立此為照, 後에 의빙홈 이 업슬가 저허 이를 세워 보람을 삼노 라.

조(照) 조 -대로. ⇔-대로.《朴新諺 1, 20ㅈ》用心照搩做罷, 用心호여 양쯧대로 민들라.《朴新諺 1, 3ㅎ》照勤數取來, 勤數대로 가져오라.《朴新諺 3, 28ㅈ》接在頸項上照舊如初, 목 우희 니으니 녜대로 처음 フ튼지라.

조(槽) 뗑 구유. ⇔귀유.《朴新諺 2, 21ㅈ》還有帳房·馬槽都牢壯麼, 또 帳房과 물 귀유ㅣ 다 牢壯호엿느냐.

조(遭) 의 번. 차례. 회.《集覽, 字解, 單字解, 7ㅈ》遭. 一次謂之一遭. 又周遭, 猶言周圍也. 又遭是 마초와.

조(操) 图 정숙하게 배워 익히다.《集覽, 朴集, 上, 8ㅈ》操. 練習也. 謂軍士上番, 亦曰上操.

조각 뗑 겨를. 틈. 기회. 짬. ⇔공편(空便).《集覽, 字解, 累字解, 2ㅈ》空便. 空隙順便之時, 조각. 皆去聲.

조각(彫刻) 图 재료를 새기거나 깎아서 입체 형상을 만들다.《集覽, 朴集, 上, 4ㅎ》蘆溝橋. 其一東南流, 入于蘆溝, 又東入于東安縣界. 去都城三十里, 有石橋跨于河, 廣二百餘步, 其上兩旁皆石欄, 雕刻石獅, 形狀奇巧, 成於金明昌三年.《集覽, 朴集, 中, 2ㅈ》細車〈室車〉. 質問云, 如婦人所乘車, 周圍雕刻花槅, 油飾花須, 方言謂之細車.《朴新諺 1, 9ㅎ》直渰過蘆溝橋(朴新注, 4ㅈ: 京都南三十里, 有河曰蘆溝, 上有石橋, 廣二百餘步, 兩傍皆石欄, 雕刻石獅, 形狀奇巧.)上獅子頭了, 바로 蘆溝 橋 우희 獅子 머리룰 줌가 넘어.

조각(雕刻) 图 =조각(彫刻). '雕'는 '彫'와 통용.《說文通訓定聲, 孚部》雕, 叚借爲

彫.《集覽, 朴集, 上, 4ㅎ》蘆溝橋. 其一東
南流, 入于蘆溝, 又東入于東安縣界. 去都
城三十里, 有石橋跨于河, 廣二百餘步, 其
上兩旁皆石欄, 雕刻石獅, 形狀奇巧, 成於
金明昌三年.《集覽, 朴集, 中, 2ㅎ》細車
〈室車〉. 質問云, 如婦人所乘車, 周圍雕刻
花檔, 油飾花須, 方言謂之細車.《朴新諺
1, 9ㅈ》直淂過蘆溝橋(朴新注, 4ㅈ: 京都
南三十里, 有河曰蘆溝, 上有石橋, 廣二百
餘步, 兩傍皆石欄, 雕刻石獅, 形狀奇巧.)
上獅子頭了, 바로 蘆溝橋 우희 獅子 머리
룰 줌가 넘어.

조간(照看) 동 보살피다. 돌보다. 보살피
다. 지켜보다. ⇔보술피다.《朴新諺 1,
9ㅈ》教道我照看我, 나를 ᄀᆞᄅ치고 나롤
보술피면.《朴新諺 2, 21ㅎ》黑夜好生用
心照看, 밤에 ᄀᆞ장 用心ᄒᆞ여 보술피라.

조강(糟姜) 명 =조강(糟姜). '糟'는 '糟'의
잘못.《集覽, 朴集, 下, 6ㅎ》象眼饃子. 麁
者再切, 細者有糜末, 却簁去, 皆要一樣極
細如米粒. 下鍋煮熟, 連湯起在盆內. 用凉
水寬投之, 三五次方得精細. 攪轉, 撈起控
乾, 皉汁加碎肉・糟〈糟〉姜米・醬瓜米・
黃瓜米・香菜等粓點用供.

조강(糟姜) 명 술이나 지게미에 절인 생
강(生薑).《集覽, 朴集, 下, 6ㅎ》象眼饃
子. 麁者再切, 細者有糜末, 却簁去, 皆要
一樣極細如米粒. 下鍋煮熟, 連湯起在盆
內. 用凉水寬投之, 三五次方得精細. 攪
轉, 撈起控乾, 皉汁加碎肉・糟〈糟〉姜米
・醬瓜米・黃瓜米・香菜等粓點用供.

조강미(糟姜米) 명 =조강미(糟姜米). '糟'
는 '糟'의 잘못.《集覽, 朴集, 下, 6ㅎ》象
眼饃子. 麁者再切, 細者有糜末, 却簁去,
皆要一樣極細如米粒. 下鍋煮熟, 連湯起
在盆內. 用凉水寬投之, 三五次方得精細.
攪轉, 撈起控乾, 皉汁加碎肉・糟〈糟〉姜
米・醬瓜米・黃瓜米・香菜等粓點用供.

조강미(糟姜米) 명 조강(糟姜)을 썰어 쌀
알과 같이 잘게 만든 것.《集覽, 朴集,

下, 6ㅎ》象眼饃子. 麁者再切, 細者有糜
末, 却簁去, 皆要一樣極細如米粒. 下鍋煮
熟, 連湯起在盆內. 用凉水寬投之, 三五次
方得精細. 攪轉, 撈起控乾, 皉汁加碎肉・
糟〈糟〉姜米・醬瓜米・黃瓜米・香菜等
粓點用供.

조건(肇建) 동 처음으로 세우다. 창건하
다.《集覽, 朴集, 下, 8ㅎ》南京應天府丞.
永樂中, 於北平肇建北京, 爲行在所.

조격(條格) 명 법규. 조례(條例).《集覽,
朴集, 中, 1ㅎ》金字圓牌. 至正條格云, 元
時, 中書省奏, 諸王・駙馬各投下有軍情
緊急重事, 許令懸帶原降銀字圓牌應付鋪
馬騎坐, 其餘差使人員有緊急軍情重事,
許令懸帶金字圓牌, 方付鋪馬.

조경(造經) 동 〈불〉 불경(佛經)을 만들다.
《集覽, 朴集, 下, 1ㅈ》西天取經去. 老僧
見法師曰, 西天釋迦〈伽〉造經三藏, 以待
取經之人. 法師曰, 旣有程途, 須有到時.

조고(照顧) 동 ●돌보다. 살피다. 보살피
다. 지키다. ⇔돌보다.《朴新諺 2, 9ㅈ》
你太爺下次好再來照顧, 너 太爺ㅣ 훗번
에 다시 와 돌보미 됴타. ●고려하다.
주의하다. 따지다. ⇔조고ᄒᆞ다(照顧-).
《朴新諺 1, 19ㅎ》旣承有心照顧, 이믜 有
心 照顧홈을 니브니.

조고ᄒᆞ다(照顧-) 동 조고(照顧)하다. ⇔
조고(照顧).《朴新諺 1, 19ㅎ》旣承有心
照顧, 이믜 有心 照顧홈을 니브니.

조공(朝貢) 동 종속국이 종주국에 때를
맞추어 예물을 바치다. 또는 그 예물.
《集覽, 朴集, 上, 4ㅈ》開元. 城東陸路, 舊
有設站, 至三散口子, 通朝鮮後門, 管屬外
夷徃來朝貢之路, 四面皆古設站之地.《集
覽, 朴集, 中, 1ㅎ》鱄頭散與. 女直・達子
朝貢時, 到驛應付馬匹騎坐者, 各出鱄頭,
散與馬夫, 馬夫受鱄套馬, 令各鱄主認鱄
占馬, 使無爭占之擾.

조관(朝官) 명 조정에서 벼슬살이를 하고
있는 벼슬아치.《集覽, 音義》音義云, 舊

本內說的[呵]字, 不是常談, 如今秀才和朝官是有說的.

조관(照管) 图 보살피다. ⇔보솗피다. 《集覽, 字解, 累字解, 2ㅈ》照管. 보솗피다.

조관(澡罐) 圀 〈불〉 중이 쓰는 세숫대야. 《集覽, 朴集, 中, 5ㅎ》傾甘露於瓶中濟險途於飢渴. 西域記云, 軍持, 澡瓶也. 尼畜軍持, 僧畜澡罐.

조광윤(趙匡胤) 圀 송(宋)나라 창업 황제. 묘호(廟號)는 태조(太祖). 후주(後周)의 절도사(節度使)로 있다가 선위(禪位)를 받았다. 강남(江南) 및 사천(四川)의 제후국을 병합하여 통일국가를 형성하였으며, 중앙집권적 제도의 확립과 과거(科擧)제도를 정비하였다. 연호는 건륭(乾隆)·건덕(乾德)·개보(開寶). 재위 17년. 《集覽, 朴集, 下, 3ㅎ》趙太祖飛龍記. 宋太祖, 姓趙, 名匡胤. 母昭獻皇后夢日入懷而孕. 誕生之夕, 赤光滿室, 異香馥郁.

조구(釣鉤) 圀 낚시. 낚싯바늘. ⇔낙시. 《朴新諺 3, 50ㅈ》慢慢的把釣鉤垂下水去, 날회여 낙시를다가 물에 드리워.

조구(照舊) 囝 종전대로. 《朴新諺 3, 28ㅈ》接在頭項上照舊如初, 목 우희 니으니 네대로 처음 ᄀᆞᆮ투지라.

조구술 圀 조(造)구슬. 조(造)짜 구슬. ⇔가주자(假珠子). 《朴新諺 3, 29ㅈ》你有好假珠子麽, 네게 됴흔 조구술 잇ᄂᆞ냐. 《朴新諺 3, 29ㅎ》這不是燒的假珠子麽, 이 구은 조구술이 아니가.

조권(弔卷) 图 공문을 주현(州縣)에 보내어 죄인을 심문한 권종(卷宗)을 취하다. 또는 그 권종. 권종은 보관용으로 분류하여 철한 관아의 문서(文書)를 이른다. 《集覽, 字解, 單字解, 6ㅎ》弔. 以繩懸物曰弔着. 又自縊而死曰弔死. 又物自彫落曰弔了. 又行文州縣取其問囚卷宗曰弔取·曰弔卷.

조궐(弔蹶) 图 날뛰다. 《集覽, 朴集, 下, 1ㅎ》弔蹶. 音義云, 弔, 難也, 蹶, 顚仆而不

能行也. 今按, 法師徃西天時, 初到師陀國界, 遇猛虎·毒蛇之害, 次遇黑熊精·黃風恠〈怪〉·地湧夫人·蜘蛛精·獅子恠〈怪〉·多目恠〈怪〉·紅孩兒恠〈怪〉, 幾死僅免. 又過棘〈釣洞·火炎山·薄屎洞·女人國及諸惡山險水, 恠〈怪〉害患苦, 不知其幾, 此所謂弔蹶也. 詳見西遊記.

조기(早起) 图 일찍 일어나다. 《集覽, 朴集, 上, 10ㅎ》齋飯. 請觀音經疏云, 齋者, 齊也, 齊身口業也. 佛氏日中而食, 瓶沙王問, 佛, 何故日中食. 答〈荅〉云, 早起諸天食, 日中三世佛食, 日西畜生食, 日暮鬼神食.

조기(早起) 圀 아침. ⇔아춤. 《朴新諺 2, 2ㅈ》早起家下有客來, 아춤에 집의 나그니 왓거늘. 《朴新諺 2, 44ㅈ》今日早起纔收拾完了, 오늘 아춤에 ᄀᆞ 收拾ᄒᆞ여 ᄆᆞᆺ차시니. 《朴新諺 3, 45ㅈ》早起那飯裡, 아춤 그 밥에.

조기(早起) 囝 일찍이. ⇔일즉이. 《朴新諺 3, 53ㅈ》今日早起, 오늘 일즉이.

조남(朝南) 图 남쪽으로 향하다. ⇔남향ᄒᆞ다. 《集覽, 字解, 單字解, 5ㅎ》朝. 音潮, 向也. 朝南·朝東. 《朴新諺 1, 56ㅎ》朝南開着一箇小墻門便是, 南을 향ᄒᆞ여 흔 小墻門을 낸 거시 곳 이라. 《朴新諺 3, 10ㅎ》這炕我要朝南做, 이 캉을 내 남향ᄒᆞ여 믿들고.

조뇌(潮腦) 圀 소뇌(韶腦). 장뇌(樟腦). (케톤(ketone)의 하나. 독특한 향기가 있는 무색의 고체이다) ⇔쇼로. 《朴新諺 3, 6ㅎ》把潮腦放些在衣箱裡, 쇼로를다가 져기 옷 샹ᄌᆞ에 녀코.

조다(粗茶) 圀 질이 낮은 차. (겸손함을 형용한다) ⇔좀차. 《朴新諺 3, 59ㅈ》且請坐一坐再用一杯粗茶, 아직 請컨대 안즈라 다시 흔 잔 좀차를 먹쟈.

조동(朝東) 图 동쪽으로 향하다. 《集覽, 字解, 單字解, 5ㅎ》朝. 音潮, 向也. 朝南·朝東.

조동(竈洞) 圀 굴[窟]. ⇔굴. 《集覽, 朴集,

下, 2ㅈ》竈洞. 音義云, 取灰之處. 今按,:
굴.

조딥ㅎ 명 조짚. ⇔간초(稈草).《朴新諺 2,
28ㅎ》一箇帶五兩銀子到馬家庄去放稈草,
ᄒ나흔 닷 냥 은을 가지고 馬家庄에 가
조딥헤 노코.

조락(彫落) 통 나뭇잎이나 꽃잎이 시들어
스스로 떨어지다.《集覽, 字解, 單字解,
6ㅎ》弔. 以繩懸物曰弔着. 又自縊而死曰
弔死. 又物自彫落曰弔了. 又行文州縣取
其問囚卷宗曰弔取·曰弔卷.

조량(彫樑) 명 조각을 하여 꾸민 대들보.
《朴新諺 2, 5ㅈ》這畫棟雕樑朱欄碧檻, 뎌
畫棟 雕樑과 朱欄 碧檻이.

조량(雕樑) 명 =조량(彫樑). '雕'는 '彫'와
통용.《說文通訓定聲, 孚部》雕, 叚借爲
彫.《朴新諺 2, 5ㅈ》這畫棟雕樑朱欄碧
檻, 뎌 畫棟 雕樑과 朱欄 碧檻이.

조례(皁隷) 명 관아에서 천역(賤役)에 종
사하던 관노(官奴) 따위. 뒤에 관아의 구
실아치나 심부름꾼을 이르는 말로 썼다.
《朴新諺 2, 35ㅈ》立刻差幾箇皁隷(朴新
注, 35ㅎ: 衙門使令之屬.), 즉시 여러 皁隷
를 시겨.《朴新諺 3, 39ㅎ》對對皁隷擺着
喝道, 짱짱흔 皁隷ㅣ 버러 喝道ᄒ고.

조례(皁隷) 명 =조례(皁隷). '皁'는 '皁'와
같다.《玉篇, 白部》皁, 同皁.《朴新諺 2,
35ㅈ》立刻差幾箇皁隷(朴新注, 35ㅎ: 衙
門使令之屬.), 즉시 여러 皁隷를 시겨.
《朴新諺 3, 39ㅎ》對對皁隷擺着喝道, 짱
짱흔 皁隷ㅣ 버러 喝道ᄒ고.

조례(條例) 명 조목조목 적어 놓은 규칙
이나 명령.《朴新諺 3, 20ㅈ》大明律上條
例載得明白, 大明律 條例에 실린 거시 明
白ᄒ니.

조례(照例) 통 전례(前例)에 비추어 상고
(詳考)하다.《集覽, 朴集, 中, 2ㅎ》抽分.
今按, 中朝設抽分竹木局, 如遇客商〈商〉
興販竹木·柴炭等項, 照例抽分.

조료(弔了) 통 =조락(彫落).《集覽, 字解,

單字解, 6ㅎ》弔. 以繩懸物曰弔着. 又自
縊而死曰弔死. 又物自彫落曰弔了. 又行
文州縣取其問囚卷宗曰弔取·曰弔卷.

조리(早裏) 형 이르다早. ⇔일다.《集覽,
字解, 單字解, 5ㅈ》早. 早裏 일엇다, 却早
불서.

조리(笊籬) 명 조리(笊籬). ⇔됴리.《朴新
諺 2, 21ㅈ》還有羅鍋, 쏘 노고와. 柳箱,
섥과. 灑子, 드레와. 碗楪, 사발 졉시와.
匙筯, 수져와. 榪杓, 나모쥬게와. 笊籬,
됴리와. 炊箒, 솔과. 擦床兒, 슉치칼과.
簸(籭)箕, 키와. 篩子, 얼밍이와. 馬尾羅,
몰총체와. 桌子, 상과. 盤子, 盤과. 茶盤,
찻반과. 燈臺, 燈臺와. 酒種, 잔과. 酒甕,
쥬벼ᄋ와. 銅杓, 놋쥬게 이시니.

조리(調理) 통 건강이 회복되도록 몸을 보
살피고 병을 다스리다.《朴新諺 1, 38ㅈ》
慢慢的調理將養, 날호여 調理 將養ᄒ면.

조리다 통 줄이다短. ⇔찬(儧).《集覽, 字
解, 單字解, 6ㅎ》儧. 잔, 上聲, 逼使走也.
又促之也. 通作儹. 又縮之也. 儧短些 조
려 댜르게 ᄒ다.

조마(調馬) 통 말을 길들이다.《朴新諺 1,
29ㅈ》看見両箇舍人調馬耍子, 두 舍人이
調馬 노리ᄒᄂᆫ 양을 보니.

조만(早晚) 명 ●이름과 늦음.《集覽, 朴
集, 下, 9ㅎ》打春. 今按, 月令曰, 季冬出
土牛, 以示農之早晚. ●때[時]. ⇔뽀.《集
覽, 字解, 累字解, 1ㅎ》早晚. 這早晚 이
늣도록. 又問何時曰, 多早晚 어느 뽀.

조만(早晚) 형 늦다. ⇔늣다.《集覽, 字解,
累字解, 1ㅎ》早晚. 這早晚 이 늣도록. 又
問何時曰, 多早晚 어느 뽀.

조망(罩網) 통 그물을 덮다. 곧, 거미줄을
치다.《集覽, 朴集, 上, 11ㅈ》馬有垂韁之
報. 漢高祖與項王會鴻門, 舞劍事急, 謀
脫. 匹〈疋〉馬南行, 道傍有一眢井, 馬到井
邊不肯行. 漢王恐追者至, 下馬入井. 項王
追至井傍, 見馬跡至井而止, 謂漢王在井,
令人下井搜求. 見井口有蜘蛛罩網, 鵓鴿

一雙出井飛去, 謂無人在中, 項王還壁. 翌日, 其馬到井垂繮, 漢王執之而出.《朴新諺 1, 42ㅎ》狗有灒草之恩, 개と 灒草ᄒ 恩이 잇고. 馬有垂繮(朴新注, 16ㅎ: 漢高祖自鴻門, 脫歸匹馬南行, 道傍有一眢井, 馬到井遵不肯行. 高祖恐追者至, 下馬入井. 項王追至井傍, 見馬跡, 謂高祖在井, 令人下井搜求. 見井口有蜘蛛罩網, 鵁鴒一雙出井飛去, 謂無人仍復. 翌日, 其馬到井垂繮, 高祖執而出.)之報, 몰은 垂繮ᄒ 報ㅣ 잇다 ᄒ니라.

조면(條麵) 圀 국수. ⇔국슈.《朴新諺 3, 36ㅈ》再下幾碗寬條麵與我們, ᄯ 여러 사발 너분 국슈를 눌러 우리를 주되.

조방(槽房) 圀 술집. 또는 양조장. ⇔술집.《集覽, 朴集, 上, 1ㅈ》槽房. 釀酒出賣之家, 官收其稅.《朴新諺 1, 2ㅈ》京城街市上槽房(朴新注, 1ㅎ: 即酒舖.)雖多, 京城 져제에 술집이 비록 만흐나.

조병(澡瓶) 圀〈불〉 즁이 손 씻을 물을 담아 두는 병.《集覽, 朴集, 中, 5ㅎ》傾甘露於瓶中濟險途於飢渴. 西域記云, 軍持, 澡瓶也. 尼畜軍持, 僧畜澡罐.

조보아(趙寶兒) 圀 사람 이름.《朴新諺 1, 58ㅈ》京都城內積慶坊住民人趙寶兒, 京都 잣 안 積慶坊에셔 사는 民人 趙寶兒ㅣ.《朴新諺 1, 59ㅈ》某年月日借錢人趙寶兒, 某年月日에 돈 쑨 사름 趙寶兒와.

조사(弔死) 동 스스로 목을 매어 죽다.《集覽, 字解, 單字解, 6ㅎ》弔. 以繩懸物曰弔着. 又自縊而死曰弔死. 又物自彫落曰弔了. 又行文州縣取其問囚卷宗曰弔取・曰弔卷.

조상(照常) 圀 예사(例事). ⇔녜ᄉ.《朴新諺 3, 33ㅈ》不過照常, 不過 녜ᄉ 거시라.

조서(詔書) 圀 임금의 명령을 일반에게 알릴 목적으로 적은 문서. ⇔조(詔).《朴新諺 1, 8ㅈ》甚麼詔徃那一路頒去呢, 므슴 詔書ㅣ며 어듸롤 그어 반포ᄒ라 가ᄂᆞ뇨.《朴新諺 1, 8ㅎ》朝鮮國也該有詔可曾派你去麼, 朝鮮國에도 詔書ㅣ 이셤 즉ᄒ니 ᄯ 일즉 너롤 시겨 가게 ᄒ엿ᄂᆞ냐.《朴新諺 1, 8ㅎ》大約這月二十邊領了詔書箚付就要起身, 대개 이 둘 스므날긔 詔書와 箚付롤 ᄐ면 즉시 쩌나고져 ᄒ노라.

조석(朝夕) 圀 아침과 저녁.《集覽, 朴集, 中, 7ㅎ》佛堂. 漢人酷好釋敎, 家設一堂, 或安金像, 或掛畫佛, 焚香頂禮, 朝夕不懈.《朴新諺 2, 44ㅎ》佛堂(朴新注, 39ㅈ: 漢俗, 好佛家設一堂, 或安金像, 或掛畫佛, 焚香頂禮, 朝夕不懈.)幾間, 佛堂이 현 간.

조선(朝鮮) 圀 ❶은(殷)나라가 망한 후 기자(箕子)가 고조선(古朝鮮)에 망명하여 세웠다고 하는 나라.《集覽, 朴集, 上, 4ㅈ》遼陽. 遼誌云, 舜分冀東北爲幽州, 即今廣寧以西之地. 靑東北爲營州, 即今廣寧以東之地, 周武王封箕子於朝鮮, 是其地也, 即古肅愼氏地. ❷조선. 이성계가 고려(高麗)를 무너뜨리고 세운 나라.《朴新諺 1, 8ㅎ》朝鮮國也該有詔可曾派你去麼, 朝鮮國에도 詔書ㅣ 이셤 즉ᄒ니 ᄯ 일즉 너롤 시겨 가게 ᄒ엿ᄂᆞ냐.《朴新諺 1, 9ㅈ》到那朝鮮地方, 뎌 朝鮮 ᄯᅡ히가.《朴新諺 2, 8ㅈ》你怎麼小看的我朝鮮人呢, 네 엇지 우리 朝鮮 사름을 업슈이너기는다.《朴新諺 2, 9ㅎ》聞說有一箇得道的朝鮮和尙, 드르니 흔 得道흔 朝鮮 즁이 이셔.《朴新諺 2, 22ㅈ》又把朝鮮地方來的一隻船, ᄯ 朝鮮 ᄯᅡ흐로셔 오는 흔 隻 비롤다가.《朴新諺 2, 25ㅎ》都是我家太爺從朝鮮帶來的, 다 이 우리 집 太爺ㅣ 朝鮮으로셔 가져온 거시매.《朴新諺 2, 26ㅈ》況那朝鮮淸醬最是有名的哩, 흐믈며 뎌 朝鮮 ᄀᆫ댱은 ᄀᆞ장 이 有名흔 거시라.《朴新諺 3, 12ㅎ》那壇主是朝鮮師傅, 그 壇主는 이 朝鮮 師傅ㅣ라.

조선국(朝鮮國) 圀 =조선(朝鮮)의 ❷.《朴新諺 1, 8ㅎ》朝鮮國也該有詔可曾派你去麼, 朝鮮國에도 詔書ㅣ 이셤 즉ᄒ니 ᄯ 일즉 너롤 시겨 가게 ᄒ엿ᄂᆞ냐.

조성(助成) 통 도와서 이루게 하다.《集覽, 朴集, 中, 8ㅎ》因緣. 反(飜)譯名義云, 因, 謂先無其事而從彼生也, 緣, 謂素有其分而從彼起也. 又云, 前緣相生, 因也, 現相助成, 緣也.《朴新諺 2, 54ㅈ》做些好事結箇好因緣(朴新注, 42ㅎ: 佛書云, 曰謂先無其事而從彼生也, 緣謂素有其分而從彼起也. 又云, 前緣相生, 因也, 現相助成, 緣也.), 져기 됴흔 일을 호여 됴흔 因緣을 미즘이.

조시(遭是) 円 마침. ●⇔마즘.《朴新諺 1, 52ㅈ》遭是我不去, 마즘 내 가지 아니 홀샤. ●⇔마초와.《集覽, 字解, 單字解, 7ㅈ》遭. 一次謂之一遭. 又周遭, 猶言周圍也. 又遭是 마초와.

조신(朝臣) 명 조정에서 벼슬살이를 하던 신하.《集覽, 朴集, 下, 8ㅎ》五箇鋪馬. 逯齋閑覽云, 漢朝臣出使爲太守, 增一馬, 故爲五馬.

조심호다 통 조심(操心)하다. 주의하다. ⇔소심(小心).《朴新諺 2, 24ㅎ》那般不小心所以就犯了這症侯, 뎌리 조심치 아니호여시매 그리므로 이 症侯를 犯호엿다.《朴新諺 2, 31ㅎ》你們都要小心着, 너희 다 조심호라.

조양(朝陽) 명 조양문(朝陽門)의 준말.《朴新諺 3, 48ㅎ》朝陽呌齊華門, 朝陽은 齊華門이라 부르고.

조양(調養) 통 몸조리하다. 요양하다. ⇔조양호다(調養-).《集覽, 朴集, 上, 10ㅎ》將息. 將, 養也, 息, 生也. 謂調養其氣, 使生息之也. 亦曰將理, 又曰將攝, 今俗只說得〈將〉息.《朴新諺 1, 54ㅈ》好生調養, ᄀ장 調養호라.

조양문(朝陽門) 명 중국 북경(北京) 내성(內城)에 있는 성문. 숭인문(崇仁門) 남쪽에 있다. 원대(元代)의 제화문(齊華門)을 명(明) 영락(永樂) 연간에 고친 이름이다.《集覽, 朴集, 上, 5ㅎ》平則門. 永樂十九年, 營建宮室, 立門九, 南曰正陽,

又曰午門, 元則曰麗正, 南之右曰宣武, 元則曰順承, 南之左曰文明, 元則曰崇文, 又曰哈噠, 北之東曰安定, 北之西曰德勝, 元則曰健德, 東之北曰崇仁, 一名東直, 元名同, 東之南曰朝陽, 元則曰齊華, 西之北曰西直, 西之南曰阜城, 元則曰平則. 元設十一門, 而今減其二.《集覽, 朴集, 下, 10ㅎ》司天臺. 元置, 以司曆占. 今改爲欽天監. 又設司天監於朝陽門城上.《朴新諺 3, 48ㅎ》東有朝陽門・東直門, 東에는 朝陽門과 東直門이 잇고.

조양호다(調養-) 통 조양(調養)하다. ⇔조양(調養).《朴新諺 1, 54ㅈ》好生調養, ᄀ장 調養호라.

조어(助語) 명 어기조사(語氣助詞). 일정한 의미가 없이 실자(實字)를 도와서 문법적 관계나 어기(語氣)의 강약, 억양 따위를 나타내는 글자.《集覽, 音義》這們助語的那・也・了・阿等字, 都輕輕兒, 微微的說, 順帶過去了罷, 若緊說了時不好聽.

조어(調御) 통 〈불〉 조복(調伏: 부처의 힘으로 원수나 악마를 굴복시킴)하여 제어(制御)하다.《集覽, 朴集, 中, 4ㅈ》智滿十身. 本覺爲知, 始覺爲智. 滿, 備也. 十身有調御.

조역 명 조역(助役). 막일꾼. 잡일꾼. ⇔소공(小工).《朴新諺 3, 9ㅎ》呌一箇泥水匠兩箇小工來, 흔 미쟝이와 두 조역을 불러와.

조올다 통 졸다[眠]. 자다. ●⇔수각(睡覺).《朴新諺 3, 13ㅎ》一會児倚着欄干便打頓睡覺了, 흔 지위 欄干을 지혀 곳 조오더니. ●⇔타돈(打頓).《朴新諺 3, 11ㅎ》不想那厮打頓(朴新注, 48ㅎ: 頓, 集韻作肫, 朦朧欲睡之貌.)起來, 싱각지 아닌 그 놈이 조오다가.

조운(漕運) 통 배로 물건을 실어 나르다.《集覽, 朴集, 中, 2ㅎ》通州. 在順天府東四十五里, 卽古潞州, 金陞爲通州, 取漕運

通濟之義.《朴新諺 2, 23ㅈ》來到通州(朴新注, 31ㅈ: 在順天府東四十五里, 卽古潞州, 今陞爲通州, 取漕運通濟之義.)賣了多一半, 通州ㅣ 와 반남아 풀고.

조운통제(漕運通濟) 图 조운(漕運)으로 융통하여 구제하다.《集覽, 朴集, 中, 2ㅎ》通州. 在順天府東四十五里, 卽古潞州, 金陞爲通州, 取漕運通濟之義.

조의(照依) 图 견주어보다. (…에) 비추어보다.《集覽, 字解, 累字解, 2ㅈ》照依. 마초와 그대로 ᄒ다.

조일조(抓一抓) 图 긁다. ⇔긁다.《朴新諺 3, 11ㅎ》你有長指甲替我抓一抓, 네 긴 손톱이 잇거든 나를 ᄀ르차 글그라.

조전(爪翦) 图 손톱과 발톱을 깎고 다듬다.《集覽, 朴集, 上, 7ㅎ》耳墜兒. 事文類聚云, 莊子曰, 天子之侍御, 不叉櫛(不爪翦), 不穿耳.《莊子, 德充符》爲天子之諸御, 不爪翦, 不穿耳.《淮南子, 兵略訓》臣辭而行, 乃爪翦, 設明衣也.

조정(朝廷) 图 임금이 정사(政事)를 주관하던 곳.《集覽, 朴集, 下, 5ㅎ》元寶. 錠上有字, 曰楊(揚)州元寶. 後朝廷亦鑄. 又有遼陽元寶, 至元二十三年, 征遼所得銀子而鑄者也.

조조(早早) 图 일찍이. 일찌감치. 서둘러. ⇔일즉이.《朴新諺 2, 2ㅎ》今日還要早早回家上墳去, 오늘 일즉이 집의 도라와 上墳ᄒ라 가려 ᄒᄂ니라.

조조(條條) 图 올올이. (차례나 질서가 있는 모양) ●⇔오리오리.《朴新諺 3, 35ㅈ》眞是條條好漢子, 진실로 이 오리오리 됴흔 스나히니. ●⇔올올이.《朴新諺 2, 11ㅎ》赤條條的仰面臥在桌上, 벌거케 올올이 탁ᄌ 우희 쟛바누어.

조주(曹州) 图 중국 산동성(山東省) 조현(曹縣) 지역에 있었다. 춘추시대 조(曹)나라 땅으로 북주(北周) 때는 서연주(西兗州), 수대(隋代)에 제음군(濟陰郡)으로 고쳤다가 당대(唐代)에 조주로 환언

하였다.《集覽, 朴集, 下, 12ㅎ》梁貞明. 十一年, 唐人取曹州, 帝爲其臣皇甫璘所弑, 是爲末帝.

조지다 图 쫓다. 틀어 매다. 감아 올려 매듭을 짓다. ⇔만(挽).《朴新諺 3, 46ㅎ》頭挽雙丫髻, 머리에 가른 샹토 조지고.

조차 图 좇아. 따라. ⇔종(從).《朴新諺 2, 5ㅈ》西湖是從玉泉山流下來的, 西湖ᄂ 이 玉泉山으로 조차 흘러ᄂ린 거시니.

-조차 조 -조차. -마저.《朴新諺 1, 34ㅎ》倒累我的新靴子都走破了, 도로혀 내 새 靴조차 다 ᄃ녀 해아ᄇ려다.《朴新諺 3, 42ㅈ》難道連工錢也是不要的, 工錢조차 ᄯᅩ 밧지 아닛는다 니ᄅ기 어렵다.

조착(弔着) 图 (끈으로 물건을) 걸다. 매달다.《集覽, 字解, 單字解, 6ㅎ》弔. 以繩懸物曰弔着. 又自縊而死曰弔死. 又物自彫落曰弔了. 又行文州縣取其問囚卷宗曰弔取・曰弔卷.

조창(弔窓) 图 들창. ⇔들창.《朴新諺 3, 16ㅎ》這檁, 이 납과. 樑, ᄆᄅ와. 椽, 혀와. 柱, 기동과. 短柱, 短柱와. 門框, 문얼굴과. 門扇, 문ᄧ과. 弔窓, 들창과. 天窓, 우러리창과. 雙扇, ᄡᅡ다지와. 單扇, 외다지와. 窓欞, 창얼굴로.

조창(吊窓) 图 =조창(弔窓). '吊'는 '弔'와 같다.《改倂四聲篇海, 口部》俗字背篇: 吊, 同弔.《朴新諺 3, 16ㅎ》這檁, 이 납과. 樑, ᄆᄅ와. 椽, 혀와. 柱, 기동과. 短柱, 短柱와. 門框, 문얼굴과. 門扇, 문ᄧ과. 吊窓, 들창과. 天窓, 우러리창과. 雙扇, ᄡᅡ다지와. 單扇, 외다지와. 窓欞, 창얼굴로.

조처(照覷) 图 보살피다. ⇔보숣피다.《集覽, 字解, 累字解, 2ㅈ》照管. 보숣피다.《集覽, 字解, 累字解, 2ㅈ》照覷. 上同.

조천(調遷) 图 (관리가) 전임하다. 전근하다. 조정하여 다른 자리로 옮기다.《集覽, 朴集, 下, 3ㅎ》趙太祖飛龍記. 宋太祖, 姓趙, 名匡胤. 母昭獻皇后夢日入懷而孕.

誕生之夕, 赤光滿室, 異香馥郁. 及長, 性沈厚, 有大度, 調遷爲殿前都點檢.

조청(造請) 图 찾아가 뵙다. 알현하다. 《朴新諺 3, 5ㅈ》只怕那寃家們打關節(朴新注, 46ㅈ: 下之通欵曲於上曰關節, 又造請權要謂之關節(節).)煩人說情哩, 그저 뎌 寃家들이 쇼쳥ᄒᆞ여 사룸을 식여 情을 니룬가 저페라.

조취(弔取) 图 공문을 주현(州縣)에 보내어 죄인을 심문한 권종(卷宗)을 취하다. (권종은 보관용으로 분류하여 철한 관문서(官文書)) 《集覽, 字解, 單字解, 6ㅎ》弔. 以繩懸物曰弔着. 又自縊而死曰弔死. 又物自彫落曰弔了. 又行文州縣取其問囚卷宗曰弔取 · 曰弔卷.

조치(調治) 图 몸조리하다. 요양하다. (질병을) 치료하다. ⇔조치ᄒᆞ다(調治-). 《朴新諺 2, 25ㅈ》如此調治, 이러트시 調治ᄒᆞ면.

조치다 图 겸(兼)하다. 아우르다. 《集覽, 朴集, 下, 1ㅈ》丟袖. 音義云, ·ᄉᆞ·ᄆᆡ〈매〉 조쳐:내·ᄇᆞ·틴 갓·옷.

조치ᄒᆞ다(調治-) 图 조치(調治)하다. ⇔조치(調治). 《朴新諺 2, 25ㅈ》如此調治, 이러트시 調治ᄒᆞ면.

조타 阌 좋다. 말끔하다. 깨끗하다. ⇔건건정정(乾乾淨淨). 《集覽, 字解, 累字解, 3ㅈ》乾乾淨淨. 조타. 又조히 ᄒᆞ다. 重言之者, 甚言其乾淨也. 凡疊字爲說者, 倣此.

조태조(趙太祖) 图 송(宋)나라 태조 조광윤(趙匡胤)을 이르는 말. 《集覽, 朴集, 下, 3ㅎ》趙太祖飛龍記. 宋太祖, 姓趙, 名匡胤. 母昭獻皇后夢日入懷而孕. 誕生之夕, 赤光滿室, 異香馥郁. 及長, 性沈厚, 有大度, 調遷爲殿前都點檢. 陳橋之變, 黃袍已加于身, 受周恭帝之禪, 卽皇帝位. 易曰, 飛龍在天. 龍爲人君之象, 故稱卽位曰飛龍. 《朴新諺 3, 21ㅈ》買趙太祖飛龍記(朴新注, 52ㅈ 錄趙太祖刱業時事.), 趙太祖의 飛龍記와.

조하래(弔下來) 图 내려오다. ⇔ᄂᆞ려오다. 《朴新諺 2, 11ㅎ》弔下來踢上去, ᄂᆞ려오거든 차 올려.

조해(遭害) 图 보채다. 또는 해를 입히다. ⇔보채다. 《朴新諺 3, 1ㅎ》你這孩子們怎麼這般遭害我, 너 이 아희들이 엇지 이리 나를 보채ᄂᆞ뇨.

조험(照驗) 图 서로 맞대어 보아 알다. 《集覽, 朴集, 下, 11ㅎ》申. 某府爲某事云云, 合行申覆, 伏乞照驗施行, 須至申者, 右申某處承宣布政使司, 年月, 府官姓名.

조화(粗貨) 图 질이 낮은 값싼 화물(貨物). 《集覽, 朴集, 中, 2ㅎ》抽分. 今按, 中朝設抽分竹木局, 如遇客商〈商〉興販竹木 · 柴炭等項, 照例抽分. 粗貨十五分中抽二分, 細貨十分中抽二分. 竹木 · 柴炭, 或三十分取二, 或十分取二, 或三分取一.

조화(朝靴) 图 조정에 나갈 때 신는 가죽신. 《朴新諺 3, 35ㅈ》脚登朝靴, 발에 朝靴를 신고. 《朴新諺 3, 47ㅈ》脚登朝靴, 발에 朝靴 신고.

조화(調和) 图 서로 잘 어울리다. 화목하다. 《集覽, 字解, 單字解, 1ㅎ》和. 平聲, 調和也. 又去聲, 與也, 及也. 我和你 너와 나와, 銅匙和快子 술와 밋 져와. 《集覽, 朴集, 下, 7ㅈ》酥燒餠. 質問云, 以麥麵〈糆〉用酥油調和作成餠子, 烙熟最酥, 方言謂之酥燒餠.

조화조(造化鳥) 图 종다리. ⇔종다리. 《集覽, 朴集, 中, 1ㅈ》弄寶盖. 凡優人以造化鳥爲戲時, 一人擎一彩帛葆盖, 先入優場, 以告戲雀之由. 次有一人捧一雀以入作戲. 如本節〈莭〉所云, 造化鳥 종〈종〉다리, 雄曰銅觜, 雌曰鑞觜.

조회(照會) 图 한 관서에서 유관(有關) 사안에 대한 문건을 다른 관서에 보내는 일. 또는 그 문건. 《集覽, 朴集, 下, 3ㅈ》照會. 五軍都督府照會六部, 六部照會承宣布政使司, 使司照會提刑按察司. 体〈體〉式詳見求政錄.

조훼(鳥喙) 圐 =오훼(烏喙). '鳥'는 '烏'의 잘못.《集覽, 朴集, 下, 11ㅎ》范蠡歸湖. 范蠡, 越之大夫也. 相越王勾踐敗吳, 曰, 越王爲人長頸鳥〈烏〉喙, 可與圖〈圖〉患難, 不可與共安逸. 遂泛扁舟, 載西施, 遊五湖不返.

조히 闬 깨끗이. ⇔정(淨).《集覽, 字解, 累字解, 3ㅈ》乾乾淨淨. 조타. 又조히 ᄒ다. 重言之者, 甚言其乾淨也. 凡疊字爲說者, 倣此.《朴新諺 2, 53ㅈ》我替他擦淨了罷, 내 뎌룰 ᄀ로차 삣겨 조히 ᄒ쟈.

족(足) 圐 발(足). ⇔발.《朴新諺 3, 13ㅈ》人人盡盤雙足, 사룸마다 다 두 발을 서리고.

족(足) 闬 ●좋게. 좋이. ⇔묘히.《朴新諺 1, 13ㅎ》斗斛都要量足, 말과 휘룰 다 묘히 되게 ᄒ라. ●족(足)히. ⇔죡히.《朴新諺 3, 29ㅈ》就這一段書足可解悶了, 곳 이 一段 칙이 죡히 가히 힘힘호믈 플리라.

족(足) 휑 족(足)하다. 넉넉하다. ⇔족ᄒ다(足-).《朴新諺 3, 16ㅈ》則男之心願已足, 곳 아히 心願이 足ᄒ 거시니.

족구(足勾) 휑 넉넉하다. 족(足)하다. ⇔넉넉ᄒ다.《朴新諺 1, 16ㅎ》這段子一疋足勾袍料二件, 이 비단 혼 疋이 큰옷 ᄀ음 두 볼이 넉넉ᄒ니.

족색(足色) 圐 십성(十成). 금은(金銀)의 품질을 10등분한 가운데 제1등. 곧, 순도가 10할인 금은.《集覽, 朴集, 上, 9ㅎ》細絲官銀. 銀十品曰十成, 曰足色, 曰成色, 曰細絲, 曰手絲兒, 曰吹螺, 曰白銀.《朴新諺 1, 33ㅈ》我的都是細絲(朴新注, 12ㅎ: 銀十品曰十成, 曰足色, 曰成色, 曰細絲, 曰手絲兒, 曰吹螺, 曰白銀. 九品曰九成, 曰靑絲. 八品曰八成.)銀子, 내 거슨 다 이 細絲銀이라.

족족(簇簇) 闬 무더기무더기. ⇔무둑무둑.《朴新諺 3, 34ㅈ》四五對簇簇趨趨的亂捽, 네다숫 ᄡㅏ식 무둑무둑 나아드러 어즈러이 삐롬ᄒ니.

족지다 圏 쪽지다. 둥글게 휘감아 매듭을 짓다. ⇔관(綰).《朴新諺 1, 43ㅎ》綰起頭髮來, 마리털 족지고.

족차(族次) 圐 가족 간의 차례. 곧, 항렬(行列). 촌수.《集覽, 朴集, 上, 1ㅈ》張三. 三, 或族次, 或朋友行輩之次, 或有官者以職次相呼, 或稱爲定名者有之. 李四·王五亦同.

족ᄒ다(足-) 휑 족(足)하다. 넉넉하다. ⇔족(足).《朴新諺 3, 16ㅈ》則男之心願已足, 곳 아히 心願이 足ᄒ 거시니.

존(尊) 휑 ●높다. ⇔놉ᄒ다.《朴新諺 3, 56ㅈ》沈兄這位尊姓, 沈兄아 이 분의 놉흔 姓이여. ●존귀(尊貴)하다. ⇔존ᄒ다(尊-).《朴新諺 3, 13ㅎ》這佛法最尊最貴不可不信, 이 佛法이 ᄀ장 尊ᄒ고 ᄀ장 貴ᄒ니 可히 밋지 아니치 못홀 거시라.《朴新諺 3, 14ㅈ》不信佛法不尊三寶, 佛法을 信치 아니ᄒ고 三寶를 尊치 아니ᄒ니.

존자(尊者) 圐 〈불〉 학문과 덕행이 뛰어난 부처의 제자를 높여 이르는 말.《集覽, 朴集, 下, 1ㅈ》唐三藏法師〈三藏〉. 三藏, 經一藏, 律一藏, 論一藏. 曰脩多羅, 卽阿難聖衆結集爲經. 曰毗奈耶, 一曰毗尼, 卽優波尊者結集爲律. 曰阿毗曇, 卽諸大菩薩衍而爲論.《集覽, 朴集, 下, 2ㅎ》盂蘭盆齋. 大藏經云, 大目犍連尊者, 以母生餓鬼中不得食, 佛令作盂蘭盆, 至七月十五日, 具百味五果, 置盆中, 供養十方大德, 而後母乃得食.《集覽, 朴集, 下, 2ㅎ》目連尊者. 反(飜)譯名義云, 目連, 婆羅門姓也, 名拘〈拘〉律陀.

존장(尊長) 圐 손윗사람. 웃어른.《集覽, 朴集, 上, 13ㅈ》老官人. 漢人呼尊長必加老字於姓字之上, 尊之之辭.《集覽, 朴集, 中, 3ㅈ》大娘. 今按, 汎稱尊長妻室曰大娘, 又稱人之正妻曰大娘, 妾曰小娘.

존조(存照) 圏 (계약 문건 등을) 보관하여 증빙 자료로 삼다. ⇔존조ᄒ다(存照-).《朴新諺 1, 59ㅈ》恐後無憑立此存照, 후

에 의빙홈이 업슬가 저퍼 이룰 셰워 存
照케 ᄒ노라.

존조ᄒ다(存照-) 图 존조(存照)하다. ⇔
존조(存照). 《朴新諺 1, 59ㅈ》恐後無憑
立此存照, 후에 의빙홈이 업슬가 저퍼
이룰 셰워 存照케 ᄒ노라.

존칭(尊稱) 图 남을 공경하는 뜻으로 높
여 부르다. 또는 그 칭호. 《朴新諺 1, 13
ㅈ》老太爺(朴新注, 5ㅎ: 尊稱長老之辭.)
你在那裏住, 老太爺] 야 네 어디셔 사는
다. 《朴新諺 2, 13ㅎ》相公(朴新注, 27ㅎ:
無官者尊稱之辭.)饒了他罷, 相公은 뎌를
샤ᄒ쇼셔. 《朴新諺 2, 25ㅈ》我妳妳(朴新
注, 31ㅎ: 尊稱婦女之辭.)使喚我來, 우리
妳妳 나를 부려 와.

존ᄒ다(尊-) 图 존귀(尊貴)하다. ⇔존(尊).
《朴新諺 3, 13ㅎ》這佛法最尊最貴不可不
信, 이 佛法이 ᄀ장 尊ᄒ고 ᄀ장 貴ᄒ니
可히 밋지 아니치 못ᄒ 거시라. 《朴新諺
3, 14ㅈ》不信佛法不尊三寶, 佛法을 信치
아니ᄒ고 三寶를 尊치 아니ᄒ니.

졸(拙) 图 솜씨가 서투르다. ⇔졸ᄒ다
(拙-). 《朴新諺 3, 11ㅈ》拙匠人巧主人,
拙ᄒ 匠人이오 巧ᄒ 主人이라 ᄒ니라.

졸(拗) 图 씨름하다. ●⇔뗴름ᄒ다. 《朴
新諺 2, 56ㅈ》咱兩箇拗, 우리 둘이 뗴름
ᄒ되, 《朴新諺 2, 56ㅈ》好好的拗, 됴히
됴히 뗴름ᄒ쟈. ●⇔뗴롬ᄒ다. 《朴新諺
3, 34ㅈ》四五對簇簇趙趙的亂拗, 네다숫
쌍식 무둑무둑 나아드러 어즈러이 뗴롬
ᄒ니.

졸교(拗按) 图 씨름하다. ●⇔뗴름ᄒ다.
《朴新諺 2, 55ㅎ》咱們在這草地上學拗按
罷, 우리 이 草地에서 뗴름ᄒ기 비호쟈.
●⇔뗴롬ᄒ다. 《朴新諺 3, 34ㅈ》又看他
們拗按, 또 뎌들의 뗴롬홈을 보니.

졸교(拗按) 图 씨름. ⇔뗴롬. 《朴新諺 3,
34ㅎ》這些看拗按的官員們, 이 여러 뗴
롬 보는 官員들이.

졸ᄒ다(拙-) 图 졸(拙)하다. ⇔졸(拙).

《朴新諺 3, 11ㅈ》拙匠人巧主人, 拙ᄒ 匠
人이오 巧ᄒ 主人이라 ᄒ니라.

좀 图 좀[蟲]. ●⇔충(蟲). 《朴新諺 3, 6ㅎ》
虫蛀的無一根風毛了怎麼好, 좀이 딥어
ᄒ 낫 긴털이 업스니 엇지ᄒ여야 됴ᄒ
료. ●⇔충자(蟲子). 《朴新諺 3, 7ㅈ》虫
子怎麼得蛀呢, 좀이 엇지 딥어시리오.
這也是惟不得虫子, 이 쏘 좀을 허믈치 못
홀 거시니.

좀차 图 질이 낮은 차. (겸손함을 형용한
다) ⇔조다(粗茶). 《朴新諺 3, 59ㅈ》且請
坐一坐再用一杯粗茶, 아직 請컨대 안즈
라 다시 ᄒ 잔 좀차룰 먹쟈.

좁다 图 좁다. ⇔착(窄). 《朴新諺 1, 40ㅎ》
一箇長甕兒窄窄口裏頭盛着糯米酒, ᄒ 긴
독 조븐 부리 안히 춥뿔술 담은 거시여.
《朴新諺 2, 38ㅎ》只是崖高路窄, 다만 이
언덕이 놉고 길히 좁으니.

좃다 图 ●조아리다. ⇔개(磕). 《朴新諺 1,
34ㅈ》那般磕頭禮拜央及我, 뎌리 마리룰
조아 禮拜ᄒ고 내게 비러. ●좃다. 따르
다. ⇔근수(根隨). 《集覽, 字解, 單字解,
5ㅈ》隨. 從也, 隨你 네 ᄆ슘모로, 隨喜
구경ᄒ다, 隨從 조츠니. 吏語, 根隨 좃다.

종(從) 图 =종(従). '従'은 '從'의 속자. 《宋
元以來俗字譜》從, 取經詩話・嶺南逸事
作従. 《朴新諺 3, 20ㅎ》也不免是閉門家
裡坐禍従天上來, 쏘 이 門을 닷고 집의
안저서도 禍] 天上으로 조차 온다 홈을
免치 못홈이로다.

종(從) 图 좃다. 따르다. ⇔좃다. 《朴新諺
3, 20ㅎ》也不免是閉門家裡坐禍従天上來,
쏘 이 門을 닷고 집의 안저서도 禍] 天上
으로 조차 온다 홈을 免치 못홈이로다.

종(從) 閉 ●본디. 지금까지. 여태껏. ⇔
본디. 《朴新諺 1, 9ㅈ》又従不曾到過外
邦, 쏘 본디 일즉 외국에 ᄃ니디 못ᄒ여
시니. 《朴新諺 2, 42ㅎ》小舖従不敢哄人
的, 小舖] 본디 敢히 사름을 소기지 못
ᄒ노라. ●좃아. 따라. ⇔조차. 《朴新諺

2, 5ㅈ》西湖是從玉泉山流下來的, 西湖ᄂ
이 玉泉山으로 조차 흘러ᄂ린 거시니.

종(從) 㕯 **1**-로부터. ●⇔-로부터. 《朴
新諺 2, 7ㅎ》從今已後咱與你論甚麼, 이
제로부터 우리 너와 무서슬 의논ᄒ리
오. ●⇔-로셔. 《朴新諺 1, 36ㅎ》今日從
那裏來, 오늘 어디로셔 온다. **2**-부터.
…에서부터. ●⇔-부터. 《朴新諺 1, 15
ㅈ》從幾時生出來的, 언제부터 낫ᄂ뇨.
《朴新諺 1, 15ㅈ》從前日這腮頰上痒的受
不得, 그제부터 쌤이 ᄀ려워 견디지 못
홀르니. ●⇔-브터. 《朴新諺 1, 36ㅎ》從
今日准備箬笠瓦鉢, 오늘브터 삿갓과 에
유아리롤 准備ᄒ여. 《朴新諺 2, 10ㅈ》從
今日起後日止, 오늘브터 시작ᄒ여 모리
그치ᄂ니. **3**-으로부터. ⇔-으로셔.
《朴新諺 2, 25ㅎ》都是我家太爺從朝鮮帶
來的, 다 이 우리 집 太爺ㅣ 朝鮮으로셔
가져온 거시매.

종(終) 㖾 마침내. 결국. 끝내. ⇔ᄆ춤내.
《朴新諺 2, 35ㅎ》這正是善惡到頭終有報,
정히 이 善과 惡이 묫히 다ᄃ라 ᄆ춤내
갑홈이 이시되.

종(棕) 㔔 종려(棕櫚)나무. 《集覽, 朴集,
上, 9ㅈ》結椶帽. 椶, 木名, 高一二丈, 葉
如車輪, 旁〈㫄〉無枝, 皆萃於木杪. 其下有
皮, 重疊裹之, 每皮一匝爲一節〈莭〉, 花黃
白色, 結實作房, 如魚子狀, 其皮皆是絲而
經緯如織, 傍有細縷, 交相連綴不散. 取其
絲理之, 以結成大帽. 又剝其皮一匝, 編爲
蓑衣, 亦可避雨.

종(種) 㕯 **1**갈다. 심다. 가꾸다. ⇔가다.
《朴新諺 3, 19ㅎ》我家裡一箇小廝在城外
種地, 내 집 ᄒ 아히 놈이 城 밧긔셔 밧
가다가. **2**심다. ●⇔시므다. 《朴新諺
2, 39ㅈ》夜來收割了麻正當好種菜哩, 어
제 삼을 거두어 뷔여시니 正히 맛당히
ᄂ믈 시믐이 됴타. 《朴新諺 2, 39ㅎ》紫
蘇都好種的, 紫蘇를 다 시믐이 됴타. ●
⇔심ᄀ다. 《朴新諺 2, 39ㅎ》種甚麼菜好

呢, 므슴 ᄂ믈을 심거야 됴흐리오. ●⇔
심다. 《朴新諺 2, 40ㅈ》種些冬瓜, 져기
동화와. 西瓜, 슈박과. 甜瓜, 참외와. 挿
葫, 즈른박과. 稍瓜, 수세외와. 黃瓜, 외
와. 茄子等類, 가지들을 심으라. 《朴新諺
3, 20ㅈ》種稻地的那廝, 벼 시므든 그 놈
이. 《朴新諺 3, 38ㅈ》他種的稻子, 제 시
믄 벼와. 靑粱, 슈슈와. 黍子, 기장과. 大
麥, 보리와. 小麥, 밀과. 蕎麥, 모밀과. 黃
豆, 콩과. 小豆, 픗과. 菉豆, 菉豆와. 豌豆,
광쟝이. 黑豆, 거믄콩. 芝麻, 참깨와. 蘇
(蘇)子, 듧깨. **4**⇔심으다. 《朴新諺 2, 39
ㅈ》買些菜後園裏好種, 져기 ᄂ믈을 삐
롤 사 뒷동산에 심으쟈.

종(種) 㔔 씨. 종자(種子). (욕하는 말) ⇔
삐. 《朴新諺 2, 46ㅎ》把你這忤逆種該殺
的, 너 이 忤逆혼 삐롤다가 죽염 즉ᄒ다.

종(種) 㘈 가지. 종류. ⇔가지. 《朴新諺 1,
23ㅎ》我如今先當了這両種, 내 이제 몬
져 이 두 가지롤 뎐당ᄒ고도. 《朴新諺
3, 18ㅈ》還有幾種好酒, 쏘 여러 가지 됴
흔 술이 잇고. 《朴新諺 3, 36ㅈ》官人們
要那幾種吃呢, 官人들이 어닉 몃 가지를
먹으려 ᄒᄂ다.

종(椶) 㔔 =종(棕). '椶'은 '棕'으로도 쓴다.
《集覽, 朴集, 上, 9ㅈ》結椶帽. 椶, 木名,
高一二丈, 葉如車輪, 旁〈㫄〉無枝, 皆萃於
木杪. 其下有皮, 重疊裹之, 每皮一匝爲一
節〈莭〉, 花黃白色, 結實作房, 如魚子狀,
其皮皆是絲而經緯如織, 傍有細縷, 交相
連綴不散. 取其絲理之, 以結成大帽. 又剝
其皮一匝, 編爲蓑衣, 亦可避雨.

종(鐘) 㔔 종. 《朴新諺 3, 23ㅎ》打一聲鍾
響, 혼 소리 鍾을 치고.

종고(鐘鼓) 㔔 종과 북. 《朴新諺 2, 5ㅎ》這
裏頭鐘鼓樓・佛殿, 이 안히 鍾鼓樓와 佛
殿과.

종고루(鐘鼓樓) 㔔 종고(鐘鼓)를 단 누각.
흔히 마주 보고 서 있다. 《朴新諺 2, 5
ㅎ》這裏頭鐘鼓樓・佛殿, 이 안히 鍾鼓

樓와 佛殿과.

종금(從今) 명 이제. 또는 이제부터. 지금부터. 오늘부터. ⇔이제. 《朴新諺 2, 7ㅎ》從今已後咱與你論甚麽, 이제로부터 우리 너와 무서슬 의논호리오.

종금이후(從今已後) 명 지금 이후. 금후(今後). 《朴新諺 2, 7ㅎ》從今已後咱與你論甚麽, 이제로부터 우리 너와 무서슬 의논호리오.

종래(從來) 円 본디. 지금까지. 여태껏. 이제껏. ⇔본디. 《朴新諺 2, 6ㅎ》好哥兄弟兄們從來不分彼此, 모움 됴혼 형 아으들이 본디 彼此를 혀기지 아니흐느니. 《朴新諺 3, 11ㅈ》從來不曾見你這般仔細, 본디 일즉 너 이런 仔細호믈 보지 못흐엿노라. 《朴新諺 3, 46ㅈ》我却從來不曾見過, 내 또 본디 일즉 보지 못흐여시매.

종령(縱令) 円 방임(放任)하다. 내버려두다. 《集覽, 字解, 單字解, 5ㅈ》儘. 讓也, 任也. 儘他 제게 다와드라, 儘讓 더기 미다. 又縱令也. 儘教 므던타. 又儘一儘 지긔우다. 又儘船 빗 マ장.

종모(棕帽) 명 종려(棕櫚)털로 결어 만든 모자. 《集覽, 朴集, 上, 9ㅈ》結椶帽. 椶, 木名, 高一二丈, 葉如車輪, 旁〈旁〉無枝, 皆萃於木杪. 其下有皮, 重疊裹之, 每皮一匝爲一節〈莭〉, 花黃白色, 結實作房, 如魚子狀, 其皮皆是絲而經緯如織, 傍有細縷, 交相連綴不散. 取其絲理之, 以結成大帽. 又剝其皮一匝, 編爲蓑衣, 亦可避雨.

종모(椶帽) 명 =종모(棕帽). '椶'은 '棕'으로도 쓴다. 《集覽, 朴集, 上, 9ㅈ》結椶帽. 椶, 木名, 高一二丈, 葉如車輪, 旁〈旁〉無枝, 皆萃於木杪. 其下有皮, 重疊裹之, 每皮一匝爲一節〈莭〉, 花黃白色, 結實作房, 如魚子狀, 其皮皆是絲而經緯如織, 傍有細縷, 交相連綴不散. 取其絲理之, 以結成大帽. 又剝其皮一匝, 編爲蓑衣, 亦可避雨.

종모전(棕毛殿) 명 원대(元代)에 상도(上都)에 있던 별전(別殿)의 통칭. 기와 대신 종려털로 지붕을 이었기 때문에 붙여진 이름이다. 《集覽, 朴集, 上, 13ㅎ》椶殿. 作殿閣, 用椶木皮苫盖, 以爲遊御之所. 舊本作椶毛殿. 椶, 通作棕.

종모전(椶毛殿) 명 =종모전(棕毛殿). '椶'은 '棕'으로도 쓴다. 《集覽, 朴集, 上, 13ㅎ》椶殿. 作殿閣, 用椶木皮苫盖, 以爲遊御之所. 舊本作椶毛殿. 椶, 通作棕.

종목(棕木) 명 종려나무. 《集覽, 朴集, 上, 13ㅎ》椶殿. 作殿閣, 用椶木皮苫盖, 以爲遊御之所. 舊本作椶毛殿. 椶, 通作棕.

종목(椶木) 명 =종목(棕木). '椶'은 '棕'으로도 쓴다. 《集覽, 朴集, 上, 13ㅎ》椶殿. 作殿閣, 用椶木皮苫盖, 以爲遊御之所. 舊本作椶毛殿. 椶, 通作棕.

종발(鍾鈸) 명 종과 동발(銅鈸). 《集覽, 朴集, 下, 9ㅈ》彩亭子. 僧尼・道士及鼓〈皷〉樂・鍾鈸塡咽大路, 遠近大小親鄰〈隣〉男女, 前後導從者, 不知幾人, 後施夾障從

종수(終須) 円 결국. 필경. 《朴新諺 3, 40ㅎ》送君千里終湏(須)一別, 送君 千里나 終湏(須) 一別이라 흐니라.

종식(從食) 명 부식(副食). 가벼운 식사나 간식. 《集覽, 朴集, 上, 12ㅈ》圓飯筵席. 邵氏聞見錄, 宋景文公納子婦, 其婦家饋食. 書云, 以食物煖女. 公曰, 錯用字, 從食・從而・從大, 其子退撿. 博雅餪字注云, 女家三日餉食爲餪女也. 圓飯, 卽遺制也.

종신(終身) 명 목숨을 다하기까지의 동안. 《集覽, 朴集, 下, 11ㅈ》流水高山. 子期死, 伯牙以爲世無知音, 終身不復鼓琴.

종안(鬃眼) 명 동물의 털구멍과 같은 모양. 곧, 좁쌀 모양의 무늬(粟紋). 《集覽, 朴集, 上, 9ㅎ》獐皮. 質問云, 羊皮去毛, 熟軟, 有鬃眼. 作靴好看. 今按, 獐字, 韻〈韵〉書不收, 字意未詳. 《朴新諺 1, 31ㅈ》店裏買獐皮(朴新注, 12ㅈ: 羊皮去毛, 熟軟, 有鬃眼者.)去, 店에 獐皮 사라 가노라.

종이(從而) 円 따라서. 이로 인해. 그래

서. 그리하여.《集覽, 朴集, 上, 12ㅈ》圓
飯筵席.邵氏聞見録, 宋景文公納子婦, 其
婦家饋食. 書云, 以食物燠女. 公曰, 錯用
字, 從食·從而·從大, 其子退撿. 博雅饌
字注云, 女家三日餉食爲饌女也. 圓飯, 卽
遺制也.

종인(從人) 명 수종(隨從)하는 사람. 곧,
하인. 종복(從僕).《集覽, 朴集, 中, 1ㅈ》
分例支應. 正官曰廩給, 從人曰口粮, 通謂
之分例. 元制, 正官一員, 一日宿頓, 該支
〈支〉米一升, 糆一斤, 羊肉一斤, 酒一升,
柴一束, 經過減半, 從人一名, 止支〈支〉米
一升, 經過減半. 今制, 正官一員, 一日經
過, 米三升, 宿頓五升, 從人一名, 經過二
升, 宿頓三升. 漢俗今云行三坐五.《朴新
諺 2, 15ㅎ》正·副使三員從人六名, 正·
副使 三員과 從人 六名에.《朴新諺 2, 16
ㅈ》從人六名, 從人 六名에.

종인부(宗人府) 명 황실의 황족에 대한
일을 관리하던 기관.《集覽, 朴集, 中, 8
ㅈ》首領官. 今宗人府經歷爲首領官, 六部
主事爲首領官之類.

종일(終日) 명 온종일. 하루 종일.《朴新
諺 2, 46ㅎ》終日貪頑耍, 終日토록 놀기
를 탐ᄒ고.《朴新諺 2, 49ㅎ》終日裏或對
客飮酒吟詩, 終日토록 或 客을 對ᄒ여 술
먹고 詩를 읊프며.

종자(種子) 명 씨. 종자. ⇔삐.《朴新諺 2,
40ㅈ》種些冬瓜, 져기 동화와. 西瓜, 슈
박과. 甜瓜, 참외와. 挿葫(朴新注, 37ㅎ:
質問云, 如葫蘆, 長一二尺者, 方言謂之挿
葫. 農家種田時, 盛種子于其中, 以播地.),
ᄌᄅ박과. 稍瓜, 수세외와. 黃瓜, 외와.
茄子等類, 가지들을 심으라.《朴新諺 3,
38ㅎ》除了種子之外, 삐를 더론 밧끠.

종자기(鍾子期) 명 중국 춘추시대 초(楚)
나라 사람. 당시 거문고의 명인이었던
백아(伯牙)의 친구로서, 그의 거문고 소
리를 잘 알아들었다고 한다. 종자기가
죽자 백아는 자기의 음악을 이해하여

주는 이가 없음을 한탄하여 거문고 줄
을 끊고 다시는 거문고를 타지 않았다
고 한다.《集覽, 朴集, 下, 11ㅈ》流水高
山. 列子, 伯牙善鼓〈皷〉琴, 鍾子期善聽.
伯牙鼓〈皷〉琴, 志在高山. 子期曰, 善㦲,
巍巍乎, 志在高山.《朴新諺 3, 49ㅈ》便彈
一曲流水·高山(朴新注, 62ㅈ: 鍾子期聽
伯牙鼓琴, 曰, 志在流水·高山.), 곳 ᄒ
곡됴 流水·高山을 ᄐ며.

종적(蹤跡) 명 없어지거나 떠난 뒤에 남
는 자취나 형상.《朴新諺 3, 50ㅎ》小人
與隣人等看驗得賊人蹤跡, 小人이 隣人
等으로 더부러 賊人의 蹤跡을 看驗ᄒ니.

종전(棕殿) 명 원대(元代)에 상도(上都)에
있던 별전(別殿)의 통칭. 기와 대신 종려
털로 지붕을 이었기 때문에 붙여진 이
름이다.《集覽, 朴集, 上, 13ㅎ》棕殿. 作
殿閣, 用棕木皮苫盖, 以爲遊御之所. 舊本
作棕毛殿. 楼, 通作棕.

종전(楼殿) 명 =종전(棕殿). '楼'은 '棕'으로
도 쓴다.《集覽, 朴集, 上, 13ㅎ》棕殿. 作
殿閣, 用棕木皮苫盖, 以爲遊御之所. 舊本
作棕毛殿. 楼, 通作棕.

종종(種種) 명 모양이나 성질이 다른 여
러 가지.《集覽, 朴集, 中, 4ㅎ》童男童女.
應作種種身, 或在天上, 在人間, 隨其所樂,
皆令見衆生形相各不同, 行業音聲亦無量.

종횡(縱橫) 통 거침없이 마구 오가거나
이리저리 다니다.《集覽, 朴集, 下, 11
ㅈ》好女不看燈. 其寺觀街巷, 燈明若晝.
士女夜遊, 車馬塞路, 有足不蹋地浮行數
十步者. 阡陌縱橫, 城闉下禁, 五陵年少,
滿路行歌, 萬戶千門, 笙簧未撤.

좇다 통 좇다(從). 따르다. ●⇔근(跟).
《朴新諺 3, 18ㅎ》我們徃日跟官的時莭
(節), 우리 徃日에 관원을 조차 ᄃ닐 제.
●⇔수(隨).《朴新諺 2, 29ㅎ》隨相現相
救苦難於三塗, 相을 조차 相을 뵈아 苦難
을 三途에 救ᄒ눈쏘다. ●⇔수종(隨從).
《集覽, 字解, 單字解, 5ㅈ》隨. 從也. 隨你

네 ᄆᆺ모로, 隨喜 구경ᄒ다, 隨從 조ᄎ
니. 吏語, 根隨 좃다. ❹⇔안(按).《朴新
諺 1, 58ㅎ》按月送納不致短少拖欠, 둘을
조차 送納호되 쩌릭치며 믄그으매 니르
게 말고.《朴新諺 2, 45ㅈ》按月交納不致
短少, 둘을 조차 交納ᄒ여 쩌릭치매 니
릭지 아니케 ᄒ리라. ❺⇔연(沿).《朴新
諺 3, 53ㅎ》着他沿街叫喚尋覓纏好哩, 뎌
로 ᄒ여 거리를 조차 웨여 ᄎ자야 마치
됴ᄒ리라. ❻⇔연착(沿着).《朴新諺 2,
56ㅎ》我慢慢兒沿着人家房簷底下, 내 날
회여 人家 쳠하를 조차. ❼⇔종(從).《朴
新諺 3, 20ㅎ》也不免是閉門家裡坐禍從
天上來, 쏘 이 門을 닷고 집의 안저셔도
禍ㅣ 天上으로 조차 온다 홈을 免치 못
홈이로다. ❽⇔준(遵).《朴新諺 3, 23
ㅎ》唐僧道遵命, 唐僧이 니릭되 命을 조
ᄎ리라.

좋다 휑 좋다. ⇔졍(淨).《朴新諺 1, 16ㅎ》
這大紅段眞是南紅顔色經緯匀淨, 이 다홍
비단이 진짓 이 연다홍빗ᄎ이오 ᄡᆡ눌이
고로고 죠ᄒ니.

좌 메 좌. 채. (집의 수효를 세는 단위) ⇔
좌(座).《朴新諺 2, 5ㅎ》北岸上又有一座
大寺相對着, 북편 언덕 우희 ᄯ 혼 좌 큰
절이 이셔 서르 뎌ᄒ엿고.

좌(坐) 屠 ❶앗다. ━⇔안다.《朴新諺 1,
40ㅈ》一間房子裏五箇人剛坐的, 혼 간 방
에 다ᄉ 사ᄅᆞᆷ이 겨오 안는 거시여.《朴
新諺 3, 23ㅎ》第(第)一坐靜, 第(第)一은
안ᄶᆡ를 고요히 ᄒ고. ━⇔앗다.《朴新
諺 1, 19ㅎ》請裏坐好講, 請컨대 안ᄒᆡ 안
자 의논ᄒ쟈.《朴新諺 1, 40ㅎ》兩箇先生
合賣藥一箇坐一箇跳, 두 先生이 모다 藥
ᄑᆞ노라 ᄒ나흔 안잣고 ᄒ나흔 ᄶᅱ노는
거시여.《朴新諺 2, 6ㅎ》坐在船裏不住的
往來遊玩, 비에 안자 머무디 아니ᄒ고
徃來 遊玩ᄒ니.《朴新諺 2, 10ㅈ》如今來
到這永寧寺裏坐了方丈, 이제 이 永寧寺
에 와 方丈에 안잣더니.《朴新諺 3, 3ㅎ》

不如挾着屍眼家裡坐着去罷, 밋궁글 ᄭᅵ
고 집의 안자시라 갈만 ᄌᆞ지 못ᄒ다.
《朴新諺 3, 20ㅎ》也不免是閉門家裡坐禍
從天上來, 쏘 이 門을 닷고 집의 안저셔
도 禍ㅣ 天上으로 조차 온다 홈을 免치
못홈이로다.《朴新諺 3, 24ㅈ》各上禪床
坐之分毫不動, 각각 禪床에 올라 안저 定
ᄒ고 分毫도 動치 마라. ❷⇔앗다.《集
覽, 字解, 單字解, 1ㅎ》剛. 僅也. 剛坐 계
우 앗다. 纔也. 剛纔 ᄌᆞ. **❷**앉히다. ⇔안
치다.《朴新諺 2, 23ㅎ》請到屋裏坐, 請ᄒ
여 집 안헤 안치라.

좌(坐) 屠 =좌(坐). '坐'는 '坐'와 같다.《改
倂四聲篇海, 土部》奚韻: 坐, 音義同坐.
《朴新諺 1, 19ㅎ》請裏坐好講, 請컨대 안
히 안자 의논ᄒ쟈.《朴新諺 1, 40ㅎ》兩
箇先生合賣藥一箇坐一箇跳, 두 先生이
모다 藥 ᄑᆞ노라 ᄒ나흔 안잣고 ᄒ나흔
ᄶᅱ노는 거시여.《朴新諺 1, 40ㅎ》弟兄三
四箇守着停柱坐, 弟兄 서너히 기동을 딕
희여 안잣는 거시여.

좌(座) 펜 한 (채). ⇔혼.《朴新諺 2, 5ㅈ》
湖心中有座琉璃閣, 물 가온디 혼 琉璃閣
이 이시니.

좌(座) 屠 앗다. ⇔앗다.《朴新諺 2, 29ㅈ》
座飾芙蓉湛南海澄淸之水, 안즌 디는 芙
蓉으로 꾸며시니 南海 澄淸혼 물에 줌것
고.《正字通, 广部》座, 古作坐, 俗作座.

좌(座) 메 좌. 채. (집의 수효를 세는 단위)
⇔좌.《集覽, 朴集, 中, 3ㅎ》西山. 每大雪
初霽, 千峯萬壑〈壑〉, 積素凝華, 若圖畫
然, 爲京師八景之一, 曰西山霽雪. 今見北
京西城外有山一座, 卽是.《朴新諺 2, 5
ㅎ》北岸上又有一座大寺相對着, 북편 언
덕 우희 ᄯ 혼 좌 큰 절이 이셔 서르 뎌ᄒ
엿고.《朴新諺 2, 33ㅈ》開着一座當鋪, 一
座 當鋪를 열고.《朴新諺 3, 48ㅈ》北京城
共有九座門, 北京城에 대되 九座 門이 이
시니.

좌(矬) 휑 작다. 왜소(矮小)하다. ⇔젹다.

《朴新諺 2, 55ㅎ》咳你這㜲漢那裏能抵當的我, 애 너 이 킈 져근 놈이 어디 능히 나를 抵當ᄒ리오.《朴新諺 2, 55ㅎ》敢是這㜲漢吃來, 이 킈 져근 놈이 먹은 듯ᄒ다.《朴新諺 2, 56ㅈ》咳到底是你這㜲漢倒了, 애 나죵내 너 이 킈 져근 놈이 것구러지거다.

좌법(坐法) 뎽 〈불〉 결가부좌(結跏趺坐) 따위의 부처나 불도들이 앉는 법식.《集覽, 朴集, 中, 4ㅎ》座飾芙蓉. 飜譯名義云, 大論問, 諸牀〈床〉可坐, 何必蓮華. 荅曰, 牀爲世間白衣坐法, 又以蓮華軟淨, 欲現神力, 能坐其上, 令不壞故, 又以莊嚴妙法故, 又以此華華臺嚴淨香妙可坐故.

좌변(左邊) 뎽 =좌변(左邊). '邉'은 '邊'과 같다.《正字通, 辵部》邊, 俗譌作邉.《朴新諺 3, 27ㅈ》左邉搭右邉走, 左편으로 글면 右편으로 듯고.

좌변(左邊) 뎽 좌편(左便). 왼편. 왼편짝. ⇔좌편(左-).《集覽, 朴集, 下, 10ㅈ》頭戴耳掩或提在手裏. 寅時揭左邊, 亥時揭右邊而戴, 以寅・亥時爲通氣, 故揭一邊也, 子・丑時全戴, 爲嚴凝也.《朴新諺 3, 27ㅈ》左邉搭右邉走, 左편으로 글면 右편으로 듯고.

좌보(左輔) 뎽 구성(九星) 중의 여덟째 별 이름. 파군성(破軍星)의 아래 우필성(右弼星)의 위에 있다.《集覽, 朴集, 上, 7ㅈ》北斗左輔右弼. 凡九星, 曰樞宮貪狼, 曰璇宮巨門, 曰璣〈幾〉宮祿存, 曰權宮文曲, 曰衡宮廉貞, 曰闓(開)陽宮武曲, 曰瑤光宮破軍, 曰洞明宮左輔, 曰隱元宮右弼. 左輔連附北斗第〈䇢〉六星, 在外, 右弼連附北斗第〈䇢〉二星, 在內. 俱在紫薇〈微〉垣.《朴新諺 1, 22ㅈ》左輔右弼板和那両箇束兒, 左輔 右弼 돈과 두 뭇금쇠논.

좌보우필(左輔右弼) 뎽 좌보성(左輔星)과 우필성(右弼星).《集覽, 朴集, 上, 7ㅈ》北斗左輔右弼. 凡九星, 曰樞宮貪狼, 曰璇宮巨門, 曰璣〈幾〉宮祿存, 曰權宮文曲, 曰衡

宮廉貞, 曰闓(開)陽宮武曲, 曰瑤光宮破軍, 曰洞明宮左輔, 曰隱元宮右弼. 左輔連附北斗第〈䇢〉六星, 在外, 右弼連附北斗第〈䇢〉二星, 在內. 俱在紫薇〈微〉垣. 七現二隱, 世人惟見七星, 不見輔・弼二星. 盖九星生死是非之簿, 能鮮一切厄. 晉書天文志云, 七星在太微北, 七政之樞機, 陰陽之元本. 七星明, 其國昌, 輔星明, 則臣强.《朴新諺 1, 22ㅈ》左輔右弼板和那両箇束兒, 左輔 右弼 돈과 두 뭇금쇠논.

좌수(左手) 뎽 왼손.《集覽, 朴集, 上, 7ㅎ》窟嵌戒指. 事物紀原云, 古者后妃羣妾御于君, 所當御者, 以銀環進之, 娠則以金環退之, 進者着右手, 退者着左手.

좌승상(左丞相) 뎽 벼슬 이름. 우승상(右丞相)과 함께 천자(天子)를 도와 정무(政務)를 총괄하였다. 진(秦) 무왕(武王) 2년(B.C. 309)에 두었으며, 원대(元代)까지 존속되었다.《集覽, 朴集, 下, 8ㅎ》丞相. 元中書省有左右丞相, 任宰相之職〈耿〉, 左右天子平章萬機.

좌욕(坐褥) 뎽 깔개. 방석. ⇔아답개.《朴新諺 1, 31ㅎ》做坐褥皮搭連的, 아답개와 가족 대련 지을 거시라.

좌욕(坐褥) 뎽 =좌욕(坐褥). '坐'는 '坐'와 같다.《改倂四聲篇海, 土部》奚韻: 坐, 音義同坐.《朴新諺 1, 31ㅎ》做坐褥皮搭連的, 아답개와 가족 대련 지을 거시라.

좌우(左右) 뎽 ❶왼쪽과 오른쪽.《集覽, 朴集, 下, 7ㅎ》花房窩兒. 但本國龍飛御天歌云, 擊毬之法, 或數人, 或十餘人, 分左右以較勝負.《朴新諺 1, 29ㅎ》白綾飄帶 (朴新注, 11ㅎ: 如手巾之屬, 繫扵腰帶之左右.), 白綾 飄帶ㅣ오. ❷주위. 옆이나 곁. 또는 주변.《集覽, 朴集, 上, 11ㅈ》狗有濺草之恩. 前有一坑水, 狗便走徃水中, 還以身洒生, 左右草沾水得着, 地火尋過去, 生醒而去.

좌우승상(左右丞相) 뎽 벼슬 이름. 좌승상(左丞相)과 우승상(右丞相). 천자(天

子)를 도와 정무(政務)를 총괄하였다. 진
(秦) 무왕(武王) 2년(B.C. 309)에 두었으
며, 원대(元代)까지 존속되었다. 《集覽,
朴集, 下, 8ㅎ》丞相. 元中書省有左右丞相,
任宰相之職〈軄〉, 左右天子平章萬機.

좌우참(左右驂) 명 좌참(左驂)과 우참(右
驂). 《集覽, 朴集, 下, 8ㅎ》五箇鋪馬. 按
禮, 天子六馬, 左右驂, 三公·九卿駟馬,
左驂.

좌적(坐的) 통 앉다. 앉아 있다. ⇔안짜.
《集覽, 字解, 單字解, 3ㅎ》的. 指物之辭.
你的 네 것, 好的 됴흔 것. 又語助. 坐的
안짜, 通作地. 又明也, 實也, 端也. 吏語,
的確·的當·虛的·的實.

좌전(左傳) 명 춘추좌씨전(春秋左氏傳).
노(魯)나라의 좌구명(左丘明)이 춘추(春
秋)를 해설한 책. 30권. 《集覽, 朴集, 上,
6ㅈ》社神. 孝經緯曰, 社, 土地之主也. 土
地闊〈濶〉, 不可盡祭, 故封土爲社, 以報功
也. 春祭社, 祈穀之生, 秋祭社, 報穀之成.
左傳, 共工氏有子, 曰勾龍氏, 平水土, 故
立以爲社.

좌지(坐地) 통 앉다. 좌정(坐定)하다. 《集
覽, 字解, 單字解, 3ㅎ》地. 土也. 田地·土
地·地方·地面. 又指當處. 土地之神亦
曰土地. 又語助. 坐地. 又恁地, 猶言如此.

좌참(左驂) 명 수레를 끄는 세 마리 또는
네 마리 말 중 맨 왼쪽의 말. 《集覽, 朴
集, 下, 8ㅎ》五箇鋪馬. 按禮, 天子六馬,
左右驂, 三公·九卿駟馬, 左驂.

좌편(左-) 명 좌편(左便). 왼편. 왼편짝.
⇔좌변(左邊). 《朴新諺 3, 27ㅈ》左邉搭
右邉走, 左편으로 글면 右편으로 둧고.

죄 명 죄(罪). ⇔고(辜). 《朴新諺 2, 34ㅎ》
必要拿你抵償怎麼好呢, 반드시 너를 자
바 죄에 다혀 샹명홀 거시니 엇디 됴흐
리오. 《朴新諺 3, 52ㅈ》小人無辜受辱情
理難甘, 小人이 죄 업시 辱을 바드니 情
理 難甘호여.

죄(罪) 명 죄(罪). 《朴新諺 3, 20ㅎ》有妄告

官司者反坐抵罪, 망녕도이 官司에 告호
눈 者ㅣ 이시면 反坐호여 罪에 다둣게
호엿느니라. 《朴新諺 3, 54ㅎ》闕拜望了
得罪, 拜望홈을 闕호니 罪를 엇패라.

죄과(罪過) 명 죄목(罪目). 죄과. ⇔죄목.
《集覽, 字解, 單字解, 7ㅎ》落. 落了 디다.
又院落 뜰. 又落下 떠디우다. 又數落了罪
過 죄목 혜다. 又吏語, 下落 간 곧, 又發
落 공く 긃내다.

죄목 명 죄목(罪目). 죄과(罪過). ⇔죄과
(罪過). 《集覽, 字解, 單字解, 7ㅎ》落. 落
了 디다. 又院落 뜰. 又落下 떠디우다.
又數落了罪過 죄목 혜다. 又吏語, 下落
간 곧, 又發落 공く 긃내다.

죄복(罪福) 명 죄와 복. 《集覽, 朴集, 下,
11ㅈ》好女不看燈. 道經云, 正月十五日,
謂之上元, 天官下降人間〈間〉, 考定罪福.
是夜張燈, 士女鼓〈皷〉樂遊街.

죄신 명 죄인. ⇔죄인(罪人). 《集覽, 字解,
單字解, 1ㅎ》撒. 散之也. 撒了 헤티다.
又覺也. 覺撒了 아다. 又放也. 撒放罪人
죄신을 앗아라 노타.

죄얼(罪孽) 명 〈불〉 =죄업(罪業). 《朴新諺
2, 30ㅎ》這麼咱們一生作事豈無罪孽, 이
러면 우리 一生에 일을 홈애 엇지 罪孽
이 업스리오.

죄업(罪業) 명 〈불〉 몸[身業]·입[口業]·
마음[心業]의 3업(業)으로 짓는 죄. 또는
당연히 나쁜 응보(應報)를 받는 죄악을
두루 이르는 말. 《集覽, 朴集, 中, 6ㅈ》罪
障. 猶言業障·罪業.

죄오다 통 (길을) 재촉하다. 서두르다. 빨
리 가다. ⇔찬(趲). 《朴新諺 2, 17ㅎ》一
日三站五站的趲路, 흐ᄅ 세 站 다亽 站식
길을 죄오느니.

죄인(罪人) 명 죄인. ⇔죄신. 《集覽, 字解,
單字解, 1ㅎ》撒. 散之也. 撒了 헤티다.
又覺也. 覺撒了 아다. 又放也. 撒放罪人
죄신을 앗아라 노타. 《集覽, 朴集, 中, 7
ㅈ》木椿. 其制, 於刑人法場, 植一大柱, 縛

着罪人於〈縛着罪人於其〉上, 劊子用法刀
剮其肉以喂狗, 而只留〈畱〉其骨, 極其慘
酷, 方施大辟, 卽古之呙刑也.

죄장(罪障) 명 〈불〉 션을 행하는 데에 장
애가 되는 죄악을 이르는 말. 《集覽, 朴
集, 中, 6ㅈ》罪障. 猶言業障・罪業.

죠희 명 종이. ⇔지(紙). 《朴新諺 3, 4ㅈ》
把這窓糊紙都扯了, 이 窓에 ᄇ론 죠희를
다가 다 믜치고.

죡히 円 죡(足)히. ⇔죡(足). 《朴新諺 3, 29
ㅈ》就這一段書足可解悶了, 곳 이 一段
칙이 죡히 가히 힘힘호믈 플리라.

죵 명 종僕. 노비. ⇔노비(奴婢). 《朴新諺
3, 39ㅈ》奴婢使家主的, 죵이 항거싀 거
슬 ᄡᅳᄂᆞ 거시.

죵다리 명 종다리. ⇔조화조(造化鳥). 《集
覽, 朴集, 中, 1ㅈ》弄寶盖. 凡優人以造化
鳥爲戲時, 一人擎一彩帛葆盖, 先入優場,
以告戲雀之由. 次有一人捧一雀以入作戲.
如本節〈節〉所云, 造化鳥 죵〈죵〉다리,
雄曰銅觜, 雌曰鑞觜.

주(主) 동 주관(主管)하다. ⇔주ᄒᆞ다
(主-). 《朴新諺 2, 59ㅎ》主得飲食便好裁
衣, 飲食을 主ᄒᆞ니 곳 옷 ᄆᆞ기 됴타.

주(主) 명 임자. 주인. ⇔님자. 《朴新諺 2,
19ㅎ》賣主一面承當, 푼 님자 ㅣ 一面으
로 承當ᄒᆞ고. 不干買主之事, 산 님자의
게논 간셥지 아닌 일이라. 《朴新諺 2, 26
ㅎ》男兒無婦財無主, ᄉᆞ나희 지어미 업
스면 지물이 님재 업고. 婦人無夫身無
主, 계집이 지아비 업스면 몸이 님재 업
다 ᄒᆞ니.

주(丟) 동 ❶내어 붙이다. ⇔내브티다.
《集覽, 朴集, 下, 1ㅈ》丟袖. 音義云, ·ᄉᆞ
민〈매〉 조처:내·브·틴 갓·옷. ❷던져 넣
다. 처넣다. 내던지다. ●⇔드리치다.
《朴新諺 1, 55ㅈ》各自丟在水盆裏, 각각
믈ㅅ 소라에 드리치ᄂᆞ니. ●⇔드리치
다. 《朴新諺 2, 33ㅎ》便丟在那裏頭, 곳
뎌 속에 드리치더니. 《朴新諺 3, 26ㅎ》

拿着肩膀丟在裡面, 엇게를 잡아 안히 드
리치니. ❸⇔드리티다. 《朴新諺 3, 5ㅎ》
把我的這案文卷丟在一遭, 내 이 案文卷
을다가 ᄒᆞᆫ 편에 드리텨 두고.

주(住) 동 ❶●그치다. ⇔긋치다. 《朴新諺
1, 55ㅈ》把搖車搖一搖便住了, 搖車룰 다
가 흔들면 곳 긋치ᄂᆞ니라. ●살다(住. ⇔
살다. 《朴新諺 1, 13ㅈ》老太爺你在那裏
住, 老太爺ㅣ야 네 어디셔 사ᄂᆞ다. 我在
平則門外住, 내 平則門 밧긔셔 사노라.
《朴新諺 1, 41ㅈ》那紅橋邉有一箇張獸醫
住着, 뎌 紅橋 ᄀᆞ에 ᄒᆞᆫ 張獸醫 이셔 사니.
《朴新諺 1, 58ㅈ》京都城内積慶坊住民人
趙寶兒, 京都 잣 안 積慶坊에셔 사ᄂᆞ 民人
趙寶兒ㅣ. 《朴新諺 2, 19ㅈ》某村住民人
錢小馬, 某村에 사ᄂᆞ 民人 錢小馬ㅣ. 《朴
新諺 2, 32ㅈ》如今搬在法蔵寺西邊混堂間
壁住去了, 이제 法蔵寺 西邊 混堂 ᄉᆞ이
ᄇᆞ람에 올마 가 사ᄂᆞ니라. 《朴新諺 2, 44
ㅎ》今租到本坊沈名下住房一所, 이제 本
坊 沈가의 名下에 사든 집 ᄒᆞᆫ 곳을 셰내
되. 《朴新諺 3, 41ㅈ》他在樞密院西頭住,
뎨 樞密院 西편에셔 사ᄂᆞ니라. 在那裡住
呢, 어디셔 사ᄂᆞ뇨. ❷얻다. 또는 살다.
머무르다. ⇔얻다. 《朴新諺 1, 52ㅈ》到那
裏住両三箇月, 뎌긔 가 두석 둘을 어들
써시오. ❷머물다. ●⇔머무다. 《朴新
諺 1, 41ㅎ》不住的卧倒打滾, 머무지 아니
ᄒᆞ고 누우ᄭᅮ러. 《朴新諺 2, 6ㅎ》坐在船裏
不住的往來遊玩, 비에 안자 머무디 아니
ᄒᆞ고 往來 遊玩ᄒᆞ니. ●⇔머믈다. 《朴新
諺 1, 15ㅎ》在那瘡口上不住的搽抹, 뎌 瘡
부리에 머므지 말고 ᄇᆞ르고. 便是白日裏
也不住的搽, 곳 낫도 머므지 말고 ᄇᆞ르라.
《朴新諺 1, 44ㅎ》又要回家住對月了, 또
본집의 도라와 버금 둘을 머믈려 ᄒᆞᄂᆞ니
라. 《朴新諺 2, 17ㅎ》未必住宿, 머므러
자기 반둣지 아니ᄒᆞ니. 《朴新諺 2, 45ㅎ》
把雨水阻住, 비ㅅ물을다가 막아 머므러.
《朴新諺 2, 49ㅎ》你若到那裏住幾時, 네

만일 뎌긔 가 여러 쌔를 머믈면.《朴新諺 3, 17ㅈ》不要了儘勾住了, 要치 아니ᄒᆞ노라 잇곳 넉넉이 머믈리로다.《朴新諺 3, 40ㅎ》住了一宿便辞別廻來了, ᄒᆞᆺ밤 머므러 곳 하직ᄒᆞ고 도라오롸.《朴新諺 3, 49ㅎ》閒時節常住在那靑蒲·紅蓼·灘邉, 한가ᄒᆞᆫ 쌔에 덧덧이 뎌 靑蒲·紅蓼·灘邉에 머므러.

주(走) 图 ❶가다. ⇔가다.《朴新諺 3, 47ㅈ》兩邉擺着走, 두 편에 버러 가면셔. ❷나다. 나오다. ⇔나다.《集覽, 字解, 單字解, 7ㅎ》走. 行也. 돈니다. 又逃回曰走回. 又跑也. 能走·快走 잘 돈ᄂᆞ다. 又透漏也. 走話. 又洩也. 走了氣 김 나다. ❸달아나다. ⇔ᄃᆞ라나다.《朴新諺 3, 14ㅎ》罵了幾句就走出去了, 여러 귀 ᄭᅮ짓고 곳 ᄃᆞ라나 가니.《朴新諺 3, 53ㅎ》不知怎麽走了, 아지 못게라 엇지ᄒᆞ여 ᄃᆞ라난지. ❹다니다. ⇔돈니다.《集覽, 字解, 單字解, 7ㅎ》走. 行也. 돈니다. 又逃回曰走回. 又跑也. 能走·快走 잘 돈ᄂᆞ다. 又透漏也. 走話. 又洩也. 走了氣 김 나다.《集覽, 字解, 單字解, 7ㅎ》趲. 逃也. 趲着走 에도라 ᄃᆞᆫ닌다. 又避也. 趲一趲 길 칙라. 亦作躱, 通作嚲.《朴新諺 1, 34ㅎ》只是躱着我走, 그저 나를 수머 ᄃᆞ녀.《朴新諺 1, 42ㅎ》到那走不動的時候却怎麽過呢, 뎌 ᄃᆞ니지 못홀 쌔에 다ᄃᆞ라 ᄯᅩ 엇디 지내리오.《朴新諺 2, 38ㅎ》徃來遊人難走些, 往來ᄒᆞᄂᆞᆫ 遊人이 ᄃᆞ니기 어렵더라.《朴新諺 2, 46ㅈ》你上去却要慢慢的走, 네 올라가되 ᄯᅩ 날회여 ᄃᆞ니라.《朴新諺 2, 56ㅈ》那裏好走, 어듸 ᄃᆞ니기 됴ᄒᆞ리오.《朴新諺 3, 9ㅈ》走了好幾年受盡千辛萬苦, 여러 ᄒᆡ를 ᄃᆞ녀 千辛 萬苦를 바다 다ᄒᆞ고. ❺달리다. ⇔돈ᄂᆞ다.《集覽, 字解, 單字解, 7ㅎ》走. 行也. 돈니다. 又逃回曰走回. 又跑也. 能走·快走 잘 돈ᄂᆞ다. 又透漏也. 走話. 又洩也. 走了氣 김 나다. ❻닷는. 달리는. ⇔돈ᄂᆞᆫ.《集覽,

字解, 單字解, 5ㅈ》快. 急也. 走的快·疾快. 又樂也. 快活·大快. 又快手 잘 돈ᄂᆞᆫ 놈. 又呼筯曰快子. ❼닫다. 달리다. ⇔돗다.《朴新諺 2, 49ㅈ》每日東走西走不得片時歇息, 每日에 동으로 돗고 셔로 ᄃᆞ라 片時도 쉼을 엇지 못ᄒᆞ니.《朴新諺 2, 58ㅈ》頭一箇走得偌多賞賜, 읏씀으로 돗고 만흔 샹ᄉᆞ를 어드니.《朴新諺 3, 27ㅈ》左邉搭右邉走, 左편으로 글면 右편으로 돗고. ❽흘어지다(散). 또는 이동하다. 옮기다. ⇔흐르다.《朴新諺 2, 1ㅎ》只是腿跨走不開, 다만 구블이 흘러 퍼지지 못ᄒᆞ고. ❾들ᄯᅳ다. (모양이) 변하다. 원형(原形)이 변하다. ⇔흘긔다.《朴新諺 2, 32ㅈ》若着了幾遍雨定然要走樣了, 만일 여러 번 비를 마즈면 일정 모양이 흘긔리로다.

주(走) 图 ❶달음질. ⇔ᄃᆞ룸.《朴新諺 2, 1ㅈ》須要走快的, 모롬이 ᄃᆞ룸이 쌘른 거슬 ᄒᆞ고져 ᄒᆞ노라.《朴新諺 2, 1ㅎ》一箇黑鬃靑馬却走得快, ᄒᆞᆫ 가리온총이ᄆᆞᆯ이 ᄃᆞ룸이 쌘르되. ❷⇔ᄃᆞ룸질.《朴新諺 2, 57ㅎ》年時牢子們試走的你可曾看見麽, 전년에 牢子들희 ᄃᆞ룸질 시기ᄂᆞᆫ 거슬 네 일즉 보왓ᄂᆞᆫ다.《朴新諺 2, 57ㅎ》在那裏試走的, 어듸셔 ᄃᆞ룸질 시기더뇨.《朴新諺 2, 57ㅎ》在六十里庄店裏走的, 六十里 庄店에셔 ᄃᆞ룸질 ᄒᆞ니.

주(拄) 图 짚다. ❶⇔집다.《朴新諺 2, 39ㅈ》咱們拄着拐杖, 우리 집팡이 집고. ❷⇔집ᄒᆞ다.《朴新諺 3, 35ㅎ》手拄槍的, 손에 槍 집흔 이 이시니.

주(奏) 图 여쭙다. ⇔엿줍다.《朴新諺 3, 27ㅈ》將軍奏道, 將軍이 엿ᄌᆞ와 니ᄅᆞ되.

주(柱) 图 기둥. ⇔기동.《朴新諺 1, 40ㅎ》弟兄三四箇守着停柱坐, 弟兄 서너히 기동을 딕희여 안잣는 거시여.《朴新諺 3, 16ㅎ》這樣, 이 납과. 樑, ᄆᆞᄅᆞ와. 椽, 혀와. 柱, 기동과. 短柱, 短柱와. 門框, 문얼굴과. 門扇, 문짝과. 吊窓, 들창과. 天窓,

우러리창과. 雙扇, 쌍다지와. 單扇, 외다
지와. 窓櫺, 창얼굴로.

주(珠) 몡 ●구슬. 《朴新諺 1, 54ㅎ》把金
珠·銀錢等類, 金珠·銀錢 等類롤다가.
●진주(珍珠). ⇔진쥬. 《朴新諺 1, 23
ㅎ》四對珠簪, 네 쌍 진쥬 박은 빈혀와.
《朴新諺 1, 44ㅈ》八對珠環, 여덟 쌍 진쥬
가락디와.

주(酒) 몡 술. ⇔술. 《集覽, 字解, 單字解,
4ㅈ》打. 擊也, 着實打, 又打三下. 又爲也.
打酒來 술 사 오라. 又曰, 打將來 ㅎ야
오라, 打聽 듣보라, 打水 믈 긷다, 不打
緊. 又打那裏去, 打東邊去, 有投向從往之
意. 俗用打字, 似不合本意者多, 而實有取
意不苟, 其用甚廣, 此不盡錄. 《集覽, 字
解, 單字解, 7ㅎ》發. 酒發 술 괴다. 發將
來 자바 보내다. 一發, 見下. 又吏語, 告
發 고ㅎ야나다. 《朴新諺 1, 2ㅈ》打來的
酒捻平常, 가져온 술이 다 平常ㅎ니. 《朴
新諺 1, 7ㅎ》弟兄們酒既勾了用飯罷, 弟
兄들아 술이 이믜 넉넉ㅎ니 밥을 먹음이
무던ㅎ다. 《朴新諺 2, 2ㅎ》後日又要請衙
門中同寅老爺們吃酒, 모뢰 쏘 衙門에 同
寅 老爺들을 쳥ㅎ여 술 먹으려 ㅎ여. 《朴
新諺 2, 16ㅈ》酒兩瓶, 술 두 병과. 《朴新
諺 2, 36ㅎ》你把那酒壺汕乾淨着控一控,
네 뎌 술병을다가 부싀기를 乾淨히 ㅎ여
거후로고. 《朴新諺 3, 4ㅎ》我只知道蒲根
解酒還好做醋, 내 다만 챵포 불휘 술을
삐오고 쏘 醋 민들기 됴흔 줄만 알고.
《朴新諺 3, 18ㅈ》還有幾種好酒, 쏘 여러
가지 됴흔 술이 잇고.

주(做) 통 ❶●(밥을) 짓다. 만들다. ⇔짓
다. 《朴新諺 2, 16ㅎ》快與我做飯, 쎨리
나를 밥 지어 주고려. 老爺做甚麼飯, 老
爺ㅣ야 므슴 밥을 지으료. 做乾飯呢還是
水飯, 乾飯을 지으랴 쏘 이 水飯을 ㅎ랴.
《朴新諺 2, 23ㅈ》又不會做飯, 쏘 밥 지을
줄을 아지 못ㅎ기로. 《朴新諺 2, 36ㅈ》
今日做的甚麼飯, 오늘 므슴 밥을 지엇느

뇨. 《朴新諺 3, 44ㅎ》你做飯要留心纔好,
네 밥을 지으매 留心홈이 마치 됴흐니
라. ●(시를) 짓다. 쓰다. ⇔짓다. 《朴新
諺 1, 48ㅎ》做七言詩四句, 七言詩 四句롤
짓고. ●(옷을) 짓다. 만들다. ⇔짓다.
《朴新諺 1, 31ㅎ》做坐褥皮搭連的, 아답
개와 가족 대련 지을 거시라. 這両件東
西要做, 이 두 가지ㅅ 거슬 지으려 ㅎ면.
《朴新諺 1, 46ㅎ》做一對護膝, 흔 쌍 슬갑
을 지으려 ㅎ면. ❹(집을) 짓다. 만들다.
⇔짓다. 《朴新諺 3, 16ㅎ》做的木料都有
麼, 지을 집목이 다 잇느냐. ❷만들다.
●⇔민글다. 《朴新諺 1, 45ㅎ》你替我做
一副護膝與我, 네 나룰 フ르차 흔 불 슬
갑을 민그라 주고려. 《朴新諺 2, 51ㅈ》
那幾日你又說首領官纔做稿呈堂, 져즘끠
네 쏘 니르되 首領官이 ゝ 초를 민그라
당샹끠 드리니. 《朴新諺 2, 54ㅈ》我做袈
裟哩, 내 袈裟를 민그노라. 《朴新諺 3, 24
ㅎ》變做假行者, 變ㅎ여 거즛 行者를 민
그라. ●⇔민들다. 《朴新諺 1, 20ㅈ》用
心照撣做罷, 用心ㅎ여 양ㅈ대로 민들라.
《朴新諺 1, 22ㅈ》他做這帶要多少工錢,
데 이 씌롤 민들매 언머 工錢을 달라 ㅎ
더뇨. 《朴新諺 2, 20ㅎ》車輛都做妥當了
麼, 車輛을 다 민들기롤 妥當이 ㅎ엿느
냐. 《朴新諺 2, 32ㅎ》你的帽子當初何不
叫他做呢, 네 갓슬 當初에 엇지 뎌로 ㅎ
여 민드지 아니혼다. 《朴新諺 2, 59ㅎ》
這油綠的裁做袍子, 이 油綠으로란 큰옷
슬 몰라 민들고. 玄青的裁做褂子, 셕쳥
빗츤 등거리 몰라 민들고. 《朴新諺 3, 4
ㅈ》做一頂蚊帳掛着睡纔好, 흔 불 모긔帳
을 민드라 치고 자야 마치 됴흐리라.
《朴新諺 3, 10ㅈ》你只與我改做煤火炕,
네 그저 나를 셕탄 픠오는 캉을 고쳐 민
드라 주되. 《朴新諺 3, 11ㅈ》這樣做的平
常, 이리 민들기를 平常이 ㅎ여시니.
《朴新諺 3, 45ㅎ》若做完備了早些擺上,
만일 민드라 完備ㅎ거든 일즉이 버리라.

●㊂⇔민둘다. 《朴新諺 1, 4ㅎ》都要學那南方做法纔好吃哩, 다 뎌 南方서 민드는 법대로 ㅎ여야 맛치 먹기 됴흐리라. 《朴新諺 1, 19ㅎ》敢不盡心細做麼, 敢히 盡心ㅎ여 졍셰히 민드지 아니ㅎ랴. 《朴新諺 1, 22ㅎ》教他替我做一條銀廂花帶何如, 뎌로 ㅎ여 나롤 ㄱ라차 ㅎ 오리 銀 뎐메온 섭사긴 쯰롤 민돌미 엇더ㅎ뇨. 《朴新諺 1, 46ㅈ》做帶子和裏兒的, 쯰와 안흘 민둘 거시니. 《朴新諺 1, 57ㅎ》要做幾箇氣力的弓, 언머 힘에 활을 민둘고져 ㅎ는다. 《朴新諺 1, 57ㅎ》你若用心做的好, 네 만일 用心ㅎ여 민둘기를 잘ㅎ면. 《朴新諺 2, 12ㅎ》到木匠家做一口樻子, 木匠의 집의 가 ㅎ 樻롤 민둘리되. 《朴新諺 2, 32ㅎ》拿去叫李大做兩頂帽子, 가져가 李大ㅣ로 ㅎ여 두 갓슬 민드되. ㈜⇔밍그다. 《集覽, 字解, 單字解, 7ㅈ》扮. 修飾也. 裝扮 꾸미다, 扮做 꾸며 밍그다. 音班, 去聲. ❸●노롯하다. ⇔노롯ㅎ다. 《朴新諺 1, 41ㅈ》這裏有箇做獸醫的人家麼, 여긔 獸醫 노롯ㅎ는 사롬이 잇느냐. ●㊁되다. ⇔되다. 《朴新諺 1, 28ㅈ》却做不得我荨的結義弟兄, ㅼ 우리 結義 弟兄이 되지 못ㅎ 거시니. 《朴新諺 1, 45ㅈ》做了這媒, 이 즁미 되어. 《朴新諺 1, 45ㅈ》那両口兒做了少年夫妻, 뎌 둘히 少年夫妻ㅣ 되엿고. 《朴新諺 3, 6ㅈ》也飜做有理, ㅼ 뒤집어 理 이시미 될 거시니. 《朴新諺 3, 19ㅈ》今日如你老爺做了大人, 오늘 네 老爺ㅣ 大人이 되여시니. 《朴新諺 3, 24ㅈ》拔下一根頭髮變做狗蚤, ㅎ 낫 머리터럭을 ㅼ혀 變ㅎ여 개벼록이 되여. 《朴新諺 3, 25ㅈ》行者變做小虫児, 行者ㅣ 變ㅎ여 져근 버레 되여. 《朴新諺 3, 27ㅈ》行者變做五寸大的胡孫, 行者ㅣ 變ㅎ여 五寸만치 큰 진납이 되여. 《朴新諺 3, 28ㅈ》變做一箇大黑狗, 변ㅎ여 ㅎ 큰 거믄 개 되여. ㊂삼다. 여기다. 생각하다. ⇔삼다. 《朴新諺 1, 2ㅈ》做酒樏子,

酒樏子를 삼쟈. 《朴新諺 1, 55ㅎ》要尋一箇好婦人做妳子哩, ㅎ 됴흔 계집을 어더 졋어미를 삼고져 ㅎ느니. 《朴新諺 2, 37ㅈ》近來在一箇財主人家招做了女壻, 요ㅼ이 ㅎ 財主 人家에서 사회를 삼으니. ❹하다. ⇔ㅎ다. 《朴新諺 1, 23ㅈ》當這許多銀子做甚麼, 이 만흔 은을 뎐당ㅎ여 므슴 ㅎ려 ㅎ는다. 《朴新諺 1, 27ㅎ》做箇賞月會何如, ㅎ 賞月會롤 홈이 엇더ㅎ뇨. 《朴新諺 1, 48ㅈ》你每日做甚麼功課, 네 每日에 므슴 공부ㅎ는다. 《朴新諺 2, 4ㅈ》在那裏做生日來, 어디셔 生日을 ㅎ뇨. 《朴新諺 2, 20ㅈ》要他做甚麼, 뎌롤 ㅎ여 므슴 ㅎ리오. 《朴新諺 2, 28ㅈ》要你們做甚麼, 너희들 ㅎ여 므슴 ㅎ리오. 《朴新諺 2, 37ㅎ》我又理他做甚麼, 내 ㅼ 뎌를 긔수ㅎ여 므슴 ㅎ리오. 《朴新諺 3, 11ㅈ》你一般動手做生活, 네 ㅎ가지로 손을 놀려 ㅎ 셩녕이. 《朴新諺 3, 12ㅎ》慶壽寺裡做盂蘭勝會, 慶壽寺에서 盂蘭勝會를 ㅎ다 ㅎ니. 《朴新諺 3, 30ㅈ》一發去做賊不好麼, 홈끽 가 도적질홈이 됴치 아니ㅎ냐. 《朴新諺 3, 36ㅎ》我管做甚麼, 내 무섯 ㅎ기를 ㄱ움알리오.

주(做) 보동 체하다. …인 체하다. ⇔체ㅎ다. 《朴新諺 3, 10ㅈ》做甚麼泥水匠, 므슴 미장인 체ㅎ리오.

주(紬) 명 비단. ⇔비단. 《朴新諺 3, 15ㅎ》藍綾二疋裡紬四疋, 藍綾 두 필과 안 너흘 비단 네 필을 부터.

주(蛀) 동 (좀이) 씹다. 슬다. 먹다. (벌레로 인한 재해) ⇔딥다. 《朴新諺 3, 6ㅎ》虫蛀的無一根風毛了怎麼好, 좀이 딥어 ㅎ 낫 긴털이 업스니 엇지ㅎ여야 됴흐료. 《朴新諺 3, 7ㅈ》虫子怎麼得蛀呢, 좀이 엇지 딥어시리오.

주(湊) 동 ❶모으다. ⇔모도다. 《朴新諺 1, 24ㅈ》共湊二百両之數, 대되 二百両 數롤 모도아야. ❷모이다. ●⇔모히다. 《朴新諺 1, 23ㅈ》當多了後來銀子不湊手

就難贖了, 뎐당을 만히 ᄒᆞ엿다가 후에 은이 손에 모히지 못ᄒᆞ면 곳 무르기 어려오니라. ◉⇔몯다. 《朴新諺 1, 1ㅎ》共湊錢四十五六吊, 대되 돈 四十五六 댜오를 모들 뻐시니.

주(廚) 명 장(欌). 또는 상자. 궤짝. ⇔장. 《朴新諺 2, 42ㅎ》伙計們把那廚開了, 동모들아 뎌 장을 열고.

주(籌) 명 사슬. 제비. 댓가지. ⇔사슬. 《集覽, 朴集, 上, 5ㅎ》籌. 音義云, 出倉之計筭. 質問云, 以木爲之. 此收·放米計數之籌, 每米一石, 對籌一根. 《朴新諺 1, 14ㅈ》然後到關籌(朴新注, 5ㅎ: 籌, 以木為之, 收·放米計數之物. 每米一石, 對籌一根.)的所在領過籌來, 그린 후에 사슬 트ᄂᆞᆫ 곳에 가 사슬을 트 와야. 《朴新諺 1, 14ㅎ》先換票領籌何如, 몬져 票를 밧고고 사슬을 트미 엇더ᄒᆞ뇨.

주가(酒家) 명 술집. 《集覽, 朴集, 下, 2ㅈ》幟字. 今按, 漢俗, 凡出賣諸物之家, 俱設標幟之物, 置於門口, 或於門前起立牌榜, 如曰張家出賣高麗布扇. 一如賣酒家標植靑帘之類, 俗呼靑帘曰酒家望子.

주가망자(酒家望子) 명 청기(靑旗). (중국에서 주막집의 표시로 세우는 기)《集覽, 朴集, 下, 2ㅈ》幟字. 今按, 漢俗, 凡出賣諸物之家, 俱設標幟之物, 置於門口, 或於門前起立牌榜, 如曰張家出賣高麗布扇. 一如賣酒家標植靑帘之類, 俗呼靑帘曰酒家望子.

주거(舟車) 명 배와 수레. 《集覽, 字解, 單字解, 6ㅈ》賃. 傭屋以語曰賃, 지블 돌마다 銀 현 량곰 삭 물오 드러 이셔 살 시라. 又雇用驢馬·舟車之類曰賃, 라괴와 물둘훌 삭 주고 브릴 시라.

주고(主顧) 명 단골. 고객(顧客). ⇔단골. 《朴新諺 2, 44ㅈ》只圖箇下次主顧罷, 다만 후에 단골 홈을 구ᄒᆞ노라.

주과(酒果) 명 술과 과일. 《集覽, 朴集, 下, 4ㅎ》大醮. 道經云, 醮, 祭名. 夜中於星辰之下, 陳設餠餌·酒果·幣物, 禱祀天皇·太乙·地祇·列宿.

주관(主管) 동 어떤 일을 책임을 지고 맡아 관리하다. 《朴新諺 2, 8ㅈ》掌横的(朴新注, 25ㅎ: 主管市店者之稱.)老哥, 横 ᄀ 음아는 늙은 형아.

주관(做官) 동 벼슬하다. 관리가 되다. ⇔벼슬ᄒᆞ다. 《朴新諺 1, 49ㅈ》應科擧得做官, 科擧를 應ᄒᆞ여 벼슬홈을 어더.

주교(湊巧) 형 공교(工巧)하다. 공교(工巧)롭다. ⇔공교ᄒᆞ다. 《朴新諺 1, 12ㅈ》這麽甚湊巧, 이러면 심히 공교ᄒᆞ다.

주금(酒琴) 명 술과 거문고. 《朴新諺 3, 49ㅈ》載着這酒·琴·漁網, 이 酒·琴·漁網을 싯고.

주급(周急) 동 아주 다급한 처지에 있는 사람을 구하여 주다. 《朴新諺 1, 22ㅎ》我今日到當舖(朴新注, 9ㅈ: 典當物件借錢, 周急之所, 每十分加利一分, 有印號作照.)裏當錢去, 내 오늘 當舖에 돈 뎐당ᄒᆞ라 가노라.

주기(走氣) 동 김이 나다. 《集覽, 字解, 單字解, 7ㅎ》走. 行也 ᄃᆞ니다. 又逃回曰走回. 又跑也, 能走·快走 잘 ᄃᆞᆫᄂᆞ다. 又透漏也, 走話. 又洩也, 走了氣 김 나다.

주다 동 ❶⊖(돈을 빌려) 주다. ⇔방(放). 《朴新諺 2, 33ㅈ》一箇放債財主, 혼 빗 주기 ᄒᆞᄂᆞᆫ 財主ㅣ. ⊜(침을) 주다. 놓다. 사용하다. ⇔사(使). 《朴新諺 1, 37ㅎ》把小肚皮上使一針, 져근빈 우희다가 혼 번 針 주고. ❷주다. ⊖⇔급(給). 《朴新諺 1, 11ㅈ》給你一錢五分一板罷, 너를 혼 돈 오 푼을 혼 틀에 주미 무던ᄒᆞ다. 《朴新諺 1, 14ㅈ》又要給那扛口袋人的小脚錢, ᄯᅩ 뎌 쟈르 메는 사룸의 져근 삭갑슬 줄 뻐시니. 《朴新諺 1, 20ㅈ》之銀也給你, 之혼 銀도 너를 주ᄂᆞ니. 《朴新諺 1, 25ㅈ》先給半筐他, 몬져 반 광조리를 주고. 《朴新諺 1, 32ㅎ》給你一張三錢罷, 너를 혼 쟝에 서 돈식 주리라. 《朴新諺 1, 41

ㅎ》給他些便受了, 뎌룰 져기 주면 곳 바들 거시오. 《朴新諺 1, 55ㅎ》每一箇月給二兩妳子錢, 每 ㅎ 둘에 두 냥 졋 갑슬 주고. 《朴新諺 2, 20ㅎ》這麼我給你銀子就買去, 이러면 내 너룰 銀을 줄 거시니 곳 사라 가라. 《朴新諺 3, 54ㅈ》報信者給銀三兩, 報信ㅎᄂ 이ᄂ 銀 석 냥을 주고. ᄅ⇔부여(付與). 《朴新諺 3, 59ㅎ》寶劒贈與烈士, 寶劒은 烈士를 주고. 紅粉付與佳人, 紅粉은 佳人을 준다 ㅎ니라. ᄅ⇔사(賜). 《朴新諺 3, 28ㅈ》就賜唐僧金錢三百貫·金鉢盂一箇, 곳 唐僧을 金錢 三百貫과 金에우아리 ᄒ나흘 주고. 又賜行者金錢三百, ᄯ 行者를 金錢 三百을 주어. 《朴新諺 3, 51ㅈ》伏乞憲天老爺立賜看驗, 伏乞 憲天 老爺ᄂ 즉시 看驗홈을 주어. 四⇔송(送). 《朴新諺 1, 47ㅈ》我自然做了送你, 내 自然 민ᄃ라 너룰 주어. 《朴新諺 1, 47ㅈ》做一對小荷包送我如何, ᄒ 빵 져근 주머니룰 민ᄃ라 나룰 주미 엇더ᄒ뇨. 《朴新諺 3, 32ㅎ》大哥我送你一箇刷牙·一箇掠頭, 큰형아 내 너룰 ᄒ 刷牙와 ᄒ 귀밋빗기를 줄 거시니. 五⇔여(與). 《朴新諺 1, 43ㅎ》與你十箇大錢, 너룰 열 낫 대쳔을 주마. 《朴新諺 1, 55ㅎ》按四時與他衣服穿, 四時룰 按ᄒ여 뎌룰 衣服을 주어 닙힐 거시니. 《朴新諺 2, 4ㅎ》送去與他補做生日罷, 보내여 뎌룰 주어 生日을 다ᄂ림홈이 무던ᄒ다. 《朴新諺 2, 24ㅈ》與我把脉息看一看, 나룰 脉 보아 주고려. 《朴新諺 2, 32ㅎ》我如今與你二兩銀子, 내 이제 너룰 두 냥 은을 줄 거시니. 《朴新諺 3, 1ㅈ》再拿把扇子來與我, ᄯ혼 ᄌ로부치 가져다가 나룰 주고려. 《朴新諺 3, 15ㅎ》與父親·母親幷兄弟佛童穿用, 父親·母親과 다못 아ᄋ 佛童을 주어 닙게 ᄒ ᄂ이다. 《朴新諺 3, 27ㅎ》叫大王有肥皂麽與我洗頭, 부로되 大王아 비노ㅣ 잇ᄂ냐 나룰 주어 머리 곰게 ᄒ라. 《朴新諺 3, 36ㅈ》再下

幾碗寬條麵與我們, ᄯ 여러 사발 너분 국슈를 눌러 우리를 주되. 六⇔증(贈). 《朴新諺 3, 59ㅎ》寶劒贈與烈士, 寶劒은 烈士를 주고. 紅粉付與佳人, 紅粉은 佳人을 준다 ᄒ니라. 七⇔첨(添). 《朴新諺 1, 24ㅎ》夜裏又死睡不肯起來添草, 밤에 ᄯ 죽은 ᄃ시 자고 즐겨 니러 여믈을 더 주지 아니ᄒ니. 《朴新諺 1, 25ㅎ》看他吃到再添, 제 먹어 가는 거슬 보아 다시 더 주라. 八⇔체여(遞與). 《朴新諺 2, 12ㅈ》飛到那邊遞與他, ᄂ라 뎌 편에 가 뎌를 주ᄂ니. 九⇔환(還). 《集覽, 字解, 單字解, 1ㅈ》還. 猶尙也, 再也. 還有多少 당시론 언메나 잇ᄂ뇨. 又다하. 還要多少 다하 언메나 받고져 ᄒ ᄂ뇨. 還有·還要之還, 或呼如孩字之音. 此或還音之訛, 或別有其字, 未可知也. 又償也. 還錢 갑 주다. 《朴新諺 1, 10ㅈ》我好還價, 우리 공전 주기 됴흐리라. 《朴新諺 3, 51ㅈ》追還布疋懲治賊人, 布疋을 초자 주고 賊人을 懲治ᄒ면.

주달(奏達) 동 신(神)이나 임금에게 아뢰다. 《集覽, 朴集, 下, 4ㅎ》大醮. 又有消災度厄之法, 依陰陽五行之數, 推人年命, 書爲章疏靑詞, 奏達天神, 謂之醮.

주당(走堂) 명 음식점·다방·술집 등의 종업원. 《朴新諺 3, 35ㅎ》走堂(朴新注, 57ㅈ: 凡酒食舖店使役者, 謂之走堂, 亦云過賣.)的你來有甚麼飯, 음식 ᄑ 는 이아 이바 므슴 밥이 잇ᄂ뇨.

주도(走到) 동 가다. 달려가다. ⇔가다. 《朴新諺 2, 35ㅈ》那婦人便走到衙門裏告了一狀, 뎌 계집이 곳 衙門에 가 ᄒ 狀을 告ᄒ니.

주도량(做道場) 동 〈불〉 중을 청하여 불사(佛事)를 열다. ⇔도량ᄒ다(道場-). 《朴新諺 3, 43ㅈ》昨夜做道場有你在那裡麽, 어젯밤 道場홀 제 네 거긔 잇더냐.

주득(做得) 동 ❶⊖(밥을) 짓다. 이루다. 성취하다. ⇔짓다. 《朴新諺 3, 44ㅎ》做

得生硬了難吃, 짓기를 서러 ᄢ면 먹기
어렵고. ●하다. 해내다. 이루다. ⇔ᄒ
다. 《朴新諺 2, 32ㅈ》這帽撛做得平常, 이
갓 모양이 민들기룰 平常이 ᄒ엿다. **2**
만들다. 해내다. 이루다. ●⇔민들다.
《朴新諺 1, 21ㅎ》南斗六星板却做得忒圓
了些, 南斗六星 돈은 민든 거시 너무 두
렷ᄒ고. 《朴新諺 1, 22ㅈ》後面北斗七星
板也做得好, 後面 北斗七星 돈은 민들기
룰 잘ᄒ엿고. 那雀舌做得牢壯也好, 뎌
혀쇠ᄂᆞᆫ 민들기룰 牢壯히 ᄒ야시니 ᄯ 됴
타. 《朴新諺 2, 12ㅎ》誰知道做得狠(很)
不如式, 뉘 아더냐 민드롬이 ᄀ쟝 법 ᄀᆺ
지 아니ᄒ고. 《朴新諺 2, 32ㅈ》是徐五家
做的, 이 徐五의 집의셔 민든 거시라. 這
帽撛做得平常, 이 갓 모양이 민들기룰 平
常이 ᄒ엿다. 《朴新諺 2, 33ㅈ》向來做得
好不會走作, 向來 민들기룰 잘ᄒ여 흘
긔지 아니ᄒ고. ●⇔민돌다. 《朴新諺 1,
21ㅎ》那三台板却做得好, 뎌 三台 돈은
민돌기룰 잘ᄒ엿고.

주란(朱欄) 阅 붉은 칠을 한 난간. 《朴新
諺 2, 5ㅈ》這畫棟雕樑朱欄碧檻, 뎌 畫棟
雕樑과 朱欄 碧檻이.

주래(走來) 동 달려오다. ⇔ᄃ라오다.
《朴新諺 2, 57ㅎ》那時誰先走來呢, 그 ᄢ
에 뉘 몬져 ᄃ라왓더뇨. 《朴新諺 2, 58
ㅈ》他先走來, 데 몬져 ᄃ라왓더라.

주례(周禮) 阅 의례(儀禮)·예기(禮記)와
함께 삼례(三禮)의 하나. 주(周)나라 때
의 관제(官制)를 적은 책. 주공단(周公
旦)이 지었다고 한다. 예전에는 주관(周
官), 당(唐)나라 이후에는 주례라 일컬
었다. 진시황(秦始皇) 때 분서(焚書)된
것을 한(漢)나라 때 5편을 발견하여 고
공기(考工記)를 보충하여 6편으로 하였
다. 《集覽, 朴集, 上, 7ㅈ》三台. 三台, 周
禮疏, 上台司命(令) 爲太尉, 中台司中爲
司徒, 下台司祿爲司空, 三公之象. 《集覽,
朴集, 中, 8ㅈ》苕箒. 周禮桃列鄭云, 苪,

苕箒也, 苕, 葦華也.

주례(酒醴) 阅 술과 단술. 또는 술을 두루
이르는 말. 《集覽, 朴集, 上, 1ㅈ》光祿寺.
在東長安門內, 其屬有大官·珍(珎)羞·
良醞·掌醢四署, 掌供辦內府諸品膳羞酒
醴及管待使客之事.

주료기(走了氣) 동 김이 나가다. 김이 빠
져 나가다. 《集覽, 字解, 單字解, 7ㅎ》走.
行也. 돈니다. 又逃回曰走回. 又跑也. 能
走·快走 잘 돈ᄂᆞ다. 又透漏也. 走話. 又
洩也. 走了氣 김 나다.

주루(酒樓) 阅 비교적 큰 규모의 술집.
《集覽, 朴集, 上, 8ㅈ》翫月會. 東京錄云,
中秋夜, 貴家結飾臺榭, 民間爭占酒樓翫
(玩)月, 絲簧鼎沸, 近內庭居民, 夜深遙聞
笙竽之聲, 宛若雲外天樂, 閭里兒童連宵
嬉戲, 夜市騈闐, 至於通曉.

주마(走馬) 동 말을 타고 달리다. 《集覽,
朴集, 上, 14ㅈ》刬(揓)柳. 質問云, 端午
節日, 赴敎場內, 將三枝柳植之三處, 走馬
射之.

주매매(做買賣) 동 흥정하다. 거래하다.
⇔매매ᄒ다(買賣-). 《朴新諺 2, 28ㅈ》一
箇到帽舖裏去學做買賣, ᄒ나흔 帽舖에
가 買賣ᄒ기 비호고.

주머니 阅 주머니. ⇔하포(荷包). 《朴新諺
1, 29ㅎ》両邉掛着珎珠結成花樣的對子荷
包, 두 편에 珎珠로 花樣 겨론 ᄒᆫ ᄡᅡᆼ 주머
니룰 ᄎ고. 《朴新諺 1, 30ㅎ》両邉小刀荷
包手巾, 두 편에 져근 칼과 주머니 手巾
이. 《朴新諺 1, 47ㅈ》做一對小荷包送我
如何, ᄒᆫ ᄡᅡᆼ 져근 주머니룰 민ᄃ라 나룰
주미 엇더ᄒ뇨.

주반(酒飯) 阅 술과 밥. 곧, 술과 음식.
《朴新諺 1, 2ㅈ》不如問那光祿寺(朴新注,
1ㅎ: 管筵宴·酒飯衙門.), 뎌 光祿寺에
무러.

주반(做飯) 동 밥을 짓다. 취사하다. 식사
준비를 하다. 《朴新諺 3, 44ㅎ》你做飯要
留心纔好, 네 밥을 지으매 留心홈이 마

치 됴호니라.

주발(酒潑) 통 술이 괴다. 《集覽, 字解, 單字解, 7ㅎ》潑. 酒潑 술 괴다. 潑將來 자바 보내다. 一潑, 見下. 又吏語, 告潑 고호야나다.

주방(廚房) 명 주방. 부엌. 《朴新諺 2, 45ㅈ》廚房幾間, 廚房이 현 간.

주별(酒鱉) 명 가죽으로 자라처럼 납작하게 만든 술 부대. ⇔쥬벼ᄋ. 《朴新諺 2, 21ㅈ》還有羅鍋, 또 노고와, 柳箱, 섥과. 籭子, 드레와. 碗楪, 사발 접시와. 匙筯, 수져와. 榪杓, 나모쥬게와. 箥籬, 됴리와. 炊箒, 솔과. 擦床兒, 슉치칼과. 簸(簸)箕, 키와. 篩子, 얼밍이와. 馬尾羅, 물총체와. 桌子, 상과. 盤子, 盤과. 茶盤, 찻반과. 燈臺, 燈臺와. 酒種, 잔과. 酒鱉, 쥬벼ᄋ와. 銅杓, 놋쥬게 이시니.

주봉관(珠鳳冠) 명 진주나 구슬로 봉(鳳)의 모양을 만들어 붙인 관. 《集覽, 朴集, 上, 11ㅎ》珠鳳冠. 音義云, 珠子結成鳳的冠. 今按, 用珍珠串結, 作成鳳形, 而至於翎毛, 則皆用綵線及翠羽爲飾(餙). 《朴新諺 1, 44ㅈ》珠鳳冠(朴新注, 17ㅈ: 命婦冠也. 有五鳳冠, 有九鳳冠, 餙以珠翠.), 珠鳳冠과.

주사(主事) 명 벼슬 이름. 한(漢)나라 때 처음 두었는데, 명·청대(明淸代)에는 육부(六部)의 원외랑(員外郞) 아래에 두었다. 《集覽, 朴集, 中, 8ㅈ》首領官. 今宗人府經歷爲首領官, 六部主事爲首領官之類.

주사(朱砂) 명 수은으로 이루어진 황화광물(黃化鑛物). 붉은색 안료(顔料)나 약재로 쓴다. 《集覽, 朴集, 下, 5ㅈ》蠍(蝎)虎. 五月五日捕其生者, 飼以朱砂, 明年端午搗(擣)之, 點宮人臂上, 經事則消, 否則雖死不改, 故名曰守宮.

주상(住相) 명 〈불〉 사상(四相)의 하나. 만유(萬有)가 현재의 상태로 잠시 안주해 있는 모습을 이른다. 《集覽, 朴集, 上,

10ㅎ》布施. 捨施也, 財施爲凡, 法施爲聖. 凡布施, 必以滿三千世界, 七寶〈宝〉爲求福之具, 財施也. 此住相布施也. 菩薩布施, 但一心淸淨, 利益一切, 爲大施主, 法施也. 此不住相布施也.

주상보시(住相布施) 명 〈불〉 주상(住相)하는 보시. 《集覽, 朴集, 上, 10ㅎ》布施. 捨施也, 財施爲凡, 法施爲聖. 凡布施, 必以滿三千世界, 七寶〈宝〉爲求福之具, 財施也. 此住相布施也. 菩薩布施, 但一心淸淨, 利益一切, 爲大施主, 法施也. 此不住相布施也.

주생활(做生活) 통 공작(工作)하다. 일하다. 제작하다. ⇔셩녕ᄒᆞ다. 《朴新諺 3, 11ㅈ》你一般動手做生活, 네 혼가지로 손을 놀려 혼 셩녕이. 《朴新諺 3, 11ㅈ》咳我到處做生活, 애 내 간 디마다 셩녕을 ᄒᆞ되.

주석(酒席) 명 술자리. 주연(酒筵). 《朴新諺 1, 5ㅎ》這些酒席都已辦停妥完備了, 이 酒席을 다 이믜 쟝만ᄒᆞ여 停妥 完備ᄒᆞ여다.

주선생(朱先生) 명 주씨 성을 가진 도사(道士). 또는 음양가(陰陽家). 점술가. 《朴新諺 3, 42ㅎ》是朱先生, 이 朱先生이라.

주성(做成) 통 (밥을) 짓다. 만들다. ⇔짓다. 《朴新諺 2, 36ㅈ》乾飯做成了, 된밥도 지엇고.

주수(丟袖) 명 소매를 내어 붙인 (가죽) 옷. 《集覽, 朴集, 下, 1ㅈ》丟袖. 音義云, ·스·미〈매〉 조쳐:내·브·틴 갓·옷.

주숙(住宿) 통 묵다. 숙박하다. 《朴新諺 2, 17ㅎ》未必住宿, 머므러 자기 반둣지 아니ᄒᆞ니.

주식(酒食) 명 술과 밥. 곧, 술과 음식. 《集覽, 字解, 累字解, 1ㅈ》下飯. 以酒食爲主, 而以物爲酒食之助者, 則曰下飯. 《集覽, 朴集, 下, 5ㅎ》飯. 漢人凡稱餠·麪〈麵〉·酒食之類皆曰飯. 《朴新諺 3, 35ㅎ》走

堂(朴新注, 57ㅈ: 凡酒食舖店使役者, 謂之
走堂, 亦云過賣.)的你來有甚麽飯, 음식
ㅍᄂ 이아 이바 므슴 밥이 잇ᄂᆞ뇨.

주슴 똉 즈음. 《集覽, 字解, 累字解, 2ㅎ》
一霎兒. ᄒᆞᆫ 주슴ᄉᆡ.

주슴ᄉᆡ 혱 번. 차례. 회. ●⇔삽아(霎
兒). 《集覽, 字解, 累字解, 2ㅎ》一霎兒.
ᄒᆞᆫ 주슴ᄉᆡ. ●⇔회아(會兒). 《集覽, 字
解, 累字解, 2ㅎ》一霎兒. ᄒᆞᆫ 주슴ᄉᆡ.
《集覽, 字解, 累字解, 2ㅎ》一會兒. 上同.

주아(主兒) 똉 임자. 주인. ⇔님자. 《朴新
諺 2, 12ㅈ》他的主兒一箇手拿着五色小
旗, 뎌 님재 ᄒᆞᆫ 손에 五色 져근 旗를 가지
고. 《朴新諺 2, 12ㅈ》那箇主兒又叫做頑
雀兒的, 뎌 님자를 ᄯᅩ 새 놀리ᄂᆞᆫ 이라 부
르ᄂᆞ니라.

주아(珠兒) 똉 구슬. ⇔구슬. 《朴新諺 1,
46ㅈ》麤白珠兒線, 굵고 흰 구슬 둘 실을
사고.

주아자(做牙子) 동 주름질ᄒᆞ다. 거간(居
間)ᄒᆞ다. 중개ᄒᆞ다. ⇔즈름질ᄒᆞ다. 《朴
新諺 1, 33ㅎ》想那厮做牙子(朴新注, 13
ㅈ: 主互市事, 卽古之牙儈.)去了, 싱각건
대 뎌 놈이 즈름질ᄒᆞ라 갓도다.

주악(奏樂) 동 음악을 연주ᄒᆞ다. 또는 그
음악. 《集覽, 朴集, 下, 11ㅈ》好女不看
燈. 涅槃經云, 上元, 如來闍維訖, 收舍利,
置金床上, 天人散花, 奏樂繞城, 步步燃燈
十二里.

주양(朱梁) 똉 오대(五代) 양(梁)의 별칭. 주
온(朱溫)이 세웠기 때문에 이르는 말이
다. 《集覽, 朴集, 下, 12ㅎ》梁貞明. 梁, 國
號, 卽五代朱梁也. 貞明, 均王年號.

주연석(做筵席) 동 이바지ᄒᆞ다. 잔치ᄒᆞ
다. ⇔이바지ᄒᆞ다. 《集覽, 朴集, 上, 11
ㅎ》今日做筵席. 舊本作開口筵席, 古所謂
言定, 今俗云求親. 《朴新諺 1, 55ㅈ》到了
百日又做筵席, 百日에 다ᄃᆞ라 ᄯᅩ 이바지
ᄒᆞ면.

주옥(珠玉) 똉 사람 이름. 《朴新諺 2, 44

ㅎ》京都城四牌樓下民人朱玉, 京都城 四
牌樓 아러 民人 朱玉이.

주온(朱溫) 똉 오대 양(五代梁)의 태조(太
祖: 朱全忠)를 이르는 말. 《集覽, 朴集,
下, 12ㅎ》梁貞明. 梁, 國號, 卽五代朱梁
也. 貞明, 均王年號. 均王名瑱, 太祖朱溫
之第〈弟〉四子也. 朱溫事唐僖宗, 賜名全
忠, 拜宣武軍節〈節〉度使, 封均王.

주왕(走往) 동 왕래ᄒᆞ다. 《集覽, 朴集, 上,
11ㅈ》狗有濺草之恩. 前有一坑水, 狗便走
往水中, 還以身洒生, 左右草沾水得着, 地
火尋過去, 生醒而去. 《朴新諺 1, 42ㅎ》狗
有濺草(朴新注, 16ㅎ: 晉時, 楊生養狗, 甚
愛. 生醉臥大澤草中. 夜(野)火起風猛, 狗
呼喚, 生不覺. 狗走往水坑, 以身漬水, 洒
生所臥草, 生得不死.)之恩, 개ᄂᆞᆫ 濺草ᄒᆞᆫ
恩이 잇고. 馬有垂繮之報, 믈은 垂繮ᄒᆞᆫ
報ㅣ 잇다 ᄒᆞ니라.

주위(周圍) 똉 주위. 둘레. 사방. 《集覽,
字解, 單字解, 7ㅈ》遭. 一次謂之一遭. 又
周遭, 猶言周圍也. 又遭是 마초와. 《集
覽, 朴集, 上, 8ㅎ》刺通袖膝欄. 元時好着
此衣, 前後具胷背, 又連肩而通袖之脊, 至
袖口爲紋, 當膝周圍亦爲紋如欄干, 然織
成段匹爲衣者有之, 或皮或帛, 用綵線周
遭回曲爲緣, 如花樣, 刺〈刺〉爲草樹〈尌〉
・禽獸・山川・宮殿之文於〈紋於〉其內,
備極奇巧, 皆用團領着之, 其直甚高. 《集
覽, 朴集, 中, 2ㅎ》細車〈室車〉. 質問云,
如婦人所乘車, 周圍雕刻花槅, 油飾花須,
方言謂之細車. 又云, 女人所乘有槅長盖
之車. 《集覽, 朴集, 中, 7ㅎ》舖面周圍. 漢
人造屋於大街之間者, 向街周遭必設空屋,
聽令坐賈賃居爲市, 按月受直. 《朴新諺 2,
45ㅈ》周圍舖面幾十間, 周圍 舖面이 幾十
間이오.

주인(主人) 똉 주인. 《集覽, 朴集, 上, 13
ㅎ》百歲日. 子生一七日, 謂之一臘, 一歲,
謂之百晬. 質問云, 初生孩兒以百日爲百
歲日, 六親皆以禮賀之, 主人設席館待.

《朴新諺 3, 11ㅈ》拙匠人巧主人, 拙혼 匠
人이오 巧혼 主人이라 ᄒ니라. 《朴新諺
3, 38ㅎ》三停裡該分與主人二停纔是, 세
운에서 맛당이 主人을 두 운을 눈화 주
어야 올커늘. 《朴新諺 3, 38ㅎ》他只交
(把)一停與主人, 뎨 다만 혼 운을다가 主
人을 주고. 《朴新諺 3, 38ㅎ》被一箇挾讐
的人告訴了他主人, 혼 挾讐혼 사ᄅᆷ이 제
主人의게 告訴홈을 닙어.

주자(主子) 몡 주인(主人). 샹뎐(上典). 가
쟝(家長). ⇔항것ㅅ. 《朴新諺 3, 38ㅈ》是
他主子的莊田, 이 제 항것싀 농소ㅣ라.

주자(肘子) 몡 =늑자(肋子). '肘'는 '肋'의
잘못. 《朴新諺 1, 5ㅈ》頓爛肘(肋)子, 무
르녹게 술믄 녑팔지와.

주자(珠子) 몡 ●구슬. ⇔구슬. 《集覽, 朴
集, 上, 11ㅎ》珠鳳冠. 音義云, 珠子結成
鳳的冠. 今按, 用珍珠串結, 作成鳳形, 而
至於翎毛, 則皆用綵線及翠羽爲飾(餙).
《朴新諺 3, 29ㅈ》那賣珠子的你來. 더 구
슬 풀 리아 이바. 你有好假珠子麼, 네게
됴흔 조구슬 잇ᄂ냐. 我賣的是上等白色
珠子, 내 ᄑ는 거슨 이 上等 흰빗쳬 구슬
이니. 《朴新諺 3, 29ㅈ》這珠子你要多少
價錢, 이 구슬을 네 엇마 갑슬 달라 ᄒ는
다. ●진주(珍珠). ⇔진쥬. 《朴新諺 1, 22
ㅎ》那珠子有多少大, 뎌 진쥬ㅣ 언머나
크뇨. 《朴新諺 2, 35ㅈ》搜出珠子・絹疋
來, 진쥬와 絹疋을 뒤어 내고.

주자(廚子) 몡 숙수(熟手). 요리사. 《集覽,
朴集, 中, 1ㅎ》廚子. 光祿寺有廚子, 卽供
應大小筵宴及館〈舘〉待使客執爨之役者
也. 《朴新諺 1, 4ㅈ》喚廚子(朴新注, 2ㅈ:
供應筵宴執爨之役者.)來我與他商(商)量,
廚子를 블러 오라 내 저와 의논ᄒ쟈.
《朴新諺 2, 16ㅎ》廚子你來, 廚子ㅣ 아 이
바. 《朴新諺 2, 18ㅈ》吩咐廚子, 廚子의게
吩咐ᄒ여. 《朴新諺 2, 18ㅎ》一面叫廚子
送飯, 一面으로 廚子로 ᄒ여 밥을 보내
고. 《朴新諺 3, 7ㅎ》叫廚子把我的飯菜,

廚子로 ᄒ여 내 밥 반찬을다가.

주작(走作) 동 들뜨다. 원형(原形)이 변하
다. ●⇔듧ᄯ다. 《集覽, 字解, 單字解, 3
ㅎ》做. 韻會遇韻作字註云, 造也, 俗作做
非. 简韻作字註云, 爲也, 造也, 起也, 俗作
做非. 做音, 直信切. 今按, 俗語做甚麼 므
슴 ᄒ료, 作衣裳 옷 짓다, 作音조, 去聲.
不走作 듧ᄯ디 아니타, 作音조, 入聲. 以
此觀之, 則做從去聲, 作互呼去聲・入聲,
通做字. 俗不用直信切之音. ●⇔흘긔다.
《朴新諺 2, 33ㅈ》向來做得好不會走作, 向
來에 민들기를 잘ᄒ여 흘긔지 아니ᄒ고.

주잔싸 동 주저앉다. ⇔돈좌(頓坐). 《集
覽, 字解, 單字解, 5ㅎ》頓. 一次也. 一頓
飯. 又跌也. 頓坐 주잔싸. 又拜頭叩地也.
頓首百拜.

주적(做賊) 동 도둑질하다. ⇔도적질ᄒ
다. 《朴新諺 3, 30ㅈ》一發去做賊不好麼,
홈믜 가 도적질홈이 됴치 아니ᄒ냐.

주적망(走的忙) 동 =주적쾌(走的快). 《集
覽, 字解, 單字解, 7ㅎ》忙. 疾也. 疾忙・
連忙・擺忙 ᄲᆞ르다. 走的忙・去的忙.

주적쾌(走的快) 동 달리기를 잘하다. 빨
리 달리다. 《集覽, 字解, 單字解, 5ㅈ》快.
急也. 走的快・疾快. 又樂也. 快活・大
快. 又快手 잘 돈ᄂ 놈. 又呼筋曰快子.

주전(鑄錢) 동 돈을 주조하다. 또는 그 돈.
《集覽, 朴集, 上, 13ㅈ》錢鈔. 古者天降災
戾, 於是乎量資幣, 權輕重, 以救民困. 代
各鑄錢, 輕重不一.

주전충(朱全忠) 몡 오대 양(五代梁)의 태
조(太祖). 탕산(碭山) 사람. 이름은 황
(晃). 본래 이름은 온(溫). 전충은 당 희
종(唐僖宗)이 내려준 이름. 황소(黃巢)
의 장군으로 당에 항복하고 전공을 세
워 사진 절도사(四鎭節度使)가 되고, 양
왕(梁王)에 봉(封)하여졌다가 찬위(簒
位)하여 황제가 되었다. 아들 우규(友
珪)에게 시해되었다. 《集覽, 朴集, 下, 12
ㅎ》唐昭宗. 姓李, 名曄, 僖宗第七子. 爲

逆臣朱全忠所弒.

주접자(酒楪子) 圐 술안주.《朴新諺 1, 2
ㅈ》做酒楪子(朴新注, 1ㅎ: 凡宴會, 先進
各果碟子作按酒.), 酒楪子를 삼쟈.

주조(周遭) 圐 둘레. 사방(四方). 주위.
《集覽, 字解, 單字解, 7ㅈ》遭. 一次謂之
一遭. 又周遭, 猶言周圍也. 又遭是 마초
와.《集覽, 朴集, 中, 7ㅎ》鋪面周遭. 漢人
造屋於大街之間者, 向街周遭必設空屋,
聽令坐賈賃居爲市, 按月受直.《朴新諺 2,
45ㅈ》周圍鋪面(朴新注, 39ㅈ: 漢俗, 造屋
者, 向街周遭必設空廳, 令坐賈為市, 謂之
舖面.)幾十間, 周圍 舖面이 幾十間이오.

주종(酒種) 圐 잔(盞). 술잔. ⇔잔.《朴新
諺 2, 21ㅈ》還有羅鍋, 쏘 노고와. 柳箱,
섥과. 灑子, 드레와. 碗楪, 사발 접시와.
匙筯, 수져와. 榪杓, 나모쥬게와. 箅籬,
됴리와. 炊箒, 솔과. 擦床兒, 슉치칼과.
篩(籭)箕, 키와. 篩子, 얼밍이와. 馬尾羅,
몰총체와. 桌子, 상과. 盤子, 盤과. 茶盤,
찻반과. 燈臺, 燈臺와. 酒種, 잔과. 酒甕,
쥬벼ᄋ과. 銅杓, 놋쥬게 이시니.

주지(住持) 圐 〈불〉 한 절을 주관하는 중.
《集覽, 朴集, 上, 15ㅎ》步虛. 還大都, 時適
丁太子令辰十二月二十四日, 奉傳聖旨, 住
持永寧禪寺, 開堂演法.《集覽, 朴集, 中,
4ㅈ》智滿十身. 十身有調御. 十身, 曰無
着, 曰弘願, 曰業報, 曰住持, 曰涅槃, 曰淨
法, 曰眞心, 曰三昧, 曰道性, 曰如意. 有內
十身, 曰菩提, 曰願, 曰化, 曰力持, 曰莊嚴,
曰威勢, 曰意生, 曰福德, 曰法, 曰智. 有外
十身, 曰自, 曰衆生, 曰國土, 曰業報, 曰聲
聞, 曰圓覺, 曰菩薩, 曰智, 曰法, 曰虛空.

주찬(酒饌) 圐 술과 음식.《集覽, 朴集, 上,
12ㅈ》圓飯筵席. 圓作完是, 謂齊足之意.
今按, 漢人娶妻親迎, 而女至男家以宿, 則
女家送女食于男家, 三日而止. 止食之日,
女家必具酒饌, 送男家設宴, 謂之完飯筵
席.

주채(酒債) 圐 술값으로 진 빗.《集覽, 朴

集, 下, 3ㅈ》六鶴舞琴. 善惡報應錄云, 江
夏郡辛氏沽酒爲業, 有一先生入坐曰, 有
好酒飲吾否. 辛飮以巨杯. 明日復來, 如此
半載. 謂辛曰, 多負酒債, 無錢酬汝.

주처(住處) 圐 머물러 사는 곳. 거처(居
處).《朴新諺 1, 21ㅎ》是挳攔(朴新注, 8
ㅎ: 俳優棚, 一云, 妓樂住處.)衚衕裏帶匠
夏五廟的, 이 挳攔 곧 쐬쟝이 夏五ㅣ 뎐
메윗ᄂᆞ니라.

주천대초(周天大醮) 圐 도교에서, 육궁
(六宮)을 보우(保佑)하고 비후(妃后)의
안녕을 위하여 성대하게 거행하던 제전
(祭典).《集覽, 朴集, 下, 4ㅎ》大醮. 上元
金籙齋, 帝王修奉, 設普天大醮. 中元玉籙
齋, 保佑六宮, 輔寧妃后, 設周天大醮. 下元
黃籙齋, 臣民通修, 普資邦國, 設羅天大醮.

주취(珠翠) 圐 진주와 비취.《朴新諺 1, 44
ㅈ》滿頭珠翠, 마리에 ᄀᆞ득ᄒᆞᆫ 珠翠와.
《朴新諺 1, 44ㅈ》珠鳳冠(朴新注, 17ㅈ:
命婦冠也. 有五鳳冠, 有九鳳冠, 餙以珠
翠.), 珠鳳冠과.

주파희(做把戲) 圐 놀이하다. 곡예(曲藝)
하다. 재주를 부리다. ⇔노롯ᄒᆞ다.《朴
新諺 2, 12ㅈ》還有那諸般做把戲的演戲
法的, 쏘 여러 가지 노롯ᄒᆞ며 환슐 닉이
는 이도 이셔.

주팔계(朱八戒) 圐 중국의 소설 서유기
(西遊記)에 나오는 저팔계(豬八戒)의 다
른 표기.《集覽, 朴集, 下, 4ㅈ》孫行者.
其後唐太宗勑玄奘法師, 徃西天取經, 路
經此山, 見此猴精壓在石縫, 去其佛押出
之, 以爲徒弟, 賜法名吾(悟)空, 改号〈號〉
爲孫行者, 與沙和尙及黑猪精朱八戒偕徃,
在路降妖去恠, 救師脫難, 皆是孫行者神
通之力也. 法師到西天, 受經三藏, 東還,
法師證果栴檀佛如來, 孫行者證果大力王
菩薩, 朱八戒證果香華會上淨壇使者.

주포(酒鋪) 圐 술집.《朴新諺 1, 2ㅈ》京城
街市上槽房(朴新注, 1ㅎ: 卽酒舖.)雖多,
京城 져제에 술집이 비록 만ᄒᆞ나.

주하(丟下) 图 던져 넣다. 처넣다. 던지다. ⇔드리치다.《朴新諺 3, 28ㅈ》行者直拖的到王面前丟下, 行者ㅣ 바로 쯔어 王의 앏희 가 드리치니.

주합(酒盒) 圐 쇠붙이로 만들어 술을 담는 그릇.《朴新諺 3, 33ㅈ》你與我打一箇立鼈壺(朴新注, 56ㅈ: 酒盒也.), 네 나를 흔 立鼈壺와.

주항(舟航) 图 〈불〉 구제(救濟)하다.《集覽, 朴集, 下, 3ㅈ》三寶. 佛・法・僧也. 功成妙智, 道登圓覺, 佛也, 玄理幽微, 正教精誠, 法也, 禁戒守眞, 威儀出俗, 僧也. 皆是四生導首, 六趣舟航, 故曰寶.

주현(州縣) 圐 주와 현.《集覽, 朴集, 下, 11ㅈ》金榜. 唐崔昭暴卒復甦云, 見冥閒〈間〉列榜〈㮮〉, 書人姓名, 將相金榜〈㮮〉, 次銀榜〈㮮〉, 州縣小官鐵榜〈鉄㮮〉.

주호(酒壺) 圐 술병. ⇔술병.《朴新諺 2, 36ㅎ》你把那酒壺汕乾淨着控一控, 네 뎌 술병을다가 부싀기를 乾淨히 ᄒ여 거후로고.

주홍(朱紅) 圐 주홍색.《集覽, 朴集, 上, 9ㅈ》油心紅. 質問云, 朱紅, 一云如心之紅也. 油, 加油於紅漆之上也. 又云, 油乃牛字, 非油也, 其色紅如牛心.

주화(走話) 图 말이 새다. 곧, 누설되다.《集覽, 字解, 單字解, 7ㅎ》走. 行也. 둔니다. 又逃回曰走回. 又跑也. 能走・快走 잘 둔ᄂᆞ다. 又透漏也. 走話. 又洩也. 走了氣 김 나다.

주활(做活) 图 공작(工作)하다. 일하다. 제작하다. ⇔셩녕ᄒ다.《朴新諺 1, 10ㅎ》說之了工價然後好煩你做活, 공전을 뎡흔 후에 널로 ᄒ여 셩녕홈이 됴타.《朴新諺 2, 59ㅈ》家裏有五六箇婦人做活裁的縫的, 집의 다엿 계집이 이셔 셩녕ᄒ여 ᄆᆞᄅ거니 짓거니 ᄒ면.《朴新諺 3, 16ㅎ》你只取了傢伙來做活, 네 그저 연장을 가져와 셩녕ᄒ라.《朴新諺 3, 33ㅎ》你都帶了來這裡做活方好, 네 다 가지

고 와 예셔 셩녕홈이 보야흐로 됴타.

주회(走回) 图 달아나 돌아오다. 도망쳐 돌아오다.《集覽, 字解, 單字解, 7ㅎ》走. 行也. 둔니다. 又逃回曰走回. 又跑也. 能走・快走 잘 둔ᄂᆞ다. 又透漏也. 走話. 又洩也. 走了氣 김 나다.

주후경(肘後經) 圐 의서(醫書) 이름.《集覽, 朴集, 下, 9ㅈ》陝榜. 臞仙肘後經云, 生人所生之年, 與亡〈㐫〉者所死月節〈莭〉相犯則忌避.

주흥(酒興) 圐 술에 취하여 일어나는 흥취.《朴新諺 1, 6ㅎ》助助老爺們酒興, 老爺들의 酒興을 도아.

주ᄒ다(主-) 图 주관(主管)하다. ⇔주(主).《朴新諺 2, 59ㅎ》主得飲食便好裁衣, 飲食을 主ᄒ니 곳 옷 ᄆᆞᆯ기 됴타.

죽(粥) 圐 죽. ⇔쥭.《朴新諺 1, 54ㅎ》且吃些稀粥爛飯, 아직 묽은 죽과 무른 밥을 먹고.《朴新諺 2, 16ㅎ》熬些稀粥罷, 져기 믈근 죽 뿌라.《朴新諺 2, 36ㅈ》稀粥也熬着哩, 믉은 죽도 뿌엇다.

죽다 图 죽다. ●⇔사(死).《朴新諺 1, 24ㅎ》夜裏又死睡不肯起來添草, 밤에 ᄯᅩ 죽은 ᄃᆞ시 자고 즐겨 니러 여믈을 더 주지 아니ᄒ니.《朴新諺 2, 34ㅈ》帶累一家人都死怎的好呢, 왼 집 사ᄅᆞᆷ이 범으러 다 죽을 거시니 엇지ᄒ여야 됴흐리오.《朴新諺 2, 54ㅈ》人死不在老少, 사ᄅᆞᆷ의 죽기 老少에 잇지 아니타 ᄒ니라.《朴新諺 3, 8ㅈ》保佑我完了這願心便死也無怨了, 나를 保佑ᄒ여 이 願心을 믓게 ᄒ면 곳 죽어도 怨홈이 업스리라.《朴新諺 3, 26ㅎ》鹿皮就在油鍋裡死了, 鹿皮ㅣ 곳 기름 가마에서 죽으니라.《朴新諺 3, 27ㅈ》行者敢是死了, 行者ㅣ 죽은 ᄃᆞㅎᄒ다.《朴新諺 3, 29ㅈ》那裡想到死在胡孫手裡呢, 어디 죽음이 胡孫의 손에 이실 줄을 싱각ᄒ여시리오.《朴新諺 3, 42ㅎ》老曺死了, 老曺ㅣ 죽엇ᄂᆞ니라. ●⇔살(殺).《朴新諺 2, 35ㅎ》咳今日天氣冷殺人, 애

오늘 하늘 긔운이 차 사룸을 죽게 ᄒᆞ니.

죽목(竹木) 명 대나무와 나무.《集覽, 朴集, 中, 2ㅎ》抽分. 音義云, 十分而取一分, 以利官用. 今按, 中朝設抽分竹木局, 如遇客商〈商〉興販竹木・柴炭等項, 照例抽分. 粗貨十五分中抽二分, 細貨十分中抽二分. 竹木・柴炭, 或三十分取二, 或十分取二, 或三分取一.

죽목국(竹木局) 명 죽목(竹木)이나 시탄(柴炭) 따위의 현물세를 징수하기 위하여 두었던 관서.《集覽, 朴集, 中, 2ㅎ》抽分. 今按, 中朝設抽分竹木局, 如遇客商〈商〉興販竹木・柴炭等項, 照例抽分.

죽엽(竹葉) 명 대나무의 잎.《集覽, 朴集, 上, 1ㅎ》竹葉淸酒. 質問云, 其酒甚淸, 色如竹葉.

죽엽청주(竹葉淸酒) 명 죽엽(竹葉)과 같이 빛깔이 푸른 청주(淸酒). 지금은 분주(汾酒)에 여러 가지 약재를 넣어 만드는데 맛이 순하다.《集覽, 朴集, 上, 1ㅎ》竹葉淸酒. 質問云, 其酒甚淸, 色如竹葉.

죽이다 동 죽이다. ●⇔사(死).《朴新諺 2, 22ㅎ》把那船上的人打死了幾箇, 뎌 비에 사룸을다가 여러흘 쳐 죽엿다 ᄒᆞ더라.《朴新諺 2, 33ㅎ》便奪了那物打死那人, 곳 그 물건을 앗고 그 사룸을 쳐 죽여.《朴新諺 2, 34ㅈ》又奪了也謀死他, ᄯᅩ 앗고 ᄯᅩ 뎌를 꾀ᄒᆞ여 죽여.《朴新諺 2, 35ㅈ》也要謀死他, ᄯᅩ 뎌롤 꾀ᄒᆞ여 죽이려 ᄒᆞ니.《朴新諺 3, 24ㅈ》便拿下來磕死了, 곳 자바 ᄂᆞ리와 즛긔텨 죽이고. ●⇔살(殺).《朴新諺 2, 46ㅎ》把你這忤逆種該殺的, 너 이 忤逆ᄒᆞᆫ 삐롤다가 죽염 즉 ᄒᆞ다.《朴新諺 3, 58ㅎ》撞見弓王放箭射殺了他, 弓王을 만나 살로 ᄡᅩ아 뎌를 죽이니라.

죽자두(竹字頭) 명 대죽[竹]. 한자 부수(部首)의 이름. ⇔대죽.《朴新諺 2, 48ㅈ》竹字頭下着箇立字便是, 대죽 아러 立字 ᄒᆞᆫ 거시 곳 이라.

죽첨(竹簽) 명 대꼬챙이. 또는 대나무 젓가락.《集覽, 朴集, 中, 1ㅎ》禿禿麽思. 劑法如水滑麪〈麵〉, 和圓少彈劑〈劑〉, 冷水浸手掌, 按作小薄餅兒, 下鍋煮熟, 以盤盛, 用酥油炒片羊肉, 加塩炒至焦, 以酸甜湯拌和, 滋味得所, 別硏蒜泥調酪, 任便加減, 使竹簽簽食之.

죽침(竹針) 명 대바늘.《集覽, 朴集, 上, 11ㅈ》消息. 以禽鳥毳翎安於竹針頭, 用以取耳垢者, 俗呼爲消息. 舊本作蒲樓翎兒.

죽피립(竹皮笠) 명 굴갓. (갓모자를 둥글게 대로 만든 갓)《集覽, 朴集, 上, 10ㅎ》箬笠. 音義云, 日灼切, 亦作篛, 竹皮笠.

준(俊) 형 준수(俊秀)하다. 재주와 슬기, 풍채가 빼어나다. ⇔쥰슈ᄒᆞ다.《朴新諺 1, 54ㅈ》好一箇俊小厮, ᄀᆞ장 ᄒᆞᆫ 쥰슈ᄒᆞᆫ ᄉᆞ나히니.

준(準) 동 준절(準折)하다. 준(準)하여 헤아리다(셈하다). ⇔쥰졀ᄒᆞ다.《朴新諺 1, 58ㅎ》如無物可准, 만일 물건이 쥰졀홀 거시 업거든.

준(遵) 동 좇다[從]. 따르다. ⇔좇다.《朴新諺 3, 23ㅎ》唐僧道遵命, 唐僧이 니른되 命을 조츠리라.

준비(準備) 동 미리 마련하여 갖추다. ⇔준비ᄒᆞ다(準備-).《朴新諺 1, 36ㅎ》從今日准備箬笠瓦鉢, 오늘브터 삿갓과 에유아리롤 准備ᄒᆞ여.

준비ᄒᆞ다(準備-) 동 준비(準備)하다. ⇔준비(準備).《朴新諺 1, 36ㅎ》從今日准備箬笠瓦鉢, 오늘브터 삿갓과 에유아리롤 准備ᄒᆞ여.

준선(準線) 명 다림줄. ⇔드림줄.《朴新諺 3, 10ㅎ》我們且把準線掛好了, 우리 ᄯᅩ 드림줄을다가 걸기를 잘ᄒᆞ쟈.

준적(准的) 뮌 =준적(準的). '准'은 '準'의 속자.《玉篇, 冫部》准, 俗準字.《朴新諺 2, 15ㅈ》准的應, 일뎡히 홀다.

준적(準的) 뮈 일정(一定)히. 또는 표준(標準). ⇔일뎡히.《朴新諺 2, 15ㅈ》准的

麼, 일뎡히 홀다.

준절(准折) 图 =준절(準折). '准'은 '準'의
속자. 《玉篇, 冫部》准, 俗準字. 《朴新諺
1, 58ㅎ》照依時價准折, 時價대로 准折ᄒ
고.

준절(準折) 동 준(準)하여 헤아리다(셈하
다). ⇔준절ᄒ다(準折-). 《朴新諺 1, 58
ㅎ》照依時價准折, 時價대로 准折ᄒ고.

준절ᄒ다(準折-) 동 준절(準折)하다. ⇔
준절(準折). 《朴新諺 1, 58ㅎ》照依時價
准折, 時價대로 准折ᄒ고.

줄 명 ❶줄. 것. 《朴新諺 1, 15ㅈ》誰知道就
長起這瘡來了, 뉘 믄득 이 瘡이 ᄌ랄 줄
을 알리오. 《朴新諺 1, 20ㅈ》逢時及莭
(節)好會頑耍哩, 째롤 만나고 졀을 밋처
ᄀ장 놀 줄을 아더라. 《朴新諺 1, 34ㅈ》
利錢一分也不肯還, 利錢은 ᄒ 픈도 즐겨
갑지 아닐 줄을 싱각ᄒ여시리오. 《朴新
諺 1, 49ㅈ》多半是讀書人做的, 半나마
이 글 닑은 사롬이 ᄒ는 줄을 볼러라.
《朴新諺 2, 23ㅈ》我不會講漢話, 내 漢말
니롤 줄을 아지 못ᄒ고. 又不會做飯, 쏘
밥 지을 줄을 아지 못ᄒ기로. 《朴新諺
2, 41ㅈ》看有東西在那裏, 잡은거시 아모
더 잇는 줄을 보아. 《朴新諺 3, 4ㅎ》我只
知道蒲根解酒還好做醋, 내 다만 챵포 불
휘 술을 씨오고 쏘 醋 민들기 됴흔 줄만
알고. 《朴新諺 3, 29ㅈ》那裡想到死在胡
孫手裡呢, 어디 죽음이 胡孫의 손에 이
실 줄을 싱각ᄒ여시리오. 《朴新諺 3, 37
ㅎ》倒慣會打毬哩, 도로혀 댱방올 치기
닉이 알 줄을 싱각지 못ᄒ엿노라. ❷줄.
밧줄. ㉠⇔삭(索). 《朴新諺 1, 20ㅈ》也
有跳百索的, 줄 너므리도 잇고. ㉡⇔승
(繩). 《朴新諺 2, 20ㅎ》還少套繩, 당시롱
멜 줄과. 撒繩, 쓰을 줄과. 籠頭, 바구레
와. 脚索, 지달 술 바와. 鞍子, 기르마와.
肚帶等類哩, 오랑 等類ㅣ 업세라.

줄 回 줄. ⇔도(道). 《朴新諺 3, 17ㅈ》那西
壁廂還要打一道墻, 뎌 셔편에 쏘 ᄒ 줄

담을 ᄢᅩ고.

줌 回 줌. 움큼. ⇔파(把). 《集覽, 字解, 單
字解, 4ㅈ》把. 持也, 握也. 一把 ᄒ 줌,
又ᄒ ᄌ른. 把我們 우리룰다가, 把來 그
룰다가, 與將字大同小異. 又元時語, 有把
解之語, 猶言典僧也, 今不用.

중(中) 명 ❶가온데. ㉠⇔가온대. 《朴新
諺 3, 26ㅎ》打一箇跟阧跳入油中, ᄒ 번
跟阧질ᄒ여 쮜여 기롭 가온대 들어가.
㉡⇔가온디. 《朴新諺 3, 25ㅈ》說與先生
橫中有一箇桃, 先生ᄃ려 닐러 궤 가온디
ᄒ 복셩홰 잇다 ᄒ엿더니. ❷㉠속. 안.
⇔속. 《朴新諺 3, 25ㅈ》飛入横中把桃肉
都吃了, 느라 横 속에 드러가 복셩화 술
을다가 다 먹어. ㉡안. 속. ⇔안. 《朴新
諺 2, 31ㅎ》家中若有差失, 집 안에 만일
差失홈이 이시면. ❸주룹. 거간(居間)
꾼. 중개인(仲介人). ㉠⇔듕인. 《朴新諺
2, 19ㅈ》當日憑中言定身價銀五兩, 當日
에 듕인을 의빙ᄒ여 身價 銀 닷 냥을 닐
러 定ᄒ여. ㉡⇔즁인. 《朴新諺 1, 58ㅈ》
情愿憑中(朴新注, 22ㅎ: 居間勸成者, 謂
之中人.)借到某人名下紋銀五十両整, 情
愿으로 즁인을 의빙ᄒ여 某人 名下에 紋
銀 五十両 뎡이롤 꾸되.

중(中) 혱 마땅하다. ❶⇔맛ᄌ다. 《朴新諺
1, 32ㅈ》一箇也不中使喚, ᄒ나토 쓰기에
맛ᄌ지 아니ᄒ다. ❷⇔맛당ᄒ다. 《朴新
諺 3, 44ㅎ》忒爛了也不中吃, 너무 믈러
도 먹기에 맛당치 아니ᄒ니라.

중(重) 円 중(重)히. 매우 소중하게. ⇔중
히(重-). 《朴新諺 1, 49ㅈ》重的是詩書,
重히 너기는 거슨 이 詩書ㅣ라.

중(重) 혱 중(重)하다. 소중하다. ⇔듕ᄒ
다. 《朴新諺 1, 27ㅎ》且就那一日拈香頭
發重誓, 쏘 그 날 香을 꼿고 듕ᄒ 밍셰ᄒ
여.

중(衆) 관 ❶모든. ㉠⇔모든. 《朴新諺 1,
7ㅎ》衆弟兄們, 모든 弟兄들이. 《朴新諺
1, 27ㅎ》把衆朋友名字都寫出來, 모든 벗

의 일홈을 다 뼈 내여.《朴新諺 1, 28ㅎ》
衆朋友們, 모든 벗들은.《朴新諺 3, 27
ㅎ》衆人喝采(保)說佛家法力大贏了, 모
든 사름이 혀츠고 니르되 佛家ㅣ 法力이
크다 이긔엿고나.《朴新諺 3, 43ㅎ》衆和
尙, 모든 和尙이.《朴新諺 3, 58ㅈ》又着
人前去曉諭衆百姓道, 쏘 사름으로 ᄒ여
나아가 모든 百姓들의게 曉諭ᄒ여 니르
되. ❷⇔모든.《朴新諺 1, 28ㅈ》咱衆弟
兄們自結拜之後, 우리 모든 弟兄들이 結
拜ᄒ 後로부터.《朴新諺 3, 46ㅎ》順天府
官員與欽天監衆官們, 順天府 官員과 다
못 欽天監 모든 관원이.《朴新諺 3, 47
ㅎ》衆官員們都燒香禮拜, 모든 官員들이
다 燒香 禮拜ᄒ여. ❷여러. ⇔여러.《朴
新諺 1, 11ㅎ》我對衆火計說, 내 여러 동
모ᄃ려 닐러.《朴新諺 3, 46ㅎ》衆人拉
着, 여러 사름이 쯔을고.《朴新諺 3, 58
ㅈ》叫衆將軍們服侍上馬, 여러 將軍들을
불러 뫼셔 물 틱오고.

중건(重建) 동 건축물을 보수하거나 고쳐
짓다.《集覽, 朴集, 下, 2ㅎ》慶壽寺. 一統
志云, 在順天府西南, 內有飛虹・飛渡二
橋, 石刻六大字, 極遒勁. 相傳金章宗所
書. 又有金學士李晏碑文, 正統間重建, 賜
額大興隆寺, 僧錄司在焉.

중겁(中劫) 명 〈불〉소겁(小劫)의 스무 곱
절이 되는 기간.《集覽, 朴集, 中, 6ㅈ》萬
劫. 上天開化, 建五劫〈规〉紹運, 曰龍漢,
曰赤明, 曰上皇, 曰延康, 曰開皇. 五劫
〈规〉旣周, 復從其始. 又六十年一甲子, 一
百年爲一小劫〈规〉, 一千年爲一中劫
〈规〉, 三中劫〈规〉爲一大劫〈规〉.

중국(中國) 명 아시아 동부에 있는 나라.
1949년 중화인민공화국(中華人民共和
國)과 중화민국(中華民國)으로 나뉘었
다.《集覽, 朴集, 上, 2ㅈ》核桃. 張騫使西
域, 得胡桃回, 種于中國. 後五胡時, 避胡
字, 改名核桃.《集覽, 朴集, 上, 10ㅈ》鉢
盂. 總龜〈総亀〉云, 天竺國器也, 釋迦有女

靑石鉢, 宋廬陵王以銅鉢餉于五祖, 是宋
・晉間中國始用也.《集覽, 朴集, 中, 3
ㅎ》稈草. 中國北方土〈土〉地高燥, 宜粟
不宜稻, 故治田好種粟.

중대(重大) 톙 크고 무겁다.《集覽, 凡例》
兩書諺解簡帙重大, 故朴通事分爲上・中
・下, 老乞大分爲上・下, 以便繙閱.

중등(中等) 명 중(中). 중간. ⇔듕.《朴新
諺 3, 13ㅈ》中等身材白淨顔面, 듕키에
희조츨훈 눗치오.

중등신재(中等身材) 명 중등(中等)의 키.
⇔듕키.《朴新諺 3, 13ㅈ》中等身材白淨
顔面, 듕키에 희조츨훈 눗치오.

중라(中羅) 명 도교에서 이르는, 신선이
산다는 사방(四方) 사범(四梵)과 32천
(天)의 세계.《集覽, 朴集, 下, 4ㅎ》羅天.
三淸五境三十六天, 謂之大羅, 四方四梵
三十二天, 謂之中羅, 其欲色三界三十八
天, 謂之小羅, 總〈総〉謂之羅天三界.

중물(重物) 명 ❶귀중한 물건. 값이 나가
는 물건.《集覽, 字解, 單字解, 6ㅎ》儅.
人有遇急用錢, 則必以重物, 納質于富家,
賒錢取用. 至限則幷其本利償還錢主, 方
得退回己之重物而來也. 典字人物通用,
儅字人用於物.《集覽, 朴集, 中, 6ㅎ》解
儅庫. 元時或稱印子鋪, 或稱把解, 人以重
物來儅, 取錢而去, 在後償還本利, 還取其
物而去, 此卽解儅庫也. ❷무게가 무거운
물건.《集覽, 朴集, 上, 5ㅈ》挑脚. 舊本作
赶脚的. 謂赶脚者, 賃驢〈馿〉取直之人, 謂
挑脚者, 負擔重物求直之人也.

중보인(中保人) 명 중간에서 보증(保證)
을 선 사람.《朴新諺 1, 58ㅎ》中保人一面
承管代還, 中保人이 一面으로 맛다 ᄀ라
차 갑흐리라.《朴新諺 1, 59ㅈ》中保人某
某, 中保人 아모 아모ㅣ.

중사(中使) 명 궁중에서 왕의 명령을 전
하던 내시(內侍).《集覽, 朴集, 下, 12ㅎ》
弓裔. 日官奏曰, 此兒以重午日生, 生而有
齒, 且光焰〈焰〉異常, 恐將不利於國家, 宜

勿擧. 王勑中使殺之, 乳婢竊〈窃〉奉而逃,
祝髮爲僧.

중사(重事) 명 중대한 일. 《集覽, 朴集, 中,
1ㅎ》金字圓牌. 至正條格云, 元時, 中書省
奏, 諸王·駙馬各投下有軍情緊急重事,
許令懸帶原降銀字圓牌應付鋪馬騎坐, 其
餘差使人員有緊急軍情重事, 許令懸帶金
字圓牌, 方付鋪馬.

중생(衆生) 명 〈불〉 부처의 구제 대상이
되는 인간과 그 밖의 일체의 생물. 《集
覽, 朴集, 上, 9ㅎ》佛. 梵云婆加婆, 唐言
佛. ㄴ者, 覺也, 自覺·ㄴ他. 一切有情咸
具此道, 悟者卽名佛, 迷者曰衆生. 《集覽,
朴集, 中, 4ㅎ》童男童女. 應作種種身, 或
在天上, 在人間, 隨其所樂, 皆令見衆生形
相各不同, 行業音聲亦無量. 《集覽, 朴集,
中, 6ㅈ》衆生. 一切衆染, 合集而生, 故曰
衆生. 又衆緣和合名曰衆生. 衆, 平聲. 《朴
新諺 1, 44ㅎ》眞是觀音菩薩(朴新注, 17
ㅈ: 耳根圓通, 聞聲作觀, 故爲之觀音. 菩
者, 普也, 薩者, 濟也, 謂普濟衆生也.)一
般, 진짓 이 觀音菩薩 ᄒ가지오. 《朴新諺
2, 29ㅎ》隨相現相救苦難於三塗(朴新注,
33ㅎ: 隨相現相, 隨衆生之相, 皆現其相
而徃救焉. 三塗, 餓鬼塗·畜生塗·地獄
塗.), 相을 조차 相을 뵈아 苦難을 三途에
救ᄒ는ᄯᅡ다. 《朴新諺 2, 30ㅈ》卽救拔衆
生之難, 곳 衆生의 難을 救ᄒ니, 《朴新諺
3, 9ㅈ》度脫衆生纔能成佛, 衆生을 度脫
ᄒ여 계요 능히 成佛ᄒ엿ᄂ니. 《朴新諺
3, 14ㅎ》正是衆生難化了, 正히 衆生을 化
키 어렵도다.

중서(中書) 명 중서성(中書省)의 준말.
《集覽, 朴集, 下, 8ㅎ》樞密院. 元制, 有使
·副使·知院·同知院·簽書院, 與
〈与〉中書號爲二府, 主兵政.

중서성(中書省) 명 국가의 기무(機務)·
조명(詔命)·비기(秘記) 따위를 관장하
던 최고 관서의 하나. 《集覽, 朴集, 中,
1ㅎ》金字圓牌. 至正條格云, 元時, 中書

奏, 諸王·駙馬各投下有軍情緊急重事,
許令懸帶原降銀字圓牌應付鋪馬騎坐, 其
餘差使人員有緊急軍情重事, 許令懸帶金
字圓牌, 方付鋪馬. 《集覽, 朴集, 下, 8ㅎ》
丞相. 元中書省有左右丞相, 任宰相之職
〈戠〉, 左右天子平章萬機. 《朴新諺 3, 41
ㅈ》他在樞密院(朴新注, 59ㅈ: 與中書省
稱爲両府, 主兵政.)西頭住, 뎨 樞密院 西
편에서 사ᄂ니라.

중수(重囚) 명 큰 죄를 지은 죄수. 《集覽,
朴集, 中, 8ㅎ》牢子走. 牢, 獄名, 繫重囚
之所. 牢子, 守獄之卒也. 《朴新諺 2, 35
ㅈ》把老李鎖着(朴新注, 35ㅎ: 漢俗, 重囚
必以鉄索鎖項.), 老李를다가 목을 줌가.

중신(重新) 円 다시. 재차. ⇔다시. 《朴新
諺 1, 11ㅎ》替你白効勞重新打築何如, 너
를 ᄀᄅ차 공히 슈고 드려 다시 ᄡᅡ미 엇
더ᄒ뇨.

중언(重言) 명 한 음절의 한자(漢字)를 중
첩하여 묘사의 효과를 강하게 하는 수
사법(修辭法)의 하나. 《集覽, 字解, 累字
解, 2ㅎ》看一看. 보다. 難於單字之語, 故
重言爲句也. 一, 語助辭. 《集覽, 字解, 累
字解, 3ㅈ》乾乾淨淨. 조타. 又조히 ᄒ다.
重言之者, 甚言其乾淨也. 凡疊字爲說者,
倣此.

중완(中碗) 명 중간 정도 크기의 사발.
《朴新諺 1, 4ㅎ》然後再上四大碗四中碗,
그린 후에 ᄯᅩ 네 大碗과 네 中碗을 올리
되. 《朴新諺 1, 5ㅈ》四中碗內呢, 네 中椀
에ᄂ.

중용(中用) 톙 쓸직하다. 유용(有用)하다.
쓸모 있다. ⇔嘜즉ᄒ다. 《朴新諺 2, 17
ㅈ》這馬都不中用, 이 물이 다 嘜즉지 아
니ᄒ다.

중원(中元) 명 음력 7월 보름날. 이날 도
교에서는 천상(天上)의 선관(仙官)이 인
간의 선악을 살피는 때라 하여 초제(醮
祭)를 지낸다. 정월 보름을 상원(上元),
10월 보름을 하원(下元)이라고 하는데,

7월 보름의 중원과 함께 삼원(三元)이라 하며 초제를 지내는 풍속이 있다. 《集覽, 朴集, 下, 2ㅈ》七月十五日. 道藏經云, 七月十五日, 謂之中元, 地官下降人間, 檢校世人, 甄別善惡, 上告天曹. 《集覽, 朴集, 下, 4ㅎ》大醮. 中元玉籙齋, 保佑六宮, 輔寧妃后, 設周天大醮. 《朴新諺 3, 12ㅎ》這七月十五日是中元(朴新注, 48ㅎ: 道藏經云, 中元日, 地官下降人間, 檢較世人, 甄別善惡, 上告天曹.)節, 이 七月 十五日은 이 中元節이라.

중원절(中元節) 명 도교에서, 백중날을 이르는 말. 《朴新諺 3, 12ㅎ》這七月十五日是中元節, 이 七月 十五日은 이 中元節이라.

중의(中衣) 명 〈불〉 중이 입는 삼의(三衣)의 한 가지. 중이 장삼 위 왼쪽 어깨에서 오른쪽 겨드랑이 밑으로 걸쳐 입는 법의(法衣). 예불(禮佛)·독경(讀經)·청강(聽講) 등을 할 때 입는다. 《集覽, 朴集, 上, 10ㅈ》袈裟. 戒壇云, 五條下衣, 斷〈断〉貪身也, 七條中衣, 斷〈断〉嗔口也, 大衣上衣, 斷痴心也.

중인(中人) 명 ●양반과 평민의 중간에 있던 신분 계급. 《集覽, 朴集, 下, 9ㅈ》作作. 吏學指南云, 中人也. 作者, 偶也, 作者, 任事也. ●중인(中人). 주릅. 거간(居間)꾼. 중개인. ⇔즁인. 《朴新諺 1, 58ㅈ》情愿憑中(朴新注, 22ㅎ: 居間勸成者, 謂之中人.)借到某人名下紋銀五十両整, 情愿으로 즁인을 의빙ᄒ여 某人 名下에 紋銀 五十両 덩이룰 쑤되. 《朴新諺 2, 20ㅈ》怎麽沒有中·保人呢, 엇지 즁인·보인이 업ᄂ뇨. 《朴新諺 2, 20ㅈ》自古買人的中·保人只管得一百日, 녜로부터 사름 사는 디 즁인·보인은 그저 일 빅 날을 ᄀ움아ᄂ니.

중인(衆人) 명 여러 사람. 《集覽, 朴集, 上, 12ㅎ》唱喏. 揖也. 詞曲曰, 一箇唱, 百箇喏, 謂一人呼唱於上, 衆人應諾於下. 《朴新諺 1, 35ㅎ》那傍邊看的衆人說, 뎌 겨틔셔 보든 衆人이 니르되. 《朴新諺 1, 36ㅈ》衆人再問那和尙, 衆人이 다시 뎌 듕드려 무르되.

중일(仲日) 명 지지(地支)가 묘(卯)·오(午)·유(酉)·자(子)인 날. 일 년 사계절의 둘째 달의 지지(地支)인 음력 2월의 묘(卯), 5월의 오(午), 8월의 유(酉), 11월의 자(子)를 통틀어 이르는 말이다. 《集覽, 朴集, 下, 10ㅈ》手拿結線鞭. 鞭子用柳枝, 長二尺四寸, 按二十四氣, 上用結子. 立春在孟日用麻, 仲日用苧, 季日用絲, 用五彩色醮染. 《朴新諺 3, 46ㅎ》手執彩線鞭(朴新注, 61ㅈ: 用柳枝二尺四寸, 按二十四氣, 上用結子. 立春在孟日用麻, 仲日用苧, 季日用絲, 用五彩色醮染.), 손에 彩線鞭을 가지고.

중정(中正) 형 어느 한쪽으로 지나치거나 모자람이 없이 곧고 올바르다. 또는 그런 모양. 《集覽, 朴集, 下, 9ㅈ》作作. 作字從人從午, 萬物至午則中正, 又午位屬火, 破諸幽暗, 所以作作名中人也.

중조(中朝) 명 중국 조정. 곧, 중국. 《集覽, 凡例》質問者, 入中朝質問而來者也. 兩書皆元朝言語, 其沿舊未改者, 今難曉解. 前後質問亦有抵捂, 姑幷收以袪初學之碍. 間有未及質問, 大有疑碍者, 不敢强解, 宜竢更質. 《集覽, 朴集, 上, 5ㅈ》月俸. 中朝〈元制〉官祿, 每月支〈支〉給. 今此一月四石之俸, 以元制考之, 乃從九品也. 米·豆曰祿, 鈔·錢·絹曰俸. 《集覽, 朴集, 上, 12ㅎ》唱喏. 今中朝俗以鞠躬拱手爲唱喏. 《朴新諺 1, 48ㅈ》見了師傅便向上唱喏(朴新注, 18ㅎ: 揖也. 又中朝俗以鞠躬拱手爲唱喏.), 스승 보고 곳 향ᄒ여 읍ᄒ고.

중종(中宗) 명 당(唐)나라 이현(李顯)의 묘호(廟號). 《集覽, 朴集, 中, 5ㅈ》起浮屠於泗水之間. 唐龍朔初, 於泗州臨淮縣信義坊, 將建伽藍, 掘得古香積寺銘記幷金像一軀, 上有普照王佛字, 遂建寺焉. 中宗

聞名, 遣使迎師, 居薦福寺, 頂上有一穴, 以絮室之, 夜則去絮, 香從頂穴中出, 非常 芬馥. 及曉, 香還頂中, 又以絮室之. 景龍 四年, 端立而終. 中宗令於寺起塔, 俄而大 風歘起, 臭氣滿長安. 中宗問諸近臣, 近臣 奏, 僧伽大師化緣在臨淮, 恐欲歸. 中宗心 許, 其臭頓息, 奇香馥烈. 五月送至臨淮, 起塔供養, 卽今泗上僧伽塔是也. 中宗問 萬迴和尙曰, 僧伽是何人. 迴曰, 觀音化 身.《朴新諺 2, 29ㅎ》起浮屠(朴新注, 33 ㅎ: 浮屠, 塔也. 唐中宗爲僧伽大士, 起塔 於泗水, 僧伽卽觀音化身云.)에泗水의間에, 浮屠를 泗水ㅅ 스이에 니르혀고.

중죄(重罪) 図 무거운 죄.《集覽, 朴集, 中, 2ㅈ》甘結. 今按, 如保擧人材者, 必寫稱所 擧之人, 並無喪過及干娼優子嗣, 委的賢 能, 如虛甘伏重罪云云.

중중(中中) 図 중품(中品). 보통. 일반적. 중간 정도. ⇔듕품.《朴新諺 2, 43ㅈ》這 箇緞子中中的, 이 비단이 듕품에 써시니.

중중(重重) 四 중(重)히. ⇔듕히.《朴新諺 2, 18ㅈ》他若再不保好生重重的打, 뎨 만 일 다시 긔수치 아니ᄒ거든 ᄀ장 듕히 티라.

중중(重重) 阌 겹겹으로 겹쳐져 있다.《朴 新諺 2, 38ㅎ》有重重疊疊之奇峯, 重重 疊疊ᄒᆫ 奇峯도 이시며.

중중(衆中) 図 많은 사람 가운데.《集覽, 朴集, 下, 3ㅈ》三寶. 脫塵異俗, 圓頂方袍, 入聖超凡, 爲衆中尊, 卽僧寶也.

중중첩첩(重重疊疊) 図 =중중첩첩(重重 疊疊). '疊'은 '疊'과 같다.《篇海類編, 田 部》疊, 正作疊, 俗作疊. ⇔중중첩첩ᄒ다 (重重疊疊-).《朴新諺 2, 38ㅎ》有重重疊 疊之奇峯, 重重 疊疊ᄒᆫ 奇峯도 이시며.

중중첩첩(重重疊疊) 図 중첩하다. 겹치 다. ⇔중중첩첩ᄒ다(重重疊疊-).《朴新 諺 2, 38ㅎ》有重重疊疊之奇峯, 重重 疊疊 ᄒᆫ 奇峯도 이시며.

중중첩첩ᄒ다(重重疊疊-) 図 중중첩첩

(重重疊疊)하다. ⇔중중첩첩(重重疊疊).《朴新諺 2, 38ㅎ》有重重疊疊之奇峯, 重 重 疊疊ᄒᆫ 奇峯도 이시며.

중첩(重疊) 図 중첩하다. 겹치다.《集覽, 朴集, 上, 9ㅈ》結椶帽. 椶, 木名, 高一二 丈, 葉如車輪, 旁〈旁〉無枝, 皆萃於木杪. 其下有皮, 重疊裹之, 每皮一匝爲一節 〈莭〉, 花黃白色, 結實作房, 如魚子狀, 其 皮皆是絲而經緯如織, 傍有細縷, 交相連 綴不散.

중추(中秋) 図 중추절(仲秋節).《集覽, 朴 集, 上, 8ㅈ》翫月會. 東京錄云, 中秋夜, 貴家結飾臺榭, 民間爭占酒樓翫〈玩〉月, 絲簧鼎沸, 近內庭居民, 夜深遙聞笙竽之 聲, 宛若雲外天樂, 閭里兒童連宵嬉戲, 夜 市騈闐, 至於通曉.

중추절(仲秋節) 図 추석(秋夕). 한가위.《朴新諺 1, 27ㅎ》這八月十五日中秋莭 (節), 이 八月 十五日 中秋莭(節)에.

중태(中台) 図 삼태(三台) 중의 하나. 또 는 사도(司徒)를 달리 이르는 말.《集覽, 朴集, 上, 7ㅈ》三台. 周禮疏, 上台司命 〈肏〉爲太尉, 中台司中爲司徒, 下台司祿 爲司空, 三公之象.

중통(中統) 図 원(元)나라 세조(世祖: 忽必 烈)의 연호(1260-1264).《集覽, 朴集, 上, 13ㅈ》錢鈔. 鈔, 楮幣也. 始於蜀之交子, 唐之飛錢, 至元朝有中統元寶. 交鈔, 通行 寶鈔之名.

중통원보(中統元寶) 図 중통원보교초(中 統元寶交鈔). 중통(中統) 원년(1260) 7월 에 발행한 지폐.《集覽, 朴集, 上, 13ㅈ》錢 鈔. 鈔, 楮幣也. 始於蜀之交子, 唐之飛錢, 至元朝有中統元寶. 交鈔, 通行寶鈔之名.

중흥사(重興寺) 図 북한산(北漢山) 노적 봉(露積峰) 아래에 있었다. 고려(高麗) 충혜왕(忠惠王) 복위(復位) 2년(1341)에 보우(普愚)가 중수하였다. 1915년에 홍 수로 인하여 폐사(廢寺)되었다.《集覽, 朴集, 上, 15ㅎ》步虛. 戊午冬, 示寂放舍

利玄陵, 賜謚圓證國師, 樹塔于重興寺之
東, 以藏舍利.

중히(重-) 튄 중(重)히. 매우 소중하게. ⇔
중(重). 《朴新諺 1, 49ㅈ》重的是詩書, 重
히 너기는 거슨 이 詩書ㅣ라.

쥐 명 쥐. ⇔노서(老鼠). 《朴新諺 3, 2ㅈ》
我家裡老鼠多得狠(很), 우리 집의 쥐 マ
장 만흐니.

쥬게 명 주걱. ⇔표(杓). 《朴新諺 2, 21ㅈ》
還有鑼鍋, 쏘 노고와. 柳箱, 섥과. 灑子,
드레와. 碗楪, 사발 겹시와. 匙筯, 수져
와. 榪杓, 나모쥬게와. 筲籬, 됴리와. 炊
箒, 솔과. 擦床兒, 슉치칼과. 簸(簸)箕,
키와. 篩子, 얼밍이와. 馬尾羅, 물총체
와. 桌子, 상과. 盤子, 盤과. 茶盤, 찻반
과. 燈臺, 燈臺와. 酒種, 잔과. 酒鼈, 쥬벼
ᅌᅥ와. 銅杓, 놋쥬게 이시니.

쥬벼ᅌᅥ 명 가죽으로 자라처럼 납작하게
만든 술 부대. ⇔주별(酒鼈). 《朴新諺 2,
21ㅈ》還有鑼鍋, 쏘 노고와. 柳箱, 섥과.
灑子, 드레와. 碗楪, 사발 겹시와. 匙筯,
수져와. 榪杓, 나모쥬게와. 筲籬, 됴리
와. 炊箒, 솔과. 擦床兒, 슉치칼과. 簸
(簸)箕, 키와. 篩子, 얼밍이와. 馬尾羅, 물
총체와. 桌子, 상과. 盤子, 盤과. 茶盤, 찻
반과. 燈臺, 燈臺와. 酒種, 잔과. 酒鼈, 쥬
벼ᅌᅥ와. 銅杓, 놋쥬게 이시니.

쥭 명 죽(粥). ⇔죽(粥). 《朴新諺 1, 54ㅎ》
且吃些稀粥爛飯, 아직 믉은 죽과 무른 밥
을 먹고. 《朴新諺 2, 16ㅎ》熬些稀粥罷,
져기 믈근 죽 뿌라. 《朴新諺 2, 36ㅈ》稀
粥也熬着哩, 믉은 죽도 뿌엇다.

쥰슈ᄒ다 혱 준수(俊秀)하다. 재주와 슬
기, 풍채가 빼어나다. ⇔준(俊). 《朴新諺
1, 54ㅈ》好一箇俊小厮, マ장 혼 쥰슈혼
스나히니.

쥰졀ᄒ다 동 준절(準折)하다. 준(準)하여
헤아리다(셈하다). ⇔준(准). 《朴新諺 1,
58ㅎ》如無物可准, 만일 물건이 쥰졀홀
거시 업거든.

즁 명 ❶중(中). 안. 속. 가운데. ㊀⇔내중
(內中). 《朴新諺 3, 5ㅈ》聞得內中有一兩
箇鄕宦, 드르니 그 즁에 혼두 鄕宦이 이
셔. ㊁⇔이두(裏頭). 《朴新諺 2, 58ㅈ》
萬千人裏頭, 萬千人 즁에. ❷〈불〉즁(僧).
⇔화상(和尙). 《朴新諺 2, 9ㅎ》聞說有一
箇得道的朝鮮和尙, 드르니 혼 得道혼 朝
鮮 즁이 이셔. 《朴新諺 3, 13ㅈ》眞是一箇
有德行的和尙, 진실로 이 혼 德行 잇는
즁이라. 《朴新諺 3, 22ㅈ》但見和尙, 다
만 즁을 보면.

즁미 명 중매(仲媒). 중매인(仲媒人). ⇔매
(媒). 《朴新諺 1, 45ㅈ》做了這媒, 이 즁미
되여.

즁인 명 ❶중(亻)인(亻). 한자 부수(部首)
의 이름. ⇔쌍입인(雙立人). 《朴新諺 2,
48ㅈ》雙立人傍着箇寺字便是, 즁인 변에
寺字 혼 거시 곳 이라. ❷중인(中人). 주
름. 거간(居間)꾼. 중개인. ㊀⇔즁(中).
《朴新諺 1, 58ㅈ》情愿憑中(朴新注, 22ㅎ:
居間勸成者, 謂之中人.)借到某人名下紋
銀五十両整, 情愿으로 즁인을 의빙ᄒ여
某人 名下에 紋銀 五十両 덩이를 쑤되.
㊁⇔중인(中人). 《朴新諺 2, 20ㅈ》怎麼
沒有中・保人呢, 엇지 즁인・보인이 업
ᄂᆞ뇨. 《朴新諺 2, 20ㅈ》自古買人的中・
保人只管得一百日, 녜로부터 사롬 사는
더 즁인・보인은 그저 일 빅 날을 ᄀᆞ옴
아ᄂᆞ니.

즁품 명 중품(中品). 보통. 일반적. 중간
정도. ⇔중중(中中). 《朴新諺 2, 43ㅈ》這
箇緞子中中的, 이 비단이 즁품에 써시
니.

즈름 명 주름. 거간(居間)꾼. 중개인. ㊀⇔
아(牙). 《朴新諺 2, 43ㅎ》省些牙錢不好
麼, 즈름갑슬 덜미 됴치 아니ᄒ냐. ㊁⇔
아자(牙子). 《朴新諺 1, 33ㅎ》想那厮做
牙子(朴新注, 13ㅈ: 主互市事, 卽古之牙
儈.)去了, 싱각건대 뎌 놈이 즈름질ᄒ라
갓도다. 《朴新諺 2, 1ㅈ》大街東市上馬牙

子家有, 큰 거리 동녁 져제에 물 즈름의
집이 잇ᄂᆞ니라.《朴新諺 2, 42ㅈ》牙子說
都有, 즈름이 니르되 다 이세라.《朴新諺
2, 43ㅎ》咱這裏沒有牙子, 우리 여긔 즈
름이 업스니.

즈름값 閔 구문(口文). 중개료. ⇔아젼(牙
錢).《朴新諺 2, 43ㅎ》省些牙錢不好麽,
즈름갑슬 덜미 됴치 아니ᄒᆞ냐.

즈름질ᄒᆞ다 圐 주릅질하다. 거간(居間)하
다. 중개하다. ⇔주아자(做牙子).《朴新
諺 1, 33ㅎ》想那厮做牙子(朴新注, 13ㅈ:
主互市事, 卽古之牙儈.)去了, 싱각건대
뎌 놈이 즈름질ᄒᆞ라 갓도다.

즈음 閔 즈음. 사이. ⇔회(會).《集覽, 字
解, 累字解, 2ㅎ》幾會. 여러 즈음.

즈음ᄒᆞ다 圐 사이에 두다. 격(隔)하다. ⇔
격(隔).《朴新諺 1, 20ㅈ》我們隔幾日再
來取罷了, 우리 여러 날 즈음ᄒᆞ여 다시
와 가져가미 무던ᄒᆞ다.

즉(則) 閔 곧. 바로. 즉시. ⇔곳.《朴新諺
3, 16ㅈ》則男之心願已足, 곳 아히 心願
이 足홀 거시니.《朴新諺 3, 51ㅎ》則感
激無地矣, 곳 感激 無地ᄒᆞ리이다.

즉(卽) 圐 즉위(卽位)하다. ⇔즉ᄒᆞ다
(卽-).《朴新諺 3, 58ㅎ》卽便請太祖登布
政殿卽了王位, 즉시 太祖를 請ᄒᆞ여 布政
殿에 올라 王位에 卽ᄒᆞ고.

즉(卽) 閔 ●곧. 바로. 즉시(卽時). ⇔곳.
《集覽, 朴集, 下, 12ㅈ》當有. 猶言卽有也.
一曰, 猶言上項之辝〈辞〉.《朴新諺 2, 30
ㅈ》卽救拔衆生之難, 곳 衆生의 難을 救ᄒᆞ
니.《朴新諺 3, 23ㅎ》卽拜贏的為師傅, 곳
이긔는 이를 拜ᄒᆞ여 스승을 삼쟈. ❷즉
시(卽時). 곧. 바로. ⇔즉시.《朴新諺 3,
15ㅎ》望卽示明以慰児念, ᄇᆞ라건대 즉시
示明ᄒᆞ여 ᄡᅥ 아히 넘녀를 위로ᄒᆞ쇼셔.

즉망(卽忙) 閔 즉시(卽時). 곧. 바로. ⇔즉
시.《朴新諺 1, 6ㅈ》待各位老爺們來卽忙
通報, 各位 老爺네 옴을 기ᄃᆞ려 즉시 통
ᄒᆞ라.

즉변(卽便) 閔 ●곧. 바로. 즉시(卽時). ⇔
곳.《朴新諺 2, 28ㅈ》卽便收拾車輛先載
一車去, 곳 車輛을 收拾ᄒᆞ여 몬져 ᄒᆞᆫ 술
위를 시르라 가고. ❷즉시(卽時). 곧. 바
로. ⇔즉시.《朴新諺 3, 58ㅎ》卽便請太
祖登布政殿卽了王位, 즉시 太祖를 請ᄒᆞ
여 布政殿에 올라 王位에 卽ᄒᆞ고.

즉성(卽成) 圐 그 자리에서 바로 이루어
지다.《集覽, 朴集, 上, 13ㅎ》滿月. 産書
云, 分娩未滿月, 恣食生冷粘・硬果・菜
・肥膩魚・肉之物, 當時雖未覺大〈有〉
損, 滿月之後, 卽成蓐勞.

즉시 閔 즉시(卽時). 곧. 바로. ●⇔변
(便).《朴新諺 1, 3ㅈ》便叫當直的外郞,
즉시 當直 外郞을 불러. ❷⇔변취(便
就).《朴新諺 2, 18ㅈ》明日雞鳴我便就要
起程了, 닉일 ᄃᆞᆰ이 울면 내 곳 즉시 起程
ᄒᆞ려 ᄒᆞᄂᆞ니. ❸⇔입(立).《朴新諺 3, 51
ㅈ》伏乞憲天老爺立賜看驗, 伏乞 憲天 老
爺ᄂᆞᆫ 즉시 看驗홈을 주어. ❹⇔입각(立
刻).《朴新諺 2, 35ㅈ》立刻差幾箇皂隸,
즉시 여러 皂隸를 시겨. ❺⇔입시(立
時).《朴新諺 2, 35ㅎ》立時處斬, 즉시 處
斬ᄒᆞ니라. ❻⇔즉(卽).《朴新諺 3, 15
ㅎ》望卽示明以慰児念, ᄇᆞ라건대 즉시
示明ᄒᆞ여 ᄡᅥ 아히 넘녀를 위로ᄒᆞ쇼셔.
❼⇔즉망(卽忙).《朴新諺 1, 6ㅈ》待各位
老爺們來卽忙通報, 各位 老爺네 옴을 기
ᄃᆞ려 즉시 통ᄒᆞ라. ❽⇔즉변(卽便).《朴
新諺 3, 58ㅎ》卽便請太祖登布政殿卽了
王位, 즉시 太祖를 請ᄒᆞ여 布政殿에 올라
王位에 卽ᄒᆞ고. ❾⇔즉시(卽時).《朴新
諺 3, 28ㅎ》卽時打發起程, 즉시 打發ᄒᆞ
여 起程ᄒᆞ니. ❿⇔취(就).《朴新諺 1, 3
ㅎ》就去取酒, 즉시 가 술을 가져가라 ᄒᆞ
더이다.《朴新諺 1, 10ㅈ》眼前就收拾怕
甚麽呢, 시방 즉시 收拾ᄒᆞ면 무서시 저
프리오.《朴新諺 1, 24ㅈ》洗過了就拴在
陰凉處, 싯겨 즉시 서늘ᄒᆞᆫ 듸 ᄆᆡ고.《朴
新諺 1, 48ㅈ》洗了臉就到學房裏, ᄂᆞᆺ 싯

고 즉시 學房에 가.《朴新諺 2, 10ㅎ》我
到衙門去投了文書就回來, 내 衙門에 가
文書를 드리고 즉시 올 거시니.《朴新諺
2, 35ㅈ》就把老李帶到衙門, 즉시 老李를
다가 衙門에 잡아가.《朴新諺 3, 12ㅈ》
不過一兩遍管情就好了, 혼두 번에 지나
지 못ᄒ여서 결단코 즉시 됴ᄒ리라.《朴
新諺 3, 24ㅎ》就變做一箇大靑蝎子, 즉시
變ᄒ여 혼 큰 프른 젼갈이 되여.《朴新諺
3, 25ㅎ》就着將軍開橫看, 즉시 將軍으로
ᄒ여 橫를 여러 보니.

즉시(卽時) 円 즉시. 곧. 바로. ⇔즉시.
《朴新諺 3, 28ㅈ》卽時打發起程, 즉시 打
發ᄒ여 起程ᄒ니.《朴新諺 3, 50ㅎ》小人
卽時驚覺, 小人이 卽時 놀라 ᄭᅵᄃ라.

즉위(卽位) 圐 임금의 자리에 오르다.《集
覽, 朴集, 下, 3ㅎ》趙太祖飛龍記. 易曰,
飛龍在天. 龍爲人君之象, 故稱卽位曰飛
龍.《集覽, 朴集, 下, 12ㅈ》太祖. 弓裔微
服逃至斧壤, 爲民所害. 太祖卽位, 國號高
麗.《集覽, 朴集, 下, 12ㅎ》梁貞明. 朱溫
事唐僖宗, 賜名全忠, 拜宣武軍節〈節〉度
使, 封梁王. 尋受唐禪, 卽位六年, 爲第
〈第〉二子郢王友珪所弑. 均王誅友珪而
立.《集覽, 朴集, 下, 12ㅎ》娘子柳氏〈柳
氏〉. 太祖聞之, 迎以爲妃. 後裴玄慶・申
崇謙等推戴太祖, 后贊成之. 旣卽位, 策后
爲元妃. 薨, 諡神惠.

즉유(卽有) 円 곧. 바로. 즉시.《朴新諺 3,
52ㅎ》當有(朴新注, 63ㅎ: 猶言卽有也.)
某縣某村人王大爲證, 곳 某縣 某村 사름
王大ㅣ 이셔 證ᄒ엿ᄂ니이다.

즉재 円 즉시(卽時). 곧. ●⇔변(便).《集
覽, 字解, 單字解, 4ㅎ》便. 去聲, 卽也. 便
行 즉재 가니라, 便去 즉재 가리라, 又卽
재 가다. 又則也. 便有 곧 잇다, 便是 곧
올ᄒ니라. 又順也, 順便. 又安也, 便當.
又宜也. 行方便 됴홀 양으로 ᄒ다, 不方
便 다히 마지 쉽사디 아니타. 又猶則也.
你去便就有了 너옷 가면 이시리라. 又平

聲, 穩便 온당ᄒ다. 吏語, 便益. ●⇔취
(就).《集覽, 字解, 單字解, 5ㅎ》就. 卽也.
就將來 즉재 가져오라, 就有了・就去了.
又遂也. 就那裏睡了 게서 자다, 就便 곧.
又就行 드듸여셔 ᄒ다.

즉ᄒ다 보형 직하다. ⇔해(該).《朴新諺 1,
8ㅎ》朝鮮國也該有詔可曾派你去麽, 朝鮮
國에도 詔書ㅣ 이셤 즉ᄒ니 ᄯᅩ 일즉 너
를 시겨 가게 ᄒ엿ᄂ냐.《朴新諺 1, 46
ㅈ》護膝上還該要用的裁料, 슬갑에 ᄯᅩ
ᄲᅵ 즉혼 ᄀᆞ음을.《朴新諺 2, 46ㅎ》把你
這忤逆種該殺的, 너 이 忤逆혼 ᄡᅵ롤다가
쥭염 즉ᄒ다.《朴新諺 2, 46ㅎ》也該學些
好, ᄯᅩ 뎌기 챡혼 일을 비홈 즉ᄒ거늘.
《朴新諺 3, 5ㅈ》堂上官府憑着理自然合
斷的, 堂上 官府ㅣ 理로 ᄒ면 自然 결단
ᄒ염 즉ᄒ되.

즉ᄒ다(卽-) 圐 즉위(卽位)하다. ⇔즉
(卽).《朴新諺 3, 58ㅎ》卽便請太祖登布
政殿卽了王位, 즉시 太祖를 請ᄒ여 布政
殿에 올라 王位에 卽ᄒ고.

즌훠 똉 비가 오거나 땅이 질 때에 신는
(목이 긴) 가죽신. ⇔우화(雨靴).《朴新
諺 2, 57ㅈ》這麽拿我的雨衣・雨靴來, 이
러면 내 유삼과 즌훠를 가져와.

즌흙 똉 진흙. ⇔이(泥).《朴新諺 3, 24ㅎ》
取了一塊靑泥來, 혼 덩이 프른 즌흙을 가
져와.

즌흙 똉 진흙. ●⇔이(泥).《朴新諺 2, 36
ㅈ》街上泥凍的都似狼牙一般, 거리에 즌
흙 언 거시 다 일희 니 ᄌᆞᆺᄐ니.《朴新諺
2, 56ㅎ》衣服上都汚的是泥, 衣服에 다
더레인 거시 이 즌흙이라. ●⇔희니(稀
泥).《朴新諺 2, 56ㅎ》一路稀泥眞有沒脚
背深哩, 왼 길 즌흙이 진실로 발등이 ᄲᅡ
질 깁희 잇더라.

즐거옴 똉 즐거움. ●⇔낙(樂).《朴新諺
2, 7ㅎ》有苦同受有樂同享, 괴로옴이 잇
거든 혼가지로 밧고 즐거옴이 잇거든 혼
가지로 누리면.《朴新諺 3, 49ㅈ》那裡知

道我這漁翁之樂, 어디 우리 이 漁翁의 즐
거오믈 알리오. ●⇔쾌활(快活). 《朴新
諺 1, 21ㅎ》比我們老人家快活得多哩, 우
리들 늘근의게 比컨대 즐거옴이 하더라.

즐기다 🈐 즐기다. 기꺼이 …하다. ●⇔
긍(肯). 《朴新諺 1, 13ㅎ》你若不肯去我
再偏別箇去, 네 만일 즐겨 가지 아니면
내 다시 다른 이룰 삭 내여 가쟈. 《朴新
諺 1, 24ㅎ》日裏不肯刷不管喂, 나지 즐
겨 빗기지 아니ᄒᆞ며 먹이기룰 ᄀᆞ옴아지
아니ᄒᆞ고. 《朴新諺 1, 34ㅈ》利錢一分也
不肯還, 利錢은 혼 픈도 즐겨 갑지 아닐
줄을 싱각ᄒᆞ여시리오. 《朴新諺 1, 43ㅈ》
肯用鈍刀子呢, 즐겨 무된 칼을 쓰리오.
《朴新諺 2, 3ㅈ》那厮那裏肯借, 뎌 놈이
어디 즐겨 빌리리오. 《朴新諺 2, 17ㅎ》
你怎麼不肯偉好馬伺候, 네 엇지 즐겨 됴
흔 물을 예비ᄒᆞ여 伺候치 아니ᄒᆞᄂᆞᆫ다.
《朴新諺 2, 46ㅎ》學裏也不肯去, 學에도
즐겨 가지 아니ᄒᆞ니. 《朴新諺 3, 5ㅈ》所
以擋住了還不肯發落, 이러모로 먹자바
당시롱 즐겨 發落디 아니ᄒᆞ고. 《朴新諺
3, 41ㅎ》他便肯畫了, 뎨 곳 즐겨 그리리
라. ●⇔낙(樂). 《朴新諺 1, 7ㅎ》有酒有
花以為眼前之樂, 술을 두고 꼿츨 두어 眼
前에 즐기믈 삼는다 ᄒᆞ고. ●⇔애(愛).
《朴新諺 3, 35ㅎ》官人們各自說愛吃甚麼
飯, 官人들은 각각 니르라 므슴 밥 먹기
를 즐기ᄂᆞᄂᆈ. ●⇔취락(取樂). 《朴新諺
1, 36ㅈ》要養老婆取樂了, 계집 쳐 즐기
려 ᄒᆞ니. ●⇔쾌활(快活). 《集覽, 字解,
累字解, 2ㅎ》快活. 즐기다. ●⇔환(歡).
《朴新諺 2, 30ㅈ》故得人天之喜鬼神之歡,
이러모로 人天의 깃거홈과 鬼神의 즐김
을 어더.

즘(怎) 🈐 ●어이. 어찌. ⇔어이. 《朴新諺
2, 47ㅎ》拖字怎的寫, 拖字를 어이 ᄡᅥᄂᆞᆫ
요. 《朴新諺 2, 48ㅈ》待子怎的寫, 待子를
어이 ᄡᅥᄂᆞᆫ요. ●어찌. ⇔엇지. 《集覽, 字
解, 單字解, 4ㅈ》怎. 何也, 怎麼 엇디. 字

音本合口聲, 或有不從合口聲, 而讀之者,
則曰즌麼, 呼如指字俗音, 故或書作只字,
又書作則字者有之. 又有呼怎的兩字, 則
怎字音준. 秀才之士, 老成之人, 凡呼合口
韻諸字, 或從本音讀之. 《朴新諺 2, 26ㅎ》
怎能勾成就了這因緣, 엇지 능히 이 因緣
을 일올이오.

즘마(怎麼) 🈐 무엇. ⇔므슴. 《朴新諺 1,
12ㅈ》你問他怎麼, 네 뎌롤 무러 므슴 홀
싸.

즘마(怎麼) 🈐 어찌하다. 또는 어떻다. 어
떠하다. ⇔엇지ᄒᆞ다. 《朴新諺 1, 3ㅎ》這
酒怎麼少了, 이 술이 엇지ᄒᆞ여 져그뇨.
《朴新諺 2, 12ㅈ》怎麼好呢, 엇지ᄒᆞ여야
됴흐리오. 《朴新諺 3, 6ㅎ》虫虵的無一根
風毛了怎麼好, 좀이 딥어 혼 낫 긴털이
업스니 엇지ᄒᆞ여야 됴흐료. 《朴新諺 3,
53ㅎ》不知怎麼走了, 아지 못게라 엇지
ᄒᆞ여 ᄃᆞ라난지. 《朴新諺 3, 55ㅎ》咳我沒
有牲口却怎麼好呢, 애 내게 즘성이 업스
니 ᄯᅩ 엇지ᄒᆞ여야 됴흐료.

즘마(怎麼) 🈐 **1** 어이. 어찌. ⇔어이. 《朴
新諺 2, 47ㅈ》縫衣裳的縫字怎麼寫, 衣裳
ᄒᆞ다 ᄒᆞᄂᆞᆫ 縫字를 어이 ᄡᅥᄂᆞᆫ요. 《朴新諺
2, 47ㅈ》替代的代字怎麼寫, 替代ᄒᆞ다 ᄒᆞ
ᄂᆞᆫ 代字를 어이 ᄡᅥᄂᆞᆫ요. 《朴新諺 2, 47
ㅎ》却字怎麼寫, 却字를 어이 ᄡᅥᄂᆞᆫ요.
《朴新諺 2, 47ㅎ》劉字怎麼寫, 劉字를 어
이 ᄡᅥᄂᆞᆫ요. 《朴新諺 2, 47ㅎ》錯字怎麼寫,
錯字를 어이 ᄡᅥᄂᆞᆫ요. 《朴新諺 2, 48ㅈ》
宋字怎麼寫, 宋字를 어이 ᄡᅥᄂᆞᆫ요. 《朴新
諺 2, 48ㅈ》笠字怎麼寫, 笠字를 어이 ᄡᅥ
ᄂᆞᆫ요. 《朴新諺 2, 48ㅈ》滿字怎麼寫, 滿字
를 어이 ᄡᅥᄂᆞᆫ요. 《朴新諺 2, 48ㅈ》思字
怎麼寫, 思字를 어이 ᄡᅥᄂᆞᆫ요. **2** 어찌. ●
⇔엇디. 《集覽, 字解, 單字解, 4ㅈ》怎. 何
也. 怎麼 엇디. 《集覽, 字解, 單字解, 4
ㅎ》麼. 本音모. 俗用爲語助辭, 音마, 古
人皆呼爲모, 故或通作莫. 怎麼 엇디, 來
麼 오나라. 《朴新諺 1, 16ㅈ》老哥不說我

却怎麽知道呢, 노형이 니ᄅ지 아니면 내 ᄯ 엇디 알리오. 《朴新諺 1, 37ㅈ》你近 來怎麽這般黃瘦, 네 요ᄉ이 엇디 이리 黃 瘦ᄒ엿ᄂ다. 《朴新諺 1, 42ㅎ》到那走不 動的時候却怎麽過呢, 뎌 ᄃ니지 못홀 째 에 다ᄃ라 ᄯ 엇디 지내리오. 《朴新諺 2, 7ㅈ》我的胷背怎麽赶上你的繡袍, 내 胷背 엇디 네 슈노흔 큰옷세 미츠리오. 《朴新諺 2, 34ㅎ》必要拿你抵償怎麽好呢, 반ᄃ시 너를 자바 죄에 다혀 샹명홀 거 시니 엇디 됴흐리오. 《朴新諺 3, 16ㅎ》 相公吩咐怎麽盖, 相公은 吩咐ᄒ라 엇디 지으려 ᄒᄂ뇨. ●⇔엇지. 《朴新諺 2, 2 ㅈ》你怎麽纔來, 네 엇지 ᄀ 온다. 《朴新 諺 2, 11ㅎ》怎麽得進去呢, 엇지 드러가 리오. 《朴新諺 2, 20ㅎ》怎麽沒有中・保 人呢, 엇지 즁인・보인이 업ᄂ뇨. 《朴新 諺 2, 40ㅎ》如今怎麽那般賊多, 이제 엇 지 뎌리 도적이 만ᄒ뇨. 《朴新諺 3, 1ㅈ》 怎麽這蠅子這麽多呢, 엇지 ᄑ리 이리 만 ᄒ뇨. 《朴新諺 3, 10ㅎ》怎麽抹得不正 呢, 엇지 ᄇᆞᆺ기를 平正이 못ᄒ엿ᄂ뇨. 《朴新諺 3, 11ㅎ》滿指甲疙疸和膿水怎麽 好呢, 손톱에 ᄀ득혼 더뎡이와 고롬이 엇지 됴흐리오. 《朴新諺 3, 21ㅎ》怎麽只 要買那小說看呢, 엇지 그저 뎌 小說을 사 보려 ᄒᄂ뇨. 《朴新諺 3, 30ㅎ》怎麽是八 成銀子呢, 엇지 이 八成銀이뇨. 《朴新諺 3, 37ㅈ》我怎麽不會打, 내 엇지 칠 줄을 아지 못ᄒ리오. 《朴新諺 3, 41ㅎ》但是他 家裡事多怎麽來的呢, 다만 뎨 집의 일이 만흐니 엇지 오리오.

즘생(怎生) 円 어찌하다. ⇔엇디ᄒ다. 《朴 新諺 3, 13ㅎ》不知怎生吃了一跌, 아지 못 케라 엇디혼지 혼 번 구러지믈 닙어.

즘생(怎生) 円 어찌. ⇔엇지. 《集覽, 字解, 單字解, 7ㅎ》生. 生的 양ᄌ. 生活 셩녕. 又甚也. 又語助. 怎生. 《朴新諺 3, 28ㅎ》 怎生使他現出本像, 엇지 뎌로 ᄒ여곰 本 像을 現出케 ᄒ리오. 《朴新諺 3, 57ㅈ》

當初怎生建國, 當初에 엇지 나라흘 세윗 ᄂ지.

즘싱 뎽 🚺짐승. 또는 가축. ㉠⇔두구(頭 口). 《朴新諺 1, 41ㅈ》他慣醫頭口, 뎨 즘 싱 고치기 닉이 ᄒᄂ니라. ㉡⇔생구(牲 口). 《朴新諺 2, 36ㅈ》牲口怎麽當的, 즘 싱이 엇지 當ᄒ리오. 《朴新諺 3, 55ㅈ》 咳我沒有牲口却怎麽好呢, 애 내게 즘싱 이 업스니 ᄯ 엇지ᄒ여야 됴흐료. 🙎짐 승. 짐승 같은 놈. (욕하는 말) ⇔축생 (畜生). 《朴新諺 2, 46ㅈ》都是你這兩箇 小畜生, 다 이 너희 이 두 져근 즘싱들이.

즘의 뎽 즈음께. ⇔기일(幾日). 《朴新諺 2, 51ㅈ》那幾日你又說首領官纔做稿呈堂, 져즘의 네 ᄯ 니ᄅ되 首領官이 ᄀ 초를 민그라 당샹의 드리니.

즘적(怎的) 동 어찌하다. 또는 어떻다. 어 떠하다. ⇔엇지ᄒ다. 《朴新諺 2, 58ㅎ》 咳一件新衣服也沒有怎的好呢, 애 혼 볼 새 옷도 업스니 엇지ᄒ여야 됴흐리오. 《朴新諺 2, 34ㅈ》帶累一家人都死怎的好 呢, 왼 집 사름이 범으러 다 죽을 거시니 엇지ᄒ여야 됴흐리오.

즘적(怎的) 円 어찌. ⇔엇지. 《朴新諺 2, 39ㅈ》這幾日怎的不見有賣菜子的過去呢, 요ᄉ이 엇지 ᄂᆞᆷ ᄢᅵ 풀 리 ᄃ니가는 이 이시믈 보지 못홀소뇨.

즛긔티다 동 짓이기다. 또는 깨물다. ⇔ 개(礚). 《朴新諺 3, 24ㅈ》便拿下來礚死 了, 곳 자바 ᄂ리와 즛긔텨 죽이고.

증(拯) 동 건지다. ⇔건디다. 《朴新諺 2, 29ㅈ》以聲察聲拯慈悲於六道, 소리로 ᄢᅥ 소리를 슬펴 慈悲를 六道에 건디고.

증(症) 뎽 질병. 《朴新諺 2, 24ㅈ》這是感冒 風寒之症, 이 風寒에 感冒혼 症이로다.

증(曾) 円 일찍. 일찍이. ⇔일즉. 《集覽, 字解, 單字解, 6ㅎ》曾. 층. 乃也, 則也. 又 經也, 嘗也. 又증, 曾孫. 又姓. 《朴新諺 1, 8ㅎ》朝鮮國也該有詔可曾派你去麽, 朝鮮 國에도 詔書ㅣ 이셤 즉ᄒ니 ᄯ 일즉 너

롤 시겨 가게 ᄒ엿ᄂ냐.《朴新諺 1, 33
ᄒ》我不曾見他, 내 일즉 뎌롤 보지 못ᄒ
여시니.《朴新諺 2, 4ᄒ》我不曾到過, 내
일즉 둔기지 못ᄒ여시니.《朴新諺 2, 20
ᄒ》怎麼這車輛還不曾收拾, 엇지 이 車輛
을 당시롱 일즉 收拾지 아니ᄒ엿ᄂ뇨.
《朴新諺 2, 49ㅈ》幾曾得閑呢, 언제 일즉
한가홈을 어드리오.《朴新諺 3, 5ㅈ》却
曾完結了麼, ᄯ 일즉 完結ᄒ엿ᄂ냐.《朴
新諺 3, 8ㅈ》我曾塑了三尊佛, 내 일즉 三
尊佛을 민드라.《朴新諺 3, 11ㅈ》從來不
曾見你這般仔細, 본ᄃ 일즉 너 이런 仔細
호믈 보지 못ᄒ엿노라.《朴新諺 3, 42
ᄒ》我竟不知道却曾出殯麼, 내 ᄆ춤내
아지 못ᄒ엿ᄂ니 ᄯ 일즉 出殯ᄒ엿ᄂ냐.
증(增) 图 증가하다. 많아지다. 늘다. ⇔
증ᄒ다(增-).《朴新諺 2, 59ㅈ》婁增軫久
鬼迎祥, 婁ᄂ 增ᄒ고 軫은 久ᄒ고 鬼ᄂ
迎祥ᄒ니.
증(證) 图 ●고발하다. 신고하다. ⇔증ᄒ
다(證-).《朴新諺 3, 52ᄒ》當有某縣某村
人王大爲證, 곳 某縣 某村 사롬 王大ㅣ
이셔 證ᄒ엿ᄂ니이다. ●〈불〉 참선하
여 깨닫다. 수행하여 득도하다. ⇔증ᄒ
다(證-).《朴新諺 3, 9ᄒ》久後你也要得
證正果哩, 오란 후에 너도 正果 證홈을
어드리라.
증(贈) 图 주다. ⇔주다.《朴新諺 3, 59ᄒ》
寶劒贈與烈士, 寶劒은 烈士를 주고, 紅粉
付與佳人, 紅粉은 佳人을 준다 ᄒ니라.
증과(證果) 图〈불〉 오랜 수행을 통하여
깨달아 득도하다.《集覽, 朴集, 下, 1ᄒ》
證果金身. 又生時所作善惡謂之因, 他日
報應謂之果. 謂證果者, 如三藏法師取經
東還, 化爲梅檀佛如來.《集覽, 朴集, 下,
4ㅈ》孫行者. 法師到西天, 受經三藏, 東
還, 法師證果梅檀佛如來, 孫行者證果大
力王菩薩, 朱八戒證果香華會上淨壇使者.
증권(蒸捲) 图 밀가루를 반죽하여 다섯
치[寸] 정도의 길이로 만든 뒤 쪄서 만든

떡.《集覽, 朴集, 上, 3ᄒ》蒸捲. 質問云,
麥麵作成五寸長糕, 蒸熟食之. 又云, 以麵
爲之, 長疊四折, 用籠蒸熟.
증손(曾孫) 图 증손자.《集覽, 字解, 單字
解, 6ᄒ》曾. 츙. 乃也, 則也. 又經也, 嘗
也. 又즁, 曾孫. 又姓.
증숙(烝熟) 图 음식을 쪄서 익히다.《集
覽, 朴集, 上, 3ᄒ》蒸捲. 質問云, 麥麵作
成五寸長糕, 蒸熟食之. 又云, 以麵爲之,
長疊四折, 用籠蒸熟.《集覽, 朴集, 下, 3
ᄒ》稍麥. 質問云, 以麥麵作成薄片, 包肉
蒸熟, 與湯食之, 方言謂之稍麥. 麥, 亦作
賣.《集覽, 朴集, 下, 6ㅈ》水精角兒. 又居
家必用云, 皮用白麪於滾湯攪作稠糊, 於
冷水浸, 以豆粉和搜作劑, 打作皮, 包餡上
籠, 緊火蒸熟, 洒兩次水, 方可下竈, 臨供
時再洒些水便供.《朴新諺 1, 5ᄒ》饅頭,
饅頭와. 蒸食(朴新注, 2ᄒ: 麥麵作糕, 蒸
熟食之.), 蒸食과. 小餶飿, 즌 떡이니.
증식(烝食) 图 찐 음식.《朴新諺 1, 5ᄒ》饅
頭, 饅頭와. 蒸食(朴新注, 2ᄒ: 麥麵作糕,
蒸熟食之.), 蒸食과. 小餶飿, 즌 떡이니.
증열(蒸熱) 图 뜨겁게 찌다. 뜨거운 김으
로 익히거나 데우다.《集覽, 朴集, 上, 1
ㅈ》蜜林檎燒酒. 質問云, 初蒸熱燒酒, 用
蜜·葡萄相參〈叅〉浸, 久而食之, 方言謂
之蜜林檎燒酒.
증후(症候) 图 질병(疾病).《朴新諺 2, 24
ᄒ》那般不小心所以就犯了這症侯, 뎌리
조심치 아니ᄒ여시매 그리모로 이 症侯
를 犯ᄒ엿다.
증ᄒ다(增-) 图 증가하다. 많아지다. 늘
다. ⇔증(增).《朴新諺 2, 59ㅈ》婁增軫久
鬼迎祥, 婁ᄂ 增ᄒ고 軫은 久ᄒ고 鬼ᄂ
迎祥ᄒ니.
증ᄒ다(證-) 图 ●고발하다. 신고하다.
⇔증(證).《朴新諺 3, 52ᄒ》當有某縣某
村人王大爲證, 곳 某縣 某村 사롬 王大ㅣ
이셔 證ᄒ엿ᄂ니이다. ●〈불〉 참선하
여 깨닫다. 수행하여 득도하다. ⇔증

(證).《朴新諺 3, 9ㅎ》久後你也要得證正果哩, 오란 후에 너도 正果 證홈을 어드리라.

지 뗑 지.《朴新諺 2, 50ㅎ》我在任幾年並沒有不了的事件, 내 任에 이션 지 여러 히로되 다 못지 못한 일이 업고.《朴新諺 3, 19ㅈ》把我家小厮拿去監了兩日, 내 집 아히 놈을다가 자바가 가도완 지 이틀이오.

지(之) 뙤 ●-에 의한. ⇔-엣.《朴新諺 1, 26ㅈ》如你不過是淺見薄識之人, 너 ᄀᆞᆺ흔 이ᄂᆞᆫ 不過 이 淺見 薄識엣 사ᄅᆞᆷ이라. ●-의. ⇔-의.《朴新諺 1, 27ㅈ》又道勝敗乃兵家之常, 또 니ᄅᆞ되 勝敗ᄂᆞᆫ 兵家의 常이라 ᄒᆞ니.《朴新諺 2, 30ㅈ》故得人天之喜鬼神之歡, 이러모로 人天의 깃거홈과 鬼神의 즐김을 어더.《朴新諺 2, 30ㅈ》若人有難口念菩薩之名, 만일 사ᄅᆞᆷ이 어려옴이 잇거든 입에 菩薩의 일홈을 念ᄒᆞ면.《朴新諺 3, 29ㅈ》你道這孫行者之法力還了得麽, 네 니ᄅᆞ라 孫行者의 法力이 당시롱 견들소냐.

지(止) 뙤 그치다. 멈추다. ⇔그치다.《朴新諺 2, 10ㅈ》從今日起後日止, 오늘브터 시작ᄒᆞ여 모리 그치ᄂᆞ니.

지(只) 뜀 **1**●그저. 단지. 다만. ⇔그저.《朴新諺 1, 38ㅈ》只用把好飲食, 그저 됴흔 飲食으로다가.《朴新諺 1, 43ㅈ》不要只管的刮, 그저 ᄉᆞᆯ여 긁빗기지 말라.《朴新諺 2, 6ㅎ》只此人間少有的了, 그저 이 人間에 드믄 거시니라.《朴新諺 2, 20ㅈ》你只把文契收好了, 네 그저 글월을다가 잘 거두어.《朴新諺 2, 37ㅎ》他敬我一分我只敬他五分, 뎨 나를 一分을 공경ᄒᆞ면 내 그저 뎌를 五分을 공경ᄒᆞ려니와.《朴新諺 2, 46ㅎ》還只管淘氣, 당시롱 그저 ᄉᆞᆯ여 저즈레ᄒᆞ고.《朴新諺 3, 1ㅎ》不要只管教人了, 그저 ᄉᆞᆯ여 사ᄅᆞᆷ의게 긔개이지 말라.《朴新諺 3, 10ㅈ》你只與我改做煤火炕, 네 그저 나를 셕탄 픠오ᄂᆞᆫ

캉을 고쳐 민드라 주되.《朴新諺 3, 21ㅈ》怎麽只要買那小說看呢, 엇지 그저 뎌 小說을 사 보려 ᄒᆞᄂᆞ뇨. ●오직. ⇔오직.《集覽, 字解, 單字解, 1ㅈ》只. 止此之辭. 다믄, 又오직. 韻書皆上聲, 俗讀去聲. 唯韻會註云, 今俗讀若質. **2**다만. 단지. 그저. ●⇔다만.《朴新諺 2, 3ㅈ》我只有一箇油絹帽, 내게 다만 흔 油絹帽ㅣ 잇고.《朴新諺 2, 22ㅈ》謝天地只願好收成就勾了, 天地끠 謝ᄒᆞᄂᆞ니 다만 원컨대 잘 收成ᄒᆞ면 곳 넉넉ᄒᆞ리로다.《朴新諺 2, 35ㅎ》只爭來早與來遲, 다만 오미 일음과 다못 오미 더듸믈 ᄃᆞ토ᄂᆞ이라.《朴新諺 2, 49ㅎ》只怕還不肯回來哩, 다만 저프건대 도로혀 즐겨 도라오지 아닐가 ᄒᆞ노라.《朴新諺 3, 4ㅎ》我只知道蒲根解酒還好做醋, 내 다만 챵포 불희 술을 ᄢᅵ오고 또 醋 민들기 됴흔 줄만 알고.《朴新諺 3, 17ㅎ》捲盖萬間房, 대되 萬間 집을 지으나. 夜眠只一廈, 밤에 자기는 다만 흔 간 집이라 ᄒᆞ니.《朴新諺 3, 25ㅎ》只留下桃核, 다만 복셩화 ᄢᅵ만 남기고.《朴新諺 3, 38ㅎ》他只交(把)一停與主人, 뎨 다만 흔 운을다가 主人을 주고. ●⇔다믄.《集覽, 字解, 單字解, 1ㅈ》只. 止此之辭. 다믄, 又오직. 韻書皆上聲, 俗讀去聲. 唯韻會註云, 今俗讀若質.

지(地) 뗑 **1**●데. 곳. ⇔디.《集覽, 字解, 單字解, 4ㅈ》來. 來往. 又語助. 你來 이바, 夜來 어제, 有來 잇더라, 去來 가다. 又數物而有餘數, 未的知之辭. 十來箇 여라믄, 十里來地 십 리만흔 디, 十來日 여라믄 날. ●밭. 토지. 전지. ⇔밧.《朴新諺 3, 19ㅎ》我家裡一箇小厮在城外種地, 내 집 흔 아히 놈이 城 밧긔셔 밧 가다가. **2**●땅. 지역. 구역. ⇔ᄯᅡㅎ.《集覽, 字解, 單字解, 6ㅈ》多. 多少 언메나. 又許多 하나한. 又餘也. 三十里多地 삼십 리 나믄 ᄯᅡ. 吏語, 多餘. 又過也. 有甚麽多處 므스기 너믄 고디 이시리오. 又重也. 므

스기 앗가온 고디 이시리오.《朴新諺 1, 13ㅈ》平則門離這廣豊倉有二十里地, 平則門이 廣豊倉에 쁨이 二十里 짜히 이시니.《朴新諺 1, 13ㅎ》那裏有二十里地呢, 어디 二十里 짜히 잇ᄂᆞ뇨.《朴新諺 2, 38ㅈ》這離城三十里地, 이 城에셔 쁨이 三十里 짜히.《朴新諺 3, 40ㅎ》送到四十里地, 보내여 四十里 짜히 가. ●땅. 토지. ⇔짜ㅎ.《集覽, 字解, 單字解, 3ㅎ》地. 土也, 田地・土地・地方・地面. 又指當處土地之神, 亦曰土地. 又語助, 坐地. 又恁地, 猶言如此.《朴新諺 2, 5ㅈ》地下幔的石如白玉, 짜히 ᄭᆞᆫ 돌은 白玉 ᄀᆞᆺ고.《朴新諺 3, 27ㅎ》頭落在地上, 머리 ᄠᅥ러져 짜히 잇더니.

지(至) 图 이르다[至]. ⇔니르다.《朴新諺 1, 58ㅎ》其銀約至下年幾月內歸還, 그 은을 닌년 아모 둘 니에 니르러 갑흐믈 언약ᄒᆞ여.《朴新諺 2, 25ㅈ》煎至七分去滓溫服, 달혀 七分에 니르거든 滓를 ᄇᆞ리고 더운 이로 먹으라.《朴新諺 3, 36ㅎ》徃常請也請官人們不至, 샹시에 쳥ᄒᆞ여도 官人들을 請ᄒᆞ여 니르지 못홀 거시니.《朴新諺 3, 50ㅎ》直至某處, 바로 아모 곳에 니르되.

지(至) 图 이르도록. ⇔니르히.《朴新諺 1, 49ㅎ》以至下人們, 뼈 下人들에 니르히.《朴新諺 3, 16ㅎ》以至塔臺石・磚・瓦都有, 뼈 섬돌과 벽과 지새에 니르히 다 이시니.《朴新諺 3, 34ㅎ》一品至九品, 一品으로 九品에 니르히.

지(池) 图 못[池]. ⇔못.《朴新諺 2, 38ㅎ》山頂上有一小池, 山頂 우희 ᄒᆞᆫ 져근 못이 이시니. 滿池荷花香噴噴的令人可愛, 못에 ᄀᆞ득ᄒᆞᆫ 荷花ㅣ 香내 뿜겨 사ᄅᆞᆷ으로 ᄒᆞ여곰 ᄉᆞ랑홉게 ᄒᆞ더라.

지(志) 图 기전체(紀傳體)의 역사책에서 본기(本紀)・열전(列傳) 외에 천문(天文)・지리(地理)・예악(禮樂) 따위를 기술한 것.《集覽, 朴集, 上, 7ㅈ》南斗. 晉書

天文志, 六星天廟〈庙〉, 丞相太宰之位, 主褒賢進士, 稟授爵祿.

지(枝) 图 가지[枝]. ⇔가지.《朴新諺 1, 23ㅎ》九枝金鳳, 아홉 가지 金鳳과.

지(知) 图 ●알다. ⇔알다.《朴新諺 1, 17ㅎ》不知那一家打的刀子最好, 아지 못게라 어닉 집의셔 민든 칼이 ᄀᆞ장 됴흐뇨.《朴新諺 1, 31ㅈ》要知前世因, 前世에 因果롤 알려 홀진대.《朴新諺 1, 35ㅈ》不知他那一日纔肯還, 아지 못게라 데 어닉 날 마치 즐겨 갑흐리오.《朴新諺 2, 5ㅈ》與那名花・奇樹也不知其數, 다못 뎌 名花와 奇樹는 그 수를 아지 못ᄒᆞ니.《朴新諺 2, 23ㅈ》眞是遠行知馬力日久見人心, 진실로 이 멀리 가매 물 힘을 알고 날이 오래매 사름의 ᄆᆞ음을 보느니라.《朴新諺 3, 5ㅈ》不知到幾時纔得了局哩, 아지 못게라 어닉 째에 다드라 맛치 판나믈 어드리오.《朴新諺 3, 13ㅎ》不知怎生吃了一跌, 아지 못케라 엇디혼지 혼 번 구러지믈 닙어. ●알리다. 고(告)하다. 알게 하다. ⇔알외다.《集覽, 字解, 累字解, 2ㅈ》說知. 닐어 알외다.

지(持) 图 가지다. ⇔가지다.《朴新諺 3, 35ㅈ》手持畫戟, 손에 畫戟을 가지고.

지(紙) 图 **1**종이. ●⇔됴희.《朴新諺 3, 59ㅎ》惟有些高麗筆(筆)・墨・紙張, 오직 져기 高麗ㅅ 붓과 먹과 됴희ㅅ 쟝이 이셔. ●⇔죠희.《朴新諺 1, 58ㅈ》拿紙・墨・筆(筆)・硯來, 紙・墨・筆(筆)・硯을 가져오라.《朴新諺 3, 4ㅈ》把這窓糊紙都扯了, 이 窓에 ᄇᆞ론 죠희를다가 다 믜치고. **2**지금(紙金). 얇게 금을 입힌 종이. ⇔지금.《朴新諺 1, 46ㅈ》羊皮金不要紙的, 羊皮金을 ᄒᆞ고 지금으란 말고.

지(智) 图 〈불〉 십바라밀(十波羅蜜)의 하나. 모든 사물이나 현상・도리・선악에 대하여 올바른 판단을 내리고 번뇌를 끊는 힘.《集覽, 朴集, 中, 4ㅈ》智滿十身. 本覺爲知, 始覺爲智. 滿, 備也. 十身有調

御. 十身, 曰無着, 曰弘願, 曰業報, 曰住
持, 曰涅槃, 曰淨法, 曰眞心, 曰三昧, 曰道
性, 曰如意. 有內十身, 曰菩提, 曰願, 曰
化, 曰力持, 曰莊嚴, 曰威勢, 曰意生, 曰福
德, 曰法, 曰智. 有外十身, 曰自, 曰衆生,
曰國土, 曰業報, 曰聲聞, 曰圓覺, 曰菩薩,
曰智, 曰法, 曰虛空.

지(痣) 圐 사마귀. 《集覽, 朴集, 上, 6ㅈ》張
黑子. 張, 姓. 黑子, 痣也. 張之面有痣, 因
以爲號, 人號爲張黑子.

지(遲) 图 지연(遲延)하다. 시간을 끌어 늦
추다. ⇔지연ㅎ다. 《朴新諺 1, 19ㅎ》遲
日來斷不有悮的, 날을 지연ㅎ여 오라 결
짠코 그르미 잇디 아니ㅎ리라.

지(遲) 톙 ●더디다. ⇔더듸다. 《朴新諺
1, 58ㅎ》不致遲悮, 더듸여 어그릇츰애
니르지 말고. 《朴新諺 2, 2ㅈ》所以來得
遲了, 이러모로 오미 더듸여라. 《朴新諺
2, 4ㅎ》有心拜節寒食不遲, 節에 拜홀 ᄆ
옴이 이시면 寒食이라도 더듸지 아니타
ㅎᄂ니라. 《朴新諺 2, 35ㅎ》只爭來早與
來遲, 다만 오미 일음과 다뭇 오미 더듸
믈 ᄃ토ᄂ이라. ●뜨다. 느리다. ⇔ᄯᅳ
다. 《朴新諺 2, 2ㅈ》只是小行上遲些, 다
만 즌거름이 ᄯᅳ니.

-지 어미 ●-지. 《朴新諺 1, 2ㅈ》討幾甁蜜
林檎・甕頭春・木瓜露・苦菉豆酒, 여러
甁 蜜林檎과 甕頭春과 木瓜露와 ᄡᅳᆫ 菉豆
酒를 어들만 ᄌᆞᆺ지 못ㅎ니. 《朴新諺 1, 16
ㅈ》多不過両三日, 만하도 両三 日에 지
나지 못ㅎ여. 《朴新諺 1, 32ㅈ》一箇也不
中使哩, ㅎ나토 ᄡᅳ기에 맛ᄌᆞᆺ지 아니ㅎ
다. 《朴新諺 2, 3ㅎ》他怎麼不肯借與你,
데 엇지 즐겨 너를 빌리지 아니ㅎ리오.
《朴新諺 2, 18ㅎ》你與我看一看錯也不錯,
네 나를 보아 주고려 그른가 그르지 아
닌가. 《朴新諺 2, 26ㅎ》你再來休說這般
不曉事的話, 네 뇌여란 이런 일 모로ᄂ
말 니르지 말라. 《朴新諺 3, 1ㅎ》不要只
管廝人了, 그저 스릐여 사롬의게 긔개이

지 말라. 《朴新諺 3, 15ㅈ》至今未見回書,
至今 回書를 보지 못ㅎ니. 《朴新諺 3, 30
ㅎ》有却有只是不賣, 이심은 ᄯᅩ 이시되
그저 ᄑᆞ지 아니ㅎ노라. ●-하지. 《朴新
諺 1, 23ㅎ》便當二十両也還不勾用哩, 곳
스므 냥을 뎐당ㅎ여도 당시롱 ᄡᅳ기에
넉넉지 못ㅎ여라. 《朴新諺 2, 12ㅎ》誰知
道做得狠(很)不如式, 뉘 아더냐 믄드롬
이 ᄀᆞ장 법 ᄌᆞᆺ지 아니ㅎ고. 《朴新諺 2,
15ㅈ》假如你染的不如這樣兒上的顏色,
만일 네 드린 거시 이 樣子엣 빗과 ᄌᆞᆺ지
아니면. 《朴新諺 2, 17ㅈ》這馬都不中用,
이 믈이 다 ᄡᅥ즉지 아니ㅎ다. 《朴新諺
2, 19ㅎ》不干買主之事, 산 님자의게는
간섭지 아닌 일이라. 《朴新諺 2, 20ㅎ》
怎麼這車輛還不曾收拾, 엇지 이 車輛을
당시롱 일즉 收拾지 아니ㅎ엿ᄂ뇨. 《朴
新諺 2, 22ㅈ》此話眞不眞呢, 이 말이 진
뎍ㅎ냐 진뎍지 아니ㅎ냐. 《朴新諺 2, 26
ㅎ》咳姐姐我不想你這般無情, 애 각시아
내 네 이리 無情홀 줄을 싱각지 못ㅎ엿
노라.

지가(枝柯) 圐 나뭇가지. 《集覽, 朴集, 中,
6ㅈ》齒排柯雪. 謂齒如雪堆枝柯之上, 淨
白頓整之形, 似人所編排然. 佛三十二相,
有四十齒相, 有齒白淨相, 有齒齊密相.

지각(知覺) 图 알아서 깨닫다. 《集覽, 朴
集, 中, 3ㅈ》攪撒. 今以撒放之撒, 用爲知
覺之義者, 亦未詳.

지갑(指甲) 圐 손톱. ⇔손톱. 《朴新諺 3,
11ㅎ》你有長指甲替我抓一抓, 네 긴 손
톱이 잇거든 나를 ᄀᆞ르차 글그라. 滿指
甲疙瘩和膿水怎麼好呢, 손톱에 ᄀᆞ득ᄒᆞᆫ
더덩이와 고롬이 엇지 됴ㅎ리오.

지거(紙車) 圐 금은(金銀)의 전지(錢紙)를
붙여 만든 작은 수레. 상여의 앞에서 길
을 인도한다. 《集覽, 朴集, 下, 9ㅈ》紙車.
以金・銀錢紙結造小空車, 爲前導.), 紙車
와.

지관(只管) 閉 ●그저. 단지. 다만. ⇔그

저.《朴新諺 1, 6ㅎ》彈的只管彈, 트리 그
저 트고. 吹的只管吹, 불 리 그저 불고.
唱的只管唱, 노래 브르리 그저 노래 불
러. ●함부로. 마음대로. 얼마든지. ⇔
슬이여.《集覽, 字解, 單字解, 8ㅈ》管. 攝
也. 又只管. 照管, 見下.《集覽, 字解, 累
字解, 1ㅎ》則管. 則音ㅈ, 去聲. 或作只.
슬이여. 亦曰演成, 演亦作偃.

지관(地官) 圏 도관(道觀)에서 받들어 모
시는 세 신관(神官)의 하나. 음력 7월 보
름날 중원(中元)이 되면 하늘에서 내려
와 사람들의 선악을 맡아 기록한다고
한다.《集覽, 朴集, 下, 2ㅈ》七月十五日.
道藏經云, 七月十五日, 謂之中元, 地官下
降人間, 檢校世人, 甄別善惡, 上告天曹.
《集覽, 朴集, 下, 11ㅈ》好女不看燈. 宣和
遺事云, 天官好樂, 地官好人, 水官好燈.
《朴新諺 3, 12ㅎ》這七月十五日是中元
(朴新注, 48ㅎ: 道藏經云, 中元日, 地官下
降人間, 檢較世人, 甄別善惡, 上告天曹.)
節, 이 七月 十五日은 이 中元節이라.

지금 圏 지금(紙金). 얇게 금을 입힌 종이.
⇔지(紙).《朴新諺 1, 46ㅈ》羊皮金不要
紙的, 羊皮金을 흐고 지금으란 말고.

지금(至今) 閏 지우금(至于今). 예로부터
오늘에 이르기까지.《集覽, 朴集, 上, 2
ㅎ》院本. 盖古敎坊色長有魏·武·劉三
人, 而魏長於念誦, 武長於筋斗, 劉長於科
範, 至今樂人皆宗之.《集覽, 朴集, 上, 16
ㅈ》石屋. 遂以袈裟表信曰, 衣雖今日, 法
自靈〈灵〉山流傳至今, 今附於汝, 汝善護
持, 毋〈母〉合斷〈断〉絶.《集覽, 朴集, 下,
2ㅎ》目連尊者. 事林廣記云, 佛書所謂王
舍衛城, 卽寶童龍國也, 國在西南海中, 隷
占城. 占城選人作地主. 目連, 卽此國人
也. 人云, 目連舍基, 至今猶存.《朴新諺
3, 15ㅈ》至今未見回書, 至今 回書를 보
지 못ᄒ니.《朴新諺 3, 51ㅈ》至今贓物未
獲, 至今 贓物을 엇지 못ᄒ여시니.

지급(支給) 圏 돈이나 물품 따위를 정하

여진 몫만큼 내주다.《集覽, 朴集, 上, 5
ㅈ》月俸. 中朝〈元制〉官祿, 每月支〈支〉
給. 今此一月四石之俸, 以元制考之, 乃從
九品也.

지긔우다 圄 지겹게 하다. 최대한으로 하
다. 힘껏 하다. ⇔진일진(儘一儘).《集
覽, 字解, 單字解, 5ㅈ》儘. 讓也, 任也. 儘
他 제게 다와드라, 儘讓 더긔 미다. 又縱
令也. 儘敎 므던타. 又儘一儘 지긔우다.
又儘船 빗 ᄀ장.

지기(支起) 圄 버티다. ⇔버틔다.《朴新諺
3, 1ㅈ》把這簾子捲起窓戶支起, 이 발을
다가 것고 窓을 버틔오라.

지기(地紀) 圏 대지(大地)를 묶어 유지시
킨다는 끈.《集覽, 朴集, 上, 15ㅈ》碧漢.
〈卽〉天河也. 河精上爲天漢. 爾雅, 析木爲
之津. ヒ在箕斗間, 自坤抵艮爲地紀, 亦名
雲漢, 曰天潢, 曰銀河, 曰銀漢, 曰河漢.

지기(地祇) 圏 땅의 신(神).《集覽, 朴集,
中, 2ㅈ》郊天. 天子設圜丘於南郊, 以祭天
神·地祇(祇)·日月星辰·山川·嶽瀆,
以太祖配享.《集覽, 朴集, 下, 4ㅎ》大醮.
道經云, 醮, 祭名. 夜中於星辰之下, 陳設
餅餌·酒果·幣物, 禋祀天皇·太乙·
地祇(祇)·列宿.

지기(地氣) 圏 땅의 정기.《朴新諺 3, 48
ㅈ》等候那地氣上申的時節, 뎌 地氣 올라
퍼질 째를 기드리더니.

지기다 圄 눌러 짜다. ⇔도(搯).《朴新諺
3, 11ㅎ》你只與我搯一遍罷, 네 그저 나
를 혼 번 지겨 주고려.《朴新諺 3, 11ㅎ》
搯一會兒狼(很)好, 혼 지위 지기니 ᄀ장
됴터니.

지나가다 圄 지나가다. 지나치다. ⇔과거
(過去).《朴新諺 2, 33ㅎ》有一日一箇賣
絹的打他門口過去, 홀론 혼 집 풀 리 이
셔 제 門을 지나가니.

지나다 圄 지나다. 지나가다. ⇔과(過).
《朴新諺 1, 16ㅈ》多不過兩三日, 만하도
兩三 日에 지나지 못ᄒ여.《朴新諺 1, 51

ᄌᆞ》也不過使二十八九箇錢, 스믈 여돏 아홉 낫 돈을 ᄡᆞ매 지나지 아니ᄒᆞ리라. 《朴新諺 1, 58ㅎ》如期不還, 만일 혼이 지나 갑지 아니ᄒᆞ거든. 《朴新諺 2, 53ㅎ》過了一生日便會學那步兒, 혼 生日이 지나면 곳 거름 옴길 줄을 알 거시니. 《朴新諺 3, 12ㅈ》不過一兩遍管情就好了, 혼두 번에 지나지 못ᄒᆞ여서 결단코 즉시 됴ᄒᆞ리라. 《朴新諺 3, 13ㅈ》聰明智慧過人, 聰明 智慧 ㅣ 사롬의게 지나고. 《朴新諺 3, 53ㅈ》不過三日之內, 三日 안에 지나지 못ᄒᆞ여.

지내다 图 **1**지나게 하다. 지나가다. ⇔과(過). 《朴新諺 2, 4ㅈ》吃了幾杯酒過了兩道湯, 여러 잔 술 먹고 兩道 湯을 지내고. **2**지내다. ●⇔과(過). 《朴新諺 1, 42ㅎ》到那走不動的時候却怎麼過呢, 뎌 둔니지 못홀 째에 다드라 ᄯᅩ 엇디 지내리오. ●⇔도과(度過). 《朴新諺 1, 1ㅈ》咱們不可虛度過了, 우리 可히 헛도이 지내지 못ᄒᆞ리라.

지다 图 ●지다(負). 메다. ⇔배(背). 《朴新諺 1, 12ㅎ》那挑脚的漢子, 뎌 삭짐 지는 놈아. 《朴新諺 2, 18ㅎ》小厮們也一面打疊背包上馬, 아히 놈들도 一面으로 질 짐을 가혀 몰을 투라. ●(빚) 지다. ⇔소(少). 《朴新諺 1, 33ㅎ》他少我五両銀子哩, 뎨 내게 닷 냥 은을 졋ᄂᆞ니라. ●지다. 패하다. ⇔수(輸). 《朴新諺 1, 26ㅈ》咱們下一局賭箇輸贏如何, 우리 혼 판 두어 지며 이긔믈 더ᄂᆞ미 엇더ᄒᆞ뇨. 《朴新諺 1, 27ㅈ》看來是我輸了, 보아ᄒᆞ니 이 내 졋도다. 《朴新諺 1, 53ㅈ》輸了的就去辦, 지ᄂᆞ니 즉시 가 쟝만ᄒᆞ고. 《朴新諺 2, 52ㅈ》他前日輸與我的猪頭也不肯買, 뎨 그젓긔 내게 진 돗희 머리도 즐겨 사지 아니ᄒᆞ니. 《朴新諺 2, 55ㅈ》姐姐若輸了也再不要違了我的言語如何, 각시 만일 져도 ᄯᅩ 내 말을 어긔롯지 말미 엇더ᄒᆞ뇨. 《朴新諺 3, 23ㅎ》那一箇輸了, 아모

나 ᄒᆞ나히 지거든. 《朴新諺 3, 24ㅈ》但動的便筭輸, 다만 動ᄒᆞ는 이를 곳 지니로 혜니라. 《朴新諺 3, 26ㅈ》先生又輸了, 先生이 ᄯᅩ 지니라.

지달 图 지달. (말이 뛰거나 달아나지 못하게 앞발 두 개를 얽어매는 줄) 《朴新諺 2, 20ㅎ》還少套繩, 당시롱 멜 줄과. 撒繩, 쓰을 줄과. 籠頭, 바구레와. 脚索, 지달 술 바와. 鞍子, 기르마와. 肚帶等類哩, 오랑 等類ㅣ 업세라.

지달솔바 图 말의 발을 묶을 때 쓰는 밧줄. ⇔각삭(脚索). 《朴新諺 2, 20ㅎ》還少套繩, 당시롱 멜 줄과. 撒繩, 쓰을 줄과. 籠頭, 바구레와. 脚索, 지달 술 바와. 鞍子, 기르마와. 肚帶等類哩, 오랑 等類ㅣ 업세라.

지덕(智德) 图 〈불〉 삼덕(三德)의 하나. 여래(如來)가 평등한 지혜로 일체(一切) 만법(萬法)을 모두 비추는 덕을 이른다. 《集覽, 朴集, 下, 1ㅈ》長老. 僧有智德可尊者曰長老. 又道高臘長呼爲須菩提, 亦曰長老. 《朴新諺 3, 8ㅈ》長老(朴新注, 47ㅈ: 僧有智德可尊者曰長老.)你的佛像塑了麼, 長老ㅣ야 네 佛像을 민드란ᄂᆞ냐.

지도(知道) 图 알다. 이해하다. 깨닫다. ●⇔아다. 《集覽, 字解, 累字解, 2ㅈ》知道. 아다. ●⇔알다. 《集覽, 字解, 單字解, 5ㅎ》敢. 忍爲也. 你敢那 네 구틔여 그리홀다. 又疑似也. 敢知道 아는 둣ᄒᆞ다. 《朴新諺 1, 15ㅈ》誰知道就長起這瘡來了, 뉘 믄득 이 瘡이 ᄌᆞ랄 줄을 알리오. 《朴新諺 1, 23ㅈ》你不知道我的事, 네 내 일을 아지 못혼다. 《朴新諺 1, 37ㅎ》咳我實不知道, 애 내 실로 아지 못ᄒᆞ여. 《朴新諺 2, 4ㅈ》小弟其實不知道, 小弟 진실로 아지 못홀와. 《朴新諺 2, 12ㅎ》誰知道做得狠(很)不如式, 뉘 아더냐 민드롬이 ᄀᆞ장 법 ᄀᆞ지 아니ᄒᆞ고. 《朴新諺 2, 26ㅎ》我夫主若知道却了不得, 우리 지아비 만일 알면 ᄯᅩ 에워나지 못ᄒᆞ리라.

《朴新諺 3, 4ㅎ》我只知道蒲根解酒還好
做醋, 내 다만 챵포 불휘 술을 씨오고
또 醋 민들기 됴흔 줄만 알고.《朴新諺
3, 21ㅎ》你知道麼, 네 아는다.

지두(指頭) 몡 손가락. ⇔손가락.《集覽,
朴集, 下, 6ㅈ》水滑經帶麵. 如此三四次,
微軟和餠劑, 就案上用拗棒拗百餘棒, 多揉
數百拳. 至麴性行, 方可搓如指頭大, 新凉
水內浸兩時許, 伺麵〈麪〉性行, 方下鍋, 闊
〈濶〉細任意做.《朴新諺 1, 15ㅎ》把指頭
在九內沾着唾沫, 손가락을다가 입에 너
허 춤을 무쳐.《朴新諺 1, 32ㅈ》十箇指頭
也有長短的, 열 손가락도 긴 이 져른 이
잇ᄂ니.《朴新諺 2, 41ㅎ》把指頭大的長
鐵釘, 손가락 굴긔에 긴 쇠못스로다가.

지득(知得) 동 알다. 이해하다. 깨닫다. ⇔
아다.《集覽, 字解, 累字解, 2ㅈ》知道. 아
다.《集覽, 字解, 累字解, 2ㅈ》知得. 上同.

지르다 동 ●(소리를) 지르다. ⇔규(叫).
《朴新諺 3, 24ㅎ》大仙大叫一聲便跳下床
來了, 大仙이 크게 혼 소리 지르고 곳 床
에 뛰여 ᄂ리니. ●들이받다. 부딪치다.
⇔충(衝).《朴新諺 1, 9ㅎ》把那城門都衝
坍了, 뎌 城門을다가 다 질러 문희치고.

지마(芝麻) 몡 참깨. ⇔ᄎᆷ깨.《集覽, 朴集,
上, 2ㅈ》象生纏糖. 音義纏字註云, 用白糖
·白芝麻相和, 以火煎熬, 傾入木印內, 須
臾凉後, 〈與果實相似也〉. 糖字註云, 白糖
化後用木印澆成, 亦與果實相似. 今按, 纏
糖, 卽一物之名. 諸司職掌婚禮定親及納
徵, 皆用芝麻·纏糖二合茶.《集覽, 朴集,
下, 7ㅈ》黃燒餠. 質問云, 以麥麵〈麪〉作成
餠子, 用芝麻粘洒, 烙熟食之.《朴新諺 3,
36ㅈ》薄餠, 薄餠과. 煎餠, 煎餠과. 寬條
麵, 너븐 국슈와. 掛麵, ᄆᆞ른 국슈와. 芝麻
燒餠, ᄎᆷ깨 무친 燒餠과.《朴新諺 3, 38
ㅈ》他種的稻子, 제 시믄 벼와. 膏粱, 슈슈
와. 黍子, 기장과. 大麥, 보리와. 小麥, 밀
과. 蕎麥, 모밀과. 黃豆, 콩과. 小豆, 꿋과.
菉豆, 菉豆와. 豌豆, 광쟝이. 黑豆, 거믄

콩. 芝麻, ᄎᆷ깨와. 蘇(蘇)子, 듧깨.

지마소병(芝麻燒餠) 몡 참깨를 묻힌 소병
(燒餠). ⇔ᄎᆷ깨무친소병(-燒餠).《朴新
諺 3, 36ㅈ》薄餠, 薄餠과. 煎餠, 煎餠과.
寬條麵, 너븐 국슈와. 掛麵, ᄆᆞ른 국슈와.
芝麻燒餠, ᄎᆷ깨 무친 燒餠과.

지망(指望) 동 (한 마음으로) 기대하다.
꼭 믿다.《集覽, 字解, 單字解, 3ㅈ》着.
使之爲也. 着落 히여곰, 着他 뎌 ᄒᆞ야. 又
置也. 着塩 소곰 두다. 又中也. 着了 맛
다. 又見人所行之事, 正合人所指望之, 方
則亦曰着了 마초ᄒᆞ야다. 又實也. 着實
실히. 又語助. 又穿衣服也.

지면(地面) 몡 지면. 지표. 땅바닥.《集覽,
字解, 單字解, 3ㅎ》地. 土也. 田地·土地
·地方·地面. 又指當處. 土地之神亦曰
土地. 又語助. 坐地. 又恁地, 猶言如此.

지명(地名) 몡 땅 이름.《集覽, 字解, 單字
解, 3ㅎ》勾. 平聲, 曲也. 勾龍, 社神, 勾芒,
春神, 勾吳, 地名. 今按, 俗語勾了 유여ᄒᆞ
다, 又에우다. 又能勾 어루, 又유여히. 又
吏語, 勾取 자피다, 又勾攝公事 공스로
블리다, 又勾喚 블리다. 又去聲, 勾當, 幹
管也, 又事也, 勾當亦去聲.《朴新諺 3, 32
ㅈ》你先倒一椀六安·一椀松蘿(朴新注,
55ㅎ: 六安·松蘿, 皆地名, 而産茶最佳
故, 曰以名茶.), 네 몬져 혼 사발 六安차
와 혼 사발 松蘿차를 부어 오고.

지묵(紙墨) 몡 종이와 먹.《集覽, 朴集, 下,
12ㅈ》狀子. 吏學指南云, 狀, 貌也, 以貌
寫情於紙墨也.

지방(地方) 몡 땅. 지역. 구역. ⇔ᄯᅡㅎ.
《集覽, 字解, 單字解, 3ㅎ》地. 土也. 田地
·土地·地方·地面. 又指當處. 土地之
神亦曰土地. 又語助. 坐地. 又恁地, 猶言
如此.《集覽, 朴集, 上, 4ㅎ》瀋陽. 今設瀋
陽中衛, 地方廣衍, 東逼高麗, 北抵建州, 去
衛治東北八十里, 有州曰貴德, 或謂玄菟
郡.《朴新諺 1, 9ㅈ》到那朝鮮地方, 뎌 朝
鮮 ᄯᅡ히 가.《朴新諺 1, 9ㅎ》那一帶地方

的田禾都淹沒了, 뎌 一帶 地方에 田禾ㅣ
다 줌겨 뭇치엿고.《朴新諺 1, 50ㅈ》今年
這地方馬價如何, 올히 여긔 물 갑시 엇더
ᄒᆞ뇨.《朴新諺 2, 9ㅎ》他曾到江南地方受
過名師, 뎨 일즉 江南 싸히 가 일홈난 스
승의게 빈호니.《朴新諺 2, 22ㅈ》又把朝
鮮地方來的一隻船, 쏘 朝鮮 싸흐로셔 오
는 혼 隻 빈롤다가.《朴新諺 3, 8ㅎ》要往
江南地方化些布施去, 江南 싸흘 향ᄒᆞ여
져기 보시를 빌라 가고져 ᄒᆞ니.《朴新諺
3, 38ㅈ》那城外劉村地方, 뎌 城 밧 劉村
싸흔.

지새 몡 기와. ⇔와(瓦).《朴新諺 3, 16ㅎ》
以至堦臺石·磚·瓦都有, 뼈 섬돌과 벽
과 지새에 니르히 다 이시니.

지선(地仙) 몡 인간 세계에 머물러 산다
는 신선.《集覽, 朴集, 下, 5ㅈ》金頭揭地
·銀頭揭地·波羅僧揭地. 西遊記云, 釋
迦牟尼佛在靈山雷音寺演說三乘敎法, 傍
有侍奉阿難·伽舍諸菩薩·聖僧·羅漢
·八金剛·四揭地·十代明王·天仙·
地仙.

지세(地勢) 몡 땅의 생긴 모양이나 형세.
《集覽, 朴集, 上, 15ㅎ》南城. 大元以燕京
爲大都, 俗號南城, 以開平府爲上都, 俗號
北城. 開平府在陰山之南. 自燕京至上都,
地勢一步高一步, 四時多雨雪.

지시(只是) 팀 ●그저. 단지. 다만. ⇔그
저.《朴新諺 3, 30ㅎ》有却有只是不賣, 이
심은 쏘 이시되 그저 픗지 아니ᄒᆞ노라.
●다만. ⇔다만.《朴新諺 1, 24ㅎ》只是
一味貪頑, 다만 건니 놀기만 貪ᄒᆞ여.《朴
新諺 2, 1ㅎ》只是腿跨走不開, 다만 구블
이 흘러 퍼지지 못ᄒᆞ고.《朴新諺 2, 1ㅎ》
又只是要打前失, 쏘 다만 앎거치고.《朴
新諺 2, 2ㅈ》只是小行上遲些, 다만 건거
름이 쓰니.

지시(知是) 톰 =지족(知足). '是'는 '足'의
잘못.《集覽, 朴集, 上, 10ㅈ》衲襖. 大智
論云, 行者少欲知是〈足〉, 衣趣盖形, 又國

土多寒, 畜百衲具.

지심(志心) 몡 더없이 성실한 마음.《集覽,
朴集, 中, 6ㅈ》尋聲救苦應念除災. 史記,
昔盧景裕繫晉陽獄, 志心念觀世音菩薩, 枷
鎖自脫. 又有人當死, 志心誦觀世音菩薩
普門品經千百遍, 臨刑刀折, 因以赦之.

지심(知心) 혱 절친하다. 마음을 이해하
다.《集覽, 字解, 累字解, 1ㅎ》相識. 俗稱
相識, 滿天下知心能幾人, 謂朋友也.

지아비 몡 지아비. 남편. ●⇔부(夫).《朴
新諺 2, 26ㅎ》男兒無婦財無主, 스나희 지
어미 업스면 지물이 님재 업고. 婦人無夫
身無主, 계집이 지아비 업스면 몸이 님재
업다 ᄒᆞ니. ●⇔부주(夫主).《朴新諺 2,
26ㅎ》我夫主若知道却了不得, 우리 지아
비 만일 알면 쏘 에워나지 못ᄒᆞ리라.

지어미 몡 지어미. 아내. ⇔부(婦).《朴新
諺 2, 26ㅎ》男兒無婦財無主, 스나희 지
어미 업스면 지물이 님재 업고. 婦人無
夫身無主, 계집이 지아비 업스면 몸이
님재 업다 ᄒᆞ니.

지연(紙鳶) 몡 연(鳶). 종이 연.《集覽, 朴
集, 上, 6ㅎ》鶴兒. 卽紙鳶. 今漢俗呼爲風
罾, 亦曰風禽, 又號爲〈又號〉紙鶴兒.《朴
新諺 1, 20ㅎ》到二月淸明時候便放風箏
(朴新注, 8ㅈ: 紙鳶. 一云, 鶴児.)了, 二月
淸明에 다드르면 곳 연 놀리기 ᄒᆞᄂᆞ니.

지연ᄒᆞ다 톰 지연(遲延)하다. 시간을 끌
어 늦추다. ⇔지(遲).《朴新諺 1, 19ㅈ》
遲日來斷不有悮的, 날을 지연ᄒᆞ여 오라
결짠코 그르미 잇지 아니ᄒᆞ리라.

지엽(枝葉) 몡 가지와 잎.《集覽, 朴集, 上,
2ㅈ》龍眼. 一名圓眼. 樹如荔支〈支〉, 但
枝葉稍小, 其子形如彈丸, 核如木梡, 肉白,
漿甘如蜜, 五六十顆作穗.

지오(遲悮) 톰 늦어서 일을 그르치다. 늦
어서 지장을 초래하다. ⇔지오ᄒᆞ다(遲
悮-)《朴新諺 2, 17ㅎ》若遲悮了, 만일 遲
悮ᄒᆞ거든.

지오ᄒᆞ다(遲悮-) 톰 지오(遲悮)하다. ⇔

지오(遲悞)《朴新諺 2, 17ㅎ》若遲悞了, 만일 遲悞ᄒ거든.

지옥도(地獄塗) 圆 〈불〉삼도(三塗)의 하나. 죄를 지은 중생(衆生)이 죽은 뒤에 태어난다는 지옥의 세계이다.《集覽, 朴集, 中, 5ㅈ》三塗. 餓鬼塗・畜生塗・地獄塗.《朴新諺 2, 29ㅎ》隨相現相救苦難於三塗(朴新注, 33ㅎ: 隨相現相, 隨其衆生之相, 皆現其相而往救焉. 三塗, 餓鬼塗・畜生塗・地獄塗.), 相을 조차 相을 뵈아 苦難을 三途에 救ᄒ는 쏘다.

지옥도(地獄道) 圆 〈불〉육도(六道)의 하나. 죄를 지은 중생(衆生)이 죽은 뒤에 태어난다는 지옥의 세계이다.《集覽, 朴集, 中, 5ㅈ》六道. 人道・天道・阿脩羅道・餓鬼道・畜生道・地獄道, 亦名六趣, 加仙道, 名曰七趣.《朴新諺 2, 29ㅈ》以聲察聲拯慈悲於六道(朴新注, 33ㅎ: 以聲察聲, 聞其聲而察其苦樂之狀. 六道, 人道・天道・阿脩羅道・餓鬼道・畜生道・地獄道也. 阿脩羅有大力神人, 嘗共天鬪(鬪), 立大海中, 其高半天.), 소리로 뼈 소리를 술펴 慈悲를 六道에 건디고.

지요(只要) 円 그저. 또는 오직 …한다면. ⇔그저.《朴新諺 1, 4ㅈ》一共只要辦八桌席面, 대되 그저 八桌 席面을 출홀 써시니.《朴新諺 1, 18ㅎ》脊背只要平正為妙, 등을 그저 平正이 ᄒ여야 妙ᄒ니라.《朴新諺 1, 32ㅎ》每張只要五錢銀子, 每 張에 그저 닷 돈 은을 바드려 ᄒ니.《朴新諺 1, 41ㅎ》只他治得馬好, 그저 뎨 ᄆᆞᆯ을 고쳐 됴흘 양이면.

지우다 图 ●지게 하다. 넘어뜨리다. 압도하다. ⇔도(倒).《朴新諺 2, 48ㅎ》却考不倒我哩, ᄯᅩ 무러 나를 지우지 못ᄒ리라. ●싸게 하다. 깎다. ⇔소(少).《朴新諺 2, 43ㅎ》既如此却少賣了五錢一疋, 이믜 이러면 ᄯᅩ 닷 돈을 흔 필에 지워 ᄑᆞ니.

지원(至元) 円 원(元)나라 세조(世祖)의 연호(1264~1296).《集覽, 朴集, 下, 5ㅎ》元寶. 南村輟耕錄云, 至元十三年, 元兵平宋, 回至楊(揚)州, 丞相伯顔號令搜撿(檢)將士行李, 所得撒花銀子, 銷鑄作錠, 每五十兩爲一錠, 歸朝獻(献)納.

지원(知院) 円 지추밀원사(知樞密院使)의 준말. 추밀원(樞密院)의 장관(長官). 오대 진(五代晉) 천복(天福) 원년(936)에 처음 두어 송・원대(宋元代)까지 이어졌다.《集覽, 朴集, 下, 8ㅎ》樞密院. 元制, 有使・副使・知院・同知院・簽書院, 與〈与〉中書號爲二府, 主兵政.

지위 回 번. 차례. 회. ●⇔돈(頓).《朴新諺 2, 13ㅎ》我定要打這狗才一頓, 내 일뎡이 개 ᄀᆞ튼 놈을 흔 지위 치리라. ●⇔회(會).《朴新諺 1, 24ㅎ》等一會再把些草喂他, 흔 지위 기ᄃᆞ려 다시 여믈을 다가 더롤 먹이라.《朴新諺 1, 51ㅈ》到浴池洗了一會, 浴池에 가 흔 지위 뗏고.《朴新諺 1, 51ㅈ》洗勾了却到客位裏歇一會, 뗏기를 잇긋 ᄒ고 ᄯᅩ 客位에 가 흔 지위 쉬여.《朴新諺 3, 12ㅎ》向火烤一會便不痒痒了, 불을 향ᄒ여 흔 지위 쬐면 곳 ᄀᆞ렵지 아니ᄒ리라. ●⇔회아(會兒).《朴新諺 2, 2ㅈ》一會兒就出來上馬, 흔 지위만 ᄒ면 곳 나와 물을 ᄐᆞ리라.《朴新諺 3, 1ㅎ》就在柳樹下凉快一會兒回來, 곳 버드나모 아릭 이셔 흔 지위 서눌이 ᄒ여 도라오고.《朴新諺 3, 11ㅎ》搯一會児狠(很)好, 흔 지위 지기니 ᄀᆞ장 됴터니.《朴新諺 3, 13ㅎ》一會児倚着欄干便打頓睡覺了, 흔 지위 欄干을 지혀 곳 조오더니.

지율(紙筆) 圆 =지필(紙筆). '筆'의 뜻은 명아주. '筆'은 '筆'의 잘못.《廣雅, 釋草》筆, 藜也.《朴新諺 1, 27ㅎ》拿紙筆(筆)來, 紙筆(筆)을 가져오라.

지음(知音) 圆 마음이 서로 통하는 친한 벗을 비유하여 이르는 말. 거문고의 명인 백아(伯牙)가 자기의 소리를 잘 이해해 준 벗 종자기(鍾子期)가 죽자 자신의

거문고 소리를 아는 자가 없다고 하여
거문고 줄을 끊었다는 데서 유래하였
다. 《集覽, 朴集, 下, 11ㅈ》流水高山. 子
期死, 伯牙以爲世無知音, 終身不復鼓琴.

지응(支應) 图 공급하다. 제공하다. 《集
覽, 朴集, 上, 4ㅎ》関字. 音義云. 支〈支〉
應馬匹〈疋〉并廩給者, 体式詳見求政錄.
《集覽, 朴集, 中, 1ㅈ》分例支應. 正官曰
廩給, 從人曰口粮, 通謂之分例. 元制, 正
官一員, 一日宿頓, 該支〈支〉米一升, 糆一
斤, 羊肉一斤, 酒一升, 柴一束, 經過減半,
從人一名, 止支〈支〉米一升, 經過減半. 今
制, 正官一員, 一日經過, 米三升, 宿頓五
升, 從人一名, 經過二升, 宿頓三升. 漢俗
今云行三坐五.

지자(智者) 圐 슬기가 있는 사람. 《集覽,
朴集, 下, 11ㅈ》流水高山. 孔子曰, 仁者
樂山, 智者樂水. 子期嘆伯牙仁智兼俻.

지자요수(智者樂水) 囷 지자(智者)는 사
리에 밝고 막힘이 없어, 그 마음이 흐르
는 물과 비슷하므로 자연히 물을 좋아
한다는 말. 《集覽, 朴集, 下, 11ㅈ》流水
高山. 孔子曰, 仁者樂山, 智者樂水.

지장(紙張) 囷 종잇장. 종이. ⇔됴희ㅅ쟝.
《集覽, 朴集, 上, 12ㅎ》皮金. 未詳. 質問
云, 以厚紙上貼金, 女人粧〈綉〉和之用. 又
云, 將金搥打如紙張之薄, 方言爲之皮金.
《朴新諺 3, 59ㅈ》惟有些高麗筆〈筆〉·墨
·紙張, 오직 져기 高麗ㅅ 붓과 먹과 됴
희ㅅ 쟝이 이셔.

지전아(指纏兒) 囷 가락지에 장식한 옥석
(玉石)을 이르는 말. 《集覽, 朴集, 上, 7
ㅎ》窟嵌戒指. 總龜〈亀〉云, 亦名手記, 所
餙玉石呼爲戒指面. 舊本作指纏兒. 音義,
窟, 音왕, 窟是空字之誤. 窟音쿵, 空音황.

지점(指點) 图 명령하다. 제어(制御)하다.
지시하다. ⇔긔걸ᄒ다. 《朴新諺 3, 17
ㅈ》我慢慢的再指點你, 내 날호여 다시
너를 긔걸ᄒ마.

지정(至正) 囷 원(元)나라 순제(順帝)의

연호(1341~1367). 《集覽, 朴集, 上, 15
ㅎ》步虛. 至正丙戌春, 入燕都, 聞南朝有
臨濟正脉不斷〈断〉, 可徃印可. 《集覽, 朴
集, 中, 1ㅎ》金字圓牌. 至正條格云, 元時,
中書省奏, 諸王·駙馬各投下有軍情緊急
重事, 許令懸帶原降銀字圓牌應付鋪馬騎
坐, 其餘差使人員有緊急軍情重事, 許令
懸帶金字圓牌, 方付鋪馬.

지족(止足) 图 그칠 것과 만족할 줄을 알
아 탐욕을 부리지 않다. 《集覽, 朴集, 上,
15ㅈ》兜率. 梵語兜率, 此云妙足, 又云知
足於五欲知止足. 故佛地論云, 名憙足.

지족(知足) 图 분수를 지키어 만족할 줄
을 알다. 《集覽, 朴集, 上, 10ㅈ》衲襖. 大
智論云, 行者少欲知是〈足〉, 衣趣盖形, 又
國土多寒, 畜百衲具. 《集覽, 朴集, 上, 15
ㅈ》兜率. 梵語兜率, 此云妙足, 又云知足
於五欲知止足. 故佛地論云, 名憙足.

지주(地主) 囷 일정한 지역의 땅을 관리
운영하는 사람. 《集覽, 朴集, 下, 2ㅈ》目
連尊者. 事林廣記云, 佛書所謂王舍衛城,
卽寶童龍國也, 國在西南海中, 隷占城. 占
城選人作地主.

지주(蜘蛛) 囷 거미. 《集覽, 朴集, 上, 11ㅈ》
馬有垂繮之報. 項王追至井傍, 見馬跡至
井而止, 謂漢王在井, 令人下井搜求. 見井
口有蜘蛛罩網, 鵓鴿一雙出井飛去, 謂無人
在中, 項王還壁. 《朴新諺 1, 42ㅎ》狗有溅
草之恩, 개ᄂᆫ 溅草혼 思이 잇고, 馬有垂繮
(朴新注, 16ㅎ: 漢高祖自鴻門, 脫歸匹馬南
行, 道傍有一瞀井, 馬到井邉不肯行. 高祖
恐追者至, 下馬入井. 項王追至井傍, 見馬
跡, 謂高祖在井, 令人下井搜求. 見井口有
蜘蛛罩網, 鵓鴿一雙出井飛去, 謂無人仍
還. 翌日, 其馬到井垂繮, 高祖執而出.)之
報, 물은 垂繮혼 報ㅣ 잇다 ᄒᆞ니라.

지주정(蜘蛛精) 囷 거미의 정령(精靈).
《集覽, 朴集, 下, 1ㅎ》刁蹶. 音義云, 刁,
難也, 蹶, 顚仆而不能行也. 今按, 法師徃
西天時, 初到師陀國界, 遇猛虎·毒蛇之

害, 次遇黑熊精・黃風恠〈怪〉・地湧夫人・蜘蛛精・獅子恠〈怪〉・多目恠〈怪〉・紅孩兒恠〈怪〉, 幾死僅免.

지지(地祇) 명 =지기(地祇). '祇'는 '祗'의 잘못. 《集覽, 朴集, 中, 2ㅈ》郊天. 天子設圜丘於南郊, 以祭天神・地祇(祗)・日月星辰・山川・嶽瀆, 以太祖配享. 《集覽, 朴集, 下, 4ㅎ》大醮. 道經云, 醮, 祭名. 夜中於星辰之下, 陳設餠餌・酒果・幣物, 禋祀天皇・太乙・地祇(祗)・列宿.

지즈 명 신창. 바닥. ⇔저(底). 《朴新諺 1, 30ㅎ》脚穿粉底尖頭靴, 발에 지즈에 분칠ᄒᆞ고 부리 샌 훠를 신고.

지즈피 명 개발사슴의 가죽. ⇔궤피(麂皮). 《朴新諺 1, 29ㅎ》脚穿麂皮(朴新注, 11ㅎ: 麂, 麞屬, 其皮可作靴.)嵌金線靴子, 발에 지즈피 金線 갸품 씐 훠를 신고.

지차리 명 그리마. ⇔유연(蚰蜒). 《朴新諺 3, 7ㅎ》不知那裡來的這些蚰蜒, 아지 못게라 어듸로셔 온 이 지차린지.

지쳐ᄒᆞ다 동 처치(處置)하다. 처리하다. 또는 (물품을) 팔아 치우다. ⇔출탈(出脫). 《朴新諺 1, 36ㅈ》無處出脫, 지쳐ᄒᆞᆯ 곳이 업서.

지킈다 동 지키다. ⇔수(守). 《朴新諺 3, 26ㅈ》在油鍋兩邊看守, 기름 가마 두 편에셔 보아 지킈여.

지타(知他) 동 모르다. 모르겠다. (…를) 누가 알아(알게 뭐야). ⇔모ᄅᆞ다. 《集覽, 字解, 累字解, 2ㅈ》知他. 모ᄅᆞ리로다.

지페 명 다리. ⇔퇴과(腿跨). 《集覽, 朴集, 上, 14ㅈ》腿跨不開. 音義, 지·페딘믈.

지페디다 동 다리를 절름거리다. 다리를 절다. ⇔퇴과불개(腿跨不開). 《集覽, 朴集, 上, 14ㅈ》腿跨不開. 音義, 지·페딘믈.

지필(紙筆) 명 종이와 붓. 곧, 필기 용구. 《朴新諺 1, 27ㅎ》拿紙筆(筆)來, 紙筆(筆)을 가져오라.

지학(紙鶴) 명 연(鳶). (특별히 8월에 띄우는 연을 지칭하기도 한다) 《集覽, 朴集, 上, 6ㅎ》鶴兒. 質問云, 風旗也. 乃小兒三月放爲風箏〈罾〉, 八月放爲紙鶴也.

지학아(紙鶴兒) 명 =지학(紙鶴). 《集覽, 朴集, 上, 6ㅎ》鶴兒. 卽紙鳶. 今漢俗呼爲風罾, 亦曰風禽, 又號爲〈又號〉紙鶴兒.

지함 명 지함(地陷). 구덩이. ⇔갱(坑). 《朴新諺 2, 33ㅎ》正房背後掘一箇老大深坑, 正房 뒤히 ᄒᆞᆫ ᄀᆞ장 깁흔 지함을 픠고.

지해선사(智海禪寺) 명 절 이름. 《朴新諺 3, 22ㅈ》却到城裡智海禪寺投宿, 믄듯 城 안 智海禪寺에 가 드러 자더니.

지혀다 동 의지(依支)하다. ⇔의(倚). 《朴新諺 3, 13ㅎ》一會兒倚着欄干便打頓睡覺了, ᄒᆞᆫ 지위 欄干을 지혀 곳 조오더니.

지혜(知慧) 명 사물의 이치를 빨리 깨닫고 사물을 정확하게 처리하는 정신적 능력. 《朴新諺 3, 13ㅈ》聰明智慧過人, 聰明 智慧ㅣ 사름의게 지나고.

지호(只好) 부 부득이. 할 수 없이. 어쩔 수 없이. 《朴新諺 1, 10ㅈ》只好等到秋來再修理罷, ᄀᆞ올을 기ᄃᆞ려 다시 修理홈이 무던ᄒᆞ다.

지환(指環) 명 가락지. 《集覽, 朴集, 上, 7ㅎ》窟嵌戒指. 今按, 窟嵌者, 指環之背剜空爲穴, 用珠塡穴爲飾.

지회(知會) 동 (통지하여) 알리다. 고(告)하다. ⇔알위다. 《集覽, 字解, 累字解, 2ㅈ》省會. 알위다. 《集覽, 字解, 累字解, 2ㅈ》知會. 上同. 吏語. 《朴新諺 1, 8ㅎ》大約這月二十邊領了詔書箚付(朴新注, 4ㅈ: 禮部知會文書.)就要起身, 대개 이 ᄃᆞᆯ 스므날긔 詔書와 箚付를 ᄐᆞ면 즉시 ᄯᅥ나고져 ᄒᆞ노라.

지후(之後) 명 후(後). 이후. 연후. ⇔후. 《朴新諺 1, 57ㅎ》與我看過之後, 나를 뵌 후에. 《朴新諺 2, 19ㅈ》自賣之後, 판 후로부터. 《朴新諺 3, 34ㅈ》我看了百官行禮完畢之後, 내 百官이 行禮ᄒᆞ기를 ᄆᆞᄎᆞᆷ을 본 후에.

지후(祗候) 명 원・명대(元明代) 각 관아

의 아역(衙役)이나 세도가의 종을 이르
던 말.《集覽, 朴集, 上, 2ㅎ》院本. 曰末,
粧扮不一, 初則開場白說, 或粧家人·祗
候, 或扮使臣之類.

지휘(指揮) 명 지휘사(指揮使)의 준말.
《集覽, 朴集, 上, 15ㅈ》揮使. 音義云, 指
揮之美〈称〉.《集覽, 朴集, 中, 8ㅈ》同
知. 都督同知, 從一品, 指揮同知, 從二品,
留守司同知·各衛同知, 俱從三品.《朴新
諺 2, 51ㅎ》那一日在李指揮家, 뎌 흔 날
李指揮 집의셔.

지휘사(指揮使) 명 당대(唐代) 중기 이후
에 둔 도지휘사(都指揮使). 명대(明代)
에는 금위군(禁衛軍) 외의 모든 위(衛)
에 두고 정삼품(正三品)을 제수하였다.
《集覽, 朴集, 上, 15ㅈ》揮使. 音義云, 指
揮之美〈称〉. 今按, 指揮使, 官名. 都督
府都指揮使, 正二品, 各衛指揮使, 正三品.
《朴新諺 2, 51ㅎ》那一日在李指揮(朴新
注, 41ㅎ: 都督府都指揮使, 正二品, 各衛
指揮使, 正三品.)家, 뎌 흔 날 李指揮 집
의셔.

직(直) 통 상직(上直)하다. 당직을 서다.
⇔상직ᄒ다.《朴新諺 1, 25ㅈ》派五箇人
直夜, 다ᄉᆞᆺ 사ᄅᆞᆷ을 시겨 밤에 샹직ᄒ여.

직(直) 円 ❶꼭. 굳이. 직접. ⇔굿.《集覽,
字解, 單字解, 2ㅈ》直. 用强勢致之辭. 굿.
又直錢 빋ᄉᆞ다. 通作值. ❷바로. 곧장.
직접. ⇔바로.《朴新諺 1, 9ㅎ》直淔過蘆
溝橋上獅子頭了, 바로 蘆溝橋 우희 獅子
머리롤 좀가 넘어.《朴新諺 3, 18ㅈ》直
到日平西纔得上馬囬家, 바로 히 西에 거
짐애 다ᄃᆞ라 계요 물 ᄐᆞ고 집의 도라오
ᄂᆞ니라.《朴新諺 3, 18ㅎ》直到人定更深
纔能下馬, 바로 人定 更深홈애 다ᄃᆞ라 계
요 능히 몰쩨 ᄂᆞ리ᄂᆞ니.《朴新諺 3, 28
ㅈ》行者直拖的到王面前丢下, 行者ㅣ 바
로 ᄯᅳ어 王의 앏희 가 드리치니.《朴新諺
3, 43ㅎ》直到天明, 바로 하ᄂᆞᆯ이 붉기에
니ᄅᆞ더라.《朴新諺 3, 50ㅎ》直至某處,

바로 아모 곳에 니르되. ❸느긋하게. 만
족히. 줄곧. ⇔잇긋.《朴新諺 1, 38ㅈ》直
燒到艾都成了灰, 잇긋 타 ᄡᅮᆨ이 다 ᄌᆡ 되
니.《朴新諺 2, 49ㅈ》直到點燈時分纔下
馬, 잇긋 불 혈 째에 다ᄃᆞᆺ게야 ᄌᆞ 몰쩨
ᄂᆞ리니.

직(織) 통 짜다. ⇔ᄧᆞ다.《朴新諺 2, 7ㅈ》要
換你的大紅織金胷背, 네 다홍빗체 금ᄉᆞ
로 ᄧᆞ고 胷背 혼 것과 밧고고져 ᄒᆞ노라.

직관(戠官) 명 =직관(職官). '戠'은 '職'의
속자.《宋元以來俗字譜》職, 通俗小說·
古今雜劇作戠.《集覽, 朴集, 上, 14ㅎ》伴
當. 質問云, 軍職〈戠〉官跟隨儀從人, 謂之
伴當, 三日一換.

직관(職官) 명 각급 관리의 총칭.《集覽,
朴集, 上, 14ㅎ》伴當. 質問云, 軍職〈戠〉
官跟隨儀從人, 謂之伴當, 三日一換.

직금(織金) 통 직금(織金)하다. (옷감에
금실로 무늬를 넣어 짜다)《朴新諺 2, 7
ㅈ》要換你的大紅織金胷背, 네 다홍빗체
금ᄉᆞ로 ᄧᆞ고 胷背 혼 것과 밧고고져 ᄒᆞ
노라.

직도(直到) 통 죽 …에 이르다. (주로 시간
을 가리킨다)《朴新諺 2, 49ㅈ》直到點燈
時分纔下馬, 잇긋 불 혈 째에 다ᄃᆞᆺ게야
ᄌᆞ 몰쩨 ᄂᆞ리니.《朴新諺 3, 18ㅎ》直到
人定更深纔能下馬, 바로 人定 更深홈애
다ᄃᆞ라 계요 능히 몰쩨 ᄂᆞ리ᄂᆞ니.

직례(直隷) 통 직접 예속되다.《集覽, 朴
集, 中, 2ㅎ》三河縣. 在順天府東七十里,
以地近七渡·鮑丘·臨沟〈沟〉三水, 故
名. 直隷通州.《集覽, 朴集, 中, 2ㅎ》通
州. 在順天府東四十五里, 卽古潞州, 金陞
爲通州, 取漕運通濟之義. 今仍之. 直隷順
天府.《集覽, 朴集, 下, 9ㅈ》眞定. 禹貢冀
州之域, 周爲并州地, 秦爲鉅鹿郡, 漢置恒
山郡, 元爲眞定路, 今爲眞定府, 直隷京師.
《集覽, 朴集, 下, 11ㅎ》申. 今按, 直隷府
申六部, 在外府州申都司, 應天府申五軍
都督, 皆名曰申狀.

직방(直房) 명 당직 관원이 근무하는 곳. 《朴新諺 2, 31ㅈ》都一一打點全備送到直房裏去, 다 一一히 打點ᄒ여 ᄀᆺ초와 直房에 보내고.

직분(職分) 명 직무상의 본분. 《朴新諺 2, 51ㅈ》到底是你的職分好福氣好, 나죵내 네 職分이 됴코 福氣 됴타.

직숙(直宿) 동 숙직(宿直)하다. 《集覽, 朴集, 中, 8ㅈ》十八學士. 唐太宗秦王時, 開館延文學之士, 杜如晦·房玄齡〈岭〉·虞世南·褚遂良·姚思廉·李玄道·蔡允恭·薛元敬·顔相時·蘇勗·于志寧·蘇世長·薛攸·李守素·陸德明·孔穎達·蓋文達·許敬宗爲文學館學士, 分爲三番, 更日直宿.

직장(職掌) 동 관장(管掌)하다. 주관하다. 맡다. 《集覽, 朴集, 上, 2ㅈ》象生纏糖. 今按, 纏糖, 卽一物之名. 諸司職掌婚禮定親及納徵, 皆用芝麻·纏糖二合茶. 《集覽, 朴集, 上, 12ㅈ》十羊十酒. 羊十牽, 酒十瓶. 制禮亦隨貴賤異秩〈帙〉, 卽送禮也. 詳見諸司職掌.

직저(直抵) 동 곧바로 다다르다. 직접 도달하다. 《集覽, 朴集, 中, 8ㅎ》牢子走. 在大都則自河西務起程, 若上都則自泥河兒起程, 越三時, 走一百八十里, 直抵御前, 俯伏呼萬歲.

직차(職次) 명 직책(職責)의 차례. 《集覽, 朴集, 上, 1ㅈ》張三. 三, 或族次, 或朋友行輩之次, 或有官者以職次相呼, 或稱爲定名者有之. 李四·王五亦同.

직하(直下) 명 바로 그 아래. 《集覽, 朴集, 上, 15ㅎ》步虛. 至正丙戌春, 入燕都, 聞南朝有臨濟正脉不斷〈断〉, 可徃印可. 盖指臨濟直下雪嵒〈嵓〉嫡孫石屋和尙淸珙也.

직해(直解) 동 문장이나 구절을 글자 뜻 그대로 해석하다. 《集覽, 朴集, 中, 9ㅈ》閣落. 唯於〈扵〉直解小學内, 字作閣落, 兩字之音, 稍看仿〈彷〉佛〈佛〉, 今亦用之.

진(真) 명 =진(眞). '真'은 '眞'의 속자. 《正字通, 目部》真, 俗眞字. 《朴新諺 1, 1ㅈ》真是好年景, 진짓 이 됴흔 年景이오.

진(眞) 명 진짜. 참. 진실. ⇔진짓. 《朴新諺 1, 1ㅈ》真是好年景, 진짓 이 됴흔 年景이오. 《朴新諺 1, 16ㅎ》這大紅段眞是南紅顔色經緯勻淨, 이 다홍 비단이 진짓 이 연다홍빗치오 삐눌이 고로고 조흐니. 《朴新諺 1, 44ㅎ》眞是觀音菩薩一般, 진짓 이 觀音菩薩 흔가지오. 《朴新諺 2, 29ㅈ》這菩薩眞乃有靈有聖, 이 菩薩이 진짓 有靈 有聖 ᄒ니라.

진(眞) 円 ●잘. 정말. 참으로. 확실히. ⇔잘. 《朴新諺 1, 17ㅈ》你眞猜着了, 네 잘 짐쟉ᄒ엿다. ●진실로. 참으로. ⇔진실로. 《朴新諺 2, 13ㅈ》眞令人可恨可惱, 진실로 사룸으로 ᄒ여곰 恨홉고 노홉게 ᄒ니. 《朴新諺 2, 23ㅈ》眞是遠行知馬力日久見人心, 진실로 이 멀리 가매 믈 힘을 알고 날이 오래매 사룸의 무음을 보느니라. 《朴新諺 2, 56ㅎ》一路稀泥眞有沒脚背深哩, 왼 길 즌홁이 진실로 발등이 싸질 깁희 잇더라. 《朴新諺 3, 13ㅈ》眞是一箇有德行的和尙, 진실로 이 흔 德行 잇는 즁이라. 《朴新諺 3, 21ㅈ》悶時莭(節)看看眞好解悶, 힘힘흔 제 보면 진실로 解悶ᄒ기 됴ᄒ니라. 《朴新諺 3, 29ㅎ》咳你眞識貨, 애 네 진실로 항호를 아니. 《朴新諺 3, 35ㅈ》眞是條條好漢子, 진실로 이 오리오리 됴흔 스나히니. 《朴新諺 3, 40ㅈ》眞好榮耀氣像, 진실로 ᄀ장 榮耀흔 긔샹이러라. 《朴新諺 3, 44ㅎ》眞所謂, 진실로 닐온 바.

진(眞) 형 진적(眞的)하다. 참되고 틀림없다. ⇔진뎍ᄒ다. 《朴新諺 2, 22ㅈ》此話眞不眞呢, 이 말이 진뎍ᄒ냐 진뎍지 아니ᄒ냐.

진(軫) 명 진수(軫宿). 이십팔수(二十八宿)의 스물여덟째 별자리. 《朴新諺 2, 59ㅈ》婁增軫久鬼迎祥, 婁는 增ᄒ고 軫은 久ᄒ고 鬼는 迎祥ᄒ니.

진(進) 图 ●나아가다. ⇔나아가다. 《朴
新諺 2, 17ㅎ》我好赶進京先報去, 내 셔
울을 미처 나아가 몬져 報ᄒ라 가기 됴
흐리라. ●들다[入]. 들어가다. ⇔들다.
《朴新諺 3, 51ㅈ》於東屋山墻外剜窟進內,
東屋 화방 밧긔 굼글 뚧고 안희 들어.
●들어오다. ⇔드러오다. 《朴新諺 2, 2
ㅎ》傍晩進城, 늦게야 城에 드러오고.

진(盡) 图 ●저믈다. ⇔그므다. 《朴新諺
2, 58ㅎ》這月是大盡是小盡, 이 둘이 이
커 그므ᄂ냐 져거 그므ᄂ냐. 這的是大盡
還有五箇日子哩, 이 커 그므니 당시롱 닷
시 잇ᄂ니라. ●다하다. ⇔다ᄒ다. 《朴
新諺 1, 56ㅈ》吃盡千辛萬苦, 千辛萬苦롤
먹어 다ᄒ여. 《朴新諺 2, 6ㅎ》描也描不
盡的好風光, 모흐려 ᄒ여도 모흐여 나
(다)치 못홀 됴흔 風光이니. 《朴新諺 3,
9ㅈ》走了好幾年受盡千辛萬苦, 여러 히
를 ᄃ녀 千辛 萬苦를 바다 다ᄒ고. ●다
하여 없어지다. ⇔진ᄒ다(盡-). 《朴新諺
3, 19ㅈ》苦盡甜來, 쁜 거시 盡ᄒ면 돈 거
시 온다 ᄒ니라.

진(盡) 图 다. 모두. ⇔다. 《朴新諺 1, 9ㅈ》
便感激不盡了, 곳 感激호믈 다 못ᄒ리라.
《朴新諺 2, 35ㅎ》把那偌大的家財盡行帶
去, 뎌 만흔 家財를다가 다 가져가. 《朴
新諺 3, 13ㅈ》人人盡盤雙足, 사롬마다
다 두 발을 서리고.

진(儘) 图 다그치다. 닥치다. 맞부딪치다.
⇔다왇다. 《集覽, 字解, 單字解, 5ㅈ》儘.
讓也, 任也. 儘他 제게 다와ᄃ라, 儘讓 뎌
긔 미다. 又縱令也. 儘敎 므던타. 又儘一
儘 지긔우다. 又儘船 빗 ᄀ장.

진(儘) 图 끝. ⇔ᄀ장. 《集覽, 字解, 單字解,
5ㅈ》儘. 讓也, 任也. 儘他 제게 다와ᄃ
라, 儘讓 뎌긔 미다. 又縱令也. 儘敎 므던
타. 又儘一儘 지긔우다. 又儘船 빗 ᄀ장.

진(儘) 图 느긋하게. 만족히. ⇔잇굿. 《朴
新諺 1, 1ㅎ》儘勾使用了, 잇굿 넉넉이 쁘
리라. 《朴新諺 3, 17ㅈ》不要了儘勾住了,

要치 아니ᄒ노라 잇굿 넉넉이 머믈리로
다.

진가(眞假) 閔 진위(眞僞). 진짜와 가짜.
《朴新諺 2, 8ㅎ》再拿去着別人看便見眞
假了, 다시 가져가 다른 사롬 ᄒ여 뵈면
곳 眞價를 알리라.

진각선사(眞覺禪師) 閔 당(唐)나라의 즁
의존(義存)의 법호(法號). 《集覽, 朴集,
上, 16ㅈ》石屋. 事文類聚云, 釋氏五宗之
敎, 傳至法眼, 爲雪峯眞覺禪師之道.

진개(眞箇) 閔 진짜. 참. 진실. ⇔진짓.
《朴新諺 2, 6ㅎ》眞箇是畫也畫不成的好
景致, 진짓 이 그리려 ᄒ여도 그려 내지
못홀 됴흔 景致오.

진개(眞箇) 閉 진실로. 정말로. 확실히.
⇔진실로. 《朴新諺 1, 16ㅈ》眞箇好法兒,
진실로 됴흔 法이로다. 《朴新諺 1, 35
ㅈ》眞箇氣殺人, 진실로 사롬을 애쁴온
다. 《朴新諺 1, 41ㅈ》眞箇是聰明靈巧人,
진실로 이 聰明 靈巧흔 사롬이로다. 《朴
新諺 1, 45ㅈ》喜的又是郎才女貌眞箇是
世上少有的, 깃분 거슨 쏘 이 郎才와 女
貌ㅣ 진실로 世上에 드므니. 《朴新諺 2,
4ㅈ》咳我眞箇失禮了, 애 내 진실로 失禮
ᄒ여다. 《朴新諺 2, 38ㅈ》眞箇奇妙, 진
실로 奇妙ᄒ더라. 《朴新諺 2, 49ㅈ》眞箇
無一時不是樂境, 진실로 一時도 樂境 아
닌 거시 업스니.

진개(盡皆) 閔 모두. 전부. 《集覽, 朴集,
下, 2ㅈ》解夏. 盖夏乃長養之節〈莭〉, 在
外行則恐傷草木·虫類. 故九十日安居不
出, 至七月十五日, 應禪寺掛搭僧尼, 盡皆
散去, 謂之解夏, 又謂解制.

진거(進去) 图 ❶가다. (밖에서 안으로)
들어가다. ⇔가다. 《朴新諺 1, 14ㅎ》你
且進倉去, 네 倉에 가. ❷들어가다. ●⇔
드러가다. 《朴新諺 2, 11ㅈ》怎麼得進去
呢, 엇지 드러가리오. 《朴新諺 2, 11ㅈ》
便放我們進去了, 곳 우리롤 노하 드러가
게 ᄒ리라. ●⇔들어가다. 《朴新諺 3,

56ㅈ》你進去說, 네 들어가 니르라.

진경(眞境) 뗑 도교에서 이르는 경계(境界). 또는 선경(仙境).《集覽, 朴集, 下, 4ㅎ》三淸. 上淸, 十二天眞境也, 九眞所居, 玉晨道君所治.

진교(儘敎) 혱 무던하다. ⇔므던타.《集覽, 字解, 單字解, 5ㅈ》儘. 讓也, 任也. 儘他 제게 다와드라, 儘讓 뎌긔 미다. 又縱令也. 儘敎 므던타. 又儘一儘 지긔우다. 又儘船 빗 ᄀ장.

진교지변(陳橋之變) 뗑 오대 주(五代周) 현덕(顯德) 7년(960)에 북한(北漢)・거란의 연합군을 방어하기 위하여 출정하였던 조광윤(趙匡胤)이 진교역(陳橋驛)에서 병변(兵變)을 일으켜 황제에 옹립된 사건.《集覽, 朴集, 下, 3ㅎ》趙太祖飛龍記. 陳橋之變, 黃袍已加于身, 受周恭帝之禪, 卽皇帝位.

진구(嗔口) 뙹 입으로 성을 내다.《集覽, 朴集, 上, 10ㅈ》袈裟. 華嚴云, 着袈裟者, 捨離三毒. 戒壇云, 五條下衣, 斷〈斷〉貪身也, 七條中衣, 斷〈斷〉嗔口也, 大衣上衣, 斷痴心也.

진군(鎭軍) 뗑 장군(將軍)의 칭호. 삼국 위(三國魏) 때 진군(陳群)을 진군대장군(鎭軍大將軍)으로 임명한 뒤로 진군장군(鎭軍將軍)의 명칭이 이어지다가 송대(宋代) 이후에 없어졌다.《集覽, 朴集, 上, 12ㅈ》紅定. 晉武帝多簡良家女以充內職, 而自擇美者入選, 則以絳紗繫臂. 鎭軍將軍胡奮女入選, 亦以絳紗繫臂, 故俗謂定婚曰紅定.

진군장군(鎭軍將軍) 뗑 진군(鎭軍)의 장군. 진군(鎭軍)은 장군(將軍)의 칭호.《集覽, 朴集, 上, 12ㅈ》紅定. 晉武帝多簡良家女以充內職, 而自擇美者入選, 則以絳紗繫臂. 鎭軍將軍胡奮女入選, 亦以絳紗繫臂, 故俗謂定婚曰紅定.

진다(進茶) 뙹 차를 대접하다. 차를 드리다.《集覽, 朴集, 下, 5ㅈ》茶博士. 音義

云, 進茶人之假稱.《朴新諺 3, 31ㅎ》茶博士(朴新注, 55ㅎ: 進茶人之假稱.)們倒茶來, 茶博士들아 차를 부어 오라.

진덕ᄒ다(眞的-) 혱 진적(眞的)하다. 참되고 틀림없다. ⇔진(眞).《朴新諺 2, 22ㅈ》此話眞不眞呢, 이 말이 진덕ᄒ냐 진덕지 아니ᄒ냐.

진딋 뿐 참으로. 정말로. ⇔진시(眞是).《朴新諺 1, 29ㅈ》眞是有福氣的好男兒哩, 진딋 有福혼 됴흔 ᄉ나히러라.

진래(進來) 뙹 들어오다. ⇔드러오다.《朴新諺 3, 8ㅈ》不料前日三更前後被賊進來, 혜아리지 아닌 그적끠 三更은 ᄒ여 도적이 드러와.《朴新諺 3, 56ㅈ》快請進來相會, 밧비 청ᄒ여 드러와 서ᄅ 못게 ᄒ라.

진력(儘力) 뙹 있는 힘을 다하다. ⇔진력ᄒ다(儘力-).《朴新諺 1, 28ㅎ》便都要儘力去帮助的, 곳 다 儘力ᄒ여 가 帮助ᄒ쟈.

진력ᄒ다(儘力-) 뙹 진력(儘力)하다. ⇔진력(儘力).《朴新諺 1, 28ㅎ》便都要儘力去帮助的, 곳 다 儘力ᄒ여 가 帮助ᄒ쟈.

진사(進士) 뙹 조정에 어진 선비를 천거하다.《集覽, 朴集, 上, 7ㅈ》南斗. 晉書天文志, 六星天廟〈庙〉, 丞相太宰之位, 主褒賢進士, 稟授爵祿.

진상(眞像) 뗑 진짜 모습 그대로의 형상.《朴新諺 2, 29ㅈ》參拜觀世音菩薩眞像, 觀世音菩薩 眞像에 參拜ᄒ쟈.

진서(晉書) 뗑 당대(唐代)에 방현령(房玄齡)・이연수(李延壽) 등 21명이 황제의 명에 따라 펴낸 진(晉)나라의 정사. 1백30권. 중국 이십오사(二十五史)의 하나로, 정관(貞觀) 20년(646)에 간행되었다.《集覽, 朴集, 上, 7ㅈ》南斗. 晉書天文志, 六星天廟〈庙〉, 丞相太宰之位, 主褒賢進士, 稟授爵祿.

진선(儘船) 뗑 배[舟]의 끝. 곧, 고물. ⇔빗ᄀ장.《集覽, 字解, 單字解, 5ㅈ》儘. 讓

也, 任也. 儘他 제게 다와두라, 儘讓 더긔
미다. 又縱令也. 儘敎 므던타. 又儘一儘
지긔우다. 又儘船 빗 ᄀ장.

진설(陳設) 图 진열하다. 장식하다. 배치
하다. ⇔진설ᄒ다(陳設-). 《集覽, 朴集,
下, 4ᅙ》大醮. 道經云, 醮, 祭名. 夜中於
星辰之下, 陳設餅餌・酒果・幣物, 禋祀
天皇・太乙・地祇・列宿. 《朴新諺 2, 50
ㅈ》這般陳設妥當, 이리 陳設ᄒ기를 妥
當히 ᄒ면.

진설ᄒ다(陳設-) 图 진설(陳設)하다. ⇔
진설(陳設). 《朴新諺 2, 50ㅈ》這般陳設
妥當, 이리 陳設ᄒ기를 妥當히 ᄒ면.

진성(進城) 图 성 안에 들어가다. 시내로
들어가다. 《朴新諺 2, 2ㅈ》傍晩進城, 늦
게야 城에 드러오고.

진수(鎭守) 图 요해처(要害處)에 군대를
주둔시켜 지키다. 《集覽, 朴集, 上, 4ㅈ》
總〈揔〉兵官. 各都司各有鎭守總〈揔〉兵官
一員, 以管兵政. 《集覽, 朴集, 下, 4ㅈ》孫
行者. 大聖被執當死, 觀音上請于玉帝, 免
死. 令巨靈神押大聖前往下方去, 乃於花
菓山石縫內納身, 下截畫如來押字封着,
使山神・土地神鎭守. 飢食鉄〈鐵〉丸, 渴
飮銅汁, 待我往東土尋取經之人, 經過此
山, 觀大聖, 肯隨往西天, 則此時可放.

진수서(珎羞署) 图 =진수서(珍羞署). '珎'
은 '珍'과 같다. 《玉篇, 玉部》珎, 同珍.
《集覽, 朴集, 上, 1ㅈ》光祿寺. 在東長安
門內, 其屬有大官・珍〈珎〉羞・良醞・
掌醢四署, 掌供辦內府諸品膳羞酒醴及管
待使客之事.

진수서(珍羞署) 图 청대(淸代)의 관아 이
름. 광록시(光祿寺)에 딸리어 짐승이나
물고기 따위를 조달하는 일을 맡았다.
《集覽, 朴集, 上, 1ㅈ》光祿寺. 在東長安
門內, 其屬有大官・珍〈珎〉羞・良醞・
掌醢四署, 掌供辦內府諸品膳羞酒醴及管
待使客之事.

진시(眞是) 图 진짜. 참. 진실. ⇔진짓.

《朴新諺 2, 10ㅈ》這的眞是善知識了, 이
진짓 善知識이라.

진시(眞是) 뮈 ●진짜로. 참으로. 정말로.
⇔진딧. 《朴新諺 1, 29ㅈ》眞是有福氣的
好男兒哩, 진딧 有福혼 됴흔 ᄉ나히러
라. ●진실로. ⇔진실로. 《朴新諺 1, 31
ㅈ》眞是打扮的風流好看, 진실로 비온
거시 風流로와 보기 됴터라. 《朴新諺 2,
58ᅙ》眞是皇恩浩蕩好不榮耀, 진실로 皇
恩이 浩蕩혼지라 ᄀ장 榮耀ᄒ더라. 《朴
新諺 3, 37ᅙ》這眞是人不可貌相海不可
斗量, 이 진실로 사름은 可히 얼굴로 보
지 못홀 거시오 바다흔 可히 말로 되지
못홀 거시로다. 《朴新諺 3, 57ㅈ》眞是無
道無所不爲, 진실로 道ㅣ 업서 ᄒ지 아
닐 배 업는지라.

진실(眞實) 图 〈불〉 참되고 변하지 아니
하는 영원한 진리를 방편으로 베푸는
교의(敎義)에 상대하여 이르는 말. 《集
覽, 朴集, 下, 1ᅙ》證果金身. 金身者, 佛
三十二相, 云身眞金色. 言果報者, 觀經疏
云, 行眞實法感得勝報也.

진실로 뮈 진실로. ⊖⇔기실(其實). 《朴新
諺 2, 4ㅈ》小弟其實不知道, 小弟 진실로
아지 못홀와. ⊜⇔진(眞). 《朴新諺 2, 13
ㅈ》眞令人可恨可惱, 진실로 사룸으로
ᄒ여곰 恨홉고 노홉게 ᄒ니. 《朴新諺 2,
23ㅈ》眞是遠行知馬力日久見人心, 진실
로 이 멀리 가매 몰 힘을 알고 날이 오래
매 사룸의 ᄆ음을 보느니라. 《朴新諺 2,
56ᅙ》一路稀泥眞有沒脚背深哩, 왼 길 즌
ᄒ이 진실로 발등이 ᄲ질 깁희 잇더라.
《朴新諺 3, 13ㅈ》眞是一箇有德行的和尙,
진실로 이 혼 德行 잇는 즁이라. 《朴新諺
3, 21ㅈ》悶時莭(節)看看眞好解悶, 힘힘
혼 제 보면 진실로 解悶ᄒ기 됴흐니라.
《朴新諺 3, 29ᅙ》咳你眞識貨, 애 네 진실
로 항호를 아니. 《朴新諺 3, 35ㅈ》眞是
條條好漢子, 진실로 이 오리오리 됴흔
ᄉ나히니. 《朴新諺 3, 44ᅙ》眞所謂, 진

실로 닐온 바. ⓷⇔진개(眞箇).《朴新諺
1, 16ㅈ》眞箇好法兒, 진실로 됴흔 法이
로다.《朴新諺 1, 35ㅈ》眞箇氣殺人, 진
실로 사롬을 애쁴온다.《朴新諺 1, 41
ㅈ》眞箇是聰明靈巧人, 진실로 이 聰明
靈巧흔 사롬이로다.《朴新諺 1, 45ㅈ》喜
的又是郎才女貌眞箇是世上少有的, 깃분
거슨 쏘 이 郎才와 女貌ㅣ 진실로 世上
에 드므니.《朴新諺 2, 4ㅈ》咳我眞箇失
禮了, 애 내 진실로 失禮ᄒ여다.《朴新諺
2, 38ㅈ》眞箇奇妙, 진실로 奇妙ᄒ더라.
《朴新諺 2, 49ㅎ》眞箇無一時不是樂境,
진실로 一時도 樂境 아닌 거시 업스니.
⓸⇔진시(眞是).《朴新諺 1, 31ㅈ》眞是
打扮的風流好看, 진실로 비온 거시 風流
로와 보기 됴터라.《朴新諺 2, 58ㅎ》眞
是皇恩浩蕩好不榮耀, 진실로 皇恩이 浩
蕩흔지라 ᄀ장 榮耀ᄒ더라.《朴新諺 3,
37ㅎ》這眞是人不可貌相海不可斗量, 이
진실로 사롬은 可히 얼굴로 보지 못ᄒᆯ
거시오 바다흔 可히 말로 되지 못ᄒᆯ 거
시로다.《朴新諺 3, 57ㅈ》眞是無道無所
不為, 진실로 道ㅣ 업서 ᄒ지 아닐 배
업논지라.
진심(眞心) 똉 〈불〉 참되고 변하지 않는
마음의 본체(本體).《集覽, 朴集, 中, 4
ㅈ》智滿十身. 十身有調御. 十身, 曰無着,
曰弘願, 曰業報, 曰住持, 曰涅槃, 曰淨法,
曰眞心, 曰三昧, 曰道性, 曰如意. 有內十
身, 曰菩提, 曰願, 曰化, 曰力持, 曰莊嚴,
曰威勢, 曰意生, 曰福德, 曰法, 曰智. 有外
十身, 曰自, 曰衆生, 曰國土, 曰業報, 曰聲
聞, 曰圓覺, 曰菩薩, 曰智, 曰法, 曰虛空.
진심(盡心) 똉 마음을 다 하다. ⇔진심ᄒ
다(盡心-).《朴新諺 1, 19ㅎ》敢不盡心細
做麼, 敢히 盡心ᄒ여 정셰히 민드지 아
니ᄒ랴.
진심ᄒ다(盡心-) 동 진심(盡心)하다. ⇔
진심(盡心).《朴新諺 1, 19ㅎ》敢不盡心
細做麼, 敢히 盡心ᄒ여 정셰히 민드지

아니ᄒ랴.
진안(進案) 동 음식상을 들여오다.《集覽,
朴集, 上, 3ㅈ》擡卓兒. 擡, 擧也. 進案撤
案皆曰擡, 謂人所擧也. 卓, 卽本國所謂高
足床也.
진양(晉陽) 똉 현(縣) 이름. 진대(秦代)에
두었다. 소재지는 산서성(山西省) 태원
시(太原市) 남서쪽에 있었다.《集覽, 朴
集, 中, 6ㅈ》尋聲救苦應念除災. 史記, 昔
盧景裕繫晉陽獄, 志心念觀世音菩薩, 枷
鎖自脫.
진양(儘讓) 동 적이 양보하다. 겸양하다.
《集覽, 字解, 單字解, 5ㅈ》儘. 讓也, 任也.
儘他 제게 다와드라, 儘讓 뎌긔 미다. 又
縱令也. 儘教 므던타. 又儘一儘 지긔우
다. 又儘船 빗 ᄀ장.
진언(眞言) 똉 주문(呪文). (술법을 부리
거나 귀신을 쫓을 때 외는 글귀)《朴新
諺 3, 28ㅈ》行者念幾句眞言, 行者ㅣ 여
러 귀 眞言을 念ᄒ고.
진에 똉 지느러미. ⇔시(翅).《朴新諺 1,
5ㅈ》魚翅炒肉, 물고기 진에 너허 쵸흔
고기와.
진에(嗔恚) 똉 〈불〉 십악(十惡)의 하나.
자기 뜻이 어그러지는 것을 노여워함을
이르는 말.《集覽, 朴集, 下, 3ㅈ》貪嗔癡.
大智論云, 有利益我者生貪欲, 有違逆我
者生嗔恚. 不從智生, 從狂惑生, 是名為癡,
為一切煩惱之根本.《朴新諺 3, 14ㅈ》因
你貪嗔癡三毒(朴新注, 49ㅈ: 大智論云,
有利益我者生貪欲, 有違逆我者生嗔恚.
不從智生, 從狂惑生, 是為癡, 一切煩惱之
根本. 三毒亦曰三業.)不離於信, 네 貪嗔
癡 三毒이 몸에 쩌나지 아니믈 因ᄒ여.
진영 똉 진영(眞影). ⇔희용(喜容).《朴新
諺 3, 41ㅈ》我要畫我的喜容, 내 나의 진
영을 그리고져 ᄒ노라.
진영(眞影) 똉 주로 얼굴을 그린 화상(畫
像). 초상화.《朴新諺 3, 44ㅈ》是影亭(朴
新注, 60ㅈ: 掛死者之眞影者.)·香亭·

轎馬, 이 影亭과 香亭과 轎馬와.

진왕(秦王) 몡 당 태종(唐太宗)의 처음 봉
호(封號). 《集覽, 朴集, 中, 8ㅈ》十八學
士. 唐太宗秦王時, 開館延文學之士.

진용(眞容) 몡 참모습을 모사(模寫)한 그
림이나 상(像). 《集覽, 朴集, 下, 9ㅈ》影
亭子. 畫死者〈畫死者之〉眞容, 掛於小腰
輿, 爲前導.

진일(辰日) 몡 지지(地支)가 진(辰)인 날.
《朴新諺 1, 10ㅈ》揀箇黃道吉日(朴新注,
4ㅎ: 每月有黃道・白道・黑道, 而黃道最
吉. 卽寅・申月, 子・丑・辰・巳・未・
戌日之類.), 黃道 吉日을 굴히여.

진일진(儘一儘) 동 지껍게 하다. 최대한
으로 하다. 힘껏 하다. ⇔지긔우다. 《集
覽, 字解, 單字解, 5ㅈ》儘. 讓也, 任也. 儘
他 제게 다와드라, 儘讓 더긔 미다. 又縱
令也. 儘敎 므던타. 又儘一儘 지긔우다.
又儘船 빗 マ장.

진자(榛子) 몡 개암. ⇔개암. 《朴新諺 1,
4ㅈ》乾果子呢, 므론 과실은. 榛子, 개암.
松子, 잣. 瓜子, 슈박삐. 乾葡萄, 마른葡
萄. 栗子, 밤. 龍眼, 龍眼. 桃仁, 복셩화삐.
荔子, 녀지요.

진전장군(鎭殿將軍) 몡 궁전 앞 월대(月
臺)의 네 모퉁이에 서서 시위(侍衛)하던
병졸에 대한 칭호. 《集覽, 朴集, 下, 5ㅎ》
四箇將軍. 募選身軀長大壯偉異於人者,
紅盔銀甲, 立於殿前月臺上四隅, 名鎭殿
將軍, 亦曰紅盔將軍, 亦曰大漢將軍. 其請
給衣粮曰大漢衣粮.

진정(眞正) 몡 진짜. 참. 진실. 진정. 정녕.
정말. ⇔진짓. 《朴新諺 2, 8ㅈ》這是南京
來的眞正八絲好緞子, 이 南京셔 온 진짓
八絲 됴흔 비단이라.

진정부(眞定府) 몡 한대(漢代)에 두었다.
옛 기주(冀州) 지역으로 뒤에 경사(京師)
에 예속되었다. 소재지는 하북성(河北
省) 정정현(正定縣) 남쪽에 있었다. 《朴
新諺 3, 41ㅈ》是眞定府(朴新注, 59ㅈ: 故

冀州地, 今隸京師.)人, 이 眞定府 사롬이
라.

진주(珎珠) 몡 =진주(珍珠). '珎'은 '珍'과
같다. 《玉篇, 玉部》珎, 同珍. 《集覽, 朴
集, 上, 7ㅎ》八珠環. 귀・옛골・회. 以珍
〈珎〉珠大者四顆連綴爲一隻, 一雙〈䨲〉共
八珠.

진주(珍珠) 몡 진주. 《集覽, 朴集, 上, 7ㅎ》
八珠環. 귀・옛골・회. 以珍〈珎〉珠大者四顆
連綴爲一隻, 一雙〈䨲〉共八珠. 《集覽, 朴
集, 上, 11ㅎ》珠鳳冠. 音義云, 珠子結成
鳳的冠. 今按, 用珍珠串結, 作成鳳形, 而
至於翎毛, 則皆用綵線及翠羽爲飾〈餙〉.
《朴新諺 1, 22ㅎ》是一對珍珠耳環一對金
手鐲, 이 혼 썅 珍珠 귀엣골회와 혼 썅
금풀쇠라. 《朴新諺 1, 29ㅎ》兩邉掛着珎
珠結成花樣的對子荷包, 두 편에 珎珠로
花樣 겨론 혼 썅 주머니를 츠고. 《朴新諺
2, 34ㅎ》拿珍珠一百顆來當, 珍珠 一百 낫
츨 가져와 뎐당ᄒ니.

진쥬 몡 진주(珍珠). ●⇔주(珠). 《朴新諺
1, 23ㅎ》四對珠簪, 네 썅 진쥬 박은 빈혀
와. 《朴新諺 1, 44ㅈ》八對珠環, 여둛 썅
진쥬 가락디와. ●⇔주자(珠子). 《朴新
諺 1, 22ㅎ》那珠子有多少大, 뎌 진쥬ㅣ
언머나 크뇨. 《朴新諺 2, 35ㅈ》搜出珠子
・絹疋來, 진쥬와 絹疋을 뒤어 내고.

진집(溱集) 동 많이 모이다. 《集覽, 朴集,
上, 5ㅈ》角頭. 音義云, 東南西北往來人煙
〈烟〉溱集之處.

진짓 몡 진짜. 참. 진실. ●⇔진(眞). 《朴
新諺 1, 1ㅈ》真是好年景, 진짓 이 됴흔
年景이오. 《朴新諺 1, 16ㅎ》這大紅段眞
是南紅顔色經緯与淨, 이 다홍 비단이 진
짓 이 연다홍빗치오 삐눌이 고로고 조
흐니. 《朴新諺 1, 44ㅎ》眞是觀音菩薩一
般, 진짓 이 觀音菩薩 혼가지오. 《朴新諺
2, 29ㅈ》這菩薩眞乃有靈有聖, 이 菩薩이
진짓 有靈 有聖 ᄒ니라. ●⇔진개(眞
箇). 《朴新諺 2, 6ㅎ》眞箇是畫也畫不成

的好景致, 진짓 이 그리려 ᄒ여도 그려
내지 못홀 됴흔 景致오. ❸⇔진시(眞
是). 《朴新諺 2, 10ㅈ》這的眞是善知識了,
이 진짓 善知識이라. ❹⇔진졍(眞正).
《朴新諺 2, 8ㅈ》這是南京來的眞正八絲
好綬子, 이 南京셔 온 진짓 八絲 됴흔 비
단이라.

진타(儘他) 图 그에게 다그치다. 그(저)에
게 맡기다. 《集覽, 字解, 單字解, 5ㅈ》儘.
讓也, 任也. 儘他 제게 다와ᄃ라, 儘讓 뎌
긔 미다. 又縱令也. 儘教 므던타. 又儘一
儘 지긔우다. 又儘船 빗 ᄀ장.

진피(陳皮) 图 말린 귤의 껍질. 《集覽, 朴
集, 上, 3ㅎ》細料物. 事林廣記食饌類, 細
料物, 官桂・良薑・蓽撥草・豆蔲・陳
皮・縮砂仁〈砂仁〉・八角・茴香各一兩,
川椒二兩, 杏仁五兩, 甘草一兩半, 白檀末
半兩. 右共爲細末用之. 《集覽, 朴集, 下,
6ㅈ》水精角兒. 飮饌正要云, 羊肉・羊脂
・羊尾子・生葱・陳皮・生薑, 各細切,
入細料物, 塩醬拌勻爲餡. 用豆粉作皮包
之, 水煮供食.

진현장(陳伭奘) 图 =진현장(陳玄奘). ‘伭’
은 ‘玄’의 다른 표기. 《朴新諺 3, 8ㅎ》當
時唐三藏(朴新注, 47ㅈ: 唐僧, 陳伭〈玄〉
奘. 奉勅徃西天, 取三藏經而來, 故號三
藏.)師傅, 그 ᄢ에 唐三藏 師傅ㅣ.

진현장(陳玄奘) 图 당(唐)나라의 고승(高
僧). 일명 삼장법사(三藏法師). 진(陳)은
속성(俗姓). 《朴新諺 3, 8ㅎ》當時唐三藏
(朴新注, 47ㅈ: 唐僧, 陳伭〈玄〉奘. 奉勅徃
西天, 取三藏經而來, 故號三藏.)師傅, 그
ᄢ에 唐三藏 師傅ㅣ.

진ᄒ다(盡-) 图 다하여 없어지다. ⇔진
(盡). 《朴新諺 3, 19ㅈ》苦盡甜來, 쁜 거시
盡ᄒ면 둔 거시 온다 ᄒ니라.

질 回 질. 벌. ⇔투(套). 《朴新諺 2, 50ㅈ》
那書案上把幾套書擺着, 뎌 書案 우희 여
러 질 칙을다가 버리라.

질(迭) 图 미치다. 이르다. ⇔밋다. 《集覽,

字解, 單字解, 2ㅈ》迭. 企及之辭. 밋다.

질(秩) 图 관직. 품계. 《集覽, 朴集, 下, 8
ㅎ》五箇鋪馬. 按禮, 天子六馬, 左右驂, 三
公・九卿駟馬, 左驂. 則漢制太守駟馬, 其
加秩中二千石乃右驂, 故以五馬爲貴.

질(跌) 图 거꾸러지다. ⇔구러지다. 《朴新
諺 2, 53ㅎ》那一日喫了一跌, 뎌 훈 날 훈
번 구러짐을 닙어. 額頭上跌破了, 니마
우히 구러져 하야지니. 《朴新諺 3, 13
ㅎ》不知怎生吃了一跌, 아지 못케라 엇
디훈지 훈 번 구러지믈 닙어. 把鼻子跌
破了, 코를다가 구러져 하여ᄇ리니.

질러 图 들이받아. 부딪치어. 《朴新諺 1,
9ㅎ》把那城門都衝坍了, 뎌 城門을다가
다 질러 문희치고.

질리다 图 들이받다. 부딪치다. ⇔충(衝).
《朴新諺 1, 9ㅎ》村庄人家的房屋墻壁太
半都被水衝了, 村庄 人家에 房屋 墻壁이
太半 다 믈에 질리엿ᄂ니라.

질망(疾忙) 뿐 빨리. ⇔샐리. 《集覽, 字解,
累字解, 2ㅎ》疾快. 샐리. 《集覽, 字解, 累
字解, 2ㅎ》疾忙. 上同.

질문(質問) 图 역관(譯官)들이 난해한 한
자말이나 구(句)를 중국에 가서 직접 한
인(漢人)에게 질문하여 기록한 것. 《集
覽, 凡例》質問者, 入中朝質問而來者也.
兩書皆元朝言語, 其沿舊未改者, 今難曉
解. 前後質問亦有抵捂, 姑幷收以祛初學
之碍. 間有未及質問, 大有疑碍者, 不敢强
解, 宜竢更質. 《朴新諺 2, 40ㅈ》種些冬
瓜, 져기 동화와. 西瓜, 슈박과. 甜瓜, 츰
외와. 揷葫(朴新注, 37ㅎ: 質問云, 如葫
蘆, 長一二尺者, 方言謂之揷葫. 農家種田
時, 盛種子于其中, 以播地.), ᄌᄅ박과.
稍瓜, 수세외와. 黃瓜, 외와. 茄子等類,
가지들을 심으라.

질병(疾病) 图 병(病). 질병. 질환. 《朴新
諺 2, 19ㅎ》倘有疾病死亾, 만일 疾病 死
亾이 잇거든.

질역(疾疫) 图 유행하는 병. 《集覽, 朴集,

中, 5ㅈ》隨相現相. 飜譯名義云, 佛昔爲帝
釋時, 遭飢歲, 疾疫流行, 醫療無功, 道殣
相屬.

질채 명 고들개. ⇔추피(鞦皮). 《朴新諺 1,
30ㅈ》鞦皮事件都是減金與那珊瑚廂嵌的,
질채와 事件은 다 이 금 입ㅅ와 珊瑚로
뎐메워 박은 거시오. 《朴新諺 1, 30ㅎ》
鞍子·鞍坐褥·鞦皮·彎頭·馬黏, 기
르마와 아답개와 질채와 구레와 드래.

질쾌(疾快) 동 빨리 달리다. 《集覽, 字解,
單字解, 5ㅈ》快. 急也. 走的快·疾快. 又
樂也. 快活·大快. 又快手 잘 돈는 놈.
又呼筋曰快子.

질쾌(疾快) 円 빨리. ⇔샐리. 《集覽, 字解,
累字解, 2ㅎ》疾快. 샐리.

질풍(疾風) 명 강하고 빠르게 부는 바람.
《集覽, 朴集, 上, 14ㅎ》寒食. 荊楚記云,
去冬節〈莭〉一百五日, 有疾風甚雨, 謂之
寒食, 又謂之百五節〈莭〉.

짐 명 짐. ❶⇔담(擔). 《朴新諺 1, 12ㅎ》該
關幾擔呢, 맛당이 몃 짐을 트료. 之例只
該關八擔, 之例에 그저 여듧 짐을 트리
라. 《朴新諺 1, 12ㅎ》每擔脚錢你要多少,
믹 짐 삭갑슬 네 언머롤 달라 ᄒᆞᆫ다.
《朴新諺 1, 13ㅈ》你該給多少脚錢一擔罷,
네 언머 삭갑슬 혼 짐에 주려 ᄒᆞᆫ다.
每擔給你五十大錢罷, 믹 짐에 너롤 五十
대쳔을 주미 무던ᄒᆞ다. ❷⇔포(包). 《朴
新諺 2, 18ㅎ》小廝們也一面打疊背包上
馬, 아히 놈들도 一面으로 질 짐을 가혀
물을 트라.

짐 의 짐. ⇔담(擔). 《朴新諺 1, 12ㅎ》該關
幾擔呢, 맛당이 몃 짐을 트료. 之例只該
關八擔, 之例에 그저 여듧 짐을 트리라.
《朴新諺 1, 12ㅎ》每擔脚錢你要多少, 믹
짐 삭갑슬 네 언머롤 달라 ᄒᆞᆫ다. 《朴
新諺 1, 13ㅈ》你該給多少脚錢一擔罷, 네
언머 삭갑슬 혼 짐에 주려 ᄒᆞᆫ다. 每擔
給你五十大錢罷, 믹 짐에 너롤 五十 대쳔
을 주미 무던ᄒᆞ다. 《朴新諺 1, 13ㅈ》五

十文一擔却不太少些麽, 쉰 낫 돈에 혼 짐
이 또 너무 젹지 아니ᄒᆞ냐. 《朴新諺 1,
13ㅎ》便給我五十文一擔也罷了, 곳 나롤
쉰 낫 돈을 혼 짐에 주미 또 무던ᄒᆞ다.
《朴新諺 3, 10ㅈ》先掘土打兩擔水未好和
泥, 몬져 흙을 픠고 두 짐 물을 기러 와
잘 흙을 니기되.

짐쟉ᄒᆞ다 동 ❶짐쟉(斟酌)하다. 추측하
다. ●⇔고(估). 《朴新諺 1, 19ㅈ》你估量
不差, 네 짐쟉ᄒᆞ여 혜아리미 그르지 아
니ᄒᆞ다. ●⇔고량(估量). 《朴新諺 3, 45
ㅈ》着水也要估量着, 물 두기도 짐쟉ᄒᆞ
여. ❷짐쟉(斟酌)하다. 알아맞히다. ⇔
시(猜). 《朴新諺 1, 17ㅈ》你眞猜着了, 네
잘 짐쟉ᄒᆞ엿다. 《朴新諺 1, 16ㅎ》你猜是
甚麽價錢, 네 이 므슴 갑신고 짐쟉ᄒᆞ라.
我猜, 내 짐쟉ᄒᆞ니.

집 명 ❶집. ●⇔가(家). 《朴新諺 1, 11ㅈ》
不要單愛惜你家這幾頓茶飯, 맛치 네 집
여러 끼 茶飯만 앗기지 말라. 《朴新諺
1, 19ㅈ》我且同你到張黑子家去, 내 또
너와 혼가지로 張黑子의 집의 가쟈. 《朴
新諺 1, 34ㅎ》我每每半夜三更到他家門
上尋他, 내 믹양 半夜 三更에 제 집 문에
가 져롤 츳자. 《朴新諺 2, 1ㅈ》大街東市
上馬牙子家有, 큰 거리 동녁 져제에 물
즈름의 집이 잇느니라. 《朴新諺 2, 24
ㅈ》是小弟昨日在張少卿家慶賀筵席上,
올ᄒᆞ니 小弟 어제 張少卿의 집 慶賀 筵席
에서. 《朴新諺 3, 2ㅈ》我家裡老鼠多得狠
(很), 우리 집의 쥐 ᄀᆞ장 만ᄒᆞ니. 《朴新諺
3, 18ㅈ》直到日平西纔得上馬囬家, 바로
히 西에 거짐애 다드라 계요 물 트고 집
의 도라오느니라. 《朴新諺 3, 30ㅎ》你不
賣拿囬家去就飯吃, 네 픈지 아니코 가져
집의 도라가 밥ᄒᆞ여 먹으려 ᄒᆞᆫ다. ❷
⇔가택(家宅). 《朴新諺 1, 49ㅎ》你家宅
上還托我, 네 집의셔 또 내게 맛져. ❸⇔
댁(宅). 《朴新諺 2, 19ㅈ》賣與某大官人
宅下養活, 아모 大官人의 집의 프라 주어

養活ᄒ게 호되. 四⇔방(房).《朴新諺 2, 44ㅈ》大哥煩你代我寫一張租房契, 큰형아 네게 비ᄂᆞ니 나를 ᄀ르차 ᄒᆞ 쟝 집 셰내는 글월을 ᄡᅳ고려.《朴新諺 2, 45ㅈ》議定每月房租銀二兩, 每月에 집 셰銀 두 냥을 議定ᄒ여.《朴新諺 2, 45ㅎ》必定是房上生出那些草, 반ᄃᆞ시 집 우희 뎌 풀이 나.《朴新諺 2, 45ㅎ》把那房上的草, 뎌 집 우희 풀을다가.《朴新諺 3, 1ㅈ》這房後偏近着水窪子, 이 집 뒤히 편벽히 웅덩이 갓가와.《朴新諺 3, 17ㅎ》捴盖萬間房, 대되 萬間 집을 지으나. 夜眠只一廈, 밤에 자기는 다만 ᄒᆞᆫ 간 집이라 ᄒᆞ니.《朴新諺 3, 17ㅎ》捴盖萬間房, 대되 萬間 집을 지으나. 夜眠只一廈, 밤에 자기는 다만 ᄒᆞᆫ 간 집이라 ᄒᆞ니. 五⇔방자(房子).《朴新諺 1, 23ㅎ》我要典一所房子, 내 ᄒᆞᆫ 곳 집을 셰내려 ᄒᆞ니.《朴新諺 2, 44ㅈ》賃一所房子, ᄒᆞᆫ 집을 셰내여.《朴新諺 2, 45ㅎ》每日下雨房子都漏了, 每日에 비 와 집이 다 ᄉᆡ니.《朴新諺 3, 17ㅈ》盖了這房子, 이 집을 짓고.《朴新諺 3, 17ㅈ》却還要盖甚麼房子麼, ᄯᅩ 무슴 집을 짓고져 ᄒᆞᆫ다. 六⇔옥(屋).《集覽, 字解, 單字解, 6ㅈ》賃. 僦屋以語曰賃, 지블 돌마다 銀 현 량곰 삭 물오 드러 이셔 살 시라. 又雇用驢馬·舟車之類曰賃, 라괴와 물둘흘 삭 주고 브릴 시라.《朴新諺 2, 23ㅎ》請到屋裏坐, 請ᄒᆞ여 집 안헤 안치라. 七⇔택자(宅子).《朴新諺 1, 24ㅈ》纏勾典那宅子哩, 겨오 뎌 집을 셰내기 넉넉ᄒᆞ리라. 八⇔하(廈).《朴新諺 3, 17ㅎ》捴盖萬間房, 대되 萬間 집을 지으나. 夜眠只一廈, 밤에 자기는 다만 ᄒᆞᆫ 간 집이라 ᄒᆞ니. ❷➊집. 또는 한 집안. ⇔일가(一家).《朴新諺 1, 17ㅎ》不知那一家打的刀子最好, 아지 못게라 어니 집의셔 민든 칼이 ᄀᆞ장 됴ᄒᆞ뇨.《朴新諺 1, 28ㅎ》那一家有喜事, 아모 집의 喜事ㅣ 잇거든. ➋집. 집안. 문중(門中).

일가(一家). ⇔문(門).《朴新諺 3, 9ㅎ》沿門化些布施廻來, 집마다 져기 보시를 비러 도라와. ❸(칼)집. ⇔초(鞘).《朴新諺 1, 18ㅈ》刀鞘要起線花梨木, 칼집은 실 돗친 花梨木으로 ᄒᆞ고.

집(執) 동 ➊가지다. 쥐다. ⇔가지다.《朴新諺 3, 46ㅎ》手執彩線鞭, 손에 彩線鞭을 가지고.《朴新諺 3, 48ㅈ》各執一鞭打那土牛, 각각 ᄒᆞᆫ 채를 가져 뎌 土牛를 티니. **➋**잡다(執). 쥐다. ⇔잡다.《朴新諺 2, 29ㅎ》執楊柳於掌內拂病體於輕安, 楊柳를 손에 잡아 病體를 輕安ᄒᆞᆫ 딕 쩔치고.

집게 명 집게. ⇔겸자(鉗子).《朴新諺 3, 33ㅎ》如鐵鎚·鉗子·鐵枕·鍋児, 마치와 집게와 모로와 도관 ᄀᆞᄐᆞᆫ 거슬.

집결(執結) 명 책임자를 명시하여 관청에 보내는 증명서.《集覽, 朴集, 下, 12ㅈ》執結. 音義云, 亦猶云所志. 今按, 凡供狀內皆云執結是實, 謂今所供報之詞, 皆實非虛, 如虛甘罪云云之意, 非徒謂所志詞語也.

집나(緝拿) 동 (범죄자를) 수사하여 잡다. 체포하다. ⇔집나ᄒᆞ다(緝拿-).《朴新諺 3, 51ㅈ》嚴差捕役人等緝拿到案, 嚴히 捕役人 等을 시겨 緝拿ᄒᆞ여 案에 와.

집나ᄒᆞ다(緝拿-) 동 집나(緝拿)하다. ⇔집나(緝拿).《朴新諺 3, 51ㅈ》嚴差捕役人等緝拿到案, 嚴히 捕役人 等을 시겨 緝拿ᄒᆞ여 案에 와.

집다 동 짚다. ⇔주(拄).《朴新諺 2, 39ㅈ》咱們拄着拐杖, 우리 집팡이 집고.

집역(執役) 명 인부(人夫).《集覽, 朴集, 下, 5ㅎ》過賣. 食店內執役供其之人, 如雇工者也.

집운(集韻) 명 중국의 음운서(音韻書). 송(宋)나라 인종(仁宗) 때에 정도(丁度)·계숙(季淑) 등이 황제의 칙명을 받아 편집하여 영종(英宗) 때 완성하였다. 10권. 절운계(切韻系) 운서의 체제를 따랐으며, 206운(韻)으로 나누었는데 자수

(字數)는 5만 3천 525자이다.《朴新諺 3, 11ㅎ》不想那廝打頓(朴新注, 48ㅎ: 頓, 集 韻作肫, 朦朧欲睡之貌.)起來, 싱각지 아 닌 그 놈이 조오다가.

집주(集註) 툉 한 책에 대한 여러 사람의 주석을 한데 모으다. 또는 그런 책.《集 覽, 朴集, 上, 12ㅎ》唱喏. 凡里巷子弟拜 謁父兄亦然. 因謂揖曰唱喏, 未詳是否. 但 家禮集註說云, 揖者, 拱手着胷也. 恐非所 謂唱喏也. 今中朝俗以鞠躬拱手爲唱喏.

집찬(集爨) 툉 취사(炊事)를 주관하다. 또 는 그런 일을 하는 사람.《集覽, 朴集, 中, 1ㅎ》厨子. 光祿寺有厨子, 卽供應大小 筵宴及館〈舘〉待使客執爨之役者也.《朴 新諺 1, 4ㅈ》喚厨子(朴新注, 2ㅈ: 供應筵 宴執爨之役者.)來我與他商(商)量, 厨子 를 블러 오라 내 저와 의논ᄒ쟈.

집팡이 뎽 지팡이. ⇔괴장(拐杖).《朴新諺 2, 39ㅈ》咱們拄着拐杖, 우리 집팡이 집 고.

집ㅎ다 툉 짚다. ⇔주(拄).《朴新諺 3, 35 ㅈ》手拄槍的, 손에 槍 집혼 이 이시니.

짓궤다 툉 지껄이다. ⇔괄조(聒譟).《朴新 諺 2, 53ㅎ》娘子見了好生聒譟難聽哩, 娘 子ㅣ 보고 ᄀ장 짓궤여 듯기 어렵더라. 《朴新諺 2, 55ㅈ》不要聒譟了快些下罷, 짓궤지 말고 섈리 두라.《朴新諺 3, 1ㅈ》 田鷄偏又呌的聒譟, 머구리 편벽히 ᄯ오 러 짓궤다.

짓다 툉 **■**(밥을) 짓다. 만들다. ●⇔주 (做).《朴新諺 2, 16ㅎ》快與我做飯, 섈리 나를 밥 지어 주고려. 老爺做甚麼飯, 老 爺ㅣ야 므슴 밥을 지료. 做乾飯呢還是 水飯, 乾飯을 지으랴 ᄯ 이 水飯을 ᄒ랴 《朴新諺 2, 23ㅈ》又不會做飯, ᄯ 밥 지을 줄을 아지 못ᄒ기로.《朴新諺 2, 36ㅈ》 今日做的甚麼飯, 오늘 므슴 밥을 지엇ᄂ 뇨.《朴新諺 3, 44ㅎ》你做飯要留心纔好, 네 밥을 지으매 留心홈이 마치 됴ᄒ니 라. ●⇔주득(做得).《朴新諺 3, 44ㅎ》

做得生硬了難吃, 짓기를 서러 씨면 먹기 어렵고. ⊜⇔주성(做成).《朴新諺 2, 36 ㅈ》乾飯做成了, 된밥도 지엇고. **2**(옷 을) 짓다. 꿰매다. ●⇔봉(縫).《朴新諺 2, 59ㅈ》家裏有五六箇婦人做活裁的縫 的, 집의 다엿 계집이 이셔 셩녕ᄒ여 ᄆ 르거니 짓거니 ᄒ면.《朴新諺 2, 59ㅎ》 就着幾箇婦人們下手縫罷, 즉시 여러 계 집들로 ᄒ여 손부려 짓게 ᄒ고. ⊜⇔작 (作).《集覽, 字解, 單字解, 3ㅎ》做. 韻會 遇韻作字註云, 造也, 俗作做非. 簡韻作字 註云, 爲也, 造也, 起也, 俗作做非. 做音 直信切. 今按, 俗語做甚麽 므슴 ᄒ료, 作 衣裳 옷 짓다, 作音조, 去聲. 不走作 듧ᄠ 디 아니타, 作音조, 入聲. 以此觀之, 則做 從去聲, 作互呼去聲・入聲, 通做字. 俗不 用直信切之音. ⊜⇔주(做).《朴新諺 1, 31ㅎ》做坐褥皮搭連的, 아답개와 가족 대련 지을 거시라. 這両件東西要做, 이 두 가지ㅅ 거슬 지으려 ᄒ면.《朴新諺 1, 46ㅎ》做一對護膝, ᄒ ᄬ 슬갑을 지으 려 ᄒ면. **3**(집을) 짓다. 만들다. ●⇔ 개(蓋).《朴新諺 3, 16ㅈ》我要蓋三間書 房, 내 세 간 書房을 짓고져 ᄒ니.《朴新 諺 3, 16ㅎ》相公吩咐怎麽蓋, 相公은 吩咐 ᄒ라 엇디 지으려 ᄒᄂ뇨.《朴新諺 3, 17 ㅈ》却還要蓋甚麽房子麽, ᄯ 무슴 집을 짓고져 ᄒ는다.《朴新諺 3, 17ㅈ》蓋了這 房子, 이 집을 짓고.《朴新諺 3, 17ㅎ》捲 蓋萬間房, 대되 萬間 집을 지으나. 夜眠 只一廈, 밤에 자기는 다만 ᄒ 간 집이라 ᄒ니. ●⇔결(結).《朴新諺 2, 29ㅈ》結 草廬於香山之上, 草廬롤 香山 우희 지엇 ᄯ다. ⊜⇔기개(起蓋).《朴新諺 3, 22 ㅈ》起蓋三淸大殿, 三淸 大殿을 지어. ⊜ ⇔주(做).《朴新諺 3, 16ㅈ》做的木料都 有麽, 지을 직목이 다 잇ᄂ냐. **4**●(시 를) 짓다. 쓰다. ⇔주(做).《朴新諺 1, 48 ㅎ》做七言詩四句, 七言詩 四句롤 짓고. ●짓다. 드러내다. ⇔파(擺).《朴新諺 2,

37ᄌ》擺搶子與人看呢, 모양을 지어 사
롬의게 뵈는고. **5** (기르마나 안장을) 짓
다. 지우다. ●⇔대(帶). 《朴新諺 3, 53
ᄌ》門前絟着帶鞍子的白馬, 門 앏히 기르
마 지은 흰물을 미엿더니. 《朴新諺 3, 53
ᅙ》失去帶鞍白馬一匹, 기르마 지은 흰
몰 ᄒ 필을 일허시니. ●⇔배(背). 《朴
新諺 2, 18ᅙ》快背鞍子, 셜리 안장 짓고.
짓븨 圐 깃비[羽箒]. (댓개비 끝에 깃을 비
모양으로 모아 단) 귀이개의 한 가지.
⇔소식(捎篦). 《朴新諺 1, 43ᅙ》把捎篦
(朴新注, 17ᄌ: 以禽鳥毳翎安扵竹頭, 用
以取耳垢者, 俗呼為消息.)掏一掏耳朶, 짓
븨로다가 귓바회 ᄡᅳ면.
징징이질 圐 아기 재롱의 하나. ⇔정정
(亭亭). 《朴新諺 2, 53ᄌ》會學亭亭了麽,
징징이질 홀 줄 아느냐.
징청(澄淸) 혱 맑고 깨끗하다. ⇔징청ᅙ
다(澄淸-). 《朴新諺 2, 29ᄌ》座飾芙蓉湛
南海澄淸之水, 안즌 디는 芙蓉으로 ᄭᅮ며
시니 南海 澄淸ᄒ 믈에 ᄌᆷ것고.
징청ᅙ다(澄淸-) 혱 징청(澄淸)하다. ⇔
징청(澄淸). 《朴新諺 2, 29ᄌ》座飾芙蓉
湛南海澄淸之水, 안즌 디는 芙蓉으로 ᄭᅮ
며시니 南海 澄淸ᄒ 믈에 ᄌᆷ것고.
징치(懲治) 圐 처벌하다. 징벌하다. ⇔징
치ᅙ다(懲治-). 《朴新諺 3, 51ᄌ》追還布
疋懲治賊人, 布疋을 ᄎ자 주고 賊人을 懲
治ᅙ면.
징치ᅙ다(懲治-) 图 징치(懲治)하다. ⇔
징치(懲治). 《朴新諺 3, 51ᄌ》追還布疋
懲治賊人, 布疋을 ᄎ자 주고 賊人을 懲治
ᅙ면.
ᄌ라다 图 자라다. ⇔장기(長起). 《朴新諺
1, 15ᄌ》誰知道就長起這瘡來了, 뉘 믄득
이 瘡이 ᄌ랄 줄을 알리오.
ᄌᄅ 圐 자루. ●⇔병아(柄兒). 《朴新諺 1,
40ᄌ》金罐兒・鐵柄兒裏頭盛着白沙蜜,
金탕관・쇠ᄌᄅ에 속에 白沙蜜 담은 거
시여. ●⇔파(把). 《朴新諺 1, 18ᄌ》刀

把要紫檀, 칼 ᄌᄅᄂᆫ 紫檀으로 ᄒ고. 《朴
新諺 1, 19ᅙ》每把價銀五錢, 每 ᄌᄅ 갑
시 銀 닷 돈이니. 《朴新諺 3, 1ᄌ》再拿把
扇子來與我, ᄯᅩᄒ ᄌᄅ부치 가져다가 나
를 주고려.
ᄌᄅ 의 자루. ●⇔근(根). 《朴新諺 3, 7
ᅙ》再拿兩根安息香來燒一燒, ᄯᅩ 두 ᄌᄅ
安息香을 가져와 피오라. ●⇔파(把).
《集覽, 字解, 單字解, 4ᄌ》把. 持也, 握也.
一把 ᄒ 줌. 又ᄒ ᄌᄅ. 把我們 우리를다
가, 把來 그를다가, 與將字大同小異. 又
元時語, 有把解之語, 猶言典儅也, 今不用.
《朴新諺 1, 18ᅙ》大刀子一把, 큰 칼 ᄒ
ᄌᄅ. 小刀子一把, 져근 칼 ᄒ ᄌᄅ. 《朴
新諺 2, 52ᄌ》扯了我一把小刀子去, 내 ᄒ
ᄌᄅ 져근 칼을 ᄲᅢ혀 가고.
ᄌᄅ박 圐 호리병박. ⇔삽호(揷葫). 《朴新
諺 2, 40ᄌ》種些冬瓜, 져기 동화와. 西瓜,
슈박과. 甜瓜, 춤외와. 揷葫(朴新注, 37
ᅙ: 質問云, 如葫蘆, 長一二尺者, 方言謂
之揷葫. 農家種田時, 盛種子于其中, 以播
地.), ᄌᄅ박과. 稍瓜, 수세외와. 黃瓜,
외와. 茄子等類, 가지들을 심으라.
ᄌᄅ부치 圐 자루부채. ⇔파선자(把扇
子). 《朴新諺 3, 1ᄌ》再拿把扇子來與我,
ᄯᅩᄒ ᄌᄅ부치 가져다가 나를 주고려.
ᄌ믈쇠 圐 자물쇠. ⇔철쇄(鐵鎖). 《朴新諺
1, 39ᅙ》這是鐵鎖, 이는 이 ᄌ믈쇠로다.
ᄌ셰ᅙ다 혱 자세하다. ⇔상(詳). 《朴新諺
3, 57ᄌ》請道其詳, 청컨대 그 ᄌ셰홈을
니ᄅ라.
ᄌ식 圐 자식. ●⇔자(子). 《朴新諺 1, 56
ᄌ》養子方知父母恩, ᄌ식을 길러야 보
야ᅙ로 父母 은혜를 안다 ᄒ니라. ●⇔
해아(孩兒). 《集覽, 字解, 單字解, 7ᅙ》
養. 養成 기르다. 又生産曰養, 養孩兒 ᄌ
식 나타. 又呼淫婦宣淫者曰養漢的. 《朴
新諺 3, 39ᄌ》咳孩兒使爺娘的, 애 ᄌ식
이 어버[이]의 거슬 ᄡᅳ고.
ᄌ연이 [閏] 자연히. ⇔자(自). 《朴新諺 3,

12ㅎ》自有神仙藥, ᄌ연이 神仙藥이 잇다 홈이로다.

ᄌᄌ 閈 자주. 누차. 종종. 수차례. ⇔누누(屢屢).《朴新諺 2, 34ㅈ》屢屢的如此行凶作惡, ᄌᄌ 이리 行凶 作惡ᄒ더라.

존거름 圀 잔걸음. ⇔소행(小行).《朴新諺 2, 2ㅈ》只是小行上遲些, 다만 존거름이 쓰니.

졸 圀 자루[柄]. ⇔파자(把子).《朴新諺 3, 33ㅎ》嘴子·把子且打下我看了再銲, 부리와 졸를 아직 믿두라 내 보와든 다시 째라.

졸다 혱 잘다. ⇔소(小).《朴新諺 1, 5ㅎ》饅頭, 饅頭와. 蒸食, 蒸食과. 小餑餑, 존 떡이니.

좀 圀 잠. ⇔각수(覺睡).《朴新諺 2, 23ㅎ》一夜不得半點覺睡, 왼밤을 半點 좀도 엇디 못ᄒ니.

좀ㄱ다 图 잠기다[沈]. ⇔엄(渰).《朴新諺 1, 9ㅎ》直渰過蘆溝橋上獅子頭了, 바로 蘆溝橋 우희 獅子 머리롤 좀가 넘어.

좀기다 图 ■잠기다[沈]. ●⇔엄(渰).《朴新諺 1, 9ㅎ》那一帶地方的田禾都渰沒了, 뎌 一帶 地方에 田禾ㅣ 다 좀겨 뭇치엿고. ●⇔침(湛).《朴新諺 2, 29ㅈ》座飾芙蓉湛南海澄淸之水, 안즌 디는 芙蓉으로 ᄭ며시니 南海 澄淸ᄒ 물에 좀겻고. ☑잠기(ㄱ)다鎖. 채우다. ⇔쇄(鎖).《朴新諺 2, 35ㅎ》把老李鎖着(朴新注, 35ㅎ: 漢俗, 重囚必以鉄索鎖項.), 老李룰다가 목을 좀가.《朴新諺 3, 19ㅎ》鎖在冷鋪裡監

禁着, 닝포에 좀가 가치여시니.

지 圀 재[灰]. ⇔회(灰).《朴新諺 1, 38ㅈ》直燒到艾都成了灰, 잇긋 타 뿍이 다 지되니.《朴新諺 3, 48ㅈ》那灰忽然飛起, 뎌 지 문득 느라 니러나면.

지목 圀 재목. ⇔목료(木料).《朴新諺 3, 16ㅈ》做的木料都有麽, 지을 지목이 다 잇느냐.

지물 圀 재물. ⇔재(財).《朴新諺 2, 26ㅎ》男兒無婦財無主, 소나희 지어미 업스면 지물이 님재 업고. 婦人無夫身無主, 계집이 지아비 업스면 몸이 님재 업다 ᄒ니.

지슈 圀 재벙[扌]. 한자 부수(部首)의 이름. ⇔척수(剔手).《朴新諺 2, 47ㅎ》剔手傍上邊着箇人字下邊着箇也字便是, 지슈 변에 우희 人字 ᄒ고 아리 也字 ᄒ 거시 곳 이라.

지조 圀 재주. ⇔기예(技藝).《朴新諺 1, 6ㅎ》看他要些技藝罷, 뎌 지조 놀리는 것 보쟈.

지죄 圀 재주. 재능. 기능. 능력. 수완. ⇔본사(本事).《朴新諺 2, 1ㅎ》却沒本事, 또 지죄 업스니.

진납이 圀 원숭이. ⇔호손(胡孫).《朴新諺 3, 24ㅈ》行者是箇胡孫, 行者는 이 진납이라.《朴新諺 3, 27ㅈ》行者變做五寸大的胡孫, 行者ㅣ 變ᄒ여 五寸만치 큰 진납이 되여.《朴新諺 3, 31ㅈ》你這小胡孫寡是一張嘴, 네 이 져근 진납이 다만 이 ᄒ 부리쑨이로다.

차 圐 차(茶). ⇔차(茶).《朴新諺 3, 31ㅎ》
請大哥到茶舘裡吃茶去, 請컨대 큰형아
茶舘에 가 차 먹으라 가쟈. 茶博士(朴新
注, 55ㅎ: 進茶人之假稱.)們倒茶來, 茶博
士들아 차를 부어 오라. 客官吃甚麼茶吃
甚麼點心, 客官아 므슴 차를 먹으며 므
슴 點心을 먹을짜.《朴新諺 3, 59ㅈ》小
廝們快送茶來, 아히들은 샐리 차롤 보내
여 오라.

차(且) 囝 ❶또. ●⇔또.《朴新諺 1, 1ㅎ》
大家且消愁解悶如何, 대되 또 消愁 解悶
홀만 즛지 못호니 엇더호뇨. ●⇔쏘.
《朴新諺 1, 12ㅎ》咱們且商量, 우리 쏘 商
量호쟈.《朴新諺 1, 19ㅈ》我且同你到張
黑子家去, 내 쏘 너와 혼가지로 張黑子의
집의 가쟈.《朴新諺 1, 27ㅈ》且再下一盤
何如, 쏘 다시 혼 판 두미 엇더호뇨.《朴
新諺 1, 42ㅎ》況且常言說得好, 흐믈며
쏘 常言에 니론 거시 됴흐니.《朴新諺
2, 1ㅎ》你如今且到馬市裏自己揀着買去,
네 이제 쏘 물 져제 손조 굴히여 사라
가라.《朴新諺 2, 6ㅎ》且不必誇天上瑤
池, 쏘 반드시 天上 瑤池를 쟈랑치 말라.
《朴新諺 2, 36ㅎ》且打些酒來吃幾杯解寒
何如, 쏘 져기 술 가져와 여러 잔 먹어
解寒홈이 엇더호뇨.《朴新諺 2, 39ㅈ》且
到那裏看看景致, 쏘 뎌긔 가 景致를 보
아.《朴新諺 3, 10ㅎ》我們且把準線掛好
了, 우리 쏘 드림줄을다가 걸기를 잘호
쟈. ❷아직. 가장. ●⇔아직.《朴新諺 1,
26ㅎ》且下一盤試看如何, 아직 혼 판 두
어 시험호여 보미 엇더호뇨.《朴新諺 1,
38ㅈ》你且寬耐幾時, 네 아직 여러 째롤

견듸여.《朴新諺 2, 2ㅈ》且將就買了去
罷, 아직 두어라 호여 사 가미 무던호다.
《朴新諺 2, 10ㅎ》你且停一停, 네 아직 머
믈라.《朴新諺 2, 18ㅈ》我且安息, 내 아
직 쉬쟈.《朴新諺 2, 24ㅎ》你且熬冊服吃,
네 아직 두 복을 달혀 먹고.《朴新諺 2,
27ㅎ》你且休忙休心焦, 네 아직 밧바 말
고 무음을 티오지 말라.《朴新諺 3, 7ㅎ》
我如今且不吃飯, 내 이제 아직 밥을 먹지
아닐 거시니.《朴新諺 3, 33ㅎ》嘴子・把
子且打下我看了再鋸, 부리와 줄를 아직
민드라 내 보와든 다시 째라.《朴新諺
3, 37ㅈ》我且學打這一會與你看何如, 내
아직 이 혼 디위 빅화 쳐 네게 뵘이 엇더
호뇨. ●⇔안직.《集覽, 字解, 單字解, 2
ㅈ》且. 姑也 안직. 急且 과글이. 亦曰且
節, 俗罕用.

차(此) 팬 이. ⇔이.《朴新諺 2, 22ㅈ》此話
眞不眞呢, 이 말이 진뎍호냐 진뎍지 아니
호냐.《朴新諺 2, 6ㅎ》只此人間少有的了,
그저 이 人間에 드믄 거시니라.《朴新諺
3, 18ㅈ》此外並無別件可取了, 이 밧근 아
조 다른 것 가히 取홀 것시 업느니라.

차(此) 때 ●예. 여긔. 이에. ⇔예.《朴新
諺 3, 55ㅎ》高麗來的秀才還在此住麼, 高
麗로셔 온 秀才 당시롱 예 이셔 머므느
냐. ●이. ⇔이.《朴新諺 1, 25ㅈ》夜夜如
此喂法, 밤마다 먹이는 法을 이그치 호
고.《朴新諺 1, 59ㅈ》恐後無憑立此存照,
후에 의빙홈이 업슬가 저퍼 이롤 셰워
存照케 호노라.《朴新諺 2, 19ㅈ》立此為
照, 이롤 셰워 보람을 삼노라.《朴新諺
2, 45ㅈ》恐後無憑立此為照, 後에 의빙홈

이 업슬가 저허 이를 세워 보람을 삼노
라. 《朴新諺 2, 48ㅎ》字之形勢狠(很)多
大槩如此, 字의 形勢 ᄀ장 만흐나 大槩
이 ᄀ트니. 《朴新諺 3, 51ㅎ》為此上告,
이를 위ᄒ여 告홈을 올리ᄂ이다. 《朴新
諺 3, 52ㅎ》為此激切上告, 이를 為ᄒ여
激切ᄒ여 上告ᄒᄂ니.

차(次) 图 버금. 다음. 둘째. ⇔버금. 《朴
新諺 2, 17ㅈ》便略次些也罷了, 곳 져기
버금 거슬 ᄒ여도 무던ᄒ거니와.

차(次) 의 번. 차례. 회. ⇔번. 《集覽, 字解,
單字解, 3ㅈ》遍. 次也. 一遍 ᄒ 번. 《集
覽, 字解, 單字解, 5ㅈ》頓. 一次也. 一頓
飯. 又跌也. 頓坐 주ᄌᆞ짜. 又拜頭叩地也.
頓首百拜. 《集覽, 朴集, 下, 6ㅈ》水精角
兒. 又居家必用云, 皮用白麪於滾湯攪作
稠糊, 於冷水浸, 以豆粉和搜作劑, 打作皮,
包餡上籠, 繁火蒸熟, 洒兩次水, 方可下簞,
臨供時再洒些水便供. 《集覽, 朴集, 下, 6
ㅈ》水滑經帶麪. 如此三四次, 微軟和餅
劑, 就案上用拗棒拗百餘棒, 多揉數百拳.
至麪性行, 方可搓如指頭大, 新涼水內浸
兩時許, 伺麪〈麪〉性行, 方下鍋, 闊〈濶〉細
任意做. 《朴新諺 3, 7ㅈ》到六月裡取出來
晒幾次, 六月에 다ᄃ거든 가져 내여 여
러 번 볏 쬐라 ᄒ여시니.

차(扯) 图 ➊ᄯᅵᆽ다. ⇔ᄆᆡ치다. 《朴新諺 3,
4ㅈ》把這窓糊紙都扯了, 이 窓에 ᄇᄅᆫ 죠
희를다가 다 ᄆᆡ치고. ➋ᄲᅢ다. ᄲᅢ내다.
잡아당기다. ⇔ᄲᅢ히다. 《朴新諺 2, 52
ㅈ》扯了我一把小刀子去, 내 ᄒ ᄌᄅᆯ 져
근 칼을 ᄲᅢ혀 가고.

차(借) 图 ➊빌다借. 빌리다. ❶⇔비다.
《朴新諺 2, 3ㅎ》還是你不肯下氣問他借,
도로혀 네 즐겨 긔운을 ᄂᆞ즈기 ᄒ여 뎌
ᄃ려 무러 비지 아니홈이니. ❷⇔빌다.
《朴新諺 1, 41ㅎ》大哥借問一聲, 큰형아
비러 ᄒ 소리 뭇쟈. 《朴新諺 2, 3ㅎ》你問
他借一箇罷, 네 뎌ᄃ려 무러 ᄒ나흘 빌
미 무던ᄒ다. 那厮那裏肯借, 뎌 놈이 어

디 즐겨 빌리리오. 《朴新諺 2, 3ㅎ》你問
他借一箇罷, 네 뎌ᄃ려 무러 ᄒ나흘 빌
미 무던ᄒ다. 那厮那裏肯借, 뎌 놈이 어
디 즐겨 빌리리오. ➋❶빌리다借. ⇔
빌리다. 《朴新諺 1, 16ㅎ》你買來的段子
借與我看, 네 사 온 비단을 나룰 빌려 보
게 ᄒ라. 《朴新諺 2, 3ㅈ》且借與我一箇,
아직 내게 ᄒ나흘 빌리면. 《朴新諺 2, 3
ㅎ》你問他借一箇罷, 네 뎌ᄃ려 무러 ᄒ
나흘 빌미 무던ᄒ다. 那厮那裏肯借, 뎌
놈이 어디 즐겨 빌리리오. 《朴新諺 2, 3
ㅎ》他怎麽不肯借與你, 뎨 엇지 즐겨 너
를 빌리지 아니ᄒ리오. 《朴新諺 3, 37
ㅈ》拿出毬棒借與崔哥打, 댱방올 막대를
내여 崔哥를 빌려 주어 치게 ᄒ쟈. ❷빗
내다債. 빌리다. ⇔빗내다. 《朴新諺 1,
58ㅈ》煩你代我寫一紙借票, 네게 쳥ᄒᄂ
니 나를 ᄀᄅ차 ᄒ 쟝 빗내는 보람을 쓰
라. ➌❶ᄭᅮ다. 빌리다. ⇔ᄭᅮ다. 《朴新諺
1, 34ㅈ》現有借票在我手裏, 시방 ᄭᅮ는
보람이 내 손에 잇ᄂ니. 《朴新諺 1, 58
ㅈ》情愿憑中借到某人名下紋銀五十両整,
情愿으로 즁인을 의빙ᄒ여 某人 名下에
紋銀 五十両 뎡이룰 ᄭᅮ되. 《朴新諺 1, 59
ㅈ》某年月日借錢人趙寶兒, 某年月日에
돈 ᄭᅮᆫ 사룸 趙寶兒와. ❷ᄭᅮ이다. 빌려주
다. ⇔ᄭᅮ이다. 《朴新諺 1, 33ㅎ》別人借
一両便要一両的利錢, 다른 사름은 ᄒ 냥
을 ᄭᅮ이면 곳 ᄒ 냥 利錢을 밧ᄂ니.

차(差) 图 ➊그릇하다. 그릇되게 하다. ⇔
그릇ᄒ다. 《朴新諺 1, 48ㅈ》若把字寫差
了的, 만일 글字룰다가 쁘기룰 그릇ᄒᄂ
니눈. ➋시키다. 파견하다. 보내다. ⇔
시기다. 《朴新諺 2, 35ㅈ》立刻差幾箇皂
隷, 즉시 여러 皂隷를 시겨. 《朴新諺 3,
51ㅈ》嚴差捕役人等緝拿到案, 嚴히 捕役
人 等을 시겨 緝拿ᄒ여 案에 와.

차(差) 혱 ➊그르다. 옳지 아니하다. 같지
않다. ⇔그르다. 《朴新諺 1, 19ㅈ》你估
量不差, 네 짐쟉ᄒ여 혜아리미 그르지

아니ᄒ다.《朴新諺 1, 25ㅎ》這話是不差
的, 이 말이 그르지 아니ᄒ니라.《朴新
諺 3, 18ㅎ》你說得不差, 네 니ᄅ미 그르
지 아니타.《朴新諺 3, 19ㅎ》咳禍不單行
這話再也不差, 애 禍不單行이란 이 말이
ᄯ 그르지 아니ᄒ다. ●뜨다. 차이나다.
⇔뜨다.《朴新諺 2, 43ㅎ》月白的三兩銀
子如何, 남빗츤 석 냥 은에 홈이 엇더ᄒ
뇨. 那般差遠着裏, 그러면 ᄯ미 머니.
《朴新諺 3, 39ㅎ》比丞相差不多, 丞相에
比컨대 ᄯ미 만치 아니ᄒ니.

차(茶) 圐 차. ⇔차.《朴新諺 2, 16ㅈ》油·
塩·醬·醋·茶各一斤, 기름과 소곰과
醬과 醋와 茶ㅣ 各 ᄒ 근이오.《朴新諺
3, 31ㅎ》請大哥到茶舘裡吃茶去, 請컨대
큰형아 茶舘에 가 차 먹으라 가쟈. 茶博
士(朴新注, 55ㅎ: 進茶人之假稱.)們倒茶
來, 茶博士들아 차를 부어 오라. 客官吃
甚麼茶吃甚麼點心, 客官아 므슴 차를 먹
으며 므슴 點心을 먹을짜.《朴新諺 3, 59
ㅈ》小廝們快送茶來, 아히들은 섈리 차
롤 보내여 오라.

차(搽) 圄 바르다[塗]. ⇔ᄇᄅ다.《朴新諺
1, 16ㅈ》便是白日裏也不住的搽, 곳 낫도
머므지 말고 ᄇᄅ라.《朴新諺 3, 12ㅈ》
買孬藥來搽上, 疥창 藥을 사다가 ᄇᄅ면.
《朴新諺 3, 12ㅈ》把那藥搽上, 그 약을 다
가 ᄇᄅ고.

차다 圄 ●차다[滿]. ⇔만료(滿了).《朴新
諺 2, 50ㅎ》你的俸滿了不曾, 네 녹봉이
찻ᄂ냐 못ᄒ엿ᄂ냐. 這五月內便滿了, 이
五月에 곳 ᄎᄂ니라. ●(발로) 차다. ⇔
척(踢).《朴新諺 2, 11ㅎ》弔下來踢上去,
ᄂ려오거든 차 올려.

차다 圉 차다[寒]. ⇔냉(冷).《朴新諺 2, 35
ㅎ》咳今日天氣冷殺人, 애 오늘 하늘 긔
운이 차 사롬을 죽게 ᄒ니.

차대(借貸) 圄 꾸어 주거나 꾸어 오다.
《集覽, 朴集, 上, 6ㅈ》社神. 元制, 五十戶
爲一社. 今制, 每一鄕村之間, 或十五戶或

二十戶, 隨其所便, 合爲一社. 擇其鄕里之
民有義行者一人爲社長, 擇其殷實者一人
爲副, 立社倉, 收掌錢穀, 借貸應急.

차량(車輛) 圐 수레.《朴新諺 2, 20ㅎ》怎麼
這車輛還不曾收拾, 엇지 이 車輛을 당시
롱 일즉 收拾지 아니ᄒ엿ᄂ뇨.《朴新諺
2, 20ㅎ》車輛都做妥當了麼, 車輛을 다 민
들기룰 妥當이 ᄒ엿ᄂ냐.《朴新諺 2, 28
ㅈ》卽便收拾車輛先載一車去, 곳 車輛을
收拾ᄒ여 몬져 ᄒ 술위를 시르라 가고.

차륜(車輪) 圐 수레바퀴.《集覽, 朴集, 上,
9ㅈ》結椶帽. 椶, 木名, 高一二丈, 葉如車
輪, 旁(帝)無枝, 皆萃於木杪.

차말(搽抹) 圄 바르다[塗]. ⇔ᄇᄅ다.《朴
新諺 1, 15ㅎ》在那瘡口上不住的搽抹, 뎌
瘡 부리에 머므지 말고 ᄇᄅ고.

차박사(茶博士) 圐 차를 파는 사람. 또는
찻집의 심부름꾼. 다방 종업원.《集覽,
朴集, 下, 5ㅈ》茶博士. 音義云, 進茶人之
假稱.《朴新諺 3, 31ㅈ》茶博士(朴新注,
55ㅎ: 進茶人之假稱.)們倒茶來, 茶博士
들아 차를 부어 오라.

차반(茶飯) 圐 차와 밥. 곧, 음식.《朴新諺
1, 11ㅈ》不要單愛惜你家這幾頓茶飯, 맛
치 네 집 여러 ᄢ 茶飯만 앗기지 말라.
《朴新諺 2, 18ㅈ》茶飯也須早些辦備, 茶
飯도 모로미 일즉이 辦備ᄒ게 ᄒ라.

차부(箚付) 圐 상급 관아에서 하급 관아
로 보내는 공문서.《集覽, 朴集, 上, 4ㅎ》
箚付. 音義云, 禮部知會都堂總兵官文書,
內有事件, 体式詳見求政錄.《朴新諺 1, 8
ㅎ》大約這月二十遍領了詔書箚付(朴新
注, 4ㅈ: 禮部知會文書.)就要起身, 대개
이 둘 스므날긔 詔書와 箚付룰 트면 즉
시 ᄯ나고져 ᄒ노라.

차사(差使) 圐 중요한 임무를 위하여 파
견하던 임시 벼슬. 또는 그 벼슬아치.
《集覽, 字解, 單字解, 5ㅎ》使. 上聲, 差也,
役也. 使的我 날 브려. 又用也. 使用了.
吏語, 行使 쓰다. 又使船 빅 달호다. 又去

聲, 使臣, 差使. 又官名.《集覽, 朴集, 中, 1ㅎ》金字圓牌. 至正條格云, 元時, 中書省奏,　諸王・駙馬各投下有軍情緊急重事, 許令懸帶原降銀字圓牌應付鋪馬騎坐, 其餘差使人員有緊急軍情重事, 許令懸帶金字圓牌, 方付鋪馬.《朴新諺 1, 8ㅈ》有件差使着我去辦, 혼 差使ㅣ 이셔 날로 ᄒ여 가 ᄒ라 ᄒ매.《朴新諺 1, 8ㅈ》甚麼差使呢, 므슴 差使ㅣ뇨.《朴新諺 1, 45ㅎ》我這幾日有差使出去, 내 요ᄉᆞ이 差使ㅣ 이셔 나가니.《朴新諺 3, 6ㅎ》我有差使出去了, 내 差使ㅣ 이셔 나가.

차실(差失) 동 착오하다. 실수하다. 잘못하다. ⇔차실ᄒ다(差失-).《朴新諺 2, 31ㅎ》家中若有差失, 집 안에 만일 差失홈이 이시면.

차실ᄒ다(差失-) 동 차실(差失)하다. ⇔차실(差失).《朴新諺 2, 31ㅎ》家中若有差失, 집 안에 만일 差失홈이 이시면.

차아(叉兒) 명 첨자(籤子). (장도(粧刀)가 칼집에서 쉽게 빠지지 않도록 칼집 옆에 덧붙여 댄 두 개의 쇠) ⇔첨ᄌ.《朴新諺 1, 18ㅎ》叉兒一箇, 첨ᄌ ᄒ나.

차역(差役) 동 노역(勞役)을 시키다.《集覽, 朴集, 上, 1ㅎ》館夫. 質問云, 府・州・縣百姓擇撥〈差〉無差〈身〉役者, 做館夫苔應使客, 待三年更替.

차용(借用) 동 차용(借用)하다. 빌려 쓰다.《集覽, 字解, 單字解, 7ㅎ》觯. 垂下也. 觯下 드리워 잇다. 又借用爲趑避之趑.《集覽, 朴集, 中, 9ㅈ》閣落. 音ᄀᆞ·랑, 指一隅深奥之處. 舊本未得本字, 而借用栲栳二字.

차일(次日) 명 다음날. 이튿날.《集覽, 朴集, 下, 6ㅈ》庅尼汁經卷兒. 飮膳〈饌〉正要云, 白麪一斤, 小油一斤, 小椒一兩炒去汗, 茴香一兩炒. 右件, 隔宿用酵子・塩・減〈鹼〉・温水一同和麪〈麵〉,　次日入麪, 接肥, 再和成麪, 每斤作二箇入籠蒸.

차전(叉榴) 동 =조전(爪翦). '叉榴'은 '爪翦'

의 잘못.《集覽, 朴集, 上, 7ㅎ》耳墜兒. 事文類聚云, 莊子曰, 天子之侍御, 不叉揥(不爪翦), 不穿耳, 則穿耳自古有之. 今俗亦曰耳環, 即八珠環也.

차전(借錢) 동 돈을 빌리다. 빚내다.《朴新諺 1, 22ㅎ》我今日到當舖(朴新注, 9ㅈ: 典當物件借錢, 周急之所, 每十分加利一分, 有印號作照.)裏當錢去, 내 오ᄂᆞᆯ 當舖에 돈 뎐당ᄒ라 가노라.

차절(且節) 뭐 급자기. 문득. ⇔과글이.《集覽, 字解, 單字解, 2ㅈ》且. 姑也 안직. 急且 과글이. 亦曰且節, 俗罕用.

차처(此處) 대 =차처(此處). '處'는 '處'와 같다.《廣韻, 御韻》處, 同處.《宋元以來俗字譜》處,　古今雜劇・嶺南逸事作處.《朴新諺 1, 50ㅈ》今年此處馬價比往年賤些, 올ᄒᆡ 여긔 ᄆᆞᆯ 갑시 往年에 比컨대 져기 賤ᄒ니라.

차처(此處) 대 여기. 이곳. ⇔여긔.《朴新諺 1, 50ㅈ》今年此處馬價比往年賤些, 올ᄒᆡ 여긔 ᄆᆞᆯ 갑시 往年에 比컨대 져기 賤ᄒ니라.

차처(次妻) 명 첩(妾).《集覽, 字解, 單字解, 8ㅈ》媳. 音息. 子之婦曰媳婦. 又古語泛稱婦人曰媳婦, 次妻亦曰媳婦.

차헐빛 명 다갈색(茶褐色). ⇔다색(茶色).《朴新諺 3, 15ㅎ》玆者又特寄茶色段子二疋, 이제 ᄯᅩ 특별이 차헐비체 비단 두 필과.

착(捉) 동 잡다捕. ⇔잡다.《朴新諺 3, 20ㅎ》捉賊無贓, 도적을 잡으매 장물이 업스니.《朴新諺 3, 53ㅈ》捉賊見贓, 도적 잡기는 贓物을 보고. 廝打驗傷, 서ᄅᆞ ᄴᅡ혼 디ᄂᆞᆫ 傷處를 驗ᄒ다 ᄒ니라.

착(窄) 형 좁다. ⇔좁다.《朴新諺 1, 40ㅎ》一箇長甕兒窄窄口裏頭盛着糯米酒, 혼 긴 독 조븐 부리 안ᄒᆡ 춥뿔술 담은 거시여.《朴新諺 2, 38ㅎ》只是崖高路窄, 다만 이 언덕이 놉고 길히 좁으니.

착(着) 동 ●(바둑) 두다. ⇔두다.《朴新諺

2, 49ㅎ》或着碁彈琴遣興, 或 바독 두며 거믄고를 타 興을 보내니.《朴新諺 2, 54 ㅎ》我先着, 내 몬져 두쟈. 你怎麼先着呢, 네 엇디 몬져 두리오. ❷두다. 넣다. 타다. 치다. ⇔두다.《集覽, 字解, 單字解, 3ㅈ》着. 使之爲也. 着落 ᄒ여곰, 着他 뎌 ᄒ야. 又置也. 着塩 소곰 두다. 又中也. 着了 맛다. 又見人所行之事, 正合人所指望之, 方則亦曰着了 마초ᄒ야다. 又實也. 着實 실히. 又語助. 又穿衣服也.《朴新諺 3, 45ㅈ》着水也要估量着, 믈 두기도 짐작ᄒ여. ❸(비를) 맞다. ⇔맞다.《朴新諺 2, 32ㅈ》若着了幾遍雨定然要走撻了, 만일 여러 번 비롤 마즈면 일졍 모양이 흘긔리로다. ❹치다[打]. ⇔치다.《朴新諺 1, 39ㅎ》鐵人鐵馬不着鐵鞭不下馬, 쇠 사름 쇠물긔 쇠채로 치지 아니면 물 ᄂ리지 아니ᄒ는 거시여.

착(着) 빕 하여금. 시키어[使]. ❶⇔ᄒ야.《集覽, 字解, 單字解, 3ㅈ》着. 使之爲也. 着落 ᄒ여곰, 着他 뎌 ᄒ야. 又置也. 着塩 소곰 두다. 又中也. 着了 맛다. 又見人所行之事, 正合人所指望之, 方則亦曰着了 마초ᄒ야다. 又實也. 着實 실히. 又語助. 又穿衣服也. ❷⇔ᄒ여.《朴新諺 2, 8ㅎ》再拿去着別人看便見眞假了, 다시 가져가 다른 사름 ᄒ여 뵈면 곳 眞價를 알리라.《朴新諺 2, 10ㅈ》着他講經說法, 뎌로 ᄒ여 講經 說法ᄒ느니라.《朴新諺 2, 24 ㅎ》着丫頭們打扇, 아히들로 ᄒ여 부체질ᄒ엿노라.《朴新諺 3, 25ㅈ》着兩箇猜裡面有甚麼東西, 둘로 ᄒ여 안히 므스거시 잇는고 알라 ᄒ고.《朴新諺 3, 25ㅎ》王說今番着唐僧先猜, 王이 니르되 이 번은 唐僧으로 ᄒ여 몬져 알게 ᄒ라.《朴新諺 3, 31ㅎ》着別人再看去, 다른 사름 ᄒ여 다시 뵈라 가라.《朴新諺 3, 53ㅎ》着他沿街叫喚尋覓纔好哩, 뎌로 ᄒ여 거리를 조차 웨여 ᄎ자야 마치 됴흐리라.《朴新諺 3, 58ㅈ》又着人前去曉諭衆百姓

道, ᄯ 사름으로 ᄒ여 나아가 모든 百姓들의게 曉諭ᄒ여 니르되.

착(着) 回 (바둑이나 장기 등의) 수(手). ⇔슈.《朴新諺 1, 26ㅎ》這一着果然好利害, 이 ᄒ 슈ㅣ 果然 ᄀ장 사오납고.

착(錯) 閉 그릇. 잘못. ⇔그릇.《朴新諺 3, 31ㅎ》相公你怕錯買了麼, 相公아 네 그릇 산가 저퍼ᄒ느냐.

착(錯) 閣 그르다. 옳지 아니하다. 틀리다. ⇔그르다.《朴新諺 1, 26ㅎ》這一步又筭錯了, 이 ᄒ 패 ᄯ 그르다 ᄒ리라.《朴新諺 1, 59ㅈ》我寫的錯不錯, 내 쁜 거시 그르냐 그르지 아니ᄒ냐.《朴新諺 2, 18 ㅎ》你與我看一看錯也不錯, 네 나를 보와 주고려 그른가 그르지 아닌가.

착급(着急) 閉 초조하게. 조급하게. ⇔착급히(着急-).《朴新諺 2, 27ㅎ》何必着急呢, 엇지 着急히 굴리오.

착급히(着急-) 閉 착급(着急)히. ⇔착급(着急).《朴新諺 2, 27ㅎ》何必着急呢, 엇지 着急히 굴리오.

착락(着落) 빕 하여금. ⇔히여곰.《集覽, 字解, 單字解, 3ㅈ》着. 使之爲也. 着落 히여곰, 着他 뎌 ᄒ야. 又置也. 着塩 소곰 두다. 又中也. 着了 맛다. 又見人所行之事, 正合人所指望之, 方則亦曰着了 마초ᄒ야다. 又實也. 着實 실히. 又語助. 又穿衣服也.

착령(着令) 圄 명령하다. 책임지게 하다.《集覽, 字解, 累字解, 1ㅈ》着落. 使之爲也. 吏語, 亦曰着令. 詳見上.

착료(着了) 圄 ❶맞게 하다. 맞추어 하다. ⇔마초ᄒ다.《集覽, 字解, 單字解, 3ㅈ》着. 使之爲也. 着落 히여곰, 着他 뎌 ᄒ야. 又置也. 着塩 소곰 두다. 又中也. 着了 맛다. 又見人所行之事, 正合人所指望之, 方則亦曰着了 마초ᄒ야다. 又實也. 着實 실히. 又語助. 又穿衣服也. ❷맞다. 적합하다. ⇔맞다.《集覽, 字解, 單字解, 3ㅈ》着. 使之爲也. 着落 히여곰, 着他 뎌

ㅎ야. 又置也. 着塩 소곰 두다. 又中也.
着了 맛다. 又見人所行之事, 正合人所指
望之, 方則亦曰着了 마초ㅎ야다. 又實也.
着實 실히. 又語助. 又穿衣服也.

착실(着實) 閏 실(實)히. 착실히. 확실히.
⇔실히.《集覽, 字解, 單字解, 3ㅈ》着. 使
之爲也. 着落 히여곰, 着他 뎌 ㅎ야. 又置
也. 着塩 소곰 두다. 又中也. 着了 맛다.
又見人所行之事, 正合人所指望之, 方則
亦曰着了 마초ㅎ야다. 又實也. 着實 실
히. 又語助. 又穿衣服也.

착염(着鹽) 동 소금을 두다. 소금을 뿌리
다.《集覽, 字解, 單字解, 3ㅈ》着. 使之爲
也. 着落 히여곰, 着他 뎌 ㅎ야. 又置也.
着塩 소곰 두다. 又中也. 着了 맛다. 又見
人所行之事, 正合人所指望之, 方則亦曰
着了 마초ㅎ야다. 又實也. 着實 실히. 又
語助. 又穿衣服也.

착ㅎ다 혱 착하다. 좋다. ⇔호(好).《朴新
諺 2, 46ㅎ》也該學些好, 쏘 뎌긔 착ㅎ 일
을 비홈 즉ㅎ거늘.

찬(燔) 동 삶다. 지지다.《集覽, 朴集, 上,
2ㅎ》燔鴿子彈. 質問云, 鴿子彈糝於滾肉
湯食之. 又云, 用肉湯在鍋, 再加椒料·菜
·葱花, 燒火至滾沸, 方下鴿子卵, 盛之於
碗, 以獻賓客.

찬(儹) 동 줄이다(短). ⇔조리다.《集覽, 字
解, 單字解, 6ㅎ》趲. 잔, 上聲, 逼使走也.
又促之也. 通作儹. 又縮之也. 儹短些 조
려 댜르게 ㅎ다.

찬(趲) 동 (길을) 재촉하다. 서두르다. 빨
리 가다. ⇔죄오다.《朴新諺 2, 17ㅎ》一
日三站五站的趲路, ㅎ르 세 站 다숯 站식
길을 죄오ᄂ니.

찬(鑽) 동 뚫다. ⇔쯻다.《朴新諺 1, 16ㅈ》
話不說不明木不鑽不透, 말을 니ᄅ디 아
니면 붉디 못ㅎ고 남글 쯻디 아니면 ᄉ
못디 못ㅎ다 ㅎ니라.《朴新諺 1, 41ㅈ》
鑽天錐下大水, 하눌 쯻는 송곳 아리 큰
물이여.

찬(爨) 명 종족(種族) 이름. 진대(晉代)에
는 동서(東西) 두 찬(爨)으로 나뉘었고,
당대(唐代)에는 오만(烏蠻)과 백만(白
蠻)으로, 원대(元代)에는 흑찬(黑爨)과
백찬(白爨)으로 불리었다.《集覽, 朴集,
上, 2ㅎ》院本. 院本則五人, 一曰副淨, 古
謂之叅軍, 一曰副末, 古謂之蒼鶻, 鶻能擊
禽鳥, 末可打副淨, 古(故)云, 一曰引戲, 一
曰末泥, 一曰孤裝, 又謂之五花爨弄. 或曰,
宋徽宗見爨國人來朝, 衣裝·鞵履·巾裹,
傅粉墨, 擧動如此, 使優人効之以爲戲.

찬국(爨國) 명 찬족(爨族)이 세운 나라.
《集覽, 朴集, 上, 2ㅎ》院本. 院本則五人,
一曰副淨, 古謂之叅軍, 一曰副末, 古謂之
蒼鶻, 鶻能擊禽鳥, 末可打副淨, 古(故)云,
一曰引戲, 一曰末泥, 一曰孤裝, 又謂之五
花爨弄. 或曰, 宋徽宗見爨國人來朝, 衣
裝·鞵履·巾裹, 傅粉墨, 擧動如此, 使優
人効之以爲戲.

찬단사(儹短些) 동 줄이어 짧게 하다.
《集覽, 字解, 單字解, 6ㅎ》趲. 잔, 上聲,
逼使走也. 又促之也. 通作儹. 又縮之也.
儹短些 조려 댜르게 ㅎ다.

찬로(趲路) 동 길을 재촉하다.《朴新諺 2,
17ㅎ》一日三站五站的趲路, ㅎ르 세 站
다숯 站식 길을 죄오ᄂ니.

찬성(贊成) 동 찬성(贊成)하다. 동의(同
意)하다.《集覽, 朴集, 下, 12ㅎ》娘子柳
氏〈柳氏〉. 太祖聞之, 迎以爲妃. 後裴玄慶
·申崇謙等推戴太祖, 后贊成之. 旣卽位,
策后爲元妃.

찬적(儹積) 동 모아서 쌓다.《集覽, 字解,
單字解, 6ㅈ》儹. 積也. 儹積下. 通作趲.

찬찬(趲趲) 동 나들다. 또는 서두르다. 다
그치다. ⇔나아들다.《朴新諺 3, 34ㅈ》
四五對簇簇趲趲的亂捽, 네다숯 쌍식 무
둑무둑 나아드러 어즈러이 삐롬ㅎ니.

찰(咱) 떼 내. 나. ⇔내.《朴新諺 3, 16ㅎ》
木匠你來咱與你商(商)量, 木匠아 이바
내 너와 헤아리쟈.

찰(察) 图 살피다. ⇔술피다. 《朴新諺 2,
29ㅈ》以聲察聲拯慈悲於六道(朴新注, 33
ㅎ: 以聲察聲. 聞其聲而察其苦樂之狀. 六
道, 人道·天道·阿脩羅道·餓鬼道·
畜生道·地獄道也. 阿脩羅有大力神人,
甞共天鬪(鬪), 立大海中, 其高半天.), 소
리로 뼈 소리를 술펴 慈悲를 六道에 건
디고.

찰(擦) 图 ●문지르다. ⇔문지르다. 《朴
新諺 1, 50ㅎ》擦背錢是兩箇, 등 문지르
는 갑슨 두 낫 돈이오. ●씻기다. 닦다.
⇔뻿기다. 《朴新諺 2, 53ㅈ》這孩子眼脂
流下來也不擦, 이 아희 눈꼽이 흘러느리
되 뻿기지 아니하니. 我替他擦淨了罷,
내 더롤 그르차 뻿겨 조히 하쟈.

찰(鍘) 图 썰다. ⇔빠흘다. 《朴新諺 1, 25
ㅈ》把草鍘得細些, 여믈을다가 빠흘기를
그늘게 하고. 《朴新諺 1, 40ㅎ》這是鍘藥
刀, 이는 이 藥 빠흐는 협도ㅣ로다.

찰상(擦床) 图 채칼. 채도(菜刀). ⇔혈갈.
《集覽, 朴集, 中, 2ㅈ》擦床. 音義云, 用木
小板長尺餘, 横穿爲空二三十穴, 各用薄
鉄〈鐵〉爲刀廂其中, 以蘿蔔等物按磨於鐵
〈鉄〉刀之上, 其絲從穴下墜〈隊〉, 勝於刀
切. 今按, 卽本國혈·갈.

찰상아(擦床兒) 图 =찰상(擦床). ⇔슉치
칼. 《朴新諺 2, 21ㅈ》還有鑼鍋, 쏘 노고
와. 柳箱, 섥과. 灑子, 드레와. 碗楪, 사발
접시와. 匙筯, 수져와. 榪杓, 나모쥬게
와. 筲籬, 됴리와. 炊箒, 솔과. 擦床兒(朴
新注, 30ㅈ: 用木小板長尺餘, 横穿為空二
三十穴, 各用薄鉄為刀廂其中, 以蘿葍等
物, 按磨扵刃上, 其絲從穴下墜.), 슉치칼
과. 籈(簸)箕, 키와. 篩子, 얼밍이와. 馬
尾羅, 물총체와. 桌子, 상과. 盤子, 盤과.
茶盤, 찻반과. 燈臺, 燈臺와. 酒種, 잔과.
酒鼈, 쥬벼으와. 銅杓, 놋쥬게 이시니.

찰원(察院) 图 당대(唐代)에 감찰어사(監
察御史)가 있던 관아. 《集覽, 朴集, 上,
4ㅈ》都堂. 唐制, 尚書省曰都堂. 元時亦

有尚書省. 今按, 華制, 都察院有左右都御
史·副都御史·僉都御史, 在外十三布政
司及都司, 皆有御史一員, 都御史所在謂
之都堂, 監察御史所在謂之察院.

찰토(剎土) 图 〈불〉 부처가 있는 나라. 곧
극락(極樂)을 이른다. 《集覽, 朴集, 中, 4
ㅈ》剎土. 梵語, 剎, 此云竿, 卽幡柱也. 沙
門於此法中勤苦得一法者, 便當竪幡, 以
告四遠曰, 今有少欲人也云. 法苑云, 阿育
王取金華金幡懸諸剎上. 瓔珞經云, 剎土,
乃聖賢所居之處. 又剎土猶言法界也. 又
號伽藍曰梵剎者, 以柱爲表也.

참(站) 图 ●서다. ⇔셔다. 《朴新諺 1, 11
ㅎ》保管你站十年不倒, 네게 十年을 셔
셔도 믄허지디 아니믈 맛들 거시니. 《朴
新諺 2, 6ㅈ》睡着站着的是鷗鷺, 자며 셧
는 거슨 이 鷗鷺ㅣ오. 《朴新諺 3, 34ㅎ》
四邊站着四箇將軍, 네 녁희 션는 네 將軍
이. 《朴新諺 3, 46ㅎ》站着赶牛, 셔셔 쇼
를 몰면. ●세우다. ⇔셰오다. 《朴新諺
3, 24ㅎ》靠師傅站着, 스승의게 의지하여
셰오고.

참(站) 图 역참(驛站). 《集覽, 朴集, 中, 1
ㅈ》站家擂鼓. 舘驛門上皆設更鼓〈皷〉之
樓, 凡使客入門必擊其鼓〈皷〉, 招集人衆,
應辦事務. 《朴新諺 2, 17ㅎ》使臣明日到
這站, 使臣이 니일 이 站에 다드라.

참(站) 의 참. (역참(驛站)의 수효를 세는
단위) 《朴新諺 2, 17ㅎ》一日三站五站的
趲路, 하르 세 站 다숫 站식 길을 죄오느
니.

참(眨) 图 깜박하다. 깜박이다. ⇔곰쟉하
다. 《朴新諺 3, 50ㅎ》眨眼間釣出箇老大
金色鯉魚, 눈 곰쟉홀 스이에 혼 フ장 큰
금빗히 鯉魚를 낙가 내니.

참군(參軍) 图 부정(副淨)의 옛 이름. 《集
覽, 朴集, 上, 2ㅎ》院本. 院本則五人, 一
曰副淨, 古謂之叅軍, 一曰副末, 古謂之蒼
鶻, 鶻能擊禽鳥, 末可打副淨, 古(故)云, 一
曰引戱, 一曰末泥, 一曰孤裝, 又謂之五花

欒弄.

참마(站馬) 몡 각 역참(驛站)에 갖추어 둔 말. 《集覽, 朴集, 下, 8ㅎ》五箇鋪馬. 鋪馬, 站馬也.

참배(參拜) 동 신이나 부처에게 절하다. ⇔참배ᄒ다(參拜-). 《朴新諺 2, 29ㅈ》參拜觀世音菩薩眞像, 觀世音菩薩 眞像에 參拜ᄒ쟈. 《朴新諺 2, 30ㅈ》似這等菩薩 不可不去參拜哩, 이런 菩薩을 可히 가 參拜치 아니치 못홀 거시라.

참배ᄒ다(參拜-) 동 참배(參拜)하다. ⇔참배(參拜). 《朴新諺 2, 29ㅈ》參拜觀世音菩薩眞像, 觀世音菩薩 眞像에 參拜ᄒ쟈. 《朴新諺 2, 30ㅈ》似這等菩薩不可不去參拜哩, 이런 菩薩을 可히 가 參拜치 아니치 못홀 거시라.

참선(參禪) 동 〈불〉 선사(禪師)에게 나아가 선도를 배워 닦거나, 스스로 선법(禪法)을 닦아 구하다. 《朴新諺 2, 9ㅎ》善能參禪打坐, 參禪 打坐ᄒ기룰 잘ᄒ더라.

참신(斬新) 뮌 새로이. 한결같이. ⇔새로이. 《集覽, 字解, 累字解, 1ㅈ》剗新. 새로이. 《集覽, 字解, 累字解, 1ㅈ》斬新. 上同.

참월(攙越) 동 본분을 넘어서다. 권한이나 직무의 범위를 벗어나다. 《集覽, 字解, 單字解, 2ㅎ》挨. 音해, 平聲. 俗語挨次謂循次. 歷審無攙越之意 춘ᄎ니 ᄒ다. 又吏語, 挨究·挨捕.

참혹(慘酷) 혱 참혹(慘酷)하다. 비참하고 끔찍하다. 잔인하고 무자비하다. 《集覽, 朴集, 中, 7ㅈ》木椿. 其制, 於刑人法場, 植一大柱, 縛着罪人於〈縛着罪人於其〉上, 劊子用法刀剔其肉以喂狗, 而只留〈畱〉其骨, 極其慘酷, 方施大辟, 卽古之冎刑也. 劊子, 獄ختف刑罪人者也.

참화(參和) 동 섞다. 혼합하다. 《集覽, 朴集, 上, 1ㅎ》腦兒酒. 質問云, 做酒用糆麴藥料爲蘖, 久封不動, 其色紅而味最純厚. 又云, 以糯米爲之, 酒之帶糟者. 又云, 好麴〈麵〉好米作酒, 成熟粘稠有味, 不用參

和.

참회(懺悔) 동 〈불〉 과거의 죄를 뉘우치고 부처·보살 등 앞에서 고백하고 용서를 구하다. ⇔참회ᄒ다(懺悔-). 《集覽, 朴集, 上, 10ㅎ》懺悔. 自陳悔也. 六祖惠(慧)能大師曰, 懺者, 懺其前愆, 悔者, 悔其後過. 反(飜)譯名義云, 懺者, 首也, 悔者, 伏也. 不逆爲伏, 順從爲首, 正順道理, 不敢作非, 故名懺悔. 又來求爲懺, 改徃爲悔. 《集覽, 朴集, 中, 6ㅈ》懺悔. 見上. 《朴新諺 1, 36ㅎ》徃深山居住修心懺悔(朴新注, 14ㅈ: 懺, 自陳悔也. 又懺其前愆, 悔其後過, 曰懺悔.)去了, 深山에 가 머무러 修心 懺悔ᄒ라 가려 ᄒ노라. 《朴新諺 2, 30ㅎ》燒香懺悔纔是, 燒香 懺悔홈이 마치 올타. 《朴新諺 3, 14ㅈ》誠心懺悔改徃修來去罷, 誠心으로 懺悔ᄒ여 改徃 修來ᄒ라 가라.

참회ᄒ다(懺悔-) 동 〈불〉 참회(懺悔)하다. ⇔참회(懺悔). 《朴新諺 1, 36ㅎ》徃深山居住修心懺悔(朴新注, 14ㅈ: 懺, 自陳悔也. 又懺其前愆, 悔其後過, 曰懺悔.)去了, 深山에 가 머무러 修心 懺悔ᄒ라 가려 ᄒ노라. 《朴新諺 2, 30ㅎ》燒香懺悔纔是, 燒香 懺悔홈이 마치 올타. 《朴新諺 3, 14ㅈ》誠心懺悔改徃修來去罷, 誠心으로 懺悔ᄒ여 改徃 修來ᄒ라 가라.

찻반 몡 다기를 담는 조그마한 쟁반 ⇔다반(茶盤). 《朴新諺 2, 21ㅈ》還有鑼鍋, 쪼노고와. 柳箱, 섥과. 灑子, 드레와. 碗楪, 사발 졉시와. 匙筯, 수져와. 榪杓, 나모쥬게와. 箪籬, 됴리와. 炊箒, 솔과. 擦床兒, 슉치칼과. 簸(簸)箕, 키와. 篩子, 얼밍이와. 馬尾羅, 물총체와. 桌子, 상과. 盤子, 盤과. 茶盤, 찻반과. 燈臺, 燈臺와. 酒種, 잔과. 酒鼈, 쥬벼ᄋ와. 銅杓, 놋쥬게 이시니.

창(倉) 몡 곳집. 창고. 《朴新諺 1, 12ㅎ》到倉上去, 倉에 가. 《朴新諺 1, 13ㅎ》你如今到倉裏去, 네 이제 倉에 가. 《朴新諺

1, 14ㅈ》方好到倉裏關米, 보야흐로 倉에
가 쌀 투기 됴흐니라.《朴新諺 1, 14ㅎ》
你且進倉去, 네 倉에 가.
창(唱) 图 (노래) 부르다. ●⇔부르다.
《朴新諺 1, 5ㅎ》幷着他呌些歌唱的諸搬
雜耍的來, 아오로 뎌로 ᄒᆞ여 노래 부르
고 여러 가지 잡노롯ᄒᆞᄂᆞᆫ 이롤 불러와.
《朴新諺 1, 6ㅎ》唱的只管唱, 노래 브르
리 그저 노래 불러. ●⇔부르다.《朴新
諺 2, 11ㅈ》裏頭也有諸般唱文詞的, 안희
여러 가지 文詞 부르ᄂᆞᆫ 이도 이시며.
창(窓) 图 창. 창문. ⇔창호(窓戶).《朴新
諺 2, 41ㅎ》把那綿布簾子在窓戶裏面幔
上, 綿布 발을다가 窓 안희 치고.《朴新
諺 3, 1ㅈ》把這簾子捲起窓戶支起, 이 발
을다가 것고 窓을 버틔오라.《朴新諺 3,
4ㅈ》把這窓糊紙都扯了, 이 窓에 브ᄅᆞᆫ 죠
희를다가 다 믜치고.《朴新諺 3, 17ㅈ》
我要臨窓看書也要看花哩, 내 窓을 臨ᄒᆞ
여 글을 보고 또 꼿츨 보고져 ᄒᆞ노라.
창(搶) 图 잡다. 움켜잡다. 또는 빼앗다.
강탈하다. ⇔더위치다.《朴新諺 3, 22
ㅎ》把祭星茶果搶來吃了, 祭星ᄒᆞᄂᆞᆫ 茶果
를다가 더위처 먹고.
창(槍) 图 창. (병장기의 한 가지)《朴新諺
2, 11ㅈ》也有舞鎗弄棒的, 쏘 鎗을 춤추며
막대 노롯ᄒᆞᄂᆞᆫ 이도 이시니.《朴新諺 3,
35ㅈ》手拄槍的, 손에 槍 집흔 이 이시니.
창(漲) 图 넘치다越. 넘다. ⇔넘다.《朴新
諺 3, 3ㅎ》風不來樹不搖, ᄇᆞ람이 부지 아
니면 남기 흔더기지 아니코. 雨不來河不
漲, 비 오지 아니면 물이 넘지 아니ᄒᆞᆫ다
ᄒᆞ니라.
창(瘡) 图 부스럼.《朴新諺 1, 15ㅈ》你那腮
頰上長的甚麼瘡, 네 뎌 쌤에 난 거시 므
슴 瘡고. 不知甚麼瘡, 모로리로다 므슴
瘡인디.《朴新諺 1, 15ㅈ》誰知道就長起
這瘡來了, 뉘 믄득 이 瘡이 ᄌᆞ랄 줄을 알
리오.《朴新諺 1, 15ㅎ》在那瘡口上不住
的搽抹, 뎌 瘡 부리에 머므지 말고 브ᄅᆞ

고.《朴新諺 1, 16ㅈ》這瘡毒氣散去便暗
消了, 이 瘡에 毒氣 흐터져 곳 절로 스러
지리라.《朴新諺 3, 11ㅎ》把瘡都撓破了,
瘡을다가 다 긁쳐 히여ᄇᆞ리니.《朴新諺
3, 12ㅎ》撓破了這瘡, 이 瘡을 긁쳐 히여
ᄇᆞ리고.
창골(蒼鶻) 图 부말(副末)의 옛 이름.《集
覽, 朴集, 上, 2ㅎ》院本. 院本則五人, 一
曰副淨, 古謂之叅軍, 一曰副末, 古謂之蒼
鶻, 鶻能擊禽鳥, 末可打副淨, 古(故)云, 一
曰引戱, 一曰末泥, 一曰孤裝, 又謂之五花
爨弄.
창국현(昌國縣) 图 송대(宋代)에 두었다.
소재지는 절강성(浙江省) 주산시(舟山
市)의 옛 정해현(定海縣) 지역에 있었다.
《集覽, 朴集, 中, 3ㅎ》南海普陁落伽山.
山在寧波府定海縣, 古昌國縣海中.
창령(窓櫺) 图 창살. ⇔창얼굴.《朴新諺
3, 16ㅎ》這檁, 이 납과. 樑, 므ᄅᆞ와. 椽,
혀와. 柱, 기동과. 短柱, 短柱와. 門框, 문
얼굴과. 門扇, 문짝과. 吊窓, 들창과. 天
窓, 우러리창과. 雙扇, 빵다지와. 單扇,
외다지와. 窓櫺, 창얼굴로.
창부(唱婦) 图 =창부(娼婦). '唱'은 '娼'의
잘못.《集覽, 朴集, 上, 11ㅎ》娘子. 南村
輟耕錄云〈南村輟耕錄〉, 世謂穩婆曰老
娘, 女巫曰師娘, 唱〈娼〉婦曰花娘, 達人又
曰草娘, 苗人謂妻曰夫娘, 南方謂婦人無
行者曰夫娘, 謂婦人之卑賤者曰某娘, 曰
幾娘, 鄙之曰婆娘.
창부(娼婦) 图 창녀(娼女). 창기(娼妓).
《集覽, 朴集, 上, 11ㅎ》娘子. 南村輟耕
〔錄〕云〈南村輟耕錄〉, 世謂穩婆曰老娘, 女
巫曰師娘, 唱〈娼〉婦曰花娘, 達人又曰草
娘, 苗人謂妻曰夫娘, 南方謂婦人無行者
曰夫娘, 謂婦人之卑賤者曰某娘, 曰幾娘,
鄙之曰婆娘.
창송(蒼松) 图 짙푸른 소나무.《朴新諺 2,
5ㅎ》就是那蒼松・翠竹, 곳 이 蒼松・翠
竹과.《朴新諺 2, 38ㅎ》也有蒼松・翠栢,

ㅊ

坐 蒼松・翠栢도 이시되.

창수(槍手) 圐 창을 주 무기로 삼던 병졸. 《集覽, 朴集, 下, 12ㅈ》弓手. 文獻通考曰, 弓手, 兵号, 如弩手・槍手之類.

창야(唱喏) 圐 읍(揖)하다. ⇔읍ᄒ다. 《集覽, 朴集, 上, 12ㅎ》唱喏. 揖也. 詞曲曰, 一箇唱, 百箇喏, 謂一人呼唱於上, 衆人應諾於下. 如將帥在營幕下, 軍卒投謁於前者列立於〈軍卒投謁於前者列於〉庭, 將帥發一令語, 則衆下齊聲以應. 凡里巷子弟拜謁父兄亦然. 因謂揖曰唱喏, 未詳是否. 但家禮集註說云, 揖者, 拱手着胷也. 恐非所謂唱喏也. 今中朝俗以鞠躬拱手爲唱喏. 《朴新諺 1, 48ㅈ》見了師傅便向上唱喏(朴新注, 18ㅎ: 揖也. 又中朝俗以鞠躬拱手爲唱喏.), 스승 보고 곳 향ᄒ여 읍ᄒ고. 《朴新諺 2, 53ㅈ》孩兒會學唱喏了麽, 아ᄒ 읍홀 줄을 아ᄂ냐.

창얼굴 圐 창살. ⇔창령(窓欞). 《朴新諺 3, 16ㅎ》這檁, 이 납과. 樑, ᄆᄅ와. 椽, 혀와. 柱, 기동과. 短柱, 短柱와. 門框, 문얼굴과. 門扇, 문짝과. 吊窓, 들창과. 天窓, 우러리창과. 雙扇, ᄬ다지와. 單扇, 외다지와. 窓欞, 창얼굴로.

창업(刱業) 圐 =창업(創業). '刱'은 '創'과 통용. 《集韻, 漾韻》刱, 通作創. 《朴新諺 3, 21ㅈ》買趙太祖飛龍記(朴新注, 52ㅈ 錄趙太祖刱業時事.), 趙太祖의 飛龍記와.

창업(創業) 圐 나라 왕조 따위를 처음으로 세우다. 《朴新諺 3, 21ㅈ》買趙太祖飛龍記(朴新注, 52ㅈ 錄趙太祖刱業時事.), 趙太祖의 飛龍記와.

창우(娼優) 圐 광대. 배우. 또는 기생. 《集覽, 朴集, 中, 2ㅈ》甘結. 今按, 如保擧人材者, 必寫稱所擧之人, 並無喪過及干娼優子嗣, 委的賢能, 如虛甘伏重罪云云.

창원(唱諢) 圐 송대(宋代) 설창문학(說唱文學)의 하나인 합생(合生) 중 우스갯소리로 웃기는 극(劇). 《集覽, 朴集, 上, 2ㅎ》院本. 南村輟耕錄云, 唐有傳奇, 宋有戲曲・唱諢・詞說, 金有雜劇・諸宮調.

창음(暢飮) 圐 마음껏 (술을) 마시다. ⇔창음ᄒ다(暢飮-). 《朴新諺 1, 6ㅈ》咱們今日俱要開懷暢飮, 우리 오늘 다 開懷 暢飮ᄒ여.

창음ᄒ다(暢飮-) 圐 창음(暢飮)하다. ⇔창음(暢飮). 《朴新諺 1, 6ㅈ》咱們今日俱要開懷暢飮, 우리 오늘 다 開懷 暢飮ᄒ여.

창쾌(暢快) 圀 마음이 탁 트여 시원하고 유쾌하다. 《朴新諺 1, 7ㅎ》暢快之極矣, 暢快의 極홈이로다.

창탈(搶奪) 圐 빼앗다. 강탈(强奪)하다. ⇔앗다. 《朴新諺 2, 22ㅈ》都搶奪去了, 다 아사 가고.

창포(菖蒲) 圀 창포. (천남성과의 여러해살이풀) 《朴新諺 3, 4ㅈ》你家裡不有菖蒲麽, 네 집의 菖蒲ㅣ 잇지 아니ᄒ냐.

창호(窓戶) 圀 창. 창문. ⇔창(窓). 《朴新諺 2, 41ㅈ》把舌尖濕破窓戶, 혀 끗흐로 다가 窓戶를 적셔 뿗고. 《朴新諺 2, 41ㅎ》把那綿布簾子在窓戶裏面幔上, 綿布 발을다가 窓 안희 치고. 《朴新諺 3, 1ㅈ》把這簾子捲起窓戶支起, 이 발을다가 것고 窓을 버틔오라.

창호지(窓糊紙) 圀 주로 문을 바르는 데 쓰는 얇은 종이. 《朴新諺 3, 4ㅈ》把這窓糊紙都扯了, 이 窓에 ᄇ론 죠희를다가 다 믜치고.

채 圀 ●(파리)채. ⇔불자(拂子). 《朴新諺 3, 1ㅈ》拿蠅拂子來赶一赶, 파리채 가져다가 쫏고. ●채찍. ⇔편(鞭). 《朴新諺 1, 39ㅎ》鐵人鐵馬不着鐵鞭不下馬, 쇠사롬 쇠몰끠 쇠채로 치지 아니면 몰 ᄂ리지 아니ᄒᄂ 거시여. 《朴新諺 3, 48ㅈ》各執一鞭打那土牛, 각각 흔 채를 가져 뎌 土牛를 티니.

채(保) 圐 상대하다. 거들떠보다. 아랑곳하다. 관심을 가지다. ⇔긔수ᄒ다. 《朴新諺 1, 34ㅎ》他竟保也不保, 데 ᄆ춥내 긔수홀디 긔수치 아니ᄒ고.《朴新諺 2, 18ㅈ》他若再不保好生重重的打, 뎨 만일 다시 긔수치 아니ᄒ거든 ᄀ장 듕히 티라.《朴新諺 2, 37ㅈ》把我這舊弟兄們都不保了, 우리 이 녯 弟兄들을다가 긔수치 아니ᄒ더라. 他旣變了面目誰保他, 뎌임의 面目을 變ᄒ면 뉘 도로혀 뎌롤 긔수ᄒ리오.

채(菜) 몡 ●나물. ⇔ᄂ믈.《集覽, 朴集, 上, 2ㅎ》爁鴿子彈. 質問云, 鴿子彈糝於滾肉湯食之. 又云, 用肉湯在鍋, 再加椒料·菜·葱花, 燒火至滾沸, 方下鴿子卵, 盛之於碗, 以獻賓客.《朴新諺 2, 16ㅎ》塩·菜各一斤, 소곰과 菜 각 ᄒ 근이니.《朴新諺 2, 39ㅈ》這幾日怎的不見有賣菜子的過去呢, 요ᄉ이 엇지 ᄂ믈 ᄢ 폴 리 디나가는 이 이시믈 보지 못홀소뇨. 買些菜子後園裏好種, 져기 ᄂ믈 ᄢ롤 사 뒷동산에 심으쟈.《朴新諺 2, 39ㅈ》夜來收割了麻正當好種菜哩, 어제 삼을 거두어 븨여시니 正히 맛당이 ᄂ믈 시믐이 됴타. 種甚麼菜好呢, 므슴 ᄂ믈을 심거야 됴ᄒ리오. ●반찬. ⇔반찬.《朴新諺 3, 7ㅎ》叫厨子把我的飯菜, 厨子로 ᄒ여 내 밥 반찬을다가.

채(債) 몡 빚債. ●⇔빈.《集覽, 字解, 單字解, 4ㅎ》討. 求也, 探也. 討去 어드라 가다, 討債去 빈 주니 바드라 가다, 討價錢 빈 받다. 又本國傳習之解曰 빈 쬐오다, 亦通.《集覽, 字解, 單字解, 6ㅈ》少. 多少. 又欠也. 少甚麼 므스거시 업스뇨. 少債 ᄂ믜 비틀 뼈디워 잇다. 又缺也. 缺少口粮 양시기 그처다. ●⇔빗.《朴新諺 2, 33ㅈ》一箇放債財主, 혼 빗 주기 ᄒᄂ 財主ㅣ.

채(蹀) 혱 밟다.《集覽, 朴集, 中, 7ㅎ》躧. 音義云, 跐, 音채, 躧通用, 後同. 今按, 舊本作躧. 韻書, 跐, 音재, 又ᄌ. 躧, 音새, 又시. 兩字爲채音者, 韻書不收, 而俗讀則俱從채音, 並上聲. 今亦從之. 字學啓蒙,

字作蹀.

-채 졉 -채. (집의 덩이를 나타낼 때 쓰는 말) ⇔상(廂).《朴新諺 1, 7ㅈ》都到外廂吃飯去, 다 밧채에 밥 먹으라 가라.

채문(彩門) 몡 포구락(抛毬樂)을 할 때 세우는, 오색(五色)의 깁으로 장식한 가자(架子).《集覽, 朴集, 下, 7ㅎ》窩兒. 又一本質問畫毬門架子, 如本國抛毬樂架子, 而云木架子, 其高一丈, 用五色絹結成彩門, 中有圓眼, 擊起毬兒入眼過落窩者勝.

채방사(採訪使) 몡 채방처치사(採訪處置使)의 준말. 당(唐)나라 현종(玄宗) 개원(開元) 21년(733)에 중국을 15도(道)로 나누어 각 도에 두었다. 옥사(獄事)를 관장하고 소속 주현(州縣)의 관리를 감찰하였다.《集覽, 朴集, 上, 2ㅎ》院本. 質問云, 院本有曰外, 或粧先生·採訪使·考試官·老人·達達之類, 皆是外扮, 曰淨, 有男淨·有女淨, 亦做醜態, 專一弄言取人歡笑.

채백(彩帛) 몡 오색의 무늬를 넣어서 짠 비단.《集覽, 朴集, 中, 1ㅈ》弄寶盖. 凡優人以造化鳥爲戲時, 一人擎一彩帛葆盖, 先入優場, 以告戲雀之由. 次有一人捧一雀以入作戲. 如本節(莭)所云, 造化鳥 죵〈죵〉다리, 雄曰銅觜, 雌曰鐵觜.

채색(彩色) 몡 여러 가지 고운 빛깔.《集覽, 字解, 單字解, 1ㅎ》料. 凡人飼馬, 或用小黑豆, 或用蜀黍雜飼之. 故凡稱飼馬穀豆曰料. 又該用物色雜稱曰物料, 造屋材木曰木料, 入畫彩色曰顏料. 又量也. 又理也.《集覽, 朴集, 上, 8ㅈ》滿刺〈剌〉嬌. 質問云, 以蓮花·荷葉·藕〈耦〉·鴛鴦·蜂蝶之屬〈形〉, 或用五色絨綉, 或用彩色畫於段帛上, 謂之滿池嬌.《集覽, 朴集, 下, 10ㅈ》手拿結線鞭. 鞭子用柳枝, 長二尺四寸, 按二十四氣, 上用結子. 立春在孟日用青, 仲日用碧, 季日用絲, 用五彩色醮染.

채석강(采石江) 몡 중국 안휘성(安徽省) 마안산시(馬鞍山市) 장강(長江)의 동쪽,

우저산(牛渚山)의 아래에 있다. 이백(李白)이 술에 취하여 달을 바라보고 감상하며 즐기다가 빠져 죽은 곳이라 한다. 《集覽, 朴集, 下, 11ㅎ》李白摸月. 李白, 唐玄宗朝詩人也. 泛采石江, 見月影滿水, 以手弄月, 身飜〈翻〉而死. 《朴新諺 3, 50ㅈ》我不管那李白撈月(朴新注, 62ㅎ: 世稱, 李白泛采石江, 見月影在水, 以手撈月, 曰隨水死.), 내 뎌 李白의 撈月홈을 マ읍아지 아니ᄒᆞ고.

채선편(彩線鞭) 명 여러 가지 색깔의 실오리를 잡아 맨 채찍. 《朴新諺 3, 46ㅎ》手執彩線鞭(朴新注, 61ㅎ: 用柳枝二尺四寸, 按二十四氣, 上用結子. 立春在孟日用麻, 仲日用苧, 季日用絲, 用五彩色醮染.), 손에 彩線鞭을 가지고.

채용(採用) 동 채용하다. 채택(採擇)하다. 《集覽, 字解, 單字解, 7ㅈ》保. 音采. 一, 聽理, 採用之謂. 保一保 채ᄒᆞ다. 不保 듣디 아니ᄒᆞ다. 又作揪保. 《集覽, 朴集, 中, 9ㅈ》閣落. 按韻〈韵〉書, 栲栳, 木名, 筹笔, 柳器. 並音콰롸, 皆上聲, 與本語字音大不相同. 但免疑韻略〈韵畧〉及字學啓蒙字作旭⾀, 音マ롸. 此二字乃俗之自撰, 諸韻〈韵〉書所不收, 今不採用.

채원(菜園) 명 채소를 심어 가꾸는 규모가 큰 밭. 《朴新諺 2, 40ㅎ》你們把菜園都收拾好着, 너희들이 菜園을다가 다 收拾ᄒᆞ기를 잘ᄒᆞ고.

채윤공(蔡允恭) 명 수·당대(隋唐代) 형주(荊州) 강릉(江陵) 사람. 당초(唐初) 진왕부(秦王府) 십팔학사(十八學士)의 한 사람. 수 양제(隋煬帝)와 우문화급(宇文化及)·두건덕(竇建德)을 섬기다가 당에서 태자 세마(太子洗馬)를 지냈다. 시(詩)에 능하였다. 《集覽, 朴集, 中, 8ㅈ》十八學士. 唐太宗秦王時, 開館延文學之士, 杜如晦·房玄齡〈岺〉·虞世南·褚遂良·姚思廉·李玄道·蔡允恭·薛元敬·顔相時·蘇勗·于志寧·蘇世長

·薛攸·李守素·陸德明·孔穎達·蓋文達·許敬宗爲文學館學士, 分爲三番, 更日直宿.

채일채(保一保) 동 상대하다. 거들떠보다. 아랑곳하다. 관심을 가지다. ⇔채ᄒᆞ다. 《集覽, 字解, 單字解, 7ㅈ》保. 音采. 一, 聽理, 採用之謂. 保一保 채ᄒᆞ다. 不保 듣디 아니ᄒᆞ다. 又作揪保.

채자(菜子) 명 나물의 씨. 채소의 씨. 《朴新諺 2, 39ㅈ》這幾日怎的不見有賣菜子的過去呢, 요ᄉᆞ이 엇지 ᄂᆞ믈 ᄡᅵ 폴리 디나가는 이 이시믈 보지 못홀소뇨. 買些菜子後園裏好種, 져기 ᄂᆞ믈 ᄡᅵ롤 사 뒷동산에 심으쟈.

채장(彩杖) 명 여러 가지 색깔로 장식한 의장(儀仗). 《集覽, 朴集, 下, 9ㅎ》打春. 至日黎明, 官吏具香花·燈燭爲壇, 以祭先農. 至立春時, 官吏行禮畢, 各執彩杖, 環擊土牛者三, 以示勸農之意.

채정(彩亭) 명 채정자(彩亭子)의 준말. 《朴新諺 3, 46ㅎ》前面抬着彩亭, 앏히 彩亭을 메웟ᄂᆞ더.

채정자(彩亭子) 명 채색 비단으로 꾸며 받쳐 드는, 작은 정자 모양의 기구. 《集覽, 朴集, 下, 9ㅈ》彩亭子. 亦以彩絹結作小輿, 爲前導. 漢俗皆於白日送殯, 凡結飾車輿·幢幡·傘盖及紙造人馬爲前導者, 連亘四五十步. 僧尼·道士及鼓〈皷〉樂·鍾鈸塡咽大路, 遠近大小親鄰〈隣〉男女, 前後導從者, 不知幾人, 後施夾障從之.

채채(保保) 동 상대하다. 거들떠보다. 아는 체하다. 《集覽, 字解, 單字解, 7ㅈ》保. 音采. 一, 聽理, 採用之謂. 保一保 채ᄒᆞ다. 不保 듣디 아니ᄒᆞ다. 又作揪保.

채ᄒᆞ다 동 =채채(保保). ⇔채일채(保一保). 《集覽, 字解, 單字解, 7ㅈ》保. 音采. 一, 聽理, 採用之謂. 保一保 채ᄒᆞ다. 不保 듣디 아니ᄒᆞ다. 又作揪保.

책응(責應) 동 책임지고 물건을 내어주다. 《朴新諺 1, 3ㅈ》可着姓李的館夫(朴

新注, 1ㅎ: 責應館驛接待使客之役.)討去,
李가 館夫로 어드라 가게 ᄒᆞ고.

챵포 명 창포(菖蒲). ⇔포(蒲).《朴新諺 3,
4ㅎ》我只知道蒲根解酒還好做醋, 내 다
만 챵포 불휘 술을 씌오고 ᄯᅩ 醋 ᄆᆡᆫ들기
됴ᄒᆞᆫ 줄만 알고.

처(處) 명 =쳐(處). '處'는 '處'와 같다.《廣
韻, 御韻》處, 同處.《宋元以來俗字譜》處,
古今雜劇・嶺南逸事作處.《朴新諺 1, 28
ㅈ》到處破敗別人誇張自己(己), 간 곳마
다 다른 사ᄅᆞᆷ을 허러ᄇᆞ리고 自己를 쟈랑
ᄒᆞ고.《朴新諺 1, 36ㅈ》無處出脫, 지쳐
홀 곳이 업서.《朴新諺 1, 59ㅈ》空處寫
信行二字, 븬 곳에 信行 二字를 쓰라.
《朴新諺 3, 10ㅎ》這一遍無處絟線, 이 ᄒᆞᆫ
편은 실 밀 곳이 업스니.

처(處) 명 **❶**곳[處]. 장소. **●**⇔곧.《集覽,
字解, 單字解, 6ㅈ》多. 多少 언메나. 又許
多 하나한. 又餘也. 三十里多地 삼십 리
나믄 ᄯᅡ. 吏語, 多餘. 又過也. 有甚麼多處
므스기 너믄 고디 이시리오. 又重也. 므
스기 앗가온 고디 이시리오. **●**⇔곳.
《朴新諺 1, 28ㅈ》到處破敗別人誇張自己
(己), 간 곳마다 다른 사ᄅᆞᆷ을 허러ᄇᆞ리고
自己를 쟈랑ᄒᆞ고.《朴新諺 1, 36ㅈ》無處
出脫, 지쳐홀 곳이 업서.《朴新諺 2, 49
ㅈ》但是你還不知那鄕村裏的好處哩, 다
만 네 도로혀 뎌 鄕村에 됴흔 곳을 아지
못ᄒᆞᆫ스다.《朴新諺 3, 4ㅎ》竟不曉得葉
兒有這用處, ᄆᆞᄎᆞᆷ내 닙히 이 쓸 곳 잇ᄂᆞᆫ
줄을 아지 못ᄒᆞᆺ엇더니.《朴新諺 3, 10
ㅎ》這一遍無處絟線, 이 ᄒᆞᆫ 편은 실 밀 곳
이 업스니.《朴新諺 3, 17ㅎ》咳這一缺也
沒甚麼好處, 애 이 ᄒᆞᆫ 자리 ᄯᅩ 아모란 됴
흔 곳이 업고.《朴新諺 3, 49ㅎ》或撑到
這荷花香處, 或 이 荷花 香내 나는 곳에
저어 가.《朴新諺 3, 52ㅈ》小人前徃某處,
小人이 아모 곳에 가더니. **❷**데. 곳. 장
소. ⇔디.《朴新諺 1, 24ㅈ》洗過了就拴
在陰凉處, 싯겨 즉시 서늘흔 디 ᄆᆡ고.

《朴新諺 2, 26ㅈ》好淸醬今年竟沒處尋,
됴흔 ᄀᆞᆫ댱을 올히 ᄆᆞᄎᆞᆷ내 어들 디 업더
니.《朴新諺 2, 57ㅈ》我還要到別處去, 내
ᄯᅩ 다른 디 가려 ᄒᆞ니.《朴新諺 3, 11
ㅈ》咳我到處做生活, 애 내 간 디마다 셩
녕을 ᄒᆞ되.《朴新諺 3, 41ㅈ》他在別處畫
了一箇人的影像, 뎨 다른 디셔 ᄒᆞᆫ 사ᄅᆞᆷ의
화상을 그리니.《朴新諺 3, 53ㅈ》我到別
處去望相識, 내 다른 디 가 아는 이를 보
려 ᄒᆞ여.

처사(處士) 명 예전에 벼슬을 하지 아니
하고 초야에 묻혀 살던 선비.《集覽, 朴
集, 中, 5ㅈ》居士宰官. 禮記玉藻曰, 居士
錦帶. 注, 道藝處士也.

처실(妻室) 명 아내. 쳐(妻).《集覽, 朴集,
中, 3ㅈ》大娘. 今按, 汎稱尊長妻室曰大
娘, 又稱人之正妻曰大娘, 妾曰小娘.《朴
新諺 2, 34ㅈ》他有兩箇婢家(朴新注, 35
ㅈ: 人之妻室, 通稱婢家.), 뎨 두 계집이
잇더니.

처음 명 처음. ⇔초(初).《朴新諺 3, 28ㅈ》
接在頭項上照舊如初, 목 우희 니으니 녜
대로 처음 ᄀᆞᆮ튼지라.

처참(處斬) 동 참형(斬刑)에 처하다. 목을
자르다. ⇔처참ᄒᆞ다(處斬-).《朴新諺 2,
35ㅎ》立時處斬, 즉시 處斬ᄒᆞ니라.

처참ᄒᆞ다(處斬-) 동 처참(處斬)하다. ⇔
처참(處斬).《朴新諺 2, 35ㅎ》立時處斬,
즉시 處斬ᄒᆞ니라.

처처(處處) 명 곳곳마다. ⇔곳곳이.《集
覽, 朴集, 中, 9ㅈ》衙門處處向南開. 南村
輟耕錄云, 凡衙門皆坐北南向者, 南方屬
離卦, 離虛中則聰. 又南方火位, 火明則能
破暗, 故表南面聰〈聰〉明, 爲民治愚暗之
事. 臺門必北開者, 取肅殺就陰之象.《朴
新諺 3, 6ㅈ》衙門處處向南開, 衙門이 곳
곳이 南을 向ᄒᆞ여 여러시나. 有理無錢休
入來, 理 이셔도 돈이 업거든 드러오지
말라 ᄒᆞᄂᆞ니라.

척(尺) 명 자[尺]. ⇔자ㅎ.《朴新諺 2, 8ㅎ》

ㅊ

這緞子每尺紋銀五錢, 이 비단을 믹 자히 紋銀 닷 돈식 홀 거시니.

척(尺) 의 재尺. ⇔자.《朴新諺 1, 46ㅈ》內造素緞子一尺, 內造 믠비단 훈 자와. 白淸水絹三尺, 흰 졔믈엣 깁 석 자는.《朴新諺 3, 35ㅈ》都是三尺寬肩膀燈盞大的雙眼, 다 이 석 자나 너른 엇게오 燈盞만치 큰 두 눈이라.

척(隻) 의 ●짝. 쪽.《集覽, 朴集, 上, 7ㅎ》八珠環. 귀·엿골·회. 以珍〈珎〉珠大者四顆連綴爲一隻, 一隻〈霅〉共八珠. ●척. (배의 수효를 세는 단위)《朴新諺 2, 22ㅈ》又把朝鮮地方來的一隻船, 쏘 朝鮮 짜흐로셔 오는 훈 隻 비롤다가. ●마리. ⇔마리.《朴新諺 2, 16ㅈ》雞三隻, 둙 세 마리와, 鴨三隻, 올히 세 마리와. 四짝. 마리. ⇔짝.《朴新諺 1, 1ㅎ》買一隻羊要肥的, 훈 짝 羊을 사되 술진 거슬 호라.《朴新諺 1, 2ㅈ》再買一隻牛·猪肉五十斤, 쏘 훈 짝 쇼와 猪肉 五十斤을 사면.

척(踢) 동 (발로) 차다. ●⇔차다.《朴新諺 2, 11ㅎ》弔下來踢上去, 느려오거든 차 올려. ●⇔츠다.《朴新諺 1, 20ㅈ》也有踢毬的, 댱방올 츠리도 이시며.《朴新諺 1, 21ㅈ》不是顚錢便是踢建子, 돈더디기 아니면 곳 젹이츠기 호느니.

척(霅) 의 쌍(雙).《集覽, 朴集, 上, 7ㅎ》八珠環. 귀·엿골·회. 以珍〈珎〉珠大者四顆連綴爲一隻, 一雙〈霅〉共八珠.

척건자(踢建子) 명 제기차기. ⇔젹이츠기.《集覽, 朴集, 上, 6ㅎ》建子. 아ᄒ〈아히〉 츠는 뎌기. 建, 免疑雜韻〈韵〉內字作毽, 音健, 俗自撰也.《朴新諺 1, 21ㅈ》不是顚錢便是踢建子, 돈더디기 아니면 곳 젹이츠기 호느니.

척기구(踢氣毬) 명 축국(蹴鞠) 한 가지. 머리털로 속을 채운 가죽으로 된 공을 차는 운동인데, 본래는 무예를 단련하는 용도로 쓰이다가 뒤에 잡기(雜技) 놀이의 하나가 되었다.《集覽, 朴集, 下, 7

ㅎ》花房窩兒. 但今漢俗未見兩毬, 而惟見踢氣毬者, 卽古之蹴踘也. 此節〈莭〉打毬兒又與〈如〉上卷打毬兒, 名同事異.

척맥(尺脉) 명 =척맥(尺脈). '脉'은 '脈'의 속자.《正字通, 肉部》脉, 俗脈字.《集覽, 朴集, 中, 3ㅈ》尺脉較沈. 人手有寸·關·尺三部脉. 尺脉主腎命門, 屬水而沈. 脾屬土, 凡人飮食傷脾土, 則土不克水而見沈, 脉較差也. 脉沈, 又見老乞大集覽.《朴新諺 2, 24ㅈ》尺脉較沈, 尺脉이 져기 沈호니.

척맥(尺脈) 명 맥박의 하나. 손목 뼈마디에서 한 치[寸]쯤 되는 곳에 있다.《集覽, 朴集, 中, 3ㅈ》尺脉較沈. 人手有寸·關·尺三部脉. 尺脉主腎命門, 屬水而沈. 脾屬土, 凡人飮食傷脾土, 則土不克水而見沈, 脉較差也. 脉沈, 又見老乞大集覽.《朴新諺 2, 24ㅈ》尺脉較沈, 尺脉이 져기 沈호니.

척배(脊背) 명 등[背]. ⇔등.《朴新諺 1, 18ㅎ》脊背只要平正爲妙, 등을 그저 平正이 호여야 妙호니라.

척수(剔手) 명 재방[扌]. 한자 부수(部首)의 이름. ⇔지슈.《朴新諺 2, 47ㅎ》剔手傍上邊着箇人字下邊着箇也字便是, 지슈 변에 우희 人字 호고 아릭 也字 훈 거시 곳 이라.

천(川) 명 맹물. ⇔믠믈.《集覽, 朴集, 上, 2ㅎ》川炒. 音義云, 믠므레〈믠믈에〉 炒훈 猪肉. 今按, 川炒, 塩水炒也.

천(天) 명 ●날. 하루. 일. ⇔날.《朴新諺 1, 25ㅎ》今日下雨天, 오늘 비 오는 날이니.《朴新諺 3, 18ㅎ》天天都是這般早聚晚散麼, 날마다 다 이리 일 모호고 늦게야 훗터지느냐. ●하늘. ⇔하늘.《朴新諺 1, 21ㅈ》孩子們買去放得滿天, 아히들이 사 가 눌려 하늘에 フ독호니.《朴新諺 1, 40ㅎ》滿天星宿一簡月三條繩子由你曳, 하늘에 フ득훈 星宿에 훈 둘을 세 오리 노흐로 제대로 쯔으는 거시여.

《朴新諺 2, 35ㅎ》咳今日天氣冷殺人, 애 오늘 하늘 긔운이 차 사름을 죽게 ᄒᆞ니. 《朴新諺 2, 36ㅎ》天寒湯·飯都不可冷 了, 하늘이 치우니 湯과 밥을 다 可히 ᄎᆞ 게 못ᄒᆞ리라. 《朴新諺 2, 40ㅎ》今年天旱 田禾不收, 올히 하늘이 ᄀᆞᄆᆞ라 田禾를 거두지 못ᄒᆞ여시매. 《朴新諺 3, 16ㅈ》 倘或邀天之倖, 만일 하늘 倖을 닙어. 《朴新諺 3, 35ㅈ》正所謂擎天白玉柱駕海 紫金梁, 正히 니른 바 하늘을 바쳣ᄂᆞ 白 玉柱ㅣ오 바다흘 걸탓난 紫金梁이라. 《朴新諺 3, 43ㅎ》直到天明, 바로 하늘이 붉기에 니ᄅᆞ더라.

천(串) 图 ᄭᅦ다. ⇔ᄭᅦ다. 《朴新諺 2, 39ㅎ》 把針線串了弔在一壁廂, 바ᄂᆞ실로 ᄭᅦ여 ᄇᆞ람 구석에 ᄃᆞ라.

천(串) 回 ᄭᅦ미. ⇔ᄭᅦ음. 《朴新諺 3, 29ㅎ》 還有幾串, 당시롱 여러 ᄭᅦ음이 잇노라.

천(穿) 图 ●입다[服]. 착용하다. ⇔닙다. 《朴新諺 1, 29ㅈ》身穿立水貂皮蟒袍, 몸 에 슈결 잇ᄂᆞ 貂皮 蟒袍를 닙고. 《朴新諺 1, 30ㅈ》身穿烏雲豹皮袍, 몸에 거믄 구 룸 ᄭᅩ흔 豹皮 袍를 닙고. 《朴新諺 1, 35 ㅎ》穿着納襖捧着鉢盂, 누비옷 닙고 에 유아리 가지고. 《朴新諺 1, 51ㅎ》穿了衣 服到那裏去, 옷 닙고 져긔 가. 《朴新諺 2, 37ㅈ》他如今吃的穿的, 뎨 이제 먹ᄂᆞ 것과 닙ᄂᆞ 거시. 《朴新諺 2, 57ㅈ》與你 換穿了去罷, 너를 주어 밧고와 닙고 가 게 ᄒᆞ쟈. 《朴新諺 3, 34ㅎ》身穿金甲, 몸 에 金갑옷 닙고. 《朴新諺 3, 47ㅈ》身穿 黃袍, 몸에 黃袍를 닙고. ●입히다[服]. ⇔닙히다. 《朴新諺 1, 55ㅎ》按四時與他 衣服穿, 四時를 按ᄒᆞ여 더룰 衣服을 주어 닙힐 거시니. 《朴新諺 3, 58ㅈ》便抬出金 甲一副與太祖穿上, 곳 金甲 ᄒᆞᆫ 불을 드러 내여 와 太祖를 주어 닙히고. ●(신을) 신다. ⇔신다. 《朴新諺 1, 29ㅎ》脚穿麂 皮嵌金線靴子, 발에 지즈피 金線 갸품 씬 휘룰 신고. 《朴新諺 1, 30ㅈ》脚穿粉底尖

頭靴, 발에 지즈에 분칠ᄒᆞ고 부리 ᄲᅸ 휘 룰 신고. 《朴新諺 3, 34ㅈ》那些勇士都穿 着花袴皂靴, 뎌 여러 勇士들이 다 아롱 바지에 거믄 靴를 신고.

천(釧) 图 팔찌. 《集覽, 朴集, 上, 7ㅎ》釧. 事物紀原云, 黃帝時, 西王母獻〈献〉白環, 舜時亦獻〈献〉. 通俗文云, 環臂謂之釧. 漢 順帝時有功者賜金釧, 亦曰環釧.

천(賤) 맘 천(賤)하게. 값싸게. 헐하게. ⇔ 천히(賤-). 《朴新諺 2, 9ㅈ》小舖賤賣了, 小舖에서 賤히 ᄑᆞ니.

천(賤) 刨 ■(신분이나 지위 등이) 낮다. 비천하다. ⇔천ᄒᆞ다(賤-). 《朴新諺 2, 26 ㅈ》人離鄉賤物離鄉貴, 사름이 離鄉ᄒᆞ면 賤ᄒᆞ고 物이 離鄉ᄒᆞ면 貴타 ᄒᆞ니. ■천 (賤)하다. 값싸다. 헐하다. ●⇔천ᄒᆞ다 (賤-). 《朴新諺 1, 50ㅈ》今年此處馬價比 徃年賤些, 올히 여긔 몰 갑시 徃年에 比 컨대 져기 賤ᄒᆞ니라. ●⇔천ᄒᆞ다. 《朴 新諺 1, 17ㅈ》好物不賤賤物不好, 됴흔 거슨 천티 아니ᄒᆞ고 쳔흔 거슨 됴티 아 니ᄒᆞ다 ᄒᆞ니라.

천견(淺見) 图 얕은 견해. 천박(淺薄)한 견해. 《朴新諺 1, 26ㅈ》如你不過是淺見 薄識之人, 너 ᄀᆞᆺ흔 이는 不過 이 淺見 薄 識엣 사름이라.

천결(串結) 图 줄에 ᄭᅦ어 묶다. 《集覽, 朴 集, 上, 11ㅎ》珠鳳冠. 音義云, 珠子結成 鳳의 冠. 今按, 用珍珠串結, 作成鳳形, 而 至於翎毛, 則皆用綵線及翠羽爲飾〈餙〉.

천계(天階) 图 삼태성(三台星)의 다른 이 름. 《集覽, 朴集, 上, 7ㅈ》三台. 三台, 星 名. 在天爲六座, 名天階, 亦曰泰階, 太上 升降之道也.

천관(天官) 图 도관(道觀)에서 받들어 모 시는 세 신관(神官)의 하나. 《集覽, 朴集, 下, 11ㅈ》好女不看燈. 宣和遺事云, 天官 好樂, 地官好人, 水官好燈.

천궁(天弓) 图 고려(高麗) 태조(太祖) 왕 건(王建)의 장인인 유천궁(柳天弓)의 이

릉.《集覽, 朴集, 下, 12ㅎ》娘子柳氏〈柳
氏〉. 貞州柳天弓女也. 高麗太祖初爲弓裔
將軍, 領兵過貞州, 憇古柳下, 見川上有一
女子甚美, 問誰. 女對曰, 天弓之女. 太祖
到其家, 天弓饗之甚歟, 以女薦寢.

천궁(天宮) 명 천제(天帝)나 신선이 산다
는, 하늘에 있는 궁전.《集覽, 朴集, 下,
4ㅈ》孫行者. 西遊記云, 西域有花菓山, 山
下有水簾洞, 洞前有鐵板橋, 橋下有萬丈
澗, 澗邊有萬箇小洞, 洞裏多猴. 有老猴精,
號齊天大聖, 神通廣大, 入天宮仙桃園偸
蟠桃, 又偸老君靈丹藥, 又去王母宮偸王
母綉仙衣一套, 來設慶仙衣會.《集覽, 朴
集, 下, 10ㅎ》二郎爺爺. 按西遊記, 西域
花菓山洞有老猴精, 號齊天大聖, 神變
〈変〉無測, 鬧〈鬧〉乱天宮, 玉帝命李天王
領神兵徃捕, 相戰失利.

천기(天氣) 명 ●일기. 날씨.《朴新諺 2,
38ㅈ》如今正是秋凉天氣滿山紅葉正好哩,
이제 正히 이 秋凉 天氣니 滿山 紅葉이
正히 됴타.《朴新諺 3, 1ㅈ》今日天氣炎
熱, 오늘 天氣 더오니. ●하늘. 또는 시
간. 때. 시각. ⇔하늘.《朴新諺 1, 7ㅎ》看
天氣已晚了, 보매 하늘이 이믜 느저시니.

천기(天機) 명 남두육성(南斗六星)의 하
나.《集覽, 朴集, 上, 7ㅈ》南斗. 南極老人
星名, 曰天府, 曰天相, 曰天梁, 曰天童, 曰
天樞, 曰天機.

천대장군(天大將軍) 명 전설상 천신(天
神)의 군대를 지휘한다는 대장군.《集
覽, 朴集, 中, 4ㅎ》童男童女. 觀音現三十
二應, 曰佛身, 曰辟支〈支〉, 曰圓覺, 曰聲
聞, 曰梵王, 曰帝釋, 曰自在天, 曰大自在
天, 曰天大將軍, 曰四天王, 曰四天太子,
曰人王, 曰長者, 曰居士, 曰宰官, 曰婆羅
門, 曰比丘, 曰比丘尼, 曰優婆塞, 曰優婆
夷, 曰女主, 曰童男, 曰童女, 曰天身, 曰龍
身, 曰藥叉, 曰乾達婆, 曰阿脩羅, 曰緊那
羅, 曰摩睺羅, 曰樂人, 曰非人.

천도(天道) 명 ●천지와 자연의 도리.《集
覽, 朴集, 上, 5ㅈ》天赦日. 春戊寅・夏甲
午・秋戊申・冬甲子, 謂天道生育萬物而
宥其罪也. ●〈불〉 육도(六道)의 하나.
중생(衆生)들이 윤회(輪廻)하는 길의 하
나인 천상 세계로, 육욕천(六欲天)・십
팔천(十八天)・무색천(無色天)을 통틀
어 이르는 말이다.《集覽, 朴集, 中, 5ㅈ》
六道. 人道・天道・阿脩羅道・餓鬼道
・畜生道・地獄道, 亦名六趣, 加仙道, 名
曰七趣.《朴新諺 2, 29ㅈ》以聲察聲拯慈
悲於六道(朴新注, 33ㅎ: 以聲察聲. 聞其
聲而察其苦樂之狀. 六道, 人道・天道・
阿脩羅道・餓鬼道・畜生道・地獄道也.
阿脩羅有大力神人, 嘗共天鬪〈鬪〉, 立大海
中, 其高半天.), 소리로 뻐 소리를 술펴
慈悲를 六道에 건디고.

천도(遷都) 동 도읍을 옮기다.《集覽, 朴
集, 上, 5ㅎ》平則門. 元初爲燕京路, 後稱
〈称〉大都路, 洪武初改爲北平布政司. 太
宗皇帝龍潛於此, 及承大統, 遂爲北京, 遷
都焉.

천동(天童) 명 남두육성(南斗六星) 중 남
쪽의 두 별.《集覽, 朴集, 上, 7ㅈ》南斗.
南極老人星名, 曰天府, 曰天相, 曰天梁,
曰天童, 曰天樞, 曰天機.

천량(天梁) 명 남두육성(南斗六星)의 하
나.《集覽, 朴集, 上, 7ㅈ》南斗. 南極老人
星名, 曰天府, 曰天相, 曰天梁, 曰天童, 曰
天樞, 曰天機.

천룡(天龍) 명 〈불〉 불법을 지키는 여덟
신장 가운데 제천(諸天)과 용신(龍神)을
이르는 말.《集覽, 朴集, 下, 3ㅈ》三寶.
又法數云, 十號圓明, 萬行具足, 天龍戴仰,
稱無上尊, 卽佛寶也.

천리(千里) 명 1천 리. 곧, 매우 먼 거리.
《朴新諺 2, 27ㅎ》有緣千里能相會, 인연
이 이시면 千里라도 능히 서르 못돗고.
無緣對面不相逢, 인연이 업스면 눗츨 티
ᄒ여도 서르 만나디 못ᄒ다 ᄒ니.《朴新
諺 3, 40ㅎ》送君千里終須(須)一別, 送君

千里나 終湏(須) 一別이라 ᄒ니라.

천리안(千里眼) 몡 중국의 소설 서유기 (西遊記)에 나오는 귀신의 이름. 《集覽, 朴集, 下, 5ㅈ》千里眼·順風耳. 兩鬼名. 《朴新諺 3, 26ㅈ》行者敎千里眼·順風耳 兩箇鬼, 行者ㅣ 千里眼·順風耳 두 귀신 으로 ᄒ여.

천명(天命) 몡 타고난 수명. 또는 하늘이 준 사람의 운명. 《朴新諺 2, 19ㅎ》各聽 天命, 각각 天命대로 ᄒ고.

천묘(天庙) 몡 =천묘(天廟). '庙'는 '廟'의 속자. 《字彙, 广部》庙, 俗廟字. 《集覽, 朴集, 上, 7ㅈ》南斗. 晉書天文志, 六星天廟 〈庙〉, 丞相太宰之位, 主褒賢進士, 稟授爵祿.

천묘(天廟) 몡 혜성(彗星: 長星)의 남쪽에 있는 열 네 개의 별. 《集覽, 朴集, 上, 7 ㅈ》南斗. 晉書天文志, 六星天廟〈庙〉, 丞 相太宰之位, 主褒賢進士, 稟授爵祿.

천문(千門) 몡 매우 많은 집. 《集覽, 朴集, 下, 11ㅈ》好女不看燈. 其寺觀街巷, 燈明 若晝. 士女夜遊, 車馬塞路, 有足不躡地浮 行數十步者. 阡陌縱橫, 城闉下禁, 五陵年 少, 滿路行歌, 萬戶千門, 笙簧未撤.

천민진(遷民鎭) 몡 금대(金代)에 두었다. 요서(遼西) 서주(瑞州)의 경계에 있었으 며 대령로(大寧路)에 속하였다. 《集覽, 朴集, 中, 2ㅎ》遷民鎭. 鎭, 安也. 凡民聚 爲市者曰鎭. 遷民鎭在遼西瑞州之境, 金 所置, 屬大寧路.

천백(阡陌) 몡 천(千)이나 백(百)이라는 뜻으로, 아주 많은 수효를 이르는 말. 《集覽, 朴集, 下, 11ㅈ》好女不看燈. 其寺 觀街巷, 燈明若晝. 士女夜遊, 車馬塞路, 有足不躡地浮行數十步者. 阡陌縱橫, 城 闉下禁, 五陵年少, 滿路行歌, 萬戶千門, 笙簧未撤.

천병(天兵) 몡 전설상 천신(天神)의 군대. 《集覽, 朴集, 下, 4ㅈ》孫行者. 老君·王 母俱奏于玉帝, 傳宣李天王, 引領天兵十

萬及諸神將至花菓山, 與大聖相戰失利.

천복사(薦福寺) 몡 중국 강서성(江西省) 파양현(鄱陽縣)에 있던 절 이름. 《集覽, 朴集, 中, 5ㅈ》起浮屠於泗水之間. 中宗聞 名, 遣使迎師, 居薦福寺, 頂上有一穴, 以 絮窒之, 夜則去絮, 髮從頂穴中出, 非常芬 馥. 及曉, 香還頂中, 又以絮窒之.

천봉만학(千峰萬壑) 몡 수많은 산과 골짜 기. 《集覽, 朴集, 中, 3ㅎ》西山. 每大雪初 霽, 千峯萬壑〈崿〉, 積素凝華, 若圖畫然, 爲京師八景之一, 曰西山霽雪.

천부(天府) 몡 남두육성(南斗六星)의 하 나. 《集覽, 朴集, 上, 7ㅈ》南斗. 南極老人 星名, 曰天府, 曰天相, 曰天梁, 曰天童, 曰 天樞, 曰天機.

천사일(天赦日) 몡 음력에서 죄과(罪過) 를 용서해 준다는 1년 중 제일 좋은 길일 (吉日). 봄은 무인(戊寅), 여름은 갑오(甲 午), 가을은 무신(戊申), 겨울은 갑자(甲 子)의 날이라고 한다. 천사(天赦)는 총 신(叢辰)의 이름이다. 《集覽, 朴集, 上, 5 ㅈ》天赦日. 春戊寅·夏甲午·秋戊申· 冬甲子, 謂天道生育萬物而宥其罪也. 甲 戊爲陽干之德, 子午爲陰陽之成, 寅申爲 陰陽之立, 以干德配之爲赦也, 可修造起 工〈土〉.

천상(天上) 몡 ●하늘의 위. 《朴新諺 3, 20 ㅎ》也不免是閉門家裡坐禍從天上來, ᄯ 이 門을 닷고 집의 안저셔도 禍ㅣ 天上 으로 조차 온다 홈을 免치 못홈이로다. ●신선이 산다는 천상계(天上界). 《朴 新諺 2, 6ㅈ》且不必誇天上瑤池, ᄯ 반ᄃ 시 天上 瑤池를 쟈랑치 말라. ●〈불〉 십 계(十界)의 하나. 십선(十善)을 닦으면 간다고 하는 하늘 위의 세계를 이른다. 《集覽, 朴集, 中, 4ㅎ》童男童女. 應作種 種身, 或在天上, 在人間, 隨其所樂, 皆令 見衆生形相各不同, 行業音聲亦無量.

천상(天相) 몡 남두육성(南斗六星)의 하 나. 《集覽, 朴集, 上, 7ㅈ》南斗. 南極老人

星名, 曰天府, 曰天相, 曰天梁, 曰天童, 曰天樞, 曰天機.

천생(天生) 명 천성적인. 선천적인. 자연적인. 《集覽, 朴集, 上, 12ㅈ》生的. 天生容範. 《集覽, 朴集, 中, 6ㅈ》面圓璧月. 璧, 天生瑞玉, 盈尺餘, 形圓者也.

천선(天仙) 명 〈불〉 하늘 위에 산다는, 신선 중 제일의 신선. 지선(地仙)의 상대어이다. 《集覽, 朴集, 下, 5ㅈ》金頭揭地・銀頭揭地・波羅僧揭地. 西遊記云, 釋迦牟尼佛在靈山雷音寺演說三乘敎法, 傍有侍奉阿難・伽舍諸菩薩・聖僧・羅漢・八金剛・四揭地・十代明王・天仙・地仙.

천신(天身) 명 〈불〉 만물을 주재(主宰)한다는 절대신. 상제(上帝). 《集覽, 朴集, 中, 4ㅎ》童男童女. 觀音現三十二應, 曰佛身, 曰辟支〈支〉, 曰圓覺, 曰聲聞, 曰梵王, 曰帝釋, 曰自在天, 曰大自在天, 曰天大將軍, 曰四天王, 曰四天太子, 曰人王, 曰長者, 曰居士, 曰宰官, 曰婆羅門, 曰比丘, 曰比丘尼, 曰優婆塞, 曰優婆夷, 曰女主, 曰童男, 曰童女, 曰天身, 曰龍身, 曰藥叉, 曰乾達婆, 曰阿脩羅, 曰緊那羅, 曰摩睺羅, 曰樂人, 曰非人.

천신(天神) 명 하늘의 신. 또는 하늘의 신령. 《集覽, 朴集, 中, 2ㅈ》郊天. 天子設圜丘於南郊, 以祭天神・地祇・日月星辰・山川・嶽瀆, 以太祖配享. 《集覽, 朴集, 下, 4ㅎ》大醮. 又有消災度厄之法, 依陰陽五行之數, 推人年命, 書爲章疏靑詞, 奏達天神, 謂之醮.

천신만고(千辛萬苦) 명 천 가지 매운 것과 만 가지 쓴 것이라는 뜻으로, 온갖 어려운 고비를 다 겪으며 심하게 고생함을 이르는 말. 《朴新諺 1, 56ㅈ》吃盡千辛萬苦, 千辛萬苦를 먹어 다ᄒᆞ여. 《朴新諺 3, 9ㅈ》走了好幾年受盡千辛萬苦, 여러 히를 ᄃᆞ녀 千辛 萬苦를 바다 다ᄒᆞ고.

천악(天樂) 명 선계(仙界)의 음악. 아름답고 오묘한 음악을 이른다. 《集覽, 朴集,

上, 8ㅈ》翫月會. 東京錄云, 中秋夜, 貴家結飾臺榭, 民間爭占酒樓翫〈玩〉月, 絲簧鼎沸, 近內庭居民, 夜深遙聞笙竿之聲, 宛若雲外天樂, 閭里兒童連宵嬉戲, 夜市騈闐, 至於通曉.

천왕(天王) 명 하늘의 임금. 《集覽, 朴集, 下, 4ㅈ》孫行者. 老君・王母俱奏于玉帝, 傳宣李天王, 引領天兵十萬及諸神將至花菓山, 與大聖相戰失利. 巡山大力鬼上告天王, 擧灌州灌江口神曰小聖二郎, 可使拿獲. 天王遣太子木叉, 與大力鬼徃請二郎神, 領神兵圍花菓山, 衆猴出戰皆敗.

천용(穿用) 동 입다服. 착용하다. ⇔닙다. 《朴新諺 3, 15ㅎ》與父親・母親幷兄弟佛童穿用, 父親・母親과 다못 아ᄋ 佛童을 주어 닙게 ᄒᆞᄂ이다.

천인(天人) 명 천하(天下)의 사람. 《集覽, 朴集, 下, 11ㅈ》好女不看燈. 涅槃經云, 上元, 如來闍維訖, 收舍利, 置金床上, 天人散花, 奏樂繞城, 步步燃燈十二里.

천자(天子) 명 하늘을 대신하여 천하를 다스리는 이. 곧, 황제(皇帝). 《集覽, 朴集, 上, 7ㅈ》三台. 事文類聚云, 上階爲天子, 中階爲諸侯・公卿・大夫, 下階爲士・庶人. 《集覽, 朴集, 上, 7ㅎ》耳墜兒. 事文類聚云, 莊子曰, 天子之侍御, 不叉揱〈不爪翦〉, 不穿耳, 則穿耳自古有之. 今俗亦曰耳環, 卽八珠環也. 《集覽, 朴集, 中, 2ㅈ》郊天. 天子設圜丘於南郊, 以祭天神・地祇・日月星辰・山川・嶽瀆, 以太祖配享. 《集覽, 朴集, 下, 8ㅎ》五箇鋪馬. 按禮, 天子六馬, 左右驂, 三公・九卿駟馬, 左驂. 《朴新諺 3, 35ㅎ》天子百靈咸助將軍八面威風, 天子ᄂᆞᆫ 百靈이 다 돕고 將軍은 八面 威風이러라.

천조(天曹) 명 천상(天上)의 관부(官府)・관리(官吏)라는 뜻으로, 도교(道敎)에서 사람의 공죄(功罪)에 따라 수명을 가감하는 권한이 있다는 신(神)을 이르는 말. 《集覽, 朴集, 下, 2ㅈ》七月十五日. 道藏

經云, 七月十五日, 謂之中元, 地官下降人間, 檢校世人, 甄別善惡, 上告天曹.《朴新諺 3, 12ㅎ》這七月十五日是中元(朴新注, 48ㅎ: 道蔵經云, 中元日, 地官下降人間, 檢較世人, 甄別善惡, 上告天曹.)節, 이 七月 十五日은 이 中元節이라.

천지(天地) 몡 하늘과 땅.《集覽, 朴集, 中, 6ㅈ》萬劫. 道經云, 天地一成一敗謂之劫〈刧〉.《朴新諺 2, 22ㅎ》謝天地只願好收成就勾了, 天地씌 謝ᄒᆞᄂᆞ니 다만 원컨대 잘 收成ᄒᆞ면 곳 넉넉ᄒᆞ리로다.《朴新諺 2, 30ㅎ》一針投海底尙有可撈日, 一針을 海底에 드리치매 오히려 可히 건질 날이 이시려니와. 一失人身後萬刧(朴新注, 34ㅈ: 儒曰歲, 道曰塵, 釋曰刧. 又佛家云, 天地一成一敗為刧)再逢難, ᄒᆞᆫ번 人身을 일흔 後ㅣ면 萬刧이라도 다시 만나기 어렵다 ᄒᆞ니라.

천착(穿着) 몡 입다服. 착용하다. ⇔닙다.《朴新諺 3, 44ㅈ》穿着麻衣, 麻衣를 닙고.

천천(天天) 뮈 날마다. 매일. ('天'은 하루의 시간이라는 뜻) ⇔날마다.《朴新諺 3, 18ㅎ》天天都是這般早聚晚散麽, 날마다 다 이리 일 모호고 늣게야 흣터지ᄂᆞ냐.

천초(川炒) 몡 맹물에 삶다. 또는 소금물에 삶다.《集覽, 朴集, 上, 2ㅎ》川炒. 音義云, 믈ᄆᆞ레〈믈믈에〉炒ᄒᆞᆫ 猪肉. 今按, 川炒, 塩水炒也.

천초(天醮) 몡 성신(星辰)에게 지내는 제사를 이르는 말.《朴新諺 3, 22ㅈ》一日先生做羅天大醮(朴新注, 52ㅈ: 道經云, 覆盖萬天, 羅絡三界, 極高無上, 謂之大羅. 天醮, 祭名, 祭扵星辰曰醮.), 一日에 先生이 羅天大醮를 ᄒᆞ더니.

천초(濺草) 몡 풀에 물을 뿌리다. ⇔천초ᄒᆞ다(濺草-).《集覽, 朴集, 上, 11ㅈ》狗有濺草之恩. 晉太和中, 楊生養狗, 甚愛之. 後生飲酒醉, 行至大澤, 草中眠. 時値

冬月, 野火起, 風又猛, 狗呼喚, 生不覺. 前有一坑水, 狗便走往水中, 還以身洒生, 左右草沾水得着, 地火尋過去, 生醒而去.《朴新諺 1, 42ㅎ》狗有濺草(朴新注, 16ㅎ: 晉時, 楊生養狗, 甚愛. 生醉臥大澤草中. 夜(野)火起風猛, 狗呼喚, 生不覺. 狗走往水坑, 以身漬水, 洒生所臥草, 生得不死.)之恩, 개ᄂᆞᆫ 濺草ᄒᆞᆫ 思이 잇고. 馬有垂繮之報, 물은 垂繮ᄒᆞᆫ 報ㅣ 잇다 ᄒᆞ니라.

천초ᄒᆞ다(濺草-) 동 천초(濺草)하다. ⇔천초(濺草).《朴新諺 1, 42ㅎ》狗有濺草(朴新注, 16ㅎ: 晉時, 楊生養狗, 甚愛. 生醉臥大澤草中. 夜(野)火起風猛, 狗呼喚, 生不覺. 狗走往水坑, 以身漬水, 洒生所臥草, 生得不死.)之恩, 개ᄂᆞᆫ 濺草ᄒᆞᆫ 思이 잇고. 馬有垂繮之報, 물은 垂繮ᄒᆞᆫ 報ㅣ 잇다 ᄒᆞ니라.

천총(千摠) 몡 벼슬 이름. 명대(明代)에는 훈신(勳臣) 중에서 임명하였으나, 차츰 그 직권이 가벼워져서 청대(淸代)에는 하급 무관직의 하나가 되었다.《朴新諺 2, 4ㅈ》昨日是張千摠的生日, 어지ᄂᆞᆫ 이 張千摠의 生日이니.

천추(天樞) 몡 남두육성(南斗六星)의 하나.《集覽, 朴集, 上, 7ㅈ》南斗. 南極老人星名, 曰天府, 曰天相, 曰天梁, 曰天童, 曰天樞, 曰天機.

천축(天竺) 몡 인도(印度)의 옛 이름.《集覽, 朴集, 上, 10ㅈ》鉢盂. 總龜〈総亀〉云, 天竺國器也, 釋迦有女靑石鉢, 宋廬陵王以銅鉢餉于五祖, 是宋・晉間中國始用也.《集覽, 朴集, 中, 5ㅎ》執楊柳於手內拂病體於輕安. 佛圖澄, 天竺〈竺〉人也. 妙通玄術, 善誦呪, 能役使鬼神.《朴新諺 3, 8ㅎ》徃西天(朴新注, 47ㅈ: 西方天竺國, 有靈山大雷音寺, 釋迦牟尼佛居之, 謂之西天.)去取經的時節, 西天을 向ᄒᆞ여 經 가질라 갈 제.

천축(天竺) 몡 =천축(天竺). '竺'은 '竺'과 같다.《龍龕手鑑, 竹部》竺, 同竺.《集覽,

朴集, 中, 5ㅎ》執楊柳於掌內拂病體於輕
安. 佛圖澄, 天竺〈竺〉人也. 妙通玄術, 善
誦呪, 能役使鬼神.《朴新諺 3, 8ㅎ》徃西
天(朴新注, 47ㅈ: 西方天竺國, 有靈山大雷
音寺, 釋迦牟尼佛居之, 謂之西天.)去取經
的時節, 西天을 向ᄒᆞ여 經 가질라 갈 제.

천축국(天竺國) 몡 =천축(天竺).《朴新諺
3, 8ㅎ》徃西天(朴新注, 47ㅈ: 西方天竺
國, 有靈山大雷音寺, 釋迦牟尼佛居之, 謂
之西天.)去取經的時節, 西天을 向ᄒᆞ여 經
가질라 갈 제.

천축국(天竺國) 몡 =천축국(天竺國). ‘竺’
은 ‘竺’과 같다.《龍龕手鑑, 竹部》竺, 同
竺.《朴新諺 3, 8ㅎ》徃西天(朴新注, 47
ㅈ: 西方天竺國, 有靈山大雷音寺, 釋迦牟
尼佛居之, 謂之西天.)去取經的時節, 西天
을 向ᄒᆞ여 經 가질라 갈 제.

천침(薦寢) 동 잠자리에서 모시다. 잠자
리에서 시중을 들다.《集覽, 朴集, 下, 12
ㅎ》娘子柳氏〈柳氏〉. 太祖到其家, 天弓
饗之甚歟, 以女薦寢. 旣去, 絕不徃來, 女
守節〈莭〉爲尼.

천파(穿波) 동 파도를 통과하다.《朴新諺
2, 6ㅈ》穿波逐浪的是魚兒, 穿波 逐浪ᄒᆞ
ᄂᆞᆫ 거슨 이 고기오.

천하(天下) 몡 하늘 아래 온 세상. 세계.
《集覽, 朴集, 上, 5ㅎ》廣豐倉. 質問云, 在
京師, 收天下米粮處也.《集覽, 朴集, 上,
15ㅎ》步虛. 俗姓洪氏, 高麗洪州人, 法名
普愚, 初名普虛, 號太古和尙. 有求法於天
下之志.《集覽, 朴集, 中, 6ㅎ》雲南甸. 雲
南, 古梁州, 南境爲徼外夷也. 漢置益州郡,
元置路, 今改爲布政司. 州縣俱出甸, 細密
爲天下最.《集覽, 朴集, 下, 2ㅈ》解夏. 荊
楚歲時記云, 天下僧尼, 於四月十五日, 就
禪刹掛搭不出門, 謂之結夏, 亦曰結制.
《朴新諺 1, 7ㅎ》又道天下無不散之筵席,
ᄯᅩ 니ᄅᆞ되 天下에 훗터지지 아닐 잔치
업다 ᄒᆞ니.《朴新諺 2, 32ㅎ》一頂要雲南
氈(朴新注, 34ㅎ: 雲南, 古梁州. 出氈, 細

密為天下最.)大帽, ᄒᆞ나흔 雲南氈 큰갓
슬 ᄒᆞ고,《朴新諺 3, 41ㅈ》是天下無雙的,
이 天下에 ᄣᅡᆨ 업스니라.

천하(天河) 몡 은하(銀河). 은하수.《集覽,
朴集, 上, 15ㅈ》碧漢.〈卽〉天河也. 河精
上爲天漢. 爾雅, 析木爲之津. 匕在箕斗
間, 自坤抵艮爲地紀, 亦名雲漢, 曰天潢,
曰銀河, 曰銀漢, 曰河漢.

천한(天漢) 몡 =천하(天河).《集覽, 朴集,
上, 15ㅈ》碧漢.〈卽〉天河也. 河精上爲天
漢.

천향(串香) 몡 몸에 지니기 위하여 여러
가지 향을 한데 모아 놓은 것.《集覽, 朴
集, 上, 15ㅎ》串香褐. 串香者, 合和諸香
以爲佩者也.

천향갈(串香褐) 몡 황갈색(黃褐色).《集
覽, 朴集, 上, 15ㅎ》串香褐. 串香者, 合和
諸香以爲佩者也. 凡稱〈称〉染色之少文采
〈彩〉者曰褐. 串香褐・麝香褐・鷹背褐
・蜜褐・茶褐, 卽黃黑雜色也. 玉褐・艾
褐・水褐・銀褐, 卽白黑雜色也. 藕褐, 卽
紫黑雜色也. 深淺異色, 各取其像.

천호(千戶) 몡 원・명대(元明代)에 둔 무
관(武官) 벼슬.《集覽, 朴集, 上, 14ㅎ》千
戶. 軍士五千六百名爲一衛, 二千二百名
爲一千戶所, 一百一十名爲一百戶所. 每
百戶內設總〈総〉旗二名, 小旗二名.《朴新
諺 2, 51ㅎ》王千戶(朴新注, 41ㅎ: 各所有
正・副千戶, 武職.)打背後來, 王千戶ㅣ
뒤흐로셔 와.

천호소(千戶所) 몡 원・명대(元明代)에
군사 2천 2백 명으로 이루어진 단위 부
대. 백호소(百戶所)의 위이며 위(衛)의
아래이다.《集覽, 朴集, 上, 14ㅎ》千戶.
軍士五千六百名爲一衛, 二千二百名爲一
千戶所, 一百一十名爲一百戶所. 每百戶
內設總〈総〉旗二名, 小旗二名.

천호암(天湖庵) 몡 중국 호주(湖州) 하무
산(霞霧山)에 있었다는 암자 이름.《集
覽, 朴集, 上, 15ㅎ》步虛. 至正丙戌春, 入

燕都, 聞南朝有臨濟正脉不斷〈断〉, 可徃印可. 盖指臨濟直下雪嵓〈崑〉嫡孫石屋和尙淸珙也. 遂徃湖州霞霧山天湖庵謁和尙, 嗣法傳衣.

천황(天皇) 명 흔히 도가(道家)에서 하느님을 일컫는 말. 《集覽, 朴集, 下, 4ㅎ》大醮. 道經云, 醮, 祭名. 夜中於星辰之下, 陳設餠餌·酒果·幣物, 禋祀天皇·太乙·地祇·列宿.

천히(賤-) 円 천(賤)하게. 값싸게. 헐하게. ⇔천(賤). 《朴新諺 2, 9ㅈ》小舖賤賣了, 小舖에셔 賤히 푸니.

천ᄒ다(賤-) 혱 ●(신분이나 지위 등이) 낮다. 비천하다. ⇔천(賤). 《朴新諺 2, 26ㅈ》人離鄉賤物離鄉貴, 사롬이 離鄉ᄒ면 賤ᄒ고 物이 離鄉ᄒ면 貴타 ᄒ니. ●천(賤)하다. 값싸다. 헐하다. ⇔천(賤). 《朴新諺 1, 50ㅈ》今年此處馬價比徃年賤些, 올히 여긔 물 갑시 徃年에 比컨대 져기 賤ᄒ니라.

철(鐵) 명 쇠. ⇔쇠. 《朴新諺 1, 18ㅈ》刀頭要甚麼鐵打呢, 칼놀을 므슴 쇠로 치이려 ᄒᄂ뇨. 不要別樣鐵, 다룬 쇠는 말고. 《朴新諺 1, 39ㅎ》鐵人鐵馬不着鐵鞭不下馬, 쇠사룸 쇠물의 쇠채로 치지 아니면 물 느리지 아니ᄒ는 거시여. 《朴新諺 1, 40ㅈ》金罐兒·鐵柄兒裏頭盛着白沙蜜, 金탕관·쇠ᄌ른에 속에 白沙蜜 담은 거시여. 《朴新諺 2, 41ㅎ》把指頭大的長鐵釘, 손가락 굴긔에 긴 쇠못스로다가. 《朴新諺 2, 51ㅎ》時來鐵也爭光, 때 오면 쇠도 빗츨 ᄃ토고. 《朴新諺 3, 12ㅈ》放着一箇三脚鐵蝦蟆的便是了, 혼 세 발 가진 쇠 두텁이 노혼 거시 곳 이라. 《朴新諺 3, 22ㅎ》把伯眼打了一鉄棒, 伯眼을다가 혼 쇠막대로 치니. 《朴新諺 3, 26ㅎ》敎將軍使金鉤子, 將軍으로 ᄒ여곰 쇠갈고리로.

철경록(輟耕錄) 명 송말(宋末) 도종의(陶宗儀) 지음. 30권. 원대(元代)의 법제(法

制)와 지정(至正) 말기의 동남(東南)의 여러 성(省)의 반란(叛亂) 등을 기술하였다. 《集覽, 朴集, 上, 2ㅎ》院本. 南村輟耕錄云, 唐有傳奇, 宋有戲曲·唱諢·詞說, 金有雜劇·諸宮調. 院本·雜劇, 其實一也. 國朝, 院本·雜劇, 始釐而二之. 《集覽, 朴集, 上, 3ㅈ》雜劇. 劇〈ㅂ〉, 戲也. 南村輟耕錄曰, 稗官廢而傳奇作, 傳奇作而戲曲繼〈継〉. 金季國初, 樂府猶宋詞之流, 傳奇猶宋戲曲之變〈変〉, 世傳謂之雜劇. 《集覽, 朴集, 中, 6ㅎ》大帽. 如本國笠子之制. 南村輟耕錄云, 胡石塘先生嘗應聘入京, 世皇召見於〈於〉便殿, 趍〈趨〉進, 不覺笠子欹側.

철마(鐵馬) 명 쇠로 만든 말(馬). ⇔쇠물. 《朴新諺 1, 39ㅎ》鐵人鐵馬不着鐵鞭不下馬, 쇠사룸 쇠물의 쇠채로 치지 아니면 물 느리지 아니ᄒ는 거시여.

철명(徹明) 동 날이 밝을 때까지 이르다. 《集覽, 朴集, 下, 11ㅈ》好女不看燈. 今漢俗, 上元夜行過三橋, 則一年度厄, 謂之過橋. 傾城士女, 夜遊徹明, 頗有穢聲.

철방(鉄榜) 명 =철방(鐵榜). ‘鉄’은 ‘鐵’의 속자. 《字彙, 金部》鉄, 今俗爲鐵字, 非. 《集覽, 朴集, 下, 11ㅈ》金榜. 唐崔昭暴卒復甦云, 見冥閒〈間〉列榜〈榜〉, 書人姓名, 將相金榜〈榜〉, 次銀榜〈榜〉, 州縣小官鐵榜〈鉄榜〉. 故今之科第〈第〉綴名之榜〈榜〉, 謂之金榜. 《朴新諺 3, 49ㅈ》諒你要金榜(朴新注, 62ㅈ: 唐崔昭暴卒復甦, 云, 見冥間列榜, 書人姓名, 將相金榜, 次銀榜, 小官鉄榜. 近世以科甲爲金榜.)題名的書生, 헤아리건대 너 金榜에 題名코져 ᄒᄂ는 書生이.

철방(鐵榜) 명 =철방(鐵榜). ‘榜’은 ‘榜’의 속자. 《正字通, 木部》榜, 俗榜字. 《集覽, 朴集, 下, 11ㅈ》金榜. 唐崔昭暴卒復甦云, 見冥閒〈間〉列榜〈榜〉, 書人姓名, 將相金榜〈榜〉, 次銀榜〈榜〉, 州縣小官鐵榜〈鉄榜〉. 故今之科第〈第〉綴名之榜〈榜〉, 謂之

金榜.

철방(鐵榜) 명 명간(冥間)에서 주현(州縣)의 벼슬이 낮은 관원의 이름을 게시하는 방(榜).《集覽, 朴集, 下, 11ㅈ》金榜. 唐崔昭暴卒復甦云, 見冥間〈間〉列榜〈榜〉, 書人姓名, 將相金榜〈榜〉, 次銀榜〈榜〉, 州縣小官鐵榜〈榜〉. 故今之科第(第)綴名之榜〈榜〉, 謂之金榜.《朴新諺 3, 49ㅈ》諒你要金榜(朴新注, 62ㅈ: 唐崔昭暴卒復甦, 云, 見冥間列榜, 書人姓名, 將相金榜, 次銀榜, 小官鐵榜. 近世以科甲爲金榜.)題名的書生, 혜아리건대 너 金榜에 題名코져 흐는 書生이.

철병아(鐵柄兒) 명 쇠로 만든 자루. ⇔쇠ㅈ르.《朴新諺 1, 40ㅈ》金罐兒・鐵柄兒裏頭盛着白沙蜜, 金탕관・쇠ㅈ르에 속에 白沙蜜 담은 거시여.

철봉(鐵棒) 명 쇠막대. ⇔쇠막대.《朴新諺 3, 22ㅎ》把伯眼打了一鉄棒, 伯眼을다가 혼 쇠막대로 치니.《朴新諺 3, 23ㅈ》更打了我一鉄棒, 쏘 나를 혼 쇠막대로 치니.

철삭(鐵索) 명 쇠줄. 쇠밧줄.《朴新諺 2, 35ㅈ》把老李鎖着(朴新注, 35ㅎ: 漢俗, 重囚必以鉄索鎖項.), 老李를다가 목을 줌가.

철쇄(鐵鎖) 명 자물쇠. ⇔ㅈ물쇠.《朴新諺 1, 39ㅎ》這是鐵鎖, 이는 이 ㅈ물쇠로다.

철안(撤案) 동 음식상을 치우다(내어가다).《集覽, 朴集, 上, 3ㅈ》撤卓兒. 撤, 擧也. 進案撤案皆曰擧, 謂人所擧也. 卓, 卽本國所謂高足床也.

철원(鐵原) 명 =철원부(鐵原府).《朴新諺 3, 57ㅈ》那時有箇王名弓裔(朴新注, 65ㅈ: 新羅憲安王之子. 叛居鉄原爲都, 國號泰封.), 그 째에 혼 님금이 이셔 일홈이 弓裔니.

철원군(鐵圓郡) 명 땅 이름. 강원도(江原道) 철원군(鐵原郡: 또는 毛乙冬非郡)의 고구려(高句麗) 때의 이름.《集覽, 朴集, 下, 12ㅎ》弓裔. 一日, 持鉢赴齋, 有烏啣

(啣)牙籤落鉢中, 視之, 有王字. 遂叛, 據鉄圓郡爲都, 卽今鐵〈鉄〉原府也.

철원부(鐵原府) 명 지금의 강원도(江原道) 철원군(鐵原郡) 지역에 있었다. 본래 고구려(高句麗)의 철원군(鐵圓郡: 毛乙冬非郡)이었는데 신라(新羅) 경덕왕(景德王) 때 철성군(鐵城郡)으로 고쳤고, 고려(高麗) 태조(太祖)가 즉위하여 송도(松都)로 도읍을 옮기고 이곳을 동주(東州)로 고쳤다. 고려 충선왕(忠宣王) 2년(1310)에 철원부(鐵原府)로 고쳤고, 조선(朝鮮) 세종(世宗) 16년(1434)에 경기도(京畿道)에서 강원도로 이속시켰으며, 고종(高宗) 32년(1895)에 군(郡)으로 강등하였다.《集覽, 朴集, 下, 12ㅎ》弓裔. 一日, 持鉢赴齋, 有烏啣(啣)牙籤落鉢中, 視之, 有王字. 遂叛, 據鉄圓郡爲都, 卽今鐵〈鉄〉原府也.

철인(鐵人) 명 쇠로 만든 사람. ⇔쇠사롬.《朴新諺 1, 39ㅎ》鐵人鐵馬不着鐵鞭不下馬, 쇠사롬 쇠몰의 쇠채로 치지 아니면 몰 느리지 아니흐는 거시여.

철장(鐵匠) 명 대장장이. 대장공.《朴新諺 2, 36ㅈ》到鐵匠舖裏去, 鐵匠의 푸ㅈ에 가.

철정(鐵釘) 명 쇠못. ⇔쇠못ㅅ.《朴新諺 2, 41ㅎ》把指頭大的長鐵釘, 손가락 굴긔에 긴 쇠못스로다가.

철청(鐵靑) 명 푸른색의 털에 흰 털이 조금 섞인 말. ⇔철청총이(鐵靑-).《朴新諺 1, 30ㅎ》騎着一匹十分脿鐵靑玉面馬, 혼 필 ㄱ장 술진 鐵靑총이玉面馬룰 트고.

철청옥면마(鐵靑玉面馬) 명 이마가 흰 철청총이. ⇔철청총이옥면마(鐵靑-玉面馬).《朴新諺 1, 30ㅎ》騎着一匹十分脿鐵靑玉面馬, 혼 필 ㄱ장 술진 鐵靑총이玉面馬룰 트고.

철청총이(鐵靑-) 명 =철청(鐵靑). ⇔철청(鐵靑).《朴新諺 1, 30ㅎ》騎着一匹十分脿鐵靑玉面馬, 혼 필 ㄱ장 술진 鐵靑총이玉面馬룰 트고

玉面馬룰 투고.

철청총이옥면마(鐵靑-玉面馬) 몡 =철청옥면마(鐵靑玉面馬). ⇔철청옥면마(鐵靑玉面馬).《朴新諺 1, 30ㅎ》騎着一匹十分脿鐵靑玉面馬, 혼 필 ▽장 술진 鐵靑총이玉面馬룰 투고.

철추(鐵鎚) 몡 마치. 망치. ⇔마치.《朴新諺 3, 33ㅎ》如鐵鎚·鉗子·鐵枕·鍋児, 마치와 집게와 모로와 도관 ▽툰 거슬.

철침(鐵枕) 몡 모로. ⇔모로.《朴新諺 3, 33ㅎ》如鐵鎚·鉗子·鐵枕·鍋児, 마치와 집게와 모로와 도관 ▽툰 거슬.

철판교(鐵板橋) 몡 중국의 소설 서유기(西遊記)에 나오는, 화과산(花菓山) 아래에 있는 수렴동(水簾洞) 앞에 놓은 다리 이름.《集覽, 朴集, 下, 4ㅈ》孫行者. 西遊記云, 西域有花菓山, 山下有水簾洞, 洞前有鐵板橋, 橋下有萬丈澗, 澗邊有萬箇小洞, 洞裏多猴. 有老猴精, 號齊天大聖, 神通廣大, 入天宮仙桃園偸蟠桃, 又偸老君靈丹藥, 又去王母宮偸王母綉仙衣一套, 來設慶仙衣會.

철편(鐵鞭) 몡 쇠로 만든 채찍. ⇔쇠채.《朴新諺 1, 39ㅎ》鐵人鐵馬不着鐵鞭不下馬, 쇠사롬 쇠물긔 쇠채로 치지 아니면 물 ᄂ리지 아니ᄒᄂ는 거시여.

철하마(鐵蝦蟆) 몡 쇠두꺼비. (쇠로 만든 두꺼비)《集覽, 朴集, 下, 2ㅈ》三隻脚鐵蝦蟆. 今按, 漢俗, 優人作戲時, 手執三脚蝦蟆入優場作戲. 問之, 則曰, 唯仙家蓄養三脚蝦蟆, 俗人聞氣者必死. 然未詳源流. 書言故事云, 月宮蟾蜍三足, 是爲异(羿)妻所化.

철환(鐵丸) 몡 쇠구슬.《集覽, 朴集, 下, 4ㅈ》孫行者. 大聖被執當死, 觀音上請于玉帝, 免死. 令巨靈神押大聖前往下方去, 乃於花菓山石縫內納身, 下截畫如來押字封着, 使山神·土地神鎭守. 飢食鉄〈鐵〉丸, 渴飮銅汁, 待我佛東土尋取經之人, 經過此山, 觀大聖, 肯隨徃西天, 則此時可放.

첨(尖) 몡 끝. ⇔ᄭᅳᇂ.《朴新諺 2, 41ㅈ》把舌尖濕破窓戶, 혀 ᄭᅳᇂ흐로다가 窓戶를 적셔 ᄯᅮᆲ고.

첨(尖) 톙 ●뾰족하다. ⇔ᄲᅩ족ᄒ다.《朴新諺 1, 37ㅎ》放在脚踝尖骨頭上, 발 안쥐머리 ᄲᅩ족ᄒᆫ 쎠 우희 노코. ●빨다. 뾰족하다. ⇔ᄲᆞᆫ다.《朴新諺 1, 30ㅎ》脚穿粉底尖頭靴, 발에 지즈에 분칠ᄒ고 부리 ᄲᆞᆫ 휘롤 신고.《朴新諺 2, 32ㅈ》帽頂太尖了些, 디우 ㅣ 너모 ᄲᆞᆫ고.

첨(沾) 톰 묻히다. ⇔무치다.《朴新諺 1, 15ㅎ》把指頭在口內沾着唾沫, 손가락을 다가 입에 너허 춤을 무쳐.

첨(添) 톰 ●더하다. ⇔더ᄒ다.《朴新諺 2, 43ㅎ》請添些, 쳥컨대 져기 더ᄒ라.《朴新諺 3, 4ㅎ》我如今也添了些識見了, 내 이제 ᄯᅩ 져기 識見을 더ᄒ도다.《朴新諺 3, 12ㅈ》火盆上添些炭火, 화로에 숫불을 더ᄒ고. ●보태다. ⇔보타다.《朴新諺 1, 2ㅎ》添着吃如何, 보타여 먹음이 엇더ᄒᄂ뇨. ●섞다. ⇔섞다.《朴新諺 1, 5ㅈ》火腿添魚, 저린 고기에 물고기 석근 거시오. ㉜주다. 보태다. 더하다. ⇔주다.《朴新諺 1, 24ㅎ》夜裏又死睡不肯起來添草, 밤에 ᄯᅩ 죽은 ᄃ시 자고 즐겨 니러 여믈을 더 주지 아니ᄒ니.《朴新諺 1, 25ㅎ》看他吃到再添, 제 먹어 가는 거슬 보아 다시 더 주라.

첨(甜) 톙 달다[甘]. ⇔돌다.《朴新諺 1, 54ㅎ》隨常飮食休吃酸·甜·腥·辣等物, 샹시 음식에 쉰 것 돈 것 비린 것 미온 것들을 먹지 말고.《朴新諺 3, 19ㅈ》苦盡甜來, 쁜 거시 盡ᄒ면 돈 거시 온다 ᄒ니라.

첨(甛) 톙 =첨(甜). '甛'은 '甜'과 같다.《說文, 甘部》甜, 美也. 从甘, 从舌. 舌, 知甘者.《朴新諺 1, 54ㅎ》隨常飮食休吃酸·甛·腥·辣等物, 샹시 음식에 쉰 것 돈 것 비린 것 미온 것들을 먹지 말고.《朴新諺 3, 19ㅈ》苦盡甛來, 쁜 거시 盡ᄒ면

돈 거시 온다 ᄒ니라.

첨(簷) 뗑 처마. 《集覽, 朴集, 下, 8ᅙ》羅傘. 〈卽〉丞用傘, 紅浮屠頂, 黑色茶褐羅表, 紅紬裏, 三簷.

첨과(甛瓜) 뗑 참외. ⇔춤외. 《朴新諺 2, 40ㅈ》種些冬瓜, 져기 동화와. 西瓜, 슈박과. 甛瓜, 춤외와. 揷葫, 즈릐박과. 稍瓜, 수세외와. 黃瓜, 외와. 茄子等類, 가지들을 심으라.

첨도어사(僉都御史) 뗑 명대(明代) 도찰원(都察院)의 한 벼슬. 《集覽, 朴集, 上, 4ㅈ》都堂. 今按, 華制, 都察院有左右都御史·副都御史·僉都御史, 在外十三布政司及都司, 皆有御史一員, 都御史所在謂之都堂, 監察御史所在謂之察院.

첨두(尖頭) 뗑 뾰족한 끝. 《朴新諺 1, 30ㅎ》脚穿粉底尖頭靴, 발에 지즈에 분칠ᄒ고 부리 ᄲᅵᆫ 휘롤 신고.

첨상(添上) 图 더하다. 첨가하다. ⇔더ᄒ다. 《朴新諺 3, 33ㅈ》若再添上三五兩好銀子, 만일 다시 三五兩 됴흔 銀을 더ᄒ면. 《譯語類解, 補, 賣買》添上, 더ᄒ다.

첨서(簽書) 뗑 첨서추밀원사(簽書樞密院事)의 준말. 추밀원(樞密院)의 벼슬 이름. 《集覽, 朴集, 下, 8ᅙ》樞密院. 元制, 有使·副使·知院·同知院·簽書院, 與〈与〉中書號爲二府, 主兵政.

첨수(沾水) 图 물을 묻히다. 물에 젖다. 《朴新諺 2, 29ᅙ》執楊柳於掌內拂病體於輕安(朴新注, 33ㅎ: 佛家云, 觀音取楊柳枝沾水, 灑而呪之, 能令死者, 還蘇(蘇).), 楊柳롤 손에 잡아 病體를 輕安ᄒ 디 쓸치고.

첨언(甛言) 뗑 달콤한 말. 《朴新諺 1, 35ㅈ》只是甛言蜜語的, 그저 甛言 蜜語로.

첩(帖) 뗑 글월. 문서(文書). 매매계약서. ⇔글월. 《朴新諺 2, 45ㅈ》你道我這簡租帖, 네 니ᄅ라 내 이 셰내는 글월이.

첩(貼) 图 붙이다. ⇔부치다. 《朴新諺 1, 15ᅙ》不湏(須)貼膏藥, 모로미 膏藥을 부

치디 말라. 《朴新諺 3, 42ᅙ》他家殃榜貼在那門上, 뎌 집의 殃榜을 그 門 우희 부쳣느니. 《朴新諺 3, 53ᅙ》好到各處橋上墻角頭貼去, 各處 디리 우와 담 모롱이에 부치라 가게 ᄒ고.

첩금(貼金) 뗑 두꺼운 종이나 물건의 겉에 얇은 금판을 싸서 입히는 일. 또는 그 금. 《集覽, 朴集, 上, 12ᅙ》皮金. 未詳. 質問云, 以厚紙上貼金, 女人粧(繡)和之用. 又云, 將金搥打如紙張之薄, 方言爲之皮金.

첩문(帖文) 뗑 나라에서 발급하는 증명서를 이르던 말. 《朴新諺 1, 3ㅈ》寫了牌票(朴新注, 2ㅈ: 官府相驗之帖文.)用了印信, 牌票를 쓰고 印쳐.

첩아(帖兒) 뗑 ●장부. 문서. 《集覽, 朴集, 上, 7ᅙ》印子鋪. 質問云, 有錢之人開鋪, 那無錢之人拿衣服或器皿, 僧借銅錢或銀子使用, 每十分加利一分, 亦與有印號帖兒, 以爲執照. ●체자(帖子). 체지(帖紙). (관아에서 구실아치와 노비를 고용할 때 쓰던 사령장(辭令狀)). 《集覽, 朴集, 上, 5ᅙ》米貼. 月俸之貼. 質問云, 收米·放米計數之票〈標〉也. 又云, 是文武官員關支(支)月米時, 各該衙門出給印信貼兒. 《集覽, 朴集, 上, 6ㅈ》碎貼兒. 音義云, 出門驗放之貼.

첩언(疊言) 图 중첩하여 말하다. 또는 그 말. 《集覽, 字解, 累字解, 3ㅈ》打聽一打聽. 듣보다. 唯擧打聽二字, 可說而疊言之者, 此漢人好事者之說也. 今亦罕用.

첩첩(疊疊) 혱 =첩첩(疊疊). '疊'은 '疊'과 같다. 《篇海類編, 田部》疊, 正作疊, 俗作疊. 《朴新諺 2, 38ᅙ》有重重疊疊之奇峯, 重重 疊疊흔 奇峯도 이시며.

첩첩(疊疊) 혱 여러 겹으로 겹쳐 있다. 《朴新諺 2, 38ᅙ》有重重疊疊之奇峯, 重重 疊疊흔 奇峯도 이시며.

첫 団 첫. 맨 처음의. ⇔두(頭). 《集覽, 字解, 單字解, 7ㅈ》頭. 首也, 東頭西頭 동녁

근 섯녁 근, 頭到 나죵내, 到頭 나죵애, 通作投. 又上頭 젼츠로. 又頭盤 첫 판, 頭舘 첫 판, 頭雞 첫둙. 《集覽, 朴集, 上, 2ㅎ》席面. 音義云, ·믓·첫·줄. 《朴新諺 1, 27ㅈ》高碁輪頭盤, 놉흔 바독은 첫 판을 진다 ᄒ고.

첫둙 몡 첫닭. (새벽에 맨 처음으로 홰를 치며 우는 닭) ⇔두계(頭雞). 《集覽, 字解, 單字解, 7ㅈ》頭. 首也. 東頭·西頭 동 녁 근·섯녁 근, 頭到 나죵내, 到頭 나죵 애. 通作投. 又上頭 젼츠로. 又頭盤 첫 판, 頭舘 첫 판, 頭雞 첫 둙.

첫판 몡 첫판. (어떤 일이 벌어지는 첫머 리의 판) ●⇔두관(頭舘). 《集覽, 字解, 單字解, 7ㅈ》頭. 首也. 東頭·西頭 동녁 근·섯녁 근, 頭到 나죵내, 到頭 나죵애. 通作投. 又上頭 젼츠로. 又頭盤 첫 판, 頭 舘 첫 판, 頭雞 첫 둙. ●두반(頭盤). 《集 覽, 字解, 單字解, 7ㅈ》頭. 首也. 東頭· 西頭 동녁 근·섯녁 근, 頭到 나죵내, 到 頭 나죵애. 通作投. 又上頭 젼츠로. 又頭 盤 첫 판, 頭舘 첫 판, 頭雞 첫 둙.

청(靑) 혱 푸르다. ●⇔청ᄒ다(靑-). 《朴新 諺 2, 6ㅈ》靑的絲的是浮萍水草, 靑ᄒ며 綠 혼 거슨 이 浮萍 水草ㅣ오. ●⇔푸르다. 《朴新諺 2, 5ㅈ》遠望去如在靑雲裏一般, 멀리 ᄇ라매 푸른 구름 속에 잇는 듯ᄒ고. ●⇔프르다. 《朴新諺 3, 24ㅎ》取了一塊 靑泥來, 혼 덩이 프른 즌흙을 가져와. 《朴 新諺 3, 24ㅎ》就變做一箇大靑蝎子, 즉시 變ᄒ여 혼 큰 프른 전갈이 되여.

청(淸) 혱 맑히다. ⇔몰키다. 《朴新諺 1, 34ㅈ》說之一年之內本利都還淸我, 닐러 뎡ᄒ여 혼 ᄒᆡᆺ 너에 本과 利를 다 내게 갑하 몰키마 ᄒ여.

청(晴) 혱 개다[晴]. ⇔개다. 《朴新諺 2, 56 ㅈ》雨纔晴了街上有路好走麼, 비 ᄀᆞᆺ 개여 시니 거리에 길히 이셔 ᄃᆞ니기 됴터냐.

청(請) 혱 청(請)하다. (사람을 따로 부르 거나 초대하다) ●⇔청ᄒ다(請-). 《朴

新諺 1, 7ㅎ》各位請了, 各位ㅣ아 請ᄒ노 라. 《朴新諺 1, 19ㅎ》請裏坐好講, 請컨대 안히 안자 의논ᄒ쟈. 《朴新諺 1, 54ㅎ》 到三朝請老娘來, 사흘에 다드라 老娘을 請ᄒ여 와. 《朴新諺 2, 17ㅈ》請老爺驗馬, 請컨대 老爺는 물을 보라. 《朴新諺 2, 23 ㅎ》快去請范太醫來看一看, 밧비 가 范太 醫를 請ᄒ여 와 뵈라. 請到屋裏坐, 請ᄒ 여 집 안헤 안치라. 《朴新諺 3, 16ㅎ》幷 請近安, 아오로 요ᄉᆞ이 문안을 請ᄒ느이 다. 《朴新諺 3, 22ㅎ》王請唐僧上殿, 王이 唐僧을 請ᄒ여 殿에 올린대. 《朴新諺 3, 36ㅎ》往常請也請官人們不至, 샹시에 쳥 ᄒ여도 官人들을 請ᄒ여 니르지 못홀 거 시니. 《朴新諺 3, 41ㅎ》你可能請他到這 裡來麼, 네 可히 能히 뎌를 請ᄒ여 여긔 올짜. ●⇔쳥ᄒ다. 《朴新諺 2, 2ㅎ》後日 又要請衙門中同寅老爺們吃酒, 모리 ᄯᅩ 衙門에 同寅 老爺들을 쳥ᄒ여 술 먹으려 ᄒ여. 《朴新諺 2, 9ㅈ》這麼就請兌銀罷, 이러면 곳 쳥컨대 은을 둘라. 《朴新諺 2, 18ㅈ》老爺雞鳴了請起來罷, 老爺ㅣ아 둙이 우러시니 쳥컨대 니러나라. 《朴新 諺 2, 36ㅈ》請官人吃飯, 쳥컨대 官人은 밥을 먹으라. 《朴新諺 2, 43ㅈ》請添些, 쳥컨대 져기 더ᄒ라. 《朴新諺 3, 36ㅎ》 往常請也請官人們不至, 샹시에 쳥ᄒ여 도 官人들을 請ᄒ여 니르지 못홀 거시 니. 《朴新諺 3, 54ㅈ》就請你吃酒, 곳 너 를 쳥ᄒ여 술 먹으리라. 《朴新諺 3, 56 ㅎ》請問先生貴姓, 쳥컨대 묻ᄂᆞ니 先生 의 貴혼 姓이여. 《朴新諺 3, 57ㅈ》請道其 詳, 쳥컨대 그 ᄌᆞ셰홈을 니르라.

청(聽) 혱 =청(聽). '聽'은 '聽'과 같다. 《(明, 方孝孺), 與友人論井田》僕聞聽之而幾贖 者也. 《朴新諺 3, 13ㅈ》這些聽講的僧尼 道俗善男信女, 이 講 듯는 僧尼 道俗과 善男 信女ㅣ. 《朴新諺 3, 14ㅎ》你聽我念, 네 드르라 내 닑그마. 《朴新諺 3, 22ㅈ》 聽的道人們祭星, 道人들의 祭星홈을 듯

고.《朴新諺 3, 52ㅈ》你聽我念, 네 드르
라 내 닑으마.

청(聽) 图 =청(聽). '聽'은 '聽'과 같다.《孔
宙碑》忠告懇勤, 屢省乃聽.《朴新諺 1, 25
ㅈ》你們聽着, 너희들 드르라.《朴新諺
1, 43ㅎ》聽得那人家有一箇官人, 드르니
더 人家에 흔 官人이 이셔.《朴新諺 2,
44ㅎ》我念你聽, 내 닑어든 네 드르라.
《朴新諺 3, 7ㅈ》你聽我說, 네 드르라 내
니르마.《朴新諺 3, 13ㅎ》你聽我說, 네
드르라 내 니르마.《朴新諺 3, 49ㅈ》你
聽我說, 네 들으라 내 니르마.《朴新諺
3, 54ㅈ》你聽我說, 네 드르라 내 니르마.
小弟近日聽得, 小弟ㅣ 요스이 드르니.
《朴新諺 3, 57ㅎ》聽得心內尙然不忍, 드
르매 ᄆ음에 오히려 춤지 못ᄒ거든.

청(聽) 图 **❶**든다. **●**⇔든다.《朴新諺 1,
25ㅈ》你們聽着, 너희들 드르라.《朴新
諺 1, 43ㅎ》聽得那人家有一箇官人, 드르
니 더 人家에 흔 官人이 이셔.《朴新諺
2, 5ㅈ》你且聽着, 네 아직 드르라.《朴新
諺 2, 10ㅈ》聽說只得三日三夜就圓滿了,
드르니 그저 三日 三夜롤 ᄒ여야 곳 圓滿
ᄒ니.《朴新諺 2, 15ㅎ》聽我吩咐, 내 吩
咐를 드르라.《朴新諺 2, 22ㅈ》聽的今年
水賊多, 드르니 올히 水賊이 만타 ᄒ니.
《朴新諺 2, 44ㅎ》我念你聽, 내 닑어든 네
드르라.《朴新諺 2, 37ㅈ》聽得那謊精,
드르니 더 거즛말ᄒᄂ 삐.《朴新諺 3, 7
ㅈ》你聽我說, 네 드르라 내 니르마.《朴
新諺 3, 13ㅎ》你聽我說, 네 드르라 내 니
르마.《朴新諺 3, 14ㅎ》你聽我念, 네 드
르라 내 닑그마.《朴新諺 3, 49ㅈ》你聽
我說, 네 들으라 내 니르마. **●**⇔듯다.
《朴新諺 2, 10ㅎ》咱們今日就同去聽一聽
罷, 우리 오늘 이믜셔 혼가지로 가 듯쟈.
《朴新諺 2, 34ㅎ》老李聽了恨那媳婦, 老
李 듯고 그 계집을 믜여ᄒ여.《朴新諺
2, 48ㅎ》我每日纔聽明鍾一聲響, 내 날마
다 계요 明鍾 혼 소리를 듯고.《朴新諺

3, 13ㅈ》這些聽講的僧尼道俗善男信女,
이 講 듯는 僧尼 道俗과 善男 信女ㅣ.
《朴新諺 3, 20ㅈ》那官聽了這口供, 뎌 관
원이 이 口供을 듯고.《朴新諺 3, 21ㅎ》
你說我聽, 네 니르라 내 듯쟈.《朴新諺
3, 22ㅈ》聽的道人們祭星, 道人들의 祭星
홈을 듯고.《朴新諺 3, 27ㅎ》唐僧聽了啼
哭, 唐僧이 듯고 우더니. 行者聽了便跳出
來, 行者ㅣ 듯고 곳 쒸여나와.《朴新諺
3, 58ㅈ》百姓們聽得這話, 百姓들이 이
말을 듯고. **❷**⇔들리다(被聽). 듣게 하
다. ⇔들리다.《朴新諺 1, 58ㅈ》寫完了
我念給你聽, 뻐 못차시니 내 닑어 네게
들리마.《朴新諺 3, 35ㅎ》我念與官人聽,
내 외아 官人의게 들리마. **●**하다. 받아
들이다. 따르다. 수락하다. 복종하다.
⇔ᄒ다.《朴新諺 2, 19ㅎ》各聽天命, 각
각 天命대로 ᄒ고.

청걸(請乞) 图 간청하다.《集覽, 字解, 累
字解, 1ㅎ》央及. 請乞也. 字之取義未詳.
吏語, 亦只稱央字.

청견(聽見) 图 듣다. ⇔듯다.《朴新諺 2,
34ㅎ》大老婆聽見那般說, 큰계집이 그리
니름을 듯고.《朴新諺 3, 14ㅈ》那人聽見
師傅這般說, 그 사롬이 師傅ㅣ 이리 니
르믈 듯고.

청고(淸高) 혱 청렴하다. 맑고 고결하다.
고상하다. ⇔청고ᄒ다(淸高-).《朴新諺
3, 17ㅎ》不過淸高而已, 불과 淸高홀 ᄯᄛ
롬이라.

청고ᄒ다(淸高-) 혱 청고(淸高)하다. ⇔
청고(淸高).《朴新諺 3, 17ㅎ》不過淸高
而已, 불과 淸高홀 ᄯᄛ롬이라.

청공(淸珙) 图 원대(元代)의 중. 자(字)는
석옥(石屋). 속성(俗姓)은 온씨(溫氏).
상숙(常熟) 태생으로 천호(天湖)에서 살
았다. 고려(高麗) 때 태고국사(太古國師)
보우(普愚) 등이 그 법을 이은 바 있다.
《集覽, 朴集, 上, 15ㅎ》步虛. 至正丙戌春,
入燕都, 聞南朝有臨濟正脉不斷〈斷〉, 可

徃印可. 盖指臨濟直下雪嵓〈嵒〉嫡孫石屋和尙清珙也. 遂徃湖州霞霧山天湖庵謁和尙, 嗣法傳衣.

청기(請期) 명 육례(六禮)의 하나로, 신랑 집에서 혼인날을 택하여 신부 집에 알리고 그 가부를 묻는 일. 《朴新諺 上, 11ㅎ》下多少財錢. 亦云下財. 家禮會通云, 婚有六禮, 納采·問名·納吉·納徵·請期·親迎. 今制, 納采·問名·納吉摠〈緫〉一次行禮, 以從簡便, 謂之定禮, 亦爲之定親, 亦曰下紅定, 亦送幣物. 又涓吉送婚書, 行納徵禮, 亦曰納幣, 俗云下財, 亦曰送禮. 俗緫稱〈緫稱〉曰羊酒花紅. 又一次有禮曰請期, 謂之催裝, 亦具禮物. 五品以下無請期之禮. 《朴新諺 1, 44ㅈ》下多少財禮(朴新注, 17ㅈ: 財, 羊·酒·花紅之屬. 禮, 六禮, 納采·問名·納吉·納徵·請期·親迎也.)呢, 언머 財禮룰 드리더뇨.

청렬(淸冽) 형 맛이 산뜻하고 시원하다. 《朴新諺 1, 2ㅈ》討幾瓶蜜林檎·甕頭春·木瓜露(·苦荳豆酒(朴新注, 1ㅎ: 用荳豆麵釀者, 味苦而淸冽.), 여러 瓶 蜜林檎과 甕頭春과 木瓜露와 쁜 荳豆酒를 어들만 ㅈ지 못ᄒ니.

청렴(靑帘) 명 청기(靑旗). (중국에서 주막집의 표시로 세우던 기)《集覽, 朴集, 下, 2ㅈ》帘字. 今按, 漢俗, 凡出賣諸物之家, 俱設標幟之物, 置於門口, 或於門前起立牌榜, 如日張家出賣高麗布扇. 一如賣酒家標植靑帘之類, 俗呼靑帘曰酒家望子.

청리(聽理) 동 송사(訟事) 따위를 듣고 심리하다. 《集覽, 字解, 單字解, 7ㅈ》保. 音采. 一, 聽理, 採用之謂. 保一保 채ᄒ다. 不保 듣디 아니ᄒ다. 又作揪保.

청명(淸明) 명 이십사절기(二十四節氣)의 하나. 춘분(春分)과 곡우(穀雨)의 사이에 든다. 《朴新諺 1, 20ㅎ》到二月淸明時候便放風箏了, 二月 淸明에 다ᄃᆞ르면 곳연 눌리기 ᄒᄂ니.

청방(廳房) 명 대청(大廳). 큰 방이나 마루. ⇨대청. 《朴新諺 2, 44ㅎ》廳房幾間, 대청이 현 간.

청사(靑詞) 명 도사(道士)가 상제(上帝)에게 아뢰거나 신장(神將)을 부를 때 쓰던 부적. 푸른 종이에 붉은 글씨로 썼다. 《集覽, 朴集, 下, 4ㅎ》大醮. 又有消災度厄之法, 依陰陽五行之數, 推人年命, 書爲章疏靑詞, 奏達天神, 謂之醮.

청사(靑絲) 명 구성(九成). 금은(金銀)의 품질을 10등급으로 나누었을 때의 둘째 등급. 곧, 순도가 9할인 금은. 《集覽, 朴集, 上, 9ㅎ》細絲官銀. 銀十品曰十成, 曰足色, 曰成色, 曰細絲, 曰手絲兒, 曰吹螺, 曰白銀. 九品曰九成, 曰靑絲. 八品曰八成. 緫稱〈緫稱〉元寶〈寳〉. 元寶釋見下. 《朴新諺 1, 33ㅈ》我的都是細絲(朴新注, 12ㅎ: 銀十品曰十成, 曰足色, 曰成色, 曰細絲, 曰手絲兒, 曰吹螺, 曰白銀. 九品曰九成, 曰靑絲. 八品曰八成.)銀子, 내 거슨 다 이 細絲銀이라.

청사(淸祀) 명 음력 12월에 지내는 납제(臘祭)를 은대(殷代)에 일컫던 이름. 《集覽, 朴集, 中, 8ㅎ》臘. 無定日, 冬至後第〈第〉二戊日是也. 夏曰嘉平, 殷曰淸祀, 周曰大禮, 秦曰臘, 漢仍之.

청사(聽事) 동 일을 처리하다. ⇨청사ᄒ다(聽事-). 《朴新諺 2, 15ㅎ》怎麼沒有一箇聽事的, 엇지 ᄒ나 聽事ᄒ리 업ᄂ뇨.

청사ᄒ다(聽事-) 동 청사(聽事)하다. ⇨청사(聽事). 《朴新諺 2, 15ㅎ》怎麼沒有一箇聽事的, 엇지 ᄒ나 聽事ᄒ리 업ᄂ뇨.

청색(靑色) 명 파란색. 《集覽, 朴集, 下, 10ㅈ》粧點顏色. 牛色以立春日爲法, 日干爲頭·角·耳·色, 日支〈支〉爲身色, 納音爲蹄·尾·肚色. 日干, 甲·乙, 木, 靑色, 丙·丁, 火, 紅色之類.

청서(靑鼠) 명 다람쥣과의 하나. 몸빛은 잿빛 갈색이며 네 다리와 귀의 긴 털은 검은색이다. 《集覽, 朴集, 下, 1ㅈ》銀鼠.

形如靑鼠而差小, 色純雪白, 出達子地, 價直甚高.

청수(淸水) 몡 제물. 맹물. (무리풀이 섞이지 않은 물) ⇔제믈.《集覽, 朴集, 上, 12ㅎ》白淸水絹. 무리 ·픗〈플〉:긔 ·업·시 다 ᄃ·마·돌호로 미·론:깁·이·니, 光滑緻硬, 如本國擣砧者也. 即不用糨粉而鍊〈練〉生絹, 以石碾者.《朴新諺 1, 46ㅈ》白淸水絹(朴新注, 18ㅈ: 不用粉餙, 而碾光者.)三尺, 흰 제믈엣 깁 석 자눈.

청수견(淸水絹) 몡 무리풀을 먹이지 않고 다듬이질하여 반드럽게 한 비단. ⇔제믈엣깁.《集覽, 朴集, 上, 12ㅎ》白淸水絹. 무리 ·픗〈플〉:긔 ·업·시 다 ᄃ·마·돌호로 미·론:깁·이·니, 光滑緻硬, 如本國擣砧者也. 即不用糨粉而鍊〈練〉生絹, 以石碾者.《朴新諺 1, 46ㅈ》白淸水絹(朴新注, 18ㅈ: 不用粉餙, 而碾光者.)三尺, 흰 제믈엣 깁 석 자눈.

청이록(淸異錄) 몡 송(宋)나라 도곡(陶穀) 지음. 2권. 당대(唐代)와 오대(五代)의 신이(神異)한 이야기를 수록하였다.《集覽, 朴集, 中, 7ㅎ》取燈兒〈取燈〉. 宋陶學士淸異錄云, 夜有急, 苦於作燈之緩, 批杉木條染硫黃, 一與火遇, 得焰必速, 呼爲引光奴.

청장(淸醬) 몡 간장. ⇔ᄀ댱.《朴新諺 2, 26ㅈ》好淸醬今年竟沒處尋, 됴흔 ᄀ댱을 올히 ᄆ츰내 어들 디 업더니.《朴新諺 2, 26ㅈ》這淸醬有甚麼稀罕呢, 이 ᄀ댱이 므슴 稀罕홈이 이시리오.《朴新諺 2, 26ㅈ》況那朝鮮淸醬最是有名的哩, ᄒ믈며 더 朝鮮 ᄀ댱은 ᄀ장 이 有名한 거시라.

청정(淸淨) 혱 ●〈불〉 나쁜 짓으로 지은 허물이나 번뇌에서 벗어나 깨끗하다.《集覽, 朴集, 上, 10ㅎ》布施. 捨施也, 財施爲凡, 法施爲聖. 凡布施, 必以滿三千世界, 七寶〈宝〉爲求福之具, 財施也. 此住相布施也. 菩薩布施, 但一心淸淨, 利益一切, 爲大施主, 法施也. 此不住相布施也.《集

覽, 朴集, 中, 4ㅈ》理圓四德. 生死爲常, 不受二邊爲樂, 具入自在爲我, 三業淸淨爲淨. 又我者即是佛義, 常者即是法身義, 淨者即是法義, 樂者即是涅槃義.《集覽, 朴集, 中, 5ㅈ》居士宰官. 飜〈翻〉譯名義云, 愛談名言, 淸淨自居, 又多積財貨, 居業豐〈豊〉盈, 皆謂之居士.《集覽, 朴集, 中, 6ㅈ》身瑩瓊瓔. 佛八十種好云, 身有光明, 又云身淸淨. 又云色潤澤如瑠璃.《集覽, 朴集, 下, 3ㅈ》三寶. 一音演說, 普應群〈羣〉機, 究竟淸淨, 名離欲尊, 即法寶也. ●맑고 깨끗하다. 더럽거나 속되지 않다. ⇔청정ᄒ다(淸淨-).《朴新諺 1, 35ㅎ》揀那淸淨寺院裡, 뎌 淸淨한 뎔을 골희여.《朴新諺 1, 42ㅈ》揀箇淸淨去處陰凉樹底下絟住, 淸淨한 곳 서늘한 나모 아리를 골희여 미고.

청정ᄒ다(淸淨-) 혱 청정(淸淨)하다. ⇔청정(淸淨).《朴新諺 1, 35ㅎ》揀那淸淨寺院裡, 뎌 淸淨한 뎔을 골희여.《朴新諺 1, 42ㅈ》揀箇淸淨去處陰凉樹底下絟住, 淸淨한 곳 서늘한 나모 아리를 골희여 미고.

청조(淸早) 몡 새벽. 이른 아침. 동틀 무렵.《朴新諺 1, 48ㅈ》每日淸早起來, 每日 淸早에 니러.

청포(靑布) 몡 푸른 빛깔의 베.《朴新諺 1, 49ㅎ》稍得十疋白布·五疋藍布·五疋靑布來與你的, 열 필 白布와 닷 필 藍布와 닷 필 靑布를 부쳐 와 너를 주더라.

청포(靑蒲) 몡 푸른 빛깔의 창포(菖蒲).《朴新諺 3, 49ㅎ》閒時節常常住在那靑蒲·紅蓼·灘邊, 한가한 ᄣᅢ에 덧덧이 뎌 靑蒲·紅蓼·灘邊에 머므러.

청ᄒ다(靑-) 혱 푸르다. ⇔청(靑).《朴新諺 2, 6ㅈ》靑的綠的是浮萍水草, 靑ᄒ며 綠혼 거슨 이 浮萍 水草ㅣ오.

청ᄒ다(請-) 통 청(請)하다. (사람을 따로 부르거나 초대하다) ⇔청(請).《朴新諺 1, 7ㅎ》各位請了, 各位ㅣ아 請ᄒ노라.

《朴新諺 1, 19ㅎ》請裏坐好講, 請컨대 안히 안자 의논호쟈. 《朴新諺 2, 17ㅈ》請老爺驗馬, 請컨대 老爺는 물을 보라. 《朴新諺 2, 23ㅎ》快去請范太醫來看一看, 밧비 가 范太醫룰 請호여 와 뵈라. 請到屋裏坐, 請호여 집 안혜 안치라. 《朴新諺 3, 16ㅈ》幷請近安, 아오로 요ᄉ이 문안을 請호ᄂ이다. 《朴新諺 3, 22ㅎ》王請唐僧上殿, 王이 唐僧을 請호여 殿에 올린대. 《朴新諺 3, 36ㅎ》徃常請也請官人們不至, 샹시에 쳥호여도 官人들을 請호여 니르지 못홀 거시니. 《朴新諺 3, 41ㅎ》你可能請他到這裡來麼, 네 可히 能히 뎌를 請호여 여긔 올짜. 《朴新諺 3, 58ㅎ》卽便請太祖登布政殿卽了王位, 즉시 太祖를 請호여 布政殿에 올라 王位에 卽호고.

체 圀 체(篩). ⇔나(羅). 《朴新諺 2, 21ㅈ》還有羅鍋, ᄯ 노고와. 柳箱, 섥과. 灑子, 드레와. 碗楪, 사발 졉시와. 匙筯, 수져와. 榪杓, 나모쥬게와. 箄籬, 됴리와. 炊箒, 솔과. 擦床兒, 슉치칼과. 簸(簸)箕, 키와. 篩子, 얼밍이와. 馬尾羅, 몰총체와. 桌子, 상과. 盤子, 盤과. 茶盤, 찻반과. 燈臺, 燈臺와. 酒種, 잔과. 酒鼈, 쥬벼ᄋ와. 銅杓, 놋쥬게 이시니.

체(剃) 圐 깎다. 자르다. ⇔싹다. 《集覽, 朴集, 上, 11ㅈ》剃頭. 漢俗, 凡梳頭者必剃去腦後頂上髮際細毛, 故曰剃頭. 《朴新諺 1, 42ㅎ》叫那剃頭的來, 뎌 마리 싹는 이롤 불러오라. 《朴新諺 1, 42ㅎ》我剃頭的所管甚麼來, 우리 마리 싹는 이 所管이 므서시완디. 《朴新諺 1, 43ㅈ》你剃的乾淨便是了, 네 싹기롤 乾淨히 홈이 곳 올흐니라. 《朴新諺 1, 43ㅈ》剃完了, 싹가 못차다. 《朴新諺 1, 43ㅎ》這就算剃完了, 이 곳 싹가 못찻다 호리라. 《朴新諺 1, 50ㅎ》剃頭錢是十箇, 마리 싹는 갑슨 열 낫 돈이오. 《朴新諺 1, 51ㅎ》然後剃頭修脚, 그린 후에 마리 싹고 발톱 다듬고. 《朴新諺 1, 55ㅈ》把孩子剃了頭, 아히를

다가 마리를 싹고.

체(砌) 圐 뭇다. 쌓다. 《集覽, 朴集, 上, 12ㅎ》砌山子. 音義云, 귀·여슥 類·엣 것. 今按, 山子, 卽귀·여슥, 砌, 卽結成之意. 俗呼築城曰砌城, 謂疊石而築成之也.

체(替) 圐 ●갈음하다. 대신하다. ⇔ᄀ르차다. 《朴新諺 1, 11ㅎ》替你白効勞重新打築何如, 너룰 ᄀ르차 공히 슈고 드려 다시 ᄡᄆ 엇더호뇨. 《朴新諺 1, 22ㅎ》教他替我做一條銀廂花帶何如, 뎌로 호여 나룰 ᄀ르차 ᄒ 오리 銀 던메온 섭사긴 씌롤 민둘미 엇더호뇨. 《朴新諺 1, 25ㅈ》以後敎小厮們好生替我喂養, 이후란 아희들로 호여 ᄀ장 나룰 ᄀ르차 먹이게 호라. 《朴新諺 1, 42ㅈ》張大哥你替我醫這馬骨眼, 張가 큰형아 네 나룰 ᄀ르차 이 몰 눈에 치 고치고. 《朴新諺 2, 15ㅈ》你便替我再染, 네 곳 나룰 ᄀ르차 다시 드리리라. 《朴新諺 3, 5ㅈ》受他錢財替他說情, 뎌의 錢財를 밧고 뎌를 ᄀ르차 情을 니르니. 《朴新諺 3, 11ㅎ》你有長指甲替我抓一抓, 네 긴 손톱이 잇거든 나룰 ᄀ르차 글그라. ●체당(替當)하다. (남이 할 일을 대신하여 담당하다) ⇔톄당ᄒ다. 《朴新諺 3, 40ㅈ》這衙門中上直叫誰替我呢, 이 衙門에 上直을 눌로 호여 나룰 톄당케 호리오.

체대(替代) 圐 대신하다. 대체하다. ⇔체대ᄒ다(替代-). 《朴新諺 2, 47ㅈ》替代的代字怎麼寫, 替代ᄒ다 ᄒ는 代字를 어이 뻣ᄂ요.

체대ᄒ다(替代-) 圐 체대(替代)하다. ⇔체대(替代). 《朴新諺 2, 47ㅈ》替代的代字怎麼寫, 替代ᄒ다 ᄒ는 代字를 어이 뻣ᄂ요.

체두(剃頭) 圐 머리를 깎다. 이발(理髮)하다. 《集覽, 朴集, 上, 11ㅈ》剃頭. 漢俗, 凡梳頭者必剃去腦後頂上髮際細毛, 故曰剃頭. 《朴新諺 1, 50ㅎ》剃頭錢是十箇, 마리 싹는 갑슨 열 낫 돈이오. 《朴新諺 1, 51

ㅎ》然後剃頭修脚, 그린 후에 마리 깎고 발톱 다듬고.

체례(體例) 명 기존의 규칙. 관례.《集覽, 朴集, 上, 12ㅈ》體例. 謂官私通行格例曰 体禮〈體例〉.

체면(體面) 명 체면. 면목. 체통.《朴新諺 1, 44ㅈ》好不體面哩, ㄱ장 體面이러라.《朴新諺 3, 39ㅎ》去的時節却也體面, 갈 째에 쏘 體面이라.

체발(剃髮) 동〈불〉머리를 깎다. 곧, 출가(出家)하여 중이 되다.《集覽, 朴集, 上, 15ㅎ》法名. 剃〈削〉髮披緇, 歸〈敀〉依 佛法, 別立外號, 是謂法名.

체성(砌城) 동 성을 쌓다.《集覽, 朴集, 上, 12ㅎ》砌山子. 今按, 山子, 卽귀·여今, 砌, 卽結成之意. 俗呼築城曰砌城, 謂疊石 而築成之也.

체식(体式) 명 =체식(體式). '体'는 '體'의 속자.《集覽, 朴集, 上, 4ㅎ》箚付. 音義 云, 禮部知會都堂總兵官文書, 內有事件, 体式詳見求政錄.《集覽, 朴集, 上, 4ㅎ》 関字. 音義云. 支〈支〉應馬匹〈疋〉并廩給 者, 体式詳見求政錄.《集覽, 朴集, 下, 3 ㅈ》照會. 五軍都督府照會六部, 六部照會 承宣布政使司, 使司照會提刑按察司. 体 〈體〉式詳見求政錄.

체식(體式) 명 체재와 방식.《集覽, 朴集, 上, 4ㅎ》箚付. 音義云, 禮部知會都堂總兵 官文書, 內有事件, 体式詳見求政錄.《集 覽, 朴集, 上, 4ㅎ》関字. 音義云. 支〈支〉 應馬匹〈疋〉并廩給者, 体式詳見求政錄. 《集覽, 朴集, 下, 3ㅈ》照會. 五軍都督府 照會六部, 六部照會承宣布政使司, 使司 照會提刑按察司. 体〈體〉式詳見求政錄.

체여(逓與) 동 =체여(遞與). '逓'는 '遞'와 같다.《(唐, 玄應) 一切經音義 7》遞, 又作 逓.《朴新諺 2, 12ㅈ》飛到那邊逓與他, ㄴ 라 뎌 편에 가 뎌를 주느니.

체여(遞與) 동 주다. 전하여 주다. ⇔주 다.《朴新諺 2, 12ㅈ》飛到那邊逓與他, ㄴ

라 뎌 편에 가 뎌를 주느니.

체전(砌磚) 동 벽돌을 쌓다.《朴新諺 3, 37 ㅎ》還是打花臺窩児(朴新注, 57ㅎ: 砌磚 為臺, 其上栽花藏窩, 將毬打入窩內為 勝.), 당시롱 花臺 굴글 치며.

체환(替換) 동 교대하다. 교체하다. 바꾸 다.《集覽, 朴集, 中, 8ㅈ》解由. 質問云, 是僧差的官人, 三年一替換, 滿日討了文 書回家, 其文書, 方言謂之解由.

쳐 브리다 동 물어 찢다. 물어뜯다. ⇔교 파(咬破).《朴新諺 3, 2ㅈ》樻子裡裝的衣 服也被他咬破了好些, 樻 속에 너혼 衣服 도 제 쳐브린 거시 만흐니.

쳔답ㅎ다 동 천답(踐踏)하다. 짓밟다. 유 린(蹂躪)하다. (사람을) 못살게 굴다. ⇔ 작천(作踐).《朴新諺 3, 22ㅈ》如此作賤 (踐)佛家弟子, 이러트시 佛家 弟子를 쳔 답ㅎ더라.

쳔ㅎ다 혱 천(賤)하다. 값싸다. 헐하다. ⇔ 천(賤).《朴新諺 1, 17ㅈ》好物不賤賤物 不好, 됴흔 거슨 쳔티 아니ㅎ고 쳔흔 거 슨 됴티 아니ㅎ다 ㅎ니라.

쳠ㅈ 명 첨자(籤子). (장도(粧刀)가 칼집에 서 쉽게 빠지지 않도록 칼집 옆에 덧붙 여 댄 두 개의 쇠) ⇔차아(叉兒).《朴新 諺 1, 18ㅎ》又兒一箇, 쳠ㅈ ㅎ나.

쳠하 명 처마. ⇔방쳠(房簷).《朴新諺 2, 56ㅎ》我慢慢兒沿着人家房簷底下, 내 날 회여 人家 쳠하롤 조차.

쳥 명 버선. ⇔말(襪).《朴新諺 1, 29ㅎ》白 絨氊襪上, 흰 보드라온 담쳥에.

쳥ㅎ다 동 ●청(請)하다. 간청(懇請)하다. ⇔간(懇).《朴新諺 1, 9ㅈ》相懇你揀乞了 起程日子, 네게 쳥ㅎ느니 起程홀 날을 굴 히어 뎡ㅎ면. ●청(請)하다. 또는 번거롭 게 하다. 귀찮게 하다. 수고를 끼치다. (주로 남에게 도움을 청할 때 쓴다) ⇔번 (煩).《朴新諺 1, 57ㅈ》我有一事煩你, 내 흔 일이 이셔 네게 쳥ㅎ노라.《朴新諺 1, 58ㅈ》煩你代我寫一紙借票, 네게 쳥ㅎ

느니 나룰 ㄱㄹ차 혼 쟝 빗내는 보람을
쓰라. ●청(請)하다. (사람을 따로 부르
거나 초대하다) ⇔청(請).《朴新諺 2, 2
ㅎ》後日又要請衙門中同寅老爺們吃酒,
모리 ㅼㅗ 衙門에 同寅 老爺들을 쳥ᄒᆞ여
술 먹으려 ᄒᆞ여.《朴新諺 2, 9ㅈ》這麼就
請兌銀罷, 이러면 곳 쳥컨대 은을 ᄃᆞᆯ라.
《朴新諺 2, 18ㅈ》老爺雞鳴了請起來罷, 老
爺ㅣ아 ᄃᆞᆰ이 우러시니 쳥컨대 니러나라.
《朴新諺 2, 36ㅈ》請官人吃飯, 쳥컨대 官
人은 밥을 먹으라.《朴新諺 2, 43ㅎ》請添
些, 쳥컨대 져기 더ᄒᆞ라.《朴新諺 3, 36
ㅎ》徃常請也請官人們不至, 샹시에 쳥ᄒᆞ
여도 官人들을 請ᄒᆞ여 니르지 못홀 거시
니.《朴新諺 3, 54ㅈ》就請你吃酒, 곳 너를
쳥ᄒᆞ여 술 먹으리라.《朴新諺 3, 56ㅈ》快
請進來相會, 밧비 쳥ᄒᆞ여 드러와 서ᄅᆞ 못
게 ᄒᆞ라.《朴新諺 3, 57ㅈ》請道其詳, 쳥컨
대 그 ᄌᆞ셰홈을 니ᄅᆞ라.

체ᄒᆞ다 [보동] 체하다. …인 체하다. ⇔주
(做).《朴新諺 3, 10ㅈ》做甚麼泥水匠, 므
슴 미쟝인 체ᄒᆞ리오.

초 [명] (외부로 보내는 공문의) 초고(草稿).
⇔고(稿).《朴新諺 2, 51ㅈ》那幾日你又
說首領官纔做稿呈堂, 져즘의 네 ㅼᅩ 니ᄅᆞ
되 首領官이 ᄀᆞᆺ 초를 민그라 당샹의 드
리니.

초(初) [명] 처음. ⇔처음.《朴新諺 3, 28ㅈ》
接在預項上照舊如初, 목 우희 니으니 녜
대로 처음 ᄀᆞᆺ튼지라.

초(炒) [동] 초(炒)하다. 볶다. 삶다. ●⇔초
ᄒᆞ다(炒-).《集覽, 朴集, 上, 2ㅎ》川炒.
音義云, 민므레〈민믈에〉炒혼 猪肉. 今
按, 川炒, 塩水炒也. ●⇔쵸ᄒᆞ다.《朴新
諺 1, 5ㅈ》魚翅炒肉, 물고기 진에 너허
쵸혼 고기와.《朴新諺 1, 5ㅈ》栗子炒鷄,
밤 너허 쵸혼 ᄃᆞᆰ과.

초(草) [명] ●⇔짚. ⇔딥ㅎ.《朴新諺 2, 28ㅎ》
一箇帶二兩銀子到西山去收乾草, ᄒᆞ나흔
두 냥 은을 가지고 西山에 가 ᄆᆞ른딥흘
거두되. ●여물. 꼴. ⇔여믈.《朴新諺 1,
24ㅎ》等一會再把些草喂他, 혼 지위 기
ᄃᆞ려 다시 여믈을다가 더룰 먹이라.《朴
新諺 1, 24ㅎ》夜裏又死睡不肯起來添草,
밤에 ㅼᅩ 죽은 ᄃᆞ시 자고 즐겨 니러 여믈
을 더 주지 아니ᄒᆞ니.《朴新諺 1, 25ㅈ》
一更一箇輪流起來喂草, 혼 경에 ᄒᆞ나식
돌려 니러 여믈을 먹이되. 把草鍘得細
些, 여믈을다가 ᄡᅡ흘기룰 ᄀᆞ늘게 ᄒᆞ고.
《朴新諺 1, 25ㅈ》把料豆和草拌了, 콩
을다가 여믈과 석기룰 고로게 ᄒᆞ여.《朴
新諺 1, 41ㅎ》幾夜不吃草, 여러 밤을 여
믈을 먹지 아니ᄒᆞ니. ●풀. ⇔풀.《朴新
諺 2, 45ㅎ》必定是房上生出那些草, 반ᄃᆞ
시 집 우희 뎌 풀이 나.《朴新諺 2, 45ㅎ》
把那房上的草, 뎌 집 우희 풀을다가.

초(椒) [명] 후추.《集覽, 朴集, 上, 2ㅎ》栅牛
肉. 音義, 栅, 音붕〈붕〉, 平聲. 質問云, 牛
肉細切, 用椒塩栅食. 又云, 以水和醬成湯,
放入鍋內, 燒至滾沸, 方下細切的牛肉, 再
加椒・醋・葱花盛供, 故曰栅.

초(焦) [동] 태우다(燃). ⇔ᄐᆡ오다.《朴新諺
2, 27ㅎ》你且休忙休心焦, 네 아직 밧바
말고 ᄆᆞ음을 ᄐᆡ오지 말라.

초(稍) [동] (글이나 물건을) 부치다. 보내
다. ●⇔부치다.《朴新諺 1, 49ㅎ》稍得
十疋白布・五疋藍布・五疋靑布來與你
的, 열 필 白布와 닷 필 藍布와 닷 필 靑布
룰 부쳐 와 너룰 주더라. 多謝你稍得這
些布疋來, 네 이 布疋을 부쳐 오믈 多謝
ᄒᆞ노라. ●⇔부티다.《朴新諺 3, 14ㅎ》
先生你與我寫一封書稍去何如, 先生아 네
나룰 혼 봉 글을 ᄡᅥ 주어든 부텨 보내미
엇더ᄒᆞ뇨. ●⇔브티다.《集覽, 字解, 單
字解, 1ㅎ》稍. 寄也. 稍將來 브텨 가져오
라.《朴新諺 1, 49ㅎ》有書稍來, 편지 이
셔 브텨 왓ᄂᆞ니라.

초(鈔) [명] 돈. 재물.《集覽, 朴集, 中, 8ㅎ》
錠. 質問云, 每一張鈔, 謂之一錠. 又云, 五
貫寶鈔爲一錠.

초(醋) 명 초. 《集覽, 朴集, 上, 2ㅎ》綳牛肉. 音義, 綳, 音붕〈붕〉, 平聲. 質問云, 牛肉細切, 用椒塩綳食. 又云, 以水和醬成湯, 放入鍋內, 燒至滾沸, 方下細切的牛肉, 再加椒·醋·葱花盛供, 故曰綳. 《朴新諺 2, 16ㅈ》油·塩·醬·醋·茶各一斤, 기름과 소곰과 醬과 醋와 茶ㅣ 各 혼 근이오. 《朴新諺 3, 4ㅎ》我只知道蒲根解酒還好做醋, 내 다만 챵포 불휘 술을 씨오고 또 醋 민들기 됴흔 줄만 알고.

초(鞘) 명 칼집. ●⇔가풀. 《朴新諺 1, 29ㅎ》象牙裝鞘小刀, 象牙로 가풀 꾸민 져근 칼이오. ●⇔집. 《朴新諺 1, 18ㅈ》刀鞘要起線花梨木, 칼집은 실 돗친 花梨木으로 ᄒ고.

초과(稍瓜) 명 수세미외. ⇔수세외. 《朴新諺 2, 40ㅈ》種些冬瓜, 져기 동화와. 西瓜, 슈박과. 甜瓜, 춤외와. 揷葫, 즈릭박과. 稍瓜, 수세외와. 黃瓜, 외와. 茄子等類, 가지들을 심으라.

초낭(草娘) 명 창녀(娼女). 창기. 《集覽, 朴集, 上, 11ㅎ》娘子. 南村輟耕錄云〈南村輟耕錄〉, 世謂穩婆曰老娘, 女巫曰師娘, 唱〈娼〉婦曰花娘, 達人又曰草娘, 苗人謂妻曰夫娘, 南方謂婦人無行者曰夫娘, 謂婦人之卑賤者曰某娘, 曰幾娘, 鄙之曰婆娘.

초두(初頭) 명 초순(初旬). ⇔초싱. 《朴新諺 1, 52ㅈ》八月初頭纔起程哩, 八月 초싱에아 ㅼ 起程ᄒ올러라.

초려(草廬) 명 초가집. 《集覽, 朴集, 中, 5ㅎ》結草廬於香山之上. 飜〈翻〉譯名義云, 西域記云, 阿耨達, 水名, 在香山之南. 觀此則香山亦西域山也, 而未詳所在. 結廬事亦未詳. 《朴新諺 2, 29ㅎ》結草廬於香山之上, 草廬룰 香山 우희 지엇쏘다.

초료(椒料) 명 향이 자극적인 조미료. 《集覽, 朴集, 上, 2ㅎ》爛鴿子彈. 質問云, 鴿子彈糝於滾肉湯食之. 又云, 用肉湯在鍋, 再加椒料·菜·葱花, 燒火至滾沸, 方下鴿子卵, 盛之於碗, 以獻賓客.

초맥(稍麥) 명 밀가루로 반죽하여 얇은 반대기를 만들고 그 속에 고기소를 넣어 만든 음식. 찐 만두. 《集覽, 朴集, 下, 3ㅎ》稍麥. 質問云, 以麥糆作成薄片, 包肉蒸熟, 與湯食之, 方言謂之稍麥. 麥, 亦作賣. 又云, 皮薄內實切碎肉, 當頂撮細, 似線稍繫, 故曰稍麥. 又云, 以麵作皮, 以肉爲餡, 當頂作爲花蕊, 方言謂之稍麥. 《朴新諺 3, 35ㅎ》羊肉饅頭, 羊肉 너흔 饅頭와. 素餡稍麥, 믠소 너흔 稍麥과. 匾食, 변시와.

초모(貂帽) 명 초피(貂皮)로 만든 모자. 《朴新諺 1, 30ㅈ》是頭戴紫貂帽, 마리에 紫貂帽룰 뻐시니.

초목(草木) 명 풀과 나무. 《集覽, 朴集, 中, 7ㅈ》乞留曲律〈葎〉藤. 漢人凡稱草木行蔓必曰藤, 非別有一物也. 《集覽, 朴集, 下, 2ㅈ》解夏. 盖夏乃長養之節〈莭〉, 在外行則恐傷草木·虫類. 故九十日安居不出, 至七月十五日, 應禪寺掛搭僧尼, 盡皆散去, 謂之解夏, 又謂解制. 掛搭, 詳見事林廣記.

초미(粆米) 명 말린 쌀. 또는 볶은 쌀. 《集覽, 朴集, 中, 7ㅈ》稀粥也熬着. 北人好獵, 不力於農. 獵者·行者多齎粆米, 且其食性好粥, 尤好生肉湩酪, 故兩書皆元時所記, 多言稀粥及酪. 粆, 音抄, 卽本國米實也.

초범(超凡) 톙 〈불〉 세속 밖에서 초연(超然)하다. 곧, 득도(得道)하여 성인(聖人)이 되다. 《集覽, 朴集, 下, 3ㅈ》三寶. 脫塵異俗, 圓頂方袍, 入聖超凡, 爲衆中尊, 卽僧寶也.

초생(初生) 동 처음 생겨나다. 《集覽, 朴集, 上, 13ㅎ》百歲日. 子生一七日, 謂之一臘, 一歲, 謂之百晬. 質問云, 初生孩兒以百日爲百歲日, 六親皆以禮賀之, 主人設席館待.

초생(草生) 명 풀이 이 세상에 살아 있는 동안. 《朴新諺 1, 1ㅈ》人生一世草生一

秋, 人生 一世] 오 草生 一秋] 라.

초성(初聲) 몡 초성. 첫소리.《集覽, 字解, 單字解, 3ㅈ》咱. 五音集韻, 子葛切. 俗謂自己爲咱. 免疑雜字, 音匝. 兩書皆有咱們之文, 們字初聲謂合口聲. 鄕習以們字初聲, 連咱字之終讀之, 故咱字亦似合口聲之字, 遂以咱字爲合口聲習以爲常, 誤矣. 又着於詞終則爲語助, 今罕用也.

초수(草對) 몡 =초수(草樹). '對'는 '樹'의 고자.《集韻, 遇韻》樹, 古作對.《字彙, 寸部》對, 籀文樹字.《集覽, 朴集, 上, 8ㅎ》刺通袖膝欄. 元時好着此衣, 前後具胃背, 又連肩而通袖之脊, 至袖口爲紋, 當膝周圍亦爲紋如欄干, 然織成段匹爲衣者有之, 或皮或帛, 用綵線周遭回曲爲緣, 如花様, 刺〈刺〉爲草樹〈對〉・禽獸・山川・宮殿之文於〈紋於〉其內, 備極奇巧, 皆用團領着之, 其直甚高.

초수(草樹) 몡 풀과 나무.《集覽, 朴集, 上, 8ㅎ》刺通袖膝欄. 元時好着此衣, 前後具胃背, 又連肩而通袖之脊, 至袖口爲紋, 當膝周圍亦爲紋如欄干, 然織成段匹爲衣者有之, 或皮或帛, 用綵線周遭回曲爲緣, 如花様, 刺〈刺〉爲草樹〈對〉・禽獸・山川・宮殿之文於〈紋於〉其內, 備極奇巧, 皆用團領着之, 其直甚高.

초십(初十) 몡 초열흘. ⇔초열흘.《朴新諺 1, 44ㅎ》這月初十遌通信, 이 둘 초열흘 ᄢᅵ 通信ᄒᆞ여.

초싱 몡 초순(初旬). ⇔초두(初頭).《朴新諺 1, 52ㅈ》八月初頭纔起程哩, 八月 초싱에아 ㅈ 起程ᄒᆞᆯ러라.

초열흘 몡 초열흘. ⇔초십(初十).《朴新諺 1, 44ㅎ》這月初十遌通信, 이 둘 초열흘 ᄢᅵ 通信ᄒᆞ여.

초염(炒塩) 몡 =초염(炒鹽). '塩'은 '鹽'의 속자.《正字通, 土部》鹽, 俗省作塩.《集覽, 朴集, 下, 7ㅈ》黃燒餅. 事林廣記云, 每麵〈麺〉一斤, 入油一兩半, 炒塩一錢, 冷水和搜得所, 骨魯槌矼開, 鏊上煿〈煿〉熟,

得硬煻火燒熟, 甚酥美. 酥, 걱걱ᄒᆞ다〈석석ᄒᆞ다〉.

초염(炒鹽) 몡 구운 소금.《集覽, 朴集, 下, 7ㅈ》黃燒餅. 事林廣記云, 每麵〈麺〉一斤, 入油一兩半, 炒塩一錢, 冷水和搜得所, 骨魯槌矼開, 鏊上煿〈煿〉熟, 得硬煻火燒熟, 甚酥美. 酥, 걱걱ᄒᆞ다〈석석ᄒᆞ다〉.

초염(椒鹽) 몡 분디와 소금을 약한 불에 구워 빻아 만든 조미료.《集覽, 朴集, 上, 2ㅎ》㸽牛肉. 音義, 㸽, 音붕〈붕〉, 平聲. 質問云, 牛肉細切, 用椒塩㸽食. 又云, 以水和醬成湯, 放入鍋內, 燒至滾沸, 方下細切的牛肉, 再加椒・醋・葱花盛供, 故曰㸽.

초염(醮染) 동 물들이다.《朴新諺 3, 46ㅎ》手execute彩線鞭(朴新注, 61ㅈ: 用柳枝二尺四寸, 按二十四氣, 上用結子. 立春在孟日用麻, 仲日用苧, 季日用絲, 用五彩色醮染), 손에 彩線鞭을 가지고.

초육(炒肉) 동 돼지고기를 볶다. 또는 돼지고기 볶음.《朴新諺 3, 36ㅈ》薄餅(朴新注, 57ㅈ: 以麥麵作成薄餅片, 而用炒肉捲而食之.), 薄餅과. 煎餅, 煎餅과. 寬條麵, 너븐 국슈와. 掛麵, 무론 국슈와. 芝麻燒餅, 춤깨 무친 燒餅과.

초자(招子) 몡 방(榜). 광고. 벽보. ⇔방.《朴新諺 3, 53ㅎ》你與我寫一箇招子, 네 나를 ᄒᆞᆫ 방을 뼈 주어.《朴新諺 3, 53ㅎ》這招子寫了, 이 방 뼈다.《朴新諺 3, 54ㅈ》這招子寫得極簡便, 이 방 쓰기를 極히 簡便히 ᄒᆞ엿다.

초조(初祖) 몡 가계(家系)나 유파(流派)의 초대 선조(先祖).《集覽, 朴集, 上, 16ㅈ》傳衣鉢. 釋迦佛生年十九出家, 住世四十九年, 傳衣鉢于迦葉初祖達摩, 達摩傳衣鉢于二祖, 二祖傳于三祖, 至於六祖, 至三十二祖弘忍. 盖以此爲傳道之器也.

초조(焦懆) 동 노(怒)하다. 성내다. 화내다. ⇔노ᄒᆡ다.《朴新諺 3, 22ㅎ》便焦懆起來, 곳 노ᄒᆡ여 니러.

초지(草地) 몡 풀이 나 있는 땅.《朴新諺

2, 55ㆆ》咱們在這草地上學摔按罷, 우리
이 草地에셔 띠름ᄒ기 비호쟈.

초집(招集) 图 불러서 모으다.《集覽, 朴
集, 中, 1ㅈ》站家擂鼓. 舘驛門上皆設更鼓
〈皷〉之樓, 凡使客入門必擊其鼓〈皷〉, 招
集人衆, 應辦事務.

초추(苕箒) 명 잇비. 잇짚으로 맨 비. 또는
갈대의 이삭으로 맨 비. ●⇔닛뷔.《集
覽, 朴集, 中, 8ㅈ》苕箒. 周禮桃茢鄭云,
茢, 苕箒也, 苕, 葦華也. 今按, 苕乃凌霄花
也, 苕帚之苕, 作芀是.《朴新諺 2, 49ㆆ》
把苕箒來掃乾淨着, 닛뷔 가져다가 ᄡᅳᆯ기
를 乾淨히 ᄒ고. ●⇔닛븨.《朴新諺 3,
7ㆆ》快把苕箒來掃去了, 밧비 닛븨 가져
다가 ᄡᅳ러 ᄇ리고.

초치(招致) 图 불러서 이르게 하다. 또는
야기하다. 초래하다.《集覽, 朴集, 上, 10
ㅈ》衲襖. 反〈翻〉譯名義云, 好衣是未得道
者生貪着處, 招致賊難, 或致奪命〈命〉, 有
如是等患, 故受弊衲衣.

초패(招牌) 명 간판(看板).《朴新諺 3, 12
ㅈ》這藥舖有招牌(朴新注, 48ㆆ: 漢俗, 凡
市纏, 俱設標記, 使人易認.)沒有, 뎌 藥舖
에 招牌 잇ᄂᆞ냐 업ᄂᆞ냐.

초피(貂皮) 명 담비의 털가죽. ⇔쵸피.
《朴新諺 1, 29ㅈ》身穿立水貂皮蟒袍, 몸
에 슈결 잇ᄂᆞᆫ 貂皮 蟒袍를 닙고.《朴新諺
3, 6ㆆ》把我的銀鼠皮襖上的貂鼠袖, 내
銀鼠皮 갓옷세 올린 쵸피 ᄉ매를다가.

초학(初學) 图 막 배우기 시작하다.《集
覽, 凡例》質問者, 入中朝質問而來者也.
兩書皆元朝言語, 其沿舊未改者, 今難曉
解. 前後質問亦有抵捂, 姑卦收以袪初學
之碍. 間有未及質問, 大有疑碍者, 不敢強
解, 宜竢更質.《集覽, 凡例》凡漢人用字,
或取音同, 或取省文以書. 兩本多有誤字,
今皆去僞從眞, 以便初學之習.

초ᄒ다(炒-) 图 초(炒)하다. 볶다. 삶다.
⇔초(炒).《集覽, 朴集, 上, 2ㆆ》川炒. 音
義云, 민믈레〈믠믈에〉炒ᄒ 猪肉. 今按,

川炒, 塩水炒也.

촉부(囑付) 图 당부하다. 부탁하다. 타이
르다. ⇔당부ᄒ다.《朴新諺 3, 6ㆆ》我臨
去時節也曾再三囑付, 내 갈 째를 臨ᄒ여
ᄯᅩ 일즉 再三 당부ᄒ여.

촉부(囑咐) 图 촉부(囑付)하다. ⇔당부ᄒ
다.《集覽, 字解, 累字解, 2ㅈ》丁囑. 당부
ᄒ다.《集覽, 字解, 累字解, 2ㆆ》囑咐. 上
同.

촉부(囑咐) 명 당부. 부탁. ⇔당부.《朴新
諺 1, 19ㅈ》這箇不湏(須)太爺們囑咐, 이
ᄂᆞᆫ 모롬이 太爺들이 당부 말라.

촉서(蜀黍) 명 수수. 고량(高梁).《集覽, 字
解, 單字解, 1ㆆ》料. 凡人飼馬, 或用小黑
豆, 或用蜀黍雜飼之. 故凡稱飼馬穀豆曰
料. 又該用物色雜稱曰物料, 造屋材木曰
木料, 入畫彩色曰顏料. 又量也. 又理也.

촉직(促織) 명 베짱이. ⇔뵈ᄯᅡᆼ이.《朴新諺
1, 21ㅈ》到了七八月裏便鬪(鬪)促織, 七
八月에 다ᄃᆞ르면 곳 뵈ᄯᅡᆼ이 ᄡᅡ홈 부치
고.

촌(村) 명 시골. 마을.《朴新諺 2, 19ㅈ》某
村住民人錢小馬, 某村에 사ᄂᆞᆫ 民人 錢小
馬ㅣ.《朴新諺 3, 50ㆆ》告狀人某寸某人,
告狀ᄒᆞᄂᆞᆫ 사ᄅᆞᆷ 아므 村에 아뫼.

촌관척(寸關尺) 명 손목에서 맥을 보는
세 자리. 요골(橈骨)의 경상 돌기 부위를
관(關), 손목 쪽을 촌(寸), 팔꿈치 쪽을
척(尺)이라 한다.《集覽, 朴集, 中, 3ㅈ》
尺脉較沈. 人手有寸·關·尺三部脉. 尺
脉主腎命門, 屬水而沈. 脾屬土.

촌맥(寸脉) 명 =촌맥(寸脈). '脉'은 '脈'의
속자.《正字通, 肉部》脉, 俗脈字.《集覽,
朴集, 中, 3ㅈ》尺脉較沈. 人手有寸·關
·尺三部脉. 尺脉主腎命門, 屬水而沈. 脾
屬土.

촌맥(寸脈) 명 맥박의 하나. 양 손바닥 위
의 관절에서 1치[寸] 되는 곳에 있다. 왼
손의 것은 심장(心臟)과 소장(小腸), 오
른손의 것은 폐(肺)와 대장(大腸)의 상

태를 나타낸다.《集覽, 朴集, 中, 3ㅈ》尺
脉較沈. 人手有寸·關·尺三部脉. 尺脉
主腎命門, 屬水而沈. 脾屬土.

촌어(村語) 몡 촌스러운 말. 속된 말.《朴
新諺 3, 30ㅈ》你休村言村語的只管罵人,
네 村言 村語로 그저 스리여 사롭을 쑤
짓지 말라.

촌언(村言) 몡 =촌어(村語).《朴新諺 3, 30
ㅈ》你休村言村語的只管罵人, 네 村言 村
語로 그저 스리여 사롭을 쑤짓지 말라.

촌우(村牛) 몡 바보. 또는 문맹(文盲)인 사
람을 얕잡아 이르는 말.《朴新諺 3, 51
ㅎ》有一箇沒理的村牛, 혼 무리혼 村牛ㅣ
이셔.

촌장(村庄) 몡 =촌장(村莊). '庄'은 '莊'의
속자.《正字通, 艸部》庄, 田舍曰庄. 俗作
庄.《朴新諺 1, 9ㅎ》村庄人家的房屋墻壁
太半都被水衝了, 村庄 人家에 房屋 墻壁
이 太半 다 믈에 질리엿노이라.《朴新諺
2, 38ㅎ》也有村庄·廟宇, 또 村庄·廟宇
도 이시며.

촌장(村莊) 몡 마을. 부락. 촌.《集覽, 朴
集, 上, 13ㅈ》莊家. 村莊治農之人曰莊家,
謂不達時務之人.《朴新諺 1, 50ㅎ》我是
新來的莊家(朴新注, 19ㅎ: 村莊治農之人,
又不達時務之人, 謂之莊家.), 나는 이 새
로 온 향암이라.《朴新諺 1, 9ㅎ》村庄人
家的房屋墻壁太半都被水衝了, 村庄 人家
에 房屋 墻壁이 太半 다 믈에 질리엿논
이라.《朴新諺 2, 38ㅎ》也有村庄·廟宇,
또 村庄·廟宇도 이시며.

총(葱) 몡 파. ⇔파.《朴新諺 2, 39ㅎ》蘿蔔,
댓무우. 蔓菁, 쉿무우. 萵苣, 부로. 葵菜,
아혹. 白菜, 비치. 赤根菜, 시근치. 芫荽,
고싀. 蔥, 파. 蒜, 마늘. 薤菜, 부치. 荊芥,
형개. 薄荷, 박하. 茼蒿, 믈뿍. 水蘿蔔, 물
한댓무우. 胡蘿蔔, 노른댓무우. 芋頭, 토
란. 紫蘇都好種的, 紫蘇를 다 시믐이 됴
타.

총(蔥) 몡 =총(葱). '蔥'은 '葱'의 고자.《說

文, 艸部》蔥, 菜也. 从艸, 囪聲.《集韻, 東
韻》葱, 古作蔥.《朴新諺 2, 39ㅎ》蘿蔔,
댓무우. 蔓菁, 쉿무우. 萵苣, 부로. 葵菜,
아혹. 白菜, 비치. 赤根菜, 시근치. 芫荽,
고싀. 蔥, 파. 蒜, 마늘. 薤菜, 부치. 荊芥,
형개. 薄荷, 박하. 茼蒿, 믈뿍. 水蘿蔔, 물
한댓무우. 胡蘿蔔, 노른댓무우. 芋頭, 토
란. 紫蘇都好種的, 紫蘇를 다 시믐이 됴
타.

총(捴) 円 =총(揔). '捴'은 '揔'과 같다.《朴
新諺 3, 17ㅎ》捴盖萬間房, 대되 萬間 집
을 지으나. 夜眠只一廈, 밤에 자기는 다
만 혼 간 집이라 호니.

총(揔) 円 ●다. 모두. ⇔다.《朴新諺 1,
2ㅈ》打來的酒揔平常, 가져온 술이 다 平
常호니. ●모두. 통틀어. ⇔대되.《朴新
諺 3, 17ㅎ》捴盖萬間房, 대되 萬間 집을
지으나. 夜眠只一廈, 밤에 자기는 다만
혼 간 집이라 호니.

총(總) 円 =총(総). '総'은 '總'과 같다.《漢
語大字典》康熙字典糸部, 引字彙補, 総,
同總.《朴新諺 1, 33ㅎ》這幾日我総不見
他, 이 여러 날을 내 아조 뎌룰 보지 못홀
다.《朴新諺 1, 34ㅎ》到今討了半年総不
肯還我, 到今 半年을 달라 호되 아조 즐
겨 내게 갑지 아니호니.

총(總) 円 아주. 또는 줄곧. 언제나. 늘.
⇔아조.《朴新諺 1, 33ㅎ》這幾日我総不
見他, 이 여러 날을 내 아조 뎌룰 보지
못홀다.《朴新諺 1, 34ㅎ》到今討了半年
総不肯還我, 到今 半年을 달라 호되 아조
즐겨 내게 갑지 아니호니.

총갑(總甲) 몡 군대 편제에서 50명의 병
졸을 지휘하던 우두머리.《集覽, 朴集,
下, 11ㅎ》總甲. 軍制, 編成排甲, 每一小
甲管軍人一十名, 總(総)甲管軍五十名,
每百戶該管一百一十二名. 又里制, 每里
一百戶, 五家爲一火, 十家爲一甲, 每十戶,
甲首一名.《朴新諺 3, 50ㅎ》叫起隣人幷
巡宿総甲(朴新注, 62ㅎ: 軍制, 管軍十名

為一甲, 五十名為総甲. 又里制, 十家為一甲.)人ㅎ들 追赶, 隣人과 다못 巡宿ㅎ는 総甲人 들을 불러 니르혀 ᄯ롸.

총갑인(總甲人) 몡 =총갑(總甲).《朴新諺 3, 50ㅎ》따 起隣人幷巡宿総甲人들追赶, 隣人과 다못 巡宿ㅎ는 総甲人 들을 불러 니르혀 ᄯ롸.

총개만간방야면지일하(摠蓋萬間房 夜眠只一廈) 귀 1만 간이나 되는 집을 지어도 잘 때에는 1간 방이면 족하다는 뜻으로, 과욕을 부리지 않음이 더 좋다는 말.《朴新諺 3, 17ㅎ》摠盖萬間房, 대되 萬間 집을 지으나, 夜眠只一廈, 밤에 자기는 다만 한 간 집이라 ᄒᆞ니.

총기(總旗) 몡 원·명대(元明代)의 군대 편제. 병졸 50명으로 편성하였다.《集覽, 朴集, 上, 14ㅎ》千戶. 軍土五千六百名爲一衛, 二千二百名爲一千戶所, 一百一十名爲一百戶所. 每百戶內設緫〈総〉旗二名, 小旗二名.

총명(聰明) 혱 총명하다. 똑똑하다. 영리하다.《集覽, 朴集, 中, 9ㅈ》衙門處處向南開. 南村輟耕錄云, 凡衙門皆坐北南向者, 南方屬離卦, 離虛中則聰. 又南方火位, 火明則能破暗, 故表南面聰〈聡〉明, 爲民治愚暗之事. 臺門必北開者, 取肅殺就陰之象.《集覽, 朴集, 下, 12ㅈ》太祖. 姓王氏, 諱建, 字若天, 松岳郡人. 幼而聰明, 龍顔日角.《朴新諺 1, 41ㅈ》眞箇是聰明靈巧人, 진실로 이 聰明 靈巧ᄒᆞᆫ 사롬이로다.《朴新諺 3, 13ㅈ》聰明智慧過人, 聰明 智慧ㅣ 사롬의게 지나고.

총명(聰明) 혱 =총명(聰明). '聡'은 '聰'의 속자.《正字通, 耳部》聰, 俗聡字.《集覽, 朴集, 中, 9ㅈ》衙門處處向南開. 南村輟耕錄云, 凡衙門皆坐北南向者, 南方屬離卦, 離虛中則聡. 又南方火位, 火明則能破暗, 故表南面聡〈聡〉明, 爲民治愚暗之事. 臺門必北開者, 取肅殺就陰之象.《集覽, 朴集, 下, 12ㅈ》太祖. 姓王氏, 諱建, 字若天,

松岳郡人. 幼而聰明, 龍顔日角.《朴新諺 1, 41ㅈ》眞箇是聰明靈巧人, 진실로 이 聰明 靈巧ᄒᆞᆫ 사롬이로다.《朴新諺 3, 13ㅈ》聰明智慧過人, 聰明 智慧ㅣ 사롬의게 지나고.

총병관(總兵官) 몡 명·청대(明淸代)에 각 성(省)의 제독(提督) 휘하에 두었던 군사 지휘관. 관할하는 곳이 진(鎭)이므로 총진(總鎭)이라고도 한다.《集覽, 朴集, 上, 4ㅈ》緫〈捴〉兵官. 各都司各有鎭守緫〈捴〉兵官一員, 以管兵政.《集覽, 朴集, 上, 4ㅎ》箚付. 音義云, 禮部知會都堂緫兵官文書, 內有事件, 体式詳見求政錄.

총수(銃手) 몡 총을 주 무기로 삼던 병졸.《集覽, 朴集, 下, 12ㅈ》弓手. 今按, 軍制編成排甲, 每一百戶, 銃手十名, 刀牌手二十名, 弓箭手三十名, 槍手四十名.

총준(聰俊) 혱 슬기롭고 영리하다.《集覽, 字解, 累字解, 2ㅈ》標致. 聰俊敏慧之稱, 俱美其人心貌之辭. 標字本在平母, 則宜從俗呼爲去聲. 而今俗呼標致之標爲上聲, 則字宜作表字讀是.

총칭(總稱) 몡 모두를 아울러 일컫는 명칭.《集覽, 朴集, 上, 8ㅈ》宅子. 俗緫稱〈総称〉家舍曰房子, 自稱〈称〉曰寒家, 文士呼曰寒居, 自指室內曰屋裏, 人稱王公·大人之家曰宅子.《集覽, 朴集, 上, 9ㅎ》細絲官銀. 銀十品曰十成, 曰足色, 曰成色, 曰細絲, 曰手絲兒, 曰吹螺, 曰白銀. 九品曰九成, 曰靑絲. 八品曰八成. 緫稱〈総称〉元寶〈宝〉. 元寶釋見下.《集覽, 朴集, 上, 11ㅎ》下多少財錢. 俗云下財, 亦曰送禮. 俗緫稱〈総称〉曰羊酒花紅.《朴新諺 1, 40ㅈ》這是碾子(朴新注, 15ㅈ: 碾, 磨也. 磨上轉石曰碾, 磨下定石曰磑, 總稱碾.), 이는 이 매로다.

총화(葱花) 몡 (조미료로 쓰는) 잘게 썬 파.《集覽, 朴集, 上, 2ㅎ》燒鴿子彈. 質問云, 鴿子彈穄於滾肉湯食之. 又云, 用肉湯在鍋, 再加椒料·菜·葱花, 燒火至滾沸,

方下鵠子卵, 盛之於碗, 以獻實客.《集覽, 朴集, 上, 2ㅎ》棚牛肉. 質問云, 牛肉細切, 用椒塩棚食. 又云, 以水和醬成湯, 放入鍋內, 燒至滾沸, 方下細切的牛肉, 再加椒·醋·葱花盛供, 故曰棚.《集覽, 朴集, 上, 3ㅎ》五軟三下鍋. 質問云, 五般無骨精肉〈五般精肉〉, 碎切爲片, 先用塩煎, 次用醋煮, 交葱花以食.

찰(撮) 回 자밤.《集覽, 朴集, 下, 6ㅈ》餠餻. 質問云, 將菉豆粉糝和粘穀米, 着水浸濕, 用石磨磨, 細杓兒盛在鍋內, 一撮一撮煎熟而食.

최(崔) 명 성(姓)씨의 하나.《朴新諺 1, 3ㅈ》就着姓崔的外郞去討, 곳 崔가 外郞으로 가 엇게 ᄒ라.

최(最) 円 가장. 매우. 제일. ⇔ᄀ장.《集覽, 字解, 單字解, 6ㅈ》殺. 氣殺我 애돌와 셜웨라, 猶言以此而可至於死也. 又愁殺人 사ᄅᆞᆷ를 ᄀ장 근심ᄒ야 셟게 ᄒ다. 又廝殺 싸호다. 又助語辭. 最深殺 ᄀ장 깁다.《朴新諺 1, 15ㅎ》有箇最容易的法子說與你, 흔 ᄀ장 쉬온 法이 이시니 너ᄃ려 니를 써시니.《朴新諺 1, 17ㅎ》不知那一家打的刀子最好, 아지 못게라 어늬 집의셔 믠든 칼이 ᄀ장 됴ᄒ뇨.《朴新諺 1, 54ㅈ》最怕的是感冒風寒, ᄀ장 저픈 거슨 이 風寒에 感冒홈이니.《朴新諺 2, 26ㅈ》況那朝鮮淸醬最是有名的哩, ᄒ믈며 뎌 朝鮮 ᄀ댱은 ᄀ장 이 有名혼 거시라.《朴新諺 2, 39ㅎ》紫蘇這廝最有用, 紫蘇란 이거시 ᄀ장 쁠 디 이시니.《朴新諺 2, 40ㅈ》最能發散風寒的, ᄀ장 능히 風寒을 發散ᄒᄂ니라.《朴新諺 3, 4ㅎ》這麼最好 이러면 ᄀ장 됴타.《朴新諺 3, 13ㅎ》這佛法最尊最貴不可不信, 이 佛法이 ᄀ장 尊ᄒ고 ᄀ장 貴ᄒ니 可히 밋지 아니치 못홀 거시라.

최가(崔哥) 명 최가. 최씨.《朴新諺 3, 36ㅎ》那箇新來的崔哥你也會打麼, 뎌 새로 온 崔哥ㅣ 아 너도 칠 줄을 아는다.《朴新諺 3, 37ㅈ》拿出毬棒借與崔哥打, 댱방올 막대를 내여 崔哥를 빌려 주어 치게 ᄒ쟈.《朴新諺 3, 37ㅎ》崔哥這幾回果然打得好, 崔哥ㅣ 이 여러 디위를 果然 치기를 잘혼다.

최가(最佳) 혱 가장 좋다. 최적(最適)이다.《朴新諺 3, 32ㅈ》你先倒一椀六安·一椀松蘿(朴新注, 55ㅎ: 六安·松蘿, 皆地名, 而産茶最佳故, 曰以名茶.), 네 몬져 흔 사발 六安차와 흔 사발 松蘿차를 부어 오고.

최상승선(最上乘禪) 명 〈불〉 가장 높고 수승(殊勝: 세상에 희유(稀有)하리만큼 아주 뛰어남)한 선. 곧, 자기의 심성이 본래 청정하고 번뇌가 없는 모든 지혜와 공덕이 본래 원만히 갖추어져 있으며, 이 마음이 바로 부처의 마음과 조금도 다르지 않음을 문득 깨달아서 닦는 선.《集覽, 朴集, 上, 10ㅈ》禪. 靜也. 傳燈錄有五等禪, 有外道禪·凡夫禪·小乘禪·大乘禪·最上乘禪, 又名如來淸淨禪, 又名無上菩提. 又云, 被於身爲法, 說於口爲律, 行於心爲禪.《朴新諺 1, 35ㅎ》安禪(朴新注, 13ㅎ: 禪, 靜也. 傳燈錄, 有小乘禪·大乘禪·最上乘禪. 又云, 被扵身為法, 說扵口為律, 行扵心為禪.)悟法看經念佛却不好麼, 安禪 悟法ᄒ고 看經 念佛홈이 ᄯᅩ 됴티 아니ᄒ랴.

최소(崔昭) 명 최소위(崔昭緯). 당(唐)나라 청하(淸河) 사람. 자는 온요(蘊曜). 벼슬은 진사(進士)·상서 우복야(尙書右僕射)를 지냈다.《集覽, 朴集, 下, 11ㅈ》金榜. 唐崔昭暴卒復甦云, 見冥間(間)列榜〈牓〉, 書人姓名, 將相金榜〈牓〉, 次銀榜〈牓〉, 州縣小官鐵榜〈鉄牓〉.《朴新諺 3, 49ㅈ》諒你要金榜(朴新注, 62ㅈ: 唐崔昭暴卒復甦, 云, 見冥間列榜, 書人姓名, 將相金榜, 次銀榜, 小官鉄榜. 近世以科甲為金榜.)題名的書生, 혜아리건대 너 金榜에 題名코져 ᄒᄂᆫ 書生이.

최원량(崔元亮) 명 당(唐代)나라 사람. 의서(醫書)인 해상방(海上方)을 지었다고 한다. 《集覽, 朴集, 下, 2ㅈ》海上方. 唐崔元亮著海上方, 卽醫方也.

최장(催裝) 명 (신랑 집에서 신부 집에) 혼인 날짜를 통보하고 허락을 청하는 일. 《集覽, 朴集, 上, 11ㅎ》下多少財錢. 又一次有禮曰請期, 謂之催裝, 亦其禮物. 五品以下無請期之禮.

최호(最好) 형 가장 좋다. 제일 좋다. 《朴新諺 3, 4ㅎ》這麼最好 이러면 フ장 됴타.

쵸 명 초[燭]. ⇔납(蠟). 《朴新諺 2, 10ㅎ》咱兩箇拿些布施和香・蠟去禮拜他, 우리둘이 져기 보시와 香과 쵸를 가져가 더의게 禮拜ㅎ고.

쵸피 명 초피(貂皮). 담비의 털가죽. ⇔초피(貂皮). 《朴新諺 3, 6ㅎ》把我的銀鼠皮襖上的貂鼠袖, 내 銀鼠皮 갓옷세 올린 쵸피 스매를다가.

쵸ㅎ다 동 초(炒)하다. 볶다. 삶다. ⇔초(炒). 《朴新諺 1, 5ㅈ》魚翅炒肉, 물고기 진에 너허 쵸혼 고기와. 《朴新諺 1, 5ㅈ》栗子炒鷄, 밤 너허 쵸혼 둙과.

추(秋) 명 가을. ⇔フ올. 《朴新諺 1, 10ㅈ》只好等到秋來再修理罷, フ올을 기드려 다시 修理홈이 무던ㅎ다.

추(追) 동 찾다. 찾아 구하다. ⇔찾다. 《朴新諺 3, 51ㅈ》追還布疋懲治賊人, 布疋을 츠자 주고 賊人을 懲治ㅎ면.

추(推) 동 ●싣다. 옮기다. 《集覽, 朴集, 下, 3ㅎ》推. 用輜軸載煤炭, 一人推運而來. ●미루다. ⇔미뤄다. 《朴新諺 1, 35ㅈ》今日推明日明日推後日, 오늘은 뇌일 미뤼고 뇌일은 모릭 미뤼니.

추(樞) 명 북두칠성의 첫째 별 이름. 《集覽, 朴集, 上, 7ㅈ》北斗左輔右弼. 凡九星, 曰樞宮貪狼, 曰璇宮巨門, 曰璣宮祿存, 曰權宮文曲, 曰衡宮廉貞, 曰闓(開)陽宮武曲, 曰瑤光宮破軍, 曰洞明宮左輔, 曰隱元宮右弼.

추(錐) 명 송곳. ⇔송곳. 《朴新諺 1, 41ㅈ》鑽天錐下大水, 하늘 뚧는 송곳 아릭 큰 믈이여.

추(醜) 형 더러운. ⇔더러온. 《朴新諺 1, 57ㅈ》醜厮你來, 더러온 놈아 이바.

추(麤) 형 굵다. ⇔굵다. 《朴新諺 1, 39ㅎ》不知道我的麤和細, 나의 굴금과 フ놀믈 아지 못ㅎ는 거시여. 《朴新諺 1, 46ㅈ》麤白珠兒線, 굵고 흰 구슬 둘 실을 사고. 《朴新諺 2, 32ㅈ》檀子也麤又做的鬆, 담도 굵고 쏘 믠들기룰 섭섭이 ㅎ여시니.

추간(追赶) 동 따르다. 따라잡다. 쫓다. 뒤쫓다. ⇔쫀로다. 《朴新諺 3, 50ㅎ》叫起隣人幷巡宿総甲人等追赶, 隣人과 다못 巡宿ㅎ는 総甲人 等을 불러 니르혀 쫀롸.

추경(推敬) 동 존경하다. 《集覽, 字解, 累字解, 1ㅈ》大哥. 哥兄也. 人有數兄, 則呼長曰大哥, 次曰二哥, 三曰三哥. 雖非同胞而見儕輩, 可推敬者, 則亦呼爲哥. 或加大字, 或加老字, 推敬之重也. 只呼弟曰兄弟, 竝擧兄及弟曰兄弟. 《集覽, 朴集, 上, 6ㅈ》張舍. 王公・大人之家, 必有舍人, 卽家臣也. 如本國伴倘〈儻〉之類, 爲權勢倚任之人, 貧賤之所羨慕者也〈貧賤之所羨慕者〉. 故街巷呼親識爲張舍・李舍, 乃一時推敬之稱〈称〉.

추경(遒勁) 동 힘이 넘치다. 《集覽, 朴集, 下, 2ㅎ》慶壽寺. 一統志云, 在順天府西南, 內有飛虹・飛渡二橋, 石刻六大字, 極遒勁. 相傳金章宗所書.

추기(樞機) 명 문지도리와 쇠뇌의 발사 장치라는 뜻으로, 사물의 가장 중요한 부분을 비유하는 말. 《集覽, 朴集, 上, 7ㅈ》北斗左輔右弼. 晉書天文志云, 七星在太微北, 七政之樞機, 陰陽之元本. 七星明, 其國昌, 輔星明, 則臣強.

추대(推戴) 동 윗사람으로 떠받들다. 《集覽, 朴集, 下, 12ㅎ》娘子柳氏〈柳氏〉. 太祖聞之, 迎以爲妃. 後裴玄慶・申崇謙等推戴太祖, 后贊成之. 旣卽位, 策后爲元妃.

추량(秋涼) 명 가을철의 시원하고 상쾌한 때. 《朴新諺 2, 38ㅈ》如今正是秋涼天氣 滿山紅葉正好哩, 이제 正히 이 秋涼 天氣 니 滿山 紅葉이 正히 됴타.

추밀원(樞密院) 명 추밀사(樞密使)가 관장하던 중앙 관아 이름. 오대 당(五代唐)나라 장종(莊宗) 때 숭정원(崇政院)을 고친 이름으로, 군사(軍事)에 관한 일을 관장하던 최고 관아이다. 《集覽, 朴集, 下, 8ㅎ》樞密院. 元制, 有使·副使·知院·同知院·簽書院, 與〈与〉中書號爲二府, 主兵政. 《朴新諺 3, 41ㅈ》他在樞密院(朴新注, 59ㅈ: 與中書省稱為両府, 主兵政.)西頭住, 데 樞密院 西편에서 사느니라.

추배(追賠) 통 추징(追徵)하여 배상(賠償)하게 하다. 《朴新諺 3, 39ㅈ》所以把老安監下要追比(朴新注, 58ㅈ: 償還官私逋物曰追比, 一作追賠.)哩, 이러모로 老安을 다가 가도아 물리려 ᄒᆞ느니라.

추분(抽分) 통 빼다. 빼내다. (추분은 연안 항구에서 수출입 상품에 대하여 징수하는 현물세) ⇔쎄히다. 《集覽, 朴集, 中, 6ㅎ》解儅庫. 王莽令市官收賤賣貴, 謂如貸錢與民一百箇, 每月收利錢三箇, 銀一兩, 則每月取利三分之類. 後主量其貨物而抽分, 遺下亦收息百三. 《朴新諺 2, 22ㅎ》被他抽分(朴新注, 30ㅎ: 十分而取一分以利, 官用曰抽分.)了幾箇去, 뎌의게 여러흘 쎄혀 가믈 닙고, 《朴新諺 2, 22ㅎ》又抽分了幾箇去, 쏘 여러흘 쎄혀 가고.

추비(追比) 통 물리다. 배상(賠償)하게 하다. (세금 납부의 기한을 어겼을 때 장형(杖刑)이나 감금 따위의 가혹한 방법을 써서 상환하게 하는 일) ⇔물리다. 《朴新諺 3, 39ㅈ》所以把老安監下要追比(朴新注, 58ㅈ: 償還官私逋物曰追比, 一作追賠.)哩, 이러모로 老安을다가 가도아 물리려 ᄒᆞ느니라.

추사(秋社) 명 입추가 지난 뒤 다섯 번째의 무일(戊日)에 토지 신에게 농사의 풍년을 보답하기 위하여 지내는 제사. 《集覽, 朴集, 上, 6ㅈ》社神. 立春後第〈莭〉五戊爲春社, 立秋後第〈莭〉五戊爲秋社.

추쇄(搥碎) 통 덩어리를 두드려 잘게 부수다. 《集覽, 朴集, 下, 9ㅎ》濕煤. 今按, 石炭搥碎, 幷黃土以水和作塊, 晒乾, 臨用麄碎, 納於爐〈炉〉中, 總謂之水和炭. 未乾者謂之濕煤, 已乾者謂之煤簡兒, 亦曰煤塊子.

추수(秋收) 통 가을에 익은 곡식을 거두어들이다. ⇔추수ᄒᆞ다(秋收-). 《朴新諺 3, 38ㅈ》到了秋收的時候, 秋收홀 째에 다드라.

추수ᄒᆞ다(秋收-) 통 추수(秋收)하다. ⇔추수(秋收). 《朴新諺 3, 38ㅈ》到了秋收的時候, 秋收홀 째에 다드라.

추옥(僦屋) 통 집을 세내다. 집을 임대하다. 《集覽, 字解, 單字解, 6ㅈ》賃. 僦屋以語曰賃, 지블 둘마다 銀 현 량곰 삭 물오 드러 이셔 살 시라. 又雇用驢馬·舟車之類曰賃, 라괴와 물둘흘 삭 주고 브릴 시라.

추월(秋月) 명 가을밤의 (밝은) 달. 《朴新諺 2, 27ㅈ》你須念我這秋月紗窓一片心, 네 모로미 내 이 秋月 紗窓 一片心을 싱각ᄒᆞ여.

추이(推移) 통 옮기다. 이동하다. 《集覽, 字解, 單字解, 3ㅎ》那. 平聲, 音노, 推移也. 那一那 논힐후다. 上聲 나, 何也. 那裏 어듸, 那箇 어늬. 又誰也. 那一箇 누고. 去聲 나. 那裏, 彼處也. 那箇 뎌것. 又語助. 有那沒 잇느녀 업스녀.

추자(錐子) 명 송곳. ⇔송곳. 《朴新諺 1, 18ㅎ》錐子一箇, 송곳 ᄒᆞ나.

추전(推轉) 통 밀어내다. 앞뒤로 흔들다. 《朴新諺 1, 55ㅈ》買了搖車(朴新注, 21ㅈ: 用薄板如筲篩之圍者, 彎曲成之, 可容一小児, 懸於梁, 臥置小児扵其中, 啼哭時推轉搖動, 則卽止.)來, 搖車를 사 와.

추채(揪保) 통 상대하다. 거들떠보다. 아

는 체하다. 《集覽, 字解, 單字解, 7ㅈ》保.
音采. 一. 聽理, 採用之謂. 保一保 채ᄒ
다. 不保 듣디 아니ᄒ다. 又作揪保.

추출후(推出後) 图 뒤보다. 똥을 누다.
《集覽, 朴集, 中, 3ㅈ》推出後. 漢人指廁
爲後路, 詳見老乞大集覽〈詳見老乞大集
覽上篇〉東廁下. 又大便・小便, 亦曰大後
・小後.

추타(搥打) 图 방망이로 치다. 《集覽, 朴
集, 上, 12ㅎ》皮金. 未詳. 質問云, 以厚紙
上貼金, 女人粧〈繡〉袍之用. 又云, 將金搥
打如紙張之薄, 方言爲之皮金.

추태(醜態) 图 추한 행동이나 태도. 《集
覽, 朴集, 上, 2ㅎ》院本. 質問云, 院本有
曰外, 或粧先生・採訪使・考試官・老人
・達達之類, 皆是外扮, 曰淨, 有男淨・有
女淨, 亦做醜態, 專一弄言取人歡笑.

추피(鞦皮) 图 고들개. ⇔질채. 《朴新諺
1, 30ㅈ》鞦皮事件都是減金與那珊瑚廂嵌
的, 질채와 事件은 다 이 금 입ᄉ와 珊瑚
로 던메워 박은 거시오. 《朴新諺 1, 30ㅎ》
鞍子・鞍坐褥・鞦皮・轡頭・馬黏, 기
르마와 아답개와 질채와 구레와 ᄃ레.

축(丑) 图 중국의 정통 극에서의 배역의
하나. 어릿광대. (익살스러운 역을 연기
하며 콧등에 하얀 가루를 발라 분장한다)
《集覽, 朴集, 上, 2ㅎ》院本.曰丑, 狂言戲
弄, 或粧醉漢・太醫・吏員・媒婆之類.

축(軸) 回 축. (두루마리로 된 서화(書畵)
의 수효를 세는 단위)《朴新諺 2, 50ㅈ》
當中掛一軸大畫, 當中ᄒ여 ᄒ 軸 큰 그림
을 걸고.

축건(逐件) 閁 낱낱이. 하나하나. 한 건
한 건. ⇔낫낫치. 《朴新諺 3, 18ㅈ》都要
逐件發落, 다 낫낫치 發落ᄒ고.

축국(蹴踘) 图 공을 땅에 떨어뜨리지 않
고 차던 놀이. 황제(黃帝) 때 비롯되어
처음에는 무예를 단련하는 용도로 쓰였
다고 하며, 전국시대에 크게 유행하였
다. 《集覽, 朴集, 下, 7ㅎ》花房窩兒. 但今

漢俗未見兩毬, 而惟見踢氣毬者, 卽古之
蹴踘也. 此節〈節〉打毬兒又與〈如〉上卷打
毬兒, 名同事異.

축랑(逐浪) 图 물결치는 대로 흘러가다.
⇔축랑ᄒ다(逐浪-). 《朴新諺 2, 6ㅈ》穿
波逐浪的是魚兒, 穿波 逐浪ᄒᄂ 거슨 이
고기오.

축랑ᄒ다(逐浪-) 图 축랑(逐浪)하다. ⇔
축랑(逐浪). 《朴新諺 2, 6ㅈ》穿波逐浪的
是魚兒, 穿波 逐浪ᄒᄂ 거슨 이 고기오.

축발(祝髮) 图 〈불〉 머리털을 깎고 중이
되다. 《集覽, 朴集, 下, 12ㅎ》弓裔. 日官
奏曰, 此兒以重午日生, 生而有齒, 且光燄
〈焰〉異常, 恐將不利於國家, 宜勿擧. 王勑
中使殺之, 乳婢竊〈窃〉奉而逃, 祝髮爲僧.

축사인(縮砂仁) 图 사인(砂仁). 축사밀(縮
砂蔤)의 씨. (소화제로 쓴다)《集覽, 朴
集, 上, 3ㅎ》細料物. 事林廣記食饌類, 細
料物, 官桂・良薑・蓽撥草・豆蔲・陳
皮・縮砂仁〈砂仁〉・八角・茴香各一兩,
川椒二兩, 杏仁五兩, 甘草一兩半, 白檀末
半兩. 右共爲細末用之.

축생(畜生) 图 ●사람이 기르는 가축. 《集
覽, 朴集, 上, 10ㅎ》齋飯. 佛氏日中而食,
瓶沙王問, 佛, 何故日中食. 答〈荅〉云, 早
起諸天食, 日中三世佛食, 日西畜生食, 日
暮鬼神食. ●짐승. 짐승 같은 놈. (욕하
는 말) ⇔즘싱. 《朴新諺 2, 46ㅈ》都是你
這兩箇小畜生, 다 이 너희 이 두 져근 즘
싱들이.

축생도(畜生塗) 图 〈불〉 삼악도(三惡塗)
의 하나. 죄업 때문에 죽은 뒤에 짐승으
로 태어나 괴로움을 받는다는 세계이다.
《集覽, 朴集, 中, 5ㅈ》三塗. 餓鬼塗・畜生
塗・地獄塗. 《朴新諺 2, 29ㅎ》隨相現相
救苦難於三塗(朴新注, 33ㅎ: 隨相現相, 隨
其衆生之相, 皆現其相而待救焉. 三塗, 餓
鬼塗・畜生塗・地獄塗.), 相을 조차 相을
뵈아 苦難을 三途에 救ᄒᄂ쏘다.

축생도(畜生道) 图 〈불〉 육도(六道)의 하

나. 죄업 때문에 죽은 뒤에 짐승으로 태어나 괴로움을 받는다는 세계이다. 《集覽, 朴集, 中, 5ㅈ》六道. 人道·天道·阿脩羅道·餓鬼道·畜生道·地獄道, 亦名六趣, 加仙道, 名曰七趣. 《朴新諺 2, 29ㅈ》以聲察聲拯慈悲於六道(朴新注, 33ㅎ: 以聲察聲. 聞其聲而察其苦樂之狀. 六道, 人道·天道·阿脩羅道·餓鬼道·畜生道·地獄道也. 阿脩羅有大力神人, 嘗共天鬪(鬪), 立大海中, 其高半天.), 소리로 뼈 소리를 슬퍼 慈悲를 六道에 건디고.

축성(築城) 图 성을 쌓다. 《集覽, 朴集, 上, 12ㅎ》砌山子. 今按, 山子, 卽귀·여ㅿ, 砌, 卽結成之意. 俗呼築城曰砌城, 謂疊石而築成之也.

축시(丑時) 图 십이시(十二時)의 둘째 시. 오전 1시부터 3시까지이다. 《集覽, 朴集, 下, 10ㅈ》頭戴耳掩或提在手裏. 寅時揭左邊, 亥時揭右邊而戴, 以寅·亥時爲通氣, 故揭一邊也, 子·丑時全戴, 爲嚴凝也.

축일(丑日) 图 지지(地支)가 축(丑)인 날. 《朴新諺 1, 10ㅈ》揀箇黃道吉日(朴新注, 4ㅎ: 每月有黃道·白道·黑道, 而黃道最吉. 卽寅·申月, 子·丑·辰·巳·未·戌日之類.), 黃道 吉日을 골히여.

춘(春) 图 봄. ⇔봄. 《朴新諺 1, 1ㅈ》這春二三月, 이 봄 二三月이.

춘노(春奴) 图 사람 이름. 춘(春)은 성(姓)씨. 《朴新諺 3, 44ㅎ》咳春奴, 애 春奴ㅣ아.

춘분(春分) 图 이십사절기(二十四節氣)의 하나. 경칩(驚蟄)과 청명(淸明) 사이에 들며 양력 3월 21일 무렵이다. 《集覽, 朴集, 上, 1ㅎ》長春酒. 質問云, 春分日所造之酒, 永久不變其味, 方言謂之長春酒. 又云, 以春分日蒸糜下酒, 三日後封閉了甕, 待夏後方榨.

춘분일(春分日) 图 춘분 날. 《集覽, 朴集,

上, 1ㅎ》長春酒. 質問云, 春分日所造之酒, 永久不變其味, 方言謂之長春酒. 又云, 以春分日蒸糜下酒, 三日後封閉了甕, 待夏後方榨.

춘사(春社) 图 입춘이 지난 뒤 다섯 번째 무일(戊日)에 토지 신에게 풍년이 들기를 비는 제사. 《集覽, 朴集, 上, 6ㅎ》社神. 立春後第〈茆〉五戊爲春社, 立秋後第〈茆〉五戊爲秋社.

춘신(春神) 图 봄에 관한 것을 맡은 신. 《集覽, 字解, 單字解, 3ㅎ》勾. 平聲, 曲也. 勾龍, 社神, 勾芒, 春神, 勾吳, 地名. 今按, 俗語勾了 유여ㅎ다, 又에우다. 又能勾어루, 又유여히. 又史語, 勾取 자피다, 又勾攝公事 공소로 블리다, 又勾喚 블리다. 又去聲, 勾當, 幹管也, 又事也, 勾當亦去聲. 《集覽, 朴集, 下, 10ㅈ》勾芒神. 春神之號. 太皥伏義氏有子曰重, 主木, 爲勾芒神. 《朴新諺 3, 46ㅎ》牌上寫着勾芒神(朴新注, 61ㅈ: 春神之號. 太昊伏義氏有子曰重, 主木, 為勾芒神.), 牌에 쓰기를 勾芒神이라 ㅎ고.

춘우(春牛) 图 입춘(立春)날 봄맞이 행사에 쓰기 위하여 흙으로 빚어 만든 소. 뒤에는 갈대나 종이로 만들었다. 입춘 하루 전날 궁중이나 관청에서 토우(土牛)를 세워놓고, 입춘 당일에 붉은 채찍으로 때리면서 풍년과 권농(勸農)의 뜻을 표하였다. 《朴新諺 3, 46ㅈ》塑一箇如象一般大的春牛, 혼 코키리마치 큰 春牛를 민둘고.

출(出) 图 ●나다. 나가다. ⇔나다. 《朴新諺 1, 37ㅈ》不好出門騎馬, 門에 나 물 투기 됴치 아니ㅎ더니라. ●나다. 나오다. ⇔나다. 《朴新諺 3, 17ㅎ》這衙門惟出些好飮食, 이 衙門이 오직 됴흔 음식이 나니. ●내다. ⇔내다. 《朴新諺 1, 1ㅎ》每人出錢一吊五百文, 每人이 돈 혼 다(댜)오 五百을 내면. 《朴新諺 1, 14ㅎ》叫四箇小車子載了出去罷, 네 져근 술위에 시러

내여 가미 무던ᄒᆞ다.《朴新諺 2, 24ㅎ》熱炕上熰着出些汗, 더온 炕에 덥게 ᄒᆞ여 져기 ᄯᆞᆷ 내고.《朴新諺 2, 35ㅈ》搜出幾箇血瀝瀝的尸首來, 여러 피 ᄠᅳᆺ듯ᄂᆞᆫ 尸首를 뒤어 내고.《朴新諺 2, 59ㅈ》怎麽就赶不出一套衣服來呢, 엇지 곳 ᄒᆞᆫ 벌 옷슬 밋처 지어 내지 못ᄒᆞ리오.《朴新諺 3, 50ㅈ》晰眼間釣出箇老大金色鯉魚, 눈 ᄀᆞᆷ작 ᄒᆞᆯ ᄉᆞ이에 ᄒᆞᆫ ᄀᆞ장 큰 금빗희 鯉魚를 낙가 내니.《朴新諺 3, 58ㅈ》便抬出金甲一副與太祖穿上, 곳 金甲 ᄒᆞᆫ 벌을 드러 내여 와 太祖ᄅᆞᆯ 주어 닙히고.

출가(出家) 동 〈불〉 번뇌에 얽매인 세속의 인연을 버리고 불문(佛門)에 들어가다.《集覽, 朴集, 上, 16ㅈ》傳衣鉢. 釋迦佛生年十九出家, 住世四十九年, 傳衣鉢于迦葉初祖達摩, 達摩傳衣鉢于二祖, 二祖傳于三祖, 至於六祖, 至三十二祖弘忍. 盖以此爲傳道之器也.

출거(出去) 동 ❶가다. 나가다. ⇔가다.《朴新諺 3, 14ㅎ》罵了幾句就走出去了, 여러 귀 ᄭᅮ짓고 곳 ᄃᆞ라나 가니. ❷나가다. ⇔나가다.《朴新諺 1, 45ㅎ》我這幾日有差使出去, 내 요ᄉᆞ이 差使ㅣ 이셔 나가니.《朴新諺 3, 6ㅎ》我有差使出去了, 내 差使ㅣ 이셔 나가.

출관(出官) 동 도성(都城)을 떠나 지방관으로 나가다.《集覽, 朴集, 下, 5ㅎ》四箇將軍. 募選身軀長大壯偉異於人者, 紅盔銀甲, 立於殿前月臺上四隅, 名鎭殿將軍, 亦曰紅盔將軍, 亦曰大漢將軍. 其請給衣粮曰大漢衣粮. 年過五十, 方許出官.

출교(出郊) 동 교외(郊外)로 나가다.《集覽, 朴集, 上, 14ㅎ》寒食. 東京錄云, 唐明皇詔寒食上墓, 近代相承, 皆用此日拜掃丘墓, 都人傾城出郊, 四野如芳市〈四野如市〉, 樹之下〈芳對之下〉, 園囿之間, 羅列杯〈盃〉盤, 抵暮而歸.

출급(出給) 동 물건이나 문서 따위를 내어주다.《集覽, 朴集, 上, 5ㅎ》米貼. 月俸之貼. 質問云, 收米・放米計數之票〈標〉也. 又云, 是文武官員關支(支)月米時, 各該衙門出給印信貼兒.

출납(出納) 동 돈이나 물품을 내어 주거나 받아들이다.《集覽, 朴集, 中, 8ㅈ》首領官. 今宗人府經歷爲首領官, 六部主事爲首領官之類, 然未詳取義. 但各衙門有首領官, 如有司之任, 主出納一司公事.

출래(出來) 동 ❶나다. 나오다. ⇔나다.《朴新諺 1, 15ㅈ》從幾時生出來的, 언제부터 낫ᄂᆞ뇨. ❷나오다. ⇔나오다.《朴新諺 2, 2ㅈ》一會兒就出來上馬, ᄒᆞᆫ 지위만 ᄒᆞ면 곳 나와 ᄆᆞᆯ을 ᄐᆞ리라.《朴新諺 2, 4ㅈ》便上馬出來了, 곳 ᄆᆞᆯ을 ᄐᆞ고 나올와.《朴新諺 3, 25ㅎ》出來說與師傅, 나와 스승ᄃᆞ려 닐러ᄧᅥ니.《朴新諺 3, 26ㅈ》鹿皮待要出來, 鹿皮ㅣ 나오고져 ᄒᆞ거ᄂᆞᆯ.《朴新諺 3, 26ㅎ》王見他多時不出來, 王이 뎨 오래 나오디 아니믈 보고.《朴新諺 3, 57ㅎ》倒是娘子柳氏出來說道, 도로혀 娘子 柳氏ㅣ 나와 니ᄅᆞ되. ❸내다. ⇔내다.《朴新諺 1, 14ㅎ》如今米都關出來了, 이제 ᄡᆞᆯ로 다 타 내여다.《朴新諺 1, 27ㅎ》把衆朋友名字都寫出來, 모든 벗의 일홈을 다 ᄡᅥ 내여.《朴新諺 1, 46ㅎ》却結褁不出來的, ᄯᅩ 밋ᄉᆞ며 내디 못ᄒᆞ리라.《朴新諺 3, 7ㅈ》到六月裡取出來晒幾次, 六月에 다ᄃᆞᆺ거든 가져 내여 여러 번 볏 ᄶᅬ라 ᄒᆞ여시니.

출렵(出獵) 동 사냥을 하러 나가다.《集覽, 朴集, 下, 11ㅎ》太公. 周文王出獵, 過於渭水之陽, 與語大悅, 曰, 自吾先君太公曰, 當有聖人適周, 周以興. 子豈是耶. 吾太公望子久矣. 故號之曰太公望. 載與俱歸, 立爲師.

출로(出路) 동 길을 나서다. 곧, 여행하다.《集覽, 朴集, 上, 3ㅎ》細料物. 事林廣記食饌類, 細料物, 官桂・良薑・蓽撥草・豆蔻・陳皮・縮砂仁〈砂仁〉・八角・茴香各一兩, 川椒二兩, 杏仁五兩, 甘草一兩

牛, 白檀末牛兩. 右共爲細末用之. 如欲出路停久用之者, 以水浸, 蒸餠爲丸, 如彈子大, 臨時湯泡用之.

출매(出賣) 동 물건을 내어다 팔다. 판매하다. 《集覽, 朴集, 上, 1ㅈ》槽房. 釀酒出賣之家, 官收其稅. 《集覽, 朴集, 上, 14ㅎ》羊腔子. 今按, 漢俗屠羊出賣者, 皆去其首. 《集覽, 朴集, 下, 2ㅈ》幌字. 今按, 漢俗, 凡出賣諸物之家, 俱設標幟之物, 置於門口, 或於門前起立牌榜, 如曰張家出賣高麗布扇. 一如賣酒家標植靑帘之類, 俗呼靑帘曰酒家望子.

출몰(出沒) 동 나타났다 숨었다 하다. 《集覽, 朴集, 上, 15ㅈ》西湖. 在玉泉山下, 泉水瀦而爲湖, 流入宮中. 西苑爲太液池, 出都城爲玉河, 東南流注于大通河. 環湖十餘里, 荷·蒲·菱·芡與夫沙禽·水鳥出沒, 隱暎於天光雲影中, 實佳境也.

출문(出門) 동 나가다. 또는 외출하다. ⇔나가다. 《集覽, 朴集, 上, 6ㅈ》碎貼兒. 音義云, 出門驗放之貼. 《集覽, 朴集, 上, 13ㅎ》滿月. 質問云, 産婦一箇月不出門, 不生理, 只補養本身, 一月之後出門, 又吃〈喫〉喜酒. 《集覽, 朴集, 下, 2ㅈ》解夏. 荊楚歲時記云, 天下僧尼, 於四月十五日, 就禪刹掛搭不出門, 謂之結夏, 亦曰結制. 《朴新諺 1, 42ㅈ》咱們男子漢出遠門, 우리 스나희 먼 듸 나가.

출빈(出殯) 동 장례를 지내기 전에 집 밖에 차린 빈소(殯所)에 시신을 내어다 놓다. ⇔출빈ᄒ다(出殯-). 《朴新諺 3, 42ㅎ》我竟不知道却曾出殯麽, 내 ᄆᆞᆷ내 아지 못ᄒ엿ᄂᆞ니 ᄯᅩ 일즉 出殯ᄒ엿ᄂᆞᆫ. 今早已出殯了, 오늘 새볘 이믜 出殯ᄒ니라. 《朴新諺 3, 43ㅈ》二十四日寅時出殯, 二十四日 寅時에 出殯ᄒ니.

출빈ᄒ다(出殯-) 동 출빈(出殯)하다. ⇔출빈(出殯). 《朴新諺 3, 42ㅎ》我竟不知道却曾出殯麽, 내 ᄆᆞᆷ내 아지 못ᄒ엿ᄂᆞ니 ᄯᅩ 일즉 出殯ᄒ엿ᄂᆞᆫ. 今早已出殯了,

오늘 새볘 이믜 出殯ᄒ니라. 《朴新諺 3, 43ㅈ》二十四日寅時出殯, 二十四日 寅時에 出殯ᄒ니.

출사(出使) 동 벼슬아치가 지방에 출장을 가다. 《集覽, 朴集, 下, 8ㅎ》五箇鋪馬. 遜齋閑覽云, 漢朝臣出使爲太守, 增一馬, 故爲五馬.

출세(出世) 동 〈불〉=출속(出俗). 《集覽, 朴集, 下, 1ㅎ》魔障. 昔釋迦出世時, 魔王名波旬, 若人來供養恭敬〈若如來供養恭敬〉, 魔王依於佛法, 得善利, 不念報恩, 而反欲加毁. 故名波旬, 此言惡中惡.

출속(出俗) 동 〈불〉출가(出家)하다. 속가(俗家)을 떠나 불문(佛門)에 들어가다. 《集覽, 朴集, 下, 3ㅈ》三寶. 佛·法·僧也. 功成妙智, 道登圓覺, 佛也, 玄理幽微, 正教精誠, 法也, 禁戒守眞, 威儀出俗, 僧也. 《朴新諺 3, 14ㅈ》不信佛法不尊三寶(朴新注, 49ㅎ: 佛·法·僧曰三寶. 功成妙智, 道登圓覺, 佛也, 玄理幽微, 正教精誠, 法也, 禁戒守眞, 威儀出俗, 僧也. 故曰寶.), 佛法을 信치 아니ᄒ고 三寶를 尊치 아니ᄒ니.

출식(出息) 동 향상되다. 진보되다. ⇔출식ᄒ다(出息-). 《朴新諺 3, 19ㅈ》雖無大出息, 비록 크게 出息홈이 업스나.

출식ᄒ다(出息-) 동 출식(出息)하다. ⇔출식(出息). 《朴新諺 3, 19ㅈ》雖無大出息, 비록 크게 出息홈이 업스나.

출외(出外) 동 집을 떠나 외지(外地)로 나가다. 《集覽, 朴集, 中, 6ㅎ》大帽. 今俗唯出外行者及新婚壻郞無職者, 親迎之夕必戴大帽.

출전(出戰) 동 싸우러 나가다. 또는 싸움터로 나가서 싸우다. 《集覽, 朴集, 下, 4ㅈ》孫行者. 巡山大力鬼上告天王, 擧灌州灌江口神曰小聖二郞, 可使拿獲. 天王遣太子木叉, 與大力鬼徃請二郞神, 領神兵圍花菓山, 衆猴出戰皆敗.

출탈(出脫) 동 처치(處置)하다. 처리하다.

또는 (물품을) 팔아 치우다. ⇔지쳐ᄒᆞ
다.《朴新諺 1, 36ㅈ》無處出脫, 지쳐홀
곳이 업서.

춤 명 침. ⇔타말(唾沫).《朴新諺 1, 15ㅎ》
把指頭在口內沾着唾沫, 손가락을다가
입에 너허 춤을 무처.

춤추다 동 춤추다. ⇔무(舞).《朴新諺 2,
11ㅈ》也有舞鎗弄棒的, 또 鎗을 춤추며
막대 노롯ᄒᆞ는 이도 이시니.

춤추이다 동 춤추게 하다. 또는 춤추듯 날
다. ⇔비무(飛舞).《朴新諺 2, 11ㅎ》兩翅
飛舞, 두 ᄂᆞᆯ개로 춤추이고.

충(虫) 명 =충(蟲). '虫'은 '蟲'과 같다.《晉,
干寶》 搜神記(句道興本)》其二童子還化作
二虫, 從景公口入腸中, 夢覺, 卽知死矣.
《朴新諺 3, 6ㅎ》虫蛀的無一根風毛了怎
麽好, 좀이 딥어 혼 낫 긴털이 업스니
엇지ᄒᆞ여야 됴흐료.

충(衝) 동 ❶들이받다. 부딪치다. ⇔지르
다.《朴新諺 1, 9ㅎ》把那城門都衝坍了,
뎌 城門을다가 다 질러 문희치고. ❷⇔
질리다.《朴新諺 1, 9ㅎ》村庄人家的房屋
墻壁太半都被水衝了, 村庄 人家에 房屋
墻壁이 太半 다 믈에 질리엿ᄂᆞ니라.

충(蟲) 명 좀[蠹]. ⇔좀.《朴新諺 3, 6ㅎ》虫
蛀的無一根風毛了怎麽好, 좀이 딥어 혼
낫 긴털이 업스니 엇지ᄒᆞ여야 됴흐료.

충군(忠君) 동 임금에게 충성하다. ⇔충군
ᄒᆞ다(忠君-).《朴新諺 1, 49ㅈ》輔國忠君
光顯門閭, 輔國 忠君ᄒᆞ고 光顯 門閭ᄒᆞ면.

충군ᄒᆞ다(忠君-) 동 충군(忠君)하다. ⇔
충군(忠君).《朴新諺 1, 49ㅈ》輔國忠君
光顯門閭, 輔國 忠君ᄒᆞ고 光顯 門閭ᄒᆞ면.

충류(蟲類) 명 벌레의 부류.《集覽, 朴集,
下, 2ㅈ》解夏. 盖夏乃長養之節(莭), 在
外行則恐傷草木・虫類. 故九十日安居不
出, 至七月十五日, 應禪寺掛搭僧尼, 盡皆
散去, 謂之解夏, 又謂解制.

충신(忠臣) 명 나라와 임금을 위하여 충
성을 다하는 신하.《朴新諺 1, 49ㅈ》可
見世上的忠臣孝子, 世上에 忠臣 孝子ㅣ.

충아(蟲児) 명 =충아(蟲兒). '虫'은 '蟲'과
같다. '児'는 '兒'의 속자.《晉, 干寶》 搜神
記(句道興本)》其二童子還化作二虫, 從景
公口入腸中, 夢覺, 卽知死矣.《宋元以來
俗字譜》兒, 列女傳・通俗小說・三國志
平話作児.《朴新諺 3, 25ㅈ》行者變做小
虫児, 行者ㅣ 變ᄒᆞ여 져근 버레 되여.

충아(蟲児) 명 벌레. ⇔버레.《朴新諺 3,
25ㅈ》行者變做小虫児, 行者ㅣ 變ᄒᆞ여
져근 버레 되여.

충자(蟲子) 명 좀[蠹]. ⇔좀.《朴新諺 3, 7
ㅈ》虫子怎麽得蛀呢, 좀이 엇지 딥어시
리오. 這也是惟不得虫子, 이 또 좀을 허
믈치 못홀 거시니.

충자주(蟲子蛀) 동 =충주(蟲蛀).《朴新諺
3, 7ㅈ》虫子怎麽得蛀呢, 좀이 엇지 딥어
시리오.

충주(蟲蛀) 동 좀먹다. 벌레 먹다.《朴新
諺 3, 6ㅎ》虫蛀的無一根風毛了怎麽好,
좀이 딥어 혼 낫 긴털이 업스니 엇지ᄒᆞ
여야 됴흐료.

충천(衝天) 동 하늘을 찌를 듯이 공중으
로 높이 솟아오르다.《集覽, 朴集, 下, 1
ㅈ》西天取經去. 乃以西天去東土十萬八
千里之程, 妖怪〈怪〉又多, 諸衆不敢輕諾.
唯南海落伽〈迦〉山觀世音菩薩, 騰雲駕霧
徃東土去, 遙見長安京兆府, 一道瑞氣衝
天, 觀音化作老僧入城.

취(吹) 동 ❶불다[吹]. ⇔불다.《朴新諺 3,
9ㅈ》受多少日炙・風吹, 언머 볏 쬐고 ᄇᆞ
람 불믈 바드며. ❷불다[吹奏]. ⇔불다.
《朴新諺 1, 6ㅎ》吹的只管吹, 불 리 그저
불고.《朴新諺 3, 43ㅎ》吹螺打鈸, 고라
불고 바라 티고.

취(取) 동 ❶❶가지다. ⇔가지다.《朴新
諺 1, 3ㅈ》就去取酒, 즉시 가 술을 가져
가라 ᄒᆞ더이다.《朴新諺 1, 20ㅈ》我們隔
幾日再來取罷了, 우리 여러 날 즈음ᄒᆞ여
다시 와 가져가미 무던ᄒᆞ다.《朴新諺 3,

7ㅈ》到六月裡取出來晒幾次, 六月에 다
닷거든 가져 내여 여러 번 볏 쐬라 ᄒᆞ여
시니.《朴新諺 3, 8ㅎ》徃西天去取經的時
節, 西天을 향ᄒᆞ여 經 가질라 갈 제.《朴
新諺 3, 9ㅈ》纔到得西天取了經廻來, 계
요 西天에 니르러 經을 가지고 도라와.
《朴新諺 3, 21ㅎ》當年有箇唐僧徃西天取
經去, 當年에 ᄒᆞᆫ 唐僧이 이셔 西天을 향
ᄒᆞ여 經 가질라 갈 제. ●취(取)하다.
(일정한 조건에 맞는 것을 골라 가지다)
⇔취ᄒᆞ다(取-).《朴新諺 1, 49ㅈ》如今國
家開科取士, 이제 國家ㅣ 과거롤 여러
션비롤 取ᄒᆞ여.《朴新諺 3, 18ㅈ》此外並
無別件可取了, 이 밧근 아조 다른 것 가
히 取ᄒᆞᆯ 것시 업ᄂᆞ니라. ❷찾다. 얻다.
받다. ●⇔춫다.《朴新諺 1, 12ㅎ》再到
這裏취馬, 다시 예 와 물을 춫고. ●⇔춫
다.《朴新諺 2, 15ㅈ》我好拿銀子來取, 내
銀을 가지고 와 츠즈리라. 我好拿銀子來
取, 내 銀을 가지고 와 츠즈리라.

취(臭) [형] 더럽다. (냄새가) 구리다. 고약
하다. 역겹다. ⇔더럽다.《朴新諺 2, 55
ㅎ》氣息臭的了不的, 내옴이 더러워 견
디지 못ᄒᆞ니.

취(娶) [동] 장가가다. 아내를 얻다. 아내를
들이다. ⇔취ᄒᆞ다(娶-).《朴新諺 1, 43
ㅎ》娶了娘子來家了, 娘子롤 聚(娶)ᄒᆞ여
집의 왓다 ᄒᆞ더라.《朴新諺 2, 35ㅎ》就
娶了他的大小老婆, 곳 뎌의 大小 계집을
娶ᄒᆞ고.

취(就) [부] ❶곧. 바로. ●⇔이믜셔.《朴新
諺 1, 5ㅎ》這也就勾了, 이도 이믜셔 넉넉
ᄒᆞ다.《朴新諺 1, 15ㅎ》就敎我這箇好法
兒, 이믜셔 나롤 이 됴ᄒᆞᆫ 法을 ᄀᆞᄅᆞ치라.
《朴新諺 1, 25ㅎ》瘦的馬就便肥了, 여윈
물도 이믜셔 곳 술지리라.《朴新諺 1, 42
ㅈ》也就把蹄子上放些血罷, ᄯᅩ 이믜셔
굽에 피 빼히라.《朴新諺 1, 48ㅎ》就上
生書念一會, 이믜셔 새 글 빈화 ᄒᆞᆫ 디위
닑고.《朴新諺 2, 10ㅎ》咱們今日就同去

聽一聽罷, 우리 오늘 이믜셔 ᄒᆞᆫ가지로
가 듯쟈.《朴新諺 2, 20ㅎ》就買他些木料
席子, 이믜셔 뎌 木料와 삿글 사.《朴新
諺 2, 52ㅎ》就那般去了, 이믜셔 그런 재
가니.《朴新諺 3, 33ㅈ》也就勾打了, ᄯᅩ
이믜셔 넉넉이 민둘리라.《朴新諺 3, 45
ㅎ》就煮一脚羊蹄好下飯, 이믜셔 ᄒᆞᆫ 羊
의 다리를 술마 밥 먹기 됴케 ᄒᆞ고. ●⇔
임의셔.《朴新諺 2, 2ㅎ》明日就那裏上了
墳, 뉘일 임의셔 게셔 上墳ᄒᆞ고.《朴新諺
2, 8ㅈ》就是那達子·回回, 임의셔 뎌 達
子·回回라도. ❷●곧. 바로. ⇔곳.《朴
新諺 1, 3ㅈ》就着姓崔的外郞去討, 곳 崔
가 外郞으로 가 엇게 ᄒᆞ라.《朴新諺 1,
10ㅈ》就好興工了, 곳 역ᄉᆞ 시작홈이 됴
타.《朴新諺 1, 23ㅈ》當多了後來銀子不
湊手就難贖了, 뎐당을 만히 ᄒᆞ엿다가 후
에 은이 손에 모히지 못ᄒᆞ면 곳 무르기
어려오니라.《朴新諺 2, 2ㅈ》一會兒就出
來上馬, ᄒᆞᆫ 지위만 ᄒᆞ면 곳 나와 물을 ᄐᆞ
리라.《朴新諺 2, 7ㅎ》你既要換就換, 네
이믜 밧고려 ᄒᆞ거든 곳 밧고라.《朴新諺
2, 24ㅎ》來到家裏就害熱, 집의 와 곳 더
워.《朴新諺 3, 1ㅎ》若再鬧(鬧)我我就打
了, 만일 다시 내게 들레면 내 곳 치리
라.《朴新諺 3, 7ㅈ》你的身子安樂就是福
了, 네 몸이 安樂ᄒᆞ면 곳 이 福이니라.
《朴新諺 3, 23ㅎ》咱如今兩箇就在王前鬧
(鬪)法, 우리 이제 둘히 곳 王의 앏히 이
셔 鬧(鬪)法ᄒᆞ여. ●드디어. ⇔드듸여.
《集覽, 字解, 單字解, 5ㅎ》就. 卽也. 就將
來 즉재 가져오라, 就有了·就去了. 又
遂也. 就那裏睡了 게셔 자다, 就便 곳. 又
就行 드듸여셔 ᄒᆞ다. ●문득. …하면 바
로. …하자마자. ⇔믄득.《朴新諺 1, 15
ㅈ》誰知道就長出這瘡來了, 뉘 믄득 이
瘡이 ᄌᆞ랄 줄을 알리오. ❸즉시(卽時).
곧. 바로. ●⇔즉시.《朴新諺 1, 3ㅎ》就
去取酒, 즉시 가 술을 가져가라 ᄒᆞ더이
다.《朴新諺 1, 10ㅈ》眼前就收拾怕甚麽

呢, 시방 즉시 收拾ᄒ면 무서시 저프리
오. 《朴新諺 1, 24ㅈ》洗過了就拴在陰凉
處, 싯겨 즉시 서늘혼 디 미고. 《朴新諺
1, 48ㅈ》洗了臉就到學房裏, ᄂ 싯고 즉
시 學房에 가. 《朴新諺 2, 10ㅎ》我到衙門
去投了文書就回來, 내 衙門에 가 文書를
드리고 즉시 올 거시니. 《朴新諺 2, 35
ㅈ》就把老李帶到衙門, 즉시 老李를 다가
衙門에 잡아가. 《朴新諺 2, 59ㅎ》就着幾
箇婦人們下手縫罷, 즉시 여러 계집들로
ᄒ여 손부려 짓게 ᄒ고. 《朴新諺 3, 12
ㅈ》不過一兩遍管情就好了, 혼두 번에
지나지 못ᄒ여셔 결단코 즉시 됴ᄒ리
라. 《朴新諺 3, 24ㅎ》就變做一箇大靑蝎
子, 즉시 變ᄒ여 혼 큰 프른 전갈이 되여.
●⇔즉재. 《集覽, 字解, 單字解, 5ㅎ》就.
卽也. 就將來 즉재 가져오라, 就有了·
就去了. 又遂也. 就那裏睡了 게셔 자다,
就便 곧. 又就行 드듸여셔 ᄒ다.

취(趣) 몡 맛. 취미. 흥미. 재미. ⇔맛. 《朴
新諺 1, 21ㅈ》也覺得有趣哩, ᄯ 맛 이심
을 ᄭᄃᆨ룰러라. 《朴新諺 2, 50ㅈ》豈不有
趣呢, 엇지 맛 잇지 아니ᄒ랴.

취(聚) 됨 ●모으다. ⇔모호다. 《朴新諺
3, 18ㅎ》天天都是這般早聚晚散麼, 날마
다 다 이리 일 모호고 늣게야 흣터지ᄂ
냐. ●모이다. ⇔몯다. 《朴新諺 1, 57ㅈ》
再慢慢的聚話罷, 다시 날호여 모다 말ᄒ
쟈.

취(翠) 몡 비취(翡翠). 물총새. ⇔비취.
《朴新諺 2, 5ㅈ》上面盖的瓦如鋪翠, 우희
녠 디새는 비취룰 ᄭᆫ 듯ᄒ고.

취(嘴) 몡 부리. 주둥이. ⇔부리. 《朴新諺
1, 35ㅈ》那養漢老婆的嘴, 뎌 養漢ᄒ는
계집의 부리. 《朴新諺 3, 31ㅈ》你這小胡
孫寡是一張嘴, 네 이 져근 진납이 다만
이 혼 부리뿐이로다.

취(醉) 됨 취하다. ●⇔취ᄒ다(醉-). 《朴
新諺 1, 7ㅈ》如今酒也醉了飯也飽了, 이
제 술도 醉ᄒ고 밥도 비부르다. ●⇔취

ᄒ다. 《朴新諺 3, 52ㅎ》小人知他酒醉不
敢抵敵, 小人이 제 술 취홈을 알고 敢히
抵敵지 아니ᄒ엿더니.

취거(取去) 됨 가져가다. ⇔가져가다.
《朴新諺 3, 55ㅈ》就取一百錢去賃來輔上,
곳 혼 빅 돈을 가져가 삭 내여 와 안장
디으라.

취거(聚居) 됨 (한곳에) 모여 살다. 집거
(集居)하다. 《集覽, 朴集, 上, 14ㅎ》八里
庄. 地名. 凡鄕井之制, 在內曰街·坊·
關·廂, 在外曰店·鎭·鄕·莊〈庄〉·
𨋬·保·屯·務·寨·峪·灣·窩, 盖
因俗呼得名, 皆指人所聚居之處也.

취경(取經) 됨 〈불〉 불교도(佛敎徒)가 인
도에 가서 불경(佛經)을 구해오다. 《集
覽, 朴集, 下, 4ㅈ》孫行者. 其後唐太宗勑
玄奘法師, 徃西天取經, 路經此山, 見此猴
精壓在石縫, 去其佛押出之, 以爲徒弟, 賜
法名吾(悟)空, 改号〈號〉爲孫行者, 與沙
和尙及黑猪精·朱八戒偕徃, 在路降妖去恠,
救師脫難, 皆是孫行者神通之力也. 《朴新
諺 3, 21ㅈ》唐三藏西遊記(朴新注, 52ㅈ:
錄唐三藏西天取經時事.), 唐三藏의 西遊
記를 사쟈.

취등(吹燈) 몡 =취등(取燈). 《集覽, 朴集,
中, 7ㅎ》取燈兒〈取燈〉. 南村輟耕錄云,
杭人削松木爲小片, 其薄如紙, 鎔硫黃塗
木片頂分許, 名曰發燭, 又曰焠兒. 宋陶學
士淸異錄云, 夜有急, 苦於作燈之緩, 批杉
木條染硫黃, 一與火遇, 得燄必速, 呼爲引
光奴. 今之取燈兒, 其遺制也. 今按, 舊本
作吹燈兒. 焠, 音취, 則舊本吹燈之名, 恐
或爲是.

취등(取燈) 몡 =취등아(取燈兒). 《集覽, 朴
集, 中, 7ㅎ》取燈兒〈取燈〉. 南村輟耕錄
云, 杭人削松木爲小片, 其薄如紙, 鎔硫黃
塗木片頂分許, 名曰發燭, 又曰焠兒. 宋陶
學士淸異錄云, 夜有急, 苦於作燈之緩, 批
杉木條染硫黃, 一與火遇, 得燄必速, 呼爲
引光奴. 今之取燈兒, 其遺制也. 今按, 舊

本作吹燈兒. 焠, 音·취, 則舊本吹燈之名, 恐或爲是.《朴新諺 2, 41ㅈ》拿着取燈兒(朴新注, 37ㅎ: 削松木爲小片, 其薄如紙, 鎔硫黃塗於片端, 點火得焰甚速.), 取燈을 가지고.《朴新諺 2, 41ㅈ》把取燈點上火往裏照, 取燈에다가 불을 혀 안을 향ᄒᆞ여 비최여.

취등아(吹燈兒) 몡 =취등아(取燈兒).《集覽, 朴集, 中, 7ㅎ》取燈兒〈取燈〉. 南村輟耕錄云, 杭人削松木爲小片, 其薄如紙, 鎔硫黃塗木片頂分許, 名曰發燭, 又曰焠兒. 宋陶學士淸異錄云, 夜有急, 苦於作燈之緩, 批杉木條染硫黃, 一與火遇, 得燄必速, 呼爲引光奴. 今之取燈兒, 其遺制也. 今按, 舊本作吹燈兒. 焠, 音·취, 則舊本吹燈之名, 恐或爲是.

취등아(取燈兒) 몡 성냥개비의 한 가지. (얇게 깎아낸 소나무 조각의 한쪽 끝에 유황을 발라 불을 붙이거나 밝힐 때 쓰던 물건) ⇔취등(取燈).《集覽, 朴集, 中, 7ㅎ》取燈兒〈取燈〉. 南村輟耕錄云, 杭人削松木爲小片, 其薄如紙, 鎔硫黃塗木片頂分許, 名曰發燭, 又曰焠兒. 宋陶學士淸異錄云, 夜有急, 苦於作燈之緩, 批杉木條染硫黃, 一與火遇, 得燄必速, 呼爲引光奴. 今之取燈兒, 其遺制也. 今按, 舊本作吹燈兒. 焠, 音취, 則舊本吹燈之名, 恐或爲是.《朴新諺 2, 41ㅈ》拿着取燈兒(朴新注, 37ㅎ: 削松木爲小片, 其薄如紙, 鎔硫黃塗於片端, 點火得焰甚速.), 取燈을 가지고.

취라(吹螺) 몡 십성(十成). 금은(金銀)의 품질을 10등분한 가운데 제1등. 곧, 순도가 10할인 금은.《集覽, 朴集, 上, 9ㅎ》細絲官銀. 銀十品曰十成, 曰足色, 曰成色, 曰細絲, 曰手絲兒, 曰吹螺, 曰白銀《朴新諺 1, 33ㅈ》我的都是細絲(朴新注, 12ㅎ: 銀十品曰十成, 曰足色, 曰成色, 曰細絲, 曰手絲兒, 曰吹螺, 曰白銀. 九品曰九成, 曰靑絲. 八品曰八成.)銀子, 내 거슨 다 이 細絲銀이라.

취락(取樂) 동 즐기다. 쾌락을 찾아 즐기다. ⇔즐기다.《朴新諺 1, 36ㅈ》要養老婆取樂了, 계집 쳐 즐기려 ᄒᆞ니.

취락(聚落) 몡 촌락. 마을.《集覽, 朴集, 上, 10ㅎ》袈裟. 一曰金縷僧伽梨, 卽大衣也, 入王宮聚落時衣, 乞食時着.

취래(取來) 동 가져오다. ⇔가져오다.《朴新諺 1, 3ㅎ》你取票來我看, 네 票를 가져오라 내 보쟈.《朴新諺 1, 3ㅎ》照勘數取來, 勘數대로 가져오라.《朴新諺 2, 19ㅈ》取來我看, 가져오라 내 보쟈.《朴新諺 3, 16ㅎ》你只取了傢伙來做活, 네 그저 연장을 가져와 셩녕ᄒᆞ라.《朴新諺 3, 24ㅎ》取了一塊靑泥來, 흔 덩이 프른 즌흙을 가져와.《朴新諺 3, 36ㅈ》你把包子火燒先取來, 네 包子와 구은 ᄯᅥᆨ을다가 몬져 가져오고.

취령(毳翎) 몡 솜털과 깃털.《集覽, 朴集, 上, 11ㅈ》消息. 以禽鳥毳翎安於竹針頭, 用以取耳垢者, 俗呼爲消息. 舊本作蒲樓翎兒.《朴新諺 1, 43ㅎ》把捎篦(朴新注, 17ㅈ: 以禽鳥毳翎安扵竹頭, 用以取耳垢者, 俗呼爲消息.)掏一掏耳朶, 짓븨로다가 귓바회 쁠면.

취리(就裏) 몡 속. 내막(內幕). 속사정. ⇔속.《朴新諺 3, 42ㅈ》誰知道他的就裡, 뉘 뎌의 속을 알리오.

취반(就飯) 동 밥반찬으로 하다. 밥에 조치개로 하다. ⇔밥ᄒᆞ다.《朴新諺 2, 36ㅎ》再有甚麽就飯的, ᄯᅩ 므슴 밥ᄒᆞ여 먹을 것 잇ᄂᆞ뇨.《朴新諺 3, 30ㅈ》你不賣拿回家去就飯吃, 네 푸지 아니코 가져 집의 도라가 밥ᄒᆞ여 먹으려 ᄒᆞᆫ다.

취백(翠柏) 몡 질푸른 잣나무.《朴新諺 2, 38ㅎ》也有蒼松・翠栢, ᄯᅩ 蒼松・翠栢도 이시되.

취백(翠栢) 몡 =취백(翠柏). '栢'은 '柏'과 같다.《類篇, 木部》栢, 同柏.《朴新諺 2, 38ㅎ》也有蒼松・翠栢, ᄯᅩ 蒼松・翠栢도 이시되.

취변(就便) 閉 곧. 장차. ⇔곧.《集覽, 字解, 單字解, 5ㅎ》就. 卽也. 就將來 즉재 가져오라, 就有了·就去了. 又逐也. 就那裏睡了 게셔 자다, 就便 곧. 又就行 드듸여셔 ᄒᆞ다.

취산(就算) 閉 곧. ●⇔곳.《朴新諺 1, 43ㅎ》這就筭剃完了, 이 곳 싹가 못찻다 ᄒᆞ리라. ●⇔이믜셔.《朴新諺 1, 47ㅈ》就筭是與你送行罷了, 이믜셔 네게 送行ᄒᆞᄂᆞᆫ 양으로 호미 무던ᄒᆞ다.

취상(取償) 閉 배상(賠償)을 요구하다. 배상시키다.《集覽, 字解, 單字解, 6ㅎ》雇. 與賃字意同, 而賃字只用於物, 雇字人物通用. 律條疏議云, 驗日還價, 而不必取償也.

취속(取贖) 閉 전당물(典當物)을 되찾다.《集覽, 字解, 單字解, 6ㅈ》典. 凡人或缺少口粮, 或遇事用錢者, 以物折直, 立限賣與人爲質而求錢取用. 至限償還其直取物而還也. 律條疏議云, 以價易去, 而原價取贖曰典.

취수(翠水) 閉 전설상 천상계(天上界) 곤륜산(崑崙山)의 백옥루(白玉樓) 오른쪽에 있다는 불사(不死)의 물.《集覽, 朴集, 上, 15ㅈ》瑤池. 列仙傳, 崑崙〈崑崙〉閬苑, 有〈白〉玉樓十二, 玄室九層, 左瑤池, 右翠水, 環以弱水九重, 非飆〈飇〉車羽輪, 不可到也. 註, 瑤池, 王母所居.

취시(就是) 혱 옳다. 맞다. ⇔옳다.《朴新諺 2, 20ㅈ》以爲日後之憑據就是了, ᄡᅥ 日後의 憑據를 삼으미 올흐니.

취와(醉臥) 閉 술에 취하여 아무렇게나 드러눕다.《朴新諺 1, 42ㅎ》狗有濺草(朴新注, 16ㅎ: 晉時, 楊生養狗, 甚愛. 生醉臥大澤草中. 夜(野)火起風猛, 狗呼喚, 生不覺. 狗走往水坑, 以身漬水, 洒生所臥草, 生得不死.)之恩, 개ᄂᆞᆫ 濺草혼 恩이 잇고, 馬有垂繮之報, 물은 垂繮혼 報ㅣ 잇다 ᄒᆞ니라.

취우(翠羽) 閉 물총새의 깃.《集覽, 朴集, 上, 11ㅎ》珠鳳冠. 音義云, 珠子結成鳳的冠. 今按, 用珍珠串結, 作成鳳形, 而至於翎毛, 則皆用綵線及翠羽爲飾(餙).

취의(取意) 閉 뜻대로 하다. 뜻을 취하다.《集覽, 字解, 單字解, 4ㅈ》打. 擊也, 着實打, 又打三下. 又爲也. 打酒來 술 사 오라. 又曰, 打將來 ᄒᆞ야 오라, 打聽 듣보라, 打水 믈 긷다, 不打緊. 又打那裏去, 打東邊去, 有投向從往之意. 俗用打字, 似不合本意者多, 而實有取意不苟, 其用甚廣, 此不盡錄.

취자(嘴子) 閉 부리. 주둥이. ⇔부리.《朴新諺 3, 33ㅎ》嘴子·把子且打下我看了再鏇, 부리와 줄를 아직 ᄆᆡᆫᄃᆞ라 내 보와든 다시 ᄶᆡ라.

취죽(翠竹) 閉 푸른 참대. 청대.《朴新諺 2, 5ㅎ》就是那蒼松·翠竹, 곳 이 蒼松·翠竹과.

취집(聚集) 閉 모아眞聚]. ⇔모하.《朴新諺 3, 58ㅈ》聚集萬千人把弓王圍困, 萬千 사름을 모하 弓王을다가 에워 困케 ᄒᆞ니.

취처(娶妻) 閉 아내를 얻다.《集覽, 朴集, 上, 12ㅈ》圓飯筵席. 今按, 漢人娶妻親迎, 而女至男家以宿, 則女家送女食于男家, 三日而止. 止食之日, 女家必具酒饌, 送男家設宴, 謂之完飯筵席.

취추(炊箒) 閉 솔[刷子]. ⇔솔.《朴新諺 2, 21ㅈ》還有鑼鍋, 쏘 노고와. 柳箱, 섥과. 籭子, 드레와. 碗楪, 사발 졉시와. 匙筯 수져와. 榪杓, 나모쥬게와. 筆籬, 됴리와. 炊箒, 솔과. 擦床兒, 슉치칼과. 簸(簸)箕, 키와. 篩子, 얼밍이와. 馬尾羅, 물총체와. 桌子, 상과. 盤子, 盤과. 茶盤, 찻반과. 燈臺, 燈臺와. 酒種, 잔과. 酒鼈, 쥬벼ᅌᅳ와. 銅杓, 놋쥬게 이시니.

취한(醉漢) 閉 술 취한 남자. 취객(醉客).《集覽, 朴集, 上, 2ㅎ》院本. 日丑, 狂言戲弄, 或粧醉漢·太醫·吏員·媒婆之類.

취ᄒᆞ다(取-) 閉 취(取)하다. (일정한 조건에 맞는 것을 골라 가지다) ⇔취(取).

《朴新諺 1, 49ㅈ》如今國家開科取士, 이
제 國家ㅣ 과거롤 여러 선비롤 取ᄒᆞ여.
《朴新諺 3, 18ㅈ》此外並無別件可取了,
이 밧근 아조 다른 것 가히 取홀 것시
업ᄂᆞ니라.

취ᄒᆞ다(娶-) 图 장가가다. 아내를 얻다.
아내를 들이다. ⇔취(娶). 《朴新諺 1, 43
ㅎ》娶了 娘子來家了, 娘子롤 聚(娶)ᄒᆞ여
집의 왓다 ᄒᆞ더라. 《朴新諺 2, 35ㅎ》就
娶了他的大小老婆, 곳 뎌의 大小 계집을
娶ᄒᆞ고.

취ᄒᆞ다(醉-) 图 취(醉)하다. ⇔취(醉).
《朴新諺 1, 7ㅈ》如今酒也醉了飯也飽了,
이제 술도 醉ᄒᆞ고 밥도 비부르다.

츄샤ㅇ 图 주사위. ⇔별기(鼈碁). 《朴新諺
2, 54ㅈ》姐姐來咱們下一盤鼈碁罷, 각시
아 오라 우리 ᄒᆞᆫ 판 츄샤ㅇ ᄒᆞ쟈.

취ᄒᆞ다 图 취(醉)하다. ⇔취(醉). 《朴新諺
3, 52ㅎ》小人知他酒醉不敢抵敵, 小人이
제 술 취홈을 알고 敢히 抵敵지 아니ᄒᆞ
엿더니.

측(測) 图 측량(測量)하다. ⇔측냥ᄒᆞ다.
《朴新諺 2, 30ㅈ》由是威神莫測聖德難量,
일로 말미암아 威神을 측냥치 못ᄒᆞ고 聖
德을 혜아리기 어려온지라.

측냥ᄒᆞ다 图 측량(測量)하다. ⇔측(測).
《朴新諺 2, 30ㅈ》由是威神莫測聖德難量,
일로 말미암아 威神을 측냥치 못ᄒᆞ고 聖
德을 혜아리기 어려온지라.

측도(側刀) 图 선칼도[刂]. 한자 부수(部
首)의 이름. ⇔션칼도. 《朴新諺 2, 47ㅎ》
卯字頭下着金字右邊加箇側刀便是, 卯字
머리 아리 金字 ᄒᆞ고 올흔편에 션칼도
ᄒᆞᆫ 거시 곳 이라.

측의(測疑) 图 추측하다. 알아맞히다. 《集
覽, 字解, 單字解, 7ㅈ》猜. 測疑也.

최다 图 비키다. 피하다. ⇔타일타(趓一
趓). 《集覽, 字解, 單字解, 7ㅎ》趓. 逃也.
趓着走 에도라 둔닌다. 又避也. 趓一趓
길 최라. 亦作躲, 通作躲.

최여 图 치우쳐. ⇔편(偏). 《集覽, 字解, 單
字解, 3ㅈ》偏. 독벼리, 又독혀. 又최여.

최이다 图 치우치다. ⇔일발(一發). 《集
覽, 字解, 累字解, 1ㅎ》一發. 홈·믜. 又이·
믜·셔. 又최여.

치 图 ❶치. (말이나 노새 등의 눈 가운데
가 부어올라 연골과 같이 굳어지는 병)
⇔골(骨). 《朴新諺 1, 41ㅈ》我有箇赤馬
害骨眼, 내게 ᄒᆞᆫ 졀짜물이 이셔 눈에 치
알하. 《朴新諺 1, 42ㅈ》張大哥你替我醫
這馬骨眼, 張가 큰형아 네 나롤 ᄀᆞ르차
이 물 눈에 치· 고치고. ❷치. 것. ⇔적
(的). 《朴新諺 1, 57ㅎ》要做十箇氣力的
一張, 십 분 힘에 치 ᄒᆞᆫ 쟝과. 七八箇氣力
的一張, 칠팔 분 힘에 치 ᄒᆞᆫ 쟝을 민들고
져 ᄒᆞ노라. 《朴新諺 2, 42ㅈ》你要甚麼顔
色的, 네 므슴 빗체 치롤 ᄒᆞ려 ᄒᆞᆫ다.

치(治) 图 ❶고치다. 치료하다. ⇔고치다.
《朴新諺 1, 41ㅎ》你帶我拉到他那裏治去,
네 나롤 드리고 잇그러 져긔 고치라 가.
《朴新諺 1, 41ㅎ》只要他治得馬好, 그저
뎌 물을 고쳐 됴흘 양이면. 《朴新諺 2,
27ㅈ》怕沒有減你的心火治你的心病之時
麼, 네 心火를 끄고 네 心病을 고칠 때
업슬가 저프랴. ❷다스리다. ⇔다스리
다. 《朴新諺 3, 2ㅈ》恨的我沒法兒治他,
믜오되 내 뎌를 다스릴 法이 업세라.

치(直) 혱 비싸다. 값이 있다. ⇔ᄡᆞ다. 《朴
新諺 2, 13ㅈ》這橫子多不過直得一兩銀,
이 橫 만하야 不過 ᄒᆞᆫ 냥 은이 ᄡᆞ니. 《朴
新諺 2, 33ㅈ》有直錢的物件來當, 갑ᄡᆞ 物
件을 와 전당ᄒᆞ리 이시면. 《朴新諺 3, 3
ㅈ》一箇猫兒怎麼就直的這些錢, ᄒᆞᆫ 낫 괴
에 엇지 곳 이 갑시 ᄡᆞ리오. 《朴新諺 3,
7ㅈ》休道黄金貴安樂直錢多, 黃金을 귀
타 니르지 말라 安樂홈이 갑ᄡᆞ미 만타
ᄒᆞ니라.

치(致) 图 이르다[到]. ❶⇔니르다. 《朴新
諺 1, 58ㅎ》按月送納不致短少拖欠, 둘을
조차 送納호되 쩌르치며 믄그으매 니르

게 말고.《朴新諺 1, 58ㅎ》不致遲悞, 더
듸여 어그릋츔애 니르지 말고. ▤⇔니
르다.《朴新諺 2, 45ㅈ》按月交納不致短
少, 돌을 조차 交納ᄒ여 쩌르치매 니르
지 아니케 ᄒ리라.

치(齒) 몡 이. ⇔니.《集覽, 朴集, 中, 6ㅈ》
齒排柯雪. 謂齒如雪堆枝柯之上, 淨白頓
整之形, 似人所編排然. 佛三十二相, 有四
十齒相, 有齒白淨相, 有齒齊密相.《朴新
諺 2, 29ㅎ》齒排柯雪着秀垂楊, 니는 柯雪
이 버럿는 닷ᄒ고 눈섭은 垂楊이 쌔혀난
닷ᄒ도다.

치경(致敬) 몡 존경하는 뜻을 표하다.《集
覽, 朴集, 下, 2ㅎ》擎拳合掌. 西域記云,
致敬之式, 其儀九等, 四曰合掌平拱.

치경(緻硬) 혱 조밀하고 견고하다.《集覽,
朴集, 上, 12ㅎ》白淸水絹. 무리 ·픗〈플〉:
긔 ·업시 다ᄃ·마·돌호로 미·론:갑·이·니,
光滑緻硬, 如本國擣砧者也. 卽不用糨粉
而鍊〈練〉生絹, 以石碾者.

치국(治國) 몡 나라를 다스리다.《集覽,
朴集, 中, 6ㅎ》大帽. 如本國笠子之制. 上
問曰, 秀才何學. 對曰, 脩身齊家治國平天
下之學. 上哂〈笑〉曰, 自家笠子尙不端正,
又能平天下耶.

치국평천하(治國平天下) 몡 치국(治國)
하고 온 세상을 평안하게 하다.《集覽,
朴集, 中, 6ㅎ》大帽. 上問曰, 秀才何學. 對
曰, 脩身齊家治國平天下之學. 上哂〈笑〉
曰, 自家笠子尙不端正, 又能平天下耶.

치농(治農) 몡 농사를 짓다.《集覽, 朴集,
上, 13ㅈ》莊家. 村莊治農之人曰莊家, 謂
不達時務之人.《朴新諺 1, 50ㅎ》我是新
來的莊家(朴新注, 19ㅎ: 村莊治農之人,
又不達時務之人, 謂之莊家.), 나는 이 새
로 온 향암이라.

치다 몡 **❶**⇔치다〈設〉. 걸다. ⇔괘(掛).
《朴新諺 3, 4ㅈ》做一頂蚊帳掛着睡纔好,
ᄒ 불 모긔帳을 믿드라 치고 자야 마치
됴ᄒ리라. ●치다〈設〉. 가리다. ⇔만

(幔).《朴新諺 2, 41ㅎ》把那綿布簾子在
窓戶裏面幔上, 綿布 발을다가 窓 안ᄒ 치
고. ▤(팽이를) 치다. ⇔방(放).《朴新諺
1, 20ㅈ》也有放空中的, 박굉이 치리도
이시며. ▥(인(印))치다. 쓰다. 사용하
다. ⇔용(用).《朴新諺 1, 3ㅈ》寫了牌票
用了印信, 牌票를 쓰고 印 쳐. ▦(공을)
치다. ⇔타(打).《朴新諺 3, 36ㅎ》咱們今
日打毬罷, 우리 오늘 댱방올 치자.《朴新
諺 3, 36ㅎ》那箇新來的崔哥你也會打麼,
뎌 새로 온 崔哥ㅣ아 너도 칠 줄을 아는
다. 我怎麼不會打, 내 엇지 칠 줄을 아지
못ᄒ리오.《朴新諺 3, 37ㅈ》拿出毬棒借
與崔哥打, 댱방올 막대를 내여 崔哥를
빌려 주어 치게 ᄒ쟈. 咱打那一箇窩兒,
우리 어늬 ᄒ 굼글 치리오. 且打毬門窩
兒罷, 아직 毬門 굼글 치라. 還是打花臺
窩兒, 당시롱 花臺 굼글 치며. 打花房窩
兒呢, 花房 굼글 칠 거시니. 你且快打罷,
네 아직 밧비 치라. 崔哥這幾回果然打得
好, 崔哥ㅣ 이 여러 디위를 果然 치기를
잘ᄒ다. 倒慣會打毬哩, 도로혀 댱방올
치기 닉이 알 줄을 성각지 못ᄒ엿노라.
❻치다. 던지다. ⇔타(打).《朴新諺 2,
51ㅎ》打雙陸時節, 雙陸 칠 째에. **❼**치다
[打]. 두드리다. ⇔타(打).《朴新諺 1, 17
ㅎ》這般我敎他打了刀, 이러면 내 뎌로
ᄒ여 칼을 치이되.《朴新諺 1, 18ㅈ》刀
頭要甚麼鐵打呢, 칼놀을 므슴 쇠로 치이
려 ᄒ느뇨.《朴新諺 1, 18ㅈ》必得鑌鐵打
方好, 반드시 鑌鐵로 치이여야 보야ᄒ로
됴흘 써시니.《朴新諺 1, 18ㅎ》也不要打
得忒厚了, 또 치기를 너무 두터이 말고.
《朴新諺 1, 18ㅎ》你要打幾件呢, 네 몇 볼
을 치이려 ᄒ는다.《朴新諺 1, 18ㅎ》你
要打這五件刀, 네 이 다숫 볼 칼을 치이
되.《朴新諺 1, 19ㅈ》這位官人要打幾副
刀子, 이 분 官人이 여러 볼 칼을 치이려
ᄒ니.《朴新諺 2, 36ㅈ》打一副馬釘子來
釘上, ᄒ 부 물 다갈 쳐다가 박아. **❷**(악

기를) 치다. 두드리다. ●⇔녀(摍).《朴
新諺 3, 58ㅈ》便摍皷打鑼, 곳 북 치고 바
라 치고. ●⇔타(打).《朴新諺 3, 23ㅎ》
打一聲鍾響, 흔 소리 鍾을 치고.《朴新諺
3, 58ㅈ》便摍皷打鑼, 곳 북 치고 바라 치
고. ❸치다. 기르다. 양육(養育)하다. ●
⇔양(養).《朴新諺 1, 36ㅈ》要養老婆取
樂了, 계집 쳐 즐기려 ᄒᆞ니. ●⇔양활
(養活).《朴新諺 3, 38ㅎ》還落下些養活
他媳婦・孩児, ᄯᅩ 져기 ᄯᅥ르쳐 제 媳婦
와 孩兒를 치더니. ❹치다. 때리다. ●
⇔착(着).《朴新諺 1, 39ㅎ》鐵人鐵馬不
着鐵鞭不下馬, 쇠사롬 쇠몰긔 쇠채로 치
지 아니면 몰 ᄂᆞ리지 아니ᄒᆞᄂᆞᆫ 거시여.
●⇔타(打).《朴新諺 1, 48ㅎ》手心上就
打三戒方, 손바당을 곳 세 번 젼반으로
치ᄂᆞ니라.《朴新諺 2, 13ㅎ》我定要打這
狗才一頓, 내 일뎡이 개 ᄀᆞᇀ튼 놈을 흔 지
위 치리라.《朴新諺 2, 17ㅎ》拿這管馬的
弔起來打, 이 몰 ᄀᆞ옴아는 이를 잡아 돌
고 치라.《朴新諺 2, 22ㅎ》把那船上的人
打死了幾箇, 뎌 ᄇᆡ에 사름을다가 여러흘
쳐 죽엿다 ᄒᆞ더라.《朴新諺 2, 31ㅎ》我
回來定要打的, 내 도라와 일정 칠 거시
오.《朴新諺 2, 56ㅈ》大家休打臉, 大家ㅣ
ᄲᅣᆷ 치지 말고.《朴新諺 3, 1ㅎ》若再鬧
(鬧)我就打了, 만일 다시 내게 들레면
내 곳 치리라.《朴新諺 3, 22ㅎ》把伯眼
打了一鉄棒, 伯眼을다가 흔 쇠막대로 치
니.《朴新諺 3, 23ㅈ》更打了我一鉄棒, ᄯᅩ
나를 흔 쇠막대로 치니.

치심(痴心) 몡 어리석은 마음. 바보 같은
마음.《集覽, 朴集, 上, 10ㅈ》袈裟. 戒壇
云, 五條下衣, 斷〈断〉貪身也, 七條中衣,
斷〈断〉嗔口也, 大衣上衣, 斷痴心也.

치전(治田) 통 밭을 갈다. 농사를 짓다.
《集覽, 朴集, 中, 3ㅎ》稈草. 中國北方土
〈土〉地高燥, 宜粟不宜稲, 故治田好種粟.

치전(直錢) 몡 ●값지다. 값나가다. ⇔갑
ᄲᆞ다.《朴新諺 1, 58ㅎ》將家中所有直錢

物件, 家中에 잇ᄂᆞᆫ 갑ᄲᆞᆫ 物件을다가.《朴
新諺 2, 33ㅈ》有直錢的物件來當, 갑ᄲᆞᆫ 物
件을 와 뎐당ᄒᆞ리 이시면.《朴新諺 3, 7
ㅈ》休道黄金貴安樂直錢多, 黄金을 귀타
니르지 말라 安樂홈이 갑ᄲᆞ미 만타 ᄒᆞ니
라. ●비싸다. 값나가다. ⇔빋ᄉᆞ다.《集
覽, 字解, 單字解, 2ㅈ》直. 用强務致之辭.
굿. 又直錢 빋ᄉᆞ다. 通作値.

친(親) 몡 ●사돈. ⇔사돈.《朴新諺 1, 44
ㅎ》第(第)三日會新親, 第(第)三日에 새
사돈 모호고. ●혼인(婚姻). ⇔혼인.
《集覽, 字解, 累字解, 2ㅎ》悔親. 혼인 므
르다. 亦曰退親.

친린(親隣) 몡 친척이나 이웃.《集覽, 朴
集, 下, 9ㅈ》彩亭子. 漢俗皆於白日送殯,
凡結飾車輿・幢幡・傘盖及紙造人馬爲
前導者, 連亘四五十步. 僧尼・道士及皷
〈皷〉樂・鍾鈸塡咽大路, 遠近大小親都
〈隣〉男女, 前後導從者, 不知幾人, 後施夾
障從之.

친붕(親朋) 몡 친척과 친구.《朴新諺 3, 44
ㅈ》又見那些送殯親朋, ᄯᅩ 보니 뎌 送殯
ᄒᆞᄂᆞᆫ 親朋이.

친생(親生) 톰 자신이 낳다. 자신이 출산
하다. 또는 그 자식. ⇔친생ᄒᆞ다(親
生-).《朴新諺 2, 19ㅈ》情愿將親生之子
小名神奴現年五歲, 情愿으로 親生흔 아
ᄃᆞᆯ 小名은 神奴ㅣ오 시방 나히 五歲엣
거슬다가.

친생ᄒᆞ다(親生-) 톰 친생(親生)하다. ⇔
친생(親生).《朴新諺 2, 19ㅈ》情愿將親
生之子小名神奴現年五歲, 情愿으로 親生
흔 아ᄃᆞᆯ 小名은 神奴ㅣ오 시방 나히 五
歲엣 거슬다가.

친식(親識) 톰 서로 친하고 잘 알다.《集
覽, 朴集, 上, 6ㅈ》張舍. 王公・大人之家,
必有舍人, 卽家臣也. 如本國伴倘〈儅〉之
類, 爲權勢倚任之人, 貧賤之所羨慕者也
〈貧賤之所羨慕者〉. 故街巷呼親識爲張舍
・李舍, 乃一時推敬之稱〈称〉. 又質問云,

武職官下閑人, 謂之舍[人].

친영(親迎) 몡 육례(六禮)의 하나로, 신랑이 신부의 집에 가서 신부를 직접 맞이하는 일.《集覽, 朴集, 上, 11ㅎ》下多少財錢. 亦云下財. 家禮會通云, 婚有六禮, 納采・問名・納吉・納徵・請期・親迎.《集覽, 朴集, 上, 12ㅈ》圓飯筵席. 圓作完是, 謂齊足之意. 今按, 漢人娶妻親迎, 而女至男家以宿, 則女家送女食于男家, 三日而止. 止食之日, 女家必具酒饌, 送男家設宴, 謂之完飯筵席.《集覽, 朴集, 中, 6ㅎ》大帽. 今俗唯出外行者及新婚壻郎無職者, 親迎之夕必戴大帽.《朴新諺 1, 44ㅈ》下多少財禮(朴新注, 17ㅈ: 財, 羊・酒・花紅之屬. 禮, 六禮, 納采・問名・納吉・納徵・請期・親迎也.)呢, 언머 財禮를 드리더뇨.

친절(親切) 혱 매우 가깝다.《朴新諺 1, 28ㅎ》是這搬關切(朴新注, 11ㅎ: 關涉親切之謂.), 이러틋시 關切ㅎ여야.

친척(親戚) 몡 권당(眷黨). 친척. 친족과 외척.《朴新諺 1, 54ㅎ》親戚們都來看, 親戚들이 다 와 보고.《朴新諺 1, 55ㅎ》親戚們又來慶賀, 親戚들이 쏘 와 慶賀ㅎ느니라.《朴新諺 2, 19ㅎ》並遠近親戚人等爭競, 다못 遠近 親戚人 等이 爭競홈이 잇거든.

친척인(親戚人) 몡 친척(親戚)인 사람.《朴新諺 2, 19ㅎ》並遠近親戚人等爭競, 다못 遠近 親戚人 等이 爭競홈이 잇거든.

친형제(親兄弟) 몡 친형제.《朴新諺 2, 7ㅎ》就如一母所生親弟兄, 곳 一母 所生 親弟兄▽치 ᄒ여.

칠 몡 칠(漆). ⇔유칠(油漆).《朴新諺 2, 12ㅎ》油漆也不好板子又薄, 칠도 됴치 아니ㅎ고 널도 쏘 엷고.

칠(七) 쮄 일곱. ⇔닐곱.《朴新諺 2, 13ㅎ》這杭州綾子每疋有七托長, 이 杭州ㅅ 綾이 每 疋에 닐곱 발 기러 잇고.

칠(柒) 图 =칠(漆). '柒은 '漆'과 같다.《山海經, 西山經》又西百二十里, 曰剛山, 多柒木.〈畢沅校〉柒當爲漆.〈袁珂校注〉柒卽漆字.《朴新諺 1, 30ㅈ》馬靷是羊肝柒的, 드래는 이 羊肝빗츠로 柒혼 거시오.《朴新諺 3, 25ㅈ》擡過一頂紅柒横子來面前放下, 혼 불근 柒혼 궤를 드러 와 앏히 노코.

칠(漆) 图 칠하다. 바르다. ⇔칠ᄒ다(漆-).《朴新諺 1, 30ㅈ》馬靷是羊肝柒的, 드래는 이 羊肝빗츠로 柒혼 거시오.《朴新諺 3, 25ㅈ》擡過一頂紅柒横子來面前放下, 혼 불근 柒혼 궤를 드러 와 앏히 노코.

칠도(七渡) 몡 내 이름. 하북성(河北省) 삼하현(三河縣)에 있다.《朴新諺 2, 22ㅎ》到三河縣(朴新注, 30ㅎ: 在順天府東七十里, 以地近七渡・鮑丘・臨沟三水, 故名.), 三河縣에 다드라.

칠보(七寶) 图 칠보(七寶)로 호화롭게 장식하다. ⇔칠보ᄒ다(七寶-).《朴新諺 3, 35ㅈ》各自腰帶七寶環刀, 각각 허리에 七寶혼 環刀를 츠고.

칠보(七寶) 몡 ●〈불〉 불교에서 이르는, 금(金)・은(銀)・유리(琉璃)・거거(硨磲)・산호(珊瑚)・마노(瑪瑙)・수정(水晶)의 일곱 가지 보물.《集覽, 朴集, 上, 10ㅎ》布施. 捨施也, 財施爲凡, 法施爲聖. 凡布施, 必以滿三千世界, 七寶〈宝〉爲求福之具, 財施也. ●도교에서 이르는 나무 이름. 일천(一天)을 가릴 수 있을 정도로 크다고 한다.《集覽, 朴集, 下, 4ㅎ》羅天. 道經云, 七寶之樹各生一方, 弥覆一天, 八樹弥覆八天, 包羅衆天, 故云大羅, 此聖境也.

칠보ᄒ다(七寶-) 图 칠보(七寶)하다. ⇔칠보(七寶).《朴新諺 3, 35ㅈ》各自腰帶七寶環刀, 각각 허리에 七寶혼 環刀를 츠고.

칠성(七星) 몡 탐랑(貪狼)・거문(巨門)・녹존(祿存)・문곡(文曲)・염정(廉貞)・무곡(武曲)・파군(破軍) 등 일곱 개의 별. 밀교(密敎)에서, 이것을 섬기면 천재지변(天災地變) 따위를 미리 막을 수 있다고 한다.《集覽, 朴集, 上, 7ㅈ》北斗左輔右弼. 晉書天文志云, 七星在太微北, 七政之樞機, 陰陽之元本. 七星明, 其國昌, 輔星明, 則臣強.

칠십(七十) ㈜ 일흔.《朴新諺 3, 52ㅈ》大凡七十已上十五已下不合加刑, 무릇 七十 已上과 十五 已下ᄂᆫ 加刑홈이 맛당치 아니타 ᄒᆞ니라.

칠언시(七言詩) ㈜ 일곱 자로 한 구를 이루는 한시(漢詩)를 이르는 말.《朴新諺 1, 48ㅎ》做七言詩四句, 七言詩 四句를 짓고.

칠정(七政) ㈜ 천(天)·지(地)·인(人)과 사시(四時: 춘·하·추·동)를 통틀어 이르는 말.《集覽, 朴集, 上, 7ㅈ》北斗左輔右弼. 晉書天文志云, 七星在太微北, 七政之樞機, 陰陽之元本. 七星明, 其國昌, 輔星明, 則臣強.

칠조(七條) ㈜ 〈불〉 중이 입는 삼의(三衣)의 한 가지. 중이 장삼 위 왼쪽 어깨에서 오른쪽 겨드랑이 밑으로 걸쳐 입는 법의(法衣). 일곱 조각으로 되어 있어서 붙여진 이름이다. 예불(禮佛)·독경(讀經)·청강(聽講) 등을 할 때 입는다.《集覽, 朴集, 上, 10ㅈ》袈裟. 華嚴云, 着袈裟者, 捨離三毒. 戒壇云, 五條下衣, 斷〈断〉貪身也, 七條中衣, 斷〈断〉嗔口也, 大衣上衣, 斷痴心也.

칠취(七趣) ㈜ 〈불〉 중생(衆生)들이 미혹함으로써 윤회하는 일곱 세계. 곧, 인취(人趣)·천취(天趣)·아수라취(阿修羅趣)·아귀취(餓鬼趣)·축생취(畜生趣)·지옥취(地獄趣)·신선취(神仙趣: 仙道趣).《集覽, 朴集, 中, 5ㅈ》六道. 人道·天道·阿脩羅道·餓鬼道·畜生道·地獄道, 亦名六趣, 加仙道, 名曰七趣.

칠ᄒᆞ다 ㈜ 칠(漆)하다. 바르다. ⇔유(油).《朴新諺 2, 11ㅎ》拿一箇一托長碗口大的紅油畫金棒子, ᄒᆞ나 혼 발맛치 길고 사

발맛치 큰 불근 칠ᄒᆞ고 금으로 그린 막대롤 가져.

칠ᄒᆞ다(漆-) ㈜ 칠하다. 바르다. ⇔칠(漆).《朴新諺 1, 30ㅈ》馬黏是羊肝柒的, ᄃᆞ래ᄂᆞᆫ 이 羊肝빗츠로 柒혼 거시오.《朴新諺 3, 25ㅈ》攞過一頂紅柒樻子來面前放下, 혼 불근 柒혼 궤를 드러 와 앏히 노코.

침(沈) ㉩ (맥이) 침(沈)하다. 낮고 약하다. ⇔침ᄒᆞ다(沈-).《朴新諺 2, 24ㅈ》尺脉較沈, 尺脉이 져기 沈ᄒᆞ니.

침(浸) ㈜ 젖다. 배다. ⇔젓다.《朴新諺 2, 46ㅈ》那瓦被水浸多時不堅實, 뎌 디새 물에 젓기를 오래 ᄒᆞ여 堅實치 못ᄒᆞ니.

침(針) ㈜ ●침.《朴新諺 1, 37ㅎ》把小肚皮上使一針, 져근빈 우희라가 혼 번 針 주고. ●바늘. ⇔바놀.《朴新諺 1, 39ㅎ》四哥是針線, 넷재 형은 이 바늘실이로다.

침(湛) ㈜ 잠기다(沈). ⇔줌기다.《朴新諺 2, 29ㅈ》座飾芙蓉湛南海澄淸之水, 안즌 디ᄂᆞᆫ 芙蓉으로 ᄭᅮ며시니 南海 澄淸혼 물에 줌겻고.

침도(砧擣) ㈜ 다듬이질을 하다.《集覽, 朴集, 中, 1ㅈ》碾. 矴石也. 形如磨碮一隻之牛, 轉其外圍以碾絹, 則卽同砧擣者.

침선(針線) ㈜ ❶바느질실. ●⇔바ᄂᆞ실.《朴新諺 2, 39ㅈ》把針線串了弔在一壁廂, 바ᄂᆞ실로 ᄤᅦ여 ᄇᆞ람 구석에 ᄃᆞ라. ●⇔바늘실.《朴新諺 1, 39ㅈ》四哥是針線, 넷재 형은 이 바늘실이로다. ❷바느질. ⇔바ᄂᆞ질.《朴新諺 1, 44ㅎ》針線生活又好, 바ᄂᆞ질 성녕이 ᄯᅩ 됴코.

침식(寢食) ㈜ 잠자는 일과 먹는 일. 곧, 일상생활(日常生活).《朴新諺 2, 40ㅎ》無功食祿寢食不安, 功이 업시 祿을 먹으면 寢食이 편안치 아니타 ᄒᆞ니라.

침향(沈香) ㈜ 침향색(沈香色). 황갈색. ⇔침향빗ᄎ.《朴新諺 2, 7ㅈ》我有沈香繡袖袍一件, 내게 침향빗체 ᄉᆞ매에 슈노흔 큰옷 혼 불이 이셔.

침향빗ㅊ 몡 침향색(沈香色). ⇔침향(沈香). 《朴新諺 2, 7ㅈ》我有沈香繡袖袍一件, 내게 침향빗체 스매에 슈노혼 큰옷 혼 볼이 이셔.

침ᄒ다(沈-) 톙 (맥이) 침(沈)하다. 낮고 약하다. ⇔침(沈). 《朴新諺 2, 24ㅈ》尺脉較沈, 尺脉이 져기 沈ᄒ니.

칩다 톙 춥다. ⇔한(寒). 《朴新諺 2, 36ㅎ》天寒湯·飯都不可冷了, 하늘이 치우니 湯과 밥을 다 可히 ᄎ게 못ᄒ리라.

칭(秤) 몡 저울. ⇔저울. 《朴新諺 1, 40ㅎ》這是秤, 이는 이 저울이로다.

ᄎ다 동 ①차다(佩). ⏘⇔괘(掛). 《朴新諺 1, 29ㅎ》兩邉掛着珎珠結成花樣的對子荷包, 두 편에 珎珠로 花樣 겨론 혼 빵 주머니를 ᄎ고. ⏙⇔대(帶). 《朴新諺 3, 35ㅈ》各自腰帶七寶環刀, 각각 허리에 七寶혼 環刀를 ᄎ고. ②차다(滿). ⏘⇔만(滿). 《朴新諺 1, 55ㅈ》到滿月, 돌이 ᄎ매 다드르면. 《朴新諺 3, 9ㅎ》願滿功成, 願이 ᄎ고 功이 일면. ⏙⇔만료(滿了). 《朴新諺 1, 54ㅎ》待滿了月便吃生冷東西, 둘 ᄎ기를 기드려 곳 生冷엣 거슬 먹으면. 《朴新諺 2, 50ㅎ》你的俸滿了不曾, 네 녹봉이 찻ᄂ냐 못ᄒ엿ᄂ냐. 這五月內便滿了, 이 五月에 곳 ᄎᄂ니라. 《朴新諺 2, 51ㅎ》滿了一任還不知等到何年纔得補用哩, 혼 벼슬이 ᄎ면 당시롱 어닉 ᄒᆡ에 다드라 마치 補用홈을 어들 줄을 아지 못ᄒᄂ니라. ③차다(蹴). ⇔척(踢). 《朴新諺 1, 20ㅈ》也有踢毬的, 댱방올 ᄎ리도 이시며. 《朴新諺 1, 21ㅈ》不是顚錢便是踢建子, 돈더디기 아니면 곳 젹이ᄎ기 ᄒᄂ니.

ᄎ다 톙 차다(寒). ⇔냉(冷). 《朴新諺 2, 36ㅎ》天寒湯·飯都不可冷了, 하늘이 치우니 湯과 밥을 다 可히 ᄎ게 못ᄒ리라. 《朴新諺 3, 36ㅎ》不要冷了, ᄎ게 말라.

ᄎ려내다 동 알아내다. 분간하다. 식별하다. ⇔변인(辨認). 《集覽, 字解, 單字解, 6ㅎ》認. 識也. 辨認 ᄎ려내다. 又認得 사괴다. 又아다. 又認記 보람.

ᄎ리다 동 ⏘(알아)차리다. ⇔이회(理會). 《集覽, 字解, 累字解, 2ㅈ》理會. :아다. 又ᄎ리·다. ⏙차리다. 준비하다. ⇔판(辦). 《朴新諺 1, 1ㅎ》辦幾桌賞花筵席, 여러 상 賞花 筵席을 ᄎ려.

촌ᄎ니 믠 찬찬히. ⇔애(挨). 《集覽, 字解, 單字解, 2ㅎ》挨. 音해, 平聲. 俗語挨次謂循次. 歷審無攙越之意 춘춘이 ᄒ다. 又吏語, 挨究·挨捕. 《吏文輯覽 11》挨究. 挨, 俗言 춘춘. 究, 窮尋.

춘춘ᄒ다 톙 찬찬하다. 차근차근하다. ⇔세상(細詳). 《集覽, 字解, 單字解, 5ㅎ》越. 尤甚也. 越好 ᄀ장 됴타, 越細詳 더옥 춘춘ᄒ다.

ᄎ호다 동 차리다. 준비하다. 정리(처리)하다. ⏘⇔간판(幹辦). 《朴新諺 2, 28ㅎ》你們都依着我幹辦去罷, 너희들이 다 내 말대로 ᄎ호라 가라. ⏙⇔수습(收拾). 《朴新諺 3, 36ㅎ》只要收拾乾淨些, 그저 ᄎ호기를 乾淨히 ᄒ고. ⏚⇔판(辦). 《朴新諺 1, 4ㅈ》一共只要辦八桌席面, 대되 그저 八桌 席面을 ᄎ호 쩌시니. 《朴新諺 1, 4ㅈ》每桌辦乾鮮果品十六楪, 每 桌에 乾鮮果品 열 여슷 뎝시를 ᄎ호되. 《朴新諺 2, 6ㅈ》辦了筵席叫了鼓樂, 잔치를 ᄎ호고 鼓樂을 불러.

촘다 동 참다(忍). ⇔인(忍). 《朴新諺 3, 19ㅈ》忍多少飢渴, 언머 飢渴을 춤으며. 《朴新諺 3, 57ㅎ》聽得心內尙然不忍, 드르매 ᄆ음에 오히려 춤지 못ᄒ거든.

촘빗ㅅ 몡 참빗. ⇔비자(篦子). 《朴新諺 1, 43ㅈ》先把稀篦子攏了, 몬져 성귄 춤빗스로다가 빗기고. 《朴新諺 1, 43ㅈ》然後用那密篦子再攏, 그린 후에 뎌 빈 춤빗스로다가 다시 빗겨.

촘ᄭᅢ 몡 참깨. ⇔지마(芝麻). 《朴新諺 3, 36ㅈ》薄餠, 薄餠과. 煎餠, 煎餠과. 寬條麵, 너븐 국슈와. 掛麵, ᄆ론 국슈와. 芝

麻燒餠, 춤깨 무친 燒餠과.《朴新諺 3, 38
ㅈ》他種的稻子, 제 시믄 벼와. 膏粱, 슈
슈와. 黍子, 기장과. 大麥, 보리와. 小麥,
밀과. 蕎麥, 모밀과. 黃豆, 콩과. 小豆, 폿
과. 菉豆, 菉豆와. 豌豆, 광쟝이. 黑豆, 거
믄콩. 芝麻, 춤깨와. 蘸(蘇)子, 듧깨.

춤깨무친소병(-燒餠) 명 참깨를 묻힌 소
병(燒餠).⇔지마소병(芝麻燒餠).《朴新
諺 3, 36ㅈ》薄餠, 薄餠과. 煎餠, 煎餠과.
寬條麵, 너분 국슈와. 掛麵, 무 론 국슉와.
芝麻燒餠, 춤깨 무친 燒餠과.

춤외 명 참외.⇔첨과(甛瓜).《朴新諺 2,
40ㅈ》種些冬瓜, 져기 동화와. 西瓜, 슈
박과. 甛瓜, 춤외와. 揷葫, 즈 른박과. 稍
瓜, 수세외와. 黃瓜, 외와. 茄子等類, 가
지들을 심으라.

춥쌀 명 찹쌀.⇔나미(糯米).《朴新諺 1,
40ㅎ》一箇長甕兒窄窄口裏頭盛着糯米酒,
ᄒ 긴 독 조븐 부리 안히 춥뿔술 담은
거시여.

춥쌀술 명 찹쌀술.⇔나미주(糯米酒).《朴
新諺 1, 40ㅎ》一箇長甕兒窄窄口裏頭盛
着糯米酒, ᄒ 긴 독 조븐 부리 안히 춥뿔
술 담은 거시여.

춧다 동 찾다. ●⇔심(尋).《朴新諺 3, 12
ㅎ》休尋海上方, 海上方을 춧지 말라. ●
⇔조(找).《朴新諺 3, 54ㅈ》我就雇人拿
去找馬罷, 내 곳 사름을 삭내여 가져가
물을 춧쟈. ●⇔취(取).《朴新諺 1, 12
ㅎ》再到這裏取馬, 다시 예 와 물을 춧고.

춫다 동 ❶찾다. ●⇔심(尋).《朴新諺 1,
34ㅎ》我每每半夜三更到他家門上尋他,
내 미양 半夜 三更에 제 집 문에 가 겨룰

추쟈.《朴新諺 3, 54ㅎ》我去尋他講論些
書, 내 가 뎌를 추쟈 글을 講論ᄒ니. ●⇔
멱(覓).《朴新諺 3, 53ㅎ》着他沿街叫喚尋
覓纔好哩, 뎌로 ᄒ여 거리를 조차 웨여
추쟈야 마치 됴흐리라. ❷●찾다. 차자
구하다.⇔추(追).《朴新諺 3, 51ㅈ》追還
布疋懲治賊人, 布疋을 추쟈 주고 賊人을
懲治ᄒ면. ●찻다. 얻다. 받다.⇔취(取).
《朴新諺 2, 15ㅈ》我好拿銀子來取, 내 銀
을 가지고 와 츠즈리라. 我好拿銀子來取,
내 銀을 가지고 와 츠즈리라.

칙 명 책.⇔서(書).《朴新諺 2, 50ㅈ》那書
案上把幾套書擺着, 뎌 書案 우희 여러 질
칙을다가 버리라.《朴新諺 3, 20ㅈ》我兩
箇到書舖裡去, 우리 둘히 칙푸즈에 가.
買幾部閑書來消遣何如, 여러 部 힘힘ᄒ
칙을 사 와 消遣홈이 엇더ᄒ뇨.《朴新諺
3, 21ㅈ》買甚麼書好呢, 므슴 칙을 사야
됴흐료.《朴新諺 3, 21ㅈ》要買書買些四
書六經也好, 칙을 사려 ᄒ면 四書 六經을
사미 ᄯ 됴커늘.《朴新諺 3, 29ㅈ》就這
一段書足可解悶了, 곳 이 一段 칙이 죡히
가히 힘힘호믈 플리라.

칙녁 명 책력(冊曆).⇔역두(曆頭).《朴新
諺 2, 58ㅎ》把曆頭來我看, 칙녁 가져오
라 내 보쟈.

칙력 명 책력(冊曆). 달력. 역서(曆書).⇔
헌서(憲書).《朴新諺 1, 10ㅈ》把憲書看
一看, 칙력을 보아.

칙푸즈 명 책방. 서점(書店).⇔서포(書
鋪).《朴新諺 3, 20ㅈ》我兩箇到書舖裡去,
우리 둘히 칙푸즈에 가.

칼 명 칼. ➊⇔도(刀). 《朴新諺 1, 17ㅎ》有
張黑子打的刀最好, 張黑子ㅣ 이시니 민
든 칼이 ᄀ장 됴타. 《朴新諺 1, 17ㅎ》這
般我敎他打了刀, 이러면 내 뎌로 ᄒ여 칼
을 치이되. 《朴新諺 1, 18ㅈ》刀把要紫檀,
칼 ᄌᄅᄂ 紫檀으로 ᄒ고. 《朴新諺 1, 18
ㅈ》刀鞘要起線花梨木, 칼집은 실 돗친
花梨木으로 ᄒ고. 《朴新諺 1, 18ㅎ》你要
打這五件刀, 네 이 다숫 볼 칼을 치이되.
《朴新諺 1, 29ㅎ》象牙裝鞘小刀, 象牙로
가풀 ᄭ민 져근 칼이오. 《朴新諺 1, 30
ㅎ》両邉小刀荷包手巾, 두 편에 져근 칼
과 주머니 手巾이. ➋⇔도자(刀子). 《朴
新諺 1, 17ㅎ》京城裏刀子舖狼(很)多, 셔
울 칼 푸즈ㅣ ᄀ장 만흐니. 不知那一家
打的刀子最好, 아지 못게라 어니 집의셔
민든 칼이 ᄀ장 됴흐뇨. 我要打幾副刀
子, 내 여러 볼 칼을 민들려 ᄒ노라. 你問
那有名的刀子舖麽, 네 뎌 有名ᄒ 칼 푸즈
를 문ᄂ냐. 《朴新諺 1, 19ㅈ》這位官人要
打幾副刀子, 이 분 官人이 여러 볼 칼을
치이려 ᄒ니. 《朴新諺 1, 42ㅎ》你刀子是
快的還是鈍的呢, 네 칼이 이 드는 거시냐
이 무된 거시냐. 《朴新諺 1, 43ㅈ》肯用
鈍刀子呢, 즐겨 무된 칼을 쓰리오. 《朴新
諺 2, 52ㅎ》扯了我一把小刀子去, 내 혼
ᄌᄅ 져근 칼을 쎄혀 가고. 《朴新諺 2,
52ㅎ》我就把他的小刀子拔了來, 내 이믜
셔 뎌의 져근 칼을다가 쎄히고.

칼ᄂᆯ 명 칼날. ⇔도두(刀頭). 《朴新諺 1,
18ㅈ》刀頭要甚麽鐵打呢, 칼놀을 므슴
쇠로 치이려 ᄒᄂ뇨. 《朴新諺 1, 19ㅎ》
但是刀頭與裝修餙擇我說與你, 다만 칼놀

과 민들기와 ᄭ밀 모양을 내 너ᄃ려 니
롤 ᄶᅥ시니.

칼집 명 칼집. ⇔도초(刀鞘). 《朴新諺 1,
18ㅈ》刀鞘要起線花梨木, 칼집은 실 돗
친 花梨木으로 ᄒ고.

캉 명 구들. 온돌. ⇔항(炕). 《朴新諺 2, 50
ㅈ》將花氊鋪在炕上, 花氊 가져다가 캉
에 ᄭᆯ고. 《朴新諺 3, 9ㅎ》好收拾這炕(朴
新注, 47ㅎ: 漢俗, 謂房突曰炕.), 됴히 이
캉을 收拾ᄒ쟈. 《朴新諺 3, 10ㅈ》這是死
炕這是燒柴火炕都不好, 이ᄂ 불 못 씻ᄂ
캉이오 이ᄂ 불씻ᄂ 캉이니 다 됴치 아
니ᄒ니. 你只與我改做煤火炕, 네 그저
나를 셕탄 픠오ᄂ 캉을 고쳐 민드라 주
되. 《朴新諺 3, 10ㅈ》炕前做一箇煤爐好
燒煤, 캉 앏픠 혼 煤爐를 민드라 셕탄 픠
오기 됴케 ᄒ라. 《朴新諺 3, 10ㅈ》炕面
磚都有麽, 캉 면 벽이 다 잇ᄂ냐. 《朴新
諺 3, 10ㅎ》這炕我要朝南做, 이 캉을 내
남향ᄒ여 민들고. 《朴新諺 3, 10ㅎ》這炕
面上灰泥, 이 캉 면에 회를.

커든 보동 하거든. 《朴新諺 3, 3ㅈ》你賣就
賣不賣就拿了去, 네 폴려 커든 곳 폴고
푸지 아니려 커든 곳 가져가라. 你不買
便罷, 네 사지 아니려 커든 곳 말라.

코 명 코. ➊⇔비(鼻). 《朴新諺 1, 43ㅎ》把
鉸刀鉸了鼻孔毫毛, 鉸刀룰 가져다가 코
굼게 털을 뽑고. 《朴新諺 3, 24ㅎ》向大
仙鼻凹裡放着, 大仙의 코굼글 向ᄒ여 노
흐니. ➋⇔비자(鼻子). 《朴新諺 3, 13
ㅎ》把鼻子跌破了, 코를다가 구러져 하
여ᄇ리니.

코고오다 동 코골다. ⇔타한(打鼾). 《朴新

諺 2, 52ㅈ》倒在床上便打鼾睡, 床 우희 것구러져 곳 코 고오고 자거늘.

코굼ㄱ 圐 콧구멍. ●⇔비공(鼻孔).《朴新諺 1, 43ㅎ》把鉸刀鉸了鼻孔毫毛, 鉸刀롤 가져다가 코굼게 털을 쏩고. ●⇔비요 (鼻凹).《朴新諺 3, 24ㅎ》向大仙鼻凹裡 放着, 大仙의 코굼글 向ᄒ여 노흐니.

코키리 圐 코끼리. ⇔상(象).《朴新諺 3, 46ㅈ》塑一箇如象一般大的春牛, ᄒ 코키 리마치 큰 春牛를 민돌고.

콩 圐 ❶콩. (가축에게 사료로 먹이는 콩) ⇔요두(料豆).《朴新諺 1, 25ㅈ》把料豆 和草拌匀了, 콩을다가 여믈과 석기룰 고 로게 ᄒ여. ❷콩. ●⇔두(豆).《朴新諺 2, 22ㅈ》圍着一箇西京來的豆船, ᄒ 西京 으로셔 오는 콩 시른 비를 에우고.《朴 新諺 3, 38ㅈ》他種的稻子, 제 시믄 벼와. 膏梁, 슈슈와. 黍子, 기장과. 大麥, 보리 와. 小麥, 밀과. 蕎麥, 모밀과. 黃豆, 콩 과. 小豆, 풋과. 菉豆, 菉豆와. 豌豆, 광쟝 이. 黑豆, 거믄콩. 芝麻, 춤깨와. 蘇(蘇) 子, 듧깨. ●⇔황두(黃豆).《朴新諺 1, 23 ㅈ》有黃豆大又圓淨有寶色, 콩만치 크고 쏘 圓淨ᄒ고 寶色이 잇ᄂ니라.《朴新諺 3, 30ㅎ》黃豆大血點紅的好顏色, 콩만치 크고 血點ᄀ치 붉은 됴흔 빗치니.《朴新 諺 3, 38ㅈ》他種的稻子, 제 시믄 벼와. 膏梁, 슈슈와. 黍子, 기장과. 大麥, 보리 와. 小麥, 밀과. 蕎麥, 모밀과. 黃豆, 콩 과. 小豆, 풋과. 菉豆, 菉豆와. 豌豆, 광쟝 이. 黑豆, 거믄콩. 芝麻, 춤깨와. 蘇(蘇) 子, 듧깨.

쾌(快) 圐 들다. 잘 베어지다. ⇔드다.《朴 新諺 1, 42ㅎ》你刀子是快的還是鈍的呢, 네 칼이 이 드는 거시냐 이 무된 거시냐.

쾌(快) 団 ●바삐. 서둘러. 어서. ⇔밧비. 《朴新諺 2, 23ㅎ》快去請范太醫來看一看, 밧비 가 范太醫를 請ᄒ여 와 뵈라.《朴新 諺 3, 7ㅎ》快把苕箒來掃去了, 밧비 닛븨 가져다가 쓰러 브리고.《朴新諺 3, 10

ㅈ》這麼快買石灰麻刀去, 이러면 밧비 회와 삼꺼울을 사라 가라.《朴新諺 3, 37 ㅎ》你且快打罷, 네 아직 밧비 치라.《朴 新諺 3, 56ㅈ》快請進來相會, 밧비 쳥ᄒ 여 드러와 서로 뭇게 ᄒ라. ●빨리. ⇔ 샐리.《朴新諺 1, 27ㅈ》快去買羊罷, 샐 리 가 羊을 사라.《朴新諺 2, 16ㅎ》快與 我做飯, 샐리 나를 밥 지어 주고려.《朴 新諺 2, 17ㅎ》快預備好馬, 샐리 됴흔 물 을 預備ᄒ라.《朴新諺 2, 18ㅎ》快背鞍子, 샐리 안장 짓고.《朴新諺 2, 20ㅎ》快叫 那木匠來, 샐리 뎌 木匠을 불러와.《朴新 諺 2, 55ㅈ》不要聒譟了快些下罷, 짓궤지 말고 샐리 두라.《朴新諺 3, 45ㅎ》只要 弄得火快, 그저 불 퓌오기를 샐리 ᄒ라. 《朴新諺 3, 59ㅈ》小厮們快送茶來, 아히 들은 샐리 차룰 보내여 오라. ●잘. ⇔ 잘.《集覽, 字解, 單字解, 7ㅎ》走. 行也. 돈니다. 又逃回曰走回. 又跑也. 能走・ 快走 잘 돈느다. 又透漏也. 走話. 又洩也. 走了氣 김 나다.

쾌(快) 閿 ●빠르다. ⇔샌르다.《朴新諺 2, 1ㅈ》須要走快的, 모롬이 ᄃ롬이 샌른 거슬 ᄒ고져 ᄒ노라.《朴新諺 2, 1ㅎ》一 箇黑鬃靑馬却走得快, ᄒ 가리온총이물 이 ᄃ롬이 샌르되. ●재다(敏). 빠르다. ⇔재다.《朴新諺 2, 17ㅈ》我騎的却要十 分快馬, 내 톨 거슨 쏘 ᄀ장 잰 물을 구ᄒ 노니.

쾌락(快樂) 閿 유쾌하고 즐겁다. ⇔쾌락 ᄒ다(快樂-).《朴新諺 1, 45ㅎ》那等歡娛 快樂不必說了, 뎌런 歡娛 快樂호믈 굿ᄒ 여 니르지 못ᄒ리로다.《朴新諺 3, 50 ㅈ》豈不快樂, 엇지 快樂지 아니ᄒ리오.

쾌락ᄒ다(快樂-) 閿 쾌락(快樂)하다. ⇔ 쾌락(快樂).《朴新諺 1, 45ㅎ》那等歡娛 快樂不必說了, 뎌런 歡娛 快樂호믈 굿ᄒ 여 니르지 못ᄒ리로다.《朴新諺 3, 50 ㅈ》豈不快樂, 엇지 快樂지 아니ᄒ리오.

쾌마(快馬) 圐 잰 말. 준마(駿馬). ⇔잰물

《朴新諺 1, 29ㅈ》君子一言快馬一鞭, 君子는 一言이오 快馬는 一鞭이라 ᄒ니라. 《朴新諺 2, 17ㅈ》我騎的却要十分快馬, 내 톨 거슨 또 ᄀ장 잰 ᄆᆞᆯ을 구ᄒ노니.

쾌살(快撒) 图 발각되다. 폭로되다. 《集覽, 朴集, 中, 3ㅈ》攪撒. 攪, 作覺是. 覺字雖入聲, 而凡入聲淸聲〈声〉, 則呼如上聲者多矣. 如角字, 亦或呼如上聲. 記書者以覺撒之, 覺呼爲上聲, 而謂覺字爲入聲, 不可呼如上聲, 故書用攪字耳. 撒, 猶知也. 俗語亦曰快撒了. 今以撒放之撒, 用爲知覺之義者, 亦未詳.

쾌수(快手) 图 잘 닫는 사람. 빨리 달리는 사람. 《集覽, 字解, 單字解, 5ㅈ》快. 急也. 走的快·疾快. 又樂也. 快活·大快. 又快手 잘 ᄃᆞᆫᄂᆞᆫ 놈. 又呼筯曰快子.

쾌자(快子) 图 젓가락. ⇔져. 《集覽, 字解, 單字解, 1ㅎ》和. 平聲, 調和也. 又去聲, 與也, 及也. 我和你 너와 나와, 銅匙和快子 술와 밋 져와. 《集覽, 字解, 單字解, 5ㅈ》快. 急也. 走的快·疾快. 又樂也. 快活·大快. 又快手 잘 ᄃᆞᆫᄂᆞᆫ 놈. 呼筯曰快子.

쾌주(快走) 图 아주 빨리 달리다. 《集覽, 字解, 單字解, 7ㅎ》走. 行也. ᄃᆞ니다. 又逃回曰走回. 又跑也. 能走·快走 잘 ᄃᆞᆫᄂᆞ다. 又透漏也. 走話. 又洩也. 走了氣 김나다.

쾌행(快行) 图 달리기 시합. 경주(競走). 《集覽, 朴集, 中, 8ㅎ》牢子走. 南村輟耕錄云, 牢子走者, 元時, 每歲一試之, 名曰放走, 亦名貴由赤, 俗謂快行是也.

쾌활(快活) 图 즐기다. ⇔즐기다. 《集覽, 字解, 累字解, 2ㅎ》快活. 즐기다.

쾌활(快活) 圐 ●명랑하고 즐겁다. 《集覽, 字解, 單字解, 5ㅈ》快. 急也. 走的快·疾快. 又樂也. 快活·大快. 又快手 잘 ᄃᆞᆫᄂᆞᆫ 놈. 又呼筯曰快子. ●즐거움. ⇔즐거옴. 《朴新諺 1, 21ㅎ》比我們老人家快活得多哩, 우리들 늘근의게 比컨대 즐거옴이

하더라.

크다 圐 크다. ⇔대(大). 《集覽, 字解, 單字解, 5ㅎ》忒. 太過也. 忒大 너므 크다. 《集覽, 字解, 單字解, 7ㅈ》儘. 太甚也. 儘大 너므 크다, 儘多 너므 하다. 又하나한. 通作盡. 《朴新諺 1, 4ㅎ》四大九寸盤, 네 큰 九寸 盤에. 《朴新諺 1, 16ㅎ》大街上買段子去來, 큰 거리에 비단 사라 갓더니라. 《朴新諺 1, 32ㅎ》大小是買賣, 크나져그나 이 흥뎡이라. 《朴新諺 2, 1ㅈ》大街東市上馬牙子家有, 큰 거리 동녁 져제에 ᄆᆞᆯ 즈름의 집이 잇ᄂᆞ니라. 《朴新諺 2, 37ㅈ》他如今氣像大比不當先了, 뎨 이제 氣像이 커 當先에 比치 못ᄒ니. 《朴新諺 3, 2ㅎ》又不是大買賣, 또 이 큰 흥졍이 아니니. 《朴新諺 3, 19ㅈ》雖無大出息, 비록 크게 出息홈이 업스나. 《朴新諺 3, 25ㅎ》皇后大笑說猜不着了, 皇后ㅣ 크게 웃고 니ᄅᆞ되 아지 못ᄒ여다. 《朴新諺 3, 43ㅎ》大門外放一張桌子, 큰 門 밧긔 혼 상을 노코.

큰갓ㅅ 图 갓양태와 갓모자가 일반 갓모다 큰 갓. ⇔대모(大帽). 《朴新諺 2, 32ㅎ》一頂要雲南氊大帽, ᄒ나흔 雲南氊 큰 갓슬 ᄒ고. 《朴新諺 2, 32ㅎ》一頂要陝(陜)西赶來的白駝氊大帽, ᄒ나흔 陝(陜)西셔 미러온 白駝氊 큰갓슬 ᄒ되.

큰계집 图 본처(本妻). 정실(正室). 정처(正妻). (첩(妾)이 있는 사람의 부인) ⇔대노파(大老婆). 《朴新諺 2, 34ㅈ》小老婆與大老婆商量說, 져근계집이 큰계집과 의논ᄒ여 니ᄅᆞ되. 《朴新諺 2, 34ㅎ》大老婆聽見那般說, 큰계집이 그리 니름을 듯고.

큰말 图 흰소리. 큰소리. 허풍(虛風). ⇔대화(大話). 《朴新諺 1, 26ㅎ》你說甚麼大話, 네 므슴 큰말 니ᄅᆞᆫ다.

큰술위 图 대형 짐수레. ⇔대거(大車). 《朴新諺 3, 46ㅎ》裝在一箇大車上, 혼 큰 술위에 시러 두고. 把四條繩絟着大車,

네 오리 노호로다가 큰 술위에 미고.

큰옷 뗑 ●솜저고리. (솜을 넣은 길고 두
터운 윗옷) ⇔대오(大襖).《朴新諺 2, 14
ㅈ》這魚白[綿]紬原是婦人家大襖裏子, 이
옥싴 綿紬는 본딘 婦人의 큰옷 안히니.
●(앞섶이 있고 소매가 긴) 중국식 긴
옷. ⇔포(袍).《朴新諺 1, 16ㅎ》這段子一
疋足勾袍料二件, 이 비단 혼 疋이 큰옷
ᄀ음 두 볼이 넉넉ᄒ니.《朴新諺 2, 7ㅈ》
我有沈香繡袖袍一件, 내게 침향빗체 ᄉ
매에 슈노혼 큰옷 혼 불이 이셔.《朴新
諺 2, 9ㅈ》這一疋暗花緞是兩件袍料, 이
혼 필 스믠문 비단은 이 두 볼 큰옷 ᄀ음
이니.

큰옷ㅅ 뗑 (앞섶이 있고 소매가 긴) 중국
식 긴 옷. ●⇔포(袍).《朴新諺 2, 7ㅈ》
我的胷背怎麼赶上你的繡袍, 내 胷背 엇
디 네 슈노혼 큰옷세 미츠리오. ●⇔포
자(袍子).《朴新諺 2, 59ㅎ》這油綠的裁
做袍子, 이 油綠으로란 큰옷슬 몰라 민
들고.

큰형 뗑 큰형. 형씨(兄氏). (자기와 나이가
엇비슷한 남자에 대한 높임말) ⇔대가
(大哥).《朴新諺 1, 28ㅎ》大哥說得狠(很)
是, 큰형의 니르미 ᄀ장 올타.《朴新諺
1, 38ㅎ》大哥山上搖鼓, 큰형은 山에서
북 티고.《朴新諺 1, 41ㅈ》大哥借問一聲,
큰형아 비러 혼 소리 뭇쟈.《朴新諺 2,
37ㅈ》大哥你看, 큰형아 네 보라.《朴新
諺 2, 44ㅈ》大哥煩你代我寫一張租房契,
큰형아 네게 비ᄂ니 나를 ᄀ르차 혼 쟝

집 셰내는 글월을 **쓰고려.**《朴新諺 3, 31
ㅎ》請大哥到茶舘裡吃茶去, 請컨대 큰형
아 茶舘에 가 차 먹으라 가쟈.《朴新諺
3, 32ㅈ》大哥請隨意用些, 큰형아 請컨대
ᄯᆺ대로 먹으라.《朴新諺 3, 32ㅎ》大哥我
送你一箇刷牙·一箇掠頭, 큰형아 내 너
를 혼 刷牙와 혼 귀밋빗기를 줄 거시니.
《朴新諺 3, 54ㅈ》大哥, 큰형아.

킈 뗑 키. 신장. ●⇔신자(身子).《朴新諺
2, 57ㅎ》是一箇細長身子團欒面的, 이 혼
킈 힐힐호고 ᄂᆺ치 두렷혼. ●⇔신재(身
材).《朴新諺 1, 39ㅈ》一箇長大漢撒大鞋,
혼 킈 큰 놈이 큰 신 ᄯ고.《朴新諺
2, 55ㅎ》咳你這挫漢那裏能抵當的我, 애
너 이 킈 져근 놈이 어듸 능히 나를 抵當
ᄒ리오.《朴新諺 2, 55ㅎ》敢是這挫漢吃
來, 이 킈 져근 놈이 먹은 둣ᄒ다.《朴新
諺 2, 56ㅈ》咳到底是你這挫漢倒了, 애 나
죵내 너 이 킈 져근 놈이 것구러지거다.
《朴新諺 3, 13ㅈ》中等身材白淨顏面, 듕
킈에 희조츨혼 ᄂᆺ치오.

키 뗑 키[箕]. ⇔파기(簸箕).《朴新諺 2, 21
ㅈ》還有羅鍋, ᄯᅩ 노고와. 柳箱, 섥과. 灑
子, 드레와. 碗楪, 사발 졉시와. 匙筯, 수
져와. 榪杓, 나모쥬게와. 筲籬, 됴리와.
炊箒, 솔과. 擦床兒, 슉치칼과. 簸(簸)箕,
키와. 篩子, 얼밍이와. 馬尾羅, 물총체
와. 桌子, 상과. 盤子, 盤과. 茶盤, 찻반
과. 燈臺, 燈臺와. 酒種, 잔과. 酒甕, 쥬벼
ᄋ와. 銅杓, 놋쥬게 이시니.

타(他) 団 ❶저[彼]. ➊⇔뎌.《集覽, 字解,
單字解, 3ㅈ》着. 使之爲也. 着落 히여곰,
着他 뎌 ᄒ야. 又置也. 着塩 소곰 두다.
又中也. 着了 맛다. 又見人所行之事, 正
合人所指望之, 方則亦曰着了 마초ᄒ야
다. 又實也. 着實 실히. 又語助. 又穿衣服
也.《集覽, 字解, 單字解, 7ㅈ》他. 指人之
辭. 又語助.《朴新諺 1, 5ㅎ》叫他着幾箇
樂工來伺候, 뎌로 ᄒ여 여러 樂工을 시켜
와 伺候ᄒ고.《朴新諺 1, 22ㅎ》教他替我
做一條銀廂花帶何如, 뎌로 ᄒ여 나를 ᄀ
ᄅ차 ᄒᆫ 오리 銀 뎐메온 섭사긴 ᄯᅴ롤 민
둘미 엇더ᄒ뇨.《朴新諺 1, 42ㅈ》好好的
喂他, 잘 뎌롤 먹이라.《朴新諺 2, 3ㅎ》
你問他借一箇罷, 네 뎌ᄃ려 무러 ᄒ나흘
빌미 무던ᄒ다.《朴新諺 2, 32ㅎ》你的帽
子當初何不叫他做呢, 네 갓슬 當初에 엇
지 뎌로 ᄒ여 민드지 아니ᄒ다.《朴新諺
3, 2ㅈ》恨的我沒法兒治他, 믜오되 내 뎌
를 다스릴 法이 업세라.《朴新諺 3, 20
ㅎ》便把他監起來也不怕, 곳 뎌를다가
가도아도 저프지 아니ᄒ다. ➋⇔저.
《朴新諺 1, 4ㅈ》喚厨子來我與他商(商)
量, 厨子를 블러 오라 내 저와 의논ᄒ쟈.
《朴新諺 1, 18ㅈ》再把裝修餙樣說與他,
다시 민들기와 쭈밀 모양을 저ᄃ려 닐
러.《朴新諺 2, 53ㅎ》我好做一雙小綉鞋
與他賀一賀, 내 ᄒᆫ 쌍 져근 슈신을 민ᄃ
라 저롤 주어 하례홈이 됴타.《朴新諺
3, 39ㅈ》旣叫他管着那莊田, 이믜 저로
ᄒ여 뎌 농소를 ᄀ옴알게 ᄒ니. ➌⇔져.
《朴新諺 3, 51ㅎ》這麼就好告他, 이러면
곳 져를 告ᄒ기 됴타.《朴新諺 3, 55ㅎ》

也就拜他一拜豈不更妙麼, ᄯᅩ 곳 져의게
拜홈이 엇지 더욱 妙티 아니ᄒ랴. ❷제.
제가. ➊⇔데.《朴新諺 1, 22ㅈ》他做這
帶要多少工錢, 데 이 ᄯᅴ롤 민들매 언머
工錢을 달라 ᄒ더뇨.《朴新諺 1, 35ㅈ》
不知他那一日纔肯還, 아지 못게라 데 어
니 날 마치 즐겨 갑흐리오.《朴新諺 2,
3ㅎ》他怎麼不肯借與你, 데 엇지 즐겨 너
를 빌리지 아니ᄒ리오.《朴新諺 2, 18
ㅈ》他若再不保好生重重的打, 데 만일 다
시 긔수치 아니ᄒ거든 ᄀ장 듕히 티라.
《朴新諺 2, 34ㅈ》他有兩箇婢家, 데 두 계
집이 잇더니.《朴新諺 2, 41ㅈ》他怎麼得
能勾偸了東西去呢, 데 엇지 시러곰 능히
잡은거슬 도적ᄒ여 가리오.《朴新諺 3,
5ㅎ》他偏不與你辦, 데 편벽히 너를 위ᄒ
여 셔도지 아니ᄒ고.《朴新諺 3, 24ㅎ》
他也拔下一根毛來, 데 ᄯᅩ ᄒᆫ 낫 털을 ᄲᅢ
혀.《朴新諺 3, 42ㅎ》他多大年紀了, 데
나히 언머나 ᄒ던고. ➋⇔제.《集覽, 字
解, 單字解, 5ㅈ》儘. 讓也, 任也. 儘他 제
게 다와ᄃ라, 儘讓 뎌귀 미다. 又縱令也.
儘教 므던타. 又儘一儘 지긔우다. 又儘
船 빗 ᄀ장.《集覽, 字解, 累字解, 8ㅎ》由
他. 더뎌두라. 又제 므슴대로 ᄒ게 ᄒ라.
《朴新諺 1, 25ㅎ》看他吃到再添, 제 먹어
가는 거슬 보아 다시 더 주라.《朴新諺
1, 34ㅈ》他在京裏臨起身時節(節), 제 셔
울셔 쩌날 째에 臨ᄒ여.《朴新諺 2, 3ㅎ》
又不吃了他的, ᄯᅩ 제 거슬 먹지 아니ᄒ
리라.《朴新諺 2, 33ㅈ》比他師傅高强十
倍哩, 제 스승에 비기면 十倍나 나으니
라.《朴新諺 3, 2ㅈ》庫房裏放的米都被他

吃去了好些, 庫에 둔 뿔을 다 제 먹으미 만코.《朴新諺 3, 27ㅎ》行者又把他的頭先割下來, 行者ㅣ 또 제 머리를다가 몬져 버혀 ㄴ리니.《朴新諺 3, 32ㅎ》便依他買了罷, 곳 제대로 사쟈.

타(他) 阌 다르다. ⇔다르다.《朴新諺 2, 35ㅎ》與他人享用, 다른 사룸을 주어 享用케 ㅎ니.

타(打) 동 **❶**⦁(물을) 긷다. 뜨다. ⇔긷다.《集覽, 字解, 單字解, 4ㅈ》打. 擊也, 着實打, 又打三下. 又爲也. 打酒來 술 사 오라. 又曰, 打將來 ㅎ야 오라, 打聽 들보라, 打水 믈 긷다, 不打緊. 又打那裏去, 打東邊去, 有投向從往之意. 俗用打字, 似不合本意者多, 而實有取意不苟, 其用甚廣, 此不盡錄.《朴新諺 3, 10ㅈ》先掘土井兩擔水未好和泥, 몬져 흙을 픠고 두 짐 물을 기러 와 잘 흙을 니기되. **❷**놀이하다. 장난하다. ⇔노롯ㅎ다.《朴新諺 3, 46ㅈ》宋哥我同你看打春去罷, 宋가 형아 내 너와 혼가지로 닙츈노롯ㅎ는 양 보라 가쟈. **❸**박다. ⇔박다.《朴新諺 3, 10ㅎ》那裡打一箇檊絟罷, 거긔 혼 말쓕을 박고 미라. **❹**싸우다. 또는 구타하다. ⇔싸호다.《朴新諺 3, 20ㅈ》所以厮打, 이러모로 서로 싸호니.《朴新諺 3, 53ㅈ》捉賊見贓, 도적 잡기는 贓物을 보고. 厮打驗傷, 서ㄹ 싸혼 디는 傷處를 驗혼다 ㅎ니라. **❺**앉히다. 설치하다. ⇔안치다.《朴新諺 3, 33ㅎ》你到這裡來打爐子, 네 예 와 플무 안치고. **❻**잡다捕. ⇔잡다.《朴新諺 3, 49ㅈ》秀才哥咱們打魚去罷, 秀才 형아 우리 고기 잡으라 가쟈. **❼**(공을) 치다. ⇔치다.《朴新諺 3, 36ㅎ》咱們今日打毬罷, 우리 오늘 댱방올 치쟈.《朴新諺 3, 36ㅎ》那箇新來的崔哥你也會打麼, 뎌 새로 온 崔哥ㅣ 아 너도 칠 줄을 아는다.《朴新諺 3, 37ㅈ》我且學打這一會與你看何如, 내 아직 이 혼 디위 빅화 쳐 네게 뵘이 엇더ㅎ뇨.《朴新諺 3, 37ㅈ》拿出毬棒借

與崔哥打, 댱방올 막대를 내여 崔哥를 빌려 주어 치게 ㅎ쟈. 咱打那一箇窩児, 우리 어늬 혼 굼글 치리오. 且打毬門窩児罷, 아직 毬門 굼글 치라. 還是打花臺窩児, 당시롱 花臺 굼글 치며. 打花房窩児呢, 花房 굼글 칠 거시니. 你且快打罷, 네 아직 밧비 치라. 崔哥這幾回果然打得好, 崔哥ㅣ 이 여러 디위를 果然 치기를 잘ㅎ다. 倒慣會打毬哩, 도로혀 댱방올 치기 닉이 알 줄을 싱각지 못ㅎ엿노라. **❽**치다. 두드리다. ⇔치다.《朴新諺 1, 17ㅎ》這般我敎他打了刀, 이러면 내 뎌로 ㅎ여 칼을 치이되.《朴新諺 1, 18ㅈ》刀頭要甚麼鐵打呢, 칼눌을 므슴 쇠로 치이려 ㅎ느뇨.《朴新諺 1, 18ㅈ》必得鑌鐵打方好, 반드시 鑌鐵로 치이여야 보야호로 됴흘 써시니.《朴新諺 1, 18ㅎ》也不要打得忒厚了, 또 치기를 너무 두터이 말고.《朴新諺 1, 18ㅎ》你要打幾件呢, 네 몃 볼을 치이려 ㅎ는다.《朴新諺 1, 18ㅎ》你要打這五件刀, 네 이 다숫 볼 칼을 치이되.《朴新諺 1, 19ㅈ》這位官人要打幾副刀子, 이 분 官人이 여러 볼 칼을 치이려 ㅎ니.《朴新諺 2, 36ㅈ》打一副馬釘子來釘上, 혼 부물 다갈 쳐다가 박아. **❾**치다. 던지다. ⇔치다.《朴新諺 2, 51ㅎ》打雙陸時節, 雙陸 칠 때에. **❷**만들다. 제조하다. **❶**⇔민들다.《朴新諺 1, 17ㅎ》不知那一家打的刀子最好, 아지 못게라 어늬 집의셔 민든 칼이 ᄀ장 됴ㅎ뇨. 我要打幾副刀子, 내 여러 볼 칼을 민들려 ㅎ노라.《朴新諺 1, 17ㅎ》有張黑子打的刀最好, 張黑子ㅣ 이시니 민든 칼이 ᄀ장 됴타. **❷**⇔민돌다.《朴新諺 3, 33ㅈ》你與我打一箇立鼈壺, 네 나를 혼 立鼈壺와. 一箇蝦蟆鼈壺・蝎虎盞, 혼 蝦蟆 鼈壺와 蝎虎盞을 민드라 주고려.《朴新諺 3, 33ㅈ》你要打這器皿的銀子如何, 네 이 器皿을 민돌려 ㅎ면 銀이 엇더ㅎ뇨.《朴新諺 3, 33ㅈ》也就勻打了, 또 이믜셔 넉넉이 민돌리라. 鼈壺

要打得匾些, 鼈壺 민둘기를 져기 납쥭이 ᄒᆞ고. 嘴子·把子且打下我看了再銲, 부리와 줄를 아직 믄드라 내 보와든 다시 ᄣᆡ라. **3** 쌓다. ●⇔ᄡᆞ다. 《朴新諺 3, 17ᄌ》那西壁廂還要打一道墻, 뎌 셔편에 쏘ᄒᆞᆫ 줄 담을 ᄡᅩ고. ●⇔쓰다. 《朴新諺 1, 10ᄌ》叫幾箇打土墻的匠工來, 여러 토담 쓰는 쟝인을 블러와. 《朴新諺 1, 10ᇹ》你向來打土墻是多少一板, 네 져적의 토담 쏠 제 언머에 ᄒᆞᆫ 틀을 ᄒᆞ더뇨. **4** (악기를) 치다. 두드리다. ●⇔치다. 《朴新諺 3, 23ᇹ》打一聲鍾響, ᄒᆞᆫ 소리 鍾을 치고. 《朴新諺 3, 58ᇹ》便擂皷打羅, 곳 북 치고 바라 치고. ●⇔티다. 《朴新諺 3, 43ᇹ》吹螺打鈸, 고라 불고 바라 티고. **5** 치다. 때리다. ●⇔치다. 《朴新諺 1, 48ᇹ》手心上就打三戒方, 손바당을 곳 세 번 젼반으로 치ᄂᆞ니라. 《朴新諺 2, 13ᇹ》我定要打這狗才一頓, 내 일뎡이 개 ᄀᆞᄐᆞᆫ 놈을 ᄒᆞᆫ 지위 치리라. 《朴新諺 2, 17ᇹ》拿這管馬的弔起來打, 이 물 ᄀᆞ움아는 이를 자바 둘고 치라. 《朴新諺 2, 31ᇹ》我回來定要打的, 내 도라와 일졍 칠 거시오. 《朴新諺 2, 56ᄌ》大家休打臉, 大家ㅣ 쌤 치지 말고. 《朴新諺 3, 1ᇹ》若再鬧(鬧)我我就打了, 만일 다시 내게 들레면 내 곳 치리라. 《朴新諺 3, 22ᇹ》把伯眼打了一鉄棒, 伯眼을다가 ᄒᆞᆫ 쇠막대로 치니. 《朴新諺 3, 23ᄌ》更打了我一鉄棒, 쏘 나를 ᄒᆞᆫ 쇠막대로 치니. ●⇔티다. 《朴新諺 1, 35ᇹ》便拿住那和尙打的半死半活, 곳 뎌 듕을 자바 텨 半死 半活ᄒᆞ니. 《朴新諺 1, 36ᄌ》這一頓打却也是該的, 이 ᄒᆞᆫ 디위 티미 쏘이 맛당ᄒᆞ도다. 《朴新諺 2, 18ᄌ》他若再不保好生重重的打, 뎨 만일 다시 ᄀᆞ수치 아니ᄒᆞ거든 ᄀᆞ장 듕히 티라. 《朴新諺 2, 18ᄌ》你們打的輕, 너희들이 티기를 輕히 ᄒᆞ기로. 《朴新諺 3, 48ᇹ》各執一鞭打那土牛, 각각 ᄒᆞᆫ 채를 가져 뎌 土牛를 티니. 《朴新諺 3, 51ᇹ》逞强打我來, 사오나

옴을 부려 나를 텨셰라. 《朴新諺 3, 52ᇹ》竟將小人面門打破耳根打傷, ᄆᆞᄎᆞᆷ내 小人의 ᄂᆞᆾ츨다가 텨 ᄣᅢ이고 귀 밋츨 텨 傷히오니.

타(打) 조 -으로부터. ⇔-으로셔. 《朴新諺 2, 51ᇹ》王千戶打背後來, 王千戶ㅣ 뒤흐로셔 와.

타(朶) 의 송이. 《集覽, 朴集, 上, 3ᇹ》雞脆芙蓉湯. 質問云, 將雞〈鷄〉腰子作芙蓉花, 做湯食之. 又云, 以鷄子淸做成芙蓉花, 每碗三朶. 今按, 上文五樣湯名之釋, 恐或失眞.

타(拖) 통 끌다. ⇔ᄭᅳᆯ다. 《朴新諺 3, 28ᄌ》把先生的頭拖了去, 先生의 머리를다가 ᄭᅳ어 가니. 《朴新諺 3, 28ᄌ》行者直拖的到王面前丟下, 行者ㅣ 바로 ᄭᅳ어 王의 앏희 가 드리치니.

타(趓) 통 에돌다. 피하다. 비키다. ⇔에돌다. 《集覽, 字解, 單字解, 7ᇹ》趓. 逃也. 趓着走 에도라 ᄃᆞᆮ닌다. 又避也. 趓一趓 길 츼라. 亦作躱, 通作嚲.

타(躲) 통 숨다. 피하다. ⇔숨다. 《朴新諺 1, 34ᇹ》只是躲着我走, 그저 나를 수머 ᄃᆞ녀.

타(駝) 명 약대. 낙타. ⇔약대. 《朴新諺 1, 18ᄌ》底要駝骨廂的, 밋흔 약대 ᄲᅨ로 젼 메오고. 《朴新諺 1, 46ᇹ》除了氊子馳毛之外, 담과 약대 털을 더론 밧긔.

타가(他家) 명 다른 사람의 집. 남의 집. 《朴新諺 2, 35ᄌ》到他家後坑裏, 제 집 뒤 디함에 가.

타가(打架) 통 싸우다. ⇔ᄡᅡ호다. 《朴新諺 3, 19ᇹ》和一箇人打架, ᄒᆞᆫ 사름과 ᄡᅡ홧더니.

타가흠(打呵欠) 통 하품하다. ⇔하회옴ᄒᆞ다. 《朴新諺 3, 13ᇹ》內中有一箇人只管打呵欠, 그 듕에 ᄒᆞᆫ 사름이 그저 ᄉᆞ릐여 하회옴ᄒᆞ다가.

타곤(打滾) 통 구르다. (누워서 이리저리) 뒹굴다. 《集覽, 朴集, 上, 11ᄌ》骨眼. 質

問云, 馬害肚疼打滾, 割眼內肉, 方言謂之
細眼, 音姑.《朴新諺 1, 41ㅈ》我有箇赤馬
害骨眼(朴新注, 16ㅈ: 骨眼, 馬害肚疼打
滾, 割眼內肉, 方言謂之細眼. 細, 音姑.),
내게 흔 절짜물이 이셔 눈에 치 알하.
《朴新諺 1, 41ㅎ》不住的臥倒打滾, 머무
지 아니ᄒᆞ고 누우쑤러.

타관절(打關節) 图 소청(訴請)하다. 또는
남몰래 부탁하다.《集覽, 朴集, 中, 9ㅈ》
打關節. 吏學指南云, 下之所以通欵曲於
上者曰關節〈莭〉, 又造請權要謂之關節
〈莭〉. 漢曰關說. 宋包拯剛直好駁, 時人語
曰, 關節〈莭〉不到, 有閻羅包老. 如本國俗
語 쇼쳥〈쳥〉ᄒᆞ다.

타구(打毬) 图 예전에 두 패로 갈라서 말
을 타고 하던 운동 경기. 경기장 한복판
에 놓인 자기편의 공을 숟가락 모양의
채를 이용하여 자기편 구문(毬門)에 먼
저 넣으면 이긴다.《集覽, 朴集, 下, 7ㅎ》
花房窩兒. 質問云, 如打毬, 先立毬窩於花
房之上, 然後用棒打入, 方言謂之花房窩
兒.《朴新諺 1, 20ㅈ》也有踢毬(朴新注, 8
ㅈ: 毬, 以圓木二箇, 用木杓一上一下連接
不絶, 方言謂之打毬.)的, 댱방올 츠리도
이시며,《朴新諺 3, 37ㅈ》咱打那一箇窩
兒(朴新注, 57ㅎ: 打毬時, 先掘一窩, 後將
毬打入窩內, 方言謂之窩兒.), 우리 어ᄂᆡ
혼 굼글 치리오.

타구아(打毬兒) 图 장치기.《集覽, 朴集,
上, 6ㅎ》打毬兒. 質問云, 作成木圓毬二
介, 用木杓一上一下連接不絶, 方言謂之
打毬兒. 質問所釋, 疑卽本國優人所弄杓
鈴之戲, 與此節〈莭〉小兒之戲恐或不同.
詳見下卷集覽.《集覽, 朴集, 下, 7ㅈ》打
毬兒. 今按, 質問畫成毬兒, 卽如本國:댱
방〈댱방〉올. 注云, 以木刷圓.

타기(打起) 图 쳐 올리다.《集覽, 朴集, 下,
7ㅎ》擊起毬兒. 質問云, 如人將木圓毬兒
打起老高, 便落於窩內, 方言謂之擊起毬
兒.

타긴(打緊) 匓 긴(緊)하다. 긴요하다. 중
요하다. ⇔긴ᄒᆞ다.《集覽, 字解, 單字解,
4ㅈ》打. 擊也, 着實打, 又打三下. 又爲也.
打酒來 술 사 오라. 又曰, 打將來 ᄒᆞ야
오라, 打聽 듣보라, 打水 믈 긷다, 不打
緊. 又打那裏去, 打東邊去, 有投向從往之
意. 俗用打字, 似不合本意者多, 而實有取
意不苟, 其用甚廣, 此不盡錄.《朴新諺 1,
42ㅈ》錢之多少倒不打緊, 돈 多少ᄂᆞᆫ 도
로혀 다 긴치 아니ᄒᆞ다.

타다 图 ❶타다. (임금을) 받다. ⇔관(關).
《朴新諺 1, 12ㅎ》待關出米來, 뿔 타 내기
를 기드려,《朴新諺 1, 14ㅎ》如今米都關
出來了, 이제 뿔롤 다 타 내여다. ❷타다
[燒]. ⇔소(燒).《朴新諺 1, 38ㅈ》直燒到
艾都成了灰, 잇긋 타 뿍이 다 지 되니.
❸타다[彈]. ⇔탄(彈).《朴新諺 2, 49ㅎ》
或着碁彈琴消遣, 或 바독 두며 거믄고를
타 興을 보내니. ❹타다. 틈을 내다. 짬
을 내다. ⇔투(偸).《朴新諺 2, 46ㅈ》每
日偸空便上去拿雀兒, 每日에 븬 째를 타
곳 올라가 새를 잡노라.

타당(妥當) 円 타당하게. 알맞게. 온당하
게. 적당히. ❶⇔타당이(妥當-).《朴新
諺 2, 20ㅎ》車輛都做妥當了麼, 車輛을 다
민들기를 妥當이 ᄒᆞ엿ᄂᆞ냐. ❷⇔타당히
(妥當-).《朴新諺 2, 50ㅈ》這般陳設妥當,
이리 陳設ᄒᆞ기를 妥當히 ᄒᆞ면.

타당(妥當) 匓 ❶마땅하다. 온당하다. 적
당하다. ⇔맛당ᄒᆞ다.《朴新諺 2, 19ㅎ》
甚是寫得妥當, 심히 이 쁜 거시 맛당호
되. ❷타당하다. 알맞다. 온당하다. 적
당하다. ⇔타당ᄒᆞ다(妥當-).《朴新諺 2,
45ㅈ》寫得妥當不妥當, 쁜 거시 妥當혼
가 妥當치 아니혼가.

타당이(妥當-) 円 타당(妥當)히. ⇔타당
(妥當).《朴新諺 2, 20ㅎ》車輛都做妥當
了麼, 車輛을 다 민들기를 妥當이 ᄒᆞ엿
ᄂᆞ냐.

타당히(妥當-) 円 타당(妥當)히. ⇔타당

(妥當). 《朴新諺 2, 50ㅈ》這般陳設妥當, 이리 陳設ᄒᆞ기를 妥當히 ᄒᆞ면.

타당ᄒᆞ다(妥當-) 혱 타당(妥當)하다. ⇔타당(妥當). 《朴新諺 2, 45ㅈ》寫得妥當不妥當, 쓴 거시 妥當ᄒᆞᆫ가 妥當치 아니ᄒᆞᆫ가.

타대(打擡) 똉 중국 항주(杭州)에서 어린이들 사이에서 유행하던 놀이의 한 가지. 서너 치[寸] 되는 막대기를 가지고 서로 공격하여 정해진 한계를 넘는 사람이 진다. 《集覽, 朴集, 上, 6ㅎ》打擡. 音義云, 杭州小兒之戲也. 用小圓木長三四寸, 各持〈各持一〉塊, 彼此相擊, 出限者爲輸.

타돈(打頓) 똥 졸다[眠]. ⇔조을다. 《朴新諺 3, 11ㅎ》不想那厮打頓(朴新注, 48ㅎ: 頓, 集韻作盹, 朦朧欲睡之貌.)起來, 싱각지 아닌 그 놈이 조오다가.

타두참(打頭站) 똥 선참(先站)하다. 먼저 길을 떠나다. 또는 먼저 가서 나중에 오는 동료나 친구를 위해서 숙식 등의 문제를 처리하다. ⇔선참ᄒᆞ다. 《朴新諺 2, 21ㅎ》先打頭站去, 몬져 선참ᄒᆞ여 가.

타락 똉 타락(駝酪). 우유. ⇔낙(酪). 《朴新諺 2, 16ㅎ》酪一鏃, 타락 ᄒᆞᆫ 대야와.

타래(打來) 똥 가져오다. ⇔가져오다. 《朴新諺 1, 2ㅈ》打來的酒撚平常, 가져온 술이 다 平常ᄒᆞ니.

타로(拖爐) 똉 밀가루를 기름과 꿀에 반죽하여 조그맣게 떼어낸 뒤 떡살로 눌러 익혀 만든 떡. 《集覽, 朴集, 上, 1ㅈ》拖爐. 音義云, 麵作小餠者〈麵作小餠〉. 質問云, 以麥麵和油蜜印成花餠, 烙熟食之.

타마(打磨) 똥 (기물의 표면을 문질러) 광을 내다. 매끄럽게 하다. 연마하다. 《集覽, 朴集, 上, 6ㅈ》鑌鐵. 緫〈緫〉龜云, 出西番, 面上自有旋螺花者, 有芝麻花者. 凡刀劍器打磨光淨, 價直過於銀, 鐵〈鐵〉中最利者也.

타말(唾沫) 똉 침. ⇔춤. 《朴新諺 1, 15ㅎ》把指頭在口內沾着唾沫, 손가락을다가 입에 너허 춤을 무쳐.

타발(打發) 똥 (예를 갖추어) 돌보아주다. 보살피다. ⇔타발ᄒᆞ다(打發-). 《集覽, 字解, 累字解, 2ㅈ》打發. 禮待應答之稱, 보숣펴 디답ᄒᆞ다. 《朴新諺 2, 2ㅈ》打發他去了纔來, 더룰 打發ᄒᆞ여 보내고 ᄀᆞ 오니. 《朴新諺 3, 28ㅎ》即時打發起程, 즉시 打發ᄒᆞ여 起程ᄒᆞ니.

타발ᄒᆞ다(打發-) 똥 타발(打發)하다. ⇔타발(打發). 《朴新諺 2, 2ㅈ》打發他去了纔來, 더룰 打發ᄒᆞ여 보내고 ᄀᆞ 오니. 《朴新諺 3, 28ㅎ》即時打發起程, 즉시 打發ᄒᆞ여 起程ᄒᆞ니.

타분(打扮) 똥 단장하다. 꾸미다. 치장하다. 분장하다. ⇔비오다. 《朴新諺 1, 29ㅈ》一箇舍人打扮, ᄒᆞᆫ 舍人의 비온 거슨. 《朴新諺 1, 31ㅈ》眞是打扮的風流好看, 진실로 비온 거시 風流로와 보기 됴터라.

타분(打扮) 똉 단장하기. 꾸미기. 치장하기. ⇔비오기. 《朴新諺 1, 30ㅈ》又一箇舍人打扮, 쏘 ᄒᆞᆫ 舍人의 비오기ᄂᆞᆫ.

타선(打扇) 똉 부채질. 또는 부채질하다. ⇔부체질. 《朴新諺 2, 24ㅈ》着丫頭們打扇, 아희들로 ᄒᆞ여 부체질ᄒᆞ엿노라.

타수(打水) 똥 물을 긷다. 《集覽, 字解, 單字解, 4ㅈ》打. 擊也, 着實打, 又打三下. 又爲也. 打酒來 술 사 오라. 又曰, 打將來 ᄒᆞ야 오라, 打聽 듣보라, 打水 믈 긷다, 不打緊. 又打那裏去, 打東邊去, 有投向從往之意. 俗用打字, 似不合本意者多, 而實有取意不苟, 其用甚廣, 此不盡錄. 《朴新諺 3, 10ㅈ》先掘土打兩擔水未好和泥, 몬져 흙을 픠고 두 짐 물을 기러 와 잘 흙을 니기되.

타어(打魚) 똥 물고기를 잡다. 《朴新諺 3, 49ㅈ》秀才哥咱們打魚去罷, 秀才 형아 우리 고기 잡으라 가쟈.

타열불(打噎咈) 똥 트림하다. ⇔트림ᄒᆞ다. 《朴新諺 2, 55ㅎ》誰吃蘿葍打噎咈, 뉘 무우 먹고 트림ᄒᆞ엿ᄂᆞ뇨. 《四聲通解, 上,

46ㅎ》噎. 飽食氣通, 亦作噫. 今俗音해.
打噎哱 트림ᄒ다.

타위(打圍) 图 사냥하다. ⇔산영ᄒ다.
《朴新諺 3, 58ㅎ》後來有人向山中打圍,
後에 사롬이 山中을 향ᄒ여 산영ᄒ다가.

타위(打圍) 图 사냥. ⇔산영. 《朴新諺 2,
1ㅈ》我要打圍去騎坐, 내 산영 갈 제 투
고져 ᄒ니.

타일(他日) 图 (미래의) 어느 날. 《集覽,
朴集, 下, 1ㅎ》證果金身. 又生時所作善惡
謂之因, 他日報應謂之果. 謂證果者, 如三
藏法師取經東還, 化爲栴檀佛如來. 《朴新
諺 2, 10ㅎ》好聽他說些因果(朴新注, 26
ㅎ: 生時所作善惡, 謂之因. 他日報應, 謂
之果.)何如, 뎌의 因果 니ᄅᄂ 거슬 드르
미 엇더ᄒ뇨.

타일타(趓一趓) 图 비키다. 피하다. ⇔츅
다. 《集覽, 字解, 單字解, 7ㅎ》趓. 逃也.
趓着走 에도라 둔닌다. 又避也. 趓一趓
길 츅라. 亦作躱, 通作嚲.

타장래(打將來) 图 (어떤 일을) 하고 오
다. 《集覽, 字解, 單字解, 4ㅈ》打. 擊也,
着實打, 又打三下. 又爲也, 打酒來 술 사
오라. 又曰, 打將來 ᄒ야 오라, 打聽 듣보
라, 打水 믈 깃다, 不打緊. 又打那裏去,
打東邊去, 有投向從往之意. 俗用打字, 似
不合本意者多, 而實有取意不苟, 其用甚
廣, 此不盡錄.

타점(打點) 图 준비하다. 꾸리다. ⇔타점
ᄒ다(打點-). 《朴新諺 2, 31ㅈ》都一一打
點全備送到直房裏去, 다 一一히 打點ᄒ
여 叉초와 直房에 보내고.

타점ᄒ다(打點-) 图 타점(打點)하다. ⇔
타점(打點). 《朴新諺 2, 31ㅈ》都一一打
點全備送到直房裏去, 다 一一히 打點ᄒ
여 叉초와 直房에 보내고.

타조(打造) 图 만들다. 제조하다. ⇔민들
다. 《朴新諺 1, 19ㅈ》你必湏(須)加工打
造, 네 모롬이 공부 드려 민들라.

타좌(打坐) 图 〈불〉 고요히 앉아서 참선

(參禪)하다. 좌선(坐禪)하다. ⇔타좌ᄒ
다(打坐-). 《朴新諺 2, 9ㅎ》善能參禪打
坐, 參禪 打坐ᄒ기를 잘ᄒ더라.

타좌ᄒ다(打坐-) 图 〈불〉 타좌(打坐)하
다. ⇔타좌(打坐). 《朴新諺 2, 9ㅎ》善能
參禪打坐, 參禪 打坐ᄒ기를 잘ᄒ더라.

타착주(趓着走) 图 에돌아 다니다. 도망
하여 다니다. 《集覽, 字解, 單字解, 7ㅎ》
趓. 逃也. 趓着走 에도라 둔닌다. 又避也.
趓一趓 길 츅라. 亦作躱, 通作嚲.

타첩(打疊) 图 개다. 접다. 꾸리다. 정돈
하다. ⇔가히다. 《朴新諺 2, 18ㅎ》小廝
們也一面打疊背包上馬, 아히 놈들도 一
面으로 질 짐을 가혀 몰을 투라.

타청(打聽) 图 듣보다. 또는 물어보다. 알
아보다. ●⇔듣보다. 《集覽, 字解, 累字
解, 3ㅈ》打聽一打聽. 듣보다. 唯擧打聽
二字, 可說而疊言之者, 此漢人好事者之
說也. 今亦罕用. 《集覽, 字解, 單字解, 4
ㅈ》打. 擊也, 着實打, 又打三下. 又爲也.
打酒來 술 사 오라. 又曰, 打將來 ᄒ야
오라, 打聽 듣보라, 打水 믈 깃다, 不打
緊. 又打那裏去, 打東邊去, 有投向從往之
意. 俗用打字, 似不合本意者多, 而實有取
意不苟, 其用甚廣, 此不盡錄. ●⇔듯보
다. 《朴新諺 1, 8ㅈ》所以到部裏去打聽消
息, 이러모로 部에 가 消息을 듯보려 ᄒ
노라. 《朴新諺 1, 51ㅎ》大哥你曾打聽得
麼, 큰형아 네 일즉 듯보앗ᄂ냐. 《朴新
諺 2, 1ㅈ》你代我打聽一打聽, 네 나를 ᄀ
ᄅ차 듯보라.

타청일타청(打聽一打聽) 图 듣보다. 또
는 물어보다. 알아보다. ⇔듣보다. 《集
覽, 字解, 累字解, 3ㅈ》打聽一打聽. 듣보
다. 唯擧打聽二字, 可說而疊言之者, 此漢
人好事者之說也. 今亦罕用.

타축(打築) 图 쌓다. ⇔ᄡ다. 《朴新諺 1,
11ㅎ》替你白効勞重新打築何如, 너를 ᄀ
ᄅ차 공히 슈고 드려 다시 ᄡ미 엇더ᄒ
뇨.

타춘(打春) 图 입춘 놀이하다. 입춘 하루
전날 궁중이나 관청에서 토우(土牛)를
세워놓고, 입춘 당일에 붉은 채찍으로
때리면서 풍년과 권농(勸農)을 빌다. ⇔
닙츈노롯ᄒ다. 《朴新諺 3, 46ㅈ》宋哥我
同你看打春(朴新注, 60ㅎ: 解見本節
(節).)去罷, 宋가 형아 내 너와 ᄒ가지로
닙츈노롯ᄒᄂ 양 보라 가쟈. 《朴新諺 3,
48ㅈ》這就謂之打春了, 이 곳 닐온 닙츈
노롯홈이라.

타춘(打春) 图 입춘(立春). 입춘 하루 전날
궁중이나 관청에서 토우(土牛)를 세워놓
고, 입춘 당일에 붉은 채찍으로 때리면서
풍년과 권농(勸農)을 빌었다 하여 입춘
을 타춘(打春) 또는 편춘(鞭春)이라고 하
였다. ⇔닙츈. 《集覽, 朴集, 下, 10ㅎ》二
郞爺爺. 廟額曰昭惠靈顯眞君之廟, 然未
知何神. 打春之日, 取此塑像, 盖亦未詳.
《朴新諺 3, 46ㅈ》宋哥我同你看打春(朴新
注, 60ㅎ: 解見本節(節).)去罷, 宋가 형아
내 너와 ᄒ가지로 닙츈노롯ᄒᄂ 양 보라
가쟈. 《朴新諺 3, 48ㅈ》這就謂之打春了,
이 곳 닐온 닙츈노롯홈이라.

타피(躲避) 图 (일부러) 피하다. 도피하
다. 숨다. 《集覽, 字解, 單字解, 7ㅎ》躱.
垂下也. 躱下 드리워 잇다. 又借用爲躲避
之躲.

타한(打鼾) 图 코를 골다. ⇔코고오다.
《朴新諺 2, 52ㅈ》倒在床上便打鼾睡, 床
우희 것구러져 곳 코 고오고 자거눌.

타향(他鄕) 명 자기 고향이 아닌 다른 고
장. 《集覽, 朴集, 下, 12ㅈ》附籍. 非土著
〈着〉戶, 而以他鄕之人, 來寓居者也.)人
戶, 本府 本縣에 미여 附籍ᄒ 人戶ㅣ.
《朴新諺 3, 52ㅈ》係本府本縣附籍(朴新
注, 63ㅈ: 非土着而以他鄕人寓居者.)民
人, 本府 本縣에 미여 附籍ᄒ 民人이라.

타흠(拖欠) 图 끌다. 미루다. ⇔믄그으다.
《朴新諺 1, 58ㅎ》按月送納不致短少拖欠,
둘을 조차 送納호되 쩌르치며 믄그으매

니르게 말고.

탁(托) 图 ●맡기다. ⇔맛지다. 《朴新諺
1, 49ㅎ》你家宅上還托我, 네 집의셔 쏘
내게 맛져. ●부치다. 보내다. ⇔부티
다. 《朴新諺 3, 15ㅈ》托以段定送與父親
使用, 段定로 뻐 부텨 父親끠 보내여 쓰
게 ᄒ엿더니.

탁(托) 회 발. ⇔발. 《朴新諺 2, 11ㅎ》拿一
箇一托長碗口大的紅油畫金棒子, ᄒ나 ᄒ
발맛치 길고 사발맛치 큰 불근 칠ᄒ고
금으로 그린 막대롤 가져. 《朴新諺 2, 13
ㅎ》這杭州綾子每疋有七托長, 이 杭州ㅅ
綾이 每 疋에 닐곱 발 기리 잇고.

탁(卓) 명 ●상. ⇔상. 《朴新諺 1, 6ㅈ》先
把椅桌分開擺了, 몬져 교의와 상을 ᄂ
화 버리고. ●탁자(卓子). ⇔탁ᄌ. 《朴
新諺 2, 11ㅈ》赤條條的仰面臥在桌上, 벌
거케 올올이 탁ᄌ 우희 쟛바누어.

탁(卓) 회 상(床). ⇔상. 《朴新諺 1, 1ㅎ》辦
幾桌賞花筵席, 여러 상 賞花 筵席을 ᄎ
려. 《朴新諺 1, 6ㅈ》先把椅桌分開擺之
了, 몬져 교의와 상을 ᄂ화 버리고. 《朴
新諺 2, 11ㅈ》赤條條的仰面臥在桌上, 벌
거케 올올이 탁ᄌ 우희 쟛바누어. 《朴新
諺 1, 53ㅈ》賭一桌筵席罷, ᄒ 상 이바지
를 더녀쟈.

탁(桌) 명 =탁(卓). '桌'은 '卓'의 고자. 《廣
韻, 覺韻》卓, 高也. 桌, 古文. 《朴新諺 1,
1ㅎ》辦幾桌賞花筵席, 여러 상 賞花 筵席
을 ᄎ려. 《朴新諺 1, 6ㅈ》先把椅桌分開
擺之了, 몬져 교의와 상을 ᄂ화 버리고.
《朴新諺 2, 11ㅈ》赤條條的仰面臥在桌上,
벌거케 올올이 탁ᄌ 우희 쟛바누어. 《朴
新諺 1, 53ㅈ》賭一桌筵席罷, ᄒ 상 이바
지를 더녀쟈.

탁개(拆開) 图 갈라놓다. 《集覽, 朴集, 下,
6ㅈ》水滑經帶麪. 水滑麪〈麪〉用頭麪, 春
夏秋用新汲水, 入油塩, 先攪作拌麪羹樣,
漸漸入水和搜成劑, 用水拆開, 作小塊子,
再用油水洒和, 以拳搋一二百拳.

탁뢰(托賴) 图 입다. 신세를 지다. 덕을 입다. 도움을 받다. ⇔닙다. 《朴新諺 3, 15ㅈ》托賴父母福蔭, 父母의 福蔭을 닙어.

탁아(卓兒) 图 ●상(床). 《集覽, 朴集, 上, 3ㅈ》擡卓兒. 擡, 擧也. 進案撤案皆曰擡, 謂人所擧也. 卓, 卽本國所謂高足床也. ● 탁자(卓子). ⇔탁ㅈ. 《朴新諺 2, 11ㅈ》還有把一箇高桌兒放定, 당시롱 혼 노픈 탁ㅈ롤다가 노코.

탁자(卓子) 图 상(床). ⇔상. 《朴新諺 2, 21ㅈ》還有羅鍋, 또 노고와. 柳箱, 섥과. 灑子, 드레와. 碗楪, 사발 접시와. 匙筯, 수져와. 榪杓, 나모쥬게와. 箪籬, 됴리와. 炊箒, 솔과. 擦床兒, 슉치칼과. 簸(簸)箕, 키와. 篩子, 얼밍이와. 馬尾羅, 물총체와. 桌子, 상과. 盤子, 盤과. 茶盤, 찻반과. 燈臺, 燈臺와. 酒種, 잔과. 酒鼈, 쥬벼ᅀ와. 銅杓, 놋쥬게 이시니. 《朴新諺 3, 43ㅎ》大門外放一張桌子, 큰 門 밧긔 혼 상을 노코.

탁ㅈ 图 탁자(卓子). ●⇔탁(卓). 《朴新諺 2, 11ㅈ》赤條條的仰面臥在桌上, 벌거케 올올이 탁ㅈ 우희 쟛바누어. ●⇔탁아(卓兒). 《朴新諺 2, 11ㅈ》還有把一箇高桌兒放定, 당시롱 혼 노픈 탁ㅈ롤다가 노코.

탄(炭) 图 숫. ⇔숫. 《朴新諺 3, 12ㅈ》火盆上添些炭火, 화로에 숫불을 더ᄒ고.

탄(彈) 图 타다(彈). ●⇔타다. 《朴新諺 2, 49ㅎ》或着碁彈琴遣興, 或 바독 두며 거문고를 타 興을 보내니. ●⇔ᄐ다. 《朴新諺 1, 6ㅎ》彈的只管彈, ᄐ리 그저 ᄐ고. 《朴新諺 3, 49ㅈ》便彈一曲流水‧高山, 곳 혼 곡됴 流水‧高山을 ᄐ며.

탄(彈) 图 알卵. 《集覽, 朴集, 上, 2ㅎ》燒鴿子彈. 質問云, 鴿子彈糝於滾肉湯食之. 又云, 用肉湯在鍋, 再加糝料‧菜‧葱花, 燒火至滾沸, 方下鴿子卵, 盛之於碗, 以獻賓客.

탄변(灘邊) 图 여울의 가. 《朴新諺 3, 49ㅎ》閑時節常住在那靑蒲‧紅蓼‧灘邊, 한가혼 때에 덧덧이 뎌 靑蒲‧紅蓼‧灘邊에 머므러.

탄생(誕生) 图 성인(聖人) 또는 귀인이 태어남을 높여 이르는 말. 《集覽, 朴集, 下, 3ㅎ》趙太祖飛龍記. 宋太祖, 姓趙, 名匡胤. 母昭獻皇后夢日入懷而孕. 誕生之夕, 赤光滿室, 異香馥郁.

탄일(誕日) 图 생일을 높여 이르는 말. 《朴新諺 3, 34ㅈ》今日是萬壽之日(朴新注, 56ㅎ: 皇帝誕日, 亦云聖節.), 오늘은 이 萬壽日이라.

탄자(彈子) 图 구슬. 《集覽, 朴集, 上, 3ㅎ》細料物. 事林廣記食饌類, 細料物, 官桂‧良薑‧蓽撥草‧豆蔲‧陳皮‧縮砂仁〈砂仁〉‧八角‧茴香各一兩, 川椒二兩, 杏仁五兩, 甘草一兩半, 白檀末半兩. 右共爲細末用之. 如欲出路停久用之者, 以水浸, 蒸餠爲丸, 如彈子大, 臨時湯泡用之.

탄핵(彈劾) 图 죄상을 들어서 책망하다. 《集覽, 朴集, 中, 7ㅎ》襃彈. 今按, 包孝肅公名拯, 性剛直不撓, 其所彈劾, 不避權勢, 故時人呼爲包閻羅, 曰關節〈莭〉不到, 有閻羅包老.

탄화(炭火) 图 숫불. ⇔숫불. 《朴新諺 3, 12ㅈ》火盆上添些炭火, 화로에 숫불을 더ᄒ고.

탄환(彈丸) 图 탄환. 탄알. 《集覽, 朴集, 上, 2ㅈ》龍眼. 一名圓眼. 樹如荔支〈支〉, 但枝葉稍小, 其子形如彈丸, 核如木槵, 肉白, 漿甘如蜜, 五六十顆作穗.

탈(脫) 图 벗다. ⇔벗다. 《朴新諺 2, 24ㅎ》把一身衣服都脫了, 왼몸에 옷슬다가 다 벗고. 《朴新諺 3, 26ㅎ》便脫了衣裳, 곳 옷슬 벗고.

탈(奪) 图 빼앗다. 강탈하다. ⇔앗다. 《朴新諺 2, 33ㅎ》便奪了那物件打死那人, 곳 그 물건을 앗고 그 사롬을 쳐 죽여. 《朴新諺 2, 33ㅎ》把那絹都奪了, 뎌 깁을다가

다 앗고.《朴新諺 2, 34ㅈ》又奪了也謀死
他, 또 앗고 또 뎌를 꾀ᄒᆞ여 죽여.

탈난(脫難) 동 어려움에서 벗어나다.《集
覽, 朴集, 下, 4ㅈ》孫行者. 其後唐太宗勅
玄奘法師, 徃西天取經, 路經此山, 見此猴
精壓在石縫, 去其佛押出之, 以爲徒弟, 賜
法名吾(悟)空, 改号〈號〉爲孫行者, 與沙
和尙及黑猪精·朱八戒偕徃, 在路降妖去恠,
救師脫難, 皆是孫行者神通之力也.

탈뇌(奪腦) 형 골치가 뜯는 듯이 아프다.
《集覽, 朴集, 中, 2ㅎ》奪腦. 奪字未詳. 鄕
習傳解曰, 더고리 뽇 앏〈알〉프다. 奪, 音
드, 去聲讀.

탈진(脫塵) 동 〈불〉속세를 벗어나다.
《集覽, 朴集, 下, 3ㅈ》三寶. 脫塵異俗, 圓
頂方袍, 入聖超凡, 爲衆中尊, 卽僧寶也.

탈하(脫下) 동 벗다. 벗어버리다. ⇔벗다.
《朴新諺 2, 11ㅎ》脫下衣裳, 옷 벗고.《朴
新諺 3, 26ㅈ》鹿皮先脫下衣服跳入鍋裡,
鹿皮ㅣ 몬져 옷 벗고 가마에 뛰여들거늘.

탐(貪) 동 탐(貪)하다. (지나치게 욕심을
내다) ●⇔탐ᄒᆞ다.《朴新諺 2, 46ㅎ》終
日貪頑耍, 終日토록 놀기를 탐ᄒᆞ고. ●
⇔탐ᄒᆞ다(貪-).《朴新諺 1, 24ㅎ》只是一
味貪頑, 다만 건닉 놀기만 貪ᄒᆞ여.

탐랑(貪狼) 명 구성(九星) 중의 첫째 별 이
름. 거문성(巨門星)의 위에 있다. 매우
밝은 항성(恒星)으로 침략을 관장한다
하여 잔혹한 침략자를 비유하기도 한
다.《集覽, 朴集, 上, 7ㅈ》北斗左輔右弼.
凡九星, 曰樞宮貪狼, 曰璇宮巨門, 曰璣
〈幾〉宮祿存, 曰權宮文曲, 曰衡宮廉貞, 曰
闓(開)陽宮武曲, 曰瑤光宮破軍, 曰洞明宮
左輔, 曰隱元宮右弼.

탐망(探望) 동 문안하다. 방문하다. ⇔탐
망ᄒᆞ다(探望-).《朴新諺 1, 37ㅈ》不曾探
望你休恠, 일즉 探望치 못ᄒᆞ여시니 네
허믈 말라.

탐망ᄒᆞ다(探望-) 동 탐망(探望)하다. ⇔
탐망(探望).《朴新諺 1, 37ㅈ》不曾探望

你休恠, 일즉 探望치 못ᄒᆞ여시니 네 허
믈 말라.

탐신(貪身) 명 〈불〉몸으로 느끼는 탐욕.
《集覽, 朴集, 上, 10ㅈ》袈裟. 戒壇云, 五
條下衣, 斷〈斷〉貪身也, 七條中衣, 斷〈斷〉
嗔口也, 大衣上衣, 斷痴心也.

탐욕(貪欲) 명 〈불〉십악(十惡)의 하나.
자신이 좋아하는 대상을 갖고 싶어 하
고 또 구하는 마음을 이른다.《集覽, 朴
集, 下, 3ㅈ》貪嗔癡. 大智論云, 有利益我
者生貪欲, 有違逆我者生嗔恚. 不從智生,
從狂惑生, 是名爲癡, 爲一切煩惱之根本.
《朴新諺 3, 14ㅈ》因你貪嗔癡三毒(朴新
注, 49ㅈ: 大智論云, 有利益我者生貪欲,
有違逆我者生嗔恚. 不從智生, 從狂惑生,
是爲癡, 一切煩惱之根本. 三毒亦曰三業.)
不離於信, 네 貪嗔癡 三毒이 몸에 써나지
아니믈 因ᄒᆞ여.

탐진치(貪嗔癡) 명 〈불〉사람의 착한 마
음을 해치는 세 가지 번뇌. 곧, 욕심[貪]
·성냄[嗔]·어리석음[癡]. 삼독(三毒)이
라고도 한다.《集覽, 朴集, 下, 3ㅈ》貪嗔
癡. 卽三毒也. 又曰三業. 大智論云, 有利
益我者生貪欲, 有違逆我者生嗔恚. 不從
智生, 從狂惑生, 是名爲癡, 爲一切煩惱之
根本.《朴新諺 3, 14ㅈ》因你貪嗔癡三毒
(朴新注, 49ㅈ: 大智論云, 有利益我者生
貪欲, 有違逆我者生嗔恚. 不從智生, 從狂
惑生, 是爲癡, 一切煩惱之根本. 三毒亦曰
三業.)不離於信, 네 貪嗔癡 三毒이 몸에
써나지 아니믈 因ᄒᆞ여.

탐ᄒᆞ다 동 탐(貪)하다. (지나치게 욕심을
내다) ⇔탐(貪).《朴新諺 2, 46ㅎ》終日貪
頑耍, 終日토록 놀기를 탐ᄒᆞ고.

탐ᄒᆞ다(貪-) 동 탐(貪)하다. ⇔탐(貪).
《朴新諺 1, 24ㅎ》只是一味貪頑, 다만 건
닉 놀기만 貪ᄒᆞ여.

탑(塔) 명 탑.《朴新諺 2, 29ㅎ》起浮屠(朴新
注, 33ㅎ: 浮屠, 塔也. 唐中宗爲僧伽大士,
起塔扵泗水, 僧伽卽觀音化身云.)扵泗水

之間, 浮屠를 泗水ㅅ 스이예 니르혀고.

탑(搭) 图 (갈고랑이 따위로) 걸다. 건지
다. ●⇔그다. 《朴新諺 3, 27ㅈ》百般搭
不着, 빅 가지로 ᄒᆞ되 그지 못ᄒᆞ니. ●⇔
글다. 《朴新諺 3, 27ㅈ》將軍用鈎子搭去,
將軍이 갈고리로 뼈 글려 ᄒᆞ니.《朴新諺
3, 27ㅈ》左邉搭右邉走, 左편으로 글면
右편으로 둣고. 右邉搭左邉去, 右편으로
글면 左편으로 가매.

탑(塌) 图 떨어지다. 해어지다. ⇔ᄣᅥ러지
다.《朴新諺 3, 33ㅎ》在門上磕了一磕就
塌了半邉, 門에 다질려 곳 반 편이 ᄣᅥ러
지고.

탑련(搭連) 图 전대(纏帶). ⇔대련.《朴新
諺 1, 31ㅎ》做坐褥皮搭連的, 아답개와
가족 대련 지을 거시라.

탑출(搭出) 图 그러내다. ⇔그러내다.
《朴新諺 3, 26ㅎ》搭出一箇光骨頭來, 혼
믠쎠만 그러내니.

탑호(搭護) 图 더그레. 호의(號衣). ⇔더
그레.《集覽, 朴集, 上, 8ㅎ》比甲. 衣之無
袖, 對襟爲襞積者曰比甲, 卽本國답지털
릭. 婦女亦依此制爲短襖着之, 亦曰比甲,
通稱搭護.《集覽, 朴集, 上, 8ㅎ》搭護. 事
物紀原云, 隋内官多服半臂, 餘皆長袖. 唐
高祖減其袖, 謂之半臂, 卽今背子也. 江淮
間或曰綽子, 庶人競服之. 今俗呼爲搭護,
더그레.

탕 图 탕(湯). 국. ⇔갱(羹).《朴新諺 1, 5
ㅈ》螃蟹羹, 게탕과.

탕(湯) 图 탕. 국.《朴新諺 2, 36ㅎ》天寒湯
・飯都不可冷了, 하늘이 치우니 湯과 밥
을 다 可히 ᄎᆞ게 못ᄒᆞ리라.

탕관 图 탕관(湯罐). ⇔관아(罐兒).《朴新
諺 1, 40ㅈ》金罐兒・鐵柄兒裏頭盛着白
沙蜜, 금탕관・쇠ᄌᆞᄅᆞ에 속에 白沙蜜 담
은 거시여.

탕반(湯飯) 图 국과 밥.《朴新諺 2, 36ㅎ》
天寒湯・飯都不可冷了, 하늘이 치우니
湯과 밥을 다 可히 ᄎᆞ게 못ᄒᆞ리라.

탕숫고믈 图 고명. 꾸미. 양념. ⇔세요믈
(細料物).《集覽, 朴集, 上, 3ㅎ》細料物.
事林廣記食饌類, 細料物, 官桂・良薑・
蓽撥草・豆蔲・陳皮・縮砂仁〈砂仁〉・
八角・茴香各一兩, 川椒二兩, 杏仁五兩,
甘草一兩半, 白檀末半兩. 右共爲細末用
之. 如欲出路停久用之者, 以水浸, 蒸餅爲
丸, 如彈子大, 臨時湯泡用之. 今按, 漢俗
謂·탕·슛·고·믈 曰細料物.《集覽, 朴集, 下,
6ㅈ》水精角兒. 飮饌正要云, 羊肉・羊脂
・羊尾子・生葱・陳皮・生薑, 各細切,
入細料物, 塩醬拌勻爲餡. 用豆粉作皮包
之, 水煮供食.

탕자(湯子) 图 목욕탕. 욕실.《集覽, 朴集,
上, 13ㅈ》混堂. 人家設溫湯浴室處, 燕都
多有之, 乃爇〈熱〉水爲湯, 非溫泉也. 或稱
堂子, 舊本作湯子.

태(太) 囝 너무. 매우. 몹시. ●⇔너모.
《朴新諺 2, 32ㅈ》帽頂太尖了些, 디우ᅵ
너모 샏고.《朴新諺 3, 30ㅎ》太虧我了,
너무 내게 셜웨라. ●⇔너무.《朴新諺
1, 13ㅈ》五十文一擔却不太少些麽, 쉰 낫
돈에 혼 짐이 ᄯᅩ 너무 젹지 아니ᄒᆞ냐.

태(兌) 图 ●(저울에) 달다. ⇔둘다.《朴新
諺 2, 9ㅈ》這麽就請兌銀罷, 이러면 곳 청
컨대 은을 둘라. ●원수(元數). 본디의
수. ⇔원수.《集覽, 字解, 單字解, 5ㅎ》
虧. 損也, 少也. 虧你多少 네게 언머나 날
브뇨, 虧着我 내게 날배라. 又次也. 吏語,
虧兌 원수에서 ᄯᅳ다.

태(胎) 图 장치기공을 치는 공채의 끝에
달린 숟가락 모양의 것. 나무로 된 뼈대
에 가죽으로 겉을 싸서 만든다.《集覽,
朴集, 下, 7ㅎ》飛棒杓兒. 質問畫成毬棒,
卽本國武試毬杖之形, 而下云煖木廂柄,
其杓用水牛皮爲之, 以木爲胎. 今按, 煖木,
黃蘗木也. 廂柄者, 以黃蘗皮裹其柄也. 胎
者, 以木爲骨, 而以皮爲外裹也.

태계(泰階) 图 삼태성(三台星)의 다른 이
름.《集覽, 朴集, 上, 7ㅈ》三台. 三台, 星

名. 在天爲六座, 名天階, 亦曰泰階, 太上
升降之道也.

태고화상(太古和尙) 몡 고려(高麗) 말의
중 보우(普愚)의 법호(法號).《集覽, 朴
集, 上, 15ㅎ》步虛. 俗姓洪氏, 高麗洪州
人, 法名普愚, 初名普虛, 號太古和尙. 有
求法於天下之志.

태공(太公) 몡 =태공망(太公望).《集覽, 朴
集, 下, 11ㅎ》太公. 姓呂, 名尙. 釣於渭水,
周文王出獵, 過於渭水之陽, 與語大悅, 曰,
自吾先君太公曰, 當有聖人適周, 周以興.
子豈是耶. 吾太公望子久矣. 故號之曰太
公望. 載與俱歸, 立爲師.

태공망(太公望) 몡 주 문왕(周文王)의 스
승. 성은 강(姜). 씨는 여(呂). 이름은 상
(尙). 속칭은 강태공(姜太公). 문왕이 사
냥을 갔다가 여상을 만나 위수(渭水) 가
에서 대화를 하고는 크게 기뻐하여 '우
리 태공께서 선생을 기다린 지 오래되
었다(吾太公望子久矣)'고 한 데에서 비
롯된 별호이다.《集覽, 朴集, 下, 11ㅎ》
太公. 姓呂, 名尙. 釣於渭水, 周文王出獵,
過於渭水之陽, 與語大悅, 曰, 自吾先君太
公曰, 當有聖人適周, 周以興. 子豈是耶.
吾太公望子久矣. 故號之曰太公望. 載與
俱歸, 立爲師.

태과(太過) 혱 분에 넘치다. 너무 지나치
다.《集覽, 字解, 累字解, 2ㅎ》分外. 十者
數之終, 十分爲數之極, 而甚言其太過則
曰分外.《集覽, 字解, 單字解, 5ㅎ》忒. 太
過也. 忒大 너므 크다.

태미(太微) 몡 태미원(太微垣). 사자자리
를 중심으로 이루어진 별자리. 자미원
(紫微垣)・천시원(天市垣)과 더불어 삼
원(三垣)이라 부르며, 별자리를 천자(天
子)에 비유한다.《集覽, 朴集, 上, 7ㅈ》北
斗左輔右弼. 晉書天文志云, 七星在太微
北, 七政之樞機, 陰陽之元本.

태반(太半) 몡 반수 이상.《朴新諺 1, 9ㅎ》
村庄人家的房屋墻壁太半都被水衝了, 村
庄 人家에 房屋 墻壁이 太半 다 믈에 질
리엿ᄂ이라.

태백(太白) 통 자세하게 이르다. 세세하
게 설명하다.《集覽, 字解, 單字解, 5ㅈ》
兒. 嬰孩也. 孩兒. 又呼物名, 必用兒字, 爲
助語之辭. 杏兒・李兒. 凡呼物名則呼兒
字, 只宜微用其音, 而不至太白可也.

태보(太保) 몡 삼공(三公)의 하나. 주대
(周代)에 천자(天子)를 보필하는 벼슬로
두어 진대(秦代)에 폐지되었다가 한대
(漢代)에 다시 두었다. 후대에는 대신에
게 주던 명예직이 되었다.《集覽, 朴集,
下, 10ㅎ》太師太保. 元以太師・太傅・
太保爲三師, 以太尉・司徒・司空爲三
公. 漢・唐舊〈旧〉制也.

태복시(太僕寺) 몡 주관(周官)의 하관(夏
官) 소속으로 왕명(王命)의 출납(出納)
과 제왕의 의복, 궁중의 가마와 말(馬)
및 목축의 일을 맡아보던 관아. 진한(秦
漢) 이후 청대(淸代)까지 존속되었다.
《朴新諺 2, 24ㅈ》是小弟昨日在張少卿
(朴新注, 31ㅈ: 太常寺・大理寺・光祿寺
・太僕寺有卿・少卿, 俱三品.)家慶賀筵
席上, 올ᄒ니 小弟 어제 張少卿의 집 慶
賀 筵席에서.

태봉(泰封) 몡 나라 이름. 신라(新羅) 효
공왕(孝恭王) 5년(901)에 궁예(弓裔)가
송악(松嶽: 開城)에 웅거하며 국호를 후
고구려(後高句麗)라 하였다가, 동왕 8년
국호를 마진(摩震), 연호를 무태(武泰)
라 하였으며, 동왕 15년에 국호를 태봉
으로 고치고 연호를 수덕만세(水德萬
歲)로 고쳤다.《集覽, 朴集, 下, 12ㅎ》弓
裔. 一日, 持鉢赴齋, 有烏嗛(唅)牙籤落鉢
中, 視之, 有王字. 遂叛, 據鉄圓郡爲都, 卽
今鐵〈鉄〉原府也. 國號摩震, 改元武泰, 後
改國號〈号〉泰封.《朴新諺 3, 57ㅈ》那時
有箇王名弓裔(朴新注, 65ㅈ: 新羅憲安王
之子. 叛居鉄原爲都, 國號泰封.), 그 째에
혼 님금이 이셔 일홈이 弓裔니.

태부(太傅) 명 삼공(三公)의 하나. 주대(周代)에 천자(天子)를 보필하는 벼슬로 두어 진대(秦代)에 폐지되었다가, 한대(漢代)에 태사(太師)의 버금으로 다시 두었다. 《集覽, 朴集, 下, 10ㅎ》太師太保. 元以太師・太傅・太保爲三師, 以太尉・司徒・司空爲三公. 漢・唐舊〈旧〉制也.

태사(太師) 명 삼공(三公) 가운데 으뜸 벼슬. 주대(周代)에 천자(天子)를 보필하는 벼슬로 두어 진대(秦代)에 폐지되었다가, 한대(漢代)에는 삼공(三公: 大司馬・大司徒・大司空)보다 높게 두었으나 그 존폐는 일정하지 않았다. 당대(唐代)에는 삼공(三公: 大尉・司徒・司空)의 위에 두어 천자의 스승으로 삼았으나 실직(實職)은 없었다. 《集覽, 朴集, 下, 10ㅎ》太師太保. 元以太師・太傅・太保爲三師, 以太尉・司徒・司空爲三公. 漢・唐舊〈旧〉制也.

태상(太上) 명 상제(上帝). 천제(天帝). 《集覽, 朴集, 上, 7ㅈ》三台. 三台, 星名. 在天爲六座, 名天階, 亦曰泰階, 太上升降之道也.

태상노군(太上老君) 명 도교에서 이르는 세 신(神) 가운데 태청 태상노군(太淸太上老君)을 이르는 말. 《集覽, 朴集, 下, 4ㅎ》三淸. 太淸, 十二天仙境也, 九仙所居, 太上老君所治. 《朴新諺 3, 22ㅈ》起盖三淸(朴新注, 52ㅈ: 玉淸・上淸・太淸, 謂之三淸. 元始天尊・玉晨道君・太上老君分居之.)大殿, 三淸 大殿을 지어.

태상시(太常寺) 명 종묘의 의례(儀禮)와 관리의 선발 시험을 관장하던 관아. 《朴新諺 2, 24ㅈ》是小弟昨日在張少卿(朴新注, 31ㅈ: 太常寺・大理寺・光祿寺・太僕寺有卿・少卿, 俱三品.)家慶賀筵席上, 올흐니 小弟 어제 張少卿의 집 慶賀 筵席에서.

태수(太守) 명 한대(漢代) 군(郡)의 장관(長官). 진대(秦代)에 천하를 36군(郡)으로 나누고 각각에 군수(郡守)를 두었는데, 한 경제(漢景帝)가 태수로 고쳤다. 당(唐)나라 초기에는 군을 주(州)로 고치고 태수를 자사(刺史)로 고쳤다. 《集覽, 朴集, 下, 8ㅎ》五箇鋪馬. 元制, 遠方之任官員, 一品五疋〈匹〉, 二品四疋〈匹〉, 三・四品三疋〈匹〉, 五品以下二疋〈匹〉. 古者常稱〈称〉太守曰五馬.

태심(太甚) 혱 너무 심하다. 《集覽, 字解, 單字解, 7ㅈ》偌. 太甚也. 偌大 너므 크다, 偌多 너므 하다. 又하나한. 通作熱.

태액지(太液池) 명 중국 북경시(北京市) 옛 황성(皇城) 서화문(西華門) 밖에 있던 북해(北海)・중해(中海)・남해(南海)의 삼해(三海). 원대(元代)에는 서화담(西華潭)이라 하였다. 《集覽, 朴集, 上, 15ㅈ》西湖. 在玉泉山下, 泉水瀦而爲湖, 流入宮中. 西苑爲太液池, 出都城爲玉河, 東南流注于大通河. 環湖十餘里, 荷・蒲・菱・茭與夫沙禽・水鳥出沒, 隱暎於天光雲影中, 實佳境也. 《朴新諺 2, 4ㅎ》李爺你可曾到過西湖(朴新注, 24ㅈ: 在玉泉山下, 流入西苑爲太液池, 出都城注于通州河.), 李爺ㅣ아 네 일즉 西湖에 둔녀.

태야(太爺) 명 증조부(曾祖父). 증조할아버지. 《朴新諺 1, 11ㅈ》你太爺想, 너 太爺ㅣ 싱각ᄒᆞ여. 《朴新諺 1, 19ㅈ》這箇不湏(須)太爺們囑咐, 이는 모롬이 太爺들이 당부 말라. 《朴新諺 2, 8ㅈ》太爺是識貨的請看, 太爺는 이 물화 아는 이라 쳥컨대 보라. 《朴新諺 2, 9ㅎ》太爺甚麼銀子, 太爺ㅣ야 므슴 은고. 《朴新諺 2, 9ㅈ》你太爺下次好來照顧, 너 太爺ㅣ 훗번에 다시 와 돌보미 됴타.

태위(太尉) 명 진・한대(秦漢代)에 군정(軍政)을 총괄하던 벼슬. 후한(後漢) 이후에는 승상(丞相)・어사대부(御史大夫)와 함께 삼공(三公)의 하나가 되었다. 원(元)나라 이후에 폐지되었다. 《集

覽, 朴集, 上, 7ㅈ》三台. 周禮疏, 上台司命〈슈〉爲太尉, 中台司中爲司徒, 下台司祿爲司空, 三公之象.《集覽, 朴集, 下, 10ㅎ》太師太保. 元以太師・太傅・太保爲三師, 以太尉・司徒・司空爲三公. 漢・唐舊〈旧〉制也.

태을(太乙) 명 음양가에서, 북쪽 하늘에 있으면서 병란(兵亂)・화(禍)・생사(生死) 따위를 맡아 다스린다고 하는 신령한 별.《集覽, 朴集, 下, 4ㅎ》大醮. 道經云, 醮, 祭名. 夜中於星辰之下, 陳設餠餌・酒果・幣物, 禋祀天皇・太乙・地祇・列宿.《集覽, 朴集, 下, 11ㅈ》好女不看燈. 容齋隨筆云, 漢家祠太乙, 以昏時祠到明.

태의(太醫) 명 의원(醫員). 의사.《集覽, 朴集, 上, 2ㅎ》院本. 曰丑, 狂言戲弄, 或粧醉漢・太醫・吏員・媒婆之類.《朴新諺 1, 15ㅎ》這麽望太醫老哥, 이러면 ㅂ 라건대 太醫 노형은.《朴新諺 1, 37ㅎ》有一箇太醫來看我的病, 혼 太醫 이셔 와 내 병을 보고.《朴新諺 1, 37ㅎ》那太醫把艾怎麽灸法呢, 뎌 太醫 뿍으로다가 엇디 쓰더뇨.《朴新諺 2, 23ㅎ》快去請范太醫來看一看, 밧비 가 范太醫룰 請ᄒ여 와 뵈라. 太醫來了, 太醫 왓ᄂ이다.

태의원(太醫院) 명 궁중에서 의약(醫藥)을 관장하던 관서. 금대(金代)에 두어 제점(提點)으로 장관을 삼았는데, 명・청대(明淸代)에는 장관(長官)만 원사(院使)라 하였다.《集覽, 朴集, 上, 4ㅈ》院判. 太醫院有院使一員, 院判一員.《朴新諺 1, 8ㅈ》院判(朴新注, 3ㅎ: 太醫院, 有院使一員, 院判一員.)哥, 院判 형아.

태자(太子) 명 황제의 자리를 이을 황제의 아들.《集覽, 朴集, 上, 15ㅎ》步虛. 還大都, 時適丁太子令辰十二月二十四日, 奉傳聖旨, 住持永寧禪寺, 開堂演法.《集覽, 朴集, 下, 4ㅈ》孫行者. 巡山大力鬼上告天王, 擧灌州灌江口神曰小聖二郎, 可使拿獲. 天王遣太子木叉, 與大力鬼往請

二郎神, 領神兵圍花菓山, 衆猴出戰皆敗.

태장(笞杖) 명 태형(笞刑)과 장형(杖刑).《集覽, 朴集, 中, 7ㅈ》一百七. 大德中, 刑部尙書王約上言, 國朝用刑寬恕, 笞杖十減其三, 故笞一十減爲七.

태재(太宰) 명 은대(殷代) 육태(六太)의 하나이자 주관(周官)의 총재(冢宰)인 육경(六卿)의 으뜸 벼슬. 주대(周代)에는 육전(六典)을 맡아 다스렸다.《集覽, 朴集, 上, 7ㅈ》南斗. 晉書天文志, 六星天廟〈庙〉, 丞相太宰之位, 主褒賢進士, 稟授爵祿.

태조(太祖) 명 한 왕조를 세운 첫째 임금에게 붙이던 묘호(廟號).《集覽, 朴集, 中, 2ㅈ》郊天. 天子設圓丘於南郊, 以祭天神・地祇・日月星辰・山川・嶽瀆, 以太祖配享. ●오대(五代) 후량(後梁) 태조(太祖: 朱全忠)의 묘호.《集覽, 朴集, 下, 12ㅎ》梁貞明. 梁, 國號, 卽五代朱梁也. 貞明, 均王年號. 均王名瑱, 太祖朱溫之第〈第〉四子也. ●고려(高麗) 태조(太祖: 王建)의 묘호.《集覽, 朴集, 下, 12ㅈ》太祖. 姓王氏, 諱建, 字若天, 松岳郡人. 幼而聰明, 龍顔日角. 年二十, 始仕弓裔, 拜波珍飡. 其時, 洪儒等四人詣建第〈第〉, 請擧義兵, 公固拒不從. 夫人柳氏曰, 妾聞諸公之言, 尙有感奮, 況大丈夫乎. 提甲領以披之, 諸將扶擁而出, 令人呼曰, 王公已擧義旗, 國人來赴者不可勝計. 先至宮門, 鼓〈皷〉噪以待者, 亦萬餘人. 弓裔微服逃至斧壤, 爲民所害. 太祖卽位, 國號高麗.《集覽, 朴集, 下, 12ㅎ》娘子柳氏〈柳氏〉. 貞州柳天弓女也. 高麗太祖初爲弓裔將軍, 領兵過貞州, 憩古柳下, 見川上有一女子甚美, 問誰. 女對曰, 天弓之女.《朴新諺 3, 57ㅈ》高麗太祖姓王諱建表字若天, 高麗 太祖의 姓은 王이오 諱ᄂ 建이오 字ᄂ 若天이라.《朴新諺 3, 57ㅎ》向太祖商量道, 太祖를 향ᄒ여 의논ᄒ여 니르되.《朴新諺 3, 57ㅎ》那時太祖不允, 그 째에

太祖ㅣ 듯지 아니ᄒᆞ더니.《朴新諺 3, 58
ㅈ》便抬出金甲一副與太祖穿上, 곳 金甲
ᄒᆞᆫ 불을 드러 내여 와 太祖를 주어 닙히
고.《朴新諺 3, 58ㅎ》卽便請太祖登布政
殿卽了王位, 즉시 太祖를 請ᄒᆞ여 布政殿
에 올라 王位에 卽ᄒᆞ고. ❸송(宋)나라 태
조(太祖: 趙匡胤)의 묘호.《集覽, 朴集,
下, 3ㅎ》趙太祖飛龍記. 宋太祖, 姓趙, 名
匡胤. 母昭獻皇后夢日入懷而孕. 誕生之
夕, 赤光滿室, 異香馥郁.《朴新諺 3, 21
ㅈ》買趙太祖飛龍記(朴新注, 52ㅈ 錄趙
太祖刱業時事), 趙太祖의 飛龍記와. ❹
명(明)나라 태조(太祖: 朱元璋)의 묘호.
《集覽, 朴集, 下, 8ㅎ》南京應天府丞. 南
京, 古金陵之地, 吳・晉・宋・齊・梁・
陳・南唐建都, 大明太祖定鼎於此, 爲京
師, 設應天府, 以燕京爲北平布政司.

태종(太宗) 몡 당(唐)나라 문무제(文武帝:
李世民)의 묘호(廟號).《集覽, 朴集, 下,
4ㅈ》孫行者. 其後唐太宗勅玄奘法師, 徃
西天取經, 路經此山, 見此猴精壓在石縫,
去其佛押出之, 以爲徒弟, 賜法名吾(悟)
空, 改号〈號〉爲孫行者, 與沙和尙及黑猪
精·朱八戒偕徃, 在路降妖去恠, 救師脫難,
皆是孫行者神通之力也.

태청(太淸) 몡 삼청(三淸)의 하나. 태상노
군(太上老君)이 다스린다는 곳으로 옥
청(玉淸)・상청(上淸)의 위에 있다. 달
리 선경(仙境)을 이르는 말로도 쓰인다.
《集覽, 朴集, 下, 4ㅎ》三淸. 太淸, 十二天
仙境也, 九仙所居, 太上老君所治.《朴新
諺 3, 22ㅈ》起盖三淸(朴新注, 52ㅈ: 玉淸
・上淸・太淸, 謂之三淸. 元始天尊・玉
晨道君・太上老君分居之.)大殿, 三淸 大
殿을 지어.

태학사(太學士) 몡 당(唐) 중종(中宗) 경
룡(景龍) 2년(708) 수문관(修文館)에 둔
것을 시작으로, 송대(宋代)에는 소문관
(昭文觀)과 집현전(集賢殿)에 두었고, 명
대(明代)에는 전각 태학사(殿閣大學士)

를 두어 황제의 고문(顧問)에 응하고 비
답(批答)을 짓게 하였는데, 품계는 정오
품(正五品)이었다. 청대(淸代)에는 내각
(內閣)에 두고 정일품(正一品)으로 임명
하였다.《集覽, 朴集, 上, 14ㅎ》文淵閣.
一名玉堂. 有大學士, 正五品官.《朴新諺
2, 2ㅈ》老爺在文淵閣(朴新注, 23ㅈ: 一名
玉堂, 有太學士.)辦事, 老爺ㅣ 文淵閣에
이셔 일ᄒᆞ니.

태항산(太行山) 몡 중국 산서고원(山西高
原)과 하북평원(河北平原) 사이에 있는
산. 서쪽에 비하여 동쪽이 가파르며 황
하(黃河)에 잘려 험한 계곡이 많다.《集
覽, 朴集, 中, 3ㅎ》西山. 在順天府西三十
里太行山首, 始于河內, 北至幽州, 强形鉅
勢, 爭奇擁翠, 雲聳星拱于皇都之右.

태호(太昊) 몡 =태호(太皥).《朴新諺 3, 46
ㅎ》牌上寫着勾芒神(朴新注, 61ㅈ: 春神
之號. 太昊伏義氏有子曰重, 主木, 爲勾芒
神.), 牌에 ᄡᅳ기를 勾芒神이라 ᄒᆞ고.

태호(太皥) 몡 전설상의 제왕(帝王) 이름.
복희씨(伏義氏).《集覽, 朴集, 下, 10ㅈ》
勾芒神. 春神之號. 太皥伏義氏有子曰重,
主木, 爲勾芒神.

태화(太和) 몡 진(晉)나라 폐제(廢帝)의
연호(336-371).《集覽, 朴集, 上, 11ㅈ》
狗有濺草之恩. 晉太和中, 楊生養狗, 甚愛
之.

태화(太和) 혱 화목하다.《集覽, 朴集, 上,
9ㅎ》和尙. 萬里相和曰和, 外道相尙曰尙.
又和者, 太和也, 尙者, 高尙也.

태화문(太和門) 몡 중국 북경(北京) 자금
성(紫禁城)의 남문.《朴新諺 1, 29ㅈ》昨
日在午門(朴新注, 11ㅈ: 在闕中太和門之
外, 上有五鳳樓.)外, 어지 午門 밧긔셔.

택(擇) 图 가래다. 가리다. 분별하다. 고르
다. ⇔ᄀᆞᆯᄒᆡ다.《朴新諺 1, 10ㅈ》待我擇
ᄌᆞ了日期, 내 날 ᄀᆞᆯᄒᆡ여 뎡홈을 기ᄃᆞ려.

택발(擇撥) 图 많은 가운데서 뽑아내다.
《集覽, 朴集, 上, 1ㅎ》館夫. 質問云, 府・

州・縣百姓擇撥〈差〉無差〈身〉役者, 做館
夫苔應使客, 待三年更替.

택자(宅子) 명 집. ⇔집. 《集覽, 朴集, 上,
8ㅈ》宅子. 俗緫稱〈総称〉家舍曰房子, 自
稱〈称〉曰寒家, 文士呼曰寒居, 自指室內
曰屋裏, 人稱王公・大人之家曰宅子. 《朴
新諺 1, 24ㅈ》纔勾典那宅子哩, 겨요 뎌
집을 셰내기 넉넉ᄒ리라.

택차(擇差) 동 인재(人材)를 골라서 벼슬
을 시키다. 《集覽, 朴集, 上, 1ㅎ》館夫.
質問云, 府・州・縣百姓擇撥〈差〉無差
〈身〉役者, 做館夫苔應使客, 待三年更替.

탱(撐) 동 ❶버티다. ⇔버티다. 《朴新諺
3, 47ㅈ》一箇小鬼撑着紅羅傘在馬前, ᄒ
小鬼ㅣ 紅羅傘 버틔여 ᄆᆞᆯ 앏히 잇고. ❷
(배를) 젓다. ⇔젓다. 《朴新諺 3, 49ㅈ》
撑箇一葉小漁船, 一葉 小漁船을 저어.
《朴新諺 3, 49ㅎ》或撑到這荷花香處, 或
이 荷花 香내 나ᄂᆞᆫ 곳에 저어 가.

탱두(撐頭) 명 수레의 뒤를 괴는 나무. ⇔
거후괴오ᄂᆞᆫ나모(車後-). 《集覽, 朴集,
中, 2ㅈ》撐頭. 音義云, 車後괴오·ᄂᆞᆫ나모.

터럭 명 터럭. 털. ⇔발(髮). 《朴新諺 3,
24ㅈ》拔下一根頭髮變做狗蚤, ᄒ 낫 머
리터럭을 ᄲᅡ혀 變ᄒ여 개벼록이 되여.

터럭쟝 명 털가죽으로 옷이나 모자를 만
드는 쟝인. ⇔호모쟝(狐帽匠). 《集覽, 朴
集, 中, 3ㅎ》狐帽匠. 音義云, 터럭쟝
〈쟝〉. 今按, 以有毛皮作大帽・小帽〈以
有毛皮作大小帽〉者, 皆謂之胡帽匠〈謂之
胡帽匠〉. 狐字作胡是. 猶本國毛衣匠之類
〈猶本國毛衣匠之類〉.

털 명 털. ❶⇔모(毛). 《朴新諺 1, 46ㅎ》除
了氊子馳毛之外, 담과 약대 털을 더론 밧
긔. 《朴新諺 2, 1ㅎ》有一箇土黃馬毛片
好, ᄒ 고라ᄆᆞᆯ이 이셔 털 빗치 됴ᄒ되.
《朴新諺 3, 24ㅎ》他也拔下一根毛來, 뎨
또 ᄒ 낫 털을 ᄲᅡ혀. ❷⇔모편(毛片).
《朴新諺 1, 24ㅈ》把他渾身毛片刮箇乾淨,
뎌 왼몸에 털을다가 긁빗겨 乾淨히 ᄒ

고. ❸⇔호모(毫毛). 《朴新諺 1, 43ㅎ》
把鉸刀鉸了鼻孔毫毛, 鉸刀를 가져다가
코굼게 털을 뽑고.

털빗ᄎ 명 털빛. ⇔모편(毛片). 《朴新諺 2,
1ㅎ》有一箇土黃馬毛片好, ᄒ 고라ᄆᆞᆯ이
이셔 털 빗치 됴ᄒ되.

톄 명 체자(帖子). 체지(帖紙). 장부(帳簿).
⇔영자(領子). 《朴新諺 1, 14ㅈ》還要把
領子(朴新注, 5ㅎ: 月俸之貼.)到該管書辦
處換過小票, 당시롱 ᄐᆞᆫ 톄롤 가져 ᄀ
옴아ᄂᆞᆫ 셔반의게 가 져근 票롤 밧고고.

톄당ᄒ다 동 체당(替當)하다. (남이 할 일
을 대신하여 담당하다) ⇔체(替). 《朴新
諺 3, 40ㅈ》這衙門中上直叫誰替我呢, 이
衙門에 上直을 눌로 ᄒ여 나를 톄당케
ᄒ리오.

토 명 토(土). 흙. ⇔토(土). 《朴新諺 1, 10
ㅈ》叫幾箇打土墻的匠工來, 여러 토담
ᄡᅡᄂᆞᆫ 장인을 블러와. 《朴新諺 1, 10ㅎ》
你向來打土墻是多少一板, 네 져적의 토
담 ᄡᅳᆯ 제 언머에 ᄒ 틀을 ᄒ더뇨.

토(土) 명 흙. ❶⇔토. 《朴新諺 1, 10ㅈ》叫
幾箇打土墻的匠工來, 여러 토담 ᄡᅡᄂᆞᆫ 쟝
인을 블러와. 《朴新諺 1, 10ㅎ》你向來打
土墻是多少一板, 네 져적의 토담 ᄡᅳᆯ 제
언머에 ᄒ 틀을 ᄒ더뇨. ❷⇔흙. 《朴新
諺 1, 39ㅎ》墻上一塊土吊下來禮拜, 담 우
희 ᄒ 덩이 흙이 ᄯᅥ러뎌 ᄂᆞ려와 禮拜ᄒ
ᄂᆞᆫ 거시여. 《朴新諺 3, 10ㅈ》先掘土打兩
擔水未好和泥, 몬져 흙을 픠고 두 짐 물
을 기러 와 잘 흙을 니기되.

토(討) 동 ❶⇔달라. 달라고. ⇔달라. 《朴
新諺 1, 34ㅈ》到今討了半年總不肯還我,
到今 半年을 달라 호되 아조 즐겨 내게
갑지 아니ᄒ니. 《朴新諺 2, 12ㅎ》你要使
只管問我討不拘多少, 네 ᄡᅳ고져 ᄒ거든
그저 ᄉᆞ뢰여 날ᄃᆞ려 달라 ᄒ여 多少를
거리끼지 말고. ❷받다(受). ⇔받다. 《集
覽, 字解, 單字解, 4ㅎ》討. 求也, 探也. 討
去 어드라 가다, 討債去 빋 주니 바드라

가다, 討價錢 빈 받다. 又本國傳習之解曰
빈 뙤오다, 亦通. ❸에누리하다. 또는 덜
어내다. ⇔뙤오다. 《集覽, 字解, 單字解,
4ㅎ》討. 求也, 探也. 討去 어드라 가다,
討債去 빈 주니 바드라 가다, 討價錢 빈
받다. 又本國傳習之解曰 빈 뙤오다, 亦
通. 《朴新諺 1, 32ㅎ》不要胡討價錢, 간대
로 갑슬 뙤오지 말라. 《朴新諺 2, 43ㅈ》
你休胡討價錢, 네 간대로 갑슬 뙤오지
말라. 討的是虛價還的是實價, 뙤오는 거
슨 이 거즛 갑시오 갑는 거시아 이 실훈
갑시니. 《朴新諺 3, 2ㅎ》討甚麼謊價錢,
무슴 거즛 갑슬 뙤오리오. 《朴新諺 3, 32
ㅎ》這箇還討甚麼價錢呢, 이거늘 당시롱
므슴 갑슬 뙤오리오. ❷얻다. ❶⇔얻다.
《集覽, 字解, 單字解, 4ㅎ》討. 求也, 探也.
討去 어드라 가다, 討債去 빈 주니 바드
라 가다, 討價錢 빈 받다. 又本國傳習之
解曰 빈 뙤오다, 亦通. 《朴新諺 1, 2ㅈ》
討幾瓶蜜林檎・甕頭春・木瓜露・苦菉
豆酒, 여러 甁 蜜林檎과 甕頭春과 木瓜露
와 쁜 菉豆酒를 어들만 又지 못호니. 《朴
新諺 1, 2ㅎ》造的本京好酒討幾甁來, 비
즌 本京 됴흔 술을 여러 甁 어더다가.
《朴新諺 1, 3ㅈ》可着姓李的館夫討去, 李
가 館夫로 어드라 가게 ᄒ고. 《朴新諺
1, 3ㅈ》你們討酒的都廻來了麽, 너희 술
어드라 갓든 이 다 도라왓느냐. ❷⇔엇
다. 《朴新諺 1, 2ㅎ》如今先着誰去討酒
呢, 이지 몬져 눌로 ᄒ여 가 술을 엇게
ᄒ료. 《朴新諺 1, 3ㅈ》就着姓崔的外郎去
討, 곳 崔가 外郎으로 가 엇게 ᄒ라.

토가젼(討價錢) 图 (물건) 값을 받다. 《集
覽, 字解, 單字解, 4ㅎ》討. 求也, 探也. 討
去 어드라 가다, 討債去 빈 주니 바드라
가다, 討價錢 빈 받다. 又本國傳習之解曰
빈 뙤오다, 亦通.

토거(討去) 图 얻으러 가다. 받으러 가다.
《集覽, 字解, 單字解, 4ㅎ》討. 求也, 探也.
討去 어드라 가다, 討債去 빈 주니 바드

라 가다, 討價錢 빈 받다. 又本國傳習之
解曰 빈 뙤오다, 亦通.

토괴(土塊) 图 흙덩이. 《集覽, 朴集, 下, 9
ㅎ》濕煤. 其燒過土塊曰乏煤, 揀(揀)其土
塊, 更和石炭用之.

토담 图 흙으로 쌓아 만든 담. ⇔토장(土
墻). 《朴新諺 1, 10ㅈ》叫幾箇打土墻的匠
工來, 여러 토담 쓰는 쟝인을 블러와.
《朴新諺 1, 10ㅎ》你向來打土墻是多少一
板, 네 져적의 토담 쓸 제 언머에 혼 틀을
ᄒ더뇨.

토란 图 토란. ⇔우두(芋頭). 《朴新諺 2,
39ㅎ》蘿蔔, 댓무우. 蔓菁, 쉿무우. 萬苣,
부로. 葵菜, 아혹. 白菜, 비치. 赤根菜, 시
근치. 芫荽, 고싀. 蔥, 파. 蒜, 마놀. 薤菜,
부치. 荊芥, 형개. 薄荷, 박하. 蒿蒿, 믈
뿍. 水蘿蔔, 물한댓무우. 胡蘿蔔, 노른댓
무우. 芋頭, 토란. 紫蘇都好種的, 紫蘇를
다 시믐이 됴타.

-토록 图 -토록. 《朴新諺 2, 46ㅎ》終日貪
頑耍, 終日토록 놀기를 탐호고. 《朴新諺
2, 49ㅎ》終日裏或對客飲酒吟詩, 終日토
록 或 客을 對호여 술 먹고 詩를 읇프며.

토론(討論) 图 어떤 문제에 대하여 여러
사람이 논의하다. 《集覽, 朴集, 中, 8ㅈ》
十八學士. 秦王暇日, 至館中討論文籍, 使
閻立本圖像, 褚亮爲贊. 得與其選者, 世謂
之登瀛洲.

토산(土産) 图 ❶선물(膳物). ⇔도산. 《集
覽, 朴集, 上, 12ㅎ》人事. 土産, 俗도·산.
舊本作撒花. 《集覽, 朴集, 下, 5ㅎ》元寶.
錠上有字, 曰楊(揚)州元寶. 後朝廷亦鑄.
又有遠陽元寶, 至元二十三年, 征遼所得銀
子而鑄者也. 撒花, 元語, 猶本國語曰土産
也. ❷(선물용) 토산품(土山品). ⇔토의
(土宜). 《朴新諺 3, 59ㅈ》小子別無土宜
(朴新注, 65ㅎ: 鄉産也. 一云, 土儀.)帶來,
小子ㅣ 별로 土産을 가져온 거시 업고.

토왕(土王) 阌 토기(土氣)가 왕성하다.
《朴新諺 1, 10ㅈ》土王用事之日不可動工,

土王 用事日에 動工치 못홀 쩌시니.

토우(土牛) 뗑 흙으로 빚어 만든 소. 《集覽, 朴集, 下, 9ㅎ》打春. 東京夢華錄云, 立春前五日, 造土牛·耕夫·犁具, 前一日順天府進農牛入禁中鞭春, 府縣官吏·士庶·耆社, 其鼓樂出東郊迎春, 牛芒神至府前, 各安方位. 《朴新諺 3, 47ㅎ》朝東放着土牛, 東을 향ᄒᆞ여 土牛를 노코. 《朴新諺 3, 48ㅈ》各執一鞭打那土牛, 각각 ᄒᆞᆫ 채를 가져 뎌 土牛를 티니.

토의(土宜) 뗑 선물용 토산품(土山品). ⇔토산(土産). 《朴新諺 3, 59ㅈ》小子別無土宜(朴新注, 65ㅎ: 鄕産也. 一云, 土儀.)帶來, 小子ㅣ 별로 土産을 가져온 거시 업고.

토의(土儀) 뗑 =토의(土宜). 《朴新諺 3, 59ㅈ》小子別無土宜(朴新注, 65ㅎ: 鄕産也. 一云, 土儀.)帶來, 小子ㅣ 별로 土産을 가져온 거시 업고.

토장(土墻) 뗑 흙으로 쌓아 만든 담. ⇔토담. 《朴新諺 1, 10ㅈ》叫幾箇打土墻的匠工來, 여러 토담 ᄡᅳᆫ 쟝인을 블러와. 《朴新諺 1, 10ㅎ》你向來打土墻是多少一板, 네 져적의 토담 ᄡᅳᆯ 제 언머에 ᄒᆞᆫ 틀을 ᄒᆞ더뇨.

토지(土地) 뗑 ●땅. 토지. 《集覽, 字解, 單字解, 3ㅎ》地. 土也. 田地·土地·地方·地面. 又指當處. 土地之神亦曰土地. 又語助. 坐地. 又恁地, 猶言如此. 《集覽, 朴集, 上, 6ㅈ》社神. 孝經緯曰, 社, 土地之主也. 土地闊〈濶〉, 不可盡祭, 故封土爲社, 以報功也. 《集覽, 朴集, 中, 3ㅎ》秤草. 中國北方土〈土〉地高燥, 宜粟不宜稻, 故治田好種粟. ●=토지신(土地神). 《集覽, 字解, 單字解, 3ㅎ》地. 土也. 田地·土地·地方·地面. 又指當處. 土地之神亦曰土地. 又語助. 坐地. 又恁地, 猶言如此.

토지신(土地神) 뗑 땅을 맡은 귀신. 《集覽, 朴集, 下, 4ㅈ》孫行者. 大聖被執當死, 觀音上請于玉帝, 免死. 令巨靈神押大聖

前徃下方去, 乃於花菓山石縫內納身, 下截畫如來押字封着, 使山神·土地神鎭守. 飢食鈇〈鐵〉丸, 渴飮銅汁, 待我徃東土尋取經之人, 經過此山, 觀大聖, 肯隨徃西天, 則此時可放. 《朴新諺 3, 26ㅈ》山神·土地神鬼都來了, 山神과 土地神 鬼ㅣ 다 오나놀.

토착(土着) 동 대대로 그 땅에서 살고 있다. 또는 그곳에 들어와 정주(定住)하다. 《集覽, 朴集, 下, 12ㅈ》附籍. 非土著〈着〉戶, 而以他鄕之人, 來寓居者也. 《朴新諺 3, 52ㅈ》係本府本縣附籍(朴新注, 63ㅈ: 非土着而以他鄕人寓居者.)民人, 本府本縣에 미여 附籍ᄒᆞᆫ 民人이라.

토채거(討債去) 동 빚을 얻으러 가다. 빚을 내러 가다. 《集覽, 字解, 單字解, 4ㅎ》討. 求也, 探也. 討去 어드라 가다, 討債去 빋 주니 바드라 가다, 討價錢 빋 받다. 又本國傳習之解曰 빋 꾀오다, 亦通.

토황마(土黃馬) 뗑 고라말. (등에 검은 털이 난 누런 말) ⇔고라몰. 《朴新諺 2, 1ㅎ》有一箇土黃馬毛片好, ᄒᆞᆫ 고라몰이 이셔 털 빗치 됴ᄒᆞ되.

톱 뗑 톱. ●⇔거(鋸). 《朴新諺 3, 22ㅈ》便拿着拉車解鋸, 곳 잡아 술위 ᄭᅳ이며 톱질 시겨. ●⇔거자(鋸子). 《朴新諺 1, 18ㅎ》小鋸子一箇, 져근 톱 ᄒᆞ나를 호되.

톱질 뗑 톱질. ⇔해거(解鋸). 《朴新諺 3, 22ㅈ》便拿着拉車解鋸, 곳 잡아 술위 ᄭᅳ이며 톱질 시겨.

통(筒) 의 동. (피륙 열 필을 단위로 이르는 말) 《集覽, 朴集, 中, 2ㅎ》千餘同. 音義云, 十疋爲同.

통(桶) 뗑 통. 《集覽, 朴集, 上, 1ㅎ》桶. 質問云, 大者用容二十甁, 小者容十五甁.

통(通) 동 ●통(通)하다. 교류하다. ⇔통ᄒᆞ다(通-). 《朴新諺 2, 3ㅎ》不通人情不達時務的東西, 人情을 通치 못ᄒᆞ고 時務를 아지 못ᄒᆞᆫ 거시라. ●통(通)하다. 통달하다. ⇔통ᄒᆞ다(通-). 《朴新諺 3, 13ㅈ》各

樣經卷皆通, 各樣 經卷을 다 通호니.

통공(通共) 명 모두. 도합. 《集覽, 字解, 單
字解, 2ㅈ》滚. 煮水使沸曰滚滚花水 글른
믈. 又輪轉曰滚滚了 구으다, 字作轆 又通
共和雜曰累滚 혼 믈와비라. 又滚子 방올.

통규(通逵) 명 크고 넓은 길. 《集覽, 朴集,
上, 5ㅈ》角頭. 音義云, 東南西北往來人煙
〈烟〉溱集之處. 今按, 角頭, 卽通逵道要
會之衝, 儕力求直之人坌集之所.

통기(通氣) 동 바람이 통하다. 또는 그렇
게 하다. 《集覽, 朴集, 下, 10ㅈ》頭戴耳
掩或提在手裏. 寅時揭左邊, 亥時揭右邊
而戴, 以寅·亥時爲通氣, 故揭一邊也, 子
·丑時全戴, 爲嚴凝也.

통보(通報) 동 통(通)하다. 통보(通報)하
다. ⇔통ᄒ다. 《朴新諺 1, 6ㅈ》待各位老
爺們來卽忙通報, 各位 老爺네 옴을 기ᄃ
려 즉시 통ᄒ라.

통속문(通俗文) 명 후한(後漢) 복건(服虔)
지음. 2권. 세속에서 행하던 여러 가지
일을 기술하였다. 《集覽, 朴集, 上, 7ㅎ》
釧. 通俗文云, 環臂謂之釧. 漢順帝時有功
者賜金釧, 亦曰環釧.

통신(通信) 동 소식을 전하다. 편지를 보
내다. ⇔통신ᄒ다(通信-). 《朴新諺 1, 44
ㅎ》這月初十邉通信, 이 둘 초열흘긔 通
信ᄒ여.

통신ᄒ다(通信-) 동 통신(通信)하다. ⇔
통신(通信). 《朴新諺 1, 44ㅎ》這月初十
邉通信, 이 둘 초열흘긔 通信ᄒ여.

통용(通用) 동 일반적으로 두루 쓰다. 《集
覽, 字解, 單字解, 6ㅎ》僧. 人有遇急用錢,
則必以重物, 納質于富家, 賒錢取用. 至限
則幷其本利償還錢主, 方得退回己之重物
而來也. 典字人物通用, 僧字人用於物.
《朴新諺 1, 1ㅎ》每人出錢一吊(朴新注, 1
ㅈ: 唐錢一百六十三文爲一吊, 且以一吊
爲一千, 故以十六文謂之一百吊. 本絞字,
今俗通用.)五百文, 每人이 돈 혼 다(댜)
오 五百을 내면.

통음(痛飮) 동 실컷 술을 마시다. 술을 맘
껏 마시다. ⇔통음ᄒ다(痛飮-). 《朴新諺
1, 6ㅈ》每人先痛飮幾盃如何. 每人이 몬
져 여러 잔 痛飮호미 엇더ᄒ뇨.

통음ᄒ다(痛飮-) 동 통음(痛飮)하다. ⇔
통음(痛飮). 《朴新諺 1, 6ㅈ》每人先痛飮
幾盃如何. 每人이 몬져 여러 잔 痛飮호
미 엇더ᄒ뇨.

통제(通濟) 동 융통하여 구제하다. 《集覽,
朴集, 中, 2ㅎ》通州. 在順天府東四十五
里, 卽古潞州, 金陞爲通州, 取漕運通濟之
義. 《朴新諺 2, 23ㅈ》來到通州(朴新注,
31ㅈ: 在順天府東四十五里, 卽古潞州, 今
陞為通州, 取漕運通濟之義.)賣了多一半,
通州ㅣ 와 반남아 풀고.

통주(通州) 명 금대(金代)에 두었다. 소재
지는 하남성(河南省) 준현(濬縣)의 동쪽
에 있었다. 《集覽, 朴集, 中, 2ㅎ》三河縣.
在順天府東七十里, 以地近七渡·鮑丘·
臨洵〈沟〉三水, 故名. 直隷通州. 《集覽,
朴集, 中, 2ㅎ》通州. 在順天府東四十五
里, 卽古潞州, 金陞爲通州, 取漕運通濟之
義. 今仍之. 直隷順天府. 《朴新諺 2, 23
ㅈ》來到通州(朴新注, 31ㅈ: 在順天府東
四十五里, 卽古潞州, 今陞為通州, 取漕運
通濟之義.)賣了多一半, 通州ㅣ 와 반남
아 풀고. 《朴新諺 2, 36ㅈ》明日好往通州
接官去, 닉일 通州ㅣ 가 관원 마즈라 가
기 됴케 ᄒ라.

통주하(通州河) 명 내 이름. 《朴新諺 2, 4
ㅎ》李爺你可曾到過西湖(朴新注, 24ㅈ:
在玉泉山下, 流入西苑為太液池, 出都城
注于通州河.), 李爺ㅣ아 네 일즉 西湖에
둔녀.

통칭(通稱) 명 일반적인 명칭. 통상적인
명칭. 《集覽, 朴集, 上, 8ㅎ》比甲. 衣之無
袖, 對襟爲襞積者曰比甲, 卽本國돕지털
릭. 婦女亦依此制爲短襖着之, 亦曰比甲,
通稱搭護. 《朴新諺 1, 23ㅎ》還要把一副
頭面(朴新注, 9ㅎ: 首餙通稱.)去當哩, 坯

혼 블 頭面을 가져가 뎐당ᄒᆞ려 ᄒᆞᄂᆞ니.

통합(統合) 图 모두 합쳐서 하나로 모으
다. 곧, 통일하다. 《集覽, 朴集, 下, 13ㅈ》
都松岳郡〈松岳郡〉. 時新羅監干八元善風
水, 到扶蘇郡, 見扶蘇山形勝而童, 告康忠
曰, 若移郡山南, 植松使不露巖〈岩〉石, 則
統合三韓者出矣.

통행(通行) 图 ●물건이나 화폐가 돌아서
유통하다. 《集覽, 朴集, 上, 13ㅈ》錢鈔.
鈔, 楮幣也. 始於蜀之交子, 唐之飛錢, 至
元朝有中統元寶. 交鈔, 通行寶鈔之名. ●
통행(通行)하다. (일정한 장소를 지나다
니다) ⇔통행ᄒᆞ다. 《朴新諺 1, 38ㅈ》氣
脉得以通行, 氣脉이 시러곰 通行ᄒᆞ여.

통행ᄒᆞ다 图 통행(通行)하다. ⇔통행(通
行). 《朴新諺 1, 38ㅈ》氣脉得以通行, 氣
脉이 시러곰 通行ᄒᆞ여.

통효(通曉) 명 밤새. 밤사이. 밤 내내. 밤
새도록. 《集覽, 朴集, 上, 8ㅈ》翫月會. 東
京錄云, 中秋夜, 貴家結飾臺榭, 民間爭占
酒樓翫〈玩〉月, 絲簧鼎沸, 近內庭居民, 夜
深遙聞笙竽之聲, 宛若雲外天樂, 閭里兒
童連宵嬉戲, 夜市騈闐, 至於通曉.

통ᄒᆞ다 图 통(通)하다. 통보(通報)하다.
⇔통보(通報). 《朴新諺 1, 6ㅈ》待各位老
爺們來卽忙通報, 各位 老爺네 옴을 기ᄃᆞ
려 즉시 통ᄒᆞ라.

통ᄒᆞ다(通-) 图 ●통(通)하다. 교류하다.
⇔통(通). 《朴新諺 2, 3ㅎ》不通人情不達
時務的東西, 人情을 通치 못ᄒᆞ고 時務를
아지 못ᄒᆞᄂᆞᆫ 거시라. ●통(通)하다. 통
달하다. ⇔통(通). 《朴新諺 3, 13ㅈ》各樣
經卷皆通, 各樣 經卷을 다 通ᄒᆞ니.

퇴(堆) 图 쌓다. ⇔빵다. 《朴新諺 3, 18ㅈ》
案上又堆着許多案件, 셔안 우희 쏘 許多
문안을 빠하.

퇴(腿) 명 다리[脚]. ⇔다리. 《朴新諺 1, 38
ㅈ》但如今腿上還是十分無氣力哩, 다만
이제 다리에 오히려 ᄀᆞ장 氣力이 업세라.

퇴과(腿跨) 명 다리. 또는 정강이. ●⇔구

블. 《集覽, 朴集, 上, 14ㅈ》腿跨不開. 音
義, 지·페딘몰. 《朴新諺 2, 1ㅎ》只是腿跨
走不開, 다만 구블이 흘러 퍼지지 못ᄒᆞ
고. ●⇔지페. 《集覽, 朴集, 上, 14ㅈ》腿
跨不開. 音義, 지·페딘몰.

퇴과불개(腿跨不開) 图 다리를 절름거리
다. 다리를 절다. ⇔지페디다. 《集覽, 朴
集, 上, 14ㅈ》腿跨不開. 音義, 지·페딘몰.
《朴新諺 2, 1ㅎ》只是腿跨走不開, 다만
구블이 흘러 퍼지지 못ᄒᆞ고.

퇴자(腿子) 명 다리[脚]. ⇔다리. 《朴新諺
2, 36ㅎ》乾羊腿子煮着哩, 므른 羊의 다
리를 술맛노라.

퇴친(退親) 图 퇴혼(退婚)하다. 파혼하다.
《集覽, 字解, 累字解, 2ㅎ》悔親. 혼인 므
르다. 亦曰退親.

퇴회(退回) 图 되찾아오다. 또는 되돌려
받다. 《集覽, 字解, 單字解, 6ㅎ》儅. 人有
遇急用錢, 則必以重物, 納質于富家, 賒錢
取用. 至限則幷其本利償還錢主, 方得退
回己之重物而來也. 典字人物通用, 儅字
人用於物.

투(投) 图 ●드리다[獻]. 부치다. 보내다.
⇔드리다. 《朴新諺 2, 10ㅎ》我到衙門去
投了文書就回來, 내 衙門에 가 文書를 드
리고 즉시 올 거시니. ●던져 넣다. 처
넣다. 내던지다. ⇔드리치다. 《朴新諺
2, 30ㅎ》一針投海底尙有可撈日, 一針을
海底에 드리치매 오히려 可히 건질 날이
이시려니와. ●들다[入]. ⇔들다. 《朴新
諺 3, 22ㅈ》却到城裡智海禪寺投宿, 믄득
城 안 智海禪寺에 가 드러 자더니.

투(套) 图 매다. ⇔메다. 《朴新諺 2, 20ㅎ》
還少套繩, 당시롱 멜 줄과. 撒繩, 쯔을 줄
과. 籠頭, 바구레와. 脚索, 지달 솔 바와.
鞍子, 기르마와. 肚帶等類哩, 오랑 等類 │
업세라.

투(套) 의 ●벌. ⇔불. 《集覽, 朴集, 下, 4
ㅈ》孫行者. 西遊記云, 西域有花菓山, 山
下有水簾洞, 洞前有鐵板橋, 橋下有萬丈

洞, 洞邊有萬箇小洞, 洞裏多猴. 有老猴精, 號齊天大聖, 神通廣大, 入天宮仙桃園偸蟠桃, 又偸老君靈丹藥, 又去王母宮偸王母綉仙衣一套, 來設慶仙衣會.《朴新諺 2, 59ᄌ》怎麽就赶不出一套衣服來呢, 엇지 곳 흔 볼 옷슬 밋쳐 지어 내지 못ᄒ리오. ●질. ⇔질.《朴新諺 2, 50ᄌ》那書案上把幾套書擺着, 뎌 書案 우희 여러 질 칙을다가 버리라.

투(偸) 동 ●도둑질하다. ⇔도적ᄒ다.《朴新諺 1, 35ᄌ》一箇和尙偸別人家的媳婦, 흔 듕이 눔의 계집을 도적ᄒ여,《朴新諺 1, 36ᄌ》偏要偸別人的媳婦, 독별이 다른 사롬의 계집을 도적ᄒ니.《朴新諺 1, 36ᄒ》日後還敢偸老婆麼, 日後에 다시 敢히 계집을 도적홀다.《朴新諺 2, 41ᄒ》他怎麽得能勾偸了東西去呢, 뎨 엇지 시러곰 능히 잡은거슬 도적ᄒ여 가리오.《朴新諺 3, 8ᄒ》盡行都偸去了, 다 도적ᄒ여 가니.《朴新諺 3, 20ᄌ》便賴說我家這小廝偸了, 곳 보채여 니르되 우리 집의 아히 놈이 도적ᄒ다 ᄒ여. ●타다. 틈을 내다. 짬을 내다. ⇔타다.《朴新諺 2, 46ᄌ》每日偸空便上去拿雀兒, 每日에 빈 째를 타 곳 올라가 새를 잡노라.

투(透) 동 ●내다. 나타내다. 보이다. 드러내다. ⇔내다.《朴新諺 3, 29ᄒ》若別人却看不透的, 만일 다른 사롬이면 ᄯ 보아 내지 못ᄒ리라. ●통하다. ⇔ᄉ뭇다.《朴新諺 1, 16ᄌ》話不說不明木不鑽不透, 말을 니르디 아니면 붉디 못ᄒ고 남글 ᄯᆲ디 아니면 ᄉ뭇디 못ᄒ다 ᄒ니라.

투(鬪) 명 싸움. ⇔ᄡᅡ홈.《朴新諺 1, 21ᄌ》到了七八月裏便鬪(鬪)促織, 七八月에 다ᄃ르면 곳 뵈ᄯᅡᆼ이 ᄡᅡ홈 부치고. 九月·十月裏便鬪(鬪)鵪鶉, 九月·十月에 곳 뫼초라기 ᄡᅡ홈 부치고.

투강(投江) 동 몸이나 물건 따위를 강에 던지다. ⇔투강ᄒ다(投江-).《集覽, 朴集, 下, 11ᄒ》屈原投江. 屈原, 楚之大夫

也. 諫懷王不聽, 投汨羅水而死.《朴新諺 3, 50ᄌ》也不問那屈原投江, ᄯ 뎌 屈原의 投江홈을 뭇지 아니ᄒ니.

투강ᄒ다(投江-) 동 투강(投江)하다. ⇔투강(投江).《朴新諺 3, 50ᄌ》也不問那屈原投江, ᄯ 뎌 屈原의 投江홈을 뭇지 아니ᄒ니.

투공(偸空) 동 틈을 내다. 짬을 내다.《朴新諺 2, 46ᄌ》每日偸空便上去拿雀兒, 每日에 빈 째를 타 곳 올라가 새를 잡노라.

투구(偸空) 명 투구. ⇔회(盔).《朴新諺 2, 31ᄌ》盔甲一副腰刀一口, 투구와 갑옷 흔 볼 환도 ᄒ나흘.《朴新諺 3, 34ᄒ》頭戴金盔, 머리에 金투구 쓰고.

투구(鬪毆) 동 서로 치고받으며 싸우다.《朴新諺 3, 20ᄌ》不過是閙(鬧)毆官司, 不過 이 閙(鬪)毆 官司ㅣ니.

투도(偸盜) 동 도둑질하다. ⇔도적ᄒ다.《朴新諺 3, 51ᄌ》偸盜布疋仍跳墻而去, 布疋을 도적ᄒ고 인ᄒ여 담을 너머 나가시되.

투력(鬪力) 동 힘을 겨루다.《集覽, 朴集, 上, 14ᄌ》刱〈挳〉柳. 總龜〈総亀〉云, 端午日, 武士軒柳爲閙(鬪)力之戲, 各料强弱相敵.〈此件挳恐誤〉.

투루(透漏) 동 새다. 누설되다.《集覽, 字解, 單字解, 7ᄒ》走. 行也. 돈니다. 又逃回曰走回. 又跑也. 能走·快走 잘 ᄃᄂ다. 又透漏也. 走話. 又洩也. 走了氣 김 나다.

투마(套馬) 동 말을 메우다. 말에 마구를 씌우다.《集覽, 朴集, 中, 1ᄒ》轡頭散與. 女直·達子朝貢時, 到驛應付馬匹騎坐者, 各出轡頭, 散與馬夫, 馬夫受轡套馬, 令各轡主認轡占馬, 使無爭占之擾.

투법(鬪法) 동 도술(道術)을 겨루다. ⇔투법ᄒ다(鬪法-).《朴新諺 3, 23ᄒ》咱如今兩箇就在王前鬪(鬪)法, 우리 이제 둘히 곳 王의 앏히 이셔 閙(鬪)法ᄒ여.

투법ᄒ다(鬪法-) 동 투법(鬪法)하다. ⇔

투법(鬪法). 《朴新諺 3, 23ㅎ》咱如今兩
箇就在王前鬪(鬪)法, 우리 이제 둘히 곳
王의 앏히 이셔 鬪(鬪)法ᄒ여.

투성(鬪聖) 图 총명과 지혜를 겨루다. ⇔
투성ᄒ다(鬪聖-). 《朴新諺 3, 21ㅎ》和伯
眼大仙鬪(鬪)聖這一段故事, 伯眼大仙과
鬪(鬪)聖ᄒ던 이 一段 故事를.

투성ᄒ다(鬪聖-) 图 투성(鬪聖)하다. ⇔
투성(鬪聖). 《朴新諺 3, 21ㅎ》和伯眼大
仙鬪(鬪)聖這一段故事, 伯眼大仙과 鬪
(鬪)聖ᄒ던 이 一段 故事를.

투승(套繩) 图 맬 줄. 봇줄. ⇔멜줄. 《朴新
諺 2, 20ㅎ》還少套繩, 당시롱 멜 줄과.
撒繩, 쓰을 줄과. 籠頭, 바구레와. 脚索,
지달 술 바와. 鞍子, 기르마와. 肚帶等類
哩, 오랑 等類ㅣ 업세라.

투알(投謁) 图 명함을 전하여 뵙기를 청
하다. 《集覽, 朴集, 上, 12ㅎ》唱喏. 揖也.
詞曲曰, 一箇唱, 百箇喏, 謂一人呼唱於上,
衆人應諾於下. 如將帥在營幕下, 軍卒投
謁於前者列立於〈軍卒投謁於前者列於〉
庭, 將帥發一令語, 則衆下齊聲以應.

투쟁(鬪爭) 图 이기거나 극복하기 위해 싸
우다. 《集覽, 字解, 單字解, 8ㅈ》爭. 鬪爭
也. 又ᄉ싀 ᄠ다. 又不爭 므던히 너기다.

투정(偸情) 图 몰래 연애하다. 또는 몰래
정을 통하다. 사통(私通)하다. ⇔투정ᄒ
다(偸情-). 《朴新諺 1, 35ㅎ》方要偸情的
時莭(節), 보야흐로 偸情ᄒᆯ 쌔에.

투정ᄒ다(偸情-) 图 투정(偸情)하다. ⇔
투정(偸情). 《朴新諺 1, 35ㅎ》方要偸情
的時莭(節), 보야흐로 偸情ᄒᆯ 쌔에.

투하(投下) 图 원대(元代)에 제왕(諸王)이
나 훈신(勳臣)에게 예속되어 지배를 받
던 사람. 평시에는 영주(領主)에게 세금
을 바치고, 전쟁이 일어나면 영주의 군
사가 되어 싸움터에 나아갔다. 신분은
세습되었으며, 중앙에 진출한 영주는
다루가치(達魯花赤)를 파견하여 감시하
였다. 《集覽, 朴集, 中, 1ㅎ》金字圓牌. 至

正條格云, 元時, 中書省奏, 諸王・駙馬各
投下有軍情緊急重事, 許令懸帶原降銀字
圓牌應付鋪馬騎坐, 其餘差使人員有緊急
軍情重事, 許令懸帶金字圓牌, 方付鋪馬.

통 图 동(銅). 구리. ⇔동(銅). 《朴新諺 2,
13ㅈ》橫子上銅事件都平常, 橫에 통으로
혼 ᄉ견이 다 平常ᄒ고.

트러잡다 图 틀어잡다. 또는 붙잡아 매다.
⇔구주(扭住). 《朴新諺 3, 52ㅎ》扭住小
人衣領百般打罵, 小人의 옷깃슬 트러잡
고 百般 티고 욕호되.

트림ᄒ다 图 트림하다. ⇔타열불(打噎
咈). 《朴新諺 2, 55ㅎ》誰吃蘿葍打噎咈,
뉘 무우 먹고 트림ᄒ엿ᄂ뇨. 《四聲通解,
上, 46ㅈ》噎. 飽食氣通, 亦作噎. 今俗音
해. 打噎咈 트림ᄒ다.

특(忒) 图 너무. 매우. 몹시. ●⇔너모.
《朴新諺 2, 3ㅈ》你也忒傲氣了, 너도 너
모 거만ᄒ다. ●⇔너무. 《朴新諺 1, 13
ㅈ》噯呀老太爺忒給少了, 아야 老太爺ㅣ
아 너무 젹쎄 주려 ᄒ다. 《朴新諺 1, 18
ㅎ》也不要打得忒厚了, ᄯ 치기룰 너무
두터이 말고. 《朴新諺 1, 21ㅎ》靴帶忒長
了, 바탕이 너무 기다. 《朴新諺 1, 21ㅎ》
南斗六星板却做得忒圓了些, 南斗六星 돈
은 믄든 거시 너무 두렷ᄒ고. 《朴新諺
3, 44ㅎ》忒爛了也不中吃, 너무 물러도
먹기에 맛당치 아니ᄒ니라. ●⇔너므.
《集覽, 字解, 單字解, 5ㅎ》忒. 太過也. 忒
大 너므 크다.

특(特) 图 특별히. ⇔특별이. 《朴新諺 2,
25ㅎ》特送與老太太些簡, 특별이 老太太
의게 져기 보내니. 《朴新諺 3, 15ㅎ》玆
者又特寄茶色段子二疋, 이제 ᄯ 특별이
차ᄒᆯ비쎄 비단 두 필과. 《朴新諺 3, 56
ㅈ》特來拜望先生的, 특별이 와 先生의
拜望ᄒ다 ᄒ라.

특고리(特故裏) 图 부러. 일부러. ⇔부러.
《集覽, 字解, 累字解, 2ㅎ》特故裏. 부러.

특대(忒大) 혱 너무 크다. 《集覽, 字解, 單

字解, 5ㅎ》忒. 太過也. 忒大 너므 크다.

특벼리 囝 특별히. ⇔특지(特地). 《集覽,
字解, 累字解, 2ㅎ》特地. 부러. 又특벼
리. 又ᄀ장.

특별이 囝 ●━특별히. ⇔특(特). 《朴新諺
2, 25ㅎ》特送與老太太些箇, 특별이 老太
太의게 져기 보내니. 《朴新諺 3, 15ㅎ》
玆者又特寄茶色段子二疋, 이제 ᄯᅩ 특별
이 차헐비체 비단 두 필과. 《朴新諺 3,
56ㅈ》特來拜望先生的, 특별이 와 先生
ᄭᅴ 拜望ᄒᆞ다 ᄒᆞ라. ●━특별히. 일부러.
⇔특위(特為). 《朴新諺 2, 25ㅎ》特為我
送來難得難得, 특별이 나를 위ᄒᆞ여 보내
니 엇기 어렵다 엇기 어렵다.

특지(特地) 囝 ●━가장. 매우. 자못. ⇔ᄀ
장. 《集覽, 字解, 累字解, 2ㅎ》特地. 부러.
又특벼리. 又ᄀ장. ●━부러. 일부러. 특별
히. ⇔부러. 《集覽, 字解, 累字解, 2ㅎ》特
地. 부러. 又특벼리. 又ᄀ장. 《朴新諺 2,
52ㅈ》我特地把酒灌的他爛醉, 내 부러 술
을다가 뎌의게 부어 爛醉케 ᄒᆞ니. ●━특별
히. ⇔특벼리. 《集覽, 字解, 累字解, 2ㅎ》
特地. 부러. 又특벼리. 又ᄀ장.

틀 囘 틀. ⇔판(板). 《朴新諺 1, 10ㅎ》你向
來打土墻是多少一板, 네 져적의 토담 쏠
제 언머에 ᄒᆞᆫ 틀을 ᄒᆞ더뇨. 《朴新諺 1,
10ㅎ》我們自吃飯呢二錢半一板, 우리 이
녁 밥 먹으면 두 돈 반에 ᄒᆞᆫ 틀이오. 若吃
你家的飯呢二錢一板, 만일 네 집 밥을 먹
으면 두 돈에 ᄒᆞᆫ 틀을 ᄒᆞ리라. 《朴新諺
1, 11ㅈ》給你一錢五分一板罷, 너를 ᄒᆞᆫ
돈 오 푼을 ᄒᆞᆫ 틀에 주미 무던ᄒᆞ다.

티다 囝 ❶(그물을) 치다. ●━⇔살(撒).
《朴新諺 2, 6ㅈ》撒網垂鉤的是大小漁船,
그믈을 티고 낙시를 드리온 거슨 이 大
小 漁船이오. ●━⇔하(下). 《朴新諺 3, 49
ㅎ》繫船下網, 빈 미고 그믈 티며. ❷(악
기를) 치다. 두드리다. ●━⇔고(敲). 《朴
新諺 3, 43ㅎ》搖鈸敲磬, 북 티고 磬 티고.
●━⇔뇌(擂). 《朴新諺 1, 38ㅎ》大哥山上

搖鈸, 큰형은 山에셔 북 티고. 《朴新諺
3, 43ㅎ》搖鈸敲磬, 북 티고 磬 티고. ❸
⇔타(打). 《朴新諺 3, 43ㅎ》吹螺打鈸, 고
라 불고 바라 티고. ❸치다. 때리다. ⇔
타(打). 《朴新諺 1, 35ㅈ》便拿住那和尙
打的半死半活, 곳 뎌 듕을 자바 텨 半死
半活ᄒᆞ니. 《朴新諺 1, 36ㅈ》似你這一等
和尙不打還打誰呢, 너 ᄀᆞᆺᄒᆞᆫ 이런 듕을 티
지 아니코 도로혀 누룰 티리오. 《朴新諺
2, 18ㅈ》他若再不保好生重重的打, 뎨 만
일 다시 고수치 아니ᄒᆞ거든 ᄀᆞ장 듕히
티라. 《朴新諺 2, 18ㅈ》他若再不保好生
重重的打, 뎨 만일 다시 고수치 아니ᄒᆞ
거든 ᄀᆞ장 듕히 티라. 《朴新諺 3, 48ㅈ》
各執一鞭打那土牛, 각각 ᄒᆞᆫ 채를 가져 뎌
土牛를 티니. 《朴新諺 3, 51ㅎ》逞强打我
來, 사오나옴을 부려 나를 텨셰라. 《朴
新諺 3, 52ㅎ》竟將小人面門打破耳根打
傷, ᄆᆞᄎᆞᆷ내 小人의 ᄂᆞᆺ출다가 텨 ᄶᅡ이고
귀 밋출 텨 傷히오니.

틋다 동 ❶타다. 받다. 수령하다. ●━⇔관
(關). 《朴新諺 1, 12ㅈ》今日却是開倉關
米的日期, 오늘이 이 開倉ᄒᆞ여 뿔 틋ᄂᆞᆫ
날이라. 《朴新諺 1, 12ㅈ》我有兩箇月俸
米要關, 내게 두 둘 녹 뿔이 이셔 트려
ᄒᆞ노라. 該關幾擔呢, 맛당이 몃 짐을 틀
료. 之例只該關八擔, 之例에 그저 여ᄃᆞᆲ
짐을 틀리라. 《朴新諺 1, 14ㅈ》然後到關
籌的所在領過籌來, 그린 후에 사술 틋ᄂᆞᆫ
곳에 가 사술을 틋 와야. 方好到倉裏關
米, 보야ᄒᆞ로 倉에 가 뿔 틋기 됴ᄒᆞ니라.
●━⇔영(領). 《朴新諺 1, 8ㅎ》大約這月二
十邊領了詔書箚付就要起身, 대개 이 둘
스므날긔 詔書와 箚付롤 틋면 즉시 쩌나
고져 ᄒᆞ노라. 《朴新諺 1, 14ㅈ》然後到關
籌的所在領過籌來, 그린 후에 사술 틋ᄂᆞᆫ
곳에 가 사술을 틋 와야. 《朴新諺 1, 14
ㅎ》先換票領籌何如, 몬져 票롤 밧고고
사술을 틋미 엇더ᄒᆞ뇨. ❷타다[乘]. ●━
⇔기(騎). 《朴新諺 1, 12ㅎ》我如今把騎

的馬就寄在這雜貨舖裏, 내 이제 툰 물을 다가 곳 이 雜貨舖에 부려 두고.《朴新諺 1, 29ㅎ》騎着一匹墨丁也似黑的肥馬, 흔 필 먹댱叉치 검고 술진 물을 투고.《朴新諺 1, 30ㅎ》騎着一匹十分脿鐵靑玉面馬, 흔 필 ᄀ장 술진 鐵靑총이玉面馬룰 투고.《朴新諺 1, 37ㅈ》不好出門騎馬, 門에 나 물 투기 됴치 아니ᄒ더니라.《朴新諺 1, 42ㅎ》沒有馬騎, 툴 물이 업스면.《朴新諺 2, 17ㅈ》六名跟役騎的, 六名 跟役이 툴 거슨.《朴新諺 2, 17ㅈ》我騎的却要十分快馬, 내 툴 거슨 쏘 ᄀ장 잰 물을 구ᄒ노니.《朴新諺 2, 56ㅎ》你看那騎馬的官人們, 네 보라 뎌 물 톤 官人들이. ●⇔기좌(騎坐).《朴新諺 2, 1ㅈ》我要打圍去騎坐, 내 산영 갈 제 투고져 ᄒ니.《朴新諺 2, 17ㅈ》明日三位老爺騎坐的, 닉일 三位 老爺ㅣ 툴 거슨.《朴新諺 3, 47ㅈ》騎坐白馬, 白馬 투고. ●⇔상(上).《朴新諺 2, 2ㅈ》一會兒就出來上馬, 혼

지위만 ᄒ면 곳 나와 물을 투리라. 上馬往那裏去, 물을 투면 어듸를 향ᄒ여 갈러뇨.《朴新諺 2, 4ㅈ》便上馬出來了, 곳 물을 투고 나올와.《朴新諺 2, 18ㅎ》小廝們也一面打疊背包上馬, 아히 놈들도 一面으로 질 짐을 가혀 물을 투라.《朴新諺 2, 49ㅈ》便上馬跟老爺, 곳 물 투고 老爺를 쏜라.《朴新諺 3, 18ㅈ》直到日平西纔得上馬回家, 바로 히 西에 거짐애 다듯라 계요 물 투고 집의 도라오ᄂ니라. ❸ (현악기를) 타다. 뜯다. ⇔탄(彈).《朴新諺 1, 6ㅎ》彈的只管彈, 투리 그저 투고.《朴新諺 3, 49ㅈ》便彈一曲流水・高山, 곳 흔 곡됴 流水・高山을 투며.

티오다 图 ●태우다[乘]. ⇔상(上).《朴新諺 3, 58ㅈ》叫衆將軍們服侍上馬, 여러 將軍들을 불러 뫼셔 물 틔오고. ❷태우다[燒]. ⇔초(焦).《朴新諺 2, 27ㅎ》你且休忙休心焦, 네 아직 밧바 말고 ᄆ음을 틱오지 말라.

파 명 파. ⇔총(葱). 《朴新諺 2, 39ㅎ》蘿蔔,
댓무우. 蔓菁, 쉿무우. 萵苣, 부로. 葵菜,
아혹. 白菜, 비치. 赤根菜, 시근치. 芫荽,
고싀. 蔥, 파. 蒜, 마놀. 薤菜, 부치. 荊芥,
형개. 薄荷, 박하. 茼蒿, 믈쑥. 水蘿蔔, 믈
한댓무우. 胡蘿蔔, 노른댓무우. 芋頭, 토
란. 紫蘇都好種的, 紫蘇를 다 시믐이 됴
타.

파(把) 동 ●가지다. ⇔가지다. 《朴新諺
1, 14ㅈ》還要把領子到該管書辦處換過小
票, 당시롱 틋는 톄롤 가져 マ음아는 셔
반의게 가 져근 票롤 밧고고. 《朴新諺
1, 43ㅈ》再把挑針挑起來, 또 것고지 가
져다가 것곳고. 《朴新諺 1, 43ㅎ》把鉸刀
鉸了鼻孔毫毛, 鉸刀롤 가져다가 코굼게
텯을 쏩고. 《朴新諺 2, 16ㅎ》你把那白麵
來, 네 뎌 白麵을 가져다가. 《朴新諺 2,
49ㅎ》把苕箒來掃乾淨着, 닛뷔 가져다가
쁠기를 乾淨히 ᄒ고. 《朴新諺 3, 7ㅎ》快
把苕箒來掃去了, 밧비 닛뷔 가져다가 쓰
러 브리고. ●먹이다. 주다. 공급하다.
⇔먹이다. 《朴新諺 1, 55ㅎ》如今姐姐把
孩子自妳呢, 이제 각시ㅣ 아히를 손조
졋 먹이느냐. ●잡대執〕. ⇔잡다. 《朴新
諺 1, 46ㅎ》慢慢的我與你把盞, 날호여
내 네게 盞 자브마.

파(把) 명 자루[柄]. ⇔ᄌ로. 《朴新諺 1, 18
ㅈ》刀子要紫檀, 칼 ᄌ로는 紫檀으로 ᄒ
고. 《朴新諺 1, 19ㅎ》每把價銀五錢, 每
ᄌ로 갑시 銀 닷 돈이니. 《朴新諺 3, 1
ㅈ》再拿把扇子來與我, 또 훈 ᄌ로부치
가져다가 나를 주고려.

파(把) 어미 -다가. ⇔-다가. 《朴新諺 1,

43ㅎ》把鉸刀鉸了鼻孔毫毛, 鉸刀롤 가져
다가 코굼게 텯을 쏩고. 《朴新諺 2, 16
ㅎ》你把那白麵來, 네 뎌 白麵을 가져다
가. 《朴新諺 3, 7ㅎ》快把苕箒來掃去了,
밧비 닛뷔 가져다가 쓰러 브리고.

파(把) 의 ●개(箇). (저울의 수효를 세는
단위) 《集覽, 字解, 單字解, 7ㅈ》連. 及
也. 幷也 조쳐. 又秤一把曰一連. 又鷹一
箇亦曰一連. 字又作聯. ●자루. ⇔ᄌ로.
《集覽, 字解, 單字解, 4ㅈ》把. 持也, 握也.
一把 훈 줌, 又훈 ᄌ로. 把我們 우리를다
가, 把來 그를다가, 與將字大同小異. 又
元時語, 有把解之語, 猶言典儅也, 今不用.
《朴新諺 1, 18ㅎ》大刀子一把, 큰 칼 훈
ᄌ로. 小刀子一把, 져근 칼 훈 ᄌ로. 《朴
新諺 2, 52ㅈ》扯了我一把小刀子去, 내 훈
ᄌ로 져근 칼을 쌔혀 가고. 《朴新諺 3,
32ㅎ》刷牙兩把‧掠頭兩把, 刷牙 둘과
귀밋빗기 둘을 사고져 ᄒ노라. ●줌. 움
큼. ⇔줌. 《集覽, 字解, 單字解, 4ㅈ》把.
持也, 握也. 一把 훈 줌, 又훈 ᄌ로. 把我
們 우리를다가, 把來 그를다가, 與將字
大同小異. 又元時語, 有把解之語, 猶言典
儅也, 今不用.

파(把) 조 ❶●-다가. ⇔-다가. 《朴新諺
1, 37ㅎ》把火將艾點着了, 불로 쑥에다가
부쳐. 《朴新諺 1, 43ㅈ》先把稀笓子攏了,
몬져 성권 춤빗스로다가 빗기고. 《朴新
諺 2, 31ㅈ》還要把那箭俗裏挿十根箭, 또
뎌 살동개에다가 열 낫 살 쏫고. 《朴新
諺 2, 41ㅈ》把取燈點上火往裏照, 取燈에
다가 불을 혀 안을 향ᄒ여 비쵀여. 《朴
新諺 2, 49ㅎ》把苕箒來掃乾淨着, 닛뷔

가져다가 쓸기를 乾淨히 ᄒᆞ고.《朴新諺 2, 52ㅎ》又把筆來在他面上畫黑了, 쏘 붓 스로다가 더의 面上에 그려 검게 ᄒᆞ엿더 니.《朴新諺 3, 4ㅈ》把磚墊好着, 벽으로 다가 괴와 됴케 ᄒᆞ고.《朴新諺 3, 11ㅈ》 把泥鏝來再抹光些, 흙손으로다가 다시 ᄡᅥ서 번번이 ᄒᆞ라.《朴新諺 3, 46ㅎ》把 四條繩絟着大車, 네 오리 노ㅎ로다가 큰 술위에 미고. ⊖-로. -로다가. ⇨-로다 가.《朴新諺 2, 11ㅎ》把一箇蠟嘴帶着鬼 臉兒, 혼 암죵다리로다가 광대 ᄢᅵ오고. 《朴新諺 3, 4ㅈ》一發把冷布糊了, 홈믜 얼믠뵈로다가 ᄇᆞ르면. **2** ⊖‘-를’의 뜻. (격조사 ‘를’ 뒤에 붙는다) ⇨-다가.《集 覽, 字解, 單字解, 4ㅈ》把. 持也, 握也. 一 把 혼 줌, 又혼 ᄌᆞᄅᆞ. 把我們 우리를다가, 把來 그를다가, 與將字大同小異. 又元時 語, 有把解之語, 猶言典儅也, 今不用.《朴 新諺 2, 28ㅈ》那兩箇漢子把那驢・騾喂 好了, 뎌 두 놈은 나귀와 노새를다가 먹 이기를 잘ᄒᆞ여.《朴新諺 2, 35ㅈ》就把老 李帶到衙門, 즉시 老李를다가 衙門에 잡 아가.《朴新諺 2, 41ㅎ》把門上釘鈄扣上 了, 門에 걸새를다가 걸고.《朴新諺 3, 4ㅈ》把這窓糊紙都扯了, 이 窓에 ᄇᆞ론 죠 희를다가 다 믜치고.《朴新諺 3, 13ㅎ》 把鼻子跌破了, 코를다가 구러져 하여ᄇᆞ 리니.《朴新諺 3, 20ㅎ》便把他監起來也 不怕, 곳 뎌를다가 가도아도 저프지 아 니ᄒᆞ다.《朴新諺 3, 32ㅎ》我把他搹在靴 靿裡去好了, 내 뎌를다가 靴ㅅ돈에 ᄭᅩ자 가져가미 됴타.《朴新諺 3, 44ㅎ》把尸首 燒化了, 尸首를다가 술와. ⊖‘-를’의 뜻. (격조사 ‘를’ 뒤에 붙는다) ⇨-다가.《集 覽, 字解, 單字解, 4ㅈ》把. 持也, 握也, 一 把 혼 줌, 又혼 ᄌᆞᄅᆞ. 把我們 우리를다가, 把來 그를다가, 與將字大同小異. 又元時 語有把解之語, 猶言典儅也, 今不用.《朴 新諺 1, 54ㅎ》把孩子放在水盆裡洗, 아히 를다가 물 소라에 너허 ᄣᅵ기면.《朴新諺

1, 55ㅈ》把搖車搖一搖便住了, 搖車를다 가 흔들면 곳 긋치ᄂᆞ니라.《朴新諺 2, 11 ㅈ》還有把一箇高桌兒放定, 당시롱 혼 노픈 탁ᄌᆞ를다가 노코.《朴新諺 2, 22 ㅈ》又把朝鮮地方來的一隻船, 쏘 朝鮮 짜 흐로셔 오는 혼 隻 비를다가.《朴新諺 2, 31ㅈ》今晚你把我的鋪盖送去, 오늘 져 녁의 네 내 니부자리를다가 보내고.《朴新諺 2, 46ㅎ》把你這忤逆種該殺的, 너 이 忤逆혼 ᄢᅵ를다가 죽염 즉다. ⊖‘-을’ 의 뜻. (격조사 ‘을’ 뒤에 붙는다) ⇨-다 가.《朴新諺 1, 9ㅎ》把那城門都衝坍了, 뎌 城門을다가 다 질러 문희치고.《朴新 諺 1, 12ㅎ》我如今把騎的馬就寄在這雜 貨舖裡, 내 이제 튼 물을다가 곳 이 雜貨 舖에 부려 두고.《朴新諺 1, 24ㅈ》把他 渾身毛片刮箇乾淨, 뎌 왼몸에 털을다가 긁빗겨 乾淨히 ᄒᆞ고.《朴新諺 1, 48ㅈ》 把書念熟背了, 글을다가 닑어 닉거든 외 오고.《朴新諺 2, 20ㅈ》你只把文契收好 了, 네 그저 글월을다가 잘 거두어.《朴 新諺 2, 33ㅎ》把那絹都奪了, 뎌 깁을다 가 다 앗고.《朴新諺 3, 5ㅎ》把我的這案 文卷丟在一遍, 내 이 案文卷을다가 혼 편 에 드리텨 두고.《朴新諺 3, 10ㅎ》把那 廐刀拌勻着, 뎌 삼써울을다가 버무려 고 로게 ᄒᆞ고.《朴新諺 3, 19ㅎ》把我家小厮 拿去監了兩日, 내 집 아히 놈을다가 자 바가 가도완 지 이틀이오.《朴新諺 3, 49 ㅎ》把我這錦心繡腹, 내 이 錦心 繡腹을 다가.

파(坡) 명 언덕. 또는 산비탈. ⇨언덕.《朴 新諺 2, 38ㅎ》有高高下下之坡, 高高下下 혼 언덕도 이시며.

파(怕) 동 1 저어. 두려워. ⊖⇨저퍼.《朴 新諺 2, 33ㅈ》又不怕雨淋的, 쏘 비에 젓 기를 저퍼 아니ᄒᆞ니. ⊜⇨저허.《朴新 諺 2, 18ㅈ》這厮所以不怕, 이 놈이 이러 모로 저허 아니ᄒᆞᄂᆞ니. **2** 저어하다. 두 려워하다. ⇨저퍼ᄒᆞ다.《朴新諺 1, 14

ㅎ》這是新布俗那裏破那裏怕漏呢, 이 새 잘리라 어디 해여지며 어디 시기롤 저퍼ᄒ리오.《朴新諺 1, 36ㅎ》一年經蛇咬 三年怕井繩, 一年을 비얌 물려 디내면 三年을 드렛줄도 저퍼ᄒ다 ᄒ니라.《朴新諺 3, 31ㅎ》相公你怕錯買了麼, 相公아 네 그릇 산가 저퍼ᄒᄂ냐.《朴新諺 3, 57ㅎ》況爲男子漢的怕甚麼呢, ᄒ믈며 ᄉ나희 되엿ᄂ니 므서슬 저퍼ᄒ리오.

파(怕) 閠 하다가. 만일. 만약. ⇔ᄒ다가.《集覽, 字解, 單字解, 2ㅎ》怕. 疑懼之意. 怕人知道. 又設若之辭. 怕你不信 ᄒ다가 너옷 밋디 몯거든. 又恐也. 害怕 두리여 ᄒ다.

파(怕) 혱 ❶두려워라. ⇔저페라.《朴新諺 3, 5ㅈ》只怕那寃家們打關節煩人說情哩, 그저 뎌 寃家들이 쇼졍ᄒ여 사름을 식여 情을 니론가 저페라. ❷두렵다. ●⇔두렵다.《朴新諺 1, 15ㅈ》這麼不怕事, 이ᄂᆫ 두렵지 아닌 일이라. ●⇔저프다.《朴新諺 1, 10ㅈ》眼前就收拾怕甚麼呢, 시방 즉시 收拾ᄒ면 무서시 저프리오.《朴新諺 1, 54ㅈ》最怕的是感冒風寒, ᄀ장 저픈 거슨 이 風寒에 感冒홈이니.《朴新諺 2, 20ㅈ》怕甚麼, 므서시 저프리오.《朴新諺 2, 27ㅈ》怕沒有滅你的心火治你的心病之時麼, 네 心火를 ᄭ고 네 心病을 고칠 때 업슬가 저프랴.《朴新諺 2, 42ㅎ》沒有你怕買不成麼, 네 업다 사지 못홀가 저프랴.《朴新諺 2, 59ㅎ》這還怕沒有新衣服過年麼, 이 도로혀 새 옷스로 過年홀 거시 업슬가 저프랴.《朴新諺 3, 20ㅎ》便把他監起來也不怕, 곳 뎌를다가 가도아도 저프지 아니ᄒ다.《朴新諺 3, 37ㅈ》只怕不會打哩, 그저 저프건대 칠 줄을 아지 못홀가 ᄒ노라.

파(派) 동 ❶보내다. 파견하다. ●⇔그으다.《朴新諺 1, 8ㅈ》甚麼詔派徃那一路頒去呢, 므슴 詔書ㅣ며 어듸롤 그어 반포ᄒ라 가ᄂ뇨.派小弟是徃永平・大寧・

遼陽・開元・瀋陽等處, 小弟롤 그은 거슨 이 永平・大寧・遼陽・開元・瀋陽等 處에 가ᄂ니라. ●⇔그이다.《朴新諺 1, 8ㅎ》我如今也派徃金剛山松廣等處去降香, 내 이직 ᄯ 金剛山 松廣 等 處에 그이여 가 降香ᄒ리라. ❷시키다. 파견하다. 배치하다. 맡기다. ⇔시기다.《朴新諺 1, 8ㅎ》朝鮮國也該有詔可曾派你去麼, 朝鮮國에도 詔書ㅣ 이셤 즉ᄒ니 ᄯ 일즉 너롤 시겨 가게 ᄒ엿느냐.《朴新諺 1, 25ㅈ》派五箇人直夜, 다ᄉ 사름을 시겨 밤에 샹직ᄒ여.

파(派) 명 갈래.《集覽, 朴集, 上, 4ㅎ》蘆溝橋. 蘆溝本桑乾河, 俗曰渾河, 亦曰小黃河. 上自保安州界, 歷山南流入宛平縣境, 至都城四十里, 分爲二派.

파(爬) 동 기다. 기어가다. ⇔긔다.《朴新諺 2, 53ㅈ》會爬麼, 긜 줄을 아ᄂ냐. 會爬了, 긜 줄을 아ᄂ니라.

파(破) 동 ●깨지다. 상처가 나다. ⇔ᄢ이다.《朴新諺 3, 52ㅎ》竟將小人面門打破耳根打傷, ᄆᆞ촘내 小人의 ᄂᆞᆺ츨다가 텨 ᄢ이고 귀 밋츨 텨 傷히오니. ●깨어지다. ⇔깨야지다.《朴新諺 2, 45ㅎ》看那瓦若有破的, 보와 뎌 디새 깨야진 것 잇거든.《朴新諺 2, 46ㅈ》那瓦有破的麼, 뎌 디새 깨야진 거시 잇ᄂ냐. 多有破的, 깨야진 거시 만히 잇다. ❸깨지다. ⇔깨이다.《朴新諺 2, 46ㅈ》不要踏破了纔好, 불바 깨이지 말아야 마치 됴흐리라.《朴新諺 2, 46ㅈ》把瓦都弄破了, 디새를다가 다 달화 깨이니. ❹뚫다. 찢다. ⇔뾻다.《朴新諺 2, 41ㅈ》把舌尖濕破窻戶, 혀 ᄭᅳᆺ흐로다가 窻戶를 적셔 뾻고. ❺헐어지다. 깨지다. ⇔하야지다.《朴新諺 2, 53ㅎ》額頭上跌破了, 니마 우히 구러져 하야지니. ❻헐어버리다. 망가뜨리다. ⇔하여ᄇ리다.《朴新諺 3, 13ㅎ》把鼻子跌破了, 코를다가 구러져 하여ᄇ리니. ❼해어뜨리다. 헐어버리다. 망가지게 하다. ⇔해아ㅂ리다.《朴新諺 1, 34ㅎ》倒累我的新靴子都走破了, 도로혀 내 새 靴조차 다 돈녀 해아ㅂ려다. ❽해어지다. 헐어지다. 망가지다. ⇔해여지다.《朴新諺 1, 14ㅎ》你這布帒是破的不漏麽, 네 이 쟐리 해여져 싀지 아니ᄒᆞᄂᆞ냐. 這是新布帒那裏破那裏怕漏呢, 이 새 쟐리라 어ᄃᆡ 해여지며 어ᄃᆡ 싀기ᄅᆞᆯ 저퍼ᄒᆞ리오. ❾헐어버리다. 해어뜨리다. ⇔헤여ㅂ리다.《朴新諺 3, 11ㅎ》把瘡都撓破了, 瘡을다가 다 긁쳐 헤여ㅂ리니.《朴新諺 3, 12ㅎ》撓破了這瘡, 이 瘡을 긁쳐 헤여ㅂ리고.

파(罷) 감 그만둬! 좋아! 됐어! ❶⇔두어.《朴新諺 2, 54ㅎ》罷罷, 두어 두어. ❷⇔두워.《集覽, 字解, 累字解, 8ㅎ》罷罷. ·두·워 ·두·워. 亦曰也罷.

파(罷) 동 ❶말다. 멈추다. 중지하다. ⇔말다.《朴新諺 3, 3ㅈ》你不買便罷, 네 사지 아니려 커든 곳 말라. ❷마치다. 끝내다. ⇔뭋다.《朴新諺 3, 23ㅎ》說罷, 니ᄅᆞ기를 ᄆᆞᄎᆞ매.

파(罷) 형 무던하다. 괜찮다. 가(可)하다. ❶⇔무던ᄒᆞ다.《朴新諺 1, 4ㅈ》既少不多也罷了, 임의 젹 거시 하지 아니ᄒᆞ니 ᄯᅩ 무던ᄒᆞ다.《朴新諺 1, 20ㅈ》我們隔幾日再來取罷了, 우리 여러 날 즈음ᄒᆞ여 다시 와 가져가미 무던ᄒᆞ다.《朴新諺 1, 27ㅎ》結為生死好弟兄罷, 死生에 됴흔 弟兄을 ᄆᆡᆺ즈미 무던ᄒᆞ다.《朴新諺 1, 47ㅈ》就筭是與你送行罷了, 이믜셔 네게 送行ᄒᆞᄂᆞᆫ 양으로 호미 무던ᄒᆞ다.《朴新諺 2, 2ㅈ》且將就買了去罷, 아직 두어라 ᄒᆞ여 사 가미 무던ᄒᆞ다.《朴新諺 2, 4ㅎ》送去與他補做生日罷, 보내여 뎌ᄅᆞᆯ 주어 生日을 다ᄂᆞ림홈이 무던ᄒᆞ다.《朴新諺 2, 8ㅎ》罷了, 무던ᄒᆞ다.《朴新諺 2, 43ㅎ》再加你五錢銀罷, 다시 네게 닷 돈 은을 더홈이 무던ᄒᆞ다.《朴新諺 3, 32ㅎ》拿二百錢來罷了, 二百 낫 돈을 가져오미 무던ᄒᆞ다. ❷⇔므던ᄒᆞ다.《朴新諺 1, 33ㅈ》也罷, ᄯᅩ 므던ᄒᆞ다.

파(擺) 동 1벌이다[設]. 배열하다. ❶⇔버리다.《朴新諺 2, 50ㅈ》將鏤金香爐擺上燒些餅子香, 鏤金 香爐를다가 버려 져기 餅子香을 픠오고. 那書案上把幾套書擺着, 뎌 書案 우희 여러 질 칙을다가 버리라. ❷⇔벌다.《朴新諺 3, 39ㅎ》對對皂隸擺着喝道, 빵빵ᄒᆞᆫ 皂隸ㅣ 버러 喝道ᄒᆞ고.《朴新諺 3, 47ㅈ》兩邊擺着走, 두 편에 버러 가면셔. 2짓다. 또는 드러내다. ⇔짓다.《朴新諺 2, 37ㅈ》擺樣子與人看呢, 모양을 지어 사ᄅᆞᆷ의게 뵈ᄂᆞᆫ고.

파가파(婆加婆) 명 〈불〉 석가모니(釋迦牟尼). 부처.《集覽, 朴集, 上, 9ㅎ》佛. 梵云婆加婆, 唐言佛. ㄴ者, 覺也, 自覺・ㄴ他. 一切有情咸具此道, 悟者卽名佛, 迷者曰衆生.

파거(把去) 동 가져가다. ⇔가져가다.《朴新諺 1, 22ㅎ》把甚麽去當, 무서슬 가져가 뎐당ᄒᆞ려 ᄒᆞᄂᆞ다.《朴新諺 1, 23ㅎ》還要把一副頭面去當哩, ᄯᅩ ᄒᆞᆫ 불 頭面을 가져가 뎐당ᄒᆞ려 ᄒᆞᄂᆞ니.《朴新諺 1, 24ㅈ》把這幾件去, 이 여러 가지ᄅᆞᆯ 가져가.

파군(破軍) 명 구성(九星) 중의 일곱째 별 이름. 칼 모양을 이루는 데, 술가(術家)에서는 이 별이 가리키는 방위(方位)에서 일을 하면 만사(萬事)가 불길하다고 한다. 무곡성(武曲星)의 아래 좌보성(左輔星)의 위에 있다.《集覽, 朴集, 上, 7ㅈ》北斗左輔右弼. 凡九星, 曰樞宮貪狼, 曰璇宮巨門, 曰璣〈幾〉宮祿存, 曰權宮文曲, 曰衡宮廉貞, 曰闓(開)陽宮武曲, 曰瑤光宮破軍, 曰洞明宮左輔, 曰隱元宮右弼.

파기(簸箕) 명 키[箕]. ⇔키.《朴新諺 2, 21ㅈ》還有鑼鍋, ᄯᅩ 노고와. 柳箱, 섥과. 灑子, 드레와. 碗楪, 사발 졉시와. 匙筯, 수져와. 杩杓, 나모쥬게와. 笊籬, 됴리와. 炊箒, 솔과. 擦床兒, 쇽치칼과. 簸(簸)箕,

ㅍ

키와. 篩子, 얼밍이와. 馬尾羅, 물총체와. 桌子, 상과. 盤子, 盤과. 茶盤, 찻반과. 燈臺, 燈臺와. 酒種, 잔과. 酒鼈, 쥬벼ㅇ와. 銅杓, 놋쥬게 이시니.

파낭(婆娘) 몡 ❶신분이나 지위 등이 낮거나 천한 여자. 곧, 여자 종 또는 하인. 《集覽, 朴集, 上, 11ㅎ》娘子. 南村輟耕[錄]云〈南村輟耕錄〉, 世謂穩婆曰老娘, 女巫曰師娘, 唱〈娼〉婦曰花娘, 達人又曰草娘, 苗人謂妻曰夫娘, 南方謂婦人無行者曰夫娘, 謂婦人之卑賤者曰某娘, 曰幾娘, 鄙之曰婆娘. ❷년[女]. (여인에 대한 욕)《集覽, 朴集, 下, 9ㅎ》婆娘. 怒詬之辭〈辞〉. 詳見上卷娘子下.

파래(把來) 통 가져오다. ⇔가져오다. 《朴新諺 2, 15ㅈ》你把現成樣子來我看, 네 現成ᄒᆞᆫ 樣子를 가져오라 내 보쟈. 《朴新諺 2, 58ㅎ》把曆頭來我看, 칙녁 가져오라 내 보쟈. 《朴新諺 3, 37ㅈ》這麼把我那皮俗來, 이러면 내 이 皮俗를 가져와.

파망(擺忙) 혱 ❶바쁘다. 또는 실없이 바쁘게 돌아다니다. 공연히 분주한 척하다. 《朴新諺 2, 56ㅈ》咳百忙裏(朴新注, 43: 百讀作擺音, 或作擺忙裡.)說甚麼閑話呢, 애 밧분디 므슴 힘힘ᄒᆞᆫ 말을 니ᄅᆞᄂᆞᆫ다. ❷빠르다. 또는 갑자기. 돌연. ⇔ᄲᆞᄅᆞ다. 《集覽, 字解, 單字解, 7ㅎ》忙. 疾也. 疾忙・連忙・擺忙 ᄲᆞᄅᆞ다. 走的忙・去的忙.

파상(擺上) 통 벌이다(設). 늘어놓다. 진열하다. 배열하다. ⇔버리다. 《朴新諺 1, 6ㅈ》叫小厮們先擺上果碟子, 아희들을 불러 몬져 과실 뎝시를 버리고. 《朴新諺 2, 50ㅈ》將鍍金香爐擺上燒些餅子香, 鍍金 香爐를다가 버려 져기 餅子香을 피오고. 那書案上把幾套書擺着, 뎌 書案 우희 여러 질 칙을다가 버리라. 《朴新諺 3, 32ㅈ》客官你要的東西都擺上了, 客官아 네 ᄒᆞ고져 ᄒᆞᄂᆞᆫ 거슬 다 버려시니. 《朴新諺 3, 45ㅎ》若做完備了早些擺上, 만일 ᄆᆞᆫ드

라 完備ᄒᆞ거든 일즉이 버리라.

파선자(把扇子) 몡 자루부채. ⇔ᄌᆞᄅᆞ부치. 《朴新諺 3, 1ㅈ》再拿把扇子來與我, ᄯᅩ 혼 ᄌᆞᄅᆞ부치 가져다가 나를 주고려.

파순(波旬) 몡 〈불〉 사마(四魔)의 하나. 욕계(欲界) 제육천(第六天)에 사는 마왕(魔王). 불법(佛法) 수행과 사람이 착한 일을 행하는 것을 방해한다고 한다. 《集覽, 朴集, 下, 1ㅎ》魔障. 昔釋迦出世時, 魔王名波旬, 若人來供養恭敬〈若如來供養恭敬〉, 魔王依於佛法, 得善利, 不念報恩, 而反欲加毀. 故名波旬, 此言惡中惡.

파열(擺列) 통 벌이다(設). 진열하다. 배치하다. ⇔버리다. 《朴新諺 3, 43ㅎ》擺列茶果, 茶果를 버리고.

파열(罷咧) 통 단지 …일 따름(뿐)이다. 《朴新諺 1, 47ㅎ》隨各人送罷咧, 各人의 보내는대로 ᄒᆞᄂᆞ니라.

파자(把子) 몡 ❶과녁. ⇔관혁. 《朴新諺 1, 53ㅎ》箭箭都射着把子(朴新注, 20ㅈ: 帿屬.)上的紅心(朴新注, 20ㅎ: 鵠也.), 살마다 다 관혁에 관을 마치느니. ❷자루[柄]. ⇔줄. 《朴新諺 3, 33ㅎ》嘴子・把子且打下我看了再鏵, 부리와 줄을 아직 ᄆᆞᆫ드라 내 보와든 다시 ᄣᆡ라.

파정(擺定) 통 벌이다(設). 진열하다. ⇔버리다. 《朴新諺 1, 6ㅈ》先把椅桌分開擺之了, 몬져 교의와 상을 ᄂᆞᆫ화 버리고.

파직ᄒᆞ다 통 파직(罷職)하다. (관직에서 물러나게 하다)《集覽, 字解, 單字解, 7ㅎ》閑. 雜也. 閑雜人. 又替也. 파직ᄒᆞ다, 罷閑了・替閑了. 又遊息曰閑. 훙뚱여 돈닐시니, 遊閑了. 又練熟也. 弓馬熟閑. 又空也. 空閑田地 뷔엿는 ᄯᅡ. 又等閑 부질업시, 又힘히미, 又간대롭다.

파진찬(波珍飡) 몡 벼슬 이름. 신라(新羅) 때의 17관등(官等) 가운데 넷째 등급. 진골(眞骨)만이 받을 수 있었다. 공복(公服)의 빛깔은 자색(紫色)이었다. 《集覽, 朴集, 下, 12ㅈ》太祖. 姓王氏, 諱建,

字若天, 松岳郡人. 幼而聰明, 龍顔日角. 年二十, 始仕弓裔, 拜波珍餐.

파파(婆婆) 몡 노파. 또는 부모 또는 그와 같은 항렬 이상에 속하는 친족의 부인. 또는 할머니. 《集覽, 朴集, 中, 3ㅈ》婆婆. 汎稱老孀之謂, 或呼尊屬老婦之稱. 又祖母曰婆婆.

파패(破敗) 동 헐어버리다. 망가뜨리다. ⇔허러브리다. 《朴新諺 1, 28ㅈ》到處破敗別人誇張自己(己), 간 곳마다 다른 사롬을 허러브리고 自己롤 쟈랑ᄒ고.

파한(罷閑) 동 일정한 직무가 없는 벼슬아치를 파직(罷職)하다. 《集覽, 字解, 單字解, 7ㅎ》閑. 雜也. 閑雜人. 又替也. 파직ᄒ다, 罷閑了·替閑了. 又遊息曰閑. 흥뜽여 ᄃᆞ닐시니, 遊閑了. 又練熟也. 弓馬熟閑. 又空也. 空閑田地 뷔엿ᄂ ᄯᅡ. 又等閑 부질업시, 又힘히미, 又간대롭다.

파해(把解) 몡 전당포(典當舖)의 다른 이름. 《集覽, 字解, 單字解, 4ㅈ》把. 持也, 握也. 一把 ᄒᆞᆫ 줌, ᄒᆞᆫ 즈ᄅ. 把我們 우리를다가, 把來 그를다가, 與將字大同小異. 又元時語, 有把解之語, 猶言典儅也, 今不用. 《集覽, 朴集, 中, 6ㅎ》解儅庫. 元時或稱印子鋪, 或稱把解, 人以重物來儅, 取錢而去, 在後償還本利, 還取其物而去, 此卽解儅庫也.

파협(巴峽) 몡 중국 사천성(四川省) 파현(巴縣) 동쪽의 강에 인접한 석동협(石洞峽)·동라협(銅羅峽)·명월협(明月峽)의 세 협곡. 《集覽, 朴集, 上, 2ㅈ》荔子. 子作支〈支〉. 荔支〈支〉, 生巴峽間, 形狀團如帷盖, 葉如冬靑, 花如橘, 春榮. 實如丹夏, 朶如葡萄, 核如枇杷, 殼如紅繒, 膜如紫綃, 瓠肉潔白如冰霜, 漿液甘如醴酪. 如離本枝, 一日色變, 二日香變, 三日味變, 四五日外色·香·味盡〈尽〉變.

판 몡 (장기나 바둑에서의) 판. 국. ●⇔국(局). 《朴新諺 1, 26ㅈ》咱們下一局賭箇輸贏如何, 우리 ᄒᆞᆫ 판 두어 지며 이긔믈

더느미 엇더ᄒ뇨. ●⇔반(盤). 《朴新諺 1, 26ㅎ》且下一盤試看如何, 아직 ᄒᆞᆫ 판 두어 시험ᄒ여 보미 엇더ᄒ뇨. 《朴新諺 1, 27ㅈ》高碁輸頭盤, 놉흔 바독은 첫 판을 진다 ᄒ고. 《朴新諺 1, 27ㅈ》且再下一盤何如, ᄯᅩ 다시 ᄒᆞᆫ 판 두미 엇더ᄒ뇨. 《朴新諺 2, 54ㅈ》姐姐來咱們下一盤蟞碁罷, 각시아 오라 우리 ᄒᆞᆫ 판 츄샤ᄋ ᄒ쟈. 《朴新諺 2, 54ㅎ》你且來咱們下一盤罷, 네 아직 오라 우리 ᄒᆞᆫ 판 두쟈. 且拿過碁來下一盤, 아직 바독 가져와 ᄒᆞᆫ 판 두쟈.

판(板) 몡 ●널[板]. 널빤지. ⇔널. 《朴新諺 2, 34ㅈ》用板盖在上頭, 널로 우희 덥고. ●뎐돈. ⇔돈. 《朴新諺 1, 21ㅎ》那三台板却做得好, 뎌 三台 돈은 민둘기를 잘ᄒ엿고. 南斗六星板却做得忒圓了些, 南斗六星 돈은 민든 거시 너무 두렷ᄒ고. 左輔右弼板和那両箇束児, 左輔 右弼 돈과 두 못금쇠는. 後面北斗七星板也做得好, 後面 北斗七星 돈은 민들기를 잘ᄒ엿고.

판(板) 의 ●판. 담틀이나 담장 6자 사방의 넓이. 《集覽, 朴集, 上, 5ㅈ》板. 六尺爲板. 《集覽, 朴集, 上, 5ㅈ》堵. 五板爲堵. ●틀. ⇔틀. 《朴新諺 1, 10ㅎ》你向來打土墻是多少一板, 네 져적의 토담 쓸 제 언머에 ᄒᆞᆫ 틀을 ᄒ더뇨. 《朴新諺 1, 10ㅎ》我們自吃飯呢二錢半一板, 우리 이녁 밥 먹으면 두 돈 반에 ᄒᆞᆫ 틀이오. 若吃你家的飯呢二錢一板, 만일 네 집 밥을 먹으면 두 돈에 ᄒᆞᆫ 틀을 ᄒ리라. 《朴新諺 1, 11ㅈ》給你一錢五分一板罷, 너를 ᄒᆞᆫ 돈 오 푼을 ᄒᆞᆫ 틀에 주미 무던ᄒ다.

판(辦) 동 ❶(어떤 일을) 처리하다. ⇔셔도다. 《朴新諺 3, 5ㅎ》他偏不與你辦, 뎨 편벽히 너를 위ᄒ여 셔도지 아니ᄒ고. ❷장만하다. 준비하다. 마련하다. ●⇔댱만ᄒ다. 《朴新諺 1, 44ㅎ》半月頭辦花燭成親的, 보롬끠 花燭을 댱만ᄒ여 成親ᄒ고. ●⇔쟝만ᄒ다. 《朴新諺 1, 5ㅎ》這

些酒席都已辦停妥完備了, 이 酒席을 다
이믜 쟝만ᄒᆞ여 停妥 完備ᄒᆞ여다.《朴新
諺 1, 53ᄌ》輸了的就去辦, 지느니 즉시
가 쟝만ᄒᆞ고. ❸차리다. 준비하다. ●⇔
츠리다.《朴新諺 1, 1ᄒ》辦幾桌賞花筵
席, 여러 상 賞花 筵席을 츠려. ●⇔츨호
다.《朴新諺 1, 4ᄌ》一共只要辦八桌席
面, 대되 그저 八桌 席面을 츨홀 ᄢᅥ시니.
《朴新諺 1, 4ᄌ》每桌辦乾鮮果品十六楪,
每 桌에 乾鮮果品 열 여슷 뎝시를 츨호
되.《朴新諺 2, 6ᄌ》辦了筵席叫了鼓樂,
잔치를 츨호고 鼓樂을 불러.

판나다 圐 판나다. 끝장나다. 끝내다. 마
치다. ⇔요(了).《朴新諺 3, 5ᄒ》不知到
幾時纔得了局哩, 아지 못게라 어니 째에
다ᄃᆞ라 맛치 판나믈 어드리오.

판리(辦理) 圐 (사무를) 처리하다. 수행하
다. ⇔판리ᄒᆞ다(辦理-).《朴新諺 3, 5
ᄒ》不肯囬官辦理, 즐겨 회공ᄒᆞ여 辦理
치 아니ᄒᆞ니.

판리ᄒᆞ다(辦理-) 圐 판리(辦理)하다. ⇔
판리(辦理).《朴新諺 3, 5ᄒ》不肯囬官辦
理, 즐겨 회공ᄒᆞ여 辦理치 아니ᄒᆞ니.

판비(辦備) 圐 갖추어 준비하다. ⇔판비
ᄒᆞ다(辦備-).《朴新諺 2, 18ᄌ》茶飯也須
早些辦備, 茶飯도 모로미 일즉이 辦備ᄒᆞ
게 ᄒᆞ라.

판비ᄒᆞ다(辦備-) 圐 판비(辦備)하다. ⇔
판비(辦備).《朴新諺 2, 18ᄌ》茶飯也須
早些辦備, 茶飯도 모로미 일즉이 辦備ᄒᆞ
게 ᄒᆞ라.

판사(辦事) 圐 일하다. 일을 처리하다. ⇔
일ᄒᆞ다.《朴新諺 2, 2ᄌ》老爺在文淵閣
(朴新注, 23ᄌ: 一名玉堂, 有太學士.)辦
事, 老爺ㅣ 文淵閣에 이셔 일ᄒᆞ니.

판자(板子) 圐 널[板]. 널빤지. ⇔널.《朴
新諺 2, 12ᄒ》油漆也不好板子又薄, 칠도
됴치 아니ᄒᆞ고 널도 ᄯᅩ 엷고.

판조(板條) 圐 가늘고 길게 켠 목재(木材).
《集覽, 朴集, 上, 12ᄒ》戒方. 質問云, 讀

書小兒送入學堂, 師傅教寫字, 不用心寫
好字, 師傅拿二尺長・寸半寬・半寸厚的
木板條打手掌, 使後日寫好字, 免打手掌,
謂之戒方.《朴新諺 1, 48ᄒ》手心上就打
三戒方(朴新注, 19ᄌ: 小兒寫字, 不用心
者, 以板條打手掌以戒之.), 손바당을 곳
세 번 전반으로 치ᄂᆞ니라.

팔(八) 퀜 여듧. ⇔여ᄃᆞᆲ.《朴新諺 1, 12ᄒ》
兦例只該關八擔, 兦例에 그저 여듧 짐을
트리라.《朴新諺 1, 15ᄌ》把八口俗米都
裝上, 여듧 쟈르에 ᄡᆞᆯ을 다 시르면.《朴
新諺 1, 20ᄒ》有八角的・六角的・四方
的, 여듧 모 것과 여숫 모 것과 네모 것도
이시며.《朴新諺 1, 33ᄌ》共該一両八錢,
대되 히오니 ᄒᆞᆫ 냥 여듧 돈이라.《朴新
諺 1, 44ᄌ》八對珠環, 여듧 ᄡᅡᆼ 진쥬 가락
디와.《朴新諺 1, 51ᄌ》也不過使二十八
九箇錢, 스믈 여듧 아홉 낫 돈을 ᄡᅳ매 지
나지 아니ᄒᆞ리라.《朴新諺 2, 14ᄒ》被面
被當頭染錢八錢, 니불 거족과 니불 깃슨
물갑시 여듧 돈이니.《朴新諺 3, 31ᄒ》
與你八錢一顆罷, 너를 여듧 돈을 ᄒᆞᆫ 낫체
주리라.

팔각(八角) 圐 붓순나무. (붓순나뭇과의
상록 활엽 소교목(小喬木). 나무껍질과
열매는 향료로 쓴다)《集覽, 朴集, 上, 3
ᄒ》細料物. 事林廣記食饌類, 細料物, 官
桂・良薑・蓽撥草・豆蔲・陳皮・縮砂
仁〈砂仁〉・八角・茴香各一兩, 川椒二
兩, 杏仁五兩, 甘草一兩半, 白檀末半兩.
右共爲細末用之.

팔리장(八里庄) 圐 =팔리장(八里莊). '庄'
은 '莊'의 속자.《正字通, 艸部》莊, 田舍
曰莊. 俗作庄.《集覽, 朴集, 上, 14ᄒ》八
里庄. 地名. 凡鄉井之制, 在內曰街・坊・
關・廂, 在外曰店・鎮・鄉・莊〈庄〉・
菑・保・屯・務・寨・峪・灣・窩, 盖
因俗呼得名, 皆指人所聚居之處也.《朴新
諺 2, 4ᄌ》在八里庄梁家花園裏做的, 八
里庄 梁家 花園의셔 ᄒᆞ니라.

Ⅱ

팔리장(八里莊) 몡 땅 이름. 중국 하북성 (河北省) 통현(通縣)에 있었다. 《集覽, 朴集, 上, 14ㅎ》八里庄. 地名. 凡鄉井之 制, 在內曰街·坊·關·廂, 在外曰店· 鎮·鄉·莊〈庄〉·啚·保·屯·務·寨 ·峪·灣·窩, 盖因俗呼得名, 皆指人所 聚居之處也. 《朴新諺 2, 4ㅈ》在八里庄梁 家花園裏做的, 八里庄 梁家 花園의셔 ᄒ 니라.

팔면(八面) 몡 여러 방면. 또는 여러 측면. 《朴新諺 3, 35ㅎ》天子百靈咸助將軍八面 威風, 天子ᄂᆫ 百靈이 다 돕고 將軍은 八 面 威風이러라.

팔사(八舍) 몡 차례나 순서, 또는 장유(長 幼)의 순서가 여덟 번째에 해당되는 사 람. 《集覽, 朴集, 上, 14ㅎ》八舍. 音義云, 行次第〈苐〉八之人.

팔사(八絲) 몡 고치실 여덟 오리로 꼬아 만든 실. 《朴新諺 2, 8ㅈ》這是南京來的 眞正八絲好緞子, 이 南京셔 온 진짓 八絲 됴흔 비단이라.

팔성(八成) 몡 =팔성은(八成銀). 《集覽, 朴 集, 上, 9ㅎ》細絲官銀. 銀十品曰十成, 曰 足色, 曰成色, 曰細絲, 曰手絲兒, 曰吹螺, 曰白銀. 九品曰九成, 曰靑絲. 八品曰八 成. 緫稱〈総称〉元寶〈宝〉. 元寶釋見下. 《朴新諺 1, 33ㅈ》我的都是細絲(朴新注, 12ㅎ: 銀十品曰十成, 曰足色, 曰成色, 曰 細絲, 曰手絲兒, 曰吹螺, 曰白銀. 九品曰 九成, 曰靑絲. 八品曰八成.)銀子, 내 거슨 다 이 細絲銀이라.

팔성은(八成銀) 몡 금은(金銀)의 품질을 10등급으로 나누었을 때의 셋째 등급의 은. 곧, 순도가 8할인 은. ⇔팔성은자(八 成銀子). 《朴新諺 3, 30ㅎ》怎麼是八成銀 子呢, 엇지 이 八成銀이뇨.

팔성은자(八成銀子) 몡 =팔성은(八成銀). ⇔팔성은(八成銀). 《朴新諺 3, 30ㅎ》怎 麼是八成銀子呢, 엇지 이 八成銀이뇨.

팔십종호(八十種好) 몡 〈불〉 부처가 갖

추고 있다는 여든 가지의 좋은 상(相). 일명 팔십수형호(八十隨形好). 《集覽, 朴集, 中, 6ㅈ》面圓璧月. 佛八十種好, 云 面圓淨如滿月. 《集覽, 朴集, 中, 6ㅈ》身 瑩瓊瓈. 佛八十種好云, 身有光明, 又云身 淸淨. 又云色潤澤如瑠璃.

팔원(八元) 몡 고려(高麗) 때 패강진(浿江 鎭)의 두상대감(頭上大監)인 김팔원(金 八元)의 이름. 고려 태조(太祖) 왕건(王 建)의 4대조 강충(康忠)이 팔원의 풍수 지리설을 믿고 부소산(扶蘇山)의 남쪽 으로 옮겨 살며, 소나무를 온 산에 심고 부소군(扶蘇郡)을 　송악군(松嶽郡)이라 고 고쳤다. 《集覽, 朴集, 下, 13ㅈ》都松 岳郡〈松岳郡〉. 時新羅監干八元善風水, 到扶蘇郡, 見扶蘇山形勝而童, 告康忠曰, 若移郡山南, 植松使不露巖〈岩〉石, 則統 合三韓者出矣.

팔월(八月) 몡 한 해 12달 가운데 여덟째 달. 《集覽, 朴集, 上, 6ㅎ》鶴兒. 質問云, 風旗也. 乃小兒三月放爲風箏〈晉〉, 八月 放爲紙鶴也. 《朴新諺 1, 27ㅎ》這八月十 五日中秋莭(節), 이 八月 十五日 中秋莭 (節)에. 《朴新諺 1, 52ㅈ》八月初頭纔起 程哩, 八月 초싱에아 又 起程ᄒ러라.

팔주환(八珠環) 몡 (한쪽에 진주 네 개를 꿰어 만든) 귀고리. (한 쌍이면 여덟 개 가 된다) ⇔귀엿골회. 《集覽, 朴集, 上, 7ㅎ》八珠環. 귀·엿골·회. 以珍〈珎〉珠大 者四顆連綴爲一隻, 一雙〈霅〉共八珠. 《集 覽, 朴集, 上, 7ㅎ》耳墜兒. 事文類聚云, 莊子曰, 天子之侍御, 不叉椾〈不爪翦〉, 不 穿耳, 則穿耳自古有之. 今俗亦曰耳環, 卽 八珠環也.

팔주환아(八珠環兒) 몡 =팔주환(八珠環). 《集覽, 朴集, 上, 7ㅎ》八珠環. 귀·엿골·회. 以珍〈珎〉珠大者四顆連綴爲一隻, 　一雙 〈霅〉共八珠. 《集覽, 朴集, 上, 11ㅎ》八珠 環兒. 見上.

팔품(八品) 몡 팔성(八成). 금은(金銀)의

품질을 10등급으로 나누었을 때의 셋째 등급. 곧, 순도가 8할인 금은.《集覽, 朴集, 上, 9ㅎ》細絲官銀. 銀十品曰十成, 曰足色, 曰成色, 曰細絲, 曰手絲兒, 曰吹螺, 曰白銀. 九品曰九成, 曰靑絲. 八品曰八成. 緫稱〈総称〉元寶〈宝〉. 元寶釋見下.《朴新諺 1, 33ㅈ》我的都是細絲(朴新注, 12ㅎ: 銀十品曰十成, 曰足色, 曰成色, 曰細絲, 曰手絲兒, 曰吹螺, 曰白銀. 九品曰九成, 曰靑絲. 八品曰八成.)銀子, 내 거슨 다 이 細絲銀이라.

패 의 (바둑의) 패(覇). ⇔겁(劫).《朴新諺 1, 26ㅎ》這一刼又筭錯了, 이 혼 패 쏘 그르다 히리라.

패(牌) 명 두루 알리기 위하여 쓰거나 새긴 조그마한 조각.《朴新諺 2, 15ㅎ》這牌上開載的, 이 牌에 버려 쓰인《朴新諺 3, 46ㅎ》牌上寫着勾芒神, 牌에 쓰기를 勾芒神이라 ᄒᆞ고.

패공(沛公) 명 한 고조(漢高祖) 유방(劉邦)이 제위(帝位)에 오르기 전, 패(沛) 땅에서 군대를 일으켰을 때 군중이 그를 옹립하며 붙인 칭호.《集覽, 朴集, 下, 3ㅈ》衣錦還鄕. 項羽屠咸陽, 與沛公分王. 又懷東歸, 曰, 富貴不歸故鄕, 如衣綉〈繡〉夜行. 遂東歸, 都彭城. 故後人仕官〈窘〉榮貴還鄕里者曰衣錦還鄕.

패관(稗官) 명 한(漢)나라 이후 민간에 떠도는 이야기를 모아 기록하는 일을 맡아 하던 임시 벼슬. 또는 이야기꾼.《集覽, 朴集, 上, 3ㅈ》雜劇. 南村輟耕錄曰, 稗官廢而傳奇作, 傳奇作而戲曲繼〈継〉. 金季國初, 樂府猶宋詞之流, 傳奇猶宋戲曲之變〈変〉, 世傳謂之雜劇.

패루(牌樓) 명 큰 거리에 길을 가로질러 세우던, 차양(遮陽)이 있는 장식용 구조물.《朴新諺 2, 44ㅎ》京都城四牌樓下民人朱玉, 京都城 四牌樓 아리 民人 朱玉이.

패방(牌榜) 명 게시판 따위에 붙이거나 써 놓은 글.《集覽, 朴集, 下, 2ㅈ》幌子.

今按, 漢俗, 凡出賣諸物之家, 俱設標幟之物, 置於門口, 或於門前起立牌榜, 如曰張家出賣高麗布扇. 一如賣酒家標植靑帘之類, 俗呼靑帘曰酒家望子.

패자(牌子) 명 마패(馬牌)와 여패(驢牌).《集覽, 朴集, 中, 2ㅈ》牌子. 凡馬驛設置, 馬驢不等, 其中管馬荅應者, 謂之馬牌, 管驢者, 謂之驢牌, 緫〈総〉稱牌子.

패표(牌票) 명 관청에서 어떤 목적을 위하여 발행하는 일종의 서면 명령서. 사령(使令)이 일을 집행할 때 증빙용으로 썼다.《朴新諺 1, 3ㅈ》寫了牌票(朴新注, 2ㅈ: 官府相驗之帖文.)用了印信, 牌票를 쓰고 印쳐.《朴新諺 1, 3ㅎ》這牌票上寫得明白, 이 牌票에 쓴 거시 明白ᄒᆞ니.

팽성(彭城) 명 현(縣) 이름. 진·한대(秦漢代)에 두었다. 춘추시대 송(宋)나라의 읍(邑). 초 회왕(楚懷王)과 항우(項羽)가 도읍을 하였던 곳으로, 소재지는 강소성(江蘇省) 동산현(銅山縣) 지역에 있었다.《集覽, 朴集, 下, 3ㅈ》衣錦還鄕. 項羽屠咸陽, 與沛公分王. 又懷東歸, 曰, 富貴不歸故鄕, 如衣綉〈繡〉夜行. 遂東歸, 都彭城. 故後人仕官〈窘〉榮貴還鄕里者曰衣錦還鄕.

퍼지다 동 ●퍼지다. ⇔개(開).《朴新諺 2, 1ㅎ》只是腿跨走不開, 다만 구블이 흘러 퍼지지 못ᄒᆞ고. ●퍼지다. ⇔신(申).《朴新諺 3, 48ㅈ》等候那地氣上申的時節, 뎌 地氣 올라 퍼질 째를 기드리더니.

퍽이 의 포기. 그루. ⇔과(科).《朴新諺 1, 39ㅈ》當路一科麻, 길에 當혼 혼 퍽이 삼이.

펴다 동 펴다. ⇔포(鋪).《朴新諺 3, 4ㅎ》我要用他做席子鋪着睡, 내 뎌로 뼈 자리를 민드라 펴고 자고져 ᄒᆞᄂᆞ니.

편 명 편. 쪽. ●⇔벽상(壁廂).《朴新諺 3, 17ㅈ》那西壁廂還要打一道墻, 뎌 셔편에 쏘 혼 줄 담을 쓰고. ●⇔변(邊).《朴新諺 2, 12ㅈ》飛到那邊逓與他, 느라 뎌 편

에 가 뎌를 주느니.《朴新諺 3, 10ㅎ》西
邊打一箇爐子, 셔편에 흔 미로를 믠들려
ㅎ노라.
편 回 편. 쪽. ●⇔방(傍).《朴新諺 2, 50
ㅈ》兩傍放幾張椅子, 두 편에 여러 교의
를 노코. ●⇔벽(壁).《朴新諺 3, 1ㅎ》一
壁廂各自頑去不好麽, 흔 편 구석의 각각
놀라 가미 됴치 아니ㅎ냐. ●⇔변(邊).
《朴新諺 1, 29ㅎ》两邉掛着珎珠結成花擡
的對子荷包, 두 편에 珎珠로 花擡 겨론
흔 雙 주머니를 츠고.《朴新諺 1, 30ㅎ》
两邉小刀荷包手巾, 두 편에 져근 칼과 주
머니 手巾이.《朴新諺 1, 53ㅈ》一邉五箇
分開着射, 흔 편에 다숫식 눈화 쏘쟈.
《朴新諺 3, 5ㅎ》把我的這案文卷丢在一
邉, 내 이 案文卷을다가 흔 편에 드리텨
두고.《朴新諺 3, 10ㅎ》這一邉無處絟線,
이 흔 편은 실 밀 곳이 업스니.《朴新諺
3, 26ㅈ》在油鍋兩邉看守, 기름 가마 두
편에셔 보아 지킈여.《朴新諺 3, 33ㅎ》
在門上磕了一磕就塌了半邉, 門에 다질려
곳 반 편이 쩌러지고.《朴新諺 3, 47ㅈ》
兩邉擺着走, 두 편에 버러 가면셔.
편(片) 回 편. 조각.《朴新諺 2, 25ㅈ》引用
生薑三片棗二枚, 引은 生薑 三片 棗 二枚
를 쓸 거시니.
편(偏) 閂 ●특별히. 유달리. ⇔독벼리.
《集覽, 字解, 單字解, 3ㅈ》偏. 독벼리, 又
독혀. 又츼여. ●유별나게. 유독. 특별
히. ⇔독혀.《集覽, 字解, 單字解, 3ㅈ》
偏. 독벼리, 又독혀. 又츼여. ●치우처.
⇔츼여.《集覽, 字解, 單字解, 3ㅈ》偏. 독
벼리, 又독혀. 又츼여. 四편벽(偏僻)히.
⇔편벽히.《朴新諺 3, 1ㅈ》這房後偏近
着水窪子, 이 집 뒤히 편벽히 웅덩이 갓
가와.《朴新諺 3, 1ㅈ》田鷄偏又叫的聒
譟, 머구리 편벽히 쏘 우러 짓궨다.《朴
新諺 3, 5ㅎ》他偏不與你辦, 뎨 편벽히 너
를 위ㅎ여 셔도지 아니ㅎ고.
편(匾) 閂 납작이. ⇔납죡이.《朴新諺 3,

33ㅈ》鼈壺要打得區些, 鼈壺 믠돌기를
져기 납죡이 ㅎ고.
편(遍) 閿 책의 내용을 일정 단락으로
크게 나눈 한 부분을 나타내는 말.《集
覽, 朴集, 中, 6ㅈ》尋聲救苦應念除災. 史
記, 昔盧景裕繫晉陽獄, 志心念觀世音菩
薩, 枷鎖自脫. 又有人當死, 志心誦觀世音
菩薩普門品經千百遍, 臨刑刀折, 因以赦
之.
편(遍) 回 번. ⇔번.《集覽, 字解, 單字解,
3ㅈ》遍. 次也. 一遍 흔 번.《朴新諺 2, 32
ㅈ》若着了幾遍雨定然要走擡了, 만일 여
러 번 비룰 마즈면 일정 모양이 흘긔리
로다.《朴新諺 3, 11ㅎ》你只與我搯一遍
罷, 네 그저 나를 흔 번 지겨 주고려.《朴
新諺 3, 12ㅈ》不過一兩遍管情就好了, 흔
두 번에 지나지 못ㅎ여셔 결단코 즉시
됴ㅎ리라.
편(鞭) 閿 채찍. ⇔채.《朴新諺 1, 39ㅎ》鐵
人鐵馬不着鐵鞭不下馬, 쇠사룸 쇠물끠
쇠채로 치지 아니면 물 느리지 아니ㅎ는
거시여.《朴新諺 3, 48ㅈ》各執一鞭打那
土牛, 각각 흔 채를 가져 뎌 土牛를 티니.
편(騙) 图 후리다. 빼앗다. 사취(詐取)ㅎ
다. ⇔후리다.《朴新諺 1, 33ㅎ》慣會誆
騙人家東西, 눔의 것 소겨 후리기 닉게
ㅎ느니.
편고(遍告) 图 두루 알리다.《集覽, 朴集,
中, 5ㅈ》隨相現相. 飜譯名義云, 佛昔爲帝
釋時, 遭飢歲, 疾疫流行, 醫療無功, 道殣
相屬. 帝釋悲慜, 思所救濟, 乃變其形爲大
蟒身, 殭屍川〈殭屍出于〉谷, 空中遍告, 聞
者感慶, 相率〈亊〈舉〉〉奔赴, 隨割隨生, 療
飢療疾.
편당(便當) 閮 편리하다. 형편이 좋다.
《集覽, 字解, 單字解, 4ㅎ》便. 去聲, 卽也.
便行 즉재 가니라, 便去 즉재 가리라, 又
즉재 가다. 又則也. 便有 곧 잇다, 便是
곧 올ㅎ니라. 又順也, 順便. 又安也, 便
當. 又宜也. 行方便 됴홀 양오로 ㅎ다, 不

方便 다히 마지 쉽사디 아니타. 又猶則
也. 你去便就有了 너옷 가면 이시리라.
又平聲, 穩便 온당ᄒᆞ다. 吏語, 便益.

편배(編排) 图 (일정한 순서에 따라 앞뒤
를) 배열하다. 편성하다. 《集覽, 朴集,
中, 6ㅈ》齒排柯雪. 謂齒如雪堆枝柯之上,
淨白頓整之形, 似人所編排然. 佛三十二
相, 有四十齒相, 有齒白淨相, 有齒齊密相.

편벽히 囝 편벽(偏僻)히. ⇔편(偏). 《朴新
諺 3, 1ㅈ》這房後偏近着水窪子, 이 집 뒤
히 편벽히 웅덩이 갓가와. 《朴新諺 3, 1
ㅈ》田鷄偏又叫的聒譟, 머구리 편벽히
ᄯᅩ 우러 짓궨다. 《朴新諺 3, 5ㅎ》他偏不
與你辦, 데 편벽히 너를 위ᄒᆞ여 셔도지
아니ᄒᆞ고.

편성(編成) 图 조직하고 형성하다. 《集覽,
朴集, 下, 11ㅎ》綜甲. 軍制, 編成排甲, 每
一小甲管軍人一十名, 綜(總)甲管軍五十
名, 每百戶該管一百一十二名. 《集覽, 朴
集, 下, 12ㅈ》弓手. 今按, 軍制編成排甲,
每一百戶, 銃手十名, 刀牌手二十名, 弓箭
手三十名, 槍手四十名.

편슈 몡 편수(編首·邊首). 공장(工匠)의
우두머리. ⇔사부(師傅). 《朴新諺 1, 10
ㅎ》匠作師傅, 匠作 편슈ㅣ아.

편시(片時) 囝 잠깐. 잠시. 《朴新諺 2, 49
ㅈ》每日東走西走不得片時歇息, 每日에
동으로 돗고 셔로 ᄃᆞ라 片時도 쉼을 엇
지 못ᄒᆞ니.

편식(匾食) 몡 만두(饅頭). 물만두. ⇔변
시. 《朴新諺 2, 16ㅎ》再捏些匾食預備我
吃罷, ᄯᅩ 져기 변시를 비저 내 먹기롤
預備ᄒᆞ라. 《朴新諺 3, 35ㅎ》羊肉饅頭, 羊
肉 너흔 饅頭와. 素餡稍麥, 믠소 너흔 稍
麥과. 匾食, 변시와.

편안히 囝 편안히. 《集覽, 字解, 累字解,
2ㅈ》自在. 마음 편안히 잇다.

편안ᄒᆞ다 혱 편안(便安)하다. ●⇔안(安).
《朴新諺 2, 40ㅎ》無功食祿寢食不安, 功
이 업시 祿을 먹으면 寢食이 편안치 아

니타 ᄒᆞ니라. 《朴新諺 3, 15ㅈ》身子粗安
無須憂念, 몸이 져기 편안ᄒᆞ니 모롬이
憂念치 마ᄅᆞ쇼셔. ●⇔온(穩). 《朴新諺
3, 4ㅈ》這床也不穩, 이 상이 ᄯᅩ 편안치
아니ᄒᆞ니.

편요(偏要) 囝 특별히. 유달리. 굳이. 한
사코. ⇔독별이. 《朴新諺 1, 36ㅈ》偏要
偸別人的媳婦, 독별이 다른 사롬의 계집
을 도젹ᄒᆞ니.

편익(便益) 혱 편리하고 유익하다. 《集覽,
字解, 單字解, 4ㅎ》便. 去聲, 卽也. 便行
즉재 가니라, 便去 즉재 가리라, 又즉재
가다. 又則也. 便有 곧 잇다, 便是 곧 올
ᄒᆞ니라. 又順也, 順便. 又安也, 便當. 又
宜也. 行方便 됴홀 양오로 ᄒᆞ다, 不方便
다히 마지 쉽사디 아니타. 又猶則也. 你
去便就有了 너옷 가면 이시리라. 又平聲,
穩便 온당ᄒᆞ다. 吏語, 便益.

편인(便人) 몡 인편(人便). (오거나 가는
사람의 편) 《朴新諺 3, 15ㅎ》如有便人來
京, 만일 便人이 셔울 오리 잇거든.

편자(鞭子) 몡 채찍. 《集覽, 朴集, 下, 10
ㅈ》手拿結線鞭. 鞭子用柳枝, 長二尺四
寸, 按二十四氣, 上用結子. 立春在孟日用
麻, 仲日用苧, 季日用絲, 用五彩色醮染.

편전(便殿) 몡 임금이 항상 거처하면서
정사(政事)를 보던 궁전. 《集覽, 朴集,
中, 6ㅎ》大幅. 南村輟耕錄云, 胡石塘先生
嘗應聘入京, 世皇召見於〈於〉便殿, 趍(趨)
進, 不覺笠子欹側.

편주(扁舟) 몡 작은 배. 《集覽, 朴集, 下,
11ㅎ》范蠡歸湖. 范蠡, 越之大夫也. 相越
王勾踐敗吳, 曰, 越王爲人長頸鳥(烏)喙,
可與圖〈圖〉患難, 不可與共安逸. 遂泛扁
舟, 載西施, 遊五湖不返.

편지 몡 편지. 서신(書信). ⇔서(書). 《朴新諺 1,
49ㅎ》有書稍來, 편지 이셔 브텨 왓ᄂᆞ니
라.

편첩(便捷) 혱 민첩하다. 《集覽, 朴集, 中,
8ㅎ》牢子走. 以脚力便捷者膺上賞, 故監

役之官, 齊其名數而約之以繩, 使無後先
參差之爭, 然後去繩放行.

편춘(鞭春) 圐 입춘 하루 전날 궁중이나
관청에서 토우(土牛)를 세워놓고, 입춘
당일에 붉은 채찍으로 때리면서 풍년과
권농(勸農)을 빌던 일. 타춘(打春) 또는
편춘이라고 하였다. 《集覽, 朴集, 下, 9
ㅎ》打春. 東京夢華錄云, 立春前五日, 造
土牛·耕夫·犁具, 前一日順天府進農牛
入禁中鞭春, 府縣官吏·士庶·耆社, 具
鼓樂出東郊迎春, 牛芒神至府前, 各安方
位.

평(平) 圐 걸치다. (해가) 지다. ⇔거지다.
《朴新諺 3, 18ㅈ》直到日平西纔得上馬囬
家, 바로 히 西에 거짐애 다드라 계요
몰 트고 집의 도라오ᄂᆞ니라.

평공(平拱) 圐 바르게 서서 두 손을 맞잡
아 가슴 앞으로 올리다. 《集覽, 朴集, 下,
2ㅎ》擎拳合掌. 西域記云, 致敬之式, 其儀
九等, 四曰合掌平拱.

평상(平常) 圕 평상(平常)히. 평상대로.
⇔평상이(平常-). 《朴新諺 2, 32ㅈ》這帽
樣做得平常, 이 갓 모양이 ᄆᆡᆫ들기롤 平常
이 ᄒᆞ엿다. 《朴新諺 3, 11ㅎ》這樣做的平
常, 이리 ᄆᆡᆫ들기를 平常이 ᄒᆞ여시니.

평상(平常) 阌 평범(平凡)하다. 보통이다.
일반적이다. 특별하지 않다. ⇔평상ᄒᆞ
다(平常-). 《朴新諺 1, 2ㅈ》打來的酒捴
平常, 가져온 술이 다 平常ᄒᆞ니.《朴新諺
1, 32ㅈ》我看都甚平常, 내 보기에ᄂᆞ 다
심히 平常ᄒᆞ여.《朴新諺 1, 52ㅈ》今年年
成平常銀錢艱難, 올히 年成이 平常ᄒᆞ고
銀錢이 艱難ᄒᆞ여.《朴新諺 1, 53ㅎ》輸了
的是自已(己)武藝平常, 지ᄂᆞ니ᄂᆞ 이 自
己 武藝ㅣ 平常홈이라.《朴新諺 2, 13ㅈ》
樻子上銅事件都平常, 樻에 둥으로 ᄒᆞ ᄉ
견이 다 平常ᄒᆞ고.

평상이(平常-) 圕 평상(平常)히. ⇔평상
(平常).《朴新諺 2, 32ㅈ》這帽樣做得平
常, 이 갓 모양이 ᄆᆡᆫ들기롤 平常이 ᄒᆞ엿

다.《朴新諺 3, 11ㅈ》這樣做的平常, 이리
ᄆᆡᆫ들기를 平常이 ᄒᆞ여시니.

평상ᄒᆞ다(平常-) 阌 평상(平常)하다. ⇔
평상(平常).《朴新諺 1, 2ㅈ》打來的酒捴
平常, 가져온 술이 다 平常ᄒᆞ니.《朴新諺
1, 32ㅈ》我看都甚平常, 내 보기에ᄂᆞ 다
심히 平常ᄒᆞ여.《朴新諺 1, 52ㅈ》今年年
成平常銀錢艱難, 올히 年成이 平常ᄒᆞ고
銀錢이 艱難ᄒᆞ여.《朴新諺 1, 53ㅎ》輸了
的是自已(己)武藝平常, 지ᄂᆞ니ᄂᆞ 이 自
己 武藝ㅣ 平常홈이라.《朴新諺 2, 13ㅈ》
樻子上銅事件都平常, 樻에 둥으로 ᄒᆞ ᄉ
견이 다 平常ᄒᆞ고.

평서(平西) 圐 해가 지다(기울다).《朴新
諺 3, 18ㅈ》直到日平西纔得上馬囬家, 바
로 히 西에 거짐애 다드라 계요 몰 트고
집의 도라오ᄂᆞ니라.

평안(平安) 阌 무사(無事)하다. 걱정이나
탈이 없다. ⇔평안ᄒᆞ다(平安-).《朴新諺
1, 49ㅎ》都是平安的, 다 平安ᄒᆞ더라.

평안ᄒᆞ다 阌 평안(平安)하다. ⇔호(好).
《朴新諺 2, 25ㅎ》問大娘好, 大娘의 평안
홈을 뭇고.

평안ᄒᆞ다(平安-) 阌 평안(平安)하다. ⇔
평안(平安).《朴新諺 1, 49ㅎ》都是平安
的, 다 平安ᄒᆞ더라.

평일(平日) 圐 특별한 일이 없는 보통 때.
《朴新諺 1, 36ㅈ》想是你平日布施人家齋
飯·錢, 싱각건대 네 平日에 布施ᄒᆞᆫ 人家
齋飯·錢을.《朴新諺 2, 46ㅎ》這也我平
日姑息之愛, 이 ᄯᅩ 내 平日에 姑息之愛로.

평장(平章) 圐 공정한 정치를 하다.《集覽,
朴集, 下, 8ㅎ》丞相. 元中書省有左右丞相,
任宰相之職〈戠〉, 左右天子平章萬機.

평정(平正) 圕 평정(平正)히. (공평하고
올바르게) ⇔평정이(平正-).《朴新諺 1,
18ㅎ》脊背只要平正為妙, 등을 그저 平正
이 ᄒᆞ여야 妙ᄒᆞ니라.《朴新諺 3, 10ㅎ》
怎麼抹得不平正呢, 엇지 ᄇᆞᆺ기를 平正이
못ᄒᆞ엿ᄂᆞ뇨.

평정이(平正-) 閈 평정(平正)히. ⇔평정
(平正). 《朴新諺 1, 18ㅎ》脊背只要平正
為妙, 등을 그저 平正이 ㅎ여야 妙ㅎ니
라. 《朴新諺 3, 10ㅎ》怎麼抹得不平正呢,
엇지 뽓기를 平正이 못ㅎ엿느뇨.

평지(平地) 명 바닥이 편편한 땅. 《集覽,
朴集, 下, 7ㅎ》毬門窩兒. 質問云, 如打毬
兒, 先竪一毬門, 上繫毬窩, 然後將毬打上,
方言謂之毬門窩兒. 又云, 平地窟成圓窩,
擊起毬兒落入窩者勝. 《集覽, 朴集, 下, 7
ㅎ》花房窩兒. 掘地如椀, 名窩兒. 或隔殿
閣而作窩, 或於階上作窩, 或於平地作窩.
《朴新諺 3, 37ㅎ》且打毬門窩兒(朴新注,
57ㅎ: 竪一毬門, 上繫毬窩, 將毬打上. 又
云, 平地掘成圓窩, 擊起毬兒, 落入窩者
勝.)罷, 아직 毬門 굼글 치라.

평천하(平天下) 통 천하를 평정하다. 《集
覽, 朴集, 中, 6ㅎ》大帽. 上問曰, 秀才何
學. 對曰, 脩身齊家治國平天下之學. 上哂
〈笑〉曰, 自家笠子尙不端正, 又能平天下
耶.

평칙문(平則門) 명 중국 북경(北京) 내성
(內城)에 있는 성문. 서직문(西直門) 남
쪽에 있는 부성문(阜城門)의 원대(元代)
의 이름이다. 《集覽, 朴集, 上, 5ㅎ》平則
門. 永樂十九年, 營建宮室, 立門九, 南曰
正陽, 又曰午門, 元則曰麗正, 南之右曰宣
武, 元則曰順承, 南之左曰文明, 元則曰崇
文, 又曰哈噠, 北之東曰安定, 北之西曰德
勝, 元則曰健德, 東之北曰崇仁, 一名東直,
元名同, 東之南曰朝陽, 元則曰齊華, 西之
北曰西直, 西之南曰阜城, 元則曰平則. 元
設十一門, 而今減其二. 《集覽, 朴集, 上,
8ㅈ》午門. 見上平則門下. 《朴新諺 1, 13
ㅈ》我在平則門(朴新注, 5ㅎ: 京都西門,
舊名阜城門.)外住, 내 平則門 밧끠셔 사
노라. 《朴新諺 1, 13ㅎ》平則門離這廣豊
倉有二十里地, 平則門이 廣豊倉에 뜸이
二十里 짜히 이시니. 《朴新諺 1, 13ㅎ》
廣豊倉到平則門, 廣豊倉에셔 平則門 가

기. 《朴新諺 3, 48ㅎ》阜城叫平則門, 阜城
은 平則門이라 부르니.

평탄(抨彈) 통 탄핵하다. 《集覽, 朴集, 中,
7ㅎ》褒彈. 褒作包是. 事文類聚云, 包彈
者, 以包孝肅公多所抨彈, 故云耳.

폐(閉) 통 닫다. ⇔닫다. 《朴新諺 3, 20ㅎ》
也不免是閉門家裡坐禍從天上來, 또 이
門을 닷고 집의 안저셔도 禍〕 天上으로
조차 온다 홈을 免치 못홈이로다.

폐물(幣物) 명 선사하는 물건. 《集覽, 朴集,
上, 11ㅎ》下多少財錢. 今制, 納采・問名
・納吉揔〈総〉一次行禮, 以從簡便, 謂之
定禮, 亦爲之定親, 亦曰下紅定, 亦送幣物.
《集覽, 朴集, 下, 4ㅎ》大醮. 道經云, 醮,
祭名. 夜中於星辰之下, 陳設餅餌・酒果
・幣物, 禮祀天皇・太乙・地祇・列宿.

폐색(閉塞) 통 닫아서 막다. 《集覽, 朴集,
中, 8ㅈ》操. 劉向別錄曰, 其道閉塞, 悲愁
而作者, 其曲曰操. 言遇災害不失其操也.
仍名曲爲操.

폐지(廢址) 명 건물이 헐리고 난 뒤 버려
둔 빈터. 《集覽, 朴集, 上, 15ㅈ》玉泉. 一
在山之根, 有泉湧出, 洞門刻玉泉二字, 有
觀音閣. 又南有石巖〈岩〉, 號呂公洞, 其上
有金時芙蓉殿廢址. 相傳以爲章宗避暑處.

포(包) 명 짐. 꾸러미. 보따리. ⇔짐. 《朴
新諺 2, 18ㅈ》小厮們也一面打疊背包上
馬, 아히 놈들도 一面으로 질 짐을 가혀
물을 트라.

포(布) 명 베. ⇔뵈. 《朴新諺 3, 4ㅈ》一發
把冷布糊了, 홈끠 얼믠뵈로다가 브르면.
《朴新諺 3, 50ㅈ》小人家下被賊竊去布一
百疋, 小人의 집의셔 도적이 뵈 一百 疋
을 도적ㅎ여 가믈 닙으니.

포(哺) 통 먹이다. ⇔먹이다. 《朴新諺 1,
56ㅈ》生下來呢乳哺三年, 나하는 三年을
졋 먹여.

포(袍) 명 ❶도포와 같이 길이가 긴 겉옷
의 통칭. 《朴新諺 1, 30ㅈ》身穿烏雲豹皮
袍, 몸에 거믄 구룸 굿혼 豹皮 袍롤 닙고.

❷(앞섶이 있고 소매가 긴) 중국식 긴 옷. ━⇔큰옷.《朴新諺 1, 16ㅎ》這段子一疋足勾袍料二件, 이 비단 혼 疋이 큰옷 ㄱ옴 두 볼이 넉넉ᄒ니.《朴新諺 2, 7ㅈ》我有沈香繡袖袍一件, 내게 침향빗체 ᄉ매에 슈노혼 큰옷 혼 볼이 이셔.《朴新諺 2, 9ㅈ》這一疋暗花緞是兩件袍料, 이 혼 필 스믠문 비단은 이 두 볼 큰옷 ㄱ옴이니. ━⇔큰옷ㅅ.《朴新諺 2, 7ㅈ》我的胷背怎麼赶上你的繡袍, 내 胷背 엇디 네 슈노혼 큰옷세 미츠리오.

포(蒲) 뎽 창포(菖蒲). 가게. ⇔창포.《朴新諺 3, 4ㅎ》我只知道蒲根解酒還好做醋, 내 다만 챵포 불회 술을 씨오고 쏘 醋 민들기 됴혼 줄만 알고.

포(飽) 혱 배부르다. ⇔비부르다.《朴新諺 1, 7ㅈ》如今酒也醉了飯也飽了, 이제 술도 醉ᄒ고 밥도 비부르다.

포(暴) 뮈 급(急)히. ⇔급피.《朴新諺 3, 14ㅈ》便暴跳起來道, 곳 급피 ᄢ여 니러나 니ᄅ되.

포(鋪) 통 ━깔다鋪. ⇔실다.《朴新諺 1, 55ㅈ》把褥子·氈子多多的鋪上, 요와 담을다가 만히 ᄭᆯ고.《朴新諺 1, 57ㅎ》這弓面上鋪的筋, 이 활 면에 신 힘을.《朴新諺 2, 5ㅈ》上面盖的瓦如鋪翠, 우희 녠 디새는 비취롤 신 듯ᄒ고.《朴新諺 2, 50ㅈ》將花氈鋪在炕上, 花氈 가져다가 캉에 ᄭᆯ고. ━펴다. ⇔펴다.《朴新諺 3, 4ㅎ》我要用他做席子鋪着睡, 내 뎌로 ᄲᅧ 자리를 믄드라 펴고 자고져 ᄒᄂ니.

포(舖) 뎽 =포(鋪). '舖'는 '鋪'의 속자.《正字通, 金部》浦, 俗作舖.《朴新諺 1, 17ㅎ》京城裏刀子舖狠(很)多, 서울 칼 푸ᄌ ㅣ ㄱ장 만ᄒ니.《朴新諺 1, 17ㅎ》你問那有名的刀子舖麼, 네 뎌 有名혼 칼 푸ᄌ롤 믄ᄂ냐.《朴新諺 1, 46ㅈ》好到舖裏買去, 푸ᄌ에 사라 가게 ᄒ라.《朴新諺 2, 28ㅈ》一箇到那靴舖裏去學生活, ᄒ나흔 뎌 靴푸ᄌ에 가 셩녕 비호고.《朴新諺 2, 36

ㅈ》到鐵匠舖裏去, 鐵匠의 푸ᄌ에 가.《朴新諺 2, 42ㅈ》掌樻的你這舖裏有四季花的緞子麼, 樻 ᄀ옴아는 이아 네 이 푸ᄌ에 四季花 문혼 비단이 잇ᄂ냐.《朴新諺 3, 20ㅎ》我兩箇到書舖裡去, 우리 둘히 칙푸ᄌ에 가.

포(鋪) 뎽 전방(廛房). 가게. 상점. ⇔푸ᄌ.《朴新諺 1, 17ㅎ》京城裏刀子舖狠(很)多, 서울 칼 푸ᄌ ㅣ ㄱ장 만ᄒ니.《朴新諺 1, 17ㅎ》你問那有名的刀子舖麼, 네 뎌 有名혼 칼 푸ᄌ롤 믄ᄂ냐.《朴新諺 1, 46ㅈ》好到舖裏買去, 푸ᄌ에 사라 가게 ᄒ라.《朴新諺 2, 28ㅈ》一箇到那靴舖裏去學生活, ᄒ나흔 뎌 靴푸ᄌ에 가 셩녕 비호고.《朴新諺 2, 36ㅈ》到鐵匠舖裏去, 鐵匠의 푸ᄌ에 가.《朴新諺 2, 42ㅈ》掌樻的你這舖裏有四季花的緞子麼, 樻 ᄀ옴아는 이아 네 이 푸ᄌ에 四季花 문혼 비단이 잇ᄂ냐.《朴新諺 3, 20ㅎ》我兩箇到書舖裡去, 우리 둘히 칙푸ᄌ에 가.《朴新諺 3, 41ㅎ》他不是開鋪的, 데 이 푸ᄌ를 여니 아니오.

포개(鋪蓋) 뎽 이부자리. 요와 이불. ⇔니부자리.《朴新諺 2, 31ㅈ》今晩你把我的鋪盖送去, 오늘 져녁의 네 내 니부자리를다가 보내고.

포구(鮑丘) 뎽 내 이름. 상류는 하북성(河北省) 조하(潮河)로 북경시(北京市) 밀운현(密雲縣)과 통현(通縣)을 경유하여 보지현(寶坻縣)에서 구하(泃河)와 합류한다.《集覽, 朴集, 中, 2ㅎ》三河縣. 在順天府東七十里, 以地近七渡·鮑丘·臨泃〈沟〉三水, 故名. 直隷通州.《朴新諺 2, 22ㅎ》到三河縣(朴新注, 30ㅎ: 在順天府東七十里, 以地近七渡·鮑丘·臨泃三水, 故名.), 三河縣에 다ᄃᆞ라.

포구락(抛毬樂) 뎽 정재(呈才) 때에 추는 춤의 하나. 주로 기녀(妓女) 십여 명이 두 편으로 갈려 포구문(抛毬門)으로 공 넝기를 하며 춤을 춘다.《集覽, 朴集, 下,

7ㅎ》窩兒. 質問云, 如人打毬兒, 先掘一窩
兒, 後將毬兒打入窩內, 方言謂之窩兒. 又
一本質問畫毬門架子, 如本國抛毬樂架子,
而云木架子, 其高一丈, 用五色絹結成彩
門, 中有圓眼, 擊起毬兒入眼過落窩者勝.
《集覽, 朴集, 下, 7ㅎ》花房窩兒. 毬門及
三窩兒之設, 一如本國抛毬樂之制.

포대(布帒) 몡 =포대(布袋). '帒'는 '袋'와
같다. 《說文新附, 巾部》帒, 囊也. 或从衣.
《朴新諺 1, 14ㅎ》你這布帒是破的不漏麼,
네 이 쟐리 해여져 싀지 아니ᄒᄂ냐. 這
是新布帒那裏破那裏怕漏呢, 이 새 쟐리
라 어듸 해여지며 어듸 싀기를 저퍼ᄒ
리오.

포대(布袋) 몡 자루[袋]. 포대. ⇔쟐. 《朴新
諺 1, 14ㅎ》你這布帒是破的不漏麼, 네 이
쟐리 해여져 싀지 아니ᄒᄂ냐. 這是新布
帒那裏破那裏怕漏呢, 이 새 쟐리라 어듸
해여지며 어듸 싀기를 저퍼ᄒ리오.

포도(葡萄) 몡 포도. 《集覽, 朴集, 上, 1ㅈ》
蜜林檎燒酒. 質問云, 初蒸熱燒酒, 用蜜·
葡萄相參〈叅〉浸, 久而食之, 方言謂之蜜
林檎燒酒. 《集覽, 朴集, 上, 2ㅈ》荔子. 子
作攴〈支〉. 荔攴〈支〉, 生巴峽間, 形狀團
如帷盖, 葉如冬靑, 花如橘, 春榮. 實如丹
夏, 朶如葡萄, 核如枇杷, 殼如紅繒, 膜如
紫綃, 瓠肉潔白如冰霜, 漿液甘如醴酪. 如
離本枝, 一日色變, 二日香變, 三日味變,
四五日外色·香·味盡〈尽〉變. 《朴新諺
1, 2ㅈ》討幾瓶蜜林檎(朴新注, 1ㅎ: 燒酒
浸蒸葡萄者.). 甕頭春·木瓜露·苦蕒
豆酒, 여러 甁 蜜林檎과 甕頭春과 木瓜露
와 쁜 蕒豆酒를 어들만 ᄌ지 못ᄒ니.

포라(包羅) 동 포괄하여 망라하다. 《集覽,
朴集, 下, 4ㅎ》羅天. 道經云, 七寶之樹各
生一方, 弥覆一天, 八樹弥覆八天, 包羅衆
天, 故云大羅, 此聖境也.

포로(包老) 몡 송(宋)나라의 포증(包拯)을
높여 이르는 말. 《集覽, 朴集, 中, 7ㅎ》褒
彈. 今按, 包孝肅公名拯, 性剛直不撓, 其

所彈劾, 不避權勢, 故時人呼爲包閻羅, 曰
關節〈莭〉不到, 有閻羅包老.

포루령아(蒲樓翎兒) 몡 댓개비 끝에 깃을
비 모양으로 모아 단 귀이개의 한 가지.
《集覽, 朴集, 上, 11ㅈ》消息. 以禽鳥毳翎
安於竹針頭, 用以取耳垢者, 俗呼爲消息.
舊本作蒲樓翎兒.

포마(鋪馬) 몡 역말[驛馬]. (각 역참에 갖
추어 둔 말)《集覽, 朴集, 中, 1ㅎ》金字圓
牌. 至正條格云, 元時, 中書省奏, 諸王·
駙馬各投下有軍情緊急重事, 許令懸帶原
降銀字圓牌應付鋪馬騎坐, 其餘差使人員
有緊急軍情重事, 許令懸帶金字圓牌, 方
付鋪馬. 《集覽, 朴集, 下, 8ㅎ》五箇鋪馬.
鋪馬, 站馬也.

포면(鋪面) 몡 가게(상점)의 앞면. 《集覽,
朴集, 中, 7ㅈ》鋪面周圍. 漢人造屋於大街
之間者, 向街周遭必設空屋, 聽令坐賈賃
居爲市, 按月受直.

포물(逋物) 몡 체납(滯納)한 물품. 또는
연체금(延滯金). 《朴新諺 3, 39ㅈ》所以
把老安監下要追比(朴新注, 58ㅈ: 償還官
私逋物曰追比, 一作追賠.)哩, 이러모로
老安을다가 가도아 물리려 ᄒᄂ니라.

포선(布扇) 몡 베와 부채. 《集覽, 朴集, 下,
2ㅈ》幌子. 今按, 漢俗, 凡出賣諸物之家,
俱設標幟之物, 置於門口, 或於門前起立
牌榜, 如曰張家出賣高麗布扇. 一如賣酒
家標植靑帘之類, 俗呼靑帘曰酒家望子.

포역(捕役) 몡 지방 관아에서 범죄자를
잡는 하급 관리. 《朴新諺 3, 51ㅈ》嚴差
捕役人等緝拿到案, 엄히 捕役人 等을 시
겨 緝拿ᄒ여 案에 와.

포역인(捕役人) 몡 포역(捕役)하는 사람.
《朴新諺 3, 51ㅈ》嚴差捕役人等緝拿到案,
嚴히 捕役人 等을 시겨 緝拿ᄒ여 案에
와.

포염라(包閻羅) 몡 송(宋)나라 포증(包拯)
을 달리 이르는 말. 포씨 성을 가진 염라
대왕(閻羅大王)이라는 뜻으로, 포증이

Ⅱ

대관(臺官)으로 있을 때 잘못이 있는 관원은 반드시 탄핵하였기 때문에 불리던 별명이다. 《集覽, 朴集, 中, 7ㅎ》襃彈. 今按, 包孝肅公名拯, 性剛直不撓, 其所彈劾, 不避權勢, 故時人呼爲包閻羅, 曰關節〈節〉不到, 有閻羅包老.

포의(袍衣) 똉 도포와 같이 길이가 긴 겉옷. 《朴新諺 1, 29ㅈ》身穿立水(朴新注, 11ㅎ: 袍衣下邉, 繡浪・花形者.)貂皮蟒袍, 몸에 슈결 잇는 貂皮 蟒袍를 닙고.

포자(包子) 똉 밀가루로 반죽한 얇은 반대기. 소를 넣고 싸는 데 쓴다. 《朴新諺 3, 35ㅎ》水精包子(朴新注, 57ㅈ: 用各料爲餡, 以粉麵作皮包者.), 제물에 술믄 包子와. 《朴新諺 3, 36ㅎ》你把包子火燒先取來, 네 包子와 구은 쩍을다가 몬져 가져오고.

포자(袍子) 똉 (앞섶이 있고 소매가 긴) 중국식 긴 옷. ⇔큰옷ㅅ. 《朴新諺 2, 59ㅎ》這油綠的裁做袍子, 이 油綠으로란 큰옷슬 물라 민들고.

포점(鋪店) 똉 점포. 가게. 《朴新諺 3, 35ㅎ》走堂(朴新注, 57ㅈ: 凡酒食舖店使役者, 謂之走堂, 亦云過賣.)的你來有甚麽飯, 음식 프는 이아 이바 므슴 밥이 잇느뇨.

포정사(布政司) 똉 명・청대(明淸代)에 재정과 인사에 관한 일을 맡았던 관아 이름. 《集覽, 朴集, 上, 4ㅈ》都堂. 唐制, 尙書省曰都堂. 元時亦有尙書省. 今按, 華制, 都察院有左右都御史・副都御史・僉都御史, 在外十三布政司及都司, 皆有御史一員, 都御史所在謂之都堂, 監察御史所在謂之察院. 《集覽, 朴集, 中, 6ㅎ》雲南氊. 雲南, 古梁州, 南境爲徼外夷也. 漢置益州郡, 元置路, 今改爲布政司. 《集覽, 朴集, 下, 8ㅎ》南京應天府丞. 南京, 古金陵之地, 吳・晉・宋・齊・梁・陳・南唐建都, 大明太祖定鼎於此, 爲京師, 設應天府, 以燕京爲北平布政司.

포정전(布政殿) 똉 정사(政事)를 시행하던 전각. 《朴新諺 3, 58ㅎ》卽便請太祖登布政殿卽了王位, 즉시 太祖를 請ᄒᆞ여 布政殿에 올라 王位에 卽ᄒᆞ고.

포졸(暴卒) 똉 갑자기 참혹하게 죽다. 《集覽, 朴集, 下, 11ㅈ》金榜. 唐崔昭暴卒復甦云, 見冥間〈間〉列榜〈榜〉, 書人姓名, 將相金榜〈榜〉, 次銀榜〈榜〉, 州縣小官鐵榜〈鉄榜〉. 《朴新諺 3, 49ㅈ》諒你要金榜(朴新注, 62ㅈ: 唐崔昭暴卒復甦, 云, 見冥間列榜, 書人姓名, 將相金榜, 次銀榜, 小官鉄榜. 近世以科甲爲金榜.)題名的書生, 혜아리건대 너 金榜에 題名코져 ᄒᆞ는 書生이.

포증(包拯) 똉 송대(宋代) 합비(合肥) 사람. 자는 희인(希仁). 시호는 효숙(孝肅). 벼슬은 예부 시랑(禮部侍郞)을 지냈다. 성품이 강직하여 귀척(貴戚)이나 환관(宦官)들이 잘못을 저지르면 반드시 탄핵하였다 한다. 《集覽, 朴集, 中, 7ㅎ》襃彈. 襃作包是. 事文類聚云, 包彈者, 以包孝肅公多所抨彈, 故云耳. 今按, 包孝肅公名拯, 性剛直不撓, 其所彈劾, 不避權勢, 故時人呼爲包閻羅, 曰關節〈節〉不到, 有閻羅包老. 《集覽, 朴集, 中, 9ㅈ》打關節. 宋包拯剛直好駁, 時人語曰, 關節〈節〉不到, 有閻羅包老.

포지(包指) 똉 깍지. 각지(角指). ⇔혈거피. 《集覽, 朴集, 上, 13ㅈ》包指. 音義云, 혈거피.

포초(炮炒) 똉 장조림의 하나. 주로 돼지의 밥통을 간장으로 조려 만든다. 《集覽, 朴集, 上, 2ㅎ》炮炒. 用醬和水炒之. 質問云, 如猪肚生切, 置於鍋中, 用緊火炒熟, 方言謂炮炒.

포탄(包彈) 똉 비평(批評)하다. 잘못을 지적하다. 나무라다. 비난하다. (송(宋)나라의 포증(包拯)이 대관(臺官)으로 있을 때 잘못이 있는 관원은 반드시 탄핵(彈劾)하였다 하여 비롯된 말이다) 《集覽, 朴集, 中, 7ㅎ》襃彈. 襃作包是. 事文類聚云, 包彈者, 以包孝肅公多所抨彈, 故云耳.

今按, 包孝肅公名拯, 性剛直不撓, 其所彈劾, 不避權勢, 故時人呼爲包閻羅, 曰關節〈節〉不到, 有閻羅包老.

포탄(襃彈) 동 비평(批評)하다. 잘못을 지적하다. 나무라다. 비난하다. 《集覽, 朴集, 中, 7ㅎ》襃彈. 襃作是是. 事文類聚云, 包彈者, 以包孝肅公多所抨彈, 故云耳. 今按, 包孝肅公名拯, 性剛直不撓, 其所彈劾, 不避權勢, 故時人呼爲包閻羅, 曰關節〈節〉不到, 有閻羅包老.

포필(布疋) 명 베. 또는 포목(布木)의 총칭. 《朴新諺 1, 50ㅈ》多謝你稍得這些布疋來, 네 이 布疋을 부처 오믈 多謝ᄒ노라. 《朴新諺 3, 51ㅈ》偸盗布疋仍跳墻而去, 布疋을 도적ᄒ고 인ᄒ여 담을 너머 나가시되. 《朴新諺 3, 51ㅈ》追還布疋懲治賊人, 布疋을 ᄎ자 주고 賊人을 懲治ᄒ면.

포함(包含) 동 포함(包含)하다. 《集覽, 朴集, 下, 1ㅈ》唐三藏法師〈三藏〉. 藏, 卽包含攝持之義. 非藏無以積錢財, 非藏無以蘊文義, 謂攝一切所應知義, 無令分散, 故名爲藏也.

포현(襃賢) 동 어진 이를 장려하다. 《集覽, 朴集, 上, 7ㅈ》南斗. 晉書天文志, 六星天廟〈庙〉, 丞相太宰之位, 主襃賢進士, 稟授爵祿.

포획(捕獲) 동 (적병을) 사로잡다. 《集覽, 朴集, 下, 10ㅎ》二郎爺爺. 灌州灌江口立廟, 有神曰小聖二郎, 又號二郎賢聖天王, 請二郎捕獲大聖, 卽此.

표(杓) 명 주걱. ⇔쥬게. 《朴新諺 2, 21ㅈ》還有羅鍋, 또 노고와. 柳箱, 섥과. 灑子, 드레와. 碗楪, 사발 졉시와. 匙筯, 수져와. 榪杓, 나모쥬게와. 筆籬, 됴리와. 炊箒, 솔과. 擦床兒, 슉치칼과. 簸〈簸〉箕, 키와. 篩子, 얼밍이와. 馬尾羅, 물총체와. 桌子, 상과. 盤子, 盤과. 茶盤, 찻반과. 燈臺, 燈臺와. 酒種, 잔과. 酒鼈, 쥬벼ᄋ와. 銅杓, 놋쥬게 이시니.

표(表) 명 겉. 겉감. ⇔것. 《集覽, 朴集, 下,

8ㅎ》羅傘. 〈卽〉丞用傘, 紅浮屠頂, 黑色茶褐羅表, 紅絹裏, 三簷. 《朴新諺 1, 44ㅈ》又是十表十裏, 또 이 열 것과 열 안과.

표(票) 명 ●증거가 될 만한 쪽지. 《朴新諺 1, 14ㅈ》還要把領子到該管書辦處換過小票, 당시롱 튼는 테롤 가져 ᄀ음아는 셔반의게 가 져근 票롤 밧고고. 《朴新諺 1, 14ㅎ》先換票領籌何如, 몬져 票롤 밧고고 사술을 튼미 엇더ᄒ뇨. 《朴新諺 1, 3ㅎ》你取票來我看, 네 票를 가져오라 내 보쟈. 《朴新諺 1, 3ㅎ》這票上開載的各樣好酒, 이 票에 쓰인 各樣 됴흔 술을. ●보람. 서명(署名). 표(表). 표지(標識). ⇔보람. 《朴新諺 1, 34ㅈ》現有借票在我手裏, 시방 쑤는 보람이 내 손에 잇느니. 《朴新諺 1, 58ㅈ》煩你代我寫一紙借票, 네게 쳥ᄒ느니 나를 ᄀ르차 ᄒ 쟝 빗내는 보람을 쓰라.

표(膘) 동 살찌다. ⇔술지다. 《朴新諺 1, 30ㅎ》騎着一匹十分膘靑玉面馬, ᄒ 필 ᄀ쟝 술진 鐵靑총이玉面馬롤 ᄐ고.

표(膘) 명 살[肉]. ⇔술. 《朴新諺 2, 2ㅈ》有九分膘轡頭好, 九分이나 술이 잇고 혁대 됴흐되.

표거(飆車) 명 바람이 끈다는 전설상의 신거(神車). 《集覽, 朴集, 上, 15ㅈ》瑤池. 列仙傳, 崑崙〈崑崘〉閬苑, 有〈白〉玉樓十二, 玄室九層, 左瑤池, 右翠水, 環以弱水九重, 非飆〈飈〉車羽輪, 不可到也. 《朴新諺 2, 6ㅎ》且不必誇天上瑤池(朴新注, 25ㅈ: 在崑崘, 環以弱水九重, 非飆車羽輪, 不可到. 王母所居.), 또 반ᄃ시 天上 瑤池를 쟈랑치 말라.

표기(標記) 동 표가 되게 기록하다. 또는 그런 기록. 《朴新諺 3, 12ㅈ》這藥舖有招牌(朴新注, 48ㅎ: 漢俗, 凡市纏, 俱設標記, 使人易認.)沒有, 뎌 藥舖에 招牌 잇느냐 업느냐.

표대(飄帶) 명 (장식용으로 허리에 차는) 길고 좁게 접은 수건. 또는 띠. 《朴新諺

1, 29ㅎ》白綾飄帶(朴新注, 11ㅎ: 如手巾
之屬, 繫扵腰帶之左右.), 白綾 飄帶ㅣ오.

표리(表裏) 몡 ●안껍과 겉감. 《集覽, 朴
集, 上, 12ㅈ》媒人也有福. 兩次送禮之日,
媒人各有表裏之賞. ●안꼇. ⇔안꼇. 《朴
新諺 1, 39ㅎ》金甕兒・銀甕兒表裏無縫
兒, 금독 은독이 안꼇끠 솔 업슨 거시여.

표백포(漂白布) 몡 중국인이 일컫는, 모
시(苧麻布)의 다른 이름. 《集覽, 朴集, 上,
13ㅈ》毛施布. 此卽本國人呼苧麻布之稱
〈卽本國人呼苧麻布之稱〉, 漢人皆呼曰苧
麻布, 亦曰麻布, 曰木絲布, 或書作沒絲布.
又曰漂白布, 又曰白布.

표식(標植) 동 표지(標識)를 세우다. 《集
覽, 朴集, 下, 2ㅈ》幌子. 今按, 漢俗, 凡出
賣諸物之家, 俱設標幟之物, 置於門口, 或
於門前起立牌榜, 如曰張家出賣高麗布扇.
一如賣酒家標植靑帘之類, 俗呼靑帘曰酒
家望子.

표아(杓兒) 몡 장치기공을 치는 공채의
끝에 달린 숟가락 모양의 것. 나무로 된
뼈대에 가죽으로 겉을 싸서 만든다. 《集
覽, 朴集, 下, 7ㅎ》飛棒杓兒. 質問畫成毬
棒, 卽本國武試毬杖之形, 而下云煖木廂
柄, 其杓用水牛皮爲之, 以木爲胎. 今按,
煖木, 黃蘗木也. 廂柄者, 以黃蘗皮裹其柄
也. 胎者, 以木爲骨, 而以皮爲外裹也. 《集
覽, 朴集, 下, 7ㅎ》花房窩兒. 毬棒杓兒之
制, 一如本國武試毬杖之設, 卽元時擊丸
之事.

표치(標致) 혱 영리하고 슬기롭다. (용모
나 자태 등이) 예쁘다. 아름답다. 《集覽,
字解, 累字解, 2ㅈ》標致. 聰俊敏慧之稱,
俱美其人心貌之辭. 標字本在쪼母, 則宜
從俗呼爲去聲. 而今俗呼標致之標爲上聲,
則字宜作表字讀是.

표치(標幟) 몡 눈에 잘 뜨이도록 해 놓은
표지(標識). 《集覽, 朴集, 下, 2ㅈ》幌子.
今按, 漢俗, 凡出賣諸物之家, 俱設標幟之
物, 置於門口, 或於門前起立牌榜, 如曰張

家出賣高麗布扇. 一如賣酒家標植靑帘之
類, 俗呼靑帘曰酒家望子.

표피(豹皮) 몡 표범의 털가죽. 《朴新諺 1,
30ㅈ》身穿烏雲豹皮袍, 몸에 거믄 구룸
ᄀ혼 豹皮 袍룰 닙고.

푸르다 혱 푸르다. ⇔청(靑). 《朴新諺 2,
5ㅈ》遠望去如在靑雲裏一般, 멀리 ᄇ라
매 푸른 구름 속에 잇눈 듯ᄒ고.

푸ᄌ 몡 전방(廛房). 가게. 상점. ⇔포(鋪).
《朴新諺 1, 17ㅎ》京城裏刀子舖狠(很)多,
셔울 칼 푸ᄌㅣ ᄀ장 만흐니. 《朴新諺
1, 17ㅎ》你問那有名的刀子舖麽, 네 뎌 有
名혼 칼 푸ᄌ룰 믇ᄂᆞ냐. 《朴新諺 1, 46
ㅈ》好到舖裏買去, 푸ᄌ에 사라 가게 ᄒ
라. 《朴新諺 2, 28ㅈ》一箇到那靴舖裏去
學生活, ᄒ나혼 뎌 靴푸ᄌ에 가 셩녕 비
호고, 《朴新諺 2, 36ㅈ》到鐵匠舖裏去, 鐵
匠의 푸ᄌ에 가. 《朴新諺 2, 42ㅈ》掌横
的你這舖裏有四季花的緞子麽, 横 ᄀ음ᄒ
눈 이아 네 이 푸ᄌ에 四季花 문혼 비단
이 잇ᄂᆞ냐. 《朴新諺 3, 20ㅎ》我兩箇到書
舖裡去, 우리 둘히 칙푸ᄌ에 가. 《朴新諺
3, 41ㅎ》他不是開鋪的, 뎨 이 푸ᄌ를 여
니 아니오.

푼 의 푼. ⇔분(分). 《朴新諺 1, 11ㅈ》給你
一錢五分一板罷, 너롤 혼 돈 오 푼을 혼
틀에 주미 무던ᄒ다.

풀 몡 풀. ⇔초(草). 《朴新諺 2, 45ㅎ》必定
是房上生出那些草, 반ᄃᆞ시 집 우희 뎌 풀
이 나. 《朴新諺 2, 45ㅎ》把那房上的草,
뎌 집 우희 풀을다가.

풀다 동 풀다(解). ⇔해(解). 《朴新諺 2, 39
ㅈ》解解愁悶如何, 愁悶홈을 풀미 엇더
ᄒ뇨.

품 동 품(解). 《朴新諺 2, 39ㅈ》解解愁悶如
何, 愁悶홈을 풀미 엇더ᄒ뇨.

품(稟) 동 취품(取稟)하다. (윗사람에게
여쭈어서 그 의견을 기다리다) ⇔품ᄒ
다(稟-). 《朴新諺 3, 14ㅎ》稟父親母親起
居萬安, 父親 母親끠 稟ᄒᄂᆞ니 起居 萬安

ᄒᆞ신가.《朴新諺 3, 16ㅈ》謹稟, 삼가 稟
ᄒᆞᄂᆞ이다.

품수(稟授) 图 주다. 제수하다. 지급하다.
《集覽, 朴集, 上, 7ㅈ》南斗. 晉書天文志,
六星天廟〈庙〉, 丞相太宰之位, 主褒賢進
士, 稟授爵祿.

품ᄒᆞ다(稟-) 图 품(稟)하다. ⇔품(稟).《朴
新諺 3, 14ㅎ》稟父親母親起居萬安, 父親
母親끠 稟ᄒᆞᄂᆞ니 起居 萬安ᄒᆞ신가.《朴新
諺 3, 16ㅈ》謹稟, 삼가 稟ᄒᆞᄂᆞ이다.

풍(風) 图 바람. ⇔ᄇᆞ람.《朴新諺 1, 39ㅈ》
下雨開花刮風結子, 비 오면 곳 픠고 ᄇᆞ람
블면 여름 여든 거시여.《朴新諺 3, 3ㅎ》
風不來樹不搖, ᄇᆞ람이 부지 아니면 남기
흔더기지 아니코. 雨不來河不漲, 비 오
지 아니면 물이 넘지 아니ᄒᆞ다 ᄒᆞ니라.
《朴新諺 3, 9ㅈ》受多少日炙·風吹, 언머
볏 쬐고 ᄇᆞ람 불믈 바드며.

풍광(風光) 图 풍경. 경치.《朴新諺 1, 6
ㅈ》不可辜負了好風光, 됴흔 風光을 져
ᄇᆞ리지 마쟈.《朴新諺 2, 6ㅎ》描也描不
盡的好風光, 모ᄒᆞ려 ᄒᆞ여도 모ᄒᆞ여 나
(다)치 못홀 됴흔 風光이니.

풍금(風禽) 图 연(鳶)의 다른 이름.《集覽,
朴集, 上, 6ㅎ》鶴兒. 卽紙鳶. 今漢俗呼爲
風罾, 亦曰風禽, 又號爲〈又號〉紙鶴兒.

풍기(風旗) 图 연(鳶)의 다른 이름.《集覽,
朴集, 上, 6ㅎ》鶴兒. 質問云, 風旗也. 乃
小兒三月放爲風箏〈罾〉, 八月放爲紙鶴
也.

풍덕(豊德) 图 =풍덕(豐德). ‘豊’은 ‘豐’의
속자.《玉篇, 豐部》豐, 大也. 俗作豊.《集
覽, 朴集, 下, 12ㅎ》娘子柳氏〈柳氏〉. 貞
州, 今豊〈豊〉德昇天浦古城北二里是也.

풍덕(豐德) 图 군(郡) 이름. 경기도(京畿
道) 개풍군(開豐郡) 남쪽에 있었다. 본
래 고구려(高句麗)의 정주(貞州)이었는
데, 고려(高麗) 충선왕(忠宣王) 2년
(1310)에 해풍군(海豐郡)이 되었다. 조
선(朝鮮) 태종(太宗) 13년(1413)에 군

(郡)을 폐하고 개성(開城)에 병합시켰다
가, 동왕 18년에 다시 군이 되었다.《集
覽, 朴集, 下, 12ㅎ》娘子柳氏〈柳氏〉. 貞
州, 今豊〈豊〉德昇天浦古城北二里是也.

풍류(風流) 图 아름답다. 풍치 있고 멋들
어지다. ⇔풍류롭다(風流-).《朴新諺 1,
31ㅈ》眞是打扮的風流好看, 진실로 비온
거시 風流로와 보기 됴터라.

풍류롭다(風流-) 혱 풍류(風流)롭다. ⇔
풍류(風流).《朴新諺 1, 31ㅈ》眞是打扮
的風流好看, 진실로 비온 거시 風流로와
보기 됴터라.

풍모(風毛) 图 솜털. ⇔긴털.《朴新諺 3,
6ㅎ》虫蛀的無一根風毛了怎麼好, 좀이
딥어 ᄒᆞᆫ 낫 긴털이 업스니 엇지ᄒᆞ여야
됴흐료.《譯語類解補, 走獸》風毛, 소옴
치.

풍불래수불요우불래하불창(風不來樹
不搖 雨不來河不漲) 囝 바람이 불지 않
으면 나무가 움직일 리 없고, 비가 오지
않으면 물이 넘치지 아니한다는 뜻.《朴
新諺 3, 3ㅎ》風不來樹不搖, ᄇᆞ람이 부지
아니면 남기 흔더기지 아니코. 雨不來河
不漲, 비 오지 아니면 물이 넘지 아니ᄒᆞ
다 ᄒᆞ니라.

풍설(風屑) 图 비듬. ⇔비듬.《朴新諺 1,
43ㅈ》將風屑去乾淨了, 비듬을다가 업시
ᄒᆞ여 乾淨히 ᄒᆞ고.

풍속통(風俗通) 图 원래 이름은 풍속통의
(風俗通義). 보통 풍속통이라고 한다.
후한(後漢) 응소(應劭) 지음. 목록(目錄)
에는 30권으로 나와 있으나, 당(唐) 이후
에는 10권에 부록 1권이 전한다. 전례
(典禮)를 살피고 당시의 풍속을 바로잡
으려고 쓴 것으로, 황패(皇霸)·정실(正
失)·건례(愆禮)·과예(過譽)·십반(十
反) 등 10목(目)으로 되어 있다.《集覽,
朴集, 上, 6ㅎ》拘欄. 風俗通云, 漢文帝廟
〈庙〉設抱老鉤〈鉤〉欄.

풍수(風水) 图 풍수지리(風水地理).《集

覽, 朴集, 下, 13ㅈ》都松岳郡〈松岳郡〉. 時新羅監干八元善風水, 到扶蘇郡, 見扶蘇山形勝而童, 告康忠曰, 若移郡山南, 植松使不露巖〈岩〉石, 則統合三韓者出矣.

풍신(風汛) 閔 바람과 조수(潮水).《集覽, 朴集, 中, 3ㅎ》南海普陀落伽山. 普陀落伽, 唐言小白花, 卽山礬花也. 山多小白花, 故仍名. 徃時高麗·新羅·日本諸國, 皆由此取道以候風汛.

풍영(豊盈) 혱 =풍영(豐盈). '豊'은 '豐'의 속자.《玉篇, 豊部》豊, 大也. 俗作豐.《集覽, 朴集, 中, 5ㅈ》居士宰官. 飜〈翻〉譯名義云, 愛談名言, 淸淨自居, 又多積財貨, 居業豊〈豊〉盈, 皆謂之居士.

풍영(豐盈) 혱 풍성(豊盛)하게 꽉 차서 그득하다.《集覽, 朴集, 中, 5ㅈ》居士宰官. 飜〈翻〉譯名義云, 愛談名言, 淸淨自居, 又多積財貨, 居業豊〈豊〉盈, 皆謂之居士.

풍우(風雨) 閔 바람과 비.《集覽, 朴集, 上, 7ㅈ》三台. 事文類聚云, 上階爲天子, 中階爲諸侯·公卿·大夫, 下階爲士·庶人. 三階平則陰陽和, 風雨時, 天下大安.《集覽, 朴集, 中, 4ㅈ》悲雨慈風. 佛發大慈悲, 廣濟衆生, 猶洒雨發風然, 無遠不被, 故曰風雨.

풍쟁(風筝) 閔 연(鳶). (특별히 아이들이 3월에 띄우는 연을 지칭하기도 한다) ⇔연.《集覽, 朴集, 上, 6ㅎ》鶴兒. 質問云, 風旗也. 乃小兒三月放爲風筝〈箏〉, 八月放爲紙鶴也.《朴新諺 1, 20ㅎ》到二月淸明時候便放風筝[朴新注, 8ㅈ: 紙鳶. 一云, 鶴児.]了, 二月 淸明에 다ᄃᆞ르면 곳 연 눌리기 ᄒᆞᄂ니.《朴新諺 1, 20ㅎ》這市上所賣的風筝色樣狠(很))多, 져지에 ᄑᆞᄂᆞᆫ 연이 色樣이 ᄀᆞ장 만하.

풍조(風調) 图 바람이 순조롭게 불다.《朴新諺 1, 1ㅈ》風調雨順, 風調雨順ᄒᆞ고.

풍조우순ᄒᆞ다(風調雨順-) 图 풍조(風調)하고 비가 때맞추어 알맞게 내린다는 뜻으로, 농사에 알맞게 기후가 순조로

움을 이르는 말.《朴新諺 1, 1ㅈ》風調雨順, 風調雨順ᄒᆞ고.

풍증(風䅓) 閔 연(鳶).《集覽, 朴集, 上, 6ㅎ》鶴兒. 質問云, 風旗也. 乃小兒三月放爲風筝〈箏〉, 八月放爲紙鶴也.

풍한(風寒) 閔 한의학에서 이르는, 병을 일으키는 두 요소인 풍사(風邪)와 한사(寒邪). 또는 이것으로 인하여 생긴 질병.《朴新諺 1, 54ㅈ》最怕的是感冒風寒, ᄀᆞ장 저픈 거슨 이 風寒에 感冒홈이니.《朴新諺 2, 24ㅈ》這是感冒風寒之症, 이 風寒에 感冒ᄒᆞᆫ 症이로다.《朴新諺 2, 40ㅈ》最能發散風寒的, ᄀᆞ장 능히 風寒을 發散ᄒᆞᄂ니라.《朴新諺 3, 9ㅈ》經多少風寒·暑熱, 언머 風寒·暑熱을 디내며.

뛰다 图 피우다[燃]. ⇔소(燒).《朴新諺 3, 45ㅈ》就和些濕煤燒也好, 곳 져기 濕煤를 섯거 뛰여도 됴ᄒᆞ니.

뛰오다 图 피우다[燃]. ⇔농득(弄得).《朴新諺 3, 45ㅎ》只要弄得火快, 그저 불 뛰오기를 섈리 ᄒᆞ라.

프르다 혱 푸르다. ●⇔녹(綠).《朴新諺 2, 5ㅈ》四面綠水相映着, 四面에 프른 믈이 서ᄅᆞ 빗최엿고. ●⇔청(靑).《朴新諺 3, 24ㅎ》取了一塊靑泥來, ᄒᆞᆫ 덩이 프른 즌흙을 가져와.《朴新諺 3, 24ㅎ》就變做一箇大靑蝎子, 즉시 變ᄒᆞ여 ᄒᆞᆫ 큰 프른 전갈이 되여.

픈 관 푼. ⇔분(分).《朴新諺 1, 34ㅈ》利錢一分也不肯還, 利錢은 ᄒᆞᆫ 픈도 즐겨 갑지 아닐 줄을 싱각ᄒᆞ여시리오.《朴新諺 1, 58ㅈ》每両每月三分起利, 每両 每月에 서 픈식 起利ᄒᆞ여.

플 閔 풀[糊].《集覽, 朴集, 上, 12ㅎ》白淸水絹. 무리·풋〈플〉:긔 ·업·시 다ᄃᆞ마·돌호로 미·론:깁·이·니, 光滑緻硬, 如本國擣砧者也. 卽不用糨粉而鍊〈練〉生絹, 以石碾者.

플긔 閔 풀기[糊氣].《集覽, 朴集, 上, 12ㅎ》白淸水絹. 무리·풋〈플〉:긔 ·업·시 다ᄃᆞ·

마·돌호로 미·론:깁·이·니, 光滑緻硬, 如本
國擣砧者也.　即不用糨粉而鍊〈練〉生絹,
以石碾者.

플다 图 풀다[解]. ⇔해(解). 《朴新諺 3, 29
ㅈ》就這一段書足可解悶了, 곳 이 一段
칙이 족키 가히 힘힘호믈 플리라.

플무 图 풀무. ⇔노자(爐子). 《朴新諺 3,
33ㅎ》你到這裡來打爐子, 네 예 와 플무
안치고.

픗 图 풀[糊]의. 《集覽, 朴集, 上, 12ㅎ》白淸
水絹. 무·리 ·픗〈플〉:긔 ·업·시 다·드·마·돌
호·로 미·론:깁·이·니, 光滑緻硬, 如本國擣
砧者也.　即不用糨粉而鍊〈練〉生絹, 以石
碾者.

픗긔 图 풀기[糊氣]. 《集覽, 朴集, 上, 12ㅎ》
白淸水絹. 무·리 ·픗〈플〉:긔 ·업·시 다·드·
마·돌호로 미·론:깁·이·니, 光滑緻硬, 如本
國擣砧者也.　即不用糨粉而鍊〈練〉生絹,
以石碾者.

피다 图 (꽃이) 피다. ⇔개(開). 《朴新諺
1, 39ㅈ》下雨開花刮風結子, 비 오면 곳
피고 ㅂ람 블면 여름 여둔 거시여.

피오다 图 피우다[燃]. 불사르다. ●⇔소
(燒). 《朴新諺 2, 50ㅈ》將鏤金香爐擺上
燒些餅子香, 鏤金 香爐를다가 버려 져기
餅子香을 피우고. 《朴新諺 3, 7ㅎ》再拿
兩根安息香來燒一燒, ᄯᅩ 두 ᄌᆞ릭 安息香
을 가져와 피우라. 《朴新諺 3, 10ㅈ》炕
前做一箇煤爐好燒煤, 캉 앏픠 ᄒᆞᆫ 煤爐를
민드라 셕탄 픠오기 됴케 ᄒᆞ라. ●⇔화
(火). 《朴新諺 3, 10ㅈ》你只與我改做煤
火炕, 네 그저 나를 셕탄 픠오는 캉을
고쳐 민드라 주되.

피 图 피. ⇔혈(血). 《朴新諺 1, 41ㅈ》把蹄
子放了些血, 굽에 피 ᄲᅢ히쟈. 《朴新諺 1,
42ㅈ》也就把蹄子上放些血罷, ᄯᅩ 이믜셔
굽에 피 ᄲᅢ라. 《朴新諺 2, 35ㅈ》搜出
幾箇血瀝瀝的尸首來, 여러 피 뜻듯는 尸
首를 뒤어 내고. 《朴新諺 3, 27ㅎ》只見
血淋淋的腔子, 그저 피 뜻듯는 몸똥만

보고.

피(皮) 图 가죽. ●⇔가족. 《朴新諺 1, 31
ㅎ》做坐褥皮搭連的, 아답개와 가족 대
련 지을 거시라. 《朴新諺 3, 42ㅈ》畫虎
畫皮難畫骨, 범을 그리매 가족은 그려도
ᄲᅧ 그리기 어렵고. 知人知面不知心, 사
룸을 알매 ᄂᆞᆾ츤 아라도 ᄆᆞᄋᆞᆷ 아지 못ᄒᆞᆫ
다 ᄒᆞ니라. ●⇔갓. 《朴新諺 3, 6ㅎ》這
些皮衣一夏天沒有收拾, 이 갓옷슬 ᄒᆞᆫ 녀
름을 收拾홈이 업더니.

피(披) 图 입다[服]. 착용하다. ⇔닙다. 《朴
新諺 3, 49ㅈ》也有時披着這簑笠·蓑衣,
ᄯᅩ 잇짜감 이 簑笠·蓑衣를 닙고.

피(被) 图 입다[被]. 당(當)하다. ⇔닙다.
《朴新諺 2, 22ㅎ》被他抽分了幾箇去, 뎌
의게 여러흘 ᄲᅢ혀 가믈 닙고. 《朴新諺
2, 24ㅈ》被好弟兄們勸我, ᄆᆞᄋᆞᆷ 됴혼 弟
兄들의 勸홈을 닙어. 《朴新諺 3, 19ㅎ》
被巡夜的拿住, 슌라에 잡피믈 닙어. 《朴
新諺 3, 38ㅎ》被一箇挾讐的人告訴了他
主人, ᄒᆞᆫ 挾讐ᄒᆞᆫ 사룸이 제 主人의게 告
訴홈을 닙어. 《朴新諺 3, 50ㅎ》小人家下
被賊竊去布一百疋, 小人의 집의셔 도적
이 뵈 一百 疋을 도적ᄒᆞ여 가믈 닙으니.

피(被) 图 이불. ●닐불. 《朴新諺 2, 14ㅎ》
被面被當頭染錢八錢, 니불 거족과 니불
깃슨 물갑시 여둛 돈이니. ●⇔니블.
《朴新諺 1, 39ㅈ》뗑皺氈뗑皺被, 뗑근 담
에 뗑근 니블에. 《朴新諺 1, 55ㅈ》上遍
把小被盖着, 우희 져근 니블을다가 덥
허. 《朴新諺 2, 14ㅈ》這被面要染大紅的,
이 니블 거족은 다홍을 드리고져 ᄒᆞ고.
被當頭要染水綠的, 니블 기슨 水綠을 드
리고져 ᄒᆞ고.

피금(皮金) 图 금박지. 또는 망치로 두드
려 종잇장같이 얇게 만든 금종이. 《集
覽, 朴集, 上, 12ㅎ》皮金. 未詳. 質問云,
以厚紙上貼金, 女人粧〈繡〉和之用. 又云,
將金搥打如紙張之薄, 方言爲之皮金.

피기(避忌) 图 꺼리어서 피하다. 《集覽, 朴

集, 下, 9ㅈ》殃榜. 漢俗, 凡遇人死, 則其家必斜貼殃榜〈榜〉於門外壁上, 榜〈榜〉文如本節〈莭〉所云, 使生人臨喪知所避忌也.

피대(皮帒) 명 =피대(皮袋). '帒'는 '袋'와 같다.《說文新附, 巾部》帒, 囊也. 或从衣.《朴新諺 3, 37ㅈ》這麽把我那皮帒來, 이러면 내 이 皮帒를 가져와.

피대(皮袋) 명 가죽 부대.《朴新諺 3, 37ㅈ》這麽把我那皮帒來, 이러면 내 이 皮帒를 가져와.

피박(皮薄) 명 밀방망이로 얇게 민 밀가루 반대기.《集覽, 朴集, 下, 3ㅎ》稍麥. 又云, 皮薄內實切碎肉, 當頂撮細, 似線稍繫, 故曰稍麥.

피서(避暑) 동 선선한 곳으로 옮기어 더위를 피하다.《集覽, 朴集, 上, 15ㅈ》玉泉. 又南有石巖〈岩〉, 號呂公洞, 其上有金時芙蓉殿廢址. 相傳以爲章宗避暑處.

피서처(避暑處) 명 피서(避暑)하는 곳. 피서지.《集覽, 朴集, 上, 15ㅈ》玉泉. 又南有石巖〈岩〉, 號呂公洞, 其上有金時芙蓉殿廢址. 相傳以爲章宗避暑處.

피오(皮襖) 명 갖옷. 가죽옷. ⇔갓옷ㅅ.《朴新諺 3, 6ㅎ》把我的銀鼠皮襖上的貂鼠袖, 내 銀鼠皮 갓옷세 올린 쵸피 ᄉᆞ매를다가.

피우(避雨) 동 비를 피하다.《集覽, 朴集, 上, 9ㅈ》結椶帽. 又剝其皮一匝, 編爲蓑衣, 亦可避雨.

피의(皮衣) 명 갖옷. 가죽옷. ⇔갓옷ㅅ.《朴新諺 3, 6ㅎ》這些皮衣一夏天沒有收拾, 이 갓옷슬 ᄒᆞᆫ 녀름을 收拾홈이 업더니.

피장(皮張) 명 가죽. ⇔가족.《朴新諺 1, 32ㅈ》我這店裏的皮張都是好的, 우리 이 店에 가족이 다 됴흔 거시라.

피집(被執) 동 붙들리거나 붙잡히다.《集覽, 朴集, 下, 4ㅈ》孫行者. 大聖被執當死, 觀音上請于玉帝, 免死. 令巨靈神押大聖前往下方去, 乃於花菓山石縫內納身, 下截畫如來押字封着, 使山神·土地神鎭守. 飢食鉄〈鐵〉丸, 渴飮銅汁, 待我往東土尋取經之人, 經過此山, 觀大聖, 肯隨往西天, 則此時可放.

피차(彼此) 명 피차. 서로.《集覽, 朴集, 上, 6ㅎ》打擡. 音義云, 杭州小兒之戲也. 用小圓木長三四寸, 各持〈各持一〉塊, 彼此相擊, 出限者爲輸.《朴新諺 2, 6ㅎ》好哥兒弟兄們從來不分彼此, ᄆᆞ음 됴흔 형 아ᄋᆞ들이 본ᄃᆡ 彼此를 혀기지 아니ᄒᆞᄂᆞ니.

피처(彼處) 대 저기. 저곳. 그곳.《集覽, 字解, 單字解, 3ㅎ》那. 平聲, 音노, 推移也. 那一那 논힐후다. 上聲 나, 何也. 那裏 어듸, 那箇 어늬. 又誰也. 那一箇 누고. 去聲 나. 那裏, 彼處也. 那箇 뎌것. 又語助. 有那沒 잇ᄂᆞ녀 업스녀.

피치(披緇) 동 〈불〉 승복(僧服: 緇衣)을 입다(걸치다). 곧, 출가(出家)하여 중이 되다.《集覽, 朴集, 上, 15ㅎ》法名. 剃〈削〉髮披緇, 歸〈皈〉依佛法, 別立外號, 是謂法名.

피풍주(避風酒) 명 바람[風症]을 예방하고 정신을 맑게 한다는 약술.《朴新諺 1, 51ㅎ》買幾杯避風酒吃, 여러 잔 避風酒롤 사 먹으면.

필 의 필. (가축을 세는 단위) ⇔필(匹).《朴新諺 1, 29ㅎ》騎着一匹墨丁也似黑的肥馬, ᄒᆞᆫ 필 먹댱ᄀᆞ치 검고 술진 ᄆᆞᆯ을 ᄐᆞ고.《朴新諺 1, 30ㅎ》騎着一匹十分膘鐵青玉面馬, ᄒᆞᆫ 필 ᄀᆞ장 술진 鐵青총이玉面馬롤 ᄐᆞ고.《朴新諺 2, 17ㅈ》要三匹十分壯健馬, 세 필 ᄀᆞ장 壯健ᄒᆞᆫ ᄆᆞᆯ을 ᄒᆞ고.《朴新諺 2, 22ㅎ》我赶着一百匹馬, 내 一百 匹 ᄆᆞᆯ을 모라.《朴新諺 3, 53ㅎ》失去帶鞍白馬一匹, 기르마 지은 흰ᄆᆞᆯ ᄒᆞᆫ 필을 일허시니.

필 의 필. (옷감을 세는 단위) ❶⇔개(箇).《朴新諺 2, 14ㅎ》五箇南紅絹每一疋染錢四錢, 닷 필 연다홍 깁은 ᄆᆡ ᄒᆞᆫ 필에 물갑시 너 돈이오. ❷⇔필(疋).《朴新諺 1,

49ㅎ》稍得十疋白布・五疋藍布・五疋青布來與你的, 열 필 白布와 닷 필 藍布와 닷 필 青布를 부처 와 너를 주더라. 《朴新諺 2, 8ㅎ》你這暗花緞子要多少一疋, 네 이 스믄문 비단을 언머에 혼 필을 호려 ᄒᆞᄂᆞ뇨. 《朴新諺 2, 14ᄌ》這十疋絹, 이 열 필 깁에셔. 五疋要染南紅, 닷 필은 연다홍을 드리고져 ᄒᆞ고. 《朴新諺 2, 43ᄌ》鴉青色四季花的六兩銀子一疋, 야청빗 四季花 문에는 엿 냥 은에 혼 필이오. 月白色的四兩銀子一疋, 남빗체는 넉 냥 은에 혼 필이라. 《朴新諺 3, 15ㅎ》玆者又特寄茶色段子二疋, 이제 ᄯᅩ 특별이 차헐비체 비단 두 필과.

필(匹) 의 필. (마소를 세는 단위) ⇔필. 《朴新諺 1, 29ᄌ》騎着一匹墨丁也似黑的肥馬, 혼 필 먹댱ᄀᆞᆺ치 검고 술진 물을 ᄐᆞ고. 《朴新諺 1, 30ᄌ》騎着一匹十分脿鐵青玉面馬, 혼 필 ᄀᆞ장 술진 鐵青총이玉面馬를 ᄐᆞ고. 《朴新諺 2, 17ᄌ》要三匹十分壯健馬, 세 필 ᄀᆞ장 壯健혼 물을 호고. 《朴新諺 2, 22ㅎ》我赶着一百匹馬, 내 一百 匹 물을 모라. 《朴新諺 3, 53ㅎ》失去帶鞍白馬一匹, 기르마 지은 흰물 혼 필을 일허시니.

필(必) 円 ●구태여. ⇔굿ᄒᆞ여. 《朴新諺 1, 45ᄌ》那等歡娛快樂不必說了, 뎌런 歡娛 快樂호믈 굿ᄒᆞ여 니ᄅᆞ지 못ᄒᆞ리로다. ●반드시. 틀림없이. 꼭. ⇔반ᄃᆞ시. 《朴新諺 1, 18ᄌ》必得鑌鐵打方好, 반ᄃᆞ시 鑌鐵로 치이여야 보야호로 됴홀 ᄭᅥ시니. 《朴新諺 1, 31ᄌ》積善之家必有餘慶, 積善혼 집에 반ᄃᆞ시 餘慶이 잇다 ᄒᆞ고. 《朴新諺 2, 7ᄒ》咱們好弟兄何必計較這些, 우리 ᄆᆞ옴 됴혼 弟兄이 엇지 반ᄃᆞ시 이만 거슬 計較ᄒᆞ리오. 《朴新諺 2, 31ᄒ》若無事我必賞你們, 만일 일이 업ᄉᆞ면 내 반ᄃᆞ시 너희롤 샹 줄 거시니. 《朴新諺 3, 17ᄒ》何必以多爲貴呢, 엇지 반ᄃᆞ시 만흠으로 ᄡᅥ 貴홈을 삼으리오. 《朴新諺

3, 34ᄌ》我必多多的賞你哩, 내 반ᄃᆞ시 만히 만히 네게 賞ᄒᆞ리라. 《朴新諺 3, 48ᄌ》你何必還定要去看麽, 네 엇지 반ᄃᆞ시 ᄯᅩ 일졍 가 보고져 ᄒᆞᆫ다.

필(必) 혱 필연(必然)하다. ⇔반드ᄒᆞ다. 《朴新諺 2, 17ᄒ》未必住宿, 머므러 자기 반둣지 아니ᄒᆞ니.

필(疋) 의 ●필. (마소를 세는 단위) 《集覽, 朴集, 上, 8ᄌ》頭口. 汎指馬・牛・猪・羊之稱數, 猪以頭數, 牛亦曰頭數, 羊以口數, 獐亦曰口, 故泛稱畜口曰頭口, 牛・馬亦曰頭・疋. ●필. (옷감을 세는 단위) ⇔필. 《朴新諺 1, 49ᄒ》稍得十疋白布・五疋藍布・五疋青布來與你的, 열 필 白布와 닷 필 藍布와 닷 필 青布를 부처 와 너를 주더라. 《朴新諺 2, 8ᄒ》你這暗花緞子要多少一疋, 네 이 스믄문 비단을 언머에 혼 필을 호려 ᄒᆞᄂᆞ뇨. 《朴新諺 2, 14ᄌ》這十疋絹, 이 열 필 깁에셔. 五疋要染南紅, 닷 필은 연다홍을 드리고져 ᄒᆞ고. 《朴新諺 2, 14ᄒ》五箇水紅絹每疋染錢三錢, 다슷 분홍 깁은 ᄆᆡ 필에 물갑시 서 돈이오. 《朴新諺 2, 43ᄌ》鴉青色四季花的六兩銀子一疋, 야청빗 四季花 문에는 엿 냥 은에 혼 필이오. 月白色的四兩銀子一疋, 남빗체는 넉 냥 은에 혼 필이라. 《朴新諺 3, 15ᄒ》玆者又特寄茶色段子二疋, 이제 ᄯᅩ 특별이 차헐비체 비단 두 필과.

필(畢) 图 마치다. 끝내다. ⇔ᄆᆞᆺ다. 《朴新諺 3, 22ᄒ》到國王面前正告訴未畢, 國王의 앏희 가 正히 告訴ᄒᆞ기를 ᄆᆞᆺ지 못ᄒᆞ여셔.

필(筆) 명 붓[筆]. ●⇔붓. 《朴新諺 1, 58ᄌ》拿紙・墨・筆(筆)・硯來, 紙・墨・筆(筆)・硯을 가져오라. 《朴新諺 3, 59ᄌ》惟有些高麗筆(筆)・墨・紙張, 오직 져기 高麗ㅅ 붓과 먹과 됴희ㅅ 쟝이 이셔. ●⇔붓ㅅ. 《朴新諺 2, 52ᄒ》又把筆來在他面上畫黑了, ᄯᅩ 붓스로다가 더의

面上에 그려 검게 ᄒᆞ엿더니.

필경(畢竟) 閂 끝장에 가서는.《朴新諺 3, 4ㅈ》蚊子也畢竟少些, 모긔도 畢竟 져그리라.

필마(匹馬) 명 한 필의 말.《集覽, 朴集, 上, 11ㅈ》馬有垂繮之報. 漢高祖與項王會鴻門, 舞劒事急, 謀脫. 匹〈疋〉馬南行, 道傍有一眢井, 馬到井邊不肯行.《朴新諺 1, 42ㅎ》狗有濺草之恩, 개는 濺草혼 思이 잇고. 馬有垂繮(朴新注, 16ㅎ: 漢高祖自鴻門, 脫歸匹馬南行, 道傍有一眢井, 馬到井邊不肯行. 高祖恐追者至, 下馬入井. 項王追至井傍, 見馬跡, 謂高祖在井, 令人下井搜求. 見井口有蜘蛛罩網, 鵓鴿一雙出井飛去, 謂無人仍還. 翌日, 其馬到井垂繮, 高祖執而出.)之報, 몰은 垂繮혼 報ㅣ 잇다 ᄒᆞ니라.

필마(疋馬) 명 =필마(匹馬).《集覽, 朴集, 上, 11ㅈ》馬有垂繮之報. 漢高祖與項王會鴻門, 舞劒事急, 謀脫. 匹〈疋〉馬南行, 道傍有一眢井, 馬到井邊不肯行.

필발(蓽撥) 명 후춧과의 풀. 빛갈은 흑갈색인데 후추 냄새와 비슷하다.《集覽, 朴集, 上, 3ㅎ》細料物. 事林廣記食饌類, 細料物, 官桂‧良薑‧蓽撥草‧豆蔲‧陳皮‧縮砂仁〈砂仁〉‧八角‧茴香各一兩, 川椒二兩, 杏仁五兩, 甘草一兩半, 白檀末半兩. 右共爲細末用之.

필발초(蓽撥草) 명 =필발(蓽撥).《集覽, 朴集, 上, 3ㅎ》細料物. 事林廣記食饌類, 細料物, 官桂‧良薑‧蓽撥草‧豆蔲‧陳皮‧縮砂仁〈砂仁〉‧八角‧茴香各一兩, 川椒二兩, 杏仁五兩, 甘草一兩半, 白檀末半兩. 右共爲細末用之.

필사(必死) 동 반드시 죽다.《集覽, 朴集, 下, 2ㅈ》三隻脚鐵蝦蟆. 今按, 漢俗, 優人作戲時, 手執三脚蝦蟆入場作戲. 問之, 則曰, 唯仙家蓄養三脚蝦蟆, 俗人聞氣者必死.

필수(必須) 閂 모름지기. 반드시. 꼭. ⇔

모름이.《朴新諺 1, 19ㅈ》你必須(須)加工打造, 네 모롬이 공부 드려 민들라.

필정(必定) 閂 ●반드시. 틀림없이. 꼭. ⇔반드시.《朴新諺 1, 54ㅈ》後來必之是有福氣的, 후에 반드시 福氣 이시리라.《朴新諺 2, 45ㅎ》必定是房上生出那些草, 반드시 집 우희 뎌 풀이 나.《朴新諺 2, 52ㅎ》路上人看見必定要笑話他, 길히 사롬이 보고 반드시 더롤 우어시리라. ●일정(一定). 반드시. 필연코. 꼭. ⇔일뎡.《朴新諺 2, 13ㅈ》必定是那厮落了我一兩銀子了, 일뎡 뎌 놈이 내 혼 냥 은을 쩌혓도다.

핍(乏) 혱 없다. 결핍되다. 모자라다. ⇔없다.《朴新諺 1, 58ㅈ》今因乏錢使用, 이제 돈 쓸 것 업스믈 因ᄒᆞ여.

핍매(乏煤) 명 석탄을 태운 뒤에 남은 덩이.《集覽, 朴集, 下, 9ㅎ》濕煤. 其燒過土塊曰乏煤, 揀(揀)其土塊, 更和石炭用之.

ᄑᆞᄂᆞᆫ글월 명 토지나 재물을 팔 때 쓰는 계약서. ⇔매계(賣契).《朴新諺 2, 19ㅎ》看這張賣契, 보니 이 쟝 ᄑᆞᄂᆞᆫ글월이.

ᄑᆞ리 명 파리. ●⇔승(蠅).《朴新諺 3, 1ㅈ》拿蠅拂子來赶一赶, ᄑᆞ리채 가져다가 쏫고. ●⇔승자(蠅子).《朴新諺 3, 1ㅈ》怎麼這蠅子這麼多呢, 엇지 ᄑᆞ리 이리 만ᄒᆞ뇨.

ᄑᆞ리채 명 파리채. ⇔승불자(蠅拂子).《朴新諺 3, 1ㅈ》拿蠅拂子來赶一赶, ᄑᆞ리채 가져다가 쏫고.

ᄑᆞᆯ다 동 팔다. ⇔매(賣).《集覽, 字解, 單字解, 1ㅈ》待. 擬要也 ᄒᆞ마 그리 ᄒᆞ려 ᄒᆞ다라. 又欲也. 待賣幾箇馬去 여러 ᄆᆞᆯ 풀오져 ᄒᆞ야 가노라.《朴新諺 1, 17ㅈ》恐不肯賣與你哩, 저컨대 즐겨 네게 ᄑᆞ지 아니ᄒᆞ리라.《朴新諺 1, 31ㅎ》賣狐皮的, 狐皮 ᄑᆞᆯ 리아.《朴新諺 2, 1ㅈ》那裏有賣的好馬, 어디 ᄑᆞᆯ 됴흔 몰이 잇ᄂᆞ뇨.《朴新諺 2, 19ㅈ》賣與某大官人宅下養活, 아모 大官人의 집의 ᄑᆞ라 주어 養活ᄒᆞ게

호되.《朴新諺 2, 43ㅎ》既如此却少賣了
五錢一疋, 이믜 이러면 쏘 닷 돈을 혼 필
에 지워 푸니.《朴新諺 3, 2ㅈ》那箇拿藍
(籃)子盛着猫的不是賣的麽, 뎌 드라치
가져 괴 담으니 이 풀 리 아니가.《朴新
諺 3, 29ㅈ》那賣珠子的你來. 뎌 구술 풀
리아 이바.《朴新諺 3, 38ㅎ》其餘賣的賣
了, 그 남아 풀 것 풀고.

풀쇠 몡 팔찌. ⇔수탁(手鐲).《朴新諺 1,
22ㅎ》是一對珍珠耳環一對金手鐲, 이 흔
빵 珍珠 귀엣골회와 혼 빵 금풀쇠라.

풋 몡 팥. ⇔소두(小豆).《朴新諺 3, 38ㅈ》

他種的稻子, 제 시믄 벼와. 膏粱, 슈슈와.
黍子, 기장과. 大麥, 보리와. 小麥, 밀과.
蕎麥, 모밀과. 黃豆, 콩과. 小豆, 풋과. 菉
豆, 菉豆와. 豌豆, 광쟝이. 黑豆, 거믄콩.
芝麻, 춤깨와. 蘓(蘇)子, 듧깨.

픠다 동 파이다[掘]. ⇔굴(掘).《朴新諺 2,
33ㅎ》正房背後掘一箇老大深坑, 正房 뒤
히 혼 ᄀ장 깁흔 지함을 픠고,《朴新諺
3, 10ㅈ》先掘土打兩擔水未好和泥, 몬져
흙을 픠고 두 짐 물을 기러 와 잘 흙을
니기되.

하(下) 图 ━누르다圖. ⇔누르다.《朴新
諺 3, 36ㅈ》再下幾碗寬條麵與我們, 또 여
러 사발 너분 국슈를 눌러 우리를 주되.
━내리다. ⇔ᄂ리다.《朴新諺 2, 42ㅎ》
要買緞子就請下馬來看, 비단을 사려 ᄒ
거든 곳 쳥컨대 물 ᄂ려 와 보라.《朴新
諺 1, 39ㅈ》鐵人鐵馬不着鐵鞭不下馬, 쇠
사롬 쇠몰끠 쇠채로 치지 아니면 물 ᄂ
리지 아니ᄒᆞᄂᆞᆫ 거시여.《朴新諺 2, 49
ㅈ》直到點燈時分纔能下馬, 잇긋 불 혈 째
에 다둣게야 ㅈ 물쎄 ᄂ리니.《朴新諺
3, 18ㅎ》直到人定更深纔能下馬, 바로 人
定 更深홈애 다드라 계요 능히 물쎄 ᄂ
리ᄂᆞ니.《朴新諺 3, 24ㅎ》大仙大叫一聲
便跳下床來了, 大仙이 크게 ᄒᆞᆫ 소리 지르
고 곳 床에 ᄲᅥ여 ᄂ리니.《朴新諺 3, 28
ㅈ》大仙也割下頭來待要再接, 大仙도 머
리를 버혀 ᄂ리와 다시 닛고져 ᄒᆞ거늘.
━(바둑을) 두다. ⇔두다.《朴新諺 1, 25
ㅎ》正好下碁哩, 졍히 바독 두기 됴타.
《朴新諺 1, 26ㅈ》咱們下一局賭箇輸贏如
何, 우리 ᄒᆞᆫ 판 두어 지며 이긔믈 더ᄂᆞ미
엇더ᄒᆞ뇨.《朴新諺 1, 26ㅎ》且下一盤試
看如何, 아직 ᄒᆞᆫ 판 두어 시험ᄒᆞ여 보미
엇더ᄒᆞ뇨.《朴新諺 1, 26ㅎ》饒你四子纔
好下哩, 너룰 네흘 졉어야 마치 두기 됴
ᄒᆞ리라.《朴新諺 1, 27ㅈ》且再下一盤何
如, 또 다시 ᄒᆞᆫ 판 두미 엇더ᄒᆞ뇨.《朴新
諺 2, 54ㅎ》你且來咱們下一盤罷, 네 아
직 오라 우리 ᄒᆞᆫ 판 두쟈. 且拿過碁來下
一盤, 아직 바독 가져와 ᄒᆞᆫ 판 두쟈.《朴
新諺 2, 55ㅈ》不要聒譟了快些下罷, 짓궤
지 말고 ᄲᆞᆯ리 두라. ━드리다[獻]. ⇔드

리다.《朴新諺 1, 44ㅈ》下多少財禮呢, 언
머 財禮롤 드리더뇨. 下了一百両銀子, 一
百両 은을 드리고. ━먹다. 넘기다. ⇔
먹다.《朴新諺 3, 45ㅎ》就煮一脚羊蹄好
下飯, 이믜셔 ᄒᆞᆫ 羊의 다리를 술마 밥 먹
기 됴케 ᄒᆞ고. ━부리다. 사용하다. 쓰
다. ⇔부리다.《朴新諺 2, 59ㅎ》就着幾
箇婦人們下手縫罷, 즉시 여러 계집들로
ᄒᆞ여 손부려 짓게 ᄒᆞ고. ━(짐을) 부리
다. ⇔부리우다.《朴新諺 1, 56ㅈ》阿哥
在那裏下着呢, 형아 어디 이셔 부리웟ᄂ
다. 小人在街東堂子間壁下着哩, 小人이
거리 동녁 堂子ㅅ ᄇᆞ람을 ᄉᆞ이ᄒᆞ여 부리
웟노라. ━오다. 내리다. ⇔오다.《朴新
諺 1, 25ㅎ》今日下雨天, 오늘 비 오ᄂᆞᆫ 날
이니.《朴新諺 1, 39ㅈ》下雨開花刮風結
子, 비 오면 곳 픠고 ᄇᆞ람 블면 여름 여든
거시여.《朴新諺 2, 45ㅎ》每日下雨房子
都漏了, 每日에 비 와 집이 다 ᄉᆞ니. ━
(그물을) 치다. ⇔티다.《朴新諺 3, 49
ㅎ》繫船下網, 빅 믹고 그믈 티며. ━(바
둑이나 장기 등의 놀이나 경기 등을) ᄒᆞ
다. 진행하다. ⇔ᄒᆞ다.《朴新諺 2, 54ㅈ》
姐姐來咱們下一盤鼈碁罷, 각시아 오라
우리 ᄒᆞᆫ 판 츄샹 ᄒᆞ쟈.

하(下) 명 아래. 밑. ⇔아리.《朴新諺 1,
41ㅈ》鑽天錐下大水, 하늘 ᄰᅳᆯᄂᆞᆫ 송곳 아
리 큰 물이여.《朴新諺 2, 44ㅎ》京都城
四牌樓下民人朱玉, 京都城 四牌樓 아리
民人 朱玉이.《朴新諺 2, 47ㅎ》卯字頭下
着金字右邊加箇側刀便是, 卯字 머리 아
리 金字 ᄒᆞ고 올흔편에 션칼도 ᄒᆞᆫ 거시
곳 이라.《朴新諺 2, 48ㅈ》三點水傍着箇

草頭底下着箇雨字便是, 삼슈 변에 草頭 ᄒ고 아리 雨字 ᄒᆞᆫ 거시 곳 이라. 《朴新諺 2, 48ㅈ》寶盖頭下着箇木字便是, 갓머리 아리 木字 ᄒᆞᆫ 거시 곳 이라. 《朴新諺 2, 48ㅎ》田字下着箇心字便是, 田字 아리 心字 ᄒᆞᆫ 거시 곳 이라. 《朴新諺 3, 1ㅎ》就在柳樹下凉快一會兒回來, 곳 버드나모 아리 이셔 ᄒᆞᆫ 지위 서늘이 ᄒᆞ여 도라오고.

하(下) [閉] 나직이. ⇔ᄂᆞ즈기. 《朴新諺 2, 3ㅎ》還是你不肯下氣問他借, 도로혀 네 즐겨 긔운을 ᄂᆞ즈기 ᄒᆞ여 뎌ᄃᆞ려 무러 비지 아니홈이니.

하(下) [의] 번. ⇔번. 《朴新諺 3, 24ㅎ》搖動尾鉤鉤了一下, ᄭᅩ리 갈구리를 흔드러 ᄒᆞᆫ 번 긂치니.

하(何) [관] ●무슨. ⇔므슴. 《朴新諺 2, 4ㅈ》你何故不去, 네 므슴 연고로 가지 아니ᄒᆞᆫ다. 《朴新諺 2, 20ㅈ》有何疑慮呢, 므슴 疑慮홈이 이시리오. 《朴新諺 3, 23ㅈ》有何寃讐呢, 무슴 寃讐ㅣ 이시리오. ●어느. 무슨. ⇔어니. 《朴新諺 2, 51ㅈ》滿了一任還不知等到何年纔得補用哩, 혼 벼슬이 ᄎᆞ면 당시롱 어니 ᄒᆡ에 다ᄃᆞ라 마치 補用홈을 어들 줄을 아지 못ᄒᆞᄂᆞ니라.

하(何) [閉] 어찌. 어째서. ⇔엇지. 《集覽, 朴集, 中, 4ㅎ》座飾芙蓉. 飜譯名義云, 大論問, 諸牀〈床〉可坐, 何必蓮華. 荅曰, 牀爲世間白衣坐法, 又以蓮華軟淨, 欲現神力, 能坐其上, 令不壞故, 又以莊嚴妙法故, 又以此華華臺嚴淨香妙可坐故. 《朴新諺 2, 7ㅎ》咱們好弟兄何必計較這些, 우리 ᄆᆞ임 됴흔 弟兄이 엇지 반ᄃᆞ시 이만 거슬 計較ᄒᆞ리오. 《朴新諺 2, 32ㅎ》你的帽子當初何不叫他做呢, 네 갓슬 當初에 엇지 뎌로 ᄒᆞ여 민드지 아니ᄒᆞᆫ다. 《朴新諺 3, 17ㅎ》何必以多爲貴呢, 엇지 반ᄃᆞ시 만흠으로 ᄡᅥ 貴홈을 삼으리오. 《朴新諺 3, 40ㅈ》你何不在衙門裡告幾月暇, 네 엇지 衙門에 여러 ᄃᆞᆯ 말믜를 告ᄒᆞ고, 《朴新

諺 3, 48ㅈ》你何必還定要去看麼, 네 엇지 반ᄃᆞ시 ᄯᅩ 일졍 가 보고져 ᄒᆞᄂᆞᆫ다.

하(河) [명] ●내[川]. ⇔내. 《朴新諺 1, 24ㅈ》到背後河裏洗去, 뒷 내에 싯기라 가. 《朴新諺 3, 1ㅎ》到那後河裡洗箇澡去, 뒷 내에 목욕ᄒᆞ라 가. ●물. 내. ⇔물. 《朴新諺 3, 3ㅎ》風不來樹不搖, ᄇᆞ람이 부지 아니면 남기 흔더기지 아니코. 雨不來河不漲, 비 오지 아니면 물이 넘지 아니ᄒᆞᆫ다 ᄒᆞ니라.

하(賀) [동] 하례(賀禮)하다. (축하하여 예를 차리다) ⇔하례ᄒᆞ다. 《朴新諺 2, 53ㅎ》我好做一雙小綉鞋與他賀一賀, 내 혼 ᄡᅡᆼ 져근 슈신을 민ᄃᆞ라 저를 주어 하례홈이 됴타.

하(廈) [명] 집. ⇔집. 《朴新諺 3, 17ㅎ》搭盖萬間房, 대되 萬間 집을 지으나. 夜眠只一廈, 밤에 자기는 다만 혼 간 집이라 ᄒᆞ니.

하강(下降) [동] 신선이 속계(俗界)로 내려오다. 《集覽, 朴集, 下, 2ㅈ》七月十五日. 道藏經云, 七月十五日, 謂之中元, 地官下降人間, 檢校世人, 甄別善惡, 上告天曹. 《集覽, 朴集, 下, 11ㅈ》好女不看燈. 道經云, 正月十五日, 謂之上元, 天官下降人閒〈間〉, 考定罪福. 是夜張燈, 士女鼓〈皷〉樂遊街. 《朴新諺 3, 12ㅎ》這七月十五日是中元(朴新注, 48ㅎ: 道藏經云, 中元日, 地官下降人間, 檢較世人, 甄別善惡, 上告天曹.)節, 이 七月 十五日은 이 中元節이라.

하고(何故) [閉] 왜. 무슨 까닭으로. 무슨 이유로. 무엇 때문에. 《集覽, 朴集, 上, 10ㅎ》齋飯. 請觀音經疏云, 齋者, 齊也, 齊身口業也. 佛氏日中而食, 瓶沙王問, 佛, 何故日中食. 荅〈答〉云, 早起諸天食, 日中三世佛食, 日西畜生食, 日暮鬼神食. 《朴新諺 2, 4ㅈ》你何故不去, 네 므슴 연고로 가지 아니ᄒᆞᆫ다.

하기(下碁) [동] 바둑을 두다. 장기를 두다. 《集覽, 朴集, 中, 8ㅎ》比賽. 兩人下碁擲

色兒, 有點多者先下碁, 小者後下碁.

하나한 団 하고많은. 많고 많은. ●⇔야다(偌多).《集覽, 字解, 單字解, 7ㅈ》偌. 太甚也. 偌大 너므 크다, 偌多 너므 하다. 又하나한. 通作熱. ●⇔허다(許多).《集覽, 字解, 單字解, 6ㅈ》多. 多少 언메나. 又許多 하나한. 又餘也. 三十里多地 삼십리 나믄 짜. 吏語, 多餘. 又過也. 有甚麼多處 므스기 너믄 고디 이시리오. 又重也. 므스기 앗가온 고디 이시리오.

하내(河內) 명 중국 황하(黃河) 이북 지역을 이르는 말.《集覽, 朴集, 中, 3ㅎ》西山. 在順天府西三十里太行山首, 始于河內, 北至幽州, 强形鉅勢, 爭奇擁翠, 雲聳星拱于皇都之右.

하년(下年) 명 내년. ⇔닉년.《朴新諺 1, 58ㅎ》其銀約至下年幾月內歸還, 그 은을 닉년 아모 둘 닉에 니르러 갑흐믈 언약ᄒ여.

하ᄂᆞᆯ 명 ●하늘. ⇔천(天).《朴新諺 1, 21ㅈ》孩子們買去放得滿天, 아희들이 사가 놀려 하ᄂᆞᆯ에 ᄀᆞ득ᄒ니.《朴新諺 1, 40ㅎ》滿天星宿一箇月三條繩子由你曳, 하ᄂᆞᆯ에 ᄀᆞ득ᄒᆞᆫ 星宿에 ᄒᆞᆫ 둘을 세 오리 노흐로 제대로 ᄶᅳ으는 거시여.《朴新諺 1, 41ㅈ》鑽天錐下大水, 하ᄂᆞᆯ 쁣는 송곳 아리 큰 믈이여.《朴新諺 2, 35ㅎ》咳今日天氣冷殺人, 애 오늘 하ᄂᆞᆯ 긔운이 차 사름을 죽게 ᄒ니.《朴新諺 2, 40ㅎ》今年天旱田禾不收, 올히 하ᄂᆞᆯ이 ᄀᆞᄆᆞ라 田禾를 거두지 못ᄒ여시매.《朴新諺 3, 16ㅈ》倘或遼天之倖, 만일 하ᄂᆞᆯ 倖을 닙어.《朴新諺 3, 35ㅈ》正所謂擎天白玉柱駕海紫金梁, 正히 니른 바 하ᄂᆞᆯ을 바쳣는 白玉柱ㅣ오 바다흘 걸탓난 紫金梁이라.《朴新諺 3, 43ㅎ》直到天明, 바로 하ᄂᆞᆯ이 붉기에 니르더라. ●하늘. 또는 시간. 때. 시각. ⇔천기(天氣).《朴新諺 1, 7ㅎ》看天氣已晚了, 보매 하ᄂᆞᆯ이 이믜 느저시니.

하다 匐 많다. ⇔다(多).《集覽, 字解, 單字解, 7ㅈ》偌. 太甚也. 偌大 너므 크다, 偌多 너므 하다. 又하나한. 通作熱.《朴新諺 1, 4ㅈ》旣少不多也罷了, 임의 젹은 거시 하지 아니ᄒ니 ᄯᅩ 무던ᄒ다.《朴新諺 1, 21ㅎ》比我們老人家快活得多哩, 우리들 늘근이게 比컨대 즐거옴이 하더라.《朴新諺 2, 31ㅎ》如今賊多, 요ᄉᆞ이 도적이 하니.

하돈어(河豚魚) 명 복어.《集覽, 朴集, 上, 3ㅎ》鮮湯. 質問云, 魚·蛤·蟹三味合爲一羹, 或鷄·鴨·鵝〈鵞〉三味合爲羹, 方言俱謂之三鮮湯. 又云〈言〉, 以羊腸·豆粉做假蓮蓬·假茨菰·假合呑魚, 謂之三鮮. 今按, 合呑魚恐是河豚魚之誤, 然亦未詳.

하등(何等) 団 어떤. 어떠한. ⇔엇던.《朴新諺 1, 49ㅈ》何等榮耀哩, 엇던 영화와 빗남 이리오.

하락(下落) 명 간 곳. 행방.《集覽, 字解, 單字解, 7ㅎ》落. 落了 디다. 又院落 뜰. 又落下 ᄠᅥ디우다. 又數落了罪過 죄목 혜다. 又吏語, 下落 간 곧, 又發落 공ᄉ 긋내다.

하래(下來) 동 ●내려오다. ⇔ᄂᆞ려오다.《朴新諺 1, 39ㅈ》墻上一塊土吊下來禮拜, 담 우희 ᄒᆞᆫ 덩이 흙이 ᄯᅥ러뎌 ᄂᆞ려와 禮拜ᄒ는 거시여. ●내리다. ⇔ᄂᆞ리다.《朴新諺 2, 45ㅎ》都流不下來, 다 흘러ᄂᆞ리지 못ᄒ니. ●내리게 하다. ⇔ᄂᆞ리오다.《朴新諺 3, 24ㅈ》便拿下來磕死了, 곳 자바 ᄂᆞ리와 즛긔텨 죽이고. 四내려치다. ⇔ᄂᆞ리치다.《朴新諺 3, 27ㅎ》行者又把他的頭先割下來, 行者ㅣ ᄯᅩ 제 머리를다가 몬져 버혀 ᄂᆞ리치니.

하례ᄒ다(下禮) 동 하례(賀禮)하다. ⇔하(賀).《朴新諺 2, 53ㅎ》我好做一雙小綉鞋與他賀一賀, 내 ᄒᆞᆫ ᄡᅡᆼ 져근 슈신을 민ᄃᆞ라 저롤 주어 하례홈이 됴타.

하마(下馬) 동 말에서 내리다.《集覽, 朴

集, 上, 11ㅈ》馬有垂繮之報. 漢高祖與項
王會鴻門, 舞劒事急, 謀脫. 匹〈疋〉馬南
行, 道傍有一眢井, 馬到井邊不肯行. 漢王
恐追者至, 下馬入井.《朴新諺 1, 42ㅎ》狗
有濺草之恩, 개는 濺草ᄒᆞᆫ 恩이 잇고. 馬
有垂繮(朴新注, 16ㅎ: 漢高祖自鴻門, 脫
歸匹馬南行, 道傍有一眢井, 馬到井邊不
肯行. 高祖恐追者至, 下馬入井. 項王追至
井傍, 見馬跡, 謂高祖在井, 令人下井搜求.
見井口有蜘蛛罩網, 鵓鴿一雙出井飛去,
謂無人仍還. 翌日, 其馬到井垂繮, 高祖執
而出.)之報, 믈은 垂繮ᄒᆞᆫ 報ㅣ 잇다 ᄒᆞ니
라.《朴新諺 2, 42ㅎ》要買緞子就請下馬
來看, 비단을 사려 ᄒᆞ거든 곳 쳥컨대 물
ᄂᆞ려 와 보라.《朴新諺 2, 49ㅈ》直到點
燈時分纔下馬, 잇긋 불 혈 ᄢᅢ에 다ᄃᆞ게
야 ㅈ 물쎄 ᄂᆞ리니.《朴新諺 3, 18ㅎ》直
到人定更深纔能下馬, 바로 人定 更深ᄒᆞ
애 다ᄃᆞ라 계요 능히 물쎄 ᄂᆞ리ᄂᆞ니.

하마(蝦蟆) 圀 두꺼비. ⇔두텁이.《朴新諺
3, 33ㅈ》一箇蝦蟆鼈壺·蝎虎盞, ᄒᆞᆫ 蝦蟆
鼈壺와 蝎虎盞을 민ᄃᆞ라 주고려.《朴新
諺 3, 12ㅈ》放着一箇三脚鐵蝦蟆的便是
了, ᄒᆞᆫ 세 발 가진 쇠 두텁이 노ᄒᆞᆫ 거시
곳 이라.

하마장(下馬莊) 圀 ᄯᅡ 이름.《集覽, 朴集,
中, 3ㅎ》下馬莊. 地名.

하무산(霞霧山) 圀 중국 절강성(浙江省)
호주시(湖州市)에 있다.《集覽, 朴集, 上,
15ㅎ》步虛. 至正丙戌春, 入燕都, 聞南朝
有臨濟正脉不斷〈斷〉, 可仿印可. 盖指臨
濟直下雪嵓〈嵓〉嫡孫石屋和尚清珙也. 遂
往湖州霞霧山天湖庵謁和尚, 嗣法傳衣.

하반(下飯) 图 반찬을 곁들여 밥을 먹다.
《朴新諺 3, 45ㅎ》就煮一脚羊蹄好下飯,
이믜셔 ᄒᆞᆫ 羊의 다리를 술마 밥 먹기 됴
케 ᄒᆞ고.

하반(下飯) 圀 반찬(飯饌).《集覽, 字解, 累
字解, 1ㅈ》下飯. 以酒食爲主, 而以物爲酒
食之助者, 則曰下飯.

하변(下邊) 圀 아래. 밑. 아래쪽. ⇔아리.
《朴新諺 1, 29ㅈ》身穿立水(朴新注, 11ㅎ:
袍衣下邊, 繡浪·花形者.)貂皮蟒袍, 몸
에 슈결 잇는 貂皮 蟒袍를 닙고.《朴新諺
2, 47ㅎ》別手傍上邊着箇人字下邊着箇也
字便是, 지슈 변에 우희 人字 ᄒᆞ고 아리
也字 ᄒᆞᆫ 거시 곳 이라.

하사(下司) 圀 아래 등급의 관아.《集覽,
朴集, 下, 11ㅎ》申. 音義云, 下司達於上
司之謂, 猶言所志.

하서(河西) 圀 중국 황하(黃河)의 서쪽 지
역을 이르는 말. 춘추전국시대에는 지
금의 산서성(山西省)과 섬서성(陝西省)
사이인 황하 남부 서쪽 지역을, 한·당
대(漢唐代)에는 감숙성(甘肅省)과 청해
성(靑海省)의 황하 서쪽 지역을 지칭하
였다.《集覽, 朴集, 中, 8ㅎ》牢子走. 在大
都則自河西務起程, 若上都則自泥河兒起
程, 越三時, 走一百八十里, 直抵御前, 俯
伏呼萬歲.

하수(下手) 图 손을 대다. 착수(着手)하
다. (어떤 일을) 하기 시작하다. ⇔손부
리다.《朴新諺 2, 59ㅎ》就着幾箇婦人們
下手縫罷, 즉시 여러 계집들로 ᄒᆞ여 손
부려 짓게 ᄒᆞ고.

하시(何時) 閉 어느 때. ●어느ᄢᅢ.《集覽,
字解, 累字解, 1ㅎ》早晚. 這早晚 이 늣도
록. 又問何時曰, 多早晚 어느 ᄢᅢ. ●⇔어
니째.《朴新諺 1, 7ㅎ》湏(須)富貴何時,
富貴를 어니 째예 기ᄃᆞ리리오 ᄒᆞ니.

하야지다 图 헐어지다. 깨지다. ⇔파(破).
《朴新諺 2, 53ㅎ》額頭上跌破了, 니마 우
히 구러져 하야지니.

하여(何如) 혱 어떠하다. 어떻다. ●⇔엇
더타.《朴新諺 1, 28ㅎ》以我之言爲何如,
내 말을 엇더타 ᄒᆞᄂᆞ뇨. ●⇔엇더ᄒᆞ다.
《朴新諺 1, 14ㅎ》先換票領籌何如, 몬져
票를 밧고고 사술을 트미 엇더ᄒᆞ뇨.《朴
新諺 1, 22ㅎ》敎他替我做一條銀廂花帶
何如, 뎌로 ᄒᆞ여 나를 ᄀᆞ르차 ᄒᆞᆫ 오리

銀 뎐메온 섭사긴 씌룰 믠둘미 엇더ᄒ
뇨.《朴新諺 1, 32ㅎ》任你自揀何如, 네대
로 손조 굴희미 엇더ᄒ뇨.《朴新諺 2, 36
ㅎ》且打些酒來吃幾杯解寒何如, 또 져기
술 가져와 여러 잔 먹어 解寒홈이 엇더
ᄒ뇨.《朴新諺 3, 14ㅎ》先生你與我寫一
封書稍去何如, 先生아 네 나를 ᄒ 봉 글
을 ᄡᅧ 주어든 부텨 보내미 엇더ᄒ뇨.
《朴新諺 3, 21ㅎ》買幾部閑書來消遣何如,
여러 部 힘힘ᄒ 칙을 사 와 消遣홈이 엇
더ᄒ뇨.《朴新諺 3, 37ㅈ》我且學打這一
會與你看何如, 내 아직 이 ᄒ 디위 비화
쳐 네게 뵘이 엇더ᄒ뇨.

하여ᄇ리다 튕 헐어버리다. 망가뜨리다.
⇔파(破).《朴新諺 3, 13ㅎ》把鼻子跌破
了, 코를다가 구러져 하여ㅸ리니.

하엽(荷葉) 뎽 연잎.《集覽, 朴集, 上, 8ㅈ》
滿刺〈刺〉嬌. 質問云, 以蓮花·荷葉·藕
〈耦〉·鴛鴦·蜂蝶之屬〈形〉, 或用五色
絨綉, 或用彩色畫於段帛上, 謂之滿池嬌.

하오(夏五) 뎽 하씨(夏氏)의 다섯째 아들
이란 뜻으로, 이름이나 신분이 뚜렷하지
못한 평범한 사람을 일컫는 말.《朴新諺
1, 21ㅈ》是拘攔衚衕裏帶匠夏五廂的, 이
拘攔 골 씌장이 夏五ㅣ 뎐메윗ᄂ니라.

하원(下元) 뎽 음력 10월 보름날. 이날 도
교에서는 천상(天上)의 선관(仙官)이 인
간의 선악을 살피는 때라 하여 초제(醮
祭)를 지낸다.《集覽, 朴集, 下, 4ㅎ》大
醮. 上元金籙齋, 帝王修奉, 設普天大醮.
中元玉籙齋, 保佑六宮, 輔寧妃后, 設周天
大醮. 下元黃籙齋, 臣民通修, 普資家國,
設羅天大醮.

하의(下衣) 뎽 〈불〉 중이 입는 삼의(三衣)
의 한 가지. 안타회(安陁會: 下衣). 다섯
조각의 형겊을 기워 보자기처럼 만드는
데, 보통 일하거나 잘 때 입는다.《集覽,
朴集, 上, 10ㅈ》袈裟. 戒壇云, 五條下衣,
斷〈斷〉貪身也, 七條中衣, 斷〈斷〉嗔口也,
大衣上衣, 斷痴心也.

하인(下人) 뎽 아랫사람.《集覽, 朴集, 上,
6ㅈ》五爪蟒龍. 元制, 五爪二角龍爲紋
〈文〉者, 止供御用, 不許下人穿用.《朴新
諺 1, 49ㅎ》以至下人們, ᄡᅧ 下人들에 니
르히.

하인(何人) 뎽 어떤 사람.《集覽, 朴集, 中,
5ㅈ》起浮屠於泗水之間. 中宗問萬迴和尙
曰, 僧伽是何人. 迴曰, 觀音化身.

하재(下財) 뎽 육례(六禮)의 하나로, (정
혼(定婚)이 이루어진 증거로) 신랑 집에
서 신부 집으로 물품이나 돈을 보내는
일.《集覽, 朴集, 上, 11ㅎ》下多少財錢.
亦云下財. 家禮會通云, 婚有六禮, 納采·
問名·納吉·納徵·請期·親迎. 今制,
納采·問名·納吉揔〈総〉一次行禮, 以從
簡便, 謂之定禮, 亦爲之定親, 亦曰下紅定,
亦送幣物. 又涓吉送婚書, 行納徵禮, 亦曰
納幣, 俗云下財, 亦曰送禮.

하정(河精) 뎽 중국 황하(黃河)의 신(神).
《集覽, 朴集, 上, 15ㅈ》碧漢. 〈即〉天河
也. 河精上爲天漢.

하직ᄒ다 튕 하직(下直)하다. 이별을 고
하다. 작별을 고하다. ⇔사별(辭別).
《朴新諺 3, 40ㅎ》住了一宿便辞別廻來了,
ᄒ룻밤 머므러 곳 하직ᄒ고 도라오롸.

하차(下次) 뎽 ●후. 뒤. 다음. 다음번. ⇔
후(後).《朴新諺 2, 44ㅈ》只ము箇下次主
顧罷, 다만 후에 단골 홈을 구ᄒ노라. ●
후번(後番). 다음번. 다음. ⇔홋번.《朴
新諺 2, 9ㅈ》你太爺下次好再來照顧, 너
太爺ㅣ 홋번에 다시 와 돌보미 됴타.

하처(下處) 뎽 여관(旅館).《朴新諺 1, 56
ㅎ》我不知道你的下處, 내 네 下處를 아
지 못ᄒ여.

하천(夏天) 뎽 여름. ⇔녀름.《朴新諺 3,
6ㅎ》這些皮衣一夏天沒有收拾, 이 갓옷
슬 ᄒ 녀름을 收拾홈이 업더니.

하태(下台) 뎽 별 이름. 삼태(三台) 중의
하나. 또는 사공(司公)을 달리 이르는
말.《集覽, 朴集, 上, 7ㅈ》三台. 周禮疏,

上台司命〈冼〉爲太尉, 中台司中爲司徒, 下台司祿爲司空, 三公之象.

하포(夏布) 명 베. 또는 모시. ⇔뵈.《朴新諺 3, 3ㅎ》孩子你與我買幾丈夏布來, 아히 아 네 나를 위ᄒᆞ여 여러 발 뵈를 사 와.

하포(荷包) 명 주머니. ⇔주머니.《朴新諺 1, 29ㅎ》両邊掛着珎珠結成花樣的對子荷包, 두 편에 珎珠로 花樣 겨른 ᄒᆞᆫ 빵 주머니를 ᄎᆞ고.《朴新諺 1, 30ㅎ》両邊小刀荷包手巾, 두 편에 져근 칼과 주머니 手巾이.《朴新諺 1, 47ㅈ》做一對小荷包送我如何, ᄒᆞᆫ 빵 져근 주머니를 민드라 나를 주미 엇더ᄒᆞ뇨.

하필(何必) 팀 어찌. 어찌하여 꼭. ⇔엇지.《朴新諺 2, 27ㅎ》何必着急呢, 엇지 着急히 굴리오.

하한(河漢) 명 은하(銀河). 은하수.《集覽, 朴集, 上, 15ㅈ》碧漢. 〈卽〉天河也. 河精上爲天漢. 爾雅, 析木爲之津. ㄴ 在箕斗間, 自坤抵艮爲地紀, 亦名雲漢, 曰天潢, 曰銀河, 曰銀漢, 曰河漢.

하홍정(下紅定) 동 약혼(約婚)하다. 예전에 정혼(定婚)할 때 신랑 집에서 신부 집에 혼서(婚書)를 보내다.《集覽, 朴集, 上, 11ㅎ》下多少財錢. 今制, 納采・問名・納吉捴(總)一次行禮, 以從儉便, 謂之定禮, 亦爲之定親, 亦曰下紅定, 亦送幣物.《集覽, 朴集, 上, 12ㅈ》紅定. 晉武帝多簡良家女以充內職, 而自擇美者入選, 則以絳紗繋臂. 鎭軍將軍胡奮女入選, 亦以絳紗繋臂, 故俗謂定婚曰紅定.

하화(荷花) 명 연(蓮). 연꽃.《朴新諺 2, 6ㅈ》紅的白的是遠近荷花, 紅ᄒᆞ고 白ᄒᆞᆫ 거슨 이 遠近 荷花ㅣ오.《朴新諺 2, 39ㅈ》滿池荷花香噴噴的令人可愛, 못에 ᄀᆞ득 ᄒᆞᆫ 荷花ㅣ 香내 뿜겨 사롬으로 ᄒᆞ여곰 스랑홉게 ᄒᆞ더라.《朴新諺 3, 49ㅈ》或撑到這荷花香處, 或 이 荷花 香내 나는 곳에 저어 가.

하회옴 명 하품. ⇔가홈(呵欠).《朴新諺 3,

13ㅎ》内中有一箇人只管打呵欠, 그 듕의 ᄒᆞᆫ 사롬이 그저 스러여 하회옴ᄒᆞᆫ다가.

하회옴ᄒᆞ다 동 하품하다. ⇔타가흠(打呵欠).《朴新諺 3, 13ㅎ》内中有一箇人只管打呵欠, 그 듕의 ᄒᆞᆫ 사롬이 그저 스러여 하회옴ᄒᆞᆫ다가.

학(學) 동 ●배우다. ⇔비호다.《朴新諺 1, 47ㅈ》你今日怎麽不上學去呢, 네 오늘 엇디 글 비호라 가지 아니ᄒᆞᄂᆞ뇨.《朴新諺 1, 49ㅈ》你若學的成材長大起來, 네 만일 비화 成材ᄒᆞ며 長大ᄒᆞ여.《朴新諺 2, 28ㅈ》一箇到那靴舖裏去學生活, ᄒᆞ나흔 뎌 靴푸ᄌᆞ에 가 성녕 비호고. 一箇到帽舖裏去學做買賣, ᄒᆞ나흔 帽舖에 가 買賣ᄒᆞ기 비호고.《朴新諺 2, 55ㅈ》咱們在這草地上學捽按罷, 우리 이 草地에셔 삐름ᄒᆞ기 비호쟈.《朴新諺 3, 37ㅈ》我且學打這一會與你看何如, 내 아직 이 ᄒᆞᆫ 디위 비화 쳐 네게 뵘이 엇더ᄒᆞ뇨. ●배움. ⇔비함.《朴新諺 2, 46ㅎ》也該學些好, 또 뎌기 착ᄒᆞᆫ 일을 비함 즉ᄒᆞ거늘.

학(學) 명 =학당(學堂).《朴新諺 2, 46ㅎ》學裏也不肯去, 學에도 즐겨 가지 아니ᄒᆞ니.

학당(學堂) 명 학당. 서당. 학교.《集覽, 朴集, 上, 12ㅎ》戒方. 質問云, 讀書小兒送入學堂, 師傅敎寫字, 不用心寫好字, 師傅拿二尺長・寸半寬・半寸厚的木板條打手掌, 使後日寫好字, 免打手掌, 謂之戒方.《朴新諺 1, 47ㅎ》你學堂中共有幾箇學生, 네 學堂에 대되 몃 學生이 잇ᄂᆞ뇨.

학방(學房) 명 =학당(學堂).《朴新諺 1, 48ㅈ》洗了臉就到學房裏, ᄂᆞᆾ 싯고 즉시 學房에 가.《朴新諺 1, 48ㅎ》廻到學房裏, 學房에 가.

학벌(學罰) 명 학당에서 학칙에 어긋난 학생에게 내리는 벌칙.《集覽, 朴集, 上, 12ㅎ》戒方. 音義云, 學罰에 티는 것.

학사(學士) 명 학자(學者). 글을 읽은 지식인.《集覽, 朴集, 中, 7ㅎ》取燈兒〈取燈〉. 宋陶學士淸異錄云, 夜有急, 苦於作

燈之緩, 批杉木條染硫黃, 一與火遇, 得燄
必速, 呼爲引光奴.《集覽, 朴集, 中, 8ㅈ》
十八學士. 唐太宗秦王時, 開館延文學之
士, 杜如晦 · 房玄齡〈岭〉· 虞世南 · 褚
遂良 · 姚思廉 · 李玄道 · 蔡允恭 · 薛元
敬 · 顔相時 · 蘇勗 · 于志寧 · 蘇世長 ·
薛攸 · 李守素 · 陸德明 · 孔穎達 · 蓋文
達 · 許敬宗爲文學館學士, 分爲三番, 更
日直宿.《集覽, 朴集, 下, 2ㅎ》慶壽寺. 一
統志云, 在順天府西南, 內有飛虹 · 飛渡
二橋, 石刻六大字, 極遒勁. 相傳金章宗所
書. 又有金學士李晏碑文, 正統間重建, 賜
額大興隆寺, 僧錄司在焉.

학생(學生) 몡 선비. 학생.《朴新諺 1, 47
ㅎ》你學堂中共有幾箇學生, 네 學堂에 대
되 몃 學生이 잇ᄂᆞ뇨. 除了學長共有四十
五箇學生, 學長을 덜고 대되 마흔 다ᄉᆞᆺ
學生이 잇ᄂᆞ니라.

학습(學習) 몡 배워서 익히다. ⇔학습ᄒᆞ
다(學習-).《朴新諺 1, 48ㅎ》你好好的用
心讀書學習, 네 ᄀᆞ장 用心ᄒᆞ여 讀書 學習
ᄒᆞ여.

학습ᄒᆞ다(學習-) 몡 학습(學習)하다. ⇔
학습(學習).《朴新諺 1, 48ㅎ》你好好的
用心讀書學習, 네 ᄀᆞ장 用心ᄒᆞ여 讀書 學
習ᄒᆞ여.

학아(鶴兒) 몡 연(鳶).《集覽, 朴集, 上, 6
ㅎ》鶴兒. 卽紙鳶. 今漢俗呼爲風罾, 亦曰
風禽, 又號爲〈又號〉紙鶴兒. 質問云, 風旗
也. 乃小兒三月放爲風箏〈罾〉, 八月放爲
紙鶴也.《朴新諺 1, 20ㅎ》到二月淸明時
候便放風箏(朴新注, 8ㅈ: 紙鳶. 一云, 鶴
兒.)了, 二月 淸明에 다ᄃᆞ르면 곳 연 눌리
기 ᄒᆞ니.

학장(學長) 몡 선배(先輩). 또는 자기보다
연상(年上)이며 학문이 뛰어난 동창.
《朴新諺 1, 47ㅎ》除了學長共有四十五箇
學生, 學長을 덜고 대되 마흔 다ᄉᆞᆺ 學生
이 잇ᄂᆞ니라.

학전(學錢) 몡 수업료.《朴新諺 1, 47ㅎ》

每月多少學錢一箇呢, 每月에 ᄒᆞ나희게
언머 學錢고.

한(汗) 몡 땀. ⇔ᄯᆞᆷ.《朴新諺 2, 24ㅎ》熱炕
上熰着出些汗, 더온 炕에 덥게 ᄒᆞ여 져기
ᄯᆞᆷ 내고.

한(旱) 동 가물다. ⇔ᄀᆞ믈다.《朴新諺 2,
40ㅎ》今年天旱田禾不收, 올히 하ᄂᆞ리
ᄀᆞ므라 田禾를 거두지 못ᄒᆞ여시매.

한(旱) 몡 뭍. 육지. ⇔뭇.《朴新諺 2, 21
ㅎ》你是水路來還是旱路來, 네 이 믈길
로 온다 ᄯᅩ 이 뭇길로 온다.

한(恨) 동 ●미워하다. 원망하다. 증오하
다. ⇔믜여ᄒᆞ다.《朴新諺 2, 34ㅎ》老李
聽了恨那媳婦, 老李 듯고 그 계집을 믜여
ᄒᆞ여. ●⇔미오다.《朴新諺 3, 2ㅈ》恨的
我沒法兒治他, 믜오되 내 뎌를 다스릴 法
이 업세라. ●⇔믜우다.《朴新諺 2, 52
ㅈ》我正恨他不過, 내 정히 뎌롤 믜워 견
디지 못ᄒᆞ더니.

한(狠) 閅 가장. 매우. 자못. '狠'은 '很'과
같이 쓰인다.《儒林外史, 25回》我大膽的
狠了.《官場現形記, 2回》那姓趙的狠有
錢, 斷不至於只送這一點點.《朴新諺 1, 9
ㅎ》今年雨水狠(很)大, 올히 雨水ㅣ ᄀᆞ장
만ᄒᆞ여.《朴新諺 1, 17ㅎ》京城裏刀子舖
狠(很)多, 셔울 칼 푸ᄌᆞㅣ ᄀᆞ장 만ᄒᆞ니.
《朴新諺 1, 28ㅎ》大哥說得狠(很)是, 큰
형의 니ᄅᆞ미 ᄀᆞ장 올타.《朴新諺 2, 12
ㅎ》誰知道做得狠(很)不如式, 뉘 아더냐
민드롬이 ᄀᆞ장 법 ᄀᆞᆺ지 아니ᄒᆞ고.《朴新
諺 3, 2ㅈ》我家裡老鼠多得狠(很), 우리
집의 쥐 ᄀᆞ장 만ᄒᆞ니.《朴新諺 3, 11ㅎ》
搯一會兒狠(很)好, ᄒᆞᆫ 지위 지기니 ᄀᆞ장
됴터니.《朴新諺 3, 21ㅈ》你不知這西遊
記熱鬧(閙)得狠(很)哩, 네 아지 못ᄒᆞᆫ다
이 西遊記 ᄀᆞ장 웨전즈런ᄒᆞ니.

한(寒) 톙 춥다. ⇔칩다.《朴新諺 2, 36ㅎ》
天寒湯 · 飯都不可冷了, 하ᄂᆞᆯ이 치우니
湯과 밥을 다 可히 ᄎᆞ게 못ᄒᆞ리라.

한(閑) 閅 심심히. 한가히. ●⇔힘힘이.

《朴新諺 2, 28ㅈ》只知道閑遊浪蕩, 그저 힘힘이 놀고 ᄀ랠 줄만 아니. 《朴新諺 2, 31ㅎ》不許到街上去閑遊惹事, 街上에 가 힘힘이 노라 일내믈 허치 말고. ●⇔ 힘힘히. 《朴新諺 2, 54ㅈ》我生活忙那能 閑麼, 내 셩녕이 밧부니 엇지 능히 힘힘 히 놀리오.

한(閑) 阌 ●한가하다. ⇔한가ᄒ다. 《朴 新諺 2, 49ㅈ》幾曾得閑呢, 언제 일즉 한 가홈을 어드리오. 《朴新諺 3, 49ㅎ》閑時 節常住在那青蒲·紅蓼·灘邉, 한가ᄒ 째에 덧덧이 뎌 青蒲·紅蓼·灘邉에 머 므러. ●심심하다. 한가하다. ⇔힘힘ᄒ 다. 《朴新諺 2, 37ㅎ》咱好悶(閑)當不的, 우리 ᄀ장 힘힘ᄒ여 당치 못ᄒ니. 《朴新 諺 2, 42ㅎ》你們不要說閑話, 너희들은 힘힘ᄒ 말을 니ᄅ지 말고, 《朴新諺 2, 56 ㅈ》咳百忙裏說甚麽閑話呢, 애 밧분디 므슴 힘힘ᄒ 말을 니ᄅᄂ다. 《朴新諺 3, 21ㅈ》買幾部閑書來消遣何如, 여러 部 힘 힘ᄒ 칙을 사 와 消遣홈이 엇더ᄒᄂ뇨.

한(漢) 阌 ●중국(中國). 《朴新諺 2, 23ㅈ》 我不會講漢話, 내 漢말 니ᄅ 줄을 아지 못ᄒ고. ●놈. 보통 사람. ⇔놈. 《朴新諺 1, 39ㅈ》一箇長大漢撒大鞋, ᄒ 킈 큰 놈 이 큰 신 ᄭ으고. 《朴新諺 2, 56ㅈ》咳到 底是你這猍漢倒了, 애 나죵내 너 이 킈 져근 놈이 것구러지거다. 《朴新諺 3, 37 ㅎ》我不想你這莊家漢, 내 너 이 향암엣 놈이.

한(鏟) 동 때우다. 땜질하다. ⇔쌔다. 《朴 新諺 3, 33ㅎ》嘴子·把子且打下我看了 再鏟, 부리와 줄를 아직 믠ᄃ라 내 보와 든 다시 쌔라.

한(韓) 阌 성(姓)씨의 하나. 《朴新諺 3, 56 ㅎ》在下姓韓名彬字文中, 在下ㅣ 姓은 韓 이오 일홈은 彬이오 字는 文中이로다.

한가(寒家) 阌 누추한 집. 저의 집. 《集覽, 朴集, 上, 8ㅈ》宅子. 俗總稱〈総称〉家舍 曰房子, 自稱〈称〉曰寒家, 文士呼曰寒居,

自指室內曰屋裏, 人稱王公·大人之家曰 宅子.

한가ᄒ다 阌 한가(閑暇)하다. ⇔한(閑). 《朴新諺 2, 49ㅈ》幾曾得閑呢, 언제 일즉 한가홈을 어드리오. 《朴新諺 3, 49ㅎ》閑 時節常住在那青蒲·紅蓼·灘邉, 한가ᄒ 째에 덧덧이 뎌 青蒲·紅蓼·灘邉에 머 므러.

한거(寒居) 阌 누추한 집. 저의 집. 《集覽, 朴集, 上, 8ㅈ》宅子. 俗總稱〈総称〉家舍 曰房子, 自稱〈称〉曰寒家, 文士呼曰寒居, 自指室內曰屋裏, 人稱王公·大人之家曰 宅子.

한고조(漢高祖) 阌 중국 한(漢)나라의 제 1대 황제 유방(劉邦). 고조는 묘호(廟 號). 진시황이 죽은 다음 해 항우(項羽) 와 합세하여 진(秦)나라를 멸망시켰다. 《集覽, 朴集, 上, 11ㅈ》馬有垂繮之報. 漢 高祖與項王會鴻門, 舞劒事急, 謀脫. 匹 〈疋〉馬南行, 道傍有一眢井, 馬到井邊不 肯行. 漢王恐追者至, 下馬入井. 項王追至 井傍, 見馬跡至井而止, 謂漢王在井, 令人 下井搜求. 《朴新諺 1, 42ㅎ》狗有濺草之 恩, 개는 濺草ᄒ 恩이 잇고. 馬有垂繮(朴 新注, 16ㅎ: 漢高祖自鴻門, 脫歸匹馬南 行, 道傍有一眢井, 馬到井邊不肯行. 高祖 恐追者至, 下馬入井. 項王追至井傍, 見馬 跡, 謂高祖在井, 令人下井搜求. 見井口有 蜘蛛罩網, 鵓鴿一雙出井飛去, 謂無人仍 還. 翌日, 其馬到井垂繮, 高祖執而出.)之 報, 물은 垂繮ᄒ 報ㅣ 잇다 ᄒ니라.

한기(限期) 阌 기한(期限). 한일(限日). ⇔ 긔훈. 《朴新諺 2, 17ㅎ》這使臣往來限期 緊急, 이 使臣이 往來 긔훈이 緊急ᄒ여.

한로(旱路) 阌 뭍길. 육로(陸路). ⇔뭇길. 《朴新諺 2, 21ㅈ》你是水路來還是旱路來, 네 이 믈길로 온다 ᄯ 이 뭇길로 온다.

한말(漢-) 阌 중국 말. ⇔한화(漢話). 《朴 新諺 2, 23ㅈ》我不會講漢話, 내 漢말 니 ᄅ 줄을 아지 못ᄒ고.

ㅎ

한망(閑忙) 명 한가로움과 바쁨.《集覽, 朴集, 下, 10ㅎ》立地赶牛. 芒神閑忙, 立春在正旦前後, 各五日內者是忙, 芒神與牛齊立, 在正旦前五辰外者是農早忙, 芒神在牛前立, 正旦後五辰外者是農晚閑, 芒神在牛後立. 子·寅·辰·午·申·戌陽年, 在左邊立. 丑·卯·巳·未·酉·亥陰年, 在右邊立.

한무제(漢武帝) 명 한(漢)나라 무제(武帝) 유철(劉徹)의 시호(諡號).《集覽, 朴集, 下, 5ㅈ》蠍〈蝎〉虎. 五月五日捕其生者, 飼以朱砂, 明年端午搗〈擣〉之, 點宮人臂上, 經事則消, 否則雖死不改, 故名曰守宮. 漢武帝嘗試之, 果驗.

한부대(漢府帶) 명 띠의 한 가지.《朴新諺 1, 29ㅎ》腰繫着漢府帶, 허리에 漢府帶롤 씌고.

한상공(韓相公) 명 한씨 성(姓)을 가진 상공.《朴新諺 3, 56ㅈ》韓相公, 韓相公아.

한속(漢俗) 명 중국의 풍속. 한족(漢族)의 풍속.《集覽, 朴集, 上, 11ㅈ》剃頭. 漢俗, 凡梳頭者必剃去腦後頂上髮際細毛, 故曰剃頭.《集覽, 朴集, 下, 7ㅎ》花房窩兒. 但今漢俗未見兩毬, 而惟見踢氣毬者, 卽古之蹴踘也.《朴新諺 1, 45ㅎ》好姐姐(朴新注, 17ㅎ: 漢俗呼姊曰姐姐. 或遇婦女, 而展斯須之敬者, 亦曰姐姐.), ᄆᆞᆷ 됴혼 각시아.《朴新諺 2, 35ㅈ》把老李鎖着(朴新注, 35ㅎ: 漢俗, 重囚必以鉄索鎖項.), 老李를다가 목을 줌가.《朴新諺 2, 45ㅈ》周圍舖面(朴新注, 39ㅈ: 漢俗, 造屋者, 向街周遭必設空聽, 令坐賈為市, 謂之舖面.) 幾十間, 周圍 舖面이 幾十間이오.《朴新諺 3, 9ㅎ》好收拾這炕(朴新注, 47ㅎ: 漢俗, 謂房突曰炕.), 됴히 이 캉을 收拾ᄒ쟈.《朴新諺 3, 42ㅎ》他家殃榜(朴新注, 59ㅎ: 漢俗, 凡遇人死, 貼榜門上, 使知忌避, 謂之殃榜. 榜文見本節(節).)貼在那門上, 뎌 집의 殃榜을 그 門 우희 부쳣ᄂᆞ니.

한식(寒食) 명 명절의 하나. 동지에서 105

일째 든다. 청명(淸明)의 하루 전날로, 예전에는 이날부터 3일간 불을 때어서 밥을 짓지 않았다고 한다.《集覽, 朴集, 上, 14ㅎ》寒食. 荊楚記云, 去冬節〈莭〉一百五日, 有疾風甚雨, 謂之寒食, 又謂之百五莭〈莭〉. 秦人呼爲熟食日, 言其不動煙〈烟〉火, 預辦熟食過節〈莭〉也. 晉文公焚山求子推, 因燒死, 遂禁火以報之. 東京錄云, 唐明皇詔寒食上墓, 近代相承, 皆用此日拜掃丘墓, 都人傾城出郊, 四野如芳市〈四野如市〉, 樹之下〈芳尌之下〉, 園囿之間, 羅列杯〈盃〉盤, 抵暮而歸.《朴新諺 2, 4ㅎ》有心拜節寒食不遲, 節에 拜ᄒᆞᆯ ᄆᆞᆷ이 이시면 寒食이라도 더듸지 아니타 ᄒᆞᄂᆞ니라.

한아(漢兒) 명 중국 북쪽 변방의 이민족인 흉노[胡人]가 중국인을 낮추어 일컫는 말.《集覽, 朴集, 上, 9ㅎ》漢子. 至晉末, 五胡亂〈乱〉華, 胡人罵華人曰漢兒, 華人罵胡人曰胡虜, 此稱〈称〉漢之始也.

한아인(漢兒人) 명 중국인. 한족(漢族).《集覽, 老集, 上, 1ㅈ》漢兒人有. 元時語必於言終用有字, 如語助而實非語助. 今俗不用.

한왕(漢王) 명 한(漢)나라의 왕 유방(劉邦)을 이르는 말.《集覽, 朴集, 上, 11ㅈ》馬有垂繮之報. 漢高祖與項王會鴻門, 舞劒事急, 謀脫. 匹〈疋〉馬南行, 道傍有一眢井, 馬到井邊不肯行. 漢王恐追者至, 下馬入井.

한유(閑遊) 통 한가하게 다니다. 빈둥거리며 돌아다니다.《朴新諺 2, 28ㅈ》只知道閑遊浪蕩, 그저 힘힘이 놀고 ᄀᆞ랠 줄만 아니.

한인(閑人) 명 측근자. 시종. 하인.《集覽, 朴集, 上, 6ㅈ》張舍. 王公·大人之家, 必有舍人, 卽家臣也. 如本國伴倘〈儅〉之類, 爲權勢倚任之人, 貧賤之所羨慕者也〈貧賤之所羨慕者〉. 故街巷呼親識爲張舍·李舍, 乃一時推敬之稱〈称〉. 又質問云, 武

職官下閑人, 謂之舍人. 《朴新諺 1, 29
ㅈ》看見両箇舍人(朴新注, 11ㅈ: 王公·
大人之家, 必有舍人, 卽家臣也. 又武職官
下閑人, 謂之舍人.)調馬要子, 두 舍人이
調馬 노리ᄒᆞᄂᆞᆫ 양을 보니.

한인(漢人) 명 중국 사람. 한족(漢族). 《集
覽, 字解, 累字解, 3ㅈ》打聽一打聽. 듣보
다. 唯擧打聽二字, 可說而疊言之者, 此漢
人好事者之說也. 今亦罕用. 《集覽, 朴集,
上, 12ㅈ》圓飯筵席. 圓作完是, 謂齊足之
意. 今按, 漢人娶妻親迎, 而女至男家以宿,
則女家送女食于男家, 三日而止. 《集覽,
朴集, 中, 7ㅈ》乞留曲律〈葎〉藤. 漢人凡
稱草木行蔓必曰藤, 非別有一物也. 《集
覽, 朴集, 中, 7ㅎ》鋪面周圍. 漢人造屋於
大街之間者, 向街周遭必設空屋, 聽令坐
賈賃居爲市, 按月受直. 《集覽, 朴集, 下,
5ㅎ》飯. 漢人凡稱餠·麪〈麵〉·酒食之
類皆曰飯. 《朴新諺 3, 20ㅈ》有箇漢人不
見了幾件衣服, 혼 漢人이 이셔 여러 가지
衣服을 일코.

한자(漢子) 명 **1** ● 남편. 《集覽, 朴集, 上,
9ㅎ》漢子. 泛稱〈称〉男兒曰漢, 又指婦女
之夫曰漢子. 事物紀原云, 三代以降, 有國
號者至多, 獨以漢爲名者, 取兩漢之盛. 漢
武帝征討四夷, 專事匈奴, 由此有漢胡之
斥. 至晉末, 五胡亂〈乱〉華, 胡人罵華人曰
漢兒, 華人罵胡人曰胡虜, 此稱〈称〉漢之
始也. 今按, 元時胡漢相雜, 故兩書稱〈称〉
漢者居多. ● 놈. 또는 사내. 남자. ⇔놈.
《朴新諺 1, 12ㅈ》那挑脚的漢子, 뎌 삭짐
지는 놈아. 《朴新諺 2, 28ㅈ》那兩箇漢子
把那驢·騾喂好了, 뎌 두 놈은 나귀와
노새를다가 먹이기를 잘ᄒᆞ여. **2** 사나
이. 사내. ● ⇔스나희. 《朴新諺 1, 35ㅎ》
恰撞見他的漢子, 마치 뎌의 스나희ᄅᆞᆯ 마
조치니. ● ⇔스나히. 《朴新諺 3, 35ㅈ》
眞是條條好漢子, 진실로 이 오리오리 됴
흔 스나히니.

한잡인(閑雜人) 명 일과 무관한 사람. 또

는 일정한 직무(직업)가 없는 사람. 《集
覽, 字解, 單字解, 7ㅎ》閑. 雜也. 閑雜人.
又替也. 파직ᄒᆞ다, 罷閑了·替閑了. 又
遊息曰閑. 흥뚱여 돈닐시니, 遊閑了. 又
練熟也. 弓馬熟閑. 又空也. 空閑田地 뷔
엿는 짜. 又等閑 부질업시, 又힘히미, 又
간대롭다.

한제(漢制) 명 한(漢)나라의 제도. 《集覽,
朴集, 下, 8ㅎ》五箇鋪馬. 按禮, 天子六馬,
左右驂, 三公·九卿駟馬, 左驂. 則漢制太
守駟馬, 其加秩中二千石乃右驂, 故以五
馬爲貴.

한해(瀚海) 명 사막(沙漠). 당대(唐代)에
는 고비(Gobi)사막 일대를 지칭하였다.
《朴新諺 2, 22ㅎ》我來時節到山海關(朴
新注, 30ㅎ: 在楡林縣, 距京都東七百里.
北接長城, 南臨瀚海中, 有關門. 徐達所築
云.)上, 내 올 째에 山海關에 다드라.

한호(漢胡) 명 한족(漢族)과 호인(胡人).
곧, 중국인과 북쪽 변방의 이민족인 흉
노. 《集覽, 朴集, 上, 9ㅎ》漢子. 事物紀原
云, 三代以降, 有國號者至多, 獨以漢爲名
者, 取兩漢之盛. 漢武帝征討四夷, 專事匈
奴, 由此有漢胡之斥.

한화(漢話) 명 중국 말. ⇔한말(漢-). 《朴
新諺 2, 23ㅈ》我不會講漢話, 내 漢말 니
롤 줄을 아지 못ᄒᆞ고.

한ᄒᆞ다(恨-) 동 한(恨)하다. 또는 혐오스
럽다. 가증스럽다. 밉살스럽다. ⇔가한
(可恨). 《朴新諺 1, 34ㅎ》還可恨那驢養
的, 도로혀 恨ᄒᆞ온 거슨 뎌 나귀삐. 《朴
新諺 2, 13ㅈ》眞令人可恨可惱, 진실로
사롬으로 ᄒᆞ여곰 恨흡고 노흡게 ᄒᆞ니.

할(割) 동 **1** 베다. 자르다. ● ⇔버히다.
《朴新諺 3, 23ㅎ》第(第)四割頭再接, 第
(第)四는 머리 버혀 다시 닛기 ᄒᆞ쟈. 《朴
新諺 3, 27ㅎ》行者又把他的頭先割下來,
行者ㅣ ᄯᅩ 제 머리를다가 몬져 버혀 ᄂᆞ
리치니. 《朴新諺 3, 28ㅈ》大仙也割下頭
來待要再接, 大仙도 머리를 버혀 ᄂᆞ리와

다시 닛고져 ᄒ거늘. ❷⇔븨다. 《朴新諺 1, 51ㅎ》等到民間田禾都收割了, 民間에 田禾롤 다 거두어 븨기롤 기드려. 《朴新諺 2, 39ㅈ》夜來收割了麻正當好種菜哩, 어제 삼을 거두어 븨여시니 正히 맛당이 ᄂᆞᄆᆞᆯ 시믐이 됴타. ❷썰다. ⇔ᄣᅡ흘다. 《朴新諺 1, 4ㅎ》用燒割的, 구어 ᄣᅡ흔 거슬 쓰되.

할류(刟柳) 圆 =할류(割柳). '刟'은 '割'과 같다. 《古今小說, 陳希夷四辭朝命》有個樵夫在山下刟草. 《集覽, 朴集, 上, 14ㅈ》刟〈捯〉柳. 歲時樂事記云, 武士軍校褉柳于擊場. 今按, 褉字, 卽刟音, 而刟字韻〈韵〉書不着〈著〉, 唯免疑雜韻〈韵〉內音乍, 卽與揷字音意同. 緫龜〈總龜〉云, 端午日, 武士射柳爲閗〈鬪〉力之戲, 各料强弱相敵. 〈此作捯恐誤〉.

할류(割柳) 圆 단옷날 교장(敎場)에 세 그루의 버드나무를 세우고 말을 타고 달리면서 활로 쏘아 맞혀 실력을 겨루던 일. 《集覽, 朴集, 上, 14ㅈ》刟〈捯〉柳. 歲時樂事記云, 武士軍校褉柳于擊場. 今按, 褉字, 卽刟音, 而刟字韻〈韵〉書不着〈著〉, 唯免疑雜韻〈韵〉內音乍, 卽與揷字音意同. 緫龜〈總龜〉云, 端午日, 武士射柳爲閗〈鬪〉力之戲, 各料强弱相敵. 〈此作捯恐誤〉.

할시(瞎廝) 圆 소경. 장님. ⇔쇼경. 《集覽, 字解, 單字解, 2ㅎ》廝. 卑賤之稱. 這廝 이 놈. 又相也. 廝見 서르 보다. 又汎指人. 亦曰廝. 小廝 아히, 瞎廝 쇼경.

함(咸) 閈 다. 모두. ⇔다. 《朴新諺 3, 35ㅎ》天子百靈咸助將軍八面威風, 天子ᄂᆞᆫ 百靈이 다 돕고 將軍은 八面 威風이러라.

함(銜) 圆 물다. ⇔물다. 《朴新諺 2, 12ㅈ》叫那蠟嘴啣着, 뎌 암죵다리로 ᄒ여 무러.

함(啣) 圆 =함(銜). '啣'은 '銜'과 같다. 《字彙, 口部》啣, 同銜. 《朴新諺 2, 12ㅈ》叫那蠟嘴啣着, 뎌 암죵다리로 ᄒ여 무러.

함(餡) 圆 (송편이나 만두 따위에 넣는) 소. ⇔소. 《朴新諺 3, 35ㅎ》羊肉饅頭, 羊肉 너흔 饅頭와. 素餡稍麥, 믠소 너흔 稍麥과. 匾食, 변시와.

함양(咸陽) 圆 현(縣) 이름. 당대(唐代)에 두었다. 옛 성(城)은 섬서성(陝西省) 함양현(咸陽縣)의 동쪽, 위하(渭河)의 북쪽에 있었다. 명대(明代)에 지금의 소재지로 옮겼는데, 섬서성에 속하였다. 《集覽, 朴集, 下, 3ㅈ》衣錦還鄕. 項羽屠咸陽, 與沛公分王. 又懷東歸, 曰, 富貴不歸故鄕, 如衣綉〈繡〉夜行.

합(合) 圄 합(合)하다. 더하다. ⇔합ᄒ다. 《朴新諺 1, 33ㅈ》合筭起來, 合ᄒ여 혜량이면.

합(合) 圈 ❶마땅하다. ⇔맛당ᄒ다. 《朴新諺 3, 52ㅈ》大凡七十已上十五已下不合加刑, 무릇 七十 已上과 十五 已下ᄂᆞᆫ 加刑홈이 맛당치 아니타 ᄒ니라. ❷합당(合當)하다. ⇔합ᄒ다(合-). 《朴新諺 2, 34ㅎ》你做這般不合理的勾當, 네 이런 理에 合디 아닌 일을 ᄒ다가.

합단(合斷) 圄 결단(決斷)하다. ⇔결단ᄒ다. 《朴新諺 3, 5ㅈ》堂上官府憑着理自然合斷的, 堂上 官府ㅣ 理로 ᄒ면 自然 결단ᄒ염 즉호되.

합달문(哈達門) 圆 중국 북경(北京) 내성(內城)에 있는 성문. 정양문(正陽門) 동쪽에 있는 문명문(文明門)의 다른 이름이다. 《集覽, 朴集, 上, 5ㅎ》平則門. 永樂十九年, 營建宮室, 立門九, 南曰正陽, 又曰午門, 元則曰麗正, 南之右曰宣武, 元則曰順承, 南之左曰文明, 元則曰崇文, 又曰哈噠, 北之東曰安定, 北之西曰德勝, 元則曰健德, 東之北曰崇仁, 一名東直, 元名同, 東之南曰朝陽, 元則曰齊華, 西之北曰西直, 西之南曰阜城, 元則曰平則. 元設十一門, 而今減其二. 《朴新諺 3, 48ㅎ》崇文叫哈達門, 崇文은 哈達門이라 부르고.

합분(蛤粉) 圆 굴 껍질이나 조개껍질 등을 태우거나 갈아서 만든 가루. 《集覽, 朴集, 下, 5ㅎ》瀝靑. 家禮儀制云, 生蛤粉

· 桐油, 合熬爲之.

합자(鴿子) 명 비둘기.《集覽, 朴集, 上, 2ㅎ》燒鴿子彈. 質問云, 鴿子彈糝於滾肉湯食之. 又云, 用肉湯在鍋, 再加椒料·菜·葱花, 燒火至滾沸, 方下鴿子卵, 盛之於碗, 以獻賔客.

합장(合掌) 동 〈불〉 합장(合掌)하다. ⇔합장ㅎ다(合掌-).《集覽, 朴集, 下, 2ㅎ》擎拳合掌. 西域記云, 致敬之式, 其儀九等, 四曰合掌平拱.《朴新諺 3, 13ㅎ》箇箇擎拳合掌, 낫낫치 擎拳合掌ㅎ더니.

합장ㅎ다(合掌-) 동 〈불〉 합장(合掌)하다. ⇔합장(合掌).《朴新諺 3, 13ㅎ》箇箇擎拳合掌, 낫낫치 擎拳合掌ㅎ더니.

합종(合從) 동 굳게 맹세하여 서로 응하다.《集覽, 朴集, 中, 2ㅈ》甘結. 吏學指南云, 所願曰甘, 合從曰結.

합즙(飮汁) 명 음식을 먹을 때 함께 마시는 국물.《集覽, 朴集, 下, 7ㅈ》飮汁. 詳見老乞大集覽這湯下.

합집(合集) 동 합쳐서 모이다. 또는 그렇게 하다.《集覽, 朴集, 中, 6ㅈ》衆生. 一切衆染, 合集而生, 故曰衆生. 又衆緣和合名曰衆生.

합탄어(合吞魚) 명 물고기 이름.《集覽, 朴集, 上, 3ㅎ》鮮湯. 質問云, 魚·蛤·蠏三味合爲一羹, 或鷄·鴨·鵝〈鵞〉三味合爲羹, 方言俱謂之三鮮湯. 又云〈言〉, 以羊腸·豆粉做假蓮蓬·假茨菰·假合吞魚, 謂之三鮮. 今按, 合吞魚恐是河豚魚之誤, 然亦未詳.

합행(合行) 동 꼭 시행하다.《集覽, 朴集, 下, 11ㅎ》申. 某府爲某事云云, 合行申覆, 伏乞照驗施行, 須至申者, 右申某處承宣布政使司.

합화(合和) 동 한데 어울려 합치다.《集覽, 朴集, 上, 15ㅎ》串香褐. 串香者, 合和諸香以爲佩者也.

합ㅎ다 동 합(合)하다. 더하다. ⇔합(合).《朴新諺 1, 33ㅈ》合筭起來, 合ㅎ여 혜량이면.

합ㅎ다(合-) 형 합당(合當)하다. ⇔합(合).《朴新諺 2, 34ㅎ》你做這般不合理的勾當, 네 이런 理에 合디 아닌 일을 ㅎ다가.

핫옷 명 솜저고리. ⇔면오(綿襖).《朴新諺 2, 59ㅎ》魚白的裁做綿襖, 옥식빗츤 핫옷 몰라 민드되.

항(亢) 명 항수(亢宿). 이십팔수(二十八宿)의 하나. 동방(東方)에 있는 둘째 별자리로 처녀좌(處女座)에 있다.《朴新諺 2, 59ㅈ》角安亢食氐房益, 角은 安ㅎ고 亢은 食ㅎ고 氐房은 益ㅎ고.

항(夯) 명 달구. (땅을 단단히 다지는 데 쓰는 기구) ⇔달고.《朴新諺 1, 11ㅎ》把大夯多春幾十下, 큰 달고로 만히 여러 번 다으면.

항(炕) 명 구들. 온돌. ⇔캉.《朴新諺 2, 24ㅎ》熱炕上熰着出些汗, 더온 炕에 덥게 ㅎ여 져기 쏨 내고.《朴新諺 2, 50ㅈ》將花氊鋪在炕上, 花氊 가져다가 캉에 질고.《朴新諺 3, 9ㅎ》好收拾這炕(朴新注, 47ㅎ: 漢俗, 謂房突曰炕.), 됴히 이 캉을 收拾ㅎ쟈.《朴新諺 3, 10ㅈ》這是死炕這是燒柴火炕都不好, 이는 불 못 찟는 캉이오 이는 불찟는 캉이니 다 됴치 아니ㅎ니. 你只與我改做煤火炕, 네 그저 나를 셕탄 픠오는 캉을 고쳐 민드라 주되.《朴新諺 3, 10ㅈ》炕前做一箇煤爐好燒煤, 캉 앏픠 혼 煤爐를 민드라 셕탄 픠오기 됴케 ㅎ라.《朴新諺 3, 10ㅈ》炕面磚都有麼, 캉 면 벽이 다 잇느냐.《朴新諺 3, 10ㅎ》這炕我要朝南做, 이 캉을 내 남향ㅎ여 민들고.《朴新諺 3, 10ㅎ》這炕面上灰泥, 이 캉 면에 회를.

항것 명 주인(主人). 상전(上典). 가장(家長). ⇔가주(家主).《朴新諺 3, 39ㅈ》奴婢使主的, 죵이 항거싀 거슬 쓰는 거시.

항것ㅅ 명 =항것. ⇔주자(主子).《朴新諺 3, 38ㅈ》是他主子的莊田, 이 제 항것싀

농소ㅣ라.

항배(行輩) 명 서열. (친구 사이에서 나이 등에 따라 구분되는 서열)《集覽, 朴集, 上, 1ㅈ》張三. 三, 或族次, 或朋友行輩之次, 或有官者以職次相呼, 或稱爲定名者有之. 李四・王五亦同.

항벽(炕壁) 명 온돌과 벽.《朴新諺 2, 45ㅈ》門窓炕壁俱全, 門窓 炕壁이 다 ᄀ잣고.

항산군(恒山郡) 명 한대(漢代)에 두었다. 소재지는 하북성(河北省) 정정현(正定縣) 남쪽에 있었다. 뒤에 전한(前漢)의 효문제(孝文帝: 劉恒)의 휘를 피하여 상산(常山)으로 고쳤다.《集覽, 朴集, 下, 9ㅈ》眞定. 禹貢冀州之域, 周爲幷州地, 秦爲鉅鹿郡, 漢置恒山郡, 元爲眞定路, 今爲眞定府, 直隷京師.

항왕(項王) 명 =항우(項羽).《集覽, 朴集, 上, 11ㅈ》馬有垂繮之報. 漢高祖與項王會鴻門, 舞劒事急, 謀脫. 匹〈疋〉馬南行, 道傍有一眢井, 馬到井邊不肯行. 漢王恐追者至, 下馬入井. 項王追至井傍, 見馬跡至井而止, 謂漢王在井, 令人下井搜求.《朴新諺 1, 42ㅎ》狗有濺草之恩, 개는 濺草ᄒ 恩이 잇고. 馬有垂繮(朴新注, 16ㅎ: 漢高祖自鴻門, 脫歸匹馬南行, 道傍有一眢井, 馬到井邊不肯行. 高祖恐追者至, 下馬入井. 項王追至井傍, 見馬跡, 謂高祖在井, 令人下井搜求. 見井口有蜘蛛罩網, 鵓鴿一雙出井飛去, 謂無人仍還. 翌日, 其馬到井垂繮, 高祖執而出.)之報, 믈은 垂繮ᄒ 報ㅣ 잇다 ᄒ니라.

항우(項羽) 명 진(秦)나라 말기의 무장 (B.C. 232~B.C. 202). 이름은 적(籍). 우는 자(字)이다. 숙부 항양(項梁)과 함께 군사를 일으켜 유방(劉邦)과 협력하여 진나라를 멸망시키고 스스로 서초(西楚)의 패왕(霸王)이 되었다. 그 후 유방과 패권을 다투다가 해하(垓下)에서 오강(烏江)으로 탈출하였으나 포위되자 자살하였다.《集覽, 朴集, 下, 3ㅈ》衣錦還鄕. 項羽屠咸陽, 與沛公分王. 又懷東歸, 曰, 富貴不歸故鄕, 如衣綉〈繡〉夜行.

항인(杭人) 명 중국 항주(杭州) 사람.《集覽, 朴集, 中, 7ㅎ》取燈兒〈取燈〉. 南村輟耕錄云, 杭人削松木爲小片, 其薄如紙, 鎔硫黃塗木片頂分許, 名曰發燭, 又曰焠兒.

항주(杭州) 명 수(隋)나라 개황(開皇) 연간에 두었다. 소재지는 처음에 절강성(浙江省) 여항현(餘杭縣)에 두었다가 뒤에 전당현(錢塘縣: 지금의 杭州市)으로 옮겼다. 남송(南宋)의 도읍이었으며, 예로부터 무역항과 명승지로 유명하다.《集覽, 朴集, 上, 6ㅎ》打擡. 音義云, 杭州小兒之戱也. 用小圓木長三四寸, 各持〈各持一〉塊, 彼此相擊, 出限者爲輸.《集覽, 朴集, 下, 9ㅎ》打春. 音義云, 如今北京迎春時, 唯牛芒而已. 在前只有府縣官員, 幷師生耆老引赴順天府, 候春至之時. 此節〈莭〉皆杭州所行, 非京都之事.《朴新諺 2, 13ㅎ》這杭州綾子每疋有七托長, 이 杭州ㅅ 綾이 每 疋에 닐곱 발 기리 잇고.《朴新諺 2, 14ㅎ》這疋杭綾染錢五錢半, 이 ᄒᆫ 필 杭州ㅅ 綾에는 물갑시 닷 돈 반이오.

항차(行次) 명 순서. 차례. 또는 장유(長幼)의 순서.《集覽, 朴集, 上, 14ㅎ》八舍. 音義云, 行次第〈莭〉八之人.

항호 명 황화(荒貨). 잡화(雜貨). ⇔화(貨).《朴新諺 3, 29ㅎ》咳你眞識貨, 애 네 진실로 항호를 아니.《朴新諺 3, 30ㅈ》你旣識貨, 네 이믜 항호를 알면.

해(咳) 갑 허! 아이구! ⇔애.《集覽, 字解, 單字解, 2ㅈ》咳. 五音集韻, 何來切, 小兒笑也. 口漑切, 咳嗽逆氣也. 今呼驚嘆之聲曰咳, 音해, 借用爲字也, 考韻書作唉是.《朴新諺 1, 21ㅈ》咳這些小厮們, 애 이 아희들이.《朴新諺 1, 36ㅎ》咳貴人難見面, 애 貴人을 얼굴 보기 어렵다.《朴新諺 2, 4ㅈ》咳我眞箇失禮了, 애 내 진실로 失禮ᄒ여다.《朴新諺 2, 24ㅈ》咳相公脉息, 애 相公의 脉이.《朴新諺 3, 6ㅎ》咳可惜

了, 애 앗가올샤.《朴新諺 3, 19ㅎ》咳禍
不單行這話再也不差, 애 禍不單行이란
이 말이 쏘 그르지 아니ᄒ다.《朴新諺
3, 29ㅎ》咳你眞識貨, 애 네 진실로 항호
를 아니.《朴新諺 3, 34ㅎ》咳那身長六尺
腰濶三圍, 애 뎌 身長이 六尺이오 허리
너르기 세 아롬이나 ᄒ고.

해(害) 图 앓다. 병이 생기다. 병을 앓다.
⇔앓다.《集覽, 字解, 單字解, 7ㅎ》害. 患
也, 苦也. 害病 병ᄒ다. 害怕 두리다.《集
覽, 朴集, 上, 11ㅈ》骨眼. 質問云, 馬害肚
疼打滾, 割眼内肉, 方言謂之瞥眼, 音姑.
《朴新諺 1, 37ㅈ》我這幾日害痢疾, 내 이
여러 날 痢疾 알하.《朴新諺 1, 41ㅈ》我
有箇赤馬害骨眼, 내게 ᄒ 절싸ᄆ리 이셔
눈에 치 알하.

해(海) 图 바다. ⇔바다ㅎ.《朴新諺 3, 35
ㅈ》正所謂擎天白玉柱駕海紫金梁, 正히
니른 바 하늘을 바쳣는 白玉柱ㅣ오 바다
흘 걸탓난 紫金梁이라.《朴新諺 3, 37
ㅎ》這眞是人不可貌相海不可斗量, 이 진
실로 사롬은 可히 얼굴로 보지 못홀 거
시오 바다흔 可히 말로 되지 못홀 거시
로다.

해(該) 图 아우르다. 합하다. ⇔히오다.
《朴新諺 1, 33ㅈ》共該一両八錢, 대되 히
오니 ᄒ 냥 여둛 돈이라.《朴新諺 2, 14
ㅎ》共染錢五兩四錢半銀子, 대되 히 오
니 물갑시 닷 냥 너 돈 반 銀이로다.

해(該) 보형 직하다. 틀림없이 …하다. (결
과를 추측하는 것을 나타낸다) ⇔즉ᄒ
다.《朴新諺 1, 8ㅈ》朝鮮國也該有詔可曾
派你去麼, 朝鮮國에도 詔書ㅣ 이셤 즉ᄒ
니 쏘 일즉 너롤 시겨 가게 ᄒ엿ᄂ냐.
《朴新諺 1, 46ㅈ》護膝上還要用的裁料,
슬갑에 쏘 쩜 즉ᄒ ᄀ음을.《朴新諺 2,
46ㅎ》把你這忤逆種該殺的, 너 이 忤逆ᄒ
ᄢᆜ롤다가 죽염 즉ᄒ다.《朴新諺 2, 46
ㅎ》也該學些好, 쏘 더기 착ᄒ 일을 비함
즉ᄒ거늘.

해(該) 뿐 마땅히. ⇔맛당이.《朴新諺 1,
12ㅎ》該關幾擔呢, 맛당이 몃 짐을 튼료.
《朴新諺 2, 30ㅎ》也該一同到那南海去,
쏘 맛당이 ᄒ가지로 뎌 南海에 가.《朴新
諺 3, 38ㅎ》三停裡該分與主人二停纔是,
세 운에셔 맛당이 主人을 두 운을 논화
주어야 올커눌.

해(該) 형 마땅하다. 알맞다. ⇔맛당ᄒ다.
《朴新諺 1, 36ㅈ》這一頓打却也是該的,
이 ᄒ 디위 티미 쏘 이 맛당ᄒ도다.

해(解) 图 ❶깨우다[醒]. ⇔찌오다.《朴新
諺 3, 4ㅎ》我只知道蒲根解酒還好做醋,
내 다만 챵포 불휘 술을 찌오고 쏘 醋
민들기 됴혼 줄만 알고. ❷풀다. ●⇔풀
다.《朴新諺 2, 39ㅈ》解解愁悶如何, 愁悶
홈을 풀미 엇더ᄒ뇨. ●⇔플다.《朴新
諺 3, 29ㅈ》就這一段書足可解悶了, 곳 이
一段 칙이 죡히 가히 힘힘호믈 플리라.

해(蟹) 图 게. ⇔게.《朴新諺 2, 49ㅈ》蟹正
肥魚正美, 게 정히 슬디고 고기 정히 아
롬다온 제.

해거(解鋸) 图 톱질. ⇔톱질.《朴新諺 3,
22ㅈ》便拿着拉車解鋸, 곳 잡아 술위 쓰
이며 톱질 시겨.

해고(解庫) 图 =해당고(解儅庫).《集覽, 朴
集, 中, 6ㅎ》解儅庫. 王莽令市官收賤賣
貴, 謂如貸錢與民一百箇, 每月收利錢三
箇, 銀一兩, 則每月取利三分之類. 後主量
其貨物而抽分, 遺下亦收息百三. 後人所
以効之, 今之鮮庫, 是其遺意.

해관(該管) 图 가마는. 관리하는. ⇔ᄀ음
아는.《朴新諺 1, 14ㅈ》還要把領子到該
管官辦處換過小票, 당시롱 튼는 테롤 가
져 ᄀ음아는 셔반의게 가 져근 票롤 밧
고.《朴新諺 3, 5ㅈ》還有該管的書辦們
也受了些錢財, 쏘 ᄀ음아는 셔반들도 이
셔 져기 錢財를 밧고.

해당고(解儅庫) 图 전당포(典當鋪)의 다
른 이름.《集覽, 朴集, 中, 6ㅎ》解儅庫.
王莽令市官收賤賣貴, 謂如貸錢與民一百

箇, 每月收利錢三箇, 銀一兩, 則每月取利 三分之類. 後主量其貨物而抽分, 遣下亦 收息百三. 後人所以効之, 今之解庫, 是其 遺意. 元時或稱印子鋪, 或稱把解, 人以重 物來償, 取錢而去, 在後償還本利, 還取其 物而去, 此卽解償庫也.

해도(海島) 圀 바다 가운데 있는 섬. 《集 覽, 朴集, 中, 3ㅎ》南海普陁落伽山. 飜譯 名義云, 補陁落迦(伽), 此云海島, 又云小 白花.

해롭다 圀 해롭다. 또는 해치다. 손해를 입히다. ⇔방(妨). 《朴新諺 1, 54ㅎ》不妨 事了, 일에 해롭지 아니ᄒ리라. 《朴新諺 2, 53ㅈ》不妨事我試一試, 해롭지 아니ᄒ 니 내 시험ᄒ쟈. 《朴新諺 3, 32ㅎ》不妨 事, 일에 해롭지 아니ᄒ니.

해룡(海龍) 圀 해달(海獺). (족제빗과의 바다 짐승) 《朴新諺 1, 30ㅎ》銀針海龍皮 馬褂, 銀針 ᄀ즈혼 海龍皮로 혼 쟈른옷시 오.

해룡피(海龍皮) 圀 해룡(海龍)의 가죽. 《朴新諺 1, 30ㅎ》銀針海龍皮馬褂, 銀針 ᄀ즈혼 海龍皮로 혼 쟈른옷시오.

해만연석(解幔筵席) 圀 예전 중국의 혼인 에서, 친영(親迎) 때 신부가 신랑 집에 가서 사흘을 묵는데, 마지막 날 신부 집 에서 보내온 술과 음식으로 신랑 집에 서 벌이는 잔치. 《集覽, 朴集, 上, 12ㅈ》 圓飯筵席. 圓作完是, 謂齊足之意. 今按, 漢人娶妻親迎, 而女至男家以宿, 則女家 送女食于男家, 三日而止. 止食之日, 女家 必具酒饌, 送男家設宴, 謂之完飯筵席. 質 問同. 舊本曰解〈觧〉幔筵席.

해민(解悶) 圕 근심이나 고민을 풀어 버리 다. ⇔해민ᄒ다(解悶-). 《朴新諺 1, 1ㅎ》 大家且消愁觧悶如何, 대되 ᄯ 消愁 觧悶 홀만 ᄀ즈 못ᄒ니 엇더ᄒ뇨. 《朴新諺 3, 21ㅈ》悶時莭(節)看看眞好觧悶, 힘힘혼 제 보면 진실로 觧悶ᄒ기 됴ᄒ니라.

해민ᄒ다(解悶-) 圕 해민(解悶)하다. ⇔

해민(解悶). 《朴新諺 1, 1ㅎ》大家且消愁 觧悶如何, 대되 ᄯ 消愁 觧悶홀만 ᄀ즈 못ᄒ니 엇더ᄒ뇨. 《朴新諺 3, 21ㅈ》悶時 莭(節)看看眞好觧悶, 힘힘혼 제 보면 진 실로 觧悶ᄒ기 됴ᄒ니라.

해병(害病) 圕 병에 걸리다. 앓다. ⇔병ᄒ 다. 《集覽, 字解, 單字解, 7ㅎ》害. 患也, 苦也. 害病 병ᄒ다, 害怕 두리다.

해삼(海蔘) 圀 해삼. 《朴新諺 1, 5ㅈ》是海 蔘頓鴨子, 海蔘 너허 숢은 올히와.

해상(海上) 圀 바다의 위. 《朴新諺 2, 5ㅎ》 一望去又是蓬萊(朴新注, 24ㅎ: 三神山之 一, 在海上.)仙島一般, ᄇ라매 ᄯ 이 蓬萊 仙島와 혼가지오.

해상방(海上方) 圀 당(唐)나라 최원량(崔 元亮)이 지었다는 의서(醫書). 《集覽, 朴 集, 下, 2ㅈ》海上方. 唐崔元亮著海上方, 卽醫方也. 《朴新諺 3, 12ㅎ》休尋海上方, 海上方을 ᄎ지 말라.

해생(亥生) 圀 지지(地支)가 해(亥)인 해 에 태어난 사람을 이르는 말. 《朴新諺 3, 43ㅈ》忌巳・午・亥・卯生人, 巳・午 ・亥・卯生 사롬이 忌혼다 ᄒ엿더라.

해수(咳嗽) 圀 기침. 《集覽, 字解, 單字解, 2ㅈ》咳. 五音集韻, 何來切, 小兒笑也. 口 漑切, 咳嗽逆氣也. 今呼驚嘆之聲曰咳. 音 해, 借用爲字也. 考韻書作唉是.

해시(亥時) 圀 십이시(十二時)의 열두째 시. 밤 9시부터 11시까지이다. 《集覽, 朴 集, 下, 10ㅈ》頭戴耳掩或提在手裏. 寅時 揭左邊, 亥時揭右邊而戴, 以寅・亥時爲 通氣, 故揭一邊也, 子・丑時全戴, 爲嚴凝 也.

해아(孩兒) 圀 ●아이. 어린 아이. ⇔아 희. 《集覽, 字解, 單字解, 5ㅈ》兒. 嬰孩 也. 孩兒. 又呼物名, 必用兒字, 爲助語之 辭. 杏兒・李兒. 凡呼物名則呼兒字, 只宜 微用其音, 而不至太白可也. 《集覽, 朴集, 上, 13ㅈ》娃娃. 娃娃, 指孩兒之稱. 字作 哇, 音・와. 是小兒啼聲. 《集覽, 朴集, 上,

13ㅎ》百歲日. 子生一七日, 謂之一臘, 一歲, 謂之百晬. 質問云, 初生孩兒以百日爲百歲日, 六親皆以禮賀之, 主人設席館待. 《朴新諺 1, 49ㅎ》大小家眷小娃娃(朴新注, 19ㅈ 孩兒之稱. 又字作哇哇, 小兒啼聲.), 大小 家眷과 져근 아히들로. 《朴新諺 2, 52ㅎ》這孩兒幾箇月了, 이 아히 몃 둘이나 ㅎ뇨. 《朴新諺 2, 53ㅈ》孩兒會學唱喏了麽, 아히 읍홀 줄을 아ㄴ냐. 《朴新諺 3, 38ㅎ》還落下些養活他媳婦・孩兒, 쏘 져기 쩌르쳐 제 媳婦와 孩兒를 치더니. ●자식. ⇔ㅈ식. 《集覽, 字解, 單字解, 7ㅎ》養. 養成 기르다. 又生産曰養, 養孩兒 ㅈ식 나타. 又呼淫婦宣淫者曰養漢的. 《朴新諺 3, 39ㅈ》咳孩兒使爺娘的, 애 ㅈ식이 어버[이]의 거슬 쓰고.

해아브리다 宮 해어뜨리다. 헐어버리다. 망가지게 하다. ⇔파(破). 《朴新諺 1, 34ㅎ》倒累我的新靴子都走破了, 도로혀 내 새 靴조차 다 돈녀 해아브려다.

해안(海岸) 명 바닷가의 언덕이나 기슭. 《集覽, 朴集, 中, 3ㅎ》南海普陁落伽山. 山在寧波府定海縣, 古昌國縣海中. 佛書所謂海岸高絶處, 普陀洛伽山, 世傳觀音現像于此, 上有普陀寺.

해여브리다 宮 해어뜨리다. 헐어버리다. 망가지게 하다. ⇔괴(壞). 《朴新諺 3, 23ㅈ》你敎徒弟壞了我羅天大醮, 네 徒弟로 ㅎ여 내 羅天大醮를 해여브리고.

해여지다 宮 해어지다. 헐어지다. 망가지다. ⇔파(破). 《朴新諺 1, 14ㅎ》你這布帒是破的不漏麽, 네 이 쟐리 해여져 싯지 아니ㅎㄴ냐. 這是新布帒那裏破那裏怕漏呢, 이 새 쟐리라 어딕 해여지며 어딕 싀기를 저퍼ㅎ리오.

해유(解由) 명 송・원대(宋元代)에 벼슬아치의 전임(轉任)을 증명하던 문서. 《集覽, 朴集, 中, 8ㅈ》解由. 吏學指南云, 考滿職除曰解, 歷其殿最曰由. 質問云, 是僧差的官人, 三年一替換, 滿日討了文書回家, 其文書, 方言謂之觧由. 《朴新諺 2, 50ㅎ》你的陞文(朴新注, 41ㅈ: 猶解由也.)得了麽, 네 돗는 문셔를 어덧는다.

해의(解義) 宮 뜻을 풀어 밝히다. 《集覽, 朴集, 上, 2ㅈ》象生纏糖. 諸司職掌婚禮定親及納徵, 皆用芝麻・纏糖二合, 茶纏糖二合, 則纏與糖非二物矣. 況音義內解〈觧〉義相同, 則是亦明爲一物矣.

해자(孩子) 명 아이. ⇔아히. 《朴新諺 1, 21ㅈ》孩子們買去放得滿天, 아히들이 사 가 눌려 하늘에 ㄱ득ㅎ니. 《朴新諺 1, 54ㅎ》把孩子放在水盆裏洗, 아히룰다가 물 소라에 너허 삣기면. 《朴新諺 1, 55ㅈ》把孩子剃了頭, 아히룰다가 마리룰 싹고. 《朴新諺 1, 55ㅎ》如今姐姐把孩子自妳呢, 이제 각시ㅣ 아히룰 손조 졋 먹이느냐. 《朴新諺 2, 53ㅈ》這孩子眼脂流下來也不擦, 이 아히 눈꼽이 흘러ㄴ리되 삣기지 아니ㅎ니. 《朴新諺 3, 1ㅎ》你這孩子們怎麽這般遭害我, 너 이 아히들이 엇지 이리 나를 보채느뇨. 《朴新諺 3, 1ㅎ》好孩子, 됴흔 아히아. 《朴新諺 3, 3ㅎ》孩子你與我買幾丈夏布來, 아히아 네 나를 위ㅎ여 여러 발 뵈를 사 와.

해자ㅎ다 宮 폐를 끼치다. ⇔정해(定害). 《集覽, 字解, 累字解, 1ㅎ》定害. 너리과라. 又해자하이과라.

해저(海底) 명 바다의 밑바닥. 《朴新諺 2, 30ㅎ》一針投海底尙有可撈日, 一針을 海底에 드리치매 오히려 可히 건질 날이 이시려니와. 一失人身後萬刧再逢難, 흔 번 人身을 일흔 後ㅣ면 萬刧이라도 다시 만나기 어렵다 ㅎ니라.

해제(解制) 宮 음력 7월 보름날 또는 8월 보름날에 여름 안거(安居)를 마치다. 《集覽, 朴集, 下, 2ㅈ》解夏. 盖夏乃長養之節〈莭〉, 在外行則恐傷草木・虫類. 故九十日安居不出, 至七月十五日, 應禪寺掛搭僧尼, 盡皆散去, 謂之解夏, 又謂解制.

해중(海中) 명 바다의 가운데. 《集覽, 朴

集, 中, 5ㅈ》六道. 人道·天道·阿脩羅道·餓鬼道·畜生道·地獄道, 亦名六趣, 加仙道, 名曰七趣. 阿脩羅有大力神人, 嘗共天鬪(鬭), 立大海中, 其高半天. 《集覽, 朴集, 下, 2ㅎ》目連尊者. 事林廣記云, 佛書所謂王舍衛城, 卽寶童龍國也, 國在西南海中, 隷占城. 《朴新諺 2, 29ㅈ》以聲察聲拯慈悲於六道(朴新注, 33ㅎ: 以聲察聲. 聞其聲而察其苦樂之狀. 六道, 人道·天道·阿脩羅道·餓鬼道·畜生道·地獄道也. 阿脩羅有大力神人, 嘗共天鬪(鬭), 立大海中, 其高半天), 소리로 뼈 소리를 술펴 慈悲를 六道에 건디고. 《朴新諺 3, 13ㅈ》談的是目連尊者(朴新注, 49ㅈ: 佛書云, 目連, 姓也, 名拘律陁. 王舍衛城人, 在西南海中.)救母(母)經, 니르는 거슨 이 目連尊者의 救母(母)經이니.

해채(海菜) 圐 미역. ⇔메육. 《朴新諺 2, 25ㅎ》這海菜·乾魚·肉脯, 이 메육과 乾魚와 肉脯는.

해채(薤菜) 圐 부추. ⇔부치. 《朴新諺 2, 39ㅎ》蘿蔔, 댓무우. 蔓菁, 쉿무우. 萵苣, 부로. 葵菜, 아혹. 白菜, 비치. 赤根菜, 시근치. 芫荽, 고싀. 蔥, 파. 蒜, 마놀. 薤菜, 부치. 荊芥, 형개. 薄荷, 박하. 茼蒿, 믈뿍. 水蘿葍, 물한댓무우. 胡蘿葍, 노른댓무우. 芋頭, 토란. 紫蘇都好種的, 紫蘇를 다 시믐이 됴타.

해파(害怕) 圐 두려워하다. ●⇔두리다. 《集覽, 字解, 單字解, 7ㅎ》害. 患也, 苦也. 害病 병ᄒᆞ다, 害怕 두리다. ●⇔두리여ᄒᆞ다. 《集覽, 字解, 單字解, 2ㅎ》怕. 疑懼之意. 怕人知道, 又設若之辭. 怕你不信 ᄒᆞ다가 너옷 밋디 몯거든. 又恐也. 害怕 두리여ᄒᆞ다.

해하(解夏) 圐 음력 7월 보름날 또는 8월 보름날에 여름 안거(安居)를 마치다. 《集覽, 朴集, 下, 2ㅈ》解夏. 荊楚歲時記云, 天下僧尼, 於四月十五日, 就禪刹掛搭不出門, 謂之結夏, 亦曰結制. 盖夏乃長養

之節〈莭〉, 在外行則恐傷草木·虫類. 故九十日安居不出, 至七月十五日, 應禪寺掛搭僧尼, 盡皆散去, 謂之解夏, 又謂解制. 掛搭, 詳見事林廣記.

해한(解寒) 圐 한기를 없애다. 추위를 막다. ⇔해한ᄒᆞ다(解寒-). 《朴新諺 2, 36ㅎ》且打些酒來吃幾杯解寒何如, ᄯᅩ 겨기 술 가져와 여러 잔 먹어 解寒홈이 엇더ᄒᆞ뇨.

해한ᄒᆞ다(解寒-) 圐 해한(解寒)하다. ⇔해한(解寒). 《朴新諺 2, 36ㅎ》且打些酒來吃幾杯解寒何如, ᄯᅩ 겨기 술 가져와 여러 잔 먹어 解寒홈이 엇더ᄒᆞ뇨.

핵(核) 圀 씨. 종자(種子). ⇔삐. 《朴新諺 3, 25ㅎ》只留下桃核, 다만 복셩화 삐만 남기고. 《朴新諺 3, 25ㅎ》三蔵說是一箇桃核, 三蔵이 니르되 이 흔 복셩화 삐라 ᄒᆞ니. 《朴新諺 3, 25ㅎ》却是桃核, ᄯᅩ 이 복셩화 삐라.

핵도(核桃) 圀 호도. 호두. ⇔호도. 《集覽, 朴集, 上, 2ㅈ》核桃. 張騫使西域, 得胡桃回, 種于中國. 後五胡時, 避胡字, 改名核桃. 《朴新諺 1, 39ㅈ》這是核桃, 이는 이 호도ㅣ로다.

행(行) 圐 ●(어떤 활동을) 하다. 《朴新諺 2, 35ㅎ》把那偌大的家財盡行帶去, 뎌 만흔 家財를다가 다 가져가. ●가다. ⇔가다. 《朴新諺 2, 23ㅈ》眞是遠行知馬力日久見人心, 진실로 이 멀리 가매 물 힘을 알고 날이 오래매 사룸의 ᄆᆞ음을 보ᄂᆞ니라. 《朴新諺 3, 47ㅈ》前面奏動細樂引着行, 앏히 셰풍뉴ᄒᆞ여 인도ᄒᆞ여 가고. ●되다. 이루어지다. ⇔되다. 《朴新諺 3, 53ㅈ》定行審理發落, 일뎡 審理 發落홈이 되리라.

행(幸) 밈 행(幸)여. ⇔힝혀. 《朴新諺 3, 59ㅈ》聊以奉送幸勿見笑, 애아로시 뼈 밧드러 보내니 힝혀 웃지 말라.

행(倖) 圀 뜻밖에 얻는 행운. 《朴新諺 3, 16ㅈ》倘或邀天之倖, 만일 하놀 倖을 닙

어.

행도(行道) 图 〈불〉 중이 경문(經文)을 외면서 걷다. 또는 그렇게 하는 일.《集覽, 朴集, 上, 10ㅈ》袈裟. 一曰金縷僧伽黎, 卽大衣也, 入王宮聚落時衣, 乞食時着. 二曰鬱〈欝〉多羅僧, 卽七條也, 此云上着衣也, 入衆時衣, 禮誦齋講時着. 三曰安陁會, 卽五條也, 院內行道雜作衣.

행락(行樂) 图 재미있게 놀고 즐겁게 지내다. ⇔행락ᄒ다(行樂-).《朴新諺 1, 7ㅎ》可謂及時行樂, 可謂 及時 行樂이니.《朴新諺 1, 7ㅎ》又道人生行樂耳, ᄯ 니ᄅ되 人生이 行樂홀지라.

행락ᄒ다(行樂-) 图 행락(行樂)하다. ⇔행락(行樂).《朴新諺 1, 7ㅎ》又道人生行樂耳, ᄯ 니ᄅ되 人生이 行樂홀지라.

행례(行禮) 图 예를 표하다. 예식을 행하다. ⇔행례ᄒ다(行禮-).《集覽, 朴集, 上, 11ㅎ》下多少財錢. 亦云下財. 家禮會通云, 婚有六禮, 納采・問名・納吉・納徵・請期・親迎. 今制, 納采・問名・納吉摠〈総〉一次行禮, 以從簡便, 謂之定禮, 亦爲之定親, 亦曰下紅定, 亦送幣物. 又涓吉送婚書, 行納徵禮, 亦曰納幣, 俗云下財, 亦曰送禮. 俗總稱〈総称〉曰羊酒花紅.《集覽, 朴集, 下, 9ㅎ》打春. 至日黎明, 官吏具香花・燈燭爲壇, 以祭先農. 至立春時, 官吏行禮畢, 各執彩杖, 環擊土牛者三, 以示勸農之意.《朴新諺 3, 34ㅈ》我看了百官行禮完畢之後, 내 百官이 行禮ᄒ기를 ᄆᆞᆷ춤을 본 후에.

행례ᄒ다(行禮-) 图 행례(行禮)하다. ⇔행례(行禮).《朴新諺 3, 34ㅈ》我看了百官行禮完畢之後, 내 百官이 行禮ᄒ기를 ᄆᆞᆷ춤을 본 후에.

행로(行路) 图 길을 가다. 또는 그 길.《集覽, 朴集, 下, 6ㅎ》象眼饃子. 質問云, 以麥糆作成象眼樣大餅〈粄〉子, 行路便於食之, 方言謂之象眼饃子. 然餠子形劑未詳.), 象眼 ᄀᆞ튼 粄子와. 柳葉饃子《集覽,

朴集, 下, 7ㅈ》柳葉饃子. 質問云, 以麥麵作成柳葉樣饃子, 亦便於行路之食, 方言謂之柳葉饃子.《朴新諺 1, 34ㅈ》短少盤纏(朴新注, 13ㅈ: 行路費用也.), 盤纏이 모ᄌᆞ라.

행리(行李) 명 말이나 수레 따위에 실은, 군대의 전투나 숙영(宿營)에 필요한 여러 가지 물품.《集覽, 朴集, 下, 5ㅎ》元寶. 南村輟耕錄云, 至元十三年, 元兵平宋, 回至楊(揚)州, 丞相伯顏號令搜撿(檢)將士行李, 所得撒花銀子, 銷鑄作錠, 每五十兩爲一錠, 歸朝獻〈献〉納.

행문(行文) 图 공문을 보내다.《集覽, 字解, 單字解, 6ㅎ》弔. 以繩懸物曰弔着. 又自縊而死曰弔死. 又物自彫落曰弔了. 又行文州縣取其問囚卷宗曰弔取・曰弔卷.《集覽, 朴集, 下, 11ㅎ》申. 以此觀之, 則非所志也, 乃官行文移也. 詳見求政錄.

행방(行房) 图 부부가 방사(房事)하다. 부부가 동침하다.《集覽, 字解, 單字解, 7ㅈ》耍. 戲弄之辭曰耍子, 戲笑之事曰耍笑. 又行房亦曰耍子.

행방편(行方便) 图 좋은 모양으로 하다. 편의에 따라 적절히 일을 행하다.《集覽, 字解, 單字解, 4ㅎ》便. 去聲, 卽也. 便行 즉재 가니라, 便去 즉재 가리라, 又즉재 가다. 又則也. 便有 곳 잇다, 便是 곳 올ᄒ니라. 又順也, 順便. 又安也, 便當. 又宜也. 行方便 됴홀 양오로 ᄒ다, 不方便 다히 마지 쉽사디 아니타. 又猶則也. 你去便就有了 너옷 가면 이시리라. 又平聲, 穩便 온당ᄒ다. 吏語, 便益.

행사(行使) 图 쓰다[用]. 사용하다. 실행하다. ⇔ᄡᅳ다.《集覽, 字解, 單字解, 5ㅎ》使. 上聲, 差也, 役也. 使的我 날 브려. 又用也. 使用了. 吏語, 行使 ᄡᅳ다. 又使船 비 달호다. 又去聲, 使臣, 差使. 又官名.

행삼좌오(行三坐五) 图 형벌을 멋대로 행하다. 곧, 권세를 부리다.《集覽, 朴集, 中, 1ㅈ》分例支應. 今制, 正官一員, 一日

經過, 米三升, 宿頓五升, 從人一名, 經過
二升, 宿頓三升. 漢俗今云行三坐五.

행아(杏兒) 명 살구. 《集覽, 字解, 單字解,
5ㅈ》兒. 嬰孩也. 孩兒. 又呼物名, 必用兒
字, 爲助語之辭. 杏兒・李兒. 凡呼物名則
呼兒字, 只宜微用其音, 而不至太白可也.

행업(行業) 명〈불〉고락(苦樂)의 과보(果
報)를 받을 선악의 행위. 《集覽, 朴集,
中, 4ㅎ》童男童女. 應作種種身, 或在天
上, 在人間, 隨其所樂, 皆令見衆生形相各
不同, 行業音聲亦無量.

행인(行人) 명 길 가는 사람. 《集覽, 朴集,
上, 4ㅎ》蘆溝橋. 橋之路西通關陝, 南達江
淮. 兩旁多旅舍, 以其密邇京都, 行人・使
客絡繹不絶.

행인(杏仁) 명 살구의 씨를 한방에서 이르
는 말. 《集覽, 朴集, 上, 3ㅎ》細料物. 事林
廣記食饌類, 細料物, 官桂・良薑・蓽撥
草・豆蔲・陳皮・縮砂仁〈砂仁〉・八角
・茴香各一兩, 川椒二兩, 杏仁五兩, 甘草
一兩半, 白檀末半兩. 右共爲細末用之.

행자(行者) 명 ➊행인(行人). 여행자. 《集
覽, 朴集, 中, 7ㅈ》稀粥也熬着. 北人好獵,
不力於農. 獵者・行者多齎炒米, 且其食
性好粥, 尤好生肉渾酪, 故兩書皆元時所
記, 多言稀粥及酪. ➋〈불〉중이 되기 위
하여 출가(出家)한 사람으로서 아직 계
(戒)를 받지 못한 사람. 《集覽, 朴集, 下,
4ㅈ》孫行者. 行者, 僧未經關給度牒者, 謂
之僧行, 亦曰行者. 《朴新諺 3, 21ㅎ》那唐
三藏引着孫行者, 뎌 唐三藏이 孫行者를
드리고, 《朴新諺 3, 22ㅎ》孫行者便到羅
天大醮壇場上藏身, 孫行者ㅣ 곳 羅天大
醮ㅎ는 壇場에 가 몸을 금초아, 《朴新諺
3, 24ㅈ》行者是簡胡孫, 行者는 이 진납
이라. 《朴新諺 3, 25ㅈ》行者變做小虫児,
行者ㅣ 變ㅎ여 져근 벌에 되여, 《朴新諺
3, 26ㅈ》行者念一聲唵字, 行者ㅣ 혼 소리
唵字를 念ㅎ니, 《朴新諺 3, 27ㅈ》行者敢
是死了, 行者ㅣ 죽은 듯ㅎ다. 《朴新諺 3,

27ㅎ》行者又把他的頭先割下來, 行者ㅣ
또 제 머리를다가 몬져 버혀 느리치니.
《朴新諺 3, 28ㅈ》行者念幾句眞言, 行者ㅣ
여러 귀 眞言을 念ㅎ고.

행자(杏子) 명 살구. ⇔솔고. 《朴新諺 1,
4ㅈ》鮮果子呢, 싱과실은. 柑子, 柑子. 橘
子, 귤. 石榴, 石榴. 香水梨, 물한비. 櫻桃,
櫻桃. 杏子, 솔고. 蘋果, 굵은님금. 玉黃
李子, 유황외앗시오.

행재소(行在所) 명 임금이 궁을 떠나 멀
리 순행할 때 머무르던 곳. 《集覽, 朴集,
下, 8ㅎ》南京應天府丞. 永樂中, 於北平肇
建北京, 爲行在所.

행흉(行凶) 동 사람을 죽이다. 살인하다.
《朴新諺 2, 34ㅈ》屢屢的如此行凶作惡,
즈조 이리 行凶 作惡ㅎ더라.

향(向) 동 향(向)하다. ➊⇔향ㅎ다. 《朴新
諺 1, 48ㅈ》見了師傅便向上唱喏, 스승
보고 곳 향ㅎ여 읍ㅎ고. 《朴新諺 2, 3ㅎ》
誰肯向他開口, 뉘 즐겨 뎌를 향ㅎ여 입
을 열리오. 《朴新諺 3, 12ㅈ》向火烤一會
便不痒痒了, 불을 향ㅎ여 혼 지위 쐬면
곳 ㄱ렵지 아니ㅎ리라. 《朴新諺 3, 57
ㅎ》向太祖商量道, 太祖를 향ㅎ여 의논
ㅎ여 니르되. 《朴新諺 3, 58ㅎ》後來有人
向山中打圍, 後에 사룸이 山中을 향ㅎ여
산영ㅎ다가. ➋⇔향ㅎ다(向-). 《朴新諺
3, 6ㅈ》衙門處處向南開, 衙門이 곳곳이
南을 向ㅎ여 여러시나. 有理無錢休入來,
理 이셔도 돈이 업거든 드러오지 말라
ㅎㄴ니라. 《朴新諺 3, 24ㅈ》向大仙鼻凹
裡放着, 大仙의 코굼글 向ㅎ여 노히니.

향(享) 동 누리다. ⇔누리다. 《朴新諺 2,
7ㅎ》有苦同受有樂同享, 괴로옴이 잇거
든 혼가지로 밧고 즐거옴이 잇거든 혼
가지로 누리면.

향(香) 명 ➊향. 《朴新諺 1, 27ㅎ》且就那
一日拈香頭發重誓, 또 그 날 香을 곳고
듕혼 밍셰ㅎ여. 《朴新諺 2, 10ㅎ》咱兩箇
拿些布施和香・蠟去禮拜他, 우리 둘이

져기 보시와 香과 쵸를 가져가 더의게 禮拜ᄒ고. ●향(香)내. 향의 냄새. ⇔향내(香-).《朴新諺 2, 39ㅈ》滿池荷花香噴噴的令人可愛, 못에 ᄀ득ᄒ 荷花ㅣ 香내 쑴겨 사ᄅᆷ으로 ᄒ여곰 ᄉ랑홉게 ᄒ더라.《朴新諺 3, 49ㅎ》或撑到這荷花香處, 或 이 荷花 香내 나ᄂ 곳에 저어 가.

향남(向南) 图 남쪽으로 향하다.《集覽, 朴集, 中, 9ㅈ》衙門處處向南開. 南村輟耕錄云, 凡衙門皆坐北南向者, 南方屬離卦, 離虛中則聰. 又南方火位, 火明則能破暗, 故表南面聰〈聦〉明, 爲民治愚暗之事.

향내(香-) 图 향(香)내. 향의 냄새. ⇔향(香).《朴新諺 2, 39ㅈ》滿池荷花香噴噴的令人可愛, 못에 ᄀ득ᄒ 荷花ㅣ 香내 쑴겨 사ᄅᆷ으로 ᄒ여곰 ᄉ랑홉게 ᄒ더라.《朴新諺 3, 49ㅎ》或撑到這荷花香處, 或 이 荷花 香내 나ᄂ 곳에 저어 가.

향래(向來) 图 저적. 접때. 지금까지. ⇔져적.《朴新諺 1, 10ㅎ》你向來打土墻是多少一板, 네 져적의 토담 쓸 제 언머에 ᄒ 틀을 ᄒ더뇨.

향래(向來) 閉 본디. 줄곧. 항상. 여태까지. ⇔본디.《朴新諺 1, 28ㅈ》他向來面前背後, 데 본디 面前 背後ᄒ여.《朴新諺 2, 33ㅈ》向來做得好不會走作, 向來에 민들기를 잘ᄒ여 흘긔지 아니ᄒ고.

향량(響亮) 图 (소리가) 우렁차다. 높고 낭랑하다. 매우 크다. ⇔향량ᄒ다(響亮-).《朴新諺 3, 13ㅈ》念的聲音響亮, 닑ᄂ 소리 響亮ᄒ고.

향량ᄒ다(響亮-) 혱 향량(響亮)하다. ⇔향량(響亮).《朴新諺 3, 13ㅈ》念的聲音響亮, 닑ᄂ 소리 響亮ᄒ고.

향로(香爐) 图 향을 피우는 자그마한 화로.《朴新諺 2, 50ㅈ》將鍍金香爐擺上燒些餅子香, 鍍金 香爐를다가 버려 져기 餅子香을 피우고.

향리(鄕里) 图 ●고향.《集覽, 朴集, 下, 3ㅈ》衣錦還鄕. 故後人仕官〈窑〉榮貴還鄕里者曰衣錦還鄕. ●시골의 마을.《集覽, 朴集, 上, 6ㅈ》社神. 今制, 每一鄕村之間, 或十五戶或二十戶, 隨其所便, 合爲一社. 擇其鄕里之民有義行者一人爲社長, 擇其殷實者一人爲副.

향산(香山) 图 서역(西域)에 있다는 산 이름.《集覽, 朴集, 中, 5ㅎ》結草廬於香山之上. 飜〈翻〉譯名義云, 西域記云, 阿耨達, 水名, 在香山之南. 觀此則香山亦西域山也, 而未詳所在.《朴新諺 2, 29ㅎ》結草廬於香山(朴新注, 33ㅎ: 西域山名.)之上, 草廬롤 香山 우희 지엇쏘다.

향산(鄕産) 图 선물(膳物).《朴新諺 1, 47ㅈ》多多的帶些人事(朴新注, 18ㅎ: 以鄕産相遺曰人事.)與你還禮罷, 만히 人事를 가져 네게 還禮ᄒ마.《朴新諺 3, 59ㅈ》小子別無土宜(朴新注, 65ㅎ: 鄕産也. 一云, 土儀)帶來, 小子ㅣ 별로 土産을 가져 온 거시 업고.

향선(向善) 图 선한 일을 지향하다.《集覽, 朴集, 上, 16ㅎ》善男善女. 金剛經疏曰, 向善之男女也. 又見下.

향소산(香蘇散) 图 향부자(香附子)・소엽(蘇葉) 따위를 넣어서 달여 만드는 탕약. (감기로 인한 두통・오한 따위에 쓴다)《朴新諺 2, 24ㅎ》宜用香蘇飮(散), 맛당이 香蘇飮(散)을 쁠지라.

향소음(香蘇飮) 图 =향소산(香蘇散). '飮'은 '散'의 잘못.《朴新諺 2, 24ㅎ》宜用香蘇飮(散), 맛당이 香蘇飮(散)을 쁠지라.

향수(香酥) 혱 향기롭고 부드럽다.《集覽, 朴集, 上, 1ㅈ》隨食. 質問云, 以麥麪和油作小餠, 喫茶時食之, 取其香酥也.

향수리(香水梨) 图 즙이 많고 황록색의 약간 떫은맛이 나는 배. ⇔물한빈.《朴新諺 1, 4ㅈ》鮮果子呢, 싱과실은. 柑子, 柑子. 橘子, 귤. 石榴, 石榴. 香水梨, 물한빈. 櫻桃, 櫻桃. 杏子, 술고. 蘋果, 굵은님금. 玉黃李子, 유황외앗시오.

향심(香蕈) 图 표고. (버섯의 한 가지).

《集覽, 朴集, 中, 8ㅈ》磨果釘子. 磨果, 卽香蕈也, 표고. 釘形似之, 故因名焉.

향암(雹) 향암(鄕闇). 농민. 시골뜨기. ⇔장가(莊家). 《朴新諺 1, 50ㅎ》我是新來的莊家(朴新注, 19ㅎ: 村莊治農之人, 又不達時務之人, 謂之莊家), 나는 이 새로 온 향암이라. 《朴新諺 3, 37ㅈ》你是新來的莊家人, 너는 이 새로 온 향암엣 사롬이라. 《朴新諺 3, 37ㅎ》我不想你這莊家漢, 내 너 이 향암엣 놈이.

향어(鄕語) 뗑 우리나라의 말을 중국의 한어(漢語)에 상대하여 이르는 말. 《集覽, 凡例》諺音及字旁之點, 皆從鄕語・鄕音, 詳見反譯凡例. 《集覽, 朴集, 上, 8ㅈ》官司. 凡干詞訟累禍之事, 皆謂之官司, 如鄕語구의죵〈죵〉. 司字恐是事字之誤. 《集覽, 朴集, 下, 10ㅈ》機角. 華人鄕語呼角曰機角.

향용(享用) 阹 (물질이나 정신적으로) 누리다. 맛보다. 즐기다. 만족을 얻다. ⇔향용ᄒ다(享用-). 《朴新諺 2, 35ㅎ》與他人享用, 다른 사롬을 주어 享用케 ᄒ니.

향용ᄒ다(享用-) 阹 향용(享用)하다. ⇔향용(享用). 《朴新諺 2, 35ㅎ》與他人享用, 다른 사롬을 주어 享用케 ᄒ니.

향음(鄕音) 뗑 우리나라의 말소리를 중국의 한음(漢音)에 상대하여 이르는 말. 《集覽, 凡例》諺音及字旁之點, 皆從鄕語・鄕音, 詳見反譯凡例.

향적사(香積寺) 뗑 절 이름. 《集覽, 朴集, 中, 5ㅈ》起浮屠於泗水之間. 唐龍朔初, 於泗州臨淮縣信義坊, 將建伽藍, 掘得古香積寺銘記幷金像一軀, 上有普照王佛字, 遂建寺焉.

향정(香亭) 뗑 향정자(香亭子). (장례식 때에 향합(香盒)・향로, 또는 그 밖의 제구(祭具)를 받쳐 드는 작은 정자(亭子) 모양의 기구) 《朴新諺 3, 44ㅈ》是影亭・香亭・轎馬, 이 影亭과 香亭과 轎馬와.

향정(鄕井) 뗑 고향(故鄕). 《集覽, 朴集,

上, 14ㅎ》八里庄. 地名. 凡鄕井之制, 在內曰街・坊・關・廂, 在外曰店・鎭・鄕・莊〈庄〉・啚・保・屯・務・寨・峪・灣・窩, 盖因俗呼得名, 皆指人所聚居之處也.

향채(香菜) 뗑 향기로운 나물. 《集覽, 朴集, 下, 6ㅎ》象眼饋子. 麁者再切, 細者有麋末, 却簁去, 皆要一樣極細如米粒. 下鍋煮熟, 連湯起在盆內. 用凉水寬投之, 三五次方得精細. 攪轉, 撈起控乾, 麻汁加碎肉・糟〈槽〉姜米・醬瓜米・黃瓜米・香菜等粧點供.

향촌(鄕村) 뗑 농촌. 시골. 촌(村). 《集覽, 朴集, 上, 6ㅈ》社神. 元制, 五十戶爲一社. 今制, 每一鄕村之間, 或十五戶或二十戶, 隨其所便, 合爲一社. 《朴新諺 2, 49ㅈ》但是你還不知那鄕村裏的好處哩, 다만 네 도로혀 뎌 鄕村에 됴흔 곳을 아지 못ᄒ는또다.

향화(香花) 뗑 향과 꽃. 《集覽, 朴集, 下, 9ㅎ》打春. 至日黎明, 官吏具香花・燈燭爲壇, 以祭先農. 至立春時, 官吏行禮畢, 各執彩杖, 環擊土牛者三, 以示勸農之意.

향환(鄕宦) 뗑 관직에서 물러나 지방 마을에 거주하는 관리. 《朴新諺 3, 5ㅈ》聞得內中有一兩箇鄕宦, 드르니 그 중에 흔 두 鄕宦이 이셔.

향ᄒ다 阹 향(向)하다. ●⇔왕(往). 《集覽, 字解, 單字解, ㅈ》往. 向也. 往那裏去 어드러 향ᄒ야 가는다. 又昔也. 往常 아리. 《朴新諺 2, 2ㅎ》上馬往那裏去, 몰을 투면 어듸를 향ᄒ여 갈러뇨. 《朴新諺 2, 41ㅈ》把取燈點上火往裏照, 取燈에다가 불을 혀 안을 향ᄒ여 비최여. 《朴新諺 3, 8ㅎ》要往江南地方化些布施去, 江南 짜흘 향ᄒ여 져기 보시를 빌라 가고져 ᄒ니. 《朴新諺 3, 8ㅎ》徃西天去取經的時節, 西天을 향ᄒ여 經 가질라 갈 제. 《朴新諺 3, 21ㅎ》當年有箇唐僧徃西天取經去, 當年에 흔 唐僧이 이셔 西天을 향ᄒ

여 經 가질라 갈 제.《朴新諺 3, 58ㅎ》逃 往山中去了, 도망ㅎ여 山中을 향ㅎ여 갓 더니. ●⇔조(朝).《朴新諺 1, 56ㅎ》朝 南開着一箇小墻門便是, 南을 향ㅎ여 흔 小墻門을 낸 거시 곳 이라.《朴新諺 3, 10ㅎ》這炕我要朝南做, 이 캉을 내 남향 ㅎ여 민들고.《朴新諺 3, 47ㅎ》朝東放着 土牛, 東을 향ㅎ여 土牛를 노코. ●⇔향 (向).《朴新諺 1, 48ㅈ》見서師傅便向上 唱喏, 스승 보고 곳 향ㅎ여 읍ㅎ고.《朴 新諺 2, 3ㅎ》誰肯向他開口, 뉘 즐겨 뎌를 향ㅎ여 입을 열리오.《朴新諺 3, 12ㅎ》 向火烤一會便不痒痒了, 불을 향ㅎ여 흔 지위 쬐면 곳 그럽지 아니ㅎ리라.《朴新 諺 3, 57ㅎ》向太祖商量道, 太祖를 향ㅎ 여 의논ㅎ여 니르되.《朴新諺 3, 58ㅎ》 後來有人向山中打圍, 後에 사룸이 山中 을 향ㅎ여 산영ㅎ다가.

향ㅎ다(向-) 동 향(向)하다. ⇔향(向). 《朴新諺 3, 6ㅈ》衙門處處向南開, 衙門이 곳곳이 南을 向ㅎ여 여러시니. 有理無錢 休入來, 理 이셔도 돈이 업거든 드러오 지 말라 ㅎ느니라.《朴新諺 3, 24ㅎ》向 大仙鼻凹裡放着, 大仙의 코굼글 向ㅎ여 노흐니.

허(許) 동 허(許)하다. 허락하다. ●⇔허 ㅎ다.《朴新諺 1, 26ㅎ》拈子為之不許更 改的, 몰 자바 뎡ㅎ고 고치믈 허치 마쟈. 《朴新諺 1, 53ㅈ》不許賴的, 소기믈 허치 마쟈.《朴新諺 2, 31ㅎ》不許您街上去閑 遊蕩事, 街上에 가 힘힘이 노라 일내믈 허치 말고. ●⇔허ㅎ다(許-).《朴新諺 1, 7ㅈ》方許散哩, 보야흐로 흣터지믈 許 ㅎ쟈.

허(虛) 명 ●허수(虛宿). 이십팔수(二十八 宿)의 하나. 북방(北方) 현무 칠수(玄武七 宿)의 넷째 별자리.《朴新諺 2, 59ㅈ》斗美 牛休虛得粮, 斗는 美ㅎ고 牛는 休ㅎ고 虛 는 得粮ㅎ고. ●거짓. ⇔거즛.《朴新諺 2, 43ㅈ》討的是虛價還的是實價, 쇠오는

거슨 이 거즛 갑시오 갑는 거시아 이 실흔 갑시니.

허(虛) 円 헛되이. ⇔헛도이.《朴新諺 1, 1ㅈ》咱們不可虛度過了, 우리 可히 헛도 이 지내지 못ㅎ리라.

허가(虛價) 명 실제에 부합되지 않는 값. ⇔거즛값.《朴新諺 2, 43ㅈ》討的是虛價 還的是實價, 쇠오는 거슨 이 거즛 갑시 오 갑는 거시아 이 실흔 갑시니.

허경종(許敬宗) 명 당(唐)나라 항주(杭州) 신성(新城) 사람. 자는 연족(延族). 수대 (隋代)의 수재(秀才) 출신. 당초(唐初) 진 왕부(秦王府) 십팔학사(十八學士)의 한 사람. 벼슬은 예부 상서(禮部尙書)·시 중(侍中)을 지냈다. 실록(實錄) 편찬을 감수하였다.《集覽, 朴集, 中, 8ㅈ》十八 學士. 唐太宗秦王時, 開館延文學之士, 杜 如晦·房玄齡〈岭〉·虞世南·褚遂良· 姚思廉·李玄道·蔡允恭·薛元敬·顔 相時·蘇勗·于志寧·蘇世長·薛攸· 李守素·陸德明·孔穎達·蓋文達·許 敬宗爲文學館學士, 分爲三番, 更日直宿.

허공(虛空) 명 〈불〉 다른 것을 막지 아니 하고, 또한 다른 것에 의하여 막히지도 아니하며, 사물과 마음의 모든 법을 받 아들이는 공간.《集覽, 朴集, 中, 4ㅈ》智 滿十身. 十身有調御. 十身, 曰無着, 曰弘 願, 曰業報, 曰住持, 曰涅槃, 曰淨法, 曰眞 心, 曰三昧, 曰道性, 曰如意. 有內十身, 曰 菩提, 曰願, 曰化, 曰力持, 曰莊嚴, 曰威勢, 曰意生, 曰福德, 曰法, 曰智. 有外十身, 曰 自, 曰衆生, 曰國土, 曰業報, 曰聲聞, 曰圓 覺, 曰菩薩, 曰智, 曰法, 曰虛空.

허다(許多) 괸 하고많은. 많고 많은. 허다 한. ⇔하나한.《集覽, 字解, 單字解, 6ㅈ》 多. 多少 언메나. 又許多 하나한. 又餘也. 三十里多地 삼십 리 나믄 짜. 史語, 多餘. 又過也. 有甚麼多處 므스기 너믄 고디 이시리오. 又重也. 므스기 앗가온 고디 이시리오.

허다(許多) 톙 많다. ⇔많다. 《朴新諺 1, 23ㅈ》當這許多銀子做甚麽, 이 만흔 은을 던당ㅎ여 므슴 ㅎ려 ㅎ눈다. 《朴新諺 3, 18ㅈ》案上又堆着許多案件, 셔안 우희 쏘 許多 문안을 빠하.

허러브리다 톙 헐어버리다. 망가뜨리다. ⇔파패(破敗). 《朴新諺 1, 28ㅈ》到處破敗別人誇張自己(己), 간 곳마다 다론 사롬을 허러브리고 自己롤 쟈랑ㅎ고.

허리 톙 허리. ●⇔요(腰). 《朴新諺 1, 29ㅎ》腰繫着漢府帶, 허리에 漢府帶롤 씌고. 《朴新諺 1, 30ㅎ》腰繫內造織金帶, 허리에 內造織 金帶롤 씌고. 《朴新諺 3, 34ㅎ》咳那身長六尺腰濶三圍, 애 뎌 身長이 六尺이오 허리 너르기 세 아롬이나 ㅎ고. 《朴新諺 3, 35ㅈ》各自腰帶七寶環刀, 각각 허리에 七寶혼 環刀를 츠고. 《朴新諺 3, 47ㅈ》腰繫玉帶, 허리에 玉씌 씌고. ●⇔요아(腰兒). 《朴新諺 2, 53ㅈ》却纔會學立的腰兒軟休弄他, 꼿 셜 줄을 아되 허리 무르니 뎌를 달호지 말라.

허믈 톙 ●허물. 과실. ⇔과(過). 《朴新諺 2, 13ㅎ》大人不見小人過, 大人은 小人의 허믈을 보지 아니ㅎ다 ㅎ니라. ●허물. 탓. ⇔괴(怪). 《朴新諺 1, 37ㅈ》不曾探望你休恠, 일즉 探望치 못ㅎ여시니 네 허믈 말라. 《朴新諺 1, 56ㅎ》大哥休恠, 큰 형아 허믈 말라.

허믈ㅎ다 톙 허물하다. 탓하다. 책망하다. ⇔괴(怪). 《朴新諺 3, 7ㅈ》這也是恠不得虫子, 이 쏘 좀을 허믈치 못홀 거시니.

허비ㅎ다 톙 허비(虛費)하다. ⇔비(費). 《朴新諺 1, 52ㅈ》房錢又空費了, 房錢을 쏘 쇽졀업시 허비홀 거시니. 《朴新諺 2, 1ㅈ》我情愿費三十兩價銀, 내 情愿으로 三十兩 갑 銀을 허비ㅎ려 ㅎ노라. 《朴新諺 2, 4ㅎ》費五六錢銀買一箇羊腔子(朴新注, 24ㅈ: 宰羊者, 去首, 只存其體, 謂腔子.), 다엿 돈 銀을 허비ㅎ여 혼 羊의 몸 똥을 사.

허수아(許瘦兒) 톙 사람 이름. 《朴新諺 2, 58ㅈ》名喚許瘦兒, 일홈을 許瘦兒ㅣ라 부르리.

허적(虛的) 톙 헛되다. 쓸데없다. 공허하다. 《集覽, 字解, 單字解, 3ㅎ》的. 指物之辭. 你的 네 것, 好的 됴흔 것. 又語助. 坐的 안따, 通作地. 又明也, 實也, 端也. 吏語, 的確・的當・虛的・的委的.

허한(虛汗) 톙 몸이 허약하여 나는 땀. 《朴新諺 2, 23ㅎ》夜來身上虛汗如流水一般, 어제 몸에 虛汗이 流水 혼가지 又ㅎ여.

허ㅎ다 톙 허(許)하다. 허락하다. ⇔허(許). 《朴新諺 1, 26ㅎ》拈子為之不許更改的, 물 자바 뎡호고 고치믈 허치 마쟈. 《朴新諺 1, 53ㅈ》不許賴的, 소기믈 허치 마쟈. 《朴新諺 2, 31ㅎ》不許往街上去閑遊惹事, 街上에 가 힘힘이 노라 일내믈 허치 말고.

허ㅎ다(許-) 톙 허(許)하다. 허락하다. ⇔허(許). 《朴新諺 1, 7ㅈ》方許散哩, 보야흐로 흣터지믈 許ㅎ쟈.

헌납(獻納) 톙 돈이나 물건을 바치다. 《集覽, 朴集, 下, 5ㅎ》元寶. 南村輟耕錄云, 至元十三年, 元兵平宋, 回至楊(揚)州, 丞相伯顔號令搜撿(檢)將士行李, 所得撒花銀子, 銷鑄作錠, 每五十兩爲一錠, 歸朝獻〈献〉納.

헌서(憲書) 톙 책력(冊曆). 달력. 역서(曆書). ⇔칙력. 《朴新諺 1, 10ㅈ》把憲書看一看, 칙력을 보아.

헌안왕(憲安王) 톙 신라(新羅)의 제47대 왕(?~861). 이름은 의정(誼靖)・우정(祐靖). 균정(均貞)의 아들. 즉위 초에 제방을 쌓아 농사를 장려하였다. 병이 들자 사위인 응렴(膺廉: 景文王)에게 선위(禪位)하고 죽었다. 재위 5년(857~861). 《集覽, 朴集, 下, 12ㅎ》弓裔. 新羅憲安王之庶子, 以五月五日生, 屋上有素光屬天如虹. 《朴新諺 3, 57ㅈ》那時有箇王名弓

裔(朴新注, 65ㅈ: 新羅憲安王之子. 叛居
鉄原為都, 國號泰封.), 그 째에 혼 님금이
이셔 일홈이 弓裔니.

헌천(憲天) 몡 상소(上訴)할 때 억울함을
풀어주기를 바란다는 뜻에서, 상부의
사건 담당 장관(長官)을 하늘에 비유하
는 말. 《朴新諺 3, 51ㅈ》伏乞憲天老爺立
賜看驗, 伏乞 憲天 老爺는 즉시 看驗홈을
주어.

헐(歇) 동 쉬다. 휴식하다. ⇔쉬다. 《朴新
諺 1, 51ㅈ》歇一歇再洗, 쉬어 다시 삐셔.
洗勾了却到客位裏歇一會, 삣기를 잇긋
ᄒ고 쏘 客位에 가 혼 지위 쉬어.

헐식(歇息) 동 쉬다. 휴식하다. ⇔쉬다.
《朴新諺 2, 49ㅈ》每日東走西走不得片時
歇息, 每日에 동으로 돗고 셔로 드라 片
時도 쉼을 엇지 못ᄒ니.

험(驗) 동 =험(驗)의 ●. '駮'은 '驗'과 같다.
《改倂四聲篇海, 馬部》搜眞玉鏡: 驗, 與驗
義同. 《朴新諺 2, 17ㅈ》請老爺駮馬, 請컨
대 老爺는 물을 보라.

험(驗) 동 ●보다. 조사하다. 검사하다.
⇔보다. 《朴新諺 2, 17ㅈ》請老爺駮馬,
請컨대 老爺는 물을 보라. ●조사하다.
검사하다. ⇔험ᄒ다(驗-). 《朴新諺 3, 53
ㅈ》捉賊見贓, 도적 잡기는 贓物을 보고.
廝打驗傷, 서로 싸혼 디는 傷處를 驗혼다
ᄒ니라.

험과(驗過) 동 잘못을 조사하다. ⇔험과
ᄒ다(驗過-). 《朴新諺 1, 3ㅈ》吩咐我帶
廻來給老爺們看驗過了, 우리게 吩咐ᄒ
여 가져와 老爺네끠 뵈야 驗過ᄒ고.

험과ᄒ다(驗過-) 동 험과(驗過)하다. ⇔
험과(驗過). 《朴新諺 1, 3ㅈ》吩咐我帶廻
來給老爺們看驗過了, 우리게 吩咐ᄒ여
가져와 老爺네끠 뵈야 驗過ᄒ고.

험도(險途) 몡 험한 길. 위험한 길. 《集覽,
朴集, 中, 5ㅎ》傾甘露於瓶中濟險途於飢
渴. 飜〈翻〉譯名義云, 梵言軍持, 此云甁.
軍持有二, 若甆瓦者是淨用, 若銅鐵者是

觸用. 《朴新諺 2, 29ㅎ》傾甘露於甁中濟
險途於飢渴, 甘露를 甁 中에 기우려 險途
를 飢渴에 구제ᄒ는 쏘다.

험방(驗放) 동 검사를 다 마친 뒤 통과시
키다. 《集覽, 朴集, 上, 6ㅈ》碎貼兒. 音義
云, 出門驗放之貼.

험수(險水) 몡 험난한 물길. 《集覽, 朴集,
下, 1ㅎ》刁蹶. 又過棘〈釣洞·火炎山·
薄屎洞·女人國及諸惡山險水, 恠〈怪〉害
患苦, 不知其幾, 此所謂刁蹶也.《朴新諺
3, 9ㅈ》過多少惡山·險水, 언머 惡山·
險水를 디나며.

험ᄒ다(驗-) 동 조사하다. 검사하다. ⇔
험(驗). 《朴新諺 3, 53ㅈ》捉賊見贓, 도적
잡기는 贓物을 보고. 廝打驗傷, 서로 싸
혼 디는 傷處를 驗혼다 ᄒ니라.

헛도이 뮈 헛되이. ⇔허(虛). 《朴新諺 1,
1ㅈ》咱們不可虛度過了, 우리 可히 헛도
이 지내지 못ᄒ리라.

헤티다 동 헤치다. ⇔살료(撒了). 《集覽,
字解, 單字解, 1ㅎ》撒. 散之也. 撒了 헤티
다. 又覺也. 覺撒了 아다. 又放也. 撒放罪
人 죄신을 앗아라 노타.

혀 몡 ●혀. ⇔설(舌). 《集覽, 字解, 單字解,
3ㅈ》箇. 一枚也. 俗呼一枚爲一箇, 亦曰箇
把. 又箇箇 난나치. 單言箇字, 亦爲一枚之
意. 有箇人 혼 사ᄅᆞ미. 又語助. 這箇·些
箇. 又音이. 舌頭兩箇 혓 그토로, 今不用.
《朴新諺 2, 41ㅈ》把舌尖濕破窓戶, 혀 씃
흐로다가 窓戶를 적셔 뿔고. 《朴新諺 3,
27ㅎ》衆人喝采(保)說佛家法力大贏了,
모든 사람이 혀츠고 니ᄅ되 佛家ㅣ 法力
이 크다 이긔엿고나. ●서까래. ⇔연
(椽). 《朴新諺 3, 16ㅎ》這椽, 이 납과. 樑,
ᄆᆞᄅ와. 椽, 혀와. 柱, 기동과. 短柱, 短柱
와. 門框, 문얼굴과. 門扇, 문짝과. 吊窓,
들창과. 天窓, 우러리창과. 雙扇, 빵다지
와. 單扇, 외다지와. 窓欞, 창얼굴로.

혀기다 동 매기다. 가리다. 분간하다. ⇔
분(分). 《朴新諺 2, 6ㅎ》好哥兒弟兄們從

來不分彼此, 무움 됴흔 형 아우들이 본
디 彼此를 혀기지 아니ᄒᆞᄂᆞ니.

혀다 图 (불) 켜다. ⇔점(點).《朴新諺 2,
18ㅈ》當直的點燈來, 當直ᄒᆞᄂᆞᆫ 이 등잔
불 혀 오라.《朴新諺 2, 41ㅈ》把取燈點上
火往裏照, 取燈에다가 불을 혀 안을 향
ᄒᆞ여 비최여.《朴新諺 2, 49ㅈ》直到點燈
時分纔下馬, 잇긋 불 혈 ᄢᅦ에 다ᄃᆞᆺ게야
ᄀᆞᆺ 몰ᄲᅦ ᄂᆞ리니.《朴新諺 3, 43ㅎ》點起
燈燭, 燈燭을 혀고.《朴新諺 3, 45ㅎ》若
挨摸到點燈時候, 만일 ᄯᅳ으내여 불 혈 ᄢᅢ
에 다드르면.

혀쇠 图 날름쇠. ⇔작설(雀舌).《朴新諺 1,
22ㅈ》那雀舌做得牢壯也好, 뎌 혀쇠ᄂᆞᆫ
민들기를 牢壯히 ᄒᆞ야시니 ᄯᅩ 됴타.

혀츠다 图 혀 차다. ⇔갈채(喝保).《朴新
諺 3, 27ㅎ》衆人喝采(保)說佛家法力大嬴
了, 모든 사ᄅᆞᆷ이 혀츠고 니ᄅᆞ되 佛家ㅣ
法力이 크다 이긔엿고나.《朴諺, 下, 22
ㅈ》王喝保的其間, 王이 혀츨 ᄉᆞ이예.
《朴諺, 下, 23ㅎ》衆人喝保佛家嬴了也,
모든 사ᄅᆞᆷ이 혀츠고 佛家ㅣ 이긔어다 ᄒᆞ
더라.《朴諺, 下, 27ㅈ》你看那厮唧唧的
喝保, 네 보라 뎌 놈이 唧唧히 혀츠는고
나.《朴諺, 下, 36ㅈ》衆人喝保道, 모든
사ᄅᆞᆷ이 혀츠고 닐오ᄃᆡ.《譯語類解, 上,
氣息》喝保, 혀 차다.

혁대 图 굴레. ⇔비두(轡頭).《朴新諺 2,
2ㅈ》有九分膘轡頭好, 九分이나 술이 잇
고 혁대 됴흐되.

현 团 몃. ⇔기(幾).《集覽, 字解, 單字解,
5ㅎ》家. 止指一數之稱. 一箇家 ᄒᆞᆫ 낫식,
幾箇家 몃 낫식, 又혼 낫식, 幾年家 현
ᄒᆡ식. 又뿔也. 大家 대개. 又擧姓呼人之
稱. 李家・張家. 又呼皇帝曰官家. 又語
助. 沒有家 업다.《朴新諺 2, 44ㅎ》計開
正房幾間, 혜오니 正房이 현 간. 西房幾
間, 西房이 현 간. 東房幾間, 東房이 현
간. 廳房幾間, 대쳥이 현 간. 書房幾間,
書房이 현 간. 暖閣幾間, 暖閣이 현 간.

花廳幾間, 花廳이 현 간. 捲蓬幾間, 우산
각이 현 간. 佛堂幾間, 佛堂이 현 간. 庫
房幾間, 庫房이 현 간. 馬房幾間, 馬房이
현 간. 廚房幾間, 廚房이 현 간.

현 囹 몃 (살). ⇔기세(幾歲).《朴新諺 3,
52ㅈ》告狀人李萬現年幾歲, 告狀ᄒᆞᄂᆞᆫ 사
ᄅᆞᆷ 李萬의 시방 나히 현이오.《朴新諺
3, 54ㅈ》牙幾歲, 나히 현이라.

현(現) 图 ●뵈다. 보게 하다. ⇔뵈다.《朴
新諺 2, 29ㅎ》隨相現相救苦難於三塗, 相
을 조차 相을 뵈아 苦難을 三塗에 救ᄒᆞᄂᆞ
ᄯᅩ다. ●시방(時方). 현재. 지금. ⇔시방.
《朴新諺 1, 34ㅈ》現有借票在我手裏, 시
방 ᄭᅮᆫ 보람이 내 손에 잇ᄂᆞ니.《朴新諺
2, 19ㅈ》情愿將親生之子小名神奴現年五
歲, 情愿으로 親生ᄒᆞᆫ 아ᄃᆞᆯ 小名은 神奴ㅣ
오 시방 나히 五歲엣 거슬다가.《朴新諺
3, 52ㅈ》告狀人李萬現年幾歲, 告狀ᄒᆞᄂᆞᆫ
사ᄅᆞᆷ 李萬의 시방 나히 현이오.

현능(賢能) 囹 어질고 유능하다. 또는 그
런 사람.《集覽, 朴集, 中, 2ㅎ》甘結. 今
按, 如保擧人材者, 必寫稱所擧之人, 並無
喪過及干娼優子嗣, 委的賢能, 如虛甘伏
重罪云云.

현대(懸帶) 图 휴대하다.《集覽, 朴集, 中,
1ㅎ》金字圓牌. 至正條格云, 元時, 中書省
奏, 諸王・駙馬各投下有軍情緊急重事,
許令懸帶原降銀字圓牌應付鋪馬騎坐, 其
餘差使人員有緊急軍情重事, 許令懸帶金
字圓牌, 方付鋪馬.

현도군(玄菟郡) 囹 기원전 108년에 전한
(前漢)의 무제(武帝)가 세운 한사군(漢
四郡) 가운데 가장 북쪽에 있었다. 광개
토대왕(廣開土大王) 14년(404) 이전에
요동군(遼東郡)과 함께 고구려(高句麗)
에 병합되었다.《集覽, 朴集, 上, 4ㅎ》瀋
陽. 今設瀋陽中衛, 地方廣衍, 東逼高麗,
北抵建州, 去衛治東北八十里, 有州曰貴
德, 或謂玄菟郡.

현릉(玄陵) 囹 고려(高麗) 제31대 공민왕

(恭愍王)의 능(陵). 경기도(京畿道) 개풍
군(開豊郡) 중서면(中西面) 여릉리(麗陵
里)에 있다. 《集覽, 朴集, 上, 15ㅎ》步虛.
戊午冬, 示寂放舍利玄陵, 賜諡圓證國師,
樹塔于重興寺之東, 以藏舍利.

현리(玄理) 명 매우 오묘하고 깊은 이치.
《集覽, 朴集, 下, 3ㅈ》三寶. 佛·法·僧
也. 功成妙智, 道登圓覺, 佛也, 玄理幽微,
正敎精誠, 法也, 禁戒守眞, 威儀出俗, 僧
也. 《朴新諺 3, 14ㅈ》不信佛法不尊三寶
(朴新注, 49ㅎ: 佛·法·僧曰三寶. 功成
妙智, 道登圓覺, 佛也, 玄理幽微, 正敎精
誠, 法也, 禁戒守眞, 威儀出俗, 僧也. 故曰
寶.), 佛法을 信치 아니호고 三寶를 尊치
아니호니.

현보(現報) 통 〈불〉 삼보(三報)의 하나로,
현세(現世)에서 업(業)을 지어 현세에서
과보(果報)를 받다. ⇔현보호다(現報-).
《朴新諺 3, 14ㅈ》因此上今日現報, 이런
젼츠로 오늘 現報호느니라.

현보호다(現報-) 통 〈불〉 현보(現報)하
다. ⇔현보(現報). 《朴新諺 3, 14ㅈ》因此
上今日現報, 이런 젼츠로 오늘 現報호느
니라.

현상(現相) 명 〈불〉 생멸(生滅)·증감(增
減)·시종(始終)이 존재하는 우주의 겉
모습. 《集覽, 朴集, 中, 8ㅎ》因緣. 反(翻)
譯名義云, 因, 謂先無其事而從彼生也, 緣,
謂素有其分而從彼起也. 又云, 前緣相生,
因也, 現相助成, 緣也. 《朴新諺 2, 54ㅈ》
做些好事結箇好因緣(朴新注, 42ㅎ: 佛書
云, 曰謂先無其事而從彼生也, 緣謂素有
其分而從彼起也. 又云, 前緣相生, 因也,
現相助成, 緣也.), 져기 됴흔 일을 호여
됴흔 因緣을 미즘이.

현상(現像) 통 〈불〉 부처나 보살 등이 인
간 세상에 모습을 드러내다. 《集覽, 朴
集, 中, 3ㅎ》南海普陁落伽山. 佛書所謂海
岸高絶處, 普陁洛伽山, 世傳觀音現像于
此, 上有普陀寺. 《朴新諺 2, 28ㅎ》到那南
海普陁落伽山(朴新注, 33ㅈ: 在寧波府定
海縣. 世傳觀音現像于此, 上有普陀寺.),
뎌 南海 普陀 落伽山에 가.

현성(現成) 형 이미 마련되어 있다. 이미
갖추어지다. ⇔현성호다(現成-). 《朴新
諺 1, 45ㅎ》我沒有現成裁料, 내게 現成
혼 フ움이 업세라. 《朴新諺 1, 46ㅈ》我
有現成水綠絲紬, 내게 現成혼 水綠 絲
紬ㅣ 잇다. 《朴新諺 2, 15ㅈ》你把現成樣
子來我看, 네 現成혼 樣子를 가져오라 내
보쟈.

현성호다(現成-) 형 현성(現成)하다. ⇔
현성(現成). 《朴新諺 1, 45ㅎ》我沒有現
成裁料, 내게 現成혼 フ움이 업세라. 《朴
新諺 1, 46ㅈ》我有現成水綠絲紬, 내게 現
成혼 水綠 絲紬ㅣ 잇다. 《朴新諺 2, 15
ㅈ》你把現成樣子來我看, 네 現成혼 樣子
를 가져오라 내 보쟈.

현실(玄室) 명 어두운 방. 《集覽, 朴集, 上,
15ㅈ》瑤池. 列仙傳, 崐崘〈崑崙〉閬苑, 有
〈白〉玉樓十二, 玄室九層, 左瑤池, 右翠
水, 環以弱水九重, 非飆(飇)車羽輪, 不可
到也.

현장(玄奘) 명 당(唐)나라의 고승(高僧).
속성(俗姓)은 진(陳). 이름은 위(偉). 낙
주(洛州) 구씨(緱氏) 사람. 법상종(法相
宗) 및 구사종(俱舍宗)의 창시자. 일명
삼장법사(三藏法師). 정관(貞觀) 19년
(648) 인도(印度)에서 경론(經論) 657부
(部)를 가지고 장안(長安)으로 돌아와
제자들과 함께 75부 1천 3백 35권을 번
역하였다. 저서에 대당서역기(大唐西域
記) 12권이 전한다. 《集覽, 朴集, 下, 1
ㅈ》唐三藏法師〈三藏〉. 俗姓陳, 名偉, 洛
州緱氏縣人也, 號玄奘法師. 《集覽, 朴集,
下, 4ㅈ》孫行者. 其後唐太宗勑玄奘法師,
徃西天取經, 路經此山, 見此猴精壓在石
縫, 去其佛押出之, 以爲徒弟, 賜法名吾
(悟)空, 改号〈號〉爲孫行者, 與沙和尙及
黑猪精·朱八戒偕性, 在路降妖去恠, 救師

脫難, 皆是孫行者神通之力也.

현장(伭奘) 몡 =현장(玄奘). '伭'은 '玄'과 통용. 《明, 李東陽》郊壇分獻得北鎭詩》 禮備牲牷帛尙伭, 玆山壇與嶽相連.《朴新 諺 3, 8ㅎ》當時唐三藏(朴新注, 47ㅈ: 唐僧, 陳伭〈玄〉奘. 奉勅徃西天, 取三藏經而來, 故號三藏.)師傅, 그 째에 唐三藏 師傅ㅣ.

현장법사(玄奘法師) 몡 당(唐)나라 현장 (玄奘)의 법호(法號).《集覽, 朴集, 下, 1 ㅈ》唐三藏法師〈三藏〉. 俗姓陳, 名偉, 洛 州緱氏縣人也, 號玄奘法師.《集覽, 朴集, 下, 4ㅈ》孫行者. 其後唐太宗勅玄奘法師, 徃西天取經, 路經此山, 見此猴精壓在石 縫, 去其佛押出之, 以爲徒弟, 賜法名吾 (悟)空, 改号〈號〉爲孫行者, 與沙和尙及 黑猪精朱八戒偕徃, 在路降妖去恠, 救師 脫難, 皆是孫行者神通之力也.

현재불(現在佛) 몡 〈불〉 현재에 나타나 있는 부처.《集覽, 朴集, 下, 1ㅈ》三尊佛. 過去佛·現在佛·未來佛爲三尊佛也, 亦 曰三世如來.《朴新諺 3, 8ㅈ》我曾塑了三 尊佛(朴新注, 47ㅈ: 過去佛·現在佛·未 來佛), 내 일즉 三尊佛을 믿드라.

현종(玄宗) 몡 당(唐)나라 제6대 황제(皇 帝: 李隆基)의 묘호(廟號).《集覽, 朴集, 下, 11ㅎ》李白摸月. 李白, 唐玄宗朝詩人 也. 泛采石江, 見月影滿水, 以手弄月, 身 飜〈翻〉而死.

현질(顯質) 몡 〈불〉 부처나 보살 또는 신 선이 갖가지 모습으로 세상에 나타나 다. ⇔현질ᄒ다(現質-).《朴新諺 2, 29 ㅈ》或現質于梵王帝釋, 或 梵王 帝釋에 顯質ᄒ고.

현질ᄒ다(現質-) 몡 〈불〉 현질(顯質)하 다. ⇔현질(顯質).《朴新諺 2, 29ㅈ》或現 質于梵王帝釋, 或 梵王 帝釋에 顯質ᄒ고.

현청(玄靑) 몡 짙은 검정색. 새까만 색. ⇔셕쳥빗ㅊ.《朴新諺 2, 59ㅎ》玄靑的裁 做褂子, 셕쳥빗츤 등거리 물라 민들고.

현출(現出) 몡 나타나다. 드러나다. 드러

내다. ⇔현출ᄒ다(現出-).《朴新諺 3, 28 ㅎ》怎生使他現出本像, 엇지 뎌로 ᄒ여 곰 本像을 現出케 ᄒ리오.

현출ᄒ다(現出-) 몡 현출(現出)하다. ⇔ 현출(現出).《朴新諺 3, 28ㅎ》怎生使他 現出本像, 엇지 뎌로 ᄒ여곰 本像을 現出 케 ᄒ리오.

현학(玄鶴) 몡 검은 빛깔의 학.《集覽, 朴 集, 下, 3ㅈ》六鶴舞琴. 史記, 師曠援琴而 鼓, 一奏之, 有玄鶴二八集于廊門, 再奏之, 延頸而鳴, 舒翼而舞.

현호모(玄狐帽) 몡 검은 여우의 털가죽으 로 만든 모자.《朴新諺 1, 29ㅈ》是頭戴 玄狐帽, 마리에 玄狐帽롤 쓰고.

혈(血) 몡 피. ⇔피.《朴新諺 1, 41ㅎ》把蹄 子放了些血, 굽에 피 빠히쟈.《朴新諺 1, 42ㅈ》也就把蹄子上放些血罷, 또 이믜셔 굽에 피 빠히라.《朴新諺 2, 35ㅈ》搜出 幾箇血瀝瀝的尸首來, 여러 피 뜻듯ᄂᆞᆫ 尸 首를 뒤어 내고.《朴新諺 3, 27ㅎ》只見 血淋淋的腔子, 그저 피 뜻듯ᄂᆞᆫ 몸똥만 보고.

혈갈 몡 채칼. 채도(菜刀). ⇔찰상(擦床). 《集覽, 朴集, 中, 2ㅈ》擦床. 音義云, 用木 小板長尺餘, 橫穿爲空二三十穴, 各用薄 鉄〈鐵〉爲刃庙其中, 以蘿葍等物按磨於鐵 〈鉄〉刃之上, 其絲從穴下墜〈隊〉, 勝於刀 切. 今按, 卽本國혈·갈.

혈거피 몡 깍지. 각지(角指). ●⇔제기(濟 機).《集覽, 朴集, 上, 13ㅈ》濟機. 音義云, ·쌀로 밍·ᄀᆞ론 혈거피 ·ᄀᆞ·튼 것. 今按, 漢 人或牛角或鹿角爲之, 形如環, 着於拇指, 亦所以鈎〈所以鈎〉弦開弓. ●⇔포지(包 指).《集覽, 朴集, 上, 13ㅈ》包指. 音義云, 혈거피.

혈점(血點) 몡 살갗에 피가 맺혀 생긴 점. 《朴新諺 3, 30ㅎ》黃豆大血點紅的好顏色, 콩만치 크고 血點ᄀᆞ치 붉은 됴흔 빗치니.

혐(嫌) 몡 혐의(嫌疑)하다. 꺼리고 미워하 다. ⇔혐의ᄒ다.《朴新諺 2, 25ㅎ》不要

嫌少, 져금을 혐의치 말라 ㅎ더이다.

혐의ㅎ다 图 혐(嫌)하다. ⇔혐(嫌).《朴新諺 2, 25ㅎ》不要嫌少, 져금을 혐의치 말라 ㅎ더이다.

협(挾) 图 끼다. 끼우다. ⇔끼다.《朴新諺 3, 3ㅎ》不如挾着屁眼家裡坐着去罷, 밋궁글 쪄고 집의 안자시라 갈만 ㅈ지 못ㅎ다.

협공(協恭) 图 정중(鄭重)하게 협력하다.《朴新諺 2, 2ㅎ》後日又要請衙門中同寅(朴新注, 23ㅎ: 卽同官也. 同寅, 協恭之義.)老爺們吃酒, 모리 쪼 衙門에 同寅 老爺들을 쳥ㅎ여 술 먹으려 ㅎ여.

협도 图 협도(鋏刀). (한약재를 써는 연장. 작두와 비슷하게 생겼다) ⇔도(刀).《朴新諺 1, 40ㅎ》這是鍘藥刀, 이는 이 藥 짜ㅎ는 협도ㅣ로다.

협서(陝西) 图 =섬서(陝西). '陝'은 '陝'의 잘못.《集覽, 朴集, 上, 15ㅎ》陝(陝)西. 古雍州地, 漢所都長安之地. 唐置京圻〈畿〉道, 宋置陝(陝)西路, 元置陝(陝)西行中書省, 今置陝(陝)西布政使司〈司使〉.

협수(挾讐) 图 원한을 품다. ⇔협수ㅎ다(挾讐-).《朴新諺 3, 38ㅎ》被一箇挾讐的人告訴了他主人, 혼 挾讐혼 사룸이 제 主人의게 告訴홈을 닙어.

협수ㅎ다(挾讐-) 图 협수(挾讐)하다. ⇔협수(挾讐).《朴新諺 3, 38ㅎ》被一箇挾讐的人告訴了他主人, 혼 挾讐혼 사룸이 제 主人의게 告訴홈을 닙어.

혓긑 图 혀끝. 혀의 끝. ⇔설두양개(舌頭兩箇).《集覽, 字解, 單字解, 3ㅈ》箇. 一枚也. 俗呼一枚爲一箇, 亦曰箇把. 又箇箇 난나치. 單言箇字, 亦爲一枚之意. 有箇人 혼 사룸이. 又語助. 這箇・些箇. 又音이. 舌頭兩箇 혓 그토로, 今不用.

형 图 **1**형. ●⇔가(哥).《朴新諺 1, 8ㅈ》院判哥, 院判 형아.《朴新諺 1, 38ㅎ》二哥來來去去, 둘재 형은 오락가락ㅎ고. 三哥待要分開, 셋재 형은 눈호고져 ㅎ

고. 四哥待要一處, 넷재 형은 혼디 모호고져 ㅎ는 거시여.《朴新諺 1, 38ㅎ》二哥是熨斗, 둘재 형은 이 다리우리오. 三哥是剪子, 셋재 형은 이 가인오. 四哥是針線, 넷재 형은 이 바놀실이로다.《朴新諺 1, 58ㅈ》秀才哥, 秀才 형아.《朴新諺 2, 8ㅈ》掌横的老哥, 横 ㄱ음아는 늙은 형아.《朴新諺 2, 44ㅈ》大哥煩你代我寫一張租房契, 큰형아 네게 비느니 나를 ㄱ룬차 혼 쟝 집 셰내는 글월을 쓰고려.《朴新諺 3, 49ㅈ》秀才哥咱們打魚去罷, 秀才 형아 우리 고기 잡으라 가쟈.《朴新諺 3, 46ㅈ》宋哥我同你看打春去罷, 宋가 형아 내 너와 혼가지로 닙츈노롯ㅎ는 양 보라 가쟈. ●⇔가아(哥兒).《朴新諺 2, 6ㅎ》好哥兒弟兄們從來不分彼此, ㅁ음 됴혼 형 아우들이 본디 彼此를 혀기지 아니ㅎ느니. **2**형. 형님. (형이나 자기보다 나이가 많은 청년 남자를 친근하게 부르는 호칭) ⇔아가(阿哥).《朴新諺 1, 56ㅈ》阿哥在那裏下着呢, 형아 어디이셔 부리읫는다.

형(兄) 图 형.《朴新諺 3, 56ㅈ》沈兄這位尊姓, 沈가아 이 분의 놉흔 姓이여.

형(衡) 图 북두칠성의 다섯째 별 이름.《集覽, 朴集, 上, 7ㅈ》北斗左輔右弼. 凡九星, 曰樞宮貪狼, 曰璇宮巨門, 曰璣〈幾〉宮祿存, 曰權宮文曲, 曰衡宮廉貞, 曰闓(開)陽宮武曲, 曰瑤光宮破軍, 曰洞明宮左輔, 曰隱元宮右弼.

형개 图 형개(荊芥). ⇔형개(荊芥).《朴新諺 2, 39ㅎ》蘿蔔, 댓무우. 蔓菁, 쉿무우. 萵苣, 부로. 葵菜, 아혹. 白菜, 빅치. 赤根菜, 시근치. 芫荽, 고싀. 蔥, 파. 蒜, 마놀. 薤菜, 부치. 荊芥, 형개. 薄荷, 박하. 茼蒿, 믈뿍. 水蘿蔔, 물한댓무우. 胡蘿蔔, 노른댓무우. 芋頭, 토란. 紫蘇都是好種的, 紫蘇를 다 시믐이 됴타.

형개(荊芥) 图 정가. (명아줏과의 한해살이풀) ⇔형개.《朴新諺 2, 39ㅎ》蘿蔔, 댓

무우. 蔓菁, 쉿무우. 萵苣, 부로. 葵菜, 아
혹. 白菜, 비치. 赤根菜, 시근치. 芫荽, 고
싀. 蔥, 파. 蒜, 마놀. 蘿菜, 부치. 荊芥,
형개. 薄荷, 박하. 茼蒿, 믈뿍. 水蘿葍, 믈
한댓무우. 胡蘿葍, 노른댓무우. 芋頭, 토
란. 紫蘇都好種的, 紫蘇를 다 시믐이 됴
타.

형부(刑部) 뎽 육부(六部)의 하나. 형법을
관장하고 송사를 담당하였다. 《集覽, 朴
集, 中, 7ㅈ》一百七. 大德中, 刑部尙書王
約上言, 國朝用刑寬恕, 笞杖十減其三, 故
笞一十減爲七.

형상(形狀) 뎽 겉모양. 외관(外觀). 《集覽,
朴集, 上, 2ㅈ》荔子. 子作支〈支〉. 荔支
〈支〉, 生巴峽間, 形狀團如帷盖, 葉如冬
靑, 花如橘, 春榮. 實如丹夏, 朶如葡萄.
《集覽, 朴集, 上, 4ㅎ》蘆溝橋. 其一東南
流, 入于蘆溝, 又東入于東安縣界. 去都城
三十里, 有石橋跨于河, 廣二百餘步, 其上
兩旁皆石欄, 雕刻石獅, 形狀奇巧, 成於金
明昌三年. 《朴新諺 1, 9ㅎ》直淌過蘆溝橋
(朴新注, 4ㅈ: 京都南三十里, 有河曰蘆溝,
上有石橋, 廣二百餘步, 兩傍皆石欄, 雕刻
石獅, 形狀奇巧.)上獅子頭了, 바로 蘆溝
橋 우희 獅子 머리를 즘가 넘어.

형상(形相) 뎽 사물의 생긴 모양이나 상
태. 《集覽, 朴集, 中, 4ㅎ》童男童女. 應作
種種身, 或在天上, 在人間, 隨其所樂, 皆
令見衆生形相各不同, 行業音聲亦無量.

형세(形勢) 뎽 형태. 형체. 《朴新諺 2, 48
ㅎ》字之形勢狠(很)多大槩如此, 字의 形
勢 구장 만흐나 大槩 이 구트니.

형수(兄嫂) 뎽 형과 형수. 《集覽, 朴集, 上,
12ㅈ》拜門. 質問云, 女嫁九日, 公婆使兒
子·女兒徃丈人家, 拜丈人·丈母或兄嫂
們, 方言謂之拜門.

형승(形勝) 혱 지세나 풍경이 뛰어나다.
또는 그러한 지세나 풍경. 《集覽, 朴集,
下, 13ㅈ》都松岳郡〈松岳郡〉. 時新羅監
干八元善風水, 到扶蘇郡, 見扶蘇山形勝

而童, 告康忠曰, 若移郡山南, 植松使不露
巖〈岩〉石, 則統合三韓者出矣.

형용(形容) 둉 말이나 글 따위로 사물의
뜻을 나타내다. 《集覽, 凡例》凡常用言語
之義, 難以文字形容者, 直用諺文說解, 使
人易曉庶不失眞.

형제(兄弟) 뎽 ●형제. 《朴新諺 1, 1ㅎ》可
敎張三(朴新注, 1ㅈ: 兄弟排行之次, 下文
李四·王五亦倣此.)去, 張三으로 ᄒ여
가. ●아우. ⇔아ᄋ. 《集覽, 字解, 累字
解, 1ㅈ》大哥. 哥兄也. 人有數兄, 則呼長
曰大哥, 次曰二哥, 三曰三哥. 雖非同胞而
見儕輩, 可推敬者, 則亦呼爲哥. 或加大字,
或加老字, 推敬之重也. 只呼弟曰兄弟, 竝
擧兄及弟曰弟兄. 《朴新諺 3, 1ㅎ》你兩箇
帶着小兄弟, 너희 둘이 어린 아ᄋ를 드
리고. 《朴新諺 3, 15ㅎ》與父親·母親幷
兄弟佛童穿用, 父親·母親과 다못 아ᄋ
佛童을 주어 닙게 ᄒᄂ이다.

형제(形劑) 뎽 모양과 만드는 방법. 《集
覽, 朴集, 下, 6ㅎ》象眼餜子. 質問云, 以
麥糆作成象眼樣大饃〈粸〉子, 行路便於食
之, 方言謂之象眼餜子. 然餜子形劑未詳.

형초기(荊楚記) 뎽 =형초세시기(荊楚歲
時記). 《集覽, 朴集, 上, 14ㅎ》寒食. 荊楚
記云, 去冬節〈莭〉一百五日, 有疾風甚雨,
謂之寒食, 又謂之百五莭〈莭〉.

형초세시기(荊楚歲時記) 뎽 남조 양(南
朝梁) 종늠(宗懍)이 6세기 중기(中期)에
지었다. 1권. 중국 육조(六朝) 시대의 호
북(湖北)과 호남(湖南) 지방의 연중행사
와 세시 풍속을 기록하였다. 《集覽, 朴
集, 下, 2ㅈ》解夏. 荊楚歲時記云, 天下僧
尼, 於四月十五日, 就禪刹掛搭不出門, 謂
之結夏, 亦曰結制.

혜(鞋) 뎽 신. ⇔신. 《朴新諺 1, 39ㅈ》一箇
長大漢撒大鞋, 혼 킈 큰 놈이 큰 신 쓰을
고. 《朴新諺 2, 53ㅎ》我好做一雙小綉鞋
與他賀一賀, 내 혼 빵 져근 슈신을 민드
라 저를 주어 하례홈이 됴타.

혜능(惠能) 뎽 =혜능(慧能). '惠'는 '慧'의
다른 표기. 《集覽, 朴集, 上, 10ㅎ》懺悔.
自陳悔也. 六祖惠(慧)能大師曰, 懺者, 懺
其前愆, 悔者, 悔其後過.

혜능(慧能) 뎽 당대(唐代)의 중. 선종(禪
宗)의 제6대 조사(祖師). 남종(南宗)의
시조가 되었으며, 오가칠종(五家七宗)
으로 퍼지게 하였다. 《集覽, 朴集, 上, 10
ㅎ》懺悔. 自陳悔也. 六祖惠(慧)能大師曰,
懺者, 懺其前愆, 悔者, 悔其後過.

혜다 宻 ■계산하다. 셈하다. 또는 항목마
다 내역을 열기하다. ⇔계개(計開). 《朴
新諺 2, 44ㅎ》計開正房幾間, 혜오니 正
房이 현 간. ②계산하다. 셈하다. ●⇔
산(算). 《朴新諺 1, 27ㅈ》筭我輸給你一
隻羊, 내 네게 흔 羊을 져 주량으로 혜고,
《朴新諺 1, 33ㅈ》依你筭, 네대로 혜여,
《朴新諺 1, 33ㅈ》合筭起來, 合호여 혜량
이면, 《朴新諺 1, 46ㅎ》不筭功錢, 功錢을
혜디 아녀도, 《朴新諺 3, 24ㅈ》但動的便
筭輸, 다만 動호는 이를 곳 지니로 혜니
라. ●⇔수(數). 《朴新諺 3, 44ㅈ》繫着孝
帶的不可勝數, 복씌 씌니 可히 이긔여 혜
지 못홀러라. ③●혜아리다. 따지다. ⇔
논(論). 《朴新諺 2, 41ㅈ》不論竿子上的
橫子上的物件, 홰엣 거시나 궤엣 物件을
혜지 아니호고, ●혜아리다. 또는 (잘못
을 하나하나) 열거하며 꾸짖다. 일일이
따지며 질책하다. ⇔수락(數落). 《集覽,
字解, 單字解, 7ㅎ》落. 落了 디다. 又院落
뜰. 又落下 써디우다. 又數落了罪過 죄
목 혜다. 又吏語, 下落 간 곧, 又發落 공
ᄉ 긇내다.

혜리(鞋履) 뎽 신. 《集覽, 朴集, 上, 2ㅎ》院
本. 或曰, 宋徽宗見爨國人來朝, 衣裝・鞋
履・巾裹, 傳粉墨, 擧動如此, 使優人効之
以爲戲.

혜아리다 宻 ■혜아리다. ●⇔산래(算
來). 《朴新諺 1, 1ㅎ》筭來咱好弟兄們, 혜
아리니 우리 됴흔 弟兄들이, 《朴新諺 1,

50ㅎ》筭來做一箇全套, 혜아리건대 흔
全套롤 ᄒ려 ᄒ여도, ●⇔양(量). 《朴新
諺 1, 19ㅈ》你估量不差, 네 짐쟉ᄒ여 혜
아리미 그르지 아니ᄒ다. 《朴新諺 2, 30
ㅈ》由是威神莫測聖德難量, 일로 말미암
아 威神을 측냥치 못ᄒ고 聖德을 혜아리
기 어려온지라. ②혜아리다. 상의하다.
⇔상량(商量). 《朴新諺 1, 2ㅎ》咱們商量
㝎了, 우리 혜아려 㝎ᄒ여다. 《朴新諺 3,
16ㅎ》木匠你來咱與你商(商)量, 木匠아
이바 내 너와 혜아리쟈. ③혜아리다. 짐
작하다. 추측하다. ●⇔양(諒). 《朴新諺
3, 49ㅈ》諒你要金榜題名的書生, 혜아리
건대 너 金榜에 題名코져 ᄒ는 書生이.
●⇔요(料). 《朴新諺 3, 6ㅈ》我料你那件
官司, 내 혜아리건대 네 뎌 官司ㅣ. 《朴
新諺 3, 8ㅈ》不料前日三更前後被賊進來,
혜아리지 아닌 그적의 三更은 ᄒ여 도적
이 드러와.

호(好) 宻 잘하다. ⇔잘ᄒ다. 《朴新諺 1,
21ㅎ》那三台板却做得好, 뎌 三台 돈은
민둘기롤 잘ᄒ엿고, 《朴新諺 1, 45ㅈ》不
但文章做得好, 글짓기롤 잘홀 쭌 아니
라. 《朴新諺 2, 28ㅈ》那兩箇漢子把那驢
・騾喂好了, 뎌 두 놈은 나귀와 노새를
다가 먹이기를 잘ᄒ여. 《朴新諺 2, 32
ㅈ》那廝十分做的好, 뎌 놈이 ᄀ장 민둘
기를 잘ᄒ느니. 《朴新諺 2, 40ㅎ》你們把
菜園都收拾好着, 너희들이 菜園을다가
다 收拾ᄒ기를 잘ᄒ고, 《朴新諺 3, 10
ㅎ》我們且把準線掛好了, 우리 또 ᄃ림
줄을다가 걸기를 잘ᄒ쟈. 《朴新諺 3, 34
ㅈ》你與我收拾好, 네 나를 위ᄒ여 收拾
기를 잘ᄒ면, 《朴新諺 3, 37ㅎ》崔哥這幾
回果然打得好, 崔哥ㅣ 이 여러 디위를 果
然 치기를 잘ᄒ다. 《朴新諺 3, 45ㅈ》煤
爐子也要收拾好了, 煤爐도 收拾ᄒ기를
잘ᄒ라.

호(好) 면 ●가장. 매우. 아주. ⇔ᄀ장. 《朴
新諺 1, 9ㅈ》諸事好仰仗你, 범ᄉ롤 ᄀ장

너롤 밋으리니.《朴新諺 1, 20ㅈ》逢時及
節(節)好會頑要哩, 째롤 만나고 절을 밋
처 ᄀ장 놀 줄을 아더라.《朴新諺 1, 37
ㅈ》好幾日不見了, ᄀ장 여러 날을 보지
못ᄒ노다.《朴新諺 2, 37ㅎ》咱好悶(閑)當
不的, 우리 ᄀ장 힘힘ᄒ여 당치 못ᄒ니.
《朴新諺 2, 49ㅎ》這客位收拾的好不整齊,
이 客位 收拾기를 ᄀ장 整齊히 못ᄒ여시
니.《朴新諺 3, 7ㅎ》我見了好惡心, 내 보
매 ᄀ장 아니ᄭ 오니.《朴新諺 3, 22ㅎ》伯
眼道這禿廝好沒道理, 伯眼이 니ᄅ되 이
머리믠놈이 ᄀ장 道理 업다 ᄒ고.《朴新
諺 3, 40ㅈ》眞好榮耀氣像, 진실로 ᄀ장
榮耀ᄒ 긔샹이러라. ●좋게. 좋이. ⇔됴
히.《朴新諺 2, 56ㅈ》好好的捽, 됴히 됴히
ᄢ름ᄒ쟈.《朴新諺 3, 9ㅈ》好收拾這炕,
됴히 이 캉을 收拾ᄒ쟈.《朴新諺 3, 41ㅎ》
他與我極好相與, 뎨 날로 더부러 極히 됴
히 사괴되.《朴新諺 3, 42ㅈ》但有好相識
們十分央及他, 다만 됴히 서ᄅ 아ᄂ니들
이 ᄀ장 뎌의게 빌면. ●잘. ⇔잘.《朴新
諺 1, 42ㅈ》好好的喂他, 잘 뎌를 먹이라.
《朴新諺 2, 20ㅈ》你只把文契收好了, 네
그저 글월을다가 잘 거두어.《朴新諺 2,
22ㅈ》謝天地只願好收成就勾了, 天地ᄭ
謝ᄒᄂ니 다만 원컨대 잘 收成ᄒ면 곳
넉넉ᄒ리로다.《朴新諺 3, 10ㅈ》先掘土
打兩擔水未好和泥, 몬져 흙을 ᄑ고 두 짐
믈을 기러 와 잘 흙을 니기되.《朴新諺
3, 40ㅎ》好畫匠那裡有, 그림 잘 그리ᄂ
쟝인이 어듸 잇ᄂ뇨.

호(好) 閔 **1**좋다. ●⇔됴타.《集覽, 字解,
單字解, 2ㅎ》也. 在詞之上者, 又也. 也好
ᄯ 됴타, 也是 ᄯ 올타. 在詞之中者, 承上
起下之辭. 我也去 나도 가마. 在詞之終
者, 語助.《集覽, 字解, 單字解, 5ㅎ》越.
尤甚也. 越好 ᄀ장 됴타, 越細詳 더옥 촌
촌ᄒ다.《集覽, 字解, 單字解, 5ㅎ》哏. 極
也. 哏好 ᄀ장 됴타, 今不用. 音혼, 匣母.
《朴新諺 1, 10ㅈ》就好興工了, 곳 역ᄉ 시

작홈이 됴타.《朴新諺 1, 25ㅎ》正好下碁
哩, 정히 바독 두기 됴타.《朴新諺 2, 26
ㅈ》一發送些來更好, 홈믜 보내여 오니
더옥 됴타.《朴新諺 2, 38ㅈ》如今正是秋
凉天氣滿山紅葉正好哩, 이제 正히 이 秋
凉 天氣니 滿山 紅葉이 正히 됴타.《朴新
諺 2, 59ㅎ》主得飮食便好裁衣, 飮食을 主
ᄒ니 곳 옷 ᄆ르기 됴타.《朴新諺 3, 4
ㅎ》這麼最好 이러면 ᄀ장 됴타.《朴新
諺 3, 32ㅎ》我把他搯在靴靿裡去好了, 내
녀를다가 靴入 돈에 ᄭ자 가져가미 됴
타.《朴新諺 3, 55ㅎ》那麼更好, 그러면
더욱 됴타. ●⇔둏다.《朴新諺 1, 1ㅈ》
眞是好年景, 진짓 이 됴흔 年景이오.《朴
新諺 1, 19ㅎ》好與不好都是小舖的門面,
됴흐며 됴치 아니미 다 이 小舖의 門面
이라.《朴新諺 1, 32ㅈ》你說都是好的, 네
니ᄅ되 다 됴흔 거시라 ᄒ더니.《朴新諺
2, 1ㅈ》那裏有賣的好馬, 어듸 풀 됴흔 몰
이 잇ᄂ뇨.《朴新諺 2, 22ㅈ》田禾好, 田
禾ㅣ 됴핫더라.《朴新諺 2, 34ㅎ》必要拿
你抵償怎麽好呢, 반ᄃ시 너를 자바 죄에
다혀 샹명홀 거시니 엇디 됴흐리오.《朴
新諺 2, 46ㅈ》不要踏破了纏好, 불바 째
이지 말아야 마치 됴흐리라.《朴新諺 3,
1ㅎ》好孩子, 됴흔 아히아.《朴新諺 3, 21
ㅈ》買甚麽書好呢, ᄆ슴 칙을 사야 됴흐
료.《朴新諺 3, 45ㅈ》就和些濕煤燒也好,
곳 져기 濕煤를 섯거 퓌여도 됴흐니. **2**
좋다. ●⇔됴하다.《朴新諺 2, 6ㅎ》咱們
相好多年, 우리 서ᄅ 됴한지 여러 히라.
●⇔됴ᄒ다.《集覽, 字解, 單字解, 3ㅎ》
的. 指物之辭. 你的 네 것, 好的 됴흔 것.
又語助. 坐的 안짜, 通作地. 又明也, 實也,
端也. 吏語, 的確・的當・虛的・的實.
3●착하다. 좋다. ⇔착ᄒ다.《朴新諺
2, 46ㅎ》也該學些好, ᄯ 뎌기 착흔 일을
비함 즉ᄒ거늘. ●평안(平安)하다. ⇔평
안ᄒ다.《朴新諺 2, 25ㅎ》問大娘好, 大娘
의 평안홈을 뭇고.

호(胡) 閉 함부로. 되는대로. 제멋대로. ⇔간대로.《集覽, 字解, 單字解, 2ㅈ》胡. 亂也, 胡亂 간대로.《朴新諺 1, 32ㅎ》不要胡討價錢, 간대로 갑슬 쐬오지 말라.《朴新諺 2, 43ㅈ》你休胡討價錢, 네 간대로 갑슬 쐬오지 말라.

호(湖) 閉 물. 호수. ⇔물.《朴新諺 2, 5ㅈ》湖心中有座琉璃閣, 물 가온디 혼 琉璃閣이 이시니.

호(壺) 閉 병. ⇔병.《朴新諺 2, 36ㅎ》你把那酒壺汕乾淨着控一控, 네 더 술병을다가 부싀기를 乾淨히 ᄒᆞ여 거후로고.

호(糊) 图 바르다. 붙이다. ●⇔ᄇᆞ르다.《朴新諺 3, 4ㅈ》一發把冷布糊了, 홈의 얼믠뵈로다가 ᄇᆞ르면, ●⇔ᄇᆞᄅᆞ다.《朴新諺 3, 4ㅈ》把這窓糊紙都扯了, 이 窓에 ᄇᆞ른 죠희를다가 다 믜치고.

호녀(好女) 閉 아름다운 여자.《集覽, 朴集, 下, 11ㅈ》好女不看燈. 容齋隨筆云, 漢家祠太乙, 以昏時祠到明. 今人正月望夜, 夜遊觀月, 是其遺事.

호다 图 호다縫. ⇔봉(縫).《朴新諺 2, 47ㅈ》縫衣裳的縫字怎應寫, 衣裳 호다 ᄒᆞᄂᆞᆫ 縫字를 어이 뗏ᄂᆞᆫ요.

호다(好多) 閉 가장. 매우. 또는 좋은 것에 더 좋은. ⇔ᄀᆞ장.《朴新諺 1, 6ㅎ》好多飮幾盃, ᄀᆞ장 여러 잔 먹고.

호대(好歹) 閉 모름지기. 반드시. ⇔모로매.《集覽, 字解, 單字解, 6ㅈ》歹. 惡也, 雜也. 又好歹 모로매. 集韻作觧.

호도 閉 호도. 호두. ⇔핵도(核桃).《朴新諺 1, 39ㅈ》這是核桃, 이는 이 호도ㅣ로다.

호동(衚衕) 閉 골(洞). ⇔골.《朴新諺 1, 21ㅎ》是拘攔衚衕裏帶匠夏五廂的, 이 拘攔골 씌장이 夏五ㅣ 던메윗ᄂᆞ니라.《朴新諺 2, 44ㅈ》我往羊市前頭甎塔衚衕去, 내 羊 져지 앏 벽탑골에 가.

호라복(胡蘿葍) 閉 홍당무. 당근. ⇔노른댓무우.《朴新諺 2, 39ㅎ》蘿葍, 댓무우.

蔓菁, 쉿무우. 萵苣, 부로. 葵菜, 아혹. 白菜, 비치. 赤根菜, 시근치. 芫荽, 고싀. 蔥, 파. 蒜, 마ᄂᆞᆯ. 薤菜, 부치. 荊芥, 형개. 薄荷, 박하. 茼蒿, 믈뿍. 水蘿葍, 물한댓무우. 胡蘿葍, 노른댓무우. 芋頭, 토란. 紫蘇都好種的, 紫蘇를 다 시므이 됴타.

호란(胡亂) 閉 함부로. 되는대로. 제멋대로. ⇔간대로.《集覽, 字解, 單字解, 2ㅈ》胡. 亂也. 胡亂 간대로.

호랄빈(虎剌賓) 閉 알이 굵은 자두.《集覽, 朴集, 上, 2ㅈ》虎剌(剌)賔. 質問云, 如李長大, 半靑半紅色, 食之可口. 又云, 如赤李長而大者.

호랑(互郎) 閉 호시(互市)의 주릅(중개인).《集覽, 朴集, 上, 14ㅈ》牙家. 事文類聚云, 今人云馹驗爲牙, 本爲之互郎, 主互市事也.

호령(號令) 图 지휘하여 명령하다. 또는 그 명령.《集覽, 朴集, 下, 5ㅎ》元寶. 南村輟耕錄云, 至元十三年, 元兵平宋, 回至楊(揚)州, 丞相伯顔號令搜撿(檢)將士行李, 所得撒花銀子, 銷鑄作錠, 每五十兩爲一錠, 歸朝獻(献)納.

호로(胡虜) 閉 중국에서 북방의 이민족인 흉노[胡人]를 낮추어 이르던 말.《集覽, 朴集, 上, 9ㅎ》漢子. 至晉末, 五胡亂〈乱〉華, 胡人罵華人曰漢兒, 華人罵胡人曰胡虜, 此稱〈称〉漢之始也.

호로(葫蘆) 閉 호리병박.《集覽, 朴集, 上, 6ㅈ》空中. 質問云, 頑童將葫蘆用木釘串之, 傍作一眼, 以繩〈繩〉繫扯, 旋轉有聲, 亦謂之空中.《集覽, 朴集, 中, 7ㅎ》挿葫. 質問云, 如葫蘆, 長一二尺者, 方言謂之挿葫.《朴新諺 1, 20ㅈ》也有放空中(朴新注, 8ㅎ: 用檀木旋圓, 用刀剜空, 以繩曳之, 在地轉動有聲. 一云, 將葫蘆用木釘穿之, 傍作一眼, 以繩繫扯, 旋轉有聲, 亦謂之空中.)的, 박평이 치리도 이시며.《朴新諺 2, 40ㅈ》種些冬瓜, 져기 동화와. 西瓜, 슈박과. 甜瓜, 춤외와. 挿葫(朴新注, 37

ㅎ: 質問云, 如胡蘆, 長一二尺者, 方言謂
之挿胡. 農家種田時, 盛種子于其中, 以播
地.), 즈릭박과. 稍瓜, 수세외와. 黃瓜,
외와. 茄子等類, 가지들을 심으라.

호모(狐帽) 몡 여우의 털가죽으로 만든
모자. 《朴新諺 1, 29ㅈ》是頭戴玄狐帽, 마
리에 玄狐帽롤 쓰고.

호모(毫毛) 몡 털. 솜털. ⇔털. 《朴新諺 1,
43ㅎ》把鉸刀鉸了鼻孔毫毛, 鉸刀롤 가져
다가 코굼게 털을 쏩고.

호모장(狐帽匠) 몡 털가죽으로 옷이나 모
자를 만드는 장인. ⇔터럭쟝. 《集覽, 朴
集, 中, 3ㅎ》狐帽匠. 音義云, 터럭쟝
〈쟝〉. 今按, 以有毛皮作大帽·小帽〈以
有毛皮作大小帽〉者, 皆謂之胡帽匠〈謂之
胡帽匠〉. 狐字作胡是. 猶本國毛衣匠之類
〈猶本國毛衣匠之類〉.

호병(胡餅) 몡 소병(燒餅)의 옛 이름. 《集
覽, 朴集, 下, 7ㅈ》黃燒餅. 緫龜云, 燒餅,
卽古之胡餅也. 石勒諱胡, 改爲麻餅.

호분(胡奮) 몡 진(晉)나라 안정(安定) 임
경(臨涇) 사람. 자(字)는 현위(玄威). 무
제(武帝) 때 딸이 귀인(貴人)이 되어 총
애를 입자 벼슬이 진군대장군(鎭軍大將
軍)·개부의동삼사(開府儀同三司)까지
올랐다. 《集覽, 朴集, 上, 12ㅈ》紅定. 晉
武帝多簡良家女以充內職, 而自擇美者入
選, 則以絳紗繫臂. 鎭軍將軍胡奮女入選,
亦以絳紗繫臂, 故俗謂定婚曰紅定.

호불(好不) 円 가장. 매우. 아주. ⇔ᄀ장.
《朴新諺 1, 44ㅈ》好不體面哩, ᄀ장 體面
이러라. 《朴新諺 1, 55ㅎ》養孩兒好不難
哩, 아희를 기르기 ᄀ장 어려오니.

호사(好些) 혱 많다. ⇔많다. 《朴新諺 3,
2ㅈ》庫房裡放的米都被他吃去了好些, 庫
에 둔 뿔을 다 제 먹으미 만코. 樻子裡裝
的衣服也被他咬破了好些, 樻 속에 너흔
衣服도 제 쳐ᄇ린 거시 만흐니.

호사자(好事者) 몡 남의 일에 특별히 흥
미를 가지고 말하기 좋아하는 사람. 《集

覽, 字解, 累字解, 3ㅈ》打聽一打聽. 들보
다. 唯擧打聽二字, 可說而疊言之者, 此漢
人好事者之說也. 今亦罕用.

호산(護産) 동 해산(解産)을 보살피다.
《朴新諺 1, 54ㅎ》到三朝請老娘(朴新注,
21ㅈ: 護産之女, 又稱穩婆.)來, 사흘에 다
드라 老娘을 請ᄒ여 와.

호산녀(護産女) 몡 호산(護産)하는 여자.
산파(産婆). 《朴新諺 1, 54ㅎ》到三朝請
老娘(朴新注, 21ㅈ: 護産之女, 又稱穩婆.)
來, 사흘에 다드라 老娘을 請ᄒ여 와.

호상(互相) 円 서로. 상호. 《集覽, 朴集,
上, 14ㅎ》拜節. 歲時樂事記云, 元日, 士
庶自早互相慶賀, 車馬交馳, 衣服華煥, 雜
遝街市, 三四日乃止〈三四日而乃止〉.

호생(好生) 円 ❶가장. 매우. 대단히. ⇔
ᄀ장. 《集覽, 字解, 單字解, 6ㅈ》好. 됴
타. 又好生 ᄀ장. 又去聲, 喜-·情-. 《朴
新諺 1, 25ㅈ》以後敎小廝們好生替我喂
養, 이후란 아희들로 ᄒ여 ᄀ장 나롤 ᄀ
르차 먹이게 ᄒ라. 《朴新諺 1, 54ㅈ》好
生調養, ᄀ장 調養ᄒ라. 《朴新諺 2, 18
ㅈ》他若再不保好生重重的打, 뎨 만일 다
시 긔수치 아니ᄒ거든 ᄀ장 듕히 티라.
《朴新諺 2, 21ㅎ》黑夜好生用心照看, 밤
에 ᄀ장 用心ᄒ여 보술피라. 《朴新諺 2,
26ㅎ》飯也好生吃不下, 밥도 ᄀ장 먹지
못ᄒ노라. 《朴新諺 2, 31ㅎ》好生看守門
戶要緊, ᄀ장 門戶 보술피기를 要緊히 ᄒ
라. 《朴新諺 2, 53ㅎ》娘子見了好生耻譟
難聽哩, 娘子ㅣ 보고 ᄀ장 짓궤여 듯기
어렵더라. 《朴新諺 2, 53ㅎ》你好生用心
看守着, 네 ᄀ장 用心ᄒ여 보솗ᄒ라. ❷
좋게. 좋이. 잘. 제대로. 충분히. ⇔됴
히. 《朴新諺 3, 8ㅎ》你沿路上好生去罷,
네 길희 됴히 가라.

호손(胡孫) 몡 원숭이. ⇔진납이. 《朴新諺
3, 24ㅈ》行者是箇胡孫, 行者는 이 진납
이라. 《朴新諺 3, 27ㅈ》行者變做五寸大
的胡孫, 行者ㅣ 變ᄒ여 五寸만치 큰 진

납이 되여.《朴新諺 3, 29ㅈ》那裡想到死在胡孫手裡呢, 어디 죽음이 胡孫의 손에 이실 줄을 싱각ᄒᆞ여시리오.《朴新諺 3, 31ㅈ》你這小胡孫寡是一張嘴, 네 이 져근 진납이 다만 이 ᄒᆞᆫ 부리뿐이로다.

호슬(護膝) 몡 슬갑(膝甲). ⇔슬갑.《朴新諺 1, 29ㅎ》繫着鴉青緞子繡花護膝, 야쳥비단에 繡노흔 슬갑을 미고.《朴新諺 1, 45ㅎ》你替我做一副護膝與我, 네 나ᄅᆞᆯ ᄀᆞᄅᆞᆷ차 ᄒᆞᆫ 볼 슬갑을 민그라 주고려.《朴新諺 1, 46ㅈ》護膝上還該要用的裁料, 슬갑에 ᄯᅩ ᄡᅥᆯ 즉ᄒᆞᆫ ᄀᆞ음을.《朴新諺 1, 46ㅎ》做一對護膝, ᄒᆞᆫ ᄡᅡᆼ 슬갑을 지으려 ᄒᆞ면.

호시(互市) 몡 국가 간에 물물을 교역하던 무역장(貿易場).《集覽, 朴集, 上, 14ㅈ》牙家. 事文類聚云, 今人云駔驗爲牙, 本爲之互郎, 主互市事也.《朴新諺 1, 33ㅎ》想那厮做牙子(朴新注, 13ㅈ: 主互市事, 卽古之牙儈.)去了, 싱각건대 뎌 놈이 즈름질ᄒᆞ라 갓도다.

호육(瓠肉) 몡 박의 껍질 안에 붙어 있는 살.《集覽, 朴集, 上, 2ㅈ》荔子. 子作支〈支〉. 荔支〈支〉, 生巴峽間, 形狀圓如帷盖, 葉如冬靑, 花如橘, 春榮. 實如丹夏, 朶如葡萄, 核如枇杷, 殼如紅繒, 膜如紫綃, 瓠肉潔白如冰霜, 漿液甘如醴酪. 如離本枝, 一日色變, 二日香變, 三日味變, 四五日外色・香・味盡〈尽〉變.

호은자 뮈 혼자. ⇔일면(一面).《集覽, 字解, 累字解, 1ㅎ》一面. 호은자. 又ᄒᆞ녀고로. 又ᄒᆞᆫ 번.《集覽, 朴集, 上, 14ㅈ》一面. 호은자. 詳見字解.《集覽, 朴集, 中, 2ㅈ》賣主. 一面, 音義云, 猶言賣主自身. 又一面, 詳見字解.

호인(胡人) 몡 중국에서 한족(漢族) 이외의 북쪽 변방의 이민족인 흉노를 이르던 말.《集覽, 朴集, 上, 9ㅎ》漢子. 至晉末, 五胡亂〈乱〉華, 胡人罵華人曰漢兒, 華人罵胡人曰胡虜, 此稱〈称〉漢之始也.

호자빈(虎刺賓) 몡 =호랄빈(虎剌賓). '刺'는 '剌'의 잘못.《集覽, 朴集, 上, 2ㅈ》虎刺(剌)賓. 質問云, 如李長大, 半靑半紅色, 食之可口. 又云, 如赤李長而大者.

호적(好的) 몡 좋은 것.《集覽, 字解, 單字解, 3ㅎ》的. 指物之辭. 你的 네 것, 好的 됴흔 것. 又語助. 坐的 안짜, 通作地. 又明也, 實也, 端也. 吏語, 的確・的當・虛的・實.

호접(蝴蝶) 몡 나비. ⇔나븨.《朴新諺 1, 20ㅎ》有像蝴蝶・螳螂的, 나븨와 믈똥구으리 ᄀᆞᆺ흔 것도 이시며.

호정(虎精) 몡 범의 정령(精靈).《朴新諺 3, 28ㅎ》國王道原來是一箇虎精, 國王이 니ᄅᆞ되 본디 이 ᄒᆞᆫ 虎精이랏다.

호종(扈從) 동 임금이 탄 수레를 호위하며 따르다. 또는 그런 사람.《集覽, 朴集, 上, 9ㅈ》骨朶. 事文類聚云, 宋景文筆錄謂俗以檛爲骨朶, 古無稽. 據國朝旣〈統〉名, 衛士執檛扈從者爲骨朶子班.

호주(好酒) 동 술을 좋아하다.《集覽, 朴集, 下, 3ㅈ》六鶴舞琴. 善惡報應錄云, 江夏郡辛氏沽酒爲業, 有一先生入坐曰, 有好酒飮吾否. 辛飮以巨杯. 明日復來, 如此半載.

호주(湖州) 몡 수대(隋代)에 두었다. 소재지는 절강성(浙江省) 호주시(湖州市)에 있었다.《集覽, 朴集, 上, 15ㅎ》步虛. 至正丙戌春, 入燕都, 聞南朝有臨濟正脉不斷〈断〉, 可徃印可. 盖指臨濟直下雪嵓〈嵓〉嫡孫石屋和尙淸珙也. 遂徃湖州霞霧山天湖庵謁和尙, 嗣法傳衣.

호지(護持) 동 보호(保護)하여 지니다.《集覽, 朴集, 上, 16ㅈ》石屋. 遂以袈裟表信曰, 衣雖今日, 法自靈〈灵〉山流傳至今, 今附於汝, 汝善護持, 毋〈母〉令斷〈断〉絶.

호청(好聽) ᄒᆡᆼ (말 또는 소리가) 듣기 좋다.《朴新諺 2, 10ㅎ》好聽他說些因果何如, 뎌의 因果 니ᄅᆞᄂᆞᆫ 거슬 드ᄅᆞ미 엇더ᄒᆞ뇨.

호탕(浩蕩) 圈 넓다. 광활하다. 장대하다. 웅대하다. ⇔호탕ᄒᆞ다(浩蕩−).《朴新諺 2, 58ㅎ》眞是皇恩浩蕩好不榮耀, 진실로 皇恩이 浩蕩ᄒᆞᆫ지라 ᄀᆞ장 榮耀ᄒᆞ더라.

호탕ᄒᆞ다(浩蕩−) 圈 호탕(浩蕩)하다. ⇔호탕(浩蕩).《朴新諺 2, 58ㅎ》眞是皇恩浩蕩好不榮耀, 진실로 皇恩이 浩蕩ᄒᆞᆫ지라 ᄀᆞ장 榮耀ᄒᆞ더라.

호한(胡漢) 圀 호인(胡人)과 한족(漢族). 곧, 북쪽 변방의 이민족인 흉노와 중국인.《集覽, 朴集, 上, 9ㅎ》漢子. 至晉末, 五胡亂〈乱〉華, 胡人罵華人曰漢兒, 華人罵胡人曰胡虜, 此稱〈称〉漢之始也. 今按, 元時胡漢相雜, 故兩書稱〈称〉漢者居多.

호환(呼喚) 圐 (큰 소리로) 부르다. 외치다. 고함치다.《集覽, 朴集, 上, 11ㅈ》狗有濺草之恩. 晉太和中, 楊生養狗, 甚愛之. 後生飮酒醉, 行至大澤, 草中眠. 時値冬月, 野火起, 風又猛, 狗呼喚, 生不覺.《朴新諺 1, 42ㅎ》狗有濺草(朴新注, 16ㅎ: 晉時, 楊生養狗, 甚愛. 生醉臥大澤草中. 夜(野)火起風猛, 狗呼喚, 生不覺. 狗走往水坑, 以身漬水, 洒生所臥草, 生得不死.)之恩, 개ᄂᆞᆫ 濺草ᄒᆞᆫ 恩이 잇고, 馬有垂繮之報, 몰은 垂繮ᄒᆞᆫ 報ㅣ 잇다 ᄒᆞ니라.

혹(或) 圐 혹. 혹시.《朴新諺 2, 29ㅈ》或作童男或化童女, 或 童男이 되고 或 童女ㅣ 되며, 或現質于梵王帝釋, 或 梵王 帝釋에 顯質ᄒᆞ고, 或分身于居士宰官, 或 居士 宰官에 分身ᄒᆞ며,《朴新諺 2, 49ㅈ》終日裏或對客飮酒吟詩, 終日토록 或 客을 對ᄒᆞ여 술 먹고 詩를 읇프며,《朴新諺 2, 49ㅎ》或着碁彈琴遣興, 或 바독 두며 거믄고를 타 興을 보내니,《朴新諺 3, 49ㅎ》或撑到這荷花香處, 或 이 荷花 香내 나는 곳에 저어 가.

혹호(酷好) 圐 매우 좋아하다.《集覽, 朴集, 中, 7ㅎ》佛堂. 漢人酷好釋敎, 家設一堂, 或安金像, 或掛畫佛, 焚香頂禮, 朝夕不懈.

혼(混) 圐 상(常)없이. 마음대로. 대충. 아무렇게나. ⇔상업시.《朴新諺 3, 3ㅈ》你這混要錢的王八, 네 이 샹업시 돈 달라 ᄒᆞᄂᆞᆫ 쟈라야.

혼(渾) 渢 온. 전체. 모든. ⇔왼.《朴新諺 1, 24ㅈ》把他渾身毛片刮箇乾淨, 뎌 왼몸에 털을다가 긁빗겨 乾淨히 ᄒᆞ고,《朴新諺 3, 46ㅈ》渾身畫着顏色, 왼몸에 빗츨 그려.

혼가(婣家) 圀 아내. 처(妻). ⇔계집.《朴新諺 2, 34ㅈ》他有兩箇婣家(朴新注, 35ㅈ: 人之妻室, 通稱婣家.), 뎌 두 계집이 잇더니.

혼거(魂車) 圀 장례 때 혼백(魂帛)을 싣는 작은 수레. 생전에 고인이 탄 수레를 본떠 만들었다.《集覽, 朴集, 下, 9ㅈ》魂車. 作小腰輿, 以黃絹結爲流蘇垂飾〈餙〉, 如本國結彩之施, 以貯魂〈寃〉帛, 爲前導.

혼당(混堂) 圀 목욕탕. 욕실.《集覽, 朴集, 上, 13ㅈ》混堂. 人家設溫湯浴室處, 燕都多有之, 乃爇〈熱〉水爲湯, 非溫泉也. 或稱堂子, 舊本作湯子.《集覽, 朴集, 上, 13ㅎ》堂子. 卽混堂. 釋見上.《朴新諺 1, 50ㅎ》那孫家混堂(朴新注, 19ㅈ: 俗, 開浴室熱水爲湯, 許人沐浴受直.)裏洗澡去罷, 뎌 孫가ㅣ아 混堂에 목욕ᄒᆞ라 가쟈.《朴新諺 1, 51ㅈ》自有管混堂的看守, 그저 混堂 ᄀᆞ움아ᄂᆞᆫ 이 이셔 看守ᄒᆞ리라.《朴新諺 1, 56ㅈ》小人在街東堂子(朴新注, 21ㅎ: 混堂也.)間壁下着哩, 小人이 거리 동녁 堂子ㅅ ᄇᆞ람을 ᄉᆞ이ᄒᆞ여 부리웟노라.《朴新諺 2, 32ㅈ》如今搬在法蔵寺西邊混堂間壁住去了, 이제 法蔵寺 西邉 混堂 ᄉᆞ이 ᄇᆞ람에 올마 가 사ᄂᆞ니라.

혼례(婚禮) 圀 결혼식.《集覽, 朴集, 上, 2ㅈ》象生纏糖. 諸司職掌婚禮定親及納徵, 皆用芝麻·纏糖二合, 茶纏糖二合, 則纏與糖非二物矣.

혼마(魂馬) 圀 장례에 쓰는 제구의 하나. 안장을 갖추고 상여 앞에서 가는 말을

이른다.《集覽, 朴集, 下, 9ㅎ》魂馬. 以紙
捏塑爲馬者也.

혼명(混名) 명 별명. 별호. 작호(綽號).
《朴新諺 2, 33ㅈ》混名(朴新注, 35ㅈ: 無
賴人, 有號曰混名, 一作渾.)喚做李夜叉,
混名을 李夜叉ㅣ라 부르리.

혼명(渾名) 명 =혼명(混名).《朴新諺 2, 33
ㅈ》混名(朴新注, 35ㅈ: 無賴人, 有號曰混
名, 一作渾.)喚做李夜叉, 混名을 李夜叉ㅣ
라 부르리.

혼백(魂帛) 명 죽은 사람의 생몰 연월일
시를 적어 묘에 묻는 흰 비단.《集覽, 朴
集, 下, 9ㅈ》魂車. 作小腰輿, 以黃絹結爲
流蘇垂飾〈餙〉, 如本國結彩之施, 以貯魂
〈䰟〉帛, 爲前導.

혼백(䰟帛) 명 =혼백(魂帛). '䰟'은 '魂'과
같다.《玉篇, 鬼部》魂, 亦作䰟.《集覽, 朴
集, 下, 9ㅈ》魂車. 作小腰輿, 以黃絹結爲
流蘇垂飾〈餙〉, 如本國結彩之施, 以貯魂
〈䰟〉帛, 爲前導.

혼서(婚書) 명 혼인할 때에 신랑 집에서
예단과 함께 신부 집에 보내는 편지.
《集覽, 朴集, 上, 11ㅎ》下多少財錢. 今制,
納采·問名·納吉揔〈総〉一次行禮, 以從
簡便, 謂之定禮, 亦爲之定親, 亦曰下紅定,
亦送幣物. 又涓吉送婚書, 行納徵禮, 亦曰
納幣, 俗云下財, 亦曰送禮.

혼시(昏時) 명 어두운 때. 밤.《集覽, 朴集,
下, 11ㅈ》好女不看燈. 容齋隨筆云, 漢家
祠太乙, 以昏時祠到明. 今人正月望夜, 夜
遊觀月, 是其遺事.

혼신(渾身) 명 온몸. 전신(全身). ⇔왼몸.
《朴新諺 1, 24ㅈ》把他渾身毛片刮箇乾净,
뎌 왼몸에 털을다가 긁빗겨 乾净히 ᄒ
고.《朴新諺 3, 46ㅈ》渾身畫着顔色, 왼몸
에 빗츨 그려.

혼인 명 혼인(婚姻). ⇔친(親).《集覽, 字
解, 累字解, 2ㅎ》悔親. 혼인 므르다. 亦
曰退親.

혼자 円 혼자. ⇔독자(獨自).《朴新諺 1,

53ㅎ》我徃常獨自一箇來射, 내 건너 혼
자 와 쏠 제.

혼칭(混稱) 동 서로 혼동하여 일컫다. 또
는 그 명칭.《集覽, 朴集, 上, 13ㅎ》襖子.
音義云, 襖裩, 接晉汚穢之物. 今按, 襖卽
繈子, 裩卽襖子, 音義混而一之, 誤矣. 但
譯語指南, 亦呼繈子, 混稱爲襖裩. 未詳是
否. 襖子, 깃.

혼하(渾河) 명 내 이름. 노구(蘆溝)의 속
명(俗名). 중국 산서성(山西省) 북쪽에
서 동쪽의 하북성(河北省)으로 흐르는
영정하(永定河)의 상류이다.《集覽, 朴
集, 上, 4ㅎ》蘆溝橋. 蘆溝本桑乾河, 俗曰
渾河, 亦曰小黃河.

홀(忽) 円 문득. ⇔문득.《朴新諺 3, 52ㅈ》
忽遇本府張千, 믄득 本府 張千을 만나니.

홀연(忽然) 円 문득. ⇔문득.《朴新諺 3,
48ㅈ》那灰忽然飛起, 뎌 지 문득 ᄂ라 니
러나면.

홈 円 함.《朴新諺 1, 12ㅈ》我便依着你的價
錢做罷, 내 곳 네 갑대로 홈이 무던ᄒ다.
《朴新諺 2, 16ㅎ》這些食物都要鮮明不可
缺少纔是, 이 여러 食物을 다 鮮明히 ᄒ고
모ᄌ라지 아니케 홈이 올흐니라.《朴新
諺 2, 32ㅈ》欵式要時樣㮌子要勻細就是
了, 欵式은 時樣으로 ᄒ고 담은 고로고
ᄀ늘게 홈이 곳 올흐니라.《朴新諺 2, 43
ㅎ》月白的三兩銀子如何, 남빗츤 석 냥
은에 홈이 엇더ᄒ뇨.《朴新諺 3, 20ㅎ》也
不免是閉門家裡坐禍從天上來, ᄯ 이 門을
닷고 집의 안저셔도 禍ㅣ 天上으로 조차
온다 홈을 免치 못홈이로다.《朴新諺 3,
31ㅈ》相公捨不的錢, 相公이 돈을 앗긴다
홈이오.《朴新諺 3, 44ㅎ》三寸氣在千般
有, 三寸 긔운이 이시매 千 가지 잇더니.
一日無常萬事休, 一日에 쩟쩟홈이 업스
매 萬事ㅣ 休ᄒ다 홈이로다.

-홈 囷 -함.《朴新諺 1, 5ㅎ》咱們大家消遣
何如, 우리 대되 消遣홈이 엇더ᄒ뇨.《朴
新諺 1, 10ㅈ》只好等到秋來再修理罷, ᄀ

올을 기두려 다시 修理홈이 무던ᄒ다. 《朴新諺 1, 19ㅎ》既承有心照顧, 이믜 有心 照顧홈을 니브니. 《朴新諺 1, 33ㅈ》就讓你九分銀子何如, 네게 九分銀을 讓홈이 엇더ᄒᄂ뇨. 《朴新諺 1, 35ㅎ》安禪悟法看經念佛却不好麼, 安禪 悟法ᄒ고 看經 念佛홈이 ᄯ 됴티 아니ᄒ랴. 《朴新諺 1, 49ㅈ》應科擧得做官, 科擧를 應ᄒ여 벼슬홈을 어더. 《朴新諺 1, 59ㅈ》恐後無憑立此存照, 후에 의빙홈이 업슬가 저퍼 이룰 셰워 存照케 ᄒ노라. 《朴新諺 3, 44ㅎ》三寸氣在千般有, 三寸 긔운이 이시매 千 가지 잇더니. 一日無常萬事休, 一日에 ᄯᄯ홈이 업스매 萬事ㅣ 休ᄒ다 홈이로다.

홍(哄) 통 속이다. 기만하다. ⇔소기다. 《朴新諺 2, 42ㅎ》小舖從不敢哄人的, 小舖ㅣ 본디 敢히 사름을 소기지 못ᄒ노라.

홍(紅) 형 붉다. ●⇔붉다. 《朴新諺 2, 11ㅎ》拿一箇一托長碗口大的紅油畫金棒子, ᄒ나 ᄒ 발맛치 길고 사발맛치 큰 불근 칠ᄒ고 금으로 그린 막대롤 가져. 《朴新諺 3, 25ㅈ》擡過一頂紅柒樻子來面前放下, ᄒ 불근 柒호 궤를 드러 와 앏히 노코. ●⇔붉다. 《朴新諺 3, 30ㅎ》黃豆大血點紅的好顏色, 콩만치 크고 血點ᄀ치 붉은 됴흔 빗치니. ●⇔홍ᄒ다(紅-). 《朴新諺 2, 6ㅈ》紅的白的是遠近荷花, 紅ᄒ고 白ᄒ 거슨 이 遠近 荷花ㅣ오.

홍교(紅橋) 명 중국 강소성(江蘇省)과 양주성(揚州城)의 북서쪽에 있던 다리 이름. 《朴新諺 1, 41ㅈ》那紅橋邊有一箇張獸醫住着, 뎌 紅橋 ᄀ에 ᄒ 張獸醫 이셔 사니.

홍나산(紅羅傘) 명 붉은 비단으로 만든 일산(日傘). 《朴新諺 3, 47ㅈ》一箇小鬼撑着紅羅傘在馬前, ᄒ 小鬼ㅣ 紅羅傘 버틔여 물 앏히 잇고.

홍롱(哄弄) 통 속이다. 농락하다. 놀리다.

⇔소기다. 《朴新諺 2, 42ㅎ》我說與你不要哄弄我, 내 너두려 니ᄅᄂ니 나를 소기지 말라.

홍료(紅蓼) 명 단풍이 들어 빨갛게 된 여뀌. 《朴新諺 3, 49ㅎ》閒時節常住在那靑蒲·紅蓼·灘邉, 한가흔 째에 덧덧이 뎌 靑蒲·紅蓼·灘邉에 머므러.

홍무(洪武) 명 명(明)나라 태조(太祖: 朱元璋)의 연호(1368~1398). 《集覽, 朴集, 上, 4ㅈ》永平. 洪武二年, 改永平府屬北平布政司, 北平卽燕都, 永樂都燕京, 以此直隷京師. 《集覽, 朴集, 上, 5ㅎ》平則門. 元初爲燕京路, 後稱〈称〉大都路, 洪武初改爲北平布政司. 《集覽, 朴集, 中, 3ㅎ》東安州. 在東安縣西北. 金以前皆爲縣, 元陞爲州, 今避水患移今治, 在順天府南一百里, 故城逐廢〈癈〉, 洪武初改爲縣.

홍문(鴻門) 명 중국 섬서성(陝西省) 임동현(臨潼縣) 동쪽에 있었다. 초(楚)나라의 항우(項羽)가 한(漢)나라의 유방(劉邦)을 죽이려고 연회를 베푼 곳으로 유명하다. 《集覽, 朴集, 上, 11ㅈ》馬有垂繮之報. 漢高祖與項王會鴻門, 舞劒事急, 謀脫. 匹〈疋〉馬南行, 道傍有一眢井, 馬到井邊不肯行. 漢王恐追者至, 下馬入井. 《朴新諺 1, 42ㅎ》狗有濺草之恩, 개ᄂ 濺草흔 思이 잇고. 馬有垂繮(朴新注, 16ㅎ: 漢高祖自鴻門, 脫歸匹馬南行, 道傍有一眢井, 馬到井邉不肯行. 高祖恐追者至, 下馬入井. 項王追至井傍, 見馬跡, 謂高祖在井, 令人下井搜求. 見井口有蜘蛛罩網, 鵓鴿一雙出井飛去, 謂無人仍還. 翌日, 其馬到井垂繮, 高祖執而出.)之報, 물은 垂繮흔 報ㅣ 잇다 ᄒ니라.

홍복(洪福) 명 큰 행복. 큰 복력(福力). 《朴新諺 1, 1ㅈ》當今皇上洪福齊天, 當今에 皇上이 洪福이 齊天ᄒ여.

홍분(紅粉) 명 연지(臙脂)와 분. 《朴新諺 3, 59ㅎ》寶劒贈與烈士, 寶劒은 烈士를 주고. 紅粉付與佳人, 紅粉은 佳人을 준다

ᄒ니라.

홍색(紅色) 뗑 붉은색.《集覽, 朴集, 上, 2
ㅈ》虎刺(刺)賔. 質問云, 如李長大, 半靑
半紅色, 食之可口. 又云, 如赤李長而大
者.《集覽, 朴集, 下, 10ㅈ》粧點顏色. 牛
色以立春日爲法, 日干爲頭・角・耳・
色, 日支〈支〉爲身色, 納音爲蹄・尾・肚
色. 日干, 甲・乙, 木, 靑色, 丙・丁, 火,
紅色之類.

홍심(紅心) 뗑 과녁에서 붉은 칠을 한 동
그란 부분. ⇔관.《朴新諺 1, 53ㅎ》箭箭
都射着把子(朴新注, 20ㅎ: 帿屬.)上的紅
心(朴新注, 20ㅎ: 鵠也.), 살마다 다 관혁
에 관을 마치ᄂᆞ니.

홍엽(紅葉) 뗑 붉은 잎. 또는 붉게 물든
단풍잎.《朴新諺 2, 38ㅈ》如今正是秋凉
天氣滿山紅葉正好哩, 이제 正히 이 秋凉
天氣니 滿山 紅葉이 正히 됴타.

홍원(弘願) 뗑 〈불〉 정토종(淨土宗)에서,
모든 것을 널리 제도하고자 하는 아미
타불(阿彌陀佛)의 본원(本願).《集覽, 朴
集, 中, 4ㅈ》智滿十身. 十身有調御. 十身,
日無着, 日弘願, 日業報, 日住持, 日涅槃,
日淨法, 日眞心, 日三昧, 日道性, 日如意.
有內十身, 日菩提, 日願, 日化, 日力持, 日
莊嚴, 日威勢, 日意生, 日福德, 日法, 日
智. 有外十身, 日自, 日衆生, 日國土, 日業
報, 日聲聞, 日圓覺, 日菩薩, 日智, 日法,
日虛空.

홍유(洪儒) 뗑 고려(高麗)의 개국 공신
(?~936). 초명은 술(述・術). 시호는 충
렬(忠烈). 처음에 궁예(弓裔)의 부하로
있다가 궁예의 횡포가 심하자, 신숭겸
(申崇謙) 등과 함께 왕건(王建)을 추대하
여 고려를 개국하고 개국 공신 1등이 되
었다. 벼슬은 대상(大相)에서 삼중대광
(三重大匡)으로 승진되었다. 뒤에 후백
제(後百濟)를 멸망시키는 데 큰 공을 세
웠다.《集覽, 朴集, 下, 12ㅈ》太祖. 年二
十, 始仕弓裔, 拜波珍飡. 其時, 洪儒等四人

詣建第(第), 請擧義兵, 公固拒不從.《朴新
諺 3, 57ㅈ》有將軍裵玄慶・洪儒・卜智
謙・申崇謙等四箇人, 將軍 裵玄慶・洪儒
・卜智謙・申崇謙 等 네 사ᄅᆞᆷ이 이셔.

홍인(弘忍) 뗑 당대(唐代)의 고승(高僧).
황매현(黃梅縣) 주씨(周氏)의 아들. 법
호(法號)는 대만선사(大滿禪師). 황매산
(黃梅山)에 들어가 도신선사(道信禪師)
로부터 도를 깨달은 뒤 법통(法統)을 이
었고, 혜능(慧能)에게 법통을 전하였다.
《集覽, 朴集, 上, 16ㅈ》傳衣鉢. 釋迦佛生
年十九出家, 住世四十九年, 傳衣鉢于迦
葉初祖達摩, 達摩傳衣鉢于二祖, 二祖傳
于三祖, 至於六祖, 至三十二祖弘忍. 盖以
此爲傳道之器也.

홍전(紅氊) 뗑 =홍전(紅氈). '氊'은 '氈'의
속자.《正字通, 毛部》氊, 俗氈字.《集覽,
朴集, 下, 5ㅎ》勇士. 華制, 以紅氊裁成勇
字, 附於方帛之上, 施長帶於四角, 橫負於
背. 侍衛則用之, 故曰勇士, 卽本國甲士也.

홍전(紅氈) 뗑 붉은 빛깔의 모전(毛氈).
《集覽, 朴集, 下, 5ㅎ》勇士. 華制, 以紅氊
裁成勇字, 附於方帛之上, 施長帶於四角,
橫負於背. 侍衛則用之, 故曰勇士, 卽本國
甲士也.

홍정(紅定) 동 정혼(定婚)하다. 혼인을 정
하다.《集覽, 朴集, 上, 12ㅈ》紅定. 晉武
帝多簡良家女以充內職, 而自擇美者入選,
則以絳紗繫臂. 鎭軍將軍胡奮女入選, 亦
以絳紗繫臂, 故俗謂定婚曰紅定.

홍주(洪州) 뗑 지금의 충청남도(忠淸南
道) 홍성군(洪城郡) 지역에 있었다. 본
래 백제(百濟)의 주류성(周留城)이었고,
신라(新羅)가 병합한 뒤에 임성군(任城
郡)에 합하였다. 고려(高麗) 현종(顯宗)
9년(1019)에 홍주, 조선(朝鮮) 고종(高
宗) 32년(1895)에 홍성군으로 고쳤다.
《集覽, 朴集, 上, 15ㅎ》步虛. 俗姓洪氏,
高麗洪州人, 法名普愚, 初名普虛, 號太古
和尙. 有求法於天下之志.

홍징(泓澄) 혱 물이 깊고 맑다.《集覽, 朴集, 上, 15ㅈ》玉泉. 一在山之陽, 泉出石罅間, 鑿石爲螭頭, 泉從螭口噴出, 鳴若雜佩, 色如素鍊〈練〉, 泓澄百頃.《朴新諺 2, 5ㅈ》西湖是從玉泉山(朴新注, 24ㅈ: 在宛平縣, 距京都西北三十里, 山有石洞三. 一在山之西南, 其下有泉, 深淺莫測. 一在山之陽, 泉出石罅間, 鑿石為螭頭, 泉從螭口噴出, 鳴若雜佩, 色如素練, 泓澄百頃. 一在山之根, 有泉湧出, 洞門刻玉泉二字.)流下來的, 西湖는 이 玉泉山으로 조차 흘러 느린 거시니.

홍초(紅綃) 명 붉은 빛깔의 비단.《集覽, 朴集, 下, 8ㅎ》羅傘. 〈卽〉丞用傘, 紅浮屠頂, 黑色茶褐羅表, 紅綃裏, 三簷.

홍칠(紅漆) 명 붉은 빛깔의 칠(漆).《集覽, 朴集, 上, 9ㅈ》油心紅. 質問云, 朱紅, 一云如心之紅也. 油, 加油於紅漆之上也.

홍회(紅盔) 명 붉은 칠을 한 투구.《集覽, 朴集, 下, 5ㅎ》四箇將軍. 募選身軀長大壯偉異於人者, 紅盔銀甲, 立於殿前月臺上四隅, 名鎮殿將軍, 亦曰紅盔將軍, 亦曰大漢將軍. 其請給衣粮曰大漢衣粮. 年過五十, 方許出官.

홍회장군(紅盔將軍) 명 홍회(紅盔)와 은빛 나는 갑옷을 입고 궁전 앞 월대(月臺)의 네 모퉁이에 서서 시위(侍衛)하는 병졸에 대한 칭호.《集覽, 朴集, 下, 5ㅎ》四箇將軍. 募選身軀長大壯偉異於人者, 紅盔銀甲, 立於殿前月臺上四隅, 名鎮殿將軍, 亦曰紅盔將軍, 亦曰大漢將軍. 其請給衣粮曰大漢衣粮.

홍ᄒᆞ다(紅-) 혱 붉다. ⇔홍(紅).《朴新諺 2, 6ㅈ》紅的白的是遠近荷花, 紅ᄒᆞ고 白ᄒᆞᆫ 거슨 이 遠近 荷花ㅣ오.

화(化) 동 ❶❶〈불〉중생을 교화하기 위하여 부처에 의탁하거나 여러 모습으로 변화하다.《集覽, 朴集, 中, 4ㅈ》智滿十身. 十身有調御. 十身, 曰無着, 曰弘願, 曰業報, 曰住持, 曰涅槃, 曰淨法, 曰眞心, 曰三昧, 曰道性, 曰如意. 有內十身, 曰菩提, 曰願, 曰化, 曰力持, 曰莊嚴, 曰威勢, 曰意生, 曰福德, 曰法, 曰智. 有外十身, 曰自, 曰衆生, 曰國土, 曰業報, 曰聲聞, 曰圓覺, 曰菩薩, 曰智, 曰法, 曰虛空. ❷〈불〉교화(敎化)하다. (부처의 진리로 사람을 가르쳐 착한 마음을 가지게 하다) ⇔화ᄒᆞ다(化-).《朴新諺 3, 14ㅎ》正是衆生難化了, 正히 衆生을 化키 어렵도다. ❷❶되다. ⇔되다.《朴新諺 2, 29ㅈ》或作童男或化童女, 或 童男이 되고 或 童女ㅣ 되며. ❷빌다[乞]. 동냥하다. 보시(布施)하다. 탁발(托鉢)하다. ⇔빌다.《朴新諺 3, 8ㅈ》把我二三年化來的布施金銀, 내 二三年 비러 온 보시혼 金銀을다가.《朴新諺 3, 8ㅎ》要徃江南地方化些布施去, 江南 싸흘 向ᄒᆞ여 져기 보시를 빌라 가고져 ᄒᆞ니.《朴新諺 3, 9ㅎ》沿門化些布施廻來, 집마다 져기 보시를 비러 도라와.

화(火) 동 ❶절이다. (소금에 약간 절여 불에 그슬리다) ⇔저리다.《朴新諺 1, 5ㅈ》火腿(朴新注, 2ㅎ: 肉之燻於火, 而醃於塩者, 味經冬不變.)添魚, 저린 고기에 물고기 석근 거시오. ❷피우다[燃]. 불사르다. ⇔피오다.《朴新諺 3, 10ㅈ》你只與我改做煤火炕, 네 그저 나를 셕탄 픠오는 캉을 고쳐 믄드라 주되.

화(火) 명 불[火]. ⇔불.《朴新諺 1, 37ㅎ》把火將艾點着了, 불로 뿍에다가 부처.《朴新諺 2, 41ㅈ》把取燈點上火往裏照, 取燈에다가 불을 혀 안을 향ᄒᆞ여 비최여.《朴新諺 3, 10ㅈ》這是死炕這是燒柴火炕都不好, 이는 불 못 찟는 캉이오 이는 불찟는 캉이니 다 됴치 아니ᄒᆞ니.《朴新諺 3, 12ㅈ》火盆上添些炭火, 화로에 숫불을 더ᄒᆞ고.《朴新諺 3, 12ㅎ》向火烤一會便不痒痒了, 불을 향ᄒᆞ여 혼 지위 쐬면 곳 ᄀᆞ렵지 아니ᄒᆞ리라.《朴新諺 3, 45ㅎ》只要弄得火快, 그저 불 퓌오기를 섈리 ᄒᆞ라.

화(和) 图 섞다. ⇔섯ㄱ다. 《朴新諺 3, 45
ㅈ》就和些濕煤燒也好, 곳 져기 濕煤를
섯거 퓌여도 됴흐니.

화(和) 昭 및[及]. ⇔밋. 《集覽, 字解, 單字
解, 1ㅎ》和. 平聲, 調和也. 又去聲, 與也,
及也. 我和你 너와 나와, 銅匙和快子 술
와 밋 져와.

화(和) 図 ●-과. ⇔-과. 《朴新諺 1, 22ㅈ》
左輔右弼板和那両箇束兒, 左輔 右弼 돈
과 두 뭇금쇠눈. 《朴新諺 1, 25ㅈ》把料
豆和草拌匀了, 콩을다가 여믈과 석기룰
고로게 흐여. 《朴新諺 1, 39ㅎ》不知道我
的麤和細, 나의 굴금과 고늘믈 아지 못
ㅎ눈 거시여. 《朴新諺 3, 19ㅎ》和一箇人
打架, 흔 사룸과 짜홧더니. ●-와. ⇔-
와. 《集覽, 字解, 單字解, 1ㅎ》和. 平聲,
調和也. 又去聲, 與也, 及也. 我和你 너와
나와, 銅匙和快子 술와 밋 져와. 《朴新諺
1, 46ㅈ》做帶子和裏兒的, 씌와 안흘 민
둘 거시니. 《朴新諺 2, 10ㅎ》咱兩箇拿些
布施和香・蠟去禮拜他, 우리 둘이 져기
보시와 香과 쵸를 가져가 뎌의게 禮拜ㅎ
고. 《朴新諺 3, 11ㅎ》滿指甲疙灢和膿水
怎麽好呢, 손톱에 고득흔 더덩이와 고름
이 엇지 됴흐리오.

화(和) 혱 조화롭다. 화목하다. 《集覽, 字
解, 單字解, 1ㅎ》和. 平聲, 調和也. 又去
聲, 與也, 及也. 我和你 너와 나와, 銅匙和
快子 술와 밋 져와.

화(花) 图 ❶(눈이) 침침하다. 아물아물하
다. 흐릿하다. ●⇔밤븨다. 《朴新諺 2,
52ㅈ》他便眼花, 뎨 곳 눈이 밤븨여. ●
⇔밤의다. 《朴新諺 2, 11ㅎ》弄的人眼都
看花了, 놀려 사룸의 눈이 다 보아 밤의
엿고. ❷섭새기다. ⇔섭사기다. 《朴新
諺 1, 22ㅎ》敎他替我做一條銀廂花帶何
如, 뎌로 흐여 나룰 고르차 흔 오리 銀
던메온 섭사긴 씌룰 민들미 엇더흐뇨.

화(花) 명 ❶꽃. ●⇔곳. 《朴新諺 1, 39ㅈ》
下雨開花刮風結子, 비 오면 곳 픠고 브람

블면 여름 여둔 거시여. 《朴新諺 3, 17
ㅈ》前面壘一箇花臺好栽花, 앏히 흔 花臺
를 무어 곳 시므기 됴케 흐라. 我要臨窓
看書也要看花哩, 내 窓을 臨흐여 글을 보
고 쏘 곳츨 보고져 흐노라. ●⇔곳ㅊ.
《朴新諺 1, 7ㅎ》有酒有花以為眼前之樂,
술을 두고 곳츨 두어 眼前에 즐기믈 삼
눈다 흐고. 《朴新諺 3, 17ㅈ》前面壘一箇
花臺好栽花, 앏히 흔 花臺를 무어 곳 시
므기 됴케 흐라. 我要臨窓看書也要看花
哩, 내 窓을 臨흐여 글을 보고 쏘 곳츨
보고져 흐노라. ❷●문(紋). 무늬. (꽃)
무늬. ⇔문. 《朴新諺 2, 8ㅎ》你這暗花緞
子要多少一疋, 네 이 스믠문 비단을 언
머에 흔 필을 흐려 흐느뇨. 《朴新諺 2,
9ㅈ》這一疋暗花緞是兩件袍料, 이 흔 필
스믠문 비단은 이 두 볼 큰옷 고음이니.
●소름. 또는 좁쌀 모양의 무늬. ⇔소
홈. 《朴新諺 1, 32ㅎ》這六箇花大的, 이
여숫 소홈 큰 거슨. ●아롱. 아롱이. ⇔
아롱. 《朴新諺 3, 34ㅈ》那些勇士都穿着
花袴皂靴, 뎌 여러 勇士들이 다 아롱 바
지에 거믄 靴룰 신고.

화(貨) 명 ●물화(物貨). (물품과 재화) ⇔
물화. 《朴新諺 2, 8ㅈ》太爺是識貨的請
看, 太爺눈 이 물화 아는 이라 쳥컨대 보
라. 《朴新諺 2, 8ㅈ》如今也都識貨了, 이
제 다 물화를 아느니. ●황화(荒貨). 잡
화(雜貨). ⇔항호. 《朴新諺 3, 29ㅈ》咳你
眞識貨, 애 네 진실로 항호를 아니. 《朴
新諺 3, 30ㅈ》你旣識貨, 네 이믜 항호를
알면.

화(畫) 图 ●그리다. ⇔그리다. 《朴新諺
2, 6ㅎ》眞箇是畫也畫不成的好景致, 진짓
이 그리려 흐여도 그려 내지 못흘 됴흔
景致오. 《朴新諺 2, 11ㅎ》拿一箇一托長
碗口大的紅油畫金棒子, 흐나 흔 발맛치
길고 사발맛치 큰 불근 칠흐고 금으로
그린 막대롤 가져. 《朴新諺 2, 52ㅎ》又
把筆來在他面上畫黑了, 쏘 붓스로다가

뎌의 面上에 그려 검게 ᄒᆞ엿더니.《朴新諺 3, 41ㅈ》你要畫甚麽, 네 무서슬 그리고져 ᄒᆞᄂᆞᆫ다. 我要畫我的喜容, 내 나의 진영을 그리고져 ᄒᆞ노라.《朴新諺 3, 42ㅈ》方肯畫哩, 보야흐로 즐겨 그리ᄂᆞ니라.《朴新諺 3, 42ㅈ》畫虎畫皮難畫骨, 범을 그리매 가족은 그려도 ᄲᅧ 그리기 어렵고. 知人知面不知心, 사ᄅᆞᆷ을 알매 ᄂᆞᆾ츤 아라도 ᄆᆞᄋᆞᆷ 아지 못ᄒᆞᆫ다 ᄒᆞ니라.《朴新諺 3, 46ㅈ》渾身畫着顔色, 왼몸에 빗출 그려. ❷서명(書名)을 받다. 화압(花押)을 받다. 수결(手決)을 받다. ⇔일홈밧다.《朴新諺 3, 18ㅈ》方纔書辦們拿文書來畫稿, 앗가 ᄀᆞᆺ 셔반들이 文書를 가져와 稿에 일홈밧고.

화(畫) [명] 그림. ⇔그림.《朴新諺 2, 50ㅈ》當中掛一軸大畫, 當中ᄒᆞ여 ᄒᆞᆫ 軸 큰 그림을 걸고.《朴新諺 3, 40ㅎ》好畫匠那裡有, 그림 잘 그리ᄂᆞᆫ 쟝인이 어ᄃᆡ 잇ᄂᆞ뇨.

화(話) [동] 말하다. ⇔말ᄒᆞ다.《朴新諺 1, 57ㅈ》再慢慢的聚話罷, 다시 날호여 모다 말ᄒᆞ쟈.

화(話) [명] 말[言]. ⇔말.《朴新諺 1, 16ㅈ》話不說不明木不鑽不透, 말을 니ᄅᆞ디 아니면 ᄇᆞᆰ디 못ᄒᆞ고 남글 ᄯᅮᆲ디 아니면 ᄉᆞᄆᆞᆺ디 못ᄒᆞᆫ다 ᄒᆞ니라.《朴新諺 1, 25ㅎ》這話是不差的, 이 말이 그르지 아니ᄒᆞ니라.《朴新諺 1, 32ㅈ》你說那裏話來, 네 어ᄃᆡᆺ 말 니ᄅᆞᄂᆞᆫ다.《朴新諺 2, 7ㅈ》咱今日有句知心話對你說, 우리 오ᄂᆞᆯ ᄒᆞᆫ 句ㅣ 심복 아ᄂᆞᆫ 말이 이셔 너ᄃᆞ려 니ᄅᆞ쟈.《朴新諺 2, 22ㅈ》此話眞不眞呢, 이 말이 진뎍ᄒᆞ냐 진뎍지 아니ᄒᆞ냐.《朴新諺 2, 42ㅎ》你們不要說閑話, 너희들은 힘힘ᄒᆞᆫ 말을 니ᄅᆞ지 말고.《朴新諺 3, 11ㅈ》你說甚麽話, 네 무슴 말 니ᄅᆞᄂᆞᆫ다.《朴新諺 3, 19ㅎ》咳禍不單行這話再也不差, 애 禍不單行이란 이 말이 ᄯᅩ 그르지 아니ᄒᆞ다.《朴新諺 3, 58ㅈ》百姓們聽得這話, 百姓들이 이 말을 듯고.

화(靴) [명] (목이 긴) 가죽신. ❶⇔훠.《朴新諺 1, 30ㅎ》脚穿粉底尖頭靴, 발에 지ᄌᆞ에 분칠ᄒᆞ고 부리 ᄲᆞᆫ 훠ᄅᆞᆯ 신고.《朴新諺 2, 28ㅈ》一箇到那靴舖裏去學生活, ᄒᆞ나흔 뎌 靴푸ᄌᆞ에 가 셩녕 ᄇᆡ호고.《朴新諺 3, 34ㅈ》那些勇士都穿着花袴皀靴, 뎌 여러 勇士들이 다 아롱 바지에 거믄 靴를 신고. ❷⇔화자(靴子).《朴新諺 1, 51ㅈ》衣裳・帽子・靴子, 옷과 갓과 靴ᄅᆞᆯ.《朴新諺 1, 34ㅎ》倒累我的新靴子都走破了, 도로혀 내 새 靴조차 다 ᄃᆞᆫ녀 해아ᄇᆞ려다.《朴新諺 2, 56ㅎ》那般你的靴子怎麽還是乾的, 그러면 네 靴ㅣ 엇디 도로혀 ᄆᆞᆯ라ᄂᆞ뇨.

화(禍) [명] 모든 재앙과 액화(厄禍).《朴新諺 3, 20ㅎ》也不免是閉門家裡坐禍從天上來, ᄯᅩ 이 門을 닷고 집의 안저셔도 禍ㅣ 天上으로 조차 온다 홈을 免치 못홈이로다.

화(樺) [명] 봇나무. 봇나무의 껍질. ⇔봇.《朴新諺 1, 57ㅎ》樺一樺, 봇 닙히라.

화개(禾稭) [명] 볏짚.《集覽, 朴集, 中, 3ㅎ》摟草. 摟, 探聚也. 收禾登場, 截穗取實, 亂撒禾稭在場, 仍而摟聚者曰摟草.

화격(花槅) [명] 꽃을 아로새긴 격자(格子).《集覽, 朴集, 中, 2ㅎ》細車〈室車〉. 質問云, 如婦人所乘車, 周圍雕刻花槅, 油飾花須, 方言謂之細車.

화계(火計) [명] 동무. 동료. 동업자. ⇔동모.《集覽, 字解, 累字解, 2ㅎ》火計. 동모.《朴新諺 1, 11ㅎ》我對衆火計說, 내 여러 동모ᄃᆞ려 닐러. 齊心用力多使些工夫, 齊心 用力ᄒᆞ여 만히 工夫 드려.

화계(伙計) [명] 동무. 또는 점원. 고용인. ⇔동모.《朴新諺 2, 42ㅎ》伙計們把那廚開了, 동모들아 뎌 장을 열고. 揀高的與官人看, 놉흔 이ᄅᆞᆯ ᄀᆞᆯ희야 官人을 주어 보게 ᄒᆞ라.《朴新諺 3, 10ㅈ》伙計們, 동모들아. 先掘土打兩擔水来好和泥, 몬져 흙을 픠고 두 짐 물을 기러 와 잘 흙을

니기되.

화과산(花菓山) 몡 중국의 소설 서유기 (西遊記)에 나오는, 서역(西域)에 있다는 산 이름. 《集覽, 朴集, 下, 4ㅈ》孫行者. 西遊記云, 西域有花菓山, 山下有水簾洞, 洞前有鐵板橋, 橋下有萬丈潤, 潤邊有萬箇小洞, 洞裏多猴. 有老猴精, 號齊天大聖, 神通廣大, 入天宮仙桃園偸蟠桃, 又偸老君靈丹藥, 又去王母宮偸王母綉仙衣一套, 來設慶仙衣會. 《集覽, 朴集, 下, 10ㅎ》二郞爺爺. 按西遊記, 西域花菓山洞有老猴精, 號齊天大聖, 神變〈変〉無測, 鬧(閙)乱天宮, 玉帝命李天王領神兵徃捕, 相戰失利.

화극(畫戟) 몡 색칠을 하거나 그림을 그려 넣은 창(槍)의 하나. 의장용으로 쓴다. 《朴新諺 3, 35ㅈ》手持畫戟, 손에 畫戟을 가지고.

화낭(花娘) 몡 창부(娼婦). 창녀. 《集覽, 朴集, 上, 11ㅎ》娘子. 南村輟耕錄云〈南村輟耕錄〉, 世謂穩婆曰老娘, 女巫曰師娘, 唱〈娼〉婦曰花娘, 達人又曰草娘, 苗人謂妻曰夫娘, 南方謂婦人無行者曰夫娘, 謂婦人之卑賤者曰某娘, 曰幾娘, 鄙之曰婆娘.

화대(花臺) 몡 둘레를 벽돌을 에워 쌓아 만든 화단(花壇). 《集覽, 朴集, 下, 7ㅎ》花臺窩兒. 質問云, 以磚砌臺, 其上栽〈栽〉花藏窩, 將毬打入窩內爲勝. 《朴新諺 3, 17ㅈ》前面壘一箇花臺好栽花, 앏희 혼 花臺를 무어 곳 시므기 됴케 ᄒᆞ라. 《朴新諺 3, 37ㅎ》還是打花臺窩兒, 당시롱 花臺 굼글 치며.

화대(華臺) 몡 〈불〉 연화대(蓮花臺). 연꽃 모양으로 만든 불상(佛像)의 자리. 《集覽, 朴集, 中, 4ㅎ》座飾芙蓉. 飜譯名義云, 大論問, 諸牀〈床〉可坐, 何必蓮華. 荅曰, 牀爲世間白衣坐法, 又以蓮華軟淨, 欲現神力, 能坐其上, 令不壞故, 又以莊嚴妙法故, 又以此華華臺嚴淨香妙可坐故.

화대(靴帶) 몡 가죽신과 띠. 《朴新諺 3, 44

ㅈ》衣帽・靴帶等類, 衣帽와 靴帶 等類 ㅣ오.

화대굼ㄱ(花臺-) 몡 =화대와아(花臺窩兒). ⇔화대와아(花臺窩兒). 《朴新諺 3, 37ㅎ》還是打花臺窩兒(朴新注, 57ㅎ: 砌磚爲臺, 其上栽花藏窩, 將毬打入窩內爲勝.), 당시롱 花臺 굼글 치며.

화대와아(花臺窩兒) 몡 화대(花臺)에 만든, 공을 쳐 넣는 구멍. 꽃을 심어 구멍이 보이지 않게 가린다. ⇔화대굼ㄱ(花臺-). 《集覽, 朴集, 下, 7ㅎ》花臺窩兒. 質問云, 以磚砌臺, 其上栽〈栽〉花藏窩, 將毬打入窩內爲勝. 《朴新諺 3, 37ㅎ》還是打花臺窩兒(朴新注, 57ㅎ: 砌磚爲臺, 其上栽花藏窩, 將毬打入窩內爲勝.), 당시롱 花臺 굼글 치며.

화동(畫棟) 몡 채색한 마룻대. 《朴新諺 2, 5ㅈ》這畫棟雕樑朱欄碧檻, 뎌 畫棟 雕樑과 朱欄 碧檻이.

화로 몡 화로(火爐). ⇔화분(火盆). 《朴新諺 3, 12ㅈ》火盆上添些炭火, 화로에 숫불을 더ᄒᆞ고.

화리목(花梨木) 몡 화류(樺榴). 자단(紫壇)의 목재. 《朴新諺 1, 18ㅈ》刀鞘要起線花梨木, 칼집은 실 돗친 花梨木으로 ᄒᆞ고.

화매(貨賣) 통 상품을 팔다. 《集覽, 朴集, 下, 5ㅎ》元寶. 世祖大會王子・王孫・駙馬・國戚, 從而頒賜, 或用貨賣, 所以民間有此錠也.

화물(貨物) 몡 운반할 수 있는 유형(有形)의 재화나 물품. 《集覽, 朴集, 中, 6ㅎ》解僧庫. 王莽令市官收賤賣貴, 謂如貸錢與民一百箇, 每月收利錢三箇, 銀一兩, 則每月取利三分之類.　後主量其貨物而抽分, 遺下亦收息百三.

화방 몡 화방(火防). (땅에서부터 중방 밑까지 돌을 섞은 흙으로 쌓아 올린 벽) ⇔산장(山墻). 《朴新諺 3, 51ㅈ》於東屋山墻外剜窟進內, 東屋 화방 밧끠 굼글 뚧고 안히 들어.

화방(花房) 圀 꽃부리. 《集覽, 朴集, 下, 7
ㅎ》花房窩兒. 質問云, 如打毬, 先立毬窩
於花房之上, 然後用棒打入, 方言謂之花
房窩兒. 《朴新諺 3, 37ㅎ》打花房窩児(朴
新注, 57ㅎ: 立毬窩扵花房之上, 用棒打
入.)呢, 花房 굼글 칠 거시니.

화방굼ㄱ(花房-) 圀 =화방와아(花房窩
兒). ⇔화방와아(花房窩兒). 《朴新諺 3,
37ㅎ》打花房窩児(朴新注, 57ㅎ: 立毬窩
扵花房之上, 用棒打入.)呢, 花房 굼글 칠
거시니.

화방와아(花房窩兒) 圀 화방(花房) 모양
으로 만든 구멍. ⇔화방굼ㄱ(花房-).
《朴新諺 3, 37ㅎ》打花房窩児(朴新注, 57
ㅎ: 立毬窩扵花房之上, 用棒打入.)呢, 花
房 굼글 칠 거시니.

화병(花餅) 圀 꽃을 조각한 떡살로 찍어
만든 떡. 《集覽, 朴集, 上, 1ㅈ》拖爐. 音
義云, 麵作小餅者〈麵作小餅〉. 質問云, 以
麥麵和油蜜印成花餅, 烙熟食之.

화분(火盆) 圀 화로(火爐). ⇔화로. 《朴新
諺 3, 12ㅈ》火盆上添些炭火, 화로에 숫
불을 더ㅎ고.

화불(畫佛) 圀 부처를 그린 그림. 《朴新諺
2, 44ㅎ》佛堂(朴新注, 39ㅈ: 漢俗, 好佛家
設一堂, 或安金像, 或掛畫佛, 焚香頂禮,
朝夕不懈.)幾間, 佛堂이 현 간.

화불단행(禍不單行) 圀 화(禍)는 혼자 오
지 않는다는 뜻으로, 재앙은 번번이 겹
쳐 온다는 말. 《朴新諺 3, 19ㅎ》咳禍不
單行這話再也不差, 애 禍不單行이란 이
말이 쪼 그르지 아니ㅎ다.

화ㅅ돈(靴-) 圀 (목이 긴) 가죽신의 목.
⇔화요(靴靿). 《朴新諺 3, 32ㅎ》我把他
揣在靴靿裡去好了, 내 뎌룰다가 靴ㅅ돈
에 쪼자 가져가미 됴타.

화상(和尙) 圀 〈불〉 중[僧]. ●⇔듕. 《集
覽, 朴集, 上, 9ㅎ》和尙. 萬里相和曰和,
外道相尙曰尙. 又和者, 太和也, 尙者, 高
尙也. 又和尙, 外國語, 此云近誦. 以弟子

年少, 不離於師, 常逐相〈常〉近, 受經而誦
者. 《集覽, 朴集, 上, 16ㅈ》石屋. 法名清
珙, 號石屋和尙, 臨濟十八世之嫡孫也.
《朴新諺 1, 35ㅈ》一箇和尙(朴新注, 13ㅎ:
萬里相和曰和, 外道相尙曰尙.)偸別人家
的媳婦, 흔 듕이 눔의 계집을 도적ㅎ여.
《朴新諺 1, 35ㅎ》便拿住那和尙打的半死
半活, 곳 뎌 듕을 자바 텨 半死 半活ㅎ니.
《朴新諺 1, 36ㅈ》似你這一䓁和尙不打還
打誰呢, 너 ㄭㅊ흔 이런 듕을 티지 아니코
도로혀 누룰 티리오. 衆人再問那和尙,
衆人이 다시 뎌 듕드려 무르되. 《朴新諺
1, 36ㅎ》那和尙說, 뎌 듕이 니르되. ●⇔
즁. 《朴新諺 2, 9ㅎ》聞說有一箇得道的朝
鮮和尙, 드르니 흔 得道흔 朝鮮 즁이 이
셔. 《朴新諺 3, 13ㅈ》眞是一箇有德行的
和尙, 진실로 이 흔 德行 잇는 즁이라.
《朴新諺 3, 22ㅈ》但見和尙, 다만 즁을 보
면. 《朴新諺 3, 43ㅎ》衆和尙, 모든 和尙
이. 《朴新諺 3, 44ㅈ》和尙・鼓手, 和尙
과 鼓手ㅣ 잇고.

화상 圀 화상(畫像). (사람의 얼굴을 그림
으로 그린 형상) ⇔영상(影像). 《朴新諺
3, 41ㅈ》他在別處畫了一箇人的影像, 뎨
다른 디셔 흔 사름의 화상을 그리니.

화소(火燒) 圀 구운 떡(빵)의 한 가지. 《朴
新諺 3, 36ㅈ》硬麵火燒都有, 硬麵으로
민드라 구은 쩍이 다 이셰라. 《朴新諺
3, 36ㅈ》你把包子火燒先取來, 네 包子와
구은 쩍을다가 몬져 가져오고.

화쇄(靴刷) 圀 신의 먼지를 터는 솔. 《朴
新諺 3, 32ㅈ》我要買這帽刷・靴刷各一
把, 내 이 帽刷・靴刷 각 ㅎ나와.

화수(花須) 圀 꽃술. 화예(花蕊). 《集覽,
朴集, 中, 2ㅎ》細車〈室車〉. 質問云, 如婦
人所乘車, 周圍雕刻花槅, 油飾花須, 方言
謂之細車.

화신(化身) 圀 〈불〉 부처가 중생을 교화
하기 위하여 여러 모습으로 변화하는
일. 또는 그 불신(佛身). 《朴新諺 2, 29

ㅎ》起浮屠(朴新注, 33ㅎ: 浮屠, 塔也. 唐中宗爲僧伽大士, 起塔扵泗水, 僧伽卽觀音化身云.)扵泗水之間, 浮屠를 泗水ㅅ 스이에 니르혀고.

화아(花兒) 명 ●소름. 또는 좁쌀 모양의 무늬. ⇔소홈.《朴新諺 1, 32ㅎ》就似這一等花兒大些的怎麽賣, 이 혼 등곳치 소홈 큰 거슨 엇지 풀짜. ●얼룩. ⇔어룽.《朴新諺 3, 2ㅎ》我要這有花兒的母猫, 내 이 어룽 암 괴롤 사려 ᄒ니.

화압(花押) 통 서명(書名)하다. 화압(花押)하다. 수결(手決)하다. 표(表)하다. ⇔일홈두다.《朴新諺 1, 59ㅈ》都打了花押, 다 일홈두고.

화압(畫押) 통 수례(手例)하다. 서명(書名)하다. 화압(花押)하다. 수결(手決)하다. 표(表)하다. ⇔슈례두다.《朴新諺 2, 51ㅈ》堂上還不曾畫押哩, 堂上이 당시롱 일즉 슈례두지 아니ᄒ엿다 ᄒ더냐.

화양(花撗) 명 =화양(花樣). '撗'은 '樣'과 같다.《廣韻, 去韻》撗, 式樣.《集覽, 朴集, 上, 3ㅎ》鮮笋燈龍湯. 質問云, 鮮笋, 以笋雕爲玲瓏花撗, 空其內, 糝肉作羹食之.《集覽, 朴集, 上, 8ㅎ》刺通袖膝欄. 元時好着此衣, 前後具胷背, 又連肩而通袖之脊, 至袖口爲紋, 當膝周圍亦爲紋如欄干, 然織成段匹爲衣者有之, 或皮或帛, 用綵線周遭回曲爲緣, 如花撗, 刺〈刺〉爲草樹〈尌〉・禽獸・山川・宮殿之文扵〈紋扵〉其內, 備極奇巧, 皆用團領着之, 其直甚高.《朴新諺 1, 29ㅎ》両邉掛着珎珠結成花撗的對子荷包, 두 편에 珎珠로 花撗 겨론 혼 빵 주머니롤 츠고.

화양(花樣) 명 꽃 모양. 또는 그런 무늬.《集覽, 朴集, 上, 3ㅎ》鮮笋燈龍湯. 質問云, 鮮笋, 以笋雕爲玲瓏花撗, 空其內, 糝肉作羹食之.《集覽, 朴集, 上, 8ㅎ》刺通袖膝欄. 元時好着此衣, 前後具胷背, 又連肩而通袖之脊, 至袖口爲紋, 當膝周圍亦爲紋如欄干, 然織成段匹爲衣者有之, 或

皮或帛, 用綵線周遭回曲爲緣, 如花撗, 刺〈刺〉爲草樹〈尌〉・禽獸・山川・宮殿之文扵〈紋扵〉其內, 備極奇巧, 皆用團領着之, 其直甚高.《朴新諺 1, 29ㅎ》両邉掛着珎珠結成花撗的對子荷包, 두 편에 珎珠로 花撗 겨론 혼 빵 주머니롤 츠고.

화엄(華嚴) 명 〈불〉 정식 이름은 대방광불화엄경(大方廣佛華嚴經). 석가모니가 성도(成道)한 깨달음의 내용을 그대로 설법한 경문(經文). 불교의 가장 높은 교리(敎理)이다.《集覽, 朴集, 上, 10ㅈ》裟婆. 華嚴云, 着裟婆者, 捨離三毒.

화연(化緣) 명 〈불〉 중생(衆生)을 교화하는 인연(因緣). 불보살(佛菩薩)의 출현은 이 때문이며, 이 인연이 다하면 곧 열반(涅槃)에 든다고 한다.《集覽, 朴集, 中, 5ㅈ》起浮屠扵泗水之間. 中宗問諸近臣, 近臣奏, 僧伽大師化緣在臨淮, 恐欲歸.

화예(花蕊) 명 꽃술.《集覽, 朴集, 下, 3ㅎ》稍麥. 又云, 以麵作皮, 以肉爲餡, 當頂作爲花蕊, 方言謂之稍麥.

화요(靴鞠) 명 (목이 긴) 가죽신의 목. ⇔화ㅅ돈(靴-).《朴新諺 3, 32ㅎ》我把他揣在靴鞠裡去好了, 내 더룰다가 靴ㅅ돈에 ᄶ자 가져가미 됴타.

화원(花園) 명 꽃밭.《朴新諺 1, 1ㅈ》到那有名的花園裏去, 더 有名혼 花園에 가.《朴新諺 2, 4ㅈ》在八里庄梁家花園裏做的, 八里庄 梁家 花園의셔 ᄒ니라.

화인(華人) 명 중국인. 한족(漢族).《集覽, 朴集, 上, 9ㅎ》漢子. 至晉末, 五胡亂〈乱〉華, 胡人罵華人曰漢兒, 華人罵胡人曰胡虜, 此稱〈称〉漢之始也.《集覽, 朴集, 下, 10ㅈ》機角. 華人鄕語呼角曰機角.

화자(靴子) 명 (목이 긴) 가죽신. ●⇔화(靴).《朴新諺 1, 51ㅈ》衣裳・帽子・靴子, 옷과 갓과 靴룰.《朴新諺 1, 34ㅎ》倒累我的新靴子都走破了, 도로혀 내 새 靴조차 다 돈녀 해아브려다.《朴新諺 2, 56ㅎ》那般你的靴子怎麽還是乾的, 그러면

네 靴ㅣ 엇디 도로혀 몰라느뇨. 😑⇔휘.
《朴新諺 1, 29ㅎ》脚穿麂皮嵌金線靴子,
발에 지즈피 金線 가품 씬 휘롤 신고.
😑⇔휘오.《朴新諺 1, 40ㅈ》這是靴子,
이는 이 휘오ㅣ로다.

화잡(和雜) 동 서로 섞이다.《集覽, 字解,
單字解, 2ㅈ》滾. 煮水使沸曰滾滾花水 글
른 믈. 又輪轉曰滾滾了 구으다, 字作轆.
又通共和雜曰累滾 혼 믈와비라. 又滾子
방올.

화장(火葬) 동 화장(火葬)하다. ⇔화장ᄒ
다(火葬-).《朴新諺 3, 44ㅈ》實葬了呢還
是火葬的, 실로 葬ᄒ엿느냐 쏘 이 火葬ᄒ
엿느냐.

화장(畫匠) 명 화공(畫工). 화가.《朴新諺
3, 40ㅎ》我知道一箇有名的畫匠, 내 아노
니 혼 有名혼 畫匠이.

화장ᄒ다(火葬-) 동 화장(火葬)하다. ⇔
화장(火葬).《朴新諺 3, 44ㅈ》實葬了呢
還是火葬的, 실로 葬ᄒ엿느냐 쏘 이 火葬
ᄒ엿느냐.

화전(花氈) 명 꽃무늬를 넣어 짠 모전(毛
氈).《朴新諺 2, 50ㅈ》將花氈鋪在炕上,
花氈 가져다가 캉에 질고.

화제(華制) 명 중국의 제도.《集覽, 朴集,
下, 5ㅎ》勇士. 華制, 以紅氈裁成勇字, 附
於方帛之上, 施長帶於四角, 橫負於背. 侍
衛則用之, 故曰勇士, 即本國甲士也.

화청(花廳) 명 응접실. 객실.《朴新諺 2,
44ㅎ》花廳幾間, 花廳이 현 간.

화초(花草) 명 꽃과 풀.《朴新諺 1, 20ㅎ》
有像花草的, 花草 又혼 것도 이셔.

화촉(花燭) 명 화촉(華燭). (구식 결혼 풍
속에서 신방에 켜 두던 촛불)《朴新諺
1, 44ㅎ》半月頭辦花燭成親的, 보롬의 花
燭을 댱만ᄒ여 成親ᄒ고.

화퇴(火腿) 명 절인 고기. 소금에 약간 절
여 불에 그슬린 돼지 다리. ⇔저린고기.
《朴新諺 1, 5ㅈ》火腿(朴新注, 2ㅎ: 肉之
燻於火, 而醃於塩者, 味經冬不變.)添魚,

저린 고기에 물고기 석근 거시오.

화포(靴鋪) 명 구둣방. 신발 가게. ⇔화푸
즈(靴-).《朴新諺 2, 28ㅈ》一箇到那靴舖
裏去學生活, ᄒ나흔 뎌 靴푸즈에 가 셩
녕 비호고.

화푸즈(靴-) 명 =화포(靴鋪). ⇔화포(靴
鋪).《朴新諺 2, 28ㅈ》一箇到那靴舖裏去
學生活, ᄒ나흔 뎌 靴푸즈에 가 셩녕 비
호고.

화합(和合) 동 화목하게 어울리다.《集覽,
朴集, 中, 6ㅈ》衆生. 一切衆染, 合集而生,
故曰衆生. 又衆緣和合名曰衆生.

화항(火炕) 명 불을 땔 수 있게 방고래를
내고 놓은 구들.《朴新諺 3, 10ㅈ》這是
死炕這是燒柴火炕都不好, 이는 불 못 찟
는 캉이오 이는 불찟는 캉이니 다 됴치
아니ᄒ니.

화형(花形) 명 꽃 모양. 또는 꽃과 같은
모양.《朴新諺 1, 29ㅈ》身穿立水(朴新
注, 11ㅎ: 袍衣下邉, 繡浪・花形者.)貂皮
蟒袍, 몸에 슈결 잇는 貂皮 蟒袍롤 닙고.

화호화피난화골지인지면부지심(畫虎
畫皮難畫骨 知人知面不知心) 귀 호랑
이는 그려도 뼈를 그리기는 어려우며,
사람과 안면이 있어도 마음속을 알기는
어렵다는 뜻.《朴新諺 3, 42ㅈ》畫虎畫皮
難畫骨, 범을 그리매 가족은 그려도 뼈
그리기 어렵고. 知人知面不知心, 사롬을
알매 늧츤 아라도 무옴 아지 못혼다 ᄒ
니라.

화홍(花紅) 명 혼인 등 경사스런 일이 있
을 때 보내는 예물.《集覽, 朴集, 上, 11
ㅎ》下多少財錢. 又涓吉送婚書, 行納徵
禮, 亦曰納幣, 俗云下財, 亦曰送禮. 俗緫
稱(総稱)曰羊酒花紅.《朴新諺 1, 44ㅈ》
下多少財禮(朴新注, 17ㅈ: 財, 羊・酒・
花紅之屬. 禮, 六禮, 納采・問名・納吉・
納徵・請期・親迎也.)呢, 언머 財禮롤
드리더뇨.

화환(華煥) 동 광채가 눈부시게 빛나다.

《集覽, 朴集, 上, 14ㅎ》拜節. 歲時樂事記云, 元日, 士庶自早互相慶賀, 車馬交馳, 衣服華煥, 雜遝街市, 三四日乃止〈三四日而乃止〉.

화ᄒᆞ다(化-) 图〈불〉교화(敎化)하다. 곧, 부처의 진리로 사람을 가르쳐 착한 마음을 가지게 하다. ⇔화(化). 《朴新諺 3, 14ㅎ》正是衆生難化了, 正히 衆生을 化키 어렵도다.

환(喚) 图 부르다[呼]. 외치다. ●⇔부르다. 《朴新諺 2, 58ㅈ》名喚許瘄兒, 일홈을 許瘄兒ㅣ라 부르리. ●⇔브르다. 《朴新諺 1, 4ㅈ》喚厨子來我與他商(商)量, 厨子를 블러 오라 내 저와 의논ᄒᆞ쟈. ●⇔브르다. 《朴新諺 3, 21ㅎ》國中有一箇先生喚做伯眼, 國中에 ᄒᆞᆫ 先生이 이시되 伯眼이라 브르ᄂᆞ니.

환(換) 图 바꾸다. 교환하다. ⇔밧고다. 《朴新諺 1, 14ㅈ》還要把領子到該管書辦處換過小票, 당시롱 ᄐᆞᆫ는 톄롤 가져 ᄀᆞ옴아는 셔반의게 가 져근 票롤 밧고고. 《朴新諺 1, 14ㅎ》先換票領籌何如, 몬져 票롤 밧고고 사술을 ᄐᆞ미 엇더ᄒᆞ뇨. 《朴新諺 2, 7ㅈ》要換你的大紅織金胷背, 네 다홍빗체 금스로 ᄧᆞ고 胷背 ᄒᆞᆫ 것과 밧고고져 ᄒᆞ노라. 《朴新諺 2, 7ㅎ》你旣要換就換, 네 이믜 밧고려 ᄒᆞ거든 곳 밧고라. 《朴新諺 2, 46ㅈ》就換幾箇新的, 곳 여러 낫 새 거슬 밧고라. 《朴新諺 2, 57ㅈ》與你換穿了去罷, 너를 주어 밧고와 닙고 가게 ᄒᆞ쟈.

환(環) 图 ●귀고리. 《集覽, 朴集, 上, 7ㅎ》八珠環. 귀·엿골·회. 以珍〈珎〉珠大者四顆連綴爲一隻, 一雙〈霅〉共八珠. ●가락지. ⇔가락디. 《朴新諺 1, 44ㅈ》八對珠環, 여ᄃᆞᆲ 빵 진쥬 가락디와.

환(還) 图 ❶갚다. 돌려주다. ●⇔갚다. 《朴新諺 1, 34ㅈ》只還我本錢, 그저 내게 本錢만 갑고. 利錢一分也不肯還, 利錢은 ᄒᆞᆫ 픈도 즐겨 갑지 아닐 줄을 싱각ᄒᆞ여서

리오. 《朴新諺 1, 34ㅎ》到今討了半年総不肯還我, 到今 半年을 ᄃᆞ라 호되 아조 즐겨 내게 갑지 아니ᄒᆞ니. 《朴新諺 1, 58ㅎ》如過期不還, 만일 혼이 지나 갑지 아니ᄒᆞ거든. 《朴新諺 2, 43ㅈ》討的是虛價還的是實價, 꾀오는 거슨 이 거즛 갑시오 갑는 거시아 이 실혼 갑시니. ●⇔갚ᄒᆞ다. 《集覽, 字解, 單字解, 1ㅈ》還. 猶尙也, 再也, 還有多少 당시론 언메나 잇ᄂᆞ뇨. 又다하, 還要多少 다하 언메나 받고져 ᄒᆞ나뇨. 還有·還要之還, 或呼如孩子之音, 此或還音之訛, 或別有其字, 未可知也. 又償也, 還錢 갑 주다. 《朴新諺 1, 34ㅈ》說之一年之內本利都還清我, 닐러 뎡ᄒᆞ여 혼 ᄒᆡᆺ 너에 本과 利롤 다 내게 갑하 물키마 ᄒᆞ여. 《朴新諺 1, 35ㅈ》不知他那一日纔肯還, 아지 못게라 뎨 어늬 날 마치 즐겨 갑흐리오. 《朴新諺 1, 58ㅎ》中保人一面承管代還, 中保人이 一面으로 맛다 ᄀᆞ르차 갑흐리라. 《朴新諺 2, 12ㅎ》回來還我, 도라와 내게 갑흐라. 《朴新諺 3, 30ㅈ》還我多少價錢, 내게 엇마 갑슬 갑흐려 ᄒᆞᆫ다. ❷주다. 돌려주다. 갚다. ⇔주다. 《集覽, 字解, 單字解, 1ㅈ》還. 猶尙也, 再也. 還有多少 당시론 언메나 잇ᄂᆞ뇨. 又다하. 還要多少 다하 언메나 받고져 ᄒᆞ나뇨. 還有·還要之還, 或呼如孩字之音. 此或還音之訛, 或別有其字, 未可知也. 又償也. 還錢 갑 주다. 《朴新諺 1, 10ㅎ》我好還價, 우리 공전 주기 됴흐리라. 《朴新諺 3, 51ㅈ》追還布疋懲治賊人, 布疋을 ᄎᆞ자 주고 賊人을 懲治ᄒᆞ면.

환(還) 图 ❶●그런대로. 그럭저럭. 《朴新諺 2, 2ㅎ》今日還要早早回家上墳去, 오늘 일즉이 집의 도라와 上墳ᄒᆞ라 가려 ᄒᆞᄂᆞ니라. ●다시. 또. ⇔다시. 《朴新諺 1, 36ㅎ》日後還敢偸老婆麼, 日後에 다시 敢히 계집을 도적홀다. ●다만. 오직. 오로지. ⇔다하. 《集覽, 字解, 單字解, 1ㅈ》還. 猶尙也, 再也. 還有多少 당시론

언메나 잇ᄂᆞ뇨. 又다하. 還要多少 다하
언메나 받고져 ᄒᆞ나뇨. 還有 · 還要之還,
或呼如孩字之音. 此或還音之訛, 或別有
其字, 未可知也. 又償也. 還錢 갑 주다.
❹도리어. ⇔도로혀. 《朴新諺 1, 34ㅎ》
還可恨那驢養的, 도로혀 恨호온 거슨 뎌
나귀삐. 《朴新諺 2, 40ㅈ》家下吃不了還
好賣哩, 집의셔 다 먹지 못ᄒᆞ거든 도로
혀 풀미 됴흐니라. 《朴新諺 2, 49ㅈ》但
是你還不知那鄉村裏的好處哩, 다만 네
도로혀 뎌 鄉村에 됴흔 곳을 아지 못ᄒᆞ
ᄂᆞᆫ쏘다. 《朴新諺 2, 49ㅎ》只怕還不肯回
來哩, 다만 저프건대 도로혀 즐겨 도라
오지 아닐가 ᄒᆞ노라. 《朴新諺 2, 59ㅎ》
這還怕沒有新衣服過年麼, 이 도로혀 새
옷스로 過年홀 거시 업슬가 저프랴. ❺
또. ⇔또. 《朴新諺 1, 23ㅎ》還要把一副
頭面去當哩, 또 흔 볼 頭面을 가져가 뎐
당ᄒᆞ려 ᄒᆞᄂᆞ니. 《朴新諺 1, 46ㅈ》護膝上
還該要用的裁料, 슬갑에 또 뻠 즉흔 ᄀᆞ음
을. 《朴新諺 2, 11ㅎ》還有那弄寶盖的, 또
寶盖 놋ᄒᆞᆫ 이도 이시니. 《朴新諺 2, 21
ㅎ》你是水路來還是旱路來, 네 이 믈길
로 온다 또 이 뭇길로 온다. 《朴新諺 2,
31ㅈ》還要把那箭俗裏挿十根箭, 또 뎌 살
동개에다가 열 낫 살 꼿고. 《朴新諺 3,
4ㅎ》我只知道蒲根解酒還好做醋, 내 다
만 챵포 불희 술을 끼오고 또 醋 ᄆᆡᆫ들기
됴흔 줄만 알고. 《朴新諺 3, 17ㅈ》那西
壁廂還要打一道墻, 뎌 셔편에 또 흔 줄
담을 ᄡᆞ고. 《朴新諺 3, 30ㅎ》你還有好珊
瑚麼, 네게 또 됴흔 珊瑚ㅣ 잇ᄂᆞ냐. ❷아
직. 오히려. 도리어. ❶⇔당시론. 《集
覽, 字解, 單字解, 1ㅈ》還. 猶尙也, 再也.
還有多少 당시론 언메나 잇ᄂᆞ뇨. 又다
하. 還要多少 다하 언메나 받고져 ᄒᆞ나
뇨. 還有 · 還要之還, 或呼如孩字之音. 此
或還音之訛, 或別有其字, 未可知也. 又償
也. 還錢 갑 주다. ❷⇔당시론. 《朴新諺
1, 5ㅈ》還要上三道粉湯, 당시론 세 가지

粉湯을 올릴 거시오. 《朴新諺 1, 14ㅈ》
還要把領子到該管書辦處換過小票, 당시
롱 틴ᄂᆞᆫ 톄를 가져 ᄀᆞ음아는 셔반의게
가 저근 票를 밧고고. 《朴新諺 1, 23ㅎ》
便當二十両也還不勾用哩, 곳 스므 냥을
뎐당ᄒᆞ여도 당시롱 쁘기에 넉넉지 못ᄒᆞ
여라. 《朴新諺 2, 2ㅎ》上了墳回來還有甚
麼事呢, 上墳ᄒᆞ고 도라와 당시롱 므슴
일이 이실러뇨. 《朴新諺 2, 17ㅈ》驛馬怎
麼還不見來呢, 驛馬ㅣ 엇지 당시롱 옴을
보지 못ᄒᆞᆯ소뇨. 《朴新諺 2, 41ㅎ》還有法
兒容易隄防的, 당시롱 법이 이셔 隄防ᄒᆞ
기 쉬오니라. 《朴新諺 3, 5ㅈ》所以擋住
了還不肯發落, 이러모로 먹자바 당시롱
즐겨 發落디 아니ᄒᆞ고. 《朴新諺 3, 29
ㅈ》你道這孫行者之法力還了得麼, 네 니
ᄅᆞ라 孫行者의 法力이 당시롱 견들소냐.
환(歡) 동 즐기다. 즐겁다. ⇔즐기다. 《朴
新諺 2, 30ㅈ》故得人天之喜鬼神之歡, 이
러모로 人天의 깃거홈과 鬼神의 즐김을
어더.

환가(還價) 동 가격대로 값을 치르다. 《集
覽, 字解, 單字解, 6ㅎ》雇. 與賃字意同,
而賃字只用於物, 雇字人物通用. 律條疏
議云, 驗日還價, 而不必取償也.

환고(患苦) 명 근심 때문에 생기는 고통.
《集覽, 朴集, 下, 1ㅎ》刁蹶. 又過棘〈釣洞
· 火炎山 · 薄屎洞 · 女人國及諸惡山險
水, 恠〈怪〉害患苦, 不知其幾, 此所謂刁蹶
也. 詳見西遊記.

환구(圜丘) 명 천자(天子)가 동지(冬至)에
하늘에 제사를 지내던 곳. 《集覽, 朴集,
中, 2ㅈ》郊天. 天子設圜丘於南郊, 以祭天
神 · 地祇 · 日月星辰 · 山川 · 嶽瀆, 以
太祖配享.

환난(患難) 명 근심과 재난. 《集覽, 朴集,
下, 11ㅎ》范蠡歸湖. 范蠡, 越之大夫也.
相越王勾踐敗吳, 曰, 越王爲人長頸鳥
〈鳥〉喙, 可與圖〈圖〉患難, 不可與共安逸.
遂泛扁舟, 載西施, 遊五湖不返.

환도 명 환도(環刀). ⇔요도(腰刀).《朴新諺 2, 31ㅈ》盔甲一副腰刀一口, 투구와 갑옷 혼 불 환도 ᄒᆞ나흘.

환도(環刀) 명 군복에 갖추어 차던 군도(軍刀).《朴新諺 3, 35ㅈ》各自腰帶七寶環刀, 각각 허리에 七寶혼 環刀를 추고.

환래(喚來) 통 불러오다. ●⇔불러오다.《朴新諺 2, 17ㅈ》喚驛裏的經丞來, 驛에 經丞을 불러오라. ●⇔블러오다.《朴新諺 1, 4ㅈ》喚廚子來我與他商(商)量, 廚子를 블러 오라 내 저와 의논ᄒᆞ쟈.

환례(還禮) 통 (남의 경례(敬禮)에 대하여) 답례(答禮)하다. ⇔환례ᄒᆞ다(還禮-).《朴新諺 1, 47ㅈ》多多的帶些人事與你還禮罷, 만히 人事를 가져 네게 還禮ᄒᆞ마.

환례ᄒᆞ다(還禮-) 통 환례(還禮)하다. ⇔환례(還禮).《朴新諺 1, 47ㅈ》多多的帶些人事與你還禮罷, 만히 人事를 가져 네게 還禮ᄒᆞ마.

환비(環臂) 명 팔찌.《集覽, 朴集, 上, 7ㅎ》釧. 事物紀原云, 黃帝時, 西王母獻〈献〉白環, 舜時亦獻〈献〉. 通俗文云, 環臂謂之釧. 漢順帝時有功者賜金釧, 亦曰環釧.

환소(歡笑) 통 즐겁게 웃다. 환하게 웃다.《集覽, 朴集, 上, 2ㅎ》院本. 質問云, 院本有曰外, 或粧先生·探訪使·考試官·老人·達達之類, 皆是外扮, 曰淨, 有男淨·有女淨, 亦做醜態, 專一弄言取人歡笑.

환슐 명 환술(幻術). 마술(魔術). 요술(妖術). ⇔희법(戲法).《朴新諺 2, 12ㅈ》還有那諸般做把戲的演戲法的, ᄯᅩ 여러 가지 노롯ᄒᆞ며 환슐 닉이는 이도 이셔.

환시(還是) 명 ●아직. 오히려. 여전히. ⇔당시롱.《朴新諺 1, 43ㅎ》是女孩兒呢還是那後婚呢, 이 새각시러냐 당시롱 뎌 니믈리기러냐. ●도리어. 여전히. 아직(도). ⇔도로혀.《朴新諺 2, 3ㅎ》還是你不肯下氣問他借, 도로혀 네 즐겨 긔운을 ᄂᆞᆽ기 ᄒᆞ여 뎌ᄃᆞ려 무러 비지 아니홈이니.《朴新諺 2, 56ㅎ》那般你的靴子怎麼

還是乾的, 그러면 네 靴ㅣ 엇디 도로혀 몰라ᄂᆞ뇨. ●오히려. 도리어. 여전히. 아직(도). ⇔오히려.《朴新諺 1, 38ㅈ》但如今腿上還是十分無氣力哩, 다만 이제 다리에 오히려 ᄀᆞ장 氣力이 업세라.

환오(歡娛) 명 아주 즐거워하다. 또는 아주 즐거운 것. ⇔환오ᄒᆞ다(歡娛-).《朴新諺 1, 45ㅎ》那等歡娛快樂不必說了, 뎌런 歡娛 快樂호믈 굿ᄒᆞ여 니ᄅᆞ지 못ᄒᆞ리로다.

환오ᄒᆞ다(歡娛-) 통 환오(歡娛)하다. ⇔환오(歡娛).《朴新諺 1, 45ㅎ》那等歡娛快樂不必說了, 뎌런 歡娛 快樂호믈 굿ᄒᆞ여 니ᄅᆞ지 못ᄒᆞ리로다.

환유(還有) 円 ●아직. 오히려. 그리고. 또한. ⇔당시롱.《朴新諺 2, 11ㅈ》還有把一箇མ桌兒放定, 당시롱 혼 노픈 탁ᄌᆞ를다가 노코. ●또. 또한. ⇔ᄯᅩ.《朴新諺 2, 21ㅈ》還有帳房·馬槽都牢壯麼, ᄯᅩ 帳房과 물귀유ㅣ 다 牢壯ᄒᆞ엿ᄂᆞ냐.《朴新諺 3, 35ㅈ》還有那拿鉞(鉞)斧的, ᄯᅩ 뎌 鉞(鉞)斧 가지니와.

환전(還錢) 통 값을 지불하다. ⇔갑주다.《集覽, 字解, 單字解, 1ㅈ》還. 猶尚也, 再也. 還有多少 당시론 언메나 잇ᄂᆞ뇨. 又다하. 還要多少 다하 언메나 받고져 ᄒᆞ나뇨. 還有·還要之還, 或呼如孩子之音. 此或還音之訛, 或別有其字, 未可知也. 又償也. 還錢 갑 주다.

환주(喚做) 통 부르다. …라고 말하다. …라고 여기다. ⇔부르다.《朴新諺 2, 33ㅈ》混名喚做李夜叉, 混名을 李夜叉ㅣ라 부르리.《朴新諺 3, 21ㅈ》喚做車遲國, 車遲國이라 부르는지라.《朱子語錄 17》直是到這裏方喚做極是處, 方喚做至善處.

환천(環釧) 명 팔찌. 금팔찌.《集覽, 朴集, 上, 7ㅎ》釧. 通俗文云, 環臂謂之釧. 漢順帝時有功者賜金釧, 亦曰環釧.

환향(還郷) 통 고향으로 돌아오다. ⇔환향ᄒᆞ다(還鄕-).《集覽, 朴集, 下, 3ㅈ》衣

錦還鄉. 項羽屠咸陽, 與沛公分王. 又懷東歸, 曰, 富貴不歸故鄉, 如衣綉〈繡〉夜行. 遂東歸, 都彭城. 故後人仕官〈宦〉榮貴還鄉里者曰衣錦還鄉. 《朴新諺 3, 16ㅈ》得以衣錦還鄉, 시러곰 ᄢᅥ 衣錦 還鄉ᄒᆞ여.

환향ᄒᆞ다(還鄉-) 屠 환향(還鄉)하다. ⇔환향(還鄉). 《朴新諺 3, 16ㅈ》得以衣錦還鄉, 시러곰 ᄢᅥ 衣錦 還鄉ᄒᆞ여.

활 명 활. ⇔궁(弓). 《朴新諺 1, 52ㅎ》咱們到敎場裏射箭去罷, 우리 敎場에 활 ᄡᅩ라 가쟈. 《朴新諺 1, 57ㅈ》你代我做両張弓如何, 네 날을 ᄀᆞᄅᆞ차 두 쟝 활을 민둘미 엇더ᄒᆞ뇨. 《朴新諺 1, 57ㅎ》要做幾箇氣力的弓, 언머 힘에 활을 민둘고져 ᄒᆞᄂᆞ다. 《朴新諺 1, 57ㅎ》這弓面上鋪的筋, 이 활 면에 ᄭᅵᆫ 힘을. 《朴新諺 2, 31ㅈ》弓俗裏插一張弓, 활동개에 ᄒᆞᆫ 쟝 활 곳고.

활(活) 동 ●살다[生]. ⇔살다. 《朴新諺 3, 41ㅎ》就如活的只少一口氣哩, 곳 사니 ᄀᆞᆺ고 그저 ᄒᆞᆫ 입긔운만 업더라. 《朴新諺 3, 45ㅎ》夜飯少一口, 밤밥을 ᄒᆞᆫ 술을 덜면. 活到九十九, 아흔 아홉을 산다 ᄒᆞ니라. ●공작(工作)하다. 일하다. 제작하다. ⇔성녕ᄒᆞ다. 《朴新諺 2, 59ㅎ》好着他們上緊赶活, ᄀᆞ장 더들로 ᄒᆞ여 급히 밋처 성녕ᄒᆞ면.

활(闊) 형 너르다. 넓다. ⇔너르다. 《朴新諺 3, 34ㅎ》咳那身長六尺腰濶三圍, 애 뎌 身長이 六尺이오 허리 너르기 세 아름이나 ᄒᆞ고.

활(濶) 형 =활(闊). '濶'은 '闊'의 속자. 《正字通, 水部》闊, 俗作濶. 《朴新諺 3, 34ㅎ》咳那身長六尺腰濶三圍, 애 뎌 身長이 六尺이오 허리 너르기 세 아름이나 ᄒᆞ고.

활계(活計) 명 생계(生計). 살아 나갈 방도. ⇔싱계. 《集覽, 字解, 累字解, 2ㅎ》活計. 싱계.

활동개 명 동개. ⇔궁대(弓袋). 《朴新諺 2, 31ㅈ》弓俗裏插一張弓, 활동개에 ᄒᆞᆫ 쟝 활 곳고.

황(況) 円 하물며. 더군다나. ⇔ᄒᆞ믈며. 《朴新諺 1, 42ㅎ》況且常言說得好, ᄒᆞ믈며 ᄯᅩ 常言에 니론 거시 됴흐니. 《朴新諺 2, 26ㅈ》況那朝鮮淸醬最是有名的哩, ᄒᆞ믈며 더 朝鮮 ᄀᆞ댱은 ᄀᆞ장 이 有名ᄒᆞᆫ 거시라. 《朴新諺 3, 57ㅎ》況為男子漢的怕甚麽呢, ᄒᆞ믈며 ᄉᆞ나희 되엿ᄂᆞ니 므서슬 저퍼ᄒᆞ리오.

황(黃) 형 누르다. ⇔누르다. 《朴新諺 3, 36ㅈ》黃燒餠(朴新注, 57ㅈ: 以麥糆作餠, 燒黃甚脆.), 누른 燒餠과. 油酥燒餠, 수유에 디딘 燒餠과.

황(謊) 동 거짓말하다. ⇔거줏말ᄒᆞ다. 《朴新諺 2, 37ㅈ》聽得那謊精, 드르니 더 거줏말ᄒᆞᄂᆞᆫ ᄢᅵ.

황(謊) 명 ●거짓. ⇔거즛. 《朴新諺 3, 2ㅎ》討甚麽謊價錢, 무슴 거즛 갑슬 쇠오리오. ●거짓말. ⇔거즛말. 《朴新諺 1, 35ㅈ》人貧只為慳少債慣說謊, 사롬이 가난ᄒᆞ면 그저 다랍고 빗지면 거즛말 니르기 잘ᄒᆞ다 ᄒᆞ니라.

황가전(謊價錢) 명 거짓 값. 실제에 부합되지 않는 값. ⇔거즛값. 《朴新諺 3, 2ㅎ》討甚麽謊價錢, 무슴 거즛 갑슬 쇠오리오.

황과(黃瓜) 명 외. 오이. ⇔외. 《集覽, 朴集, 下, 6ㅎ》象眼饋子. 麁者再切, 細者有糜末, 却簁去, 皆要一樣極細如米粒. 下鍋煮熟, 連湯起在盆內. 用凉水寬投之, 三五次方得精細. 攪轉, 撈起控乾, 麻汁加碎肉・糟〈槽〉姜米・醬瓜米・黃瓜米・香菜等粧點用供. 《朴新諺 2, 40ㅈ》種些冬瓜, 져기 동화와. 西瓜, 슈박과. 甜瓜, 춤외와. 揷葫, 즈른박과. 稍瓜, 수세외와. 黃瓜, 외와. 茄子等類, 가지들을 심으라.

황과미(黃瓜米) 명 황과(黃瓜)를 썰어 쌀알과 같이 작게 만든 것. 《集覽, 朴集, 下, 6ㅎ》象眼饋子. 麁者再切, 細者有糜末, 却簁去, 皆要一樣極細如米粒. 下鍋煮熟, 連湯起在盆內. 用凉水寬投之, 三五次

方得精細. 攪轉, 撈起控乾, 麻汁加碎肉·糟〈槽〉姜米·醬瓜米·黃瓜米·香菜等粧點用供.

황금(黃金) 圐 황금.《朴新諺 2, 51ㅎ》時來鐵也爭光, 재 오면 쇠도 빗츨 ᄃ토고. 運去黃金失色, 運이 가면 黃金이 빗츨 일 눈다 ᄒᆞ니라.《朴新諺 3, 7ㅈ》休道黃金貴安樂直錢多, 黃金을 귀타 니르지 말라 安樂홈이 갑ᄡᆞ미 만타 ᄒᆞ니라.

황니수(黃泥水) 圐 황톳물.《集覽, 朴集, 下, 9ㅎ》煤簡兒. 質問云, 如碎煤用黃泥水和成塊子, 方言謂之煤簡兒.

황도(皇都) 圐 황제(黃帝)가 있는 나라의 서울.《集覽, 朴集, 中, 3ㅎ》西山. 在順天府西三十里太行山首, 始于河內, 北至幽州, 强形鉅勢, 爭奇擁翠, 雲聳星拱于皇都之右.

황도(黃道) 圐 태양의 둘레를 도는 지구의 궤도가 천구(天球)에 투영된 궤도.《朴新諺 1, 10ㅈ》揀箇黃道吉日, 黃道 吉日을 골히여.

황두(黃豆) 圐 콩. ⇔콩.《朴新諺 1, 23ㅈ》有黃豆大又圓淨有寶色, 콩만치 크고 쏘 圓淨ᄒᆞ고 寶色이 잇ᄂᆞ니라.《朴新諺 3, 30ㅎ》黃豆大血點紅的好顔色, 콩만치 크고 血點ᄀᆞ치 붉은 됴흔 빗치니.《朴新諺 3, 38ㅈ》他種的稻子, 제 시믄 벼와. 膏粱, 슈슈와. 黍子, 기장과. 大麥, 보리와. 小麥, 밀과. 蕎麥, 모밀과. 黃豆, 콩과. 小豆, 픗과. 菉豆, 菉豆와. 豌豆, 광쟝이. 黑豆, 거믄콩. 芝麻, 춤깨와. 蘓〈蘇〉子, 듧깨.

황록재(黃籙齋) 圐 도사(道士)가 음력 10월 보름날에 거행하는 의식의 한 가지. 이때 나천대초(羅天大醮)를 베푼다. 의식 때 사용하는 부록(符籙)이 황색이기 때문에 붙여진 이름이다.《集覽, 朴集, 下, 4ㅎ》大醮. 下元黃籙齋, 臣民通修, 普資家國, 設羅天大醮.

황미(黃米) 圐 기장쌀.《集覽, 朴集, 中, 1ㅈ》米酒. 舊本作一甁半酒, 新本作米酒.

今造酒用粳米·糯米·黃米.

황벽목(黃蘗木) 圐 운향과의 낙엽 활엽 교목. (나무껍질은 코르크를 만들거나 열매와 함께 약용한다)《集覽, 朴集, 下, 7ㅎ》飛棒杓兒. 今按, 煖木, 黃蘗木也. 廂柄者, 以黃蘗皮裹其柄也. 胎者, 以木爲骨, 而以皮爲外裹也.

황벽피(黃蘗皮) 圐 황벽목(黃蘗木)의 껍질.《集覽, 朴集, 下, 7ㅎ》飛棒杓兒. 今按, 煖木, 黃蘗木也. 廂柄者, 以黃蘗皮裹其柄也. 胎者, 以木爲骨, 而以皮爲外裹也.

황보누(皇甫璹) 圐 사람 이름. 황보(皇甫)는 복성(複姓).《集覽, 朴集, 下, 12ㅎ》梁貞明. 十一年, 唐人取曹州, 帝爲其臣皇甫璹所弒, 是爲末帝.

황복(荒服) 圐 오복(五服)의 하나. 경사(京師)로부터 2천 리~2천 5백 리 떨어진 변방.《集覽, 朴集, 上, 4ㅈ》開元. 遼誌云, 本肅愼氏地, 虞舜時高麗有其地, 周時爲荒服, 元設開元路, 元末屬納哈出, 今設三萬衛, 又設遼海衛.

황상(皇上) 圐 황제.《朴新諺 1, 1ㅈ》當今皇上洪福齊天, 當今에 皇上이 洪福이 齊天ᄒᆞ여.《朴新諺 2, 57ㅎ》皇上在西湖景凉殿裏坐的看, 皇上이 西湖 景凉殿에서 안자 보시더라.《朴新諺 2, 58ㅈ》那日皇上賞了他一百兩銀子四疋內府大緞, 그 날 皇上이 뎌를 一百兩 銀과 네 疋 內府 大緞을 賞 주더라.

황소병(黃燒餠) 圐 누른 소병. 밀가루 반죽에 참깨를 뿌려 구운 떡. ⇔누른소병(-燒餠).《集覽, 朴集, 下, 7ㅈ》黃燒餠. 事林廣記云, 每麵〈糆〉一斤, 入油一兩半, 炒塩一錢, 冷水和搜得所, 骨魯槌砑開, 鏊上熗〈煿〉熟, 得硬塘火燒熟, 甚酥美. 酥, 걱걱ᄒᆞ다〈석석ᄒᆞ다〉.《朴新諺 3, 36ㅈ》黃燒餠〈朴新注, 57ㅈ: 以麥糆作餠, 燒黃甚脆.〉, 누른 燒餠과. 油酥燒餠, 수유에 디딘 燒餠과.

황수(黃瘦) 휑 (얼굴이) 여위고 누렇다. ⇔황수ᄒ다(黃瘦-).《朴新諺 1, 37ㅈ》你近來怎麼這般黃瘦, 네 요ᄉᆞ이 엇디 이리 黃瘦ᄒᆞ엿ᄂᆞᆫ다.

황수ᄒ다(黃瘦-) 휑 황수(黃瘦)하다. ⇔황수(黃瘦).《朴新諺 1, 37ㅈ》你近來怎麼這般黃瘦, 네 요ᄉᆞ이 엇디 이리 黃瘦ᄒᆞ엿ᄂᆞᆫ다.

황은(皇恩) 뎽 황제의 은혜.《朴新諺 2, 58ㅎ》眞是皇恩浩蕩好不榮耀, 진실로 皇恩이 浩蕩ᄒᆞᆫ지라 ᄀᆞ장 榮耀ᄒᆞ더라.

황자(幌字) 뎽 중국에서 주막집의 표시로 세우던 표지(標識).《集覽, 朴集, 下, 2ㅈ》幌字. 今按, 漢俗, 凡出賣諸物之家, 俱設標幟之物, 置於門口, 或於門前起立牌榜, 如曰張家出賣高麗布扇. 一如賣酒家標植青帘之類, 俗呼青帘曰酒家望子.

황제(皇帝) 뎽 ●황제.《集覽, 字解, 單字解, 5ㅎ》家. 止指一數之稱. 一箇家 ᄒᆞᆫ 낫식, 幾箇家 몃 낫식, 又현 낫식, 幾年家 현 히식. 又ᄇᆞ也. 大家 대개. 又擧姓呼人之稱. 李家·張家. 又呼皇帝曰官家. 又語助. 沒有家 업다.《集覽, 朴集, 上, 14ㅈ》官裏. 呼皇帝爲官家, 亦曰官裏. 五帝官天下·三王家天下, 故云耳〈三王家天下故耳〉.《集覽, 朴集, 下, 3ㅎ》趙太祖飛龍記. 陳橋之變, 黃袍已加于身, 受周恭帝之禪, 卽皇帝位.《朴新諺 2, 10ㅈ》新近奉皇帝聖旨, 요ᄉᆞ이 皇帝 聖旨를 밧드러.《朴新諺 3, 34ㅈ》今日是萬壽之日(朴新注, 56ㅎ: 皇帝誕日, 亦云聖節.), 오늘은 이 萬壽日이라. ●헌원씨(軒轅氏). 중국 고대 전설상의 제왕. 삼황(三皇)의 한 사람으로 처음으로 곡물 재배를 가르치고 문자·음악·도량형 따위를 정하였다고 한다.《集覽, 朴集, 上, 7ㅎ》釧. 事物紀原云, 黃帝時, 西王母獻〈献〉白環, 舜時亦獻〈献〉.《集覽, 朴集, 下, 7ㅎ》花房窩兒. 又云擊鞠, 騎而以杖擊也, 黃帝習兵之勢. 或曰起於戰國, 所以練〈鍊〉武士, 因嬉戲而

講習之, 猶打毬, 非蹋鞠之戲也.

황주(黃酒) 뎽 중국 술의 하나. (누룩과 차조 또는 찰수수 따위로 빚은 술. 색이 노랗고 알코올 함유량이 비교적 낮다)《朴新諺 1, 2ㅈ》討幾瓶蜜林檎·甕頭春(朴新注, 1ㅎ: 黃酒之美者.)·木瓜露·苦蒸豆酒, 여러 瓶 蜜林檎과 甕頭春과 木瓜露와 쁜 蒸豆酒를 어들만 ᄎᆞ지 못ᄒᆞ니.《朴新諺 2, 24ㅈ》多飲了些燒酒·黃酒, 燒酒와 黃酒를 만히 먹고.

황촌(黃村) 뎽 궁벽(窮僻)한 마을. 황량하고 외진 마을.《朴新諺 2, 2ㅎ》今日到黃村宿, 오늘 黃村에 가 자고.

황토(黃土) 뎽 누렇고 거무스름한 흙.《集覽, 朴集, 下, 9ㅎ》濕煤. 今按, 石炭搥碎, 幷黃土以水和作塊, 晒乾, 臨用麁碎, 納於爐〈炉〉中, 總謂之水和炭. 未乾者謂之濕煤, 已乾者謂之煤簡兒, 亦曰煤塊子.《朴新諺 3, 45ㅈ》乾煤簡子(朴新注, 60ㅎ: 碎煤和黃土. 印成塊子曰煤簡子.)還有麼, ᄆᆞ론 미탄 덩이 또 잇ᄂᆞ냐.

황포(黃袍) 뎽 황색 옷감으로 지은 황제의 예복.《集覽, 朴集, 下, 3ㅎ》趙太祖飛龍記. 陳橋之變, 黃袍已加于身, 受周恭帝之禪, 卽皇帝位.《朴新諺 3, 47ㅈ》身穿黃袍, 몸에 黃袍를 닙고.

황후(皇后) 뎽 황후.《朴新諺 3, 25ㅈ》皇后暗使一箇宮娥, 皇后 ㅣ ᄀᆞ만이 ᄒᆞᆫ 宮娥로 ᄒᆞ여곰.《朴新諺 3, 25ㅎ》皇后大笑說猜不着了, 皇后 ㅣ 크게 웃고 니ᄅᆞ되 아지 못ᄒᆞ여다.

홰 뎽 홰대. ⇔간자(竿子).《朴新諺 2, 41ㅈ》不論竿子上的橫子上的物件, 홰엣 거시나 궤엣 物件을 혜지 아니ᄒᆞ고.

회 뎽 ●회(灰). 석회. ⇔석회(石灰).《朴新諺 3, 10ㅈ》這麼快買石灰麻刀去, 이러면 밧비 회와 삼ᄭᅥ울을 사라 가라. ●회(膾). ⇔회(膾).《朴新諺 1, 5ㅈ》膾三鮮, 세 가지 회니. ●회(灰). ⇔회니(灰泥).《朴新諺 3, 10ㅎ》這炕面上灰泥, 이 캉 면

에 회를.

회(回) 동 ●돌아가다. ⇔도라가다. 《朴新諺 3, 15ㅈ》前者姐夫回時, 전에 姐夫ㅣ 도라갈 제. 《朴新諺 3, 30ㅎ》你不賣拿回家去就飯吃, 네 ᄑᆞ지 아니코 가져 집의 도라가 밥ᄒᆞ여 먹으려 ᄒᆞᆫ다. ●돌아오다. ⇔도라오다. 《朴新諺 1, 44ㅎ》又要回家住對月了, ᄯᅩ 본집의 도라와 버금 둘을 머믈려 ᄒᆞᄂᆞ니라. 《朴新諺 2, 2ㅎ》今日還要早早回家上墳去, 오늘 일즉이 집의 도라와 上墳ᄒᆞ라 가려 ᄒᆞᄂᆞ니라. 《朴新諺 3, 18ㅈ》直到日平西纔得上馬回家, 바로 히 西에 거짐애 다드라 계요 ᄆᆞᆯ 트고 집의 도라오ᄂᆞ니라. 《朴新諺 3, 18ㅎ》但能早散也是不能早回家, 다만 능히 일즉이 훗터져도 ᄯᅩ 능히 일즉이 집의 도라오지 못ᄒᆞ여. ●아뢰다. 알리다. ⇔알외다. 《朴新諺 1, 3ㅈ》回過堂上官貟, 堂上 官貟ᄭᅴ 알외니.

회(回) 의 ●번. 차례. 회. ⇔디위. 《朴新諺 3, 37ㅎ》崔哥這幾回果然打得好, 崔哥ㅣ 이 여러 디위를 果然 치기를 잘ᄒᆞᆫ다. ●순(巡). 바퀴. ⇔순. 《集覽, 字解, 累字解, 2ㅎ》一回. ᄒᆞᆫ 순. 《集覽, 字解, 累字解, 2ㅎ》幾回. 몃 순.

회(灰) 명 재[灰]. 지. 《朴新諺 1, 38ㅈ》直燒到艾都成了灰, 잇긋 타 뿍이 다 지 되니. 《朴新諺 3, 48ㅈ》那灰忽然飛起, 뎌 지 문득 ᄂᆞ라 니러나면.

회(廻) 동 돌아가다. ⇔도라가다. 《朴新諺 1, 48ㅎ》廻家吃了飯, 집의 도라가 밥 먹고.

회(悔) 동 ●(산 물건을) 무르다. ⇔므르다. 《集覽, 字解, 累字解, 2ㅎ》番悔. 자븐 이를 므르다. 番字意未詳, 疑作返飜爲是. 《集覽, 字解, 累字解, 2ㅎ》悔交. 홍졍 므르다. 亦曰倒裝. ●(혼인을) 무르다. ⇔므르다. 《集覽, 字解, 累字解, 2ㅎ》悔親. 혼인 므르다. 亦曰退親.

회(盔) 명 투구. ⇔투구. 《朴新諺 2, 31ㅈ》盔甲一副腰刀一口, 투구와 갑옷 ᄒᆞᆫ 불 환도 ᄒᆞ나흘. 《朴新諺 3, 34ㅎ》頭戴金盔, 머리에 金투구 쁘고.

회(會) 동 ■●모으다. ⇔모호다. 《朴新諺 1, 44ㅎ》第(第)三日會新親, 第(第)三日에 새 사돈 모호고. 《朴新諺 1, 53ㅈ》咱約會了弟兄十數人勾了, 우리 弟兄 여라믄 사름을 모호면 넉넉ᄒᆞ리라. ●알다. 이해하다. ⇔알다. 《朴新諺 1, 20ㅈ》逢時及節(節)好會頑耍哩, 째롤 만나고 절을 밋처 ᄀᆞ장 놀 줄을 아더라. 《朴新諺 1, 45ㅈ》諸般技藝都會的, 여러 가지 技藝롤 다 아니. 《朴新諺 2, 23ㅈ》我不會講漢話, 내 漢말 니롤 줄을 아지 못ᄒᆞ고. 又不會做飯, ᄯᅩ 밥 지을 줄을 아지 못ᄒᆞ기로. 《朴新諺 2, 53ㅈ》會爬麽, 긜 줄을 아ᄂᆞ냐. 會爬了, 긜 줄을 아ᄂᆞ니라. 《朴新諺 3, 36ㅎ》那箇新來的崔哥你也會打麽, 뎌 새로 온 崔哥ㅣ 아 너도 칠 줄을 아ᄂᆞ다. 我怎麽不會打, 내 엇지 칠 줄을 아지 못ᄒᆞ리오. 《朴新諺 3, 37ㅎ》只怕不會打哩, 그저 저프건대 칠 줄을 아지 못ᄒᆞᆯ가 ᄒᆞ노라. 《朴新諺 3, 37ㅎ》倒慣會打毬哩, 도로혀 당방올 치기 닉이 알 줄을 싱각지 못ᄒᆞ엿노라. ❷모이다. ●⇔몯다. 《朴新諺 1, 7ㅎ》我等今日之會, 우리 오늘 모드미. ●⇔못다. 《朴新諺 1, 28ㅈ》好去約會他們, 가 뎌들을 언약ᄒᆞ여 못게 ᄒᆞ쟈. 《朴新諺 2, 27ㅎ》有緣千里能相會, 인연이 이시면 千里라도 능히 서ᄅᆞ 못ᄃᆞᆺ고. 無緣對面不相逢, 인연이 업스면 ᄂᆞᆺ츨 디ᄒᆞ여도 서ᄅᆞ 만나디 못ᄒᆞᆫ다 ᄒᆞ니. 《朴新諺 3, 56ㅈ》快請進來相會, 밧비 쳥ᄒᆞ여 드러와 서ᄅᆞ 못게 ᄒᆞ라.

회(會) 명 즈음. 사이. ⇔즈음. 《集覽, 字解, 累字解, 2ㅎ》幾會. 여러 즈음.

회(會) 보동 …할 것이다. 《朴新諺 1, 24ㅎ》這馬自然是會肥的, 이 ᄆᆞᆯ이 절로 술지리라.

회(會) 의 번. 차례. 회. ●⇔디위. 《朴新

謎 1, 48ㅎ》就上生書念一會, 이믜셔 새
글 비화 흔 디위 넑고. 《朴新謎 3, 37ㅈ》
我且學打這一會與你看何如, 내 아직 이
흔 디위 비화 쳐 네게 뵘이 엇더ᄒᆞ뇨.
●⇔지위. 《朴新謎 1, 24ㅎ》等一會再把
些草喂他, 흔 지위 기ᄃᆞ려 다시 여믈을
다가 더롤 먹이라. 《朴新謎 1, 51ㅈ》到
浴池洗了一會, 浴池에 가 흔 지위 삣고.
《朴新謎 1, 51ㅈ》洗勾了却到客位裏歇一
會, 삣기를 잇긋 ᄒᆞ고 ᄯᅩ 客位에 가 흔
지위 쉬여. 《朴新謎 3, 12ㅎ》向火烤一會
便不痒痒了, 불을 향ᄒᆞ여 흔 지위 쬐면
곳 ᄀᆞ렵지 아니ᄒᆞ리라.

회(膾) 몡 회. ⇔회. 《朴新謎 1, 5ㅈ》膾三
鮮, 세 가지 회니.

회가(回家) 동 귀가하다. 집으로 돌아가
(오)다. 《集覽, 朴集, 中, 8ㅈ》解由. 質問
云, 是儅差的官人, 三年一替換, 滿日討了
文書回家, 其文書, 方言謂之解由. 《朴新
謎 1, 44ㅎ》又要回家住對月了, ᄯᅩ 본집
의 도라와 버금 둘을 머믈려 ᄒᆞᄂᆞ라.
《朴新謎 2, 2ㅈ》今日還要早早回家上墳
去, 오늘 일즉이 집의 도라와 上墳ᄒᆞ라
가려 ᄒᆞᄂᆞ라. 《朴新謎 3, 18ㅎ》但能早
散也是不能早回家, 다만 능히 일즉이 훗
터져도 ᄯᅩ 능히 일즉이 집의 도라오지
못ᄒᆞ여.

회거(回去) 동 돌아가다. ⇔도라가다.
《朴新謎 1, 15ㅈ》你回去今夜到五更時候,
네 도라가 오늘 밤 五更 다둣도록. 《朴新
謎 2, 3ㅈ》我便不回去取了, 내 곳 도라가
가져오지 아니ᄒᆞ리라. 《朴新謎 2, 25ㅎ》
你回去說多謝你妳妳費心了, 네 도라가
니르라 네 妳妳 費心홈을 多謝ᄒᆞ여라.
《朴新謎 3, 14ㅎ》這幾日我家裡有人回去,
요ᄉᆞ이 우리 집의 사롬이 도라가리 이
시니.

회곡(回曲) 혱 휘어서 굽다. 《集覽, 朴集,
上, 8ㅈ》刺通袖膝欄. 元時好着此衣, 前後
具胷背, 又連肩而通袖之脊, 至袖口爲紋,

當膝周圍亦爲紋如欄干, 然織成段匹爲衣
者有之, 或皮或帛, 用綵線周遭回曲爲緣,
如花樣, 刺〈刺〉爲草樹〈尌〉·禽獸·山
川·宮殿之文於〈紋於〉其內, 備極奇巧,
皆用團領着之, 其直甚高.

회공ᄒᆞ다(回公) 동 회공(回公)하다. 공문서를
관아에 보고하다(아뢰다). ⇔회관(回
官). 《朴新謎 3, 5ㅎ》不肯回官辦理, 즐겨
회공ᄒᆞ여 辦理치 아니ᄒᆞ니.

회관(回官) 동 회공(回公)하다. ⇔회공ᄒᆞ
다. 《朴新謎 3, 5ㅎ》不肯回官辦理, 즐겨
회공ᄒᆞ여 辦理치 아니ᄒᆞ니.

회광(廻光) 동 밝은 빛을 다른 곳으로 돌
이키다. 《集覽, 朴集, 上, 16ㅈ》作與頌字
迴光返照大發明得悟. 音義云, 石屋和尙
作佛頌與〈与〉步虛, 其佛光迴還返照於步
虛之身, 其於生死輪迴之說, 靡不通曉.

회광반조(廻光返照) 동 회광(廻光)하여
되비추다. 《集覽, 朴集, 上, 16ㅈ》作與頌
字迴光返照大發明得悟. 音義云, 石屋和
尙作佛頌與〈与〉步虛, 其佛光迴還返照於
步虛之身, 其於生死輪迴之說, 靡不通曉.

회교(悔交) 동 흥정을 무르다. 《集覽, 字
解, 累字解, 2ㅎ》悔交. 흥졍 므르다. 亦
曰倒裝.

회니(灰泥) 몡 회(灰). ⇔회. 《朴新謎 3, 10
ㅎ》這炕面上灰泥, 이 캉 면에 회를.

회도(回到) 동 돌아가다. ⇔도라가다.
《朴新謎 1, 14ㅈ》回到你家再量便不勾了,
네 집의 도라가 다시 되면 곳 모ᄌᆞ라리
라.

회래(回來) 동 ●돌아오다. ⇔도라오다.
《朴新謎 2, 2ㅎ》上了墳回來還有甚麼事
呢, 上墳ᄒᆞ고 도라와 당시롱 므슴 일이
이실러뇨. 《朴新謎 2, 2ㅎ》上了墳回來還
有甚麼事呢, 上墳ᄒᆞ고 도라와 당시롱 므
슴 일이 이실러뇨. 《朴新謎 2, 2ㅎ》吃了
飯回來, 밥 먹고 도라와. 《朴新謎 2, 12
ㅎ》回來還我, 도라와 내게 갑흐라. 《朴
新謎 2, 31ㅎ》我回來定要打的, 내 도라

와 일정 칠 거시오.《朴新諺 2, 49ㅎ》只
怕還不肯回來哩, 다만 저프건대 도로혀
즐겨 도라오지 아닐가 ㅎ노라.《朴新諺
3, 1ㅎ》就在柳樹下凉快一會兒回來, 곳
버드나모 아리 이셔 흔 지위 서늘이 ㅎ
여 도라오고.《朴新諺 3, 40ㅈ》你那日到
底送到那裡就來了, 네 그 날 므춤내 보
내여 어듸 가 곳 도라오뇨. ●오다. 돌
아오다. ⇔오다.《朴新諺 2, 10ㅎ》我到
衙門去投了文書就回, 내 衙門에 가 文
書를 드리고 즉시 올 거시니.

회래(迴來) 图 돌아오다. ⇔도라오다.
《朴新諺 1, 3ㅈ》你們討酒的都迴來了麽,
너희 술 어드라 갓든 이 다 도라왓ᄂᆞ냐.
《朴新諺 1, 47ㅈ》我迴來時候, 내 도라올
째에.《朴新諺 3, 9ㅈ》纔到得西天取了經
迴來, 계요 西天에 니르러 經을 가지고
도라와.《朴新諺 3, 9ㅎ》沿門化些布施迴
來, 집마다 져기 보시를 비러 도라와.
《朴新諺 3, 40ㅎ》住了一宿便辞別迴來了,
ㅎ룻밤 머므러 곳 하직ㅎ고 도라오라.

회망(回望) 图 회사(回謝)하다. 사례하는
뜻을 표하다. ⇔회샤ㅎ다.《朴新諺 1, 57
ㅈ》改日囬望去, 다룬 날에 회샤ᄒᆞ라 가.

회문(回門) 图 시(媤)집. 또는 (막 결혼한
신혼부부가 함께 신부 쪽 집안 또는 신
부의 친구 집들을 돌며) 인사하러 다니
다. ⇔싀집.《朴新諺 1, 44ㅎ》第(第)九日
囬門, 第(第)九日에 싀집의 가.

회샤ᄒᆞ다 图 회망(回望)하다. ⇔회망(回
望).《朴新諺 1, 57ㅈ》改日囬望去, 다룬
날에 회샤ᄒᆞ라 가.

회서(回書) 图 답장.《朴新諺 3, 15ㅈ》至
今未見回書, 至今 回書를 보지 못ᄒᆞ니.

회아(會兒) 의 번. 차례. 회. ●⇔디위.
《朴新諺 3, 7ㅈ》等一會兒吃罷, 흔 디위
기드려 먹으리라. ●⇔주슴ᄉᆞ싀.《集
覽, 字解, 累字解, 2ㅎ》一霎兒. 흔 주슴ᄉᆞ
싀.《集覽, 字解, 累字解, 2ㅎ》一會兒. 上
同. ●⇔지위.《朴新諺 2, 2ㅈ》一會兒就

出來上馬, 흔 지위만 ᄒᆞ면 곳 나와 물을
투리라.《朴新諺 3, 1ㅎ》就在柳樹下凉快
一會兒回來, 곳 버드나모 아리 이셔 흔
지위 서늘이 ᄒᆞ여 도라오고.《朴新諺 3,
11ㅎ》搯一會兒狠(很)好, 흔 지위 지기니
ᄀᆞ장 됴터니.《朴新諺 3, 13ㅎ》一會兒倚
着欄干便打頓睡覺了, 흔 지위 欄干을 지
혀 곳 조오더니.

회양현(淮陽縣) 명 강원도(江原道) 회양
군(淮陽郡) 지역에 있었다. 본래 고구려
(高句麗)의 각련성군(各連城郡)이었는
데, 신라(新羅) 경덕왕(景德王) 때 연성
군(連城郡)으로 고쳤고, 고려(高麗) 충
렬왕(忠烈王) 34년(1308)에 회주목(淮州
牧), 조선(朝鮮) 고종(高宗) 32년(1895)
에 군(郡)이 되었다.《集覽, 朴集, 上, 4
ㅎ》金剛山. 一名皆骨山, 卽白頭山南條
也. 南至淮陽縣之東, 高城郡之西爲金剛
山, 凡一萬二千峯.

회왕(懷王) 명 전국시대 초(楚)나라의 왕.
위왕(威王)의 아들. 이름은 웅괴(熊槐).
시호는 회(懷). 소왕(昭王)과 혼인 관계
를 맺은 뒤 굴원(屈原)의 만류를 무시하
고 소왕을 만나러 갔다가 억류되어 죽
었다. 재위 30년.《集覽, 朴集, 下, 11ㅎ》
屈原投江. 屈原, 楚之大夫也. 諫懷王不
聽, 投汨羅水而死.《朴新諺 3, 50ㅈ》也不
問那屈原投江(朴新注, 62ㅎ: 屈原, 諫懷
王不聽, 投汨羅而死.), ᄯᅩ 뎌 屈原의 投江
홈을 뭇지 아니ᄒᆞ니.

회자(劊子) 명 망나니. 회자수(劊子手).
(예전에 사형을 집행하던 사람)《集覽,
朴集, 中, 7ㅈ》木椿. 其制, 於刑人法塲,
植一大柱, 縛着罪人於(縛着罪人於其)上,
劊子用法刀剔其肉以喂狗, 而只留(畱)其
骨, 極其慘酷, 方施大辟, 卽古之凸刑也.
劊子, 獄史刑罪人者也.

회친(悔親) 图 혼인을 무르다. 퇴혼(退婚)
하다. 파혼하다.《集覽, 字解, 累字解, 2
ㅎ》悔親. 혼인 므르다. 亦曰退親.

회탐(懷耽) 图 배다.孕. ⇔비다. 《朴新諺
1, 55ㅎ》在肚裏呢懷耽十月, 비에 이셔는
열 둘을 비고.

회학(會學) 图 (배워서) 알다. ⇔알다.
《朴新諺 2, 53ㅎ》孩兒會學唱喏了麼, 아
히 읍홀 줄을 아느냐. 會學亭亭了麼, 징
징이질 홀 줄 아느냐. 却纔會學立的腰兒
軟休弄他, 又 셜 줄을 아되 허리 무르니
뎌를 달호지 말라. 《朴新諺 2, 53ㅎ》過
了一生日便會學那步兒, 혼 生日이 지나
면 곳 거름 옴길 줄을 알 거시니.

회향(茴香) 图 산형과의 여러해살이풀.
(열매로는 기름을 짜거나 향신료나 약
재로 쓴다) 《集覽, 朴集, 上, 3ㅎ》細料物.
事林廣記食饌類, 細料物, 官桂・良薑・
蓽撥草・豆蔲・陳皮・縮砂仁〈砂仁〉・
八角・茴香各一兩, 川椒二兩, 杏仁五兩,
甘草一兩半, 白檀末半兩. 右共爲細末用
之. 《集覽, 朴集, 下, 6ㅈ》麻尼汁經卷兒.
飮膳〈饍〉正要云, 白麪一斤, 小油一斤, 小
椒一兩炒去汗, 茴香一兩炒. 右件, 隔宿用
酵子・塩・減〈碱〉・溫水一同和麪〈麪〉,
次日入麪, 接肥, 再和成麪, 每斤作二箇入
籠蒸.

회환(廻還) 图 (원래의 곳으로) 돌아가다.
돌아오다. 《集覽, 朴集, 上, 16ㅈ》作與頌
字迴光返照大發明得悟. 音義云, 石屋和
尙作佛頌與〈与〉步虛, 其佛光迴還返照於
步虛之身, 其於生死輪迴之說, 靡不通曉.

회환반조(廻還返照) 图 회환(廻還)하여
되비추다. 《集覽, 朴集, 上, 16ㅈ》作與頌
字迴光返照大發明得悟. 音義云, 石屋和
尙作佛頌與〈与〉步虛, 其佛光迴還返照於
步虛之身, 其於生死輪迴之說, 靡不通曉.

회회(回回) 명 회족(回族) 사람. 《朴新諺
2, 8ㅈ》我不是那口外的達子・回回, 나
는 뎌 口外엣 達子・回回 아니라. 就是
那達子・回回, 임의셔 뎌 達子・回回라
도.

획(獲) 图 얻다. ⇔엇다. 《朴新諺 3, 51ㅈ》

至今臟物未獲, 至今 臟物을 엇지 못ᄒ여
시니.

획재(獲財) 图 재물을 얻어 내거나 얻어
가지다. ⇔획재ᄒ다(獲財-). 《朴新諺 2,
59ㅈ》壁翼獲財奎得寶, 壁翼은 獲財ᄒ고
奎는 得寶ᄒ고.

획재ᄒ다(獲財-) 图 획재(獲財)하다. ⇔
획재(獲財). 《朴新諺 2, 59ㅈ》壁翼獲財
奎得寶, 壁翼은 獲財ᄒ고 奎는 得寶ᄒ고.

횡재(橫財) 명 뜻밖에 얻은 재물. 《朴新諺
1, 25ㅎ》人不得橫財不富, 사룸이 橫財를
엇디 못ᄒ면 가옴여디 못ᄒ고. 馬不得夜
草不肥, 물이 夜草를 엇디 못ᄒ면 술지
디 못ᄒ다 ᄒ니.

효(曉) 图 알다. 이해하다. ⇔알다. 《朴新
諺 1, 50ㅎ》不曉的多少錢洗一箇澡, 아지
못게라 언머 돈에 혼 번 목욕ᄒ료.

효경(孝經) 명 공자(孔子)가 제자인 증자
(曾子)에게 전한, 효도에 관한 내용을 기
록한 책. 유교(儒敎) 경전(經典)의 하나
이다. 《集覽, 朴集, 上, 6ㅈ》社神. 孝經緯
曰, 社, 土地之主也. 土地闊〈濶〉, 不可盡
祭, 故封土爲社, 以報功也.

효득(曉得) 图 알다. 깨닫다. 이해(理解)
하다. ⇔알다. 《朴新諺 1, 9ㅈ》焉能曉得
他那裏的規矩, 엇지 능히 거긔 規矩를 알
리오. 《朴新諺 2, 26ㅈ》咳女兒你不曉得,
애 女兒ㅣ 아 네 아지 못ᄒ다. 《朴新諺
3, 4ㅎ》竟不曉得葉兒有這用處, ᄆᆞ춤내
닙히 이 쁠 곳 잇는 줄을 아지 못ᄒ엿더
니.

효로(効勞) 图 =효로(效勞). '効'는 '效'의
속자. 《玉篇, 力部》効, 俗效字. 《朴新諺
1, 11ㅎ》替你白効勞重新打築何如, 너를
ᄀᆞᆯ차 공히 슈고 드려 다시 ᄡᆞ미 엇더
ᄒ뇨. 《朴新諺 1, 57ㅎ》應効勞的, 응당
効勞홀 거시니이다.

효로(效勞) 图 ●수고(受苦)들이다. 또는
힘쓰다. 힘을 다하다. ⇔슈고드리다.
《朴新諺 1, 11ㅎ》替你白効勞重新打築何

如, 너롤 ᄀᆞᆯ차 공히 슈고 드려 다시 ᄡᅳ미 엇더ᄒᆞ뇨. ●(직무나 임무에) 힘쓰다. 힘을 다하다. 복무(服務)하다. ⇔효로ᄒᆞ다(效勞-).《朴新諺 1, 57ㅎ》應效勞的, 응당 效勞홀 거시니이다.

효로ᄒᆞ다(效勞-) 통 효로(效勞)하다. ⇔효로(效勞).《朴新諺 1, 57ㅎ》應効勞的, 응당 効勞홀 거시니이다.

효숙(孝肅) 명 송(宋)나라 포증(包拯)의 시호(諡號).《集覽, 朴集, 中, 7ㅎ》襄彈. 襄作包是. 事文類聚云, 包彈者, 以包孝肅公多所抨彈, 故云耳. 今按, 包孝肅公名拯, 性剛直不撓, 其所彈劾, 不避權勢, 故時人呼爲包閻羅, 曰關節〈莭〉不到, 有閻羅包老.

효유(曉諭) 통 깨달아 알아듣도록 타이르다. ⇔효유ᄒᆞ다(曉諭-).《朴新諺 3, 58ㅈ》又着人前去曉諭衆百姓道, ᄯᅩ 사룸으로 ᄒᆞ여 나아가 모든 百姓들의게 曉諭ᄒᆞ여 니ᄅᆞ되.

효유ᄒᆞ다(曉諭-) 통 효유(曉諭)하다. ⇔효유(曉諭).《朴新諺 3, 58ㅈ》又着人前去曉諭衆百姓道, ᄯᅩ 사룸으로 ᄒᆞ여 나아가 모든 百姓들의게 曉諭ᄒᆞ여 니ᄅᆞ되.

효자(孝子) 명 효자.《朴新諺 1, 49ㅈ》可見世上的忠臣孝子, 世上에 忠臣 孝子ㅣ.

효자(酵子) 명 효모(酵母).《集覽, 朴集, 下, 6ㅈ》麻尼汁經卷兒. 飮膳〈饌〉正要云, 白麵一斤, 小油一斤, 小椒一兩炒去汗, 茴香一兩炒. 右件, 隔宿用酵子·塩·減〈碱〉·溫水一同和麵〈麪〉, 次日入麪, 接肥, 再和成麪, 每斤作二箇入籠蒸.

효찬(餚饌) 명 안주(按酒).《集覽, 字解, 累字解, 1ㅈ》按酒. 飮酒時, 其所助酒按下之物曰按酒. 猶言餚饌.

효해(曉解) 통 깨닫다. 이해하다.《集覽, 凡例》質問者, 入中朝質問而來者也. 兩書皆元朝言語, 其沿舊未改者, 今難曉解. 前後質問亦有抵捂, 姑幷收以袪初學之碍. 間有未及質問, 大有疑碍者, 不敢强解, 宜竢更質.

후 명 ❶후(後). 뒤. 나중. 다음. ⊖⇔후(後).《朴新諺 1, 4ㅎ》然後再上四大碗四中碗, 그린 후에 ᄯᅩ 네 大碗과 네 中碗을 올리되.《朴新諺 1, 14ㅈ》然後到關籌的所在領過籌來, 그린 후에 사술 ᄐᆞᆫ 곳에 가 사술을 ᄐᆞ 와야.《朴新諺 1, 43ㅈ》然後用那密笓子再挑, 그린 후에 뎌 빈 춤빗스로다가 다시 빗겨.《朴新諺 2, 24ㅎ》然後再用藿香正氣散, 그린 후에 ᄯᅩ 藿香正氣散을 ᄡᅥ.《朴新諺 2, 55ㅈ》咱們先小人而後君子好, 우리 몬져는 小人이오 후에는 君子로옴이 됴흐니라.《朴新諺 3, 9ㅎ》久後你也要得證正果哩, 오란 후에 너도 正果 證홈을 어드리라.《朴新諺 3, 32ㅈ》然後拿些達子餑餑·南糖·乾果子來, 그린 후에 達子쩍과 南糖과 乾果를 가져오라. ⊜⇔후두(後頭).《朴新諺 2, 22ㅎ》後頭又聽得, 후에 ᄯᅩ 드르니. ⊜⇔후래(後來).《朴新諺 1, 23ㅈ》當多了後來銀子不湊手就難贖了, 뎐당을 만히 ᄒᆞ엿다가 후에 은이 손에 모히지 못ᄒᆞ면 곳 무르기 어려오니라.《朴新諺 1, 54ㅈ》後來必之是有福氣的, 후에 반드시 福氣 이시리라. ❷⊖후(後). 연후(然後). ⇔연후(然後).《朴新諺 1, 10ㅎ》說之了工價然後好煩你做活, 공젼을 뎡ᄒᆞᆫ 후에 널로 ᄒᆞ여 셩녕홈이 됴타. ⊜후(後). 이후. 연후. ⇔지후(之後).《朴新諺 1, 57ㅎ》與我看過之後, 나룰 뵌 후에.《朴新諺 2, 19ㅈ》自賣之後, 판 후로부터.《朴新諺 3, 34ㅈ》我看了百官行禮完畢之後, 내 百官이 行禮ᄒᆞ기를 ᄆᆞᆺ춤을 본 후에.

후(厚) 円 두터이. 두껍게. ⇔두터이.《朴新諺 1, 18ㅎ》也不要打得忒厚了, ᄯᅩ 치기를 너무 두터이 말고.

후(後) 명 ❶뒤. ●⇔뒤.《朴新諺 2, 35ㅈ》到他家後坑裏, 제 집 뒤 디함에 가.《朴新諺 3, 1ㅎ》到那後河裡洗澡澡去, 뒷 내에 목욕ᄒᆞ라 가. ●⇔뒤ㅎ.《朴新諺 1, 40ㅈ》家後一羣羊箇箇尾子長, 딥 뒤히

혼 무리 羊이 낫낫치 쏘리 긴 거시여. 《朴新諺 3, 1ㅈ》這房後偏近着水窪子, 이 집 뒤히 편벽히 웅덩이 갓가와. 《朴新諺 3, 24ㅈ》到那唐僧耳門後咬, 뎌 唐僧의 귀 뒤헤 가 무러. 《朴新諺 3, 47ㅈ》後邉 又跟着大小鬼卒, 뒤히 쏘 大小 鬼卒이 싼 로고. **②●**후. 뒤. 나즁. 《朴新諺 2, 19 ㅎ》恐後無憑, 後에 의빙홈이 업슬가 저 허. 《朴新諺 1, 28ㅈ》咱衆弟兄們自結拜 之後, 우리 모돈 弟兄들이 結拜혼 後로부 터. 《朴新諺 2, 30ㅎ》一針投海底尙有可 撈日, 一針을 海底에 드리치매 오히려 可 히 건질 날이 이시려니와. 一失人身後萬 刧再逢難, 혼번 人身을 일혼 後ㅣ면 萬刧 이라도 다시 만나기 어렵다 ᄒ니라. 《朴 新諺 2, 45ㅈ》恐後無憑立此為照, 後에 의 빙홈이 업슬가 저허 이를 셰워 보람을 삼노라. **●**후. 뒤. 다음. 다음번. ⇔하차 (下次). 《朴新諺 2, 44ㅎ》只圖箇下次主 顧罷, 다만 후에 단골 홈을 구ᄒ노라. **三** 후. 뒤. 나즁. 다음. ⇔후. 《朴新諺 1, 4 ㅎ》然後再上四大碗四中碗, 그린 후에 쏘 네 大碗과 네 中碗을 올리되. 《朴新諺 1, 14ㅈ》然後到關籌的所在領過籌來, 그 린 후에 사술 ᄐᄂ 곳에 가 사술을 ᄐ 와야. 《朴新諺 1, 43ㅈ》然後用那密笓子 再攏, 그린 후에 뎌 빈 춤빗스로다가 다 시 빗겨. 《朴新諺 1, 59ㅈ》恐後無憑立此 存照, 후에 의빙홈이 업슬가 저퍼 이룰 셰워 存照케 ᄒ노라. 《朴新諺 2, 55ㅈ》 咱們先小人而後君子好, 우리 몬져는 小 人이오 후에는 君子로옴이 됴ᄒ니라. 《朴新諺 3, 9ㅎ》久後你也要得證正果哩, 오란 후에 너도 正果 證홈을 어드리라. 《朴新諺 3, 32ㅈ》然後拿些達子餑餑·南 糖·乾果子來, 그린 후에 達子쩍과 南糖 과 乾果를 가져오라.

후(候) 동 기다리다. ⇔기ᄃ리다. 《朴新諺 3, 47ㅎ》候到幾時幾刻立春, 어늬 째 어 늬 刻에 다ᄃ라 立春 홈을 기ᄃ려.

후과(後過) 명 〈불〉 뒷날에 저지른 잘못 이나 죄. 《集覽, 朴集, 上, 10ㅎ》懺悔. 自 陳悔也. 六祖惠(慧)能大師曰, 懺者, 懺其 前愆, 悔者, 悔其後過.

후대(候待) 동 기다리다. 《集覽, 字解, 單 字解, 1ㅈ》等. 候待也. 等他·等着 기들 우다. 又等子 저울. 又吏語, 用此爲等輩 之意. 又等閑, 釋見下.

후두(後頭) 명 후(後). 뒤. 나즁. 다음. ⇔ 후. 《朴新諺 2, 22ㅎ》後頭又聽得, 후에 쏘 드르니.

후래(後來) 명 후(後). 나즁. 훗날. ⇔후. 《朴新諺 1, 23ㅈ》當多了後來銀子不湊手 就難贖了, 뎐당을 만히 ᄒ엿다가 후에 은이 손에 모히지 못ᄒ면 곳 무르기 어 려오니라. 《朴新諺 1, 54ㅈ》後來必是是 有福氣的, 후에 반ᄃ시 福氣 이시리라.

후로(後路) 명 측간(厠間). 변소(便所). 《集覽, 朴集, 中, 3ㅈ》推出後. 漢人指厠 爲後路, 詳見老乞大集覽〈詳見老乞大集 覽上篇〉東厠下.

후리다 동 후리다. 빼앗다. 사취(詐取)하 다. ⇔편(騙). 《朴新諺 1, 33ㅎ》慣會証騙 人家東西, 눔의 것 소겨 후리기 닉게 ᄒ ᄂ니.

후면(後面) 명 뒤. 뒤쪽. 《朴新諺 1, 22ㅈ》 後面北斗七星板也做得好, 後面 北斗七星 돈은 믄들기롤 잘ᄒ엿고.

후문(後門) 명 고려(高麗) 말기와 조선(朝 鮮) 초기에 여진(女眞)이 공식적으로 왕 래하던 국경의 관문(關門). 함경도(咸鏡 道)에 있었으며, 시대에 따라 그 장소가 변하였다. 《集覽, 朴集, 上, 4ㅈ》開元. 永 樂年間, 設安樂·自在二州, 俱隷遼東都 司. 城東陸路, 舊有設站, 至三散口子, 通 朝鮮後門, 管屬外夷徍來朝貢之路, 四面 皆古設站之地.

후박(厚薄) 명 두꺼움과 얇음. 《集覽, 朴 集, 下, 7ㅎ》花房窩兒. 又有滾棒, 所擊之 毬輪而不起. 隨其厚薄大小, 厥名各異.

후비(后妃) 圀 황후와 비빈(妃嬪). 《集覽,
朴集, 上, 7ㅎ》窟嵌戒指. 事物紀原云, 古
者后妃羣妾御于君, 所當御者, 以銀環進
之, 娠則以金環退之, 進者着右手, 退者着
左手.

후세(後世) 圀 다음에 오는 세상. 《集覽,
老集, 上, 1ㅈ》牙稅錢. 牙, 見朴通事集覽.
稅錢, 事物紀原云, 晉・宋・齊・梁時, 凡
貨・牛馬・田宅有文券者, 率輸四百入
官, 賣主三百, 買主一百. 後世因之. 盖漢
武帝筭商緡遺制.

후신(後身) 圀 죽어서 다시 태어난 몸.
《集覽, 朴集, 上, 15ㅈ》兜率. 梵語兜率,
此云妙足, 又云知足於五欲知止足. 故佛
地論云, 名憙足, 謂後身菩薩於中敎化, 多
修憙足故. 卽欲界六天之一也. 兜率天, 人
間四百世爲一日.

후실(厚實) 혱 두텁다. 두껍다. ⇔두텁다.
《朴新諺 2, 13ㅈ》兩箇鋸鍬一箇釘鈄都不
厚實, 두 비목과 혼 걸새 다 두텁지 못ᄒ
니.

후원(後園) 圀 뒷동산. ⇔뒷동산. 《朴新諺
2, 39ㅈ》買些菜子後園裏好種, 져기 ᄂᆞᆷ
ᄡᅵ를 사 뒷동산에 심으쟈.

후인(後人) 圀 후대의 사람. 《集覽, 朴集,
下, 3ㅈ》衣錦還鄉. 項羽屠咸陽, 與沛公分
王. 又懷東歸, 曰, 富貴不歸故鄉, 如衣綉
〈繡〉夜行. 遂東歸, 都彭城. 故後人仕官
〈窟〉榮貴還鄉里者曰衣錦還鄉.

후일(後日) 圀 뒷날. 앞으로 다가올 날.
《集覽, 朴集, 上, 12ㅎ》戒方. 音義云, 學
罰에 티ᄂᆞᆫ 것. 質問云, 讀書小兒送入學
堂, 師傅敎寫字, 不用心寫好字, 師傅拿二
尺長・寸半寬・半寸厚的木板條打手掌,
使後日寫好字, 免打手掌, 謂之戒方.

후일(後日) 圀 모레. ●⇔모릭. 《朴新諺
1, 35ㅈ》今日推明日明日推後日, 오늘은
ᄂᆡ일 미뤼고 ᄂᆡ일은 모릭 미뤼니. ●⇔
모릭. 《朴新諺 2, 2ㅎ》後日又要請衙門中
同寅老爺們吃酒, 모릭 ᄯᅩ 衙門에 同寅 老

爺들을 쳥ᄒᆞ여 술 먹으려 ᄒᆞ여. 《朴新諺
2, 10ㅈ》從今日起後日止, 오늘브터 시작
ᄒᆞ여 모릭 그치ᄂᆞ니.

후정(猴精) 圀 원숭이의 정령(精靈). 《集
覽, 朴集, 下, 4ㅈ》孫行者. 其後唐太宗勑
玄奘法師, 徃西天取經, 路經此山, 見此猴
精壓在石縫, 去其佛押出之, 以爲徒弟, 賜
法名吾(悟)空, 改号〈號〉爲孫行者. 《集覽,
朴集, 下, 10ㅎ》二郎爺爺. 按西遊記, 西
域花菓山洞有老猴精, 號齊天大聖, 神變
〈変〉無測, 鬧(閙)乱天宮, 玉帝命李天王
領神兵徃捕, 相戰失利.

후지(厚紙) 圀 두꺼운 종이. 《集覽, 朴集,
上, 12ㅎ》皮金. 未詳. 質問云, 以厚紙上
貼金, 女人粧〈綉〉飾之用. 又云, 將金搥打
如紙張之薄, 方言爲之皮金.

후혼(後婚) 圀 헌계집. 재혼녀. ⇔니믈리
기. 《朴新諺 1, 43ㅎ》是女孩兒呢還是那
後婚呢, 이 새각시러냐 당시롱 뎌 니믈
리기러냐.

훈함(葷餡) 圀 고기로 만든 소. 《集覽, 朴
集, 下, 5ㅎ》餡. 或肉或菜及諸料物拌匀
〈匂〉爲胎, 納於餅中者曰餡. 酸餡・素餡
・葷餡・生餡・熟餡, 供用合宜.

훗번 圀 후번(後番). 다음번. 다음. ⇔하차
(下次). 《朴新諺 2, 9ㅈ》你太爺下次好再
來照顧, 너 太爺ㅣ 훗번에 다시 와 돌보
미 됴타.

휘 圀 (목이 긴) 가죽신. ●⇔화(靴). 《朴
新諺 1, 30ㅎ》脚穿粉底尖頭靴, 발에 지
ᄌᆞ에 분칠ᄒᆞ고 부리 쏀 휘를 신고. ●⇔
화자(靴子). 《朴新諺 1, 29ㅈ》脚穿麂皮
嵌金線靴子, 발에 지ᄌᆞ피 金線 갸품 씬
휘를 신고.

휘ᄋ 圀 (목이 긴) 가죽신. ⇔화자(靴子).
《朴新諺 1, 40ㅈ》這是靴子, 이ᄂᆞᆫ 이 휘
ᄋㅣ로다.

휘 圀 휘[斛]. ⇔곡(斛). 《朴新諺 1, 13ㅎ》
斗斛都要量足, 말과 휘를 다 됴히 되게
ᄒᆞ라.

휘(諱) 뎽 죽은 어른의 생전의 이름. 《朴新諺 3, 57ㅈ》高麗太祖姓王諱建表字若天, 高麗 太祖의 姓은 王이오 諱는 建이오 字는 若天이라.

휘사(揮使) 뎽 지휘사(指揮使)의 준말. 《集覽, 朴集, 上, 15ㅈ》揮使. 音義云, 指揮之美稱(称). 今按, 指揮使, 官名. 都督府都指揮使, 正二品, 各衛指揮使, 正三品.

휴(休) 뎽 ●말다. 멈추다. 끝내다. ⇔말다. 《朴新諺 1, 37ㅈ》不曾探望你休恠, 일즉 探望치 못ᄒ여시니 네 허믈 말라. 《朴新諺 1, 56ㅎ》大哥休恠, 큰형아 허믈 말라. 《朴新諺 3, 9ㅎ》老師傅你也休忙, 老師傅ㅣ아 너도 밧바 말고. ●끝나다. 마치다. 끝장나다. ⇔휴ᄒ다(休-). 《朴新諺 3, 44ㅎ》三寸氣在千般有, 三寸 긔운이 이시매 千 가지 잇더니. 一日無常萬事休, 一日에 쩟쩟홈이 업스매 萬事ㅣ 休ᄒ다 홈이로다. ●쉬다. 휴식하다. ⇔휴ᄒ다(休-). 《朴新諺 2, 59ㅈ》斗美牛休虛得粮, 斗는 美ᄒ고 牛는 休ᄒ고 虛는 得粮ᄒ고.

휴(休) 뎽 말다. 멈추다. 끝내다. ⇔말다. 《集覽, 字解, 單字解, 1ㅈ》休. 禁止之辭. 休去 가디 말라. 《朴新諺 1, 54ㅎ》隨常飲食休吃酸・甜・腥・辣等物, 샹시 음식에 쉰 것 둔 것 비린 것 미온 것들을 먹지 말고. 《朴新諺 2, 26ㅎ》你再來休說這般不曉事的話, 네 뇌여란 이런 일 모로는 말 니르지 말라. 《朴新諺 2, 43ㅈ》你休胡討價錢, 네 간대로 갑슬 꾀오지 말라. 《朴新諺 3, 6ㅈ》衙門處處向南開, 衙門이 곳곳이 南을 向ᄒ여 여러시나. 有理無錢休入來, 理 이셔도 돈이 업거든 드러오지 말라 ᄒ느니라. 《朴新諺 3, 12ㅎ》休尋海上方, 海上方을 춫지 말라. 《朴新諺 3, 30ㅈ》你休村言村語的只管罵人, 네 村言 村語로 그저 스리여 사롬을 꾸짓지 말라.

휴(虧) 뎽 까다. 축나다. 부족하다. 모자라다. ⇔싸다. 《集覽, 字解, 單字解, 5ㅎ》虧. 損也, 少也. 虧你多少 네게 언메나 낟브뇨, 虧着我 내게 낟배라. 又次也. 吏語, 虧兌 원수에서 싸다.

휴(虧) 혱 ❶나쁘다. 부족하다. 모자라다. ●⇔낟배다. 《集覽, 字解, 單字解, 5ㅎ》虧. 損也, 少也. 虧你多少 네게 언메나 낟브뇨, 虧着我 내게 낟배라. 又次也. 吏語, 虧兌 원수에서 싸다. ●⇔낟브다. 《集覽, 字解, 單字解, 5ㅎ》虧. 損也, 少也. 虧你多少 네게 언메나 낟브뇨, 虧着我 내게 낟배라. 又次也. 吏語, 虧兌 원수에서 싸다. ❷섧다. 슬프다. ⇔셟다. 《朴新諺 3, 30ㅎ》太虧我了, 너모 내게 셟웨라.

휴고(休告) 뎽 벼슬아치가 휴가를 청하다. 《集覽, 字解, 單字解, 8ㅈ》假. 上聲, 大也, 借也. 去聲, 休告也.

휴요(休要) 뵈통 말다. ⇔말다. 《朴新諺 1, 48ㅎ》你休要懶惰, 懶惰치 말고. 街上休要遊蕩, 거리에 遊蕩치 말라.

휴태(虧兌) 뎽 원수(元數)에서 까다. 본디의 액수에서 축나다. 《集覽, 字解, 單字解, 5ㅎ》虧. 損也, 少也. 虧你多少 네게 언메나 낟브뇨, 虧着我 내게 낟배라. 又次也. 吏語, 虧兌 원수에서 싸다.

휴ᄒ다(休-) 뎽 ●끝나다. 마치다. 끝장나다. ⇔휴(休). 《朴新諺 3, 44ㅎ》三寸氣在千般有, 三寸 긔운이 이시매 千 가지 잇더니. 一日無常萬事休, 一日에 쩟쩟홈이 업스매 萬事ㅣ 休ᄒ다 홈이로다. ●쉬다. 휴식하다. ⇔휴(休). 《朴新諺 2, 59ㅈ》斗美牛休虛得粮, 斗는 美ᄒ고 牛는 休ᄒ고 虛는 得粮ᄒ고.

흉노(匈奴) 뎽 기원전 4세기에서 1세기 사이에 몽고(蒙古) 지방에서 세력을 떨쳤던 유목 민족. 《集覽, 朴集, 上, 9ㅎ》漢子.事物紀原云, 三代以降, 有國號者至多, 獨以漢爲名者, 取兩漢之盛. 漢武帝征討四夷, 專事匈奴, 由此有漢胡之斥.

흉배(胸背) 뎽 흉배. 《集覽, 朴集, 上, 8ㅎ》

刺通袖膝欄. 元時好着此衣, 前後具胷背, 又連肩而通袖之脊, 至袖口爲紋, 當膝周圍亦爲紋如欄干, 然織成段匹爲衣者有之, 或皮或帛, 用綵線周遭回曲爲緣, 如花撲, 刺〈刾〉爲草樹〈尌〉・禽獸・山川・宮殿之文於〈紋於〉其內, 備極奇巧, 皆用團領着之, 其直甚高.《集覽, 朴集, 上, 8ㅎ》抹絨胷背. 凡於紗羅・段帛之上, 以綵絨織成胷背之紋, 裁成衣服者也. 凡絲之練熟未合者曰絨, 已合爲綸者曰線.《朴新諺 2, 7ㅈ》要換你的大紅織金胷背, 네 다홍빗체 금스로 ᄣ고 胷背 ᄒᆞᆫ 것과 밧고고져 ᄒᆞ노라. 我的胷背怎麼赶上你的繡袍, 내 胷背 엇디 네 슈노흔 큰옷세 미츠리오.

흐르다 图 흩어지다(散). 또는 이동하다. 옮기다. ⇔주(走).《朴新諺 2, 1ㅎ》只是腿跨走不開, 다만 구블이 흘러 퍼지지 못ᄒᆞ고.

흐터지다 图 흩어지다. ⇔산(散).《朴新諺 1, 16ㅈ》這瘡毒氣散去便暗消了, 이 瘡에 毒氣 흐터져 곳 절로 스러지리라.

흑(黑) 혱 검다. ⇔검다.《朴新諺 1, 29ㅎ》騎着一匹墨丁也似黑的肥馬, 흔 필 먹댱 ᄀᆞᆺ치 검고 술진 ᄆᆞᆯ을 ᄐᆞ고.《朴新諺 2, 52ㅎ》又把筆來在他面上畫黑了, ᄯᅩ 붓스로다가 뎌의 面上에 그려 검게 ᄒᆞ엿더니.《朴新諺 3, 28ㅈ》變做一箇大黑狗, 변ᄒᆞ여 흔 큰 거믄 개 되여.

흑도(黑道) 圀 태음(太陰)의 궤도. 황도(黃道)에서 43도 4분, 양극(兩極)에서 28도 38분 기울어져 있다.《朴新諺 1, 10ㅈ》揀箇黃道吉日(朴新注, 4ㅎ: 每月有黃道・白道・黑道, 而黃道最吉. 卽寅・申月, 子・丑・辰・巳・未・戌日之類.), 黃道 吉日을 골히여.

흑두(黑豆) 圀 검은콩. ⇔거믄콩.《集覽, 字解, 單字解, 1ㅎ》料. 凡人飼馬, 或用小黑豆, 或用蜀黍雜飼之. 故凡稱飼馬穀豆曰料. 又該用物色雜稱曰物料, 造屋材木曰木料, 入畫彩色曰顏料. 又量也. 又理

也.《朴新諺 2, 28ㅈ》帶十兩銀子到東安州(朴新注, 32ㅎ: 在京都南一百里.)去放黑豆, 열 냥 은을 가지고 東安州에 가 거믄콩에 노하.《朴新諺 3, 38ㅈ》他種的稻子, 제 시믄 벼와. 膏粱, 슈슈와. 黍子, 기장과. 大麥, 보리와. 小麥, 밀과. 蕎麥, 모밀과. 黃豆, 콩과. 小豆, 픗과. 菉豆, 菉豆와. 豌豆, 광쟝이. 黑豆, 거믄콩. 芝麻, 춤깨와. 蘓(蘇)子, 들깨.

흑색(黑色) 圀 검은색.《集覽, 朴集, 下, 8ㅎ》羅傘.〈卽〉丞用傘, 紅浮屠頂, 黑色茶褐羅表, 紅綃裏, 三簷.《集覽, 朴集, 下, 10ㅈ》粧點顏色. 牛色以立春日爲法, 日干爲頭・角・耳・色, 日支〈支〉爲身色, 納音爲蹄・尾・肚色. 日干, 甲・乙, 木, 靑色, 丙・丁, 火, 紅色之類. 日支〈支〉, 亥・子, 水, 黑色, 寅・卯, 木, 靑色之類.

흑야(黑夜) 圀 밤(夜). ⇔밤.《朴新諺 1, 39ㅈ》白日去黑夜來, 나즌 가고 밤은 오는 거시여.《朴新諺 2, 21ㅎ》黑夜好生用心照看, 밤에 ᄀᆞ장 用心ᄒᆞ여 보슬피라.

흑웅(黑熊) 圀 검은 곰.《集覽, 朴集, 下, 1ㅎ》刁蹶. 今按, 法師徃西天時, 初到師陀國界, 遇猛虎・毒蛇之害, 次遇黑熊精・黃風恠〈怪〉・地湧夫人・蜘蛛精・獅子恠〈怪〉・多目恠〈怪〉・紅孩兒恠〈怪〉, 幾死僅免.

흑웅정(黑熊精) 圀 흑웅(黑熊)의 정령(精靈).《集覽, 朴集, 下, 1ㅎ》刁蹶. 今按, 法師徃西天時, 初到師陀國界, 遇猛虎・毒蛇之害, 次遇黑熊精・黃風恠〈怪〉・地湧夫人・蜘蛛精・獅子恠〈怪〉・多目恠〈怪〉・紅孩兒恠〈怪〉, 幾死僅免.

흑자(黑子) 圀 사마귀. 또는 검은 점.《集覽, 朴集, 上, 6ㅈ》張黑子. 張, 姓. 黑子, 痣也. 張之面有痣, 因以爲號, 人號爲張黑子.《朴新諺 1, 17ㅎ》有張黑子打的刀最好, 張黑子ㅣ 이시니 민든 칼이 ᄀᆞ장 됴하.《朴新諺 1, 19ㅈ》我且同你到張黑子家去, 내 ᄯᅩ 너와 흔가지로 張黑子의 집

의 가쟈.

흑저(黑猪) 명 검은 돼지. 《集覽, 朴集, 下, 4ㅈ》孫行者. 其後唐太宗勅玄奘法師, 徃西天取經, 路經此山, 見此猴精壓在石縫, 去其佛押出之, 以爲徒弟, 賜法名吾(悟)空, 改号〈號〉爲孫行者, 與沙和尙及黑猪精·朱八戒偕徃, 在路降妖去恠, 救師脫難, 皆是孫行者神通之力也.

흑저정(黑猪精) 명 흑저(黑猪)의 정령(精靈). 《集覽, 朴集, 下, 4ㅈ》孫行者. 其後唐太宗勅玄奘法師, 徃西天取經, 路經此山, 見此猴精壓在石縫, 去其佛押出之, 以爲徒弟, 賜法名吾(悟)空, 改号〈號〉爲孫行者, 與沙和尙及黑猪精·朱八戒偕徃, 在路降妖去恠, 救師脫難, 皆是孫行者神通之力也.

흑종청마(黑鬃靑馬) 명 갈기가 검은 총이 말. ⇔가리온총이물. 《朴新諺 2, 1ㅎ》一箇黑鬃靑馬却走得快, 흔 가리온총이물이 드롬이 샌르되.

흔(哏) 円 가장. 매우. 자못. ⇔マ장. 《集覽, 字解, 單字解, 5ㅎ》哏. 極也. 哏好 マ 장 됴타, 今不用. 音흔, 匣母.

흔(很) 円 가장. 매우. 자못. ⇔マ장. 《朴新諺 1, 9ㅎ》今年雨水狠(很)大, 올히 雨水] マ장 만ᄒ여. 《朴新諺 1, 17ㅎ》京城裏刀子舖狠(很)多, 셔울 칼 푸즈ㅣ マ 장 만ᄒ니. 《朴新諺 1, 20ㅎ》這市上所賣的風箏色樣狠(很))多, 져지에 ᄑᆞᆫ 연이 色樣이 マ장 만하. 《朴新諺 1, 28ㅎ》大哥說得狠(很)是, 큰형의 니르미 マ장 올타. 《朴新諺 2, 12ㅎ》誰知道做得狠(很)不如式, 뉘 아더냐 믄드롬이 マ장 법 ㄱㅈ지 아니ᄒ고. 《朴新諺 2, 48ㅎ》字之形勢狠(很)多大槩如此, 字의 形勢 マ장 만ᄒ나 大槩 이 ㄱ트니. 《朴新諺 3, 2ㅈ》我家裡老鼠多得狠(很), 우리 집의 쥐 マ장 만ᄒ니. 《朴新諺 3, 11ㅎ》搭一會児狠(很)好, 흔 지위 지기니 マ장 됴터니. 《朴新諺 3, 21ㅈ》你不知這西遊記熱鬧(鬧)得狠

(很)哩, 네 아지 못ᄒ다 이 西遊記 マ장 웨전즈런ᄒ니.

흔더기다 동 흔들거리다. ⇔요(搖). 《朴新諺 3, 3ㅎ》風不來樹不搖, 브람이 부지 아니면 남기 흔더기지 아니코. 雨不來河不漲, 비 오지 아니면 물이 넘지 아니ᄒ다 ᄒ니라.

흔들다 동 흔들다. ❶⇔요(搖). 《朴新諺 1, 55ㅈ》把搖車搖一搖便住了, 搖車롤다가 흔들면 곳 긋치ᄂᆞ니라. ❷⇔요동(搖動). 《朴新諺 3, 24ㅎ》搖動尾鉤鉤了一下, 쏘리 갈구리를 흔드러 흔 번 긁치니.

흔사(哏似) 円 ❶가장. 매우. 자못. ⇔マ장. 《集覽, 字解, 累字解, 2ㅈ》底似. マ장. 又너므. 今不用. 《集覽, 字解, 累字解, 2ㅈ》哏似. 上同. 今不用. ❷너무. 매우. 몹시. ⇔너무. 《集覽, 字解, 累字解, 2ㅈ》底似. マ장. 又너므. 今不用. 《集覽, 字解, 累字解, 2ㅈ》哏似. 上同. 今不用.

흔호(哏好) 혱 가장 좋다. 《集覽, 字解, 單字解, 5ㅎ》哏. 極也. 哏好 マ장 됴타, 今不用. 音흔, 匣母.

흔ᄒ다 혱 흔하다. ⇔광(廣). 《集覽, 字解, 單字解, 7ㅈ》廣. 多也. 흔ᄒ다.

흘(吃) 동 ❶입대被. 당(當)하다. ⇔닙다. 《朴新諺 3, 13ㅎ》不知怎生吃了一跌, 아지 못케라 엇디ᄒ지 흔 번 구러지믈 닙어. ❷먹다. 당(當)하다. ⇔먹다. 《朴新諺 1, 56ㅈ》吃盡千辛萬苦, 千辛萬苦룰 먹어 다ᄒ여. ❸먹다. ⇔먹다. 《朴新諺 1, 2ㅈ》便有羶氣難吃, 곳 노린내 이셔 먹기 어려오니라. 《朴新諺 1, 25ㅎ》看他吃到再添, 제 먹어가는 거슬 보아 다시 더 주라. 《朴新諺 1, 37ㅎ》如今飯也吃得些却無事了, 이제 밥도 져기 먹고 쏘 無事ᄒ여라. 《朴新諺 2, 2ㅎ》吃了飯回來, 밥 먹고 도라와. 《朴新諺 2, 16ㅎ》再捏些匾食預備我吃罷, 쏘 져기 변시를 비저 내 먹기룰 預備ᄒ라. 《朴新諺 2, 37ㅈ》他如今吃的穿的, 데 이제 먹는 것과 닙는 거

시. 《朴新諺 3, 2ㅈ》庫房裡放的米都被他吃去了好些, 庫에 둔 뿔을 다 제 먹으미 만코. 《朴新諺 3, 22ㅎ》把祭星茶果搶來吃了, 祭星ᄒᆞᆫ 茶果를다가 더위쳐 먹고. 《朴新諺 3, 45ㅎ》我就不敢吃多了, 내 곳 감히 먹기를 만히 못ᄒᆞ노라. ❹먹다. 마시다. ⇔먹다. 《朴新諺 1, 6ㅎ》弟兄們今日都要吃得酩酊大醉纔妙哩, 弟兄들이 오늘 다 먹어 酩酊 大醉호미 맛치 妙ᄒᆞ리라. 《朴新諺 2, 2ㅎ》後日又要請衙門中同寅老爺們吃酒, 모뢰 또 衙門에 同寅 老爺들을 청ᄒᆞ여 술 먹으려 ᄒᆞ여. 《朴新諺 2, 25ㅈ》吃一兩劑便無事了, 흔두 劑 먹으면 곳 無事ᄒᆞ리라. 《朴新諺 2, 36ㅎ》且打些酒來吃幾杯解寒如何, 또 져기 술 가져와 여러 잔 먹어 解寒홈이 엇더ᄒᆞ뇨. 《朴新諺 3, 8ㅈ》且打些芽茶來我吃罷, 아직 져기 芽茶를 달혀 오게 ᄒᆞ라 내 먹쟈. 《朴新諺 3, 31ㅎ》請大哥到茶舘裡吃茶去, 請컨대 큰형아 茶舘에 가 차 먹으라 가쟈. 《朴新諺 3, 32ㅈ》客官吃甚麼茶吃甚麼點心, 客官아 므슴 차를 먹으며 므슴 點心을 먹을싸. ❺먹음. ⇔먹음. 《朴新諺 1, 2ㅎ》添着吃如何, 보타여 먹음이 엇더ᄒᆞ뇨.

흘긔다 图 들뜨다. (모양이) 변하다. 원형(原形)이 변하다. ●⇔주(走). 《朴新諺 2, 32ㅈ》若着了幾遍雨定然要走撱了, 만일 여러 번 비룰 마즈면 일졍 모양이 흘긔리로다. ●⇔주작(走作). 《朴新諺 2, 33ㅈ》向來做得好不會走作, 向來에 민들기룰 잘ᄒᆞ여 흘긔지 아니ᄒᆞ고.

흘낭(疙瀼) 图 더뎅이. ⇔더덩이. 《朴新諺 3, 11ㅎ》滿指甲疙瀼和膿水怎麼好呢, 손톱에 ᄀᆞ득ᄒᆞᆫ 더덩이와 고롬이 엇지 됴흐리오.

흘달(疙疸) 图 뾰루지. 뾰두라지. 응어리. ⇔미둡. 《集覽, 朴集, 上, 10ㅎ》疙. 音義云, 疙, 音疙. 今按, 疙, 音工(그). 疙疸 미둡.

흘러ᄂᆞ리다 图 흘러내리다. ⇔유하래(流下來). 《朴新諺 2, 5ㅈ》西湖是從玉泉山流下來的, 西湖는 이 玉泉山으로 조차 흘러ᄂᆞ린 거시니. 《朴新諺 2, 45ㅎ》都流不下來, 다 흘러ᄂᆞ리지 못ᄒᆞ니. 《朴新諺 2, 53ㅈ》這孩子眼脂流下來也不擦, 이 아히 눈쑵이 흘러ᄂᆞ리되 씻기지 아니ᄒᆞ니.

흘추(疙皺) 图 주름지다. 주름 잡히다. ⇔ᄢᅵᆼ긔다. 《朴新諺 1, 39ㅈ》疙皺檀疙皺被, ᄢᅵᆼ긘 담에 ᄢᅵᆼ긘 니블에. 疙皺娘娘裏頭睡, ᄢᅵᆼ긘 계집이 안히셔 자는 거시여.

흙 图 흙. ●⇔이(泥). 《朴新諺 3, 10ㅈ》先掘土打兩擔水未好和泥, 몬져 흙을 픠고 두 짐 물을 기러 와 잘 흙을 니기되. ●⇔토(土). 《朴新諺 1, 39ㅎ》墙上一塊土吊下來禮拜, 담 우희 흔 덩이 흙이 ᄣᅥ러뎌 느려와 禮拜ᄒᆞᆫ 거시여. 《朴新諺 3, 10ㅈ》先掘土打兩擔水未好和泥, 몬져 흙을 픠고 두 짐 물을 기러 와 잘 흙을 니기되.

흙븨다 图 빗기 뵈다. ⇔사(斜). 《朴新諺 1, 57ㅈ》叫那斜眼的弓匠王五來, 뎌 눈 흙븬 弓匠 王五를 불러오라.

흙손 图 흙손. ●⇔이만(泥鏝). 《朴新諺 3, 11ㅈ》把泥鏝來再抹光些, 흙손으로다가 다시 ᄡᅥ서 번번이 ᄒᆞ라. ●⇔이만자(泥鏝子). 《朴新諺 3, 9ㅎ》你有泥鏝子麼, 네게 흙손이 잇ᄂᆞ냐.

흠(欠) 혱 없다. 결핍되다. 모자라다. ⇔업다. 《朴新諺 1, 22ㅈ》却欠端正些, 端正홈이 업고.

흠천감(欽天監) 명 명·청대(明淸代)에 천문(天文)·역수(曆數)·점후(占候) 따위를 맡아보던 관아. 《集覽, 朴集, 下, 10ㅎ》司天臺. 元置, 以司曆占. 今改爲欽天監. 又設司天監於朝陽門城上. 《朴新諺 3, 46ㅎ》順天府官員與欽天監官們, 順天府 官員과 다못 欽天監 모든 관원들이.

흡(恰) 囝 ●갓. 겨우. 방금. ⇔又. 《集覽, 字解, 單字解, 1ㅈ》恰. 適當之辭, 恰便似

마치. 又方纔之辭, 恰纔 又. ●맞추어.
⇔마치.《朴新諺 1, 35ㅎ》恰撞見他的漢
子, 마치 뎌의 ㅅ나희룰 마조치니.《朴
新諺 2, 52ㅈ》昨日那厮恰到我家來, 어지
더 놈이 마치 내 집의 왓거눌.

흡재(恰纔) 円 갓. 겨우. 방금. ⇔又.《集
覽, 字解, 單字解, 1ㅈ》恰. 適當之辭. 恰
便似 마치. 又方纔之辭. 恰纔 又.《集覽,
字解, 單字解, 2ㅎ》纔. 方得僅始之辭 又,
纔自. 又剛纔, 又方纔, 又恰纔.

흡편사(恰便似) 円 마치. 흡사 …와 같다.
바로 …와 같다. ⇔마치.《集覽, 字解, 單
字解, 1ㅈ》恰. 適當之辭. 恰便似 마치. 又
方纔之辭. 恰纔 又.

홋터지다 图 흩어지다. ⇔산(散).《朴新諺
1, 7ㅈ》方纔散哩, 보야흐로 홋터지믈 許
ㅎ쟈.《朴新諺 1, 7ㅈ》老爺們要散了, 老
爺들이 홋터지려 혼다.《朴新諺 1, 7ㅎ》
又道天下無不散之筵席, 쏘 니로되 天下
에 홋터지지 아닐 잔치 업다 ㅎ니.《朴
新諺 3, 18ㅎ》天天都是這般早聚晚散麼,
날마다 다 이리 일 모호고 늣게야 홋터
지느냐. 但能早散也是不能早回家, 다만
능히 일즉이 홋터져도 쏘 능히 일즉이
집의 도라오지 못ㅎ여.

흥(興) 图 시작하다. ⇔시작ㅎ다.《朴新諺
1, 10ㅈ》就好興工了, 곳 역ㅅ 시작홈이
됴타.

흥(興) 円 재미나 즐거움을 일어나게 하는
감정.《朴新諺 2, 49ㅎ》或着碁彈琴遣興,
或 바독 두며 거믄고룰 타 興을 보내니.
《朴新諺 3, 49ㅈ》有時高興, 잇짜감 놉흔
興으로.

흥공(興工) 图 공사를 시작하다. 공사를
개시하다.《朴新諺 1, 10ㅈ》就好興工了,
곳 역ㅅ 시작홈이 됴타.

흥뎡 円 홍정. 거래. ⇔매매(買賣).《朴新
諺 1, 32ㅎ》大小是買賣, 크나 져그나 이
홍뎡이라.

흥뚱이다 图 홍청거리다.《集覽, 字解, 單

字解, 7ㅎ》閑. 雜也. 閑雜人. 又替也. 파
직ᄒ다, 罷閑了・替閑了. 又遊息曰閑.
홍쑹여 돈닐시니, 遊閑了. 又練熟也. 弓
馬熟閑. 又空也. 空閑田地 뷔엿는 짜. 又
等閑 부질업시, 又힘히미, 又간대롭다.

흥졍 円 홍정. 거래. 교역(交易). ●⇔교
(交).《集覽, 字解, 累字解, 2ㅎ》悔交. 홍
졍 므르다. 亦曰倒裝. ●⇔매매(買賣).
《朴新諺 3, 2ㅎ》又不是大買賣. 쏘 이 큰
홍졍이 아니니.

희(喜) 图 기뻐하다. ⇔깃거ᄒ다.《朴新諺
2, 30ㅈ》故得人天之喜鬼神之歡, 이러모
로 人天의 깃거홈과 鬼神의 즐김을 어더.

희(喜) 혱 기쁘다. ⇔깃부다.《朴新諺 1,
45ㅈ》喜的又是郎才女貌眞箇是世上少有
的, 깃분 거슨 쏘 이 郎才와 女貌ㅣ 진실
로 世上에 드므니.

희(稀) 혱 ●묽다. ⇔묽다.《朴新諺 1, 54
ㅎ》且吃些稀粥爛飯, 아직 묽은 쥭과 무
른 밥을 먹고.《朴新諺 2, 16ㅈ》熬些稀
粥罷, 져기 물근 쥭 뿌라.《朴新諺 2, 36
ㅈ》稀粥也熬着哩, 묽은 쥭도 뿌엇다. ●
성기다. ⇔성긔다.《朴新諺 1, 43ㅈ》先
把稀笓子搝了, 몬져 성긘 춤빗스로다가
빗기고.

희곡(戲曲) 円 전통적인 연극 형식의 하나.
곤극(昆劇)・경극(京劇)과 각종 지방극
을 포함하며, 노래와 춤을 주요 공연 형
식으로 한다.《集覽, 朴集, 上, 2ㅎ》院本.
南村輟耕錄云, 唐有傳奇, 宋有戲曲・唱
諢・詞說, 金有雜劇・諸宮調.《集覽, 朴
集, 上, 3ㅈ》雜劇. 劇〈ㅂ〉, 戲也. 南村輟耕
錄曰, 稗官廢而傳奇作, 傳奇作而戲曲繼
〈継〉. 金季國初, 樂府猶宋詞之流, 傳奇猶
宋戲曲之變〈変〉, 世俗謂之雜劇.

희니(稀泥) 円 진흙. ⇔즌흙.《集覽, 朴集,
下, 6ㅈ》麻尼汁經卷兒. 麻, 卽脂麻也. 搗
脂麻爲汁, 如稀泥然, 故曰麻尼汁. 尼, 作
泥是.《朴新諺 2, 56ㅎ》一路稀泥眞有沒
脚背深哩, 왼 길 즌흙이 진실로 발등이

짜질 깁회 잇더라.

희다 혱 희다. ⇔백(白). 《朴新諺 1, 29ㅎ》白絨檀襪上, 흰 보드라온 담쳥에. 《朴新諺 1, 46ㅈ》麤白珠兒線, 굵고 흰 구슬 둘실을 사고. 《朴新諺 1, 46ㅈ》白淸水絹三尺, 흰 제믈엣 깁 석 자눈. 《朴新諺 3, 29ㅈ》我賣的是上等白色珠子, 내 프눈 거슨 이 上等 흰빗치 구슬이니. 《朴新諺 3, 53ㅈ》門前絟着帶鞍子的白馬, 門 앏히 기르마 지은 흰물을 미엿더니. 《朴新諺 3, 53ㅎ》失去帶鞍白馬一匹, 기르마 지은 흰물 혼 필을 일허시니.

희롱(戲弄) 통 희롱하다. 장난하다. 《集覽, 字解, 單字解, 7ㅈ》耍. 戲弄之辭曰耍子, 戲笑之事曰耍笑. 又行房亦曰耍子. 《集覽, 朴集, 上, 2ㅎ》院本. 曰丑, 狂言戲弄, 或粧醉漢・太醫・吏員・媒婆之類.

희법(戲法) 명 환술(幻術). 마술(魔術). 요술(妖術). ⇔환슐. 《朴新諺 2, 12ㅈ》還有那諸般做把戲的演戲法的, 또 여러 가지 노롯ᄒ며 환슐 닉이눈 이도 이셔.

희사(喜事) 명 기쁜 일. 경사(慶事). 축하할 만한 일. 《朴新諺 1, 28ㅎ》那一家有喜事, 아모 집의 喜事ㅣ 잇거든.

희소(戲笑) 통 우스갯소리하다. 농담(弄談)하다. 시시덕거리다. 《集覽, 字解, 單字解, 7ㅈ》耍. 戲弄之辭曰耍子, 戲笑之事曰耍笑. 又行房亦曰耍子.

희용(喜容) 명 진영(眞影). 주로 얼굴을 그린 화상(畫像). 초상화. ⇔진영. 《朴新諺 3, 41ㅈ》我要畫我的喜容, 내 나의 진영을 그리고져 ᄒ노라.

희조츨ᄒ다 혱 희고 조촐하다. 희고 깨끗하다. ⇔백졍(白淨). 《朴新諺 3, 13ㅈ》中等身材白淨顔面, 듕키에 희조츨혼 ᄂᆞ치오.

희족(憙足) 혱 만족하다. 만족함을 알다. 《集覽, 朴集, 上, 15ㅈ》兜率. 梵語兜率, 此云妙足, 又云知足於五欲知止足. 故佛地論云, 名憙足, 謂後身菩薩於中敎化, 多

修憙足故. 卽欲界六天之一也. 兜率天, 人間四百世爲一日.

희종(僖宗) 명 당(唐)나라 제18대 황제 이현(李儇)의 묘호(廟號). 《集覽, 朴集, 下, 12ㅎ》唐昭宗. 姓李, 名曄, 僖宗第七子. 爲逆臣朱全忠所弑. 《集覽, 朴集, 下, 12ㅎ》梁貞明. 朱溫事唐僖宗, 賜名全忠, 拜宣武軍節〈莭〉度使, 封梁王.

희주(喜酒) 명 아이를 낳음을 축하하는 술. 《集覽, 朴集, 上, 13ㅎ》滿月. 質問云, 産婦一箇月不出門, 不生理, 只補養本身, 一月之後出門, 又吃〈喫〉喜酒. 今按, 喜酒者, 賀生兒之宴.

희죽(稀粥) 명 묽은 죽. 미음(米飮). ⇔믈근죽. 《集覽, 朴集, 中, 7ㅈ》稀粥也熬着. 北人好獵, 不力於農. 獵者・行者多齎粆米, 且其食性好粥, 尤好生肉渾酪, 故兩書皆元時所記, 多言稀粥及酪. 粆, 音抄, 卽本國米實也. 《朴新諺 2, 16ㅎ》熬些稀粥罷, 져기 믈근 죽 뿌라.

희한(稀罕) 혱 매우 드물거나 신기하다. 진귀(珍貴)하다. ⇔희한ᄒ다(稀罕-). 《朴新諺 2, 25ㅎ》這般稀罕東西, 이리 稀罕혼 거슬. 《朴新諺 2, 26ㅈ》這淸醬有甚麽稀罕呢, 이 ᄀᆞ댱이 므슴 稀罕홈이 이시리오.

희한ᄒ다(稀罕-) 혱 희한(稀罕)하다. ⇔희한(稀罕). 《朴新諺 2, 25ㅎ》這般稀罕東西, 이리 稀罕혼 거슬. 《朴新諺 2, 26ㅈ》這淸醬有甚麽稀罕呢, 이 ᄀᆞ댱이 므슴 稀罕홈이 이시리오.

희호(喜好) 통 좋아하다. 애호하다. 호감을 가지다. 사랑하다. 《集覽, 字解, 單字解, 6ㅈ》好. 묘타. 又好生ᄀᆞ장. 又去聲, 喜-・情-.

희희(嬉戲) 통 즐겁게 희롱하며 놀다. 장난치다. 《集覽, 朴集, 上, 8ㅈ》翫月會. 東京錄云, 中秋夜, 貴家結飾臺榭, 民間爭占酒樓翫〈玩〉月, 絲簧鼎沸, 近內庭居民, 夜深遙聞笙竽之聲, 宛若雲外天樂, 閭里兒

童連宵嬉戲, 夜市駢闐, 至於通曉.《集覽,
朴集, 下, 7ㅎ》花房窩兒. 或曰起於戰國,
所以練〈鍊〉武士, 因嬉戲而講習之, 猶打
毬, 非蹋鞠之戲也.

흰믈 圀 흰 말. 백마(白馬). ⇔백마(白馬).
《朴新諺 3, 53ㅈ》門前絟着帶鞍子的白馬,
門 앏히 기르마 지은 흰믈을 미엿더니.
《朴新諺 3, 53ㅎ》失去帶鞍白馬一匹, 기
르마 지은 흰믈 흔 필을 일허시니.

흰빗ᄎ 圀 흰 빛깔. 백색(白色). ⇔백색(白
色).《朴新諺 3, 29ㅈ》我賣的是上等白色
珠子, 내 ᄑᆞ는 거슨 이 上等 흰빗치 구슬
이니.

힐문(纈文) 圀 알록달록한 무늬.《集覽,
朴集, 下, 5ㅎ》花袴. 以裩連上衣爲之者,
如倭奴上着纈文之衣.

힐힐ᄒᆞ다 圀 호리호리하다. 가늘고 길다.
⇔세장(細長).《朴新諺 2, 57ㅎ》是一箇
細長身子團欒面的, 이 흔 킈 힐힐ᄒᆞ고 ᄂᆞᆺ
치 두렷흔.

힘 圀 ●힘줄. ⇔근(筋).《朴新諺 1, 57ㅎ》
這弓面上鋪的筋, 이 활 면에 ᄭᆡᆫ 힘을. ●
힘. ⇔역(力).《朴新諺 2, 23ㅈ》眞是遠行
知馬力日久見人心, 진실로 이 멀리 가매
ᄆᆞᆯ 힘을 알고 날이 오래매 사룸의 ᄆᆞᄋᆞᆷ
을 보느니라.

힘 回 힘. 활시위의 강도를 재는 단위. 20
근(斤) 무게의 힘이다. ⇔기력(氣力).
《朴新諺 1, 57ㅎ》要做幾箇氣力(朴新注,
22ㅈ: 十二斤爲一箇氣力. 續綱目両石弓
註, 三十斤為勻(鈞), 四勻(鈞)為石, 則下
歀十箇氣力, 為両石重也.)的弓, 언머 힘
에 활을 민들고져 ᄒᆞᆫ다. 要做十箇氣力
的一張, 십 분 힘에 치 흔 쟝과. 七八箇氣
力的一張, 칠팔 분 힘에 치 흔 쟝을 민둘
고져 ᄒᆞ노라.

힘히미 囝 심심히. 한가히. 부질없이. ●
⇔등한(等閑).《集覽, 字解, 單字解, 7
ㅎ》閑. 雜也. 閑雜人. 又替也. 파직ᄒᆞ다,
罷閑了・替閑了. 又遊息曰閑. 홍뚱여 돈

닐시니, 遊閑了. 又練熟也. 弓馬熟閑. 又
空也. 空閑田地 뷔엿ᄂᆞᆫ ᄯᅡ. 又等閑 부질
업시, 又힘히미, 又간대롭다. ●⇔무뢰
(無賴).《集覽, 字解, 累字解, 2ㅎ》無賴.
힘히미. 又부질업시.

힘힘이 囝 심심히. 한가히. ⇔한(閑).《朴
新諺 2, 28ㅈ》只知道閑遊浪蕩, 그저 힘
힘이 놀고 ᄀᆞ랠 줄만 아니.《朴新諺 2,
31ㅎ》不許到街上去閑遊惹事, 街上에 가
힘힘이 노라 일내믈 허치 말고.

힘힘히 囝 심심히. 한가히. ⇔한(閑).《朴
新諺 2, 54ㅈ》我生活忙那能閑耍, 내 성
녕이 밧부니 엇지 능히 힘힘히 놀리오.

힘힘ᄒᆞ다 阌 ●심심하다. 한가하다. 또는
답답하다. 우울하다. ⇔민(悶).《朴新諺
3, 21ㅈ》悶時節(節)看看眞好解悶, 힘힘
흔 제 보면 진실로 解悶ᄒᆞ기 됴흐니라.
《朴新諺 3, 29ㅈ》就這一段書足可解悶了,
곳 이 一段 칙이 죡히 가히 힘힘호믈 플
리라. ●심심하다. 한가하다. ⇔한(閑).
《朴新諺 2, 37ㅎ》咱好悶(閑)當不的, 우
리 ᄀᆞ장 힘힘ᄒᆞ여 당치 못ᄒᆞ니.《朴新諺
2, 42ㅎ》你們不要説閑話, 너희들은 힘힘
흔 말을 니ᄅᆞ지 말고.《朴新諺 2, 56ㅈ》
咳百忙裏説甚麼閑話呢, 애 밧분더 므슴
힘힘흔 말을 니ᄅᆞᄂᆞᆫ다.《朴新諺 3, 21
ㅈ》買幾部閑書來消遣何如, 여러 部 힘힘
흔 칙을 사 와 消遣홈이 엇더ᄒᆞ뇨.

ᄒᆞ가지로 囝 함께. ⇔동(同).《朴新諺 2,
10ㅎ》咱們今日就同去聽一聽罷, 우리 오
늘 이믜셔 ᄒᆞ가지로 가 듯쟈.

ᄒᆞ건양ᄒᆞ다 통 교만하다. 잘난 체하다.
자랑하다. ⇔교(嬌).《朴新諺 2, 46ㅎ》家
富小兒嬌, 집이 가옴열면 아히 ᄒᆞ건양흔
다 ᄒᆞ니.

ᄒᆞ나 囝 ▊하나. 한 (개). ●⇔일개(一箇).
《朴新諺 1, 18ㅎ》又兒一箇, 쳡ᄌ ᄒᆞ나.
錐子一箇, 송곳 ᄒᆞ나.《朴新諺 2, 11ㅎ》
拿一箇一托長碗口大的紅油畫金棒子, ᄒᆞ
나 흔 발맛치 길고 사발맛치 큰 불근 칠

ᄒᆞ고 금으로 그린 막대를 가져. ㊁⇔일안(一眼).《朴新諺 2, 45ㅈ》井一眼, 우믈 ᄒᆞ나. ㊂⇔일파(一把).《朴新諺 3, 32ㅈ》我要買這帽刷・靴刷各一把, 내 이 帽刷・靴刷 각 ᄒᆞ나와. ❷하나. 한 (명). ⇔일개(一箇).《朴新諺 1, 25ㅈ》一更一箇輪流起來喂草, ᄒᆞᆫ 경에 ᄒᆞ나식 돌려 니러 여믈을 먹이되.《朴新諺 2, 15ㅎ》怎麼沒有一箇聽事的, 엇지 ᄒᆞ나 聽事ᄒᆞ리 업ᄂᆞ뇨.

ᄒᆞ나ㅎ [수] ❶하나. 한 (개). ㊀⇔일개(一箇).《朴新諺 1, 18ㅎ》小鋸子一箇, 져근 톱 ᄒᆞ나흘 호되.《朴新諺 1, 32ㅈ》一箇也不中使哩, ᄒᆞ나토 ᄡᅳ기에 맛ᄀᆞᆺ지 아니ᄒᆞ다.《朴新諺 2, 3ㅈ》且借與我一箇, 아직 내게 ᄒᆞ나흘 빌리면.《朴新諺 2, 3ㅎ》你問他借一箇罷, 네 뎌ᄃᆞ려 무러 ᄒᆞ나흘 빌미 무던ᄒᆞ다.《朴新諺 3, 2ㅎ》我買一箇, 내 ᄒᆞ나흘 사쟈.《朴新諺 3, 2ㅎ》一百錢短一箇也不賣, 一百 돈에 ᄒᆞ나히 업서도 ᄑᆞ지 아니ᄒᆞ리라.《朴新諺 3, 28ㅎ》就賜唐僧金錢三百貫・金鉢盂一箇, 곳 唐僧을 金錢 三百貫과 金에우아리 ᄒᆞ나흘 주고. ㊁⇔일구(一口).《朴新諺 2, 31ㅈ》盔甲一副腰刀一口, 투구와 갑옷 ᄒᆞᆫ 불 환도 ᄒᆞ나흘. ㊂⇔일정(一頂).《朴新諺 2, 32ㅎ》一頂要雲南氈大帽, ᄒᆞ나흔 雲南氈 큰갓슬 ᄒᆞ고.《朴新諺 2, 32ㅎ》一頂要陝(陝)西赶來的白駝氈大帽, ᄒᆞ나흔 陝(陝)西셔 미러온 白駝氈 큰갓슬 ᄒᆞ되. ❷㊀하나. 한 (명). ⇔일개(一箇).《朴新諺 1, 40ㅎ》兩箇先生合賣藥一箇坐一箇跳, 두 先生이 모다 藥 ᄑᆞ노라 ᄒᆞ나흔 안잣고 ᄒᆞ나흔 ᄠᅱ노ᄂᆞᆫ 거시여.《朴新諺 1, 47ㅎ》每月多少學錢一箇呢, 每月에 ᄒᆞ나희게 언머 學錢고.《朴新諺 2, 28ㅈ》一箇到那靴舖裏去學生活, ᄒᆞ나흔 뎌 靴푸ᄌᆞ에 가 셩녕 ᄇᆡ호고. 一箇到帽舖裏去學做買賣, ᄒᆞ나흔 帽舖에 가 買賣ᄒᆞ기 ᄇᆡ호고.《朴新諺 2, 28ㅎ》一箇帶五兩銀子到馬家庄去放稈草, ᄒᆞ나흔 닷 냥 은을 가지고 馬家庄에 가 조딥헤 노코. 一箇帶二兩銀子到西山去收乾草, ᄒᆞ나흔 두 냥 은을 가지고 西山에 가 ᄆᆞ른 딥흘 거두되.《朴新諺 3, 23ㅎ》那一箇輸了, 아모나 ᄒᆞ나히 지거든. ㊁하나. 한 (량). ⇔일량(一輛).《朴新諺 1, 14ㅎ》只僱大馬車一輛, 그저 큰 ᄆᆞᆯ 메온 술위 ᄒᆞ나흘 삭 내여.

ᄒᆞ녁 [명] 한 녘. 한쪽. 한편. ⇔일면(一面).《集覽, 字解, 累字解, 1ㅎ》一面. 호은자. 又ᄒᆞ녀고로. 又ᄒᆞᆫ 번.

ᄒᆞ다 [동] ❶(일을) 하다. ㊀⇔간(幹).《朴新諺 2, 57ㅈ》我也沒甚麼幹的勾當, 나도 아모란 ᄒᆞᆯ 일 업고. ㊁⇔주(做).《朴新諺 1, 27ㅎ》做箇賞月會何如, ᄒᆞᆫ 賞月會ᄅᆞᆯ 홈이 엇더ᄒᆞ뇨.《朴新諺 1, 48ㅈ》你每日做甚麼功課, 네 每日에 므슴 공부ᄒᆞᄂᆞᆫ다.《朴新諺 1, 54ㅈ》姐姐你纔做了月子, 각시아 네 ᄀᆞᆺ 히산ᄒᆞ다 ᄒᆞ니.《朴新諺 2, 4ㅈ》在那裏做生日來, 어ᄃᆡ셔 生日을 ᄒᆞ뇨.《朴新諺 2, 20ㅈ》要他做甚麼, 뎌ᄅᆞᆯ ᄒᆞ여 므슴 ᄒᆞ리오.《朴新諺 2, 37ㅎ》我又理他做甚麼, 내 ᄯᅩ 뎌를 긔수ᄒᆞ여 므슴 ᄒᆞ리오.《朴新諺 2, 54ㅈ》做些好事結箇好因緣, 져기 됴흔 일을 ᄒᆞ여 됴흔 因緣을 ᄆᆡ즘이.《朴新諺 3, 11ㅈ》你一般動手做生活, 네 ᄒᆞᆫ가지로 손을 놀려 ᄒᆞᆫ 셩녕이.《朴新諺 3, 30ㅈ》一發去做賊不好麼, 홈ᄭᅴ 가 도적질홈이 됴치 아니ᄒᆞ냐.《朴新諺 3, 36ㅎ》我管做甚麼, 내 무섯 ᄒᆞ기를 ᄀᆞ옴알리오. ❷하다. …하려고 하다. ㊀⇔대요(待要).《朴新諺 1, 38ㅎ》三哥待要分開, 셋재 형은 논호고져 ᄒᆞ고. 四哥待要一處, 넷재 형은 ᄒᆞᆫᄃᆡ 모호고져 ᄒᆞᄂᆞᆫ 거시여. ㊁⇔요(要).《朴新諺 1, 17ㅎ》我要打幾副刀子, 내 여러 볼 칼을 ᄆᆡᆫ들려 ᄒᆞ노라.《朴新諺 1, 23ㅈ》要當多少錢, 언머 돈에 뎐당ᄒᆞ려 ᄒᆞᄂᆞᆫ다.《朴新諺 1, 31ㅎ》這兩件東西要做, 이 두

가지ㅅ 거슬 지으려 ᄒᆞ면.《朴新諺 2, 12
ᄒ》你要使只管問我討不拘多少, 네 ᄡᅳ고
져 ᄒᆞ거든 그저 스뢰여 날드려 달라 ᄒᆞ
여 多少룰 거리끼지 말고.《朴新諺 2, 35
ㅈ》也要謀死他, ᄯᅩ 뎌룰 뫼ᄒᆞ여 죽이려
ᄒᆞ니.《朴新諺 3, 8ㅈ》正要裝金開光, 正
히 금 올려 빗내려 ᄒᆞ더니.《朴新諺 3,
16ᄒ》要捲蓬揍, 우산각 양으로 ᄒᆞ고져
ᄒᆞ노라.《朴新諺 3, 26ㅈ》鹿皮待要出來,
鹿皮ㅣ 나오고져 ᄒᆞ거늘.《朴新諺 3, 49
ㅈ》諒你要金榜題名的書生, 헤아리건대
너 金榜에 題名코져 ᄒᆞᄂᆞᆫ 書生이. **3**━
하다. 더하다. 붙이다. ⇔가(加).《朴新
諺 2, 47ㅈ》紐絲傍加箇逢字, 실ᄉ 변에
逢字 ᄒᆞ여시니. 久字底下手字加箇走字
的便是, 久字 아리 手字 ᄒᆞ고 走字 ᄒᆞᆫ 거
시 곳 이라.《朴新諺 2, 47ㅈ》是立人傍加
箇弋字便是, 이 立人 변에 弋字 ᄒᆞᆫ 거시
곳 이라. ━하다. 또는 …할 수 있다. ⇔
능구(能勾).《朴新諺 1, 56ㅈ》方能勾養
大成人, 보야흐로 養大 成人ᄒᆞᄂᆞ니. ━
하다. …해야 한다. ⇔득(得).《朴新諺 2,
10ㅈ》聽說只得三日三夜就圓滿了, 드르
니 그저 三日 三夜룰 ᄒᆞ여야 곳 圓滿ᄒᆞ
니. **四**하다. 사용할 수 있다. ⇔사득(使
得).《朴新諺 1, 52ᄒ》如何使得呢, 엇디
ᄒᆞ리오. **5**하다. …라 할 수 있다. 간주
하다. ⇔산시(算是).《朴新諺 1, 45ㅈ》這
媒人也筭是有福的, 이 媒人도 有福다 ᄒᆞ
리로다. **6**하다. 행하다. ⇔위(爲).《朴
新諺 1, 8ㅈ》爲頒詔去, 頒詔ᄒᆞ라 가ᄂᆞ니
라.《朴新諺 1, 28ᄒ》以我之言爲何如, 내
말을 엇더타 ᄒᆞᄂᆞ뇨.《朴新諺 2, 38ㅈ》
有箇山名爲田盤山, ᄒᆞᆫ 山이 이시되 일홈
을 田盤山이라 ᄒᆞ니.《朴新諺 2, 57ㅈ》
你也却爲甚麼不去呢, 너ᄂᆞᆫ ᄯᅩ 엇디ᄒᆞ여
가지 아니ᄒᆞ엿ᄂᆞᆫ다.《朴新諺 3, 57ㅈ》眞
是無道無所不爲, 진실로 道ㅣ 업서 ᄒᆞ지
아닐 배 업ᄂᆞᆫ지라. **七**(행)하다. 종사(從
事)하다. 실행(實行)하다. ⇔작(作).《朴

新諺 2, 34ᄒ》若作非理必受其殃, 만일 非
理에 노롯슬 ᄒᆞ면 반ᄃᆞ시 그 앙화를 밧
ᄂᆞ다 ᄒᆞ니. **8**하다. 해내다. 이루다. 성
취하다. ⇔주득(做得).《朴新諺 2, 32ㅈ》
這帽樣做得平常, 이 갓 모양이 민들기룰
平常이 ᄒᆞ엿다. **9**하다. 받아들이다. 따
르다. 수락하다. 복종하다. ⇔청(聽).
《朴新諺 2, 19ᄒ》各聽天命, 각각 天命대
로 ᄒᆞ고. **十**(바둑이나 장기 등의 놀이나
경기 등을) 하다. 두다. 진행하다. ⇔하
(下).《朴新諺 2, 54ㅈ》姐姐來咱們下一
盤蟞碁罷, 각시아 오라 우리 ᄒᆞᆫ 판 츄샤
ㅇ ᄒᆞ쟈.

ᄒᆞ다 보동 ━하다.《朴新諺 2, 36ㅈ》明日
好往通州接官去, 니일 通州ㅣ 가 관원 마
즈라 가기 됴케 ᄒᆞ라.《朴新諺 2, 52ㅈ》
我特地把酒灌的他爛醉, 내 부러 술을다
가 뎌의게 부어 爛醉케 ᄒᆞ니.《朴新諺
2, 59ᄒ》就着幾箇婦人們下手縫罷, 즉시
여러 계집들로 ᄒᆞ여 손부려 짓게 ᄒᆞ고.
━하다. …하려고 하다. ⇔요(要).《朴新
諺 2, 1ㅈ》我要打圍去騎坐, 내 산영 갈
제 투고져 ᄒᆞ니.《朴新諺 2, 14ㅈ》要改
染做桃紅顏色, 고텨 桃紅빗츨 드리고져
ᄒᆞ노라.《朴新諺 2, 48ᄒ》我要往你莊頭
家去, 내 네 농장 집의 가고져 ᄒᆞ되.

ᄒᆞ다 혱 ━크다.《集覽, 字解, 單字解, 2
ㅈ》滾. 煮水使沸曰滾滾花水 글른 믈. 又
輪轉曰滾滾了 구으다, 字作轆. 又通共和
雜曰累滾 ᄒᆞᆫ 믈와비라. 又滾子 방올. ━
많다. ⇔대(大).《朴新諺 3, 42ᄒ》他多大
年紀了, 뎨 나히 언머나 ᄒᆞ던고.

ᄒᆞ다가 쁜 하다가. 만일. 만약. ━⇔여시
(如是).《集覽, 字解, 累字解, 2ㅈ》如是.
ᄒᆞ다가. ━⇔파(怕).《集覽, 字解, 單字
解, 2ᄒ》怕. 疑懼之意. 怕人知道. 又設若
之辭. 怕你不信 ᄒᆞ다가 너옷 밋디 몯거
든. 又恐也. 害怕 두리여ᄒᆞ다.

ᄒᆞ로 명 하루. ⇔일일(一日).《朴新諺 2,
17ᄒ》一日三站五站的趲路, ᄒᆞ로 세 站

다ᄉᆞᆺ 站식 길을 죄오ᄂᆞ니.《朴新諺 2, 28
ᄌ》一日吃了三頓飯, ᄒᆞ르 세 ᄢᅵ 밥 먹고.

ᄒᆞ룻밤 몡 하룻밤. ⇔일숙(一宿).《集覽,
字解, 累字解, 1ᅙ》一宿. 흔숨. 又ᄒᆞ룻
밤.《朴新諺 3, 40ᅙ》住了一宿便辝別廻
來了, ᄒᆞ룻밤 머므러 곳 하직ᄒᆞ고 도라
오라.

ᄒᆞ마 閃 장차. 이미. 곧. 거의. ⇔대(待).
《集覽, 字解, 單字解, 1ᄌ》待. 擬要也 ᄒᆞ
마 그리 ᄒᆞ려 ᄒᆞ다라. 又欲也. 待賣幾箇
馬去 여러 ᄆᆞᆯ 풀오져 ᄒᆞ야 가노라.
《朴新諺 2, 18ᅙ》我本待要請你去, 내 본
ᄃᆡ ᄒᆞ마 너를 쳥ᄒᆞ라 가려 ᄒᆞ더니.

ᄒᆞ믈며 閃 하물며. 더군다나. ⇔황(況).
《朴新諺 1, 42ᅙ》況且常言說得好, ᄒᆞ믈
며 ᄯᅩ 常言에 니론 거시 됴흐니.《朴新諺
2, 26ᄌ》況那朝鮮淸醬最是有名的哩, ᄒᆞ
믈며 뎌 朝鮮 ᄀᆞᆫ쟝은 ᄀᆞ장 이 有名ᄒᆞᆫ 거
시라.《朴新諺 3, 57ᅙ》況為男子漢的怕
甚麼呢, ᄒᆞ믈며 스나희 되엿ᄂᆞ니 므서슬
저퍼ᄒᆞ리오.

ᄒᆞ야 閃 하여금. 시키어. ⇔착(着).《集覽,
字解, 單字解, 3ᄌ》着. 使之爲也. 着落 ᄒᆞ
여곰, 着他 뎌 ᄒᆞ야. 又置也. 着塩 소곰
두다. 又中也. 着了 맛다. 又見人所行之
事, 正合人所指望之, 方則亦曰着了 마초
ᄒᆞ야다. 又實也. 着實 실히. 又語助. 又穿
衣服也.

ᄒᆞ여 閃 **1** 하여금. 시키어. ●⇔교(敎).
《朴新諺 1, 2ᄌ》却敎李四去, ᄯᅩ 李四로
ᄒᆞ여 가.《朴新諺 1, 1ᅙ》可敎張三去, 張
三으로 ᄒᆞ여 가.《朴新諺 1, 17ᅙ》這般
我敎他打了刀, 이러면 내 뎌로 ᄒᆞ여 칼
을 치이되.《朴新諺 1, 22ᅙ》敎他替我做
一條銀廂花帶何如, 뎌로 ᄒᆞ여 나를 ᄀᆞᄅ
차 ᄒᆞᆫ 오리 銀 뎐메온 섭사긴 ᄯᅴ를 ᄆᆡᆫ들
미 엇더ᄒᆞ뇨.《朴新諺 1, 25ᄌ》以後敎小
厮們好生替我喂養, 이후란 아희들로 ᄒᆞ
여 ᄀᆞ장 나를 ᄀᆞᄅᆞ차 먹이게 ᄒᆞ라.《朴
新諺 3, 23ᄌ》你敎徒弟壞了我羅天大醮,

네 徒弟로 ᄒᆞ여 내 羅天大醮를 해여ᄇᆞ리
고.《朴新諺 3, 26ᄌ》行者敎千里眼・順
風耳兩箇鬼, 行者ㅣ 千里眼・順風耳 두
귀신으로 ᄒᆞ여. ㊀⇔사(使).《朴新諺 3,
24ᄌ》使他坐不定, 뎌로 ᄒᆞ여 안즈믈 定
치 못게 ᄒᆞ니. ㊂⇔착(着).《朴新諺 2,
8ᅙ》再拿去別人看便見眞假了, 다시
가져가 다른 사ᄅᆞᆷ ᄒᆞ여 뵈면 곳 眞價를
알리라.《朴新諺 2, 10ᄌ》着他講經說法,
뎌로 ᄒᆞ여 講經 說法ᄒᆞᄂᆞ니라.《朴新諺
2, 24ᅙ》着丫頭們打扇, 아히들로 ᄒᆞ여
부체질ᄒᆞ엿노라.《朴新諺 3, 25ᄌ》就着
將軍開樻看, 즉시 將軍으로 ᄒᆞ여 樻를 여
러 보니.《朴新諺 3, 25ᅙ》王說今番着唐
僧先猜, 王이 니ᄅᆞ되 이 번은 唐僧으로
ᄒᆞ여 몬져 알게 ᄒᆞ라.《朴新諺 3, 31ᅙ》
着別人再看去, 다른 사ᄅᆞᆷ ᄒᆞ여 다시 뵈
라 가라.《朴新諺 3, 53ᅙ》着他沿街叫喚
尋覓纔好哩, 뎌로 ᄒᆞ여 거리를 조차 웨
여 ᄎᆞ자야 마치 됴흐리라. **2** 하여금. 시
키어. 또는 …하게 하다. …를 시키다.
⇔규(叫).《朴新諺 2, 12ᄌ》叫那蠟嘴嗡
着, 뎌 암죵다리로 ᄒᆞ여 무러.《朴新諺
2, 18ᅙ》一面叫厨子送飯, 一面으로 厨子
로 ᄒᆞ여 밥을 보내고.《朴新諺 2, 32ᅙ》
你的帽子當初何不叫他做呢, 네 갓슬 當
初에 엇지 뎌로 ᄒᆞ여 ᄆᆡᆫ드지 아니ᄒᆞ다.
《朴新諺 2, 40ᄌ》叫丫頭去拔些來, 丫頭
로 ᄒᆞ여 가 져기 ᄲᅢ혀 오라.《朴新諺 3,
7ᅙ》叫厨子把我的飯菜, 厨子로 ᄒᆞ여 내
밥 반찬을다가.《朴新諺 3, 8ᄌ》叫小厮
們, 아히 놈들로 ᄒᆞ여.《朴新諺 3, 39ᄌ》
旣叫他管着那莊田, 이믜 저로 ᄒᆞ여 뎌 농
소를 ᄀᆞ옴알게 ᄒᆞ니.《朴新諺 3, 40ᄌ》
這衙門中上直叫誰替我呢, 이 衙門에 上
直을 눌로 ᄒᆞ여 나를 테당케 ᄒᆞ리오.

ᄒᆞ여곰 閃 하여금. 시키어. ●⇔교(敎).
《朴新諺 3, 26ᄌ》敎將軍使金鉤子, 將軍으
로 ᄒᆞ여곰 쇠갈고리로. ●⇔사(使).《朴
新諺 3, 25ᄌ》皇后暗使一箇宮娥, 皇后ㅣ

ㄱ만이 혼 宮娥로 ㅎ여곰《朴新諺 3, 28
ㅎ》怎生使他現出本像, 엇지 뎌로 ㅎ여곰
本像을 現出케 ㅎ리오. ❸⇔영(令).《朴
新諺 2, 13ㅈ》眞令人可恨可惱, 진실로 사
롭으로 ㅎ여곰 恨ᄒ고 노ᄒ게 ᄒ니.《朴
新諺 2, 39ㅈ》滿池荷花香噴噴的令人可
愛, 못에 ᄀ득ᄒ 荷花ㅣ 香내 뿜겨 사롭으
로 ㅎ여곰 ᄉ랑홉게 ㅎ더라.

혼 ㉕ ❶●한. 어떤. ⇔유(有).《朴新諺 1,
8ㅈ》有件差使着我去辦, 혼 差使ㅣ 이셔
날로 ㅎ여 가 ㅎ라 ㅎ매.《朴新諺 1, 15
ㅎ》有箇最容易的法子說與你, 혼 ᄀ장 쉬
온 法이 이시니 너ᄃ려 니롤 꺼시니.
《朴新諺 2, 38ㅈ》有箇山名為田盤山, 혼
山이 이시되 일홈을 田盤山이라 ᄒ니.
《朴新諺 3, 20ㅈ》有箇漢人不見了幾件衣
服, 혼 漢人이 이셔 여러 가지 衣服을 일
코.《朴新諺 3, 21ㅎ》當年有箇唐僧往西
天取經去, 當年에 혼 唐僧이 이셔 西天을
향ㅎ여 經 가질라 갈 제.《朴新諺 3, 35
ㅎ》西華門外有箇好飯店, 西華門 밧끠 혼
됴혼 밥뎜이 이시니.《朴新諺 3, 54ㅎ》
有箇高麗來的秀才, 혼 高麗로셔 온 秀才
잇다 ᄒ매. ❷한. ⇔일(一).《集覽, 字解,
累字解, 2ㅎ》一回. 혼 슌.《集覽, 字解,
單字解, 4ㅈ》把. 持也, 握也. 一把 혼 줌,
又혼 ᄌ로.《集覽, 字解, 單字解, 5ㅎ》家.
止指一數之稱. 一箇家 혼 낫식, 幾箇家
몃 낫식, 又현 낫식, 幾年家 현 ᄒ힛식. 又
樂也. 大家 대개. 又擧姓呼人之稱. 李家
・張家. 又呼皇帝曰官家. 又語助. 沒有家
업다.《朴新諺 1, 10ㅈ》我們自吃飯呢二
錢半一板, 우리 이녁 밥 먹으면 두 돈 반
에 혼 틀이오.《朴新諺 1, 23ㅎ》一對猫
兒眼廂嵌的金戒指, 혼 빵 야광쥬 뎐메워
박은 金가락지.《朴新諺 2, 11ㅎ》拿一箇
一托長碗口大的紅油畵金棒子, ᄒ나 혼
발맛치 길고 사발맛치 큰 불근 칠ᄒ고
금으로 그린 막대롤 가져.《朴新諺 2, 20
ㅈ》這一兩日內, 이 혼 이틀 안희.《朴新

諺 2, 36ㅈ》打一副馬釘子來釘上, 혼 부
물 다갈 쳐다가 박아.《朴新諺 3, 3ㅈ》一
箇猫兒怎麼就直的這些錢, 혼 낫 괴에 엇
지 곳 이 갑시 ᄊ리오.《朴新諺 3, 14ㅎ》
先生你與我寫一封書稱去何如, 先生아 네
나를 혼 봉 글을 뻐 주어든 부텨 보내미
엇더ㅎ뇨.《朴新諺 3, 45ㅈ》我咬着一塊
沙子, 내 혼 덩이 모래를 무니. ❷한
(개). ❶⇔일개(一箇).《朴新諺 1, 40ㅈ》
墻上一箇琵琶任誰不敢拿他, 담 우희 혼
琵琶롤 아모도 敢히 더블 잡지 못ᄒ는
거시여.《朴新諺 2, 3ㅈ》我只有一箇油絹
帽, 내게 다만 혼 油絹帽ㅣ 잇고.《朴新
諺 2, 13ㅈ》兩箇鋸鈇一箇釘鈒都不厚實,
두 비목과 혼 걸새 다 두텁지 못ᄒ니.
《朴新諺 3, 10ㅈ》炕前做一箇煤爐好燒煤,
캉 앏픠 혼 煤爐를 믄드라 셕탄 픠오기
됴케 ᄒ라.《朴新諺 3, 25ㅈ》說與先生樻
中有一箇桃, 先生ᄃ려 닐러 궤 가온디 혼
복셩홰 잇다 ᄒ엿더니.《朴新諺 3, 33
ㅈ》你與我打一箇立鼇壺, 네 나를 혼 立
鼇壺와. 一箇蝦蟆鼇壺・蝎虎盞, 혼 蝦蟆
鼇壺와 蝎虎盞을 믄드라 주고려.《朴新
諺 3, 53ㅎ》你與我寫一箇招子, 네 나룰
혼 방을 뻐 주어. ❷⇔일구(一口).《朴新
諺 2, 12ㅎ》到木匠家做一口樻子, 木匠의
집의 가 혼 樻룰 믄들리되. ❸⇔일장(一
張).《朴新諺 3, 31ㅈ》你這小胡孫寡是一
張嘴, 네 이 져근 진납이 다만 이 혼 부리
뿐이로다.《朴新諺 3, 43ㅎ》大門外放一
張桌子, 큰 門 밧긔 혼 상을 노코. ❹⇔
일정(一頂).《朴新諺 3, 25ㅈ》撞過一頂
紅柒樻子來面前放下, 혼 불근 柒혼 궤를
드러 와 앏픠 노코. ❸●한 (마리). ⇔일
개(一箇).《朴新諺 1, 26ㅈ》咱與你賭一
箇羊吃, 우리 너와 혼 羊을 더너 먹쟈.
《朴新諺 2, 1ㅎ》一箇黑鬃靑馬却走得快,
혼 가리온총이물이 드롬이 ᄲ르되.《朴
新諺 2, 11ㅎ》把一箇蠟嘴帶着鬼臉兒, 혼
암쥭다리로다가 광대 ᄢ오고.《朴新諺

2, 4ㅎ》費五六錢銀買一箇羊腔子, 다엿 돈 銀을 허비ᄒᆞ여 ᄒᆞᆫ 羊의 몸똥을 사. 《朴新諺 3, 28ㅎ》國王道原來是一箇虎精, 國王이 니ᄅᆞ되 본디 이 ᄒᆞᆫ 虎精이랏다. 《朴新諺 3, 46ㅈ》塑一箇如象一般大的春 牛, ᄒᆞᆫ 코키리마치 큰 春牛를 민들고. ❷ 한 (명). ⇔일개(一箇). 《朴新諺 1, 30ㅈ》 又一箇舍人打扮, ᄯᅩ ᄒᆞᆫ 舍人의 비오기ᄂᆞᆫ. 《朴新諺 1, 35ㅈ》一箇和尙偸別人家的媳 婦, ᄒᆞᆫ 듕이 눔의 계집을 도적ᄒᆞ여. 《朴 新諺 2, 9ㅎ》聞說有一箇得道的朝鮮和尙, 드르니 ᄒᆞᆫ 得道ᄒᆞᆫ 朝鮮 즁이 이셔. 《朴新 諺 2, 18ㅎ》我今日買得一箇小廝, 내 오 늘 ᄒᆞᆫ 아히 놈을 사니. 《朴新諺 2, 33ㅈ》 一箇放債財主, ᄒᆞᆫ 빗 주기 ᄒᆞᄂᆞᆫ 財主ㅣ. 《朴新諺 2, 57ㅎ》是一箇細長身子團欒面 的, 이 ᄒᆞᆫ 킈 힐힐ᄒᆞ고 ᄂᆞᆺ치 두렷ᄒᆞᆫ. 《朴 新諺 3, 38ㅎ》被一箇挾讐的人告訴了他 主人, ᄒᆞᆫ 挾讐ᄒᆞᆫ 사롬이 제 主人의게 告 訴홈을 닙어. 《朴新諺 3, 51ㅎ》有一箇沒 理的村牛, ᄒᆞᆫ 무리ᄒᆞᆫ 村牛ㅣ 이셔. ❹한 (채). ❶⇔일소(一所). 《朴新諺 2, 44ㅈ》 賃一所房子, ᄒᆞᆫ 집을 셰내여. ❷⇔좌 (座). 《朴新諺 2, 5ㅈ》湖心中有座琉璃閣, 물 가온디 ᄒᆞᆫ 琉璃閣이 이시니. ❺❶한 (척). ⇔일개(一箇). 《朴新諺 2, 22ㅈ》圍 着一箇西京來的豆船, ᄒᆞᆫ 西京으로셔 오 ᄂᆞᆫ 콩 시른 비를 에우고. ❷한 (척·마 리). ⇔일척(一隻). 《朴新諺 1, 27ㅈ》筭 我輸給你一隻羊, 내 네게 ᄒᆞᆫ 羊을 져 주 량으로 혜고.

흔 명 한(限). (미리 정해진) 기일(期日). 시일(時日). 날짜. ⇔기(期). 《朴新諺 1, 58ㅎ》如過期不還, 만일 흔이 지나 갑지 아니ᄒᆞ거든.

흔가지 명 한가지. ⇔일반(一般). 《朴新諺 1, 44ㅎ》眞是觀音菩薩一般, 진짓 이 觀音 菩薩 ᄒᆞᆫ가지오. 《朴新諺 2, 5ㅈ》又都如在 鏡子裏一般, ᄯᅩ 다 거울 속에 이심 ᄒᆞᆫ가지 오. 《朴新諺 2, 5ㅎ》一望去又是蓬萊仙島 一般, 브라매 ᄯᅩ 이 蓬萊 仙島와 ᄒᆞᆫ가지 오. 《朴新諺 2, 23ㅎ》夜來身上虛汗如流 水一般, 어제 몸에 虛汗이 流水 ᄒᆞᆫ가지 ᄀᆞᆺᄒᆞ여. 《朴新諺 3, 34ㅎ》圍着看如人城 一般, 에워 보는 이 人城 ᄒᆞᆫ가지러라.

흔가지로 円 함께. 같이. ❶⇔동(同). 《朴 新諺 1, 9ㅈ》我竟與你同去, 내 ᄆᆞᆺᄎᆞᆷ내 너 와 ᄒᆞᆫ가지로 갈 거시니. 《朴新諺 1, 19 ㅈ》我且同你到張黒子家去, 내 ᄯᅩ 너와 ᄒᆞᆫ가지로 張黒子의 집의 가쟈. 《朴新諺 1, 31ㅎ》我同大哥去揀着買好麽, 내 큰형 과 ᄒᆞᆫ가지로 가 ᄀᆞᆯ희여 사미 됴타. 《朴 新諺 1, 53ㅈ》咱們幾箇就同去, 우리 몃 치 곳 ᄒᆞᆫ가지로 가료. 《朴新諺 2, 7ㅎ》有 苦同受有樂同享, 괴로옴이 잇거든 ᄒᆞᆫ가 지로 밧고 즐거옴이 잇거든 ᄒᆞᆫ가지로 누리면. 《朴新諺 3, 46ㅈ》宋哥我同你看 打春去罷, 宋가 형아 내 너와 ᄒᆞᆫ가지로 닙츈노롯ᄒᆞᄂᆞᆫ 양 보라 가쟈. 《朴新諺 3, 55ㅈ》如今就同小弟去拜望他便了, 이제 즉시 小弟와 ᄒᆞᆫ가지로 가 더를 拜望ᄒᆞ면 곳 ᄒᆞ리라. 《朴新諺 3, 56ㅈ》今同葛敬之 敎授, 이제 葛敬之 敎授와 ᄒᆞᆫ가지로. ❷ ⇔일동(一同). 《朴新諺 2, 30ㅎ》也該一 同到那南海去, ᄯᅩ 맛당이 ᄒᆞᆫ가지로 뎌 南 海에 가. 《朴新諺 2, 42ㅈ》咱兩箇一同去, 우리 둘히 ᄒᆞᆫ가지로 가쟈. ❸⇔일반(一 般). 《朴新諺 3, 11ㅈ》你一般動手做生活, 네 ᄒᆞᆫ가지로 손을 놀려 ᄒᆞᆫ 셩녕이.

흔두 囝 한두[一二]. ❶⇔일량(一兩). 《朴 新諺 2, 25ㅈ》吃一兩劑便無事了, 흔두 劑 먹으면 곳 無事ᄒᆞ리라. 《朴新諺 3, 5ㅈ》 聞得內中有一兩箇鄕宦, 드르니 그 즁에 흔두 鄕宦이 이셔. 《朴新諺 3, 12ㅈ》不 過一兩遍管情就好了, 흔두 번에 지나지 못ᄒᆞ여셔 결단코 즉시 됴흐리라. 한두. ❷⇔일이(一二). 《朴新諺 1, 12ㅈ》給一 二升米謝他何如, 흔두 되 ᄡᆞᆯ을 주어 뎌의 게 샤례홈이 엇더ᄒᆞ뇨.

흔디위 円 한참. 잠시. 잠간. ❶⇔일조(一

遭).《集覽, 字解, 單字解, 7ㅈ》遭. 一次
謂之一遭. 又周遭, 猶言周圍也. 又遭是
마초와. ●⇔일회(一會).《朴新諺 3, 7
ㅎ》等一會兒吃罷, 혼 디위 기드려 먹으
리라.《朴新諺 3, 37ㅈ》我且學打這一會
與你看何如, 내 아직 이 혼 디위 빅화 쳐
네게 뵘이 엇더ᄒᆞ뇨.

흔딕 명 한데. 한곳. ⇔일처(一處).《朴新
諺 1, 38ㅎ》四哥待要一處, 넷재 형은 혼
딕 모호고져 ᄒᆞ는 거시여.

흔번 명 한번. 한 차례. 한순간. ⇔일(一).
《朴新諺 2, 30ㅎ》一針投海底尙有可撈日,
一針을 海底에 드리치매 오히려 可히 건
질 날이 이시려니와. 一失人身後萬刦再
逢難, 혼번 人身을 일혼 後ㅣ면 萬刦이
라도 다시 만나기 어렵다 ᄒᆞ니라.

흔번에 뮈 함께. 같이. 전부. 모두. ⇔일병
(一幷).《朴新諺 2, 9ㅈ》講定了一幷買你
的, 닐러 뎡ᄒᆞ고 흔번에 네 거슬 사쟈.

흔숨 명 한숨. (잠깐 동안의 휴식이나 잠)
⇔일숙(一宿).《集覽, 字解, 累字解, 1
ㅎ》一宿. 흔숨. 又ᄒᆞᄅᆺ밤.

흔슌 명 한 순(巡). 한 순배(巡杯). ⇔일회
(一回).《集覽, 字解, 累字解, 2ㅎ》一回.
흔 슌.

흔주슴ᄉᆡ 뮈 한참. 잠시. 잠깐. ●⇔일
삽아(一霎兒).《集覽, 字解, 累字解, 9ㅎ》
一霎兒. 흔 주슴ᄉᆡ. ●⇔일회아(一會
兒).《集覽, 字解, 累字解, 9ㅎ》一霎兒.
흔 주슴ᄉᆡ.《集覽, 字解, 累字解, 9ㅎ》
一會兒. 上同.

흔지위 뮈 한참. 잠시. 잠깐. ●⇔일회(一
會).《朴新諺 3, 12ㅎ》向火烤一會便不痒
痒了, 불을 향ᄒᆞ여 혼 지위 쬐면 곳 ᄀᆞ렵
지 아니ᄒᆞ리라. ●⇔일회아(一會兒).
《朴新諺 2, 2ㅈ》一會兒就出來上馬, 혼
지위만 ᄒᆞ면 곳 나와 물을 트리라.《朴
新諺 3, 1ㅎ》就在柳樹下凉快一會兒回來,
곳 버드나모 아리 이셔 혼 지위 서늘이
ᄒᆞ여 도라오고.《朴新諺 3, 11ㅎ》搯一會

兒狠(很)好, 혼 지위 지기니 ᄀᆞ장 됴터
니.《朴新諺 3, 13ㅎ》一會兒倚着欄干便
打頓睡覺了, 혼 지위 欄干을 지혀 곳 조
오더니.

홀 명 하루. ⇔일일(一日).《朴新諺 2, 33
ㅎ》有一日一箇賣絹的打他門口過去, 홀
론 혼 깁 풀 리 이셔 제 門을 지나가니.
《朴新諺 2, 33ㅎ》又一日一箇婦人, 쏘 홀
론 혼 계집이.

홀론 명 하루는.《朴新諺 2, 33ㅎ》有一日一
箇賣絹的打他門口過去, 홀론 혼 깁 풀 리
이셔 제 門을 지나가니.《朴新諺 2, 33ㅎ》
又一日一箇婦人, 쏘 홀론 혼 계집이.

홈의 뮈 ●함께. 같이. 한꺼번에. ⇔일발
(一發).《集覽, 字解, 累字解, 1ㅎ》一發.
홈의. 又이믜셔. 又츼여.《朴新諺 2, 26
ㅈ》一發送些來更好, 홈의 보내여 오니
더옥 됴타.《朴新諺 3, 4ㅈ》一發把冷布
糊了, 홈의 얼믠뵈로다가 브르면,《朴新
諺 3, 30ㅈ》一發去做賊不好麼, 홈의 가
도적질홈이 됴치 아니ᄒᆞ냐. ●함께. ⇔
일취(一就).《集覽, 字解, 累字解, 1ㅎ》一
就. 이믜셔. 又홈의.

희 명 ●해[年]. ⇔연(年).《朴新諺 2, 6ㅎ》
咱們相好多年, 우리 서르 됴한지 여러
희라.《朴新諺 2, 50ㅎ》我在任幾年並沒
有不了的事件, 내 任에 이션 지 여러 희
로되 다 뭇지 못혼 일이 업고.《朴新諺
2, 51ㅎ》滿了一任還不知等到何年纔得補
用哩, 혼 벼슬 츠면 당시롱 어니 희에
다ᄃᆞ라 마치 補用홈을 어들 줄을 아지
못ᄒᆞᄂᆞ니라.《朴新諺 3, 9ㅈ》走了好幾年
受盡千辛萬苦, 여러 희를 ᄃᆞ녀 千辛 萬苦
를 바다 다ᄒᆞ고. ●해[日]. ⇔일(日).《朴
新諺 3, 18ㅈ》直到日平西纔得上馬回家,
바로 희 西에 거짐애 다ᄃᆞ라 계요 물 ᄐᆞ
고 집의 도라오ᄂᆞ니라.

희 의 해. ⇔년(年).《集覽, 字解, 單字解,
2ㅎ》捱. 正作涯. 倚限有恃之意 그슴ᄒᆞ
다. 捱到十年 열 희 다둗도록.《集覽, 字

解, 單字解, 5ᅙ》家. 止指一數之稱. 一箇家 혼 낫식, 幾箇家 몃 낫식, 又현 낫식, 幾年家 현 희식. 又槩也. 大家 대개. 又擧姓呼人之稱. 李家・張家. 又呼皇帝曰官家. 又語助. 沒有家 업다.《朴新諺 1, 11ᅙ》假如三両年內倒了, 만일 두세 히 안히 믄허지거든.《朴新諺 1, 34ㅈ》說之一年之內本利都還淸我, 닐러 뎡ᄒᆞ여 혼 힛니에 本과 利롤 다 내게 갑하 물키마 ᄒᆞ여.《朴新諺 3,56ᅙ》你這東國歷代以來有多少年了, 네 이 東國이 歷代 뼈 옴으로 몃 히나 ᄒᆞ며.

히산ᄒᆞ다 동 해산(解産)하다. ⇔월자(月子).《朴新諺 1, 54ㅈ》姐姐你纏做了月子(朴新注, 20ᅙ: 分娩也.), 각시아 네 곳 히산ᄒᆞ다 ᄒᆞ니.

히여곰 円 하여금. ⇔착락(着落).《集覽, 字解, 單字解, 3ㅈ》着. 使之爲也. 着落 히여곰, 着他 뎌 ᄒᆞ야. 又置也. 着塩 소곰

두다. 又中也. 着了 맛다. 又見人所行之事, 正合人所指望之, 方則亦曰着了 마초ᄒᆞ야다. 又實也. 着實 실히. 又語助. 又穿衣服也.

히여ᄇᆞ리다 동 헐어버리다. 해어뜨리다. ⇔파(破).《朴新諺 3, 11ᅙ》把瘡都撓破了, 瘡을다가 다 긁쳐 히여ᄇᆞ리니.《朴新諺 3, 12ᅙ》撓破了這瘡, 이 瘡을 긁쳐 히여ᄇᆞ리고.

히오다 동 아우르다. 합하다. ⇔해(該).《朴新諺 1, 33ㅈ》共該一両八錢, 대되 히오니 혼 냥 여돏 돈이라.《朴新諺 2, 14ᅙ》共該染錢五兩四錢半銀子, 대되 히오니 믈갑시 닷 냥 너 돈 반 銀이로다.

힝혀 円 ●행(幸)여. 혹. 가령. ⇔당혹(倘或).《集覽, 字解, 累字解, 2ㅈ》倘或. 힝혀. ●행(幸)여. ⇔행(幸).《朴新諺 3, 59ㅈ》聊以奉送幸勿見笑, 애아로시 뼈 밧드러 보내니 힝혀 웃지 말라.